༄། །ཤེས་རབ་ཀྱི་ཕ་རོལ་ཏུ་ཕྱིན་པ་སྟོང་ཕྲག་བརྒྱ་པ་བཞུགས་སོ། །

ཐ

ཀྲུང་གོའི་བོད་རིག་པ་ཞིབ་འཇུག་ལྟེ་གནས་ཀྱི་བཀའ་
བསྟན་དཔེ་སྡུར་ཁང་གིས་དཔེ་སྒྲིག་ཞུས།

ཀྲུང་གོའི་བོད་རིག་པ་དཔེ་སྐྲུན་ཁང་།

༄། །འོག་ཕྱོགས་པདྨའི་འཛིག་རྟེན་མགོན། །བདེ་གཤེགས་པདྨའི་དཔལ་གྱི་ཞབས། །

ཨོཾ

ཨཱཿ

ཧཱུྃ།

༄། །བསྐལ་བ་ཞིང་གི་སེམས་དཔའ་ཆེ། །པད་མོ་དམ་པ་ཞེས་བྱའི་མཚན། །

ཨོཾ

ཨཱཿ

ཧཱུྃ།

དེབ་བཅུ་པའི་དཀར་ཆག

འབུམ། ཐ （༡༠）

༄། །འོག་ཕྱོགས་པདྨའི་འཇིག་རྟེན་མགོན།།
བདེ་གཤེགས་པདྨའི་དཔལ་གྱི་ཞབས།།

༄། །པདྨའི་ཞིང་གི་སེམས་དཔའ་ཆེ།།
པད་མོ་དམ་པ་ཞེས་བྱའི་མཚན།།

འབུམ།

ཐ

༄༅། །ཤེས་རབ་ཀྱི་ཕ་རོལ་ཏུ་ཕྱིན་པ་སྟོང་ཕྲག་བརྒྱ་པ།[1]

༄༅། །ཤེས་རབ་ཀྱི་ཕ་རོལ་ཏུ་ཕྱིན་པ་སྟོང་ཕྲག་བརྒྱ་པ། ༔གླེགས་བམ་བཅུ་པ།[2] བམ་པོ༔དང་པོ[3]། གཟུགས་ཀྱི་དེ་བཞིན་ཉིད་གང་ཡིན་པ་དང་། རྣམ་པ་ཐམས་ཅད་མཁྱེན་པ་ཉིད་ཀྱི་དེ་བཞིན་ཉིད་གང་ཡིན་པ་དེ་ནི་དེ་བཞིན་ཉིད་གཅིག་པ་སྟེ། གཉིས་སུ་མེད་[4]ཅིང་གཉིས་སུ་བྱར་མེད་དོ། །ཚོར་བའི་དེ་བཞིན་ཉིད་གང་ཡིན་པ་དང་། རྣམ་པ་ཐམས་ཅད་མཁྱེན་པ་ཉིད་ཀྱི་དེ་བཞིན་ཉིད་གང་ཡིན་པ་དེ་ནི་དེ་བཞིན་ཉིད་གཅིག་པ་སྟེ། གཉིས་སུ་མེད་ཅིང་གཉིས་སུ་བྱར་མེད་དོ། །འདུ་ཤེས་ཀྱི་དེ་བཞིན་ཉིད་གང་ཡིན་པ་དང་། རྣམ་པ་ཐམས་ཅད་མཁྱེན་པ་ཉིད་ཀྱི་དེ་བཞིན་ཉིད་གང་ཡིན་པ་དེ་ནི་དེ་བཞིན་ཉིད་གཅིག་པ་སྟེ། གཉིས་སུ་མེད་ཅིང་གཉིས་སུ་བྱར་མེད་དོ། །འདུ་བྱེད་ཀྱི་དེ་བཞིན་ཉིད་གང་ཡིན་པ་དང་། རྣམ་པ་ཐམས་ཅད་མཁྱེན་པ་ཉིད་ཀྱི་དེ་བཞིན་ཉིད་གང་ཡིན་པ་དེ་ནི་དེ་བཞིན་ཉིད་གཅིག་པ་སྟེ། གཉིས་སུ་མེད་ཅིང་གཉིས་སུ་

བྱར་མེད་དོ། །རྣམ་པར་ཤེས་པའི་དེ་བཞིན་ཉིད་གང་ཡིན་པ་དང་། རྣམ་པ་ཐམས་ཅད་མཁྱེན་པ་ཉིད་ཀྱི་དེ་བཞིན་ཉིད་གང་ཡིན་པ་དེ་ནི་དེ་བཞིན་ཉིད་གཅིག་པ་སྟེ། གཉིས་སུ་མེད་ཅིང་གཉིས་སུ་བྱར་མེད་དོ། །མིག་གི་དེ་བཞིན་ཉིད་གང་ཡིན་པ་དང་། རྣམ་པ་ཐམས་ཅད་མཁྱེན་པ་ཉིད་ཀྱི་དེ་བཞིན་ཉིད་གང་ཡིན་པ་དེ་ནི་དེ་བཞིན་ཉིད་གཅིག་པ་སྟེ། གཉིས་སུ་མེད་ཅིང་གཉིས་སུ་བྱར་མེད་དོ། །རྣ་བའི་དེ་བཞིན་ཉིད་གང་ཡིན་པ་དང་། རྣམ་པ་ཐམས་ཅད་མཁྱེན་པ་ཉིད་ཀྱི་དེ་བཞིན་ཉིད་གང་ཡིན་པ་དེ་ནི་དེ་བཞིན་ཉིད་གཅིག་པ་སྟེ། གཉིས་སུ་མེད་ཅིང་གཉིས་སུ་བྱར་མེད་དོ། །སྣའི་དེ་བཞིན་ཉིད་གང་ཡིན་པ་དང་། རྣམ་པ་ཐམས་ཅད་མཁྱེན་པ་ཉིད་ཀྱི་དེ་བཞིན་ཉིད་གང་ཡིན་པ་དེ་ནི་དེ་བཞིན་ཉིད་གཅིག་པ་སྟེ། གཉིས་སུ་མེད་ཅིང་གཉིས་སུ་བྱར་མེད་དོ། །ལྕེའི་དེ་བཞིན་ཉིད་གང་ཡིན་པ་དང་། རྣམ་པ་ཐམས་ཅད་མཁྱེན་པ་ཉིད་ཀྱི་དེ་བཞིན་ཉིད་གང་ཡིན་པ་དེ་ནི་དེ་བཞིན་ཉིད་གཅིག་པ་སྟེ། གཉིས་སུ་མེད་ཅིང་གཉིས་སུ་བྱར་མེད་དོ། །ལུས་ཀྱི་དེ་བཞིན་ཉིད་གང་ཡིན་པ་དང་། རྣམ་པ་ཐམས་ཅད་མཁྱེན་པ་ཉིད་ཀྱི་དེ་བཞིན་ཉིད་གང་ཡིན་པ་དེ་ནི་དེ་བཞིན་ཉིད་གཅིག་པ་སྟེ། གཉིས་སུ་མེད་ཅིང་གཉིས་སུ་བྱར་མེད་དོ། །ཡིད་ཀྱི་དེ་བཞིན་ཉིད་གང་ཡིན་པ་དང་། རྣམ་པ་ཐམས་ཅད་མཁྱེན་པ་ཉིད་ཀྱི་དེ་བཞིན་ཉིད་གང་ཡིན་པ་དེ་ནི་དེ་བཞིན་ཉིད་གཅིག་པ་སྟེ། གཉིས་སུ་མེད་ཅིང་གཉིས་སུ་བྱར་མེད་དོ། །གཟུགས་ཀྱི་དེ་བཞིན་ཉིད་གང་ཡིན་པ་དང་། རྣམ་པ་ཐམས་ཅད་མཁྱེན་པ་ཉིད་ཀྱི་དེ་བཞིན་ཉིད་གང་ཡིན་པ་དེ་ནི་དེ་བཞིན་ཉིད་གཅིག་པ་སྟེ། གཉིས་སུ་མེད་ཅིང་གཉིས་སུ་བྱར་མེད་དོ། །སྒྲའི་དེ་བཞིན་ཉིད་གང་ཡིན་པ་དང་། རྣམ་པ་ཐམས་ཅད་མཁྱེན་པ་ཉིད་ཀྱི་དེ་བཞིན་ཉིད་གང་ཡིན་པ་དེ་ནི་དེ་བཞིན་ཉིད་གཅིག་པ་སྟེ། གཉིས་སུ་མེད་ཅིང་

གཉིས་སུ་བྱར་མེད་དོ། །དྲིའི་དེ་བཞིན་ཉིད་གང་ཡིན་པ་དང་། རྣམ་པ་ཐམས་ཅད་མཁྱེན་པ་ཉིད་ཀྱི་དེ་བཞིན་ཉིད་གང་ཡིན་པ་དེ་ནི། དེ་བཞིན་ཉིད་གཅིག་པ་སྟེ། གཉིས་སུ་མེད་ཅིང་གཉིས་སུ་བྱར་མེད་དོ། །རོའི་དེ་བཞིན་ཉིད་གང་ཡིན་པ་དང་། རྣམ་པ་ཐམས་ཅད་མཁྱེན་པ་ཉིད་ཀྱི། དེ་བཞིན་ཉིད་གང་ཡིན་པ་དེ་ནི་དེ་བཞིན་ཉིད་གཅིག་པ་སྟེ། གཉིས་སུ་མེད་ཅིང་གཉིས་སུ་བྱར་མེད་དོ། །རེག་གི་དེ་བཞིན་ཉིད་གང་ཡིན་པ་དང་། རྣམ་པ་ཐམས་ཅད་མཁྱེན་པ་ཉིད་ཀྱི་དེ་བཞིན་ཉིད་གང་ཡིན་པ་དེ་ནི་དེ་བཞིན་ཉིད་གཅིག་པ་སྟེ། གཉིས་སུ་མེད་ཅིང་གཉིས་སུ་བྱར་མེད་དོ། །ཆོས་ཀྱི་དེ་བཞིན་ཉིད་གང་ཡིན་པ་དང་། རྣམ་པ་ཐམས་ཅད་མཁྱེན་པ་ཉིད་ཀྱི་དེ་བཞིན་ཉིད་གང་ཡིན་པ་དེ་ནི་དེ་བཞིན་ཉིད་གཅིག་པ་སྟེ། གཉིས་སུ་མེད་ཅིང་གཉིས་སུ་བྱར་མེད་དོ། །མིག་གི་རྣམ་པར་ཤེས་པའི་དེ་བཞིན་ཉིད་གང་ཡིན་པ་དང་། རྣམ་པ་ཐམས་ཅད་མཁྱེན་པ་ཉིད་ཀྱི་དེ་བཞིན་ཉིད་གང་ཡིན་པ་དེ་ནི་དེ་བཞིན་ཉིད་གཅིག་པ་སྟེ། གཉིས་སུ་མེད་ཅིང་གཉིས་སུ་བྱར་མེད་དོ། །རྣ་བའི་རྣམ་པར་ཤེས་པའི་དེ་བཞིན་ཉིད་གང་ཡིན་པ་དང་། རྣམ་པ་ཐམས་ཅད་མཁྱེན་པ་ཉིད་ཀྱི་དེ་བཞིན་ཉིད་གང་ཡིན་པ་དེ་ནི་དེ་བཞིན་ཉིད་གཅིག་པ་སྟེ། གཉིས་སུ་མེད་ཅིང་གཉིས་སུ་བྱར་མེད་དོ། །སྣའི་རྣམ་པར་ཤེས་པའི་དེ་བཞིན་ཉིད་གང་ཡིན་པ་དང་རྣམ་པ་ཐམས་ཅད་མཁྱེན་པ་ཉིད་ཀྱི་དེ་བཞིན་ཉིད་གང་ཡིན་པ་དེ་ནི་དེ་བཞིན་ཉིད་གཅིག་པ་སྟེ། གཉིས་སུ་མེད་ཅིང་གཉིས་སུ་བྱར་མེད་དོ། །ལྕེའི་རྣམ་པར་ཤེས་པའི་དེ་བཞིན་ཉིད་གང་ཡིན་པ་དང་། རྣམ་པ་ཐམས་ཅད་མཁྱེན་པ་ཉིད་ཀྱི་དེ་བཞིན་ཉིད་གང་ཡིན་པ་དེ་ནི་དེ་བཞིན་ཉིད་གཅིག་པ་སྟེ། གཉིས་སུ་མེད་ཅིང་གཉིས་སུ་བྱར་མེད་དོ། །ལུས་ཀྱི་རྣམ་པར་ཤེས་པའི་དེ་བཞིན་ཉིད་གང་ཡིན་པ་དང་། རྣམ་པ་ཐམས་

ཅན་མཁྱེན་པ་ཉིད་ཀྱི་དེ་བཞིན་ཉིད་གང་ཡིན་པ་དེ་ནི་དེ་བཞིན་ཉིད་གཅིག་པ་སྟེ། གཉིས་སུ་མེད་ཅིང་གཉིས་སུ་བྱར་མེད་དོ། །ཡིད་ཀྱི་རྣམ་པར་ཤེས་པའི་དེ་བཞིན་ཉིད་གང་ཡིན་པ་དང་། རྣམ་པ་ཐམས་ཅད་མཁྱེན་པ་ཉིད་ཀྱི་དེ་བཞིན་ཉིད་གང་ཡིན་པ་དེ་ནི་དེ་བཞིན་ཉིད་གཅིག་པ་སྟེ། གཉིས་སུ་མེད་ཅིང་གཉིས་སུ་བྱར་མེད་དོ། །མིག་གི་འདུས་ཏེ་རེག་པའི་དེ་བཞིན་ཉིད་གང་ཡིན་པ་དང་། རྣམ་པ་ཐམས་ཅད་མཁྱེན་པ་ཉིད་ཀྱི་དེ་བཞིན་ཉིད་གང་ཡིན་པ་དེ་ནི་དེ་བཞིན་ཉིད་གཅིག་པ་སྟེ། གཉིས་སུ་མེད་ཅིང་གཉིས་སུ་བྱར་མེད་དོ། །རྣ་བའི་འདུས་ཏེ་རེག་པའི་དེ་བཞིན་ཉིད་གང་ཡིན་པ་དང་། རྣམ་པ་ཐམས་ཅད་མཁྱེན་པ་ཉིད་ཀྱི་དེ་བཞིན་ཉིད་གང་ཡིན་པ་དེ་ནི་དེ་བཞིན་ཉིད་གཅིག་པ་སྟེ། གཉིས་སུ་མེད་ཅིང་གཉིས་སུ་བྱར་མེད་དོ། །སྣའི་འདུས་ཏེ་རེག་པའི་དེ་བཞིན་ཉིད་གང་ཡིན་པ་དང་། རྣམ་པ་ཐམས་ཅད་མཁྱེན་པ་ཉིད་ཀྱི་དེ་བཞིན་ཉིད་གང་ཡིན་པ་དེ་ནི་དེ་བཞིན་ཉིད་གཅིག་པ་སྟེ། གཉིས་སུ་མེད་ཅིང་གཉིས་སུ་བྱར་མེད་དོ། །ལྕེའི་འདུས་ཏེ་རེག་པའི་དེ་བཞིན་ཉིད་གང་ཡིན་པ་དང་། རྣམ་པ་ཐམས་ཅད་མཁྱེན་པ་ཉིད་ཀྱི་དེ་བཞིན་ཉིད་གང་ཡིན་པ་དེ་ནི་དེ་བཞིན་ཉིད་གཅིག་པ་སྟེ། གཉིས་སུ་མེད་ཅིང་གཉིས་སུ་བྱར་མེད་དོ། །ལུས་ཀྱི་འདུས་ཏེ་རེག་པའི་དེ་བཞིན་ཉིད་གང་ཡིན་པ་དང་། རྣམ་པ་ཐམས་ཅད་མཁྱེན་པ་⑦ཉིད་ཀྱི་དེ་བཞིན་ཉིད་གང་ཡིན་པ་དེ་ནི་དེ་བཞིན་ཉིད་གཅིག་པ་སྟེ། གཉིས་སུ་མེད་ཅིང་གཉིས་སུ་བྱར་མེད་དོ། །ཡིད་ཀྱི་འདུས་ཏེ་རེག་པའི་དེ་བཞིན་ཉིད་གང་ཡིན་པ་དང་། རྣམ་པ་ཐམས་ཅད་མཁྱེན་པ་ཉིད་ཀྱི་དེ་བཞིན་ཉིད་གང་ཡིན་པ་དེ་ནི་དེ་བཞིན་ཉིད་གཅིག་པ་སྟེ། གཉིས་སུ་མེད་ཅིང་གཉིས་སུ་བྱར་མེད་དོ། །མིག་གི་འདུས་ཏེ་རེག་པའི་རྐྱེན་གྱིས་ཚོར་བའི་དེ་བཞིན་ཉིད་གང་ཡིན་པ་དང་། རྣམ་པ་ཐམས་ཅད་མཁྱེན་པ་ཉིད་ཀྱི་

དེ་བཞིན་ཉིད་གང་ཡིན་པ་དེ་ནི་དེ་བཞིན་ཉིད་གཅིག་པ་སྟེ། གཉིས་སུ་མྱེད་ཅིང་གཉིས་སུ་བྱར་མྱེད་དོ། །རྣ་བའི་འདུས་ཏེ་རེག་པའི་རྐྱེན་གྱིས་ཚོར་བའི་དེ་བཞིན་ཉིད་①གང་ཡིན་པ་དང་། རྣམ་པ་ཐམས་ཅད་མཁྱེན་པ་ཉིད་ཀྱི་དེ་བཞིན་ཉིད་གང་ཡིན་པ་དེ་ནི་དེ་བཞིན་ཉིད་གཅིག་པ་སྟེ། གཉིས་སུ་མྱེད་ཅིང་གཉིས་སུ་བྱར་མྱེད་དོ། །སྣའི་འདུས་ཏེ་རེག་པའི་རྐྱེན་གྱིས་ཚོར་བའི་དེ་བཞིན་ཉིད་གང་ཡིན་པ་དང་། རྣམ་པ་ཐམས་ཅད་མཁྱེན་པ་ཉིད་ཀྱི་དེ་བཞིན་ཉིད་གང་ཡིན་པ་དེ་ནི་དེ་བཞིན་ཉིད་གཅིག་པ་སྟེ། གཉིས་སུ་མེད་ཅིང་གཉིས་སུ་བྱར་མྱེད་དོ། །ལྗེའི་འདུས་ཏེ་རེག་པའི་རྐྱེན་གྱིས་ཚོར་བའི་དེ་བཞིན་ཉིད་གང་ཡིན་པ་དང་། རྣམ་པ་ཐམས་ཅད་མཁྱེན་པ་ཉིད་ཀྱི་དེ་བཞིན་ཉིད་གང་ཡིན་པ་དེ་ནི་དེ་བཞིན་ཉིད་གཅིག་པ་སྟེ། གཉིས་སུ་མྱེད་ཅིང་གཉིས་སུ་བྱར་མྱེད་དོ། །ལུས་ཀྱི་འདུས་ཏེ་རེག་པའི་རྐྱེན་གྱིས་ཚོར་བའི་དེ་བཞིན་ཉིད་གང་ཡིན་པ་དང་། རྣམ་པ་ཐམས་ཅད་མཁྱེན་པ་ཉིད་ཀྱི་དེ་བཞིན་ཉིད་གང་ཡིན་པ་དེ་ནི་དེ་བཞིན་ཉིད་གཅིག་པ་སྟེ། གཉིས་སུ་མྱེད་ཅིང་གཉིས་སུ་བྱར་མྱེད་དོ། །ཡིད་ཀྱི་འདུས་ཏེ་རེག་པའི་རྐྱེན་གྱིས་ཚོར་བའི་དེ་བཞིན་ཉིད་གང་ཡིན་པ་དང་། རྣམ་པ་ཐམས་ཅད་མཁྱེན་པ་ཉིད་ཀྱི་དེ་བཞིན་ཉིད་གང་ཡིན་པ་དེ་ནི། དེ་བཞིན་ཉིད་གཅིག་པ་སྟེ། གཉིས་སུ་མྱེད་ཅིང་གཉིས་སུ་བྱར་མྱེད་དོ། །སའི་ཁམས་ཀྱི་དེ་བཞིན་ཉིད་གང་ཡིན་པ་དང་། རྣམ་པ་ཐམས་ཅད་མཁྱེན་པ་ཉིད་ཀྱི་དེ་བཞིན་ཉིད་གང་ཡིན་པ་དེ་ནི། དེ་བཞིན་ཉིད་གཅིག་པ་སྟེ། གཉིས་སུ་མྱེད་ཅིང་གཉིས་སུ་བྱར་མྱེད་དོ། །ཆུའི་ཁམས་ཀྱི་②དེ་བཞིན་ཉིད་གང་ཡིན་པ་དང་། རྣམ་པ་ཐམས་ཅད་མཁྱེན་པ་ཉིད་ཀྱི་དེ་བཞིན་ཉིད་གང་ཡིན་པ་དེ་ནི། དེ་བཞིན་ཉིད་གཅིག་པ་སྟེ། གཉིས་སུ་མྱེད་ཅིང་གཉིས་སུ་བྱར་མྱེད་དོ། །མྱེའི་ཁམས་ཀྱི་དེ་བཞིན་ཉིད་གང་ཡིན་པ་དང་། རྣམ་

པ་ཐམས་ཅད་མཁྱེན་པ་ཉིད་ཀྱི་དེ་བཞིན་ཉིད་གང་ཡིན་པ་དེ་ནི་དེ་བཞིན་ཉིད་གཅིག་པ་སྟེ། གཉིས་སུ་མྱེད་ཅིང་གཉིས་སུ་བྱར་མྱེད་དོ། །རླུང་གི་ཁམས་ཀྱི་དེ་བཞིན་ཉིད་གང་ཡིན་པ་དང་། རྣམ་པ་ཐམས་ཅད་མཁྱེན་པ་ཉིད་ཀྱི་དེ་བཞིན་ཉིད་གང་ཡིན་པ་དེ་ནི་དེ་བཞིན་ཉིད་གཅིག་པ་སྟེ། གཉིས་སུ་མྱེད་ཅིང་གཉིས་སུ་བྱར་མྱེད་དོ། །ནམ་མཁའི་ཁམས་ཀྱི་དེ་བཞིན་ཉིད་གང་ཡིན་པ་དང་། རྣམ་པ་ཐམས་ཅད་མཁྱེན་པ་ཉིད་ཀྱི་དེ་བཞིན་ཉིད་[༡]གང་ཡིན་པ་དེ་ནི༔དེ་བཞིན་[༢]ཉིད་གཅིག་པ་སྟེ། གཉིས་སུ་མེད་ཅིང་གཉིས་སུ་བྱར་མྱེད་དོ། །རྣམ་པར་ཤེས་པའི་ཁམས་ཀྱི་དེ་བཞིན་ཉིད་གང་ཡིན་པ་དང་། རྣམ་པ་ཐམས་ཅད་མཁྱེན་པ་ཉིད་ཀྱི་དེ་བཞིན་ཉིད་གང་ཡིན་པ་དེ་ནི་དེ་བཞིན་ཉིད་གཅིག་པ་སྟེ། གཉིས་སུ་མྱེད་ཅིང་གཉིས་སུ་བྱར་མྱེད་དོ། །མ་རིག་པའི་དེ་བཞིན་ཉིད་གང་ཡིན་པ་དང་། རྣམ་པ་ཐམས་ཅད་མཁྱེན་པ་ཉིད་ཀྱི་དེ་བཞིན་ཉིད་གང་ཡིན་པ་དེ་ནི་དེ་བཞིན་ཉིད་གཅིག་པ་སྟེ། གཉིས་སུ་མྱེད་ཅིང་གཉིས་སུ་བྱར་མྱེད་དོ། །འདུ་བྱེད་ཀྱི་དེ་བཞིན་ཉིད་གང་ཡིན་པ་དང་། རྣམ་པ་ཐམས་ཅད་མཁྱེན་པ་ཉིད་ཀྱི་དེ་བཞིན་ཉིད་གང་ཡིན་པ་དེ་ནི་དེ་བཞིན་ཉིད་གཅིག་པ་སྟེ། གཉིས་སུ་མྱེད་ཅིང་གཉིས་སུ་བྱར་མྱེད་དོ། །རྣམ་པར་ཤེས་པའི་དེ་བཞིན་ཉིད་གང་ཡིན་པ་དང་། རྣམ་པ་ཐམས་ཅད་མཁྱེན་པ་ཉིད་ཀྱི་དེ་བཞིན་ཉིད་གང་ཡིན་པ་དེ་ནི་དེ་བཞིན་ཉིད་གཅིག་པ་སྟེ། གཉིས་སུ་མྱེད་ཅིང་གཉིས་སུ་བྱར་མྱེད་དོ། །མྱིག་དང་གཟུགས་ཀྱི་དེ་བཞིན་ཉིད་གང་ཡིན་པ་དང་། རྣམ་པ་ཐམས་ཅད་མཁྱེན་པ་ཉིད་ཀྱི་དེ་བཞིན་ཉིད་གང་ཡིན་པ་དེ་ནི་དེ་བཞིན་ཉིད་གཅིག་པ་སྟེ། གཉིས་སུ་མྱེད་ཅིང་གཉིས་སུ་བྱར་མྱེད་དོ། །སྐྱེ་མཆེད་དྲུག་གི་དེ་བཞིན་ཉིད་གང་ཡིན་པ་དང་། རྣམ་པ་ཐམས་ཅད་མཁྱེན་པ་ཉིད་ཀྱི་དེ་བཞིན་ཉིད་གང་ཡིན་པ་དེ་ནི་དེ་བཞིན་

ཉིད་གཅིག་པ་སྟེ། གཉིས་སུ་མེད་ཅིང་གཉིས་སུ་བྱར་མེད་དོ། །རེག་པའི་དེ་བཞིན་ཉིད་གང་ཡིན་པ་དང་། རྣམ་པ་ཐམས་ཅད་མཁྱེན་པ་ཉིད་ཀྱི་དེ་བཞིན་ཉིད་གང་ཡིན་པ་དེ་ནི་དེ་བཞིན་ཉིད་གཅིག་པ་སྟེ། གཉིས་སུ་མེད་ཅིང་གཉིས་སུ་བྱར་མེད་དོ། །ཚོར་བའི་དེ་བཞིན་ཉིད་གང་ཡིན་པ་དང་། རྣམ་པ་ཐམས་ཅད་མཁྱེན་པ་ཉིད་ཀྱི་དེ་བཞིན་ཉིད་གང་ཡིན་པ་དེ་ནི་དེ་བཞིན་ཉིད་གཅིག་པ་སྟེ། གཉིས་སུ་མེད་ཅིང་གཉིས་སུ་བྱར་མེད་དོ། །སྲེད་པའི་དེ་བཞིན་ཉིད་གང་ཡིན་པ་དང་། རྣམ་པ་ཐམས་ཅད་མཁྱེན་པ་ཉིད་ཀྱི་དེ་བཞིན་ཉིད་གང་ཡིན་པ་དེ་ནི་དེ་བཞིན་ཉིད་གཅིག་པ་སྟེ། གཉིས་སུ་མེད་ཅིང་གཉིས་སུ་བྱར་མེད་དོ། །ལེན་པའི་དེ་བཞིན་ཉིད་གང་ཡིན་པ་དང་། རྣམ་པ་ཐམས་ཅད་མཁྱེན་པ་ཉིད་ཀྱི་དེ་བཞིན་ཉིད་གང་ཡིན་པ་དེ་ནི་དེ་བཞིན་ཉིད་གཅིག་པ་སྟེ། གཉིས་སུ་མེད་ཅིང་གཉིས་སུ་བྱར་མེད་དོ། །སྲིད་པའི་དེ་བཞིན་ཉིད་གང་ཡིན་པ་དང་། རྣམ་པ་ཐམས་ཅད་མཁྱེན་པ་ཉིད་ཀྱི་དེ་བཞིན་ཉིད་གང་ཡིན་པ་དེ་ནི་དེ་བཞིན་ཉིད་གཅིག་པ་སྟེ། གཉིས་སུ་མེད་ཅིང་གཉིས་སུ་བྱར་མེད་དོ། །སྐྱེ་བའི་དེ་བཞིན་ཉིད་གང་ཡིན་པ་དང་། རྣམ་པ་ཐམས་ཅད་མཁྱེན་པ་ཉིད་ཀྱི་དེ་བཞིན་ཉིད་གང་ཡིན་པ་དེ་ནི་དེ་བཞིན་ཉིད་གཅིག་པ་སྟེ། གཉིས་སུ་མེད་ཅིང་གཉིས་སུ་བྱར་མེད་དོ། །རྒ་ཤིའི་དེ་བཞིན་ཉིད་གང་ཡིན་པ་དང་། རྣམ་པ་ཐམས་ཅད་མཁྱེན་པ་ཉིད་ཀྱི་དེ་བཞིན་ཉིད་གང་ཡིན་པ་དེ་ནི་དེ་བཞིན་ཉིད་གཅིག་པ་སྟེ། གཉིས་སུ་མེད་ཅིང་གཉིས་སུ་བྱར་མེད་དོ། །སྦྱིན་པའི་ཕ་རོལ་ཏུ་ཕྱིན་པའི་དེ་བཞིན་ཉིད་གང་ཡིན་པ་དང་། རྣམ་པ་ཐམས་ཅད་མཁྱེན་པ་ཉིད་ཀྱི་དེ་བཞིན་ཉིད་གང་ཡིན་པ་དེ་ནི་དེ་བཞིན་ཉིད་གཅིག་པ་སྟེ། གཉིས་སུ་མེད་ཅིང་གཉིས་སུ་བྱར་མེད་དོ། །ཚུལ་ཁྲིམས་ཀྱི་ཕ་རོལ་ཏུ་ཕྱིན་པའི་དེ་བཞིན་ཉིད་གང་ཡིན་པ་དང་། རྣམ་པ་ཐམས་

ཅད་མཁྱེན་པ་ཉིད་ཀྱི་དེ་བཞིན་ཉིད་གང་ཡིན་པ་དེ་ནི་དེ་བཞིན་ཉིད་གཅིག་པ་སྟེ།
གཉིས་སུ་མེད་ཅིང་གཉིས་སུ་བྱར་མེད་དོ། །བཟོད་པའི་ཕ་རོལ་ཏུ་ཕྱིན་པའི་དེ་
བཞིན་ཉིད་གང་ཡིན་པ་དང་། རྣམ་པ་ཐམས་ཅད་མཁྱེན་པ་ཉིད་ཀྱི་དེ་བཞིན་
ཉིད་གང་ཡིན་པ་དེ་ནི་དེ་བཞིན་ཉིད་གཅིག་པ་སྟེ། གཉིས་སུ་མེད་ཅིང་གཉིས་སུ་
བྱར་མེད་དོ། །བརྩོན་འགྲུས་ཀྱི་ཕ་རོལ་ཏུ་ཕྱིན་པའི་དེ་བཞིན་ཉིད་གང་ཡིན་པ་
དང་། རྣམ་པ་ཐམས་ཅད་མཁྱེན་པ་ཉིད་ཀྱི་དེ་བཞིན་ཉིད་གང་ཡིན་པ་དེ་ནི་དེ་
བཞིན་ཉིད་གཅིག་པ་སྟེ། གཉིས་སུ་མེད་ཅིང་གཉིས་སུ་བྱར་མེད་དོ། །བསམ་
གཏན་གྱི་ཕ་རོལད་ཏུ་ཕྱིན་པའི། དེ་བཞིན་ཉིད་གང་ཡིན་པ་དང་། རྣམ་པ་
ཐམས་ཅད་མཁྱེན་པ་ཉིད་ཀྱི་དེ་བཞིན་ཉིད་གང་ཡིན་པ་དེ་ནི་དེ་བཞིན་ཉིད་གཅིག
པ་སྟེ། གཉིས་སུ་མེད་ཅིང་གཉིས་སུ་བྱར་མེད་དོ། །ཤེས་རབ་ཀྱི་ཕ་རོལ་ཏུ་
ཕྱིན་པའི་དེ་བཞིན་ཉིད་གང་ཡིན་པ་དང་། རྣམ་པ་ཐམས་ཅད་མཁྱེན་པ་ཉིད་ཀྱི་
དེ་བཞིན་ཉིད་གང་ཡིན་པ་དེ་ནི་དེ་བཞིན་ཉིད་གཅིག་པ་སྟེ། གཉིས་སུ་མེད་ཅིང་
གཉིས་སུ་བྱར་མེད་དོ། །ནང་སྟོང་པ་ཉིད་ཀྱི་དེ་བཞིན་ཉིད་གང་ཡིན་པ་དང་།
རྣམ་པ་ཐམས་ཅད་མཁྱེན་པ་ཉིད་ཀྱི་དེ་བཞིན་ཉིད་གང་ཡིན་པ་དེ་ནི་དེ་བཞིན་
ཉིད་གཅིག་པ་སྟེ། གཉིས་སུ་མེད་ཅིང་གཉིས་སུ་བྱར་མེད་དོ། །ཕྱི་སྟོང་པ་
ཉིད་ཀྱི་དེ་བཞིན་ཉིད་གང་ཡིན་པ་དང་། རྣམ་པ་ཐམས་ཅད་མཁྱེན་པ་ཉིད་ཀྱི་
དེ་བཞིན་ཉིད་གང་ཡིན་པ་དེ་ནི་དེ་བཞིན་ཉིད་གཅིག་པ་སྟེ། གཉིས་སུ་མེད་ཅིང་
གཉིས་སུ་བྱར་མེད་དོ། །ཕྱི་ནང་སྟོང་པ་ཉིད་ཀྱི་དེ་བཞིན་ཉིད་གང་ཡིན་པ་དང་།
རྣམ་པ་ཐམས་ཅད་མཁྱེན་པ་ཉིད་ཀྱི་དེ་བཞིན་ཉིད་གང་ཡིན་པ་དེ་ནི་དེ་བཞིན་
ཉིད་གཅིག་པ་སྟེ། གཉིས་སུ་མེད་ཅིང་གཉིས་སུ་བྱར་མེད་དོ། །སྟོང་པ་ཉིད་
སྟོང་པ་ཉིད་ཀྱི་དེ་བཞིན་ཉིད་གང་ཡིན་པ་དང་། རྣམ་པ་ཐམས་ཅད་མཁྱེན་པ་

ཉིད་ཀྱི་དེ་བཞིན་ཉིད་གང་ཡིན་པ་དེ་ནི་དེ་བཞིན་ཉིད་གཅིག་པ་སྟེ། གཉིས་སུ་མྱེད་ཅིང་གཉིས་སུ་བྱར་མྱེད་དོ། །ཆེན་པོ་སྟོང་པ་ཉིད་ཀྱི་དེ་བཞིན་ཉིད་གང་ཡིན་པ་དང་། རྣམ་པ་ཐམས་ཅད་མཁྱེན་པ་ཉིད་ཀྱི་དེ་བཞིན་ཉིད་གང་ཡིན་པ་དེ་ནི་དེ་བཞིན་ཉིད་གཅིག་པ་སྟེ་གཉིས་སུ་མྱེད་ཅིང་གཉིས་སུ་བྱར་མྱེད་དོ། །དོན་དམ་པ་སྟོང་པ་ཉིད་ཀྱི་དེ་བཞིན་ཉིད་གང་ཡིན་པ་དང་། རྣམ་པ་ཐམས་ཅད་མཁྱེན་པ་ཉིད་ཀྱི་དེ་བཞིན་ཉིད་གང་ཡིན་པ་དེ་ནི་དེ་བཞིན་ཉིད་གཅིག་པ་སྟེ། གཉིས་སུ་མྱེད་ཅིང་གཉིས་སུ་བྱར་མེད་དོ། །འདུས་བྱས་སྟོང་པ་ཉིད་ཀྱི་དེ་བཞིན་ཉིད་གང་ཡིན་པ་དང་། རྣམ་པ་ཐམས་ཅད་མཁྱེན་པ་ཉིད་ཀྱི་དེ་བཞིན་ཉིད་གང་ཡིན་པ་དེ་ནི་དེ་བཞིན་ཉིད་གཅིག་པ་སྟེ། གཉིས་སུ་མེད་ཅིང་གཉིས་སུ་བྱར་མྱེད་དོ། །འདུས་མ་བྱས་སྟོང་པ་ཉིད་ཀྱི་དེ་བཞིན་ཉིད་གང་ཡིན་པ་དང་། རྣམ་པ་ཐམས་ཅད་མཁྱེན་པ་ཉིད་ཀྱི་དེ་བཞིན་ཉིད་གང་ཡིན་པ་དེ་ནི་དེ་བཞིན་ཉིད་གཅིག་པ་སྟེ། གཉིས་སུ་མྱེད་ཅིང་གཉིས་སུ་བྱར་མེད་དོ། །མཐའ་ལས་འདས་པ་སྟོང་པ་ཉིད་ཀྱི་དེ་བཞིན་ཉིད་གང་ཡིན་པ་དང་། རྣམ་པ་ཐམས་ཅད་མཁྱེན་པ་ཉིད་ཀྱི་དེ་བཞིན་ཉིད་གང་ཡིན་པ་དེ་ནི་དེ་བཞིན་ཉིད་གཅིག་པ་སྟེ། གཉིས་སུ་མེད་ཅིང་གཉིས་སུ་བྱར་མེད་དོ། །ཐོག་མ་དང་ཐ་མ་མེད་པ་སྟོང་པ་ཉིད་ཀྱི་དེ་བཞིན་ཉིད་གང་ཡིན་པ་དང་། རྣམ་པ་ཐམས་ཅད་མཁྱེན་པ་ཉིད་ཀྱི་དེ་བཞིན་ཉིད་གང་ཡིན་པ་དེ་ནི་དེ་བཞིན་ཉིད་གཅིག་པ་སྟེ། གཉིས་སུ་མྱེད་ཅིང་གཉིས་སུ་བྱར་མྱེད་དོ། །དོར་བ་མྱེད་པ་སྟོང་པ་ཉིད་ཀྱི་དེ་བཞིན་ཉིད་གང་ཡིན་པ་དང་། རྣམ་པ་ཐམས་ཅད་མཁྱེན་པ་ཉིད་ཀྱི་དེ་བཞིན་ཉིད་གང་ཡིན་པ་དེ་ནི་དེ་བཞིན་ཉིད་གཅིག་པ་སྟེ། གཉིས་སུ་མྱེད་ཅིང་གཉིས་སུ་བྱར་མྱེད་དོ། །རང་བཞིན་སྟོང་པ་ཉིད་ཀྱི་དེ་བཞིན་ཉིད་གང་ཡིན་པ་དང་། རྣམ་པ་ཐམས་ཅད་

མཁྱེན་པ་ཉིད་ཀྱི་དེ་བཞིན་ཉིད་གང་ཡིན་པ་དེ་ནི། དེ་བཞིན་ཉིད་གཅིག་པ་སྟེ།
གཉིས་སུ་མྱེད་ཅིང་གཉིས་སུ་བྱར་མྱེད་དོ། །ཆོས་ཐམས་ཅད་སྟོང་པ་ཉིད་ཀྱི་དེ་
བཞིན་ཉིད་གང་ཡིན་པ་དང་། རྣམ་པ་ཐམས་ཅད་མཁྱེན་པ་ཉིད་ཀྱི་དེ་བཞིན་
ཉིད་གང་ཡིན་པ་དེ་ནི་དེ་བཞིན་ཉིད་གཅིག་པ་སྟེ། གཉིས་སུ་མེད་ཅིང་གཉིས་
སུ་བྱར་མྱེད་དོ། །རང་གི་མཚན་ཉིད་སྟོང་པ་ཉིད་ཀྱི་དེ་བཞིན་ཉིད་གང་ཡིན་པ་
དང་། རྣམ་པ་ཐམས་ཅད་མཁྱེན་པ་ཉིད་ཀྱི་དེ་བཞིན་ཉིད་གང་ཡིན་པ་དེ་ནི་དེ་
བཞིན་ཉིད་གཅིག་པ་སྟེ། གཉིས་སུ་མྱེད་ཅིང་གཉིས་སུ་བྱར་མྱེད་དོ། །མི་
དམྱིགས་པ་སྟོང་པ་ཉིད་ཀྱི་དེ་བཞིན་ཉིད་གང་ཡིན་པ་དང་། རྣམ་པ་ཐམས་
ཅད་མཁྱེན་པ་ཉིད་ཀྱི་དེ་བཞིན་ཉིད་གང་ཡིན་པ་དེ་ནི་དེ་བཞིན་ཉིད་གཅིག་པ་སྟེ།
གཉིས་སུ་མེད་ཅིང་གཉིས་སུ་བྱར་མྱེད་དོ། །དངོས་པོ་མེད་པ་སྟོང་པ་ཉིད་ཀྱི་
དེ་བཞིན་ཉིད་གང་ཡིན་པ་དང་། རྣམ་པ་ཐམས་ཅད་མཁྱེན་པ་ཉིད་ཀྱི་དེ་བཞིན་
ཉིད་གང་ཡིན་པ་དེ་ནི་དེ་བཞིན་ཉིད་གཅིག་པ་སྟེ། གཉིས་སུ་མྱེད་ཅིང་གཉིས་སུ་
བྱར་མྱེད་དོ། །ངོ་བོ་ཉིད་སྟོང་པ་ཉིད་ཀྱི་དེ་བཞིན་ཉིད་གང་ཡིན་པ་དང་།
རྣམ་པ་ཐམས་ཅད་མཁྱེན་པ་ཉིད་ཀྱི་དེ་བཞིན་ཉིད་[1]གང་ཡིན་པ་དེ་ནི་དེ་བཞིན་
ཉིད་གཅིག་པ་སྟེ། གཉིས་སུ་མྱེད་ཅིང་གཉིས་སུ་བྱར་མྱེད་དོ། །དངོས་པོ་མེད་
པའི་ངོ་བོ་ཉིད་སྟོང་པ་ཉིད་ཀྱི་དེ་བཞིན་ཉིད་གང་ཡིན་པ་དང་། རྣམ་པ་ཐམས་
ཅད་མཁྱེན་པ་ཉིད་ཀྱི་དེ་བཞིན་ཉིད་གང་ཡིན་པ་དེ་ནི་དེ་བཞིན་ཉིད་གཅིག་པ་སྟེ།
གཉིས་སུ་མེད་ཅིང་གཉིས་སུ་བྱར་མེད་དོ། །དྲན་པ་ཉེ་བར་གཞག་[2]པ་རྣམས་
ཀྱི་དེ་བཞིན་ཉིད་གང་ཡིན་པ་དང་། རྣམ་པ་ཐམས་ཅད་མཁྱེན་པ་ཉིད་ཀྱི་དེ་
བཞིན་ཉིད་གང་ཡིན་པ་དེ་ནི་དེ་བཞིན་ཉིད་གཅིག་པ་སྟེ། གཉིས་སུ་མྱེད་ཅིང་
གཉིས་སུ་བྱར་མྱེད་དོ། །ཡང་དག་པར་སྤོང་བ་རྣམས་ཀྱི་དེ་བཞིན་ཉིད་གང་ཡིན་

པ་དང་། རྣམ་པ་ཐམས་ཅད་མཁྱེན་པ་ཉིད་ཀྱི་དེ་བཞིན་ཉིད་གང་ཡིན་པ་དེ་ནི་དེ་བཞིན་ཉིད་གཅིག་པ་སྟེ། གཉིས་སུ་མེད་ཅིང་གཉིས་སུ་བྱར་མེད་དོ། །རྫུ་འཕྲུལ་གྱི་རྐང་པ་རྣམས་ཀྱི་དེ་བཞིན་ཉིད་གང་ཡིན་པ་དང་། རྣམ་པ་ཐམས་ཅད་མཁྱེན་པ་ཉིད་ཀྱི་དེ་བཞིན་ཉིད་གང་ཡིན་པ་དེ་ནི་དེ་བཞིན་ཉིད་གཅིག་པ་སྟེ། གཉིས་སུ་མེད་ཅིང་གཉིས་སུ་བྱར་མེད་དོ། །དབང་པོ་རྣམས་ཀྱི་དེ་བཞིན་ཉིད་གང་ཡིན་པ་དང་། རྣམ་པ་ཐམས་ཅད་མཁྱེན་པ་ཉིད་ཀྱི་དེ་བཞིན་ཉིད་གང་ཡིན་པ་དེ་ནི་དེ་བཞིན་ཉིད་གཅིག་པ་སྟེ། གཉིས་སུ་མེད་ཅིང་གཉིས་སུ་བྱར་མེད་དོ། །སྟོབས་རྣམས་ཀྱི་དེ་བཞིན་ཉིད་གང་ཡིན་པ་དང་། རྣམ་པ་ཐམས་ཅད་མཁྱེན་པ་ཉིད་ཀྱི་དེ་བཞིན་ཉིད་གང་ཡིན་པ་དེ་ནི་དེ་བཞིན་ཉིད་གཅིག་པ་སྟེ། གཉིས་སུ་མེད་ཅིང་གཉིས་སུ་བྱར་མེད་དོ། །བྱང་ཆུབ་ཀྱི་ཡན་[7]ལག་རྣམས་ཀྱི་དེ་བཞིན་ཉིད་གང་ཡིན་པ་དང་། རྣམ་པ་ཐམས་ཅད་མཁྱེན་པ་ཉིད་ཀྱི་དེ་བཞིན་ཉིད་གང་ཡིན་པ་དེ་ནི་དེ་བཞིན་ཉིད་གཅིག་པ་སྟེ། གཉིས་སུ་མེད་ཅིང་གཉིས་སུ་བྱར་མེད་དོ། །འཕགས་པའི་ལམ་ཡན་ལག་བརྒྱད་པའི་དེ་བཞིན་ཉིད་གང་ཡིན་པ་དང་། རྣམ་པ་ཐམས་ཅད་མཁྱེན་པ་ཉིད་ཀྱི་དེ་བཞིན་ཉིད་གང་ཡིན་པ་དེ་ནི་དེ་བཞིན་ཉིད་གཅིག་པ་སྟེ། གཉིས་སུ་མེད་ཅིང་གཉིས་སུ་བྱར་མེད་དོ། །འཕགས་པའི་བདེན་པ་རྣམས་ཀྱི་དེ་བཞིན་ཉིད་གང་ཡིན་པ་དང་། རྣམ་པ་ཐམས་ཅད་མཁྱེན་པ་ཉིད་ཀྱི་དེ་བཞིན་ཉིད་གང་ཡིན་པ་དེ་ནི་དེ་བཞིན་ཉིད་གཅིག་པ་སྟེ། གཉིས་སུ་མེད་ཅིང་གཉིས་སུ་བྱར་མེད་དོ། །བསམ་གཏན་རྣམས་ཀྱི་དེ་བཞིན་ཉིད་གང་ཡིན་པ་དང་། རྣམ་པ་ཐམས་ཅད་མཁྱེན་པ་ཉིད་ཀྱི་དེ་བཞིན་ཉིད་གང་ཡིན་པ་དེ་ནི་དེ་བཞིན་ཉིད་གཅིག་པ་སྟེ། གཉིས་སུ་མེད་ཅིང་གཉིས་སུ་བྱར་མེད་དོ། །ཚད་མེད་པ་རྣམས་ཀྱི་དེ་བཞིན་ཉིད་གང་ཡིན་པ་དང་། རྣམ་

པ་ཐམས་ཅད་མཁྱེན་པ་ཉིད་ཀྱི་དེ་བཞིན་ཉིད་གང་ཡིན་པ་དེ་ནི་དེ་བཞིན་ཉིད་…གཅིག་པ་སྟེ། གཉིས་སུ་མེད་ཅིང་གཉིས་སུ་བྱར་མེད་དོ། །གཟུགས་མེད་པའི་སྙོམས་པར་འཇུག་པ་རྣམས་ཀྱི་དེ་བཞིན་ཉིད་གང་ཡིན་པ་དང་། རྣམ་པ་…ཐམས་ཅད་མཁྱེན་པ་ཉིད་ཀྱི་དེ་བཞིན་ཉིད་གང་ཡིན་པ་དེ་ནི་དེ་བཞིན་ཉིད་གཅིག་པ་སྟེ། གཉིས་སུ་མེད་ཅིང་གཉིས་སུ་བྱར་མེད་དོ། །རྣམ་པར་ཐར་པ་རྣམས་…ཀྱི་དེ་བཞིན་ཉིད་གང་ཡིན་པ་དང་། རྣམ་པ་ཐམས་ཅད་མཁྱེན་པ་ཉིད་ཀྱི་དེ་བཞིན་ཉིད་གང་ཡིན་པ་དེ་ནི་དེ་བཞིན་ཉིད་གཅིག་པ་སྟེ། གཉིས་སུ་མེད་ཅིང་གཉིས་སུ་བྱར་མེད་དོ། །མཐར་གྱིས་གནས་པའི་སྙོམས་པར་འཇུག་པ་རྣམས་ཀྱི་དེ་བཞིན་ཉིད་གང་ཡིན་པ་དང་། རྣམ་པ་ཐམས་ཅད་མཁྱེན་པ་ཉིད་ཀྱི་དེ་བཞིན་ཉིད་གང་ཡིན་པ་དེ་ནི་དེ་བཞིན་ཉིད་གཅིག་པ་སྟེ། གཉིས་སུ་མེད་ཅིང་གཉིས་སུ་བྱར་མེད་དོ། །རྣམ་པར་ཐར་པའི་སྒོ་སྟོང་པ་ཉིད་དང་། མཚན་མ་མེད་པ་དང་། སྨོན་པ་མེད་པའི་དེ་བཞིན་ཉིད་གང་ཡིན་པ་དང་། རྣམ་པ་ཐམས་ཅད་མཁྱེན་པ་ཉིད་ཀྱི་དེ་བཞིན་ཉིད་གང་ཡིན་པ་དེ་ནི་དེ་བཞིན་ཉིད་གཅིག་པ་སྟེ། གཉིས་སུ་མེད་ཅིང་གཉིས་སུ་བྱར་མེད་དོ། །མངོན་པར་ཤེས་པ་རྣམས་ཀྱི་དེ་བཞིན་ཉིད་གང་ཡིན་པ་དང་། རྣམ་པ་ཐམས་ཅད་མཁྱེན་པ་ཉིད་ཀྱི་དེ་བཞིན་…ཉིད་གང་ཡིན་པ་དེ་ནི་དེ་བཞིན་ཉིད་གཅིག་པ་སྟེ། གཉིས་སུ་མེད་ཅིང་གཉིས་སུ་བྱར་མེད་དོ། །ཏིང་ངེ་འཛིན་རྣམས་ཀྱི་དེ་བཞིན་ཉིད་གང་ཡིན་པ་དང་། རྣམ་པ་ཐམས་ཅད་མཁྱེན་པ་ཉིད་ཀྱི་དེ་བཞིན་ཉིད་གང་ཡིན་པ་དེ་ནི་དེ་བཞིན་…ཉིད་གཅིག་པ་སྟེ། གཉིས་སུ་མེད་ཅིང་གཉིས་སུ་བྱར་མེད་དོ། །གཟུངས་ཀྱི་སྒོ་རྣམས་ཀྱི་དེ་བཞིན་ཉིད་གང་ཡིན་པ་དང་། རྣམ་པ་ཐམས་ཅད་མཁྱེན་པ་ཉིད་ཀྱི་དེ་བཞིན་ཉིད་གང་ཡིན་པ་དེ་ནི་དེ་བཞིན་ཉིད་གཅིག་པ་སྟེ། གཉིས་སུ་མེད་ཅིང་

གཉིས་སུ་བྱར་མེད་དོ། །དེ་བཞིན་གཤེགས་པའི་སྟོབས་རྣམས་ཀྱི་དེ་བཞིན་ཉིད་གང་ཡིན་པ་དང་། རྣམ་པ་ཐམས་ཅད་མཁྱེན་པ་ཉིད་ཀྱི་དེ་བཞིན་ཉིད་གང་ཡིན་པ་དེ་ནི་དེ་བཞིན་ཉིད་གཅིག་པ་སྟེ། གཉིས་སུ་མེད་ཅིང་གཉིས་སུ་བྱར་མེད་དོ། །མི་འཇིགས་པ་རྣམས་ཀྱི་དེ་བཞིན་ཉིད་གང་ཡིན་པ་དང་། རྣམ་པ་ཐམས་ཅད་མཁྱེན་པ་ཉིད་ཀྱི་དེ་བཞིན་ཉིད་གང་ཡིན་པ་དེ་ནི་དེ་བཞིན་ཉིད་གཅིག་པ་སྟེ། གཉིས་སུ་མེད་ཅིང་གཉིས་སུ་བྱར་མེད་དོ། །སོ་སོ་ཡང་དག་པར་རིག་པ་རྣམས་ཀྱི་དེ་བཞིན་ཉིད་གང་ཡིན་པ་དང་། རྣམ་པ་ཐམས་ཅད་མཁྱེན་པ་ཉིད་ཀྱི་དེ་བཞིན་ཉིད་གང་ཡིན་པ་དེ་ནི་དེ་བཞིན་ཉིད་གཅིག་པ་སྟེ། གཉིས་སུ་མེད་ཅིང་གཉིས་སུ་བྱར་མེད་དོ། །བྱམས་པ་ཆེན་པོའི་དེ་བཞིན་ཉིད་གང་ཡིན་པ་དང་། རྣམ་པ་ཐམས་ཅད་མཁྱེན་པ་ཉིད་ཀྱི་དེ་བཞིན་ཉིད་གང་ཡིན་པ་དེ་ནི་དེ་བཞིན་ཉིད་གཅིག་པ་སྟེ། གཉིས་སུ་མེད་ཅིང་གཉིས་སུ་བྱར་མེད་དོ། །སྙིང་རྗེ་ཆེན་པོའི་དེ་བཞིན་ཉིད་གང་ཡིན་པ་དང་། རྣམ་པ་ཐམས་ཅད་མཁྱེན་པ་ཉིད་ཀྱི་དེ་བཞིན་ཉིད་གང་ཡིན་པ་དེ་ནི་དེ་བཞིན་ཉིད་གཅིག་པ་སྟེ། གཉིས་སུ་མེད་ཅིང་གཉིས་སུ་བྱར་མེད་དོ། །སངས་རྒྱས་ཀྱི་ཆོས་མ་འདྲེས་པ་རྣམས་ཀྱི་དེ་བཞིན་ཉིད་གང་ཡིན་པ་དང་། རྣམ་པ་ཐམས་ཅད་མཁྱེན་པ་ཉིད་ཀྱི་དེ་བཞིན་ཉིད་གང་ཡིན་པ་དེ་ནི་དེ་བཞིན་ཉིད་གཅིག་པ་སྟེ། གཉིས་སུ་མེད་ཅིང་གཉིས་སུ་བྱར་མེད་དོ། །རྒྱུན་དུ་ཞུགས་པའི་འབྲས་བུའི་དེ་བཞིན་ཉིད་[1]གང་ཡིན་པ་[2]དང་། རྣམ་པ་ཐམས་ཅད་མཁྱེན་པ་ཉིད་ཀྱི་དེ་བཞིན་ཉིད་གང་ཡིན་པ་དེ་ནི་དེ་བཞིན་ཉིད་གཅིག་པ་སྟེ། གཉིས་སུ་མེད་ཅིང་གཉིས་སུ་བྱར་མེད་དོ། །ལན་ཅིག་[3]ཕྱིར་འོང་བའི་འབྲས་བུའི་དེ་བཞིན་ཉིད་གང་ཡིན་པ་དང་། རྣམ་པ་ཐམས་ཅད་མཁྱེན་པ་ཉིད་ཀྱི་དེ་བཞིན་ཉིད་གང་ཡིན་པ་དེ་ནི་དེ་བཞིན་ཉིད་གཅིག

པ་སྟེ། གཉིས་སུ་མེད་ཅིང་གཉིས་སུ་བྱར་མེད་དོ། །ཕྱིར་མི་འོང་བའི་འབྲས་བུའི་དེ་བཞིན་ཉིད་གང་ཡིན་པ་དང་། རྣམ་པ་ཐམས་ཅད་མཁྱེན་པ་ཉིད་ཀྱི་དེ་བཞིན་ཉིད་གང་ཡིན་པ་དེ་ནི་དེ་བཞིན་ཉིད་གཅིག་པ་སྟེ། གཉིས་སུ་མེད་ཅིང་གཉིས་སུ་བྱར་མེད་དོ། །དགྲ་བཅོམ་པ་ཉིད་ཀྱི་དེ་བཞིན་ཉིད་གང་ཡིན་པ་དང་། རྣམ་པ་ཐམས་ཅད་མཁྱེན་པ་ཉིད་ཀྱི་དེ་བཞིན་ཉིད་གང་ཡིན་པ་དེ་ནི། དེ་བཞིན་ཉིད་གཅིག་པ་སྟེ། གཉིས་སུ་མེད་ཅིང་གཉིས་སུ་བྱར་མེད་དོ། །རང་བྱང་ཆུབ་ཀྱི་[༡]དེ་བཞིན་ཉིད་གང་ཡིན་པ་དང་། རྣམ་པ་ཐམས་ཅད་མཁྱེན་པ་ཉིད་ཀྱི་དེ་བཞིན་ཉིད་གང་ཡིན་པ་དེ་ནི། དེ་བཞིན་ཉིད་གཅིག་པ་སྟེ། གཉིས་སུ་མེད་ཅིང་གཉིས་སུ་བྱར་མེད་དོ། །ལམ་གྱི་རྣམ་པ་ཤེས་པ་ཉིད་ཀྱི་དེ་བཞིན་ཉིད་གང་ཡིན་པ་དང་། རྣམ་པ་ཐམས་ཅད་མཁྱེན་པ་ཉིད་ཀྱི་དེ་བཞིན་ཉིད་[༢]གང་ཡིན་པ་དེ་ནི་དེ་བཞིན་ཉིད་གཅིག་པ་སྟེ། གཉིས་སུ་མེད་ཅིང་གཉིས་སུ་བྱར་མེད་དོ། །རྒྱུན་ དུ་ཞུགས་པའི་[༣]དེ་བཞིན་ཉིད་གང་ཡིན་པ་དང་། རྣམ་པ་ཐམས་ཅད་མཁྱེན་པ་ཉིད་ཀྱི་དེ་བཞིན་ཉིད་གང་ཡིན་པ་དེ་ནི་དེ་བཞིན་ཉིད་གཅིག་པ་སྟེ། གཉིས་སུ་མེད་ཅིང་གཉིས་སུ་བྱར་མེད་དོ། །ལན་ཅིག་ཕྱིར་འོང་བའི་དེ་བཞིན་ཉིད་གང་ཡིན་པ་དང་། རྣམ་པ་ཐམས་ཅད་མཁྱེན་པ་ཉིད་ཀྱི་དེ་བཞིན་ཉིད་གང་ཡིན་པ་དེ་ནི་དེ་བཞིན་ཉིད་གཅིག་པ་སྟེ། གཉིས་སུ་མེད་ཅིང་གཉིས་སུ་བྱར་མེད་དོ། །ཕྱིར་མི་འོང་བའི་དེ་བཞིན་ཉིད་གང་ཡིན་པ་དང་། རྣམ་པ་ཐམས་ཅད་མཁྱེན་པ་ཉིད་ཀྱི་དེ་བཞིན་ཉིད་གང་ཡིན་པ་དེ་ནི་དེ་བཞིན་ཉིད་གཅིག་པ་སྟེ། གཉིས་སུ་མེད་ཅིང་གཉིས་སུ་བྱར་མེད་དོ། །དགྲ་བཅོམ་པའི་དེ་བཞིན་ཉིད་གང་ཡིན་པ་དང་། རྣམ་པ་ཐམས་ཅད་མཁྱེན་པ་ཉིད་ཀྱི་དེ་བཞིན་ཉིད་གང་ཡིན་པ་དེ་ནི་དེ་བཞིན་ཉིད་གཅིག་པ་སྟེ། གཉིས་སུ་མེད་ཅིང་གཉིས་སུ་བྱར་མེད་དོ། །

རང་སངས་རྒྱས་ཀྱི་དེ་བཞིན་ཉིད་གང་ཡིན་པ་དང་། རྣམ་པ་ཐམས་ཅད་མཁྱེན་པ་ཉིད་ཀྱི་དེ་བཞིན་ཉིད་གང་ཡིན་པ་དེ་ནི་དེ་བཞིན་ཉིད་གཅིག་པ་སྟེ། གཉིས་སུ་མེད་ཅིང་གཉིས་སུ་བྱར་མེད་དོ། །བྱང་ཆུབ་སེམས་དཔའི་དེ་བཞིན་ཉིད་གང་ཡིན་པ་དང་། རྣམ་པ་ཐམས་ཅད་མཁྱེན་པ་ཉིད་ཀྱི་དེ་བཞིན་ཉིད་གང་ཡིན་པ་དེ་ནི་དེ་བཞིན་ཉིད་གཅིག་པ་སྟེ། གཉིས་སུ་མེད་ཅིང་གཉིས་སུ་བྱར་མེད་དོ། །སངས་རྒྱས་ཀྱི་དེ་བཞིན་ཉིད་གང་ཡིན་པ་དང་། རྣམ་པ་ཐམས་ཅད་མཁྱེན་པ་ཉིད་ཀྱི་དེ་བཞིན་ཉིད་གང་ཡིན་པ་དེ་ནི་དེ་བཞིན་ཉིད་གཅིག་པ་སྟེ། གཉིས་སུ་མེད་ཅིང་གཉིས་སུ་བྱར་མེད་དོ། །ལྷའི་བུ་དག་དོན་གྱི[༡]དབང་དེ་གཟིགས་པས། དེ་བཞིན་གཤེགས་པ་ཕྱིན[༢]ལས་ཆུང་བ་ལ་ཐུགས་གཞོལ་ཏེ། ཆོས་བསྟན་པ་ལ་གཞོལ་བ་མ་ཡིན་ནོ། །དེ་ཅིའི་ཕྱིར་ཞེ་ན། འདི་ལྟར་འདི་ལྟ་སྟེ[༣]། དེ་བཞིན་གཤེགས་པ་རྣམས་ཀྱི་ཆོས་བྱང་ཆུབ་འདི་ནི་ཟབ་ཅིང་བལྟ[༤]དཀའ་ལ། ཡོང་དུ་ཆུད་པར་དཀའ་ཞིང་བརྟག་ཏུ་མེད་ལ། རྟོག་གེའི་སྤྱོད་ཡུལ་མ་ཡིན་ཏེ། ཞི་ཞིང་ཕྲ་བ་ཞིབ་མོ[༥]མཁས་ཤིང་རྟོགས་པས་རིག་པར་བྱ་བ། འཇིག་རྟེན་ཐམས་ཅད་ཀྱིས་ཡིད་ཆེས་པར[༦]དཀའ་བ་སྟེ། དེ་ནི་སུས་ཀྱང་མངོན་པར་སངས་མ་རྒྱས། ནམ་ཡང་མངོན་པར་སངས༔མ་རྒྱས[༧]། གར[༨]ཡང་མངོན་པར་སངས་མ་རྒྱས་ཏེ། གང་ལ་གཉིས་སུ་ཀུན་ནས་རྒྱུ་བ་མེད་པ་དེ་ནི་ཆོས་རྣམས་ཀྱི་ཟབ་པ་ཉིད་དོ། །ལྷའི་བུ་དག་ནམ་མཁའ་ཟབ་པའི་ཕྱིར་ཆོས་འདི་ཟབ་བོ། །ལྷའི་བུ་དག་དེ་བཞིན་ཉིད་ཟབ་པའི་ཕྱིར་ཆོས་འདི་ཟབ་བོ། །ལྷའི་བུ་དག་ཆོས་ཀྱི་དབྱིངས་ཟབ་པའི་ཕྱིར་ཆོས་འདི་ཟབ་བོ། །ལྷའི་བུ་དག་ཡང་དག་པའི་མཐའ་ཟབ་པའི་ཕྱིར་ཆོས་འདི་ཟབ་བོ། །ལྷའི་བུ་དག་བསམ་གྱིས་མི་ཁྱབ་པའི་དབྱིངས་ཟབ་པའི་ཕྱིར་ཆོས་འདི་ཟབ་བོ། །ལྷའི་བུ་དག་མཐའ་ཡས་སྐྱེ་མེད་པ་

ཟབ་པའི་ཕྱིར་ཆོས་འདི་ཟབ་བོ། །ལྷའི་བུ་དག་འོང་བ་དང་འགྲོ་བ་མེད་པ་ཟབ་པའི་ཕྱིར་ཆོས་འདི་ཟབ་བོ། །ལྷའི་བུ་དག་མི་སྐྱེ་མི་འགག་པ་དང་། མངོན་པར་རྫོགས་པར་བྱང་ཆུབ་པ་མེད་པ་ཟབ་པའི་ཕྱིར་ཆོས་འདི་ཟབ་བོ། །ལྷའི་བུ་དག་ཀུན་ནས་ཉོན་མོངས་པ་མེད་པ་དང་། རྣམ་པར་བྱང་བ་མེད་པ་དང་། མངོན་པར་རྫོགས་པར་བྱང་ཆུབ་པ་མེད་པ་ཟབ་པའི་ཕྱིར་ཆོས་འདི་ཟབ་བོ། །ལྷའི་བུ་དག་མངོན་པར་འདུ་བྱ་བ་མེད་པ་དང་། མངོན་པར་རྫོགས་པར་བྱང་ཆུབ་པ་མེད་པ་ཟབ་པའི་ཕྱིར་ཆོས་འདི་ཟབ་བོ། །ལྷའི་བུ་དག་བདག་ཟབ་པའི་ཕྱིར་ཆོས་འདི་ཟབ་བོ། །ལྷའི་བུ་དག་སེམས་ཅན་ཟབ་པའི་ཕྱིར་ཆོས་འདི་ཟབ་བོ། །ལྷའི་བུ་དག་སྲོག་ཟབ་པའི་ཕྱིར་ཆོས་འདི་ཟབ་བོ། །ལྷའི་བུ་དག་འགྲོ་བ་ཟབ་པའི་ཕྱིར་ཆོས་འདི་ཟབ་བོ། །ལྷའི་བུ་དག་གསོ[1]བ་ཟབ་པའི་ཕྱིར་ཆོས་འདི་ཟབ་བོ། །ལྷའི་བུ་དག་སྐྱེས་བུ་ཟབ་པའི་ཕྱིར་ཆོས་འདི་ཟབ་བོ། །ལྷའི་བུ་དག་གང་ཟག་ཟབ་པའི་ཕྱིར་ཆོས་འདི་ཟབ་བོ། །ལྷའི་བུ་དག་ཤེད་ཅན་ཟབ་པའི་ཕྱིར་ཆོས་འདི་ཟབ་བོ། །ལྷའི་བུ་དག་ཤེད་བདག་ཟབ་པའི་ཕྱིར་ཆོས་འདི་ཟབ་བོ། །ལྷའི་བུ་དག་བྱེད་པ་པོ་ཟབ་པའི་ཕྱིར་ཆོས་འདི་ཟབ་བོ། །ལྷའི་བུ་དག་ཚོར་བ་པོ་ཟབ་པའི་ཕྱིར་ཆོས་འདི་ཟབ་བོ། །ལྷའི་བུ་དག་ཤེས་པ་པོ་ཟབ་པའི་ཕྱིར་ཆོས་འདི་ཟབ[3]་བོ། །ལྷའི་བུ་དག་མཐོང་བ་པོ་ཟབ་པའི་ཕྱིར་ཆོས་འདི་ཟབ་བོ། །ལྷའི་བུ་དག་གཟུགས་ཟབ་པའི་ཕྱིར་ཆོས་འདི་ཟབ་བོ། །ལྷའི་བུ་དག་ཚོར་བ་ཟབ་པའི་ཕྱིར་ཆོས་འདི་ཟབ་བོ། །ལྷའི་བུ་དག་འདུ་ཤེས་ཟབ་པའི་ཕྱིར་ཆོས་འདི་ཟབ་བོ། །ལྷའི་བུ་དག་འདུ་བྱེད་ཟབ་པའི་ཕྱིར་ཆོས་འདི་ཟབ་བོ། །ལྷའི་བུ་དག་རྣམ་པར་ཤེས་པ་ཟབ་པའི་ཕྱིར་ཆོས་འདི་ཟབ་བོ། །ལྷའི་བུ་དག་མིག་ཟབ་པའི་ཕྱིར་ཆོས་འདི་ཟབ་བོ། །ལྷའི་བུ་དག་རྣ་བ་ཟབ་པའི་ཕྱིར་ཆོས་འདི་ཟབ་བོ། །

ལྷའི་བུ་དག་སྣ་ཟབ་པའི་ཕྱིར་ཆོས་འདི་ཟབ་བོ། །ལྷའི་བུ་དག་ལྕེ་ཟབ་པའི་ཕྱིར་ཆོས་འདི་ཟབ་བོ། །ལྷའི་བུ་དག་ལུས་ཟབ་པའི་ཕྱིར་ཆོས་འདི་ཟབ་བོ། །ལྷའི་བུ་དག་ཡིད་ཟབ་པའི་ཕྱིར་ཆོས་འདི་ཟབ་བོ། །ལྷའི་བུ་དག་གཟུགས་ཟབ་པའི་ཕྱིར་ཆོས་འདི་ཟབ་བོ། །ལྷའི་བུ་དག་སྒྲ་ཟབ་པའི་ཕྱིར་ཆོས་འདི་ཟབ་བོ། །ལྷའི་བུ་དག་[༡]དྲི་ཟབ་པའི་ཕྱིར་ཆོས་འདི་ཟབ་བོ། །ལྷའི་བུ་དག་རོ་ཟབ་པའི་ཕྱིར་ཆོས་འདི་ཟབ་བོ། །ལྷའི་བུ་དག་རེག་ཟབ་པའི་ཕྱིར་ཆོས་འདི་ཟབ་བོ། །ལྷའི་བུ་དག་ཆོས་ཟབ་པའི་ཕྱིར་ཆོས་འདི་ཟབ་བོ། །ལྷའི་བུ་དག་མིག་གི་རྣམ་པར་ཤེས་པ་ཟབ་པའི་ཕྱིར་ཆོས་འདི་ཟབ་བོ། །ལྷའི་བུ་དག་རྣ་བའི་རྣམ་པར་ཤེས་པ་ཟབ་པའི་ཕྱིར་ཆོས་འདི་ཟབ་བོ། །ལྷའི་བུ་དག་སྣའི་རྣམ་པར་ཤེས་པ་ཟབ་པའི་ཕྱིར་ཆོས་འདི་ཟབ་བོ། །ལྷའི་བུ་དག་ལྕེའི་རྣམ་པར་ཤེས་པ་ཟབ་པའི་ཕྱིར་ཆོས་འདི་ཟབ་བོ། །ལྷའི་བུ་དག་ལུས་ཀྱི་རྣམ་པར་ཤེས་པ་ཟབ་པའི་ཕྱིར་ཆོས་འདི་ཟབ་བོ། །ལྷའི་བུ་དག་ཡིད་ཀྱི་རྣམ་པར་ཤེས་པ་ཟབ་པའི་ཕྱིར་ཆོས་འདི་ཟབ་བོ། །ལྷའི་བུ་དག་མིག་གི་འདུས་ཏེ་རེག་པ་ཟབ་པའི་ཕྱིར་ཆོས་འདི་ཟབ་བོ། །ལྷའི་བུ་དག་རྣ་བའི་འདུས་ཏེ་རེག་པ་ཟབ་པའི་ཕྱིར་ཆོས་འདི་ཟབ་བོ། །ལྷའི་བུ་དག་སྣའི་འདུས་ཏེ་རེག་པ་ཟབ་པའི་ཕྱིར་ཆོས་འདི་ཟབ་བོ། །ལྷའི་བུ་དག་ལྕེའི་འདུས་ཏེ་རེག་པ་ཟབ་པའི་ཕྱིར་ཆོས་འདི་ཟབ་བོ། །ལྷའི་བུ་དག་ལུས་ཀྱི་འདུས་ཏེ་རེག་པ་ཟབ་པའི་ཕྱིར་ཆོས་འདི་ཟབ་བོ། །ལྷའི་བུ་དག་ཡིད་ཀྱི་འདུས་ཏེ་རེག་པ་ཟབ་པའི་ཕྱིར་ཆོས་འདི་ཟབ་བོ། །ལྷའི་བུ་དག་མིག་གི་འདུས་ཏེ་རེག་པའི་རྐྱེན་གྱིས་ཚོར་བ་ཟབ་པའི་ཕྱིར་ཆོས་འདི་ཟབ་བོ། །ལྷའི་བུ་དག་རྣ་བའི་འདུས་ཏེ་རེག་པའི་རྐྱེན་གྱིས་ཚོར་བ་ཟབ་པའི་ཕྱིར་ཆོས་འདི་ཟབ་བོ། །ལྷའི་བུ་དག་སྣའི་འདུས་ཏེ་རེག་པའི་རྐྱེན་གྱིས་ཚོར་བ་ཟབ་པའི་ཕྱིར་ཆོས་འདི་ཟབ་བོ། །

ལྷའི་བུ་དག་ལྕེའི་འདུས་ཏེ་རེག་པའི་རྐྱེན་གྱིས་ཚོར་བ་ཟབ་པའི་ཕྱིར་ཆོས་འདི་ཟབ་པོ། །ལྷའི་བུ་དག་ལུས་ཀྱི་འདུས་ཏེ་རེག་པའི་རྐྱེན་གྱིས་ཚོར་བ་ཟབ་པའི་ཕྱིར་ཆོས་འདི་ཟབ་པོ། །ལྷའི་བུ་དག་ཡིད་ཀྱི་འདུས་ཏེ་རེག་པའི་རྐྱེན་གྱིས་ཚོར་བ་ཟབ་པའི་ཕྱིར་ཆོས་འདི་ཟབ་པོ། །ལྷའི་བུ་དག་སའི་ཁམས་ཟབ་པའི་ཕྱིར་ཆོས་འདི་ཟབ་པོ། །ལྷའི་བུ་དག་ཆུའི་ཁམས་ཟབ་པའི་ཕྱིར་ཆོས་འདི་ཟབ་པོ། །ལྷའི་བུ་དག་མེའི་ཁམས་ཟབ་པའི་ཕྱིར་ཆོས་འདི་ཟབ་པོ། །ལྷའི་བུ་དག་རླུང་གི་ཁམས་ཟབ་པའི་ཕྱིར་ཆོས་འདི་ཟབ་པོ། །ལྷའི་བུ་དག་ནམ་མཁའི་ཁམས་ཟབ་པའི་ཕྱིར་ཆོས་འདི་ཟབ་པོ། །ལྷའི་བུ་དག་རྣམ་པར་ཤེས་པའི་ཁམས་ཟབ་པའི་ཕྱིར་ཆོས་འདི་ཟབ་པོ། །ལྷའི་བུ་དག་མ་རིག་པ་ཟབ་པའི་ཕྱིར་ཆོས་འདི་ཟབ་པོ། །ལྷའི་བུ་དག་འདུ་བྱེད་ཟབ་པའི་ཕྱིར་ཆོས་འདི་ཟབ་པོ། །ལྷའི་བུ་དག་རྣམ་པར་ཤེས་པ་ཟབ་པའི་ཕྱིར་ཆོས་འདི་ཟབ་པོ། །ལྷའི་བུ་དག་མིང་དང་གཟུགས་ཟབ་པའི་ཕྱིར་ཆོས་འདི་ཟབ་པོ། །ལྷའི་བུ་དག་སྐྱེ་མཆེད་[1]དྲུག་ཟབ་པའི་ཕྱིར་ཆོས་འདི་ཟབ་པོ། །ལྷའི་བུ་དག་རེག་པ་ཟབ་པའི་ཕྱིར་ཆོས་འདི་ཟབ་པོ། །ལྷའི་བུ་དག་ཚོར་བ་ཟབ་པའི་ཕྱིར་ཆོས་འདི་ཟབ་པོ། །ལྷའི་བུ་དག་སྲེད་པ་ཟབ་པའི་ཕྱིར་ཆོས་འདི་ཟབ་པོ། །ལྷའི་བུ་དག་ལེན་པ་ཟབ་པའི་ཕྱིར་ཆོས་འདི་ཟབ་པོ། །ལྷའི་བུ་དག་སྲིད་པ་ཟབ་པའི་ཕྱིར་ཆོས་འདི་ཟབ་པོ། །ལྷའི་བུ་དག་སྐྱེ་བ་ཟབ་པའི་ཕྱིར་ཆོས་འདི་ཟབ་པོ། །ལྷའི་བུ་དག་རྒ་ཤི་ཟབ་པའི་ཕྱིར་ཆོས་འདི་ཟབ་པོ། །ལྷའི་བུ་དག་སྦྱིན་པའི་ཕ་རོལ་ཏུ་ཕྱིན་པ་ཟབ་པའི་ཕྱིར་ཆོས་འདི་ཟབ་པོ། །ལྷའི་བུ་དག་ཚུལ་ཁྲིམས་ཀྱི་ཕ་རོལ་ཏུ་ཕྱིན་པ་ཟབ་པའི་ཕྱིར་ཆོས་འདི་ཟབ་པོ། །ལྷའི་བུ་དག་བཟོད་པའི་ཕ་རོལ་ཏུ་ཕྱིན་པ་ཟབ་པའི་ཕྱིར་ཆོས་འདི་ཟབ་པོ། །ལྷའི་བུ་དག་བརྩོན་འགྲུས་ཀྱི་ཕ་རོལ་ཏུ་ཕྱིན་པ་ཟབ་པའི་ཕྱིར་ཆོས་འདི་ཟབ་པོ། །ལྷའི་

བུ་དག་བསམ་གཏན་གྱི་ཕ་རོལ་ཏུ་ཕྱིན་པ་ཟབ་པའི་ཕྱིར་ཆོས་འདི་ཟབ་བོ། །
ལྷའི་བུ་དག་ཤེས་རབ་ཀྱི་ཕ་རོལ་ཏུ་ཕྱིན་པ་ཟབ་པའི་ཕྱིར་ཆོས་འདི་ཟབ་བོ། །
ལྷའི་བུ་དག་ནང་སྟོང་པ་ཉིད་ཟབ་པའི་ཕྱིར་ཆོས་འདི་ཟབ་བོ། །ལྷའི་བུ་དག་ཕྱི་
སྟོང་པ་ཉིད་ཟབ་པའི་ཕྱིར་ཆོས་འདི་ཟབ་བོ། །ལྷའི་བུ་དག་ཕྱི་ནང་སྟོང་པ་ཉིད་
ཟབ་པའི་ཕྱིར་ཆོས་འདི་ཟབ་བོ། །ལྷའི་བུ་དག་སྟོང་པ་ཉིད་སྟོང་པ་ཉིད་ཟབ་
པའི་ཕྱིར་ཆོས་འདི་ཟབ་བོ། །ལྷའི་བུ་དག་ཆེན་པོ་སྟོང་པ་ཉིད་ཟབ་པའི་ཕྱིར་
ཆོས་འདི་ཟབ་བོ། །ལྷའི་བུ་དག་དོན་དམ་པ་སྟོང་པ་ཉིད་ཟབ་པའི་ཕྱིར་ཆོས་
འདི་ཟབ་བོ། །ལྷའི་བུ་དག་འདུས་བྱས་སྟོང་པ་ཉིད་ཟབ་པའི་ཕྱིར་ཆོས་འདི་ཟབ་
བོ། །ལྷའི་བུ་དག་འདུས་མ་བྱས་སྟོང་པ་ཉིད་ཟབ་པའི་ཕྱིར་ཆོས་འདི་ཟབ་བོ། །
ལྷའི་བུ་དག་མཐའ་ལས་འདས་པ་སྟོང་པ་ཉིད་ཟབ་པའི་ཕྱིར་ཆོས་འདི་ཟབ་བོ། །
ལྷའི་བུ་དག་ཐོག་མ་དང་ཐ་མ་མེད་པ་[༧]སྟོང་པ་ཉིད་ཟབ་པའི་ཕྱིར་ཆོས་འདི་ཟབ་
བོ། །ལྷའི་བུ་དག་དོར་བ་མེད་པ་སྟོང་པ་ཉིད་ཟབ་པའི་ཕྱིར་ཆོས་འདི་ཟབ་བོ། །
ལྷའི་བུ་དག་རང་བཞིན་སྟོང་པ་ཉིད་ཟབ་པའི་ཕྱིར་ཆོས་འདི་ཟབ་བོ། །ལྷའི་བུ་
དག་ཆོས་ཐམས་ཅད་སྟོང་པ་ཉིད་ཟབ་པའི་ཕྱིར་ཆོས་འདི་ཟབ་བོ། །ལྷའི་བུ་དག་
རང་གི་མཚན་ཉིད་སྟོང་པ་ཉིད་ཟབ་པའི་ཕྱིར་ཆོས་འདི་ཟབ་བོ། །ལྷའི་བུ་
དག་མི་དམིགས་པ་སྟོང་པ་ཉིད་ཟབ་པའི་ཕྱིར་ཆོས་འདི་ཟབ་བོ། །ལྷའི་བུ་དག་
དངོས་པོ་མེད་པ་སྟོང་པ་ཉིད་ཟབ་པའི་ཕྱིར་ཆོས་འདི་ཟབ་བོ། །ལྷའི་བུ་དག་
ངོ་བོ་ཉིད་སྟོང་པ་ཉིད་ཟབ་པའི་ཕྱིར་ཆོས་འདི་ཟབ་བོ། །ལྷའི་བུ་དག་དངོས་པོ་
མེད་པའི་ངོ་བོ་ཉིད་སྟོང་པ་ཉིད་ཟབ་པའི་ཕྱིར་ཆོས་འདི་ཟབ་བོ། །ལྷའི་བུ་
དག་དྲན་པ་ཉེ་བར་གཞག་པ་ཟབ་པའི་ཕྱིར་ཆོས་འདི་ཟབ་བོ། །ལྷའི་བུ་དག་
ཡང་དག་པར་སྤོང་བ་ཟབ་པའི་ཕྱིར་ཆོས་འདི་ཟབ་བོ། །ལྷའི་བུ་དག་རྫུ་འཕྲུལ་

གྱི་རྐང་པ་ཟབ་པའི་ཕྱིར་ཆོས་འདི་ཟབ་བོ། །ལྷའི་བུ་དག་དབང་པོ་ཟབ་པའི་ཕྱིར་ཆོས་འདི་ཟབ་བོ། །ལྷའི་བུ་དག་སྟོབས་ཟབ་པའི་ཕྱིར་ཆོས་འདི་ཟབ་བོ། །ལྷའི་བུ་དག་བྱང་ཆུབ་ཀྱི་ཡན་ལག་ཟབ་པའི་ཕྱིར་ཆོས་འདི་ཟབ་བོ། །ལྷའི་བུ་དག་འཕགས་པའི་ལམ་ཡན་ལག་བརྒྱད་པ་ཟབ་པའི་ཕྱིར་ཆོས་འདི་ཟབ་བོ། །ལྷའི་བུ་དག་འཕགས་པའི་བདེན་པ་ཟབ་པའི་ཕྱིར་ཆོས་འདི་ཟབ་བོ། །ལྷའི་བུ་དག་བསམ་གཏན་ཟབ་པའི་ཕྱིར་ཆོས་འདི་ཟབ་བོ། །ལྷའི་བུ་དག་ཚད་མེད་པ་ཟབ་པའི་ཕྱིར་ཆོས་འདི་ཟབ་བོ། །ལྷའི་བུ་དག་གཟུགས་མེད་པའི་སྙོམས་པར་འཇུག་པ་ཟབ་པའི་ཕྱིར་ཆོས་འདི་ཟབ་བོ། །ལྷའི་བུ་དག་རྣམ་པར་ཐར་པ་ཟབ་པའི་ཕྱིར་ཆོས་འདི་ཟབ་བོ། །ལྷའི་བུ་དག་མཐར་གྱིས་གནས་པའི་སྙོམས་པར་འཇུག་པ་ཟབ་པའི་ཕྱིར་ཆོས་འདི་ཟབ་བོ། །ལྷའི་བུ་དག་རྣམ་པར་ཐར་པའི་སྒོ་སྟོང་པ་ཉིད་དང་། མཚན་མ་མེད་པ་དང་། སྨོན་པ་མེད་པ་ཟབ་པའི་ཕྱིར་ཆོས་འདི་ཟབ་བོ། །ལྷའི་བུ་དག་མངོན་པར་ཤེས་པ་ཟབ་པའི་ཕྱིར་ཆོས་འདི་ཟབ་བོ། །ལྷའི་བུ་དག་ཏིང་ངེ་འཛིན་ཟབ་པའི་ཕྱིར་ཆོས་འདི་ཟབ་བོ། །ལྷའི་བུ་དག་གཟུངས་ཀྱི་སྒོ་ཟབ་པའི་ཕྱིར་ཆོས་འདི་ཟབ་བོ། །ལྷའི་བུ་དག་དེ་བཞིན་གཤེགས་པའི་སྟོབས་ཟབ་པའི་ཕྱིར་ཆོས་འདི་ཟབ་བོ། །ལྷའི་བུ་དག་མི་འཇིགས་པ་ཟབ་པའི་ཕྱིར་ཆོས་འདི་ཟབ་བོ། །ལྷའི་བུ་དག་སོ་སོ་ཡང་དག་པར་རིག་པ་ཟབ་པའི་ཕྱིར་ཆོས་འདི་ཟབ་བོ། །ལྷའི་བུ་དག་བྱམས་པ་ཆེན་པོ་ཟབ་པའི་ཕྱིར་ཆོས་འདི་ཟབ་བོ། །ལྷའི་བུ་དག་སྙིང་རྗེ་ཆེན་པོ་ཟབ་པའི་ཕྱིར་ཆོས་འདི་ཟབ་བོ། །ལྷའི་བུ་དག་སངས་རྒྱས་ཀྱི་ཆོས་མ་འདྲེས་པ་ཟབ་པའི་ཕྱིར་ཆོས་འདི་ཟབ་བོ། །ལྷའི་བུ་དག་རྒྱུན་དུ་ཞུགས་པའི་འབྲས་བུ་ཟབ་པའི་ཕྱིར་ཆོས་འདི་ཟབ་བོ། །ལྷའི་བུ་དག་ལན་ཅིག་ཕྱིར་འོང་བའི་འབྲས་བུ་ཟབ་པའི་ཕྱིར་

ཆོས་འདི་ཟབ་བོ། །ལྷའི་བུ་དག་ཕྱིར་མྱི་འོང་བའི་འབྲས་བུ་ཟབ་པའི་ཕྱིར་ཆོས་འདི་ཟབ་བོ། །ལྷའི་བུ་དག་དགྲ་བཅོམ་པ་ཉིད་ཟབ་པའི་ཕྱིར་ཆོས་འདི་ཟབ་བོ། །ལྷའི་བུ་དག་རང་བྱང་ཆུབ་ཟབ་པའི་ཕྱིར་ཆོས་འདི་ཟབ་བོ། །ལྷའི་བུ་དག་ལམ་གྱི་རྣམ་པ་[༡]ཤེས་པ་ཉིད་ཟབ་པའི་ཕྱིར་ཆོས་འདི་ཟབ་བོ། །ལྷའི་བུ་དག་རྣམ་པ་ཐམས་ཅད་མཁྱེན་པ་ཉིད་ཟབ་པའི་ཕྱིར་ཆོས་འདི་ཟབ་བོ། །ལྷའི་བུ་རྣམས་ཀྱིས་གསོལ་པ། བཅོམ་ལྡན་འདས་འཛིག་རྟེན་ཐམས་ཅད་ཀྱིས་ཡིད་ཆེས་པར་དཀའ་བའི་ཆོས་བསྟན་པ་ནི་ངོ་མཚར་ཏོ། །དེ་ཅིའི་སླད་དུ་[༢]ཞེ་ན། བཅོམ་ལྡན་འདས་ཆོས་འདི་ནི་གཟུགས་གཟུང་བའི་སྐད་དུ་མ་ལགས། མྱི་གཟུང་བའི་སྐད་དུ་བསྟན་པ་མ་ལགས། ཚོར་བ་གཟུང་བའི་སྐད་དུ་མ་ལགས། མྱི་གཟུང་བའི་སྐད་དུ་བསྟན་པ་མ་ལགས། འདུ་ཤེས་གཟུང་བའི་སྐད་དུ་མ་ལགས། མྱི་གཟུང་བའི་སྐད་དུ་བསྟན་པ་མ་ལགས། འདུ་བྱེད་གཟུང་བའི་སྐད་དུ་མ་ལགས། མྱི་གཟུང་བའི་སྐད་དུ་བསྟན་པ་མ་ལགས། རྣམ་པར་ཤེས་པ་གཟུང་བའི་སྐད་དུ་མ་ལགས། མྱི་གཟུང་བའི་སྐད་དུ་བསྟན་པ་མ་ལགས། མྱིག་གཟུང་བའི་སྐད་དུ་མ་ལགས། མྱི་གཟུང་བའི་སྐད་དུ། བསྟན་པ་མ་ལགས། རྣ་བ་གཟུང་བའི་སྐད་དུ་མ་ལགས། མྱི་གཟུང་བའི་སྐད་དུ། བསྟན་པ་མ་ལགས། སྣ་གཟུང་བའི་སྐད་དུ་མ་ལགས། མྱི་གཟུང་བའི་སྐད་དུ་བསྟན་པ་མ་ལགས། ལྕེ་གཟུང་བའི་སྐད་དུ་མ་ལགས། མྱི་གཟུང་བའི་སྐད་དུ་བསྟན་པ་མ་ལགས། ལུས་གཟུང་བའི་སྐད་དུ་མ་ལགས། མྱི་གཟུང་བའི་སྐད་དུ་བསྟན་པ་མ་ལགས། ཡིད་གཟུང་བའི་སྐད་དུ་མ་ལགས། མྱི་གཟུང་བའི་སྐད་དུ་བསྟན་པ་མ་ལགས། གཟུགས་གཟུང་བའི་སྐད་དུ་མ་ལགས། མྱི་གཟུང་བའི་སྐད་དུ་བསྟན་པ་མ་ལགས། སྒྲ་གཟུང་བའི་སྐད་དུ་མ་ལགས། མྱི་གཟུང་བའི་སྐད་དུ་བསྟན་པ་མ་ལགས།

དྲི་གཟུང་བའི་སྐད་དུ་མ་ལགས། མྱི་གཟུང་བའི་སྐད་དུ་བསྟན་པ་མ་ལགས། རོ་གཟུང་བའི་སྐད་དུ་མ་ལགས། མྱི་གཟུང་བའི་སྐད་དུ་བསྟན་པ་མ་ལགས། རེག་གཟུང་བའི་སྐད་དུ་མ་ལགས། མྱི་གཟུང་བའི་སྐད་དུ་བསྟན་པ་མ་ལགས། ཆོས་གཟུང་བའི་སྐད་དུ་མ་ལགས། མྱི་གཟུང་བའི་སྐད་དུ་བསྟན་པ་མ་ལགས། མྱིག་གི་རྣམ་པར་ཤེས་པ་གཟུང་བའི་སྐད་དུ་མ་ལགས། མྱི་གཟུང་བའི་སྐད་དུ་བསྟན་པ་མ་ལགས། རྣ་བའི་རྣམ་པར་ཤེས་པ་གཟུང་བའི་སྐད་དུ་མ་ལགས། མྱི་གཟུང་བའི་སྐད་དུ་བསྟན་པ་མ་ལགས། སྣའི་རྣམ་པར་ཤེས་པ་གཟུང་བའི་སྐད་དུ་མ་ལགས། མྱི་གཟུང་བའི་སྐད་དུ་བསྟན་པ་མ་ལགས། ལྗེའི་རྣམ་པར་ཤེས་པ་གཟུང་བའི་སྐད་དུ་མ་ལགས། མྱི་གཟུང་བའི་སྐད་དུ་བསྟན་པ་མ་ལགས། ལུས་ཀྱི་རྣམ་པར་ཤེས་པ་གཟུང་བའི་སྐད་དུ་མ་ལགས། མྱི་གཟུང་བའི་སྐད་དུ་བསྟན་པ་མ་ལགས། ཡིད་ཀྱི་རྣམ་པར་ཤེས་པ་གཟུང་བའི་སྐད་དུ་མ་ལགས། མྱི་གཟུང་བའི་སྐད་དུ་བསྟན་པ་མ་ལགས། མྱིག་གི་འདུས་ཏེ་རེག་པ་གཟུང་བའི་སྐད་དུ་མ་ལགས། མྱི་གཟུང་བའི་སྐད་དུ་བསྟན་པ་མ་ལགས། རྣ་བའི་འདུས་ཏེ་རེག་པ་གཟུང་བའི་སྐད་དུ་མ་ལགས། མི་གཟུང་བའི་སྐད་དུ་བསྟན་པ་མ་ལགས། སྣའི་འདུས་ཏེ་རེག་པ་གཟུང་བའི་སྐད་དུ་མ་ལགས། མྱི་གཟུང་བའི་སྐད་དུ་བསྟན་པ་མ་ལགས། ལྗེའི་འདུས་ཏེ་རེག་པ་གཟུང་བའི་སྐད་དུ་མ་ལགས། མྱི་གཟུང་བའི་སྐད་དུ་བསྟན་པ་མ་ལགས། ལུས་ཀྱི་འདུས་ཏེ་རེག་པ་གཟུང་བའི་སྐད་དུ་མ་ལགས། མྱི་གཟུང་བའི་སྐད་དུ་བསྟན་པ་མ་ལགས། ཡིད་ཀྱི་འདུས་ཏེ་རེག་པ་གཟུང་བའི་སྐད་དུ་མ་ལགས། མྱི་གཟུང་བའི་སྐད་དུ་བསྟན་པ་མ་ལགས། མྱིག་གི་འདུས་ཏེ་རེག་པ་ལས་བྱུང་བའི་ཚོར་བ་གཟུང་བའི་སྐད་དུ་མ་ལགས། མྱི་གཟུང་བའི་སྐད་དུ་བསྟན་པ་མ་ལགས། རྣ་བའི་འདུས་ཏེ་རེག་

པ་ལས་བྱུང་བའི་ཚོར་བ་གཟུང་བའི་སླད་དུ་མ་ལགས། མི་གཟུང་བའི་སླད་དུ་བསྟན་པ་མ་ལགས། སྣའི་འདུས་ཏེ་རེག་པ་ལས་བྱུང་བའི་ཚོར་བ་གཟུང་བའི་སླད་དུ་མ་ལགས། མི་གཟུང་བའི་སླད་དུ་བསྟན་པ་མ་(༡)ལགས། ལྕེའི་འདུས་ཏེ་རེག་པ་ལས་བྱུང་བའི་ཚོར་བ་གཟུང་བའི་སླད་དུ་མ་ལགས། མི་གཟུང་བའི་སླད་དུ་བསྟན་པ་མ་ལགས། ལུས་ཀྱི་འདུས་ཏེ་རེག་པ་ལས་བྱུང་བའི་ཚོར་བ་གཟུང་(༢)བའི་སླད་དུ་མ་ལགས། མི་གཟུང་བའི་སླད་དུ་བསྟན་པ་མ་ལགས། ཡིད་ཀྱི་འདུས་ཏེ་རེག་པ་ལས་བྱུང་བའི་ཚོར་བ་གཟུང་བའི་སླད་དུ་མ་ལགས། མི་གཟུང་བའི་སླད་དུ་བསྟན་པ་མ་ལགས། སའི་ཁམས་གཟུང་བའི་སླད་དུ་མ་ལགས། མི་གཟུང་བའི་སླད་དུ་བསྟན་པ་མ་ལགས། ཆུའི་ཁམས་གཟུང་བའི་སླད་དུ་མ་ལགས། མི་གཟུང་བའི་སླད་དུ་བསྟན་པ་མ་ལགས། མེའི་ཁམས་གཟུང་བའི་སླད་དུ་མ་ལགས། མི་གཟུང་བའི་སླད་དུ་བསྟན་པ་མ་ལགས། རླུང་གི་ཁམས་གཟུང་བའི་སླད་དུ་མ་ལགས། མི་གཟུང་བའི་སླད་དུ་བསྟན་པ་མ་ལགས། ནམ་མཁའི་ཁམས་གཟུང་བའི་སླད་དུ་མ་ལགས། མི་གཟུང་བའི་སླད་དུ་བསྟན་པ་མ་ལགས། རྣམ་པར་ཤེས་པའི་ཁམས་གཟུང་བའི་སླད་དུ་མ་ལགས། མི་གཟུང་བའི་སླད་དུ་བསྟན་པ་མ་ལགས། མ་རིག་པ་གཟུང་བའི་སླད་དུ་མ་ལགས། མི་གཟུང་བའི་སླད་དུ་བསྟན་པ་མ་ལགས། འདུ་བྱེད་གཟུང་བའི་སླད་དུ་མ་ལགས། མི་གཟུང་བའི་སླད་དུ་བསྟན་པ་མ་ལགས། རྣམ་པར་ཤེས་པ་གཟུང་བའི་སླད་དུ་མ་ལགས། མི་གཟུང་བའི་སླད་དུ་བསྟན་པ་མ་ལགས། མིང་དང་གཟུགས་གཟུང་བའི་སླད་དུ་མ་ལགས། མི་གཟུང་བའི་སླད་དུ་བསྟན་པ་མ་ལགས། སྐྱེ་མཆེད་དྲུག་གཟུང་བའི་སླད་དུ་མ་ལགས། མི་གཟུང་བའི་སླད་དུ་བསྟན་པ་མ་ལགས། རེག་པ་གཟུང་བའི་སླད་དུ་མ་ལགས། མི་གཟུང་བའི་སླད་དུ་བསྟན་

པ་མ་ལགས། ཚོར་བ་གཟུང་བའི་སྐད་དུ་མ་ལགས། མི་གཟུང་བའི་སྐད་དུ་བསྟན་པ་མ་ལགས། སྲེད་པ་གཟུང་བའི་སྐད་དུ་མ་ལགས། མྱི་གཟུང་བའི···སྐད་དུ་བསྟན་པ་མ་ལགས། ལེན་པ་གཟུང་བའི་སྐད་དུ་མ་ལགས། མི་གཟུང་བའི་སྐད་དུ་བསྟན་པ་མ་ལགས། སྲིད་(༧)པ་གཟུང་བའི་སྐད་དུ་མ་ལགས། མི་གཟུང་བའི་སྐད་དུ་བསྟན་པ་མ་ལགས། སྐྱེ་བ་གཟུང་བའི་སྐད་དུ་མ་ལགས། མི་གཟུང་བའི་སྐད་དུ་བསྟན་པ་མ་ལགས། ཀ་ཤི་གཟུང་བའི་སྐད་དུ་མ་ལགས། མྱི་གཟུང་བའི་སྐད་དུ་བསྟན་པ་མ་ལགས། སྦྱིན་པའི་ཕ་རོལ་ཏུ་ཕྱིན་པ་གཟུང་བའི་སྐད་དུ་མ་ལགས། མྱི་གཟུང་བའི་སྐད་དུ་བསྟན་པ་མ་ལགས། ཚུལ་ཁྲིམས་ཀྱི་ཕ་རོལ་ཏུ་ཕྱིན་པ་གཟུང་བའི་སྐད་དུ་མ་ལགས། མི་གཟུང་བའི་སྐད་དུ་བསྟན་པ་མ་ལགས། བཟོད་པའི་ཕ་རོལ་ཏུ་ཕྱིན་པ་གཟུང་བའི་སྐད་དུ་མ་ལགས། མྱི་གཟུང་བའི་སྐད་དུ་བསྟན་པ་མ་ལགས། བརྩོན་འགྲུས་ཀྱི་ཕ་རོལ་ཏུ་ཕྱིན་པ་གཟུང་བའི་སྐད་དུ་མ་ལགས། མི་གཟུང་བའི་སྐད་དུ་བསྟན་པ་མ་ལགས། བསམ་གཏན་གྱི་ཕ་རོལ་ཏུ་ཕྱིན་པ་གཟུང་བའི་སྐད་དུ་མ་ལགས། མི་གཟུང་བའི་སྐད་དུ་བསྟན་པ་མ་ལགས། ཤེས་རབ་ཀྱི་ཕ་རོལ་ཏུ་ཕྱིན་པ་གཟུང་བའི་སྐད་དུ་མ་ལགས། མྱི་གཟུང་བའི་སྐད་དུ་བསྟན་པ་མ་ལགས། ནང་སྟོང་པ་ཉིད···གཟུང་བའི་སྐད་དུ་མ་ལགས། མི་གཟུང་བའི་སྐད་དུ་བསྟན་པ་མ་ལགས། ཕྱི་སྟོང་པ་ཉིད་གཟུང་བའི་སྐད་དུ་མ་ལགས། མི་གཟུང་བའི་སྐད་དུ་བསྟན་པ་མ་ལགས། ཕྱི་ནང་སྟོང་པ་ཉིད་གཟུང་བའི་སྐད་དུ་མ་ལགས། མི་གཟུང་བའི་སྐད་དུ་བསྟན་པ་མ་ལགས། སྟོང་པ་ཉིད་སྟོང་པ་ཉིད་གཟུང་བའི་སྐད་དུ་མ་ལགས། མྱི་གཟུང་བའི་སྐད་དུ་བསྟན་པ་མ་ལགས། ཆེན་པོ་སྟོང་པ་ཉིད་གཟུང་བའི་སྐད་དུ་མ་ལགས། མྱི་གཟུང་བའི་སྐད་དུ་བསྟན་པ་མ་ལགས།

དོན་དམ་པ་སྟོང་པ་ཉིད་གཟུང་བའི་སླད་དུ་མ་ལགས། མྱི་གཟུང་བའི་སླད་དུ་བསྟན་པ་མ་ལགས། འདུས་བྱས་སྟོང་པ་ཉིད་གཟུང་བའི་སླད་དུ་མ་ལགས། མྱི་གཟུང་བའི་སླད་དུ་བསྟན་པ་མ་ལགས། འདུས་མ་བྱས་སྟོང་པ་ཉིད་གཟུང་བའི་སླད་དུ་མ་ལགས། མི་གཟུང་བའི་སླད་དུ་བསྟན་པ་མ་ལགས། མཐའ་ལས་འདས་པ་སྟོང་པ་ཉིད་གཟུང་བའི་སླད་དུ་མ་ལགས། མྱི་གཟུང་བའི་སླད་དུ་བསྟན་པ་མ་ལགས། ཐོག་མ་དང་ཐ་མ་མྱེད་པ་སྟོང་པ་ཉིད་གཟུང་བའི་སླད་དུ་མ་ལགས། མྱི་གཟུང་བའི་སླད་དུ་བསྟན་པ་མ་ལགས། དོར་བ་མྱེད་པ་སྟོང་པ་ཉིད་གཟུང་བའི་སླད་དུ་མ་ལགས། མྱི་གཟུང་བའི་སླད་དུ་བསྟན་པ་མ་ལགས། རང་བཞིན་སྟོང་པ་ཉིད་གཟུང་བའི་སླད་དུ་མ་ལགས། མྱི་གཟུང་བའི་སླད་དུ་བསྟན་པ་མ་ལགས། ཆོས་ཐམས་ཅད་སྟོང་པ་ཉིད་གཟུང་བའི་སླད་དུ་མ་ལགས། མྱི་གཟུང་བའི་སླད་དུ་བསྟན་པ་མ་ལགས། རང་གི་མཚན་ཉིད་སྟོང་པ་ཉིད་གཟུང་བའི་སླད་དུ་མ་ལགས། མྱི་གཟུང་བའི་སླད་དུ་བསྟན་པ་མ་ལགས། མྱི་དམྱིགས་པ་སྟོང་པ་ཉིད་གཟུང་བའི་སླད་དུ་མ་ལགས། མྱི་གཟུང་བའི་སླད་དུ་བསྟན་པ་མ་ལགས། དངོས་པོ་མྱེད་པ་སྟོང་པ་ཉིད་གཟུང་བའི་སླད་དུ་མ་ལགས། མྱི་གཟུང་བའི་སླད་དུ་བསྟན་པ་མ་ལགས། ངོ་བོ་ཉིད་སྟོང་པ་ཉིད་གཟུང་བའི་སླད་དུ་མ་ལགས། མྱི་གཟུང་བའི་སླད་དུ་བསྟན་པ་མ་ལགས། དངོས་པོ་མྱེད་པའི་ངོ་བོ་ཉིད་སྟོང་པ་ཉིད་གཟུང་བའི་སླད་དུ་མ་ལགས། མྱི་གཟུང་བའི་སླད་དུ་བསྟན་པ་མ་ལགས། དྲན་པ་ཉེ་བར་གཞག་པ་རྣམས་གཟུང་བའི་སླད་དུ་མ་ལགས། མྱི་གཟུང་བའི་སླད་དུ་བསྟན་པ་མ་ལགས། ཡང་དག་པར་སྤོང་བ་རྣམས་གཟུང་བའི་སླད་དུ་མ་ལགས། མྱི་གཟུང་བའི་སླད་དུ་བསྟན་པ་མ་ལགས། རྫུ་འཕྲུལ་གྱི་རྐང་པ་རྣམས་གཟུང་བའི་སླད་དུ་མ་ལགས། མྱི་གཟུང་བའི་སླད་དུ་

བསྟན་པ་མ་ལགས། དབང་པོ་རྣམས་གཟུང་བའི་སླད་དུ་མ་ལགས། མི་གཟུང་བའི་སླད་དུ་བསྟན་པ་མ་ལགས། སྟོབས་རྣམས་གཟུང་བའི་སླད་དུ་མ་ལགས༑ མི་གཟུང་བའི་སླད་དུ་བསྟན་པ་མ་ལགས། བྱང་ཆུབ་ཀྱི་ཡན་ལག་[1] རྣམས་གཟུང་བའི་སླད་དུ་མ་ལགས། མི་གཟུང་བའི་སླད་དུ་བསྟན་པ་མ་ལགས། འཕགས་པའི་ལམ་ཡན་ལག་བརྒྱད་པ་གཟུང་བའི་སླད་དུ་མ་ལགས། མི་གཟུང་····བའི་སླད་དུ་བསྟན་པ་མ་ལགས། འཕགས་པའི་བདེན་པ་རྣམས་གཟུང་བའི་སླད་དུ་མ་ལགས། མི་གཟུང་བའི་སླད་དུ་བསྟན་པ་མ་ལགས། བསམ་གཏན་རྣམས་གཟུང་བའི་སླད་དུ་མ་ལགས། མི་གཟུང་བའི་སླད་དུ་བསྟན་པ་མ་ལགས། ཚད་མེད་པ་རྣམས་གཟུང་བའི་སླད་དུ་མ་ལགས། མི་གཟུང་བའི་སླད་དུ་བསྟན་པ་མ་ལགས། གཟུགས་མེད་པའི་སྙོམས་པར་འཇུག་པ་རྣམས་གཟུང་བའི་སླད་དུ་མ་ལགས། མི་གཟུང་བའི་སླད་དུ་བསྟན་པ་མ་ལགས། རྣམ་པར་ཐར་པ་རྣམས་གཟུང་བའི་སླད་དུ་མ་ལགས། མི་གཟུང་བའི་སླད་དུ་བསྟན་པ་མ་ལགས༑ མཐར་གྱིས་གནས་པའི་སྙོམས་པར་འཇུག་པ་རྣམས་གཟུང་བའི་སླད་དུ་མ་ལགས། མི་གཟུང་བའི་སླད་དུ་བསྟན་པ་མ་ལགས། རྣམ་པར་ཐར་པའི་སྒོ་སྟོང་པ་ཉིད་དང་། མཚན་མ་མེད་པ་དང་། སྨོན་པ་མེད་པ་གཟུང་བའི····སླད་དུ་མ་ལགས། མི་གཟུང་བའི་སླད་དུ་བསྟན་པ་མ་ལགས། མངོན་པར····ཤེས་པ་རྣམས་གཟུང་བའི་སླད་དུ་མ་ལགས། མི་གཟུང་བའི་སླད་དུ་བསྟན་པ་མ་ལགས༑ ཏིང་ངེ་འཛིན་རྣམས་གཟུང་བའི་སླད་དུ་མ་ལགས། མི་གཟུང་བའི་སླད་དུ་བསྟན་པ་མ་ལགས། གཟུངས་[2] ཀྱི་སྒོ་རྣམས་གཟུང་བའི་སླད་དུ་མ་ལགས། མི་གཟུང་བའི་སླད་དུ་བསྟན་པ་མ་ལགས། དེ་བཞིན་གཤེགས་པའི་སྟོབས་རྣམས་གཟུང་བའི་སླད་དུ་མ་ལགས། མི་གཟུང་བའི་སླད་དུ་བསྟན་པ་མ་ལགས། མི་

འཇིགས་པ་རྣམས་གཟུང་བའི་སྐད་དུ་མ་ལགས། མི་གཟུང་བའི་སྐད་དུ་བསྟན་པ་མ་ལགས། སོ་སོ་ཡང་དག་པར་རིག་པ་རྣམས་གཟུང་བའི་སྐད་དུ་མ་ལགས། མི་གཟུང་བའི་སྐད་དུ་བསྟན་པ་མ་ལགས། བྱམས་པ་ཆེན་པོ་གཟུང་བའི་སྐད་དུ་མ་ལགས། མི་གཟུང་བའི་སྐད་དུ་བསྟན་པ་མ་ལགས། སྙིང་རྗེ་ཆེན་པོ་གཟུང་བའི་སྐད་དུ་མ་ལགས། མི་གཟུང་བའི་སྐད་དུ་བསྟན་པ་མ་ལགས། སངས་རྒྱས་ཀྱི་ཆོས་མ་འདྲེས་པ་རྣམས་གཟུང་བའི་སྐད་དུ་མ་ལགས། མི་གཟུང་བའི་[1] སྐད་དུ་བསྟན་པ་མ་ལགས། རྒྱུན་དུ་ཞུགས་པའི་འབྲས་བུ་གཟུང་བའི་སྐད་དུ་མ་ལགས། མི་གཟུང་བའི་སྐད་དུ་བསྟན་པ་མ་ལགས། ལན་ཅིག་ཕྱིར་འོང་བའི་འབྲས་བུ་གཟུང་བའི་སྐད་དུ་མ་ལགས། མི་གཟུང་བའི་སྐད་དུ་བསྟན་པ་མ་ལགས། ཕྱིར་མི་འོང་བའི་འབྲས་བུ་གཟུང་བའི་སྐད་དུ་མ་ལགས། མི་གཟུང་བའི་སྐད་དུ་བསྟན་པ་མ་ལགས། དགྲ་བཅོམ་པ་ཉིད་གཟུང་བའི་སྐད་དུ་མ་ལགས། མི་གཟུང་བའི་སྐད་དུ་བསྟན་པ་མ་ལགས། རང་བྱང་ཆུབ་གཟུང་བའི་སྐད་དུ་མ་ལགས། མི་གཟུང་བའི་སྐད་དུ་བསྟན་པ་མ་ལགས། ལམ་གྱི་རྣམ་པ་[2] ཤེས་པ་ཉིད་གཟུང་བའི་སྐད་དུ་མ་ལགས། མི་གཟུང་བའི་སྐད་དུ་བསྟན་པ་མ་ལགས། རྣམ་པ་ཐམས་ཅད་མཁྱེན་པ་ཉིད་གཟུང་བའི་སྐད་དུ་མ་ལགས། མི་གཟུང་བའི་སྐད་དུ་བསྟན་པ་མ་ལགས་སོ[3]། །བཅོམ་ལྡན་འདས་འཇིག་རྟེན་ནི་བདག་གི་གཟུགས་སོ། །བདག་ནི་གཟུགས་ཅན་ནོ། །བདག་གི་[4] ཚོར་བའོ། །བདག་གིས་ཚོར་བར་བྱའོ། །བདག་གི་འདུ་ཤེས་སོ། །བདག་ནི་འདུ་ཤེས་ཅན་ནོ། །བདག་གི་[5] འདུ་བྱེད་དོ། །བདག་གིས་མངོན་པར་འདུ་བྱའོ།། བདག་གི་རྣམ་པར་ཤེས་པའོ། །བདག་གིས་རྣམ་པར་ཤེས་པར་བྱའོ། །བདག་གི་མིག་གོ། །བདག་གིས་བལྟ་བར་བྱའོ། །བདག་གི་རྣ་བའོ། །བདག་གིས་

ཐོས་པར་བྱའོ། །བདག་གི་སྣའོ། །བདག་གིས་བསྣམ༔ པར་བྱའོ[༡]། །བདག་གི་[༢]ལྕེའོ། །བདག་གིས་མྱོང་བར་བྱའོ། །བདག་གི་ལུས་སོ། །བདག་གིས་རེག་པར་བྱའོ། །བདག་གི་ཡིད་དོ། །བདག་ནི་ཡིད་ཅན་ནོ། །བདག་གི་གཟུགས་སོ། །བདག་ནི་གཟུགས་དང་ལྡན་པའོ། །བདག་གི་སྒྲའོ། །བདག་ནི་ཉན་པའོ། །བདག་གི་དྲིའོ། །བདག་ནི༔ སྣོམ་པའོ[༣]། །བདག་གི་རོའོ། །བདག་ནི་རོ་མྱོང་བའོ[༤]། །བདག་གི་རེག་གོ། །བདག་ནི་རེག་པར་བྱེད་པའོ། །བདག་གི་ཆོས་སོ། །བདག་ནི་ཆོས་ཤེས་པའོ། །བདག་གི་མིག་གི་རྣམ་པར་ཤེས་པའོ། །བདག་ནི་མིག་གི་རྣམ་པར་ཤེས་པ་ཅན་ནོ། །བདག་གི་རྣ་བའི་རྣམ་པར་ཤེས་པའོ། །བདག་ནི་རྣ་བའི་རྣམ་པར་ཤེས་པ་ཅན་ནོ། །བདག་གི་སྣའི་རྣམ་པར་ཤེས་པའོ། །བདག་ནི་སྣའི་རྣམ་པར་ཤེས་པ་ཅན་ནོ། །བདག་གི་ལྕེའི་རྣམ་པར་ཤེས་པའོ། །བདག་ནི་ལྕེའི་རྣམ་པར་ཤེས་པ་ཅན་ནོ། །བདག་གི་ལུས་ཀྱི་རྣམ་པར་ཤེས་པའོ། །བདག་ནི་ལུས་ཀྱི་རྣམ་པར་ཤེས་པ་ཅན་ནོ། །བདག་གི་ཡིད་ཀྱི་རྣམ་པར་ཤེས་པའོ། །བདག་ནི་ཡིད་ཀྱི་རྣམ་པར་ཤེས་པ་ཅན་ནོ། །བདག་གི་མིག་གི་འདུས་ཏེ་རེག་པའོ། །བདག་ནི་མིག་གི་འདུས་ཏེ་རེག་པ་ཅན་ནོ། །བདག་གི་རྣ་བའི་འདུས་ཏེ་རེག་པའོ། །བདག་ནི་རྣ་བའི་འདུས་ཏེ་རེག་པ་ཅན་ནོ། །བདག་གི་སྣའི་འདུས་ཏེ་རེག་པའོ། །བདག་ནི་སྣའི་འདུས་ཏེ་རེག་པ་ཅན་ནོ། །བདག་གི་ལྕེའི་འདུས་ཏེ་རེག་པའོ། །བདག་ནི་ལྕེའི་འདུས་ཏེ་རེག་པ་ཅན་ནོ། །བདག་གི་ལུས་ཀྱི་འདུས་ཏེ་རེག་པའོ། །བདག་ནི་ལུས་ཀྱི་འདུས་ཏེ་རེག་པ་ཅན་ནོ། །བདག་གི་ཡིད་ཀྱི་འདུས་ཏེ་རེག་པའོ། །བདག་ནི་ཡིད་ཀྱི་འདུས་ཏེ་རེག་པ་ཅན་ནོ། །བདག་གི་མིག་གི་འདུས་ཏེ་རེག་པའི་རྐྱེན་གྱིས་ཚོར་བའོ། །བདག་ནི་མིག་གི་འདུས་ཏེ་རེག་པའི་རྐྱེན་གྱིས་ཚོར་བ་ཀུན་ཚོར་བའོ། །བདག་གི་རྣ་བའི་འདུས་ཏེ་

རིག་པའི་རྐྱེན་གྱིས་ཚོར་བའོ། །བདག་ནི་རྣ་བའི་འདུས་ཏེ་རིག་པའི་རྐྱེན་གྱིས་ཚོར་བ་ཀུན་ཚོར་བའོ། །བདག་གི་སྣའི་འདུས་ཏེ་རིག་པའི་རྐྱེན་གྱིས་ཚོར་བའོ། །བདག་ནི་སྣའི་འདུས་ཏེ་རིག་པའི་རྐྱེན་གྱིས་ཚོར་བ་ཀུན་ཚོར་བའོ། །བདག་གི་ལྕེའི་འདུས་ཏེ་རིག་པའི་རྐྱེན་གྱིས་ཚོར་བའོ། །བདག་ནི་ལྕེའི་འདུས་ཏེ་རིག་པའི་རྐྱེན་གྱིས་ཚོར་བ་ཀུན་ཚོར་བའོ། །བདག་གི་ལུས་ཀྱི་འདུས་ཏེ་རིག་པའི་རྐྱེན་གྱིས་ཚོར་བའོ། །བདག་ནི་ལུས་ཀྱི་འདུས་ཏེ་རིག་པའི་རྐྱེན་གྱིས་ཚོར་བ་ཀུན་ཚོར་བའོ། །བདག་གི་ཡིད་ཀྱི་འདུས་ཏེ་རིག་པའི་རྐྱེན་གྱིས་ཚོར་བའོ། །བདག་ནི་ཡིད་ཀྱི་འདུས་ཏེ་རིག་པའི་རྐྱེན་གྱིས་ཚོར་བ་ཀུན་ཚོར་བའོ། །བདག་གི་སའི་ཁམས་སོ། །བདག་ནི་སའི་ཁམས་ལས་རྣམ་པར་མ་[༡]འདས་པའོ། །བདག་གི་ཆུའི་ཁམས་སོ། །བདག་ནི་ཆུའི་ཁམས་ལས་རྣམ་པར་མ་འདས་པའོ། །བདག་གི་མེའི་ཁམས་སོ། །བདག་ནི་མེའི་ཁམས་ལས་རྣམ་པར་མ་འདས་པའོ། །བདག་གི་རླུང་གི་ཁམས་སོ། །བདག་ནི་རླུང་གི་ཁམས་ལས་རྣམ་པར་མ་འདས་པའོ། །བདག་གི་ནམ་མཁའི་ཁམས་སོ། །བདག་ནི་ནམ་མཁའི་ཁམས་ལས་རྣམ་པར་མ་འདས་པའོ། །བདག་གི་རྣམ་པར་ཤེས་པའི་ཁམས་སོ། །བདག་ནི་རྣམ་པར་ཤེས་པའི་ཁམས་ལས་རྣམ་པར་མ་འདས་པའོ། །བདག་གི་མ་རིག་པའོ། །བདག་ནི་མ་རིག་པ་ཅན་ནོ། །བདག་གི་འདུ་བྱེད་དོ། །བདག་ནི་འདུ་བྱེད་པའོ། །བདག་གི་རྣམ་པར་ཤེས་པའོ། །བདག་ནི་རྣམ་པར་ཤེས་པར་[༢]བྱེད་པའོ། །བདག་གི་མིང་དང་གཟུགས་སོ། །བདག་ནི་མིང་དང་གཟུགས་ཅན་ནོ། །བདག་གི་སྐྱེ་མཆེད་དྲུག་གོ། །བདག་ནི་སྐྱེ་མཆེད་དྲུག་ཅན་ནོ། །བདག་གི་རེག་པའོ། །བདག་ནི་རེག་པར་བྱེད་པའོ། །བདག་གི་ཚོར་བའོ། །བདག་ནི་ཚོར་བར་བྱེད་པའོ། །བདག་གི་སྲེད་[༣]པའོ། །བདག་ནི་སྲེད་[༤]པར་བྱེད་པའོ། །བདག་གི་

ཡིན་པའོ། །བདག་ནི་ཡིན་པ་ཅན་ནོ། །བདག་གི་སྲིད་པའོ། །བདག་ནི་སྲིད་པ་ཅན་ནོ། །བདག་གི་སྐྱེ་བའོ། །བདག་ནི་སྐྱེ་བའི་ཆོས་ཅན་ནོ། །བདག་གི་རྒ་ཤིའོ། །བདག་ནི་རྒ་ཤིའི་ཆོས་ཅན་ནོ། །བདག་གི་སྦྱིན་པའི་ཕ་རོལ་ཏུ་ཕྱིན་པའོ། །བདག་གིས་སྦྱིན་པའི་ཕ་རོལ་ཏུ་ཕྱིན་པ་ཡོངས་སུ་རྫོགས་པར་བྱའོ། །བདག་གི་ཚུལ་ཁྲིམས་ཀྱི་ཕ་རོལ་ཏུ་ཕྱིན་པའོ། །བདག་གིས་ཚུལ་ཁྲིམས་ཀྱི་ཕ་རོལ་ཏུ་ཕྱིན་པ་ཡོངས་སུ་རྫོགས་པར་བྱའོ། །བདག་གི་བཟོད་པའི་ཕ་རོལ་ཏུ་ཕྱིན་པའོ། །བདག་གིས་བཟོད་པའི་ཕ་རོལ་ཏུ་ཕྱིན་པ་ཡོངས་སུ་རྫོགས་པར་བྱའོ། །བདག་གི་བརྩོན་འགྲུས་ཀྱི་ཕ་རོལ་ཏུ་ཕྱིན་པའོ། །བདག་གིས་བརྩོན་འགྲུས་ཀྱི་ཕ་རོལ་ཏུ་ཕྱིན་པ་ཡོངས་སུ་རྫོགས་པར་བྱའོ། །བདག་གི་བསམ་གཏན་གྱི་ཕ་རོལ་ཏུ་ཕྱིན་པའོ། །བདག་གིས་བསམ་གཏན་གྱི་ཕ་རོལ་ཏུ་ཕྱིན་པ་ཡོངས་སུ་རྫོགས་པར་བྱའོ། །བདག་གི་ཤེས་རབ་ཀྱི་ཕ་རོལ་ཏུ་ཕྱིན་པའོ། །བདག་གིས་ཤེས་རབ་ཀྱི་ཕ་རོལ་ཏུ་ཕྱིན་པ་ཡོངས་སུ་རྫོགས་པར་བྱའོ། །བདག་གི་ནང་སྟོང་པ་ཉིད་དོ། །བདག་གིས་ནང་སྟོང་པ་ཉིད་ལ་གོམས་པར་བྱའོ། །བདག་གི་ཕྱི་སྟོང་པ་ཉིད་དོ། །བདག་གིས་ཕྱི་སྟོང་པ་ཉིད་ལ་གོམས་པར་བྱའོ། །བདག་གི་ཕྱི་ནང་སྟོང་པ་ཉིད་དོ། །བདག་གིས་ཕྱི་ནང་སྟོང་པ་ཉིད་ལ་གོམས་པར་བྱའོ། །བདག་གི་སྟོང་པ་ཉིད་སྟོང་པ་ཉིད་དོ། །བདག་གིས་སྟོང་པ་ཉིད་སྟོང་པ་ཉིད་ལ་གོམས་པར་བྱའོ། །བདག་གི་ཆེན་པོ་སྟོང་པ་ཉིད་དོ། །བདག་གིས་ཆེན་པོ་སྟོང་པ་ཉིད་ལ་གོམས་པར་བྱའོ། །བདག་གི་དོན་དམ་པ་སྟོང་པ་ཉིད་དོ། །བདག་གིས་དོན་དམ་པ་སྟོང་པ་ཉིད་ལ་གོམས་པར་བྱའོ། །བདག་གི་འདུས་བྱས་སྟོང་པ་ཉིད་དོ། །བདག་གིས་འདུས་བྱས་སྟོང་པ་ཉིད་ལ་གོམས་པར་བྱའོ། །བདག་གི་འདུས་མ་བྱས་སྟོང་པ་ཉིད་དོ། །བདག་གིས་འདུས་[7]མ་

བྱས་སྟོང་པ་ཉིད་ལ་གོམས་པར་བྱའོ། །བདག་གི་མཐའ་ལས་འདས་པ་སྟོང་པ་ཉིད་དོ། །བདག་གིས་མཐའ་ལས་འདས་པ་སྟོང་པ་ཉིད་ལ་གོམས་པར་བྱའོ། །བདག་གི་ཐོག་མ་དང་ཐ་མ་མེད་པ་སྟོང་པ་ཉིད་དོ①། །བདག་གིས་ཐོག་མ་དང་ཐ་མ་མེད་པ་སྟོང་པ་ཉིད་ལ་གོམས་པར་བྱའོ། །བདག་གི་②དོར་བ་མེད་པཿསྟོང་པ་③ཉིད་དོ། །བདག་གིས་དོར་བ་མེད་པ་སྟོང་པ་ཉིད་ལ་གོམས་པར་བྱའོ། །བདག་གི་རང་བཞིན་སྟོང་པ་ཉིད་དོ། །བདག་གིས་རང་བཞིན་སྟོང་པ་ཉིད་ལ་གོམས་པར་བྱའོ། །བདག་གི་ཆོས་ཐམས་ཅད་སྟོང་པ་ཉིད་དོ། །བདག་གིས་ཆོས་ཐམས་ཅད་སྟོང་པ་ཉིད་ལ་གོམས་པར་བྱའོ། །བདག་གི་རང་གི་མཚན་ཉིད་སྟོང་པ་ཉིད་དོ། །བདག་གིས་རང་གི་མཚན་ཉིད་སྟོང་པ་ཉིད་ལ་གོམས་པར་བྱའོ། །བདག་གི་མི་དམིགས་པ་སྟོང་པ་ཉིད་དོ། །བདག་གིས་མི་དམིགས་པ་སྟོང་པ་ཉིད་ལ་གོམས་པར་བྱའོ། །བདག་གི་དངོས་པོ་མེད་པ་སྟོང་པ་ཉིད་དོ། །བདག་གིས་དངོས་པོ་མེད་པ་སྟོང་པ་ཉིད་ལ་གོམས་པར་བྱའོ། །བདག་གི་ངོ་བོ་ཉིད་སྟོང་པ་ཉིད་དོ། །བདག་གིས་ངོ་བོ་ཉིད་སྟོང་པ་ཉིད་ལ་གོམས་པར་བྱའོ། །བདག་གི་དངོས་པོ་མེད་པའི་ངོ་བོ་ཉིད་སྟོང་པ་ཉིད་དོ། །བདག་གིས་དངོས་པོ་མེད་པའི་ངོ་བོ་ཉིད་སྟོང་པ་ཉིད་ལ་གོམས་པར་བྱའོ། །བདག་གི་དྲན་པ་ཉེ་བར་གཞག་པ་རྣམས་སོ། །བདག་གིས་དྲན་པ་ཉེ་བར་གཞག་པ་རྣམས་ལ་སྤྱད་པར་བྱའོ། །བདག་གི་ཡང་དག་པར་སྤོང་བ་རྣམས་སོ། །བདག་གིས་ཡང་དག་པར་སྤོང་བ་རྣམས་ལ་སྤྱད་པར་བྱའོ། །བདག་གི་རྫུ་འཕྲུལ་གྱི་རྐང་པ་རྣམས་སོ། །བདག་གིས་རྫུ་འཕྲུལ་གྱི་རྐང་པ་རྣམས་ལ་སྤྱད་པར་བྱའོ། །བདག་གི་དབང་པོ་རྣམས་སོ། །བདག་གིས་དབང་པོ་རྣམས་ལ་སྤྱད་པར་བྱའོ། །བདག་གི་སྟོབས་རྣམས་སོ། །བདག་གིས་སྟོབས་རྣམས་ལ་སྤྱད་པར་བྱའོ། །བདག་གི་བྱང་ཆུབ་

ཀྱི་ཡན་ལག་རྣམས་སོ། །བདག་གིས་བྱང་ཆུབ་ཀྱི་ཡན་ལག་རྣམས་ལ་སྤྱོད་པར་བྱའོ། །བདག་གི་འཕགས་པའི་ལམ་ཡན་ལག་བརྒྱད་པའོ། །བདག་གིས་འཕགས་པའི་ལམ་ཡན་ལག་བརྒྱད་པ་ལ་སྤྱོད་པར་བྱའོ། །བདག་གི་འཕགས་པའི་བདེན་པ་རྣམས་སོ། །བདག་གིས་འཕགས་པའི་བདེན་པ་རྣམས་ལ་སྤྱོད་པར་བྱའོ། །བདག་གི་བསམ་གཏན་རྣམས་སོ། །བདག་གིས་བསམ་གཏན་རྣམས་ལ་སྤྱོད་པར་བྱའོ། །བདག་གི་ཚད་མེད་པ་རྣམས་སོ། །བདག་གིས་ཚད་མེད་པ་རྣམས་ལ་སྤྱོད་པར་བྱའོ། །བདག་གི་གཟུགས་མེད་པའི་སྙོམས་པར་འཇུག་པ་རྣམས་སོ། །བདག་གིས་གཟུགས་མེད་པའི་སྙོམས་པར་འཇུག་པ་རྣམས་ལ་སྤྱོད་པར་བྱའོ། །བདག་གི་རྣམ་པར་ཐར་པ་རྣམས་སོ། །བདག་གིས་རྣམ་པར་ཐར་པ་རྣམས་ལ་སྤྱོད་པར་བྱའོ། །བདག་གི་མཐར་གྱིས་གནས་པའི་སྙོམས་པར་འཇུག་པ་རྣམས་སོ། །བདག་གིས་མཐར་གྱིས་གནས་པའི་སྙོམས་པར་འཇུག་པ་རྣམས་ལ་སྤྱོད་པར་བྱའོ། །བདག་གི་རྣམ་པར་ཐར་པའི་སྒོ་སྟོང་པ་ཉིད་དང་། མཚན་མ་མེད་པ་དང་། སྨོན་པ་མེད་པའོ། །བདག་གིས་རྣམ་པར་ཐར་པའི་སྒོ་སྟོང་པ་ཉིད་དང་། མཚན་མ་མེད་པ་དང་། སྨོན་པ་མེད་པ་ལ་སྤྱོད་པར་བྱའོ། །བདག་གི་མངོན་པར་ཤེས་པ་རྣམས་སོ། །བདག་གིས་མངོན་པར་ཤེས་པ་རྣམས་ལ་སྤྱོད་པར་བྱའོ། །བདག་གི་ཏིང་ངེ་འཛིན་རྣམས་སོ།། བདག་གིས་ཏིང་ངེ་འཛིན་རྣམས་ལ་སྤྱོད་པར་བྱའོ། །བདག་གི་གཟུངས་ཀྱི་སྒོ་རྣམས་སོ། །བདག་གིས་[7]གཟུངས་ཀྱི་སྒོ་རྣམས་ལ་སྤྱོད་པར་བྱའོ། །བདག་གི་དེ་བཞིན་གཤེགས་པའི་སྟོབས་རྣམས་སོ། །བདག་གིས་དེ་བཞིན་གཤེགས་པའི་སྟོབས་རྣམས་ལ་སྤྱོད་པར་བྱའོ། །བདག་གི་མི་འཇིགས་པ་རྣམས་སོ། །བདག་གིས་མི་འཇིགས་པ་རྣམས་ལ་སྤྱོད་པར་བྱའོ། །བདག་གི་སོ་སོ་ཡང་དག་པར་རིག་

པ་རྣམས་སོ། །བདག་གིས་སོ་སོ་ཡང་དག་པར་རིག་པ་རྣམས་ལ་སྦྱོད་པར་བྱའོ། ། བདག་གི་བྱམས་པ་ཆེན་པོའོ། །བདག་གིས་བྱམས་པ་ཆེན་པོ་①ལ་སྦྱོད་པར་བྱའོ།། བདག་གི་སྙིང་རྗེ་ཆེན་པོའོ། །བདག་གིས་སྙིང་རྗེ་ཆེན་པོ་②ལ་སྦྱོད་པར་བྱའོ། ། བདག་གི་སངས་རྒྱས་ཀྱི་ཆོས་མ་འདྲེས་པ་རྣམས་སོ། །བདག་གིས་སངས་རྒྱས་ཀྱི་ཆོས་མ་འདྲེས་པ་རྣམས་ལ་སྦྱོད་པར་བྱའོ། །བདག་གི་རྒྱུན་ཏུ་ཞུགས་པའི་འབྲས་བུའོ། །བདག་ནི་རྒྱུན་ཏུ་ཞུགས་པར་འགྱུར་རོ། །བདག་གི་ལན་ཅིག་ཕྱིར་འོང་བའི་འབྲས་བུའོ། །བདག་ནི་ལན་ཅིག་ཕྱིར་འོང་བར་འགྱུར་རོ། ། བདག་གི་ཕྱིར་མི་འོང་བའི་འབྲས་བུའོ། །བདག་ནི་ཕྱིར་མི་འོང་བར་འགྱུར་རོ། ། བདག་གི་དགྲ་བཅོམ་པ་ཉིད་དོ། །བདག་ནི་དགྲ་བཅོམ་པར་འགྱུར་རོ། །བདག་གི་རང་བྱང་ཆུབ་བོ། །③བདག་ནི་རང༌སངས་རྒྱས་སུ་④འགྱུར་རོ། །བདག་གི་ལམ་གྱི་རྣམ་པ་⑤ཤེས་པ་ཉིད་དོ། །བདག་ནི་ལམ་གྱི་རྣམ་པ་⑥ཤེས་པ་ཉིད་དུ་འགྱུར་རོ། ། བདག་གི་རྣམ་པ་ཐམས་ཅད་མཁྱེན་པ་ཉིད་དོ། །བདག་ནི་རྣམ་པ་ཐམས་ཅད་མཁྱེན་པ་ཉིད་དུ་འགྱུར་རོ་ཞེས་བགྱི་བར་འཛིན་པ་ལ་སྤྱོད་དོ།། ||⑦

ཤེས་རབ་ཀྱི་ཕ་རོལ་ཏུ་ཕྱིན་པ་སྟོང་ཕྲག་བརྒྱ་པ། བམ་པོ་གཉིས་①པ། བཅོམ་ལྡན་འདས་ཀྱིས་བཀའ་སྩལ་པ། ལྷའི་བུ་དག་དེ་དེ་བཞིན་ནོ། །དེ་དེ་བཞིན་ཏེ། ལྷའི་བུ་དག་ཆོས་འདི་ནི་གཟུགས་གཟུང་བའི་ཕྱིར་བསྟན་པ་མ་ཡིན། མི་གཟུང་བའི་ཕྱིར་མ་ཡིན། ཚོར་བ་གཟུང་བའི་ཕྱིར་བསྟན་པ་མ་ཡིན། མི་གཟུང་བའི་ཕྱིར་མ་ཡིན། འདུ་ཤེས་གཟུང་བའི་ཕྱིར་བསྟན་པ་མ་ཡིན། མི་གཟུང་བའི་ཕྱིར་མ་ཡིན། འདུ་བྱེད་གཟུང་བའི་ཕྱིར་བསྟན་པ་མ་ཡིན། མི་གཟུང་བའི་ཕྱིར་མ་ཡིན། རྣམ་པར་ཤེས་པ་གཟུང་བའི་ཕྱིར་བསྟན་པ་མ་ཡིན། མི་གཟུང་བའི་ཕྱིར་མ་ཡིན། མིག་གཟུང་བའི་ཕྱིར་བསྟན་པ་མ་ཡིན། མི་

གཟུང་བའི་ཕྱིར་མ་ཡིན། རྣ་བ་གཟུང་བའི་ཕྱིར་བསྟན་པ་མ་ཡིན། མི་གཟུང་བའི་ཕྱིར་མ་ཡིན། སྣ་གཟུང་བའི་ཕྱིར་བསྟན་པ་མ་ཡིན། མི་གཟུང་བའི་ཕྱིར་མ་ཡིན། ལྕེ་གཟུང་བའི་ཕྱིར་བསྟན་པ་མ་ཡིན། མི་གཟུང་བའི་ཕྱིར་མ་ཡིན། ལུས་གཟུང་བའི་ཕྱིར་བསྟན་པ་མ་ཡིན། མི་གཟུང་བའི་ཕྱིར་མ་ཡིན། ཡིད་གཟུང་བའི་ཕྱིར་བསྟན་པ་མ་ཡིན། མི་གཟུང་བའི་ཕྱིར་མ་ཡིན། གཟུགས་གཟུང་བའི་ཕྱིར་བསྟན་པ་མ་ཡིན། མི་གཟུང་བའི་ཕྱིར་མ་ཡིན། སྒྲ་གཟུང་བའི་ཕྱིར་བསྟན་པ་མ་ཡིན། མི་གཟུང་བའི་ཕྱིར་མ་ཡིན། དྲི་གཟུང་བའི་ཕྱིར་བསྟན་པ་མ་ཡིན། མི་གཟུང་བའི་ཕྱིར་མ་ཡིན། རོ་གཟུང་བའི་ཕྱིར་བསྟན་པ་མ་ཡིན། མི་གཟུང་བའི་ཕྱིར་མ་ཡིན། རེག་གཟུང་བའི་ཕྱིར་བསྟན་པ་མ་ཡིན། མི་གཟུང་བའི་ཕྱིར་མ་ཡིན། ཆོས་གཟུང་བའི་ཕྱིར་བསྟན་པ་མ་ཡིན། མི་གཟུང་བའི་ཕྱིར་མ་ཡིན། མིག་གི་རྣམ་པར་ཤེས་པ་གཟུང་བའི་ཕྱིར་བསྟན་པ་མ་ཡིན༑ མི་གཟུང་བའི་ཕྱིར་མ་ཡིན། རྣ་བའི་རྣམ་པར་ཤེས་པ་གཟུང་བའི་ཕྱིར་བསྟན་པ་མ་ཡིན། མི་གཟུང་བའི་ཕྱིར་མ་ཡིན། སྣའི་རྣམ་པར་ཤེས་པ་གཟུང་བའི་ཕྱིར་བསྟན་པ་མ་ཡིན། མི་གཟུང་བའི་ཕྱིར་མ་ཡིན། ལྕེའི་རྣམ་པར་ཤེས་པ་གཟུང་བའི་ཕྱིར་བསྟན་པ་མ་ཡིན། མི་གཟུང་བའི་ཕྱིར་མ་ཡིན། ལུས་ཀྱི་རྣམ་པར་ཤེས་པ་གཟུང་བའི་ཕྱིར་བསྟན་པ་མ་ཡིན། མི་གཟུང་བའི་ཕྱིར་མ་ཡིན། ཡིད་ཀྱི་རྣམ་པར་ཤེས་པ་གཟུང་བའི་ཕྱིར་བསྟན་པ་མ་ཡིན། མི་གཟུང་བའི་ཕྱིར་མ་ཡིན། མིག་གི་འདུས་ཏེ་རེག་པ་གཟུང་བའི་ཕྱིར་བསྟན་པ་མ་ཡིན༑ མི་གཟུང་བའི་ཕྱིར་མ་ཡིན། རྣ་བའི་འདུས་ཏེ་རེག་པ་གཟུང་བའི་ཕྱིར་བསྟན་པ་མ་ཡིན། མི་གཟུང་བའི་ཕྱིར་མ་ཡིན། སྣའི་འདུས་ཏེ་རེག་པ་གཟུང་བའི་ཕྱིར་བསྟན་པ་མ་ཡིན། མི་གཟུང་བའི་ཕྱིར་མ་ཡིན། ལྕེའི་འདུས་

ཏེ་རིག་པ་གཟུང་བའི་ཕྱིར་བསྟན་པ་མ་ཡིན། མྱི་གཟུང་བའི་ཕྱིར་མ་ཡིན། ལུས་ཀྱི་འདུས་ཏེ་རིག་པ་གཟུང་བའི་ཕྱིར་བསྟན་པ་མ་ཡིན། མྱི་གཟུང་བའི་ཕྱིར་མ་ཡིན། ཡིད་ཀྱི་འདུས་ཏེ་རིག་པ་གཟུང་བའི་ཕྱིར༔ བསྟན་པ་༡མ་ཡིན། མྱི་གཟུང་བའི་ཕྱིར་མ་ཡིན། མྱིག་གི་འདུས་ཏེ་རིག་པ་ལས་བྱུང་བའི་ཚོར་བ་གཟུང་བའི་ཕྱིར་བསྟན་པ་མ་ཡིན། མྱི་གཟུང་བའི་ཕྱིར་མ་ཡིན། རྣ་བའི་འདུས་ཏེ་རིག་པ་ལས་བྱུང་བའི་ཚོར་བ་གཟུང་བའི་ཕྱིར་བསྟན་པ་མ་ཡིན། མྱི་གཟུང་བའི་ཕྱིར་མ་ཡིན། སྣའི་འདུས་ཏེ་རིག་པ་ལས་བྱུང་བའི་ཚོར་བ་གཟུང་བའི་ཕྱིར་བསྟན་པ་མ་ཡིན། མྱི་གཟུང་བའི་ཕྱིར་མ་ཡིན། ལྕེའི་འདུས་ཏེ་རིག་པ་ལས་བྱུང་བའི་ཚོར་བ་གཟུང་བའི་ཕྱིར་བསྟན་པ་མ་ཡིན། མྱི་གཟུང་བའི་ཕྱིར་མ་ཡིན། ལུས་ཀྱི་འདུས་ཏེ་རིག་པ་ལས་བྱུང་བའི་ཚོར་བ་གཟུང་བའི་ཕྱིར་བསྟན་པ་མ་ཡིན། མི་གཟུང་བའི་ཕྱིར་མ་ཡིན། ཡིད་ཀྱི་འདུས་ཏེ་རིག་པ་ལས་བྱུང་བའི་ཚོར་བ་གཟུང་བའི་ཕྱིར་བསྟན་པ་མ་ཡིན། མྱི་གཟུང་བའི་ཕྱིར་མ་ཡིན། སའི་ཁམས་གཟུང་བའི་ཕྱིར་བསྟན་པ་མ་ཡིན། མྱི་གཟུང་བའི་ཕྱིར་མ་ཡིན། ཆུའི་ཁམས་གཟུང་བའི་ཕྱིར་བསྟན་པ་མ་ཡིན། མྱི་གཟུང་བའི་ཕྱིར་མ་ཡིན། མྱེའི་ཁམས་གཟུང་བའི་ཕྱིར་བསྟན་པ་མ་ཡིན། མྱི་གཟུང་བའི་ཕྱིར་མ་ཡིན། རླུང་གི་ཁམས་གཟུང་བའི་ཕྱིར་བསྟན་པ་མ་༢ཡིན། མི་གཟུང་བའི་ཕྱིར་མ་ཡིན། ནམ་མཁའི་ཁམས་གཟུང་བའི་ཕྱིར་བསྟན་པ་མ་ཡིན། མྱི་གཟུང་བའི་ཕྱིར་མ་ཡིན། རྣམ་པར་ཤེས་པའི་ཁམས་གཟུང་བའི་ཕྱིར་བསྟན་པ་མ་ཡིན། མྱི་གཟུང་བའི་ཕྱིར་མ་ཡིན། མ་རིག་པ་གཟུང་བའི་ཕྱིར་བསྟན་པ་མ་ཡིན། མྱི་གཟུང་བའི་ཕྱིར་མ་ཡིན། འདུ་བྱེད་གཟུང་བའི་ཕྱིར་བསྟན་པ་མ་ཡིན། མྱི་གཟུང་བའི་ཕྱིར་མ་ཡིན། རྣམ་པར་ཤེས་པ་གཟུང་བའི་ཕྱིར་བསྟན་པ་མ་ཡིན། མྱི་

གཟུང་བའི་ཕྱིར་མ་ཡིན། མིང་དང་གཟུགས་གཟུང་བའི་ཕྱིར་བསྟན་པ་མ་ཡིན། མི་གཟུང་བའི་ཕྱིར་མ་ཡིན། སྐྱེ་མཆེད་དྲུག་གཟུང་བའི་ཕྱིར་བསྟན་པ་མ་ཡིན། མི་གཟུང་བའི་ཕྱིར་མ་ཡིན། རེག་པ་གཟུང་བའི་ཕྱིར་བསྟན་པ་མ་ཡིན། མི་གཟུང་བའི་ཕྱིར་མ་ཡིན། ཚོར་བ་གཟུང་བའི་ཕྱིར་བསྟན་པ་མ་ཡིན། མི་གཟུང་བའི་ཕྱིར་མ་ཡིན། སྲེད་པ་གཟུང་བའི་ཕྱིར༑ བསྟན་པ་①མ་ཡིན། མི་གཟུང་བའི་ཕྱིར་མ་ཡིན། ལེན་པ་གཟུང་བའི་ཕྱིར་བསྟན་པ་མ་ཡིན། མི་གཟུང་བའི་ཕྱིར་མ་ཡིན། སྲིད་པ་གཟུང་བའི་ཕྱིར་བསྟན་པ་མ་ཡིན། མི་གཟུང་བའི་ཕྱིར་མ་ཡིན། སྐྱེ་བ་གཟུང་བའི་ཕྱིར་བསྟན་པ་མ་ཡིན། མི་གཟུང་བའི་ཕྱིར་མ་ཡིན། རྒ་ཤི་གཟུང་བའི་ཕྱིར་བསྟན་པ་མ་ཡིན། མི་གཟུང་བའི་ཕྱིར་མ་ཡིན། སྦྱིན་པའི་ཕ་རོལ་ཏུ་ཕྱིན་པ་གཟུང་བའི་ཕྱིར་བསྟན་པ་མ་ཡིན། མི་གཟུང་བའི་ཕྱིར་མ་ཡིན། ཚུལ་ཁྲིམས་ཀྱི་ཕ་རོལ་ཏུ་ཕྱིན་པ་གཟུང་བའི་ཕྱིར་བསྟན་པ་མ་ཡིན། མི་གཟུང་བའི་ཕྱིར་མ་ཡིན། བཟོད་པའི་ཕ་རོལ་ཏུ་ཕྱིན་པ་གཟུང་བའི་ཕྱིར་བསྟན་པ་③ཡིན། མི་གཟུང་བའི་ཕྱིར་མ་ཡིན། བརྩོན་འགྲུས་ཀྱི་ཕ་རོལ་ཏུ་ཕྱིན་པ་གཟུང་བའི་ཕྱིར་བསྟན་པ་མ་ཡིན། མི་གཟུང་བའི་ཕྱིར་མ་ཡིན༑ བསམ་གཏན་གྱི་ཕ་རོལ་ཏུ་ཕྱིན་པ་གཟུང་བའི་ཕྱིར་བསྟན་པ་མ་ཡིན། མི་གཟུང་བའི་ཕྱིར་མ་ཡིན། ཤེས་རབ་ཀྱི་ཕ་རོལ་ཏུ་ཕྱིན་པ་གཟུང་བའི་ཕྱིར་བསྟན་པ་མ་ཡིན། མི་གཟུང་བའི་ཕྱིར་③མ་ཡིན། ནང་སྟོང་པ་ཉིད་གཟུང་བའི་ཕྱིར་བསྟན་པ་མ་ཡིན། མི་གཟུང་བའི་ཕྱིར་མ་ཡིན། ཕྱི་སྟོང་པ་ཉིད་གཟུང་བའི་ཕྱིར་བསྟན་པ་མ་ཡིན། མི་གཟུང་བའི་ཕྱིར་མ་ཡིན། ཕྱི་ནང་སྟོང་པ་ཉིད་གཟུང་བའི་ཕྱིར་བསྟན་པ་མ་ཡིན། མི་གཟུང་བའི་ཕྱིར་མ་ཡིན། སྟོང་པ་ཉིད་སྟོང་པ་ཉིད་གཟུང་བའི་ཕྱིར་བསྟན་པ་མ་ཡིན། མི་གཟུང་བའི་ཕྱིར་མ་…

ཡིན། ཆེན་པོ་སྟོང་པ་ཉིད་གཟུང་བའི་ཕྱིར་བསྟན་པ་མ་ཡིན། མི་གཟུང་བའི་ཕྱིར་མ་ཡིན། དོན་དམ་པ་སྟོང་པ་ཉིད་གཟུང་བའི་ཕྱིར་བསྟན་པ་མ་ཡིན། མི་གཟུང་བའི་ཕྱིར་མ་ཡིན། འདུས་བྱས་སྟོང་པ་ཉིད་གཟུང་བའི་ཕྱིར་བསྟན་པ་མ་ཡིན། མི་གཟུང་བའི་ཕྱིར་མ་ཡིན། འདུས་མ་བྱས་སྟོང་པ་ཉིད་གཟུང་བའི་ཕྱིར་བསྟན་པ་མ་ཡིན། མི་གཟུང་བའི་ཕྱིར་མ་ཡིན། མཐའ་ལས་འདས་པ་སྟོང་པ་ཉིད་གཟུང་བའི་ཕྱིར་བསྟན་པ་མ་ཡིན། མི་གཟུང་བའི་ཕྱིར་མ་ཡིན། ཐོག་མ་དང་ཐ་མ་མེད་པ་སྟོང་པ་ཉིད་གཟུང་བའི་ཕྱིར་བསྟན་པ་མ་ཡིན། མི་གཟུང་བའི་ཕྱིར་མ་ཡིན། དོར་བ་མེད་པ་སྟོང་པ་ཉིད་གཟུང་བའི་ཕྱིར་བསྟན་པ་མ་ཡིན། མི་གཟུང་བའི་ཕྱིར་མ་ཡིན། རང་བཞིན་སྟོང་པ་ཉིད་གཟུང་བའི་ཕྱིར་བསྟན་པ་མ་ཡིན། མི་གཟུང་བའི་ཕྱིར་མ་ཡིན། ཆོས་ཐམས་ཅད་སྟོང་པ་ཉིད་གཟུང་བའི་ཕྱིར་བསྟན་པ་[༡]ཡིན། མི་གཟུང་བའི་ཕྱིར་མ་ཡིན། རང་གི་མཚན་ཉིད་སྟོང་པ་ཉིད་གཟུང་བའི་ཕྱིར་བསྟན་པ་མ་ཡིན། མི་གཟུང་བའི་ཕྱིར་མ་ཡིན། མི་དམིགས་པ་སྟོང་པ་ཉིད་གཟུང་བའི་ཕྱིར་བསྟན་པ་མ་ཡིན། མི་གཟུང་བའི་ཕྱིར་མ་ཡིན། དངོས་པོ་མེད་པ་སྟོང་པ་ཉིད་གཟུང་བའི་ཕྱིར་བསྟན་པ་མ་ཡིན། མི་གཟུང་བའི་ཕྱིར་མ་ཡིན། ངོ་བོ་ཉིད་སྟོང་པ་ཉིད་གཟུང་བའི་ཕྱིར་བསྟན་པ་མ་ཡིན། མི་གཟུང་བའི་ཕྱིར་མ་ཡིན། དངོས་པོ་མེད་པའི་[༢]ངོ་བོ་ཉིད་སྟོང་པ་ཉིད་གཟུང་བའི་ཕྱིར་བསྟན་པ་མ་ཡིན། མི་གཟུང་བའི་ཕྱིར་མ་ཡིན། དྲན་པ་ཉེ་བར་གཞག་པ་རྣམས་གཟུང་བའི་ཕྱིར་[༣]བསྟན་པ་མ་ཡིན། མི་གཟུང་བའི་ཕྱིར་མ་ཡིན། ཡང་དག་པར་སྤོང་བ་རྣམས་གཟུང་བའི་ཕྱིར་བསྟན་པ་མ་ཡིན། མི་གཟུང་བའི་ཕྱིར་མ་ཡིན། རྫུ་འཕྲུལ་གྱི་རྐང་པ་རྣམས་གཟུང་བའི་ཕྱིར་བསྟན་པ་མ་ཡིན། མི་གཟུང་བའི་ཕྱིར་མ་ཡིན། དབང་པོ་རྣམས་གཟུང་

བའི་ཕྱིར་བསྟན་པ་མ་ཡིན། མི་གཟུང་བའི་ཕྱིར་མ་ཡིན། སྟོབས་རྣམས་གཟུང་བའི་ཕྱིར་བསྟན་པ་མ་ཡིན། མི་གཟུང་བའི་ཕྱིར་མ་ཡིན། བྱང་ཆུབ་ཀྱི་ཡན་ལག་རྣམས་གཟུང་བའི་ཕྱིར་བསྟན་པ་མ་ཡིན། མི་གཟུང་བའི་ཕྱིར་མ་ཡིན། འཕགས་པའི་ལམ་ཡན་ལག་བརྒྱད་པ་གཟུང་བའི་ཕྱིར་བསྟན་པ་མ་ཡིན། མི་གཟུང་བའི་ཕྱིར་མ་ཡིན། འཕགས་པའི་བདེན་པ་རྣམས་གཟུང་བའི་ཕྱིར་བསྟན་པ་མ་ཡིན། མི་གཟུང་བའི་ཕྱིར་མ་ཡིན། བསམ་གཏན་རྣམས་གཟུང་བའི་ཕྱིར་བསྟན་པ་མ་ཡིན། མི་གཟུང་བའི་ཕྱིར་མ་ཡིན། ཚད་མེད་པ་རྣམས་གཟུང་བའི་ཕྱིར་བསྟན་པ་མ་ཡིན། མི་གཟུང་བའི་ཕྱིར་མ་ཡིན། གཟུགས་མེད་པའི་སྙོམས་པར་འཇུག་པ་རྣམས་གཟུང་བའི་ཕྱིར་བསྟན་པ་མ་ཡིན། མི་གཟུང་བའི་ཕྱིར་མ་ཡིན། རྣམ་པར་ཐར་པ་རྣམས་གཟུང་བའི་ཕྱིར་བསྟན་པ་མ་ཡིན། མི་གཟུང་བའི་ཕྱིར་མ་ཡིན། མཐར་གྱིས་གནས་པའི་སྙོམས་པར་འཇུག་པ་རྣམས་གཟུང་བའི་ཕྱིར་བསྟན་པ་མ་ཡིན། མི་གཟུང་བའི་ཕྱིར་མ་ཡིན། རྣམ་པར་ཐར་པའི་སྒོ་སྟོང་པ་ཉིད་དང་། མཚན་མ་མེད་པ་དང་། སྨོན་པ་མེད་པ་གཟུང་བའི་ཕྱིར་བསྟན་པ་མ་ཡིན། མི་གཟུང་བའི་ཕྱིར་མ་ཡིན། མངོན་པར་ཤེས་པ་རྣམས་གཟུང་བའི་ཕྱིར་བསྟན་པ་མ་ཡིན། མི་གཟུང་བའི་ཕྱིར་མ་ཡིན། ཏིང་ངེ་འཛིན་རྣམས་གཟུང་བའི་ཕྱིར་བསྟན་པ་མ་ཡིན། མི་གཟུང་བའི་ཕྱིར་མ་ཡིན། གཟུངས་ཀྱི་སྒོ་རྣམས་གཟུང་བའི་ཕྱིར་བསྟན་པ་མ་ཡིན། མི་གཟུང་བའི་ཕྱིར་མ་ཡིན། དེ་བཞིན་གཤེགས་པའི་སྟོབས་རྣམས་གཟུང་བའི་ཕྱིར་བསྟན་པ་མ་ཡིན། མི་གཟུང་བའི་ཕྱིར་མ་ཡིན། མི་འཇིགས་པ་རྣམས་གཟུང་བའི་ཕྱིར་བསྟན་པ་མ་ཡིན། མི་གཟུང་བའི་ཕྱིར་མ་ཡིན། སོ་སོ་ཡང་དག་པར་རིག་པ་རྣམས་གཟུང་བའི་ཕྱིར་བསྟན་པ་མ་ཡིན། མི་གཟུང་བའི་ཕྱིར་

མ་ཡིན། བྱམས་པ་ཆེན་པོ་གཟུང་བའི་ཕྱིར་བསྟན་པ་མ་ཡིན། མི་གཟུང་བའི་ཕྱིར་མ་ཡིན། སྙིང་རྗེ་ཆེན་པོ་གཟུང་བའི་ཕྱིར་བསྟན་པ་མ་ཡིན། མི་གཟུང་བའི་ཕྱིར་མ་ཡིན། སངས་རྒྱས་ཀྱི་ཆོས་མ་འདྲེས་པ་རྣམས་གཟུང་བའི་ཕྱིར་བསྟན་པ་མ་ཡིན། མི་གཟུང་བའི་ཕྱིར་མ་ཡིན། རྒྱུན་དུ་ཞུགས་པའི་འབྲས་བུ་གཟུང་བའི་ཕྱིར་བསྟན་པ་མ་ཡིན། མི་གཟུང་བའི་ཕྱིར་མ་ཡིན། ལན་ཅིག་ཕྱིར་འོང་བའི་འབྲས་བུ་གཟུང་བའི་ཕྱིར་བསྟན་པ་མ་ཡིན། མི་གཟུང་བའི་ཕྱིར་མ་ཡིན། ཕྱིར་མི་འོང་བའི་འབྲས་བུ་གཟུང་བའི་ཕྱིར་བསྟན་པ་མ་ཡིན། མི་གཟུང་བའི་ཕྱིར་མ་ཡིན། དགྲ་བཅོམ་པ་ཉིད་གཟུང་བའི་ཕྱིར་བསྟན་པ་མ་ཡིན། མི་གཟུང་བའི་ཕྱིར་མ་ཡིན། རང་བྱང་ཆུབ་གཟུང་བའི་ཕྱིར་བསྟན་པ་མ་ཡིན། མི་གཟུང་བའི་ཕྱིར་མ་ཡིན། ལམ་གྱི་རྣམ་པ་ཤེས་པ་ཉིད་གཟུང་བའི་ཕྱིར་བསྟན་པ་མ་ཡིན། མི་གཟུང་བའི་ཕྱིར་མ་ཡིན། རྣམ་པ་ཐམས་ཅད་མཁྱེན་པ་ཉིད་གཟུང་བའི་ཕྱིར་བསྟན་པ་མ་ཡིན། མི་གཟུང་བའི་ཕྱིར་མ་ཡིན[༡]། ལྷའི་བུ་དག་གང་ཡང་[༣]གཟུགས་གཟུང་བའི་ཕྱིར་རམ། མི་གཟུང་བའི་ཕྱིར་སྟོན་པ་དང་། ཚོར་བ་གཟུང་བའི་ཕྱིར་རམ། མི་གཟུང་བའི་ཕྱིར་སྟོན་པ་དང་། འདུ་ཤེས་གཟུང་བའི་ཕྱིར་རམ། མི་གཟུང་བའི་ཕྱིར་སྟོན་པ་དང་། འདུ་བྱེད་གཟུང་བའི་ཕྱིར་རམ། མི་གཟུང་བའི་ཕྱིར་སྟོན་པ་དང་། རྣམ་པར་ཤེས་པ་གཟུང་བའི་ཕྱིར་རམ། མི་གཟུང་བའི་ཕྱིར་སྟོན་པ་དང་། མིག་གཟུང་བའི་ཕྱིར་རམ། མི་གཟུང་བའི་ཕྱིར་སྟོན་པ་དང་། རྣ་བ་གཟུང་བའི་ཕྱིར་རམ། མི་གཟུང་བའི་ཕྱིར་སྟོན་པ་དང་། སྣ་གཟུང་བའི་ཕྱིར་རམ། མི་གཟུང་བའི་ཕྱིར་སྟོན་པ་དང་། ལྕེ་གཟུང་བའི་ཕྱིར་རམ། མི་གཟུང་བའི་ཕྱིར་སྟོན་པ་དང་། ལུས་གཟུང་བའི་ཕྱིར་རམ། མི་གཟུང་བའི་ཕྱིར་སྟོན་པ་དང་། ཡིད་གཟུང་བའི་ཕྱིར་རམ།

མྱི་གཟུང་བའི་ཕྱིར་སྦྱོད་པ་དང་། གཟུགས་གཟུང་[༡]བའི་ཕྱིར་རམ། མྱི་གཟུང་བའི་ཕྱིར་སྦྱོད་པ་དང་། སྒྲ་གཟུང་བའི་ཕྱིར་རམ། མྱི་གཟུང་བའི་ཕྱིར་སྦྱོད་པ་དང་། དྲི་གཟུང་བའི་ཕྱིར་རམ། མྱི་གཟུང་བའི་ཕྱིར་སྦྱོད་པ་དང་། རོ་གཟུང་བའི་ཕྱིར་རམ། མྱི་གཟུང་བའི་ཕྱིར་སྦྱོད་པ་དང་། རེག་གཟུང་བའི་ཕྱིར་རམ། མྱི་གཟུང་བའི་ཕྱིར་སྦྱོད་པ་དང་། ཆོས་གཟུང་བའི་ཕྱིར་རམ། མྱི་གཟུང་བའི་ཕྱིར་སྦྱོད་པ་དང་། མྱིག་གི་རྣམ་པར་ཤེས་པ་གཟུང་བའི་ཕྱིར་རམ། མྱི་གཟུང་བའི་ཕྱིར་སྦྱོད་པ་དང་། རྣ་བའི་རྣམ་པར་ཤེས་པ་གཟུང་བའི་[༢]ཕྱིར་རམ། མྱི་གཟུང་བའི་ཕྱིར་སྦྱོད་པ་དང་། སྣའི་རྣམ་པར་ཤེས་པ་གཟུང་བའི་ཕྱིར་རམ། མྱི་གཟུང་བའི་ཕྱིར་སྦྱོད་པ་དང་། ལྗེའི་རྣམ་པར་ཤེས་པ་གཟུང་བའི་ཕྱིར་རམ། མྱི་གཟུང་བའི་ཕྱིར་སྦྱོད་པ་དང་། ལུས་ཀྱི་རྣམ་པར་ཤེས་པ་གཟུང་བའི་ཕྱིར་རམ། མྱི་གཟུང་[༣]བའི་ཕྱིར་སྦྱོད་པ་དང་། ཡིད་ཀྱི་རྣམ་པར་ཤེས་པ་བཟུང་[༤]བའི་ཕྱིར་རམ། མྱི་གཟུང་བའི་ཕྱིར་སྦྱོད་པ་དང་། མྱིག་གི་འདུས་ཏེ་རེག་པ་གཟུང་བའི་ཕྱིར་རམ། མྱི་གཟུང་བའི་ཕྱིར་སྦྱོད་པ་དང་། རྣ་བའི་འདུས་ཏེ་རེག་པ་གཟུང་བའི་ཕྱིར་རམ། མྱི་གཟུང་བའི་ཕྱིར་སྦྱོད་པ་དང་། སྣའི་འདུས་ཏེ་རེགཿཔ་གཟུང་[༥]བའི་ཕྱིར་རམ། མྱི་གཟུང་བའི་ཕྱིར་སྦྱོད་པ་དང་། ཿལྗེའི་འདུས་ཏེ་རེག་པ་གཟུང་བའི་ཕྱིར་རམ། མྱི་གཟུང་བའི་ཕྱིར་སྦྱོད་པ་དང་།[༦] ལུས་ཀྱི་འདུས་ཏེ་རེག་པ་གཟུང་བའི་ཕྱིར་རམ། མྱི་གཟུང་[༧]བའི་ཕྱིར་སྦྱོད་པ་དང་། ཡིད་ཀྱི་འདུས་ཏེ་རེག་པ་གཟུང་[༨]བའི་ཕྱིར་རམ། མི་གཟུང་བའི་ཕྱིར་སྦྱོད་པ་དང་། མྱིག་གི་འདུས་ཏེ་རེག་པ་ལས་བྱུང་བའི་ཚོར་བ་གཟུང་བའི་ཕྱིར་རམ། མྱི་གཟུང་བའི་ཕྱིར་སྦྱོད་པ་དང་། རྣ་བའི་འདུས་ཏེ་རེག་པ་ལས་བྱུང་བའི་ཚོར་བ་གཟུང་བའི་ཕྱིར་རམ། མི་གཟུང་བའི་ཕྱིར་སྦྱོད་པ་དང་། སྣའི་

འདུས་ཏེ་རེག་པ་ལས་བྱུང་བའི་ཚོར་བ་གཟུང་བའི་ཕྱིར་རམ། མི་གཟུང་བའི་ཕྱིར་སྤྱོད་པ་དང་། ལྕེའི་འདུས་ཏེ་རེག་པ་ལས་བྱུང་བའི་ཚོར་བ་གཟུང་བའི་ཕྱིར་རམ། མི་གཟུང་བའི་ཕྱིར་སྤྱོད་པ་དང་། ལུས་ཀྱི་འདུས་ཏེ་རེག་པ་ལས་བྱུང་བའི་ཚོར་བ་གཟུང་བའི་ཕྱིར་རམ། མི་གཟུང་བའི་ཕྱིར་སྤྱོད་པ་དང་། ཡིད་ཀྱི་འདུས་ཏེ་རེག་པ་ལས་བྱུང་བའི་ཚོར་བ་གཟུང་བའི་ཕྱིར་རམ། མི་གཟུང་བའི་ཕྱིར་སྤྱོད་པ་དང་། སའི་ཁམས་གཟུང་བའི་ཕྱིར་རམ། མི་གཟུང་བའི་ཕྱིར་སྤྱོད་པ་དང་། ཆུའི་ཁམས་གཟུང་བའི་ཕྱིར་རམ། མི་གཟུང་བའི་ཕྱིར་སྤྱོད་པ་དང་། མེའི་ཁམས་གཟུང་བའི་ཕྱིར་རམ། མི་གཟུང་བའི་ཕྱིར་སྤྱོད་པ་དང་། རླུང་གི་ཁམས་གཟུང་བའི་ཕྱིར་རམ། མི་གཟུང་བའི་ཕྱིར་སྤྱོད་པ་དང་། ནམ་མཁའི་ཁམས་གཟུང་བའི་ཕྱིར་རམ། མི་གཟུང་བའི་ཕྱིར་སྤྱོད་པ་དང་། རྣམ་པར་ཤེས་པའི་ཁམས་གཟུང་བའི་ཕྱིར་རམ། མི་གཟུང་བའི་ཕྱིར་སྤྱོད་པ་དང་། མ་རིག་པ་གཟུང་བའི་ཕྱིར་རམ། མི་གཟུང་བའི་ཕྱིར་སྤྱོད་པ་དང་། འདུ་བྱེད་གཟུང་བའི་ཕྱིར་རམ། མི་གཟུང་བའི་ཕྱིར་སྤྱོད་པ་དང་། རྣམ་པར་ཤེས་པ་གཟུང་བའི་ཕྱིར་རམ། མི་གཟུང་བའི་ཕྱིར་སྤྱོད་པ་དང་། མིང་དང་གཟུགས་གཟུང་བའི་ཕྱིར་རམ། མི་གཟུང་བའི་ཕྱིར་སྤྱོད་པ་དང་། སྐྱེ་མཆེད་དྲུག་གཟུང་བའི་ཕྱིར་རམ། མི་གཟུང་བའི་ཕྱིར་སྤྱོད་པ་དང་། རེག་པ་གཟུང་བའི་ཕྱིར་རམ། མི་གཟུང་བའི་ཕྱིར་སྤྱོད་པ་དང་། ཚོར་བ་གཟུང་བའི་ཕྱིར་རམ། མི་གཟུང་བའི་ཕྱིར་སྤྱོད་པ་དང་། སྲེད་པ་གཟུང་བའི་ཕྱིར་རམ། མི་གཟུང་བའི་ཕྱིར་སྤྱོད་པ་དང་། ལེན་པ་གཟུང་བའི་ཕྱིར་རམ། མི་གཟུང་བའི་ཕྱིར་སྤྱོད་པ་དང་། སྲིད་པ་གཟུང་བའི་ཕྱིར་རམ། མི་གཟུང་བའི་ཕྱིར་སྤྱོད་པ་དང་། སྐྱེ་བ་གཟུང་བའི་ཕྱིར་རམ། མི་གཟུང་བའི་ཕྱིར་སྤྱོད་པ་དང་། རྒ་ཤི་གཟུང་

བའི་ཕྱིར་རམ། མྱི་གཟུང་བའི་ཕྱིར་སྤྱོད་པ་དང་། སྦྱིན་པའི་ཕ་རོལ་ཏུ་ཕྱིན་པ་གཟུང་བའི་ཕྱིར་རམ། མྱི་གཟུང་བའི་ཕྱིར་སྤྱོད་པ་དང་། ཚུལ་ཁྲིམས་ཀྱི་ཕ་རོལ་ཏུ་ཕྱིན་པ་གཟུང་བའི་ཕྱིར་རམ། མྱི་གཟུང་བའི་ཕྱིར་སྤྱོད་པ་དང་། བཟོད་པའི་ཕ་རོལ་ཏུ་ཕྱིན་པ་གཟུང་བའི་ཕྱིར་རམ། མྱི་གཟུང་བའི་ཕྱིར་སྤྱོད་པ་དང་། བརྩོན་འགྲུས་ཀྱི་ཕ་རོལ་ཏུ་ཕྱིན་པ་གཟུང་བའི་ཕྱིར་རམ། མྱི་གཟུང་བའི་ཕྱིར་སྤྱོད་པ་དང་། བསམ་གཏན་གྱི་ཕ་རོལ་ཏུ་ཕྱིན་པ་གཟུང་བའི་ཕྱིར་རམ། མྱི་གཟུང་བའི་ཕྱིར་སྤྱོད་པ་དང་། ཤེས་རབ་ཀྱི་ཕ་རོལ་ཏུ་ཕྱིན་པ་གཟུང་བའི་ཕྱིར་རམ། མྱི་གཟུང་བའི་ཕྱིར་སྤྱོད་པ་དང་། ནང་སྟོང་པ་ཉིད་གཟུང་བའི་ཕྱིར་རམ། མྱི་གཟུང་བའི་ཕྱིར་སྤྱོད་པ་དང་། ཕྱི་སྟོང་པ་ཉིད་གཟུང་བའི་ཕྱིར་རམ། མྱི་གཟུང་བའི་ཕྱིར་སྤྱོད་པ་དང་། ཕྱི་ནང་སྟོང་པ་ཉིད་གཟུང་བའི་ཕྱིར་རམ། མྱི་གཟུང་བའི་ཕྱིར་སྤྱོད་པ་དང་། སྟོང་པ་ཉིད་སྟོང་པ་ཉིད་གཟུང་བའི་ཕྱིར་རམ། མྱི་གཟུང་བའི་ཕྱིར་སྤྱོད་པ་དང་། ཆེན་པོ་སྟོང་པ་ཉིད་གཟུང་བའི་ཕྱིར་རམ། མྱི་གཟུང་བའི་ཕྱིར་སྤྱོད་པ་དང་། དོན་དམ་པ་སྟོང་པ་ཉིད་གཟུང་བའི་ཕྱིར་རམ། མྱི་གཟུང་བའི་ཕྱིར་སྤྱོད་པ་དང་། འདུས་བྱས་སྟོང་པ་ཉིད་གཟུང་བའི་ཕྱིར་རམ། མི་གཟུང་བའི་ཕྱིར་སྤྱོད་པ་དང་། འདུས་མ་བྱས་སྟོང་པ་ཉིད་གཟུང་བའི་ཕྱིར་རམ། མྱི་གཟུང་བའི་ཕྱིར་སྤྱོད་པ་དང་། མཐའ་ལས་འདས་པ་སྟོང་པ་ཉིད་གཟུང་བའི་ཕྱིར་རམ། མྱི་གཟུང་བའི་ཕྱིར་སྤྱོད་པ་དང་། ཐོག་མ་དང་ཐ་མ་མྱེད་པ་སྟོང་པ་ཉིད་གཟུང་བའི་ཕྱིར་རམ། མྱི་གཟུང་བའི་ཕྱིར་སྤྱོད་པ་དང་། དོར་བ་མྱེད་པ་སྟོང་པ་ཉིད་གཟུང་བའི་ཕྱིར་རམ། མྱི་གཟུང་བའི་ཕྱིར་⑦སྤྱོད་པ་དང་། རང་བཞིན་སྟོང་པ་ཉིད་གཟུང་བའི་ཕྱིར་རམ། མྱི་གཟུང་བའི་ཕྱིར་སྤྱོད་པ་དང་། ཆོས་ཐམས་ཅད་སྟོང་པ་

ཉིད་གཟུང་བའི་(༡)ཕྱིར་རམ། མྱི་གཟུང་བའི་ཕྱིར་སྤྱོད་པ་དང་། རང་གི་མཚན་ཉིད་སྟོང་པ་ཉིད་གཟུང་བའི་ཕྱིར་རམ། མྱི་གཟུང་བའི་ཕྱིར་སྤྱོད་པ་དང་། མྱི་དམྱིགས་པ་སྟོང་པ་ཉིད་གཟུང་བའི་ཕྱིར་རམ། མྱི་གཟུང་བའི་ཕྱིར་སྤྱོད་པ་དང་། དངོས་པོ་མྱེད་པ་སྟོང་པ་ཉིད་གཟུང་བའི་ཕྱིར་རམ། མྱི་གཟུང་བའི་ཕྱིར་སྤྱོད་པ་དང་། ངོ་བོ་ཉིད་སྟོང་པ་ཉིད་གཟུང་བའི་ཕྱིར་རམ། མྱི་གཟུང་བའི་ཕྱིར་སྤྱོད་པ་དང་། དངོས་པོ་མྱེད་པའི་ངོ་བོ་ཉིད་སྟོང་པ་ཉིད་གཟུང་བའི་ཕྱིར་རམ། མྱི་གཟུང་བའི་ཕྱིར་སྤྱོད་པ་དང་། དྲན་པ་ཉེ་བར་གཞག་པ་རྣམས་གཟུང་བའི་ཕྱིར་རམ། མྱི་གཟུང་བའི་ཕྱིར་སྤྱོད་པ་དང་། ཡང་དག་པར་སྤོང་བ་རྣམས་གཟུང་བའི་ཕྱིར་རམ། མྱི་གཟུང་བའི་ཕྱིར་སྤྱོད་པ་དང་། རྫུ་འཕྲུལ་གྱི་རྐང་པ་རྣམས་གཟུང་བའི་ཕྱིར་རམ། མྱི་གཟུང་བའི་ཕྱིར་སྤྱོད་པ་དང་། དབང་པོ་རྣམས་གཟུང་བའི་ཕྱིར་རམ། མྱི་གཟུང་བའི་ཕྱིར་སྤྱོད་པ་དང་། སྟོབས་རྣམས་གཟུང་བའི་ཕྱིར་རམ། མི་གཟུང་བའི་ཕྱིར་སྤྱོད་པ་དང་། བྱང་ཆུབ་ཀྱི་ཡན་ལག་རྣམས་གཟུང་བའི་ཕྱིར་རམ། མྱི་གཟུང་བའི་ཕྱིར་སྤྱོད་པ་དང་། འཕགས་པའི་ལམ་ཡན་ལག་བརྒྱད་པ་གཟུང་བའི་ཕྱིར་རམ། མྱི་གཟུང་བའི་ཕྱིར་སྤྱོད་པ་དང་། འཕགས་པའི་བདེན་པ་རྣམས་གཟུང་བའི་ཕྱིར་རམ༑ མྱི་གཟུང་བའི་ཕྱིར་སྤྱོད་པ་དང་། བསམ་གཏན་(༢)རྣམས་གཟུང་བའི་ཕྱིར་རམ། མྱི་གཟུང་བའི་ཕྱིར་སྤྱོད་པ་དང་། ཚད་མྱེད་པ་རྣམས་གཟུང་བའི་ཕྱིར་རམ། མྱི་གཟུང་བའི་ཕྱིར་སྤྱོད་པ་དང་། གཟུགས་མྱེད་པའི་སྙོམས་པར་འཇུག་པ་རྣམས་གཟུང་བའི་ཕྱིར་རམ། མི་གཟུང་བའི་ཕྱིར་སྤྱོད་པ་དང་། རྣམ་པར་ཐར་པ་རྣམས་གཟུང་བའི་ཕྱིར་རམ། མྱི་གཟུང་བའི་ཕྱིར་སྤྱོད་པ་དང་། མཐར་གྱིས་གནས་པའི་སྙོམས་པར་འཇུག་པ་རྣམས་གཟུང་བའི་ཕྱིར་རམ། མྱི་

གཟུང་བའི་ཕྱིར་སྤྱོད་པ་དང་། རྣམ་པར་ཐར་པའི་སྒོ་སྟོང་པ་ཉིད་དང་། མཚན་མ་མེད་པ་དང་། སྨོན་པ་མེད་པ་གཟུང་བའི་ཕྱིར་རམ། མི་གཟུང་བའི་ཕྱིར་སྤྱོད་པ་དང་། མངོན་པར་ཤེས་པ་རྣམས་གཟུང་བའི་ཕྱིར་རམ། མི་གཟུང་བའི་ཕྱིར་སྤྱོད་པ་དང་། ཏིང་ངེ་འཛིན་རྣམས་གཟུང་བའི་ཕྱིར་རམ། མི་གཟུང་བའི་ཕྱིར་སྤྱོད་པ་དང་། གཟུངས་ཀྱི་སྒོ་རྣམས་གཟུང་བའི་ཕྱིར་རམ། མི་གཟུང་བའི་ཕྱིར་སྤྱོད་པ་དང་། དེ་བཞིན་གཤེགས་པའི་སྟོབས་རྣམས་གཟུང་བའི་ཕྱིར་རམ། མི་གཟུང་བའི་ཕྱིར་སྤྱོད་པ་དང་། མི་འཇིགས་པ་རྣམས་གཟུང་བའི་ཕྱིར་རམ། མི་གཟུང་བའི་ཕྱིར་སྤྱོད་པ་དང་། སོ་སོ་ཡང་དག་པར་[༡]རིག་པ་རྣམས་གཟུང་བའི་ཕྱིར་རམ། མི་གཟུང་བའི་ཕྱིར་སྤྱོད་པ་དང་། བྱམས་པ་ཆེན་པོ་གཟུང་བའི་ཕྱིར་རམ། མི་གཟུང་བའི་ཕྱིར་སྤྱོད་པ་དང་། སྙིང་རྗེ་ཆེན་པོ་གཟུང་བའི་ཕྱིར་རམ། མི་གཟུང་བའི་ཕྱིར་སྤྱོད་པ་དང་། སངས་རྒྱས་ཀྱི་ཆོས་མ་འདྲེས་པ་རྣམས་གཟུང་བའི་ཕྱིར་རམ། མི་གཟུང་བའི་ཕྱིར་སྤྱོད་པ་དང་། རྒྱུན་དུ་ཞུགས་པའི་འབྲས་བུ་གཟུང་བའི་ཕྱིར་རམ། མི་གཟུང་བའི་ཕྱིར་སྤྱོད་པ་དང་། ལན་ཅིག་ཕྱིར་འོང་བའི་འབྲས་བུ་གཟུང་བའི་ཕྱིར་རམ། མི་གཟུང་བའི་ཕྱིར་སྤྱོད་པ་དང་། ཕྱིར་མི་འོང་བའི་འབྲས་བུ་གཟུང་བའི་ཕྱིར་རམ། མི་གཟུང་བའི་ཕྱིར་སྤྱོད་པ་དང་། དགྲ་བཅོམ་པ་ཉིད་གཟུང་བའི་ཕྱིར་རམ། མི་གཟུང་བའི་ཕྱིར་སྤྱོད་པ་དང་། རང་བྱང་ཆུབ་གཟུང་བའི་ཕྱིར་རམ། མི་གཟུང་བའི་ཕྱིར་སྤྱོད་པ་དང་། ལམ་གྱི་རྣམ་པ་ཤེས་པ་ཉིད་གཟུང་བའི་ཕྱིར་རམ། མི་གཟུང་བའི་ཕྱིར་སྤྱོད་པ་དང་། རྣམ་པ་ཐམས་ཅད་མཁྱེན་པ་ཉིད་གཟུང་བའི་ཕྱིར་རམ། མི་གཟུང་བའི་ཕྱིར་སྤྱོད་པ་དེ་དག་གིས་[༣]ནི། སྦྱིན་པའི་ཕ་རོལ་ཏུ་ཕྱིན་པ་བསྒོམ་པར་མི་ནུས་སོ། །ཚུལ་

ཁྲིམས་ཀྱི་ཕ་རོལ་ཏུ་ཕྱིན་པ་བསྒོམ་པར་མི་ནུས་སོ། །བཟོད་པའི་ཕ་རོལ་ཏུ་ཕྱིན་པ་བསྒོམ་པར་མི་ནུས་སོ། །བརྩོན་འགྲུས་ཀྱི་ཕ་རོལ་ཏུ་ཕྱིན་པ་བསྒོམ་པར་མི་ནུས་སོ། །བསམ་གཏན་གྱི་ཕ་རོལ་ཏུ་ཕྱིན་པ་བསྒོམ་པར་མི་ནུས་སོ། །ཤེས་རབ་ཀྱི་ཕ་རོལ་ཏུ་ཕྱིན་པ་བསྒོམ་པར་མི་ནུས་སོ། །ནང་སྟོང་པ་ཉིད་བསྒོམ་པར་མི་ནུས་སོ། །ཕྱི་སྟོང་པ་ཉིད་བསྒོམ་པར་མི་ནུས་སོ། །ཕྱི་ནང་སྟོང་པ་ཉིད་བསྒོམ་པར་མི་ནུས་སོ། །སྟོང་པ་ཉིད་སྟོང་པ་ཉིད་བསྒོམ་པར་མི་ནུས་སོ། །ཆེན་པོ་སྟོང་པ་ཉིད་བསྒོམ་པར་མི་ནུས་སོ། །དོན་དམ་པ་སྟོང་པ་ཉིད་བསྒོམ་···པར་མི་ནུས་སོ། །འདུས་བྱས་སྟོང་པ་ཉིད་བསྒོམ་(༧)པར་མི་ནུས་སོ། །འདུས་མ་བྱས་སྟོང་པ་ཉིད་བསྒོམ་པར་མི་ནུས་སོ། །མཐའ་ལས་འདས་པ་སྟོང་པ་ཉིད་བསྒོམ་པར་མི་ནུས་སོ། །ཐོག་མ་དང་ཐ་མ་མེད་པ་སྟོང་པ་ཉིད་བསྒོམ་པར་མི་···ནུས་སོ། །དོར་བ་མེད་པ་ཿསྟོང་པ་(༢)ཉིད་བསྒོམ་པར་མི་ནུས་སོ། །རང་བཞིན་སྟོང་པ་ཉིད་བསྒོམ་པར་མི་ནུས་སོ། །ཆོས་ཐམས་ཅད་སྟོང་པ་ཉིད་བསྒོམ་པར་མི་ནུས་སོ། །རང་གི་མཚན་ཉིད་སྟོང་པ་ཉིད་བསྒོམ་པར་མི་ནུས་སོ། །མི་དམིགས་པ་(༣)སྟོང་པ་ཉིད་བསྒོམ་པར་མི་ནུས་སོ། །དངོས་པོ་མེད་པ་སྟོང་པ་ཉིད་བསྒོམ་པར་མི་ནུས་སོ། །ངོ་བོ་ཉིད་སྟོང་པ་ཉིད་བསྒོམ་པར་མི་ནུས་སོ། །དངོས་པོ་མེད་པའི་ངོ་བོ་ཉིད་སྟོང་པ་ཉིད་བསྒོམ་པར་མི་ནུས་སོ། །དྲན་པ་ཉེ···བར་གཞག་པ་རྣམས་བསྒོམ་པར་མི་ནུས་སོ། །ཡང་དག་པར་སྤོང་བ་རྣམས་བསྒོམ་པར་མི་ནུས་སོ། །རྫུ་འཕྲུལ་གྱི་རྐང་པ་རྣམས་བསྒོམ་པར་མི་ནུས་སོ། །དབང་པོ་རྣམས་བསྒོམ་པར་མི་ནུས་སོ། །སྟོབས་རྣམས་བསྒོམ་པར་མི་ནུས་སོ། །བྱང་ཆུབ་ཀྱི་ཡན་ལག་རྣམས་བསྒོམ་པར་མི་ནུས་སོ། །འཕགས་པའི་ལམ་ཡན་ལག་བརྒྱད་པ་བསྒོམ་པར་མི་ནུས་སོ། །འཕགས་པའི་བདེན་པ་རྣམས་བསྒོམ་

པར་མྱི་ནུས་སོ། །བསམ་གཏན་རྣམས་བསྒོམ་པར་མྱི་ནུས་སོ། །ཚད་མྱེད་པ་རྣམས་བསྒོམ་པར་མྱི་ནུས་སོ། །གཟུགས་མྱེད་པའི་སྙོམས་པར་འཇུག་པ་རྣམས་བསྒོམ་པར་མྱི་ནུས་སོ། །རྣམ་པར་ཐར་པ་རྣམས་བསྒོམ་པར་མྱི་ནུས་སོ། །མཐར་གྱིས་གནས་པའི་སྙོམས་པར་འཇུག་པ་རྣམས་བསྒོམ་པར་མྱི་ནུས་སོ། །རྣམ་པར་ཐར་པའི་སྒོ་སྟོང་པ་ཉིད་དང་། མཚན་མ་མྱེད་པ་དང་། སྨོན་པ་མྱེད་པ་བསྒོམ་པར་མྱི་ནུས་སོ། །མངོན་པར་ཤེས་པ་རྣམས་བསྒོམ་པར་མྱི་ནུས་[1]སོ། །ཏིང་ངེ་འཛིན་རྣམས་བསྒོམ་པར་མྱི་ནུས་སོ། །གཟུངས་ཀྱི་སྒོ་རྣམས་བསྒོམ་པར་མྱི་ནུས་སོ། །དེ་བཞིན་གཤེགས་པའི་སྟོབས་རྣམས་བསྒོམ་[2]པར་མྱི་ནུས་སོ། །མྱི་འཇིགས་པ་རྣམས་བསྒོམ་[3]པར་མྱི་ནུས་སོ། །སོ་སོ་ཡང་དག་པར་རིག་པ་རྣམས་བསྒོམ་པར་མྱི་ནུས་སོ། །བྱམས་པ་ཆེན་པོ་བསྒོམ་པར་མྱི་ནུས་སོ། །སྙིང་རྗེ་ཆེན་པོ་བསྒོམ་པར་མྱི་ནུས་སོ། །སངས་རྒྱས་ཀྱི་ཆོས་མ་འདྲེས་པ་རྣམས་བསྒོམ་པར་མྱི་ནུས་སོ། །རྒྱུན་དུ་ཞུགས་པའི་འབྲས་བུ་བསྒོམ་པར་མྱི་ནུས་སོ། །ལན་ཅིག་ཕྱིར་འོང་བའི་འབྲས་བུ་བསྒོམ་པར་མྱི་ནུས་སོ། །ཕྱིར་མྱི་འོང་བའི་འབྲས་བུ་བསྒོམ་པར་མྱི་ནུས་སོ། །དགྲ་བཅོམ་པ་ཉིད་བསྒོམ་པར་མྱི་ནུས་སོ། །རང་བྱང་ཆུབ་བསྒོམ་པར་མྱི་ནུས་སོ། །ལམ་གྱི་རྣམ་པ་ཤེས་པ་ཉིད་བསྒོམ་པར་མྱི་ནུས་སོ། །རྣམ་པ་ཐམས་ཅད་མཁྱེན་པ་ཉིད་བསྒོམ་པར་མྱི་ནུས་སོ། །དེ་ནས་ཚེ་དང་ལྡན་པ་རབ་འབྱོར་གྱིས་བཅོམ་ལྡན་འདས་ལ་འདི་སྐད་ཅེས་གསོལ་ཏོ། །བཅོམ་ལྡན་འདས་ཆོས་འདི་ནི་ཆོས་ཐམས་ཅད་དང་རྗེས་སུ་མཐུན་[4]པ་སྟེ། ཆོས་འདི་[5]ཆོས་གང་རྣམས་དང་རྗེས་སུ་མཐུན་པ་ལགས་ཤེ་ན། ཆོས་འདི་ནི་ཤེས་རབ་ཀྱི་ཕ་རོལ་དུ་ཕྱིན་པ་དང་རྗེས་སུ་མཐུན་པའོ། །ཆོས་འདི་ནི་བསམ་གཏན་གྱི་ཕ་རོལ་དུ་ཕྱིན་པ་དང་རྗེས་སུ་མཐུན་པའོ། །ཆོས་འདི་ནི་བརྩོན་

འགྲུས་ཀྱི་ཕ་རོལ་ཏུ་ཕྱིན་པ་དང་རྗེས་སུ་མཐུན་པའོ། །ཆོས་འདི་ནི་བཟོད་པའི་ཕ་རོལ་ཏུ་ཕྱིན་པ་དང་རྗེས་སུ་མཐུན་པའོ། །ཆོས་འདི་ནི་ཚུལ་ཁྲིམས་ཀྱི་ཕ་རོལ་ཏུ་ཕྱིན་པ་དང་རྗེས་སུ་མཐུན་པའོ། །ཆོས་འདི་ནི་སྦྱིན་པའི་ཕ་རོལ་ཏུ་ཕྱིན་པ་དང་རྗེས་སུ་མཐུན་པའོ། །ཆོས་འདི་ནི་ནང་སྟོང་པ་ཉིད་དང་རྗེས་སུ་མཐུན་པའོ།། ཆོས་འདི་ནི་ཕྱི་སྟོང་པ་ཉིད་དང་རྗེས་སུ་མཐུན་པའོ། །ཆོས་འདི་ནི་ཕྱི་ནང་སྟོང་པ་ཉིད་དང་རྗེས་སུ་མཐུན་པའོ། །ཆོས་འདི་ནི་སྟོང་པ་ཉིད་སྟོང་པ་ཉིད་དང་རྗེས་སུ་མཐུན་པའོ། །ཆོས་འདི་ནི་ཆེན་པོ་སྟོང་པ་ཉིད་དང་རྗེས་སུ་མཐུན་པའོ། །ཆོས་འདི་ནི་དོན་དམ་པ་སྟོང་པ་ཉིད་དང་རྗེས་སུ་མཐུན་པའོ། །ཆོས་འདི་ནི་འདུས་བྱས་སྟོང་པ་ཉིད་དང་རྗེས་སུ་མཐུན་པའོ། །ཆོས་འདི་ནི་འདུས་མ་བྱས་སྟོང་པ་ཉིད་དང་རྗེས་སུ་མཐུན་པའོ། །ཆོས་འདི་ནི་མཐའ་ལས་འདས་པ་སྟོང་པ་ཉིད་དང་རྗེས་སུ་མཐུན་པའོ། །ཆོས་འདི་ནི་ཐོག་མ་[༡]དང་ཐ་མ་མེད་པ་སྟོང་པ་ཉིད་དང་རྗེས་སུ་མཐུན་པའོ། །ཆོས་འདི་ནི་དོར་བ་མེད་པ་སྟོང་པ་ཉིད་དང་རྗེས་སུ་མཐུན་པའོ། །ཆོས་འདི་ནི་རང་བཞིན་སྟོང་པ་ཉིད་དང་རྗེས་སུ་མཐུན་པའོ། །ཆོས་འདི་ནི་ཆོས་ཐམས་ཅད་སྟོང་པ་ཉིད་[༣]དང་རྗེས་སུ་མཐུན་པའོ། །ཆོས་འདི་ནི་རང་གི་མཚན་ཉིད་སྟོང་པ་ཉིད་དང་རྗེས་སུ་མཐུན་པའོ། །ཆོས་འདི་ནི་མི་དམིགས་པ་སྟོང་པ་ཉིད་དང་རྗེས་སུ་མཐུན་པའོ། །ཆོས་འདི་ནི་དངོས་པོ་མེད་པ་སྟོང་པ་ཉིད་དང་རྗེས་སུ་མཐུན་པའོ། །ཆོས་འདི་ནི་ངོ་བོ་ཉིད་སྟོང་པ་ཉིད་དང་རྗེས་སུ་མཐུན་པའོ། །ཆོས་འདི་ནི་དངོས་པོ་མེད་པའི་ངོ་བོ་ཉིད་སྟོང་པ་ཉིད་དང་རྗེས་སུ་མཐུན་པའོ། །ཆོས་འདི་ནི་དྲན་པ་ཉེ་བར་གཞག་པ་རྣམས་དང་རྗེས་སུ་མཐུན་པའོ། །ཆོས་འདི་ནི་ཡང་དག་པར་སྤོང་བ་རྣམས་དང་རྗེས་སུ་མཐུན་པའོ། །ཆོས་འདི་ནི་རྫུ་འཕྲུལ་གྱི་རྐང་པ་རྣམས་དང་རྗེས་སུ་མཐུན་པའོ། །

ཆོས་འདི་ནི་དབང་པོ་རྣམས་དང་རྗེས་སུ་མཐུན་པའོ། །ཆོས་འདི་ནི་སྟོབས་
རྣམས་དང་རྗེས་སུ་མཐུན་པའོ། །ཆོས་འདི་ནི་བྱང་ཆུབ་ཀྱི་ཡན་ལག་རྣམས་དང་
རྗེས་སུ་མཐུན་པའོ། །ཆོས་འདི་ནི་འཕགས་པའི་ལམ་ཡན་ལག་བརྒྱད་པ་དང་
རྗེས་སུ་མཐུན་པའོ། །ཆོས་འདི་ནི་འཕགས་པའི་བདེན་པ་རྣམས་དང་རྗེས་སུ་
མཐུན་པའོ། །ཆོས་འདི་ནི་བསམ་གཏན་རྣམས་དང་རྗེས་སུ་མཐུན་པའོ། །
ཆོས་འདི་ནི་ཚད་མེད་པ་རྣམས་དང་རྗེས་སུ་མཐུན་པའོ། །ཆོས་འདི་ནི་གཟུགས་
མེད་པའི་སྙོམས་པར་འཇུག་པ་རྣམས་དང་རྗེས་སུ་མཐུན་པའོ། །ཆོས་འདི་ནི་
རྣམ་པར་ཐར་པ་རྣམས་དང་རྗེས་སུ་མཐུན་པའོ། །ཆོས་འདི་ནི་མཐར་གྱིས་
གནས་པའི་སྙོམས་པར་འཇུག་པ་རྣམས་དང་རྗེས་སུ་མཐུན་པའོ། །ཆོས་འདི་ནི་
རྣམ་པར་ཐར་པའི་སྒོ་སྟོང་པ་ཉིད་དང་། མཚན་མ་མེད་པ་དང་། སྨོན་པ་
མེད་པ་དང་རྗེས་སུ་མཐུན་པའོ། །ཆོས་འདི་ནི་མངོན་པར་ཤེས་པ་རྣམས་དང་
རྗེས་སུ་མཐུན་པའོ། །ཆོས་འདི་ནི་ཏིང་ངེ་འཛིན་རྣམས་དང་རྗེས་སུ་མཐུན་པའོ། །
ཆོས་འདི་ནི་གཟུངས་[7]ཀྱི་སྒོ་རྣམས་དང་རྗེས་སུ་མཐུན་པའོ། །ཆོས་འདི་ནི་དེ་
བཞིན་གཤེགས་པའི་སྟོབས་རྣམས་དང་རྗེས་སུ་མཐུན་པའོ། །ཆོས་འདི་ནི་མི་
འཇིགས་པ་རྣམས་དང་རྗེས་སུ་མཐུན་པའོ། །ཆོས་འདི་ནི་སོ་སོ་ཡང་དག་པར་
རིག་པ་རྣམས་དང་རྗེས་སུ་མཐུན་པའོ། །ཆོས་འདི་ནི་བྱམས་པ་ཆེན་པོ་དང་རྗེས་
སུ་མཐུན་པའོ། །ཆོས་འདི་ནི་སྙིང་རྗེ་ཆེན་པོ་དང་རྗེས་སུ་མཐུན་པའོ། །ཆོས་
འདི་ནི་སངས་རྒྱས་ཀྱི་ཆོས་མ་འདྲེས་པ་རྣམས་དང་རྗེས་སུ་མཐུན་པའོ། །ཆོས་
འདི་ནི་རྒྱུན་དུ་ཞུགས་པའི་འབྲས་བུ་དང་རྗེས་སུ་མཐུན་པའོ། །ཆོས་འདི་ནི་ལན་
ཅིག་ཕྱིར་འོང་བའི་འབྲས་བུ་དང་རྗེས་སུ་མཐུན་པའོ། །ཆོས་འདི་ནི་ཕྱིར་མི་
འོང་བའི་འབྲས་བུ་དང་རྗེས་སུ་མཐུན་པའོ། །ཆོས་འདི་ནི་དགྲ་བཅོམ་པ་ཉིད་

དང་རྗེས་སུ་མཐུན་པའོ། །ཆོས་འདི་ནི་རང་བྱུང་ཆུབ་དང་རྗེས་སུ་མཐུན་པའོ། །
ཆོས་འདི་ནི་ལམ་གྱི་རྣམ་པ་ཤེས་པ་ཉིད་དང་རྗེས་སུ་མཐུན་པའོ། །ཆོས་འདི་ནི་
རྣམ་པ་ཐམས་ཅད་མཁྱེན་པ་ཉིད་དང་རྗེས་སུ་མཐུན་པའོ། །ཆོས་འདི་ནི་
གང༔ལ་ཡང་(༡)ཐོགས་པ་མ་མཆིས་པ་(༢)སྟེ། ཅི་ལ་ཐོགས་པ་མ་མཆིས་ཤེ་ན།
གཟུགས་ལ་ཐོགས་པ་མ་མཆིས་སོ། །ཚོར་བ་ལ་ཐོགས་པ་མ་མཆིས་སོ། །འདུ་
ཤེས་ལ་ཐོགས་པ་མ་མཆིས་སོ། །འདུ་བྱེད་ལ་ཐོགས་པ་མ་མཆིས་སོ། །རྣམ་
པར་ཤེས་པ་ལ་ཐོགས་པ་(༣)མ་མཆིས་སོ། །མིག་ལ་ཐོགས་པ་མ་མཆིས་སོ། །རྣ་
བ་ལ་ཐོགས་པ་མ་མཆིས་སོ། །སྣ་ལ་ཐོགས་པ་མ་མཆིས་སོ། །ལྕེ་ལ་ཐོགས་པ་
མ་མཆིས་སོ། །ལུས་ལ་ཐོགས་པ་མ་མཆིས་སོ། །ཡིད་ལ་ཐོགས་པ་མ་མཆིས་སོ། །
གཟུགས་ལ་ཐོགས་པ་མ་མཆིས་སོ། །སྒྲ་ལ་ཐོགས་པ་མ་མཆིས་སོ། །དྲི་ལ་
ཐོགས་པ་མ་མཆིས་སོ། །རོ་ལ་ཐོགས་པ་མ་མཆིས་སོ། །རེག་ལ་ཐོགས་པ་མ་
མཆིས་སོ། །ཆོས་ལ་ཐོགས་པ་མ་མཆིས་སོ། །མིག་གི་རྣམ་པར་ཤེས་པ་ལ་
ཐོགས་པ་མ་མཆིས་སོ། །རྣ་བའི་རྣམ་པར་ཤེས་པ་ལ་ཐོགས་པ་མ་མཆིས་སོ། །
སྣའི་རྣམ་པར་ཤེས་པ་ལ་ཐོགས་པ་མ་མཆིས་སོ། །ལྕེའི་རྣམ་པར་ཤེས་པ་ལ་
ཐོགས་པ་མ་མཆིས་སོ། །ལུས་ཀྱི་རྣམ་པར་ཤེས་པ་ལ་ཐོགས་པ་མ་མཆིས་སོ། །
ཡིད་ཀྱི་རྣམ་པར་ཤེས་པ་ལ་ཐོགས་པ་མ་མཆིས་སོ། །མིག་གི་འདུས་ཏེ་རེག་པ་ལ་
ཐོགས་པ་མ་མཆིས་སོ། །རྣ་བའི་འདུས་ཏེ་རེག་པ་ལ་ཐོགས་པ་མ་མཆིས་སོ། །
སྣའི་འདུས་ཏེ་རེག་པ་ལ་ཐོགས་པ་མ་མཆིས་སོ། །ལྕེའི་འདུས་ཏེ་རེག༔པ་ལ་
ཐོགས་(༤)པ་མ་མཆིས་སོ། །ལུས་ཀྱི་འདུས་(༥)ཏེ་རེག་པ་ལ་ཐོགས་པ་མ་མཆིས་སོ། །
ཡིད་ཀྱི་འདུས་ཏེ་རེག་པ་ལ་ཐོགས་པ་མ་མཆིས་སོ། །མིག་གི་འདུས་ཏེ་རེག་པའི་
རྐྱེན་གྱིས་ཚོར་བ་ལ་ཐོགས་པ་མ་མཆིས་སོ། །རྣ་བའི་འདུས་ཏེ་རེག་པའི་རྐྱེན་

ཀྱིས་ཚོར་བ་ལ་ཐོགས་པ་མ་མཆིས་སོ། །སྣའི་འདུས་ཏེ་རེག་པའི་རྐྱེན་ཀྱིས་ཚོར་བ་ལ་ཐོགས་པ་མ་མཆིས་སོ། །ལྗེའི་འདུས་ཏེ་རེག་པའི་རྐྱེན་ཀྱིས་ཚོར་བ་ལ་ཐོགས་པ་མ་མཆིས་སོ། །ལུས་ཀྱི་འདུས་ཏེ་རེག་པའི་རྐྱེན་ཀྱིས་ཚོར་བ་ལ་ཐོགས་པ་མ་མཆིས་སོ། །ཡིད་ཀྱི་འདུས་ཏེ་རེག་པའི་རྐྱེན་ཀྱིས་ཚོར་བ་ལ་ཐོགས་པ་མ་མཆིས་སོ། །སའི་ཁམས་ལ་ཐོགས་པ་མ་མཆིས་སོ། །ཆུའི་ཁམས་ལ་ཐོགས་པ་མ་མཆིས་སོ། །མེའི་ཁམས་ལ་ཐོགས་པ་མ་མཆིས་སོ། །རླུང་གི་ཁམས་ལ་ཐོགས་པ་མ་མཆིས་སོ། །ནམ་མཁའི་ཁམས་ལ་ཐོགས་པ་མ་མཆིས་སོ། །རྣམ་པར་ཤེས་པའི་ཁམས་ལ་ཐོགས་པ་མ་མཆིས་སོ། །མ་རིག་པ་ལ་ཐོགས་པ་མ་མཆིས་སོ། །འདུ་བྱེད་ལ་ཐོགས་པ་མ་མཆིས་སོ། །རྣམ་པར་ཤེས་པ་ལ་ཐོགས་པ་མ་མཆིས་སོ། །མིང་དང་གཟུགས་ལ་ཐོགས་པ་མ་མཆིས་སོ། །སྐྱེ་མཆེད་དྲུག་ལ་ཐོགས་པ་མ་མཆིས་སོ། །རེག་པ་ལ་ཐོགས་པ་མ་མཆིས་སོ། །ཚོར་བ་ལ་ཐོགས་པ་མ་མཆིས་སོ། །སྲེད་པ་ལ་ཐོགས་པ་མ་མཆིས་སོ། །ལེན་པ་ལ་ཐོགས་པ་མ་མཆིས་སོ། །སྲིད་པ་ལ་ཐོགས་པ་མ་མཆིས་སོ། །སྐྱེ་བ་ལ་ཐོགས་པ་མ་མཆིས་སོ། །རྒ་ཤི་ལ་ཐོགས་པ་མ་མཆིས་སོ། །སྦྱིན་པའི་ཕ་རོལ་ཏུ་ཕྱིན་པ་ལ་ཐོགས་པ་མ་མཆིས་སོ། །ཚུལ་ཁྲིམས་ཀྱི་ཕ་རོལ་ཏུ་ཕྱིན་པ་ལ་ཐོགས་པ་མ་མཆིས་སོ། །བཟོད་པའི་ཕ་རོལ་ཏུ་ཕྱིན་པ་ལ་ཐོགས་པ་མ་མཆིས་སོ། །བརྩོན་འགྲུས་ཀྱི་ཕ་རོལ་ཏུ་ཕྱིན་པ་ལ་ཐོགས་པ་མ་མཆིས་སོ། །བསམ་གཏན་གྱི་ཕ་རོལ་ཏུ་ཕྱིན་པ་ལ་ཐོགས་པ་མ་མཆིས་སོ། །ཤེས་རབ་ཀྱི་ཕ་རོལ་ཏུ་ཕྱིན་པ་ལ་ཐོགས་པ་མ་མཆིས་སོ། །ནང་སྟོང་པ་ཉིད་ལ་ཐོགས་པ་མ་མཆིས་སོ། །ཕྱི་སྟོང་པ་ཉིད་ལ་ཐོགས་པ་མ་མཆིས་སོ། །ཕྱི་ནང་སྟོང་པ་ཉིད་ལ་ཐོགས་པ་མ་མཆིས་སོ། །སྟོང་པ་ཉིད་སྟོང་པ་ཉིད་ལ་ཐོགས་པ་མ་མཆིས་སོ། །ཆེན་པོ་སྟོང་པ་ཉིད་ལ་

ཐོགས་པ་མ་མཆིས་སོ། །དོན་དམ་པ་སྟོང་པ་ཉིད་ལ་ཐོགས་པ་མ་མཆིས་སོ། །འདུས་བྱས་སྟོང་པ་ཉིད་ལ་ཐོགས་པ་མ་མཆིས་སོ། །འདུས་མ་བྱས་སྟོང་པ་ཉིད་ལ་ཐོགས་པ་མ་མཆིས་སོ། །མཐའ་ལས་འདས་པ་སྟོང་པ་ཉིད་ལ་ཐོགས་པ་མ་མཆིས་སོ། །ཐོག་མ་དང་ཐ་མ་མེད་པ་སྟོང་པ་ཉིད་ལ་ཐོགས་པ་མ་མཆིས་སོ། །དོར་བ་མེད་པ་སྟོང་པ་ཉིད་ལ་ཐོགས་པ་མ་མཆིས་སོ། །རང་བཞིན་སྟོང་པ་ཉིད་ལ་ཐོགས་པ་མ་མཆིས་སོ། །ཆོས་ཐམས་ཅད་སྟོང་པ་ཉིད་ལ་ཐོགས་པ་མ་མཆིས་སོ། །རང་གི་མཚན་ཉིད་སྟོང་པ་ཉིད་ལ་ཐོགས་པ་མ་མཆིས་སོ། །མི་དམིགས་པ་སྟོང་པ་ཉིད་ལ་ཐོགས་པ་མ་མཆིས་སོ། །དངོས་པོ་མེད་པ་སྟོང་པ་ཉིད་ལ་ཐོགས་པ་མ་མཆིས་སོ། །ངོ་བོ་ཉིད་[༡]སྟོང་པ་ཉིད་ལ་ཐོགས་པ་མ་[༢]མཆིས་སོ། །དངོས་པོ་མེད་པའི་ངོ་བོ་ཉིད་སྟོང་པ་ཉིད་ལ་ཐོགས་པ་མ་མཆིས་སོ། །དྲན་པ་ཉེ་བར་གཞག་པ་རྣམས་ལ་ཐོགས་པ་མ་མཆིས་སོ། །ཡང་དག་པར་སྤོང་བ་རྣམས་ལ་ཐོགས་པ་མ་མཆིས་སོ། །རྫུ་འཕྲུལ་གྱི་རྐང་པ་རྣམས་ལ་ཐོགས་པ་མ་མཆིས་སོ། །དབང་པོ་རྣམས་ལ་ཐོགས་པ་མ་མཆིས་སོ། །སྟོབས་རྣམས་ལ་ཐོགས་པ་མ་མཆིས་སོ། །བྱང་ཆུབ་ཀྱི་ཡན་ལག་རྣམས་ལ་ཐོགས་པ་མ་མཆིས་སོ། །འཕགས་པའི་ལམ་ཡན་ལག་བརྒྱད་པ་ལ་ཐོགས་པ་མ་མཆིས་སོ། །འཕགས་པའི་བདེན་པ་རྣམས་ལ་ཐོགས་པ་མ་མཆིས་སོ། །བསམ་གཏན་རྣམས་ལ་ཐོགས་པ་མ་མཆིས་སོ། །ཚད་མེད་པ་རྣམས་ལ་ཐོགས་པ་མ་མཆིས་སོ། །གཟུགས་མེད་པའི་སྙོམས་པར་འཇུག་པ་རྣམས་ལ་ཐོགས་པ་མ་མཆིས་སོ། །རྣམ་པར་ཐར་པ་རྣམས་ལ་ཐོགས་པ་མ་མཆིས་སོ། །མཐར་གྱིས་གནས་པའི་སྙོམས་པར་འཇུག་པ་རྣམས་ལ་ཐོགས་པ་མ་མཆིས་སོ། །རྣམ་པར་ཐར་པའི་སྒོ་སྟོང་པ་ཉིད་དང་། མཚན་མ་མེད་པ་དང་། སྨོན་པ་མེད་པ་ལ་ཐོགས་པ་མ་མཆིས་སོ། །མངོན་པར་ཤེས་པ་རྣམས་

ལ་ཐོགས་པ་མ་མཆིས་སོ། །ཏིང་ངེ་འཛིན་རྣམས་ལ་ཐོགས་པ་མ་མཆིས་སོ། །གཟུངས་ཀྱི་སྒོ་རྣམས་ལ་ཐོགས་པ་མ་མཆིས་སོ། །དེ་བཞིན་གཤེགས་པའི་སྟོབས་རྣམས་ལ་ཐོགས་པ་མ་མཆིས་སོ། །མི་འཇིགས་པ་རྣམས་ལ་ཐོགས་པ་མ་མཆིས་སོ།། སོ་སོ་ཡང་དག་པར་རིག་པ་རྣམས་ལ་ཐོགས་པ་མ་མཆིས་སོ། །བྱམས་པ་ཆེན་པོ་ལ་ཐོགས་པ་མ་མཆིས་སོ། །སྙིང་རྗེ་ཆེན་པོ་ལ་ཐོགས་པ་མ་མཆིས་སོ། །སངས་རྒྱས་ཀྱི་ཆོས་མ་འདྲེས་པ་རྣམས་ལ་ཐོགས་པ་མ་མཆིས་སོ། །རྒྱུན་ཏུ[༡]ཞུགས་པའི་འབྲས་བུ་ལ་ཐོགས་པ་མ་མཆིས་སོ། །ལན་ཅིག་ཕྱིར་འོང་བའི་འབྲས་བུ་ལ་ཐོགས་པ་མ་མཆིས་སོ། །ཕྱིར་མི་འོང་བའི་འབྲས་བུ་ལ་ཐོགས་པ་མ་མཆིས་སོ། །དགྲ་བཅོམ་པ་ཉིད་ལ་ཐོགས་པ་མ་མཆིས་སོ། །རང་བྱང་ཆུབ་ལ་ཐོགས་པ་མ་མཆིས་སོ། །ལམ་གྱི་རྣམ་པ་ཤེས་པ་ཉིད་ལ་ཐོགས་པ་མ་མཆིས་སོ། །རྣམ་པ་ཐམས་ཅད་མཁྱེན་པ་ཉིད་ལ་ཐོགས་པ་མ་མཆིས་སོ། །ཆོས་འདི་ནི་ནམ་མཁའ་[༢]མཉམ་པ་ཉིད་དང་། དེ་བཞིན་ཉིད་མཉམ་པ་ཉིད་དང་། ཆོས་ཀྱི་དབྱིངས་གནས་[༣]པ་ཉིད་དང་། ཡང་དག་པའི་མཐའ་མཉམ་པ་ཉིད་དང་། བསམ་གྱིས་མི་ཁྱབ་པའི་དབྱིངས་མཉམ་པ་ཉིད་དང་། སྟོང་པ་ཉིད་དང་། མཚན་མ་མེད་པ་དང་། སྨོན་པ་མེད་པ་མཉམ་[༤]པ་ཉིད་དང་། སྐྱེ་བ་མ་མཆིས་པ་དང་། འགག་[༥]པ་མ་མཆིས་པ་མཉམ་པ་ཉིད་དང་། ཀུན་ནས་ཉོན་མོངས་པ་མ་མཆིས་པ་དང་། རྣམ་པར་བྱང་བ་མ་མཆིས་པ་མཉམ་པ་ཉིད་ཀྱི་སླད་དུ་ཐོགས་པ་མ་མཆིས་པའི་མཚན་ཉིད་དོ། །ཆོས་འདི་ནི་གཟུགས་ཀྱི་སྐྱེ་བ་མི་དམིགས་པ་དང་། ཚོར་བའི་སྐྱེ་བ་མི་དམིགས་པ་དང་། འདུ་ཤེས་ཀྱི་སྐྱེ་བ་མི་དམིགས་པ་དང་། འདུ་བྱེད་ཀྱི་སྐྱེ་བ་མི་དམིགས་པ་དང་། རྣམ་པར་ཤེས་པའི་སྐྱེ་བ་མི་དམིགས་པ་དང་། མིག་གི་སྐྱེ་བ་མི་དམིགས་པ་དང་། རྣ་བའི་སྐྱེ་བ་མི་དམིགས་པ་དང་།

སྣའི་སྐྱེ་བ་མི་དམིགས་པ་དང་། ལྕེའི་སྐྱེ་བ་མི་དམིགས་པ་དང་། ལུས་ཀྱི་སྐྱེ་བ་མི་དམིགས་པ་དང་། ཡིད་ཀྱི་སྐྱེ་བ་མི་དམིགས་པ་དང་། གཟུགས་ཀྱི་སྐྱེ་བ་མི་དམིགས་པ་དང་། སྒྲའི་སྐྱེ་བ་མི་དམིགས་པ་དང་། དྲིའི་སྐྱེ་བ་མི་དམིགས་པ་དང་། རོའི་སྐྱེ་བ་མི་དམིགས་པ་དང་། རེག་གི་སྐྱེ་བ་མི་དམིགས་པ་དང་། ཆོས་ཀྱི་སྐྱེ་བ་མི་དམིགས་པ་དང་། མིག་གི་རྣམ་པར་ཤེས་པའི་སྐྱེ་བ་མི་དམིགས་པ་དང་། རྣ་བའི་རྣམ་པར་ཤེས་པའི་སྐྱེ་བ་མི་དམིགས་པ་དང་། སྣའི་རྣམ་པར་ཤེས་པའི་སྐྱེ་བ་མི་དམིགས་པ་དང་། ལྕེའི་རྣམ་པར་[༧]ཤེས་པའི་སྐྱེ་བ་མི་དམིགས་པ་དང་། ལུས་ཀྱི་རྣམ་པར་ཤེས་པའི་སྐྱེ་བ་མི་དམིགས་པ་དང་། ཡིད་ཀྱི་རྣམ་པར་ཤེས་པའི་སྐྱེ་བ་མི་དམིགས་པ་དང་། མིག་གི་འདུས་ཏེ་རེག་པའི་སྐྱེ་བ་མི་དམིགས་པ་དང་། རྣ་བའི་འདུས་ཏེ་རེག་པའི་སྐྱེ་བ་མི་དམིགས་པ་དང་། སྣའི་འདུས་ཏེ་རེག་པའི་སྐྱེ་བ་མི་དམིགས་པ་དང་། ལྕེའི་འདུས་ཏེ་རེག་པའི་སྐྱེ་བ་མི་དམིགས་པ་དང་། ལུས་ཀྱི་འདུས་ཏེ་རེག་པའི་སྐྱེ་བ་མི་དམིགས་པ་དང་། ཡིད་ཀྱི་འདུས་ཏེ་རེག་པའི་སྐྱེ་བ་མི་དམིགས་པ་དང་། མིག་གི་འདུས་ཏེ་རེག་པ་ལས་བྱུང་བའི་ཚོར་བའི་སྐྱེ་བ་མི་དམིགས་པ་དང་། རྣ་བའི་འདུས་ཏེ་རེག་པ་ལས་བྱུང་བའི་ཚོར་བའི་སྐྱེ་བ་མི་དམིགས་པ་དང་། སྣའི་འདུས་ཏེ་རེག་པ་ལས་བྱུང་བའི་ཚོར་བའི་སྐྱེ་བ་མི་དམིགས་པ་དང་། ལྕེའི་འདུས་ཏེ་རེག་པ་ལས་བྱུང་བའི་ཚོར་བའི་སྐྱེ་བ་མི་དམིགས་པ་དང་། ལུས་ཀྱི་འདུས་ཏེ་རེག་པ་ལས་བྱུང་བའི་ཚོར་བའི་སྐྱེ་བ་མི་དམིགས་པ་དང་། ཡིད་ཀྱི་འདུས་ཏེ་རེག་པ་ལས་བྱུང་བའི་ཚོར་བའི་སྐྱེ་བ་མི་དམིགས་པ་དང་། སའི་ཁམས་ཀྱི་སྐྱེ་བ་མི་དམིགས་པ་དང་། ཆུའི་ཁམས་ཀྱི་སྐྱེ་བ་མི་དམིགས་པ་དང་། མེའི་ཁམས་ཀྱི་སྐྱེ་བ་མི་དམིགས་པ་དང་། རླུང་གི་ཁམས་ཀྱི་སྐྱེ་བ་མི་དམིགས་པ་དང་།

ནམ་མཁའི་ཁམས་ཀྱི་སྐྱེ་བ་མྱི་དམྱིགས་པ་དང་། རྣམ་པར་ཤེས་པའི་ཁམས་ཀྱི་སྐྱེ་བ་མྱི་དམྱིགས་པ་དང་། མ་རིག་པའི་སྐྱེ་བ་མྱི་དམྱིགས་པ་དང་། འདུ་བྱེད་ཀྱི་སྐྱེ་བ་མྱི་དམྱིགས་པ་དང་། རྣམ་པར་ཤེས་པའི་སྐྱེ་བ་མི་དམྱིགས་པ་དང་། མྱིང་དང་གཟུགས་ཀྱི་སྐྱེ་བ་མྱི་དམྱིགས་པ་དང་། སྐྱེ་མཆེད་དྲུག་གི་སྐྱེ་བ་མྱི་དམྱིགས་པ་དང་། རེག་པའི་སྐྱེ་བ་མྱི་དམྱིགས་པ་དང་། ཚོར་བའི་སྐྱེ་བ་མྱི་དམྱིགས་པ་དང་། སྲེད་པའི་སྐྱེ་བ་མྱི་དམྱིགས་པ་དང་། ལེན་པའི་སྐྱེ་བ་མྱི་དམྱིགས་པ་དང་། སྲིད་པའི་སྐྱེ་བ་མྱི་དམྱིགས་པ་དང་། སྐྱེ་བའི་སྐྱེ་བ་མྱི་དམྱིགས་པ་དང་། རྒ་ཤིའི་སྐྱེ་བ་མྱི་དམྱིགས་པ་དང་། སྦྱིན་པའི་ཕ་རོལ་ཏུ་ཕྱིན་པའི་སྐྱེ་བ་མྱི་དམྱིགས་པ་①དང་། ཚུལ་ཁྲིམས་ཀྱི་ཕ་རོལ་ཏུ་ཕྱིན་པའི་སྐྱེ་བ་མྱི་དམྱིགས་པ་དང་། བཟོད་པའི་ཕ་རོལ་ཏུ་ཕྱིན་པའི་སྐྱེ་བ་མྱི་དམྱིགས་པ་དང་། བརྩོན་འགྲུས་ཀྱི་ཕ་རོལ་ཏུ་ཕྱིན་པའི་སྐྱེ་བ་མྱི་དམྱིགས་པ་དང་། བསམ་གཏན་གྱི་ཕ་རོལ་ཏུ་ཕྱིན་པའི་སྐྱེ་བ་མྱི་དམྱིགས་པ་དང་། ཤེས་རབ་ཀྱི་ཕ་རོལ་ཏུ་ཕྱིན་པའི་སྐྱེ་བ་མྱི་དམྱིགས་པ་དང་། ནང་སྟོང་པ་ཉིད་ཀྱི་སྐྱེ་བ་མྱི་དམྱིགས་པ་དང་། །ཕྱི་སྟོང་པ་ཉིད་ཀྱི་སྐྱེ་བ་མྱི་དམྱིགས་པ་དང་། ཕྱི་ནང་སྟོང་པ་ཉིད་ཀྱི་སྐྱེ་བ་མྱི་དམྱིགས་པ་དང་། སྟོང་པ་ཉིད་སྟོང་པ་ཉིད་ཀྱི་སྐྱེ་བ་མྱི་དམྱིགས་པ་དང་། ཆེན་པོ་སྟོང་པ་ཉིད་ཀྱི་སྐྱེ་བ་མྱི་དམྱིགས་པ་དང་། དོན་དམ་པ་སྟོང་པ་ཉིད་ཀྱི་སྐྱེ་བ་མྱི་དམྱིགས་པ་དང་། འདུས་བྱས་སྟོང་པ་ཉིད་ཀྱི་སྐྱེ་བ་མྱི་དམྱིགས་པ་དང་། འདུས་མ་བྱས་སྟོང་པ་ཉིད་ཀྱི་སྐྱེ་བ་མྱི་དམྱིགས་པ་དང་། མཐའ་ལས་འདས་པ་སྟོང་པ་ཉིད་ཀྱི་སྐྱེ་བ་མྱི་དམྱིགས་པ་དང་། ཐོག་མ་དང་ཐ་མ་མྱེད་པ་སྟོང་པ་ཉིད་ཀྱི་སྐྱེ་བ་མྱི་དམྱིགས་པ་དང་། དོར་བ་མྱེད་པ་སྟོང་པ་ཉིད་ཀྱི་སྐྱེ་བ་མྱི་དམྱིགས་པ་དང་། རང་བཞིན་སྟོང་པ་ཉིད་ཀྱི་སྐྱེ་བ་མྱི་དམྱིགས་པ་དང་། ཆོས་ཐམས་ཅད་སྟོང་པ་ཉིད་

ཀྱི་སྐྱེ་བ་མི་དམིགས་པ་དང་། རང་གི་མཚན་ཉིད་སྟོང་པ་ཉིད་ཀྱི་སྐྱེ་བ་མི་དམིགས་པ་དང་། མི་དམིགས་པ་སྟོང་པ་ཉིད་ཀྱི་སྐྱེ་བ་མི་དམིགས་པ་དང་། དངོས་པོ་མེད་པ་སྟོང་པ་ཉིད་ཀྱི་སྐྱེ་བ་མི་དམིགས་པ་དང་། ངོ་བོ་ཉིད་སྟོང་པ་ཉིད་ཀྱི་སྐྱེ་བ་མི་དམིགས་པ་དང་། དངོས་པོ་མེད་པའི་ངོ་བོ་ཉིད་སྟོང་པ་ཉིད་ཀྱི་སྐྱེ་བ་མི་དམིགས་པ་དང་། དྲན་པ་ཉེ་བར་གཞག་པ་རྣམས་ཀྱི་སྐྱེ་བ་མི་དམིགས་པ་དང་། ཡང་དག་པར་སྤོང་བ་རྣམས་ཀྱི་སྐྱེ་བ་མི་དམིགས་པ་དང་། རྫུ་འཕྲུལ་གྱི་རྐང་པ་རྣམས་ཀྱི་སྐྱེ་བ་མི་དམིགས་པ་དང་། དབང་པོ་རྣམས་ཀྱི་སྐྱེ་བ་མི་དམིགས་པ་དང་། སྟོབས་རྣམས་ཀྱི་སྐྱེ་བ་མི་དམིགས་པ་དང་། བྱང་ཆུབ་ཀྱི་ཡན་ལག་རྣམས་ཀྱི་སྐྱེ་བ་མི་དམིགས་པ་དང་། འཕགས་པའི་ལམ་ཡན་ལག་བརྒྱད་པའི་སྐྱེ་བ་མི་དམིགས་པ་དང་། འཕགས་པའི་བདེན་པ་རྣམས་ཀྱི་སྐྱེ་བ་མི་དམིགས་པ་དང་། བསམ་གཏན་རྣམས་ཀྱི་སྐྱེ་བ་མི་དམིགས་པ་དང་། ཚད་མེད་པ་རྣམས་ཀྱི་སྐྱེ་བ་མི་དམིགས་པ་དང་། གཟུགས་མེད་པའི་སྙོམས་པར་འཇུག་པ་རྣམས་ཀྱི་སྐྱེ་བ་མི་དམིགས་པ་དང་། རྣམ་པར་ཐར་པ་རྣམས་ཀྱི་སྐྱེ་བ་མི་དམིགས་པ་དང་། མཐར་གྱིས་གནས་པའི་སྙོམས་པར་འཇུག་པ་རྣམས་ཀྱི་སྐྱེ་བ་མི་དམིགས་པ་དང་། རྣམ་པར་ཐར་པའི་སྒོ་སྟོང་པ་ཉིད་དང་། མཚན་མ་མེད་པ་དང་། སྨོན་པ་མེད་པའི་སྐྱེ་བ་མི་དམིགས་པ་དང་། མངོན་པར་ཤེས་པ་རྣམས་ཀྱི་སྐྱེ་བ་མི་དམིགས་པ་དང་། ཏིང་ངེ་འཛིན་རྣམས་ཀྱི་སྐྱེ་བ་མི་དམིགས་པ་དང་། གཟུངས་ཀྱིཿ སྒོ་རྣམས་ཀྱི་⑦སྐྱེ་བ་མི་དམིགས་པ་དང་། དེ་བཞིན་གཤེགས་པའི་སྟོབས་རྣམས་ཀྱི་སྐྱེ་བ་མི་དམིགས་པ་དང་། མི་འཇིགས་པ་རྣམས་ཀྱི་སྐྱེ་བ་མི་དམིགས་པ་དང་། སོ་སོ་ཡང་དག་པར་རིག་པ་རྣམས་ཀྱི་སྐྱེ་བ་མི་དམིགས་པ་དང་། བྱམས་པ་ཆེན་པོའི་སྐྱེ་བ་མི་དམིགས་པ་དང་། སྙིང་

རྫེ་ཆེན་པོའི་སྐྱེ་བ་མི་དམིགས་པ་དང་། སངས་རྒྱས་ཀྱི་ཆོས་མ་འདྲེས་པ་རྣམས་ཀྱི་སྐྱེ་བ་མི་དམིགས་པ་དང་། རྒྱུན་དུ་ཞུགས་པའི་འབྲས་བུའི་སྐྱེ་བ་མི་དམིགས་པ་དང་། ལན་ཅིག་ཕྱིར་འོང་བའི་འབྲས་བུའི་སྐྱེ་བ་མི་དམིགས་པ་དང་། ཕྱིར་མི་འོང་བའི་འབྲས་བུའི་སྐྱེ་བ་མི་དམིགས་པ་དང་། དགྲ་བཅོམ་པ་ཉིད་ཀྱི་སྐྱེ་བ་མི་དམིགས་པ་དང་། རང་བྱང་ཆུབ་ཀྱི་སྐྱེ་བ་མི་དམིགས་པ་དང་། ལམ་གྱི་རྣམ་པ་ཤེས་པ་ཉིད་ཀྱི་སྐྱེ་བ་མི་དམིགས་པ་དང་། རྣམ་པ་ཐམས་ཅད་མཁྱེན་པ་ཉིད་ཀྱི་སྐྱེ་བ་མི་དམིགས་པའི་སླད་དུ་སྐྱེ་བ་མ་མཆིས་པའོ། །ཆོས་འདི་ནི་གཟུགས་ཀྱི་རྟེན་མི་དམིགས་པ་དང་། ཚོར་བའི་རྟེན་མི་དམིགས་པ་དང་། འདུ་ཤེས་ཀྱི་རྟེན་མི་དམིགས་པ་དང་། འདུ་བྱེད་ཀྱི་རྟེན་མི་དམིགས་པ་དང་། རྣམ་པར་ཤེས་པའི་རྟེན་མི་དམིགས་པ་དང་། མིག་གི་རྟེན་མི་དམིགས་པ་དང་། རྣ་བའི་རྟེན་མི་དམིགས་པ་དང་། སྣའི་རྟེན་མི་དམིགས་པ་དང་། ལྗེའི་རྟེན་མི་དམིགས་པ་དང་། ལུས་ཀྱི་རྟེན་མི་དམིགས་པ་དང་། ཡིད་ཀྱི་རྟེན་མི་དམིགས་པ་དང་། གཟུགས་ཀྱི་རྟེན་མི་དམིགས་པ་དང་། སྒྲའི་རྟེན་མི་དམིགས་པ་དང་། དྲིའི་རྟེན་མི་དམིགས་པ་དང་། རོའི་རྟེན་མི་དམིགས་པ་དང་། རེག་གི་རྟེན་མི་དམིགས་པ་དང་། ཆོས་ཀྱི་རྟེན་མི་དམིགས་པ་དང་། མིག་གི་རྣམ་པར་ཤེས་པའི་རྟེན་མི་དམིགས་པ་དང་། རྣ་བའི་རྣམ་པར་ཤེས་པའི་རྟེན་མི་དམིགས་པ་དང་། སྣའི་རྣམ་པར་ཤེས་པའི་རྟེན་མི་དམིགས་པ་དང་། ལྗེའི་རྣམ་པར་ཤེས་པའི་རྟེན་མི་དམིགས་པ་དང་། ལུས་ཀྱི་རྣམ་པར་ཤེས་པའི་རྟེན་མི་དམིགས་པ་དང་། ཡིད་ཀྱི་རྣམ་པར་ཤེས་པའི་རྟེན་མི་དམིགས་པ་དང་། མིག་གི་འདུས་ཏེ་རེག་པའི་རྟེན་མི་དམིགས་པ་དང་། རྣ་བའི་འདུས་ཏེ་རེག་པའི་རྟེན་མི་དམིགས་པ་དང་། སྣའི་འདུས་ཏེ་རེག་པའི་རྟེན་མི་དམིགས་པ་དང་།

ལྕེའི་འདུས་ཏེ་རེག་པའི་རྐྱེན་གྱི་དམིགས་པ་དང་། ལུས་ཀྱི་འདུས་ཏེ་རེག་པའི་རྐྱེན་གྱི་དམིགས་པ་དང་། ཡིད་ཀྱི་འདུས་ཏེ་རེག་པའི་རྐྱེན་གྱི་དམིགས་པ་དང་། མིག་གི་འདུས་ཏེ་རེག་པ་ལས་བྱུང་བའི་ཚོར་བའི་རྐྱེན་གྱི་དམིགས་པ་དང་། རྣ་བའི་འདུས་ཏེ་རེག་པ་ལས་བྱུང་བའི་ཚོར་བའི་རྐྱེན་གྱི་དམིགས་པ་དང་། སྣའི་འདུས་ཏེ་རེག་པ་ལས་བྱུང་བའི་ཚོར་བའི་རྐྱེན་མི་དམིགས་པ་དང་། ལྕེའི་འདུས་ཏེ་རེག་པ་ལས་བྱུང་བའི་ཚོར་བའི་རྐྱེན་གྱི་དམིགས་པ་དང་། ལུས་ཀྱི་འདུས་ཏེ་རེག་པ་ལས་བྱུང་བའི་ཚོར་བའི་རྐྱེན་གྱི་དམིགས་པ་དང་། ཡིད་ཀྱི་འདུས་ཏེ་རེག་པ་ལས་བྱུང་བའི་ཚོར་བའི་རྐྱེན་གྱི་དམིགས་པ་དང་། སའི་ཁམས་ཀྱི་རྐྱེན་གྱི་དམིགས་པ་དང་། ཆུའི་ཁམས་ཀྱི་རྐྱེན་གྱི་དམིགས་པ་དང་། མེའི་ཁམས་ཀྱི་རྐྱེན་གྱི་དམིགས་པ་དང་། རླུང་གི་ཁམས་ཀྱི་རྐྱེན་གྱི་དམིགས་པ་དང་། ནམ་མཁའི་ཁམས་ཀྱི་རྐྱེན་གྱི་དམིགས་པ་དང་། རྣམ་པར་ཤེས་པའི་ཁམས་ཀྱི་རྐྱེན་གྱི་དམིགས་པ་དང་། མ་རིག་པའི་རྐྱེན་གྱི་དམིགས་པ་དང་། འདུ་བྱེད་ཀྱི་རྐྱེན་གྱི་དམིགས་པ་དང་། རྣམ་པར་ཤེས་པའི་རྐྱེན་གྱི་དམིགས་པ་དང་། མིང་དང་གཟུགས་ཀྱི་རྐྱེན་གྱི་དམིགས་པ་དང་། སྐྱེ་མཆེད་དྲུག་གི་རྐྱེན་གྱི་དམིགས་པ་དང་། རེག་པའི་རྐྱེན་གྱི་དམིགས་པ་དང་། ཚོར་བའི་རྐྱེན་གྱི་དམིགས་པ་དང་། སྲེད་པའི་རྐྱེན་གྱི་དམིགས་པ་དང་། ལེན་པའི་རྐྱེན་གྱི་དམིགས་པ་དང་། སྲིད་པའི་རྐྱེན་གྱི་དམིགས་པ་དང་། སྐྱེ་བའི་རྐྱེན་གྱི་དམིགས་པ་དང་། རྒ་ཤིའི་རྐྱེན་གྱི་དམིགས་པ་དང་། སྦྱིན་པའི་ཕ་རོལ་ཏུ་ཕྱིན་པའི་རྐྱེན་གྱི་དམིགས་པ་དང་། ཚུལ་ཁྲིམས་ཀྱི་ཕ་རོལ་ཏུ་ཕྱིན་པའི་རྐྱེན་གྱི་དམིགས་པ་དང་། བཟོད་པའི་ཕ་རོལ་ཏུ་ཕྱིན་པའི་རྐྱེན་གྱི་དམིགས་པ་དང་། བརྩོན་འགྲུས་ཀྱི་ཕ་རོལ་ཏུ་ཕྱིན་པའི་རྐྱེན་གྱི་དམིགས་པ་དང་། བསམ་གཏན་གྱི་

ཕ་རོལ་ཏུ་ཕྱིན་པའི་རྟེན་མི་དམིགས་པ་དང་། ཤེས་རབ་ཀྱི་ཕ་རོལ་ཏུ་ཕྱིན་པའི་རྟེན་མི་དམིགས་པ་དང་། ནང་སྟོང་པ་ཉིད་ཀྱི་རྟེན་མི་དམིགས་པ་དང་། ཕྱི་སྟོང་པ་ཉིད་ཀྱི་རྟེན་མི་དམིགས་པ་དང་། ཕྱི་ནང་སྟོང་པ་ཉིད་ཀྱི་རྟེན་མི་དམིགས་པ་དང་། སྟོང་པ་ཉིད་སྟོང་པ་ཉིད་ཀྱི་རྟེན་མི་དམིགས་པ་དང་། ཆེན་པོ་སྟོང་པ་ཉིད་ཀྱི་རྟེན་མི་དམིགས་པ་དང་། དོན་དམ་པ་སྟོང་པ་ཉིད་ཀྱི་་་རྟེན་མི་དམིགས་པ་དང་། འདུས་བྱས་སྟོང་པ་ཉིད་ཀྱི་རྟེན་མི་དམིགས་པ་དང་། འདུས་མ་བྱས་སྟོང་པ་ཉིད་ཀྱི་རྟེན་མི་དམིགས་པ་དང་། མཐའ་ལས་འདས་པ་ཿསྟོང་པ་(༡)ཉིད་ཀྱི་རྟེན་མི་དམིགས་པ་དང་། ཐོག་མ་དང་ཐ་མ་མེད་པ་སྟོང་པ་ཉིད་ཀྱི་རྟེན་མི་དམིགས་པ་དང་། དོར་བ་མེད་པ་སྟོང་པ་ཉིད་ཀྱི་རྟེན་མི་དམིགས་པ་དང་། རང་བཞིན་སྟོང་པ་ཉིད་ཀྱི་རྟེན་མི་དམིགས་པ་དང་། ཆོས་ཐམས་ཅད་སྟོང་པ་ཉིད་ཀྱི་རྟེན་མི་དམིགས་པ་དང་། རང་གི་མཚན་ཉིད་སྟོང་པ་ཉིད་ཀྱི་རྟེན་མི་དམིགས་པ་དང་། མི་དམིགས་པ་སྟོང་པ་ཉིད་ཀྱི་རྟེན་མི་དམིགས་པ་དང་། དངོས་པོ་མེད་པ་སྟོང་པ་ཉིད་ཀྱི་རྟེན་མི་དམིགས་པ་དང་། ངོ་བོ་ཉིད་སྟོང་པ་ཉིད་ཀྱི་རྟེན་མི་དམིགས་པ་དང་། དངོས་པོ་མེད་པའི་ངོ་བོ་ཉིད་སྟོང་པ་ཉིད་ཀྱི་རྟེན་མི་དམིགས་པ་དང་། དྲན་པ་ཉེ་བར་གཞག་པའི་རྟེན་མི་དམིགས་པ་དང་། ཡང་དག་པར་སྤོང་བའི་རྟེན་མི་དམིགས་པ་དང་། རྫུ་འཕྲུལ་གྱི་རྐང་པའི་རྟེན་མི་དམིགས་པ་དང་། དབང་པོའི་རྟེན་མི་དམིགས་པ་དང་། སྟོབས་ཀྱི་རྟེན་མི་དམིགས་པ་དང་། བྱང་ཆུབ་ཀྱི་ཡན་ལག་གི་རྟེན་མི་དམིགས་པ་དང་། འཕགས་པའི་ལམ་ཡན་ལག་བརྒྱད་པའི་རྟེན་མི་དམིགས་པ་དང་། འཕགས་པའི་བདེན་པའི་རྟེན་མི་དམིགས་པ་དང་། བསམ་གཏན་གྱི་རྟེན་མི་དམིགས་པ་དང་། ཚད་མེད་པའི་རྟེན་མི་དམིགས་པ་དང་། གཟུགས་མེད་པའི་སྙོམས་པར་འཇུག་་

པའི་རྟེན་གྱི་དམིགས་པ་དང་། རྣམ་པར་ཐར་པའི་རྟེན་གྱི་དམིགས་པ་དང་། མཐར་གྱིས་གནས་པའི་སྙོམས་པར་འཇུག་པའི་རྟེན་གྱི་དམིགས་པ་དང་། རྣམ་པར་ཐར་(༡)པའི་སྒོ་སྟོང་པ་ཉིད་དང་། མཚན་མ་མེད་པ་དང་། སྨོན་པ་མེད་པའི་རྟེན་གྱི་དམིགས་པ་དང་། མངོན་པར་ཤེས་པའི་རྟེན་(༢)གྱི་དམིགས་པ་དང་། ཏིང་ངེ་འཛིན་གྱི་(༣)རྟེན་གྱི་དམིགས་པ་དང་། གཟུངས་ཀྱི་སྒོའི་རྟེན་གྱི་དམིགས་པ་དང་། དེ་བཞིན་གཤེགས་པའི་སྟོབས་ཀྱི་རྟེན་གྱི་དམིགས་པ་དང་། མི་འཇིགས་པའི་རྟེན་གྱི་དམིགས་པ་དང་། སོ་སོ་ཡང་དག་པར་རིག་པའི་རྟེན་གྱི་དམིགས་པ་དང་། བྱམས་པ་ཆེན་པོའི་རྟེན་གྱི་དམིགས་པ་དང་། སྙིང་རྗེ་ཆེན་པོའི་རྟེན་གྱི་དམིགས་པ་དང་། སངས་རྒྱས་ཀྱི་ཆོས་མ་འདྲེས་པའི་རྟེན་གྱི་དམིགས་པ་དང་། རྒྱུན་ཏུ་ཞུགས་པའི་འབྲས་བུའི་རྟེན་གྱི་དམིགས་པ་དང་། ལན་ཅིག་ཕྱིར་འོང་བའི་འབྲས་བུའི་རྟེན་གྱི་དམིགས་པ་དང་། ཕྱིར་མི་འོང་བའི་འབྲས་བུའི་རྟེན་གྱི་དམིགས་པ་དང་། དགྲ་བཅོམ་པ་ཉིད་ཀྱི་རྟེན་གྱི་དམིགས་པ་དང་། རང་བྱང་ཆུབ་ཀྱི་རྟེན་གྱི་དམིགས་པ་དང་། ལམ་གྱི་རྣམ་པ་ཤེས་པ་ཉིད་ཀྱི་རྟེན་གྱི་དམིགས་པ་དང་། རྣམ་པ་ཐམས་ཅད་མཁྱེན་པ་ཉིད་ཀྱི་རྟེན་གྱི་དམིགས་པའི་སླད་དུ་རྟེན་མ་མཆིས་པའོ། །དེ་ནས་འདོད་པ་ན་སྤྱོད་པ་དང་། གཟུགས་ཡོད་པ་ན་སྤྱོད་པའི་ལྷའི་བུ་རྣམས་ཀྱིས་བཅོམ་ལྡན་འདས་ལ་འདི་སྐད་ཅེས་གསོལ་ཏོ། །(༤)གནས་བརྟན་(༥)རབ་འབྱོར་ནི་བཅོམ་ལྡན་འདས་ཀྱི་རྗེས་སུ་སྐྱེས་སོ། །དེ་ཅིའི་སླད་དུ་ཞེ་ན། འདི་ལྟར་གནས་བརྟན་རབ་འབྱོར་ནི་ཅི་དང་ཅི་སྟོན་པ་དེ་ཐམས་ཅད་སྟོང་པ་ཉིད་བརྩམས་(༦)ཤིང་སྟོན་ཏོ། །མཚན་མ་མ་མཆིས་པ་དང་། སྨོན་པ་མ་མཆིས་པ་ཉིད་བརྩམས་ཤིང་སྟོན་ཏོ། །དེ་ནས་ཚེ་དང་ལྡན་པ་རབ་འབྱོར་གྱིས་འདོད་པ་ན་སྤྱོད་པ་དང་། གཟུགས་ཡོད་

པ་ན་སྤྱོད་པའི་ལྷའི་བུ་དེ་དག་ལ་འདི་སྐད་ཅེས་སྨྲས་སོ། །ལྷའི་བུ་དག་གང་འདི་སྐད་དུ་བཅོམ་ལྡན་འདས་གནས་བརྟན་རབ་འབྱོར་ནི་དེ་བཞིན་གཤེགས་⑦པའི་····རྗེས་སུ་སྐྱེས་སོ་ཞེས་ཟེར་བ་ནི། ཇི་ལྟར་རྗེས་སུ་སྐྱེས་པས་གནས་བརྟན་རབ་འབྱོར་དེ་བཞིན་གཤེགས་པའི་རྗེས་སུ་སྐྱེས་པ་ཡིན་ཞེ་ན། གནས་བརྟན་རབ་འབྱོར་ནི་དེ་བཞིན་གཤེགས་པའི་དེ་བཞིན་ཉིད་ཀྱི་རྗེས་སུ་སྐྱེས་པ་སྟེ། ཇི་ལྟར་དེ་བཞིན་གཤེགས་པའི་དེ་བཞིན་ཉིད་མ་འོངས་མ་སོང་བ་དེ་བཞིན་དུ། གནས་བརྟན་རབ་འབྱོར་གྱི་དེ་བཞིན་ཉིད་ཀྱང་མ་འོངས་མ་སོང་བས་ན། ཐོག་མ་ནས་གནས་བརྟན་རབ་འབྱོར་དེ་བཞིན་གཤེགས་པའི་རྗེས་སུ་སྐྱེས་སོ། །དེ་བཞིན་གཤེགས་པའི་དེ་བཞིན་ཉིད་གང་ཡིན་པ་དེ་ནི་③ཆོས་ཐམས་ཅད་ཀྱི་དེ་···བཞིན་ཉིད་ཀྱང་དེའོ། །ཆོས་ཐམས་ཅད་ཀྱི་དེ་བཞིན་ཉིད་གང་ཡིན་པ་དེ་ནི་དེ་···བཞིན་གཤེགས་པའི་དེ་བཞིན་ཉིད་ཀྱང་དེ་སྟེ། དེ་བཞིན་གཤེགས་པའི་དེ་བཞིན་ཉིད་དེ་ཡང་དེ་བཞིན་ཉིད་མ་ཡིན་ནོ། །དེ་ལྟར་ན་གནས་བརྟན་རབ་འབྱོར་ནི་དེ་བཞིན་གཤེགས་པའི་རྗེས་སུ་སྐྱེས་སོ། །དེ་བཞིན་གཤེགས་པའི་དེ་བཞིན་ཉིད་ཇི་ལྟ་བ་དེ་བཞིན་③དུ། གནས་བརྟན་རབ་འབྱོར་གནས་པས་དེ་བཞིན་གཤེགས་པའི་རྗེས་སུ་སྐྱེས་སོ། །ཇི་ལྟར་དེ་བཞིན་གཤེགས་པའི་དེ་བཞིན་ཉིད་འགྱུར་བ་···མེད་ཅིང་རྣམ་པར་རྟོག་པ་མེད་པ་དེ་བཞིན་དུ། གནས་བརྟན་རབ་འབྱོར་གྱི་⑧དེ་བཞིན་ཉིད་ཀྱང་འགྱུར་བ་མེད་ཅིང་རྣམ་པར་རྟོག་པ་མེད་ལ། ཇི་ལྟར་དེ་བཞིན་གཤེགས་པའི་དེ་བཞིན་ཉིད་ཅི་ལ་ཡང་ཐོགས་པ་མེད་པ་དེ་བཞིན་དུ། ཆོས་ཐམས་ཅད་ཀྱི་དེ་བཞིན་ཉིད་ཀྱང་ཅི་ལ་ཡང་ཐོགས་པ་མེད་དེ། དེ་བཞིན་གཤེགས་པའི་དེ་བཞིན་ཉིད་གང་ཡིན་པ་དང་། ཆོས་ཐམས་ཅད་ཀྱི་དེ་བཞིན་ཉིད་གང་ཡིན་པ་དེ་ནི་དེ་བཞིན་ཉིད་གཅིག་ཅིང་གཉིས་སུ་མེད་དེ་གཉིས་སུ་བྱར་···

མེད་ལ། དེ་བཞིན་ཉིད་དེ་ཡང་མ་བྱས་པ་སྟེ། དེ་བཞིན་ཉིད་དེ་ནི་གང་གི་①དེ་བཞིན་ཉིད་དུ་མ་གྱུར་པ་ཡང་མེད་དེ། དེ་བཞིན་ཉིད་དེ་གང་གི་དེ་བཞིན་ཉིད་དུ་མ་གྱུར་པ་ཡང་མེད་པས། དེའི་ཕྱིར་དེ་བཞིན་ཉིད་དེ་②ནི་གཉིས་སུ་མེད་ཅིང་③གཉིས་སུ་བྱར་མེད་པ་སྟེ། དེ་ལྟར་ན་གནས་བརྟན་རབ་འབྱོར་ནི་དེ་བཞིན་གཤེགས་པའི་རྗེས་སུ་སྐྱེས་སོ། །དེ་བཞིན་གཤེགས་པའི་དེ་བཞིན་ཉིད་གང་ཡིན་པ་དེ་ནི་ཐམས་ཅད་དུ་འགྱུར་བ་མེད་ཅིང་རྣམ་པར་རྟོག་པ་མེད་པ་སྟེ། དེ་བཞིན་དུ་རབ་འབྱོར་གྱི་དེ་བཞིན་ཉིད་ཀྱང་ཐམས་ཅད་དུ་འགྱུར་བ་མེད་ཅིང་རྣམ་པར་མི་རྟོག །༔རྣམ་པར་རྟོག་④པ་མེད་ལ། ཇི་ལྟར་དེ་བཞིན་གཤེགས་པའི་དེ་བཞིན་ཉིད་ཐ་མི་དད་པ་དབྱེར་མེད་པ་འབྱེད་པ་མ་ཡིན་པ། དམིགས་སུ་མེད་པ་དེ་བཞིན་དུ། རབ་འབྱོར་གྱི་དེ་བཞིན་ཉིད་ཀྱང་ཐ་མི་དད་པ་དབྱེར་མེད་པ། འབྱེད་པ་མ་ཡིན་པ་དམིགས་སུ་མེད་པ་སྟེ། དེ་ལྟར་ན་གནས་བརྟན་རབ་འབྱོར་⑤དེ་བཞིན་གཤེགས་པའི་རྗེས་སུ་སྐྱེས་སོ། །ཇི་ལྟར་དེ་བཞིན་གཤེགས་པའི་དེ་བཞིན་ཉིད་དེ་ཆོས་ཐམས་ཅད་ཀྱི་དེ་བཞིན་ཉིད་ལས་གུད་ན་ཡོད་པ་མ་ཡིན་ཏེ། དེ་ནམ་ཡང་དེ་བཞིན་ཉིད་མ་ཡིན་པ་མ་ཡིན་ཏེ། རྟག་ཏུ་དེ་བཞིན་ཉིད་དོ། །དེ་བཞིན་དུ་གནས་བརྟན་རབ་འབྱོར་ཡང་⑥རྣམ་པ་གཞན་མ་ཡིན་པར་དེ་བཞིན་གཤེགས་པའི་རྗེས་སུ་སྐྱེས་ཀྱང་⑦གར་ཡང་རྗེས་སུ་སྐྱེས་པ་མེད་པ་སྟེ། དེ་ལྟར་ན་གནས་བརྟན་རབ་འབྱོར་ནི་དེ་བཞིན་གཤེགས་པའི་རྗེས་སུ་སྐྱེས་སོ། །དེ་བཞིན་གཤེགས་པའི་རྗེས་སུ་སྐྱེས་སོ་ཞེས་བྱ་སྟེ། ༔ཅི་ལྟར་དེ་བཞིན་གཤེགས་པའི་དེ་བཞིན་ཉིད་འདས་པ་མ་ཡིན། མ་འོངས་པ་མ་ཡིན། ད་ལྟར་བྱུང་བ་མ་ཡིན་པ་དེ་བཞིན་དུ། ཆོས་ཐམས་ཅད་ཀྱི་དེ་བཞིན་ཉིད་ཀྱང་འདས་པ་མ་ཡིན། མ་འོངས་པ་མ་ཡིན། ད་ལྟར་བྱུང་བ་མ་ཡིན་ནོ། །དེ་

བཞིན་དུ་གནས་བརྟན་རབ་འབྱོར་གྱི་དེ་བཞིན་ཉིད་ཀྱང་འདས་པ་མ་ཡིན། མ་འོངས་པ་མ་ཡིན། ད་ལྟར་བྱུང་བ་མ་ཡིན་ཏེ། དེ་ལྟར་ན་གནས་བརྟན་རབ་འབྱོར་དེ་བཞིན་གཤེགས་པའི་རྗེས་སུ་སྐྱེས་པ་ཞེས་བྱའོ། །ལྷའི་བུ་དག་འདི་ལ[༡] འདས་པའི་དེ་བཞིན་ཉིད་ཀྱི་མཉམ་པ་ཉིད་ཀྱིས། དེ་བཞིན་གཤེགས་པའི་དེ་བཞིན་ཉིད་མཉམ་པ་ཉིད་དོ། །དེ་བཞིན་གཤེགས་པའི་དེ་བཞིན་ཉིད་ཀྱི་མཉམ་པ་ཉིད་ཀྱིས་འདས་པའི་དེ་བཞིན་ཉིད[༢]དོ། །མ་འོངས་པའི་དེ་བཞིན་ཉིད་ཀྱི[༣] མཉམ་པ་ཉིད་ཀྱིས། དེ་བཞིན་གཤེགས་པའི་དེ་བཞིན་ཉིད་མཉམ་པ་ཉིད་དོ། །དེ་བཞིན་གཤེགས་པའི་དེ་བཞིན་ཉིད་ཀྱི[༤] མཉམ་པ་ཉིད་ཀྱིས་མ་འོངས་པའི་དེ་བཞིན་ཉིད་མཉམ་པ་ཉིད་དོ། །ད་ལྟར་བྱུང་བའི་དེ་བཞིན་ཉིད་ཀྱི་མཉམ་པ་ཉིད་ཀྱིས། དེ་བཞིན་གཤེགས་པའི་དེ་བཞིན་ཉིད་མཉམ་པ་ཉིད་དོ། །དེ་བཞིན་གཤེགས་པའི་དེ་བཞིན་ཉིད་ཀྱི་མཉམ་པ་ཉིད་ཀྱིས་ད་ལྟར་བྱུང་བའི་དེ་བཞིན་ཉིད་མཉམ་པ་ཉིད་དོ། །དེ་ལྟར་ན་འདས་པ་དང་། མ་འོངས[༥]པ་དང་། ད་ལྟར་བྱུང་བའི་དེ་བཞིན་ཉིད་དང་། [༦]དེ་བཞིན་གཤེགས་པའི་དེ་བཞིན་ཉིད་དེ་ལ་གཉིས་སུ་མེད་དེ་གཉིས་སུ་བྱར་མེད་དོ།། ||

ཤེས་རབ་ཀྱི་ཕ་རོལ་ཏུ་ཕྱིན་པ་སྟོང་ཕྲག་བརྒྱ་པ། བམ་པོ་གསུམ[༧]པ། གཟུགས་ཀྱི་དེ་བཞིན་ཉིད་ཀྱིས་དེ་བཞིན་གཤེགས་པའི་དེ་བཞིན་ཉིད་དོ། །དེ་བཞིན་གཤེགས་པའི་དེ་བཞིན་ཉིད་ཀྱིས། གཟུགས་ཀྱི་དེ་བཞིན་ཉིད་དེ། དེ་ལྟར་ན་གཟུགས་ཀྱི་དེ་བཞིན་ཉིད་དང་། དེ་བཞིན་གཤེགས་པའི་དེ་བཞིན་ཉིད་དེ་ལ་གཉིས་སུ་མེད་དེ་གཉིས་སུ་བྱར་མེད་དོ། །ཚོར་བའི་དེ་བཞིན་ཉིད་ཀྱིས་དེ་བཞིན་གཤེགས་པའི་དེ་བཞིན་ཉིད་དོ། །དེ་བཞིན་གཤེགས་པའི་དེ་བཞིན་ཉིད་ཀྱིས་ཚོར་བའི་དེ་བཞིན་ཉིད་དེ[༨]། དེ་ལྟར་ན་ཚོར་བའི་དེ་བཞིན་ཉིད་དང་།

དེ་བཞིན་གཤེགས་པའི་དེ་བཞིན་ཉིད་དེ་ལ་གཉིས་སུ་མེད་དེ་གཉིས་སུ་བྱར་མེད་དོ།། འདུ་ཤེས་ཀྱི་དེ་བཞིན་ཉིད་ཀྱིས་དེ་བཞིན་གཤེགས་པའི་དེ་བཞིན་ཉིད་དོ། །དེ་བཞིན་གཤེགས་པའི་དེ་བཞིན་ཉིད་ཀྱིས་འདུ་ཤེས་ཀྱི་དེ་བཞིན་ཉིད་དེ། དེ་ལྟར་ན་འདུ་ཤེས་ཀྱི་དེ་བཞིན་ཉིད་དང་། དེ་བཞིན་གཤེགས་པའི་དེ་བཞིན་ཉིད་①དེ་ལ་གཉིས་སུ་མེད་དེ་གཉིས་སུ་བྱར་མེད་དོ། །འདུ་བྱེད་ཀྱི་དེ་བཞིན་ཉིད་ཀྱིས་དེ་བཞིན་གཤེགས་པའི་དེ་བཞིན་ཉིད་དོ། །དེ་བཞིན་གཤེགས་པའི་དེ་བཞིན་ཉིད་ཀྱིས་འདུ་བྱེད་ཀྱི་དེ་བཞིན་ཉིད་དེ། དེ་ལྟར་ན་འདུ་བྱེད་ཀྱི་དེ་བཞིན་ཉིད་དང་། དེ་བཞིན་གཤེགས་པའི་དེ་བཞིན་ཉིད་དེ་ལཿགཉིས་སུ་མེད་དེ་②གཉིས་སུ་བྱར་མེད་དོ། །རྣམ་པར་ཤེས་པའི་དེ་བཞིན་ཉིད་ཀྱིས་དེ་བཞིན་གཤེགས་པའི་དེ་བཞིན་ཉིད་དོ། །དེ་བཞིན་གཤེགས་པའི་དེ་བཞིན་ཉིད་ཀྱིས་རྣམ་པར་ཤེས་པའི་དེ་བཞིན་ཉིད་དེ། དེ་ལྟར་ན་རྣམ་པར་ཤེས་པའི་དེ་བཞིན་ཉིད་དང་། དེ་བཞིན་གཤེགས་པའི་དེ་བཞིན་ཉིད་དེ་③ལ་གཉིས་སུ་མེད་དེ་གཉིས་སུ་བྱར་མེད་དོ༑ །མིག་གི་དེ་བཞིན་ཉིད་ཀྱིས་དེ་བཞིན་གཤེགས་པའི་དེ་བཞིན་ཉིད་དོ། །དེ་བཞིན་གཤེགས་པའི་དེ་བཞིན་ཉིད་ཀྱིས། མིག་གི་དེ་བཞིན་ཉིད་དེ། དེ་ལྟར་ན་མིག་གི་དེ་བཞིན་ཉིད་དང་། དེ་བཞིན་གཤེགས་པའི་དེ་བཞིན་ཉིད་དེ་ལ་གཉིས་སུ་མེད་དེ་གཉིས་སུ་བྱར་མེད་དོ། །རྣ་བའི་དེ་བཞིན་ཉིད་ཀྱིས་དེ་བཞིན་གཤེགས་པའི་དེ་བཞིན་ཉིད་དོ། །དེ་བཞིན་གཤེགས་པའི་དེ་བཞིན་ཉིད་ཀྱིས་རྣ་བའི་དེ་བཞིན་ཉིད་དེ། དེ་ལྟར་ན་རྣ་བའི་དེ་བཞིན་ཉིད་དང་། དེ་བཞིན་གཤེགས་པའི་དེ་བཞིན་ཉིད་དེ་ལ་གཉིས་སུ་མེད་དེ་གཉིས་སུ་བྱར་མེད་དོ། །སྣའི་དེ་བཞིན་ཉིད་ཀྱིས་དེ་བཞིན་གཤེགས་པའི་དེ་བཞིན་ཉིད་དོ། །དེ་བཞིན་གཤེགས་པའི་དེ་བཞིན་ཉིད་ཀྱིས་སྣའི་དེ་བཞིན་ཉིད་དེ། དེ་ལྟར་ན་སྣའི་དེ་

བཞིན་ཉིད་དང་[༡]། དེ་བཞིན་གཤེགས་པའི་དེ་བཞིན་ཉིད་དེ་[༣]ལ་གཉིས་སུ་མེད་དེ་གཉིས་སུ་བྱར་མེད་དོ། །ལྗེའི་དེ་བཞིན་ཉིད་ཀྱིས་དེ་བཞིན་གཤེགས་པའི་དེ་བཞིན་ཉིད་དོ། །དེ་བཞིན་གཤེགས་པའི་དེ་བཞིན་ཉིད་ཀྱིས་ལྗེའི་དེ་བཞིན་ཉིད་དེ། དེ་ལྟར་ན་ལྗེའི་དེ་བཞིན་ཉིད་དང་། དེ་བཞིན་གཤེགས་པའི་དེ་བཞིན་ཉིད་དེ་ལ་གཉིས་སུ་མེད་དེ་གཉིས་སུ་བྱར་མེད་དོ། །ལུས་ཀྱི་དེ་བཞིན་ཉིད་ཀྱིས་དེ་བཞིན་གཤེགས་པའི་དེ་བཞིན་ཉིད་དོ། །དེ་བཞིན་གཤེགས་པའི་དེ་བཞིན་ཉིད་ཀྱིས་ལུས་ཀྱི་དེ་བཞིན་ཉིད་དེ། དེ་ལྟར་ན་ལུས་ཀྱི་དེ་བཞིན་ཉིད་དང་། དེ་བཞིན་གཤེགས་པའི་དེ་བཞིན་ཉིད་དེ་ལ་གཉིས་སུ་མེད་དེ་གཉིས་སུ་བྱར་མེད་དོ། །ཡིད་ཀྱི་དེ་བཞིན་ཉིད་ཀྱིས་དེ་བཞིན་གཤེགས་པའི་དེ་བཞིན་ཉིད་དོ། །དེ་བཞིན་གཤེགས་པའི་དེ་བཞིན་ཉིད་ཀྱིས་ཡིད་ཀྱི་དེ་བཞིན་ཉིད་དེ། དེ་ལྟར་ན་ཡིད་ཀྱི་དེ་བཞིན་ཉིད་དང་། དེ་བཞིན་གཤེགས་པའི་དེ་བཞིན་ཉིད་དེ་ལ་གཉིས་སུ་མེད་དེ་གཉིས་སུ་བྱར་མེད་དོ། །གཟུགས་ཀྱི་དེ་བཞིན་ཉིད་ཀྱིས་དེ་བཞིན་གཤེགས་པའི་དེ་བཞིན་ཉིད་དོ། །དེ་བཞིན་གཤེགས་པའི་དེ་བཞིན་ཉིད་ཀྱིས་གཟུགས་ཀྱི་དེ་བཞིན་ཉིད་དེ། དེ་ལྟར་ན་གཟུགས་ཀྱི་དེ་བཞིན་ཉིད་དང་། དེ་བཞིན་གཤེགས་པའི་དེ་བཞིན་ཉིད་དེ་ལ་གཉིས་སུ་མེད་དེ་གཉིས་སུ་བྱར་མེད་དོ[༡]། །སྒྲའི་དེ་བཞིན་ཉིད་ཀྱིས་དེ་བཞིན་གཤེགས་པའི་དེ་བཞིན་ཉིད་དོ། །དེ་བཞིན་གཤེགས་པའི་དེ་བཞིན་ཉིད་ཀྱིས་སྒྲའི་དེ་བཞིན་ཉིད་དེ་དེ་ལྟར་ན་སྒྲའི་དེ་བཞིན་ཉིད་དང་། དེ་བཞིན་གཤེགས་པའི་དེ་བཞིན་ཉིད་དེ་ལ་གཉིས་སུ་མེད་དེ་གཉིས་སུ་བྱར་མེད་དོ། །དྲིའི་དེ་བཞིན་ཉིད་ཀྱིས་དེ་བཞིན་གཤེགས་པའི་དེ་བཞིན་ཉིད་དོ། །དེ་བཞིན་གཤེགས་པའི་དེ་བཞིན་ཉིད་ཀྱིས་དྲིའི་དེ་བཞིན་ཉིད་དེ། དེ་ལྟར་ན་དྲིའི་དེ་བཞིན་ཉིད་དང་། དེ་བཞིན་གཤེགས་པའི་དེ་བཞིན་ཉིད་དེ་ལ་

གཉིས་སུ་མེད་དེ་གཉིས་སུ་བྱར་མེད་དོ། །རོའི་དེ་བཞིན་ཉིད་ཀྱིས་དེ་བཞིན་གཤེགས་པའི་དེ་བཞིན་ཉིད་དོ། །དེ་བཞིན་གཤེགས་པའི་དེ་བཞིན་ཉིད་ཀྱིས་རོའི་དེ་བཞིན་ཉིད་དེ། དེ་ལྟར་ན་རོའི་[༡]དེ་བཞིན་ཉིད་དང་། དེ་བཞིན་གཤེགས་པའི་དེ་བཞིན་ཉིད་དེ་ལ་གཉིས་སུ་མེད་དེ་གཉིས་སུ་བྱར་མེད་དོ། །རེག་གི་དེ་བཞིན་ཉིད་ཀྱིས་དེ་བཞིན་གཤེགས་པའི་དེ་བཞིན་ཉིད་དོ། །དེ་བཞིན་གཤེགས་པའི་དེ་བཞིན་ཉིད་ཀྱིས་རེག་གི་[༢]དེ་བཞིན་ཉིད་དེ། དེ་ལྟར་ན་རེག་གི་དེ་བཞིན་ཉིད་དང་། དེ་བཞིན་གཤེགས་པའི་དེ་བཞིན་ཉིད་དེ་ལ་གཉིས་སུ་མེད་དེ་གཉིས་སུ་བྱར་མེད་དོ། །ཆོས་ཀྱི་དེ་བཞིན་ཉིད་ཀྱིས་དེ་བཞིན་གཤེགས་པའི་དེ་བཞིན་ཉིད་དོ། །དེ་བཞིན་གཤེགས་པའི་དེ་བཞིན་ཉིད་ཀྱིས་ཆོས་ཀྱི་དེ་བཞིན་ཉིད་དེ། དེ་ལྟར་ན་ཆོས་ཀྱི་[༣]དེ་བཞིན་ཉིད་དང་། དེ་བཞིན་གཤེགས་པའི་དེ་བཞིན་ཉིད་དེ་ལ་གཉིས་སུ་མེད་དེ་གཉིས་སུ་བྱར་མེད་དོ། །མིག་གི་རྣམ་པར་ཤེས་པའི་དེ་བཞིན་ཉིད་ཀྱིས་དེ་བཞིན་གཤེགས་པའི་དེ་བཞིན་ཉིད་དོ། །དེ་བཞིན་གཤེགས་པའི་དེ་བཞིན་ཉིད་ཀྱིས་མིག་གི་རྣམ་པར་ཤེས་པའི་དེ་བཞིན་ཉིད་དེ༏ དེ་ལྟར་ན་མིག་གི་རྣམ་པར་ཤེས་པའི་དེ་བཞིན་ཉིད་དང་། དེ་བཞིན་གཤེགས་པའི་དེ་བཞིན་ཉིད་དེ་ལ་གཉིས་སུ་མེད་དེ་གཉིས་སུ་བྱར་མེད་དོ། །རྣ་བའི་རྣམ་པར་ཤེས་པའི་དེ་བཞིན་ཉིད་ཀྱིས་དེ་བཞིན་གཤེགས་པའི་དེ་བཞིན་ཉིད་དོ༏ །དེ་བཞིན་གཤེགས་པའི་དེ་བཞིན་ཉིད་ཀྱིས་རྣ་བའི་རྣམ་པར་ཤེས་པའི་དེ་བཞིན་ཉིད་དེ། དེ་ལྟར་ན་རྣ་བའི་རྣམ་པར་ཤེས་པའི་དེ་བཞིན་ཉིད་དང་། དེ་བཞིན་གཤེགས་པའི་དེ་བཞིན་ཉིད་དེ་ལ་གཉིས་སུ་མེད་དེ་གཉིས་སུ་བྱར་མེད་དོ། །སྣའི་རྣམ་པར་ཤེས་པའི་དེ་བཞིན་ཉིད་ཀྱིསཿ དེ་བཞིན་གཤེགས་པའི་[༤]དེ་བཞིན་ཉིད་དོ། །དེ་བཞིན་གཤེགས་པའི་དེ་བཞིན་ཉིད་ཀྱིས་སྣའི་རྣམ་པར་ཤེས་པའི་དེ་

བཞིན་ཉིད་དེ། (༡)དེ་ལྟར་ན་སྣའི་རྣམ་པར་ཤེས་པའི་དེ་བཞིན་ཉིད་དང་། དེ་བཞིན་གཤེགས་པའི་དེ་བཞིན་ཉིད་དེ་ལ་གཉིས་སུ་མེད་དེ་གཉིས་སུ་བྱར་མེད་དོ། །ལྕེའི་རྣམ་པར་ཤེས་པའི་དེ་བཞིན་ཉིད་ཀྱིས་དེ་བཞིན་གཤེགས་པའི་དེ་བཞིན་ཉིད་དོ། །དེ་བཞིན་གཤེགས་པའི་དེ་བཞིན་ཉིད་ཀྱིས། (༢)ལྕེའི་རྣམ་པར་ཤེས་པའི་དེ་བཞིན་ཉིད་དེ། (༣)དེ་ལྟར་ན་ལྕེའི་རྣམ་པར་ཤེས་པའི་དེ་བཞིན་ཉིད་དང་། དེ་བཞིན་གཤེགས་པའི་དེ་བཞིན་ཉིད་དེ་ལ་གཉིས་སུ་མེད་དེ་གཉིས་སུ་བྱར་མེད་དོ། །ལུས་ཀྱི་རྣམ་པར་ཤེས་པའི་དེ་བཞིན་ཉིད་ཀྱིས། དེ་བཞིན་གཤེགས་པའི་དེ་བཞིན་ཉིད་དོ། །དེ་བཞིན་གཤེགས་པའི་དེ་བཞིན་ཉིད་ཀྱིས་ལུས་ཀྱི་རྣམ་པར་ཤེས་པའི་དེ་བཞིན་ཉིད་དེ། དེ་ལྟར་ན་ལུས་ཀྱི་རྣམ་པར་ཤེས་པའི་དེ་བཞིན་ཉིད་དང་། དེ་བཞིན་གཤེགས་པའི་དེ་བཞིན་ཉིད་དེ་ལ་གཉིས་སུ་མེད་དེ་གཉིས་སུ་བྱར་མེད་དོ། །ཡིད་ཀྱི་རྣམ་པར་ཤེས་པའི་དེ་བཞིན་ཉིད་ཀྱིས། དེ་བཞིན་གཤེགས་པའི་དེ་བཞིན་ཉིད་དོ། །དེ་བཞིན་གཤེགས་པའི་དེ་བཞིན་ཉིད་ཀྱིས་ཡིད་ཀྱི་རྣམ་པར་ཤེས་པའི་དེ་བཞིན་ཉིད་དེ། དེ་ལྟར་ན་ཡིད་ཀྱི་རྣམ་པར་ཤེས་པའི་དེ་བཞིན་ཉིད་དང་། དེ་བཞིན་གཤེགས་པའི་དེ་བཞིན་ཉིད་དེ་ལ་གཉིས་སུ་མེད་དེ་གཉིས་སུ་བྱར་མེད་དོ། །མིག་གི་འདུས་ཏེ་རེག་པའི་དེ་བཞིན་ཉིད་ཀྱིས་དེ་བཞིན་གཤེགས་པའི་དེ་བཞིན་ཉིད་དོ། །དེ་བཞིན་གཤེགས་པའི་དེ་བཞིན་ཉིད་ཀྱིས་མིག་གི་འདུས་ཏེ་རེག་པའི་དེ་བཞིན་ཉིད་དེ། དེ་ལྟར་ན་མིག་གི་འདུས་ཏེ་རེག་པའི་དེ་བཞིན་ཉིད་དང་། དེ་བཞིན་གཤེགས་པའི་དེ་བཞིན་ཉིད་དེ་ལ་གཉིས་སུ་མེད་དེ་(༤)གཉིས་སུ་བྱར་མེད་དོ། །རྣ་བའི་འདུས་ཏེ་རེག་པའི་དེ་བཞིན་ཉིད་ཀྱིས་དེ་བཞིན་གཤེགས་པའི་དེ་བཞིན་ཉིད་དོ། །དེ་བཞིན་གཤེགས་པའི་དེ་བཞིན་ཉིད་ཀྱིས་རྣ་བའི་འདུས་ཏེ་རེག་པའི་དེ་བཞིན་ཉིད་དེ། དེ་ལྟར་ན་རྣ་བའི་

འདུས་ཏེ་རེག་པའི་དེ་བཞིན་ཉིད་དང་། དེ་བཞིན་གཤེགས་པའི་དེ་བཞིན་ཉིད་དེ་ལ་གཉིས་སུ་མེད་དེ་གཉིས་སུ་བྱར་མེད་དོ། །སྣའི་འདུས་ཏེ་རེག་པའི་དེ་བཞིན་ཉིད་ཀྱིས་དེ་བཞིན་གཤེགས་པའི་དེ་བཞིན་ཉིད་དོ། །དེ་བཞིན་གཤེགས་པའི་དེ་བཞིན་ཉིད་ཀྱིས་སྣའི་འདུས་ཏེ་རེག་པའི་དེ་བཞིན་ཉིད་དེ། དེ་ལྟར་ན་སྣའི་འདུས་ཏེ་རེག་པའི་དེ་བཞིན་ཉིད་དང་། དེ་བཞིན་གཤེགས་པའི་དེ་བཞིན་ཉིད་དེ་ལ་གཉིས་སུ་མེད་དེ་གཉིས་སུ་བྱར་མེད་དོ། །ལྗེའི་འདུས་ཏེ་རེག་པའི་དེ་བཞིན་ཉིད་ཀྱིས་དེ་བཞིན་གཤེགས་པའི་དེ་བཞིན་ཉིད་དོ། །དེ་བཞིན་གཤེགས་པའི་དེ་བཞིན་ཉིད་ཀྱིས་ལྗེའི་འདུས་ཏེ་རེག་པའི་དེ་[༡]བཞིན་ཉིད་དེ། དེ་ལྟར་ན་ལྗེའི་འདུས་ཏེ་རེག་པའི་དེ་བཞིན་ཉིད་དང་། དེ་བཞིན་གཤེགས་པའི་དེ་བཞིན་ཉིད་དེ་ལ་གཉིས་སུ་མེད་དེ་གཉིས་སུ་བྱར་མེད་དོ། །ལུས་ཀྱི་འདུས་ཏེ་རེག་པའི་དེ་བཞིན་ཉིད་ཀྱིས་དེ་བཞིན་གཤེགས་པའི་དེ་བཞིན་ཉིད་དོ། །དེ་བཞིན་གཤེགས་པའི་དེ་[༢]བཞིན་ཉིད་ཀྱིས་ལུས་ཀྱི་འདུས་ཏེ་རེག་པའི་དེ་བཞིན་ཉིད་དེ། དེ་ལྟར་ན་ལུས་ཀྱི་འདུས་ཏེ་རེག་པའི་དེ་བཞིན་ཉིད་དང་། དེ་བཞིན་གཤེགས་པའི་དེ་བཞིན་ཉིད་དེ་ལ་གཉིས་སུ་མེད་དེ་གཉིས་སུ་བྱར་མེད་དོ། །ཡིད་ཀྱི་འདུས་ཏེ་རེག་པའི་དེ་བཞིན་ཉིད་ཀྱིས་དེ་བཞིན་གཤེགས་པའི་དེ་བཞིན་ཉིད་དོ[༣]། །དེ་བཞིན་གཤེགས་པའི་དེ་བཞིན་ཉིད་ཀྱིས་ཡིད་ཀྱི་འདུས་ཏེ་རེག་པའི་དེ་བཞིན་ཉིད་དེ། དེ་ལྟར་ན་ཡིད་ཀྱི་འདུས་ཏེ་རེག་པའི་དེ་བཞིན་ཉིད་དང་། དེ་བཞིན་གཤེགས་པའི་དེ་བཞིན་ཉིད་དེ་ལ་གཉིས་སུ་མེད་དེ་གཉིས་སུ་བྱར་མེད་དོ། །མིག་གི་འདུས་ཏེ་རེག་པ་ལས་བྱུང་བའི་ཚོར་བའི་དེ་བཞིན་ཉིད་ཀྱིས་དེ་བཞིན་གཤེགས་པའི་དེ་བཞིན་ཉིད་དོ། །དེ་བཞིན་གཤེགས་པའི་དེ་བཞིན་ཉིད་ཀྱིས་མིག་གི་འདུས་ཏེ་རེག་པ་ལས་བྱུང་བའི་ཚོར་བའི་དེ་བཞིན་ཉིད་དེ། དེ་ལྟར་ན་

མྱིག་གི་འདུས་ཏེ་རེག་པ་ལས་བྱུང་བའི་ཚོར་བའི་དེ་བཞིན་ཉིད་དང་། དེ་བཞིན་གཤེགས་པའི་དེ་བཞིན་ཉིད་དེ་ལ་གཉིས་སུ་མྱེད་དེ་གཉིས་སུ་བྱར་མྱེད་དོ། །རྣ་བའི་འདུས་ཏེ་རེག་པ་ལས་བྱུང་བའི་ཚོར་བའི་དེ་བཞིན་ཉིད་ཀྱིས་དེ་བཞིན་གཤེགས་པའི་དེ་བཞིན་ཉིད་དོ། །དེ་བཞིན་གཤེགས་པའི་དེ་བཞིན་ཉིད་ཀྱིས་རྣ་བའི་འདུས་ཏེ་རེག་པ་ལས་བྱུང་བའི་ཚོར་བའི་དེ་བཞིན་ཉིད་དེ། དེ་ལྟར་ན་རྣ་བའི་འདུས་ཏེ་རེག་པ་ལས་བྱུང་བའི་ཚོར་བའི་དེ་བཞིན་ཉིད་དང་། དེ་བཞིན་གཤེགས་པའི་དེ་བཞིན་ཉིད་དེ་ལ་གཉིས་སུ་མྱེད་དེ་གཉིས་སུ་བྱར་མྱེད་དོ། །སྣའི་འདུས་ཏེ་རེག་པ་ལས་བྱུང་བའི་ཚོར་བའི་དེ་བཞིན་ཉིད་[༡]ཀྱིས་དེ་བཞིན་གཤེགས་པའི་དེ་བཞིན་ཉིད་དོ། །དེ་བཞིན་གཤེགས་པའི་དེ་བཞིན་ཉིད་ཀྱིས་སྣའི་འདུས་ཏེ་རེག་པ་ལས་བྱུང་བའི་ཚོར་བའི་དེ་བཞིན་ཉིད་དེ། དེ་ལྟར་ན་སྣའི་འདུས་ཏེ་རེག་པ་ལས་བྱུང་བའི་ཚོར་བའི་དེ་བཞིན་ཉིད་དང་། དེ་བཞིན་གཤེགས་པའི་དེ་བཞིན་ཉིད་དེ་ལ་གཉིས་སུ་མྱེད་དེ་གཉིས་སུ་བྱར་མྱེད་དོ། །ལྕེའི་འདུས་ཏེ་རེག་པ་ལས་བྱུང་བའི་ཚོར་བའི་དེ་བཞིན་ཉིད་ཀྱིས་དེ་བཞིན་གཤེགས་པའི་དེ་བཞིན་ཉིད་དོ། །དེ་བཞིན་གཤེགས་པའི་དེ་བཞིན་ཉིད་ཀྱིས་ལྕེའི་འདུས་ཏེ་རེག་པ་ལས་བྱུང་[༢]བའི་ཚོར་བའི་དེ་བཞིན་ཉིད་དེ། དེ་ལྟར་ན། ལྕེའི་འདུས་ཏེ་རེག་པ་[༣]ལས་བྱུང་བའི་ཚོར་བའི་དེ་བཞིན་ཉིད་དང་། དེ་བཞིན་གཤེགས་པའི་དེ་བཞིན་ཉིད་དེ་ལ་གཉིས་སུ་མྱེད་དེ་གཉིས་སུ་བྱར་མྱེད་དོ། །ལུས་ཀྱི་འདུས་ཏེ་རེག་པ་ལས་བྱུང་བའི་ཚོར་བའི་དེ་བཞིན་ཉིད་ཀྱིས་དེ་བཞིན་གཤེགས་པའི་དེ་བཞིན་ཉིད་དོ། །དེ་བཞིན་གཤེགས་པའི་དེ་བཞིན་ཉིད་ཀྱིས་ལུས་ཀྱི་འདུས་ཏེ་རེག་པ་ལས་བྱུང་བའི་ཚོར་བའི་དེ་བཞིན་ཉིད་དེ། དེ་ལྟར་ན་ལུས་ཀྱི་འདུས་ཏེ་རེག་པ་ལས་བྱུང་བའི་ཚོར་བའི་དེ་བཞིན་ཉིད་དང་། དེ་བཞིན་གཤེགས་པའི་དེ་བཞིན་ཉིད་

དེ་ལ་གཉིས་སུ་མེད་དེ་གཉིས་སུ་བྱར་མེད་དོ། །ཡིད་ཀྱི་འདུས་ཏེ་རེག་པ་ལས་བྱུང་བའི་ཚོར་བའི་དེ་བཞིན་ཉིད་ཀྱིས་དེ་བཞིན་གཤེགས་པའི་དེ་བཞིན་ཉིད་དོ། །དེ་བཞིན་གཤེགས་པའི་དེ་བཞིན་ཉིད་ཀྱིས་ཡིད་ཀྱི་འདུས་ཏེ་རེག་པ་ལས་བྱུང་བའི་ཚོར་བའི་དེ་བཞིན་ཉིད་དེ། དེ་ལྟར་ན་ཡིད་ཀྱི་འདུས་ཏེ་རེག་པ་ལས་བྱུང་བའི་ཚོར་བའི་དེ་བཞིན་ཉིད་དང་། དེ་བཞིན་གཤེགས་པའི་དེ་བཞིན་ཉིད་དེ་ལ་གཉིས་སུ་མེད་དེ་གཉིས་སུ་བྱར་མེད་དོ། །སའི་ཁམས་ཀྱི་དེ་བཞིན་ཉིད་ཀྱིས་དེ་བཞིན་གཤེགས་པའི་དེ་བཞིན་ཉིད་དོ། །དེ་བཞིན་གཤེགས་པའི་དེ་བཞིན་ཉིད་ཀྱིས་སའི་ཁམས་ཀྱི་[1]དེ་བཞིན་ཉིད་དེ། དེ་ལྟར་ན་སའི་ཁམས་ཀྱི་དེ་བཞིན་ཉིད་དང་། དེ་བཞིན་གཤེགས་པའི་དེ་བཞིན་ཉིད་[2]དེ་ལ་གཉིས་སུ་མེད་དེ་གཉིས་སུ་བྱར་མེད་དོ། །ཆུའི་ཁམས་ཀྱི་དེ་བཞིན་ཉིད་ཀྱིས་དེ་[3]བཞིན་གཤེགས་པའི་དེ་བཞིན་ཉིད་དོ། །དེ་བཞིན་གཤེགས་པའི་དེ་བཞིན་ཉིད་ཀྱིས་ཆུའི་ཁམས་ཀྱི་དེ་བཞིན་ཉིད་དེ། དེ་ལྟར་ན་ཆུའི་ཁམས་ཀྱི་དེ་བཞིན་ཉིད་དང་། དེ་བཞིན་གཤེགས་པའི་དེ་བཞིན་ཉིད་དེ་ལ་གཉིས་སུ་མེད་དེ་གཉིས་སུ་བྱར་མེད་དོ། །མེའི་ཁམས་ཀྱི་དེ་བཞིན་ཉིད་ཀྱིས་དེ་བཞིན་གཤེགས་པའི་དེ་བཞིན་ཉིད་དོ། །དེ་བཞིན་གཤེགས་པའི་དེ་བཞིན་ཉིད་ཀྱིས་མེའི་ཁམས་ཀྱི་དེ་བཞིན་ཉིད་དེ། དེ་ལྟར་ན་མེའི་ཁམས་ཀྱི་དེ་བཞིན་ཉིད་དང་། དེ་བཞིན་གཤེགས་པའི་དེ་བཞིན་ཉིད་དེ་ལ་གཉིས་སུ་མེད་དེ་གཉིས་སུ་བྱར་མེད་དོ། །རླུང་གི་ཁམས་ཀྱི་དེ་བཞིན་ཉིད་ཀྱིས་[4]དེ་བཞིན་གཤེགས་པའི་དེ་བཞིན་ཉིད་དོ། །དེ་བཞིན་གཤེགས་པའི་དེ་བཞིན་ཉིད་ཀྱིས་རླུང་གི་ཁམས་ཀྱི་དེ་བཞིན་ཉིད་དེ། དེ་ལྟར་ན་རླུང་གི་ཁམས་ཀྱི་དེ་བཞིན་ཉིད་དང་། དེ་བཞིན་གཤེགས་པའི་དེ་བཞིན་ཉིད་དེ་ལ་གཉིས་སུ་མེད་དེ་གཉིས་སུ་བྱར་མེད་དོ། །ནམ་མཁའི་ཁམས་ཀྱི་དེ་བཞིན་ཉིད་ཀྱིས་དེ་

བཞིན་གཤེགས་པའི་དེ་བཞིན་ཉིད་དོ། །དེ་བཞིན་གཤེགས་པའི་དེ་བཞིན་ཉིད་
ཀྱིས་ནམ་མཁའི་ཁམས་ཀྱི་དེ་བཞིན་ཉིད་དེ། དེ་ལྟར་ན་ནམ་མཁའི་ཁམས་ཀྱི་
དེ་བཞིན་ཉིད་དང་། དེ་བཞིན་གཤེགས་པའི་དེ་བཞིན་ཉིད་དེ་ལ་གཉིས་སུ་མེད་
དེ་གཉིས་སུ་བྱར་མེད་དོ། །རྣམ་པར་ཤེས་པའི་ཁམས་ཀྱི་དེ་བཞིན་ཉིད་ཀྱིས་དེ་
བཞིན་གཤེགས་པའི་དེ་བཞིན་ཉིད་དོ། །དེ་བཞིན་གཤེགས་པའི་དེ་བཞིན་ཉིད་
ཀྱིས་རྣམ་པར་ཤེས་པའི་ཁམས་ཀྱི་དེ་བཞིན་ཉིད་དེ། དེ་ལྟར་ན་རྣམ་པར་ཤེས་
པའི་ཁམས་ཀྱི་དེ་བཞིན་ཉིད་དང་། དེ་བཞིན་གཤེགས་པའི་དེ་བཞིན་ཉིད་དེ་ལ་
གཉིས་སུ་མེད་དེ་གཉིས་སུ་བྱར་མེད་དོ། །མ་རིག་པའི་དེ་བཞིན་ཉིད་ཀྱིས་དེ་
བཞིན་གཤེགས་པའི་དེ་བཞིན་ཉིད་དོ། །དེ་བཞིན་གཤེགས་པའི་དེ་བཞིན་ཉིད་
ཀྱིས་མ་རིག་པའི་དེ་བཞིན་ཉིད་དེ། དེ་ལྟར་ན་མ་རིག་པའི་དེ་བཞིན་ཉིད་དང་།
དེ་བཞིན་གཤེགས་པའི་དེ་བཞིན་ཉིད་དེ་ལ་གཉིས་སུ་མེད་དེ་གཉིས་སུ་བྱར་མེད་དོ།།
འདུ་བྱེད་ཀྱི་དེ་བཞིན་ཉིད་ཀྱིས་དེ་བཞིན་གཤེགས་པའི་དེ་བཞིན་ཉིད་དོ། །དེ་
བཞིན་གཤེགས་པའི་དེ་བཞིན་ཉིད་ཀྱིས་འདུ་བྱེད་ཀྱི་དེ་བཞིན་ཉིད་དེ། དེ་ལྟར་
ན་འདུ་བྱེད་ཀྱི་དེ་བཞིན་ཉིད་དང་། དེ་བཞིན་གཤེགས་པའི་དེ་བཞིན་ཉིདཿདེ་ལ་①
གཉིས་སུཿམེད་དེ་གཉིས་སུ་②བྱར་མེད་དོ། །རྣམ་པར་ཤེས་པའི་དེ་བཞིན་ཉིད་
ཀྱིས༔ དེ་བཞིན་གཤེགས་པའི་དེ་བཞིན་ཉིད་དོ། །དེ་བཞིན་གཤེགས་པའི་དེ་
བཞིན་ཉིད་ཀྱིས་རྣམ་པར་ཤེས་པའི་དེ་བཞིན་ཉིད་དེ། དེ་③ལྟར་ན་རྣམ་པར་ཤེས་
པའི་དེ་བཞིན་ཉིད་དང་། དེ་བཞིན་གཤེགས་པའི་དེ་བཞིན་ཉིད་དེ་ལ་གཉིས་སུ་
མེད་དེ་གཉིས་སུ་བྱར་མེད་དོ། །མིང་དང་གཟུགས་ཀྱི་དེ་བཞིན་ཉིད་ཀྱིས་དེ་
བཞིན་གཤེགས་པའི་དེ་བཞིན་ཉིད་དོ། །དེ་བཞིན་གཤེགས་པའི་དེ་བཞིན་ཉིད་
ཀྱིས་མིང་དང་གཟུགས་ཀྱི་དེ་བཞིན་ཉིད་དེ། དེ་ལྟར་ན་མིང་དང་གཟུགས་ཀྱི་དེ་

བཞིན་ཉིད་དང་། དེ་བཞིན་གཤེགས་པའི་དེ་བཞིན་ཉིད་དེ་ལ་གཉིས་སུ་མེད་དེ་གཉིས་སུ་བྱར་མེད་དོ། །སྐྱེ་མཆེད་དྲུག་གི་དེ་བཞིན་ཉིད་ཀྱིས་དེ་བཞིན་གཤེགས་པའི་དེ་བཞིན་ཉིད་དོ། །དེ་བཞིན་གཤེགས་པའི་དེ་བཞིན་ཉིད་ཀྱིས་སྐྱེ་མཆེད་དྲུག་གི་དེ་བཞིན་ཉིད་དེ། དེ་ལྟར་ན་སྐྱེ་མཆེད་དྲུག་གི་དེ་བཞིན་ཉིད་དང་དེ་བཞིན་གཤེགས་པའི་དེ་བཞིན་ཉིད་དེ་ལ་གཉིས་སུ་མེད་དེ་གཉིས་སུ་བྱར་མེད་དོ། །རེག་པའི་དེ་བཞིན་ཉིད་ཀྱིས་དེ་བཞིན་གཤེགས་པའི་དེ་བཞིན་ཉིད་དོ། །དེ་བཞིན་གཤེགས་པའི་དེ་བཞིན་[༡]ཉིད་ཀྱིས་རེག་པའི་དེ་བཞིན་ཉིད་དེ། དེ་ལྟར་ན་རེག་པའི་དེ་བཞིན་ཉིད་དང་། དེ་བཞིན་གཤེགས་པའི་དེ་བཞིན་ཉིད་དེ་ལ་གཉིས་སུ་མེད་དེ་གཉིས་སུ་བྱར་མེད་དོ། །ཚོར་བའི་དེ་བཞིན་ཉིད་ཀྱིས་དེ་བཞིན་གཤེགས་པའི་དེ་བཞིན་ཉིད་དོ། །དེ་བཞིན་གཤེགས་པའི་དེ་བཞིན་ཉིད་ཀྱིས་ཚོར་བའི་དེ་བཞིན་ཉིད་དེ། དེ་ལྟར་ན་ཚོར་བའི་དེ་བཞིན་ཉིད་དང་། དེ་བཞིན་གཤེགས་པའི་དེ་བཞིན་ཉིད་དེ་ལ་གཉིས་སུ་མེད་དེ་གཉིས་སུ་བྱར་མེད་དོ། །སྲིད་པའི་དེ་བཞིན་ཉིད་ཀྱིས་དེ་བཞིན་གཤེགས་པའི་དེ་བཞིན་ཉིད་དོ། །དེ་བཞིན་གཤེགས་པའི་དེ་[༢]བཞིན་ཉིད་ཀྱིས་སྲིད་པའི་དེ་བཞིན་ཉིད་དེ། དེ་ལྟར་ན་སྲིད་པའི་དེ་བཞིན་ཉིད་དང་། དེ་བཞིན་གཤེགས་པའི་དེ་བཞིན་ཉིད་དེ་ལ་གཉིས་སུ་མེད་དེ་གཉིས་སུ་བྱར་མེད་དོ། །ལེན་པའི་དེ་བཞིན་ཉིད་ཀྱིས་དེ་[༣]བཞིན་གཤེགས་པའི་དེ་བཞིན་ཉིད་དོ། །དེ་བཞིན་གཤེགས་པའི་དེ་བཞིན་ཉིད་ཀྱིས་ལེན་པའི་དེ་བཞིན་ཉིད་དེ། དེ་ལྟར་ན་ལེན་པའི་དེ་བཞིན་ཉིད་དང་། དེ་བཞིན་གཤེགས་པའི་དེ་བཞིན་ཉིད་དེ་ལ་གཉིས་སུ་མེད་དེ་གཉིས་སུ་བྱར་མེད་དོ། །སྲིད་པའི་དེ་བཞིན་ཉིད་ཀྱིས་དེ་བཞིན་གཤེགས་པའི་དེ་བཞིན་ཉིད་དོ། །དེ་བཞིན་གཤེགས་པའི་དེ་བཞིན་ཉིད་ཀྱིས་སྲིད་པའི་དེ་བཞིན་ཉིད་དེ། དེ་ལྟར་ན་

སྲིད་པའི་དེ་བཞིན་ཉིད་དང་། དེ་བཞིན་གཤེགས་པའི་དེ་བཞིན་ཉིད་དེ་ལ་གཉིས་སུ་མེད་དེ་གཉིས་སུ་དབྱེར་མེད་དོ། །སྐྱེ་བའི་དེ་བཞིན་ཉིད་ཀྱིས་དེ་བཞིན་གཤེགས་པའི་དེ་བཞིན་ཉིད་དོ། །དེ་[༡]བཞིན་གཤེགས་པའི་དེ་བཞིན་ཉིད་ཀྱིས་སྐྱེ་བའི་དེ་བཞིན་ཉིད་དེ། དེ་ལྟར་ན་སྐྱེ་བའི་དེ་བཞིན་ཉིད་དང་། དེ་བཞིན་གཤེགས་པའི་དེ་བཞིན་ཉིད་དེ་ལ་གཉིས་སུ་མེད་དེ་གཉིས་སུ་དབྱེར་མེད་དོ། །རྒ་ཤིའི་དེ་བཞིན་ཉིད་ཀྱིས་དེ་བཞིན་གཤེགས་པའི་དེ་བཞིན་ཉིད་དོ། །དེ་བཞིན་གཤེགས་པའི་དེ་བཞིན་ཉིད་ཀྱིས་རྒ་ཤིའི་དེ་བཞིན་ཉིད་དེ། དེ་ལྟར་ན་རྒ་ཤིའི་དེ་བཞིན་ཉིད་དང་། དེ་བཞིན་གཤེགས་པའི་དེ་བཞིན་ཉིད་དེ་ལ་གཉིས་སུ་མེད་དེ་གཉིས་སུ་དབྱེར་མེད་དོ། །སྦྱིན་པའི་ཕ་རོལ་ཏུ་ཕྱིན་པའི་དེ་བཞིན་ཉིད་ཀྱིས་དེ་བཞིན་གཤེགས་པའི་དེ་བཞིན་ཉིད་དོ[༢]། །དེ་བཞིན་གཤེགས་པའི་དེ་བཞིན་ཉིད་ཀྱིས་སྦྱིན་པའི་ཕ་རོལ་ཏུ་ཕྱིན་པའི་དེ་བཞིན་ཉིད་དེ། དེ་ལྟར་ན་སྦྱིན་པའི་ཕ་རོལ་ཏུ་ཕྱིན་པའི་དེ་བཞིན་ཉིད་དང་། དེ་བཞིན་གཤེགས་པའི་དེ་བཞིན་ཉིད་དེ་ལ་གཉིས་སུ་མེད་དེ་གཉིས་སུ་དབྱེར་མེད་དོ། །ཚུལ་ཁྲིམས་ཀྱི་ཕ་རོལ་ཏུ་ཕྱིན་པའི་དེ་བཞིན་ཉིད་ཀྱིས་དེ་བཞིན་གཤེགས་པའི་[༣]དེ་བཞིན་ཉིད་དོ། །དེ་བཞིན་གཤེགས་པའི་དེ་བཞིན་ཉིད་ཀྱིས་ཚུལ་ཁྲིམས་ཀྱི་ཕ་རོལ་ཏུ་ཕྱིན་པའི་དེ་བཞིན་ཉིད་དེ། དེ་ལྟར་ན་ཚུལ་ཁྲིམས་ཀྱི་ཕ་རོལ་ཏུ་ཕྱིན་པའི་དེ་བཞིན་ཉིད་དང་། དེ་བཞིན་གཤེགས་པའི་དེ་བཞིན་ཉིད་དེ་ལ་གཉིས་སུ་མེད་དེ་གཉིས་སུ་དབྱེར་མེད་དོ། །བཟོད་པའི་ཕ་རོལ་ཏུ་ཕྱིན་པའི་དེ་བཞིན་ཉིད་ཀྱིས་དེ་བཞིན་གཤེགས་པའི་དེ་[༤]བཞིན་ཉིད་དོ། །དེ་བཞིན་གཤེགས་པའི་དེ་བཞིན་ཉིད་ཀྱིས་བཟོད་པའི་ཕ་རོལ་ཏུ་ཕྱིན་པའི་དེ་བཞིན་ཉིད་དེ། དེ་ལྟར་ན་བཟོད་པའི་ཕ་རོལ་ཏུ་ཕྱིན་པའི་དེ་བཞིན་ཉིད་དང་། དེ་བཞིན་གཤེགས་པའི་དེ་བཞིན་ཉིད་དེ་ལ་གཉིས་སུ་མེད་དེ་

གཉིས་སུ་བྱར་མེད་དོ། །བརྩོན་འགྲུས་ཀྱི་ཕ་རོལ་ཏུ་ཕྱིན་པའི་དེ་བཞིན་ཉིད་ཀྱིས་དེ་བཞིན་གཤེགས་པའི་དེ་བཞིན་ཉིད་དོ། །དེ་བཞིན་གཤེགས་པའི་དེ་བཞིན་ཉིད་ཀྱིས་བརྩོན་འགྲུས་ཀྱི་ཕ་རོལ་ཏུ་ཕྱིན་པའི་དེ་བཞིན་ཉིད་དེ། དེ་ལྟར་ན་བརྩོན་འགྲུས་ཀྱི་ཕ་རོལ་ཏུ་ཕྱིན་པའི་དེ་བཞིན་ཉིད་དང་། དེ་བཞིན་གཤེགས་པའི་དེ་བཞིན་ཉིད་དེ་ལ་གཉིས་སུ་མེད་དེ་གཉིས་སུ་བྱར་མེད་དོ། །བསམ་གཏན་ཀྱི་ཕ་རོལ་ཏུ་ཕྱིན་པའི་དེ་བཞིན་ཉིད་ཀྱིས་དེ་བཞིན་གཤེགས་པའི་དེ་བཞིན་ཉིད་དོ།། དེ་བཞིན་གཤེགས་པའི་དེ་བཞིན་ཉིད་ཀྱིས་བསམ་གཏན་ཀྱི་ཕ་རོལ་ཏུ་ཕྱིན་པའི་དེ་བཞིན་ཉིད་དེ། དེ་ལྟར་ན་བསམ་གཏན་ཀྱི་ཕ་རོལ་ཏུ་ཕྱིན་པའི་དེ་བཞིན་ཉིད་དང་། དེ་བཞིན་གཤེགས་པའི་དེ་བཞིན་ཉིད་དེ་ལ་གཉིས་སུ་མེད་དེ་གཉིས་སུ་བྱར་མེད་དོ། །ཤེས་རབ་ཀྱི་ཕ་རོལ་ཏུ་ཕྱིན་པའི་དེ་བཞིན་ཉིད་ཀྱིས་དེ་བཞིན་གཤེགས་པའི་དེ་བཞིན་ཉིད་དོ། །དེ་བཞིན་གཤེགས་པའི་དེ་བཞིན་ཉིད་ཀྱིས་ཤེས་རབ་ཀྱི་ཕ་རོལ་ཏུ་ཕྱིན་པའི་དེ་བཞིན་ཉིད་དེ། དེ་ལྟར་ན་ཤེས་རབ་ཀྱི་ཕ་རོལ་ཏུ་ཕྱིན་པའི་དེ་བཞིན་ཉིད་དང་། དེ་བཞིན་གཤེགས་པའི་དེ་[1]བཞིན་ཉིད་དེ་ལ་གཉིས་སུ་མེད་དེ་གཉིས་སུ་བྱར་མེད་དོ། །ནང་སྟོང་པ་ཉིད་ཀྱི་དེ་བཞིན་ཉིད་ཀྱིས་དེ་བཞིན་[2]གཤེགས་པའི་དེ་བཞིན་ཉིད་དོ། །དེ་བཞིན་གཤེགས་པའི་དེ་བཞིན་ཉིད་ཀྱིས་ནང་སྟོང་པ་ཉིད་ཀྱི་དེ་བཞིན་ཉིད་དེ། དེ་ལྟར་ན་[3]ནང་སྟོང་པ་ཉིད་ཀྱི་དེ་བཞིན་ཉིད་དང་། དེ་བཞིན་གཤེགས་པའི་དེ་བཞིན་ཉིད་དེ་ལ་གཉིས་སུ་མེད་དེ་གཉིས་སུ་བྱར་མེད་དོ། །ཕྱི་སྟོང་པ་ཉིད་ཀྱི་དེ་བཞིན་ཉིད་ཀྱིས་དེ་བཞིན་གཤེགས་པའི་དེ་བཞིན་ཉིད་དོ། །དེ་བཞིན་གཤེགས་པའི་དེ་བཞིན་ཉིད་ཀྱིས་[4]ཕྱི་སྟོང་པ་ཉིད་ཀྱི་དེ་བཞིན་ཉིད་དེ། དེ་ལྟར་ན་ཕྱི་[5]སྟོང་པ་ཉིད་ཀྱི་དེ་བཞིན་ཉིད་དང་། དེ་བཞིན་གཤེགས་པའི་དེ་བཞིན་ཉིད་དེ་ལ་གཉིས་སུ་མེད་

དེ་གཉིས་སུ་བྱར་མེད་དོ། །ཕྱི་ནང་སྟོང་པ་ཉིད་ཀྱི་དེ་བཞིན་ཉིད་ཀྱིས་དེ་བཞིན་གཤེགས་པའི་དེ་བཞིན་ཉིད་དོ། །དེ་བཞིན་གཤེགས[1]པའི་དེ་བཞིན་ཉིད་ཀྱིས་ཕྱི་ནང་སྟོང་པ་ཉིད་ཀྱི་དེ་བཞིན་ཉིད་དེ། དེ་ལྟར་ན་ཕྱི་ནང་སྟོང་པ་ཉིད་ཀྱི་དེ་བཞིན་ཉིད་དང་། དེ་བཞིན་གཤེགས་པའི་དེ་བཞིན་ཉིད་དེ་ལ་གཉིས་སུ་མེད་དེ་གཉིས་སུ་བྱར་མེད་དོ། །སྟོང་པ་ཉིད་སྟོང་པ་ཉིད་ཀྱི་དེ་བཞིན་ཉིད་ཀྱིས་དེ་བཞིན་གཤེགས་པའི་དེ་བཞིན་ཉིད་དོ། །དེ་བཞིན་གཤེགས་པའི་དེ་བཞིན་ཉིད་ཀྱིས་སྟོང་པ་ཉིད་སྟོང་པ་ཉིད་ཀྱི་དེ་བཞིན་ཉིད་དེ། དེ་ལྟར་ན་སྟོང་པ་ཉིད་སྟོང་པ་ཉིད་ཀྱི་དེ་བཞིན་ཉིད་དང་། དེ་བཞིན་གཤེགས་པའི་དེ་བཞིན་ཉིད་དེ་ལ་གཉིས་སུ་མེད་དེ་གཉིས་སུ་བྱར་མེད་དོ། །ཆེན་པོ་སྟོང་པ་ཉིད་ཀྱི་དེ་བཞིན་ཉིད་ཀྱིས་དེ་བཞིན་གཤེགས་པའི་དེ་བཞིན་ཉིད་དོ། །དེ་བཞིན་གཤེགས་པའི་དེ་བཞིན་ཉིད་ཀྱིས་ཆེན་པོ་སྟོང་པ་ཉིད་ཀྱི་དེ་བཞིན་ཉིད་དེ། དེ་ལྟར་ན་ཆེན་པོ་སྟོང་པ་ཉིད་ཀྱི་དེ་བཞིན་ཉིད[2]དང་། དེ་བཞིན་གཤེགས་པའི་དེ་བཞིན་ཉིད་དེ་ལ་གཉིས་སུ་མེད་དེ[3]གཉིས་སུ་བྱར་མེད་དོ། །དོན་དམ་པ་སྟོང་པ་ཉིད་ཀྱི་དེ་བཞིན་ཉིད་ཀྱིས་དེ་བཞིན་གཤེགས་པའི་དེ་བཞིན་ཉིད་དོ། །དེ་བཞིན་གཤེགས་པའི་དེ་བཞིན་ཉིད་ཀྱིས་དོན་དམ་པ་སྟོང་པ་ཉིད་ཀྱི་དེ་བཞིན་ཉིད་དེ། དེ་ལྟར་ན་དོན་དམ་པ་སྟོང་པ་ཉིད་ཀྱི་དེ་བཞིན་ཉིད་དང་། དེ་བཞིན་གཤེགས་པའི་དེ་བཞིན་ཉིད་དེ་ལ་གཉིས་སུ་མེད་དེ་གཉིས་སུ་བྱར་མེད་དོ། །འདུས་བྱས་སྟོང་པ་ཉིད་ཀྱི་དེ་བཞིན་ཉིད་ཀྱིས་དེ་བཞིན་གཤེགས་པའི་དེ་བཞིན་ཉིད་དོ། །དེ་བཞིན་གཤེགས་པའི་དེ་བཞིན་ཉིད་ཀྱིས་འདུས་བྱས་སྟོང་པ་ཉིད་ཀྱི་དེ་བཞིན་ཉིད་དེ། དེ་ལྟར་ན་འདུས་བྱས་སྟོང་པ་ཉིད་ཀྱི་དེ་བཞིན་ཉིད་དང་། དེ་བཞིན་གཤེགས་པའི་དེ་བཞིན་ཉིད་དེ་ལ་གཉིས་སུ་མེད་དེ་གཉིས་སུ་བྱར་མེད་དོ། །འདུས་མ་

བྱས་སྟོང་པ་ཉིད་ཀྱི་དེ་བཞིན་ཉིད་ཀྱིས་དེ་བཞིན་གཤེགས་པའི་དེ་བཞིན་ཉིད་དོ། །དེ་བཞིན་གཤེགས་པའི་དེ་བཞིན་ཉིད་ཀྱིས་འདུས་མ་བྱས་སྟོང་པ་ཉིད་ཀྱི་དེ་བཞིན་ཉིད་དེ། དེ་ལྟར་ན་འདུས་མ་བྱས་སྟོང་པ་ཉིད་ཀྱི་དེ་བཞིན་ཉིད་དང་། དེ་བཞིན་གཤེགས་པའི་དེ་བཞིན་ཉིད་དེ་ལ་གཉིས་སུ་མེད་དེ་གཉིས་སུ་བྱར་མེད་དོ། །མཐའ་ལས་འདས་པ་སྟོང་པ་ཉིད་ཀྱི་དེ་བཞིན་ཉིད་ཀྱིས་དེ་བཞིན་གཤེགས་པའི་དེ་བཞིན་ཉིད་དོ། །དེ་བཞིན་གཤེགས་པའི་དེ་བཞིན་ཉིད་ཀྱིས་མཐའ་ལས་འདས་པ་སྟོང་པ་ཉིད་ཀྱི་དེ་བཞིན་ཉིད་དེ། དེ་ལྟར་ན་མཐའ་ལས་འདས་པ་སྟོང་པ་ཉིད་ཀྱི་དེ་བཞིན་ཉིད་དང་། དེ་བཞིན་གཤེགས་པའི་དེ་བཞིན་ཉིད་དེ་ལ་གཉིས་སུ་མེད་དེ་གཉིས་སུ་བྱར་མེད་དོ། །ཐོག་མ་དང་ཐ་མ་མེད་པ་སྟོང་པ་ཉིད་ཀྱི་དེ་བཞིན་ཉིད་ཀྱིས་དེ་བཞིན་གཤེགས་པའི་དེ་བཞིན་ཉིད་དོ། །དེ་བཞིན་གཤེགས་པའི་དེ་བཞིན་ཉིད་ཀྱིས་ཐོག་མ་དང་ཐ་མ་མེད་པ་སྟོང་པ་ཉིད་ཀྱི་དེ་བཞིན་ཉིད་དེ། དེ་ལྟར་ན་ཐོག་མ་དང་ཐ་མ་མེད་པ་སྟོང་པ་ཉིད་ཀྱི་དེ་བཞིན་ཉིད་དང་། དེ་བཞིན་གཤེགས་པའི་དེ་བཞིན་ཉིད་དེ་ལ་གཉིས་སུ་མེད་དེ་གཉིས་སུ་བྱར་མེད་དོ། །དོར་བ་མེད་པ་སྟོང་པ་ཉིད་ཀྱི་དེ་བཞིན་ཉིད་ཀྱིས་དེ་བཞིན་གཤེགས་པའི་དེ་བཞིན་ཉིད་དོ། །དེ་བཞིན་གཤེགས་པའི་དེ་བཞིན་ཉིད་ཀྱིས་དོར་བ་མེད་པ་སྟོང་པ་ཉིད་ཀྱི་དེ་བཞིན་ཉིད་དེ། དེ་ལྟར་ན་དོར་བ་མེད་པ་སྟོང་པ་ཉིད་ཀྱི་དེ་བཞིན་ཉིད་དང་། དེ་བཞིན་གཤེགས་པའི་དེ་བཞིན་ཉིད་དེ་ལ་གཉིས་སུ་མེད་དེ་གཉིས་སུ་བྱར་མེད་དོ། །རང་བཞིན་སྟོང་པ་ཉིད་ཀྱི་དེ་བཞིན་ཉིད་ཀྱིས་དེ་བཞིན་གཤེགས་པའི་དེ་བཞིན་ཉིད་དོ། །དེ་བཞིན་གཤེགས་པའི་དེ་བཞིན་ཉིད་ཀྱིས་རང་བཞིན་སྟོང་པ་ཉིད་ཀྱི་དེ་བཞིན་ཉིད་དེ། དེ་ལྟར་ན་རང་བཞིན་སྟོང་པ་ཉིད་ཀྱི་དེ་བཞིན་ཉིད་དང་། དེ་བཞིན་གཤེགས་པའི་དེ་བཞིན་

ཉིད་དེ་ལ་གཉིས་སུ་མྱེད་དེ་གཉིས་སུ་བྱར་མྱེད་དོ། །ཆོས་ཐམས་ཅད་སྟོང་པ་ཉིད་ཀྱི་དེ་བཞིན་ཉིད་ཀྱིས་དེ་བཞིན་གཤེགས་པའི་དེ་བཞིན་ཉིད་དོ། །དེ་བཞིན་གཤེགས་པའི་དེ་བཞིན་ཉིད་ཀྱིས་ཆོས་ཐམས་ཅད་སྟོང་པ་ཉིད་ཀྱི་དེ་བཞིན་ཉིད་དེ། དེ་ལྟར་ན་ཆོས་ཐམས་ཅད་སྟོང་པ་ཉིད་ཀྱི་དེ་བཞིན་ཉིད་དང་། དེ་བཞིན་གཤེགས་པའི་དེ་བཞིན་ཉིད་དེ་ལ་གཉིས་སུ་མྱེད་དེ་གཉིས་སུ་བྱར་མྱེད་དོ། །རང་གི་མཚན་ཉིད་སྟོང་པ་ཉིད་ཀྱི་དེ་བཞིན་ཉིད་ཀྱིས་དེ་བཞིན་གཤེགས་པའི་དེ་བཞིན་ཉིད་དོ། །དེ་བཞིན་གཤེགས་པའི་དེ་བཞིན་ཉིད་ཀྱིས་རང་གི་མཚན་ཉིད་སྟོང་པ་ཉིད་ཀྱི་དེ་བཞིན་ཉིད་དེ། དེ་ལྟར་ན་རང་གི་མཚན་ཉིད་སྟོང་པ་ཉིད་ཀྱི་དེ་བཞིན་ཉིད་དང་། དེ་བཞིན་གཤེགས་པའི་དེ་བཞིན་ཉིད་དེ་ལ་གཉིས་སུ་མྱེད་དེ་གཉིས་སུ་བྱར་མྱེད་དོ། །མྱི་དམྱིགས་པ་སྟོང་པ་ཉིད་ཀྱི་དེ་བཞིན་ཉིད་ཀྱིས་དེ་[2]བཞིན་གཤེགས་པའི་དེ་བཞིན་ཉིད་དོ། །དེ་བཞིན་གཤེགས་པའི་དེ་བཞིན་ཉིད་ཀྱིས་མྱི་དམྱིགས་པ་སྟོང་པ་ཉིད་ཀྱི་དེ་བཞིན་ཉིད་དེ། དེ་ལྟར་ན་མྱི་དམྱིགས་པ་སྟོང་པ་ཉིད་ཀྱི་དེ་བཞིན་ཉིད་དང་། དེ་བཞིན་གཤེགས་པའི་དེ་བཞིན་ཉིད་དེ་ལ་གཉིས་སུ་མྱེད་དེ་གཉིས་སུ་བྱར་མྱེད་དོ། །དངོས་པོ་མྱེད་པ་སྟོང་པ་ཉིད་ཀྱི་དེ་བཞིན་[3]ཉིད་ཀྱིས་དེ་བཞིན་གཤེགས་པའི་དེ་བཞིན་ཉིད་དོ། །དེ་བཞིན་གཤེགས་པའི་དེ་བཞིན་ཉིད་ཀྱིས་དངོས་པོ་མྱེད་པ་སྟོང་པ་ཉིད་ཀྱི་དེ་བཞིན་ཉིད་དེ། དེ་ལྟར་ན་དངོས་པོ་མྱེད་པ་སྟོང་པ་ཉིད་ཀྱི་དེ་བཞིན་ཉིད་དང་། དེ་བཞིན་གཤེགས་པའི་དེ་བཞིན་ཉིད་དེ་ལ་[3]གཉིས་སུ་མྱེད་དེ་གཉིས་སུ་བྱར་མྱེད་དོ། །ངོ་བོ་ཉིད་སྟོང་པ་ཉིད་ཀྱི་དེ་བཞིན་ཉིད་ཀྱིས་དེ་བཞིན་གཤེགས་པའི་དེ་བཞིན་ཉིད་དོ། །དེ་བཞིན་གཤེགས་པའི་དེ་བཞིན་ཉིད་ཀྱིས་ངོ་བོ་ཉིད་སྟོང་པ་ཉིད་ཀྱི་དེ་བཞིན་ཉིད་དེ། དེ་ལྟར་ན་ངོ་བོ་ཉིད་སྟོང་པ་ཉིད་ཀྱི་དེ་བཞིན་ཉིད་དང་། དེ་

བཞིན་གཤེགས་པའི་དེ་བཞིན་ཉིད་དེ་ལ་གཉིས་སུ་མེད་དེ་གཉིས་སུ་བྱར་མེད་དོ། །དངོས་པོ་མེད་པའི་ངོ་བོ་ཉིད་སྟོང་པ་ཉིད་ཀྱི་དེ་བཞིན་ཉིད་ཀྱིས་དེ་བཞིན་གཤེགས་པའི་དེ་བཞིན་ཉིད་དོ། །དེ་བཞིན་གཤེགས་པའི་དེ་བཞིན་ཉིད་ཀྱིས་དངོས་པོ་མེད་པའི་ངོ་བོ་ཉིད་སྟོང་པ་ཉིད་ཀྱི་དེ་བཞིན་ཉིད་དེ། དེ་ལྟར་①ན་དངོས་པོ་མེད་པའི་ངོ་བོ་ཉིད་སྟོང་པ་ཉིད་ཀྱི་དེ་བཞིན་ཉིད་དང་། དེ་བཞིན་གཤེགས་པའི་དེ་བཞིན་ཉིད་དེ་ལ་གཉིས་སུ་མེད་དེ་གཉིས་སུ་བྱར་མེད་དོ། །དྲན་པ་ཉེ་བར་གཞག་པའི་དེ་བཞིན་ཉིད་ཀྱིས་དེ་བཞིན་གཤེགས་པའི་དེ་བཞིན་ཉིད་དོ། །དེ་བཞིན་གཤེགས་པའི་དེ་བཞིན་ཉིད་ཀྱིས་དྲན་པ་ཉེ་བར་གཞག་པའི་དེ་བཞིན་ཉིད་དེ། དེ་ལྟར་ན་དྲན་པ་ཉེ་བར་གཞག་པའི་དེ་བཞིན་ཉིད་དང་། དེ་བཞིན་གཤེགས་པའི་དེ་བཞིན་ཉིད་དེ་ལ་གཉིས་སུ་མེད་དེ་གཉིས་སུ་བྱར་མེད་དོ། །ཡང་དག་པར་སྤོང་བའི་དེ་བཞིན་ཉིད་ཀྱིས་དེ་བཞིན་གཤེགས་པའི་དེ་བཞིན་ཉིད་དོ། །དེ་བཞིན་གཤེགས་པའི་དེ་བཞིན་ཉིད་ཀྱིས་ཡང་དག་པར་སྤོང་བའི་དེ་བཞིན་ཉིད་དེ། དེ་ལྟར་ན་ཡང་དག་པར་སྤོང་བའི་དེ་བཞིན་ཉིད་དང་། དེ་བཞིན་གཤེགས་པའི་དེ་བཞིན་ཉིད་དེ་ལ་གཉིས་སུ་མེད་དེ་གཉིས་སུ་བྱར་མེད་དོ། །རྫུ་འཕྲུལ་གྱི་རྐང་པའི་དེ་བཞིན་ཉིད་ཀྱིས་དེ་བཞིན་གཤེགས་པའི་དེ་བཞིན་ཉིད་དོ། །དེ་བཞིན་གཤེགས་པའི་དེ་བཞིན་ཉིད་ཀྱིས་རྫུ་འཕྲུལ་གྱི་རྐང་པའི་དེ་བཞིན་ཉིད་དེ། དེ་ལྟར་ན་རྫུ་འཕྲུལ་གྱི་རྐང་པའི་དེ་བཞིན་ཉིད་དང་། དེ་བཞིན་གཤེགས་པའི་དེ་བཞིན་ཉིད་དེ་ལ་གཉིས་སུ་མེད་དེ་གཉིས་སུ་བྱར་མེད་དོ། །དབང་པོའི་དེ་བཞིན་ཉིད་ཀྱིས་དེ་བཞིན་གཤེགས་པའི་དེ་བཞིན་ཉིད་དོ། །དེ་བཞིན་གཤེགས་པའི་དེ་བཞིན་ཉིད་ཀྱིས་དབང་པོའི་དེ་བཞིན་ཉིད་དེ། དེ་ལྟར་ན་དབང་པོའི་དེ་བཞིན་ཉིད་དང་། དེ་བཞིན་གཤེགས་པའི་དེ་བཞིན་ཉིད་དེ་ལ་གཉིས་སུ་མེད་དེ་

གཉིས་སུ་བྱར་མེད་དོ། །སྟོབས་ཀྱི་དེ་བཞིན་ཉིད་ཀྱིས་དེ་བཞིན་གཤེགས་པའི་དེ་བཞིན་ཉིད་དོ། །དེ་བཞིན་གཤེགས་པའི་དེ་བཞིན་ཉིད་ཀྱིས་སྟོབས་ཀྱི་དེ་བཞིན་ཉིད་དེ། དེ་ལྟར་ན་སྟོབས་ཀྱི་དེ་བཞིན་ཉིད་དང་། དེ་བཞིན་གཤེགས་པའི་དེ་བཞིན་ཉིད་དེ་ལ་གཉིས་སུ་མེད་དེ་གཉིས་སུ་བྱར་མེད་དོ། །བྱང་ཆུབ་ཀྱི་ཡན་ལག་གི་དེ་བཞིན་ཉིད་ཀྱིས་དེ་བཞིན་གཤེགས་པའི་དེ་བཞིན་ཉིད་དོ། །དེ་བཞིན་གཤེགས་པའི་དེ་བཞིན་ཉིད་ཀྱིས་བྱང་ཆུབ་ཀྱི་ཡན་ལག་གི་དེ་བཞིན་ཉིད་དེ། དེ་ལྟར་ན་བྱང་ཆུབ་ཀྱི་ཡན་ལག་གི་དེ་བཞིན་ཉིད་དང་[༡]། དེ་བཞིན་གཤེགས་པའི་དེ་བཞིན་ཉིད་དེ་ལ་གཉིས་སུ་མེད་དེ་གཉིས་སུ་བྱར་མེད་དོ། །འཕགས་པའི་ལམ་ཡན་ལག་བརྒྱད་པའི་དེ་བཞིན་ཉིད་ཀྱིས་དེ་བཞིན་གཤེགས་པའི་དེ་བཞིན་ཉིད་དོ། །དེ་བཞིན་གཤེགས་པའི་དེ་བཞིན་ཉིད་ཀྱིས་འཕགས་པའི་ལམ་ཡན་ལག་བརྒྱད་པའི་དེ་བཞིན་ཉིད་དེ། དེ་ལྟར་ན་འཕགས་པའི་ལམ་ཡན་ལག་བརྒྱད་པའི་དེ་བཞིན་ཉིད་དང་། དེ་བཞིན་གཤེགས་པའི་དེ་བཞིན་ཉིད་དེ་ལ་གཉིས་སུ་མེད་དེ་གཉིས་སུ་བྱར་མེད་དོ། །འཕགས་པའི་བདེན་པའི་དེ་བཞིན་ཉིད་ཀྱིས་དེ་བཞིན་གཤེགས་པའི་དེ་བཞིན་ཉིད་དོ། །དེ་བཞིན་གཤེགས་པའི་དེ་བཞིན་ཉིད་ཀྱིས་འཕགས་པའི་བདེན་པའི་དེ་བཞིན་ཉིད་དེ། དེ་ལྟར་ན་འཕགས་པའི་བདེན་པའི་དེ་བཞིན་ཉིད་དང་། དེ་བཞིན་གཤེགས་པའི་དེ་བཞིན་ཉིད་དེ་ལ་གཉིས་སུ་མེད་དེ་གཉིས་སུ་བྱར་མེད་དོ། །བསམ་གཏན་གྱི་དེ་བཞིན་ཉིད་ཀྱིས་དེ་བཞིན་གཤེགས་པའི་དེ་བཞིན་ཉིད་དོ། །དེ་བཞིན་གཤེགས་པའི་དེ་བཞིན་ཉིད་ཀྱིས་བསམ་གཏན་གྱི་དེ་བཞིན་ཉིད་དེ། དེ་ལྟར་ན་བསམ་གཏན་གྱི་དེ་བཞིན་ཉིད་དང་། དེ་བཞིན་གཤེགས་པའི་དེ་བཞིན་ཉིད་དེ་ལ་གཉིས་སུ་མེད་དེ་གཉིས་སུ་བྱར་མེད་དོ། །ཚད་མེད་པའི་དེ་བཞིན་ཉིད་ཀྱིས་དེ་བཞིན་གཤེགས་པའི་དེ་

བཞིན་ཉིད་དོ། །དེ་བཞིན་གཤེགས་པའི་དེ་བཞིན་ཉིད་ཀྱིས་ཚད་མེད་པའི་དེ་བཞིན་ཉིད་དེ། དེ་ལྟར་ན་ཚད་མེད་པའི་དེ་བཞིན་ཉིད་དང་། དེ་བཞིན་གཤེགས་པའི་དེ་བཞིན་ཉིད་དེ་ལ་གཉིས་སུ་མེད་དེ་གཉིས་སུ་བྱར་མེད་དོ། །གཟུགས་མེད་པའི་སྙོམས་པར་འཇུག་པའི་དེ་བཞིན་ཉིད་ཀྱིས་དེ་བཞིན་གཤེགས་པའི་དེ་བཞིན་ཉིད་དོ། །དེ་བཞིན་གཤེགས་པའི་དེ་བཞིན་ཉིད་ཀྱིས་གཟུགས་མེད་པའི་སྙོམས་པར་འཇུག་པའི་དེ་བཞིན་ཉིད་དེ། དེ་ལྟར་ན་གཟུགས་མེད་པའི་སྙོམས་པར་འཇུག་པའི་དེ་བཞིན་ཉིད་དང་། དེ་བཞིན་གཤེགས་པའི་དེ་བཞིན་ཉིད་དེ་ལ། གཉིས་སུ་མེད་དེ་གཉིས་སུ་བྱར་མེད་དོ། །རྣམ་པར་ཐར་པའི་དེ་བཞིན་ཉིད་ཀྱིས་དེ་བཞིན་གཤེགས་པའི་དེ་བཞིན་ཉིད་དོ། །དེ་བཞིན་གཤེགས་པའི་དེ་བཞིན་ཉིད་ཀྱིས་རྣམ་པར་ཐར་པའི་དེ་བཞིན་ཉིད་དེ། དེ་ལྟར་ན་རྣམ་པར་ཐར་པའི་དེ་བཞིན་ཉིད་དང་། དེ་བཞིན་གཤེགས་པའི་དེ་བཞིན་ཉིད་དེ་ལ་གཉིས་སུ་མེད་དེ་གཉིས་སུ་བྱར་མེད་དོ། །མཐར་གྱིས་གནས་པའི་སྙོམས་པར་འཇུག་པའི་དེ་བཞིན་ཉིད་ཀྱིས་དེ་བཞིན་གཤེགས་པའི་དེ་བཞིན་ཉིད་དོ། །དེ་བཞིན་གཤེགས་པའི་དེ་བཞིན་ཉིད་ཀྱིས་མཐར་གྱིས་གནས་པའི་སྙོམས་པར་འཇུག་པའི་དེ་བཞིན་ཉིད་དེ①། དེ་ལྟར་ན་མཐར་གྱིས་གནས་པའི་སྙོམས་པར་འཇུག་པའི་དེ་བཞིན་ཉིད་དང་། དེ་བཞིན་གཤེགས་པའི་དེ་བཞིན་ཉིད་དེ་ལ་གཉིས་སུ་མེད་དེ་གཉིས་སུ་བྱར་མེད་དོ། །རྣམ་པར་ཐར་པའི་སྒོ་སྟོང་པ་ཉིད་དང་། མཚན་མ་མེད་པ་དང་། སྨོན་པ་མེད་པའི་དེ་བཞིན་ཉིད་ཀྱིས་དེ་བཞིན་གཤེགས་པའི་དེ་བཞིན་ཉིད་དོ། །དེ་བཞིན་གཤེགས་པའི་དེ་བཞིན་ཉིད་ཀྱིས་རྣམ་པར་ཐར་པའི་སྒོ་སྟོང་པ་ཉིད་དང་མཚན་མ་མེད་པ་དང་སྨོན་པ་མེད་པའི་དེ་བཞིན་ཉིད་དེ། དེ་ལྟར་ན་རྣམ་པར་ཐར་པའི་སྒོ་སྟོང་པ་ཉིད་དང་།

མཚན་མ་མྱེད་པ་དང་སྨོན་པ་མྱེད་པའི་དེ་བཞིན་ཉིད་དང་། དེ་བཞིན་གཤེགས་
པའི་དེ་བཞིན་ཉིད་དེ་ལ་གཉིས་སུ་མྱེད་དེ་གཉིས་སུ་བྱར་མྱེད་དོ། །མངོན་པར་
ཤེས་པའི་དེ་བཞིན་ཉིད་ཀྱིས་དེ་བཞིན་གཤེགས་པའི་དེ་བཞིན་ཉིད་དོ། །དེ་
བཞིན་གཤེགས་པའི་དེ་བཞིན་ཉིད་ཀྱིས་མངོན་པར་ཤེས་པའི་དེ་བཞིན་ཉིད་དེ།
དེ་ལྟར་ན་མངོན་པར་ཤེས་པའི་དེ་བཞིན་ཉིད་དང་། དེ་བཞིན་གཤེགས་པའི་དེ་
བཞིན་ཉིད་དེ་ལ་གཉིས་སུ་མྱེད་དེ་གཉིས་སུ་བྱར་མྱེད་དོ། །ཏིང་ངེ་འཛིན་གྱི་དེ་
བཞིན་ཉིད་ཀྱིས་དེ་བཞིན་གཤེགས་པའི་དེ་བཞིན་ཉིད་དོ། །དེ་བཞིན་གཤེགས་
པའི་དེ་བཞིན་ཉིད་ཀྱིས་ཏིང་ངེ་འཛིན་གྱི་[༡]དེ་བཞིན་ཉིད་དེ། དེ་ལྟར་ན་ཏིང་ངེ་
འཛིན་གྱི་[༢]དེ་བཞིན་ཉིད་དང་། དེ་བཞིན་གཤེགས་པའི་དེ་བཞིན་ཉིད་དེ་ལ་
གཉིས་སུ་མྱེད་དེ་གཉིས་སུ་བྱར་མྱེད་དོ། །གཟུངས་ཀྱི་སྒོའི་དེ་བཞིན་ཉིད་ཀྱིས་དེ་
བཞིན་གཤེགས་པའི་དེ་བཞིན་ཉིད་དོ། །དེ་བཞིན་གཤེགས་པའི་དེ་བཞིན་ཉིད་
ཀྱིས་གཟུངས་ཀྱི་སྒོའི་དེ་བཞིན་ཉིད་དེ། དེ་ལྟར་ན་གཟུངས་ཀྱི་སྒོའི་དེ་བཞིན་
ཉིད་དང་། དེ་བཞིན་གཤེགས་པའི་དེ་བཞིན་ཉིད་དེ་ལ་གཉིས་སུ་མྱེད་དེ་གཉིས་
སུ་བྱར་མྱེད་དོ། །དེ་བཞིན་གཤེགས་པའི་སྟོབས་ཀྱི་དེ་བཞིན་ཉིད་ཀྱིས་དེ་བཞིན་
གཤེགས་པའི་དེ་བཞིན་ཉིད་དོ། །དེ་བཞིན་གཤེགས་པའི་དེ་བཞིན་ཉིད་ཀྱིས་དེ་
བཞིན་གཤེགས་པའི་སྟོབས་ཀྱི་དེ་བཞིན་ཉིད་དེ། དེ་ལྟར་ན་དེ་བཞིན་གཤེགས་
པའི་སྟོབས་ཀྱི་དེ་བཞིན་ཉིད་དང་། དེ་བཞིན་གཤེགས་པའི་དེ་བཞིན་ཉིད་དེ་ལ་
གཉིས་སུ་མྱེད་དེ་གཉིས་སུ་བྱར་མྱེད་དོ། །མྱི་འཇིགས་པའི་དེ་བཞིན་ཉིད་ཀྱིས་དེ་
བཞིན་གཤེགས་པའི་དེ་བཞིན་ཉིད་དོ། །དེ་བཞིན་གཤེགས་པའི་དེ་བཞིན་ཉིད་
ཀྱིས་མྱི་འཇིགས་པའི་དེ་བཞིན་ཉིད་དེ། དེ་ལྟར་ན་མྱི་འཇིགས་པའི་དེ་བཞིན་
ཉིད་དང་། དེ་བཞིན་གཤེགས་པའི་དེ་བཞིན་ཉིད་དེ་ལ་གཉིས་སུ་མྱེད་དེ་གཉིས་

སུ་བྱར་མེད་དོ། །སོ་སོ་ཡང་དག་པར་རིག་པའི་དེ་བཞིན་ཉིད་ཀྱིས་དེ་བཞིན་གཤེགས་པའི་དེ་བཞིན་ཉིད་དོ། །དེ་བཞིན་གཤེགས་པའི་དེ་བཞིན་ཉིད་ཀྱིས་སོ་སོ་ཡང་དག་པར་རིག་པའི་དེ་བཞིན་ཉིད་དེ། དེ་ལྟར་ན་སོ་སོ་ཡང་དག་པར་རིག་པའི་དེ་བཞིན་ཉིད་དང་། དེ་བཞིན་གཤེགས་པའི་དེ་བཞིན་ཉིད་དེ་ལ་གཉིས་སུ་མེད་དེ་གཉིས་སུ་བྱར་མེད་དོ། །ཿབྱམས་པ་ཆེན་པོའི་དེ་བཞིན་ཉིད་ཀྱིས་དེ་བཞིན་གཤེགས་པའི་དེ་བཞིན་ཉིད་དོ། །དེ་བཞིན་གཤེགས་པའི་དེ་བཞིན་ཉིད་ཀྱིས་བྱམས་པ་ཆེན་པོའི་དེ་བཞིན་ཉིད་དེ། དེ་ལྟར་ན་བྱམས་པ་ཆེན་པོའི་དེ་བཞིན་ཉིད་དང་། དེ་བཞིན་གཤེགས་པའི་དེ་བཞིན་ཉིད་དེ་ལ་གཉིས་སུ་མེད་དེ་གཉིས་སུ་བྱར་མེད་དོ། །[1]སྙིངཿརྗེ་ཆེན་པོའི་[2]དེ་བཞིན་ཉིད་ཀྱིས་དེ་བཞིན་གཤེགས་པའི་དེ་བཞིན་ཉིད་དོ། །དེ་བཞིན་གཤེགས་པའི་དེ་བཞིན་ཉིད་ཀྱིས་སྙིང་རྗེ་ཆེན་པོའི་དེ་བཞིན་ཉིད་དེ། དེ་ལྟར་ན་སྙིང་རྗེ་ཆེན་པོའི་དེ་བཞིན་ཉིད་དང་། དེ་བཞིན་གཤེགས་པའི་དེ་བཞིན་ཉིད་དེ་ལ་གཉིས་སུ་མེད་དེ་གཉིས་སུ་བྱར་མེད་དོ། །སངས་རྒྱས་ཀྱི་ཆོས་མ་འདྲེས་པའི་དེ་བཞིན་ཉིད་ཀྱིས་དེ་བཞིན་གཤེགས་པའི་དེ་བཞིན་ཉིད་དོ། །དེ་བཞིན་གཤེགས་པའི་དེ་བཞིན་ཉིད་ཀྱིས་སངས་རྒྱས་ཀྱི་ཆོས་མ་[3]འདྲེས་པའི་དེ་བཞིན་ཉིད་དེ། དེ་ལྟར་ན་སངས་རྒྱས་ཀྱི་ཆོས་མ་འདྲེས་པའི་དེ་བཞིན་ཉིད་དང་། དེ་བཞིན་གཤེགས་པའི་དེ་བཞིན་ཉིད་དེ་ལ་གཉིས་སུ་མེད་དེ་[4]གཉིས་སུ་བྱར་མེད་དོ། །རྒྱུན་དུ་ཞུགས་པའི་འབྲས་བུའི་དེ་བཞིན་ཉིད་ཀྱིས་དེ་བཞིན་གཤེགས་པའི་དེ་བཞིན་ཉིད་དོ། །དེ་བཞིན་གཤེགས་པའི་དེ་བཞིན་ཉིད་ཀྱིས་རྒྱུན་དུ་ཞུགས་པའི་འབྲས་བུའི་དེ་བཞིན་ཉིད་དེ། དེ་ལྟར་ན་རྒྱུན་དུ་ཞུགས་པའི་འབྲས་བུའི་དེ་བཞིན་ཉིད་དང་། དེ་བཞིན་གཤེགས་པའི་དེ་བཞིན་ཉིད་དེ་ལ་གཉིས་སུ་མེད་དེ་གཉིས་སུ་བྱར་མེད་དོ། །ཡན་

ཅིག་ཕྱིར་འོང་བའི་འབྲས་བུའི་དེ་བཞིན་ཉིད་ཀྱིས་དེ་བཞིན་གཤེགས་པའི་དེ་བཞིན་ཉིད་དོ①། །དེ་བཞིན་གཤེགས་པའི་དེ་བཞིན་ཉིད་ཀྱིས་②ལན་ཅིག་ཕྱིར་འོང་བའི་འབྲས་བུའི་དེ་བཞིན་ཉིད་དེ། དེ་ལྟར་ན་ལན་ཅིག་ཕྱིར་འོང་བའི་འབྲས་བུའི་དེ་བཞིན་ཉིད་དང་། དེ་བཞིན་གཤེགས་པའི་དེ་བཞིན་ཉིད་དེ་ལ་གཉིས་སུ་མེད་དེ་གཉིས་སུ་བྱར་མེད་དོ། །ཕྱིར་མི་འོང་བའི་འབྲས་བུའི་དེ་བཞིན་ཉིད་ཀྱིས་དེ་བཞིན་གཤེགས་པའི་དེ་བཞིན་ཉིད་དོ། །དེ་བཞིན་གཤེགས་པའི་དེ་བཞིན་ཉིད་ཀྱིས་ཕྱིར་མི་འོང་བའི་འབྲས་བུའི་དེ་བཞིན་ཉིད་དེ། དེ་ལྟར་ན་ཕྱིར་མི་འོང་བའི་འབྲས་བུའི་དེ་བཞིན་ཉིད་དང་། དེ་བཞིན་གཤེགས་པའི་དེ་བཞིན་ཉིད་དེ་ལ་གཉིས་སུ་མེད་དེ་གཉིས་སུ་བྱར་མེད་དོ། །དགྲ་བཅོམ་པ་ཉིད་ཀྱི་དེ་བཞིན་③ཉིད་ཀྱིས་དེ་བཞིན་གཤེགས་པའི་དེ་བཞིན་ཉིད་དོ། །དེ་བཞིན་གཤེགས་པའི་དེ་བཞིན་ཉིད་ཀྱིས་དགྲ་བཅོམ་པ་ཉིད་ཀྱི་④དེ་བཞིན་ཉིད་དེ། དེ་ལྟར་ན་དགྲ་བཅོམ་པ་ཉིད་ཀྱི་⑤དེ་བཞིན་ཉིད་དང་། དེ་བཞིན་གཤེགས་པའི་དེ་བཞིན་ཉིད་དེ་ལ་གཉིས་སུ་མེད་དེ་གཉིས་སུ་བྱར་མེད་དོ། །རང་བྱང་ཆུབ་ཀྱི་དེ་བཞིན་ཉིད་ཀྱིས་དེ་བཞིན་གཤེགས་པའི་དེ་བཞིན་ཉིད་དོ། །དེ་བཞིན་གཤེགས་པའི་དེ་བཞིན་ཉིད་ཀྱིས་རང་བྱང་ཆུབ་ཀྱི་དེ་བཞིན་ཉིད་དེ། དེ་ལྟར་ན་རང་བྱང་ཆུབ་ཀྱི་དེ་བཞིན་ཉིད་དང་། དེ་བཞིན་གཤེགས་པའི་དེ་བཞིན་ཉིད་དེ་ལ་གཉིས་སུ་མེད་དེ་གཉིས་སུ་བྱར་མེད་དོ། །ལམ་གྱི་རྣམ་པ་ཤེས་པ་ཉིད་ཀྱི་དེ་⑥བཞིན་ཉིད་ཀྱིས་དེ་བཞིན་གཤེགས་པའི་དེ་བཞིན་ཉིད་དོ། །དེ་བཞིན་གཤེགས་པའི་དེ་བཞིན་ཉིད་ཀྱིས་ལམ་གྱི་རྣམ་པ་ཤེས་པ་ཉིད་ཀྱི་དེ་བཞིན་ཉིད་དེ། དེ་ལྟར་ན་ལམ་གྱི་རྣམ་པ་ཤེས་པ་ཉིད་ཀྱི་དེ་བཞིན་ཉིད་དང་། དེ་བཞིན་གཤེགས་པའི་དེ་བཞིན་ཉིད་དེ་ལ་གཉིས་སུ་མེད་དེ་གཉིས་སུ་བྱར་མེད་དོ། །རྣམ་པ་ཐམས་ཅད་མཁྱེན་པ་ཉིད་ཀྱི་

དེ་བཞིན་ཉིད་ཀྱིས་དེ་བཞིན་གཤེགས་པའི་དེ་བཞིན་ཉིད་དོ། །དེ་བཞིན་གཤེགས་པའི་དེ་བཞིན་ཉིད་ཀྱིས་རྣམ་པ་ཐམས་ཅད་མཁྱེན་པ་ཉིད་ཀྱི་དེ་བཞིན་ཉིད་དེ[1]། དེ་ལྟར་ན་རྣམ་པ་ཐམས་ཅད་མཁྱེན་པ་ཉིད་ཀྱི་དེ་བཞིན་ཉིད་དང་། དེ་བཞིན་གཤེགས་པའི་དེ་བཞིན་ཉིད་དེ་ལ་གཉིས་སུ་མེད་དེ་གཉིས་སུ་བྱར་མེད་དོ། ། འདི་ནི་རབ་འབྱོར་དང་[2]དེ་བཞིན་གཤེགས་པའི་དེ་བཞིན་ཉིད་དེ། བྱང་ཆུབ་སེམས་དཔའ་སེམས་དཔའ་ཆེན་པོས་དེ་བཞིན་ཉིད་དེ་མངོན་པར་རྫོགས་པར་སངས་རྒྱས་ནས། དེ་བཞིན་གཤེགས་པ་ཞེས་བྱ་བའི་མིང་ཐོབ་པར་འགྱུར་བའོ། ། ༑དེ་བཞིན་ཉིད་ཀྱི་[3]ལེའུ་འདི་བཤད་པའི་ཚེ། སྟོང་གསུམ་གྱི་སྟོང་ཆེན་པོའི་འཇིག་རྟེན་གྱི་ཁམས་འདི་རྣམ་པ་དྲུག་ཏུ་གཡོས་ཏེ། གཡོས་སོ། །རབ་ཏུ་གཡོས་སོ། །ཀུན་ཏུ་གཡོས་སོ། །འཁྲུལ་ལོ། །རབ་ཏུ་འཁྲུལ་ལོ། །ཀུན་ཏུ་འཁྲུལ་ལོ། །ལྡིག་གོ། །རབ་ཏུ་ལྡིག་གོ། །ཀུན་ཏུ་ལྡིག་གོ། །ཅེམ་ཅེམ་རབ་ཏུ་ཅེམ་ཅེམ། ཀུན་ཏུ་ཅེམ་ཅེམ་མོ། །ཙུར་ཙུར་རབ་ཏུ་ཙུར་ཙུར། ཀུན་ཏུ་ཙུར་ཙུར་རོ། །ཤིག་ཤིག་རབ་ཏུ་ཤིག་ཤིག །ཀུན་ཏུ་ཤིག་ཤིག་གོ། །ཤར་ཕྱོགས་མཐོ་ན་ནི་ནུབ་ཕྱོགས་དམའ། ཤར་ཕྱོགས་དམའ་ན་ནི་ནུབ་ཕྱོགས་མཐོ། ། བྱང་ཕྱོགས་མཐོ་ན་ནི་ལྷོ་ཕྱོགས་དམའ། བྱང་ཕྱོགས་དམའ་ན་ནི་ལྷོ་ཕྱོགས་མཐོ[4]། ། དབུང་[5]མཐོ་[6]ན་ནི་མཐའ་དམའ། དབུང་[7]དམའ་ན་ནི་མཐའ་མཐོ་[8]བར་གྱུར་ཏོ།། དེ་ནས་འདོད་པ་ན་སྤྱོད་པ་དང་། གཟུགས་ཡོད་པ་ན་སྤྱོད་པའི་ལྷའི་བུ་དེ་དག་གིས༑ བཅོམ་ལྡན་འདས་དང་། གནས་བརྟན་རབ་འབྱོར་ལ་ལྷ་རྫས་ཀྱི་ཙན་དན་གྱི་ཕྱེ་མས་གཏོར། མངོན་པར་གཏོར། མངོན་པར་རབ་ཏུ་གཏོར་ནས། འདི་སྐད་དུ་བཅོམ་ལྡན་འདས་དེ་ལྟར་གནས་བརྟན་རབ་འབྱོར་འདི་དེ་བཞིན་གཤེགས་པའི་དེ་བཞིན་ཉིད་ཀྱིས་དེ་བཞིན་གཤེགས་པའི་རྗེས་སུ་སྐྱེས་པ་ངོ་མཚར་

ཏོ་ཞེས་ཚིག་ཏུ་བརྗོད་དོ། །དེ་ནས་གནས་བརྟན་རབ་འབྱོར་གྱིས་ལྷའི་བུ་དེ་དག་གི་②གཏམ་དེ་ཉིད་ཀྱི་རྒྱུད་ནས་བཟུང་སྟེ། ལྷའི་བུ་དེ་དག་ལ་འདི་སྐད་ཅེས་སྨྲས་སོ། །དེ་ལྟར་ན་ལྷའི་བུ་དག་གནས་བརྟན་རབ་འབྱོར་ནི་གཟུགས་ཀྱི་རྗེས་སུ་མ་སྐྱེས། གཟུགས་ལས་གཞན་གྱི་རྗེས་སུ་མ་སྐྱེས་སོ། །གཟུགས་ཀྱི་དེ་བཞིན་ཉིད་ཀྱི་རྗེས་སུ་མ་སྐྱེས། གཟུགས་ཀྱི་དེ་བཞིན་ཉིད་ལས་གཞན་གྱི་རྗེས་སུ་མ་སྐྱེས་སོ། །ཚོར་བའི་རྗེས་སུ་མ་སྐྱེས། ཚོར་བ་ལས་གཞན་གྱི་རྗེས་སུ་མ་སྐྱེས་སོ། །ཚོར་བའི་དེ་བཞིན་ཉིད་ཀྱི་རྗེས་སུ་མ་སྐྱེས། ཚོར་བའི་དེ་བཞིན་ཉིད་ལས་གཞན་གྱི་རྗེས་སུ་མ་སྐྱེས་སོ། །འདུ་ཤེས་ཀྱི་རྗེས་སུ་མ་སྐྱེས། འདུ་ཤེས་ལས་གཞན་གྱི་རྗེས་སུ་མ་སྐྱེས་སོ། །འདུ་ཤེས་ཀྱི་དེ་བཞིན་ཉིད་ཀྱི་རྗེས་སུ་མ་སྐྱེས། འདུ་ཤེས་ཀྱི་དེ་བཞིན་ཉིད་ལས་གཞན་གྱི་རྗེས་སུ་མ་སྐྱེས་སོ། །འདུ་བྱེད་ཀྱི་རྗེས་སུ་མ་སྐྱེས། འདུ་བྱེད་ལས་གཞན་གྱི་③རྗེས་སུ་མ་སྐྱེས་སོ། །འདུ་བྱེད་ཀྱི་དེ་བཞིན་ཉིད་ཀྱི་རྗེས་སུ་མ་སྐྱེས། འདུ་བྱེད་ཀྱི་དེ་བཞིན་ཉིད་ལས་གཞན་གྱི་རྗེས་སུ་མ་སྐྱེས་སོ། །རྣམ་པར་ཤེས་པའི་རྗེས་སུ་མ་སྐྱེས། རྣམ་པར་ཤེས་པ་ལས་གཞན་གྱི་རྗེས་སུ་མ་སྐྱེས་སོ། །རྣམ་པར་ཤེས་པའི་དེ་བཞིན་ཉིད་ཀྱི་རྗེས་སུ་མ་སྐྱེས། རྣམ་པར་ཤེས་པའི་དེ་བཞིན་ཉིད་ལས་གཞན་གྱི་རྗེས་སུ་མ་སྐྱེས་སོ། །མིག་གི་རྗེས་སུ་མ་སྐྱེས། མིག་ལས་གཞན་གྱི་④རྗེས་སུ་མ་སྐྱེས་སོ། །མིག་གི་དེ་བཞིན་ཉིད་ཀྱི་རྗེས་སུ་མ་སྐྱེས། མིག་གི་དེ་བཞིན་ཉིད་ལས་གཞན་གྱི་རྗེས་སུ་མ་སྐྱེས་སོ། །རྣ་བའི་རྗེས་སུ་མ་སྐྱེས། རྣ་བ་ལས་གཞན་གྱི་རྗེས་སུ་མ་སྐྱེས་སོ། །རྣ་བའི་དེ་བཞིན་ཉིད་ཀྱི་རྗེས་སུ་མ་སྐྱེས། རྣ་བའི་དེ་བཞིན་ཉིད་ལས་གཞན་གྱི་རྗེས་སུ་མ་སྐྱེས་སོ། །སྣའི་རྗེས་སུ་མ་སྐྱེས། སྣ་ལས་གཞན་གྱི་རྗེས་སུ་མ་སྐྱེས་སོ། །སྣའི་དེ་བཞིན་ཉིད་ཀྱི་རྗེས་སུ་མ་སྐྱེས། སྣའི་དེ་བཞིན་ཉིད་ལས་གཞན་གྱི་⑤རྗེས་

སུ་མ་སྐྱེས་སོ། །ལྕེའི་རྗེས་སུ་མ་སྐྱེས། ལྕེ་ལས་གཞན་གྱི་རྗེས་སུ་མ་སྐྱེས་སོ། །ལྕེའི་དེ་བཞིན་ཉིད་ཀྱི་རྗེས་སུ་མ་སྐྱེས། ལྕེའི་དེ་བཞིན་ཉིད་ལས་གཞན་གྱི་རྗེས་སུ་མ་སྐྱེས་སོ། །ལུས་ཀྱི་རྗེས་སུ་མ་སྐྱེས། ལུས་ལས་གཞན་གྱི་རྗེས་སུ་མ་སྐྱེས་སོ། །ལུས་ཀྱི་དེ་བཞིན་ཉིད་ཀྱི་རྗེས་སུ་མ་སྐྱེས[1]། ལུས་ཀྱི་དེ་བཞིན་ཉིད་ལས་[2]གཞན་གྱི་རྗེས་སུ་མ་སྐྱེས་སོ། །ཡིད་ཀྱི་རྗེས་སུ་མ་སྐྱེས། ཡིད་ལས་གཞན་གྱི་རྗེས་སུ་མ་སྐྱེས་སོ། །ཡིད་ཀྱི་དེ་བཞིན་ཉིད་ཀྱི་རྗེས་སུ་མ་སྐྱེས། ཡིད་ཀྱི་དེ་བཞིན་ཉིད་ལས་གཞན་གྱི་རྗེས་སུ་མ་སྐྱེས་སོ། །གཟུགས་ཀྱི་རྗེས་སུ་མ་སྐྱེས། གཟུགས་ལས་གཞན་གྱི་རྗེས་སུ་མ་སྐྱེས་སོ། །གཟུགས་ཀྱི་དེ་བཞིན་ཉིད་ཀྱི་རྗེས་སུ་མ་སྐྱེས། གཟུགས་ཀྱི་དེ་བཞིན་ཉིད་ལས་གཞན་གྱི་རྗེས་སུ་མ་སྐྱེས་སོ། །སྒྲའི་རྗེས་སུ་མ་སྐྱེས། སྒྲ་ལས་གཞན་གྱི་རྗེས་སུ་[3]མ་སྐྱེས་སོ། །སྒྲའི་དེ་བཞིན་ཉིད་ཀྱི་རྗེས་སུ་མ་སྐྱེས། སྒྲའི་དེ་བཞིན་ཉིད་ལས་གཞན་གྱི་རྗེས་སུ་མ་སྐྱེས་སོ། །དྲིའི་རྗེས་སུ་མ་སྐྱེས། དྲི་ལས་གཞན་གྱི་རྗེས་སུ་མ་སྐྱེས་སོ། །དྲིའི་དེ་བཞིན་ཉིད་ཀྱི་རྗེས་སུ་མ་སྐྱེས། དྲིའི་དེ་བཞིན་ཉིད་ལས་གཞན་[4]གྱི་རྗེས་སུ་མ་སྐྱེས་སོ། །རོའི་རྗེས་སུ་མ་སྐྱེས། རོ་ལས་གཞན་[5]གྱི་རྗེས་སུ་མ་སྐྱེས་སོ། །རོའི་དེ་བཞིན་ཉིད་ཀྱི་རྗེས་སུ་མ་སྐྱེས། རོའི་དེ་བཞིན་ཉིད་ལས་གཞན་གྱི་རྗེས་སུ་མ་སྐྱེས་སོ། །རེག་གི་རྗེས་སུ་མ་སྐྱེས། རེག་ལས་གཞན་གྱི་རྗེས་སུ་མ་སྐྱེས་སོ། །རེག་གི་དེ་བཞིན་ཉིད་ཀྱི་རྗེས་སུ་མ་སྐྱེས། རེག་གི་དེ་བཞིན་ཉིད་ལས་གཞན་གྱི་རྗེས་སུ་མ་སྐྱེས་སོ། །ཆོས་ཀྱི་རྗེས་སུ་མ་སྐྱེས། ཆོས་ལས་གཞན་གྱི་རྗེས་སུ་མ་སྐྱེས་སོ། །ཆོས་ཀྱི་དེ་བཞིན་ཉིད་ཀྱི་རྗེས་སུ་མ་སྐྱེས། ཆོས་ཀྱི་དེ་བཞིན་ཉིད་ལས་གཞན་གྱི་རྗེས་སུ་མ་སྐྱེས་སོ། །མིག་གི་རྣམ་པར་ཤེས་པའི་རྗེས་སུ་མ་སྐྱེས། མིག་གི་རྣམ་པར་ཤེས་པ་ལས་གཞན་གྱི་རྗེས་སུ་མ་སྐྱེས་སོ། །མིག་གི་རྣམ་པར་ཤེས་པའི་དེ་བཞིན་ཉིད་ཀྱི་རྗེས་སུ་མ་སྐྱེས། མིག་གི་རྣམ་པར་

ཤེས་པའི་དེ་བཞིན་ཉིད་ལས་གཞན་གྱི་རྗེས་སུ་མ་སྐྱེས་སོ། །རྣ་བའི་རྣམ་པར་ཤེས་པའི་རྗེས་སུ་མ་སྐྱེས། རྣ་བའི་རྣམ་པར་ཤེས་པ་①ལས་གཞན་གྱི་རྗེས་སུ་མ་སྐྱེས་སོ། །རྣ་བའི་རྣམ་པར་ཤེས་པའི་དེ་བཞིན་ཉིད་ཀྱི་རྗེས་སུ་མ་སྐྱེས། རྣ་བའི་རྣམ་པར་ཤེས་པའི་དེ་བཞིན་ཉིད་ལས་གཞན་གྱི་རྗེས་སུ་མ་སྐྱེས་སོ། །སྣའི་རྣམ་པར་ཤེས་པའི་རྗེས་སུ་མ་སྐྱེས། སྣའི་རྣམ་པར་ཤེས་པ་ལས་གཞན་གྱི་རྗེས་སུ་མ་སྐྱེས་སོ། །སྣའི་རྣམ་པར་ཤེས་པའི་དེ་བཞིན་ཉིད་ཀྱི་རྗེས་སུ་མ་སྐྱེས། སྣའི་རྣམ་པར་ཤེས་པའི་དེ་བཞིན་ཉིད་ལས་གཞན་གྱི་རྗེས་སུ་མ་སྐྱེས་སོ། །ལྕེའི་རྣམ་པར་ཤེས་པའི་རྗེས་སུ་མ་སྐྱེས། ལྕེའི་རྣམ་པར་ཤེས་པ་②ལས་གཞན་གྱི་རྗེས་སུ་མ་སྐྱེས་སོ། །ལྕེའི་རྣམ་པར་ཤེས་པའི་དེ་བཞིན་ཉིད་ཀྱི་རྗེས་སུ་མ་སྐྱེས། ལྕེའི་རྣམ་པར་ཤེས་པའི་དེ་བཞིན་ཉིད་ལས་གཞན་གྱི་རྗེས་སུ་མ་སྐྱེས་སོ། །ལུས་ཀྱི་རྣམ་པར་ཤེས་པའི་རྗེས་སུ་མ་སྐྱེས། ལུས་ཀྱི་རྣམ་པར་ཤེས་པ་ལས་གཞན་གྱི་རྗེས་སུ་མ་སྐྱེས་སོ། །ལུས་ཀྱི་རྣམ་པར་ཤེས་པའི་དེ་བཞིན་ཉིད་ཀྱི་རྗེས་སུ་མ་སྐྱེས། ལུས་ཀྱི་རྣམ་པར་ཤེས་པའི་དེ་བཞིན་ཉིད་ལས་གཞན་གྱི་རྗེས་སུ་མ་སྐྱེས་སོ། །ཡིད་ཀྱི་རྣམ་པར་ཤེས་པའི་རྗེས་སུ་མ་སྐྱེས། ཡིད་ཀྱི་རྣམ་པར་ཤེས་པ་ལས་གཞན་གྱི་རྗེས་སུ་མ་སྐྱེས་སོ། །ཡིད་ཀྱི་རྣམ་པར་ཤེས་པའི་དེ་བཞིན་ཉིད་ཀྱི་རྗེས་སུ་མ་སྐྱེས༑ ཡིད་ཀྱི་རྣམ་པར་ཤེས་པའི་དེ་བཞིན་ཉིད་ལས་གཞན་གྱི་རྗེས་སུ་མ་སྐྱེས་སོ༑ །མིག་གི་འདུས་ཏེ་རེག་པའི་རྗེས་སུ་མ་སྐྱེས། མིག་གི་འདུས་ཏེ་རེག་པ་ལས་གཞན་གྱི་རྗེས་སུ་མ་སྐྱེས་སོ། །མིག་གི་འདུས་ཏེ་རེག་པའི་དེ་བཞིན་ཉིད་ཀྱི་རྗེས་སུ་མ་སྐྱེས། མིག་གི་འདུས་ཏེ་རེག་པའི་དེ་བཞིན་ཉིད་ལས་གཞན་གྱི་རྗེས་སུ་མ་སྐྱེས་སོ། །རྣ་བའི་འདུས་ཏེ་རེག་པའི་རྗེས་སུ་མ་སྐྱེས། རྣ་བའི་འདུས་ཏེ་རེག་པ་ལས་གཞན་གྱི་རྗེས་སུ་མ་སྐྱེས་སོ། །རྣ་བའི་འདུས་ཏེ་རེག་པའི་དེ་བཞིན་

ཉིད་ཀྱི་རྗེས་སུ་མ་སྐྱེས། རྣ་བའི་འདུས་ཏེ་རེག་པའི་དེ་བཞིན་ཉིད་ལས་གཞན་གྱི་[༡] རྗེས་སུ་མ་སྐྱེས་སོ། །སྣའི་འདུས་ཏེ་རེག་པའི་རྗེས་སུ་མ་སྐྱེས། སྣའི་འདུས་ཏེ་རེག་པ་ལས་གཞན་གྱི་རྗེས་སུ་མ་སྐྱེས་སོ། །སྣའི་འདུས་ཏེ་རེག་པའི་དེ་བཞིན་ཉིད་ཀྱི་རྗེས་སུ་མ་སྐྱེས། སྣའི་འདུས་ཏེ་རེག་པའི་དེ་བཞིན་ཉིད་ལས་གཞན་གྱི་རྗེས་སུ་མ་སྐྱེས་སོ། །ལྗེའི་འདུས་ཏེ་རེག་པའི་རྗེས་སུ་མ་སྐྱེས། ལྗེའི་འདུས་ཏེ་རེག་པ་ལས་གཞན་གྱི་རྗེས་སུ་མ་སྐྱེས་སོ། །ལྗེའི་འདུས་ཏེ་རེག་པའི་དེ་བཞིན་ཉིད་ཀྱི་རྗེས་སུ་མ་སྐྱེས། ལྗེའི་འདུས་ཏེ་རེག་པའི་དེ་བཞིན་ཉིད་ལས་གཞན་གྱི་རྗེས་སུ་མ་སྐྱེས་སོ། །ལུས་ཀྱི་འདུས་ཏེ་རེག་པའི་རྗེས་སུ་མ་སྐྱེས། ལུས་ཀྱི་འདུས་ཏེ་རེག་པ་ལས་གཞན་གྱི་རྗེས་སུ་མ་སྐྱེས་སོ། །ལུས་ཀྱི་འདུས་ཏེ་རེག་པའི་དེ་བཞིན་ཉིད་ཀྱི་རྗེས་སུ་མ་སྐྱེས། ལུས་ཀྱི་འདུས་ཏེ་རེག་པའི་དེ་བཞིན་ཉིད་ལས་གཞན་གྱི་རྗེས་སུ་མ་སྐྱེས་སོ། །ཡིད་ཀྱི་འདུས་ཏེ་རེག་པའི་རྗེས་སུ་མ་སྐྱེས། ཡིད་ཀྱི་འདུས་ཏེ་རེག་པ་ལས་གཞན་གྱི་རྗེས་སུ་མ་སྐྱེས་སོ། །ཡིད་ཀྱི་འདུས་ཏེ་རེག་པའི་དེ་བཞིན་ཉིད་ཀྱི་རྗེས་སུ་མ་སྐྱེས། ཡིད་ཀྱི་འདུས་ཏེ་རེག་པའི་དེ་བཞིན་ཉིད་ལས་གཞན་གྱི་རྗེས་སུ་མ་སྐྱེས་སོ། །མིག་གི་འདུས་ཏེ་རེག་པ་ལས་བྱུང་བའི་ཚོར་བའི་རྗེས་སུ་མ་སྐྱེས། མིག་གི་འདུས་ཏེ་རེག་པ་ལས་བྱུང་བའི་ཚོར་བ་ལས་གཞན་གྱི་རྗེས་སུ་མ་སྐྱེས་སོ། །མིག་གི་འདུས་ཏེ་རེག་པ་ལས་བྱུང་བའི་ཚོར་བའི་དེ་བཞིན་ཉིད་ཀྱི་རྗེས་སུ་མ་སྐྱེས། མིག་གི་འདུས་ཏེ་རེག་པ་ལས་བྱུང་བའི་ཚོར་བའི་དེ་བཞིན་ཉིད་ལས་གཞན་གྱི་རྗེས་སུ་མ་སྐྱེས་སོ། །རྣ་བའི་འདུས་ཏེ་རེག་པ་ལས་བྱུང་བའི་ཚོར་བའི་རྗེས་སུ་མ་སྐྱེས། རྣ་བའི་འདུས་ཏེ་རེག་པ་ལས་བྱུང་བའི་ཚོར་བ་[༢]ལས་གཞན་གྱི་རྗེས་སུ་མ་སྐྱེས་སོ་[༣]། །རྣ་བའི་འདུས་ཏེ་རེག་པ་ལས་བྱུང་བའི་ཚོར་བའི་དེ་བཞིན་ཉིད་ཀྱི་རྗེས་སུ་མ་སྐྱེས། རྣ་བའི་འདུས་ཏེ་རེག་པ་ལས་

བྱུང་བའི་ཚོར་བའི་དེ་བཞིན་ཉིད་ལས་གཞན་གྱི་རྗེས་སུ་མ་སྐྱེས་སོ། །སྣའི་འདུས་ཏེ་རེག་པ་ལས་བྱུང་བའི་ཚོར་བའི་རྗེས་སུ་མ་སྐྱེས། སྣའི་འདུས་ཏེ་རེག་པ་ལས་བྱུང་བའི་ཚོར་བ་ལས་གཞན་གྱི་རྗེས་སུ་མ་སྐྱེས་སོ། །སྣའི་འདུས་ཏེ་རེག་པ་ལས་བྱུང་བའི་ཚོར་བའི་དེ་བཞིན་ཉིད་ཀྱི་རྗེས་སུ་མ་སྐྱེས། སྣའི་འདུས་ཏེ་རེག་པ་ལས་བྱུང་བའི་ཚོར་བའི་དེ་བཞིན་ཉིད་ལས་གཞན་གྱི་[1]རྗེས་སུ་མ་སྐྱེས་སོ། །ལྕེའི་འདུས་ཏེ་རེག་པ་ལས་བྱུང་བའི་ཚོར་བའི་རྗེས་སུ་མ་སྐྱེས། ལྕེའི་འདུས་ཏེ་རེག་པ་ལས་བྱུང་བའི་ཚོར་བ་ལས་གཞན་གྱི་རྗེས་སུ་མ་སྐྱེས་སོ། །ལྕེའི་འདུས་ཏེ་རེག་པ་ལས་བྱུང་བའི་ཚོར་བའི་དེ་བཞིན་ཉིད་ཀྱི་རྗེས་སུ་མ་སྐྱེས། ལྕེའི་འདུས་ཏེ་རེག་པ་ལས་བྱུང་བའི་ཚོར་བའི་དེ་བཞིན་ཉིད་ལས་གཞན་གྱི་རྗེས་སུ་མ་སྐྱེས་སོ། །ལུས་ཀྱི་འདུས་ཏེ་རེག་པ་ལས་བྱུང་བའི་ཚོར་བའི་རྗེས་སུ་མ་སྐྱེས། ལུས་ཀྱི་འདུས་ཏེ་རེག་པ་ལས་བྱུང་བའི་ཚོར་བ་ལས་གཞན་གྱི་རྗེས་སུ་མ་སྐྱེས་སོ། །ལུས་ཀྱི་འདུས་ཏེ་རེག་པ་ལས་བྱུང་བའི་ཚོར་བའི་དེ་བཞིན་ཉིད་ཀྱི་རྗེས་སུ་མ་སྐྱེས། ལུས་ཀྱི་འདུས་ཏེ་རེག་པ་ལས་བྱུང་བའི་ཚོར་བའི་དེ་བཞིན་ཉིད་ལས་གཞན་གྱི་རྗེས་སུ་མ་སྐྱེས་སོ། །ཡིད་ཀྱི་འདུས་ཏེ་རེག་པ་ལས་བྱུང་བའི་ཚོར་བའི་རྗེས་སུ་མ་སྐྱེས། ཡིད་ཀྱི་འདུས་ཏེ་རེག་པ་ལས་བྱུང་བའི་ཚོར་བ་ལས་གཞན་གྱི་རྗེས་སུ་མ་སྐྱེས་སོ། །ཡིད་ཀྱི་འདུས་ཏེ་རེག་པ་ལས་བྱུང་བའི་ཚོར་བའི་དེ་བཞིན་ཉིད་ཀྱི་རྗེས་སུ་མ་སྐྱེས། ཡིད་ཀྱི་འདུས་ཏེ་རེག་པ་ལས་བྱུང་བའི་ཚོར་བའི་དེ་བཞིན་ཉིད་ལས་གཞན་གྱི་རྗེས་སུ་མ་སྐྱེས་སོ། །སའི་ཁམས་ཀྱི་རྗེས་སུ་མ་སྐྱེས[1]། སའི་ཁམས་ལས་གཞན་གྱི་རྗེས་སུ་མ་སྐྱེས་སོ། །སའི་ཁམས་ཀྱི་དེ་བཞིན་ཉིད་ཀྱི་རྗེས་སུ་མ་སྐྱེས། སའི་ཁམས་ཀྱི་དེ་བཞིན་ཉིད་ལས་གཞན་གྱི་རྗེས་སུ་མ་སྐྱེས་སོ། །ཆུའི་ཁམས་ཀྱི་རྗེས་སུ་མ་སྐྱེས། ཆུའི་ཁམས་ལས་གཞན་གྱི་རྗེས་སུ་མ་སྐྱེས་སོ། །ཆུའི་ཁམས་ཀྱི་དེ་

བཞིན་ཉིད་ཀྱི་རྗེས་སུ་མ་སྐྱེས། ཆུའི་ཁམས་ཀྱི་དེ་བཞིན་ཉིད་ལས་གཞན་གྱི་རྗེས་སུ་མ་སྐྱེས་སོ། །མེའི་ཁམས་ཀྱི་རྗེས་སུ་མ་སྐྱེས། མེའི་ཁམས་ལས་གཞན་གྱི་རྗེས་སུ་མ་སྐྱེས་སོ། །མེའི་ཁམས་ཀྱི་དེ་བཞིན་ཉིད་ཀྱི་རྗེས་སུ་མ་སྐྱེས། མེའི་ཁམས་ཀྱི་དེ་བཞིན་ཉིད་ལས་གཞན་གྱི་རྗེས་སུ་མ་སྐྱེས་སོ། །རླུང་གི་ཁམས་ཀྱི་རྗེས་སུ་མ་སྐྱེས། རླུང་གི་ཁམས་ལས་གཞན་གྱི་རྗེས་སུ་མ་སྐྱེས་སོ། །རླུང་གི་ཁམས་ཀྱི་དེ་བཞིན་ཉིད་ཀྱི་རྗེས་སུ་མ་སྐྱེས། རླུང་གི་ཁམས་ཀྱི་དེ་བཞིན་ཉིད་ལས་གཞན་གྱི་རྗེས་སུ་མ་སྐྱེས་སོ། །ནམ་མཁའི་ཁམས་ཀྱི་རྗེས་སུ་མ་སྐྱེས། ནམ་མཁའི་ཁམས་ལས་གཞན་གྱི་རྗེས་སུ་མ་སྐྱེས་སོ། །ནམ་མཁའི་ཁམས་ཀྱི་དེ་བཞིན་ཉིད་ཀྱི་རྗེས་སུ་མ་སྐྱེས། ནམ་མཁའི་ཁམས་ཀྱི་དེ་བཞིན་ཉིད་ལས་གཞན་གྱི་རྗེས་སུ་མ་སྐྱེས་སོ། །རྣམ་པར་ཤེས་པའི་ཁམས་ཀྱི་རྗེས་སུ་མ་སྐྱེས། རྣམ་པར་ཤེས་པའི་ཁམས་ལས་གཞན་གྱི་རྗེས་སུ་མ་སྐྱེས་སོ། །རྣམ་པར་ཤེས་པའི་ཁམས་ཀྱི་དེ་བཞིན་ཉིད་ཀྱི་རྗེས་སུ་མ་སྐྱེས། རྣམ་པར་ཤེས་པའི་ཁམས་ཀྱི་དེ་བཞིན་ཉིད་ལས་གཞན་གྱི་རྗེས་སུ་མ་སྐྱེས་སོ། །མ་རིག་པའི་རྗེས་སུ་མ་སྐྱེས། མ་རིག་པ་ལས་གཞན་གྱི་རྗེས་སུ་མ་སྐྱེས་སོ། །མ་རིག་པའི་དེ་བཞིན་ཉིད་ཀྱི་[7] རྗེས་སུ་མ་སྐྱེས། མ་རིག་པའི་དེ་བཞིན་ཉིད་ལས་གཞན་གྱི་རྗེས་སུ་མ་སྐྱེས་སོ། །འདུ་བྱེད་ཀྱི་རྗེས་སུ་མ་སྐྱེས། འདུ་བྱེད་ལས་གཞན་གྱི་རྗེས་སུ་མ་སྐྱེས་སོ། །འདུ་བྱེད་ཀྱི་དེ་བཞིན་ཉིད་ཀྱི་རྗེས་སུ་མ་སྐྱེས། འདུ་བྱེད་ཀྱི་དེ་བཞིན་ཉིད་ལས་གཞན་གྱི་རྗེས་སུ་མ་སྐྱེས་སོ། །རྣམ་པར་ཤེས་པའི་རྗེས་སུ་མ་སྐྱེས། རྣམ་པར་ཤེས་པ་ལས་གཞན་གྱི་རྗེས་སུ་མ་སྐྱེས་སོ། །རྣམ་པར་ཤེས་པའི་དེ་བཞིན་ཉིད་ཀྱི་རྗེས་སུ་མ་སྐྱེས། རྣམ་པར་ཤེས་པའི་དེ་བཞིན་ཉིད་ལས་གཞན་གྱི་རྗེས་སུ་མ་སྐྱེས་སོ། །མིང་དང་གཟུགས་ཀྱི་རྗེས་སུ་མ་སྐྱེས། མིང་དང་གཟུགས་ལས་གཞན་གྱི་རྗེས་སུ་

མ་སྐྱེས་སོ། །མིག་དང་གཟུགས་ཀྱི་དེ་བཞིན་ཉིད་ཀྱི་རྗེས་སུ་མ་སྐྱེས། མིག་དང་གཟུགས་ཀྱི་དེ་བཞིན་ཉིད་ལས་གཞན་གྱི་རྗེས་སུ་མ་སྐྱེས་སོ། །སྐྱེ་མཆེད་དྲུག་གི་རྗེས་སུ་མ་སྐྱེས། སྐྱེ་མཆེད་དྲུག་ལས་གཞན་གྱི་རྗེས་སུ་མ་སྐྱེས་སོ། །སྐྱེ་མཆེད་དྲུག་གི་དེ་བཞིན་ཉིད་ཀྱི་རྗེས་སུ་མ་སྐྱེས། སྐྱེ་མཆེད་དྲུག་གི་དེ་བཞིན་ཉིད་ལས་གཞན་གྱི་རྗེས་སུ་མ་སྐྱེས་སོ། །རེག་པའི་རྗེས་སུ་མ་སྐྱེས། རེག་པ་ལས་གཞན་གྱི་རྗེས་སུ་མ་སྐྱེས་སོ། །རེག་པའི་དེ་བཞིན་ཉིད་ཀྱི་རྗེས་སུ་མ་སྐྱེས། རེག་པའི་དེ་བཞིན་ཉིད་ལས་གཞན་གྱི་རྗེས་སུ་མ་སྐྱེས་སོ། །ཚོར་བའི་རྗེས་སུ་མ་སྐྱེས། ཚོར་བ་ལས་གཞན་གྱི་རྗེས་སུ་མ་སྐྱེས་སོ། །ཚོར་བའི་དེ་བཞིན་ཉིད་ཀྱི་རྗེས་སུ་མ་སྐྱེས། ཚོར་བའི་དེ་བཞིན་ཉིད་ལས་གཞན་གྱི་(༡)རྗེས་སུ་མ་སྐྱེས་སོ། །སྲིད་པའི་རྗེས་སུ་མ་སྐྱེས། སྲིད་པ་ལས་གཞན་གྱི་རྗེས་སུ་མ་སྐྱེས་སོ། །སྲིད་པའི་དེ་བཞིན་ཉིད་ཀྱི་རྗེས་སུ་མ་སྐྱེས། སྲིད་པའི་དེ་བཞིན་ཉིད་ལས་གཞན་གྱི་རྗེས་སུ་མ་སྐྱེས་སོ། །ལེན་པའི་རྗེས་སུ་མ་སྐྱེས། ལེན་པ་ལས་གཞན་གྱི་རྗེས་སུ་མ་སྐྱེས་སོ། །ལེན་པའི་དེ་བཞིན་ཉིད་ཀྱི་རྗེས་སུ་མ་སྐྱེས། ལེན་པའི་དེ་བཞིན་ཉིད་ལས་གཞན་གྱི་རྗེས་སུ་མ་སྐྱེས་སོ། །སྲིད་པའི་རྗེས་སུ་མ་སྐྱེས། སྲིད་པ་ལས་གཞན་གྱི་རྗེས་སུ་མ་སྐྱེས་སོ། །སྲིད་པའི་དེ་བཞིན་ཉིད་ཀྱི་རྗེས་སུ་མ་སྐྱེས། སྲིད་པའི་དེ་བཞིན་ཉིད་ལས་གཞན་གྱི་རྗེས་སུ་མ་སྐྱེས་སོ། །སྐྱེ་བའི་རྗེས་སུ་མ་སྐྱེས། སྐྱེ་བ་ལས་གཞན་གྱི་རྗེས་སུ་མ་སྐྱེས་སོ། །སྐྱེ་བའི་དེ་བཞིན་ཉིད་ཀྱི་རྗེས་སུ་མ་སྐྱེས། སྐྱེ་བའི་དེ་བཞིན་ཉིད་ལས་གཞན་གྱི་རྗེས་སུ་མ་སྐྱེས་སོ། །རྒ་ཤིའི་རྗེས་སུ་མ་སྐྱེས། རྒ་ཤི་ལས་གཞན་གྱི་རྗེས་སུ་མ་སྐྱེས་སོ། །རྒ་ཤིའི་དེ་བཞིན་ཉིད་ཀྱི་རྗེས་སུ་མ་སྐྱེས། རྒ་ཤིའི་དེ་བཞིན་ཉིད་ལས་གཞན་གྱི་རྗེས་སུ་མ་སྐྱེས་སོ།། ||

ཤེས་རབ་ཀྱི་ཕ་རོལ་ཏུ་ཕྱིན་པ་སྟོང་ཕྲག་བརྒྱ་པ། བམ་པོ་བཞི་(༢)པ།

སྦྱིན་པའི་ཕ་རོལ་ཏུ་ཕྱིན་པའི་རྗེས་སུ་མ་སྐྱེས། སྦྱིན་པའི་ཕ་རོལ་ཏུ་ཕྱིན་པ་ལས་གཞན་གྱི་རྗེས་སུ་མ་སྐྱེས་སོ། །སྦྱིན་པའི་ཕ་རོལ་ཏུ་ཕྱིན་པའི་དེ་བཞིན་ཉིད་ཀྱི་རྗེས་སུ་མ་སྐྱེས། སྦྱིན་པའི་ཕ་རོལ་ཏུ་ཕྱིན་པའི་དེ་བཞིན་ཉིད་ལས་གཞན་གྱི་རྗེས་སུ་མ་སྐྱེས་སོ། །ཚུལ་ཁྲིམས་ཀྱི་ཕ་རོལ་ཏུ་ཕྱིན་པའི་རྗེས་སུ་མ་སྐྱེས། ཚུལ་ཁྲིམས་ཀྱི་ཕ་རོལ་ཏུ་ཕྱིན་པ་ལས་གཞན་གྱི་རྗེས་སུ་མ་སྐྱེས་སོ། །ཚུལ་ཁྲིམས་ཀྱི་ཕ་རོལ་ཏུ་ཕྱིན་པའི་དེ་བཞིན་ཉིད་ཀྱི་རྗེས་སུ་མ་སྐྱེས། ཚུལ་ཁྲིམས་ཀྱི་ཕ་རོལ་ཏུ་ཕྱིན་པའི་དེ་བཞིན་ཉིད་ལས་གཞན་གྱི་རྗེས་སུ་མ་སྐྱེས་སོ། །བཟོད་པའི་ཕ་རོལ་ཏུ་ཕྱིན་པའི་རྗེས་སུ་མ་སྐྱེས། བཟོད་པའི་ཕ་རོལ་ཏུ་ཕྱིན་པ་ལས་གཞན་གྱི་[༡]རྗེས་སུ་མ་སྐྱེས་སོ། །བཟོད་པའི་ཕ་རོལ་ཏུ་ཕྱིན་པའི་དེ་བཞིན་ཉིད་ཀྱི་རྗེས་སུ་མ་སྐྱེས། བཟོད་པའི་ཕ་རོལ་ཏུ་ཕྱིན་པའི་དེ་བཞིན་ཉིད་ལས་གཞན་གྱི་རྗེས་སུ་མ་སྐྱེས་སོ། །བརྩོན་འགྲུས་ཀྱི་ཕ་རོལ་ཏུ་ཕྱིན་པའི་རྗེས་སུ་མ་སྐྱེས། བརྩོན་འགྲུས་ཀྱི་ཕ་རོལ་ཏུ་ཕྱིན་པ་ལས་གཞན་གྱི་རྗེས་སུ་མ་སྐྱེས་སོ། །བརྩོན་འགྲུས་ཀྱི་ཕ་རོལ་ཏུ་ཕྱིན་པའི་དེ་བཞིན་ཉིད་ཀྱི་རྗེས་སུ་མ་སྐྱེས། བརྩོན་འགྲུས་ཀྱི་ཕ་རོལ་ཏུ་ཕྱིན་པའི་དེ་བཞིན་ཉིད་ལས་གཞན་གྱི་རྗེས་སུ་མ་སྐྱེས་སོ། །བསམ་གཏན་གྱི་ཕ་རོལ་ཏུ་ཕྱིན་པའི་རྗེས་སུ་མ་སྐྱེས། བསམ་གཏན་གྱི་ཕ་རོལ་ཏུ་ཕྱིན་པ་ལས་གཞན་གྱི་རྗེས་སུ་མ་སྐྱེས་སོ། །བསམ་གཏན་གྱི་ཕ་རོལ་ཏུ་ཕྱིན་པའི་དེ་བཞིན་ཉིད་ཀྱི་རྗེས་སུ་མ་སྐྱེས། བསམ་གཏན་གྱི་ཕ་རོལ་ཏུ་ཕྱིན་པའི་དེ་བཞིན་ཉིད་ལས་གཞན་གྱི་རྗེས་སུ་མ་སྐྱེས་སོ། །ཤེས་རབ་ཀྱི་ཕ་རོལ་ཏུ་ཕྱིན་པའི་རྗེས་སུ་མ་སྐྱེས། ཤེས་རབ་ཀྱི་ཕ་རོལ་ཏུ་ཕྱིན་པ་ལས་གཞན་གྱི་རྗེས་སུ་མ་སྐྱེས་སོ[༢]། །ཤེས་རབ་ཀྱི་ཕ་རོལ་ཏུ་ཕྱིན་པའི་དེ་བཞིན་ཉིད་ཀྱི་རྗེས་སུ་མ་སྐྱེས། ཤེས་རབ་ཀྱི་ཕ་རོལ་ཏུ་ཕྱིན་པའི་དེ་བཞིན་ཉིད་ལས་གཞན་གྱི་རྗེས་སུ་མ་སྐྱེས་སོ། །ནང་སྟོང་པ་ཉིད་ཀྱི་རྗེས་སུ་མ་སྐྱེས། ནང་སྟོང་

པ་ཉིད་ལས་གཞན་གྱི་རྗེས་སུ་མ་སྐྱེས་སོ[1]། །ནང་སྟོང་པ་ཉིད་ཀྱི་དེ་བཞིན་ཉིད་ཀྱི་རྗེས་སུ་མ་སྐྱེས། ནང་སྟོང་པ་ཉིད་ཀྱི་དེ་བཞིན་ཉིད་ལས་གཞན་གྱི་རྗེས་སུ་མ་སྐྱེས་སོ། །ཕྱི་སྟོང་པ་ཉིད་ཀྱི་རྗེས་སུ་མ་སྐྱེས། ཕྱི་སྟོང་པ་ཉིད་ལས་གཞན་གྱི་རྗེས་སུ་མ་སྐྱེས་སོ། །ཕྱི་སྟོང་པ་ཉིད་ཀྱི་དེ་བཞིན་ཉིད་ཀྱི་རྗེས་སུ་མ་སྐྱེས། ཕྱི་སྟོང་པ་ཉིད་ཀྱི་དེ་བཞིན་ཉིད་ལས་གཞན་གྱི་རྗེས་སུ་མ་སྐྱེས་སོ། །ཕྱི་ནང་སྟོང་པ་ཉིད་ཀྱི་རྗེས་སུ་མ་སྐྱེས། ཕྱི་ནང་སྟོང་པ་ཉིད་ལས་གཞན་གྱི་རྗེས་སུ་མ་སྐྱེས་སོ། །ཕྱི་ནང་སྟོང་པ་ཉིད་ཀྱི་དེ་བཞིན་ཉིད་ཀྱི་རྗེས་སུ་མ་སྐྱེས། ཕྱི་ནང་སྟོང་པ་ཉིད་ཀྱི་དེ་བཞིན་ཉིད་ལས་གཞན་གྱི་རྗེས་སུ་མ་སྐྱེས་སོ། །སྟོང་པ་ཉིད་སྟོང་པ་ཉིད་ཀྱི་རྗེས་སུ་མ་སྐྱེས། སྟོང་པ་ཉིད་སྟོང་པ་ཉིད་ལས་གཞན་གྱི་རྗེས་སུ་མ་སྐྱེས་སོ། །སྟོང་པ་ཉིད་སྟོང་པ་ཉིད་ཀྱི་དེ་བཞིན་ཉིད་ཀྱི་རྗེས་སུ་མ་སྐྱེས། སྟོང་པ་ཉིད་སྟོང་པ་ཉིད་ཀྱི་དེ་བཞིན་ཉིད་ལས་གཞན་གྱི་རྗེས་སུ་མ་སྐྱེས་སོ། །ཆེན་པོ་སྟོང་པ་ཉིད་ཀྱི་རྗེས་སུ་མ་སྐྱེས། ཆེན་པོ་སྟོང་པ་ཉིད་ལས་གཞན་གྱི་རྗེས་སུ་མ་སྐྱེས་སོ། །ཆེན་པོ་སྟོང་པ་ཉིད་ཀྱི་དེ་བཞིན་ཉིད་ཀྱི་རྗེས་སུ་མ་སྐྱེས། ཆེན་པོ་སྟོང་པ་ཉིད་ཀྱི་དེ་བཞིན་ཉིད་ལས་གཞན་གྱི་རྗེས་སུ་མ་སྐྱེས་སོ། །དོན་དམ་པ་སྟོང་པ་ཉིད་ཀྱི་རྗེས་སུ་མ་སྐྱེས། དོན་དམ་པ་སྟོང་པ་ཉིད་ལས་གཞན་གྱི་རྗེས་སུ་མ་སྐྱེས་སོ། །དོན་དམ་པ་སྟོང་པ་ཉིད་ཀྱི་དེ་བཞིན་ཉིད་ཀྱི་རྗེས་སུ་མ་སྐྱེས། དོན་དམ་པ་སྟོང་པ་ཉིད་ཀྱི་དེ་བཞིན་ཉིད་ལས་གཞན་གྱི་རྗེས་སུ་མ་སྐྱེས་སོ། །འདུས་བྱས་སྟོང་པ་ཉིད་ཀྱི་རྗེས་སུ་མ་སྐྱེས། འདུས་བྱས་སྟོང་པ་ཉིད་ལས་གཞན་གྱི་རྗེས་སུ་མ་སྐྱེས་སོ། །འདུས་བྱས་སྟོང་པ་ཉིད་ཀྱི་དེ་བཞིན་ཉིད་ཀྱི་རྗེས་སུ་མ་སྐྱེས། འདུས་བྱས་སྟོང་པ་ཉིད་ཀྱི་དེ་བཞིན་ཉིད་ལས་གཞན་གྱི་རྗེས་སུ་མ་སྐྱེས་སོ། །འདུས་མ་བྱས་སྟོང་པ་ཉིད་ཀྱི་རྗེས་སུ་མ་སྐྱེས། འདུས་མ་བྱས་སྟོང་པ་ཉིད་ལས་གཞན་གྱི་རྗེས་སུ་མ་

སྐྱེས་སོ། །འདུས་མ་བྱས་སྟོང་པ་ཉིད་ཀྱི་དེ་བཞིན་ཉིད་ཀྱི་རྗེས་སུ་མ་སྐྱེས། འདུས་མ་བྱས་སྟོང་པ་ཉིད་ཀྱི་དེ་བཞིན་ཉིད་ལས་གཞན་གྱི་རྗེས་སུ་མ་སྐྱེས་སོ། །མཐའ་ལས་འདས་པ་སྟོང་པ་ཉིད་ཀྱི་རྗེས་སུ་མ་སྐྱེས། མཐའ་ལས་འདས་པ་སྟོང་པ་ཉིད་ལས་གཞན་གྱི་རྗེས་སུ་མ་སྐྱེས་སོ། །མཐའ་ལས་འདས་པ་སྟོང་པ་ཉིད་ཀྱི་དེ་བཞིན་ཉིད་ཀྱི་རྗེས་སུ་མ་སྐྱེས། མཐའ་ལས་འདས་པ་སྟོང་པ་ཉིད་ཀྱི་དེ་བཞིན་ཉིད་ལས་གཞན་གྱི་རྗེས་སུ་མ་སྐྱེས་སོ། །ཐོག་མ་དང་ཐ་མ་མེད་པ་སྟོང་པ་ཉིད་ཀྱི་རྗེས་སུ་མ་སྐྱེས། ཐོག་མ་དང་ཐ་མ་མེད་པ་སྟོང་པ་ཉིད་ལས་གཞན་གྱི་རྗེས་སུ་མ་སྐྱེས་སོ། །ཐོག་མ་དང་ཐ་མ་མེད་པ་སྟོང་པ་ཉིད་ཀྱི་དེ་བཞིན་ཉིད་[༡]ཀྱི་རྗེས་སུ་མ་སྐྱེས། ཐོག་མ་དང་ཐ་མ་མེད་པ་སྟོང་པ་ཉིད་ཀྱི་དེ་བཞིན་ཉིད་ལས་གཞན་གྱི་རྗེས་སུ་མ་སྐྱེས་སོ། །དོར་བ་མེད་པ་སྟོང་པ་ཉིད་ཀྱི་རྗེས་སུ་མ་སྐྱེས། དོར་བ་མེད་པ་སྟོང་པ་ཉིད་ལས་གཞན་གྱི་རྗེས་སུ་མ་སྐྱེས་སོ། །དོར་བ་མེད་པ་སྟོང་པ་ཉིད་ཀྱི་དེ་བཞིན་ཉིད་ཀྱི་རྗེས་སུ་མ་སྐྱེས། དོར་བ་མེད་པ་སྟོང་པ་ཉིད་ཀྱི་དེ་བཞིན་ཉིད་[༢]ལས་གཞན་གྱི་རྗེས་སུ་མ་སྐྱེས་སོ། །རང་བཞིན་སྟོང་པ་ཉིད་ཀྱི་རྗེས་སུ་མ་སྐྱེས། རང་བཞིན་སྟོང་པ་ཉིད་ལས་གཞན་གྱི་རྗེས་སུ་མ་སྐྱེས་སོ། །རང་བཞིན་སྟོང་པ་ཉིད་ཀྱི་དེ་བཞིན་ཉིད་ཀྱི་རྗེས་སུ་མ་སྐྱེས[༣]། རང་བཞིན་སྟོང་པ་ཉིད་ཀྱི་དེ་བཞིན་ཉིད་ལས་གཞན་གྱི་རྗེས་སུ་མ་སྐྱེས་སོ། །ཆོས་ཐམས་ཅད་སྟོང་པ་ཉིད་ཀྱི་རྗེས་སུ་མ་སྐྱེས། ཆོས་ཐམས་ཅད་སྟོང་པ་ཉིད་ལས་གཞན་གྱི་རྗེས་སུ་མ་སྐྱེས་སོ། །ཆོས་ཐམས་ཅད་སྟོང་པ་ཉིད་ཀྱི་དེ་བཞིན་ཉིད་ཀྱི་རྗེས་སུ་མ་སྐྱེས། ཆོས་ཐམས་ཅད་སྟོང་པ་ཉིད་ཀྱི་དེ་བཞིན་ཉིད་ལས་གཞན་གྱི་རྗེས་སུ་མ་སྐྱེས་སོ། །རང་གི་མཚན་ཉིད་སྟོང་པ་ཉིད་ཀྱི་རྗེས་སུ་མ་སྐྱེས། རང་གི་མཚན་ཉིད་སྟོང་པ་ཉིད་ལས་གཞན་གྱི་རྗེས་སུ་མ་སྐྱེས་སོ། །རང་གི་མཚན་ཉིད་སྟོང་པ་ཉིད་ཀྱི་དེ་

བཞིན་ཉིད་ཀྱི་རྗེས་སུ་མ་སྐྱེས། རང་གི་མཚན་ཉིད་[1]སྟོང་པ་ཉིད་ཀྱི་དེ་བཞིན་[2]ཉིད་ལས་གཞན་གྱི་རྗེས་སུ་མ་སྐྱེས་སོ། །མི་དམིགས་པ་སྟོང་པ་ཉིད་ཀྱི་རྗེས་སུ་མ་སྐྱེས། མི་དམིགས་པ་སྟོང་པ་ཉིད་ལས་གཞན་གྱི་རྗེས་སུ་མ་སྐྱེས་སོ། །མི་དམིགས་པ་སྟོང་པ་ཉིད་ཀྱི་དེ་བཞིན་ཉིད་ཀྱི་རྗེས་སུ་མ་སྐྱེས། མི་དམིགས་པ་སྟོང་པ་ཉིད་ཀྱི་དེ་བཞིན་ཉིད་ལས་གཞན་གྱི་རྗེས་སུ་མ་སྐྱེས་སོ། །དངོས་པོ་མྱེད་པ་སྟོང་པ་ཉིད་ཀྱི་རྗེས་སུ་མ་སྐྱེས། དངོས་པོ་མྱེད་པ་སྟོང་པ་ཉིད་ལས་གཞན་གྱི་རྗེས་སུ་མ་སྐྱེས་སོ། །དངོས་པོ་མྱེད་པ་སྟོང་པ་ཉིད་ཀྱི་དེ་བཞིན་ཉིད་ཀྱི་རྗེས་སུ་མ་སྐྱེས། དངོས་པོ་མྱེད་པ་སྟོང་པ་ཉིད་ཀྱི་དེ་བཞིན་ཉིད་ལས་གཞན་གྱི་རྗེས་སུ་མ་སྐྱེས་སོ། །ངོ་བོ་ཉིད་སྟོང་པ་ཉིད་ཀྱི་རྗེས་སུ་མ་སྐྱེས། ངོ་བོ་ཉིད་སྟོང་པ་ཉིད་ལས་གཞན་གྱི་རྗེས་སུ་མ་སྐྱེས་སོ། །ངོ་བོ་ཉིད་སྟོང་པ་ཉིད་ཀྱི་དེ་བཞིན་ཉིད་ཀྱི་རྗེས་སུ་མ་སྐྱེས། ངོ་བོ་ཉིད་སྟོང་པ་ཉིད་ཀྱི་དེ་བཞིན་ཉིད་ལས་གཞན་གྱི་རྗེས་སུ་མ་སྐྱེས་སོ། །དངོས་པོ་མེད་པའི་ངོ་བོ་ཉིད་སྟོང་པ་ཉིད་ཀྱི་རྗེས་སུ་མ་སྐྱེས། དངོས་པོ་མེད་པའི་ངོ་བོ་ཉིད་སྟོང་པ་ཉིད་ལས་གཞན་གྱི་རྗེས་སུ་མ་སྐྱེས་སོ། །དངོས་པོ་མྱེད་པའི་ངོ་བོ་ཉིད་སྟོང་པ་ཉིད་ཀྱི་དེ་བཞིན་ཉིད་ཀྱི་རྗེས་སུ་མ་སྐྱེས། དངོས་པོ་མྱེད་པའི་ངོ་བོ་ཉིད་སྟོང་པ་ཉིད་ཀྱི་དེ་བཞིན་ཉིད་ལས་གཞན་གྱི་རྗེས་སུ་མ་སྐྱེས་སོ། །དྲན་པ་ཉེ་བར་གཞག་པ་རྣམས་ཀྱི་[3]རྗེས་སུ་མ་སྐྱེས། དྲན་པ་ཉེ་བར་གཞག་པ་རྣམས་ལས་གཞན་གྱི་རྗེས་སུ་མ་སྐྱེས་སོ། །དྲན་པ་ཉེ་བར་གཞག་པའི་དེ་བཞིན་ཉིད་ཀྱི་རྗེས་སུ་མ་སྐྱེས། དྲན་པ་ཉེ་བར་གཞག་པའི་དེ་བཞིན་ཉིད་ལས་གཞན་གྱི་རྗེས་སུ་མ་སྐྱེས་སོ། །ཡང་དག་པར་སྤོང་བ་རྣམས་ཀྱི་རྗེས་སུ་མ་སྐྱེས། ཡང་དག་པར་སྤོང་བ་རྣམས་ལས་གཞན་གྱི་རྗེས་སུ་མ་སྐྱེས་སོ། །ཡང་དག་པར་སྤོང་བའི་དེ་བཞིན་ཉིད་ཀྱི་རྗེས་སུ་མ་སྐྱེས། ཡང་དག་པར་སྤོང་

བའི་དེ་བཞིན་ཉིད་ལས་གཞན་གྱི་རྗེས་སུ་མ་སྐྱེས་སོ། །རྫུ་འཕྲུལ་གྱི་རྐང་པ་རྣམས་ཀྱི་རྗེས་སུ་མ་སྐྱེས། རྫུ་འཕྲུལ་གྱི་རྐང་པ་རྣམས་ལས་གཞན་གྱི་རྗེས་སུ་མ་སྐྱེས་སོ། །རྫུ་འཕྲུལ་གྱི་རྐང་པའི་དེ་བཞིན་ཉིད་ཀྱི་རྗེས་སུ་མ་སྐྱེས། རྫུ་འཕྲུལ་གྱི་རྐང་པའི་དེ་བཞིན་ཉིད་ལས་གཞན་གྱི་རྗེས་སུ་མ་སྐྱེས་སོ། །དབང་པོ་རྣམས་ཀྱི་རྗེས་སུ་མ་སྐྱེས[༡]། དབང་པོ་རྣམས་ལས་གཞན་གྱི་རྗེས་སུ་མ་སྐྱེས་སོ། །དབང་པོའི་དེ་བཞིན་ཉིད་ཀྱི་རྗེས་སུ་མ་སྐྱེས། དབང་པོའི་དེ་བཞིན་ཉིད་ལས་གཞན་གྱི་རྗེས་སུ་མ་སྐྱེས་སོ། །སྟོབས་རྣམས་ཀྱི་རྗེས་སུ་མ་སྐྱེས། སྟོབས་རྣམས་ལས་གཞན་གྱི་རྗེས་སུ་མ་སྐྱེས་སོ། །སྟོབས་ཀྱི་དེ་བཞིན་ཉིད་ཀྱི་རྗེས་སུ་མ་སྐྱེས། སྟོབས་ཀྱི་དེ་བཞིན་ཉིད་ལས་གཞན་[༢]གྱི་རྗེས་སུ་མ་སྐྱེས་སོ། །བྱང་ཆུབ་ཀྱི་ཡན་ལག་རྣམས་ཀྱི་རྗེས་སུ་མ་སྐྱེས། བྱང་ཆུབ་ཀྱི་ཡན་ལག་[༣]རྣམས་ལས་གཞན་གྱི་རྗེས་སུ་མ་སྐྱེས་སོ། །བྱང་ཆུབ་ཀྱི་ཡན་ལག་གི་དེ་བཞིན་ཉིད་ཀྱི་རྗེས་སུ་མ་སྐྱེས། བྱང་ཆུབ་ཀྱི་ཡན་ལག་གི་དེ་བཞིན་ཉིད་ལས་གཞན་གྱི་རྗེས་སུ་མ་སྐྱེས་སོ། །འཕགས་པའི་ལམ་ཡན་ལག་བརྒྱད་པའི་རྗེས་སུ་མ་སྐྱེས། འཕགས་པའི་ལམ་ཡན་ལག་བརྒྱད་པ་ལས་གཞན་གྱི་རྗེས་སུ་མ་སྐྱེས་སོ། །འཕགས་པའི་ལམ་ཡན་ལག་བརྒྱད་པའི་དེ་བཞིན་ཉིད་ཀྱི་རྗེས་སུ་མ་སྐྱེས། འཕགས་པའི་ལམ་ཡན་ལག་བརྒྱད་པའི་དེ་བཞིན་ཉིད་ལས་གཞན་གྱི་རྗེས་སུ་མ་སྐྱེས་སོ། །འཕགས་པའི་བདེན་པ་རྣམས་ཀྱི་རྗེས་སུ་མ་སྐྱེས། འཕགས་པའི་བདེན་པ་རྣམས་ལས་གཞན་གྱི་རྗེས་སུ་མ་སྐྱེས་སོ། །འཕགས་པའི་བདེན་པའི་དེ་བཞིན་ཉིད་ཀྱི་རྗེས་སུ་མ་སྐྱེས། འཕགས་པའི་བདེན་པའི་དེ་བཞིན་ཉིད་ལས་གཞན་གྱི་རྗེས་སུ་མ་སྐྱེས་སོ། །བསམ་གཏན་རྣམས་ཀྱི་རྗེས་སུ་མ་སྐྱེས། བསམ་གཏན་རྣམས་ལས་གཞན་གྱི་རྗེས་སུ་མ་སྐྱེས་སོ། །བསམ་གཏན་གྱི་དེ་བཞིན་ཉིད་ཀྱི་རྗེས་སུ་མ་སྐྱེས། བསམ་

གཏན་གྱི་དེ་བཞིན་ཉིད་ལས་གཞན་གྱི་རྗེས་སུ་མ་སྐྱེས་སོ། །ཚད་མྱེད་པ་རྣམས་ཀྱི་རྗེས་སུ་མ་སྐྱེས། ཚད་མྱེད་པ་རྣམས་ལས་གཞན་གྱི་རྗེས་སུ་མ་སྐྱེས་སོ། །ཚད་མྱེད་པའི་དེ་བཞིན་ཉིད་ཀྱི་རྗེས་སུ་མ་སྐྱེས། ཚད་མྱེད་པའི་དེ་བཞིན་ཉིད་ལས་གཞན་གྱི་རྗེས་སུ་མ་སྐྱེས་སོ། །གཟུགས་མྱེད་པའི་སྙོམས་པར་འཇུག་པ་རྣམས་ཀྱི་རྗེས་སུ་མ་སྐྱེས། གཟུགས་མྱེད་པའི་སྙོམས་པར་འཇུག་པ་རྣམས་ལས་གཞན་གྱི་རྗེས་སུ་མ་སྐྱེས་སོ། །གཟུགས་མྱེད་པའི་སྙོམས་པར་འཇུག་པའི་དེ་བཞིན་ཉིད་ཀྱི་རྗེས་སུ་མ་སྐྱེས། གཟུགས་མྱེད་པའི་སྙོམས་པར་འཇུག་པའི་དེ་བཞིན་ཉིད་ལས་གཞན་གྱི་རྗེས་སུ་མ་སྐྱེས་སོ། །རྣམ་པར་ཐར་པ་རྣམས་ཀྱི་རྗེས་སུ་མ་སྐྱེས། རྣམ་པར་ཐར་པ་རྣམས་ལས་གཞན་གྱི་རྗེས་སུ་མ་སྐྱེས་སོ། །རྣམ་པར་ཐར་པའི་དེ་བཞིན་ཉིད་ཀྱི་རྗེས་སུ་མ་སྐྱེས། རྣམ་པར་ཐར་པའི་དེ་བཞིན་ཉིད་ལས་གཞན་གྱི་རྗེས་སུ་མ་སྐྱེས་སོ། །མཐར་གྱིས་གནས་པའི་སྙོམས་པར་འཇུག་པ་རྣམས་ཀྱི་རྗེས་སུ་མ་སྐྱེས། མཐར་གྱིས་གནས་པའི་སྙོམས་པར་འཇུག་པ་རྣམས་ལས་གཞན་གྱི་རྗེས་སུ་མ་སྐྱེས་སོ། །མཐར་གྱིས་གནས་པའི་སྙོམས་པར་འཇུག་པའི་དེ་བཞིན་ཉིད་ཀྱི་རྗེས་སུ་མ་སྐྱེས། མཐར་གྱིས་གནས་པའི་སྙོམས་པར་འཇུག་པའི་དེ་བཞིན་ཉིད་ལས། གཞན་གྱི་རྗེས་སུ་མ་སྐྱེས་སོ། །རྣམ་པར་ཐར་པའི་སྒོ་སྟོང་པ་ཉིད་དང་། མཚན་མ་མྱེད་པ་དང་། སྨོན་པ་མྱེད་པའི་[༡] རྗེས་སུ་མ་སྐྱེས། རྣམ་པར་ཐར་པའི་སྒོ་སྟོང་པ་ཉིད་དང་། མཚན་མ་མྱེད་པ་དང་། སྨོན་པ་མེད་པ་ལས་གཞན་གྱི་རྗེས་སུ་མ་སྐྱེས་སོ། །རྣམ་པར་ཐར་པའི་སྒོ་སྟོང་པ་ཉིད་དང་། མཚན་མ་མྱེད་པ་དང་། སྨོན་པ་མྱེད་པའི་དེ་བཞིན་ཉིད་ཀྱི་རྗེས་སུ་མ་སྐྱེས། རྣམ་པར་ཐར་པའི་སྒོ་སྟོང་པ་ཉིད་དང་། མཚན་མ་མྱེད་པ་དང་། སྨོན་པ་མྱེད་པའི་དེ་བཞིན་ཉིད་ལས་གཞན་གྱི་རྗེས་སུ་

མ་སྐྱེས་སོ། །མངོན་པར་ཤེས་པ་རྣམས་ཀྱི་རྗེས་སུ་མ་སྐྱེས། མངོན་པར་ཤེས་པ་རྣམས་ལས་གཞན་གྱི་རྗེས་སུ་མ་སྐྱེས་སོ། །མངོན་པར་ཤེས་པའི་དེ་བཞིན་ཉིད་ཀྱི་རྗེས་སུ་མ་སྐྱེས། མངོན་པར་ཤེས་པའི་དེ་བཞིན་ཉིད་ལས་གཞན་གྱི་རྗེས་སུ་མ་སྐྱེས་སོ། །ཏིང་ངེ་འཛིན་རྣམས་ཀྱི་རྗེས་སུ་མ་སྐྱེས། ཏིང་ངེ་འཛིན་རྣམས་ལས་གཞན་གྱི་རྗེས་སུ་མ་སྐྱེས་སོ། །ཏིང་ངེ་འཛིན་གྱི་དེ་བཞིན་ཉིད་ཀྱི་རྗེས་སུ་མ་སྐྱེས། ཏིང་ངེ་འཛིན་གྱི་དེ་བཞིན་ཉིད་ལས་གཞན་གྱི་རྗེས་སུ་མ་སྐྱེས་སོ། །གཟུངས་ཀྱི་སྒོ་རྣམས་ཀྱི་རྗེས་སུ་མ་སྐྱེས། གཟུངས་ཀྱི་སྒོ་རྣམས་ལས་གཞན་གྱི་རྗེས་སུ་མ་སྐྱེས་སོ༔ །གཟུངས་ཀྱི་སྒོའི་དེ་བཞིན་ཉིད་ཀྱི་རྗེས་སུ་མ་སྐྱེས། གཟུངས་ཀྱི་སྒོའི་དེ་བཞིན་ཉིད་ལས་གཞན་གྱི་རྗེས་སུ་མ་སྐྱེས་སོ། །དེ་བཞིན་གཤེགས་པའི་སྟོབས་རྣམས་ཀྱི་རྗེས་སུ་མ་སྐྱེས། དེ་བཞིན་གཤེགས་པའི་སྟོབས་རྣམས་ལས་གཞན་གྱི་རྗེས་སུ་མ་སྐྱེས་སོ། །དེ་བཞིན་གཤེགས་པའི་སྟོབས་ཀྱི་དེ་བཞིན་ཉིད་ཀྱི་རྗེས་སུ་མ་སྐྱེས། དེ་བཞིན་གཤེགས་པའི་སྟོབས་ཀྱི་དེ་བཞིན་ཉིད་ལས་གཞན་གྱི་རྗེས་སུ་མ་སྐྱེས་སོ། །མི་འཇིགས་པ་རྣམས་ཀྱི་རྗེས་སུ་མ་སྐྱེས། མི་འཇིགས་པ་རྣམས་ལས་གཞན་གྱི་རྗེས་སུ་མ་སྐྱེས་སོ། །མི་འཇིགས་པའི་དེ་བཞིན་ཉིད་ཀྱི་རྗེས་སུ་མ་སྐྱེས། མི་འཇིགས་པའི་དེ་བཞིན་ཉིད་ལས་གཞན་གྱི་རྗེས་སུ་མ་སྐྱེས་སོ། །སོ་སོ་ཡང་དག་པར་རིག་པ་རྣམས་ཀྱི་རྗེས་སུ་མ་སྐྱེས། སོ་སོ་ཡང་དག་པར་རིག་པ་རྣམས་ལས་གཞན་གྱི་རྗེས་སུ་མ་སྐྱེས་སོ། །སོ་སོ་ཡང་དག་པར་རིག་པའི་དེ་བཞིན་ཉིད་ཀྱི་རྗེས་སུ་མ་སྐྱེས། སོ་སོ་ཡང་དག་པར་རིག་པའི་དེ་བཞིན་ཉིད་ལས་གཞན་གྱི་རྗེས་སུ་མ་སྐྱེས་སོ། །བྱམས་པ་ཆེན་པོའི་རྗེས་སུ་མ་སྐྱེས། བྱམས་པ་ཆེན་པོ་ལས་གཞན་གྱི་རྗེས་སུ་མ་སྐྱེས་སོ། །བྱམས་པ་ཆེན་པོའི་དེ་བཞིན་ཉིད་ཀྱི་རྗེས་སུ་མ་སྐྱེས། བྱམས་པ་ཆེན་པོའི་དེ་བཞིན་ཉིད་ལས་གཞན་གྱི་རྗེས་སུ་

མ་སྐྱེས་སོ། །སྙིང་རྗེ་ཆེན་པོའི་རྗེས་སུ་མ་སྐྱེས། སྙིང་རྗེ་ཆེན་པོ་ལས་གཞན་གྱི་རྗེས་སུ་མ་སྐྱེས་སོ། །སྙིང་རྗེ་ཆེན་པོའི་དེ་བཞིན་ཉིད་ཀྱི་རྗེས་སུ་མ་སྐྱེས། སྙིང་རྗེ་ཆེན་པོའི་དེ་བཞིན་ཉིད་ལས་གཞན་གྱི་རྗེས་སུ་མ་སྐྱེས་སོ། །སངས་རྒྱས་ཀྱི་ཆོས་མ་འདྲེས་པ་རྣམས་ཀྱི་རྗེས་སུ་མ་སྐྱེས། སངས་རྒྱས་ཀྱི་ཆོས་མ་འདྲེས་པ་རྣམས་ལས་གཞན་གྱི་རྗེས་སུ་མ་སྐྱེས་སོ། །སངས་རྒྱས་ཀྱི་ཆོས་མ་འདྲེས་པའི་དེ་བཞིན་ཉིད་ཀྱི་རྗེས་སུ་མ་སྐྱེས། སངས་རྒྱས་ཀྱི་ཆོས་མ་འདྲེས་པའི་དེ་བཞིན་ཉིད་ལས་གཞན་གྱི་རྗེས་སུ་མ་སྐྱེས་སོ། །རྒྱུན་དུ་ཞུགས་པའི་འབྲས་བུའི་རྗེས་སུ་མ་སྐྱེས། རྒྱུན་དུ་ཞུགས་པའི་འབྲས་བུ་ལས་གཞན་གྱི་རྗེས་སུ་མ་སྐྱེས་སོ། །རྒྱུན་དུ་ཞུགས་པའི་འབྲས་བུའི་དེ་བཞིན་ཉིད་ཀྱི་རྗེས་སུ་མ་སྐྱེས། རྒྱུན་དུ་ཞུགས་པའི་འབྲས་བུའི་དེ་བཞིན་ཉིད་ལས་གཞན་གྱི་རྗེས་སུ་མ་སྐྱེས་སོ། །ལན་ཅིག་ཕྱིར་འོང་བའི་འབྲས་བུའི་རྗེས་སུ་མ་སྐྱེས། ལན་ཅིག་ཕྱིར་འོང་བའི་འབྲས་བུ་ལས་གཞན་གྱི་རྗེས་སུ་མ་སྐྱེས་སོ། །ལན་ཅིག་ཕྱིར་འོང་བའི་འབྲས་བུའི་དེ་བཞིན་ཉིད་ཀྱི་རྗེས་སུ་མ་སྐྱེས། ལན་ཅིག་ཕྱིར་འོང་བའི་འབྲས་བུའི་དེ་བཞིན་ཉིད་ལས་གཞན་གྱི་རྗེས་སུ་མ་སྐྱེས་སོ། །ཕྱིར་མི་འོང་བའི་འབྲས་བུའི་རྗེས་སུ་མ་སྐྱེས། ཕྱིར་མི་འོང་བའི་འབྲས་བུ་ལས་གཞན་གྱི་རྗེས་སུ་མ་སྐྱེས་སོ། །ཕྱིར་མི་འོང་བའི་འབྲས་བུའི་དེ་བཞིན་ཉིད་ཀྱི་རྗེས་སུ་མ་སྐྱེས། ཕྱིར་མི་འོང་བའི་འབྲས་བུའི་དེ་བཞིན་ཉིད་ལས་གཞན་གྱི་རྗེས་སུ་མ་སྐྱེས་སོ། །དགྲ་བཅོམ་པ་ཉིད་ཀྱི་རྗེས་སུ་མ་སྐྱེས། དགྲ་བཅོམ་པ་ཉིད་ལས་གཞན་གྱི་རྗེས་སུ་མ་སྐྱེས་སོ། །དགྲ་བཅོམ་པ་ཉིད་ཀྱི་དེ་བཞིན་ཉིད་ཀྱི་རྗེས་སུ་མ་སྐྱེས། དགྲ་བཅོམ་པ་ཉིད་ཀྱི་དེ་བཞིན་ཉིད་ལས་གཞན་གྱི་རྗེས་སུ་མ་སྐྱེས་སོ། །རང་བྱང་ཆུབ་ཀྱི་རྗེས་སུ་མ་སྐྱེས། རང་བྱང་ཆུབ་ལས་གཞན་གྱི་རྗེས་སུ་མ་སྐྱེས་སོ། །རང་བྱང་ཆུབ་ཀྱི་དེ་བཞིན་ཉིད་ཀྱི་རྗེས་སུ་མ་སྐྱེས།

རང་བྱུང་ཆུབ་ཀྱི་དེ་བཞིན་ཉིད་ལས་གཞན་གྱི་རྗེས་སུ་མ་སྐྱེས་སོ། །ལམ་གྱི་རྣམ་པ་ཤེས་པ་ཉིད་ཀྱི་རྗེས་སུ་མ་སྐྱེས། ལམ་གྱི་རྣམ་པ་ཤེས་པ་[1]ཉིད་ལས་གཞན་གྱི་རྗེས་སུ་མ་སྐྱེས་སོ། །ལམ་གྱི་རྣམ་པ་ཤེས་པ་ཉིད་ཀྱི་དེ་བཞིན་ཉིད་ཀྱི་རྗེས་སུ་མ་སྐྱེས། ལམ་གྱི་རྣམ་པ་ཤེས་པཿཉིད་ཀྱི་དེ་བཞིན་[2]ཉིད་ལས་གཞན་གྱི་རྗེས་སུ་མ་སྐྱེས་སོ། །རྣམ་པ་ཐམས་ཅད་མཁྱེན་པ་ཉིད་ཀྱི་རྗེས་སུ་མ་སྐྱེས། རྣམ་པ་ཐམས་ཅད་མཁྱེན་པ་ཉིད་ལས་གཞན་གྱི་རྗེས་སུ་མ་སྐྱེས་སོ། །རྣམ་པ་ཐམས་ཅད་མཁྱེན་པ་ཉིད་ཀྱི་དེ་བཞིན་ཉིད་ཀྱི་རྗེས་སུ་མ་སྐྱེས། རྣམ་པ་ཐམས་ཅད་མཁྱེན་པ་ཉིད་ཀྱི་དེ་བཞིན་ཉིད་ལས་གཞན་གྱི་རྗེས་སུ་མ་སྐྱེས་སོ། །འདུས་བྱས་ཀྱི་རྗེས་སུ་མ་སྐྱེས། འདུས་བྱས་ལས་གཞན་གྱི་རྗེས་སུ་མ་སྐྱེས་སོ། །འདུས་བྱས་ཀྱི་དེ་བཞིན་ཉིད་ཀྱི་རྗེས་སུ་མ་སྐྱེས། འདུས་བྱས་ཀྱི་དེ་བཞིན་ཉིད་ལས་གཞན་གྱི་རྗེས་སུ་མ་སྐྱེས་སོ། །འདུས་མ་བྱས་ཀྱི་རྗེས་སུ་མ་སྐྱེས། འདུས་མ་བྱས་ལས་གཞན་གྱི་རྗེས་སུ་མ་སྐྱེས་སོ། །འདུས་མ་བྱས་ཀྱི་དེ་བཞིན་ཉིད་ཀྱི་རྗེས་སུ་མ་སྐྱེས། འདུས་མ་བྱས་ཀྱི་དེ་བཞིན་ཉིད་ལས་གཞན་གྱི་རྗེས་སུ་མ་སྐྱེས་སོ། །དེ་ཅིའི་ཕྱིར་ཞེ་ན། དེ་ནི་འདི་ལྟར་གང་རྗེས་སུ་སྐྱེས་པ་དང་། གང་གིས་[3]རྗེས་སུ་སྐྱེས་[4]པ་དང་། གང་རྗེས་སུ་བསྐྱེད་པ་དང་། གང་གིས་[5]རྗེས་སུ་བསྐྱེད་པ་དང་། གང་རྗེས་སུ་སྐྱེ་བར་འགྱུར་བའམ། གང་གིས་[6]རྗེས་སུ་སྐྱེ་བར་འགྱུར་བའི་ཆོས་དེ་དག་[7]ཐམས་ཅད་མྱེད་ཅིང་མྱི་དམྱིགས་སོ། །དེ་ནས་ཚེ་དང་ལྡན་པ་ཤཱ་[8]ར་དྭ་ཏིའི་བུས། བཅོམ་ལྡན་འདས་ལ་འདི་སྐད་ཅེས་གསོལ་ཏོ། །བཅོམ་ལྡན་འདས་དེ་བཞིན་ཉིད་དང་། མ་ནོར་བ་དེ་བཞིན་ཉིད་དང་། གཞན་མ་ཡིན་པ་དེ་བཞིན་ཉིད་དང་[9]། ཆོས་ཉིད་དང་། ཆོས་ཀྱི་དབྱིངས་དང་། ཆོས་ཀྱི་གནས་ཉིད་དང་། ཆོས་སྐྱོན་མྱེད་པ་ཉིད་[10]དང་། ཡང་དག་པའི་མཐའ་ནི……

ཟབ་པ་སྟེ། དེ་ལ་གཟུགས་མི་དམིགས། གཟུགས་ཀྱི་དེ་བཞིན་ཉིད་མི་དམིགས་ཏེ། གཟུགས་ཉིད་ཀྱང་མི་དམིགས་ན། གཟུགས་ཀྱི་དེ་བཞིན་ཉིད་ལྟ་དམིགས་པར་ག་ལ་འགྱུར། དེ་ལ་ཚོར་བ་མི་དམིགས། ཚོར་བའི་དེ་བཞིན····ཉིད་མི་དམིགས་ཏེ། ཚོར་བ་ཉིད་ཀྱང་མི་དམིགས་ན། ཚོར་བའི་དེ་བཞིན····ཉིད་ལྟ་དམིགས་པར་ག་ལ་འགྱུར། དེ་ལ་འདུ་ཤེས་མི་དམིགས། འདུ་ཤེས་ཀྱི་དེ་བཞིན་ཉིད་མི་དམིགས་ཏེ། འདུ་ཤེས་ཉིད་ཀྱང་མི་དམིགས་ན། འདུ····ཤེས་ཀྱི་དེ་བཞིན་ཉིད་ལྟ་དམིགས་པར་ག་ལ་འགྱུར། དེ་ལ་འདུ་བྱེད་མི་དམིགས། འདུ་བྱེད་ཀྱི་དེ་བཞིན་ཉིད་མི་དམིགས་ཏེ། འདུ་བྱེད་ཉིད་ཀྱང་མི་དམིགས་ན། འདུ་བྱེད་ཀྱི་དེ་བཞིན་ཉིད་ལྟ་དམིགས་པར་ག་ལ་འགྱུར། དེ་ལ་རྣམ་པར་ཤེས་པ་མི་དམིགས། རྣམ་པར་ཤེས་པའི་དེ་བཞིན་ཉིད་མི་དམིགས་ཏེ། རྣམ་པར་ཤེས་པ་ཉིད་ཀྱང་མི་དམིགས་ན། རྣམ་པར་ཤེས་པའི་དེ་བཞིན་ཉིད་ལྟ་དམིགས་པར་ག་ལ་འགྱུར། དེ་ལ་མིག་མི་དམིགས། མིག་གི་དེ་བཞིན་ཉིད་མི་དམིགས་ཏེ༑ མིག་ཉིད་ཀྱང་མི་དམིགས་ན། མིག་གི་དེ་བཞིན་ཉིད་ལྟ་དམིགས་པར་(༡)ག་ལ་འགྱུར། དེ་ལ་རྣ་བ་མི་དམིགས་རྣ་བའི་དེ་བཞིན་ཉིད་མི་དམིགས་ཏེ། རྣ་བ་ཉིད་ཀྱང་མི་དམིགས་ན། རྣ་བའི་དེ་བཞིན་ཉིད་ལྟ་དམིགས་པར་ག་ལ་འགྱུར༑ དེ་ལ་སྣ་མི་དམིགས། སྣའི་དེ་བཞིན་ཉིད་མི་དམིགས་ཏེ། སྣ་(༢)ཉིད་ཀྱང་མི་དམིགས་ན། སྣའི་དེ་བཞིན་ཉིད་(༣)ལྟ་དམིགས་པར་ག་ལ་འགྱུར། དེ་ལ་ལྕེ་མི་དམིགས། ལྕེའི་དེ་བཞིན་ཉིད་མི་དམིགས་ཏེ། ལྕེ་ཉིད་ཀྱང་མི་དམིགས་ན། ལྕེའི་དེ་བཞིན་ཉིད་ལྟ་དམིགས་པར་ག་ལ་འགྱུར། དེ་ལ་ལུས་མི་དམིགས༑ ལུས་ཀྱི་དེ་བཞིན་ཉིད་མི་དམིགས་ཏེ། ལུས་ཉིད་(༤)ཀྱང་མི་དམིགས་ན། ལུས་ཀྱི་དེ་བཞིན་ཉིད་ལྟ་དམིགས་པར་ག་ལ་འགྱུར། དེ་ལ་ཡིད་

མི་དམིགས། ཡིད་ཀྱི་དེ་བཞིན་ཉིད་མི་དམིགས་ཏེ། ཡིད་ཉིད་ཀྱང་མི་དམིགས་ན། ཡིད་ཀྱི་དེ་བཞིན་ཉིད་ལྟ་དམིགས་པར་ག་ལ་འགྱུར། དེ་ལ་གཟུགས་མི་དམིགས། གཟུགས་ཀྱི་དེ་བཞིན་ཉིད་མི་དམིགས་ཏེ། གཟུགས་ཉིད་ཀྱང་①མི་དམིགས་ན། གཟུགས་ཀྱི་དེ་བཞིན་ཉིད་ལྟ་དམིགས་པར་ག་ལ་འགྱུར༑ དེ་ལ་སྒྲ་མི་དམིགས། སྒྲའི་དེ་བཞིན་ཉིད་མི་དམིགས་ཏེ། སྒྲ་ཉིད་ཀྱང་མི་དམིགས་ན། སྒྲའི་དེ་བཞིན་ཉིད་ལྟ་དམིགས་པར་ག་ལ་འགྱུར། དེ་ལ་དྲི་མི་དམིགས། དྲིའི་དེ་བཞིན་ཉིད་མི་དམིགས་ཏེ། དྲི་ཉིད་ཀྱང་མི་དམིགས་ན༑ དྲིའི་དེ་བཞིན་ཉིད་ལྟ་དམིགས་པར་ག་ལ་འགྱུར། དེ་ལ་རོ་མི་དམིགས། རོའི་དེ་བཞིན་ཉིད་མི་དམིགས་ཏེ། རོ་ཉིད་ཀྱང་མི་དམིགས་ན། རོའི་དེ་བཞིན་ཉིད་ལྟ་དམིགས་པར་ག་ལ་འགྱུར། དེ་ལ་རེག་མི་དམིགས། རེག་གི་དེ་བཞིན་ཉིད་མི་དམིགས་ཏེ། རེག་ཉིད་ཀྱང་མི་དམིགས་ན། རེག་གི་དེ་བཞིན་ཉིད་ལྟ་དམིགས་པར་ག་ལ་འགྱུར། དེ་ལ་ཆོས་མི་དམིགས། ཆོས་ཀྱི་དེ་བཞིན་ཉིད་མི་དམིགས་ཏེ། ཆོས་ཉིད་ཀྱང་མི་དམིགས་ན། ཆོས་ཀྱི་དེ་བཞིན་ཉིད་ལྟ་དམིགས་པར་ག་ལ་འགྱུར། དེ་ལ་མིག་གི་རྣམ་པར་ཤེས་པ་མི་དམིགས། མིག་གི་རྣམ་པར་ཤེས་པའི་དེ་བཞིན་ཉིད་མི་དམིགས་ཏེ། མིག་གི་རྣམ་པར་ཤེས་པ་ཉིད་ཀྱང་མི་དམིགས་ན། མིག་གི་རྣམ་པར་ཤེས་པའི་དེ་བཞིན་ཉིད་ལྟ་དམིགས་པར་ག་ལ་འགྱུར། དེ་ལ་རྣ་བའི་རྣམ་པར་ཤེས་པ་མི་དམིགས། རྣ་བའི་རྣམ་པར་ཤེས་པའི་དེ་བཞིན་ཉིད་མི་དམིགས་ཏེ། རྣ་བའི་རྣམ་པར་ཤེས་པ་ཉིད་ཀྱང་མི་དམིགས་ན། རྣ་བའི་རྣམ་པར་ཤེས་པའི་དེ་བཞིན་ཉིད་ལྟ་དམིགས་པར་ག་ལ་འགྱུར༑ དེ་ལ་སྣའི་རྣམ་པར་ཤེས་པ་མི་དམིགས། སྣའི་རྣམ་པར་ཤེས་པའི་དེ་བཞིན་ཉིད་མི་དམིགས་ཏེ། སྣའི་རྣམ་པར་ཤེས་པ་ཉིད་ཀྱང་མི་དམིགས་ན།

སྣའི་རྣམ་པར་ཤེས་པའི་དེ་བཞིན་ཉིད་ལྷ་དམིགས་པར་ག་ལ་འགྱུར། དེ་ལ་ལྕེའི་རྣམ་པར་ཤེས་པ་མི་དམིགས། ལྕེའི་རྣམ་པར་ཤེས་པའི་དེ་བཞིན་ཉིད་མི་དམིགས་ཏེ། ལྕེའི་རྣམ་པར་ཤེས་པ་ཉིད་ཀྱང་མི་དམིགས་ན། ལྕེའི་རྣམ་པར་ཤེས་པའི་དེ་བཞིན་ཉིད་ལྷ་དམིགས་པར་ག་ལ་འགྱུར། དེ་ལ་ལུས་ཀྱི་རྣམ་པར་ཤེས་པ་མི་དམིགས། ལུས་ཀྱི་རྣམ་པར་ཤེས་པའི་དེ་བཞིན་ཉིད་མི་དམིགས་ཏེ། ལུས་ཀྱི་རྣམ་པར་ཤེས་པ་ཉིད་ཀྱང་མི་[༧]དམིགས་ན། ལུས་ཀྱི་རྣམ་པར་ཤེས་པའི་དེ་བཞིན་ཉིད་ལྷ་དམིགས་པར་ག་ལ་འགྱུར། དེ་ལ་ཡིད་ཀྱི་རྣམ་པར་ཤེས་པ་མི་དམིགས། ཡིད་ཀྱི་རྣམ་པར་ཤེས་པའི་དེ་བཞིན་ཉིད་མི་དམིགས་ཏེ། ཡིད་ཀྱི་རྣམ་པར་ཤེས་པ་[༨]ཉིད་ཀྱང་མི་དམིགས་ན། ཡིད་ཀྱི་རྣམ་པར་ཤེས་པའི་དེ་བཞིན་ཉིད་ལྷ་དམིགས་པར་ག་ལ་འགྱུར། དེ་ལ་མིག་གི་འདུས་ཏེ་རེག་པ་མི་དམིགས། མིག་གི་འདུས་ཏེ་རེག་པའི་དེ་བཞིན་ཉིད་མི་དམིགས་ཏེ། མིག་གི་འདུས་ཏེ་རེག་པ་ཉིད་ཀྱང་མི་དམིགས་ན། མིག་གི་འདུས་ཏེ་རེག་པའི་དེ་བཞིན་ཉིད་ལྷ་དམིགས་པར་ག་ལ་འགྱུར། དེ་ལ་རྣ་བའི་འདུས་ཏེ་རེག་པ་མི་དམིགས། རྣ་བའི་འདུས་ཏེ་རེག་པའི་དེ་བཞིན་ཉིད་མི་དམིགས་ཏེ། རྣ་བའི་འདུས་ཏེ་རེག་པ་ཉིད་ཀྱང་མི་དམིགས་ན། རྣ་བའི་འདུས་ཏེ་རེག་པའི་དེ་བཞིན་ཉིད་ལྷ་དམིགས་པར་ག་ལ་འགྱུར། དེ་ལ་སྣའི་འདུས་ཏེ་རེག་པ་མི་དམིགས། སྣའི་འདུས་ཏེ་རེག་པའི་དེ་བཞིན་ཉིད་མི་དམིགས་ཏེ། སྣའི་འདུས་ཏེ་རེག་པ་ཉིད་ཀྱང་མི་དམིགས་ན། སྣའི་འདུས་ཏེ་རེག་པའི་དེ་བཞིན་ཉིད་ལྷ་དམིགས་པར་ག་ལ་འགྱུར། དེ་ལ་ལྕེའི་འདུས་ཏེ་རེག་པ་མི་དམིགས། ལྕེའི་འདུས་ཏེ་རེག་པའི་དེ་བཞིན་ཉིད་མི་དམིགས་ཏེ། ལྕེའི་འདུས་ཏེ་རེག་པ་ཉིད་ཀྱང་མི་དམིགས་ན། ལྕེའི་འདུས་ཏེ་རེག་པའི་དེ་བཞིན་ཉིད་ལྷ་དམིགས་པར་ག་ལ་འགྱུར། དེ་ལ་ལུས་

ཀྱི་འདུས་ཏེ་རེག་པ་མྱི་དམྱིགས། ལུས་ཀྱི་འདུས་ཏེ་རེག་པའི་དེ་བཞིན་ཉིད་མྱི་···
དམྱིགས་ཏེ། ལུས་ཀྱི་འདུས་ཏེ་རེག་པ་ཉིད་ཀྱང་མྱི་དམྱིགས་ན། ལུས་ཀྱི་
འདུས་ཏེ་རེག་པའི་དེ་བཞིན་ཉིད་ལྟ་དམྱིགས་པར་ག་ལ་འགྱུར། དེ་ལ་ཡིད་ཀྱི་···
འདུས་ཏེ་རེག་པ་མྱི་དམྱིགས། ཡིད་ཀྱི་འདུས་ཏེ་རེག་པའི་དེ་བཞིན་ཉིད་མྱི་
དམྱིགས་ཏེ། ཡིད་ཀྱི་འདུས་ཏེ་རེག་པ་ཉིད་ཀྱང་མྱི་དམྱིགས་ན། ཡིད་ཀྱི་
འདུས་ཏེ་རེག་པའི་དེ་བཞིན་ཉིད་ལྟ་དམྱིགས་པར་ག་ལ་འགྱུར། དེ་ལ་མྱིག་གི···
འདུས་ཏེ་རེག་པ་ལས་བྱུང་བའི་ཚོར་བ་མྱི་དམྱིགས། མྱིག་གི་འདུས་ཏེ་རེག་པ···
ལས་བྱུང་བའི་ཚོར་བའི་དེ་བཞིན་ཉིད་མྱི་དམྱིགས་ཏེ། མྱིག་གི་འདུས་ཏེ་རེག་པ་
ལས་བྱུང་བའི་ཚོར་བ་ཉིད་ཀྱང་མྱི་དམྱིགས་ན། མྱིག་གི་འདུས་ཏེ་རེག་པ་ལས···
བྱུང་བའི་ཚོར་བའི་དེ་བཞིན་ཉིད་ལྟ་དམྱིགས་པར་ག་ལ་འགྱུར། དེ་ལ་རྣ་བའི···
འདུས་ཏེ་རེག་པ་ལས་བྱུང་བའི་ཚོར་བ་མྱི་དམྱིགས། རྣ་བའི་འདུས་ཏེ་རེག་པ···
ལས་བྱུང་བའི་ཚོར་བའི་དེ་བཞིན་ཉིད་མྱི་དམྱིགས་ཏེ། རྣ་བའི་འདུས་ཏེ་རེག་པ་
ལས་བྱུང་བའི་ཚོར་བ་[༡]ཉིད་ཀྱང་མྱི་དམྱིགས་ན། རྣ་བའི་འདུས་ཏེ་རེག་པ་ལས་
བྱུང་བའི་ཚོར་བའི་དེ་བཞིན་ཉིད་ལྟ་དམྱིགས་པར་ག་ལ་འགྱུར། དེ་ལ་སྣའི་
འདུས་ཏེ་རེག་པ་ལས་བྱུང་བའི་ཚོར་བ་མི་དམིགས། སྣའི་འདུས་ཏེ་རེག་པ་
ལས་བྱུང་བའི་ཚོར་བའི་དེ་བཞིན་ཉིད་མྱི་དམྱིགས་ཏེ། སྣའི་འདུས་ཏེ་རེག་པ་
ལས་བྱུང་བའི་ཚོར་བ་ཉིད་ཀྱང་མྱི་དམྱིགས་ན། སྣའི་འདུས་ཏེ་རེག་པ་ལས་བྱུང་
བའི་ཚོར་བའི་དེ་བཞིན་ཉིད་ལྟ་དམྱིགས་པར་ག་ལ་འགྱུར། དེ་ལ་ལྗེའི་འདུས་ཏེ་
རེག་པ་ལས་བྱུང་བའི་ཚོར་བ་མྱི་དམྱིགས། ལྗེའི་འདུས་ཏེ་རེག་པ་ལས་བྱུང་བའི་
ཚོར་བའི་དེ་བཞིན་ཉིད་མྱི་དམྱིགས་ཏེ། ལྗེའི་འདུས་ཏེ་རེག་པ་ལས་བྱུང་བའི····
ཚོར་བ་ཉིད་ཀྱང་མྱི་དམྱིགས་ན། ལྗེའི་འདུས་ཏེ་རེག་པ་ལས་བྱུང་བའི་ཚོར་བའི་

དེ་བཞིན་ཉིད་ལྟ་དམིགས་པར་ག་ལ་འགྱུར། དེ་ལ་ལུས་ཀྱི་འདུས་ཏེ་རེག་པ་ལས་བྱུང་བའི་ཚོར་བ་མི་དམིགས། ལུས་ཀྱི་འདུས་ཏེ་རེག་པ་ལས་བྱུང་བའི་ཚོར་བའི་དེ་བཞིན་ཉིད་མི་དམིགས་ཏེ། ལུས་ཀྱི་འདུས་ཏེ་རེག་པ་ལས་བྱུང་བའི་ཚོར་བ་ཉིད་ཀྱང་མི་དམིགས་ན། ལུས་ཀྱི་འདུས་ཏེ་རེག་པ་ལས་བྱུང་བའི་ཚོར་བའི་དེ་བཞིན་ཉིད་ལྟ་དམིགས་པར་ག་ལ་འགྱུར། དེ་ལ་ཡིད་ཀྱི་འདུས་ཏེ་རེག་པ་ལས་བྱུང་བའི་ཚོར་བ་མི་དམིགས། ཡིད་ཀྱི་འདུས་ཏེ་རེག་པ་ལས་བྱུང་བའི་ཚོར་བའི་དེ་བཞིན་ཉིད་མི་དམིགས་ཏེ། ཡིད་ཀྱི་འདུས་ཏེ་རེག་པ་ལས་བྱུང་བའི་ཚོར་བ་ཉིད་ཀྱང་མི་དམིགས་ན། ཡིད་ཀྱི་འདུས་ཏེ་རེག་པ་ལས་བྱུང་བའི་ཚོར་བའི་དེ་བཞིན་ཉིད་ལྟ་དམིགས་པར་ག་ལ་འགྱུར། དེ་ལ་སའི་ཁམས་མི་དམིགས། སའི་ཁམས་ཀྱི་དེ་བཞིན་ཉིད་མི་དམིགས་ཏེ[1]། སའི་ཁམས་ཉིད་ཀྱང་མི་དམིགས་ན། སའི་ཁམས་ཀྱི་དེ་བཞིན་ཉིད་ལྟ་དམིགས་པར་ག་ལ་འགྱུར། དེ་ལ་ཆུའི་ཁམས་མི་དམིགས། ཆུའི་ཁམས་ཀྱི་དེ་བཞིན་ཉིད་མི་དམིགས་ཏེ། ཆུའི་ཁམས་ཉིད་ཀྱང་མི་དམིགས་ན། ཆུའི་ཁམས་ཀྱི་དེ་བཞིན་ཉིད་ལྟ་དམིགས་པར་ག་ལ་འགྱུར། དེ་ལ་མེའི་ཁམས་མི་དམིགས། མེའི་ཁམས་ཀྱི་དེ་བཞིན་ཉིད་མི་དམིགས་ཏེ། མེའི་ཁམས་ཉིད་ཀྱང་མི་དམིགས་ན། མེའི་ཁམས་ཀྱི་དེ་བཞིན་ཉིད་ལྟ་དམིགས་པར་ག་ལ་འགྱུར། དེ་ལ་རླུང་གི་ཁམས་མི་དམིགས། རླུང་གི་ཁམས་ཀྱི་དེ་བཞིན་ཉིད་མི་དམིགས་ཏེ། རླུང་གི་ཁམས་ཉིད་ཀྱང་མི་དམིགས་ན། རླུང་གི་ཁམས་ཀྱི་དེ་བཞིན་ཉིད་ལྟ་དམིགས་པར་ག་ལ་འགྱུར། དེ་ལ་ནམ་མཁའི་ཁམས་མི་དམིགས། ནམ་མཁའི་ཁམས་ཀྱི་དེ་བཞིན་ཉིད་མི་དམིགས་ཏེ། ནམ་མཁའི་ཁམས་ཉིད་ཀྱང་མི་དམིགས་ན། ནམ་མཁའི་ཁམས་ཀྱི་དེ་བཞིན་ཉིད་ལྟ་དམིགས་པར་ག་ལ་འགྱུར། དེ་ལ་རྣམ་པར་ཤེས་པའི་ཁམས་མི་དམིགས། རྣམ་

པར་ཤེས་པའི་ཁམས་ཀྱི་དེ་བཞིན་ཉིད་མི་དམིགས་ཏེ། རྣམ་པར་ཤེས་པའི་ཁམས་ཉིད་ཀྱང་མི་དམིགས་ན། རྣམ་པར་ཤེས་པའི་ཁམས་ཀྱི་དེ་བཞིན་ཉིད་ལྟ་དམིགས་པར་ག་ལ་འགྱུར། དེ་ལ་མ་རིག་པ་མི་དམིགས། མ་རིག་པའི་དེ་བཞིན་ཉིད་མི་དམིགས་ཏེ། མ་རིག་པ་ཉིད་ཀྱང་མི་དམིགས་ན། མ་རིག་པའི་དེ་བཞིན་ཉིད་ལྟ་དམིགས་པར་ག་ལ་འགྱུར། དེ་ལ་འདུ་བྱེད་མི་དམིགས། འདུ་བྱེད་ཀྱི་དེ་བཞིན་ཉིད་མི་དམིགས་ཏེ། འདུ་བྱེད་ཉིད་ཀྱང་མི་དམིགས་ན། འདུ་བྱེད་ཀྱི་དེ་བཞིན་ཉིད་ལྟ་དམིགས་པར་ག་ལ་འགྱུར། དེ་ལ་རྣམ་པར་ཤེས་པ་མི་དམིགས། རྣམ་པར་ཤེས་པའི་དེ་བཞིན་ཉིད་མི་དམིགས་ཏེ། རྣམ་པར་ཤེས་པ་ཉིད་ཀྱང་མི་དམིགས་ན། རྣམ་པར་ཤེས་པའི་དེ་བཞིན་ཉིད་ལྟ་དམིགས་པར་ག་ལ་འགྱུར། དེ་ལ་མིང་དང་གཟུགས་མི་དམིགས། མིང་དང་གཟུགས་ཀྱི་དེ་བཞིན་ཉིད་མི་དམིགས་ཏེ། མིང་དང་གཟུགས་①ཉིད་ཀྱང་མི་དམིགས་ན། མིང་དང་གཟུགས་ཀྱི་དེ་བཞིན་ཉིད་ལྟ་དམིགས་པར་ག་ལ་འགྱུར། དེ་ལ་སྐྱེ་མཆེད་དྲུག་མི་དམིགས། སྐྱེ་མཆེད་དྲུག་གི་དེ་བཞིན་ཉིད་མི་དམིགས་ཏེ། སྐྱེ་མཆེད་དྲུག་ཉིད་ཀྱང་མི་དམིགས་ན། སྐྱེ་མཆེད་དྲུག་གི་དེ་བཞིན་ཉིད་ལྟ་དམིགས་པར་ག་ལ་འགྱུར། དེ་ལ་རེག་པ་མི་དམིགས། རེག་པའི་དེ་བཞིན་ཉིད་མི་དམིགས་ཏེ། རེག་པ་ཉིད་ཀྱང་མི་དམིགས་ན། རེག་པའི་དེ་བཞིན་ཉིད་ལྟ་དམིགས་པར་ག་ལ་འགྱུར། དེ་ལ་ཚོར་བ་མི་དམིགས། ཚོར་བའི་དེ་བཞིན་ཉིད་མི་དམིགས་ཏེ། ཚོར་བ་ཉིད་ཀྱང་མི་དམིགས་ན། ཚོར་བའི་དེ་བཞིན་ཉིད་ལྟ་དམིགས་པར་ག་ལ་འགྱུར། དེ་ལ་སྲེད་པ་མི་དམིགས། སྲེད་པའི་དེ་བཞིན་ཉིད་མི་དམིགས་ཏེ། སྲེད་པ་ཉིད་ཀྱང་མི་དམིགས་ན། སྲེད་པའི་དེ་བཞིན་ཉིད་ལྟ་དམིགས་པར་ག་ལ་འགྱུར། དེ་ལ་ལེན་པ་མི་དམིགས།

ཡིན་པའི་དེ་བཞིན་ཉིད་མི་དམིགས་ཏེ། ཡིན་པ་ཉིད་ཀྱང་མི་དམིགས་ན། ཡིན་པའི་དེ་བཞིན་ཉིད་ལྟ་དམིགས་པར་ག་ལ་འགྱུར། དེ་ལ་སྲིད་པ་མི་དམིགས། སྲིད་པའི་དེ་བཞིན་ཉིད་མི་དམིགས་ཏེ། སྲིད་པ་ཉིད་ཀྱང་མི་དམིགས་ན། སྲིད་པའི་དེ་བཞིན་ཉིད་ལྟ་དམིགས་པར་ག་ལ་འགྱུར། དེ་ལ་སྐྱེ་བ་མི་དམིགས། སྐྱེ་བའི་དེ་བཞིན་ཉིད་མི་དམིགས་ཏེ། སྐྱེ་བ་ཉིད་ཀྱང་མི་དམིགས་ན། སྐྱེ་བའི་དེ་བཞིན་ཉིད་ལྟ་དམིགས་པར་ག་ལ་འགྱུར། དེ་ལ་རྒ་ཤི་མི་དམིགས། རྒ་ཤིའི་དེ་བཞིན་ཉིད་མི་དམིགས་ཏེ། རྒ་ཤི་ཉིད་ཀྱང་མི་དམིགས་ན། རྒ་ཤིའི་དེ་བཞིན་ཉིད་ལྟ་དམིགས་པར་ག་ལ་འགྱུར། དེ་ལ་སྦྱིན་པའི་ཕ་རོལ་ཏུ་ཕྱིན་པ་མི་དམིགས། སྦྱིན་པའི་ཕ་རོལ་ཏུ་ཕྱིན་པའི་དེ་བཞིན་ཉིད་མི་དམིགས་ཏེ། སྦྱིན་པའི་ཕ་རོལ་ཏུ་ཕྱིན་པ་ཉིད་ཀྱང་མི་དམིགས་ན། སྦྱིན་པའི་ཕ་རོལ་ཏུ་ཕྱིན་པའི་དེ་བཞིན་ཉིད་ལྟ་དམིགས་པར་ག་ལ་འགྱུར། དེ་ལ་ཚུལ་ཁྲིམས་ཀྱི་ཕ་རོལ་ཏུ་ཕྱིན་པ་མི་དམིགས། ཚུལ་ཁྲིམས་ཀྱི་ཕ་རོལ་ཏུ་ཕྱིན་པའི་དེ་བཞིན་ཉིད་མི་དམིགས་ཏེ། ཚུལ་ཁྲིམས་ཀྱི་ཕ་རོལ་ཏུ་ཕྱིན་པ་ཉིད་ཀྱང་མི་དམིགས་ན། ཚུལ་ཁྲིམས་ཀྱི་ཕ་རོལ་ཏུ་ཕྱིན་པའི་དེ་བཞིན་ཉིད་ལྟ་དམིགས་པར་ག་ལ་འགྱུར། དེ་ལ་བཟོད་པའི་ཕ་རོལ་ཏུ་ཕྱིན་པ་མི་དམིགས། བཟོད་པའི་ཕ་རོལ་ཏུ་ཕྱིན་པའི་དེ་བཞིན་ཉིད་མི་དམིགས་ཏེ། བཟོད་པའི་ཕ་རོལ་ཏུ་ཕྱིན་པ་ཉིད་ཀྱང་མི་དམིགས་ན། བཟོད་པའི་ཕ་རོལ་ཏུ་ཕྱིན་པའི་དེ་བཞིན་ཉིད་ལྟ་དམིགས་པར་ག་ལ་འགྱུར། དེ་ལ་བརྩོན་འགྲུས་ཀྱི་ཕ་རོལ་ཏུ་ཕྱིན་པ་མི་དམིགས། བརྩོན་འགྲུས་ཀྱི་ཕ་རོལ་ཏུ་ཕྱིན་པའི་དེ་བཞིན་ཉིད་མི་དམིགས་ཏེ། བརྩོན་འགྲུས་ཀྱི་ཕ་རོལ་ཏུ་ཕྱིན་པ་ཉིད་ཀྱང་མི་དམིགས་ན། བརྩོན་འགྲུས་ཀྱི་ཕ་རོལ་ཏུ་ཕྱིན་པའི་དེ་བཞིན་ཉིད་ལྟ་དམིགས་པར་ག་ལ་འགྱུར། དེ་ལ་བསམ་གཏན་གྱི་ཕ་རོལ་ཏུ་ཕྱིན་པ་མི་དམིགས།

བསམ་གཏན་གྱི་ཕ་རོལ་ཏུ་ཕྱིན་པའི་དེ་བཞིན་ཉིད་མི་དམིགས་ཏེ། བསམ་གཏན་གྱི་ཕ་རོལ་ཏུ་ཕྱིན་པ་ཉིད་ཀྱང་མི་དམིགས་ན། བསམ་གཏན་གྱི་ཕ་རོལ་ཏུ་ཕྱིན་པའི་དེ་བཞིན་ཉིད་ལྟ་དམིགས་པར་ག་ལ་འགྱུར། དེ་ལ་ཤེས་རབ་ཀྱི་ཕ་རོལ་ཏུ་ཕྱིན་པ་མི་དམིགས། ཤེས་རབ་ཀྱི་ཕ་རོལ་ཏུ་ཕྱིན་པའི་དེ་བཞིན་ཉིད་མི་དམིགས་ཏེ། ཤེས་རབ་ཀྱི་ཕ་རོལ་ཏུ་ཕྱིན་པ་ཉིད་ཀྱང་མི་དམིགས་ན། ཤེས་རབ་ཀྱི་ཕ་རོལ་ཏུ་ཕྱིན་པའི་དེ་བཞིན་ཉིད་ལྟ་དམིགས་པར་ག་ལ་འགྱུར། དེ་ལ་ནང་སྟོང་པ་ཉིད་མི་དམིགས། ནང་སྟོང་པ་ཉིད་ཀྱི་དེ་བཞིན་ཉིད་མི་དམིགས་ཏེ། ནང་སྟོང་པ་ཉིད་ཀྱང་མི་དམིགས་ན། ནང་སྟོང་པ་ཉིད་ཀྱི་དེ་བཞིན་ཉིད་ལྟ་དམིགས་པར་ག་ལ་འགྱུར། དེ་ལ་ཕྱི་སྟོང་པ་ཉིད་མི་དམིགས། ཕྱི་སྟོང་པ་ཉིད་ཀྱི་དེ་བཞིན་ཉིད་མི་དམིགས་ཏེ། ཕྱི་སྟོང་པ་ཉིད་ཀྱང་མི་དམིགས་ན། ཕྱི་སྟོང་པ་ཉིད་ཀྱི་དེ་བཞིན་ཉིད་ལྟ་དམིགས་པར་ག་ལ་འགྱུར། དེ་ལ་ཕྱི་ནང་སྟོང་པ་ཉིད་མི་དམིགས། ཕྱི་ནང་སྟོང་པ་ཉིད་ཀྱི་དེ་བཞིན་ཉིད་མི་དམིགས་ཏེ། ཕྱི་ནང་སྟོང་པ་ཉིད་ཀྱང་མི་དམིགས་ན། ཕྱི་ནང་སྟོང་པ་ཉིད་ཀྱི་དེ་བཞིན་ཉིད་ལྟ་དམིགས་པར་ག་ལ་འགྱུར། དེ་ལ་སྟོང་པ་ཉིད་སྟོང་པ་ཉིད་མི་དམིགས། སྟོང་པ་ཉིད་སྟོང་པ་ཉིད་ཀྱི་དེ་བཞིན་ཉིད་མི་དམིགས་ཏེ། སྟོང་པ་ཉིད་སྟོང་པ་ཉིད་ཀྱང་མི་དམིགས་ན། སྟོང་པ་ཉིད་སྟོང་པ་ཉིད་ཀྱི་དེ་བཞིན་ཉིད་ལྟ་དམིགས་པར་ག་ལ་འགྱུར། དེ་ལ་ཆེན་པོ་སྟོང་པ་ཉིད་མི་དམིགས། ཆེན་པོ་སྟོང་པ་ཉིད་ཀྱི་དེ་བཞིན་ཉིད་མི་དམིགས་ཏེ། ཆེན་པོ་སྟོང་པ་ཉིད་ཀྱང་མི་དམིགས་ན། ཆེན་པོ་སྟོང་པ་ཉིད་ཀྱི་དེ་བཞིན་ཉིད་ལྟ་དམིགས་པར་ག་ལ་འགྱུར། དེ་ལ་དོན་དམ་པ་སྟོང་པ་ཉིད་མི་དམིགས། དོན་དམ་པ་སྟོང་པ་ཉིད་ཀྱི་དེ་བཞིན་ཉིད་མི་དམིགས་ཏེ། དོན་དམ་པ་སྟོང་པ་ཉིད་ཀྱང་མི་དམིགས་ན། དོན་དམ་པ་སྟོང་

པ་ཉིད་ཀྱི་དེ་བཞིན་ཉིད་ལྟ་དམྱིགས་པར་ག་ལ་འགྱུར། དེ་ལ་འདུས་བྱས་སྟོང་པ་ཉིད་མྱི་དམྱིགས། འདུས་བྱས་སྟོང་པ་ཉིད་ཀྱི་དེ་བཞིན་ཉིད་མྱི་དམྱིགས་ཏེ། འདུས་བྱས་སྟོང་པ་ཉིད་ཀྱང་མྱི་དམྱིགས་ན། འདུས་བྱས་སྟོང་པ་ཉིད་ཀྱི་དེ་བཞིན་ཉིད་ལྟ་དམྱིགས་པར་ག་ལ་འགྱུར། དེ་ལ་འདུས་མ་བྱས་སྟོང་པ་ཉིད་མྱི་དམྱིགས། འདུས་མ་བྱས་སྟོང་པ་ཉིད་ཀྱི་དེ་བཞིན་ཉིད་མྱི་དམྱིགས་ཏེ། འདུས་མ་བྱས་སྟོང་པ་ཉིད་ཀྱང་མྱི་དམྱིགས་ན། འདུས་མ་བྱས་སྟོང་པ་ཉིད་ཀྱི་དེ་བཞིན་[7]ཉིད་ལྟ་དམྱིགས་པར་ག་ལ་འགྱུར། དེ་ལ་མཐའ་ལས་འདས་པ་སྟོང་པ་ཉིད་མྱི་དམྱིགས། མཐའ་ལས་འདས་པ་སྟོང་པ་ཉིད་ཀྱི་དེ་བཞིན་ཉིད་མྱི་དམྱིགས་ཏེ། མཐའ་ལས་འདས་པ་སྟོང་པ་ཉིད་ཀྱང་མྱི་དམྱིགས་ན། མཐའ་ལས་འདས་པ་སྟོང་པ་ཉིད་ཀྱི་དེ་བཞིན་ཉིད་ལྟ་དམྱིགས་པར་ག་ལ་འགྱུར། དེ་ལ་ཐོག་མ་དང་ཐ་མ་མྱེད་པ་སྟོང་པ་ཉིད་མྱི་དམྱིགས། ཐོག་མ་དང་ཐ་མ་མྱེད་པ་སྟོང་པ་ཉིད་ཀྱི་དེ་བཞིན་ཉིད་མི་དམྱིགས་ཏེ། ཐོག་མ་དང་ཐ་མ་མྱེད་པ་སྟོང་པ་ཉིད་ཀྱང་མྱི་དམྱིགས་ན། ཐོག་མ་དང་ཐ་མ་མྱེད་པ་སྟོང་པ་ཉིད་ཀྱི་དེ་བཞིན་ཉིད་ལྟ་དམྱིགས་པར་ག་ལ་འགྱུར། དེ་ལ་དོར་བ་མྱེད་པ་སྟོང་པ་ཉིད་མྱི་དམྱིགས། དོར་བ་མྱེད་པ་སྟོང་པ་ཉིད་ཀྱི་དེ་བཞིན་ཉིད་མྱི་དམྱིགས་ཏེ། དོར་བ་མྱེད་པ་སྟོང་པ་ཉིད་ཀྱང་མྱི་དམྱིགས་ན། དོར་བ་མྱེད་པ་སྟོང་པ་ཉིད་ཀྱི་དེ་བཞིན་ཉིད་ལྟ་དམྱིགས་པར་ག་ལ་འགྱུར། དེ་ལ་རང་བཞིན་སྟོང་པ་ཉིད་མྱི་དམྱིགས། རང་བཞིན་སྟོང་པ་ཉིད་ཀྱི་དེ་བཞིན་ཉིད་མྱི་དམིགས་ཏེ། རང་བཞིན་སྟོང་པ་ཉིད་ཀྱང་མྱི་དམིགས་ན། རང་བཞིན་སྟོང་པ་ཉིད་ཀྱི་དེ་བཞིན་ཉིད་ལྟ་དམྱིགས་པར་ག་ལ་འགྱུར། དེ་ལ་ཆོས་ཐམས་ཅད་སྟོང་པ་ཉིད་མྱི་དམྱིགས། ཆོས་ཐམས་ཅད་སྟོང་པ་ཉིད་ཀྱི་དེ་བཞིན་ཉིད་མྱི་དམྱིགས་ཏེ། ཆོས་ཐམས་ཅད་སྟོང་

པ་ཉིད་ཀྱང་མི་དམིགས་ན། ཆོས་ཐམས་ཅད་སྟོང་པ་ཉིད་ཀྱི་དེ་བཞིན་ཉིད་ལྟ་དམིགས་པར་ག་ལ་འགྱུར། དེ་ལ་རང་གི་མཚན་ཉིད་སྟོང་པ་①ཉིད་མི་དམིགས། རང་གི་མཚན་ཉིད་སྟོང་པ་ཉིད་ཀྱི་དེ་བཞིན་ཉིད་མི་དམིགས་ཏེ། རང་གི་མཚན་ཉིད་སྟོང་པ་ཉིད་ཀྱང་མི་དམིགས་ན། རང་གི་མཚན་ཉིད་སྟོང་པ་ཉིད་ཀྱི་དེ་བཞིན་ཉིད་ལྟ་དམིགས་པར་ག་ལ་འགྱུར། དེ་ལ་མི་དམིགས་པ་སྟོང་པ་ཉིད་མི་དམིགས། མི་དམིགས་པ་སྟོང་པ་ཉིད་ཀྱི་དེ་བཞིན་ཉིད་མི་དམིགས་ཏེ། མི་དམིགས་པ་སྟོང་པ་ཉིད་ཀྱང་མི་དམིགས་ན། མི་དམིགས་པ་སྟོང་པ་ཉིད་ཀྱི་དེ་བཞིན་ཉིད་ལྟ་དམིགས་པར་ག་ལ་འགྱུར། དེ་ལ་དངོས་པོ་མེད་པ་སྟོང་པ་ཉིད་མི་དམིགས། དངོས་པོ་མེད་པ་སྟོང་པ་ཉིད་ཀྱི་དེ་བཞིན་ཉིད་མི་དམིགས་ཏེ། དངོས་པོ་མེད་པ་སྟོང་པ་ཉིད་②ཀྱང་མི་དམིགས་ན། དངོས་པོ་མེད་པ་སྟོང་པ་ཉིད་ཀྱི་དེ་བཞིན་ཉིད་ལྟ་དམིགས་པར་ག་ལ་འགྱུར། དེ་ལ་ངོ་བོ་ཉིད་སྟོང་པ་ཉིད་མི་དམིགས། ངོ་བོ་ཉིད་སྟོང་པ་ཉིད་ཀྱི་དེ་བཞིན་ཉིད་མི་དམིགས་ཏེ། ངོ་བོ་ཉིད་སྟོང་པ་ཉིད་ཀྱང་མི་དམིགས་ན། ངོ་③བོ་ཉིད་སྟོང་པ་ཉིད་ཀྱི་དེ་བཞིན་ཉིད་ལྟ་དམིགས་པར་ག་ལ་འགྱུར། དེ་ལ་དངོས་པོ་མེད་པའི་ངོ་བོ་ཉིད་སྟོང་པ་ཉིད་མི་དམིགས། དངོས་པོ་མེད་པའི་ངོ་བོ་ཉིད་སྟོང་པ་ཉིད་ཀྱི་དེ་བཞིན་ཉིད་མི་དམིགས་ཏེ། དངོས་པོ་མེད་པའི་ངོ་བོ་ཉིད་སྟོང་པ་ཉིད་ཀྱང་མི་དམིགས་ན། དངོས་པོ་མེད་པའི་ངོ་བོ་ཉིད་སྟོང་པ་ཉིད་ཀྱི་དེ་བཞིན་ཉིད་ལྟ་དམིགས་པར་ག་ལ་འགྱུར། དེ་ལ་དྲན་པ་ཉེ་བར་གཞག་པ་རྣམས་④མི་དམིགས། དྲན་པ་ཉེ་བར་གཞག་པའི་དེ་བཞིན་ཉིད་མི་དམིགས་ཏེ། དྲན་པ་ཉེ་བར་གཞག་པ་ཉིད་ཀྱང་མི་དམིགས་ན། དྲན་པ་ཉེ་བར་གཞག་པ་རྣམས་ཀྱི་དེ་བཞིན་ཉིད་ལྟ་དམིགས་པར་⑤ག་ལ་འགྱུར། དེ་ལ་ཡང་དག་པར་སྤོང་བ་རྣམས་མི་དམིགས། ཡང་དག་

པར་སྦྱོང་བའི་[༡]དེ་བཞིན་ཉིད་མི་དམིགས་ཏེ། ཡང་དག་པར་སྦྱོང་བ་ཉིད་ཀྱང་མི་དམིགས་ན། ཡང་དག་པར་སྦྱོང་བ་རྣམས་ཀྱི་དེ་བཞིན་ཉིད་ལྟ་དམིགས་པར་ག་ལ་འགྱུར། དེ་ལ་རྫུ་འཕྲུལ་གྱི་རྐང་པ་རྣམས་མི་དམིགས། རྫུ་འཕྲུལ་གྱི་རྐང་པའི་དེ་བཞིན་ཉིད་མི་དམིགས་ཏེ། རྫུ་འཕྲུལ་གྱི་རྐང་པ་ཉིད་ཀྱང་མི་དམིགས་ན། རྫུ་འཕྲུལ་གྱི་རྐང་པ་རྣམས་ཀྱི་དེ་བཞིན་ཉིད་ལྟ་དམིགས་པར་ག་ལ་འགྱུར། དེ་ལ་དབང་པོ་རྣམས་མི་དམིགས། དབང་པོའི་དེ་བཞིན་ཉིད་མི་དམིགས་ཏེ། དབང་པོ་ཉིད་ཀྱང་མི་དམིགས་ན། དབང་པོ་རྣམས་ཀྱི་དེ་བཞིན་ཉིད་ལྟ་དམིགས་པར་ག་ལ་འགྱུར། དེ་ལ་སྟོབས་རྣམས་མི་དམིགས། སྟོབས་ཀྱི་དེ་བཞིན་ཉིད་མི་དམིགས་ཏེ། སྟོབས་ཉིད་ཀྱང་མི་དམིགས་ན། སྟོབས་རྣམས་ཀྱི་དེ་བཞིན་ཉིད་ལྟ་དམིགས་པར་ག་ལ་འགྱུར། དེ་ལ་བྱང་ཆུབ་ཀྱི་ཡན་ལག་རྣམས་མི་དམིགས། [༢]བྱང་ཆུབ་ཀྱི་ཡན་ལག་གི་དེ་བཞིན་ཉིད་མི་དམིགས་ཏེ། བྱང་ཆུབ་ཀྱི་ཡན་ལག་ཉིད་ཀྱང་མི་དམིགས་ན། བྱང་ཆུབ་ཀྱི་ཡན་ལག་རྣམས་ཀྱི་དེ་བཞིན་ཉིད་ལྟ་དམིགས་པར་ག་ལ་འགྱུར། དེ་ལ་འཕགས་པའི་ལམ་ཡན་ལག་བརྒྱད་པ་མི་དམིགས། འཕགས་པའི་ལམ་ཡན་ལག་བརྒྱད་པའི་དེ་བཞིན་ཉིད་མི་དམིགས་ཏེ། འཕགས་པའི་ལམ་ཡན་ལག་བརྒྱད་པ་ཉིད་ཀྱང་མི་དམིགས་ན། འཕགས་པའི་ལམ་ཡན་ལག་བརྒྱད་པའི་དེ་བཞིན་ཉིད་ལྟ་དམིགས་པར་ག་ལ་འགྱུར། དེ་ལ་འཕགས་པའི་བདེན་པ་རྣམས་མི་དམིགས། འཕགས་པའི་བདེན་པའི་དེ་བཞིན་ཉིད་མི་དམིགས་ཏེ། འཕགས་པའི་བདེན་པ་ཉིད་ཀྱང་མི་དམིགས་ན། འཕགས་པའི་བདེན་པ་རྣམས་ཀྱི་དེ་བཞིན་ཉིད་ལྟ་དམིགས་པར་ག་ལ་འགྱུར། དེ་ལ་བསམ་གཏན་རྣམས་མི་དམིགས། བསམ་གཏན་གྱི་དེ་བཞིན་ཉིད་མི་དམིགས་ཏེ། བསམ་གཏན་ཉིད་ཀྱང་མི་དམིགས་ན། བསམ་གཏན་རྣམས་ཀྱི་

དེ་བཞིན་ཉིད་ལྟ་དམིགས་པར་ག་ལ་འགྱུར། དེ་ལ་ཚད་མེད་པ་རྣམས་མི་དམིགས། ཚད་མེད་པའི་དེ་བཞིན་ཉིད་མི་དམིགས་ཏེ། ཚད་མེད་པ་ཉིད་ཀྱང་མི་དམིགས་ན། ཚད་མེད་པ་རྣམས་ཀྱི་དེ་བཞིན་ཉིད་ལྟ་དམིགས་པར་ག་ལ་འགྱུར། དེ་ལ་གཟུགས་མེད་པའི་སྙོམས་པར་འཇུག་པ་རྣམས་མི་དམིགས། གཟུགས་མེད་པའི་སྙོམས་པར་འཇུག་པའི་དེ་བཞིན་ཉིད་མི་དམིགས་ཏེ། གཟུགས་མེད་པའི་སྙོམས་པར་འཇུག་པ་ཉིད་ཀྱང་མི་དམིགས་ན། གཟུགས་མེད་པའི་སྙོམས་པར་འཇུག་པ་རྣམས་ཀྱི་དེ་བཞིན་ཉིད་ལྟ་དམིགས་པར་ག་ལ་འགྱུར། དེ་ལ་རྣམ་པར་ཐར་པ་རྣམས་མི་དམིགས། རྣམ་པར་ཐར་པའི་དེ་བཞིན་ཉིད་མི་དམིགས་ཏེ། རྣམ་པར་ཐར་པ་ཉིད་ཀྱང་མི་དམིགས་ན། རྣམ་པར་ཐར་པ་རྣམས་ཀྱི་དེ་བཞིན་ཉིད་ལྟ་དམིགས་པར་ག་ལ་འགྱུར། དེ་ལ་མཐར་གྱིས་གནས་པའི་སྙོམས་པར་འཇུག་པ་རྣམས་མི་དམིགས། མཐར་གྱིས་གནས་པའི་སྙོམས་པར་འཇུག་པའི་དེ་བཞིན་ཉིད་མི་དམིགས་ཏེ། མཐར་གྱིས་གནས་པའི་སྙོམས་པར་འཇུག་པ་ཉིད་ཀྱང་མི་དམིགས་ན། མཐར་གྱིས་གནས་པའི་སྙོམས་པར་འཇུག་པ་རྣམས་ཀྱི་དེ་བཞིན་ཉིད་ལྟ་དམིགས་པར་ག་ལ་འགྱུར། དེ་ལ་རྣམ་པར་ཐར་པའི་སྒོ་སྟོང་པ་ཉིད་དང་། མཚན་མ་མེད་པ་དང་། སྨོན་པ་མེད་པ་མི་དམིགས[༡]། རྣམ་པར་ཐར་པའི་སྒོ་སྟོང་པ་ཉིད་དང་། མཚན་མ་མེད་པ་དང་། སྨོན་པ་མེད་པའི་དེ་བཞིན་ཉིད་མི་དམིགས་ཏེ། རྣམ་པར་ཐར་པའི་སྒོ་སྟོང་པ་ཉིད་དང་། མཚན་མ་མེད་པ་དང་། སྨོན་པ་མེད་པ་ཉིད་ཀྱང་མི་དམིགས་ན། རྣམ་པར་ཐར་པའི་སྒོ་སྟོང་པ་ཉིད་དང་། མཚན་མ་མེད་པ་དང་། སྨོན་པ་མེད་པའི་དེ་བཞིན་ཉིད་ལྟ་དམིགས་པར་ག་ལ་འགྱུར། དེ་ལ་མངོན་པར་ཤེས་པ་རྣམས་མི་དམིགས། མངོན་པར་ཤེས་པའི་དེ་བཞིན་ཉིད་མི་དམིགས་ཏེ།

མངོན་པར་ཤེས་པ་ཉིད་ཀྱང་མི་དམིགས་ན། མངོན་པར་ཤེས་པ་རྣམས་ཀྱི་དེ་བཞིན་ཉིད་ལྟ་དམིགས་པར་ག་ལ་འགྱུར། དེ་ལ་ཏིང་ངེ་འཛིན་རྣམས་མི་དམིགས། ཏིང་ངེ་འཛིན་གྱི་དེ་བཞིན་ཉིད་མི་དམིགས་ཏེ། ཏིང་ངེ་འཛིན་ཉིད་ཀྱང་མི་དམིགས་ན། ཏིང་ངེ་འཛིན་རྣམས་ཀྱི་དེ་བཞིན་ཉིད་ལྟ་དམིགས་པར་ག་ལ་འགྱུར། དེ་ལ་གཟུངས་ཀྱི་སྒོ་རྣམས་མི་དམིགས། གཟུངས་ཀྱི་སྒོའི་དེ་བཞིན་ཉིད་མི་དམིགས་ཏེ། གཟུངས་ཀྱི་སྒོ་ཉིད་ཀྱང་མི་དམིགས་ན། གཟུངས་ཀྱི་སྒོ་རྣམས་ཀྱི་དེ་བཞིན་ཉིད་ལྟ་དམིགས་པར་ག་ལ་འགྱུར། དེ་ལ་དེ་བཞིན་གཤེགས་པའི་སྟོབས་རྣམས་མི་དམིགས། དེ་བཞིན་གཤེགས་པའི་སྟོབས་ཀྱི་དེ་བཞིན་ཉིད་མི་དམིགས་ཏེ། དེ་བཞིན་གཤེགས་པའི་སྟོབས་ཉིད་ཀྱང་མི་དམིགས་ན། དེ་བཞིན་གཤེགས་པའི་སྟོབས་རྣམས་ཀྱི་དེ་བཞིན་ཉིད་ལྟ་དམིགས་པར་ག་ལ་འགྱུར། དེ་ལ་མི་འཇིགས་པ་རྣམས་མི་དམིགས། མི་འཇིགས་པའི་དེ་བཞིན་ཉིད་མི་དམིགས་ཏེ། མི་འཇིགས་པ་ཉིད་ཀྱང་མི་དམིགས་ན། མི་འཇིགས་པ་རྣམས་ཀྱི་དེ་བཞིན་ཉིད་ལྟ་དམིགས་པར་ག་ལ་འགྱུར། དེ་ལ་སོ་སོ་ཡང་དག་པར་རིག་པ་རྣམས་མི་དམིགས། སོ་སོ་ཡང་དག་པར་རིག་པའི་དེ་བཞིན་ཉིད་མི་དམིགས་ཏེ། སོ་སོ་ཡང་དག་པར་རིག་པ་ཉིད་ཀྱང་མི་དམིགས་ན། སོ་སོ་ཡང་དག་པར་རིག་པ་རྣམས་ཀྱི་དེ་བཞིན་ཉིད་ལྟ་དམིགས་པར་ག་ལ་འགྱུར། [1]དེ་ལ་སྙིང་རྗེ་ཆེན་པོ་མི་དམིགས། སྙིང་རྗེ་ཆེན་པོའི་དེ་བཞིན་ཉིད་མི་དམིགས་ཏེ། སྙིང་རྗེ་ཆེན་པོ་ཉིད་ཀྱང་མི་དམིགས་ན། སྙིང་རྗེ་ཆེན་པོའི་དེ་བཞིན་ཉིད་ལྟ་དམིགས་པར་ག་ལ་འགྱུར། དེ་ལ་སངས་རྒྱས་ཀྱི་ཆོས་མ་འདྲེས་པ་རྣམས་མི་དམིགས། སངས་རྒྱས་ཀྱི་ཆོས་མ་འདྲེས་པའི་དེ་བཞིན་ཉིད་མི་དམིགས་ཏེ། སངས་རྒྱས་ཀྱི་ཆོས་མ་འདྲེས་[3]པ་ཉིད་ཀྱང་མི་དམིགས་ན། སངས་རྒྱས་ཀྱི་ཆོས་མ་འདྲེས་པ་

རྣམས་ཀྱི་དེ་བཞིན་ཉིད་ལྟ་དམིགས་པར་ག་ལ་འགྱུར། དེ་ལ་རྒྱུན་དུ་ཞུགས་པའི་འབྲས་བུ་མི་དམིགས། རྒྱུན་དུ་ཞུགས་པའི་འབྲས་བུའི་དེ་བཞིན་ཉིད་མི་དམིགས་ཏེ། རྒྱུན་དུ་ཞུགས་པའི་འབྲས་བུ་ཉིད་ཀྱང་མི་དམིགས་ན། རྒྱུན་དུ་ཞུགས་པའི་འབྲས་བུའི་དེ་བཞིན་ཉིད་ལྟ་དམིགས་པར་ག་ལ་འགྱུར། དེ་ལ་ལན་ཅིག་ཕྱིར་འོང་བའི་འབྲས་བུ་མི་དམིགས། ལན་ཅིག་ཕྱིར་འོང་བའི་འབྲས་བུའི་དེ་བཞིན་ཉིད་མི་དམིགས་ཏེ། ལན་ཅིག་ཕྱིར་འོང་བའི་འབྲས་བུ་ཉིད་ཀྱང་མི་དམིགས་ན། ལན་ཅིག་ཕྱིར་འོང་བའི་འབྲས་བུའི་དེ་བཞིན་ཉིད་ལྟ་དམིགས་པར་ག་ལ་འགྱུར། དེ་ལ་ཕྱིར་མི་འོང་བའི་འབྲས་བུ་མི་དམིགས། ཕྱིར་མི་[༡]འོང་བའི་འབྲས་བུའི་དེ་བཞིན་ཉིད་མི་དམིགས་ཏེ། ཕྱིར་མི་འོང་བའི་འབྲས་བུ་ཉིད་ཀྱང་མི་དམིགས་ན། ཕྱིར་མི་འོང་བའི་འབྲས་བུའི་དེ་བཞིན་ཉིད་ལྟ་དམིགས་པར་ག་ལ་འགྱུར། དེ་ལ་དགྲ་བཅོམ་པ་ཉིད་མི་དམིགས། དགྲ་བཅོམ་པ་ཉིད་ཀྱི་དེ་བཞིན་ཉིད་མི་དམིགས་ཏེ། དགྲ་བཅོམ་པ་ཉིད་ཀྱང་མི་དམིགས་ན། དགྲ་བཅོམ་པ་ཉིད་ཀྱི་དེ་བཞིན་ཉིད་ལྟ་དམིགས་པར་ག་ལ་འགྱུར། དེ་ལ་རང་བྱང་ཆུབ་མི་དམིགས། རང་བྱང་ཆུབ་ཀྱི་དེ་བཞིན་ཉིད་མི་དམིགས་ཏེ། རང་བྱང་ཆུབ་ཉིད་ཀྱང་མི་དམིགས་ན། རང་བྱང་ཆུབ་ཀྱི་དེ་བཞིན་ཉིད་ལྟ་དམིགས་པར་ག་ལ་འགྱུར། དེ་ལ་ལམ་གྱི་རྣམ་པ་ཤེས་པ་ཉིད་མི་དམིགས། ལམ་གྱི་རྣམ་པ་ཤེས་པ་ཉིད་ཀྱི་དེ་བཞིན་ཉིད་མི་དམིགས་ཏེ། ལམ་གྱི་རྣམ་པ་ཤེས་པ་ཉིད་ཀྱང་མི་དམིགས་ན། ལམ་གྱི་རྣམ་པ་ཤེས་པཿཉིད་ཀྱི་[༢]དེ་བཞིན་ཉིད་ལྟ་དམིགས་པར་ག་ལ་འགྱུར། དེ་ལ་རྣམ་པ་ཐམས་ཅད་མཁྱེན་པ་ཉིད་མི་དམིགས། རྣམ་པ་ཐམས་ཅད་མཁྱེན་པ་ཉིད་ཀྱི་དེ་བཞིན་ཉིད་མི་དམིགས་ཏེ། རྣམ་པ་ཐམས་ཅད་མཁྱེན་པ་ཉིད་ཀྱང་མི་དམིགས་ན། རྣམ་པ་ཐམས་ཅད་

མཁྱེན་པ་ཉིད་ཀྱི་དེ་བཞིན་ཉིད་ལྟ་དམིགས་པར་ག་ལ་འགྱུར། བཅོམ་ལྡན་འདས་ཀྱིས་བཀའ་སྩལ་པ། ཤ་ར་དྭ་ཏིའི་བུ་དེ་དེ་བཞིན་ནོ། །དེ་དེ་བཞིན་ཏེ། དེ་བཞིན་ཉིད་འདི་ནི་ཟབ་པ་སྟེ། དེ་ལ་གཟུགས་མི་དམིགས། གཟུགས་ཀྱི་དེ་བཞིན་ཉིད་མི་དམིགས་ཏེ། གཟུགས་ཉིད་ཀྱང་མི་དམིགས་ན། གཟུགས་ཀྱི་དེ་བཞིན་ཉིད་ལྟ[2]དམིགས་པར་ག་ལ་འགྱུར། དེ་ལ་ཚོར་བ་མི་དམིགས། ཚོར་བའི་དེ་བཞིན་ཉིད་མི་དམིགས་ཏེ། ཚོར་བ་ཉིད་ཀྱང་མི་དམིགས་ན། ཚོར་བའི་དེ་བཞིན་ཉིད་ལྟ་དམིགས་པར་ག་ལ་འགྱུར། དེ་ལ་འདུ་ཤེས་མི་དམིགས། འདུ་ཤེས་ཀྱི་དེ་བཞིན་ཉིད་མི་དམིགས་ཏེ། འདུ་ཤེས་ཉིད་ཀྱང་མི་དམིགས་ན། འདུ་ཤེས་ཀྱི་དེ་བཞིན་ཉིད་ལྟ་དམིགས་པར་ག་ལ་འགྱུར། དེ་ལ་འདུ་བྱེད་མི་དམིགས། འདུ་བྱེད་ཀྱི་དེ་བཞིན་ཉིད་མི་དམིགས་ཏེ། འདུ་བྱེད་ཉིད་ཀྱང་མི་དམིགས་ན། འདུ་བྱེད་ཀྱི་དེ་བཞིན་ཉིད་ལྟ་དམིགས་པར་ག་ལ་འགྱུར། དེ་ལ་རྣམ་པར་ཤེས་པ་མི་དམིགས། རྣམ་པར་ཤེས་པའི་དེ་བཞིན་ཉིད་མི་དམིགས་ཏེ། རྣམ་པར་ཤེས་པ་ཉིད་ཀྱང་མི་དམིགས་ན། རྣམ་པར་ཤེས་པའི་དེ་བཞིན་ཉིད་ལྟ་དམིགས་པར་ག་ལ་འགྱུར། དེ་ལ་མིག་མི་དམིགས། མིག་གི་དེ་བཞིན་ཉིད་མི་དམིགས་ཏེ། མིག་ཉིད་ཀྱང་མི་དམིགས་ན། མིག་གི་དེ་བཞིན་ཉིད་ལྟ་དམིགས་པར་ག་ལ་འགྱུར། དེ་ལ་རྣ་བ་མི་དམིགས། རྣ་བའི་དེ་བཞིན་ཉིད་མི་དམིགས་ཏེ། རྣ་བ་ཉིད་ཀྱང་མི་དམིགས་ན། རྣ་བའི་དེ་བཞིན་ཉིད་ལྟ་དམིགས་པར་ག་ལ་འགྱུར། དེ་ལ་སྣ་མི་དམིགས། སྣའི་དེ་བཞིན་ཉིད་མི་དམིགས་ཏེ། སྣ་ཉིད་ཀྱང་མི་དམིགས་ན། སྣའི་དེ་བཞིན་ཉིད་ལྟ་དམིགས་པར་ག་ལ་འགྱུར། དེ་ལ་ལྕེ་མི་དམིགས། ལྕེའི་དེ་བཞིན་ཉིད་མི་དམིགས་ཏེ། ལྕེ་ཉིད་ཀྱང་མི་དམིགས་ན། ལྕེའི་དེ་བཞིན་ཉིད་ལྟ་དམིགས་པར་ག་ལ་འགྱུར།

དེ་ལ་ལུས་མྱི་དམྱིགས། ལུས་ཀྱི་དེ་བཞིན་ཉིད་མྱི་དམྱིགས་ཏེ། ལུས་ཉིད་ཀྱང་མྱི་དམྱིགས་ན། ལུས་ཀྱི་དེ་བཞིན་ཉིད་ལྟ་དམྱིགས་པར་ག་ལ་འགྱུར། དེ་ལ་ཡིད་མྱི་དམྱིགས། ཡིད་ཀྱི་དེ་བཞིན་ཉིད་མྱི་དམྱིགས་ཏེ། ཡིད་ཉིད་①ཀྱང་མྱི་དམྱིགས་ན། ཡིད་ཀྱི་དེ་བཞིན་ཉིད་ལྟ་དམྱིགས་པར་ག་ལ་འགྱུར། དེ་ལ་གཟུགས་མྱི་དམྱིགས། གཟུགས་ཀྱི་དེ་བཞིན་ཉིད་མྱི་དམྱིགས་ཏེ། གཟུགས་ཉིད་ཀྱང་མྱི་དམྱིགས་ན། གཟུགས་ཀྱི་དེ་བཞིན་ཉིད་ལྟ་དམྱིགས་པར་ག་ལ་འགྱུར། དེ་ལ་སྒྲ་མྱི་དམྱིགས། སྒྲའི་དེ་བཞིན་ཉིད་མྱི་དམིགས་②ཏེ། སྒྲ་ཉིད་ཀྱང་མྱི་དམྱིགས་ན། སྒྲའི་དེ་བཞིན་ཉིད་ལྟ་དམྱིགས་པར་ག་ལ་འགྱུར། དེ་ལ་དྲི་མྱི་དམིགས། དྲིའི་དེ་བཞིན་ཉིད་མྱི་དམྱིགས་ཏེ། དྲི་ཉིད་ཀྱང་མྱི་དམྱིགས་ན། དྲིའི་དེ་བཞིན་ཉིད་ལྟ་དམྱིགས་པར་ག་ལ་འགྱུར། དེ་ལ་རོ་མྱི་དམྱིགས། རོའི་དེ་བཞིན་ཉིད་མྱི་དམྱིགས་ཏེ། རོ་ཉིད་ཀྱང་མྱི་དམིགས་ན། རོའི་དེ་བཞིན་ཉིད་ལྟ་དམྱིགས་པར་ག་ལ་འགྱུར། དེ་ལ་རེག་མྱི་དམྱིགས། རེག་གི་དེ་བཞིན་ཉིད་མྱི་དམྱིགས་ཏེ། རེག་ཉིད་ཀྱང་མྱི་དམྱིགས་ན། རེག་གི་དེ་བཞིན་ཉིད་ལྟ་དམྱིགས་པར་ག་ལ་འགྱུར། དེ་ལ་ཆོས་མྱི་དམྱིགས། ཆོས་ཀྱི་དེ་བཞིན་ཉིད་མྱི་དམྱིགས་ཏེ། ཆོས་ཉིད་ཀྱང་མྱི་དམྱིགས་ན། ཆོས་ཀྱི་དེ་བཞིན་ཉིད་ལྟ་དམྱིགས་པར་ག་ལ་འགྱུར། དེ་ལ་མྱིག་གི་རྣམ་པར་ཤེས་པ་མྱི་དམྱིགས། མྱིག་གི་རྣམ་པར་ཤེས་པའི་དེ་བཞིན་ཉིད་མྱི་དམིགས་ཏེ། མྱིག་གི་རྣམ་པར་ཤེས་པ་ཉིད་ཀྱང་མྱི་དམྱིགས་ན། མྱིག་གི་རྣམ་པར་ཤེས་པའི་དེ་བཞིན་③ཉིད་ལྟ་དམྱིགས་པར་ག་ལ་འགྱུར། དེ་ལ་རྣ་བའི་རྣམ་པར་ཤེས་པ་མྱི་དམྱིགས། རྣ་བའི་རྣམ་པར་ཤེས་པའི་དེ་བཞིན་ཉིད་མྱི་དམྱིགས་ཏེ། རྣ་བའི་རྣམ་པར་ཤེས་པ་ཉིད་ཀྱང་མྱི་དམྱིགས་ན། རྣ་བའི་རྣམ་པར་ཤེས་པའི་དེ་བཞིན་ཉིད་ལྟ་དམྱིགས་

པར་ག་ལ་འགྱུར། དེ་ལ་སྣའི་རྣམ་པར་ཤེས་པ་མྱི་དམྱིགས། སྣའི་རྣམ་པར་ཤེས་པའི་དེ་བཞིན་ཉིད་མྱི་དམྱིགས་ཏེ། སྣའི་རྣམ་པར་ཤེས་པ་ཉིད་ཀྱང་མི་དམྱིགས་ན། སྣའི་རྣམ་པར་ཤེས་པའི་དེ་བཞིན་ཉིད་ལྟ་དམྱིགས་པར་ག་ལ་འགྱུར། དེ་ལ་ལྕེའི་རྣམ་པར་ཤེས་པ་མྱི་དམྱིགས། ལྕེའི་རྣམ་པར་ཤེས་པའི་དེ་བཞིན་ཉིད་མྱི་དམྱིགས་ཏེ། ལྕེའི་རྣམ་པར་ཤེས་པ་ཉིད་ཀྱང་མྱི་དམྱིགས་[༡]ན། ལྕེའི་རྣམ་པར་ཤེས་པའི་དེ་བཞིན་ཉིད་ལྟ་དམྱིགས་པར་ག་ལ་འགྱུར། དེ་ལ་ལུས་ཀྱི་རྣམ་པར་ཤེས་པ་མྱི་དམྱིགས། ལུས་ཀྱི་རྣམ་པར་ཤེས་པའི་དེ་བཞིན་ཉིད་མྱི་དམྱིགས་ཏེ། ལུས་ཀྱི་རྣམ་པར་ཤེས་པ་ཉིད་ཀྱང་མྱི་དམྱིགས་ན། ལུས་ཀྱི་རྣམ་པར་ཤེས་པའི་དེ་བཞིན་ཉིད་ལྟ་དམྱིགས་པར་ག་ལ་འགྱུར། དེ་ལ་ཡིད་ཀྱི་རྣམ་པར་ཤེས་པ་མི་དམྱིགས། ཡིད་ཀྱི་རྣམ་པར་ཤེས་པའི་དེ་བཞིན་ཉིད་མྱི་དམྱིགས་ཏེ། ཡིད་ཀྱི་རྣམ་པར་ཤེས་པ་ཉིད་ཀྱང་མྱི་དམྱིགས་ན། ཡིད་ཀྱི་རྣམ་པར་ཤེས་པའི་དེ་བཞིན་ཉིད་ལྟ་དམྱིགས་པར་ག་ལ་འགྱུར། དེ་ལ་མྱིག་གི་འདུས་ཏེ་རེག་པ་མྱི་དམྱིགས། མྱིག་གི་འདུས་ཏེ་རེག་པའི་དེ་བཞིན་ཉིད་མྱི་དམྱིགས་ཏེ། མྱིག་གི་འདུས་ཏེ་རེག་པ་ཉིད་ཀྱང་མྱི་དམྱིགས་ན། མྱིག་གི་འདུས་ཏེ་རེག་པའི་དེ་བཞིན་ཉིད་ལྟ་དམྱིགས་པར་ག་ལ་འགྱུར། དེ་ལ་རྣ་བའི་འདུས་ཏེ་རེག་པ་མྱི་དམྱིགས། རྣ་བའི་འདུས་ཏེ་རེག་པའི་དེ་བཞིན་ཉིད་མྱི་དམྱིགས་ཏེ། རྣ་བའི་འདུས་ཏེ་རེག་པ་ཉིད་ཀྱང་མྱི་དམྱིགས་ན། རྣ་བའི་འདུས་ཏེ་རེག་པའི་དེ་བཞིན་ཉིད་ལྟ་དམྱིགས་པར་ག་ལ་འགྱུར། དེ་ལ་སྣའི་འདུས་ཏེ་རེག་པ་མྱི་དམྱིགས། སྣའི་འདུས་ཏེ་རེག་པའི་དེ་བཞིན་ཉིད་མྱི་དམྱིགས་ཏེ། སྣའི་འདུས་ཏེ་རེག་པ་ཉིད་ཀྱང་མྱི་དམིགས་ན། སྣའི་འདུས་ཏེ་རེག་པའི་དེ་བཞིན་ཉིད་ལྟ་དམྱིགས་པར་[༣]ག་ལ་འགྱུར། དེ་ལ་ལྕེའི་འདུས་ཏེ་རེག་པ་མྱི་དམྱིགས། ལྕེའི་འདུས་ཏེ་རེག

པའི་དེ་བཞིན་ཉིད་མྱི་དམྱིགས་ཏེ། ལྕེའི་འདུས་ཏེ་རེག་པ་ཉིད་ཀྱང་མྱི་དམྱིགས་ན། ལྕེའི་འདུས་ཏེ་རེག་པའི་དེ་བཞིན་ཉིད་ལྟ་དམྱིགས་པར་(༧)ག་ལ་འགྱུར། དེ་ལ་ལུས་ཀྱི་འདུས་ཏེ་རེག་པ་མྱི་དམྱིགས། ལུས་ཀྱི་འདུས་ཏེ་རེག་པའི་དེ་བཞིན་ཉིད་མྱི་དམྱིགས་ཏེ། ལུས་ཀྱི་འདུས་ཏེ་རེག་པ་ཉིད་ཀྱང་མྱི་དམྱིགས་ན། ལུས་ཀྱི་འདུས་ཏེ་རེག་པའི་དེ་བཞིན་ཉིད་ལྟ་དམྱིགས་པར་ག་ལ་འགྱུར། དེ་ལ་ཡིད་ཀྱི་འདུས་ཏེ་རེག་པ་མྱི་དམྱིགས། ཡིད་ཀྱི་འདུས་ཏེ་རེག་པའི་དེ་བཞིན་ཉིད་མི་དམྱིགས་ཏེ། ཡིད་ཀྱི་འདུས་ཏེ་རེག་པ་ཉིད་ཀྱང་མྱི་དམྱིགས་ན། ཡིད་ཀྱི་འདུས་ཏེ་རེག་པའི་དེ་བཞིན་ཉིད་ལྟ་དམྱིགས་པར་ག་ལ་འགྱུར། དེ་ལ་མྱིག་གི་འདུས་ཏེ་རེག་པ་ལས་བྱུང་བའི་ཚོར་བ་མྱི་དམྱིགས། མྱིག་གི་འདུས་ཏེ་རེག་པ་ལས་བྱུང་བའི་ཚོར་བའི་དེ་བཞིན་ཉིད་མྱི་དམྱིགས་ཏེ། མྱིག་གི་འདུས་ཏེ་རེག་པ་ལས་བྱུང་བའི་ཚོར་བ་ཉིད་ཀྱང་མྱི་དམྱིགས་ན། མྱིག་གི་འདུས་ཏེ་རེག་པ་ལས་བྱུང་བའི་ཚོར་བའི་དེ་བཞིན་ཉིད་ལྟ་དམྱིགས་པར་ག་ལ་འགྱུར། དེ་ལ་རྣ་བའི་འདུས་ཏེ་རེག་པ་ལས་བྱུང་བའི་ཚོར་བ་མི་དམྱིགས། རྣ་བའི་འདུས་ཏེ་རེག་པ་ལས་བྱུང་བའི་ཚོར་བའི་དེ་བཞིན་ཉིད་མྱི་དམྱིགས་ཏེ། རྣ་བའི་འདུས་ཏེ་རེག་པ་ལས་བྱུང་བའི་ཚོར་བ་ཉིད་ཀྱང་མྱི་དམྱིགས་ན། རྣ་བའི་འདུས་ཏེ་རེག་པ་ལས་བྱུང་བའི་ཚོར་བའི་དེ་བཞིན་ཉིད་ལྟ་དམྱིགས་པར་ག་ལ་འགྱུར། དེ་ལ་སྣའི་འདུས་ཏེ་རེག་པ་ལས་བྱུང་བའི་ཚོར་བ་(༡)མྱི་དམྱིགས། སྣའི་འདུས་ཏེ་རེག་པ་ལས་བྱུང་བའི་ཚོར་བའི་དེ་བཞིན་ཉིད་མི་དམྱིགས་ཏེ། སྣའི་འདུས་ཏེ་རེག་པ་ལས་བྱུང་བའི་ཚོར་བ་ཉིད་ཀྱང་མྱི་དམྱིགས་ན། སྣའི་འདུས་ཏེ་རེག་པ་ལས་བྱུང་བའི་ཚོར་བའི་དེ་བཞིན་ཉིད་ལྟ་དམྱིགས་པར་ག་ལ་འགྱུར། དེ་ལ་ལྕེའི་འདུས་ཏེ་རེག་པ་ལས་བྱུང་བའི་ཚོར་བ་མྱི་དམྱིགས། ལྕེའི་འདུས་ཏེ་རེག་པ་ལས་བྱུང་བའི་

ཚོར་བའི་དེ་བཞིན་ཉིད་མི་དམིགས་ཏེ། ལྕེའི་འདུས་ཏེ་རེག་པ་ལས་བྱུང་བའི་ཚོར་བ་ཉིད་ཀྱང་མི་དམིགས་ན། ལྕེའི་འདུས་ཏེ་རེག་པ་ལས་བྱུང་བའི་ཚོར་བའི་དེ་བཞིན་ཉིད་ལྟ་དམིགས་པར་ག་ལ་འགྱུར། དེ་ལ་ལུས་ཀྱི་འདུས་ཏེ་རེག་པ་ལས་བྱུང་བའི་ཚོར་བ་མི་དམིགས། ལུས་ཀྱི་འདུས་ཏེ་རེག་པ་ལས་བྱུང་བའི་ཚོར་བའི་དེ་བཞིན་ཉིད་མི་དམིགས་ཏེ། ལུས་ཀྱི་འདུས་ཏེ་རེག་པ་ལས་བྱུང་བའི་ཚོར་བ་ཉིད་ཀྱང་མི་དམིགས་ན། ལུས་ཀྱི་འདུས་ཏེ་རེག་པ་ལས་བྱུང་བའི་ཚོར་བའི་དེ་བཞིན་ཉིད་ལྟ་དམིགས་པར་ག་ལ་འགྱུར། དེ་ལ་ཡིད་ཀྱི་འདུས་ཏེ་རེག་པ་ལས་བྱུང་བའི་ཚོར་བ་མི་དམིགས། ཡིད་ཀྱི་འདུས་ཏེ་རེག་པ་ལས་བྱུང་བའི་ཚོར་བའི་དེ་བཞིན་ཉིད་མི་དམིགས་ཏེ། ཡིད་ཀྱི་འདུས་ཏེ་རེག་པ་ལས་བྱུང་བའི་ཚོར་བ་ཉིད་ཀྱང་མི་དམིགས་ན། ཡིད་ཀྱི་འདུས་ཏེ་རེག་པ་ལས་བྱུང་བའི་ཚོར་བའི་དེ་བཞིན་ཉིད་ལྟ་དམིགས་པར་ག་ལ་འགྱུར། དེ་ལ་སའི་ཁམས་མི་དམིགས། སའི་ཁམས་ཀྱི་དེ་བཞིན་ཉིད་མི་དམིགས་ཏེ། སའི་ཁམས་ཉིད་ཀྱང་མི་དམིགས་ན། སའི་ཁམས་ཀྱི་དེ་བཞིན་ཉིད་ལྟ་དམིགས་པར་ག་ལ་འགྱུར། དེ་ལ་ཆུའི་ཁམས་མི་དམིགས། ཆུའི་ཁམས་ཀྱི་དེ་བཞིན་ཉིད་མི་དམིགས་ཏེ། ཆུའི་ཁམས་ཉིད་ཀྱང་མི་དམིགས་ན། ཆུའི་ཁམས་ཀྱི་དེ་བཞིན་ཉིད་ལྟ་དམིགས་པར་ག་ལ་འགྱུར། དེ་ལ་མེའི་ཁམས་མི་དམིགས། མེའི་ཁམས་ཀྱི་དེ་བཞིན་ཉིད་མི་དམིགས་ཏེ། མེའི་ཁམས་ཉིད་ཀྱང་མི་དམིགས་ན། མེའི་ཁམས་ཀྱི་དེ་བཞིན་ཉིད་ལྟ་དམིགས་པར་ག་ལ་འགྱུར། དེ་ལ་རླུང་གི་ཁམས་མི་དམིགས། རླུང་གི་ཁམས་ཀྱི་དེ་བཞིན་ཉིད་མི་དམིགས་ཏེ། རླུང་གི་ཁམས་ཉིད་ཀྱང་མི་དམིགས་ན། རླུང་གི་ཁམས་ཀྱི་དེ་བཞིན་ཉིད་ལྟ་དམིགས་པར་ག་ལ་འགྱུར། དེ་ལ་ནམ་མཁའི་ཁམས་མི་དམིགས། ནམ་མཁའི་ཁམས་ཀྱི་དེ་བཞིན་ཉིད་མི་དམིགས་ཏེ། ནམ་མཁའི་

ཁམས་ཉིད་ཀྱང་མི་དམིགས་ན། ནམ་མཁའི་ཁམས་ཀྱི་དེ་བཞིན་ཉིད་ལྷ་དམིགས་པར་ག་ལ་འགྱུར། དེ་ལ་རྣམ་པར་ཤེས་པའི་ཁམས་མི་དམིགས། རྣམ་པར་ཤེས་པའི་ཁམས་ཀྱི་དེ་བཞིན་ཉིད་མི་དམིགས་ཏེ། རྣམ་པར་ཤེས་པའི་ཁམས་ཉིད་ཀྱང་མི་དམིགས་ན། རྣམ་པར་ཤེས་པའི་ཁམས་ཀྱི་དེ་བཞིན་ཉིད་ལྷ་དམིགས་པར་ག་ལ་འགྱུར། དེ་ལ་མ་རིག་པ་མི་དམིགས། མ་རིག་པའི་དེ་བཞིན་ཉིད་མི་དམིགས་ཏེ། མ་རིག་པ་ཉིད་ཀྱང་མི་དམིགས་ན། མ་རིག་པའི་དེ་བཞིན་ཉིད་ལྷ་དམིགས་པར་ག་ལ་འགྱུར། དེ་ལ་འདུ་བྱེད་མི་དམིགས། འདུ་བྱེད་ཀྱི་དེ་བཞིན་ཉིད་མི་དམིགས་ཏེ། འདུ་བྱེད་ཉིད་ཀྱང་མི་དམིགས་ན། འདུ་བྱེད་ཀྱི་དེ་བཞིན་ཉིད་ལྷ་དམིགས་པར་ག་ལ་འགྱུར། དེ་ལ་རྣམ་པར་ཤེས་པ་མི་དམིགས། རྣམ་པར་ཤེས་པའི་དེ་བཞིན་ཉིད་མི་དམིགས་ཏེ། རྣམ་པར་ཤེས་པ་ཉིད་ཀྱང་མི་དམིགས་ན། རྣམ་པར་ཤེས་པའི་དེ་བཞིན་ཉིད་ལྷ་དམིགས་པར་ག་ལ་འགྱུར། དེ་ལ་མིང་དང་གཟུགས་མི་དམིགས། མིང་དང་གཟུགས་ཀྱི་དེ་བཞིན་ཉིད་མི་དམིགས་ཏེ། མིང་དང་གཟུགས་ཉིད་ཀྱང་མི་དམིགས་ན། མིང་དང་གཟུགས་ཀྱི་དེ་བཞིན་ཉིད་ལྷ་དམིགས་པར་ག་ལ་འགྱུར། དེ་ལ་སྐྱེ་མཆེད་དྲུག་མི་དམིགས། སྐྱེ་མཆེད་དྲུག་གི་དེ་བཞིན་ཉིད་མི་དམིགས་ཏེ། སྐྱེ་མཆེད་དྲུག་ཉིད་ཀྱང་མི་དམིགས་ན། སྐྱེ་མཆེད་དྲུག་གི་དེ་བཞིན་ཉིད་ལྷ་དམིགས་པར་ག་ལ་འགྱུར། དེ་ལ་རེག་པ་[1]མི་དམིགས། རེག་པའི་དེ་བཞིན་ཉིད་མི་དམིགས་ཏེ། རེག་པ་ཉིད་ཀྱང་མི་དམིགས་ན། རེག་པའི་དེ་བཞིན་ཉིད་ལྷ་དམིགས་པར་ག་ལ་འགྱུར། དེ་ལ་ཚོར་བ་མི་དམིགས། ཚོར་བའི་དེ་བཞིན་ཉིད་མི་དམིགས་ཏེ། ཚོར་བ་ཉིད་ཀྱང་མི་དམིགས་ན། ཚོར་བའི་དེ་བཞིན་ཉིད་ལྷ་དམིགས་པར་ག་ལ་འགྱུར། དེ་ལ་སྲེད་པ་མི་དམིགས། སྲེད་

པའི་དེ་བཞིན་ཉིད་མི་དམིགས་ཏེ། སྲེད་པ་ཉིད་ཀྱང་མི་དམིགས་ན། སྲེད···
པའི་དེ་བཞིན་ཉིད་ལྟ་དམིགས་པར་ག་ལ་འགྱུར། དེ་ལ་ལེན་པ་མི་དམིགས། ལེན་
པའི་དེ་བཞིན་ཉིད་མི་དམིགས་ཏེ། ལེན་པ་ཉིད་ཀྱང་མི་དམིགས་ན། ལེན་
པའི་དེ་བཞིན་ཉིད་ལྟ་དམིགས་པར་ག་ལ་འགྱུར། དེ་ལ་སྲིད་པ་མི་དམིགས།
སྲིད་པའི་དེ་བཞིན་ཉིད་མི་དམིགས་ཏེ། སྲིད་པ་ཉིད་ཀྱང་མི་དམིགས་ན། སྲིད་
པའི་དེ་བཞིན་ཉིད་[7]ལྟ་དམིགས་པར་ག་ལ་འགྱུར། དེ་ལ་སྐྱེ་བ་མི་དམིགས།
སྐྱེ་བའི་དེ་བཞིན་ཉིད་མི་དམིགས་ཏེ། སྐྱེ་བ་ཉིད་ཀྱང་མི་དམིགས་ན། སྐྱེ་བའི་
དེ་བཞིན་ཉིད་ལྟ་དམིགས་པར་ག་ལ་འགྱུར། དེ་ལ་རྒ་ཤི་མི་དམིགས། རྒ་ཤིའི་
དེ་བཞིན་ཉིད་མི་དམིགས་ཏེ། རྒ་ཤི་ཉིད་ཀྱང་མི་དམིགས་ན། རྒ་ཤིའི་དེ་
བཞིན་ཉིད་ལྟ་དམིགས་པར་ག་ལ་འགྱུར། དེ་ལ་སྦྱིན་པའི་ཕ་རོལ་ཏུ་ཕྱིན་པ་མི···
དམིགས། སྦྱིན་པའི་ཕ་རོལ་ཏུ་ཕྱིན་པའི་དེ་བཞིན་ཉིད་མི་དམིགས་ཏེ། སྦྱིན་
པའི་ཕ་རོལ་ཏུ་ཕྱིན་པ་ཉིད་ཀྱང་མི་དམིགས་ན། སྦྱིན་པའི་ཕ་རོལ་ཏུ་ཕྱིན་པའི···
དེ་བཞིན་ཉིད་ལྟ་དམིགས་པར་ག་ལ་འགྱུར། དེ་ལ་ཚུལ་ཁྲིམས་ཀྱི་ཕ་རོལ་ཏུ་ཕྱིན་
པ་མི་དམིགས། ཚུལ་ཁྲིམས་ཀྱི་ཕ་རོལ་ཏུ་ཕྱིན་པའི་དེ་བཞིན་ཉིད་མི་དམིགས་ཏེ།
ཚུལ་ཁྲིམས་ཀྱི་ཕ་རོལ་ཏུ་ཕྱིན་པ་ཉིད་ཀྱང་མི་དམིགས་ན། ཚུལ་ཁྲིམས་ཀྱི་ཕ་རོལ་
ཏུ་ཕྱིན་པའི་དེ་བཞིན་ཉིད་ལྟ་དམིགས་པར་ག་ལ་འགྱུར། དེ་ལ་བཟོད་པའི་ཕ···
རོལ་ཏུ་ཕྱིན་པ་མི་དམིགས། བཟོད་པའི་ཕ་རོལ་ཏུ་ཕྱིན་པའི་དེ་བཞིན་ཉིད་མི···
དམིགས་ཏེ། བཟོད་པའི་ཕ་རོལ་ཏུ་ཕྱིན་པ་ཉིད་ཀྱང་མི་དམིགས་ན། བཟོད་
པའི་ཕ་རོལ་ཏུ་ཕྱིན་པའི་དེ་བཞིན་ཉིད་ལྟ་དམིགས་པར་ག་ལ་འགྱུར། དེ་ལ་
བརྩོན་འགྲུས་ཀྱི་ཕ་རོལ་ཏུ་ཕྱིན་པ་མི་དམིགས། བརྩོན་འགྲུས་ཀྱི་ཕ་རོལ་ཏུ་
ཕྱིན་པའི་དེ་བཞིན་ཉིད་མི་དམིགས་ཏེ། བརྩོན་འགྲུས་ཀྱི་ཕ་རོལ་ཏུ་ཕྱིན་པ་ཉིད་

ཀྱང་མི་དམིགས་ན། བརྩོན་འགྲུས་ཀྱི་ཕ་རོལ་ཏུ་ཕྱིན་པའི་དེ་བཞིན་ཉིད་ལྷ་དམིགས་པར་ག་ལ་འགྱུར། དེ་ལ་བསམ་གཏན་གྱི་ཕ་རོལ་ཏུ་ཕྱིན་པ་མི་དམིགས། བསམ་གཏན་གྱི་ཕ་རོལ་ཏུ་ཕྱིན་པའི་དེ་བཞིན་ཉིད་མི་དམིགས་ཏེ། བསམ་གཏན་གྱི་ཕ་རོལ་ཏུ་ཕྱིན་པ་ཉིད་ཀྱང་མི་དམིགས་ན། བསམ་གཏན་གྱི་ཕ་རོལ་ཏུ་ཕྱིན་པའི་དེ་བཞིན་ཉིད་ལྷ་དམིགས་པར་ག་ལ་འགྱུར། དེ་ལ་ཤེས་རབ་ཀྱི་ཕ་རོལ་ཏུ་ཕྱིན་པ་མི་དམིགས། ཤེས་རབ་ཀྱི་ཕ་རོལ་ཏུ་ཕྱིན་པའི་དེ་བཞིན་ཉིད་མི་དམིགས་ཏེ། ཤེས་རབ་ཀྱི་ཕ་རོལ་ཏུ་ཕྱིན་པ་ཉིད་ཀྱང་མི་དམིགས་ན། ཤེས་རབ་ཀྱི་ཕ་རོལ་ཏུ་ཕྱིན་པའི་དེ་བཞིན་ཉིད་ལྷ་དམིགས་པར་ག་ལ་[༡]འགྱུར། དེ་ལ་ནང་སྟོང་པ་ཉིད་མི་དམིགས། ནང་སྟོང་པ་ཉིད་ཀྱི་དེ་བཞིན་ཉིད་མི་དམིགས་ཏེ། ནང་སྟོང་པ་ཉིད་ཀྱང་མི་དམིགས་ན། ནང་སྟོང་པ་[༢]ཉིད་ཀྱི་དེ་བཞིན་ཉིད་ལྷ་དམིགས་པར་ག་ལ་འགྱུར། དེ་ལ་ཕྱི་སྟོང་པ་ཉིད་མི་དམིགས། ཕྱི་སྟོང་པ་ཉིད་ཀྱི་དེ་བཞིན་ཉིད་མི་དམིགས་ཏེ། ཕྱི་སྟོང་པ་ཉིད་ཀྱང་མི་དམིགས་ན། ཕྱི་སྟོང་པ་ཉིད་ཀྱི་དེ་བཞིན་ཉིད་ལྷ་དམིགས་པར་ག་ལ་འགྱུར། དེ་ལ་ཕྱི་ནང་སྟོང་པ་ཉིད་མི་དམིགས[༣]། ཕྱི་ནང་སྟོང་པ་ཉིད་ཀྱི་དེ་བཞིན་ཉིད་མི་དམིགས་ཏེ། ཕྱི་ནང་སྟོང་པ་ཉིད་ཀྱང་མི་དམིགས་ན། ཕྱི་ནང་སྟོང་པ་ཉིད་ཀྱི་དེ་བཞིན་ཉིད་ལྷ་དམིགས་པར་ག་ལ་འགྱུར། དེ་ལ་སྟོང་པ་ཉིད་སྟོང་པ་ཉིད་མི་དམིགས། སྟོང་པ་ཉིད་སྟོང་པ་ཉིད་ཀྱི་དེ་བཞིན་ཉིད་མི་དམིགས་ཏེ། སྟོང་པ་ཉིད་སྟོང་པ་ཉིད་ཀྱང་མི་དམིགས་ན། སྟོང་པ་ཉིད་སྟོང་པ་ཉིད་ཀྱི་དེ་བཞིན་ཉིད་[༤]ལྷ་དམིགས་པར་ག་ལ་འགྱུར། དེ་ལ་ཆེན་པོ་སྟོང་པ་ཉིད་མི་དམིགས། ཆེན་པོ་སྟོང་པ་ཉིད་ཀྱི་དེ་བཞིན་ཉིད་མི་དམིགས་ཏེ། ཆེན་པོ་སྟོང་པ་ཉིད་ཀྱང་མི་དམིགས་ན། ཆེན་པོ་སྟོང་པ་ཉིད་ཀྱི་དེ་བཞིན་ཉིད་ལྷ་དམིགས་པར་ག་ལ་འགྱུར། དེ་ལ་དོན་

དམ་པ་སྟོང་པ་ཉིད་མི་དམིགས། དོན་དམ་པ་སྟོང་པ་ཉིད་ཀྱི་དེ་བཞིན་ཉིད་མི་དམིགས་ཏེ། དོན་དམ་པ་སྟོང་པ་ཉིད་ཀྱང་མི་དམིགས་ན། དོན་དམ་པ་༔སྟོང་པ་[༡]ཉིད་ཀྱི་དེ་བཞིན་ཉིད་ལྟ་དམིགས་པར་ག་ལ་འགྱུར། དེ་ལ་འདུས་བྱས་སྟོང་པ་ཉིད་མི་དམིགས། འདུས་བྱས་སྟོང་པ་ཉིད་ཀྱི་དེ་བཞིན་ཉིད་མི་དམིགས་ཏེ། འདུས་བྱས་སྟོང་པ་ཉིད་ཀྱང་མི་དམིགས་ན། འདུས་བྱས་སྟོང་པ་ཉིད་ཀྱི་དེ་བཞིན་ཉིད་ལྟ་དམིགས་པར་ག་ལ་འགྱུར། དེ་ལ་འདུས་མ་བྱས་སྟོང་པ་ཉིད་མི་དམིགས། འདུས་མ་བྱས་སྟོང་པ་ཉིད་ཀྱི་དེ་བཞིན་ཉིད་མི་དམིགས་ཏེ། འདུས་མ་བྱས་སྟོང་པ་ཉིད་ཀྱང་མི་དམིགས་ན། འདུས་མ་བྱས་སྟོང་པ་ཉིད་ཀྱི་དེ་བཞིན་ཉིད་ལྟ་དམིགས་པར་ག་ལ་འགྱུར། དེ་ལ་མཐའ་ལས་འདས་པ་སྟོང་པ་ཉིད་མི་དམིགས། མཐའ་ལས་འདས་པ་སྟོང་པ་ཉིད་ཀྱི་དེ་བཞིན་ཉིད་མི་དམིགས་ཏེ། མཐའ་ལས་འདས་པ་སྟོང་པ་ཉིད་ཀྱང་མི་དམིགས་ན། མཐའ་ལས་འདས་པ་སྟོང་པ་ཉིད་ཀྱི་དེ་བཞིན་ཉིད་ལྟ་དམིགས་པར་ག་ལ་འགྱུར། དེ་ལ་ཐོག་མ་དང་ཐ་མ་མེད་པ་སྟོང་པ་ཉིད་མི་དམིགས། ཐོག་མ་དང་ཐ་མ་མེད་པ་སྟོང་པ་ཉིད་ཀྱི་དེ་བཞིན་ཉིད་མི་དམིགས་ཏེ། ཐོག་མ་དང་ཐ་མ་མེད་པ་སྟོང་པ་ཉིད་ཀྱང་མི་དམིགས་ན། ཐོག་མ་དང་ཐ་མ་མེད་པ་སྟོང་པ་ཉིད་ཀྱི་དེ་བཞིན་ཉིད་ལྟ་དམིགས་པར་ག་ལ་འགྱུར། དེ་ལ་དོར་བ་མེད་པ་སྟོང་པ་ཉིད་མི་དམིགས། དོར་བ་མེད་པ་སྟོང་པ་ཉིད་ཀྱི་དེ་བཞིན་ཉིད་མི་དམིགས་ཏེ། དོར་བ་མེད་པ་སྟོང་པ་ཉིད་ཀྱང་མི་དམིགས་ན། དོར་བ་མེད་པ་སྟོང་པ་ཉིད་ཀྱི་དེ་བཞིན་ཉིད་ལྟ་དམིགས་པར་ག་ལ་འགྱུར། དེ་ལ་རང་བཞིན་སྟོང་པ་ཉིད་མི་དམིགས། རང་བཞིན་སྟོང་པ་ཉིད་ཀྱི་དེ་བཞིན་ཉིད་མི་དམིགས་ཏེ། རང་བཞིན་སྟོང་པ་ཉིད་ཀྱང་མི་དམིགས་ན། རང་བཞིན་སྟོང་པ་ཉིད་ཀྱི་དེ་བཞིན་ཉིད་ལྟ་དམིགས་

པར་ག་ལ་འགྱུར། དེ་ལ་ཆོས་ཐམས་ཅད་སྟོང་པ་ཉིད་མི་དམིགས། ཆོས་ཐམས་ཅད་སྟོང་པ་ཉིད་ཀྱི་དེ་བཞིན་ཉིད་མི་དམིགས་ཏེ། ཆོས་ཐམས་ཅད་སྟོང་པ་ཉིད་ཀྱང་མི་དམིགས་ན། ཆོས་ཐམས་ཅད་སྟོང་པ་ཉིད་ཀྱི་དེ་བཞིན་ཉིད་ལྟ་དམིགས་པར་ག་ལ་འགྱུར། དེ་ལ་རང་གི་མཚན་ཉིད་སྟོང་པ་ཉིད་མི་དམིགས། རང་གི་མཚན་ཉིད་སྟོང་པ་ཉིད་ཀྱི་དེ་བཞིན་ཉིད་མི་དམིགས་ཏེ། རང་གི་མཚན་ཉིད་སྟོང་པ་ཉིད་ཀྱང་མི་དམིགས་ན། རང་གི་མཚན་ཉིད་སྟོང་པ་ཉིད་ཀྱི་དེ་བཞིན་ཉིད་ལྟ་དམིགས་པར་ག་ལ་འགྱུར། དེ་ལ་མི་དམིགས་པ་སྟོང་པ་ཉིད་མི་དམིགས། མི་དམིགས་པ་སྟོང་པ་ཉིད་ཀྱི་དེ་བཞིན་ཉིད་མི་དམིགས་ཏེ། མི་དམིགས་པ་སྟོང་པ་ཉིད་ཀྱང་མི་དམིགས་ན། མི་དམིགས་པ་སྟོང་པ་ཉིད་ཀྱི་དེ་བཞིན་ཉིད་ལྟ་དམིགས་པར་ག་ལ་འགྱུར། དེ་ལ་དངོས་པོ་མེད་པ་སྟོང་པ་ཉིད་མི་དམིགས། དངོས་པོ་མེད་པ་སྟོང་པ་ཉིད་ཀྱི་དེ་བཞིན་ཉིད་མི་དམིགས་ཏེ། དངོས་པོ་མེད་པ་སྟོང་པ་ཉིད་ཀྱང་མི་དམིགས་ན། དངོས་པོ་མེད་པ་སྟོང་པ་ཉིད་ཀྱི་དེ་བཞིན་ཉིད་ལྟ་དམིགས་པར་ག་ལ་འགྱུར། དེ་ལ་ངོ་བོ་ཉིད་སྟོང་པ་ཉིད་མི་དམིགས། ངོ་བོ་ཉིད་སྟོང་པ་ཉིད་ཀྱི་དེ་བཞིན་ཉིད་མི་དམིགས་ཏེ། ངོ་བོ་ཉིད་སྟོང་པ་ཉིད་ཀྱང་མི་དམིགས་ན། ངོ་བོ་ཉིད་སྟོང་པ་ཉིད་ཀྱི་དེ་བཞིན་ཉིད་ལྟ་དམིགས་པར་ག་ལ་འགྱུར། དེ་ལ་དངོས་པོ་མེད་པའི་ངོ་བོ་ཉིད་སྟོང་པ་ཉིད་མི་དམིགས། དངོས་པོ་མེད་པའི་ངོ་བོ་ཉིད་སྟོང་པ་ཉིད་ཀྱི་དེ་བཞིན་ཉིད་མི་དམིགས་ཏེ། དངོས་པོ་མེད་པའི་ངོ་བོ་ཉིད་སྟོང་པ་ཉིད་ཀྱང་མི་དམིགས་ན། དངོས་པོ་མེད་པའི་ངོ་བོ་ཉིད་སྟོང་པ་ཉིད་ཀྱི་དེ་བཞིན་ཉིད་ལྟ་དམིགས་པར་ག་ལ་འགྱུར། དེ་ལ་དྲན་པ་ཉེ་བར་གཞག་པ་རྣམས་མི་དམིགས། དྲན་པ་ཉེ་བར་གཞག་པའི་དེ་བཞིན་ཉིད་མི་དམིགས་ཏེ། དྲན་པ་ཉེ་བར་གཞག་པ་ཉིད་ཀྱང་མི་

དམིགས་ན། དྲན་པ་ཉེ་བར་གཞག་པ་རྣམས་ཀྱི་དེ་བཞིན་ཉིད་ལྟ་དམིགས་པར་ག་ལ་འགྱུར། དེ་ལ་ཡང་དག་པར་སྤོང་བ་རྣམས་མི་དམིགས། ཡང་དག་པར་སྤོང་བའི་དེ་བཞིན་ཉིད་མི་དམིགས་ཏེ། ཡང་དག་པར་སྤོང་བ་ཉིད་ཀྱང་མི་དམིགས་ན། ཡང་དག་པར་སྤོང་བ་རྣམས་ཀྱི་དེ་བཞིན་ཉིད་ལྟ་དམིགས་པར་ག་ལ་འགྱུར། དེ་ལ་རྫུ་འཕྲུལ་གྱི་རྐང་པ་རྣམས་མི་དམིགས། རྫུ་འཕྲུལ་གྱི་རྐང་···པའི་དེ་བཞིན་ཉིད་མི་དམིགས་ཏེ། རྫུ་འཕྲུལ་གྱི་རྐང་པ་ཉིད་ཀྱང་མི་དམིགས་ན༑ རྫུ་འཕྲུལ་གྱི་རྐང་པ་རྣམས་ཀྱི་དེ་བཞིན་ཉིད་ལྟ་དམིགས་པར་ག་ལ་འགྱུར[1]། དེ་ལ་དབང་པོ་རྣམས་མི་དམིགས། དབང་པོའི་དེ་བཞིན་ཉིད་མི་དམིགས་ཏེ། དབང་པོ་ཉིད་ཀྱང་མི་དམིགས་ན། དབང་པོ་རྣམས་ཀྱི་དེ་བཞིན་ཉིད་ལྟ་དམིགས་པར་ག་ལ་འགྱུར། དེ་ལ་སྟོབས་རྣམས་མི་དམིགས། སྟོབས་ཀྱི་དེ་བཞིན་ཉིད་མི་དམིགས་ཏེ། སྟོབས་ཉིད་ཀྱང་མི་དམིགས་ན། སྟོབས་རྣམས་ཀྱི་དེ་བཞིན་ཉིད་ལྟ་དམིགས་པར་ག་ལ་འགྱུར། དེ་ལ་བྱང་ཆུབ་ཀྱི་ཡན་ལག་རྣམས་མི་དམིགས། བྱང་ཆུབ་ཀྱི་ཡན་ལག་གི་དེ་བཞིན་ཉིད་མི་དམིགས་ཏེ། བྱང་ཆུབ་ཀྱི་ཡན་ལག་ཉིད་ཀྱང་མི་དམིགས་ན། བྱང་ཆུབ་ཀྱི་ཡན་ལག་རྣམས་ཀྱི་དེ་···བཞིན་ཉིད་ལྟ་དམིགས་པར་ག་ལ་འགྱུར། དེ་ལ་འཕགས་པའི་ལམ་ཡན་ལག་བརྒྱད་པ་མི་དམིགས། འཕགས་པའི་ལམ་ཡན་ལག་བརྒྱད་པའི་དེ་བཞིན་ཉིད་མི་དམིགས་ཏེ། འཕགས་པའི་ལམ་ཡན་ལག་བརྒྱད་པ་ཉིད་ཀྱང་མི་དམིགས་ན། འཕགས་པའི་ལམ་ཡན་ལག་བརྒྱད་པའི་དེ་བཞིན་ཉིད་ལྟ་དམིགས་པར་ག་ལ་འགྱུར། དེ་ལ་འཕགས་པའི་བདེན་པ་རྣམས་མི་དམིགས། འཕགས་པའི་བདེན་པའི་དེ་···བཞིན་ཉིད་མི་དམིགས་ཏེ། འཕགས་པའི་བདེན་པ་ཉིད་ཀྱང་མི་དམིགས་ན། འཕགས་པའི་བདེན་པ་རྣམས་ཀྱི་དེ་བཞིན་ཉིད་ལྟ་དམིགས་པར་ག་ལ་འགྱུར།

དེ་ལ་བསམ་གཏན་རྣམས་མྱི་དམྱིགས། བསམ་གཏན་གྱི་དེ་བཞིན་ཉིད་མྱི་དམྱིགས་ཏེ། བསམ་གཏན་ཉིད་ཀྱང་མྱི་དམྱིགས་ན། བསམ་གཏན་རྣམས་ཀྱི་དེ་བཞིན་ཉིད་ལྟ་དམྱིགས་པར་ག་ལ་འགྱུར། དེ་ལ་ཚད་མྱེད་པ་རྣམས་མྱི་དམྱིགས། ཚད་མྱེད་པའི་དེ་བཞིན་ཉིད་མྱི་དམྱིགས་ཏེ། ཚད་མྱེད་པ་ཉིད་ཀྱང་མྱི་དམྱིགས་ན། ཚད་མྱེད་པ་རྣམས་ཀྱི་དེ་བཞིན་ཉིད་ལྟ་དམྱིགས་པར་ག་ལ་འགྱུར། དེ་ལ་གཟུགས་མྱེད་[༡]པའི་སྙོམས་པར་འཇུག་པ་རྣམས་མྱི་དམྱིགས། གཟུགས་མྱེད་པའི་སྙོམས་པར་འཇུག་པའི་དེ་བཞིན་ཉིད་མྱི་དམྱིགས་ཏེ། གཟུགས་མྱེད་པའི་སྙོམས་པར་འཇུག་[༢]པ་ཉིད་ཀྱང་མྱི་དམིགས་ན། གཟུགས་མྱེད་པའི་སྙོམས་པར་འཇུག་པ་རྣམས་ཀྱི་དེ་བཞིན་ཉིད་ལྟ་དམྱིགས་པར་ག་ལ་འགྱུར། དེ་ལ་རྣམ་པར་ཐར་པ་རྣམས་མྱི་དམྱིགས། རྣམ་པར་ཐར་པའི་དེ་བཞིན་ཉིད་མྱི་དམྱིགས་ཏེ། རྣམ་པར་ཐར་པ་ཉིད་ཀྱང་མྱི་དམྱིགས་ན། རྣམ་པར་ཐར་པ་རྣམས་ཀྱི་དེ་བཞིན་ཉིད་ལྟ་དམྱིགས་པར་ག་ལ་འགྱུར། དེ་ལ་མཐར་གྱིས་གནས་པའི་སྙོམས་པར་འཇུག་པ་རྣམས་མྱི་དམྱིགས། མཐར་གྱིས་གནས་···པའི་སྙོམས་པར་འཇུག་པའི་དེ་བཞིན་ཉིད་མྱི་དམྱིགས་ཏེ། མཐར་གྱིས་གནས་···པའི་སྙོམས་པར་འཇུག་པ་ཉིད་ཀྱང་མི་དམྱིགས་ན། མཐར་གྱིས་གནས་པའི་སྙོམས་པར་འཇུག་པ་རྣམས་ཀྱི་དེ་བཞིན་ཉིད་ལྟ་དམྱིགས་པར་ག་ལ་འགྱུར། དེ་ལ་རྣམ་པར་ཐར་པའི་སྒོ་སྟོང་པ་ཉིད་དང་། མཚན་མ་མྱེད་པ་དང་། སྨོན་པ་མྱེད་པ་མྱི་དམྱིགས། རྣམ་པར་ཐར་པའི་སྒོ་སྟོང་པ་ཉིད་དང་། མཚན་མ་མྱེད་པ་དང་། སྨོན་པ་མྱེད་པའི་དེ་བཞིན་ཉིད་མྱི་དམྱིགས་ཏེ། རྣམ་པར་ཐར་པའི་སྒོ་སྟོང་པ་ཉིད་དང་། མཚན་མ་མྱེད་པ་དང་། སྨོན་པ་མྱེད་པ་ཉིད་ཀྱང་མྱི···དམྱིགས་ན། རྣམ་པར་ཐར་པའི་སྒོ་སྟོང་པ་ཉིད་དང་། མཚན་མ་མྱེད་པ་དང་།

སྟོན་པ་མྱེད་པའི་དེ་བཞིན་ཉིད་ལྟ་དམྱིགས་པར་ག་ལ་འགྱུར། དེ་ལ་མངོན་པར་
ཤེས་པ་རྣམས་མྱི་དམྱིགས། མངོན་པར་ཤེས་པའི་དེ་བཞིན་ཉིད་མྱི་དམྱིགས་ཏེ།
མངོན་པར་ཤེས་པ་ཉིད་ཀྱང་མྱི་དམྱིགས་ན། མངོན་པར་ཤེས་པ་རྣམས་ཀྱི་དེ་
བཞིན་ཉིད་ལྟ་དམྱིགས་པར་ག་ལ་འགྱུར། དེ་ལ་ཏིང་ངེ་འཛིན་རྣམས་མྱི་དམྱིགས།
ཏིང་ངེ་འཛིན་གྱི་དེ་བཞིན་ཉིད་མྱི་དམྱིགས་ཏེ། ཏིང་ངེ་འཛིན་ཉིད་ཀྱང་མྱི་
དམྱིགས་ན། ཏིང་ངེ་འཛིན་རྣམས་ཀྱི་དེ་བཞིན་ཉིད་ལྟ་དམྱིགས་པར་ག་ལ་འགྱུར།
དེ་ལ་གཟུངས་ཀྱི་སྒོ་རྣམས་མྱི་དམིགས། གཟུངས་ཀྱི་སྒོའི་དེ་བཞིན་ཉིད་མྱི་
དམྱིགས་ཏེ། གཟུངས་ཀྱི་སྒོ་ཉིད་ཀྱང་མྱི་དམྱིགས་ན[1]། གཟུངས་ཀྱི་སྒོ་རྣམས་
ཀྱི་དེ་བཞིན་ཉིད་ལྟ་དམྱིགས་པར་ག་ལ་འགྱུར། དེ་ལ་དེ་བཞིན་གཤེགས་པའི་
སྟོབས་རྣམས་མྱི་དམྱིགས། དེ་བཞིན་གཤེགས་པའི་སྟོབས་ཀྱི་དེ་བཞིན་ཉིད་མྱི་
དམྱིགས་ཏེ། དེ་བཞིན་གཤེགས་པའི་སྟོབས་ཉིད་ཀྱང་མྱི་དམྱིགས་ན། དེ་
བཞིན་གཤེགས་པའི་སྟོབས་རྣམས་ཀྱི་དེ་བཞིན་ཉིད་ལྟ་དམྱིགས་པར་ག་ལ་འགྱུར།
དེ་ལ་མྱི་འཇིགས་པ་རྣམས་མྱི་དམྱིགས། མྱི་འཇིགས་པའི་དེ་བཞིན་ཉིད་མྱི་
དམྱིགས་ཏེ། མྱི་འཇིགས་པ་ཉིད་ཀྱང་མི་དམྱིགས་ན། མྱི་འཇིགས་པ་རྣམས་
ཀྱི་དེ་བཞིན་ཉིད་ལྟ་དམྱིགས་པར་ག་ལ་འགྱུར། དེ་ལ་སོ་སོ་ཡང་དག་པར་རིག་
པ་རྣམས་མྱི་དམྱིགས། སོ་སོ་ཡང་དག་པར་རིག་པའི་དེ་བཞིན་ཉིད་མྱི་དམྱིགས་
ཏེ། སོ་སོ་ཡང་དག་པར་རིག་པ་ཉིད་ཀྱང་མྱི་དམྱིགས་ན། སོ་སོ་ཡང་དག་
པར་རིག་པ་རྣམས་ཀྱི་དེ་བཞིན་ཉིད་ལྟ་དམྱིགས་པར་ག་ལ་འགྱུར། [2]དེ་ལ་
སྙིང་རྗེ་ཆེན་པོ་མྱི་དམྱིགས། སྙིང་རྗེ་ཆེན་པོའི་དེ་བཞིན་ཉིད་མི་དམྱིགས་ཏེ།
སྙིང་རྗེ་ཆེན་པོ་ཉིད་ཀྱང་མི་དམྱིགས་ན། སྙིང་རྗེ་ཆེན་པོའི་དེ་བཞིན་ཉིད་ལྟ་
དམྱིགས་པར་ག་ལ་འགྱུར། དེ་ལ་སངས་རྒྱས་ཀྱི་ཆོས་མ་འདྲེས་པ་རྣམས་མྱི་

དམིགས། སངས་རྒྱས་ཀྱི་ཆོས་མ་འདྲེས་པའི་དེ་བཞིན་ཉིད་མི་དམིགས་ཏེ། སངས་རྒྱས་ཀྱི་ཆོས་མ་འདྲེས་པ་ཉིད་ཀྱང་མི་དམིགས་ན། སངས་རྒྱས་ཀྱི་ཆོས་མ་འདྲེས་པ་རྣམས་ཀྱི་དེ་བཞིན་ཉིད་ལྟ་དམིགས་པར་ག་ལ་འགྱུར། དེ་ལ་རྒྱུན་ཏུ་ཞུགས་པའི་འབྲས་བུ་མི་དམིགས། རྒྱུན་ཏུ་ཞུགས་པའི་འབྲས་བུའི་དེ་བཞིན་ཉིད་མི་དམིགས་ཏེ། རྒྱུན་ཏུ་ཞུགས་པའི་འབྲས་བུ་ཉིད་ཀྱང་མི་དམིགས་ན། རྒྱུན་ཏུ་ཞུགས་པའི་འབྲས་བུའི་དེ་བཞིན་ཉིད་ལྟ་དམིགས་པར་ག་ལ་འགྱུར། དེ་ལ་ལན་ཅིག་ཕྱིར་འོང་བའི་འབྲས་བུ་མི་དམིགས། ལན་ཅིག་ཕྱིར་འོང་བའི་འབྲས་བུའི་དེ་བཞིན་ཉིད་མི་དམིགས་ཏེ། ལན་ཅིག་ཕྱིར་འོང་བའི་འབྲས་བུ་ཉིད་ཀྱང་མི་དམིགས་ན། ལན་ཅིག་ཕྱིར་འོང་བའི་འབྲས་བུའི་དེ་བཞིན་ཉིད་ལྟ་དམིགས་པར་ག་ལ་འགྱུར། དེ་ལ་ཕྱིར་མི་འོང་བའི་འབྲས་བུ་མི་དམིགས། ཕྱིར་མི་འོང་བའི་འབྲས་བུའི་དེ་བཞིན་ཉིད་མི་དམིགས་ཏེ། ཕྱིར་མི་འོང་བའི་འབྲས་བུ་ཉིད་ཀྱང་མི་དམིགས་ན། ཕྱིར་མི་འོང་བའི་འབྲས་བུའི་དེ་བཞིན་ཉིད་ལྟ་དམིགས་པར་ག་ལ་འགྱུར། དེ་ལ་དགྲ་བཅོམ་པ་ཉིད་མི་དམིགས། དགྲ་བཅོམ་པ་ཉིད་ཀྱི་དེ་བཞིན་ཉིད་མི་དམིགས་ཏེ། དགྲ་བཅོམ་པ་ཉིད་ཀྱང་མི་དམིགས་ན། དགྲ་བཅོམ་པ་ཉིད་ཀྱི་དེ་བཞིན་ཉིད་ལྟ་དམིགས་པར་(༡)ག་ལ་འགྱུར། དེ་ལ་རང་བྱང་ཆུབ་མི་དམིགས། རང་བྱང་ཆུབ་ཀྱི་དེ་བཞིན་ཉིད་མི་དམིགས་ཏེ། རང་བྱང་ཆུབ་ཉིད་ཀྱང་མི་དམིགས་ན(༢)། རང་བྱང་ཆུབ་(༣)ཀྱི་དེ་བཞིན་ཉིད་ལྟ་དམིགས་པར་ག་ལ་འགྱུར། དེ་ལ་ལམ་གྱི་རྣམ་པ་ཤེས་པ་ཉིད་མི་དམིགས། ལམ་གྱི་རྣམ་པ་ཤེས༔པ་ཉིད་ཀྱི་(༤)དེ་བཞིན་ཉིད་མི་དམིགས་ཏེ། ལམ་གྱི་རྣམ་པ་ཤེས་པ་ཉིད་ཀྱང་མི་དམིགས་ན། ལམ་གྱི་རྣམ་པ་ཤེས་པ་ཉིད་ཀྱི་དེ་བཞིན་ཉིད་ལྟ་དམིགས་པར་ག་ལ་འགྱུར། དེ་ལ་(༥)རྣམ་པ་ཐམས་ཅད་མཁྱེན་པ་ཉིད་མི་

དམིགས། རྣམ་པ་ཐམས་ཅད་མཁྱེན་པ་ཉིད་ཀྱི་དེ་བཞིན་ཉིད་མི་དམིགས་ཏེ། རྣམ་པ་ཐམས་ཅད་མཁྱེན་པ་ཉིད་ཀྱང་མི་དམིགས་ན། རྣམ་པ་ཐམས་ཅད་མཁྱེན་པ་ཉིད་ཀྱི་དེ་བཞིན་ཉིད་ལྟ་དམིགས་པར་ག་ལ་འགྱུར།། ||

ཤེས་རབ་ཀྱི་ཕ་རོལ་ཏུ་ཕྱིན་པ་སྟོང་ཕྲག་བརྒྱ་པ། བམ་པོ་ལྔ་[1]པ། ཤ་ར་དྭ་ཏིའི་བུ་དེ་བཞིན་ཉིད་དང་། མ་ནོར་བ་དེ་བཞིན་ཉིད་དང་། གཞན་མ་ཡིན་པ་དེ་བཞིན་ཉིད་ཀྱི་ལེའུ་འདི་བཤད་པའི་ཚེ། དགེ་སློང་ཉིས་བརྒྱ་ཉེ་བར··· ལེན་པ་མེད་པར་ཟག་པ་ལས་སེམས་རྣམ་པར་གྲོལ་ལོ། །དགེ་སློང་མ་ལྔ་བརྒྱ་ནི་ཆོས་རྣམས་ལ་ཆོས་ཀྱི་མིག་རྡུལ་མེད་ཅིང་དྲི་མ་དང་བྲལ་བ་སྐྱེས་སོ། །བྱང་ཆུབ་སེམས་དཔའ་ལྔ་སྟོང་དང་། ལྷ་དང་མི་རྣམས་ཀྱིས་མི་སྐྱེ་བའི་ཆོས་ལ་བཟོད་པ་རབ་ཏུ་ཐོབ་བོ། །བྱང་ཆུབ་སེམས་དཔའ་ཡོངས་སུ་ཉམ་[2]པའི་ཆོས་ཅན་དྲུག་ཅུ་[3]ནི་ཉེ་བར་ལེན་པ་མེད་པར་ཟག་པ་ལས་སེམས་རྣམ་པར་གྲོལ་ཏེ། ཤ་ར་དྭ་ཏིའི་བུ་བྱང་ཆུབ་སེམས་དཔའ་སེམས་དཔའ་ཆེན་པོ་འདི་དག་གིས་ནི་སངས་རྒྱས་ལྔ་བརྒྱ་བསྙེན་བཀུར་ཏེ། ཐམས་ཅད་དུ་ཡང་སྦྱིན་པ་བྱིན། ཚུལ་ཁྲིམས་བསྲུངས། བཟོད་པ་[4]བསྒོམས། བརྩོན་འགྲུས་བརྩམས[5]། བསམ་གཏན་བསྐྱབས། ཤེས་རབ་བསྒོམས་ཀྱང་། དེ་དག་ཤེས་རབ་ཀྱི་ཕ་རོལ་ཏུ་ཕྱིན་པས་ཡོངས་སུ་མ་བཟུང་ཞིང་། ཐབས་མཁས་པས་ཡོངས་སུ་མ་བཟུང་བས། སྦྱིན་པ་བྱིན་ཏེ། འདི་ནི་སྦྱིན་པའོ། །འདི་ལ་བདག་གིས་སྦྱིན་པར་བྱའོ། ། ༔འདི་ལ་སྦྱིན་པར་མི་བྱའོ། །[6]འདི་ནི་ཚུལ་ཁྲིམས་སོ། །བདག་གིས་ནི་བསྲུང་བར་བྱའོ། །འདི་ནི་བཟོད་པའོ། །བདག་གིས་ནི་བསྒོམ་པར་བྱའོ། །འདི་ནི་བརྩོན་འགྲུས་སོ། །བདག་གིས་ནི་བརྩམ་[7]པར་བྱའོ། །འདི་ནི་བསམ་གཏན་ནོ། །བདག་གིས་ནི་མཉམ་པར་གཞག་པར་བྱའོ། །འདི་ནི་ཤེས་རབ་བོ། །བདག···

གིས་ནི་བསྒོམ་པར་བྱའོ། །ཞེས་ཐ་དད་པར་སྦྱོད་པས། དེ་དག་ཤེས་རབ་ཀྱི་ཕ་རོལ་ཏུ་ཕྱིན་པ་དང་བྲལ་ཞིང་། ཐབས་མཁས་པས་ཡོངས་སུ་མ་བཟུང་བར[༡] སྦྱིན་པ་གཏོང་[༢]། ཚུལ་ཁྲིམས་སྲུང་། བཟོད་པ་སྒོམ། བརྩོན་འགྲུས་རྩོམ། བསམ་གཏན་ལ་མཉམ་པར་གཞོག །ཤེས་རབ་གོམས[༣]པར་བྱེད་ཅིང་། དེ་དག་འདུ་ཤེས་སྣ་ཚོགས་ཀྱིས་སྦྱོད་པས། ཐ་མི་དད་པ་མ[༤]དམིགས་པའི་ཕྱིར། བྱང་ཆུབ་སེམས་དཔའི་སྐྱོན་མེད་པར་མ་ཞུགས་སོ། །དེ་དག་བྱང་ཆུབ་སེམས་དཔའི་སྐྱོན་མེད་པར་མ་ཞུགས་པས། རྒྱུན་ཏུ་ཞུགས་པའི་འབྲས་བུ་ཐོབ་བོ[༥]། །ལན་ཅིག་ཕྱིར་འོང་བའི་འབྲས་བུ་ཐོབ་བོ[༦]། །ཕྱིར་མི་འོང་བའི་འབྲས་བུ་ཐོབ་བོ[༧]།། དགྲ་བཅོམ་པ་ཉིད་ཐོབ་བོ[༨]། །ཤཱ་ར་དྭ་ཏིའི་བུ་བྱང་ཆུབ་སེམས་དཔའ་སེམས་དཔའ་ཆེན་པོ་རྣམས་ཀྱི་ལམ་སྟོང་པ་ཉིད་དམ། མཚན་མ་མེད་པའམ། སྨོན་པ་མེད་པ་ཡོད་མོད་ཀྱི། དེ་དག་ཤེས་རབ་ཀྱི་ཕ་རོལ་ཏུ་ཕྱིན་པ་དང་བྲལ་ཞིང་། ཐབས་མཁས་པས་ཡོངས་སུ་མ་བཟུང་ན། ཡང་དག་པའི་མཐའ་མངོན་དུ་བྱས་ནས༔ ཉན་ཐོས་སམ། རང་སངས་རྒྱས་སུ་འགྱུར་རོ། །གསོལ་པ། བཅོམ་ལྡན་འདས་ཅིའི[༩] སླད་དུ་སྟོང་པ་ཉིད་དང་། མཚན་མ་མ་མཆིས་པ་དང་། སྨོན་པ་མ་མཆིས་པའི་ཆོས་དེ་དག་ཉིད་ལ་བསྒོམ་དུ་འདྲ[༡༠]ཡང་། ཤེས་རབ་ཀྱི་ཕ་རོལ་ཏུ་ཕྱིན་པ་དང་བྲལ་ཞིང་། ཐབས་མཁས་པ་དང་བྲལ་བ་རྣམས་ནི་ཡང་དག་པའི་མཐའ་མངོན་དུ་བགྱིས་ཤིང་། ཉན་ཐོས་དང་རང་སངས་རྒྱས་སུ་འགྱུར་ལ། བཅོམ་ལྡན་འདས་བྱང་ཆུབ་སེམས་དཔའ་ཐབས་མཁས་པས་ཡོངས་སུ་བཟུང་བ་དག་ནི་སྟོང་པ་ཉིད་དང་། མཚན་མ་མ[༡༡]མཆིས་པ་དང་། སྨོན་པ་མ་མཆིས་པའི་ཆོས་དེ་དག་ཉིད་ལ་བསྒོམ[༡༢]དུ་བས་ཀྱང་ཐབས་མཁས་པ་ལ་བརྟེན་ཅིང་། བླ་ན་མེད་པ་ཡང་དག་པར་རྫོགས་པའི་བྱང་ཆུབ་ཏུ་མངོན་པར

རྫོགས་པར་འཚང་རྒྱ་བར་འགྱུར། བཅོམ་ལྡན་འདས་ཀྱིས་བཀའ་སྩལ་པ། ཤཱ་ར་དྭ་ཏིའི་བུ་འདི་ལ་ཁ་ཅིག་རྣམ་པ་ཐམས་ཅད་མཁྱེན་པའི་སེམས་དང་བྲལ་བ། སྟོང་པ་ཉིད་དང་། མཚན་མ་མེད་པ་དང་། སྨོན་པ་མེད་པའི་ཆོས་འབའ་ཿཞིག་བསྒོམ[1]པ་ནི་ཐབས་མཁས་པ་མ་ཐོབ་པས། ཉན་ཐོས་དང་རང་སངས་རྒྱས་དག་ཏུ་འགྱུར་རོ[2]། །ཤཱ་ར་དྭ་ཏིའི་བུ་འདི་ལ་བྱང་ཆུབ་སེམས་དཔའ་སེམས་དཔའ་ཆེན་པོ་རྣམ་པ་ཐམས་ཅད་མཁྱེན་པ་ཉིད་ཀྱི་སེམས་དང་མ་བྲལ་བ་རྣམས་ནི། སྟོང་པ་ཉིད་དང་། མཚན་མ་མེད་པ་དང་། སྨོན་པ་མེད་པའི་ཆོས་རྣམས་ལ་བསྒོམ[3]ཞིང་། ཐབས་མཁས་པ་ཐོབ་པས་བྱང་ཆུབ་སེམས་དཔའི་སྐྱོན་མེད་པར་འཇུག་ཅིང་། བླ་ན་མེད་པ་ཡང་དག་པར་རྫོགས་པའི་བྱང་ཆུབ་ཏུ་མངོན་པར་རྫོགས་པར་འཚང་རྒྱའོ། །ཤཱ་ར་དྭ་ཏིའི་བུ་འདི་ལྟ་སྟེ་དཔེར་ན། བྱ་ཞིག་ལ་ལུས་དཔག་ཚད་བརྒྱ་པའམ། དཔག་ཚད་ཉིས་བརྒྱ་པའམ། དཔག་ཚད་སུམ་བརྒྱ་པའམ། དཔག་ཚད་བཞི་བརྒྱ་པའམ། དཔག་ཚད་ལྔ་བརྒྱ་པ་ཞིག་ཡོད་ལ། དེ་སུམ་ཅུ[4]རྩ་གསུམ་གྱི་ལྷའི་རིས་ནས་འདིར་འོང་བར་འདོད་ལ་བྱ་དེ་ལ་འདབ[5]མ་མེད་པ་ཞིག་སྟེ། [6]འཛམ་བུའི་གླིང་དུ་གནས་སོ་སྙམ་ནས། སུམ་ཅུ[7]རྩ་གསུམ་གྱི་ལྷའི་རིས་ནས་བདག་ཉིད་མཆོངས་ན། ཤཱ་ར་དྭ་ཏིའི་བུ་དེ་ལ་ཇི་སྙམ་དུ་སེམས། གལ་ཏེ་བྱ་དེ་ལམ་ནས་མ་ལ་བདག་གིས་སུམ་ཅུ[8]རྩ་གསུམ་གྱི་ལྷའི་རིས་སུ་གནས་པར་བྱའོ་སྙམ་དུ་སེམས་ན། ཤཱ་ར་དྭ་ཏིའི་བུ་དེ་ལ་ཇི་སྙམ་དུ་སེམས། བྱ་དེས་ཕྱིར་སུམ་ཅུ[9]རྩ་གསུམ་གྱི་ལྷའི་རིས་སུ་གནས་པར་ནུས་སམ། གསོལ་པ། བཅོམ་ལྡན་འདས་དེ་ལྟ[10]མ་ལགས་སོ། །བཅོམ་ལྡན་འདས་ཀྱིས་བཀའ་སྩལ་པ། གལ་ཏེ་ལམ་ནས་འདི་སྙམ་དུ་མ་ལ་བདག་གིས་ཅི[11]ནས་ཀྱང་མ་སྨས་མཿ སྣད་པར[12]འཛམ་བུའི་གླིང་དུ་འདུག་པར་བྱའོ་སྙམ་ན། ཤཱ་ར་དྭ་ཏིའི་བུ་

དེ་ལ་ཇི་སྙམ་དུ་སེམས། བྱ་དེ་འཛམ་བུའི་གླིང་དུ་མ་སླས་མཿ སྣད་པར་[༡]འདུག་པར་འགྱུར་རམ། གསོལ་པ། བཅོམ་ལྡན་འདས་དེ་ནི་མ་ལགས་སོ། །བཅོམ་ལྡན་འདས་དེ་ནི་འཛམ་བུའི་གླིང་དུ་ལྷུང་ནས། སླས་པའམཿ སྣད་པར་[༢]ཡང་འགྱུར། འགུམ་པའམ། གུམ་པ་[༣]ལ་ཐུག་པར་སྡུག་བསྔལ་བར་ཡང་འགྱུར་རོ། །དེ་ཅིའི་སླད་དུ་ཞེ་ན། བཅོམ་ལྡན་འདས་དེ་ལྟར་ལུས་ཆེ་ལ་འདབ་[༤]མ་མ་མཆིས་པ་དེ་ནི[༥]། དེ་ལྟར་འགྱུར་དུ་གདོན་མི་འཚལ་ལོ། །བཅོམ་ལྡན་འདས་ཀྱིས་བཀའ་སྩལ་པ། ཤ་ར་དྭ་ཏིའི་བུ་དེ་བཞིན་དུ་བྱང་ཆུབ་སེམས་དཔའ་བསྐལ་པ་གངྒའི་[༦]ཀླུང་གི་བྱེ་མ་སྙེད་དུ་སྦྱིན་པ་གཏོང་ཞིང་ཚུལ་ཁྲིམས་སྲུང་། བཟོད་པ་སྒོམ། བརྩོན་འགྲུས་རྩོམ། བསམ་གཏན་ལ་མཉམ་པར་གཞོག་ཅིང་། བླ་ན་མེད་པ་ཡང་དག་པར་རྫོགས་པའི་བྱང་ཆུབ་ཏུ་མངོན་པར་རྫོགས་པར་འཚང་རྒྱ་བར་བྱ་བའི་ཕྱིར་དེའི་སྨོན་པ་ཡང་ཆེ། དེའི་སེམས་བསྐྱེད་[༧]པ་ཡང་ཆེ། ཡོངས་སུ་འཛིན་པ་ཡང་ཚད་མེད་དུ་ཟིན་[༨]ཀྱང་། ཤེས་རབ་ཀྱི་ཕ་རོལ་ཏུ་ཕྱིན་པ་དང་བྲལ་ཞིང་ཐབས་མཁས་པས་ཡོངས་སུ་མ་བཟུང་ན། ཉན་ཐོས་ཀྱི་སའམ། རང་སངས་རྒྱས་ཀྱི་སར་ལྟུང་ངོ་། །དེ་ཅིའི་ཕྱིར་ཞེ་ན། དེ་ནི་འདི་ལྟར་བྱང་ཆུབ་སེམས་དཔའ་དེས། རྣམ་པ་ཐམས་ཅད་མཁྱེན་པ་ཉིད་ཀྱི་སེམས་དང་མི་ལྡན་པར་སྦྱིན་པ་བྱིན། ཚུལ་ཁྲིམས་བསྲུངས། བཟོད་པ་བསྒོམས[༩]། བརྩོན་འགྲུས་བརྩམས། བསམ་གཏན་བསྒྲུབས་པས། བྱང་ཆུབ་སེམས་དཔའ་དེ་ཤེས་རབ་ཀྱི་ཕ་རོལ་ཏུ་ཕྱིན་པ་དང་བྲལ་ཞིང་། ཐབས་མཁས་པས་ཡོངས་སུ་མ་བཟུང་བའི་ཕྱིར། ཉན་ཐོས་ཀྱི་སའམ། རང་སངས་རྒྱས་ཀྱི་སར་ལྟུང་ངོ་། །ཤ་ར་དྭ་ཏིའི་བུ་བྱང་ཆུབ་སེམས་དཔའ་འདས་པ་དང་། མ་འོངས་པ་དང་། ད་ལྟར་བྱུང་བའི་དེ་བཞིན་གཤེགས་པ་རྣམས་ཀྱི་ཚུལ་ཁྲིམས་དང་ཏིང་ངེ་འཛིན་དང་།

ཤེས་རབ་དང་། རྣམ་པར་གྲོལ་བ་དང་། རྣམ་པར་གྲོལ་བའི་ཡེ་ཤེས་གཟིགས་པ་སེམས་ཤིང་འཛིན་ལ་མཆན་མར་བྱེད་ཀྱང་དེ་བཞིན་གཤེགས་པ་རྣམས་ཀྱི་ཚུལ་ཁྲིམས་མྱི་ཤེས། ཏིང་ངེ་འཛིན་མྱི་ཤེས། ཤེས་རབ་མྱི་ཤེས།[1] རྣམ་པར་གྲོལ་བ་མྱི་ཤེས། རྣམ་པར་གྲོལ་བའི་ཡེ་ཤེས་གཟིགས་པ་མྱི་ཤེས་ན། དེ་མྱི་ཤེས་ཡོང་དུ་མ་ཚུད་པས་སྟོང་པ་ཉིད་དང་། མཚན་མ་མྱེད་པ་དང་། སྨོན་པ་མྱེད་པའི་སྒྲ་ཐོས་ནས[2]། དེ་ནི་དེ་དག་ལ་ཞི་བར་མཚན་མར་འཛིན་ཏེ[3]། དེས་དེ་དག་ལ་ཞི་བར་མཚན་མར་བཟུང་[4]ཞིང་བླ་ན་མྱེད་པ་ཡང་དག་པར་རྫོགས་པའི་བྱང་ཆུབ་ཏུ་ཡོངས་སུ་སྨོའ[5]། །དེ་ལྟར་ཡོངས་སུ་སྨོ[6]བའི་བྱང་ཆུབ་སེམས་དཔའ་ནི་ཉན་ཐོས་ཀྱི་སའམ་རང་སངས་རྒྱས་ཀྱི་ས་ལ་གནས་པར་འགྱུར་རོ། །ཤ་ར་དྭ་ཏིའི་བུ་དེ་ཅིའི་ཕྱིར་ཞེ་ན། དེ་ལྟར་ཤེས་རབ་ཀྱི་ཕ་རོལ་ཏུ་ཕྱིན་པ་དང་ཐབས་མཁས་པ་དང་བྲལ་བས་དགེ་བའི་རྩ་བ་དེ་དག་བླ་ན་མྱེད་པ་ཡང་དག་པར་རྫོགས་པའི་བྱང་ཆུབ་ཏུ་ཡོངས་སུ་སྨོ་བ་ནི[7]། དེ་ལྟར་འགྱུར་དུ་གདོན་མྱི་ཟའོ། །ཤ་ར་དྭ་ཏིའི་བུ་འདི་ལ་བྱང་ཆུབ་སེམས་དཔའ་སེམས་དཔའ་ཆེན་པོ་ཐོག་མ་སེམས་བསྐྱེད་པ་ནས་ཉེ་བར་བཟུང་སྟེ། རྣམ་པ་ཐམས་ཅད་མཁྱེན་པའི་སེམས་དང་མ་བྲལ་བར་སྦྱིན་པ་གཏོང་ཞིང་། ཚུལ་ཁྲིམས་སྲུང་བ་དང་། བཟོད་པ་སྒྲུབ་པ་དང་། བརྩོན་འགྲུས་རྩོམ་པ་དང་། བསམ་གཏན་ལ་མཉམ་པར་གཞོག་པ་ནི། ཤེས་རབ་ཀྱི་ཕ་རོལ་ཏུ་ཕྱིན་པ་དང་། ཐབས་མཁས་པ་དང་མ་བྲལ་བ་སྟེ། འདས་པ་དང་མ་བྱོན་པ་དང་། ད་ལྟར་བྱུང་བའི་སངས་རྒྱས་བཅོམ་ལྡན་འདས་རྣམས་ཀྱི་ཚུལ་ཁྲིམས་དང་། ཏིང་ངེ་འཛིན་དང་། ཤེས་རབ་དང་། རྣམ་པར་གྲོལ་བ་དང་། རྣམ་པར་གྲོལ་བའི་ཡེ་ཤེས་གཟིགས་པ་དེ་ལ་མཚན་མར་མྱི་བྱེད་དེ། སྟོང་པ་ཉིད་ཀྱི་ཏིང་ངེ་འཛིན་[8]ལ་མཚན་མར་མྱི་འཛིན། མཚན་མ་

མྱེད་པའི་ཏིང་ངེ་འཛིན་ལ་མཚན་མར་མྱི་འཛིན། སྨོན་པ་མྱེད་པའི་ཏིང་ངེ་འཛིན་ལ་མཚན་མར་མྱི་འཛིན་ན། ཤཱ་ར་དྭ་ཏིའི་བུ་བྱང་ཆུབ་སེམས་དཔའ་སེམས་དཔའ་ཆེན་པོ་དེ་នི་ཉན་ཐོས་ཀྱི་ས[༡]དང་། རང་སངས་རྒྱས་ཀྱི་ས་ལ་གནས་པར་མྱི་འགྱུར་བར་རིག་པར་བྱའོ། །དེ་ཅིའི་ཕྱིར་ཞེ་ན། དེ་ནི་འདི་ལྟར་བྱང་ཆུབ་སེམས་དཔའ་སེམས་དཔའ་ཆེན་པོ་དེས་ཐོག་མ་སེམས་བསྐྱེད་པ་ནས་ཉེ་བར་བཟུང་[༢]སྟེ། སྦྱིན་པ་བྱིན་ཡང་མཚན་མར་མ་བཟུང་། ཚུལ་ཁྲིམས་བསྲུངས་ཀྱང་མཚན་མར་མ་བཟུང་། བཟོད་པ་བསྒྲུབས[༣]ཀྱང་མཚན་མར་མ་བཟུང་། བརྩོན་འགྲུས་བརྩམས་ཀྱང་མཚན་མར་མ་བཟུང་། བསམ་གཏན་ལ་མཉམ་པར་བཞག་ཀྱང་མཚན་མར་མ་བཟུང་། ཤེས་རབ་བསྒོམས་ཀྱང་མཚན་མར་མ[༤]བཟུང་། འདས་པ་དང་། མ་བྱོན་པ་དང་། ད་ལྟར་བྱུང་བའི་སངས་རྒྱས་བཅོམ་ལྡན་འདས་རྣམས་ཀྱི་ཚུལ་ཁྲིམས་དང་། ཏིང་ངེ་འཛིན་དང་། ཤེས་རབ་དང་། རྣམ་པར་གྲོལ་བ་དང་། རྣམ་པར་གྲོལ་བའི་ཡེ་ཤེས་གཟིགས་པ་མཚན་མར་མ་བཟུང་། སྟོང་པ་ཉིད་དང་། མཚན་མ་མྱེད་པ་དང་། སྨོན་པ་མྱེད་པའི་ཏིང་ངེ་འཛིན་རྣམས་བསྒོམས་ཀྱང་མཚན་མར་མ་བཟུང་ངོ་། །ཤཱ་ར་དྭ་ཏིའི་བུ་དེ་ལྟར་མཚན་མ་དང་བྲལ་བའི་སེམས་ཀྱིས་སྦྱིན་པ་ཡོངས་སུ་གཏོང་བ་དང་། མཚན་མ་དང་བྲལ་བའི་སེམས་ཀྱིས[༥]ཚུལ་ཁྲིམས་སྲུང་བ་དང་། མཚན་མ་དང་བྲལ་བའི་སེམས་ཀྱིས་བཟོད་པ[༦]སྒྲུབ་པ་དང་། མཚན་མ་དང་བྲལ་བའི་སེམས་ཀྱིས་བརྩོན་འགྲུས་རྩོམ་པ་དང་། མཚན་མ་དང་བྲལ་བའི་སེམས་ཀྱིས་བསམ་གཏན་ལ་མཉམ་པར་གཞོག་པ་དང་། མཚན་མ་དང་བྲལ་བའི་སེམས་ཀྱིས་ཤེས་རབ་སྒོམ་པ་དང་། མཚན་མ་དང་བྲལ་བའི་སེམས་ཀྱིས་ནང་སྟོང་པ་ཉིད་སྒོམ་པ་དང་། མཚན་མ་དང་བྲལ་བའི་སེམས་ཀྱིས་

ཕྱི་སྟོང་པ་ཉིད་སྒོམ་པ་དང་། མཚན་མ་དང་བྲལ་བའི་སེམས་ཀྱིས་ཕྱི་ནང་སྟོང་
པ་ཉིད་སྒོམ་པ་དང་། མཚན་མ་དང་བྲལ་བའི་སེམས་ཀྱིས་སྟོང་པ་ཉིད་སྟོང་པ་
ཉིད་སྒོམ་པ་དང་། མཚན་མ་དང་བྲལ་བའི་སེམས་ཀྱིས་ཆེན་པོ་སྟོང་པ་ཉིད་སྒོམ་
པ་དང་། མཚན་མ་དང་བྲལ་བའི་སེམས་ཀྱིས་དོན་དམ་པ་སྟོང་པ་ཉིད་སྒོམ་པ་
དང་། མཚན་མ་དང་བྲལ་བའི་སེམས་ཀྱིས་འདུས་བྱས་སྟོང་པ་ཉིད་སྒོམ་པ་དང་།
མཚན་མ་དང་བྲལ་བའི་སེམས་ཀྱིས་འདུས་མ་བྱས་སྟོང་པ་ཉིད་སྒོམ་པ་དང་།
མཚན་མ་དང་བྲལ་བའི་སེམས་ཀྱིས་མཐའ་ལས་འདས་པ་སྟོང་པ་ཉིད་སྒོམ་པ་དང་།
མཚན་མ་དང་བྲལ་བའི་སེམས་ཀྱིས་ཐོག་མ་དང་ཐ་མ་མེད་པ་སྟོང་པ་ཉིད་སྒོམ་པ་
དང་། མཚན་མ་དང་བྲལ་བའི་སེམས་ཀྱིས་དོར་བ་མེད་པ་སྟོང་པ་ཉིད་སྒོམ་པ་
དང་། མཚན་མ་དང་བྲལ་བའི་སེམས་ཀྱིས་རང་བཞིན་སྟོང་པ་ཉིད་སྒོམ་པ་དང་།
མཚན་མ་དང་བྲལ་བའི་སེམས་ཀྱིས་ཆོས་ཐམས་ཅད་སྟོང་པ་ཉིད་སྒོམ་པ་དང་།
མཚན་མ་དང་བྲལ་བའི་སེམས་ཀྱིས་རང་གི་མཚན་ཉིད་སྟོང་པ་ཉིད་སྒོམ་པ་དང་།
མཚན་མ་དང་བྲལ་བའི་སེམས་ཀྱིས་མི་དམིགས་པ་སྟོང་པ་ཉིད་སྒོམ་པ་དང་།
མཚན་མ་དང་བྲལ་བའི་སེམས་ཀྱིས་དངོས་པོ་མེད་པ་སྟོང་པ་ཉིད་སྒོམ་པ་དང་།
མཚན་མ་དང་བྲལ་བའི་སེམས་ཀྱིས་ངོ་བོ་ཉིད་སྟོང་པ་ཉིད་སྒོམ་པ་དང་། མཚན་
མ་དང་བྲལ་བའི་སེམས་ཀྱིས་དངོས་པོ་མེད་པའི་ངོ་བོ་ཉིད་སྟོང་པ་ཉིད་སྒོམ་པ་
དང་། མཚན་མ་དང་བྲལ་བའི་སེམས་ཀྱིས་དྲན་པ་ཉེ་བར་གཞག་པ་རྣམས་སྒོམ་
པ་དང་། མཚན་མ་དང་བྲལ་བའི་སེམས་ཀྱིས་ཡང་དག་པར་སྤོང་བ་རྣམས་སྒོམ་
པ་དང་། མཚན་མ་དང་བྲལ་བའི་སེམས་ཀྱིས་རྫུ་འཕྲུལ་གྱི་རྐང་པ་རྣམས་སྒོམ་པ་
དང་། མཚན་མ་དང་བྲལ་བའི་སེམས་ཀྱིས་དབང་པོ་རྣམས་སྒོམ་པ་དང་།
མཚན་མ་དང་བྲལ་བའི་སེམས་ཀྱིས་སྟོབས་རྣམས་སྒོམ་པ་དང་། མཚན་མ་

དང་བྲལ་བའི་སེམས་ཀྱིས་བྱང་ཆུབ་ཀྱི་ཡན་ལག་རྣམས་སྒོམ་པ་དང་། མཚན་མ་དང་བྲལ་བའི་སེམས་ཀྱིས་འཕགས་པའི་ལམ་ཡན་ལག་བརྒྱད་པ་སྒོམ་པ་དང་། མཚན་མ་དང་བྲལ་བའི་སེམས་ཀྱིས་འཕགས་པའི་བདེན་པ་རྣམས་སྒོམ་པ་དང་། མཚན་མ་དང་བྲལ་བའི་སེམས་ཀྱིས་བསམ་གཏན་རྣམས་སྒོམ་པ་དང་། མཚན་མ་དང་བྲལ་བའི་སེམས་ཀྱིས་ཚད་མེད་པ་རྣམས་སྒོམ་པ་དང་། མཚན་མ་དང་བྲལ་བའི་སེམས་ཀྱིས་གཟུགས་མེད་པའི་སྙོམས་པར་འཇུག་པ་རྣམས་སྒོམ་པ····དང་། མཚན་མ་དང་བྲལ་བའི་སེམས་ཀྱིས་རྣམ་པར་ཐར་པ་རྣམས་སྒོམ་པ་དང་། མཚན་མ་དང་བྲལ་བའི་སེམས་ཀྱིས་མཐར་གྱིས་[༡]གནས་པའི་སྙོམས་པར་འཇུག་པ་རྣམས་སྒོམ་པ་དང་། མཚན་མ་དང་[༢]བྲལ་བའི་སེམས་ཀྱིས་རྣམ་པར་ཐར་པའི་སྒོ་སྟོང་པ་ཉིད་དང་། མཚན་མ་མེད་པ་དང་། སྨོན་པ་མེད་པ་སྒོམ་པ་དང་། མཚན་མ་དང་བྲལ་བའི་སེམས་ཀྱིས་མངོན་པར་ཤེས་པ་རྣམས་སྒོམ་པ་དང་། མཚན་མ་དང་བྲལ་བའི་སེམས་ཀྱིས་ཏིང་ངེ་འཛིན་རྣམས་སྒོམ་པ་དང་། མཚན་མ་དང་བྲལ་བའི་སེམས་ཀྱིས་གཟུངས་ཀྱི་སྒོ་རྣམས་སྒོམ་པ་དང་། མཚན་མ་དང་བྲལ་བའི་སེམས་ཀྱིས་དེ་བཞིན་གཤེགས་པའི་སྟོབས་རྣམས་སྒོམ་པ་དང་། མཚན་མ་དང་བྲལ་བའི་སེམས་ཀྱིས་མི་འཇིགས་པ་[༣]རྣམས་སྒོམ་པ་དང་། མཚན་མ་དང་བྲལ་བའི་སེམས་ཀྱིས་སོ་སོ་ཡང་དག་པར་རིག་པ་རྣམས་སྒོམ་པ་དང་། མཚན་མ་དང་བྲལ་བའི་སེམས་ཀྱིས་སྙིང་རྗེ་ཆེན་པོ་སྒོམ་པ་དང་། མཚན་མ་དང་བྲལ་བའི་སེམས་ཀྱིས་སངས་རྒྱས་ཀྱི་ཆོས་མ་འདྲེས་པ་རྣམས་སྒོམ་པ་དང་། མཚན་མ་དང་བྲལ་བའི་སེམས་ཀྱིས་རྒྱུན་དུ་ཞུགས་པའི་འབྲས་བུ་སྒོམ་པ་དང་། མཚན་མ་དང་བྲལ་བའི་སེམས་ཀྱིས་ལན་ཅིག་ཕྱིར་འོང་བའི་འབྲས་བུ་སྒོམ་པ····དང་། མཚན་མ་དང་བྲལ་བའི་སེམས་ཀྱིས་ཕྱིར་མི་འོང་བའི་འབྲས་བུ་སྒོམ་པ་དང་།

མཚན་མ་དང་བྲལ་བའི་སེམས་ཀྱིས་དགྲ་བཅོམ་པ་ཉིད་སྒོམ་པ་དང་། མཚན་མ་དང་བྲལ་བའི་སེམས་ཀྱིས་རང་བྱང་ཆུབ་སྒོམ[༡]་པ་དང་། མཚན་མ་དང་བྲལ་བའི་སེམས་ཀྱིས་ལམ་གྱི་རྣམ་པ་ཤེས་པ་ཉིད་སྒོམ་པ་དང་། མཚན་མ་དང་བྲལ་བའི་སེམས་ཀྱིས་རྣམ་པ་ཐམས་ཅད་མཁྱེན་པ་ཉིད་སྒོམ་པ་འདི་ནི། བྱང་ཆུབ་སེམས་དཔའ་སེམས་དཔའ་ཆེན་པོའི་ཐབས་མཁས་པའོ། །གསོལ་པ། བཅོམ་ལྡན་འདས་བདག་གིས་བཅོམ་ལྡན་འདས་ཀྱིས་གསུངས་པའི་དོན་འཚལ་བ་ལྟར་ན། བྱང་ཆུབ་སེམས་དཔའ་སེམས་དཔའ་ཆེན་པོ་སེམས་དང་པོ་བསྐྱེད་པ་ནས་ཉེ་བར་བཟུང་[༢]སྟེ། ཤེས་རབ་ཀྱི་ཕ་རོལ་ཏུ་ཕྱིན་པ་དང་ཐབས་མཁས་པ་དང་མ་བྲལ་ན། དེའི་བླ་ན་མེད་པ་ཡང་དག་པར་རྫོགས་པའི་བྱང་ཆུབ་ནི་ཐེ་ཚོམ[༣]་མ་མཆིས་སོ། །དེ་ཅིའི་སླད་དུ[༤]་ཞེ་ན། བཅོམ་ལྡན་འདས་དེ་ནི་འདི་ལྟར་བྱང་ཆུབ་སེམས་དཔའ་སེམས་དཔའ་ཆེན་པོ་དེས་སེམས་དང་པོ་བསྐྱེད་པ་ནས་ཉེ་བར་བཟུང་[༥]སྟེ། གང་མངོན་པར་རྫོགས་པར[༦]་འཚང་རྒྱ་བ་དང་། གང་གིས་མངོན་པར་རྫོགས་པར་འཚང་རྒྱ་བ་དང་། གང་མངོན་པར་རྫོགས་པར་འཚང་རྒྱ་བར་བགྱི་བའི་གཟུགས་སམ། ཚོར་བའམ། འདུ་ཤེས་སམ། འདུ་བྱེད་དམ། རྣམ་པར་ཤེས་པའམ། མིག་གམ། རྣ་བའམ། སྣའམ། ལྕེའམ། ལུས་སམ། ཡིད་དམ། གཟུགས་སམ། སྒྲའམ། དྲིའམ། རོའམ། རེག་གམ། ཆོས་སམ། མིག་གི་རྣམ་པར་ཤེས་པའམ། རྣ་བའི་རྣམ་པར་ཤེས་པའམ། སྣའི་རྣམ་པར་ཤེས་པའམ། ལྕེའི་རྣམ་པར་ཤེས་པའམ། ལུས་ཀྱི་རྣམ་པར་ཤེས་པའམ། ཡིད་ཀྱི་རྣམ་པར་ཤེས་པའམ། མིག་གི་འདུས་ཏེ་རེག་པའམ། རྣ་བའི་འདུས་ཏེ་རེག་པའམ། སྣའི་འདུས་ཏེ་རེག་པའམ། ལྕེའི་འདུས་ཏེ་རེག་པའམ། ལུས་ཀྱི་འདུས་ཏེ་རེག་པའམ། ཡིད་ཀྱི་འདུས་ཏེ་རེག་པའམ།

མྱིག་གི་འདུས་ཏེ་རེག་པ་ལས་བྱུང་བའི་ཚོར་བའམ། རྣ་བའི་འདུས་ཏེ་རེག་པ་ལས་བྱུང་བའི་ཚོར་བའམ། སྣའི་འདུས་ཏེ་རེག་པ་ལས་བྱུང་བའི་ཚོར་བའམ། ལྕེའི་འདུས་ཏེ་རེག་པ་ལས་བྱུང་བའི་ཚོར་བའམ། ལུས་ཀྱི་འདུས་ཏེ་རེག་པ་ལས་བྱུང་བའི་ཚོར་བའམ། ཡིད་ཀྱི་འདུས་ཏེ་རེག་པ་ལས་བྱུང་བའི་ཚོར་བའམ། སའི་ཁམས་སམ། ཆུའི་ཁམས་སམ། མྱེའི་ཁམས་སམ། རླུང་གི་ཁམས་སམ། ནམ་མཁའི་ཁམས་སམ། རྣམ་པར་ཤེས་པའི་ཁམས་སམ། མ་རིག་པའམ། འདུ་བྱེད་དམ། རྣམ་པར་ཤེས་པའམ། མྱིང་དང་གཟུགས་སམ། སྐྱེ་མཆེད་དྲུག་གམ། རེག་པའམ། ཚོར་བའམ། སྲིད་པའམ། ལེན་པའམ། སྲིད་པའམ། སྐྱེ་བའམ། རྒ་ཤིའམ། སྦྱིན་པའི་ཕ་རོལ་ཏུ་ཕྱིན་པའམ། ཚུལ་ཁྲིམས་ཀྱི་ཕ་རོལ་ཏུ་ཕྱིན་པའམ། བཟོད་པའི་ཕ་རོལ་ཏུ་ཕྱིན་པའམ། བརྩོན་འགྲུས་ཀྱི་ཕ་རོལ་ཏུ་ཕྱིན་པའམ། བསམ་གཏན་གྱི་ཕ་རོལ་ཏུ་ཕྱིན་པའམ། ཤེས་རབ་ཀྱི་ཕ་རོལ་ཏུ་ཕྱིན་པའམ། ནང་སྟོང་པ་ཉིད་དམ། ཕྱི་སྟོང་པ་ཉིད་དམ། ཕྱི་ནང་སྟོང་པ་ཉིད་དམ། སྟོང་པ་ཉིད་སྟོང་པ་ཉིད་དམ། ཆེན་པོ་སྟོང་པ་ཉིད་དམ། དོན་དམ་པ་སྟོང་པ་ཉིད་དམ། འདུས་བྱས་སྟོང་པ་ཉིད་དམ། འདུས་མ་བྱས་སྟོང་པ་ཉིད་དམ། མཐའ་ལས་འདས་པ་སྟོང་པ་ཉིད་དམ། ཐོག་མ་དང་ཐ་མ་མྱེད་པ་སྟོང་པ་ཉིད་དམ། དོར་བ་མེད་པ་སྟོང་པ་ཉིད་དམ། རང་བཞིན་སྟོང་པ་ཉིད་དམ། ཆོས་ཐམས་ཅད་སྟོང་པ་ཉིད་དམ། རང་གི་མཚན་ཉིད་སྟོང་པ་ཉིད་དམ། མྱི་དམྱིགས་པ་སྟོང་པ་ཉིད་དམ། དངོས་པོ་མྱེད་པ་སྟོང་པ་ཉིད་དམ། ངོ་བོ་ཉིད་སྟོང་པ་ཉིད་དམ། དངོས་པོ་མྱེད་པའི་ངོ་བོ་ཉིད་སྟོང་པ་ཉིད་དམ། དྲན་པ་ཉེ་བར་གཞག་པ་རྣམས་སམ། ཡང་དག་པར་སྤོང་བ་རྣམས་སམ། རྫུ་འཕྲུལ་གྱི་རྐང་པ་རྣམས་སམ། དབང་

པོ་རྣམས་སམ། སྟོབས་རྣམས་སམ། བྱང་ཆུབ་ཀྱི་ཡན་ལག་རྣམས་སམ། འཕགས་པའི་[1]ལམ་ཡན་ལག་བརྒྱད་པའམ། འཕགས་པའི་བདེན་པ་རྣམས་སམ། བསམ་གཏན་རྣམས་སམ། ཚད་མེད་པ་རྣམས་སམ། གཟུགས་མེད་པའི་སྙོམས་པར་འཇུག་པ་རྣམས་སམ། ཿ卐རྣམ་པར་ཐར་པ་རྣམས་སམ། མཐར་གྱིས་གནས་པའི་སྙོམས་པར་འཇུག་པ་[2]རྣམས་སམ།卍[3] རྣམ་པར་ཐར་པའི་སྒོ་སྟོང་པ་ཉིད་དང་། མཚན་མ་མེད་པ་དང་། སྨོན་པ་མེད་པའམ། མངོན་པར་ཤེས་པ་རྣམས་སམ། ཏིང་ངེ་འཛིན་རྣམས་སམ། གཟུངས་ཀྱི་སྒོ་རྣམས་སམ། དེ་བཞིན་གཤེགས་པའི་སྟོབས་རྣམས་སམ། མི་འཇིགས་པ་རྣམས་སམ། སོ་སོ་ཡང་དག་པར་རིག་པ་རྣམས་སམ། བྱམས་པ་ཆེན་པོའམ། སྙིང་རྗེ་ཆེན་པོའམ། སངས་རྒྱས་ཀྱི་ཆོས་མ་འདྲེས་པ་རྣམས་སམ། རྒྱུན་དུ་ཞུགས་པའི་འབྲས་བུའམ། ལན་ཅིག་ཕྱིར་འོང་བའི་འབྲས་བུའམ། ཕྱིར་མི་འོང་བའི་འབྲས་བུའམ། དགྲ་བཅོམ་པ་ཉིད་དམ། རང་བྱང་ཆུབ་བམ། ལམ་གྱི་རྣམ་པ་[4]ཤེས་པ་ཉིད་དམ། རྣམ་པ་ཐམས་ཅད་མཁྱེན་པ་ཉིད་དམ། ཆོས་གང་ཡང་དམིགས་པ་མ་མཆིས་སོ། །བཅོམ་ལྡན་འདས་བྱང་ཆུབ་སེམས་དཔའི་ཐེག་པ་པའི་རིགས་ཀྱི་བུའམ། རིགས་ཀྱི་བུ་མོ་གང་ཤེས་རབ་ཀྱི་ཕ་རོལ་ཏུ་ཕྱིན་པ་དང་ཐབས་མཁས་པ་དང་བྲལ་བ་དེ་དག་གི་[5]བླ་ན་མེད་པ་ཡང་དག་པར་རྫོགས་པའི་བྱང་ཆུབ་ནི་ཐེ་ཙོམ་[6]མཆིས་པར་རིག་པར་བགྱི་[7]སྟེ། དེ་ཅིའི་སླད་དུ་ཞེ་ན། བཅོམ་ལྡན་འདས་[8]དེ་ནི་འདི་ལྟར་བྱང་ཆུབ་སེམས་དཔའི་ཐེག་པ་པའི་རིགས་ཀྱི་བུའམ་རིགས་ཀྱི་བུ་མོ་དེ་དག་གིས་སྦྱིན་པ་ཅི་དང་ཅི་བཏང་བ་དེ་ཐམས་ཅད་མཚན་མར་བཟུང་སྟེ་བཏང་། དེ་བཞིན་དུ་ཚུལ་ཁྲིམས་གང་དང་གང་བསྲུངས་པ་དང་། བཟོད་པ་[9]ཅི་དང་ཅི་བསྒོམས་པ་དང་། བརྩོན་འགྲུས་གང་དང་གང་བརྩམས་པ་དང་། བསམ་

གཏན་གང་དང་གང་ལ་མཉམ་པར་བཞག་པ་དང་། ཤེས་རབ༔གང་དང་[1]
གང་བསྒོམས་པ་དེ་དག་ཐམས་ཅད་མཚན་མར་བཟུང་སྟེ། བསྒོམས་པས།
དེའི་སྐད་དུ་བྱང་ཆུབ་སེམས་དཔའི་ཐེག་པ་པའི་རིགས་ཀྱི་བུའམ་རིགས་ཀྱི་བུ་མོ་དེ་
དག་གི་[2]བླ་ན་མེད་པ་ཡང་དག་པར་རྫོགས་པའི་བྱང་ཆུབ་ནི་ཐེ་ཅོམ་[3]མཆིས་པར་
རིག་པར་བགྱིའོ། །བཅོམ་ལྡན་འདས་དེའི་སྐད་དུ་བྱང་ཆུབ་སེམས་དཔའ་སེམས་
དཔའ་ཆེན་པོ་བླ་ན་མེད་པ་ཡང་དག་པར་རྫོགས་པའི་བྱང་ཆུབ་ཏུ་མངོན་པར་
རྫོགས་པར་འཚང་རྒྱ་བར་འཚལ་བས། ཤེས་རབ་ཀྱི་ཕ་རོལ་ཏུ་ཕྱིན་པ་དང་
ཐབས་མཁས་པ་དང་མ་བྲལ་བར་[4]བགྱིའོ། །ཤེས་རབ་ཀྱི་ཕ་རོལ་ཏུ་ཕྱིན་པ་དང་
ཐབས་མཁས་པ་ལ་གནས་ཏེ། མི་དམིགས་པའི་ཚུལ་གྱིས་མཚན་མ་མེད་པ་དང་
ལྡན་པའི་སེམས་ཀྱིས་སྦྱིན་པ་ཡོངས་སུ་གཏང་[5]བར་བགྱིའོ། །ཚུལ་ཁྲིམས་བསྲུང་
བར་བགྱིའོ། །བཟོད་པ་[6]བསྒྲུབ་པར་བགྱིའོ། །བརྩོན་འགྲུས་བརྩམ་པར་
བགྱིའོ། །བསམ་གཏན་ལ་མཉམ་པར་གཞག་པར་བགྱིའོ། །ཤེས་རབ་བསྒོམ་
པར་བགྱིའོ། །ནང་སྟོང་པ་ཉིད་ལ་སྤྱད་པར་བགྱིའོ། །ཕྱི་སྟོང་པ་ཉིད་ལ་སྤྱད་
པར་བགྱིའོ། །ཕྱི་ནང་སྟོང་པ་ཉིད་ལ་སྤྱད་པར་བགྱིའོ། །སྟོང་པ་ཉིད་སྟོང་པ་
ཉིད་ལ་སྤྱད་པར་བགྱིའོ། །ཆེན་པོ་སྟོང་པ་ཉིད་ལ་སྤྱད་པར་བགྱིའོ། །དོན་
དམ་པ་སྟོང་པ་ཉིད་ལ་སྤྱད་པར་བགྱིའོ། །འདུས་བྱས་སྟོང་པ་ཉིད་ལ་སྤྱད་པར་
བགྱིའོ། །འདུས་མ་བྱས་སྟོང་པ་ཉིད་ལ་སྤྱད་པར་བགྱིའོ། །མཐའ་ལས་
འདས་པ་སྟོང་པ་ཉིད་ལ་སྤྱད་པར་བགྱིའོ། །ཐོག་མ་དང་[7]ཐ་མ་མེད་པ་སྟོང་པ་
ཉིད་ལ་སྤྱད་པར་བགྱིའོ། །དོར་བ་མེད་པ་སྟོང་པ་ཉིད་ལ་སྤྱད་པར་བགྱིའོ། །
རང་བཞིན་སྟོང་པ་ཉིད་ལ་སྤྱད་པར་བགྱིའོ། །ཆོས་ཐམས་ཅད་སྟོང་པ་ཉིད་ལ་
སྤྱད་པར་བགྱིའོ། །རང་གི་མཚན་ཉིད་སྟོང་པ་ཉིད་ལ་[8]སྤྱད་པར་བགྱིའོ། །མི་

དམིགས་པ་སྟོང་པ་ཉིད་ལ་སྤྱོད་པར་བགྱིའོ། །དངོས་པོ་མེད་པ་སྟོང་པ་ཉིད་ལ་སྤྱོད་པར་བགྱིའོ། །ངོ་བོ་ཉིད་སྟོང་པ་ཉིད་ལ་སྤྱོད་པར་བགྱིའོ། །དངོས་པོ་མེད་པའི་ངོ་བོ་ཉིད་སྟོང་པ་ཉིད་ལ་སྤྱོད་པར་བགྱིའོ། །དྲན་པ་ཉེ་བར་གཞག་པ་རྣམས་ལ་སྤྱོད་པར་བགྱིའོ། །ཡང་དག་པར་སྤོང་བ་རྣམས་ལ་སྤྱོད་པར་བགྱིའོ། །རྫུ་འཕྲུལ་གྱི་རྐང་པ་རྣམས་ལ་སྤྱོད་པར་བགྱིའོ། །དབང་པོ་རྣམས་ལ་སྤྱོད་པར་བགྱིའོ། །སྟོབས་རྣམས་ལ་སྤྱོད་པར་བགྱིའོ། །བྱང་ཆུབ་ཀྱི་ཡན་ལག་རྣམས་ལ་སྤྱོད་པར་བགྱིའོ། །འཕགས་པའི་ལམ་ཡན་ལག་བརྒྱད་པ་ལ་སྤྱོད་པར་བགྱིའོ། །འཕགས་པའི་བདེན་པ་རྣམས་ལ་སྤྱོད་པར་བགྱིའོ། །བསམ་གཏན་རྣམས་ལ་སྤྱོད་པར་བགྱིའོ། །ཚད་མེད་པ་རྣམས་ལ་སྤྱོད་པར་བགྱིའོ། །གཟུགས་མེད་པའི་སྙོམས་པར་འཇུག་པ་རྣམས་ལ་སྤྱོད་པར་བགྱིའོ། །རྣམ་པར་ཐར་པ་རྣམས་ལ་སྤྱོད་པར་བགྱིའོ། །མཐར་གྱིས་གནས་པའི་སྙོམས་པར་འཇུག་པ་རྣམས་ལ་སྤྱོད་པར་བགྱིའོ། །རྣམ་པར་ཐར་པའི་སྒོ་སྟོང་པ་ཉིད་དང་། མཚན་མ་མེད་པ་དང་། སྨོན་པ་མེད་པ་ལ་སྤྱོད་པར་བགྱིའོ། །མངོན་པར་ཤེས་པ་རྣམས་ལ་སྤྱོད་པར་བགྱིའོ། །ཏིང་ངེ་འཛིན་རྣམས་ལ་སྤྱོད་པར་བགྱིའོ། །གཟུངས་ཀྱི་སྒོ་རྣམས་ལ་སྤྱོད་པར་བགྱིའོ། །དེ་བཞིན་གཤེགས་པའི་སྟོབས་རྣམས་ལ་སྤྱོད་པར་བགྱིའོ། །མི་འཇིགས་པ་རྣམས་ལ་སྤྱོད་པར་བགྱིའོ། །སོ་སོ་ཡང་དག་པར་རིག་པ་རྣམས་ལ་སྤྱོད་པར་བགྱིའོ། །[༡]སྙིང་རྗེ་ཆེན་པོ་ལ་སྤྱོད་པར་བགྱིའོ། །སངས་རྒྱས་ཀྱི་ཆོས་མ་འདྲེས་པ་རྣམས་ལ་སྤྱོད་པར་བགྱིའོ། །རྒྱུན་དུ་ཞུགས་པའི་འབྲས་བུ་ལ་སྤྱོད་པར་བགྱིའོ། །ལན་ཅིག་ཕྱིར་འོང་བའི་འབྲས་བུ་ལ་སྤྱོད་པར་བགྱིའོ། །ཕྱིར་མི་འོང་བའི་འབྲས་བུ་ལ་སྤྱོད་པར་བགྱིའོ། །དགྲ་བཅོམ་པ་ཉིད་ལ་སྤྱོད་པར་བགྱིའོ། །རང་བྱང་ཆུབ་ལ་སྤྱོད་པར་བགྱིའོ། །ལམ་གྱི་རྣམ་

པ་ཤེས་པ་ཉིད་ལ་སྦྱིད་པར་བགྱིའོ། །རྣམ་པ་ཐམས་ཅད་མཁྱེན་པ་ཉིད་ལ་སྦྱིད་པར་བགྱིའོ། །དེ་ནས་འདོད་པ་ན་སྤྱོད་པ་དང་། གཟུགས་ཡོད་པ་ན་སྤྱོད་པའི་ལྷའི་བུ་དེ་དག་གིས་བཅོམ་ལྡན་འདས་ལ་འདི་སྐད་ཅེས་གསོལ་ཏོ། །བཅོམ་ལྡན་འདས་དེ་ལྟར། བྱང་ཆུབ་སེམས་དཔའ་སེམས་དཔའ་ཆེན་པོས། ཆོས་ཐམས་ཅད་མངོན་པར་རྫོགས་པར་འཚང་རྒྱ་བར་བགྱིད་ལ། ཆོས་དེ་དག་ཀྱང་མ་མཆིས་ཤིང་མི་དམིགས་པས། བླ་ན་མེད་པ་ཡང་དག་པར་རྫོགས་པའི་བྱང་ཆུབ་ནི་འབྱུང་བར་དགའོ། །བཅོམ་ལྡན་འདས་ཀྱིས་བཀའ་སྩལ་པ། ལྷའི་བུ་དག་དེ་དེ་བཞིན་ནོ། །དེ་དེ་བཞིན་ཏེ། ལྷའི་བུ་དག་བླ་ན་མེད་པ་ཡང་དག་པར་རྫོགས་པའི་བྱང་ཆུབ་ནི་འབྱུང་བར་དགའོ[1]། །ལྷའི་བུ་དག་ངས་ཀྱང་ཆོས་ཐམས་ཅད་རྣམ་པ་ཐམས་ཅད་དུ་མངོན་པར་རྫོགས་པར་སངས་རྒྱས་ཏེ། དོན་དམ་པར་ན་གང་མངོན་པར་རྫོགས་པར་འཚང་རྒྱ་བའམ། གང་གིས་མངོན་པར་རྫོགས་པར་འཚང་རྒྱ་བའམ། གང་མངོན་པར་རྫོགས་པར་འཚང་རྒྱ་བར་བྱ་བའི་ཆོས་གང་ཡང་མ[2]དམིགས་སོ། །དེ་ཅིའི་ཕྱིར་ཞེ་ན། ལྷའི་བུ་དག་ཆོས་ཐམས་ཅད་ཤིན་ཏུ་རྣམ་པར་དག་པའི་ཕྱིར་རོ། །དེ་ནས་ཚེ་དང་ལྡན་པ་རབ་འབྱོར་གྱིས། བཅོམ་ལྡན་འདས་ལ་འདི་སྐད་ཅེས་གསོལ་ཏོ། །བཅོམ་ལྡན་འདས་ཀྱིས་གང་[3]འདི་སྐད་དུ་བླ་ན་མེད་པ་ཡང་དག་པར་རྫོགས་པའི་བྱང་ཆུབ་ནི་འབྱུང་བར་དགའོ་ཞེས་གསུངས་པ་བཅོམ་ལྡན་འདས་ཀྱིས་[4]ཇི་ལྟར་གསུངས་པའི་དོན་བདག་གིས་འཚལ་བ་དང་། བདག་སེམས་པ་[5]ལྟར་ན་བཅོམ་ལྡན་འདས་བླ་ན་མེད་པ་ཡང་དག་པར་རྫོགས་པའི་བྱང་ཆུབ་ཏུ་མངོན་པར་རྫོགས་པར་འཚང་རྒྱ་བར་བགྱི་བ་ནི་སྙི་དགའོ། །དེ་ཅིའི་སླད་དུ་ཞེ་ན། བཅོམ་ལྡན་འདས་དེ་ནི་འདི་ལྟར་གང་ཡང་མངོན་པར་རྫོགས་པར་འཚང་རྒྱ་བ་མ་མཆིས། གང་གིས་ཀྱང་མངོན་པར་

རྫོགས་པར་འཚང་རྒྱ་བ་མ་མཆིས། གང་ཡང་མངོན་པར་རྫོགས་པར་འཚང་རྒྱ་བར་བགྱི་བ་[1]མ་མཆིས་ཏེ། ཆོས་ཐམས་ཅད་ནི་སྟོང་པའོ། །ཆོས་ཐམས་ཅད་སྟོང་པ་ལ་ནི་གང་མངོན་པར་རྫོགས་པར་འཚང་རྒྱ་བ་དང་། གང་གིས་མངོན་པར་རྫོགས་པར་འཚང་རྒྱ་བ་དང་། གང་མངོན་པར་རྫོགས་པར་འཚང་རྒྱ[2]བར་བགྱི་བའི་ཆོས་དེ་ལྟ་བུ་མ་མཆིས་སོ། །དེ་ཅིའི་སླད་དུ་ཞེ་ན། བཅོམ་ལྡན་འདས་དེ་ནི་འདི་ལྟར་ཆོས་ཐམས་ཅད་ནི་སྟོང་པ་སྟེ། ཆོས་གང་[3]འཕེལ་བར་བགྱི་བའི་སླད་དུ་འབམ[4]། ཡོངས་སུ་འགྲིབ་པར་བགྱི་བའི་སླད་དུ་སྦྱིན་པ་ཡོངས་སུ་གཏོང་བའམ། ཚུལ་ཁྲིམས་བསྲུང་[5]བའམ། བཟོད་པ་བསྒོམ་པའམ། བརྩོན་འགྲུས་བརྩམ་[6]པའམ། བསམ་གཏན་ལ་མཉམ་པར་གཞག་པའམ། ཤེས་རབ་བསྒོམ་[7]པའམ། ནང་སྟོང་པ་ཉིད་བསྒོམ་པའམ། ཕྱི་སྟོང་པ་ཉིད་བསྒོམ་པའམ། ཕྱི་ནང་སྟོང་པ་ཉིད་བསྒོམ་པའམ། སྟོང་པ་ཉིད་སྟོང་པ་ཉིད་བསྒོམ་པའམ། ཆེན་པོ་སྟོང་པ་ཉིད་བསྒོམ་པའམ། དོན་དམ་པ་སྟོང་པ་ཉིད་བསྒོམ་པའམ། འདུས་བྱས་སྟོང་པ་ཉིད་བསྒོམ་པའམ། འདུས་མ་བྱས་སྟོང་པ་ཉིད་བསྒོམ་[8]པའམ། མཐའ་ལས་འདས་པ་སྟོང་པ་ཉིད་བསྒོམ་པའམ། ཐོག་མ་དང་ཐ་མ་མེད་པ་སྟོང་པ་ཉིད་བསྒོམ་པའམ། དོར་བ་མེད་པ་སྟོང་པ་ཉིད་བསྒོམ་པའམ། རང་བཞིན་སྟོང་པ་ཉིད་བསྒོམ་པའམ། ཆོས་ཐམས་ཅད་སྟོང་པ་ཉིད་བསྒོམ་པའམ། རང་གི་མཚན་ཉིད་སྟོང་པ་ཉིད་བསྒོམ་པའམ། མི་དམིགས་པ་སྟོང་པ་ཉིད་བསྒོམ་པའམ། དངོས་པོ་མེད་པ་སྟོང་པ་ཉིད་བསྒོམ་པའམ། ངོ་བོ་ཉིད་སྟོང་པ་ཉིད་བསྒོམ་པའམ། དངོས་པོ་མེད་པའི་ངོ་བོ་ཉིད་སྟོང་པ་ཉིད་བསྒོམ་པའམ། དྲན་པ་ཉེ་བར་གཞག་པ་རྣམས་བསྒོམ་པའམ། ཡང་དག་པར་སྤོང་བ་རྣམས་བསྒོམ་པའམ། རྫུ་འཕྲུལ་གྱི་རྐང་པ་རྣམས་བསྒོམ

པའམ། དབང་པོ་རྣམས་བསྒོམ་པའམ། སྟོབས་རྣམས་བསྒོམ་པའམ། བྱང་ཆུབ་ཀྱི་ཡན་ལག་རྣམས་བསྒོམ་པའམ། འཕགས་པའི་ལམ་ཡན་ལག་བརྒྱད་པ་བསྒོམ་པའམ། འཕགས་པའི་བདེན་པ་རྣམས་བསྒོམ་པའམ། བསམ་གཏན་རྣམས་བསྒོམ་པའམ། ཚད་མེད་པ་རྣམས་བསྒོམ་པའམ། གཟུགས་མེད་པའི་སྙོམས་པར་འཇུག་པ་རྣམས་བསྒོམ་པའམ། རྣམ་པར་ཐར་པ་རྣམས་བསྒོམ་པའམ། མཐར་གྱིས་གནས་པའི་སྙོམས་པར་འཇུག་པ་རྣམས་བསྒོམ་པའམ། རྣམ་པར་ཐར་པའི་སྒོ་སྟོང་པ་ཉིད་དང་། མཚན་མ་མེད་པ་དང་། སྨོན་པ་མེད་པ་བསྒོམ་པའམ། མངོན་པར་ཤེས་པ་རྣམ་པས་བསྒོམ་པའམ། ཏིང་ངེ་འཛིན་རྣམས་བསྒོམ་པའམ། གཟུངས་ཀྱི་སྒོ་རྣམས་བསྒོམ་པའམ། དེ་བཞིན་གཤེགས་པའི་སྟོབས་རྣམས་བསྒོམ་པའམ། མི་འཇིགས་པ་རྣམས་བསྒོམ་པའམ། སོ་སོ་ཡང་དག་པར་རིག་པ་རྣམས་བསྒོམ་པའམ། བྱམས་པ་ཆེན་པོ་བསྒོམ་པའམ། སྙིང་རྗེ་ཆེན་པོ་བསྒོམ་པའམ། སངས་རྒྱས་ཀྱི་ཆོས་མ་འདྲེས་པ་རྣམས་བསྒོམ་པའམ། རྒྱུན་དུ་ཞུགས་པའི་འབྲས་བུ་བསྒོམ་པའམ། ལན་ཅིག་ཕྱིར་འོང་བའི་འབྲས་བུ་བསྒོམ་པའམ། ཕྱིར་མི་འོང་བའི་འབྲས་བུ་བསྒོམ་པའམ། དགྲ་བཅོམ་པ་ཉིད་བསྒོམ་པའམ། རང་བྱང་ཆུབ་བསྒོམ་པའམ། ལམ་གྱི་རྣམ་པ་ཤེས་པ་ཉིད་བསྒོམ་པའམ། རྣམ་པ་ཐམས་ཅད་མཁྱེན་པ་ཉིད་ཀྱི་དོན་དུ་བསླབ་པའི་ཆོས་དེ་དག་ཀྱང་མ་མཆིས་པ་སྟེ། གང་མངོན་པར་རྫོགས་པར་འཚང་རྒྱ་བའམ། ：གང་གིས་མངོན་པར་རྫོགས་པར་འཚང་རྒྱ་བའམ[1]། གང་[2] མངོན་པར་རྫོགས་པར་འཚང་རྒྱ་བར་བགྱི་བའི་ཆོས་དེ་དག་ཐམས་ཅད་ཀྱང་སྟོང་པ་སྟེ། བཅོམ་ལྡན་འདས་རྣམ་གྲངས་དེས་ན། བྱང་ཆུབ་སེམས་དཔའ་སེམས་དཔའ་ཆེན་པོས། བླ་ན་མེད་པ་ཡང་དག་པར་རྫོགས་པའི་བྱང་ཆུབ་ཏུ་མངོན་

པར་རྫོགས་པར་འཚང་རྒྱ་བར་སླའོ། །དེ་ཅིའི་སླད་དུ་ཞེ་ན། བཅོམ་ལྡན་འདས་དེ་ནི་འདི་ལྟར་གཟུགས་ནི་གཟུགས་ཀྱི་རང་བཞིན་གྱིས་སྟོང་ངོ་། །ཚོར་བ་ནི་ཚོར་བའི་རང་བཞིན་གྱིས་སྟོང་ངོ་། །འདུ་ཤེས་ནི་འདུ་ཤེས་ཀྱི་རང་བཞིན་གྱིས་སྟོང་ངོ་། །འདུ་བྱེད་ནི་འདུ་བྱེད་ཀྱི་རང་བཞིན་གྱིས་སྟོང་ངོ་། །རྣམ་པར་ཤེས་པ་ནི་རྣམ་པར་ཤེས་པའི་རང་བཞིན་གྱིས་སྟོང་ངོ་། །མིག་ནི་མིག་གི་རང་བཞིན་གྱིས་སྟོང་ངོ་། །རྣ་བ་ནི་རྣ་བའི་རང་བཞིན་གྱིས་①སྟོང་ངོ་། །སྣ་ནི་སྣའི་རང་བཞིན་གྱིས་སྟོང་ངོ་། །ལྕེ་ནི་ལྕེའི་རང་བཞིན་གྱིས་སྟོང་ངོ་། །ལུས་ནི་ལུས་ཀྱི་རང་བཞིན་གྱིས་སྟོང་ངོ་། །ཡིད་ནི་ཡིད་ཀྱི་རང་བཞིན་གྱིས་②སྟོང་ངོ་། །གཟུགས་ནི་གཟུགས་ཀྱི་རང་བཞིན་གྱིས་སྟོང་ངོ་། །སྒྲ་ནི་སྒྲའི་རང་བཞིན་གྱིས་སྟོང་ངོ་། །དྲི་ནི་དྲིའི་རང་བཞིན་གྱིས་སྟོང་ངོ་། །རོ་ནི་རོའི་རང་བཞིན་གྱིས་③སྟོང་ངོ་། །རེག་ནི་རེག་གི་རང་བཞིན་གྱིས་སྟོང་ངོ་། །ཆོས་ནི་ཆོས་ཀྱི་རང་བཞིན་གྱིས་སྟོང་ངོ་། །མིག་གི་རྣམ་པར་ཤེས་པ་ནི་མིག་གི་རྣམ་པར་ཤེས་པའི་རང་བཞིན་གྱིས་སྟོང་ངོ་། །རྣ་བའི་རྣམ་པར་ཤེས་པ་ནི་རྣ་བའི་རྣམ་པར་ཤེས་པའི་རང་བཞིན་གྱིས་སྟོང་ངོ་། །སྣའི་རྣམ་པར་ཤེས་པ་ནི་སྣའི་རྣམ་པར་ཤེས་པའི་རང་བཞིན་གྱིས་སྟོང་ངོ་། །ལྕེའི་རྣམ་པར་ཤེས་པ་ནི་ལྕེའི་རྣམ་པར་ཤེས་པའི་རང་བཞིན་གྱིས་སྟོང་ངོ་། །ལུས་ཀྱི་རྣམ་པར་ཤེས་པ་ནི་ལུས་ཀྱི་རྣམ་པར་ཤེས་པའི་རང་བཞིན་གྱིས་སྟོང་ངོ་། །ཡིད་ཀྱི་རྣམ་པར་ཤེས་པ་ནི་ཡིད་ཀྱི་རྣམ་པར་ཤེས་པའི་རང་བཞིན་གྱིས་④སྟོང་ངོ་། །མིག་གི་འདུས་ཏེ་རེག་པ་ནི་མིག་གི་⑤འདུས་ཏེ་རེག་པའི་རང་བཞིན་གྱིས་སྟོང་ངོ་། །རྣ་བའི་འདུས་ཏེ་རེག་པ་ནི་རྣ་བའི་འདུས་ཏེ་རེག་པའི་རང་བཞིན་གྱིས་སྟོང་ངོ་། །སྣའི་འདུས་ཏེ་རེག་པ་ནི་སྣའི་འདུས་ཏེ་རེག་པའི་རང་བཞིན་གྱིས་སྟོང་ངོ་། །ལྕེའི་འདུས་ཏེ་རེག་པ་ནི་

ལྗེའི་འདུས་ཏེ་རེག་པའི་རང་བཞིན་གྱིས་སྟོང་ངོ་། །ལུས་ཀྱི་འདུས་ཏེ་རེག་པ་ནི་ལུས་ཀྱི་འདུས་ཏེ་རེག་པའི་རང་བཞིན་གྱིས་སྟོང་ངོ་། །ཡིད་ཀྱི་འདུས་ཏེ་རེག་པ་ནི་ཡིད་ཀྱི་འདུས་ཏེ་རེག་པའི་རང་བཞིན་གྱིས་སྟོང་ངོ་། །མིག་གི་འདུས་ཏེ་རེག་པ་ལས་བྱུང་བའི་ཚོར་བ་ནི་མིག་གི་འདུས་ཏེ་རེག་པ་ལས་བྱུང་བའི་ཚོར་བའི་རང་བཞིན་གྱིས་སྟོང་ངོ་། །རྣ་བའི་འདུས་ཏེ་རེག་པ་ལས་བྱུང་བའི་ཚོར་བ་ནི་རྣ་བའི་འདུས་ཏེ་རེག་པ་ལས་བྱུང་བའི་ཚོར་བའི་རང་བཞིན་གྱིས་སྟོང་ངོ་། །སྣའི་འདུས་ཏེ་རེག་པ་ལས་བྱུང་བའི་ཚོར་བ་ནི་སྣའི་འདུས་ཏེ་རེག་པ་ལས་བྱུང་བའི་ཚོར་བའི་རང་བཞིན་གྱིས་སྟོང་ངོ་། །ལྗེའི་འདུས་ཏེ་རེག་པ་ལས་བྱུང་བའི་ཚོར་བ་ནི་ལྗེའི་འདུས་ཏེ་རེག་པ་ལས་བྱུང་བའི་ཚོར་བའི་རང་བཞིན་གྱིས་སྟོང་ངོ་། །ལུས་ཀྱི་འདུས་ཏེ་རེག་པ་ལས་བྱུང་བའི་ཚོར་བ་ནི་ལུས་ཀྱི་འདུས་ཏེ་རེག་པ་[༡]ལས་བྱུང་བའི་ཚོར་བའི་རང་བཞིན་གྱིས་སྟོང་ངོ་། །ཡིད་ཀྱི་འདུས་ཏེ་རེག་པ་ལས་བྱུང་བའི་ཚོར་བ་ནི་ཡིད་ཀྱི་འདུས་ཏེ་རེག་པ་ལས་བྱུང་བའི་ཚོར་བའི་རང་བཞིན་གྱིས་སྟོང་ངོ་། །སའི་ཁམས་ནི་སའི་ཁམས་ཀྱི་རང་བཞིན་གྱིས་[༣]སྟོང་ངོ་། །ཆུའི་ཁམས་ནི་ཆུའི་ཁམས་ཀྱི་རང་བཞིན་གྱིས་སྟོང་ངོ་། །མེའི་ཁམས་ནི་མེའི་ཁམས་ཀྱི་རང་བཞིན་གྱིས་སྟོང་ངོ་། །རླུང་གི་ཁམས་ནི་རླུང་གི་ཁམས་ཀྱི་རང་བཞིན་གྱིས་སྟོང་ངོ་། །ནམ་མཁའི་ཁམས་ནི་ནམ་མཁའི་ཁམས་ཀྱི་རང་བཞིན་གྱིས་སྟོང་ངོ་། །རྣམ་པར་ཤེས་པའི་ཁམས་ནི་རྣམ་པར་ཤེས་པའི་ཁམས་ཀྱི་རང་བཞིན་གྱིས་སྟོང་ངོ་།། མ་རིག་པ་ནི་མ་རིག་པའི་རང་བཞིན་གྱིས་སྟོང་ངོ་། །འདུ་བྱེད་ནི་འདུ་བྱེད་ཀྱི་རང་བཞིན་གྱིས་སྟོང་ངོ་། །རྣམ་པར་ཤེས་པ་ནི་རྣམ་པར་ཤེས་པའི་རང་བཞིན་གྱིས་སྟོང་ངོ་། །མིང་དང་གཟུགས་ནི་མིང་དང་གཟུགས་ཀྱི་རང་བཞིན་གྱིས་སྟོང་ངོ་། །སྐྱེ་མཆེད་དྲུག་ནི་སྐྱེ་མཆེད་དྲུག་གི་རང་བཞིན་གྱིས་སྟོང་ངོ་། །རེག་པ

ནི་རིག་པའི་རང་བཞིན་གྱིས་སྟོང་ངོ་། །ཚོར་བ་ནི་ཚོར་བའི་རང་བཞིན་གྱིས་སྟོང་ངོ་། །སྲིད་པ་ནི་སྲིད་པའི་རང་བཞིན་གྱིས་སྟོང་ངོ་། །ལེན་པ་ནི་ལེན་པའི་རང་བཞིན་གྱིས་སྟོང་ངོ་། །སྲིད་པ་ནི་སྲིད་པའི་རང་བཞིན་གྱིས་སྟོང་ངོ་། །སྐྱེ་བ་ནི་སྐྱེ་བའི་རང་བཞིན་གྱིས་སྟོང་ངོ་། །རྒ་ཤི་ནི་རྒ་ཤིའི་རང་བཞིན་གྱིས་སྟོང་ངོ་། །སྦྱིན་པའི་ཕ་རོལ་ཏུ་ཕྱིན་པ་ནི་སྦྱིན་པའི་ཕ་རོལ་ཏུ་ཕྱིན་པའི་རང་བཞིན་གྱིས་སྟོང་ངོ་། །ཚུལ་ཁྲིམས་ཀྱི་ཕ་རོལ་ཏུ་ཕྱིན་པ་ནི་ཚུལ་ཁྲིམས་ཀྱི་ཕ་རོལ་ཏུ་ཕྱིན་པའི་རང་བཞིན་གྱིས་སྟོང་ངོ་། །བཟོད་པའི་ཕ་རོལ་ཏུ་ཕྱིན་པ་ནི་བཟོད་པའི་ཕ་རོལ་ཏུ་ཕྱིན་པའི་རང་བཞིན་གྱིས་སྟོང་ངོ་། །བརྩོན་འགྲུས་ཀྱི་ཕ་རོལ་ཏུ་ཕྱིན་པ་ནི་བརྩོན་འགྲུས་ཀྱི་ཕ་རོལ་ཏུ་ཕྱིན་པའི་རང་བཞིན་གྱིས་སྟོང་ངོ་། །བསམ་གཏན་གྱི་[༧]ཕ་རོལ་ཏུ་ཕྱིན་པ་ནི་བསམ་གཏན་གྱི་ཕ་རོལ་ཏུ་ཕྱིན་པའི་རང་བཞིན་གྱིས་སྟོང་ངོ་། །ཤེས་རབ་ཀྱི་ཕ་རོལ་ཏུ་ཕྱིན་པ་ནི་ཤེས་རབ་ཀྱི་ཕ་རོལ་ཏུ་ཕྱིན་པའི་རང་བཞིན་གྱིས་སྟོང་ངོ་། །ནང་སྟོང་པ་ཉིད་ནི་ནང་སྟོང་པ་ཉིད་ཀྱི་རང་བཞིན་གྱིས་སྟོང་ངོ་། །ཕྱི་སྟོང་པ་ཉིད་ནི་ཕྱི་སྟོང་པ་ཉིད་ཀྱི་རང་བཞིན་གྱིས་སྟོང་ངོ་། །ཕྱི་ནང་སྟོང་པ་ཉིད་ནི་ཕྱི་ནང་སྟོང་པ་ཉིད་ཀྱི་རང་བཞིན་གྱིས་སྟོང་ངོ་། །སྟོང་པ་ཉིད་སྟོང་པ་ཉིད་ནི་སྟོང་པ་ཉིད་སྟོང་པ་ཉིད་ཀྱི་རང་བཞིན་གྱིས་སྟོང་ངོ་། །ཆེན་པོ་སྟོང་པ་ཉིད་ནི་ཆེན་པོ་སྟོང་པ་ཉིད་ཀྱི་རང་བཞིན་གྱིས་སྟོང་ངོ་། །དོན་དམ་པ་སྟོང་པ་ཉིད་ནི་དོན་དམ་པ་སྟོང་པ་ཉིད་ཀྱི་རང་བཞིན་གྱིས་སྟོང་ངོ་། །འདུས་བྱས་སྟོང་པ་ཉིད་ནི་འདུས་བྱས་སྟོང་པ་ཉིད་ཀྱི་རང་བཞིན་གྱིས་སྟོང་ངོ་། །འདུས་མ་བྱས་སྟོང་པ་ཉིད་ནི་འདུས་མ་བྱས་སྟོང་པ་ཉིད་ཀྱི་[༣]རང་བཞིན་གྱིས་སྟོང་ངོ་། །མཐའ་ལས་འདས་པ་སྟོང་པ་ཉིད་ནི་མཐའ་ལས་འདས་པ་སྟོང་པ་ཉིད་ཀྱི་རང་བཞིན་གྱིས་སྟོང་ངོ་། །ཐོག་མ་དང་ཐ་མ་མེད་པ་སྟོང་པ་ཉིད་ནི་ཐོག་མ་དང་

ཐ་མ་མེད་པ་སྟོང་པ་ཉིད་ཀྱི་རང་བཞིན་གྱིས་སྟོང་ངོ་། །དོར་བ་མེད་པ་སྟོང་པ་ཉིད་ནི་དོར་བ་མེད་པ་སྟོང་པ་ཉིད་ཀྱི[༡] རང་བཞིན་གྱིས་སྟོང་ངོ་། །རང་བཞིན་སྟོང་པ་ཉིད་ནི་རང་བཞིན་སྟོང་པ་ཉིད་ཀྱི་རང་བཞིན་གྱིས་སྟོང་ངོ་། །ཆོས་ཐམས་ཅད་སྟོང་པ་ཉིད་ནི་ཆོས་ཐམས་ཅད་སྟོང་པ་ཉིད་ཀྱི་རང་བཞིན་གྱིས་སྟོང་ངོ་།། རང་གི་མཚན་ཉིད་སྟོང་པ་ཉིད་ནི་རང་གི་མཚན་ཉིད་སྟོང་པ་ཉིད་ཀྱི་རང་བཞིན་གྱིས་སྟོང་ངོ་། །མི་དམིགས་པ་སྟོང་པ་ཉིད་ནི་མི་དམིགས་པ་སྟོང་པ་ཉིད[༢] ཀྱི་རང་བཞིན་གྱིས་སྟོང་ངོ་། །དངོས་པོ་མེད་པ་སྟོང་པ་ཉིད་ནི་དངོས་པོ་མེད་པ་སྟོང་པ་ཉིད་ཀྱི་རང་བཞིན་གྱིས་སྟོང་ངོ་། །ངོ་བོ་ཉིད་སྟོང་པ་ཉིད་ནི་ངོ་བོ་ཉིད་སྟོང་པ་ཉིད་ཀྱི་རང་བཞིན་གྱིས་སྟོང་ངོ་། །དངོས་པོ་མེད་པའི་ངོ་བོ་ཉིད་སྟོང་པ་ཉིད[༣] ནི་དངོས་པོ་མེད་པའི་ངོ་བོ་ཉིད་སྟོང་པ་ཉིད་ཀྱི་རང་བཞིན་གྱིས་སྟོང་ངོ་།། དྲན་པ་ཉེ་བར་གཞག་པ་རྣམས་ནི་དྲན་པ་ཉེ་བར་གཞག་པའི་རང་བཞིན་གྱིས་སྟོང་ངོ་། །ཡང་དག་པར་སྤོང་བ་རྣམས་ནི་ཡང་དག་པར་སྤོང་བའི་རང་བཞིན་གྱིས་སྟོང་ངོ་། །རྫུ་འཕྲུལ་གྱི་རྐང་པ་རྣམས་ནི་རྫུ་འཕྲུལ་གྱི་རྐང་པའི་རང་བཞིན་གྱིས་སྟོང་ངོ་། །དབང་པོ་རྣམས་ནི་དབང་པོའི་རང་བཞིན་གྱིས་སྟོང་ངོ་། །སྟོབས་རྣམས་ནི་སྟོབས་ཀྱི་རང་བཞིན་གྱིས་སྟོང་ངོ་། །བྱང་ཆུབ་ཀྱི་ཡན་ལག་རྣམས་ནི་བྱང་ཆུབ་ཀྱི་ཡན་ལག་གི་རང་བཞིན་གྱིས་སྟོང་ངོ་། །འཕགས་པའི་ལམ་ཡན་ལག་བརྒྱད་པ[༤] ནི་འཕགས་པའི་ལམ་ཡན་ལག་བརྒྱད་པའི་རང་བཞིན་གྱིས་སྟོང་ངོ་། །འཕགས་པའི་བདེན་པ་རྣམས་ནི་འཕགས་པའི་བདེན་པའི་རང་བཞིན་གྱིས་སྟོང་ངོ་།། བསམ་གཏན་རྣམས་ནི་བསམ་གཏན་གྱི་རང་བཞིན་གྱིས་སྟོང་ངོ་། །ཚད་མེད་པ་རྣམས་ནི་ཚད་མེད་པའི་རང་བཞིན་གྱིས་སྟོང་ངོ་། །གཟུགས་མེད་པའི་སྙོམས་པར་འཇུག་པ་རྣམས་ནི་གཟུགས་མེད་པའི་སྙོམས་པར་འཇུག་པའི་རང་བཞིན་གྱིས་

སྟོང་ངོ། །རྣམ་པར་ཐར་པ་རྣམས་ནི་རྣམ་པར་ཐར་པའི་རང་བཞིན་གྱིས་སྟོང་ངོ། །མཐར་གྱིས་གནས་པའི་སྙོམས་པར་འཇུག་པ་རྣམས་ནི་མཐར་གྱིས་གནས་པའི་སྙོམས་པར་འཇུག་པའི་རང་བཞིན་གྱིས་སྟོང་ངོ། །རྣམ་པར་ཐར་པའི་སྒོ་སྟོང་པ་ཉིད་དང་། མཚན་མ་མེད་པ་དང་། སྨོན་པ་མེད་པ་ནི་རྣམ་པར་ཐར་པའི་སྒོ་སྟོང་པ་ཉིད་དང་། མཚན་མ་མེད་པ་དང་། སྨོན་པ་མེད་པའི་རང་བཞིན་གྱིས་སྟོང་ངོ། །མངོན་པར་ཤེས་པ་རྣམས་ནི་མངོན་པར་ཤེས་པའི་རང་བཞིན་གྱིས་སྟོང་ངོ། །ཏིང་ངེ་འཛིན་རྣམས་ནི་ཏིང་ངེ་འཛིན་གྱི་རང་བཞིན་གྱིས་སྟོང་ངོ། །གཟུངས་ཀྱི་སྒོ་རྣམས་ནི་གཟུངས་ཀྱི་སྒོའི་རང་བཞིན་གྱིས་སྟོང་ངོ། །དེ་བཞིན་གཤེགས་པའི་སྟོབས་རྣམས་ནི་དེ་བཞིན་གཤེགས་པའི་སྟོབས་ཀྱི་རང་བཞིན་(༧)གྱིས་སྟོང་ངོ། །མི་འཇིགས་པ་རྣམས་ནི་མི་འཇིགས་པའི་རང་བཞིན་གྱིས་སྟོང་ངོ། །སོ་སོ་ཡང་དག་པར་རིག་པ་རྣམས་ནི་སོ་སོ་ཡང་དག་པར་རིག་པའི་རང་བཞིན་གྱིས་སྟོང་ངོ། །(༣)སྙིང་རྗེ་ཆེན་པོ་ནི་སྙིང་རྗེ་ཆེན་པོའི་རང་བཞིན་གྱིས་སྟོང་ངོ། །སངས་རྒྱས་ཀྱི་ཆོས་མ་འདྲེས་པ་རྣམས་ནི་སངས་རྒྱས་ཀྱི་ཆོས་མ་འདྲེས་པའི་རང་བཞིན་གྱིས་སྟོང་ངོ། །རྒྱུན་དུ་ཞུགས་པའི་འབྲས་བུ་ནི་རྒྱུན་དུ་ཞུགས་པའི་འབྲས་བུའི་རང་བཞིན་གྱིས་སྟོང་ངོ། །ལན་ཅིག་ཕྱིར་འོང་བའི་འབྲས་བུ་ནི་ལན་ཅིག་ཕྱིར་འོང་བའི་འབྲས་བུའི་རང་བཞིན་གྱིས་སྟོང་ངོ། །ཕྱིར་མི་འོང་བའི་འབྲས་བུ་ནི་ཕྱིར་མི་འོང་བའི་འབྲས་བུའི་རང་བཞིན་གྱིས་སྟོང་ངོ། །དགྲ་བཅོམ་པ་ཉིད་ནི་དགྲ་བཅོམ་པའི་(༣)རང་བཞིན་གྱིས་སྟོང་ངོ། །རང་བྱང་ཆུབ་ནི་རང་(༨)བྱང་ཆུབ་ཀྱི་རང་བཞིན་གྱིས་སྟོང་ངོ། །ལམ་གྱི་རྣམ་པ་ཤེས་པ་ཉིད་ནི་ལམ་གྱི་རྣམ་པ་ཤེས༔པ་ཉིད་ཀྱི་(༥)རང་བཞིན་གྱིས་སྟོང་ངོ། །རྣམ་པ་ཐམས་ཅད་མཁྱེན་པ་ཉིད་ནི་རྣམ་པ་ཐམས་ཅད་མཁྱེན་པ་ཉིད་ཀྱི་རང་བཞིན་གྱིས་

སྟོང་ངོ་། །དེ་ནས་ཚེ་དང་ལྡན་པ་ཤ་ར་དྭ་ཏིའི་བུས། ཚེ་དང་ལྡན་པ་རབ་འབྱོར་ལ་འདི་སྐད་ཅེས་སྨྲས་སོ། །ཚེ་དང་ལྡན་པ་རབ་འབྱོར་རྣམ་གྲངས་དེས་ན། བླ་ན་མེད་པ་ཡང་དག་པར་རྫོགས་པའི་བྱང་ཆུབ་ཏུ་མངོན་པར་རྫོགས་པར་འཚང་རྒྱ་བར་དཀའ་བ་[1]སྟེ། དེ་ཅིའི་ཕྱིར་ཞེ་ན། ཚེ་དང་ལྡན་པ་རབ་འབྱོར་དེ་ནི་འདི་ལྟར་ནམ་མཁའ་[2]ནི་འདི་སྙམ་དུ་བདག་ནི་བླ་ན་མེད་པ་ཡང་དག་པར་རྫོགས་པའི་བྱང་ཆུབ་ཏུ་མངོན་པར་རྫོགས་པར་འཚང་རྒྱ་བར་བྱའོ་སྙམ་དུ་མི་སེམས་སོ། །ཚེ་དང་ལྡན་པ་རབ་འབྱོར་དེ་བཞིན་དུ་བྱང་ཆུབ་སེམས་དཔའ་སེམས་དཔའ་ཆེན་པོ་ཡང་འདི་སྙམ་དུ་བདག་གིས། བླ་ན་མེད་པ་ཡང་དག་པར་རྫོགས་པའི་བྱང་ཆུབ་ཏུ་མངོན་པར་རྫོགས་པར་འཚང་རྒྱ་བར་བྱའོ་སྙམ་དུ་མི་སེམས་སོ། །དེ་ཅིའི་ཕྱིར་ཞེ་ན། དེ་ནི་[3]འདི་ལྟར་ཆོས་ཐམས་ཅད་ནམ་མཁའ་དང་མཉམ་པའི་ཕྱིར་ཏེ། འོན་ཀྱང་བྱང་ཆུབ་སེམས་དཔའ་སེམས་དཔའ་ཆེན་པོ་ནི་ཆོས་ཐམས་ཅད་ནམ་མཁའ་ལྟ་བུར་མོས་ནས། བླ་ན་མེད་པ་ཡང་དག་པར་རྫོགས་པའི་བྱང་ཆུབ་ཏུ་མངོན་པར་རྫོགས་པར་འཚང་རྒྱའོ། །གལ་ཏེ་བྱང་ཆུབ་སེམས་དཔའ་སེམས་དཔའ་ཆེན་པོ་ཆོས་ཐམས་ཅད་ནམ་མཁའ་ལྟ་བུར་མོས་པར་བྱེད་ཀྱང་། བླ་ན་མེད་པ་ཡང་དག་པར་རྫོགས་པའི་བྱང་ཆུབ་ཏུ་མངོན་པར་རྫོགས་པར་འཚང་རྒྱ་བར་སླ་སྟེ། མངོན་པར་རྫོགས་པར་འཚང་རྒྱ་བར་དཀའ་བ་མེད་ན་ནི། བྱང་ཆུབ་སེམས་དཔའ་གངྒཱའི་[4]ཀླུང་གི་བྱེ་མ་སྙེད་བླ་ན་མེད་པ་ཡང་དག་པར་རྫོགས་པའི་བྱང་ཆུབ་ལས་ཕྱིར་[5]ལྡོག་པར་ཡང་མི་འགྱུར་རོ། །ཚེ་དང་ལྡན་པ་རབ་འབྱོར་རྣམ་གྲངས་དེས་ན། བླ་ན་མེད་པ་ཡང་དག་པར་རྫོགས་པའི་བྱང་ཆུབ་ཏུ་[6]མངོན་པར་རྫོགས་པར་འཚང་རྒྱ་བར་ནི་དཀའ་བ་སྟེ། མངོན་པར་རྫོགས་པར་འཚང་རྒྱ་བར་སླ་བ་མ་ཡིན་པར་ཤེས་སོ། །རབ་འབྱོར་གྱིས་སྨྲས་པ།

ཚེ་དང་ལྡན་པ་ཤཱ་ར་དྭ་ཏིའི་བུ་དེ་ཇི་སྙམ་དུ་སེམས། གཟུགས་བླ་ན་མེད་པ་ཡང་དག་པར་རྫོགས་པའི་བྱང་ཆུབ་ལས་ལོག་གམ། སྨྲས་པ། ཚེ་དང་ལྡན་པ་རབ་འབྱོར་དེ་ནི་མ་ཡིན་ནོ། །སྨྲས་པ། འོ་ན་ཅི་ཚོར་བ་བླ་ན་མེད་པ་ཡང་དག་པར་རྫོགས་པའི་བྱང་ཆུབ་ལས་ལོག་གམ། སྨྲས་པ། ཚེ་དང་ལྡན་པ་རབ་འབྱོར་དེ་ནི་མ་ཡིན་ནོ། །སྨྲས་པ། འོ་ན་ཅི་འདུ་ཤེས་བླ་ན་མེད་པ་ཡང་དག་པར་རྫོགས་པའི་བྱང་ཆུབ་ལས་ལོག་གམ། སྨྲས་པ། ཚེ་དང་ལྡན་པ་རབ་འབྱོར་དེ་ནི་མ་ཡིན་ནོ། །སྨྲས་པ། འོ་ན་ཅི་འདུ་བྱེད་བླ་ན་མེད་པ་ཡང་དག་པར་རྫོགས་པའི་བྱང་ཆུབ་ལས་ལོག་གམ། སྨྲས་པ། ཚེ་དང་ལྡན་པ་རབ་འབྱོར་དེ་ནི་མ་ཡིན་ནོ། །སྨྲས་པ། འོ་ན་ཅི་རྣམ་པར་ཤེས་པ་བླ་ན་མེད་པ་ཡང་དག་པར་རྫོགས་པའི་བྱང་ཆུབ་ལས་ལོག་གམ། སྨྲས་པ། ཚེ་དང་ལྡན་པ་རབ་འབྱོར་དེ་ནི་མ་ཡིན་ནོ། །སྨྲས་པ། [1]ཚེ་དང་ལྡན་པ་ཤཱ་ར་དྭ་ཏིའི་བུ། དེ་ཇི་སྙམ་དུ་སེམས། མིག་བླ་ན་མེད་པ་ཡང་དག་པར་རྫོགས་པའི་བྱང་ཆུབ་ལས་ལོག་གམ། སྨྲས་པ། ཚེ་དང་ལྡན་པ་རབ་འབྱོར་དེ་ནི་མ་ཡིན་ནོ། །སྨྲས་པ། འོ་ན་ཅི་རྣ་བ་བླ་ན་མེད་པ་ཡང་དག་པར་རྫོགས་པའི་བྱང་ཆུབ་ལས་ལོག་གམ། སྨྲས་པ་ཚེ་དང་ལྡན་པ་རབ་འབྱོར་དེ་ནི་མ་ཡིན་ནོ། །སྨྲས་པ་འོ་ན་ཅི་སྣ་བླ་ན་མེད་པ་ཡང་དག་པར་རྫོགས་པའི་བྱང་ཆུབ་ལས་ལོག་གམ། སྨྲས་པ་ཚེ་དང་ལྡན་པ་རབ་འབྱོར་དེ་ནི་མ་ཡིན་ནོ[2]། །སྨྲས་པ། འོ་ན་ཅི་ལྕེ་བླ་ན་མེད་པ་ཡང་དག་པར་རྫོགས་པའི་བྱང་ཆུབ་ལས་ལོག་གམ། སྨྲས་པ། ཚེ་དང་ལྡན་པ་རབ་འབྱོར་དེ་ནི་མ་ཡིན་ནོ། །སྨྲས་པ་འོ་ན་ཅི་ལུས་བླ་ན་མེད་པ་ཡང་དག་པར་རྫོགས་པའི་བྱང་ཆུབ་ལས་ལོག་གམ། སྨྲས་པ་ཚེ་དང་ལྡན་པ་རབ་འབྱོར་དེ་ནི་མ་ཡིན་ནོ། །སྨྲས་པ་འོ་ན་ཅི་ཡིད་བླ་ན་མེད་པ་ཡང་དག་པར་རྫོགས་པའི་བྱང་ཆུབ་ལས་ལོག

གམ། སྨྲས་པ། ཚེ་དང་ལྡན་པ་རབ་འབྱོར་དེ་ནི་མ་ཡིན་ནོ། །སྨྲས་པ་ཚེ་དང་ལྡན་པ་ཤཱ་ར་དྭ་ཏིའི་བུ་དེ་ཇི་སྙམ་དུ་སེམས། གཟུགས་བླ་ན་མེད་པ་ཡང་དག་པར་རྫོགས་པའི་བྱང་ཆུབ་ལས་ལྡོག་གམ། སྨྲས་པ། ཚེ་དང་ལྡན་པ་རབ་འབྱོར་དེ་ནི་མ་ཡིན་ནོ། །སྨྲས་པ་འོ་ན་ཅི་སྒྲ་བླ་ན་མེད་པ་ཡང་དག་པར་རྫོགས་པའི་བྱང་ཆུབ་ལས་ལྡོག་གམ། སྨྲས་པ། ཚེ་དང་ལྡན་པ་རབ་འབྱོར་དེ་ནི་མ་ཡིན་ནོ། །སྨྲས་པ་འོ་ན་ཅི་དྲི་བླ་ན་མེད་པ་ཡང་དག་པར་རྫོགས་པའི་བྱང་ཆུབ་ལས་ལྡོག་གམ། སྨྲས་པ། ཚེ་དང་ལྡན་པ་རབ་འབྱོར་དེ་ནི་མ་ཡིན་ནོ། །སྨྲས་པ་འོ་ན་ཅི་རོ་བླ་ན་མེད་པ་ཡང་དག་པར་རྫོགས་པའི་བྱང་ཆུབ་ལས་ལྡོག་གམ། སྨྲས་པ་ཚེ་དང་ལྡན་པ་རབ་འབྱོར་དེ་ནི་མ་ཡིན་ནོ། །སྨྲས་པ་འོ་ན་ཅི་རེག་བླ་ན་མེད་པ་ཡང་དག་པར་རྫོགས་པའི་བྱང་ཆུབ་ལས་ལྡོག་གམ། སྨྲས་པ་ཚེ་དང་ལྡན་པ་རབ་འབྱོར་དེ་ནི་མ་ཡིན་ནོ། །སྨྲས་པ་འོ་ན་ཅི་ཆོས་བླ་ན་མེད་པ་ཡང་དག་པར་རྫོགས་པའི་བྱང་ཆུབ་ལས་ལྡོག་གམ། སྨྲས་པ་ཚེ་དང་ལྡན་པ་རབ་འབྱོར་དེ་ནི་མ་ཡིན་ནོ། །སྨྲས་པ། ཚེ་དང་ལྡན་པ་ཤཱ་ར་དྭ་ཏིའི་བུ་དེ་ཇི་སྙམ་དུ་སེམས། མིག་གི་རྣམ་པར་ཤེས་པ་བླ་ན་མེད་པ་ཡང་དག་པར་རྫོགས་པའི་བྱང་ཆུབ་ལས་ལྡོག་གམ། སྨྲས་པ་ཚེ་དང་ལྡན་པ་རབ་འབྱོར་དེ་ནི་མ་ཡིན་ནོ། །སྨྲས་པ་འོ་ན་ཅི་རྣ་བའི་རྣམ་པར་ཤེས་པ་བླ་ན་མེད་པ་ཡང་དག་པར་རྫོགས་པའི་བྱང་ཆུབ་ལས་ལྡོག་གམ། སྨྲས་པ་ཚེ་དང་ལྡན་པ་རབ་འབྱོར་དེ་ནི་མ་ཡིན་ནོ། །སྨྲས་པ་འོ་ན་ཅི་སྣའི་རྣམ་པར་ཤེས་པ་བླ་ན་མེད་པ་ཡང་དག་པར་རྫོགས་པའི་བྱང་ཆུབ་ལས་ལྡོག་གམ། སྨྲས་པ་ཚེ་དང་ལྡན་པ་རབ་འབྱོར་དེ་ནི་མ་ཡིན་ནོ། །སྨྲས་པ་འོ་ན་ཅི་ལྕེའི་རྣམ་པར་ཤེས་པ་བླ་ན་མེད་པ་ཡང་དག་པར་རྫོགས་པའི་བྱང་ཆུབ་ལས་ལྡོག་གམ། སྨྲས་པ་ཚེ་དང་ལྡན་པ་རབ་འབྱོར་དེ་ནི་མ་ཡིན་ནོ། །སྨྲས་པ།

འོ་ན་ཅི་ལུས་ཀྱི་རྣམ་པར་ཤེས་པ་བླ་ན་མེད་པ་ཡང་དག་པར་རྫོགས་པའི་བྱང་ཆུབ་
ལས་ཕྱོག་གམ། སྨྲས་པ། ཆེ་དང་ལྡན་པ་རབ་འབྱོར་དེ་ནི་མ་ཡིན་ནོ། །
སྨྲས་པ་འོ་ན་ཅི་ཡིད་ཀྱི་རྣམ་པར་ཤེས་པ་བླ་ན་མེད་པ་ཡང་དག་པར་རྫོགས་པའི···
བྱང་ཆུབ་ལས་ཕྱོག་གམ། སྨྲས་པ་ཆེ་དང་ལྡན་པ་རབ་འབྱོར་དེ་ནི་མ་ཡིན་ནོ། །
སྨྲས་པ་ཆེ་དང་ལྡན་པ་ཤ་ར་དྭ་ཏིའི་བུ་དེ་(༡)ཛེ་སྐམ་དུ་སེམས། མིག་གི་འདུས་ཏེ་
རེག་པ་བླ་ན་མེད་པ་ཡང་དག་པར་རྫོགས་པའི་བྱང་ཆུབ་ལས་ཕྱོག་གམ། སྨྲས་པ་
ཆེ་དང་ལྡན་པ་རབ་འབྱོར་དེ་ནི་མ་ཡིན་ནོ། །སྨྲས་པ་འོ་ན་ཅི་རྣ་བའི་འདུས་ཏེ་
རེག་པ་བླ་ན་མེད་པ་ཡང་དག་པར་རྫོགས་པའི་བྱང་ཆུབ་ལས་ཕྱོག་གམ། སྨྲས་པ་
ཆེ་དང་ལྡན་པ་རབ་འབྱོར་དེ་ནི་མ་ཡིན་ནོ། །སྨྲས་པ་འོ་ན་ཅི་སྣའི་འདུས་ཏེ་རེག་
པ་བླ་ན་མེད་པ་ཡང་དག་པར་རྫོགས་པའི་བྱང་ཆུབ་ལས་ཕྱོག་གམ། སྨྲས་པ་ཆེ···
དང་ལྡན་པ་རབ་འབྱོར་དེ་ནི་མ་ཡིན་ནོ། །སྨྲས་པ་འོ་ན་ཅི་ལྕེའི་འདུས་ཏེ་རེག་པ་
བླ་ན་མེད་པ་ཡང་དག་པར་རྫོགས་པའི་བྱང་ཆུབ་ལས་ཕྱོག་གམ། སྨྲས་པ་ཆེ···
དང་ལྡན་པ་རབ་འབྱོར་དེ་ནི་མ་ཡིན་ནོ། །སྨྲས་པ་འོ་ན་ཅི་ལུས་ཀྱི་འདུས་ཏེ་རེག་
པ་བླ་ན་མེད་པ་ཡང་དག་པར་རྫོགས་པའི་བྱང་ཆུབ་ལས་ཕྱོག་གམ། སྨྲས་པ་ཆེ···
དང་ལྡན་པ་རབ་འབྱོར་དེ་ནི་མ་ཡིན་ནོ། །སྨྲས་པ་འོ་ན་ཅི་ཡིད་ཀྱི་འདུས་ཏེ་རེག་
པ་བླ་ན་མེད་པ་ཡང་དག་པར་རྫོགས་པའི་བྱང་ཆུབ་ལས་ཕྱོག་གམ། སྨྲས་པ།
ཆེ་དང་ལྡན་པ་རབ་འབྱོར་དེ་ནི་མ་ཡིན་ནོ། །སྨྲས་པ་ཆེ་དང་ལྡན་པ་ཤ་ར་དྭ་
ཏིའི་བུ་དེ་ཛེ་སྐམ་དུ་སེམས། མིག་གི་འདུས་ཏེ་རེག་པ་ལས་བྱུང་བའི་ཚོར་བ་བླ་
ན་མེད་པ་ཡང་དག་པར་རྫོགས་པའི་བྱང་ཆུབ་ལས་ཕྱོག་གམ། སྨྲས་པ་ཆེ་དང···
ལྡན་པ་རབ་འབྱོར་དེ་ནི་མ་ཡིན་ནོ། །སྨྲས་པ་འོ་ན་ཅི་རྣ་བའི་འདུས་ཏེ་རེག་པ་
ལས་བྱུང་བའི་ཚོར་བ་བླ་ན་མེད་པ་ཡང་དག་པར་རྫོགས་པའི་བྱང་ཆུབ་ལས་ཕྱོག···

གམ། སྨྲས་པ་ཚེ་དང་ལྡན་པ་རབ་འབྱོར་དེ་ནི་མ་ཡིན་ནོ། །སྨྲས་པ་འོ་ན་ཅི་
སྣའི་འདུས་ཏེ་རེག་པ་ལས་བྱུང་བའི་ཚོར་བ་བླ་ན་མྱེད་པ་ཡང་དག་པར་རྫོགས་
པའི་བྱང་ཆུབ་ལས་ལྡོག་གམ། སྨྲས་པ་ཚེ་དང་ལྡན་པ་རབ་འབྱོར་དེ་ནི་མ་ཡིན་ནོ། །
སྨྲས་པ་འོ་ན་ཅི་ལྕེའི་འདུས་ཏེ་རེག་པ་ལས་བྱུང་བའི་ཚོར་བ་བླ་ན་མྱེད་པ་ཡང་དག་
པར་རྫོགས་པའི་བྱང་ཆུབ་ལས་ལྡོག་གམ། སྨྲས་པ་ཚེ་དང་ལྡན་པ་རབ་འབྱོར་དེ་
ནི་མ་ཡིན་ནོ། །སྨྲས་པ་འོ་ན་ཅི་ལུས་ཀྱི་འདུས་ཏེ་རེག་པ་ལས་བྱུང་བའི་ཚོར་བ་
བླ་ན་མྱེད་པ་ཡང་དག་པར་རྫོགས་པའི་བྱང་ཆུབ་ལས་ལྡོག་གམ། སྨྲས་པ་ཚེ་དང་
ལྡན་པ་རབ་འབྱོར་དེ་ནི་མ་ཡིན་ནོ། །སྨྲས་པ་འོ་ན་ཅི་ཡིད་ཀྱི་འདུས་ཏེ་རེག་པ་
ལས་བྱུང་བའི་ཚོར་བ་བླ་ན་མྱེད་པ་ཡང་དག་པར་རྫོགས་པའི་བྱང་ཆུབ་ལས་ལྡོག་
གམ། སྨྲས་པ་ཚེ་དང་ལྡན་པ་རབ་འབྱོར་དེ་ནི་མ་ཡིན་ནོ། །སྨྲས་པ་ཚེ་དང་
ལྡན་པ་ཤ་ར་དྭ་ཏིའི་བུ་དེ་ཇི་སྙམ་དུ་སེམས། སའི་ཁམས་བླ་ན་མྱེད་པ་ཡང་དག་
པར་རྫོགས་པའི་བྱང་ཆུབ་ལས་ལྡོག་གམ། སྨྲས་པ་ཚེ་དང་ལྡན་པ་རབ་འབྱོར་དེ་
ནི་མ་ཡིན་ནོ། །སྨྲས་པ་འོ་ན་ཅི་ཆུའི་ཁམས་བླ་ན་མེད་པ་ཡང་དག་པར་རྫོགས་
པའི་བྱང་ཆུབ་ལས་ལྡོག་གམ། སྨྲས་པ་ཚེ་དང་ལྡན་པ་རབ་འབྱོར་དེ་ནི་མ་ཡིན་ནོ། །
སྨྲས་པ་འོ་ན་ཅི་མྱེའི་ཁམས་བླ་ན་མྱེད་པ་ཡང་དག་པར་རྫོགས་པའི་བྱང་ཆུབ་ལས་
ལྡོག་གམ། སྨྲས་པ་ཚེ་དང་ལྡན་པ་རབ་འབྱོར་དེ་ནི་མ་ཡིན་ནོ། །སྨྲས་པ་འོ་ན་
ཅི་རླུང་གི་ཁམས་བླ་ན་མྱེད་པ་ཡང་དག་པར་རྫོགས་པའི་བྱང་ཆུབ་ལས་ལྡོག་གམ།
སྨྲས་པ་ཚེ་དང་ལྡན་པ་རབ་འབྱོར་དེ་ནི་མ་ཡིན་ནོ། །སྨྲས་པ་འོ་ན་ཅི་ནམ་མཁའི་
ཁམས་བླ་ན་མྱེད་པ་ཡང་དག་པར་རྫོགས་པའི་བྱང་ཆུབ་ལས་ལྡོག་གམ། སྨྲས་པ་
ཚེ་དང་ལྡན་པ་རབ་འབྱོར་དེ་ནི་མ་ཡིན་ནོ། །སྨྲས་པ་འོ་ན་ཅི་རྣམ་པར་ཤེས་པའི་
ཁམས་བླ་ན་མྱེད་པ་ཡང་དག་པར་རྫོགས་པའི་བྱང་ཆུབ་ལས་ལྡོག་གམ། སྨྲས་པ་

ཚེ་དང་ལྡན་པ་རབ་འབྱོར་དེ་ནི་མ་ཡིན་ནོ། །སྨྲས་པ་ཚེ་དང་ལྡན་པ་ཤ་ར་དྭ······
ཏིའི་བུ་དེ་ཇི་སྙམ་དུ་སེམས། མ་རིག་པ་བླ་ན་མེད་པ་ཡང་དག་པར་རྫོགས་པའི་
བྱང་ཆུབ་ལས་ལྡོག་གམ། སྨྲས་པ་ཚེ་དང་ལྡན་པ་རབ་འབྱོར་དེ་ནི་མ་ཡིན་ནོ། །
སྨྲས་པ། འོ་ན་ཅི་འདུ་བྱེད་བླ་ན་མེད་པ་ཡང་དག་པར་རྫོགས་པའི་བྱང་ཆུབ······
ལས་ལྡོག་གམ། སྨྲས་པ་ཚེ་དང་ལྡན་པ་རབ་འབྱོར་དེ་ནི་མ་ཡིན་ནོ། །སྨྲས་པ་
འོ་ན་ཅི་རྣམ་པར་ཤེས་པ་བླ་ན་མེད་པ་ཡང་དག་པར་རྫོགས་པའི་བྱང་ཆུབ་ལས······
ལྡོག་གམ། སྨྲས་པ་ཚེ་དང་ལྡན་པ་རབ་འབྱོར་དེ་ནི་མ་ཡིན་ནོ། །སྨྲས་པ་འོ་ན་
ཅི་མིང་དང་གཟུགས་བླ་ན་མེད་པ་ཡང་དག་པར་རྫོགས་པའི་བྱང་ཆུབ་ལས་ལྡོག་
གམ༑ སྨྲས་པ། ཚེ་དང་ལྡན་པ་རབ་འབྱོར་དེ་ནི་མ་ཡིན་ནོ། །སྨྲས་པ་འོ་
ན་ཅི་སྐྱེ་མཆེད་དྲུག་བླ་ན་མེད་པ་ཡང་དག་པར་རྫོགས་པའི་བྱང་ཆུབ་ལས་ལྡོག་གམ།
སྨྲས་པ་ཚེ་དང་ལྡན་པ་རབ་འབྱོར་དེ་ནི་མ་ཡིན་ནོ། །སྨྲས་པ་འོ་ན་ཅི་རེག་པ་བླ་
ན་མེད་པ་ཡང་དག་པར་རྫོགས་པའི་བྱང་ཆུབ་ལས་ལྡོག་གམ། སྨྲས་པ་ཚེ་དང···
ལྡན་པ་རབ་འབྱོར་དེ་ནི་མ་ཡིན་ནོ། །སྨྲས་པ་འོ་ན་ཅི་ཚོར་བ་བླ་ན་མེད་པ་ཡང་
དག་པར་རྫོགས་པའི་བྱང་ཆུབ་ལས་ལྡོག་གམ། སྨྲས་པ་ཚེ་དང་ལྡན་པ་རབ་
འབྱོར་དེ་ནི་མ་ཡིན་ནོ། །སྨྲས་པ་འོ་ན་ཅི་སྲེད་པ་བླ་ན་མེད་པ་ཡང་དག་པར······
རྫོགས་[1]པའི་བྱང་ཆུབ་ལས་ལྡོག་གམ། སྨྲས་པ་ཚེ་དང་ལྡན་པ་རབ་འབྱོར་དེ་ནི་
མ་ཡིན་ནོ། །སྨྲས་པ་འོ་ན་ཅི་ལེན་པ་བླ་ན་མེད་པ་ཡང་དག་པར་རྫོགས་པའི་བྱང་
ཆུབ་ལས་ལྡོག་གམ། སྨྲས་པ་ཚེ་དང་ལྡན་པ་རབ་འབྱོར་དེ་ནི་མ་ཡིན་ནོ། །
སྨྲས་པ་འོ་ན་ཅི་སྲིད་པ་བླ་ན་མེད་པ་ཡང་དག་པར་རྫོགས་པའི་བྱང་ཆུབ་ལས་ལྡོག་
གམ༑ སྨྲས་པ་ཚེ་དང་ལྡན་པ་རབ་འབྱོར་དེ་ནི་མ་ཡིན་ནོ། །སྨྲས་པ་འོ་ན་ཅི་
སྐྱེ་བ་བླ་ན་མེད་པ་ཡང་དག་པར་རྫོགས་པའི་བྱང་ཆུབ་ལས་ལྡོག་གམ། སྨྲས་པ··

ཚེ་དང་ལྡན་པ་རབ་འབྱོར་དེ་ནི་མ་ཡིན་ནོ། །སྨྲས་པ་འོ་ན་ཅི་ཀ་ཤི་བླ་ན་མེད་པ་ཡང་དག་པར་རྫོགས་①པའི་བྱང་ཆུབ་ལས་ལྡོག་གམ། སྨྲས་པ་ཚེ་དང་ལྡན་པ་རབ་འབྱོར་དེ་ནི་མ་ཡིན་ནོ། །སྨྲས་པ་ཚེ་དང་ལྡན་པ་ཤ་ར་དྭ་ཏིའི་བུ་དེ་ཇི་སྙམ་དུ་སེམས། སྦྱིན་པའི་ཕ་རོལ་ཏུ་ཕྱིན་པ་བླ་ན་མེད་པ་ཡང་དག་པར་རྫོགས་པའི་བྱང་ཆུབ་ལས་ལྡོག་གམ། སྨྲས་པ་ཚེ་དང་ལྡན་པ་རབ་འབྱོར་དེ་ནི་མ་ཡིན་ནོ། །སྨྲས་པ་འོ་ན་ཅི་ཚུལ་ཁྲིམས་ཀྱི་ཕ་རོལ་ཏུ་ཕྱིན་པ་བླ་ན་མེད་པ་ཡང་དག་པར་རྫོགས་པའི་བྱང་ཆུབ་ལས་ལྡོག་གམ། སྨྲས་པ་ཚེ་དང་ལྡན་པ་རབ་འབྱོར་དེ་ནི་མ་ཡིན་ནོ། །སྨྲས་པ་འོ་ན་ཅི་བཟོད་པའི་ཕ་རོལ་ཏུ་ཕྱིན་པ་བླ་ན་མེད་པ་ཡང་དག་པར་③རྫོགས་པའི་བྱང་ཆུབ་ལས་ལྡོག་གམ། སྨྲས་པ་ཚེ་དང་ལྡན་པ་རབ་འབྱོར་དེ་ནི་མ་ཡིན་ནོ། །སྨྲས་པ་འོ་ན་ཅི་བརྩོན་འགྲུས་ཀྱི་ཕ་རོལ་ཏུ་ཕྱིན་པ་བླ་ན་མེད་པ་ཡང་དག་པར་རྫོགས་པའི་བྱང་ཆུབ་ལས་ལྡོག་གམ། སྨྲས་པ་ཚེ་དང་ལྡན་པ་རབ་འབྱོར་དེ་ནི་མ་ཡིན་ནོ། །སྨྲས་པ་འོ་ན་ཅི་བསམ་གཏན་གྱི་ཕ་རོལ་ཏུ་ཕྱིན་པ་བླ་ན་མེད་པ་ཡང་དག་པར་རྫོགས་པའི་བྱང་ཆུབ་ལས་ལྡོག་གམ། སྨྲས་པ་ཚེ་དང་ལྡན་པ་རབ་འབྱོར་དེ་ནི་མ་ཡིན་ནོ། །སྨྲས་པ་འོ་ན་ཅི་ཤེས་རབ་ཀྱི་ཕ་རོལ་ཏུ་ཕྱིན་པ་བླ་ན་མེད་པ་ཡང་དག་པར་རྫོགས་པའི་བྱང་ཆུབ་ལས་ལྡོག་གམ། སྨྲས་པ་ཚེ་དང་ལྡན་པ་རབ་འབྱོར་དེ་ནི་མ་ཡིན་ནོ། །སྨྲས་པ་ཚེ་དང་ལྡན་པ་ཤ་ར་དྭ་ཏིའི་བུ་དེ་ཇི་སྙམ་དུ་སེམས། ནང་སྟོང་པ་ཉིད་བླ་ན་མེད་པ་ཡང་དག་པར་རྫོགས་པའི་བྱང་ཆུབ་ལས་ལྡོག་གམ། སྨྲས་པ་ཚེ་དང་ལྡན་པ་རབ་འབྱོར་དེ་ནི་མ་ཡིན་ནོ། །སྨྲས་པ་འོ་ན་ཅི་ཕྱི་སྟོང་པ་ཉིད་བླ་ན་མེད་པ་ཡང་དག་པར་རྫོགས་པའི་བྱང་ཆུབ་ལས་ལྡོག་གམ། སྨྲས་པ་ཚེ་དང་ལྡན་པ་རབ་འབྱོར་དེ་ནི་མ་ཡིན་ནོ། །སྨྲས་པ་འོ་ན་ཅི་ཕྱི་ནང་སྟོང་པ་ཉིད་བླ་ན་མེད་པ་ཡང་དག་པར་རྫོགས་པའི་བྱང་ཆུབ་ལས་

ལྡོག་གམ། སྨྲས་པ་ཚེ་དང་ལྡན་པ་རབ་འབྱོར་དེ་ནི་མ་ཡིན་ནོ། །སྨྲས་པ་འོ་ན་ཅི་སྟོང་པ་ཉིད་སྟོང་པ་ཉིད་བླ་ན་མེད་པ་ཡང་དག་པར་རྫོགས་པའི་བྱང་ཆུབ་ལས་ལྡོག་གམ། སྨྲས་པ་ཚེ་དང་ལྡན་པ་རབ་འབྱོར་དེ་ནི་མ་ཡིན་ནོ། །སྨྲས་པ་འོ་ན་ཅི་ཆེན་པོ་སྟོང་པ་ཉིད་བླ་ན་མེད་པ་ཡང་དག་པར་རྫོགས་པའི་བྱང་ཆུབ་ལས་ལྡོག་གམ། སྨྲས་པ་ཚེ་དང་ལྡན་པ་རབ་འབྱོར་དེ་ནི་མ་ཡིན་ནོ། །སྨྲས་པ་འོ་ན་ཅི་དོན་དམ་པ་སྟོང་པ་ཉིད་བླ་ན་མེད་པ་ཡང་དག་པར་རྫོགས་པའི་བྱང་ཆུབ་ལས···ལྡོག་གམ། སྨྲས་པ་ཚེ་དང་ལྡན་པ་རབ་འབྱོར་དེ་ནི་མ་ཡིན་ནོ། །སྨྲས་པ་འོ་ན་ཅི་འདུས་བྱས་སྟོང་པ་ཉིད་བླ་ན་མེད་པ་ཡང་དག་པར་རྫོགས་པའི་བྱང་ཆུབ་ལས··ལྡོག་གམ། སྨྲས་པ་ཚེ་དང་ལྡན་པ་རབ་འབྱོར་དེ་ནི་མ་ཡིན་ནོ། །སྨྲས་པ་འོ་ན་ཅི་འདུས་མ་བྱས་སྟོང་པ་ཉིད་བླ་ན་མེད་པ་ཡང་དག་པར་རྫོགས་པའི་བྱང་ཆུབ·····ལས་ལྡོག་གམ། སྨྲས་པ་ཚེ་དང་ལྡན་པ་རབ་འབྱོར་དེ་ནི་མ་ཡིན་ནོ། །སྨྲས་པ་འོ་ན་ཅི་མཐའ་ལས་འདས་པ་སྟོང་པ་ཉིད་བླ་ན་མེད་པ་ཡང་དག་པར་རྫོགས་པའི་བྱང་ཆུབ་ལས་ལྡོག་གམ། སྨྲས་པ་ཚེ་དང་ལྡན་པ་རབ་འབྱོར་དེ་ནི་མ་ཡིན་ནོ། །སྨྲས་པ་འོ་ན་ཅི་ཐོག་མ་དང་ཐ་མ་མེད་པ་སྟོང་པ་ཉིད་བླ་ན་མེད་པ་ཡང་དག་པར་རྫོགས་པའི་བྱང་ཆུབ་ལས་ལྡོག་གམ། སྨྲས་པ་ཚེ་དང་ལྡན་པ་རབ་འབྱོར་དེ་ནི་མ་ཡིན་ནོ། །སྨྲས་པ་འོ་ན་ཅི་དོར་བ་མེད་པ་སྟོང་པ་ཉིད་བླ་ན་མེད་པ་ཡང་དག་པར་རྫོགས་པའི་བྱང་ཆུབ་ལས་ལྡོག་གམ། སྨྲས་པ་ཚེ་དང་ལྡན་པ་རབ་འབྱོར་དེ་ནི་མ་ཡིན་ནོ། །སྨྲས་པ་འོ་ན་ཅི་རང་བཞིན་སྟོང་པ་ཉིད་བླ་ན་མེད་པ་ཡང་དག་པར་རྫོགས་པའི་བྱང་ཆུབ་ལས་ལྡོག་གམ། སྨྲས་པ་ཚེ་དང་ལྡན་པ་རབ་འབྱོར་དེ་ནི་མ་ཡིན་ནོ། །སྨྲས་པ་འོ་ན་ཅི་ཆོས་ཐམས་ཅད་སྟོང་པ་ཉིད་བླ་ན་མེད་པ་ཡང་དག་པར་རྫོགས་པའི་བྱང་ཆུབ་ལས་ལྡོག་གམ། སྨྲས་པ་ཚེ་དང་ལྡན་པ་རབ

འགྱུར་དེ་ནི་མ་ཡིན་ནོ། །སྨྲས་པ་འོ་ན་ཅི་རང་གི་མཚན་ཉིད་སྟོང་པ་ཉིད་བླ་ན་
མེད་པ་ཡང་དག་པར་རྫོགས་པའི་བྱང་ཆུབ་ལས་ལྡོག་གམ། སྨྲས་པ་ཆེ་དང་ལྡན་
པ་རབ་འབྱོར་དེ་ནི་མ་ཡིན་ནོ། །སྨྲས་པ་འོ་ན་ཅི་མི་དམིགས་པ་སྟོང་པ་ཉིད་བླ་
ན་མེད་པ་ཡང་དག་པར་རྫོགས་པའི་བྱང་ཆུབ་ལས་ལྡོག་གམ། སྨྲས་པ་ཆེ་དང···
ལྡན་པ་རབ་འབྱོར་དེ་ནི་མ་ཡིན་ནོ། །སྨྲས་པ་འོ་ན་ཅི་དངོས་པོ་མེད་པ་སྟོང་པ་
ཉིད་བླ་ན་མེད་པ་ཡང་དག་པར་རྫོགས་པའི་བྱང་ཆུབ་ལས་ལྡོག་གམ། སྨྲས་པ་ཆེ་
དང་ལྡན་པ་རབ་འབྱོར་དེ་ནི་མ་ཡིན་ནོ། །སྨྲས་པ་འོ་ན་ཅི་ངོ་བོ་ཉིད་སྟོང་པ···
ཉིད་བླ་ན་མེད་པ་ཡང་དག་པར་རྫོགས་པའི་བྱང་ཆུབ་ལས་ལྡོག་གམ། སྨྲས་པ་ཆེ་
དང་ལྡན་པ་རབ་འབྱོར་དེ་ནི་མ་ཡིན་ནོ། །སྨྲས་པ་འོ་ན་ཅི་དངོས་པོ་མེད་པའི་ངོ་
བོ་ཉིད་སྟོང་པ་ཉིད་བླ་ན་མེད་པ་ཡང་དག་པར་རྫོགས་པའི་བྱང་ཆུབ་ལས་ལྡོག་གམ།
སྨྲས་པ་ཆེ་དང་ལྡན་པ་རབ་འབྱོར་དེ་ནི་མ་ཡིན་ནོ།། ||

ཤེས་རབ་ཀྱི་ཕ་རོལད་ཏུ་ཕྱིནད་པ་སྟོང་ཕྲག་བརྒྱ་པ། བམ་པོ་དྲུག[༧]པ།
སྨྲས་པ་ཆེ་དང་ལྡན་པ་ཤ་ར་དྭ་ཏིའི་བུ། དེ་ཇི་སྙམ་དུ་སེམས། ཉན་པ་ཉེ་བར་
གཞག་པ་རྣམས་བླ་ན་མེད་པ་ཡང་དག་པར་རྫོགས་པའི་བྱང་ཆུབ་ལས་ལྡོག་གམ།
སྨྲས་པ་ཆེ་དང་ལྡན་པ་རབ་འབྱོར་དེ་ནི་མ་ཡིན་ནོ། །སྨྲས་པ་འོ་ན་ཅི་ཡང་དག་
པར་སྤོང་བ་རྣམས་བླ་ན་མེད་པ་ཡང་དག་པར་རྫོགས་པའི་བྱང་ཆུབ་ལས་ལྡོག་གམ།
སྨྲས་པ་ཆེ་དང་ལྡན་པ་རབ་འབྱོར་དེ་ནི་མ་ཡིན་ནོ། །སྨྲས་པ་འོ་ན་ཅི་རྫུ་འཕྲུལ་
གྱི་རྐང་པ་རྣམས་བླ་ན་མེད་པ་ཡང་དག་པར་རྫོགས་པའི་བྱང་ཆུབ་ལས་ལྡོག་གམ།
སྨྲས་པ་ཆེ་དང་ལྡན་པ་རབ་འབྱོར་དེ་ནི་མ་ཡིན་ནོ། །སྨྲས་པ་འོ་ན་ཅི་དབང་པོ་
རྣམས་བླ་ན་མེད་པ་ཡང་དག་པར་རྫོགས་པའི་བྱང་ཆུབ་ལས་ལྡོག་གམ། སྨྲས་པ་
ཆེ་དང་ལྡན་པ་རབ་འབྱོར་དེ་ནི་མ་ཡིན་ནོ། །སྨྲས་པ་འོ་ན་ཅི་སྟོབས་རྣམས་བླ་ན་

མྱེད་པ་ཡང་དག་པར་རྫོགས་པའི་བྱང་ཆུབ་ལས་ལྡོག་གམ། སྨྲས་པ་ཚེ་དང་ལྡན་པ་རབ་འབྱོར་དེ་ནི་མ་ཡིན་ནོ། །སྨྲས་པ་འོ་ན་ཅི་བྱང་ཆུབ་ཀྱི་ཡན་ལག་རྣམས་བླ་ན་མྱེད་པ་ཡང་དག་པར་རྫོགས་པའི་བྱང་ཆུབ་ལས་ལྡོག་གམ། སྨྲས་པ་ཚེ་དང་ལྡན་པ་རབ་འབྱོར་དེ་ནི་མ་ཡིན་ནོ། །སྨྲས་པ་འོ་ན་ཅི་འཕགས་པའི་ལམ་ཡན་ལག་བརྒྱད་པ་བླ་ན་མྱེད་པ་ཡང་དག་པར་རྫོགས་པའི་བྱང་ཆུབ་ལས་ལྡོག་གམ། སྨྲས་པ་ཚེ་དང་ལྡན་པ་རབ་འབྱོར་དེ་ནི་མ་ཡིན་ནོ། །སྨྲས་པ་འོ་ན་ཅི་འཕགས་པའི་བདེན་པ་རྣམས་བླ་ན་མྱེད་པ་ཡང་དག་པར་རྫོགས་པའི་བྱང་ཆུབ་ལས་ལྡོག་གམ། སྨྲས་པ་ཚེ་དང་ལྡན་པ་རབ་འབྱོར་དེ་ནི་མ་ཡིན་ནོ། །སྨྲས་པ་འོ་ན་ཅི་བསམ་གཏན་རྣམས་བླ་ན་མྱེད་པ་ཡང་དག་པར་རྫོགས་པའི་བྱང་ཆུབ་ལས་ལྡོག་གམ། སྨྲས་པ་ཚེ་དང་ལྡན་པ་[2]རབ་འབྱོར་དེ་ནི་མ་ཡིན་ནོ། །སྨྲས་པ་འོ་ན་ཅི་ཚད་མྱེད་པ་རྣམས་བླ་ན་མྱེད་པ་ཡང་དག་པར་རྫོགས་པའི་བྱང་ཆུབ་ལས་ལྡོག་གམ། སྨྲས་པ་ཚེ་དང་ལྡན་པ་རབ་འབྱོར་དེ་ནི་མ་ཡིན་ནོ། །སྨྲས་པ་འོ་ན་ཅི་གཟུགས་མྱེད་པའི་སྙོམས་པར་འཇུག་པ་རྣམས་བླ་ན་མྱེད་པ་ཡང་དག་པར་རྫོགས་པའི་བྱང་ཆུབ་ལས་ལྡོག་གམ། སྨྲས་པ་ཚེ་དང་ལྡན་པ་རབ་འབྱོར་དེ་ནི་མ་ཡིན་ནོ། །སྨྲས་པ་འོ་ན་ཅི་རྣམ་པར་ཐར་པ་རྣམས་བླ་ན་མྱེད་པ་ཡང་དག་པར་རྫོགས་པའི་བྱང་ཆུབ་ལས་ལྡོག་གམ། སྨྲས་པ་ཚེ་དང་ལྡན་པ་རབ་འབྱོར་དེ་ནི་མ་ཡིན་ནོ། །སྨྲས་པ་འོ་ན་ཅི་མཐར་ཀྱིས་[1]གནས་པའི་སྙོམས་པར་འཇུག་པ་རྣམས་བླ་ན་མྱེད་པ་ཡང་དག་པར་རྫོགས་པའི་བྱང་ཆུབ་ལས་ལྡོག་གམ། སྨྲས་པ་ཚེ་དང་ལྡན་པ་རབ་འབྱོར་དེ་ནི་མ་ཡིན་ནོ། །སྨྲས་པ་འོ་ན་ཅི་རྣམ་པར་ཐར་པའི་སྒོ་སྟོང་པ་ཉིད་དང་། མཚན་མ་མྱེད་པ་དང་། སྨོན་པ་མྱེད་པ་བླ་ན་མྱེད་པ་ཡང་དག་པར་རྫོགས་པའི་བྱང་ཆུབ་ལས་ལྡོག་གམ། སྨྲས་པ་ཚེ་དང་ལྡན་པ་རབ་འབྱོར་དེ་ནི་མ་ཡིན་ནོ། །

སྨྲས་པ་འོ་ན་ཅི་མངོན་པར་ཤེས་པ་རྣམས་བླ་ན་མེད་པ་ཡང་དག་པར་རྫོགས་པའི་
བྱང་ཆུབ་ལས་ལྡོག་གམ། སྨྲས་པ་ཆེ་དང་ལྡན་པ་རབ་འབྱོར་དེ་ནི་མ་ཡིན་ནོ། །
སྨྲས་པ་འོ་ན་ཅི་ཏིང་ངེ་འཛིན་རྣམས་བླ་ན་མེད་པ་ཡང་དག་པར་རྫོགས་པའི་བྱང་
ཆུབ་ལས་ལྡོག་གམ། སྨྲས་པ་ཆེ་དང་ལྡན་པ་རབ་འབྱོར་དེ་ནི་མ་ཡིན་ནོ། །
སྨྲས་པ་འོ་ན་ཅི་གཟུངས་ཀྱི་སྒོ་རྣམས་བླ་ན་མེད་པ་ཡང་དག་པར་རྫོགས་པའི་བྱང་
ཆུབ་ལས་ལྡོག་གམ། སྨྲས་པ་ཆེ་དང་ལྡན་པ་རབ་འབྱོར་དེ་ནི་མ་ཡིན་ནོ། །
སྨྲས་པ་འོ་ན་ཅི་དེ་བཞིན་གཤེགས་པའི་སྟོབས་རྣམས་བླ་ན་མེད་པ་ཡང་དག་པར་
རྫོགས་པའི་བྱང་ཆུབ་ལས་ལྡོག་གམ། སྨྲས་པ་ཆེ་དང་ལྡན་པ་རབ་འབྱོར་དེ་ནི་
མ་ཡིན་ནོ། །སྨྲས་པ་འོ་ན་ཅི་མི་འཇིགས་པ་རྣམས་བླ་ན་མེད་པ་ཡང་དག་པར་
རྫོགས་པའི་བྱང་ཆུབ་ལས་ལྡོག་གམ། སྨྲས་པ་ཆེ་དང་ལྡན་པ་རབ་འབྱོར་དེ་ནི་མ་
ཡིན་ནོ། །སྨྲས་པ་འོ་ན་ཅི་སོ་སོ་ཡང་དག་པར་རིག་པ་རྣམས་བླ་ན་མེད་པ་ཡང་
དག་པར་རྫོགས་པའི་བྱང་ཆུབ་ལས་ལྡོག་གམ། སྨྲས་པ་ཆེ་དང་ལྡན་པ་རབ་
འབྱོར་དེ་ནི་མ་ཡིན་ནོ། །སྨྲས་པ་འོ་ན་ཅི་བྱམས་པ༔ཆེན་པོ[1]བླ་ན་མེད་པ་ཡང་
དག་པར་རྫོགས་པའི་བྱང་ཆུབ་ལས་ལྡོག་གམ། སྨྲས་པ་ཆེ་དང་ལྡན་པ་རབ་
འབྱོར་དེ་ནི་མ་ཡིན་ནོ། །སྨྲས་པ་འོ་ན་ཅི་སྙིང་རྗེ་ཆེན་པོ་བླ་ན་མེད་པ་ཡང་དག་
པར་རྫོགས་པའི་བྱང་ཆུབ་ལས་ལྡོག་གམ། སྨྲས་པ། ཆེ་དང་ལྡན་པ་རབ་
འབྱོར་དེ་ནི་མ་ཡིན་ནོ། །སྨྲས་པ་འོ་ན་ཅི་སངས་རྒྱས་ཀྱི་ཆོས་མ་འདྲེས་པ་རྣམས་
བླ་ན་མེད་པ་ཡང་དག་པར་རྫོགས་པའི་བྱང་ཆུབ་ལས་ལྡོག་གམ། སྨྲས་པ་ཆེ་དང་
ལྡན་པ་རབ་འབྱོར་དེ་ནི་མ་ཡིན་ནོ། །སྨྲས་པ་འོ་ན་ཅི་ཐམས་ཅད་ཤེས་པ་ཉིད་བླ་
ན་མེད་པ་ཡང་དག་པར་རྫོགས་པའི་བྱང་ཆུབ་ལས་ལྡོག་གམ། སྨྲས་པ་ཆེ་དང་
ལྡན་པ་རབ་འབྱོར་དེ་ནི་མ་ཡིན་ནོ། །སྨྲས་པ་འོ་ན་ཅི་ལམ་གྱི་རྣམ་པ[3]ཤེས་པ་

ཉིད་བླ་ན་མེད་པ་ཡང་དག་པར་རྫོགས་པའི་བྱང་ཆུབ་ལས་ལྡོག་གམ། སྣྲས་པ་ཆེ་དང་ལྡན་པ་རབ་འབྱོར་དེ་ནི་མ་ཡིན་ནོ། །སྣྲས་པ་འོ་ན་ཅི་རྣམ་པ་ཐམས་ཅད་མཁྱེན་པ་ཉིད་བླ་ན་མེད་པ་ཡང་དག་པར་རྫོགས་པའི་བྱང་ཆུབ་ལས་ལྡོག་གམ། སྣྲས་པ་ཆེ་དང་ལྡན་པ་རབ་འབྱོར་དེ་ནི་མ་ཡིན་ནོ། །སྣྲས་པ་ཆེ་དང་ལྡན་པ་ཤ་ར་དྭ་ཏིའི་བུ་དེ་ཇི་སྙམ་དུ་སེམས། གཟུགས་ལས་གུད་ན་གང་བླ་ན་མེད་པ་ཡང་དག་པར་རྫོགས་པའི་བྱང་ཆུབ་ལས་ལྡོག་པའི་ཆོས་དེ་ལྟ་བུ་དམིགས་སམ། སྣྲས་པ་ཆེ་དང་ལྡན་པ་རབ[1]འབྱོར་དེ་ནི་མ་ཡིན་ནོ། །སྣྲས་པ་འོ་ན་ཚོར་བ་ལས་གུད་ན་གང་བླ་ན་མེད་པ་ཡང་དག་པར་རྫོགས་པའི་བྱང་ཆུབ་ལས་ལྡོག་པའི་ཆོས་དེ་ལྟ་བུ་དམིགས་སམ། སྣྲས་པ་ཆེ་དང་ལྡན་པ་རབ་འབྱོར་དེ་ནི་མ་ཡིན་ནོ། །སྣྲས་པ་འོ་ན་ཅི[2]འདུ་ཤེས་ལས་གུད་ན་གང་བླ་ན་མེད་པ་ཡང་དག་པར་རྫོགས་པའི་བྱང་ཆུབ་ལས་ལྡོག་པའི་ཆོས་དེ་ལྟ་བུ་དམིགས་སམ། སྣྲས་པ་ཆེ་དང་ལྡན་པ་རབ་འབྱོར་དེ་ནི་མ་ཡིན་ནོ། །སྣྲས་པ་འོ་ན་འདུ་བྱེད་ལས་གུད་ན་གང་བླ་ན་མེད་པ་ཡང་དག་པར་རྫོགས་པའི་བྱང་ཆུབ་ལས་ལྡོག་པའི་ཆོས་དེ་ལྟ་བུ་དམིགས་སམ། སྣྲས་པ་ཆེ་དང་ལྡན་པ་རབ་འབྱོར་དེ་ནི་མ་ཡིན་ནོ། །སྣྲས་པ་འོ་ན་རྣམ་པར་ཤེས་པ་ལས་གུད་ན་གང་བླ་ན་མེད་པ་ཡང་དག་པར་རྫོགས་པའི་བྱང་ཆུབ་ལས་ལྡོག་པའི་ཆོས་དེ་ལྟ་བུ་དམིགས་སམ། སྣྲས་པ་ཆེ་དང་ལྡན་པ་རབ་འབྱོར་དེ་ནི་མ[3]ཡིན་ནོ། །སྣྲས་པ་ཆེ་དང་ལྡན་པ་ཤ་ར་དྭ་ཏིའི་བུ་དེ་ཇི་སྙམ་དུ་སེམས། མིག་ལས་གུད་ན་གང་བླ་ན་མེད་པ་ཡང་དག་པར་རྫོགས་པའི་བྱང་ཆུབ་ལས་ལྡོག་པའི་ཆོས་དེ་ལྟ་བུ་དམིགས་སམ། སྣྲས་པ་ཆེ་དང་ལྡན་པ་རབ་འབྱོར་དེ་ནི་མ་ཡིན་ནོ། །སྣྲས་པ་འོ་ན་རྣ་བ་ལས་གུད་ན་གང་བླ་ན་མེད་པ་ཡང་དག་པར་རྫོགས་པའི་བྱང་ཆུབ་ལས་ལྡོག་པའི་ཆོས་དེ་ལྟ་བུ་དམིགས་སམ། སྣྲས་པ་ཆེ་དང་ལྡན་པ་རབ་

འགྱུར་དེ་ནི་མ་ཡིན་ནོ། །སྨྲས་པ་འོ་ན་སྣ་ལས་གུད་ན་གང་བླ་ན་མེད་པ་ཡང་དག་པར་རྫོགས་པའི་བྱང་ཆུབ་ལས་ལྡོག་པའི་ཆོས་དེ་ལྟ་བུ་དམིགས་སམ། སྨྲས་པ་ཚེ་དང་ལྡན་པ་རབ་འབྱོར་དེ་ནི་མ་ཡིན་ནོ། །སྨྲས་པ་འོ་ན་ལྕེ་ལས་གུད་ན་གང་བླ་ན་མེད་པ་ཡང་དག་པར་རྫོགས་པའི་བྱང་ཆུབ་ལས་ལྡོག་པའི་ཆོས་དེ་ལྟ་བུ་དམིགས་སམ། སྨྲས་པ་ཚེ་དང་ལྡན་པ་རབ་འབྱོར་དེ་ནི་མ་ཡིན་ནོ། །སྨྲས་པ་འོ་ན་ལུས་ལས་གུད་ན་གང་བླ་ན་མེད་པ་ཡང་དག་པར་རྫོགས་པའི་བྱང་ཆུབ་ལས་ལྡོག་པའི་ཆོས་དེ་ལྟ་བུ་དམིགས་སམ། སྨྲས་པ་ཚེ་དང་ལྡན་པ་རབ་འབྱོར་དེ་ནི་མ་ཡིན་ནོ། །སྨྲས་པ་འོ་ན་ཡིད་ལས་གུད་ན་གང་བླ་ན་མེད་པ་ཡང་དག་པར་རྫོགས་པའི་བྱང་ཆུབ་ལས་ལྡོག་པའི་ཆོས་དེ་ལྟ་བུ་དམིགས་སམ། སྨྲས་པ་ཚེ་དང་ལྡན་པ་རབ་འབྱོར་དེ་ནི་མ་ཡིན་ནོ། །སྨྲས་པ་ཚེ་དང་ལྡན་པ་ཤཱ་ར་དྭ་ཏིའི་བུ་དེ་ཇི་སྙམ་དུ་སེམས། གཟུགས་ལས་གུད་ན་གང་བླ་ན་མེད་པ་ཡང་དག་པར་རྫོགས་པའི་བྱང་ཆུབ་ལས་ལྡོག་པའི་ཆོས་དེ་ལྟ་བུ་དམིགས་སམ། སྨྲས་པ་ཚེ་དང་ལྡན་པ་རབ་འབྱོར་དེ་ནི་མ་ཡིན་ནོ། །སྨྲས་པ་འོ་ན་སྒྲ་ལས་གུད་ན་གང་བླ་ན་མེད་པ་ཡང་དག་པར་རྫོགས་པའི་བྱང་ཆུབ་ལས་ལྡོག་པའི་ཆོས་དེ་ལྟ་བུ་དམིགས་སམ། སྨྲས་པ་ཚེ་དང་ལྡན་པ་རབ་འབྱོར་དེ་ནི་མ་ཡིན་ནོ། །སྨྲས་པ་འོ་ན་དྲི་ལས་གུད་ན་གང་བླ་ན་མེད་པ་ཡང་དག་པར་རྫོགས་པའི་བྱང་ཆུབ་ལས་ལྡོག་པའི་ཆོས་དེ་ལྟ་བུ་དམིགས་སམ། སྨྲས་པ་ཚེ་དང་ལྡན་པ་རབ་འབྱོར་དེ་ནི་མ་ཡིན་ནོ། །སྨྲས་པ་འོ་ན་རོ་ལས་གུད་ན་གང་བླ་ན་མེད་པ་ཡང་དག་པར་རྫོགས་པའི་བྱང་ཆུབ་ལས་ལྡོག་པའི་ཆོས་དེ་ལྟ་བུ་དམིགས་སམ། སྨྲས་པ་ཚེ་དང་ལྡན་པ་རབ་འབྱོར་དེ་ནི་མ་ཡིན་ནོ། །སྨྲས་པ་འོ་ན་རེག་ལས་གུད་ན་གང་བླ་ན་མེད་པ་ཡང་དག་པར་རྫོགས་པའི་བྱང་ཆུབ་ལས་ལྡོག་པའི་ཆོས་དེ་ལྟ་བུ་དམིགས་སམ། སྨྲས་པ་ཚེ་དང་

ལྡན་པ་རབ་འབྱོར་དེ་ནི་མ་ཡིན་ནོ། །སྨྲས་པ་འོ་ན་ཆོས་ལས་གུད་ན་གང་བླ་ན་མེད་པ་ཡང་དག་པར་རྫོགས་པའི་བྱང་ཆུབ་ལས་ལྟོག་པའི་ཆོས་དེ་ལྟ་བུ་དམིགས་སམ། སྨྲས་པ་ཆེ་དང་ལྡན་པ་རབ་འབྱོར་དེ་ནི་མ་ཡིན་ནོ། །སྨྲས་པ་ཆེ་དང་ལྡན་པ་ཤཱ་ར་དྭ་ཏིའི་བུ་དེ་ཇི་སྙམ་དུ་སེམས། མིག་གི་རྣམ་པར་ཤེས་པ་ལས་གུད་ན་གང་བླ་ན་མེད་པ་ཡང་དག་པར་རྫོགས་པའི་བྱང་ཆུབ་ལས་ལྟོག་པའི་ཆོས་དེ་ལྟ་བུ་དམིགས་སམ། སྨྲས་པ་ཆེ་དང་ལྡན་པ་རབ་འབྱོར་དེ་ནི་མ་ཡིན་ནོ། །སྨྲས་པ་འོ་ན་རྣ་བའི་རྣམ་པར་ཤེས་པ་ལས་གུད་ན་གང་བླ་ན་མེད་པ་ཡང་དག་པར་རྫོགས་པའི་བྱང་ཆུབ་ལས་ལྟོག་པའི་ཆོས་དེ་ལྟ་[1]བུ་དམིགས་སམ། སྨྲས་པ་ཆེ་དང་ལྡན་པ་རབ་འབྱོར་དེ་ནི་མ་ཡིན་ནོ། །སྨྲས་པ་འོ་ན་སྣའི་རྣམ་པར་ཤེས་པ་ལས་གུད་ན་གང་བླ་ན་མེད་པ་ཡང་དག་པར་རྫོགས་པའི་བྱང་ཆུབ་ལས་ལྟོག་པའི་ཆོས་དེ་ལྟ་བུ་དམིགས་སམ། སྨྲས་པ་ཆེ་དང་ལྡན་པ་རབ་འབྱོར་དེ་ནི་མ་ཡིན་ནོ། །སྨྲས་པ་འོ་ན་ལྗེའི་རྣམ་པར་ཤེས་པ་ལས་གུད་ན་གང་བླ་ན་མེད་པ་ཡང་དག་པར་རྫོགས་པའི་བྱང་ཆུབ་ལས་ལྟོག་པའི་ཆོས་དེ་ལྟ་བུ་དམིགས་སམ། སྨྲས་པ་ཆེ་དང་ལྡན་པ་རབ་འབྱོར་དེ་ནི་མ་ཡིན་ནོ། །སྨྲས་པ་འོ་ན་ལུས་ཀྱི་རྣམ་པར་ཤེས་པ་ལས་གུད་ན་གང་བླ་ན་མེད་པ་ཡང་དག་པར་རྫོགས་པའི་བྱང་ཆུབ་ལས་ལྟོག་པའི་ཆོས་དེ་ལྟ་བུ་དམིགས་སམ། སྨྲས་པ་ཆེ་དང་ལྡན་པ་རབ་འབྱོར་དེ་ནི་མ་ཡིན་ནོ། །སྨྲས་པ་འོ་ན་ཡིད་ཀྱི་རྣམ་པར་ཤེས་པ་ལས་གུད་ན་གང་བླ་ན་མེད་པ་ཡང་དག་པར་རྫོགས་པའི་བྱང་ཆུབ་ལས་ལྟོག་པའི་ཆོས་དེ་ལྟ་བུ་དམིགས་སམ། སྨྲས་པ་ཆེ་དང་ལྡན་པ་རབ་འབྱོར་དེ་ནི་མ་ཡིན་ནོ། །སྨྲས་པ་ཆེ་དང་ལྡན་པ་ཤཱ་ར་དྭ་ཏིའི་བུ་དེ་ཇི་སྙམ་དུ་སེམས། མིག་གི་འདུས་ཏེ་རེག་པ་ལས་གུད་ན་གང་བླ་ན་མེད་པ་ཡང་དག་པར་རྫོགས་པའི་བྱང་ཆུབ་ལས་ལྟོག་པའི་ཆོས་དེ་ལྟ་བུ་དམིགས་སམ།

སྨྲས་པ་ཚེ་དང་ལྡན་པ་རབ་འབྱོར་དེ་ནི་མ་ཡིན་ནོ། །སྨྲས་པ་འོ་ན་རྣ་བའི་འདུས་ཏེ་རེག་པ་ལས་གུད་ན་གང་བླ་ན་མེད་པ་ཡང་དག་པར་རྫོགས་པའི་བྱང་ཆུབ་ལས་ལོག་པའི་ཆོས་དེ་ལྟ་བུ་དམིགས་སམ། སྨྲས་པ་ཚེ་དང་ལྡན་པ་རབ་འབྱོར་དེ་ནི་མ་ཡིན་ནོ། །སྨྲས་པ་འོ་ན་སྣའི་འདུས་ཏེ་རེག་པ་ལས་གུད་ན་གང་བླ་ན་མེད་པ་ཡང་དག་པར་རྫོགས་པའི་བྱང་ཆུབ་ལས་ལོག་པའི་ཆོས་དེ་ལྟ་བུ་དམིགས་སམ། སྨྲས་པ་ཚེ་དང་ལྡན་པ་རབ་འབྱོར་དེ་ནི་མ་ཡིན་ནོ། །སྨྲས་པ་འོ་ན་ལྕེའི་འདུས་ཏེ་རེག་པ་ལས་གུད་ན་གང་བླ་ན་མེད་པ་ཡང་དག་པར་རྫོགས་པའི་བྱང་ཆུབ་ལས···ལོག་པའི་ཆོས་དེ་ལྟ་བུ་དམིགས་སམ། སྨྲས་པ་ཚེ་དང་ལྡན་པ་རབ་འབྱོར་དེ་ནི··མ་ཡིན་ནོ། །སྨྲས་པ་འོ་ན་ལུས་ཀྱི་འདུས་ཏེ་རེག་པ་ལས་གུད་ན་གང་བླ་ན་མེད་པ་ཡང་དག་པར་རྫོགས་པའི་བྱང་ཆུབ་ལས་ལོག་པའི་ཆོས་དེ་ལྟ་བུ་དམིགས་སམ། སྨྲས་པ་ཚེ་དང་ལྡན་པ་རབ་འབྱོར་དེ་ནི་མ་ཡིན་ནོ། །སྨྲས་པ་འོ་ན་ཡིད་ཀྱི་འདུས་ཏེ་རེག་པ་ལས་གུད་ན་གང་བླ་ན་མེད་པ་ཡང་དག་པར་རྫོགས་པའི་བྱང་ཆུབ་ལས་ལོག་པའི་ཆོས་དེ་ལྟ་བུ་དམིགས་སམ། སྨྲས་པ་ཚེ་དང་ལྡན་པ་རབ་འབྱོར་དེ་ནི་མ་ཡིན་ནོ། །སྨྲས་པ། ཚེ་དང་ལྡན་པ་ཤ་ར་དྭ་ཏིའི་བུ་དེ་ཇི་སྙམ་དུ་སེམས། མིག་གི་འདུས་ཏེ་རེག་པ་ལས་བྱུང་བའི་ཚོར་བ་ལས་གུད་ན་གང་བླ་ན་མེད་པ་ཡང་དག་པར་རྫོགས་པའི་བྱང་ཆུབ་ལས་ལོག་པའི་ཆོས་དེ་ལྟ་བུ་དམིགས་སམ། སྨྲས་པ་ཚེ་དང་ལྡན་པ་རབ་འབྱོར་དེ་ནི་མ་ཡིན་ནོ། །སྨྲས་པ་འོ་ན་རྣ་བའི་འདུས་ཏེ་རེག་པ་ལས་བྱུང་བའི་ཚོར་བ་ལས་གུད་ན་གང་བླ་ན་མེད་པ་ཡང་དག་པར་རྫོགས་པའི་བྱང་ཆུབ་ལས་ལོག་པའི་ཆོས་དེ་ལྟ་བུ་དམིགས་སམ། སྨྲས་པ་ཚེ་དང་ལྡན་པ་རབ་འབྱོར་དེ་ནི་མ་ཡིན་ནོ། །སྨྲས་པ་འོ་ན་སྣའི་འདུས་ཏེ་རེག་པ་ལས་བྱུང་བའི་ཚོར་བ་ལས་གུད་ན་གང་བླ་ན་མེད་པ་ཡང་དག་པར་རྫོགས་པའི་བྱང་ཆུབ་ལས·····

ཕྱོག་པའི་ཆོས་དེ་ལྟ་བུ་དམིགས་སམ། སྐྱེས་པ་ཆེ་དང་ལྡན་པ་རབ་འབྱོར་དེ་ནི་མ་ཡིན་ནོ། །སྐྱེས་པ་འོ་ན་ལྕེའི་འདུས་ཏེ་རེག་པ་ལས་བྱུང་བའི་ཚོར་བ་ལས་གུད་ན་གང་ བླ་ན་མེད་པ་ཡང་དག་པར་རྫོགས་པའི་བྱང་ཆུབ་ལས་ཕྱོག་པའི་ཆོས་དེ་ལྟ་བུ་དམིགས་སམ། སྐྱེས་པ་ཆེ་དང་ལྡན་པ་རབ་འབྱོར་དེ་ནི་མ་ཡིན་ནོ། །སྐྱེས་པ་འོ་ན་ལུས་ཀྱི་འདུས་ཏེ་རེག་པ་ལས་བྱུང་བའི་ཚོར་བ་ལས་གུད་ན་གང་བླ་ན་མེད་པ་ཡང་དག་པར་རྫོགས་པའི་བྱང་ཆུབ་ལས་ཕྱོག་པའི་ཆོས་དེ་ལྟ་བུ་དམིགས་སམ། སྐྱེས་པ་ཆེ་དང་ལྡན་པ་རབ་འབྱོར་དེ་ནི་མ་ཡིན་ནོ། །སྐྱེས་པ་འོ་ན་ཡིད་ཀྱི་འདུས་ཏེ་རེག་པ་ལས་བྱུང་བའི་ཚོར་བ་ལས་གུད་ན་གང་བླ་ན་མེད་པ་ཡང་དག་པར་རྫོགས་པའི་བྱང་ཆུབ་ལས་ཕྱོག་པའི་ཆོས་དེ་ལྟ་བུ་དམིགས་སམ། སྐྱེས་པ་ཆེ་དང་ལྡན་པ་རབ་འབྱོར་དེ་ནི་མ་ཡིན་ནོ། །སྐྱེས་པ་ཆེ་དང་ལྡན་པ་ཤ་ར་དྭ་ཏིའི་བུ་དེ་ཇི་སྙམ་དུ་སེམས། སའི་ཁམས་ལས་གུད་ན་གང་བླ་ན་མེད་པ་ཡང་དག་པར་རྫོགས་པའི་བྱང་ཆུབ་ལས་ཕྱོག་པའི་ཆོས་དེ་ལྟ་བུ་དམིགས་སམ། སྐྱེས་པ་ཆེ་དང་ལྡན་པ་རབ་འབྱོར་དེ་ནི་མ་ཡིན་ནོ། །སྐྱེས་པ་འོ་ན་ཆུའི་ཁམས་ལས་གུད་ན་གང་བླ་ན་མེད་པ་ཡང་དག་པར་རྫོགས་པའི་བྱང་ཆུབ་ལས་ཕྱོག་པའི་ཆོས་དེ་ལྟ་བུ་དམིགས་སམ། སྐྱེས་པ་ཆེ་དང་ལྡན་པ་རབ་[༧]འབྱོར་དེ་ནི་མ་ཡིན་ནོ། །སྐྱེས་པ་འོ་ན་མེའི་ཁམས་ལས་གུད་ན་གང་བླ་ན་མེད་པ་ཡང་དག་པར་རྫོགས་པའི་བྱང་ཆུབ་ལས་ཕྱོག་པའི་ཆོས་དེ་ལྟ་བུ་དམིགས་སམ། སྐྱེས་པ་ཆེ་དང་ལྡན་པ་རབ་[༨]འབྱོར་དེ་ནི་མ་ཡིན་ནོ། །སྐྱེས་པ་འོ་ན་རླུང་གི་ཁམས་ལས་གུད་ན་གང་བླ་ན་མེད་པ་ཡང་དག་པར་རྫོགས་པའི་བྱང་ཆུབ་ལས་ཕྱོག་པའི་ཆོས་དེ་ལྟ་བུ་དམིགས་སམ། སྐྱེས་པ་ཆེ་དང་ལྡན་པ་རབ་འབྱོར་དེ་ནི་མ་ཡིན་ནོ། །སྐྱེས་པ་འོ་ན་ནམ་མཁའི་ཁམས་ལས་གུད་ན་གང་བླ་ན་མེད་པ་ཡང་དག་པར་རྫོགས་པའི་བྱང་ཆུབ་ལས་ཕྱོག་

པའི་ཆོས་དེ་ལྟ་བུ་དམིགས་སམ། སྐྱེས་པ་ཆེ་དང་ལྡན་པ་རབ་འབྱོར་དེ་ནི་མ་ཡིན་ནོ། །སྐྱེས་པ་འོ་ན་རྣམ་པར་ཤེས་པའི་ཁམས་ལས་ཀུན་ན་གང་བླ་ན་མེད་པ་ཡང་དག་པར་རྫོགས་པའི་བྱང་ཆུབ་ལས་ལྡོག་པའི་ཆོས་དེ་ལྟ་བུ་དམིགས་སམ། སྐྱེས་པ་ཆེ་དང་ལྡན་པ་རབ་འབྱོར་དེ་ནི་མ་ཡིན་ནོ། །སྐྱེས་པ་ཆེ་དང་ལྡན་པ་ཤ་ར་དྭ་ཏིའི་བུ་དེ་ཇི་སྙམ་དུ་སེམས། མ་རིག་པ་ལས་ཀུན་ན་གང་བླ་ན་མེད་པ་ཡང་དག་པར་རྫོགས་པའི་བྱང་ཆུབ་ལས་ལྡོག་པའི་ཆོས་དེ་ལྟ་བུ་དམིགས་སམ། སྐྱེས་པ་ཆེ་དང་ལྡན་པ་རབ་འབྱོར་དེ་ནི་མ་ཡིན་ནོ། །སྐྱེས་པ་འོ་ན་འདུ་བྱེད་ལས་ཀུན་ན་གང་བླ་ན་མེད་པ་ཡང་དག་པར་རྫོགས་པའི་བྱང་ཆུབ་ལས་ལྡོག་པའི་ཆོས་དེ་ལྟ་བུ་དམིགས་སམ། སྐྱེས་པ་ཆེ་དང་ལྡན་པ་རབ་འབྱོར་དེ་ནི་མ་ཡིན་ནོ། །སྐྱེས་པ་འོ་ན་རྣམ་པར་ཤེས་པ་ལས་ཀུན་ན་གང་བླ་ན་མེད་པ་ཡང་དག་པར་རྫོགས་པའི་བྱང་ཆུབ་ལས་ལྡོག་པའི་ཆོས་དེ་ལྟ་བུ་དམིགས་སམ། སྐྱེས་པ་ཆེ་དང་ལྡན་པ་རབ་འབྱོར་དེ་ནི་མ་ཡིན་ནོ། །སྐྱེས་པ་འོ་ན་མིང་དང་གཟུགས་ལས་ཀུན་ན་གང་བླ་ན་མེད་པ་ཡང་དག་པར་རྫོགས་པའི་བྱང་ཆུབ་ལས་ལྡོག་པའི་ཆོས་དེ་ལྟ་བུ་དམིགས་སམ། སྐྱེས་པ་ཆེ་དང་ལྡན་པ་རབ་འབྱོར་དེ་ནི་མ་ཡིན་ནོ། །སྐྱེས་པ་འོ་ན་སྐྱེ་མཆེད་དྲུག་ལས་ཀུན་ན་གང་བླ་ན་མེད་པ་ཡང་དག་པར་རྫོགས་པའི་བྱང་ཆུབ་ལས་ལྡོག་པའི་ཆོས་དེ་ལྟ་བུ་དམིགས་སམ། སྐྱེས་པ་ཆེ་དང་ལྡན་པ་རབ་འབྱོར་དེ་ནི་མ་ཡིན་ནོ། །སྐྱེས་པ་འོ་ན་རེག་པ་ལས་ཀུན་ན་གང་བླ་ན་མེད་པ་ཡང་དག་པར་རྫོགས་པའི་བྱང་ཆུབ་ལས་ལྡོག་པའི་ཆོས་དེ་ལྟ་བུ་དམིགས་སམ། སྐྱེས་པ་ཆེ་དང་ལྡན་པ་རབ་འབྱོར་དེ་ནི་མ་ཡིན་ནོ། །སྐྱེས་པ་འོ་ན་ཚོར་བ་ལས་ཀུན་ན་གང་བླ་ན་མེད་པ་ཡང་དག་པར་རྫོགས་པའི་བྱང་ཆུབ་ལས་ལྡོག་པའི་ཆོས་དེ་ལྟ་བུ་དམིགས་སམ། སྐྱེས་པ་ཆེ་དང་ལྡན་པ་རབ་འབྱོར་དེ་ནི་མ་ཡིན་ནོ། །སྐྱེས་པ་འོ་ན་

སྲིད་པ་ལས་གྱུད་ན་གང་ བླ་ན་མེད་པ་ཡང་དག་པར་རྫོགས་པའི་བྱང་ཆུབ་ལས་ ཕྱོག་པའི་ཆོས་དེ་ལྟ་བུ་དམིགས་སམ། སྨྲས་པ་ཆེ་དང་ལྡན་པ་རབ་འབྱོར་དེ་ནི་ མ་ཡིན་ནོ། །སྨྲས་པ་འོ་ན་ལེན་པ་ལས་གྱུད་ན་གང་བླ་ན་མེད་པ་ཡང་དག་པར་ རྫོགས་པའི་བྱང་ཆུབ་ལས་ཕྱོག་པའི་ཆོས་དེ་ལྟ་བུ་དམིགས་སམ། སྨྲས་པ་ཆེ་དང་ ལྡན་པ་རབ་འབྱོར་དེ་ནི་མ་ཡིན་ནོ། །སྨྲས་པ་འོ་ན་སྲིད་པ་ལས་གྱུད་ན་གང་བླ་ ན་མེད་པ་ཡང་དག་པར་རྫོགས་པའི་བྱང་ཆུབ་ལས་ཕྱོག་པའི་ཆོས་དེ་ལྟ་བུ་དམིགས་ སམ། སྨྲས་པ་ཆེ་དང་ལྡན་པ་རབ་འབྱོར་དེ་ནི་མ་ཡིན་ནོ། །སྨྲས་པ་འོ་ན་སྐྱེ་ བ་ལས་གྱུད་ན་གང་བླ་ན་མེད་པ་ཡང་དག་པར་རྫོགས་པའི་བྱང་ཆུབ་ལས་ཕྱོག་ པའི་ཆོས་དེ་ལྟ་བུ་དམིགས་སམ། སྨྲས་པ་ཆེ་དང་ལྡན་པ་རབ་འབྱོར་དེ་ནི་མ་ ཡིན་ནོ། །སྨྲས་པ་འོ་ན་རྒ་ཤི་ལས་གྱུད་ན་གང་བླ་ན་མེད་པ་ཡང་དག་པར་རྫོགས་ པའི་བྱང་ཆུབ་ལས་ཕྱོག་པའི་ཆོས་དེ་ལྟ་བུ་དམིགས་སམ། སྨྲས་པ་ཆེ་དང་ལྡན་པ་ རབ་འབྱོར་དེ་ནི་མ་ཡིན་ནོ། །སྨྲས་པ་ཆེ་དང་ལྡན་པ་ཤ་ར་དྭ་ཏིའི་བུ་དེ་ཇི་སྙམ་ དུ་སེམས། སྦྱིན་པའི་ཕ་རོལ་ཏུ་ཕྱིན་པ་ལས་གྱུད་ན་གང་བླ་ན་མེད་པ་ཡང་དག་ པར་རྫོགས་པའི་བྱང་ཆུབ་ལས་ཕྱོག་པའི་ཆོས་དེ་ལྟ་བུ་དམིགས་སམ། སྨྲས་པ་ཆེ་ དང་ལྡན་པ་རབ་འབྱོར་དེ་ནི་མ་ཡིན་ནོ། །སྨྲས་པ་འོ་ན་ཚུལ་ཁྲིམས་ཀྱི་ཕ་རོལ་ཏུ་ ཕྱིན་པ་ལས་གྱུད་ན་གང་བླ་ན་མེད་པ་ཡང་དག་པར་རྫོགས་པའི་བྱང་ཆུབ་ལས་ ཕྱོག་པའི་ཆོས་དེ་ལྟ་བུ་དམིགས་སམ། སྨྲས་པ་ཆེ་དང་ལྡན་པ་རབ་འབྱོར་དེ་ནི་ མ་ཡིན་ནོ། །སྨྲས་པ་འོ་ན་བཟོད་པའི་ཕ་རོལ་ཏུ་ཕྱིན་པ་ལས་གྱུད་ན་གང་བླ་ན་ མེད་པ་ཡང་དག་པར་རྫོགས་པའི་བྱང་ཆུབ་ལས་ཕྱོག་པའི་ཆོས་དེ་ལྟ་བུ་དམིགས་ སམ། སྨྲས་པ་ཆེ་དང་ལྡན་པ་རབ་འབྱོར་དེ་ནི་མ་ཡིན་ནོ། །སྨྲས་པ་འོ་ན་ བརྩོན་འགྲུས་ཀྱི་ཕ་རོལ་ཏུ་ཕྱིན་པ་ལས་གྱུད་ན་གང་བླ་ན་མེད་པ་ཡང་དག་པར་

རྫོགས་པའི་བྱང་ཆུབ་ལས་ལྡོག་པའི་ཆོས་དེ་ལྟ་བུ་དམིགས་སམ། སྐྱེས་པ་ཆེ་དང་ལྡན་པ་རབ་འབྱོར་དེ་ནི་མ་ཡིན་ནོ། །སྐྱེས་པ་འོ་ན་བསམ་གཏན་གྱི་ཕ་རོལ་ཏུ་ཕྱིན་པ་ལས་གུད་ན་གང་བླ་ན་མེད་པ་ཡང་དག་པར་རྫོགས་པའི་བྱང་ཆུབ་ལས་ལྡོག་པའི་ཆོས་དེ་ལྟ་བུ་དམིགས་སམ། སྐྱེས་པ་ཆེ་དང་ལྡན་པ་རབ་འབྱོར་དེ་ནི་མ་ཡིན་ནོ། །སྐྱེས་པ་འོ་ན་ཤེས་རབ་ཀྱི་ཕ་རོལ་ཏུ་ཕྱིན་པ་ལས་གུད་ན་གང་བླ་ན་མེད་པ་ཡང་དག་པར་རྫོགས་པའི་བྱང་ཆུབ་ལས་ལྡོག་པའི་ཆོས་དེ་ལྟ་བུ་དམིགས་སམ། སྐྱེས་པ་ཆེ་དང་ལྡན་པ་རབ་འབྱོར་དེ་ནི་མ་ཡིན་ནོ། །སྐྱེས་པ་ཆེ་དང་ལྡན་པ་ཤཱ་ར་དྭ་ཏིའི་བུ་དེ་ཇི་སྙམ་དུ་སེམས། ནང་སྟོང་པ་ཉིད་ལས་གུད་ན་གང་བླ་ན་མེད་པ་ཡང་དག་པར་རྫོགས་པའི་བྱང་ཆུབ་ལས་ལྡོག་པའི་ཆོས་དེ་ལྟ་བུ་དམིགས་སམ། སྐྱེས་པ་ཆེ་དང་ལྡན་པ་རབ་འབྱོར་དེ་ནི་མ་ཡིན་ནོ། །སྐྱེས་པ། འོ་ན་ཕྱི་སྟོང་པ་[1]ལས་གུད་ན་གང་བླ་ན་མེད་པ་ཡང་དག་པར་རྫོགས་པའི་བྱང་ཆུབ་ལས་ལྡོག་པའི་ཆོས་དེ་ལྟ་བུ་དམིགས་སམ། སྐྱེས་པ་ཆེ་དང་ལྡན་པ་རབ་འབྱོར་དེ་ནི་མ་ཡིན་ནོ། །སྐྱེས་པ་འོ་ན་ཕྱི་ནང་སྟོང་པ་ཉིད་ལས་གུད་ན་གང་བླ་ན་མེད་པ་ཡང་དག་པར་རྫོགས་པའི་བྱང་ཆུབ་ལས་ལྡོག་པའི་ཆོས་དེ་ལྟ་བུ་དམིགས་སམ། སྐྱེས་པ་ཆེ་དང་ལྡན་པ་རབ་འབྱོར་དེ་ནི་མ་ཡིན་ནོ། །སྐྱེས་པ་འོ་ན་སྟོང་པ་ཉིད་སྟོང་པ་ཉིད་ལས་གུད་ན་གང་བླ་ན་མེད་པ་ཡང་དག་པར་རྫོགས་པའི་བྱང་ཆུབ་ལས་ལྡོག་པའི་ཆོས་དེ་ལྟ་བུ་དམིགས་སམ། སྐྱེས་པ་ཆེ་དང་ལྡན་པ་རབ་འབྱོར་དེ་ནི་མ་ཡིན་ནོ། །སྐྱེས་པ་འོ་ན་ཆེན་པོ་སྟོང་པ་ཉིད་ལས་གུད་ན་གང་བླ་ན་མེད་པ་ཡང་དག་པར་རྫོགས་པའི་བྱང་ཆུབ་ལས་ལྡོག་པའི་ཆོས་དེ་ལྟ་བུ་དམིགས་སམ། སྐྱེས་པ་ཆེ་དང་ལྡན་པ་རབ་འབྱོར་དེ་ནི་མ་ཡིན་ནོ། །སྐྱེས་པ་འོ་ན་དོན་དམ་པ་སྟོང་པ་ཉིད་ལས་གུད་ན་གང་བླ་ན་མེད་པ་ཡང་དག་པར་རྫོགས་པའི་བྱང་ཆུབ་

ལས་ཕྱོག་པའི་ཆོས་དེ་ལྟ་བུ་དམིགས་སམ། སྨྲས་པ་ཚེ་དང་ལྡན་པ་རབ་འབྱོར་དེ་ནི་མ་ཡིན་ནོ། །སྨྲས་པ་འོ་ན་འདུས་བྱས་སྟོང་པ་ཉིད་ལས་གུད་ན་གང་བླ་ན་མེད་པ་ཡང་དག་པར་རྫོགས་པའི་བྱང་ཆུབ་ལས་ཕྱོག་པའི་ཆོས་དེ་ལྟ་བུ་དམིགས་སམ། སྨྲས་པ་ཚེ་དང་ལྡན་པ་རབ་འབྱོར་དེ་ནི་མ་ཡིན་ནོ། །སྨྲས་པ་འོ་ན་འདུས་མ་བྱས་སྟོང་པ་ཉིད་ལས་གུད་ན་གང་བླ་ན་མེད་པ་ཡང་དག་པར་རྫོགས་པའི་བྱང་ཆུབ་ལས་ཕྱོག་པའི་ཆོས་དེ་ལྟ་བུ་དམིགས་སམ། སྨྲས་པ་ཚེ་དང་ལྡན་པ་རབ་འབྱོར་དེ་ནི་མ་ཡིན་ནོ། །སྨྲས་པ་འོ་ན་མཐའ་ལས་འདས་པ་སྟོང་པ་ཉིད་ལས་གུད་ན་གང་བླ་ན་མེད་པ་ཡང་དག་པར་རྫོགས་པའི་བྱང་ཆུབ་ལས་ཕྱོག་པའི་ཆོས་དེ་ལྟ་བུ་དམིགས་སམ། སྨྲས་པ་ཚེ་དང་ལྡན་པ་རབ་འབྱོར་དེ་ནི་མ་ཡིན་ནོ། །སྨྲས་པ་འོ་ན་ཐོག་མ་དང་ཐ་མ་མེད་པ་སྟོང་པ་ཉིད་ལས་གུད་ན་གང་བླ་ན་མེད་པ་ཡང་དག་པར་རྫོགས་པའི་བྱང་ཆུབ་ལས་ཕྱོག་པའི་ཆོས་དེ་ལྟ་བུ་དམིགས་སམ། སྨྲས་པ་ཚེ་དང་ལྡན་པ་རབ་འབྱོར་དེ་ནི་མ་ཡིན་ནོ། །སྨྲས་པ་འོ་ན་དོར་བ་མེད་པ་སྟོང་པ་ཉིད་ལས་གུད་ན་གང་བླ་ན་མེད་པ་ཡང་དག་པར་རྫོགས་པའི་བྱང་ཆུབ་ལས་ཕྱོག་པའི་ཆོས་དེ་ལྟ་བུ་དམིགས་སམ། སྨྲས་པ་ཚེ་དང་ལྡན་པ་རབ་འབྱོར་དེ་ནི་མ་ཡིན་ནོ། །སྨྲས་པ་འོ་ན་རང་བཞིན་སྟོང་པ་ཉིད་ལས་གུད་ན་གང་བླ་ན་མེད་པ་ཡང་དག་པར་རྫོགས་པའི་བྱང་ཆུབ་ལས་ཕྱོག་པའི་ཆོས་དེ་ལྟ་བུ་དམིགས་སམ། སྨྲས་པ་ཚེ་དང་ལྡན་པ་རབ་འབྱོར་དེ་ནི་མ་ཡིན་ནོ། །སྨྲས་པ་འོ་ན་ཆོས་ཐམས་ཅད་སྟོང་པ་ཉིད་ལས་གུད་ན་གང་བླ་ན་མེད་པ་ཡང་དག་པར་རྫོགས་པའི་བྱང་ཆུབ་ལས་ཕྱོག་པའི་ཆོས་དེ་ལྟ་བུ་དམིགས་སམ། སྨྲས་པ་ཚེ་དང་ལྡན་པ་རབ་འབྱོར་དེ་ནི་མ་ཡིན་ནོ། །སྨྲས་པ་འོ་ན་རངཿགི་མཚན་ཉིད་[1]ཿསྟོང་པ་ཉིད་[2]ལས་གུད་ན་གང་བླ་ན་མེད་པ་ཡང་དག་པར་རྫོགས་པའི་བྱང་ཆུབ་ལས་ཕྱོག་པའི་ཆོས་

དེ་ལྟ་བུ་དམིགས་སམ། སྨྲས་པ་ཆེ་དང་ལྡན་པ་རབ་འབྱོར་དེ་ནི་མ་ཡིན་ནོ། །སྨྲས་པ་འོ་ན་མི་དམིགས་པ་སྟོང་པ་ཉིད་ལས་ཀུན་ན་གང་བླ་ན་མེད་པ་ཡང་དག་པར་རྫོགས་པའི་བྱང་ཆུབ་ལས་ལྡོག་པའི་ཆོས་དེ་ལྟ་བུ་དམིགས་སམ། སྨྲས་པ་ཆེ་དང་ལྡན་པ་རབ་འབྱོར་དེ་ནི་མ་ཡིན་ནོ། །སྨྲས་པ་འོ་ན་དངོས་པོ་མེད་པ་སྟོང་པ་ཉིད་ལས་ཀུན་ན་གང་བླ་ན་མེད་པ་ཡང་དག་པར་རྫོགས་པའི་བྱང་ཆུབ་ལས་ལྡོག་པའི་ཆོས་དེ་ལྟ་བུ་དམིགས་སམ། སྨྲས་པ་ཆེ་དང་ལྡན་པ་རབ་འབྱོར་དེ་ནི་མ་ཡིན་ནོ། །སྨྲས་པ་འོ་ན་ངོ་བོ་ཉིད་སྟོང་པ་ཉིད་ལས་ཀུན་ན་གང་བླ་ན་མེད་པ་ཡང་དག་པར་རྫོགས་པའི་བྱང་ཆུབ་ལས་ལྡོག་པའི་ཆོས་དེ་ལྟ་བུ་དམིགས་སམ། སྨྲས་པ་ཆེ་དང་ལྡན་པ་རབ་འབྱོར་དེ་ནི་མ་ཡིན་ནོ། །སྨྲས་པ་འོ་ན་དངོས་པོ་མེད་པའི་ངོ་བོ་ཉིད་སྟོང་པ་ཉིད་ལས་ཀུན་ན་གང་བླ་ན་མེད་པ་ཡང་དག་པར་རྫོགས་པའི་བྱང་ཆུབ་ལས་ལྡོག་པའི་ཆོས་དེ་ལྟ་བུ་དམིགས་སམ། སྨྲས་པ་ཆེ་དང་ལྡན་པ་རབ་འབྱོར་དེ་ནི་མ་ཡིན་ནོ། །སྨྲས་པ༔ཆེ་དང་ལྡན་པ་ཤ་ར་དྭ་ཏིའི་བུ་དེ་ཇི་སྙམ་དུ་སེམས། [1]དྲན་པ་ཉེ་བར་གཞག་པ་རྣམས་ལས་ཀུན་ན༔གང་བླ་ན[2]མེད་པ་ཡང་དག་པར་རྫོགས་པའི་བྱང་ཆུབ་ལས་ལྡོག་པའི་ཆོས་དེ་ལྟ་བུ་དམིགས་སམ། སྨྲས་པ་ཆེ་དང་ལྡན་པ་རབ་འབྱོར་དེ་ནི་མ་ཡིན་ནོ། །སྨྲས་པ་འོ་ན་ཡང་དག་པར་སྤོང་བ་རྣམས་ལས་ཀུན་ན་གང་བླ་ན་མེད་པ་ཡང་དག་པར་རྫོགས་པའི་བྱང་ཆུབ་ལས་ལྡོག་པའི་ཆོས་དེ་ལྟ་བུ་དམིགས་སམ། སྨྲས་པ་ཆེ་དང་ལྡན་པ་རབ་འབྱོར་དེ་ནི་མ་ཡིན་ནོ། །སྨྲས་པ་འོ་ན་རྫུ་འཕྲུལ་གྱི་རྐང་པ་རྣམས་ལས་ཀུན་ན་གང་བླ་ན་མེད་པ་ཡང་དག་པར་རྫོགས་པའི་བྱང་ཆུབ་ལས་ལྡོག་པའི་ཆོས་དེ་ལྟ་བུ་དམིགས་སམ༑ སྨྲས་པ་ཆེ་དང་ལྡན་པ་རབ་འབྱོར་དེ་ནི་མ་ཡིན་ནོ། །སྨྲས་པ་འོ་ན་དབང་པོ་རྣམས་ལས་ཀུན་ན་གང་བླ་ན་མེད་པ་ཡང་དག་པར་རྫོགས་པའི་བྱང་ཆུབ་

ལས་ཐོག་པའི་ཆོས་དེ་ལྟ་བུ་དམིགས་སམ། སྨྲས་པ་ཆེ་དང་ལྡན་པ་རབ་འབྱོར་དེ་ནི་མ་ཡིན་ནོ། །སྨྲས་པ་འོ་ན་སྟོབས་རྣམས་ལས་ཀུན་ན་གང་བླ་ན་མེད་པ་ཡང་དག་པར་རྫོགས་པའི་བྱང་ཆུབ་ལས་ཐོག་པའི་ཆོས་དེ་ལྟ་བུ་དམིགས་སམ། སྨྲས་པ་ཆེ་དང་ལྡན་པ་རབ་འབྱོར་དེ་ནི་མ་ཡིན་ནོ། །སྨྲས་པ་འོ་ན་བྱང་ཆུབ་ཀྱི་ཡན་ལག་རྣམས་ལས་ཀུན་ན་གང་བླ་ན་མེད་པ་ཡང་དག་པར་རྫོགས་པའི་བྱང་ཆུབ་ལས་ཐོག་པའི་ཆོས་དེ་ལྟ་བུ་དམིགས་སམ། སྨྲས་པ་ཆེ་དང་ལྡན་པ་རབ་འབྱོར་དེ་ནི་མ་ཡིན་ནོ། །སྨྲས་པ་འོ་ན་འཕགས་པའི་ལམ་ཡན་ལག་བརྒྱད་པ་ལས་ཀུན་ན་གང་བླ་ན་མེད་པ་ཡང་དག་པར་རྫོགས་པའི་བྱང་ཆུབ་ལས་ཐོག་པའི་ཆོས་དེ་ལྟ་བུ་དམིགས་སམ། སྨྲས་པ་ཆེ་དང་ལྡན་པ་རབ་འབྱོར་དེ་ནི་མ་ཡིན་ནོ། །སྨྲས་པ་འོ་ན་འཕགས་པའི་བདེན་པ་རྣམས་ལས་ཀུན་ན་གང་བླ་ན་མེད་པ་ཡང་དག་པར་རྫོགས་པའི་བྱང་ཆུབ་ལས་ཐོག་པའི་ཆོས་དེ་ལྟ་བུ་དམིགས་སམ། སྨྲས་པ་ཆེ་དང་ལྡན་པ་རབ་འབྱོར་དེ་ནི་མ་ཡིན་ནོ། །སྨྲས་པ་འོ་ན་བསམ་གཏན་རྣམས་ལས་ཀུན་ན་གང་བླ་ན་མེད་པ་ཡང་དག་པར་རྫོགས་པའི་བྱང་ཆུབ་ལས་ཐོག་པའི་ཆོས་དེ་ལྟ་བུ་དམིགས་སམ། སྨྲས་པ་ཆེ་དང་ལྡན་པ་རབ་འབྱོར་དེ་ནི་མ་ཡིན་ནོ། །སྨྲས་པ་འོ་ན་ཚད་མེད་པ་རྣམས་ལས་ཀུན་ན་གང་བླ་ན་མེད་པ་ཡང་དག་པར་རྫོགས་པའི་བྱང་ཆུབ་① ལས་ཐོག་པའི་ཆོས་དེ་ལྟ་བུ་དམིགས་སམ། སྨྲས་པ་ཆེ་དང་ལྡན་པ་རབ་འབྱོར་དེ་ནི་མ་ཡིན་ནོ། །སྨྲས་པ་འོ་ན་གཟུགས་མེད་པའི་སྙོམས་པར་འཇུག་པ་རྣམས་ལས་ཀུན་ན་གང་བླ་ན་མེད་པ་ཡང་དག་པར་རྫོགས་པའི་བྱང་ཆུབ་ལས་ཐོག་པའི་ཆོས་དེ་ལྟ་བུ་དམིགས་སམ། སྨྲས་པ་ཆེ་དང་ལྡན་པ་རབ་འབྱོར་དེ་ནི་མ་ཡིན་ནོ། །སྨྲས་པ་འོ་ན་རྣམ་པར་ཐར་པ་རྣམས་ལས་ཀུན་ན་གང་བླ་ན་མེད་པ་ཡང་དག་པར་རྫོགས་པའི་བྱང་ཆུབ་ལས་ཐོག་པའི་ཆོས་དེ་ལྟ་བུ་

དམིགས་སམ། སྨྲས་པ་ཆེ་དང་ལྡན་པ་རབ་འབྱོར་དེ་ནི་མ་ཡིན་ནོ། །སྨྲས་པ་འོ་ན་མཐར་ཀྱིས་གནས་པའི་སྙོམས་པར་འཇུག་པ་རྣམས་ལས་གུད་ན་གང་ཟླ་ན་མེད་པ་ཡང་དག་པར་རྫོགས་པའི་བྱང་ཆུབ་ལས་ལྷག་པའི་ཆོས་དེ་ལྟ་བུ་དམིགས་སམ། སྨྲས་པ་ཆེ་དང་ལྡན་པ་རབ་འབྱོར་དེ་ནི་མ་ཡིན་ནོ། །སྨྲས་པ་འོ་ན་རྣམ་པར་ཐར་པའི་སྒོ་སྟོང་པ་ཉིད་དང་། མཚན་མ་མེད་པ་དང་། སྨོན་པ་མེད་པ་ལས་གུད་ན་གང་ཟླ་ན་མེད་པ་ཡང་དག་པར་རྫོགས་པའི་བྱང་ཆུབ་ལས་ལྷག་པའི་ཆོས་དེ་ལྟ་བུ་དམིགས་སམ། སྨྲས་པ་ཆེ་དང་ལྡན་པ་རབ་འབྱོར་དེ་ནི་མ་ཡིན་ནོ། །སྨྲས་པ་འོ་ན་མངོན་པར་ཤེས་པ་རྣམས་ལས་གུད་ན་གང་ཟླ་ན་མེད་པ་ཡང་དག་པར་རྫོགས་པའི་བྱང་ཆུབ་ལས་ལྷག་པའི་ཆོས་དེ་ལྟ་བུ་དམིགས་སམ། སྨྲས་པ་ཆེ་དང་ལྡན་པ་རབ་འབྱོར་དེ་ནི་མ་ཡིན་ནོ། །སྨྲས་པ་འོ་ན་ཏིང་ངེ་འཛིན་རྣམས་ལས་གུད་ན་གང་ཟླ་ན་མེད་པ་ཡང་དག་པར་རྫོགས་པའི་བྱང་ཆུབ་ལས་ལྷག་པའི་ཆོས་དེ་ལྟ་བུ་དམིགས་སམ། སྨྲས་པ་ཆེ་དང་ལྡན་པ་རབ་འབྱོར་དེ་ནི་མ་ཡིན་ནོ། །སྨྲས་པ་འོ་ན་གཟུངས་ཀྱི་སྒོ་རྣམས་ལས་གུད་ན་གང་ཟླ་ན་མེད་པ་ཡང་དག་པར་རྫོགས་པའི་བྱང་ཆུབ་ལས་ལྷག་པའི་ཆོས་དེ་ལྟ་བུ་དམིགས་སམ། སྨྲས་པ་ཆེ་དང་ལྡན་པ་རབ་འབྱོར་དེ་ནི་མ་ཡིན་ནོ། །སྨྲས་པ་འོ་ན་དེ་བཞིན་གཤེགས་པའི་སྟོབས་རྣམས་ལས་གུད་ན་གང་ཟླ་ན་མེད་པ་ཡང་དག་པར་རྫོགས་པའི་བྱང་ཆུབ་ལས་ལྷག་པའི་ཆོས་དེ་ལྟ་བུ་དམིགས་སམ། སྨྲས་པ་ཆེ་དང་ལྡན་པ་རབ་འབྱོར་དེ་ནི་མ་ཡིན་ནོ། །སྨྲས་པ་འོ་ན་མི་འཇིགས་པ་རྣམས་ལས་གུད་ན་གང་ཟླ་ན་མེད་པ་ཡང་དག་པར་རྫོགས་པའི་བྱང་ཆུབ་ལས་ལྷག་པའི་ཆོས་དེ་ལྟ་བུ་དམིགས་སམ། སྨྲས་པ་ཆེ་དང་ལྡན་པ་རབ་འབྱོར་དེ་ནི་མ་ཡིན་ནོ། །སྨྲས་པ་འོ་ན་སོ་སོ་ཡང་དག་པར་རིག་པ་རྣམས་ལས་གུད་ན་གང་ཟླ་ན་མེད་པ་ཡང་དག་པར་

རྫོགས་པའི་བྱང་ཆུབ་ལས་ལྡོག་པའི་ཆོས་དེ་ལྟ་བུ་དམིགས་སམ། སྨྲས་པ་ཚེ་དང་ལྡན་པ་རབ་འབྱོར་དེ་ནི་མ་ཡིན་ནོ། །སྨྲས་པ་འོ་ན་བྱམས་པ་ཆེན་པོ་ལས་ཀྱང་ན་གང་བླ་ན་མེད་པ་ཡང་དག་པར་རྫོགས་པའི་བྱང་ཆུབ་ལས་ལྡོག་པའི་ཆོས་དེ་ལྟ་བུ་དམིགས་སམ། སྨྲས་པ་ཚེ་དང་ལྡན་པ་རབ་འབྱོར་དེ་ནི་མ་ཡིན་ནོ། །སྨྲས་པ་འོ་ན་སྙིང་རྗེ་ཆེན་པོ་ལས་ཀྱང་ན་གང་བླ་ན་མེད་པ་ཡང་དག་པར་རྫོགས་པའི་བྱང་ཆུབ་ལས་ལྡོག་པའི་ཆོས་དེ་ལྟ་བུ་དམིགས་སམ། སྨྲས་པ་ཚེ་དང་ལྡན་པ་རབ་འབྱོར་དེ་ནི་མ་ཡིན་ནོ། །སྨྲས་པ་འོ་ན་སངས་རྒྱས་ཀྱི་ཆོས་མ་འདྲེས་པ་རྣམས་ལས་ཀྱང་ན་གང་བླ་ན་མེད་པ་ཡང་དག་པར་རྫོགས་པའི་བྱང་ཆུབ་ལས་ལྡོག[1]པའི་ཆོས་དེ་ལྟ་བུ་དམིགས་སམ། སྨྲས་པ་ཚེ་དང་ལྡན་པ་རབ་འབྱོར་དེ་ནི་མ་ཡིན་ནོ། །སྨྲས་པ་འོ་ན་རྒྱུན་དུ་ཞུགས་པའི་འབྲས་བུ་ལས་ཀྱང་ན་གང་བླ་ན་མེད་པ་ཡང་དག་པར་རྫོགས་པའི་བྱང་ཆུབ་ལས་ལྡོག་པའི་ཆོས་དེ་ལྟ་བུ་དམིགས་སམ། སྨྲས་པ་ཚེ་དང་ལྡན་པ་རབ་འབྱོར་དེ་ནི་མ་ཡིན་ནོ། །སྨྲས་པ་འོ་ན་ལན་ཅིག་ཕྱིར་འོང་བའི[2]འབྲས་བུ་ལས་ཀྱང་ན་གང་བླ་ན་མེད་པ་ཡང་དག་པར་རྫོགས་པའི་བྱང་ཆུབ་ལས་ལྡོག་པའི་ཆོས་དེ་ལྟ་བུ་དམིགས་སམ། སྨྲས་པ་ཚེ་དང་ལྡན་པ་རབ་འབྱོར་དེ་ནི་མ་ཡིན་ནོ། །སྨྲས་པ་འོ་ན་ཕྱིར་མི་འོང་བའི་འབྲས་བུ་ལས་ཀྱང་ན་གང་བླ་ན་མེད་པ་ཡང་དག་པར་རྫོགས་པའི་བྱང་ཆུབ་ལས་ལྡོག་པའི་ཆོས་དེ་ལྟ་བུ་དམིགས་སམ། སྨྲས་པ་ཚེ་དང་ལྡན་པ་རབ་འབྱོར་དེ་ནི་མ་ཡིན་ནོ། །སྨྲས་པ་འོ་ན་དགྲ་བཅོམ་པ་ཉིད་ལས་ཀྱང་ན་གང་བླ་ན་མེད་པ་ཡང་དག་པར་རྫོགས་པའི་བྱང་ཆུབ་ལས་ལྡོག་པའི་ཆོས་དེ་ལྟ་བུ་དམིགས་སམ། སྨྲས་པ་ཚེ་དང་ལྡན་པ་རབ་འབྱོར་དེ་ནི་མ་ཡིན་ནོ། །སྨྲས་པ་འོ་ན་རང་བྱང་ཆུབ་ལས་ཀྱང་ན་གང་བླ་ན་མེད་པ་ཡང་དག་པར་རྫོགས་པའི་བྱང་ཆུབ་ལས་ལྡོག་པའི་ཆོས་དེ་ལྟ་བུ་དམིགས་སམ། སྨྲས་པ་ཚེ་

དང་ལྡན་པ་རབ་འབྱོར་དེ་ནི་མ་ཡིན་ནོ། །སྨྲས་པ་འོ་ན་ལམ་གྱི་རྣམ་པ་ཤེས་པ་ཉིད་ལས་གུད་ན་གང་བླ་ན་མེད་པ་ཡང་དག་པར་རྫོགས་པའི་བྱང་ཆུབ་ལས་ཕྱོག་པའི་ཆོས་དེ་ལྟ་བུ་དམིགས་སམ། སྨྲས་པ་ཚེ་དང་ལྡན་པ་རབ་འབྱོར་དེ་ནི་མ་ཡིན་ནོ། །སྨྲས་པ་འོ་ན་རྣམ་པ་ཐམས་ཅད་མཁྱེན་པ་ཉིད་ལས་གུད་ན་གང་བླ་ན་མེད་པ་ཡང་དག་པར་རྫོགས་པའི་བྱང་ཆུབ་ལས་ཕྱོག་པའི་ཆོས། དེ་ལྟ་བུ་དམིགས་སམ། སྨྲས་པ་ཚེ་དང་ལྡན་པ་རབ་འབྱོར་དེ་ནི་མ་ཡིན་ནོ། །སྨྲས་པ་ཚེ་དང་ལྡན་པ་ཤ་ར་དྭ་ཏིའི་བུ་དེ་ཇི་སྙམ་དུ་སེམས། གཟུགས་ཀྱི་དེ་བཞིན་ཉིད་གང་ཡིན་པ་དེ་བླ་ན་མེད་པ་ཡང་དག་པར་རྫོགས་པའི་བྱང་ཆུབ་ལས་ཕྱོག་གམ། ཚོར་བའི་དེ་བཞིན་ཉིད་གང་ཡིན་པ་དེ་བླ་ན་མེད་པ་ཡང་དག་པར་རྫོགས་པའི་བྱང་ཆུབ་ལས་ཕྱོག་གམ། འདུ་ཤེས་ཀྱི་དེ་བཞིན་ཉིད་གང་ཡིན་པ་དེ་བླ་ན་མེད་པ་ཡང་དག་པར་རྫོགས་པའི་བྱང་ཆུབ་ལས་ཕྱོག་གམ། འདུ་བྱེད་ཀྱི་དེ་བཞིན་ཉིད་གང་ཡིན་པ་དེ། བླ་ན་མེད་པ་ཡང་དག་པར་རྫོགས་པའི་བྱང་ཆུབ་ལས་ཕྱོག་གམ། རྣམ་པར་ཤེས་པའི་དེ་བཞིན་ཉིད་གང་ཡིན་པ་དེ་བླ་ན་མེད་པ་ཡང་དག་པར་རྫོགས་པའི་བྱང་ཆུབ་ལས་ཕྱོག་གམ། སྨྲས་པ་ཚེ་དང་ལྡན་པ་རབ་འབྱོར་དེ་ནི་མ་ཡིན་ནོ། །སྨྲས་པ་ཚེ་དང་ལྡན་པ་ཤ་ར་དྭ་ཏིའི་བུ་དེ་ཇེ་[1]སྙམ་དུ་སེམས། མིག་གི་དེ་བཞིན་ཉིད་གང་ཡིན་པ་དེ་བླ་ན་མེད་པ་ཡང་དག་པར་རྫོགས་པའི་བྱང་ཆུབ་ལས་ཕྱོག་གམ། རྣ་བའི་དེ་བཞིན་ཉིད་གང་ཡིན་པ་དེ་བླ་ན་མེད་པ་ཡང་དག་པར་རྫོགས་པའི་བྱང་ཆུབ་ལས་ཕྱོག་གམ། སྣའི་དེ་བཞིན་ཉིད་གང་ཡིན་པ་དེ་བླ་ན་མེད་པ་ཡང་དག་པར་རྫོགས་པའི་བྱང་ཆུབ་ལས་ཕྱོག་གམ། ལྗེའི་དེ་བཞིན་ཉིད་གང་ཡིན་པ་དེ་བླ་ན་མེད་པ་ཡང་དག་པར་རྫོགས་པའི་བྱང་ཆུབ་ལས་ཕྱོག་གམ། ལུས་ཀྱི་དེ་བཞིན་ཉིད་གང་ཡིན་པ་དེ་བླ་ན་མེད་པ་ཡང་དག་པར་

རྫོགས་[1]པའི་བྱང་ཆུབ་ལས་ཕྱོག་གམ། ཡིད་ཀྱི་དེ་བཞིན་ཉིད་གང་ཡིན་པ་དེ་བླ་ན་མེད་པ་ཡང་དག་པར་རྫོགས་པའི་བྱང་ཆུབ་ལས་ཕྱོག་གམ། སྨྲས་པ་ཚེ་དང་ལྡན་པ་རབ་འབྱོར་དེ་ནི་མ་ཡིན་ནོ། །སྨྲས་པ་ཚེ་དང་ལྡན་པ་ཤ་ར་དྭ་ཏིའི་བུ་དེ་ཇི་སྙམ་དུ་སེམས། གཟུགས་ཀྱི་དེ་བཞིན་ཉིད་གང་ཡིན་པ་དེ་བླ་ན་མེད་པ་ཡང་དག་པར་རྫོགས་པའི་བྱང་ཆུབ་ལས་ཕྱོག་གམ། སྒྲའི་དེ་བཞིན་ཉིད་[3]གང་ཡིན་པ་དེ་བླ་ན་མེད་པ་ཡང་དག་པར་རྫོགས་པའི་བྱང་ཆུབ་ལས་ཕྱོག་གམ། དྲིའི་དེ་བཞིན་ཉིད་གང་ཡིན་པ་དེ་བླ་ན་མེད་པ་ཡང་དག་པར་རྫོགས་པའི་བྱང་ཆུབ་ལས་ཕྱོག་གམ། རོའི་དེ་བཞིན་ཉིད་གང་ཡིན་པ་དེ་བླ་ན་མེད་པ་ཡང་དག་པར་རྫོགས་པའི་བྱང་ཆུབ་ལས་ཕྱོག་གམ། རེག་གི་དེ་བཞིན་ཉིད་གང་ཡིན་པ་དེ་བླ་ན་མེད་པ་ཡང་དག་པར་རྫོགས་པའི་བྱང་ཆུབ་ལས་ཕྱོག་གམ། ཆོས་ཀྱི་དེ་བཞིན་ཉིད་གང་ཡིན་པ་དེ་བླ་ན་མེད་པ་ཡང་དག་པར་རྫོགས་པའི་བྱང་ཆུབ་ལས་ཕྱོག་གམ། སྨྲས་པ་ཚེ་དང་ལྡན་པ་རབ་འབྱོར་དེ་ནི་མ་ཡིན་ནོ། །སྨྲས་པ་ཚེ་དང་ལྡན་པ་ཤ་ར་དྭ་ཏིའི་བུ་དེ་ཇི་སྙམ་དུ་སེམས། མིག་གི་རྣམ་པར་ཤེས་པའི་དེ་བཞིན་ཉིད་གང་ཡིན་པ་དེ་བླ་ན་མེད་པ་ཡང་དག་པར་རྫོགས་པའི་བྱང་ཆུབ་ལས་ཕྱོག་གམ། རྣ་བའི་རྣམ་པར་ཤེས་པའི་དེ་བཞིན་ཉིད་གང་ཡིན་པ་དེ་བླ་ན་མེད་པ་ཡང་དག་པར་རྫོགས་པའི་བྱང་ཆུབ་ལས་ཕྱོག་གམ། སྣའི་རྣམ་པར་ཤེས་པའི་དེ་བཞིན་ཉིད་གང་ཡིན་པ་དེ་བླ་ན་མེད་པ་ཡང་དག་པར་རྫོགས་པའི་བྱང་ཆུབ་ལས་ཕྱོག་གམ། ལྕེའི་རྣམ་པར་ཤེས་པའི་དེ་བཞིན་ཉིད་གང་ཡིན་པ་དེ་བླ་ན་མེད་པ་ཡང་དག་པར་རྫོགས་པའི་བྱང་ཆུབ་ལས་ཕྱོག་གམ། ལུས་ཀྱི་རྣམ་པར་ཤེས་པའི་དེ་བཞིན་ཉིད་གང་ཡིན་པ་དེ་བླ་ན་མེད་པ་ཡང་དག་པར་རྫོགས་པའི་བྱང་ཆུབ་ལས་ཕྱོག་གམ། ཡིད་ཀྱི་རྣམ་པར་ཤེས་པའི་དེ་བཞིན་ཉིད་གང་ཡིན་པ་དེ་བླ་ན་མེད་པ་ཡང་དག

པར་རྫོགས་པའི་བྱང་ཆུབ་ལས་ལྡོག་གམ། སྨྲས་པ་ཚེ་དང་ལྡན་པ་རབ་འབྱོར་དེ་ནི་མ་ཡིན་ནོ། །སྨྲས་པ་ཚེ་དང་ལྡན་པ་ཤ་ར་དྭ་ཏིའི་བུ་དེ་ཇི་སྙམ་དུ་སེམས། མིག་གི་འདུས་ཏེ་རེག་པའི་དེ་བཞིན་ཉིད་གང་ཡིན་པ་དེ་བླ་ན་མེད་པ་ཡང་དག་པར་རྫོགས་པའི་བྱང་ཆུབ་ལས་ལྡོག་གམ། རྣ་བའི་འདུས་ཏེ་རེག་པའི་དེ་བཞིན་ཉིད་གང་ཡིན་པ་དེ་བླ་ན་མེད་པ་ཡང་དག་པར་རྫོགས་པའི་བྱང་ཆུབ་ལས་ལྡོག་གམ། སྣའི་འདུས་ཏེ་རེག་པའི་དེ་བཞིན་ཉིད་གང་ཡིན་པ་དེ་བླ་ན་མེད་པ་ཡང་དག་པར་རྫོགས་པའི་བྱང་ཆུབ་ལས་ལྡོག་གམ། ལྕེའི་འདུས་ཏེ་རེག་པའི་དེ་བཞིན་ཉིད་གང་ཡིན་པ་དེ་བླ་ན་མེད་པ་ཡང་དག་པར་རྫོགས་པའི་བྱང་ཆུབ་ལས་ལྡོག་གམ། ལུས་ཀྱི་འདུས་ཏེ་རེག་པའི་དེ་བཞིན་ཉིད་གང་ཡིན་པ་དེ་བླ་ན་མེད་པ་ཡང་དག་པར་རྫོགས་པའི་བྱང་ཆུབ་ལས་ལྡོག་གམ། ཡིད་ཀྱི་འདུས་ཏེ་རེག་པའི་དེ་བཞིན་ཉིད་གང་ཡིན་པ་དེ་བླ་ན་མེད་པ་ཡང་དག་པར་རྫོགས་པའི་བྱང་ཆུབ་ལས་ལྡོག་གམ། སྨྲས་པ་ཚེ་དང་ལྡན་པ་རབ་འབྱོར་དེ་ནི་མ་ཡིན་ནོ། །སྨྲས་པ་ཚེ་དང་ལྡན་པ་ཤ་ར་དྭ་ཏིའི་བུ་དེ་ཇི་སྙམ་དུ་སེམས། མིག་གི་འདུས་ཏེ་རེག་པ་ལས་བྱུང་བའི་ཚོར་བའི་དེ་བཞིན་ཉིད་གང་ཡིན་པ་དེ་བླ་ན་མེད་པ་ཡང་དག་པར་རྫོགས་པའི་བྱང་ཆུབ་ལས་ལྡོག་གམ། རྣ་བའི་འདུས་ཏེ་རེག་པ་ལས་བྱུང་བའི་ཚོར་བའི་དེ་བཞིན་ཉིད་གང་ཡིན་པ་དེ་བླ་ན་མེད་པ་ཡང་དག་པར་རྫོགས་པའི་བྱང་ཆུབ་ལས་ལྡོག་གམ། སྣའི་འདུས་ཏེ་རེག་པ་ལས་བྱུང་བའི་ཚོར་བའི་དེ་བཞིན་ཉིད་གང་ཡིན་པ་དེ་བླ་ན་མེད་པ་ཡང་དག་པར་རྫོགས་པའི་བྱང་ཆུབ་ལས་ལྡོག་གམ། ལྕེའི་འདུས་ཏེ་རེག་པ་ལས་བྱུང་བའི་ཚོར་བའི་དེ་བཞིན་ཉིད་གང་ཡིན་པ་དེ་བླ་ན་མེད་པ་ཡང་དག་པར་རྫོགས་པའི་བྱང་ཆུབ་ལས་ལྡོག་གམ། ལུས་ཀྱི་འདུས་ཏེ་རེག་པ་ལས་བྱུང་བའི་ཚོར་བའི་དེ་བཞིན་ཉིད་གང་ཡིན་པ་དེ་བླ་ན་མེད་པ་ཡང་དག་པར་

རྟོགས་པའི་བྱང་ཆུབ་ལས་ལྡོག་གམ། ཡིད་ཀྱི་འདུས་ཏེ་རེག་པ་ལས་བྱུང་བའི་ཚོར་བའི་དེ་བཞིན་ཉིད་གང་ཡིན་པ་དེ་བླ་ན་མེད་པ་ཡང་དག་པར་རྟོགས་པའི་བྱང་ཆུབ་ལས་ལྡོག་གམ། སྨྲས་པ་ཚེ་དང་ལྡན་པ་རབ་འབྱོར་དེ་ནི་མ་ཡིན་ནོ། །སྨྲས་པ་ཚེ་དང་ལྡན་པ་ཤཱ་ར་དྭ་ཏིའི་བུ་དེ་ཇི་སྙམ་དུ་སེམས། སའི་ཁམས་ཀྱི་དེ་བཞིན་ཉིད་གང་ཡིན་པ་དེ་བླ་ན་མེད་པ་ཡང་དག་པར་རྟོགས་པའི་བྱང་ཆུབ་ལས་ལྡོག་གམ། ཆུའི་ཁམས་ཀྱི་དེ་བཞིན་ཉིད་གང་ཡིན་པ་དེ་བླ་ན་མེད་པ་ཡང་དག་པར་རྟོགས་པའི་བྱང་ཆུབ་ལས་ལྡོག་གམ། མེའི་ཁམས་ཀྱི་དེ་བཞིན་ཉིད་གང་ཡིན་པ་དེ་བླ་ན་མེད་པ་ཡང་དག་པར་རྟོགས་པའི་བྱང་ཆུབ་ལས་ལྡོག་གམ། རླུང་གི་ཁམས་ཀྱི་དེ་བཞིན་ཉིད་གང་ཡིན་པ་དེ་བླ་ན་མེད་པ་ཡང་དག་པར་རྟོགས་པའི་བྱང་ཆུབ་ལས་ལྡོག་གམ། ནམ་མཁའི་ཁམས་ཀྱི་དེ་བཞིན་ཉིད་གང་ཡིན་པ་དེ་བླ་ན་མེད་པ་ཡང་དག་པར་རྟོགས་པའི་བྱང་ཆུབ་ལས་ལྡོག་གམ། རྣམ་པར་ཤེས་པའི་ཁམས་ཀྱི་དེ་བཞིན་ཉིད་གང་ཡིན་པ་དེ་བླ་ན་མེད་པ་ཡང་དག་པར་རྟོགས་པའི་བྱང་ཆུབ་ལས་ལྡོག་གམ། སྨྲས་པ་ཚེ་དང་ལྡན་པ་རབ་འབྱོར་དེ་ནི་མ་ཡིན་ནོ། །སྨྲས་པ་ཚེ་དང་ལྡན་པ་ཤཱ་ར་དྭ་ཏིའི་བུ་དེ་ཇི་སྙམ་དུ་སེམས། མ་རིག་པའི་དེ་བཞིན་ཉིད་གང་ཡིན་པ་དེ་བླ་ན་མེད་པ་ཡང་དག་པར་རྟོགས་པའི་བྱང་ཆུབ་ལས་ལྡོག་གམ། འདུ་བྱེད་ཀྱི་དེ་བཞིན་ཉིད་གང་ཡིན་པ་དེ་བླ་ན་མེད་པ་ཡང་དག་པར་རྟོགས་པའི་བྱང་ཆུབ་ལས་ལྡོག་གམ། རྣམ་པར་ཤེས་པའི་དེ་བཞིན་ཉིད་གང་ཡིན་པ་དེ་བླ་ན་མེད་པ་ཡང་དག་པར་རྟོགས་པའི་བྱང་ཆུབ་ལས་ལྡོག་གམ། མིང་དང་གཟུགས་ཀྱི་དེ་བཞིན་ཉིད་གང་ཡིན་པ་དེ་བླ་ན་མེད་པ་ཡང་དག་པར་རྟོགས་པའི་བྱང་ཆུབ་ལས་ལྡོག་གམ། སྐྱེ་མཆེད་དྲུག་གི་དེ་བཞིན་ཉིད་གང་ཡིན་པ་དེ་བླ་ན་མེད་པ་ཡང་དག་པར་རྟོགས་པའི་བྱང་ཆུབ་ལས་ལྡོག་གམ། རེག་པའི་

དེ་བཞིན་ཉིད་གང་ཡིན་པ་དེ་བླ་ན་མེད་པ་ཡང་དག་པར་རྫོགས་པའི་བྱང་ཆུབ་ལས་ལོག་གམ། ཚོར་བའི་དེ་བཞིན་ཉིད་གང་ཡིན་པ་དེ་བླ་ན་མེད་པ་ཡང་དག་པར་རྫོགས་པའི་བྱང་ཆུབ་ལས་ལོག་གམ། སྲེད་[1]པའི་དེ་བཞིན་ཉིད་གང་ཡིན་པ་དེ་བླ་ན་མེད་པ་ཡང་དག་པར་རྫོགས་པའི་བྱང་ཆུབ་ལས་ལོག་གམ། ལེན་པའི་དེ་བཞིན་ཉིད་གང་ཡིན་པ་དེ་བླ་ན་མེད་པ་ཡང་དག་པར་རྫོགས་པའི་བྱང་ཆུབ་ལས་ལོག་གམ། སྲིད་[2]པའི་དེ་བཞིན་ཉིད་གང་ཡིན་པ་དེ་བླ་ན་མེད་པ་ཡང་དག་པར་རྫོགས་པའི་བྱང་ཆུབ་ལས་ལོག་གམ། སྐྱེ་བའི་དེ་བཞིན་ཉིད་གང་ཡིན་པ་དེ་བླ་ན་མེད་པ་ཡང་དག་པར་རྫོགས་པའི་བྱང་ཆུབ་ལས་ལོག་གམ། རྒ་ཤིའི་དེ་བཞིན་ཉིད་གང་ཡིན་པ་དེ་བླ་ན་མེད་པ་ཡང་དག་པར་རྫོགས་པའི་བྱང་ཆུབ་ལས་ལོག་གམ། སྨྲས་པ་ཚེ་དང་ལྡན་པ་རབ་འབྱོར་དེ་ནི་མ་ཡིན་ནོ། །སྨྲས་པ་ཚེ་དང་ལྡན་པ་ཤ་ར་དྭ་ཏིའི་བུ་དེ་ཇི་སྙམ་དུ་སེམས། སྦྱིན་པའི་ཕ་རོལ་ཏུ་ཕྱིན་པའི་དེ་བཞིན་ཉིད་གང་ཡིན་པ་དེ་བླ་ན་མེད་པ་ཡང་དག་པར་རྫོགས་པའི་བྱང་ཆུབ་ལས་ལོག་གམ། ཚུལ་ཁྲིམས་ཀྱི་ཕ་རོལ་ཏུ་ཕྱིན་པའི་དེ་བཞིན་ཉིད་གང་ཡིན་པ་དེ་བླ་ན་མེད་པ་ཡང་དག་པར་རྫོགས་པའི་བྱང་ཆུབ་ལས་ལོག་གམ། བཟོད་པའི་ཕ་རོལ་ཏུ་ཕྱིན་པའི་དེ་བཞིན་ཉིད་གང་ཡིན་པ་དེ་བླ་ན་མེད་པ་ཡང་དག་པར་རྫོགས་པའི་བྱང་ཆུབ་ལས་ལོག་གམ། བརྩོན་འགྲུས་ཀྱི་ཕ་རོལ་ཏུ་ཕྱིན་པའི་དེ་བཞིན་ཉིད་གང་ཡིན་པ་དེ་བླ་ན་མེད་པ་ཡང་དག་པར་རྫོགས་པའི་བྱང་ཆུབ་ལས་ལོག་གམ། བསམ་གཏན་གྱི་ཕ་རོལ་ཏུ་ཕྱིན་པའི་དེ་བཞིན་ཉིད་གང་ཡིན་པ་དེ་བླ་ན་མེད་པ་ཡང་དག་པར་རྫོགས་པའི་བྱང་ཆུབ་ལས་ལོག་གམ། ཤེས་རབ་ཀྱི་ཕ་རོལ་ཏུ་ཕྱིན་པའི་དེ་བཞིན་ཉིད་གང་ཡིན་པ་དེ་བླ་ན་མེད་པ་ཡང་དག་པར་རྫོགས་པའི་བྱང་ཆུབ་ལས་ལོག་གམ། སྨྲས་པ་ཚེ་དང་ལྡན་པ་རབ་འབྱོར་དེ་ནི་མ་ཡིན་ནོ། །སྨྲས་པ་ཚེ་

དང་ལྡན་པ་ཤ་ར་དྭ་ཏིའི་བུ་དེ་ཇི་སྙམ་དུ་སེམས། ནང་སྟོང་པ་ཉིད་ཀྱི་དེ་བཞིན་ཉིད་གང་ཡིན་པ་དེ་བླ་ན་མེད་པ་ཡང་དག་པར་རྫོགས་པའི་བྱང་ཆུབ་ལས་ལོག་གམ། ཕྱི་སྟོང་པ་ཉིད་ཀྱི་དེ་བཞིན་ཉིད་གང་ཡིན་པ་དེ་བླ་ན་མེད་པ་ཡང་དག་པར་རྫོགས་པའི་བྱང་ཆུབ་ལས་ལོག་གམ། ཕྱི་ནང་སྟོང་པ་ཉིད་ཀྱི་དེ་བཞིན་ཉིད་གང་ཡིན་པ་དེ་བླ་ན་མེད་པ་ཡང་དག་པར་རྫོགས་པའི་བྱང་ཆུབ་ལས་ལོག་གམ། སྟོང་པ་ཉིད་སྟོང་པ་ཉིད་ཀྱི་དེ་བཞིན་ཉིད་གང་ཡིན་པ་དེ་བླ་ན་མེད་པ་ཡང་དག་པར་རྫོགས་པའི་བྱང་ཆུབ་ལས་ལོག་གམ། ཆེན་པོ་སྟོང་པ་ཉིད་ཀྱི་དེ་བཞིན་ཉིད་གང་ཡིན་པ་དེ་བླ་ན་མེད་པ་ཡང་དག་པར་རྫོགས་པའི་བྱང་ཆུབ་ལས་ལོག་གམ། དོན་དམ་པ་སྟོང་པ་ཉིད་ཀྱི་དེ་བཞིན་ཉིད་གང་ཡིན་པ་དེ་བླ་ན་མེད་པ་ཡང་དག་པར་རྫོགས་པའི་བྱང་ཆུབ་ལས་ལོག་གམ། འདུས་བྱས་སྟོང་པ་ཉིད་ཀྱི་དེ་བཞིན་ཉིད་གང་ཡིན་པ་དེ་བླ་ན་མེད་པ་ཡང་དག་པར་རྫོགས་པའི་བྱང་ཆུབ་ལས་ལོག་གམ། འདུས་མ་བྱས་སྟོང་པ་ཉིད་ཀྱི་དེ་བཞིན་ཉིད་གང་ཡིན་པ་དེ་[༡]བླ་ན་མེད་པ་ཡང་དག་པར་རྫོགས་པའི་བྱང་ཆུབ་ལས་ལོག་གམ། མཐའ་ལས་འདས་པ་སྟོང་པ་ཉིད་ཀྱི་དེ་བཞིན་ཉིད་གང་ཡིན་པ་དེ་བླ་ན་མེད་པ་ཡང་དག་པར་རྫོགས་[༢]པའི་བྱང་ཆུབ་ལས་ལོག་གམ། ཐོག་མ་དང་ཐ་མ་མེད་པ་སྟོང་པ་ཉིད་ཀྱི་དེ་བཞིན་ཉིད་གང་ཡིན་པ་དེ་བླ་ན་མེད་པ་ཡང་དག་པར་རྫོགས་པའི་བྱང་ཆུབ་ལས་ལོག་གམ། དོར་བ་མེད་པ་སྟོང་པ་ཉིད་ཀྱི་དེ་བཞིན་ཉིད་གང་ཡིན་པ་དེ་བླ་ན་མེད་པ་ཡང་དག་པར་རྫོགས་པའི་བྱང་ཆུབ་ལས་ལོག་གམ། རང་བཞིན་སྟོང་པ་ཉིད་ཀྱི་དེ་བཞིན་ཉིད་གང་[༣]ཡིན་པ་དེ་བླ་ན་མེད་པ་ཡང་དག་པར་རྫོགས་པའི་བྱང་ཆུབ་ལས་ལོག་གམ༑ ཆོས་ཐམས་ཅད་སྟོང་པ་ཉིད་ཀྱི་དེ་བཞིན་ཉིད་གང་ཡིན་པ་དེ་བླ་ན་མེད་པ་ཡང་དག་པར་རྫོགས་པའི་བྱང་ཆུབ་ལས་ལོག་གམ། རང་གི་མཚན་ཉིད་སྟོང་

པ་ཉིད་ཀྱི་དེ་བཞིན་ཉིད་གང་ཡིན་པ་དེ་བླ་ན་མེད་པ་ཡང་དག་པར་རྫོགས་པའི་བྱང་ཆུབ་ལས་ལོག་གམ། མི་དམིགས་པ་སྟོང་པ་ཉིད་ཀྱི་དེ་བཞིན་ཉིད་གང་ཡིན་པ་དེ་བླ་ན་མེད་པ་ཡང་དག་པར་རྫོགས་པའི་བྱང་ཆུབ་ལས་ལོག་གམ། དངོས་པོ་མེད་པ་སྟོང་པ་ཉིད་ཀྱི་དེ་བཞིན་ཉིད་གང་ཡིན་པ་དེ་བླ་ན་མེད་པ་ཡང་དག་པར་རྫོགས་པའི་བྱང་ཆུབ་ལས་ལོག་གམ། ངོ་བོ་ཉིད་སྟོང་པ་ཉིད་ཀྱི་དེ་བཞིན་ཉིད་གང་ཡིན་པ་དེ་བླ་ན་མེད་པ་ཡང་དག་པར་རྫོགས་པའི་བྱང་ཆུབ་ལས་ལོག་གམ། དངོས་པོ་མེད་པའི་ངོ་བོ་ཉིད་སྟོང་པ་ཉིད་ཀྱི་དེ་བཞིན་ཉིད་གང་ཡིན་པ་དེ་བླ་ན་མེད་པ་ཡང་དག་པར་རྫོགས་པའི་བྱང་ཆུབ་ལས་ལོག་གམ། སྨྲས་པ་ཚེ་དང་ལྡན་པ་རབ་འབྱོར་དེ་ནི་མ་ཡིན་ནོ། །སྨྲས་པ་ཚེ་དང་ལྡན་པ་ཤ་ར་དྭ་ཏིའི་བུ་དེ་ཇི་སྙམ་དུ་སེམས། དྲན་པ་ཉེ་བར་གཞག་པ་རྣམས་ཀྱི་དེ་བཞིན་ཉིད་གང་ཡིན་པ་དེ་བླ་ན་མེད་པ་ཡང་དག་པར་རྫོགས་པའི་བྱང་ཆུབ་ལས་ལོག་གམ། ཡང་དག་པར་སྤོང་བ་རྣམས་ཀྱི་དེ་བཞིན་ཉིད་གང་ཡིན་པ་དེ་བླ་ན་མེད་པ་ཡང་དག་པར་རྫོགས་པའི་བྱང་ཆུབ་ལས་ལོག་གམ། རྫུ་འཕྲུལ་གྱི་རྐང་པ་རྣམས་[1]ཀྱི་དེ་བཞིན་ཉིད་གང་ཡིན་པ་དེ་བླ་ན་མེད་པ་ཡང་དག་པར་རྫོགས་པའི་བྱང་ཆུབ་ལས་ལོག་གམ། དབང་པོ་རྣམས་ཀྱི་དེ་བཞིན་ཉིད་གང་ཡིན་པ་དེ་བླ་ན་མེད་པ་ཡང་དག་པར་རྫོགས་པའི་བྱང་ཆུབ་ལས་ལོག་གམ། སྟོབས་རྣམས་ཀྱི་དེ་བཞིན་ཉིད་གང་ཡིན་པ་དེ་བླ་ན་མེད་པ་ཡང་དག་པར་རྫོགས་པའི་བྱང་ཆུབ་ལས་ལོག་གམ། བྱང་ཆུབ་ཀྱི་ཡན་ལག་རྣམས་ཀྱི་དེ་བཞིན་ཉིད་གང་ཡིན་པ་དེ་བླ་ན་མེད་པ་ཡང་དག་པར་རྫོགས་པའི་བྱང་ཆུབ་ལས་ལོག་གམ། འཕགས་པའི་ལམ་ཡན་ལག་བརྒྱད་པའི་དེ་བཞིན་ཉིད་གང་ཡིན་པ་དེ་བླ་ན་མེད་པ་ཡང་དག་པར་རྫོགས་པའི་བྱང་ཆུབ་ལས་ལོག་གམ། འཕགས་པའི་བདེན་པ་རྣམས་ཀྱི་དེ་བཞིན་ཉིད་གང་ཡིན་པ་དེ་བླ་ན་

མྱེད་པ་ཡང་དག་པར་རྫོགས་པའི་བྱང་ཆུབ་ལས་ལྡོག་གམ། བསམ་གཏན་རྣམས་ཀྱི་དེ་བཞིན་ཉིད་གང་ཡིན་པ་དེ་བླ་ན་མྱེད་པ་ཡང་དག་པར་རྫོགས་པའི་བྱང་ཆུབ་ལས་ལྡོག་གམ། ཚད་མྱེད་པ་རྣམས་ཀྱི་དེ་བཞིན་ཉིད་གང་ཡིན་པ་དེ་བླ་ན་མྱེད་པ་ཡང་དག་པར་རྫོགས་པའི་བྱང་ཆུབ་ལས་ལྡོག་གམ། གཟུགས་མྱེད་པའི་སྙོམས་པར་འཇུག་པ་རྣམས་ཀྱི་དེ་བཞིན་ཉིད་གང་ཡིན་པ་དེ་བླ་ན་མྱེད་པ་ཡང་དག་པར་རྫོགས་པའི་བྱང་ཆུབ་ལས་ལྡོག་གམ། རྣམ་པར་ཐར་པ་རྣམས་ཀྱི་དེ་བཞིན་ཉིད་གང་ཡིན་པ་དེ་བླ་ན་མྱེད་པ་ཡང་དག་པར་རྫོགས་པའི་བྱང་ཆུབ་ལས་ལྡོག་གམ། མཐར་གྱིས་གནས་པའི་སྙོམས་པར་འཇུག་པ་རྣམས་ཀྱི་དེ་བཞིན་ཉིད་གང་ཡིན་པ་དེ་བླ་ན་མྱེད་པ་ཡང་དག་པར་རྫོགས་པའི་བྱང་ཆུབ་ལས་ལྡོག་གམ། རྣམ་པར་ཐར་པའི་སྒོ་སྟོང་པ་ཉིད་དང་། མཚན་མ་མྱེད་པ་དང་། སྨོན་པ་མྱེད་པའི་དེ་བཞིན་ཉིད་གང་ཡིན་པ་དེ་[1]བླ་ན་མྱེད་པ་ཡང་དག་པར་རྫོགས་པའི་བྱང་ཆུབ་ལས་ལྡོག་གམ། མངོན་པར་ཤེས་པ་རྣམས་ཀྱི་དེ་བཞིན་ཉིད་གང་ཡིན་པ་དེ་བླ་ན་མྱེད་པ་ཡང་དག་པར་རྫོགས་པའི་བྱང་ཆུབ་ལས་ལྡོག་གམ། ཏིང་ངེ་འཛིན་རྣམས་ཀྱི་དེ་བཞིན་ཉིད་གང་ཡིན་པ་དེ་བླ་ན་མྱེད་པ་ཡང་དག་པར་རྫོགས་པའི་བྱང་ཆུབ་ལས་ལྡོག་གམ། གཟུངས་ཀྱི་སྒོ་རྣམས་ཀྱི་དེ་བཞིན་ཉིད་གང་ཡིན་པ་དེ་བླ་ན་མྱེད་པ་ཡང་དག་པར་རྫོགས་པའི་བྱང་ཆུབ་ལས་[2]ལྡོག་གམ། དེ་བཞིན་གཤེགས་པའི་སྟོབས་རྣམས་ཀྱི་དེ་བཞིན་ཉིད་གང་ཡིན་པ་དེ་བླ་ན་མྱེད་པ་ཡང་དག་པར་རྫོགས་པའི་བྱང་ཆུབ་ལས་ལྡོག་གམ། མྱི་འཇིགས་པ་རྣམས་ཀྱི་དེ་བཞིན་ཉིད་གང་ཡིན་པ་དེ་[3]བླ་ན་མྱེད་པ་ཡང་དག་པར་རྫོགས་པའི་བྱང་ཆུབ་ལས་ལྡོག་གམ། སོ་སོ་ཡང་དག་པར་རིག་པ་རྣམས་ཀྱི་དེ་བཞིན་ཉིད་གང་ཡིན་པ་དེ་བླ་ན་མྱེད་པ་ཡང་དག་པར་རྫོགས་པའི་བྱང་ཆུབ་ལས་ལྡོག་གམ། [4]སྙིང་རྗེ་[5]ཆེན་པོའི་དེ་བཞིན་

ཉིད་གང་ཡིན་པ་དེ་བླ་ན་མེད་པ་ཡང་དག་པར་རྫོགས་པའི་བྱང་ཆུབ་ལས་ཕྱོག་གམ། སངས་རྒྱས་ཀྱི་ཆོས་མ་འདྲེས་པ་རྣམས་ཀྱི་དེ་བཞིན་ཉིད་གང་ཡིན་པ་དེ་བླ་ན་མེད་པ་ཡང་དག་པར་རྫོགས་པའི་བྱང་ཆུབ་ལས་ཕྱོག་གམ། རྒྱུན་དུ་ཞུགས་པའི་འབྲས་བུའི་དེ་བཞིན་ཉིད་གང་ཡིན་པ་དེ་བླ་ན་མེད་པ་ཡང་དག་པར་རྫོགས་པའི་བྱང་ཆུབ་ལས་ཕྱོག་གམ། ལན་ཅིག་ཕྱིར་འོང་བའི་འབྲས་བུའི་དེ་བཞིན་ཉིད་གང་ཡིན་པ་དེ་བླ་ན་མེད་པ་ཡང་དག་པར་རྫོགས་པའི་བྱང་ཆུབ་ལས་ཕྱོག་གམ། ཕྱིར་མི་འོང་བའི་འབྲས་བུའི་དེ་བཞིན་ཉིད་གང་ཡིན་པ་དེ་བླ་ན་མེད་པ་ཡང་དག་པར་རྫོགས་པའི་བྱང་ཆུབ་ལས་ཕྱོག་གམ། དགྲ་བཅོམ་པ་ཉིད་ཀྱི་དེ་བཞིན་ཉིད་གང་ཡིན་པ་དེ་བླ་ན་མེད་པ་ཡང་དག་པར་རྫོགས་པའི་བྱང་ཆུབ་ལས་ཕྱོག་གམ། རང་བྱང་ཆུབ་ཀྱི་དེ་བཞིན་ཉིད་གང་ཡིན་པ་དེ་བླ་ན་མེད་པ་ཡང་དག་པར་རྫོགས་པའི་བྱང་ཆུབ་ལས་ཕྱོག་གམ། ལམ་གྱི་རྣམ་པ་ཤེས་པ་ཉིད་ཀྱི་དེ་བཞིན་ཉིད་གང་ཡིན་པ་དེ་བླ་ན་མེད་པ་ཡང་དག་པར་རྫོགས་པའི་བྱང་ཆུབ་ལས་ཕྱོག་གམ། རྣམ་པ་ཐམས་ཅད་མཁྱེན་པ་ཉིད་ཀྱི་དེ་བཞིན་ཉིད་གང་ཡིན་པ་དེ་བླ་ན་མེད་པ་ཡང་དག་པར་རྫོགས་པའི་བྱང་ཆུབ་ལས་ཕྱོག་གམ། སྨྲས་པ་ཚེ་དང་ལྡན་པ་རབ་འབྱོར་དེ་ནི་མ་ཡིན་ནོ།། ||

ཤེས་རབ་ཀྱི་ཕ་རོལ་ཏུ་ཕྱིན་པ་སྟོང་ཕྲག་བརྒྱ་པ། བམ་པོ་བདུན[1]པ།

སྨྲས་པ་ཚེ་དང་ལྡན་པ་ཤཱ་ར་དྭ་ཏིའི་བུ་དེ་ཇི་སྙམ་དུ་སེམས། གཟུགས་ཀྱི་དེ་བཞིན་ཉིད་ལས་གུད་ན་གང་བླ་ན་མེད་པ་ཡང་དག་པར་རྫོགས་པའི་བྱང་ཆུབ་ལས་ཕྱོག་པའི་ཆོས་དེ་ལྟ་བུ་ཡོད་དམ། ཚོར་བའི་དེ་བཞིན་ཉིད་ལས་གུད་ན་གང་བླ་ན་མེད་པ་ཡང་དག་པར་རྫོགས་པའི་བྱང་ཆུབ་ལས་ཕྱོག་པའི་ཆོས་དེ་ལྟ་བུ་ཡོད་དམ། འདུ་ཤེས་ཀྱི་དེ་བཞིན་ཉིད་ལས་གུད་ན་གང་བླ་ན་མེད་པ་ཡང་དག་པར་རྫོགས

པའི་བྱང་ཆུབ་ལས་ཕྱོག་པའི་ཆོས་དེ་ལྟ་བུ་ཡོད་དམ། འདུ་བྱེད་ཀྱི་དེ་བཞིན་ཉིད་ལས་གུད་ན་གང་བླ་ན་མེད་པ་ཡང་དག་པར་རྫོགས་པའི་བྱང་ཆུབ་ལས་ཕྱོག་པའི་ཆོས་དེ་ལྟ་བུ་ཡོད་དམ། རྣམ་པར་ཤེས་པའི་དེ་བཞིན་ཉིད་ལས་གུད་ན་གང་བླ་ན་མེད་པ་ཡང་དག་པར་རྫོགས་པའི་བྱང་ཆུབ་ལས་ཕྱོག་པའི་ཆོས་དེ་ལྟ་བུ་ཡོད་དམ། སྨྲས་པ་ཚེ་དང་ལྡན་པ་རབ་འབྱོར་དེ་ནི་མ་ཡིན་ནོ། །སྨྲས་པ་ཚེ་དང་ལྡན་པ་ཤ་ར་དྭ་ཏིའི་བུ་དེ་ཇི་སྙམ་དུ་སེམས། མིག་གི་དེ་བཞིན་ཉིད་ལས་གུད་ན་གང་བླ་ན་མེད་པ་ཡང་དག་པར་རྫོགས་པའི་བྱང་ཆུབ་ལས་ཕྱོག་པའི་ཆོས་དེ་ལྟ་བུ་ཡོད་དམ། རྣ་བའི་དེ་བཞིན་ཉིད་ལས་གུད་ན་གང་བླ་ན་མེད་པ་ཡང་དག་པར་རྫོགས་པའི་བྱང་ཆུབ་ལས་ཕྱོག་པའི་ཆོས་དེ་ལྟ་བུ་ཡོད་དམ། སྣའི་དེ་བཞིན་ཉིད་ལས་གུད་ན་གང་བླ་ན་མེད་པ་ཡང་དག་པར་རྫོགས་པའི་བྱང་ཆུབ་ལས་ཕྱོག་པའི་ཆོས་དེ་ལྟ་བུ་ཡོད་དམ། ལྕེའི་དེ་བཞིན་ཉིད་ལས་གུད་ན་གང་བླ་ན་མེད་[1]པ་ཡང་དག་པར་རྫོགས་པའི་བྱང་ཆུབ་ལས་ཕྱོག་པའི་ཆོས་དེ་ལྟ་བུ་ཡོད་དམ། ལུས་ཀྱི་དེ་བཞིན་ཉིད་ལས་གུད་ན་གང་བླ་ན་མེད་པ་ཡང་དག་པར་རྫོགས་པའི་བྱང་ཆུབ་ལས་ཕྱོག་པའི་ཆོས་དེ་ལྟ་བུ་ཡོད་དམ། ཡིད་ཀྱི་དེ་བཞིན་ཉིད་ལས་གུད་ན་གང་བླ་ན་[2]མེད་པ་ཡང་དག་པར་རྫོགས་པའི་བྱང་ཆུབ་ལས་ཕྱོག་པའི་ཆོས་དེ་ལྟ་བུ་ཡོད་དམ། སྨྲས་པ་ཚེ་དང་ལྡན་པ་རབ་འབྱོར་དེ་ནི་མ་ཡིན་ནོ། །སྨྲས་པ་ཚེ་དང་ལྡན་པ་ཤ་ར་དྭ་ཏིའི་བུ་དེ་ཇི་སྙམ་དུ་སེམས། གཟུགས་ཀྱི་དེ་བཞིན་ཉིད་ལས་གུད་ན་གང་བླ་ན་མེད་པ་ཡང་དག་པར་རྫོགས་པའི་བྱང་ཆུབ་ལས་ཕྱོག་པའི་ཆོས་དེ་ལྟ་བུ་ཡོད་དམ། སྒྲའི་དེ་བཞིན་ཉིད་ལས་གུད་ན་གང་བླ་ན་མེད་པ་ཡང་དག་པར་རྫོགས་པའི་བྱང་ཆུབ་ལས་ཕྱོག་པའི་ཆོས་དེ་ལྟ་བུ་ཡོད་དམ། དྲིའི་དེ་བཞིན་ཉིད་ལས་གུད་ན་གང་བླ་ན་མེད་པ་ཡང་དག་པར་རྫོགས་པའི་བྱང་ཆུབ་ལས་ཕྱོག་པའི་ཆོས་

དེ་ལྟ་བུ་ཡོད་དམ། རོའི་དེ་བཞིན་ཉིད་[༡]ལས་གུད་ན་གང་བླ་ན་མེད་པ་ཡང་དག་པར་རྫོགས་པའི་བྱང་ཆུབ་ལས་ལོག་པའི་ཆོས་དེ་ལྟ་བུ་ཡོད་དམ། རེག་གི་དེ་བཞིན་ཉིད་ལས་གུད་ན་གང་བླ་ན་མེད་པ་ཡང་དག་པར་རྫོགས་པའི་བྱང་ཆུབ་ལས་ལོག་པའི་ཆོས་དེ་ལྟ་བུ་ཡོད་དམ། ཆོས་ཀྱི་དེ་བཞིན་ཉིད་ལས་གུད་ན་གང་བླ་ན་མེད་པ་ཡང་དག་པར་རྫོགས་པའི་བྱང་ཆུབ་ལས་ལོག་པའི་ཆོས་དེ་ལྟ་བུ་ཡོད་དམ། སྨྲས་པ་ཚེ་དང་ལྡན་པ་རབ་འབྱོར་དེ་ནི་མ་ཡིན་ནོ། །སྨྲས་པ་ཚེ་དང་ལྡན་པ་ཤ་ར་དྭ་ཏིའི་བུ་དེ་ཇི་སྙམ་[༣]དུ་སེམས། མིག་གི་རྣམ་པར་ཤེས་པའི་དེ་བཞིན་ཉིད་ལས་གུད་ན་གང་བླ་ན་མེད་པ་ཡང་དག་པར་རྫོགས་པའི་བྱང་ཆུབ་ལས་ལོག་པའི་ཆོས་དེ་ལྟ་བུ་ཡོད་དམ། རྣ་བའི་རྣམ་པར་ཤེས་པའི་དེ་བཞིན་ཉིད་ལས་གུད་ན་གང་བླ་ན་མེད་པ་ཡང་དག་པར་རྫོགས་པའི་བྱང་ཆུབ་ལས་ལོག་པའི་ཆོས་དེ་ལྟ་བུ་ཡོད་དམ། སྣའི་རྣམ་པར་ཤེས་པའི་དེ་བཞིན་ཉིད་ལས་གུད་ན་གང་བླ་ན་མེད་པ་ཡང་དག་པར་རྫོགས་པའི་བྱང་ཆུབ་ལས་ལོག་པའི་ཆོས་དེ་ལྟ་བུ་ཡོད་དམ། ལྕེའི་རྣམ་པར་ཤེས་པའི་དེ་བཞིན་ཉིད་ལས་གུད་ན་གང་བླ་ན་མེད་པ་ཡང་དག་པར་རྫོགས་པའི་བྱང་ཆུབ་ལས་ལོག་པའི་ཆོས་དེ་ལྟ་བུ་ཡོད་དམ། ལུས་ཀྱི་རྣམ་པར་ཤེས་པའི་དེ་བཞིན་ཉིད་ལས་གུད་ན་གང་བླ་ན་མེད་པ་ཡང་དག་པར་རྫོགས་པའི་བྱང་ཆུབ་ལས་ལོག་པའི་ཆོས་དེ་ལྟ་བུ་ཡོད་དམ། ཡིད་ཀྱི་རྣམ་པར་ཤེས་པའི་དེ་བཞིན་ཉིད་ལས་གུད་ན་གང་བླ་ན་མེད་པ་ཡང་དག་པར་རྫོགས་པའི་བྱང་ཆུབ་ལས་ལོག་པའི་ཆོས་དེ་ལྟ་བུ་ཡོད་དམ། སྨྲས་པ་ཚེ་དང་ལྡན་པ་རབ་འབྱོར་དེ་ནི་མ་ཡིན་ནོ། །སྨྲས་པ་ཚེ་དང་ལྡན་པ་ཤ་ར་དྭ་ཏིའི་བུ་དེ་ཇི་སྙམ་དུ་སེམས། མིག་གི་འདུས་ཏེ་རེག་པའི་དེ་བཞིན་ཉིད་ལས་གུད་ན་གང་བླ་ན་མེད་པ་ཡང་དག་པར་རྫོགས་པའི་བྱང་ཆུབ་ལས་ལོག་པའི་ཆོས་དེ་ལྟ་བུ་ཡོད་དམ། རྣ་བའི་འདུས་ཏེ་

རིག་པའི་དེ་བཞིན་ཉིད་ལས་གུད་ན་གང་ལྷ་ན་མེད་པ་ཡང་དག་པར་རྫོགས་པའི་བྱང་ཆུབ་ལས་ལྡོག་པའི་ཆོས་དེ་ལྟ་བུ་ཡོད་དམ། སྣའི་འདུས་ཏེ་རིག་པའི་དེ་བཞིན་ཉིད་ལས་གུད་ན་གང་ལྷ་ན་མེད་པ་ཡང་དག་པར་རྫོགས་པའི་བྱང་ཆུབ་ལས་ལྡོག་པའི་ཆོས་དེ་ལྟ་བུ་ཡོད་དམ། ལྕེའི་འདུས་ཏེ་རིག་པའི་དེ་བཞིན་ཉིད་ལས་གུད་ན་གང་ལྷ་ན་མེད་པ་ཡང་དག་པར་རྫོགས་པའི་བྱང་ཆུབ་ལས་ལྡོག་པའི་ཆོས་དེ་ལྟ་བུ་ཡོད་དམ། ལུས་ཀྱི་འདུས་ཏེ་རིག་པའི་དེ་བཞིན་ཉིད་ལས་གུད་ན་གང་ལྷ་ན་མེད་པ་ཡང་དག་པར་རྫོགས་པའི་བྱང་ཆུབ་ལས་ལྡོག་པའི་ཆོས་དེ་ལྟ་བུ་ཡོད་དམ། ཡིད་ཀྱི་འདུས་ཏེ་རིག་པའི་དེ་བཞིན་ཉིད་ལས་གུད་ན་གང་ལྷ་ན་མེད་པ་ཡང་དག་པར་རྫོགས་པའི་བྱང་ཆུབ་ལས་ལྡོག་པའི་ཆོས་དེ་ལྟ་བུ་ཡོད་དམ། སྐྱེས་པ་ཚེ་དང་ལྡན་པ་རབ་འབྱོར་དེ་ནི་མ་ཡིན་ནོ། །སྐྱེས་པ་ཚེ་དང་ལྡན་པ་ཤཱ་ར་དྭ་ཏིའི་བུ་དེ་ཇི་སྙམ་དུ་སེམས། མིག་གི་འདུས་ཏེ་རིག་པ་ལས་བྱུང་བའི་ཚོར་བའི་དེ་བཞིན་ཉིད་ལས་གུད་ན་གང་ལྷ་ན་མེད་པ་ཡང་དག་པར་རྫོགས་པའི་བྱང་ཆུབ་ལས་ལྡོག་པའི་ཆོས་དེ་ལྟ་བུ་ཡོད་དམ། རྣ་བའི་འདུས་ཏེ་རིག་པ་ལས་བྱུང་བའི་ཚོར་བའི་དེ་བཞིན་ཉིད་ལས་གུད་ན་གང་ལྷ་ན་མེད་པ་ཡང་དག་པར་རྫོགས་པའི་བྱང་ཆུབ་ལས་ལྡོག་པའི་ཆོས་དེ་ལྟ་བུ་ཡོད་དམ། སྣའི་འདུས་ཏེ་རིག་པ་ལས་བྱུང་བའི་ཚོར་བའི་དེ་བཞིན་ཉིད་ལས་གུད་ན་གང་ལྷ་ན་མེད་པ་ཡང་དག་པར་རྫོགས་པའི་བྱང་ཆུབ་ལས་ལྡོག་པའི་ཆོས་དེ་ལྟ་བུ་ཡོད་དམ། ལྕེའི་འདུས་ཏེ་རིག་པ་ལས་བྱུང་བའི་ཚོར་བའི་དེ་བཞིན་ཉིད་ལས་གུད་ན་གང་ལྷ་ན་མེད་པ་ཡང་དག་པར་རྫོགས་པའི་བྱང་ཆུབ་ལས་ལྡོག་པའི་ཆོས་དེ་ལྟ་བུ་ཡོད་དམ། ལུས་ཀྱི་འདུས་ཏེ་རིག་པ་ལས་བྱུང་བའི་ཚོར་བའི་དེ་བཞིན་ཉིད་ལས་གུད་ན་གང་ལྷ་ན་མེད་པ་ཡང་དག་པར་རྫོགས་པའི་བྱང་ཆུབ་ལས་ལྡོག་པའི་ཆོས་དེ་ལྟ་བུ་ཡོད་དམ། ཡིད་ཀྱི་

འདུས་ཏེ་རེག་པ་ལས་བྱུང་བའི་ཚོར་བའི་དེ་བཞིན་ཉིད་ལས་གུད་ན་གང་བླ་ན་མེད་པ་ཡང་དག་པར་རྫོགས་པའི་བྱང་ཆུབ་ལས་ལོག་པའི་ཆོས་དེ་ལྟ་བུ་ཡོད་དམ། སྨྲས་པ་ཚེ་དང་ལྡན་པ་རབ་འབྱོར་དེ་ནི་མ་ཡིན་ནོ། །སྨྲས་པ་ཚེ་དང་ལྡན་པ་ཤ་ར་དྭ་ཏིའི་བུ་དེ་ཇི་སྙམ་དུ་སེམས། སའི་ཁམས་ཀྱི་དེ་བཞིན་ཉིད་ལས་གུད་ན་གང་བླ་ན་མེད་པ་ཡང་དག་པར་རྫོགས་པའི་བྱང་ཆུབ་ལས་ལོག་པའི་ཆོས་དེ་ལྟ་བུ་ཡོད་དམ། ཆུའི་ཁམས་ཀྱི་དེ་བཞིན་ཉིད་ལས་གུད་ན་གང་བླ་ན་མེད་པ་ཡང་དག་པར་རྫོགས་པའི་བྱང་ཆུབ་ལས་ལོག་པའི་ཆོས་དེ་ལྟ་བུ་ཡོད་དམ། མེའི་ཁམས་ཀྱི་དེ་བཞིན་ཉིད་ལས་གུད་ན་གང་བླ་ན་མེད་པ་ཡང་དག་པར་རྫོགས་པའི་བྱང་ཆུབ་ལས་ལོག་པའི་ཆོས་དེ་ལྟ་བུ་ཡོད་དམ། རླུང་གི་ཁམས་ཀྱི་དེ་བཞིན་ཉིད་ལས་གུད་ན་གང་བླ་ན་མེད་པ་ཡང་དག་པར་རྫོགས་པའི་བྱང་ཆུབ་ལས་ལོག་པའི་ཆོས་དེ་ལྟ་བུ་ཡོད་དམ། ནམ་མཁའི་ཁམས་ཀྱི་དེ་བཞིན་ཉིད་ལས་གུད་ན་གང་བླ་ན་མེད་པ་ཡང་དག་པར་རྫོགས་པའི་བྱང་ཆུབ་ལས་ལོག་པའི་ཆོས་དེ་ལྟ་བུ་ཡོད་དམ། རྣམ་པར་ཤེས་པའི་ཁམས་ཀྱི་དེ་བཞིན་ཉིད་ལས་གུད་ན་གང་བླ་ན་མེད་པ་ཡང་དག་པར་རྫོགས་པའི་བྱང་ཆུབ་ལས་ལོག་པའི་ཆོས་དེ་ལྟ་བུ་ཡོད་དམ། སྨྲས་པ་ཚེ་དང་ལྡན་པ་རབ་འབྱོར་དེ་ནི་མ་ཡིན་ནོ། །སྨྲས་པ་ཚེ་དང་ལྡན་པ་ཤ་ར་དྭ་ཏིའི་བུ་དེ་ཇི་སྙམ་དུ་སེམས། མ་རིག་པའི་དེ་བཞིན་ཉིད་ལས་གུད་ན་གང་བླ་ན་མེད་པ་ཡང་དག་པར་རྫོགས་པའི་བྱང་ཆུབ་ལས་ལོག་པའི་ཆོས་དེ་ལྟ་བུ་ཡོད་དམ། འདུ་བྱེད་ཀྱི་དེ་བཞིན་ཉིད་ལས་གུད་ན་གང་བླ་ན་མེད་པ་ཡང་དག་པར་རྫོགས་པའི་བྱང་ཆུབ་ལས་ལོག་པའི་ཆོས་དེ་ལྟ་བུ་ཡོད་དམ། རྣམ་པར་ཤེས་པའི་དེ་བཞིན་ཉིད་ལས་གུད་ན་གང་བླ་ན་མེད་པ་ཡང་དག་པར་རྫོགས་པའི་བྱང་ཆུབ་ལས་ལོག་པའི་ཆོས་དེ་ལྟ་བུ་ཡོད་དམ། མིང་དང་གཟུགས་ཀྱི་དེ་བཞིན་ཉིད་ལས་གུད་ན་

གང་ཟླ་ན་མྱེད་པ་ཡང་དག་པར་རྫོགས་པའི་བྱང་ཆུབ་ལས་ལྡོག་པའི་ཆོས་དེ་ལྟ་བུ་ཡོད་དམ། སྐྱེ་མཆེད་དྲུག་གི་དེ་བཞིན་ཉིད་ལས་གུད་ན་གང་ཟླ་ན་མྱེད་པ་ཡང་དག་པར་རྫོགས་པའི་བྱང་ཆུབ་ལས་ལྡོག་པའི་ཆོས་དེ་ལྟ་བུ་ཡོད་དམ། རེག་པའི་དེ་བཞིན་ཉིད་ལས་གུད་ན་གང་ཟླ་ན་མྱེད་པ་ཡང་དག་པར་རྫོགས་པའི་བྱང་ཆུབ་ལས་ལྡོག་པའི་ཆོས་དེ་ལྟ་བུ་ཡོད་དམ། ཚོར་བའི་དེ་བཞིན་ཉིད་ལས་གུད་ན་[༡] གང་ཟླ་ན་མྱེད་པ་ཡང་དག་པར་རྫོགས་པའི་བྱང་ཆུབ་ལས་ལྡོག་པའི་ཆོས་དེ་ལྟ་བུ་ཡོད་དམ། སྲེད་པའི་དེ་བཞིན་ཉིད་ལས་གུད་ན་གང་ཟླ་ན་མྱེད་པ་ཡང་དག་པར་རྫོགས་པའི་བྱང་ཆུབ་ལས་ལྡོག་པའི་ཆོས་དེ་ལྟ་བུ་ཡོད་དམ། ལེན་པའི་དེ་བཞིན་ཉིད་ལས་གུད་ན་གང་ཟླ་ན་མྱེད་པ་ཡང་དག་པར་རྫོགས་པའི་བྱང་ཆུབ་ལས་ལྡོག་པའི་ཆོས་དེ་ལྟ་བུ་ཡོད་དམ། སྲིད་པའི་དེ་བཞིན་ཉིད་ལས་གུད་ན་གང་ཟླ་ན་མྱེད་པ་ཡང་དག་པར་རྫོགས་པའི་བྱང་ཆུབ་ལས་ལྡོག་པའི་ཆོས་དེ་ལྟ་བུ་ཡོད་དམ། སྐྱེ་བའི་དེ་བཞིན་ཉིད་ལས་གུད་ན་གང་ཟླ་ན་མྱེད་པ་ཡང་དག་པར་རྫོགས་པའི་བྱང་ཆུབ་ལས་ལྡོག་པའི་ཆོས་དེ་ལྟ་བུ་ཡོད་དམ། རྒ་ཤིའི་དེ་བཞིན་ཉིད་ལས་གུད་ན་གང་ཟླ་ན་མྱེད་པ་ཡང་དག་པར་རྫོགས་པའི་བྱང་ཆུབ་ལས་ལྡོག་པའི་ཆོས་དེ་ལྟ་བུ་ཡོད་དམ། སྨྲས་པ་ཚེ་དང་ལྡན་པ་རབ་འབྱོར་དེ་ནི་མ་ཡིན་ནོ། །སྨྲས་པ་ཚེ་དང་ལྡན་པ་ཤཱ་ར་དྭ་ཏིའི་བུ་དེ་ཇི་སྙམ་དུ་སེམས། སྦྱིན་པའི་ཕ་རོལ་ཏུ་ཕྱིན་པའི་དེ་བཞིན་ཉིད་ལས་གུད་ན་གང་ཟླ་ན་མྱེད་པ་ཡང་དག་པར་རྫོགས་པའི་བྱང་ཆུབ་ལས་ལྡོག་པའི་ཆོས་དེ་ལྟ་བུ་ཡོད་དམ། ཚུལ་ཁྲིམས་ཀྱི་ཕ་རོལ་ཏུ་ཕྱིན་པའི་དེ་བཞིན་ཉིད་ལས་གུད་ན་གང་ཟླ་ན་མྱེད་པ་ཡང་དག་པར་རྫོགས་པའི་བྱང་ཆུབ་ལས་ལྡོག་པའི་ཆོས་དེ་ལྟ་བུ་ཡོད་དམ། བཟོད་པའི་ཕ་རོལ་ཏུ་ཕྱིན་པའི་དེ་བཞིན་ཉིད་ལས་གུད་ན་གང་ཟླ་ན་མྱེད་པ་ཡང་དག་པར་རྫོགས་པའི་བྱང་ཆུབ་ལས་ལྡོག་པའི་

ཆོས་དེ་ལྟ་བུ་ཡོད་དམ། བརྩོན་འགྲུས་ཀྱི་ཕ་རོལ་ཏུ་ཕྱིན་པའི་དེ་བཞིན་ཉིད་ལས་གུད་ན་གང་ལྷ་ན་མྱེད་པ་ཡང་དག་པར་རྫོགས་པའི་བྱང་ཆུབ་ལས་ལྡོག་པའི་ཆོས་དེ་ལྟ་བུ་ཡོད་དམ། བསམ་གཏན་གྱི་ཕ་རོལ་ཏུ་ཕྱིན་པའི་དེ་བཞིན་ཉིད་ལས་གུད་ན་གང་ལྷ་ན་མྱེད་པ་ཡང་དག་པར་རྫོགས་པའི་བྱང་ཆུབ་ལས་ལྡོག་པའི་ཆོས་དེ་ལྟ་བུ་ཡོད་དམ། ཤེས་རབ་ཀྱི་ཕ་རོལ་ཏུ་ཕྱིན་པའི་དེ་བཞིན་ཉིད་ལས་གུད་ན་གང་ལྷ་ན་མྱེད་པ་ཡང་དག་པར་རྫོགས་པའི་བྱང་ཆུབ་ལས་ལྡོག་པའི་ཆོས་དེ་ལྟ་བུ་ཡོད་དམ། སྨྲས་པ་ཚེ་དང་ལྡན་པ་རབ་འབྱོར་དེ་ནི་མ་ཡིན་ནོ། །སྨྲས་པ་ཚེ་དང་ལྡན་པ་ཤཱ་ར་དྭ་ཏིའི་བུ་དེ་ཇི་སྙམ་དུ་སེམས། ནང་སྟོང་པ་ཉིད་ཀྱི་དེ་བཞིན་ཉིད་ལས་གུད་ན་གང་ལྷ་ན་མྱེད་པ་ཡང་དག་པར་རྫོགས་པའི་བྱང་ཆུབ་ལས་ལྡོག་པའི་ཆོས་དེ་ལྟ་བུ་ཡོད་དམ། ཕྱི་སྟོང་པ་ཉིད་ཀྱི་དེ་བཞིན་ཉིད་ལས་གུད་ན་གང་ལྷ་ན་མྱེད་པ་ཡང་དག་པར་རྫོགས་པའི་བྱང་ཆུབ་ལས་ལྡོག་པའི་ཆོས་དེ་ལྟ་བུ་ཡོད་དམ། ཕྱི་ནང་སྟོང་པ་ཉིད་ཀྱི་དེ་བཞིན་ཉིད་ལས་གུད་ན་གང་ལྷ་ན་མྱེད་པ་ཡང་དག་པར་རྫོགས་པའི་བྱང་ཆུབ་ལས་ལྡོག་པའི་ཆོས་དེ་ལྟ་བུ་ཡོད་དམ། སྟོང་པ་ཉིད་སྟོང་པ་ཉིད་ཀྱི་དེ་བཞིན་ཉིད་ལས་གུད་ན་གང་ལྷ་ན་མྱེད་པ་ཡང་དག་པར་རྫོགས་པའི་བྱང་ཆུབ་ལས་ལྡོག་པའི་ཆོས་དེ་ལྟ་བུ་ཡོད་དམ། ཆེན་པོ་སྟོང་པ་ཉིད་ཀྱི་དེ་བཞིན་ཉིད་ལས་གུད་ན་གང་ལྷ་ན་མྱེད་པ་ཡང་དག་པར་རྫོགས་པའི་བྱང་ཆུབ་ལས་ལྡོག་པའི་ཆོས་དེ་ལྟ་བུ་ཡོད་དམ། དོན་དམ་པ་[༡]སྟོང་པ་ཉིད་ཀྱི་དེ་བཞིན་ཉིད་ལས་གུད་ན་གང་ལྷ་ན་མྱེད་པ་ཡང་དག་པར་རྫོགས་པའི་བྱང་ཆུབ་ལས་ལྡོག་པའི་ཆོས་དེ་ལྟ་བུ་ཡོད་དམ། འདུས་བྱས་སྟོང་པ་ཉིད་ཀྱི་དེ་བཞིན་ཉིད་ལས་གུད་ན་གང་ལྷ་ན་མྱེད་པ་ཡང་དག་པར་རྫོགས་པའི་བྱང་ཆུབ་ལས་ལྡོག་པའི་ཆོས་དེ་ལྟ་བུ་ཡོད་དམ། འདུས་མ་བྱས་སྟོང་པ་ཉིད་ཀྱི་དེ་བཞིན་ཉིད་[༢]ལས་གུད་ན་

གང་བླ་ན་མེད་པ་ཡང་དག་པར་རྫོགས་པའི་བྱང་ཆུབ་ལས་ལྡོག་པའི་ཆོས་དེ་ལྟ་བུ་ཡོད་དམ། མཐའ་ལས་འདས་པ་སྟོང་པ་ཉིད་ཀྱི་དེ་བཞིན་ཉིད་ལས་གུད་ན་གང་བླ་ན་མེད་པ་ཡང་དག་པར་རྫོགས་པའི་བྱང་ཆུབ་ལས་ལྡོག་པའི་ཆོས་དེ་ལྟ་བུ་ཡོད་དམ། ཐོག་མ་དང་ཐ་མ་མེད་པ་སྟོང་པ་ཉིད་ཀྱི་དེ་བཞིན་ཉིད་ལས་གུད་ན་གང་བླ་ན་མེད་པ་ཡང་དག་པར་རྫོགས་པའི་བྱང་ཆུབ་ལས་ལྡོག་པའི་ཆོས་དེ་ལྟ་བུ་ཡོད་དམ། དོར་བ་མེད་པ་སྟོང་པ་ཉིད་ཀྱི་དེ་བཞིན་ཉིད་ལས་གུད་ན་གང་བླ་ན་མེད་པ་ཡང་དག་པར་རྫོགས་པའི་བྱང་ཆུབ་ལས་①ལྡོག་པའི་ཆོས་དེ་ལྟ་བུ་ཡོད་དམ། རང་བཞིན་སྟོང་པ་ཉིད་ཀྱི་དེ་བཞིན་ཉིད་ལས་གུད་ན་གང་བླ་ན་མེད་པ་ཡང་དག་པར་རྫོགས་པའི་བྱང་ཆུབ་ལས་ལྡོག་པའི་ཆོས་དེ་ལྟ་བུ་ཡོད་དམ། ཆོས་ཐམས་ཅད་སྟོང་པ་ཉིད་ཀྱི་དེ་བཞིན་ཉིད་ལས་གུད་ན་གང་བླ་ན་མེད་པ་ཡང་དག་པར་རྫོགས་པའི་བྱང་ཆུབ་ལས་ལྡོག་པའི་ཆོས་དེ་ལྟ་བུ་ཡོད་དམ། རང་གི་མཚན་ཉིད་སྟོང་པ་ཉིད་ཀྱི་དེ་བཞིན་ཉིད་ལས་གུད་ན་གང་བླ་ན་མེད་པ་ཡང་དག་པར་རྫོགས་པའི་བྱང་ཆུབ་ལས་ལྡོག་པའི་ཆོས་དེ་ལྟ་བུ་ཡོད་དམ། མི་དམིགས་པ་སྟོང་པ་ཉིད་ཀྱི་དེ་བཞིན་ཉིད་ལས་གུད་ན་གང་བླ་ན་མེད་པ་ཡང་དག་པར་རྫོགས་པའི་བྱང་ཆུབ་ལས་ལྡོག་པའི་ཆོས་དེ་ལྟ་བུ་ཡོད་དམ། དངོས་པོ་མེད་པ་སྟོང་པ་ཉིད་ཀྱི་དེ་བཞིན་ཉིད་ལས་གུད་ན་གང་བླ་ན་མེད་པ་ཡང་དག་པར་རྫོགས་པའི་བྱང་ཆུབ་ལས་ལྡོག་པའི་ཆོས་དེ་ལྟ་བུ་ཡོད་དམ། ངོ་བོ་ཉིད་སྟོང་པ་ཉིད་ཀྱི་དེ་བཞིན་ཉིད་ལས་③གུད་ན་གང་བླ་ན་མེད་པ་ཡང་དག་པར་རྫོགས་པའི་བྱང་ཆུབ་ལས་ལྡོག་པའི་ཆོས་དེ་ལྟ་བུ་ཡོད་དམ། དངོས་པོ་མེད་པའི་ངོ་བོ་ཉིད་སྟོང་པ་ཉིད་ཀྱི་དེ་བཞིན་ཉིད་ལས་གུད་ན་གང་བླ་ན་མེད་པ་ཡང་དག་པར་རྫོགས་པའི་བྱང་ཆུབ་ལས་ལྡོག་པའི་ཆོས་དེ་ལྟ་བུ་ཡོད་དམ། སྨྲས་པ་ཚེ་དང་ལྡན་པ་རབ་འབྱོར་དེ་ནི་མ་ཡིན་ནོ།།

སྨྲས་པ་ཆེ་དང་ལྡན་པ་ཤ་ར་དྭ་ཏིའི་བུ་དེ་ཇི་སྙམ་དུ་སེམས། དྲན་པ་ཉེ་བར་གཞག་པའི་དེ་བཞིན་ཉིད་ལས་གུད་ན་གང་ཟླ་ན་མེད་པ་ཡང་དག་པར་རྫོགས་པའི་བྱང་ཆུབ་ལས་ཕྱོག་པའི་ཆོས་དེ་ལྟ་བུ་ཡོད་དམ། ཡང་དག་པར་སྤོང་བའི་དེ་བཞིན་ཉིད་ལས་གུད་ན་གང་ཟླ་ན་མེད་པ་ཡང་དག་པར་རྫོགས་པའི་བྱང་ཆུབ་ལས་ཕྱོག་པའི་ཆོས་དེ་ལྟ་བུ་ཡོད་དམ། རྫུ་འཕྲུལ་གྱི་རྐང་པའི་དེ་བཞིན་ཉིད་ལས་གུད་ན་གང་ཟླ་ན་མེད་པ་ཡང་དག་པར་རྫོགས་པའི་བྱང་ཆུབ་ལས་ཕྱོག་པའི་ཆོས་དེ་ལྟ་བུ་ཡོད་དམ། དབང་པོའི་དེ་བཞིན་ཉིད་ལས་གུད་ན་གང་ཟླ་ན་མེད་པ་ཡང་དག་པར་[2]རྫོགས་པའི་བྱང་ཆུབ་ལས་ཕྱོག་པའི་ཆོས་དེ་ལྟ་བུ་ཡོད་དམ། སྟོབས་ཀྱི་དེ་བཞིན་ཉིད་ལས་གུད་ན་གང་ཟླ་ན་མེད་པ་ཡང་དག་པར་རྫོགས་པའི་བྱང་ཆུབ་ལས་ཕྱོག་པའི་ཆོས་དེ་ལྟ་བུ་ཡོད་དམ། བྱང་ཆུབ་ཀྱི་ཡན་ལག་གི་དེ་བཞིན་ཉིད་ལས་གུད་ན་གང་ཟླ་ན་མེད་པ་ཡང་དག་པར་རྫོགས་པའི་བྱང་ཆུབ་ལས་ཕྱོག་པའི་ཆོས་དེ་ལྟ་བུ་ཡོད་དམ། འཕགས་པའི་ལམ་ཡན་ལག་བརྒྱད་པའི་དེ་བཞིན་ཉིད་ལས་གུད་ན་གང་ཟླ་ན་མེད་པ་ཡང་དག་པར་རྫོགས་པའི་བྱང་ཆུབ་ལས་ཕྱོག་པའི་ཆོས་དེ་ལྟ་བུ་ཡོད་དམ། འཕགས་པའི་བདེན་པའི་དེ་བཞིན་ཉིད་ལས་གུད་ན་གང་ཟླ་ན་མེད་པ་ཡང་དག་པར་རྫོགས་པའི་བྱང་ཆུབ་ལས་ཕྱོག་པའི་ཆོས་དེ་ལྟ་བུ་ཡོད་དམ། བསམ་གཏན་གྱི་དེ་བཞིན་ཉིད་ལས་གུད་ན་གང་ཟླ་ན་མེད་པ་ཡང་དག་པར་རྫོགས་པའི་བྱང་ཆུབ་ལས་ཕྱོག་པའི་ཆོས་དེ་ལྟ་བུ་ཡོད་དམ། ཚད་མེད་པའི་དེ་བཞིན་ཉིད་ལས་གུད་ན་གང་ཟླ་ན་མེད་པ་ཡང་དག་པར་རྫོགས་པའི་བྱང་ཆུབ་ལས་ཕྱོག་པའི་ཆོས་དེ་ལྟ་བུ་ཡོད་དམ། གཟུགས་མེད་པའི་སྙོམས་པར་འཇུག་པའི་དེ་བཞིན་ཉིད་ལས་གུད་ན་གང་ཟླ་ན་མེད་པ་ཡང་དག་པར་རྫོགས་པའི་བྱང་ཆུབ་ལས་ཕྱོག་པའི་ཆོས་དེ་ལྟ་བུ་ཡོད་དམ། རྣམ་པར་ཐར་པའི་དེ་བཞིན་ཉིད་ལས་གུད་ན་

གང་ཟླ་ན་མེད་པ་ཡང་དག་པར་རྫོགས་པའི་བྱང་ཆུབ་ལས་ལྡོག་པའི་ཆོས་དེ་ལྟ་བུ་ཡོད་དམ། མཐར་གྱིས་གནས་པའི་སྙོམས་པར་འཇུག་པའི་དེ་བཞིན་ཉིད་ལས་གུད་ན་གང་ཟླ་ན་མེད་པ་ཡང་དག་པར་རྫོགས་པའི་བྱང་ཆུབ་ལས་ལྡོག་པའི་ཆོས་དེ་ལྟ་བུ་ཡོད་དམ། རྣམ་པར་ཐར་པའི་སྒོ་སྟོང་པ་ཉིད་དང་། མཚན་མ་[༡]མེད་པ་དང་། སྨོན་པ་མེད་པའི་དེ་བཞིན་ཉིད་ལས་གུད་ན་གང་ཟླ་ན་མེད་པ་ཡང་དག་པར་རྫོགས་པའི་བྱང་ཆུབ་ལས་ལྡོག་པའི་ཆོས་དེ་ལྟ་བུ་ཡོད་དམ། མངོན་པར་ཤེས་པའི་དེ་བཞིན་ཉིད་ལས་གུད་ན་གང་ཟླ་ན་མེད་པ་ཡང་དག་པར་རྫོགས་པའི་བྱང་ཆུབ་ལས་ལྡོག་པའི་ཆོས་དེ་ལྟ་བུ་ཡོད་དམ། ཏིང་ངེ་འཛིན་གྱི་དེ་བཞིན་ཉིད་ལས་གུད་ན་གང་ཟླ་ན་མེད་པ་ཡང་དག་པར་རྫོགས་པའི་བྱང་ཆུབ་ལས་ལྡོག་པའི་ཆོས་དེ་ལྟ་བུ་ཡོད་དམ། གཟུངས་ཀྱི་སྒོའི་དེ་བཞིན་ཉིད་ལས་གུད་ན་གང་ཟླ་ན་མེད་པ་ཡང་དག་པར་རྫོགས་པའི་བྱང་ཆུབ་ལས་ལྡོག་པའི་ཆོས་དེ་ལྟ་བུ་ཡོད་དམ། དེ་བཞིན་གཤེགས་པའི་སྟོབས་ཀྱི་དེ་བཞིན་ཉིད་ལས་གུད་ན་གང་ཟླ་ན་མེད་པ་ཡང་དག་པར་རྫོགས་པའི་བྱང་ཆུབ་ལས་ལྡོག་པའི་ཆོས་དེ་ལྟ་བུ་ཡོད་དམ། མི་འཇིགས་པའི་དེ་བཞིན་ཉིད་ལས་གུད་ན་གང་ཟླ་ན་མེད་པ་ཡང་དག་པར་རྫོགས་པའི་བྱང་ཆུབ་ལས་ལྡོག་པའི་ཆོས་དེ་ལྟ་བུ་ཡོད་དམ། སོ་སོ་ཡང་དག་པར་རིག་པའི་དེ་བཞིན་ཉིད་[༢]ལས་གུད་ན་གང་ཟླ་ན་མེད་པ་ཡང་དག་པར་རྫོགས་པའི་བྱང་ཆུབ་ལས་ལྡོག་པའི་ཆོས་དེ་ལྟ་བུ་ཡོད་དམ། [༣]སྙིང་རྗེ་ཆེན་པོའི་དེ་བཞིན་ཉིད་ལས་གུད་ན་གང་ཟླ་ན་མེད་པ་ཡང་དག་པར་རྫོགས་པའི་བྱང་ཆུབ་ལས་ལྡོག་པའི་ཆོས་དེ་ལྟ་བུ་ཡོད་དམ། སངས་རྒྱས་ཀྱི་ཆོས་མ་འདྲེས་པའི་དེ་བཞིན་ཉིད་ལས་གུད་ན་གང་། ཟླ་ན་མེད་པ་ཡང་དག་པར་རྫོགས་པའི་བྱང་ཆུབ་ལས་ལྡོག་པའི་ཆོས་དེ་ལྟ་བུ་ཡོད་དམ། རྒྱུན་དུ་ཞུགས་པའི་འབྲས་བུའི་དེ་བཞིན་ཉིད་ལས་གུད་

ན་གང་བླ་ན་མེད་པ་ཡང་དག་པར་རྫོགས་པའི་བྱང་ཆུབ་ལས་ལྡོག་པའི་ཆོས་དེ་ལྟ་བུ་ཡོད་དམ། ལན་ཅིག་ཕྱིར་འོང་བའི་འབྲས་བུའི་དེ་བཞིན་ཉིད་ལས་གུད་ན་གང་བླ་ན་མེད་པ་ཡང་དག་པར་རྫོགས་པའི་བྱང་ཆུབ་ལས་ལྡོག་པའི་ཆོས་དེ་ལྟ་བུ་ཡོད་དམ། ཕྱིར་མི་འོང་བའི་འབྲས་བུའི་དེ་བཞིན་ཉིད་ལས་གུད་ན་གང་། བླ་ན་མེད་པ་ཡང་དག་པར་རྫོགས་པའི་བྱང་ཆུབ་ལས་ལྡོག་པའི་ཆོས་དེ་ལྟ་བུ་ཡོད་དམ། དགྲ་བཅོམ་པ་ཉིད་ཀྱི་དེ་བཞིན་ཉིད་ལས་གུད་ན་གང་བླ་ན་མེད་པ་ཡང་དག་པར་རྫོགས་པའི་བྱང་ཆུབ་ལས་ལྡོག་པའི་ཆོས་དེ་ལྟ་བུ་ཡོད་དམ། རང་བྱང་ཆུབ་ཀྱི་དེ་བཞིན་ཉིད་ལས་གུད་ན་གང་བླ་ན་མེད་པ་ཡང་དག་པར་རྫོགས་པའི་བྱང་ཆུབ་ལས་ལྡོག་པའི་ཆོས་དེ་ལྟ་བུ་ཡོད་དམ། ལམ་གྱི་རྣམ་པ་ཤེས་པ་ཉིད་ཀྱི་དེ་བཞིན་ཉིད་ལས་གུད་ན་གང་བླ་ན་མེད་པ་ཡང་དག་པར་རྫོགས་པའི་བྱང་ཆུབ་ལས་ལྡོག་པའི་ཆོས་དེ་ལྟ་བུ་ཡོད་དམ། རྣམ་པ་ཐམས་ཅད་མཁྱེན་པ་ཉིད་ཀྱི་དེ་བཞིན་ཉིད་ལས་གུད་ན་གང་བླ་ན་མེད་པ་ཡང་དག་པར་རྫོགས་པའི་བྱང་ཆུབ་ལས་ལྡོག་པའི་ཆོས་དེ་ལྟ་བུ་ཡོད་དམ། སྨྲས་པ་ཚེ་དང་ལྡན་པ་རབ་འབྱོར་དེ་ནི་མ་ཡིན་ནོ། །སྨྲས་①པ་ཚེ་དང་ལྡན་པ་ཤ་ར་དྭ་ཏིའི་བུ་དེ་ཇི་སྙམ་དུ་སེམས། དེ་བཞིན་ཉིད་བླ་ན་མེད་པ་ཡང་དག་པར་རྫོགས་པའི་བྱང་ཆུབ་ལས་ལྡོག་གམ། སྨྲས་པ། ཚེ་དང་ལྡན་པ་རབ་འབྱོར་དེ་ནི་མ་ཡིན་ནོ། །སྨྲས་པ་ཚེ་དང་ལྡན་པ་ཤ་ར་དྭ་ཏིའི་བུ་དེ་ཇི་སྙམ་དུ་སེམས། ཆོས་ཉིད་བླ་ན་མེད་པ་ཡང་དག་པར་རྫོགས་པའི་བྱང་ཆུབ་ལས་ལྡོག་གམ། སྨྲས་པ་ཚེ་དང་ལྡན་པ་རབ་འབྱོར་དེ་ནི་མ་ཡིན་ནོ། །སྨྲས་③པ་ཚེ་དང་ལྡན་པ་ཤ་ར་དྭ་ཏིའི་བུ་དེ་ཇི་སྙམ་དུ་སེམས། ཆོས་ཀྱི་དབྱིངས་བླ་ན་མེད་པ་ཡང་དག་པར་རྫོགས་པའི་བྱང་ཆུབ་ལས་ལྡོག་གམ། སྨྲས་པ་ཚེ་དང་ལྡན་པ་རབ་འབྱོར་དེ་ནི་མ་ཡིན་ནོ། །སྨྲས་པ་ཚེ་དང་ལྡན་པ་ཤ་ར་དྭ་ཏིའི་བུ་དེ་ཇི་སྙམ་དུ་

སེམས། ཆོས་ཀྱི་གནས་[1] ཉིད་བླ་ན་མེད་པ་ཡང་དག་པར་རྫོགས་པའི་བྱང་ཆུབ་ལས་ཕྱོག་གམ། སྐྱེས་པ་ཚེ་དང་ལྡན་པ་རབ་འབྱོར་དེ་ནི་མ་ཡིན་ནོ། །སྐྱེས་པ། ཚེ་དང་ལྡན་པ་ཤ་ར་དྭ་ཏིའི་བུ་དེ་ཇི་སྐམ་[3] དུ་སེམས། ཆོས་སྐྱོན་མེད་པ་ཉིད་བླ་ན་མེད་པ་ཡང་དག་པར་རྫོགས་པའི་བྱང་ཆུབ་ལས་ཕྱོག་གམ། སྐྱེས་པ་ཚེ་དང་ལྡན་པ་རབ་འབྱོར་དེ་ནི་མ་ཡིན་ནོ། །སྐྱེས་པ་ཚེ་དང་ལྡན་པ་ཤ་ར་དྭ་ཏིའི་བུ་དེ་ཇི་སྐམ་དུ་སེམས། ཡང་དག་པའི་མཐའ་བླ་ན་མེད་པ་ཡང་དག་པར་རྫོགས་པའི་བྱང་ཆུབ་ལས་ཕྱོག་གམ། སྐྱེས་པ། ཚེ་དང་ལྡན་པ་རབ་འབྱོར་དེ་ནི་མ་ཡིན་ནོ།། སྐྱེས་པ་ཚེ་དང་ལྡན་པ་ཤ་ར་དྭ་ཏིའི་བུ་དེ་ཇི་སྐམ་དུ་སེམས། བསམ་གྱིས་མི་ཁྱབ་པའི་དབྱིངས་བླ་ན་མེད་པ་ཡང་དག་པར་རྫོགས་པའི་བྱང་ཆུབ་ལས་ཕྱོག་གམ། སྐྱེས་པ་ཚེ་དང་ལྡན་པ་རབ་འབྱོར་དེ་ནི་མ་ཡིན་ནོ། །སྐྱེས་པ་ཚེ་དང་ལྡན་པ་ཤ་ར་དྭ་ཏིའི་བུ་དེ་ཇི་སྐམ་དུ་སེམས། དེ་བཞིན་ཉིད་ལས་གུད་ན་གང་བླ་ན་མེད་པ་ཡང་དག་པར་རྫོགས་པའི་བྱང་ཆུབ་ལས་ཕྱོག་པའི་ཆོས་དེ་ལྟ་བུ་ཡོད་དམ། སྐྱེས་པ་ཚེ་དང་ལྡན་པ་རབ་འབྱོར་དེ་ནི་མ་ཡིན་ནོ། །སྐྱེས་པ་ཚེ་དང་ལྡན་པ་ཤ་ར་དྭ་ཏིའི་བུ་དེ་ཇི་སྐམ་དུ་སེམས། ཆོས་ཉིད་ལས་གུད་ན་གང་[3] བླ་ན་མེད་པ་ཡང་དག་པར་རྫོགས་པའི་བྱང་ཆུབ་ལས་ཕྱོག་པའི་ཆོས་དེ་ལྟ་བུ་ཡོད་དམ། སྐྱེས་པ་ཚེ་དང་ལྡན་པ་རབ་འབྱོར་དེ་ནི་མ་ཡིན་ནོ། །སྐྱེས་པ། ཚེ་དང་ལྡན་པ་ཤ་ར་དྭ་ཏིའི་བུ་དེ་ཇི་སྐམ་དུ་སེམས། ཆོས་ཀྱི་དབྱིངས་ལས་གུད་ན་གང་བླ་ན་མེད་པ་ཡང་དག་པར་རྫོགས་པའི་བྱང་ཆུབ་ལས་ཕྱོག་པའི་ཆོས་དེ་ལྟ་བུ་ཡོད་དམ། སྐྱེས་པ་ཚེ་དང་ལྡན་པ་རབ་འབྱོར་དེ་ནི་མ་ཡིན་ནོ། །སྐྱེས་པ་ཚེ་དང་ལྡན་པ་ཤ་ར་དྭ་ཏིའི་བུ་དེ་ཇི་སྐམ་དུ་སེམས། ཆོས་ཀྱི་གནས་ཉིད་ལས་གུད་ན་གང་བླ་ན་མེད་པ་ཡང་དག་པར་རྫོགས་པའི་བྱང་ཆུབ་ལས་ཕྱོག་པའི་ཆོས་དེ་ལྟ་བུ་ཡོད་དམ།

སྨྲས་པ་ཚེ་དང་ལྡན་པ་རབ་འབྱོར་དེ་ནི་མ་ཡིན་ནོ། །སྨྲས་པ་ཚེ་དང་ལྡན་པ་ཤཱ་རདྭ་ཏིའི་བུ་དེ་ཇི་སྙམ་དུ་སེམས། ཆོས་སྐྱོན་མེད་པ་ཉིད་ལས་གུད་ན་གང་བླ་ན་མེད་པ་ཡང་དག་པར་རྫོགས་པའི་བྱང་ཆུབ་ལས་ལྡོག་པའི་ཆོས་དེ་ལྟ་བུ་ཡོད་དམ། སྨྲས་པ་ཚེ་དང་ལྡན་པ་རབ་འབྱོར་དེ་ནི་མ་ཡིན་ནོ། །སྨྲས་པ་ཚེ་དང་ལྡན་པ་ཤཱ་རདྭ་ཏིའི་བུ་དེ་ཇི་སྙམ་དུ་སེམས། ཡང་དག་པའི་མཐའ་ལས་གུད་ན་གང་བླ་ན་མེད་པ་ཡང་དག་པར་རྫོགས་པའི་བྱང་ཆུབ་ལས་ལྡོག་པའི་ཆོས་དེ་ལྟ་བུ་ཡོད་དམ། སྨྲས་པ་ཚེ་དང་ལྡན་པ་རབ་འབྱོར་དེ་ནི་མ་ཡིན་ནོ། །སྨྲས་པ་ཚེ་དང་ལྡན་པ་ཤཱ་རདྭ་ཏིའི་བུ་དེ་ཇི་སྙམ་དུ་སེམས། བསམ་གྱིས་(༡)མི་ཁྱབ་པའི་དབྱིངས་ལས་གུད་ན་གང་བླ་ན་མེད་པ་ཡང་དག་པར་རྫོགས་པའི་བྱང་ཆུབ་ལས་ལྡོག་པའི་ཆོས་དེ་ལྟ་བུ་ཡོད་དམ། སྨྲས་པ་ཚེ་དང་ལྡན་པ་རབ་འབྱོར་དེ་ནི་མ་ཡིན་ནོ། །སྨྲས་པ་དེ་ལྟར་བདེན་པའི་ཚུལ་བཞིན་དུ་ཆོས་དེ་དག་མི་(༢)དམིགས་ན། གང་བླ་ན་མེད་པ་ཡང་དག་པར་རྫོགས་པའི་བྱང་ཆུབ་ལས་ལྡོག་པའི་ཆོས་དེ་ལྟ་བུ་གང་ཞིག་ཡོད། སྨྲས་པ། གནས་བརྟན་རབ་འབྱོར་གྱིས་ཆོས་ཀྱི་ཚུལ་དང་རྣམ་པ་དེས་བསྟན་པ་ལྟར་ན། བྱང་ཆུབ་སེམས་དཔའ་གང་ཡང་བླ་ན་མེད་པ་ཡང་དག་པར་རྫོགས་པའི་བྱང་ཆུབ་ལས་ལྡོག་པ་མེད་དེ། དེ་ལྟར་ན་གང་ཟག་བྱང་ཆུབ་སེམས་དཔའི་ཐེག་པ་པ་(༣)གསུམ་དེ་བཞིན་གཤེགས་པས་བསྟན་པའི། བྱང་ཆུབ་སེམས་དཔའི་ཐེག་པ་པའི་གང་ཟག་གསུམ་པོ་དེ་དག་གི། བྱང་ཆུབ་རྣམ་པར་དགོད་པར་ཡང་མི་འགྱུར་ཏེ། ཚེ་དང་ལྡན་པ་རབ་འབྱོར་འདིས། བྱང་ཆུབ་སེམས་དཔའ་(༤)བསྟན་པ་ལྟར་ན། འདི་ལྟ་སྟེ། བྱང་ཆུབ་སེམས་དཔའ་སེམས་དཔའ་ཆེན་པོ་ནི་སངས་རྒྱས་ཀྱི་ཐེག་པ་པ་གཅིག་པུར་འགྱུར་རོ། །དེ་ནས་ཚེ་དང་ལྡན་པ་བྱམས༔གང་གི་(༥)བུས། ཚེ་དང་ལྡན་པ་ཤཱ་རདྭ་ཏིའི་བུ་ལ་འདི་སྐད་ཅེས་སྨྲས་སོ།།

ཆེ་དང་ལྡན་པ་ཤཱ་ར་དྭ་ཏིའི་བུ་གནས་བརྟན་རབ་འབྱོར་འདི་བྱང་ཆུབ་སེམས་དཔའ་གཅིག་ཏུ་ཡང་འདོད་དམ། གནས་བརྟན་རབ་འབྱོར་འདི་ལ་དྲི་དགོས་སོ༔ །དེ་ནས་ཆེ་དང་ལྡན་པ་ཤཱ་ར་དྭ་ཏིའི་བུས། ཆེ་དང་ལྡན་པ་རབ་འབྱོར་ལ་འདི་སྐད་ཅེས་སྨྲས་སོ། །ཆེ་དང་ལྡན་པ་རབ་འབྱོར་བྱང་ཆུབ་སེམས་དཔའ་སངས་རྒྱས་ཀྱི་ཐེག་པ་པ་འདོད་དམ། རབ་འབྱོར་གྱིས་སྨྲས་པ། ཆེ་དང་ལྡན་པ་ཤཱ་ར་དྭ་ཏིའི་བུ་དེ་བཞིན་ཉིད་ལ་བྱང་ཆུབ་སེམས་དཔའ་①ཉན་ཐོས་ཀྱི་ཐེག་པ་པ་དང་རང་སངས་རྒྱས་ཀྱི་ཐེག་པ་པ་དང་། སངས་རྒྱས་ཀྱི་ཐེག་པ་པ་དང་། བྱང་ཆུབ་སེམས་དཔའ་གསུམ་དུ་འདོད་དམ། སྨྲས་པ་ཆེ་དང་ལྡན་པ་རབ་འབྱོར་དེ་ནི་མ་ཡིན་ནོ། །སྨྲས་པ་ཆེ་དང་ལྡན་པ་ཤཱ་ར་དྭ་ཏིའི་བུ་དེ་བཞིན་ཉིད་ལ་བྱང་ཆུབ་སེམས་དཔའ་གསུམ་དུ་དམིགས་སམ། སྨྲས་པ་ཆེ་དང་ལྡན་པ་རབ་འབྱོར་དེ་ནི་མ་ཡིན་ནོ། །སྨྲས་པ་ཆེ་དང་ལྡན་པ་ཤཱ་ར་དྭ་ཏིའི་བུ་རྒྱུ་གཅིག་གམ། རྒྱུ་གཉིས་སམ། རྒྱུ་གསུམ་གྱིས་དེ་བཞིན་ཉིད་དམིགས་སམ། སྨྲས་པ་ཆེ་དང་ལྡན་པ་རབ་འབྱོར་དེ་ནི་མ་ཡིན་ནོ། །སྨྲས་པ་ཆེ་དང་ལྡན་པ་ཤཱ་ར་དྭ་ཏིའི་བུ་དེ་བཞིན་ཉིད་ལ་བྱང་ཆུབ་སེམས་དཔའ་གཅིག་ཡང་དག་པར་རྗེས་སུ་མཐོང་ངམ། སྨྲས་པ་ཆེ་དང་ལྡན་པ་རབ་འབྱོར་དེ་ནི་མ་ཡིན་ནོ། །སྨྲས་པ་དེ་ལྟར་བདེན་པའི་ཚུལ་བཞིན་དུ་ཆོས་དེ་དག་མི་དམིགས་ན། ཅི་ལས་ཆེ་དང་ལྡན་པ་②ཤཱ་ར་དྭ་ཏིའི་བུ་འདི་སྙམ་དུ་བྱང་ཆུབ་སེམས་དཔའ་འདི་ནི་ཉན་ཐོས་ཀྱི་ཐེག་པ་པའོ། །བྱང་ཆུབ་སེམས་དཔའ་འདི་ནི་རང་སངས་རྒྱས་ཀྱི་ཐེག་པ་པའོ། །བྱང་ཆུབ་སེམས་དཔའ་འདི་ནི་སངས་རྒྱས་ཀྱི་ཐེག་པ་པའོ། །ཞེས་བྱ་བར་སེམས་པར་གྱུར། ཆེ་དང་ལྡན་པ་ཤཱ་ར་དྭ་ཏིའི་བུ་དེ་ལྟར་བྱང་ཆུབ་སེམས་དཔའ་སེམས་དཔའ་ཆེན་པོ་ཆོས་ཐམས་ཅད་ཀྱི་དེ་བཞིན་ཉིད་ཀྱིས་③བྱེ་བྲག་མེད་པར་རབ་ཏུ་ཕྱེ་བ་ལ།

བྱང་ཆུབ་སེམས་དཔའ་སེམས་དཔའ་ཆེན་པོའི་སེམས་མྱི་འཇུམ་ཞིང་འགོང་བ་མྱེད་ལ་ཡིད་ལ་འགྱོད་པ་མྱེད་ན། བྱང་ཆུབ་སེམས་དཔའ་སེམས་དཔའ་ཆེན་པོ་དེ་ནི་བླ་ན་མྱེད་པ་ཡང་དག་པར་རྫོགས་པའི་བྱང་ཆུབ་ཏུ་འབྱུང་བར་འགྱུར་རོ། །དེ་ནས་བཅོམ་ལྡན་འདས་ཀྱིས་ཚེ་དང་ལྡན་པ་རབ་འབྱོར་ལ་བཀའ་སྩལ་པ། རབ་འབྱོར་ལེགས་སོ་ལེགས་སོ། །འདི་ལྟར་སངས་རྒྱས་ཀྱི་མཐུས་བྱང་ཆུབ་སེམས་དཔའ་སེམས་དཔའ་ཆེན་པོ་རྣམས་ཀྱི་ཕྱིར། ཁྱོད་ཀྱིས་ཚིག་བརྗོད་པ་ལེགས་པར་སྤོབས་སོ། །རབ་འབྱོར་དེ་ལྟར་[1] བྱང་ཆུབ་སེམས་དཔའ་སེམས་དཔའ་ཆེན་པོ་ཆོས་ཐམས་ཅད་ཀྱི་དེ་བཞིན་ཉིད་ཀྱིས་ཐེ་བྲག་མྱེད་པར་རབ་ཏུ་ཕྱེ་བ་ལ། བྱང་ཆུབ་སེམས་དཔའ་སེམས་དཔའ་ཆེན་པོའི་སེམས་མྱི་འཇུམ་ཞིང་འགོང་[2] བ་མྱེད་ལ་[3] ཡིད་ལ་འགྱོད་པ་མྱེད་ཅིང་མྱི་འཇིགས་མྱི་སྣང་[4] སྐྲག་པར་མྱི་འགྱུར་ན། བྱང་ཆུབ་སེམས་དཔའ་སེམས་དཔའ་ཆེན་པོ་དེ་ནི་བླ་ན་མྱེད་པ་ཡང་དག་པར་རྫོགས་པའི་བྱང་ཆུབ་ཏུ་འབྱུང་བར་འགྱུར་རོ། །རབ་འབྱོར་གྱིས་གསོལ་པ། བཅོམ་ལྡན་འདས་དེ་ལྟ་བུའི་ཆོས་དང་ལྡན་པའི་བྱང་ཆུབ་སེམས་དཔའ་སེམས་དཔའ་ཆེན་པོ་བྱང་ཆུབ་གང་གིས་འབྱུང་བར་འགྱུར། བཅོམ་ལྡན་འདས་ཀྱིས་བཀའ་སྩལ་པ། རབ་འབྱོར་བླ་ན་མྱེད་པ་ཡང་དག་པར་རྫོགས་པའི་བྱང་ཆུབ་ཀྱིས། བྱང་ཆུབ་སེམས་དཔའ་སེམས་དཔའ་ཆེན་པོ་དེ་འབྱུང་བར་འགྱུར་རོ[5]། །རབ་འབྱོར་གྱིས་གསོལ་པ། བཅོམ་ལྡན་འདས་འབྱུང་བར་འཚལ་བའི་བྱང་ཆུབ་སེམས་དཔའ་སེམས་དཔའ་ཆེན་པོས་བླ་ན་མྱེད་པ་ཡང་དག་པར་རྫོགས་པའི་བྱང་ཆུབ་ལ་ཇི་ལྟར་གནས་པར་བགྱི། བཅོམ་ལྡན་འདས་ཀྱིས་བཀའ་སྩལ་པ། སེམས་ཅན་ཐམས་ཅད་ལ་སེམས་མཉམ་པ་ཉིད་དུ་གནས་པར་བྱའོ། །སེམས་ཅན་ཐམས་ཅད་ལ་མཉམ་པའི་སེམས་བསྐྱེད་པར་བྱ་སྟེ། མྱི་མཉམ་པའི་སེམས་

བསྐྱེད་པར་མི་བྱའོ། །སེམས་ཅན་ཐམས་ཅད་ལ་མཉམ་པའི་སེམས་ཀྱིས་དམིགས་པར་བྱ་སྟེ། མི་མཉམ་པའི་སེམས་ཀྱིས་དམིགས་པར་མི་བྱའོ། །སེམས་ཅན་ཐམས་ཅད་ལ་བྱམས་པ་ཆེན་པོ་དང་སྙིང་རྗེ་ཆེན་པོ་བསྐྱེད་པར་བྱའོ། །སེམས་ཅན་ཐམས་ཅད་ལ་བྱམས་པའི་སེམས་ཀྱིས་དམིགས་པར་བྱ་སྟེ། བརླང་བའི་སེམས་ཀྱིས་དམིགས་པར་མི་བྱའོ། །སེམས་ཅན་ཐམས་ཅད་ལ་ང་རྒྱལ་མེད་པར་བྱའོ༑ །སེམས་ཅན་ཐམས་ཅད་ལ་གཡོ་[1]མེད་པར་བྱའོ། །སེམས་ཅན་ཐམས་ཅད་ལ་ཕན་པའི་སེམས་བསྐྱེད་པར་བྱ་སྟེ། གནོད་པའི་སེམས་བསྐྱེད་པར་མི་བྱའོ། །སེམས་ཅན་ཐམས་ཅད་ལ་ཕན་པའི་སེམས་ཀྱིས་དམིགས་པར་བྱ་སྟེ། གནོད་པའི་སེམས་ཀྱིས་དམིགས་པར་མི་བྱའོ[2]། །སེམས་ཅན་ཐམས་ཅད་ལ་ཁོང་ཁྲོ་བ་མེད་པའི་སེམས་བསྐྱེད་པར་བྱ་སྟེ། ཁོང་ཁྲོ་བའི་སེམས་མི་བསྐྱེད་དོ[3]། །སེམས་ཅན་ཐམས་ཅད་ལ་མི་འཚེ་བའི་སེམས་བསྐྱེད་པར་བྱ་སྟེ། འཚེ་བའི་སེམས་མི་བསྐྱེད་དོ། །སེམས་ཅན་ཐམས་ཅད་ལ་མི་འཚེ་བའི་སེམས་ཀྱིས་དམིགས་པར་བྱ་སྟེ༑ འཚེ་བའི་སེམས་ཀྱིས་དམིགས་པར་མི་བྱའོ། །སེམས་ཅན་ཐམས་ཅད་ལ་མའི་སེམས་དང་། ཕའི་སེམས་དང་། ཕུ་ནུའི་སེམས་དང་། སྲིང་མོའི་སེམས་དང་། ༔བུ་དང་བུ་མོའི་སེམས་དང་[4]གྲོགས་པོ་དང་། ༔མཛའ་བཤེས་ཀྱི་སེམས་དང་།[5] གཉེན་པ་དང་རུས་གཅིག་པའི་སེམས་བསྐྱེད་པར་བྱའོ། །སེམས་ཅན་ཐམས་ཅད་ལ་མ་དང་། ཕའི་སེམས་དང་། ཕུ་ནུ་དང་། སྲིང་མོའི་སེམས་དང་། ༔བུ་དང་བུ་མོའི་སེམས་དང་།[6] གྲོགས་པོ་དང་། ༔མཛའ་བཤེས་ཀྱི་སེམས་དང་།[7] གཉེན་པ་དང་། རུས་གཅིག་པའི་སེམས་ཀྱིས་དམིགས་པར་བྱའོ། །བདག་གིས་ཀྱང་སྲོག་གཅོད་པ་སྤང་བར་བྱ། གཞན་ཡང་སྲོག་གཅོད་པ་སྤང་བ་ལ་ཡང་དག་པར་བསྐུལ་བར་བྱ། སྲོག་གཅོད་པ་[8]སྤོང་

བའི་ལེགས་པ་བརྗོད་པར་བྱ། གཞན་གང་གིས་སྲོག་གཅོད་པ་སྤངས་པ་དེ་དག་གི་ལེགས་པ་བརྗོད་ཅིང་མཐུན་པས་དགའ་བར་བྱའོ། །བདག་གིས་ཀྱང་མ་བྱིན་པར་ལེན་པ་སྤང་བར་བྱ[༡]། གཞན་ཡང་མ་བྱིན་པར་ལེན་པ་སྤང་བ་ལ་ཡང་དག་པར་བསྐུལ་བར་བྱ། མ་བྱིན་པར་ལེན་པ་སྤོང་བའི་ལེགས་པ་བརྗོད་པར་བྱ།། གཞན་གང་གིས་མ་བྱིན་པར་ལེན་པ་སྤངས་པ་དེ་དག་གི་ལེགས་པ་བརྗོད་ཅིང་མཐུན་པས་དགའ་བར་བྱའོ། །བདག་གིས་ཀྱང་འདོད་པས་ལོག་པར་གཡེམ་པ་སྤང་བར་བྱ། གཞན་ཡང་འདོད་པས་ལོག་པར་གཡེམ་པ་སྤང་བ་ལ་ཡང་དག་པར་བསྐུལ་བར་བྱ། འདོད་པས་ལོག་པར་གཡེམ་པ་སྤོང་བའི་ལེགས་པ་བརྗོད་པར་བྱ། གཞན་གང་གིས་འདོད་པས་ལོག་པར་གཡེམ[༢]་པ་སྤངས་པ་དེ་དག་གི་ལེགས་པ་བརྗོད་ཅིང་མཐུན་པས་དགའ་བར་བྱའོ། །བདག་གིས་ཀྱང་བརྫུན[༣]་དུ་སྨྲ་བ་སྤང་བར་བྱ[༤]། གཞན་ཡང་བརྫུན་དུ་སྨྲ་བ་སྤང་བ་ལ་ཡང་དག་པར་བསྐུལ་བར་བྱ། བརྫུན་དུ་སྨྲ་བ་སྤོང[༥]་བའི་ལེགས་པ་བརྗོད་པར་བྱ། གཞན་གང་གིས་བརྫུན་དུ་སྨྲ་བ་སྤངས་པ་དེ་དག་གི་ལེགས་པ་བརྗོད་ཅིང་མཐུན་པས་དགའ་བར་བྱའོ། །བདག་གིས་ཀྱང་ཕྲ་མ་སྤང་བར་བྱ། གཞན་ཡང་ཕྲ་མ་སྤང་བ་ལ་ཡང་དག་པར་བསྐུལ་བར་བྱ། ཕྲ་མ་སྤོང་བའི་ལེགས་པ་བརྗོད་པར་བྱ། གཞན་གང་གིས་ཕྲ་མ་སྤངས་པ་དེ་དག་གི་ལེགས་པ་བརྗོད་ཅིང་མཐུན་པས་དགའ་བར་བྱའོ། །བདག་གིས་ཀྱང་ཞེ་གཅོད་པ་སྤང་བར་བྱ། གཞན་ཡང་ཞེ་གཅོད་པ་སྤོང་བ་ལ་ཡང་དག་པར་བསྐུལ་བར་བྱ། ཞེ་གཅོད་པ་སྤོང་བའི་ལེགས་པ་བརྗོད་པར་བྱ། གཞན་གང་གིས་ཞེ་གཅོད་པ་སྤངས་པ་དེ་དག་གི་ལེགས་པ་བརྗོད་ཅིང་མཐུན་པས་དགའ་བར་བྱའོ། །བདག་གིས་ཀྱང་ཚིག་ཀྱལ[༦]་པ་སྤང་བར་བྱ། གཞན་ཡང་ཚིག་ཀྱལ[༧]་པ་སྤང་བ་ལ་ཡང་དག་པར་བསྐུལ[༨]་བར་བྱ།

ཚིག་ཀྱལ་[1]པ་སྤྱོང་བའི་ལེགས་པ་བརྗོད་[2]པར་བྱ། གཞན་གང་གིས་ཚིག་ཀྱལ་[3]
པ་སྤངས་པ་དེ་དག་གི་ལེགས་པ་བརྗོད་ཅིང་མཐུན་པས་དགའ་བར་བྱའོ། །
བདག་གིས་ཀྱང་ཆགས་སེམས་སྤང་[4]བར་བྱ། གཞན་ཡང་ཆགས་སེམས་སྤང་བ་
ལ་ཡང་དག་པར་བསྐུལ་བར་བྱ། ཆགས་སེམས་སྤྱོང་བའི་ལེགས་པ་བརྗོད་པར་བྱ།
གཞན་གང་གིས་ཆགས་སེམས་སྤངས་པ་[5]དེ་དག་གི་ལེགས་པ་བརྗོད་ཅིང་མཐུན་
པས་དགའ་བར་བྱའོ། །བདག་གིས་ཀྱང་གནོད་སེམས་སྤང་བར་བྱ། གཞན་
ཡང་གནོད་སེམས་སྤང་བ་ལ་ཡང་དག་པར་བསྐུལ་བར་བྱ། གནོད་སེམས་སྤྱོང་[6]
བའི་ལེགས་པ་བརྗོད་པར་བྱ། གཞན་གང་གིས་གནོད་སེམས་སྤངས་པ། དེ་
དག་གི་ལེགས་པ་བརྗོད་ཅིང་། མཐུན་པས་དགའ་བར་བྱའོ། །བདག་གིས་
ཀྱང་ལོག་པར་ལྟ་བ་སྤང་བར་བྱ[7]། གཞན་ཡང་ལོག་པར་ལྟ་བ་སྤང་བ་ལ་
ཡང་དག་པར་བསྐུལ་བར་བྱ། ལོག་པར་ལྟ་བ་སྤྱོང་བའི་ལེགས་པ་བརྗོད་པར་བྱ།
གཞན་གང་གིས་ལོག་པར་ལྟ་བ་སྤངས་པ་དེ་དག་གི་ལེགས་པ་བརྗོད་[8]ཅིང་མཐུན་
པས་དགའ་བར་བྱ་སྟེ། དེ་ལྟར་བྱང་ཆུབ་སེམས་དཔའ་སེམས་དཔའ་ཆེན་པོས་[9]
བླ་ན་མེད་པ་ཡང་དག་པར་རྫོགས་པའི་བྱང་ཆུབ་ཏུ་མངོན་པར་རྫོགས་པར་འཚང་
རྒྱ་བར་འདོད་པས་[10]མི་དམིགས་པའི་ཚུལ་གྱིས་གནས་པར་བྱའོ། །རབ་འབྱོར་
གཞན་ཡང་བྱང་ཆུབ་སེམས་དཔའ་སེམས་དཔའ་ཆེན་པོས། བདག་གིས་ཀྱང་
བསམ་གཏན་དང་པོ་ལ་མཉམ་པར་གཞག་པར་བྱ། གཞན་ཡང་བསམ་
གཏན་དང་པོ་ལ་ཡང་དག་པར་བསྐུལ་བར་བྱ། བསམ་གཏན་དང་པོ་ལ་སྙོམས་
པར་འཇུག་པའི་ལེགས་པ་བརྗོད་པར་བྱ། གཞན་གང་[11]བསམ་གཏན་དང་པོ་ལ་
སྙོམས་པར་འཇུག་པ་དེ་དག་གི་ལེགས་པ་བརྗོད་ཅིང་མཐུན་པས་དགའ་བར་བྱའོ། །
བདག་གིས་ཀྱང་བསམ་གཏན་གཉིས་པ་ལ་མཉམ་པར་གཞག་པར་བྱ། གཞན་

ཡང་བསམ་གཏན་གཉིས་པ་ལ་ཡང་དག་པར་བསྐུལ་བར་བྱ། བསམ་གཏན་གཉིས་པ་ལ་སྙོམས་པར་འཇུག་པའི་ལེགས་པ་བརྗོད་པར་བྱ། གཞན་གང་① བསམ་གཏན་གཉིས་པ་ལ་སྙོམས་པར་འཇུག་པ་དེ་དག་གི་ལེགས་པ་བརྗོད་ཅིང་མཐུན་པས་དགའ་བར་བྱའོ། །བདག་གིས་ཀྱང་བསམ་གཏན་གསུམ་པ་ལ་མཉམ་པར་གཞག་པར་བྱ། གཞན་ཡང་བསམ་གཏན་གསུམ་པ་ལ་ཡང་དག་པར་བསྐུལ་བར་བྱ། བསམ་གཏན་གསུམ་པ་ལ་སྙོམས་པར་འཇུག་པའི་ལེགས་པ་བརྗོད་པར་བྱ། གཞན་གང་བསམ་གཏན་གསུམ་པ་ལ་སྙོམས་པར་འཇུག་པ་དེ་དག་གི་ལེགས་པ་བརྗོད་ཅིང་མཐུན་པས་དགའ་བར་བྱའོ། །བདག་གིས་ཀྱང་བསམ་གཏན་བཞི་པ་ལ་མཉམ་པར་བཞག་པར་བྱ། གཞན་ཡང་བསམ་གཏན་བཞི་པ་ལ་ཡང་དག་པར་བསྐུལ་བར་བྱ། བསམ་གཏན་བཞི་པ་ལ་སྙོམས་པར་འཇུག་པའི་ལེགས་པ་བརྗོད་པར་བྱ། གཞན་གང་བསམ་གཏན་བཞི་པ་ལ་སྙོམས་པར་འཇུག་པ་དེ་དག་གི་ལེགས་པ་བརྗོད་ཅིང་མཐུན་པས་དགའ་བར་བྱ་སྟེ། དེ་ལྟར་བྱང་ཆུབ་སེམས་དཔའ་སེམས་དཔའ་ཆེན་པོས་② བླ་ན་མྱེད་པ་ཡང་དག་པར་རྫོགས་པའི་བྱང་ཆུབ་ཏུ་མངོན་པར་རྫོགས་པར་འཚང་རྒྱ་བར་འདོད་པས་དེ་མྱི་དམྱིགས་པའི་ཚུལ་གྱིས་གནས་པར་བྱའོ། །བདག་གིས་ཀྱང་བྱམས་པ་ལ་མཉམ་པར་གཞག་པར་བྱ། གཞན་ཡང་བྱམས་པ་ལ་ཡང་དག་པར་བསྐུལ་བར་བྱ། བྱམས་པའི་ལེགས་པ་བརྗོད་པར་བྱ། གཞན་གང་བྱམས་པ་ལ་སྙོམས་པར་འཇུག་པ་དེ་དག་གི་ལེགས་པ་བརྗོད་ཅིང་མཐུན་པས་དགའ་བར་བྱའོ། །བདག་གིས་ཀྱང་སྙིང་རྗེ་③ ལ་མཉམ་པར་གཞག་པར་བྱ། གཞན་ཡང་སྙིང་རྗེ་④ ལ་ཡང་དག་པར་བསྐུལ་བར་བྱ། སྙིང་རྗེའི་⑤ ལེགས་པ་བརྗོད་པར་བྱ། གཞན་གང་⑥ སྙིང་རྗེ་ལ། སྙོམས་པར་འཇུག་པ་དེ་དག་གི་ལེགས་པ་བརྗོད་ཅིང་མཐུན་པས་དགའ་

བར་བྱའོ། །བདག་གིས་ཀྱང་དགའ་བ་ལ་མཉམ་པར་གཞག་པར་བྱ། གཞན་
ཡང་དགའ་བ་ལ་ཡང་དག་པར་བསྐུལ་བར་བྱ། དགའ་བའི་ལེགས་པ་བརྗོད་
པར་བྱ། གཞན་གང་[1]དགའ་བ་ལ་སྙོམས་པར་འཇུག་པ་དེ་དག་གི་ལེགས་པ་
བརྗོད་ཅིང་མཐུན་པས་དགའ་བར་བྱའོ། །བདག་གིས་ཀྱང་བཏང་སྙོམས་ལ་
མཉམ་པར་གཞག་པར་བྱ། གཞན་ཡང་བཏང་སྙོམས་ལ་ཡང་དག་པར་བསྐུལ་
བར་བྱ། བཏང་སྙོམས་ཀྱི་ལེགས་པ་བརྗོད་པར་བྱ། གཞན་གང་བཏང་སྙོམས་
ལ་སྙོམས་པར་འཇུག་པ་དེ་དག་གི་ལེགས་པ་བརྗོད་ཅིང་མཐུན་པས་དགའ་བར···
བྱའོ། །བདག་གིས་ཀྱང་གཟུགས་མེད་པའི་སྙོམས་པར་འཇུག་པ་ལ་མཉམ་པར་
གཞག་པར་བྱ། གཞན་ཡང་གཟུགས་མེད་པའི་སྙོམས་པར་འཇུག་པ་ལ་ཡང་དག་
པར་བསྐུལ་བར་བྱ། གཟུགས་མེད་པའི་སྙོམས་པར་འཇུག་པའི་ལེགས་པ་བརྗོད་
པར་བྱ། གཞན་གང་གཟུགས་མེད་པའི་སྙོམས་པར༔འཇུག་པ་ལ་སྙོམས་པར་[1]
འཇུག་པ་དེ་དག་གི་ལེགས་པ་བརྗོད་ཅིང་མཐུན་པས་དགའ་བར་བྱའོ། །བདག་
གིས་ཀྱང་སྦྱིན་པའི་ཕ་རོལ་[1]ཏུ་ཕྱིན་པ་ཡོངས་སུ་རྫོགས་པར་བྱ། གཞན་ཡང···
སྦྱིན་པའི་ཕ་རོལ་ཏུ་ཕྱིན་པ་ལ་ཡང་དག་པར་བསྐུལ་བར་བྱ། སྦྱིན་པའི་ཕ་རོལ··
ཏུ་ཕྱིན་པའི་ལེགས་པ་བརྗོད་པར་བྱ། སེམས་ཅན་གཞན་གང་སྦྱིན་པའི་ཕ་རོལ་
ཏུ་ཕྱིན་པ་ཡོངས་སུ་རྫོགས་པར་བྱེད་པ་དེ་དག་གི་ལེགས་པ་བརྗོད་ཅིང་མཐུན་པས་
དགའ་བར་བྱའོ། །བདག་གིས་ཀྱང་ཚུལ་ཁྲིམས་ཀྱི་ཕ་རོལ་ཏུ་ཕྱིན་པ་ཡོངས་སུ···
རྫོགས་པར་བྱ། གཞན་ཡང་ཚུལ་ཁྲིམས་ཀྱི་ཕ་རོལ་ཏུ་ཕྱིན་པ་ལ་ཡང་དག་པར···
བསྐུལ་བར་བྱ། ཚུལ་ཁྲིམས་ཀྱི་ཕ་རོལ་ཏུ་ཕྱིན་པའི་ལེགས་པ་བརྗོད་པར་བྱ།
སེམས་ཅན་གཞན་གང་ཚུལ་ཁྲིམས་ཀྱི་ཕ་རོལ་ཏུ་ཕྱིན་པ་ཡོངས་སུ་རྫོགས་པར་བྱེད་
པ་དེ་དག་གི་ལེགས་པ་བརྗོད་ཅིང་མཐུན་པས་དགའ་བར་བྱའོ། །བདག་གིས···

ཀྱང་བཟོད་པའི་ཕ་རོལ་ཏུ་ཕྱིན་པ་ཡོངས་སུ་རྫོགས་པར་བྱ། གཞན་ཡང་བཟོད་པའི་ཕ་རོལ་ཏུ་ཕྱིན་པ་ལ་ཡང་དག་པར་བསྐུལ་བར་བྱ། བཟོད་པའི་ཕ་རོལ་ཏུ་ཕྱིན་པའི་ལེགས་པ་བརྗོད་པར་བྱ། སེམས་ཅན་གཞན་གང་བཟོད་པའི་ཕ་རོལ་ཏུ་ཕྱིན་པ་ཡོངས་སུ་རྫོགས་པར་བྱེད་པ་དེ་དག་གི་ལེགས་པ་བརྗོད་ཅིང་མཐུན་པས་དགའ་བར་བྱའོ། །བདག་གིས་ཀྱང་བརྩོན་འགྲུས་ཀྱི་ཕ་རོལ་ཏུ་ཕྱིན་པ་ཡོངས་སུ་རྫོགས་པར་བྱ། གཞན་ཡང་བརྩོན་འགྲུས་ཀྱི་ཕ་རོལ་ཏུ་ཕྱིན་པ་ལ་ཡང་དག་པར་བསྐུལ་བར་བྱ། བརྩོན་འགྲུས་ཀྱི་ཕ་རོལ་ཏུ་ཕྱིན་པའི་ལེགས་པ་བརྗོད་པར་བྱ། སེམས་ཅན་གཞན་གང་བརྩོན་འགྲུས་ཀྱི་ཕ་རོལ་ཏུ་ཕྱིན་པ་ཡོངས་སུ་རྫོགས་པར་བྱེད་པ་དེ་དག་གི་ལེགས་པ་བརྗོད་ཅིང་མཐུན་པས་དགའ་བར་བྱའོ། །བདག་གིས་ཀྱང་བསམ་གཏན་གྱི་ཕ་རོལ་ཏུ་ཕྱིན་པ་ཡོངས་སུ་རྫོགས་པར་བྱ། གཞན་ཡང་བསམ་གཏན་གྱི་ཕ་རོལ་ཏུ་ཕྱིན་པ་ལ་ཡང་དག་པར་བསྐུལ་བར་བྱ། བསམ་གཏན་གྱི་ཕ་རོལ་ཏུ་ཕྱིན་པའི་ལེགས་པ་བརྗོད་པར་བྱ། སེམས་ཅན་གཞན་གང་བསམ་གཏན་གྱི་ཕ་རོལ་ཏུ་ཕྱིན་པ་ཡོངས་སུ་རྫོགས་པར་བྱེད་པ་དེ་དག་གི་ལེགས་པ་བརྗོད་ཅིང་མཐུན་པས་དགའ་བར་བྱའོ། །བདག་གིས་ཀྱང་ཤེས་རབ་ཀྱི་ཕ་རོལ་ཏུ་ཕྱིན་པ་ཡོངས་སུ་རྫོགས་པར་བྱ། གཞན་ཡང་ཤེས་རབ་ཀྱི་ཕ་རོལ་ཏུ་ཕྱིན་པ་ལ་ཡང་དག་པར་བསྐུལ་བར་བྱ། ཤེས་རབ་ཀྱི་ཕ་རོལ་ཏུ་ཕྱིན་པའི་ལེགས་པ་བརྗོད་པར་བྱ། སེམས་ཅན་གཞན་གང་ཤེས་རབ་ཀྱི་ཕ་རོལ་ཏུ་ཕྱིན་པ་ཡོངས་སུ་རྫོགས་པར་བྱེད་པ་དེ་དག་གི་ལེགས་པ་བརྗོད་ཅིང་མཐུན་པས་དགའ་བར་བྱ་སྙམ། དེ་ལྟར་བྱང་ཆུབ་སེམས་དཔའ་སེམས་དཔའ་ཆེན་པོ་བླ་ན་མེད་པ་ཡང་དག་པར་རྫོགས་པའི་བྱང་ཆུབ་ཏུ་མངོན་པར་རྫོགས་པར་འཚང་རྒྱ་བར་འདོད་པས་དེ་མི་དམིགས་པའི་ཚུལ་གྱིས་གནས་པར་བྱའོ། །བདག་གིས་ཀྱང་ནང་སྟོང་པ་ཉིད་ལ་

མཉམ་པར་གཞག་པར་བྱ། གཞན་ཡང་ནང་སྟོང་པ་ཉིད་ལ་ཡང་དག་པར་བསྐུལ་བར་བྱ། ནང་སྟོང་པ་ཉིད་ཀྱི་ལེགས་པ་བརྗོད་པར་བྱ། སེམས་ཅན་གཞན་གང་ནང་སྟོང་པ་ཉིད་ལ་སྒོམས་པར་འཇུག་པ་དེ་དག་གི་ལེགས་པ་བརྗོད་ཅིང་མཐུན་པས་དགའ་བར་བྱའོ། །བདག་གིས་ཀྱང་ཕྱི་སྟོང་པ་ཉིད་ལ་མཉམ་པར་གཞག་པར་བྱ། གཞན་ཡང་ཕྱི་སྟོང་པ་ཉིད་ལ་ཡང་དག་པར་བསྐུལ་བར་བྱ། ཕྱི་སྟོང་པ་ཉིད་ཀྱི་ལེགས་པ་བརྗོད་པར་བྱ། སེམས་ཅན་གཞན་གང་ཕྱི་སྟོང་པ་ཉིད་ལ་སྒོམས་པར་འཇུག་པ་དེ་དག་གི་ལེགས་པ་བརྗོད་ཅིང་མཐུན་པས་དགའ་བར་བྱའོ། །བདག་གིས་ཀྱང་ཕྱི་ནང་སྟོང་པ་ཉིད་ལ་མཉམ་པར་གཞག་པར་བྱ། གཞན་ཡང་ཕྱི་ནང་སྟོང་པ་ཉིད་ལ་ཡང་དག་པར་བསྐུལ་བར་བྱ། ཕྱི་ནང་སྟོང་པ་ཉིད་ཀྱི་ལེགས་པ་བརྗོད་པར་བྱ། སེམས་ཅན་གཞན་གང་ཕྱི་ནང་སྟོང་པ་ཉིད་ལ་སྒོམས་པར་འཇུག་པ་དེ་དག་གི་ལེགས་པ་བརྗོད་ཅིང་མཐུན་པས་དགའ་བར་བྱའོ། །བདག་གིས་ཀྱང་སྟོང་པ་ཉིད་སྟོང་པ་ཉིད་ལ་མཉམ་པར་གཞག་པར་བྱ། གཞན་ཡང་སྟོང་པ་ཉིད་སྟོང་པ་ཉིད་ལ་ཡང་དག་པར་བསྐུལ་བར་བྱ། སྟོང་པ་ཉིད་སྟོང་པ་ཉིད་ཀྱི་ལེགས་པ་བརྗོད་པར་བྱ། སེམས་ཅན་གཞན་གང་སྟོང་པ་ཉིད་སྟོང་པ་ཉིད་ལ་སྒོམས་པར་འཇུག་པ་དེ་དག་གི་(༡)ལེགས་པ་བརྗོད་ཅིང་མཐུན་པས་དགའ་བར་བྱའོ། །བདག་གིས་ཀྱང་ཆེན་པོ་སྟོང་པ་ཉིད་ལ་མཉམ་པར་གཞག་པར་བྱ། གཞན་ཡང་ཆེན་པོ་སྟོང་པ་ཉིད་ལ་ཡང་དག་པར་བསྐུལ་བར་བྱ། ཆེན་པོ་སྟོང་པ་ཉིད་ཀྱི་ལེགས་པ་བརྗོད་པར་བྱ། སེམས་ཅན་གཞན་གང་ཆེན་པོ་སྟོང་པ་ཉིད་ལ་སྒོམས་པར་འཇུག་པ་དེ་དག་གི་ལེགས་པ་བརྗོད་ཅིང་མཐུན་པས་དགའ་བར་བྱའོ། །བདག་གིས་ཀྱང་དོན་དམ་པ་སྟོང་པ་ཉིད་ལ་མཉམ་པར་གཞག་པར་བྱ། གཞན་ཡང་དོན་དམ་པ་སྟོང་པ་ཉིད་ལ་ཡང་དག་པར་བསྐུལ་བར་བྱ། དོན་དམ་པ་སྟོང་

པ་ཉིད་ཀྱི་ལེགས་པ་བརྗོད་པར་བྱ། སེམས་ཅན་གཞན་གང་དོན་དམ་པ་སྟོང་པ་ཉིད་ལ་སྙོམས་པར་འཇུག་པ་དེ་དག་གི་ལེགས་པ་བརྗོད་ཅིང་མཐུན་པས་དགའ་བར་བྱའོ། །བདག་གིས་ཀྱང་འདུས་བྱས་སྟོང་པ་ཉིད་ལ་མཉམ་པར་གཞག་པར་བྱ། གཞན་ཡང་འདུས་བྱས་སྟོང་པ་ཉིད་ལ་ཡང་དག་པར་བསྐུལ་བར་བྱ། འདུས་བྱས་སྟོང་པ་ཉིད་ཀྱི་ལེགས་པ་བརྗོད་པར་བྱ། སེམས་ཅན་གཞན་གང་འདུས་བྱས་སྟོང་པ་ཉིད་ལ་སྙོམས་པར་འཇུག་པ་དེ་དག་གི་ལེགས་པ་བརྗོད་ཅིང་མཐུན་པས་དགའ་བར་བྱའོ། །བདག་གིས་ཀྱང་འདུས་མ་བྱས་སྟོང་པ་ཉིད་ལ་མཉམ་པར་གཞག་པར་བྱ། གཞན་ཡང་འདུས་མ་བྱས་སྟོང་པ་ཉིད་ལ་ཡང་དག་པར་བསྐུལ་བར་བྱ། འདུས་མ་བྱས་སྟོང་པ་ཉིད་ཀྱི་ལེགས་པ་བརྗོད་པར་བྱ། སེམས་ཅན་གཞན་གང་འདུས་མ་བྱས་སྟོང་པ་ཉིད་ལ་སྙོམས་པར་འཇུག་པ་དེ་དག་གི་ལེགས་པ་བརྗོད་ཅིང་མཐུན་པས་དགའ་བར་བྱའོ། །བདག་གིས་ཀྱང་མཐའ་ལས་འདས་པ་སྟོང་པ་ཉིད་ལ་མཉམ་པར་གཞག་པར་བྱ། གཞན་ཡང་མཐའ་ལས་འདས་པ་སྟོང་པ་ཉིད་ལ་ཡང་དག་པར་བསྐུལ་བར་བྱ། མཐའ་ལས་འདས་པ་སྟོང་པ་ཉིད་ཀྱི་ལེགས་པ་བརྗོད་པར་བྱ། སེམས་ཅན་གཞན་གང་མཐའ་ལས་འདས་པ་སྟོང་པ་ཉིད་ལ་སྙོམས་པར་འཇུག་པ་དེ་དག་གི་ལེགས་པ་བརྗོད་ཅིང་མཐུན་པས་དགའ་བར་བྱའོ། །བདག་གིས་ཀྱང་ཐོག་མ་དང་ཐ་མ་མེད་པ་སྟོང་པ་ཉིད་ལ་མཉམ་པར་གཞག་པར་བྱ། གཞན་ཡང་ཐོག་མ་དང་ཐ་མ་མེད་པ་སྟོང་པ་ཉིད་ལ་ཡང་དག་པར་བསྐུལ་བར་བྱ། ཐོག་མ་དང་ཐ་མ་མེད་པ་སྟོང་པ་ཉིད་ཀྱི་ལེགས་པ་བརྗོད་པར་བྱ། སེམས་ཅན་གཞན་གང་ཐོག་མ་དང་ཐ་མ་མེད་པ་སྟོང་པ་ཉིད་ལ་སྙོམས་པར་འཇུག་པ་དེ་དག་གི་ལེགས་པ་བརྗོད་ཅིང་མཐུན་པས་[2] དགའ་བར་བྱའོ། །བདག་གིས་ཀྱང་[1] དོར་བ་མེད་པ་སྟོང་པ་ཉིད་ལ་མཉམ་

པར་གཞག་པར་བྱ། གཞན་ཡང་དོར་བ་མྱེད་པ་སྟོང་པ་ཉིད་ལ་ཡང་དག་པར་བསྐུལ་བར་བྱ། དོར་བ་མྱེད་པ་སྟོང་པ་ཉིད་ཀྱི་ལེགས་པ་བརྗོད་པར་བྱ། སེམས་ཅན་གཞན་གང་དོར་བ་མྱེད་པ་སྟོང་པ་ཉིད་ལ་སྙོམས་པར་འཇུག་པ་དེ་དག་གི་ལེགས་པ་བརྗོད་ཅིང་མཐུན་པས་དགའ་བར་བྱའོ། །བདག་གིས་ཀྱང་རང་བཞིན་སྟོང་པ་ཉིད་ལ་མཉམ་པར་གཞག་པར་བྱ། གཞན་ཡང་རང་བཞིན་སྟོང་པ་ཉིད་ལ་ཡང་དག་པར་བསྐུལ་བར་བྱ། རང་བཞིན་སྟོང་པ་ཉིད་ཀྱི་ལེགས་པ་བརྗོད་པར་བྱ། སེམས་ཅན་གཞན་གང་རང་བཞིན་སྟོང་པ་ཉིད་ལ་སྙོམས་པར་འཇུག་པ་དེ་དག་གི་ལེགས་པ་བརྗོད་ཅིང་མཐུན་པས་དགའ་བར་བྱའོ། །བདག་གིས་ཀྱང་ཆོས་ཐམས་ཅད་སྟོང་པ་ཉིད་ལ་མཉམ་པར་གཞག་པར་བྱ། གཞན་ཡང་ཆོས་ཐམས་ཅད་སྟོང་པ་ཉིད་ལ་ཡང་དག་པར་བསྐུལ་བར་བྱ། ཆོས་ཐམས་ཅད་སྟོང་པ་ཉིད་ཀྱི་ལེགས་པ་བརྗོད་པར་བྱ། སེམས་ཅན་གཞན་གང་ཆོས་ཐམས་ཅད་སྟོང་པ་ཉིད་ལ་སྙོམས་པར་འཇུག་པ་དེ་དག་གི་ལེགས་པ་བརྗོད་ཅིང་མཐུན་པས་དགའ་བར་བྱའོ། །བདག་གིས་ཀྱང་རང་གི་མཚན་ཉིད་སྟོང་པ་ཉིད་ལ་མཉམ་པར་གཞག་པར་བྱ། གཞན་ཡང་རང་གི་མཚན་ཉིད་སྟོང་པ་ཉིད་ལ་ཡང་དག་པར་བསྐུལ་བར་བྱ། རང་གི་མཚན་ཉིད་སྟོང་པ་ཉིད་ཀྱི་ལེགས་པ་བརྗོད་པར་བྱ། སེམས་ཅན་གཞན་གང་རང་གི་མཚན་ཉིད་སྟོང་པ་ཉིད་ལ་སྙོམས་པར་འཇུག་པ་དེ་དག་གི་ལེགས་པ་བརྗོད་ཅིང་མཐུན་པས་དགའ་བར་བྱའོ༑ །བདག་གིས་ཀྱང་མྱི་དམྱིགས་པ་སྟོང་པ་ཉིད་ལ་མཉམ་པར་གཞག་པར་བྱ། གཞན་ཡང་མྱི་དམྱིགས་པ་སྟོང་པ་ཉིད་ལ་ཡང་དག་པར་བསྐུལ་བར་བྱ། མྱི་དམྱིགས་པ་སྟོང་པ་ཉིད་ཀྱི་ལེགས་པ་བརྗོད་པར་བྱ། སེམས་ཅན་གཞན་གང་མྱི་དམྱིགས་པ་སྟོང་པ་ཉིད་ལ་སྙོམས་པར་འཇུག་པ་དེ་①དག་གི་ལེགས་པ་བརྗོད་ཅིང་

མཐུན་པས་དགའ་བར་བྱའོ། །བདག་གིས་ཀྱང་དངོས་པོ་མེད་པ་སྟོང་པ་ཉིད་ལ་མཉམ་པར་གཞག་པར་བྱ། གཞན་ཡང་དངོས་པོ་མེད་པ་སྟོང་པ་ཉིད་ལ་ཡང་དག་པར་བསྐུལ་བར་བྱ། དངོས་པོ་མེད་པ་སྟོང་པ་ཉིད་ཀྱི་ལེགས་པ་བརྗོད་པར་བྱ། སེམས་ཅན་གཞན་གང་དངོས་པོ་མེད་པ་སྟོང་པ་ཉིད་ལ་སྙོམས་པར་འཇུག་པ་དེ་དག་གི་ལེགས་པ་བརྗོད་ཅིང་མཐུན་པས་དགའ་བར་བྱའོ། །བདག་གིས་ཀྱང་ངོ་བོ་ཉིད་སྟོང་པ་ཉིད་ལ་མཉམ་པར་གཞག་པར་བྱ། གཞན་ཡང་ངོ་བོ་ཉིད་སྟོང་པ་ཉིད་ལ་ཡང་དག་པར་བསྐུལ་བར་བྱ། ངོ་བོ་ཉིད་སྟོང་པ་ཉིད་ཀྱི་ལེགས་པ་བརྗོད་པར་བྱ། སེམས་ཅན་གཞན་གང་ངོ་བོ་ཉིད་སྟོང་པ་ཉིད་ལ་སྙོམས་པར་འཇུག་པ་དེ་དག་གི་[2]ལེགས་པ་བརྗོད་ཅིང་མཐུན་པས་དགའ་བར་བྱའོ། །བདག་གིས་ཀྱང་དངོས་པོ་མེད་པའི་ངོ་བོ་ཉིད་སྟོང་པ་ཉིད་ལ་མཉམ་པར་གཞག་པར་བྱ། གཞན་ཡང་དངོས་པོ་མེད་པའི་ངོ་བོ་ཉིད་སྟོང་པ་ཉིད་ལ་ཡང་དག་པར་བསྐུལ་བར་བྱ། དངོས་པོ་མེད་པའི་ངོ་བོ་ཉིད་སྟོང་པ་ཉིད་ཀྱི་ལེགས་པ་བརྗོད་པར་བྱ། སེམས་ཅན་གཞན་གང་དངོས་པོ་མེད་པའི་ངོ་བོ་ཉིད་སྟོང་པ་ཉིད་ལ་[3]སྙོམས་པར་འཇུག་པ་དེ་དག་གི་ལེགས་པ་བརྗོད་ཅིང་མཐུན་པས་དགའ་བར་བྱའོ། །བདག་གིས་ཀྱང་དྲན་པ་ཉེ་བར་གཞག་པ་བཞི་བསྒོམ་[1]པར་བྱ། གཞན་ཡང་དྲན་པ་ཉེ་བར་གཞག་པ་བཞི་ལ་ཡང་དག་པར་བསྐུལ་བར་བྱ། དྲན་པ་ཉེ་བར་གཞག་པ་རྣམས་ཀྱི་ལེགས་པ་བརྗོད་པར་བྱ། སེམས་ཅན་གཞན་གང་དྲན་པ་ཉེ་བར་གཞག་པ་བཞི་སྒོམ་[2]པ་དེ་དག་གི་ལེགས་པ་བརྗོད་ཅིང་མཐུན་པས་དགའ་བར་བྱའོ། །བདག་གིས་ཀྱང་ཡང་དག་པར་སྤོང་བ་བཞི་བསྒོམ་པར་བྱ། གཞན་ཡང་ཡང་དག་པར་སྤོང་བ་བཞི་ལ་ཡང་དག་པར་བསྐུལ་བར་བྱ། ཡང་དག་པར་སྤོང་བ་རྣམས་ཀྱི་ལེགས་པ་བརྗོད་པར་བྱ། སེམས་ཅན་གཞན་གང་

ཡང་དག་པར་སྤོང་བ་བཞི་སྒོམ་[༡]པ་དེ་དག་གི་ལེགས་པ་བརྗོད་ཅིང་མཐུན་པས་དགའ་བར་བྱའོ། །བདག་གིས་ཀྱང་རྫུ་འཕྲུལ་གྱི་རྐང་པ་བཞི་བསྒོམ་[༢]པར་བྱ། གཞན་ཡང་རྫུ་འཕྲུལ་གྱི་རྐང་པ་བཞི་ལ་ཡང་དག་པར་བསྐུལ་བར་བྱ། རྫུ་འཕྲུལ་གྱི་རྐང་པ་རྣམས་ཀྱི་ལེགས་པ་བརྗོད་པར་བྱ། སེམས་ཅན་གཞན་གང་རྫུ་འཕྲུལ་གྱི་རྐང་པ་བཞི་སྒོམ་[༣]པ་དེ་དག་གི་ལེགས་པ་བརྗོད་ཅིང་མཐུན་པས་དགའ་བར་བྱའོ། །བདག་གིས་ཀྱང་དབང་པོ་ལྔ་བསྒོམ་པར་བྱ། གཞན་ཡང་དབང་པོ་ལྔ་ལ་ཡང་དག་པར་བསྐུལ་བར་བྱ། དབང་པོ་རྣམས་ཀྱི་ལེགས་པ་བརྗོད་པར་བྱ། སེམས་ཅན་གཞན་གང་དབང་པོ་ལྔ་སྒོམ་[༤]པ་དེ་དག་གི་ལེགས་པ་བརྗོད་ཅིང་མཐུན་པས་དགའ་བར་བྱའོ། །བདག་གིས་ཀྱང་སྟོབས་ལྔ་བསྒོམ་པར་བྱ། གཞན་ཡང་སྟོབས་ལྔ་ལ་ཡང་དག་པར་བསྐུལ་བར་བྱ། སྟོབས་རྣམས་ཀྱི་ལེགས་པ་བརྗོད་པར་བྱ། སེམས་ཅན་གཞན་གང་སྟོབས་ལྔ་སྒོམ་[༥]པ་དེ་དག་གི་ལེགས་པ་བརྗོད་[༦]ཅིང་མཐུན་པས་དགའ་བར་བྱའོ། །བདག་གིས་ཀྱང་བྱང་ཆུབ་ཀྱི་ཡན་ལག་བདུན་བསྒོམ་པར་བྱ། གཞན་ཡང་བྱང་ཆུབ་ཀྱི་ཡན་ལག་བདུན་ལ་ཡང་དག་པར་བསྐུལ་བར་བྱ། བྱང་ཆུབ་ཀྱི་ཡན་ལག་རྣམས་ཀྱི་ལེགས་པ་བརྗོད་པར་བྱ། སེམས་ཅན་གཞན་གང་[༧]བྱང་ཆུབ་ཀྱི་ཡན་ལག་བདུན་སྒོམ་[༨]པ་དེ་དག་གི་ལེགས་པ་བརྗོད་ཅིང་མཐུན་པས་དགའ་བར་བྱའོ། །བདག་གིས་ཀྱང་འཕགས་པའི་ལམ་ཡན་ལག་བརྒྱད་པ་བསྒོམ་པར་བྱ། གཞན་ཡང་འཕགས་པའི་ལམ་ཡན་ལག་བརྒྱད་པ་ལ་ཡང་དག་པར་བསྐུལ་བར་བྱ། འཕགས་པའི་ལམ་ཡན་ལག་བརྒྱད་པའི་ལེགས་པ་བརྗོད་པར་བྱ། སེམས་ཅན་གཞན་གང་འཕགས་པའི་ལམ་ཡན་ལག་[༩]བརྒྱད་པ་སྒོམ་[༡༠]པ་དེ་དག་གི་ལེགས་པ་བརྗོད་ཅིང་མཐུན་པས་དགའ་བར་བྱའོ། །བདག་གིས་ཀྱང་འཕགས་པའི་བདེན་པ་བཞི་བསྒོམ་པར་བྱ།

གཞན་ཡང་འཕགས་པའི་བདེན་པ་བཞི་ལ་ཡང་དག་པར་བསྒྲུབ་པར་བྱ། འཕགས་པའི་བདེན་པ་རྣམས་ཀྱི་ལེགས་པ་བརྗོད་པར་བྱ། སེམས་ཅན་གཞན་གང་འཕགས་པའི་བདེན་པ་བཞི་སྒོམ[༡]པ་དེ་དག་གི་ལེགས་པ་བརྗོད་ཅིང་མཐུན་པས་དགའ་བར་བྱའོ། །བདག་གིས་ཀྱང་བསམ་གཏན་བཞི་བསྒོམ་པར་བྱ། གཞན་ཡང་བསམ་གཏན་བཞི་ལ་ཡང་དག་པར་བསྒྲུབ་པར་བྱ། བསམ་གཏན་རྣམས་ཀྱི་ལེགས་པ་བརྗོད་པར་བྱ། སེམས་ཅན་གཞན་གང་བསམ་གཏན་བཞི་སྒོམ[༢]པ་དེ་དག་གི་ལེགས་པ་བརྗོད་ཅིང་མཐུན་པས་དགའ་བར་བྱའོ། །བདག་གིས་ཀྱང་ཚད་མེད་པ་བཞི་བསྒོམ་པར་བྱ། གཞན་ཡང་ཚད་མེད་པ་བཞི་ལ་ཡང་དག་པར་བསྒྲུབ་པར་བྱ། ཚད་མེད་པ་རྣམས་ཀྱི་ལེགས་པ་བརྗོད་པར་བྱ། སེམས་ཅན་གཞན་གང་ཚད་མེད་པ་བཞི་སྒོམ[༣]པ་དེ་དག་གི་ལེགས་པ་བརྗོད་ཅིང་མཐུན་པས་དགའ་བར་བྱའོ། །བདག་གིས་ཀྱང་གཟུགས་མེད་པའི་སྙོམས་པར་འཇུག་པ་བཞི་བསྒོམ་པར་བྱ། གཞན་ཡང་གཟུགས་མེད་པའི་སྙོམས་པར་འཇུག་པ་བཞི་ལ་ཡང་དག་པར་བསྒྲུབ་པར་བྱ། གཟུགས་མེད་པའི་སྙོམས་པར་འཇུག་པ་རྣམས་ཀྱི་ལེགས་པ་བརྗོད་པར་བྱ། སེམས་ཅན་གཞན་གང་[༤]གཟུགས་མེད་པའི་སྙོམས་པར་འཇུག་པ་བཞི་སྒོམ་པ་དེ་དག་གི་ལེགས་པ་བརྗོད་ཅིང་མཐུན་པས་དགའ་བར་བྱའོ། །བདག་གིས་ཀྱང་རྣམ་པར་ཐར་པ་བརྒྱད་བསྒོམ་པར་བྱ། གཞན་ཡང་རྣམ་པར་ཐར་པ་བརྒྱད་ལ་ཡང་དག་པར་བསྒྲུབ་པར་བྱ། རྣམ་པར་ཐར་པ་རྣམས་ཀྱི་ལེགས་པ་བརྗོད་པར་བྱ། སེམས་ཅན་གཞན་གང་རྣམ་པར་ཐར་པ་བརྒྱད་སྒོམ[༥]པ་དེ་དག་གི་ལེགས་པ་བརྗོད་ཅིང་མཐུན་པས་དགའ་བར་བྱའོ། །བདག་གིས་ཀྱང་མཐར་གྱིས་གནས་པའི་སྙོམས་པར་འཇུག་པ་དགུ་བསྒོམ[༦]པར་བྱ། གཞན་ཡང་མཐར་གྱིས་གནས་པའི་སྙོམས་པར་འཇུག་པ་དགུ་ལ་ཡང་དག་པར

བསྐྱལ་བར་བྱ། མཐར་གྱིས་གནས་པའི་སྙོམས་པར་འཇུག་པ་རྣམས་ཀྱི་ལེགས་པ་བརྗོད་པར་བྱ། སེམས་ཅན་གཞན་གང་མཐར་གྱིས་གནས་པའི་སྙོམས་པར་འཇུག་པ་དགུ་སྒོམ[1]་པ་དེ་དག་གི་ལེགས་པ་བརྗོད་ཅིང་མཐུན་པས་དགའ་བར་བྱའོ། །བདག་གིས་ཀྱང་རྣམ་པར་ཐར་པའི་སྒོ་སྟོང་པ་ཉིད་དང་། མཚན་མ་མེད་པ་དང་། སྨོན་པ་མེད་པ་བསྒོམ་པར་བྱ། གཞན་ཡང་རྣམ་པར་ཐར་པའི་སྒོ་སྟོང་པ་ཉིད་དང་། མཚན་མ་མེད་པ་དང་། སྨོན་པ་མེད་པ་ལ་ཡང་དག་པར་བསྐྱལ་བར་བྱ༑ རྣམ་པར་ཐར་པའི་སྒོ་སྟོང་པ་ཉིད་དང་། མཚན་མ་མེད་པ་དང་། སྨོན་པ་མེད་པའི་ལེགས་པ་བརྗོད་པར་བྱ། སེམས་ཅན་གཞན་གང་རྣམ་པར་ཐར་པའི་སྒོ་སྟོང་པ་ཉིད་དང་། མཚན་མ་མེད་པ་དང་། སྨོན་པ་མེད་པ་སྒོམ[2]་པ་དེ་དག་གི་ལེགས་པ་བརྗོད་ཅིང་མཐུན་པས་དགའ་བར་བྱའོ། །བདག་གིས་ཀྱང་མངོན་པར་ཤེས་པ་རྣམས་བསྒོམ་པར་བྱ། གཞན་ཡང་མངོན་པར་ཤེས་པ་རྣམས་ལ་ཡང་དག་པར་བསྐྱལ་བར་བྱ། མངོན་པར་ཤེས་པ་རྣམས་ཀྱི་ལེགས་པ་བརྗོད་པར་བྱ། སེམས་ཅན་གཞན་གང་མངོན་པར་ཤེས་པ་རྣམས་སྒོམ[3]་པ་དེ་དག་གི་ལེགས་པ་བརྗོད་ཅིང་མཐུན་པས་དགའ་བར་བྱའོ། །བདག་གིས་ཀྱང་ཏིང་ངེ་འཛིན་རྣམས་བསྒོམ་པར་བྱ། གཞན་ཡང་ཏིང་ངེ་འཛིན་རྣམས་ལ་ཡང་དག་པར་བསྐྱལ་བར་བྱ། ཏིང་ངེ་འཛིན་རྣམས་ཀྱི་ལེགས་པ་བརྗོད་པར་བྱ། སེམས་ཅན་གཞན་གང་ཏིང་ངེ་འཛིན་རྣམས་སྒོམ[4]་པ་དེ་དག་གི་ལེགས་པ་བརྗོད་ཅིང་མཐུན་པས་དགའ་བར་བྱའོ། །བདག་གིས[5]་ཀྱང་གཟུངས་ཀྱི་སྒོ་རྣམས་བསྒོམ་པར་བྱ། གཞན་ཡང་གཟུངས་ཀྱི་སྒོ་རྣམས་ལ་ཡང་དག་པར་བསྐྱལ་བར་བྱ༑ གཟུངས་ཀྱི་སྒོ་རྣམས་ཀྱི་ལེགས་པ་བརྗོད་པར་བྱ། སེམས་ཅན་གཞན་གང་གཟུངས་ཀྱི་སྒོ་རྣམས་སྒོམ[6]་པ་དེ་དག་གི་ལེགས་པ་བརྗོད་ཅིང་མཐུན་པས་

དགའ་བར་བྱའོ། །བདག་གིས་ཀྱང་དེ་བཞིན་གཤེགས་པའི་སྟོབས་བཅུ་ཡོངས་སུ་རྫོགས་པར་བྱ། གཞན་ཡང་དེ་བཞིན་གཤེགས་པའི་[༡]སྟོབས་བཅུ་[༢]ལ་ཡང་དག་པར་བསྐུལ་བར་བྱ། དེ་བཞིན་གཤེགས་པའི་སྟོབས་རྣམས་ཀྱི་ལེགས་པ་བརྗོད་པར་བྱ[༣]། སེམས་ཅན་གཞན་གང་དེ་བཞིན་གཤེགས་པའི་སྟོབས་བཅུ་ཡོངས་སུ་རྫོགས་པར་བྱེད་པ་དེ་དག་གི་ལེགས་པ་བརྗོད་ཅིང་མཐུན་པས་དགའ་བར་བྱའོ། །བདག་གིས་ཀྱང་མི་འཇིགས་པ་བཞི་ཡོངས་སུ་རྫོགས་པར་བྱ། གཞན་ཡང་མི་འཇིགས་པ་བཞི་ལ་ཡང་དག་པར་བསྐུལ་བར་བྱ། མི་འཇིགས་པ་རྣམས་ཀྱི་ལེགས་པ་བརྗོད་པར་བྱ། སེམས་ཅན་གཞན་གང་མི་འཇིགས་པ་བཞི་ཡོངས་སུ་རྫོགས་པར་བྱེད་པ་དེ་དག་གི་ལེགས་པ་བརྗོད་ཅིང་མཐུན་པས་དགའ་བར་བྱའོ། །བདག་གིས་ཀྱང་སོ་སོ་ཡང་དག་པར་རིག་པ་བཞི་ཡོངས་སུ་རྫོགས་པར་བྱ། གཞན་ཡང་སོ་སོ་ཡང་དག་པར་རིག་པ་བཞི་ལ་ཡང་དག་པར་བསྐུལ་བར་བྱ། སོ་སོ་ཡང་དག་པར་རིག་པ་རྣམས་ཀྱི་ལེགས་པ་བརྗོད་པར་བྱ། སེམས་ཅན་གཞན་གང་སོ་སོ་ཡང་དག་པར་རིག་པ་བཞི་ཡོངས་སུ་རྫོགས་པར་བྱེད་པ་དེ་དག་གི་ལེགས་པ་བརྗོད་ཅིང་མཐུན་པས་དགའ་བར་བྱའོ། །བདག་གིས་ཀྱང་བྱམས་པ་ཆེན་པོ་ཡོངས་སུ་རྫོགས་པར་བྱ། གཞན་ཡང་བྱམས་པ་ཆེན་པོ་ལ་ཡང་དག་པར་བསྐུལ་བར་བྱ། བྱམས་པ་ཆེན་པོའི་ལེགས་པ་བརྗོད་པར་བྱ། སེམས་ཅན་གཞན་གང་བྱམས་པ་ཆེན་པོ་ཡོངས་སུ་རྫོགས་པར་བྱེད་པ་དེ་དག་གི་ལེགས་པ་བརྗོད་ཅིང་མཐུན་པས་དགའ་བར་བྱའོ། །བདག་གིས་ཀྱང་སྙིང་རྗེ་ཆེན་པོ་ཡོངས་སུ་རྫོགས་པར་བྱ། གཞན་ཡང་སྙིང་རྗེ་ཆེན་པོ་ལ་ཡང་དག་པར་བསྐུལ་བར་བྱ། སྙིང་རྗེ་ཆེན་པོའི་ལེགས་པ་བརྗོད་པར་བྱ། སེམས་ཅན་གཞན་གང་སྙིང་རྗེ་ཆེན་པོ་ཡོངས་སུ་རྫོགས་པར་བྱེད་པ་དེ་དག་གི་ལེགས་པ་བརྗོད་ཅིང་མཐུན་

པས་དགའ་བར་བྱའོ། །བདག་གིས་ཀྱང་སངས་རྒྱས་ཀྱི་ཆོས་མ་འདྲེས་པ་བཅོ་[1] བརྒྱད་ཡོངས་སུ་རྫོགས་པར་བྱ། གཞན་ཡང་སངས་རྒྱས་ཀྱི་ཆོས་མ་འདྲེས་པ་བཅོ་[2] བརྒྱད་ལ་ཡང་དག་པར་བསླུལ་[3] བར་བྱ། སངས་རྒྱས་ཀྱི་ཆོས་མ་འདྲེས་པ་རྣམས་ཀྱི་ལེགས་པ་བརྗོད་པར་བྱ། སེམས་ཅན་གཞན་གང་སངས་རྒྱས་ཀྱི་ཆོས་མ་འདྲེས་པ་རྣམས་ཡོངས་སུ་རྫོགས་པར་བྱེད་པ་དེ་དག་གི་ལེགས་པ་བརྗོད་ཅིང་མཐུན་པས་དགའ་བར་བྱའོ། །བདག་གིས་ཀྱང་རྟེན་ཅིང་འབྲེལ་པར་འབྱུང་བ་ལུགས་དང་ལུགས་མ་ཡིན་པ་ལ་མཉམ་པར་གཞག་པར་བྱ། གཞན་ཡང་རྟེན་ཅིང་འབྲེལ་པར་འབྱུང་བ་ལུགས་དང་ལུགས་མ་ཡིན་པའི་སྙོམས་པར་འཇུག་པ་ལ་ཡང་དག་པར་བསླུལ་བར་བྱ། རྟེན་ཅིང་འབྲེལ་པར་འབྱུང༌བ་ལུགས་དང་ལུགས་མ་ཡིན་པ་ལ་སྙོམས་པར་འཇུག་[4] པའི་ལེགས་པ་བརྗོད་པར་བྱ། སེམས་ཅན་གཞན་གང་རྟེན་ཅིང་འབྲེལ་པར་འབྱུང་བ༌ལུགས་དང་ལུགས་མ་ཡིན་པ་[5] ལ་སྙོམས་པར་འཇུག་པ་དེ་དག་གི་ལེགས་པ་བརྗོད་ཅིང་མཐུན་པས་དགའ་བར་བྱ་སྟེ། དེ་ལྟར་བྱང་ཆུབ་སེམས་དཔའ་སེམས་དཔའ་ཆེན་པོ་བླ་ན་མེད་པ་ཡང་དག་པར་རྫོགས་པའི་བྱང་ཆུབ་ཏུ་མངོན་པར་རྫོགས་པར་འཚང་རྒྱ་བར་འདོད་པས་[6] དེ་མི་དམིགས་པའི་ཚུལ་གྱིས་གནས་པར་བྱའོ། །བདག་གིས་ཀྱང་སྡུག་བསྔལ་ཡོངས་སུ་ཤེས་པར་བྱ། ཀུན་འབྱུང་བ་[7] རབ་ཏུ་སྤང་བར་བྱ། འགོག་པ་མངོན་དུ་བྱ། ལམ་བསྒོམ་པར་བྱ། [8] གཞན་ཡང་སྡུག་བསྔལ་ཡོངས་སུ་ཤེས་པར་བྱ་བ་དང༌། ཀུན་འབྱུང་བ་རབ་ཏུ་སྤང་བ་དང༌། འགོག་པ་མངོན་དུ་བྱ་བ་དང༌། ལམ་བསྒོམ་པ་ལ་ཡང་དག་པར་བསླུལ་བར་བྱ། སྡུག་བསྔལ་ཡོངས་སུ་ཤེས་པ་[9] དང་[10]། ཀུན་འབྱུང་བ་རབ་ཏུ་སྤོང་བ་དང༌། འགོག་པ་མངོན་དུ་བྱེད་པ་དང༌། ལམ་སྒོམ་[11] པའི་ལེགས་པ་བརྗོད་པར་བྱ། སེམས་ཅན་གཞན་གང་སྡུག་བསྔལ་ཡོངས་

སུ་ཤེས་པར་བྱེད་པ་དང་། ཀུན་འབྱུང་བ་རབ་ཏུ་སྤོང་བ་དང་། འགོག་པ་མངོན་དུ་བྱེད་པ་དང་། ལམ་སྒོམ་[༢]པ་དེ་དག་གི་ལེགས་པ་བརྗོད་ཅིང་མཐུན་པས་དགའ་བར་བྱའོ། །བདག་གིས་ཀྱང་རྒྱུན་དུ་ཞུགས་པའི་འབྲས་བུ་ཤེས་པ་མངོན་དུ་བྱ་བའི་ཕྱིར། ཤེས་པ་བསྐྱེད་དེ། ཡང་དག་པའི་མཐའ་མངོན་དུ་མི་བྱ། གཞན་ཡང་རྒྱུན་དུ་ཞུགས་པའི་འབྲས་བུ་ཤེས་པ་མངོན་དུ་བྱ་བ་ལ་ཡང་དག་པར་བསྐུལ་བར་བྱ། རྒྱུན་དུ་ཞུགས་པའི་འབྲས་བུ་ཤེས་པ་མངོན་དུ་བྱ་བའི་ལེགས་པ་བརྗོད་པར་བྱ། སེམས་ཅན་གཞན་གང་རྒྱུན་དུ་ཞུགས་པའི་འབྲས་བུ་ཤེས་པ་མངོན་དུ་བྱེད་པ་དེ་དག་གི་ལེགས་པ་བརྗོད་ཅིང་མཐུན་པས་དགའ་བར་བྱའོ། །བདག་གིས་ཀྱང་ལན་ཅིག་ཕྱིར་འོང་བའི་འབྲས་བུ་ཤེས་པ་མངོན་དུ་བྱ་བའི་ཕྱིར་ཤེས་པ་བསྐྱེད་དེ། ཡང་དག་པའི་མཐའ་མངོན་དུ་མི་བྱའོ[༣]། །གཞན་ཡང་ལན་ཅིག་ཕྱིར་འོང་བའི་འབྲས་བུ་ཤེས་པ་མངོན་དུ་བྱ་བ་ལ་ཡང་དག་པར་བསྐུལ་བར་བྱ། ལན་ཅིག་ཕྱིར་འོང་བའི་འབྲས་བུ་ཤེས་པ་མངོན་དུ་བྱ་བའི་ལེགས་པ་བརྗོད་པར་བྱ། སེམས་ཅན་གཞན་གང་ལན་ཅིག་ཕྱིར་འོང་བའི་འབྲས་བུ་ཤེས་པ་མངོན་དུ་བྱེད་པ་དེ་དག་གི་ལེགས་པ་བརྗོད་ཅིང་མཐུན་པས་དགའ་བར་བྱའོ། །བདག་གིས་ཀྱང་ཕྱིར་མི་འོང་བའི་འབྲས་བུ་ཤེས་པ་མངོན་དུ་བྱ་བའི་ཕྱིར་ཤེས་པ་བསྐྱེད་དེ། ཡང་དག་པའི་མཐའ་མངོན་དུ་མི་བྱ། གཞན་ཡང་ཕྱིར་མི་འོང་བའི་འབྲས་བུ་ཤེས་པ་མངོན་དུ་བྱ་བ་ལ་ཡང་དག་པར་བསྐུལ་བར་བྱ། ཕྱིར་མི་འོང་བའི་འབྲས་བུ་ཤེས་པ་མངོན་དུ་བྱ་བའི་ལེགས་པ་བརྗོད་པར་བྱ། སེམས་ཅན་གཞན་གང་ཕྱིར་མི་འོང་བའི་འབྲས་བུ་ཤེས་པ་མངོན་དུ་བྱེད་པ་དེ་དག་གི་ལེགས་པ་བརྗོད་ཅིང་མཐུན་པས་དགའ་བར་བྱའོ། །བདག་གིས་ཀྱང་དགྲ་བཅོམ་པའི་འབྲས་བུ་ཤེས་པ་མངོན་དུ་བྱ་བའི་ཕྱིར་[༣]ཤེས་

པ་བསྐྱེད་དེ། ཡང་དག་པའི་མཐའ་མངོན་དུ་མི་བྱ། གཞན་ཡང་དགྲ་བཅོམ་པའི་འབྲས་བུ་ཤེས་པ་མངོན་དུ་བྱ་བ་ལ་ཡང་དག་པར་བསྐུལ་བར་བྱ། དགྲ་བཅོམ་པའི་འབྲས་བུ་ཤེས་པ་མངོན་དུ་བྱ་བའི་ལེགས་པ་བརྗོད་པར་བྱ། སེམས་ཅན་གཞན་གང་དགྲ་བཅོམ་པའི་འབྲས་བུ་ཤེས་པ་མངོན་དུ་བྱེད་པ་དེ་དག་གི་ལེགས་པ་བརྗོད་ཅིང་མཐུན་པས་དགའ་བར་བྱའོ། །བདག་གིས་ཀྱང་རང་བྱང་ཆུབ་ཤེས་པ་མངོན་དུ་བྱ་བའི་ཕྱིར་ཤེས་པ་བསྐྱེད་དེ། ཿརང་བྱང་ཆུབ་ཤེས་པ་མངོན་དུ་བྱ་བས་[༧]ཡང་དག་པའི་མཐའ་མངོན་དུ་མི་བྱ། གཞན་ཡང་རང་བྱང་ཆུབ་ཤེས་པ་མངོན་དུ་བྱ་བ་ལ་ཡང་དག་པར་བསྐུལ་བར་བྱ། རང་བྱང་ཆུབ་ཤེས་པ་མངོན་དུ་བྱ་བའི་ལེགས་པ་བརྗོད་པར་བྱ། སེམས་ཅན་གཞན་གང་རང་བྱང་ཆུབ་ཤེས་པ་མངོན་དུ་བྱེད་པ་དེ་དག་གི་ལེགས་པ་བརྗོད་ཅིང་མཐུན་པས་དགའ་བར་བྱའོ།། །།

ཤེས་རབ་ཀྱི་ཕ་རོལ་ཏུ་ཕྱིན་པ་སྟོང་ཕྲག་བརྒྱ་པ། བམ་པོ་བརྒྱད་[༣]པ། བདག་ཀྱང་བྱང་ཆུབ་སེམས་དཔའི་སྐྱོན་མེད་པར་[༣]འཇུག་པར་བྱ། གཞན་ཡང་བྱང་ཆུབ་སེམས་དཔའི་སྐྱོན་མེད་པར་འཇུགཿཔ་ལ་ཡང་དག་[༨]པར་བསྐུལ་བར་བྱ། བྱང་ཆུབ་སེམས་དཔའི་སྐྱོན་མེད་པ་ལ་འཇུག་པའི་ལེགས་པ་བརྗོད་པར་བྱ། སེམས་ཅན་གཞན་གང་བྱང་ཆུབ་སེམས་དཔའི་སྐྱོན་མེད་པ་ལ་འཇུག་པ་དེ་དག་གི་ལེགས་པ་བརྗོད་ཅིང་མཐུན་པས་དགའ་བར་བྱ་སྟེ། དེ་ལྟར་བྱང་ཆུབ་སེམས་དཔའ་སེམས་དཔའ་ཆེན་པོ་བླ་ན་མེད་པ་ཡང་དག་པར་རྫོགས་པའི་བྱང་ཆུབ་ཏུ་འབྱུང་བར་འདོད་པས། དེ་མི་དམིགས་པའི་ཚུལ་གྱིས་གནས་པར་བྱའོ། །བདག་གིས་ཀྱང་སེམས་ཅན་རྣམས་ཡོངས་སུ་སྨིན་པར་བྱ། གཞན་ཡང་སེམས་ཅན་ཡོངས་སུ་སྨིན་པར་བྱ་བ་ལ་ཡང་དག་པར་བསྐུལ་བར་བྱ། སེམས་ཅན་

ཡོངས་སུ་སྨིན་པར་བྱ་བའི་ལེགས་པ་བརྗོད་པར་བྱ། །སེམས་ཅན་གཞན་གང་
སེམས་ཅན་རྣམས་ཡོངས་སུ་སྨིན་པར་བྱེད་པ་དེ་དག་གི་ལེགས་པ་བརྗོད་ཅིང····
མཐུན་པས་དགའ་བར་བྱའོ། །བདག་གིས་ཀྱང་སངས་རྒྱས་ཀྱི་ཞིང་ཡོངས་སུ་
སྦྱང་བར་བྱ། གཞན་ཡང་སངས་རྒྱས་ཀྱི་ཞིང་ཡོངས་སུ་སྦྱང་བ་ལ་ཡང་དག་པར་
བསྐུལ་བར་བྱ། སངས་རྒྱས་ཀྱི་ཞིང་ཡོངས་སུ་སྦྱང་བའི་ལེགས་པ་བརྗོད་པར་བྱ།
སེམས་ཅན་གཞན་གང་སངས་རྒྱས་ཀྱི་ཞིང་ཡོངས་སུ་སྦྱོང་①བ་དེ་དག་གི་ལེགས་པ་
བརྗོད་ཅིང་མཐུན་པས་དགའ་བར་བྱའོ། །བདག་གིས་ཀྱང་བྱང་ཆུབ་སེམས་
དཔའི་མངོན་པར་ཤེས་པ་བསྐྱེད་པར་བྱ། གཞན་ཡང་བྱང་ཆུབ་སེམས་དཔའི···
མངོན་པར་ཤེས་པ་བསྐྱེད་པ་ལ་ཡང་དག་པར་བསྐུལ་བར་བྱ། མངོན་པར་ཤེས་
པ་བསྐྱེད་པའི་ལེགས་པ་བརྗོད་པར་བྱ། སེམས་ཅན་གཞན་གང་བྱང་ཆུབ་སེམས་
དཔའི་མངོན་པར་ཤེས་པ་སྐྱེད་②པ་དེ་དག་གི་ལེགས་པ་བརྗོད་ཅིང་མཐུན་པས····
དགའ་བར་བྱའོ། །བདག་གིས་ཀྱང་རྣམ་པ་ཐམས་ཅད་མཁྱེན་པ་ཉིད་ཀྱི་ཡེ་ཤེས་
བསྐྱེད་པར་བྱ། ③གཞན་ཡང་རྣམ་པ་ཐམས་ཅད་མཁྱེན་པ་ཉིད་ཀྱི་ཡེ་ཤེས་ལ····
ཡང་དག་པར་བསྐུལ་བར་བྱ། རྣམ་པ་ཐམས་ཅད་མཁྱེན་པ་ཉིད་ཀྱི་ཡེ་ཤེས་ཀྱི···
ལེགས་པ་བརྗོད་པར་བྱ། སེམས་ཅན་གཞན་གང་རྣམ་པ་ཐམས་ཅད་མཁྱེན་པ···
ཉིད་ཀྱི་ཡེ་ཤེས་སྐྱེད་④པ་དེ་དག་གི་ལེགས་པ་བརྗོད་ཅིང་མཐུན་པས་དགའ་བར···
བྱའོ༔ །བདག་གིས་ཀྱང་བག་ཆགས་ཀྱི་མཚམས་སྦྱོར་བའི་ཉོན་མོངས་པ་ཐམས་
ཅད་སྤང་བར་བྱ། གཞན་ཡང་བག་ཆགས་ཀྱི་མཚམས་སྦྱོར་བའི་ཉོན་མོངས་པ···
ཐམས་ཅད་སྤང་བ་ལ་ཡང་དག་པར་བསྐུལ་བར་བྱ། བག་ཆགས་ཀྱི་མཚམས་
སྦྱོར་བའི་ཉོན་མོངས་པ་ཐམས་ཅད་སྤང་བའི་ལེགས་པ་བརྗོད་པར་བྱ། སེམས···
ཅན་གཞན་གང་བག་ཆགས་ཀྱི་མཚམས་སྦྱོར་བའི་ཉོན་མོངས་པ་ཐམས་ཅད་སྤོང་⑤

བ་དེ་དག་གི་ལེགས་པ་བརྗོད་ཅིང་མཐུན་པས་དགའ་བར༔ བྱ་སྟེ[༧]། དེ་ལྟར་བྱང་ཆུབ་སེམས་དཔའ་སེམས་དཔའ་ཆེན་པོ་བླ་ན་མེད་པ་ཡང་དག་པར་རྫོགས་པའི་བྱང་ཆུབ་ཏུ་འཚང་རྒྱ་བར་འདོད་པས། དེ་མི་དམིགས་པའི་ཚུལ་གྱིས་གནས་པར་བྱའོ། །བདག་གིས་ཀྱང་ཚེ་ཕུན་སུམ་ཚོགས་པ་ཡོངས་སུ་གཟུང་བར་བྱ། གཞན་ཡང་ཚེ་ཕུན་སུམ་ཚོགས་པ་ལ་ཡང་དག་པར་བསྐུལ་བར་བྱ། ཚེ་ཕུན་སུམ་ཚོགས་པའི་ལེགས་པ་བརྗོད་པར་བྱ། སེམས་ཅན་གཞན་གང་ཚེ་ཕུན་སུམ་ཚོགས་པ་ཡོངས་སུ་འཛིན་པ་དེ་དག་གི་ལེགས་པ་བརྗོད་ཅིང་མཐུན་པས་དགའ་བར་བྱའོ།། བདག་གིས་ཀྱང་དམ་པའི་ཆོས་གནས་པ་ཡོངས་སུ་གཟུང་བར་བྱ། གཞན་ཡང་དམ་པའི་ཆོས་གནས་པ་ཡོངས་སུ་གཟུང་བ་ལ་ཡང་དག་པར་བསྐུལ་བར་བྱ། དམ་པའི་ཆོས་གནས་པ་ཡོངས་སུ་གཟུང་བའི་ལེགས་པ་བརྗོད་པར་བྱ། སེམས་ཅན་གཞན་གང་དམ་པའི་ཆོས་གནས་པ་ཡོངས་སུ་འཛིན་པ་དེ་དག་གི་ལེགས་པ་བརྗོད་ཅིང་མཐུན་པས་དགའ་བར་བྱ་སྟེ། རབ་འབྱོར་དེ་ལྟར་བྱང་ཆུབ་སེམས་དཔའ་སེམས་དཔའ་ཆེན་པོ་བླ་ན་མེད་པ་ཡང་དག་པར་རྫོགས་པའི་བྱང་ཆུབ་ཏུ་འཚང་རྒྱ་བར་འདོད་པས། དེ་མི་དམིགས་པའི་ཚུལ་གྱིས་གནས་པར་བྱའོ། །དེ་ལྟར་བྱང་ཆུབ་སེམས་དཔའ་སེམས་དཔའ་ཆེན་པོས[༣] ཤེས་རབ་ཀྱི་ཕ་རོལ་ཏུ་ཕྱིན་པ་དང་། ཐབས་མཁས་པ་ལ་བསླབ་པར་བྱའོ། །དེ་དེ་ལྟར་སློབ་ཅིང་དེ་དེ་ལྟར་གནས་པས། དེའི་གཟུགས་སྒྲིབ་པ་མེད་པར་འགྱུར་རོ། །ཚོར་བ་སྒྲིབ་པ་མེད་པར་འགྱུར་རོ། །འདུ་ཤེས་སྒྲིབ་པ་མེད་པར་འགྱུར་རོ། །འདུ་བྱེད་སྒྲིབ་པ་མེད་པར་འགྱུར་རོ། །རྣམ་པར་ཤེས་པ་སྒྲིབ་པ་མེད་པར་འགྱུར་རོ། །མིག་སྒྲིབ་པ་མེད་པར་འགྱུར་རོ། །རྣ་བ་སྒྲིབ་པ་མེད་པར་འགྱུར་རོ། །སྣ་སྒྲིབ་པ་མེད་པར་འགྱུར་རོ། །ལྕེ་སྒྲིབ་པ་མེད་པར་འགྱུར་རོ། །ལུས་སྒྲིབ་པ་མེད་པར་

འགྱུར་རོ། །ཡིད་སྒྲིབ་པ་མེད་པར་འགྱུར་རོ། །གཟུགས་སྒྲིབ༔པ་མེད་①པར་འགྱུར་རོ། །སྒྲ་སྒྲིབ༔པ་མེད་②པར་འགྱུར་རོ། །དྲི་སྒྲིབ་པ་མེད་པར་འགྱུར་རོ། །རོ་སྒྲིབ་པ་མེད་པར་འགྱུར་རོ། །རེག་སྒྲིབ་པ་མེད་པར་འགྱུར་རོ། །ཆོས་སྒྲིབ་པ་མེད་པར་འགྱུར་རོ། །མིག་གི་རྣམ་པར་ཤེས་པ་སྒྲིབ་པ་མེད་པར་འགྱུར་རོ། །རྣ་བའི་རྣམ་པར་ཤེས་པ་སྒྲིབ་པ་མེད་པར་འགྱུར་རོ། །སྣའི་རྣམ་རྣམ་③པར་ཤེས་པ་སྒྲིབ་པ་མེད་པར་འགྱུར་རོ། །ལྕེའི་རྣམ་པར་ཤེས་པ་སྒྲིབ་པ་མེད་པར་འགྱུར་རོ། །ལུས་ཀྱི་རྣམ་པར་ཤེས་པ་སྒྲིབ་པ་མེད་པར་འགྱུར་རོ། །ཡིད་ཀྱི་རྣམ་པར་ཤེས་པ་སྒྲིབ་པ་མེད་པར་འགྱུར་རོ། །མིག་གི་འདུས་ཏེ་རེག་པ་སྒྲིབ་པ་མེད་པར་འགྱུར་རོ། །རྣ་བའི་འདུས་ཏེ་རེག་པ་སྒྲིབ་པ་མེད་པར་འགྱུར་རོ། །སྣའི་འདུས་ཏེ་རེག་པ་སྒྲིབ་པ་མེད་པར་འགྱུར་རོ། །ལྕེའི་འདུས་ཏེ་རེག་པ་སྒྲིབ་པ་མེད་པར་འགྱུར་རོ། །ལུས་ཀྱི་འདུས་ཏེ་རེག་པ་སྒྲིབ་པ་མེད་པར་འགྱུར་རོ། །ཡིད་ཀྱི་འདུས་ཏེ་རེག་པ་སྒྲིབ་པ་མེད་པར་འགྱུར་རོ། །མིག་གི་འདུས་ཏེ་རེག་པའི་རྐྱེན་གྱིས་ཚོར་བ་སྒྲིབ་པ་མེད་པར་འགྱུར་རོ། །རྣ་བའི་འདུས་ཏེ་རེག་པའི་རྐྱེན་གྱིས་ཚོར་བ་སྒྲིབ་པ་མེད་པར་འགྱུར་རོ། །སྣའི་འདུས་ཏེ་རེག་པའི་རྐྱེན་གྱིས་ཚོར་བ་སྒྲིབ་པ་མེད་པར་འགྱུར་རོ། །ལྕེའི་འདུས་ཏེ་རེག་པའི་རྐྱེན་གྱིས་ཚོར་བ་སྒྲིབ་པ་མེད་པར་འགྱུར་རོ། །ལུས་ཀྱི་འདུས་ཏེ་རེག་པའི་རྐྱེན་གྱིས་ཚོར་བ་སྒྲིབ་པ་མེད་པར་འགྱུར་རོ། །ཡིད་ཀྱི་འདུས་ཏེ་རེག་པའི་རྐྱེན་གྱིས་ཚོར་བ་སྒྲིབ་པ་མེད་པར་འགྱུར་རོ། །སའི་ཁམས་སྒྲིབ་པ་མེད་པར་འགྱུར་རོ། །ཆུའི་ཁམས་སྒྲིབ་པ་མེད་པར་འགྱུར་རོ། །མེའི་ཁམས་སྒྲིབ་པ་མེད་པར་འགྱུར་རོ། །རླུང་གི་ཁམས་སྒྲིབ་པ་མེད་པར་འགྱུར་རོ། །ནམ་མཁའི་ཁམས་སྒྲིབ་པ་མེད་པར་འགྱུར་རོ། །རྣམ་པར་ཤེས་པའི་ཁམས་སྒྲིབ་པ་མེད་པར་འགྱུར་རོ། །མ་རིག་པ་སྒྲིབ་པ་མེད་པར་འགྱུར་རོ། །འདུ་བྱེད་

སྒྲིབ་པ་མེད་པར་འགྱུར་རོ། །རྣམ་པར་ཤེས་པ་སྒྲིབ་པ་མེད་པར་འགྱུར་རོ། །མིང་དང་གཟུགས་སྒྲིབ་པ་མེད་པར་འགྱུར་རོ། །སྐྱེ་མཆེད་དྲུག་སྒྲིབ་པ་མེད་པར་འགྱུར་རོ། །རེག་པ་སྒྲིབ་པ་མེད་པར་འགྱུར་རོ། །ཚོར་བ་སྒྲིབ་པ་མེད་པར་འགྱུར་རོ། །སྲེད་པ་སྒྲིབ་པ་མེད་པར་འགྱུར་རོ། །ལེན་པ་སྒྲིབ་པ་མེད་པར་འགྱུར་རོ། །སྲིད་པ་སྒྲིབ་པ་མེད་པར་འགྱུར་རོ། །སྐྱེ་བ་སྒྲིབ་པ་མེད་པར་འགྱུར་རོ། །རྒ་ཤི་སྒྲིབ་པ་མེད་པར་འགྱུར་རོ། །སྦྱིན་པའི་ཕ་རོལ་ཏུ་ཕྱིན་པ་སྒྲིབ་པ་མེད་པར་འགྱུར་རོ། །ཚུལ་ཁྲིམས་ཀྱི་ཕ་རོལ་ཏུ་ཕྱིན་པ་སྒྲིབ་པ་མེད་པར་འགྱུར་རོ། །བཟོད་པའི་ཕ་རོལ་ཏུ་ཕྱིན་པ་སྒྲིབ་པ་མེད་པར་འགྱུར་རོ། །བརྩོན་འགྲུས་ཀྱི་ཕ་རོལ་ཏུ་ཕྱིན་པ་སྒྲིབ་པ་མེད་པར་འགྱུར་རོ། །བསམ་གཏན་གྱི་ཕ་རོལ་ཏུ་ཕྱིན་པ་སྒྲིབ་པ་མེད་པར་འགྱུར་རོ། །ཤེས་རབ་ཀྱི་ཕ་རོལ་ཏུ་ཕྱིན་པ་སྒྲིབ་པ་མེད་པར་འགྱུར་རོ། །ནང་སྟོང་པ་ཉིད་སྒྲིབ་པ་མེད་པར་འགྱུར་རོ། །ཕྱི་སྟོང་པ་ཉིད་སྒྲིབ་པ་མེད་པར་འགྱུར་རོ། །ཕྱི་ནང་སྟོང་པ་ཉིད་སྒྲིབ་པ་མེད་པར་འགྱུར་རོ། །སྟོང་པ་ཉིད་སྟོང་པ་ཉིད་སྒྲིབ་པ་མེད་པར་འགྱུར་རོ། །ཆེན་པོ་སྟོང་པ་ཉིད་སྒྲིབ་པ་མེད་པར་འགྱུར་རོ། །དོན་དམ་པ་སྟོང་པ་ཉིད་སྒྲིབ་པ་མེད་པར་འགྱུར་རོ། །འདུས་བྱས་སྟོང་པ་ཉིད་སྒྲིབ་པ་མེད་པར་འགྱུར་རོ། །འདུས་མ་བྱས་སྟོང་པ་ཉིད་སྒྲིབ་པ་མེད་པར་འགྱུར་རོ། །མཐའ་ལས་འདས་པ་སྟོང་པ་ཉིད་སྒྲིབ་པ་མེད་པར་འགྱུར་རོ། །ཐོག་མ་དང་ཐ་མ་མེད་པ་སྟོང་པ་ཉིད་སྒྲིབ་པ་མེད་པར་འགྱུར་རོ། །དོར་བ་མེད་པ་སྟོང་པ་ཉིད་སྒྲིབ་པ་མེད་པར་འགྱུར་རོ། །རང་བཞིན་སྟོང་པ་ཉིད་སྒྲིབ་པ་མེད་པར་འགྱུར་རོ། །ཆོས་ཐམས་ཅད་སྟོང་པ་ཉིད་སྒྲིབ་པ་མེད་པར་འགྱུར་རོ། །རང་གི་མཚན་ཉིད་སྟོང་པ་ཉིད་སྒྲིབ་པ་མེད་པར་འགྱུར་རོ། །མི་དམིགས་པ་སྟོང་པ་ཉིད་སྒྲིབ་པ་མེད་པར་འགྱུར་

རོ། །དངོས་པོ་མེད་པ་སྟོང་པ་ཉིད་སྒྲིབ་པ་མེད་པར་འགྱུར་རོ། །ངོ་བོ་ཉིད་སྟོང་པ་ཉིད་སྒྲིབ་པ་མེད་པར་འགྱུར་རོ། །དངོས་པོ་མེད་པའི་ངོ་བོ་ཉིད་སྟོང་པ་ཉིད་སྒྲིབ་པ་མེད་པར་འགྱུར་རོ། །དྲན་པ་ཉེ་བར་གཞག་པ་རྣམས་སྒྲིབ་པ་མེད་པར་འགྱུར་རོ། །ཡང་དག་པར་སྤོང་བ་རྣམས་སྒྲིབ་པ་མེད་པར་འགྱུར་རོ། །རྫུ་འཕྲུལ་གྱི་②རྐང་པ་རྣམས་སྒྲིབ་པ་མེད་པར་འགྱུར་རོ། །དབང་པོ་རྣམས་སྒྲིབ་པ་མེད་པར་འགྱུར་རོ། །སྟོབས་རྣམས་སྒྲིབ་པ་མེད་པར་འགྱུར་རོ། །བྱང་ཆུབ་ཀྱི་ཡན་ལག་རྣམས་སྒྲིབ་པ་མེད་པར་འགྱུར་རོ། །འཕགས་པའི་ལམ་ཡན་ལག་བརྒྱད་པ་སྒྲིབ་པ་མེད་པར་འགྱུར་རོ། །འཕགས་པའི་བདེན་པ་རྣམས་སྒྲིབ་པ་མེད་པར་འགྱུར་རོ། །བསམ་གཏན་རྣམས་སྒྲིབ་པ་མེད་པར་འགྱུར་རོ། །ཚད་མེད་པ་རྣམས་སྒྲིབ་པ་མེད་པར་འགྱུར་རོ། །གཟུགས་མེད་པའི་སྙོམས་པར་འཇུག་པ་རྣམས་སྒྲིབ་པ་མེད་པར་འགྱུར་རོ། །རྣམ་པར་ཐར་པ་བརྒྱད་སྒྲིབ་པ་མེད་པར་འགྱུར་རོ། །མཐར་གྱིས་གནས་པའི་སྙོམས་པར་འཇུག་པ་དགུ་སྒྲིབ་པ་མེད་པར་འགྱུར་རོ། །རྣམ་པར་ཐར་པའི་སྒོ་སྟོང་པ་ཉིད་དང་། མཚན་མ་མེད་པ་དང་། སྨོན་པ་མེད་པ་སྒྲིབ་པ་མེད་པར་འགྱུར་རོ། །མངོན་པར་ཤེས་པ་རྣམས་སྒྲིབ་པ་མེད་པར་འགྱུར་རོ། །ཏིང་ངེ་འཛིན་རྣམས་སྒྲིབ་པ་མེད་པར་འགྱུར་རོ། །གཟུངས་ཀྱི་སྒོ་རྣམས་སྒྲིབ་པ་མེད་པར་འགྱུར་རོ། །དེ་བཞིན་གཤེགས་པའི་སྟོབས་རྣམས་སྒྲིབ་པ་མེད་པར་འགྱུར་རོ། །མི་འཇིགས་པ་རྣམས་སྒྲིབ་པ་མེད་པར་འགྱུར་རོ། །སོ་སོ་ཡང་དག་པར་རིག་པ་རྣམས་སྒྲིབ་པ་མེད་པར་འགྱུར་རོ། །བྱམས་པ་ཆེན་པོ་སྒྲིབ་པ་མེད་པར་འགྱུར་རོ། །སྙིང་རྗེ་ཆེན་པོ་སྒྲིབ་པ་མེད་པར་འགྱུར་རོ། །སངས་རྒྱས་ཀྱི་ཆོས་མ་འདྲེས་པ་རྣམས་སྒྲིབ་པ་མེད་པར་འགྱུར་རོ། །རྒྱུན་དུ་ཞུགས་པའི་འབྲས་བུ་ཤེས་པ་སྒྲིབ་པ་མེད་པར་

འགྱུར་རོ། །ཡན་ཅིག་ཕྱིར་འོང་བའི་འབྲས་བུ་ཤེས་པ་སྒྲིབ་པ་མེད་པར་འགྱུར་རོ། །ཕྱིར་མི་འོང་བའི་འབྲས་བུ་ཤེས་པ་སྒྲིབ་པ་མེད་པར་འགྱུར་རོ། །དགྲ་བཅོམ་པ་ཉིད་ཤེས་པ་སྒྲིབ་པ་མེད་པར་འགྱུར་རོ། །རང་སངས་རྒྱས་ཤེས་པ་སྒྲིབ་པ་མེད་པར་འགྱུར་རོ། །བྱང་ཆུབ་སེམས་དཔའི་སྐྱོན་མེད་པ་ལ[1]འཇུག་པ་སྒྲིབ་པ་མེད་པར་འགྱུར་རོ། །སེམས་ཅན་ཡོངས་སུ་སྨིན་པར་བྱ་བ་སྒྲིབ་པ་མེད་པར་འགྱུར་རོ། །སངས་རྒྱས་ཀྱི་ཞིང་ཡོངས་སུ་དག་པར་བྱ་བ་སྒྲིབ་པ་མེད་པར་འགྱུར་རོ། །རྣམ་པ་ཐམས་ཅད་མཁྱེན་པ་ཉིད་ཀྱི་ཡེ་ཤེས་སྒྲིབ་པ་མེད་པར་འགྱུར་རོ། །བག་ཆགས་ཀྱི་མཚམས[2]སྦྱོར་བའི་ཉོན་མོངས་པ་ཐམས་ཅད་སྤོང་བ་སྒྲིབ་པ[3]མེད་པར་འགྱུར་རོ། །ཚེ་ཕུན་སུམ་ཚོགས་པ་སྒྲིབ་པ་མེད་པར་འགྱུར་རོ། །དམ་པའི་ཆོས་གནས་པ་སྒྲིབ་པ་མེད་པར་འགྱུར་རོ། །དེ་ཅིའི་ཕྱིར་ཞེ་ན། དེ་ནི་འདི་ལྟར་བྱང་ཆུབ་སེམས་དཔའ་སེམས་དཔའ་ཆེན་པོ་དེས། སྔོན་གྱི་མཐའ་ནས་ཀྱང་གཟུགས་ཡོངས་སུ་མ་བཟུང་། ཚོར་བ་ཡོངས་སུ་མ་བཟུང་། འདུ་ཤེས་ཡོངས་སུ་མ་བཟུང་། འདུ་བྱེད་ཡོངས་སུ་མ་བཟུང་། རྣམ་པར་ཤེས་པ་ཡོངས་སུ་མ་བཟུང་ངོ་། །མིག་ཡོངས་སུ་མ་བཟུང་། རྣ་བ་ཡོངས་སུ་མ་བཟུང་། སྣ་ཡོངས་སུ་མ་བཟུང་། ལྕེ་ཡོངས་སུ་མ་བཟུང་། ལུས་ཡོངས་སུ་མ་བཟུང་། ཡིད་ཡོངས་སུ་མ་བཟུང་ངོ[4]། །གཟུགས་ཡོངས་སུ་མ་བཟུང་། སྒྲ་ཡོངས་སུ་མ་བཟུང་། དྲི་ཡོངས་སུ་མ་བཟུང་། རོ་ཡོངས་སུ་མ་བཟུང་། རེག་ཡོངས་སུ་མ་བཟུང་། ཆོས་ཡོངས་སུ་མ་བཟུང་ངོ་། །མིག་གི་རྣམ་པར་ཤེས་པ་ཡོངས་སུ་མ་བཟུང་། རྣ་བའི་རྣམ་པར་ཤེས་པ[5]ཡོངས་སུ་མ་བཟུང་། སྣའི་རྣམ་པར་ཤེས་པ་ཡོངས་སུ་མ[6]བཟུང་། ལྕེའི་རྣམ་པར་ཤེས་པ་ཡོངས་སུ་མ་བཟུང་། ལུས་ཀྱི་རྣམ་པར་ཤེས་པ་ཡོངས་སུ་མ་བཟུང་། ཡིད་ཀྱི་རྣམ་པར་ཤེས་པ་ཡོངས་

སུ་མ་བཟུང་ངོ་། །མིག་གི་འདུས་ཏེ་རེག་པ་ཡོངས་སུ་མ་བཟུང་། རྣ་བའི་འདུས་ཏེ་རེག་པ་ཡོངས་སུ་མ་བཟུང་། སྣའི་འདུས་ཏེ་རེག་པ་ཡོངས་སུ་མ་བཟུང་། ལྕེའི་འདུས་ཏེ་རེག་པ་ཡོངས་སུ་མ་བཟུང་། ལུས་ཀྱི་འདུས་ཏེ་རེག་པ་ཡོངས་སུ་མ་བཟུང་། ཡིད་ཀྱི་འདུས་ཏེ་རེག་པ་ཡོངས་སུ་མ་བཟུང་ངོ་། །མིག་གི་འདུས་ཏེ་རེག་པའི་རྐྱེན་གྱིས་ཚོར་བ་ཡོངས་སུ་མ་བཟུང་། རྣ་བའི་འདུས་ཏེ་རེག་པའི་རྐྱེན་གྱིས་ཚོར་བ་ཡོངས་སུ་མ་བཟུང་། སྣའི་འདུས་ཏེ་རེག་པའི་རྐྱེན་གྱིས་ཚོར་བ་ཡོངས་སུ་མ་བཟུང་། ལྕེའི་འདུས་ཏེ་རེག་པའི་རྐྱེན་གྱིས་ཚོར་བ་ཡོངས་སུ་མ་བཟུང་། ལུས་ཀྱི་འདུས་ཏེ་རེག་པའི་རྐྱེན་གྱིས་ཚོར་བ་ཡོངས་སུ་མ་བཟུང་། ཡིད་ཀྱི་འདུས་ཏེ་རེག་པའི་རྐྱེན་གྱིས་ཚོར་བ་ཡོངས་སུ་མ་བཟུང་ངོ་། །སའི་ཁམས་ཡོངས་སུ་མ་བཟུང་། ཆུའི་ཁམས་ཡོངས་སུ་མ་བཟུང་། མེའི་ཁམས་ཡོངས་སུ་མ་བཟུང་། རླུང་གི་ཁམས་ཡོངས་སུ་མ་བཟུང་། ནམ་མཁའི་ཁམས་ཡོངས་སུ་མ་བཟུང་། རྣམ་པར་ཤེས་པའི་ཁམས་ཡོངས་སུ་མ་བཟུང་ངོ་། །མ་རིག་པ་ཡོངས་སུ་མ་བཟུང་། འདུ་བྱེད་ཡོངས་སུ་མ་བཟུང་། རྣམ་པར་ཤེས་པ་ཡོངས་སུ་མ་བཟུང་། མིང་དང་གཟུགས་ཡོངས་སུ་མ་བཟུང་། སྐྱེ་མཆེད་དྲུག་ཡོངས་སུ་མ་བཟུང་། རེག་པ་ཡོངས་སུ་མ་བཟུང་། ཚོར་བ་ཡོངས་སུ་མ་བཟུང་། སྲེད་པ་ཡོངས་སུ་མ་བཟུང་། ལེན་པ་ཡོངས་སུ་མ་བཟུང་། སྲིད་པ་ཡོངས་སུ་མ་བཟུང་། སྐྱེ་བ་ཡོངས་སུ་མ་བཟུང་། རྒ་ཤི་ཡོངས་སུ་མ་བཟུང་ངོ་། །སྦྱིན་པའི་ཕ་རོལ་ཏུ་ཕྱིན་པ་ཡོངས་སུ་མ་བཟུང་། ཚུལ་ཁྲིམས་ཀྱི་ཕ་རོལ་ཏུ་ཕྱིན་པ་ཡོངས་སུ་མ་བཟུང་། བཟོད་པའི་ཕ་རོལ་ཏུ་ཕྱིན་པ་ཡོངས་སུ་མ་བཟུང་། བརྩོན་འགྲུས་ཀྱི་ཕ་རོལ་ཏུ་ཕྱིན་པ་ཡོངས་སུ་མ་བཟུང་། བསམ་གཏན་གྱི་ཕ་རོལ་ཏུ་ཕྱིན་པ་ཡོངས་སུ་མ་བཟུང་། ཤེས་རབ་ཀྱི་ཕ་རོལ་ཏུ་ཕྱིན་པ་

ཡོངས་སུ་མ་བཟུང་ངོ་། །ནང་སྟོང་པ་ཉིད་ཡོངས་སུ་མ་བཟུང་། ཕྱི་སྟོང་པ་ཉིད་ཡོངས་སུ་མ་བཟུང་། ཕྱི་ནང་སྟོང་པ་ཉིད་ཡོངས་སུ་མ་བཟུང་། སྟོང་པ་ཉིད་སྟོང་པ་ཉིད་ཡོངས་སུ་མ་བཟུང་། ཆེན་པོ་སྟོང་པ་ཉིད་ཡོངས་སུ་མ་བཟུང་། དོན་དམ་པ་སྟོང་པ་ཉིད་ཡོངས་སུ་མ་བཟུང་། འདུས་བྱས་སྟོང་པ་ཉིད་ཡོངས་སུ་མ་བཟུང་། འདུས་མ་བྱས་སྟོང་པ་ཉིད་ཡོངས་སུ་མ་བཟུང་། མཐའ་ལས་འདས་པ་སྟོང་པ་ཉིད་ཡོངས་སུ་མ་བཟུང་། ཐོག་མ་དང་ཐ་མ་མེད་པ་སྟོང་པ་ཉིད་ཡོངས་སུ་མ་བཟུང་། དོར་བ་མེད་པ་སྟོང་པ་ཉིད་ཡོངས་སུ་མ་བཟུང་། རང་བཞིན་སྟོང་པ་ཉིད་ཡོངས་སུ་མ་བཟུང་། ཆོས་ཐམས་ཅད་སྟོང་པ་ཉིད་ཡོངས་སུ་མ་བཟུང་། རང་གི་མཚན་ཉིད་སྟོང་པ་ཉིད་ཡོངས་སུ་མ་བཟུང་། མི་དམིགས་པ་སྟོང་པ་ཉིད་ཡོངས་སུ་མ་བཟུང་། དངོས་པོ་མེད་པ་སྟོང་པ་ཉིད་ཡོངས་སུ་མ་བཟུང་། ངོ་བོ་ཉིད་སྟོང་པ་ཉིད་ཡོངས་སུ་མ་བཟུང་། དངོས་པོ་མེད་པའི་ངོ་བོ་ཉིད་སྟོང་པ་ཉིད་ཡོངས་སུ་མ་བཟུང་ངོ་[༡]། །དྲན་པ་ཉེ་བར་གཞག་པ་རྣམས་ཡོངས་སུ་མ་བཟུང་། ཡང་དག་པར་སྤོང་བ་རྣམས་ཡོངས་སུ་མ་བཟུང་། རྫུ་འཕྲུལ་གྱི་རྐང་པ་རྣམས་ཡོངས་སུ་མ་བཟུང་། དབང་པོ་རྣམས་ཡོངས་སུ་མ་བཟུང་། སྟོབས་རྣམས་ཡོངས་སུ་མ་བཟུང་། བྱང་ཆུབ་ཀྱི་ཡན་ལག་རྣམས་ཡོངས་སུ་མ་བཟུང་། འཕགས་པའི་ལམ་ཡན་ལག་[༢]བརྒྱད་པ་ཡོངས་སུ་མ་བཟུང་ངོ་[༣]། །འཕགས་པའི་བདེན་པ་རྣམས་ཡོངས་སུ་མ་བཟུང་། བསམ་གཏན་རྣམས་ཡོངས་སུ་མ་བཟུང་། ཚད་མེད་པ་རྣམས་ཡོངས་སུ་མ་བཟུང་། གཟུགས་མེད་པའི་སྙོམས་པར་འཇུག་པ་རྣམས་ཡོངས་སུ་མ་བཟུང་། རྣམ་པར་ཐར་པ་རྣམས་ཡོངས་སུ་མ་བཟུང་། མཐར་གྱིས་གནས་པའི་སྙོམས་པར་འཇུག་པ་རྣམས་ཡོངས་སུ་མ་བཟུང་། རྣམ་པར་ཐར་པའི་སྒོ་སྟོང་པ་ཉིད་

དང་མཚན་མ་མྱེད་པ་དང་སྨོན་པ་མྱེད་པ་ཡོངས་སུ་མ་བཟུང་ངོ་། །མངོན་པར་ཤེས་པ་རྣམས་ཡོངས་སུ་མ་བཟུང་། ཏིང་ངེ་འཛིན་རྣམས་ཡོངས་སུ་མ་བཟུང་། གཟུངས་ཀྱི་སྒོ་རྣམས་ཡོངས་སུ་མ་བཟུང་ངོ་། །དེ་བཞིན་གཤེགས་པའི་སྟོབས་རྣམས་ཡོངས་སུ་མ་བཟུང་། མྱི་འཇིགས་པ་རྣམས་ཡོངས་སུ་མ་བཟུང་། སོ་སོ་ཡང་དག་པར་རིག་པ་རྣམས་ཡོངས་སུ་མ་བཟུང་། བྱམས་པ་ཆེན་པོ་ཡོངས་སུ་མ་བཟུང་། སྙིང་རྗེ་ཆེན་པོ་ཡོངས་སུ་མ་བཟུང་། སངས་རྒྱས་ཀྱི་ཆོས་མ་འདྲེས་པ་རྣམས་ཡོངས་སུ་མ་བཟུང་ངོ་(༧)། །ཐམས་ཅད་ཤེས་པ་ཉིད་ཡོངས་སུ་མ་བཟུང་། ལམ་གྱི་རྣམ་པ་ཤེས་པ་ཉིད་ཡོངས་སུ་མ་བཟུང་། རྣམ་པ་ཐམས་ཅད་མཁྱེན་པ་ཉིད་ཡོངས་སུ་མ་བཟུང་ངོ་། །དེ་ཅིའི་ཕྱིར་ཞེ་ན། འདི་ལྟར་གཟུགས་ཡོངས་སུ་གཟུང་(༡)དུ་མྱེད་པ་གང་ཡིན་པ་དེ་ནི་གཟུགས་མ་ཡིན། ཚོར་བ་ཡོངས་སུ་གཟུང་དུ་མྱེད་པ་གང་ཡིན་པ་དེ་ནི་ཚོར་བ་མ་ཡིན། འདུ་ཤེས་ཡོངས་སུ་གཟུང་དུ་མྱེད་པ་གང་ཡིན་པ་དེ་ནི་འདུ་ཤེས་མ་ཡིན། འདུ་བྱེད་ཡོངས་སུ་གཟུང་དུ་མྱེད་པ་གང་ཡིན་པ་དེ་ནི་འདུ་བྱེད་མ་ཡིན། རྣམ་པར་ཤེས་པ་ཡོངས་སུ་གཟུང་དུ་མྱེད་པ་གང་ཡིན་པ་དེ་ནི་རྣམ་པར་ཤེས་པ་མ་ཡིན། མྱིག་ཡོངས་སུ་གཟུང་དུ་མྱེད་པ་གང་ཡིན་པ་དེ་ནི་མྱིག་མ་ཡིན། རྣ་བ་ཡོངས་སུ་གཟུང་དུ་མྱེད་པ་གང་ཡིན་པ་དེ་ནི་རྣ་བ་མ་ཡིན། སྣ་ཡོངས་སུ་གཟུང་དུ་མྱེད་པ་གང་ཡིན་པ་དེ་ནི་སྣ་མ་ཡིན། ལྕེ་ཡོངས་སུ་གཟུང་དུ་མྱེད་པ་གང་ཡིན་པ་དེ་ནི་ལྕེ་མ་ཡིན། ལུས་ཡོངས་སུ་གཟུང་དུ་མྱེད་པ་གང་ཡིན་པ་དེ་ནི་ལུས་མ་ཡིན། ཡིད་ཡོངས་སུ་གཟུང་དུ་མྱེད་པ་གང་ཡིན་པ་དེ་ནི། ཡིད་མ་ཡིན། གཟུགས་ཡོངས་སུ་གཟུང་དུ་མྱེད་པ་གང་ཡིན་པ་དེ་ནི་གཟུགས་མ་ཡིན། སྒྲ་ཡོངས་སུ་གཟུང་དུ་མྱེད་པ་གང་ཡིན་པ་དེ་ནི་སྒྲ་མ་ཡིན། དྲི་ཡོངས་སུ་གཟུང་དུ་མྱེད་པ་གང་ཡིན་པ་དེ་ནི་དྲི་མ་ཡིན། རོ་

ཡོངས་སུ་གཟུང་དུ་མེད་པ་གང་ཡིན་པ་དེ་ནི་རོ་མ་ཡིན། རེག་ཡོངས་སུ་གཟུང་དུ་མེད་པ་གང་ཡིན་པ་དེ་ནི་རེག་མ་ཡིན། ཆོས་ཡོངས་སུ་གཟུང་དུ་མེད་པ་གང་ཡིན་པ་དེ་ནི་ཆོས་མ་ཡིན། མིག་གི་རྣམ་པར་ཤེས་པ་ཡོངས་སུ་གཟུང་དུ་མེད་པ་གང་ཡིན་པ་དེ་ནི་མིག་གི་རྣམ་པར་ཤེས་པ་མ་ཡིན། རྣ་བའི་རྣམ་པར་ཤེས་པ་ཡོངས་སུ་གཟུང་དུ་མེད་པ་གང་ཡིན་པ་དེ་ནི་རྣ་བའི་རྣམ་པར་ཤེས་པ་མ་ཡིན། སྣའི་རྣམ་པར་ཤེས་པ་ཡོངས་སུ་གཟུང་དུ་མེད་པ་གང་ཡིན་པ་དེ་ནི་སྣའི་རྣམ་པར་ཤེས་པ་མ་ཡིན། ལྕེའི་རྣམ་པར་ཤེས་པ་ཡོངས་སུ་གཟུང་དུ་མེད་པ་གང་ཡིན་པ་དེ་ནི་ལྕེའི་རྣམ་པར་ཤེས་པ་མ་ཡིན། ལུས་ཀྱི་རྣམ་པར་ཤེས་པ་ཡོངས་སུ་གཟུང་དུ་མེད་པ་གང་ཡིན་པ་དེ་ནི་ལུས་ཀྱི་རྣམ་པར་ཤེས་པ་མ་ཡིན། ཡིད་ཀྱི་རྣམ་པར་ཤེས་པ་ཡོངས་སུ་གཟུང་དུ་མེད་པ་གང་ཡིན་པ་དེ་ནི་ཡིད་ཀྱི་རྣམ་པར་ཤེས་པ་མ་ཡིན། མིག་གི་འདུས་ཏེ་རེག་པ་ཡོངས་སུ་གཟུང་དུ་མེད་པ་གང་ཡིན་པ་དེ་ནི། མིག་གི་འདུས་ཏེ་རེག་པ་མ་ཡིན། རྣ་བའི་འདུས་ཏེ་རེག་པ་ཡོངས་སུ་གཟུང་དུ་མེད་པ་གང་ཡིན་པ་དེ་ནི་རྣ་བའི་འདུས་ཏེ་རེག་པ་མ་ཡིན། སྣའི་འདུས་ཏེ་རེག་པ་ཡོངས་སུ་གཟུང་དུ་མེད་པ་གང་ཡིན་པ་དེ་ནི་སྣའི་འདུས་ཏེ་རེག་པ་མ་ཡིན། ལྕེའི་འདུས་ཏེ་རེག་པ་ཡོངས་སུ་གཟུང་དུ་མེད་པ་གང་ཡིན་པ་དེ་ནི་ལྕེའི་འདུས་ཏེ་རེག་པ་མ་ཡིན། ལུས་ཀྱི་འདུས་ཏེ་རེག་པ་ཡོངས་སུ་གཟུང་དུ་མེད་པ་གང་ཡིན་པ་དེ་ནི་ལུས་ཀྱི་འདུས་ཏེ་རེག་པ་མ་ཡིན། ཡིད་ཀྱི་འདུས་ཏེ་རེག་པ་ཡོངས་སུ་གཟུང་དུ་མེད་པ་གང་ཡིན་པ་དེ་ནི་ཡིད་ཀྱི་འདུས་ཏེ་རེག་པ་མ་ཡིན། མིག་གི་འདུས་ཏེ་རེག་པ་ལས་བྱུང་བའི་ཚོར་བ་ཡོངས་སུ་གཟུང་དུ་མེད་པ་གང་ཡིན་པ་དེ་ནི་མིག་གི་འདུས་ཏེ་རེག་པ་ལས་བྱུང་བའི་ཚོར་བ་མ་ཡིན། རྣ་བའི་འདུས་ཏེ་རེག་པ་ལས་བྱུང་བའི་ཚོར་བ་ཡོངས་སུ་གཟུང་དུ་མེད་པ་གང་ཡིན་པ་དེ་ནི་རྣ་བའི་

འདུས་ཏེ་རེག་པ་ལས་བྱུང་བའི་ཚོར་བ་མ་ཡིན། སྣའི་འདུས་ཏེ་རེག་པ་ལས་བྱུང་བའི་ཚོར་བ་ཡོངས་སུ་གཟུང་དུ་མེད་པ་གང་ཡིན་པ་དེ་ནི་སྣའི་འདུས་ཏེ་རེག་པ་ལས་བྱུང་བའི་ཚོར་བ་མ་ཡིན། ལྕེའི་འདུས་ཏེ་རེག་པ་ལས་བྱུང་བའི་ཚོར་བ་ཡོངས་སུ་གཟུང་དུ་མེད་པ་གང་ཡིན་པ་དེ་ནི། ལྕེའི་འདུས་ཏེ་རེག་པ་ལས་བྱུང་བའི་ཚོར་བ་མ་ཡིན། ལུས་ཀྱི་འདུས་ཏེ་རེག་པ་ལས་བྱུང་བའི་ཚོར་བ་ཡོངས་སུ་གཟུང་དུ་མེད་པ་གང་ཡིན་པ་དེ་ནི། ལུས་ཀྱི་འདུས་ཏེ་རེག་པ་ལས་བྱུང་བའི་ཚོར་བ་མ་ཡིན། ཡིད་ཀྱི་འདུས་ཏེ་རེག་པ་ལས་བྱུང་བའི་ཚོར་བ་ཡོངས་སུ་གཟུང་དུ་མེད་པ་གང་ཡིན་པ་དེ་ནི། ཡིད་ཀྱི་འདུས་ཏེ་རེག་པ་ལས་བྱུང་བའི་ཚོར་བ་མ་ཡིན། སའི་ཁམས་ཡོངས་སུ་གཟུང་དུ་མེད་པ་གང་ཡིན་པ་དེ་ནི། སའི་ཁམས་མ་ཡིན། ཆུའི་ཁམས་ཡོངས་སུ་གཟུང་དུ་མེད་པ་གང་ཡིན་པ་དེ་ནི། ཆུའི་ཁམས་མ་ཡིན། མེའི་ཁམས་ཡོངས་སུ་གཟུང་དུ་མེད་པ་གང་ཡིན་པ་དེ་ནི་མེའི་ཁམས་མ་ཡིན། རླུང་གི་ཁམས་ཡོངས་སུ་གཟུང་དུ་མེད་པ་གང་ཡིན་པ་དེ་ནི་རླུང་གི་ཁམས་མ་ཡིན། ནམ་མཁའི་ཁམས་ཡོངས་སུ་གཟུང་དུ་མེད་པ་གང་ཡིན་པ་དེ་ནི་ནམ་མཁའི་ཁམས་མ་ཡིན། རྣམ་པར་ཤེས་པའི་ཁམས་[7]ཡོངས་སུ་གཟུང་དུ་མེད་པ་གང་ཡིན་པ་དེ་ནི་རྣམ་པར་ཤེས་པའི་ཁམས་མ་ཡིན། མ་རིག་པ་ཡོངས་སུ་གཟུང་དུ་མེད་པ་གང་ཡིན་པ་དེ་ནི་མ་རིག་པ་མ་ཡིན། འདུ་བྱེད་ཡོངས་སུ་གཟུང་དུ་མེད་པ་གང་ཡིན་པ་དེ་ནི་འདུ་བྱེད་མ་ཡིན། རྣམ་པར་ཤེས་པ་ཡོངས་སུ་གཟུང་དུ་མེད་པ་གང་ཡིན་པ་དེ་ནི། རྣམ་པར་ཤེས་པ་མ་ཡིན། མིང་དང་གཟུགས་ཡོངས་སུ་གཟུང་དུ་མེད་པ་གང་ཡིན་པ་དེ་ནི་མིང་དང་གཟུགས་མ་ཡིན། སྐྱེ་མཆེད་དྲུག་ཡོངས་སུ་གཟུང་དུ་མེད་པ་གང་ཡིན་པ་དེ་ནི་སྐྱེ་མཆེད་དྲུག་མ་ཡིན། རེག་པ་ཡོངས་སུ་གཟུང་དུ་མེད་པ་གང་ཡིན་པ་དེ་ནི་རེག་པ་མ་

ཡིན། ①ཚོར་བ་ཡོངས་སུ་གཟུང་དུ་མེད་པ་གང་ཡིན་པ་དེ་ནི་ཚོར་བ་མ་ཡིན། སྲིད་པ་ཡོངས་སུ་གཟུང་དུ་མྱེད་པ་གང་ཡིན་པ་དེ་ནི་སྲིད་པ་མ་ཡིན། ལེན་པ་ཡོངས་སུ་གཟུང་དུ་མྱེད་པ་གང་ཡིན་པ་དེ་ནི་ལེན་པ་མ་ཡིན། སྲིད་པ་ཡོངས་སུ་གཟུང་དུ་མྱེད་པ་གང་ཡིན་པ་དེ་ནི་སྲིད་པ་མ་ཡིན། སྐྱེ་བ་ཡོངས་སུ་གཟུང་དུ་མྱེད་པ་གང་ཡིན་པ་དེ་ནི་སྐྱེ་བ་མ་ཡིན། ཀ་ཤི་ཡོངས་སུ་གཟུང་དུ་མྱེད་པ་གང་ཡིན་པ་དེ་ནི་ཀ་ཤི་མ་ཡིན། སྦྱིན་པའི་ཕ་རོལ་ཏུ་ཕྱིན་པ་ཡོངས་སུ་གཟུང་དུ་མྱེད་པ་གང་ཡིན་པ་དེ་ནི་སྦྱིན་པའི་ཕ་རོལ་ཏུ་ཕྱིན་པ་མ་ཡིན། ཚུལ་ཁྲིམས་ཀྱི་ཕ་རོལ་ཏུ་ཕྱིན་པ་ཡོངས་སུ་གཟུང་དུ་མྱེད་པ་གང་ཡིན་པ་དེ་ནི་ཚུལ་ཁྲིམས་ཀྱི་ཕ་རོལ་ཏུ་ཕྱིན་པ་མ་ཡིན། བཟོད་པའི་ཕ་རོལ་ཏུ་ཕྱིན་པ་ཡོངས་སུ་གཟུང་དུ་མྱེད་པ་གང་ཡིན་པ་དེ་ནི་བཟོད་པའི་ཕ་རོལ་ཏུ་ཕྱིན་པ་མ་ཡིན། བརྩོན་འགྲུས་ཀྱི་ཕ་རོལ་ཏུ་ཕྱིན་པ་ཡོངས་སུ་གཟུང་དུ་མྱེད་པ་གང་ཡིན་པ་དེ་ནི་བརྩོན་འགྲུས་ཀྱི་ཕ་རོལ་ཏུ་ཕྱིན་པ་མ་ཡིན། བསམ་གཏན་གྱི་ཕ་རོལ་ཏུ་ཕྱིན་པ་ཡོངས་སུ་གཟུང་དུ་མྱེད་པ་གང་ཡིན་པ་དེ་ནི་བསམ་གཏན་གྱི་ཕ་རོལ་ཏུ་ཕྱིན་པ་མ་ཡིན། ཤེས་རབ་ཀྱི་ཕ་རོལ་ཏུ་ཕྱིན་པ་ཡོངས་སུ་གཟུང་དུ་མྱེད་པ་གང་ཡིན་པ་དེ་ནི་ཤེས་རབ་ཀྱི་ཕ་རོལ་ཏུ་ཕྱིན་པ་མ་ཡིན། ནང་སྟོང་པ་ཉིད་ཡོངས་སུ་གཟུང་དུ་མྱེད་པ་གང་ཡིན་པ་དེ་ནི་ནང་སྟོང་པ་ཉིད་མ་ཡིན། ཕྱི་སྟོང་པ་ཉིད་ཡོངས་སུ་གཟུང་དུ་མྱེད་པ་གང་ཡིན་པ་དེ་ནི་ཕྱི་སྟོང་པ་ཉིད་མ་ཡིན། ཕྱི་ནང་སྟོང་པ་ཉིད་ཡོངས་སུ་གཟུང་དུ་མྱེད་པ་གང་ཡིན་པ་དེ་ནི་ཕྱི་ནང་སྟོང་པ་ཉིད་མ་ཡིན། སྟོང་པ་ཉིད་སྟོང་པ་②ཉིད་ཡོངས་སུ་གཟུང་དུ་མྱེད་པ་གང་ཡིན་པ་དེ་ནི་སྟོང་པ་ཉིད་སྟོང་པ་ཉིད་མ་ཡིན། ཆེན་པོ་སྟོང་པ་ཉིད་ཡོངས་སུ་གཟུང་དུ་མྱེད་པ་གང་ཡིན་པ་དེ་ནི་ཆེན་པོ་སྟོང་པ་ཉིད་མ་ཡིན། དོན་དམ་པ་སྟོང་པ་ཉིད་ཡོངས་སུ་གཟུང་དུ་མྱེད་པ་གང་ཡིན་པ…

དེ་ནི་དོན་དམ་པ་སྟོང་པ་ཉིད་མ་ཡིན། འདུས་བྱས་སྟོང་པ་ཉིད་ཡོངས་སུ་གཟུང་དུ་མེད་པ་གང་ཡིན་པ་དེ་ནི་འདུས་བྱས་སྟོང་པ་ཉིད་མ་ཡིན། འདུས་མ་བྱས་····སྟོང་པ་ཉིད་ཡོངས་སུ་གཟུང་དུ་མེད་པ་གང་ཡིན་པ་དེ་ནི་འདུས་མ་བྱས་སྟོང་པ་····ཉིད་མ་ཡིན། མཐའ་ལས་འདས་པ་སྟོང་པ་ཉིད་ཡོངས་སུ་གཟུང་དུ་མེད་པ་གང་ཡིན་པ་དེ་ནི་མཐའ་ལས་འདས་པ་སྟོང་པ་ཉིད་མ་ཡིན། ཐོག་མ་དང་ཐ་མ་····མེད་པ་སྟོང་པ་ཉིད་ཡོངས་སུ་གཟུང་དུ་མེད་པ་གང་ཡིན་པ་དེ་ནི་ཐོག་མ་དང་ཐ་མ་མེད་པ་སྟོང་པ་ཉིད་མ་ཡིན། དོར་བ་མེད་པ་སྟོང་པ་ཉིད་ཡོངས་སུ་གཟུང་དུ་····མེད་པ་གང་ཡིན་པ་དེ་ནི་དོར་བ་མེད་པ་སྟོང་པ་ཉིད་མ་ཡིན། རང་བཞིན་སྟོང་པ་ཉིད་ཡོངས་སུ་གཟུང་དུ་མེད་པ་གང་ཡིན་པ་དེ་ནི་རང་བཞིན་སྟོང་པ་ཉིད་མ་····ཡིན། ཆོས་ཐམས་ཅད་སྟོང་པ་ཉིད་ཡོངས་སུ་གཟུང་དུ་མེད་པ་གང་ཡིན་པ་དེ་ནི་ཆོས་ཐམས་ཅད་སྟོང་པ་ཉིད་མ་ཡིན། རང་གི་མཚན་ཉིད་སྟོང་པ་ཉིད་ཡོངས་སུ་གཟུང་དུ་མེད་པ་གང་ཡིན་པ་དེ་ནི་རང་གི་མཚན་ཉིད་སྟོང་པ་ཉིད་མ་ཡིན། མི་དམིགས་པ་སྟོང་པ་ཉིད་ཡོངས་སུ་གཟུང་དུ་མེད་པ་གང་ཡིན་པ་དེ་ནི་མི་····དམིགས་པ་སྟོང་པ་ཉིད་མ་ཡིན། དངོས་པོ་མེད་པ་སྟོང་པ་ཉིད་ཡོངས་སུ་གཟུང་དུ་མེད་པ་གང་ཡིན་པ་དེ་ནི་དངོས་པོ་མེད་པ་སྟོང་པ་ཉིད་མ་ཡིན། ངོ་བོ་ཉིད་སྟོང་པ་ཉིད་ཡོངས་སུ་གཟུང་དུ་མེད་པ་གང་ཡིན་པ་དེ་ནི། ངོ་བོ་ཉིད་སྟོང་པ་···ཉིད་མ་ཡིན། དངོས་པོ་མེད་པའི་ངོ་བོ་ཉིད་སྟོང་པ་ཉིད་ཡོངས་སུ་གཟུང་དུ་མེད་པ་གང་ཡིན་པ་དེ་ནི་དངོས་པོ་མེད་པའི་ངོ་བོ་ཉིད་སྟོང་པ་ཉིད་མ་ཡིན། དྲན་···པ་ཉེ་བར་གཞག་པ་རྣམས་ཡོངས་སུ་གཟུང་དུ་མེད་པ་གང་ཡིན་པ་དེ་ནི་དྲན་པ་ཉེ་བར་གཞག་པ་རྣམས་མ་ཡིན། ཡང་དག་པར་སྤོང་བ་རྣམས་ཡོངས་སུ་གཟུང་དུ་མེད་པ་གང་ཡིན་པ་དེ་ནི། ཡང་དག་པར་སྤོང་བ་རྣམས་མ་ཡིན། རྫུ་འཕྲུལ་···

གྱི་རྐང་པ་རྣམས་ཡོངས་སུ་གཟུང་དུ་མེད་པ་གང་ཡིན་པ་དེ་ནི་རྫུ་འཕྲུལ་གྱི་རྐང་པ་རྣམས་མ་ཡིན། དབང་པོ་རྣམས་ཡོངས་སུ་གཟུང་དུ་མེད་པ་གང་ཡིན་པ་དེ་ནི་དབང་པོ་རྣམས་མ་ཡིན། སྟོབས་རྣམས་ཡོངས་སུ་གཟུང་དུ་མེད་པ་གང་ཡིན་པ་དེ་ནི་སྟོབས་རྣམས་མ་ཡིན། བྱང་ཆུབ་ཀྱི་ཡན་ལག་རྣམས་ཡོངས་སུ་གཟུང་དུ་མེད་པ་གང་ཡིན་པ་དེ་ནི་བྱང་ཆུབ་ཀྱི་ཡན་ལག་རྣམས་མ་ཡིན། འཕགས་པའི་ལམ་ཡན་ལག་བརྒྱད་པ་ཡོངས་སུ་གཟུང་དུ་མེད་པ་གང་ཡིན་པ་དེ་ནི། འཕགས་པའི་[7]ལམ་ཡན་ལག་བརྒྱད་པ་མ་ཡིན། འཕགས་པའི་བདེན་པ་རྣམས་ཡོངས་སུ་གཟུང་དུ་མེད་པ་གང་ཡིན་པ་དེ་ནི་འཕགས་པའི་བདེན་པ་རྣམས་མ་ཡིན། བསམ་གཏན་རྣམས་ཡོངས་སུ་གཟུང་དུ་མེད་པ་གང་ཡིན་པ་དེ་ནི་བསམ་གཏན་རྣམས་མ་ཡིན། ཚད་མེད་པ་རྣམས་ཡོངས་སུ་གཟུང་དུ་མེད་པ་གང་ཡིན་པ་དེ་ནི་ཚད་མེད་པ་རྣམས་མ་ཡིན། གཟུགས་མེད་པའི་སྙོམས་པར་འཇུག་པ་རྣམས་ཡོངས་སུ་གཟུང་དུ་མེད་པ་གང་ཡིན་པ་དེ་ནི། གཟུགས་མེད་པའི་སྙོམས་པར་འཇུག་པ་རྣམས་མ་ཡིན། རྣམ་པར་ཐར་པ་རྣམས་ཡོངས་སུ་གཟུང་དུ་མེད་པ་གང་ཡིན་པ་དེ་ནི་རྣམ་པར་ཐར་པ་རྣམས་མ་ཡིན། མཐར་གྱིས་གནས་པའི་སྙོམས་པར་འཇུག་པ་[3]རྣམས་ཡོངས་སུ་གཟུང་དུ་མེད་པ་གང་ཡིན་པ་དེ་ནི་མཐར་གྱིས་གནས་པའི་སྙོམས་པར་འཇུག་པ་རྣམས་མ་ཡིན། རྣམ་པར་ཐར་པའི་སྒོ་སྟོང་པ་ཉིད་དང་། མཚན་མ་མེད་པ་དང་སྨོན་པ་མེད་པ་ཡོངས་སུ་གཟུང་དུ་མེད་པ་གང་ཡིན་པ་དེ་ནི། རྣམ་པར་ཐར་པའི་སྒོ་སྟོང་པ་ཉིད་དང་མཚན་མ་མེད་པ་དང་སྨོན་པ་མེད་པ་མ་ཡིན། མངོན་པར་ཤེས་པ་རྣམས་ཡོངས་སུ་གཟུང་དུ་མེད་པ་གང་ཡིན་པ་དེ་ནི། མངོན་པར་ཤེས་པ་རྣམས་མ་ཡིན། ཏིང་ངེ་འཛིན་རྣམས་ཡོངས་སུ་གཟུང་དུ་མེད་པ་གང་ཡིན་པ་དེ་ནི། ཏིང་ངེ་འཛིན་རྣམས་མ་ཡིན། གཟུངས་ཀྱི་སྒོ་རྣམས་

ཡོངས་སུ་གཟུང་དུ་མེད་པ་གང་ཡིན་པ་དེ་ནི་གཟུངས་ཀྱི་སྒོ་རྣམས་མ་ཡིན། དེ་བཞིན་གཤེགས་པའི་སྟོབས་རྣམས་ཡོངས་སུ་གཟུང་དུ་མེད་པ་གང་ཡིན་པ་དེ་ནི་དེ་བཞིན་གཤེགས་པའི་སྟོབས་རྣམས་མ་ཡིན། མི་འཇིགས་པ་རྣམས་ཡོངས་སུ་གཟུང་དུ་མེད་པ་གང་ཡིན་པ་དེ་ནི་མི་འཇིགས་པ་རྣམས་མ་ཡིན། སོ་སོ་ཡང་དག་པར་རིག་པ་རྣམས་ཡོངས་སུ་གཟུང་དུ་མེད་པ་གང་ཡིན་པ་དེ་ནི་སོ་སོ་ཡང་དག་པར་རིག་པ་རྣམས་མ་ཡིན། བྱམས་པ་ཆེན་པོ་ཡོངས་སུ་གཟུང་དུ་མེད་པ་གང་ཡིན་པ་དེ་ནི་བྱམས་པ་ཆེན་པོ་མ་ཡིན། སྙིང་རྗེ་ཆེན་པོ་ཡོངས་སུ་གཟུང་དུ་མེད་པ་གང་ཡིན་པ་དེ་ནི་སྙིང་རྗེ་ཆེན་པོ་མ་ཡིན། སངས་རྒྱས་ཀྱི་ཆོས་མ་འདྲེས་པ་རྣམས་ཡོངས་སུ་གཟུང་དུ་མེད་པ་གང་ཡིན་པ་དེ་ནི་སངས་རྒྱས་ཀྱི་ཆོས་མ་འདྲེས་པ་རྣམས་མ་ཡིན། རྒྱུན་དུ་ཞུགས་པའི་འབྲས་བུ་ཡོངས་སུ་གཟུང་དུ་མེད་པ་གང་ཡིན་པ་དེ་ནི་རྒྱུན་དུ་ཞུགས་[༧]པའི་འབྲས་བུ་མ་ཡིན། ལན་ཅིག་ཕྱིར་འོང་བའི་འབྲས་བུ་ཡོངས་སུ་གཟུང་དུ་མེད་པ་གང་ཡིན་པ་དེ་ནི་ལན་ཅིག་ཕྱིར་འོང་བའི་འབྲས་བུ་མ་ཡིན། ཕྱིར་མི་འོང་བའི་འབྲས་བུ་ཡོངས་སུ་གཟུང་དུ་མེད་པ་གང་ཡིན་པ་དེ་ནི་ཕྱིར་མི་འོང་བའི་འབྲས་བུ་མ་ཡིན། དགྲ་བཅོམ་པ་ཉིད་ཡོངས་སུ་གཟུང་དུ་མེད་པ་གང་ཡིན་པ་དེ་ནི་དགྲ་བཅོམ་པ་ཉིད་མ་ཡིན། རང་བྱང་ཆུབ་ཡོངས་སུ་གཟུང་དུ་མེད་པ་གང་ཡིན་པ་དེ་ནི་རང་བྱང་ཆུབ་མ་ཡིན། ལམ་གྱི་རྣམ་པ་ཤེས་པ་ཉིད་ཡོངས་སུ་གཟུང་དུ་མེད་པ་གང་ཡིན་པ་དེ་ནི་ལམ་གྱི་རྣམ་པ་ཤེས་པ་ཉིད་མ་ཡིན། རྣམ་པ་ཐམས་ཅད་མཁྱེན་པ་ཉིད་ཡོངས་སུ་གཟུང་དུ་མེད་པ་གང་ཡིན་པ་དེ་ནི། རྣམ་པ་ཐམས་ཅད་མཁྱེན་པ་ཉིད་མ་ཡིན་ནོ། །

བྱང་ཆུབ་སེམས་དཔའི་[༣]གནས་འདི་བཤད་པའི་ཚེ། བྱང་ཆུབ་སེམས་དཔའ་ཉིས་[༤]སྟོང་གིས་མི་སྐྱེ་བའི་ཆོས་ལ་བཟོད་པ་ཐོབ་པར་གྱུར་ཏོ། །ཤེས་རབ་ཀྱི་

ཕ་རོལ་ཏུ་ཕྱིན་པ་སྟོང་ཕྲག་བརྒྱ་པ་ལས། ལེའུ་སུམ་ཅུ་བརྒྱད་དོ[1]།། །།

དེ་སྐད་ཅེས་བཀའ་སྩལ་པ་དང་། ཚེ་དང་ལྡན་པ་རབ་འབྱོར་གྱིས་བཅོམ་ལྡན་འདས་ལ་འདི་སྐད་ཅེས་གསོལ་ཏོ། །བཅོམ་ལྡན་འདས་ཕྱིར་མི་ལྡོག་པའི་བྱང་ཆུབ་སེམས་དཔའ་སེམས་དཔའ་ཆེན་པོའི་རྣམ་པ་ནི་གང་ལགས། ཚུལ་ནི་གང་ལགས། མཚན་མ་ནི་གང་ལགས། ཇི་ལྟར་བདག་ཅག་གིས་བྱང་ཆུབ་སེམས་དཔའ་སེམས་དཔའ་ཆེན་པོ་འདི་ནི་ཕྱིར་མི་ལྡོག་པའོ་ཞེས་བགྱི་བར་འཚལ་བར་བགྱི། དེ་སྐད་ཅེས་གསོལ་པ་དང་། བཅོམ་ལྡན་འདས་ཀྱིས་ཚེ་དང་ལྡན་པ་རབ་འབྱོར་ལ་འདི་སྐད་ཅེས་བཀའ་སྩལ་ཏོ། །རབ་འབྱོར་འདི་ལ་སོ་སོའི་སྐྱེ་བོའི་ས་དང་། ཉན་ཐོས་ཀྱི་ས་དང་། རང་སངས་རྒྱས་ཀྱི་ས་དང་། བྱང་ཆུབ་སེམས་དཔའི་ས་དང་། དེ་བཞིན་གཤེགས་པའི་སར་བཤད་པ་དེ་དག་ཐམས་ཅད་ཀྱང་དེ་བཞིན་ཉིད་ལ་འགྱུར་བ་མེད་ཅིང་། རྣམ་པར་རྟོག་པ་མེད་ལ་གཉིས་སུ་མེད་ཅིང་གཉིས་སུ་བྱར་མེད་དོ། །དེ་ནི་དེ་བཞིན་ཉིད་[2]ཇི་ལྟ་བ་[3]བཞིན་དུ་འཇུག་སྟེ། དེ་བཞིན་ཉིད་ལ་རྣམ་པར་མི་རྟོག་ཅིང་། དེ་ལྟར་རྣམ་པར་མི་རྟོག་པས་འཇུག་སྟེ། དེ་ལྟར་ཞུགས་པ་[4]ནི་དེ་བཞིན་ཉིད་ཇི་ལྟ་བ་དེ་བཞིན་དུ་ཐོས་ནས་དེ་ལས་འདས་ཏེ། དེ་དག་དེ་བཞིན་ཉིད་ལ་རེ་རེ་དང་། གཉིས་ཀ་དང་། གཉིས་ཀ་མ་ཡིན་པར་ཐེ་ཚོམ་ཟ་བ་གང་ཡང་མེད་དོ། །དེ་ནི་བྱུང་རྒྱལ་དུ་སྨྲ་བ་མ་ཡིན་ཏེ། དོན་དང་ལྡན་པར་སྨྲའི། དོན་དང་མི་ལྡན་པར་སྨྲ་བ་མ་ཡིན། གཞན་གྱིས་བྱས་པ་དང་། མ་བྱས་པ་ལ་མི་ལྟ་ཞིང་ལེགས་པར་[5]བརྗོད་པ་ཚོལ་བ་ཡིན་ཏེ། རབ་འབྱོར་རྣམ་པ་དེ་དག་དང་། ཚུལ་དེ་དག་དང་། མཚན་མ་དེ་དག་དང་ལྡན་པའི་བྱང་ཆུབ་སེམས་དཔའ་སེམས་

དཔའ་ཆེན་པོ་ནི་[༡]ཕྱིར་མྱི་ལྡོག་པར་རིག་པར་བྱའོ། །གསོལ་པ། བཅོམ་ལྡན་འདས་རྣམ་པ་གང་[༢]དང་། ཚུལ་གང་[༣]དང་། མཚན་མ་གང་དག་དང་ལྡན་པའི་བྱང་ཆུབ་སེམས་དཔའ་སེམས་དཔའ་ཆེན་པོ་ཕྱིར་མྱི་ལྡོག་པར་རིག་པར་བགྱི། བཅོམ་ལྡན་འདས་ཀྱིས་བཀའ་སྩལ་པ། རབ་འབྱོར་ཆོས་ཐམས་ཅད་ནི་རྣམ་པ་མྱེད་པ་ཚུལ་མྱེད་པ། མཚན་མ་མྱེད་པའོ། །གསོལ་པ་བཅོམ་ལྡན་འདས་གལ་ཏེ་ཆོས་ཐམས་ཅད་རྣམ་པ་མ་མཆིས་པ། ཚུལ་མ་མཆིས་པ། མཚན་མ་[༤]མ་མཆིས་པ་ལགས་ན། ཆོས་གང་རྣམས་ལས་སླར་ལྡོག་[༥]པའི་སླད་དུ། བྱང་ཆུབ་སེམས་དཔའ་སེམས་དཔའ་ཆེན་པོ་ཕྱིར་མྱི་ལྡོག་པ་ཞེས་བསྟན་པ་ལགས། བཅོམ་ལྡན་འདས་ཀྱིས་བཀའ་སྩལ་པ། རབ་འབྱོར་བྱང་ཆུབ་སེམས་དཔའ་སེམས་དཔའ་ཆེན་པོ་གང་གཟུགས་ལས་ཕྱིར་ལྡོག་པ། ཚོར་བ་ལས་ཕྱིར་ལྡོག་པ། འདུ་ཤེས་ལས་ཕྱིར་ལྡོག་པ། འདུ་བྱེད་ལས་ཕྱིར་ལྡོག་པ། རྣམ་པར་ཤེས་པ་ལས་ཕྱིར་ལྡོག་པ། མྱིག་ལས་ཕྱིར་ལྡོག་པ། རྣ་བ་ལས་ཕྱིར་ལྡོག་པ། སྣ་ལས་ཕྱིར་ལྡོག་པ། ལྕེ་ལས་ཕྱིར་ལྡོག་པ། ལུས་ལས་ཕྱིར་ལྡོག་པ། ཡིད་ལས་ཕྱིར་ལྡོག་པ། གཟུགས་ལས་ཕྱིར་ལྡོག་པ། སྒྲ་ལས་ཕྱིར་[༦]ལྡོག་པ། དྲི་ལས་ཕྱིར་ལྡོག་པ། རོ་ལས་ཕྱིར་ལྡོག་པ། རེག་ལས་ཕྱིར་ལྡོག་པ། ཆོས་ལས་ཕྱིར་ལྡོག་པ༏ མྱིག་གི་རྣམ་པར་ཤེས་པ་ལས་ཕྱིར་ལྡོག་པ། རྣ་བའི་རྣམ་པར་ཤེས་པ་ལས་ཕྱིར་ལྡོག་པ། སྣའི་རྣམ་པར་ཤེས་པ་ལས་ཕྱིར་ལྡོག་པ། ལྕེའི་རྣམ་པར་ཤེས་པ་ལས་ཕྱིར་ལྡོག་པ། ལུས་ཀྱི་རྣམ་པར་ཤེས་པ་ལས་ཕྱིར་ལྡོག་པ། ཡིད་ཀྱི་རྣམ་པར་ཤེས་པ་ལས་ཕྱིར་ལྡོག་པ། མྱིག་གི་འདུས་ཏེ་རེག་པ་ལས་ཕྱིར་ལྡོག་པ། རྣ་བའི་འདུས་ཏེ་རེག་པ་ལས་ཕྱིར་ལྡོག་པ། སྣའི་འདུས་ཏེ་རེག་པ་ལས་ཕྱིར་ལྡོག་པ༏ ལྕེའི་འདུས་ཏེ་རེག་པ་ལས་ཕྱིར་ལྡོག་པ[༧]། ལུས་ཀྱི་འདུས་ཏེ་རེག་པ་

ལས་ཕྱིར་ལྡོག་པ། ཡིད་ཀྱི་འདུས་ཏེ་རེག་པ་ལས་ཕྱིར་ལྡོག་པ། མིག་གི་འདུས་ཏེ་རེག་པའི་རྐྱེན་གྱིས་ཚོར་བ་ལས་ཕྱིར་ལྡོག་པ། རྣ་བའི་འདུས་ཏེ་རེག་པའི་རྐྱེན་གྱིས་ཚོར་བ་ལས་ཕྱིར་ལྡོག་པ། སྣའི་འདུས་ཏེ་རེག་པའི་རྐྱེན་གྱིས་ཚོར་བ་ལས་ཕྱིར་ལྡོག་པ། ལྕེའི་འདུས་ཏེ་རེག་པའི་རྐྱེན་གྱིས་ཚོར་བ་ལས་ཕྱིར་ལྡོག་པ། ལུས་ཀྱི་འདུས་ཏེ་རེག་པའི་རྐྱེན་གྱིས་ཚོར་བ་ལས་ཕྱིར་ལྡོག་པ། ཡིད་ཀྱི་འདུས་ཏེ་རེག་པའི་རྐྱེན་གྱིས་ཚོར་བ་ལས་ཕྱིར་ལྡོག་པ། སའི་ཁམས་ལས་ཕྱིར་ལྡོག་པ། ཆུའི་ཁམས་ལས་ཕྱིར་ལྡོག་པ། མེའི་ཁམས་ལས་ཕྱིར་ལྡོག་པ། རླུང་གི་ཁམས་ལས་ཕྱིར་ལྡོག་པ། ནམ་མཁའི་ཁམས་ལས་ཕྱིར་ལྡོག་པ། རྣམ་པར་ཤེས་པའི་ཁམས་ལས་ཕྱིར་ལྡོག་པ། མ་རིག་པ་ལས་ཕྱིར་ལྡོག་པ། འདུ་བྱེད་ལས་ཕྱིར་ལྡོག་པ། རྣམ་པར་ཤེས་པ་ལས་ཕྱིར་ལྡོག་པ། མིང་དང་གཟུགས་ལས་ཕྱིར་ལྡོག་པ། སྐྱེ་མཆེད་དྲུག་ལས་ཕྱིར་ལྡོག་པ། རེག་པ་ལས་ཕྱིར་ལྡོག་པ། ཚོར་བ་ལས་ཕྱིར་ལྡོག་པ། སྲེད་པ་ལས་ཕྱིར་ལྡོག་པ། ལེན་པ་ལས་ཕྱིར་ལྡོག་པ། སྲིད་པ་ལས་ཕྱིར་ལྡོག་པ། སྐྱེ་བ་ལས་ཕྱིར་ལྡོག་པ། རྒ་ཤི་ལས་ཕྱིར་ལྡོག་པ། སྦྱིན་པའི་ཕ་རོལ་ཏུ་ཕྱིན་པ་ལས་ཕྱིར་ལྡོག་པ། ཚུལ་ཁྲིམས་ཀྱི་ཕ་རོལ་ཏུ་ཕྱིན་པ་ལས་ཕྱིར་ལྡོག་པ། བཟོད་པའི་ཕ་རོལ་ཏུ་ཕྱིན་པ་ལས་ཕྱིར་ལྡོག་པ། བརྩོན་འགྲུས་ཀྱི་ཕ་རོལ་ཏུ་ཕྱིན་པ་ལས་ཕྱིར་ལྡོག་པ། བསམ་གཏན་གྱི་ཕ་རོལ་ཏུ་ཕྱིན་པ་ལས་ཕྱིར་ལྡོག་པ། ཤེས་རབ་ཀྱི་ཕ་རོལ་ཏུ་ཕྱིན་པ་ལས་ཕྱིར་ལྡོག་པ། ནང་སྟོང་པ་ཉིད་ལས་ཕྱིར་ལྡོག་པ། ཕྱི་སྟོང་པ་ཉིད་ལས་ཕྱིར་ལྡོག་པ། ཕྱི་ནང་སྟོང་པ་ཉིད་ལས་ཕྱིར་ལྡོག་པ། སྟོང་པ་ཉིད་སྟོང་པ་ཉིད་ལས་ཕྱིར་ལྡོག་པ། ཆེན་པོ་སྟོང་པ་ཉིད་ལས་ཕྱིར་ལྡོག་པ། དོན་དམ་པ་སྟོང་པ་ཉིད་ལས་ཕྱིར་ལྡོག་པ། འདུས་བྱས་སྟོང་པ་ཉིད་ལས་ཕྱིར་ལྡོག་པ། འདུས་མ་བྱས་སྟོང་པ་ཉིད་ལས་ཕྱིར་

ལྡོག་པ། མཐའ་ལས་འདས་པ་སྟོང་པ་ཉིད་ལས་ཕྱིར་ལྡོག་པ། ཐོག་མ་དང་ཐ་མ་མེད་པ་སྟོང་པ་ཉིད་ལས་ཕྱིར་ལྡོག་པ། དོར་བ་མེད་པ་སྟོང་པ་ཉིད་ལས་ཕྱིར་ལྡོག་པ། རང་བཞིན་སྟོང་པ་ཉིད་ལས་ཕྱིར་ལྡོག་པ། ཆོས་ཐམས་②ཅད་སྟོང་པ་ཉིད་ལས་ཕྱིར་ལྡོག་པ། རང་གི་མཚན་ཉིད་སྟོང་པ་ཉིད་ལས་ཕྱིར་ལྡོག་པ། མི་དམིགས་པ་སྟོང་པ་ཉིད་ལས་ཕྱིར་ལྡོག་པ། དངོས་པོ་མེད་པ་སྟོང་པ་ཉིད་ལས་ཕྱིར་ལྡོག་པ། ངོ་བོ་ཉིད་སྟོང་པ་ཉིད་ལས་ཕྱིར་ལྡོག་པ། དངོས་པོ་མེད་པའི་ངོ་བོ་ཉིད་སྟོང་པ་ཉིད་ལས་ཕྱིར་ལྡོག་པ། དྲན་པ་ཉེ་བར་གཞག་པ་རྣམས་ལས་ཕྱིར་ལྡོག་པ། ཡང་དག་པར་སྤོང་བ་རྣམས་ལས་ཕྱིར་ལྡོག་པ། རྫུ་འཕྲུལ་གྱི་རྐང་པ་རྣམས་ལས་ཕྱིར་ལྡོག་པ། དབང་པོ་རྣམས་ལས་ཕྱིར་ལྡོག་པ། སྟོབས་རྣམས་ལས་ཕྱིར་ལྡོག་པ། བྱང་ཆུབ་ཀྱི་ཡན་ལག་རྣམས་ལས་ཕྱིར་ལྡོག་པ། འཕགས་པའི་ལམ་ཡན་ལག་བརྒྱད་པ་ལས་ཕྱིར་ལྡོག་པ། འཕགས་པའི་བདེན་པ་རྣམས་ལས་ཕྱིར་ལྡོག་པ། བསམ་གཏན་རྣམས་ལས་③ཕྱིར་ལྡོག་པ། ཚད་མེད་པ་རྣམས་ལས་ཕྱིར་ལྡོག་པ། གཟུགས་མེད་པའི་སྙོམས་པར་འཇུག་པ་རྣམས་ལས་ཕྱིར་ལྡོག་པ། རྣམ་པར་ཐར་པ་བརྒྱད་ལས་ཕྱིར་ལྡོག་པ། མཐར་གྱིས་གནས་པའི་སྙོམས་པར་འཇུག་པ་དགུ་ལས་ཕྱིར་ལྡོག་པ། རྣམ་པར་ཐར་པའི་སྒོ་སྟོང་པ་ཉིད་དང་། མཚན་མ་མེད་པ་དང་། སྨོན་པ་མེད་པ་ལས་ཕྱིར་ལྡོག་པ། མངོན་པར་ཤེས་པ་རྣམས་④ལས་ཕྱིར་ལྡོག་པ། ཏིང་ངེ་འཛིན་རྣམས་ལས་ཕྱིར་ལྡོག་པ། གཟུངས་ཀྱི་སྒོ་རྣམས་ལས་ཕྱིར་ལྡོག་པ། དེ་བཞིན་གཤེགས་པའི་སྟོབས་བཅུ་ལས་ཕྱིར་ལྡོག་པ། མི་འཇིགས་པ་བཞི་ལས་ཕྱིར་ལྡོག་པ། སོ་སོ་ཡང་དག་པར་རིག་པ་བཞི་ལས་ཕྱིར་ལྡོག་པ། བྱམས་པ་ཆེན་པོ་ལས་ཕྱིར་ལྡོག་པ། སྙིང་རྗེ་ཆེན་པོ་ལས་ཕྱིར་ལྡོག་པ། སངས་རྒྱས་ཀྱི་ཆོས་མ་འདྲེས་པ་བཅོ⑤

བརྒྱད་ལས་ཕྱིར་ཕྱོག་པ། ཉན་ཐོས་དང་རང་སངས་རྒྱས་ཀྱི་ས་ལས་ཕྱིར་ཕྱོག་པ༑ ལམ་གྱི་རྣམ་པ་ཤེས་པ་ཉིད་ལས་ཕྱིར་ཕྱོག་པ། བླ་ན་མེད་པ་ཡང་དག་པར་རྫོགས་པའི་བྱང་ཆུབ་ལས་ཕྱིར་ཕྱོག་པ་དེ་ནི། རབ་འབྱོར་བྱང་ཆུབ་སེམས་དཔའ་སེམས་དཔའ་ཆེན་པོ་ཕྱིར་མི་ཕྱོག་པར་རིག་པར་བྱའོ། །དེ་ཅིའི་ཕྱིར་ཞེ་ན། ཿདེ་ལྟར་[༢]རབ་འབྱོར་དེ་ནི་འདི་ལྟར་གང་[༣]ལ་བྱང་ཆུབ་སེམས་དཔའ་སེམས་དཔའ་ཆེན་པོ་གནས་པར་འགྱུར་བའི་གཟུགས་ཀྱི་ངོ་བོ་ཉིད་མེད་དོ། །གང་ལ་བྱང་ཆུབ་སེམས་དཔའ་སེམས་དཔའ་ཆེན་པོ་གནས་པར་འགྱུར་བའི་ཚོར་བའི་ངོ་བོ་ཉིད་མེད་དོ། །གང་ལ་བྱང་ཆུབ་སེམས་དཔའ་སེམས་དཔའ་ཆེན་པོ་གནས་པར་འགྱུར་བའི་འདུ་ཤེས་ཀྱི་ངོ་བོ་ཉིད་མེད་དོ། །གང་ལ་བྱང་ཆུབ་སེམས་དཔའ་སེམས་དཔའ་ཆེན་པོ་གནས་པར་འགྱུར་བའི་འདུ་བྱེད་ཀྱི་ངོ་བོ་ཉིད་མེད་དོ། །གང་ལ་བྱང་ཆུབ་སེམས་དཔའ་སེམས་དཔའ་ཆེན་པོ་གནས་པར་འགྱུར་བའི་རྣམ་པར་ཤེས་པའི་ངོ་བོ་ཉིད་མེད་དོ། །གང་ལ་བྱང་ཆུབ་སེམས་དཔའ་སེམས་དཔའ་ཆེན་པོ་གནས་པར་འགྱུར་བའི་མིག་གི་ངོ་བོ་ཉིད་མེད་དོ། །གང་ལ་བྱང་ཆུབ་སེམས་དཔའ་སེམས་དཔའ་ཆེན་པོ་གནས་པར་འགྱུར་བའི་རྣ་བའི་ངོ་བོ་ཉིད་མེད་དོ༑ །གང་ལ་བྱང་ཆུབ་སེམས་དཔའ་སེམས་དཔའ་ཆེན་པོ་གནས་པར་འགྱུར་བའི་སྣའི་ངོ་བོ་ཉིད་མེད་དོ། །གང་ལ་བྱང་ཆུབ་སེམས་དཔའ་སེམས་དཔའ་ཆེན་པོ་གནས་པར་འགྱུར་བའི་ལྕེའི་ངོ་བོ་ཉིད་མེད་དོ། །གང་ལ་བྱང་ཆུབ་སེམས་དཔའ་སེམས་དཔའ་ཆེན་པོ་གནས་པར་འགྱུར་བའི་ལུས་ཀྱི་ངོ་བོ་ཉིད་མེད་དོ། །གང་ལ་བྱང་ཆུབ་སེམས་དཔའ་སེམས་དཔའ་ཆེན་པོ་གནས་པར་འགྱུར་བའི་ཡིད་ཀྱི་ངོ་བོ་ཉིད་མེད་དོ། །གང་ལ་བྱང་ཆུབ་སེམས་དཔའ་སེམས་དཔའ་ཆེན་པོ་གནས་པར་འགྱུར་བའི་གཟུགས་ཀྱི་ངོ་བོ་ཉིད་མེད་དོ། །གང་ལ་བྱང་ཆུབ་སེམས་

དཔའ་སེམས་དཔའ་ཆེན་པོ་གནས་པར་འགྱུར་བའི་སྣའི་ངོ་བོ་ཉིད་མེད་དོ། །གང་ལ་བྱང་ཆུབ་སེམས་དཔའ་སེམས་དཔའ་ཆེན་པོ་གནས་པར་འགྱུར་བའི་དྲིའི་ངོ་བོ་ཉིད་མེད་དོ། །གང་ལ་བྱང་ཆུབ་སེམས་དཔའ་སེམས་དཔའ་ཆེན་པོ་གནས་པར་འགྱུར་བའི་རོའི་ངོ་བོ་ཉིད་མེད་དོ། །གང་ལ་བྱང་ཆུབ་སེམས་དཔའ་སེམས་དཔའ་ཆེན་པོ་གནས་པར་འགྱུར་བའི་རེག་གི་ངོ་བོ་ཉིད་མེད་དོ། །གང་ལ་བྱང་ཆུབ་སེམས་དཔའ་སེམས་དཔའ་ཆེན་པོ་གནས་པར་འགྱུར་བའི་ཆོས་ཀྱི་ངོ་བོ་ཉིད་མེད་དོ། །གང་ལ་བྱང་ཆུབ་སེམས་དཔའ༔སེམས་དཔའ་[༡]ཆེན་པོ་གནས་པར་འགྱུར་བའི་མིག་གི་རྣམ་པར་ཤེས་པའི་ངོ་བོ་ཉིད་མེད་དོ། །གང་ལ་བྱང་ཆུབ་སེམས་དཔའ་སེམས་དཔའ་ཆེན་པོ་གནས་པར་འགྱུར་བའི་རྣ་བའི་རྣམ་པར་ཤེས་པའི་ངོ་བོ་ཉིད་མེད་དོ། །གང་ལ་བྱང་ཆུབ་སེམས་དཔའ་སེམས་དཔའ་ཆེན་པོ་གནས་པར་འགྱུར་བའི་སྣའི་རྣམ་པར་ཤེས་པའི་ངོ་བོ་ཉིད་མེད་དོ། །གང་ལ་བྱང་ཆུབ་སེམས་དཔའ་སེམས་དཔའ་ཆེན་པོ་གནས་པར་འགྱུར་བའི་ལྗེའི་རྣམ་པར་ཤེས་པའི་ངོ་བོ་ཉིད་མེད་དོ། །གང་ལ་བྱང་ཆུབ་སེམས་དཔའ་སེམས་དཔའ་ཆེན་པོ་གནས་པར་འགྱུར་བའི་ལུས་ཀྱི་རྣམ་པར་ཤེས་པའི་ངོ་བོ་ཉིད་མེད་དོ། །གང་ལ་བྱང་ཆུབ་སེམས་དཔའ་སེམས་དཔའ་ཆེན་པོ་གནས་པར་འགྱུར་བའི་ཡིད་ཀྱི་རྣམ་པར་ཤེས་པའི་ངོ་བོ་ཉིད་མེད་དོ། །གང་ལ་བྱང་ཆུབ་སེམས་དཔའ་སེམས་དཔའ་ཆེན་པོ་གནས་པར་འགྱུར་བའི་མིག་གི་འདུས་ཏེ་རེག་པའི་ངོ་བོ་ཉིད་མེད་དོ། །གང་ལ་བྱང་ཆུབ་སེམས་དཔའ་སེམས་དཔའ་ཆེན་པོ་གནས་པར་འགྱུར་བའི་རྣ་བའི་འདུས་ཏེ་རེག་པའི་ངོ་བོ་ཉིད་མེད་དོ། །གང་ལ་བྱང་ཆུབ་སེམས་དཔའ་སེམས་དཔའ་ཆེན་པོ་གནས་པར་འགྱུར་བའི་སྣའི་འདུས་ཏེ་རེག་པའི་ངོ་བོ་ཉིད་མེད་དོ། །གང་ལ་བྱང་ཆུབ་སེམས་དཔའ་སེམས་དཔའ་ཆེན་པོ་གནས་པར་

འགྱུར་བའི་ལྗེའི་འདུས་ཏེ་རེག་པའི་ངོ་བོ་ཉིད་མྱེད་དོ། །གང་ལ་བྱང་ཆུབ་སེམས་དཔའ་སེམས་དཔའ་ཆེན་པོ་གནས་པར་འགྱུར་བའི་ལུས་ཀྱི་འདུས་ཏེ་རེག་པའི་ངོ་བོ་ཉིད་མྱེད་དོ། །གང་ལ་བྱང་ཆུབ་སེམས་དཔའ་སེམས་དཔའ་ཆེན་པོ་གནས་པར་འགྱུར་བའི་ཡིད་ཀྱི་འདུས་ཏེ་རེག་པའི་ངོ་བོ་ཉིད་མྱེད་དོ། །གང་ལ་བྱང་ཆུབ་སེམས་དཔའ་སེམས་དཔའ་ཆེན་པོ་གནས་པར་འགྱུར་བའི་མྱིག་གི་འདུས་ཏེ་རེག་པའི་རྐྱེན་གྱིས་ཚོར་བའི་ངོ་བོ་ཉིད་མྱེད་དོ། །གང་ལ་བྱང་ཆུབ་སེམས་དཔའ་སེམས་དཔའ་ཆེན་པོ་གནས་པར་འགྱུར་བའི་རྣ་བའི་འདུས་ཏེ་རེག་པའི་རྐྱེན་གྱིས་ཚོར་བའི་ངོ་བོ་ཉིད་མྱེད་དོ། །གང་ལ་བྱང་ཆུབ་སེམས་དཔའ་སེམས་དཔའ་ཆེན་པོ་གནས་པར་འགྱུར་བའི་སྣའི་འདུས་ཏེ་རེག་པའི་རྐྱེན་གྱིས་ཚོར་བའི་ངོ་བོ་ཉིད་མེད་དོ། །གང་ལ་བྱང་ཆུབ་སེམས་དཔའ་སེམས་དཔའ་ཆེན་པོ་གནས་པར་འགྱུར་བའི་ལྗེའི་འདུས་ཏེ་རེག་པའི་རྐྱེན་གྱིས་ཚོར་བའི་ངོ་བོ་ཉིད་མྱེད་དོ། །གང་ལ་བྱང་ཆུབ་སེམས་དཔའ་སེམས་དཔའ་ཆེན་པོ་གནས་པར་འགྱུར་བའི་ལུས་ཀྱི་འདུས་ཏེ་རེག་པའི་རྐྱེན་གྱིས་ཚོར་བའི་ངོ་བོ་ཉིད་མྱེད་དོ། །གང་ལ་བྱང་ཆུབ་སེམས་དཔའ་སེམས་དཔའ་ཆེན་པོ་གནས་པར་འགྱུར་བའི་ཡིད་ཀྱི་འདུས་ཏེ་རེག་པའི་རྐྱེན་གྱིས་ཚོར་བའི་ངོ་བོ་ཉིད་མྱེད་དོ། །གང་ལ་བྱང་ཆུབ་སེམས་དཔའ་སེམས་དཔའ་ཆེན་པོ་གནས་པར་འགྱུར་བའི་སའི་ཁམས་ཀྱི་ངོ་བོ་ཉིད་མྱེད་དོ། །གང་ལ་བྱང་ཆུབ་སེམས་དཔའ་སེམས་དཔའ་ཆེན་པོ་གནས་པར་འགྱུར་བའི་ཆུའི་ཁམས་ཀྱི་ངོ་བོ་ཉིད་མྱེད་དོ། །གང་ལ་བྱང་ཆུབ་སེམས་དཔའ་སེམས་དཔའ་ཆེན་པོ་གནས་པར་འགྱུར་བའི་མྱེའི་ཁམས་ཀྱི་ངོ་བོ་ཉིད་མྱེད་དོ། །གང་ལ་བྱང་ཆུབ་སེམས་དཔའ་སེམས་དཔའ་ཆེན་པོ་གནས་པར་འགྱུར་བའི་རླུང་གི་ཁམས་ཀྱི་ངོ་བོ་ཉིད་མྱེད་དོ། །གང་ལ་བྱང་ཆུབ་སེམས་དཔའ་སེམས་དཔའ་ཆེན་པོ་གནས་པར་

འགྱུར་བའི་ནམ་མཁའི་ཁམས་ཀྱི་ངོ་བོ་ཉིད་མྱེད་དོ། །གང་ལ་བྱང་ཆུབ་སེམས···
དཔའ་སེམས་དཔའ་ཆེན་པོ་གནས་པར་འགྱུར་བའི་རྣམ་པར་ཤེས་པའི་ཁམས་ཀྱི···
ངོ་བོ་ཉིད་མྱེད་དོ། །གང་ལ་བྱང་ཆུབ་སེམས་དཔའ་སེམས་དཔའ་ཆེན་པོ་གནས་
པར་འགྱུར་བའི་མ་རིག་པའི་ངོ་བོ་ཉིད་མྱེད་དོ། །གང་ལ་བྱང་ཆུབ་སེམས·····
དཔའ་སེམས་དཔའ་ཆེན་པོ་གནས་པར་འགྱུར་བའི་འདུ་བྱེད་ཀྱི་ངོ་བོ་ཉིད་མྱེད་དོ།།
གང་ལ་བྱང་ཆུབ་སེམས་དཔའ་སེམས་དཔའ་ཆེན་པོ་གནས་པར་འགྱུར་བའི་རྣམ···
པར་ཤེས་པའི་ངོ་བོ་ཉིད་མྱེད་དོ། །གང་ལ་བྱང་ཆུབ་སེམས་དཔའ་སེམས་དཔའ་
ཆེན་པོ་གནས་པར་འགྱུར་བའི་མྱིང་དང་གཟུགས་ཀྱི་ངོ་བོ་ཉིད་མྱེད་དོ། །གང་ལ་
བྱང་ཆུབ་སེམས་དཔའ་སེམས་དཔའ་ཆེན་པོ་གནས་པར་འགྱུར་བའི་སྐྱེ་མཆེད་དྲུག་
གི་ངོ་བོ་ཉིད་མྱེད་དོ། །གང་ལ་བྱང་ཆུབ་སེམས་དཔའ་སེམས་དཔའ་ཆེན་པོ···
གནས་པར་འགྱུར་བའི་རེག་པའི་ངོ་བོ་ཉིད་མྱེད་དོ། །གང་ལ་བྱང་ཆུབ་སེམས···
དཔའ་སེམས་དཔའ་ཆེན་པོ་གནས་པར་འགྱུར་བའི་ཚོར་བའི་ངོ་བོ་ཉིད་མྱེད་དོ། །
གང་ལ་བྱང་ཆུབ་སེམས་དཔའ་སེམས་དཔའ་ཆེན་པོ་གནས་པར་འགྱུར་བའི་སྲེད···
པའི་ངོ་བོ་ཉིད་མྱེད་དོ། །གང་ལ་བྱང་ཆུབ་སེམས་དཔའ་སེམས་དཔའ་ཆེན་པོ···
གནས་པར་འགྱུར་བའི་ལེན་པའི་ངོ་བོ་ཉིད་མྱེད་དོ། །གང་ལ་བྱང་ཆུབ་སེམས···
དཔའ་སེམས་དཔའ་ཆེན་པོ་གནས་པར་འགྱུར་བའི་སྲིད་པའི་ངོ་བོ་ཉིད་མྱེད་དོ། །
གང་ལ་བྱང་ཆུབ་སེམས་དཔའ་སེམས་དཔའ་ཆེན་པོ་གནས་པར་འགྱུར་བའི་སྐྱེ·····
བའི་ངོ་བོ་ཉིད་མྱེད་དོ། །གང་ལ་བྱང་ཆུབ་སེམས་དཔའ་སེམས་དཔའ་ཆེན་པོ···
གནས་པར་འགྱུར་བའི་རྒ་ཤིའི་ངོ་བོ་ཉིད་མྱེད་དོ། །གང་ལ་བྱང་ཆུབ་སེམས·····
དཔའ་སེམས་དཔའ་ཆེན་པོ་གནས་པར་འགྱུར་བའི་སྦྱིན་པའི་ཕ་རོལ་ཏུ་ཕྱིན་པའི་
ངོ་བོ་ཉིད་མྱེད་དོ། །གང་ལ་བྱང་ཆུབ་སེམས་དཔའ་སེམས་དཔའ་ཆེན་པོ་གནས་

པར་འགྱུར་བའི་ཚུལ་ཁྲིམས་ཀྱི་ཕ་རོལ་ཏུ་ཕྱིན་པའི་ངོ་བོ་ཉིད་མྱེད་དོ། །གང་ལ་བྱང་ཆུབ་སེམས་དཔའ་སེམས་དཔའ་ཆེན་པོ་གནས་པར་འགྱུར་བའི་བཟོད་པའི་ཕ་རོལ་ཏུ་ཕྱིན་པའི་ངོ་བོ་ཉིད་མྱེད་དོ། །གང་ལ་བྱང་ཆུབ་སེམས་དཔའ་སེམས་དཔའ་ཆེན་པོ་གནས་པར་འགྱུར་བའི་བརྩོན་འགྲུས་ཀྱི་ཕ་རོལ་ཏུ་ཕྱིན་པའི་ངོ་བོ་ཉིད་མྱེད་དོ། །གང་ལ་བྱང་ཆུབ་སེམས་དཔའ་སེམས་དཔའ་ཆེན་པོ་གནས་པར་འགྱུར་བའི་བསམ་གཏན་གྱི་ཕ་རོལ་ཏུ་ཕྱིན་པའི་ངོ་བོ་ཉིད་མྱེད་དོ། །གང་ལ་བྱང་ཆུབ་སེམས་དཔའ་སེམས་དཔའ་ཆེན་པོ་གནས་པར་འགྱུར་བའི་ཤེས་རབ་ཀྱི་ཕ་རོལ་ཏུ་ཕྱིན་པའི་ངོ་བོ་ཉིད་མྱེད་དོ། །གང་ལ་བྱང་ཆུབ་སེམས་དཔའ་སེམས་དཔའ་ཆེན་པོ་གནས་པར་འགྱུར་བའི་ནང་སྟོང་པ་ཉིད་ཀྱི་ངོ་བོ་ཉིད་མྱེད་དོ། །གང་ལ་བྱང་ཆུབ་སེམས་དཔའ་སེམས་དཔའ་ཆེན་པོ་གནས་པར་འགྱུར་བའི་ཕྱི་སྟོང་པ་ཉིད་ཀྱི་ངོ་བོ་ཉིད་མྱེད་དོ། །གང་ལ་བྱང་ཆུབ་སེམས་དཔའ་སེམས་དཔའ་ཆེན་པོ་གནས་པར་འགྱུར་བའི་ཕྱི་ནང་སྟོང་པ་ཉིད་ཀྱི་ངོ་བོ་ཉིད་མྱེད་དོ། །གང་ལ་བྱང་ཆུབ་སེམས་དཔའ་སེམས་དཔའ་ཆེན་པོ་གནས་པར་འགྱུར་བའི་སྟོང་པ་ཉིད་སྟོང་པ་ཉིད་ཀྱི་ངོ་བོ་ཉིད་མྱེད་དོ། །གང་ལ་བྱང་ཆུབ་སེམས་དཔའ་སེམས་དཔའ་ཆེན་པོ་གནས་པར་འགྱུར་བའི་ཆེན་པོ་སྟོང་པ་ཉིད་ཀྱི་ངོ་བོ་ཉིད་མྱེད་དོ། །གང་ལ་བྱང་ཆུབ་སེམས་དཔའ་སེམས་དཔའ་ཆེན་པོ་གནས་པར་འགྱུར་བའི་དོན་དམ་པ་སྟོང་པ་ཉིད་ཀྱི་ངོ་བོ་ཉིད་མྱེད་དོ། །གང་ལ་བྱང་ཆུབ་སེམས་དཔའ་སེམས་དཔའ་ཆེན་པོ་གནས་པར་འགྱུར་བའི་འདུས་བྱས་སྟོང་པ་ཉིད་ཀྱི་ངོ་བོ་ཉིད་མྱེད་དོ། །གང་ལ་བྱང་ཆུབ་སེམས་དཔའ་སེམས་དཔའ་ཆེན་པོ་གནས་པར་འགྱུར་བའི་འདུས་མ་བྱས་སྟོང་པ་ཉིད་ཀྱི་ངོ་བོ་ཉིད་མྱེད་དོ། །གང་ལ་བྱང་ཆུབ་སེམས་དཔའ་སེམས་དཔའ་ཆེན་པོ་གནས་པར་འགྱུར་བའི་མཐའ་ལས་འདས་པ་

སྟོང་པ་ཉིད་ཀྱི་ངོ་བོ་ཉིད་མྱེད་དོ། །གང་ལ་བྱང་ཆུབ་སེམས་དཔའ་སེམས་དཔའ་ཆེན་པོ་གནས་པར་འགྱུར་བའི་ཐོག་མ་དང་ཐ་མ་མྱེད་པ་སྟོང་པ་ཉིད་ཀྱི་ངོ་བོ་ཉིད་མྱེད་དོ། །གང་ལ་བྱང་ཆུབ་སེམས་དཔའ་སེམས་དཔའ་ཆེན་པོ་གནས་པར་འགྱུར་བའི་དོར་བ་མྱེད་པ་སྟོང་པ་ཉིད་ཀྱི་ངོ་བོ་ཉིད་མྱེད་དོ། །གང་ལ་བྱང་ཆུབ་སེམས་དཔའ་སེམས་དཔའ་ཆེན་པོ་གནས་པར་འགྱུར་བའི་རང་བཞིན་སྟོང་པ་ཉིད་ཀྱི་ངོ་བོ་ཉིད་མེད་དོ། །གང་ལ་བྱང་ཆུབ་སེམས་དཔའ་སེམས་དཔའ་ཆེན་པོ་གནས་པར་འགྱུར་བའི་ཆོས་ཐམས་ཅད་སྟོང་པ་ཉིད་ཀྱི་ངོ་བོ་ཉིད་མྱེད་དོ། །གང་ལ་བྱང་ཆུབ་སེམས་དཔའ་སེམས་དཔའ་ཆེན་པོ་གནས་པར་འགྱུར་བའི་རང་གི་མཚན་ཉིད་སྟོང་པ་ཉིད་ཀྱི་ངོ་བོ་ཉིད་མྱེད་དོ། །གང་ལ་བྱང་ཆུབ་སེམས་དཔའ་སེམས་དཔའ་ཆེན་པོ་གནས་པར་འགྱུར་བའི་མྱི་དམྱིགས་པ་སྟོང་པ་ཉིད་ཀྱི་ངོ་བོ་ཉིད་མྱེད་དོ། །གང་ལ་བྱང་ཆུབ་སེམས་དཔའ་སེམས་དཔའ་ཆེན་པོ་གནས་པར་འགྱུར་བའི་དངོས་པོ་མྱེད་པ་སྟོང་པ་ཉིད་ཀྱི་ངོ་བོ་ཉིད་མྱེད་དོ། །གང་ལ་བྱང་ཆུབ་སེམས་དཔའ་སེམས་དཔའ་ཆེན་པོ་གནས་པར་འགྱུར་བའི་ངོ་བོ་ཉིད་སྟོང་པ་ཉིད་ཀྱི་ངོ་བོ་ཉིད་མྱེད་དོ། །གང་ལ་བྱང་ཆུབ་སེམས་དཔའ་སེམས་དཔའ་ཆེན་པོ་གནས་པར་འགྱུར་བའི་དངོས་པོ་མྱེད་པའི་ངོ་བོ་ཉིད་སྟོང་པ་ཉིད་ཀྱི་ངོ་བོ་ཉིད་མྱེད་དོ། །གང་ལ་བྱང་ཆུབ་སེམས་དཔའ་སེམས་དཔའ་ཆེན་པོ་གནས་པར་འགྱུར་བའི་དྲན་པ་ཉེ་བར་གཞག་པ་རྣམས་ཀྱི་ངོ་བོ་ཉིད་མྱེད་དོ། །གང་ལ་བྱང་ཆུབ་སེམས་དཔའ་སེམས་དཔའ་ཆེན་པོ་གནས་པར་འགྱུར་བའི་ཡང་དག་པར་སྤོང་བ་རྣམས་ཀྱི་ངོ་བོ་ཉིད་མྱེད་དོ། །གང་ལ་བྱང་ཆུབ་སེམས་དཔའ་སེམས་དཔའ་ཆེན་པོ་གནས་པར་འགྱུར་བའི་རྫུ་འཕྲུལ་གྱི་རྐང་པ་རྣམས་ཀྱི་ངོ་བོ་ཉིད་མྱེད་དོ། །གང་ལ་བྱང་ཆུབ་སེམས་དཔའ་སེམས་དཔའ་ཆེན་པོ་གནས་པར་འགྱུར་བའི་དབང་

པོ་རྣམས་ཀྱི་ངོ་བོ་ཉིད་མེད་དོ། །གང་ལ་བྱང་ཆུབ་སེམས་དཔའ་སེམས་དཔའ་ཆེན་པོ་གནས་པར་འགྱུར་བའི་སྟོབས་རྣམས་ཀྱི་ངོ་བོ་ཉིད་མེད་དོ། །གང་ལ་བྱང་ཆུབ་སེམས་དཔའ་སེམས་དཔའ་ཆེན་པོ་གནས་པར་འགྱུར་བའི་བྱང་ཆུབ་ཀྱི་ཡན་ལག་རྣམས་ཀྱི་ངོ་བོ་ཉིད་མེད་དོ། །གང་ལ་བྱང་ཆུབ་སེམས་དཔའ་སེམས་དཔའ་ཆེན་པོ་གནས་པར་འགྱུར་བའི་འཕགས་པའི་ལམ་ཡན་ལག་བརྒྱད་པའི་ངོ་བོ་ཉིད་མེད་དོ། །གང་ལ་བྱང་ཆུབ་སེམས་དཔའ་སེམས་དཔའ་ཆེན་པོ་གནས་པར་འགྱུར་བའི་འཕགས་པའི་②བདེན་པ་རྣམས་ཀྱི་ངོ་བོ་ཉིད་མེད་དོ། །གང་ལ་བྱང་ཆུབ་སེམས་དཔའ་སེམས་དཔའ་ཆེན་པོ་གནས་པར་འགྱུར་བའི་བསམ་གཏན་རྣམས་ཀྱི་ངོ་བོ་ཉིད་མེད་དོ། །གང་ལ་བྱང་ཆུབ་སེམས་དཔའ་སེམས་དཔའ་ཆེན་པོ་གནས་པར་འགྱུར་བའི་ཚད་མེད་པ་རྣམས་ཀྱི་ངོ་བོ་ཉིད་མེད་དོ། །གང་ལ་བྱང་ཆུབ་སེམས་དཔའ་སེམས་དཔའ་ཆེན་པོ་གནས་པར་འགྱུར་བའི་གཟུགས་མེད་པའི་སྙོམས་པར་འཇུག་པ་རྣམས་ཀྱི་ངོ་བོ་ཉིད་མེད་དོ། །གང་ལ་བྱང་ཆུབ་སེམས་དཔའ་སེམས་དཔའ་ཆེན་པོ་གནས་པར་འགྱུར་བའི་རྣམ་པར་ཐར་པ་བརྒྱད་ཀྱི་ངོ་བོ་ཉིད་མེད་དོ། །གང་ལ་བྱང་ཆུབ་སེམས་དཔའ་སེམས་དཔའ་ཆེན་པོ་གནས་པར་འགྱུར་བའི་མཐར་གྱིས་གནས་པའི་སྙོམས་པར་འཇུག་པ་དགུའི་ངོ་བོ་ཉིད་མེད་དོ། །གང་ལ་བྱང་ཆུབ་སེམས་དཔའ་སེམས་དཔའ་ཆེན་པོ་གནས་པར་འགྱུར་བའི་③སྟོང་པ་ཉིད་ཀྱི་ངོ་བོ་ཉིད་མེད་དོ། །གང་ལ་བྱང་ཆུབ་སེམས་དཔའ་སེམས་དཔའ་ཆེན་པོ་གནས་པར་འགྱུར་བའི་མཚན་མ་མེད་པའི་ངོ་བོ་ཉིད་མེད་དོ།། གང་ལ་བྱང་ཆུབ་སེམས་དཔའ་སེམས་དཔའ་ཆེན་པོ་གནས་པར་འགྱུར་བའི་སྨོན་པ་མེད་པའི་ངོ་བོ་ཉིད་མེད་དོ། །གང་ལ་བྱང་ཆུབ་སེམས་དཔའ་སེམས་དཔའ་ཆེན་པོ་གནས་པར་འགྱུར་བའི་མངོན་པར་ཤེས་པ་རྣམས་ཀྱི་ངོ་བོ་ཉིད་མེད་དོ། །

གང་ལ་བྱང་ཆུབ་སེམས་དཔའ་སེམས་དཔའ་ཆེན་པོ་གནས་པར་འགྱུར་བའི་ཏིང་ངེ་འཛིན་རྣམས་ཀྱི་ངོ་བོ་ཉིད་མྱེད་དོ། །གང་ལ་བྱང་ཆུབ་སེམས་དཔའ་སེམས་དཔའ་ཆེན་པོ་གནས་པར་འགྱུར་བའི་གཟུངས་ཀྱི་སྒོ་རྣམས་ཀྱི་ངོ་བོ་ཉིད་མྱེད་དོ། །གང་ལ་བྱང་ཆུབ་སེམས་དཔའ་སེམས་དཔའ་ཆེན་པོ་གནས་པར་འགྱུར་བའི་དེ་བཞིན་གཤེགས་པའི་སྟོབས་བཅུའི་ངོ་བོ་ཉིད་མྱེད་དོ། །གང་ལ་བྱང་ཆུབ་སེམས་དཔའ་སེམས་དཔའ་ཆེན་པོ་གནས་པར་འགྱུར་བའི་མི་འཇིགས་པ་བཞིའི་ངོ་བོ་ཉིད་མྱེད་དོ། །གང་ལ་བྱང་ཆུབ་སེམས་དཔའ་སེམས་དཔའ་ཆེན་པོ་གནས་པར་འགྱུར་བའི་སོ་སོ་ཡང་དག་པར་རིག་པ་བཞིའི་ངོ་བོ་ཉིད་མྱེད་དོ། །གང་ལ་བྱང་ཆུབ་སེམས་དཔའ་སེམས་དཔའ་ཆེན་པོ་གནས་པར་འགྱུར་བའི་བྱམས་པ་ཆེན་པོའི་ངོ་བོ་ཉིད་མྱེད་དོ། །གང་ལ་བྱང་ཆུབ་སེམས་དཔའ་སེམས་དཔའ་ཆེན་པོ་གནས་པར་འགྱུར་བའི་སྙིང་རྗེ་ཆེན་པོའི་ངོ་བོ་ཉིད་མྱེད་དོ། །གང་ལ་བྱང་ཆུབ་སེམས་དཔའ་སེམས་དཔའ་ཆེན་པོ་གནས་པར་འགྱུར་བའི་སངས་རྒྱས་ཀྱི་ཆོས་མ་འདྲེས་པ་བཅོ་[༡]བརྒྱད་ཀྱི་ངོ་བོ་ཉིད་མྱེད་དོ། །གང་ལ་བྱང་ཆུབ་སེམས་དཔའ་སེམས་དཔའ་ཆེན་པོ་གནས་པར་འགྱུར་བའི་རྒྱུན་དུ་ཞུགས་[༢]པའི་འབྲས་བུའི་ངོ་བོ་ཉིད་མྱེད་[༣]དོ། །གང་ལ་བྱང་ཆུབ་སེམས་དཔའ་སེམས་དཔའ་ཆེན་པོ་གནས་པར་འགྱུར་བའི་ལན་ཅིག་ཕྱིར་འོང་བའི་འབྲས་བུའི་ངོ་བོ་ཉིད་མྱེད་དོ། །གང་ལ་བྱང་ཆུབ་སེམས་དཔའ་སེམས་དཔའ་ཆེན་པོ་གནས་པར་འགྱུར་བའི་ཕྱིར་མྱི་འོང་བའི་འབྲས་བུའི་ངོ་བོ་ཉིད་མྱེད་དོ། །གང་ལ་བྱང་ཆུབ་སེམས་དཔའ་སེམས་དཔའ་ཆེན་པོ་གནས་པར་འགྱུར་བའི་དགྲ་བཅོམ་པ་ཉིད་ཀྱི་ངོ་བོ་ཉིད་མྱེད་དོ། །གང་ལ་བྱང་ཆུབ་སེམས་དཔའ་སེམས་དཔའ་ཆེན་པོ་གནས་པར་འགྱུར་བའི་རང་བྱང་ཆུབ་ཀྱི་ངོ་བོ་ཉིད་མྱེད་དོ། །གང་ལ་བྱང་ཆུབ་སེམས་དཔའ་སེམས་དཔའ་ཆེན་པོ་

གནས་པར་འགྱུར་བའི་ལམ་གྱི་རྣམ་པ་ཤེས་པ་ཉིད་ཀྱི་ངོ་བོ་ཉིད་མེད་དོ། །གང་
ལ་བྱང་ཆུབ་སེམས་དཔའ་སེམས་དཔའ་ཆེན་པོ་གནས་པར་འགྱུར་བའི་རྣམ་པ
ཐམས་ཅད་མཁྱེན་པ་ཉིད་ཀྱི་ངོ་བོ་ཉིད་མེད་དོ། །རབ་འབྱོར་གཞན་ཡང་བྱང
ཆུབ་སེམས་དཔའ་སེམས་དཔའ་ཆེན་པོ་ནི། དགེ་སློང་དང་བྲམ་ཟེ་འདི་དག་ནི་
ཤེས་པར་བྱ་བ་ཤེས་པའོ། །བལྟ་བར་བྱ་བ་མཐོང་བའོ[1]། །ཡང་དག་པར་ལྟ་[2]
བ་གདགས་[3]པ་འདོགས་སོ་ཞེས་འདི་ལས་ཕྱི་རོལ་པའི་དགེ་སློང་དང་། བྲམ་ཟེ་
གཞན་དག་གི་ངོར་མི་ལྟ་སྟེ། དེ་ནི་གནས་མེད་ཅིང་ཐེ་ཚོམ་མི་ཟའོ། །ཚུལ་
ཁྲིམས་དང་བརྟུལ་ཞུགས་མི་སློམས། ལྟ་བ་ངན་པར་མི་ལྟུང་། བཀྲ་ཤིས་[4]དང་
ལྟུས་ཀྱིས་གཙང་མར་མི་འདོགས་ཏེ། ལྷ་གཞན་ལ་ཕྱག་མི་འཚལ་ཞིང་། མེ
ཏོག་གམ། ཕྲེང་བའམ། སྤོས་སམ། བྱུག་པའམ། ཕྱེ་[5]མའམ། ཕོས
སམ། གདུགས་སམ། རྒྱལ་མཚན་ནམ། བ་དན་[6]དག་དེ་ལ་སྦྱིན་ཅིང་[7]།
བྱ་བར་[8]མི་སེམས་ཏེ་རབ་འབྱོར་རྣམ་པ་དེ་དག་དང་། ཚུལ་དེ་དག་དང་།
མཚན་མ་དེ་དག་དང་ལྡན་པའི་བྱང་ཆུབ་སེམས་དཔའ་སེམས་དཔའ་ཆེན་པོ་ནི
ཕྱིར་[9]མི་ལྡོག་པར་རིག་པར་བྱའོ། །རབ་འབྱོར་གཞན་ཡང་ཕྱིར་མི་ལྡོག་པའི
བྱང་ཆུབ་སེམས་དཔའ་སེམས་དཔའ་ཆེན་པོ་ནི་སེམས་ཅན་དམྱལ་བར་མི་སྐྱེ།
ཡི་དྭགས་ཀྱི་སྐྱེ་གནས་སུ་མི་སྐྱེ། གཤིན་རྗེའི་འཇིག་རྟེན་དུ་མི་སྐྱེ། ལྷ་ཚེ་རིང་[10]
པོའི་ནང་དུ་མི་སྐྱེ། གང་ན་སྐྱེ་བོ་གླེན་ཞིང་ལྐུག་པ་དགེ་བའི་ཆོས་ཀྱི་སྤྱོད་པའི
ནང་དུ་མི་སྐྱེ། ཡུལ་མཐའ་འཁོབ་ཀྱི་སྐྱེ་བོ་མ་རུངས་པ་དང་། ཀླ་ཀློའི་ནང་དུ་
མི་སྐྱེ། ལོག་པར་ལྟ་བའི་རིགས་སུ་མི་སྐྱེ། གང་ན་[11]སངས་རྒྱས་ཀྱི་སྒྲ་དང་
ཆོས་ཀྱི་སྒྲ་དང་[12]། དགེ་འདུན་གྱི་སྒྲ་མི་གྲག་པ་དེར་མི་སྐྱེ་སྟེ། དེ་ལྟར་མི་ཁོམ་
པ་བརྒྱད་པོ་འདི་དག་གི་ནང་དུ་མི་སྐྱེ་ཞིང་། བུད་མེད་དུ་འགྱུར་བ་ཡོངས་སུ་མི་

འཛིན་ཏེ། རབ་འབྱོར་རྣམ་པ་དེ་དག་དང་། ཚུལ་དེ་དག་དང་། མཚན་མ་དེ་དག་དང་ལྡན་པའི་བྱང་ཆུབ་སེམས་དཔའ་སེམས་དཔའ་ཆེན་པོ་ནི་ཕྱིར་མི་ལྡོག་པར་རིག་པར་བྱའོ། །རབ་འབྱོར་གཞན་ཡང་ཕྱིར་མི་ལྡོག་པའི་བྱང་ཆུབ་སེམས་དཔའ་སེམས་དཔའ་ཆེན་པོ་ནི་དགེ་བ་བཅུའི་ལས་ཀྱི་ལམ་ཡང་དག་པར་བཟུང་[༡]ཞིང་སྤྱོད་དེ[༢]། བདག་གིས་ཀྱང་སྲོག་གཅོད་པ་སྤངས་ཤིང་། གཞན་ཡང་སྲོག་གཅོད་པ་སྤོང་བ་ལ་ཡང་དག་པར་སྐུལ་བ་ཡིན། སྲོག་གཅོད་པ་སྤོང་བའི་ལེགས་པ་རྗོད་[༣]པ་ཡིན། གཞན་གང་གིས་[༤]སྲོག་གཅོད་པ་སྤངས་པ་དེ་དག་གི་[༥]ལེགས་པ་རྗོད་[༦]ཅིང་མཐུན་པས་དགའ་བ་ཡིན། བདག་གིས་ཀྱང་མ་བྱིན་པར་ལེན་པ་སྤངས་ཤིང་། གཞན་ཡང་མ་བྱིན་པར་ལེན་པ་སྤོང་བ་ལ་ཡང་དག་པར་སྐུལ་བ་ཡིན། མ་བྱིན་པར་ལེན་པ་སྤོང་བའི་ལེགས་པ་རྗོད་[༧]པ་ཡིན། གཞན་གང་གིས་མ་བྱིན་པར་ལེན་པ་སྤངས་པ་དེ་དག་གི་ལེགས་པ་རྗོད་[༨]ཅིང་མཐུན་པས་དགའ་བ་ཡིན། བདག་གིས་ཀྱང་འདོད་པས་ལོག་[༩]པར་གཡེམ་པ་སྤངས་ཤིང་། གཞན་ཡང་འདོད་པས་ལོག་[༡༠]པར་གཡེམ་པ་སྤོང་བ་ལ་ཡང་དག་པར་སྐུལ་བ་ཡིན། འདོད་པས་ལོག་[༡༡]པར་གཡེམ་པ་སྤོང་བའི་ལེགས་[༡༢]པ་རྗོད་[༡༣]པ་ཡིན། གཞན་གང་གིས་འདོད་པས་ལོག་པར་གཡེམ་པ་སྤངས་པ་དེ་དག་གི་ལེགས་པ་རྗོད་[༡༤]ཅིང་མཐུན་པས་དགའ་བ་ཡིན། བདག་གིས་ཀྱང་བརྫུན་དུ་སྨྲ་བ་སྤངས་ཤིང་། གཞན་ཡང་བརྫུན་དུ་སྨྲ་བ་སྤོང་བ་ལ་ཡང་དག་པར་སྐུལ་བ་ཡིན། བརྫུན་དུ་སྨྲ་བ་སྤོང་བའི་ལེགས་པ་རྗོད་[༡༥]པ་ཡིན། གཞན་གང་གིས་བརྫུན་དུ་སྨྲ་བ་སྤངས་པ་དེ་དག་གི་ལེགས་པ་རྗོད་[༡༦]ཅིང་མཐུན་པས་དགའ་བ་ཡིན། བདག་གིས་ཀྱང་ཕྲ་མ་སྤངས་ཤིང་། གཞན་ཡང་ཕྲ་མ་སྤོང་བ་ལ་ཡང་དག་པར་སྐུལ་བ་ཡིན། ཕྲ་མ་སྤོང་བའི་ལེགས་པ་རྗོད་[༡༧]པ་ཡིན། གཞན་གང་གིས་ཕྲ་མ་སྤངས་པ་དེ་དག་གི་

ལེགས་པ་རྗོད་(༡)ཅིང་མཐུན་པས་དགའ་བ་ཡིན། བདག་གིས་ཀྱང་ཞེ་གཅོད་པ་སྤངས་ཤིང་། གཞན་ཡང་ཞེ་གཅོད་པ་སྤོང་བ་ལ་ཡང་དག་པར་སྐུལ་བ་ཡིན། ཞེ་གཅོད་པ་སྤོང་བའི་ལེགས་པ་རྗོད་(༢)པ་ཡིན། གཞན་གང་གིས་ཞེ་གཅོད་པ་སྤངས་པ་དེ་དག་གི་ལེགས་པ་རྗོད་(༣)ཅིང་མཐུན་པས་དགའ་བ་ཡིན། བདག་གིས་ཀྱང་ཚིག་ཀྱལ་(༤)པ་སྨྲ་བ་སྤངས་ཤིང་། གཞན་ཡང་ཚིག་ཀྱལ་(༥)པ་སྨྲ་བ་སྤོང་བ་ལ་ཡང་དག་པར་སྐུལ་བ་ཡིན། ཚིག་ཀྱལ་(༦)པ་སྨྲ་བ་སྤང་(༧)བའི་ལེགས་པ་རྗོད་(༨)པ་ཡིན། གཞན་གང་གིས་ཚིག་ཀྱལ་(༩)པ་སྨྲ་བ་སྤངས་པ་དེ་དག་གི་ལེགས་པ་རྗོད་(༡༠)ཅིང་མཐུན་པས་དགའ་བ་ཡིན། བདག་གིས་ཀྱང་ཆགས་སེམས་སྤངས་ཤིང་། གཞན་ཡང་ཆགས་སེམས་སྤོང་བ་ལ་ཡང་དག་པར་སྐུལ་བ་ཡིན། ཆགས་སེམས་སྤོང་བའི་ལེགས་པ་རྗོད་(༡༡)པ་ཡིན། གཞན་གང་གིས་ཆགས་སེམས་སྤངས་པ་དེ་དག་གི་ལེགས་པ་རྗོད་(༡༢)ཅིང་མཐུན་པས་དགའ་བ་ཡིན། བདག་གིས་ཀྱང་གནོད་སེམས་སྤངས་ཤིང་། གཞན་ཡང་གནོད་སེམས་སྤོང་བ་ལ་ཡང་དག་པར་སྐུལ་བ་ཡིན། གནོད་སེམས་སྤོང་བའི་ལེགས་པ་རྗོད་(༡༣)པ་ཡིན། གཞན་གང་གིས་གནོད་སེམས་སྤངས་པ་དེ་དག་གི་ལེགས་པ་རྗོད་(༡༤)ཅིང་མཐུན་པས་དགའ་བ་ཡིན། བདག་གིས་ཀྱང་ལོག་པར་ལྟ་བ་སྤངས་ཤིང་། གཞན་ཡང་ལོག་པར་ལྟ་བ་སྤོང་བ་ལ་ཡང་དག་པར་སྐུལ་བ་ཡིན། ལོག་པར་ལྟ་བ་སྤོང་བའི་ལེགས་པ་རྗོད་(༡༥)པ་ཡིན། གཞན་གང་གིས་ལོག་པར་ལྟ་བ་སྤངས་པ་དེ་དག་གི་ལེགས་པ་རྗོད་(༡༦)ཅིང་མཐུན་པས་དགའ་བ་ཡིན་ཏེ། རབ་འབྱོར་རྣམ་པ་དེ་དག་དང་། ཚུལ་དེ་དག་དང་། མཚན་མ་དེ་དག་དང་ལྡན་པའི་བྱང་ཆུབ་སེམས་དཔའ་སེམས་དཔའ་ཆེན་པོ་ནི་ཕྱིར་མི་ལྡོག་པར་རིག་པར་བྱའོ། །རབ་འབྱོར་གཞན་ཡང་ཕྱིར་མི་ལྡོག་པའི་བྱང་ཆུབ་སེམས་དཔའ་སེམས་དཔའ་ཆེན་པོ་ནི་(༡༧)རྨི་ལམ་ན་ཡང་མི་དགེ་བ་བཅུའི་

ལས་ཀྱི་ལམ་མི་དམིགས་ན། སད་པ་ན་ལྟ་ཅི་སྨོས་ཏེ། རབ་འབྱོར་རྣམ་པ་དེ་དག་དང་། ཚུལ་དེ་དག་[༡]དང་། མཚན་མ་དེ་དག་དང་ལྡན་པའི་བྱང་ཆུབ་སེམས་དཔའ་སེམས་དཔའ་ཆེན་པོ་ནི་ཕྱིར་མི་ལྡོག་པར་རིག་པར་བྱའོ། །རབ་འབྱོར་གཞན་ཡང་ཕྱིར་མི་ལྡོག་པའི་བྱང་ཆུབ་སེམས་དཔའ་སེམས་དཔའ་ཆེན་པོ་ནི། ནམ་སྦྱིན་པའི་ཕ་རོལ་ཏུ་ཕྱིན་པ་ལ་གནས་པ་དེའི་ཚེ། སེམས་ཅན་ཐམས་ཅད་ཀྱི་ཕྱིར་སྦྱིན་པ་དེ་ཡོངས་སུ་གཏོང་ངོ་། །ནམ་ཚུལ་ཁྲིམས་ཀྱི་ཕ་རོལ་ཏུ་ཕྱིན་པ་ལ་གནས་པ་དེའི་ཚེ། སེམས་ཅན་ཐམས་ཅད་ཀྱི་ཕྱིར་ཚུལ་ཁྲིམས་དེ་སྲུང་བར་བྱེད་དོ། །ནམ་བཟོད་པའི་ཕ་རོལ་ཏུ་ཕྱིན་པ་ལ་གནས་པ་དེའི་ཚེ། སེམས་ཅན་ཐམས་ཅད་ཀྱི་ཕྱིར་བཟོད་པ་དེ་སྒོམ་[༢]པར་བྱེད་དོ། །ནམ་བརྩོན་འགྲུས་ཀྱི་ཕ་རོལ་ཏུ་ཕྱིན་པ་ལ་གནས་པ་དེའི་ཚེ། སེམས་ཅན་ཐམས་ཅད་ཀྱི་ཕྱིར་བརྩོན་འགྲུས་དེ་རྩོམ་པར་བྱེད་དོ། །ནམ་བསམ་གཏན་གྱི་ཕ་རོལ་ཏུ་ཕྱིན་པ་ལ་གནས་པ་དེའི་ཚེ། སེམས་ཅན་ཐམས་ཅད་ཀྱི་ཕྱིར་བསམ་གཏན་དེ་ལ་མཉམ་པར་གཞོག་གོ། །ནམ་ཤེས་རབ་ཀྱི་ཕ་རོལ་ཏུ་ཕྱིན་པ་ལ་གནས་པ་དེའི་ཚེ། སེམས་ཅན་ཐམས་ཅད་ཀྱི་ཕྱིར་ཤེས་རབ་དེ་སྒོམ་པར་བྱེད་དེ[༣]། རབ་འབྱོར་རྣམ་པ་དེ་དག་དང་། ཚུལ་དེ་དག་དང་། མཚན་མ་དེ་དག་དང་ལྡན་པའི་བྱང་ཆུབ་སེམས་དཔའ་སེམས་དཔའ་ཆེན་པོ་ནི་ཕྱིར་མི་ལྡོག་པར་རིག་པར་བྱའོ། །རབ་འབྱོར་གཞན་ཡང་ཕྱིར་མི་ལྡོག་པའི་བྱང་ཆུབ་སེམས་དཔའ་སེམས་དཔའ་ཆེན་པོ་ནི་མདོ་དང་། དབྱངས་ཀྱིས་བསྙད་པ་དང་། ལུང་བསྟན་པ་དང་། ཚིགས་སུ་བཅད་པ་དང་། ཆེད་དུ་བརྗོད་པ་དང་། གླེང་གཞི་དང་། འདི་ལྟར་འདས་པ་དང་། སྐྱེས་པའི་རབས་དང་། ཤིན་ཏུ་རྒྱས་པ་དང་། ཆོས་རྨད་དུ་བྱུང་བ་དང་། རྟོགས་[༤]པ་བརྗོད་པ་དང་། གཏན་ལ་བབ་[༥]པ་བསྟན་པའི་ཆོས་དེ་དག་ཆོས་ཀྱི་

སྦྱིན་པ་བྱ་བའི་དོན༔ དུ་ཀུན་[1] ཆུབ་པར་བྱས་ནས། དེ་ཆོས་ཀྱི་སྦྱིན་པ་དེ་ཡོངས་སུ་གཏོང་བའི་[2] ཚེ། འདི་སྙམ་དུ་ཆོས་ཀྱི་སྦྱིན་པ་འདིས་སེམས་ཅན་ཐམས་ཅད་ཀྱི་བསམ་པ་ཡོངས་སུ་རྫོགས་པར་གྱུར་ཅིག་ཅེས་བསམས་[3] ནས། དེས་ཆོས་ཀྱི་སྦྱིན་པ་དེ་སེམས་ཅན་ཐམས་ཅད་དང་ཐུན་མོང་དུ་བྱས་ནས། བླ་ན་མེད་པ་ཡང་དག་པར་རྫོགས་པའི་བྱང་ཆུབ་ཏུ་བསྔོ་[4] སྟེ། རབ་འབྱོར་རྣམ་པ་དེ་དག་དང་། ཚུལ་དེ་དག་དང་མཚན་མ་དེ་དག་དང་ལྡན་པའི་བྱང་ཆུབ་སེམས་དཔའ་སེམས་དཔའ་ཆེན་པོ༔ དེ་དག་[5] ནི། ཕྱིར་མི་ལྡོག་པར་རིག་པར་བྱའོ།། །།

ཤེས་རབ་ཀྱི་ཕ་རོལ་ཏུ་ཕྱིན་པ་སྟོང་ཕྲག་བརྒྱ་པ། བམ་པོ་དགུ་[6] པ། རབ་འབྱོར་གཞན་ཡང་ཕྱིར་མི་ལྡོག་པའི་བྱང་ཆུབ་སེམས་དཔའ་སེམས་དཔའ་ཆེན་པོ་ནི་ཆོས་ཟབ་མོ་ལ་ནེམ་ནུར་མེད། ཐེ་ཚོམ་མེད་ཡིད་གཉིས་མེད་དོ། །གསོལ་པ། བཅོམ་ལྡན་འདས་ཅིའི་སླད་དུ་[7] ཕྱིར་མི་ལྡོག་པའི་བྱང་ཆུབ་སེམས་དཔའ་སེམས་དཔའ་ཆེན་པོ་ཆོས་ཟབ་མོ་ལ་ནེམ་ནུར་མ་མཆིས། ཐེ་ཚོམ་མ་མཆིས། ཡིད་གཉིས་མ་མཆིས་པ་ལགས། བཅོམ་ལྡན་འདས་ཀྱིས་བཀའ་སྩལ་པ། རབ་འབྱོར་དེ་ནི་འདི་ལྟར་[8] ཕྱིར་མི་ལྡོག་པའི་བྱང་ཆུབ་སེམས་དཔའ་སེམས་དཔའ་ཆེན་པོས། ཆོས་གང་ཡང་ཡང་དག་པར་རྗེས་སུ་མཐོང་བ་མེད་དེ[9]། གང་ལ་ནེམ་ནུར་རམ། ཡིད་གཉིས་སམ། ཐེ་ཚོམ་དུ་འགྱུར་བའི་གཟུགས་སམ། ཚོར་བའམ། འདུ་ཤེས་སམ། འདུ་བྱེད་དམ། རྣམ་པར་ཤེས་པའམ། མིག་གམ། རྣ་བའམ། སྣའམ། ལྕེའམ། ལུས་སམ། ཡིད་དམ། གཟུགས་སམ། སྒྲའམ། དྲིའམ། རོའམ། རེག་གམ། ཆོས་སམ། མིག་གི་རྣམ་པར་ཤེས་པའམ། རྣ་བའི་རྣམ་པར་ཤེས་པའམ། སྣའི་རྣམ་པར་ཤེས་པའམ། ལྕེའི་རྣམ་པར་ཤེས་པའམ། ལུས་ཀྱི་རྣམ་པར་ཤེས་

པའམ། ཡིད་ཀྱི་རྣམ་པར་ཤེས་པའམ། མིག་གི་འདུས་ཏེ་རེག་པའམ། རྣ་བའི་འདུས་ཏེ་རེག་པའམ། སྣའི་འདུས་ཏེ་རེག་པའམ། ལྕེའི་འདུས་ཏེ་རེག་པའམ། ལུས་ཀྱིཿའདུས་ཏེ་རེག་[༡]པའམ། ཡིད་ཀྱིཿའདུས་ཏེ་རེག་[༢]པའམ། མིག་གི་འདུས་ཏེ་རེག་པའི་རྐྱེན་གྱིས་ཚོར་བའམ། རྣ་བའི་འདུས་ཏེ་རེག་པའི་རྐྱེན་གྱིས་ཚོར་བའམ། སྣའི་འདུས་ཏེ་རེག་པའི་རྐྱེན་གྱིས་ཚོར་བའམ། ལྕེའི་འདུས་ཏེ་རེག་པའི་རྐྱེན་གྱིས་ཚོར་བའམ། ལུས་ཀྱི་འདུས་ཏེ་རེག་པའི་རྐྱེན་གྱིས་ཚོར་བའམ། ཡིད་ཀྱི་འདུས་ཏེ་རེག་པའི་རྐྱེན་གྱིས་ཚོར་བའམ། སའི་ཁམས་སམ། ཆུའི་ཁམས་སམ། མེའི་ཁམས་སམ། རླུང་གི་ཁམས་སམ། ནམ་མཁའི་ཁམས་སམ། རྣམ་པར་ཤེས་པའི་ཁམས་སམ། མ་རིག་པའམ། འདུ་བྱེད་དམ། རྣམ་པར་ཤེས་པའམ། མིང་དང་གཟུགས་སམ། སྐྱེ་མཆེད་དྲུག་གམ། རེག་པའམ། ཚོར་བའམ། སྲེད་པའམ། ལེན་པའམ། སྲིད་པའམ། སྐྱེ་བའམ། རྒ་ཤིའམ། སྦྱིན་པའི་ཕ་རོལ་ཏུ་ཕྱིན་པའམ། ཚུལ་ཁྲིམས་ཀྱི་ཕ་རོལ་ཏུ་ཕྱིན་པའམ། བཟོད་པའི་ཕ་རོལ་ཏུ་ཕྱིན་པའམ། བརྩོན་འགྲུས་ཀྱི་ཕ་རོལ་ཏུ་ཕྱིན་པའམ། བསམ་གཏན་གྱི་ཕ་རོལ་ཏུ་ཕྱིན་པའམ། ཤེས་རབ་ཀྱི་ཕ་རོལ་ཏུ་ཕྱིན་པའམ། ནང་སྟོང་པ་ཉིད་དམ། ཕྱི་སྟོང་པ་ཉིད་དམ། ཕྱི་ནང་སྟོང་པ་ཉིད་དམ། སྟོང་པ་ཉིད་སྟོང་པ་ཉིད་དམ། ཆེན་པོ་སྟོང་པ་ཉིད་དམ། དོན་དམ་པ་སྟོང་པ་ཉིད་དམ། འདུས་བྱས་སྟོང་པ་ཉིད་དམ། འདུས་མ་བྱས་སྟོང་པ་ཉིད་དམ། མཐའ་ལས་འདས་པ་སྟོང་པ་ཉིད་དམ། ཐོག་མ་དང་ཐ་མ་མེད་པ་སྟོང་པ་ཉིད་དམ། དོར་བ་མེད་པ་སྟོང་པ་ཉིད་དམ། རང་བཞིན་སྟོང་པ་ཉིད་དམ། ཆོས་ཐམས་ཅད་སྟོང་པ་ཉིད་དམ། རང་གི་མཚན་ཉིད་སྟོང་པ་ཉིད་དམ། མི་དམིགས་པ་སྟོང་པ་ཉིད་དམ།

དངོས་པོ་མེད་པ་སྟོང་པ་ཉིད་དམ། ངོ་བོ་ཉིད་སྟོང་པ་ཉིད་དམ། དངོས་པོ་མེད་པའི་ངོ་བོ་ཉིད་སྟོང་པ་ཉིད་དམ། དྲན་པ་ཉེ་བར་གཞག་པ་རྣམས་སམ། ཡང་དག་པར་སྤོང་བ་རྣམས་སམ། རྫུ་འཕྲུལ་གྱི་རྐང་པ་རྣམས་སམ། དབང་པོ་རྣམས་སམ། སྟོབས་རྣམས་སམ། བྱང་ཆུབ་ཀྱི་ཡན་ལག་རྣམས་སམ། འཕགས་པའི་ལམ་[༢]ཡན་ལག་བརྒྱད་པའམ། འཕགས་པའི་བདེན་པ་རྣམས་སམ། བསམ་གཏན་རྣམས་སམ། ཚད་མེད་པ་རྣམས་སམ། གཟུགས་མེད་པའི་སྙོམས་པར་འཇུག་པ་རྣམས་སམ། རྣམ་པར་ཐར་པ་རྣམས་སམ། མཐར་གྱིས་གནས་པའི་སྙོམས་པར་འཇུག་པ་རྣམས་སམ། [༣]སྟོང་པ་ཉིད་དམ། མཚན་མ་མེད་པའམ། སྨོན་པ་མེད་པའམ། མངོན་པར་ཤེས་པ་རྣམས་སམ། ཏིང་ངེ་འཛིན་རྣམས་སམ། གཟུངས་ཀྱི་སྒོ་རྣམས་སམ། དེ་བཞིན་གཤེགས་པའི་སྟོབས་རྣམས་སམ། མི་འཇིགས་པ་རྣམས་སམ། སོ་སོ་ཡང་དག་པར་རིག་པ་རྣམས་སམ། བྱམས་པ་ཆེན་པོའམ། སྙིང་རྗེ་ཆེན་པོའམ། སངས་རྒྱས་ཀྱི་ཆོས་མ་འདྲེས་པ་རྣམས་སམ། རྒྱུན་དུ་ཞུགས་པའི་འབྲས་[༤]བུའམ། ལན་ཅིག་ཕྱིར་འོང་བའི་འབྲས་བུའམ། ཕྱིར་མི་འོང་བའི་འབྲས་བུའམ། དགྲ་བཅོམ་པ་ཉིད་དམ། རང་བྱང་ཆུབ་བམ[༥]། ལམ་གྱི་རྣམ་པ་ཤེས་པ་ཉིད་དམ། བླ་ན་མེད་པ་ཡང་དག་པར་རྫོགས་པའི་བྱང་ཆུབ་ཀྱང་ཡང་དག་པར་རྗེས་སུ་མི་མཐོང་ངོ།།

རབ་འབྱོར་རྣམ་པ་དེ་དག་དང་། ཚུལ་དེ་དག་དང་། མཚན་མ་དེ་དག་དང་ལྡན་པའི་བྱང་ཆུབ་སེམས་དཔའ་སེམས་དཔའ་ཆེན་པོ་ནི་ཕྱིར་མི་ལྡོག་པར་རིག་པར་བྱའོ། །རབ་འབྱོར་གཞན་ཡང་ཕྱིར་མི་ལྡོག་པའི་བྱང་ཆུབ་སེམས་དཔའ་སེམས་དཔའ་ཆེན་པོ་ནི། ལུས་ཀྱི་ལས་འཇམ་པ་དང་ལྡན་པ་ཡིན། ངག་གི་ལས་འཇམ་པ་དང་ལྡན་པ་ཡིན། ཡིད་ཀྱི་ལས་འཇམ་པ་དང་ལྡན་པ་ཡིན་ཏེ།

རབ་འབྱོར་རྣམ་པ་དེ་དག་དང་། ཚུལ་དེ་དག་དང་། མཚན་མ་དེ་དག་དང་
ལྡན་པའི་བྱང་ཆུབ་སེམས་དཔའ་སེམས་དཔའ་ཆེན་པོ་ནི་ཕྱིར་མྱི་ལྡོག་པར་རིག····
པར་བྱའོ། །རབ་འབྱོར་གཞན་ཡང་ཕྱིར་མྱི་ལྡོག་པའི་བྱང་ཆུབ་སེམས་དཔའ·····
སེམས་དཔའ་ཆེན་པོ་ནི་བྱམས་པའི་ལུས་ཀྱི་ལས་དང་ལྡན་པ་ཡིན། བྱམས་པའི་
ངག་གི་ལས་དང་ལྡན་པ་ཡིན། བྱམས་པའི་ཡིད་ཀྱི་ལས་དང་ལྡན་པ་ཡིན་ཏེ།
རབ་འབྱོར་རྣམ་པ་དེ་དག་དང་། ཚུལ་དེ་དག་དང་། མཚན་མ་དེ་དག་དང་
ལྡན་པའི་བྱང་ཆུབ་སེམས་དཔའ་སེམས་དཔའ་ཆེན་པོ་ནི་ཕྱིར་མྱི་ལྡོག་པར་རིག····
པར་བྱའོ། །རབ་འབྱོར་གཞན་ཡང་ཕྱིར་མི་ལྡོག་པའི་བྱང་ཆུབ་སེམས་དཔའ····
སེམས་དཔའ་ཆེན་པོ་ནི་འདི་ལྟ་སྟེ། འདོད་པ་ལ་མོས་(༡)པ་དང་། གནོད་
སེམས་དང་། རྨུགས་(༢)པ་དང་། གཉིད་དང་། རྒོད་པ་དང་། འགྱོད་
པ་དང་། ཐེ་ཚོམ་གྱི་སྒྲིབ་པ་ལྔ་པོ་འདི་(༣)དག་དང་ལྷན་ཅིག་ཏུ་མྱི་གནས་ཏེ།
རབ་འབྱོར་རྣམ་པ་དེ་དག་དང་། ཚུལ་དེ་དག་དང་། མཚན་མ་དེ་དག་དང་
ལྡན་པའི་བྱང་ཆུབ་སེམས་དཔའ་སེམས་དཔའ་ཆེན་པོ་ནི་ཕྱིར་མྱི་ལྡོག་པར་རིག····
པར་བྱའོ། །རབ་འབྱོར་གཞན་ཡང་ཕྱིར་མྱི་ལྡོག་པའི་བྱང་ཆུབ་སེམས་དཔའ·····
སེམས་དཔའ་ཆེན་པོ་ལ(༤)། བག་ལ་ཉལ་བ་ཐམས་ཅད་དུ་ཐམས་ཅད་མྱེད་དེ།
རབ་འབྱོར་རྣམ་པ་དེ་དག་དང་། ཚུལ་དེ་དག་དང་། མཚན་མ་དེ་དག་དང་
ལྡན་པའི་བྱང་ཆུབ་སེམས་དཔའ་སེམས་དཔའ་ཆེན་པོ་ནི་ཕྱིར་མྱི་ལྡོག་པར་རིག····
པར་བྱའོ། །རབ་འབྱོར་གཞན་ཡང་ཕྱིར་མྱི་ལྡོག་པའི་བྱང་ཆུབ་སེམས་དཔའ་
སེམས་དཔའ་ཆེན་པོ་ནི༔ འགྲོ་ཞིང་འོང་(༥)ཡང་ནོར་བའི་སེམས་ཀྱིས་(༦)མྱི་འགྲོ །
ནོར་བའི་སེམས་ཀྱིས་མྱི་འོང་སྟེ། དེ་འགྲོ་བ་(༧)འམ་འོང་ན་ཡང་དྲན་པ་ཉེ་བར་
གཞག་ཅིང་འགྲོ། དྲན་པ་ཉེ་བར་གཞག་ཅིང་འོང་སྟེ། དེ་དྲན་བཞིན་དུ་

འགྲོ༑ དྲན་བཞིན་དུ་འོང་། དྲན་བཞིན་དུ་འཆག །དྲན་བཞིན་དུ་སྡོད།
དྲན་བཞིན་དུ་འདུག །དྲན་བཞིན་དུ་ཉལ་ཏེ། དེ་འཕྲལ་ལ་ས་ལས་[1]རྐང་པ་
མི་འདེག[2] །འཕྲལ་ལ་ས་ལས་[3]རྐང་པ་མི་འཛོག་སྟེ། དྲན་བཞིན་དུ་རྐང་པ་
འདེག[4] །དྲན་བཞིན་དུ་རྐང་པ་འཛོག་ཅིང་། དེ་སའི་ཕྱོགས་མཐོང་བཞིན་དུ་
འགྲོ་སྟེ། རབ་འབྱོར་རྣམ་པ་དེ་དག་དང་། ཚུལ་དེ་དག་དང་། མཚན་མ་
དེ་དག་དང་ལྡན་པའི་བྱང་ཆུབ་སེམས་དཔའ་སེམས་དཔའ་ཆེན་པོ་ནི་ཕྱིར་མི་ལྡོག་
པར་རིག་པར་བྱའོ། །རབ་འབྱོར་གཞན་ཡང་ཕྱིར་མི་ལྡོག་པའི་བྱང་ཆུབ་སེམས་
དཔའ་སེམས་དཔའ་ཆེན་པོ་[5]ནི་གོས་ཀྱི་ཚགས་ལ་སྣད་དུ་མེད་པ་ཡིན། རབ···
འབྱོར་ཕྱིར་མི་ལྡོག་པའི་བྱང་ཆུབ་སེམས་དཔའ་སེམས་དཔའ་ཆེན་པོ་ནི་གཙང···
སྦྲའི་སྤྱོད་པ་དང་ལྡན་ཏེ། གཙང་ཞིང་དྲི་ང་བ་མེད་ལ། རྟུལ་དང་དྲི་མ་དང་
བྲལ་ཞིང་ནད་ཉུང་བ་ཡིན་ཏེ། རབ་འབྱོར་རྣམ་པ་དེ་དག་དང་། ཚུལ་དེ་
དག་དང་། མཚན་མ་དེ་དག་དང་ལྡན་པའི་བྱང་ཆུབ་སེམས་དཔའ་སེམས་
དཔའ་ཆེན་པོ་ནི། ཕྱིར་མི་ལྡོག་པར་རིག་པར་བྱའོ། །རབ་འབྱོར་གཞན་ཡང་
མིར་གྱུར་པ་རྣམས་ཀྱི་ལུས་ལ་སྲིན་བུའི་རིགས་སྟོང་ཕྲག་བརྒྱ་ཙུ་[6]ལུས་དེ་ཉིད་ལ་·
ཟ་བ་ཡོད་པ་དེ་དག་ཀྱང་། ཕྱིར་མི་ལྡོག་པའི་བྱང་ཆུབ་སེམས་དཔའ་སེམས་
དཔའ་ཆེན་པོའི་ལུས་ལ་ཐམས་ཅད་དུ་ཐམས་ཅད་རྣམ་པ་ཐམས་ཅད་དུ༔ ཐམས···
ཅན་[7]མེད་དོ། །དེ་ཅིའི་ཕྱིར་ཞེ་ན། རབ་འབྱོར་དེ་ནི་འདི་ལྟར་བྱང་ཆུབ་
སེམས་དཔའ་སེམས་དཔའ་ཆེན་པོའི་དགེ་བའི་རྩ་བ་དེ་དག་འཇིག་རྟེན་ཐམས·····
ཅད་ལས་མངོན་པར་འཕགས་པ། འཇིག་རྟེན་ཐམས་ཅད་ཀྱི་མཆོག་ཏུ་གྱུར་པ་སྟེ།
དེའི་ཕྱིར་བྱང་ཆུབ་སེམས་དཔའ་སེམས་དཔའ་ཆེན་པོ་དེའི་ལུས་ལ་སྲིན་བུའི····
རིགས་སྟོང་ཕྲག་བརྒྱ་ཙུ་[8]པོ་དེ་དག་མེད་དེ། རབ་འབྱོར་ཇི་ལྟ་ཇི་ལྟར་བྱང་ཆུབ་

སེམས་དཔའ་སེམས་དཔའ་ཆེན་པོའི་དགེ་བའི་རྩ་བ་དེ་དག་རྣམ་པར་འཕེལ་བ་དེ་ལྟ་དེ་ལྟར་བྱང་ཆུབ་སེམས་དཔའ་སེམས་དཔའ་ཆེན་པོ་ལུས་ཡོངས་སུ་དག་པ་ཡོངས་སུ་འཛིན་ཏོ། །ངག་ཡོངས་སུ་དག་པ་ཡོངས་སུ་འཛིན་ཏོ། །སེམས་ཡོངས་སུ་དག་པ་ཡོངས་སུ་འཛིན་ཏོ། །རབ་འབྱོར་རྣམ་པ་དེ་དག་དང་། ཚུལ་དེ་དག་དང་། མཚན་མ་དེ་དག་དང་ལྡན་པའི་བྱང་ཆུབ་སེམས་དཔའ་སེམས་དཔའ་ཆེན་པོ་ནི་ཕྱིར་མི་ལྡོག་པར་རིག་པར་བྱའོ། །དེ་སྐད་ཅེས་བཀའ་སྩལ་པ་དང་། ཚེ་དང་ལྡན་པ་རབ་འབྱོར་གྱིས་བཅོམ་ལྡན་འདས་ལ་འདི་སྐད་ཅེས་གསོལ་ཏོ། །བཅོམ་ལྡན་འདས་ཇི་ལྟར་ན་བྱང་ཆུབ་སེམས་དཔའ་སེམས་དཔའ་ཆེན་པོའི་ལུས་ཡོངས་སུ་དག་པ་ལགས། ངག་ཡོངས་སུ་དག་པ་ལགས། སེམས་ཡོངས་སུ་དག་པ་ལགས། བཅོམ་ལྡན་འདས་ཀྱིས་བཀའ་སྩལ་པ། རབ་འབྱོར༔ ཇི་ལྟ[1] ཇི་ལྟར་བྱང་ཆུབ་སེམས་དཔའ་སེམས་དཔའ་ཆེན་པོའི་དགེ་བའི་རྩ་བ་དེ་དག་རྣམ་པར་འཕེལ་བ་དེ་ལྟ་དེ་ལྟར་[2] དགེ་བའི་རྩ་བ་དེ་དག་གི་[3] ལུས་དང་། ངག་དང་སེམས་ཀྱི་དྲང་བ་དང་། ལུས་དང་ངག་དང་སེམས་ཀྱི་གྱུ་གྱུ་ཡོངས་སུ་བྱང་བར་འགྱུར་[4] ཏེ། དེ་ཡང་དེ་ལྟ་དེ་ལྟར་ལུས་ཀྱི་[5] ལེགས་པར་སྤྱད་པ་རྣམ་[6] གསུམ་སྤྱོད་དོ། །ངག་གིས་ལེགས་པར་སྤྱད་པ་རྣམ་[7] བཞི་སྤྱོད་དོ། །ཡིད་ཀྱིས་ལེགས་པར་སྤྱད་པ་རྣམ་[8] གསུམ་སྤྱོད་དེ[9]། འདི་ནི་བྱང་ཆུབ་སེམས་དཔའ་སེམས་དཔའ་ཆེན་པོའི་ལུས་དང་། ངག་དང་སེམས་ཡོངས་སུ་དག་པའོ། །དེ་ལུས་དང་ངག་དང་སེམས་ཡོངས་སུ་དག་པ་དེས། ཉན་ཐོས་ཀྱི་ས་དང་། རང་སངས་རྒྱས་ཀྱི་ས་ལས་འདའ་ཡང་ཡང་དག་པའི་མཐའ་མངོན་དུ་མི་བྱེད་དེ། རབ་འབྱོར་འདི་ཡང་བྱང་ཆུབ་སེམས་དཔའ་སེམས་དཔའ་ཆེན་པོའི་ལུས་དང་ངག་དང་སེམས་ཡོངས་སུ་དག་པར་རིག་པར་བྱ་སྟེ། རབ་འབྱོར་རྣམ་པ་དེ་དག་དང་།

ཚུལ་དེ་དག་དང་། མཚན་མ་དེ་དག་དང་ལྡན་པའི་བྱང་ཆུབ་སེམས་དཔའ་
སེམས་དཔའ་ཆེན་པོ་ནི་ཕྱིར་མི་ལྡོག་པར་རིག་པར་བྱའོ། །རབ་འབྱོར་གཞན་
ཡང་ཕྱིར་མི་ལྡོག་པའི་བྱང་ཆུབ་སེམས་དཔའ་སེམས་དཔའ་ཆེན་པོ་ནི་རྙེད་པ་དང་།
བཀུར་སྟི་①དང་། ཚིགས་སུ་བཅད་པ་ལྷུར་ལེན་པ་མ་ཡིན། བསོད་སྙོམས་
ལྷུར་ལེན་པ་མ་ཡིན། ཕྱག་དར་ཁྲོད་པ་ལྷུར་ལེན་པ་མ་ཡིན། སྟན་གཅིག་པ་
ལྷུར་ལེན་པ་མ་ཡིན། བསོད་སྙོམས་ཕྱིས་མི་ལེན་པ་ལྷུར་ལེན་པ་མ་ཡིན། ཅི་
ཐོབ་པའི་བསོད་སྙོམས་ལྷུར་ལེན་པ་མ་ཡིན། དགོན་པ་ལྷུར་ལེན་པ་མ་ཡིན། ཤིང་
དྲུང་ལྷུར་ལེན་པ་མ་ཡིན། བླ་གབ་མེད་པ་ལྷུར་②ལེན་པ་མ་ཡིན། དུར་
ཁྲོད་ལྷུར་ལེན་པ་མ་ཡིན། ཙོག་པུ་③ལྷུར་ལེན་པ་མ་ཡིན། གནས་ཇི་བཞིན་
ལྷུར་ལེན་པ་མ་ཡིན། ཆོས་གོས་གསུམ་པ་④ལྷུར་ལེན་པ་མ་ཡིན་ཞིང་། དེ
སྦྱངས་པའི་ཡོན་ཏན་བཅུ་གཉིས་ཀྱང་། ཡང་དག་པར་བླངས་ཏེ་སྤྱོད་དོ། །
རབ་འབྱོར་རྣམ་པ་དེ་དག་དང་། ཚུལ་དེ་དག་དང་། མཚན་མ་དེ་དག་དང་
ལྡན་པའི་བྱང་ཆུབ་སེམས་དཔའ་སེམས་དཔའ་ཆེན་པོ་ནི་ཕྱིར་མི་ལྡོག་པར་རིག
པར་བྱའོ། །རབ་འབྱོར་གཞན་ཡང་ཕྱིར་མི་⑤མི་⑥ལྡོག་པའི་བྱང་ཆུབ་སེམས་
དཔའ་སེམས་དཔའ་ཆེན་པོ་ལ་སེར་སྣའི་སེམས་སྐྱེ་བ་མེད་དོ། །ཚུལ་ཁྲིམས་ངན་
པའི་སེམས་སྐྱེ་བ་མེད་དོ། །འཁྲུག་པའི་སེམས་སྐྱེ་བ་མེད་དོ། །ལེ་ལོའི་སེམས་
སྐྱེ་བ་མེད་དོ། །མཉམ་པར་མ་བཞག་པའི་སེམས་སྐྱེ་བ་མེད་དོ། །ཤེས་རབ་
འཆལ་པའི་སེམས་སྐྱེ་བ་མེད་དོ། །ཕྲག་དོག་གི་སེམས་སྐྱེ་བ་མེད་དོ། །རབ
འབྱོར་རྣམ་པ་དེ་དག་དང་། ཚུལ་དེ་དག་དང་། མཚན་མ་དེ་དག་དང་ལྡན་
པའི་བྱང་ཆུབ་སེམས་དཔའ་སེམས་དཔའ་ཆེན་པོ་ནི་ཕྱིར་མི་ལྡོག་པར་རིག་པར
བྱའོ། །རབ་འབྱོར་གཞན་ཡང་⑦བྱང་ཆུབ་སེམས་དཔའ་སེམས་དཔའ་ཆེན་

པོ༔ ཕྱིར་མི་ལྡོག་པ་[1]ནི་བློ་བརྟན་པ་ཡིན། བློ་ཟབ་པ་ཡིན། གུས་པར་གཞན་ལ་ཆོས་ཉན་པ་ཡིན། གཞན་ལས་ཆོས་གང་ཅི་ཐོས་ཀྱང་། དེ་ཐམས་ཅད་ཤེས་རབ་ཀྱི་ཕ་རོལ་ཏུ་ཕྱིན་པས་ཡང༔ དག་པར་[2]སྦྱུབ་པ་ཡིན། འཇིག་རྟེན་པའི་བྱ་བ་གང་ཇི་སྙེད་པ་དེ་དག་ཐམས་ཅད་ཀྱང་ཤེས་རབ་ཀྱི་ཕ་རོལ་ཏུ་ཕྱིན་པ་ལ་བརྟེན་ཏེ། ཆོས་ཉིད་ཀྱིས་ཡང་དག་པར་སྦྱུབ་ཅིང་། ༔ཆོས་གང་[3]ཆོས་ཀྱི་དབྱིངས་དང་མི་འགྱུར་པ་དེ་ལྟ་བུ་གང་ཡང་ཡང་དག་པར་རྗེས་སུ་མི་མཐོང་སྟེ། དེ་ཐམས་ཅད་ཀྱང་ཤེས་རབ་ཀྱི་ཕ་རོལ་ཏུ་ཕྱིན་པ་དང་འགྱུར་པ་ཡང་དག་པར་རྗེས་སུ་མཐོང་བ་ཡིན་ཏེ། རབ་འབྱོར་དེ་དག་ནི་ཕྱིར་མི་ལྡོག་པའི་བྱང་ཆུབ་སེམས་དཔའ་སེམས་དཔའ་ཆེན་པོའི་[4]ཕྱིར་མི་ལྡོག་པའི་མཚན་ཉིད་དུ་རིག་པར་བྱའོ། །རབ་འབྱོར་དེ་ལ་གལ་ཏེ་ཕྱིར་མི་ལྡོག་པའི་བྱང་ཆུབ་སེམས་དཔའ་སེམས་དཔའ་ཆེན་པོའི་མདུན་དུ་བདུད་སྡིག་ཏོ་ཅན་གྱིས་སེམས་ཅན་དམྱལ་བ་ཆེན་པོ་བརྒྱད་མངོན་དུ་སྤྲུལ་ནས། སེམས་ཅན་དམྱལ་བ་ཆེན་པོ་དེ་རེ་རེར་[5]ཡང་བྱང་ཆུབ་སེམས་དཔའ་བརྒྱ་ཕྲག་མང་པོ། བྱང་ཆུབ་སེམས་དཔའ་སྟོང་ཕྲག་མང་པོ། ༔བྱང་ཆུབ་སེམས་དཔའ་བརྒྱ་སྟོང་ཕྲག་མང་པོ།[6] བྱང་ཆུབ་སེམས་དཔའ་བྱེ་བ་ཕྲག་མང་པོ། བྱང་ཆུབ་སེམས་དཔའ་བྱེ་བ་བརྒྱ་ཕྲག་མང་པོ། བྱང་ཆུབ་སེམས་དཔའ་བྱེ་བ་སྟོང་ཕྲག་མང་པོ། བྱང་ཆུབ་སེམས་དཔའ་བྱེ་བ་བརྒྱ་སྟོང་ཕྲག་མང་པོ། བྱང་ཆུབ་སེམས་དཔའ་བྱེ་བ་ཁྲག་ཁྲིག་བརྒྱ་སྟོང་ཕྲག་མང་པོ་བསྲེག་ཅིང་བཙོ་བ་དང་། མི་བཟད་[7]པར་སྡུག་བསྔལ་བ་དང་། རྩུབ་པ་དང་། ཚ་བའི་ཚོར་བ་མྱོང་བར་མངོན་དུ་སྤྲུལ་ནས་བསྟན་ཏེ། བྱང་ཆུབ་སེམས་དཔའ་དེ་ལ་འདི་སྐད་དུ། བྱང་ཆུབ་སེམས་དཔའ་སེམས་དཔའ་ཆེན་པོ་འདི་དག་ནི་ཕྱིར་མི་ལྡོག་པར་དེ་བཞིན་གཤེགས་པས་ལུང་བསྟན་པ་ཡིན་ཏེ། སེམས་ཅན་དམྱལ་བ་ཆེན་པོ་འདིར་

སྐྱེས་སོ། །ཁྱོད་ཀྱང་དེ་བཞིན་གཤེགས་པས་ཕྱིར་མི་ལྡོག་པར་ལུང་བསྟན་པ་ནི། སེམས་ཅན་དམྱལ་བ་པར་ལུང་བསྟན་ཏེ། ད་དུང་ཡང་ཁྱོད་ཀྱིས་བྱང་ཆུབ་ཀྱི་སེམས་འདི་ཐོངས་ཤིག[༡]དང་། ཁྱོད་སེམས་ཅན་དམྱལ་བར་སྐྱེ་བར་མི་འགྱུར་ཏེ། དེ་ལྟར་བྱས་ན[༢]ཁྱོད་མཐོ་རིས་སུ་འགྲོ་བར་འགྱུར་རོ་ཞེས་ཟེར་ཡང་། རབ་འབྱོར་གལ་ཏེ་བྱང་ཆུབ་སེམས་དཔའ་སེམས་དཔའ་ཆེན་པོའི་སེམས་མི་འཁྲུག་ཅིང་ནེམ་ནུར་མེད་ཐེ་ཚོམ་མེད་ན། བྱང་ཆུབ་སེམས་དཔའ་སེམས་དཔའ་ཆེན་པོ་དེ་ནི། སྔོན་གྱི་དེ་བཞིན་གཤེགས་པ་དགྲ་བཅོམ་པ་ཡང་དག་པར་རྫོགས་པའི་སངས་རྒྱས་དེ་དག་གིས་ཀྱང་ལུང་བསྟན་པར་རིག་པར་བྱའོ། །བྱང་ཆུབ་སེམས་དཔའ་སེམས་དཔའ་ཆེན་པོ་དེ་ནི་ངེས་པ་ཡིན་ཏེ། ཕྱིར་མི་ལྡོག་པའི་ཁམས་སུ་གནས་པའོ། །རབ་འབྱོར་འདི་ནི་གནས[༣]མ་ཡིན་ཞིང་གོ་སྐབས་མེད་པ་སྟེ། ཕྱིར་མི་ལྡོག་པའི་བྱང་ཆུབ་སེམས་དཔའ་སེམས་དཔའ་ཆེན་པོ་སེམས་ཅན་དམྱལ་བའམ། ཕྱོལ་སོང་གི་སྐྱེ་གནས་སམ། གཤིན་རྗེའི་འཇིག་རྟེན་དུ་སྐྱེ་བར་འགྱུར་བ་དེ་ནི་གནས་མེད་དོ། །རབ་འབྱོར་རྣམ་པ་དེ་དག་དང་། ཚུལ་དེ་དག་དང་། མཚན་མ་དེ་དག་དང་ལྡན་པའི་བྱང་ཆུབ་སེམས་དཔའ་སེམས་དཔའ་ཆེན་པོ་ནི་ཕྱིར་མི་ལྡོག་པར་རིག་པར་བྱའོ། །རབ་འབྱོར་གཞན་ཡང་གལ་ཏེ་བྱང་ཆུབ་སེམས་དཔའ་སེམས་དཔའ་ཆེན་པོའི་དྲུང་དུ་བདུད་སྡིག་ཏོ་ཅན་དགེ་སློང་གི་ཆ་བྱད་དུ་འོངས་ཏེ། འདི་སྐད་དུ་གང་ཁྱོད་ཀྱིས་སྔོན་འདི་ལྟར་བདག་གིས་སྦྱིན་པའི་ཕ་རོལ་ཏུ་ཕྱིན་པ་ཡོངས་སུ་སྦྱང་བར་བྱའོ། །འདི་ལྟར་བདག་གིས་ཚུལ་ཁྲིམས་ཀྱི་ཕ་རོལ་ཏུ་ཕྱིན་པ་ཡོངས་སུ་སྦྱང་བར་བྱའོ། །འདི་ལྟར་བདག་གིས་བཟོད་པའི་ཕ་རོལ་ཏུ་ཕྱིན་པ་ཡོངས་སུ་སྦྱང་བར་བྱའོ། །འདི་ལྟར་བདག་གིས་བརྩོན་འགྲུས་ཀྱི་ཕ་རོལ་ཏུ་ཕྱིན་པ་ཡོངས་སུ་སྦྱང་བར་བྱའོ། །འདི་ལྟར་བདག་

གིས་བསམ་གཏན་གྱི་ཕ་རོལ་ཏུ་ཕྱིན་པ་ཡོངས་སུ་སྦྱང་བར་བྱའོ། །འདི་ལྟར་བདག་གིས་ཤེས་རབ་ཀྱི་ཕ་རོལ་ཏུ་ཕྱིན་པ་ཡོངས་སུ་སྦྱང་བར་བྱའོ། །འདི་ལྟར་བདག་གིས་ནང་སྟོང་པ་ཉིད་ཡོངས་སུ་སྦྱང་བར་བྱའོ། །འདི་ལྟར་བདག་གིས་ཕྱི་སྟོང་པ་ཉིད་ཡོངས་སུ་སྦྱང་བར་བྱའོ། །འདི་ལྟར་བདག་གིས་ཕྱི་ནང་སྟོང་པ་ཉིད་ཡོངས་སུ་སྦྱང་བར་བྱའོ། །འདི་ལྟར་བདག་གིས་སྟོང་པ་ཉིད་སྟོང་པ་ཉིད་ཡོངས་སུ་སྦྱང་བར་བྱའོ། །འདི་ལྟར་བདག་གིས་ཆེན་པོ་སྟོང་པ་ཉིད་ཡོངས་སུ་སྦྱང་བར་བྱའོ། །འདི་ལྟར་བདག་གིས་དོན་དམ་པ་སྟོང་པ་ཉིད་ཡོངས་སུ་སྦྱང་བར་བྱའོ། །འདི་ལྟར་བདག་གིས་འདུས་བྱས་སྟོང་པ་ཉིད་ཡོངས་སུ་སྦྱང་བར་བྱའོ། །འདི་ལྟར་བདག་གིས་འདུས་མ་བྱས་སྟོང་པ་ཉིད་ཡོངས་སུ་སྦྱང་བར་བྱའོ། །འདི་ལྟར་བདག་གིས་མཐའ་ལས་འདས་པ་སྟོང་པ་ཉིད་ཡོངས་སུ་སྦྱང་བར་བྱའོ། །འདི་ལྟར་བདག་གིས་ཐོག་མ་དང་ཐ་མ་མེད་པ་སྟོང་པ་ཉིད་ཡོངས་སུ་སྦྱང་བར་བྱའོ། །འདི་ལྟར་བདག་གིས་དོར་བ་མེད་པ་སྟོང་པ་ཉིད་ཡོངས་སུ་སྦྱང་བར་བྱའོ། །འདི་ལྟར་བདག་གིས་རང་བཞིན་སྟོང་པ་ཉིད་ཡོངས་སུ་སྦྱང་བར་བྱའོ། །འདི་ལྟར་བདག་གིས་ཆོས་ཐམས་ཅད་སྟོང་པ་ཉིད་ཡོངས་སུ་སྦྱང་བར་བྱའོ། །འདི་ལྟར་བདག་གིས་རང་གི་མཚན་ཉིད་སྟོང་པ་ཉིད་ཡོངས་སུ་སྦྱང་བར་བྱའོ། །འདི་ལྟར་བདག་གིས་མི་དམིགས་པ་སྟོང་པ་ཉིད་ཡོངས་སུ་སྦྱང་བར་བྱའོ། །འདི་ལྟར་བདག་གིས་དངོས་པོ་མེད་པ་སྟོང་པ་ཉིད་ཡོངས་སུ་སྦྱང་བར་བྱའོ། །འདི་ལྟར་བདག་གིས་ངོ་བོ་ཉིད་སྟོང་པ་ཉིད་ཡོངས་སུ་སྦྱང་བར་བྱའོ། །འདི་ལྟར་བདག་གིས་དངོས་པོ་མེད་པའི་ངོ་བོ་ཉིད་སྟོང་པ་ཉིད་ཡོངས་སུ་སྦྱང་བར་བྱའོ། །འདི་ལྟར་བདག་གིས་དྲན་པ་ཉེ་བར་གཞག་པ་རྣམས་ཡོངས་སུ་སྦྱང་བར་བྱའོ། །འདི་ལྟར་བདག་གིས་ཡང་དག་པར་སྤོང་བ་རྣམས་ཡོངས་སུ་སྦྱང་བར་བྱའོ། །འདི་

ལྟར་བདག་གིས་རྫུ་འཕྲུལ་གྱི་རྐང་པ་རྣམས་ཡོངས་སུ་སྦྱང་བར་བྱའོ། །འདི་ལྟར་བདག་གིས་དབང་པོ་རྣམས་ཡོངས་སུ་སྦྱང་བར་བྱའོ། །འདི་ལྟར་བདག་གིས་སྟོབས་རྣམས་ཡོངས་སུ་སྦྱང་བར་བྱའོ། །འདི་ལྟར་བདག་གིས་བྱང་ཆུབ་ཀྱི་ཡན་ལག་རྣམས་ཡོངས་སུ་སྦྱང་བར་བྱའོ། །འདི་ལྟར་བདག་གིས་འཕགས་པའི་ལམ་ཡན་ལག་བརྒྱད་པ་ཡོངས་སུ་སྦྱང་བར་བྱའོ། །འདི་ལྟར་བདག་གིས་འཕགས་པའི་བདེན་པ་རྣམས་ཡོངས་སུ་སྦྱང་བར་བྱའོ། །འདི་ལྟར་བདག་གིས་བསམ་གཏན་རྣམས་ཡོངས་སུ་སྦྱང་བར་བྱའོ། །འདི་ལྟར་བདག་གིས་ཚད་མེད་པ་རྣམས་ཡོངས་སུ་སྦྱང་བར་བྱའོ། །འདི་ལྟར་བདག་གིས་གཟུགས་མེད་པའི་སྙོམས་པར་འཇུག་པ་རྣམས་ཡོངས་སུ་སྦྱང་བར་བྱའོ། །འདི་ལྟར་བདག་གིས་རྣམ་པར་ཐར་པ་རྣམས་ཡོངས་སུ་སྦྱང་བར་བྱའོ། །འདི་ལྟར་བདག་གིས་མཐར་གྱིས་གནས་པའི་སྙོམས་པར་འཇུག་པ་རྣམས་ཡོངས་སུ་སྦྱང་བར་བྱའོ། །འདི་ལྟར་བདག་གིས་སྟོང་པ་ཉིད་ཡོངས་སུ་སྦྱང་བར་བྱའོ། །འདི་ལྟར་བདག་གིས་མཚན་མ་མེད་པ་ཡོངས་སུ་སྦྱང་བར་བྱའོ། །འདི་ལྟར་བདག་གིས་སྨོན་པ་མེད་པ་ཡོངས་སུ་སྦྱང་བར་བྱའོ། །འདི་ལྟར་བདག་གིས་མངོན་པར་ཤེས་པ་རྣམས་ཡོངས་སུ་སྦྱང་བར་བྱའོ། །འདི་ལྟར་བདག་གིས་ཏིང་ངེ་འཛིན་རྣམས་ཡོངས་སུ་སྦྱང་བར་བྱའོ། །འདི་ལྟར་བདག་གིས་གཟུངས་ཀྱི་སྒོ་རྣམས་ཡོངས་སུ་སྦྱང་བར་བྱའོ། །འདི་ལྟར་བདག་གིས་དེ་བཞིན་གཤེགས་པའི་སྟོབས་རྣམས་ཡོངས་སུ་སྦྱང་བར་བྱའོ། །འདི་ལྟར་བདག་གིས་མི་འཇིགས་པ་རྣམས་ཡོངས་སུ་སྦྱང་བར་བྱའོ། །འདི་ལྟར་བདག་གིས་སོ་སོ་ཡང་དག་པར་རིག་པ་རྣམས་ཡོངས་སུ་སྦྱང་བར་བྱའོ། །འདི་ལྟར་བདག་གིས་བྱམས་པ་ཆེན་པོ་ཡོངས་སུ་སྦྱང་བར་བྱའོ། །འདི་ལྟར་བདག་གིས་སྙིང་རྗེ་ཆེན་པོ་ཡོངས་སུ་སྦྱང་བར་བྱའོ། །འདི་ལྟར་བདག་གིས་སངས་རྒྱས་

ཀྱི་ཆོས་མ་འདྲེས་པ་བཅོ་[1]བརྒྱད་ཡོངས་སུ་སྒྲུབ་པར་བྱའོ། །འདི་ལྟར་བདག་གིས་ཐམས་ཅད་ཤེས་པ་ཉིད་ཡོངས་སུ་སྒྲུབ་པར་བྱའོ། །འདི་ལྟར་བདག་གིས་ལམ་གྱི་རྣམ་པ་ཤེས་པ་ཉིད་ཡོངས་སུ་སྒྲུབ་པར་བྱའོ། །འདི་ལྟར་བདག་གིས་རྣམ་པ་ཐམས་ཅད་མཁྱེན་པ་ཉིད་ཡོངས་སུ་སྒྲུབ་པར་བྱའོ། །འདི་ལྟར་བདག་གིས་བླ་ན་མེད་པ་ཡང་དག་པར་རྫོགས་པའི་བྱང་ཆུབ་ཏུ་མངོན་པར་རྫོགས་པར་འཚང་རྒྱ་བར་བྱའོ་ཞེས་ནས་ཐོས་པརཿ གྱུར་པ་[2]དེ་ཤོགས་ཤིག །འདས་པ་དང་། མ་བྱོན་པ་དང་། ད་ལྟར་བྱུང་བའི་དེ་བཞིན་གཤེགས་པ་དགྲ་བཅོམ་པ་ཡང་དག་པར་རྫོགས་པའི་སངས་རྒྱས་ཉན་ཐོས་དང་བཅས་པ་རྣམས་ཀྱིས་ཐུགས་དང་པོ་བསྐྱེད་པ་ནས་ཉེ་བར་བཟུང་སྟེ། དམ་པའི་ཆོས་གནས་པའི་བར་གྱི་དགེ་བའི་རྩ་བ་གང་ཇི་སྙེད་པ་དེ་དག་ཐམས་ཅད་ལ་རྗེས་སུ་ཡི་རང་བ་དེ་དག་ཀྱང་སོ་སོར་ཤོགས་[3]ཤིགཿ ཐོང་ཤིག[4] །གང་ཁྱོད་ཀྱིས་ཐོས་པ་དེ་ནི་སངས་རྒྱས་ཀྱི་བཀའ་མ་ཡིན། ཡང་དག་པར་རྫོགས་པའི་སངས་རྒྱས་ཀྱིས་གསུངས་པ་མ་ཡིན་ཏེ། དེ་ནི་རང་བཟོར་བྱས་པའོ། །གང་ངས་བཤད་པ་ནི་སངས་རྒྱས་ཀྱི་བཀའ་སྟེ། དེ་བཞིན་གཤེགས་པས་གསུངས་པའོ། །ཞེས་ཟེར་ལ། གལ་ཏེ་བྱང་ཆུབ་སེམས་དཔའ་སེམས་དཔའ་ཆེན་པོ་འཁྲུག་ཅིང་ནེམ་ནུར་བྱེད་ལ། ཐེ་ཚོམ་ཟ་ན་བྱང་ཆུབ་སེམས་དཔའ་སེམས་དཔའ་ཆེན་པོ་དེ་ནི་སྔོན་གྱི་དེ་བཞིན་གཤེགས་པ་དགྲ་བཅོམ་པ་ཡང་དག་པར་རྫོགས་པའི་སངས་རྒྱས་དེ་དག་གིས་ལུང་མ་བསྟན་པར་རིག་པར་བྱའོ། །བྱང་ཆུབ་སེམས་དཔའ་དེ་ནིཿ མ་ངེས་པ་[5]ཡིན་ཏེ། བྱང་ཆུབ་སེམས་དཔའ་དེ་ནི་ཕྱིར་མི་ལྡོག་པའི་ཁམས་སུ་གནས་པ་མ་ཡིན་ནོ། །གལ་ཏེ་བྱང་ཆུབ་སེམས་དཔའ་སེམས་དཔའ་ཆེན་པོ་མི་འཁྲུག་ཅིང་། ནེམ་ནུར་མི་བྱེད། ཐེ་ཚོམ་མི་ཟ་ལ། ཆོས་ཉིད་ལ་རྟེན་[6]ཅིང་མངོན་པར་འདུ་[7]མ་བྱས་

པ་དང་། མ་སྐྱེས་པ་ལ་རྟེན་[7]ཏེ། གཞན་ལ་ཡིད་ཆེས་པར་[3]མི་འགྲོ་ཞིང་། སྦྱིན་པའི་ཕ་རོལ་ཏུ་ཕྱིན་པ་ལ་གཞན་གྱི་དྲིང་མི་འཛོག །ཚུལ་ཁྲིམས་ཀྱི་ཕ་རོལ་ཏུ་ཕྱིན་པ་ལ་གཞན་གྱི་དྲིང་མི་འཛོག །བཟོད་པའི་ཕ་རོལ་ཏུ་ཕྱིན་པ་ལ་གཞན་གྱི་དྲིང་མི་འཛོག །བརྩོན་འགྲུས་ཀྱི་ཕ་རོལ་ཏུ་ཕྱིན་པ་ལ་གཞན་གྱི་དྲིང་མི་འཛོག། བསམ་གཏན་གྱི་ཕ་རོལ་ཏུ་ཕྱིན་པ་ལ་གཞན་གྱི་དྲིང་མི་འཛོག །ཤེས་རབ་ཀྱི་ཕ་རོལ་ཏུ་ཕྱིན་པ་ལ་གཞན་གྱི་དྲིང་མི་འཛོག །ནང་སྟོང་པ་ཉིད་ལ་གཞན་གྱི་དྲིང་མི་འཛོག །ཕྱི་སྟོང་པ་ཉིད་ལ་གཞན་གྱི་དྲིང་མི་འཛོག །ཕྱི་ནང་སྟོང་པ་ཉིད་ལ་གཞན་གྱི་དྲིང་མི་འཛོག །སྟོང་པ་ཉིད་སྟོང་པ་ཉིད་ལ་གཞན་གྱི་དྲིང་མི་འཛོག །ཆེན་པོ་སྟོང་པ་ཉིད་ལ་གཞན་གྱི་དྲིང་མི་འཛོག །དོན་དམ་པ་སྟོང་པ་ཉིད་ལ་གཞན་གྱི་དྲིང་མི་འཛོག །འདུས་བྱས་སྟོང་པ་ཉིད་ལ་གཞན་གྱི་དྲིང་མི་འཛོག །འདུས་མ་བྱས་སྟོང་པ་ཉིད་ལ་གཞན་གྱི་དྲིང་མི་འཛོག །མཐའ་ལས་འདས་པ་སྟོང་པ་ཉིད་ལ་གཞན་གྱི་དྲིང་མི་འཛོག །ཐོག་མ་དང་ཐ་མ་མེད་པ་སྟོང་པ་ཉིད་ལ་གཞན་གྱི་དྲིང་[3]མི་འཛོག །དོར་བ་མེད་པ་སྟོང་པ་ཉིད་ལ་གཞན་གྱི་དྲིང་མི་འཛོག །རང་བཞིན་སྟོང་པ་ཉིད་ལ་གཞན་གྱི་དྲིང་མི་འཛོག །ཆོས་ཐམས་ཅད་སྟོང་པ་པ་[8]ཉིད་ལ་གཞན་གྱི་དྲིང་མི་འཛོག །རང་གི་མཚན་ཉིད་སྟོང་པ་ཉིད་ལ་གཞན་གྱི་དྲིང་མི་འཛོག །མི་དམིགས་པ་སྟོང་པ་ཉིད་ལ་གཞན་གྱི་དྲིང་མི་འཛོག །དངོས་པོ་མེད་པ་སྟོང་པ་ཉིད་ལ་གཞན་གྱི་དྲིང་མི་འཛོག །ངོ་བོ་ཉིད་སྟོང་པ་ཉིད་ལ་གཞན་གྱི་དྲིང་མི་འཛོག །དངོས་པོ་མེད་པའི་ངོ་བོ་ཉིད་སྟོང་པ་ཉིད་ལ་གཞན་གྱི་དྲིང་མི་འཛོག །དྲན་པ་ཉེ་བར་གཞག་པ་རྣམས་ལ་གཞན་གྱི་དྲིང་མི་འཛོག །ཡང་དག་པར་སྤོང་བ་རྣམས་ལ་གཞན་གྱི་དྲིང་མི་འཛོག །རྫུ་འཕྲུལ་གྱི་རྐང་པ་རྣམས་ལ་གཞན་གྱི་དྲིང་མི་འཛོག །དབང་པོ་རྣམས་ལ་གཞན་

ཀྱི་དྲིང་མི་འཇོག །སྟོབས་རྣམས་ལ་གཞན་གྱི་དྲིང་མི་འཇོག །བྱང་ཆུབ་ཀྱི་ཡན་ལག་རྣམས་ལ་གཞན་གྱི་དྲིང་མི་འཇོག །འཕགས་པའི་ལམ་ཡན་ལག་བརྒྱད་པ་ལ་གཞན་གྱི་དྲིང་མི་འཇོག །འཕགས་པའི་བདེན་པ་རྣམས་ལ་གཞན་གྱི་དྲིང་མི་འཇོག །བསམ་གཏན་རྣམས་ལ་གཞན་གྱི་དྲིང་མི་འཇོག །ཚད་མེད་པ་རྣམས་ལ་གཞན་གྱི་དྲིང་མི་འཇོག །གཟུགས་མེད་པའི་སྙོམས་པར་འཇུག་པ་རྣམས་ལ་གཞན་གྱི་དྲིང་མི་འཇོག །རྣམ་པར་ཐར་པ་བརྒྱད་ལ་གཞན་གྱི་དྲིང་[༧]མི་འཇོག །མཐར་གྱིས་[༣]གནས་པའི་སྙོམས་པར་འཇུག་པ་དགུ་ལ་གཞན་གྱི་དྲིང་མི་འཇོག །རྣམ་པར་ཐར་པའི་སྒོ་སྟོང་པ་ཉིད་དང་། མཚན་མ་མེད་པ་དང་། སྨོན་པ་མེད་པ་ལ་གཞན་གྱི་དྲིང་མི་འཇོག །མངོན་པར་ཤེས་པ་རྣམས་ལ་གཞན་གྱི་དྲིང་མི་འཇོག །ཏིང་ངེ་འཛིན་རྣམས་ལ་གཞན་གྱི་དྲིང་མི་འཇོག །གཟུངས་ཀྱི་སྒོ་རྣམས་ལ་གཞན་གྱི་དྲིང་མི་འཇོག །དེ་བཞིན་གཤེགས་པའི་སྟོབས་བཅུ་ལ་གཞན་གྱི་དྲིང་མི་འཇོག །མི་འཇིགས་པ་བཞི་ལ་གཞན་གྱི་དྲིང་མི་འཇོག། སོ་སོ་ཡང་དག་པར་རིག་པ་བཞི་[༣]ལ་གཞན་གྱི་དྲིང་མི་འཇོག །བྱམས་པ་ཆེན་པོ་ལ་གཞན་གྱི་དྲིང་མི་འཇོག །སྙིང་རྗེ་ཆེན་པོ་ལ་གཞན་གྱི་དྲིང་མི་འཇོག །སངས་རྒྱས་ཀྱི་ཆོས་མ་འདྲེས་པ་བཅོ་[༨]བརྒྱད་ལ་གཞན་གྱི་དྲིང་མི་འཇོག །རྒྱུན་དུ་ཞུགས་པའི་འབྲས་བུ་ལ་གཞན་གྱི་དྲིང་མི་འཇོག །ལན་ཅིག་ཕྱིར་འོང་བའི་འབྲས་བུ་ལ་གཞན་གྱི་དྲིང་མི་འཇོག །ཕྱིར་མི་འོང་བའི་འབྲས་བུ་ལ་གཞན་གྱི་དྲིང་མི་འཇོག །དགྲ་བཅོམ་པ་ཉིད་ལ་གཞན་གྱི་དྲིང་མི་འཇོག །རང་བྱང་ཆུབ་ལ་གཞན་གྱི་དྲིང་མི་འཇོག །བླ་ན་མེད་པ་ཡང་དག་པར་རྫོགས་པའི་བྱང་ཆུབ་ལ་གཞན་གྱི་དྲིང་མི་འཇོག་པ་དང་[༥]། འདི་ལྟར་དཔེར་ན། དགྲ་བཅོམ་པ་ཟག་པ་ཟད་པ་ནི་གཞན་ལ་ཡིད་ཆེས་པས་མི་འགྲོ་ཞིང་ཆོས་ཉིད་མངོན་དུ་གྱུར་

པས་བདུད་སྡིག་ཏོ་ཅན་གྱིས་མི་འཕྲོགས་པ་ཡིན། རབ་འབྱོར་དེ་བཞིན་དུ་ཕྱིར་མི་ལྡོག་པའི་བྱང་ཆུབ་སེམས་དཔའ་སེམས་དཔའ་ཆེན་པོ་ཡང་ཉན་ཐོས་ཀྱི་ཐེག་པ་པ་[༡]རྣམས་དང་། རང་སངས་རྒྱས་ཀྱི་ཐེག་པ་པ་རྣམས་ཀྱིས་མི་ཐུབ་པ་ཡིན་ཏེ། བླ་ན་མེད་པ་ཡང་དག་པར་རྫོགས་པའི་བྱང་ཆུབ་ལས་ཕྱིར་མི་ལྡོག་པའི་ཆོས་ཅན་ཡིན། རབ་འབྱོར་བྱང་ཆུབ་སེམས་དཔའ་སེམས་དཔའ་ཆེན་པོ་དེ་ནི་ངེས་པ་ཡིན་ཏེ། ཕྱིར་མི་ལྡོག་པའི་ཁམས་སུ་གནས་ཤིང་[༢]། གཞན་གྱི་དྲིང་མི་འཇོག་པ་ཡིན། དེ་ནི་དེ་བཞིན་གཤེགས་པ་དགྲ་བཅོམ་པ་ཡང་དག་པར་རྫོགས་པའི་སངས་རྒྱས་ལ་ཡིད་ཆེས་པས་ཀྱང་མི་འགྲོ་ན། ཉན་ཐོས་ཀྱི་ཐེག་པ་པ་རྣམས་ལ་ཡིད་ཆེས་པས་[༣]འགྲོ་བར་འགྱུར་བ་ལྟ་ཅི་སྨོས་ཏེ། དེ་ནི་[༤]གནས་མེད་དོ། །རང་སངས་རྒྱས་ཀྱི་ཐེག་པ་པ་རྣམས་ལ་ཡིད་ཆེས་པས་འགྲོ་བར་འགྱུར་བ་ལྟ་ཅི་སྨོས་ཏེ་དེ་ནི་གནས་མེད་དོ། །བདུད་སྡིག་ཏོ་ཅན་ལ་ཡིད་ཆེས་པས་འགྲོ་བར་འགྱུར་བ་ལྟ་ཅི་སྨོས་ཏེ། དེ་ནི་གནས་མེད་དོ། །མུ་སྟེགས་ཅན་དང་། ཀུན་ཏུ་རྒྱུ་བ་གཞན་དག་ལ་ཡིད་ཆེས་པས་འགྲོ་བར་འགྱུར་བ་ལྟ་ཅི་སྨོས་ཏེ། ༔དེ་ནི་གནས་མེད་དོ། །[༥]དེ་ཅིའི་ཕྱིར་ཞེ་ན། འདི་ལྟར་དེས་གང་ལ་ཡིད་ཆེས་པས་འགྲོ་བའི་[༦]ཆོས་གང་ཡང་ཡང་དག་པར་རྗེས་སུ་མི་མཐོང་སྟེ། གཟུགས་སམ་གཟུགས་ཀྱི་དེ་བཞིན་ཉིད་ཡང་དག་པར་རྗེས་སུ་མི་མཐོང་ངོ་། །ཚོར་བའམ་ཚོར་བའི་དེ་བཞིན་ཉིད་ཡང་དག་པར་རྗེས་སུ་མི་མཐོང་ངོ་། །འདུ་ཤེས་སམ་འདུ་ཤེས་ཀྱི་དེ་བཞིན་ཉིད་ཡང་དག་པར་རྗེས་སུ་མི་མཐོང་ངོ་། །འདུ་བྱེད་དམ། འདུ་བྱེད་ཀྱི་དེ་བཞིན་ཉིད་ཡང་དག་པར་རྗེས་སུ་མི་མཐོང་ངོ་། །རྣམ་པར་ཤེས་པའམ་རྣམ་པར་ཤེས་པའི་དེ་བཞིན་ཉིད་ཡང་དག་པར་རྗེས་སུ་མི་མཐོང་ངོ་། །མིག་གམ་མིག་གི་དེ་བཞིན་ཉིད་ཡང་དག་པར་རྗེས་སུ་མི་མཐོང་ངོ་། །རྣ་བའམ་

རྣ་བའི་དེ་བཞིན་ཉིད་ཡང་དག་པར་རྗེས་སུ་མི་མཐོང་ངོ་། །སྣའམ་སྣའི་དེ་བཞིན་ཉིད་ཡང་དག་པར་རྗེས་སུ་མི་མཐོང་ངོ་། །ལྕེའམ་ལྕེའི་དེ་བཞིན་ཉིད་ཡང་དག་པར་རྗེས་སུ་མི་མཐོང་ངོ་། །ལུས་སམ་ལུས་ཀྱི་དེ་བཞིན་ཉིད་ཡང་དག་པར་རྗེས་སུ་མི་མཐོང་ངོ་། །ཡིད་དམ་ཡིད་ཀྱི་དེ་བཞིན་ཉིད་ཡང་དག་པར་རྗེས་སུ་མི་མཐོང་ངོ་། །གཟུགས་སམ་གཟུགས་ཀྱི་དེ་བཞིན་ཉིད་ཡང་དག་པར་རྗེས་སུ་མི་མཐོང་ངོ་། །སྒྲའམ་སྒྲའི་དེ་བཞིན་ཉིད་ཡང་དག་པར་རྗེས་སུ་མི་མཐོང་ངོ་། །དྲིའམ་དྲིའི་དེ་བཞིན་ཉིད་ཡང་དག་པར་རྗེས་སུ་མི་མཐོང་ངོ་། །རོའམ་རོའི་དེ་བཞིན་ཉིད་ཡང་དག་པར་རྗེས་སུ་མི་མཐོང་ངོ་། །རེག་གམ་རེག་གི་དེ་བཞིན་ཉིད་ཡང་དག་པར་རྗེས་སུ་མི་མཐོང་ངོ་། །ཆོས་སམ་ཆོས་ཀྱི་དེ་བཞིན་ཉིད་ཡང་དག་པར་རྗེས་སུ་མི་མཐོང་ངོ་། །མིག་གི་རྣམ་པར་ཤེས་པའམ་མིག་གི་རྣམ་པར་ཤེས་པའི་དེ་བཞིན་ཉིད་ཡང་དག་པར་རྗེས་སུ་མི་མཐོང་ངོ་། །རྣ་བའི་རྣམ་པར་ཤེས་པའམ། རྣ་བའི་རྣམ་པར་ཤེས་པའི་དེ་བཞིན་ཉིད་ཡང་དག་པར་རྗེས་སུ་མི་མཐོང་ངོ་། །སྣའི་རྣམ་པར་ཤེས་པའམ། སྣའི་རྣམ་པར་ཤེས་པའི་དེ་བཞིན་ཉིད་ཡང་དག་པར་རྗེས་སུ་མི་མཐོང་ངོ་། །ལྕེའི་རྣམ་པར་ཤེས་པའམ། ལྕེའི་རྣམ་པར་ཤེས་པའི་དེ་བཞིན་ཉིད་ཡང་དག་པར་རྗེས་སུ་མི་མཐོང་ངོ་། །ལུས་ཀྱི་རྣམ་པར་ཤེས་པའམ། ལུས་ཀྱི་རྣམ་པར་ཤེས་པའི་དེ་བཞིན་ཉིད་ཡང་དག་པར་རྗེས་སུ་མི་མཐོང་ངོ་། །ཡིད་ཀྱི་རྣམ་པར་ཤེས་པའམ་ཡིད་ཀྱི་རྣམ་པར་ཤེས་པའི་དེ་བཞིན་ཉིད་ཡང་དག་པར་རྗེས་སུ་མི་མཐོང་ངོ་། །མིག་གི་འདུས་ཏེ་རེག་པའམ། མིག་གི་འདུས་ཏེ་རེག་པའི་དེ་བཞིན་ཉིད་ཡང་དག་པར་རྗེས་སུ་མི་མཐོང་ངོ་། །རྣ་བའི་འདུས་ཏེ་རེག་པའམ། རྣ་བའི་འདུས་ཏེ་རེག་པའི་དེ་བཞིན་ཉིད་ཡང་དག་པར་རྗེས་སུ་མི་མཐོང་ངོ་། །སྣའི་འདུས་ཏེ་རེག་པའམ། སྣའི་འདུས་ཏེ་

རིག་པའི་དེ་བཞིན་ཉིད་ཡང་དག་པར་རྗེས་སུ་མྱི་མཐོང་ངོ་། །ལྕེའི་འདུས་ཏེ་རིག་པའམ། ལྕེའི་འདུས་ཏེ་རིག་པའི་དེ་བཞིན་ཉིད་ཡང་དག་པར་རྗེས་སུ་མྱི་མཐོང་ངོ་། །ལུས་ཀྱི་འདུས་ཏེ་རིག་པའམ། ལུས་ཀྱི་འདུས་ཏེ་རིག་པའི་དེ་བཞིན་ཉིད་ཡང་དག་པར་རྗེས་སུ་མི་མཐོང་ངོ་། །ཡིད་ཀྱི་འདུས་ཏེ་རིག་པའམ། ཡིད་ཀྱི་འདུས་ཏེ་རིག་པའི་དེ་བཞིན་ཉིད་ཡང་དག་པར་རྗེས་སུ་མི་མཐོང་ངོ་། །མྱིག་གི་འདུས་ཏེ་རིག་པའི་རྐྱེན་ཀྱིས་ཚོར་བའམ་མྱིག་གི་འདུས་ཏེ་རིག་པའི་རྐྱེན་ཀྱིས་ཚོར་བའི་དེ་བཞིན་ཉིད་ཡང་དག་པར་རྗེས་སུ་མི་མཐོང་ངོ་། །རྣ་བའི་འདུས་ཏེ་རིག་པའི་རྐྱེན་ཀྱིས་ཚོར་བའམ་རྣ་བའི་འདུས་ཏེ་རིག་པའི་རྐྱེན་[1]ཀྱིས་ཚོར་བའི་དེ་བཞིན་ཉིད་[2]ཡང་དག་པར་རྗེས་སུ་མྱི་མཐོང་ངོ་། །སྣའི་འདུས་ཏེ་རིག་པའི་རྐྱེན་ཀྱིས་ཚོར་བའམ་སྣའི་འདུས་ཏེ་རིག་པའི་རྐྱེན་ཀྱིས་ཚོར་བའི་དེ་བཞིན་ཉིད་ཡང་དག་པར་རྗེས་སུ་མྱི་མཐོང་ངོ་། །ལྕེའི་འདུས་ཏེ་རིག་པའི་རྐྱེན་ཀྱིས་ཚོར་བའམ་ལྕེའི་འདུས་ཏེ་རིག་པའི་རྐྱེན་ཀྱིས་ཚོར་བའི་དེ་བཞིན་ཉིད་ཡང་དག་པར་རྗེས་སུ་མྱི་མཐོང་ངོ་། །ལུས་ཀྱི་འདུས་ཏེ་རིག་པའི་རྐྱེན་ཀྱིས་ཚོར་བའམ། ལུས་ཀྱི་འདུས་ཏེ་རིག་པའི་རྐྱེན་ཀྱིས་ཚོར་བའི་དེ་བཞིན་ཉིད་ཡང་དག་པར་རྗེས་སུ་མྱི་མཐོང་ངོ་། །ཡིད་ཀྱི་འདུས་ཏེ་རིག་པའི་རྐྱེན་ཀྱིས་ཚོར་བའམ། ཡིད་ཀྱི་འདུས་ཏེ་རིག་པའི་རྐྱེན་ཀྱིས་ཚོར་བའི་དེ་བཞིན་ཉིད་ཡང་དག་པར་རྗེས་སུ་མྱི་མཐོང་ངོ་། །སའི་ཁམས་སམ་སའི་ཁམས་ཀྱི་དེ་བཞིན་ཉིད་ཡང་དག་པར་རྗེས་སུ་མྱི་མཐོང་ངོ་། །ཆུའི་ཁམས་སམ་ཆུའི་ཁམས་ཀྱི་དེ་བཞིན་ཉིད་ཡང་དག་པར་རྗེས་སུ་མྱི་མཐོང་ངོ་། །མྱེའི་ཁམས་སམ་མྱེའི་ཁམས་ཀྱི་དེ་བཞིན་ཉིད་ཡང་དག་པར་རྗེས་སུ་མྱི་མཐོང་ངོ་། །རླུང་གི་ཁམས་སམ་རླུང་གི་ཁམས་ཀྱི་དེ་བཞིན་ཉིད་ཡང་དག་པར་རྗེས་སུ་མྱི་མཐོང་ངོ་། །ནམ་མཁའི་ཁམས་སམ་ནམ་མཁའི་ཁམས་ཀྱི་དེ་

བཞིན་ཉིད་ཡང་དག་པར་རྗེས་སུ་མི་མཐོང་ངོ་། །རྣམ་པར་ཤེས་པའི་ཁམས་སམ་
རྣམ་པར་ཤེས་པའི་ཁམས་ཀྱི་དེ་བཞིན་ཉིད་ཡང་དག་པར་རྗེས་སུ་མི་མཐོང་ངོ་། །
མ་རིག་པའམ་མ་རིག་པའི་དེ་བཞིན་ཉིད་ཡང་དག་པར་རྗེས་སུ་མི་མཐོང་ངོ་། །
འདུ་བྱེད་དམ་འདུ་བྱེད་ཀྱི་དེ་བཞིན་ཉིད་ཡང་དག་པར་རྗེས་སུ་མི་མཐོང་ངོ་། །
རྣམ་པར་ཤེས་པའམ་རྣམ་པར་ཤེས་པའི་དེ་བཞིན་ཉིད་ཡང་དག་པར་རྗེས་སུ་མི་
མཐོང་ངོ་། །མིང་དང་གཟུགས་སམ་མིང་དང་གཟུགས་ཀྱི་དེ་བཞིན་ཉིད་ཡང་
དག་པར་རྗེས་སུ་མི་མཐོང་ངོ་། །སྐྱེ་མཆེད་དྲུག་གམ་སྐྱེ་མཆེད་དྲུག་གི་དེ་བཞིན་
ཉིད་ཡང་དག་པར་རྗེས་སུ་མི་མཐོང་ངོ་། །རེག་པའམ་རེག་པའི་དེ་བཞིན་ཉིད་
ཡང་དག་པར་རྗེས་སུ་མི་མཐོང་ངོ་། །ཚོར་བའམ་ཚོར་བའི་དེ་བཞིན་ཉིད་ཡང་
དག་པར་རྗེས་སུ་མི་མཐོང་ངོ་། །སྲེད་པའམ་སྲེད་པའི་དེ་བཞིན་ཉིད་ཡང་དག་
པར་རྗེས་སུ་མི་མཐོང་ངོ་། །ལེན་པའམ་ལེན་པའི་དེ་བཞིན་ཉིད་ཡང་དག་པར་
རྗེས་སུ་མི་མཐོང་ངོ་། །སྲིད་[2]པའམ་སྲིད་[3]པའི་དེ་བཞིན་ཉིད་ཡང་དག་པར་
རྗེས་སུ་མི་མཐོང་ངོ་། །སྐྱེ་བའམ་སྐྱེ་བའི་དེ་བཞིན་ཉིད་ཡང་དག་པར་རྗེས་སུ་མི་
མཐོང་ངོ་། །རྒ་ཤིའམ་རྒ་ཤིའི་དེ་བཞིན་ཉིད་ཡང་དག་པར་རྗེས་སུ་མི་མཐོང་ངོ་།།
སྦྱིན་པའི་ཕ་རོལ་ཏུ་ཕྱིན་པའམ་སྦྱིན་པའི་ཕ་རོལ་ཏུ་ཕྱིན་པའི་དེ་བཞིན་ཉིད་ཡང་
དག་པར་རྗེས་སུ་མི་མཐོང་ངོ་། །ཚུལ་ཁྲིམས་ཀྱི་ཕ་རོལ་ཏུ་ཕྱིན་པའམ་ཚུལ་
ཁྲིམས་ཀྱི་ཕ་རོལ་ཏུ་ཕྱིན་པའི་དེ་བཞིན་ཉིད་ཡང་དག་པར་རྗེས་སུ་མི་མཐོང་ངོ་། །
བཟོད་པའི་ཕ་རོལ་ཏུ་ཕྱིན་པའམ་བཟོད་པའི་ཕ་རོལ་ཏུ་ཕྱིན་པའི་དེ་བཞིན་ཉིད་
ཡང་དག་པར་རྗེས་སུ་མི་མཐོང་ངོ་། །བརྩོན་འགྲུས་ཀྱི་ཕ་རོལ་ཏུ་ཕྱིན་པའམ།
བརྩོན་འགྲུས་ཀྱི་ཕ་རོལ་ཏུ་ཕྱིན་པའི་དེ་བཞིན་ཉིད་ཡང་དག་པར་རྗེས་སུ་མི་མཐོང་
ངོ་། །བསམ་གཏན་གྱི་ཕ་རོལ་ཏུ་ཕྱིན་པའམ། བསམ་གཏན་གྱི་ཕ་རོལ་ཏུ་

ཕྱིན་པའི་དེ་བཞིན་ཉིད་ཡང་དག་པར་རྗེས་སུ་མྱི་མཐོང་ངོ་། །ཤེས་རབ་ཀྱི་ཕ་རོལ་ཏུ་ཕྱིན་པའམ། ཤེས་རབ་ཀྱི་ཕ་རོལ་ཏུ་ཕྱིན་པའི་དེ་བཞིན་ཉིད་ཡང་དག་པར་རྗེས་སུ་མྱི་མཐོང་ངོ་། །ནང་སྟོང་པ་ཉིད་དམ། ནང་སྟོང་པ་ཉིད་ཀྱི་དེ་བཞིན་ཉིད་ཡང་དག་པར་རྗེས་སུ་མི་མཐོང་ངོ་། །ཕྱི་སྟོང་པ་ཉིད་དམ། ཕྱི་སྟོང་པ་ཉིད་ཀྱི་དེ་བཞིན་ཉིད་ཡང་དག་པར་རྗེས་སུ་མྱི་མཐོང་ངོ་། །ཕྱི་ནང་སྟོང་པ་ཉིད་དམ་ཕྱི་ནང་སྟོང་པ་ཉིད་ཀྱི་དེ་བཞིན་ཉིད་ཡང་དག་པར་རྗེས་སུ་མྱི་མཐོང་ངོ་། །སྟོང་པ་ཉིད་སྟོང་པ་ཉིད་དམ་སྟོང་པ་ཉིད་[1]སྟོང་པ་ཉིད་ཀྱི་དེ་བཞིན་ཉིད་ཡང་དག་པར་རྗེས་སུ་མྱི་མཐོང་ངོ་། །ཆེན་པོ་སྟོང་པ་ཉིད་དམ་ཆེན་པོ་སྟོང་པ་ཉིད་ཀྱི་དེ་བཞིན་ཉིད་ཡང་དག་པར་རྗེས་སུ་མྱི་མཐོང་ངོ་། །དོན་དམ་པ་སྟོང་པ་ཉིད་དམ་དོན་དམ་པ་སྟོང་པ་ཉིད་ཀྱི་དེ་བཞིན་ཉིད་ཡང་དག་པར་རྗེས་སུ་མྱི་མཐོང་ངོ་། །འདུས་བྱས་སྟོང་པ་ཉིད་དམ། འདུས་བྱས་སྟོང་པ་ཉིད་ཀྱི་དེ་བཞིན་ཉིད་ཡང་དག་པར་རྗེས་སུ་མྱི་མཐོང་ངོ་། །འདུས་མ་བྱས་སྟོང་པ་ཉིད་དམ་འདུས་མ་བྱས་སྟོང་པ་ཉིད་ཀྱི་དེ་བཞིན་ཉིད་ཡང་དག་པར་རྗེས་སུ་མྱི་མཐོང་ངོ་། །མཐའ་ལས་འདས་པ་སྟོང་པ་ཉིད་དམ་མཐའ་ལས་འདས་པ་སྟོང་པ་ཉིད་ཀྱི་དེ་བཞིན་ཉིད་ཡང་དག་པར་རྗེས་སུ་མི་མཐོང་ངོ་། །ཐོག་མ་དང་ཐ་མ་མྱེད་པ་སྟོང་པ་ཉིད་དམ་ཐོག་མ་དང་ཐ་མ་མྱེད་པ་སྟོང་པ་ཉིད་ཀྱི་དེ་བཞིན་ཉིད་ཡང་དག་པར་རྗེས་སུ་མྱི་མཐོང་ངོ་། །དོར་བ་མེད་པ་སྟོང་པ་ཉིད་དམ་དོར་བ་མྱེད་པ་སྟོང་པ་ཉིད་ཀྱི་དེ་བཞིན་ཉིད་ཡང་དག་པར་རྗེས་སུ་མྱི་མཐོང་ངོ་། །རང་བཞིན་སྟོང་པ་ཉིད་དམ་རང་བཞིན་སྟོང་པ་ཉིད་ཀྱི་དེ་བཞིན་ཉིད་ཡང་དག་པར་རྗེས་སུ་མི་མཐོང་ངོ་། །ཆོས་ཐམས་ཅད་སྟོང་པ་ཉིད་དམ་ཆོས་ཐམས་ཅད་སྟོང་པ་ཉིད་ཀྱི་དེ་བཞིན་ཉིད་ཡང་དག་པར་རྗེས་སུ་མྱི་མཐོང་ངོ་། །རང་གི་མཚན་ཉིད་སྟོང་

པ་ཉིད་དམ། རང་གི་མཚན་ཉིད་སྟོང་པ་ཉིད་ཀྱི་དེ་བཞིན་ཉིད་ཡང་དག་པར་རྗེས་སུ་མི་མཐོང་ངོ་། །མྱི་དམྱིགས་པ་སྟོང་པ་ཉིད་དམ་མྱི་དམྱིགས་པ་སྟོང་པ་ཉིད་ཀྱི་དེ་བཞིན་ཉིད་ཡང་དག་པར་རྗེས་སུ་མྱི་མཐོང་ངོ་། །དངོས་པོ་མྱེད་པ་སྟོང་པ་ཉིད་དམ། དངོས་པོ་མྱེད་པ་སྟོང་པ་ཉིད་ཀྱི་དེ་བཞིན་ཉིད་ཡང་དག་པར་རྗེས་སུ་མྱི་མཐོང་ངོ་། །ངོ་བོ་ཉིད་སྟོང་པ་ཉིད་དམ་ངོ་བོ་ཉིད་སྟོང་པ་ཉིད་ཀྱི་དེ་བཞིན་ཉིད་ཡང་དག་པར་རྗེས་སུ་མྱི་མཐོང་ངོ་། །དངོས་པོ་མྱེད་པའི་ངོ་བོ་ཉིད་སྟོང་པ་ཉིད་དམ་དངོས་པོ་མྱེད་པའི་ངོ་བོ་ཉིད་སྟོང་པ་ཉིད་ཀྱི་དེ་བཞིན་ཉིད་ཡང་དག་པར་རྗེས་སུ་མྱི་མཐོང་ངོ་། །དྲན་པ་ཉེ་བར་གཞག་པ་རྣམས་སམ། དྲན་པ་ཉེ་བར་གཞག་པ་རྣམས་ཀྱི་དེ་བཞིན་ཉིད་ཡང་དག་པར་རྗེས་སུ་མྱི་མཐོང་ངོ་། །ཡང་དག་པར་སྤྱོང་བ་རྣམས་སམ། ཡང་དག་པར་སྤྱོང་[1]བ་རྣམས་ཀྱི་དེ་བཞིན་ཉིད་ཡང་དག་པར་རྗེས་སུ་མྱི་མཐོང་ངོ་། །རྫུ་འཕྲུལ་གྱི་རྐང་པ་རྣམས་སམ། རྫུ་འཕྲུལ་གྱི་རྐང་པ་རྣམས་ཀྱི་དེ་བཞིན་ཉིད་ཡང་དག་པར་རྗེས་སུ་མྱི་མཐོང་ངོ་། །དབང་པོ་རྣམས་སམ་དབང་པོ་རྣམས་ཀྱི་དེ་བཞིན་ཉིད་ཡང་དག་པར་རྗེས་སུ་མྱི་མཐོང་ངོ་། །སྟོབས་རྣམས་སམ། སྟོབས་རྣམས་ཀྱི་དེ་བཞིན་ཉིད་ཡང་དག་པར་རྗེས་སུ་མྱི་མཐོང་ངོ་། །བྱང་ཆུབ་ཀྱི་ཡན་ལག་རྣམས་སམ། བྱང་ཆུབ་ཀྱི་ཡན་ལག་རྣམས་ཀྱི་དེ་བཞིན་ཉིད་ཡང་དག་པར་རྗེས་སུ་མྱི་མཐོང་ངོ་། །འཕགས་པའི་ལམ་ཡན་ལག་བརྒྱད་པའམ[2]། འཕགས་པའི་ལམ་ཡན་ལག་བརྒྱད་པའི་དེ་བཞིན་ཉིད་ཡང་དག་པར་རྗེས་སུ་མྱི་མཐོང་ངོ་། །འཕགས་པའི་བདེན་པ་རྣམས་སམ། འཕགས་པའི་བདེན་པ་རྣམས་ཀྱི་དེ་བཞིན་ཉིད་ཡང་དག་པར་རྗེས་སུ་མྱི་མཐོང་ངོ་། །བསམ་གཏན་རྣམས་སམ། བསམ་གཏན་རྣམས་ཀྱི་དེ་བཞིན་ཉིད་ཡང་དག་པར་རྗེས་སུ་མྱི་མཐོང་ངོ་། །ཚད་མྱེད་པ་རྣམས་སམ། ཚད་

མྱེད་པ་རྣམས་ཀྱི་དེ་བཞིན་ཉིད་ཡང་དག་པར་རྗེས་སུ་མྱི་མཐོང་ངོ་། །གཟུགས་མྱེད་པའི་སྙོམས་པར་འཇུག་པ་རྣམས་སམ། གཟུགས་མྱེད་པའི་སྙོམས་པར་འཇུག་པ་རྣམས་ཀྱི་དེ་བཞིན་ཉིད་ཡང་དག་པར་རྗེས་སུ་མྱི་མཐོང་ངོ་། །རྣམ་པར་ཐར་པ་རྣམས་སམ། རྣམ་པར་ཐར་པ་རྣམས་ཀྱི་དེ་བཞིན་ཉིད་ཡང་དག་པར་རྗེས་སུ་མྱི་མཐོང་ངོ་། །མཐར་གྱིས་གནས་པའི་སྙོམས་པར་འཇུག་པ་རྣམས་སམ། མཐར་གྱིས་གནས་པའི་སྙོམས་པར་འཇུག་པ་རྣམས་ཀྱི་དེ་བཞིན་ཉིད་ཡང་དག་པར་རྗེས་སུ་མྱི་མཐོང་ངོ་། །སྟོང་པ་ཉིད་དམ། སྟོང་པ་ཉིད་ཀྱི་དེ་བཞིན་ཉིད་ཡང་དག་པར་རྗེས་སུ་མྱི་མཐོང་ངོ་། །མཚན་མ་མྱེད་པའམ[༡]། མཚན་མ་མྱེད་པའི་དེ་བཞིན་ཉིད་ཡང་དག་པར་རྗེས་སུ་མྱི་མཐོང་ངོ་། །སྨོན་པ་མྱེད་པའམ། སྨོན་པ་མྱེད་པའི་དེ་བཞིན་ཉིད་ཡང་དག་པར་རྗེས་སུ་མྱི་མཐོང་ངོ་།། མངོན་པར་ཤེས་པ་རྣམས་སམ། མངོན་པར་ཤེས་པ་རྣམས་ཀྱི་དེ་བཞིན་ཉིད་ཡང་དག་པར་རྗེས་སུ་མྱི་མཐོང་ངོ་། །ཏིང་ངེ་འཛིན་རྣམས་སམ། ཏིང་ངེ་[༢]འཛིན་རྣམས་ཀྱི་དེ་བཞིན་ཉིད་ཡང་དག་པར་རྗེས་སུ་མྱི་མཐོང་ངོ་། །གཟུངས་ཀྱི་སྒོ་རྣམས་སམ། གཟུངས་ཀྱི་སྒོ་རྣམས་ཀྱི་དེ་བཞིན་ཉིད་ཡང་དག་པར་རྗེས་སུ་མྱི་མཐོང་ངོ་། །དེ་བཞིན་གཤེགས་པའི་སྟོབས་རྣམས་སམ། དེ་བཞིན་གཤེགས་[༣]པའི་སྟོབས་རྣམས་ཀྱི་དེ་བཞིན་ཉིད་ཡང་དག་པར་རྗེས་སུ་མྱི་མཐོང་ངོ་། །མྱི་འཇིགས་པ་རྣམས་སམ། མྱི་འཇིགས་པ་རྣམས་ཀྱི་དེ་བཞིན་ཉིད་ཡང་དག་པར་རྗེས་སུ་མྱི་མཐོང་ངོ་། །སོ་སོ་ཡང་དག་པར་རིག་པ་རྣམས་སམ། སོ་སོ་ཡང་དག་པར་རིག་པ་རྣམས་ཀྱི་དེ་བཞིན་ཉིད་ཡང་དག་པར་རྗེས་སུ་མྱི་མཐོང་ངོ་། །བྱམས་པ་ཆེན་པོའམ། བྱམས་པ་ཆེན་པོའི་དེ་བཞིན་ཉིད་ཡང་དག་པར་རྗེས་སུ་མྱི་མཐོང་ངོ་། །སྙིང་རྗེ་ཆེན་པོའམ། སྙིང་རྗེ་ཆེན་པོའི་དེ་བཞིན་ཉིད་ཡང་

དག་པར་རྗེས་སུ་མྱི་མཐོང་ངོ་། །སངས་རྒྱས་ཀྱི་ཆོས་མ་འདྲེས་པ་རྣམས་སམ། སངས་རྒྱས་ཀྱི་ཆོས་མ་འདྲེས་པ་རྣམས་ཀྱི་དེ་བཞིན་ཉིད་ཡང་དག་པར་རྗེས་སུ་མི་མཐོང་ངོ་། །རྒྱུན་དུ་ཞུགས་པའི་འབྲས་བུའམ་རྒྱུན་དུ་ཞུགས་པའི་འབྲས་བུའི་དེ་བཞིན་ཉིད་ཡང་དག་པར་རྗེས་སུ་མྱི་མཐོང་ངོ་། །ལན་ཅིག་ཕྱིར་འོང་བའི་འབྲས་བུའམ། ལན་ཅིག་ཕྱིར་འོང་བའི་འབྲས་བུའི་དེ་བཞིན་ཉིད་ཡང་དག་པར་རྗེས་སུ་མྱི་མཐོང་ངོ་། །ཕྱིར་མྱི་འོང་བའི་འབྲས་བུའམ་ཕྱིར་མྱི་འོང་བའི་འབྲས་བུའི་དེ་བཞིན་ཉིད་ཡང་དག་པར་རྗེས་སུ་མི་མཐོང་ངོ་། །དགྲ་བཅོམ་པ་ཉིད་དམ། དགྲ་བཅོམ་པ་ཉིད་ཀྱི་དེ་བཞིན་ཉིད་ཡང་དག་པར་རྗེས་སུ་མྱི་མཐོང་ངོ་། །རང་བྱང་ཆུབ་བམ[1] རང་བྱང་ཆུབ་ཀྱི་དེ་བཞིན་ཉིད་ཡང་དག་པར་རྗེས་སུ་མྱི་མཐོང་ངོ་།། ལམ་གྱི་རྣམ་པ་ཤེས་པ་ཉིད་དམ། ལམ་གྱི་རྣམ་པ་ཤེས་པ་ཉིད་ཀྱི་དེ་བཞིན་ཉིད་ཡང་དག་པར་རྗེས་སུ་མྱི་མཐོང་ངོ་། །[2]བྱང་ཆུབ་བམ[2]། བྱང་ཆུབ་ཀྱི་དེ་བཞིན་ཉིད་ཡང་དག་པར་རྗེས་སུ་མྱི་མཐོང་སྟེ[3]། རབ་འབྱོར་རྣམ་པ་དེ་དག་དང་། ཚུལ་དེ་དག་དང་། མཚན་མ་དེ་དག་དང་ལྡན་པའི་བྱང་ཆུབ་སེམས་དཔའ་སེམས་དཔའ་ཆེན་པོ་ནི་ཕྱིར་མྱི་ལྡོག་པར་རིག་པར་བྱའོ། །རབ་འབྱོར་གཞན་ཡང་བྱང་ཆུབ་སེམས་དཔའ་སེམས་དཔའ་ཆེན་པོའི་དྲུང་དུ་བདུད་སྡིག་ཏོ་ཅན་དགེ་སློང་གི་ཆ་བྱད་དུ་འོངས་ནས། འདི་སྐད་དུ་འདི་ནི་འཁོར་བར་སྤྱོད་པ་ཡིན་ཏེ། བྱང་ཆུབ་སེམས་དཔའི་སྤྱོད་པ་མ་ཡིན་གྱིས[4]། འདི་ཉིད་དུ་ཁྱོད་ཀྱིས་སྡུག་བསྔལ་གྱི་མཐར་ཕྱིན་པར་གྱིས་ཤིག་ཅེས་ཟེར་ཞིང་། བདུད་སྡིག་ཏོ་ཅན་དེ་བྱང་ཆུབ་སེམས་དཔའ་སེམས་དཔའ་ཆེན་པོ་ལ། ལམ་གྱི་གཟུགས་བརྙན་གང་འཁོར་བར་སྤྱོད་པའི་འཇིག་རྟེན་པའི་རྣམ་པས་ལམ་གྱི་གཟུགས་བརྙན་སྟོན་ཏེ། ཡང་ན་རུས་པར་འདུ་ཤེས་པ་སྟོན། ཡང་ན་བསམ་གཏན་དང་པོ་སྟོན། ཡང་

ན་བསམ་གཏན་གཉིས་པ་སྟོན། ཡང་ན་བསམ་གཏན་གསུམ་པ་སྟོན། ཡང་
ན་བསམ་གཏན་བཞི་པ་སྟོན། ཡང་ན་བྱམས་པ་སྟོན། ཡང་ན་སྙིང་རྗེ་སྟོན།
ཡང་ན་དགའ་བ་སྟོན། ཡང་ན་བཏང་སྙོམས་སྟོན། ཡང་ན་ནམ་མཁའ་
མཐའ་ཡས་སྐྱེ་མཆེད་སྟོན། ཡང་ན་རྣམ་ཤེས་མཐའ་ཡས་སྐྱེ་མཆེད་སྟོན། ཡང་
ན་ཆུང་[༡]ཟད་མེད་པའི་སྐྱེ་མཆེད་སྟོན། ཡང་ན་འདུ་ཤེས་མེད་འདུ་ཤེས་མེད་
མིན་སྐྱེ་མཆེད་སྟོན་ཅིང་། ཚེ་དང་ལྡན་པ་ལམ་དང་ནན་ཏན་གང་གིས། རྒྱུན་
ཏུ་ཞུགས་པའི་འབྲས་བུ་ཐོབ་པ་དང་། ལན་ཅིག་ཕྱིར་འོང་བའི་འབྲས་བུ་
ཐོབ་[༢]པ་དང་། ཕྱིར་མི་འོང་བའི་འབྲས་བུ་ཐོབ་[༣]པ་དང་། དགྲ་བཅོམ་པ་
ཉིད་ཐོབ་[༤]པར་འགྱུར་བའི་ལམ་དང་ནན་ཏན་ནི་འདི་ཡིན་ནོ། །ཚེ་དང་ལྡན་པ་
ལམ་དང་ནན་ཏན་འདིས་འདི་ཉིད་དུ་ཁྱོད་ཀྱིས་[༥]སྡུག་བསྔལ་གྱི་མཐར་ཕྱུངས་
ཤིག་[༦]དང་། ཕྱིན་ཆད་[༧]འཁོར་བ་ན་སྤྱོད་པའི་སྡུག་བསྔལ་དེ་དག་མྱོང་བར་མི་
འགྱུར་རོ། །ཀྱེ་མ་ཁྱོད་ཀྱི་ལུས་འདི་འདི་[༨]ཉིད་དུ་མངོན་པར་མ་གྲུབ་ན། ལུས་
གཞན་ཡང་ཇི་ལྟར་ཡོངས་སུ་གཟུང་བར་སེམས་ཞེས་[༩]ཟེར་ཡང་། རབ་འབྱོར་
གལ་ཏེ་བྱང་ཆུབ་སེམས་དཔའ་སེམས་དཔའ་ཆེན་པོའི་སེམས་མི༔འཁྲུག་མི་[༡༠]གཡོ་
ཞིང༔གོང་དུ་[༡༡]ཡང་འདི་སྙམ་དུ་སེམས་ཏེ། འདི་ལྟར་བདག་ལ་ལམ་གྱི་གཟུགས་
བརྙན་སྟོན་པ་ནི། དགེ་སློང་འདི་བདག་ལ་ཕན་འདོགས་པ་སྟེ། ལམ་གྱི་
གཟུགས་བརྙན་དེས་ནི། རྒྱུན་ཏུ་ཞུགས་པའི་འབྲས་བུ་མངོན་དུ་བྱ་བར་ཡང་མི་
འགྱུར། ལན་ཅིག་ཕྱིར་འོང་བའི་འབྲས་བུ་མངོན་དུ་བྱ་བར་ཡང་མི་འགྱུར།
ཕྱིར་མི་འོང་བའི་འབྲས་བུ་མངོན་དུ་བྱ་བར་ཡང་མི་འགྱུར། དགྲ་བཅོམ་པ་ཉིད་
མངོན་དུ་བྱ་བར་ཡང་མི་འགྱུར། རང་བྱང་ཆུབ་མངོན་དུ་བྱ་བར་ཡང་མི་འགྱུར།
བླ་ན་མེད་པ་ཡང་དག་པར་རྫོགས་པའི་བྱང་ཆུབ་མངོན་དུ་བྱ་བར་ཡང་མི་

འགྱུརཿ རོ་སྙམ་སྟེ[1]། དེ་ལས་ཀྱང་གོང་དུ་གང་བདག་ལ་དེ་ལྟར་ཆགས་པ་སྟོན་པའི་དགེ་སློང་འདི་ནི་བདག་ལ་ཕན་འདོགས་པ་ཡིན་གྱིས[2] བདག་གིས་ཆགས་པ་དེ་དག་ཤེས་པར་བྱ་སྟེ། ཐེག་པ་གསུམ་པོ་ཀུན་ལ་བསླབ་པར་བྱའོ་ཞེསཿ དགའ་བ[3] སྐྱེ་ལ། བདུད་སྡིག་ཏོ་ཅན་དེས་ཀྱང་བྱང་ཆུབ་སེམས་དཔའ་སེམས་དཔའ་ཆེན་པོ་དེ་དགའ་བར་གྱུར་པར་ཤེས་ནས། དེ་ལ་འདི་སྐད་དུ་རིགས་ཀྱི་བུ་ཁྱོད་བྱང་ཆུབ་སེམས་དཔའ་སེམས་དཔའ་ཆེན་པོ་མང་པོས་སངས་རྒྱས་བཅོམ་ལྡན་འདས་གང་གཱའི[4] ཀླུང་གི་བྱེ་མ་སྙེད་ལ་ན་བཟའ་དང་བསོད་སྙོམས་དང་། གཟིམས་ཆ་དང་སྨན་གྱི་རྐྱེན་སྨན་དང་། ཡོ་བྱད་ཀྱིས་རིམ་གྲོར་བྱས་པ་དང་། གང་གཱའི[5] ཀླུང་གི་བྱེ་མ་སྙེད་ཀྱི་དེ་བཞིན་གཤེགས་པ་དགྲ་བཅོམ་པ་ཡང་དག་པར་རྫོགས་པའི་སངས་རྒྱས་རྣམས་ཀྱི་དྲུང་དུ་གང་གིས་སྦྱིན་པའི་ཕ་རོལ་ཏུ་ཕྱིན་པ་ཡོངས་སུ་རྫོགས་པར་བྱས་པ་དང་། ཚུལ་ཁྲིམས་ཀྱི་ཕ་རོལ་ཏུ་ཕྱིན་པ་ཡོངས་སུ་རྫོགས་པར་བྱས་པ་དང་། བཟོད་པའི་ཕ་རོལ་ཏུ་ཕྱིན་པ་ཡོངས་སུ་རྫོགས་པར་བྱས་པ་དང་། བརྩོན་འགྲུས་ཀྱི་ཕ་རོལ་ཏུ་ཕྱིན་པ་ཡོངས་སུ་རྫོགས་པར་བྱས་པ་དང་། བསམ་གཏན་གྱི་ཕ་རོལ་ཏུ་ཕྱིན་པ་ཡོངས་སུ་རྫོགས་པར་བྱས་པ་དང་། ཤེས་རབ་ཀྱི་ཕ་རོལ་ཏུ་ཕྱིན་པ་ཡོངས་སུ་རྫོགས་པར་བྱས་པ་དང་། སངས་རྒྱས་བཅོམ་ལྡན་འདས་གང་གཱའི[6] ཀླུང་གི་བྱེ་མ་སྙེད་ལ་བསྙེན་བཀུར་བྱས་ཏེ[7]། ཇི་ལྟར་བྱང་ཆུབ་སེམས་དཔའ་སེམས་དཔའ་ཆེན་པོས། སྦྱིན་པའི་ཕ་རོལ་ཏུ་ཕྱིན་པ་ལ་སྤྱོད་པ་དང་། ཚུལ་ཁྲིམས་ཀྱི་ཕ་རོལ་ཏུ་ཕྱིན་པ་ལ་སྤྱོད་པ་དང་། བཟོད་པའི་ཕ་རོལ་ཏུ་ཕྱིན་པ་ལ་སྤྱོད་པ་དང་། བརྩོན་འགྲུས་ཀྱི་ཕ་རོལ་ཏུ་ཕྱིན་པ་ལ་སྤྱོད་པ་དང་། བསམ་གཏན་གྱི་ཕ་རོལ་ཏུ་ཕྱིན་པ་ལ་སྤྱོད་པ་དང་། ཤེས་རབ་ཀྱི་ཕ་རོལ་ཏུ་ཕྱིན་པ་ལ་སྤྱོད་པ་དང་། ནང་སྟོང་པ་ཉིད་ལ་སྤྱོད་པ་དང་། ཕྱི་སྟོང་པ་ཉིད་ལ་

སྤྱོད་པ་དང་། ཕྱི་ནང་སྟོང་པ་ཉིད་ལ་སྤྱོད་པ་དང་། སྟོང་པ་ཉིད་སྟོང་པ་ཉིད་ལ་སྤྱོད་པ་དང་། ཆེན་པོ་སྟོང་པ་ཉིད་ལ་སྤྱོད་པ་དང་། དོན་དམ་[1]པ་སྟོང་པ་ཉིད་ལ་སྤྱོད་པ་དང་། འདུས་བྱས་སྟོང་པ་ཉིད་ལ་སྤྱོད་པ་དང་། འདུས་མ་བྱས་སྟོང་པ་ཉིད་ལ་སྤྱོད་པ་དང་། མཐའ་ལས་འདས་པ་སྟོང་པ་ཉིད་ལ་སྤྱོད་པ་དང་། ཐོག་མ་དང་ཐ་མ་མེད་པ་སྟོང་པ་ཉིད་ལ་སྤྱོད་པ་དང་། དོར་བ་མེད་པ་སྟོང་པ་ཉིད་ལ་སྤྱོད་པ་དང་། རང་བཞིན་སྟོང་པ་ཉིད་ལ་སྤྱོད་པ་དང་། ཆོས་ཐམས་ཅད་སྟོང་པ་ཉིད་ལ་སྤྱོད་པ་དང་། རང་གི་མཚན་ཉིད་སྟོང་པ་ཉིད་ལ་སྤྱོད་པ་དང་། མི་དམིགས་པ་སྟོང་པ་ཉིད་ལ་སྤྱོད་པ་དང་། དངོས་པོ་མེད་པ་སྟོང་པ་ཉིད་ལ་སྤྱོད་པ་དང་། ངོ་བོ་ཉིད་སྟོང་པ་ཉིད་ལ་སྤྱོད་པ་དང་། དངོས་པོ་མེད་པའི་ངོ་བོ་ཉིད་སྟོང་པ་ཉིད་ལ་སྤྱོད་པ་དང་། དྲན་པ་ཉེ་བར་གཞག་པ་རྣམས་ལ་སྤྱོད་པ་དང་། ཡང་དག་པར་སྤོང་བ་རྣམས་ལ་སྤྱོད་པ་དང་། རྫུ་འཕྲུལ་གྱི་[2]རྐང་པ་རྣམས་ལ་སྤྱོད་པ་དང་། དབང་པོ་རྣམས་ལ་སྤྱོད་པ་དང་། སྟོབས་རྣམས་ལ་སྤྱོད་པ་དང་། བྱང་ཆུབ་ཀྱི་ཡན་ལག་རྣམས་ལ་སྤྱོད་པ་དང་། འཕགས་པའི་ལམ་ཡན་ལག་བརྒྱད་པ་ལ་སྤྱོད་པ་དང་། འཕགས་པའི་བདེན་པ་རྣམས་ལ་སྤྱོད་པ་དང་། བསམ་གཏན་རྣམས་ལ་སྤྱོད་པ་དང་། ཚད་མེད་པ་རྣམས་ལ་སྤྱོད་པ་དང་། གཟུགས་མེད་པའི་སྙོམས་པར་འཇུག་པ་རྣམས་ལ་སྤྱོད་པ་དང་། རྣམ་པར་ཐར་པ་བརྒྱད་ལ་སྤྱོད་པ་དང་། མཐར་གྱིས་གནས་པའི་སྙོམས་པར་འཇུག་པ་དགུ་ལ་སྤྱོད་པ་དང་། རྣམ་པར་ཐར་པའི་སྒོ་སྟོང་པ་ཉིད་དང་། མཚན་མ་མེད་པ་དང་། སྨོན་པ་མེད་པ་ལ་སྤྱོད་པ་དང་། མངོན་པར་ཤེས་པ་རྣམས་ལ་སྤྱོད་པ་དང་། ཏིང་ངེ་འཛིན་རྣམས་ལ་སྤྱོད་པ་དང་། གཟུངས་ཀྱི་སྒོ་རྣམས་ལ་སྤྱོད་པ་དང་། དེ་བཞིན་གཤེགས་པའི་སྟོབས་བཅུ་ལ་

སྤྱོད་པ་དང་། མི་འཇིགས་པ་བཞི་ལ་སྤྱོད་པ་དང་། སོ་སོ་ཡང་དག་པར་རིག་པ་བཞི་ལ་སྤྱོད་པ་དང་། བྱམས་པ་ཆེན་པོ་ལ་སྤྱོད་པ་དང་། སྙིང་རྗེ་ཆེན་པོ་ལ་སྤྱོད་པ་དང་། སངས་རྒྱས་ཀྱི་ཆོས་མ་འདྲེས་པ་བཅོ[༡]བརྒྱད་ལ་སྤྱོད་པ་དང་། ཐམས་ཅད་ཤེས་པ་ཉིད་ལ་སྤྱོད་པ་དང་། ལམ་གྱི་རྣམ་པ་ཤེས་པ་ཉིད་ལ་སྤྱོད་པ་དང་། རྣམ་པ་ཐམས་ཅད་མཁྱེན་པ་ཉིད་ལ་སྤྱོད་པའི་ཚེ། བྱང་ཆུབ་སེམས་དཔའི་ཐེག་པ་ལ་གནས་པར་བགྱི་ཞེས། བྱང་ཆུབ་སེམས་དཔའི་ཐེག་པ་འདི་ཉིད་ཀྱི་དོན་དུ་ཀུན་དྲིས་ཤིང་ཡོངས་སུ་ཞུས[༢]པ་རྣམས༔ བལྟ་བར[༣]འདོད་དམ། དེ་ལྟར་སངས་རྒྱས་བཅོམ་ལྡན་འདས་དེ་དག་གིས་གང་བཤད་པ་ལ་དེ་བཞིན་དུ་གནས་ཏེ། དེ་བཞིན་དུ་བསྒོམ་པར་བྱས་ཀྱང་། བྱང་ཆུབ་སེམས་དཔའ་སེམས་དཔའ་ཆེན་པོ[༤]དེ་ལྟ་བུ་དག་གིས་བླ་ན་མེད་པ་ཡང་དག་པར་རྫོགས་པའི་བྱང་ཆུབ་ཏུ་མངོན་པར་རྫོགས་པར་སངས་མ[༥]རྒྱས་ཏེ། དེ་ལྟར་གདམས[༦]པ་དང་། དེ་ལྟར་བསྟན་པ་དང་། དེ་ལྟར་གནས་པ་དང་། དེ་ལྟར་སློབ་སློབ[༧]པ་རྣམས་ཀྱིས་ཀྱང་རྣམ་པ་ཐམས་ཅད་མཁྱེན་པ་ཉིད་མ་ཐོབ་ན། ཁྱོད་ཀྱིས་ལྟ་བླ་ན་མེད་པ་ཡང་དག་པར་རྫོགས་པའི་བྱང་ཆུབ་འཐོབ[༨]པར་འགྱུར་རེ་སྐན་ཞེས་བརྗོད་དེ། དེ་ལྟར་བྱང་ཆུབ་སེམས་དཔའ་སེམས་དཔའ་ཆེན་པོ་དེ་ལ་སྙིང་བརྣན་བཙུག་ཀྱང་དེའི་སེམས་གཞན་དུ་མི་འགྱུར་ལ། མི་འཇིགས[༩]མི་སྡང[༡༠]སྐྲག་པར་མི་འགྱུར་ཞིང་། གོང་དུ[༡༡]དགེ་སློང་འདི་ནི་དེ་ལྟར་བདག་ལ་ཆགས་པ་གང་གིས་རྒྱུན་དུ་ཞུགས་པའི་འབྲས་བུ་ཡང་ཐོབ་པར་མི་འགྱུར། ལན་ཅིག་ཕྱིར་འོང་བའི་འབྲས་བུ་ཡང་ཐོབ་པར་མི་འགྱུར། ཕྱིར་མི་འོང་བའི་འབྲས་བུ་ཡང་ཐོབ་པར་མི་འགྱུར། དགྲ་བཅོམ་པ་ཉིད་ཀྱང་ཐོབ་པར་མི་འགྱུར། རང་བྱང་ཆུབ་ཀྱང་ཐོབ་པར་མི་འགྱུར། ལམ་གྱི་རྣམ་པ་ཤེས་པ[༡༢]ཉིད་ཀྱང་ཐོབ་པར་མི་འགྱུར།

རྣམ་པ་ཐམས་ཅད་མཁྱེན་པ་ཉིད་ཀྱང་ཐོབ་པར་མི་འགྱུར་བའི་ཆགས་པ་སྟོན་པ་ནི། བདག་ལ་ཕན་འདོགས་པའོ་ཞེས་དགའ་བ་སྐྱེས་[1]པས། བདུད་སྡིག་ཧོ་[2]ཅན་གྱིས་བྱང་ཆུབ་སེམས་དཔའ་སེམས་དཔའ་ཆེན་པོ་དེའི་སེམས་ལ་ཞུམ་པ་མྱེད་པར་རིག་ནས། སའི་ཕྱོགས་དེ་ཉིད་དུ་དགེ་སློང་མང་པོ་མངོན་པར་སྤྲུལ་ཏེ། དགེ་སློང་འདི་དག་ཀུན་[3]ཀྱང་བླ་ན་མྱེད་པ་ཡང་དག་པར་རྫོགས་པའི་བྱང་ཆུབ་ཏུ་འཇུག་འཇུག་པ་ཤ་སྟག་སྟེ། དེ་དག་ཀྱང་དགྲ་བཅོམ་པ་ཉིད་ལ་གནས་པར་གྱུར་ན༏ ཁྱོད་ལྟས་བླ་ན་མྱེད་པ་ཡང་དག་པར་རྫོགས་པའི་བྱང་ཆུབ་ཏུ་མངོན་པར་རྫོགས་པར་འཚང་རྒྱ་བར་འགྱུར་[4]རེ་སྐན་ཞེས་ཟེར་ཡང་། གལ་ཏེ་བྱང་ཆུབ་སེམས་དཔའ་སེམས་དཔའ་ཆེན་པོ་དེ་[5]འདི་སྙམ་སྟེ། འདི་ནི་བདུད་སྡིག་ཧོ་ཅན་ཏེ། ལམ་གྱི་གཟུགས་བརྙན་སྟོན་པའོ། །ཞེས་བྱང་ཆུབ་སེམས་དཔའ་སེམས་དཔའ་ཆེན་པོ་ཤེས་རབ་ཀྱི་ཕ་རོལ་ཏུ་ཕྱིན་པ་ལ་སྤྱོད་པའི་ཚེ། བླ་ན་མྱེད་པ་ཡང་དག་པར་རྫོགས་པའི་བྱང་ཆུབ་ལས་ཕྱིར་མྱི་ལྡོག་ཅིང་། ཉན་ཐོས་ཀྱི་སའམ༏ རང་སངས་རྒྱས་ཀྱི་སར་ཡང་མྱི་ལྟུང་ལ། དེ་ལས་ཀྱང་གོང་དུ་ཡང་[6]འདི་སྙམ་སྟེ། བྱང་ཆུབ་སེམས་དཔའ་སེམས་དཔའ་ཆེན་པོ། སྦྱིན་པའི་ཕ་རོལ་ཏུ་ཕྱིན་པ་ལ་སྤྱོད་པ་དང་། ཚུལ་ཁྲིམས་ཀྱི་ཕ་རོལ་ཏུ་ཕྱིན་པ་ལ་སྤྱོད་པ་དང་། བཟོད་པའི་ཕ་རོལ་ཏུ་ཕྱིན་པ་ལ་སྤྱོད་པ་དང་། བརྩོན་འགྲུས་ཀྱི་ཕ་རོལ་ཏུ་ཕྱིན་པ་ལ་སྤྱོད་པ་དང་། བསམ་གཏན་གྱི་ཕ་རོལ་ཏུ་ཕྱིན་པ་ལ་སྤྱོད་པ་དང་། ཤེས་རབ་ཀྱི་ཕ་རོལ་ཏུ་ཕྱིན་པ་ལ་སྤྱོད་པ་དང་། རྣམ་པ་ཐམས་ཅད་མཁྱེན་པ་ཉིད་ཀྱི་བར་དུ་དེ་ལྟར་སྤྱོད་པ་ནི། བླ་ན་མྱེད་པ་ཡང་དག་པར་རྫོགས་པའི་བྱང་ཆུབ་ཏུ་མངོན་པར་རྫོགས་པར་འཚང་མྱི་རྒྱ་བའི་གནས་མྱེད་སྐབས་མྱེད་དེ། དེ་ནི་གནས་མ་ཡིན་ནོ་སྙམ་ན། རབ་འབྱོར་རྣམ་པ་དེ་དག་དང་། ཚུལ་དེ་དག་

དང་། མཚན་མ་དེ་དག་དང་ལྡན་པའི་བྱང་ཆུབ་སེམས་དཔའ་སེམས་དཔའ་ཆེན་པོ་ནི་ཕྱིར་མི་ལྡོག་པར་རིག་པར་བྱའོ། །རབ་འབྱོར་གཞན་ཡང་ཕྱིར་མི་ལྡོག་པའི་བྱང་ཆུབ་སེམས་དཔའ་སེམས་དཔའ་ཆེན་པོ་ཤེས་རབ་ཀྱི་ཕ་རོལ་ཏུ་ཕྱིན་པ་ལ་སྤྱོད་པའི་ཚེ། འདི་སྙམ་དུ་གལ་ཏེ་དེ་བཞིན་གཤེགས་པས་[1]ཇི་སྐད་དུ་བསྟན་པ་དེ་ལྟར་བསླབས་ལ་སྤྱོད་པ་དེ་[2]དང་མ་བྲལ་[3]ཞིང་ཕ་རོལ་ཏུ་ཕྱིན་པ་དང་ལྡན་པའི་[4]ཡིད་ལ་བྱེད་པ་འདི་དག་[5]གིས་སྤྱོད་པ་དེ་ནི། སྦྱིན་པའི་ཕ་རོལ་ཏུ་ཕྱིན་པ་ལས་ཡོངས་སུ་མི་ཉམས[6]། ཚུལ་ཁྲིམས་ཀྱི་ཕ་རོལ་ཏུ་ཕྱིན་པ་ལས་ཡོངས་སུ་མི་ཉམས། བཟོད་པའི་ཕ་རོལ་ཏུ་ཕྱིན་པ་ལས་ཡོངས་སུ་མི་ཉམས། བརྩོན་འགྲུས་ཀྱི་ཕ་རོལ་ཏུ་ཕྱིན་པ་ལས་ཡོངས་སུ་མི་ཉམས། བསམ་གཏན་གྱི་ཕ་རོལ་ཏུ་ཕྱིན་པ་ལས་ཡོངས་སུ་མི་ཉམས། ཤེས་རབ་ཀྱི་ཕ་རོལ་ཏུ་ཕྱིན་པ་ལས་ཡོངས་སུ་མི་ཉམས། ནང་སྟོང་པ་ཉིད་ལས་ཡོངས་སུ་མི་ཉམས། ཕྱི་སྟོང་པ་ཉིད་ལས་ཡོངས་སུ་མི་ཉམས། ཕྱི་ནང་སྟོང་པ་ཉིད་ལས་ཡོངས་སུ་མི་ཉམས། སྟོང་པ་ཉིད་སྟོང་པ་ཉིད་ལས་ཡོངས་སུ་མི་ཉམས། ཆེན་པོ་སྟོང་པ་ཉིད་ལས་ཡོངས་སུ་མི་ཉམས། དོན་དམ་པ་སྟོང་པ་ཉིད་ལས་ཡོངས་སུ་མི་ཉམས། འདུས་བྱས་སྟོང་པ་ཉིད་ལས་ཡོངས་སུ་མི་ཉམས། འདུས་མ་བྱས་སྟོང་པ་ཉིད་ལས་ཡོངས་སུ་མི་ཉམས། མཐའ་ལས་འདས་པ་སྟོང་པ་ཉིད་ལས་ཡོངས་སུ་མི་ཉམས། ཐོག་མ་དང་ཐ་མ་མེད་པ་སྟོང་པ་ཉིད་ལས་ཡོངས་སུ་མི་ཉམས། དོར་བ་མེད་པ་སྟོང་པ་ཉིད་ལས་ཡོངས་སུ་མི་ཉམས། རང་བཞིན་སྟོང་པ་ཉིད་ལས་ཡོངས་སུ་མི་ཉམས། ཆོས་ཐམས་ཅད་སྟོང་པ་ཉིད་ལས་ཡོངས་སུ་མི་ཉམས། རང་གི་མཚན་ཉིད་སྟོང་པ་ཉིད་ལས་ཡོངས་སུ་མི་ཉམས། མི་དམིགས་པ་སྟོང་པ་ཉིད་ལས་ཡོངས་སུ་མི་ཉམས། དངོས་པོ་མེད་པ་སྟོང་པ་ཉིད་ལས་ཡོངས་སུ་མི་ཉམས། ངོ་བོ་ཉིད་སྟོང་པ་ཉིད་

ལས་ཡོངས་སུ་སྨིན་ནམ། དངོས་པོ་མེད་པའི་ངོ་བོ་ཉིད་སྟོང་པ་ཉིད་ལས་ཡོངས་སུ་སྨིན་ནམ། དྲན་པ་ཉེ་བར་གཞག་པ་རྣམས་ལས་ཡོངས་སུ་སྨིན་ནམ། ཡང་དག་པར་སྤོང་བ་རྣམས་ལས་ཡོངས་སུ་སྨིན་ནམ། རྫུ་འཕྲུལ་གྱི་རྐང་པ་རྣམས་ལས་ཡོངས་སུ་སྨིན་ནམ། དབང་པོ་རྣམས་ལས་ཡོངས་སུ་སྨིན་ནམ། སྟོབས་རྣམས་ལས་ཡོངས་སུ་སྨིན་ནམ། བྱང་ཆུབ་ཀྱི་ཡན་ལག་རྣམས་ལས་ཡོངས་སུ་སྨིན་ནམ། འཕགས་པའི་(༡)ལམ་ཡན་ལག་བརྒྱད་པ་ལས་ཡོངས་སུ་སྨིན་ནམ། འཕགས་པའི་བདེན་པ་རྣམས་ལས་ཡོངས་སུ་སྨིན་ནམ། བསམ་གཏན་རྣམས་ལས་ཡོངས་སུ་སྨིན་ནམ། ཚད་མེད་པ་རྣམས་ལས་ཡོངས་སུ་སྨིན་ནམ། གཟུགས་མེད་པའི་སྙོམས་པར་འཇུག་པ་རྣམས་ལས་ཡོངས་སུ་སྨིན་ནམ། རྣམ་པར་ཐར་པ་རྣམས་ལས་ཡོངས་སུ་སྨིན་ནམ། མཐར་གྱིས་གནས་པའི་སྙོམས་པར་འཇུག་པ་རྣམས་ལས་ཡོངས་སུ་སྨིན་ནམ། (༢)སྟོང་པ་ཉིད་དང་། མཚན་མ་མེད་པ་དང་། སྨོན་པ་མེད་པ་ལས་ཡོངས་སུ་སྨིན་ནམ། མངོན་པར་ཤེས་པ་རྣམས་ལས་ཡོངས་སུ་སྨིན་ནམ། ཏིང་ངེ་འཛིན་རྣམས་ལས་ཡོངས་སུ་སྨིན་ནམ། གཟུངས་ཀྱི་སྒོ་རྣམས་ལས་ཡོངས་སུ་སྨིན་ནམ། དེ་བཞིན་གཤེགས་པའི་སྟོབས་བཅུ་ལས་ཡོངས་སུ་སྨིན་ནམ། མི་འཇིགས་པ་བཞི་ལས་ཡོངས་སུ་སྨིན་ནམ། སོ་སོ་ཡང་དག་པར་རིག་པ་བཞི་ལས་ཡོངས་སུ་སྨིན་ནམ། བྱམས་པ་(༣)ཆེན་པོ་ལས་ཡོངས་སུ་སྨིན་ནམ། སྙིང་རྗེ་ཆེན་པོ་ལས་ཡོངས་སུ་སྨིན་ནམ། སངས་རྒྱས་ཀྱི་ཆོས་མ་འདྲེས་པ་བཅོ་(༤)བརྒྱད་ལས་ཡོངས་སུ་སྨིན་ནམ། ཐམས་ཅད་ཤེས་པ་ཉིད་ལས་ཡོངས་སུ་སྨིན་ནམ། ལམ་གྱི་རྣམ་པ་ཤེས་པ་ཉིད་ལས་ཡོངས་སུ་སྨིན་ནམ། རྣམ་པ་ཐམས་ཅད་མཁྱེན་པ་ཉིད་ལས་ཡོངས་སུ་སྨིན་ནམ་མོ་(༥)སྙམ་ལ། རབ་འབྱོར་གཞན་ཡང་བྱང་ཆུབ་སེམས་དཔའ་སེམས་དཔའ་ཆེན་པོ་འདི་སྙམ་དུ་སེམས་

བདུད་ཀྱི་ལས་[1]རིག་པ་དེ་ནི། བླ་ན་མེད་པ་ཡང་དག་པར་རྫོགས་པའི་བྱང་ཆུབ་
ལས་ཡོངས་སུ་མི་ཉམས་སོ་[2]སྙམ་ན། རབ་འབྱོར་རྣམ་པ་དེ་དག་དང་། ཚུལ་དེ་
དག་དང་། མཚན་མ་དེ་དག་དང་ལྡན་པའི་བྱང་ཆུབ་སེམས་དཔའ་སེམས……
དཔའ་ཆེན་པོ་དེ་[3]ནི་ཕྱིར་མི་ལྡོག་པར་རིག་པར་བྱའོ། །དེ་སྐད་ཅེས་བཀའ་
སྩལ་པ་དང་། ཚེ་དང་ལྡན་པ་རབ་འབྱོར་གྱིས་བཅོམ་ལྡན་འདས་ལ་འདི་སྐད་…
ཅེས་གསོལ་ཏོ། །བཅོམ་ལྡན་འདས་ཕྱིར་མི་ལྡོག་པའི་བྱང་ཆུབ་སེམས་དཔའ་
སེམས་དཔའ་ཆེན་པོ་ཅི་ལས་སླར་ལྡོག་པའི་སླད་དུ་ཕྱིར་མི་ལྡོག་པ་ཞེས་བགྱི་བ……
ལགས། བཅོམ་ལྡན་འདས་ཀྱིས་བཀའ་སྩལ་པ། རབ་འབྱོར་དེ་ནི་གཟུགས་
ཀྱི་འདུ་ཤེས་ལས་ཕྱིར་ལྡོག་གོ། །ཚོར་བའི་འདུ་ཤེས་ལས་ཕྱིར་ལྡོག་གོ། །འདུ་
ཤེས་ཀྱི་འདུ་ཤེས་ལས་ཕྱིར་ལྡོག་གོ། །འདུ་བྱེད་ཀྱི་འདུ་ཤེས་ལས་ཕྱིར་ལྡོག་གོ། །
རྣམ་པར་ཤེས་པའི་འདུ་ཤེས་ལས་ཕྱིར་ལྡོག་གོ། །ཁམས་ཀྱི་འདུ་ཤེས་ལས་ཕྱིར་…
ལྡོག་གོ། །སྐྱེ་མཆེད་ཀྱི་འདུ་ཤེས་ལས་ཕྱིར་ལྡོག་གོ། །འདོད་ཆགས་ཀྱི་འདུ་
ཤེས་ལས་ཕྱིར་ལྡོག་གོ། །ཞེ་སྡང་གི་འདུ་ཤེས་ལས་ཕྱིར་ལྡོག་གོ། །གཏི་མུག་གི་
འདུ་ཤེས་ལས་ཕྱིར་ལྡོག་གོ། །ལྟ་བའི་རྣམ་པའི་འདུ་ཤེས་ལས་ཕྱིར་ལྡོག་གོ། །
ཕ་རོལ་ཏུ་ཕྱིན་པའི་འདུ་ཤེས་ལས་ཕྱིར་ལྡོག་གོ། །སྟོང་པ་ཉིད་ཀྱི་འདུ་ཤེས་ལས་
ཕྱིར་ལྡོག་གོ། །དྲན་པ་ཉེ་བར་གཞག་པའི་འདུ་ཤེས་ལས་ཕྱིར་ལྡོག་གོ། །ཡང་
དག་པར་སྤོང་བའི་འདུ་ཤེས་ལས་ཕྱིར་ལྡོག་གོ། །རྫུ་འཕྲུལ་གྱི་རྐང་པའི་འདུ་ཤེས་
ལས་ཕྱིར་ལྡོག་གོ། །དབང་པོའི་འདུ་ཤེས་ལས་ཕྱིར་ལྡོག་གོ། །སྟོབས་ཀྱི་འདུ་…
ཤེས་ལས་ཕྱིར་ལྡོག་གོ། །བྱང་ཆུབ་ཀྱི་ཡན་ལག་གི་འདུ་ཤེས་ལས་ཕྱིར་ལྡོག་གོ། །
འཕགས་པའི་ལམ་ཡན་ལག་བརྒྱད་པའི་འདུ་ཤེས་ལས་ཕྱིར་ལྡོག་གོ། །འཕགས་…
པའི་བདེན་པའི་འདུ་ཤེས་ལས་ཕྱིར་ལྡོག་གོ། །བསམ་གཏན་གྱི་འདུ་ཤེས་ལས་……

ཕྱིར་ལྡོག་གོ། །ཚད་མེད་པའི་འདུ་ཤེས་ལས་ཕྱིར་ལྡོག་གོ། །གཟུགས་མེད་པའི་སྙོམས་པར་འཇུག་པའི་འདུ་ཤེས་ལས་ཕྱིར་ལྡོག་གོ། །རྣམ་པར་ཐར་པའི་འདུ་ཤེས་ལས་ཕྱིར་ལྡོག་གོ། །མཐར་གྱིས་གནས་པའི་སྙོམས་པར་འཇུག་པའི་འདུ་ཤེས་ལས་ཕྱིར་ལྡོག་གོ། །སྟོང་པ་ཉིད་དང་། མཚན་མ་མེད་པ་དང་། སྨོན་པ་མེད་པའི་འདུ་ཤེས་ལས་ཕྱིར་ལྡོག་གོ། །མངོན་པར་ཤེས་པའི་འདུ་ཤེས་ལས་ཕྱིར་ལྡོག་གོ། །ཏིང་ངེ་འཛིན་གྱི་འདུ་ཤེས་ལས་ཕྱིར་ལྡོག་གོ། །གཟུངས་ཀྱི་སྒོའི་འདུ་ཤེས་ལས་ཕྱིར་ལྡོག་གོ། །དེ་བཞིན་གཤེགས་པའི་སྟོབས་ཀྱི་འདུ་ཤེས་ལས་ཕྱིར་ལྡོག་གོ། །མི་འཇིགས་པའི་འདུ་ཤེས་ལས་ཕྱིར་ལྡོག་གོ། །སོ་སོ་ཡང་དག་པར་རིག་པའི་འདུ་ཤེས་ལས་ཕྱིར་ལྡོག་གོ། །བྱམས་པ་ཆེན་པོའི་འདུ་ཤེས་ལས་ཕྱིར་ལྡོག་གོ། །སྙིང་རྗེ་ཆེན་པོའི་འདུ་ཤེས་ལས་ཕྱིར་ལྡོག་གོ། །སངས་རྒྱས་ཀྱི་ཆོས་མ་འདྲེས་པའི་འདུ་ཤེས་ལས་ཕྱིར་ལྡོག་གོ། །རྒྱུན་དུ་ཞུགས་པའི་འབྲས་བུའི་འདུ་ཤེས་ལས་ཕྱིར་ལྡོག་གོ། །ལན་ཅིག་ཕྱིར་འོང་བའི་འབྲས་བུའི་འདུ་ཤེས་ལས་ཕྱིར་ལྡོག་གོ། །ཕྱིར་མི་འོང་བའི༔འབྲས་བུའི་[7]འདུ་ཤེས་ལས་ཕྱིར་ལྡོག་གོ། །དགྲ་བཅོམ་པ་ཉིད་ཀྱི་འདུ་ཤེས་ལས་ཕྱིར་ལྡོག་གོ། །རང་བྱང་ཆུབ་ཀྱི་འདུ་ཤེས་ལས་ཕྱིར་ལྡོག་གོ། །ཡང་དག་པར་རྫོགས་པའི་བྱང་ཆུབ་ཀྱི་འདུ་ཤེས་ལས་ཕྱིར་ལྡོག་གོ། །ཉན་ཐོས་ཀྱི་འདུ་ཤེས་ལས་ཕྱིར་ལྡོག་གོ། །རང་སངས་རྒྱས་ཀྱི་འདུ་ཤེས་ལས་ཕྱིར་ལྡོག་གོ། །བྱང་ཆུབ་སེམས་དཔའི་འདུ་ཤེས་ལས་ཕྱིར་ལྡོག་གོ། །སངས་རྒྱས་ཀྱི་འདུ་ཤེས་ལས་ཕྱིར་ལྡོག་གོ། །དེ་ཅིའི་ཕྱིར་ཞེ་ན། དེ་ནི་འདི་ལྟར་ཕྱིར་མི་ལྡོག་པའི་བྱང་ཆུབ་སེམས་དཔའ་སེམས་དཔའ་ཆེན་པོ་ནི་ཆོས་ཐམས་ཅད་རང་གི་མཚན་ཉིད་ཀྱིས་སྟོང་པས། བྱང་ཆུབ་སེམས་དཔའི་སྐྱོན་མེད་པར་འཇུག་སྟེ། དེས་ཆོས་རྡུལ་ཙམ་ཡང་དམིགས་པ་མེད་དོ། །དམིགས་

པ་མེད་པས་མངོན་པར་འདུ་མི་བྱེད་དོ། །མངོན་པར་འདུ་མི་བྱེད་པས་སྐྱེད་པ་[1]མེད་དེ། དེ་ནི་ཕྱིར་མི་ལྡོག་པའི་བྱང་ཆུབ་སེམས་དཔའ་སེམས་དཔའ་ཆེན་པོ་[2]མི་སྐྱེ་བ་ལ་བཟོད་པ་ཞེས་བྱ་སྟེ། རབ་འབྱོར་[3]རྣམ་པ་དེ་དག་དང་། ཚུལ་དེ་དག་དང་། མཚན་མ་དེ་དག་དང་ལྡན་པའི་བྱང་ཆུབ་སེམས་དཔའ་སེམས་དཔའ་ཆེན་པོ་ནི་ཕྱིར་མི་ལྡོག་པར་རིག་པར་བྱའོ། །ཤེས་རབ་ཀྱི་ཕ་རོལ་ཏུ་ཕྱིན་པ་སྟོང་ཕྲག་བརྒྱ་པ་ལས། ལེའུ་སུམ་ཅུ་དགུའོ[4]།། །།

ཤེས་རབ་ཀྱི་ཕ་རོལ་ཏུ་ཕྱིན་པ་སྟོང་ཕྲག་བརྒྱ་པ། བམ་པོ་བཅུ་[5]པ། རབ་འབྱོར་གཞན་ཡང་བྱང་ཆུབ་སེམས་དཔའ་སེམས་དཔའ་ཆེན་པོའི་དྲུང་དུ་བདུད་སྡིག་ཏོ་ཅན་ཉེ་བར་འོང་སྟེ[6]། མོས་པ་བཟློག་[7]ཅིང་། རྣམ་པ་ཐམས་ཅད་མཁྱེན་པ་[8]འདི་ནི་ནམ་མཁའ་དང་མཚུངས་པ། དངོས་པོ་མེད་པའི་ངོ་བོ་ཉིད་དེ་[9]རང་གི་མཚན་ཉིད་ཀྱིས་སྟོང་པའོ་ཆོས་འདི་དག་ཀྱང་ནམ་མཁའ་དང་མཚུངས་[10]པ། དངོས་པོ་མེད་པའི་ངོ་བོ་ཉིད་དེ། རང་གི་མཚན་ཉིད་ཀྱིས་སྟོང་པའོ། །དེ་ལྟར་ཆོས་ཐམས་ཅད་ནམ་མཁའ་དང་མཚུངས་པ། དངོས་པོ་མེད་པའི་ངོ་བོ་ཉིད་དེ་རང་གི་མཚན་ཉིད་ཀྱིས་སྟོང་པ་ལ་གང་མངོན་པར་རྫོགས་པར་འཚང་རྒྱ་བ་དང་། གང་གིས་མངོན་པར་རྫོགས་པར་[11]འཚང་རྒྱ་བ་དང་། གང་མངོན་པར་རྫོགས་པར་འཚང་རྒྱ་བར་བྱ་བའི་ཆོས་དེ་དག་གང་ཡང་མི་དམིགས་ཏེ། ཆོས་འདི་དག་ཐམས་ཅད་ནམ་མཁའ་དང་མཚུངས་པ་དངོས་པོ་མེད་པའི་ངོ་བོ་ཉིད་དེ། རང་གི་མཚན་ཉིད་ཀྱིས་སྟོང་པས་འདི་ལྟ་སྟེ། བླ་ན་མེད་པ་ཡང་དག་པར་རྫོགས་པའི་བྱང་ཆུབ་ཏུ་མངོན་པར་རྫོགས་པར་འཚང་རྒྱ་བར་བྱའོ་སྙམ་པ་འདི་ནི། ཁྱོད་ཉོན་མོངས་ལ་དོན་མེད་པར་འགྱུར་བ་སྟེ།

འདི་ནི་བདུད་ཀྱིས་བསྟན་པའོ། །འདི་ནི་ཡང་དག་པར་རྫོགས་པའི་སངས་རྒྱས་ཀྱིས་བཤད་པ་མ་ཡིན་ནོ། །རིགས་ཀྱི་བུ་ཡིད་ལ་བྱེད་པ་དེ་དག་ཐོང་ལ། ཁྱོད་ཡུན་རིང་པོར་གནོད་པ་དང་། ཕན་པ་མྱེད་པར་མ་སྤྱོད་ཅིག །སྡུག་བསྔལ་དང་ལོག་པར་ལྟུང་ངོ་ཞེས་ཟེར་ན། དེ་ལ་རིགས་ཀྱི་བུའམ་རིགས་ཀྱི་བུ་མོ་དེས་ཚིག་དེ་དག་ཐོས་ནས། འདི་ལྟར་ཡོངས་སུ་བརྟག་པར་བྱ་སྟེ། དེ་ལྟར་བདག་བླ་ན་མྱེད་པ་ཡང་དག་པར་རྫོགས་པའི་བྱང་ཆུབ་ལས་ཕྱོགས[1]པ་དེ་ནི་བདུད་ཀྱི་ལས་ཏེ༑ ཆོས་ཐམས་ཅད་ནི་ནམ་མཁའ་དང་མཚུངས་པ། དངོས་པོ་མྱེད་པའི་ངོ་བོ་ཉིད་དེ། རང་གི་མཚན་ཉིད་ཀྱིས་སྟོང་མོད་ཀྱི། དེ་དག་སེམས་ཅན་རྣམས་ཀྱི[2]མ་ཤེས་མ་མཐོང་ཁོང་དུ་མ་ཆུད་ཀྱིས[3]། དེའི་ཕྱིར་བདག་གིས་ནི[4]ནམ་མཁའ་དང་མཚུངས་པ། དངོས་པོ་མྱེད་པའི་ངོ་བོ་ཉིད་རང་གི་མཚན་ཉིད་ཀྱིས་སྟོང་པའི་གོ་ཆ་བགོས་ཏེ། རྣམ་པ་ཐམས་ཅད་མཁྱེན་པ་ཉིད་དུ་མངོན་པར་རྫོགས་པར་སངས་རྒྱས་པར་བྱས་ལ། སེམས་ཅན་ཐམས་ཅད་ལ་འབྱུང་བའི་ཆོས་བསྟན་ཏོ། །སེམས་ཅན་རྣམས་རྒྱུན་དུ་ཞུགས་པའི་འབྲས་བུ་ལ་རབ་ཏུ་དགོད་པར་བྱའོ། །ལན་ཅིག་ཕྱིར་འོང་བའི་འབྲས་བུ་ལ་རབ་ཏུ་དགོད་པར་བྱའོ། །ཕྱིར་མྱི་འོང་བའི་འབྲས་བུ་ལ་རབ་ཏུ་དགོད་པར་བྱའོ། །དགྲ་བཅོམ་པ་ཉིད་ལ་རབ་ཏུ་དགོད་པར་བྱའོ། །རང་བྱང་ཆུབ་ལ་རབ་ཏུ་དགོད་པར་བྱའོ། །བླ་ན་མྱེད་པ་ཡང་དག་པར་རྫོགས་པའི་བྱང་ཆུབ་ལ་རབ་ཏུ་དགོད་པར་བྱའོ་སྙམ་དུ་སེམས་བསྐྱེད་ཅིང་། དེ་ལ་བྱང་ཆུབ་སེམས་དཔའ་སེམས་དཔའ་ཆེན་པོ[5]སེམས༔དང་པོ[6]བསྐྱེད་པ་ནས་ཉེ་བར་བཟུང་སྟེ། ཆོས་དེ་དག་ཐོས་ན[7]སེམས་བརྟན[8]པར་བྱའོ། །སེམས་མྱི་གཡོ་བར་བྱའོ། །སེམས་མྱི་འཕྲོགས་པར་བྱའོ། །དེ་སེམས་བརྟན[9]པ་དང་། སེམས་མྱི་གཡོ་བ་དང་། སེམས་མྱི་འཕྲོགས་པ་དེ་

དང་ལྡན་པས་ཕ་རོལ་ཏུ་ཕྱིན་པ་དྲུག་ལ་སྤྱོད་ན། བྱང་ཆུབ་སེམས་དཔའི་སྐྱོན་མེད་པར་འཇུག་པར་འགྱུར་རོ། །དེ་ནས་ཚེ་དང་ལྡན་པ་རབ་འབྱོར་གྱིས་བཅོམ་ལྡན་འདས་ལ་འདི་སྐད་ཅེས་གསོལ་ཏོ། །ཅི་ལགས་བཅོམ་ལྡན་འདས་སྔར་མི་ལྡོག་པའི་བྱང་ཆུབ་སེམས་དཔའ་སེམས་དཔའ་ཆེན་པོ་ལ་ཕྱིར་མི་ལྡོག་པ་ཞེས་བགྱིའམ། འོན་ཏམ་སྔར་ལྡོག་པའི་བྱང་ཆུབ་སེམས་དཔའ་ལ་ཕྱིར་①ལྡོག་པ་ཞེས་བགྱི། བཅོམ་ལྡན་འདས་ཀྱིས་བཀའ་སྩལ་པ། རབ་འབྱོར་ཕྱིར་མི་ལྡོག་པའི་བྱང་ཆུབ་སེམས་དཔའ་ནི་ཕྱིར་ལྡོག་པ་ཞེས་བྱའོ། །ཕྱིར་ལྡོག་པའི་བྱང་ཆུབ་སེམས་དཔའ་ནི་ཕྱིར་མི་ལྡོག་པ་ཞེས་བྱའོ། །གསོལ་པ། བཅོམ་ལྡན་འདས་ཅིའི་སླད་དུ་སྔར་མི་ལྡོག་པའི་བྱང་ཆུབ་སེམས་དཔའ་ལ་སྔར་②ལྡོག་པ་ཞེས་བགྱི། ཅིའི་སླད་དུ་སྔར་ལྡོག་པའི་བྱང་ཆུབ་སེམས་དཔའ་ལ་ཕྱིར་མི་ལྡོག་པ་ཞེས་བགྱི། བཅོམ་ལྡན་འདས་ཀྱིས་བཀའ་སྩལ་པ། རབ་འབྱོར་བྱང་ཆུབ་སེམས་དཔའ་གང་ཉན་ཐོས་ཀྱི་སའམ། རང་སངས་རྒྱས་ཀྱི་ས་ལས་ཕྱིར་ལྡོག་པ་དེ་ནི། རབ་འབྱོར་ཕྱིར་③ལྡོག་པའི་བྱང་ཆུབ་སེམས་དཔའ་ཡིན་ཏེ། ཕྱིར་མི་ལྡོག་པའི་བྱང་ཆུབ་སེམས་དཔའ་ཞེས་བྱའོ། །རབ་འབྱོར་བྱང་ཆུབ་སེམས་དཔའ་གང་ཉན་ཐོས་ཀྱི་སའམ། རང་སངས་རྒྱས་ཀྱི་④ས་ལས་ཕྱིར་མི་ལྡོག་པ་དེ་ནི། རབ་འབྱོར་ཕྱིར་མི་ལྡོག་པའི་བྱང་ཆུབ་སེམས་དཔའ་ཡིན་ཏེ། ཕྱིར་ལྡོག་པ་ཞེས་བྱའོ། །རབ་འབྱོར་རྣམ་པ་དེ་དག་དང་། ཚུལ་དེ་དག་དང་། མཚན་མ་དེ་དག་གིས་བྱང་ཆུབ་སེམས་དཔའ་སེམས་དཔའ་ཆེན་པོའི་ཕྱིར་མི་ལྡོག་པའི་མཚན་ཉིད་དུ་རིག་པར་བྱ་སྟེ། རྣམ་པ་དེ་དག་དང་། ཚུལ་དེ་དག་དང་། མཚན་མ་དེ་དག་དང་ལྡན་པའི་བྱང་ཆུབ་སེམས་དཔའ་སེམས་དཔའ་ཆེན་པོ་ནི་བདུད་སྡིག་ཏོ་ཅན་གྱིས་བླ་ན་མེད་པ་ཡང་དག་པར་རྫོགས་པའི་བྱང་ཆུབ་ལས་

བཟློག་པར་མི་ནུས་སོ། །རབ་འབྱོར་གཞན་ཡང་ཕྱིར་མི་ལྡོག་པའི་བྱང་ཆུབ་སེམས་དཔའ་སེམས་དཔའ་ཆེན་པོ་ནི་འདོད་ན་བསམ་གཏན་དང་པོ་ལ་སྙོམས་པར་འཇུག་གོ། །བསམ་གཏན་གཉིས་པ་ལ་སྙོམས་པར་འཇུག་གོ། །བསམ་གཏན་གསུམ་པ་ལ་སྙོམས་པར་འཇུག་གོ། །བསམ་གཏན་བཞི་པ་ལ་སྙོམས་པར་འཇུག་གོ། །བྱམས་པ་ལ་སྙོམས་པར་འཇུག་གོ། །སྙིང་རྗེ་ལ་སྙོམས་པར་འཇུག་གོ། །དགའ་བ་ལ་སྙོམས་པར་འཇུག་གོ། །བཏང[1]སྙོམས་ལ་སྙོམས་པར་འཇུག་གོ། །ནམ་མཁའ་མཐའ་ཡས་སྐྱེ་མཆེད་ལ་སྙོམས་པར་འཇུག་གོ། །རྣམ་ཤེས་མཐའ་ཡས་སྐྱེ་མཆེད་ལ་སྙོམས་པར་འཇུག་གོ། །ཆུང[2]ཟད་མེད་པའི་སྐྱེ་མཆེད་ལ་སྙོམས་པར་འཇུག་གོ། །འདུ་ཤེས་མེད་འདུ་ཤེས་མེད་མིན་སྐྱེ་མཆེད་ལ་སྙོམས་པར་འཇུག་གོ། །འགོག་པའི་སྙོམས་པར་འཇུག་པ་ལ་སྙོམས་པར་འཇུག་གོ། །རབ་འབྱོར་གཞན་ཡང་ཕྱིར་མི་ལྡོག་པའི་བྱང་ཆུབ་སེམས་དཔའ་སེམས་དཔའ་ཆེན་པོ་ནི་འདོད་ན། དྲན་པ་ཉེ་བར་གཞག་པ་བཞི་ལ་སྙོམས་པར་འཇུག་གོ། །ཡང་དག་པར་སྤོང་བ་བཞི་ལ་སྙོམས་པར་འཇུག་གོ། །རྫུ་འཕྲུལ་གྱི་རྐང་པ་བཞི་ལ་སྙོམས་པར་འཇུག་གོ། །དབང་པོ་ལྔ་ལ་སྙོམས་པར་འཇུག་གོ། །སྟོབས་ལྔ་ལ་སྙོམས་པར་འཇུག་གོ། །བྱང་ཆུབ་ཀྱི་ཡན་ལག་བདུན་ལ་སྙོམས་པར་འཇུག་གོ། །འཕགས་པའི་ལམ་ཡན་ལག་བརྒྱད་པ་ལ་སྙོམས་པར་འཇུག་གོ། །སྟོང་པ་ཉིད་དང་མཚན་མ་མེད་པ་དང་སྨོན་པ་མེད་པའི་ཏིང་ངེ་འཛིན[3]ལ་སྙོམས་པར་འཇུག་གོ། །མངོན་པར་ཤེས་པ་ལྔ་མངོན་པར་སྒྲུབ་བོ། །དེ་བསམ་གཏན་བཞི་དང་། ཚད་མེད་པ་བཞི་དང་། གཟུགས་མེད་པའི་སྙོམས་པར་འཇུག་པ་བཞི་པོ་དེ་དག་གིས་འགོག་པའི་སྙོམས་པར་འཇུག་པ་ལ[4]འདྲིས་པར་བྱེད། དྲན་པ་ཉེ་བར་གཞག་པ་བཞི་གོམས་པར་བྱེད། ཡང་དག་པར་སྤོང་བ་བཞི་གོམས་པར་བྱེད།

རྫུ་འཕྲུལ་གྱི་རྐང་པ་བཞི་གོམས་པར་བྱེད། དབང་པོ་ལྔ་གོམས་པར་བྱེད། སྟོབས་ལྔ་གོམས་པར་བྱེད། བྱང་ཆུབ་ཀྱི་ཡན་ལག་བདུན་གོམས་པར་བྱེད། འཕགས་པའི་ལམ་ཡན་ལག་བརྒྱད་པ་གོམས་པར་བྱེད། སྟོང་པ་ཉིད་དང་མཚན་མ་མེད་པ་དང་། སྨོན་པ་མེད་པའི་ཏིང་ངེ་འཛིན་ལ་ཡང་སྙོམས་པར་འཇུག་སྟེ། བསམ་གཏན་གྱི་འབྲས་བུ་ཡོངས་སུ་མི་འཛིན་ཏོ། །ཚད་མེད་པའི་འབྲས་བུ་ཡོངས་སུ་མི་འཛིན་ཏོ། །གཟུགས་མེད་པའི་སྙོམས་པར་འཇུག་པའི་འབྲས་བུ་ཡོངས་སུ་མི་འཛིན་ཏོ། །འགོག་པའི་སྙོམས་པར་འཇུག་པའི་འབྲས་བུ་ཡོངས་སུ་མི་འཛིན་ཏོ། །རྒྱུན་དུ་ཞུགས་པའི་འབྲས་བུ་ཡོངས་སུ་མི་འཛིན་ཏོ། །ལན་ཅིག་ཕྱིར་འོང་བའི་འབྲས་བུ་ཡོངས་སུ་མི་འཛིན་ཏོ། །ཕྱིར་མི་འོང་བའི་འབྲས་བུ་ཡོངས་སུ་མི་འཛིན་ཏོ། །དགྲ་བཅོམ་པ་ཉིད་ཡོངས་སུ་མི་འཛིན་ཏོ། །རང་བྱང་ཆུབ་ཐོབ་པར་མི་བྱེད་དོ། །དེ་འདོད་ན་ཆེད་དུ་བསམས་[2]ཞིང་ལུས་ཡོངས་སུ་འཛིན་ཏེ། ལུས་གང་གིས་སེམས་ཅན་རྣམས་ཀྱི་དོན་བྱ་བར་འགྱུར་བ་དེ་ལྟ་བུའི་ལུས་ཡོངས་སུ་འཛིན་ཏོ། །རབ་འབྱོར་རྣམ་པ་དེ་དག་དང་། ཚུལ་དེ་དག་དང་། མཚན་མ་དེ་དག་དང་ལྡན་པའི་བྱང་ཆུབ་སེམས་དཔའ་སེམས་དཔའ་ཆེན་པོ་ནི་ཕྱིར་མི་[3]ལྡོག་པར་རིག་པར་བྱའོ། །རབ་འབྱོར་གཞན་ཡང་ཕྱིར་མི་ལྡོག་པའི་བྱང་ཆུབ་སེམས་དཔའ་སེམས་དཔའ་ཆེན་པོ་ནི་བྱང་ཆུབ་ཡིད་ལ་བྱེད་པ་དང་ལྡན་ཏེ། བྱང་ཆུབ་ཀྱི་སེམས་དང་མི་འབྲལ་ཞིང་གཟུགས་ལྷུར་ལེན་པ་མ་ཡིན། མཚན་མ་[3]ལྷུར་ལེན་པ་མ་ཡིན། ལུས་ལྷུར་ལེན་པ་མ་ཡིན། སྦྱིན་པ་ལྷུར་ལེན་པ་མ་ཡིན། ཚུལ་ཁྲིམས་ལྷུར་ལེན་པ་མ་ཡིན། བཟོད་པ་ལྷུར་ལེན་པ་མ་ཡིན། བརྩོན་འགྲུས་ལྷུར་ལེན་པ་མ་ཡིན། བསམ་གཏན་ལྷུར་ལེན་པ་མ་ཡིན། ཤེས་རབ་ལྷུར་ལེན་པ་མ་ཡིན། ནང་སྟོང་པ་ཉིད་ལྷུར་ལེན་པ་མ་ཡིན།

ཕྱི་སྟོང་པ་ཉིད་ལྷུར་ལེན་པ་མ་ཡིན། ཕྱི་ནང་སྟོང་པ་ཉིད་ལྷུར་ལེན་པ་མ་ཡིན། སྟོང་པ་ཉིད་སྟོང་པ་ཉིད་ལྷུར་ལེན་པ་མ་ཡིན། ཆེན་པོ་སྟོང་པ་ཉིད་ལྷུར་ལེན་པ་མ་ཡིན། དོན་དམ་པ་སྟོང་པ་ཉིད་ལྷུར་ལེན་པ་མ་ཡིན། འདུས་བྱས་སྟོང་པ་ཉིད་ལྷུར་ལེན་པ་མ་ཡིན། འདུས་མ་བྱས་སྟོང་པ་ཉིད་ལྷུར་ལེན་པ་མ་ཡིན། མཐའ་ལས་འདས་པ་སྟོང་པ་ཉིད་ལྷུར་ལེན་པ་མ་ཡིན། ཐོག་མ་དང་ཐ་མ་མེད་པ་སྟོང་པ་ཉིད་ལྷུར་ལེན་པ་མ་ཡིན། དོར་བ་མེད་པ་སྟོང་པ་ཉིད་ལྷུར་ལེན་པ་མ་ཡིན༑ རང་བཞིན་སྟོང་པ་ཉིད་ལྷུར་ལེན་པ་མ་ཡིན། ཆོས་ཐམས་ཅད་སྟོང་པ་ཉིད་ལྷུར་ལེན་པ་མ་ཡིན། རང་གི་མཚན་ཉིད་སྟོང་པ་ཉིད་ལྷུར་ལེན་པ་མ་ཡིན། མི་དམིགས་པ་སྟོང་པ་ཉིད་ལྷུར་ལེན་པ་མ་ཡིན། དངོས་པོ་མེད་པ་སྟོང་པ་ཉིད་ལྷུར་ལེན་པ་མ་ཡིན། ངོ་བོ་ཉིད་སྟོང་པ་ཉིད་ལྷུར་ལེན་པ་མ་ཡིན། དངོས་པོ་མེད་པའི་ངོ་བོ་ཉིད་སྟོང་པ་ཉིད་ལྷུར་ལེན་པ་མ་ཡིན། དྲན་པ་ཉེ་བར་གཞག་པ་ལྷུར་ལེན་པ་མ་ཡིན། ཡང་དག་པར་སྤོང་བ་ལྷུར་ལེན་པ་མ་ཡིན། རྫུ་འཕྲུལ་གྱི་རྐང་པ་ལྷུར་ལེན་པ་མ་ཡིན། དབང་པོ་ལྷུར་ལེན་པ་མ་ཡིན། སྟོབས་ལྷུར་ལེན་པ་མ་ཡིན། བྱང་ཆུབ་ཀྱི་ཡན་ལག་ལྷུར་ལེན་པ་མ་ཡིན། འཕགས་པའི་ལམ་ཡན་ལག་བརྒྱད་པ་ལྷུར་ལེན་པ་མ་ཡིན། འཕགས་པའི་བདེན་པ་ལྷུར་ལེན་པ་མ་ཡིན། བསམ་གཏན་ལྷུར་ལེན་པ་མ་ཡིན། ཚད་མེད་པ་ལྷུར་ལེན་པ་མ་ཡིན༑ གཟུགས་མེད་པའི་སྙོམས་པར་འཇུག་པ་ལྷུར་ལེན་པ་མ་ཡིན། རྣམ་པར་ཐར་པ་བརྒྱད་ལྷུར་ལེན་པ་མ་ཡིན། མཐར་གྱིས་གནས་པའི་སྙོམས་པར་འཇུག་པ་དགུ་[༧]ལྷུར་ལེན་པ་མ་ཡིན། ༔རྣམ་པར་ཐར་པའི་སྒོ་[༡]སྟོང་པ་ཉིད་དང་མཚན་མ་མེད་པ་[༡]དང་། སྨོན་པ་མེད་པ་ལྷུར་ལེན་པ་མ་ཡིན། མངོན་པར་ཤེས་པ་ལྷུར་ལེན་པ་མ་ཡིན། ཏིང་ངེ་འཛིན་ལྷུར་ལེན་པ་མ་ཡིན། གཟུངས་ཀྱི་

སྒོ་[༡]ལྟར་ལེན་པ་མ་ཡིན། དེ་བཞིན་གཤེགས་པའི་སྟོབས་བཅུ་ལྟར་ལེན་པ་མ་ཡིན༔ མི་འཇིགས་པ་བཞི་ལྟར་ལེན་པ་མ་ཡིན། སོ་སོ་ཡང་དག་པར་རིག་པ་བཞི་ལྟར་ལེན་པ་མ་ཡིན། བྱམས་པ་ཆེན་པོ་ལྟར་ལེན་པ་མ་ཡིན། སྙིང་རྗེ་ཆེན་པོ་ལྟར་ལེན་པ་མ་ཡིན། སངས་རྒྱས་ཀྱི་ཆོས་མ་འདྲེས་པ་བཅོ་[༢]བརྒྱད་ལྟར་ལེན་པ་མ་ཡིན། རྒྱུན་དུ་ཞུགས་པའི་འབྲས་བུ་ལྟར་ལེན་པ་མ་ཡིན། ལན་ཅིག་ཕྱིར་འོང་བའི་འབྲས་བུ་ལྟར་ལེན་པ་མ་ཡིན། ཕྱིར་མི་འོང་བའི་འབྲས་བུ་ལྟར་ལེན་པ་མ་ཡིན། དགྲ་བཅོམ་པ་ཉིད་ལྟར་ལེན་པ་མ་ཡིན། རང་བྱང་ཆུབ་ལྟར་ལེན་པ་མ་ཡིན། བླ་ན་མེད་པ་ཡང་དག་པར་རྫོགས་པའི་བྱང་ཆུབ་ལྟར་ལེན་པ་མ་ཡིན། སངས་རྒྱས་ཀྱི་ཞིང་ཡོངས་སུ་དག་པར་བྱ་བ་ལྟར་ལེན་པ་མ་ཡིན། སེམས་ཅན་ཡོངས་སུ་སྨིན་པར་བྱ་བ་ལྟར་ལེན་པ་མ་ཡིན། སངས་རྒྱས་བལྟ་བ་ལྟར་ལེན་པ་མ་ཡིན། དགེ་བའི་རྩ་བ་སྐྱེད་[༣]པ་ལྟར་ལེན་པ་མ་ཡིན་ནོ[༤]། །དེ་ཅིའི་ཕྱིར་ཞེ་ན། རབ་འབྱོར་དེ་ནི་འདི་ལྟར་ཆོས་ཐམས་ཅད་རང་གི་མཚན་ཉིད་ཀྱིས༔ སྟོང་[༥]པའི་ཕྱིར། བྱང་ཆུབ་སེམས་དཔའ་སེམས་དཔའ་ཆེན་པོས་གང་ལ་ལྟར་བླང་བ་བསྐྱེད་པ་དང་། གང་གིས་སྐྱེད་[༦]པ་དང་། གང་ལ་བསྐྱེད་པར་བྱ་བའི་ཆོས་དེ་ལྟ་བུ་གང་ཡང་ཡང་དག་པར་རྗེས་སུ་མི་མཐོང་ངོ་། །དེ་ཅིའི་ཕྱིར་ཞེ་ན། འདི་ལྟར་[༧]ཆོས་ཐམས་ཅད་ནི་ནམ་མཁའ་དང་མཚུངས་པ། དངོས་པོ་མེད་པའི་ངོ་བོ་ཉིད་དེ། རང་གི་མཚན་ཉིད་ཀྱིས་སྟོང་པའོ། །རབ་འབྱོར་ཕྱིར་མི་ལྡོག་པའི་བྱང་ཆུབ་སེམས་དཔའ་སེམས་དཔའ་ཆེན་པོ་དེ་ཡིད་ལ་བྱ་བ་དེ་དག་[༨]དང་ལྡན་པས་སྤྱོད་ལམ་བཞིར་འགྲོའམ། འོང་ན་ཡང་ནོར་པའི་སེམས་ཀྱིས་མི་འགྲོ[༩]༔ ནོར་པའི་སེམས་ཀྱིས་མི་འོང་། ནོར་པའི་སེམས་ཀྱིས་མི་སྡོད། ནོར་པའི་སེམས་ཀྱིས་མི་འཆག །ནོར་པའི་སེམས་ཀྱིས་མི་འདུག །ནོར་པའི་

སེམས་ཀྱིས་མི་ཉལ་ཏེ། དེ་དྲན་བཞིན་དུ་འགྲོའ་[༡]དྲན་བཞིན་དུ་འོང་ངོ་། ། དྲན་བཞིན་དུ་སྡོད་དོ[༢]། །དྲན་བཞིན་དུ་འཆག་གོ[༣]། །དྲན་བཞིན་དུ་[༤] འདུག་གོ། །དྲན་བཞིན་དུ་ཉལ་ལོ། །རབ་འབྱོར་རྣམ་པ་དེ་དག་དང་། ཚུལ་དེ་དག་དང་། མཚན་མ་དེ་དག་དང་ལྡན་པའི་བྱང་ཆུབ་[༥]སེམས་དཔའ་སེམས་དཔའ་ཆེན་[༦]པོ་ནི་ཕྱིར་མི་ལྡོག་པ་ཞེས་བྱའོ། །རབ་འབྱོར་གཞན་ཡང་གལ་ཏེ་ཕྱིར་མི་ལྡོག་པའི་བྱང་ཆུབ་སེམས་དཔའ་སེམས་དཔའ་ཆེན་པོ་ནི་ཁྱིམ་ན་གནས་ཀྱང་ཐབས་མཁས་པས་སེམས་ཅན་ཡོངས་སུ་སྨིན་པར་བྱ་བའི་ཕྱིར་འདོད་པའི་ཡོན་ཏན་ལྔ་ཉེ་བར་ལེན་ཏོ། །དེ་སེམས་ཅན་རྣམས་ལ་སྦྱིན་པ་ཡོངས་སུ་གཏོང་སྟེ། ཟས་འདོད་པ་ལ་ཟས། སྐོམ་འདོད་པ་ལ་སྐོམ། བཞོན་པ་འདོད་པ་ལ་བཞོན་པ། གོས་འདོད་པ་ལ་གོས། མལ་ཆ་འདོད་པ་ལ་མལ་ཆ[༧]། མེ་ཏོག་འདོད་པ་ལ་མེ་ཏོག །བདུག་པ་འདོད་པ་ལ་བདུག་པ། སྤོས་འདོད་པ་ལ་སྤོས། ཕྲེང་བ་འདོད་པ་ལ་ཕྲེང་བ། བྱུག་པ་འདོད་པ་ལ་བྱུག་པ། གནས་འདོད་པ་ལ་གནས། ནོར་དང་། འབྲུ་དང་། ནོར་བུ་དང་། མུ་ཏིག་དང་། ཻ་བཻ་ཌཱུརྻ་[༨]དང་། དུང་དང་། མན་[༩]ཤེལ་དང་། བྱི་[༡༠]རུ་དང་། གསེར་དང་། དངུལ་འདོད་པ་ལ། ནོར་དང་། འབྲུ་དང་། ནོར་བུ་དང་། མུ་ཏིག་དང་། ཻ་བཻ་ཌཱུརྻ་[༡༡]དང་། དུང་[༡༢]དང་། མན་ཤེལ་དང་། བྱི་[༡༣]རུ་དང་། གསེར་དང་། དངུལ་དང་། འཚོག་ཆས་[༡༤]དང་། ཡོ་བྱད་ཻགཞན་དང་[༡༥]གཞན་དག་ཀྱང་དེ་འདོད་པ་རྣམས་ལ་ཡོངས་སུ་གཏོང་སྟེ། དེ་བདག་ཀྱང་སྦྱིན་པའི་ཕ་རོལ་ཏུ་ཕྱིན་པ་ལ་སྤྱོད་ལ། གཞན་ཡང་སྦྱིན་པའི་ཕ་རོལ་ཏུ་ཕྱིན་པ་ལ་ཡང་དག་པར་སྐུལ་ལོ། །སྦྱིན་པའི་ཕ་རོལ་ཏུ་ཕྱིན་པའི་ལེགས་པ་ཻབརྗོད་དོ[༡༦]། །གཞན་གང་སྦྱིན་པའི་ཕ་རོལ་ཏུ་ཕྱིན་པ་ལ་སྤྱོད་པ་དེ་དག་གི་[༡༧]ཡང་ལེགས་པ་བརྗོད་[༡༨]ཅིང་མཐུན་པས་

དགའ་བར་བྱེད་དོ། །བདག་ཀྱང་ཚུལ་ཁྲིམས་ཀྱི་ཕ་རོལ་ཏུ་ཕྱིན་པ་ལ་སྤྱོད་ལ། གཞན་ཡང་ཚུལ་ཁྲིམས་ཀྱི་ཕ་རོལ་ཏུ་ཕྱིན་པ་ལ་ཡང་དག་པར་སྐུལ་[1]ལོ། །ཚུལ་ཁྲིམས་ཀྱི་ཕ་རོལ་ཏུ་ཕྱིན་པའི་ལེགས་པ་རྗོད་[2]དོ། །གཞན་གང་ཚུལ་ཁྲིམས་ཀྱི་ཕ་རོལ་ཏུ་ཕྱིན་པ་ལ་སྤྱོད་པ་དེ་དག་གི་ཡང་[3]ལེགས་པ་རྗོད་[4]ཅིང་མཐུན་པས་[5]དགའ་བར་བྱེད་དོ། །བདག་ཀྱང་བཟོད་པའི་ཕ་རོལ་ཏུ་ཕྱིན་པ་ལ་སྤྱོད་ལ[6]། གཞན་ཡང་བཟོད་པའི་ཕ་རོལ་ཏུ་ཕྱིན་པ་ལ་ཡང་དག་པར་སྐུལ་[7]ལོ། །བཟོད་པའི་ཕ་རོལ་ཏུ་ཕྱིན་པའི་ལེགས་པ་རྗོད་[8]དོ། །གཞན་གང་[9]བཟོད་པའི་ཕ་རོལ་ཏུ་ཕྱིན་པ་ལ་སྤྱོད་པ་དེ་དག་གི་ཡང་ལེགས་པ་རྗོད་[10]ཅིང་མཐུན་པས་དགའ་བར་བྱེད་དོ། །བདག་ཀྱང་བརྩོན་འགྲུས་ཀྱི་ཕ་རོལ་ཏུ་ཕྱིན་པ་ལ་སྤྱོད་ལ[11]། གཞན་ཡང་བརྩོན་འགྲུས་ཀྱི་ཕ་རོལ་ཏུ་ཕྱིན་པ་ལ་ཡང་དག་པར་སྐུལ་ལོ། །བརྩོན་འགྲུས་ཀྱི་ཕ་རོལ་ཏུ་ཕྱིན་པའི་ལེགས་པ་རྗོད་[12]དོ། གཞན་གང་བརྩོན་འགྲུས་ཀྱི་ཕ་རོལ་ཏུ་ཕྱིན་པ༔ལ་སྤྱོད་པ་[13]དེ་དག་གི་ཡང་[14]ལེགས་པ་རྗོད་[15]ཅིང་མཐུན་པས་དགའ་བར་བྱེད་དོ། །བདག་ཀྱང་བསམ་གཏན་གྱི་ཕ་རོལ་ཏུ་ཕྱིན་པ་ལ་སྤྱོད་ལ[16]། གཞན་ཡང་བསམ་གཏན་གྱི་ཕ་རོལ་ཏུ་ཕྱིན་པ་ལ་ཡང་དག་པར་སྐུལ་ལོ། །བསམ་གཏན་གྱི་ཕ་རོལ་ཏུ་ཕྱིན་པའི་ལེགས་པ་རྗོད་[17]དོ། གཞན་གང་བསམ་གཏན་གྱི་ཕ་རོལ་ཏུ་ཕྱིན་པ་ལ་སྤྱོད་པ་དེ་དག་གི་ཡང་ལེགས་པ་རྗོད་[18]ཅིང་མཐུན་པས་དགའ་བར་བྱེད་དོ། །བདག་ཀྱང་ཤེས་རབ་ཀྱི་ཕ་རོལ་ཏུ་ཕྱིན་པ་ལ་སྤྱོད་ལ[19]། གཞན་ཡང་ཤེས་རབ་ཀྱི་ཕ་རོལ་ཏུ་ཕྱིན་པ་[20]ལ་ཡང་དག་པར་སྐུལ་ལོ། །ཤེས་རབ་ཀྱི་ཕ་རོལ་ཏུ་ཕྱིན་པའི་ལེགས་པ༔རྗོད་དོ[21]། །གཞན་གང་ཤེས་རབ་ཀྱི་ཕ་རོལ་ཏུ་ཕྱིན་པ་ལ་སྤྱོད་པ་དེ་དག་གི་ཡང་ལེགས་པ་རྗོད་[22]ཅིང་མཐུན་པས་དགའ་བར་བྱེད་དོ། །རབ་འབྱོར་ཕྱིར་མི་ལྡོག་པའི་བྱང་ཆུབ་སེམས་དཔའ་སེམས་དཔའ་ཆེན་པོ་དེ་ནི····

ཁྱིམ་ན་གནས་ན། ༔འཛམ་བུའི་[1]གླིང་རིན་པོ་ཆེ་སྣ་བདུན་གྱིས་[2]བཀང་ཞིང་སྦྱིན་པ་ཡོངས་སུ་གཏོང་། གླིང་བཞི་པའི་འཇིག་རྟེན་གྱི་ཁམས་རིན་པོ་ཆེ་སྣ་བདུན་གྱིས་ཡོངས་སུ་བཀང་ཞིང་སྦྱིན་པ་ཡོངས་སུ་གཏོང་། སྟོང་གི་འཇིག་རྟེན་གྱི་ཁམས་རིན་པོ་ཆེ་སྣ་བདུན་གྱིས༔ཡོངས་སུ་[3]བཀང་ཞིང་སྦྱིན་པ་ཡོངས་སུ་གཏོང་། སྟོང་གཉིས་ཀྱི་འཇིག་རྟེན་གྱི་ཁམས་རིན་པོ་ཆེ་སྣ་བདུན་གྱིས་ཡོངས་སུ་བཀང་ཞིང་སྦྱིན་པ་ཡོངས་སུ་[4]གཏོང་། སྟོང་གསུམ་གྱི་སྟོང་ཆེན་པོའི་འཇིག་རྟེན་གྱི་ཁམས་རིན་པོ་ཆེ་སྣ་བདུན་གྱིས་ཡོངས་སུ་བཀང་ཞིང་སྦྱིན་པ་ཡོངས་སུ་གཏོང་[5]ཡང་དེ་འདོད་པ་ལ་ཡོངས་སུ་མི་སྤྱོད་དེ། རྟག་ཏུ་རྒྱུན་མི་ཆད་པར་ཚངས་པར་སྤྱོད་པ་ཡིན། གནོད་པ་གང་གིས་གཞན་མི་དགའ་བར་འགྱུར་བའི་གནོད་པ་དེ་ལྟ་བུ་གང་ཡང་མི་སྐྱེད་དེ། རབ་འབྱོར་རྣམ་པ་དེ་དག་དང་། ཚུལ་དེ་དག་དང་། མཚན་མ་དེ་དག་དང་། ལྡན་པའི་བྱང་[6]ཆུབ་སེམས་དཔའ་སེམས་དཔའ་ཆེན་པོ་ནི་ཕྱིར་མི་ལྡོག་པར་རིག་པར་བྱའོ། །རབ་འབྱོར་གཞན་ཡང་ཕྱིར་མི་ལྡོག་པའི་བྱང་ཆུབ་སེམས་དཔའ་སེམས་དཔའ་ཆེན་པོའི་ཕྱི་བཞིན་དུ། བྱང་ཆུབ་སེམས་དཔའ་སེམས་དཔའ་ཆེན་པོ་འདི་ནི་རིང་པོར་[7]མི་ཐོགས་པར་བླ་ན་མེད་པ་ཡང་དག་པར་རྫོགས་པའི་བྱང་ཆུབ་ཏུ་མངོན་པར་རྫོགས་པར་འཚང་རྒྱ་སྟེ། འདི་ནི་[8]བླ་ན་མེད་པ་ཡང་དག་པར་རྫོགས་པའི་བྱང་ཆུབ་ཏུ་མངོན་པར་རྫོགས་པར་སངས་རྒྱས་ནས་ཀྱང་། བདག་གིས་རྟག་ཏུ་རྒྱུན་མི་ཆད་པར་རྗེས་སུ་འབྲང་[9]བར་བྱའོ་ཞེས་ཡོངས་སུ་བསྲུང་བའི་ཕྱིར། གནོད་སྦྱིན་ལག་ན་རྡོ་རྗེ་རྟག་ཏུ་རྒྱུན་མི་ཆད་པར་རྗེས་སུ་འབྲང་ངོ་། །ཇི་ཙམ་དུ༔ལག་ན་[10]རྡོ་རྗེའི་རིགས་རྣམས་རྟག་ཏུ་རྒྱུན་མི་ཆད་པར་རྗེས་སུ་འབྲང༔བ་དེ་[11]ཙམ་དུ། དེ་ལ་མིའམ་མི་མ་ཡིན་པ་[12]དག་གིས་གནོད་པར་མི་ནུས་ཏེ། དེ་ལ་འཇིག་རྟེན་ན་ལྷའམ། བདུད་[13]དམ་ཚངས་

པའམ་གང་སུས་ཀྱང་ཆོས་དང་མཐུན་པར་ཐུབ་པ་མེད་དེ། དེའི་སེམས་[༡]བྱང་ཆུབ་ཡིད་ལ་བྱེད་པ་ནས་བླ་ན་མེད་པ་ཡང་དག་པར་[༢]རྫོགས་པའི་བྱང་ཆུབ་ཏུ་མངོན་པར༔རྫོགས་པར་[༣]སངས་རྒྱས་ཀྱི་བར་དུ་རྣམ་པར་འཁྲུག་པ་མེད་དོ[༤]། །བྱང་ཆུབ་སེམས་དཔའ་སེམས་དཔའ་ཆེན་པོ་དེའི་དབང་པོ་འདི་ལྟ་སྟེ། མིག་གི་དབང་པོ་དང་། རྣ་བའི་དབང་པོ་དང་། སྣའི་དབང་པོ་དང་། ལྕེའི་དབང་པོ་དང་། ལུས་ཀྱི་དབང་པོ་དང་། ཡིད་ཀྱི་དབང་པོ་དང་། དད་པའི་དབང་པོ་དང་། བརྩོན་འགྲུས་ཀྱི་དབང་པོ་དང་། དྲན་པའི་དབང་པོ་དང་། ཏིང་ངེ་འཛིན་གྱི་དབང་པོ་དང་། ཤེས་རབ་ཀྱི་དབང་པོ་དག་མ་ཚང་བར་མི་འགྱུར་རོ། །དེ་ནི་སྐྱེས་བུ་དམ་པར་འགྱུར་ཏེ། སྐྱེས་བུ་དམའ་བ་མ་ཡིན་ནོ། །གསོལ་པ། བཅོམ་ལྡན་འདས་ཇི་ཙམ་གྱིས་ན་བྱང་ཆུབ་སེམས་དཔའ་སེམས་དཔའ་ཆེན་པོ་སྐྱེས་བུ་དམ་པར་འགྱུར་ཞིང་སྐྱེས་བུ་དམའ་བ་མ་ལགས། བཅོམ་ལྡན་འདས་ཀྱིས་བཀའ་སྩལ་པ། རབ་འབྱོར་བྱང་ཆུབ་སེམས་དཔའ་སེམས་དཔའ་ཆེན་པོ་ནམ་བྱང་ཆུབ་ཀྱི་སེམས་མི་འཁྲུག་[༥]པ་ན། བྱང་ཆུབ་སེམས་དཔའ་སེམས་དཔའ་ཆེན་པོ་སྐྱེས་བུ་དམ་པར་འགྱུར་ཏེ། སྐྱེས་བུ་དམའ་བ་མ་ཡིན་ནོ། །རབ་འབྱོར་རྣམ་པ་དེ་དག་དང་། ཚུལ་དེ་དག་དང་། མཚན་མ་དེ་དག་དང་ལྡན་པའི་བྱང་ཆུབ་སེམས་དཔའ་སེམས་དཔའ་ཆེན་པོ་[༦]ནི་ཕྱིར་མི་ལྡོག་པར་རིག་པར་བྱའོ། །རབ་འབྱོར༔གཞན་ཡང་[༧]ཕྱིར་མི་ལྡོག་པའི་བྱང་ཆུབ་སེམས་དཔའ་སེམས་དཔའ་ཆེན་པོ་དེ་ནི་བྱང་ཆུབ་ཡིད་ལ་བྱ་བ་དང་ལྡན་ཞིང་། བུད་མེད་ཟེ་སློང་བ་དང་། དབང་དུ་འགྱུར་བའི་སྔགས་དང་། ཚིག་[༨]གང་ཅི་ཡང་རུང་སྟེ། ཅི་[༩]དེ་དག་ཐམས་ཅད༔དུ་ཐམས་ཅད་[༡༠]རྣམ་པ་ཐམས་ཅད་དུ་ཐམས་ཅད་མི་སྦྱོར་སྦྱོར་དུ་མི་འཇུག་སྟེ། ཟེ་སློང་བའི་བག་གཞན་དང་གཞན་[༡༡]དག་ཀྱང་མི་བྱེད་དོ།།

བྱེད་མྱེད་དམ་སྐྱེས་པ་གང་ཡང་རུང་སྟེ། དེ་དག་ལ་ཡོངས་སུ་བསྟན་པའི་ཆོ་འཕྲུལ་མྱི་བྱེད་དོ། །བུའམ་བུ་མོའི་[1] རིགས་ཀྱི་ལྷ་ལྟ་བུ་ཡོད་པར་འགྱུར་རོ། །ཞེའམ། ཚེ་རིང་བར་འགྱུར་རོ། །ཞེས་ཡོངས་སུ་སྟོན་པའི་ཆོ་འཕྲུལ་མྱི་བྱེད་དོ། །དེ་ཅིའི་ཕྱིར་ཞེ་ན། རབ་འབྱོར་དེ་ནི་འདི་ལྟར་བྱང་ཆུབ་སེམས་དཔའ་སེམས་དཔའ་ཆེན་པོ་རང་གི་མཚན་ཉིད་ཀྱིས་སྟོང་པའི་ཆོས་རྣམས་ལ་མཚན་མ་ཡང་དག་པར་རྗེས་སུ་མྱི་མཐོང་སྟེ[2]། དེས་མཚན་མ་ཡང་དག་པར་རྗེས་སུ་མྱི་མཐོང་བས[3] འཚོ་བ་ཡོངས་སུ་དག་པ་ཡིན་ཏེ། རབ་འབྱོར་རྣམ་པ་དེ་དག་དང་། ཚུལ་དེ་དག་དང་། མཚན་མ་དེ་དག་དང་། ལྡན་པའི་བྱང་ཆུབ་སེམས་དཔའ་སེམས་དཔའ་ཆེན་པོ་ནི་ཕྱིར་མྱི་ལྡོག་པར་རིག་པར་བྱའོ། །རབ་འབྱོར་གཞན་ཡང་ཕྱིར་མྱི་ལྡོག་པའི་བྱང་ཆུབ་སེམས་དཔའ་སེམས་དཔའ་ཆེན་པོ་རྣམ་པ་གང་དང་། ཚུལ་གང་དང་། མཚན་མ་གང་དང་ལྡན་པས་བྱང་ཆུབ་སེམས་དཔའ་སེམས་དཔའ་ཆེན་པོ་ཕྱིར་མྱི་ལྡོག་པར་རིག་པར་བྱ་བའི་རྣམ་པ་དང་། ཚུལ་དང་། མཚན་མ་དེ་དག་བསྟན་ཀྱིས[4] ཤིན་ཏུ་ལེགས་པར་ཉོན་ལ་ཡིད་ལ་ཟུངས་ཤིག[5] དང་བཤད་དོ། །བཅོམ་ལྡན་འདས་དེ་ལྟར་བགྱིའོ་ཞེས་གསོལ་ནས། ཚེ་དང་ལྡན་པ་རབ་འབྱོར་[6] བཅོམ་ལྡན་འདས་ལ་ཕྱིར་ཉན་ཏོ། །བཅོམ་ལྡན་འདས་ཀྱིས་དེ་ལ་འདི་སྐད་ཅེས་བཀའ་སྩལ་ཏོ། །རབ་འབྱོར་འདི་ལ་བྱང་ཆུབ་སེམས་དཔའ་སེམས་དཔའ་ཆེན་པོ་ཤེས་རབ་ཀྱི་ཕ་རོལ་ཏུ་ཕྱིན་པ་ལ་སྤྱོད་པའི་ཚེ། བྱང་ཆུབ་ཡིད་ལ་བྱེད་པ་དང་མི་འབྲལ་བ་ཡིན་ཏེ། ཕུང་པོའི་སྤྱོར་བ་ལ་རྗེས་སུ་བཙོན་པར་མྱི་གནས། ཁམས་ཀྱི་སྤྱོར་བ་ལ་རྗེས་སུ་བཙོན་པར་མྱི་གནས། །སྐྱེ་མཆེད་ཀྱི་སྤྱོར་བ་ལ་རྗེས་སུ་བཙོན་པར་མྱི་གནས། རྟེན་ཅིང་འབྲེལ་བར་འབྱུང་བའི་སྤྱོར་བ་དང་[7] རྗེས་སུ་སྤྱོར་བ་ལ་[8] བཙོན་པར་མྱི་གནས་སོ། །དེ་ཅིའི་ཕྱིར

ཞེ་ན། དེ་ནི་འདི་ལྟར་བྱང་ཆུབ་སེམས་དཔའ་སེམས་དཔའ་ཆེན་པོ་དེས་ཕུང་པོ་སྟོང་པ་ཉིད་ཤིན་ཏུ་ཡིད་ལ་བྱས་པ་ཡིན། ཁམས་སྟོང་པ་ཉིད་ཤིན་ཏུ་ཡིད་ལ་བྱས་པ་ཡིན། ༔སྐྱེ་མཆེད་སྟོང་པ་ཉིད་ཤིན་ཏུ་ཡིད་ལ་བྱས་པ་ཡིན།[1] རྟེན་ཅིང་འབྲེལ་བར་འབྱུང་བ་སྟོང་པ་ཉིད་ཤིན་ཏུ་ཡིད་ལ་བྱས་པ་ཡིན། དེ་འདུ་འཛིའི་སྤྱོར་བ་དང་[2] རྗེས་སུ་སྦྱོར་བ་ལ་[3] བརྩོན་པར་མི་གནས་ཏེ། དེ་ཅིའི་ཕྱིར་ཞེ་ན། དེ་ནི་འདི་ལྟར་བྱང་ཆུབ་སེམས་དཔའ་སེམས་དཔའ་ཆེན་པོ་དེས་སེམས་ཅན་སྟོང་པ་ཉིད་ཤིན་ཏུ་ཡིད་ལ་བྱས་པ་ཡིན། དེ་རྒྱལ་པོའི་གཏམ་གྱི་སྦྱོར་བ་དང་[4] རྗེས་སུ་སྦྱོར་བ་ལ་[5] བརྩོན་པར་མི་གནས་ཏེ། དེ་ཅིའི་ཕྱིར་ཞེ་ན། དེ་ནི་འདི་ལྟར་དེ་རང་བཞིན་སྟོང་པ་ཉིད་ལ་གནས་པས་ཆོས་གང་ལ་ཡང་བཟང་པོའམ། ངན་པར་ཡང་དག་པར་རྗེས་སུ་མི་མཐོང་ངོ་། །དེ་རྐུན་པོའི་གཏམ་གྱི་སྦྱོར་བ་དང་[6] རྗེས་སུ་སྦྱོར་བ་ལ་[7] བརྩོན་པར་མི་གནས་ཏེ། དེ་ཅིའི་ཕྱིར་ཞེ་ན། དེ་ནི་འདི་ལྟར་དེ་ཆོས་ཐམས་ཅད་རང་གི་མཚན་ཉིད་ཀྱིས་སྟོང་པས་ཆོས་གང་ལ་ཡང་བླང་བའམ། ༔དེ་ཕྲོག་པ་[8] ཡང་དག་པར་རྗེས་སུ་མི་མཐོང་ངོ་། །དེ་གཡུལ་[9] གྱི་གཏམ་གྱི་[10] སྦྱོར་བ་དང་[11] རྗེས་སུ་སྦྱོར་བ་ལ་[12] བརྩོན་པར་མི་གནས་ཏེ། དེ་ཅིའི་ཕྱིར་ཞེ་ན། དེ་ནི་འདི་ལྟར་དེ་རང་བཞིན་[13] སྟོང་པ་ཉིད་ལ་གནས་པས་ཆོས་གང་ཡང་ཉུང་ངུའམ། མང་པོར་ཡང་དག་པར་རྗེས་སུ་མི་མཐོང་ངོ་། །དམག་གི་གཏམ་གྱི་སྦྱོར་བ་དང་[14] རྗེས་སུ་སྦྱོར་བ་ལ་[15] བརྩོན་པར་མི་གནས་ཏེ། དེ་ཅིའི་ཕྱིར་ཞེ་ན། དེ་ནི་འདི་ལྟར་དེ་ཆོས་ཐམས་ཅད་ཀྱི་དེ་བཞིན་ཉིད་ལ་གནས་པས་ཆོས་གང་ལ་ཡང་བྱམས་པའམ། ཞེ་སྡང་བ་[16] ཡང་དག་པར་རྗེས་སུ་མི་མཐོང་ངོ་། །གྲོང་གི་གཏམ་གྱི་སྦྱོར་བ་དང་[17] རྗེས་སུ་སྦྱོར་བ་ལ་[18] བརྩོན་པར་མི་གནས་ཏེ། དེ་ཅིའི་ཕྱིར་ཞེ་ན། དེ་ནི་འདི་ལྟར་དེ་ཆོས་ཐམས་ཅད་

སྟོང་པ་ཉིད་ལ་གནས་པས། ཆོས་གང་ཡང་ཚོགས་སམ[1]། ཚོགས་མ་ཡིན་པར་ཡང་དག་པར་རྗེས་སུ་མི་མཐོང་ངོ་། །གྲོང་ཁྱེར་གྱིཿ གདམས་ཀྱི་[2]སྦྱོར་བ་དང་། རྗེས་སུཿ སྦྱོར་བ་ལ་[3]བསྟན་པར་མྱི་གནས་ཏེ། དེ་ཅིའི་ཕྱིར་ཞེ་ན། དེ་ནི་འདི་ལྟར་དེ་ནམ་མཁའ་སྟོང་པ་ཉིད་ལ་གནས་པས། ཆོས་གང་ཡང་གཟུང་བའམ། མྱི་གཟུང་བར་ཡང་དག་པར་རྗེས་སུ་མྱི་མཐོང་ངོ་། །གྲོང་རྡལ་གྱི་གདམས་ཀྱི་སྦྱོར་བ་དང་[4]རྗེས་སུཿ སྦྱོར་བ་ལ་[5]བསྟན་པར་མྱི་གནས་ཏེ། དེ་ཅིའི་ཕྱིར་ཞེ་ན། དེ་ནི་འདི་ལྟར་དེ་ཡང་དག་པའི་མཐའ་ལ་གནས་པས། ཆོས་གང་ཡང་འཕེལ་བའམ། འབྲི་[6]བར་ཡང་དག་པར་རྗེས་སུ་མྱི་མཐོང་ངོ་། །བདག་གི་གདམས་ཀྱི་སྦྱོར་བ······དང་[7]རྗེས་སུཿ སྦྱོར་བ་ལ་[8]བསྟན་པར་མྱི་གནས། སེམས་ཅན་གྱི་གདམས་ཀྱི་སྦྱོར་བ་དང་[9]རྗེས་སུཿ སྦྱོར་བ་ལ་[10]བསྟན་པར་མྱི་གནས། སྲོག་གི་གདམས་ཀྱི་སྦྱོར་བ···དང་[11]རྗེས་སུཿ སྦྱོར་བ་ལ་[12]བསྟན་པར་མྱི་གནས། འགྲོ་བའི་གདམས་ཀྱི་སྦྱོར་བ····དང་[13]རྗེས་སུཿ སྦྱོར་བ་ལ་[14]བསྟན་པར་མྱི་གནས། གསོ་བའི་གདམས་ཀྱི་སྦྱོར་བ་དང་[15]རྗེས་སུཿ སྦྱོར་བ་ལ་[16]བསྟན་པར་མྱི་གནས། སྐྱེས་བུའི་གདམས་ཀྱི་སྦྱོར་བ····དང་[17]རྗེས་སུཿ སྦྱོར་བ་ལ་[18]བསྟན་པར་མྱི་གནས། གང་ཟག་གི་གདམས་ཀྱི་སྦྱོར་བ་དང་[19]རྗེས་སུཿ སྦྱོར་བ་ལ་[20]བསྟན་པར་མྱི་གནས། ཤེད་ཅན་གྱི་གདམས་ཀྱི་སྦྱོར་བ་དང་[21]རྗེས་སུཿ སྦྱོར་བ་ལ་[22]བསྟན་པར་མྱི་གནས། ཤེད་བདག་གི་གདམས་ཀྱི་སྦྱོར་བ་དང་[23]རྗེས་སུཿ སྦྱོར་བ་ལ་[24]བསྟན་པར་མྱི་གནས། བྱེད་པ་པོའི་གདམས་ཀྱི་སྦྱོར་བ་དང་[25]རྗེས་སུཿ སྦྱོར་བ་ལ་[26]བསྟན་པར་མྱི་གནས། ཚོར་བ་པོའི་གདམས་ཀྱི་སྦྱོར་བ་དང་[27]རྗེས་སུཿ སྦྱོར་བ་ལ་[28]བསྟན་པར་མྱི་གནས། ཤེས་པ་པོའི་གདམས་ཀྱི་སྦྱོར་བ་དང་[29]རྗེས་སུཿ སྦྱོར་བ་ལ་[30]བསྟན་པར་མྱི་གནས། མཐོང་བ་པོའི་གདམས་ཀྱི····སྦྱོར་བ་དང་[31]རྗེས་སུཿ སྦྱོར་བ་ལ་[32]བསྟན་པར་མྱི་གནས་ཏེ། གཞན་དུ་ན་ཤེས···

རབ་ཀྱི་ཕ་རོལ་ཏུ་ཕྱིན་པའི་གདམས་ཀྱི་སྦྱོར་བ་ལ་རྗེས་སུ་བསྟན་ཞིང་རྣམ་པ་ཐམས་ཅད་མཁྱེན་པ་ཉིད་དང་ལྡན་པའི་ཡིད་ལ་བྱ་བ་དང་མ་བྲལ་བར་གནས་ཏེ། དེ་སྦྱིན་པའི་ཕ་རོལ་ཏུ་ཕྱིན་པ་ལ་སྤྱོད་ཅིང་། སེར་སྣའི་སྦྱོར་བ་དང་[1]རྗེས་སུཿ སྦྱོར་བ་ལ་[2]བསྟན་པར་མི་གནས་སོ། །ཚུལ་ཁྲིམས་ཀྱི་ཕ་རོལ་ཏུ་ཕྱིན་པ་ལ་སྤྱོད་ཅིང་། ཚུལ་ཁྲིམས་ངན་པའི་སྦྱོར་བ་དང་[3]རྗེས་སུཿ སྦྱོར་བ་ལ་[4]བསྟན་པར་མི་གནས་སོ། །བཟོད་པའི་ཕ་རོལ་ཏུ་ཕྱིན་པ་ལ་སྤྱོད་ཅིང་། འཁྲུག་པའི་སྦྱོར་བ་དང་[5]རྗེས་སུཿ སྦྱོར་བ་ལ་[6]བསྟན་པར་མི་གནས་སོ། །བརྩོན་འགྲུས་ཀྱི་ཕ་རོལ་ཏུ་ཕྱིན་པ་ལ་སྤྱོད་ཅིང་། ལེ་ལོའི་སྦྱོར་བ་དང་[7]རྗེས་སུཿ སྦྱོར་བ་ལ་[8]བསྟན་པར་མི་གནས་སོ། །བསམ་གཏན་གྱི་ཕ་རོལ་ཏུ་ཕྱིན་པ་ལ་སྤྱོད་ཅིང་། གཡེང་བའི་སྦྱོར་བ་དང་[9]རྗེས་སུཿ སྦྱོར་བ་ལ་[10]བསྟན་པར་མི་གནས་སོ། །ཤེས་རབ་ཀྱི་ཕ་རོལ་ཏུ་ཕྱིན་པ་ལ་སྤྱོད་ཅིང་། ཤེས་རབ་འཆལ་པའི་སྦྱོར་བ་དང་[11]རྗེས་སུཿ སྦྱོར་བ་ལ་[12]བསྟན་པར་མི་གནས་སོ། །དེ་ཆོས་ཐམས་ཅད་སྟོང་པ་ཉིད་ལ་སྤྱོད་ཅིང་། ཆོས་འདོད་པ་ཡིན་གྱི་ཆོས་མི་འདོད་པ་མ་ཡིན[13]། དེ་[14]ཆོས་ཀྱི་དབྱིངས་ལ་སྤྱོད་ཅིང་། ཆོས་ཐ་དད་པའི་ལེགས་པ་བརྗོད་པ་[15]ཡིན། དེ་སངས་རྒྱས་བཅོམ་ལྡན་འདས་རྣམས་དང་། བྱང་ཆུབ་སེམས་དཔའ་སེམས་དཔའ་ཆེན་པོ་རྣམས་ལཿ དགེ་བའི་[16]བཤེས་གཉེན་དུ་སེམས་པཿ མ་ཡིན[17]། རིགས་ཀྱི་བུ་དང་རིགས་ཀྱི་བུ་མོ་ཉན་ཐོས་དང་། རང་སངས་རྒྱས་ཀྱི་ཐེག་པ་པ་གང་ཇི་སྙེད་པ་དེ་དག་ཀྱང་། བླ་ན་མེད་པ་ཡང་དག་པར་རྫོགས་པའི་[18]བྱང་ཆུབ་ཏུ་ཡང་དག་པར་སྐུལ་ཞིང་འགོད་དོ། །འདུལ་ལོ། །རབ་ཏུ་གཞོག་གོ། །དེ་དེ་བཞིན་གཤེགས་པ་དགྲ་བཅོམ་པ་ཡང་དག་པར་རྫོགས་པའི་སངས་རྒྱས་རྣམས་མཉེས་པར་བྱེད་ཅིང་། བལྟ་བའི་ཕྱིར་འཇིག་རྟེན་གྱི་ཁམས་གང་ན་བཞུགས་ཤིང་འཚོཿ བ་དང་[19]། སྐྱོང་བ་དེརཿ སྐྱེ་སྟེ[20]།

དེར་སྐྱེ་བར་འདོད་ཅིང་། འདི་ལྟར་སངས་རྒྱས་ཡིད་ལ་བྱ་[1]བས་ཉིན་མཚན་དུ་རྣམ་[2]པར་སྤྱོད་དེ། དེ་ཅིའི་ཕྱིར་ཞེ་ན། རབ་འབྱོར་དེ་ནི་འདི་ལྟར་ཕྱིར་མི་ལྡོག་པའི་བྱང་ཆུབ་སེམས་དཔའ་སེམས་དཔའ་ཆེན་པོ་དེ་དག་ནི་ཕལ་ཆེར་འདོད་པའི་ཁམས་དང་ལྡན་པའི་ཡིད་ལ་བྱ་བ་བསྐྱེད་ཅིང་། དགེ་བ་བཅུའི་ལས་ཀྱི་ལམ་ལ་གནས་ནས། སངས་རྒྱས་ཀྱི་ཞིང་དེ་དག་ཏུ་སྐྱེ་བར་འགྱུར་རོ། །བསམ་གཏན་དང་པོ་བསྐྱེད། བསམ་གཏན་གཉིས་པ་བསྐྱེད[3]། བསམ་གཏན་གསུམ་པ་བསྐྱེད[4]། བསམ་གཏན་བཞི་པ་བསྐྱེད། བྱམས་པ་བསྐྱེད། སྙིང་རྗེ་བསྐྱེད། དགའ་བ་བསྐྱེད། བཏང་སྙོམས་བསྐྱེད། ནམ་མཁའ་མཐའ་ཡས་སྐྱེ་[5]མཆེད་ལ་སྙོམས་པར་འཇུག་པ་བསྐྱེད། རྣམ་ཤེས་མཐའ་ཡས་སྐྱེ་མཆེད་ལ་སྙོམས་པར་འཇུག་པ་བསྐྱེད། ཆུང་[6]ཟད་མེད་པའི་སྐྱེ་མཆེད་ལ་སྙོམས་པར་འཇུག་པ་བསྐྱེད། འདུ་ཤེས་མེད་འདུ་ཤེས་མེད་མིན་སྐྱེ་མཆེད་ལ་སྙོམས་པར་འཇུག་པ་བསྐྱེད་ཅིང་། གང་ན་དེ་བཞིན་གཤེགས་པ་དགྲ་བཅོམ་པ་ཡང་དག་པར་རྫོགས་པའི་སངས་རྒྱས་མངོན་དུ་གྱུར་པར་བཞུགས་ཤིང་འཚོ་སྐྱོང་བ་དང་། ཆོས་སྟོན་པ་དེར་ཡང་སྐྱེས་ཏེ[7]། རབ་འབྱོར་རྣམ་པ་དེ་དག་དང་། རྟགས་དེ་དག་དང་། མཚན་མ་དེ་དག་དང་ལྡན་པའི་[8]བྱང་ཆུབ་སེམས་དཔའ་སེམས་དཔའ་ཆེན་པོ་ནི་ཕྱིར་མི་ལྡོག་པར་རིག་པར་བྱའོ། །རབ་འབྱོར་གཞན་ཡང་ཕྱིར་མི་ལྡོག་པའི་བྱང་ཆུབ་སེམས་དཔའ་སེམས་དཔའ་ཆེན་པོ་ཤེས་རབ་ཀྱི་ཕ་རོལ་ཏུ་ཕྱིན་པ་ལ་སྤྱོད་པ[9]། ནང་སྟོང་པ་ཉིད་ལ་གནས་པ་དང་། ཕྱི་སྟོང་པ་ཉིད་ལ་གནས་པ་དང་། ཕྱི་ནང་སྟོང་པ་ཉིད་ལ་གནས་པ་དང་། སྟོང་པ་ཉིད་སྟོང་པ་ཉིད་ལ་གནས་པ་དང་། ཆེན་པོ་སྟོང་པ་ཉིད་ལ་གནས་པ་དང་། དོན་དམ་པ་སྟོང་པ་ཉིད་ལ་གནས་པ་དང་། འདུས་བྱས་སྟོང་པ་ཉིད་ལ་གནས་པ་དང་། འདུས་མ་བྱས་སྟོང་པ་ཉིད་ལ་གནས་

པ་དང་། མཐའ་ལས་འདས་པ་སྟོང་པ་ཉིད་ལ་གནས་པ་དང་། ཐོག་མ་དང་ཐ་མ་མེད་པ་སྟོང་པ་ཉིད་ལ་གནས་པ་དང་། དོར་བ་མེད་པ་སྟོང་པ་ཉིད་ལ་གནས་པ་དང་། རང་བཞིན་སྟོང་པ་ཉིད་ལ་གནས་པ་དང་། ཆོས་ཐམས་ཅད་སྟོང་པ་ཉིད་ལ་གནས་པ་དང་། རང་གི་མཚན་ཉིད་༧སྟོང་པ་ཉིད་ལ་གནས་པ་དང་། མི་དམིགས་པ་སྟོང་པ་ཉིད་ལ་གནས་པ་དང་། དངོས་པོ་མེད་པ་སྟོང་པ་ཉིད་ལ་གནས་པ་དང་། ངོ་བོ་ཉིད་སྟོང་པ་ཉིད་ལ་གནས་པ་དང་། དངོས་པོ་མེད་པའི་ངོ་བོ་ཉིད་སྟོང་པ་ཉིད་ལ་གནས་པ་དང་། དྲན་པ་ཉེ་བར་གཞག་པ་རྣམས་ལ་གནས་པ་དང་། ཡང་དག་པར་སྤོང་བ་རྣམས་ལ་གནས་པ་དང་། རྫུ་འཕྲུལ་གྱི་རྐང་པ་རྣམས་ལ་གནས་པ་དང་། དབང་པོ་རྣམས་ལ་གནས་པ་དང་། སྟོབས་རྣམས་ལ་གནས་པ་དང་། བྱང་ཆུབ་ཀྱི་ཡན་ལག་རྣམས་ལ་གནས་པ་དང་། འཕགས་པའི་ལམ་ཡན་ལག་བརྒྱད་པ་ལ་གནས་པ་དང་། འཕགས་པའི་བདེན་པ་རྣམས་ལ་གནས་པ་དང་། བསམ་གཏན་རྣམས་ལ་གནས་པ་དང་། ཚད་མེད་པ་རྣམས་ལ་གནས་པ་དང་། གཟུགས་མེད་པའི་སྙོམས་པར་འཇུག་པ་རྣམས་ལ་གནས་པ་དང་། རྣམ་པར་ཐར་པ་བརྒྱད་ལ་གནས་པ་དང་། མཐར་གྱིས་གནས་པའི་སྙོམས་པར་འཇུག་པ་དགུ་ལ་གནས་པ་དང་། ༔རྣམ་པར་ཐར་པའི་སྒོ་༣སྟོང་པ་ཉིད་དང་། མཚན་མ་མེད་པ་དང་། སྨོན་པ་མེད་པ་ལ་གནས་པ་དང་། མངོན་པར་ཤེས་པ་རྣམས་ལ་གནས་པ་དང་། ཏིང་ངེ་འཛིན་རྣམས་ལ་གནས་པ་དང་། གཟུངས་ཀྱི་སྒོ་རྣམས་ལ་གནས་པ་དང་། དེ་བཞིན་གཤེགས་པའི་སྟོབས་རྣམས་ལ་གནས་པ་དང་། མི་འཇིགས་པ་རྣམས་ལ་གནས་པ་དང་། སོ་སོ་ཡང་དག་པར་རིག་པ་རྣམས་ལ་གནས་པ་དང་། བྱམས་པ་ཆེན་པོ་ལ་གནས་པ་དང་། སྙིང་རྗེ་ཆེན་པོ་ལ་གནས་པ་དང་། སངས་རྒྱས་ཀྱི་

ཆོས་མ་འདྲེས་པ་བཅོ་(༡)བརྒྱད་ལ་གནས་པ་ནི་འདི་སྙམ་དུ་བདག་ནི་ཕྱིར་ཕྱོགས་
པའམ། (༢)ཕྱིར་མི་ཕྱོགས་པ་མ་ཡིན་ནོ་སྙམ་ཡང་མི་བྱེད་དེ། དེ་(༣)ཐེ་ཚོམ་གྱི་
སྐྱེ་ཞིང་རང་གི་ས་ལ་ཡིད་གཉིས་མེད་(༤)དོ། །དེ་ཅིའི་ཕྱིར་ཞེ་ན། དེ་ནི་འདི་ལྟར་
དེས་ཕྱིར་ཕྱོགས་པ་དང་། ཕྱིར་མི་(༥)ཕྱོགས་པ་མ་ཡིན་པའི་ཆོས་རྡུལ་ཙམ་ཡང་ཡང་
དག་པར་རྗེས་སུ་མི་མཐོང་ངོ་། །རབ་འབྱོར་འདི་ལྟ་སྟེ་དཔེར་ན། རྒྱུན་དུ་
ཞུགས་པའི་སྐྱེས་བུ། རྒྱུན་དུ་ཞུགས་པའི་ས་ལ་གནས་པ་ནི་རང་གི་ས་ལ་ནེམ་
ནུར་མེད་ཅིང་ཐེ་ཚོམ་མི་ཟའོ། །ལན་ཅིག་ཕྱིར་འོང་བ་ལན་ཅིག་ཕྱིར་འོང་
བའི་ས་ལ་གནས་པ་ནི་རང་གི་ས་ལ་ནེམ་ནུར་མེད་ཅིང་ཐེ་ཚོམ་མི་ཟའོ། །ཕྱིར་མི་
འོང་བ་ཕྱིར་མི་འོང་བའི་ས་ལ་གནས་པ་ནི། རང་གི་ས་ལ་ནེམ་ནུར་མེད་ཅིང་
ཐེ་ཚོམ་མི་ཟའོ། །དགྲ་བཅོམ་པ་དགྲ་བཅོམ་པའི་ས་ལ་གནས་པ་ནི། རང་
གི་ས་ལ་ནེམ་ནུར་མེད་ཅིང་ཐེ་ཚོམ་མི་ཟའོ། །རང་སངས་རྒྱས་རང་སངས་རྒྱས་
ཀྱི་ས་ལ་གནས་པ་ནི། རང་གི་ས་ལ་ནེམ་ནུར་མེད་ཅིང་ཐེ་ཚོམ་མི་ཟའོ། །
བྱང་ཆུབ་སེམས་དཔའ་བྱང་ཆུབ་སེམས་དཔའི་ས་ལ་གནས་པ་ནི། རང་གི་ས་ལ་
ནེམ་ནུར་མེད་ཅིང་ཐེ་ཚོམ་མི་ཟའོ། །ཡང་དག་པར་རྫོགས་པའི་སངས་རྒྱས།
ཡང་དག་པར་རྫོགས་པའི་སངས་རྒྱས་ཀྱི་ས་ལ་གནས་པ་ནི། རང་གི་ས་ལ་ནེམ་
ནུར་མེད་ཅིང་ཐེ་ཚོམ་མི་ཟའོ། །རབ་འབྱོར་དེ་བཞིན་དུ་བྱང་ཆུབ་སེམས་
དཔའ་སེམས་དཔའ་ཆེན་པོ་རང་གི་ས་ལ་གནས་པ་ཡང་ནེམ་ནུར་མེད་ཅིང་ཐེ་
ཚོམ་མི་ཟ་ཞིང་དེ་ཕྱིར་མི་ཕྱོགས་པའི་ས་དེ་ལ་གནས་ཏེ། སངས་རྒྱས་ཀྱི་ཞིང་
ཡང་ཡོངས་སུ་སྦྱོང་ངོ་། །སེམས་ཅན་རྣམས་ཀྱང་ཡོངས་སུ་སྨིན་པར་བྱེད་དོ། །
བདུད་ཀྱི་ལས་སྐྱེས་ཤིང་བྱུང་བ་དག་ཀྱང་ཤེས་ཏེ། བདུད་ཀྱི་ལས་ཀྱི་དབང་དུ་
ཡང་མི་འགྲོའོ། །བདུད་ཀྱི་ལས་དེ་དག་ཐམས་ཅད་ཀྱང་རྣམ་པར་འཇོམས་(༦)ཞིང་

སྤྱབ་མོར་བྱེད་དོ། །རབ་འབྱོར་འདི་ལྟ་སྟེ་དཔེར་ན། མཚམས་མེད་པ་བྱེད་བྱེད་པའི་སྐྱེས་བུ་ནི་འཆི་ཀའི་བར་དུ་ཡང་མཚམས་མེད་པའི་སེམས་དང་མི་འབྲལ་ཞིང་། མཚམས་མེད་པའི་སེམས་དེ་རྗེས་སུ་འབྲང་ངོ་། །མཚམས་མེད་པའི་སེམས་དེ་ཐབས་ཐམས་ཅད་ཀྱིས་ཀྱང་རྣམ་པར་གཞིལ་བར་མི་ནུས་ཏེ། ཀུན་ནས་ལྡང་བ་དེ་འཆི་ཀའི་བར་དུ་ཡང་རྗེས་སུ་འབྲང་ངོ་། །རབ་འབྱོར་དེ་བཞིན་དུ་ཕྱིར་མི་ལྡོག་པའི་བྱང་ཆུབ་སེམས་དཔའ་སེམས་དཔའ་ཆེན་པོའི། ཕྱིར་མི་ལྡོག་པའི་སེམས་ཀྱང་ཕྱིར་མི་ལྡོག་པའི་ས་ལ་གནས་པ་སྟེ[༡]། སེམས་དེ་རྣམ་པར་བརྟག་ཏུ་མེད་ཅིང་མི་སྐྱོལ[༢]བས། དེ་ནི་ལྷ་དང་མི་དང་ལྷ་མ་ཡིན་དུ་བཅས་པའི་འཇིག་རྟེན་གྱི་ས་ཕྱིར[༣]བཟློག་པར་མི་ནུས་སོ། །དེ་ཅིའི་ཕྱིར་ཞེ་ན། དེ་ནི་འདི་ལྟར་སེམས་དེས་ལྷ་དང་མི་དང་ལྷ་མ་ཡིན་དུ་བཅས་པའི་འཇིག་རྟེན་ལས་འདས་ཏེ། ཡང་དག་པའི་སྐྱོན་མེད་པ་ལ་ཞུགས་པས་དེ་རང་གི་ས་ལ་གནས་ཤིང་མངོན་པར་ཤེས་པ་རྣམས་ལ་ཕ་རོལ་ཏུ་ཕྱིན་པའི་མཆོག་ཐོབ་པས། སངས་རྒྱས་ཀྱི་ཞིང་ཡོངས་སུ་དག་པར་བྱེད་དོ། །སེམས་ཅན་རྣམས་ཀྱང་ཡོངས་སུ་སྨིན་པར་བྱེད་དོ། །སངས་རྒྱས་བཅོམ་ལྡན་འདས་རྣམས་ལ་ལྟ[༤]བ་དང་། དེ་དག་ལ་ཕྱག་བྱ་བ་དང་། ཆོས་མཉན[༥]པའི་ཕྱིར་སངས་རྒྱས་ཀྱི་ཞིང་ནས་སངས་རྒྱས་ཀྱི་ཞིང་དུ་ཡང་འགྲོའོ། །སངས་རྒྱས་ཀྱི་ཞིང་དེ་དག་གི་སངས་རྒྱས་བཅོམ་ལྡན་འདས་རྣམས་ལ་དགེ་བའི་རྩ་བ་མང་པོ[༦]ཡང་སྐྱེད[༧]ཅིང་། སངས་རྒྱས་བཅོམ་ལྡན་འདས་དེ་དག་ལ་ཀུན་འདྲི[༨]ཞིང་ཡོངས་སུ་ཞུ་བ[༩]བྱེད། བསྙེན་བཀུར་བར[༡༠]བྱེད་དོ། །རབ་འབྱོར་བྱང་ཆུབ་སེམས་དཔའ་སེམས་དཔའ་ཆེན་པོ[༡༡]དེ་ལྟར་གནས་པས་བདུད་ཀྱི་ལས་སྐྱེས་ཤིང་། བྱུང་བ་རྣམས་ཧོབ་དུ་ཆུད་དེ། བདུད་ཀྱི་ལས་སྐྱེས་ཤིང་བྱུང་བ་དག་གི་དབང་དུ་ཡང་མི་འགྲོའོ། །བདུད་ཀྱི་ལས་དེ་

དག་ཀྱང་ཐབས་མཁས་པས་ཡང་དག་པའི་མཐའ་ལ་སྦྱོར་བར་བྱེད་ཅིང་། དེ་རང་གི་ས་ལ་ནེམ་ནུར་མྱེད་ཅིང་(༡)ཐེ་ཙོམ་མྱི་ཟའོ། །དེ་ཅིའི་ཕྱིར་ཞེ་ན། འདི་ལྟར་དེ་ཡང་དག་པའི་མཐའ་ལ་ནེམ་ནུར་མྱེད་པས་ཡང་དག་པའི་མཐའ་ལ་གཅིག་གམ་གཉིས་སུ་ཡང་དག་པར་རྗེས་སུ་མྱི་མཐོང་སྟེ། དེ་ལྟར་ཤེས་པས་དེ་ཚེ་འཕོས་ནས(༢)ཀྱང་ཉན་ཐོས་དང་རང་སངས་རྒྱས་ཀྱི་སར་སེམས་མྱི་སྐྱེའོ། །དེ་ཅིའི་ཕྱིར་ཞེ་ན། རབ་འབྱོར་དེ་ནི་འདི་ལྟར་བྱང་ཆུབ་སེམས་དཔའ་སེམས་དཔའ་ཆེན་པོས་ནི། ཆོས་ཐམས་ཅད་རང་གི་མཚན་ཉིད་ཀྱིས་སྟོང་པ་ལ་ཆོས་གང་ཡང་སྐྱེ་བའམ། འགག་པའམ། ཀུན་ནས་ཉོན་མོངས་པའམ། རྣམ་པར་བྱང་བ(༣)ཡང་དག་པར་རྗེས་སུ་མྱི་མཐོང་ངོ་། །རབ་འབྱོར་བྱང་ཆུབ་སེམས་དཔའ་སེམས་དཔའ་ཆེན་པོ་དེ་ཚེ་འཕོས་ནས་ཀྱང་འདི་སྙམ་དུ་བདག་ནི། བླ་ན་མྱེད་པ་ཡང་དག་པར་རྫོགས་པའི་བྱང་ཆུབ་ཏུ་མངོན་པར་རྫོགས་པར་འཚང་རྒྱ་བར་མྱི་འགྱུར་རོ་སྙམ་དུ(༤)མྱི་བྱེད་དེ། གདོན་མྱི་ཟ་བར་བླ་ན་མྱེད་པ་ཡང་དག་པར་རྫོགས་པའི་བྱང་ཆུབ་ཏུ་མངོན་པར་རྫོགས་པར་འཚང་རྒྱ་བར་འགྱུར་རོ་སྙམ་དུ(༥)སེམས་སོ། །དེ་ཅིའི་ཕྱིར་ཞེ་ན། རབ་འབྱོར་དེ་ནི་འདི་ལྟར་བླ་ན་མྱེད་པ་ཡང་དག་པར་རྫོགས་པའི་བྱང་ཆུབ་ནི་རང་གི་མཚན་ཉིད་ཀྱིས་སྟོང་ངོ་། །རབ་འབྱོར་བྱང་ཆུབ་སེམས་དཔའ་སེམས་དཔའ་ཆེན་པོ་རང་གི་ས་ལ་དེ་ལྟར་གནས་པ་ནི། རང་གི་ས་ལ་ཐུབ་པ་མྱེད་པ་ཡིན་ཏེ། དེ་ཅིའི་ཕྱིར་ཞེ་ན། རབ་འབྱོར་དེ་ནི་འདི་ལྟར་ཕྱིར་མྱི་ལྡོག་པའི་བྱང་ཆུབ་སེམས་དཔའ་སེམས་དཔའ་ཆེན་པོ་དེ་ལྟར་གནས་པ་ནི་མྱི་འཕྲོགས་པའི་ཡེ་ཤེས་དང་ལྡན་པ་ཡིན་ཏེ། རབ་འབྱོར་གལ་ཏེ་ཕྱིར་མྱི་ལྡོག་པའི་བྱང་ཆུབ་སེམས་དཔའ་སེམས་དཔའ་ཆེན་པོའི་དྲུང་དུ། བདུད་སྡིག་ཏོ་ཅན་སངས་རྒྱས་ཀྱི་ཆ་བྱད་དུ་ཉེ་བར་འོངས་ནས། འདི་སྐད་དུ་ཁྱོད་ཀྱིས་འདི་ཉིད་དུ་

ཁྱོད་[1] དགྲ་བཅོམ་པ་[2] ཐོབ་པར་གྱིས་ཤིག །ཁྱོད་ནི་བླ་ན་མེད་པ་ཡང་དག་པར་
རྫོགས་པའི་བྱང་ཆུབ་ཏུ་ལུང་མ་བསྟན་ཏོ། །དེ་བཞིན་གཤེགས་པ་དགྲ་བཅོམ་པ་
ཡང་དག་པར་རྫོགས་པའི་སངས་རྒྱས་དེ་དག་གིས༔ གང་གིས་[3] ཁྱོད་བླ་ན་མེད་པ···
ཡང་དག་པར་རྫོགས་པའི་བྱང་ཆུབ་ཏུ་ལུང་བསྟན་པར་འགྱུར་བའི་མི་སྐྱེ་བའི་ཆོས་
ལ་བཟོད་པ་ཁྱོད་ཀྱིས་མ་ཐོབ་བོ། །རྣམ་པ་གང་དག་དང་། ཚུལ་གང་དག་[4]
དང་། མཚན་མ་གང་དག་དང་ལྡན་པའི་བྱང་ཆུབ་སེམས་དཔའ་སེམས་དཔའ···
ཆེན་པོ་བླ་ན་མེད་པ་ཡང་དག་པར་རྫོགས་པའི་བྱང་ཆུབ་ཏུ་ལུང་བསྟན་པའི་རྣམ···
པ་དེ་དག་དང་། ཚུལ་དེ་དག་དང་། མཚན་མ་དེ་དག་ཀྱང་ཁྱོད་ལ་མེད་དོ།།
ཞེས་ཟེར་ཡང་རབ་འབྱོར་གལ་ཏེ་བྱང་ཆུབ་སེམས་དཔའ་སེམས་དཔའ་ཆེན་པོས···
སྒྲ་དེ་ཐོས་ནས། མི་འཇུམ་མི་འགོང་ཞིང་དེའི་སེམས་གཞན་དུ་མི་འགྱུར་ལ་ཡིད་
སྐྲག་པར་མི་འགྱུར་ན། རབ་འབྱོར་བྱང་ཆུབ་སེམས་དཔའ་སེམས་དཔའ་ཆེན···
པོས༔ བདག་ནི་དེ་བཞིན་གཤེགས་པ་དགྲ་བཅོམ་པ་ཡང་དག་པར་རྫོགས་པའི་
སངས་རྒྱས་དེ་དག་གིས། བླ་ན་མེད་པ་ཡང་དག་པར་རྫོགས་པའི་བྱང་ཆུབ་ཏུ···
ལུང་བསྟན་ནོ[5]། །དེ་ཅིའི་ཕྱིར་ཞེ་ན། དེ་ནི་ཇི་[6]ལྟར་ཆོས་གང་དང་ལྡན་པས་
བྱང་ཆུབ་སེམས་དཔའ་སེམས་དཔའ་ཆེན་པོ་བླ་ན་མེད་པ་ཡང་དག་པར་རྫོགས····
པའི་བྱང་ཆུབ་ཏུ་ལུང་བསྟན་པར་འགྱུར་བའི་ཆོས་དེ་དག་བདག་ལ་ཡོད་དོ་ཞེས་བྱ་
བར་རིག་པར་བྱའོ། །རབ་འབྱོར་གལ་ཏེ་བདུད་སྡིག་ཏོ་ཅན་ནམ། བདུད་ཀྱི་[7]
བྱིན་གྱིས་བརླབས་པའི་སློས་བུ་ཞིག་བྱང་ཆུབ་སེམས་དཔའ་སེམས་དཔའ་ཆེན་པོའི་
དྲུང་དུ་སངས་རྒྱས་ཀྱི་ཆ་བྱད་དུ་ཉེ་བར་འོངས་ནས། ཉན་ཐོས་ཀྱི་སའམ།
རང་སངས་རྒྱས་ཀྱི་སར་ལུང་བསྟན་ཀྱང་། གལ་ཏེ་བྱང་ཆུབ་སེམས་དཔའ་
སེམས་དཔའ་ཆེན་པོ་འདི་སྙམ་དུ། དེ་བཞིན་གཤེགས་པ་དགྲ་བཅོམ་པ་ཡང་

དག་པར་རྫོགས་པའི་སངས་རྒྱས་རྣམས་ནི། བྱང་ཆུབ་སེམས་དཔའ་སེམས་དཔའ་ཆེན་པོ་ཉན་ཐོས་ཀྱི་སའམ། རང་སངས་རྒྱས་ཀྱི་ས་ལ་ཡང་དག་པར་སྐྱུལ་[1]བ་མི་མཛད་དེ། ཀྱེ་མ་འདི་ནི་བདུད་སྡིག་[2]ཏོ་ཅན་ནམ། བདུད་སྡིག་ཏོ་ཅན་གྱིས་བྱིན་གྱིས་བརླབས་པའི་སྤྲུལ་པ་ཞིག་སངས་རྒྱས་ཀྱི་ཆ་བྱད་དུ་ཉེ་བར་འོངས་སོ་སྙམ་དུ་[3]སེམས་པ་དང་། གལ་ཏེ་རབ་འབྱོར་བྱང་ཆུབ་སེམས་དཔའ་སེམས་དཔའ་ཆེན་པོ་ཤིན་ཏུ་རྒྱས་པའི་མདོ་སྡེ་ཀློག་པ་དང་། ཁ་ཏོན་བྱེད་བྱེད་[4]པ་ལ་བདུད་སྡིག་ཏོ་ཅན་སངས་རྒྱས་ཀྱི་ཆ་བྱད་དུ་ཉེ་བར་འོངས་ནས། དེ་ལ་འདི་སྐད་དུ་གང་ལ་ཁྱོད་སྤྱོད་པའི་མདོ་སྡེ་འདི་དག་ནི་བདུད་ཀྱིས་བཤད་པ་ཡིན་ཏེ། འདི་དག་ནི་སངས་རྒྱས་བཅོམ་ལྡན་འདས་རྣམས་དང་། ཉན་ཐོས་དང་རང་སངས་རྒྱས་[5]ཀྱིས་བཤད་པ་མ་ཡིན་ནོ་ཞེས་ཟེར་ན། རབ་འབྱོར་དེ་ལ་བྱང་ཆུབ་སེམས་དཔའ་སེམས་དཔའ་ཆེན་པོས། ཀྱེ་མ་གང་བདག་བླ་ན་མེད་པ་ཡང་དག་པར་རྫོགས་པའི་བྱང་ཆུབ་དང་འབྲལ་བར་བྱེད་པ་འདི་ནི་བདུད་སྡིག་ཏོ་ཅན་ནམ། བདུད་ཀྱིས་བྱིན་གྱིས་བརླབས་པའི་སྤྲུལ་པའོ། །ཞེས་བྱ་བར་རིག་པར་བྱེད་ན། རབ་འབྱོར་བྱང་ཆུབ་སེམས་དཔའ་སེམས་དཔའ་ཆེན་པོ་དེ་[6]ནི་སྔོན་གྱི་དེ་བཞིན་གཤེགས་པ་དགྲ་བཅོམ་པ་ཡང་དག་པར་རྫོགས་པའི་སངས་རྒྱས་རྣམས་ཀྱིས། བླ་ན་མེད་པ་ཡང་དག་པར་རྫོགས་པའི་བྱང་ཆུབ་ཏུ་ལུང་བསྟན་པ་ཡིན་ཏེ། བྱང་ཆུབ་སེམས་དཔའ་སེམས་དཔའ་ཆེན་པོ་དེ་ནི་ཕྱིར་མི་ལྡོག་པའི་ས་ལ་གནས་པར་རིག་པར་བྱའོ། །དེ་ཅིའི་ཕྱིར་ཞེ་ན། གང་ཕྱིར་མི་ལྡོག་པའི་བྱང་ཆུབ་སེམས་དཔའ་སེམས་དཔའ་ཆེན་པོ་རྣམས་ཀྱི་རྣམ་པ་དེ་དག་དང་། ཚུལ་དེ་དག་དང་། མཚན་མ་དེ་དག་ནི་དེ་ལ་ཡོད་དོ། །རབ་འབྱོར་རྣམ་པ་དེ་དག་དང་། ༔ཚུལ་དེ་དག་དང་།[7] མཚན་མ་དེ་དག་དང་ལྡན་པའི་བྱང་ཆུབ་སེམས་དཔའ་སེམས་

དཔའ་ཆེན་པོ་དེ་[1]ནི་ཕྱིར་མི་ལྡོག་པར་རིག་པར་བྱའོ། །རབ་འབྱོར་གཞན་ཡང་ཕྱིར་མི་ལྡོག་པའི་བྱང་ཆུབ་སེམས་དཔའ་སེམས་དཔའ་ཆེན་པོ་ནི། ཤེས་རབ་ཀྱི་ཕ་རོལ་ཏུ་ཕྱིན་པ་ལ་སྤྱོད་པའི་ཚེ། དམ་པའི་ཆོས་ཡོངས་སུ་གཟུང་[2]བའི་ཕྱིར་བདག་ཀྱང་ཡོངས་སུ་གཏོང་ལ། སྲོག་ཡོངས་སུ་ཆད་པར་འགྱུར་ཡང་སྟོད་ཅིང་ཆོས་དེ་ཡོངས་སུ་མི་གཏོང་ངོ་། །རབ་འབྱོར་བྱང་ཆུབ་སེམས་དཔའ་སེམས་དཔའ་ཆེན་པོ་དེ་ནི་དམ་པའི་ཆོས་ཡོངས་སུ་གཟུང་[3]བའི་ཕྱིར་འདི་ལྟར་བརྩོན་པར་བྱེད་དེ། འདས་པ་དང་། མ་བྱོན་པ་དང་། ད་ལྟར་བྱུང་བའི་སངས་རྒྱས་བཅོམ་ལྡན་འདས་རྣམས་ཀྱི་དམ་པའི་ཆོས་ཡོངས་སུ་བཟུང་ཞིང་དམ་པའི་ཆོས་ཡོངས་སུ་མི་གཏོང་བ་དེ་ལྟར་བརྩོན་པར་བྱེད་དོ། །དེ་ཅིའི་ཕྱིར་ཞེ་ན། འདི་ལྟར་དེ་ནི་འདི་སྙམ་དུ་སེམས་ཏེ། དམ་པའི་ཆོས་ཡོངས་སུ་བཟུང་ན་འདས་པ་དང་། མ་བྱོན་པ་དང་། ད་ལྟར་བྱུང་བའི་སངས་རྒྱས་བཅོམ་ལྡན་འདས་རྣམས་མཆོད་པར་འགྱུར། དེ་དག་གི་དམ་པའི་ཆོས་ཀྱང་ཡོངས་སུ་གཟུང་[4]བར་འགྱུར་རོ་སྙམ་མོ། །དེ་ལ་ཆོས་གང་གི་དོན་དུ་བྱང་ཆུབ་སེམས་དཔའ་སེམས་དཔའ་ཆེན་པོ་བདག་ཡོངས་སུ་གཏོང་ཞིང་། སྲོག་ཡོངས་སུ་ཆད་པར་འགྱུར་ཡང་སྟོད་པའི་ཆོས་དེ་གང་ཞེ་ན། རབ་འབྱོར་འདི་ལ་དེ་བཞིན་གཤེགས་པ་དགྲ་བཅོམ་པ་ཡང་དག་པར་རྫོགས་པའི་སངས་རྒྱས་ཆོས་ཐམས་ཅད་སྟོང་ངོ་ཞེས་ཆོས་སྟོན་ཏེ[5]། དེ་ལ་སྐྱེས་བུ་བླུན་པོ་ལ་ལ་འདི་ནི་ཆོས་མ་ཡིན། ༑འདི་ནི་འདུལ་བ་མ་ཡིན།[6] འདི་ནི་སྟོན་པས་བསྟན་པ་མ་ཡིན་ནོ། །ཞེས་ཕྱིར་རྒོལ་ཞིང་ངན་དུ་རྗོད་[7]དེ། རབ་འབྱོར་ཆོས་[8]དེའི་ཕྱིར་བྱང་ཆུབ་སེམས་དཔའ་སེམས་དཔའ་ཆེན་པོ་བདག་ཡོངས་སུ་གཏོང་ཞིང་སྲོག་ཡོངས་སུ་ཆད་པར་འགྱུར་ཡང་མི་གཏོང་ངོ་། །རབ་འབྱོར་དེ་ལྟར་བྱང་ཆུབ་སེམས་དཔའ་སེམས་དཔའ་ཆེན་པོ་[9]འདི

ལྟར་བསླབ་པར་བྱ་སྟེ། གང་མ་འོངས་པའི་དུས་ན་དེ་བཞིན་གཤེགས་པ་འབྱུང་[༡] བར་འགྱུར་བ་དེ་དག་གི་ནང་དུ་བདག་ཀྱང་གྲངས་སུ་གཞུག་གོ། །བདག་ཀྱང་དེར་ལུང་བསྟན་ཏོ། །ཆོས་གང་གི་ཕྱིར་བདག་ཡོངས་སུ་གཏོང་བ་དང་། སྲོག་ཡོངས་སུ་ཆད་པར་འགྱུར་ཡང་མི་གཏོང་བ་དེ་ཡང་བདག་གི་ཆོས་སོ་ཞེས་བསླབ་བོ། །རབ་འབྱོར་བྱང་ཆུབ་སེམས་དཔའ་སེམས་དཔའ་ཆེན་པོས་དོན་གྱི་དབང་འདི་མཐོང་བས། དམ་པའི་ཆོས་ཡོངས་སུ་གཟུང་[༢] བའི་ཕྱིར་བདག་ཀྱང་ཡོངས་སུ་གཏོང་ལ། སྲོག་ཡོངས་སུ་ཆད་པ་ཡིན་ཡང་སྟོད་པ་ཡིན་ནོ། །རབ་འབྱོར་རྣམ་པ་དེ་དག་དང་། ཚུལ་དེ་དག་དང་། མཚན་མ་དེ་དག་དང་ལྡན་པའི་[༣] བྱང་ཆུབ་སེམས་དཔའ་སེམས་དཔའ་ཆེན་པོ་ནི། ཕྱིར་མི་ལྡོག་པར་རིག་པར་བྱའོ། །རབ་འབྱོར་གཞན་ཡང་ཕྱིར་མི་ལྡོག་པའི་བྱང་ཆུབ་སེམས་དཔའ་སེམས་དཔའ་ཆེན་པོ་ནི་དེ་བཞིན་གཤེགས་པ་དགྲ་བཅོམ་པ་ཡང་དག་པར་རྫོགས་པའི་སངས་རྒྱས་ཆོས་སྟོན་པ་ལ་ནེམ་ནུར་མེད། ཐེ་ཙོམ་མི་ཟ་ཞིང་གང་སངས་རྒྱས་བཅོམ་ལྡན་འདས་དེ་དག་གསུང་བ་དེ་ཐམས་ཅད་ཡོངས་སུ་འཛིན་ཏོ། །དེ་ལྟར་བཟུང་ནས་ཀྱང་ཆུད་ཟ་བར་མི་བྱེད་དོ། །དེ་ཅིའི་ཕྱིར་ཞེ་ན། དེ་ནི་འདི་ལྟར་གཟུངས་རབ་ཏུ་ཐོབ་པའི་ཕྱིར་རོ། །དེ་ནས་ཚེ་དང་ལྡན་པ་རབ་འབྱོར་གྱིས་བཅོམ་ལྡན་འདས་ལ་འདི་སྐད་ཅེས་གསོལ་ཏོ། །བཅོམ་ལྡན་འདས་གཟུངས་གང་ཐོབ་པས་བྱང་ཆུབ་སེམས་དཔའ་སེམས་དཔའ་ཆེན་པོའི་དེ་བཞིན་གཤེགས་པས་གསུངས་པའི་མདོ་རྣམས་ཆབ་མི་འཚལ་བ་ལགས། བཅོམ་ལྡན་འདས་ཀྱིས་བཀའ་སྩལ་པ། རབ་འབྱོར་མི་ཟད་པའི་ཟ་མ་ཏོག་གི་གཟུངས་རབ་ཏུ་ཐོབ་པས། བྱང་ཆུབ་སེམས་དཔའ་སེམས་དཔའ་ཆེན་པོའི། དེ་བཞིན་གཤེགས་པས་གསུངས་པའི་མདོ་རྣམས་ཆུད་མི་ཟའོ། །དེ་བཞིན་དུ་རྒྱ་མཚོའི་ཕྱག་རྒྱ་དང་། པད་མོ་[༤] རྣམ་པར་བཀོད་པ་

དང་། ཡོངས་སུ་འཛིན་པའི་གཟུངས་རབ་ཏུ་ཐོབ་པས། བྱང་ཆུབ་སེམས་དཔའ་སེམས་དཔའ་ཆེན་པོའི། དེ་བཞིན་གཤེགས་པས་གསུངས་པའི་མདོ་རྣམས་ཆུད་མི་ཟའོ། །གསོལ་པ། བཅོམ་ལྡན་འདས་དེ་བཞིན་གཤེགས་པ་དགྲ་བཅོམ་པ་ཡང་དག་པར་རྫོགས་པའི་སངས་རྒྱས་ཀྱིས་གསུངས་པ་འབའ་ཞིག[༡] ཆབ་མི་འཚལ་དུ་བས་ཀྱི། ཉན་ཐོས་ཀྱིས[༢] བཤད་པ་མ་ལགས་སམ། ལྷས་བཤད་པ་མ་ལགས་སམ། ཀླུས་བཤད་པ་མ་ལགས་སམ། གནོད་སྦྱིན་གྱིས་བཤད་པ་མ་ལགས་སམ། དྲི་ཟས་བཤད་པ་མ་ལགས་སམ། ལྷ་མ་ཡིན་གྱིས··· བཤད་པ་མ་ལགས་སམ། ནམ་མཁའ་ལྡིང་གིས་བཤད་པ་མ་ལགས་སམ། ལྟོ་འཕྱེ་ཆེན་པོས་བཤད་པ་མ་ལགས་སམ། བཅོམ་ལྡན་འདས་ཀྱིས་བཀའ་སྩལ་པ། རབ་འབྱོར་བྱང་ཆུབ་སེམས་དཔའ་སེམས་དཔའ་ཆེན་པོ་ནི། སྐད་དང་། བརྡ[༣] དང་། སྒྲ་གང་ཡང་རུང་སྟེ། དེ་དག་ཐམས་ཅད་ལ་ནེམ་ནུར་མེད་དོ[༤]། །ཐེ་ཚོམ་མེད་དོ། །དེ་ཅིའི་ཕྱིར་ཞེ་ན། དེ་ལྟར་དེས་གཟུངས་རབ་ཏུ་ཐོབ་པའི་ཕྱིར་རོ། །རབ་འབྱོར་རྣམ་པ་དེ་དག་དང་། ཚུལ་དེ་དག་དང་། མཚན་མ་དེ་དག་དང་ལྡན་པའི་བྱང་ཆུབ་སེམས་དཔའ་སེམས་དཔའ་ཆེན་པོ་ནི་ཕྱིར་མི···ལྡོག་པར་རིག་པར་བྱའོ། །ཤེས་རབ་ཀྱི་ཕ་རོལ་ཏུ་ཕྱིན་པ་སྟོང་ཕྲག་བརྒྱ་པ་ལས། :ཕྱིར་མི་ལྡོག་པའི་རྣམ་པ་དང་། ཚུལ་གྱི[༥] ལེའུ་སྟེ[༦] བཞི་བཅུའོ[༧]།། །།

ཤེས་རབ་ཀྱི་ཕ་རོལ་ཏུ་ཕྱིན་པ་སྟོང་ཕྲག་བརྒྱ་པ། བམ་པོ:བཅུ་གཅིག[༡] པ། དེ་སྐད་ཅེས་བཀའ་སྩལ་པ་དང་། ཚེ་དང་ལྡན་པ་རབ་འབྱོར་གྱིས་བཅོམ་ལྡན···འདས་ལ་འདི་སྐད་ཅེས་གསོལ་ཏོ། །བཅོམ་ལྡན་འདས་ཕྱིར་མི་ལྡོག་པའི་བྱང···ཆུབ་སེམས་དཔའ་སེམས་དཔའ་ཆེན་པོ་ནི་ཡོན་ཏན་ཆེན་པོ་དང་ལྡན་པའོ། །

བཅོམ་ལྡན་འདས་ཕྱིར་མི་ལྡོག་པའི་བྱང་ཆུབ་སེམས་དཔའ་སེམས་དཔའ་ཆེན་པོ་ནི་ཚད་མ་མཆིས། གྲངས་མ་མཆིས། དཔག་ཏུ་མ་མཆིས་པའི་ཡོན་ཏན་དང་ལྡན་པའོ། །བཅོམ་ལྡན་འདས་ཕྱིར་མི་ལྡོག་པའི་བྱང་ཆུབ་སེམས་དཔའ་སེམས་དཔའ་ཆེན་པོ་ནི་བརྗོད་[1]དུ་མ་མཆིས་པའི་ཡོན་ཏན་དང་ལྡན་པའོ། །བཅོམ་ལྡན་འདས་ཀྱིས་བཀའ་སྩལ་པ། རབ་འབྱོར་དེ་དེ་བཞིན་ནོ། །དེ་དེ་བཞིན་ཏེ། རབ་འབྱོར་ཕྱིར་མི་ལྡོག་པའི་བྱང་ཆུབ་སེམས་དཔའ་སེམས་དཔའ་ཆེན་པོ་ནི་ཡོན་ཏན་ཆེན་པོ་དང་ལྡན་པའོ། །རབ་འབྱོར་ཕྱིར་མི་ལྡོག་པའི་བྱང་ཆུབ་སེམས་དཔའ་སེམས་དཔའ་ཆེན་པོ་ནི་ཚད་མེད། གྲངས་མེད་དཔག་ཏུ་མེད་པའི་ཡོན་ཏན་དང་ལྡན་པའོ། །རབ་འབྱོར་ཕྱིར་མི་ལྡོག་པའི་བྱང་ཆུབ་སེམས་དཔའ་སེམས་དཔའ་ཆེན་པོ་ནི་བརྗོད་[2]དུ་མེད་པའི་ཡོན་ཏན་དང་ལྡན་པའོ། །དེ་ཅིའི་ཕྱིར་ཞེ་ན། དེ་ནི་འདི་ལྟར་དེས་ཉན་ཐོས་དང་། རང་སངས་རྒྱས་ཐམས་ཅད་དང་ཐུན་མོང་མ་ཡིན་པའི་ཡེ་ཤེས་མཐའ་ཡས་མུ་མེད་པ་[3]རབ་ཏུ་ཐོབ་སྟེ། ཡེ་ཤེས་དེ་ལ་གནས་ཤིང་ཕྱིར་མི་ལྡོག་པའི་བྱང་ཆུབ་སེམས་དཔའ་སེམས་དཔའ་ཆེན་པོ། སོ་སོ་ཡང་དག་པར་རིག་པ་མངོན་པར་བསྒྲུབས་[4]པ་གང་གིས་ལྷ་དང་མི་དང་ལྷ་མ་ཡིན་དུ་བཅས་པའི་འཇིག་རྟེན་གྱིས་དྲིས་ཀྱང་ལན་ཟད་པར་མི་འགྱུར་བའི[5]། སོ་སོ་ཡང་དག་པར་རིག་པ་མངོན་པར་སྒྲུབ་[6]བོ། །རབ་འབྱོར་གྱིས་གསོལ་པ། བཅོམ་ལྡན་འདས་དེ་བཞིན་གཤེགས་པ་དགྲ་བཅོམ་པ་ཡང་དག་པར་རྫོགས་པའི་སངས་རྒྱས་ལ་ནི་གང་གཱའི་ཀླུང་གི་བྱེ་མ་སྙེད་ཀྱི་[7]བསྐལ་པར་ཡང་རྣམ་པ་གང་དང་ཚུལ་གང་དང་། མཚན་མ་གང་གིས་ཕྱིར་མི་ལྡོག་པའི་བྱང་ཆུབ་སེམས་དཔའ་སེམས་དཔའ་ཆེན་པོར་བརྗོད་པའི་ཕྱིར་མི་ལྡོག་པའི་བྱང་ཆུབ་སེམས་དཔའ་སེམས་དཔའ་ཆེན་པོའི་རྣམ་པ་དང་ཚུལ་དང་མཚན་མ་རྣམས་སྟོན་པའི་

མཐུ་[7]མདའ་ན། བཅོམ་ལྡན་འདས་གང་ལ་གནས་ཤིང་། བྱང་ཆུབ་སེམས་དཔའ་སེམས་དཔའ་ཆེན་པོ་ཕ་རོལ་ཏུ་ཕྱིན་པ་དྲུག་ལ་སྤྱོད་པའི་ཚེ། དྲན་པ་ཉེ་བར་གཞག་པ་བཞི། ཡོངས་སུ་རྫོགས་པར་བགྱིད་པ་དང་། ཡང་དག་པར་སྤོང་བ་བཞི། ཡོངས་སུ་རྫོགས་པར་བགྱིད་པ་དང་། རྫུ་འཕྲུལ་གྱི་རྐང་པ་བཞི། ཡོངས་སུ་རྫོགས་པར་བགྱིད་པ་དང་། དབང་པོ་ལྔ་ཡོངས་སུ་རྫོགས་པར་བགྱིད་པ་དང་། སྟོབས་ལྔ་ཡོངས་སུ་རྫོགས་པར་བགྱིད་པ་དང་། བྱང་ཆུབ་ཀྱི་ཡན་ལག་བདུན་ཡོངས་སུ་རྫོགས་པར་བགྱིད་པ་དང་། འཕགས་པའི་ལམ་ཡན་ལག་བརྒྱད་པ་ཡོངས་སུ་རྫོགས་པར་བགྱིད་པ་དང་། འཕགས་པའི་བདེན་པ་རྣམས་ཡོངས་སུ་རྫོགས་པར་བགྱིད་པ་དང་། བསམ་གཏན་རྣམས་ཡོངས་སུ་རྫོགས་པར་བགྱིད་པ་དང་། ཚད་མེད་པ་རྣམས་ཡོངས་སུ་རྫོགས་པར་བགྱིད་པ་དང་། གཟུགས་མེད་པའི་སྙོམས་པར་འཇུག་པ་རྣམས་ཡོངས་སུ་རྫོགས་པར་བགྱིད་པ་དང་། རྣམ་པར་ཐར་པ་བརྒྱད་ཡོངས་སུ་རྫོགས་པར་བགྱིད་པ་དང་། མཐར་གྱིས་གནས་པའི་སྙོམས་པར་འཇུག་པ་དགུ་ཡོངས་སུ་རྫོགས་པར་བགྱིད་པ་དང་། རྣམ་པར་ཐར་པའི་སྒོ་སྟོང་པ་ཉིད་དང་། མཚན་མ་མེད་པ་དང་། སྨོན་པ་མེད་པ་ཡོངས་སུ་རྫོགས་པར་བགྱིད་པ་དང་། མངོན་པར་ཤེས་པ་རྣམས་ཡོངས་སུ་རྫོགས་པར་བགྱིད་པ་དང་། ཏིང་ངེ་འཛིན་རྣམས་ཡོངས་སུ་རྫོགས་པར་བགྱིད་པ་དང་། གཟུངས་ཀྱི་སྒོ་རྣམས་ཡོངས་སུ་རྫོགས་པར་བགྱིད་པ་དང་། དེ་བཞིན་གཤེགས་པའི་སྟོབས་བཅུ་ཡོངས་སུ་རྫོགས་པར་བགྱིད་པ་དང་། མི་འཇིགས་པ་བཞི་ཡོངས་སུ་རྫོགས་པར་བགྱིད་པ་དང་། སོ་སོ་ཡང་དག་པར་རིག་པ་བཞི་ཡོངས་སུ་རྫོགས་པར་བགྱིད་པ་དང་། བྱམས་པ་ཆེན་པོ་ཡོངས་སུ་རྫོགས་པར་བགྱིད་པ་དང་། སྙིང་རྗེ་ཆེན་པོ་ཡོངས་སུ་རྫོགས་པར་བགྱིད་པ་དང་།

སངས་རྒྱས་ཀྱི་ཆོས་མ་འདྲེས་པ་བཅོ་[༡]བརྒྱད་ཡོངས་སུ་རྫོགས་པར་བགྱིད་པ་དང་། ཐམས་ཅད་ཤེས་པ་ཉིད་ཡོངས་སུ་རྫོགས་པར་བགྱིད་པ་དང་། ལམ་གྱི་རྣམ་པ་ཤེས་པ་ཉིད་ཡོངས་སུ་རྫོགས་པར་བགྱིད་པ་དང་། རྣམ་པ་ཐམས་ཅད་མཁྱེན་པ་ཉིད་ཡོངས་སུ་རྫོགས་པར་བགྱིད་པའི་གནས་ཟབ་མོ་ཟབ་མོ་རྣམས་ལེགས་པར་བསྟན་དུ་གསོལ། བཅོམ་ལྡན་འདས་ཀྱིས་བཀའ་སྩལ་པ། རབ་འབྱོར་ལེགས་སོ་ལེགས་སོ། །རབ་འབྱོར་ཁྱོད་དེ་ལྟར་ཕྱིར་མི་ལྡོག་པའི་བྱང་ཆུབ་སེམས་དཔའ་སེམས་དཔའ་ཆེན་པོ་རྣམས་ཀྱི་དོན་དུ་དེ་བཞིན་གཤེགས་པ་ལ་གནས་ཟབ་མོ་ཟབ་མོ་རྣམས་དྲི་བར་སེམས་པ་[༢]ལེགས་སོ། །རབ་འབྱོར་ཟབ་མོ་ཞེས་[༣]བྱ་བ་འདི་ནི་སྟོང་པ་ཉིད་ཀྱི་ཚིག་[༤]བླ་དགས་[༥]སོ། །འདི་ནི་མཚན་མ་མེད་པ་དང་། སྨོན་པ་མེད་པ་དང་། མངོན་པར་འདུ༔བྱ་བ་[༦]མེད་པ་དང་། སྐྱེ་བ་མེད་པ་དང་། འདོད་ཆགས་དང་བྲལ་བ་དང་། འགོག་པ་དང་། མྱ་ངན་ལས་འདས་པ་དང་། ཞི་བ་དང་དེ་བཞིན་ཉིད་དང་། ཡང་དག་པའི་མཐའ་དང་། ཆོས་ཀྱི་དབྱིངས་ཀྱི་ཚིག་བླ་དགས་[༧]སོ། །རབ་འབྱོར་འདི་ལྟ་སྟེ། གང་མྱ་ངན་ལས་འདས་པའི་ཚིག་བླ་དགས་[༨]དེ་དག་ནི་གནས་ཟབ་མོ་ཟབ་མོ་ཞེས་བྱ་བ་དེ་དག་གོ། །གསོལ་པ། དེ་མྱ་ངན་ལས་འདས་པའི་ཚིག་བླ་དགས་[༩]སུ་བས་ཀྱི་ཆོས་ཐམས་ཅད་ཀྱི་ཚིག་བླ་དགས་[༡༠]མ་ལགས་སམ། བཅོམ་ལྡན་འདས་ཀྱིས་བཀའ་སྩལ་པ། རབ་འབྱོར་ཟབ་མོ་ཞེས་བྱ་བ་ནི་ཆོས་ཐམས་ཅད་ཀྱི་ཚིག་བླ་དགས་[༡༡]ཀྱང་ཡིན་ནོ། །དེ་ཅིའི་ཕྱིར་ཞེ་ན། རབ་འབྱོར་གཟུགས་ཟབ་བོ། །རབ་འབྱོར་ཚོར་བ་ཟབ་བོ། །རབ་འབྱོར་འདུ་ཤེས་ཟབ་བོ། །རབ་འབྱོར་འདུ་བྱེད་ཟབ་བོ། །རབ་འབྱོར་རྣམ་པར་ཤེས་པ་ཟབ་བོ། །རབ་འབྱོར་མིག་ཀྱང་ཟབ་བོ། །རབ་འབྱོར་རྣ་བ་ཡང་ཟབ་བོ། །རབ་འབྱོར་སྣ་ཡང་ཟབ་བོ། །

རབ་འབྱོར་ལྕེ་ཡང་ཟབ་བོ། །རབ་འབྱོར་ལུས་ཀྱང་ཟབ་བོ། །རབ་འབྱོར་ཡིད་ཀྱང་ཟབ་བོ། །རབ་འབྱོར་གཟུགས་ཀྱང་ཟབ་བོ། །རབ་འབྱོར་སྒྲ་ཡང་ཟབ་བོ། །རབ་འབྱོར་དྲི་ཡང་ཟབ་བོ། །རབ་འབྱོར་རོ་ཡང་ཟབ་བོ། །རབ་འབྱོར་རེག་ཀྱང་ཟབ་བོ། །རབ་འབྱོར་ཆོས་ཀྱང་ཟབ་བོ། །རབ་འབྱོར་མིག་གི་རྣམ་པར་ཤེས་པ་ཡང་ཟབ་བོ། །རབ་འབྱོར་རྣ་བའི་རྣམ་པར་ཤེས་པ་ཡང་ཟབ་བོ། །རབ་འབྱོར་སྣའི་རྣམ་པར་ཤེས་པ་ཡང་ཟབ་བོ། །རབ་འབྱོར་ལྕེའི་རྣམ་པར་ཤེས་པ་ཡང་ཟབ་བོ། །རབ་འབྱོར་ལུས་ཀྱི་རྣམ་པར་ཤེས་པ་ཡང་ཟབ་བོ། །རབ་འབྱོར་ཡིད་ཀྱི་རྣམ་པར་ཤེས་པ་ཡང་ཟབ་བོ། །རབ་འབྱོར་མིག་གི་འདུས་ཏེ་རེག་པ་ཡང་ཟབ་བོ། །རབ་འབྱོར་རྣ་བའི་འདུས་ཏེ་རེག་པ་ཡང་ཟབ་བོ། །རབ་འབྱོར་སྣའི་འདུས་ཏེ་རེག་པ་ཡང་ཟབ་བོ། །རབ་འབྱོར་ལྕེའི་འདུས་ཏེ་རེག་པ་ཡང་ཟབ་བོ། །རབ་འབྱོར་ལུས་ཀྱི་འདུས་ཏེ་རེག་པ་ཡང་ཟབ་བོ། །རབ་འབྱོར་ཡིད་ཀྱི་འདུས་ཏེ་རེག་པ་ཡང་ཟབ་བོ། །རབ་འབྱོར་མིག་གི་འདུས་ཏེ་རེག་པའི་རྐྱེན་གྱིས་ཚོར་བ་ཡང་ཟབ་བོ། །རབ་འབྱོར་རྣ་བའི་འདུས་ཏེ་རེག་པའི་རྐྱེན་གྱིས་ཚོར་བ་ཡང་ཟབ་བོ། །རབ་འབྱོར་སྣའི་འདུས་ཏེ་རེག་པའི་རྐྱེན་གྱིས་ཚོར་བ་ཡང་ཟབ་བོ། །རབ་འབྱོར་ལྕེའི་འདུས་ཏེ་རེག་པའི་རྐྱེན་གྱིས་ཚོར་བ་ཡང་ཟབ་བོ། །རབ་འབྱོར་ལུས་ཀྱི་འདུས་ཏེ་རེག་པའི་རྐྱེན་གྱིས་ཚོར་བ་ཡང་ཟབ་བོ། །རབ་འབྱོར་ཡིད་ཀྱི་འདུས་ཏེ་རེག་པའི་རྐྱེན་གྱིས་ཚོར་བ་ཡང་ཟབ་བོ། །རབ་འབྱོར་སའི་ཁམས་ཀྱང་ཟབ་བོ། །རབ་འབྱོར་ཆུའི་ཁམས་ཀྱང་ཟབ་བོ། །རབ་འབྱོར་མེའི་ཁམས་ཀྱང་ཟབ་བོ། །རབ་འབྱོར་རླུང་གི་ཁམས་ཀྱང་ཟབ་བོ། །རབ་འབྱོར་ནམ་མཁའི་ཁམས་ཀྱང་ཟབ་བོ། །རབ་འབྱོར་རྣམ་པར་ཤེས་པའི་ཁམས་ཀྱང་ཟབ་བོ། །རབ་འབྱོར་མ་རིག་པ་ཡང་ཟབ་བོ། །རབ་འབྱོར་འདུ་བྱེད་

ཀྱང་ཟབ་བོ། །རབ་འབྱོར་རྣམ་པར་ཤེས་པ་ཡང་ཟབ་བོ། །རབ་འབྱོར་མིག་དང་གཟུགས་ཀྱང་ཟབ་བོ། །རབ་འབྱོར་སྐྱེ་མཆེད་དྲུག་ཀྱང་ཟབ་བོ། །རབ་འབྱོར་རེག་པ་ཡང་ཟབ་བོ། །རབ་འབྱོར་ཚོར་བ་ཡང་ཟབ་བོ། །རབ་འབྱོར་སྲེད་པ་ཡང་ཟབ་བོ། །རབ་འབྱོར་ལེན་པ་ཡང་ཟབ་བོ། །རབ་འབྱོར་སྲིད་པ་ཡང་ཟབ་བོ། །རབ་འབྱོར་སྐྱེ་བ་ཡང་ཟབ་བོ། །རབ་འབྱོར་རྒ་ཤི་ཡང་ཟབ་བོ།། རབ་འབྱོར་སྦྱིན་པའི་ཕ་རོལ་ཏུ་ཕྱིན་པ་ཡང་ཟབ་བོ། །རབ་འབྱོར་ཚུལ་ཁྲིམས་ཀྱི་ཕ་རོལ་ཏུ་ཕྱིན་པ་ཡང་(༡)ཟབ་བོ། །རབ་འབྱོར་བཟོད་པའི་ཕ་རོལ་ཏུ་ཕྱིན་པ་ཡང་(༢)ཟབ་བོ། །རབ་འབྱོར་བརྩོན་འགྲུས་ཀྱི་ཕ་རོལ་ཏུ་ཕྱིན་པ་ཡང་(༣)ཟབ་བོ། །རབ་འབྱོར་བསམ་གཏན་གྱི་ཕ་རོལ་ཏུ་ཕྱིན་པ་ཡང་(༤)ཟབ་བོ། །རབ་འབྱོར་ཤེས་རབ་ཀྱི་ཕ་རོལ་ཏུ་ཕྱིན་པ་ཡང་ཟབ་བོ། །རབ་འབྱོར་ནང་སྟོང་པ་ཉིད་ཀྱང་ཟབ་བོ། །རབ་འབྱོར་ཕྱི་སྟོང་པ་ཉིད་ཀྱང་ཟབ་བོ། །རབ་འབྱོར་ཕྱི་ནང་སྟོང་པ་ཉིད་ཀྱང་ཟབ་བོ། །རབ་འབྱོར་སྟོང་པ་ཉིད་སྟོང་པ་ཉིད་ཀྱང་ཟབ་བོ། །རབ་འབྱོར་ཆེན་པོ་སྟོང་པ་ཉིད་ཀྱང་ཟབ་བོ། །རབ་འབྱོར་དོན་དམ་པ་སྟོང་པ་ཉིད་ཀྱང་ཟབ་བོ། །རབ་འབྱོར་འདུས་བྱས་སྟོང་པ་ཉིད་ཀྱང་ཟབ་བོ། །རབ་འབྱོར་འདུས་མ་བྱས་སྟོང་པ་ཉིད་ཀྱང་ཟབ་བོ། །རབ་འབྱོར་མཐའ་ལས་འདས་པ་སྟོང་པ་ཉིད་ཀྱང་ཟབ་བོ། །རབ་འབྱོར་ཐོག་མ་དང་ཐ་མ་མེད་པ་སྟོང་པ་ཉིད་ཀྱང་ཟབ་བོ། །རབ་འབྱོར་དོར་བ་མེད་པ་སྟོང་པ་ཉིད་ཀྱང་ཟབ་བོ། །རབ་འབྱོར་རང་བཞིན་སྟོང་པ་ཉིད་ཀྱང་ཟབ་བོ། །རབ་འབྱོར་ཆོས་ཐམས་ཅད་སྟོང་པ་ཉིད་ཀྱང་ཟབ་བོ། །རབ་འབྱོར་རང་གི་མཚན་ཉིད་(༥)སྟོང་པ་ཉིད་ཀྱང་ཟབ་བོ། རབ་འབྱོར་མི་དམིགས་པ་སྟོང་པ་ཉིད་ཀྱང་ཟབ་བོ། །རབ་འབྱོར་དངོས་པོ་མེད་པ་སྟོང་པ་ཉིད་ཀྱང་ཟབ་བོ། །རབ་འབྱོར་ངོ་བོ་ཉིད་སྟོང་པ་ཉིད་ཀྱང་ཟབ་བོ།

རབ་འབྱོར་དངོས་པོ་མེད་པའི་ངོ་བོ་ཉིད་སྟོང་པ་ཉིད་ཀྱང་ཟབ་བོ། །རབ་འབྱོར་དྲན་པ་ཉེ་བར་གཞག་པ་རྣམས་ཀྱང་ཟབ་བོ། །རབ་འབྱོར་ཡང་དག་པར་[༡]སྤོང་བ་རྣམས་ཀྱང་ཟབ་བོ། །རབ་འབྱོར་རྫུ་འཕྲུལ་གྱི་རྐང་པ་རྣམས་ཀྱང་ཟབ་བོ། །རབ་འབྱོར་དབང་པོ་རྣམས་ཀྱང་ཟབ་བོ། །རབ་འབྱོར་སྟོབས་རྣམས་ཀྱང་ཟབ་བོ།། རབ་འབྱོར་བྱང་ཆུབ་ཀྱི་ཡན་ལག་རྣམས་ཀྱང་ཟབ་བོ། །རབ་འབྱོར་འཕགས་པའི་ལམ་ཡན་ལག་བརྒྱད་པ་ཡང་ཟབ་བོ། །རབ་འབྱོར་འཕགས་པའི་བདེན་པ་རྣམས་ཀྱང་ཟབ་བོ། །རབ་འབྱོར་བསམ་གཏན་རྣམས་ཀྱང་ཟབ་བོ། །རབ་འབྱོར་ཚད་མེད་པ་རྣམས་ཀྱང་ཟབ་བོ། །རབ་འབྱོར་གཟུགས་མེད་པའི་སྙོམས་པར་འཇུག་པ་རྣམས་ཀྱང་ཟབ་བོ། །རབ་འབྱོར་རྣམ་པར་ཐར་པ་རྣམས་ཀྱང་ཟབ་བོ། །རབ་འབྱོར་མཐར་གྱིས་གནས་པའི་སྙོམས་པར་འཇུག་པ་རྣམས་ཀྱང་ཟབ་བོ། །རབ་འབྱོར་རྣམ་པར་ཐར་པའི་སྒོ་སྟོང་པ་ཉིད་དང་། མཚན་མ་མེད་པ་དང་། སྨོན་པ་མེད་པ་ཡང་ཟབ་བོ། །རབ་འབྱོར་མངོན་པར་ཤེས་པ་རྣམས་ཀྱང་ཟབ་བོ། །རབ་འབྱོར་ཏིང་ངེ་འཛིན་རྣམས་ཀྱང་ཟབ་བོ། །རབ་འབྱོར་གཟུངས་ཀྱི་སྒོ་རྣམས་ཀྱང་ཟབ་བོ། །རབ་འབྱོར་དེ་བཞིན་གཤེགས་པའི་སྟོབས་བཅུ་ཡང་ཟབ་བོ། །རབ་འབྱོར་མི་འཇིགས་པ་བཞི་ཡང་ཟབ་བོ། །རབ་འབྱོར་སོ་སོ་ཡང་དག་པར་རིག་པ་བཞི་ཡང་ཟབ་བོ། །རབ་འབྱོར་བྱམས་པ་ཆེན་པོ་ཡང་ཟབ་བོ། །རབ་འབྱོར་སྙིང་རྗེ་ཆེན་པོ་ཡང་ཟབ་བོ། །རབ་འབྱོར་སངས་རྒྱས་ཀྱི་ཆོས་མ་འདྲེས་པ་བཅོ་[༢]བརྒྱད་ཀྱང་ཟབ་བོ། །རབ་འབྱོར་རྒྱུན་དུ་ཞུགས་པའི་འབྲས་བུ་ཡང་ཟབ་བོ། །རབ་འབྱོར་ལན་ཅིག་ཕྱིར་འོང་བའི་འབྲས་བུ་ཡང་ཟབ་བོ། །རབ་འབྱོར་ཕྱིར་མི་འོང་བའི་འབྲས་བུ་ཡང་ཟབ་བོ། །རབ་འབྱོར་དགྲ་བཅོམ་པ་ཉིད་ཀྱང་ཟབ་བོ། །རབ་འབྱོར་རང་བྱང་ཆུབ་ཀྱང་

ཟབ་པོ། །རབ་འབྱོར་ལམ་གྱི་རྣམ་པ་ཤེས་པ་ཉིད་ཀྱང་ཟབ་པོ། །རབ་འབྱོར་རྣམ་པ་ཐམས་ཅད་མཁྱེན་པ་ཉིད་ཀྱང་ཟབ་པོ། །རབ་འབྱོར་བྱང་ཆུབ་ཀྱང་ཟབ་པོ།། །རབ་འབྱོར་ཇི་ལྟར་ན་གཟུགས་ཟབ། ཇི་ལྟར་ན་ཚོར་བ་ཟབ། ཇི་ལྟར་ན་འདུ་ཤེས་ཟབ། ཇི་ལྟར་ན་འདུ་བྱེད་ཟབ། ཇི་ལྟར་ན་རྣམ་པར་ཤེས་པ་ཟབ། ཇི་ལྟར་ན་མིག་ཟབ། ཇི་ལྟར་ན་རྣ་བ་ཟབ། ཇི་ལྟར་ན་སྣ་ཟབ། ཇི་ལྟར་ན་ལྕེ་ཟབ། ཇི་ལྟར་ན་ལུས་ཟབ། ཇི་ལྟར་ན་ཡིད་ཟབ། ཇི་ལྟར་ན་གཟུགས་ཟབ། ཇི་ལྟར་ན་སྒྲ་ཟབ། ཇི་ལྟར་ན་དྲི་ཟབ། ཇི་ལྟར་ན་རོ་ཟབ། ཇི་ལྟར་ན་རེག་[7]ཟབ། ཇི་ལྟར་ན་ཆོས་ཟབ། ཇི་ལྟར་ན་མིག་གི་རྣམ་པར་ཤེས་པ་ཟབ། ཇི་ལྟར་ན་རྣ་བའི་རྣམ་པར་ཤེས་པ་ཟབ། ཇི་ལྟར་ན་སྣའི་རྣམ་པར་ཤེས་པ་ཟབ། ཇི་ལྟར་ན་ལྕེའི་རྣམ་པར་ཤེས་པ་ཟབ། ཇི་ལྟར་ན་ལུས་ཀྱི་རྣམ་པར་ཤེས་པ་ཟབ། ཇི་ལྟར་ན་ཡིད་ཀྱི་རྣམ་པར་ཤེས་པ་ཟབ། ཇི་ལྟར་ན་མིག་གི་འདུས་ཏེ་རེག་པ་ཟབ། ཇི་ལྟར་ན་རྣ་བའི་འདུས་ཏེ་རེག་པ་ཟབ། ཇི་ལྟར་ན་སྣའི་འདུས་ཏེ་རེག་པ་ཟབ། ཇི་ལྟར་ན་ལྕེའི་འདུས་ཏེ་རེག་པ་ཟབ། ཇི་ལྟར་ན་ལུས་ཀྱི་འདུས་ཏེ་རེག་པ་ཟབ། ཇི་ལྟར་ན་ཡིད་ཀྱི་འདུས་ཏེ་རེག་པ་ཟབ། ཇི་ལྟར་ན་མིག་གི་འདུས་ཏེ་རེག་པའི་རྐྱེན་གྱིས་ཚོར་བ་ཟབ། ཇི་ལྟར་ན་རྣ་བའི་འདུས་ཏེ་རེག་པའི་རྐྱེན་གྱིས་ཚོར་བ་ཟབ། ཇི་ལྟར་ན་སྣའི་འདུས་ཏེ་རེག་པའི་རྐྱེན་གྱིས་ཚོར་བ་ཟབ། ཇི་ལྟར་ན་ལྕེའི་འདུས་ཏེ་རེག་པའི་རྐྱེན་གྱིས་ཚོར་བ་ཟབ། ཇི་ལྟར་ན་ལུས་ཀྱི་འདུས་ཏེ་རེག་པའི་རྐྱེན་གྱིས་ཚོར་བ་ཟབ། ཇི་ལྟར་ན་ཡིད་ཀྱི་འདུས་ཏེ་རེག་པའི་རྐྱེན་གྱིས་ཚོར་བ་ཟབ། ཇི་ལྟར་ན་སའི་ཁམས་ཟབ། ཇི་ལྟར་ན་ཆུའི་ཁམས་ཟབ། ཇི་ལྟར་ན་མེའི་ཁམས་ཟབ། ཇི་ལྟར་ན་རླུང་གི་ཁམས་ཟབ། ཇི་ལྟར་ན་ནམ་མཁའི་ཁམས་ཟབ། ཇི་ལྟར་ན་རྣམ་པར་ཤེས་

པའི་ཁམས་ཟབ། ཇི་ལྟར་ན་མ་རིག་པ་ཟབ། ཇི་ལྟར་ན་འདུ་བྱེད་ཟབ། ཇི་ལྟར་ན་རྣམ་པར་ཤེས་པ་ཟབ། ཇི་ལྟར་ན་མིང་དང་གཟུགས་ཟབ། ཇི་ལྟར་ན་སྐྱེ་མཆེད་དྲུག་ཟབ། ཇི་ལྟར་ན་རེག་པ་ཟབ། ཇི་ལྟར་ན་ཚོར་བ་ཟབ། ཇི་ལྟར་ན་སྲེད་པ་ཟབ། ཇི་ལྟར་ན་ལེན་པ་ཟབ། ཇི་ལྟར་ན་སྲིད་པ་ཟབ། ཇི་ལྟར་ན་སྐྱེ་བ་ཟབ། ཇི་ལྟར་ན་རྒ་ཤི་ཟབ། ཇི་ལྟར་ན་སྦྱིན་པའི་ཕ་རོལ་ཏུ་ཕྱིན་པ་ཟབ། ཇི་ལྟར་ན་ཚུལ་ཁྲིམས་ཀྱི་ཕ་རོལ་ཏུ་ཕྱིན་པ་ཟབ། ཇི་ལྟར་ན་བཟོད་པའི་ཕ་རོལ་ཏུ་ཕྱིན་པ་ཟབ། ཇི་ལྟར་ན་བརྩོན་འགྲུས་ཀྱི་ཕ་རོལ་ཏུ་ཕྱིན་པ་ཟབ། ཇི་ལྟར་ན་བསམ་གཏན་གྱི་ཕ་རོལ་ཏུ་ཕྱིན་པ་ཟབ། ཇི་ལྟར་ན་ཤེས་རབ་ཀྱི་ཕ་རོལ་ཏུ་ཕྱིན་པ་ཟབ། ཇི་ལྟར་ན་ནང་སྟོང་པ་ཉིད་ཟབ། ཇི་ལྟར་ན་ཕྱི་སྟོང་པ་ཉིད་ཟབ། ཇི་ལྟར་ན་ཕྱི་ནང་སྟོང་པ་ཉིད་ཟབ། ཇི་ལྟར་ན་སྟོང་པ་ཉིད་སྟོང་པ་ཉིད་ཟབ། ཇི་ལྟར་ན་ཆེན་པོ་སྟོང་པ་ཉིད་ཟབ། ཇི་ལྟར་ན་དོན་དམ་པ་སྟོང་པ་ཉིད་ཟབ། ཇི་ལྟར་ན་འདུས་བྱས་སྟོང་པ་ཉིད་ཟབ། ཇི་ལྟར་ན་འདུས་མ་བྱས་སྟོང་པ་ཉིད་ཟབ། ཇི་ལྟར་ན་མཐའ་ལས་འདས་པ་སྟོང་པ་ཉིད་ཟབ། ཇི་ལྟར་ན་ཐོག་མ་དང་ཐ་མ་མེད་པ་སྟོང་པ་ཉིད་ཟབ། ཇི་ལྟར་ན་དོར་བ་མེད་པ་སྟོང་པ་ཉིད་ཟབ། ཇི་ལྟར་ན་རང་བཞིན་སྟོང་པ་ཉིད་ཟབ། ཇི་ལྟར་ན་ཆོས་ཐམས་ཅད་སྟོང་པ་ཉིད་ཟབ། ཇི་ལྟར་ན་རང་གི་མཚན་ཉིད་སྟོང་པ་ཉིད་ཟབ། ཇི་ལྟར་ན་མི་དམིགས་པ་སྟོང་པ་ཉིད་ཟབ། ཇི་ལྟར་ན་དངོས་པོ་མེད་པ་སྟོང་པ་ཉིད་ཟབ། ཇི་ལྟར་ན་ངོ་བོ་ཉིད་སྟོང་པ་ཉིད་ཟབ། ཇི་ལྟར་ན་དངོས་པོ་མེད་པའི་ངོ་བོ་ཉིད་སྟོང་པ་ཉིད་ཟབ། ཇི་ལྟར་ན་དྲན་པ་ཉེ་བར་གཞག་པ་རྣམས་ཟབ། ཇི་ལྟར་ན་ཡང་དག་པར་སྤོང་བ་རྣམས་ཟབ། ཇི་ལྟར་ན་རྫུ་འཕྲུལ་གྱི་རྐང་པ་རྣམས་ཟབ། ཇི་ལྟར་ན་དབང་པོ་རྣམས་ཟབ། ཇི་ལྟར་ན་སྟོབས་རྣམས་ཟབ།

ཇི་ལྟར་ན་བྱང་ཆུབ་ཀྱི་ཡན་ལག་རྣམས་ཟབ། ཇི་ལྟར་ན་འཕགས་པའི་ལམ་ཡན་ལག་བརྒྱད་པ་ཟབ། ཇི་ལྟར་ན་འཕགས་པའི་བདེན་པ་རྣམས་ཟབ། ཇི་ལྟར་ན་བསམ་གཏན་རྣམས་ཟབ། ཇི་ལྟར་ན་ཚད་མེད་པ་རྣམས་ཟབ། ཇི་ལྟར་ན་གཟུགས་མེད་པའི་སྙོམས་པར་འཇུག་པ་རྣམས་ཟབ། ཇི་ལྟར་ན་རྣམ་པར་ཐར་པ་རྣམས་ཟབ། ཇི་ལྟར་ན་མཐར་གྱིས་གནས་པའི་སྙོམས་པར་འཇུག་པ་[༧]རྣམས་ཟབ། ཇི་ལྟར་ན་རྣམ་པར་ཐར་པའི་སྒོ་སྟོང་པ་ཉིད་དང་། མཚན་མ་མེད་པ་དང་། སྨོན་པ་མེད་པ་ཟབ། ཇི་ལྟར་ན་མངོན་པར་ཤེས་པ་རྣམས་ཟབ། ཇི་ལྟར་ན་ཏིང་ངེ་འཛིན་རྣམས་ཟབ། ཇི་ལྟར་ན་གཟུངས་ཀྱི་སྒོ་རྣམས་ཟབ། ཇི་ལྟར་ན་དེ་བཞིན་གཤེགས་པའི་སྟོབས་རྣམས་ཟབ། ཇི་ལྟར་ན་མི་འཇིགས་པ་རྣམས་ཟབ། ཇི་ལྟར་ན་སོ་སོ་ཡང་དག་པར་རིག་པ་རྣམས་ཟབ། ཇི་ལྟར་ན་བྱམས་པ་ཆེན་པོ་ཟབ། ཇི་ལྟར་ན་སྙིང་རྗེ་ཆེན་པོ་ཟབ། ཇི་ལྟར་ན་སངས་རྒྱས་ཀྱི་ཆོས་མ་འདྲེས་པ་བཅོ་[༡]བརྒྱད་ཟབ། ཇི་ལྟར་ན་རྒྱུན་དུ་ཞུགས་པའི་འབྲས་བུ་ཟབ། ཇི་ལྟར་ན་ལན་ཅིག་ཕྱིར་འོང་བའི་འབྲས་བུ་ཟབ། ཇི་ལྟར་ན་ཕྱིར་མི་འོང་བའི་འབྲས་བུ་ཟབ། ཇི་ལྟར་ན་དགྲ་བཅོམ་པ་ཉིད་ཟབ། ཇི་ལྟར་ན་རང་བྱང་ཆུབ་ཟབ། ཇི་ལྟར་ན་ལམ་གྱི་རྣམ་པ་ཤེས་པ་ཉིད་ཟབ། ཇི་ལྟར་ན་རྣམ་པ་ཐམས་ཅད་མཁྱེན་པ་ཉིད་ཟབ་ཅེ་ན། གཟུགས་ཀྱི་དེ་བཞིན་ཉིད་ཇི་ལྟ་བ་དེ་བཞིན་དུ་གཟུགས་ཟབ་བོ། །ཚོར་བའི་དེ་བཞིན་ཉིད་ཇི་ལྟ་བ་དེ་བཞིན་དུ་ཚོར་བ་ཟབ་བོ། །འདུ་ཤེས་ཀྱི་དེ་བཞིན་ཉིད་ཇི་ལྟ་བ་དེ་བཞིན་དུ་འདུ་ཤེས་ཟབ་བོ། །འདུ་བྱེད་ཀྱི་དེ་བཞིན་ཉིད་ཇི་ལྟ་བ་དེ་བཞིན་དུ་འདུ་བྱེད་ཟབ་བོ།། རྣམ་པར་ཤེས་པའི་དེ་བཞིན་ཉིད་ཇི་ལྟ་བ་དེ་བཞིན་དུ་རྣམ་པར་ཤེས་པ་ཟབ་བོ། །མིག་གི་དེ་བཞིན་ཉིད་ཇི་ལྟ་བ་དེ་བཞིན་དུ་མིག་ཟབ་བོ། །རྣ་བའི་དེ་བཞིན་ཉིད་[༡]

ཇི་ལྟ་བ་དེ་བཞིན་དུ་རྣ་བ་ཟབ་བོ། །སྣའི་དེ་བཞིན་ཉིད་ཇི་ལྟ་བ་དེ་བཞིན་དུ་སྣ་ཟབ་བོ། །ལྕེའི་དེ་བཞིན་ཉིད་ཇི་ལྟ་བ་དེ་བཞིན་དུ་ལྕེ་ཟབ་བོ། །ལུས་ཀྱི་དེ་བཞིན་ཉིད་ཇི་ལྟ་བ་དེ་[1]བཞིན་དུ་ལུས་ཟབ་བོ། །ཡིད་ཀྱི་དེ་བཞིན་ཉིད་ཇི་ལྟ་བ་དེ་[2]བཞིན་དུ་ཡིད་ཟབ་བོ། །གཟུགས་ཀྱི་དེ་བཞིན་ཉིད་ཇི་ལྟ་བ་དེ་བཞིན་དུ་གཟུགས་ཟབ་བོ། །སྒྲའི་དེ་བཞིན་ཉིད་ཇི་ལྟ་བ་དེ་བཞིན་དུ་སྒྲ་ཟབ་བོ། །དྲིའི་དེ་བཞིན་ཉིད་ཇི་ལྟ་བ་དེ་བཞིན་དུ་དྲི་ཟབ་བོ། །རོའི་དེ་བཞིན་ཉིད་ཇི་ལྟ་བ་དེ་[3]བཞིན་དུ་རོ་ཟབ་བོ། །རེག་གི་དེ་བཞིན་ཉིད་ཇི་ལྟ་བ་དེ་བཞིན་དུ་རེག་ཟབ་བོ། །ཆོས་ཀྱི་དེ་བཞིན་ཉིད་ཇི་ལྟ་བ་དེ་བཞིན་དུ་ཆོས་ཟབ་བོ། །མིག་གི་རྣམ་པར་ཤེས་པའི་དེ་བཞིན་ཉིད་ཇི་ལྟ་བ་དེ་བཞིན་དུ་མིག་གི་རྣམ་པར་ཤེས་པ་ཟབ་བོ། །རྣ་བའི་རྣམ་པར་ཤེས་པའི་དེ་བཞིན་ཉིད་ཇི་ལྟ་བ་དེ་བཞིན་དུ་རྣ་བའི་རྣམ་པར་ཤེས་པ་ཟབ་བོ། །སྣའི་རྣམ་པར་ཤེས་པའི་དེ་བཞིན་ཉིད་ཇི་ལྟ་བ་དེ་བཞིན་དུ་སྣའི་རྣམ་པར་ཤེས་པ་ཟབ་བོ། །ལྕེའི་རྣམ་པར་ཤེས་པའི་དེ་བཞིན་ཉིད་ཇི་ལྟ་བ་དེ་བཞིན་དུ་ལྕེའི་རྣམ་པར་ཤེས་པ་ཟབ་བོ། །ལུས་ཀྱི་རྣམ་[4]པར་ཤེས་པའི་དེ་བཞིན་ཉིད་ཇི་ལྟ་བ་དེ་བཞིན་དུ་ལུས་ཀྱི་རྣམ་པར་[5]ཤེས་པ་ཟབ་བོ། །ཡིད་ཀྱི་རྣམ་པར་ཤེས་པའི་དེ་བཞིན་ཉིད་ཇི་ལྟ་བ་དེ་བཞིན་དུ་ཡིད་ཀྱི་རྣམ་པར་ཤེས་པ་ཟབ་བོ། །མིག་གི་འདུས་ཏེ་རེག་པའི་དེ་བཞིན་ཉིད་ཇི་ལྟ་བ་དེ་བཞིན་དུ་མིག་གི་འདུས་ཏེ་རེག་པ་ཟབ་བོ། །རྣ་བའི་འདུས་ཏེ་རེག་པའི་དེ་བཞིན་ཉིད་ཇི་ལྟ་བ་དེ་བཞིན་དུ་རྣ་བའི་འདུས་ཏེ་རེག་པ་ཟབ་བོ། །སྣའི་འདུས་ཏེ་རེག་པའི་དེ་བཞིན་ཉིད་ཇི་ལྟ་བ་དེ་བཞིན་དུ་སྣའི་འདུས་ཏེ་རེག་པ་ཟབ་བོ། །ལྕེའི་འདུས་ཏེ་རེག་པའི་དེ་བཞིན་ཉིད་ཇི་ལྟ་བ་དེ་བཞིན་དུ་ལྕེའི་འདུས་ཏེ་རེག་པ་ཟབ་བོ། །ལུས་ཀྱི་འདུས་ཏེ་རེག་པའི་དེ་བཞིན་ཉིད་ཇི་ལྟ་བ་དེ་བཞིན་དུ་ལུས་ཀྱི་འདུས་ཏེ་རེག་པ་ཟབ་བོ། །

ཡིད་ཀྱི་འདུས་ཏེ་རེག་པའི་དེ་བཞིན་ཉིད་ཇི་ལྟ་བ་དེ་བཞིན་དུ་ཡིད་ཀྱི་འདུས་ཏེ་རེག་པ་ཟབ་བོ། །མིག་གི་འདུས་ཏེ་རེག་པའི་རྐྱེན་གྱིས་ཚོར་བའི་དེ་བཞིན་ཉིད་ཇི་ལྟ་བ་དེ་བཞིན་དུ་མིག་གི་འདུས་ཏེ་རེག་པའི་རྐྱེན་གྱིས་ཚོར་བ་ཟབ་བོ། །རྣ་བའི་འདུས་ཏེ་རེག་པའི་རྐྱེན་གྱིས་ཚོར་བའི་དེ་བཞིན་ཉིད་ཇི་ལྟ་བ་དེ་བཞིན་དུ་རྣ་བའི་འདུས་ཏེ་རེག་པའི་རྐྱེན་གྱིས་ཚོར་བ་ཟབ་བོ། །སྣའི་འདུས་ཏེ་རེག་པའི་རྐྱེན་གྱིས་ཚོར་བའི་དེ་བཞིན་ཉིད་ཇི་ལྟ་བ་དེ་བཞིན་དུ་སྣའི་འདུས་ཏེ་རེག་པའི་རྐྱེན་གྱིས་ཚོར་བ་ཟབ་བོ། །ལྕེའི་འདུས་ཏེ་རེག་པའི་རྐྱེན་གྱིས་ཚོར་བའི་དེ་བཞིན་ཉིད་ཇི་ལྟ་བ་དེ་བཞིན་དུ་ལྕེའི་འདུས་ཏེ་རེག་པའི་རྐྱེན་གྱིས་ཚོར་བ་ཟབ་བོ། །ལུས་ཀྱི་འདུས་ཏེ་རེག་པའི་རྐྱེན་གྱིས་ཚོར་བའི་དེ་བཞིན་ཉིད་ཇི་ལྟ་བ་དེ་བཞིན་དུ་ལུས་ཀྱི་འདུས་ཏེ་རེག་པའི་རྐྱེན་གྱིས་ཚོར་བ་ཟབ་བོ། །ཡིད་ཀྱི་འདུས་ཏེ་རེག་པའི་རྐྱེན་གྱིས་ཚོར་བའི་དེ་བཞིན་ཉིད་ཇི་ལྟ་བ་དེ་བཞིན་དུ་ཡིད་ཀྱི་འདུས་ཏེ་རེག་པའི་རྐྱེན་གྱིས་ཚོར་བ་ཟབ་བོ། །སའི་ཁམས་ཀྱི་དེ་བཞིན་ཉིད་ཇི་ལྟ་བ་དེ་བཞིན་དུ་སའི་ཁམས་ཟབ་བོ། །ཆུའི་ཁམས་ཀྱི་དེ་བཞིན་ཉིད་ཇི་ལྟ་བ་དེ་བཞིན་དུ་ཆུའི་ཁམས་ཟབ་བོ། །མེའི་ཁམས་ཀྱི་དེ་བཞིན་ཉིད་ཇི་ལྟ་བ་དེ་བཞིན་དུ་མེའི་ཁམས་ཟབ་བོ། །རླུང་གི་ཁམས་ཀྱི་དེ་བཞིན་ཉིད་ཇི་ལྟ་བ་དེ་བཞིན་དུ་རླུང་གི་ཁམས་ཟབ་བོ། །ནམ་མཁའི་ཁམས་ཀྱི་དེ་བཞིན་ཉིད་ཇི་ལྟ་བ་དེ་བཞིན་དུ་ནམ་མཁའི་ཁམས་ཟབ་བོ། །རྣམ་པར་ཤེས་པའི་ཁམས་ཀྱི་དེ་བཞིན་ཉིད་ཇི་ལྟ་བ་དེ་བཞིན་དུ་རྣམ་པར་ཤེས་པའི་ཁམས་ཟབ་བོ། །མ་རིག་པའི་དེ་བཞིན་ཉིད་ཇི་ལྟ་བ་དེ་བཞིན་དུ་མ་རིག་པ་ཟབ་བོ། །འདུ་བྱེད་ཀྱི་དེ་བཞིན་ཉིད་ཇི་ལྟ་བ་དེ་བཞིན་དུ་འདུ་བྱེད་ཟབ་བོ། །རྣམ་པར་ཤེས་པའི་དེ་བཞིན་ཉིད་ཇི་ལྟ་བ་དེ་བཞིན་དུ་རྣམ་པར་ཤེས་པ་ཟབ་བོ། །མིང་དང་གཟུགས་ཀྱི་དེ་བཞིན་ཉིད་ཇི་ལྟ་བ་དེ་བཞིན་དུ་མིང་དང་གཟུགས་ཟབ་བོ། །

སྐྱེ་མཆེད་དྲུག་གི་དེ་བཞིན་ཉིད་ཇི་ལྟ་བ་དེ་བཞིན་དུ་སྐྱེ་མཆེད་དྲུག་ཟབ་བོ། །རེག་པའི་དེ་བཞིན་ཉིད་ཇི་ལྟ་བ་དེ་བཞིན་དུ་རེག་པ་ཟབ་བོ། །ཚོར་བའི་དེ་བཞིན་ཉིད་ཇི་ལྟ་བ་དེ་བཞིན་དུ་ཚོར་བ་ཟབ་བོ། །སྲེད་པའི་དེ་བཞིན་ཉིད་ཇི་ལྟ་བ་དེ་བཞིན་དུ་སྲེད་པ་ཟབ་བོ། །ལེན་པའི་དེ་བཞིན་ཉིད་ཇི་ལྟ་བ་དེ་བཞིན་དུ་ལེན་པ་ཟབ་བོ། །སྲིད་པའི་དེ་བཞིན་ཉིད་ཇི་ལྟ་བ་དེ་བཞིན་དུ་སྲིད་པ་ཟབ་བོ། །སྐྱེ་བའི་དེ་བཞིན་ཉིད་ཇི་ལྟ་བ་དེ་བཞིན་དུ་སྐྱེ་བ་ཟབ་བོ། །རྒ་ཤིའི་དེ་བཞིན་ཉིད་ཇི་ལྟ་བ་དེ་བཞིན་དུ་རྒ་ཤི་ཟབ་བོ། །སྦྱིན་པའི་ཕ་རོལ་ཏུ་ཕྱིན་པའི་དེ་བཞིན་ཉིད་ཇི་ལྟ་བ་དེ་བཞིན་དུ་སྦྱིན་[7]པའི་ཕ་རོལ་ཏུ་ཕྱིན་པ་ཟབ་བོ། །ཚུལ་ཁྲིམས་ཀྱི་ཕ་རོལ་ཏུ་ཕྱིན་པའི་དེ་བཞིན་ཉིད་ཇི་ལྟ་བ་དེ་བཞིན་དུ་ཚུལ་ཁྲིམས་ཀྱི་ཕ་རོལ་ཏུ་ཕྱིན་པ་ཟབ་བོ། །བཟོད་པའི་ཕ་རོལ་ཏུ་ཕྱིན་པའི་དེ་བཞིན་ཉིད་ཇི་ལྟ་བ་དེ་བཞིན་དུ་བཟོད་པའི་ཕ་རོལ་ཏུ་ཕྱིན་པ་ཟབ་བོ། །བརྩོན་འགྲུས་ཀྱི་ཕ་རོལ་ཏུ་ཕྱིན་པའི་དེ་བཞིན་ཉིད་ཇི་ལྟ་བ་དེ་བཞིན་དུ་བརྩོན་འགྲུས་ཀྱི་ཕ་རོལ་ཏུ་ཕྱིན་པ་ཟབ་བོ། །བསམ་གཏན་གྱི་ཕ་རོལ་ཏུ་ཕྱིན་པའི་དེ་བཞིན་ཉིད་ཇི་ལྟ་བ་དེ་བཞིན་དུ་བསམ་གཏན་གྱི་ཕ་རོལ་ཏུ་ཕྱིན་པ་ཟབ་བོ། །ཤེས་རབ་ཀྱི་ཕ་རོལ་ཏུ་ཕྱིན་པའི་དེ་བཞིན་ཉིད་ཇི་ལྟ་བ་དེ་བཞིན་དུ་ཤེས་རབ་ཀྱི་ཕ་རོལ་ཏུ་ཕྱིན་པ་ཟབ་བོ། །ནང་སྟོང་པ་ཉིད་ཀྱི་དེ་བཞིན་ཉིད་ཇི་ལྟ་བ་དེ་བཞིན་དུ་ནང་སྟོང་པ་ཉིད་ཟབ་བོ། །ཕྱི་སྟོང་པ་ཉིད་ཀྱི་དེ་བཞིན་ཉིད་ཇི་ལྟ་བ་དེ་བཞིན་དུ་ཕྱི་སྟོང་པ་ཉིད་ཟབ་བོ། །ཕྱི་ནང་སྟོང་པ་ཉིད་ཀྱི་དེ་བཞིན་ཉིད་ཇི་ལྟ་བ་དེ་བཞིན་དུ་ཕྱི་ནང་སྟོང་པ་ཉིད་ཟབ་བོ། །སྟོང་པ་ཉིད་སྟོང་པ་ཉིད་ཀྱི་དེ་བཞིན་ཉིད་ཇི་ལྟ་བ་དེ་བཞིན་དུ་སྟོང་པ་ཉིད་སྟོང་པ་ཉིད་ཟབ་བོ། །ཆེན་པོ་སྟོང་པ་ཉིད་ཀྱི་དེ་བཞིན་ཉིད་ཇི་ལྟ་བ་དེ་བཞིན་དུ་ཆེན་པོ་སྟོང་པ་ཉིད་ཟབ་བོ། །དོན་དམ་པ་སྟོང་པ་ཉིད་ཀྱི་དེ་བཞིན་ཉིད་ཇི་ལྟ་བ་དེ་བཞིན་དུ་

དོན་དམ་པ་སྟོང་པ་ཉིད་ཟབ་བོ། །འདུས་བྱས་སྟོང་པ་ཉིད་ཀྱི་དེ་བཞིན་ཉིད་ཇི་ལྟ་བ་དེ་བཞིན་དུ་འདུས་བྱས་སྟོང་པ་ཉིད་ཟབ་བོ། །འདུས་མ་བྱས་སྟོང་པ་ཉིད་ཀྱི་དེ་བཞིན་ཉིད་ཇི་ལྟ་བ་དེ་བཞིན་དུ་འདུས་མ་བྱས་སྟོང་པ་ཉིད་ཟབ་བོ། །མཐའ་ལས་འདས་པ་སྟོང་པ་ཉིད་ཀྱི་དེ་བཞིན་ཉིད་ཇི་ལྟ་བ་དེ་བཞིན་དུ་མཐའ་ལས་འདས་པ་སྟོང་པ་ཉིད་ཟབ་བོ། །ཐོག་མ་དང་ཐ་མ་མེད་པ་སྟོང་པ་ཉིད་ཀྱི་དེ་བཞིན་ཉིད་ཇི་ལྟ་བ་དེ་བཞིན་དུ་ཐོག་མ་དང་ཐ་མ་མེད་པ་སྟོང་པ་ཉིད་ཟབ་བོ། །དོར་བ་མེད་པ་སྟོང་པ་ཉིད་ཀྱི་དེ་བཞིན་ཉིད་ཇི་ལྟ་བ་དེ་བཞིན་དུ་དོར་བ་མེད་པ་སྟོང་པ་ཉིད་ཟབ་བོ། །རང་བཞིན་①སྟོང་པ་ཉིད་ཀྱི་དེ་བཞིན་ཉིད་ཇི་ལྟ་བ་དེ་བཞིན་དུ་རང་བཞིན་སྟོང་པ་ཉིད་ཟབ་བོ། །ཆོས་ཐམས་ཅད་སྟོང་པ་ཉིད་ཀྱི་དེ་བཞིན་ཉིད་ཇི་ལྟ་བ་དེ་བཞིན་དུ་ཆོས་ཐམས་ཅད་སྟོང་པ་ཉིད་ཟབ་བོ། །རང་གི་མཚན་ཉིད་སྟོང་པ་ཉིད་ཀྱི་དེ་བཞིན་ཉིད་ཇི་ལྟ་བ་དེ་བཞིན་དུ་རང་གི་མཚན་ཉིད་སྟོང་པ་ཉིད་ཟབ་བོ། །མི་དམིགས་པ་སྟོང་པ་ཉིད་ཀྱི་དེ་བཞིན་ཉིད་ཇི་ལྟ་བ་དེ་བཞིན་དུ་མི་དམིགས་པ་སྟོང་པ་ཉིད་ཟབ་བོ། །དངོས་པོ་མྱེད་པ་སྟོང་པ་ཉིད་ཀྱི་དེ་བཞིན་ཉིད་ཇི་ལྟ་བ་དེ་བཞིན་དུ་དངོས་པོ་མེད་པ་སྟོང་པ་ཉིད་ཟབ་བོ། །ངོ་བོ་ཉིད་སྟོང་པ་ཉིད་ཀྱི་དེ་བཞིན་ཉིད་ཇི་ལྟ་བ་དེ་བཞིན་དུ་ངོ་བོ་ཉིད་སྟོང་པ་ཉིད་ཟབ་བོ། །དངོས་པོ་མྱེད་པའི་ངོ་བོ་ཉིད་སྟོང་པ་ཉིད་ཀྱི་དེ་བཞིན་ཉིད་ཇི་ལྟ་བ་དེ་བཞིན་དུ་དངོས་པོ་མྱེད་པའི་ངོ་བོ་ཉིད་སྟོང་པ་ཉིད་ཟབ་བོ། །དྲན་པ་ཉེ་བར་གཞག་པ་རྣམས་ཀྱི་དེ་བཞིན་ཉིད་ཇི་ལྟ་བ་དེ་བཞིན་དུ་དྲན་པ་ཉེ་བར་གཞག་པ་རྣམས་ཟབ་བོ། །ཡང་དག་པར་སྤོང་བ་རྣམས་ཀྱི་དེ་བཞིན་ཉིད་ཇི་ལྟ་བ་དེ་བཞིན་དུ་ཡང་དག་པར་སྤོང་བ་རྣམས་ཟབ་བོ། །རྫུ་འཕྲུལ་གྱི་རྐང་པ་རྣམས་ཀྱི་དེ་བཞིན་ཉིད་ཇི་ལྟ་བ་དེ་བཞིན་དུ་རྫུ་འཕྲུལ་གྱི་རྐང་པ་རྣམས་ཟབ་བོ། །དབང་

པོ་རྣམས་ཀྱི་དེ་བཞིན་ཉིད་ཇི་ལྟ་བ་དེ་བཞིན་དུ་དབང་པོ་རྣམས་ཟབ་བོ། །སྟོབས་རྣམས་ཀྱི་དེ་བཞིན་ཉིད་ཇི་ལྟ་བ་དེ་བཞིན་དུ་སྟོབས་རྣམས་ཟབ་བོ། །བྱང་ཆུབ་ཀྱི་ཡན་ལག་རྣམས་ཀྱི་དེ་བཞིན་ཉིད་ཇི་ལྟ་བ་དེ་བཞིན་དུ་བྱང་ཆུབ་ཀྱི་ཡན་···ལག་རྣམས་ཟབ་བོ། །འཕགས་པའི་ལམ་ཡན་ལག་བརྒྱད་པའི་དེ་བཞིན་ཉིད་ཇི་ལྟ་བ་དེ་བཞིན་དུ་འཕགས་པའི་ལམ་ཡན་ལག་བརྒྱད་པ་ཟབ་བོ། །འཕགས་པའི་བདེན་པ་རྣམས་ཀྱི་དེ་བཞིན་ཉིད་ཇི་ལྟ་བ་དེ་བཞིན་དུ་འཕགས་པའི་བདེན་པ་···རྣམས་ཟབ་བོ། །བསམ་གཏན་རྣམས་ཀྱི་དེ་བཞིན་ཉིད་ཇི་ལྟ་བ་དེ་བཞིན་དུ་བསམ་གཏན་རྣམས་ཟབ་བོ། །ཚད་མེད་པ་རྣམས་ཀྱི་དེ་བཞིན་ཉིད་ཇི་[1]ལྟ་བ་དེ་བཞིན་དུ་ཚད་མེད་པ་རྣམས་ཟབ་བོ། །གཟུགས་མེད་པའི་སྙོམས་པར་འཇུག་པ་རྣམས་ཀྱི་དེ་བཞིན་ཉིད་ཇི་ལྟ་བ་དེ་བཞིན་དུ་གཟུགས་མེད་པའི་སྙོམས་པར་འཇུག་པ་རྣམས་ཟབ་བོ། །རྣམ་པར་ཐར་པ་རྣམས་ཀྱི་དེ་བཞིན་ཉིད་ཇི་ལྟ་བ་དེ་བཞིན་དུ་རྣམ་པར་ཐར་པ་རྣམས་ཟབ་བོ། །མཐར་གྱིས་གནས་པའི་སྙོམས་པར་འཇུག་པ་རྣམས་ཀྱི་དེ་བཞིན་ཉིད་ཇི་ལྟ་བ་དེ་བཞིན་དུ་མཐར་གྱིས་གནས་པའི་སྙོམས་···པར་འཇུག་པ་རྣམས་ཟབ་བོ། །ཿརྣམ་པར་ཐར་པའི་སྒོ་[2]སྟོང་པ་ཉིད་དང་། མཚན་མ་མེད་པ་དང་། སྨོན་པ་མེད་པའི་དེ་བཞིན་ཉིད་ཇི་ལྟ་བ་དེ་བཞིན་དུ་ཿརྣམ་པར་ཐར་པའི་སྒོ་[2]སྟོང་པ་ཉིད་དང་། མཚན་མ་མེད་པ་དང་། སྨོན་པ་མེད་པ་ཟབ་བོ། །མངོན་པར་ཤེས་པ་རྣམས་ཀྱི་དེ་བཞིན་ཉིད་ཇི་ལྟ་བ་དེ་བཞིན་དུ་མངོན་པར་ཤེས་པ་རྣམས་ཟབ་བོ། །ཏིང་ངེ་འཛིན་རྣམས་ཀྱི་དེ་བཞིན་ཉིད་ཇི་ལྟ་བ་དེ་བཞིན་དུ་ཏིང་ངེ་འཛིན་རྣམས་ཟབ་བོ། །གཟུངས་ཀྱི་སྒོ་རྣམས་ཀྱི་དེ་···བཞིན་ཉིད་ཇི་ལྟ་བ་དེ་བཞིན་དུ་གཟུངས་ཀྱི་སྒོ་རྣམས་ཟབ་བོ། །དེ་བཞིན་གཤེགས་པའི་སྟོབས་རྣམས་ཀྱི་དེ་བཞིན་ཉིད་ཇི་ལྟ་བཿདེ་བཞིན་དུ་[3]དེ་བཞིན་···

གཉེགས་པའི་སྟོབས་རྣམས་ཟབ་པོ། །སྐྱེ་འཇིགས་པ་རྣམས་ཀྱི་དེ་བཞིན་ཉིད་ཇི་ལྟ་བ་དེ་བཞིན་དུ་སྐྱེ་འཇིགས་པ་རྣམས་ཟབ་པོ། །སོ་སོ་ཡང་དག་པར་རིག་པ་རྣམས་ཀྱི་དེ་བཞིན་ཉིད་ཇི་ལྟ་བ་དེ་བཞིན་དུ་སོ་སོ་ཡང་དག་པར་རིག་པ་རྣམས་ཟབ་པོ། །བྱམས་པ་ཆེན་པོའི་དེ་བཞིན་ཉིད་ཇི་ལྟ་བ་དེ་བཞིན་དུ་བྱམས་པ་ཆེན་པོ་ཟབ་པོ། །སྙིང་རྗེ་ཆེན་པོའི་དེ་བཞིན་ཉིད་ཇི་ལྟ་བ་དེ་བཞིན་དུ་སྙིང་རྗེ་ཆེན་པོ་ཟབ་པོ། །སངས་རྒྱས་ཀྱི་ཆོས་མ་འདྲེས་པ་རྣམས་ཀྱི་དེ་བཞིན་ཉིད་ཇི་ལྟ་བ་དེ་བཞིན་དུ་སངས་རྒྱས་ཀྱི་ཆོས་མ་འདྲེས་པ་རྣམས་ཟབ་པོ། །རྒྱུན་དུ་ཞུགས་པའི་འབྲས་བུའི་དེ་བཞིན་ཉིད་ཇི་ལྟ་བ་དེ་བཞིན་དུ་རྒྱུན་དུ་ཞུགས་པའི་འབྲས་བུ་ཟབ་པོ། །ལན་ཅིག་ཕྱིར་འོང་བའི་འབྲས་བུའི་དེ་བཞིན་ཉིད་ཇི་ལྟ་བ་དེ་བཞིན་དུ་ལན་ཅིག་ཕྱིར་འོང་བའི་འབྲས་བུ་ཟབ་པོ། །ཕྱིར་མི་འོང་བའི་འབྲས་བུའི་དེ་བཞིན་ཉིད་ཇི་ལྟ་བ་དེ་བཞིན་དུ་ཕྱིར་མི་འོང་བའི་འབྲས་བུ་ཟབ་པོ། །དགྲ་བཅོམ་པ་ཉིད་ཀྱི་དེ་བཞིན་ཉིད་ཇི་ལྟ་བ་དེ་བཞིན་དུ་དགྲ་བཅོམ་པ་ཉིད་ཟབ་པོ། །རང་བྱང་ཆུབ་ཀྱི་དེ་བཞིན་ཉིད་ཇི་ལྟ་བ་དེ་བཞིན་[༡]དུ་རང་བྱང་ཆུབ་ཟབ་པོ། །ལམ་གྱི་རྣམ་པ་[༢]ཤེས་པ་ཉིད་ཀྱིཿདེ་བཞིན་ཉིད་[༣]ཇི་ལྟ་བ་དེ་བཞིན་དུ་ལམ་གྱི་རྣམ་པ་[༤]ཤེས་པ་ཉིད་ཟབ་པོ། །རྣམ་པ་ཐམས་ཅད་མཁྱེན་པ་ཉིད་ཀྱི་དེ་བཞིན་ཉིད་ཇི་ལྟ་བ་དེ་བཞིན་དུ་རྣམ་པ་ཐམས་ཅད་མཁྱེན་པ་ཉིད་ཟབ་པོ། །གསོལ་པ། བཅོམ་ལྡན་འདས་གཟུགས་ཀྱི་དེ་བཞིན་ཉིད་ནི་ཇི་ལྟ་བུ་ལགས། བཅོམ་ལྡན་འདས་ཚོར་བའི་དེ་བཞིན་ཉིད་ནི་ཇི་ལྟ་བུ་ལགས། བཅོམ་ལྡན་འདས་འདུ་ཤེས་ཀྱི་དེ་བཞིན་ཉིད་ནི་ཇི་ལྟ་བུ་ལགས། བཅོམ་ལྡན་འདས་འདུ་བྱེད་ཀྱི་དེ་བཞིན་ཉིད་ནི་ཇི་ལྟ་བུ་ལགས། བཅོམ་ལྡན་འདས་རྣམ་པར་ཤེས་པའི་དེ་བཞིན་ཉིད་ནི་ཇི་ལྟ་བུ་ལགས། བཅོམ་ལྡན་འདས་མིག་གི་དེ་བཞིན་ཉིད་ནི་ཇི་ལྟ་བུ་ལགས། བཅོམ་ལྡན་འདས་རྣ་བའི་

དེ་བཞིན་ཉིད་ནི་ཇི་ལྟ་བུ་ལགས། བཅོམ་ལྡན་འདས་སྣའི་དེ་བཞིན་ཉིད་ནི་ཇི་ལྟ་བུ་ལགས། བཅོམ་ལྡན་འདས་ལྗེའི་དེ་བཞིན་ཉིད་ནི་ཇི་ལྟ་བུ་ལགས། བཅོམ་ལྡན་འདས་ལུས་ཀྱི་དེ་བཞིན་ཉིད་ནི་ཇི་ལྟ་བུ་ལགས། བཅོམ་ལྡན་འདས་ཡིད་ཀྱི་དེ་བཞིན་ཉིད་ནི་ཇི་ལྟ་བུ་ལགས། བཅོམ་ལྡན་འདས་གཟུགས་ཀྱི་དེ་བཞིན་ཉིད་ནི་ཇི་ལྟ་བུ་ལགས། བཅོམ་ལྡན་འདས་སྒྲའི་དེ་བཞིན་ཉིད་ནི་ཇི་ལྟ་བུ་[༡]ལགས། བཅོམ་ལྡན་འདས་དྲིའི་དེ་བཞིན་ཉིད་ནི་ཇི་ལྟ་བུ་ལགས། བཅོམ་ལྡན་འདས་[༣]རོའི་དེ་བཞིན་ཉིད་ནི་ཇི་ལྟ་བུ་ལགས། བཅོམ་ལྡན་འདས་རེག་གི་དེ་བཞིན་ཉིད་ནི་ཇི་ལྟ་བུ་ལགས། བཅོམ་ལྡན་འདས་ཆོས་ཀྱི་དེ་བཞིན་ཉིད་ནི་ཇི་ལྟ་བུ་ལགས། བཅོམ་ལྡན་འདས་མིག་གི་རྣམ་པར་ཤེས་པའི་དེ་བཞིན་ཉིད་ནི་ཇི་ལྟ་བུ་ལགས། བཅོམ་ལྡན་འདས་རྣ་བའི་རྣམ་པར་ཤེས་པའི་དེ་བཞིན་ཉིད་ནི་ཇི་ལྟ་བུ་ལགས། བཅོམ་ལྡན་འདས་སྣའི་རྣམ་པར་ཤེས་པའི་དེ་བཞིན་ཉིད་ནི་ཇི་ལྟ་བུ་ལགས། བཅོམ་ལྡན་འདས་ལྗེའི་རྣམ་པར་ཤེས་པའི་དེ་བཞིན་ཉིད་ནི་ཇི་ལྟ་བུ་ལགས། བཅོམ་ལྡན་འདས་ལུས་ཀྱི་རྣམ་པར་ཤེས་པའི་དེ་བཞིན་ཉིད་ནི་ཇི་ལྟ་བུ་ལགས། བཅོམ་ལྡན་འདས་ཡིད་ཀྱི་རྣམ་པར་ཤེས་པའི་དེ་བཞིན་ཉིད་ནི་ཇི་ལྟ་བུ་ལགས། བཅོམ་ལྡན་འདས་མིག་གི་འདུས་ཏེ་རེག་པའི་དེ་བཞིན་ཉིད་ནི་ཇི་ལྟ་བུ་ལགས། བཅོམ་ལྡན་འདས་རྣ་བའི་འདུས་ཏེ་རེག་པའི་དེ་བཞིན་ཉིད་ནི་ཇི་ལྟ་བུ་ལགས། བཅོམ་ལྡན་འདས་སྣའི་འདུས་ཏེ་རེག་པའི་དེ་བཞིན་ཉིད་ནི་ཇི་ལྟ་བུ་ལགས། བཅོམ་ལྡན་འདས་ལྗེའི་འདུས་ཏེ་རེག་པའི་དེ་བཞིན་ཉིད་ནི་ཇི་ལྟ་བུ་ལགས། བཅོམ་ལྡན་འདས་ལུས་ཀྱི་འདུས་ཏེ་རེག་པའི་དེ་བཞིན་ཉིད་ནི་ཇི་ལྟ་བུ་ལགས། བཅོམ་ལྡན་འདས་ཡིད་ཀྱི་འདུས་ཏེ་རེག་པའི་དེ་བཞིན་ཉིད་ནི་ཇི་ལྟ་བུ་ལགས། བཅོམ་ལྡན་འདས་མིག་གི་འདུས་ཏེ་རེག་པའི་རྐྱེན་གྱིས་ཚོར་བའི་དེ་

བཞིན་ཉིད་ནི་ཇི་ལྟ་བུ་ལགས། བཅོམ་ལྡན་འདས་རྣ་བའི་འདུས་ཏེ་རེག་པའི་རྐྱེན་གྱིས་ཚོར་བའི་དེ་བཞིན་[1]ཉིད་ནི་ཇི་ལྟ་བུ་ལགས། བཅོམ་ལྡན་འདས་སྣའི་འདུས་ཏེ་རེག་པའི་རྐྱེན་གྱིས་ཚོར་བའི་དེ་བཞིན་ཉིད་ནི་ཇི་ལྟ་བུ་ལགས། བཅོམ་ལྡན་འདས་ལྕེའི་འདུས་ཏེ་རེག་པའི་རྐྱེན་གྱིས་ཚོར་བའི་དེ་བཞིན་ཉིད་ནི་ཇི་ལྟ་བུ་ལགས། བཅོམ་ལྡན་འདས་ལུས་ཀྱི་འདུས་ཏེ་རེག་པའི་རྐྱེན་གྱིས་ཚོར་བའི་དེ་བཞིན་ཉིད་ནི་ཇི་ལྟ་བུ་ལགས། བཅོམ་ལྡན་འདས་ཡིད་ཀྱི་འདུས་ཏེ་རེག་པའི་རྐྱེན་གྱིས་ཚོར་བའི་དེ་བཞིན་ཉིད་ནི་ཇི་ལྟ་བུ་ལགས། བཅོམ་ལྡན་འདས་སའི་ཁམས་ཀྱི་དེ་བཞིན་ཉིད་ནི་ཇི་ལྟ་བུ་ལགས། བཅོམ་ལྡན་འདས་ཆུའི་ཁམས་ཀྱི་དེ་བཞིན་ཉིད་ནི་ཇི་ལྟ་བུ་ལགས། བཅོམ་ལྡན་འདས་མེའི་ཁམས་ཀྱི་དེ་བཞིན་ཉིད་ནི་ཇི་ལྟ་བུ་ལགས། བཅོམ་ལྡན་འདས་རླུང་གི་ཁམས་ཀྱི་དེ་བཞིན་ཉིད་ནི་ཇི་ལྟ་བུ་ལགས། བཅོམ་ལྡན་འདས་ནམ་མཁའི་ཁམས་ཀྱི་དེ་བཞིན་ཉིད་ནི་ཇི་ལྟ་བུ་ལགས། བཅོམ་ལྡན་འདས་རྣམ་པར་ཤེས་པའི་ཁམས་ཀྱི་དེ་བཞིན་ཉིད་ནི་ཇི་ལྟ་བུ་ལགས། བཅོམ་ལྡན་འདས་མ་རིག་པའི་དེ་བཞིན་ཉིད་ནི་ཇི་ལྟ་བུ་ལགས། བཅོམ་ལྡན་འདས་འདུ་བྱེད་ཀྱི་དེ་བཞིན་ཉིད་ནི་ཇི་ལྟ་བུ་ལགས། བཅོམ་ལྡན་འདས་རྣམ་པར་ཤེས་པའི་དེ་བཞིན་ཉིད་ནི་ཇི་ལྟ་བུ་ལགས། བཅོམ་ལྡན་འདས་མིང་དང་གཟུགས་ཀྱི་དེ་བཞིན་ཉིད་ནི་ཇི་ལྟ་བུ་ལགས། བཅོམ་ལྡན་འདས་སྐྱེ་མཆེད་དྲུག་གི་དེ་བཞིན་ཉིད་ནི་ཇི་ལྟ་བུ་ལགས། བཅོམ་ལྡན་འདས་རེག་པའི་དེ་བཞིན་ཉིད་ནི་ཇི་ལྟ་བུ་ལགས། བཅོམ་ལྡན་འདས་ཚོར་བའི་དེ་བཞིན་ཉིད་ནི་ཇི་ལྟ་བུ་ལགས། བཅོམ་ལྡན་འདས་སྲེད་པའི་དེ་བཞིན་ཉིད་ནི་ཇི་ལྟ་བུ་ལགས། བཅོམ་ལྡན་འདས་ལེན་པའི་དེ་བཞིན་ཉིད་ནི་ཇི་ལྟ་བུ་ལགས། བཅོམ་ལྡན་འདས་སྲིད་[3]པའི་དེ་བཞིན་ཉིད་ནི་ཇི་ལྟ་བུ་ལགས། བཅོམ་ལྡན་འདས་སྐྱེ་བའི་དེ་བཞིན་ཉིད་ནི་ཇི་

ལྟ་བུ་ལགས། བཅོམ་ལྡན་འདས་ཀ་ཤེའི་དེ་བཞིན་ཉིད་ནི་ཇི་ལྟ་བུ་ལགས། བཅོམ་ལྡན་འདས་སྦྱིན་པའི་ཕ་རོལ་ཏུ་ཕྱིན་པའི་དེ་བཞིན་ཉིད་ནི་ཇི་ལྟ་བུ་ལགས། བཅོམ་ལྡན་འདས་ཚུལ་ཁྲིམས་ཀྱི་ཕ་རོལ་ཏུ་ཕྱིན་པའི་དེ་བཞིན་ཉིད་ནི་ཇི་ལྟ་བུ་ལགས། བཅོམ་ལྡན་འདས་བཟོད་པའི་ཕ་རོལ་ཏུ་ཕྱིན་པའི་དེ་བཞིན་ཉིད་ནི་ཇི་ལྟ་བུ་ལགས། བཅོམ་ལྡན་འདས་བརྩོན་འགྲུས་ཀྱི་ཕ་རོལ་ཏུ་ཕྱིན་པའི་དེ་བཞིན་ཉིད་ནི་ཇི་ལྟ་བུ་ལགས། བཅོམ་ལྡན་འདས་བསམ་གཏན་གྱི་ཕ་རོལ་ཏུ་ཕྱིན་པའི་དེ་བཞིན་ཉིད་ནི་ཇི་ལྟ་བུ་ལགས། བཅོམ་ལྡན་འདས་ཤེས་རབ་ཀྱི་ཕ་རོལ་ཏུ་ཕྱིན་པའི་དེ་བཞིན་ཉིད་ནི་ཇི་ལྟ་བུ་ལགས། བཅོམ་ལྡན་འདས་ནང་སྟོང་པ་ཉིད་ཀྱི་དེ་བཞིན་ཉིད་ནི་ཇི་ལྟ་བུ་ལགས། བཅོམ་ལྡན་འདས་ཕྱི་སྟོང་པ་ཉིད་ཀྱི་དེ་བཞིན་ཉིད་ནི་ཇི་ལྟ་བུ་ལགས། བཅོམ་ལྡན་འདས་ཕྱི་ནང་སྟོང་པ་ཉིད་ཀྱི་དེ་བཞིན་ཉིད་ནི་ཇི་ལྟ་བུ་ལགས། བཅོམ་ལྡན་འདས་སྟོང་པ་ཉིད་སྟོང་པ་ཉིད་ཀྱི་དེ་བཞིན་ཉིད་ནི་ཇི་ལྟ་བུ་ལགས། བཅོམ་ལྡན་འདས་ཆེན་པོ་སྟོང་པ་ཉིད་ཀྱི་དེ་བཞིན་ཉིད་ནི་ཇི་ལྟ་བུ་ལགས། བཅོམ་ལྡན་འདས་དོན་དམ་པ་སྟོང་པ་ཉིད་ཀྱི་དེ་བཞིན་ཉིད་ནི་ཇི་ལྟ་བུ་ལགས། བཅོམ་ལྡན་འདས་འདུས་བྱས་སྟོང་པ་ཉིད་ཀྱི་དེ་བཞིན་ཉིད་ནི་ཇི་ལྟ་བུ་ལགས། བཅོམ་ལྡན་འདས་འདུས་མ་བྱས་སྟོང་པ་ཉིད་ཀྱི་དེ་བཞིན་ཉིད་ནི་ཇི་ལྟ་བུ་ལགས། བཅོམ་ལྡན་འདས་མཐའ་ལས་འདས་པ་སྟོང་པ་ཉིད་ཀྱི་དེ་བཞིན་ཉིད་ནི་ཇི་ལྟ་བུ་ལགས། བཅོམ་ལྡན་འདས་ཐོག་མ་དང་ཐ་[༢]མ་མེད་པ་སྟོང་པ་ཉིད་ཀྱི་དེ་བཞིན་ཉིད་ནི་ཇི་ལྟ་བུ་ལགས། བཅོམ་ལྡན་འདས་དོར་བ་མེད་[༣]པ་སྟོང་པ་ཉིད་ཀྱི་དེ་བཞིན་ཉིད་ནི་ཇི་ལྟ་བུ་ལགས། བཅོམ་ལྡན་འདས་རང་བཞིན་སྟོང་པ་ཉིད་ཀྱི་དེ་བཞིན་ཉིད་ནི་ཇི་ལྟ་བུ་ལགས། བཅོམ་ལྡན་འདས་ཆོས་ཐམས་ཅད་སྟོང་པ་ཉིད་ཀྱི་དེ་བཞིན་ཉིད་ནི་ཇི་ལྟ་བུ་ལགས། བཅོམ་ལྡན་འདས་

རང་གི་མཚན་ཉིད་སྟོང་པ་ཉིད་ཀྱི་དེ་བཞིན་ཉིད་ནི་ཇི་ལྟ་བུ་ལགས། བཅོམ་ལྡན་
འདས་མི་དམིགས་པ་སྟོང་པ་ཉིད་ཀྱི་དེ་བཞིན་ཉིད་ནི་ཇི་ལྟ་བུ་ལགས། བཅོམ་
ལྡན་འདས་དངོས་པོ་མེད་པ་སྟོང་པ་ཉིད་ཀྱི་དེ་བཞིན་ཉིད་ནི་ཇི་ལྟ་བུ་ལགས།
བཅོམ་ལྡན་འདས་ངོ་བོ་ཉིད་སྟོང་པ་ཉིད་ཀྱི་དེ་བཞིན་ཉིད་ནི་ཇི་ལྟ་བུ་ལགས།
བཅོམ་ལྡན་འདས་དངོས་པོ་མེད་པའི་ངོ་བོ་ཉིད་སྟོང་པ་ཉིད་ཀྱི་དེ་བཞིན་ཉིད་ནི་
ཇི་ལྟ་བུ་ལགས། བཅོམ་ལྡན་འདས་དྲན་པ་ཉེ་བར་གཞག་པ་རྣམས་ཀྱི་དེ་བཞིན་
ཉིད་ནི་ཇི་ལྟ་བུ་ལགས། བཅོམ་ལྡན་འདས་ཡང་དག་པར་སྤོང་བ་རྣམས་ཀྱི་དེ་
བཞིན་ཉིད་ནི་ཇི་ལྟ་བུ་ལགས། བཅོམ་ལྡན་འདས་རྫུ་འཕྲུལ་གྱི་རྐང་པ་རྣམས་ཀྱི་
དེ་བཞིན་ཉིད་ནི་ཇི་ལྟ་བུ་ལགས། བཅོམ་ལྡན་འདས་དབང་པོ་རྣམས་ཀྱི་དེ་
བཞིན་ཉིད་ནི་ཇི་ལྟ་བུ་ལགས། བཅོམ་ལྡན་འདས་སྟོབས་རྣམས་ཀྱི་དེ་བཞིན་
ཉིད་ནི་ཇི་ལྟ་བུ་ལགས། བཅོམ་ལྡན་འདས་བྱང་ཆུབ་ཀྱི་ཡན་ལག་རྣམས་ཀྱི་དེ་
བཞིན་ཉིད་ནི་ཇི་ལྟ་བུ་ལགས། བཅོམ་ལྡན་འདས་འཕགས་པའི་ལམ་ཡན་ལག་
བརྒྱད་པའི་དེ་བཞིན་ཉིད་ནི་ཇི་ལྟ་བུ་ལགས། བཅོམ་ལྡན་འདས་འཕགས་པའི་
བདེན་པ་རྣམས་ཀྱི་དེ་བཞིན་ཉིད་ནི་ཇི་ལྟ་བུ་ལགས། བཅོམ་ལྡན་འདས་བསམ་
གཏན་རྣམས་ཀྱི་དེ་བཞིན་ཉིད་ནི་ཇི་ལྟ་བུ་ལགས། བཅོམ་ལྡན་འདས་ཚད་མེད་
པ་རྣམས་ཀྱི་དེ་བཞིན་ཉིད་ནི་ཇི་ལྟ་བུ་ལགས། བཅོམ་ལྡན་འདས་གཟུགས་མེད་
པའི་སྙོམས་པར་འཇུག་པ་རྣམས་ཀྱི་དེ་བཞིན་ཉིད་ནི་ཇི་ལྟ་བུ་ལགས། བཅོམ་
ལྡན་འདས་རྣམ་པར་ཐར་པ་རྣམས་ཀྱི་དེ་བཞིན་ཉིད་ནི་ཇི་ལྟ་བུ་ལགས། བཅོམ་
ལྡན་འདས་མཐར་གྱིས་གནས་པའི་སྙོམས་པར་འཇུག་པ་རྣམས་ཀྱི་དེ་བཞིན་ཉིད་
ནི་ཇི་ལྟ་བུ་ལགས། བཅོམ་ལྡན་འདས་རྣམ་པར་ཐར་པའི་སྒོ་སྟོང་པ་ཉིད་དང་།
མཚན་མ་མེད་པ་དང་། སྨོན་པ་མེད་པའི་ དེ་བཞིན་ཉིད་ནི་ཇི་ལྟ་བུ་ལགས།

བཅོམ་ལྡན་འདས་མངོན་པར་ཤེས་པ་རྣམས་ཀྱི་དེ་བཞིན་ཉིད་ནི་ཇི་ལྟ་བུ་ལགས། བཅོམ་ལྡན་འདས་ཏིང་ངེ་འཛིན་རྣམས་ཀྱི་དེ་བཞིན་ཉིད་ནི་ཇི་ལྟ་བུ་ལགས། བཅོམ་ལྡན་འདས་གཟུངས་ཀྱི་སྒོ་རྣམས་ཀྱི་དེ་བཞིན་ཉིད་ནི་ཇི་ལྟ་བུ་ལགས། བཅོམ་ལྡན་འདས་དེ་བཞིན་གཤེགས་པའི་སྟོབས་རྣམས་ཀྱི་དེ་བཞིན་ཉིད་ནི་ཇི་ལྟ་བུ་ལགས། བཅོམ་ལྡན་འདས་མི་འཇིགས་པ་རྣམས་ཀྱི་དེ་བཞིན་ཉིད་ནི་ཇི་ལྟ་བུ་ལགས། བཅོམ་ལྡན་འདས་སོ་སོ་ཡང་དག་པར་རིག[1]པ་རྣམས་ཀྱི་དེ་བཞིན་ཉིད་ནི་ཇི་ལྟ་བུ་ལགས། བཅོམ་ལྡན་འདས་བྱམས་པ་ཆེན་པོའི་དེ་བཞིན་ཉིད་ནི་ཇི་ལྟ་བུ་ལགས། བཅོམ་ལྡན་འདས་སྙིང་རྗེ་ཆེན་པོའི་དེ་བཞིན་ཉིད་ནི་ཇི་ལྟ་བུ་ལགས། བཅོམ་ལྡན་འདས་སངས་རྒྱས་ཀྱི་ཆོས་མ་འདྲེས་པ་བཅོ[2]བརྒྱད་ཀྱི་དེ་བཞིན་ཉིད་ནི་ཇི་ལྟ་བུ་ལགས། བཅོམ་ལྡན་འདས་རྒྱུན་དུ་ཞུགས་པའི་འབྲས་བུའི་དེ་བཞིན་ཉིད་ནི་ཇི་ལྟ་བུ་ལགས། བཅོམ་ལྡན་འདས་ལན་ཅིག་ཕྱིར་འོང་བའི་འབྲས་བུའི་དེ་བཞིན་ཉིད་ནི་ཇི་ལྟ་བུ་ལགས། བཅོམ་ལྡན་འདས་ཕྱིར་མི་འོང་བའི་འབྲས་བུའི་དེ་བཞིན་ཉིད་ནི་ཇི་ལྟ་བུ་ལགས། བཅོམ་ལྡན་འདས་དགྲ་བཅོམ་པ་ཉིད་ཀྱི་དེ་བཞིན་ཉིད་ནི་ཇི་ལྟ་བུ་ལགས། བཅོམ་ལྡན་འདས་རང་བྱང་ཆུབ་ཀྱི་དེ་བཞིན་ཉིད་ནི་ཇི་ལྟ་བུ་ལགས། བཅོམ་ལྡན་འདས་ལམ་གྱི་རྣམ་པ་ཤེས་པ་ཉིད་ཀྱི་དེ་བཞིན་ཉིད་ནི་ཇི་ལྟ་བུ་ལགས། བཅོམ་ལྡན་འདས་རྣམ་པ་ཐམས་ཅད་མཁྱེན་པ་ཉིད་ཀྱི་དེ་བཞིན་ཉིད་ནི་ཇི་ལྟ་བུ་ལགས། བཅོམ་ལྡན་འདས་ཀྱིས་བཀའ་སྩལ་པ། རབ་འབྱོར་གཟུགས་ཀྱི་དེ་བཞིན་ཉིད་དེ་ལ་གཟུགས་ཀྱང་མེད། གཟུགས་ལས་གུད་ན་ཡང་དེ་བཞིན་ཉིད་མེད་དེ། གཟུགས་ཀྱི་དེ་བཞིན་ཉིད་ནི་དེ་ལྟ་བུའོ། །རབ་འབྱོར་ཚོར་བའི་དེ་བཞིན་ཉིད་དེ་ལ། ཚོར་བ་ཡང་མེད། ཚོར་བ་ལས་གུད་ན་ཡང་དེ་བཞིན་ཉིད་མེད་དེ། ཚོར་བའི་དེ་བཞིན་ཉིད་ནི་དེ་

ལྟ་བུའོ། །རབ་འབྱོར་འདུ་ཤེས་ཀྱི་དེ་བཞིན་ཉིད་དེ་ལ་འདུ་ཤེས་ཀྱང་མེད། འདུ་ཤེས་ལས་གུད་ན་ཡང་དེ་བཞིན་ཉིད་མེད་དེ། འདུ་ཤེས་ཀྱི་[1]དེ་བཞིན་ཉིད་ནི་[2]དེ་ལྟ་བུའོ། །རབ་འབྱོར་འདུ་བྱེད་ཀྱི་དེ་བཞིན་ཉིད་དེ་ལ་འདུ་བྱེད་ཀྱང་མེད། འདུ་བྱེད་ལས་གུད་ན་ཡང་དེ་བཞིན་ཉིད་མེད་དེ། འདུ་བྱེད་ཀྱི་དེ་བཞིན་ཉིད་ནི་དེ་ལྟ་བུའོ། །རབ་འབྱོར་རྣམ་པར་ཤེས་པའི་དེ་བཞིན་ཉིད་དེ་ལ་རྣམ་པར་ཤེས་པ་ཡང་མེད། རྣམ་པར་ཤེས་པ་ལས་གུད་ན་ཡང་དེ་བཞིན་ཉིད་མེད་དེ། རྣམ་པར་ཤེས་པའི་དེ་བཞིན་ཉིད་ནི་དེ་ལྟ་བུའོ། །རབ་འབྱོར་མིག་གི་དེ་བཞིན་ཉིད་དེ་ལ་མིག་ཀྱང་མེད[3]། མིག་ལས་གུད་ན་ཡང་དེ་བཞིན་ཉིད་མེད་དེ། མིག་གི་དེ་བཞིན་ཉིད་ནི་དེ་ལྟ་བུའོ། །རབ་འབྱོར་རྣ་བའི་དེ་བཞིན་ཉིད་དེ་ལ་རྣ་བ་ཡང་མེད། རྣ་བ་ལས་གུད་ན་ཡང་དེ་བཞིན་ཉིད་མེད་དེ། རྣ་བའི་དེ་བཞིན་ཉིད་ནི་དེ་ལྟ་བུའོ། །རབ་འབྱོར་སྣའི་དེ་བཞིན་ཉིད་དེ་ལ། སྣ་ཡང་མེད། སྣ་ལས་གུད་ན་ཡང་དེ་བཞིན་ཉིད་མེད་དེ། སྣའི་དེ་བཞིན་ཉིད་ནི་དེ་ལྟ་བུའོ། །རབ་འབྱོར་ལྕེའི་དེ་བཞིན་ཉིད་དེ་ལ་ལྕེ་ཡང་མེད། ལྕེ་ལས་གུད་ན་ཡང་དེ་བཞིན་ཉིད་[4]མེད་དེ། ལྕེའི་དེ་བཞིན་ཉིད་ནི་དེ་ལྟ་བུའོ། །རབ་འབྱོར་ལུས་ཀྱི་དེ་བཞིན་ཉིད་དེ་ལ། ལུས་ཀྱང་མེད། ལུས་ལས་གུད་ན་ཡང་དེ་བཞིན་ཉིད་མེད་དེ། ལུས་ཀྱི་དེ་བཞིན་ཉིད་ནི་དེ་ལྟ་བུའོ། །རབ་འབྱོར་ཡིད་ཀྱི་དེ་བཞིན་ཉིད་དེ་ལ། ཡིད་ཀྱང་མེད། ཡིད་ལས་གུད་ན་ཡང་དེ་བཞིན་ཉིད་མེད་དེ། ཡིད་ཀྱི་དེ་བཞིན་ཉིད་ནི་དེ་ལྟ་བུའོ། །རབ་འབྱོར་གཟུགས་ཀྱི་དེ་བཞིན་ཉིད་དེ་ལ་གཟུགས་ཀྱང་མེད[5]། གཟུགས་ལས་གུད་ན་ཡང་དེ་བཞིན་ཉིད་མེད་དེ་གཟུགས་ཀྱི་དེ་བཞིན་ཉིད་ནི་དེ་ལྟ་བུའོ། །རབ་འབྱོར་སྒྲའི་དེ་བཞིན་ཉིད་དེ་ལ་སྒྲ་ཡང་མེད། སྒྲ་ལས་གུད་ན་ཡང་དེ་བཞིན་ཉིད་མེད་དེ། སྒྲའི་དེ་བཞིན་ཉིད་ནི་དེ་

ལྟ་བུའོ། །རབ་འབྱོར་དྲིའི་དེ་བཞིན་ཉིད་དེ་ལ་དྲི་ཡང་མྱེད། དྲི་ལས་གུད་ན་
ཡང་དེ་བཞིན་ཉིད་མྱེད་དེ། དྲིའི་དེ་བཞིན་ཉིད་ནི་དེ་ལྟ་བུའོ། །རབ་འབྱོར་
རོའི་དེ་བཞིན་ཉིད་དེ་ལ་རོ་ཡང་མྱེད། རོ་ལས་གུད་ན་ཡང་དེ་བཞིན་ཉིད་མྱེད་དེ།
རོའི་དེ་བཞིན་ཉིད་ནི་དེ་ལྟ་བུའོ། །རབ་འབྱོར་རེག་གི་དེ་བཞིན་ཉིད་དེ་ལ་རེག་
ཀྱང་མྱེད། རེག་ལས་གུད་ན་ཡང་དེ་བཞིན་ཉིད་མྱེད་དེ། རེག་གི་དེ་བཞིན་
ཉིད་ནི་[༧]དེ་ལྟ་བུའོ། །རབ་འབྱོར་ཆོས་ཀྱི་དེ་བཞིན་ཉིད་དེ་ལ། ཆོས་ཀྱང་མྱེད།
ཆོས་ལས་གུད་ན་ཡང་དེ་བཞིན་ཉིད་མྱེད་[༣]དེ། ཆོས་ཀྱི་དེ་བཞིན་ཉིད་ནི་དེ་ལྟ་
བུའོ། །རབ་འབྱོར་མྱིག་གི་རྣམ་པར་ཤེས་པའི་དེ་བཞིན་ཉིད་དེ་ལ། མྱིག་གི་
རྣམ་པར་ཤེས་པ་ཡང་མེད། མྱིག་གི་རྣམ་པར་ཤེས་པ་ལས་གུད་ན་ཡང་དེ་བཞིན་
ཉིད་མྱེད་དེ། མྱིག་གི་རྣམ་པར་ཤེས་པའི་དེ་བཞིན་ཉིད་ནི་དེ་ལྟ་བུའོ། །རབ་
འབྱོར་རྣ་བའི་རྣམ་པར་ཤེས་པའི་དེ་བཞིན་ཉིད་དེ་ལ། རྣ་བའི་རྣམ་པར་ཤེས་པ་
ཡང་མེད། རྣ་བའི་རྣམ་པར་ཤེས་པ་ལས་གུད་ན་ཡང་དེ་བཞིན་ཉིད་མྱེད་དེ།
རྣ་བའི་རྣམ་པར་ཤེས་པའི་དེ་བཞིན་ཉིད་ནི་དེ་ལྟ་བུའོ། །རབ་འབྱོར་སྣའི་རྣམ་
པར་ཤེས་པའི་དེ་བཞིན་ཉིད་དེ་ལ། སྣའི་རྣམ་པར་ཤེས་པ་ཡང་མྱེད། སྣའི་
རྣམ་པར་ཤེས་པ་ལས་གུད་ན་ཡང་དེ་བཞིན་ཉིད་མྱེད་དེ། སྣའི་རྣམ་པར་ཤེས་
པའི་དེ་བཞིན་ཉིད་ནི་དེ་ལྟ་བུའོ། །རབ་འབྱོར་ལྗེའི་རྣམ་པར་ཤེས་པའི་དེ་བཞིན་
ཉིད་དེ་ལ། ལྗེའི་རྣམ་པར་ཤེས་པ་ཡང་མྱེད། ལྗེའི་རྣམ་པར་ཤེས་པ་ལས་གུད་
ན་ཡང་དེ་བཞིན་ཉིད་མྱེད་དེ། ལྗེའི་རྣམ་པར་ཤེས་པའི་དེ་བཞིན་ཉིད་ནི་དེ་ལྟ་
བུའོ། །རབ་འབྱོར་ལུས་ཀྱི་རྣམ་པར་ཤེས་པའི་དེ་བཞིན་ཉིད་དེ་ལ། ལུས་ཀྱི་
རྣམ་པར་ཤེས་པ་ཡང་མྱེད། ལུས་ཀྱི་རྣམ་པར་ཤེས་པ་ལས་གུད་ན་ཡང་དེ་བཞིན་
ཉིད་མྱེད་དེ། ལུས་ཀྱི་རྣམ་པར་ཤེས་པའི་དེ་བཞིན་ཉིད་ནི་དེ་ལྟ་བུའོ། །རབ་

འབྱོར་ཡིད་ཀྱི་རྣམ་པར་ཤེས་པའི་དེ་བཞིན་ཉིད་དེ་ལ། ཡིད་ཀྱི་རྣམ་པར་ཤེས་པ་ཡང་མྱེད། ཡིད་ཀྱི་རྣམ་པར་ཤེས་པ་ལས་གུད་ན་ཡང་དེ་བཞིན་ཉིད་མྱེད་དེ། ཡིད་ཀྱི་རྣམ་པར་ཤེས་པའི་དེ་བཞིན་ཉིད་ནི་དེ་ལྟ་བུའོ། །རབ་འབྱོར་མྱིག་གི་འདུས་ཏེ་རེག་པའི་དེ་བཞིན་ཉིད་དེ་ལ། མྱིག་གི་འདུས་ཏེ་རེག་པ་ཡང་མྱེད། མྱིག་གི་འདུས་ཏེ་རེག་པ་ལས་གུད་ན་ཡང་དེ་བཞིན་ཉིད་མྱེད་དེ། མྱིག་གི་འདུས་ཏེ་རེག་པའི་དེ་བཞིན་ཉིད་ནི་དེ་ལྟ་བུའོ། །རབ་འབྱོར་རྣ་བའི་འདུས་ཏེ་རེག་པའི་དེ་བཞིན་ཉིད་དེ་ལ། རྣ་བའི་འདུས་ཏེ་རེག་པ་ཡང་མྱེད། རྣ་བའི་འདུས་ཏེ་རེག་པ་ལས་གུད་ན་ཡང་དེ་བཞིན་ཉིད་མྱེད་དེ། རྣ་བའི་འདུས་ཏེ་རེག་པའི་དེ་བཞིན་ཉིད་ནི་དེ་ལྟ་བུའོ། །རབ་འབྱོར་སྣའི་འདུས་ཏེ་རེག་པའི་དེ་བཞིན་ཉིད་དེ་ལ། སྣའི་འདུས་ཏེ་རེག་པ་ཡང་མྱེད། སྣའི་འདུས་ཏེ་རེག་པ་ལས་གུད་ན་ཡང་དེ་བཞིན་ཉིད་མྱེད་དེ། སྣའི་འདུས་ཏེ་རེག་པའི་དེ་བཞིན་ཉིད་ནི་དེ་ལྟ་བུའོ། །རབ་འབྱོར་ལྕེའི་འདུས་ཏེ་རེག་པའི་དེ་བཞིན་ཉིད་དེ་ལ། ལྕེའི་འདུས་ཏེ་རེག་པ་ཡང་མེད། ལྕེའི་འདུས་ཏེ་རེག་པ་ལས་གུད་ན་ཡང་དེ་བཞིན་ཉིད་མྱེད་དེ། ལྕེའི་འདུས་ཏེ་རེག་པའི་དེ་བཞིན་ཉིད་ནི་དེ་ལྟ་བུའོ། །རབ་འབྱོར་ལུས་ཀྱི་འདུས་ཏེ་རེག་པའི་དེ་བཞིན་ཉིད་དེ་ལ། ལུས་ཀྱི་འདུས་ཏེ་རེག་པ་ཡང་མྱེད། ལུས་ཀྱི་འདུས་ཏེ་རེག་པ་ལས་གུད་ན་ཡང་དེ་བཞིན་ཉིད་མྱེད་དེ། ལུས་ཀྱི་འདུས་ཏེ་རེག་པའི་དེ་བཞིན་ཉིད་ནི་དེ་ལྟ་བུའོ། །རབ་འབྱོར་ཡིད་ཀྱི་འདུས་ཏེ་རེག་པའི་དེ་བཞིན་ཉིད་དེ་ལ། ཡིད་ཀྱི་འདུས་ཏེ་རེག་པ་ཡང་མེད། ཡིད་ཀྱི་འདུས་ཏེ་རེག་པ་ལས་གུད་ན་ཡང་དེ་བཞིན་ཉིད་མྱེད་དེ། ཡིད་ཀྱི་འདུས་ཏེ་རེག་པའི་དེ་བཞིན་ཉིད་ནི་དེ་ལྟ་བུའོ། །རབ་འབྱོར་མྱིག[1]གི་འདུས་ཏེ་རེག་པའི་རྐྱེན་གྱིས་ཚོར་བའི་དེ་བཞིན་ཉིད་དེ་ལ། མྱིག་གི་འདུས་ཏེ་རེག་པའི་རྐྱེན་གྱིས་ཚོར་བ་ཡང་མྱེད།

མྱིག་གི་འདུས་ཏེ་རེག་པའི་རྐྱེན་གྱིས་ཚོར་བ་ལས་གུད་ན་ཡང་དེ་བཞིན་ཉིད་མྱེད་དེ། མྱིག་གི་འདུས་ཏེ་རེག་པའི་རྐྱེན་གྱིས་ཚོར་བའི་དེ་བཞིན་ཉིད་ནི་དེ་ལྟ་བུའོ། །རབ་འབྱོར་རྣ་བའི་འདུས་ཏེ་རེག་པའི་རྐྱེན་གྱིས་ཚོར་བའི་དེ་བཞིན་ཉིད་དེ་ལ། རྣ་བའི་འདུས་ཏེ་རེག་པའི་རྐྱེན་གྱིས་ཚོར་བ་ཡང་མྱེད། རྣ་བའི་འདུས་ཏེ་རེག་པའི་རྐྱེན་གྱིས་ཚོར་བ་ལས་གུད་ན་ཡང་དེ་བཞིན་ཉིད་མྱེད་དེ། རྣ་བའི་འདུས་ཏེ་རེག་པའི་རྐྱེན་གྱིས་ཚོར་བའི་དེ་བཞིན་ཉིད་ནི་དེ་ལྟ་བུའོ། །རབ་འབྱོར་སྣའི་འདུས་ཏེ་རེག་པའི་རྐྱེན་གྱིས་ཚོར་བའི་དེ་བཞིན་ཉིད་དེ་ལ། སྣའི་འདུས་ཏེ་རེག་པའི་རྐྱེན་གྱིས་ཚོར་བ་ཡང་མྱེད། སྣའི་འདུས་ཏེ་རེག་པའི་རྐྱེན་གྱིས་ཚོར་བ་ལས་གུད་ན་ཡང་དེ་བཞིན་ཉིད་མྱེད་དེ། སྣའི་འདུས་ཏེ་རེག་པའི་རྐྱེན་གྱིས་ཚོར་བའི་དེ་བཞིན་ཉིད་ནི་དེ་ལྟ་བུའོ། །རབ་འབྱོར་ལྗེའི་འདུས་ཏེ་རེག་པའི་རྐྱེན་གྱིས་ཚོར་བའི་དེ་བཞིན་ཉིད་དེ་ལ། ལྗེའི་འདུས་ཏེ་རེག་པའི་རྐྱེན་གྱིས་ཚོར་བ་ཡང་མྱེད། ལྗེའི་འདུས་ཏེ་རེག་པའི་རྐྱེན་གྱིས་ཚོར་བ་ལས་གུད་ན་ཡང་དེ་བཞིན་ཉིད་མྱེད་དེ། ལྗེའི་འདུས་ཏེ་རེག་པའི་རྐྱེན་གྱིས་ཚོར་བའི་དེ་བཞིན་ཉིད་ནི་དེ་ལྟ་བུའོ། །རབ་འབྱོར་ལུས་ཀྱི་འདུས་ཏེ་རེག་པའི་རྐྱེན་གྱིས་ཚོར་བའི་དེ་བཞིན་ཉིད་དེ་ལ། ལུས་ཀྱི་འདུས་ཏེ་རེག་པའི་རྐྱེན་གྱིས་ཚོར་བ་ཡང་མྱེད། ལུས་ཀྱི་འདུས་ཏེ་རེག་པའི་རྐྱེན་གྱིས་ཚོར་བ་ལས་གུད་ན་ཡང་དེ་བཞིན་ཉིད་མྱེད་དེ། ལུས་ཀྱི་འདུས་ཏེ་རེག་པའི་རྐྱེན་གྱིས་ཚོར་བའི་དེ་བཞིན་ཉིད་ནི་དེ་ལྟ་བུའོ། །རབ་འབྱོར་ཡིད་ཀྱི་འདུས་ཏེ་རེག་པའི་རྐྱེན་གྱིས་ཚོར་བའི་དེ་བཞིན་ཉིད་དེ་ལ། ཡིད་ཀྱི་འདུས་ཏེ་རེག་པའི་རྐྱེན་གྱིས་ཚོར་བ་ཡང་མྱེད། ཡིད་ཀྱི་འདུས་ཏེ་རེག་པའི་རྐྱེན་གྱིས་ཚོར་བ་ལས་གུད་ན་ཡང་དེ་བཞིན་ཉིད་མྱེད་དེ། ཡིད་ཀྱི་འདུས་ཏེ་རེག་པའི་རྐྱེན་གྱིས་ཚོར་བའི་དེ་བཞིན་ཉིད་ནི་དེ་ལྟ་བུའོ། །རབ་འབྱོར་སའི་ཁམས་ཀྱི་དེ་བཞིན་ཉིད་དེ་ལ།

སའི་ཁམས་ཀྱང་སྐྱེད། སའི་ཁམས་ལས་གུད་ན་ཡང་དེ་བཞིན་ཉིད་སྐྱེད་དེ། སའི་ཁམས་ཀྱི་དེ་བཞིན་ཉིད་ནི་དེ་ལྟ་བུའོ། །རབ་འབྱོར་ཆུའི་ཁམས་ཀྱི་དེ་བཞིན་ཉིད་དེ་ལ། ཆུའི་ཁམས་ཀྱང་སྐྱེད། ཆུའི་ཁམས་ལས་གུད་ན་ཡང་དེ་བཞིན་ཉིད་སྐྱེད་དེ། ཆུའི་ཁམས་ཀྱི་དེ་བཞིན་ཉིད་ནི་དེ་ལྟ་བུའོ། །རབ་འབྱོར་མེའི་ཁམས་ཀྱི་དེ་བཞིན་ཉིད་དེ་ལ། མེའི་ཁམས་ཀྱང་སྐྱེད། མེའི་ཁམས་ལས་གུད་ན་ཡང་དེ་བཞིན་ཉིད་མེད་དེ། མེའི་ཁམས་ཀྱི་དེ་བཞིན་ཉིད་ནི་དེ་ལྟ་བུའོ། །རབ་འབྱོར་རླུང་གི་ཁམས་ཀྱི་དེ་བཞིན་ཉིད་དེ་ལ། རླུང་གི་ཁམས་ཀྱང་སྐྱེད། རླུང་གི་ཁམས་ལས་གུད་ན་ཡང་དེ་བཞིན་ཉིད་སྐྱེད་དེ[1]། རླུང་གི་ཁམས་ཀྱི་དེ་བཞིན་ཉིད་ནི་དེ་ལྟ་བུའོ། །རབ་འབྱོར་ནམ་མཁའི་ཁམས་ཀྱི་དེ་བཞིན་ཉིད་དེ་ལ། ནམ་མཁའི་ཁམས་ཀྱང་སྐྱེད། ནམ་མཁའི་ཁམས་ལས་གུད་ན་ཡང་དེ་བཞིན་ཉིད་སྐྱེད་དེ། ནམ་མཁའི་ཁམས་ཀྱི་དེ་བཞིན་ཉིད་ནི་དེ་ལྟ་བུའོ། །རབ་འབྱོར་རྣམ་པར་ཤེས་པའི་ཁམས་ཀྱི་དེ་བཞིན་ཉིད་དེ་ལ་རྣམ་པར་ཤེས་པའི་ཁམས་ཀྱང་སྐྱེད། རྣམ་པར་ཤེས་པའི་ཁམས་ལས་གུད་ན་ཡང་དེ་བཞིན་ཉིད་སྐྱེད་དེ། རྣམ་པར་ཤེས་པའི་ཁམས་ཀྱི་དེ་བཞིན་ཉིད་ནི་དེ་ལྟ་བུའོ། །རབ་འབྱོར་མ་རིག་པའི་དེ་བཞིན་ཉིད་དེ་ལ་མ་རིག་པ་ཡང་སྐྱེད། མ་རིག་པ་ལས་གུད་ན་ཡང་དེ་བཞིན་ཉིད་སྐྱེད་དེ། མ་རིག་པའི་དེ་བཞིན་ཉིད་ནི་དེ་ལྟ་བུའོ། །རབ་འབྱོར་འདུ་བྱེད་ཀྱི་དེ་བཞིན་ཉིད་དེ་ལ་འདུ་བྱེད་ཀྱང་སྐྱེད་འདུ་བྱེད་ལས་གུད་ན་ཡང་དེ་བཞིན་ཉིད་སྐྱེད་དེ། འདུ་བྱེད་ཀྱི་དེ་བཞིན་ཉིད་ནི་དེ་ལྟ་བུའོ། །རབ་འབྱོར་རྣམ་པར་ཤེས་པའི་དེ་བཞིན་ཉིད་དེ་ལ་རྣམ་པར་ཤེས་པ་ཡང་སྐྱེད། རྣམ་པར་ཤེས་པ་ལས་གུད་ན་ཡང་དེ་བཞིན་ཉིད་སྐྱེད་དེ། རྣམ་པར་ཤེས་པའི་དེ་བཞིན་ཉིད་ནི་དེ་ལྟ་བུའོ། །རབ་འབྱོར་མིང་དང་གཟུགས་ཀྱི་དེ་བཞིན་ཉིད་དེ་ལ།

མིང་དང་གཟུགས་ཀུང་མེད། མིང་དང་གཟུགས་ལས་གུད་ན་ཡང་དེ་བཞིན་ཉིད་མེད་དེ[༢]། མིང་དང་གཟུགས་ཀྱི་དེ་བཞིན་ཉིད་ནི་དེ་ལྟ་བུའོ། །རབ་འབྱོར་སྐྱེ་མཆེད་དྲུག་གི་དེ་བཞིན་ཉིད་དེ་ལ་སྐྱེ་མཆེད་དྲུག་ཀུང་མེད། སྐྱེ་མཆེད་དྲུག་ལས་གུད་ན་ཡང་དེ་བཞིན་ཉིད་མེད་དེ[༣]། སྐྱེ་མཆེད་དྲུག་གི་དེ་བཞིན་ཉིད་ནི་དེ་ལྟ་བུའོ། །རབ་འབྱོར་རེག་པའི་དེ་བཞིན་ཉིད་དེ་ལ་རེག་པ་ཡང་མེད། རེག་པ་ལས་གུད་ན་ཡང་དེ་བཞིན་ཉིད་མེད་དེ། རེག་པའི་དེ་བཞིན་ཉིད་ནི་དེ་ལྟ་བུའོ། །རབ་འབྱོར་ཚོར་བའི་དེ་བཞིན་ཉིད་དེ་ལ། ཚོར་བ་ཡང་མེད། ཚོར་བ་ལས་གུད་ན་ཡང་དེ་བཞིན་ཉིད་མེད་དེ། ཚོར་བའི་དེ་བཞིན་ཉིད་ནི་དེ་ལྟ་བུའོ། །རབ་འབྱོར་སྲེད་པའི་དེ་བཞིན་ཉིད་དེ་ལ་སྲེད་པ་ཡང་མེད། སྲེད་པ་ལས་གུད་ན་ཡང་དེ་བཞིན་ཉིད་[༣]མེད་དེ། སྲེད་པའི་དེ་བཞིན་ཉིད་ནི་དེ་ལྟ་བུའོ། །རབ་འབྱོར་ལེན་པའི་དེ་བཞིན་ཉིད་དེ་ལ་ལེན་པ་ཡང་མེད། ལེན་པ་ལས་གུད་ན་ཡང་དེ་བཞིན་ཉིད་མེད་དེ། ལེན་པའི་དེ་བཞིན་ཉིད་ནི་དེ་ལྟ་བུའོ། །རབ་འབྱོར་སྲིད་པའི་དེ་བཞིན་ཉིད་དེ་ལ་སྲིད་པ་ཡང་མེད། སྲིད་པ་ལས་གུད་ན་ཡང་དེ་བཞིན་ཉིད་མེད་དེ། སྲིད་པའི་དེ་བཞིན་ཉིད་ནི་དེ་ལྟ་བུའོ། །རབ་འབྱོར་སྐྱེ་བའི་དེ་བཞིན་ཉིད་དེ་ལ་སྐྱེ་བ་ཡང་མེད། སྐྱེ་བ་ལས་གུད་ན་ཡང་དེ་བཞིན་ཉིད་མེད་དེ། སྐྱེ་བའི་དེ་བཞིན་ཉིད་ནི་དེ་ལྟ་བུའོ། །རབ་འབྱོར་རྒ་ཤིའི་དེ་བཞིན་ཉིད་དེ་ལ། རྒ་ཤི་ཡང་མེད[༡]། རྒ་ཤི་ལས་གུད་ན་ཡང་དེ་བཞིན་ཉིད་མེད་དེ། རྒ་ཤིའི་དེ་བཞིན་ཉིད་ནི་དེ་ལྟ་བུའོ། །རབ་འབྱོར་སྦྱིན་པའི་ཕ་རོལ་ཏུ་ཕྱིན་པའི་དེ་བཞིན་ཉིད་དེ་ལ། སྦྱིན་པའི་ཕ་རོལ་ཏུ་ཕྱིན་པ་ཡང་མེད། སྦྱིན་པའི་ཕ་རོལ་ཏུ་ཕྱིན་པ་ལས་གུད་ན་ཡང་དེ་བཞིན་ཉིད་མེད་དེ། སྦྱིན་པའི་ཕ་རོལ་ཏུ་ཕྱིན་པའི་དེ་བཞིན་ཉིད་ནི་དེ་ལྟ་བུའོ། །རབ་འབྱོར་ཚུལ་ཁྲིམས་ཀྱི་ཕ་

རོལ་ཏུ་ཕྱིན་པའི་དེ་བཞིན་ཉིད་དེ་ལ། ཚུལ་ཁྲིམས་ཀྱི་ཕ་རོལ་ཏུ་ཕྱིན་པ་ཡང་མེད། ཚུལ་ཁྲིམས་ཀྱི་ཕ་རོལ་ཏུ་ཕྱིན་པ་ལས་གུད་ན་ཡང་དེ་བཞིན་ཉིད་མེད་དེ། ཚུལ་ཁྲིམས་ཀྱི་ཕ་རོལ་ཏུ་ཕྱིན་པའི་དེ་བཞིན་ཉིད་ནི་དེ་ལྟ་བུའོ། །རབ་འབྱོར་བཟོད་པའི་ཕ་རོལ་ཏུ་ཕྱིན་པའི་དེ་བཞིན་ཉིད་དེ་ལ་བཟོད་པའི་ཕ་རོལ་ཏུ་ཕྱིན་པ་ཡང་མེད། བཟོད་པའི་ཕ་རོལ་ཏུ་ཕྱིན་པ་ལས་གུད་ན་ཡང་དེ་བཞིན་ཉིད་མེད་དེ། བཟོད་པའི་ཕ་རོལ་ཏུ་ཕྱིན་པའི་དེ་བཞིན་ཉིད་ནི་དེ་ལྟ་བུའོ། །རབ་འབྱོར་བརྩོན་འགྲུས་ཀྱི་ཕ་རོལ་ཏུ་ཕྱིན་པའི་དེ་བཞིན་ཉིད་དེ་ལ་བརྩོན་འགྲུས་ཀྱི་ཕ་རོལ་ཏུ་ཕྱིན་པ་ཡང་མེད། བརྩོན་འགྲུས་ཀྱི་ཕ་རོལ་ཏུ་ཕྱིན་པ་ལས་གུད་ན་ཡང་དེ་བཞིན་ཉིད་མེད་དེ། བརྩོན་འགྲུས་ཀྱི་ཕ་རོལ་ཏུ་ཕྱིན་པའི་དེ་བཞིན་ཉིད་ནི་དེ་ལྟ་བུའོ། །རབ་འབྱོར་བསམ་གཏན་གྱི་ཕ་རོལ་ཏུ་ཕྱིན་པའི་དེ་བཞིན་ཉིད་དེ་ལ། བསམ་གཏན་གྱི་ཕ་རོལ་ཏུ་ཕྱིན་པ་ཡང་མེད། བསམ་གཏན་གྱི་ཕ་རོལ་ཏུ་ཕྱིན་པ་ལས་གུད་ན་ཡང་དེ་བཞིན་ཉིད་མེད་དེ། བསམ་གཏན་གྱི་ཕ་རོལ་ཏུ་ཕྱིན་པའི་དེ་བཞིན་ཉིད་ནི་དེ་ལྟ་བུའོ། །རབ་འབྱོར་ཤེས་རབ་ཀྱི་ཕ་རོལ་ཏུ་ཕྱིན་པའི་དེ་བཞིན་ཉིད་དེ་ལ་ཤེས་རབ་ཀྱི་ཕ་རོལ་ཏུ་ཕྱིན་པ་ཡང་མེད། ཤེས་རབ་ཀྱི་ཕ་རོལ་ཏུ་ཕྱིན་པ་ལས་གུད་ན་ཡང་དེ་བཞིན་ཉིད་མེད་དེ། ཤེས་རབ་ཀྱི་ཕ་རོལ་ཏུ་ཕྱིན་པའི་དེ་བཞིན་ཉིད་ནི་དེ་ལྟ་བུའོ། །རབ་འབྱོར་ནང་སྟོང་པ་ཉིད་ཀྱི་དེ་བཞིན་ཉིད་དེ་ལ་ནང་སྟོང་པ་ཉིད་ཀྱང་མེད། ནང་སྟོང་པ་ཉིད་ལས་གུད་ན་ཡང་དེ་བཞིན་ཉིད་མེད་དེ། ནང་སྟོང་པ་ཉིད་ཀྱི་དེ་བཞིན་ཉིད་ནི་དེ་ལྟ་བུའོ། །རབ་འབྱོར་ཕྱི་སྟོང་པ་ཉིད་ཀྱི་དེ་བཞིན་ཉིད་དེ་ལ། ཕྱི་སྟོང་པ་ཉིད་ཀྱང་མེད། ཕྱི་སྟོང་པ་ཉིད་ལས་གུད་ན་ཡང་དེ་བཞིན་ཉིད་མེད་དེ། ཕྱི་སྟོང་པ་ཉིད་ཀྱི་དེ་བཞིན་ཉིད་ནི་དེ་ལྟ་བུའོ། །རབ་འབྱོར་ཕྱི་ནང་སྟོང་པ་ཉིད་ཀྱི་དེ་བཞིན་ཉིད་དེ་

ལ། ཕྱི་ནང་སྟོང་པ་ཉིད་ཀྱང་མེད། ཕྱི་ནང་སྟོང་པ་ཉིད་ལས་གུད་ན་ཡང་དེ་བཞིན་ཉིད་མེད་དེ། ཕྱི་ནང་སྟོང་པ་ཉིད་ཀྱི་དེ་བཞིན་ཉིད་ནི་དེ་ལྟ་བུའོ། །རབ་འབྱོར་སྟོང་པ་ཉིད་སྟོང་པ་ཉིད་ཀྱི་དེ་བཞིན་ཉིད་དེ་ལ། སྟོང་པ་ཉིད་སྟོང་པ་ཉིད་ཀྱང་མེད། སྟོང་པ་ཉིད་སྟོང་པ་ཉིད་ལས་གུད་ན་ཡང་དེ་བཞིན་ཉིད་མེད་དེ། སྟོང་པ་ཉིད་སྟོང་པ་ཉིད་ཀྱི་དེ་བཞིན་ཉིད་ནི་[2]དེ་ལྟ་བུའོ། །རབ་འབྱོར་ཆེན་པོ་སྟོང་པ་ཉིད་ཀྱི་དེ་བཞིན་ཉིད་དེ་ལ། ཆེན་པོ་སྟོང་པ་ཉིད་ཀྱང་མེད། ཆེན་པོ་སྟོང་པ་ཉིད་ལས་གུད་ན་ཡང་དེ་བཞིན་ཉིད་མེད་དེ། ཆེན་པོ་སྟོང་པ་ཉིད་ཀྱི་དེ་བཞིན་ཉིད་ནི་དེ་ལྟ་བུའོ། །རབ་འབྱོར་དོན་དམ་པ་སྟོང་པ་ཉིད་ཀྱི་དེ་བཞིན་ཉིད་དེ་ལ། དོན་དམ་པ་སྟོང་པ་ཉིད་ཀྱང་མེད། དོན་དམ་པ་སྟོང་པ་ཉིད་ལས་གུད་ན་ཡང་དེ་བཞིན་ཉིད་མེད་དེ། དོན་དམ་པ་སྟོང་པ་ཉིད་ཀྱི་དེ་བཞིན་ཉིད་ནི་དེ་ལྟ་བུའོ། །རབ་འབྱོར་འདུས་བྱས་སྟོང་པ་ཉིད་ཀྱི་དེ་བཞིན་ཉིད་དེ་ལ། འདུས་བྱས་སྟོང་པ་ཉིད་ཀྱང་མེད། འདུས་བྱས་སྟོང་པ་ཉིད་ལས་གུད་ན་ཡང་དེ་བཞིན་ཉིད་མེད་དེ། འདུས་བྱས་སྟོང་པ་ཉིད་ཀྱི་དེ་བཞིན་ཉིད་ནི་དེ་ལྟ་བུའོ། །རབ་འབྱོར་འདུས་མ་བྱས་སྟོང་པ་ཉིད་ཀྱི་དེ་བཞིན་ཉིད་དེ་ལ། འདུས་མ་བྱས་སྟོང་པ་ཉིད་ཀྱང་མེད། འདུས་མ་བྱས་སྟོང་པ་ཉིད་ལས་གུད་ན་ཡང་དེ་བཞིན་ཉིད་མེད་དེ། འདུས་མ་བྱས་སྟོང་པ་ཉིད་ཀྱི་དེ་བཞིན་ཉིད་ནི་དེ་ལྟ་བུའོ། །རབ་འབྱོར་མཐའ་ལས་འདས་པ་སྟོང་པ་ཉིད་ཀྱི་དེ་བཞིན་ཉིད་དེ་ལ། མཐའ་ལས་འདས་པ་སྟོང་པ་ཉིད་ཀྱང་མེད། མཐའ་ལས་འདས་པ་སྟོང་པ་ཉིད་ལས་གུད་ན་ཡང་དེ་བཞིན་ཉིད་མེད་དེ། མཐའ་ལས་འདས་པ་སྟོང་པ་ཉིད་ཀྱི་དེ་བཞིན་ཉིད་ནི་དེ་ལྟ་བུའོ། །རབ་འབྱོར་ཐོག་མ་དང་ཐ་མ་མེད་པ་སྟོང་པ་ཉིད་ཀྱི་དེ་བཞིན་ཉིད་དེ་ལ[3]། ཐོག་མ་དང་ཐ་མ་མེད་པ་སྟོང་པ་ཉིད་ཀྱང་མེད། ཐོག་

མ་དང་ཐ་མ་མྱེད་པ་སྟོང་པ་ཉིད་ལས་གུད་ན་ཡང་དེ་བཞིན་ཉིད་མྱེད་དེ། ཐོག་མ་དང་ཐ་མ་མྱེད་པ་སྟོང་པ་ཉིད་ཀྱི་དེ་བཞིན་ཉིད་ནི་དེ་ལྟ་བུའོ། །རབ་འབྱོར་དོར་བ་མྱེད་པ་སྟོང་པ་ཉིད་ཀྱི་དེ་བཞིན་ཉིད་དེ་ལ། དོར་བ་མྱེད་པ་སྟོང་པ་ཉིད་ཀྱང་མྱེད། དོར་བ་མྱེད་པ་སྟོང་པ་ཉིད་ལས་①གུད་ན་ཡང་དེ་བཞིན་ཉིད་མྱེད་དེ། དོར་བ་མྱེད་པ་སྟོང་པ་ཉིད་ཀྱི་དེ་བཞིན་ཉིད་ནི་དེ་ལྟ་བུའོ། །རབ་འབྱོར་རང་བཞིན་སྟོང་པ་ཉིད་ཀྱི་དེ་བཞིན་ཉིད་དེ་ལ། རང་བཞིན་སྟོང་པ་ཉིད་ཀྱང་མྱེད། རང་བཞིན་སྟོང་པ་ཉིད་ལས་གུད་ན་ཡང་དེ་བཞིན་ཉིད་མྱེད་དེ། རང་བཞིན་སྟོང་པ་ཉིད་ཀྱི་དེ་བཞིན་ཉིད་ནི་དེ་ལྟ་བུའོ། །རབ་འབྱོར་ཆོས་ཐམས་ཅད་སྟོང་པ་ཉིད་ཀྱི་དེ་བཞིན་ཉིད་དེ་ལ། ཆོས་ཐམས་ཅད་སྟོང་པ་ཉིད་ཀྱང་མྱེད། ཆོས་ཐམས་ཅད་སྟོང་པ་ཉིད་ལ་②གུད་ན་ཡང་དེ་བཞིན་ཉིད་མྱེད་དེ། ཆོས་ཐམས་ཅད་སྟོང་པ་ཉིད་ཀྱི་དེ་བཞིན་ཉིད་ནི་དེ་ལྟ་བུའོ། །རབ་འབྱོར་རང་གི་མཚན་ཉིད་སྟོང་པ་ཉིད་ཀྱི་དེ་བཞིན་ཉིད་དེ་ལ། རང་གི་མཚན་ཉིད་སྟོང་པ་ཉིད་ཀྱང་མྱེད༑ རང་གི་མཚན་ཉིད་སྟོང་པ་ཉིད་ལས་གུད་ན་ཡང་དེ་བཞིན་ཉིད་མེད་དེ། རང་གི་མཚན་ཉིད་སྟོང་པ་ཉིད་ཀྱི་དེ་བཞིན་ཉིད་ནི་དེ་ལྟ་བུའོ། །རབ་འབྱོར་མྱི་དམྱིགས་པ་སྟོང་པ་ཉིད་ཀྱི་དེ་བཞིན་ཉིད་དེ་ལ། མྱི་དམྱིགས་པ་སྟོང་པ་ཉིད་ཀྱང་མྱེད༑ མྱི་དམྱིགས་པ་སྟོང་པ་ཉིད་③ལས་གུད་ན་ཡང་དེ་བཞིན་ཉིད་མྱེད་དེ། མྱི་དམྱིགས་པ་སྟོང་པ་ཉིད་ཀྱི་དེ་བཞིན་ཉིད་ནི་དེ་ལྟ་བུའོ། །རབ་འབྱོར་དངོས་པོ་མྱེད་པ་སྟོང་པ་ཉིད་ཀྱི་དེ་བཞིན་ཉིད་དེ་ལ། ④དངོས་པོ་མྱེད་པ་སྟོང་པ་ཉིད་ཀྱང་མྱེད། དངོས་པོ་མྱེད་པ་སྟོང་པ་ཉིད་ལས་གུད་ན་ཡང་དེ་བཞིན་ཉིད་མྱེད་དེ། དངོས་པོ་མྱེད་པ་སྟོང་པ་ཉིད་ཀྱི་དེ་བཞིན་ཉིད་ནི་དེ་ལྟ་བུའོ། །རབ་འབྱོར་ངོ་བོ་ཉིད་སྟོང་པ་ཉིད་ཀྱི་དེ་བཞིན་ཉིད་དེ་ལ། ངོ་བོ་ཉིད་སྟོང་པ་ཉིད་ཀྱང་མྱེད།

ངོ་བོ་ཉིད་སྟོང་པ་ཉིད་ལས་གུད་ན་ཡང་དེ་བཞིན་ཉིད་མེད་དེ། ངོ་བོ་ཉིད་སྟོང་པ་ཉིད་ཀྱི་དེ་བཞིན་[1]ཉིད་ནི་དེ་ལྟ་བུའོ། །རབ་འབྱོར་དངོས་པོ་མེད་པའི་ངོ་བོ་ཉིད་སྟོང་པ་ཉིད་ཀྱི་དེ་བཞིན་ཉིད་དེ་ལ་དངོས་པོ་མེད་པའི་ངོ་བོ་ཉིད་སྟོང་པ་ཉིད་ཀྱང་མེད། དངོས་པོ་མེད་པའི་ངོ་བོ་ཉིད་སྟོང་པ་ཉིད་ལས་གུད་ན་ཡང་དེ་བཞིན་ཉིད་མེད་དེ། དངོས་པོ་མེད་པའི་ངོ་བོ་ཉིད་སྟོང་པ་ཉིད་ཀྱི་དེ་བཞིན་ཉིད་ནི་དེ་ལྟ་བུའོ། །རབ་འབྱོར་དྲན་པ་ཉེ་བར་གཞག་པའི་དེ་བཞིན་ཉིད་དེ་ལ། དྲན་པ་ཉེ་བར་གཞག་པ་རྣམས་ཀྱང་མེད། དྲན་པ་ཉེ་བར་གཞག་པ་རྣམས་ལས་གུད་ན་ཡང་དེ་བཞིན་ཉིད་མེད་དེ། དྲན་པ་ཉེ་བར་གཞག་པ་རྣམས་ཀྱི་དེ་བཞིན་ཉིད་ནི་དེ་ལྟ་བུའོ། །རབ་འབྱོར་ཡང་དག་པར་སྤོང་བའི་དེ་བཞིན་ཉིད་དེ་ལ། ཡང་དག་པར་སྤོང་བ་རྣམས་ཀྱང་མེད[3]། ཡང་དག་པར་སྤོང་བ་རྣམས་ལས་གུད་ན་ཡང་དེ་བཞིན་ཉིད་མེད་དེ། ཡང་དག་པར་སྤོང་བ་རྣམས་ཀྱི་དེ་བཞིན་ཉིད་ནི་དེ་ལྟ་བུའོ། །རབ་འབྱོར་རྫུ་འཕྲུལ་གྱི་རྐང་པའི་དེ་བཞིན་ཉིད་དེ་ལ། རྫུ་འཕྲུལ་གྱི་རྐང་པ་རྣམས་ཀྱང་མེད། རྫུ་འཕྲུལ་གྱི་རྐང་པ་རྣམས་ལས་གུད་ན་ཡང་དེ་བཞིན་ཉིད་མེད་དེ། རྫུ་འཕྲུལ་གྱི་རྐང་པ་རྣམས་ཀྱི་དེ་བཞིན་ཉིད་ནི་དེ་ལྟ་བུའོ། །རབ་འབྱོར་དབང་པོའི་དེ་བཞིན་ཉིད་དེ་ལ་དབང་པོ་རྣམས་ཀྱང་མེད། དབང་པོ་རྣམས་ལས་གུད་ན་ཡང་དེ་བཞིན་ཉིད་མེད་དེ། དབང་པོ་རྣམས་ཀྱི་དེ་བཞིན་ཉིད་ནི་དེ་ལྟ་བུའོ། །རབ་འབྱོར་སྟོབས་ཀྱི་དེ་བཞིན་ཉིད་དེ་ལ་སྟོབས་རྣམས་ཀྱང་མེད། སྟོབས་རྣམས་ལས་གུད་ན་ཡང་དེ་བཞིན་ཉིད་མེད་དེ། སྟོབས་རྣམས་ཀྱི་དེ་བཞིན་ཉིད་ནི་དེ་ལྟ་བུའོ། །རབ་འབྱོར་བྱང་ཆུབ་ཀྱི་ཡན་ལག་གི་དེ་བཞིན་ཉིད་དེ་ལ། བྱང་ཆུབ་ཀྱི་ཡན་ལག་རྣམས་ཀྱང་མེད[4]། བྱང་ཆུབ་ཀྱི་ཡན་ལག་རྣམས་ལས་གུད་ན་ཡང་དེ་བཞིན་ཉིད་མེད་དེ། བྱང་ཆུབ་ཀྱི་ཡན་ལག་རྣམས་ཀྱི་

དེ་བཞིན་ཉིད་ནི་དེ་ལྟ་བུའོ། །རབ་འབྱོར་འཕགས་པའི་ལམ་ཡན་ལག་བརྒྱད་པའི་དེ་བཞིན་ཉིད་དེ་ལ། འཕགས་པའི་ལམ་ཡན་ལག་བརྒྱད་པ་ཡང་མེད། འཕགས་པའི་ལམ་ཡན་ལག་བརྒྱད་པ་ལས་གུད་ན་ཡང་དེ་བཞིན་ཉིད་མེད་དེ། འཕགས་པའི་ལམ་ཡན་ལག་བརྒྱད་པའི་དེ་བཞིན་ཉིད་ནི་དེ་ལྟ་བུའོ། །རབ་འབྱོར་འཕགས་པའི་བདེན་པའི་དེ་བཞིན་ཉིད་དེ་ལ། འཕགས་པའི་བདེན་པ་རྣམས་ཀྱང་མེད། འཕགས་པའི་བདེན་པ་རྣམས་ལས་གུད་ན་ཡང་དེ་བཞིན་ཉིད་མེད་དེ། འཕགས་པའི་བདེན་པ་རྣམས་ཀྱི་དེ་བཞིན་ཉིད་ནི་དེ་ལྟ་བུའོ། །རབ་འབྱོར་བསམ་གཏན་གྱི་དེ་བཞིན་ཉིད་དེ་ལ། བསམ་གཏན་རྣམས་ཀྱང་མེད། བསམ་གཏན་རྣམས་ལས་གུད་ན་ཡང་དེ་བཞིན་ཉིད་མེད་དེ། བསམ་གཏན་རྣམས་ཀྱི་དེ་བཞིན་ཉིད་ནི་དེ་ལྟ་བུའོ། །རབ་འབྱོར་ཚད་མེད་པའི་དེ་བཞིན་ཉིད་དེ་ལ། ཚད་མེད་པ་རྣམས་ཀྱང་མེད། ཚད་མེད་པ་རྣམས་ལས་གུད་ན་ཡང་དེ་བཞིན་ཉིད་མེད་དེ། ཚད་མེད་པ་རྣམས་ཀྱི་དེ་བཞིན་ཉིད་ནི་དེ་ལྟ་བུའོ། །རབ་འབྱོར་གཟུགས་མེད་པའི་སྙོམས་པར་འཇུག་པའི་དེ་བཞིན་ཉིད་དེ་ལ། གཟུགས་མེད་པའི་སྙོམས་པར་འཇུག་[༡]པ་རྣམས་ཀྱང་མེད། གཟུགས་མེད་པའི་སྙོམས་པར་འཇུག་པ་རྣམས་ལས་གུད་ན་ཡང་དེ་བཞིན་ཉིད་མེད་དེ། གཟུགས་མེད་པའི་སྙོམས་པར་འཇུག་པ་རྣམས་ཀྱི་དེ་བཞིན་ཉིད་ནི་དེ་ལྟ་བུའོ། །རབ་འབྱོར་རྣམ་པར་ཐར་པའི་དེ་བཞིན་ཉིད་དེ་ལ། རྣམ་པར་ཐར་པ་རྣམས་ཀྱང་མེད། རྣམ་པར་ཐར་པ་རྣམས་ལས་གུད་ན་ཡང་དེ་བཞིན་ཉིད་མེད་དེ། རྣམ་པར་ཐར་པ་རྣམས་ཀྱི་དེ་བཞིན་ཉིད་ནི་དེ་ལྟ་བུའོ། །རབ་འབྱོར་མཐར་གྱིས་གནས་པའི་སྙོམས་པར་འཇུག་པའི་དེ་བཞིན་ཉིད་དེ་ལ། མཐར་གྱིས་གནས་པའི་སྙོམས་པར་འཇུག་པ་རྣམས་ཀྱང་མེད། མཐར་གྱིས་གནས་པའི་སྙོམས་པར་

འཇུག་པ་རྣམས་ལས་གུད་ན་ཡང་དེ་བཞིན་ཉིད་མེད་དེ། མཐར་གྱིས་གནས་པའི་སྙོམས་པར་འཇུག་པ་རྣམས་ཀྱི་དེ་བཞིན་ཉིད་ནི་དེ་ལྟ་བུའོ། །རབ་འབྱོར་རྣམ་པར་ཐར་པའི་སྒོ་སྟོང་པ་ཉིད་ཀྱི་དེ་བཞིན་ཉིད་དེ་ལ། རྣམ་པར་ཐར་པའི་སྒོ་སྟོང་པ་ཉིད་ཀྱང་མེད། རྣམ་པར་ཐར་པའི་སྒོ་སྟོང་པ་ཉིད་ལས་[༡]གུད་ན་ཡང་དེ་བཞིན་ཉིད་མེད་དེ། རྣམ་པར་ཐར་པའི་སྒོ་སྟོང་པ་ཉིད་ཀྱི་དེ་བཞིན་ཉིད་ནི་དེ་ལྟ་བུའོ། །རབ་འབྱོར་རྣམ་པར་ཐར་པའི་སྒོ་མཚན་མ་མེད་པའི་དེ་བཞིན་ཉིད་དེ་ལ། རྣམ་པར་ཐར་པའི་སྒོ་མཚན་མ་མེད་པ་ཡང་[༢]མེད། རྣམ་པར་ཐར་པའི་སྒོ་མཚན་མ་མེད་པ་ལས་གུད་ན་ཡང་དེ་བཞིན་ཉིད་མེད་དེ། རྣམ་པར་ཐར་པའི་སྒོ་མཚན་མ་མེད་པའི་དེ་བཞིན་ཉིད་ནི་དེ་ལྟ་བུའོ། །རབ་འབྱོར་རྣམ་པར་ཐར་པའི་སྒོ་སྨོན་པ་མེད་པའི་དེ་བཞིན་ཉིད་དེ་ལ། རྣམ་པར་ཐར་པའི་སྒོ་སྨོན་པ་མེད་པ་ཡང་[༣]མེད། རྣམ་པར་ཐར་པའི་སྒོ་སྨོན་པ་མེད་པ་[༤]ལས་གུད་ན་ཡང་དེ་བཞིན་ཉིད་མེད་དེ། རྣམ་པར་ཐར་པའི་སྒོ་སྨོན༔པ་མེད་[༥]པའི་དེ་བཞིན་ཉིད་ནི་དེ་ལྟ་བུའོ། །རབ་འབྱོར་མངོན་པར་ཤེས་པའི་དེ་བཞིན་ཉིད་དེ་ལ་མངོན་པར་ཤེས་པ་[༦]རྣམས་ཀྱང་མེད། མངོན་པར་ཤེས་པ་རྣམས་ལས་གུད་ན་ཡང་དེ་བཞིན་ཉིད་མེད་དེ། མངོན་པར་ཤེས་པ་རྣམས་ཀྱི་དེ་བཞིན་ཉིད་ནི་དེ་ལྟ་བུའོ། །རབ་འབྱོར་ཏིང་ངེ་འཛིན་གྱི་དེ་བཞིན་ཉིད་དེ་ལ། ཏིང་ངེ་འཛིན་རྣམས་ཀྱང་མེད། ཏིང་ངེ་འཛིན་རྣམས་ལས་གུད་ན་ཡང་དེ་བཞིན་ཉིད་མེད་དེ[༧]། ཏིང་ངེ་འཛིན་རྣམས་ཀྱི་དེ་བཞིན་ཉིད་ནི་དེ་ལྟ་བུའོ། །རབ་འབྱོར་གཟུངས་ཀྱི་སྒོའི་དེ་བཞིན་ཉིད་དེ་ལ། གཟུངས་ཀྱི་སྒོ་རྣམས་ཀྱང་མེད། གཟུངས་ཀྱི་སྒོ་རྣམས་ལས་གུད་ན་ཡང་དེ་བཞིན་ཉིད་མེད་དེ། གཟུངས་ཀྱི་སྒོ་རྣམས་ཀྱི་དེ་བཞིན་ཉིད་ནི་དེ་ལྟ་བུའོ། །རབ་འབྱོར་དེ་བཞིན་གཤེགས་པའི་སྟོབས་ཀྱི་དེ་བཞིན་ཉིད་དེ་ལ།

དེ་བཞིན་གཤེགས་པའི་སྟོབས་རྣམས་ཀྱང་མེད། དེ་བཞིན་གཤེགས་པའི་སྟོབས་རྣམས་ལས་གུད་ན་ཡང་དེ་བཞིན་ཉིད་མེད་དེ། དེ་བཞིན་གཤེགས་པའི་སྟོབས་རྣམས་ཀྱི་དེ་བཞིན་ཉིད་ནི་དེ་ལྟ་བུའོ། །རབ་འབྱོར་མི་འཇིགས་པའི་དེ་བཞིན་ཉིད་དེ་ལ་མི་འཇིགས་པ་རྣམས་ཀྱང་མེད། མི་འཇིགས་པ་རྣམས་ལས་གུད་ན་ཡང་དེ་བཞིན་ཉིད་མེད་དེ། མི་འཇིགས་པ་རྣམས་ཀྱི་དེ་བཞིན་ཉིད་ནི་དེ་ལྟ་བུའོ།། རབ་འབྱོར་སོ་སོ་ཡང་དག་པར་རིག་པའི་དེ་བཞིན་ཉིད་དེ་ལ། སོ་སོ་ཡང་དག་པར་རིག་པ་རྣམས་ཀྱང་མེད། ༔སོ་སོ་[1]ཡང་དག་པར་རིག་པ་རྣམས་ལས་གུད་ན་ཡང་དེ་བཞིན་ཉིད་མེད་དེ། སོ་སོ་ཡང་དག་པར་རིག་པ་རྣམས་ཀྱི་དེ་བཞིན་ཉིད་ནི་དེ་ལྟ་བུའོ། །རབ་འབྱོར་བྱམས་པ་ཆེན་པོའི་[2]དེ་བཞིན་ཉིད་དེ་ལ། བྱམས་པ་ཆེན་པོ་ཡང་མེད། བྱམས་པ་ཆེན་པོ་ལས་གུད་ན་ཡང་དེ་བཞིན་ཉིད་མེད་དེ། བྱམས་པ་ཆེན་པོའི་དེ་བཞིན་ཉིད་ནི་དེ་ལྟ་བུའོ། །རབ་འབྱོར་སྙིང་རྗེ་ཆེན་པོའི་དེ་བཞིན་ཉིད་དེ་ལ། སྙིང་རྗེ་ཆེན་པོ་ཡང་མེད། སྙིང་རྗེ་ཆེན་པོ་ལས་གུད་ན་ཡང་དེ་བཞིན་ཉིད་མེད་དེ། སྙིང་རྗེ་ཆེན་པོའི་དེ་བཞིན་ཉིད་ནི་དེ་ལྟ་བུའོ། །རབ་འབྱོར་སངས་རྒྱས་ཀྱི་ཆོས་མ་འདྲེས་པའི་དེ་བཞིན་ཉིད་དེ་ལ། སངས་རྒྱས་ཀྱི་ཆོས་མ་འདྲེས་པ་རྣམས་ཀྱང་མེད། སངས་རྒྱས་ཀྱི་ཆོས་མ་འདྲེས་པ་རྣམས་ལས་གུད་ན་ཡང་དེ་བཞིན་ཉིད་མེད་དེ། སངས་རྒྱས་ཀྱི་ཆོས་མ་འདྲེས་པ་རྣམས་ཀྱི་དེ་བཞིན་ཉིད་ནི་དེ་ལྟ་བུའོ། །རབ་འབྱོར་རྒྱུན་དུ་ཞུགས་པའི་འབྲས་བུའི་དེ་བཞིན་ཉིད་དེ་ལ། རྒྱུན་དུ་ཞུགས་པའི་འབྲས་བུ་ཡང་མེད། རྒྱུན་དུ་ཞུགས་པའི་འབྲས་བུ་[3]ལས་གུད་ན་ཡང་། དེ་བཞིན་ཉིད་མེད་དེ། རྒྱུན་དུ་ཞུགས་པའི་འབྲས་བུའི་དེ་བཞིན་ཉིད་ནི་དེ་ལྟ་བུའོ། །རབ་འབྱོར་ལན་ཅིག་ཕྱིར་འོང་བའི་འབྲས་བུའི་དེ་བཞིན་ཉིད་དེ་ལ་ལན་ཅིག་ཕྱིར་འོང་བའི་འབྲས་བུ་ཡང་མེད།

ལན་ཅིག་ཕྱིར་འོང་བའི་འབྲས་བུ་ལས་གུད་ན་ཡང་དེ་བཞིན་ཉིད་མྱེད་དེ། ལན་ཅིག་ཕྱིར་འོང་བའི་འབྲས་བུའི་དེ་བཞིན་ཉིད་ནི་དེ་ལྟ་བུའོ། །རབ་འབྱོར་ཕྱིར་མྱི་འོང་བའི་འབྲས་བུའི་དེ་བཞིན་ཉིད་དེ་ལ་ཕྱིར་མྱི་འོང་བའི་འབྲས་བུ་ཡང་མྱེད། ཕྱིར་མྱི་འོང་བའི་འབྲས་བུ་ལས་གུད་ན་ཡང་དེ་བཞིན་ཉིད་མེད་དེ། ཕྱིར་མྱི་འོང་བའི་འབྲས་བུའི་དེ་བཞིན་ཉིད་ནི་དེ་ལྟ་བུའོ། །རབ་འབྱོར་དགྲ་བཅོམ་པ་ཉིད་ཀྱི་དེ་བཞིན་ཉིད་དེ་ལ། དགྲ་བཅོམ་པ་ཉིད་ཀྱང་མྱེད། དགྲ་བཅོམ་པ་ཉིད་ལས་གུད་ན་ཡང་དེ་བཞིན་ཉིད་མྱེད་དེ། དགྲ་བཅོམ་པ་ཉིད་ཀྱི་དེ་བཞིན་ཉིད་ནི་དེ་ལྟ་བུའོ། །རབ་འབྱོར་རང་བྱང་ཆུབ་ཀྱི་དེ་བཞིན་ཉིད་དེ་ལ་རང་བྱང་ཆུབ་ཀྱང་མྱེད། རང་བྱང་ཆུབ་ལས་གུད་ན་ཡང་དེ་བཞིན་ཉིད་མྱེད་དེ[༧]། རང་བྱང་ཆུབ་ཀྱི་དེ་བཞིན་ཉིད་ནི་དེ་ལྟ་བུའོ། །རབ་འབྱོར་བླ་ན་མེད་པ་ཡང་དག་པར་རྫོགས་པའི་བྱང་ཆུབ་ཀྱི་དེ་བཞིན་ཉིད་དེ་ལ། བླ་ན་མྱེད་པ་ཡང་དག་པར་རྫོགས་པའི་བྱང་ཆུབ་ཀྱང་མྱེད། བླ་ན་མྱེད་པ་ཡང་དག་པར་རྫོགས་པའི་བྱང་ཆུབ་ལས་གུད་ན་ཡང་དེ་བཞིན་ཉིད་མྱེད་དེ། བླ་ན་མྱེད་པ་ཡང་དག་པར་རྫོགས་པའི་བྱང་ཆུབ་ཀྱི་དེ་བཞིན་ཉིད་ནི་དེ་ལྟ་བུའོ།། །།[༣]

ཤེས་རབ་ཀྱི་ཕ་རོལད་ཏུ་ཕྱིན་པ་སྟོང་ཕྲག་བརྒྱ་པ། [༣]བམ་པོ་བཅུ་གཉིས་[༤]པ། གསོལ་པ། བཅོམ་ལྡན་འདས་དེ་ལྟར་ཐབས་མྲ་བས་ཕྱིར་མྱི་ལྡོག་པའི་བྱང་ཆུབ་སེམས་དཔའ་སེམས་དཔའ་ཆེན་པོ་གཟུགས་ལས་ཀྱང་བཟློག །མྱ་ངན་[༥]ལས་འདས་པ་ཡང་བསྟན། ཚོར་བ་ལས་ཀྱང་བཟློག །མྱ་ངན་ལས་འདས་པ་ཡང་བསྟན། འདུ་ཤེས་ལས་ཀྱང་བཟློག །མྱ་ངན་ལས་འདས་པ་ཡང་བསྟན། འདུ་བྱེད་ལས་ཀྱང་བཟློག །མྱ་ངན་ལས་འདས་པ་ཡང་བསྟན། རྣམ་པར་ཤེས་པ་ལས་ཀྱང་བཟློག །མྱ་ངན་ལས་འདས་པ་ཡང་བསྟན། མྱིག་

ལས་ཀྱང་བཟློག །སྨྱ་ངན་ལས་འདས་པ་ཡང་བསྟན། རྣ་བ་ལས་ཀྱང་བཟློག །
སྨྱ་ངན་ལས་འདས་པ་ཡང་བསྟན། སྣ་ལས་ཀྱང་བཟློག །སྨྱ་ངན་ལས་འདས་
པ་ཡང་བསྟན། ལྕེ་ལས་ཀྱང་བཟློག །སྨྱ་ངན་ལས་འདས་པ་ཡང་བསྟན།
ལུས་ལས་ཀྱང་བཟློག །སྨྱ་ངན་[༧]འདས་པ་ཡང་བསྟན། ཡིད་ལས་ཀྱང་བཟློག །
སྨྱ་ངན་ལས་འདས་པ་ཡང་བསྟན། གཟུགས་ལས་ཀྱང་བཟློག །སྨྱ་ངན་ལས་
འདས་པ་ཡང་བསྟན། སྒྲ་ལས་ཀྱང་བཟློག །སྨྱ་ངན་ལས་འདས་པ་ཡང་བསྟན།
དྲི་ལས་ཀྱང་བཟློག །སྨྱ་ངན་ལས་འདས་པ་ཡང་བསྟན། རོ་ལས་ཀྱང་བཟློག །
སྨྱ་ངན་ལས་འདས་པ་ཡང་བསྟན། རེག་ལས་ཀྱང་བཟློག །སྨྱ་ངན་ལས་
འདས་པ་ཡང་བསྟན། ཆོས་ལས་ཀྱང་བཟློག །སྨྱ་ངན་ལས་འདས་པ་ཡང་
བསྟན། མིག་གི་རྣམ་པར་ཤེས་པ་ལས་ཀྱང་བཟློག །སྨྱ་ངན་ལས་འདས་པ་
ཡང་བསྟན། རྣ་བའི་རྣམ་པར་ཤེས་པ་ལས་ཀྱང་བཟློག །སྨྱ་ངན་[༣]ལས་འདས་
པ་ཡང་བསྟན། སྣའི་རྣམ་པར་ཤེས་པ་ལས་ཀྱང་བཟློག །སྨྱ་ངན་ལས་འདས་
པ་ཡང་བསྟན། ལྕེའི་རྣམ་པར་ཤེས་པ་ལས་ཀྱང་བཟློག །སྨྱ་ངན་ལས་འདས་
པ་ཡང་བསྟན། ལུས་ཀྱི་རྣམ་པར་ཤེས་པ་ལས་ཀྱང་བཟློག །སྨྱ་ངན་ལས་
འདས་པ་ཡང་བསྟན། ཡིད་ཀྱི་རྣམ་པར་ཤེས་པ་ལས་ཀྱང་བཟློག །སྨྱ་ངན་
ལས་འདས་པ་ཡང་བསྟན། མིག་གི་འདུས་ཏེ་རེག་པ་ལས་ཀྱང་བཟློག །སྨྱ་
ངན་ལས་འདས་པ་ཡང་བསྟན། རྣ་བའི་འདུས་ཏེ་རེག་པ་ལས་ཀྱང་བཟློག །
སྨྱ་ངན་ལས་འདས་པ་ཡང་བསྟན། སྣའི་འདུས་ཏེ་རེག་པ་ལས་ཀྱང་བཟློག །
སྨྱ་ངན་ལས་འདས་པ་ཡང་བསྟན། ལྕེའི་འདུས་ཏེ་རེག་པ་ལས་ཀྱང་བཟློག །
སྨྱ་ངན་ལས་འདས་པ་ཡང་བསྟན། ལུས་ཀྱི་འདུས་ཏེ་རེག་པ་ལས་ཀྱང་བཟློག །
སྨྱ་ངན་ལས་འདས་པ་ཡང་[༡]བསྟན། ཡིད་ཀྱི་འདུས་ཏེ་རེག་པ་ལས་ཀྱང་བཟློག །

མྱ་ངན་ལས་འདས་པ་ཡང་བསྟན། མིག་གི་འདུས་ཏེ་རེག་པའི་རྐྱེན་གྱིས་ཚོར་བ་ལས་ཀྱང་བཟློག །མྱ་ངན་ལས་འདས་པ་ཡང་བསྟན། རྣ་བའི་འདུས་ཏེ་རེག་པའི་རྐྱེན་གྱིས་ཚོར་བ་ལས་ཀྱང་བཟློག །མྱ་ངན་ལས་འདས་པ་ཡང་བསྟན། སྣའི་འདུས་ཏེ་རེག་པའི་རྐྱེན་གྱིས་ཚོར་བ་ལས་ཀྱང་བཟློག །མྱ་ངན་ལས་འདས་པ་ཡང་བསྟན། ལྕེའི་འདུས་ཏེ་རེག་པའི་རྐྱེན་གྱིས་ཚོར་བ་ལས་ཀྱང་བཟློག །མྱ་ངན་ལས་འདས་པ་ཡང་བསྟན། ལུས་ཀྱི་འདུས་ཏེ་རེག་པའི་རྐྱེན་གྱིས་ཚོར་བ་ལས་ཀྱང་བཟློག །མྱ་ངན་ལས་འདས་པ་ཡང་བསྟན། ཡིད་ཀྱི་འདུས་ཏེ་རེག་པའི་རྐྱེན་གྱིས་ཚོར་བ་ལས་ཀྱང་བཟློག །མྱ་ངན་ལས་འདས་པ་ཡང་བསྟན། སའི་ཁམས་ལས་ཀྱང་བཟློག །མྱ་ངན་ལས་འདས་པ་ཡང་བསྟན། ཆུའི་ཁམས་ལས་ཀྱང་བཟློག །མྱ་ངན་ལས་འདས་པ་ཡང་བསྟན། མེའི་ཁམས་ལས་ཀྱང་བཟློག །མྱ་ངན་ལས་འདས་པ་ཡང་བསྟན། རླུང་གི་ཁམས་ལས་ཀྱང་བཟློག། མྱ་ངན་ལས་འདས་པ་ཡང་བསྟན། ནམ་མཁའི་ཁམས་ལས་ཀྱང་བཟློག །མྱ་ངན་ལས་འདས་པ་ཡང་བསྟན། རྣམ་པར་ཤེས་པའི་ཁམས་ལས་ཀྱང་བཟློག །མྱ་ངན་ལས་འདས་པ་ཡང་བསྟན། མ་རིག་པ་ལས་ཀྱང་བཟློག །མྱ་ངན་ལས་འདས་པ་ཡང་བསྟན། འདུ་བྱེད་ལས་ཀྱང་བཟློག །མྱ་ངན་ལས་འདས་པ་ཡང་བསྟན། རྣམ་པར་ཤེས་པ་ལས་ཀྱང་བཟློག །མྱ་ངན་ལས་འདས་པ་ཡང་བསྟན། མིང་དང་གཟུགས་ལས་ཀྱང་བཟློག །མྱ་ངན་ལས་འདས་པ་ཡང་བསྟན། སྐྱེ་མཆེད་དྲུག་ལས་ཀྱང་བཟློག །མྱ་ངན་ལས་འདས་པ་ཡང་བསྟན། རེག་པ་ལས་ཀྱང་བཟློག །མྱ་ངན་ལས་འདས་པ་ཡང་བསྟན། ཚོར་བ་ལས་ཀྱང་བཟློག །མྱ་ངན་ལས་འདས་པ་ཡང་བསྟན། སྲེད་པ་ལས་ཀྱང་བཟློག །མྱ་ངན་ལས་འདས་པ་ཡང་བསྟན། ལེན་པ་ལས་ཀྱང་བཟློག །མྱ་ངན་ལས་

འདས་པ་ཡང་བསྟན། སྲིད་པ་ལས་ཀྱང་བཟློག །མྱ་ངན་ལས་འདས་པ་ཡང་བསྟན། སྐྱེ་བ་ལས་ཀྱང་བཟློག །མྱ་ངན་ལས་འདས་པ་ཡང་བསྟན། རྒ་ཤི་ལས་ཀྱང་བཟློག །མྱ་ངན་ལས་འདས་པ་ཡང་བསྟན། སྦྱིན་པའི་ཕ་རོལ་ཏུ་ཕྱིན་པ་ལས་ཀྱང་བཟློག །མྱ་ངན་ལས་འདས་པ་ཡང་བསྟན། ཚུལ་ཁྲིམས་ཀྱི་ཕ་རོལ་ཏུ་ཕྱིན་པ་ལས་ཀྱང་བཟློག །མྱ་ངན་ལས་འདས་པ་ཡང་བསྟན། བཟོད་པའི་ཕ་རོལ་ཏུ་ཕྱིན་པ་ལས་ཀྱང་བཟློག །མྱ་ངན་ལས་འདས་པ་ཡང་བསྟན། བརྩོན་འགྲུས་ཀྱི་ཕ་རོལ་ཏུ་ཕྱིན་པ་ལས་ཀྱང་བཟློག །མྱ་ངན་ལས་འདས་པ་ཡང་བསྟན། བསམ་གཏན་གྱི་ཕ་རོལ་ཏུ་ཕྱིན་པ་ལས་ཀྱང་བཟློག །མྱ་ངན་ལས་འདས་པ་ཡང་བསྟན། ཤེས་རབ་ཀྱི་ཕ་རོལ་ཏུ་ཕྱིན་པ་ལས་ཀྱང་བཟློག །མྱ་ངན་ལས་འདས་པ་ཡང་བསྟན། ནང་སྟོང་པ་ཉིད་ལས་ཀྱང་བཟློག །མྱ་ངན་ལས་འདས་པ་ཡང་བསྟན། ཕྱི་སྟོང་པ་ཉིད་ལས་ཀྱང་བཟློག །མྱ་ངན་ལས་འདས་པ་ཡང་བསྟན། ཕྱི་ནང་སྟོང་པ་ཉིད་ལས་ཀྱང་བཟློག །མྱ་ངན་ལས་འདས་པ་ཡང་བསྟན། སྟོང་པ་ཉིད་སྟོང་པ་ཉིད་ལས་ཀྱང་བཟློག །མྱ་ངན་ལས་འདས་པ་ཡང་བསྟན། ཆེན་པོ་སྟོང་པ་ཉིད་ལས་ཀྱང་བཟློག །མྱ་ངན་ལས་འདས་པ་ཡང་བསྟན། དོན་དམ་པ་སྟོང་པ་ཉིད་ལས་ཀྱང་བཟློག །མྱ་ངན་ལས་འདས་པ་ཡང་བསྟན། འདུས་བྱས་སྟོང་པ་ཉིད་ལས་ཀྱང་བཟློག །མྱ་ངན་ལས་འདས་པ་ཡང་བསྟན། འདུས་མ་བྱས་སྟོང་པ་ཉིད་ལས་ཀྱང་བཟློག།མྱ་ངན་ལས་འདས་པ་ཡང་བསྟན། མཐའ་ལས་འདས་པ་སྟོང་པ་ཉིད་ལས་ཀྱང་བཟློག །མྱ་ངན་ལས་འདས་པ་ཡང་བསྟན། ཐོག་མ་དང་ཐ་མ་མེད་པ་སྟོང་པ་ཉིད་ལས་ཀྱང་བཟློག །མྱ་ངན་ལས་འདས་པ་ཡང་བསྟན། དོར་བ་མེད་པ་སྟོང་པ་ཉིད་ལས་ཀྱང་བཟློག །མྱ་ངན་ལས་འདས་པ་ཡང་བསྟན། རང་

བཞིན་སྟོང་པ་ཉིད་ལས་ཀྱང་བཟློག །མྱ་ངན་ལས་འདས་པ་ཡང་བསྟན། ཆོས་ཐམས་ཅད་སྟོང་པ་ཉིད་ལས་ཀྱང་བཟློག །མྱ་ངན་[༡]ལས་འདས་པ་ཡང་བསྟན། རང་གི་མཚན་ཉིད་སྟོང་པ་ཉིད་ལས་ཀྱང་བཟློག །མྱ་ངན་ལས་འདས་པ་ཡང་བསྟན། མི་དམིགས་པ་སྟོང་པ་ཉིད་ལས་ཀྱང་བཟློག །མྱ་ངན་ལས་འདས་པ་ཡང་བསྟན། དངོས་པོ་མེད་པ་སྟོང་པ་ཉིད་ལས་ཀྱང་བཟློག །མྱ་ངན་ལས་འདས་པ་ཡང་བསྟན། ངོ་བོ་ཉིད་སྟོང་པ་ཉིད་ལས་ཀྱང་བཟློག །མྱ་ངན་ལས་འདས་པ་ཡང་བསྟན། དངོས་པོ་མེད་པའི་ངོ་བོ་ཉིདཿསྟོང་པ་ཉིད་[༢]ལས་ཀྱང་བཟློག །མྱ་ངན་ལས་འདས་པ་ཡང་བསྟན། དྲན་པ་ཉེ་བར་གཞག་པ་རྣམས་ལས་ཀྱང་བཟློག །མྱ་ངན་ལས་འདས་པ་ཡང་བསྟན། ཡང་དག་པར་སྤོང་བ་རྣམས་ལས་ཀྱང་བཟློག །མྱ་ངན་ལས་འདས་པ་ཡང་བསྟན། རྫུ་འཕྲུལ་གྱི་རྐང་པ་རྣམས་ལས་ཀྱང་བཟློག །མྱ་ངན་ལས་འདས་པ་ཡང་བསྟན། དབང་པོ་རྣམས་ལས་ཀྱང་བཟློག །མྱ་ངན་ལས་འདས་པ་ཡང་བསྟན། སྟོབས་རྣམས་ལས་ཀྱང་བཟློག །མྱ་ངན་ལས་འདས་པ་ཡང་བསྟན། བྱང་ཆུབ་ཀྱི་ཡན་ལག་རྣམས་ལས་[༣]ཀྱང་བཟློག །མྱ་ངན་ལས་འདས་པ་ཡང་བསྟན། འཕགས་པའི་ལམ་ཡན་ལག་བརྒྱད་པ་ལས་ཀྱང་བཟློག །མྱ་ངན་ལས་འདས་པ་ཡང་བསྟན། འཕགས་པའི་བདེན་པ་རྣམས་ལས་ཀྱང་བཟློག །མྱ་ངན་ལས་འདས་པ་ཡང་བསྟན། བསམ་གཏན་རྣམས་ལས་ཀྱང་བཟློག །མྱ་ངན་ལས་འདས་པ་ཡང་བསྟན། ཚད་མེད་པ་རྣམས་ལས་ཀྱང་བཟློག །མྱ་ངན་ལས་འདས་པ་ཡང་བསྟན། གཟུགས་མེད་པའི་སྙོམས་པར་འཇུག་པ་རྣམས་ལས་ཀྱང་བཟློག །མྱ་ངན་ལས་འདས་པ་ཡང་བསྟན། རྣམ་པར་ཐར་པ་བརྒྱད་ལས་ཀྱང་བཟློག །མྱ་ངན་ལས་འདས་པ་ཡང་བསྟན། མཐར་གྱིས་གནས་པའི་

སྨོས་པར་འཇུག་པ་[༧]དགུ་ལས་ཀྱང་བཟློག །མྱ་ངན་ལས་འདས་པ་ཡང་བསྟན། ༔རྣམ་པར་ཐར་པའི་སྒོ་[༣]སྟོང་པ་ཉིད་དང་། མཚན་མ་མེད་པ་དང་། སྨོན་པ་མེད་པ་ལས་ཀྱང་བཟློག །མྱ་ངན་ལས་འདས་པ་ཡང་བསྟན། མངོན་པར་ཤེས་པ་རྣམས་ལས་ཀྱང་བཟློག །མྱ་ངན་ལས་འདས་པ་ཡང་བསྟན། ཏིང་ངེ་འཛིན་རྣམས་ལས་ཀྱང་བཟློག །མྱ་ངན་ལས་འདས་པ་ཡང་བསྟན། གཟུངས་ཀྱི་སྒོ་རྣམས་ལས་ཀྱང་བཟློག །མྱ་ངན་ལས་འདས་པ་ཡང་བསྟན། དེ་བཞིན་གཤེགས་པའི་སྟོབས་རྣམས་ལས་ཀྱང་བཟློག །མྱ་ངན་ལས་འདས་པ་ཡང་བསྟན། མི་འཇིགས་པ་རྣམས་ལས་ཀྱང་བཟློག །མྱ་ངན་ལས་འདས་པ་ཡང་བསྟན། སོ་སོ་ཡང་དག་པར་རིག་པ་རྣམས་ལས་ཀྱང་བཟློག །མྱ་ངན་ལས་འདས་པ་ཡང་བསྟན༔ བྱམས་པ་ཆེན་པོ་ལས་ཀྱང་བཟློག །མྱ་ངན་ལས་འདས་པ་ཡང་བསྟན༔ སྙིང་རྗེ་ཆེན་པོ་ལས་ཀྱང་བཟློག །མྱ་ངན་ལས་འདས་པ་ཡང་བསྟན། སངས་རྒྱས་ཀྱི་ཆོས་མ་འདྲེས་པ་རྣམས་ལས་ཀྱང་བཟློག །མྱ་ངན་ལས་འདས་པ་ཡང་བསྟན། འཇིག་རྟེན་པ་དང་། འཇིག་རྟེན་ལས་འདས་པ་དང་། ཐུན་མོང་དང་། ཐུན་མོང་མ་ལགས་པ་དང་། ཟག་པ་དང་བཅས་པ་དང་། ཟག་པ་མ་མཆིས་པའི་འཛིན་པ་ཐམས་ཅད་ལས་ཀྱང་[༣]བཟློག །མྱ་ངན་ལས་འདས་པ་ཡང་བསྟན་པ་དེ་ནི་ངོ་མཚར་ཆེའོ། །བཅོམ་ལྡན་འདས་ཀྱིས་བཀའ་སྩལ་པ། རབ་འབྱོར་བྱང་ཆུབ་སེམས་དཔའ་སེམས་དཔའ་ཆེན་པོ་གང་ཤེས་རབ་ཀྱི་ཕ་རོལ་ཏུ་ཕྱིན་པ་ལས་ཇི་སྐད་བསྟན་པ་བཞིན་དུ་བདག་གིས་གནས་པར་བྱའོ། །ཤེས་རབ་ཀྱི་ཕ་རོལ་ཏུ་ཕྱིན་པ་ལས་ཇི་སྐད་བརྗོད་པ་བཞིན་དུ་བདག་གིས་བསླབ་པར་བྱའོ། །༔ཤེས་རབ་ཀྱི་ཕ་རོལ་ཏུ་ཕྱིན་པ་ལས་ཇི་སྐད་བཤད་པ་བཞིན་དུ་བདག་གིས་བསྒྲུབ་པར་བྱའོ། །[༤]ཞེས་ཤེས་རབ་ཀྱི་ཕ་རོལ་ཏུ་ཕྱིན་པ་དང་ལྡན་

པའི་གནས་ཟབ་མོ་ཟབ་མོ་འདི་དག་སེམས་ཤིང་འཇལ་བ་དང་། རྟོག་པ་[1]བྱེད་ན། རབ་འབྱོར་བྱང་ཆུབ་སེམས་དཔའ་སེམས་དཔའ་ཆེན་པོ་ཤེས་རབ་ཀྱི་ཕ་རོལ་ཏུ་ཕྱིན་པ་ལས་ཇི་སྐད་བཤད་པ་དེ་བཞིན་དུ་སྒྲུབ་[2]པ་དང་། དེ་བཞིན་དུ་སེམས་པ་དང་། དེ་བཞིན་དུ་ཡོངས་སུ་རྟོག་པ་དང་། དེ་བཞིན་དུ་བརྩོན་པར་བྱེད་པ་དང་། དེ་བཞིན་དུ་རྩོལ་བ་དང་། ཤེས་རབ་ཀྱི་ཕ་རོལ་ཏུ་ཕྱིན་པ་ལས་ཇི་སྐད་དུ་བསྟན་པ་བཞིན་དུ་འབད་པ་དེ་ནི་སེམས་བསྐྱེད་པ་གཅིག་གིས་ཀྱང་གྲངས་མེད་ཚད་མེད་དཔག་ཏུ་མེད་པའི་དགེ་བའི་རྩ་བ་ཡོངས་སུ་འཛིན་པར་འགྱུར་ཏེ། དེ་བསྐལ་[3]པ་ཚད་མེད་པར་འཁོར་བ་སྤྱང་[4]བར་འགྱུར་ན། ཤེས་རབ་ཀྱི་ཕ་རོལ་ཏུ་ཕྱིན་པ་ལ་མ་[5]འདྲིས་པར་སྤྱོད་ཅིང་། བྱང་ཆུབ་ཡིད་ལ་བྱ་བ་དང་ལྡན་པར་གནས་པ་ལྟ་ཅི་སྨོས། རབ་འབྱོར་འདི་ལྟ་སྟེ་དཔེར་ན། སྐྱེས་བུ་འདོད་ཆགས་ཀྱི་སྤྱོད་པ་ཅན་རྟོག་པ་དང་ལྡན་པ་ལ་ལ་ཞིག་གིས། བུད་མེད་གཟུགས་བཟང་ཞིང་མཛེས་ལ་བལྟ་ན་སྡུག་པ་ཞིག་བཏུས་ལ། བུད་མེད་དེ་གཞན་གྱིས་ཡོངས་སུ་བཟུང་བ་ཞིག་སྟེ། ཁྱིམ་ནས་ཕྱིར་འབྱུང་བར་མི་[6]ནུས་ན། རབ་འབྱོར་དེ་ཇི་སྙམ་དུ་སེམས། སྐྱེས་བུ་དེའི་རྟོག་པ་ཅི་ལྟ་བུ་[7]དང་ལྡན་པར་འགྱུར། གསོལ་པ། བཅོམ་ལྡན་འདས་སྐྱེས་བུ་དེའི་རྟོག་པ་[8]ནི། བུད་མེད་དེ་[9]དང་ལྡན་པར་འགྱུར་ཏེ། བདག་གི་བུད་མེད་[10]ནི་འདི་ལྟ་བུ་ཞིག་གོ། །དེ་འོངས་ནས་དེ་དང་ལྷན་ཅིག་ཏུ་གནས་པར་བྱའོ། །རྩེ་[11]བར་བྱའོ་སྙམ་མོ། །བཅོམ་ལྡན་འདས་ཀྱིས་བཀའ་སྩལ་པ། རབ་འབྱོར་དེ་ཇི་སྙམ་དུ་སེམས། ཉིན་མཚན་འདས་པས་སྐྱེས་བུ་དེའི་རྟོག་པ་ཇི་སྙེད་ཅིག་འབྱུང་བར་འགྱུར། གསོལ་པ། བཅོམ་ལྡན་འདས་དེ་ནི་མང་ངོ་། །བདེ་བར་གཤེགས་པ་དེ་ནི་མང་སྟེ། སྐྱེས་བུ་དེའི་རྣམ་པར་རྟོག་པ་དེ་ནི་[12]ཉིན་མཚན་འདས་པས་ཤིན་ཏུ་མང་བར་འབྱུང་

ངོ། །བཅོམ་ལྡན་འདས་ཀྱིས་བཀའ་སྩལ་པ། རབ་འབྱོར་སྐྱེས་བུ་དེའི་རྣམ་པར་རྟོག་པ་ཉིན་མཚན་འདས་པས་ཇི་སྙེད་ཅིག་འབྱུང་[༡]བ་དེ་སྙེད་ཀྱི་བསྐལ་པར་བྱང་ཆུབ་སེམས་དཔའ་སེམས་དཔའ་ཆེན་པོ་འཁོར་བ་སྤྱོང་ཞིང་ཀྱུབ་ཀྱིས་བལྟས[༢]པར་འགྱུར་རོ། །གང་ཤེས་རབ་ཀྱི་ཕ་རོལ་ཏུ་ཕྱིན་པ་ཟབ་མོ་ཇི་སྐད་དུ་བསྟན་པ་འདི་ལ་སློབ་པ་དང་། ཉེ་བར་རྟོག་པ་དང་། སེམས་པ་དང་། ཉེས་པ་གང་གིས་བྱང་ཆུབ་སེམས་དཔའ་སེམས་དཔའ་ཆེན་པོ་བླ་ན་མེད་པ་ཡང་དག་པར་རྫོགས་པའི་བྱང་ཆུབ་ལས་ཕྱིར་ཕྱོག་པའི་ཉེས་པ་དེ་དག་ཅི་ནས་ཀྱང་སྤྱངས་པར་འགྱུར་བ་དེ་ལྟར་བསྟེན་པར་བྱེད་ན། [༣]རབ་འབྱོར་དེ་ལྟར་བསྟེན་པས་རྗེས་སུ་བསྟེན་པའི་བྱང་ཆུབ་སེམས་དཔའ་སེམས་དཔའ་ཆེན་པོ་ཤེས་རབ་ཀྱི་ཕ་རོལ་ཏུ་ཕྱིན་པ་ལས་ཇི་སྐད་དུ་[༤]བསྟན་པ་བཞིན་དུ་གནས་པ་དེས་ཉིན་གཅིག་ལ་དགེ་བའི་རྩ་བ་གང་ཡོངས་སུ་བཟུང་[༥]བ་དེས། གང་གཱའི་[༦]ཀླུང་གི་བྱེ་མ་སྙེད་ཀྱི་འཇིག་རྟེན་གྱི་ཁམས་རྣམས་ཡོངས་སུ་གང་བར་གྱུར་ཀྱང་། དེས་ནི་དགེ་བའི་རྩ་བ་དེའི་ལྷག་མ་ལ་བརྒྱའི་ཆར་ཡང་ཉེ་བར་མི་འགྲོའོ། །སྟོང་གི་ཆ་དང་། བརྒྱ་སྟོང་གི་ཆ་དང་། བྱེ་བའི་ཆར་ཡང་ཉེ་བར་མི་འགྲོའོ། །བྱེ་བ་བརྒྱའི་ཆ་དང་། བྱེ་བ་སྟོང་གི་ཆ་དང་། བྱེ་བ་བརྒྱ་སྟོང་གི་ཆ་དང་། བྱེ་བ་ཁྲག་ཁྲིག་བརྒྱ་ཕྲག་[༧]སྟོང་གི་ཆར་ཡང་ཉེ་བར་མི་འགྲོའོ། །གྲངས་དང་ཆ་དང་བགྲང་བ་དང་། དཔེ་[༨]དང་རྒྱུར་ཡང་ཉེ་བར་མི་འགྲོའོ། །རབ་འབྱོར་གཞན་ཡང་བྱང་ཆུབ་སེམས་དཔའ་སེམས་དཔའ་ཆེན་པོ་ཤེས་རབ་ཀྱི་ཕ་རོལ་ཏུ་ཕྱིན་པ་ལ་སྤྱོད་པའི་ཚེ། བསྐལ་པ་གང་གཱའི་[༩]ཀླུང་གི་བྱེ་མ་སྙེད་དུ་[༡༠]སངས་རྒྱས་དཀོན་མཆོག་དང་། ཆོས་དཀོན་མཆོག་དང་། དགེ་འདུན་དཀོན་མཆོག་དང་། དཀོན་མཆོག་གསུམ་ལ་སྦྱིན་པ་བྱིན་ན། རབ་འབྱོར་དེ་ཇི་སྙམ་དུ་སེམས། བྱང་ཆུབ་སེམས་དཔའ་

སེམས་དཔའ་ཆེན་པོ[1]། དེའི་བསོད་ནམས་དེའི་རྒྱུས་མང་དུ་འཕེལ་ལམ། གསོལ་པ། བཅོམ་ལྡན་འདས་མང་ངོ་། །བདེ་བར་གཤེགས་པ་མང་སྟེ། ཚད་མ་མཆིས་གྲངས་མ་མཆིས་དཔག་ཏུ་མ་[2]མཆིས་བསམ་གྱིས་མི་ཁྱབ་མཚུངས་པ་མ་མཆིས་སོ། །བཅོམ་ལྡན་འདས་ཀྱིས་བཀའ་སྩལ་པ། རབ་འབྱོར་དེ་བས་ཀྱང་བྱང་ཆུབ་སེམས་དཔའ་སེམས་དཔའ་ཆེན་པོ་གང་ཤེས་རབ་ཀྱི་ཕ་རོལ་ཏུ་ཕྱིན་པ་ཟབ་མོ་ཇི་སྐད་དུ་བསྟན་པ་འདི་ལ་བརྩོན་པར་བྱེད་ན་དེའི་བསོད་ནམས་ཆེས་མང་དུ་འཕེལ་ལོ། །དེ་ཅིའི་ཕྱིར་ཞེ་ན། ཚུལ་གང་གིས་བླ་ན་མེད་པ་ཡང་དག་པར་རྫོགས་པའི་བྱང་ཆུབ་ཏུ་མངོན་པར་འཚང་རྒྱ་བ་དེ་ནི་བྱང་ཆུབ་སེམས་དཔའ་སེམས་དཔའ་ཆེན་པོ་རྣམས་ཀྱི་ཚུལ་ལོ། །རབ་འབྱོར་དེ་ཇི་སྲམ་དུ་སེམས། བྱང་ཆུབ་སེམས་དཔའ་སེམས་དཔའ་ཆེན་པོ་གང་ཤེས་རབ་ཀྱི་ཕ་རོལ་ཏུ་ཕྱིན་པ་དང་བྲལ་བ། གང་གཱའི་[3]ཀླུང་གི་བྱེ་མ་སྙེད་ཀྱི་བསྐལ་པར་འདུག་ཅིང་། རྒྱུན་དུ་ཞུགས་པ་ལ་ཡོན་ཕུལ། ལན་ཅིག་ཕྱིར་འོང་བ་དང་། ཕྱིར་མི་འོང་བ་དང་། དགྲ་བཅོམ་པ་དང་། རང་སངས་རྒྱས་རྣམས་དང་། དེ་བཞིན་གཤེགས་པ་དགྲ་བཅོམ་པ་ཡང་དག་པར་རྫོགས་པའི་སངས་རྒྱས་རྣམས་ལ་ཡོན་ཕུལ་ན། རབ་འབྱོར་དེ་ཇི་སྲམ་དུ་སེམས། བྱང་ཆུབ་སེམས་དཔའ་སེམས་དཔའ་ཆེན་པོ་དེའི་བསོད་ནམས་དེའི་རྒྱུས་མང་དུ་འཕེལ་ལམ། གསོལ་པ། བཅོམ་ལྡན་འདས་མང་ངོ་། །བདེ་བར་གཤེགས་པ་མང་ངོ་། །བཅོམ་ལྡན་འདས་ཀྱིས་བཀའ་སྩལ་པ། རབ་འབྱོར་དེ་བས་ཀྱང་རིགས་ཀྱི་བུའམ། རིགས་ཀྱི་བུ་མོ་གང་ཤེས་རབ་ཀྱི་ཕ་རོལ་ཏུ་ཕྱིན་པ་ཟབ་མོ་ཇི་སྐད་བསྟན་པ་འདི་ལ་བརྩོན་པར་བྱེད་ན། དེའི་བསོད་ནམས་ཆེས་མང་དུ་འཕེལ་ལོ། །དེ་ཅིའི་ཕྱིར་ཞེ་ན། ཤེས་རབ་ཀྱི་ཕ་རོལ་ཏུ་ཕྱིན་པ་འདི་[4]ལ་སྤྱོད་པའི་བྱང་ཆུབ་སེམས་དཔའ་སེམས་

དཔའ་ཆེན་པོ་ནི་ཉན་ཐོས་དང་། རང་སངས་རྒྱས་ཀྱི་ས་ལས་འདས་ནས།
བྱང་ཆུབ་སེམས་དཔའི་སྐྱོན་མེད་པར་འཇུག་ཅིང་། བླ་ན་མེད་པ་ཡང་དག་པར་
རྫོགས་པའི་བྱང་ཆུབ་ཏུ་[1]མངོན་པར་རྫོགས་པར་འཚང་རྒྱ་བར་འགྱུར་རོ། །
རབ་འབྱོར་དེ་ཇི་སྙམ་དུ་སེམས། བྱང་ཆུབ་སེམས་དཔའ་སེམས་དཔའ་ཆེན་པོ་
ཤེས་རབ་ཀྱི་ཕ་རོལ་ཏུ་ཕྱིན་པ་དང་བྲལ་བ་ཞིག་བསྐལ་པ་གང་གཱའི་[2]ཀླུང་གི་བྱེ་མ་
སྙེད་དུ་འདུག་ཅིང་འཚོ་སྟེ། སྦྱིན་པ་བྱིན། ཚུལ་ཁྲིམས་བསྲུངས། བཟོད་པ་
བསྒྲུབས། བརྩོན་འགྲུས་བརྩམས[3]། བསམ་གཏན་ལ་མཉམ་པར་བཞག[4] །
ཤེས་རབ་བསྒོམས་ན། དེའི་བསོད་ནམས་དེའི་རྒྱུས་མང་དུ་འཕེལ་ལམ།
གསོལ་པ། བཅོམ་ལྡན་འདས་མང་ངོ་། །བདེ་བར་གཤེགས་པ་མང་ངོ་། །
བཅོམ་ལྡན་འདས་ཀྱིས་བཀའ་སྩལ་པ། རབ་འབྱོར་དེ་བས་ཀྱང་རིགས་ཀྱི་བུའམ་
རིགས་ཀྱི་བུ་མོ་གང་གིས་ཤེས་རབ་ཀྱི་ཕ་རོལ་ཏུ་ཕྱིན་པ་འདི་ལ་གནས་ཏེ། ཉི་མ་
འགའ་ཞིག་སྦྱིན་པ་བྱིན་པ་དང་། ཚུལ་ཁྲིམས་བསྲུངས་[5]པ་དང་། བཟོད་པ་
བསྒྲུབས་[6]པ་དང་། བརྩོན་འགྲུས་བརྩམས་[7]པ་དང་། བསམ་གཏན་ལ་མཉམ་
པར་བཞག་[8]པ་དང་། ཤེས་རབ་བསྒོམས་པ་དེའི་བསོད་ནམས་ཆེས་མང་དུ་
འཕེལ་ལོ། །དེ་ཅིའི་ཕྱིར་ཞེ་ན། རབ་འབྱོར་འདི་ལྟ་སྟེ། ཤེས་རབ་ཀྱི་ཕ་
རོལ་ཏུ་ཕྱིན་པ་འདི་ནི་བྱང་ཆུབ་སེམས་དཔའ་སེམས་དཔའ་ཆེན་པོ་རྣམས་ཀྱི་མའོ། །
འདི་ལྟ་སྟེ། ཤེས་རབ་ཀྱི་ཕ་རོལ་ཏུ་ཕྱིན་པ་འདི་ནི་བྱང་ཆུབ་སེམས་དཔའ་སེམས་
དཔའ་ཆེན་པོ་རྣམས་སྐྱེད་[9]པའོ། །ཤེས་རབ་ཀྱི་ཕ་རོལ་ཏུ་ཕྱིན་པ་འདི་ལ་གནས་
ནས། བྱང་ཆུབ་སེམས་དཔའ་སེམས་དཔའ་[10]ཆེན་པོ་རྣམས་ཆོས་ཐམས་ཅད་
ཡོངས་སུ་རྫོགས་པར་བྱེད་དེ། བླ་ན་མེད་པ་ཡང་དག་པར་རྫོགས་པའི་བྱང་ཆུབ་
ཀྱི་བར་དུ་མངོན་པར་རྫོགས་པར་འཚང་རྒྱའོ། །རབ་འབྱོར་དེ་ཇི་སྙམ་དུ་སེམས།

བྱང་ཆུབ་སེམས་དཔའ་སེམས་དཔའ་ཆེན་པོ་ཤེས་རབ་ཀྱི་ཕ་རོལ་ཏུ་ཕྱིན་པ་དང་བྲལ་བས་བསྐལ་པ་གང་གཱའི་[1] ཀླུང་གི་བྱེ་མ་སྙེད་དུ་གནས་ཏེ། ཆོས་ཀྱི་སྦྱིན་པ་བྱིན་ན། རིགས་ཀྱི་བུའམ་རིགས་ཀྱི་བུ་མོ་དེ་[2] དེའི་བསོད་ནམས་དེའི་རྒྱུ་མང་དུ་འཕེལ་ལམ། གསོལ་པ། བཅོམ་ལྡན་འདས་མང་ངོ་། །བདེ་བར་གཤེགས་པ་མང་ངོ་། །བཅོམ་ལྡན་འདས་ཀྱིས་བཀའ་སྩལ་པ། རབ་འབྱོར་དེ་བས་ཀྱང་རིགས་ཀྱི་བུའམ། རིགས་ཀྱི་བུ་མོ་གང་གིས་ཤེས་རབ་ཀྱི་ཕ་རོལ་ཏུ་ཕྱིན་པ་འདི་ལས་ཇི་སྐད་དུ་[3] བསྟན་པ་བཞིན་དུ་གནས་ཏེ། ཉི་མ་འགའ་ཞིག་ཆོས་ཀྱི་སྦྱིན་པ་བྱིན་ན། དེའི་བསོད་ནམས་དེའི་རྒྱུ་[4] མང་དུ་འཕེལ་ལོ། །དེ་ཅིའི་ཕྱིར་ཞེ་ན། རབ་འབྱོར་དེ་ནི་འདི་ལྟར་བྱང་ཆུབ་སེམས་དཔའ་སེམས་དཔའ་ཆེན་པོ་གང་ཤེས་རབ་ཀྱི་ཕ་རོལ་ཏུ་[5] ཕྱིན་པ་དང་བྲལ་བ་[6] ནི། རྣམ་པ་ཐམས་ཅད་མཁྱེན་པ་ཉིད་དང་བྲལ་བའོ། །རབ་འབྱོར་བྱང་ཆུབ་སེམས་དཔའ་སེམས་དཔའ་ཆེན་པོ་གང་ཤེས་རབ་ཀྱི་ཕ་རོལ་ཏུ་ཕྱིན་པ་དང་། མ་བྲལ་བ་དེ་ནི་རྣམ་པ་ཐམས་ཅད་མཁྱེན་པ་ཉིད་དང་མ་བྲལ་བ་སྟེ། རབ་འབྱོར་དེ་བས་ན་བྱང་ཆུབ་སེམས་དཔའ་སེམས་དཔའ་ཆེན་པོ་བླ་ན་མེད་པ་ཡང་དག་པར་རྫོགས་པའི་བྱང་ཆུབ་ཏུ་མངོན་པར་རྫོགས་པར་འཚང་རྒྱ་བར་འདོད་པས། ཤེས་རབ་ཀྱི་ཕ་རོལ་ཏུ་ཕྱིན་པ་དང་མ་བྲལ་བར་བྱའོ། །རབ་འབྱོར་དེ་ཇི་སྙམ་དུ་སེམས། ཤེས་རབ་ཀྱི་ཕ་རོལ་ཏུ་ཕྱིན་པ་དང་བྲལ་བའི་བྱང་ཆུབ་སེམས་དཔའ་སེམས་དཔའ་ཆེན་པོས་བསྐལ་པ་གང་གཱའི་[7] ཀླུང་གི་བྱེ་མ་སྙེད་དུ་གནས་ཏེ། དྲན་པ་ཉེ་བར་གཞག་པ་བཞི་དང་། ཡང་དག་པར་སྤོང་བ་བཞི་དང་། རྫུ་འཕྲུལ་གྱི་རྐང་པ་བཞི་དང་། དབང་པོ་ལྔ་དང་། སྟོབས་ལྔ་དང་། བྱང་ཆུབ་ཀྱི་ཡན་ལག་བདུན་དང་། འཕགས་པའི་ལམ་ཡན་ལག་བརྒྱད་པ་དང་། འཕགས་པའི་བདེན་པ་

བཞི་དང་། བསམ་གཏན་བཞི་དང་། ཚད་མེད་པ་བཞི་དང་། གཟུགས་མེད་པའི་སྙོམས་པར་འཇུག་པ་བཞི་དང་། རྣམ་པར་ཐར་པ་བརྒྱད་དང་། མཐར་གྱིས་གནས་པའི་སྙོམས་པར་འཇུག་པ་དགུ་དང་། སྟོང་པ་ཉིད་དང་། མཚན་མ་མེད་པ་དང་། སྨོན་པ་མེད་པའི་ཏིང་ངེ་འཛིན་ལ་བསྒོམ་པར་བྱེད་ན། རབ་འབྱོར་དེ་ཇི་སྙམ་དུ་སེམས། རིགས་ཀྱི་བུའམ་རིགས་ཀྱི་བུ་མོ་དེའི་བསོད་ནམས་དེའི་རྒྱུས་མང་དུ་འཕེལ་ལམ། གསོལ་པ། བཅོམ་ལྡན་འདས་མང་ངོ་། །བདེ་བར་གཤེགས་པ་མང་ངོ་། །བཅོམ་ལྡན་འདས་ཀྱིས་བཀའ་སྩལ་པ། རབ་འབྱོར་དེ་བས་ཀྱང་རིགས་ཀྱི་བུའམ་རིགས་ཀྱི་བུ་མོ་གང་གིས་ཤེས་རབ་ཀྱི་ཕ་རོལ་ཏུ་ཕྱིན་པ་ཟབ་མོ་འདི་ལས་ཇི་སྐད་དུ་བསྟན་པ་བཞིན་དུ་གནས་ཏེ། ཉི་མ་འགའ་ཞིག་དྲན་པ་ཉེ་བར་གཞག་པ་བཞི་དང་། ཡང་དག་པར་སྤོང་བ་བཞི་དང་། རྫུ་འཕྲུལ་གྱི་རྐང་པ་བཞི་དང་། དབང་པོ་ལྔ་དང་། སྟོབས་ལྔ་དང་། བྱང་ཆུབ་ཀྱི་ཡན་ལག་བདུན་དང་། འཕགས་པའི་ལམ་ཡན་ལག་བརྒྱད་པ་དང་། འཕགས་པའི་བདེན་པ་བཞི་དང་། བསམ་གཏན་བཞི་དང་། ཚད་མེད་པ་བཞི་དང་། གཟུགས་མེད་པའི་སྙོམས་པར་འཇུག་པ་བཞི་དང་། རྣམ་པར་ཐར་པ་བརྒྱད་དང་། མཐར་གྱིས་གནས་པའི་སྙོམས་པར་འཇུག་པ་དགུ་དང་། རྣམ་པར་ཐར་པའི་སྒོ་སྟོང་པ་ཉིད་དང་། མཚན་མ་མེད་པ་དང་། སྨོན་པ་མེད་པ་དང་། མངོན་པར་ཤེས་པ་རྣམས་དང་། ཏིང་ངེ་འཛིན་རྣམས་དང་། གཟུངས[1]ཀྱི་སྒོ་རྣམས་དང་། དེ་བཞིན་གཤེགས་པའི་སྟོབས་བཅུ་དང་། མི་འཇིགས་པ་བཞི་དང་། སོ་སོ་ཡང་དག་པར་རིག་པ་བཞི་དང་། བྱམས་པ་ཆེན་པོ་དང་། སྙིང་རྗེ་ཆེན་པོ་དང་། སངས་རྒྱས་ཀྱི་ཆོས་མ་འདྲེས་པ་བཅོ[2]བརྒྱད་ལ་བསྒོམ་པར་བྱེད་ན། དེའི་བསོད་ནམས་ཆེས་མང་དུ་འཕེལ་ལོ། །དེ་

ཅིའི་ཕྱིར་ཞེ་ན། བྱང་ཆུབ་སེམས་དཔའ་སེམས་དཔའ་ཆེན་པོ་ཤེས་རབ་ཀྱི་ཕ་རོལ་ཏུ་ཕྱིན་པ་དང་མ་བྲལ་བ། རྣམ་པ་ཐམས་ཅད་མཁྱེན་པ་ཉིད་ལས། ཕྱིར་ལྡོག་པ་དེ་ནི་གནས་མེད་སྐབས་[1]མེད་དེ་དེ་ནི་གནས་མ་ཡིན་ནོ། །རབ་འབྱོར་འདི་ནི་གནས་ཡིན་ཏེ། བྱང་ཆུབ་སེམས་དཔའ་སེམས་དཔའ་ཆེན་པོ་ཤེས་རབ་ཀྱི་ཕ་རོལ་ཏུ་ཕྱིན་པ་དང་བྲལ་བ་ནི། རྣམ་པ་ཐམས་ཅད་མཁྱེན་པ་ཉིད་ལས་ཕྱིར་ལྡོག་པའི་གནས་ཡོད་དོ། །རབ་འབྱོར་དེ་ལྟ་བས་ན་བྱང་ཆུབ་སེམས་དཔའ་སེམས་དཔའ་ཆེན་པོ་[2]ཤེས་རབ་ཀྱི་ཕ་རོལ་ཏུ་ཕྱིན་པ་དང་མ་བྲལ་བར་བྱའོ། །རབ་འབྱོར་དེ་ཇི་སྙམ་དུ་སེམས། བྱང་ཆུབ་སེམས་དཔའ་སེམས་དཔའ་ཆེན་པོ་ཤེས་རབ་ཀྱི་ཕ་རོལ་ཏུ་ཕྱིན་པ་དང་བྲལ་བས་བསྐལ་པ་གང་གཱའི་ཀླུང་གི་བྱེ་མ་སྙེད་དུ་གནས་ཏེ། ཟང་ཟིང་གི་སྦྱིན་པ་དེ་[3]དང་། ཆོས་ཀྱི་སྦྱིན་པ་དེ་དང་ནང་དུ་ཡང་དག་པར་[4]འཇོག་པ་དང་ལྡན་པའི་ཡིད་ལ་བྱེད་པ་དེ་དག་བླ་ན་མེད་པ་ཡང་དག་པར་རྫོགས་པའི་བྱང་ཆུབ་ཏུ་ཡོངས་སུ་སྔོ་[5]ན། རིགས་ཀྱི་བུའམ་རིགས་ཀྱི་བུ་མོ་དེའི་བསོད་ནམས་དེའི་རྒྱུས་མང་དུ་འཕེལ་ལམ། གསོལ་པ། བཅོམ་ལྡན་འདས་མང་ངོ་། །བདེ་བར་གཤེགས་པ་མང་ངོ་། །བཅོམ་ལྡན་འདས་ཀྱིས་བཀའ་སྩལ་པ། རབ་འབྱོར་ះདེ་བས་[6]ཀྱང་རིགས་ཀྱི་བུའམ་རིགས་ཀྱི་བུ་མོ་གང་གིས་ཤེས་རབ་ཀྱི་ཕ་རོལ་ཏུ་ཕྱིན་པ་ཟབ་མོ་འདི་ལས་ཇི་སྐད་དུ་བསྟན་པ་བཞིན་དུ་གནས་ཏེ། ཉི་མ་འགའ་ཞིག་ཟང་ཟིང་གི་སྦྱིན་པ་དེ་དང་། ཆོས་ཀྱི་སྦྱིན་པ་དེ་དང་། ནང་དུ་ཡང་དག་པར་[7]འཇོག་པ་དང་ལྡན་པའི་ཡིད་ལ་བྱེད་པ་དེ་དག་བླ་ན་མེད་པ་ཡང་དག་པར་རྫོགས་པའི་བྱང་ཆུབ་ཏུ་ཡོངས་སུ་སྔོ་[8]ན། རིགས་ཀྱི་བུའམ་རིགས་ཀྱི་བུ་མོ་དེའི་བསོད་ནམས་ཆེས་མང་དུ་འཕེལ་ལོ། །དེ་ཅིའི་ཕྱིར་ཞེ་ན། འདི་ལྟ་སྟེ། ཤེས་རབ་ཀྱི་ཕ་རོལ་ཏུ་ཕྱིན་པའི་ཡོངས་སུ་སྔོ་

བ་འདི་ནི་བསྔོ་བའི་མཆོག་གོ[༡]། །གང་ཤེས་རབ་ཀྱི་ཕ་རོལ་ཏུ་[༢]ཕྱིན་པ་དང་བྲལ་བར་ཡོངས་སུ་སྔོ་[༣]བ་དེ་ནི་ཡོངས་སུ་སྔོ་[༤]བ་མ་ཡིན་ནོ། །རབ་འབྱོར་དེ་ལྟ་བས་ན་བྱང་ཆུབ་སེམས་དཔའ་སེམས་དཔའ་ཆེན་པོ་བླ་ན་མེད་པ་ཡང་དག་པར་རྫོགས་པའི་བྱང་ཆུབ་ཏུ་མངོན་པར་རྫོགས་པར་འཚང་རྒྱ་བར་འདོད་པས། ཤེས་རབ་ཀྱི་ཕ་རོལ་ཏུ་ཕྱིན་པའི་ཡོངས་སུ་བསྔོ་བ་ལ་མཁས་པར་བྱའོ། །རབ་འབྱོར་དེ་ཇི་སྙམ་དུ་སེམས། རིགས་ཀྱི་བུའམ་རིགས་ཀྱི་བུ་མོ་ཤེས་རབ་ཀྱི་ཕ་རོལ་ཏུ་ཕྱིན་པ་དང་བྲལ་བ་གང་ལ་ལས་བསྐལ་པ་གང་གཱའི་ཀླུང་གི་བྱེ་མ་སྙེད་དུ་གནས་ཏེ། འདས་པ་དང་། མ་བྱོན་པ་དང་། ད་ལྟར་བྱུང་བའི་སངས་རྒྱས་བཅོམ་ལྡན་འདས་ཉན་ཐོས་ཀྱི་དགེ་འདུན་དང་བཅས་པ་རྣམས་ཀྱི་དགེ་བའི་རྩ་བ་གང་ཇི་སྙེད་པ་དེ་ཐམས་ཅད་ལ་རྗེས་སུ་ཡི་[༥]རང་ནས། བླ་ན་མེད་པ་ཡང་དག་པར་རྫོགས་པའི་བྱང་ཆུབ་ཏུ་ཡོངས་སུ་བསྔོས་ན། རིགས་ཀྱི་བུའམ་རིགས་ཀྱི་བུ་མོ་དེའི་བསོད་ནམས་དེའི་རྒྱུས་མང་དུ་འཕེལ་ལམ། གསོལ་པ། བཅོམ་ལྡན་འདས་མང་ངོ་། །བདེ་བར་གཤེགས་པ་མང་ངོ་། །བཅོམ་ལྡན་འདས་ཀྱིས་བཀའ་སྩལ་པ། རབ་འབྱོར་དེ་བས་ཀྱང་རིགས་ཀྱི་བུའམ་རིགས་ཀྱི་བུ་མོ་གང་གིས་ཤེས་རབ་ཀྱི་ཕ་རོལ་ཏུ་ཕྱིན་པ་ཟབ་མོ་ཇི་སྐད་དུ་བསྟན་པ་འདི་ལ་གནས་ཏེ། ཉི་མ་འགའི་དགེ་བའི་རྩ་བ་བླ་ན་མེད་པ་ཡང་དག་པར་རྫོགས་པའི་བྱང་ཆུབ་ཏུ་ཡོངས་སུ་བསྔོས་ན། རིགས་ཀྱི་བུའམ་རིགས་ཀྱི་བུ་མོ་དེའི་བསོད་ནམས་ཆེས་མང་དུ་འཕེལ་ལོ། །དེ་ཅིའི་ཕྱིར་ཞེ་ན། རབ་འབྱོར་བསྔོ་བ་ཐམས་ཅད་ཀྱི་སྔོན་དུ་འགྲོ་བ་ནི། ཤེས་རབ་ཀྱི་ཕ་རོལ་ཏུ་ཕྱིན་པའོ། །རབ་འབྱོར་དེ་ལྟ་བས་ན་བྱང་ཆུབ་སེམས་དཔའ༑ སེམས་དཔའ་[༦]ཆེན་པོ། བླ་ན་མེད་པ་ཡང་དག་པར་རྫོགས་པའི་བྱང་ཆུབ་ཏུ་མངོན་པར་རྫོགས་པར་འཚང་རྒྱ་བར་འདོད་པས། ཤེས་

རབ་ཀྱི་ཕ་རོལ་ཏུ་ཕྱིན་པའི་ཡོངས་སུ་བསྔོ་བ་ལ་མཁས་པར་བྱའོ། །གསོལ་པ་བཅོམ་ལྡན་འདས་མངོན་པར་འདུ་བགྱི་བ་མ་མཆིས་པ་ནི་ཡོངས་སུ་བརྟགས་[༡]པའོ་ཞེས་བཅོམ་ལྡན་འདས་ཀྱིས་བཀའ་སྩལ་ན[༢]། དེ་ལ་ཇི་ལྟར་རིགས་ཀྱི་བུའམ། རིགས་ཀྱི་བུ་མོ་དེའི་བསོད་ནམས་ཆེས་མང་དུ་འཕེལ་བར་འགྱུར་བ་ལགས། བཅོམ་ལྡན་འདས་མངོན་པར་འདུ་བགྱི་བ་མ་མཆིས་པ་[༣]ནི་ཡང་དག་པར་ལྟ་བ་བསྐྱེད་པའམ། སྨྲོན་མ་མཆིས་པར་ཡང་འཇུག་པར་མི་ནུས་སོ། །རྒྱུན་དུ་ཞུགས་པའི་འབྲས་བུ་འཐོབ་པའམ། ལན་ཅིག་ཕྱིར་འོང་བའི་འབྲས་བུ་འཐོབ་པའམ། ཕྱིར་མི་འོང་བའི་འབྲས་བུ་འཐོབ་པའམ། དགྲ་བཅོམ་པ་ཉིད་འཐོབ་པའམ། བླ་ན་མེད་པ་ཡང་དག་པར་རྫོགས་པའི་བྱང་ཆུབ་ཏུ་མངོན་པར་རྫོགས་པར་འཚང་རྒྱ་བར་ཡང་མི་ནུས་སོ[༤]། །བཅོམ་ལྡན་འདས་ཀྱིས་བཀའ་སྩལ་པ། རབ་འབྱོར་དེ་དེ་བཞིན་ནོ། །དེ་དེ་བཞིན་ཏེ[༥]། མངོན་པར་འདུ་བྱ་བ་མེད་པས་ནི[༦]། ཡང་དག་པར་ལྟ་བ་བསྐྱེད་པའམ། སྨོན་མེད་པར་འཇུག་པའམ། རྒྱུན་དུ་ཞུགས་པའི་འབྲས་བུ་འཐོབ་པའམ། ལན་ཅིག་ཕྱིར་འོང་བའི་འབྲས་བུ་འཐོབ་པའམ། ཕྱིར་མི་འོང་བའི་འབྲས་བུ་འཐོབ་པའམ། དགྲ་བཅོམ་པ་ཉིད་འཐོབ་པའམ། བླ་ན་མེད་པ་ཡང་དག་པར་རྫོགས་པའི་བྱང་ཆུབ་ཏུ་མངོན་པར་རྫོགས་པར་འཚང་རྒྱ་བར་ཡང་མི་ནུས་ཏེ། རབ་འབྱོར་དེ་ལ་[༧]བྱང་ཆུབ་སེམས་དཔའ་སེམས་དཔའ་ཆེན་པོ་ཤེས་རབ་ཀྱི་ཕ་རོལ་ཏུ་ཕྱིན་པ་ལ་སྤྱོད་པའི་སྦྱིན་པ་དེ་ཡང་མངོན་པར་འདུ་བྱ་བ་མེད་པ་སྟེ། སྟོང་པ་ཉིད་དུ་སྣང་ངོ་། །གསོབ་ཉིད་དུ་སྣང་ངོ་། །གསོག་ཉིད་དུ་སྣང་ངོ་། །སྙིང་པོ་མེད་པ་ཉིད་དུ་སྣང་ངོ་། །དེ་ཅིའི་ཕྱིར་ཞེ་ན། རབ་འབྱོར་འདི་ལྟར་བྱང་ཆུབ་སེམས་དཔའ་སེམས་དཔའ་ཆེན་པོས་[༨]ནི། ནང་སྟོང་པ་ཉིད་ལ་ཤིན་ཏུ་བསླབས་པའོ། །ཕྱི་

སྟོང་པ་ཉིད་ལ་ཤིན་ཏུ་བསླབས་པའོ། །ཕྱི་ནང་སྟོང་པ་ཉིད་ལ་ཤིན་ཏུ་བསླབས་
པའོ། །སྟོང་པ་ཉིད་སྟོང་པ་ཉིད་ལ་ཤིན་ཏུ་བསླབས་པའོ། །ཆེན་པོ་སྟོང་པ་
ཉིད་ལ་ཤིན་ཏུ་བསླབས་པའོ། །དོན་དམ་པ་སྟོང་པ་ཉིད་ལ་ཤིན་ཏུ་བསླབས་པའོ།།
འདུས་བྱས་སྟོང་པ་ཉིད་ལ་ཤིན་ཏུ་བསླབས་པའོ། །འདུས་མ་བྱས་སྟོང་པ་ཉིད་ལ་
ཤིན་ཏུ་བསླབས་པའོ། །མཐའ་ལས་འདས་པ་སྟོང་པ་ཉིད་ལ་ཤིན་ཏུ་བསླབས་
པའོ། །ཐོག་མ་དང་ཐ་མ་མེད་པ་སྟོང་པ་ཉིད་ལ་ཤིན་ཏུ་བསླབས་པའོ། །
དོར་བ་མེད་པ་སྟོང་པ་ཉིད་ལ་ཤིན་ཏུ་བསླབས་པའོ། །རང་བཞིན་སྟོང་པ་ཉིད་
ལ་ཤིན་ཏུ་བསླབས་པའོ། །ཆོས་ཐམས་ཅད་སྟོང་པ་ཉིད་ལ་ཤིན་ཏུ་བསླབས་པའོ།།
རང་གི་མཚན་ཉིད་སྟོང་པ་ཉིད་ལ་ཤིན་ཏུ་བསླབས་པའོ། །མི་དམིགས་པ་སྟོང་པ་
ཉིད་ལ་ཤིན་ཏུ་བསླབས་པའོ། །དངོས་པོ་མེད་པ་སྟོང་པ་ཉིད་ལ་ཤིན་ཏུ་བསླབས་
པའོ། །ངོ་བོ་ཉིད་སྟོང་པ་ཉིད་ལ་ཤིན་ཏུ་བསླབས་པའོ། །དངོས་པོ་མེད་པའི་
ངོ་བོ་ཉིད་སྟོང་པ་ཉིད་ལ་ཤིན་ཏུ་བསླབས་པའོ། །རབ་འབྱོར་བྱང་ཆུབ་སེམས་
དཔའ་སེམས་དཔའ་ཆེན་པོ་དེ་ནི་སྟོང་པ་ཉིད་དེ་དག་ལ་གནས་ཤིང་། ཇི་ལྟ་ཇི་
ལྟར་མངོན་པར་འདུ་བྱ་བ་མེད་པ་དེ་དག་ལ་རབ་ཏུ་རྟོག་པ་དེ་ལྟ་དེ་ལྟར་བྱང་ཆུབ་
སེམས་དཔའ་སེམས་དཔའ་ཆེན་པོ། ཤེས་རབ་ཀྱི་ཕ་རོལ་ཏུ་ཕྱིན་པ་དང་མ་བྲལ་
བར་འགྱུར་ཏེ། ཇི་ལྟ་ཇི་ལྟར་བྱང་ཆུབ་སེམས་དཔའ་སེམས་དཔའ་ཆེན་པོ།
ཤེས་རབ་ཀྱི་ཕ་རོལ་ཏུ་[༧]ཕྱིན་པ་དང་མ་བྲལ་བ་དེ་ལྟ་དེ་ལྟར་གྲངས་མེད་དཔག་ཏུ་
མེད་ཚད་མེད་པའི་བསོད་ནམས་འཕེལ་བར་འགྱུར་རོ། །གསོལ་པ། བཅོམ་
ལྡན་འདས་གྲངས་མ་མཆིས་པ་དང་། དཔག་ཏུ་མ་མཆིས་པ་དང་། ཚད་མ་
མཆིས་པ་ལ་བྱེ་བྲག་ནི་ཅི་མཆིས། ཁྱད་[༣]ནི་ཅི་མཆིས། བཅོམ་ལྡན་འདས་
ཀྱིས་བཀའ་སྩལ་པ། རབ་འབྱོར་གྲངས་མེད་པ་ཞེས་བྱ་བ་ནི་གང་འདུས་བྱས་ཀྱི་

ཁམས་སམ། འདུས་མ་བྱས་ཀྱི་ཁམས་སུ་བགྲང་བར་ཉེ་བར་མི་འགྲོའོ[1]། །རབ་འབྱོར་དཔག་ཏུ་མེད་པ་ཞེས་བྱ་བ་ནི། འདས་པ་དང་། མ་འོངས་པ་དང་། ད་ལྟར་བྱུང་བའི་ཆོས་རྣམས་ལ་ཚད་མི་དམིགས་པའོ། །རབ་འབྱོར་ཚད་མེད་པ་ཞེས་བྱ་བ་ནི་གང་གཞལ་བར་མི་ནུས་པའོ། །གསོལ་པ། བཅོམ་ལྡན་འདས་རྣམ་གྲངས་གང་གིས་གཟུགས་ཀྱང་གྲངས་མ་མཆིས་དཔག་ཏུ་མ་མཆིས་ཚད་མ་མཆིས་པར་འགྱུར་བ་དེ་ལྟ་བུའི་རྣམ་གྲངས་མཆིས་སམ། ཚོར་བ་ཡང་གྲངས་མ་མཆིས་དཔག་ཏུ་མ་མཆིས་ཚད་མ་མཆིས་པར་འགྱུར་བ་དང་། འདུ་ཤེས་ཀྱང་གྲངས་མ་མཆིས་དཔག་ཏུ་མ་མཆིས་ཚད་མ་མཆིས་པར་འགྱུར་བ་དང་། འདུ་བྱེད་ཀྱང་གྲངས་མ་མཆིས་དཔག་ཏུ་མ་[2]མཆིས་ཚད་མ་མཆིས་པར་འགྱུར་བ་དང་། རྣམ་པར་ཤེས་པ་ཡང་གྲངས་མ་མཆིས་དཔག་ཏུ་མ་མཆིས་ཚད་མ་མཆིས་པར་འགྱུར་བའི་རྣམ་གྲངས་དེ་ལྟ་བུ་མཆིས་སམ། བཅོམ་ལྡན་འདས་ཀྱིས་བཀའ་སྩལ་པ། རབ་འབྱོར་རྣམ་གྲངས་གང་གིས་གཟུགས་ཀྱང་གྲངས་མེད་དཔག་ཏུ་མེད་ཚད་མེད་པར་འགྱུར་བ་དང་། ཚོར་བ་ཡང་གྲངས་མེད་དཔག་ཏུ་མེད་ཚད་མེད་པར་འགྱུར་བ་དང་། འདུ་ཤེས་ཀྱང་གྲངས་མེད་དཔག་ཏུ་མེད་ཚད་མེད་པར་འགྱུར་བ་དང་། འདུ་བྱེད་ཀྱང་གྲངས་མེད་དཔག་ཏུ་མེད་ཚད་མེད་པར་འགྱུར་བ་དང་། རྣམ་པར་ཤེས་པ་ཡང་གྲངས་མེད་དཔག་ཏུ་མེད་ཚད་མེད་པར་འགྱུར་བའི་རྣམ་གྲངས་དེ་ལྟ་བུ་ཡོད་དོ། །གསོལ་པ། བཅོམ་ལྡན་འདས་རྣམ་གྲངས་གང་གིས་ན་[3]གཟུགས་ཀྱང་གྲངས་མ་མཆིས་དཔག་ཏུ་མ་མཆིས་ཚད་མ་མཆིས་པར་འགྱུར་བ་ལགས། ཚོར་བ་ཡང་གྲངས་མ་མཆིས་དཔག་ཏུ་མ་མཆིས་ཚད་མ་མཆིས་པར་འགྱུར་བ་ལགས། འདུ་ཤེས་ཀྱང་གྲངས་མ་མཆིས་དཔག་ཏུ་མ་མཆིས་ཚད་མ་མཆིས་པར་འགྱུར་བ་ལགས། འདུ་བྱེད་ཀྱང་གྲངས་མ་མཆིས་

དཔག་ཏུ་མ་མཆིས་ཚད་མ་མཆིས་པར་འགྱུར་བ་ལགས། རྣམ་པར་ཤེས་པ་ཡང་གྲངས་མ་མཆིས་དཔག་ཏུ་མ་མཆིས་ཚད་མ་མཆིས་པར་འགྱུར་བ་ལགས། བཅོམ་ལྡན་འདས་ཀྱིས་བཀའ་སྩལ་པ། རབ་འབྱོར་གཟུགས་ཀྱང་སྟོང་པ་སྟེ། གྲངས་མེད་དཔག་ཏུ་མེད་ཚད་མེད་པའོ། །ཚོར་བ་ཡང་སྟོང་པ་སྟེ། གྲངས་མེད་དཔག་ཏུ་མེད་ཚད་མེད་པའོ། །འདུ་ཤེས་ཀྱང་སྟོང་པ་སྟེ། གྲངས་མེད་དཔག་ཏུ་མེད་ཚད་མེད་པའོ། །འདུ་བྱེད་ཀྱང་སྟོང་པ་སྟེ། གྲངས་མེད་དཔག་ཏུ་མེད་ཚད་མེད་པའོ། །རྣམ་པར་ཤེས་པ་ཡང་སྟོང་པ་སྟེ། གྲངས་མེད་དཔག་ཏུ་མེད་ཚད་མེད་པའོ། །གསོལ་པ། བཅོམ་ལྡན་འདས་གཟུགས་འབའ་ཞིག་[༡]སྟོང་། ཚོར་བ་འབའ་ཞིག་[༢]སྟོང་། འདུ་ཤེས་འབའ་ཞིག་[༣]སྟོང་། འདུ་བྱེད་འབའ་ཞིག་[༤]སྟོང་། རྣམ་པར་ཤེས་པ་འབའ་ཞིག་[༥]སྟོང་དུ་བས་[༦]ཀྱི། ཅི་ཆོས་ཐམས་ཅད་[༧]སྟོང་པ་མ་ལགས་སམ། བཅོམ་ལྡན་འདས་ཀྱིས་བཀའ་སྩལ་པ། རབ་འབྱོར་དེ་ཇི་སྙམ་དུ་སེམས། ངས་ཆོས་ཐམས་ཅད་[༨]སྟོང་པའོ་ཞེས་མ་བཤད་དམ། གསོལ་པ། བཅོམ་ལྡན་འདས་དེ་བཞིན་གཤེགས་པས་ཆོས་ཐམས་ཅད་སྟོང་པ་[༩]ཞེས་གསུངས་ཏེ། སྟོང་པ་ཉིད་གང་ལགས་པ་དེ་ནི་མི་ཟད་[༡༠]པ་སྟེ། གྲངས་མ་མཆིས་པ་ཡང་དེ་ལགས། དཔག་ཏུ་མ་མཆིས་པ་ཡང་དེ་ལགས། ཚད་མ་མཆིས་པ་ཡང་དེ་ལགས་ཏེ། བཅོམ་ལྡན་འདས་སྟོང་པ་ཉིད་ལ་ནི་གྲངས་ཀྱང་མི་དམིགས༑ དཔག་ཿཔ་ཡང་[༡༡]མི་དམིགས། ཚད་ཀྱང་མི་དམིགས་ཏེ། བཅོམ་ལྡན་འདས་དེ་བས་ན་ཆོས་དེ་དག་ལ་དོན་ཏམ་ཡི་གེས་[༡༢]ཐ་དད་དུ་བགྱི་བ་མི་དམིགས་སོ། །བཅོམ་ལྡན་འདས་ཀྱིས་བཀའ་སྩལ་པ། རབ་འབྱོར་དེ་དེ་བཞིན་ནོ། །དེ་དེ་བཞིན་ཏེ། ཆོས་དེ་དག་ལ་དོན་ཏམ་ཡི་གེས་[༡༣]ཐ་དད་དུ་བྱ་བ་མི་དམིགས་སོ། །རབ་འབྱོར་མི་ཟད་པ་ཞེས་བྱ་བའམ། ཚད་མེད་པ་ཞེས་

བྱ་བའམ། སྟོང་པ་ཞེས་བྱ་བའམ། མཚན་མ་མེད་པ་ཞེས་བྱ་བའམ། སྨོན་པ་མེད་པ་ཞེས་བྱ་བའམ། མངོན་པར་འདུ་བྱ་བ་མེད་པ་ཞེས་བྱ་བའམ། སྐྱེ་བ་མེད་པ་ཞེས་བྱ་བའམ། འདོད་ཆགས་དང་བྲལ་བ་ཞེས་བྱ་བའམ། འགག་པ་མེད་པ་ཞེས་བྱ་བའམ། མྱ་ངན་ལས་འདས་པ་ཞེས་བྱ་བ་འདི་ནི་བརྗོད་དུ་མེད་པ་ལས་དེ་བཞིན་གཤེགས་པས་བརྗོད་དེ། མི་ཟད་པ་ཞེས་བྱ་བའམ། ཚད་མེད་པ་ཞེས་བྱ་བའམ། སྟོང་པ་ཞེས་བྱ་བའམ། མཚན་མ་མེད་པ་ཞེས་བྱ་བའམ། སྨོན་པ་མེད་པ་ཞེས་བྱ་བའམ། མངོན་པར་འདུ་བྱ་བ་མེད་པ་ཞེས་བྱ་བའམ། སྐྱེ་བ་མེད་པ་ཞེས་བྱ་བའམ། འདོད་ཆགས་དང་བྲལ་བ་ཞེས་བྱ་བའམ། འགག་པ་མེད་པ་ཞེས་བྱ་བའམ། མྱ་ངན་ལས་འདས་པ་ཞེས་བྱ་བ་དེ་ནི་དེ་བཞིན་གཤེགས་པའི་བསྟན་པ་མངོན་པར་བསྒྲུབ་པར་བཤད་པའོ[1]། །གསོལ་པ། བཅོམ་ལྡན་འདས་ཆོས་རྣམས་ཀྱི་ཆོས་ཉིད་དེ་བཞིན་གཤེགས་པས་བསྟན[2]ལ། ཆོས་ཉིད་དེ་ཡང་བརྗོད་དུ་མ་མཆིས་པ་ནི་ངོ་མཚར་ཆེའོ། །བཅོམ་ལྡན་འདས་ཀྱིས་གསུངས་པའི་དོན་བདག་གིས་འཚལ་བ་ལྟར་ན། བཅོམ་ལྡན་འདས་ཆོས་ཐམས་ཅད་ནི་བརྗོད་དུ་མ་མཆིས་པའོ། །བཅོམ་ལྡན་འདས་ཀྱིས་བཀའ་སྩལ་པ། རབ་འབྱོར་དེ་དེ་བཞིན་ནོ། །དེ་དེ་བཞིན་ཏེ། རབ་འབྱོར་ཆོས་ཐམས་ཅད་ནི་བརྗོད་དུ་མེད་པའོ། །རབ་འབྱོར་ཆོས་ཐམས་ཅད་ཀྱི་བརྗོད་དུ་མེད་པ་གང་ཡིན་པ་དེ་ནི་སྟོང་པ་ཉིད་དེ། སྟོང་པ་ཉིད་ལ་ནི་བརྗོད་པ་གང་ཡང་མེད་དོ། །སྟོང་པ་ཉིད་ནི་བརྗོད་པར་མི་ནུས་སོ། །གསོལ་པ། བཅོམ་ལྡན་འདས་བརྗོད་དུ་མ་མཆིས་པའི་དོན་ལ་འཕེལ་བ་དང་ཡོངས་སུ་འགྲིབ[3]པ་མ་མཆིས་སམ། བཅོམ་ལྡན་འདས་ཀྱིས་བཀའ་སྩལ་པ། རབ་འབྱོར་དེ་ནི་མ་ཡིན་ཏེ། རབ་འབྱོར་བརྗོད་དུ་མེད་པའི་དོན་ལ་ནི་འཕེལ་བའམ་ཡོངས་སུ་

འགྲིབ་པ་མྱེད་དོ། །གསོལ་པ། བཅོམ་ལྡན་འདས་གལ་ཏེ་བརྗོད་དུ་མ་མཆིས་པའི་དོན་ལ་འཕེལ་བ་དང་། ཡོངས་སུ་འགྲིབ་པ་མ་མཆིས་ན། བཅོམ་ལྡན་འདས་དེས་སྦྱིན་པའི་ཕ་རོལ་ཏུ་ཕྱིན་པ་ཡང་འཕེལ་བ་དང་ཡོངས་སུ་འགྲིབ་པ་མ་མཆིས་པར་འགྱུར་རོ། །བཅོམ་ལྡན་འདས་ཚུལ་ཁྲིམས་ཀྱི་ཕ་རོལ་ཏུ་ཕྱིན་པ་ཡང་འཕེལ་བ་དང་། ཡོངས་སུ་འགྲིབ་པ་མ་མཆིས་པར་འགྱུར་རོ། །བཅོམ་ལྡན་འདས་བཟོད་པའི་ཕ་རོལ་ཏུ་ཕྱིན་པ་ཡང་འཕེལ་བ་དང་ཡོངས་སུ་འགྲིབ་པ་མ་མཆིས་པར་འགྱུར་རོ། །བཅོམ་ལྡན་འདས་བརྩོན་འགྲུས་ཀྱི་ཕ་རོལ་ཏུ་ཕྱིན་པ་ཡང་འཕེལ་བ་དང་ཡོངས་སུ་འགྲིབ་པ་མ་མཆིས་པར་འགྱུར་རོ། །བཅོམ་ལྡན་འདས་བསམ་གཏན་གྱི་ཕ་རོལ་ཏུ་ཕྱིན་པ་ཡང་འཕེལ་བ་དང་། ཡོངས་སུ་འགྲིབ་པ་མ་མཆིས་པར་འགྱུར་རོ། །བཅོམ་ལྡན་འདས་ཤེས་རབ་ཀྱི་ཕ་རོལ་ཏུ་ཕྱིན་པ་ཡང་འཕེལ་བ་དང་ཡོངས་སུ་འགྲིབ་པ་མ་མཆིས་པར་འགྱུར་རོ། །བཅོམ་ལྡན་འདས་དྲན་པ་ཉེ་བར་གཞག་པ་རྣམས་ཀྱང་འཕེལ་བ་དང་ཡོངས་སུ་འགྲིབ་པ་མ་མཆིས་པར་འགྱུར་རོ། །བཅོམ་ལྡན་འདས་ཡང་དག་པར་སྤོང་བ་རྣམས་ཀྱང་འཕེལ་བ་དང་ཡོངས་སུ་འགྲིབ་པ་མ་མཆིས་པར་འགྱུར་རོ། །བཅོམ་ལྡན་འདས་རྫུ་འཕྲུལ་གྱི་རྐང་པ་རྣམས་ཀྱང་འཕེལ་བ་དང་ཡོངས་སུ་འགྲིབ་པ་མ་མཆིས་པར་འགྱུར་རོ། །བཅོམ་ལྡན་འདས་དབང་པོ་རྣམས་ཀྱང་འཕེལ་བ་དང་ཡོངས་སུ་འགྲིབ་པ་མ་མཆིས་པར་འགྱུར་རོ། །བཅོམ་ལྡན་འདས་སྟོབས་རྣམས་ཀྱང་འཕེལ་བ་དང་ཡོངས་སུ་འགྲིབ་པ་མ་མཆིས་པར་འགྱུར་རོ། །བཅོམ་ལྡན་འདས་བྱང་ཆུབ་ཀྱི་ཡན་ལག་རྣམས་ཀྱང་འཕེལ་བ་དང་ཡོངས་སུ་འགྲིབ་པ་མ་མཆིས་པར་འགྱུར་རོ། །བཅོམ་ལྡན་འདས་འཕགས་པའི་ལམ་ཡན་ལག་བརྒྱད་པ་ཡང་འཕེལ་བ་དང་ཡོངས་སུ་འགྲིབ་པ་མ་མཆིས་པར་འགྱུར་རོ། །བཅོམ་ལྡན་འདས་

འཕགས་པའི་བདེན་པ་རྣམས་ཀྱང་འཕེལ་བ་དང་ཡོངས་སུ་འགྲིབ་པ་མ་མཆིས་པར་འགྱུར་རོ། །བཅོམ་ལྡན་འདས་བསམ་གཏན་རྣམས་ཀྱང་འཕེལ་བ་དང་ཡོངས་སུ་འགྲིབ་པ་མ་མཆིས་པར་འགྱུར་རོ། །བཅོམ་ལྡན་འདས་ཚད་མེད་པ་རྣམས་ཀྱང་འཕེལ་བ་དང་ཡོངས་སུ་འགྲིབ་པ་མ་མཆིས་པར་འགྱུར་རོ། །བཅོམ་ལྡན་འདས་གཟུགས་མེད་པའི་སྙོམས་པར་འཇུག་པ་རྣམས་ཀྱང་འཕེལ་བ་དང་ཡོངས་སུ་འགྲིབ་པ་མ་མཆིས་པར་འགྱུར་རོ། །བཅོམ་ལྡན་འདས་རྣམ་པར་ཐར་པ་རྣམས་ཀྱང་འཕེལ་བ་དང་ཡོངས་སུ་འགྲིབ་པ་མ་མཆིས་པར་འགྱུར་རོ། །བཅོམ་ལྡན་འདས་མཐར་གྱིས་གནས་པའི་སྙོམས་པར་འཇུག་པ་རྣམས་ཀྱང་འཕེལ་བ་དང་ཡོངས་སུ་འགྲིབ་པ་མ་མཆིས་པར་འགྱུར་རོ། །བཅོམ་ལྡན་འདས་རྣམ་པར་ཐར་པའི་སྒོ་སྟོང་པ་ཉིད་དང་། མཚན་མ་མེད་པ་དང་། སྨོན་པ་མེད་པ་ཡང་འཕེལ་བ་དང་ཡོངས་སུ་འགྲིབ་[༡]པ་མ་མཆིས་པར་འགྱུར་རོ། །བཅོམ་ལྡན་འདས་མངོན་པར་ཤེས་པ་རྣམས་ཀྱང་འཕེལ་བ་དང་ཡོངས་སུ་འགྲིབ་པ་མ་མཆིས་པར་འགྱུར་རོ། །བཅོམ་ལྡན་འདས་ཏིང་ངེ་འཛིན་རྣམས་ཀྱང་འཕེལ་བ་དང་ཡོངས་སུ་འགྲིབ་པ་མ་[༢]མཆིས་པར་འགྱུར་རོ། །བཅོམ་ལྡན་འདས་གཟུངས་ཀྱི་སྒོ་རྣམས་ཀྱང་འཕེལ་བ་དང་ཡོངས་སུ་འགྲིབ་པ་མ་མཆིས་པར་འགྱུར་རོ། །བཅོམ་ལྡན་འདས་དེ་བཞིན་གཤེགས་པའི་སྟོབས་རྣམས་ཀྱང་འཕེལ་བ་དང་ཡོངས་སུ་འགྲིབ་པ་མ་མཆིས་པར་འགྱུར་རོ། །བཅོམ་ལྡན་འདས་མི་འཇིགས་པ་རྣམས་ཀྱང་། འཕེལ་བ་དང་ཡོངས་སུ་འགྲིབ་པ་མ་མཆིས་པར་འགྱུར་རོ། །བཅོམ་ལྡན་འདས་སོ་སོ་ཡང་དག་པར་རིག་[༣]པ་རྣམས་ཀྱང་འཕེལ་བ་དང་ཡོངས་སུ་འགྲིབ་པ་མ་མཆིས་པར་འགྱུར་རོ། །བཅོམ་ལྡན་འདས་བྱམས་པ་ཆེན་པོ་ཡང་། འཕེལ་བ་དང་། ཡོངས་སུ་འགྲིབ་པ་མ་མཆིས་པར་འགྱུར་རོ།།

བཅོམ་ལྡན་འདས་སྙིང་རྗེ་ཆེན་པོ་ཡང་འཕེལ་བ་དང་ཡོངས་སུ་འགྲིབ་པ་མ་མཆིས་པར་འགྱུར་རོ། །བཅོམ་ལྡན་འདས་སངས་རྒྱས་ཀྱི་ཆོས་མ་འདྲེས་པ་རྣམས་ཀྱང་འཕེལ་བ་དང་། ཡོངས་སུ་འགྲིབ་པ་མ་མཆིས་པར་འགྱུར་རོ། །བཅོམ་ལྡན་འདས་དེ་ལྟར་གྱུར་ན། སྦྱིན་པའི་ཕ་རོལ་ཏུ་ཕྱིན་པ་མ་མཆིས་པར་འགྱུར་རོ། །བཅོམ་ལྡན་འདས་དེ་ལྟར་གྱུར་ན། ཚུལ་ཁྲིམས་ཀྱི་ཕ་རོལ་ཏུ་ཕྱིན་པ་མ་མཆིས་པར་འགྱུར་རོ། །བཅོམ་ལྡན་འདས་དེ་ལྟར་གྱུར་ན། བཟོད་པའི་ཕ་རོལ་ཏུ་ཕྱིན་པ་མ་མཆིས་པར་འགྱུར་རོ། །བཅོམ་ལྡན་འདས་དེ་ལྟར་གྱུར་ན། བརྩོན་འགྲུས་ཀྱི་ཕ་རོལ་ཏུ་ཕྱིན་པ་མ་མཆིས་པར་འགྱུར་རོ། །བཅོམ་ལྡན་འདས་དེ་ལྟར་གྱུར་ན། བསམ་གཏན་གྱི་ཕ་རོལ་ཏུ་ཕྱིན་པ་མ་མཆིས་པར་འགྱུར་རོ། །བཅོམ་ལྡན་འདས་དེ་ལྟར་གྱུར་ན། ཤེས་རབ་ཀྱི་ཕ་རོལ་ཏུ་ཕྱིན་པ་མ་མཆིས་པར་འགྱུར་རོ། །བཅོམ་ལྡན་འདས་དེ་ལྟར་གྱུར་ན། ནང་སྟོང་པ་ཉིད་མ་མཆིས་པར་འགྱུར་རོ། །བཅོམ་ལྡན་འདས་དེ་ལྟར་གྱུར་ན། ཕྱི་སྟོང་པ་ཉིད་མ་མཆིས་པར་འགྱུར་རོ། །བཅོམ་ལྡན་འདས་དེ་ལྟར་གྱུར་ན། ཕྱི་ནང་སྟོང་པ་ཉིད་མ་མཆིས་པར་འགྱུར་རོ། །བཅོམ་ལྡན་འདས་དེ་ལྟར་གྱུར་ན། སྟོང་པ་ཉིད་སྟོང་པ་ཉིད་མ་མཆིས་པར་འགྱུར་རོ། །བཅོམ་ལྡན་འདས་དེ་ལྟར་གྱུར་ན། ཆེན་པོ་སྟོང་པ་ཉིད་མ་མཆིས་པར་འགྱུར་རོ། །བཅོམ་ལྡན་འདས་དེ་ལྟར་གྱུར་ན། དོན་དམ་པ་སྟོང་པ་ཉིད་མ་མཆིས་པར་འགྱུར་རོ། །བཅོམ་ལྡན་འདས་དེ་ལྟར་གྱུར་ན། འདུས་བྱས་སྟོང་པ་ཉིད་མ་མཆིས་པར་འགྱུར་རོ། །བཅོམ་ལྡན་འདས་དེ་ལྟར་གྱུར་ན། འདུས་མ་བྱས་སྟོང་པ་ཉིད་མ་མཆིས་པར་འགྱུར་རོ། །བཅོམ་ལྡན་འདས་དེ་ལྟར་གྱུར་ན། མཐའ་ལས་འདས་པ་སྟོང་པ་ཉིད་མ་མཆིས་པར་འགྱུར་རོ། །བཅོམ་ལྡན་འདས་དེ་ལྟར་གྱུར་ན། ཐོག་མ་དང་ཐ་མ་མེད་པ་སྟོང་པ་

ཉིད་མ་མཆིས་པར་འགྱུར་རོ། །བཅོམ་ལྡན་འདས་དེ་ལྟར་གྱུར་ན། དོར་བ···
མེད་པ་སྟོང་པ་ཉིད་མ་མཆིས་པར་འགྱུར་རོ། །བཅོམ་ལྡན་འདས་དེ་ལྟར་གྱུར་ན།
རང་བཞིན་སྟོང་པ་ཉིད་མ་མཆིས་པར་འགྱུར་རོ། །བཅོམ་ལྡན་འདས་དེ་ལྟར····
གྱུར་ན། ཆོས་ཐམས་ཅད་སྟོང་པ་ཉིད་མ་མཆིས་པར་འགྱུར་རོ། །བཅོམ་ལྡན་
འདས་དེ་ལྟར་གྱུར་ན། རང་གི་མཚན་ཉིད་སྟོང་པ་ཉིད་མ་མཆིས་པར་འགྱུར་རོ།།
བཅོམ་ལྡན་འདས་དེ་ལྟར་གྱུར་ན[༡]། མི་དམིགས་པ་སྟོང་པ་ཉིད་མ་མཆིས་པར་
འགྱུར་རོ། །བཅོམ་ལྡན་འདས་དེ་ལྟར་གྱུར་ན། དངོས་པོ་མེད་པ་སྟོང་པ་ཉིད་
མ་མཆིས་པར་འགྱུར་རོ། །བཅོམ་ལྡན་འདས་དེ་ལྟར་གྱུར་ན། ངོ་བོ་ཉིད་སྟོང་
པ་ཉིད་མ་མཆིས་པར་འགྱུར་རོ། །བཅོམ་ལྡན་འདས་དེ་ལྟར་གྱུར་ན། དངོས་
པོ་མེད་པའི་ངོ་བོ་ཉིད་སྟོང་པ་ཉིད་མ་མཆིས་པར་འགྱུར་རོ། །བཅོམ་ལྡན་འདས་
དེ་ལྟར་གྱུར་ན། དྲན་པ་ཉེ་བར་གཞག་པ་རྣམས་མ་མཆིས་པར་འགྱུར་རོ། །
བཅོམ་ལྡན་འདས་དེ་ལྟར་གྱུར་[༢]ན། ཡང་དག་པར་སྤོང་བ་རྣམས་མ་མཆིས་
པར་འགྱུར་རོ། །བཅོམ་ལྡན་འདས་དེ་ལྟར་གྱུར་ན། རྫུ་འཕྲུལ་གྱི་རྐང་པ་
རྣམས་མ་མཆིས་པར་འགྱུར་རོ། །བཅོམ་ལྡན་འདས་དེ་ལྟར་གྱུར་ན། དབང་
པོ་རྣམས་མ་མཆིས་པར་འགྱུར་རོ། །བཅོམ་ལྡན་འདས་དེ་ལྟར་གྱུར་ན། སྟོབས་
རྣམས་མ་མཆིས་པར་འགྱུར་རོ། །བཅོམ་ལྡན་འདས་དེ་ལྟར་གྱུར་ན། བྱང་
ཆུབ་ཀྱི་ཡན་ལག་རྣམས་མ་མཆིས་པར་འགྱུར་རོ། །བཅོམ་ལྡན་འདས་དེ་ལྟར་
གྱུར་ན། འཕགས་པའི་ལམ་ཡན་ལག་བརྒྱད་པ་མ་མཆིས་པར་འགྱུར་རོ། །
བཅོམ་ལྡན་འདས་དེ་ལྟར་གྱུར་ན། འཕགས་པའི་བདེན་པ་རྣམས་མ་མཆིས་པར་
འགྱུར་རོ། །བཅོམ་ལྡན་འདས་དེ་ལྟར་གྱུར་ན། བསམ་གཏན་རྣམས་མ་
མཆིས་པར་འགྱུར་རོ། །བཅོམ་ལྡན་འདས་དེ་ལྟར་གྱུར་ན། ཚད་མེད་པ་

རྣམས་མ་མཆིས་པར་འགྱུར་རོ། །བཅོམ་ལྡན་འདས་དེ་ལྟར་གྱུར་ན། གཟུགས་མེད་པའི་སྙོམས་པར་འཇུག་པ་རྣམས་མ་མཆིས་པར་འགྱུར་རོ། །བཅོམ་ལྡན་འདས་དེ་ལྟར་གྱུར་ན། རྣམ་པར་ཐར་པ་རྣམས་མ་མཆིས་པར་འགྱུར་རོ། །བཅོམ་ལྡན་འདས་དེ་ལྟར་གྱུར་ན། མཐར་གྱིས་གནས་པའི་སྙོམས་པར་འཇུག་པ་རྣམས་མ་མཆིས་པར་འགྱུར་རོ། །བཅོམ་ལྡན་འདས་དེ་ལྟར་གྱུར་ན། རྣམ་པར་ཐར་པའི་སྒོ་སྟོང་པ་ཉིད་དང་མཚན་མ་མེད་པ་དང་། སྨོན་པ་མེད་པ་མ་མཆིས་པར་འགྱུར་རོ། །བཅོམ་ལྡན་འདས་དེ་ལྟར་གྱུར་ན། མངོན་པར་ཤེས་པ་རྣམས་མ་མཆིས་པར་འགྱུར་རོ། །བཅོམ་ལྡན་འདས་དེ་ལྟར་གྱུར་ན། ཏིང་ངེ་འཛིན་རྣམས་མ་མཆིས་པར་འགྱུར་རོ། །བཅོམ་ལྡན་འདས་དེ་ལྟར་གྱུར་ན། གཟུངས་ཀྱི་སྒོ་རྣམས་མ་མཆིས་པར་འགྱུར་རོ། །བཅོམ་ལྡན་འདས་དེ་ལྟར་གྱུར་ན༑ དེ་བཞིན་གཤེགས་པའི་སྟོབས་རྣམས་མ་མཆིས་པར་འགྱུར་རོ། །བཅོམ་ལྡན་འདས་དེ་ལྟར་གྱུར་ན། མི་འཇིགས་པ་རྣམས་མ་མཆིས་པར་འགྱུར་རོ། །བཅོམ་ལྡན་འདས་དེ་ལྟར་གྱུར་ན། སོ་སོ་ཡང་དག་པར་རིག་པ་རྣམས་མ་མཆིས་པར་འགྱུར་རོ། །བཅོམ་ལྡན་འདས་དེ་ལྟར་གྱུར་ན། བྱམས་པ་ཆེན་པོ་མ་མཆིས་པར་འགྱུར་རོ། །བཅོམ་ལྡན་འདས་དེ་ལྟར་གྱུར་ན། སྙིང་རྗེ་ཆེན་པོ་མ་མཆིས་པར་འགྱུར་རོ། །བཅོམ་ལྡན་འདས་དེ་ལྟར་གྱུར་ན། སངས་རྒྱས་ཀྱི་ཆོས་མ་འདྲེས་པ་རྣམས་མ་མཆིས་པར་འགྱུར་རོ། །ཆོས་དེ་དག་མ་མཆིས་པས་ན། རྣམ་པ་ཐམས་ཅད་མཁྱེན་པ་ཉིད་ཀྱང་མ་མཆིས་པར་འགྱུར་རོ། །རྣམ་པ་ཐམས་ཅད་མཁྱེན་པ་ཉིད་མ་མཆིས་ན། སུ་ཞིག་བླ་ན་མེད་པ་ཡང་དག་པར་རྫོགས་པའི་བྱང་ཆུབ་ཏུ་མངོན་པར་རྫོགས་པར་འཚང་རྒྱ་བར་འགྱུར། བཅོམ་ལྡན་འདས་ཀྱིས་བཀའ་སྩལ་པ། རབ་འབྱོར་དེ་དེ་བཞིན་ནོ། །དེ་དེ་བཞིན་ཏེ། བརྗོད་

དུ་མེད་པའི་དོན་ལ་ནི་[1]འཕེལ་བའམ་ཡོངས་སུ་འགྲིབ་པ་མེད་དོ། །རབ་འབྱོར་གལ་ཏེ་ཐབས་མཁས་པའི་བྱང་ཆུབ་སེམས་དཔའ་སེམས་དཔའ་ཆེན་པོ་ཤེས་རབ་ཀྱི་ཕ་རོལ་ཏུ་ཕྱིན་པ་ལ་སྤྱོད་པ་དང་། ཤེས་རབ་ཀྱི་ཕ་རོལ་ཏུ་ཕྱིན་པ་ལ་སྒོམ[2]པ་དང་། ཤེས་རབ་ཀྱི་ཕ་རོལ་ཏུ་ཕྱིན་པ་ལ་བརྩོན་པར་བྱེད་པའི[3]ཚེ། འདི་སྙམ་དུ་བདག་ནི་ཤེས་རབ་ཀྱི་ཕ་རོལ་ཏུ་ཕྱིན་པས་རྣམ་པར་འཕེལ་ལོ། །བདག་ནི་བསམ་གཏན་གྱི་ཕ་རོལ་ཏུ་ཕྱིན་པས་རྣམ་པར་འཕེལ་ལོ། །བདག་ནི་བརྩོན་འགྲུས་ཀྱི་ཕ་རོལ་ཏུ་ཕྱིན་པས་རྣམ་པར་འཕེལ་ལོ། །བདག་ནི་བཟོད་པའི་ཕ་རོལ་ཏུ་ཕྱིན་པས་རྣམ་པར་འཕེལ་ལོ། །བདག་ནི་ཚུལ་ཁྲིམས་ཀྱི་ཕ་རོལ་ཏུ་ཕྱིན་པས་རྣམ་པར་འཕེལ་ལོ། །བདག་ནི་སྦྱིན་པའི་ཕ་རོལ་ཏུ་ཕྱིན་པས། རྣམ་པར་འཕེལ་ལོ་སྙམ་དུ་མི་སེམས་ཤིང་། འོན་ཀྱང་དེ་འདི་སྙམ་དུ་འདི་ལྟ་སྟེ། སྦྱིན་པའི་ཕ་རོལ་ཏུ་ཕྱིན་པ་འདི་ནི་མིང་ཙམ་མོ། །འདི་ལྟ་སྟེ། ཚུལ་ཁྲིམས་ཀྱི་ཕ་རོལ་ཏུ་ཕྱིན་པ་འདི་ནི་མིང་ཙམ་མོ། །འདི་ལྟ་སྟེ། བཟོད་པའི་ཕ་རོལ་ཏུ་ཕྱིན་པ་འདི་ནི་མིང་ཙམ་མོ། །འདི་ལྟ་སྟེ། བརྩོན་འགྲུས་ཀྱི་ཕ་རོལ་ཏུ་ཕྱིན་པ་འདི་ནི་མིང་ཙམ་མོ། །འདི་ལྟ་སྟེ། བསམ་གཏན་གྱི་ཕ་རོལ་ཏུ[4]ཕྱིན་པ་འདི་ནི་མིང་ཙམ་མོ། །འདི་ལྟ་སྟེ། ཤེས་རབ་ཀྱི་ཕ་རོལ་ཏུ་ཕྱིན་པ་འདི་ནི་མིང་ཙམ་མོ་སྙམ་ན[5]། དེ་སྦྱིན་པའི་ཕ་རོལ་ཏུ་ཕྱིན་པ་ལ་སྤྱོད་པའི་ཚེ། ཡིད་ལ་བྱེད་པ་དེ་དག་དང་། སེམས་བསྐྱེད་པ་དེ་དག་དང་། དགེ་བའི་རྩ་བ་དེ་དག་བླ་ན་མེད་པ་ཡང་དག་པར་རྫོགས་པའི་བྱང་ཆུབ་ཏུ་ཡོངས་སུ་སྔོ[6]སྟེ། དེ་ཡང་བླ་ན་མེད་པ་ཡང་དག་པར་རྫོགས་པའི་བྱང་ཆུབ་ཇི་ལྟ་བ[7]བཞིན་དུ་ཡོངས་སུ་སྔོའོ[8]། །གསོལ་པ། བཅོམ་ལྡན་འདས་བླ་ན་མེད་པ་ཡང་དག་པར་རྫོགས་པའི་བྱང་ཆུབ་ཇི་ལྟ་བུ་ལགས། བཅོམ་ལྡན་འདས་ཀྱིས་བཀའ་སྩལ་པ། རབ་འབྱོར་ཆོས་

ཐམས་ཅད་ཀྱི་དེ་བཞིན་ཉིད་གང་ཡིན་པ་དེ་བླ་ན་མེད་པ་ཡང་དག་པར་རྫོགས་པའི་བྱང་ཆུབ་བོ། །གསོལ་པ། བཅོམ་ལྡན་འདས་ཆོས་ཐམས་ཅད་པོ་གང་རྣམས་[1]ཀྱི་དེ་བཞིན་ཉིད་བླ་ན་མེད་པ་ཡང་དག་པར་རྫོགས་པའི་བྱང་ཆུབ་ལགས[2]། བཅོམ་ལྡན་འདས་ཀྱིས་བཀའ་སྩལ་པ། རབ་འབྱོར་གཟུགས་ཀྱི་དེ་བཞིན་ཉིད་གང་ཡིན་པ་དེ་བླ་ན་མེད་པ་ཡང་དག་པར་རྫོགས་པའི་བྱང་ཆུབ་བོ། །ཚོར་བའི་དེ་བཞིན་ཉིད་གང་ཡིན་པ་དེ་བླ་ན་མེད་པ་ཡང་དག་པར་རྫོགས་པའི་བྱང་ཆུབ་བོ[3]།། འདུ་ཤེས་ཀྱི་དེ་བཞིན་ཉིད་གང་ཡིན་པ་དེ་བླ་ན་མེད་པ་ཡང་དག་པར་རྫོགས་པའི་བྱང་ཆུབ་བོ། །འདུ་བྱེད་ཀྱི་དེ་བཞིན་ཉིད་གང་ཡིན་པ་དེ་བླ་ན་མེད་པ་ཡང་དག་པར་རྫོགས་པའི་བྱང་ཆུབ་བོ། །རྣམ་པར་ཤེས་པའི་དེ་བཞིན་ཉིད་གང་ཡིན་པ་དེ་བླ་ན་མེད་པ་ཡང་དག་པར་རྫོགས་པའི་བྱང་ཆུབ་བོ། །མིག་གི་དེ་བཞིན་ཉིད་གང་ཡིན་པ་དེ་བླ་ན་མེད་པ་ཡང་དག་པར་རྫོགས་པའི་བྱང་ཆུབ་བོ། །རྣ་བའི་དེ་བཞིན་ཉིད་གང་ཡིན་པ་དེ་བླ་ན་མེད་པ་ཡང་དག་པར་རྫོགས་པའི་བྱང་ཆུབ་བོ། །སྣའི་དེ་བཞིན་ཉིད་གང་ཡིན་པ་དེ་བླ་ན་མེད་པ་ཡང་དག་པར་རྫོགས་པའི་བྱང་ཆུབ་བོ། །ལྕེའི་དེ་བཞིན་ཉིད་གང་ཡིན་པ་དེ་བླ་ན་མེད་པ་ཡང་དག་པར་རྫོགས་པའི་བྱང་ཆུབ་བོ། །ལུས་ཀྱི་དེ་བཞིན་ཉིད་གང་ཡིན་པ་དེ་བླ་ན་མེད་པ་ཡང་དག་པར་རྫོགས་པའི་བྱང་ཆུབ་བོ། །ཡིད་ཀྱི་དེ་བཞིན་ཉིད་གང་ཡིན་པ་དེ་བླ་ན་མེད་པ་ཡང་དག་པར་རྫོགས་པའི་བྱང་ཆུབ་བོ། །གཟུགས་ཀྱི་དེ་བཞིན་ཉིད་གང་ཡིན་པ་དེ་བླ་ན་མེད་པ་ཡང་དག་པར་རྫོགས་པའི་བྱང་ཆུབ་བོ། །སྒྲའི་དེ་བཞིན་ཉིད་གང་ཡིན་པ་དེ་བླ་ན་མེད་པ་ཡང་དག་པར་རྫོགས་པའི་བྱང་ཆུབ་བོ། །དྲིའི་དེ་བཞིན་ཉིད་གང་ཡིན་པ་དེ་བླ་ན་མེད་པ་ཡང་དག་པར་རྫོགས་པའི་བྱང་ཆུབ་བོ། །རོའི་དེ་བཞིན་ཉིད་གང་ཡིན་པ་དེ་བླ་ན་མེད་པ་ཡང་དག་པར་རྫོགས་པའི་བྱང་

ཆུབ་པོ། །རེག་གི་དེ་བཞིན་ཉིད་གང་ཡིན་པ་དེ་བླ་ན་མེད་པ་ཡང་དག་པར་རྫོགས་པའི་བྱང་ཆུབ་པོ། །ཆོས་ཀྱི་དེ་བཞིན་ཉིད་གང་ཡིན་པ་དེ་བླ་ན་མེད་པ་ཡང་དག་པར་རྫོགས་པའི་བྱང་ཆུབ་པོ། །མིག་གི་རྣམ་པར་ཤེས་པའི་དེ་བཞིན་ཉིད་གང་ཡིན་པ་དེ་བླ་ན་མེད་པ་ཡང་དག་པར་རྫོགས་པའི་བྱང་ཆུབ་པོ། །རྣ་བའི་རྣམ་པར་ཤེས་པའི་དེ་བཞིན་ཉིད་གང་ཡིན་པ་དེ་བླ་ན་མེད་པ་ཡང་དག་པར་རྫོགས་པའི་བྱང་ཆུབ་པོ། །སྣའི་རྣམ་པར་ཤེས་པའི་དེ་བཞིན་ཉིད་གང་ཡིན་པ་དེ་བླ་ན་མེད་པ་ཡང་དག་པར་རྫོགས་པའི་བྱང་ཆུབ་པོ། །ལྗེའི་རྣམ་པར་ཤེས་པའི་དེ་བཞིན་ཉིད་གང་ཡིན་པ་དེ་བླ་ན་མེད་པ་ཡང་དག་པར་རྫོགས་པའི་བྱང་ཆུབ་པོ། །ལུས་ཀྱི་རྣམ་པར་ཤེས་པའི་དེ་བཞིན་ཉིད་གང་ཡིན་པ་དེ་བླ་ན་མེད་པ་ཡང་དག་པར་རྫོགས་པའི་བྱང་ཆུབ་པོ། །ཡིད་ཀྱི་རྣམ་པར་ཤེས་པའི་དེ་བཞིན་ཉིད་གང་ཡིན་པ་དེ་བླ་ན་མེད་པ་ཡང་དག་པར་རྫོགས་པའི་བྱང་ཆུབ་པོ། །མིག་གི་འདུས་ཏེ་རེག་པའི་དེ་བཞིན་ཉིད་གང་ཡིན་པ་དེ་བླ་ན་མེད་པ་ཡང་དག་པར་རྫོགས་པའི་བྱང་ཆུབ་པོ། །རྣ་བའི་འདུས་ཏེ་རེག་པའི་དེ་བཞིན་ཉིད་གང་ཡིན་པ་དེ་བླ་ན་མེད་པ་ཡང་དག་པར་རྫོགས་པའི་བྱང་ཆུབ་པོ། །སྣའི་འདུས་ཏེ་རེག་པའི་དེ་བཞིན་ཉིད་གང་ཡིན་པ་དེ་བླ་ན་མེད་པ་ཡང་དག་པར་རྫོགས་པའི་བྱང་ཆུབ་པོ། །ལྗེའི་འདུས་ཏེ་རེག་པའི་དེ་བཞིན་ཉིད་གང་ཡིན་པ་དེ་བླ་ན་མེད་པ་ཡང་དག་པར་རྫོགས་པའི་བྱང་ཆུབ་པོ། །ལུས་ཀྱི་འདུས་ཏེ་རེག་པའི་དེ་བཞིན་ཉིད་གང་ཡིན་པ་དེ་བླ་ན་མེད་པ་ཡང་དག་པར་རྫོགས་པའི་བྱང་ཆུབ་པོ། །ཡིད་ཀྱི་འདུས་ཏེ་རེག་པའི་དེ་བཞིན་ཉིད་གང་ཡིན་(7)པ་དེ་བླ་ན་མེད་པ་ཡང་དག་པར་རྫོགས་པའི་བྱང་ཆུབ་པོ། །མིག་གི་འདུས་ཏེ། རེག་པའི་རྐྱེན་གྱིས་ཚོར་བའི་དེ་བཞིན་ཉིད་གང་ཡིན་པ་དེ་བླ་ན་མེད་པ་ཡང་དག་པར་རྫོགས་པའི་བྱང་ཆུབ་པོ། །རྣ་བའི་འདུས་

ཏེ་རེག་པའི་རྐྱེན་གྱིས་ཚོར་བའི་དེ་བཞིན་ཉིད་གང་ཡིན་པ་དེ་བླ་ན་མེད་པ་ཡང་དག་པར་རྫོགས་པའི་བྱང་ཆུབ་བོ། །སྣའི་འདུས་ཏེ་རེག་པའི་རྐྱེན་གྱིས་ཚོར་བའི་དེ་བཞིན་ཉིད་གང་ཡིན་པ་དེ་བླ་ན་མེད་པ་ཡང་དག་པར་རྫོགས་པའི་བྱང་ཆུབ་བོ། །ལྗེའི་འདུས་ཏེ་རེག་པའི་རྐྱེན་གྱིས་ཚོར་བའི་དེ་བཞིན་ཉིད་གང་ཡིན་པ་དེ་བླ་ན་མེད་པ་ཡང་དག་པར་རྫོགས་པའི་བྱང་ཆུབ་བོ། །ལུས་ཀྱི་འདུས་ཏེ་རེག་པའི་རྐྱེན་གྱིས་ཚོར་བའི་དེ་བཞིན་ཉིད་གང་ཡིན་པ་དེ་བླ་ན་མེད་པ་ཡང་དག་པར་རྫོགས་པའི་བྱང་ཆུབ་བོ། །ཡིད་ཀྱི་འདུས་ཏེ་རེག་པའི་རྐྱེན་གྱིས་ཚོར་བའི་དེ་བཞིན་ཉིད་གང་ཡིན་པ་དེ་བླ་ན་མེད་པ་ཡང་དག་པར་རྫོགས་པའི་བྱང་ཆུབ་བོ། །སའི་ཁམས་ཀྱི་དེ་བཞིན་ཉིད་གང་ཡིན་པ་དེ་བླ་ན་མེད་པ་ཡང་དག་པར་རྫོགས་པའི་བྱང་ཆུབ་བོ། །ཆུའི་ཁམས་ཀྱི་དེ་བཞིན་ཉིད་གང་ཡིན་པ་དེ་བླ་ན་མེད་པ་ཡང་དག་པར་རྫོགས་པའི་བྱང་ཆུབ་བོ། །མེའི་ཁམས་ཀྱི་དེ་བཞིན་ཉིད་གང་ཡིན་པ་དེ་བླ་ན་མེད་པ་ཡང་དག་པར་རྫོགས་པའི་བྱང་ཆུབ་བོ། །རླུང་གི་ཁམས་ཀྱི་དེ་བཞིན་ཉིད་གང་ཡིན་པ་དེ་བླ་ན་མེད་པ་ཡང་དག་པར་རྫོགས་པའི་བྱང་ཆུབ་བོ། །ནམ་མཁའི་ཁམས་ཀྱི་དེ་བཞིན་ཉིད་གང་ཡིན་པ་དེ་བླ་ན་མེད་པ་ཡང་དག་པར་རྫོགས་པའི་བྱང་ཆུབ་བོ། །རྣམ་པར་ཤེས་པའི་ཁམས་ཀྱི་དེ་བཞིན་ཉིད་གང་ཡིན་པ་དེ་བླ་ན་མེད་པ་ཡང་དག་པར་རྫོགས་པའི་བྱང་ཆུབ་བོ། །མ་རིག་པའི་དེ་བཞིན་ཉིད་གང་ཡིན་པ་དེ་བླ་ན་མེད་པ་ཡང་དག་པར་རྫོགས་པའི་བྱང་ཆུབ་བོ། །འདུ་བྱེད་ཀྱི་དེ་བཞིན་ཉིད་གང་ཡིན་པ་དེ་བླ་ན་མེད་པ་ཡང་དག་པར་རྫོགས་པའི་བྱང་ཆུབ་བོ། །རྣམ་པར་ཤེས་པའི་དེ་བཞིན་ཉིད་གང་ཡིན་པ་དེ་བླ་ན་མེད་པ་ཡང་དག་པར་རྫོགས་པའི་བྱང་ཆུབ་བོ། །མིང་དང་གཟུགས་①ཀྱི་དེ་བཞིན་ཉིད་གང་ཡིན་པ་དེ་བླ་ན་མེད་པ་ཡང་དག་པར་རྫོགས་པའི་བྱང་ཆུབ་བོ། །སྐྱེ་མཆེད་

དྲུག་གི་དེ་བཞིན་ཉིད་གང་ཡིན་པ་དེ་བླ་ན་མེད་པ་ཡང་དག་པར་རྫོགས་པའི་བྱང་ཆུབ་བོ། །རེག་པའི་དེ་བཞིན་ཉིད་གང་ཡིན་པ་དེ་བླ་ན་མེད་པ་ཡང་དག་པར་རྫོགས་པའི་བྱང་ཆུབ་བོ། །ཚོར་བའི་དེ་བཞིན་ཉིད་གང་ཡིན་པ་དེ་བླ་ན་མེད་པ་ཡང་དག་པར་རྫོགས་པའི་བྱང་ཆུབ་བོ། །སྲེད་པའི་དེ་བཞིན་ཉིད་གང་ཡིན་པ་དེ་བླ་ན་མེད་པ་ཡང་དག་པར་རྫོགས་པའི་བྱང་ཆུབ་བོ། །ལེན་པའི་དེ་བཞིན་ཉིད་གང་ཡིན་པ་དེ་བླ་ན་མེད་པ་ཡང་དག་པར་རྫོགས་པའི་བྱང་ཆུབ་བོ། །སྲིད་པའི་དེ་བཞིན་ཉིད་གང་ཡིན་པ་དེ་བླ་ན་མེད་པ་ཡང་དག་པར་རྫོགས་པའི་བྱང་ཆུབ་བོ། །སྐྱེ་བའི་དེ་བཞིན་ཉིད་གང་ཡིན་པ་དེ་བླ་ན་མེད་པ་ཡང་དག་པར་རྫོགས་པའི་བྱང་ཆུབ་བོ། །རྒ་ཤིའི་དེ་བཞིན་ཉིད་གང་ཡིན་པ་དེ་བླ་ན་མེད་པ་ཡང་དག་པར་རྫོགས་པའི་བྱང་ཆུབ་བོ། །སྦྱིན་པའི་ཕ་རོལ་ཏུ་ཕྱིན་པའི་དེ་བཞིན་ཉིད་གང་ཡིན་པ་དེ་བླ་ན་མེད་པ་ཡང་དག་པར་རྫོགས་པའི་བྱང་ཆུབ་བོ། །ཚུལ་ཁྲིམས་ཀྱི་ཕ་རོལ་ཏུ་ཕྱིན་པའི་དེ་བཞིན་ཉིད་གང་ཡིན་པ་དེ་བླ་ན་མེད་པ་ཡང་དག་པར་རྫོགས་པའི་བྱང་ཆུབ་བོ། །བཟོད་པའི་ཕ་རོལ་ཏུ་ཕྱིན་པའི་དེ་བཞིན་ཉིད་གང་ཡིན་པ་དེ་བླ་ན་མེད་པ་ཡང་དག་པར་རྫོགས་པའི་བྱང་ཆུབ་བོ། །བརྩོན་འགྲུས་ཀྱི་ཕ་རོལ་ཏུ་ཕྱིན་པའི་དེ་བཞིན་ཉིད་གང་ཡིན་པ་དེ་བླ་ན་མེད་པ་ཡང་དག་པར་རྫོགས་པའི་བྱང་ཆུབ་བོ། །བསམ་གཏན་གྱི་ཕ་རོལ་ཏུ་ཕྱིན་པའི་དེ་བཞིན་ཉིད་གང་ཡིན་པ་དེ་བླ་ན་མེད་པ་ཡང་དག་པར་རྫོགས་པའི་བྱང་ཆུབ་བོ། །ཤེས་རབ་ཀྱི་ཕ་རོལ་ཏུ་ཕྱིན་པའི་དེ་བཞིན་ཉིད་གང་ཡིན་པ་དེ་བླ་ན་མེད་པ་ཡང་དག་པར་རྫོགས་པའི་བྱང་ཆུབ་བོ། །ནང་སྟོང་པ་ཉིད་ཀྱི་དེ་བཞིན་ཉིད་གང་ཡིན་པ་དེ་བླ་ན་མེད་པ་ཡང་དག་པར་རྫོགས་པའི་བྱང་ཆུབ་བོ། །ཕྱི་སྟོང་པ་ཉིད་ཀྱི་དེ་བཞིན་ཉིད་[2] གང་ཡིན་པ་དེ་བླ་ན་མེད་པ་ཡང་དག་པར་རྫོགས་པའི་བྱང་ཆུབ་བོ། །ཕྱི་ནང་སྟོང་པ་

ཉིད་ཀྱི་དེ་བཞིན་ཉིད་གང་ཡིན་པ་དེ་བླ་ན་མེད་པ་ཡང་དག་པར་རྫོགས་པའི་བྱང་ཆུབ་བོ། །སྟོང་པ་ཉིད་སྟོང་པ་ཉིད་ཀྱི་དེ་བཞིན་ཉིད་གང་ཡིན་པ་དེ་བླ་ན་མེད་པ་ཡང་དག་པར་རྫོགས་པའི་བྱང་ཆུབ་བོ། །ཆེན་པོ་སྟོང་པ་ཉིད་ཀྱི་དེ་བཞིན་ཉིད་གང་ཡིན་པ་དེ་བླ་ན་མེད་པ་ཡང་དག་པར་རྫོགས་པའི་བྱང་ཆུབ་བོ། །དོན་དམ་པ་སྟོང་པ་ཉིད་ཀྱི་དེ་བཞིན་ཉིད་གང་ཡིན་པ་དེ་བླ་ན་མེད་པ་ཡང་དག་པར་རྫོགས་པའི་བྱང་ཆུབ་བོ། །འདུས་བྱས་སྟོང་པ་ཉིད་ཀྱི་དེ་བཞིན་ཉིད་གང་ཡིན་པ་དེ་བླ་ན་མེད་པ་ཡང་དག་པར་རྫོགས་པའི་བྱང་ཆུབ་བོ། །འདུས་མ་བྱས་སྟོང་པ་ཉིད་ཀྱི་དེ་བཞིན་ཉིད་གང་ཡིན་པ་དེ་བླ་ན་མེད་པ་ཡང་དག་པར་རྫོགས་པའི་བྱང་ཆུབ་བོ། །མཐའ་ལས་འདས་པ་སྟོང་པ་ཉིད་ཀྱི་དེ་བཞིན་ཉིད་གང་ཡིན་པ་དེ་བླ་ན་མེད་པ་ཡང་དག་པར་རྫོགས་པའི་བྱང་ཆུབ་བོ། །ཐོག་མ་དང་ཐ་མ་མེད་པ་སྟོང་པ་ཉིད་ཀྱི་དེ་བཞིན་ཉིད་གང་ཡིན་པ་དེ་བླ་ན་མེད་པ་ཡང་དག་པར་རྫོགས་པའི་བྱང་ཆུབ་བོ། །དོར་བ་མེད་པ་སྟོང་པ་ཉིད་ཀྱི་དེ་བཞིན་ཉིད་གང་ཡིན་པ་དེ་བླ་ན་མེད་པ་ཡང་དག་པར་རྫོགས་པའི་བྱང་ཆུབ་བོ། །རང་བཞིན་སྟོང་པ་ཉིད་ཀྱི་དེ་བཞིན་ཉིད་གང་ཡིན་པ་དེ་བླ་ན་མེད་པ་ཡང་དག་པར་རྫོགས་པའི་བྱང་ཆུབ་བོ། །ཆོས་ཐམས་ཅད་སྟོང་པ་ཉིད་ཀྱི་དེ་བཞིན་ཉིད་གང་ཡིན་པ་དེ་བླ་ན་མེད་པ་ཡང་དག་པར་རྫོགས་པའི་བྱང་ཆུབ་བོ། །རང་གི་མཚན་ཉིད་སྟོང་པ་ཉིད་ཀྱི་དེ་བཞིན་ཉིད་གང་ཡིན་པ་དེ་བླ་ན་མེད་པ་ཡང་དག་པར་རྫོགས་པའི་བྱང་ཆུབ་བོ། །མི་དམིགས་པ་སྟོང་པ་ཉིད་ཀྱི་དེ་བཞིན་ཉིད་གང་ཡིན་པ་དེ་བླ་ན་མེད་པ་ཡང་དག་པར་རྫོགས་པའི་བྱང་ཆུབ་བོ། །དངོས་པོ་མེད་པ་སྟོང་པ་ཉིད་ཀྱི་དེ་བཞིན་ཉིད་གང་ཡིན་པ་དེ་བླ་ན་མེད་པ་ཡང་དག་པར་རྫོགས་པའི་བྱང་ཆུབ་བོ། །ངོ་བོ་ཉིད་སྟོང་པ་ཉིད་ཀྱི་དེ་བཞིན་ཉིད་གང་ཡིན་པ་དེ་བླ་ན་མེད་པ་ཡང་དག་པར་རྫོགས་

པའི་བྱང་ཆུབ་བོ། །དངོས་པོ་མེད་པའི་ངོ་བོ་ཉིད་སྟོང་པ་ཉིད་ཀྱི་དེ་བཞིན་ཉིད་གང་ཡིན་པ་དེ། བླ་ན་མེད་པ་ཡང་དག་པར་རྫོགས་པའི་བྱང་ཆུབ་བོ། །དྲན་པ་ཉེ་བར་གཞག་པ་རྣམས་ཀྱི་དེ་བཞིན་ཉིད་གང་ཡིན་པ་དེ་བླ་ན་མེད་པ་ཡང་དག་པར་རྫོགས་པའི་བྱང་ཆུབ་བོ། །ཡང་དག་པར་སྤོང་བ་རྣམས་ཀྱི་དེ་བཞིན་ཉིད་གང་ཡིན་པ་དེ་བླ་ན་མེད་པ་ཡང་དག་པར་རྫོགས་པའི་བྱང་ཆུབ་བོ། །རྫུ་འཕྲུལ་གྱི་རྐང་པ་རྣམས་ཀྱི་དེ་བཞིན་ཉིད་གང་ཡིན་པ་དེ་བླ་ན་མེད་པ་ཡང་དག་པར་རྫོགས་པའི་བྱང་ཆུབ་བོ། །དབང་པོ་རྣམས་ཀྱི་དེ་བཞིན་ཉིད་གང་ཡིན་པ་དེ་བླ་ན་མེད་པ་ཡང་དག་པར་རྫོགས་པའི་བྱང་ཆུབ་བོ། །སྟོབས་རྣམས་ཀྱི་དེ་བཞིན་ཉིད་གང་ཡིན་པ་དེ་བླ་ན་མེད་པ་ཡང་དག་པར་རྫོགས་པའི་བྱང་ཆུབ་བོ། །བྱང་ཆུབ་ཀྱི་ཡན་ལག་རྣམས་ཀྱི་དེ་བཞིན་ཉིད་གང་ཡིན་པ་དེ་བླ་ན་མེད་པ་ཡང་དག་པར་རྫོགས་པའི་བྱང་ཆུབ་བོ། །འཕགས་པའི་ལམ་ཡན་ལག་བརྒྱད་པའི་དེ་བཞིན་ཉིད་གང་ཡིན་པ་དེ་བླ་ན་མེད་པ་ཡང་དག་པར་རྫོགས་པའི་བྱང་ཆུབ་བོ། །འཕགས་པའི་བདེན་པ་རྣམས་ཀྱི་དེ་བཞིན་ཉིད་གང་ཡིན་པ་དེ་བླ་ན་མེད་པ་ཡང་དག་[7]པར་རྫོགས་པའི་བྱང་ཆུབ་བོ། །བསམ་གཏན་རྣམས་ཀྱི་དེ་བཞིན་ཉིད་གང་ཡིན་པ་དེ་བླ་ན་མེད་པ་ཡང་དག་པར་རྫོགས་པའི་བྱང་ཆུབ་བོ། །ཚད་མེད་པ་རྣམས་ཀྱི་དེ་བཞིན་ཉིད་གང་ཡིན་པ་དེ་བླ་ན་མེད་པ་ཡང་དག་པར་རྫོགས་པའི་བྱང་ཆུབ་བོ། །གཟུགས་མེད་པའི་སྙོམས་པར་འཇུག་པ་རྣམས་ཀྱི་དེ་བཞིན་ཉིད་གང་ཡིན་པ་དེ་བླ་ན་མེད་པ་ཡང་དག་པར་རྫོགས་པའི་བྱང་ཆུབ་བོ། །༔རྣམ་པར་ཐར་[3]པ་རྣམས་ཀྱི་དེ་བཞིན་ཉིད་གང་ཡིན་པ་དེ་བླ་ན་མེད་པ་ཡང་དག་པར་རྫོགས་པའི་བྱང་ཆུབ་བོ། །མཐར་གྱིས་གནས་པའི་སྙོམས་པར་འཇུག་པ་རྣམས་ཀྱི་དེ་བཞིན་ཉིད་གང་ཡིན་པ་དེ་བླ་ན་མེད་པ་ཡང་དག་པར་རྫོགས་པའི་བྱང་ཆུབ་བོ། །

རྣམ་པར་ཐར་པའི་སྒོ་སྟོང་པ་ཉིད་དང་། མཚན་མ་མེད་པ་དང་། སྨོན་པ་མེད་པའི་དེ་བཞིན་ཉིད་གང་ཡིན་པ་དེ་བླ་ན་མེད་པ་ཡང་དག་པར་རྫོགས་པའི་བྱང་ཆུབ་བོ། །མངོན་པར་ཤེས་པ་རྣམས་ཀྱི་དེ་བཞིན་ཉིད་གང་ཡིན་པ་དེ་བླ་ན་མེད་པ་ཡང་དག་པར་རྫོགས་པའི་བྱང་ཆུབ་བོ། །ཏིང་ངེ་འཛིན་རྣམས་ཀྱི་དེ་བཞིན་ཉིད་གང་ཡིན་པ་དེ་བླ་ན་མེད་པ་ཡང་དག་པར་རྫོགས་པའི་བྱང་ཆུབ་བོ། །གཟུངས་ཀྱི་སྒོ་རྣམས་ཀྱི་དེ་བཞིན་ཉིད་གང་ཡིན་པ་དེ་བླ་ན་མེད་པ་ཡང་དག་པར་རྫོགས་པའི་བྱང་ཆུབ་བོ། །དེ་བཞིན་གཤེགས་པའི་སྟོབས་རྣམས་ཀྱི་དེ་བཞིན་ཉིད་གང་ཡིན་པ་དེ་བླ་ན་མེད་པ་ཡང་དག་པར་རྫོགས་པའི་བྱང་ཆུབ་བོ། །མི་འཇིགས་པ་རྣམས་ཀྱི་དེ་བཞིན་ཉིད་གང་ཡིན་པ་དེ་བླ་ན་མེད་པ་ཡང་དག་པར་རྫོགས་པའི་བྱང་ཆུབ་བོ། །སོ་སོ་ཡང་དག་པར་རིག་པ་རྣམས་ཀྱི་དེ་བཞིན་ཉིད་གང་ཡིན་པ་དེ་བླ་ན་མེད་པ་ཡང་དག་པར་རྫོགས་པའི་བྱང་ཆུབ་བོ། །བྱམས་པ་ཆེན་པོའི་དེ་བཞིན་ཉིད་གང་ཡིན་[༡]པ་དེ་བླ་ན་མེད་པ་ཡང་དག་པར་རྫོགས་པའི་བྱང་ཆུབ་བོ། །སྙིང་རྗེ་ཆེན་པོའི་དེ་བཞིན་ཉིད་གང་ཡིན་པ་དེ་བླ་ན་མེད་པ་ཡང་དག་པར་རྫོགས་པའི་བྱང་ཆུབ་བོ། །སངས་རྒྱས་ཀྱི་ཆོས་མ་འདྲེས་པ་རྣམས་ཀྱི་དེ་བཞིན་ཉིད་གང་ཡིན་པ་དེ་བླ་ན་མེད་པ་ཡང་དག་པར་རྫོགས་པའི་བྱང་ཆུབ་བོ། །ཐམས་ཅད་ཤེས་པ་ཉིད་ཀྱི་དེ་བཞིན་ཉིད་གང་ཡིན་པ་དེ་བླ་ན་མེད་པ་ཡང་དག་པར་རྫོགས་པའི་བྱང་ཆུབ་བོ། །ལམ་གྱི་རྣམ་པ་ཤེས་པ་ཉིད་ཀྱི་དེ་བཞིན་ཉིད་གང་ཡིན་པ་དེ་བླ་ན་མེད་པ་ཡང་དག་པར་རྫོགས་པའི་བྱང་ཆུབ་བོ། །རྣམ་པ་ཐམས་ཅད་མཁྱེན་པ་ཉིད་ཀྱི་དེ་བཞིན་[༢]ཉིད་གང་ཡིན་པ་དེ་བླ་ན་མེད་པ་ཡང་དག་པར་རྫོགས་པའི་བྱང་ཆུབ་བོ། །མྱ་ངན་ལས་འདས་པའི་དེ་བཞིན་ཉིད་གང་ཡིན་པ་དེ་བླ་ན་མེད་པ་ཡང་དག་པར་རྫོགས་པའི་བྱང་ཆུབ་སྟེ། དེ་ནི་འཕེལ་བ་

ཡང་མེད་དོ་ཡོངས་སུ་འགྲིབ་པ་ཡང་མེད་དོ། །རབ་འབྱོར་དེ་ལ་ནི་བྱང་ཆུབ་སེམས་དཔའ་སེམས་དཔའ་ཆེན་པོ་ཤེས་རབ་ཀྱི་ཕ་རོལ་ཏུ་ཕྱིན་པ་དང་མ་བྲལ་བ་རྒྱུན་མི་འཆད་པར་རྟག་ཏུ་རྣམ་པར་སྤྱོད་དེ། ཆོས་གང་ལ་ཡང་འཕེལ་བའམ་ཡོངས་སུ་འགྲིབ་པར་ཡང་དག་པར་རྗེས་སུ་མི་མཐོང་ངོ་། །རབ་འབྱོར་དེ་ལྟར་ན་བརྗོད་དུ་མེད་པའི་དོན་ནི་འཕེལ་བ་མེད་ཅིང་ཡོངས་སུ་འགྲིབ་པ་མེད་པ་སྟེ། རབ་འབྱོར་དེ་ལྟར་ན་སྦྱིན་པའི་ཕ་རོལ་ཏུ་ཕྱིན་པ་ལ་འཕེལ་བ་ཡང་མེད་དོ། །ཡོངས་སུ་འགྲིབ་པ་ཡང་མེད་དོ། །ཚུལ་ཁྲིམས་ཀྱི་ཕ་རོལ་ཏུ་ཕྱིན་པ་ལ་འཕེལ་བ་ཡང་མེད་དོ། །ཡོངས་སུ་འགྲིབ་པ་ཡང་མེད་དོ། །བཟོད་པའི་ཕ་རོལ་ཏུ་ཕྱིན་པ་ལ་འཕེལ་བ་ཡང་མེད་དོ། །ཡོངས་སུ་འགྲིབ་པ་ཡང་མེད་དོ། །བརྩོན་འགྲུས་ཀྱི་ཕ་རོལ་ཏུ་ཕྱིན་པ་ལ་འཕེལ་བ་ཡང་མེད་དོ། །ཡོངས་སུ་འགྲིབ་པ་ཡང་མེད་དོ། །བསམ་གཏན་གྱི་ཕ་རོལ་ཏུ་ཕྱིན་པ་ལ་འཕེལ་བ་ཡང་མེད་དོ། །ཡོངས་སུ་འགྲིབ་པ་ཡང་མེད་དོ། །ཤེས་རབ་ཀྱི་ཕ་རོལ་ཏུ་ཕྱིན་པ་ལ་འཕེལ་བ་ཡང་མེད་དོ། །ཡོངས་སུ་འགྲིབ་པ་ཡང་མེད་དོ། །ནང་སྟོང་པ་ཉིད་ལ་འཕེལ་བ་ཡང་མེད་དོ། །ཡོངས་སུ་འགྲིབ་པ་ཡང་མེད་དོ། །ཕྱི་སྟོང་པ་ཉིད་ལ་འཕེལ་བ་ཡང་མེད་དོ་ཡོངས་སུ་འགྲིབ་པ་ཡང་མེད་དོ། །ཕྱི་ནང་སྟོང་པ་ཉིད་ལ་འཕེལ་བ་ཡང་མེད་དོ་ཡོངས་སུ་འགྲིབ་པ་ཡང་མེད་དོ། །སྟོང་པ་ཉིད་སྟོང་པ་ཉིད་ལ་འཕེལ་བ་ཡང་མེད་དོ་ཡོངས་སུ་འགྲིབ་པ་ཡང་མེད་དོ། །ཆེན་པོ་སྟོང་པ་ཉིད་ལ་འཕེལ་བ་ཡང་མེད་དོ། །ཡོངས་སུ་འགྲིབ་པ་ཡང་མེད་དོ། །དོན་དམ་པ་སྟོང་པ་ཉིད་ལ་འཕེལ་བ་ཡང་མེད་དོ། །ཡོངས་སུ་འགྲིབ་པ་ཡང་མེད་དོ། །འདུས་བྱས་སྟོང་པ་ཉིད་ལ་འཕེལ་བ་ཡང་མེད་དོ། །ཡོངས་སུ་འགྲིབ་པ་ཡང་མེད་དོ། །འདུས་མ་བྱས་སྟོང་པ་ཉིད་ལ་འཕེལ་བ་ཡང་མེད་དོ། །ཡོངས་སུ་འགྲིབ་པ་ཡང་

མྱེད་དོ། །མཐའ་ལས་འདས་པ་སྟོང་པ་ཉིད་ལ་འཕེལ་བ་ཡང་མྱེད་དོ། །ཡོངས་སུ་འགྲིབ་པ་ཡང་མྱེད་དོ། །ཐོག་མ་དང་ཐ་མ་མྱེད་པ་སྟོང་པ་ཉིད་ལ་འཕེལ་བ་ཡང་མྱེད་དོ། །ཡོངས་སུ་འགྲིབ་པ་ཡང་མྱེད་དོ། །དོར་བ་མྱེད་པ་སྟོང་པ་ཉིད་ལ་འཕེལ་བ་ཡང་མྱེད་དོ། །ཡོངས་སུ་འགྲིབ་པ་ཡང་མྱེད་དོ། །རང་བཞིན་སྟོང་པ་ཉིད་ལ་འཕེལ་བ་ཡང་མྱེད་དོ། །ཡོངས་སུ་འགྲིབ་པ་ཡང་མྱེད་དོ། །ཆོས་ཐམས་ཅད་སྟོང་པ་ཉིད་ལ་འཕེལ་བ་ཡང་མྱེད་དོ། །ཡོངས་སུ་འགྲིབ་པ་ཡང་མྱེད་དོ། །རང་གི་མཚན་ཉིད་སྟོང་པ་ཉིད་ལ་འཕེལ་བ་ཡང་མྱེད་དོ། །ཡོངས་སུ་འགྲིབ་པ་ཡང་མྱེད་དོ། །མྱི་དམྱིགས་པ་སྟོང་པ་ཉིད་ལ་འཕེལ་བ་ཡང་མྱེད་དོ། །ཡོངས་སུ་འགྲིབ་པ་ཡང་མྱེད་དོ། །དངོས་པོ་མྱེད་པ་སྟོང་པ་ཉིད་ལ་འཕེལ་བ་ཡང་མྱེད་དོ། །ཡོངས་སུ་འགྲིབ་པ་ཡང་མྱེད་དོ། །ངོ་བོ་ཉིད་སྟོང་པ་ཉིད་ལ་འཕེལ་བ་ཡང་མྱེད་དོ། །ཡོངས་སུ་འགྲིབ་པ་ཡང་མྱེད་དོ། །དངོས་པོ་མྱེད་པའི་ངོ་བོ་ཉིད་སྟོང་པ་ཉིད་ལ་འཕེལ་བ་ཡང་མྱེད་དོ། །ཡོངས་སུ་འགྲིབ་པ་ཡང་མྱེད་དོ། །དྲན་པ་ཉེ་བར་གཞག་པ་རྣམས་ལ་འཕེལ་བ་ཡང་མྱེད་དོ། །ཡོངས་སུ་འགྲིབ་པ་ཡང་མྱེད་དོ། །ཡང་དག་པར་སྤོང་བ་རྣམས་ལ་འཕེལ་བ་ཡང་མྱེད་དོ། །ཡོངས་སུ་འགྲིབ་པ་ཡང་མྱེད་དོ། །རྫུ་འཕྲུལ་གྱི་རྐང་པ་རྣམས་ལ་འཕེལ་བ་ཡང་མྱེད་དོ། །ཡོངས་སུ་འགྲིབ་པ་ཡང་མྱེད་དོ། །དབང་པོ་རྣམས་ལ་འཕེལ་བ་ཡང་མྱེད་དོ། །ཡོངས་སུ་འགྲིབ་པ་ཡང་མྱེད་དོ། །སྟོབས་རྣམས་ལ་འཕེལ་བ་ཡང་མྱེད་དོ། །ཡོངས་སུ་འགྲིབ་པ་ཡང་མྱེད་དོ། །བྱང་ཆུབ་ཀྱི་ཡན་ལག་རྣམས་ལ་འཕེལ་བ་ཡང་མྱེད་དོ། །ཡོངས་སུ་འགྲིབ་པ་ཡང་མྱེད་དོ། །འཕགས་པའི་ལམ་ཡན་ལག་བརྒྱད་པ་ལ་འཕེལ་བ་ཡང་མྱེད་དོ། །ཡོངས་སུ་འགྲིབ་པ་ཡང་མྱེད་དོ། །འཕགས་པའི་བདེན་པ་རྣམས་ལ་འཕེལ་བ་ཡང་མྱེད་དོ།།

ཡོངས་སུ་འགྲིབ་པ་ཡང་མྱེད་དོ། །བསམ་གཏན་རྣམས་ལ་འཕེལ་བ་ཡང་མྱེད་དོ། །ཡོངས་སུ་འགྲིབ་པ་ཡང་མྱེད་དོ། །ཚད་མྱེད་པ་རྣམས་ལ་འཕེལ་བ་ཡང་མྱེད་དོ། །ཡོངས་སུ་འགྲིབ་པ་ཡང་མྱེད་དོ། །གཟུགས་མྱེད་པའི་སྙོམས་པར་འཇུག་པ་རྣམས་ལ་འཕེལ་བ་ཡང་མྱེད་དོ། །ཡོངས་སུ་འགྲིབ་པ་ཡང་མྱེད་དོ། །རྣམ་པར་ཐར་པ་རྣམས་ལ་འཕེལ་བ་ཡང་མྱེད་དོ། །ཡོངས་སུ་འགྲིབ་པ་ཡང་མྱེད་དོ། །མཐར་གྱིས་གནས་པའི་སྙོམས་པར་འཇུག་པ་རྣམས་ལ་འཕེལ་བ་ཡང་མྱེད་དོ། །ཡོངས་སུ་འགྲིབ་པ་ཡང་མྱེད་དོ། །རྣམ་པར་ཐར་པའི་སྒོ་སྟོང་པ་ཉིད་དང་། མཚན་མ་མྱེད་པ་དང་། སྨོན་པ་མྱེད་པ་ལ་འཕེལ་བ་ཡང་མྱེད་དོ། །ཡོངས་སུ་འགྲིབ་པ་ཡང་མྱེད་དོ། །མངོན་པར་ཤེས་པ་རྣམས་ལ་འཕེལ་བ་ཡང་མྱེད་དོ། །ཡོངས་སུ་འགྲིབ་པ་ཡང་མྱེད་དོ། །ཏིང་ངེ་འཛིན་རྣམས་ལ་འཕེལ་བ་ཡང་མྱེད་དོ། །ཡོངས་སུ་འགྲིབ་པ་ཡང་མྱེད་དོ། །གཟུངས་ཀྱི་སྒོ་[7]རྣམས་ལ་འཕེལ་བ་ཡང་མྱེད་དོ། །ཡོངས་སུ་འགྲིབ་པ་ཡང་མྱེད་དོ། །དེ་བཞིན་གཤེགས་པའི་སྟོབས་རྣམས་ལ་འཕེལ་བ་ཡང་མེད་དོ། །ཡོངས་སུ་འགྲིབ་པ་ཡང་མྱེད་དོ། །མི་འཇིགས་པ་རྣམས་ལ་འཕེལ་བ་ཡང་མྱེད་དོ། །ཡོངས་སུ་འགྲིབ་པ་ཡང་མྱེད་དོ། །སོ་སོ····ཡང་དག་པར་རིག་པ་རྣམས་ལ་འཕེལ་བ་ཡང་མྱེད་དོ། །ཡོངས་སུ་འགྲིབ་པ་ཡང་མྱེད་དོ། །བྱམས་པ་ཆེན་པོ་ལ་འཕེལ་བ་ཡང་མྱེད་དོ། །ཡོངས་སུ་འགྲིབ་པ····ཡང་མྱེད་དོ། །སྙིང་རྗེ་ཆེན་པོ་ལ་འཕེལ་བ་ཡང་མྱེད་དོ། །ཡོངས་སུ་འགྲིབ་པ་ཡང་མྱེད་དོ། །སངས་རྒྱས་ཀྱི་ཆོས་མ་འདྲེས་པ་རྣམས་ལ་འཕེལ་བ་ཡང་མྱེད་དོ། །ཡོངས་སུ་འགྲིབ་པ་ཡང་མྱེད་དོ། །རབ་འབྱོར་དེ་ལྟར་བྱང་ཆུབ་སེམས་དཔའ····སེམས་དཔའ་ཆེན་པོས་འཕེལ་བ་མྱེད་པ་དང་། ཡོངས་སུ་འགྲིབ་པ་མྱེད་པའི་ཚུལ་གྱིས་ཤེས་རབ་ཀྱི་ཕ་རོལ་ཏུ་ཕྱིན་པ་ལ་སྤྱོད[1]པར་བྱའོ། །གསོལ་པ།

བཅོམ་ལྡན་འདས་ཅི་ལགས། སེམས་དང་པོ་བསྐྱེད་པས་བྱང་ཆུབ་སེམས་དཔའ་
སེམས་དཔའ་ཆེན་པོ་བླ་ན་མེད་པ་ཡང་དག་པར་རྫོགས་པའི་བྱང་ཆུབ་ཏུ་མངོན་
པར་རྫོགས་པར་①འཚང་རྒྱའམ། འོན་ཏམ་②སེམས་སྣད་མ་བསྐྱེད་པས།
བྱང་ཆུབ་སེམས་དཔའ་སེམས་དཔའ་ཆེན་པོ་བླ་ན་མེད་པ་ཡང་དག་པར་རྫོགས་
པའི་བྱང་ཆུབ་ཏུ་མངོན་པར་རྫོགས་པར་③འཚང་རྒྱ། བཅོམ་ལྡན་འདས་གལ་ཏེ་
སེམས་དང་པོ་བསྐྱེད་པས། བྱང་ཆུབ་སེམས་དཔའ་སེམས་དཔའ་ཆེན་པོ་བླ་ན་
མེད་པ་ཡང་དག་པར་རྫོགས་པའི་བྱང་ཆུབ་ཏུ་མངོན་པར་རྫོགས་པར་འཚང་རྒྱ་ན་
ནི། སེམས་དང་པོ་བསྐྱེད་པ་ཡང་སེམས་སྣད་མ་བསྐྱེད་པ་དང་མི་འགྲོགས།
སེམས་སྣད་མ་བསྐྱེད་པ་ཡང་སེམས་དང་པོ་བསྐྱེད་པ་དང་མི་འགྲོགས་ཏེ། བཅོམ་
ལྡན་འདས་དེ་ལྟར་སེམས་དང་སེམས་ལས་བྱུང་བའི་ཆོས་རྣམས་མི་འགྲོགས་
ན། ཇི་ལྟར་དགེ་བའི་རྩ་བ་རྣམས་ཚོགས་སུ་འགྱུར། དགེ་བའི་རྩ་བ་མ་
བསྔགས་④པར་ནི་བླ་ན་མེད་པ་ཡང་དག་པར་རྫོགས་པའི་བྱང་ཆུབ་ཏུ་མངོན་པར་
རྫོགས་པར་འཚང་རྒྱ་བར་མི་ནུས་སོ། །བཅོམ་ལྡན་འདས་ཀྱིས་བཀའ་སྩལ་པ།
རབ་འབྱོར་ཁྱོད་ཀྱིས་དོན་དེ་ཉིད་ཤེས་པར་བྱ་བའི་ཕྱིར་དཔེ་བསྟན་ཏེ། འདི་
ལ་སྐྱེས་བུ་མཁས་པ་ལ་ལ་བཤད་པའི་དོན་དཔེས་ཡོངས་སུ་ཤེས་པར་འགྱུར་རོ། །
རབ་འབྱོར་དེ་ཇི་སྙམ་དུ་སེམས། འབྲུ་མར་གྱི་མར་མེ་འབར་བས་སྙིང་པོ་ཚིག་
པར་འགྱུར་བ⑤། མེ་ལྕེ་དང་པོ་དང་⑥ཕྲད་པས་སྙིང་པོ་དེ་ཚིག་གམ། དེ་སྟེ་མེ་
ལྕེ་ཕྱི་མ་དང་ཕྲད་པས་སྙིང་པོ་དེ་ཚིག⑦ །གསོལ་པ། བཅོམ་ལྡན་འདས་མེ་ལྕེ་
དང་པོ་དང་མཇལ་བས་ཀྱང་སྙིང་པོ་དེ་ཚིག་པ་མ་ལགས། མེ་ལྕེ་དང་པོ་ལ་མ་
བརྟེན་པར་ཡང་སྙིང་པོ་དེ་ཚིག་⑧པ་མ་ལགས། བཅོམ་ལྡན་འདས་མེ་ལྕེ་སྣད་མ་
དང་མཇལ་⑨བས་ཀྱང་སྙིང་པོ་དེ་ཚིག་པ་མ་ལགས། མེ་ལྕེ་སྣད་མ་ལ་མ་བརྟེན་

པར་ཡང་སྙིང་པོ་དེ་ཚིག་པ་མ་ལགས་སོ། །བཅོམ་ལྡན་འདས་ཀྱིས་བཀའ་སྩལ་པ། རབ་འབྱོར་དེ་ཇི་སྙམ་དུ་སེམས། འོན་ཀྱང་སྙིང་པོ་དེ་ཚིག་[༡]མོད། གསོལ་པ། བཅོམ་ལྡན་འདས་དེ་ནི་ཚིག་[༢]གོ། །བདེ་བར་གཤེགས་པ་དེ་ནི་ཚིག་[༣]གོ། །བཅོམ་ལྡན་འདས་ཀྱིས་བཀའ་སྩལ་པ། རབ་འབྱོར་དེ་དེ་བཞིན་ཏེ། སེམས་དང་པོ་བསྐྱེད་པས་ཀྱང་བྱང་ཆུབ་སེམས་དཔའ་སེམས་དཔའ་ཆེན་པོ་བླ་ན་མེད་པ་ཡང་དག་པར་རྫོགས་པའི་བྱང་ཆུབ་ཏུ་མངོན་པར་རྫོགས་པར་འཚང་མི་རྒྱ། སེམས་དང་པོ་བསྐྱེད་པ་ལ་མ་བརྟེན་པར་ཡང་བྱང་ཆུབ་སེམས་དཔའ་སེམས་དཔའ་ཆེན་པོ་བླ་ན་མེད་པ་ཡང་དག་པར་རྫོགས་པའི་བྱང་ཆུབ་ཏུ་མངོན་པར་རྫོགས་པར་འཚང་མི་རྒྱ། སེམས་ཕྱི་མ་བསྐྱེད་པས་ཀྱང་བྱང་ཆུབ་སེམས་དཔའ་སེམས་དཔའ་ཆེན་པོ་བླ་ན་མེད་པ་ཡང་དག་པར་རྫོགས་པའི་བྱང་ཆུབ་ཏུ་མངོན་པར་རྫོགས་པར་འཚང་མི་རྒྱ། སེམས་ཕྱི་མ་བསྐྱེད་པ་ལ་མ་བརྟེན་པར་ཡང་བྱང་ཆུབ་སེམས་དཔའ་སེམས་དཔའ་ཆེན་པོ་བླ་ན་མེད་པ་ཡང་དག་པར་རྫོགས་པའི་བྱང་ཆུབ་ཏུ་མངོན་པར་རྫོགས་པར་འཚང་མི་རྒྱ་སྟེ། བྱང་ཆུབ་སེམས་དཔའ་སེམས་དཔའ་ཆེན་པོ་བླ་ན་མེད་པ་ཡང་དག་པར་རྫོགས་པའི་བྱང་ཆུབ་ཏུ་མངོན་པར་རྫོགས་པར་འཚང་མི་རྒྱ་བ་ཡང་མ་ཡིན་ནོ། །རབ་འབྱོར་འདི་ལ་བྱང་ཆུབ་སེམས་དཔའ་སེམས་དཔའ་ཆེན་པོ་ཤེས་རབ་ཀྱི་ཕ་རོལ་ཏུ་ཕྱིན་པ་ལ་སྤྱོད་པའི་ཚེ། སེམས་དང་པོ་བསྐྱེད་པ་ནས་ཉེ་བར་བཟུང་སྟེ། ས་བཅུ་ཡོངས་སུ་རྫོགས་པར་བྱས་ནས། བླ་ན་མེད་པ་ཡང་དག་པར་རྫོགས་པའི་བྱང་ཆུབ་ཏུ། མངོན་པར་རྫོགས་པར་འཚང་རྒྱའོ། །གསོལ་པ། བཅོམ་ལྡན་འདས་ས་བཅུ་པོ་གང་དང་གང་ཡོངས་སུ་རྫོགས་པར་བགྱིས་ནས། བྱང་ཆུབ་སེམས་དཔའ་སེམས་དཔའ་ཆེན་པོ་བླ་ན་མེད་པ་ཡང་དག་པར་རྫོགས་པའི་བྱང་ཆུབ་ཏུ་མངོན་པར་རྫོགས་པར་

འཚང་རྒྱ་བ་ལགས། བཅོམ་ལྡན་འདས་ཀྱིས་བཀའ་སྩལ་པ། རབ་འབྱོར་དཀར་པོ་རྣམ་པར་མཐོང་བའི་ས་ཡོངས་སུ་རྫོགས་པར་བྱས་ནས་བྱང་ཆུབ་སེམས་དཔའ་སེམས་དཔའ་ཆེན་པོ། བླ་ན་མེད་པ་ཡང་དག་པར་རྫོགས་པའི་བྱང་ཆུབ་ཏུ་མངོན་པར་རྫོགས་པར་འཚང་རྒྱའོ། །རིགས་ཀྱི་ས་ཡོངས་སུ་རྫོགས་པར་བྱས་ནས། བྱང་ཆུབ་སེམས་དཔའ་སེམས་དཔའ་ཆེན་པོ་བླ་ན་མེད་པ་ཡང་དག་པར་རྫོགས་པའི་བྱང་ཆུབ་ཏུ་མངོན་པར་རྫོགས་པར་འཚང་རྒྱའོ། །བརྒྱད་པའི་ས་ཡོངས་སུ་རྫོགས་པར་བྱས་ནས། བྱང་ཆུབ་སེམས་དཔའ་སེམས་དཔའ་ཆེན་པོ་བླ་ན་མེད་པ་ཡང་དག་པར་རྫོགས་པའི་བྱང་ཆུབ་ཏུ་མངོན་པར་རྫོགས་པར་འཚང་རྒྱའོ། །མཐོང་བའི་ས་(༧)ཡོངས་སུ་རྫོགས་པར་བྱས་ནས། བྱང་ཆུབ་སེམས་དཔའ་སེམས་དཔའ་ཆེན་པོ་བླ་ན་མེད་པ་ཡང་དག་པར་རྫོགས་པའི་བྱང་ཆུབ་ཏུ་མངོན༔པར་རྫོགས་(༢)པར་འཚང་རྒྱའོ། །བསྒྲུབས་པའི་ས་ཡོངས་སུ་རྫོགས་པར་བྱས་ནས། བྱང་ཆུབ་སེམས་དཔའ་སེམས་དཔའ་ཆེན་པོ་བླ་ན་མེད་པ་ཡང་དག་པར་རྫོགས་པའི་བྱང་ཆུབ་ཏུ་མངོན་པར་རྫོགས་པར་འཚང་རྒྱའོ། །འདོད་ཆགས་དང་བྲལ་བའི་ས་ཡོངས་སུ་རྫོགས་པར་བྱས་ནས། བྱང་ཆུབ་སེམས་དཔའ་སེམས་དཔའ་ཆེན་པོ་བླ་ན་མེད་པ་(༣)ཡང་དག་པར་རྫོགས་པའི་བྱང་ཆུབ་ཏུ་མངོན་པར་རྫོགས་པར་འཚང་རྒྱའོ། །བྱས་པ་རྟོགས་པའི་ས་ཡོངས་སུ་རྫོགས་པར་བྱས་ནས། བྱང་ཆུབ་སེམས་དཔའ་སེམས་དཔའ་ཆེན་པོ་བླ་ན་མེད་པ་ཡང་དག་པར་རྫོགས་པའི་བྱང་ཆུབ་ཏུ་མངོན་པར་རྫོགས་པར་འཚང་རྒྱའོ། །(༤)རང་སངས་རྒྱས་ཀྱི་ས་ཡོངས་སུ་རྫོགས་པར་བྱས་ནས། བྱང་ཆུབ་སེམས་དཔའ་སེམས་དཔའ་ཆེན་པོ་བླ་ན་མེད་པ་ཡང་དག་པར་རྫོགས་པའི་བྱང་ཆུབ་ཏུ་མངོན་པར་རྫོགས་པར་འཚང་རྒྱའོ། །བྱང་ཆུབ་སེམས་དཔའི་ས་ཡོངས་སུ་རྫོགས་པར་བྱས་ནས། བྱང་ཆུབ་

སེམས་དཔའ་སེམས་དཔའ་ཆེན་པོ་བླ་ན་མེད་པ་ཡང་དག་པར་རྫོགས་པའི་བྱང་ཆུབ་ཏུ་མངོན་པར་རྫོགས་པར་འཚང་རྒྱའོ། །སངས་རྒྱས་ཀྱི་ས་ཡོངས་སུ་རྫོགས་པར་བྱས་ནས། བྱང་ཆུབ་སེམས་དཔའ་སེམས་དཔའ་ཆེན་པོ་བླ་ན་མེད་པ་ཡང་དག་པར་རྫོགས་པའི་བྱང་ཆུབ་ཏུ་མངོན་པར་རྫོགས་པར་འཚང་རྒྱའོ། །དེ་ལ་བྱང་ཆུབ་སེམས་དཔའ་སེམས་དཔའ་ཆེན་པོ་ས་བཅུ་ལ་སློབ་པ་ནི། སེམས་དང་པོ་བསྐྱེད་པས་ཀྱང་བླ་ན་མེད་པ་ཡང་དག་པར་རྫོགས་པའི་བྱང་ཆུབ་ཏུ་མངོན་པར་རྫོགས་པར་འཚང་རྒྱ་བ་མ་ཡིན། སེམས་དང་པོ་བསྐྱེད་པ་ལ་མ་བརྟེན་(༡)པར་ཡང་བླ་ན་མེད་པ་ཡང་དག་པར་རྫོགས་པའི་བྱང་ཆུབ་ཏུ་མངོན་པར་(༢)རྫོགས་པར་འཚང་རྒྱ་བ་མ་ཡིན། སེམས་ཕྱི་མ་བསྐྱེད་པས་ཀྱང་བླ་ན་མེད་པ་ཡང་དག་པར་རྫོགས་པའི་བྱང་ཆུབ་ཏུ་མངོན་པར་རྫོགས་པར་འཚང་རྒྱ་བ་མ་ཡིན། སེམས་ཕྱི་མ་བསྐྱེད་པ་ལ་མ་བརྟེན་པར་ཡང་བླ་ན་མེད་པ་ཡང་དག་པར་རྫོགས་པའི་བྱང་ཆུབ་ཏུ་མངོན་པར་(༣)རྫོགས་པར་འཚང་རྒྱ་བ་མ་ཡིན་མོད་ཀྱི། བླ་ན་མེད་པ་ཡང་དག་པར་རྫོགས་པའི་བྱང་ཆུབ་ཏུ་མངོན་པར་རྫོགས་པར་འཚང་ཡང་རྒྱའོ། །གསོལ་པ། བཅོམ་ལྡན་འདས་དེ་ལྟར་སེམས་དང་པོ་བསྐྱེད་པས་ཀྱང་། བྱང་ཆུབ་སེམས་དཔའ་སེམས་དཔའ་ཆེན་པོ་བླ་ན་མེད་པ་ཡང་དག་པར་རྫོགས་པའི་བྱང་ཆུབ་ཏུ་མངོན་པར་རྫོགས་པར་འཚང་རྒྱ་བ་མ་ལགས་ལ། སེམས་དང་པོ་བསྐྱེད་པ་ལ་མ་བརྟེན་པར་ཡང་(༤)བྱང་ཆུབ་སེམས་དཔའ་སེམས་དཔའ་ཆེན་པོ་བླ་ན་མེད་པ་ཡང་དག་པར་རྫོགས་པའི་བྱང་ཆུབ་ཏུ་མངོན་པར་རྫོགས་པར་འཚང་རྒྱ་བ་མ་ལགས་པ་དང་། སེམས་སླད་མ་བསྐྱེད་པས་ཀྱང་བྱང་ཆུབ་སེམས་དཔའ་སེམས་དཔའ་ཆེན་པོ་བླ་ན་མེད་པ་ཡང་དག་པར་རྫོགས་པའི་བྱང་ཆུབ་ཏུ་མངོན་པར་རྫོགས་པར་འཚང་རྒྱ་བ་མ་ལགས་ལ། སེམས་སླད་མ་བསྐྱེད་པ་ལ་མ་(༥)

བརྙེན་པར་ཡང་བྱང་ཆུབ་སེམས་དཔའ་སེམས་དཔའ་ཆེན་པོ་བླ་ན་མེད་པ་ཡང་དག་པར་རྫོགས་པའི་བྱང་ཆུབ་ཏུ་མངོན་པར་རྫོགས་པར་འཚང་[༡]རྒྱ་བ་མ་ལགས་ཤིང་། བཅོམ་ལྡན་འདས་བྱང་ཆུབ་སེམས་དཔའ་སེམས་དཔའ་ཆེན་པོ་བླ་ན་མེད་པ་ཡང་དག་པར་རྫོགས་པའི་བྱང་ཆུབ་ཏུ་ཡང་[༢]མངོན་པར་རྫོགས་པར་འཚང་རྒྱ་བ་དེ་ནི་རྟེན་ཅིང་འབྲེལ་པར་འབྱུང་བ་ཟབ་པོ། །བཅོམ་ལྡན་འདས་ཀྱིས་བཀའ་སྩལ་པ། རབ་འབྱོར་དེ་ཇི་སྙམ་དུ་སེམས། སེམས་གང་འགགས་པ་དེ་ཕྱིར་སྐྱེ་བར་འགྱུར་རམ། གསོལ་པ། བཅོམ་ལྡན་འདས་དེ་ནི་མ་ལགས་སོ། །བཅོམ་[༣]ལྡན་འདས་ཀྱིས་བཀའ་སྩལ་པ། རབ་འབྱོར་དེ་ཇི་སྙམ་དུ་སེམས། སེམས་གང་སྐྱེས་པ་དེ་འགག་པའི་ཆོས་ཅན་ཡིན་ནམ། གསོལ་པ། བཅོམ་ལྡན་འདས་དེ་ནི་འགག་པའི་ཆོས་ཅན་ནོ། །བདེ་བར་གཤེགས་པ་དེ་ནི་འགག་པའི་ཆོས་ཅན་ནོ། །བཅོམ་ལྡན་འདས་ཀྱིས་བཀའ་སྩལ་པ། རབ་འབྱོར་དེ་ཇི་སྙམ་དུ་སེམས། གང་འགག་པའི་ཆོས་ཅན་དེ་འགག་པར་འགྱུར་རམ། གསོལ་པ། བཅོམ་ལྡན་འདས་དེ་ནི་མ་ལགས་སོ། །༔བཅོམ་ལྡན་འདས་ཀྱིས་བཀའ་སྩལ་པ། རབ་འབྱོར་དེ་ཇི་སྙམ་དུ་སེམས། མ་སྐྱེས་པ་གང་ཡིན་པ་དེ་འགག་པའི་ཆོས་ཅན་ཡིན་ནམ། གསོལ་པ། བཅོམ་ལྡན་འདས་དེ་ནི་མ་ལགས་སོ། །བཅོམ་ལྡན་འདས་ཀྱིས་བཀའ་སྩལ་པ། རབ་འབྱོར་དེ་ཇི་སྙམ་དུ་སེམས། འགག་པའི་ཆོས་ཅན་གང་ཡིན་པ་དེ་སྐྱེ་བར་འགྱུར་རམ། གསོལ་པ་བཅོམ་ལྡན་འདས་དེ་ནི་མི་འགྱུར་རོ། །བཅོམ་ལྡན་འདས་ཀྱིས་བཀའ་སྩལ་པ། རབ་འབྱོར་དེ་ཇི་སྙམ་དུ་སེམས། སེམས་འགག་པའི་ཆོས་ཅན་གང་ཡིན་པ་དེ་འགག་པར་འགྱུར་རམ། གསོལ་པ། བཅོམ་ལྡན་འདས་དེ་ནི་མི་འགྱུར་རོ། །བཅོམ་ལྡན་འདས་ཀྱིས་བཀའ་སྩལ་པ། རབ་འབྱོར་དེ་ཇི་སྙམ་དུ་སེམས།

ཆོས་རང་བཞིན་གྱིས་ངོ་བོ་ཉིད་མེད་ཅིང་། འགག་པ་ཉིད་གང་ཡིན་པ་དེ་འགག་པར་འགྱུར་རམ། གསོལ་པ། བཅོམ་ལྡན་འདས་དེ་ནི་མི་འགྱུར་རོ། །[༡] བཅོམ་ལྡན་འདས་ཀྱིས་བཀའ་སྩལ་པ། དེ་བཞིན་ཉིད་ཇི་ལྟ་བ་དེ་བཞིན་དུ་གནས་པར་འགྱུར་རམ། གསོལ་པ། བཅོམ་ལྡན་འདས་དེ་བཞིན་ཉིད་ཇི་ལྟ་བ་དེ་བཞིན་དུ་གནས་པར་འགྱུར་རོ། །བཅོམ་ལྡན་འདས་ཀྱིས་བཀའ་སྩལ་པ། རབ་འབྱོར་གལ་ཏེ་དེ་བཞིན་ཉིད་ཇི་ལྟ་བ་དེ་བཞིན་དུ་གནས་པར་འགྱུར་ན། རྟག་པར་མི་འགྱུར་རམ། གསོལ་པ། བཅོམ་ལྡན་འདས་དེ་ནི་མ་ལགས་སོ། །བཅོམ་ལྡན་འདས་ཀྱིས་བཀའ་སྩལ་པ། རབ་འབྱོར་དེ་ཇི་སྙམ་དུ་སེམས། དེ་བཞིན་ཉིད་ཟབ་བམ[༢]། གསོལ་པ། བཅོམ་ལྡན་འདས་ཟབ་བོ། །བཅོམ་ལྡན་འདས་ཀྱིས་བཀའ་སྩལ་པ། རབ་འབྱོར་དེ་ཇི་སྙམ་དུ་སེམས། སེམས་དེ་ཡང་དེ་བཞིན་ཉིད་དམ[༣]། གསོལ་པ། བཅོམ་ལྡན་འདས་དེ་ནི་མ་ལགས་སོ། །བཅོམ་ལྡན་འདས་ཀྱིས་བཀའ་སྩལ་པ། དེ་བཞིན་ཉིད་ལས་སེམས་དེ་གུད་ན་ཡོད་དམ། གསོལ་པ། བཅོམ་ལྡན་འདས་དེ་ནི་མ་ལགས་སོ། །བཅོམ་ལྡན་འདས་ཀྱིས་བཀའ་སྩལ་པ། སེམས་དེ[༤]ལ་དེ་བཞིན་ཉིད་ཡོད་དམ། གསོལ་པ། བཅོམ་ལྡན་འདས་དེ་ནི་མ་ལགས་སོ། །བཅོམ་ལྡན་འདས་ཀྱིས་བཀའ་སྩལ་པ། དེ་བཞིན་ཉིད་ལ་སེམས་ཡོད་དམ། གསོལ་པ། བཅོམ་ལྡན་འདས་དེ་ནི་མ་ལགས་སོ། །བཅོམ་ལྡན་འདས་ཀྱིས་བཀའ་སྩལ་པ། དེ་བཞིན་ཉིད་ཀྱིས་དེ་བཞིན[༥]ཉིད་ཡང་དག་པར་རྗེས་སུ་མཐོང་ངམ། གསོལ་པ་བཅོམ་ལྡན་འདས་དེ་ནི་མ་ལགས་སོ། །བཅོམ་ལྡན་འདས་ཀྱིས་བཀའ་སྩལ་པ། རབ་འབྱོར་དེ་ཇི་སྙམ་དུ་སེམས། གང་དེ་ལྟར་སྤྱོད་པ་དེ་ཤེས་རབ་ཀྱི་ཕ་རོལ་ཏུ་ཕྱིན་པ་ལ་སྤྱོད་པ་ཡིན་ནམ། གསོལ་པ། བཅོམ་ལྡན་འདས་གང་དེ་ལྟར་སྤྱོད་པ་དེ་ནི་ཤེས་རབ་

ཀྱི་ཕ་རོལ་ཏུ་ཕྱིན་པ་ལ་སྤྱོད་པའོ། །བཅོམ་ལྡན་འདས་ཀྱིས་བཀའ་སྩལ་པ། རབ་འབྱོར་དེ་ཇི་སྙམ་དུ་སེམས། གང་དེ་ལྟར་སྤྱོད་པ་དེ་གང་ལ་སྤྱོད་པ་ཡིན། གསོལ་པ། བཅོམ་ལྡན་འདས་གང་དེ་ལྟར་སྤྱོད་པ་དེ་ནི་ཅི་ལ་ཡང་མི་སྤྱོད་དོ། །དེ་ཅིའི་སྐད་དུ་ཞེ་ན། བཅོམ་ལྡན་འདས་དེ་ནི་འདི་ལྟར་བྱང་ཆུབ་སེམས་དཔའ་སེམས་དཔའ་ཆེན་པོ་ཤེས་རབ་ཀྱི་ཕ་རོལ་ཏུ་ཕྱིན་པ་ལ་སྤྱོད་ཅིང་། དེ་བཞིན་ཉིད་ལ་གནས་པ་ལ་ཡོངས་སུ་རྒྱུ་བ་དེ་དག་མི་འཇུག་མི་འབྱུང་ངོ་། །དེ་ཅིའི་སྐད་དུ་ཞེ་ན། བཅོམ་ལྡན་འདས་དེ་བཞིན་ཉིད་ནི་གང་དུ་ཡང་ཡོངས་སུ་རྒྱུ་བ་མ་མཆིས་ཏེ། དེ་ཉིད་ལ་ཡང་གང་ཡང་རྒྱུ་བ་མ་མཆིས་སོ། །བཅོམ་ལྡན་འདས་ཀྱིས་བཀའ་སྩལ་པ། རབ་འབྱོར་བྱང་ཆུབ་སེམས་དཔའ་སེམས་དཔའ་ཆེན་པོ་གང་ཤེས་རབ་ཀྱི་ཕ་རོལ་ཏུ་ཕྱིན་པ་ལ་སྤྱོད་པ་དེ་གང་ལ་སྤྱོད་པ་ཡིན། གསོལ་པ། དེ་ནི་གང་ལ་གཉིས་ཀྱི་ཡོངས་སུ་རྒྱུ་བ་མ་མཆིས་པའི་དོན་དམ་པ་ལ་སྤྱོད་དོ། །བཅོམ་ལྡན་འདས་ཀྱིས་བཀའ་སྩལ་པ། རབ་འབྱོར་དེ་ཇི་སྙམ་དུ་སེམས་གང་དོན་དམ་པ་ལ་སྤྱོད་པཿདེ་ཡོངས་སུ་རྒྱུ་བ་ལ་སྤྱོད་པ[༧]ཡིན་ནམ། དེ་མཚན་མ་ལ་སྤྱོད་པ་ཡིན་ནམ། གསོལ་པ། བཅོམ་ལྡན་འདས་དེ་ནི་མ་ལགས་སོ། །བཅོམ་ལྡན་འདས་ཀྱིས་བཀའ་སྩལ་པ། རབ་འབྱོར་དེ་ཇི་སྙམ་དུ་སེམས། དེས་མཚན་མར་འདུ་ཤེས་པ་རྣམ་པར་བཤིག་པ་ཡིན་ནམ། གསོལ་པ། བཅོམ་ལྡན་འདས་དེ་ནི་མ་ལགས་སོ། །བཅོམ་ལྡན་འདས་ཀྱིས་བཀའ་སྩལ་པ། རབ་འབྱོར་འོ་ན་ཇི་ལྟར་ན་བྱང་ཆུབ་སེམས་དཔའ་སེམས་དཔའ་ཆེན་པོས་མཚན་མའི་འདུ་ཤེས་རྣམ་པར་བཤིག་པ་ཡིན། གསོལ་པ། བཅོམ་ལྡན་འདས་བྱང་ཆུབ་སེམས་དཔའ་སེམས་དཔའ་ཆེན་པོ་ཤེས་རབ་ཀྱི་ཕ་རོལ་ཏུ་ཕྱིན་པ་ལ་སྤྱོད་པ་དེ་ནི་འདི་ལྟར་མཚན་མ་རྣམ་པར་གཞིག་པར་བྱའོ་ཞེའམ[༣]། མཚན་མ་མྱེད་པ་

རྣམ་པར་གཞིག་པར་བྱའོ་སྙམ་དུ་མི་སྤྱོར་རོ། །བཅོམ་ལྡན་འདས་བྱང་ཆུབ་སེམས་དཔའ་སེམས་དཔའ་ཆེན་པོ་ཤེས་རབ་ཀྱི་ཕ་རོལ་ཏུ་ཕྱིན་པ་འདི་ལ་སྤྱོད་པ་ནི། དེ་བཞིན་གཤེགས་པའི་སྟོབས་བཅུ་དང་། མི་འཇིགས་པ་བཞི་དང་། སོ་སོ་ཡང་དག་པར་རིག་པ་བཞི་དང་། བྱམས་པ་ཆེན་པོ་དང་། སྙིང་རྗེ་ཆེན་པོ་དང་། སངས་རྒྱས་ཀྱི་ཆོས་མ་འདྲེས་པ་བཅོ[1]བརྒྱད་ཡོངས་སུ་རྫོགས་པར་མ་བགྱིས་པར་བླ་ན་མེད་པ་ཡང་དག་པར་རྫོགས་པའི་བྱང་ཆུབ་ཏུ་མངོན་པར་རྫོགས་པར་འཚང་མི་རྒྱ་སྟེ། བཅོམ་ལྡན་འདས་འདི་ནི་བྱང་ཆུབ་སེམས་དཔའ་སེམས་དཔའ་ཆེན་པོའི་ཐབས་མཁས་པ་སྟེ། ཐབས་མཁས་པ་དེས་ཆོས་གང་ཡང་དངོས་པོར་ཡང་[2]མི་བགྱིད། དངོས་པོ་[3]མ་མཆིས་པར་ཡང་མི་བགྱིད་དོ། །དེ་ཅིའི་སླད་དུ་ཞེ་ན། བཅོམ་ལྡན་འདས་དེ་ནི་འདི་ལྟར་བྱང་ཆུབ་སེམས་དཔའ་སེམས་དཔའ་ཆེན་པོ་[4]ཆོས་ཐམས་ཅད་ཀྱི་རང་གི་མཚན་ཉིད་སྟོང་པ་ཉིད་དུ་རིག་པའི་སླད་དུ་སྟེ། རང་གི་མཚན་ཉིད་སྟོང་པ་ཉིད་དེ་ལ་གནས་ནས། སེམས་ཅན་རྣམས་ཀྱི་དོན་དུ་ཧིང་ངེ་འཛིན་གསུམ་ལ་སྙོམས་པར་འཇུག་སྟེ། ཧིང་ངེ་འཛིན་དེ་དག་གིས་སེམས་ཅན་རྣམས་ཡོངས་སུ་སྨིན་པར་བགྱིད་ན། བཅོམ་ལྡན་འདས་ཇི་ལྟར་ན། བྱང་ཆུབ་སེམས་དཔའ་སེམས་དཔའ་ཆེན་པོ་སེམས་ཅན་རྣམས་ཀྱི་དོན་དུ་ཧིང་ངེ་འཛིན་གསུམ་ལ་སྙོམས་པར་འཇུག་ཅིང་། ཧིང་ངེ་འཛིན་དེ་དག་གིས་སེམས་ཅན་རྣམས་ཡོངས་སུ་སྨིན་པར་བགྱིད་པ་ལགས། བཅོམ་ལྡན་འདས་ཀྱིས་བཀའ་སྩལ་པ། རབ་འབྱོར་འདི་ལ་བྱང་ཆུབ་སེམས་དཔའ་སེམས་དཔའ་ཆེན་པོ་ཧིང་ངེ་འཛིན་གསུམ་པོ་ལ་གནས་ཤིང་སེམས་ཅན་གང་རྣམ་པར་རྟོག་པའི་འདུ་ཤེས་ལ་སྤྱོད་པ་དེ་དག་ནི་སྟོང་པ་ཉིད་ལ་རབ་ཏུ་འགོད་[5]དོ། །སེམས་ཅན་གང་མཚན་མ་ལ་སྤྱོད་པ་དེ་དག་ནི་མཚན་མ་མེད་པ་ལ་རབ་ཏུ་འགོད་[6]དོ། །

སེམས་ཅན་གང་སྨོན་པ་[1]ལ་སྤྱོད་པ་དེ་དག་ནི་སྨོན་པ་མེད་པ་ལ་སྤྱོར་རོ། །རབ་འབྱོར་དེ་ལྟར་བྱང་ཆུབ་སེམས་དཔའ་སེམས་དཔའ་ཆེན་པོ་ཤེས་རབ་ཀྱི་ཕ་རོལ་ཏུ་ཕྱིན་པ་ལ་སྤྱོད་ཅིང་། ཏིང་ངེ་འཛིན་གསུམ་ལ་གནས་ཏེ་སེམས་ཅན་རྣམས་ཡོངས་སུ་སྨིན་པར་བྱེད་དོ། །ཤེས་རབ་ཀྱི་ཕ་རོལ་ཏུ་ཕྱིན་པ་སྟོང་ཕྲག་བརྒྱ་པ་ལས༔ ལེའུ་བཞི་བཅུ་གཅིག་གོ[2]།། །།

ཤེས་རབ་ཀྱི་ཕ་རོལ་ཏུ་ཕྱིན་པ་སྟོང་ཕྲག་བརྒྱ་པ། བམ་པོ༔བཅུ་གསུམ་[3]པ། དེ་ནས་ཚེ་དང་ལྡན་པ་ཤ་ར་དྭ་ཏིའི་བུས། ཚེ་དང་ལྡན་པ་རབ་འབྱོར་ལ་འདི་སྐད་ཅེས་སྨྲས་སོ། །ཚེ་དང་ལྡན་པ་རབ་འབྱོར་བྱང་ཆུབ་སེམས་དཔའ་སེམས་དཔའ་ཆེན་པོ་གང་ལ་ལ་རྨི་ལམ་དུ་སྟོང་པ་ཉིད་དང་། མཚན་མ་མེད་པ་དང་། སྨོན་པ་མེད་པའི་ཏིང་ངེ་འཛིན་གསུམ་ལ་སྒོམས་པར་ཞུགས་ནས[4]། ཤེས་རབ་ཀྱི་ཕ་རོལ་ཏུ་ཕྱིན་པས་[5]རྣམ་པར་འཕེལ་ལམ། རབ་འབྱོར་གྱིས་སྨྲས་པ། ཚེ་དང་ལྡན་པ་ཤ་ར་དྭ་ཏིའི་བུ་གལ་ཏེ་ཉིན་པར་བསྒོམས་པས་རྣམ་པར་འཕེལ་ན། རྨི་ལམ་ན་བསྒོམས་པས་ཀྱང་རྣམ་པར་འཕེལ་ལོ། །དེ་ཅིའི་ཕྱིར་ཞེ་ན། ཚེ་དང་ལྡན་པ་ཤ་ར་དྭ་ཏིའི་བུ་རྨི་ལམ་དང་ཉིན་པར་ནི་རྣམ་པར་རྟོག་པ་མེད་པའོ[6]། །ཚེ་དང་ལྡན་པ་ཤ་ར་དྭ་ཏིའི་བུ་གལ་ཏེ་བྱང་ཆུབ་སེམས་དཔའ་སེམས་དཔའ་ཆེན་པོ་ཉིན་པར་[7]༔ཤེས་རབ་ཀྱི་ཕ་རོལ་ཏུ་ཕྱིན་པ་ལ་སྤྱོད་པ་[8]དེའི་ཤེས་རབ་ཀྱི་ཕ་རོལ་ཏུ་ཕྱིན་པ་བསྒོམ་པ་ཡོད་ན་ནི། བྱང་ཆུབ་སེམས་དཔའ་སེམས་དཔའ་ཆེན་པོའི་[9]རྨི་ལམ་ན་ཤེས་རབ་ཀྱི་ཕ་རོལ་ཏུ་ཕྱིན་པ་བསྒོམ་[10]པ་ཡང་ཡོད་པར་འགྱུར་རོ། །སྨྲས་པ་ཚེ་དང་ལྡན་པ་རབ་འབྱོར་བྱང་ཆུབ་སེམས་དཔའ་སེམས་དཔའ་ཆེན་པོས་[11]རྨི་ལམ་དུ་ལས་ཞིག་བྱས་ན། ལས་དེ་ལ་སོགས་[12]པའམ་འབྲི་[13]བར་འགྱུར་བ་

ཡོད་དམ། ༔རབ་འབྱོར་གྱིས་སྨྲས་པ།[1] གལ་ཏེ་བཅོམ་ལྡན་འདས་ཀྱིས་ཆོས····ཐམས་ཅད་རྨི་ལམ་ལྟ་བུར་གསུངས་ན། དེ་ལ་སྩོགས་[2]པའམ་[3]འབྲི་བར་འགྱུར་བ་མེད་དོ། །དེ་ཅིའི་ཕྱིར་ཞེ་ན། རྨི་ལམ་གྱི་ཆོས་གང་ཡང་སྩོགས་[4]པའམ་འབྲི་བ་མི་དམིགས་[5]༔པའི་ཕྱིར་རོ། །ཤ་ར་དྭ་ཏིའི་བུས་སྨྲས་པ། ཚེ་དང་ལྡན་པ་རབ་འབྱོར་[6]གལ་ཏེ་སད་ནས་རྣམ་པར་རྟོག་ན་ནི། ལས་[7]དེ་ལ་སྩོགས་[8]པའམ་འབྲི་བར༔ཡང་འགྱུར་རོ[9]། །རབ་འབྱོར་གྱིས་སྨྲས་པ་ཉིན་པར་སྲོག་བཅད་པ་དང་རྨི་ལམ་ན་སྲོག་བཅད་པ་དེ་ལ་[10]འདི་སྙམ་དུ་དེ་བདག་གིས་བསད་དོ་དེ་བདག་གིས་བསད་པ་ལེགས་སོ་ཞེས༔སད་དེ་[11]རྣམ་པར་རྟོག་ན། ཚེ་དང་ལྡན་པ་ཤ་ར་དྭ་ཏིའི་བུ་ལས་དེ་ལ་ཁྱོད་ཅི་སྐད་[12]ཟེར་སྨྲས་པ་ཚེ་དང་ལྡན་པ་རབ་འབྱོར་དམིགས་པ་མེད་པར་ལས་མི་སྐྱེའོ། །དམིགས་པ་མེད་པ་[13]སེམས་[14]མི་འབྱུང་ངོ་། །རབ་འབྱོར་གྱིས་སྨྲས་པ། ཚེ་དང་ལྡན་པ་ཤ་ར་དྭ་ཏིའི་བུ་དེ་དེ་བཞིན་ཏེ། དམིགས་པ་མེད་པར་ལས་མི་སྐྱེའོ། །[15]དམིགས་པ་མེད་པར་སེམས་པ་མི་འབྱུང་ངོ་། །དམིགས་པ་དང་བཅས་པར་ལས་སྐྱེ་སྟེ། དམིགས་པ་མེད་པར་མ་ཡིན་ནོ།། དམིགས་པ་དང་བཅས་པར་སེམས་པ་འབྱུང་སྟེ། དམིགས་པ་མེད་པར་མ་ཡིན་ནོ། །མཐོང་བ་དང་ཐོས་པ་དང་བསམས་[16]པ་དང་རྣམ་པར་རིག་པའི་ཆོས་རྣམས་ལ་བློ་འཇུག་སྟེ། མ་མཐོང་མ་ཐོས་མ་བསམས། རྣམ་པར་མ་རིག་པའི་ཆོས་རྣམས་[17]ལ་ནི་བློ་མི་འཇུག་གོ་དེ་ལ་བློ་ལ་ལ་ནི་ཀུན་ནས་ཉོན་མོངས་པ་ཡོངས་སུ་འཛིན་ཏོ། །བློ་ལ་ལ་ནི་རྣམ་པར་བྱང་བ་ཡོངས་སུ་འཛིན་ཏོ། །དེ་བས་ན་ཚེ་དང་ལྡན་པ་ཤ་ར་དྭ་ཏིའི་བུ་དམིགས་པ་དང་བཅས་པར་ལས་སྐྱེ་སྟེ། དམིགས་པ་མེད་པར་[18]མ་ཡིན་ནོ། །དམིགས་པ་དང་བཅས་པར་སེམས་པ་འབྱུང་སྟེ། དམིགས་པ་མེད་པར་མ་ཡིན་ནོ། །སྨྲས་པ་ཚེ་དང་ལྡན་པ་རབ་འབྱོར་ལས་ཐམས་ཅད་དང་།

སེམས་པ་ཐམས་ཅད་དབེན་པའོ་ཞེས་བཅོམ་ལྡན་འདས་ཀྱིས་[1] གསུངས་ན། དེ་ཇི་ལྟར་དམིགས་པ་དང་བཅས་པར་ལས་སྐྱེ་སྟེ། དམིགས་པ་མེད་པར་མ་ཡིན[2]། དམིགས་པ་དང་བཅས་པར་སེམས་པ་འབྱུང་སྟེ། དམིགས་པ་མེད་པར་མ་ཡིན[3]། རབ་འབྱོར་གྱིས་སྨྲས་པ། ཚེ་དང་ལྡན་པ་ཤ་ར་དྭ་ཏིའི་བུ་མཚན་མར་བྱས་ནས[4] དམིགས་པ་དང་བཅས་པར་ལས་སྐྱེ་སྟེ། དམིགས་པ་མེད་པར[5] མ་ཡིན་ནོ། ། དམིགས་པ་དང་བཅས་པར་སེམས་པ་འབྱུང་སྟེ། དམིགས་པ་མེད་པར་མ་ཡིན་ནོ།། སྨྲས་པ། ཚེ་དང་ལྡན་པ་རབ་འབྱོར་གལ་ཏེ་བྱང་ཆུབ་སེམས་དཔའ་སེམས་དཔའ་ཆེན་པོས་སྦྱི་ལམ་དུ[6] སྦྱིན་པ་བྱིན། ཚུལ་ཁྲིམས་བསྲུངས[7]། བཟོད་པ་བསྒྲུབས[8]། བརྩོན་འགྲུས་བརྩམས། བསམ་གཏན་ལ་མཉམ་པར་བཞག ། ཤེས་རབ་བསྒོམས་ཏེ། དགེ་བའི་རྩ་བ་དེ་ཡང་བླ་ན་མེད་པ་ཡང་དག་པར་རྫོགས་པའི་བྱང་ཆུབ་ཏུ་ཡོངས་སུ་བསྔོས་ན། དེས་བླ་ན་མེད་པ་ཡང་དག་པར་རྫོགས་པའི་བྱང་ཆུབ་ཏུ་ཡོངས་སུ་བསྔོས་པར་འགྱུར་རམ། རབ་འབྱོར་གྱིས་སྨྲས་པ། ཚེ་དང་ལྡན་པ་ཤ་ར་དྭ་ཏིའི་བུ་བྱང་ཆུབ་སེམས་དཔའ་སེམས་དཔའ་ཆེན་པོ་བྱམས་པ་སྐྱེ་བ་གཅིག་གིས་ཐོགས་པ་བཅོམ་ལྡན་འདས་ཀྱིས་ཕྱིར་མི་ལྡོག་པར་ལུང་བསྟན་པ་འདི་མངོན་དུ་གྱུར་ན། འདི་ལ་དྲིས་ཤིག་དང་། འདི་ལན་སློན་པར་འགྱུར་རོ། །དེ་ནས་ཚེ་དང་ལྡན་པ་ཤ་ར་དྭ་ཏིའི་བུས་བྱང་ཆུབ་སེམས་དཔའ་སེམས་དཔའ་ཆེན་པོ་བྱམས་པ་ལ་འདི་སྐད་ཅེས་སྨྲས་སོ། །རིགས་ཀྱི་བུ་གནས་བརྟན་རབ་འབྱོར་འདི་ནི་འདི་སྐད་དུ། བྱང་ཆུབ་སེམས་དཔའ་སེམས་དཔའ་ཆེན་པོ་བྱམས་པ་འདི་མངོན་དུ་གྱུར་པ་ནི་སྐྱེ་བ་གཅིག་གིས་ཐོགས་པ་ཕྱིར་མི་ལྡོག་པར[9] བཅོམ་ལྡན་འདས་ཀྱིས་ལུང་བསྟན་པ་སྟེ། འདི་ལ་དྲིས་ཤིག་དང་། འདི་ལན་སློན་པར་འགྱུར་རོ་ཞེས་ཟེར་རོ། །དེ་སྐད་ཅེས་སྨྲས་པ་དང་། བྱང་ཆུབ་

སེམས་དཔའ་སེམས་དཔའ་ཆེན་པོ་བྱམས་པས་ཚེ་དང་ལྡན་པ་ཤ་ར་དྭ་ཏིའི་བུ་ལ་འདི་སྐད་ཅེས་སྨྲས་སོ། །ཅི་བྱང་ཆུབ་སེམས་དཔའ་སེམས་དཔའ་ཆེན་པོ་བྱམས་པ་ཞེས་བྱ་བའི་མིང་འདི་ལན་སྨོན་ནམ། འོན་ཏེ་གཟུགས་ལན་སྨོན་ནམ། འོན་ཏེ་ཚོར་བ་ལན་སྨོན་ནམ། འོན་ཏེ་འདུ་ཤེས་ལན་སྨོན་ནམ། འོན་ཏེ་འདུ་བྱེད་ལན་སྨོན་ནམ། འོན་ཏེ་རྣམ་པར་ཤེས་པ་ལན་སྨོན་པར་འགྱུར་རམ[1]། འོན་ཏེ་གཟུགས་ཀྱི་སྟོང་པ་ཉིད་གང་ཡིན་པ་དེ་ལན་སྨོན་པར་འགྱུར་རམ། འོན་ཏེ་ཚོར་བའི་སྟོང་པ་ཉིད་གང་ཡིན་པ་[2]དེ་ལན་སྨོན་པར་འགྱུར་རམ། འོན་ཏེ་འདུ་ཤེས་ཀྱི་སྟོང་པ་ཉིད་གང་ཡིན་པ་[3]དེ་ལན་སྨོན་པར་འགྱུར་རམ། འོན་ཏེ་འདུ་བྱེད་ཀྱི་སྟོང་པ་ཉིད་གང་ཡིན་པ་[4]དེ་ལན་སྨོན་པར་འགྱུར་རམ། འོན་ཏེ་རྣམ་པར་ཤེས་པའི་སྟོང་པ་ཉིད་གང་ཡིན་པ་[5]དེ་ལན་སྨོན་པར་འགྱུར་རམ[6]། འོན་ཏེ་གཟུགས་ཀྱི་དེ་བཞིན་ཉིད་གང་ཡིན་པ་དེ་ལན་[7]སྨོན་པར་འགྱུར་རམ[8]། འོན་ཏེ་[9]ཚོར་བའི་དེ་བཞིན་ཉིད་གང་ཡིན་པ་དེ་ལན་སྨོན་པར་འགྱུར་རམ། འོན་ཏེ་[10]འདུ་ཤེས་ཀྱི་དེ་བཞིན་ཉིད་གང་ཡིན་པ་དེ་ལན་སྨོན་པར་འགྱུར་རམ། འོན་ཏེ་[11]འདུ་བྱེད་ཀྱི་དེ་བཞིན་ཉིད་གང་ཡིན་པ་དེ་ལན་སྨོན་པར་འགྱུར་རམ། འོན་ཏེ་[12]རྣམ་པར་ཤེས་པའི་དེ་བཞིན་ཉིད་གང་ཡིན་པ་དེ་ལན་སྨོན་པར་འགྱུར་རམ[13]། གཟུགས་ཀྱི་སྟོང་པ་ཉིད་གང་ཡིན་པ་དེ་ལ་ནི་ལན་སྨོན་པའི་མཐུ་མེད་དོ། །ཚོར་བའི་སྟོང་པ་ཉིད་གང་ཡིན་པ་དེ་ལ་ནི་ལན་སྨོན་པའི་མཐུ་མེད་དོ། །འདུ་ཤེས་ཀྱི་སྟོང་པ་ཉིད་གང་ཡིན་པ་དེ་ལ་ནི་ལན་སྨོན་པའི་མཐུ་མེད་དོ། །འདུ་བྱེད་ཀྱི་སྟོང་པ་ཉིད་གང་ཡིན་པ་དེ་ལ་ནི་ལན་སྨོན་པའི་མཐུ་མེད་དོ། །རྣམ་པར་ཤེས་པའི་སྟོང་པ་ཉིད་གང་ཡིན་པ་དེ་ལ་ནི་ལན་སྨོན་པའི་མཐུ་མེད་དོ། །གཟུགས་ཀྱི་དེ་བཞིན་ཉིད་གང་ཡིན་པ་དེ་ལ་ནི་ལན་སྨོན་པའི་མཐུ་མེད་དོ། །ཚོར་བའི་

དེ་བཞིན་ཉིད་གང་ཡིན་པ་དེ་ལ་ནི་ལན་སློན་པའི་མཐུ་མེད་དོ། །འདུ་ཤེས་ཀྱི་དེ་བཞིན་ཉིད་གང་ཡིན་པ་དེ་ལ་ནི་ལན་སློན་པའི་མཐུ་མེད་དོ། །འདུ་བྱེད་ཀྱི་དེ་བཞིན་ཉིད་གང་ཡིན་པ་དེ་ལ་ནི་ལན་སློན་པའི་མཐུ་མེད་དོ། །རྣམ་པར་ཤེས་པའི་དེ་བཞིན་ཉིད་གང་ཡིན་པ་དེ་ལ་ནི་ལན་སློན་པའི་མཐུ་མེད་དོ། །བདག་གིས་ནི་གང་(༡)ལན་སློན་པ་དང་། གང་གིས་ལན་སློན་པ་དང་། ༔གང་གི་ལན་སློན་པ་དང་།(༢) གང་ལ་ལན་སློན་པའི་ཆོས་དེ་ལྟ་བུ་ཡང་དག་པར་རྗེས་སུ་མ་མཐོང་ངོ་། །གང་བླ་ན་མེད་པ་ཡང་དག་པར་རྫོགས་པའི་བྱང་ཆུབ་ཏུ་ལུང་བསྟན་པ་དང་། གང་གིས་ལུང་བསྟན་པ་དང་། གང་ལ་(༣)ལུང་བསྟན་པའི་ཆོས་དེ་ཡང་བདག་(༤)གིས་ཡང་དག་པར་རྗེས་སུ་མ་མཐོང་སྟེ། ཆོས་དེ་དག་ཐམས་ཅད་ནི་གཉིས་སུ་(༥)མེད་ཅིང་གཉིས་སུ་བྱར་(༦)མེད་པའོ། །ཤཱ་ར་དྭ་ཏིའི་བུས་སྨྲས་པ། ཆོས་དེ་དག་ཇི་སྐད་དུ་བཤད་པ་དེ་བཞིན་དུ་ཆོས་དེ་དག་ཁྱོད་ཀྱིས་མངོན་(༧)དུ་བྱས་སམ། བྱམས་པས་སྨྲས་པ། ཆོས་དེ་དག་ཇི་སྐད་བཤད་པ་དེ་ལྟར༔ཆོས་དེ་དག་(༨)བདག་གིས་(༩)མངོན་(༡༠)དུ་བྱས་པ་མེད་དོ། །དེ་ནས་ཚེ་དང་ལྡན་པ་ཤཱ་ར་དྭ་ཏིའི་བུ། འདི་སྙམ་དུ་གྱུར་ཏེ། བྱང་ཆུབ་སེམས་དཔའ་སེམས་དཔའ་ཆེན་པོ་བྱམས་པ་འདི་ནི་ཤེས་རབ་ཟབ་མོ་དང་ལྡན་པ་སྟེ། འདི་ལྟར་འདི་ཡང་ཡུན་རིང་པོར་སྦྱིན་པའི་ཕ་རོལ་ཏུ་ཕྱིན་པ་ལ་སྤྱད་པ་དང་། ཚུལ་ཁྲིམས་ཀྱི་ཕ་རོལ་ཏུ་ཕྱིན་པ་ལ་སྤྱད་པ་དང་། བཟོད་པའི་ཕ་རོལ་ཏུ་ཕྱིན་པ་ལ་སྤྱད་པ་དང་། བརྩོན་འགྲུས་ཀྱི་ཕ་རོལ་ཏུ་ཕྱིན་པ་ལ་སྤྱད་པ་དང་། བསམ་གཏན་གྱི་ཕ་རོལ་ཏུ་ཕྱིན་པ་ལ་སྤྱད་པ་དང་། ཤེས་རབ་ཀྱི་ཕ་རོལ་ཏུ་ཕྱིན་པ་ལ་སྤྱད་པས་བསྟན་པ་སྟེ། འདི་ནི་མི་དམིགས་པར་སྤྱོད་པས་བསྟན་པའོ། །དེ་ནས་བཅོམ་ལྡན་འདས་ཀྱིས་ཚེ་དང་ལྡན་པ་ཤཱ་ར་དྭ་ཏིའི་བུ་ལ་འདི་སྐད་ཅེས་བཀའ་སྩལ་ཏོ། །ཤཱ་ར་དྭ་ཏིའི་

བུ་དེ་ཇི་སྙམ་དུ་སེམས། ཆོས་གང་གིས་ཁྱོད་དགྲ་བཅོམ་པར་བརྗོད་པའི་ཆོས་དེ་ཁྱོད་ཀྱིས་ཡང་དག་པར་རྗེས་སུ་མཐོང་ངམ། གསོལ་པ། བཅོམ་ལྡན་འདས་དེ་ནི་མ་ལགས་སོ། །བཅོམ་ལྡན་འདས་ཀྱིས་བཀའ་སྩལ་པ། ཤ་ར་དྭ་ཏིའི་བུ་དེ་དེ་བཞིན་ཏེ། བྱང་ཆུབ་སེམས་དཔའ་སེམས་དཔའ་ཆེན་པོ་ཤེས་རབ་ཀྱི་ཕ་རོལ་ཏུ་ཕྱིན་པ་ལ་སྤྱོད་པ་ནི་འདི་སྙམ་དུ་[2]ལུང་བསྟན་པའི་ཆོས་དེ་ནི་འདིའོ། །ལུང་བསྟན་པར་གྱུར་པའི་[3]ཆོས་དེ་ནི་འདིའོ། །ལུང་བསྟན་པར་འགྱུར་བའི་[4]ཆོས་དེ་ནི་འདིའོ། །བླ་ན་མེད་པ་ཡང་དག་པར་རྫོགས་པའི་བྱང་ཆུབ་ཏུ་མངོན་པར་རྫོགས་པར་འཚང་རྒྱ་བའི། ཆོས་དེ་ནི་འདིའོ་ཞེས་བྱ་བར་མི་སེམས་[5]ཏེ། དེ་ལྟར་སྤྱོད་པའི་བྱང་ཆུབ་སེམས་དཔའ་སེམས་དཔའ་ཆེན་པོ་[6]ནི་ཤེས་རབ་ཀྱི་ཕ་རོལ་ཏུ་ཕྱིན་པ་ལ་སྤྱོད་པ་སྟེ། དེ་ལ་ཐེ་ཚོམ་སྐྱེ་བ་མེད་ཅིང་། བདག་ནི་བླ་ན་མེད་པ་ཡང་དག་པར་རྫོགས་པའི་བྱང་ཆུབ་ཏུ་[7]མངོན་པར་རྫོགས་པར་[8]འཚང་མི་རྒྱ་བ་མ་ཡིན་གྱི། བདག་ནི་གདོན་མི་ཟ་བར་བླ་ན་མེད་པ་ཡང་དག་པར་རྫོགས་པའི་བྱང་ཆུབ་ཏུ་མངོན་པར་རྫོགས་པར་འཚང་རྒྱ་བར་འགྱུར་རོ་སྙམ་སྟེ། ཤ་ར་དྭ་ཏིའི་བུ་གང་དེ་ལྟར་སྤྱོད་པ་[9]དེ་ནི་ཤེས་རབ་ཀྱི་ཕ་རོལ་ཏུ་ཕྱིན་པ་ལ་སྤྱོད་པའོ། །ཤ་ར་དྭ་ཏིའི་བུ་དེ་ལྟར་སྤྱོད་པའི་བྱང་ཆུབ་སེམས་དཔའ་སེམས་དཔའ་ཆེན་པོ་ནི་མི་འཇིགས་མི་སྔང་[10]སྐྲག་པར་མི་འགྱུར་ཞིང་། བདག་ནི་བླ་ན་མེད་པ་ཡང་དག་པར་རྫོགས་པའི་བྱང་ཆུབ་ཏུ་མངོན་པར་རྫོགས་པར་འཚང་མི་རྒྱ་བ་མ་ཡིན་གྱི། བདག་ནི་གདོན་མི་ཟ་བར་བླ་ན་མེད་པ་ཡང་དག་པར་རྫོགས་པའི་བྱང་ཆུབ་ཏུ་མངོན་པར་རྫོགས་པར་འཚང་རྒྱ་བར་འགྱུར་རོ་སྙམ་མོ[11]། །དེ་ནས་ཚེ་དང་ལྡན་པ་རབ་འབྱོར་གྱིས་བཅོམ་ལྡན་འདས་ལ་[12]འདི་སྐད་ཅེས་གསོལ་ཏོ། །བཅོམ་ལྡན་འདས་ཇི་ལྟར་ན་བྱང་ཆུབ་སེམས་དཔའ་སེམས་དཔའ་ཆེན་པོ་

ཕ་རོལ་ཏུ་ཕྱིན་པ་དྲུག་ཡོངས་སུ་རྫོགས་པར་བགྱིད་ཅིང་། རྣམ་པ་ཐམས་ཅད་མཁྱེན་པ་ཉིད་དང་ཡང་ཉེ་བར་གྱུར་པ་ལགས། །དེ་སྐད་ཅེས་གསོལ་པ་དང་། བཅོམ་ལྡན་འདས་ཀྱིས་ཚེ་དང་ལྡན་པ་རབ་འབྱོར་ལ་འདི་སྐད་ཅེས་བཀའ་སྩལ་ཏོ།། རབ་འབྱོར་འདི་ལ་བྱང་ཆུབ་སེམས་དཔའ་སེམས་དཔའ་ཆེན་པོ་སྦྱིན་པའི་ཕ་རོལ་ཏུ་ཕྱིན་པ་ལ་སྤྱོད་པའི་ཚེ། སེམས་ཅན་བཀྲེས་པ་རྣམས་མཐོང་ཞིང་། སེམས་ཅན་སྐོམ་པ་དང་། གོས་ངན་པ་དང་། ཟས་དང་གོས་དང་། མལ་ཆས་ཐོངས་[༡]པ་དག་མཐོང་ན་འདི་ལྟར་ཡོངས་སུ་བརྟག་པར་བྱ་སྟེ། ཅི་ནས་ཀྱང་བདག་བླ་ན་མེད་པ་ཡང་དག་པར་རྫོགས་པའི་བྱང་ཆུབ་ཏུ་མངོན་པར་རྫོགས་པར་སངས་རྒྱས་པའི་[༢]སངས་རྒྱས་ཀྱི་ཞིང་དེ་ན། སེམས་ཅན་རྣམས་ཀྱི་ཉེས་པ་འདི་དག་ཐམས་ཅད་དུ་ཐམས་ཅད་མི་འབྱུང་ཞིང་མི་སྲིད་པ་དང་། རྒྱལ་ཆེན་བཞིའི་རིས་ཀྱི་ལྷ་རྣམས་དང་། སུམ་ཅུ་[༣]རྩ་གསུམ་དང་། མཚོ་མ་དང་དགའ་ལྡན་དང་། འཕྲུལ་དགའ་དང་། གཞན་འཕྲུལ་དབང་བྱེད་ཀྱི་ལྷ་རྣམས་ཀྱི་ལོངས་སྤྱོད་དང་། སྲིད་པ་ཇི་ལྟ་བ་དེ་བཞིན་དུ་སངས་རྒྱས་ཀྱི་ཞིང་དེའི་ལོངས་སྤྱོད་དང་། སྲིད་པར་འགྱུར་བ་དེ་ལྟ་དེ་ལྟར་སྦྱིན་པའི་ཕ་རོལ་ཏུ་ཕྱིན་པ་ལ་སྤྱད་པར་བྱའོ། །ཞེས་ཡོངས་སུ་བརྟག་[༤]པར་བྱ་སྟེ། རབ་འབྱོར་[༥]དེ་ལྟར་སྤྱོད་པའི་བྱང་ཆུབ་སེམས་དཔའ་སེམས་དཔའ་ཆེན་པོ་ནི་སྦྱིན་པའི་ཕ་རོལ་ཏུ་ཕྱིན་པ་ཡང་[༦]ཡོངས་སུ་རྫོགས་པར་བྱེད། བླ་ན་མེད་པ་ཡང་དག་པར་རྫོགས་པའི་བྱང་ཆུབ་དང་ཡང་ཉེ་བར་གྱུར་པ་[༧]ཡིན་ནོ། །རབ་འབྱོར་གཞན་ཡང་བྱང་ཆུབ་སེམས་དཔའ་སེམས་དཔའ་ཆེན་པོ་ཚུལ་ཁྲིམས་ཀྱི་ཕ་རོལ་ཏུ་ཕྱིན་པ་ལ་སྤྱོད་པའི་ཚེ། སེམས་ཅན་སྲོག་གཅོད་པ་དག་མཐོང་ངམ། སེམས་ཅན་མ་བྱིན་པར་ལེན་པ་དག་མཐོང་ངམ། སེམས་ཅན་འདོད་པས་ལོག་པར་གཡེམ་པ་དག

མཐོང་ངམ། སེམས་ཅན་ཛྙན་[༡]དུ་སྣྲ་བ་དག་མཐོང་ངམ། སེམས་ཅན་ཕྲ་མ་
ཟེར་བ་དག་མཐོང་ངམ། སེམས་ཅན་ཞེ་གཅོད་པའི་ཚིག་ཅན་དག་མཐོང་ངམ།
སེམས་ཅན་ཚིག་ཀྱལ་[༢]པ་སྨྲ་བ་དག་མཐོང་ངམ། སེམས་ཅན་ཆགས་སེམས་ཅན་
དག་མཐོང་ངམ། སེམས་ཅན་གནོད་སེམས་ཅན་དག་མཐོང་ངམ། སེམས····
ཅན་ལོག་པར་ལྟ་[༣]བ་ཅན་དག་མཐོང་ངམ། སེམས་ཅན་ཚེ་ཐུང་བ་དག་མཐོང་
ངམ། སེམས་ཅན་ནད་མང་བ་དག་མཐོང་ངམ། སེམས་ཅན་མདོག་ངན་པ་
དག་མཐོང་ངམ། སེམས་ཅན་མཐུ་ཆུང་བ་[༤]དག་མཐོང་ངམ། སེམས་ཅན····
ལོངས་སྤྱོད་ཆུང་བ་[༥]དག་མཐོང་ངམ། སེམས་ཅན་རིགས་དམའ་བ་དག་མཐོང་
ངམ། སེམས་ཅན་ཡན་ལག་དང་ཉིང་ལག་མ་ཚང་བ་དག་མཐོང་ན། འདི··
ལྟར་ཡོངས་སུ་བརྟག་པར་བྱ་སྟེ། ཅི་ནས་ཀྱང་བདག་བླ་ན་མེད་པ་[༦]ཡང་དག···
པར་རྫོགས་པའི་བྱང་ཆུབ་ཏུ་མངོན་པར༔རྫོགས་པར་[༧]སངས་རྒྱས་པའི་སངས་རྒྱས་
ཀྱི་ཞིང་དེ་ན། སེམས་ཅན་རྣམས་ཀྱི་ཉེས་པ་འདི་དག༔ཐམས་ཅད་དུ་[༨]ཐམས···
ཅད་མི་འབྱུང་ཞིང་མི་སྲིད་པ་དང་། སེམས་ཅན་ཐམས་ཅད་དགེ་བ་བཅུའི་
ལས་ཀྱི་ལམ་ལ་རབ་ཏུ་གནས་པར་འགྱུར་བ་དེ་ལྟ་དེ་ལྟར། ཚུལ་ཁྲིམས་ཀྱི་ཕ····
རོལ་ཏུ་ཕྱིན་པ་ལ་སྤྱད་པར་བྱའོ། །ཞེས་ཡོངས་སུ་བརྟག་པར་བྱ་སྟེ། རབ·····
འབྱོར་དེ་ལྟར་སྤྱོད་པའི་བྱང་ཆུབ་སེམས་དཔའ་སེམས་དཔའ་ཆེན་པོ་ནི། ཚུལ··
ཁྲིམས་ཀྱི་ཕ་རོལ་ཏུ་ཕྱིན་པ་ཡང་ཡོངས་སུ་རྫོགས་པར་བྱེད། བླ་ན་མེད་པ་ཡང··
དག་པར་རྫོགས་པའི་བྱང་ཆུབ་དང་ཡང་ཉེ་བར་གྱུར་པ་ཡིན་ནོ། །རབ་འབྱོར···
གཞན་ཡང་བྱང་ཆུབ་སེམས་དཔའ་སེམས་དཔའ་ཆེན་པོ་བཟོད་པའི་ཕ་རོལ་ཏུ·····
ཕྱིན་པ་ལ་སྤྱོད་པའི་ཚེ། སེམས་ཅན་ཕན་ཚུན་དུ་[༩]གནོད་པར་སེམས་པ་རྗེ་དང་
དབྱིག་[༡༠]པ་དང་། མཚོན་གྱིས་འདེབས་ཤིང་རྗེག་པ་དང་། གསོད་པ་དག·····

མཐོང་ན་འདི་ལྟར་ཡོངས་སུ་བརྟག་པར་བྱ་སྟེ། ཅི་ནས་ཀྱང་བདག་བླ་ན་མེད་པ་ཡང་དག་པར་རྫོགས་པའི་བྱང་ཆུབ་ཏུ་མངོན་པར་རྫོགས་པར་སངས་རྒྱས་པའི་སངས་རྒྱས་ཀྱི་ཞིང་དེ་ན། སེམས་ཅན་རྣམས་ཀྱི་ཉེས་པ་འདི་དག་ཐམས་ཅད་དུ་ཐམས་ཅད་མི་འབྱུང་ཞིང་མི་སྲིད་པ་དང་། སེམས་ཅན་ཐམས་ཅད་ཀྱང་སེམས་ཅན་ཐམས་ཅད་ལ་མ་ལྟ་བུའི་སེམས་སུ་འགྱུར་བ་དང་། ཕ་ལྟ་བུའི་སེམས་སུ་འགྱུར་བ་དང་། ཕུ་ནུ་ལྟ་བུའི་སེམས་སུ་འགྱུར་བ་དང་། སྲིང་མོ་ལྟ་བུའི་སེམས་སུ་འགྱུར་བ་དང་། བྱམས་པའི་སེམས་སུ་འགྱུར་བ་དང་། ཕན་པའི་སེམས་སུ་འགྱུར་བ་[1]དེ་ལྟ་དེ་ལྟར་བཟོད་པའི་ཕ་རོལ་ཏུ་ཕྱིན་པ་ལ་སྤྱད་པར་བྱའོ་ཞེས་ཡོངས་སུ་བརྟག་པར་བྱ་སྟེ། རབ་འབྱོར་དེ་ལྟར་སྤྱོད་པའི་བྱང་ཆུབ་སེམས་དཔའ་སེམས་དཔའ་ཆེན་པོ་ནི། བཟོད་པའི་ཕ་རོལ་ཏུ་ཕྱིན་པ་ཡང་ཡོངས་སུ་རྫོགས་པར་བྱེད། བླ་ན་མེད་པ་ཡང་དག་པར་རྫོགས་པའི་བྱང་ཆུབ་དང་ཡང་ཉེ་བར་གྱུར་པ་ཡིན་ནོ། །རབ་འབྱོར་གཞན་ཡང་བྱང་ཆུབ་སེམས་དཔའ་སེམས་དཔའ་ཆེན་པོ་བརྩོན་འགྲུས་ཀྱི་ཕ་[2]རོལ་ཏུ་ཕྱིན་པ་ལ་སྤྱོད་པའི་ཚེ། སེམས་ཅན་བརྩོན་འགྲུས་ཞན་པ་དང་། ལེ་ལོའི་སེམས་དང་ལྡན་པ་དང་། ཐེག་པ་གསུམ་པོ་འདི་ལྟ་སྟེ། ཉན་ཐོས་ཀྱི་ཐེག་པ་དང་། རང་སངས་རྒྱས་ཀྱི་ཐེག་པ་དང་། སངས་རྒྱས་ཀྱི་ཐེག་པ་ལ་རྒྱབ་ཀྱིས་ཕྱོགས་པ་དག་མཐོང་ན། འདི་ལྟར་ཡོངས་སུ་བརྟག་པར་བྱ་སྟེ། ཅི་ནས་ཀྱང་བདག་བླ་ན་མེད་པ་ཡང་དག་པར་རྫོགས་པའི་བྱང་ཆུབ་ཏུ་མངོན་པར་རྫོགས་པར་སངས་རྒྱས་པའི་སངས་རྒྱས་ཀྱི་ཞིང་དེ་ན། སེམས་ཅན་རྣམས་ཀྱི་ཉེས་པ་འདི་དག་ཐམས་ཅད་དུ་ཐམས་ཅད་མི་འབྱུང་ཞིང་མི་སྲིད་པ་དང་། སེམས་ཅན་ཐམས་ཅད་ཀྱང་བརྩོན་འགྲུས་བརྟན་པ་བརྩམས་ཤིང་ཐེག་པ་གསུམ་གྱིས་ཡོངས་སུ་མྱ་ངན་ལས་འདས་པར་[3]འགྱུར་བར་བྱའོ་ཞེས

ཡོངས་སུ་བརྟག་པར་བྱ་སྟེ། རབ་འབྱོར་དེ་ལྟར་སྤྱོད་པའི་བྱང་ཆུབ་སེམས་དཔའ་སེམས་དཔའ་ཆེན་པོ་ནི་བརྩོན་འགྲུས་ཀྱི་ཕ་རོལ་ཏུ་ཕྱིན་པ་ཡང་ཡོངས་སུ་རྫོགས་པར་བྱེད། བླ་ན་མེད་པ་ཡང་དག་པར་རྫོགས་པའི་བྱང་ཆུབ་དང་ཡང་[༡]ཉེ་བར་གྱུར་པ་ཡིན་នོ། །རབ་འབྱོར་གཞན་ཡང་བྱང་ཆུབ་སེམས་དཔའ་སེམས་དཔའ་ཆེན་པོ་བསམ་གཏན་གྱི་ཕ་རོལ་ཏུ་ཕྱིན་པ་ལ་སྤྱོད་པའི་ཚེ། སེམས་ཅན་འདོད་པའི་སྲེད་པ་དང་། གནོད་སེམས་དང་། རྨུགས་པ་དང་། གཉིད་དང༔རྒོད་པ་[༢]དང་། འགྱོད་པ་དང་། ཐེ་ཚོམ་དང་། སྒྲིབ་པ་ལྔས་བསྒྲིབས་པ་མཐོང་ངམ། བསམ་གཏན་དང་པོ་དང་མི་ལྡན་པ་མཐོང་ངམ། བསམ་གཏན་གཉིས་པ་དང་མི་ལྡན་པ་མཐོང་ངམ། བསམ་གཏན་གསུམ་པ་དང་མི་ལྡན་པ་མཐོང་ངམ། བསམ་གཏན་བཞི་པ་དང་མི་ལྡན་པ་མཐོང་ངམ། བྱམས་པ་དང་མི་ལྡན་པ་མཐོང་ངམ། སྙིང་རྗེ་དང་མི་ལྡན་པ་མཐོང་ངམ། དགའ་བ་དང་མི་ལྡན་པ་མཐོང་ངམ། བཏང་སྙོམས་དང་མི་ལྡན་པ་མཐོང་ངམ། ནམ་མཁའ་མཐའ་ཡས་སྐྱེ་མཆེད་ཀྱི་སྙོམས་པར་འཇུག་པ་དང་མི་ལྡན་པ་མཐོང་ངམ། རྣམ་ཤེས་མཐའ་ཡས་སྐྱེ་མཆེད་ཀྱི་སྙོམས་པར་འཇུག་པ་དང་མི་ལྡན་པ་མཐོང་ངམ། ཅུང་ཟད་མེད་པའི་སྐྱེ་མཆེད་ཀྱི་སྙོམས་པར་འཇུག་པ་དང་མི་ལྡན་པ་མཐོང་ངམ། འདུ་ཤེས་མེད་འདུ་ཤེས་མེད་མིན་སྐྱེ་མཆེད་ཀྱི་སྙོམས་པར་འཇུག་[༣]པ་དང་མི་ལྡན་པ་དག་[༤]མཐོང་ན། འདི་ལྟར་ཡོངས་སུ་བརྟག་པར་བྱ་སྟེ། ཅི་ནས་ཀྱང་བདག་བླ་ན་མེད་པ་ཡང་དག་པར་རྫོགས་པའི་བྱང་ཆུབ་ཏུ་མངོན་པར་རྫོགས་པར་སངས་རྒྱས་པའི་སངས་རྒྱས་ཀྱི་ཞིང་དེ་ན། སེམས་ཅན་རྣམས་ཀྱི་ཉེས་པ་འདི་དག་ཐམས་ཅད་དུ་ཐམས་ཅད་མི་འབྱུང་ཞིང་མི་སྲིད་པ་དག་[༥]སེམས་ཅན་ཐམས་ཅད་བསམ་གཏན་ཐོབ་པར་འགྱུར་བ་དང་། ཚད་མེད་

པ་ཐོབ་པར་འགྱུར་བ་དང་། གཟུགས་མེད་པའི་སྙོམས་པར་འཇུག་པ་ཐོབ་པར་འགྱུར་བ་དེ་ལྟ་དེ་ལྟར་བསམ་གཏན་གྱི་ཕ་རོལ་ཏུ་ཕྱིན་པ་ལ་སྤྱོད་(༧)པར་བྱའོ། །སངས་རྒྱས་ཀྱི་ཞིང་ཡོངས་སུ་དག་པར་བྱའོ། །སེམས་ཅན་ཡོངས་སུ་སྨིན་པར་བྱའོ་ཞེས་དེ་ལྟར་ཡོངས་སུ་བརྟག་པར་བྱ་སྟེ། རབ་འབྱོར་དེ་ལྟར་སྤྱོད་པའི་བྱང་ཆུབ་སེམས་དཔའ་སེམས་དཔའ་ཆེན་པོ་ནི་བསམ་གཏན་གྱི་ཕ་རོལ་ཏུ་ཕྱིན་པ་ཡང་(༡)ཡོངས་སུ་རྫོགས་པར་བྱེད། བླ་ན་མེད་པ་ཡང་དག་པར་རྫོགས་པའི་བྱང་ཆུབ་དང་(༡)ཡང་(༢)ཉེ་བར་གྱུར་པ་ཡིན་ནོ། །རབ་འབྱོར་གཞན་ཡང་བྱང་ཆུབ་སེམས་དཔའ་སེམས་དཔའ་ཆེན་པོ་ཤེས་རབ་ཀྱི་ཕ་རོལ་ཏུ་ཕྱིན་པ་ལ་སྤྱོད་པའི་ཚེ། ཤེས་རབ་འཆལ་པ་ཅན་གྱི་སེམས་ཅན་འཇིག་རྟེན་པ་དང་། འཇིག་རྟེན་ལས་འདས་པའི་ཡང་དག་པར་(༤)ལྟ་བ་དང་བྲལ་བ། བྱ་བ་མ་ཡིན་པར་སྨྲ་བ། མེད་པར་སྨྲ་བ། ཆད་པར་སྨྲ་བ། རྟག་པར་སྨྲ་བ། སེམས་ཅན་དུ་སྨྲ་བ་དག་མཐོང་ན། འདི་ལྟར་ཡོངས་སུ་བརྟག་པར་བྱ་སྟེ། ཅི་ནས་ཀྱང་བདག་བླ་ན་མེད་པ་ཡང་དག་པར་རྫོགས་པའི་བྱང་ཆུབ་ཏུ་མངོན་པར་རྫོགས་པར་སངས་རྒྱས་པའི་སངས་རྒྱས་ཀྱི་ཞིང་དེ་ན། སེམས་ཅན་རྣམས་ཀྱི་ཉེས་པ་འདི་དག་ཐམས་ཅད་དུ་ཐམས་ཅད་མི་འབྱུང་ཞིང་མི་སྲིད་པ་དང་། སེམས་ཅན་ཐམས་ཅད་ལྟ་བའི་རྣམ་པ་ཐམས་ཅད༔ སྤངས་ཤིང་(༦)། ཤེས་རབ་ཀྱི་ཕ་རོལ་ཏུ་ཕྱིན་པ་ལ་གནས་པར་འགྱུར་བ་དེ་ལྟ་དེ་ལྟར་ཤེས་རབ་ཀྱི་ཕ་རོལ་ཏུ་ཕྱིན་པ་ལ་སྤྱོད་(༧)པར་བྱའོ། །སངས་རྒྱས་ཀྱི་ཞིང་ཡོངས་སུ་དག་པར་བྱའོ། །སེམས་ཅན་ཡོངས་སུ་སྨིན་པར་བྱའོ་ཞེས་དེ་ལྟར་ཡོངས་སུ་བརྟག་པར་བྱ་(༣)སྟེ། རབ་འབྱོར་དེ་ལྟར་སྤྱོད་པའི་བྱང་ཆུབ་སེམས་དཔའ་སེམས་དཔའ་ཆེན་པོ་ནི་ཤེས་རབ་ཀྱི་ཕ་རོལ་ཏུ་ཕྱིན་པ་ཡང་ཡོངས་སུ་རྫོགས་པར་བྱེད། བླ་ན་མེད་པ་ཡང་དག་པར་རྫོགས་པའི་བྱང་ཆུབ

དང་ཡང་ཉེ་བར་གྱུར་པ་ཡིན་ནོ། །རབ་འབྱོར་གཞན་ཡང་བྱང་ཆུབ་སེམས་
དཔའ་སེམས་དཔའ་ཆེན་པོ་ཕ་རོལ་ཏུ་ཕྱིན་པ་དྲུག་ལ་སྤྱོད་པའི་ཚེ། སེམས་ཅན་
ཕུང་པོ་གསུམ་ལ་གནས་པ་ངེས་པ་དང་། མ་ངེས་པ་དང་། ལོག་པར་ངེས་པ་
དག་མཐོང་ན། འདི་ལྟར་ཡོངས་སུ་བརྟག་པར་བྱ་སྟེ། ཅི་ནས་kུང་བདག་བླ་
ན་མེད་པ་ཡང་དག་པར་རྫོགས་པའི་བྱང་ཆུབ་ཏུ་མངོན་པར་རྫོགས་པར་སངས་
རྒྱས་པའི་སངས་རྒྱས་ཀྱི་ཞིང་དེ་ན། ཚང་དུ་ན་[༡]སེམས་ཅན༔མ་ངེས་པ་དང་[༢]།
ལོག་པར་ངེས་པའི་སྒྲ་ཡང་མི་གྲག་ཅིང་མི་སྲིད་པ་དེ་ལྟ་དེ་ལྟར་ཕ་རོལ་ཏུ་ཕྱིན་པ་
དྲུག་ལ་སྤྱོད་[༣]པར་བྱའོ། །སངས་རྒྱས་ཀྱི་ཞིང་[༤]ཡོངས་སུ་དག་པར་བྱའོ། །
སེམས་ཅན་ཡོངས་སུ་སྨིན་པར་བྱའོ། །ཞེས་དེ་ལྟར་ཡོངས་སུ་བརྟག་པར་བྱ་སྟེ།
རབ་འབྱོར་དེ་ལྟར་སྤྱོད་པའི་བྱང་ཆུབ་སེམས་དཔའ་སེམས་དཔའ་ཆེན་པོ་ནི་ཕ་
རོལ་ཏུ་ཕྱིན་པ་དྲུག་ཀྱང་ཡོངས་སུ་[༥]རྫོགས་པར་བྱེད། རྣམ་པ་ཐམས་ཅད་
མཁྱེན་པ་ཉིད་དང་ཡང་ཉེ་བར་གྱུར་པ་ཡིན་ནོ། །རབ་འབྱོར་གཞན་ཡང་བྱང་
ཆུབ་སེམས་དཔའ་སེམས་དཔའ་ཆེན་པོ་ཕ་རོལ་ཏུ་ཕྱིན་པ་དྲུག་ལ་སྤྱོད་པའི་ཚེ།
སེམས་ཅན་དམྱལ༔བ་པའི་[༦]སེམས་ཅན་དག་མཐོང་ངམ། ཕྱོལ་སོང་གི་སྐྱེ་གནས་
པ་[༧]དང་། གཤིན་རྗེའི་འཇིག་རྟེན་པའི་སེམས་ཅན་དག་མཐོང་ན། འདི་ལྟར་
ཡོངས་སུ་བརྟག་པར་བྱ་སྟེ། ཅི་ནས་ཀྱང་བདག་བླ་ན་མེད་པ་ཡང་དག་པར་
རྫོགས་པའི་བྱང་ཆུབ་ཏུ་མངོན་པར༔རྫོགས་པར་[༨]སངས་རྒྱས་པའི་སངས་རྒྱས་ཀྱི་
ཞིང་དེ་ན། ཚང་དུ་ན་[༩]ངན་སོང་གསུམ་གྱི་སྒྲ་ཡང་མི་གྲག་[༡༠]ཅིང་། མི་སྲིད་པ་
དེ་ལྟ་དེ་ལྟར་ཕ་རོལ་ཏུ་ཕྱིན་པ་དྲུག་ལ་སྤྱད་པར་བྱའོ། །སངས་རྒྱས་ཀྱི་ཞིང་
ཡོངས་སུ་དག་པར་བྱའོ། །སེམས་ཅན་ཡོངས་སུ་སྨིན་པར་བྱའོ་ཞེས་དེ་ལྟར་
ཡོངས་སུ་བརྟག་པར་བྱ་སྟེ། རབ་འབྱོར་དེ་ལྟར་སྤྱོད་པའི་བྱང་ཆུབ་སེམས་

དཔའ་སེམས་དཔའ་ཆེན་པོ་ནི་ཕ་རོལ་ཏུ་ཕྱིན་པ་དྲུག་ཀྱང་ཡོངས་སུ་རྫོགས་པར་བྱེད༔ རྣམ་པ་[༧]ཐམས་ཅད་མཁྱེན་པ་ཉིད་དང་ཡང་ཉེ་བར་གྱུར་པ་ཡིན་ནོ། །རབ་འབྱོར་གཞན་ཡང་བྱང་ཆུབ་སེམས་དཔའ་སེམས་དཔའ་ཆེན་པོ་ཕ་རོལ་ཏུ་ཕྱིན་པ་དྲུག་ལ་སྤྱོད་པའི་ཚེ། ས་ཆེན་པོ་འདི་ལ་སྡོང་དུམ་དང་། ཚེར་མ་དང་། སབ་སུབ་དང་། གཙང་རོང་དང་། གཡང་ས་དང་། ལྡན་ལྡིན་དང་། ལུད་ཁུང་[༡]དག་མཐོང་ན། འདི་ལྟར་ཡོངས་སུ་བརྟག་པར་བྱ་སྟེ། ཅི་ནས་ཀྱང་བདག་བླ་ན་མེད་པ་ཡང་དག་པར་རྫོགས་པའི་བྱང་ཆུབ་ཏུ་མངོན་པར་རྫོགས་པར་སངས་རྒྱས་པའི་སངས་རྒྱས་ཀྱི་ཞིང་དེ་ན་སེམས་ཅན་གྱི་ཉེས་པ་དེ་དག་ཐམས་ཅད་དུ་ཐམས་ཅད་མི་འབྱུང་ཞིང་མི་སྲིད་པ་དང་། བདག་གི་སངས་རྒྱས་ཀྱི་ཞིང་དེ་ལག་མཐིལ་ལྟར་མཉམ་པར་འགྱུར་བ་དེ་ལྟ་དེ་ལྟར་ཕ་རོལ་ཏུ་ཕྱིན་པ་དྲུག་ལ་སྤྱད་པར་བྱའོ། །སངས་རྒྱས་ཀྱི་ཞིང་ཡོངས་སུ་དག་པར་བྱའོ། །སེམས་ཅན་ཡོངས་སུ་སྨིན་པར་བྱའོ་ཞེས་དེ་ལྟར་ཡོངས་སུ་བརྟག་པར་བྱ་སྟེ། རབ་འབྱོར་དེ་ལྟར་སྤྱོད་པའི་བྱང་ཆུབ་སེམས་དཔའ་སེམས་དཔའ་ཆེན་པོ་ནི་ཕ་རོལ་ཏུ་ཕྱིན་པ་དྲུག་ཀྱང་ཡོངས་སུ་རྫོགས་པར་བྱེད། རྣམ་པ་ཐམས་ཅད་མཁྱེན་པ་ཉིད་དང་ཡང་ཉེ་བར་གྱུར་པ་ཡིན་ནོ། །རབ་འབྱོར་གཞན་ཡང་བྱང་ཆུབ་སེམས་དཔའ་སེམས་དཔའ་ཆེན་པོ་ཕ་རོལ་ཏུ་ཕྱིན་པ་དྲུག་ལ་སྤྱོད་པའི་ཚེ། ས་ཆེན་པོ་འདི་སའི་རྒྱུ་ལས་གྲུབ་པ་དང་། གསེར་དངུལ་དང་མི་ལྡན་པ་[༡]མཐོང་ན། འདི་ལྟར་ཡོངས་སུ་བརྟག་པར་བྱ་སྟེ། ཅི་ནས་ཀྱང་བདག་བླ་ན་མེད་པ་ཡང་དག་པར་རྫོགས་པའི་བྱང་ཆུབ་ཏུ་མངོན་པར་རྫོགས་པར་སངས་རྒྱས་པའི་སངས་རྒྱས་ཀྱི་ཞིང་དེ་ན། ས་ཆེན་པོ་འདི་གཞི་བེ་ཌཱུརྱ་[༢]སྔོན་པོའི་རྒྱུ་ལས་གྲུབ་པ། གསེར་གྱི་བྱེ་མ་བདལ་བར་འགྱུར་བ་དེ་ལྟ་དེ་ལྟར་ཕ་རོལ་ཏུ་ཕྱིན་པ་དྲུག་ལ་སྤྱད་པར་བྱའོ། །

སངས་རྒྱས་ཀྱི་ཞིང་ཡོངས་སུ་དག་པར་བྱའོ། །སེམས་ཅན་ཡོངས་སུ་སྨིན་པར་བྱའོ་ཞེས་[1]དེ་ལྟར་ཡོངས་སུ་བརྟག་པར་བྱ་སྟེ། རབ་འབྱོར་དེ་ལྟར་སྤྱོད་པའི་བྱང་ཆུབ་སེམས་དཔའ་སེམས་དཔའ་ཆེན་པོ་ནི་ཕ་རོལ་ཏུ་ཕྱིན་པ་དྲུག་ཀྱང་ཡོངས་སུ་རྫོགས་པར་བྱེད། རྣམ་པ་ཐམས་ཅད་མཁྱེན་པ་ཉིད་དང་ཡང་[2]ཉེ་བར་གྱུར་པ་ཡིན་ནོ། །རབ་འབྱོར་གཞན་ཡང་བྱང་ཆུབ་སེམས་དཔའ་སེམས་དཔའ་ཆེན་པོ་ཕ་རོལ་ཏུ་ཕྱིན་པ་དྲུག་ལ་སྤྱོད་པའི་ཚེ། སེམས་ཅན་བདག་ཏུ་བྱ་བའི་ཡོངས་སུ་འཛིན་པ་ལ་གནས་པ་དག་མཐོང་ན། འདི་ལྟར་ཡོངས་སུ་བརྟག་པར་བྱ་སྟེ། ཅི་ནས་ཀྱང་བདག་བླ་ན་མེད་པ་ཡང་དག་པར་རྫོགས་པའི་བྱང་ཆུབ་ཏུ་མངོན་པར་རྫོགས་པར་སངས་རྒྱས་པའི་སངས་རྒྱས་ཀྱི་ཞིང་དེ་ན། སེམས་ཅན་རྣམས་བདག་གིར་བྱ་བ་ལ་ཡོངས་སུ་འཛིན་པ་[3]མི་འབྱུང་ཞིང་མི་སྲིད་པ་དང་། སེམས་ཅན་ཐམས་ཅད་བདག་གི་མེད་པ་དང་། ཡོངས་སུ་འཛིན་ཿཔར་མི་[4]འགྱུར་བ་དེ་ལྟ་དེ་ལྟར་ཕ་རོལ་ཏུ་ཕྱིན་པ་དྲུག་ལ་སྤྱད་པར་བྱའོ། །སངས་རྒྱས་ཀྱི་ཞིང་ཡོངས་སུ་དག་པར་བྱའོ། །སེམས་ཅན་ཡོངས་སུ་སྨིན་པར་བྱའོ་ཞེས་དེ་ལྟར་ཡོངས་སུ་བརྟག་པར་བྱ་སྟེ། རབ་འབྱོར་དེ་ལྟར་སྤྱོད་པའི་བྱང་ཆུབ་སེམས་དཔའ་སེམས་དཔའ་ཆེན་པོ་ནི་ཕ་རོལ་ཏུ་ཕྱིན་པ་དྲུག་ཀྱང་ཡོངས་སུ་རྫོགས་པར་བྱེད། རྣམ་པ་ཐམས་ཅད་མཁྱེན་པ་ཉིད་དང་ཡང་ཉེ་བར་གྱུར་པ་ཡིན་ནོ། །རབ་འབྱོར་གཞན་ཡང་བྱང་ཆུབ་སེམས་དཔའ་སེམས་དཔའ་ཆེན་པོ་ཕ་རོལ་ཏུ་ཕྱིན་པ་དྲུག་ལ་སྤྱོད་པའི་ཚེ། རྒྱལ་རིགས་དང་། བྲམ་ཟེའི་རིགས་དང་། རྗེའུ་རིགས་དང་། དམངས་རིགས་དང་། རིགས་བཞི་པོ་མཐོང་ན། འདི་ལྟར་ཡོངས་སུ་བརྟག་པར་བྱ་སྟེ། ཅི་ནས་ཀྱང་བདག་བླ་ན་མེད་པ་ཡང་དག་པར་རྫོགས་པའི་བྱང་ཆུབ་ཏུ་མངོན་པར་རྫོགས་པར་སངས་རྒྱས་པའི་སངས་རྒྱས་ཀྱི་ཞིང་དེ་ན། ཚང་ཅུ་ན་[5]

རིགས་བཞིའི་སྒྲ་ཡང་མི་གྲག་ཅིང་། མི་སྲིད་པ་དེ་ལྟ་དེ་ལྟར་ཕ་རོལ་ཏུ་ཕྱིན་པ་དྲུག་ལ་སྤྱོད་པར་བྱའོ། །སངས་རྒྱས་ཀྱི་ཞིང་ཡོངས་སུ་དག་པར་བྱའོ། །སེམས་ཅན་ཡོངས་སུ་སྨིན་པར་བྱའོ། །ཞེས་དེ་ལྟར་ཡོངས་སུ་བརྟག་པར་བྱ་སྟེ། རབ་འབྱོར་དེ་ལྟར་སྤྱོད་པའི་བྱང་ཆུབ་སེམས་དཔའ་སེམས་དཔའ་ཆེན་པོ་ནི་ཕ་རོལ་ཏུ་ཕྱིན་པ་དྲུག་ཀྱང་ཡོངས་སུ་རྫོགས་པར་བྱེད། རྣམ་པ་ཐམས་ཅད་མཁྱེན་པ་ཉིད་དང་ཡང་ཉེ་བར་གྱུར་པ་ཡིན་ནོ། །རབ་འབྱོར་གཞན་ཡང་བྱང་ཆུབ་སེམས་དཔའ་སེམས་དཔའ་ཆེན་པོ་ཕ་རོལ་ཏུ་ཕྱིན་པ་དྲུག་ལ་སྤྱོད་པའི་ཚེ། སེམས་ཅན་རབ་དང་འབྲིང་དང་། ཐ་མ་མཐོངཿབ་དང་[1]། སེམས་ཅན་རིགས་མཐོ་བ་དང་རིགས་དམའ་བ་མཐོང་ན། འདི་ལྟར་ཡོངས་སུ་བརྟག་པར་བྱ་སྟེ། ཅི་ནས་ཀྱང་བདག་བླ་ན་མེད་པ་ཡང་དག་པར་རྫོགས་པའི་བྱང་ཆུབ་ཏུ་མངོན་པར་རྫོགས་པར་སངས་རྒྱས་པའི་སངས་རྒྱས་ཀྱི་ཞིང་དེ་ན[2]། སེམས་ཅན་རྣམས་ཀྱི་ཉེས་པ་འདི་དག་མི་འབྱུང་ཞིང་[3] མི་སྲིད་པ་དེ་ལྟ་དེ་ལྟར་ཕ་རོལ་ཏུ་ཕྱིན་པ་དྲུག་ལ་སྤྱོད་པར་བྱའོ། །སངས་རྒྱས་ཀྱི་ཞིང་ཡོངས་སུ་དག་པར་བྱའོ། །སེམས་ཅན་ཡོངས་སུ་སྨིན་པར་བྱའོ་ཞེས་དེ་ལྟར་ཡོངས་སུ་བརྟག་པར་བྱ་སྟེ། རབ་འབྱོར་དེ་ལྟར་སྤྱོད་པའི་བྱང་ཆུབ་སེམས་དཔའ་སེམས་དཔའ་ཆེན་པོ་ནི་ཕ་རོལ་ཏུ་ཕྱིན་པ་དྲུག་ཀྱང་ཡོངས་སུ་རྫོགས་པར་བྱེད། རྣམ་པ་ཐམས་ཅད་མཁྱེན་པ་ཉིད་དང་ཡང་ཉེ་བར་གྱུར་པ་ཡིན་ནོ། །རབ་འབྱོར་གཞན་ཡང་བྱང་ཆུབ་སེམས་དཔའ་སེམས་དཔའ་ཆེན་པོ་ཕ་རོལ་ཏུ་ཕྱིན་པ་དྲུག་ལ་སྤྱོད་པའི་ཚེ། སེམས་ཅན་ཁ་དོག་ཐ་དད་པ་དག་མཐོང་ན། འདི་ལྟར་ཡོངས་སུ་བརྟག་པར་བྱ་སྟེ། ཅི་ནས་ཀྱང་བདག་བླ་ན་མེད་པ་ཡང་དག་པར་རྫོགས་པའི་བྱང་ཆུབ་ཏུ་མངོན་པར་རྫོགས་པར་སངས་རྒྱས་པའི་སངས་རྒྱས་ཀྱི་ཞིང་དེ་ན། སེམས་ཅན་རྣམས་ཁ་དོག་ཐ་དད་པ་

མྱི་འབྱུང་ཞིང་མི་སྲིད་པ་དང་། གཞན་དུ་ན་སེམས་ཅན་ཐམས་ཅད་གཟུགས་བཟང་ཞིང་མཛེས་ལ་བལྟ་ན་སྡུག་པ་དང་། ཁ་དོག་བཟང་བའི་[1]མཆོག་[2]རྒྱས་པ་དང་ལྡན་པར་འགྱུར་བ་དེ་ལྟ་དེ་ལྟར་ཕ་རོལ་ཏུ་ཕྱིན་པ་དྲུག་ལ་སྤྱད་པར་བྱའོ། །སངས་རྒྱས་ཀྱི་ཞིང་ཡོངས་སུ་དག་པར་བྱའོ། །སེམས་ཅན་ཡོངས་སུ་སྨིན་པར་བྱའོ་ཞེས་དེ་ལྟར་ཡོངས་སུ་བརྟག་པར་བྱ་སྟེ། རབ་འབྱོར་དེ་ལྟར་སྤྱོད་པའི་བྱང་ཆུབ་སེམས་དཔའ་སེམས་དཔའ་ཆེན་པོ་ནི་ཕ་རོལ་ཏུ་ཕྱིན་པ་དྲུག་ཀྱང་ཡོངས་སུ་རྫོགས་པར་བྱེད། རྣམ་པ་ཐམས་ཅད་མཁྱེན་པ་ཉིད་དང་ཡང་ཉེ་བར་གྱུར་པ་ཡིན་ནོ། །རབ་འབྱོར་གཞན་ཡང་བྱང་ཆུབ་སེམས་དཔའ་སེམས་དཔའ་ཆེན་པོ་ཕ་རོལ་ཏུ་ཕྱིན་པ་དྲུག་ལ་སྤྱོད་པའི་ཚེ། སེམས་ཅན་དག་[3]ལ་བདག་པོ་ཡོད་པར་མཐོང་ན། འདི་ལྟར་ཡོངས་སུ་བརྟག་པར་བྱ་སྟེ། ཅི་ནས་ཀྱང་བདག་བླ་ན་མེད་པ་ཡང་དག་པར་རྫོགས་པའི་བྱང་ཆུབ་ཏུ་མངོན་པར་རྫོགས་པར་སངས་རྒྱས་པའི་སངས་རྒྱས་ཀྱི་ཞིང་དེ་ན། བདག་པོར་གདགས་[4]པ་མྱི་འབྱུང་ཞིང་མྱི་སྲིད་པ་དང་། གཞན་དུ་ན་ཆོས་ཀྱི་རྒྱལ་པོ་དེ་བཞིན་གཤེགས་པ་དགྲ་བཅོམ་པ་ཡང་དག་པར་རྫོགས་པའི་སངས་རྒྱས་རྣམས་བཞུགས་པར་འགྱུར་བ་དེ་ལྟ་དེ་ལྟར་ཕ་རོལ་ཏུ་ཕྱིན་པ་དྲུག་ལ་སྤྱད་པར་བྱའོ། །སངས་རྒྱས་ཀྱི་ཞིང་ཡོངས་སུ་དག་པར་བྱའོ། །སེམས་ཅན་[5]ཡོངས་སུ་སྨིན་པར་བྱའོ་ཞེས་དེ་ལྟར་ཡོངས་སུ་བརྟག་པར་བྱ་སྟེ། རབ་འབྱོར་དེ་ལྟར་སྤྱོད་པའི་བྱང་ཆུབ་སེམས་དཔའ་སེམས་དཔའ་ཆེན་པོ་ནི་[6]ཕ་རོལ་ཏུ་ཕྱིན་པ་དྲུག་ཀྱང་ཡོངས་སུ་རྫོགས་པར་བྱེད། རྣམ་པ་ཐམས་ཅད་མཁྱེན་པ་ཉིད་དང་ཡང་ཉེ་བར་གྱུར་པ་ཡིན་ནོ། །རབ་འབྱོར་གཞན་ཡང་བྱང་ཆུབ་སེམས་དཔའ་སེམས་དཔའ་ཆེན་པོ་ཕ་རོལ་ཏུ་ཕྱིན་པ་དྲུག་ལ་སྤྱོད་པའི་ཚེ། སེམས་ཅན་རྣམས་ཀྱི་ལམ་ཐ་དད་པ་མཐོང་ན། འདི་ལྟར་ཡོངས་སུ་བརྟག་པར་

བྱ་སྟེ། ཅི་ནས་ཀྱང་བདག་བླ་ན་མེད་པ་ཡང་དག་པར་རྫོགས་པའི་བྱང་ཆུབ་ཏུ་མངོན་པར་རྫོགས་པར་སངས་རྒྱས་པའི་སངས་རྒྱས་ཀྱི་ཞིང་དེ་ན་སེམས་ཅན་ལྷ་དང་། མི་དང་(༡)སེམས་ཅན་དམྱལ་བ་(༢)དང་། ཕྱུལ་སོང་གི་སྐྱེ་གནས་(༣)དང་། གཤིན་རྗེའི་འཇིག་རྟེན་པའི་ལམ་ཐ་དད་པ་མེད་ཅིང་མི་སྲིད་པ་དང་། གཞན་དུ་ན་སེམས་ཅན་ཐམས་ཅད་ལས་(༤)གཅིག་ཏུ་འགྱུར་ཞིང་དྲན་པ་ཉེ་བར་གཞག་པ་བཞི་དང་མ་བྲལ་བ་དང་། ཡང་དག་པར་སྤོང་བ་བཞི་དང་མ་བྲལ་བ་དང་། རྫུ་འཕྲུལ་གྱི་རྐང་པ་བཞི་དང་མ་བྲལ་བ་དང་། དབང་པོ་ལྔ་དང་མ་བྲལ་བ་དང་། སྟོབས་ལྔ་དང་མ་བྲལ་བ་དང་། བྱང་ཆུབ་ཀྱི་ཡན་ལག་བདུན་དང་མ་བྲལ་བ་དང་། འཕགས་པའི་ལམ་ཡན་ལག་བརྒྱད་པ་དང་མ་བྲལ་བ་དང་། འཕགས་པའི་བདེན་པ་བཞི་དང་མ་བྲལ་བ་དང་། བསམ་གཏན་བཞི་དང་མ་བྲལ་བ་དང་། ཚད་མེད་པ་བཞི་དང་མ་བྲལ་བ་དང་། གཟུགས་མེད་པའི་སྙོམས་པར་འཇུག་པ་བཞི་དང་མ་བྲལ་བ་དང་། རྣམ་པར་ཐར་པ་བརྒྱད་དང་མ་བྲལ་བ་དང་། མཐར་གྱིས་གནས་པའི་སྙོམས་པར་འཇུག་པ་དགུ་དང་མ་བྲལ་བ་དང་། རྣམ་པར་ཐར་པའི་སྒོ་སྟོང་པ་ཉིད་དང་། མཚན་མ་མེད་པ་དང་། སྨོན་པ་མེད་པ་དང་མ་བྲལ་བ་དང་། མངོན་པར་ཤེས་པ་ལྔ་དང་མ་བྲལ་བ་དང་། ཏིང་ངེ་འཛིན་རྣམས་དང་མ་བྲལ་བ་དང་། གཟུངས་ཀྱི་སྒོ་རྣམས་དང་མ་བྲལ་བ་དང་། དེ་བཞིན་གཤེགས་པའི་སྟོབས་བཅུ་དང་མ་བྲལ་བ་དང་། མི་འཇིགས་པ་བཞི་དང་མ་བྲལ་བ་དང་། སོ་སོ་ཡང་དག་པར་རིག་པ་བཞི་དང་མ་བྲལ་བ་དང་། བྱམས་པ་ཆེན་པོ་དང་མ་བྲལ་བ་དང་། སྙིང་རྗེ་ཆེན་པོ་དང་མ་བྲལ་བ་དང་། སངས་རྒྱས་ཀྱི་ཆོས་མ་འདྲེས་པ་བཅོ་(༥)བརྒྱད་དང་མ་བྲལ་བ་(༦)དེ་ལྟ་དེ་ལྟར་ཕ་རོལ་ཏུ་ཕྱིན་པ་དྲུག་ལ་སྤྱད་པར་བྱའོ། །སངས་རྒྱས་ཀྱི་ཞིང་ཡོངས་སུ་དག་པར་བྱའོ། །

སེམས་ཅན་[༡]ཡོངས་སུ་སྨིན་པར་བྱའོ། །ཞེས་དེ་ལྟར་ཡོངས་སུ་བརྟག་པར་བྱ་སྟེ། རབ་འབྱོར་དེ་ལྟར་སྤྱོད་པའི་བྱང་ཆུབ་སེམས་དཔའ་སེམས་དཔའ་ཆེན་པོ་ནི་ཕ་རོལ་ཏུ་ཕྱིན་པ་དྲུག་ཀྱང་ཡོངས་སུ་རྫོགས་པར་བྱེད། རྣམ་པ་ཐམས་ཅད་མཁྱེན་པ་ཉིད་དང་ཡང་ཉེ་བར་གྱུར་པ་ཡིན་ནོ། །རབ་འབྱོར་གཞན་ཡང་བྱང་ཆུབ་སེམས་དཔའ་སེམས་དཔའ་ཆེན་པོ་ཕ་རོལ་ཏུ་ཕྱིན་པ་དྲུག་ལ་སྤྱོད་པའི་ཚེ། སེམས་ཅན་རྣམས་ཀྱི་སྐྱེ་གནས་བཞིར་སྐྱེས་པ། སྒོ་ང་ལས་སྐྱེས་པ་དང་། མངལ་ནས་སྐྱེས་པ་དང་། དྲོད་གཤེར་ལས་སྐྱེས་པ་དང་། ༔རྫུ་བ་[༢]པ་རྣམས་མཐོང་ན་འདི་ལྟར་ཡོངས་སུ་བརྟག་པར་བྱ་སྟེ། ཅི་ནས་ཀྱང་བདག་བླ་ན་མེད་པ་ཡང་དག་པར་རྫོགས་པའི་བྱང་ཆུབ་ཏུ་མངོན་པར་རྫོགས་པར་སངས་རྒྱས་པའི་སངས་རྒྱས་ཀྱི་ཞིང་དེ་ན། སྒོ་ང་ལས༔སྐྱེས་པ་[༣]དང་། མངལ་ནས༔སྐྱེས་པ་དང་[༤]། དྲོད་གཤེར༔ལས་སྐྱེས་པའི་[༥]གནས་གསུམ་པོ་རྣམས་མི་འབྱུང་ཞིང་མི་སྲིད་པ་དང་། གཞན་དུ་ན་སེམས་ཅན་ཐམས་ཅད༔རྫུ་བ་[༦]པར་འགྱུར་བ་དེ་ལྟ་དེ་ལྟར་ཕ་རོལ་ཏུ་ཕྱིན་པ་དྲུག་ལ་སྤྱད་པར་བྱའོ། །སངས་རྒྱས་ཀྱི་ཞིང་ཡོངས་སུ་དག་པར་བྱའོ། །སེམས་ཅན་[༧]ཡོངས་སུ་སྨིན་པར་བྱའོ་ཞེས་དེ་ལྟར་ཡོངས་སུ་བརྟག་པར་བྱ་སྟེ། རབ་འབྱོར་དེ་ལྟར་སྤྱོད་པའི་བྱང་ཆུབ་སེམས་དཔའ་སེམས་དཔའ་ཆེན་པོ་ནི་[༨]ཕ་རོལ་ཏུ་ཕྱིན་པ་དྲུག་ཀྱང་ཡོངས་སུ་རྫོགས་པར་བྱེད། རྣམ་པ་ཐམས་ཅད་མཁྱེན་པ་ཉིད་དང་ཡང་ཉེ་བར་གྱུར་པ་ཡིན་ནོ། །རབ་འབྱོར་གཞན་ཡང་བྱང་ཆུབ་སེམས་དཔའ་སེམས་དཔའ་ཆེན་པོ་ཕ་རོལ་ཏུ་ཕྱིན་པ་དྲུག་ལ་སྤྱོད་པའི་ཚེ། སེམས་ཅན་མངོན་པར་ཤེས་པ་ལྔ་དང་མི་ལྡན་པ་དག་[༩]མཐོང་ན། འདི་ལྟར་ཡོངས་སུ་བརྟག་པར་བྱ་སྟེ། ཅི་ནས་ཀྱང་བདག་བླ་ན་མེད་པ་ཡང་དག་པར་རྫོགས་པའི་བྱང་ཆུབ་ཏུ་མངོན་པར་རྫོགས་པར་སངས་རྒྱས་པའི་སངས་རྒྱས་

ཀྱི་ཞིང་དེ་ན། སེམས་ཅན་ཐམས་ཅད་མངོན་པར་ཤེས་པ་ལྔ་དང་ལྡན་པར་འགྱུར་བ་དེ་ལྟ་དེ་ལྟར་ཕ་རོལ་ཏུ་ཕྱིན་པ་དྲུག་ལ་སྤྱད་པར་བྱའོ། །སངས་རྒྱས་ཀྱི་ཞིང་ཡོངས་སུ་དག་པར་བྱའོ། །སེམས་ཅན་[1]ཡོངས་སུ་སྨིན་པར་བྱའོ་ཞེས་དེ་ལྟར་ཡོངས་སུ་བརྟག་པར་བྱ་སྟེ། རབ་འབྱོར་དེ་ལྟར་སྤྱོད་པའི་བྱང་ཆུབ་སེམས་དཔའ་སེམས་དཔའ་ཆེན་པོ་ནི་ཕ་རོལ་ཏུ་ཕྱིན་པ་དྲུག་ཀུང་ཡོངས་སུ་རྫོགས་པར་བྱེད། རྣམ་པ་ཐམས་ཅད་མཁྱེན་པ་ཉིད་དང་ཡང་ཉེ་བར་གྱུར་པ་ཡིན་ནོ། །རབ་འབྱོར་གཞན་ཡང་བྱང་ཆུབ་སེམས་དཔའ་སེམས་དཔའ་ཆེན་པོ་ཕ་རོལ་ཏུ་ཕྱིན་པ་དྲུག་ལ་སྤྱོད་པའི་ཚེ། སེམས་ཅན་རྣམས་ཀྱི་བཤང་[2]གཅི་[3]མཐོང་ན། འདི་ལྟར་ཡོངས་སུ་བརྟག་པར་བྱ་སྟེ། ཅི་ནས་ཀྱང་བདག་བླ་ན་མེད་པ་ཡང་དག་པར་རྫོགས་པའི་བྱང་ཆུབ་ཏུ་མངོན་པར་རྫོགས་པར་སངས་རྒྱས་པའི་སངས་རྒྱས་ཀྱི་ཞིང་དེ་ན། སེམས་ཅན་[4]ཐམས་ཅད་ཚོས་དང་དགའ་བ་དང་། བསམ་གཏན་གྱི་ཟས་ཟ་བར་འགྱུར་བ་དེ་ལྟ་དེ་ལྟར་ཕ་རོལ་ཏུ་ཕྱིན་པ་དྲུག་ལ་སྤྱད་པར་བྱའོ། །སངས་རྒྱས་ཀྱི་ཞིང་ཡོངས་སུ་དག་པར་བྱའོ། །སེམས་ཅན་[5]ཡོངས་སུ་སྨིན་པར་བྱའོ་ཞེས་དེ་ལྟར་ཡོངས་སུ་བརྟག་པར་བྱ་སྟེ། རབ་འབྱོར་དེ་ལྟར་སྤྱོད་པའི་བྱང་ཆུབ་སེམས་དཔའ་སེམས་དཔའ་ཆེན་པོ་ནི་ཕ་རོལ་ཏུ་ཕྱིན་པ་དྲུག་ཀུང་ཡོངས་སུ་རྫོགས་པར་བྱེད། རྣམ་པ་ཐམས་ཅད་མཁྱེན་པ་ཉིད་དང་ཡང་ཉེ་བར་གྱུར་པ་ཡིན་ནོ། །རབ་འབྱོར་གཞན་ཡང་བྱང་ཆུབ་སེམས་དཔའ་སེམས་དཔའ་ཆེན་པོ་ཕ་རོལ་ཏུ་ཕྱིན་པ་དྲུག་ལ་སྤྱོད་པའི་ཚེ། འོད་དང་མི་ལྡན་པའི་སེམས་ཅན་དག་མཐོང་ན། འདི་ལྟར་ཡོངས་སུ་བརྟག་པར་བྱ་སྟེ། ཅི་ནས་ཀྱང་བདག་བླ་ན་མེད་པ་ཡང་དག་པར་རྫོགས་པའི་བྱང་ཆུབ་ཏུ་མངོན་པར་རྫོགས་པར་སངས་རྒྱས་པའི་སངས་རྒྱས་ཀྱི་[6]ཞིང་དེ་ན། སེམས་ཅན་ཐམས་ཅད་རང་

ལས་ འོད་འབྱུང་བ་ཤ་སྟག་ཡོད་པ་དེ་ལྟ་དེ་ལྟར་ཕ་རོལ་ཏུ་ཕྱིན་པ་དྲུག་ལ་སྤྱོད་པར་བྱའོ། །སངས་རྒྱས་ཀྱི་ཞིང་ཡོངས་སུ་དག་པར་བྱའོ། །སེམས་ཅན་ ཡོངས་སུ་སྨིན་པར་བྱའོ་ཞེས་དེ་ལྟར་ཡོངས་སུ་བརྟག་པར་བྱ་སྟེ། རབ་འབྱོར་དེ་ལྟར་སྤྱོད་པའི་བྱང་ཆུབ་སེམས་དཔའ་སེམས་དཔའ་ཆེན་པོ་ནི་ཕ་རོལ་ཏུ་ཕྱིན་པ་དྲུག་ཀྱང་ཡོངས་སུ་རྫོགས་པར་བྱེད། རྣམ་པ་ཐམས་ཅད་མཁྱེན་པ་ཉིད་དང་ཡང་ཉེ་བར་གྱུར་པ་ཡིན་ནོ། །རབ་འབྱོར་གཞན་ཡང་བྱང་ཆུབ་སེམས་དཔའ་སེམས་དཔའ་ཆེན་པོ་ཕ་རོལ་ཏུ་ཕྱིན་པ་དྲུག་ལ་སྤྱོད་པའི་ཚེ། སེམས་ཅན་རྣམས་ཀྱི་ཉིན་མཚན་དང་ཟླ་བ་དང་། ཡུད་ཙམ་མན་ཆད་དང་། དུས་མཚམས་དང་། ལོ་དག་མཐོང་ན། འདི་ལྟར་ཡོངས་སུ་བརྟག་པར་བྱ་སྟེ། ཅི་ནས་ཀྱང་བདག་བླ་ན་མེད་པ་ཡང་དག་པར་རྫོགས་པའི་བྱང་ཆུབ་ཏུ་མངོན་པར་རྫོགས་པར་སངས་རྒྱས་པའི་སངས་རྒྱས་ཀྱི་ཞིང་དེ་ན། སེམས་ཅན་རྣམས་ཀྱི་ཉིན་མཚན་དང་། ཟླ་བ་དང་། ཡུད་ཙམ་མན་ཆད་དང་། དུས་མཚམས་དང་། ལོའི་སྒྲ་ཡང་མི་སྒྲག་ ཅིང་མི་སྲིད་པ་དེ་ལྟ་དེ་ལྟར་ཕ་རོལ་ཏུ་ཕྱིན་པ་དྲུག་ལ༔ སྤྱོད་པར་བྱའོ། །སངས་རྒྱས་ཀྱི་ཞིང་ཡོངས་སུ་དག་པར་བྱའོ། །སེམས་ཅན་ ཡོངས་སུ་སྨིན་པར་བྱའོ་ཞེས་དེ་ལྟར་ཡོངས་སུ་བརྟག་པར་བྱ་སྟེ། རབ་འབྱོར་དེ་ལྟར་སྤྱོད་པའི་བྱང་ཆུབ་སེམས་དཔའ་སེམས་དཔའ་ཆེན་པོ་ནི་ཕ་རོལ་ཏུ་ཕྱིན་པ་དྲུག་ཀྱང་ཡོངས་སུ་རྫོགས་པར་བྱེད། རྣམ་པ་ཐམས་ཅད་མཁྱེན་པ་ཉིད་དང་ཡང་ཉེ་བར་གྱུར་པ་ཡིན་ནོ། །རབ་འབྱོར་གཞན་ཡང་བྱང་ཆུབ་སེམས་དཔའ་སེམས་དཔའ་ཆེན་པོ་ཕ་རོལ་ཏུ་ཕྱིན་པ་དྲུག་ལ་སྤྱོད་པའི་ཚེ། སེམས་ཅན་ཚེ་དང་ལྡན་པ་དག་མཐོང་ན། འདི་ལྟར་ཡོངས་སུ་བརྟག་པར་བྱ་སྟེ། ཅི་ནས་ཀྱང་བདག་བླ་ན་མེད་པ་ཡང་དག་པར་རྫོགས་པའི་བྱང་ཆུབ་ཏུ་མངོན་པར་རྫོགས་པར་སངས་

རྒྱས་པའི་སངས་རྒྱས་ཀྱི་ཞིང་དེ་ན། སེམས་ཅན་ཐམས་ཅད་ཚེ་དཔག་ཏུ་མེད་པར་འགྱུར་བ་དེ་ལྟ་དེ་ལྟར་ཕ་རོལ་ཏུ་ཕྱིན་པ་དྲུག་ལ་སྤྱད་པར་བྱའོ། །སངས་རྒྱས་ཀྱི་ཞིང་ཡོངས་སུ་དག་པར་བྱའོ། །སེམས་ཅན་[1]ཡོངས་སུ་སྨིན་པར་བྱའོ་ཞེས་དེ་ལྟར་ཡོངས་སུ་བརྟག་པར་བྱ་སྟེ། རབ་འབྱོར་དེ་ལྟར་སྤྱོད་པའི་བྱང་ཆུབ་སེམས་དཔའ་སེམས་དཔའ་ཆེན་པོ་ནི་ཕ་རོལ་ཏུ་ཕྱིན་པ་དྲུག་ཀྱང་ཡོངས་སུ་རྫོགས་པར་བྱེད། རྣམ་པ་ཐམས་ཅད་མཁྱེན་པ་ཉིད་དང་ཡང་ཉེ་བར་གྱུར་པ་ཡིན་ནོ། །རབ་འབྱོར་གཞན་ཡང་བྱང་ཆུབ་སེམས་དཔའ་སེམས་དཔའ་ཆེན་པོ་ཕ་རོལ་ཏུ་ཕྱིན་པ་དྲུག་ལ་སྤྱོད་པའི་ཚེ། སེམས་ཅན་མཚན་དང་མི་ལྡན་པ་དག་མཐོང་ན། འདི་ལྟར་ཡོངས་སུ་བརྟག་པར་བྱ་སྟེ། ཅི་ནས་ཀྱང་བདག་བླ་ན་མེད་པ་ཡང་དག་པར་རྫོགས་པའི་བྱང་ཆུབ་ཏུ་མངོན་པར་རྫོགས་པར་སངས་རྒྱས་པའི་སངས་རྒྱས་ཀྱི་ཞིང་དེ་ན་སེམས་ཅན་ཐམས་ཅད་མི་ཆེན་པོའི་མཚན་[2]སུམ་ཅུ་རྩ་གཉིས་དང་ལྡན་པར་འགྱུར་བ་[3]དེ་ལྟ་དེ་ལྟར་ཕ་རོལ་ཏུ་ཕྱིན་པ་དྲུག་ལ་སྤྱད་པར་བྱའོ། །སངས་རྒྱས་ཀྱི་ཞིང་ཡོངས་སུ་དག་པར་བྱའོ། །སེམས་ཅན་[4]ཡོངས་སུ་སྨིན་པར་བྱའོ་ཞེས་དེ་ལྟར་ཡོངས་སུ་བརྟག་པར་བྱ་སྟེ། རབ་འབྱོར་དེ་ལྟར་སྤྱོད་པའི་བྱང་ཆུབ་སེམས་དཔའ་སེམས་དཔའ་ཆེན་པོ་ནི་ཕ་རོལ་ཏུ་ཕྱིན་པ་དྲུག་ཀྱང་ཡོངས་སུ་རྫོགས་པར་བྱེད། རྣམ་པ་ཐམས་ཅད་མཁྱེན་པ་ཉིད་དང་ཡང་ཉེ་བར་གྱུར་པ་ཡིན་ནོ། །རབ་འབྱོར་གཞན་ཡང་བྱང་ཆུབ་སེམས་དཔའ་སེམས་དཔའ་ཆེན་པོ་ཕ་རོལ་ཏུ་ཕྱིན་པ་དྲུག་ལ་སྤྱོད་པའི་ཚེ། སེམས་ཅན་[5]དགེ་བའི་རྩ་བ་དང་མི་ལྡན་པ་དག་[6]མཐོང་ན། འདི་ལྟར་ཡོངས་སུ་བརྟག་པར་བྱ་སྟེ། ཅི་ནས་ཀྱང་བདག་བླ་ན་མེད་པ་ཡང་དག་པར་རྫོགས་པའི་བྱང་ཆུབ་ཏུ་མངོན་པར་རྫོགས་པར་སངས་རྒྱས་པའི་སངས་རྒྱས་ཀྱི་ཞིང་དེ་ན། སེམས་ཅན་ཐམས་ཅད་དགེ་བའི་རྩ་

བ་དང་[༡]ལྡན་པར་འགྱུར་བ་དང་། དགེ་བའི་རྩ་བ་གང་དང་ལྡན་པས་སངས་རྒྱས་བཅོམ་ལྡན་འདས་རྣམས་ལ་བསྙེན་བཀུར་བྱེད་པར་འགྱུར་བ་དེ་ལྟ་དེ་ལྟར་ཕ་རོལ་ཏུ་ཕྱིན་པ་དྲུག་ལ་སྤྱད་པར་བྱའོ། །སངས་རྒྱས་ཀྱི་ཞིང་ཡོངས་སུ་དག་པར་བྱའོ། །སེམས་ཅན་[༢]ཡོངས་སུ་སྨིན་པར་བྱའོ་ཞེས་དེ་ལྟར་ཡོངས་སུ་བརྟག་[༣]པར་བྱ་སྟེ། རབ་འབྱོར་དེ་ལྟར་སྤྱོད་པའི་བྱང་ཆུབ་སེམས་དཔའ་སེམས་དཔའ་ཆེན་པོ་ནི་ཕ་རོལ་ཏུ་ཕྱིན་པ་དྲུག་ཀྱང་ཡོངས་སུ་རྫོགས་པར་བྱེད། རྣམ་པ་ཐམས་ཅད་མཁྱེན་པ་ཉིད་དང་ཡང་ཉེ་བར་གྱུར་པ་ཡིན་ནོ། །རབ་འབྱོར་གཞན་ཡང་བྱང་ཆུབ་སེམས་དཔའ་སེམས་དཔའ་ཆེན་པོ་ཕ་རོལ་ཏུ་ཕྱིན་པ་དྲུག་ལ་སྤྱོད་པའི་ཚེ། སེམས་ཅན་ནད་ཀྱིས་བཏབ་པ་དག་མཐོང་ན། འདི་ལྟར་ཡོངས་སུ་བརྟག་པར་བྱ་སྟེ། ཅི་ནས་ཀྱང་བདག་བླ་ན་མེད་པ་ཡང་དག་པར་རྫོགས་པའི་བྱང་ཆུབ་ཏུ་མངོན་པར་རྫོགས་པར་སངས་རྒྱས་པའི་སངས་རྒྱས་ཀྱི་ཞིང་དེ་ན། སེམས་ཅན་རྣམས་ལ་རླུང་དང་། མཁྲིས་[༤]པ་དང་། བད་ཀན་དང་། འདུས་པའི་ནད་བཞི་[༥]མེད་པར་འགྱུར་བ་དེ་ལྟ་དེ་ལྟར་ཕ་རོལ་ཏུ་ཕྱིན་པ་དྲུག་ལ་སྤྱད་པར་བྱའོ། །སངས་རྒྱས་ཀྱི་ཞིང་ཡོངས་སུ་དག་པར་བྱའོ། །སེམས་ཅན་[༦]ཡོངས་སུ་སྨིན་པར་བྱའོ་ཞེས་དེ་ལྟར་ཡོངས་སུ་བརྟག་པར་བྱ་སྟེ། རབ་འབྱོར་དེ་ལྟར་སྤྱོད་པའི་བྱང་ཆུབ་སེམས་དཔའ་སེམས་དཔའ་ཆེན་པོ་ནི་ཕ་རོལ་ཏུ་ཕྱིན་པ་དྲུག་ཀྱང་ཡོངས་སུ་རྫོགས་པར་བྱེད། རྣམ་པ་ཐམས་ཅད་མཁྱེན་པ་ཉིད་དང་ཡང་ཉེ་བར་གྱུར་པ་ཡིན་ནོ། །རབ་འབྱོར་གཞན་ཡང་བྱང་ཆུབ་སེམས་དཔའ་སེམས་དཔའ་ཆེན་པོ་ཕ་རོལ་ཏུ་ཕྱིན་པ་དྲུག་ལ་སྤྱོད་པའི་ཚེ། ཉོན་མོངས་པ་གསུམ་གྱིས་ཉོན་མོངས་པར་གྱུར་པའི་སེམས་ཅན་དག་མཐོང་ན། འདི་ལྟར་ཡོངས་སུ་བརྟག་པར་བྱ་སྟེ། ཅི་ནས་ཀྱང་བདག་༔བླ་ན་[༧]མེད་པ་ཡང་དག་པར་རྫོགས་པའི་བྱང་ཆུབ་ཏུ་མངོན་

པར་རྫོགས་པར་སངས་རྒྱས་པའི་སངས་རྒྱས་ཀྱི་ཞིང་དེ་ན། འདི་ལྟ་སྟེ་སེམས···
ཅན་རྣམས་ལ་འདོད་ཆགས་དང་། ཞེ་སྡང་དང་། གཏི་མུག་གི་ཉོན་མོངས་པ་
གསུམ་མི་འབྱུང་ཞིང་། སེམས་ཅན་ཐམས་ཅད་ཀྱང་(༡)འདོད་ཆགས་དང་བྲལ་བ།
ཞེ་སྡང་དང་བྲལ་བ། གཏི་མུག་དང་བྲལ་བར་འགྱུར་བ་དེ་ལྟ་དེ་ལྟར་ཕ་རོལ་ཏུ་
ཕྱིན་པ་དྲུག་ལ་སྤྱད་པར་བྱའོ། །སངས་རྒྱས་ཀྱི་ཞིང་ཡོངས་སུ་དག་པར་བྱའོ། །
སེམས་ཅན་(༢)ཡོངས་སུ་སྨིན་པར་བྱའོ་ཞེས་དེ་ལྟར་ཡོངས་སུ་བརྟག་པར་བྱ་སྟེ།
རབ་འབྱོར་དེ་ལྟར་སྤྱོད་པའི་བྱང་ཆུབ་སེམས་དཔའ་སེམས་དཔའ་ཆེན་པོ་ནི་ཕ···
རོལ་ཏུ་ཕྱིན་པ་དྲུག་ཀྱང་ཡོངས་སུ་རྫོགས་པར་བྱེད། རྣམ་པ་ཐམས་ཅད་
མཁྱེན་པ་ཉིད་དང་ཡང་ཉེ་བར་གྱུར་པ་ཡིན་ནོ། །རབ་འབྱོར་གཞན་ཡང་བྱང་
ཆུབ་སེམས་དཔའ་སེམས་དཔའ་ཆེན་པོ་ཕ་རོལ་ཏུ་ཕྱིན་པ་དྲུག་ལ་སྤྱོད་པའི་ཚེ།
སེམས་ཅན་མོས་པ་ཆུང་བ་(༣)དག་མཐོང་ན། འདི་ལྟར་ཡོངས་སུ་བརྟག་པར་བྱ་
སྟེ། ཅི་ནས་ཀྱང་(༤)བདག་བླ་ན་མེད་པ་ཡང་དག་པར་རྫོགས་པའི་བྱང་ཆུབ་ཏུ་
མངོན་པར་རྫོགས་པར་སངས་རྒྱས་པའི་སངས་རྒྱས་ཀྱི་ཞིང་དེ་ན། ཉན་ཐོས་ཀྱི་
ཐེག་པ་དང་། རང་སངས་རྒྱས་ཀྱི་ཐེག་པ་དང་། ཐེག་པ་གཉིས་ཀྱི་སྒྲ་ཡང་མི་
གྲག་ཅིང་། སེམས་ཅན་ཐམས་ཅད་ཀྱང་(༥)རྣམ་པ་ཐམས་ཅད་མཁྱེན་པ་ཉིད་དུ(༦)
ཡང་དག་པར་ཞུགས་པར་འགྱུར་བ་དེ་ལྟ་དེ་ལྟར་ཕ་རོལ་ཏུ་ཕྱིན་པ་དྲུག་ལ་སྤྱད···
པར་བྱའོ། །སངས་རྒྱས་ཀྱི་ཞིང་ཡོངས་སུ་དག་པར་བྱའོ། །སེམས་ཅན་(༧)
ཡོངས་སུ་སྨིན་པར་བྱའོ་ཞེས་དེ་ལྟར་ཡོངས་སུ་བརྟག་པར་བྱ་སྟེ། རབ་འབྱོར་
དེ་(༨)ལྟར་སྤྱོད་པའི་བྱང་ཆུབ་སེམས་དཔའ་སེམས་དཔའ་ཆེན་པོ་ནི་ཕ་རོལ་ཏུ་ཕྱིན་
པ་དྲུག་ཀྱང་ཡོངས་སུ་རྫོགས་པར་བྱེད། རྣམ་པ་ཐམས་ཅད་མཁྱེན་པ་ཉིད་དང་
ཡང་ཉེ་བར་གྱུར་པ་ཡིན་ནོ། །རབ་འབྱོར་གཞན་ཡང་བྱང་ཆུབ་སེམས་དཔའ···

སེམས་དཔའ་ཆེན་པོ་ཕ་རོལ་ཏུ་ཕྱིན་པ་དྲུག་ལ་སྤྱོད་པའི་ཚེ། སེམས་ཅན་ང་རྒྱལ་ཅན་དག་[1]མཐོང་ན། འདི་ལྟར་ཡོངས་སུ་བརྟག་པར་བྱ་སྟེ། ཅི་ནས་ཀྱང་བདག་[2]བླ་ན་མེད་པ་ཡང་དག་པར་རྫོགས་པའི་བྱང་ཆུབ་ཏུ་མངོན་པར་རྫོགས་པར་སངས་རྒྱས་པའི་སངས་རྒྱས་ཀྱི་ཞིང་དེ་ན། ང་རྒྱལ་[3]གྱི་སྒྲ་ཡང་མི་གྲག་ཅིང་གཞན་དུ་ན། སེམས་ཅན་ཐམས་ཅད་ཡང་དག་པའི་དོན་ཤེས་ཤིང་ང་རྒྱལ་མེད་པར་འགྱུར་བ་དེ་ལྟ་དེ་ལྟར་ཕ་རོལ་ཏུ་ཕྱིན་པ་དྲུག་ལ་སྤྱོད་[4]པར་བྱའོ། །སངས་རྒྱས་ཀྱི་ཞིང་ཡོངས་སུ་དག་པར་བྱའོ། །སེམས་ཅན་[5]ཡོངས་སུ་སྨིན་པར་བྱའོ་ཞེས་དེ་ལྟར་ཡོངས་སུ་བརྟག་པར་བྱ་སྟེ། རབ་འབྱོར་དེ་ལྟར་སྤྱོད་པའི་བྱང་ཆུབ་སེམས་དཔའ་སེམས་དཔའ་ཆེན་པོ་ནི་ཕ་རོལ་ཏུ་ཕྱིན་པ་དྲུག་ཀྱང་ཡོངས་སུ་རྫོགས་པར་བྱེད། རྣམ་པ་ཐམས་ཅད་མཁྱེན་པ་ཉིད་དང་ཡང་ཉེ་བར་གྱུར་པ་ཡིན་ནོ། །རབ་འབྱོར་གཞན་ཡང་བྱང་ཆུབ་སེམས་དཔའ་སེམས་དཔའ་ཆེན་པོ་ཕ་རོལ་ཏུ་ཕྱིན་པ་དྲུག་ལ་སྤྱོད་པའི་ཚེ། འདི་ལྟར་ཡོངས་སུ་བརྟག་པར་བྱ་སྟེ། ཅི་ནས་ཀྱང་[6]བདག་བླ་ན་མེད་པ་ཡང་དག་པར་རྫོགས་པའི་བྱང་ཆུབ་ཏུ་མངོན་པར་རྫོགས་པར་སངས་རྒྱས་པའི་སངས་རྒྱས་ཀྱི་ཞིང་དེ་ན། ཚེ་ལ་ཚད་དུ་འགྱུར་བ་དང་། འོད་ལ་ཚད་དུ་འགྱུར་བ་དང་། དགེ་སློང་གི་དགེ་འདུན་ལ་ཚད་དུ་འགྱུར་བ་དེ་ཙམ་གྱིས། བདག་བླ་ན་མེད་པ་ཡང་དག་པར་རྫོགས་པའི་བྱང་ཆུབ་ཏུ་མངོན་པར་རྫོགས་པར་འཚང་རྒྱ་བར་མི་བྱའི། ཅི་ནས་ཀྱང་བདག་བླ་ན་མེད་པ་ཡང་དག་པར་རྫོགས་པའི་བྱང་ཆུབ་ཏུ་མངོན་པར་རྫོགས་པར་སངས་རྒྱས་པའི་སངས་རྒྱས་ཀྱི་ཞིང་དེ་ན། ཚེའི་ཚད་མེད་པར་འགྱུར་བ་དང་། འོད་ཀྱི་ཚད་མེད་པར་འགྱུར་བ་དང་། དགེ་སློང་གི་དགེ་འདུན་[7]ཚད་མེད་པར་འགྱུར་བ་དེ་ལྟ་དེ་ལྟར་ཕ་རོལ་ཏུ་ཕྱིན་པ་དྲུག་ལ་སྤྱོད་[8]པར་བྱའོ། །སངས་རྒྱས་ཀྱི་ཞིང་

ཡོངས་སུ་དག་པར་བྱའོ། །སེམས་ཅན་[1]ཡོངས་སུ་སྨིན་པར་བྱའོ་ཞེས་དེ་ལྟར་
ཡོངས་སུ་བརྟག་པར་བྱ་སྟེ། རབ་འབྱོར་དེ་ལྟར་སྤྱོད་པའི་བྱང་ཆུབ་སེམས་
དཔའ་སེམས་དཔའ་ཆེན་པོ་ནི་ཕ་རོལ་ཏུ་ཕྱིན་པ་དྲུག་ཀྱང་ཡོངས་སུ་རྫོགས་པར་
བྱེད། རྣམ་པ་ཐམས་ཅད་མཁྱེན་པ་ཉིད་དང་ཡང་ཉེ་བར་གྱུར་པ་ཡིན་ནོ། །
རབ་འབྱོར་གཞན་ཡང་བྱང་ཆུབ་སེམས་དཔའ་སེམས་དཔའ་ཆེན་པོ་ཕ་རོལ་ཏུ་
ཕྱིན་པ་དྲུག་ལ་སྤྱོད་པའི་ཚེ། འདི་ལྟར་ཡོངས་སུ་བརྟག་པར་བྱ་སྟེ། འཇིག་
རྟེན་གྱི་ཁམས་འགའ་ཞིག་བདག་གི་སངས་རྒྱས་ཀྱི་ཞིང་དུ་འགྱུར་བ་དེ་ཙམ་གྱིས་
བདག་བླ་ན་མེད་པ་ཡང་དག་པར་རྫོགས་པའི་བྱང་ཆུབ་ཏུ་མངོན་པར་རྫོགས་པར་
འཚང་རྒྱ་བར་མི་བྱའི། ཅི་ནས་ཀྱང་བདག་[2]བླ་ན་མེད་པ་ཡང་དག་པར་
རྫོགས་པའི་བྱང་ཆུབ་ཏུ་མངོན་པར་རྫོགས་པར་སངས་རྒྱས་པའི་ཚེ། གང་གཱའི་[3]
ཀླུང་གི་[4]བྱེ་མ་ཇི་སྙེད་ཅིག་ཡོད་པ་དེ་སྙེད་ཀྱི་འཇིག་རྟེན་གྱི་ཁམས་བདག་གི་སངས་
རྒྱས་ཀྱི་[5]ཞིང་གཅིག་ཏུ་འགྱུར་བ་དེ་ལྟ་དེ་ལྟར་ཕ་རོལ་ཏུ་ཕྱིན་པ་དྲུག་ལ་སྤྱོད་[6]
པར་བྱའོ། །སངས་རྒྱས་ཀྱི་ཞིང་ཡོངས་སུ་དག་པར་བྱའོ། །སེམས་ཅན་[7]
ཡོངས་སུ་སྨིན་པར་བྱའོ། །ཞེས་དེ་ལྟར་ཡོངས་སུ་བརྟག་པར་བྱ་སྟེ། རབ་
འབྱོར་དེ་ལྟར་སྤྱོད་པའི་བྱང་ཆུབ་སེམས་དཔའ་སེམས་དཔའ་ཆེན་པོ་ནི་ཕ་རོལ་ཏུ་
ཕྱིན་པ་དྲུག་ཀྱང་ཡོངས་སུ་རྫོགས་པར་བྱེད། རྣམ་པ་ཐམས་ཅད་མཁྱེན་པ་ཉིད་
དང་ཡང་ཉེ་བར་གྱུར་པ་ཡིན་ནོ། །རབ་འབྱོར་གཞན་ཡང་བྱང་ཆུབ་སེམས་
དཔའ་སེམས་དཔའ་ཆེན་པོ་ཕ་རོལ་ཏུ་ཕྱིན་པ་དྲུག་ལ་སྤྱོད་པའི་ཚེ། འདི་ལྟར་
ཡོངས་སུ་བརྟག་པར་བྱ་སྟེ། ཀྱི་མ་འཁོར་བ་འདི་ནི་རིང་ངོ་། །ཀྱི་[8]མ་སེམས་
ཅན་གྱི་ཁམས་འདི་ནི་མཐའ་ཡས་སོ[9]། །དེས་འདི་ལྟར་ཚུལ་བཞིན་ཡིད་ལ་བྱས་
ཏེ[10]། ཀྱི་མ་འཁོར་བ་འདི་ནི་ནམ་མཁའ་ལྟར་མུ་མེད་པའོ། །ཀྱི་མ་སེམས་

ཅན་གྱི་ཁམས་འདི་ནི་ནམ་མཁའ་ལྟར་མུ་མེད་པ་སྟེ། འདི་ལ་གང་ཡང་འཁོར་བ་ཡང་མེད། མྱ་ངན་ལས་འདའ་བ་ཡང་མེད་དེ[༡]། གཞན་དུ་ན་ཆོས་ཀྱི་བརྡར་སེམས་ཅན་ནམ། འཁོར་བའམ། མྱ་ངན་ལས༔འདའ་བ[༢]ཞེས་ཐ་སྙད་དུ་བཏགས[༣]པར་ཟད་དོ། །ཞེས་དེ་ལྟར་ཡོངས་སུ་བརྟག་པར་བྱ་སྟེ། རབ་འབྱོར་དེ་ལྟར་སྤྱོད་པའི་བྱང་ཆུབ་སེམས་དཔའ་སེམས་དཔའ་ཆེན་པོ་ནི་ཕ་རོལ་ཏུ་ཕྱིན་པ་དྲུག་ཀྱང་ཡོངས་སུ་རྫོགས་པར་བྱེད། རྣམ་པ་ཐམས་ཅད་མཁྱེན་པ་ཉིད་དང་ཡང་ཉེ་བར་གྱུར་པ་ཡིན་ནོ།། །།

ཤེས་རབ་ཀྱི་ཕ་རོལ་ཏུ་ཕྱིན་པ་སྟོང་ཕྲག་བརྒྱ་པ་ལས། ལེའུ་བཞི་བཅུ༔གཉིས་སོ[༤]།། །།

དེ་ནས་འཁོར་དེར་གང་གཱའི[༥]ལྷ་མོ་ཞེས་བྱ་བའི་བུད་མེད་ཅིག་འདུས་ཏེ་འདུག་པར་གྱུར་པ་དེ་སྟན་ལས་ལངས་ནས་ བླ་གོས་ཕྲག་པ་གཅིག་ལ་གཟར[༦]ནས། པུས་མོ་གཡས་པའི་ལྷ་ང་ས་ལ་བཙུགས[༧]ཏེ། བཅོམ་ལྡན་འདས་ག་ལ་བ་དེ་ཡོགས་སུ་ཐལ་མོ་སྦྱར་བས[༨]བཏུད་ནས། བཅོམ་ལྡན་འདས་ལ་འདི་སྐད་ཅེས་གསོལ་ཏོ། །བཅོམ་ལྡན་འདས་བདག་གིས་ཀྱང༔བདེ་བར་གཤེགས་པ་བདག་གིས་ཀྱང[༩]ཕ་རོལ་ཏུ་ཕྱིན་པ་དྲུག་ཡོངས་སུ་རྫོགས་པར༔བགྱི་སྟེ[༡༠]། དེ་བཞིན་གཤེགས་པ་དགྲ་བཅོམ་པ་ཡང་དག་པར་རྫོགས་པའི་སངས་རྒྱས་ཀྱིས་ཤེས་རབ་ཀྱི་ཕ་རོལ་ཏུ་ཕྱིན་པ་འདི་ལས་ཇི་སྐད་དུ་བསྟན་པའི་སངས་རྒྱས་ཀྱི་ཞིང་དེ་ལྟ་བུ་ཡོངས་སུ་བཟུང[༡༡]བར་བགྱིའོ། །ཞེས་ནས་བུད་མེད་དེས་གསེར་གྱི་མེ་ཏོག་དང་། དངུལ་གྱི་མེ་ཏོག་དང་། ཆུ་ལས་སྐྱེས་པ་དང་། ཐང་ལས་སྐྱེས་པའི་མེ་ཏོག་དང་། རྒྱན་ཐམས་ཅད་དང་། གསེར་གྱི་ཁ་དོག་གི་ན་བཟའ་ཕྲུགས་སུ་སྦྱར་ཏེ།

བཅོམ་ལྡན་འདས་གང་ན་བ་དེ་ཡོགས་སུ་གཏོར་ཏོ། །མེ་ཏོག་དང་། [༡]རྒྱན་དང་། ན་བཟའ་ཕྱུགས་སུ་སྦྱར་བ་དེ་དག་གཏོར་མ་ཐག་ཏུ། ༔དེ་ནས་[༢]སངས་རྒྱས་ཀྱི་མཐུས་བཅོམ་ལྡན་འདས་ཀྱི་དབུའི་དྲང་ཐད་ཀྱི་[༣]སྟེང་གི་ནམ་མཁའ་ལ་ཁང་པ་བརྩེགས་པ་གྲུ་བཞི་དང་ལྡན་པ་ཀ་བ་བཞི་ཟུག་པ་ཆ་མཉམ་པ་ཤིན་ཏུ་སྡུ་བ། མདངས་དགའ་བ། ཡིད་དུ་འོང་བ༔ཞིག་ཏུ་རེད་དེ་ཀུན་ནས་[༤]གནས་པར་གྱུར་[༥]ཏོ། །དེ་ནས་བུད་མེད་དེས་ཁང་པ་བརྩེགས་པ་དེ་ཡང་སེམས་ཅན་ཐམས་ཅད་དང་ཐུན་མོང་དུ་བྱས་ཏེ། བླ་ན་མེད་པ་ཡང་དག་པར་རྫོགས་པའི་བྱང་ཆུབ་ཏུ་ཡོངས་སུ་བསྔོས་སོ། །དེ་ནས་བཅོམ་ལྡན་འདས་ཀྱིས་བུད་མེད་དེའི་བསམ་པ་ཐུགས་སུ་ཆུད་ནས། དེའི་ཚེ་འཛུམ་པ་མཛད་དོ། །འདི་ནི་སངས་རྒྱས་བཅོམ་ལྡན་འདས་རྣམས་ཀྱི་ཆོས་ཉིད་དེ། གང་གི་ཚེ་འཛུམ་པ་མཛད་པ་དེའི་ཚེ། བཅོམ་ལྡན་འདས་ཀྱི་ཞལ་གྱི་སྒོ་ནས་འོད་ཟེར་[༦]ཁ་དོག་སྣ་ཚོགས་རྣམ་པ་དུ་མ་འདི་ལྟ་སྟེ། སྔོན་པོ་དང་། སེར་པོ་དང་། དམར་པོ་དང་། དཀར་པོ་དང་། ལེབ་རྒན་དང་། ཤེལ་དང་དངུལ་གྱི་ཁ་དོག་ལྟ་བུ་ཐོན་[༧]པར་གྱུར་ནས། དེ་དག་མཐའ་ཡས་མུ་མེད་པའི་འཇིག་རྟེན་གྱི་ཁམས་སུ་དོང་སྟེ་ཕྱིར་འོངས་ནས་བཅོམ་ལྡན་[༨]འདས་ལ་གཡས་ཕྱོགས་ནས་ལན་གསུམ་བསྐོར་བ་བྱས་ཏེ། བཅོམ་ལྡན་འདས་ཀྱི་དབུའི་གཙུག་ཏུ་ནུབ་པོ། །དེ་ནས་ཚེ་དང་ལྡན་པ་ཀུན་[༩]དགའ་བོས་བླ་གོས་ཕྲག་པ་གཅིག༔ལ་གཟར་[༡༠]ཏེ། པུས་མོ་གཡས་པའི་ལྷ་ང་ས་ལ་བཙུགས་ནས། བཅོམ་ལྡན་འདས་གང་ན་བ་དེ་ཡོགས་སུ་ཐལ་མོ་སྦྱར་བས་བཏུད་དེ། བཅོམ་ལྡན་འདས་ལ་འདི་སྐད་ཅེས་གསོལ་ཏོ། །བཅོམ་ལྡན་འདས་རྒྱུ་དང་རྐྱེན་མ་མཆིས་པར་ནི། དེ་བཞིན་གཤེགས་པ་དགྲ་བཅོམ་པ་ཡང་དག་པར་རྫོགས་པའི་སངས་རྒྱས་འཛུམ་པ་མི་མཛད་ན། ཅིའི་རྒྱུ་ཅིའི་རྐྱེན་གྱིས

འཛུམ་པ་མཛད། བཅོམ་ལྡན་འདས་ཀྱིས་བཀའ་སྩལ་པ། ཀུན་[1]དགའ་བོ་གང་གཱའི་[2]ལྷ་མོ་ཞེས་བྱ་བའི་སྲིད་མོ་འདི་མ་འོངས་པའི་དུས་ན། དཔེ་སྐར་མ་ལྟ་བུ་ཞེས་བྱ་བའི་བསྐལ་པ་ལ། གསེར་[3]གྱི་མེ་ཏོག་ཅེས་བྱ་བའི་[4]དེ་བཞིན་གཤེགས་པ་དགྲ་བཅོམ་པ་ཡང་དག་པར་རྫོགས་པའི་སངས་རྒྱས་འཇིག་རྟེན་དུ་འབྱུང་བར་འགྱུར་རོ། །ཀུན་[5]དགའ་བོ་འདི་ནི་[6]བུད་མེད་འདིའི་[7]བུད་མེད་ཀྱི་ལུས་ཀྱི་ཐ་མ་ཡིན་ནོ་[8]། །ཀུན་[9]དགའ་བོ་སྲིད་མོ་འདི་བུད་མེད་ཀྱི་ལུས་རྗེས་[10]ཏེ། སྐྱེས་པའི་ལུས་ཐོབ་པར་གྱུར་ནས། དེ་བཞིན་གཤེགས་པ་དགྲ་བཅོམ་པ་ཡང་དག་པར་རྫོགས་པའི་སངས་རྒྱས་སྨི་སྤྲུལ་བའི་སངས་རྒྱས་ཀྱི་ཞིང་མངོན་པར་དགའ་བའི་འཇིག་རྟེན་གྱི་ཁམས་སུ་སྐྱེ་སྟེ[11]། དེར་ཚངས་པའི་སྤྱད་པ་སྤྱོད་པར་འགྱུར་རོ། །ཀུན་[12]དགའ་བོ་བྱང་ཆུབ་སེམས་དཔའ་སེམས་དཔའ་ཆེན་པོ་དེའི་མིང་ཡང་གསེར་གྱི་མེ་ཏོག་ཅེས་བྱ་བར་འགྱུར་ཏེ། ཀུན་[13]དགའ་བོ་བྱང་ཆུབ་སེམས་དཔའ་སེམས་དཔའ་ཆེན་པོ་གསེར་གྱི་མེ་ཏོག་ཅེས་བྱ་བ་[14]དེ་ནས་ཤི་འཕོས་ནས། སངས་རྒྱས་ཀྱི་ཞིང་ནས་སངས་རྒྱས་ཀྱི་ཞིང་དུ་འགྲོ་བར་འགྱུར་ཏེ། སངས་རྒྱས་བཅོམ་ལྡན་འདས་རྣམས་དང་མི་འབྲལ་བར་འགྱུར་རོ། །ཀུན་[15]དགའ་བོ་འདི་ལྟ་སྟེ་དཔེར་ན། འཁོར་ལོས་སྒྱུར་བའི་རྒྱལ་པོ་ཁང་པ་ནས་ཁང་པར་འགྲོ་ཡང་དེ་ནམ་འཚོ་བ་དང་། ནམ་འཆི་བའི་དུས་ཀྱི་[16]བར་དུ་རྐང་པའི་མཐིལ་གཉིས་ཀྱིས་ས་ལ་མི་འགྲོའོ། །ཀུན་[17]དགའ་བོ་དེ་བཞིན་དུ་བྱང་ཆུབ་སེམས་དཔའ་སེམས་དཔའ་ཆེན་པོ་གསེར་གྱི་མེ་ཏོག་ཀྱང་བླ་ན་མེད་པ་ཡང་དག་པར་རྫོགས་པའི་བྱང་ཆུབ་ཏུ་མངོན་པར་རྫོགས་པར་འཚང་རྒྱ་བར་འགྱུར་[18]གྱི་བར་དུ། སངས་རྒྱས་ཀྱི་ཞིང་ནས་སངས་རྒྱས་ཀྱི་ཞིང་དུ་འགྲོ་བར་འགྱུར་རོ། །དེ་ནས་ཚེ་དང་ལྡན་པ་ཀུན་[19]དགའ་བོ་འདི་སྙམ་དུ་སེམས་པར་གྱུར་ཏེ། སངས་

རྒྱས་ཀྱི་ཞིང་དེར་བྱང་ཆུབ་སེམས་དཔའ་སེམས་དཔའ་ཆེན་པོ་ཇི་སྙེད་ཅིག་འདུས་
པར་འགྱུར་བ་དེ་[1]དག་ནི་དེ་བཞིན་གཤེགས་པའི་ཚིགས་[2]སུ་བལྟའོ་སྙམ་པ་དང་།
དེ་ནས་བཅོམ་ལྡན་འདས་ཀྱིས་ཚེ་དང་ལྡན་པ་ཀུན་[3]དགའ་བོའི་སེམས་ཀྱི་རྣམ····
པར་རྟོག་པ་ཐུགས་ཀྱིས་ཐུགས་སུ་ཆུད་ནས། ཚེ་དང་ལྡན་པ་ཀུན་[4]དགའ་བོ་ལ་
འདི་སྐད་ཅེས་བཀའ་སྩལ་ཏོ། །ཀུན་[5]དགའ་བོ་དེ་དེ་བཞིན་ཏེ། ཇི་ལྟར་
ཡོངས་སུ་རྟོག་པ་[6]དེ་བཞིན་ནོ། །དེ་བཞིན་གཤེགས་པ་དགྲ་བཅོམ་པ་ཡང་དག་
པར་རྫོགས་པའི་སངས་རྒྱས་གསེར་གྱི་མེ་ཏོག་གི་སངས་རྒྱས་ཀྱི་ཞིང་དུ། བྱང····
ཆུབ་སེམས་དཔའ་སེམས་དཔའ་ཆེན་པོ་ཇི་སྙེད་ཅིག་འདུ་བར་འགྱུར་བ་དེ་དག་ནི[7]།
དེ་བཞིན་གཤེགས་པ་འདུས་པར་བལྟ་སྟེ། དེའི་དགེ་སློང་གི་དགེ་འདུན་ཡང་
ཚད་ཟིན་པར་མི་འགྱུར་རོ། །དེའི་དགེ་སློང་གི་དགེ་འདུན་ལ་ཉན་ཐོས་བརྒྱ་
ཕྲག་ནི་འདི་སྙེད་ཅིག་ཡོད་དོ། །ཉན་ཐོས་སྟོང་ཕྲག་ནི་[8]འདི་སྙེད་ཅིག་ཡོད་དོ། །
ཉན་ཐོས་བརྒྱ་སྟོང་ཕྲག་ནི་འདི་སྙེད་ཅིག་ཡོད་དོ། །ཉན་ཐོས་བྱེ་བ་ཕྲག་ནི་འདི་
སྙེད་ཅིག་ཡོད་དོ། །ཉན་ཐོས་བྱེ་བ་བརྒྱ་ཕྲག་ནི་འདི་སྙེད་ཅིག་ཡོད་དོ། །ཉན་
ཐོས་བྱེ་བ་སྟོང་ཕྲག་ནི་འདི་སྙེད་ཅིག་ཡོད་དོ། །ཉན་ཐོས་བྱེ་བ་བརྒྱ་སྟོང་ཕྲག་ནི་
འདི་སྙེད་ཅིག་ཡོད་དོ། །ཉན་ཐོས་བྱེ་བ་ཁྲག་ཁྲིག་བརྒྱ་སྟོང་ཕྲག་ནི་འདི་སྙེད····
ཅིག་ཡོད་དོ། །ཞེས་དགེ་སློང་གི་དགེ་འདུན་དེའི་ཚད་བཟུང་[9]བར་མི་ནུས་ཏེ།
གཞན་དུ་ན་ཉན་ཐོས་བྱེ་བ་ཁྲག་ཁྲིག་བརྒྱ་སྟོང་གྲངས་མེད་གཞལ་དུ་མེད་པར···
འགྱུར་རོ། །ཀུན་[10]དགའ་བོ་དེ་བཞིན་གཤེགས་པ་དགྲ་བཅོམ་པ་ཡང་དག་པར་
རྫོགས་པའི་སངས་རྒྱས་གསེར་གྱི་མེ་[11]ཏོག་བླ་ན་མེད་པ་ཡང་དག་པར་རྫོགས་པའི་
བྱང་ཆུབ་ཏུ་[12]མངོན་པར་རྫོགས་པར་སངས་རྒྱས་པའི་སངས་རྒྱས་ཀྱི་ཞིང་དེ་ན།
ཤེས་རབ་ཀྱི་ཕ་རོལ་ཏུ་ཕྱིན་པ་འདི་[13]ལས་བསྟན་[14]པའི་སྐྱོན་འདི་དག་ཐམས་ཅད་

དུ༔ ཐམས་ཅད་[༡] སྨྲི་འབྱུང་ཞིང་མི་སྲིད་དོ། །ཀུན་[༢] དགའ་བོས་གསོལ་པ། བཅོམ་ལྡན་འདས་སྲིད་མོ་འདིས་དེ་བཞིན་གཤེགས་པ་དགྲ་བཅོམ་པ་ཡང་དག་པར་རྫོགས་པའི་སངས་རྒྱས་གང་ཞིག་ལ་མཆོད་པ་བགྱིས་ནས་དགེ་བའི་རྩ་བ་བསྐྱེད་དེ། སྔར་སྨྲི་ལྷོག་པའི་སེམས་བསྐྱེད་པར་གྱུར[༣]། བཅོམ་ལྡན་འདས་ཀྱིས་བཀའ་སྩལ་པ། ཀུན་[༤] དགའ་བོ་སྲིད་མོ་འདིས་ནི་དེ་བཞིན་གཤེགས་པ་དགྲ་བཅོམ་པ་ཡང་དག་པར་རྫོགས་པའི་སངས་རྒྱས་མར་མེ་མཛད་ཀྱི་དྲུང་དུ་དགེ་བའི་རྩ་བ་བསྐྱེད་ནས། བླ་ན་མྱེད་པ་ཡང་དག་པར་རྫོགས་པའི་བྱང་ཆུབ་ཏུ་སེམས་བསྐྱེད་དེ། དགེ་བའི་རྩ་བ་དེ་ཡང་བླ་ན་མྱེད་པ་ཡང་དག་པར་རྫོགས་པའི་བྱང་ཆུབ་ཏུ་ཡོངས་སུ་བསྔོས་སོ། །དེ་བཞིན་གཤེགས་པ་དགྲ་བཅོམ་པ་ཡང་དག་པར་རྫོགས་པའི་སངས་རྒྱས་མར་མྱེ་མཛད་དེ་[༥] ལ་ཡང་། བླ་ན་མྱེད་པ་ཡང་དག་པར་རྫོགས་པའི་བྱང་ཆུབ་[༦] དོན་དུ་གཉེར་བའི་ཕྱིར་གསེར་གྱི་སྨྲི་ཏོག་ཉིད་ཀྱིས་གཏོར་ཏོ། །ཀུན་[༧] དགའ་བོ་ངས་གང་གི་ཚེ་བླ་ན་མྱེད་པ་ཡང་དག་པར་རྫོགས་པའི་བྱང་ཆུབ་དོན་དུ་གཉེར་བའི་ཕྱིར། དེ་བཞིན་གཤེགས་པ་དགྲ་བཅོམ་པ་ཡང་དག་པར་རྫོགས་པའི་སངས་རྒྱས་མར་མེ་མཛད་ལ་ཨུད་པ་ལ་ལྔ་གཏོར་བ་དེའི་ཚེ། དེ་བཞིན་གཤེགས་པ་དགྲ་བཅོམ་པ་ཡང་དག་པར་རྫོགས་པའི་སངས་རྒྱས་མར་མེ་མཛད་དེས་དགེ་བའི་རྩ་བ་དང་ལྡན་པར་མཁྱེན་ནས། ང་བླ་ན་མེད་པ་ཡང་དག་པར་རྫོགས་པའི་བྱང་ཆུབ་ཏུ་ལུང་བསྟན་ཏོ། །དེའི་ཚེ་སྲིད་མོ་འདིས་ངའི་ལུང་བསྟན་པ་དེ་ཐོས་ནས། འདི་སྙམ་དུ་བདག་ཀྱང་ཇི་ལྟར་བྲམ་ཟེའི་བུ་[༨] འདི་ལུང་བསྟན་པ་དེ་བཞིན་དུ། །༔མ་འོངས་[༩] པའི་དུས་ན་བླ་ན་མྱེད་པ་ཡང་དག་པར་རྫོགས་པའི་བྱང་ཆུབ་ཏུ་ལུང་བསྟན་པར་གྱུར་ཅིག །ཅེས་སེམས་བསྐྱེད་དེ་ཀུན་[༡༠] དགའ་བོ༔ དེ་ལྟར་[༡༡] སྲིད་མོ་འདིས་དེ་བཞིན་གཤེགས་པ་

དགྲ་བཅོམ་པ་ཡང་དག་པར་རྫོགས་པའི་སངས་རྒྱས་དེའི་དྲུང་དུ། བླ་ན་མེད་པ་ཡང་དག་པར་རྫོགས་པའི་བྱང་ཆུབ་ཏུ་སེམས་དང་པོ་བསྐྱེད་དོ[1]། །ཀུན་[2]དགའ་བོས་གསོལ་པ། བཅོམ་ལྡན་འདས་སྲིད་མོ་འདིས་ནི་བླ་ན་མེད་པ་ཡང་དག་པར་རྫོགས་པའི་བྱང་ཆུབ་ཀྱི་དོན་དུ་ཡོངས་སུ་སྤྱང་བ་[3]བགྱིས་པའོ[4]། །བཅོམ་ལྡན་འདས་ཀྱིས་བཀའ་སྩལ་པ། ཀུན་[5]དགའ་བོ་དེ་དེ་བཞིན་ནོ། །དེ་དེ་བཞིན་ཏེ། ཇི་སྐད་དུ་སྨྲས་པ་དེ་བཞིན་ནོ། །ཀུན་[6]དགའ་བོ་སྲིད་མོ་འདི་[7]ནི་བླ་ན་མེད་པ་ཡང་དག་པར་རྫོགས་པའི་བྱང་ཆུབ་ཀྱི་དོན་དུ་ཡོངས་སུ་སྤྱང་བ་བྱས་པའོ། །ཤེས་རབ་ཀྱི་ཕ་རོལ་ཏུ་ཕྱིན་པ་སྟོང་ཕྲག་བརྒྱ་པ་ལས། ཿགང་གཱའི་ལྷ་མོའི་ལེའུ་སྟེ་བཞི་བཅུ་གསུམ་མོ[8]།། །།

ཤེས་རབ་ཀྱི་ཕ་རོལ་ཏུ་ཕྱིན་པ་སྟོང་ཕྲག་བརྒྱ་པ། བམ་པོཿབཅུ་བཞི་[9]པ། དེ་ནས་ཚེ་དང་ལྡན་པ་རབ་འབྱོར་གྱིས་བཅོམ་ལྡན་འདས་ལ་འདི་སྐད་ཅེས་གསོལ་ཏོ། །བཅོམ་ལྡན་འདས་ཤེས་རབ་ཀྱི་ཕ་རོལ་ཏུ་ཕྱིན་པ་ལ་སྤྱོད་པའི་བྱང་ཆུབ་སེམས་དཔའ་སེམས་དཔའ་ཆེན་པོས་ཇི་ལྟར་སྟོང་པ་ཉིད་ལ་ཡོངས་སུ་འདྲིས་པར་བགྱི། ཇི་ལྟར་སྟོང་པ་ཉིད་ཀྱི་ཏིང་ངེ་འཛིན་ལ་སྙོམས་པར་འཇུག་པར་བགྱི། ཇི་ལྟར་མཚན་མ་མེད་པ་ལ་ཡོངས་སུ་འདྲིས་པར་བགྱི། ཇི་ལྟར་མཚན་མ་མེད་པའི་ཏིང་ངེ་འཛིན་ལ་སྙོམས་པར་འཇུག་པར་བགྱི། ཇི་ལྟར་སྨོན་པ་མེད་པ་ལ་ཡོངས་སུ་འདྲིས་པར་བགྱི། ཇི་ལྟར་སྨོན་པ་མེད་པའི་ཏིང་ངེ་འཛིན་ལ་སྙོམས་པར་འཇུག་པར་བགྱི། ཇི་ལྟར་དྲན་པ་ཉེ་བར་གཞག་པ་རྣམས་ལ་ཡོངས་སུ་འདྲིས་པར་བགྱི། ཇི་ལྟར་དྲན་པ་ཉེ་བར་གཞག་པ་རྣམས་བསྒོམ་པར་བགྱི། ཇི་ལྟར་ཡང་དག་པར་སྤོང་བ་རྣམས་ལ་ཡོངས་སུ་འདྲིས་པར་བགྱི། ཇི་ལྟར་ཡང་

དག་པར་སྦྱོང་བ་རྣམས་བསྒོམ་པར་བགྱི། ཇི་ལྟར་རྫུ་འཕྲུལ་གྱི་རྐང་པ་རྣམས་ལ་ཡོངས་སུ་འདྲིས་པར་བགྱི། ཇི་ལྟར་རྫུ་འཕྲུལ་གྱི་རྐང་པ་རྣམས་བསྒོམ་པར་བགྱི། ཇི་ལྟར་དབང་པོ་རྣམས་ལ་ཡོངས་སུ་འདྲིས་པར་བགྱི། ཇི་ལྟར་དབང་པོ་རྣམས་བསྒོམ་པར་བགྱི། ཇི་ལྟར་སྟོབས་རྣམས་ལ་ཡོངས་སུ་འདྲིས་པར་བགྱི། ཇི་ལྟར་སྟོབས་རྣམས་བསྒོམ་པར་བགྱི། ཇི་ལྟར་བྱང་ཆུབ་ཀྱི་ཡན་ལག་རྣམས་ལ་ཡོངས་སུ་འདྲིས་པར་བགྱི། ཇི་ལྟར་བྱང་ཆུབ་ཀྱི་ཡན་ལག་རྣམས་བསྒོམ་པར་བགྱི། ཇི་ལྟར་འཕགས་པའི་ལམ་ཡན་ལག་བརྒྱད་པ་ལ་ཡོངས་སུ་འདྲིས་པར་བགྱི། ཇི་ལྟར་འཕགས་པའི་ལམ་ཡན་ལག་བརྒྱད་པ་བསྒོམ་པར་བགྱི། ཇི་ལྟར་འཕགས་པའི་བདེན་པ་རྣམས་ལ་ཡོངས་སུ་འདྲིས་པར་བགྱི། ཇི་ལྟར་འཕགས་པའི་བདེན་པ་རྣམས་བསྒོམ་པར་བགྱི། ཇི་ལྟར་བསམ་གཏན་རྣམས་ལ་ཡོངས་སུ་འདྲིས་པར་བགྱི། ཇི་ལྟར་བསམ་གཏན་རྣམས་བསྒོམ་པར་བགྱི། ཇི་ལྟར་ཚད་མེད་པ་རྣམས་ལ་ཡོངས་སུ་འདྲིས་པར་བགྱི། ཇི་ལྟར་ཚད་མེད་པ་རྣམས་བསྒོམ་པར་བགྱི། ཇི་ལྟར་གཟུགས་མེད་པའི་སྙོམས་པར་འཇུག་པ་རྣམས་ལ་ཡོངས་སུ་འདྲིས་པར་བགྱི། ཇི་ལྟར་གཟུགས་མེད་པའི་སྙོམས་པར་འཇུག་པ་རྣམས་བསྒོམ་པར་བགྱི། ཇི་ལྟར་རྣམ་པར་ཐར་པ་རྣམས་ལ་ཡོངས་སུ་འདྲིས་པར་བགྱི། ཇི་ལྟར་རྣམ་པར་ཐར་པ་རྣམས་བསྒོམ་པར་བགྱི། ཇི་ལྟར་མཐར་གྱིས་གནས་པའི་སྙོམས་པར་འཇུག་པ་རྣམས་ལ་ཡོངས་སུ་འདྲིས་པར་བགྱི། ཇི་ལྟར་མཐར་གྱིས་གནས་པའི་སྙོམས་པར་འཇུག་པ་རྣམས་བསྒོམ་པར་བགྱི། ཇི་ལྟར་རྣམ་པར་ཐར་པའི་སྒོ་སྟོང་པ་ཉིད་དང་མཚན་མ་མེད་པ་དང་། སྨོན་པ་མེད་པ་ལ་ཡོངས་སུ་འདྲིས་པར་བགྱི། ཇི་ལྟར་རྣམ་པར་ཐར་པའི་སྒོ་སྟོང་པ་ཉིད་དང་མཚན་མ་མེད་པ་དང་སྨོན་པ་མེད་པ་བསྒོམ་པར་བགྱི། ཇི་ལྟར་མངོན་པར་ཤེས་པ་རྣམས་ལ་ཡོངས་སུ་འདྲིས་པར་

བགྱི། ཇི་ལྟར་མངོན་པར་ཤེས་པ་རྣམས་བསྒོམ་པར་བགྱི། ཇི་ལྟར་ཏིང་ངེ་འཛིན་རྣམས་ལ་ཡོངས་སུ་འདྲིས་པར་བགྱི། ཇི་ལྟར་ཏིང་ངེ་འཛིན་རྣམས་བསྒོམ་པར་བགྱི། ཇི་ལྟར་གཟུངས་ཀྱི་སྒོ་རྣམས་ལ་ཡོངས་སུ་འདྲིས་པར་བགྱི། ཇི་ལྟར་གཟུངས་ཀྱི་སྒོ་རྣམས་བསྒོམ་པར་བགྱི། ཇི་ལྟར་དེ་བཞིན་གཤེགས་པའི་སྟོབས་རྣམས་ལ་ཡོངས་སུ་འདྲིས་པར་བགྱི། ཇི་ལྟར་དེ་བཞིན་གཤེགས་པའི་སྟོབས་རྣམས་བསྒོམ་པར་བགྱི། ཇི་ལྟར་མི་འཇིགས་པ་རྣམས་ལ་ཡོངས་སུ་འདྲིས་པར་བགྱི། ཇི་ལྟར་མི་འཇིགས་པ་རྣམས་བསྒོམ་པར་བགྱི། ཇི་ལྟར་སོ་སོ་ཡང་དག་པར་རིག་པ་རྣམས་ལ་ཡོངས་སུ་འདྲིས་པར་བགྱི། ཇི་ལྟར་སོ་སོ་ཡང་དག་པར་རིག་པ་རྣམས་བསྒོམ་པར་བགྱི། ཇི་ལྟར་བྱམས་པ་ཆེན་པོ་ལ་ཡོངས་སུ་འདྲིས་པར་བགྱི། ཇི་ལྟར་བྱམས་པ་ཆེན་པོ་བསྒོམ་པར་བགྱི། ཇི་ལྟར་སྙིང་རྗེ་ཆེན་པོ་ལ་ཡོངས་སུ་འདྲིས་པར་བགྱི། ཇི་ལྟར་སྙིང་རྗེ་ཆེན་པོ་བསྒོམ་པར་བགྱི། ཇི་ལྟར་སངས་རྒྱས་ཀྱི་ཆོས་མ་འདྲེས་པ་རྣམས་ལ་ཡོངས་སུ་འདྲིས་པར་བགྱི། ཇི་ལྟར་སངས་རྒྱས་ཀྱི་ཆོས་མ་འདྲེས་པ་རྣམས་བསྒོམ་པར་བགྱི། བཅོམ་ལྡན་འདས་ཀྱིས་བཀའ་སྩལ་པ། རབ་འབྱོར་འདི་ལ་བྱང་ཆུབ་སེམས་དཔའ་སེམས་དཔའ་ཆེན་པོ་ཤེས་རབ་ཀྱི་ཕ་རོལ་ཏུ་ཕྱིན་པ་ལ་སྤྱོད་པས། གཟུགས་སྟོང་ཞེས་བྱ་བར་བརྟག་པར་བྱའོ། །ཚོར་བ་སྟོང་ཞེས་བྱ་བར་བརྟག་པར་བྱའོ། །འདུ་ཤེས་སྟོང་ཞེས་བྱ་བར་བརྟག་པར་བྱའོ། །འདུ་བྱེད་སྟོང་ཞེས་བྱ་བར་བརྟག་པར་བྱའོ། །རྣམ་པར་ཤེས་པ་སྟོང་ཞེས་བྱ་བར་བརྟག་པར་བྱའོ། །མིག་སྟོང་ཞེས་བྱ་བར་བརྟག་པར་བྱའོ། །རྣ་བ་སྟོང་ཞེས་བྱ་བར་བརྟག་པར་བྱའོ། །སྣ་སྟོང་ཞེས་བྱ་བར་བརྟག་པར་བྱའོ། །ལྕེ་སྟོང་ཞེས་བྱ་བར་བརྟག་པར་བྱའོ། །ལུས་སྟོང་ཞེས་བྱ་བར་བརྟག་པར་བྱའོ། །ཡིད་སྟོང་ཞེས་བྱ་བར་བརྟག་པར་བྱའོ། །གཟུགས་

སྟོང་ཞེས་བྱ་བར་བརྟག་པར་བྱའོ། །སྒྲ་སྟོང་ཞེས་བྱ་བར་བརྟག་པར་བྱའོ། །དྲི་སྟོང་ཞེས་བྱ་བར་བརྟག་པར་བྱའོ། །རོ་སྟོང་ཞེས་བྱ་བར་བརྟག་པར་བྱའོ། །རེག་སྟོང་ཞེས་བྱ་བར་བརྟག་པར་བྱའོ། །ཆོས་སྟོང་ཞེས་བྱ་བར་བརྟག་པར་བྱའོ།། མིག་གི་རྣམ་པར་ཤེས་པ་སྟོང་ཞེས་བྱ་བར་བརྟག་པར་བྱའོ། །རྣ་བའི་རྣམ་པར་ཤེས་པ་སྟོང་ཞེས་བྱ་བར་བརྟག་པར་བྱའོ། །སྣའི་རྣམ་པར་ཤེས་པ་སྟོང་ཞེས་བྱ་བར་བརྟག་པར་བྱའོ། །ལྕེའི་རྣམ་པར་ཤེས་པ་སྟོང་ཞེས་བྱ་བར་བརྟག་པར་བྱའོ།། ལུས་ཀྱི་རྣམ་པར་ཤེས་པ་སྟོང་ཞེས་བྱ་བར་བརྟག་པར་བྱའོ། །ཡིད་ཀྱི་རྣམ་པར་ཤེས་པ་སྟོང་ཞེས་བྱ་བར་བརྟག་པར་བྱའོ། །མིག་གི་འདུས་ཏེ་རེག་པ་སྟོང་ཞེས་བྱ་བར་བརྟག་པར་བྱའོ། །རྣ་བའི་འདུས་ཏེ་རེག་པ་སྟོང་ཞེས་བྱ་བར་བརྟག་པར་བྱའོ། །སྣའི་འདུས་ཏེ་རེག་པ་སྟོང་ཞེས་བྱ་བར་བརྟག་པར་བྱའོ། །ལྕེའི་འདུས་ཏེ་རེག་པ་སྟོང་ཞེས་བྱ་བར་བརྟག་པར་བྱའོ། །ལུས་ཀྱི་འདུས་ཏེ་རེག་པ་སྟོང་ཞེས་བྱ་བར་བརྟག་པར་བྱའོ། །ཡིད་ཀྱི་འདུས་ཏེ་རེག་པ་སྟོང་ཞེས་བྱ་བར་བརྟག་པར་བྱའོ། །མིག་གི་འདུས་ཏེ་རེག་པའི་རྐྱེན་གྱིས་ཚོར་བ་སྟོང་ཞེས་བྱ་བར་བརྟག་པར་བྱའོ། །རྣ་བའི་འདུས་ཏེ་རེག་པའི་རྐྱེན་གྱིས་ཚོར་བ་སྟོང་ཞེས་བྱ་བར་བརྟག་པར་བྱའོ། །སྣའི་འདུས་ཏེ་རེག་པའི་རྐྱེན་གྱིས་ཚོར་བ་སྟོང་ཞེས་བྱ་བར་བརྟག་པར་བྱའོ། །ལྕེའི་འདུས་ཏེ་རེག་པའི་རྐྱེན་གྱིས་ཚོར་བ་སྟོང་ཞེས་བྱ་བར་བརྟག་པར་བྱའོ། །ལུས་ཀྱི་འདུས་ཏེ་རེག་པའི་རྐྱེན་གྱིས་ཚོར་བ་སྟོང་ཞེས་བྱ་བར་བརྟག་པར་བྱའོ། །ཡིད་ཀྱི་འདུས་ཏེ་རེག་པའི་རྐྱེན་གྱིས་ཚོར་བ་སྟོང་ཞེས་བྱ་བར་བརྟག་པར་བྱའོ། །སའི་ཁམས་སྟོང་ཞེས་བྱ་བར་བརྟག་པར་བྱའོ། །ཆུའི་ཁམས་སྟོང་ཞེས་བྱ་བར་བརྟག་པར་བྱའོ། །མེའི་ཁམས་སྟོང་ཞེས་བྱ་བར་བརྟག་པར་བྱའོ། །རླུང་གི་ཁམས་སྟོང་ཞེས་བྱ་བར་བརྟག་པར་བྱའོ། །ནམ་མཁའི་

ཁམས་སྟོང་ཞེས་བྱ་བར་བརྟག་པར་བྱའོ། །རྣམ་པར་ཤེས་པའི་ཁམས་སྟོང་ཞེས་བྱ་བར་བརྟག་པར་བྱའོ། །མ་རིག་པ་སྟོང་ཞེས་བྱ་བར་བརྟག་པར་བྱའོ། །འདུ་བྱེད་སྟོང་ཞེས་བྱ་བར་བརྟག་པར་བྱའོ། །རྣམ་པར་ཤེས་པ་སྟོང་ཞེས་བྱ་བར་བརྟག་པར་བྱའོ། །མིང་དང་གཟུགས་སྟོང་ཞེས་བྱ་བར་བརྟག་པར་བྱའོ། །སྐྱེ་མཆེད་དྲུག་སྟོང་ཞེས་བྱ་བར་བརྟག་པར་བྱའོ། །རེག་[༡]པ་སྟོང་ཞེས་བྱ་བར་བརྟག་པར་བྱའོ། །ཚོར་བ་སྟོང་ཞེས་བྱ་བར་བརྟག་པར་བྱའོ། །སྲིད་པ་སྟོང་ཞེས་བྱ་བར་བརྟག་པར་བྱའོ། །ལེན་པ་སྟོང་ཞེས་བྱ་བར་བརྟག་པར་བྱའོ། །སྲིད་པ་སྟོང་ཞེས་བྱ་བར་བརྟག་པར་བྱའོ། །སྐྱེ་བ་སྟོང་ཞེས་བྱ་བར་བརྟག་པར་བྱའོ། །རྒ་ཤི་སྟོང་ཞེས་བྱ་བར་བརྟག་པར་བྱའོ། །སྦྱིན་པའི་ཕ་རོལ་ཏུ་ཕྱིན་པ་སྟོང་ཞེས་བྱ་བར་བརྟག་པར་བྱའོ། །ཚུལ་ཁྲིམས་ཀྱི་ཕ་རོལ་ཏུ་ཕྱིན་པ་སྟོང་ཞེས་བྱ་བར་བརྟག་པར་བྱའོ། །བཟོད་པའི་ཕ་རོལ་ཏུ་ཕྱིན་པ་སྟོང་ཞེས་བྱ་བར་བརྟག་པར་བྱའོ། །བརྩོན་འགྲུས་ཀྱི་ཕ་རོལ་ཏུ་ཕྱིན་པ་སྟོང་ཞེས་བྱ་བར་བརྟག་པར་བྱའོ། །བསམ་གཏན་གྱི་ཕ་རོལ་ཏུ་ཕྱིན་པ་སྟོང་ཞེས་བྱ་བར་བརྟག་པར་བྱའོ། །ཤེས་རབ་ཀྱི་ཕ་རོལ་ཏུ་ཕྱིན་པ་སྟོང་ཞེས་བྱ་བར་བརྟག་པར་བྱའོ། །ནང་སྟོང་པ་ཉིད་སྟོང་ཞེས་བྱ་བར་བརྟག་པར་བྱའོ། །ཕྱི་སྟོང་པ་ཉིད་སྟོང་ཞེས་བྱ་བར་བརྟག་པར་བྱའོ།། ཕྱི་ནང་སྟོང་པ་ཉིད་སྟོང་ཞེས་བྱ་བར་བརྟག་པར་བྱའོ། །སྟོང་པ་ཉིད་སྟོང་པ་ཉིད་སྟོང་ཞེས་བྱ་བར་བརྟག་པར་བྱའོ། །ཆེན་པོ་སྟོང་པ་[༢]ཉིད་སྟོང་ཞེས་བྱ་བར་བརྟག་པར་བྱའོ། །དོན་དམ་པ་སྟོང་པ་ཉིད་སྟོང་ཞེས་བྱ་བར་བརྟག་པར་བྱའོ། །འདུས་བྱས་སྟོང་པ་ཉིད་སྟོང་ཞེས་བྱ་བར་བརྟག་པར་བྱའོ། །འདུས་མ་བྱས་སྟོང་པ་ཉིད་སྟོང་ཞེས་བྱ་བར་བརྟག་པར་[༣]བྱའོ། །མཐའ་ལས་འདས་པ་སྟོང་པ་ཉིད་སྟོང་ཞེས་བྱ་བར་བརྟག་པར་བྱའོ། །ཐོག་མ་དང་ཐ་མ་མེད་པ་སྟོང་པ་ཉིད་སྟོང་

ཞེས་བྱ་བར་བརྟག་པར་བྱའོ། །དོར་བ་མེད་པ་སྟོང་པ་ཉིད་སྟོང་ཞེས་བྱ་བར་བརྟག་པར་བྱའོ། །རང་བཞིན་སྟོང་པ་ཉིད་སྟོང་ཞེས་བྱ་བར་བརྟག་པར་བྱའོ། །ཆོས་ཐམས་ཅད་སྟོང་པ་ཉིད་སྟོང་ཞེས་བྱ་བར་བརྟག་པར་བྱའོ། །རང་གི་མཚན་ཉིད་སྟོང་པ་ཉིད་སྟོང་ཞེས་བྱ་བར་བརྟག་པར་བྱའོ། །མི་དམིགས་པ་སྟོང་པ་ཉིད་སྟོང་ཞེས་བྱ་བར་བརྟག་པར་བྱའོ། །དངོས་པོ་མེད་པ་སྟོང་པ་ཉིད་སྟོང་ཞེས་བྱ་བར་བརྟག་པར་བྱའོ། །ངོ་བོ་ཉིད་སྟོང་པ་ཉིད་སྟོང་ཞེས་བྱ་བར་བརྟག་པར་བྱའོ། །དངོས་པོ་མེད་པའི་ངོ་བོ་ཉིད་སྟོང་པ་ཉིད་སྟོང་ཞེས་བྱ་བར་བརྟག་པར་བྱའོ། །དྲན་པ་ཉེ་བར་གཞག་པ་རྣམས་སྟོང་ཞེས་བྱ་བར་བརྟག་པར་བྱའོ། །ཡང་དག་པར་སྤོང་བ་རྣམས་སྟོང་ཞེས་བྱ་བར་བརྟག་པར་བྱའོ། །རྫུ་འཕྲུལ་གྱི་རྐང་པ་རྣམས་སྟོང་ཞེས་བྱ་བར་བརྟག་པར་བྱའོ། །དབང་པོ་རྣམས་སྟོང་ཞེས་བྱ་བར་བརྟག་པར་བྱའོ། །སྟོབས་རྣམས་སྟོང་ཞེས་བྱ་བར་བརྟག་པར་བྱའོ། །བྱང་ཆུབ་ཀྱི་ཡན་ལག་རྣམས་སྟོང་ཞེས་བྱ་བར་བརྟག་པར་བྱའོ། །འཕགས་པའི་ལམ་ཡན་ལག་བརྒྱད་པ་སྟོང་ཞེས་བྱ་བར་བརྟག་པར་བྱའོ། །འཕགས་པའི་བདེན་པ་རྣམས་སྟོང་ཞེས་བྱ་བར་བརྟག་པར་བྱའོ། །བསམ་གཏན་རྣམས་སྟོང་ཞེས་བྱ་བར་བརྟག་པར་བྱའོ། །ཚད་མེད་པ་རྣམས་སྟོང་ཞེས་བྱ་བར་བརྟག་པར་བྱའོ། །གཟུགས་མེད་པའི་སྙོམས་པར་འཇུག་པ་རྣམས་སྟོང་ཞེས་བྱ་བར་བརྟག་པར་བྱའོ། །རྣམ་པར་ཐར་པ་རྣམས་སྟོང་ཞེས་བྱ་བར་བརྟག་པར་བྱའོ། །མཐར་གྱིས་གནས་པའི་སྙོམས་པར་འཇུག་པ་རྣམས་སྟོང་ཞེས་བྱ་བར་བརྟག་པར་བྱའོ། །རྣམ་པར་ཐར་པའི་སྒོ་སྟོང་པ་ཉིད་དང་མཚན་མ་མེད་པ་དང་། སྨོན་པ་མེད་པ་སྟོང་ཞེས་བྱ་བར་བརྟག་པར་བྱའོ། །མངོན་པར་ཤེས་པ་རྣམས་སྟོང་ཞེས་བྱ་བར་བརྟག་པར་བྱའོ། །ཏིང་ངེ་འཛིན་རྣམས་སྟོང་ཞེས་བྱ་བར་

བརྟག་པར་བྱའོ། །གཟུངས་ཀྱི་སྒོ་རྣམས་སྟོང་ཞེས་བྱ་བར་བརྟག་པར་བྱའོ། །
དེ་བཞིན་གཤེགས་པའི་སྟོབས་[༡]རྣམས་སྟོང་ཞེས་བྱ་བར་བརྟག་པར་བྱའོ། །མི་
འཇིགས་པ་རྣམས་སྟོང་ཞེས་བྱ་བར་བརྟག་པར་བྱའོ། །སོ་སོ་ཡང་དག་པར་རིག་
པ་རྣམས་སྟོང་ཞེས་བྱ་བར་བརྟག་པར་བྱའོ། །བྱམས་པ་ཆེན་པོ་སྟོང་ཞེས་བྱ་བར་
བརྟག་པར་བྱའོ། །སྙིང་རྗེ་ཆེན་པོ་སྟོང་ཞེས་བྱ་བར་བརྟག་པར་བྱའོ། །སངས་
རྒྱས་ཀྱི་ཆོས་མ་འདྲེས་པ་རྣམས་སྟོང་ཞེས་བྱ་བར་བརྟག་པར་བྱའོ། །འདོད་པའི་
ཁམས་སྟོང་ཞེས་བྱ་བར་བརྟག་པར་བྱའོ། །གཟུགས་ཀྱི་ཁམས་སྟོང་ཞེས་བྱ་བར་
བརྟག་པར་བྱའོ། །གཟུགས་མེད་པའི་ཁམས་སྟོང་ཞེས་བྱ་བར་བརྟག་པར་བྱའོ། །
དེ་ཡང་ཅི་ནས་ཀྱང་དེ་ལྟར༔བརྟགས་ན་[༢]སེམས་གཡེང་བར་མི་འགྱུར་བ་དེ་ལྟར་
བརྟག་པར༔བྱ་སྟེ[༣]། དེ་[༤]སེམས་མི་[༥]གཡེང་བ་དང་ལྡན་པས་ཆོས་དེ་དག་[༦]ཡང་
དག་པར་རྗེས་སུ་མི་མཐོང་སྟེ། ཆོས་དེ་ཡང་དག་པར་རྗེས་སུ་མ་མཐོང་བས་
མངོན་དུ་མི་བྱེད་དོ། །དེ་ཅིའི་ཕྱིར་ཞེ་ན། དེ་ནི་འདི་ལྟར་བྱང་ཆུབ་སེམས་
དཔའ་སེམས་དཔའ་ཆེན་པོ་དེ་ཆོས་ཐམས་ཅད་རང་གི་མཚན་ཉིད་ཀྱིས་[༧]སྟོང་པ་
ལ་བསླབས་པས། ཆོས་གང་ལ་ཡང་རིས་སུ་[༨]ཆད་པར་མི་བྱེད་དེ། གང་
མངོན་དུ་[༩]བྱེད་[༡༠]པ་དང་གང་མངོན་དུ་བྱ་བ་དང་། གང་གིས་[༡༡]མངོན་དུ་བྱ་
བའི་ཆོས་དེ་དག་ཐམས་ཅད་ཡང་དག་པར་རྗེས་སུ་མི་མཐོང་ངོ་། །རབ་འབྱོར་
གྱིས་གསོལ་པ། བཅོམ་ལྡན་འདས་ཀྱིས་གང་[༡༢]འདི་སྐད་དུ། བྱང་ཆུབ་
སེམས་དཔའ་སེམས་དཔའ་ཆེན་པོས་སྟོང་པའི་ཆོས་རྣམས་མངོན་དུ་མི་བྱའོ། །
ཞེས་བཀའ་སྩལ་པ་དེ་ལ། བཅོམ་ལྡན་འདས་ཇི་ལྟར་ན་བྱང་ཆུབ་སེམས་དཔའ་
སེམས་དཔའ་ཆེན་པོ་སྟོང་པ་ཉིད་ལ་གནས་པ། སྟོང་པ་ཉིད་མངོན་དུ་མི་
བགྱིད་པ་ལགས། བཅོམ་ལྡན་འདས་ཀྱིས་བཀའ་སྩལ་པ། རབ་འབྱོར་བྱང་

ཆུབ་སེམས་དཔའ་སེམས་དཔའ་ཆེན་པོ་རྣམ་པའི་མཆོག་ཐམས་ཅད་དང་ལྡན་པའི་སྟོང་པ་ཉིད་ལ་རབ་ཏུ་རྟོག་སྟེ[༡]། མངོན[༢]་ཏུ་མི་བྱེད་དོ། །མངོན་ཏུ་བྱའོ། །སྐབས་དུ་མི་རྟོག་གོ། །མངོན་དུ་བྱ[༣]་བ་ཡིན་ནོ་ཞེས་བྱ་བར་མི་རྟོག་སྟེ[༤]། ཡོངས་སུ་འདྲིས་པར་བྱ་བར་རྟོག་ཅིང་། འདི་ནི་ཡོངས་སུ་འདྲིས་པར་བྱ་བའི་དུས་ཀྱི[༥]། འདི་ནི་མངོན་ཏུ་བྱ་བའི་དུས་མ་ཡིན་ནོ་ཞེས་བྱ་བར་རྟོག་གོ[༦]། །བྱང་ཆུབ་སེམས་དཔའ་སེམས་དཔའ་ཆེན་པོ་ནི་མཉམ་པར་མ་བཞག[༧]་པ་ཉིད་དུ་སེམས་དམིགས་པ་ལ་འདོགས་ཏེ། དེས་བར་མ་དོར་བྱང་ཆུབ་སེམས་དཔའ་སེམས་དཔའ་ཆེན་པོ་བྱང་ཆུབ་ཀྱི་ཕྱོགས་ཀྱི་ཆོས་རྣམས་ལས༔ཡོངས་སུ[༨]་ཉམ[༩]་པར་མི་འགྱུར་ཏེ། ཟག་པ་ཟད་པ་ཡང་མངོན་ཏུ་མི་བྱེད་དོ། །དེ་ཅིའི་ཕྱིར་ཞེ་ན། བྱང་ཆུབ་སེམས་དཔའ་སེམས་དཔའ་ཆེན་པོ་དེ་ལྟ་བུའི་ཡེ་ཤེས་སྟོབས་པོ་ཆེ་དང་ལྡན་པ་སྟེ། དེ[༡༠]་ནི་བྱང་ཆུབ་ཀྱི་ཕྱོགས་ཀྱི་ཆོས་རྣམས་ལ་གནས་ཤིང་། འདི་ལྟར་འདི་ནི་ཡོངས་སུ་འདྲིས་པར་བྱ་བའི་དུས་ཏེ། འདི་ནི་མངོན་དུ་བྱ་བའི་དུས་མ་ཡིན་ནོ། །ཞེས་བྱ་བར་རབ་ཏུ་ཤེས་སོ[༡༡]། །རབ་འབྱོར་བྱང་ཆུབ་སེམས་དཔའ་སེམས་དཔའ་ཆེན་པོ་ཤེས་རབ་ཀྱི་ཕ་རོལ་ཏུ་ཕྱིན་པ་ལ་སྤྱོད་པ་དེས། འདི་ལྟར་འདི་ནི་སྦྱིན་པའི་ཕ་རོལ་ཏུ་ཕྱིན་པའི་དུས་སོ། །འདི་ནི་ཚུལ་ཁྲིམས་ཀྱི་ཕ་རོལ་ཏུ་ཕྱིན་པའི་དུས་སོ། །འདི་ནི་བཟོད་པའི་ཕ་རོལ་ཏུ་ཕྱིན་པའི་དུས་སོ། །འདི་ནི་བརྩོན་འགྲུས་ཀྱི་ཕ་རོལ་ཏུ་ཕྱིན་པའི་དུས་སོ། །འདི་ནི་བསམ་གཏན་གྱི་ཕ་རོལ་ཏུ་ཕྱིན་པའི་དུས་སོ། །འདི་ནི་ཤེས་རབ་ཀྱི་ཕ་རོལ་ཏུ་ཕྱིན་པའི་དུས་སོ། །འདི་ནི་དྲན་པ་ཉེ་བར་གཞག་པ་བསྒོམ[༡༢]་པའི་དུས་སོ། །འདི་ནི་ཡང་དག་པར་སྤོང་བ་བསྒོམ་པའི་དུས་སོ། །འདི་ནི་རྫུ་འཕྲུལ་གྱི་རྐང་པ་བསྒོམ་པའི་དུས་སོ། །འདི་ནི་དབང་པོ་བསྒོམ་པའི་དུས་སོ། །འདི་ནི་སྟོབས་བསྒོམ་པའི་དུས་སོ། །

འདི་ནི་བྱང་ཆུབ་ཀྱི་ཡན་ལག་བསྒོམ་པའི་དུས་སོ། །འདི་ནི་འཕགས་པའི་ལམ་ཡན་ལག་བརྒྱད་པ་བསྒོམ་པའི་དུས་སོ། །འདི་ནི་རྣམ་པར་ཐར་པའི་སྒོ་སྟོང་པ་ཉིད་དང་། མཚན་མ་མེད་པ་དང་། སྨོན་པ་མྱེད་ཿཔ་བསྒོམ[1]པའི་དུས་སོ། །འདི་ནི་མངོན་པར་ཤེས་པ་ཐོབ་པར་བྱ་བའི་དུས་སོ། །འདི་ནི་ཏིང་ངེ་འཛིན[2]ཐོབ་པར་བྱ་བའི་དུས་སོ། །འདི་ནི་གཟུངས་ཀྱི་སྒོ་རྣམས་ཐོབ་པར་བྱ་བའི་དུས་སོ། །འདི་ནི་དེ་བཞིན་གཤེགས་པའི་སྟོབས་བཅུ་ཐོབ་པར་བྱ་བའི་དུས་སོ། །འདི་ནི་མི་འཇིགས་པ་བཞི་ཐོབ་པར་བྱ་བའི་དུས་སོ། །འདི་ནི་སོ་སོ་ཡང་དག་པར་རིག་པ་བཞི་ཐོབ་པར་བྱ་བའི་དུས་སོ། །འདི་ནི་སངས་རྒྱས་ཀྱི་ཆོས་མ་འདྲེས་པ་བཅྭ[3]བརྒྱད་ཐོབ་པར་བྱ་བའི་དུས་སོ། །འདི་ནི་བྱམས་པ་ཆེན་པོ་ཐོབ་པར་བྱ་བའི་དུས་སོ། །འདི་ནི་སྙིང་རྗེ་ཆེན་པོ་ཐོབ་པར་བྱ་བའི་དུས་ཡིན་ཏེ། འདི་ནི་རྒྱུན་དུ་ཞུགས་པའི་འབྲས་བུ་མངོན་དུ་བྱ་བའི་དུས་མ་ཡིན། འདི་ནི་ལན་ཅིག་ཕྱིར་འོང་བའི་འབྲས་བུ་མངོན་དུ་བྱ་བའི་དུས་མ་ཡིན། འདི་ནི་ཕྱིར་མི་འོང་བའི་འབྲས་བུ་མངོན་དུ་བྱ་བའི་དུས་མ་ཡིན། འདི་ནི་དགྲ་བཅོམ་པའི་འབྲས་བུ་མངོན་དུ་བྱ་བའི་དུས་མ་ཡིན། འདི་ནི་རང[4]སངས་རྒྱས་ཀྱི་ཡེ་ཤེསཿམངོན་དུ[5]བྱ་བའི་དུས་མ་ཡིན་ཏེ། འདི་ནི་རྣམ་པ་ཐམས་ཅད་མཁྱེན་པ་ཉིད་ཐོབ་པར་བྱ་བ་ཡོངས་སུ་མྱི་བཏང[6]བའི་དུས་སོ། །ཞེས་བྱ་བར་བརྟག་པར་བྱ[7]སྟེ། རབ་འབྱོར་དེ་ལྟར་ན་བྱང་ཆུབ་སེམས་དཔའ་སེམས་དཔའ་ཆེན་པོ་ཤེས་རབ་ཀྱི་ཕ་རོལ་ཏུ་ཕྱིན་པ་ལ་སྤྱོད་པའི་ཚེ། སྟོང་པ་ཉིད་ལ་ཡོངས་སུ་འདྲིས་པར་བྱེད་ཅིང་། སྟོང་པ་ཉིད་ཀྱིས་རྣམ་པར་སྤྱོད་པ་ཡིན། མཚན་མ་མྱེད་པ་ལ་ཡོངས་སུ་འདྲིས་པར་བྱེད་ཅིང་མཚན་མ་མེད་པས་རྣམ་པར་སྤྱོད་པ་ཡིན། སྨོན་པ་མྱེད་པ་ལ་ཡོངས་སུ་འདྲིས་པར་བྱེད་ཅིང་། སྨོན་པ་མེད་པས་རྣམ་པར་སྤྱོད་པ་ཡིན།

དྲན་པ་ཉེ་བར་གཞག་པ་རྣམས་ལ་སྒོམ་[1] ཞིང་། དྲན་པ་ཉེ་བར་གཞག་པ་རྣམས་ཀྱིས་རྣམ་པར་སྦྱོད་པ་ཡིན། ཡང་དག་པར་སྤོང་བ་རྣམས་ལ་སྒོམ་[2] ཞིང་། ཡང་དག་པར་སྤོང་བ་རྣམས་ཀྱིས་རྣམ་པར་སྦྱོད་པ་ཡིན། རྫུ་[3] འཕྲུལ་གྱི་རྐང་པ་རྣམས་ལ་སྒོམ་[4] ཞིང་། རྫུ་འཕྲུལ་གྱི་རྐང་པ་རྣམས་ཀྱིས་རྣམ་པར་སྦྱོད་པ་ཡིན། དབང་པོ་རྣམས་ལ་སྒོམ་[5] ཞིང་། དབང་པོ་རྣམས་ཀྱིས་[6] རྣམ་པར་སྦྱོད་པ་ཡིན། སྟོབས་རྣམས་ལ་སྒོམ་[7] ཞིང་། སྟོབས་རྣམས་ཀྱིས་རྣམ་པར་སྦྱོད་པ་ཡིན། བྱང་ཆུབ་ཀྱི་ཡན་ལག་རྣམས་ལ་སྒོམ་[8] ཞིང་། བྱང་ཆུབ་ཀྱི་ཡན་ལག་རྣམས་ཀྱིས་རྣམ་པར་སྦྱོད་པ་ཡིན། འཕགས་པའི་ལམ་ཡན་ལག་བརྒྱད་པ་ལ་སྒོམ་[9] ཡང་། མངོན་དུ་[10] མི་བྱེད་པ་ཡིན། རབ་འབྱོར་དེ་ལྟར་ན་བྱང་ཆུབ་སེམས་དཔའ་སེམས་དཔའ་ཆེན་པོ་བྱང་ཆུབ་ཀྱི་ཕྱོགས་ཀྱི་ཆོས་རྣམས་ལ་ཡོངས་སུ་འདྲིས་པར་···བྱེད་པ་ཡིན། བྱང་ཆུབ་ཀྱི་ཕྱོགས་ཀྱི་ཆོས་རྣམས་སྒོམ་[11] པ་ཡིན། བྱང་ཆུབ་ཀྱི་ཕྱོགས་ཀྱི་ཆོས་རྣམས་ཀྱིས་རྣམ་པར་སྦྱོད་པ་ཡིན་ཏེ། རྒྱུན་དུ་ཞུགས་པའི་འབྲས་བུ་མངོན་དུ་མི་བྱེད་དོ། །ལན་ཅིག་ཕྱིར་འོང་བའི་འབྲས་བུ་མངོན་དུ་མི་བྱེད་དོ། །ཕྱིར་མི་འོང་བའི་འབྲས་བུ་མངོན་དུ་མི་བྱེད་དོ། །དགྲ་བཅོམ་པ་ཉིད་མངོན་དུ་མི་བྱེད་དོ། །རང་བྱང་ཆུབ་མངོན་དུ་མི་བྱེད་དོ། །རབ་འབྱོར་འདི་ལྟ་སྟེ་དཔེར་ན། སྐྱེས་བུ་ཞིག་དཔའ་ཞིང་[12] རྩལ་ཆེ་ལ་ཤིན་ཏུ་བརྟན་ཞིང་གཟུགས་མཛེས་[13] ལ་བྱད་བཞིན་[14] བཟང་ཞིང་བལྟ་ན་སྡུག་པ་ཁ་དོག་བཟང་པོ་མཆོག་ཏུ་རྒྱས་པ་དང་ལྡན་པ། འཕོང་རྩལ་མཆོག་ཏུ་བྱང་བ་མཚོན་ཆ་[15] སྦྱང་བ་ཐོགས་པ། སྒྱུ་རྩལ་དྲུག་ཅུ་[16] རྩ་བཞི་པོ་ཐམས་ཅད་ཡོངས་སུ་རྫོགས་པ། བཟོའི་གནས་དང···ལས་ཀྱི་གནས་ཐམས་ཅད་རྟོགས་[17] པར་རིག་པ། འགྲོ་བ་མང་པོའི་ཡིད་དུ་འོང་ཞིང་[18] སྡུག་པ། བྱ་བ་གང་དང་གང་རྩོམ་[19] ཡང་ཐམས་ཅད་དུ་སྙེད་པ་ཆེན་པོ···

དང་ལྡན་ཏེ། ཉེད་པ་དེས་སྐྱེ་བོ་མང་པོ་ལ་རིམ་གྲོར་བྱེད། བཀུར་སྟིར་[1] བྱེད།
ཕུ་དུད་དུ་བྱེད། མཆོད་པར་བྱེད་ལ[2]། དེ་ཤིན་ཏུ་དགའ་ཞིང་སྤྲོ་བ་དང་
ཉམས་དགའ་ཞིང་[3]། ཡིད་བདེ་བ་རྒྱ་ཆེན་པོ་དག་སྐྱེས་[4] ནས་དགོས་པ་ཞིག་གི་
ཕྱིར། ཕ་མ་དང་བུ་དང་། ཚུང་མ་དག་ཁྱིད་དེ། འབྲོག་དགོན་པ་བྱིས་པ་
རྣམས་འཇིགས་ཤིང་སྐྱི་གཡའ་[5] བར་སོང་སྟེ། སྐྱེས་བུ་དེས་དེར་ཕྱིན་ནས། ཕ་
མ་དང་བུ་དང་ཚུང་མ་ལ་མི་འཇིགས་པ་བྱིན་ཏེ། འཇིགས་པར་མ་བྱེད་མ་
འཇིགས་ཤིག །བདག་གིས་ཁྱེད་འབྲོག་དགོན་པ་འཇིགས་ཤིང་ཉམས་ཀྱི་བདེ་བ་
འདི་ལས་མྱུར་དུ་གདོན་ཅིང་མྱུར་དུ་ཐར་བར་བྱའོ་ཞེས་མི་འཇིགས་པ་བྱིན་ཏེ།
འབྲོག་དགོན་པ་དེར་སྐྱེས་བུ་དེ་ལ་གསོད་པའི་དགྲ་ཕྱིར་རྒོལ་བ་མང་པོ་ཉེ་བར·····
གནས་པར་གྱུར་ནས་སྐྱེས་བུ་དེ་ཡང་ཤེས་རབ་ཀྱི་མཐུ་དམ་པ་དང་ལྡན་པར་གྱུར་[6]
ཏེ། དེས་ཕ་མ་དང་བུ་དང་ཚུང་མ་དག་འབྲོག་དགོན་པ་དེ་ནས་བཏོན་[7] ཏེ།
བདེ་ཞིང་ཉོན་མ་མོངས་པར་ཐར་བར་བྱས་ནས། ཕྱིར་གྲོང་ངམ། གྲོང་ཁྱེར་
རམ། གྲོང་རྡལ་ལམ། ལྗོངས་ཀྱི་འདབ་ཏུ་[8] མ་སྣད་མ་ཉམས་པར་ཕྱིན་ནས།
དགའ་ཞིང་ཡིད་བདེ་བ་སྐྱེས་ཏེ། དགྲ་ཕྱིར་རྒོལ་བའི་སེམས་ཅན་དེ་དག་ལ་ཡང་
སེམས་ཀྱིས་སྡང་བར་མི་བྱེད་དེ། དེ་ཅིའི་ཕྱིར་ཞེ་ན། སྐྱེས་བུ་དེས་སྒྱུ་རྩལ་
ཐམས་ཅད་ལ་བྱང་[9] བར་བྱས་པས། དེས་འབྲོག་དགོན་པ་དེར་[10] ཕྱིར་རྒོལ་བ་དེ་
དག་པས་[11] ཕྱིར་རྒོལ་བ་གཞན་ཆེས་ཕལ་[12] ཆེ་བ་ཆེས་མང་བ་ཆེས་དཔའ་བ། ཆེས་
མཚོན་ཆ་[13] སྲ་བ་དང་[14] ལྡན་པ་དག་སླུལ་ཏེ། ཕྱིར་རྒོལ་བ་དེ་དག་ཐམས་ཅད·····
འཇིགས་པ་དེས་[15] མྱེད་པར་གྱུར་ནས། སྐྱེས་བུ་དེས་ཕ་མ་དང་། བུ་དང་ཚུང་
མ་དེ་དག་ཉོན་མ་མོངས་པར་ཐར་བར་བྱས་ནས། བདེ་བར་རྣམ་པར་སྤྱོད་པ·····
ཞིག་ཡོད་ན། རབ་འབྱོར་དེ་བཞིན་དུ་གང་གི་ཚེ། བྱང་ཆུབ་སེམས་དཔའ·····

སེམས་དཔའ་ཆེན་པོ་[1]སེམས་ཅན་ཐམས་ཅད་ལ་བྱམས་པར་དམིགས་པའི་སེམས་དང་། སྙིང་རྗེར་དམིགས་པའི་སེམས་དང་། དགའ་བར་དམིགས་པའི་སེམས་དང་། བཏང་སྙོམས་སུ་[2]དམིགས་པའི་སེམས་ཀྱིས་ཁྱད་[3]པར་བྱས་ནས་གནས་ཏེ། དེའི་སྐབས་སུ་བྱང་ཆུབ་སེམས་དཔའ་སེམས་དཔའ་ཆེན་པོ་ཚད་མེད་པ་བཞི་ལ་གནས་ཤིང་། ཕ་རོལ་ཏུ་ཕྱིན་པ་དྲུག་ཡོངས་སུ་རྫོགས་པར་བྱེད་དོ། །ཡོངས་སུ་རྫོགས་པར་བྱས་ནས་ཟག་པ་ཟད་པ་མ་ཐོབ་བཞིན་དུ་རྣམ་པ་ཐམས་ཅད་མཁྱེན་པ་ཉིད་ལ་ཡོངས་སུ་འདྲིས་པར་བྱེད་དོ། །རྣམ་པར་ཐར་པའི་སྒོ་སྟོང་པ་ཉིད་དང་། མཚན་མ་མེད་པ་དང་། སྨོན་པ་མེད་པ་ལ་གནས་ཤིང་། རྣམ་པ་ཐམས་ཅད་མཁྱེན་པ་ཉིད་ལ་ཡོངས་སུ་འདྲིས་པར་བྱེད་དེ། དེའི་སྐབས་སུ་[4]བྱང་ཆུབ་སེམས་དཔའ་སེམས་དཔའ་ཆེན་པོ་མཚན་མ་[5]ཡང་རྣམ་པར་མི་སྤྱོད། མཚན་མ་མེད་པའི་ཏིང་ངེ་འཛིན་གང་[6]མངོན་དུ་བྱས་པས། ཉན་ཐོས་ཀྱི་སའམ། རང་སངས་རྒྱས་ཀྱི་ས་ལ་གནས་པར་འགྱུར་བ་དེ་ལྟ་བུ་ཡང་མངོན་དུ་མི་བྱེད་དོ། །རབ་འབྱོར་འདི་ལྟ་སྟེ་དཔེར་ན། འདབ་[7]ཆགས་བྱ་ནི་བར་སྣང་ལ་རྒྱུ་ཞིང་ས་ལ་མི་ལྷུང་སྟེ། ནམ་མཁའ་བར་སྣང་ལ་གནས་ཀྱང་དེ་ལ་གནས་པ་མེད་དོ། །རབ་འབྱོར་དེ་བཞིན་དུ་བྱང་ཆུབ་སེམས་དཔའ་སེམས་དཔའ་ཆེན་པོ་ཡང་སྟོང་པ་ཉིད་ལ་ཡོངས་སུ་འདྲིས་པར་བྱེད་ཅིང་། སྟོང་པ་ཉིད་ལ་ཡང་རྣམ་པར་སྤྱོད། མཚན་མ་མེད་པ་དང་། སྨོན་པ་མེད་པ་ལ་ཡོངས་སུ་འདྲིས་པར་བྱེད་ཅིང་མཚན་མ་མེད་པ་དང་སྨོན་པ་མེད་པ་[8]ལ་ཡང་རྣམ་པར་སྤྱོད་དེ། སྟོང་པ་ཉིད་དང་། མཚན་མ་མེད་པ་དང་། སྨོན་པ་མེད་པ་གང་མངོན་དུ་བྱས་པས་[9]དེ་བཞིན་གཤེགས་པའི་སྟོབས་བཅུ་དང་། མི་འཇིགས་པ་བཞི་དང་། སོ་སོ་ཡང་དག་པར་རིག་པ་བཞི་དང་། བྱམས་པ་ཆེན་པོ་དང་། སྙིང་རྗེ་ཆེན་

པོ་དང་། སངས་རྒྱས་ཀྱི་ཆོས་མ་འདྲེས་པ་བཅུ་[༡]བརྒྱད་ཡོངས་སུ་མ་རྫོགས་པར་ཉན་ཐོས་ཀྱི་སའམ། རང་སངས་རྒྱས་ཀྱི་སར་ལྷུང་བར་འགྱུར་བ་ཡང་མངོན་དུ་མི་བྱེད་དེ། སངས་རྒྱས་ཀྱི་ཆོས་ཚད་མེད་པ་[༢]ལ་སྤྱོད་[༣]ནས། རྣམ་པ་ཐམས་ཅད་མཁྱེན་པ་ཉིད་ཐོབ་པར་བྱེད་དོ[༤]། །རབ་འབྱོར་འདི་ལྟ་སྟེ་དཔེར་ན། སྐྱེས་བུ་མཐུ་དང་ལྡན་པ་འཕོང་རྩལ་གྱི་སློབ་དཔོན་དུ་གྱུར་པ་འཕོང་རྩལ་བསླབས་[༥]པ་ལ་ཤིན་ཏུ་བྱང་བ་ཞིག་ཡོད་ལ། དེས་མདའ་ཞིག་གནམ་དུ་འཕངས་ཏེ། མདའ་དེ་གནམ་དུ་འཕངས་ནས་མདའ་གཞན་[༦]གཅིག་ནས་གཅིག་ཏུ་བརྒྱུད་དེ་འཕངས་པས[༧]། མདའ་སྔ་མ་དེ་ས་ལ་ལྷུང་དུ་མ་བཅུག་[༨]སྟེ། ཇི་སྲིད་དུ་སྐྱེས་བུ་དེས་དེ་[༩]ནི་མདའ་འདི་ས་ལ་ལྷུང་བར་བྱའོ། །སྙམ་དུ་འདོད་པར་མ་བྱས་པ་དེ་སྲིད་དུ་མདའ་དེ་ས་ལ་མི་ལྷུང་སྟེ། ནམ་མདའ་[༡༠]ཕྱི་མ་མ་འཕངས་པ་དེའི་ཚེ། མདའ་གཅིག་[༡༡]ནས་གཅིག་ཏུ་བརྒྱུད་པ་དེ་དག་ས་ལ་ཕྱོག་[༡༢]གོ། །རབ་འབྱོར་དེ་བཞིན་དུ་བྱང་ཆུབ་སེམས་དཔའ་སེམས་དཔའ་ཆེན་པོ་ཤེས་རབ་ཀྱི་ཕ་རོལ་ཏུ་ཕྱིན་པ་ལ༔སྤྱོད་པ[༡༣]། ཐབས་མཁས་པས་ཡོངས་སུ་བཟུང་བ་ཡང་ཇི་སྲིད་དུ་དགེ་བའི་རྩ་བ་དེ་དག་བླ་ན་མེད་པ་ཡང་དག་པར་རྫོགས་པའི་བྱང་ཆུབ་ཏུ་ཡོངས་སུ་སྨིན་པར་མ་གྱུར་པ[༡༤]། དེ་སྲིད་དུ་ཡང་དག་པའི་མཐའ་དམ་པ་མངོན་དུ་མི་བྱེད་དོ། །ནམ་དགེ་བའི་རྩ་བ་དེ་དག་བླ་ན་མེད་པ་ཡང་དག་པར་རྫོགས་པའི་བྱང་ཆུབ་ཏུ་ཡོངས་སུ་སྨིན་པར༔འགྱུར་བ་[༡༥]དེ་ནི[༡༦]། ཡང་དག་པའི་མཐའ་དམ་པ་མངོན་དུ་བྱེད་དོ། །རབ་འབྱོར་དེ་བས་ན་བྱང་ཆུབ་སེམས་དཔའ་སེམས་དཔའ་ཆེན་པོ་ཤེས་རབ་ཀྱི་ཕ་རོལ་ཏུ་ཕྱིན་པ་ལ་སྤྱོད་པས། ཆོས་དེ་དག་གི་ཆོས་ཉིད་དེ་ལྟར་ཡོངས་སུ་བརྟག་པར་བྱའོ། །གསོལ་པ་བཅོམ་ལྡན་འདས་བྱང་ཆུབ་སེམས་དཔའ་སེམས་དཔའ་ཆེན་པོ་གང་ཆོས་ཉིད་འདི་ལ་སློབ་པ། ཡང་དག་པའི་མཐའ་ལ་

སློབ་པ། དེ་བཞིན་ཉིད་ལ་སློབ་པ། ཆོས་ཀྱི་དབྱིངས་ལ་སློབ་པ། མཐའ་
ལས་འདས་པ་སྟོང་པ་ཉིད་ལ་སློབ་པ། ཐོག་མ་དང་ཐ་མ་མེད་པ་སྟོང་པ་ཉིད་ལ་
སློབ་པ། དོར་བ་མེད་པ་སྟོང་པ་ཉིད་ལ་སློབ་པ། རང་བཞིན་སྟོང་པ་ཉིད་ལ་
སློབ་པ། ཆོས་ཐམས་ཅད་སྟོང་པ་ཉིད་ལ་སློབ་པ། རང་གི་མཚན་ཉིད་སྟོང་པ་
ཉིད་ལ་སློབ་པ། རྣམ་པར་ཐར་པའི་སྒོ་གསུམ་ལ་སློབ་ཅིང་། བར་མ་དོར་བླ་
ན་མེད་པ་ཡང་དག་པར་རྫོགས་པའི་བྱང་ཆུབ་ལས་ཉམས་པར་མི་འགྱུར་བ་ནི་
དཀའ་[༡] བ་བགྱིད་པ་སྟེ། བཅོམ་ལྡན་འདས་ངོ་མཚར་ཆེའོ། །བདེ་བར་
གཤེགས་པ་ཤིན་ཏུ་ངོ་མཚར་ཆེའོ། །བཅོམ་ལྡན་འདས་ཀྱིས་བཀའ་སྩལ་པ།
རབ་འབྱོར་དེ་ནི་འདི་ལྟར་བྱང་ཆུབ་སེམས་དཔའ་སེམས་དཔའ་ཆེན་པོས་སེམས་
ཅན༔ཐམས་ཅད་[༢] ཡོངས་སུ་མ་བཏང་བའི་ཕྱིར་ཏེ། རབ་འབྱོར་བྱང་ཆུབ་སེམས་
དཔའ་སེམས་དཔའ་ཆེན་པོ་གང་གིས་[༣] སེམས་ཅན་ཐམས་ཅད་ཡོངས་སུ་མ་བཏང་
བ་དེ་དག་གི་སྨོན་ལམ་གྱི་ཁྱད་པར་ནི་རྣམ་པ་དེ་ལྟ་[༤] བུར་འགྱུར་རོ། །རབ་
འབྱོར་བྱང་ཆུབ་སེམས་དཔའ་སེམས་དཔའ་ཆེན་པོ་གང་སེམས་ཅན་ཐམས་ཅད་ནི་
བདག་གིས་ཡོངས་སུ་མ་བཏང་སྟེ། དམ་པ་མ་ཡིན་པའི་ཆོས་ལ་གནས་པ་འདི་
དག་ནི་བདག་གིས་ཡོངས་སུ་དགྲོལ་བར་བྱའོ་ཞེས་དེ་ལྟ་བུའི་སེམས་མངོན་པར་
སྒྲུབ་ཅིང་། ནམ་བྱང་ཆུབ་སེམས་དཔའ་སེམས་དཔའ་ཆེན་པོ་ཐབས་མཁས་པ་
དང་ལྡན་པར་[༥] རྣམ་པར་ཐར་པའི་སྒོ་སྟོང་པ་ཉིད་ཀྱི་ཏིང་ངེ་འཛིན་མངོན་པར་
སྒྲུབ་[༦] པ་དང་། རྣམ་པར་ཐར་པའི་སྒོ་མཚན་མ་མེད་པའི་ཏིང་ངེ་འཛིན་མངོན་
པར་སྒྲུབ་[༧] པ་དང་། རྣམ་པར་ཐར་པའི་སྒོ་སྨོན་པ་མེད་པའི་ཏིང་ངེ་འཛིན་
མངོན་པར་སྒྲུབ་པ་དེའི་ཚེ། ཇི་སྲིད་དུ་རྣམ་པ་ཐམས་ཅད་མཁྱེན་པ་ཉིད་མ་ཐོབ་
ཀྱི༔བར་དུ་[༨] བར་མ་དོར་ཡང་དག་པའི་མཐའ་མངོན་དུ་མི་བྱེད་པར་རིག་པར་

བྱའོ། །རབ་འབྱོར་གཞན་ཡང་བྱང་ཆུབ་སེམས་དཔའ་སེམས་དཔའ་ཆེན་པོ་གང་གི་ཚེ། འདི་ལྟ་སྟེ། ནང་སྟོང་པ་ཉིད་དང་། ཕྱི་སྟོང་པ་ཉིད་དང་། ཕྱི་ནང་སྟོང་པ་ཉིད་དང་། སྟོང་པ་ཉིད་སྟོང་པ་ཉིད་དང་། ཆེན་པོ་སྟོང་པ་ཉིད་དང་། དོན་དམ་པ་སྟོང་པ་ཉིད་དང་། འདུས་བྱས་སྟོང་པ་ཉིད་དང་། འདུས་མ་བྱས་སྟོང་པ་ཉིད་དང་། མཐའ་ལས་འདས་པ་སྟོང་པ་ཉིད་དང་། ཐོག་མ་དང་ཐ་མ་མེད་པ་སྟོང་པ་ཉིད་དང་། དོར་བ་མེད་པ་སྟོང་པ་ཉིད་དང་། རང་བཞིན་སྟོང་པ་ཉིད་དང་། ཆོས་ཐམས་ཅད་སྟོང་པ་ཉིད་དང་། རང་གི་མཚན་ཉིད་སྟོང་པ་ཉིད་དང་། མི་དམིགས་པ་སྟོང་པ་ཉིད་དང་། དངོས་པོ་མེད་པ་སྟོང་པ་ཉིད་དང་། ངོ་བོ་ཉིད་སྟོང་པ་ཉིད་དང་། དངོས་པོ་མེད་པའི་ངོ་བོ་ཉིད་སྟོང་པ་ཉིད་དང་། དྲན་པ་ཉེ་བར་གཞག་པ་བཞི་དང་། ཡང་དག་པར་སྤོང་བ་བཞི་དང་། རྫུ་འཕྲུལ་གྱི་རྐང་པ་བཞི་དང་། དབང་པོ་ལྔ་དང་། སྟོབས་ལྔ་དང་། བྱང་ཆུབ་ཀྱི་ཡན་ལག་བདུན་དང་། འཕགས་པའི་ལམ་ཡན་ལག་བརྒྱད་པ་དང་། རྣམ་པར་ཐར་པའི་སྒོ་གསུམ་དང་། གནས་ཟབ་མོ་དེ་དག་ལ་བརྟག་པར་འདོད་པར་གྱུར་ན། དེས་འདི་ལྟར་འདི་སྙམ་དུ་སེམས་ཅན་འདི་དག་ནི་ཡུན་རིང་པོ་①ནས་བདག་ཏུ་འདུ་ཤེས་པ་དང་། སེམས་ཅན་དུ་འདུ་ཤེས་པ་དང་། ཕྱོགས་ཏུ་②འདུ་ཤེས་པ་དང་། འགྲོ་བར་འདུ་ཤེས་པ་དང་། གསོ་བར་འདུ་ཤེས་པ་དང་། སྐྱེས་བུར་འདུ་ཤེས་པ་དང་། གང་ཟག་ཏུ་འདུ་ཤེས་པ་དང་། ཤེད་ཅན་དུ་འདུ་ཤེས་པ་དང་། ཤེད་བདག་ཏུ་འདུ་ཤེས་པ་དང་། བྱེད་པ་པོར་འདུ་ཤེས་པ་དང་། ཚོར་བ་པོར་འདུ་ཤེས་པ་དང་། ཿཤེས་པ་པོར་འདུ་ཤེས་པ་དང་། ཿམཐོང་བ་③པོར་འདུ་ཤེས་པས་དམིགས་པ་ལ་སྤྱོད་ཀྱིས་④དེ་དག་གི་དམིགས་པ་སྤྱོད་⑤བའི་ཕྱིར་བླ་ན་མེད་པ་ཡང་དག་པར་

རྫོགས་པའི་བྱང་ཆུབ་ཏུ་མངོན་པར་རྫོགས་པར་སངས་རྒྱས་ཏེ་ཆོས་བསྟན་པར་བྱའོ་སྙམ་དུ་སེམས་མངོན་པར་བསྒྲུབ་པར་བྱའོ། །དེའི་ཚེ་བྱང་ཆུབ་སེམས་དཔའ་སེམས་དཔའ་ཆེན་པོ་རྣམ་པར་ཐར་པའི་སྒོ་སྟོང་པ་ཉིད་དང་། མཚན་མ་མེད་པ་དང་། སྨོན་པ་མེད་པའི་ཏིང་ངེ་འཛིན་ལ་སྙོམས་པར་འཇུག་ཀྱང་ཡང་དག་པའི་མཐའ་གང་མངོན་དུ་བྱས་པས། རྒྱུན་དུ་ཞུགས་པའི་འབྲས་བུ་འཐོབ་པ་དང་། ལན་ཅིག་ཕྱིར་འོང་བའི་འབྲས་བུ་འཐོབ་པ་དང་། ཕྱིར་མི་འོང་བའི་འབྲས་བུ་འཐོབ་པ་དང་། དགྲ་བཅོམ་པ་ཉིད་འཐོབ་པ་དང་། རང་བྱང་ཆུབ་འཐོབ་པར་འགྱུར་བ་མངོན་དུ་མི་བྱེད་དོ། །རབ་འབྱོར་དེ་ལྟར་བྱང་ཆུབ་སེམས་དཔའ་སེམས་དཔའ་ཆེན་པོ་སེམས་བསྐྱེད་པ་དེ་དང་། དགེ་བའི་རྩ་བ་དེ་དག་དང་། ཐབས་མཁས་པ་དང་ལྡན་པ་ནི་བར་མ་དོར་ཡང་དག་པའི་མཐའ་ཡང་མངོན་ཏུ་མི་བྱེད་དེ། སྦྱིན་པའི་ཕ་རོལ་ཏུ་ཕྱིན་པ་ཡང་ཡོངས་སུ་འགྲིབ་པར་མི་འགྱུར་རོ། །ཚུལ་ཁྲིམས་ཀྱི་ཕ་རོལ་ཏུ་ཕྱིན་པ་ཡང་ཡོངས་སུ་འགྲིབ་པར་མི་འགྱུར་རོ། །བཟོད་པའི་ཕ་རོལ་ཏུ་ཕྱིན་པ་ཡང་ཡོངས་སུ་འགྲིབ་པར་མི་འགྱུར་རོ། །བརྩོན་འགྲུས་ཀྱི་ཕ་རོལ་ཏུ་ཕྱིན་པ་ཡང་ཡོངས་སུ་འགྲིབ་པར་མི་འགྱུར་རོ། །བསམ་གཏན་གྱི་ཕ་རོལ་ཏུ་ཕྱིན་པ་ཡང་ཡོངས་སུ་འགྲིབ་པར་མི་འགྱུར་རོ། །ཤེས་རབ་ཀྱི་ཕ་རོལ་ཏུ་ཕྱིན་པ་ཡང་ཡོངས་སུ་འགྲིབ་པར་མི་འགྱུར་རོ། །ནང་སྟོང་པ་ཉིད་ཀྱང་ཡོངས་སུ་འགྲིབ་པར་མི་འགྱུར་རོ། །ཕྱི་སྟོང་པ་ཉིད་ཀྱང་ཡོངས་སུ་འགྲིབ་པར་མི་འགྱུར་རོ། །ཕྱི་ནང་སྟོང་པ་ཉིད་ཀྱང་ཡོངས་སུ་འགྲིབ་པར་མི་འགྱུར་རོ། །སྟོང་པ་ཉིད་སྟོང་པ་ཉིད་ཀྱང་ཡོངས་སུ་འགྲིབ་པར་མི་འགྱུར་རོ། །ཆེན་པོ་སྟོང་པ་ཉིད་ཀྱང་ཡོངས་སུ་འགྲིབ་པར་མི་འགྱུར་རོ། །དོན་དམ་པ་སྟོང་པ་ཉིད་ཀྱང་ཡོངས་སུ་འགྲིབ་པར་མི་འགྱུར་རོ། །འདུས་བྱས་

སྟོང་པ་ཉིད་ཀྱང་ཡོངས་སུ་འགྲིབ་པར་མྱི་འགྱུར་རོ། །འདུས་མ་བྱས་སྟོང་པ་ཉིད་
ཀྱང་ཡོངས་སུ་འགྲིབ་པར་མི་འགྱུར་རོ། །མཐའ་ལས་འདས་པ་སྟོང་པ་ཉིད་
ཀྱང་ཡོངས་སུ་འགྲིབ་པར་མི་འགྱུར་རོ། །ཐོག་མ་དང་ཐ་མ་མྱེད་པ་སྟོང་པ་
ཉིད་ཀྱང་ཡོངས་སུ་འགྲིབ་པར་མྱི་འགྱུར་རོ། །དོར་བ་མྱེད་པ་སྟོང་པ་ཉིད་ཀྱང་
ཡོངས་སུ་འགྲིབ་པར་མྱི་འགྱུར་རོ། །རང་བཞིན་སྟོང་པ་ཉིད་ཀྱང་ཡོངས་སུ་
འགྲིབ་པར་མྱི་འགྱུར་རོ། །ཆོས་ཐམས་ཅད་སྟོང་པ་ཉིད་ཀྱང་ཡོངས་སུ་འགྲིབ་
པར་མྱི་འགྱུར་རོ། །རང་གི་མཚན་ཉིད་སྟོང་པ་ཉིད་ཀྱང་ཡོངས་སུ་འགྲིབ་པར་མྱི་
འགྱུར་རོ། །མྱི་དམྱིགས་པ་སྟོང་པ་ཉིད་ཀྱང་ཡོངས་སུ་འགྲིབ་པར་མྱི་འགྱུར་རོ། །
དངོས་པོ་མྱེད་པ་སྟོང་པ་ཉིད་ཀྱང་ཡོངས་སུ་འགྲིབ་པར་མྱི་འགྱུར་རོ། །ངོ་བོ་
ཉིད་སྟོང་པ་ཉིད་ཀྱང་ཡོངས་སུ་འགྲིབ་པར་མྱི་འགྱུར་རོ། །དངོས་པོ་མྱེད་པའི་ངོ་
བོ་ཉིད་སྟོང་པ་ཉིད་ཀྱང་ཡོངས་སུ་འགྲིབ་པར་མྱི་འགྱུར་རོ། །དྲན་པ་ཉེ་བར་
གཞག་པ་བཞི་ཡང་ཡོངས་སུ་འགྲིབ་པར་མྱི་འགྱུར་རོ། །ཡང་དག་པར་སྤོང་བ་
བཞི་ཡང་ཡོངས་སུ་འགྲིབ་པར་མྱི་འགྱུར་རོ། །རྫུ་འཕྲུལ་གྱི་རྐང་པ་[༡]བཞི་ཡང་
ཡོངས་སུ་འགྲིབ་པར་མྱི་འགྱུར་རོ། །དབང་པོ་ལྔ་ཡང་ཡོངས་སུ་འགྲིབ་པར་མྱི་
འགྱུར་རོ། །སྟོབས་ལྔ་ཡང་[༢]ཡོངས་སུ་འགྲིབ་པར་མྱི་འགྱུར་རོ། །བྱང་ཆུབ་ཀྱི་
ཡན་ལག་བདུན་ཡང་[༣]ཡོངས་སུ་འགྲིབ་པར་མྱི་འགྱུར་རོ། །འཕགས་པའི་ལམ་
ཡན་ལག་བརྒྱད་པ་ཡང་ཡོངས་སུ་འགྲིབ་པར་མྱི་འགྱུར་རོ། །ཿའཕགས་པའི་
བདེན་པ་བཞི་ཡང་ཡོངས་སུ་འགྲིབ་པར་མྱི་འགྱུར་རོ། །བསམ་གཏན་བཞི་ཡང་
ཡོངས་སུ་འགྲིབ་པར་མྱི་འགྱུར་རོ། །ཚད་མྱེད་པ་བཞི་ཡང་ཡོངས་སུ་འགྲིབ་པར་
མྱི་འགྱུར་རོ། །གཟུགས་མྱེད་པའི་སྙོམས་པར་འཇུག་པ་བཞི་ཡང་ཡོངས་སུ་
འགྲིབ་པར་མྱི་འགྱུར་རོ། །རྣམ་པར་ཐར་པ་བརྒྱད་ཀྱང་ཡོངས་སུ་འགྲིབ་པར་མྱི་

འགྱུར་རོ། །[1]མཐར་གྱིས་གནས་པའི་སྙོམས་པར་འཇུག་པ་དགུ་ཡང་ཡོངས་སུ་འཕེལ་བར་མི་འགྱུར་རོ། །རྣམ་པར་ཐར་པའི་སྒོ་སྟོང་པ་ཉིད་དང་། མཚན་མ་མེད་པ་དང་། སྨོན་པ་མེད་པ་ཡང་ཡོངས་སུ་འཕེལ་བར་མི་འགྱུར་རོ། །མངོན་པར་ཤེས་པ་ཡང་ཡོངས་སུ་འཕེལ་བར་མི་འགྱུར་རོ། །ཏིང་ངེ་འཛིན་ཡང་[2]ཡོངས་སུ་འཕེལ་བར་མི་འགྱུར་རོ། །གཟུངས་ཀྱི་སྒོ་ཡང་[3]ཡོངས་སུ་འཕེལ་བར་མི་འགྱུར་རོ། །དེ་བཞིན་གཤེགས་པའི་སྟོབས་བཅུ་ཡང་ཡོངས་སུ་འཕེལ་བར་མི་འགྱུར་རོ། །མི་འཇིགས་པ་བཞི་ཡང་ཡོངས་སུ་འཕེལ་བར་མི་འགྱུར་རོ། །སོ་སོ་ཡང་དག་པར་རིག་པ་བཞི་ཡང་ཡོངས་སུ་འཕེལ་བར་མི་འགྱུར་རོ། །བྱམས་པ་ཆེན་པོ་ཡང་ཡོངས་སུ་འཕེལ་བར་མི་འགྱུར་རོ། །སྙིང་རྗེ་ཆེན་པོ་ཡང་ཡོངས་སུ་འཕེལ་བར་མི་འགྱུར་རོ། །སངས་རྒྱས་ཀྱི་ཆོས་མ་འདྲེས་པ་བཅོ་[4]བརྒྱད་ཀྱང་ཡོངས་སུ་འཕེལ་བར་མི་འགྱུར་རོ། །བླ་ན་མེད་པ་ཡང་དག་པར་རྫོགས་པའི་བྱང་ཆུབ་ཀྱང་ཡོངས་སུ་འཕེལ་བར་མི་འགྱུར་རོ། །རབ་འབྱོར་དེ་ལྟར་ན་བྱང་ཆུབ་སེམས་དཔའ་སེམས་དཔའ་ཆེན་པོ་དེའི་ཚེ། བྱང་ཆུབ་ཀྱི་ཕྱོགས་ཀྱི་ཆོས་རྣམས་དང་ལྡན་པ་ཡིན་ཏེ། བླ་ན་མེད་པ་ཡང་དག་པར་རྫོགས་པའི་བྱང་ཆུབ་ཏུ་མངོན་པར་རྫོགས་པར་སངས་རྒྱས་ཀྱི་བར་དུ་ཡོངས་སུ་འཕེལ་བར་མི་འགྱུར་ཏེ། ཐབས་མཁས་པས་ཡོངས་སུ་བཟུང་[5]བའི་བྱང་ཆུབ་སེམས་དཔའ་སེམས་དཔའ་ཆེན་པོ་དེ་ནི་དགེ་བའི་ཆོས་རྣམས་ཀྱིས་རྣམ་པར་འཕེལ་ཞིང་དེའི་དབང་པོ་རྣམས་ཀྱང་ཆེས་རྣོ་བར་འགྱུར་ཏེ། ཉན་ཐོས་དང་། རང་སངས་རྒྱས་ཀྱི་[6]ལྷ་བུ་མ་ཡིན་པར་འགྱུར་རོ། །རབ་འབྱོར་གཞན་ཡང་བྱང་ཆུབ་སེམས་དཔའ་སེམས་དཔའ་ཆེན་པོ་ནི་འདི་སྙམ་སྟེ། སེམས་ཅན་འདི་དག་ནི་ཡུན་རིང་པོ་ནས་ཕྱིན་ཅི་ལོག་བཞི་ལ་སྤྱོད་སྤྱོད་པ་རྟག་པར་འདུ་ཤེས་པ་དང་། བདེ་བར་འདུ་ཤེས་པ་

དང་། བདག་ཏུ་འདུ་ཤེས་པ་དང་། སྡུག་[1]པར་འདུ་ཤེས་པ་ལ་སྤྱོད་སྤྱོད་པ་ཡིན་གྱིས[2]། དེ་དག་གི་ཕྱིར་བྱང་ཆུབ་ཏུ་སྤྱད་པར་བྱའོ། །བླ་ན་མེད་པ་ཡང་དག་པར་རྫོགས་པའི་བྱང་ཆུབ་ཏུ་[3]མངོན་པར་རྫོགས་པར་སངས་རྒྱས་ན་[4]ཅི་ནས་ཀྱང་རྟག་ཅེས་བྱ་བའམ། བདེ་ཞེས་བྱ་བའམ། བདག་ཅེས་བྱ་བའམ། སྡུག་ཅེས་བྱ་བའི་ཡོངས་སུ་རྒྱུ་[5]བ་མེད་པར་ཆོས་བསྟན་པར་བྱའོ་སྙམ་སྟེ། སེམས་བསྐྱེད་པ་དེ་ལྟ་བུ་དག་དང་ལྡན་པར[6]། ཐབས་མཁས་པས་ཤེས་རབ་ཀྱི་ཕ་རོལ་ཏུ་ཕྱིན་པ་ལ་སྤྱོད་པས། དེ་བཞིན་གཤེགས་པའི་སྟོབས་བཅུ་ཡོངས་སུ་མ་རྫོགས། མི་འཇིགས་པ་བཞི་ཡོངས་སུ་མ་རྫོགས། སོ་སོ་ཡང་དག་པར་རིག་པ་བཞི་ཡོངས་སུ་མ་རྫོགས། སངས་རྒྱས་ཀྱི་ཆོས་མ་འདྲེས་པ་བཅོ་[7]བརྒྱད་ཡོངས་སུ་མ་རྫོགས། བྱམས་པ་ཆེན་པོ་ཡོངས་སུ་མ་རྫོགས། སྙིང་རྗེ་ཆེན་པོ་ཡོངས་སུ་མ་རྫོགས་པར་ཡང་དག་པའི་མཐའ་མངོན་དུ་མི་བྱེད་དོ། །དེའི་ཚེ་བྱང་ཆུབ་སེམས་དཔའ་སེམས་དཔའ་ཆེན་པོ་རྣམ་པར་ཐར་པའི་སྒོ་སྟོང་པ་ཉིད་དང་། མཚན་མ་མེད་པ་དང་། སྨོན་པ་མེད་པའི་ཏིང་ངེ་འཛིན་ལ་སྙོམས་པར་འཇུག་ཀྱང་བླ་ན་མེད་པ་ཡང་དག་པར་རྫོགས་པའི་བྱང་ཆུབ་ཏུ་མངོན་པར་རྫོགས་པར་སངས་མ་རྒྱས་ཀྱི་བར་དུ་ཡང་དག་པའི་མཐའ་མངོན་དུ་མི་བྱེད་དོ། །རབ་འབྱོར་གཞན་ཡང་བྱང་ཆུབ་སེམས་དཔའ་སེམས་དཔའ་ཆེན་པོ་ནི་འདི་སྙམ་དུ་སེམས་ཅན་འདི་དག་ནི་ཡུན་རིང་པོ་ནས་དམིགས་པ་ལ་སྤྱོད་སྤྱོད་པ་སྟེ། བདག་ཅེས་བྱ་བའམ། སེམས་ཅན་ཞེས་བྱ་བའམ། སྲོག་ཅེས་བྱ་བའམ། འགྲོ་བ་ཞེས་བྱ་བའམ། གསོ་བ་ཞེས་བྱ་བའམ། སྐྱེས་བུ་ཞེས་བྱ་བའམ། གང་ཟག་ཅེས་བྱ་བའམ། ཤེད་ཅན་ཞེས་བྱ་བའམ། ཤེད་བདག་ཅེས་བྱ་བའམ། བྱེད་པ་པོ་ཞེས་བྱ་བའམ། ཚོར་བ་པོ་ཞེས་བྱ་བའམ། ཤེས་པ་པོ་ཞེས་བྱ་བའམ། མཐོང་བ་

པོ་ཞེས་བྱ་བའམ། གཟུགས་ཤེས་བྱ་བའམ། ཚོར་བ་ཞེས་བྱ་བའམ། འདུ་ཤེས་ཞེས་བྱ་བའམ། འདུ་བྱེད་ཅེས་བྱ་བའམ། རྣམ་པར་ཤེས་པ་ཞེས་བྱ་བའམ། ཕུང་པོ་ཞེས་བྱ་བའམ། ཁམས་ཤེས་བྱ་བའམ། སྐྱེ་མཆེད་ཅེས་བྱ་བའམ། རྟེན་ཅིང་འབྲེལ་པར་འབྱུང་བ་ཞེས་བྱ་བའམ། སྦྱིན་པའི་ཕ་རོལ་ཏུ་ཕྱིན་པ་ཞེས་བྱ་བའམ། ཚུལ་ཁྲིམས་ཀྱི་ཕ་རོལ་ཏུ་ཕྱིན་པ་ཞེས་བྱ་བའམ། བཟོད་པའི་ཕ་རོལ་ཏུ་ཕྱིན་པ་ཞེས་བྱ་བའམ། བརྩོན་འགྲུས་ཀྱི་ཕ་རོལ་ཏུ་ཕྱིན་པ་ཞེས་བྱ་བའམ། བསམ་གཏན་གྱི་ཕ་རོལ་ཏུ་ཕྱིན་པ་ཞེས་བྱ་བའམ། ཤེས་རབ་ཀྱི་ཕ་རོལ་ཏུ་ཕྱིན་པ་ཞེས་བྱ་བའམ། ནང་སྟོང་པ་ཉིད་ཅེས་བྱ་བའམ། ཕྱི་སྟོང་པ་ཉིད་ཅེས་བྱ་བའམ། ཕྱི་ནང་སྟོང་པ་ཉིད་ཅེས་བྱ་བའམ། སྟོང་པ་ཉིད་སྟོང་པ་ཉིད་ཅེས་བྱ་བའམ། ཆེན་པོ་སྟོང་པ་ཉིད་ཅེས་བྱ་བའམ། དོན་དམ་པ་སྟོང་པ་ཉིད་ཅེས་བྱ་བའམ། འདུས་བྱས་སྟོང་པ་ཉིད་ཅེས་བྱ་བའམ། འདུས་མ་བྱས་སྟོང་པ་ཉིད་ཅེས་བྱ་བའམ། མཐའ་ལས་འདས་པ་སྟོང་པ་ཉིད་ཅེས་བྱ་བའམ། ཐོག་མ་དང་ཐ་མ་མེད་པ་སྟོང་པ་ཉིད་ཅེས་བྱ་བའམ། དོར་བ་མེད་པ་སྟོང་པ་ཉིད་ཅེས་བྱ་བའམ། རང་བཞིན་སྟོང་པ་ཉིད་ཅེས་བྱ་བའམ། ཆོས་ཐམས་ཅད་སྟོང་པ་ཉིད་ཅེས་བྱ་བའམ། རང་གི་མཚན་ཉིད་སྟོང་པ་ཉིད་ཅེས་བྱ་བའམ། མི་དམིགས་པ་སྟོང་པ་ཉིད་ཅེས་བྱ་བའམ། དངོས་པོ་མེད་པ་སྟོང་པ་ཉིད་ཅེས་བྱ་བའམ། ངོ་བོ་ཉིད་སྟོང་པ་ཉིད་ཅེས་བྱ་བའམ། དངོས་པོ་མེད་པའི་ངོ་བོ་ཉིད་སྟོང་པ་ཉིད་ཅེས་བྱ་བའམ། དྲན་པ་ཉེ་བར་གཞག་པ་རྣམས་ཤེས་བྱ་བའམ། ཡང་དག་པར་སྤོང་བ་རྣམས་ཤེས་བྱ་བའམ། རྫུ་འཕྲུལ་གྱི་རྐང་པ་རྣམས་ཤེས་བྱ་བའམ། དབང་པོ་རྣམས་ཤེས་བྱ་བའམ། སྟོབས་རྣམས་ཤེས་བྱ་བའམ། བྱང་ཆུབ་ཀྱི་ཡན་ལག་རྣམས་ཤེས་བྱ་བའམ། འཕགས་

པའི་ལམ་ཡན་ལག་བརྒྱད་པ་ཞེས་བྱ་བའམ། འཕགས་པའི་བདེན་པ་རྣམས་ཤེས་བྱ་བའམ། བསམ་གཏན་རྣམས་ཤེས་བྱ་བའམ། ཚད་མེད་པ་རྣམས་ཤེས་བྱ་བའམ། གཟུགས་མེད་པའི་སྙོམས་པར་འཇུག་པ་རྣམས་ཤེས་བྱ་བའམ། རྣམ་པར་ཐར་པ་རྣམས་ཤེས་བྱ་བའམ། མཐར་གྱིས་གནས་པའི་སྙོམས་པར་འཇུག་པ་རྣམས་ཤེས་བྱ་བའམ། རྣམ་པར་ཐར་པའི་སྒོ་སྟོང་པ་ཉིད་དང་། མཚན་མ་མེད་པ་དང་། སྨོན་པ་མེད་པ་ཞེས་བྱ་བའམ། མངོན་པར་ཤེས་པ་རྣམས་ཤེས་བྱ་བའམ། ཏིང་ངེ་འཛིན་རྣམས་ཤེས་བྱ་བའམ། གཟུངས་ཀྱི་སྒོ་རྣམས་ཤེས་བྱ་བའམ། དེ་བཞིན་གཤེགས་པའི་སྟོབས་རྣམས་ཤེས་བྱ་བའམ། མི་འཇིགས་པ་རྣམས་ཤེས་བྱ་བའམ། སོ་སོ་ཡང་དག་པར་རིག་པ་རྣམས་ཤེས་བྱ་བའམ། བྱམས་པ་ཆེན་པོ་ཞེས་[2]བྱ་བའམ། སྙིང་རྗེ་ཆེན་པོ་ཞེས་[3]བྱ་བའམ། སངས་རྒྱས་ཀྱི་ཆོས་མ་འདྲེས་པ་རྣམས་ཤེས་བྱ་བར་དམིགས་པ་ལ་སྤྱོད་སྤྱོད་པ་ཡིན་གྱིས[4]། དེ་ལ་བདག་གིས་ཅི་ནས་ཀྱང་བདག་བླ་ན་མེད་པ་ཡང་དག་པར་རྫོགས་པའི་བྱང་ཆུབ་ཏུ་མངོན་པར་རྫོགས་པར་སངས་རྒྱས་ནས། སེམས་ཅན་རྣམས་ཀྱི་དམིགས་པའི་ཉེས་པ་དེ་དག་མེད་པར་བྱའོ་སྙམ་སྟེ། དེ་སེམས་བསྐྱེད་པ་དེ་ལྟ་བུ་དག་དང་ལྡན་ལ[5]། ཐབས་[6]མཁས་པས་ཤེས་རབ་ཀྱི་ཕ་རོལ་ཏུ་ཕྱིན་པ་ལ་སྤྱོད་པས། དེ་བཞིན་གཤེགས་པའི་སྟོབས་བཅུ་ཡོངས་སུ་མ་རྫོགས། མི་འཇིགས་པ་བཞི་ཡོངས་སུ་མ་རྫོགས། སོ་སོ་ཡང་དག་པར་རིག་པ་བཞི་ཡོངས་སུ་མ་རྫོགས། སངས་རྒྱས་ཀྱི་ཆོས་མ་འདྲེས་པ་བཅོ་[7]བརྒྱད་ཡོངས་སུ་མ་རྫོགས། བྱམས་པ་ཆེན་པོ་ཡོངས་སུ་མ་རྫོགས། སྙིང་རྗེ་ཆེན་པོ་ཡོངས་སུ་མ་རྫོགས་པར་ཡང་དག་པའི་མཐའ་མངོན་དུ་མི་བྱེད་དེ། དེའི་ཚེ་བྱང་ཆུབ་སེམས་དཔའ་སེམས་དཔའ་ཆེན་པོ་རྣམ་པར་ཐར་པའི་སྒོ་སྟོང་པ་ཉིད་དང་། མཚན་མ་མེད་པ་

དང་། སྨོན་པ་མེད་པའི་ཏིང་ངེ་འཛིན་བསྒོམ་པ་ཡོངས་སུ་རྫོགས་པར་འགྱུར་རོ།། རབ་འབྱོར་གཞན་ཡང་བྱང་ཆུབ་སེམས་དཔའ་སེམས་དཔའ་ཆེན་པོ་ཤེས་རབ་ཀྱི་ཕ་རོལ་ཏུ་ཕྱིན་པ་ལ་སྤྱོད་པའི་ཚེ། འདི་ལྟར་དུ་སེམས་ཅན་འདི་དག་ནི་ཡུན་རིང་པོ་ནས་མཚན་མ་ལ་སྤྱོད་སྤྱོད་པ་སྟེ། བུད་མེད་ཀྱི་མཚན་མའམ། སྐྱེས་པའི་མཚན་མའམ། གཟུགས་ཀྱི་མཚན་མའམ། ཚོར་བའི་མཚན་མའམ། འདུ་ཤེས་ཀྱི་མཚན་མའམ། འདུ་བྱེད་ཀྱི་མཚན་མའམ། རྣམ་པར་ཤེས་པའི་མཚན་མའམ། མིག་གི་མཚན་མའམ། རྣ་བའི་མཚན་མའམ། སྣའི་མཚན་མའམ། ལྕེའི་མཚན་མའམ། ལུས་ཀྱི་མཚན་མའམ། ཡིད་ཀྱི་མཚན་མའམ། གཟུགས་ཀྱི་མཚན་མའམ། སྒྲའི་མཚན་མའམ། དྲིའི་མཚན་མའམ། རོའི་མཚན་མའམ། རེག་གི་མཚན་མའམ། ཆོས་ཀྱི་མཚན་མའམ། མིག་གི་རྣམ་པར་ཤེས་པའི་མཚན་མའམ། རྣ་བའི་རྣམ་པར་ཤེས་པའི་མཚན་མའམ། སྣའི་རྣམ་པར་ཤེས་པའི་མཚན་མའམ། ལྕེའི་རྣམ་པར་ཤེས་པའི་མཚན་མའམ། ལུས་ཀྱི་རྣམ་པར་ཤེས་པའི་མཚན་མའམ། ཡིད་ཀྱི་རྣམ་པར་ཤེས་པའི་མཚན་མའམ། མིག་གི་འདུས་ཏེ་རེག་པའི་མཚན་མའམ། རྣ་བའི་འདུས་ཏེ་རེག་པའི་མཚན་མའམ། སྣའི་འདུས་ཏེ་རེག་པའི་མཚན་མའམ། ལྕེའི་འདུས་ཏེ་རེག་པའི་མཚན་མའམ། ལུས་ཀྱི་འདུས་ཏེ་རེག་པའི་མཚན་མའམ། ཡིད་ཀྱི་འདུས་ཏེ་རེག་པའི་མཚན་མའམ། མིག་གི་འདུས་ཏེ་རེག་པའི་རྐྱེན་གྱིས་ཚོར་བའི་མཚན་མའམ། རྣ་བའི་འདུས་ཏེ་རེག་པའི་རྐྱེན་གྱིས་ཚོར་བའི་མཚན་མའམ། སྣའི་འདུས་ཏེ་རེག་པའི་རྐྱེན་གྱིས་ཚོར་བའི་མཚན་མའམ། ལྕེའི་འདུས་ཏེ་རེག་པའི་རྐྱེན་གྱིས་ཚོར་བའི་མཚན་མའམ། ལུས་ཀྱི་འདུས་ཏེ་རེག་པའི་རྐྱེན་གྱིས་ཚོར་བའི་མཚན་མའམ། ཡིད་ཀྱི་འདུས་ཏེ་རེག་པའི་རྐྱེན་གྱིས་ཚོར་བའི་མཚན་

མའམ༔ སའི་ཁམས་ཀྱི་མཚན་མའམ། ཆུའི་ཁམས་ཀྱི་མཚན་མའམ། མེའི་ཁམས་ཀྱི་མཚན་མའམ། རླུང་གི་ཁམས་ཀྱི་མཚན་མའམ། ནམ་མཁའི་ཁམས་ཀྱི་མཚན་མའམ། རྣམ་པར་ཤེས་པའི་ཁམས་ཀྱི་མཚན་མའམ། མ་རིག་པའི་མཚན་མའམ། འདུ་བྱེད་ཀྱི་མཚན་མའམ། རྣམ་པར་ཤེས་པའི་མཚན་···མའམ༔ མིང་དང་གཟུགས་ཀྱི་མཚན་མའམ། སྐྱེ་མཆེད་དྲུག་གི་མཚན་མའམ། རེག་པའི་མཚན་མའམ། ཚོར་བའི་མཚན་མའམ། སྲེད་པའི་མཚན་མའམ། ལེན་པའི་མཚན་མའམ། སྲིད་པའི་མཚན་མའམ། སྐྱེ་བའི་མཚན་མའམ། རྒ་ཤིའི་མཚན་མའམ། སྦྱིན་པའི་ཕ་རོལ་ཏུ་ཕྱིན་པའི་མཚན་མའམ། ཚུལ་ཁྲིམས་ཀྱི་ཕ་རོལ་ཏུ་ཕྱིན་པའི་མཚན་མའམ། བཟོད་པའི་ཕ་རོལ་ཏུ་ཕྱིན་པའི་····མཚན་མའམ། བརྩོན་འགྲུས་ཀྱི་ཕ་རོལ་ཏུ་ཕྱིན་པའི་མཚན་མའམ། བསམ་···གཏན་གྱི་[༡] ཕ་རོལ་ཏུ་ཕྱིན་པའི་མཚན་མའམ། ཤེས་རབ་[༣] ཀྱི་ཕ་རོལ་ཏུ་ཕྱིན་པའི་མཚན་མའམ། ནང་སྟོང་པ་ཉིད་ཀྱི་མཚན་མའམ། ཕྱི་སྟོང་པ་ཉིད་ཀྱི་མཚན་མའམ༔ ཕྱི་ནང་སྟོང་པ་ཉིད་ཀྱི་མཚན་མའམ། སྟོང་པ་ཉིད་སྟོང་པ་ཉིད་ཀྱི་མཚན་མའམ། ཆེན་པོ་སྟོང་པ་ཉིད་ཀྱི་མཚན་མའམ། དོན་དམ་པ་སྟོང་པ་····ཉིད་ཀྱི་མཚན་མའམ། འདུས་བྱས་སྟོང་པ་ཉིད་ཀྱི་མཚན་མའམ། འདུས་མ་བྱས་སྟོང་པ་ཉིད་ཀྱི་མཚན་མའམ། མཐའ་ལས་འདས་པ་སྟོང་པ་ཉིད་ཀྱི་མཚན་མའམ༔ ཐོག་མ་དང་ཐ་མ་མེད་པ་སྟོང་པ་ཉིད་ཀྱི་མཚན་མའམ། དོར་བ····མེད་པ་སྟོང་པ་ཉིད་ཀྱི་མཚན་མའམ། རང་བཞིན་སྟོང་པ་ཉིད་ཀྱི་མཚན་མའམ། ཆོས་ཐམས་ཅད་སྟོང་པ་ཉིད་ཀྱི་མཚན་མའམ། རང་གི་མཚན་ཉིད་སྟོང་པ་ཉིད་ཀྱི་མཚན་མའམ། མི་དམིགས་པ་སྟོང་པ་ཉིད་ཀྱི་མཚན་མའམ། དངོས་པོ་མེད་པ་སྟོང་པ་ཉིད་ཀྱི་མཚན་མའམ། ངོ་བོ་ཉིད་སྟོང་པ་ཉིད་ཀྱི་མཚན་མའམ།

དངོས་པོ་མེད་པའི་ངོ་བོ་ཉིད་སྟོང་པ་ཉིད་ཀྱི་མཚན་མའམ། དྲན་པ་ཉེ་བར་གཞག་པའི་མཚན་མའམ། ཡང་དག་པར་སྤོང་བའི་མཚན་མའམ། རྫུ་འཕྲུལ་གྱི་རྐང་པའི་མཚན་མའམ། དབང་པོའི་མཚན་མའམ། སྟོབས་ཀྱི་མཚན་མའམ། བྱང་ཆུབ་ཀྱི་ཡན་ལག་གི་མཚན་མའམ། འཕགས་པའི་ལམ་ཡན···ལག་བརྒྱད་པའི་མཚན་མའམ། འཕགས་པའི་བདེན་པའི་མཚན་མའམ། བསམ་གཏན་གྱི་མཚན་མའམ། ཚད་མེད་པའི་མཚན་མའམ། གཟུགས་མེད་པའི་སྙོམས[༧]་པར་འཇུག་པའི་མཚན་མའམ། རྣམ་པར་ཐར་པའི་མཚན་མའམ། མཐར་གྱིས་གནས་པའི་སྙོམས་པར་འཇུག་པའི་མཚན་མའམ། རྣམ་པར་ཐར་པའི་སྒོ་སྟོང་པ་ཉིད་དང་། མཚན་མ་མེད་པ་དང་། སྨོན་པ་མེད་པའི་མཚན་མའམ། མངོན་པར་ཤེས་པའི་མཚན་མའམ། ཏིང་ངེ་འཛིན་གྱི་མཚན་མའམ། གཟུངས་ཀྱི་སྒོའི་མཚན་མའམ། དེ་བཞིན་གཤེགས་པའི་སྟོབས་ཀྱི་མཚན་མའམ། མི་འཇིགས་པའི་མཚན་མའམ། སོ་སོ་ཡང་དག་པར་རིག་པའི་མཚན་མའམ། བྱམས་པ་ཆེན་པོའི་མཚན་མའམ། སྙིང་རྗེ་ཆེན་པོའི་མཚན་མའམ། སངས···རྒྱས་ཀྱི་ཆོས་མ་འདྲེས་པའི་མཚན་མའམ། རྒྱུན་དུ་ཞུགས་པའི་འབྲས་བུའི་མཚན་མའམ། ལན་ཅིག་ཕྱིར་འོང་བའི་འབྲས་བུའི་མཚན་མའམ། ཕྱིར་མི་འོང་བའི་འབྲས་བུའི་མཚན་མའམ། དགྲ་བཅོམ་པ་ཉིད་ཀྱི་མཚན་མའམ། རང་བྱང་ཆུབ་ཀྱི་མཚན་མའམ། ལམ་གྱི་རྣམ[༣]་པ་ཤེས་པ་ཉིད་ཀྱི་མཚན་མའམ། རྣམ་པ་ཐམས་ཅད་མཁྱེན་པ་ཉིད་ཀྱི་མཚན་མ་ལ་སྤྱོད་སྤྱོད་པ་ཡིན་གྱིས[༣]། དེ་ལ་བདག་གིས་ཅི་ནས་ཀྱང་བདག[༨]་བླ་ན་མེད་པ་ཡང་དག་པར་རྫོགས་པའི་བྱང་ཆུབ་ཏུ་མངོན་པར་རྫོགས་པར་སངས་རྒྱས་ནས། སེམས་ཅན་རྣམས་ཀྱི་ཉེས་པ་དེ་དག་མེད་པར་བྱའོ་སྙམ་སྟེ། དེ་སེམས་བསྐྱེད་པ་དེ་ལྷ་བུ་དང་ལྡན[༥]་ལ།

ཐབས་མཁས་པས་ཤེས་རབ་ཀྱི་ཕ་རོལ་ཏུ་ཕྱིན་པ་ལ་སྤྱོད་པས། དེ་བཞིན་གཤེགས་པའི་སྟོབས་བཅུ་ཡོངས་སུ་མ་རྫོགས། མི་འཇིགས་པ་བཞི་ཡོངས་སུ་མ་རྫོགས། སོ་སོ་ཡང་དག་པར་རིག་པ་བཞི་ཡོངས་སུ་མ་རྫོགས། སངས་རྒྱས་ཀྱི་ཆོས་མ་འདྲེས་པ་བཅོ་[1]བརྒྱད་ཡོངས་སུ་མ་རྫོགས། བྱམས་པ་ཆེན་པོ་ཡོངས་སུ་མ་རྫོགས། སྙིང་རྗེ་ཆེན་པོ་ཡོངས་སུ་མ་རྫོགས་པར་ཡང་དག་པའི་མཐའ་སྟོན་[2]དུ་མི་བྱེད་དེ[3]། དེའི་ཚེ་བྱང་ཆུབ་སེམས་དཔའ་སེམས་དཔའ་ཆེན་པོའི་[4]རྣམ་པར་ཐར་པའི་སྒོ་སྟོང་པ་ཉིད་དང་། མཚན་མ་མེད་པ་དང་། སྨོན་པ་མེད་པའི་ཏིང་ངེ་འཛིན་བསྒོམ་པ་ཡོངས་སུ་རྫོགས་པར་འགྱུར་རོ། །རབ་འབྱོར་གཞན་ཡང་བྱང་ཆུབ་སེམས་དཔའ་སེམས་དཔའ་ཆེན་པོ་ཤེས་རབ་ཀྱི་ཕ་རོལ་ཏུ་ཕྱིན་པ་ལ་སྤྱོད་པའི་ཚེ། འདི་སྙམ་དུ་སེམས་ཅན་འདི་དག་ནི་ཡུན་རིང་པོ་ནས་སྨོན་ལམ་ལ་སྤྱོད་སྤྱོད་པ་སྟེ། འདི་ལྟར་བརྒྱ་བྱིན་དང་། ཚངས་པ་དང་། འཇིག་རྟེན་སྐྱོང་བ་དང་། འཁོར་ལོས་སྒྱུར་[5]བ་ལ་མངོན་པར་དགའོ[6]། །གཟུགས་ལ་མངོན་པར་དགའོ། །ཚོར་བ་ལ་མངོན་པར་དགའོ། །འདུ་ཤེས་ལ་མངོན་པར་དགའོ། །འདུ་བྱེད་ལ་མངོན་པར་དགའོ། །རྣམ་པར་ཤེས་པ་ལ་མངོན་པར་དགའོ། །མིག་ལ་མངོན་པར་དགའོ། །རྣ་བ་ལ་མངོན་པར་དགའོ། །སྣ་ལ་མངོན་པར་དགའོ། །ལྕེ་ལ་མངོན་པར་དགའོ། །ལུས་ལ་མངོན་པར་དགའོ༑ །ཡིད་ལ་མངོན་པར་དགའོ། །གཟུགས་ལ་མངོན་པར་དགའོ། །སྒྲ་ལ་མངོན་པར་དགའོ། །དྲི་ལ་མངོན་པར་དགའོ། །རོ་ལ་མངོན་པར་དགའོ། །རེག་ལ་མངོན་པར་དགའོ། །ཆོས་ལ་མངོན་པར་དགའོ། །མིག་གི་རྣམ་པར་ཤེས་པ་ལ་མངོན་པར་དགའོ། །རྣ་བའི་རྣམ་པར་ཤེས་པ་ལ་མངོན་པར་དགའོ། །སྣའི་རྣམ་པར་ཤེས་པ་ལ་མངོན་པར་དགའོ། །ལྕེའི་རྣམ་པར་ཤེས་པ་ལ་མངོན་

པར་དགའོ། །ལུས་ཀྱི་རྣམ་པར་ཤེས་པ་ལ་མངོན་པར་དགའོ། །ཡིད་ཀྱི་རྣམ་པར་ཤེས་པ་ལ་མངོན་པར་དགའོ། །མིག་གི་འདུས་ཏེ་རེག་པ་ལ་མངོན་པར་དགའོ། །རྣ་བའི་འདུས་ཏེ་རེག་པ་ལ་མངོན་པར་དགའོ། །སྣའི་འདུས་ཏེ་རེག་པ་ལ་མངོན་པར་དགའོ། །ལྕེའི་འདུས་ཏེ་རེག་པ་ལ་མངོན་པར་དགའོ། །ལུས་ཀྱི་འདུས་ཏེ་རེག་པ་ལ་མངོན་པར་དགའོ། །ཡིད་ཀྱི་འདུས་ཏེ་རེག་པ་ལ་མངོན་པར་དགའོ། །མིག་གི་འདུས་ཏེ་རེག་པའི་རྐྱེན་གྱིས་ཚོར་བ་ལ་མངོན་པར་དགའོ། །རྣ་བའི་འདུས་ཏེ་རེག་པའི་རྐྱེན་གྱིས་ཚོར་བ་ལ་མངོན་པར་དགའོ། །སྣའི་འདུས་ཏེ་རེག་པའི་རྐྱེན་གྱིས་ཚོར་བ་ལ་མངོན་པར་དགའོ། །ལྕེའི་འདུས་ཏེ་རེག་པའི་རྐྱེན་གྱིས་ཚོར་བ་ལ་མངོན་པར་དགའོ། །ལུས་ཀྱི་འདུས་ཏེ་རེག་པའི་རྐྱེན་གྱིས་ཚོར་བ་ལ་མངོན་པར་དགའོ། །ཡིད་ཀྱི་འདུས་ཏེ་རེག་པའི་རྐྱེན་གྱིས་ཚོར་བ་ལ་མངོན་པར་དགའོ། །སའི་ཁམས་ལ་མངོན་པར་དགའོ། །ཆུའི་ཁམས་ལ་མངོན་པར་དགའོ། །མེའི་ཁམས་ལ་མངོན་པར་དགའོ། །རླུང་གི་ཁམས་ལ་མངོན་པར་དགའོ། །ནམ་མཁའི་ཁམས་ལ་མངོན་པར་དགའོ། །རྣམ་པར་ཤེས་པའི་ཁམས་ལ་མངོན་པར་དགའོ། །མ་རིག་པ་ལ་མངོན་པར་དགའོ། །འདུ་བྱེད་ལ་མངོན་པར་དགའོ། །རྣམ་པར་ཤེས་པ་ལ་མངོན་པར་དགའོ། །མིང་དང་གཟུགས་ལ་མངོན་པར་དགའོ། །སྐྱེ་མཆེད་དྲུག་ལ་མངོན་པར་དགའོ། །རེག་པ་ལ་མངོན་པར་དགའོ། །ཚོར་བ་ལ་མངོན་པར་དགའོ། །སྲེད་པ་ལ་མངོན་པར་དགའོ། །ལེན་པ་ལ་མངོན་པར་དགའོ། །སྲིད་པ་ལ་མངོན་པར་དགའོ། །སྐྱེ་བ་ལ་མངོན་པར་དགའོ། །རྒ་ཤི་ལ་མངོན་པར་དགའོ། །སྦྱིན་པའི་ཕ་རོལ་ཏུ་ཕྱིན་པ་ལ་མངོན་པར་དགའོ། །ཚུལ་ཁྲིམས་ཀྱི་ཕ་རོལ་ཏུ་ཕྱིན་པ་ལ་མངོན་པར་དགའོ། །བཟོད་པའི་ཕ་རོལ་ཏུ་ཕྱིན་པ་ལ་མངོན་པར་

དགའོ། །བརྩོན་འགྲུས་ཀྱི་ཕ་རོལ་ཏུ་ཕྱིན་པ་ལ་མངོན་པར་དགའོ། །བསམ་
གཏན་གྱི་ཕ་རོལ་ཏུ་ཕྱིན་པ་ལ་མངོན་པར་དགའོ། །ཤེས་རབ་ཀྱི་ཕ་རོལ་ཏུ་ཕྱིན་
པ་ལ་མངོན་པར་དགའོ། །ནང་སྟོང་པ་ཉིད་ལ་མངོན་པར་དགའོ། །ཕྱི་སྟོང་
པ་ཉིད་ལ་མངོན་པར་དགའོ། །ཕྱི་ནང་སྟོང་པ་ཉིད་ལ་མངོན་པར་དགའོ། །
སྟོང་པ་ཉིད་སྟོང་པ་ཉིད་ལ་མངོན་པར་དགའོ། །ཆེན་པོ་སྟོང་པ་ཉིད་ལ་མངོན་
པར་དགའོ། །དོན་དམ་པ་སྟོང་པ་ཉིད་ལ་མངོན་པར་དགའོ། །འདུས་བྱས་
སྟོང་པ་ཉིད་ལ་མངོན་པར་དགའོ། །འདུས་མ་བྱས་སྟོང་པ་ཉིད་ལ་མངོན་པར་
དགའོ། །མཐའ་ལས་འདས་པ་སྟོང་པ་ཉིད་ལ་མངོན་པར་དགའོ། །ཐོག་མ་
དང་ཐ་མ་མེད་པ་སྟོང་པ་ཉིད་ལ་མངོན་པར་དགའོ། །དོར་བ་མེད་པ་སྟོང་པ་
ཉིད་ལ་མངོན་པར་དགའོ། །རང་བཞིན་སྟོང་པ་ཉིད་ལ་མངོན་པར་དགའོ། །
ཆོས་ཐམས་ཅད་སྟོང་པ་ཉིད་ལ་མངོན་པར་དགའོ། །རང་གི་མཚན་ཉིད་སྟོང་པ་
ཉིད་ལ་མངོན་པར་དགའོ། །མི་དམིགས་པ་སྟོང་པ་ཉིད་ལ་མངོན་པར་དགའོ། །
དངོས་པོ་མེད་པ་སྟོང་པ་ཉིད་ལ་མངོན་པར་དགའོ། །ངོ་བོ་ཉིད་སྟོང་པ་ཉིད་ལ་
མངོན་པར་དགའོ། །དངོས་པོ་མེད་པའི་ངོ་བོ་ཉིད་སྟོང་པ་ཉིད་ལ་མངོན་པར་
དགའོ། །དྲན་པ་ཉེ་བར་གཞག་པ་རྣམས་ལ་མངོན་པར་དགའོ། །ཡང་དག་
པར་སྤོང་བ་རྣམས་ལ་མངོན་པར་དགའོ། །རྫུ་འཕྲུལ་གྱི་རྐང་པ་རྣམས་ལ་མངོན་
པར་དགའོ། །དབང་པོ་རྣམས་ལ་མངོན་པར་དགའོ། །སྟོབས་རྣམས་ལ་
མངོན་པར་དགའོ། །བྱང་ཆུབ་ཀྱི་ཡན་ལག་རྣམས་ལ་མངོན་པར་དགའོ། །
འཕགས་པའི་ལམ་ཡན་ལག་བརྒྱད་པ་ལ་མངོན་པར་དགའོ། །འཕགས་པའི་
བདེན་པ་རྣམས་ལ་མངོན་པར་དགའོ། །བསམ་གཏན་རྣམས་ལ་མངོན་པར་
དགའོ། །ཚད་མེད་པ་རྣམས་ལ་མངོན་པར་དགའོ། །གཟུགས་མེད་པའི་

སྙོམས་པར་འཇུག་པ་རྣམས་ལ་མངོན་པར་དགའོ། །རྣམ་པར་ཐར་པ་རྣམས་ལ་མངོན་པར་དགའོ། །མཐར་གྱིས་གནས་པའི་སྙོམས་པར་འཇུག་པ་རྣམས་ལ་མངོན་པར་དགའོ། །རྣམ་པར་ཐར་པའི་སྒོ་སྟོང་པ་ཉིད་དང་། མཚན་མ་མེད་པ་དང་། སྨོན་པ་མེད་པ་ལ་མངོན་པར་དགའོ། །མངོན་པར་ཤེས་པ་རྣམས་ལ་མངོན་པར་དགའོ། །ཏིང་ངེ་འཛིན་རྣམས་ལ་མངོན་པར་དགའོ། །གཟུངས་ཀྱི་སྒོ་རྣམས་ལ་མངོན་པར་དགའོ། །དེ་བཞིན་གཤེགས་པའི་སྟོབས་རྣམས་ལ་མངོན་པར་དགའོ། །མི་འཇིགས་པ་རྣམས་ལ་མངོན་པར་དགའོ། །སོ་སོ་ཡང་དག་པར་རིག་པ་རྣམས་ལ་མངོན་པར་དགའོ། །བྱམས་པ་ཆེན་པོ་ལ་མངོན་པར་དགའོ། །སྙིང་རྗེ་ཆེན་པོ་ལ་མངོན་པར་དགའོ། །སངས་རྒྱས་ཀྱི་ཆོས་མ་འདྲེས་པ་རྣམས་ལ་མངོན་པར་དགའོ། །རྒྱུན་ཏུ་ཞུགས་པའི་འབྲས་བུ་ལ་མངོན་པར་དགའོ། །ལན་ཅིག་ཕྱིར་འོང་བའི་འབྲས་བུ་ལ་མངོན་པར་དགའོ། །ཕྱིར་མི་འོང་བའི་འབྲས་བུ་ལ་མངོན་པར་དགའོ། །དགྲ་བཅོམ་པ་ཉིད་ལ་མངོན་པར་དགའོ། །རང་བྱང་ཆུབ་ལ་མངོན་པར་དགའོ། །ལམ་གྱི་རྣམ་པ་ཤེས་པ་ཉིད་ལ་མངོན་པར་དགའོ། །རྣམ་པ་ཐམས་ཅད་མཁྱེན་པ་ཉིད་ལ་མངོན་པར་དགའོ། །དེ་ལྟ་བས་ན་དེ་དག་གི་དོན་དུ་བླ་ན་མེད་པ་ཡང་དག་པར་རྫོགས་པའི་བྱང་ཆུབ་ཏུ་མངོན་པར་རྫོགས་པར་སངས་རྒྱས་ཏེ། ཅི་ནས་ཀྱང་སེམས་ཅན་རྣམས་ཀྱི་སྨོན་ལམ་གྱི་ཉེས་པ་དེ་དག་མེད་པར་འགྱུར་བ་དེ་ལྟར་ཆོས་བསྟན་པར་བྱའོ་སྙམ་སྟེ། རབ་འབྱོར་དེ་ལྟར་བྱང་ཆུབ་སེམས་དཔའ་སེམས་དཔའ་ཆེན་པོ་སེམས་བསྐྱེད་པ་དེ་དག་དང་ལྡན་ལ། ཐབས་མཁས་པས་ཤེས་རབ་ཀྱི་ཕ་རོལ་ཏུ་ཕྱིན་པ་ལ་སྤྱོད་པས། རྣམ་པར་ཐར་པའི་སྒོ་སྟོང་པ་ཉིད་དང་། མཚན་མ་མེད་པ་དང་། སྨོན་པ་མེད་པའི་ཏིང་ངེ་འཛིན་བསྒོམ་པ་ཡོངས་སུ་རྫོགས་པར་

འགྱུར་ཏེ། དེ་བཞིན་གཤེགས་པའི་སྟོབས་བཅུ་ཡོངས་སུ་མ་རྫོགས། མི་འཇིགས་པ་བཞི་ཡོངས་སུ་མ་རྫོགས། སོ་སོ་ཡང་དག་པར་རིག་པ་བཞི་ཡོངས་སུ་མ་རྫོགས། སངས་རྒྱས་ཀྱི་ཆོས་མ་འདྲེས་པ་བཅོ་[1]བརྒྱད་ཡོངས་སུ་མ་རྫོགས། བྱམས་པ་ཆེན་པོ་ཡོངས་སུ་མ་རྫོགས། སྙིང་རྗེ་ཆེན་པོ་ཡོངས་སུ་མ་རྫོགས་ཤིང་། བླ་ན་མེད་པ་ཡང་དག་པར་རྫོགས་པའི་བྱང་ཆུབ་ཏུ་མངོན་པར༔ རྫོགས་པར་[2]སངས་མ་རྒྱས་ཀྱི་བར་དུ་ཡང་དག་པའི་མཐའ་ཡང་མངོན་དུ་མི་བྱེད་དོ། །རབ་འབྱོར་བྱང་ཆུབ་སེམས་དཔའ་སེམས་དཔའ་ཆེན་པོ། སྦྱིན་པའི་ཕ་རོལ་ཏུ་ཕྱིན་པ་ལ་སྤྱོད་པ་དང་། ཚུལ་ཁྲིམས་ཀྱི་ཕ་རོལ་ཏུ་ཕྱིན་པ་ལ་སྤྱོད་པ་དང་། བཟོད་པའི་ཕ་རོལ་ཏུ་ཕྱིན་པ་ལ་སྤྱོད་པ་དང་། བརྩོན་འགྲུས་ཀྱི་ཕ་རོལ་ཏུ་ཕྱིན་པ་ལ་སྤྱོད་པ་དང་། བསམ་གཏན་[3]གྱི་ཕ་རོལ་ཏུ་ཕྱིན་པ་ལ་སྤྱོད་པ་དང་། ཤེས་རབ་ཀྱི་ཕ་རོལ་ཏུ་ཕྱིན་པ་ལ་སྤྱོད་པ་དང་། ནང་སྟོང་པ་ཉིད་ལ་སྤྱོད་པ་དང་། ཕྱི་སྟོང་པ་ཉིད་ལ་སྤྱོད་པ་དང་། ཕྱི་ནང་སྟོང་པ་ཉིད་ལ་སྤྱོད་པ་དང་། སྟོང་པ་ཉིད་སྟོང་པ་ཉིད་ལ་སྤྱོད་པ་དང་། ཆེན་པོ་སྟོང་པ་ཉིད་ལ་སྤྱོད་པ་དང་། དོན་དམ་པ་སྟོང་པ་ཉིད་ལ་སྤྱོད་པ་དང་། འདུས་[4]བྱས་སྟོང་པ་ཉིད་ལ་སྤྱོད་པ་དང་། འདུས་མ་བྱས་སྟོང་པ་ཉིད་ལ་སྤྱོད་པ་དང་། མཐའ་ལས་འདས་པ་སྟོང་པ་ཉིད་ལ་སྤྱོད་པ་དང་། ཐོག་མ་དང་ཐ་མ་མེད་པ་སྟོང་པ་ཉིད་ལ་སྤྱོད་པ་དང་། དོར་བ་མེད་པ་སྟོང་པ་ཉིད་ལ་སྤྱོད་པ་དང་། རང་བཞིན་སྟོང་པ་ཉིད་ལ་སྤྱོད་པ་དང་། ཆོས་ཐམས་ཅད་སྟོང་པ་ཉིད་ལ་སྤྱོད་པ་དང་། རང་གི་མཚན་ཉིད་སྟོང་པ་ཉིད་ལ་སྤྱོད་པ་དང་། མི་དམིགས་པ་སྟོང་པ་ཉིད་ལ་སྤྱོད་པ་དང་། དངོས་པོ་མེད་པ་སྟོང་པ་ཉིད་ལ་སྤྱོད་པ་དང་། ངོ་བོ་ཉིད་སྟོང་པ་ཉིད་ལ་སྤྱོད་པ་དང་། དངོས་པོ་མེད་པའི་ངོ་བོ་ཉིད་སྟོང་པ་ཉིད་ལ་སྤྱོད་པ་དང་། དྲན་པ་ཉེ་

བར་གཞག་པ་རྣམས་ལ་སྤྱོད་པ་དང་། ཡང་དག་པར་སྤོང་[1]བ་རྣམས་ལ་སྤྱོད་པ་དང་། རྫུ་འཕྲུལ་གྱི་རྐང་པ་རྣམས་ལ་སྤྱོད་པ་དང་། དབང་པོ་རྣམས་ལ་སྤྱོད་པ་དང་། སྟོབས་རྣམས་ལ་སྤྱོད་པ་དང་། བྱང་ཆུབ་ཀྱི་ཡན་ལག་རྣམས་ལ་སྤྱོད་པ་དང་། འཕགས་པའི་ལམ་ཡན་ལག་བརྒྱད་པ་ལ་སྤྱོད་པ་དང་། འཕགས་པའི་བདེན་པ་རྣམས་ལ་སྤྱོད་པ་དང་། བསམ་གཏན་རྣམས་ལ་སྤྱོད་པ་དང་། ཚད་མེད་པ་རྣམས་ལ་སྤྱོད་པ་དང་། གཟུགས་མེད་པའི་སྙོམས་པར་འཇུག་པ་རྣམས་ལ་སྤྱོད་པ་དང་། རྣམ་པར་ཐར་པ་རྣམས་ལ་སྤྱོད་པ་དང་། མཐར་གྱིས་གནས་པའི་སྙོམས་པར་འཇུག་པ་རྣམས་ལ་སྤྱོད་པ་དང་། རྣམ་པར་ཐར་པའི་སྒོ་སྟོང་པ་ཉིད་དང་། མཚན་མ་མེད་པ་དང་། སྨོན་པ་མེད་པ་ལ་སྤྱོད་པ་དང་། མངོན་པར་ཤེས་པ་རྣམས་ལ་སྤྱོད་པ་དང་། ཏིང་ངེ་འཛིན་རྣམས་ལ་སྤྱོད་པ་དང་། གཟུངས་ཀྱི་སྒོ་རྣམས་ལ་སྤྱོད་པ་དང་། དེ་བཞིན་གཤེགས་པའི་སྟོབས་རྣམས་ལ་སྤྱོད་པ་དང་། མི་འཇིགས་པ་རྣམས་ལ་སྤྱོད་པ་དང་། སོ་སོ་ཡང་དག་པར་རིག་པ་རྣམས་ལ་སྤྱོད་པ་དང་། བྱམས་པ་ཆེན་པོ་ལ་སྤྱོད་པ་དང་། སྙིང་རྗེ་ཆེན་པོ་ལ་སྤྱོད་པ་དང་། སངས་རྒྱས་ཀྱི་ཆོས་མ་འདྲེས་པ་རྣམས་ལ་སྤྱོད་པ་དང་། འདྲེས་པར་བྱེད་ཅིང་། དེ་ལྟ་བུའི་[2]ཡེ་ཤེས་མཐོང་བ་དང་ལྡན་པའི་བྱང་ཆུབ་སེམས་དཔའ་སེམས་དཔའ་ཆེན་པོ་ནི་མངོན་པར་འདུ་བྱ་བ་མེད་པར་ལྡང་བའམ། ཁམས་གསུམ་པ་དང་ལྷན་ཅིག་གནས་ཿཔའི་གནས་[3]མེད་[4]། སྐབས་མེད་དེ་དེ་ནི་གནས་མ་ཡིན་ནོ། །རབ་འབྱོར་བྱང་ཆུབ་སེམས་དཔའ་སེམས་དཔའ་ཆེན་པོ་དེ་ལྟར་སྤྱོད་ཅིང་། བྱང་ཆུབ་ཀྱི་ཕྱོགས་ཀྱི་ཆོས་འདི་དག་ལ་ཡོངས་སུ་འདྲེས་པར་བྱེད་པ་དེ་ལ་ཇི་ལྟར་ན་བྱང་ཆུབ་སེམས་དཔའ་སེམས་དཔའ་ཆེན་པོ་བླ་ན་མེད་པ་ཡང་དག་པར་རྫོགས་པའི་བྱང་ཆུབ་

ཏུ་མངོན་པར་རྫོགས་པར་འཚང་རྒྱ་བར་འདོད་པས་ཆོས་འདི་དག་ལ་སྤྱད་①དེ། ཡོངས་སུ་འདྲིས་པར་བྱས་ནས་སྟོང་པ་ཉིད་དང་། ཡང་དག་པའི་མཐའ་གང་རྟོགས་པས་རྒྱུན་ཏུ་ཞུགས་པའི་འབྲས་བུ་ཐོབ་པར་འགྱུར་བ་དང་། ལན་ཅིག་ཕྱིར་འོང་བའི་འབྲས་བུ་ཐོབ་པར་འགྱུར་བ་དང་། ཕྱིར་མི་འོང་བའི་འབྲས་བུ་ཐོབ་པར་འགྱུར་བ་དང་། དགྲ་བཅོམ་པ་ཉིད་ཐོབ་པར་འགྱུར་བ་དང་། རང་བྱང་ཆུབ་ཐོབ་པར་འགྱུར་བའི་སྟོང་པ་ཉིད་མངོན་དུ་མི་བྱེད་ཅིང་། ཡང་དག་པའི་མཐའ་མངོན་དུ་མི་བྱེད་པ་ཡིན། ཇི་ལྟར་ན་མཚན་མ་མེད་པ་ཡང་མངོན་དུ་མི་བྱེད། སྨོན་པ་མེད་པ་ཡང་མངོན་ཏུ་མི་བྱེད། མངོན་པར་འདུ་བྱ་བ་མེད་པར་②ཡང་མངོན་ཏུ་མི་བྱེད། སྐྱེ་བ་མེད་པ་ཡང་མངོན་ཏུ་མི་③བྱེད། དངོས་པོ་མེད་པ་ཡང་མངོན་ཏུ་མི་④བྱེད་ལ། ཤེས་རབ་ཀྱི་ཕ་རོལ་ཏུ་ཕྱིན་པ་ཡང་བསྒོམ་⑤པར་བྱ་ཞེས་དྲི་བར་བྱའོ། །རབ་འབྱོར་གལ་ཏེ་བྱང་ཆུབ་སེམས་དཔའ་སེམས་དཔའ་ཆེན་པོ་དེ་ལ། བྱང་ཆུབ་སེམས་དཔའ་དག་གིས་དེ་སྐད་དུ་དྲིས་ན། འདི་ལ་ལན་སློན་ཞིང་དེས་སྟོང་པ་ཉིད་ཡིད་ལ་བྱའོ། །དེས་མཚན་མ་མེད་པ་ཡིད་ལ་བྱའོ། །དེས་སྨོན་པ་མེད་པ་ཡིད་ལ་བྱའོ། །དེས་མངོན་པར་འདུ་བྱ་བ་མེད་པ་ཡིད་ལ་བྱའོ། །དེས་སྐྱེ་བ་མེད་པ་ཡིད་ལ་བྱའོ། །དེས་འགག་པ་མེད་པ་ཡིད་ལ་བྱའོ། །དེས་དངོས་པོ་མེད་པ་ཡིད་ལ་བྱའོ་ཞེས་ཟེར་ན། རབ་འབྱོར་བྱང་ཆུབ་སེམས་དཔའ་སེམས་དཔའ་ཆེན་པོ་དེ་དག་གིས་བྱང་ཆུབ་སེམས་དཔའ་སེམས་དཔའ་ཆེན་པོ་འདི་ནི་སངས་རྒྱས་བཅོམ་ལྡན་འདས་དེ་དག་གིས་བླ་ན་མེད་པ་ཡང་དག་པར་རྫོགས་པའི་བྱང་ཆུབ་ཏུ་ལུང་བསྟན་པར་རིག་པར་བྱའོ། །དེ་ཅིའི་ཕྱིར་ཞེ་ན། དེ་ནི་འདི་ལྟར་ཕྱིར་མི་ལྡོག་པའི་བྱང་ཆུབ་སེམས་དཔའ་སེམས་དཔའ་ཆེན་པོའི་⑥ཡོངས་སུ་འདྲིས་པར་བྱ་བ་དེ་རྗོད་⑦དོ། །དེ་

ལུང་སྟོན་ཏོ། །དེ་རབ་ཏུ་འབྱེད་དོ། །རབ་འབྱོར་གལ་ཏེ་བྱང་ཆུབ་སེམས་དཔའ་སེམས་དཔའ་ཆེན་པོ་ལ་དེ་སྐད་དུ་དྲིས་ན་འདི་སྐད་དུ་(༡)ལུང་སྟོན་ཅིང་། དེས་སྟོང་པ་ཉིད་ལ་ཡོངས་སུ་འདྲིས་པར་མི་བྱའོ། །དེས་མཚན་མ་མེད་པ་ལ་ཡོངས་སུ་འདྲིས་པར་མི་བྱའོ། །དེས་སྨོན་པ་མེད་པ་ལ་ཡོངས་སུ་འདྲིས་པར་མི་བྱའོ། །དེས་མངོན་པར་འདུ་བྱ་བ་མེད་པ་ལ་ཡོངས་སུ་འདྲིས་པར་མི་བྱའོ། །དེས་སྐྱེ་བ་མེད་པ་ལ་ཡོངས་སུ་འདྲིས་པར་མི་བྱའོ། །(༢)དེས་དངོས་པོ་མེད་པ་ལ་ཡོངས་སུ་འདྲིས་པར་མི་བྱའོ། །དེས་བྱང་ཆུབ་ཀྱི་ཕྱོགས་ཀྱི་ཆོས་རྣམས་ལ་ཡོངས་སུ་འདྲིས་པར་མི་བྱའོ། །ཞེས་ཟེར་ན་རབ་འབྱོར་བྱང་ཆུབ་སེམས་དཔའ་སེམས་དཔའ་ཆེན་པོ་དེ་དག་གིས། བྱང་ཆུབ་སེམས་དཔའ་སེམས་དཔའ་ཆེན་པོ་འདི་ནི་སངས་རྒྱས་བཅོམ་ལྡན་འདས་དེ་དག་གིས་བླ་ན་མེད་པ་ཡང་དག་པར་རྫོགས་པའི་བྱང་ཆུབ་ཏུ་ལུང་བསྟན་པ་མ་ཡིན་ནོ་ཞེས་བྱ་བར་རིག་པར་བྱའོ། །དེ་ཅིའི་ཕྱིར་ཞེ་ན། དེ་ནི་འདི་ལྟར་ཕྱིར་མི་ལྡོག་པའི་བྱང་ཆུབ་སེམས་དཔའ་སེམས་དཔའ་ཆེན་པོའི་ཡོངས་སུ་འདྲིས་པར་བྱ་བ་དེ་མི་རྗོད་(༣)ཅིང་ལུང་(༤)མི་སྟོན་ལ་རབ་ཏུ་མི་འབྱེད་པའི་ཕྱིར་ཏེ། ཕྱིར་མི་ལྡོག་པའི་བྱང་ཆུབ་སེམས་དཔའ་སེམས་དཔའ་ཆེན་པོའི་ཆོས་གང་ཡིན་པ་དེ་མི་རྗོད་(༥)པ་དང་། ལུང་མི་སྟོན་པ་དང་། རབ་ཏུ་མི་འབྱེད་པ་ནི་བྱང་ཆུབ་སེམས་དཔའ་སེམས་དཔའ་ཆེན་པོ༔ དེ་དག་གིས་བྱང་ཆུབ་སེམས་དཔའ་སེམས་དཔའ་ཆེན་པོ་(༦)འདི་ནི་ཡོངས་སུ་འདྲིས་པར་བྱས་ནས། ཕྱིར་མི་ལྡོག་པའི་བྱང་ཆུབ་སེམས་དཔའ་སེམས་དཔའ་ཆེན་པོས་ཕྱིར་མི་ལྡོག་པའི་ས་ནོན་པ་ལྟར། བསྒྲུབས་(༧)པའི་ས་ནོན་པ་མ་ཡིན་ནོ་ཞེས་བྱ་བར་རིག་པར་བྱའོ། །གསོལ་པ། བཅོམ་ལྡན་འདས་གང་གིས་སླར་མི་ལྡོག་པར་འགྱུར་བའི་རྣམ་གྲངས་དེ་ལྟ་བུ་མཆིས་སམ། བཅོམ་ལྡན་འདས་ཀྱིས་བཀའ་སྩལ་པ།

རབ་འབྱོར་དེ་ནི་ཡོད་དེ། གལ་ཏེ་བྱང་ཆུབ་སེམས་དཔའ་སེམས་དཔའ་ཆེན་པོས་ཕ་རོལ་ཏུ་ཕྱིན་པ་དྲུག་ཐོས་ཀྱང་རུང་། མ་ཐོས་ཀྱང་རུང་སྟེ། ཕྱིར་མི་ལྡོག་པའི་བྱང་ཆུབ་སེམས་དཔའ་སེམས་དཔའ་ཆེན་པོ་ཇི་ལྟ་བ་བཞིན་དུ་ལན་ལྡོན་པའོ། །གསོལ་པ་བཅོམ་ལྡན་འདས་དེའི་སླད་དུ་བྱང་ཆུབ་ཏུ་སྤྱོད་པ་ནི་མང་སྟེ། ཕྱིར་མི་ལྡོག་པའི་བྱང་ཆུབ་སེམས་དཔའ་སེམས་དཔའ་ཆེན་པོ་ཡོངས་སུ་སྦྱང་བའི་ས་འམ། ཡོངས་སུ་སྦྱང་བ་མ་[༡]ལགས་པའི་ས་ལ་གནས་པ་བཞིན་དུ་ལན་འདེབས་པ་ནི་ཉུང་ངོ་། །བཅོམ་ལྡན་འདས་ཀྱིས་བཀའ་སྩལ་པ། རབ་འབྱོར་དེ་དེ་བཞིན་ནོ། །དེ་དེ་བཞིན་ཏེ། དེ་ཅིའི་ཕྱིར་ཞེ་ན། རབ་འབྱོར་དེ་ནི་འདི་ལྟར་བྱང་ཆུབ་སེམས་དཔའ་ཆེན་པོ་གང་ཕྱིར་མི་ལྡོག་པའི་ཡེ་ཤེས་ཀྱི་སར་ལུང་བསྟན་པ་དེ་དག་ནི་ཉུང་སྟེ། གང་ལུང་བསྟན་པ་དེ་དག་ནི་རྣམ་པ་དེ་བཞིན་དུ་ལན་ལྡོན་ཏེ[༢]། གང་རྣམ་པ་དེ་ལྟར་ལན་ལྡོན་པ་དེ་དག་ནི་དགེ་བའི་རྩ་བ་བསྐྱེད་པར་རིག་པར་བྱའོ། །རབ་འབྱོར་བྱང་ཆུབ་སེམས་དཔའ་སེམས་དཔའ་ཆེན་པོ་དེ་དང་དེ་དག་ནི་ལྷ་དང་། མི་དང་། ལྷ་མ་ཡིན་དུ་བཅས་པའི་འཇིག་རྟེན་གྱིས་མི་འཕྲོགས་པའོ། །ཤེས་རབ་ཀྱི་ཕ་རོལ་ཏུ་ཕྱིན་པ་སྟོང་ཕྲག་བརྒྱ་པ་ལས། ལེའུ་བཞི་བཅུ་བཞིའོ[༣]།། །།

ཤེས་རབ་ཀྱི་ཕ་རོལ་ཏུ་ཕྱིན་པ་སྟོང་ཕྲག་བརྒྱ་པ། བམ་པོ༔ བཅོ་ལྔ་[༤]པ། དེ་ནས་ཡང་བཅོམ་ལྡན་འདས་ཀྱིས་ཚེ་དང་ལྡན་པ་རབ་འབྱོར་ལ་འདི་སྐད་ཅེས་བཀའ་སྩལ་ཏོ[༥]། །རབ་འབྱོར་གལ་ཏེ་བྱང་ཆུབ་སེམས་དཔའ་སེམས་དཔའ་ཆེན་པོ་རྨི་ལམ་ན་[༦]ཉན་ཐོས་ཀྱི་ས་འམ། རང་སངས་རྒྱས་ཀྱི་ས་འམ། ཁམས་གསུམ་པ་ལ་འདོད་[༧]སེམས་མི་སྐྱེད[༨]། ལེགས་[༩]པའི་སེམས༔ མི་སྐྱེད་[༡༠]ཅིང་།

ཆོས་ཐམས་ཅད་རྨི་ལམ་དང་འདྲ་བ་ཉིད་དུ་ལྟ། ཆོས་ཐམས་ཅད་སྒྲ་བརྙན་དང་འདྲ་བ་ཉིད་དུ་ལྟ། ཆོས་ཐམས་ཅད་གཟུགས་བརྙན་དང་འདྲ་བ་ཉིད་དུ་ལྟ[1]། ཆོས་ཐམས་ཅད་མིག་རྒྱུ[2]དང་འདྲ་བ་ཉིད་དུ་ལྟ། ༔ཆོས་ཐམས་ཅད་སྒྱུ་མ་དང་འདྲ་བ་ཉིད་དུ་ལྟ། ཆོས་ཐམས་ཅད་དྲི་ཟའི་གྲོང་ཁྱེར་དང་འདྲ་བ་ཉིད་དུ་ལྟ།[3] ཆོས་ཐམས་ཅད་སྤྲུལ་པ་དང་འདྲ་བ་ཉིད་དུ་ལྟ་ལ་མངོན་དུ་མི་བྱེད་ན། རབ་འབྱོར་འདི་ནི་ཕྱིར་མི་ལྡོག་པའི་བྱང་ཆུབ་སེམས་དཔའ་སེམས་དཔའ་ཆེན་པོའི་ཕྱིར་མི་ལྡོག་པའི་མཚན་ཉིད་དུ་རིག་པར་བྱའོ། །རབ་འབྱོར་གཞན་ཡང་གལ་ཏེ་བྱང་ཆུབ་སེམས་དཔའ་སེམས་དཔའ་ཆེན་པོས་རྨི་ལམ་ན་ཡང་དེ་བཞིན་གཤེགས་པ་དགྲ་བཅོམ་པ་ཡང་དག་པར་རྫོགས་པའི་སངས་རྒྱས༔ཞམ་འབྲིང་[4]བརྒྱ་ཕྲག་དུ་མ་དང་། ༔ཞམ་འབྲིང་[5]སྟོང་ཕྲག་དུ་མ་དང་། ༔ཞམ་འབྲིང་[6]བརྒྱ་སྟོང་ཕྲག་དུ་མ་དང་། ༔ཞམ་འབྲིང་[7]བྱེ་བ་ཕྲག་དུ་མ་དང་། ༔ཞམ་འབྲིང་[8]བྱེ་བ་བརྒྱ་ཕྲག་དུ་མ་དང་། ༔ཞམ་འབྲིང་[9]བྱེ་བ་སྟོང་ཕྲག་དུ་མ་དང་། ༔ཞམ་འབྲིང་[10]བྱེ་བ་བརྒྱ་སྟོང་[11]ཕྲག་དུ་མ་དང་། ༔ཞམ་འབྲིང་[12]བྱེ་བ་ཁྲག་ཁྲིག་བརྒྱ་སྟོང་ཕྲག་དུ་མ་མངའ་བ་དགེ་སློང་དང་། དགེ་སློང་མ་དང་། དགེ་བསྙེན་དང་། དགེ་བསྙེན་མ་དང་། ལྷ་དང་། ཀླུ་དང་། གནོད་སྦྱིན་དང་། དྲི་ཟ་དང་། ལྷ་མ་ཡིན་དང་། ནམ་མཁའ་ལྡིང་དང་། མིའམ་ཅི་དང་། ལྟོ་འཕྱེ་ཆེན༔པོ་མང་[13]པོས་ཀུན་ནས་བསྐོར་ཅིང་མདུན་དུ་བྱས་ཏེ་ཆོས་སྟོན་པ་མཐོང་ན[14]། དེས་ཆོས་དེ་ཐོས་ནས། ཆོས་དེའི་དོན་ཤེས་པར་བྱའོ་ཞེས་ཆོས་དང་གཉེར་བའི་ཆོས་ལ་ཞུགས་ཤིང་། གནས་པ་དང་མཐུན་[15]པར་ཞུགས༔ཏེ། གཉེར་[16]བའི་ཆོས་ལ་སྒྲུབ་པ་མཐོང་ན། རབ་འབྱོར་འདི་ཡང་ཕྱིར་མི་ལྡོག་པའི་བྱང་ཆུབ་སེམས་དཔའ་སེམས་དཔའ་ཆེན་པོའི་ཕྱིར་མི་ལྡོག་པའི་མཚན་ཉིད་དུ་རིག་པར་བྱའོ། །

རབ་འབྱོར་གཞན་ཡང་བྱང་ཆུབ་སེམས་དཔའ་སེམས་དཔའ་ཆེན་པོས་རྨི་ལམ་[1]ན་ཡང་དེ་བཞིན་གཤེགས་པ་དགྲ་བཅོམ་པ་ཡང་དག་པར་རྫོགས་པའི་སངས་རྒྱས་ནམ་མཁའ་ལ་འཕགས་ཤིང་། དགེ་སློང་གི་དགེ་འདུན་ལ་ཆོས་སྟོན་པ་མྱི་ཆེན་པོའི་མཚན་སུམ་ཅུ་[2]རྩ་གཉིས་དང་ལྡན་པ། འོད་འདོམ་གང་[3]མངའ་བ། རྫུ་འཕྲུལ་དང་། ཆོ་འཕྲུལ་[4]མང་པོ་སྟོན་པ། སྤྲུལ་པ་མང་པོ་སྤྲུལ་[5]པ་མཛད་ཅིང་། སྤྲུལ་པ་འདི་[6]དག་ཀྱང་འཇིག་རྟེན་གྱི་ཁམས་གཞན་དག་[7]ཏུ་སངས་རྒྱས་ཀྱི་བྱ་བ་བྱེད་པ་མཐོང་ན། རབ་འབྱོར་འདི་ཡང་ཕྱིར་མྱི་ལྡོག་པའི་བྱང་ཆུབ་སེམས་དཔའ་སེམས་དཔའ་ཆེན་པོ་[8]ཕྱིར་མྱི་ལྡོག་པའི་མཚན་ཉིད་དུ་རིག་པར་བྱའོ།།

རབ་འབྱོར་གཞན་ཡང་གལ་ཏེ་བྱང་ཆུབ་སེམས་དཔའ་སེམས་དཔའ་ཆེན་པོས་རྨི་ལམ་ན་ཡང་གྲོང་བཅོམ་པའམ། གྲོང་ཁྱེར་བཅོམ་པའམ། མྱེ་ཐར་པའམ། གཅན་ཟན་[9]ཁྲོ་བོ་མཐོང་ངམ། དེ་མ་ཡིན་པའི་རི་དགས་[10]གདུག་པོའི་རྣམ་པ་མཐོང་ངམ། མགོ་གཅོད་[11]པར་གྱུར་པ་མཐོང་ངམ། དེ་མ་ཡིན་པའི་འཇིགས་ཤིང་མྱི་བཟད་[12]པ་དང་། སྡང་[13]བར་འགྱུར་བ་མཐོང་ངམ། སྡུག་བསྡལ་བ་[14]དང་། ཡིད་མྱི་བདེ་བ་དང་། འཁྲུག་པ་མཐོང་ངམ། བཀྲེས་པའམ། སྐོམ་[15]པ་མཐོང་ངམ། ཕ་ཤི་བ་མཐོང་ངམ། མ་ཤི་བ་མཐོང་ངམ། ཕུ་ནུ་ཤི་བ་མཐོང་ངམ། བུ་སྲིང་ཤི་བ་མཐོང་ངམ། གྲོགས་པོའམ་གཉེན་བཤེས་ཤི་བ་མཐོང་ན[16]། མྱ་ངན་དང་། འཇིགས་ཤིང་མྱི་བཟད་[17]པ་དང་སྡང་[18]བར་མྱི་འགྱུར་ལ། རྨི་ལམ་དེ་རྨིས་པའི་འོག་ཏུ་སད་ནས་ཀྱང་འདི་སྙམ་སྟེ། ཀྱེ་མ་ཁམས་གསུམ་པ་འདི་དག་ཀུན་ཀྱང་རྨི་ལམ་ལྟ་བུ་སྟེ། བདག་གིས་ཀྱང་བླ་ན་མྱེད་པ་ཡང་དག་པར་རྫོགས་པའི་བྱང་ཆུབ་ཏུ་མངོན་པར་རྫོགས་པར་སངས་རྒྱས་ནས། ཁམས་གསུམ་པའི་[19]ཆོས་ཐམས་ཅད་རྨི་ལམ་ལྟ་བུར་བསྟན་པར་བྱའོ་

སྙམ་ན[༡]། རབ་འབྱོར་འདི་ཡང་ཕྱིར་མི་ལྡོག་པའི་བྱང་ཆུབ་སེམས་དཔའ་སེམས་དཔའ་ཆེན་པོའི་ཕྱིར་མི་ལྡོག་པའི་མཚན་ཉིད་དུ་རིག་པར་བྱའོ། །རབ་འབྱོར་གཞན་ཡང་ཇི་ལྟར་ཕྱིར་མི་ལྡོག་པའི་བྱང་ཆུབ་སེམས་དཔའ་སེམས་དཔའ་ཆེན་པོ་བླ་ན་མེད་པ་ཡང་དག་པར་རྫོགས་པའི་བྱང་ཆུབ་ཏུ་མངོན་པར་རྫོགས་པར་སངས་རྒྱས་ནས་དེའི་སངས་རྒྱས་ཀྱི་ཞིང་ན། ངན་སོང་གསུམ་པོ་ཐམས་ཅད་དུ་ཐམས་ཅད་རྣམ་པ་ཐམས་ཅད་དུ་ཐམས་ཅད་མེད་པར་འགྱུར་བར་རིག་པར་བྱ་ཞེ་ན། གལ་ཏེ་བྱང་ཆུབ་སེམས་དཔའ་སེམས་དཔའ་ཆེན་པོས་རྨི་ལམ་དུ་སེམས་ཅན་དམྱལ་བ[༢]པའི་སེམས་ཅན་མཐོང་ངམ། ཡི་དྭགས་ཀྱི་སྐྱེ་གནས་པའི་སེམས་ཅན་མཐོང་ངམ། གཤིན་རྗེའི་འཇིག་རྟེན་པའི་སེམས་ཅན་མཐོང་ན། འདི་ལྟ་བུའི་དྲན་པ་ཐོབ[༣]ཅིང་། དྲན་པ་ཐོབ་ནས་ཀྱང[༤]འདི་སྙམ་དུ་བདག་བླ་ན་མེད་པ་ཡང་དག་པར་རྫོགས་པའི་བྱང་ཆུབ་ཏུ་མངོན་པར་རྫོགས་པར་སངས་རྒྱས་ནས[༥]སངས་རྒྱས་ཀྱི་ཞིང་དེ་ན། ངན་སོང་གསུམ་པོ་ཐམས་ཅད་དུ་ཐམས་ཅད་རྣམ་པ་ཐམས་ཅད་དུ་ཐམས་ཅད་མེད་པར་འགྱུར་བ་དེ་ལྟར་སྤྱོད་དོ། །དེ་ཅིའི་ཕྱིར་ཞེ་ན། དེ་ནི་འདི་ལྟར་རྨི་ལམ་གང་ཡིན་པ་དང་། རྨི་ལམ་གྱི་མཐའ་གང་ཡིན་པ་དེ་ལ་གཉིས་སུ་མེད་དེ་གཉིས་སུ་བྱར་མེད་དོ་སྙམ་ན། རབ་འབྱོར་འདི་ཡང་ཕྱིར་མི་ལྡོག་པའི་བྱང་ཆུབ་སེམས་དཔའ་སེམས་དཔའ་ཆེན་པོའི་ཕྱིར༔མི་ལྡོག[༦]པའི་མཚན་ཉིད་དུ་རིག་པར་བྱའོ། །རབ་འབྱོར་གཞན་ཡང་གལ་ཏེ་བྱང་ཆུབ་སེམས་དཔའ་སེམས་དཔའ་ཆེན་པོས་རྨི་ལམ་འམ[༧]། སད་པའི་ཚེ་གྲོང་ཁྱེར་ཚིག་པར་གྱུར་ན། འདི་སྙམ་དུ་བདག་གིས་རྨི་ལམ་འམ[༨]། སད་པའི་ཚེ་རྣམ་པ་གང་དང་ཚུལ་གང་དང་། མཚན་མ་གང་དག་མཐོང་བའི་རྣམ[༩]པ་དང་ཚུལ་དང་མཚན་མ་དེ་དག་དང་ལྡན་པའི་བྱང་ཆུབ་སེམས་དཔའ་སེམས་དཔའ་ཆེན་པོ་ཕྱིར་མི་ལྡོག་པར་

རིག་པར་བྱ་བའི་རྣམ་པ་དེ་དག་དང་། ཚུལ་དེ་དག་དང་། མཚན་མ་[1]དེ་
དག་གལ་ཏེ་བདག་ལ་ཡོད་ན། བདེན་པ་དེ་དང་བདེན་པའི་ཚིག་འདིས་གྲོང་
ཁྱེར་མྱེས་ཐར་[2]པ་འདི་ཞི་བར་གྱུར་ཅིག །བསིལ་བར་གྱུར་ཅིག །མྱེད་པར་
གྱུར་ཅིག་སྙམ་དུ་སེམས་ན། གལ་ཏེ་ཞི་བ་དང་བསིལ་བ་དང་མྱེད་པར་གྱུར་ན།
རབ་འབྱོར་བྱང་ཆུབ་སེམས་དཔའ་སེམས་དཔའ་ཆེན་པོ་དེ་ནི་བླ་ན་མྱེད་པ་ཡང···
དག་པར་རྫོགས་པའི་བྱང་ཆུབ་ལས་ཕྱིར་མྱི་ལྡོག་པར་ལུང་བསྟན་པར་རིག་པར····
བྱའོ། །རབ་འབྱོར་གལ་ཏེ་ཡང་མྱིའི་ཕུང་པོ་དེ་བདེན་པའི་ཚིག་དེ་ལས་འགལ་[3]
ཏེ་ཁྱིམ་ནས་ཁྱིམ་དུ་ཚིག་སྲང་ནས་སྲང་དུ་ཚིག་སྟེ་ཁྱིམ་ལ་ལ་ནི་ཚིག །ཁྱིམ་ལ་ལ་
ནི་མ་[4]ཚིག །སྟོང་[5]ལ་ལ་ནི་ཚིག །[6]ལ་ལ་ནི་མ་ཚིག་ན་རབ་འབྱོར་བྱང་ཆུབ་
སེམས་དཔའ་སེམས་དཔའ་ཆེན་པོ་དེས་སེམས་ཅན་འདི་དག་གི་ཁྱིམ་ལ་ལ་ནི་ཚིག།
ཁྱིམ་ལ་ལ་ནི་མ་ཚིགཿ་པ་ལས་ན[7]། སེམས་ཅན་འདི་[8]དག་གིས་ཆོས་སྤོང་བའི···
ལས་བྱས་པས། དེ་དག་གི་ལས་ཚེ་འདི་ལ་རྣམ་པར་སྨིན་ཏེ། དེ་དག་ཆོས་ལ་
བསྐུར་[9]པ་དེ་ཉིད་ཀྱི་[10]ལས་ཀྱི་ལྷག་མ་ཡང་རྣམ་པར་སྨིན་པར་འགྱུར་རོ་ཞེས་བྱ་
བར་རིག་པར་བྱ་སྟེ། རབ་འབྱོར་འདི་ནི་ཕྱིར་མི་ལྡོག་པའི་བྱང་ཆུབ་སེམས་
དཔའ་སེམས་དཔའ་ཆེན་པོའི་རྒྱུ་དང་རྐྱེན་ཏེ། རྒྱུ་དེ་དག་དང་རྐྱེན་དེ་དག་གིས་
ཕྱིར་མྱི་ལྡོག་པའི་བྱང་ཆུབ་སེམས་དཔའ་སེམས་དཔའ་ཆེན་པོར་རིག་པར་བྱའོ། །
རབ་འབྱོར་གཞན་ཡང་རྣམ་པ་གང་དང་ཚུལ་གང་དང་། མཚན་མ་གང་གིས····
ཕྱིར་མྱི་ལྡོག་པའི་བྱང་ཆུབ་སེམས་དཔའ་སེམས་དཔའ་ཆེན་པོར་རིག་པར་བྱ་བའི་
རྣམ་པ་དེ་དག་དང་། ཚུལ་དེ་དག་དང་། མཚན་མ་དེ་དག་བསྟན་པར་བྱའོ། །
རབ་འབྱོར་གལ་ཏེ་བུད་མེད་དམ། སྐྱེས་པ་ལ་ལ་ཞིག་[11]མྱི་མ་ཡིན་པས་བྱིན་
གྱིས་བརླབས་ན། དེ་ལ་བྱང་ཆུབ་སེམས་དཔའ་སེམས་དཔའ་ཆེན་[12]པོས་འདི···

སྙམ་དུ་གཟལ་ཏེ་བདག་སྔོན་གྱི་དེ་བཞིན་གཤེགས་པ་དགྲ་བཅོམ་པ་ཡང་དག་པར་རྫོགས་པའི་སངས་རྒྱས་རྣམས་ཀྱིས་བླ་ན་མེད་པ་ཡང་དག་པར་རྫོགས་པའི་བྱང་ཆུབ་ཏུ་ལུང་[1]བསྟན་ཏེ། བདག་གིས་[2]བསམ་པ་ཡོངས་སུ་དག་ཅིང་བདག་བླ་ན་མེད་པ་ཡང་དག་པར་རྫོགས་པའི་བྱང་ཆུབ་ཏུ་[3]མངོན་པར་རྫོགས་པར་འཚང་རྒྱ་བར་འདོད་ལ། བདག་བླ་ན་མེད་པ་ཡང་དག་པར་རྫོགས་པའི་བྱང་ཆུབ་ཏུ་མངོན་པར་རྫོགས་པར་འཚང་རྒྱ་བར་འགྱུར་ཞིང་། བདག་བླ་ན་མེད་པ་ཡང་དག་པར་རྫོགས་པའི་བྱང་ཆུབ་ཏུ་ཡིད་ལ་བྱེད་པ་ཡོངས་སུ་དག་སྟེ། བདག་ལ་ཉན་ཐོས་ཀྱི་སེམས་མེད། བདག་ལ་རང་སངས་རྒྱས་ཀྱི་སེམས་མེད་ལ་[4]༑ཉན་ཐོས་དང་རང་སངས་རྒྱས་ཀྱི་སེམས་མེད་པས་[5]། བདག་བླ་[6]ན་མེད་པ་ཡང་དག་པར་རྫོགས་པའི་བྱང་ཆུབ་ཏུ་མངོན་པར་རྫོགས་པར་འཚང་རྒྱ་བར་འགྱུར་[7]ཞིང་[8]། ༑卐བདག་བླ་ན་མེད་པ་ཡང་དག་པར་རྫོགས་པའི་བྱང་ཆུབ་ཏུ་མངོན་པར་རྫོགས་པར་འཚང་རྒྱ་བར་མི་འགྱུར་བ་མ་ཡིན་གྱིས[9]། བདག་གདོན་མི་ཟ་[10]བར་བླ་ན་མེད་པ་ཡང་དག་པར་རྫོགས་པའི་བྱང་ཆུབ་ཏུ་མངོན་པར་རྫོགས་པར་འཚང་རྒྱ་བར་འགྱུར་ཏེ།卍[11] འཇིག་རྟེན་གྱི་ཁམས་གྲངས་མེད་ཚད་མེད་པ་དག་ན། སངས་རྒྱས་བཅོམ་ལྡན་འདས་ཇི་སྙེད་ཅིག་བཞུགས་ཤིང་འཚོ་སྐྱོང་བ་དང་། ཆོས་སྟོན་པའི་དེ་བཞིན་གཤེགས་པ་དགྲ་བཅོམ་པ་ཡང་དག་པར་རྫོགས་པའི་སངས་རྒྱས་དེ་དག་གིས་ནི་གང་ཅི་ཡང་མ་མཁྱེན་པའམ། མ་གཟིགས་པའམ། ཐུགས་སུ་མ་ཆུད་པའམ། མངོན་དུ་མ་མཛད་པའམ། མངོན་པར་རྫོགས་པར་སངས་[12]མ་རྒྱས་པ་གང་ཡང་མེད་དེ། སངས་རྒྱས་བཅོམ་ལྡན་འདས་དེ་དག་གིས་བདག་བླ་ན་མེད་པ་ཡང་དག་པར་རྫོགས་པའི་བྱང་ཆུབ་ཏུ་མངོན་པར་རྫོགས་པར་འཚང་རྒྱ་བར་འགྱུར་ཞེས་བྱ་བར་བདག་གི་[13]བསམ་པ་ཐུགས་སུ་ཆུད་ཅེ་ན། བདེན་པ་དེ་

དང་བདེན་པའི་ཚིག་དེས་སྐྲོས་པའམ། བུད་མེད་འདི་མི་མ་ཡིན་པ་གང་གིས་་་་བཟུང་བའམ། གཅེས་པར༔འགྱུར་བའི་[༡]མི་མ་ཡིན་པ་དེ་ཀུན་དུ་འགྲོ་བར་གྱུར་ཅིག་ཅེས༔བསམས་ཏེ[༢]། སྨྲས་ན་རབ་འབྱོར་གལ་[༣]ཏེ་བྱང་ཆུབ་སེམས་དཔའ་སེམས་དཔའ་ཆེན་པོས་[༤]དེ་སྐད་དུ་བརྗོད་པས་མི་མ་ཡིན་པ་དེ་ཀུན་དུ་མ་སོང་ན། རབ་འབྱོར་བྱང་ཆུབ་སེམས་དཔའ་སེམས་དཔའ་ཆེན་པོ་དེ་ནི་སྔོན་གྱི་དེ་བཞིན་་་་གཤེགས་པ་དགྲ་བཅོམ་པ་ཡང་དག་པར་རྫོགས་པའི་[༥]སངས་རྒྱས་རྣམས་ཀྱིས་བླ་ན་མེད་པ་ཡང་དག་པར་རྫོགས་པའི་བྱང་ཆུབ་ཏུ་ལུང་མ་བསྟན་པར་རིག་པར་བྱའོ། །རབ་འབྱོར་གལ་ཏེ་བྱང་ཆུབ་སེམས་དཔའ་སེམས་དཔའ་ཆེན་པོས་དེ་སྐད་ཅེས་་་་་བརྗོད་པས་མི་མ་ཡིན་པ་དེ་ཀུན་དུ་སོང་ན། རབ་འབྱོར་བྱང་ཆུབ་སེམས་དཔའ་སེམས་དཔའ་ཆེན་པོ་དེ་ནི། སྔོན་གྱི་དེ་བཞིན་གཤེགས་པ་དགྲ་བཅོམ་པ་ཡང་དག་པར་རྫོགས་པའི་སངས་རྒྱས་རྣམས་ཀྱིས། བླ་ན་མེད་པ་ཡང་དག་པར་རྫོགས་པའི་བྱང་ཆུབ་ཏུ་ལུང་བསྟན་པར་རིག་པར་བྱ་སྟེ། རབ་འབྱོར་རྣམ་པ་དེ་དག་དང་། ཚུལ་དེ་དག་དང་མཚན་མ་དེ་དག་དང་ལྡན་པའི་བྱང་ཆུབ་སེམས་་་དཔའ་སེམས་དཔའ་ཆེན་པོ་ནི་ཕྱིར་མི་ལྡོག་པར་རིག་པར་བྱའོ། །རབ་འབྱོར་་་་གཞན་ཡང་བྱང་ཆུབ་སེམས་དཔའ་སེམས་དཔའ་ཆེན་པོ་ཕ་རོལ་ཏུ་ཕྱིན་པ་དྲུག་ལ་[༦]སྤྱོད་པ་ཐབས་མཁས་པ་དང་མི་ལྡན་པ། དྲན་པ་ཉེ་བར་གཞག་པ་བཞི་ལ་མ་་་་སྤྱད་པ། ཡང་དག་པར་སྤོང་བ་བཞི་ལ་མ་སྤྱད་པ། རྫུ་འཕྲུལ་གྱི་རྐང་པ་བཞི་ལ་མ་སྤྱད་པ། དབང་པོ་ལྔ་ལ་མ་སྤྱད་པ། སྟོབས་ལྔ་ལ་མ་སྤྱད་པ། བྱང་་་་ཆུབ་ཀྱི་ཡན་ལག་བདུན་ལ་མ་སྤྱད་པ། འཕགས་པའི་ལམ་ཡན་ལག་བརྒྱད་པ་ལ་མ་སྤྱད་པ། འཕགས་པའི་བདེན་པ་བཞི་ལ་མ་སྤྱད་པ། བསམ་གཏན་བཞི་ལ་མ་སྤྱད་པ། ཚད་མེད་པ་བཞི་ལ་མ་སྤྱད་པ། གཟུགས་མེད་པའི་སྙོམས་པར་

འཇུག་པ་བཞི་ལ་མ་སྤྱད་པ། རྣམ་པར་ཐར་པ་བརྒྱད་ལ་མ་སྤྱད་པ། མཐར་གྱིས་གནས་པའི་སྙོམས་པར་འཇུག་པ་དགུ་ལ་མ་སྤྱད་པ། རྣམ་པར་ཐར་པའི་སྒོ་སྟོང་པ་ཉིད་དང་། མཚན་མ་མེད་པ་དང་། སྨོན་པ་མེད་པ་ལ་མ་སྤྱད་པ། བྱང་ཆུབ་སེམས་དཔའི་སྐྱོན་མེད་པར་མ་ཆུད་པའི་[༡]བདེན་པའི་བྱིན་གྱི་[༢]རླབས་ཀྱིས་བདུད་སྡིག་ཏོ་ཅན་ཉེ་བར་འོང་[༣]ནས། རབ་འབྱོར་གལ་ཏེ་བྱང་ཆུབ་སེམས་དཔའ་སེམས་དཔའ་ཆེན་པོས་བདེན་པའི་བྱིན་གྱི་[༤]རླབས་བྱས་[༥]ཏེ། བདེན་པ་དང་། བདེན་པའི་ཚིག་གང་གིས་བདག་སྟོན་གྱི་དེ་བཞིན་གཤེགས་པ་དགྲ་བཅོམ་པ་ཡང་དག་པར་རྫོགས་པའི་སངས་རྒྱས་རྣམས་ཀྱིས་བླ་ན་མེད་པ་ཡང་དག་པར་རྫོགས་པའི་བྱང་ཆུབ་ཏུ་ལུང་བསྟན་པའི་བདེན་པ་དང་། བདེན་པའི་ཚིག་དེས་མི་མ་ཡིན་པ་དེ་[༦]གུད་དུ་འགྲོ་བར་གྱུར་ཅིག་ཅེས་བརྗོད་པ་ལས། བདུད་སྡིག་[༧]ཏོ་ཅན་གྱིས་མི་མ་ཡིན་པར་གྱུར་པ་དེ་ཙི་ནས་ཀྱང་གུད་དུ་འགྲོ་བར་བྱ་བའི་ཕྱིར་ནན་ཏན་དུ་བྱེད་དེ། དེ་ཅིའི་ཕྱིར་ཞེ་ན། དེ་ནི་འདི་ལྟར་བདུད་སྡིག་ཏོ་ཅན་ནི་མི་མ་ཡིན་པ་དེ་བས་ཆེས་མཐུ་དང་ལྡན་ཞིང་། ཆེས་གཟི་བརྗིད་དང་ལྡན་པས་དེའི་ཕྱིར་བདུད་སྡིག་ཏོ་ཅན་དེའི་བྱིན་གྱི་[༨]རླབས་ཀྱིས་མི་[༩]མ་ཡིན་པ་དེ་གུད་དུ་སོང་བར་གྱུར་པ་ལ། བྱང་ཆུབ་སེམས་དཔའ་སེམས་དཔའ་ཆེན་པོ་དེ་འདི་སྙམ་སྟེ། དེ་ལྟར་བདག་གིས་[༡༠]མཐུས་མི་མ་ཡིན་པ་དེ་གུད་དུ་སོང་ངོ་སྙམ་ནས། བདུད་ཀྱི་མཐུས་མི་མ་ཡིན་པ་དེ་གུད་[༡༡]དུ་སོང་བར་ནི་མ་ཤེས་ཏེ། དེ་དེའི་རྒྱུས་བྱང་ཆུབ་སེམས་དཔའ་སེམས་དཔའ་ཆེན་པོ་གཞན་དག་ལ་བརྙས་པ་དང་། འཕྱ་བ་དང་ཐིང་[༡༢]སླད་བྱེད་ཅིང་སྨོད་ལ་ཁྱད་དུ་གསོད་ཅིང་། བདག་ནི་སྟོན་གྱི་དེ་བཞིན་གཤེགས་པ་དགྲ་བཅོམ་པ་ཡང་དག་པར་རྫོགས་པའི་སངས་རྒྱས་དེ་དག་གིས་བླ་ན་མེད་པ་ཡང་དག་པར་རྫོགས་པའི་བྱང་ཆུབ་ཏུ་ལུང་བསྟན་

པ་ཡིན་གྱི། འདི་དག་གཞན་ནི་བླ་ན་མེད་པ་ཡང་དག་པར་རྫོགས་པའི་བྱང་ཆུབ་ཏུ་ལུང་མ་བསྟན་ཏོ་ཞེས་ནས། དེ་དེ་ཙམ་གྱིས་ང་རྒྱལ་འཕེལ་བར་བྱེད་པ་དང་། ང་རྒྱལ་སྙིད་[༡]ཅིང་རྣམ་པ་ཐམས་ཅད་མཁྱེན་པ་ཉིད་རིང་དུ་བྱེད། བླ་ན་མེད་པ་ཡང་དག་པར་རྫོགས་[༢]པའི་སངས་རྒྱས་ཀྱི་ཡེ་ཤེས་རིང་དུ་བྱེད་ན། དེ་ལྟར་ཐབས་མི་མཁས་པའི་བྱང་ཆུབ་སེམས་དཔའ་དེ་ནི་དེ་ཙམ་གྱིས་ལྷག་པའི་ང་རྒྱལ་སྙིད་[༣]པས་དེས་ས་གཉིས་པོར་འགྲོ་བར་རིག་པར་བྱ་སྟེ། འདི་ལྟར་ཉན་ཐོས་ཀྱི་སའམ། རང་སངས་རྒྱས་ཀྱི་སའོ། །དེ་ལྟར་ན་བདེན་པའི་བྱིན་གྱིས་[༤]རླབས་ཀྱིས་བྱང་ཆུབ་སེམས་དཔའ་སེམས་དཔའ་ཆེན་པོ་དེའི་བདུད་ཀྱི་ལས་འབྱུང་སྟེ། དེ་ལ་དེ་དགེ་བའི་བཤེས་[༥]གཉེན་ལ་མི་སྙེན་མི་སྟེན་ཅིང་[༦]མི་འགྲོགས་ལ། བསྙེན་བཀུར་མི་བྱེད་ན། དེ་ཉིད་དུ་བདུད་ཀྱིས་[༧]བཅིངས་པ་དེ་དམ་པོར་བྱེད་པ་ཡིན་ནོ། །དེ་ཅིའི་ཕྱིར་ཞེ་ན། དེ་ནི་ཕ་རོལ་ཏུ་ཕྱིན་པ་དྲུག་ལ་མ་སྤྱད་པ་དང་། ཐབས་མཁས་པས་ཡོངས་སུ་མ་བཟུང་བའི་ཕྱིར་ཏེ། རབ་འབྱོར་དེ་ལྟ་བུ་ཡང་བྱང་ཆུབ་སེམས་དཔའ་སེམས་དཔའ་ཆེན་པོས་བདུད་ཀྱི་[༨]ལས་སུ་རིག་པར་བྱའོ། །རབ་འབྱོར་ཇི་ལྟར་ན་བྱང་ཆུབ་སེམས་དཔའ་སེམས་དཔའ་ཆེན་པོ། སྦྱིན་པའི་ཕ་རོལ་ཏུ་ཕྱིན་པ་ལ་མ་སྤྱད་པ། ཚུལ་ཁྲིམས་ཀྱི་ཕ་རོལ་ཏུ་ཕྱིན་པ་ལ་མ་སྤྱད་པ། བཟོད་པའི་ཕ་རོལ་ཏུ་ཕྱིན་པ་ལ་མ་སྤྱད་པ། བརྩོན་འགྲུས་ཀྱི་ཕ་རོལ་ཏུ་ཕྱིན་པ་ལ་མ་སྤྱད་པ། བསམ་གཏན་གྱི་ཕ་རོལ་ཏུ་ཕྱིན་པ་ལ་མ་སྤྱད་པ། ཤེས་རབ་ཀྱི་ཕ་རོལ་ཏུ་ཕྱིན་པ་ལ་མ་སྤྱད་པ། དྲན་པ་ཉེ་བར་གཞག་པ་བཞི་ལ་མ་སྤྱད་པ། ཡང་དག་པར་སྤོང་བ་བཞི་ལ་མ་སྤྱད་པ། རྫུ་འཕྲུལ་གྱི་རྐང་པ་བཞི་ལ་མ་སྤྱད་པ། དབང་པོ་ལྔ་ལ་མ་སྤྱད་པ། སྟོབས་ལྔ་ལ་མ་སྤྱད་པ། བྱང་ཆུབ་ཀྱི་ཡན་ལག་བདུན་ལ་མ་སྤྱད་པ། འཕགས་པའི་ལམ་ཡན་ལག་བརྒྱད་པ་ལ་

མ་སྨྱུད་པ། རྣམ་པར་ཐར་པའི་སྒོ་སྟོང་པ་ཉིད་དང་། མཚན་མ་མེད་པ་དང་། སྨོན་པ་མེད་པ་ལ་མ་སྨྱུད་པ། སྐྱོན་མེད་པར་མ་ཆུད་པའི་དྲུང་དུ་བདུད་སྡིག་ཏོ་ཅན་སྐྱེང་གི་བྱིན་གྱི་རླབས་ཀྱིས་ཉེ་བར་འོང་བ་ཡིན་ཞེ་ན། རབ་འབྱོར་འདི་ལ་བདུད་སྡིག་ཏོ་ཅན་ཆ་བྱད་གང་ཡང་རུང་བས་ཉེ་བར་འོངས་ཤིང་། བྱང་ཆུབ་... སེམས་དཔའ་སེམས་དཔའ་ཆེན་པོ་ལ་འདི་སྐད་དུ། རིགས་ཀྱི་བུ་ཁྱོད་ནི་དེ་བཞིན་གཤེགས་པ་[༡] དགྲ་བཅོམ་པ་ཡང་དག་པར་རྫོགས་པའི་སངས་རྒྱས་ཀྱིས་བླ་ན་མེད་པ་ཡང་དག་པར་རྫོགས་པའི་བྱང་ཆུབ་ཏུ་ལུང་བསྟན་པ་སྟེ། ཁྱོད་ཀྱི་སྐྱེང་ནི་འདི་ཞེས་བྱའོ། །ཁྱོད་ཀྱི་ཕའི་སྐྱེང་ནི་འདི་ཞེས་བྱའོ། །ཁྱོད་ཀྱི་མའི་སྐྱེང་ནི་... འདི་ཞེས་བྱའོ། །ཁྱོད་ཀྱི་ཕུ་ནུའི་སྐྱེང་ནི་འདི་ཞེས་བྱའོ། །ཁྱོད་ཀྱི་བུ་སྲིང་ཿགི་... སྐྱེང་[༢] ནི་འདི་ཞེས་བྱའོ། །ཁྱོད་ཀྱི་མཛའ་བོ་དང་། ཿསྙན་པོ་[༣] དང་གཉེན་བཤེས་ཀྱི་སྐྱེང་ནི་འདི་ཞེས་བྱའོ་ཞེས་བྱ་བ་ནས་ཕ་མའི་རབས་བདུན་གྱིཿབར་དུ་[༤] ཉེ་བར་སྟོན་ཅིང་། ཁྱོད་ནི་ཡུལ་ཆེ་གེ་མོ་ཞིག་དང་། ཿཁྱོད་ནི་གྲོང་ཁྱེར་ཆེ་གེ་མོ་ཞིག་དང་།[༥] ཁྱོད་ནི་ཕྱོགས་ཆེ་གེ་མོ་ཞིག་ནས། ཡུལ་ཆེ་གེ་མོ་ཞིག་ཏུ་... སྐྱེས་སོ། །གྲོང་[༦] ཆེ་གེ་མོ་ཞིག་ཏུ་སྐྱེས་སོ། །གྲོང་རྡལ་ཆེ་གེ་མོ་ཞིག་ཏུ་སྐྱེས་སོ། ། གལ་ཏེ་དེ་[༧] ངང་གིས་འཇམ་པ་ཞིག་ཡིན་ན། དེ་དེ་ལ་འདི་སྐད་དུ་ཁྱོད་ནི་སྔོན་ཡང་འདི་བཞིན་དུ་འཇམ་པར་གྱུར་ཏོ་ཞེས་ཟེར། གལ་ཏེ་རྣོ་བ་ཞིག་ཡིན་ན། དེ་དེ་ལ་འདི་སྐད་དུ་ཁྱོད་ནི་སྔོན་ཡང་འདི་བཞིན་དུ་རྣོ་བར་གྱུར་ཏོ་ཞེས་ཟེར། གལ་ཏེ་དགོན་པ་པ་[༨] ཞིག་ཡིན་ན། དེ་དེ་ལ་འདི་སྐད་དུ་ཁྱོད་ནི་སྔོན་ཡང་དགོན་པ་པར་གྱུར་ཏོ་ཞེས་ཟེར། གལ་ཏེ་བསོད་སྙོམས་པ་ཞིག་ཡིན་ན། དེ་དེ་ལ་འདི་སྐད་དུ་ཁྱོད་ནི་སྔོན་ཡང་བསོད་སྙོམས་པར་གྱུར་ཏོ་ཞེས་ཟེར། གལ་ཏེ་... ཕྱག་དར་ཁྲོད་པ་ཞིག་ཡིན་ན། དེ་དེ་ལ་འདི་སྐད་དུ་ཁྱོད་ནི་སྔོན་ཡང་ཕྱག་དར་

ཁྲོད་པར་གྱུར་ཏོ་ཞེས་ཟེར། གལ་ཏེ་བསོད་སྙོམས་ཕྱིས་མི་ལེན་པ་ཞིག་ཡིན་ན། དེ་དེ་ལ་འདི་སྐད་དུ་ཁྱོད་ནི་སྔོན་ཡང་བསོད་སྙོམས་ཕྱིས་མི་ལེན་པར་གྱུར་ཏོ་ཞེས་ཟེར། གལ་ཏེ་སྟན་གཅིག[1]པ་ཞིག་ཡིན་ན། དེ་དེ་ལ་འདི་སྐད་དུ་ཁྱོད་ནི་སྔོན་ཡང་སྟན་གཅིག[2]པར་གྱུར་ཏོ་ཞེས་ཟེར། གལ་ཏེ་ཇི[3]ཐོབ་པའི་བསོད་སྙོམས་པ་ཞིག་ཡིན་ན། དེ་དེ་ལ་འདི་སྐད་དུ་ཁྱོད་ནི་སྔོན་ཡང་ཇི[4]ཐོབ་པའི་བསོད་སྙོམས་པར་གྱུར་ཏོ་ཞེས་ཟེར། གལ་ཏེ་དུར་ཁྲོད་པ་ཞིག་ཡིན་ན། དེ་དེ་ལ་འདི་སྐད་དུ་ཁྱོད་ནི་སྔོན་ཡང་དུར་ཁྲོད་པར་གྱུར་ཏོ་ཞེས་ཟེར། གལ་ཏེ་བླ་གབ་མེད་པ་ཞིག་ཡིན་ན། དེ་དེ་ལ་འདི་སྐད་དུ་ཁྱོད་ནི་སྔོན་ཡང་བླ་གབ་མེད[5]པར་གྱུར་ཏོ་ཞེས་ཟེར[6]། གལ་ཏེ་ཤིང་དྲུང་བ་ཞིག་ཡིན་ན། དེ་དེ་ལ་འདི་སྐད་དུ་ཁྱོད་ནི་སྔོན་ཡང་ཤིང་དྲུང་བར་གྱུར་ཏོ་ཞེས་ཟེར། གལ་ཏེ་ཙོག་པུ་པ་ཞིག་ཡིན་ན། དེ་དེ་ལ་འདི་སྐད་དུ་ཁྱོད་ནི་སྔོན་ཡང་ཙོག་པུ་པར་གྱུར་ཏོ་ཞེས་ཟེར། གལ་ཏེ་གཞི་ཇི་བཞིན་པ་ཞིག་ཡིན་ན། དེ་དེ་ལ་འདི་སྐད་དུ་ཁྱོད་ནི་སྔོན་ཡང་གཞི་ཇི་བཞིན་པར་གྱུར་ཏོ་ཞེས་ཟེར། གལ་ཏེ་ཆོས་གོས་གསུམ[7]པ་ཞིག་ཡིན་ན། དེ་དེ་ལ་འདི་སྐད་དུ་ཁྱོད་ནི་སྔོན་ཡང་ཆོས་གོས་གསུམ་པར་གྱུར་ཏོ་ཞེས་ཟེར། གལ་ཏེ་འདོད་པ་ཆུང་བ་ཞིག་ཡིན་ན། དེ་དེ་ལ་འདི་སྐད་དུ་ཁྱོད་ནི་སྔོན་ཡང་འདོད་པ་ཆུང་བར་གྱུར་ཏོ་ཞེས་ཟེར། གལ་ཏེ་ཆོག[8]ཤེས་པ་ཞིག་ཡིན་ན། དེ་དེ་ལ་འདི་སྐད་དུ་ཁྱོད་ནི་སྔོན་ཡང་ཆོག་ཤེས་པར་གྱུར་ཏོ་ཞེས་ཟེར། གལ་ཏེ་དབེན་པ[9]ཞིག་ཡིན་ན། དེ་དེ་ལ་འདི་སྐད་དུ་ཁྱོད་ནི་སྔོན་ཡང་དབེན[10]པར་གྱུར་ཏོ་ཞེས་ཟེར། གལ་ཏེ་ཀང་པ་བསྐྱུ་བ་དང་བྲལ་བ་ཞིག་ཡིན་ན། དེ་དེ་ལ་འདི་སྐད་དུ་ཁྱོད་ནི་སྔོན་ཡང་ཀང་པ་བསྐྱུ་བ་དང་བྲལ་བར་གྱུར་ཏོ། །ཞེས་ཟེར། གལ་ཏེ་སྨྲ་བ་ཉུང་བ་ཞིག་ཡིན་ན། དེ་དེ་ལ་འདི་སྐད་དུ་ཁྱོད་ནི་སྔོན་ཡང་སྨྲ་བ་

ཙུང་བར་གྱུར་ཏོ་ཞེས་ཟེར། གལ་ཏེ་འཐམ་[༡]པ་ཙུང་བ་ཞིག་ཡིན་ན། དེ་དེ་ལ་
འདི་སྐད་དུ་ཁྱོད་ནི་སྔོན་ཡང་འཐམ་[༢]པ་ཙུང་བར་གྱུར་ཏོ་ཞེས་ཟེར་ཏེ[༣]། དེ་
ཅིའི་ཕྱིར་ཞེ་ན། དེ་ནི་འདི་ལྟར་ཁྱོད་ལ་རྣམ་པ་འདི་ལྟ་བུའི་[༤]སྦྱངས་པའི་ཡོན་
ཏན་དག་[༥]ཡོད་པ་ལས་ན[༦]། གདོན་མི་ཟ་བར་སྔོན་ཡང་སྦྱངས་པའི་ཡོན་ཏན་
དང་། ཿ࿕སྨོས་པ་འདི་དག་དང་ལྡན་པར་མ་གྱུར་མི་སྲིད་དོ་ཞེས་ཟེར་བ་ལ་དེ་དེ་
ལྟར་སྔོན་གྱི་མིང་དང་རུས་བསྟན་པ་དང་། དེ་ལྟར་བྱུང་བའི་སྦྱངས་པའི་ཡོན་
ཏན་དང་།ཛ[༧] སྨོས་པ་བསྟན་པས་རློམ་སེམས་བསྐྱེད་[༨]པས་དེ་ལྟར་བདུད་སྡིག་
ཏོ་ཅན་དེའི་དྲུང་དུ་ཉེ་བར་འོངས་ཤིང་འདི་སྐད་དུ་རིགས་ཀྱི་བུ་ཁྱོད་ནི་དེ་བཞིན་
གཤེགས་པ་དགྲ་བཅོམ་པ་ཡང་དག་པར་རྫོགས་པའི་སངས་རྒྱས་ཀྱིས་ཁྱོད་ལ་ཡོན་
ཏན་ཡོད་པ་ཅི་འདྲ་བ་བཞིན་དུ། བླ་ན་མེད་པ་ཡང་དག་པར་རྫོགས་པའི་བྱང་
ཆུབ་ལས་ཕྱིར་མི་ལྡོག་པར་ལུང་བསྟན་ཏོ། །ཞེས་ཟེར་ཞིང་། ཡང་ན་དགེ·····
སློང་གི་ཆ་བྱད་དུ་ཉེ་བར་འོང་། ཡང་ན་དགེ་སློང་མའི་ཆ་བྱད་དུ་ཉེ་བར་འོང་།
ཡང་ན་ཁྱིམ་བདག་གི་ཆ་བྱད་དུ་ཉེ་བར་འོང་། ཡང་ན་མའི་[༩]ཆ་བྱད་དུ་ཉེ་བར་
འོང་། ཡང་ན་ཕའི་[༡༠]ཆ་བྱད་དུ་ཉེ་བར་འོང་ཞིང་། འདི་སྐད་དུ་རིགས་ཀྱི་བུ་
ཁྱོད་ནི་དེ་བཞིན་གཤེགས་པ་དགྲ་བཅོམ་པ་ཡང་དག་པར་རྫོགས་པའི་སངས་རྒྱས་
ཀྱིས་བླ་ན་མེད་པ་ཡང་དག་པར་རྫོགས་པའི་བྱང་ཆུབ་ཏུ་ལུང་བསྟན་ཏོ། །དེ་
ཅིའི་ཕྱིར་ཞེ་ན། དེ་ནི་[༡༡]འདི་ལྟར་ཁྱོད་ལ་ཕྱིར་མི་ལྡོག་པའི་བྱང་ཆུབ་སེམས་
དཔའ་སེམས་དཔའ་ཆེན་པོ་རྣམས་ཀྱི་ཡོན་ཏན་གང་ཇི་སྙེད་པ་དེ་དག་ཡོད་དོ་ཞེས་
ཟེར་ལ། རབ་འབྱོར་ངས་ཕྱིར་མི་ལྡོག་པའི་བྱང་ཆུབ་[༡༢]སེམས་དཔའ་སེམས་དཔའ་
ཆེན་པོ་རྣམས་ཀྱི་རྣམ་པ་དང་། ཚུལ་དང་མཚན་མ་གང་བཤད་པ་དེ་དག་བྱང་
ཆུབ་སེམས་དཔའ་སེམས་དཔའ་ཆེན་པོ་དེ་ལ་མེད་ན། རབ་འབྱོར་དེ་ལ་བྱང····

ཆུབ་སེམས་དཔའ་གཞན་གྱིས་བྱང་ཆུབ་སེམས་དཔའ་སེམས་དཔའ་ཆེན་པོ་འདི་ནི་
བདུད་ཀྱིས་(༡)བྱིན་གྱིས་བརླབས་པ་ཡིན་ནོ་ཞེས་བྱ་བར་རིག་པར་བྱའོ། །དེ་ཅིའི་
ཕྱིར་ཞེ་ན། རབ་འབྱོར་དེ་ནི་འདི་ལྟར་གང་ཕྱིར་མི་ལྡོག་པའི་བྱང་ཆུབ་སེམས་
དཔའ་སེམས་དཔའ་ཆེན་པོའི་རྣམ་པ་དང་། ཚུལ་དང་མཚན་མ་དེ་དག་ཀྱང་
མེད་ལ། མིང་བསྟན་པ་དེས་ཀྱང་བྱང་ཆུབ་སེམས་དཔའ་སེམས་དཔའ་ཆེན་པོ་
གཞན་ལ་བརྙས་པ་དང་། འཕྱ་བ་དང་སྨོད་པ་བྱེད་ཅིང་ཁྱད་དུ་གསོད་ལ་སྨོད་ན།
རབ་འབྱོར་འདི་ཡང་བྱང་ཆུབ་སེམས་དཔའ་སེམས་དཔའ་ཆེན་པོས་མིང་གིས་(༢)
བྱིན་གྱི་རླབས་ཀྱིས་བདུད་ཀྱི་ལས་སུ་རིག་པར་བྱའོ། །རབ་འབྱོར་གཞན་ཡང་
བྱང་ཆུབ་སེམས་དཔའ་སེམས་དཔའ་ཆེན་པོས་མིང་གིས་(༣)བྱིན་གྱི་རླབས་ཀྱིས་
བདུད་ཀྱི་ལས་སུ་རིག་པར་བྱ་སྟེ། དེ་ཅིའི་ཕྱིར་ཞེ་ན། རབ་འབྱོར་དེ་ནི་འདི་
ལྟར་བྱང་ཆུབ་སེམས་དཔའ་སེམས་དཔའ་ཆེན་པོ་ཕ་རོལ་ཏུ་ཕྱིན་པ་དྲུག་ལ་མ་སྤྱད་
པས་ཕུང་པོའི་བདུད་མི་ཤེས་ཏེ། གཟུགས་མི་ཤེས། ཚོར་བ་མི་ཤེས། འདུ་
ཤེས་མི་ཤེས། འདུ་བྱེད་མི་ཤེས། རྣམ་པར་ཤེས་པ་མི་ཤེས་པས་དེ་ལ་བདུད་
སྡིག་ཏོ་ཅན་མིང་གི་(༤)བྱིན་གྱི་(༥)རླབས་ཀྱིས་ལུང་སྟོན་ཅིང་། ཁྱོད་(༦)བླ་ན་མེད་པ་
ཡང་དག་པར་རྫོགས་པའི་བྱང་ཆུབ་ཏུ་མངོན་པར་རྫོགས་པར་སངས་རྒྱས་ནས་
མིང་འདི་ཞེས་བྱ་བར་འགྱུར་རོ། །ཞེས་བྱང་ཆུབ་སེམས་དཔའ་སེམས་དཔའ་
ཆེན་པོས་མིང་གང་བསམས་པ་དང་། དཔྱད་པ་དེ་(༧)ཉིད་རྫོད་(༨)དེ། དེ་ལ་
བྱང་ཆུབ་སེམས་དཔའ་ཤེས་རབ་འཆལ་པའི་ངང་ཚུལ་ཅན་ཐབས་ལ་མི་མཁས་
པས་(༩)དེ་(༡༠)འདི་སྙམ་སྟེ། བདག་གིས་མིང་གང་ཡིད་ཀྱིས་རྣམ་པར་བརྟགས་ཏེ།
བསམས་པ་དང་རྗེས་སུ་དཔྱད་པ་དེ་ཉིད་བདག་བླ་ན་མེད་པ་ཡང་དག་པར་རྫོགས་
པའི་བྱང་ཆུབ་ཏུ་མངོན་པར་རྫོགས་པར་སངས་རྒྱས་པའི་མིང་དུ་འགྱུར་རོ་སྙམ་སྟེ།

ཇི་ལྟ་ཇི་ལྟར་བདུད་སྡིག་ཏོ་ཅན་ནམ། བདུད་ཀྱི་རིས་ཀྱི་ལྷའམ། བདུད་ཀྱི་བྱིན་ཀྱིས་བརླབས་[1]པའི་དགེ་སློང་དག་སྟོན་པ་དེ་ལྟ་[2]དེ་ལྟར་སེམས་ཤིང་། ཇི་ལྟར་བདག་གིས་སེམས་བསྐྱེད་པ་དང་། བདག་གི་མིང་ཇི་ལྟ་བ་བཞིན་དུ་དགེ་སློང་འདིས་བསྟན་ཏེ། མིང་དང་མིང་དུ་མཐུན་གྱིས། བདག་ནི་དེ་བཞིན་གཤེགས་པ་དགྲ་བཅོམ་པ་ཡང་དག་པར་རྫོགས་པའི་སངས་རྒྱས་ཀྱིས་བླ་ན་མེད་པ་ཡང་དག་པར་རྫོགས་པའི་བྱང་ཆུབ་ཏུ་ལུང་བསྟན་ཏོ་སྙམ་ནས། རབ་འབྱོར་བྱང་ཆུབ་སེམས་དཔའ་དེ་ལ་གང་ངས་ཕྱིར་མི་ལྡོག་པའི་བྱང་ཆུབ་སེམས་དཔའ་སེམས་དཔའ་ཆེན་པོའི་རྣམ་པ་དང་ཚུལ་དང་མཚན་མ་བཤད་པ་དེ་དག་ཀྱང་མེད་ལ་མིང་དེ་དང་ལུང་བསྟན་པར་བརྗོད་པ་དེས་ཀྱང་། བྱང་ཆུབ་སེམས་དཔའ་སེམས་དཔའ་ཆེན་པོ་གཞན་དག་ལ་ཁྱད་དུ་གསོད་ན། དེ་རློམ་སེམས་དེས་བླ་ན་མེད་པ་ཡང་དག་པར་རྫོགས་པའི་བྱང་ཆུབ་ལས་རིང་དུ་འགྱུར་རོ[3]། །དེ་ལྟར་ཐབས་མཁས་པ་དང་མི་ལྡན་ལ། ཤེས་རབ་ཀྱི་ཕ་རོལ་ཏུ་ཕྱིན་པ་དང་བྲལ་ཞིང་[4]དགེ་བའི་བཤེས་གཉེན་དང་བྲལ་ཏེ། སྡིག་པའི་གྲོགས་པོའི་[5]ཡོངས་སུ་བཟུང་བ་དེའི་ས་ནི་གཉིས་སུ་རིག་པར་བྱ་སྟེ། འདི་ལྟར་ཉན་ཐོས་ཀྱི་སའམ། རང་སངས་རྒྱས་ཀྱི་སའོ། །ཡང་ནའང་[6]ཤིན་ཏུ་ཡུན་རིང་པོར་འཁོར་ཞིང་འཕྲུན་འཕྲུན་[7]ནས་དགེ་བའི་བཤེས་གཉེན་ལ་བསྙེན་པ་དང་། བསྟེན་པ་དང་རིམ་གྲོ་[8]བྱས་ནས་ཤེས་རབ་ཀྱི་ཕ་རོལ་ཏུ་ཕྱིན་པ་འདི་ཉིད་ལ་བརྟེན་ཏེ། བླ་ན་མེད་པ་ཡང་དག་པར་རྫོགས་པའི་བྱང་ཆུབ་ཏུ་མངོན་པར་རྫོགས་པར་འཚང་རྒྱ་བར་འགྱུར་རོ། །རབ་འབྱོར་གལ་ཏེ་ཡང་[9]བྱང་ཆུབ་སེམས་དཔའ་[10]ཡང་དང་ཡང་དུ་དགེ་བའི་བཤེས་གཉེན་བལྟ་བ་དང་། བསྙེན་བཀུར་བར་མ་གྱུར་ལ། ལུས་ཐོབ་པ་དེས་སེམས་བསྐྱེད་པ་ཙམ་དག་མི་སྐྱོད་མི་འཆགས་ན། དེ་ནི་ས་གཉིས་

སུ་འགྲོ་[༡]བར་རིག་པར་བྱ་སྟེ། འདི་ལྟར་ཉན་ཐོས་ཀྱི་སའམ། རང་སངས་རྒྱས་ཀྱི་སའོ། །འདི་ལྟ་སྟེ། དཔེར་ན་དགེ་སློང་ཉན་ཐོས་ཀྱི་ཐེག་པ་པས་ལྟུང་བའི་རྩ་བ་བཞི་ལས་ལྟུང་བ་གང་ཡང་རུང་བ་གཅིག་བྱས་ན། དགེ་སྦྱོང་མ་ཡིན་ཤཱཀྱའི་[༢]བུ་མ་ཡིན་པར་འགྱུར་ཏེ། དེ་ནི་ལུས་དེ་ཉིད་ཀྱིས་དགེ་སྦྱོང་གི་འབྲས་བུ་བཞི་ལས་དགེ་སྦྱོང་གི་འབྲས་བུ་གང་ཡང་རུང་བ་ལ་ལ་འཐོབ་[༣]པར་འགྱུར་བའི་སྐལ་བ་མེད་དོ། །རབ་འབྱོར་དེ་བཞིན་དུ་བྱང་ཆུབ་སེམས་དཔའ་སེམས་དཔའ་ཆེན་པོ་གང་མྱིང་བསྟན་པ་ཙམ་གྱིས་རློམ་སེམས་དང་ལྡན་པའི་སེམས་བསྐྱེད་[༤]ཅིང་མྱིང་ཙམ་བརྗོད་པ་དེས་བྱང་ཆུབ་སེམས་དཔའ་གཞན་དག་ལ་བརྙས་པ་དང་། འཕྱ་བ་དང་ཁྱད་དུ་གསོད་པའི་སེམས་བསྐྱེད་[༥]པ་དེ་ནི་དེ་བས་ཀྱང་ཤིན་ཏུ་ལྕི་བ་སྟེ། སེམས་བསྐྱེད་པ་དེ་ནི་དེས་[༦]དེ་བས་ཀྱང་ཤིན་ཏུ་ལྕི་བར་རིག་པར་བྱའོ། །རབ་འབྱོར་དེ་ལྟར་མྱིང་བསྟན་པས་བདུད་ཀྱི་ལས་ཤིན་ཏུ་ཕྲ་བ་དེ་ལྟ་བུ་དག་སྐྱེ་བར་འགྱུར་རོ། །རབ་འབྱོར་ལྟུང་བའི་རྩ་བཿལྕི་བ་[༧]བཞི་པོ་ལྟ་ཞོག་གི །བྱང་ཆུབ་སེམས་དཔའི་མྱིང་བསྟན་པ་ཙམ་གྱིས་རློམ་སེམས་དང་ལྡན་པའི་སེམས་བསྐྱེད་བསྐྱེས་པ་དེ་ནི་མཚམས་མེད་པ་ལྔ་བས་ཀྱང་ཤིན་ཏུ་ལྕི་བ་སྟེ། སེམས་བསྐྱེད་པ་དེ་ནི་དེས་[༨]དེ་བས་ཀྱང་ཤིན་ཏུ་ལྕི་བར་རིག་པར་བྱའོ། །རབ་འབྱོར་གཞན་ཡང་བདུད་སྡིག་ཏོ་[༩]ཅན་དབེན་པའི་ཡོན་ཏན་སྟོན་ཅིང་བྱང་ཆུབ་སེམས་དཔའ་སེམས་དཔའ་ཆེན་པོའི་དྲུང་དུ་ཉེ་བར་འོངས་ཏེ། འདི་སྐད་དུ་དེ་བཞིན་གཤེགས་པ་ནི་དབེན་པའི་ཡོན་ཏན་གསུང་བའོ་ཞེས་ཟེར་ཏེ། རབ་འབྱོར་ངས་ནི་འདི་ལྟ་སྟེ་བྱང་ཆུབ་སེམས་དཔའ་སེམས་དཔའ་ཆེན་པོའི་དགོན་པའམ། ནགསཿའདབ་བམ། [༡༠] བས་མཐའི་གནས་དབེན་པར་མ་བཤད་དོ། །གསོལ་པ། བཅོམ་ལྡན་འདས་གལ་ཏེ་དེ་ལྟར་དགོན་པ་དང་། ནགས་འདབ་[༡༡]དང་། བས་མཐའི་

གནས་དཔེན་པ་མ་ལགས་ན། བྱང་ཆུབ་སེམས་དཔའ་སེམས་དཔའ་ཆེན་པོའི···
དཔེན་པ་གཞན་ནི་གང་ཞིག་མཆིས། བཅོམ་ལྡན་འདས་བྱང་ཆུབ་སེམས་དཔའ་
སེམས་དཔའ་ཆེན་པོའི་དཔེན་པ་གཞན་ནི་ཇི་ལྟ་བུ་ཞིག་མཆིས། བཅོམ་ལྡན་
འདས་ཀྱིས་བཀའ་སྩལ་པ། རབ་འབྱོར་གལ་ཏེ་བྱང་ཆུབ་སེམས་དཔའ་སེམས···
དཔའ་ཆེན་པོ་ཉན་ཐོས་དང་། རང་སངས་རྒྱས་དང་ལྡན་པའི་ཡིད་ལ་བྱ་བས···
དཔེན་ན། དགོན་པ་དང་། ནགས་འདབ་[༡]དང་། བས་མཐའི་གནས་ན···
རྣམ་པར་སྤྱོད་ཿ་པ་ཡིན་ཏེ[༢]། རབ་འབྱོར་འདི་ནི་དཔེན་པ་སྟེ། བྱང་ཆུབ་
སེམས་དཔའ་སེམས་དཔའ་ཆེན་པོ་རྣམས་ལ་ངས་གནང་བའོ། །གལ་ཏེ་དཔེན···
པ་འདིས་ཉིན་མཚན་དུ་རྣམ་པར་སྤྱོད་ན། བྱང་ཆུབ་སེམས་དཔའ་སེམས་དཔའ་
ཆེན་པོ་དེ་ནི་འདི་ལྟ་སྟེ། བྱང་ཆུབ་སེམས་དཔའི་དཔེན་པས་དཔེན་པ་[༣]རྣམ་
པར་སྤྱོད་པ་ཡིན་នོ། །བྱང་ཆུབ་སེམས་དཔའ་སེམས་དཔའ་ཆེན་པོ་དགོན་པ་
དང་། ནགས་འདབ་[༤]དང་། བས་མཐའི་གནས་ན་རྣམ་པར་སྤྱོད་ཀྱང་ཉན···
ཐོས་དང་། རང་སངས་རྒྱསཿ་དང་ལྡན་པའི་[༥]ཡིད་ལ་བྱ་བ་དང་འདྲེས་པར་[༦]
རྣམ་པར་སྤྱོད་ན[༧]། བྱང་ཆུབ་སེམས་དཔའ་སེམས་དཔའ་ཆེན་པོ་དེ་ནི་མི་[༨]
དཔེན་པར་རྣམ་པར་སྤྱོད་པ་ཡིན་ནོ། །གལ་ཏེ་གྲོང་ན་སྤྱོད་ཀྱང་ཉན་ཐོས་དང་།
རང་སངས་རྒྱས་ཀྱི་ཡིད་ལ་བྱ་བ་དང་མ་འདྲེས་ན། བྱང་ཆུབ་སེམས་དཔའ་
སེམས་དཔའ་ཆེན་པོ་དེ་ནི་དཔེན་པར་རྣམ་པར་སྤྱོད་པ་ཡིན་ནོ། །རབ་འབྱོར···
བྱང་ཆུབ་སེམས་དཔའ་སེམས་དཔའ་ཆེན་པོ་རྣམས་ལ་དཔེན་པའི་རྣམ་པ་དེ་ལྟ་བུ་
ངས་གནང་བ་ལས་དྲིས་ཤིང་བདུད་སྡིག་ཏོ་ཅན་དེ་ལ་དགོན་པ་དང་། ནགས···
འདབ་[༩]དང་། བས་མཐའི་གནས་སུ་རྣམ་པར་སྤྱོད་ཅིག་ཅེས་དཔེན་པ་སྟོན་ཏོ[༡༠]།།
དེ་དཔེན་པ་དེས་འདུ་འཛོར་གྱུར་ཅིང་[༡༡]། ཉན་ཐོས་དང་། རང་སངས་རྒྱས་

ཀྱི་ས་དང་ལྡན་པའི་ཡིད་ལ་བྱ་བ་དང་འདྲེས་པས་ཞེས་རབ་ཀྱི་ཕ་རོལ་ཏུ་ཕྱིན་པ་ལ་བརྟེན་[1]པ་མ་ཡིན་ཏེ། རྣམ་པ་ཐམས་ཅད་མཁྱེན་པ་ཉིད་ཡོངས་སུ་རྫོགས་པར་མི་འགྱུར་རོ། །དེ་དེ་ལྟར་རྣམ་པར་སྤྱོད་པ་དེས་རྣམ་པར་སྤྱོད་ཅིང་ཡིད་ལ་བྱ་བ་ཡོངས་སུ་མ་དག་པས། བྱང་ཆུབ་སེམས་དཔའ་སེམས་དཔའ་ཆེན་པོ་གཞན་གྲོང་འདབ་[2]ན་རྣམ་པར་སྤྱོད་ཅིང་ཡིད་ལ་བྱ་བ་ཡོངས་སུ་དག་པ་དང་ལྡན་པ། ཉན་ཐོས་ཀྱི་སེམས་དང་མ་འདྲེས་པ། རང་སངས་རྒྱས་ཀྱི་སེམས་དང་མ་འདྲེས་པ། དེ་མ་ཡིན་པའི་[3]སྡིག་པའི་སེམས་གཞན་དང་མ་འདྲེས་པ། བསམ་གཏན་དང་། རྣམ་པར་ཐར་པ་དང་། ཏིང་ངེ་འཛིན་དང་། སྙོམས་པར་འཇུག་པ་དང་མངོན་པར་ཤེས་པ་ཡོངས་སུ་རྫོགས་པར༔ཀྱུར་པ་[4]དག་ལ་བརྟས་[5]པའི་སེམས་སྐྱེད་[6]དེ། ཐབས་མི་མཁས་པའི་བྱང་ཆུབ་སེམས་དཔའ་དེ་བས་དགོན་པ་སྦྲུལ་དང་རི་དགས་[7]དང་། བྱ་ཡོད་པ་ཀུན་པོ་དང་། སྨྲེ་ཤ་ཅན་ཡོད་པ། གཅན་གཟན་[8]མཆེ་བ་ཅན་དང་། སྲིན་པོ་རྒྱ་བ་དཔག་ཚད་བརྒྱ་ཙམ་དུ་འཕགས་པ་དེ་ལྟ་བུའི་ནང་ན་འདུག་ཅིང་། ལོ་གཅིག་གམ། ལོ་བརྒྱའམ། ལོ་སྟོང་ངམ། ལོ་བརྒྱ་ཕྲག་སྟོང་ངམ། ལོ་བྱེ་བའམ། ལོ་བྱེ་བ་ཕྲག་བརྒྱའམ། ལོ་བྱེ་བ་ཕྲག་སྟོང་ངམ། ལོ་བྱེ་བ་བརྒྱ་ཕྲག་སྟོང་ངམ། ལོ་བྱེ་བ་ཁྲག་ཁྲིག་བརྒྱ་ཕྲག་སྟོང་ངམ། དེ་བས་ཀྱང་ལྷག་པར་གནས་སུ་ཟིན་ཀྱང་དབེན་པ་གང་གིས་བྱང་ཆུབ་སེམས…

དཔའ་སེམས་དཔའ་ཆེན་པོ་ལྷག་པའི་བསམ་པ་ལ་ཡང་དག་པར་གནས་ཤིང་རྣམ་པར་སྤྱོད་པ་དེ་ལྟ་བུའི་དབེན་པ་ཤེས་པར་མི་འགྱུར་ཏེ། བྱང་ཆུབ་སེམས་དཔའ་སེམས་དཔའ་ཆེན་པོ་དེ་ནི་ཉན་ཐོས་དང་། རང་སངས་རྒྱས་དང་ལྡན་པའི་ཡིད་ལ་བྱ་བ་མང་པོ་དང་[9]འདྲེས་པ་ཉིད་དུ་རྣམ་པར་སྤྱོད་པར་འགྱུར་ཏེ། དབེན་པ་དེ་ལ་ཡང་དག་པར༔མ་གཅེས་[10]པར༔རྣམ་པར་[11]གནས་ཤིང་ཆགས་པ་དང་ཞེན…

ཅིང་མངོན་པར་ཞེན་པ་དེ་ཙམ་གྱིས་ནི་ངའི་སེམས་རངས་པར་མི་འགྱུར་ཏེ། ངས་བྱང་ཆུབ་སེམས་དཔའ་སེམས་དཔའ་ཆེན་པོ་རྣམས་ལ་དབེན་པ་གང་བཤད་པའི་དབེན་པ་དེ་དང་མི་ལྡན་པས་དབེན་པ་དེ་ལ་[1]མི་གནས་སོ། །དེ་ཅིའི་ཕྱིར་ཞེ་ན། དེ་ནི་འདི་ལྟར་དབེན་པ་དེ་དང་བྲལ་བའི་ཕྱིར་ཏེ། དེ་ལྟར་དེའི་དྲུང་དུ་བདུད་སྡིག་ཏོ་ཅན་ཉེ་བར་འོངས་ཤིང་། སྟེང་གི་བར་སྣང་ལ་གནས་ཏེ། འདི་སྐད་དུ་རིགས་ཀྱི་བུ་ལེགས་སོ་ལེགས་སོ། །འདི་ནི་དེ་བཞིན་གཤེགས་པས་བསྔགས་པའི་དབེན་པ་མ་ནོར་བ་ཡིན་གྱིས་[2]ཁྱོད་དབེན་པས་[3]འདི་ཉིད་ཀྱིས་ནི་[4]རྣམ་པར་སྤྱོད་ཅིག །དེས་ཁྱོད་མྱུར་དུ་བླ་ན་མེད་པ་ཡང་དག་པར་རྫོགས་པའི་བྱང་ཆུབ་ཏུ་མངོན་པར་རྫོགས་པར་འཚང་རྒྱ་བར་འགྱུར་རོ་ཞེས་ཟེར་ཏེ། དེའི་རྒྱུས་དེ་དབེན་པ༔དེ་བས་[5]ཀྱང་དབེན་པ་དེ་གཅེས་པར་འཛིན་ཅིང་། ཕྱིར་གྲོང་༔འདབ་ཏུ་[6]འོངས་ནས། དགེ་སློང་བྱང་ཆུབ་སེམས་དཔའི་ཐེག་པ་པ་སེམས་དང་ཡིད་ལ་བྱ་བ་ཡོངས་སུ་དག་པ། ངེས་པ་[7]དགེ་བའི་ཆོས་དང་ལྡན་པ། གཞན་དག་ལ་ཆེ་དང་ལྡན་པ་འདི་དག་ནི་འདུ་འཛིའི་རྣམ་པར་སྤྱོད་པས་རྣམ་པར་སྤྱོད་དོ……ཞེས་ཁྲོད་དུ་གསོད་ཅིང་བྱང་ཆུབ་སེམས་དཔའ་སེམས་དཔའ་ཆེན་པོ་དབེན་པར་སྤྱོད་པ་དེ་དག་ལ་འདུ་འཛིས་རྣམ་པར་སྤྱོད་པར་སྐྱོན་དུ་གདགས་པ་དང་། འདྲིས་པར་རྣམ་པར་སྤྱོད་པར་སྐྱོན་དུ་གདགས་པས་བརྟས་[8]པའི་སེམས་བསྐྱེད་[9]དོ། །གང་འདུ་འཛིའི་རྣམ་པར་སྤྱོད་པས་རྣམ་པར་སྤྱོད་པ་དེ་དག་ལ་ནི་དབེན་པས་རྣམ་པར་སྤྱོད་པར་[10]འཛིན་ཅིང་དེ་དག་ལ་རིམ༔གྲོ་སྐྱེད་[11]དོ། །གང་ལ་རིམ་གྲོ་བསྐྱེད་[12]པར་བྱ་བ་དེ་དག་ལ་[13]ནི་ང་རྒྱལ་སྐྱེད་[14]དོ། །དེ་ཅིའི་ཕྱིར་ཞེ་ན། དེ་ནི་འདི་ལྟར་བདག་ནི་[15]མི་མ་ཡིན་པས་བསྐུལ་བའོ། །མི་མ་ཡིན་པས་དྲན་པར་བྱའོ[16]། །རྣམ་པར་སྤྱོད་པ་གང་གིས་བདག་སྤྱོད་པ་དེ་ནི་རྣམ་པར་སྤྱོད་པ་མ་ནོར་བ་སྟེ།

གྲོང་འདབ་[༡]ན་སྤྱོད་པ་ལྟ་ལ་[༢]སུ་ཞིག་བསྐུལ་[༣]བར་འགྱུར། གྲོང་འདབ་[༤]ན་སྤྱོད་པ་ལྟ་ལ་[༥]སུ་ཞིག་དྲན་པར་བྱེད་པ་[༦]འགྱུར་ཞེས་ང་རྒྱལ་སྐྱེད་[༧]དེ། དེ་ལྟར་བྱང་ཆུབ་སེམས་དཔའ་དེ་[༨]བྱང་ཆུབ་སེམས་དཔའི་ཐེག་པ་པའི་རིགས་ཀྱི་བུ་གཞན་དག་ལ་སྨོད་པ་[༩]བྱེད་དེ། རབ་འབྱོར་གང་ཟག་དེ་ནི་བྱང་ཆུབ་སེམས་དཔའ་གདོལ་པར་རིག་པར་བྱའོ། །བྱང་ཆུབ་སེམས་དཔའ་སུན་འབྱིན་པར་རིག་པར་བྱའོ། །བྱང་ཆུབ་སེམས་དཔའི་གཟུགས་བརྙན་དུ་རིག་པར་བྱའོ། །དེ་ནི་ལྷ་དང་མི་དང་ལྷ་མ་ཡིན་དུ་བཅས་པའི་འཇིག་རྟེན་གྱི་རྐུན་པོ་སྟེ། དེ་ནི་ལྷ་དང་མི་དང་ལྷ་མ་ཡིན་དུ་བཅས་པའི་འཇིག་རྟེན་གྱིས་དགེ་སྦྱོང་གི་ཆ་བྱད་ཅན་[༡༠]གྱི་[༡༡]རྐུན་པོར་རིག་པར་བྱ་སྟེ། ངང་ཚུལ་དེ་ལྟ་བུ་དང་ལྡན་པའི་གང་ཟག་ནི་བྱང་ཆུབ་སེམས་དཔའི་ཐེག་པ་པའི་རིགས་ཀྱི་བུའམ་རིགས་ཀྱི་བུ་མོ་དག་གིས་བསྙེན་པར་མི་བྱ། བསྟེན་པར་མི་བྱ། རིམ་གྲོར་[༡༢]མི་བྱའོ། །དེ་ཅིའི་ཕྱིར་ཞེ་ན། རབ་འབྱོར་གང་ཟག་དེ་ལྟ་བུ་དག་ནི་ལྷག་པའི་ང་རྒྱལ་ཅན་དུ་རིག་པར་བྱ་སྟེ། བྱང་ཆུབ་སེམས་དཔའ་སེམས་དཔའ་ཆེན་པོས་རྣམ་པ་ཐམས་ཅད་མཁྱེན་པ་ཉིད་ཀྱང་[༡༣]ཡོངས་སུ་མ་བཏང་ལ། བླ་ན་མེད་པ་ཡང་དག་པར་རྫོགས་པའི་བྱང་ཆུབ་ཀྱང་[༡༤]ཡོངས་སུ་མ་བཏང་[༡༥]ན། བྱང་ཆུབ་སེམས་དཔའ་སེམས་དཔའ་ཆེན་པོ་བསམ་པ་ཐག་པས་བླ་ན་མེད་པ་ཡང་དག་པར་རྫོགས་པའི་བྱང་ཆུབ་ཏུ་མངོན་པར་རྫོགས་པར་འཚང་རྒྱ་བར་འདོད་པ། སེམས་ཅན་ཐམས་ཅད་ཀྱི་དོན་[༡༦]བྱ་བར་འདོད་པ་དེས། གང་ཟག་དེ་ལྟ་བུའི་ངང་ཚུལ་ཅན་བསྙེན་པར་མི་བྱ་བསྟེན་[༡༧]པར་མི་བྱ། རིམ་གྲོར་མི་བྱའི་[༡༨]། རང་གི་དོན་དང་ལྡན་པར་འགྱུར་བ་ལ་བརྩོན་པར་བྱ་སྟེ། འཁོར་བ་ལས་རྟག་ཏུ་སྐྱོ་ཞིང་འཇིགས་པའི་ཡིད་ཀྱིས་ཁམས་གསུམ་དང་མ་འདྲེས་པར་སྤྱོད་པར་བྱའོ། །བྱང་ཆུབ་སེམས་དཔའ་གདོལ་པ་དེ་ལ་ཡང་བྱམས་པ་

བསྐྱེད[1]་པར་བྱ་སྟེ། དེ་ཉིད་ལ་སྙིང་བརྩེ་བའི་ཕྱིར་སྙིང་རྗེ་བསྐྱེད་པར་བྱའོ། །དགའ་བ་དང་བཏང་སྙོམས་བསྐྱེད་པར་བྱའོ། །དེས་སེམས་འདི་ལྟར་བསྐྱེད[2]་པར་བྱ་སྟེ། ཅི་ནས་ཀྱང་བདག་གི་ཉེས་པ་འདི་དག་ཐམས་ཅད་དུ་ཐམས་ཅད་མྱེད་ཅིང་མྱི་སྐྱེ་བར་འགྱུར་བ་དེ་ལྟར་བྱའོ། །གལ་ཏེ་སྐྱེས་ན་ཡང་མྱུར་དུ་སྤང་བར་བྱའོ་ཞེས་བསླབ་པར་བྱ་སྟེ། རབ་འབྱོར་དེ[3]་ནི་བྱང་ཆུབ་སེམས་དཔའ་སེམས་དཔའ་ཆེན་པོ་རྣམས་ཀྱི་རང་གིས་ཁོང་དུ་ཆུད་པའི་མངོན་པར་ཤེས་པའི་མཐུར་རིག་པར་བྱའོ། །རབ་འབྱོར་གཞན་ཡང་བྱང་ཆུབ་སེམས་དཔའ་སེམས་དཔའ་ཆེན་པོས[4]་ལྷག་པའི་བསམ་པས་བླ་ན་མྱེད་པ་ཡང་དག་པར་རྫོགས་པའི་བྱང་ཆུབ་ཏུ་མངོན་པར་རྫོགས་པར་འཚང་རྒྱ་བར་འདོད་པས་དགེ་བའི་བཤེས་གཉེན་དག་ལ་བསྙེན་པར་བྱའོ། །བསྟན[5]་པར་བྱའོ་རིམ་གྲོར་བྱའོ། །གསོལ་པ་བཅོམ་ལྡན་འདས་བྱང་ཆུབ་སེམས་དཔའ་སེམས་དཔའ་ཆེན་པོའི་དགེ་བའི་བཤེས་གཉེན་དུ་རིག་པར་བགྱི་བ་དེ་དག་གང་ལགས། བཅོམ་ལྡན་འདས་ཀྱིས་བཀའ་སྩལ་པ། རབ་འབྱོར་སངས་རྒྱས་བཅོམ་ལྡན་འདས་རྣམས་ནི་བྱང་ཆུབ་སེམས་དཔའ་སེམས་དཔའ་ཆེན་པོ་རྣམས་ཀྱི་དགེ་བའི་བཤེས་གཉེན་དུ་རིག་པར་བྱའོ། །རབ་འབྱོར་བྱང་ཆུབ་སེམས་དཔའ་སེམས་དཔའ་ཆེན་པོ་རྣམས་ནི་བྱང་ཆུབ་སེམས་དཔའ་སེམས་དཔའ་ཆེན་པོ་རྣམས་ཀྱི་དགེ་བའི་བཤེས་གཉེན་དུ་རིག་པར་བྱའོ། །རབ་འབྱོར་ཉན་ཐོས་གང་ཕ་རོལ་ཏུ་ཕྱིན་པ་དྲུག་རྫོད[6]་ཅིང་སྟོན་པ་དང་། འཆད་ཅིང་འགྲེལ་པ་དང་། རྣམ་པར་འབྱེད་ཅིང་གསལ་བར་བྱེད་པ་དང་། ཡང་དག་པར་སྟོན་པ་དེ་དག་ཀྱང་བྱང་ཆུབ་སེམས་དཔའ་སེམས་དཔའ་ཆེན་པོ་རྣམས་ཀྱི་དགེ་བའི་བཤེས་གཉེན་དུ་རིག་པར་བྱའོ། །རབ་འབྱོར་གཞན་ཡང་ཕ་རོལ་ཏུ་ཕྱིན་པ་དྲུག་ནི་བྱང་ཆུབ་སེམས་དཔའ་སེམས་དཔའ་ཆེན་པོ་རྣམས་ཀྱི

དགེ་བའི་བཤེས་གཉེན་དུ་རིག་པར་བྱའོ། །དྲན་པ་ཉེ་བར་གཞག་པ་བཞི་ནི་བྱང་ཆུབ་སེམས་དཔའ་སེམས་དཔའ་ཆེན་པོ་རྣམས་ཀྱི་དགེ་བའི་བཤེས་གཉེན་དུ་རིག་པར་བྱའོ། །ཡང་དག་པར་སྤོང་བ་བཞི་ནི་བྱང་ཆུབ་སེམས་དཔའ་སེམས་དཔའ་ཆེན་པོ་རྣམས་ཀྱི་དགེ་བའི་བཤེས་གཉེན་དུ་རིག་པར་བྱའོ། །རྫུ་འཕྲུལ་གྱི་རྐང་པ་བཞི་ནི་བྱང་ཆུབ་སེམས་དཔའ་སེམས་དཔའ་ཆེན་པོ་རྣམས་ཀྱི་དགེ་བའི་བཤེས་གཉེན་དུ་རིག་པར་བྱའོ། །དབང་པོ་ལྔ་ནི་བྱང་ཆུབ་སེམས་དཔའ་སེམས་དཔའ་ཆེན་པོ་རྣམས་ཀྱི་དགེ་བའི་བཤེས་གཉེན་དུ་རིག་པར་བྱའོ། །སྟོབས་ལྔ་ནི་བྱང་ཆུབ་སེམས་དཔའ་སེམས་དཔའ་ཆེན་པོ་རྣམས་ཀྱི་དགེ་བའི་བཤེས་གཉེན་དུ་རིག་པར་བྱའོ། །བྱང་ཆུབ་ཀྱི་ཡན་ལག་བདུན་ནི་བྱང་ཆུབ་སེམས་དཔའ་སེམས་དཔའ་ཆེན་པོ་རྣམས་ཀྱི་དགེ་བའི་བཤེས་གཉེན་དུ་རིག་པར་བྱའོ། །འཕགས་པའི་ལམ་ཡན་ལག་བརྒྱད་པ་ནི་བྱང་ཆུབ་སེམས་དཔའ་སེམས་དཔའ་ཆེན་པོ་རྣམས་ཀྱི་དགེ་བའི་བཤེས་གཉེན་དུ་རིག་པར་བྱའོ། །འཕགས་པའི་བདེན་པ་བཞི་ནི་བྱང་ཆུབ་སེམས་དཔའ་སེམས་དཔའ་ཆེན་པོ་རྣམས་[1]ཀྱི་དགེ་བའི་བཤེས་གཉེན་དུ་རིག་པར་བྱའོ། །བསམ་གཏན་བཞི་ནི་བྱང་ཆུབ་སེམས་དཔའ་སེམས་དཔའ་ཆེན་པོ་རྣམས་ཀྱི་དགེ་བའི་བཤེས་གཉེན་དུ་རིག་པར་བྱའོ། །ཚད་མེད་པ་བཞི་ནི་བྱང་ཆུབ་སེམས་དཔའ་སེམས་དཔའ་ཆེན་པོ་རྣམས་[2]ཀྱི་དགེ་བའི་བཤེས་གཉེན་དུ་རིག་པར་བྱའོ། །གཟུགས་མེད་པའི་སྙོམས་པར་འཇུག་པ་བཞི་ནི་བྱང་ཆུབ་སེམས་དཔའ་སེམས་དཔའ་ཆེན་པོ་རྣམས་ཀྱི་དགེ་བའི་བཤེས་གཉེན་དུ་རིག་པར་བྱའོ། །རྣམ་པར་ཐར་པ་བརྒྱད་ནི་བྱང་ཆུབ་སེམས་དཔའ་སེམས་དཔའ་ཆེན་པོ་རྣམས་ཀྱི་དགེ་བའི་བཤེས་གཉེན་དུ་རིག་པར་བྱའོ། །མཐར་གྱིས་གནས་པའི་སྙོམས་པར་འཇུག་པ་དགུ་ནི་བྱང་ཆུབ་སེམས་དཔའ་སེམས་དཔའ་ཆེན་པོ་

རྣམས་ཀྱི་དགེ་བའི་བཤེས་གཉེན་དུ་རིག་པར་བྱའོ། །རྣམ་པར་ཐར་པའི་སྒོ་སྟོང་པ་ཉིད་དང་། མཚན་མ་མེད་པ་དང་། སྨོན་པ་མེད་པ་ནི་བྱང་ཆུབ་སེམས་དཔའ་སེམས་དཔའ་ཆེན་པོ་རྣམས་ཀྱི་དགེ་བའི་བཤེས་གཉེན་དུ་རིག་པར་བྱའོ། །མངོན་པར་ཤེས་པ་རྣམས་ནི་བྱང་ཆུབ་སེམས་དཔའ་སེམས་དཔའ་ཆེན་པོ་རྣམས་ཀྱི་དགེ་བའི་བཤེས་གཉེན་དུ་རིག་པར་བྱའོ། །ཏིང་ངེ་འཛིན་རྣམས་ནི་བྱང་ཆུབ་སེམས་དཔའ་སེམས་དཔའ་ཆེན་པོ་རྣམས་ཀྱི་དགེ་བའི་བཤེས་གཉེན་དུ་རིག་པར་བྱའོ། །གཟུངས་ཀྱི་སྒོ་རྣམས་ནི་བྱང་ཆུབ་སེམས་དཔའ་སེམས་དཔའ་ཆེན་པོ་རྣམས་ཀྱི་དགེ་བའི་བཤེས་གཉེན་དུ་རིག་པར་བྱའོ། །དེ་བཞིན་གཤེགས་པའི་སྟོབས་བཅུ་ནི་བྱང་ཆུབ་སེམས་དཔའ་སེམས་དཔའ་ཆེན་པོ་རྣམས་ཀྱི་དགེ་བའི་བཤེས་གཉེན་དུ་རིག་པར་བྱའོ། །མི་འཇིགས་པ་བཞི་ནི་བྱང་ཆུབ་སེམས་དཔའ་སེམས་དཔའ་ཆེན་པོ་རྣམས་ཀྱི་དགེ་བའི་བཤེས་གཉེན་དུ་རིག་པར་བྱའོ། །སོ་སོ་ཡང་དག་པར་རིག་པ་བཞི་ནི་བྱང་ཆུབ་སེམས་དཔའ་སེམས་དཔའ་ཆེན་པོ་རྣམས་ཀྱི་དགེ་བའི་བཤེས་གཉེན་དུ་རིག་པར་བྱའོ། །སངས་རྒྱས་ཀྱི་ཆོས་མ་འདྲེས་པ་བཅོ་བརྒྱད་ནི་བྱང་ཆུབ་སེམས་དཔའ་སེམས་དཔའ་ཆེན་པོ་རྣམས་ཀྱི་དགེ་བའི་བཤེས་གཉེན་དུ་རིག་པར་བྱའོ། །དེ་བཞིན་ཉིད་དང་ཡང་དག་པའི་མཐའ་དང་། ཆོས་ཀྱི་དབྱིངས་ནི་བྱང་ཆུབ་སེམས་དཔའ་སེམས་དཔའ་ཆེན་པོ་རྣམས་ཀྱི་དགེ་བའི་བཤེས་གཉེན་དུ་རིག་པར་བྱའོ། །རབ་འབྱོར་གཞན་ཡང་ཕ་རོལ་ཏུ་ཕྱིན་པ་དྲུག་ནི་བྱང་ཆུབ་སེམས་དཔའ་སེམས་དཔའ་ཆེན་པོ་རྣམས་ཀྱི་སྟོན་པར་རིག་པར་བྱ་སྟེ། ཕ་རོལ་ཏུ་ཕྱིན་པ་དྲུག་ནི་ལམ་མོ། །ཕ་རོལ་ཏུ་ཕྱིན་པ་དྲུག་ནི་སྣང་བའོ། །ཕ་རོལ་ཏུ་ཕྱིན་པ་དྲུག་ནི་སྒྲོན་མའོ། །བློའོ་ཞེས་པའོ། །ཤེས་རབ་བོ། །ཕ་རོལ་ཏུ་ཕྱིན་པ་དྲུག་ནི་དཔུང་གཉེན་ནོ། །ཕ་རོལ་ཏུ་ཕྱིན་

པ་དྲུག་ནི་སྐྱབས་སོ། །ཕ་རོལ་ཏུ་ཕྱིན་པ་དྲུག་ནི་མགོན་ནོ། །ཕ་རོལ་ཏུ་ཕྱིན་པ་དྲུག་ནི་མའོ། །ཕ་རོལ་ཏུ་ཕྱིན་པ་དྲུག་ནི་ཕའོ། །སྟོང་པ་ཉིད་ཐམས་ཅད་ནི་བྱང་ཆུབ་སེམས་དཔའ་སེམས་དཔའ་ཆེན་པོ་རྣམས་ཀྱི་སྟོན་པར་རིག་པར་བྱ་སྟེ། སྟོང་པ་ཉིད་ཐམས་ཅད་ནི་ལམ་མོ། །སྟོང་པ་ཉིད་ཐམས་ཅད་ནི་སྣང་བའོ། །སྟོང་པ་ཉིད་ཐམས་ཅད་ནི་སྒྲོན་མའོ། །སྟོང་པ་ཉིད་ཐམས་ཅད་ནི་གླིའོ། །སྟོང་པ་ཉིད་ཐམས་ཅད་ནི་ཤེས་པའོ། །སྟོང་པ་ཉིད་ཐམས་ཅད་ནི་ཤེས་རབ་བོ། །སྟོང་པ་ཉིད་ཐམས་ཅད་ནི་དཔུང་གཉེན་ནོ། །སྟོང་པ་ཉིད་ཐམས་ཅད་ནི་སྐྱབས་སོ། །སྟོང་པ་ཉིད་ཐམས་ཅད་ནི་མགོན་ནོ། །སྟོང་པ་ཉིད་ཐམས་ཅད་ནི་མའོ། །སྟོང་པ་ཉིད་ཐམས་ཅད་ནི་ཕའོ། །དྲན་པ་ཉེ་བར་གཞག་པ་བཞི་ནི་བྱང་ཆུབ་སེམས་དཔའ་སེམས་དཔའ་ཆེན་པོ་རྣམས་ཀྱི་སྟོན་པར་རིག་པར་བྱ་སྟེ། དྲན་པ་ཉེ་བར་གཞག་པ་བཞི་ནི་ལམ་མོ། །དྲན་པ་ཉེ་བར་གཞག་པ་བཞི་ནི་སྣང་བའོ། །དྲན་པ་ཉེ་བར་གཞག་པ་བཞི་ནི་སྒྲོན་མའོ། །ཿགླིའོ། །ཤེས་པའོ། །ཤེས་རབ་བོ། །[1]དྲན་པ་ཉེ་བར་གཞག་པ་བཞི་ནི་དཔུང་གཉེན་ནོ། །དྲན་པ་ཉེ་བར་གཞག་པ་བཞི་ནི་སྐྱབས་སོ། །དྲན་པ་ཉེ་བར་གཞན་པ་བཞི་ནི་མགོན་ནོ། །དྲན་པ་ཉེ་བར་གཞག་པ་བཞི་ནི་མའོ། །དྲན་པ་ཉེ་བར་གཞག་པ་བཞི་ནི་ཕའོ། །ཡང་དག་པར་སྤོང་བ་བཞི་ནི་བྱང་ཆུབ་སེམས་དཔའ་སེམས་དཔའ་ཆེན་པོ་རྣམས་ཀྱི་སྟོན་པར་རིག་པར་བྱ་སྟེ། ཡང་དག་པར་སྤོང་བ་བཞི་ནི་ལམ་མོ། །ཡང་དག་པར་སྤོང་བ་བཞི་ནི་སྣང་བའོ། །ཡང་དག་པར་སྤོང་བ་བཞི་ནི་སྒྲོན་མའོ། །ཿགླིའོ། །ཤེས་པའོ། །ཤེས་རབ་བོ[1]། །ཡང་དག་པར་སྤོང་བ་བཞི་ནི་དཔུང་གཉེན་ནོ། །ཡང་དག་པར་སྤོང་བ་བཞི་ནི་སྐྱབས་སོ། །ཡང་དག་པར་སྤོང་བ་བཞི་ནི་མགོན་ནོ། །ཡང་དག་པར་སྤོང་བ་

བཞི་ནི་མའོ། །ཡང་དག་པར་སྤོང་བ་བཞི་ནི་ཕའོ། །ཿརྫུ་འཕྲུལ་གྱི་རྐང་པ་[༧]བཞི་ནི། བྱང་ཆུབ་སེམས་དཔའ་སེམས་དཔའ་ཆེན་པོ་རྣམས་ཀྱི་སྟོན་པར་རིག་པར་བྱ་སྟེ། རྫུ་འཕྲུལ་གྱི་རྐང་པ་བཞི་ནི་ལམ་མོ། །རྫུ་འཕྲུལ་གྱི་རྐང་པ་བཞི་ནི་སྣང་བའོ། །རྫུ་འཕྲུལ་གྱི་རྐང་པ་བཞི་ནི་སྒྲོན་མའོ། །ཿབློའོ། །ཤེས་པའོ། །ཤེས་རབ་བོ། །[༣]རྫུ་འཕྲུལ་གྱི་རྐང་པ་བཞི་ནི་དཔུང་གཉེན་ནོ། །རྫུ་འཕྲུལ་གྱི་རྐང་པ་བཞི་ནི་སྐྱབས་སོ། །རྫུ་འཕྲུལ་གྱི་རྐང་པ་བཞི་ནི་མགོན་ནོ། །རྫུ་འཕྲུལ་གྱི་རྐང་པ་བཞི་ནི་མའོ། །རྫུ་འཕྲུལ་གྱི་རྐང་པ་བཞི་ནི་ཕའོ། །དབང་པོ་ལྔ་ནི། བྱང་ཆུབ་སེམས་དཔའ་སེམས་དཔའ་ཆེན་པོ། རྣམས་ཀྱི་སྟོན་པར་རིག་པར་བྱ་སྟེ། དབང་པོ་ལྔ་ནི་ལམ་མོ། །དབང་པོ་ལྔ་ནི་སྣང་བའོ། །དབང་པོ་ལྔ་ནི་སྒྲོན་མའོ། །ཿབློའོ། །ཤེས་པའོ། །ཤེས་རབ་བོ། །[༣]དབང་པོ་ལྔ་ནི་དཔུང་གཉེན་ནོ། །དབང་པོ་ལྔ་ནི་སྐྱབས་སོ། །དབང་པོ་ལྔ་ནི་མགོན་ནོ། །དབང་པོ་ལྔ་ནི་མའོ། །དབང་པོ་[༨]ལྔ་ནི་ཕའོ། །སྟོབས་ལྔ་ནི་བྱང་ཆུབ་སེམས་དཔའ་སེམས་དཔའ་ཆེན་པོ་རྣམས་ཀྱི་སྟོན་པར་རིག་པར་བྱ་སྟེ། སྟོབས་ལྔ་ནི་ལམ་མོ། །སྟོབས་ལྔ་ནི་སྣང་བའོ། །སྟོབས་ལྔ་ནི་སྒྲོན་མའོ། །བློའོ་ཤེས་པའོ་ཤེས་རབ་བོ། །སྟོབས་ལྔ་ནི་དཔུང་གཉེན་ནོ། །སྟོབས་ལྔ་ནི་སྐྱབས་སོ། །སྟོབས་ལྔ་ནི་མགོན་ནོ། །སྟོབས་ལྔ་ནི་མའོ། །སྟོབས་ལྔ་ནི་ཕའོ། །བྱང་ཆུབ་ཀྱི་ཡན་ལག་བདུན་ནི་བྱང་ཆུབ་སེམས་དཔའ་སེམས་དཔའ་ཆེན་པོ་རྣམས་ཀྱི་སྟོན་པར་རིག་པར་བྱ་སྟེ། བྱང་ཆུབ་ཀྱི་ཡན་ལག་བདུན་ནི་ལམ་མོ། །བྱང་ཆུབ་ཀྱི་ཡན་ལག་བདུན་ནི་སྣང་བའོ། །བྱང་ཆུབ་ཀྱི་ཡན་ལག་བདུན་ནི་སྒྲོན་མའོ། །བློའོ། །ཤེས་པའོ། །ཤེས་རབ་བོ། །བྱང་ཆུབ་ཀྱི་ཡན་ལག་བདུན་ནི་དཔུང་གཉེན་ནོ། །བྱང་ཆུབ་ཀྱི་ཡན་ལག་བདུན་ནི་སྐྱབས་སོ། །བྱང་ཆུབ་ཀྱི་ཡན་ལག་བདུན་ནི་མགོན་ནོ། །

བྱང་ཆུབ་ཀྱི་ཡན་ལག་བདུན་ནི་མའོ། །བྱང་ཆུབ་ཀྱི་ཡན་ལག་བདུན་ནི་ཕའོ། །འཕགས་པའི་ལམ་ཡན་ལག་བརྒྱད་པ་ནི་བྱང་ཆུབ་སེམས་དཔའ་སེམས་དཔའ་ཆེན་པོ་རྣམས་ཀྱི་སྟོན་པར་རིག་པར་བྱ་སྟེ། འཕགས་པའི་ལམ་ཡན་ལག་བརྒྱད་པ་ནི་ལམ་མོ། །འཕགས་པའི་ལམ་ཡན་ལག་བརྒྱད་པ་ནི་སྣང་བའོ། །འཕགས་པའི་ལམ་ཡན་ལག་བརྒྱད་པ་ནི་སྒྲོན་མའོ། །བློའོ་ཤེས་པའོ་ཤེས་རབ་བོ། །འཕགས་པའི་ལམ་ཡན་ལག་བརྒྱད་པ་ནི་དཔུང་གཉེན་ནོ། །འཕགས་པའི་ལམ་ཡན་ལག་བརྒྱད་པ་ནི་སྐྱབས་སོ། །འཕགས་པའི་ལམ་ཡན་ལག་བརྒྱད་པ་ནི་མགོན་ནོ། །འཕགས་པའི་ལམ་ཡན་ལག་བརྒྱད་པ་ནི་མའོ། །འཕགས་པའི་ལམ་ཡན་ལག་བརྒྱད་པ་ནི་ཕའོ།། །།

ཤེས་རབ་ཀྱི་ཕ་རོལ་ཏུ་ཕྱིན་པ་སྟོང་ཕྲག་བརྒྱ་པ། བམ་པོ་བཅུ་དྲུག་པ། འཕགས་པའི་བདེན་པ་རྣམས་ནི་བྱང་ཆུབ་སེམས་དཔའ་སེམས་དཔའ་ཆེན་པོ་རྣམས་ཀྱི་སྟོན་པར་རིག་པར་བྱ་སྟེ། འཕགས་པའི་བདེན་པ་རྣམས་ནི་ལམ་མོ། །འཕགས་པའི་བདེན་པ་རྣམས་ནི་སྣང་བའོ། །འཕགས་པའི་བདེན་པ་རྣམས་ནི་སྒྲོན་མའོ། །བློའོ་ཤེས་པའོ་ཤེས་རབ་བོ། །འཕགས་པའི་བདེན་པ་རྣམས་ནི་དཔུང་གཉེན་ནོ། །འཕགས་པའི་བདེན་པ་རྣམས་ནི་སྐྱབས་སོ། །འཕགས་པའི་བདེན་པ་རྣམས་ནི་མགོན་ནོ། །འཕགས་པའི་བདེན་པ་རྣམས་ནི་མའོ། །འཕགས་པའི་བདེན་པ་རྣམས་ནི་ཕའོ། །བསམ་གཏན་རྣམས་ནི་བྱང་ཆུབ་སེམས་དཔའ་སེམས་དཔའ་ཆེན་པོ་རྣམས་ཀྱི་སྟོན་པར་རིག་པར་བྱ་སྟེ། བསམ་གཏན་རྣམས་ནི་ལམ་མོ། །བསམ་གཏན་རྣམས་ནི་སྣང་བའོ། །བསམ་གཏན་རྣམས་ནི་སྒྲོན་མའོ། །བློའོ་ཤེས་པའོ་ཤེས་རབ་བོ། །བསམ་གཏན་རྣམས་ནི་དཔུང་གཉེན་ནོ། །བསམ་གཏན་རྣམས་ནི་སྐྱབས་སོ། །བསམ་གཏན་རྣམས་

ནི་མགོན་ནོ། །བསམ་གཏན་རྣམས་ནི་མའོ། །བསམ་གཏན་རྣམས་ནི་ཕའོ། །ཚད་མྱེད་པ་རྣམས་ནི་བྱང་ཆུབ་སེམས་དཔའ་སེམས་དཔའ་ཆེན་པོ་རྣམས་ཀྱི་སྟོན་པར་རིག་པར་བྱ་སྟེ། ཚད་མྱེད་པ་རྣམས་ནི་ལམ་མོ། །ཚད་མྱེད་པ་རྣམས་ནི་སྣང་བའོ། །ཚད་མྱེད་པ་རྣམས་ནི་སྒྲོན་མའོ། །བློའོ་ཤེས་པའོ་ཤེས་རབ་བོ། །ཚད་མྱེད་པ་རྣམས་ནི་དཔུང་གཉེན་ནོ། །ཚད་མྱེད་པ་རྣམས་ནི་སྐྱབས་སོ། །ཚད་མྱེད་པ་རྣམས་ནི་མགོན་ནོ། །ཚད་མྱེད་པ་རྣམས་ནི་མའོ། །ཚད་མྱེད་པ་རྣམས་ནི་ཕའོ། །གཟུགས་མྱེད་པའི་སྙོམས་པར་འཇུག་པ་རྣམས་ནི། བྱང་ཆུབ་སེམས་དཔའ་སེམས་དཔའ་ཆེན་པོ་རྣམས་ཀྱི་སྟོན་པར་རིག་པར་བྱ་སྟེ། །གཟུགས་མྱེད་པའི་སྙོམས་པར་འཇུག་པ་རྣམས་ནི་ལམ་མོ། །གཟུགས་མེད་པའི་སྙོམས་པར་འཇུག་པ་རྣམས་ནི་སྣང་བའོ། །གཟུགས་མྱེད་པའི་སྙོམས་པར་འཇུག་པ་རྣམས་ནི་སྒྲོན་མའོ། །བློའོ་ཤེས་པའོ་ཤེས་རབ་བོ། །གཟུགས་མྱེད་པའི་སྙོམས་པར་འཇུག་པ་རྣམས་ནི་དཔུང་གཉེན་ནོ། །གཟུགས་མྱེད་པའི་སྙོམས་པར་འཇུག་པ་རྣམས་ནི་སྐྱབས་སོ། །གཟུགས་མྱེད་པའི་སྙོམས་པར་འཇུག་པ་རྣམས་ནི་མགོན་ནོ། །གཟུགས་མྱེད་པའི་སྙོམས་པར་འཇུག་པ་རྣམས་ནི་མའོ། །གཟུགས་མེད་པའི་སྙོམས་པར་འཇུག་པ་རྣམས་ནི་ཕའོ། །རྣམ་པར་ཐར་པ་བརྒྱད་ནི་བྱང་ཆུབ་སེམས་དཔའ་སེམས་དཔའ་ཆེན་པོ་རྣམས་ཀྱི་སྟོན་པར་རིག་པར་བྱ་སྟེ། རྣམ་པར་ཐར་པ་བརྒྱད་ནི་ལམ་མོ། །རྣམ་པར་ཐར་པ་བརྒྱད་ནི་སྣང་བའོ། །རྣམ་པར་ཐར་པ་བརྒྱད་ནི་སྒྲོན་མའོ། །བློའོ་ཤེས་པའོ་ཤེས་རབ་བོ།། རྣམ་པར་ཐར་པ་བརྒྱད་ནི་དཔུང་གཉེན་ནོ། །རྣམ་པར་ཐར་པ་བརྒྱད་ནི་སྐྱབས་སོ། །རྣམ་པར་ཐར་པ་བརྒྱད་ནི་མགོན་ནོ། །རྣམ་པར་ཐར་པ་བརྒྱད་ནི། མའོ། །རྣམ་པར་ཐར་པ་བརྒྱད་ནི། ཕའོ། །མཐར་གྱིས་གནས་པའི་སྙོམས་

པར་འཇུག་པ་དགུ་ནི། བྱང་ཆུབ་སེམས་དཔའ་སེམས་དཔའ་ཆེན་པོ། རྣམས་ཀྱི་སྔོན་པར་རིག་པར་བྱ་སྟེ། མཐར་ཀྱིས་གནས་པའི་སྙོམས་པར་འཇུག་པ་དགུ་ནི་ཡམ་མོ། །མཐར་ཀྱིས་གནས་པའི་སྙོམས་པར་འཇུག་པ་དགུ་ནི་སྣང་བའོ། །མཐར་ཀྱིས་གནས་པའི་སྙོམས་པར་འཇུག་པ་དགུ་ནི་སྔོན་མའོ། །ཀློའོ་ཤེས་པའོ་ཤེས་རབ་པོ། །མཐར་ཀྱིས་གནས་པའི་སྙོམས་པར་འཇུག་པ་དགུ་ནི་དཔུང་གཉེན་ནོ། །མཐར་ཀྱིས་གནས་པའི་སྙོམས་པར་འཇུག་པ་དགུ་ནི་སྐྱབས་སོ། །མཐར་ཀྱིས་གནས་པའི་སྙོམས་པར་འཇུག་པ་དགུ་ནི་མགོན་ནོ། །མཐར་ཀྱིས་གནས་པའི་སྙོམས་པར་འཇུག་པ་དགུ་ནི་མའོ། །མཐར་ཀྱིས་གནས་པའི་སྙོམས་པར་འཇུག་པ་དགུ་ནི་ཕའོ། །རྣམ་པར་ཐར་པའི་སྒོ་སྟོང་པ་ཉིད་དང་། མཚན་མ་མེད་པ་དང་། སྨོན་པ་མེད་པ་ནི་བྱང་ཆུབ་སེམས་དཔའ་སེམས་དཔའ་ཆེན་པོ་རྣམས་ཀྱི་སྔོན་པར་རིག་པར་བྱ་སྟེ། རྣམ་པར་ཐར་པའི་སྒོ་སྟོང་པ་ཉིད་དང་། མཚན་མ་མེད་པ་དང་། སྨོན་པ་མེད་པ་ནི་ཡམ་མོ། །རྣམ་པར་ཐར་པའི་སྒོ་སྟོང་པ་ཉིད་དང་། མཚན་མ་མེད་པ་དང་། སྨོན་པ་མེད་པ་ནི་སྣང་བའོ། །རྣམ་པར་ཐར་པའི་སྒོ་སྟོང་པ་ཉིད་དང་། མཚན་མ་མེད་པ་དང་། སྨོན་པ་མེད་པ་ནི་སྒྲོན་མའོ། །ཀློའོ་ཤེས་པའོ་ཤེས་རབ་པོ། །རྣམ་པར་ཐར་པའི་སྒོ་སྟོང་པ་ཉིད་དང་། མཚན་མ་མེད་པ་དང་། སྨོན་པ་མེད་པ་ནི་དཔུང་གཉེན་ནོ། །རྣམ་པར་ཐར་པའི་སྒོ་སྟོང་པ་ཉིད་དང་། མཚན་མ་མེད་པ་དང་། སྨོན་པ་མེད་པ་ནི་སྐྱབས་སོ། །རྣམ་པར་ཐར་པའི་སྒོ་སྟོང་པ་ཉིད་དང་། མཚན་མ་མེད་པ་དང་། སྨོན་པ་མེད་པ་ནི་མགོན་ནོ། །རྣམ་པར་ཐར་པའི་སྒོ་སྟོང་པ་ཉིད་དང་། མཚན་མ་མེད་པ་དང་། སྨོན་པ་མེད་པ་ནི་མའོ། །རྣམ་པར་ཐར་པའི་སྒོ་སྟོང་པ་ཉིད་དང་། མཚན་མ་མེད་པ་དང་། སྨོན་པ་

སྤྱོད་པ་ནི་ཕའོ། །མངོན་པར་ཤེས་པ་རྣམས་ནི་བྱང་ཆུབ་སེམས་དཔའ་སེམས་དཔའ་ཆེན་པོ་རྣམས་ཀྱི་སྟོན་པར་རིག་པར་བྱ་སྟེ། མངོན་པར་ཤེས་པ་རྣམས་ནི་ལམ་མོ། །མངོན་པར་ཤེས་པ་རྣམས་ནི་སྣང་བའོ། །མངོན་པར་ཤེས་པ་རྣམས་ནི། སྒྲོན་མའོ། །བློའོ། །ཤེས་པའོ། །ཤེས་རབ་བོ། །མངོན་པར་ཤེས་པ་རྣམས་ནི། དཔུང་གཉེན་ནོ། །མངོན་པར་ཤེས་པ་རྣམས་ནི། སྐྱབས་སོ། །མངོན་པར་ཤེས་པ་རྣམས་ནི་མགོན་ནོ། །མངོན་པར་ཤེས་པ་རྣམས་ནི་མའོ། །མངོན་པར་ཤེས་པ་རྣམས་ནི་ཕའོ། །ཏིང་ངེ་འཛིན་རྣམས་ནི་བྱང་ཆུབ་སེམས་དཔའ་སེམས་དཔའ་ཆེན་པོ་རྣམས་ཀྱི་སྟོན་པར་རིག་པར་བྱ་སྟེ། ཏིང་ངེ་འཛིན་རྣམས་ནི་ལམ་མོ། །ཏིང་ངེ་འཛིན་རྣམས་ནི་སྣང་བའོ། །ཏིང་ངེ་འཛིན་རྣམས་ནི་སྒྲོན་མའོ། །བློའོ་ཤེས་པའོ་ཤེས་རབ་བོ། །ཏིང་ངེ་འཛིན་རྣམས་ནི་དཔུང་གཉེན་ནོ། །ཏིང་ངེ་འཛིན་རྣམས་ནི་སྐྱབས་སོ། །ཏིང་ངེ་འཛིན་རྣམས་ནི་མགོན་ནོ། །ཏིང་ངེ་འཛིན་རྣམས་ནི་མའོ། །ཏིང་ངེ་འཛིན་རྣམས་ནི་ཕའོ། །གཟུངས་ཀྱི་སྒོ་རྣམས་ནི་བྱང་ཆུབ་སེམས་དཔའ་སེམས་དཔའ་ཆེན་པོ་རྣམས་ཀྱི་སྟོན་པར་རིག་པར་བྱ་སྟེ། གཟུངས་ཀྱི་སྒོ་རྣམས་ནི་ལམ་མོ། །གཟུངས་ཀྱི་སྒོ་རྣམས་ནི་སྣང་བའོ། །གཟུངས་ཀྱི་སྒོ་རྣམས་ནི་སྒྲོན་མའོ། །བློའོ་ཤེས་པའོ་ཤེས་རབ་བོ། །གཟུངས་ཀྱི་སྒོ་རྣམས་ནི་དཔུང་གཉེན་ནོ། །གཟུངས་ཀྱི་སྒོ་རྣམས་ནི་སྐྱབས་སོ། །གཟུངས་ཀྱི་སྒོ་རྣམས་ནི་མགོན་ནོ། །གཟུངས་ཀྱི་སྒོ་རྣམས་ནི་མའོ། །གཟུངས་ཀྱི་སྒོ་རྣམས་ནི་ཕའོ། །དེ་བཞིན་གཤེགས་པའི་སྟོབས་བཅུ་ནི་བྱང་ཆུབ་སེམས་དཔའ་སེམས་དཔའ་ཆེན་པོ་རྣམས་ཀྱི་སྟོན་པར་རིག་པར་བྱ་སྟེ། དེ་བཞིན་གཤེགས་པའི་སྟོབས་བཅུ་ནི་ལམ་མོ། །དེ་བཞིན་གཤེགས་པའི་སྟོབས་བཅུ་ནི་སྣང་བའོ། །དེ་བཞིན་གཤེགས་པའི་སྟོབས་བཅུ་ནི་སྒྲོན་མའོ། །བློའོ་ཤེས་

པའོ་ཞེས་རབ་པོ། །དེ་བཞིན་གཤེགས་པའི་སྟོབས་བཅུ་ནི་དཔུང་གཉེན་ནོ། །དེ་བཞིན་གཤེགས་པའི་སྟོབས་བཅུ་ནི་སྐྱབས་སོ། །དེ་བཞིན་གཤེགས་པའི་སྟོབས་བཅུ་ནི་མགོན་ནོ། །དེ་བཞིན་གཤེགས་པའི་སྟོབས་བཅུ་ནི་མའོ། །དེ་བཞིན་གཤེགས་པའི་སྟོབས་བཅུ་ནི་ཕའོ། །མི་འཇིགས་པ་བཞི་ནི་བྱང་ཆུབ་སེམས་དཔའ་སེམས་དཔའ་ཆེན་པོ་རྣམས་ཀྱི་སྟོན་པར་རིག་པར་བྱ་སྟེ། མི་འཇིགས་པ་བཞི་ནི་ལམ་མོ། །མི་འཇིགས་པ་བཞི་ནི་སྣང་བའོ། །མི་འཇིགས་པ་བཞི་ནི་སྒྲོན་མའོ། །བློའོ་ཞེས་པའོ་ཞེས་རབ་པོ། །མི་འཇིགས་པ་བཞི་ནི་དཔུང་གཉེན་ནོ། །མི་འཇིགས་པ་བཞི་ནི་སྐྱབས་སོ། །མི་འཇིགས་པ་བཞི་ནི་མགོན་ནོ། །མི་འཇིགས་པ་བཞི་ནི་མའོ། །མི་འཇིགས་པ་བཞི་ནི་༡ཕའོ། །སོ་སོ་ཡང་དག་པར་རིག་པ་བཞི་ནི་བྱང་ཆུབ་སེམས་དཔའ་སེམས་དཔའ་ཆེན་པོ་རྣམས་ཀྱི་སྟོན་པར་རིག་པར་བྱ་སྟེ། སོ་སོ་ཡང་དག་པར་རིག་པ་བཞི་ནི་ལམ་མོ། །སོ་སོ་ཡང་དག་པར་རིག་པ་བཞི་ནི་སྣང་བའོ། །སོ་སོ་ཡང་དག་པར་རིག་པ་བཞི་ནི་སྒྲོན་མའོ། །བློའོ་ཞེས་པའོ་ཞེས་རབ་པོ། །སོ་སོ་ཡང་དག་པར་༢རིག་པ་བཞི་ནི་དཔུང་གཉེན་ནོ། །སོ་སོ་ཡང་དག་པར་རིག་པ་བཞི་ནི་སྐྱབས་སོ། །སོ་སོ་ཡང་དག་པར་རིག་པ་བཞི་ནི་མགོན་ནོ། །སོ་སོ་ཡང་དག་པར་རིག་པ་བཞི་ནི་མའོ། །སོ་སོ་ཡང་དག་པར་རིག་པ་བཞི་ནི་ཕའོ། །སངས་རྒྱས་ཀྱི་ཆོས་མ་འདྲེས་པ་བཅོ་༣བརྒྱད་ནི་བྱང་ཆུབ་སེམས་དཔའ་སེམས་དཔའ་ཆེན་པོ་རྣམས་ཀྱི་སྟོན་པར་རིག་པར་བྱ་སྟེ། སངས་རྒྱས་ཀྱི་ཆོས་མ་འདྲེས་པ་བཅོ་༤བརྒྱད་ནི་ལམ་མོ། །སངས་རྒྱས་ཀྱི་ཆོས་མ་འདྲེས་པ་བཅོ་༥བརྒྱད་ནི་སྣང་བའོ། །སངས་རྒྱས་ཀྱི་ཆོས་མ་འདྲེས་པ་བཅོ་༦བརྒྱད་ནི་སྒྲོན་མའོ། །བློའོ་ཞེས་པའོ་ཞེས་རབ་པོ། །སངས་རྒྱས་ཀྱི་ཆོས་མ་འདྲེས་པ་བཅོ་༧བརྒྱད་ནི་དཔུང་གཉེན་ནོ། །སངས་རྒྱས་ཀྱི་ཆོས་

མ་འདྲེས་པ་བཅོ་[1] བརྒྱད་ནི་སྐྱབས་སོ། །སངས་རྒྱས་ཀྱི་[2] ཆོས་མ་འདྲེས་པ་བཅོ་[3] བརྒྱད་ནི་མགོན་ནོ། །སངས་རྒྱས་ཀྱི་ཆོས་མ་འདྲེས་པ་བཅོ་[4] བརྒྱད་ནི་མའོ། །སངས་རྒྱས་ཀྱི་ཆོས་མ་འདྲེས་པ་བཅོ་[5] བརྒྱད་ནི་ཕའོ། །ལམ་གྱི་རྣམ་པ་ཤེས་པ་ཉིད་ནི་བྱང་ཆུབ་སེམས་དཔའ་སེམས་དཔའ་ཆེན་པོ་རྣམས་ཀྱི་སྟོན་པར་རིག་པར་བྱ་སྟེ། ལམ་གྱི་རྣམ་པ་[6] ཤེས་པ་ཉིད་ནི་ལམ་མོ། །ལམ་གྱི་རྣམ་པ་ཤེས་པ་ཉིད་ནི་སྣང་བའོ། །ལམ་གྱི་རྣམ་པ་ཤེས་པ་ཉིད་ནི་སྒྲོན་མའོ། །བློའི་ཤེས་པའི་ཤེས་རབ་བོ། །ལམ་གྱི་རྣམ་པ་ཤེས་པ་ཉིད་ནི་དཔུང་གཉེན་ནོ། །ལམ་གྱི་རྣམ་པ་ཤེས་པ་ཉིད་ནི་སྐྱབས་སོ། །ལམ་གྱི་རྣམ་པ་ཤེས་པ་ཉིད་ནི་མགོན་ནོ། །ལམ་གྱི་རྣམ་པ་ཤེས་པ་ཉིད་ནི་མའོ། །ལམ་གྱི་རྣམ་པ་ཤེས་པ་ཉིད་ནི་ཕའོ། །རྣམ་པ་ཐམས་ཅད་མཁྱེན་པ་ཉིད་ནི་བག་ཆགས་ཀྱི་མཚམས་སྦྱོར་བ་ཐམས་ཅད་སྤོང་བར་བྱེད་པ་སྟེ། དེ་ཅིའི་ཕྱིར་ཞེ་ན། རབ་འབྱོར་དེ་ནི་འདི་ལྟར་བྱང་ཆུབ་ཀྱི་ཕྱོགས་ཀྱི་ཆོས་སུམ་ཅུ་[7] རྩ་བདུན་པོ་འདི་དག་ནི་འདས་པའི་དུས་ཀྱི་དེ་བཞིན་གཤེགས་པ་དགྲ་བཅོམ་པ་ཡང་དག་པར་རྫོགས་པའི་སངས་རྒྱས་གང་ཇི་སྙེད་ཅིག་བྱུང་བའི་སངས་རྒྱས་བཅོམ་ལྡན་འདས་[8] དེ་དག་གི་ཡང་ཡབ་དང་ཡུམ་དུ་གྱུར་ཏོ། །རབ་འབྱོར་བྱང་ཆུབ་ཀྱི་ཕྱོགས་ཀྱི་ཆོས་སུམ་ཅུ་རྩ་བདུན་པོ་འདི་དག་ནི་མ་འོངས་པའི་དུས་ཀྱི་དེ་བཞིན་གཤེགས་པ་དགྲ་བཅོམ་པ་ཡང་དག་པར་རྫོགས་པའི་སངས་རྒྱས་གང་ཇི་སྙེད་ཅིག་འབྱུང་བའི་སངས་རྒྱས་བཅོམ་ལྡན་འདས་དེ་དག་གི་[9] ཡང་ཡབ་དང་ཡུམ་དུ་འགྱུར་རོ[10]། །རབ་འབྱོར་བྱང་ཆུབ་ཀྱི་ཕྱོགས་ཀྱི་ཆོས་སུམ་ཅུ་[11] རྩ་བདུན་པོ་འདི་དག་ནི་ད་[12] ལྟར་ཕྱོགས་བཅུའི་འཇིག་རྟེན་གྱི་ཁམས་ན། སངས་རྒྱས་བཅོམ་ལྡན་འདས་གང་ཇི་སྙེད་ཅིག་བཞུགས་ཤིང་འཚོ་སྐྱོང་བའི་སངས་རྒྱས་བཅོམ་ལྡན་འདས་དེ་དག་གི་ཡང་ཡབ་དང་ཡུམ་དུ་གྱུར་ཏོ། །དེ་ཅིའི་ཕྱིར་

ཞེ་ན། རབ་འབྱོར་འདི་ལྟར་འདི་ལས་བྱུང་བ་ནི་འདས་པ་དང་། མ་བྱོན་[1]པ་དང་ད་ལྟར་བྱུང་བའི་སངས་རྒྱས་བཅོམ་ལྡན་འདས་རྣམས་ཏེ། རབ་འབྱོར་དེ་བས་ན་བྱང་ཆུབ་སེམས་དཔའ་སེམས་དཔའ་ཆེན་པོ་བླ་ན་མེད་པ་ཡང་དག་པར་རྫོགས་པའི་བྱང་ཆུབ་ཏུ་མངོན་པར་རྫོགས་པར་འཚང་རྒྱ་བར་འདོད་པ་དང་། སངས་རྒྱས་ཀྱི་ཞིང་ཡོངས་སུ་དག་པར་བྱ་བར་འདོད་པ་དང་། སེམས་ཅན་ཡོངས་སུ་སྨིན་པར་བྱ་བར་འདོད་པས་བསྡུ་བའི་དངོས་པོ་བཞིས་སེམས་ཅན་རྣམས་ཡོངས་སུ[2]བསྡུ་བར་བྱའོ། །བཞི་གང་ཞེ་ན། སྦྱིན་པ་དང་། ཚིག[3]སྙན་པ་དང་། དོན་སྤྱོད[4]པ་དང་། དོན་མཐུན་པ་སྟེ། རབ་འབྱོར་དེས་དོན་གྱི་དབང་དེ་མཐོང་བས་འདི་སྐད་དུ་འདི་ལྟ་སྟེ། བྱང་ཆུབ་ཀྱི[5]ཕྱོགས་ཀྱི་ཆོས་སུམ་ཅུ[6]རྩ་བདུན་པོ་འདི་དག་ནི་བྱང་ཆུབ་སེམས་དཔའ་སེམས་དཔའ་ཆེན་པོ་རྣམས་ཀྱི་སྟོན་པ་དང་། མ་དང་ཕ་དང་དཔུང་གཉེན་དང་སྐྱབས་དང་མགོན་ཡིན་ནོ་ཞེས་བརྗོད[7]དོ། །རབ་འབྱོར་དེ་བས་ན་བྱང་ཆུབ་སེམས་དཔའ་སེམས་དཔའ་ཆེན་པོ་གཞན་གྱི་དྲིང་མི་འཇོག་པར་བྱ་བར་འདོད་པ་དང་། གཞན་གྱི་དྲིང་མི་འཇོག་པ་ལ་གནས་པར་འདོད་པ་དང་། སེམས་ཅན་ཐམས་ཅད་ཀྱི་ཐེ་ཚོམ་གཅོད[8]པར་འདོད་པ་དང་། སངས་རྒྱས་ཀྱི་ཞིང་ཡོངས་སུ་དག་པར་བྱ་བར་འདོད་པ་དང་། སེམས་ཅན་ཡོངས་སུ་སྨིན་པར་བྱ་བར་འདོད་པས། ཤེས་རབ་ཀྱི་ཕ་རོལ་ཏུ་ཕྱིན་པ་འདི་ཉིད་ལ་བསླབ་པར་བྱའོ། །དེ་ཅིའི་ཕྱིར་ཞེ་ན། བྱང་ཆུབ་སེམས་དཔའ་སེམས་དཔའ་ཆེན་པོས་ཆོས་གང་ལ་བསླབ་པར་བྱ་བ་དེ་དག་ཤེས་རབ་ཀྱི་ཕ་རོལ་ཏུ་ཕྱིན་པ་འདི[9]ལས་རྒྱ་ཆེར་བསྟན་ཏོ། །རབ་འབྱོརད་ཀྱིས་གསོལ་པ། བཅོམ་ལྡན་འདས་ཤེས་རབ་ཀྱི་ཕ་རོལ་ཏུ་ཕྱིན་པའི་མཚན་ཉིད་ཇི་ལྟ་བུ་ལགས། བཅོམ་ལྡན་འདས་ཀྱིས་བཀའ་སྩལ་པ། རབ་འབྱོར་ནམ་

མཁའ་ལྟར་ཆགས་པ་མེད་པའི་མཚན་ཉིད་ནི་ཤེས་རབ་ཀྱི་ཕ་རོལ་ཏུ་ཕྱིན་པའོ། །རབ་འབྱོར་ཤེས་རབ་ཀྱི་ཕ་རོལ་ཏུ་ཕྱིན་པ་ནི་མཚན་ཉིད་མེད་པ་སྟེ། ཤེས་རབ་ཀྱི་ཕ་རོལ་ཏུ་ཕྱིན་པ་ལ་མཚན་ཉིད་གང་ཡང་མེད་དོ། །གསོལ་པ། བཅོམ་ལྡན་འདས་མཚན་ཉིད་གང་གིས་ཤེས་རབ་ཀྱི་ཕ་རོལ་ཏུ་ཕྱིན་པ་(༡)མཆིས་པའི་མཚན་ཉིད་དེས་ཆོས་ཐམས་ཅད་མཆིས་པར་འགྱུར་བའི་རྣམ་གྲངས་དེ་ལྟ་བུ་མཆིས་སམ། བཅོམ་ལྡན་འདས་ཀྱིས་བཀའ་སྩལ་པ། རབ་འབྱོར་དེ་དེ་བཞིན་ནོ། །དེ་དེ་བཞིན་ཏེ། མཚན་ཉིད་གང་གིས་ཤེས་རབ་ཀྱི་ཕ་རོལ་ཏུ་ཕྱིན་པ་ཡོད་པའི་མཚན་ཉིད་དེ་ཉིད་ཀྱིས་ཆོས་ཐམས་ཅད་(༢)ཡོད་དོ། །དེ་ཅིའི་ཕྱིར་ཞེ་ན། རབ་འབྱོར་ཆོས་ཐམས་ཅད་ནི་རང་བཞིན་གྱིས་དབེན་པ་སྟེ། ཿཆོས་ཐམས་ཅད་ནི་(༣)ཆོས་ཐམས་ཅད་ཀྱིས་དབེན་པའོ། །ཆོས་ཐམས་ཅད་ནི་ཆོས་ཐམས་ཅད་ཀྱིས་སྟོང་པའོ༑ །རབ་འབྱོར་རྣམ་གྲངས་དེས་ན་འདི་ལྟར་སྟོང་པ་ཉིད་ཀྱི་མཚན་ཉིད་དང་། དབེན་པའི་མཚན་ཉིད་དུ་མཚན་ཉིད་གང་གིས་ཤེས་རབ་ཀྱི་ཕ་རོལ་ཏུ་ཕྱིན་པ་ཡོད་པའི་མཚན་ཉིད་དེས་ཆོས་ཐམས་ཅད་ཡོད་དོ། །རབ་འབྱོར་གྱིས་གསོལ་པ། བཅོམ་ལྡན་འདས་གལ་ཏེ་ཆོས་ཐམས་ཅད་ཀྱང་ཆོས་ཐམས་ཅད་ཀྱིས་དབེན་ལ། ཆོས་ཐམས་ཅད་ཀྱང་ཆོས་ཐམས་ཅད་ཀྱིས་སྟོང་ན། སེམས་ཅན་རྣམས་ཀྱི་ཀུན་ནས་ཉོན་མོངས་པ་དང་། རྣམ་པར་བྱང་བ་ཡང་ཇི་ལྟར་མཆིས་པར་འགྱུར། བཅོམ་ལྡན་འདས་དབེན་པ་ནི་ཀུན་ནས་ཉོན་མོངས་པར་མི་འགྱུར། རྣམ་པར་བྱང་བར་མི་འགྱུར། སྟོང་པ་ཉིད་ནི་ཀུན་ནས་ཉོན་མོངས་པར་མི་འགྱུར། རྣམ་པར་བྱང་བར་མི་འགྱུར(༤)། དབེན་པ་དང་སྟོང་པ་ཉིད་ནི་བླ་ན་མེད་པ་ཡང་དག་པར་རྫོགས་པའི་བྱང་ཆུབ་ཏུ་(༥)མངོན་པར་རྫོགས་པར་འཚང་མི་རྒྱ། དབེནཿཔས་ནི་(༦)ཿསྟོང་པ་ཉིད་ལ་བྱང་ཆུབ་མངོན་པར་རྫོགས་པར་འཚང་རྒྱ་བའི་(༧)

ཆོས་[༡]གང་ཡང་མི་དམིགས། ༔སྟོང་པ་ཉིད་ཀྱིས་ཀྱང་དབེན་པ་ལ་[༢]སེམས་ཅན་···
གང་[༣]བྱང་ཆུབ་ཏུ་མངོན་པར་རྫོགས་པར་འཚང་རྒྱ་བ་དེ་ལྟ་བུ་མི་དམིགས་ན།
བཅོམ་ལྡན་འདས་བསྟན་པ་དེའི་དོན་བདག་གིས་ཇི་ལྟར་འཚལ་བར་བགྱི། བཅོམ་
ལྡན་འདས་ཀྱིས་[༤]བཀའ་སྩལ་པ། རབ་འབྱོར་དེ་ཇི་སྙམ་དུ་སེམས། སེམས་
ཅན་རྣམས་ཡུན་རིང་པོ་ནས་བདག་དང་བདག་གི་ཞེས་བྱ་བ་ལ་སྤྱོད་དམ།
卐གསོལ་པ། བཅོམ་ལྡན་འདས་དེ་དེ་[༥]ལགས་སོ། །བདེ་བར་གཤེགས་པ་དེ་དེ་[༦]
ལགས་ཏེ། སེམས་ཅན་རྣམས་ནི་[༧]ཡུན་རིང་པོ་ནས་བདག༔ཏུ་བགྱི་བ་[༨]དང་།
བདག་གིར་བགྱི་བ་ལ་སྤྱོད་དོ། །བཅོམ་ལྡན་འདས་ཀྱིས་བཀའ་སྩལ་པ། རབ་
འབྱོར་དེ་ཇི་སྙམ་དུ་སེམས། [༩]བདག་དང་བདག༔གི་ཞེས་བྱ་བ་དབེན་པ་ཡིན་···
ཞིང་། བདག་དང་བདག་གི་ཞེས་བྱ་བ་སྟོང་པ་ཡིན་མོད[༡༠]། གསོལ་པ།
བཅོམ་ལྡན་འདས་དབེན༔པ་ལགས་སོ[༡༡]། བདེ་བར་གཤེགས་པ་སྟོང༔པ་ལགས་སོ[༡༢]།།
བཅོམ་ལྡན་འདས་ཀྱིས་བཀའ་སྩལ་པ། རབ་འབྱོར་དེ་ཇི་སྙམ་དུ་སེམས།
[༡༣]བདག་དང་བདག༔གི་ཞེས་[༡༤]བྱ་བས་སེམས་ཅན་རྣམས་ཀུན་ཏུ་རྒྱུག་ཅིང་ཀུན་ཏུ་
འཁོར་རམ[༡༥]卍། ༔གསོལ་པ།[༡༦] བཅོམ་ལྡན་འདས་དེ་དེ་[༡༧]ལགས་སོ། །བདེ་
བར་གཤེགས་པ་དེ་དེ་[༡༨]ལགས་ཏེ[༡༩]། བདག་ཏུ་བགྱི་བ་དང་བདག་གིར་བགྱི་བས་
སེམས་ཅན་རྣམས་ཀུན་ཏུ་རྒྱུག་ཅིང་ཀུན་ཏུ་འཁོར་བར་གྱུར་ཏོ། །བཅོམ་ལྡན་
འདས་ཀྱིས་བཀའ་སྩལ་པ། རབ་འབྱོར་དེ་ལྟར་ན་སེམས་ཅན་རྣམས་ཀྱི་ཀུན་
ནས་ཉོན་མོངས་པ་ཡོད་པ་ཡིན་ཏེ། གང་ལ་བདག་ཏུ་བྱ་བ་མེད་པ་དང་།
བདག་གིར་བྱ་བ་མེད་པ་དེ་ལ་འཛིན་པ་མེད། གང་ལ་འཛིན་པ་མེད་པ་དེ་ལ···
སེམས་ཅན་ཀུན་ཏུ་རྒྱུག་ཅིང་ཀུན་ཏུ་འཁོར་བ་མེད་དེ། དེ་ལ་ཀུན་ནས་ཉོན་
མོངས་པ་གང་ཡང་མེད་པས[༢༠]། རབ་འབྱོར་དེ་ལྟར་ན་སེམས་ཅན་རྣམས་ཀྱི་

རྣམ་པར་བྱང་བ་ཡོད་པ་ཡིན་ནོ། །གསོལ་པ། བཅོམ་ལྡན་འདས་བྱང་ཆུབ་སེམས་དཔའ་སེམས་དཔའ་ཆེན་པོ་དེ་ལྟར་སྤྱོད་པ་ནི། གཟུགས་ལ་མི་སྤྱོད། ཚོར་བ་ལ་མི་སྤྱོད། འདུ་ཤེས་ལ་མི་སྤྱོད། འདུ་བྱེད་ལ་མི་སྤྱོད། རྣམ་པར་ཤེས་པ་ལ་མི་སྤྱོད་དོ། །མིག་ལ་མི་སྤྱོད། རྣ་བ་ལ་མི་སྤྱོད། སྣ་ལ་མི་སྤྱོད། ལྕེ་ལ་མི་སྤྱོད། ལུས་ལ་མི་སྤྱོད། ཡིད་ལ་མི་སྤྱོད་དོ། །གཟུགས་ལ་མི་སྤྱོད། སྒྲ་ལ་མི་སྤྱོད། དྲི་ལ་མི་སྤྱོད། རོ་ལ་མི་སྤྱོད། རེག་ལ་མི་སྤྱོད། ཆོས་ལ་མི་སྤྱོད་དོ། །མིག་གི་རྣམ་པར་ཤེས་པ་ལ་མི་སྤྱོད། རྣ་བའི་རྣམ་པར་ཤེས་པ་ལ་མི་སྤྱོད། སྣའི་རྣམ་པར་ཤེས་པ་ལ་མི་སྤྱོད། ལྕེའི་རྣམ་པར་ཤེས་པ་ལ་མི་སྤྱོད། ལུས་ཀྱི་རྣམ་པར་ཤེས་པ་ལ་མི་སྤྱོད། ཡིད་ཀྱི་རྣམ་པར་ཤེས་པ་ལ་མི་སྤྱོད་དོ། །མིག་གི་འདུས་ཏེ་རེག་པ་ལ་མི་སྤྱོད། རྣ་བའི་འདུས་ཏེ་རེག་པ་ལ་མི་སྤྱོད། སྣའི་འདུས་ཏེ་རེག་པ་ལ་མི་སྤྱོད། ལྕེའི་འདུས་ཏེ་རེག་པ་ལ་མི་སྤྱོད། ལུས་ཀྱི་འདུས་ཏེ་རེག་པ་ལ་མི་སྤྱོད། ཡིད་ཀྱི་འདུས་ཏེ་རེག་པ་ལ་མི་སྤྱོད་དོ། །མིག་གི་འདུས་ཏེ་རེག་པའི་རྐྱེན་གྱིས་ཚོར་བ་ལ་མི་སྤྱོད། རྣ་བའི་འདུས་ཏེ་རེག་པའི་རྐྱེན་གྱིས་ཚོར་བ་ལ་མི་སྤྱོད། སྣའི་འདུས་ཏེ་རེག་པའི་རྐྱེན་གྱིས་ཚོར་བ་ལ་མི་སྤྱོད། ལྕེའི་འདུས་ཏེ་རེག་པའི་རྐྱེན་གྱིས་ཚོར་བ་ལ་མི་སྤྱོད། ལུས་ཀྱི་འདུས་ཏེ་རེག་པའི་རྐྱེན་གྱིས་ཚོར་བ་ལ་མི་སྤྱོད། ཡིད་ཀྱི་འདུས་ཏེ་རེག་པའི་རྐྱེན་གྱིས་ཚོར་བ་ལ་མི་སྤྱོད་དོ། །སའི་ཁམས་ལ་མི་སྤྱོད། ཆུའི་ཁམས་ལ་མི་སྤྱོད། མེའི་ཁམས་ལ་མི་སྤྱོད། རླུང་གི་ཁམས་ལ་མི་སྤྱོད། ནམ་མཁའི་ཁམས་ལ་མི་སྤྱོད། རྣམ་པར་ཤེས་པའི་ཁམས་ལ་མི་སྤྱོད་དོ། །མ་རིག་པ་ལ་མི་སྤྱོད། འདུ་བྱེད་ལ་མི་སྤྱོད། རྣམ་པར་ཤེས་པ་ལ་མི་སྤྱོད། མིང་དང་གཟུགས་ལ་མི་སྤྱོད། སྐྱེ་མཆེད་དྲུག་ལ་མི་སྤྱོད། རེག་པ་ལ་མི་སྤྱོད། ཚོར་བ་ལ་མི་སྤྱོད། སྲེད་པ་ལ་མི་སྤྱོད།

ལེན་པ་ལ་མི་སྤྱོད། སྲིད་པ་ལ་མི་སྤྱོད། སྐྱེ་བ་ལ་མི་སྤྱོད། རྒ་ཤི་ལ་མི་སྤྱོད་དོ། །སྦྱིན་པའི་ཕ་རོལ་ཏུ་ཕྱིན་པ་ལ་མི་སྤྱོད། ཚུལ་ཁྲིམས་ཀྱི་ཕ་རོལ་ཏུ་ཕྱིན་པ་ལ་མི་སྤྱོད། བཟོད་པའི་ཕ་རོལ་ཏུ་ཕྱིན་པ་ལ་མི་སྤྱོད། བརྩོན་འགྲུས་ཀྱི་ཕ་རོལ་ཏུ་ཕྱིན་པ་ལ་མི་སྤྱོད། བསམ་གཏན་གྱི་ཕ་རོལ་ཏུ་ཕྱིན་པ་ལ་མི་སྤྱོད། ཤེས་རབ་ཀྱི་ཕ་རོལ་ཏུ་ཕྱིན་པ་ལ་མི་སྤྱོད་དོ། །ནང་སྟོང་པ་ཉིད་ལ་མི་སྤྱོད། ཕྱི་སྟོང་པ་ཉིད་ལ་མི་སྤྱོད། ཕྱི་ནང་སྟོང་པ་ཉིད་ལ་མི་སྤྱོད། སྟོང་པ་ཉིད་སྟོང་པ་ཉིད་ལ་མི་སྤྱོད། ཆེན་པོ་སྟོང་པ་ཉིད་ལ་མི་སྤྱོད། དོན་དམ་པ་སྟོང་པ་ཉིད་ལ་མི་སྤྱོད། འདུས་བྱས་སྟོང་པ་ཉིད་ལ་མི་སྤྱོད། འདུས་མ་བྱས་སྟོང་པ་ཉིད་ལ་མི་སྤྱོད། མཐའ་ལས་འདས་པ་སྟོང་པ་ཉིད་ལ་མི་སྤྱོད། ཐོག་མ་དང་ཐ་མ་མེད་པ་སྟོང་པ་ཉིད་ལ་མི་སྤྱོད། དོར་བ་མེད་པ་སྟོང་པ་ཉིད་ལ་མི་སྤྱོད། རང་བཞིན་སྟོང་པ་ཉིད་ལ་མི་སྤྱོད། ཆོས་ཐམས་ཅད་སྟོང་པ་ཉིད་ལ་མི་སྤྱོད། རང་གི་མཚན་ཉིད་སྟོང་པ་ཉིད་ལ་མི་སྤྱོད། མི་དམིགས་པ་སྟོང་པ་ཉིད་ལ་མི་སྤྱོད། དངོས་པོ་མེད་པ་སྟོང་པ་ཉིད་ལ་མི་སྤྱོད། ངོ་བོ་ཉིད་སྟོང་པ་ཉིད་ལ་མི་སྤྱོད། དངོས་པོ་མེད་པའི་ངོ་བོ་ཉིད་སྟོང་པ་ཉིད་ལ་མི་སྤྱོད་དོ། །དྲན་པ་ཉེ་བར་གཞག་པ་རྣམས་ལ་མི་སྤྱོད། ཡང་དག་པར་སྤོང་བ་རྣམས་ལ་མི་སྤྱོད། རྫུ་འཕྲུལ་གྱི་རྐང་པ་རྣམས་ལ་མི་སྤྱོད། དབང་པོ་རྣམས་ལ་མི་སྤྱོད། སྟོབས་རྣམས་ལ་མི་སྤྱོད། བྱང་ཆུབ་ཀྱི་ཡན་ལག་རྣམས་ལ་མི་སྤྱོད། འཕགས་པའི་ལམ་ཡན་ལག་བརྒྱད་པ་ལ་མི་སྤྱོད་དོ[7]། །འཕགས་པའི་བདེན་པ་རྣམས་ལ་མི་སྤྱོད། བསམ་གཏན་རྣམས་ལ་མི་སྤྱོད། ཚད་མེད་པ་རྣམས་ལ་མི་སྤྱོད། གཟུགས་མེད་པའི་སྙོམས་པར་འཇུག་པ་རྣམས་ལ་མི་སྤྱོད། རྣམ་པར་ཐར་པ་བརྒྱད་ལ་མི་སྤྱོད། མཐར་གྱིས་གནས་པའི་སྙོམས་པར་འཇུག་པ་དགུ་ལ་མི་སྤྱོད།

རྣམ་པར་ཐར་པའི་སྒོ་སྟོང་པ་ཉིད་དང་། མཚན་མ་མེད་པ་དང་། སྨོན་པ་མེད་པ་ལ་མི་སྤྱོད། མངོན་པར་ཤེས་པ་རྣམས་ལ་མི་སྤྱོད། ཏིང་ངེ་འཛིན་རྣམས་ལ་མི་སྤྱོད། གཟུངས་ཀྱི་སྒོ་རྣམས་ལ་མི་སྤྱོད། དེ་བཞིན་གཤེགས་པའི་སྟོབས་བཅུ་ལ་མི་སྤྱོད། མི་འཇིགས་པ་བཞི་ལ་མི་སྤྱོད། སོ་སོ་ཡང་དག་པར་རིག་པ་བཞི་ལ་མི་སྤྱོད། བྱམས་པ་ཆེན་པོ་ལ་མི་སྤྱོད། སྙིང་རྗེ་ཆེན་པོ་ལ་མི་སྤྱོད། སངས་རྒྱས་ཀྱི་ཆོས་མ་འདྲེས་པ་བཅོ་བརྒྱད་ལ་མི་སྤྱོད། རྒྱུན་ཏུ་ཞུགས་པའི་འབྲས་བུ་ལ་མི་སྤྱོད། ལན་ཅིག་ཕྱིར་འོང་བའི་འབྲས་བུ་ལ་མི་སྤྱོད། ཕྱིར་མི་འོང་བའི་འབྲས་བུ་ལ་མི་སྤྱོད། དགྲ་བཅོམ་པ་ཉིད་ལ་མི་སྤྱོད། རང་བྱང་ཆུབ་ལ་མི་སྤྱོད། ལམ་གྱི་རྣམ་པ་ཤེས་པ་ཉིད་ལ་མི་སྤྱོད། རྣམ་པ་ཐམས་ཅད་མཁྱེན་པ་ཉིད་ལ་མི་སྤྱོད་དོ། །དེ་ཅིའི་སླད་དུ་ཞེ་ན། དེ་ནི་འདི་ལྟར་གང་སྤྱོད་པ་དང་། གང་གིས་སྤྱོད་པ་དང་། གང་ལ་སྤྱོད་པར་འགྱུར་བའི་ཆོས་དེ་དག་ཐམས་ཅད་མི་དམིགས་སོ། །བཅོམ་ལྡན་འདས་དེ་ལྟར་སྤྱོད་པའི་བྱང་ཆུབ་སེམས་དཔའ་སེམས་དཔའ་ཆེན་པོ་ནི་ལྷ་དང་མི་དང་ལྷ་མ་ཡིན་དུ་བཅས་པའི་འཇིག་རྟེན་གྱིས་མི་ཐུབ་པ་སྟེ། བཅོམ་ལྡན་འདས་དེ་ལྟར་སྤྱོད་པའི་བྱང་ཆུབ་སེམས་དཔའ་སེམས་དཔའ་ཆེན་པོ་ནི་ཉན་ཐོས་དང་། རང་སངས་རྒྱས་ཐམས་ཅད་ཀྱིས་ཟིལ་གྱིས་གནོན་པར་མི་ནུས་སོ། །དེ་ཅིའི་སླད་དུ་ཞེ་ན། དེ་ནི་འདི་ལྟར་འདི་ལྟ་སྟེ། བྱང་ཆུབ་སེམས་དཔའི་སྐྱོན་མ་མཆིས་པའི་གནས་ཟིལ་གྱིས་མི་གནོན་པ་ལ་གནས་པས། བཅོམ་ལྡན་འདས་བྱང་ཆུབ་སེམས་དཔའ་སེམས་དཔའ་ཆེན་པོ་རྣམ་པ་ཐམས་ཅད་མཁྱེན་པ་ཉིད་ཡིད་ལ་བགྱིད་པ་དང་མ་བྲལ་བ་ནི་ཟིལ་གྱིས་མི་གནོན་པ་སྟེ། བཅོམ་ལྡན་འདས་དེ་ལྟར་སྤྱོད་པའི་བྱང་ཆུབ་སེམས་དཔའ་སེམས་དཔའ་ཆེན་པོ་ནི་རྣམ་པ་ཐམས་ཅད་མཁྱེན་པ་ཉིད་དང་ཉེ་བར་གྱུར་

པ་ལགས་སོ། །བཅོམ་ལྡན་འདས་ཀྱིས་བཀའ་སྩལ་པ། རབ་འབྱོར་གལ་ཏེ་འཛམ་བུའི་གླིང་གི་སེམས་ཅན་ཇི་སྙེད་[1] པ་དེ་དག་ཐམས་ཅད་སྔ་ཕྱི་མེད་པར་མིའི་ལུས་ཐོབ་པར་གྱུར་ཏེ[2]། བླ་ན་མེད་པ་ཡང་དག་པར་རྫོགས་པའི་བྱང་ཆུབ་ཏུ་མངོན་པར་རྫོགས་པར་སངས་རྒྱས་པར་གྱུར་པ་དེ་དག་ནམ་འཚོའི་བར་དུ་བཞུགས་[3] པ་དེ་ལ་རིགས་ཀྱི་བུའམ་རིགས་ཀྱི་བུ་མོ་ལ་ལ་ཞིག་གིས་རིམ་གྲོར་[4] བྱས། བཀུར་སྟི་[5] བྱས། ཕྱུ་དུད་[6] བྱས། མཆོད་པ་བྱས་ཏེ། དགེ་བའི་རྩ་བ་དེ་ཡང་བླ་ན་མེད་པ་ཡང་དག་པར་རྫོགས་པའི་བྱང་ཆུབ་ཏུ་ཡོངས་སུ་བསྔོས་ན། རབ་འབྱོར་དེ་[7] ཇི་སྙམ་དུ་སེམས། རིགས་ཀྱི་བུའམ་རིགས་ཀྱི་བུ་མོ་དེའི་བསོད་ནམས་དེའི་རྒྱུས་མང་དུ་འཕེལ་ལམ། གསོལ་པ་བཅོམ་ལྡན་འདས་མང་ངོ་། །བདེ་བར་གཤེགས་པ་མང་ངོ་། །བཅོམ་ལྡན་འདས་ཀྱིས་བཀའ་སྩལ་པ། རབ་འབྱོར་དེ་བས་ཀྱང་རིགས་ཀྱི་བུའམ་རིགས་ཀྱི་བུ་མོ་གང་ཤེས་རབ་ཀྱི་ཕ་རོལ་ཏུ་ཕྱིན་པ་འདི་གཞན་ལ་སྟོན་པ་དང་། འཆད་པ་དང་། རྣམ་པར་གཞག་པ་དང་། རབ་ཏུ་གཞག་པ་དང་། འགྲེལ་པ་དང་། རྣམ་པར་འབྱེད་པ་དང་། གསལ་བར་བྱེད་པ་དང་། ཡང་དག་པར་སྟོན་པ་དང་། ཤེས་རབ་ཀྱི་ཕ་རོལ་ཏུ་ཕྱིན་པ་དང་ལྡན་པའི་ཡིད་ལ་བྱེད་པས་རྣམ་པར་སྤྱོད་ན། དེའི་བསོད་ནམས་ཆེས་མང་དུ་འཕེལ་ལོ། །རབ་འབྱོར་གལ་ཏེ་གླིང་བཞི་པའི་འཇིག་རྟེན་གྱི་ཁམས་ཀྱི་སེམས་ཅན་གང་ཇི་སྙེད་པ་དེ་དག་ཐམས་ཅད་སྔ་ཕྱི་མེད་པར་མིའི་ལུས་ཐོབ་པར་གྱུར་ཏེ། བླ་ན་མེད་པ་ཡང་དག་པར་རྫོགས་པའི་བྱང་ཆུབ་ཏུ་མངོན་པར་རྫོགས་པར་སངས་རྒྱས་པར་གྱུར་ལ། དེ་དག་ནམ་འཚོའི་བར་དུ་བཞུགས་པ་ལ། རིགས་ཀྱི་བུའམ་རིགས་ཀྱི་བུ་མོ་ལ་ལ་ཞིག་གིས་རིམ་གྲོ་བྱས། བཀུར་སྟི་[8] བྱས། ཕྱུ་དུད་བྱས། མཆོད་པ་བྱས་ཏེ[9]། དགེ་བའི་རྩ་བ་དེ་ཡང་བླ་ན་མེད་པ་ཡང་

དག་པར་རྫོགས་པའི་བྱང་ཆུབ་ཏུ་ཡོངས་སུ་བསྔོས་ན། རབ་འབྱོར་དེ་ཇི་སྙམ་དུ་སེམས། རིགས་ཀྱི་བུའམ་རིགས་ཀྱི་བུ་མོ་དེའི་བསོད་ནམས་དེའི་རྒྱུས་མང་དུ་འཕེལ་ལམ། གསོལ་པ་བཅོམ་ལྡན་འདས་མང་ངོ་། །བདེ་བར་གཤེགས་པ་མང་ངོ་། །བཅོམ་ལྡན་འདས་ཀྱིས་བཀའ་སྩལ་པ། རབ་འབྱོར་དེ་བས་ཀྱང་རིགས་ཀྱི་བུའམ་རིགས་ཀྱི་བུ་མོ་གང་ཤེས་རབ་ཀྱི་ཕ་རོལ་ཏུ་ཕྱིན་པ་འདི་གཞན་ལ་སྟོན་པ་དང་། འཆད་པ་དང་། རྣམ་པར་གཞོག་པ་དང་། རབ་ཏུ་གཞོག་པ་དང་། འགྲེལ་པ་དང་། རྣམ་པར་འབྱེད་པ་དང་། གསལ་བར་བྱེད་པ་དང་། ཡང་དག་པར་སྟོན་པ་དང་། ཤེས་རབ་ཀྱི་ཕ་རོལ་ཏུ་ཕྱིན་པ་དང་ལྡན་པའི་ཡིད་ལ་བྱེད་པས་རྣམ་པར་སྤྱོད་ན། དེའི་བསོད་ནམས་ཆེས་མང་དུ་འཕེལ་ལོ། །རབ་འབྱོར་གལ་ཏེ་སྟོང་གི་འཇིག་རྟེན་གྱི་ཁམས་ཀྱི་སེམས་ཅན་གང་ཇི་སྙེད་པ་དེ་དག་ཐམས་ཅད་སྔ་ཕྱི་མེད་པར་མིའི་ལུས་ཐོབ་པར་གྱུར་ཏེ། བླ་ན་མེད་པ་ཡང་དག་པར་རྫོགས་པའི་བྱང་ཆུབ་ཏུ་མངོན་པར་རྫོགས་པར་སངས་རྒྱས་པར་གྱུར་ལ། དེ་དག་ནམ་འཚོའི་བར་དུ་བཞུགས་པ་ལ། རིགས་ཀྱི་བུའམ་རིགས་ཀྱི་བུ་མོ་ལ་ལ་ཞིག་གིས་རིམ་གྲོ་བྱས། བཀུར་སྟི་བྱས་ཕུ་དུད་བྱས། མཆོད་པ་བྱས་ཏེ། དགེ་བའི་རྩ་བ་དེ་ཡང་བླ་ན་མེད་པ་ཡང་དག་པར་རྫོགས་པའི་བྱང་ཆུབ་ཏུ་ཡོངས་སུ་བསྔོས་ན། རབ་འབྱོར་དེ་ཇི་སྙམ་དུ་སེམས། རིགས་ཀྱི་བུའམ་རིགས་ཀྱི་བུ་མོ་དེའི་བསོད་ནམས་དེའི་རྒྱུས་མང་དུ་འཕེལ་ལམ། གསོལ་པ་བཅོམ་ལྡན་འདས་མང་ངོ་། །བདེ་བར་གཤེགས་པ་མང་ངོ་། །བཅོམ་ལྡན་འདས་ཀྱིས་བཀའ་སྩལ་པ། རབ་འབྱོར་དེ་བས་ཀྱང་རིགས་ཀྱི་བུའམ་རིགས་ཀྱི་བུ་མོ་གང་ཤེས་རབ་ཀྱི་ཕ་རོལ་ཏུ་ཕྱིན་པ་འདི་གཞན་ལ་སྟོན་པ་དང་། འཆད་པ་དང་། རྣམ་པར་གཞོག་པ་དང་། རབ་ཏུ་གཞོག་པ་དང་། འགྲེལ་

པ་དང་། རྣམ་པར་འབྱེད་པ་དང་། གསལ་བར་བྱེད་པ་དང་། ཡང་དག་པར་སྟོན་པ་དང་། ཤེས་རབ་ཀྱི་ཕ་རོལ་ཏུ་ཕྱིན་པ་དང་ལྡན་པའི་ཡིད་ལ་བྱེད་པས། རྣམ་པར་སྤྱོད་[1]ན་དེའི་བསོད་ནམས་ཆེས་མང་དུ་འཕེལ་ལོ། །རབ་འབྱོར་གལ་ཏེ་སྟོང་གཉིས་ཀྱི་འཇིག་རྟེན་གྱི་ཁམས་ཀྱི་སེམས་ཅན་གང་ཇི་སྙེད་པ་དེ་དག་ཐམས་ཅད་སྔ་ཕྱི་མྱེད་པར་མིའི་ལུས་ཐོབ་པར་གྱུར་ཏེ། བླ་ན་མྱེད་པ་ཡང་དག་པར་རྫོགས་པའི་བྱང་ཆུབ་ཏུ་མངོན་པར་རྫོགས་པར་སངས་རྒྱས་པར་གྱུར་ལ། དེ་དག་ནམ་འཚོའི་བར་དུ་བཞུགས་པ་ལ། རིགས་ཀྱི་བུའམ་རིགས་ཀྱི་བུ་མོ་ལ་ལ་ཞིག་གིས་རིམ་གྲོ་བྱས། བཀུར་སྟི་[2]བྱས། ཕུ་དུད་བྱས། མཆོད་པ་བྱས་ཏེ། དགེ་བའི་རྩ་བ་དེ་ཡང་བླ་ན་མྱེད་པ་ཡང་དག་པར་རྫོགས་པའི་བྱང་ཆུབ་ཏུ་ཡོངས་སུ་བསྔོས་ན། རབ་འབྱོར་དེ་ཇི་སྙམ་དུ་སེམས། རིགས་ཀྱི་བུའམ་རིགས་ཀྱི་བུ་མོ་དེའི་བསོད་ནམས་དེའི་རྒྱུས་མང་དུ་འཕེལ་ལམ། གསོལ་པ། བཅོམ་ལྡན་འདས་མང་ངོ་། །བདེ་བར་གཤེགས་པ་མང་ངོ་། །བཅོམ་ལྡན་འདས་ཀྱིས་བཀའ་སྩལ་པ། རབ་འབྱོར་དེ་བས་ཀྱང་རིགས་ཀྱི་བུའམ་རིགས་ཀྱི་བུ་མོ་གང་ཤེས་རབ་ཀྱི་ཕ་རོལ་ཏུ་ཕྱིན་པ་འདི་གཞན་ལ་སྟོན་པ་དང་། འཆད་པ་དང་། རྣམ་པར་གཞག་པ་དང་། རབ་ཏུ་གཞག་པ་དང་། འགྲེལ་པ་དང་། རྣམ་པར་འབྱེད་པ་དང་། གསལ་[3]བར་བྱེད་པ་དང་། ཡང་དག་པར་སྟོན་པ་དང་། ཤེས་རབ་ཀྱི་ཕ་རོལ་ཏུ་ཕྱིན་པ་དང་ལྡན་པའི་ཡིད་ལ་བྱེད་པས་རྣམ་པར་སྤྱོད་[4]ན། དེའི་བསོད་ནམས་ཆེས་མང་དུ་འཕེལ་ལོ། །རབ་འབྱོར་གལ་ཏེ་སྟོང་གསུམ་གྱི་སྟོང་ཆེན་པོའི་འཇིག་རྟེན་གྱི་ཁམས་ཀྱི་སེམས་ཅན་གང་ཇི་སྙེད་པ་དེ་དག་ཐམས་ཅད་སྔ་ཕྱི་མྱེད་པར་མིའི་ལུས་ཐོབ་པར་གྱུར་ཏེ[5]། བླ་ན་མེད་པ་ཡང་དག་པར་རྫོགས་པའི་བྱང་ཆུབ་ཏུ་མངོན་པར་རྫོགས་པར་སངས་རྒྱས་པར་གྱུར་ལ། དེ་

དག་ནམ་འཚོའི་བར་དུ་བཞུགས་[༡]པ་ལ། རིགས་ཀྱི་བུའམ་རིགས་ཀྱི་བུ་མོ་ལ་ལ་ཞིག་གིས་རིམ་གྲོ་བྱས། བཀུར་སྟི་[༢]བྱས། ཕུ་དུད་བྱས། མཆོད་པ་བྱས་ཏེ། དགེ་བའི་རྩ་བ་དེ་ཡང་བླ་ན་མེད་པ་ཡང་དག་པར་རྫོགས་པའི་བྱང་ཆུབ་ཏུ་ཡོངས་སུ་བསྔོས་ན། རབ་འབྱོར་དེ་ཇི་སྙམ་དུ་སེམས། རིགས་ཀྱི་བུའམ་རིགས་ཀྱི་བུ་མོ་དེའི་བསོད་ནམས་དེའི་རྒྱུས་མང་དུ་འཕེལ་ལམ། གསོལ་པ་བཅོམ་ལྡན་འདས་མང་ངོ་། །བདེ་བར་གཤེགས་པ་མང་ངོ་། །བཅོམ་ལྡན་འདས་ཀྱིས་བཀའ་སྩལ་པ། རབ་འབྱོར་དེ་བས་ཀྱང་རིགས་ཀྱི་བུའམ་རིགས་ཀྱི་བུ་མོ་གང་ཤེས་རབ་ཀྱི་ཕ་རོལ་ཏུ་ཕྱིན་པ་འདི་གཞན་ལ་སྟོན་པ་དང་། འཆད་པ་དང་། རྣམ་པར་གཞོག་པ་དང་། རབ་ཏུ་གཞོག་པ་དང་། འགྲེལ་པ་དང་། རྣམ་པར་འབྱེད་པ་དང་། གསལ་བར་བྱེད་པ་དང་། ཡང་དག་པར་སྟོན་པ་དང་། ཤེས་རབ་ཀྱི་ཕ་རོལ་ཏུ་ཕྱིན་པ་དང་ལྡན་པའི་ཡིད་ལ་བྱེད་པས་རྣམ་པར་སྤྱོད་[༣]ན། དེའི་བསོད་ནམས་ཆེས་མང་དུ་འཕེལ་ལོ། །རབ་འབྱོར་གལ་ཏེ་འཛམ་བུའི་གླིང་གི་སེམས་ཅན་གང་ཇི་སྙེད་པ་དེ་དག་ཐམས་ཅད་སྔ་ཕྱི་མེད་པར་མིའི་ལུས་ཐོབ་པར་གྱུར་ལ། དེ་དག་རིགས་ཀྱི་བུའམ་རིགས་ཀྱི་བུ་མོ་ལ་ལ་ཞིག་གིས་དགེ་བ་བཅུའི་ལས་ཀྱི་ལམ་ལ་རབ་ཏུ་བཀོད་པ་དང་། བསམ་གཏན་བཞི་ལ་རབ་ཏུ་བཀོད་པ་དང་། ཚད་མེད་པ་བཞི་ལ་རབ་ཏུ་བཀོད་པ་དང་། གཟུགས་མེད་པའི་སྙོམས་པར་འཇུག་པ་བཞི་ལ་རབ་ཏུ་བཀོད་པ་དང་། མངོན་པར་ཤེས་པ་ལྔ་ལ་རབ་ཏུ་བཀོད་པ་དང་། རྒྱུན་ཏུ་ཞུགས་པའི་འབྲས་བུ་ལ་རབ་ཏུ་བཀོད་པ་དང་། ལན་ཅིག་ཕྱིར་འོང་བའི་འབྲས་བུ་ལ་རབ་ཏུ་བཀོད་པ་དང་། ཕྱིར་མི་འོང་བའི་འབྲས་བུ་ལ་རབ་ཏུ་བཀོད་པ་དང་། དགྲ་བཅོམ་པ་ཉིད་ལ་རབ་ཏུ་བཀོད་པ་དང་། རང་བྱང་ཆུབ་ལ་རབ་ཏུ་བཀོད་[༤]པ་དང་། བླ་ན་མེད་པ

ཡང་དག་པར་རྫོགས་པའི་བྱང་ཆུབ་ལ་རབ་ཏུ་བཀོད་[༡] དེ་དགེ་བའི་རྩ་བ་དེ་ཡང་བླ་ན་མེད་པ་ཡང་དག་པར་རྫོགས་པའི་བྱང་ཆུབ་ཏུ་ཡོངས་སུ་བསྔོས་ན། རབ་འབྱོར་དེ་ཇི་སྙམ་དུ་སེམས། རིགས་ཀྱི་བུའམ་རིགས་ཀྱི་བུ་མོ་དེའི་བསོད་ནམས་དེའི་རྒྱུས་མང་དུ་འཕེལ་លམ། གསོལ་པ། བཅོམ་ལྡན་འདས་མང་ངོ་། །བདེ་བར་གཤེགས་པ་མང་ངོ་། །བཅོམ་ལྡན་འདས་ཀྱིས་བཀའ་སྩལ་པ། རབ་འབྱོར་དེ་བས་ཀྱང་རིགས་ཀྱི་བུའམ་རིགས་ཀྱི་བུ་མོ་གང་ཞིས་རབ་ཀྱི་ཕ་རོལ་ཏུ་ཕྱིན་པ་འདི་གཞན་ལ་སྟོན་པ་དང་། འཆད་པ་དང་། རྣམ་པར་གཞོག་པ་དང་། རབ་ཏུ་གཞོག་པ་དང་། འགྲེལ་པ་དང་། རྣམ་པར་འབྱེད་པ་དང་། གསལ་བར་བྱེད་པ་དང་། ཡང་དག་པར་སྟོན་ན་དེའི་བསོད་ནམས་ཆེས་མང་དུ་འཕེལ་ལོ། །རབ་འབྱོར་གལ་ཏེ་གླིང་བཞི་པའི་འཇིག་རྟེན་གྱི་ཁམས་ཀྱི་སེམས་ཅན་གང་ཇི་སྙེད་པ་དེ་དག་ཐམས་ཅད་སྔ་ཕྱི་མེད་པར་མིའི་ལུས་ཐོབ་པར་གྱུར་ལ། དེ་དག་རིགས་ཀྱི་བུའམ་རིགས་ཀྱི་བུ་མོ་ལ་ལ་ཞིག་གིས་དགེ་བ་བཅུའི་ལས་ཀྱི་ལམ་ལ་རབ་ཏུ་བཀོད་པ་དང་། བསམ་གཏན་བཞི་ལ་རབ་ཏུ་བཀོད་པ་དང་། ཚད་མེད་པ་བཞི་ལ་རབ་ཏུ་བཀོད་པ་དང་། གཟུགས་མེད་པའི་སྙོམས་པར་འཇུག་པ་བཞི་ལ་རབ་ཏུ་བཀོད་པ་དང་། མངོན་པར་ཤེས་པ་ལྔ་ལ་རབ་ཏུ་བཀོད་པ་དང་། རྒྱུན་ཏུ་ཞུགས་པའི་འབྲས་བུ་ལ་རབ་ཏུ་བཀོད་པ་དང་། ལན་ཅིག་ཕྱིར་འོང་བའི་འབྲས་བུ་ལ་རབ་ཏུ་བཀོད་པ་དང་། ཕྱིར་མི་འོང་བའི་འབྲས་བུ་ལ་རབ་ཏུ་བཀོད་པ་དང་། དགྲ་བཅོམ་པ་ཉིད་ལ་རབ་ཏུ་བཀོད་[༢]པ་དང་། རང་བྱང་ཆུབ་ལ་རབ་ཏུ་བཀོད་པ་དང་། བླ་ན་མེད་པ་ཡང་དག་པར་རྫོགས་པའི་བྱང་ཆུབ་ལ་རབ་ཏུ་བཀོད་དེ། དགེ་བའི་རྩ་བ་དེ་ཡང་བླ་ན་མེད་པ་ཡང་དག་པར་རྫོགས་པའི་བྱང་ཆུབ་ཏུ་ཡོངས་སུ་བསྔོས་ན། རབ་

འབྱོར་དེ་ཇི་སྙམ་དུ་སེམས། རིགས་ཀྱི་བུའམ་རིགས་ཀྱི་བུ་མོ་དེའི་བསོད་ནམས་
དེའི་རྒྱུས་མང་དུ་འཕེལ་ལམ། གསོལ་པ། བཅོམ་ལྡན་འདས་མང་ངོ་། །
བདེ་བར་གཤེགས་པ་མང་ངོ་། །བཅོམ་ལྡན་འདས་ཀྱིས་བཀའ་སྩལ་པ། རབ་
འབྱོར་དེ་བས་ཀྱང་རིགས་ཀྱི་བུའམ་རིགས་ཀྱི་བུ་མོ་གང་ཤེས་རབ་ཀྱི་ཕ་རོལ་ཏུ···
ཕྱིན་པ་འདི་གཞན་ལ་སྟོན་པ་དང་། འཆད་པ་དང་། རྣམ་པར་གཞོག་པ་
དང་། རབ་ཏུ་གཞོག་པ་དང་། འགྲེལ་པ་དང་། རྣམ་པར་འབྱེད་པ་དང་།
གསལ་བར་བྱེད་པ་དང་། ཡང་དག་པར་སྟོན་ན་དེའི་བསོད་ནམས་ཆེས་མང་དུ་
འཕེལ་ལོ[1]། །རབ་འབྱོར་གལ་ཏེ་སྟོང་གི་[2]འཇིག་རྟེན་གྱི་ཁམས་ཀྱི་སེམས་ཅན···
གང་ཇི་སྙེད་པ་དེ་དག་ཐམས་ཅད་སྔ་ཕྱི་མེད་པར་མིའི་ལུས་ཐོབ་པར་གྱུར་ལ།
དེ་དག་རིགས་ཀྱི་བུའམ་རིགས་ཀྱི་བུ་མོ་ལ་ལ་ཞིག་གིས་དགེ་བ་བཅུའི་ལས་ཀྱི···
ལམ་ལ་རབ་ཏུ་བཀོད་པ་དང་། བསམ་གཏན་བཞི་ལ་རབ་ཏུ་བཀོད་པ་དང་།
ཚད་མེད་པ་བཞི་ལ་རབ་ཏུ་བཀོད་པ་དང་། གཟུགས་མེད་པའི་སྙོམས་པར་
འཇུག་པ་བཞི་ལ་རབ་ཏུ་བཀོད་པ་དང་། མངོན་པར་ཤེས་པ་ལྔ་ལ་རབ་ཏུ་
བཀོད་པ་དང་། རྒྱུན་ཏུ་ཞུགས་པའི་འབྲས་བུ་ལ་རབ་ཏུ་བཀོད་པ་དང་།
ལན་ཅིག་ཕྱིར་འོང་བའི་འབྲས་བུ་ལ་རབ་ཏུ་བཀོད་པ་དང་། ཕྱིར་མི་འོང་
བའི་འབྲས་བུ་ལ་རབ་ཏུ་བཀོད་པ་དང་། དགྲ་བཅོམ་པ་ཉིད་ལ་རབ་ཏུ་བཀོད···
པ་དང་། རང་བྱང་ཆུབ་ལ་རབ་ཏུ་བཀོད་པ་དང་། བླ་ན་མེད་པ་ཡང་དག་
པར་རྫོགས་པའི་བྱང་ཆུབ་ལ་[3]རབ་ཏུ་བཀོད་དེ། དགེ་བའི་རྩ་བ་དེ་ཡང་བླ་ན···
མེད་པ་ཡང་དག་པར་རྫོགས་པའི་བྱང་ཆུབ་ཏུ་ཡོངས་སུ་བསྔོས་ན། རབ་འབྱོར་
དེ་ཇི་སྙམ་དུ་སེམས། རིགས་ཀྱི་བུའམ་རིགས་ཀྱི་བུ་མོ་དེའི་བསོད་ནམས་དེའི···
རྒྱུས་མང་དུ་འཕེལ་ལམ། གསོལ་པ། བཅོམ་ལྡན་འདས་མང་ངོ་། །བདེ···

བར་གཤེགས་པ་མང་ངོ་། །བཅོམ་ལྡན་འདས་ཀྱིས་བཀའ་སྩལ་པ། རབ་འབྱོར་དེ་བས་ཀྱང་རིགས་ཀྱི་བུའམ་རིགས་ཀྱི་བུ་མོ་གང་ཞིས་རབ་ཀྱི་ཕ་རོལ་ཏུ་ཕྱིན་པ་འདི་གཞན་ལ་སྟོན་ཅིང་འཆད་[2]པ་དང་། རྣམ་པར་གཞོག་པ་དང་། རབ་ཏུ་གཞོག་པ་དང་། འགྲེལ་པ་དང་། རྣམ་པར་འབྱེད་པ་དང་། གསལ་བར་བྱེད་པ་དང་། ཡང་དག་པར་སྟོན་ན། དེའི་བསོད་ནམས་ཆེས་མང་དུ་འཕེལ་ལོ། །རབ་འབྱོར་གལ་ཏེ་སྟོང་གཉིས་ཀྱི་[3]འཇིག་རྟེན་གྱི་ཁམས་ཀྱི་སེམས་ཅན་[3]ཇི་སྙེད་པ་དེ་དག་ཐམས་ཅད་སྔ་ཕྱི་མེད་པར་མིའི་ལུས་ཐོབ་པར་གྱུར་ལ། དེ་དག་རིགས་ཀྱི་བུའམ་རིགས་ཀྱི་བུ་མོ་ལ་ལ་ཞིག་གིས་དགེ་བ་བཅུའི་ལས་ཀྱི་ལམ་ལ་རབ་ཏུ་བཀོད་པ་དང་། བསམ་གཏན་བཞི་ལ་རབ་ཏུ་བཀོད་པ་དང་། ཚད་མེད་པ་བཞི་ལ་རབ་ཏུ་བཀོད་པ་དང་། གཟུགས་མེད་པའི་སྙོམས་པར་འཇུག་པ་བཞི་ལ་རབ་ཏུ་བཀོད་པ་དང་། མངོན་པར་ཤེས་པ་ལྔ་ལ་རབ་ཏུ་བཀོད་པ་དང་། རྒྱུན་དུ་ཞུགས་པའི་འབྲས་བུ་ལ་རབ་ཏུ་བཀོད་པ་དང་། ལན་ཅིག་ཕྱིར་འོང་བའི་འབྲས་བུ་ལ་རབ་ཏུ་བཀོད་པ་དང་། ཕྱིར་མི་འོང་བའི་འབྲས་བུ་ལ་རབ་ཏུ་བཀོད་པ་དང་། དགྲ་བཅོམ་པ་ཉིད་ལ་རབ་ཏུ་བཀོད་པ་དང་། རང་བྱང་ཆུབ་ལ་རབ་ཏུ་བཀོད་པ་དང་། བླ་ན་མེད་པ་ཡང་དག་པར་རྫོགས་པའི་[4]བྱང་ཆུབ་ལ་རབ་ཏུ་བཀོད་དེ། དགེ་བའི་རྩ་བ་དེ་ཡང་བླ་ན་མེད་པ་ཡང་དག་པར་རྫོགས་པའི་བྱང་ཆུབ་ཏུ་ཡོངས་སུ་བསྔོས་ན། རབ་འབྱོར་དེ་ཇི་སྙམ་དུ་སེམས། རིགས་ཀྱི་བུའམ་རིགས་ཀྱི་བུ་མོ་དེའི་བསོད་ནམས་དེའི་རྒྱུས་མང་དུ་འཕེལ་ལམ། གསོལ་པ། བཅོམ་ལྡན་འདས་མང་ངོ་། །བདེ་བར་གཤེགས་པ་མང་ངོ་། །བཅོམ་ལྡན་འདས་ཀྱིས་བཀའ་སྩལ་པ། རབ་འབྱོར་དེ་བས་ཀྱང་རིགས་ཀྱི་བུའམ་རིགས་ཀྱི་བུ་མོ་གང་ཞིས་རབ་ཀྱི་ཕ་རོལ་ཏུ

ཕྱིན་པ་འདི་གཞན་ལ་སྟོན་པ་དང་། འཆད་པ་དང་། རྣམ་པར་གཞོག་པ་དང་། རབ་ཏུ་གཞོག་པ་དང་། [1]འགྲེལ་པ་དང་། རྣམ་པར་འབྱེད་པ་དང་། གསལ་བར་བྱེད་པ་དང་། ཡང་དག་པར་སྟོན་ན། དེའི་བསོད་ནམས་ཆེས་མང་དུ་འཕེལ་ལོ། །རབ་འབྱོར་གལ་ཏེ་སྟོང་གསུམ་གྱི་སྟོང་ཆེན་པོའི་འཇིག་རྟེན་གྱི་ཁམས་ཀྱི་སེམས་ཅན་གང་ཇི་སྙེད་པ་དེ་དག་ཐམས་ཅད་སྔ་ཕྱི་མེད་པར་མིའི་ལུས་ཐོབ་པར་གྱུར་ལ། དེ་དག་རིགས་ཀྱི་བུའམ་རིགས་ཀྱི་བུ་མོ་ལ་ལ་ཞིག་གིས་དགེ་བ་བཅུའི་ལས་ཀྱི་ལམ་ལ་རབ་ཏུ་བཀོད་པ་དང་། བསམ་གཏན་བཞི་ལ་རབ་ཏུ་བཀོད་པ་དང་། ཚད་མེད་པ་བཞི་ལ་རབ་ཏུ་བཀོད་པ་དང་། གཟུགས་མེད་པའི་སྙོམས་པར་འཇུག་པ་བཞི་ལ་རབ་ཏུ་བཀོད་པ་དང་། མངོན་པར་ཤེས་པ་ལྔ་ལ་རབ་ཏུ་བཀོད་པ་དང་། རྒྱུན་དུ་ཞུགས་པའི་འབྲས་བུ་ལ་རབ་ཏུ་བཀོད་པ་དང་། ལན་ཅིག་ཕྱིར་འོང་བའི་འབྲས་བུ་ལ་རབ་ཏུ་བཀོད་པ་དང་། ཕྱིར་མི་འོང་བའི་འབྲས་བུ་ལ་རབ་ཏུ་བཀོད་པ་དང་། དགྲ་བཅོམ་པ་ཉིད་ལ་རབ་ཏུ་བཀོད་པ་དང་། རང་བྱང་ཆུབ་ལ་རབ་ཏུ་བཀོད་པ་དང་། བླ་ན་མེད་པ་ཡང་དག་པར་རྫོགས་པའི་བྱང་ཆུབ་ལ་རབ་ཏུ་བཀོད་དེ[2]། དགེ་བའི་རྩ་བ་དེ་ཡང་བླ་ན་མེད་པ་ཡང་དག་པར་རྫོགས་པའི་བྱང་ཆུབ་ཏུ་ཡོངས་སུ་བསྔོས་ན། རབ་འབྱོར་དེ་ཇི་སྙམ་དུ་སེམས། རིགས་ཀྱི་བུའམ་རིགས་ཀྱི་བུ་མོ་དེའི་བསོད་ནམས་དེའི་རྒྱུས་མང་དུ་འཕེལ་ལམ། གསོལ་པ། བཅོམ་ལྡན་འདས་མང་ངོ་། །བདེ་བར་གཤེགས་པ་མང་ངོ་། །བཅོམ་ལྡན་འདས་ཀྱིས་བཀའ་སྩལ་པ། རབ་འབྱོར་དེ་བས་ཀྱང་རིགས་ཀྱི་བུའམ་རིགས་ཀྱི་བུ་མོ་གང་ཤེས་རབ་ཀྱི་ཕ་རོལ་ཏུ་ཕྱིན་པ་འདི་གཞན་ལ་སྟོན་པ་དང་། འཆད་པ་དང་། རྣམ་པར་གཞོག་པ་དང་། རབ་ཏུ་གཞོག་པ་དང་། འགྲེལ་པ་དང་། རྣམ་པར་འབྱེད་པ་དང་།

གསལ་བར་བྱེད་པ་དང་། ཡང་དག་པར་སྟོན་ན། དེའི་བསོད་ནམས་ཆེས་མང་དུ་འཕེལ་ལོ། །རབ་འབྱོར་དེ་ལྟར་སྤྱོད་པའི་བྱང་ཆུབ་སེམས་དཔའ་སེམས་དཔའ་ཆེན་པོ་རྣམ་པ་ཐམས་ཅད་མཁྱེན་པ་ཉིད་དང་ལྡན་པའི་ཡིད་ལ་བྱ་བས། རྣམ་པར་འབྱེད་པ་ནི་སེམས་ཅན་ཐམས་ཅད་ཀྱི་སྦྱིན་པའི་གནས་སུ་འགྲོ་བ་ཡིན་ཏེ། དེ་ཅིའི་ཕྱིར་ཞེ་ན། དེ་ནི་འདི་ལྟར་དེ་བཞིན་གཤེགས་པ་དགྲ་བཅོམ་པ་ཡང་དག་པར་རྫོགས་པའི་སངས་རྒྱས་མ་གཏོགས་པར་བྱང་ཆུབ་སེམས་དཔའ་སེམས་དཔའ་ཆེན་པོའི་[1]རྣམ་པར་སྤྱོད་པ་དེ་ལྟ་བུ་ནི་སེམས་ཅན་གང་ལ་ཡང་མེད་དེ། དེ་ཅིའི་ཕྱིར་ཞེ་ན། དེ་ནི་འདི་ལྟར་རིགས་ཀྱི་བུ་དེ་[2]དག་ཤེས་རབ་ཀྱི་ཕ་རོལ་ཏུ་ཕྱིན་པ་ལ་སྤྱོད་པའི་ཚེ། བྱམས་པ་ཆེན་པོ་མངོན་པར་བསྒྲུབ་[3]སྟེ། དེ་དག་ཤེས་རབ་ཀྱི་ཕ་རོལ་ཏུ་ཕྱིན་པ་ལ་སྤྱོད་པའི་ཚེ། སེམས་ཅན་ཐམས་ཅད་གསད་པར་འགྱུར་བ་དང་འདྲ་བར་ལྟ་སྟེ། དེ་དག་སྙིང་རྗེ་ཆེན་པོ་འཐོབ་བོ། །དེ་དག་རྣམ་པར་སྤྱོད་པ་དེས། རྣམ་པར་སྤྱོད་པས་དགའ་བས་རབ་ཏུ་དགའ་བ་དང་། མངོན་པར་དགའ་བར་འགྱུར་ཏེ། དེ་དག་དགའ་བ་ཆེན་པོ་མངོན་པར་སྒྲུབ་བོ། །དེ་དག་མཚན་མ་དེ་དང་ལྷན་ཅིག་ཏུ་[4]མི་གནས་ཏེ། དེ་དག་བཏང་སྙོམས་ཆེན་པོ་འཐོབ་བོ། །རབ་འབྱོར་དེ་ནི་བྱང་ཆུབ་སེམས་དཔའ་སེམས་དཔའ་ཆེན་པོ་རྣམས་ཀྱི་[5]ཤེས་རབ་ཀྱི་སྣང་བ་ཆེན་པོ་སྟེ། འདི་ལྟར་སྦྱིན་པའི་ཕ་རོལ་ཏུ་ཕྱིན་པའི་སྣང་བའོ། །ཚུལ་ཁྲིམས་ཀྱི་ཕ་རོལ་ཏུ་ཕྱིན་པའི་སྣང་བའོ། །བཟོད་པའི་ཕ་རོལ་ཏུ་ཕྱིན་པའི་སྣང་བའོ། །བརྩོན་འགྲུས་ཀྱི་ཕ་རོལ་ཏུ་ཕྱིན་པའི་སྣང་བའོ། །བསམ་གཏན་གྱི་ཕ་རོལ་ཏུ་ཕྱིན་པའི་སྣང་བའོ། །ཤེས་རབ་ཀྱི་ཕ་རོལ་ཏུ་ཕྱིན་པའི་སྣང་བའོ། །རིགས་ཀྱི་བུ་དེ་དག་ནི་རྣམ་པ་ཐམས་ཅད་མཁྱེན་པ་ཉིད་མངོན་པར་རྫོགས་པར་སངས་མ་[6]རྒྱས་ཀྱང་། སེམས་ཅན་ཐམས་ཅད་

ཀྱི་སྲིན་པའི་གནས་སུ་འགྱུར་ཏེ། བླ་ན་མེད་པ་ཡང་དག་པར་རྫོགས་པའི་བྱང་ཆུབ་ལས་ཕྱིར་མི་ལྡོག་གོ། །དེ་དག་ཤེས་རབ་ཀྱི་ཕ་རོལ་ཏུ་ཕྱིན་པ་དང་ལྡན་པའི་ཡིད་ལ་བྱ་བས་རྣམ་པར་སྤྱོད་པའི་ཕྱིར། སུའི་གོས་དང་། བསོད་སྙོམས་དང་། མལ་ཆ་དང་། ནད་ཀྱི་རྐྱེན་རྫི་དང་། ཡོ་བྱད་ལ་ཡོངས་སུ་སྤྱོད་པའི་གཏོང་བ་དང་། སྦྱིན་བདག་གི་སྦྱིན་པ་དག་པར་འགྱུར་ཏེ། རྣམ་པ་ཐམས་ཅད་མཁྱེན་པ་ཉིད་དང་ཡང་ཉེ་བར་འགྱུར་རོ། །རབ་འབྱོར་དེ་བས་ན་བྱང་ཆུབ་སེམས་དཔའ་སེམས་དཔའ་ཆེན་པོ་དོན་ཡོད་པར་ཁམས་ཀྱི་བསོད་སྙོམས་ལ་ཡོངས་སུ་སྤྱོད་[1]པར་འདོད་པ་དང་། སེམས་ཅན་ཐམས་ཅད་ཀྱི་[2]ལམ་བསྟན་པར་འདོད་པ་དང་། སྣང་བ་ཆེན་པོ་དབྱུང་[3]བར་འདོད་པ་དང་། ཁམས་གསུམ་གྱི་བཙོན་ར་ན་གནས་པའི་སེམས་ཅན་རྣམས་ཡོངས་སུ་དགྲོལ་བར་འདོད་པ་དང་། སེམས་ཅན་རྣམས་[4]ཀྱི་བླ་ན་མེད་པའི་ཤེས་རབ་ཀྱི་མིག་བསྐྱེད་པར་འདོད་པས། ཤེས་རབ་ཀྱི་ཕ་རོལ་ཏུ་ཕྱིན་པ་དང་ལྡན་པའི་ཡིད་ལ་བྱ་བས་རྟག་ཏུ་རྒྱུན་མི་འཆད་[5]པར་གནས་པར་བྱའོ། །གལ་ཏེ་བྱང་ཆུབ་སེམས་དཔའ་སེམས་དཔའ་ཆེན་པོ་ཤེས་རབ་ཀྱི་ཕ་རོལ་ཏུ་ཕྱིན་པ་དང་ལྡན་པའི་ཡིད་ལ་བྱ་བས་རྣམ་པར་མི་སྤྱོད་ན་ཡང་། དེས་ཡིད་ལ་བྱ་བ་གཞན་གྱི་གོ་སྐབས་མི་དབྱེ་སྟེ། དེས་ཅི་ནས་ཀྱང་ཤེས་རབ་ཀྱི་ཕ་རོལ་ཏུ་ཕྱིན་པ་དང་ལྡན་པའི་ཡིད་ལ་བྱ་བ་ཉིད་ཀྱིས༔ ཉིན་མཚན་[6]དུ་མི་གཏོང་ཞིང་བརྩོན་པར་གནས་པ་དེ་ལྟར་བྱའོ། །རབ་འབྱོར་འདི་ལྟ་སྟེ་དཔེར་ན་སྡོན་ཅན་[7]ནོར་བུ་རིན་པོ་ཆེ་རྙེད་མ་མྱོང་བའི་སྐྱེས་བུ་[8]ཞིག་ཡོད་ལ༔ དེས་དུས་[9]གཞན་ཞིག་ན་ནོར་བུ་རིན་པོ་ཆེ་རྙེད་པར་གྱུར་ཏེ། དེས་ནོར་བུ་རིན་པོ་ཆེ་དེ་[10]རྙེད་པས་དགའ་བ་དང་སྤྲོ་བ་དང་ཡིད་བདེ་བ་དང་ལྡན་པར་གྱུར་པ་ལས། དེས་ནོར་བུ་རིན་པོ་ཆེ་དེ་རྙེད་མ་ཐག་ཏུ་སྟོར་བར་གྱུར་ན། དེའི་རྒྱུས་སྡུག་

བསྐལ་བ་[1]དང་ཡིད་མི་བདེ་བ་ཆེན་པོ་དང་ལྡན་པར་འགྱུར་ཏེ་ཧྲག་ཏུ་རྒྱུན་མི་འཆད་[2]པར་ཀྱི་རུད་བདག་ནི་ཡིད་དུ་འོང་བའི་ནོར་བུ་རིན་པོ་ཆེ་དེ་དང་བྲལ་བར་གྱུར་ཏོ་ཞེས་ནོར་བུ་རིན་པོ་ཆེ་དང་ལྡན་པའི་ཡིད་ལ་བྱ་བ་ཤ་སྟག་རྒྱུན་དུ་འབྱུང་ངོ་། །རབ་འབྱོར་དེ་བཞིན་དུ་བྱང་ཆུབ་སེམས་དཔའ་སེམས་དཔའ་ཆེན་པོས་འདི་ནི་རིན་པོ་ཆེའོ་[3]སྙམ་དུ་བསམས་ཏེ། རྣམ་པ་ཐམས་ཅད་མཁྱེན་པ་ཉིད་དང་ལྡན་པའི་ཡིད་ལ་བྱ་བ་དང་མ་བྲལ་བར་བྱའོ། །རྣམ་པ་ཐམས་ཅད་མཁྱེན་པ་ཉིད་ཀྱི་རིན་པོ་ཆེ་དེ་སྟོར་[4]བར་ཡང་མི་བྱ་སྟེ། དེ་ལྟར་ན་ཧྲག་ཏུ་བདེ་བ་དང་། ཡིད་བདེ་བ་མང་པོ་དང་ལྡན་པར་འགྱུར་རོ། །གསོལ་པ། བཅོམ་ལྡན་འདས་ཡིད་ལ་བགྱི་བ་དེ་དག་ཐམས་ཅད་ཀྱང་རང་བཞིན་དང་བྲལ་བ་སྟེ། ཡིད་ལ་བགྱི་བ་ཐམས་ཅད་ཀྱང་རང་བཞིན་གྱིས་སྟོང་པ་ལགས་ན། ཇི་ལྟར་[5]བྱང་ཆུབ་སེམས་དཔའ་སེམས་དཔའ་ཆེན་པོ་རྣམ་པ་ཐམས་ཅད་མཁྱེན་པ་ཉིད་དང་ལྡན་པའི་ཡིད་ལ་བགྱི་[6]བ་དང་མ་བྲལ་བ་ལགས། བྲལ་བ་ལ་ནི་བྱང་ཆུབ་སེམས་དཔའ་མི་དམིགས། ཡིད་ལ་བགྱི་བ་མི་དམིགས།[7] རྣམ་པ་ཐམས་ཅད་མཁྱེན་པ་ཉིད་མི་དམིགས་སོ། །བཅོམ་ལྡན་འདས་ཀྱིས་བཀའ་སྩལ་པ། རབ་འབྱོར་གལ་ཏེ་བྱང་ཆུབ་སེམས་དཔའ་སེམས་དཔའ་ཆེན་པོས་འདི་ལྟར་ཆོས་ཐམས་ཅད་ནི་རང་བཞིན་དང་བྲལ་བ་སྟེ། དེ་དག་[8]ནི་ཉན་ཐོས་ཀྱིས་མ་བྱས། རང་སངས་རྒྱས་ཀྱིས་མ་བྱས། སངས་རྒྱས་བཅོམ་ལྡན་འདས་རྣམས་ཀྱིས་ཀྱང་མ་མཛད་དེ། ཆོས་རྣམས་ཀྱི་ཆོས་ཉིད་དང་། ཆོས་ཀྱི་གནས་ཉིད་དང་། ཆོས་སྐྱོན་མེད་པ་ཉིད་དང་། དེ་བཞིན་ཉིད་དང་། མ་ནོར་བ་དེ་བཞིན་ཉིད་[9]དང་། གཞན་མ་ཡིན་པ་དེ་བཞིན་ཉིད་དང་། ཆོས་ཀྱི་དབྱིངས་དང་། ཡང་དག་པའི་མཐའ་འདི་ནི་གནས་པ་ཡིན་ནོ། །ཞེས་བྱ་བར་ཤེས་ན་བྱང་ཆུབ་སེམས

དཔའ་སེམས་དཔའ་ཆེན་པོ་དེ་ནི་ཤེས་རབ་ཀྱི་ཕ་རོལ་ཏུ་ཕྱིན་པ་དང་མ་བྲལ་བ··· ཡིན་ཏེ། དེ་ཅིའི་ཕྱིར་ཞེ་ན། རབ་འབྱོར་དེ་ནི་འདི་ལྟར་ཤེས་རབ་ཀྱི་ཕ་རོལ་ཏུ་ཕྱིན་པ་ནི་རང་བཞིན་གྱིས་དབེན། རང་བཞིན་གྱིས་སྟོང་པ་སྟེ། དེ་ལ་འཕེལ་བ་མྱེད་དོ། །ཡོངས་སུ་འགྲིབ་པ་མེད་དོ། །གསོལ་པ། བཅོམ་ལྡན་འདས་གལ་ཏེ་ཤེས་རབ་ཀྱི་ཕ་རོལ་ཏུ་ཕྱིན་པ་རང་བཞིན་གྱིས་དབེན་ཞིང་རང··· བཞིན་གྱིས་སྟོང་པ་ལགས་ན། བཅོམ་ལྡན་འདས་ཇི་ལྟར་བྱང་ཆུབ་སེམས་དཔའ་སེམས་དཔའ་ཆེན་པོ་ཤེས་རབ་ཀྱི་ཕ་རོལ་ཏུ་ཕྱིན་པ་ལ་[༡] ཡང་དག་པར་བྱུང་ཞིང་། བླ་ན་མེད་པ་ཡང་དག་པར་རྫོགས་པའི་བྱང་ཆུབ་ཏུ་མངོན་པར་རྫོགས་པར་འཚང་རྒྱ་བར་འགྱུར་བ་ལགས། བཅོམ་ལྡན་འདས་ཀྱིས་བཀའ་སྩལ་པ། རབ་འབྱོར་བྱང་ཆུབ་སེམས་དཔའ་སེམས་དཔའ་ཆེན་པོ་ནི་ཤེས་རབ་ཀྱི་ཕ་རོལ་ཏུ་ཕྱིན་པ་ལ་[༢] ཡང་དག་པར་བྱུང་ཡང་འཕེལ་བའམ་ཡོངས་སུ་འགྲིབ་པ་མྱེད་དེ། དེ་བཞིན་ཉིད་ལ་འཕེལ་བའམ་ཡོངས་སུ་འགྲིབ་པ་མེད་དོ། །ཆོས་ཀྱི་དབྱིངས་ལ་འཕེལ་བའམ་ཡོངས་སུ་འགྲིབ་པ་མྱེད་དོ། །ཡང་དག་པའི་མཐའ་ལ་འཕེལ་བའམ་ཡོངས་སུ་འགྲིབ་པ་མྱེད་དོ། །དེ་ཅིའི་ཕྱིར་ཞེ་ན། ཤེས་རབ་ཀྱི་ཕ་རོལ་ཏུ་ཕྱིན་པ་ནི་གཅིག་ཀྱང་མ་ཡིན་གཉིས་ཀྱང་མ་ཡིན་ནོ། །རབ་འབྱོར་གལ་ཏེ་དེ་སྐད་དུ་བཤད་པ་ལ། བྱང་ཆུབ་སེམས་དཔའ་སེམས་དཔའ་ཆེན་པོའི་སེམས་མྱི་འཇུམ་མི་འགོང་། མྱི་འཛིགས་མྱི་སྔང་[༣] སྐྲག་པར་མི་འགྱུར་བའི་བྱང་ཆུབ་སེམས་དཔའ་སེམས་དཔའ་ཆེན་པོ་དེ་ནི་ཕྱིར་མྱི་ལྡོག་པའི་དབྱིངས་ལ་གནས་པ་སྟེ། བྱང་ཆུབ་སེམས་དཔའ་སེམས་དཔའ་ཆེན་པོ་དེ་ནི་ཤེས་རབ་ཀྱི་ཕ་རོལ་ཏུ་ཕྱིན་པ་ལ··· སྤྱོད་དོ་ཞེས་བྱ་བར་རྟོགས་པར་རིག་པར་བྱའོ།། ||

ཤེས་རབ་ཀྱི་ཕ་རོལ་ཏུ་ཕྱིན་པ་སྟོང་ཕྲག་བརྒྱ་པ། བམ་པོ༔ བཅུ་བདུན་[༤]

པ༔ རབ་འབྱོརད་ཀྱིས་གསོལ་པ། བཅོམ་ལྡན་འདས་ཤེས་རབ་ཀྱི་ཕ་རོལ་ཏུ་ཕྱིན་པའི་སྟོང་པ་ཉིད་དང་། གསོག་ཉིད་དང་། གསོབ་ཉིད་དང་། རག་ལུས་པ་ཉིད་དང་། སྙིང་པོ་མ་མཆིས་པ་གང་ལགས་པ་དེ་ཤེས་རབ་ཀྱི་ཕ་རོལ་ཏུ་ཕྱིན་པ་ལ་སྤྱོད་དམ། བཅོམ་ལྡན་འདས་ཀྱིས་བཀའ་སྩལ་པ། རབ་འབྱོར་དེ་ནི་མ་ཡིན་ནོ། །གསོལ་པ་བཅོམ་ལྡན་འདས་ཤེས་རབ་ཀྱི་ཕ་རོལ་ཏུ་ཕྱིན་པ་ལས་གུད་ན་གང་ཤེས་རབ་ཀྱི་ཕ་རོལ་ཏུ་ཕྱིན་པ་ལ་སྤྱོད་པའི་ཆོས་གང་ཡང་དམིགས་སུ་མཆིས་སམ། བཅོམ་ལྡན་འདས་ཀྱིས་བཀའ་སྩལ་པ། རབ་འབྱོར་དེ་ནི་མ་ཡིན་ནོ། །གསོལ་པ་བཅོམ་ལྡན་འདས་ཅི་ལགས། ཤེས་རབ་ཀྱི་ཕ་རོལ་ཏུ་ཕྱིན་པ་ཤེས་རབ་ཀྱི་ཕ་རོལ་ཏུ་ཕྱིན་པ་ལ་སྤྱོད་དམ། བཅོམ་ལྡན་འདས་ཀྱིས་བཀའ་སྩལ་པ། ༔རབ་འབྱོར་[1]དེ་ནི་མ་ཡིན་ནོ། །གསོལ་པ་བཅོམ་ལྡན་འདས་ཅི་ལགས༔ སྟོང་པ་ཉིད༔སྟོང་པ་ཉིད་[2]ལ་སྤྱོད་དམ། བཅོམ་ལྡན་འདས་ཀྱིས་བཀའ་སྩལ་པ། རབ་འབྱོར་དེ་ནི་མ་ཡིན་ནོ། །གསོལ་པ་བཅོམ་ལྡན་འདས་ཅི་ལགས༔ སྟོང་པ་ཉིད་ལས་གུད་དུ་སྟོང་པ་ཉིད་[3]སྤྱོད་དམ། བཅོམ་ལྡན་འདས་ཀྱིས་བཀའ་སྩལ་པ། རབ་འབྱོར་དེ་ནི་མ་ཡིན་ནོ། །གསོལ་པ་བཅོམ་ལྡན་འདས་[4]ཅི་ལགས། གཟུགས་ཤེས་རབ་ཀྱི་ཕ་རོལ་ཏུ་ཕྱིན་པ་ལ་སྤྱོད་དམ། བཅོམ་ལྡན་འདས་ཅི་ལགས། ཚོར་བ་ཤེས་རབ་ཀྱི་ཕ་རོལ་ཏུ་ཕྱིན་པ་ལ་སྤྱོད་དམ། བཅོམ་ལྡན་འདས་ཅི་ལགས། འདུ་ཤེས་ཤེས་[5]རབ་ཀྱི་ཕ་རོལ་ཏུ་ཕྱིན་པ་ལ་སྤྱོད་དམ༔ བཅོམ་ལྡན་འདས་ཅི་ལགས། འདུ་བྱེད་ཤེས་རབ་ཀྱི་ཕ་རོལ་ཏུ་ཕྱིན་པ་ལ་སྤྱོད་དམ། བཅོམ་ལྡན་འདས་ཅི་ལགས། རྣམ་པར་ཤེས་པ། ཤེས་རབ་ཀྱི་ཕ་རོལ་ཏུ་ཕྱིན་པ་ལ་སྤྱོད་དམ། བཅོམ་ལྡན་འདས་ཀྱིས་བཀའ་སྩལ་པ། རབ་འབྱོར་དེ་ནི་མ་ཡིན་ནོ། །རབ་འབྱོརད་ཀྱིས་གསོལ་པ། བཅོམ་ལྡན་

འདས་ཅི་ལགས། མིག་ཤེས་རབ་ཀྱི་ཕ་རོལ་ཏུ་ཕྱིན་པ་ལ་སྤྱོད་དམ། བཅོམ་
ལྡན་འདས་ཅི་ལགས། རྣ་བ་ཤེས་རབ་ཀྱི་ཕ་རོལ་ཏུ་ཕྱིན་པ་ལ་སྤྱོད་དམ།
བཅོམ་ལྡན་འདས། ཅི་ལགས། སྣ་ཤེས་རབ་ཀྱི་ཕ་རོལ་ཏུ་ཕྱིན་པ་ལ་སྤྱོད་དམ།
བཅོམ་ལྡན་འདས་ཅི་ལགས། ལྕེ་ཤེས་རབ་ཀྱི་ཕ་རོལ་ཏུ་ཕྱིན་པ་ལ་སྤྱོད་དམ།
བཅོམ་ལྡན་འདས་ཅི་ལགས། ལུས་ཤེས་རབ་ཀྱི་ཕ་རོལ་ཏུ་ཕྱིན་པ་ལ་སྤྱོད་དམ།
བཅོམ་ལྡན་འདས་ཅི་ལགས། ཡིད་ཤེས་རབ་ཀྱི་ཕ་རོལ་ཏུ་ཕྱིན་པ་ལ་སྤྱོད་དམ།
བཅོམ་ལྡན་འདས་ཀྱིས་བཀའ་སྩལ་པ། རབ་འབྱོར་དེ་ནི་མ་ཡིན་ནོ། །རབ་
འབྱོར་གྱིས་གསོལ་པ། བཅོམ་ལྡན་འདས་ཅི་ལགས། གཟུགས་ཤེས་རབ་ཀྱི་
ཕ་རོལ་ཏུ་ཕྱིན་པ་ལ་སྤྱོད་དམ། བཅོམ་ལྡན་འདས་ཅི་ལགས། སྒྲ་ཤེས་རབ་ཀྱི་
ཕ་རོལ་ཏུ་ཕྱིན་པ་ལ་སྤྱོད་དམ། བཅོམ་ལྡན་འདས་ཅི་ལགས། དྲི་ཤེས་རབ་ཀྱི་
ཕ་རོལ་ཏུ་ཕྱིན་པ་ལ་སྤྱོད་དམ། བཅོམ་ལྡན་འདས་ཅི་ལགས། རོ་ཤེས་རབ་ཀྱི་
ཕ་རོལ་ཏུ་ཕྱིན་པ་ལ་སྤྱོད་དམ། བཅོམ་ལྡན་འདས་ཅི་ལགས། རེག་ཤེས་རབ་
ཀྱི་ཕ་རོལ་ཏུ་ཕྱིན་པ་ལ་སྤྱོད་དམ། བཅོམ་ལྡན་འདས་ཅི་ལགས། ཆོས་ཤེས་
རབ་ཀྱི་ཕ་རོལ་ཏུ་ཕྱིན་པ་ལ་སྤྱོད་དམ། བཅོམ་ལྡན་འདས་ཀྱིས་བཀའ་སྩལ་པ།
རབ་འབྱོར་དེ་ནི་མ་ཡིན་ནོ། །རབ་འབྱོར་གྱིས་གསོལ་པ། བཅོམ་ལྡན་
འདས་ཅི་ལགས། མིག་གི་རྣམ་པར་ཤེས་པ་ཤེས་རབ་ཀྱི་ཕ་རོལ་ཏུ་ཕྱིན་པ་ལ་
སྤྱོད་དམ། བཅོམ་ལྡན་འདས་ཅི་ལགས། རྣ་བའི་རྣམ་པར་ཤེས་པ་ཤེས་རབ་
ཀྱི་ཕ་རོལ་ཏུ་ཕྱིན་པ་ལ་སྤྱོད་དམ། བཅོམ་ལྡན་འདས་ཅི་ལགས། སྣའི་རྣམ་
པར་ཤེས་པ་ཤེས་རབ་ཀྱི་ཕ་རོལ་ཏུ་ཕྱིན་པ་ལ་སྤྱོད་དམ། བཅོམ་ལྡན་འདས་ཅི་
ལགས། ལྕེའི་རྣམ་པར་ཤེས་པ་ཤེས་རབ་ཀྱི་ཕ་རོལ་ཏུ་ཕྱིན་པ་ལ་སྤྱོད་དམ།
བཅོམ་ལྡན་འདས་ཅི་ལགས། ལུས་ཀྱི་རྣམ་པར་ཤེས་པ་ཤེས་རབ་ཀྱི་ཕ་རོལ་ཏུ་

ཕྱིན་པ་ལ་སྤྱོད་དམ། བཅོམ་ལྡན་འདས་ཅི་ལགས། ཡིད་ཀྱི་རྣམ་པར་ཤེས་པ་ཤེས་རབ་ཀྱི་ཕ་རོལ་ཏུ་ཕྱིན་པ་ལ་སྤྱོད་དམ། བཅོམ་ལྡན་འདས་ཀྱིས་བཀའ་སྩལ་པ། རབ་འབྱོར་དེ་ནི་མ་ཡིན་ནོ། །རབ་འབྱོརད་ཀྱིས་གསོལ་པ། བཅོམ་ལྡན་འདས་ཅི་ལགས། མིག་གི་འདུས་ཏེ་རེག་པ་ཤེས་རབ་ཀྱི་ཕ་རོལ་ཏུ་ཕྱིན་པ་ལ་སྤྱོད་དམ། བཅོམ་ལྡན་འདས་ཅི་ལགས། རྣ་བའི་འདུས་ཏེ་རེག་པ་ཤེས་རབ་ཀྱི་ཕ་རོལ་ཏུ་ཕྱིན་པ་ལ་སྤྱོད་དམ། བཅོམ་ལྡན་འདས་ཅི་ལགས། སྣའི་འདུས་ཏེ་རེག་པ་ཤེས་རབ་ཀྱི་ཕ་རོལ་ཏུ་ཕྱིན་པ་ལ་སྤྱོད་དམ། བཅོམ་ལྡན་འདས་ཅི་ལགས། ལྕེའི་འདུས་ཏེ་རེག་པ་ཤེས་རབ་ཀྱི་ཕ་རོལ་ཏུ་ཕྱིན་པ་ལ་སྤྱོད་དམ། བཅོམ་ལྡན་འདས་ཅི་ལགས། ལུས་ཀྱི་འདུས་ཏེ་རེག་པ་ཤེས་རབ་ཀྱི་ཕ་རོལ་ཏུ་ཕྱིན་པ་ལ་སྤྱོད་དམ། བཅོམ་ལྡན་འདས་ཅི་ལགས། ཡིད་ཀྱི་འདུས་ཏེ་རེག་པ་ཤེས་རབ་ཀྱི་ཕ་རོལ་ཏུ་ཕྱིན་པ་ལ་སྤྱོད་དམ། བཅོམ་ལྡན་འདས་ཀྱིས་བཀའ་སྩལ་པ། རབ་འབྱོར་དེ་ནི་མ་ཡིན་ནོ། །རབ་འབྱོར་ཀྱིས་གསོལ་པ། བཅོམ་ལྡན་འདས་ཅི་ལགས། མིག་གི་འདུས་ཏེ་རེག་པ་ལས་བྱུང་བའི་ཚོར་བ་ཤེས་རབ་ཀྱི་ཕ་རོལ་ཏུ་ཕྱིན་པ་ལ་སྤྱོད་དམ། བཅོམ་ལྡན་འདས་ཅི་ལགས། རྣ་བའི་འདུས་ཏེ་རེག་པ་ལས་བྱུང་བའི་ཚོར་བ་ཤེས་རབ་ཀྱི་ཕ་རོལ་ཏུ་ཕྱིན་པ་ལ་སྤྱོད་དམ། བཅོམ་ལྡན་འདས་ཅི་ལགས། སྣའི་འདུས་ཏེ་རེག་པ་ལས་བྱུང་བའི་ཚོར་བ་ཤེས་རབ་ཀྱི་ཕ་རོལ་ཏུ་ཕྱིན་པ་ལ་སྤྱོད་དམ། བཅོམ་ལྡན་འདས་ཅི་ལགས། ལྕེའི་འདུས་ཏེ་རེག་པ་ལས་བྱུང་བའི་ཚོར་བ་ཤེས་རབ་ཀྱི་ཕ་རོལ་ཏུ་ཕྱིན་པ་ལ་སྤྱོད་དམ། བཅོམ་ལྡན་འདས་ཅི་ལགས། ལུས་ཀྱི་འདུས་ཏེ་རེག་པ་ལས་བྱུང་བའི་ཚོར་བ་ཤེས་རབ་ཀྱི་ཕ་རོལ་ཏུ་ཕྱིན་པ་ལ་སྤྱོད་དམ། བཅོམ་ལྡན་འདས་ཅི་ལགས། ཡིད་ཀྱི་འདུས་ཏེ་རེག་པ་ལས་བྱུང་བའི་ཚོར་བ་ཤེས་རབ་ཀྱི་ཕ་རོལ་ཏུ་ཕྱིན་པ་ལ་

སྐྱོད་དམ། བཅོམ་ལྡན་འདས་ཀྱིས་བཀའ་སྩལ་པ། རབ་འབྱོར་དེ་ནི་མ་ཡིན་ནོ། །རབ་འབྱོར་གྱིས་གསོལ་པ། བཅོམ་ལྡན་འདས་ཅི་ལགས། སའི་ཁམས་ཤེས་རབ་ཀྱི་ཕ་རོལ་ཏུ་ཕྱིན་པ་ལ་སྐྱོད་དམ། བཅོམ་ལྡན་འདས་ཅི་ལགས། ཆུའི་ཁམས་ཤེས་རབ་ཀྱི་ཕ་རོལ་ཏུ་ཕྱིན་པ་ལ་སྐྱོད་དམ། བཅོམ་ལྡན་འདས་ཅི་ལགས། མེའི་ཁམས་ཤེས་རབ་ཀྱི་ཕ་རོལ་ཏུ་ཕྱིན་པ་ལ་སྐྱོད་དམ། བཅོམ་ལྡན་འདས་ཅི་ལགས། རླུང་གི་ཁམས་ཤེས་རབ་ཀྱི་ཕ་རོལ་ཏུ་ཕྱིན་པ་ལ་སྐྱོད་དམ། བཅོམ་ལྡན་འདས་ཅི་ལགས། ནམ་མཁའི་ཁམས་ཤེས་རབ་ཀྱི་ཕ་རོལ་ཏུ་ཕྱིན་པ་ལ་སྐྱོད་དམ། བཅོམ་ལྡན་འདས་ཅི་ལགས། རྣམ་པར་ཤེས་པའི་ཁམས་ཤེས་རབ་ཀྱི་ཕ་རོལ་ཏུ་ཕྱིན་པ་ལ་སྐྱོད་དམ། བཅོམ་ལྡན་འདས་ཀྱིས་བཀའ་སྩལ་པ[༢]། རབ་འབྱོར་དེ་ནི་མ་ཡིན་ནོ། །རབ་འབྱོར་གྱིས་གསོལ་པ། བཅོམ་ལྡན་འདས་ཅི་ལགས། མ་རིག་པ་ཤེས་རབ་ཀྱི་ཕ་རོལ་ཏུ་ཕྱིན་པ་ལ་སྐྱོད་དམ། བཅོམ་ལྡན་འདས་ཅི་ལགས། འདུ་བྱེད་ཤེས་རབ་ཀྱི་ཕ་རོལ་ཏུ་ཕྱིན་པ་ལ་སྐྱོད་དམ། བཅོམ་ལྡན་འདས་ཅི་ལགས། རྣམ་པར་ཤེས་པ་ཤེས་རབ་ཀྱི་ཕ་རོལ་ཏུ་ཕྱིན་པ་ལ་སྐྱོད་དམ། བཅོམ་ལྡན་འདས་ཅི་ལགས། མིང་དང་གཟུགས་ཤེས་རབ་ཀྱི་ཕ་རོལ་ཏུ་ཕྱིན་པ་ལ་སྐྱོད་དམ། བཅོམ་ལྡན་འདས་ཅི་ལགས། སྐྱེ་མཆེད་དྲུག་ཤེས་རབ་ཀྱི་ཕ་རོལ་ཏུ་ཕྱིན་པ་ལ་སྐྱོད་དམ། བཅོམ་ལྡན་འདས་ཅི་ལགས། རེག་པ་ཤེས་རབ་ཀྱི་ཕ་རོལ་ཏུ་ཕྱིན་པ་ལ་སྐྱོད་དམ། བཅོམ་ལྡན་འདས་ཅི་ལགས། ཚོར་བ་ཤེས་རབ་ཀྱི་ཕ་རོལ་ཏུ་ཕྱིན་པ་ལ་སྐྱོད་དམ། བཅོམ་ལྡན་འདས་ཅི་ལགས། སྲེད་[༣]པ་ཤེས་རབ་ཀྱི་ཕ་རོལ་ཏུ་ཕྱིན་པ་ལ་སྐྱོད་དམ། བཅོམ་ལྡན་འདས་ཅི་ལགས། ལེན་པ་ཤེས་རབ་ཀྱི་ཕ་རོལ་ཏུ་ཕྱིན་པ་ལ་སྐྱོད་དམ། བཅོམ་ལྡན་འདས་ཅི་ལགས། སྲིད་པ་ཤེས་རབ་ཀྱི་ཕ་རོལ་ཏུ་ཕྱིན་པ་ལ་སྐྱོད་དམ། བཅོམ་ལྡན་འདས་ཅི་ལགས།

སྐྱེ་བ་ཤེས་རབ་ཀྱི་ཕ་རོལ་ཏུ་ཕྱིན་པ་ལ་སྤྱོད་དམ། བཅོམ་ལྡན་འདས་ཅི་ལགས། རྒ་ཤི་ཤེས་རབ་ཀྱི་ཕ་རོལ་ཏུ་ཕྱིན་པ་ལ་སྤྱོད་དམ། བཅོམ་ལྡན་འདས་ཀྱིས་བཀའ་སྩལ་པ། རབ་འབྱོར་དེ་ནི་མ་ཡིན་ནོ། །རབ་འབྱོར་གྱིས་གསོལ་པ། བཅོམ་ལྡན་འདས་ཅི་ལགས། སྦྱིན་པའི་ཕ་རོལ་ཏུ་ཕྱིན་པ་ཤེས་རབ་ཀྱི་ཕ་རོལ་ཏུ་ཕྱིན་པ་ལ་སྤྱོད་དམ། བཅོམ་ལྡན་འདས་ཅི་ལགས། ཚུལ་ཁྲིམས་ཀྱི་ཕ་རོལ་ཏུ་ཕྱིན་པ་ཤེས་རབ་ཀྱི་ཕ་རོལ་ཏུ་ཕྱིན་པ་ལ་སྤྱོད་དམ། བཅོམ་ལྡན་འདས་ཅི་ལགས། བཟོད་པའི་ཕ་རོལ་ཏུ་ཕྱིན་པ་ཤེས་རབ་ཀྱི་ཕ་རོལ་ཏུ་ཕྱིན་པ་ལ་སྤྱོད་དམ། བཅོམ་ལྡན་འདས་ཅི་ལགས། བརྩོན་འགྲུས་ཀྱི་ཕ་རོལ་ཏུ་ཕྱིན་པ་ཤེས་རབ་ཀྱི་ཕ་རོལ་ཏུ་ཕྱིན་པ་ལ་སྤྱོད་དམ། བཅོམ་ལྡན་འདས་ཅི་ལགས། བསམ་གཏན་གྱི་ཕ་རོལ་ཏུ་ཕྱིན་པ་ཤེས་རབ་ཀྱི་ཕ་རོལ་ཏུ་ཕྱིན་པ་ལ་སྤྱོད་དམ། བཅོམ་ལྡན་འདས་ཅི་ལགས། ཤེས་རབ་ཀྱི་ཕ་རོལ་ཏུ་ཕྱིན་པ་ཤེས་རབ་ཀྱི་ཕ་རོལ་ཏུ་ཕྱིན་པ་ལ་སྤྱོད་དམ། བཅོམ་ལྡན་འདས་ཀྱིས་བཀའ་སྩལ་པ། རབ་འབྱོར་དེ་ནི་མ་ཡིན་ནོ། །རབ་འབྱོར་གྱིས་གསོལ་པ། བཅོམ་ལྡན་འདས་ཅི་ལགས། ནང་སྟོང་པ་ཉིད་ཤེས་རབ་ཀྱི་ཕ་རོལ་ཏུ་ཕྱིན་པ་ལ་སྤྱོད་དམ། བཅོམ་ལྡན་འདས་ཅི་ལགས། ཕྱི་སྟོང་པ་ཉིད་ཤེས་རབ་ཀྱི་ཕ་རོལ་ཏུ་ཕྱིན་པ་ལ་སྤྱོད་དམ། བཅོམ་ལྡན་འདས་ཅི་ལགས། ཕྱི་ནང་སྟོང་པ་ཉིད་ཤེས་རབ་ཀྱི་ཕ་རོལ་ཏུ་ཕྱིན་པ་ལ་སྤྱོད་དམ། བཅོམ་ལྡན་འདས་ཅི་ལགས། སྟོང་པ་ཉིད་སྟོང་པ་ཉིད་ཤེས་རབ་ཀྱི་ཕ་རོལ་ཏུ་ཕྱིན་པ་ལ་སྤྱོད་དམ། བཅོམ་ལྡན་འདས་ཅི་ལགས། ཆེན་པོ་སྟོང་པ་ཉིད་ཤེས་རབ་ཀྱི་ཕ་རོལ་ཏུ་ཕྱིན་པ་ལ་སྤྱོད་དམ། བཅོམ་ལྡན་འདས་ཅི་ལགས། དོན་དམ་པ་སྟོང་པ་ཉིད་ཤེས་རབ་ཀྱི་ཕ་རོལ་ཏུ་ཕྱིན་པ་ལ་སྤྱོད་དམ། བཅོམ་ལྡན་འདས་ཅི་ལགས། འདུས་བྱས་སྟོང་པ་ཉིད་ཤེས་རབ་ཀྱི་ཕ་རོལ་ཏུ་ཕྱིན་པ་ལ་

སྤྱོད་དམ། བཅོམ་ལྡན་འདས་ཅི་ལགས། འདུས་མ་བྱས་སྟོང་པ་ཉིད་ཤེས་རབ་ཀྱི་ཕ་རོལ་ཏུ་ཕྱིན་པ་ལ་སྤྱོད་དམ། བཅོམ་ལྡན་འདས་ཅི་ལགས། མཐའ་ལས་འདས་པ་སྟོང་པ་ཉིད་ཤེས་རབ་ཀྱི་ཕ་རོལ་ཏུ་ཕྱིན་པ་ལ་སྤྱོད་དམ། བཅོམ་ལྡན་འདས་ཅི་ལགས། ཐོག་མ་དང་ཐ་མ་མེད་པ། སྟོང་པ་ཉིད་ཤེས་རབ་ཀྱི་ཕ་རོལ་ཏུ་ཕྱིན་པ་ལ་སྤྱོད་དམ། བཅོམ་ལྡན་འདས་ཅི་ལགས། དོར་བ་མེད་པ། སྟོང་པ་ཉིད་ཤེས་རབ་ཀྱི་ཕ་རོལ་ཏུ་ཕྱིན་པ་ལ་སྤྱོད་དམ། བཅོམ་ལྡན་འདས་ཅི་ལགས། རང་བཞིན་སྟོང་པ་ཉིད་ཤེས་རབ་ཀྱི་ཕ་རོལ་ཏུ་ཕྱིན་པ་ལ་སྤྱོད་དམ། བཅོམ་ལྡན་འདས་ཅི་ལགས། ཆོས་ཐམས་ཅད་སྟོང་པ་ཉིད་ཤེས་རབ་ཀྱི་ཕ་རོལ་ཏུ་ཕྱིན་པ་ལ་སྤྱོད་དམ། བཅོམ་ལྡན་འདས་ཅི་ལགས། རང་གི་མཚན་ཉིད་སྟོང་པ་ཉིད་ཤེས་རབ་ཀྱི་ཕ་རོལ་ཏུ་ཕྱིན་པ་ལ་སྤྱོད་དམ། བཅོམ་ལྡན་འདས་ཅི་ལགས། མི་དམིགས་པ་སྟོང་པ་ཉིད་ཤེས་རབ་ཀྱི་ཕ་རོལ་ཏུ་ཕྱིན་པ་ལ་སྤྱོད་དམ། བཅོམ་ལྡན་འདས་ཅི་ལགས། དངོས་པོ་མེད་པ་སྟོང་པ་ཉིད་ཤེས་རབ་ཀྱི་ཕ་རོལ་ཏུ་ཕྱིན་པ་ལ་སྤྱོད་དམ། བཅོམ་ལྡན་འདས་ཅི་ལགས། ངོ་བོ་ཉིད་སྟོང་པ་ཉིད་ཤེས་རབ་ཀྱི་ཕ་རོལ་ཏུ་ཕྱིན་པ་ལ་སྤྱོད་དམ། བཅོམ་ལྡན་འདས་ཅི་ལགས། དངོས་པོ་མེད་པའི་ངོ་བོ་ཉིད་སྟོང་པ་ཉིད་ཤེས་རབ་ཀྱི་ཕ་རོལ་ཏུ་ཕྱིན་པ་ལ་སྤྱོད་དམ། བཅོམ་ལྡན་འདས་ཀྱིས་བཀའ་སྩལ་པ། རབ་འབྱོར་དེ་ནི་མ་ཡིན་ནོ།། རབ་འབྱོར་གྱིས་གསོལ་པ། བཅོམ་ལྡན་འདས་ཅི་ལགས། དྲན་པ་ཉེ་བར་གཞག་པ་བཞི་ཤེས་རབ་ཀྱི་ཕ་རོལ་ཏུ་ཕྱིན་པ་ལ་སྤྱོད་དམ། བཅོམ་ལྡན་འདས་ཅི་ལགས། ཡང་དག་པར་སྤོང་བ་བཞི་ཤེས་རབ་ཀྱི་ཕ་རོལ་ཏུ་ཕྱིན་པ་ལ་སྤྱོད་དམ། བཅོམ་ལྡན་འདས་ཅི་ལགས། རྫུ་འཕྲུལ་གྱི་རྐང་པ་བཞི་ཤེས་རབ་ཀྱི་ཕ་རོལ་ཏུ་ཕྱིན་པ་ལ་སྤྱོད་དམ། བཅོམ་ལྡན་འདས་ཅི་ལགས། དབང་པོ་ལྔ་ཤེས་རབ་ཀྱི་

ཕ་རོལ་ཏུ་ཕྱིན་པ་ལ་སྤྱོད་དམ། བཅོམ་ལྡན་འདས་ཅི་ལགས། སྟོབས་ལྔ་ཞེས་རབ་ཀྱི་ཕ་རོལ་ཏུ་ཕྱིན་པ་ལ་སྤྱོད་དམ། བཅོམ་ལྡན་འདས་ཅི་ལགས། བྱང་ཆུབ་ཀྱི་ཡན་ལག་བདུན་ཞེས་རབ་ཀྱི་ཕ་རོལ་ཏུ་ཕྱིན་པ་ལ་སྤྱོད་དམ། བཅོམ་ལྡན་འདས་ཅི་ལགས། འཕགས་པའི་ལམ་ཡན་ལག་བརྒྱད་པ་ཞེས་རབ་ཀྱི་ཕ་རོལ་ཏུ་ཕྱིན་པ་ལ་སྤྱོད་དམ། བཅོམ་ལྡན་འདས་ཅི་ལགས། འཕགས་པའི་བདེན་པ་བཞི་ཞེས་རབ་ཀྱི་ཕ་རོལ་ཏུ་ཕྱིན་པ་ལ་སྤྱོད་དམ། བཅོམ་ལྡན་འདས་ཅི་ལགས། བསམ་གཏན་བཞི་ཞེས་རབ་ཀྱི་ཕ་རོལ་ཏུ་ཕྱིན་པ་ལ་སྤྱོད་དམ། བཅོམ་ལྡན་འདས་ཅི་ལགས། ཚད་མེད་པ་བཞི་ཞེས་རབ་ཀྱི་ཕ་རོལ་ཏུ་ཕྱིན་པ་ལ་སྤྱོད་དམ། བཅོམ་ལྡན་འདས་ཅི་ལགས། གཟུགས་མེད་པའི་སྙོམས་པར་འཇུག་པ་[༧]བཞི་ཞེས་རབ་ཀྱི་ཕ་རོལ་ཏུ་ཕྱིན་པ་ལ་སྤྱོད་དམ། བཅོམ་ལྡན་འདས་ཅི་ལགས། རྣམ་པར་ཐར་པ་བརྒྱད་ཞེས་རབ་ཀྱི་ཕ་རོལ་ཏུ་ཕྱིན་པ་ལ་སྤྱོད་དམ། བཅོམ་ལྡན་འདས་ཅི་ལགས། མཐར་གྱིས་གནས་པའི་སྙོམས་པར་འཇུག་པ་དགུ་ཞེས་རབ་ཀྱི་ཕ་རོལ་ཏུ་ཕྱིན་པ་ལ་སྤྱོད་དམ། བཅོམ་ལྡན་འདས་ཅི་ལགས། རྣམ་པར་ཐར་པའི་སྒོ་སྟོང་པ་ཉིད་དང་། མཚན་མ་མེད་པ་དང་། སྨོན་པ་མེད་པ་ཞེས་རབ་ཀྱི་ཕ་རོལ་ཏུ་ཕྱིན་པ་ལ་སྤྱོད་དམ། བཅོམ་ལྡན་འདས་ཅི་ལགས། མངོན་པར་ཤེས་པ་རྣམས་ཞེས་རབ་ཀྱི་ཕ་རོལ་ཏུ་ཕྱིན་པ་ལ་སྤྱོད་དམ། བཅོམ་ལྡན་འདས་ཅི་ལགས། ཏིང་ངེ་འཛིན་རྣམས་ཞེས་རབ་ཀྱི་ཕ་རོལ་ཏུ་ཕྱིན་པ་ལ་སྤྱོད་དམ། བཅོམ་ལྡན་འདས་ཅི་ལགས། གཟུངས་ཀྱི་སྒོ་རྣམས་ཞེས་རབ་ཀྱི་ཕ་རོལ་ཏུ་ཕྱིན་པ་ལ་སྤྱོད་དམ། བཅོམ་ལྡན་འདས་ཅི་ལགས། དེ་བཞིན་གཤེགས་པའི་སྟོབས་བཅུ་ཞེས་རབ་ཀྱི་ཕ་རོལ་[༣]ཏུ་ཕྱིན་པ་ལ་སྤྱོད་དམ། བཅོམ་ལྡན་འདས་ཅི་ལགས། མི་འཇིགས་པ་བཞི་ཞེས་རབ་ཀྱི་ཕ་རོལ་ཏུ་ཕྱིན་པ་ལ་སྤྱོད་

དམ། བཅོམ་ལྡན་འདས་ཅི་ལགས། སོ་སོ་ཡང་དག་པར་རིག་པ་བཞི་ཤེས་རབ་ཀྱི་ཕ་རོལ་ཏུ་ཕྱིན་པ་ལ་སྤྱོད་དམ། བཅོམ་ལྡན་འདས་ཅི་ལགས། སྙིང་རྗེ་ཆེན་པོ་ཤེས་རབ་ཀྱི་ཕ་རོལ་ཏུ་ཕྱིན་པ་ལ་སྤྱོད་དམ། བཅོམ་ལྡན་འདས་ཅི་ལགས། སངས་རྒྱས་ཀྱི་ཆོས་མ་འདྲེས་པ་བཅོ་(༧)བརྒྱད་ཤེས་རབ་ཀྱི་ཕ་རོལ་ཏུ་ཕྱིན་པ་ལ་སྤྱོད་དམ། བཅོམ་ལྡན་འདས་ཅི་ལགས། རྒྱུན་ཏུ་ཞུགས་པའི་འབྲས་བུ་ཤེས་རབ་ཀྱི་ཕ་རོལ་ཏུ་ཕྱིན་པ་ལ་སྤྱོད་དམ། བཅོམ་ལྡན་འདས་ཅི་ལགས། ལན་ཅིག་ཕྱིར་འོང་བའི་འབྲས་བུ་ཤེས་རབ་ཀྱི་ཕ་རོལ་ཏུ་ཕྱིན་པ་ལ་སྤྱོད་དམ། བཅོམ་ལྡན་འདས་ཅི་ལགས། ཕྱིར་མི་འོང་བའི་འབྲས་བུ་ཤེས་རབ་ཀྱི་ཕ་རོལ་ཏུ་ཕྱིན་པ་ལ་སྤྱོད་དམ། བཅོམ་ལྡན་འདས་ཅི་ལགས། དགྲ་བཅོམ་པ་ཉིད། ཤེས་རབ་ཀྱི་ཕ་རོལ་ཏུ་ཕྱིན་པ་ལ་སྤྱོད་དམ། བཅོམ་ལྡན་འདས་ཅི་ལགས། རང་བྱང་ཆུབ། ཤེས་རབ་ཀྱི་ཕ་རོལ་ཏུ་ཕྱིན་པ་ལ་སྤྱོད་དམ། བཅོམ་ལྡན་འདས་ཅི་ལགས། ལམ་གྱི་རྣམ་པ་ཤེས་པ་ཉིད་ཤེས་རབ་ཀྱི་ཕ་རོལ་ཏུ་ཕྱིན་པ་ལ་སྤྱོད་དམ། བཅོམ་ལྡན་འདས་ཅི་ལགས། རྣམ་པ་ཐམས་ཅད་མཁྱེན་པ་ཉིད་ཤེས་རབ་ཀྱི་ཕ་རོལ་ཏུ་ཕྱིན་པ་ལ་སྤྱོད་དམ། བཅོམ་ལྡན་འདས་ཀྱིས་བཀའ་སྩལ་པ། རབ་འབྱོར་དེ་ནི་མ་ཡིན་ནོ། །རབ་འབྱོར་གྱིས་གསོལ་པ། བཅོམ་ལྡན་འདས་ཅི་ལགས། གཟུགས་ཀྱི་(༣)སྟོང་པ་ཉིད་དང་། གསོག་ཉིད་དང་། གསོབ་ཉིད་དང་། རག་ལུས་པ་ཉིད་དང་། སྙིང་པོ་མ་མཆིས་པ་ཉིད་དང་། དེ་བཞིན་ཉིད་དང་། མ་ནོར་བ་དེ་བཞིན་ཉིད་དང་། གཞན་མ་ཡིན་པ་དེ་བཞིན་ཉིད་དང་། ཆོས་ཉིད་དང་། ཆོས་ཀྱི་དབྱིངས་དང་། ཆོས་ཀྱི་གནས་ཉིད་དང་། ཆོས་སྐྱོན་མེད་པ་ཉིད་དང་། ཡང་དག་པའི་མཐའ་དང་། བསམ་གྱིས་མི་ཁྱབ་པའི་དབྱིངས་དེ་ཤེས་རབ་ཀྱི་ཕ་རོལ་ཏུ་ཕྱིན་པ་ལ་སྤྱོད་དམ། བཅོམ་ལྡན་འདས་ཅི་

ལགས༔ ཚོར་བའི་སྟོང་པ་ཉིད་དང་། གསོག་ཉིད་དང་། གསོབ་ཉིད་དང་། རག་ལུས་(༡)པ་ཉིད་དང་། སྙིང་པོ་མ་མཆིས་པ་ཉིད་དང་། དེ་བཞིན་ཉིད་དང་། མ་ནོར་བ་དེ་བཞིན་ཉིད་(༢)དང་། གཞན་མ་ཡིན་པ་དེ་བཞིན་ཉིད་དང་། ཆོས་ཉིད་དང་། ཆོས་ཀྱི་དབྱིངས་དང་། ཆོས་ཀྱི་གནས་ཉིད་དང་། ཆོས་སྐྱོན་མེད་པ་ཉིད་དང་། ཡང་དག་པའི་མཐའ་དང་། བསམ་གྱིས་མི་ཁྱབ་པའི་དབྱིངས་དེ་ཤེས་རབ་ཀྱི་ཕ་རོལ་ཏུ་ཕྱིན་པ་ལ་སྤྱོད་དམ། བཅོམ་ལྡན་འདས་ཅི་ལགས༔ འདུ་ཤེས་ཀྱི་སྟོང་པ་ཉིད་དང་། གསོག་ཉིད་དང་། གསོབ་ཉིད་དང་། རག་ལུས་པ་ཉིད་དང་། སྙིང་པོ་མ་མཆིས་པ་ཉིད་དང་། དེ་བཞིན་ཉིད་དང་། མ་ནོར་བ་དེ་བཞིན་(༣)ཉིད་དང་། གཞན་མ་ཡིན་པ་དེ་བཞིན་ཉིད་དང་། ཆོས་ཉིད་དང་། ཆོས་ཀྱི་དབྱིངས་དང་། ཆོས་ཀྱི་གནས་ཉིད་དང་། ཆོས་སྐྱོན་མེད་པ་ཉིད་དང་། ཡང་དག་པའི་མཐའ་དང་། བསམ་གྱིས་མི་ཁྱབ་པའི་དབྱིངས་དེ་ཤེས་རབ་ཀྱི་ཕ་རོལ་ཏུ་ཕྱིན་པ་ལ་སྤྱོད་དམ། བཅོམ་ལྡན་འདས་ཅི་ལགས། འདུ་བྱེད་ཀྱི་སྟོང་པ་ཉིད་དང་། གསོག་ཉིད་དང་། གསོབ་ཉིད་དང་། རག་ལུས་པ་ཉིད་དང་། སྙིང་པོ་མ་མཆིས་པ་ཉིད་དང་། དེ་བཞིན་ཉིད་དང་། མ་ནོར་བ་དེ་བཞིན་ཉིད་དང་། གཞན་མ་ཡིན་པ་དེ་བཞིན་ཉིད་དང་། ཆོས་ཉིད་དང་། ཆོས་ཀྱི་དབྱིངས་དང་། ཆོས་ཀྱི་གནས་ཉིད་དང་། ཆོས་སྐྱོན་མེད་པ་ཉིད་དང་། ཡང་དག་པའི་མཐའ་དང་། བསམ་གྱིས་མི་ཁྱབ་པའི་དབྱིངས་དེ་ཤེས་རབ་ཀྱི་ཕ་རོལ་ཏུ་ཕྱིན་པ་ལ་སྤྱོད་དམ། ༑བཅོམ་ལྡན་འདས་ཅི་ལགས། རྣམ་པར་ཤེས་པའི་སྟོང་པ་ཉིད་དང་། གསོག་ཉིད་དང་། གསོབ་ཉིད་དང་། རག་ལུས་པ་ཉིད་དང་། སྙིང་པོ་མ་མཆིས་པ་ཉིད་དང་། དེ་བཞིན་ཉིད་དང་། མ་ནོར་བ་དེ་བཞིན་ཉིད་དང་།

གཞན་མ་ཡིན་པ་དེ་བཞིན་ཉིད་དང་། ཆོས་ཉིད་དང་། ཆོས་ཀྱི་དབྱིངས་དང་། ཆོས་ཀྱི་གནས་ཉིད་དང་། ཆོས་སྐྱོན་མེད་པ་ཉིད་དང་། ཡང་དག་པའི་མཐའ་དང་། བསམ་གྱིས་མི་ཁྱབ་པའི་དབྱིངས་དེ་ཤེས་རབ་ཀྱི་ཕ་རོལ་ཏུ་ཕྱིན་པ་ལ···· སྤྱོད་དམ། བཅོམ་ལྡན་འདས་ཀྱིས་བཀའ་སྩལ་པ། རབ་འབྱོར་དེ་ནི་མ་ཡིན་ནོ། །རབ་འབྱོར་གྱིས་གསོལ་པ། བཅོམ་ལྡན་འདས་ཅི་ལགས། མྱིག་གི··· སྟོང་པ་ཉིད་དང་། གསོག་ཉིད་དང་། གསོབ་ཉིད་དང་། རག་ལུས་པ་ཉིད་དང་། སྙིང་པོ་མ་མཆིས་པ་ཉིད་དང་། དེ་བཞིན་ཉིད་དང་། མ་ནོར་བ་དེ་བཞིན་ཉིད་དང་། གཞན་མ་ཡིན་པ་དེ་བཞིན་ཉིད་དང་། ཆོས་ཉིད་དང་། ཆོས་ཀྱི་དབྱིངས་དང་། ཆོས་ཀྱི་གནས་ཉིད་དང་། ཆོས་སྐྱོན་མྱེད་པ་ཉིད་དང་། ཡང་དག་པའི་མཐའ་དང་། བསམ་གྱིས་མི་ཁྱབ་པའི་དབྱིངས་དེ་ཤེས་རབ་ཀྱི་ཕ་རོལ་ཏུ་ཕྱིན་པ་ལ་སྤྱོད་དམ། བཅོམ་ལྡན་འདས་ཅི་ལགས། རྣ་བའི་སྟོང་པ་ཉིད་དང་། གསོག་ཉིད་དང་། གསོབ་ཉིད་དང་། རག་ལུས་པ་ཉིད་དང་། སྙིང་པོ་མ་མཆིས་པ་ཉིད་དང་། དེ་བཞིན་ཉིད་དང་། མ་ནོར་བ་དེ་བཞིན་ཉིད་དང་། གཞན་མ་ཡིན་པ་དེ་བཞིན་ཉིད་དང་། ཆོས་ཉིད་དང་། ཆོས་ཀྱི་དབྱིངས་དང་། ཆོས་ཀྱི་གནས་ཉིད་དང་། ཆོས་སྐྱོན་མེད་པ་ཉིད་དང་། ཡང་དག་པའི་མཐའ་དང་། བསམ་གྱིས་མྱི་ཁྱབ་པའི་དབྱིངས་དེ་ཤེས་རབ་ཀྱི་ཕ་རོལ་ཏུ་ཕྱིན་པ་ལ་སྤྱོད་དམ། བཅོམ་ལྡན་འདས་ཅི་ལགས། སྣའི་སྟོང་པ་ཉིད་དང་། གསོག་ཉིད་དང་། གསོབ་ཉིད་དང་། རག་ལུས་པ་ཉིད་དང་། སྙིང་པོ་མ་མཆིས་པ་ཉིད་དང་། དེ་བཞིན་ཉིད་དང་། མ་ནོར་བ་དེ་བཞིན་ཉིད་དང་། གཞན་མ་ཡིན་པ་དེ་བཞིན་ཉིད་དང་། ཆོས་ཉིད་དང་། ཆོས་ཀྱི་དབྱིངས་དང་། ཆོས་ཀྱི་གནས་ཉིད་དང་། ཆོས་སྐྱོན་མེད་པ་ཉིད་དང་།

ཡང་དག་པའི་མཐའ་དང་། བསམ་གྱིས་མྱི་ཁྱབ་པའི་དབྱིངས་དེ་ཤེས་རབ་ཀྱི་ཕ་
རོལ་ཏུ་ཕྱིན་པ་ལ་སྤྱོད་དམ། བཅོམ་ལྡན་འདས་ཅི་ལགས། ལྕེའི་སྟོང་པ་ཉིད་
དང་། གསོག་ཉིད་དང་། གསོབ་ཉིད་དང་། རག་ལུས་པ་ཉིད་དང་།
སྙིང་པོ་མ་མཆིས་པ་ཉིད་དང་། དེ་བཞིན་ཉིད་དང་། མ་ནོར་བ་དེ་བཞིན་
ཉིད་དང་། གཞན་མ་ཡིན་པ་དེ་བཞིན་ཉིད་དང་། ཆོས་ཉིད་དང་། ཆོས་
ཀྱི་དབྱིངས་དང་། ཆོས་ཀྱི་གནས་ཉིད་དང་། ཆོས་སྐྱོན་མྱེད་པ་ཉིད་དང་།
ཡང་དག་པའི་མཐའ་དང་། བསམ་གྱིས་མྱི་ཁྱབ་པའི་དབྱིངས་དེ་ཤེས་རབ་ཀྱི་ཕ་
རོལ་ཏུ་ཕྱིན་པ་ལ་སྤྱོད་དམ། བཅོམ་ལྡན་འདས་ཅི་ལགས། ལུས་ཀྱི་སྟོང་པ་
ཉིད་དང་། གསོག་ཉིད་དང་། གསོབ་ཉིད་དང་། རག་ལུས་པ་ཉིད་དང་།
སྙིང་པོ་མ་མཆིས་པ་ཉིད་དང་། དེ་བཞིན་ཉིད་དང་། མ་ནོར་བ་དེ་བཞིན་
ཉིད་དང་། གཞན་མ་ཡིན་པ་དེ་བཞིན་ཉིད་དང་། ཆོས་ཉིད་དང་། ཆོས་
ཀྱི་དབྱིངས་དང་། ཆོས་ཀྱི་གནས་ཉིད་དང་། ཆོས་སྐྱོན་མྱེད་པ་ཉིད་①དང་།
ཡང་དག་པའི་མཐའ་དང་། བསམ་གྱིས་མྱི་ཁྱབ་པའི་དབྱིངས་དེ་ཤེས་རབ་ཀྱི་ཕ་
རོལ་ཏུ་ཕྱིན་པ་ལ་སྤྱོད་དམ། བཅོམ་ལྡན་འདས་ཅི་ལགས། ཡིད་ཀྱི་སྟོང་པ་
ཉིད་དང་། གསོག་ཉིད་དང་། གསོབ་ཉིད་དང་། རག་ལུས་པ་ཉིད་དང་།
སྙིང་པོ་མ་མཆིས་པ་ཉིད་དང་། དེ་བཞིན་ཉིད་དང་། མ་ནོར་བ་དེ་བཞིན་
ཉིད་དང་། གཞན་མ་ཡིན་པ་དེ་བཞིན་ཉིད་དང་། ཆོས་ཉིད་དང་། ཆོས་
ཀྱི་དབྱིངས་དང་། ཆོས་ཀྱི་གནས་ཉིད་དང་། ཆོས་སྐྱོན་མེད་པ་ཉིད་དང་།
ཡང་དག་པའི་②མཐའ་དང་། བསམ་གྱིས་མི་ཁྱབ་པའི་དབྱིངས་དེ་ཤེས་རབ་ཀྱི་
ཕ་རོལ་ཏུ་ཕྱིན་པ་ལ་སྤྱོད་དམ། བཅོམ་ལྡན་འདས་ཀྱིས་བཀའ་སྩལ་པ། རབ་
འབྱོར་དེ་ནི་མ་ཡིན་ནོ། །རབ་འབྱོར་གྱིས་གསོལ་པ། བཅོམ་ལྡན་འདས་ཅི

ལགས། གཟུགས་ཀྱི་སྟོང་པ་ཉིད་དང་། གསོག་ཉིད་དང་། གསོབ་ཉིད་··· དང་། རག་ལུས་པ་ཉིད་དང་། སྙིང་པོ་མ་མཆིས་པ་ཉིད་དང་། དེ་བཞིན་ཉིད་དང་། མ་ནོར་བ་དེ་བཞིན་ཉིད་དང་། གཞན་མ་ཡིན་པ་དེ་བཞིན་ཉིད་དང་། ཆོས་ཉིད་དང་། ཆོས་ཀྱི་དབྱིངས་དང་། ཆོས་ཀྱི་གནས་ཉིད་དང་། ཆོས་སྐྱོན་མེད་པ་ཉིད་དང་། ཡང་དག་པའི་མཐའ་དང་། བསམ་གྱིས་མི་ཁྱབ་པའི་དབྱིངས་དེ་ཤེས་རབ་ཀྱི་ཕ་རོལ་ཏུ་ཕྱིན་པ་ལ་སྤྱོད་དམ། བཅོམ་ལྡན་འདས་ཅི་ལགས། སྒྲའི་སྟོང་པ་ཉིད་དང་། གསོག་ཉིད་དང་། གསོབ་ཉིད་དང་། རག་ལུས་པ་ཉིད་དང་། སྙིང་པོ་མ་མཆིས་པ་ཉིད་དང་། དེ་བཞིན་ཉིད་དང་། མ་ནོར་བ་དེ་བཞིན་ཉིད་དང་། གཞན་མ་ཡིན་པ་དེ་བཞིན་ཉིད་དང་། ཆོས་ཉིད་དང་། ཆོས་ཀྱི་དབྱིངས་དང་། ཆོས་ཀྱི་གནས་ཉིད་དང་། ཆོས་སྐྱོན··· མེད་པ་ཉིད་དང་། ཡང་དག་པའི་མཐའ་དང་། བསམ་གྱིས་མི་ཁྱབ་པའི་དབྱིངས་དེ་ཤེས་རབ་ཀྱི་ཕ་རོལ་ཏུ་ཕྱིན་པ་ལ་སྤྱོད་དམ། བཅོམ་ལྡན་འདས་ཅི··· ལགས། དྲིའི་[1]སྟོང་པ་ཉིད་དང་། གསོག་ཉིད་དང་། གསོབ་ཉིད་དང་། རག་ལུས་པ་ཉིད་དང་། སྙིང་པོ་མ་མཆིས་པ་ཉིད་དང་། དེ་བཞིན་ཉིད་དང་། མ་ནོར་བ་དེ་བཞིན་ཉིད་དང་། གཞན་མ་ཡིན་པ་དེ་བཞིན་ཉིད་དང་། ཆོས་ཉིད་དང་། ཆོས་ཀྱི་དབྱིངས་དང་། ཆོས་ཀྱི་གནས་ཉིད་དང་། ཆོས་སྐྱོན··· མེད་པ་ཉིད་དང་། ཡང་དག་པའི་མཐའ་དང་། བསམ་གྱིས་མི་ཁྱབ་པའི་དབྱིངས་དེ་ཤེས་རབ་ཀྱི་ཕ་རོལ་ཏུ་ཕྱིན་པ་ལ་སྤྱོད་དམ། བཅོམ་ལྡན་འདས་ཅི··· ལགས། རོའི་[2]སྟོང་པ་ཉིད་དང་། གསོག་ཉིད་དང་། གསོབ་ཉིད་དང་། རག་ལུས་པ་ཉིད་དང་། སྙིང་པོ་མ་མཆིས་པ་ཉིད་དང་། དེ་བཞིན་ཉིད་དང་། མ་ནོར་བ་དེ་བཞིན་ཉིད་དང་། གཞན་མ་ཡིན་པ་དེ་བཞིན་ཉིད་དང་། ཆོས···

ཉིད་དང་། ཆོས་ཀྱི་དབྱིངས་དང་། ཆོས་ཀྱི་གནས་ཉིད་དང་། ཆོས་སྐྱོན་མེད་པ་ཉིད་དང་། ཡང་དག་པའི་མཐའ་དང་། བསམ་གྱིས་མི་ཁྱབ་པའི་དབྱིངས་དེ་ཤེས་རབ་ཀྱི་ཕ་རོལ་ཏུ་ཕྱིན་པ་ལ་སྦྱོད་དམ། བཅོམ་ལྡན་འདས་ཅི་ལགས། རེག་གི་སྟོང་པ་ཉིད་དང་། གསོག་ཉིད་དང་། གསོབ་ཉིད་དང་། རག་ལུས་པ་ཉིད་དང་། སྙིང་པོ་མ་མཆིས་པ་ཉིད་དང་། དེ་བཞིན་ཉིད་དང་། མ་ནོར་བ་དེ་བཞིན་ཉིད་དང་། གཞན་མ་ཡིན་པ་དེ་བཞིན་ཉིད་དང་། ཆོས་ཉིད་དང་། ཆོས་ཀྱི་དབྱིངས་དང་། ཆོས་ཀྱི་གནས་ཉིད་དང་། ཆོས་སྐྱོན་མྱེད་པ་ཉིད་དང་། ཡང་དག་པའི་མཐའ་དང་། བསམ་གྱིས་མྱི་ཁྱབ་པའི་དབྱིངས་དེ་ཤེས་རབ་ཀྱི་ཕ་རོལ་ཏུ་ཕྱིན་པ་ལ་སྦྱོད་དམ། བཅོམ་ལྡན་འདས་ཅི་ལགས། ཆོས་ཀྱི་སྟོང་པ་ཉིད་དང་། གསོག་ཉིད་དང་། གསོབ་ཉིད་དང་། རག་ལུས་པ་ཉིད་དང་། སྙིང་པོ་མ་མཆིས་པ་ཉིད་དང་། དེ་བཞིན་ཉིད་དང་། མ་ནོར་བ་དེ་བཞིན་ཉིད་དང་། གཞན་མ་ཡིན་པ་དེ་བཞིན་ཉིད་དང་། ཆོས་ཉིད་དང་། ཆོས་ཀྱི་དབྱིངས་དང་། ཆོས་ཀྱི་གནས་ཉིད་དང་། ཆོས་སྐྱོན་མྱེད་པ་ཉིད་དང་། ཡང་དག་པའི་མཐའ་དང་། བསམ་གྱིས་མྱི་ཁྱབ་པའི་དབྱིངས་དེ་ཤེས་རབ་ཀྱི་ཕ་རོལ་ཏུ་ཕྱིན་པ་ལ་སྦྱོད་དམ། བཅོམ་ལྡན་འདས་ཀྱིས་[7]བཀའ་སྩལ་པ། རབ་འབྱོར་དེ་ནི་མ་ཡིན་ནོ། །རབ་འབྱོར་གྱིས་གསོལ་པ། བཅོམ་ལྡན་འདས་ཅི་ལགས། མྱིག་གི་རྣམ་པར་ཤེས་པའི་སྟོང་པ་ཉིད་དང་། གསོག་ཉིད་དང་། གསོབ་ཉིད་དང་། རག་ལུས་པ་ཉིད་དང་། སྙིང་པོ་མ་མཆིས་པ་ཉིད་དང་། དེ་བཞིན་ཉིད་དང་། མ་ནོར་བ་དེ་བཞིན་ཉིད་དང་། གཞན་མ་ཡིན་པ་དེ་བཞིན་ཉིད་དང་། ཆོས་ཉིད་དང་། ཆོས་ཀྱི་དབྱིངས་དང་། ཆོས་ཀྱི་གནས་ཉིད་དང་། ཆོས་སྐྱོན་མྱེད་པ་ཉིད་དང་།

ཡང་དག་པའི་མཐའ་དང་། བསམ་གྱིས་མི་ཁྱབ་པའི་དབྱིངས་དེ་ཤེས་རབ་ཀྱི་ཕ་རོལ་ཏུ་ཕྱིན་པ་ལ་སྤྱོད་དམ། བཅོམ་ལྡན་འདས་ཅི་ལགས། རྣ་བའི་རྣམ་པར་ཤེས་པའི་སྟོང་པ་ཉིད་དང་། གསོག་ཉིད་དང་། གསོབ་ཉིད་དང་། རག་ལུས་པ་ཉིད་དང་། སྙིང་པོ་མ་མཆིས་པ་ཉིད་དང་། དེ་བཞིན་ཉིད་དང་། མ་ནོར་བ་དེ་བཞིན་ཉིད་དང་། གཞན་མ་ཡིན་པ་དེ་བཞིན་ཉིད་དང་། ཆོས་ཉིད་དང་། ཆོས་ཀྱི་དབྱིངས་དང་། ཆོས་ཀྱི་གནས་ཉིད་དང་། ཆོས་སྐྱོན་མེད་པ་ཉིད་དང་། ཡང་དག་པའི་མཐའ་དང་། བསམ་གྱིས་མི་ཁྱབ་པའི་དབྱིངས་དེ་ཤེས་རབ་ཀྱི་ཕ་རོལ་ཏུ་ཕྱིན་པ་ལ་སྤྱོད་དམ། བཅོམ་ལྡན་འདས་ཅི་ལགས། སྣའི་རྣམ་པར་ཤེས་པའི་སྟོང་པ་ཉིད་དང་། གསོག་ཉིད་དང་། གསོབ་ཉིད་དང་། རག་ལུས་པ་ཉིད་དང་། སྙིང་པོ་མ་མཆིས་པ་ཉིད་དང་། དེ་བཞིན་ཉིད་དང་། མ་ནོར་བ་དེ་བཞིན་ཉིད་དང་། གཞན་མ་ཡིན་པ་དེ་བཞིན་ཉིད་དང་། ཆོས་ཉིད་དང་། ཆོས་ཀྱི་དབྱིངས་དང་། ཆོས་ཀྱི་གནས་ཉིད་དང་། ཆོས་སྐྱོན་མེད་པ་ཉིད་དང་། ཡང་དག་པའི་མཐའ་དང་། བསམ་གྱིས་མི་ཁྱབ་པའི་དབྱིངས་དེ་ཤེས་རབ་ཀྱི་ཕ་རོལ་ཏུ་ཕྱིན་པ་ལ་སྤྱོད་དམ། བཅོམ་ལྡན་འདས་ཅི་ལགས། ལྕེའི་རྣམ་པར་ཤེས་པའི་སྟོང་པ་ཉིད་དང་། གསོག་ཉིད་དང་། གསོབ་ཉིད་དང་། རག་ལུས་པ་ཉིད་དང་། སྙིང་པོ་མ་མཆིས་པ་ཉིད་དང་། དེ་བཞིན་ཉིད་དང་། མ་ནོར་བ་དེ་བཞིན་ཉིད་དང་། གཞན་མ་ཡིན་པ་དེ་བཞིན་ཉིད་དང་། ཆོས་ཉིད་དང་། ཆོས་ཀྱི་དབྱིངས་དང་། ཆོས་ཀྱི་གནས་ཉིད་དང་། ཆོས་སྐྱོན་མེད་པ་ཉིད་དང་། ཡང་དག་པའི་མཐའ་དང་། བསམ་གྱིས་མི་ཁྱབ་པའི་དབྱིངས་དེ་ཤེས་རབ་ཀྱི་ཕ་རོལ་ཏུ་ཕྱིན་པ་ལ་སྤྱོད་དམ། བཅོམ་ལྡན་འདས་ཅི་ལགས། ལུས་ཀྱི་རྣམ་པར་ཤེས་པའི་

སྟོང་པ་ཉིད་དང་། གསོག་ཉིད་དང་། གསོབ་ཉིད་དང་། རག་ལུས་པ་ཉིད་དང་། སྙིང་པོ་མ་མཆིས་པ་ཉིད་དང་། དེ་བཞིན་ཉིད་དང་། མ་ནོར་བ་དེ་བཞིན་ཉིད་དང་། གཞན་མ་ཡིན་པ་དེ་བཞིན་ཉིད་དང་། ཆོས་ཉིད་དང་། ཆོས་ཀྱི་དབྱིངས་དང་། ཆོས་ཀྱི་གནས་ཉིད་དང་། ཆོས་སྐྱོན་མྱེད་པ་ཉིད་དང་། ཡང་དག་པའི་མཐའ་དང་།⑴ བསམ་གྱིས་མྱི་ཁྱབ་པའི་དབྱིངས་དེ་ཤེས་རབ་ཀྱི་ཕ་རོལ་ཏུ་ཕྱིན་པ་ལ་སྤྱོད་དམ། བཅོམ་ལྡན་འདས་ཅི་ལགས། ཡིད་ཀྱི་རྣམ་པར་ཤེས་པའི་སྟོང་པ་ཉིད་དང་། གསོག་ཉིད་དང་། གསོབ་ཉིད་དང་། རག་ལུས་པ་ཉིད་དང་། སྙིང་པོ་མ་མཆིས་པ་ཉིད་དང་། དེ་བཞིན་ཉིད་དང་། མ་ནོར་བ་དེ་བཞིན་ཉིད་དང་། གཞན་མ་ཡིན་པ་དེ་བཞིན་ཉིད་དང་། ཆོས་ཉིད་དང་། ཆོས་ཀྱི་དབྱིངས་དང་། ⑵ཆོས་ཀྱི་གནས་ཉིད་དང་། ཆོས་སྐྱོན་མེད་པ་ཉིད་དང་། ཡང་དག་པའི་མཐའ་དང་། བསམ་གྱིས་མི་ཁྱབ་པའི་དབྱིངས་དེ་ཤེས་རབ་ཀྱི་ཕ་རོལ་ཏུ་ཕྱིན་པ་ལ་སྤྱོད་དམ། བཅོམ་ལྡན་འདས་ཀྱིས་བཀའ་སྩལ་པ། རབ་འབྱོར་དེ་ནི་མ་ཡིན་ནོ། །རབ་འབྱོར་གྱིས་གསོལ་པ། བཅོམ་ལྡན་འདས་ཅི་ལགས། མིག་གི་འདུས་ཏེ་རེག་པའི་སྟོང་པ་ཉིད་དང་། གསོག་ཉིད་དང་། གསོབ་ཉིད་དང་། རག་ལུས་པ་ཉིད་དང་། སྙིང་པོ་མ་མཆིས་པ་ཉིད་དང་། དེ་བཞིན་ཉིད་དང་། མ་ནོར་བ་དེ་བཞིན་ཉིད་དང་། གཞན་མ་ཡིན་པ་དེ་བཞིན་ཉིད་དང་། ཆོས་ཉིད་དང་། ཆོས་ཀྱི་དབྱིངས་དང་། ཆོས་ཀྱི་གནས་ཉིད་དང་། ཆོས་སྐྱོན་མེད་པ་ཉིད་དང་། ཡང་དག་པའི་མཐའ་དང་། བསམ་གྱིས་མྱི་ཁྱབ་པའི་དབྱིངས་དེ་ཤེས་རབ་ཀྱི་ཕ་རོལ་ཏུ་ཕྱིན་པ་ལ་སྤྱོད་དམ། བཅོམ་ལྡན་འདས་ཅི་ལགས། རྣ་བའི་འདུས་ཏེ་རེག་པའི་སྟོང་པ་ཉིད་དང་། གསོག་ཉིད་དང་། གསོབ་ཉིད་དང་། རག་ལུས་པ་ཉིད་དང་།

སྙིང་པོ་མ་མཆིས་པ་ཉིད་དང་། དེ་བཞིན་ཉིད་དང་། མ་ནོར་བ་དེ་བཞིན་
ཉིད་དང་། གཞན་མ་ཡིན་པ་དེ་བཞིན་ཉིད་དང་། ཆོས་ཉིད་དང་། ཆོས་
ཀྱི་དབྱིངས་དང་། ཆོས་ཀྱི་གནས་ཉིད་དང་། ཆོས་སྐྱོན་མེད་པ་ཉིད་དང་།
ཡང་དག་པའི་མཐའ་དང་། བསམ་གྱིས་མི་ཁྱབ་པའི་དབྱིངས་དེ་ཤེས་རབ་ཀྱི་
ཕ་རོལ་ཏུ་ཕྱིན་པ་ལ་སྤྱོད་དམ། བཅོམ་ལྡན་འདས་ཅི་ལགས། སྣའི་འདུས་ཏེ་
རེག་པའི་སྟོང་པ་ཉིད་དང་། གསོག་ཉིད་དང་། གསོབ་ཉིད་དང་། རག་
ལུས་པ་ཉིད་དང་། སྙིང་པོ་མ་མཆིས་པ་ཉིད་དང་། དེ་བཞིན་ཉིད་དང་།
མ་ནོར་བ་དེ་བཞིན་ཉིད་དང་། གཞན་མ་ཡིན་པ་དེ་བཞིན་ཉིད་དང་། ཆོས་
ཉིད་དང་། ཆོས་ཀྱི་དབྱིངས་དང་། ཆོས་ཀྱི་གནས་ཉིད་དང་། ཆོས་སྐྱོན་
མྱེད་པ་ཉིད་དང་། ཡང་དག་པའི་མཐའ་དང་། བསམ་གྱིས་མི་ཁྱབ་པའི་
དབྱིངས་དེ་ཤེས་རབ་ཀྱི་ཕ་རོལ་ཏུ་ཕྱིན་པ་ལ་སྤྱོད་དམ། བཅོམ་ལྡན་འདས་ཅི་
ལགས། ལྕེའི་འདུས་ཏེ་རེག་པའི་སྟོང་པ་ཉིད་དང་། གསོག་ཉིད་དང་།
གསོབ་ཉིད་དང་། རག་ལུས་པ་ཉིད་དང་། སྙིང་པོ་མ་མཆིས་པ་ཉིད་དང་།
དེ་བཞིན་ཉིད་དང་། མ་ནོར་བ་དེ་བཞིན་ཉིད་དང་། གཞན་མ་ཡིན་པ་དེ་
བཞིན་ཉིད་དང་། ཆོས་ཉིད་དང་། ཆོས་ཀྱི་དབྱིངས་དང་། ཆོས་ཀྱི་གནས་
ཉིད་དང་། ཆོས་སྐྱོན་མྱེད་པ་ཉིད་དང་། ཡང་དག་པའི་མཐའ་དང་།
བསམ་གྱིས་མྱི་ཁྱབ་པའི་དབྱིངས་དེ་ཤེས་རབ་ཀྱི་ཕ་རོལ་ཏུ་ཕྱིན་པ་ལ་སྤྱོད་དམ།
བཅོམ་ལྡན་འདས་ཅི་ལགས། ལུས་ཀྱི་འདུས་ཏེ་རེག་པའི་སྟོང་པ་ཉིད་དང་།
གསོག་ཉིད་དང་། གསོབ་ཉིད་དང་། རག་ལུས་པ་ཉིད་དང་། སྙིང་པོ་མ་
མཆིས་པ་ཉིད་དང་། དེ་བཞིན་ཉིད་དང་། མ་ནོར་བ་དེ་བཞིན་ཉིད་དང་།
གཞན་མ་ཡིན་པ་དེ་བཞིན་ཉིད་དང་། ཆོས་ཉིད་དང་། ཆོས་ཀྱི་དབྱིངས་དང་།

ཆོས་ཀྱི་གནས་ཉིད་དང་། ཆོས་སྐྱོན་མེད་པ་ཉིད་དང་། ཡང་དག་པའི་མཐའ་དང་། བསམ་གྱིས་མི་ཁྱབ་པའི་དབྱིངས་དེ་ཤེས་རབ་ཀྱི་ཕ་རོལ་ཏུ་ཕྱིན་པ་ལ་སྤྱོད་དམ། བཅོམ་ལྡན་འདས་ཅི་ལགས། ཡིད་ཀྱི་འདུས་ཏེ་རེག་པའི་སྟོང་པ་ཉིད་དང་། གསོག་ཉིད་དང་། གསོབ་ཉིད་དང་། རག་ལུས་པ་ཉིད་དང་། སྙིང་པོ་མ་མཆིས་པ་ཉིད་དང་། དེ་བཞིན་ཉིད་དང་། མ་ནོར་བ་དེ་བཞིན་ཉིད་དང་། གཞན་མ་ཡིན་པ་དེ་བཞིན་ཉིད་དང་། ཆོས་ཉིད་དང་། ཆོས་ཀྱི་དབྱིངས་དང་། ཆོས་ཀྱི་གནས་ཉིད་དང་། ཆོས་སྐྱོན་མེད་པ་ཉིད་དང་། ཡང་དག་པའི་མཐའ་དང་། བསམ་གྱིས་མི་ཁྱབ་པའི་དབྱིངས་དེ་ཤེས་རབ་ཀྱི་ཕ་རོལ་ཏུ་ཕྱིན་པ་ལ་སྤྱོད་དམ། བཅོམ་ལྡན་འདས་ཀྱིས་བཀའ་སྩལ་པ། རབ་འབྱོར་དེ་ནི་མ་ཡིན་ནོ། །རབ་འབྱོར་གྱིས་གསོལ་པ། བཅོམ་ལྡན་འདས་ཅི་ལགས། མིག་གི་འདུས་ཏེ་རེག་པའི་རྐྱེན་གྱིས་ཚོར་བའི་སྟོང་པ་ཉིད་དང་། གསོག་ཉིད་དང་། གསོབ་ཉིད་དང་། རག་ལུས་པ་ཉིད་དང་། སྙིང་པོ་མ་མཆིས་པ་ཉིད་དང་། དེ་བཞིན་ཉིད་དང་། མ་ནོར་བ་དེ་བཞིན་ཉིད་དང་། གཞན་མ་ཡིན་པ་དེ་བཞིན་ཉིད་དང་། ཆོས་ཉིད་དང་། ཆོས་ཀྱི་དབྱིངས་དང་། ཆོས་ཀྱི་གནས་ཉིད་དང་། ཆོས་སྐྱོན་མེད་པ་ཉིད་དང་། ཡང་དག་པའི་མཐའ་དང་། བསམ་གྱིས་མི་ཁྱབ་པའི་དབྱིངས་དེ་ཤེས་རབ་ཀྱི་ཕ་རོལ་ཏུ་ཕྱིན་པ་ལ་སྤྱོད་དམ། བཅོམ་ལྡན་འདས་ཅི་ལགས། རྣ་བའི་འདུས་ཏེ་རེག་པའི་རྐྱེན་གྱིས་ཚོར་བའི་སྟོང་པ་ཉིད་དང་། གསོག་ཉིད་དང་། གསོབ་ཉིད་དང་། རག་ལུས་པ་ཉིད་དང་། སྙིང་པོ་མ་མཆིས་པ་ཉིད་དང་། དེ་བཞིན་ཉིད་དང་། མ་ནོར་བ་དེ་བཞིན་ཉིད་དང་། གཞན་མ་ཡིན་པ་དེ་བཞིན་ཉིད་དང་། ཆོས་ཉིད་དང་། ཆོས་ཀྱི་དབྱིངས་དང་། ཆོས་ཀྱི་གནས་ཉིད་དང་། ཆོས་སྐྱོན་

མེད་པ་ཉིད་དང་། ཡང་དག་པའི་མཐའ་དང་། བསམ་གྱིས་མི་ཁྱབ་པའི་དབྱིངས་དེ་ཤེས་རབ་ཀྱི་ཕ་རོལ་ཏུ་ཕྱིན་པ་ལ་སྤྱོད་དམ། བཅོམ་ལྡན་འདས་ཅི་ལགས། སྣའི་འདུས་ཏེ་རེག་པའི་རྐྱེན་གྱིས་ཚོར་བའི་སྟོང་པ་ཉིད་དང་། གསོག་ཉིད་དང་། གསོབ་ཉིད་དང་། རག་ལུས་པ་ཉིད་དང་། སྙིང་པོ་མ་མཆིས་པ་ཉིད་དང་། དེ་བཞིན་ཉིད་དང་། མ་ནོར་བ་དེ་བཞིན་ཉིད་དང་། གཞན་མ་ཡིན་པ་དེ་བཞིན་ཉིད་དང་། ཆོས་ཉིད་དང་། ཆོས་ཀྱི་དབྱིངས་དང་། ཆོས་ཀྱི་གནས་ཉིད་དང་། ཆོས་སྐྱོན་མྱེད་པ་ཉིད་དང་། ཡང་དག་པའི་མཐའ་དང་། བསམ་གྱིས་མྱི་ཁྱབ་པའི་དབྱིངས་དེ་ཤེས་རབ་ཀྱི་ཕ་རོལ་ཏུ་ཕྱིན་པ་ལ་སྤྱོད་དམ། བཅོམ་ལྡན་འདས་ཅི་ལགས། ལྗེའི་འདུས་ཏེ་རེག་པའི་རྐྱེན་གྱིས་ཚོར་བའི་སྟོང་པ་ཉིད་དང་། གསོག་ཉིད་དང་། གསོབ་ཉིད་དང་། རག་ལུས་པ་ཉིད་དང་། སྙིང་པོ་མ་མཆིས་པ་ཉིད་དང་། དེ་བཞིན་ཉིད་དང་། མ་ནོར་བ་དེ་བཞིན་ཉིད་དང་། གཞན་མ་ཡིན་པ་དེ་བཞིན་ཉིད་དང་། ཆོས་ཉིད་དང་། ཆོས་ཀྱི་དབྱིངས་དང་། ཆོས་ཀྱི་གནས་ཉིད་དང་། ཆོས་སྐྱོན་མྱེད་པ་ཉིད་དང་། ཡང་དག་པའི་མཐའ་དང་། བསམ་གྱིས་མྱི་ཁྱབ་པའི་དབྱིངས་དེ་ཤེས་རབ་ཀྱི་ཕ་རོལ་ཏུ་ཕྱིན་པ་ལ་སྤྱོད་དམ། བཅོམ་ལྡན་འདས་ཅི་ལགས། ལུས་ཀྱི་འདུས་ཏེ་རེག་པའི་རྐྱེན་གྱིས་ཚོར་བའི་སྟོང་པ་ཉིད་དང་། གསོག་ཉིད་དང་། གསོབ་ཉིད་དང་། རག་ལུས་པ་ཉིད་དང་། སྙིང་པོ་མ་མཆིས་པ་ཉིད་དང་། དེ་བཞིན་ཉིད་དང་། མ་ནོར་བ་དེ་བཞིན་ཉིད་དང་། གཞན་མ་ཡིན་པ་དེ་བཞིན་ཉིད་དང་། ཆོས་ཉིད་དང་། ཆོས་ཀྱི་དབྱིངས་དང་། ཆོས་ཀྱི་གནས་ཉིད་དང་། ཆོས་སྐྱོན་མྱེད་པ་ཉིད་དང་། ཡང་དག་པའི་མཐའ་དང་། བསམ་གྱིས་མྱི་ཁྱབ་པའི་དབྱིངས་དེ་ཤེས་རབ་ཀྱི་ཕ་རོལ་ཏུ་ཕྱིན་པ་ལ་

སྤྱོད་དམ། བཅོམ་ལྡན་འདས་ཅི་ལགས། ཡིད་ཀྱི་འདུས་ཏེ་རེག་པའི་རྐྱེན་གྱིས་ཚོར་བའི་སྟོང་པ་ཉིད་དང་། གསོག་ཉིད་དང་། གསོབ་ཉིད་དང་། རག་ལུས་པ་ཉིད་དང་། སྙིང་པོ་མ་མཆིས་པ་ཉིད་དང་། དེ་བཞིན་ཉིད་དང་། མ་ནོར་བ་དེ་བཞིན་ཉིད་དང་། ཿགཞན་མ་ཡིན་པ་དེ་བཞིན་ཉིད་དང་།༡ ཆོས་ཉིད་དང་། ཆོས་ཀྱི་དབྱིངས་དང་། ༢ཆོས་ཀྱི་གནས་ཉིད་དང་། ཆོས་སྐྱོན་མྱེད་པ་ཉིད་དང་། ཡང་དག་པའི་མཐའ་དང་། བསམ་གྱིས་མི་ཁྱབ་པའི་དབྱིངས་དེ་ཤེས་རབ་ཀྱི་ཕ་རོལ་ཏུ་ཕྱིན་པ་ལ་སྤྱོད་དམ། བཅོམ་ལྡན་འདས་ཀྱིས་བཀའ་སྩལ་པ། རབ་འབྱོར་དེ་ནི་མ་ཡིན་ནོ། །རབ་འབྱོར་གྱིས་གསོལ་པ། བཅོམ་ལྡན་འདས་ཅི་ལགས། སའི་ཁམས་ཀྱི་སྟོང་པ་ཉིད་དང་། གསོག་ཉིད་དང་། གསོབ་ཉིད་དང་། རག་ལུས་པ་ཉིད་དང་། སྙིང་པོ་མ་མཆིས་པ་ཉིད་དང་། དེ་བཞིན་ཉིད་དང་། མ་ནོར་བ་དེ་བཞིན་ཉིད་དང་། གཞན་མ་ཡིན་པ་དེ་བཞིན་ཉིད་དང་། ཆོས་ཉིད་དང་། ཆོས་ཀྱི་དབྱིངས་དང་། ཆོས་ཀྱི་གནས་ཉིད་དང་། ཆོས་སྐྱོན་མེད་པ་ཉིད་དང་། ཡང་དག་པའི་མཐའ་དང་། བསམ་གྱིས་མྱི་ཁྱབ་པའི་དབྱིངས་དེ་ཤེས་རབ་ཀྱི་ཕ་རོལ་ཏུ་ཕྱིན་པ་ལ་སྤྱོད་དམ། བཅོམ་ལྡན་འདས་ཅི་ལགས། ཆུའི་ཁམས་ཀྱི་སྟོང་པ་ཉིད་༣དང་། གསོག་ཉིད་དང་། གསོབ་ཉིད་དང་། རག་ལུས་པ་ཉིད་དང་། སྙིང་པོ་མ་མཆིས་པ་ཉིད་དང་། དེ་བཞིན་ཉིད་དང་། མ་ནོར་བ་དེ་བཞིན་ཉིད་དང་། གཞན་མ་ཡིན་པ་དེ་བཞིན་ཉིད་དང་། ཆོས་ཉིད་དང་། ཆོས་ཀྱི་དབྱིངས་དང་། ཆོས་ཀྱི་གནས་ཉིད་དང་། ཆོས་སྐྱོན་མེད་པ་ཉིད་དང་། ཡང་དག་པའི་མཐའ་དང་། བསམ་གྱིས་མི་ཁྱབ་པའི་དབྱིངས་དེ་ཤེས་རབ་ཀྱི་ཕ་རོལ་ཏུ་ཕྱིན་པ་ལ་སྤྱོད་དམ། བཅོམ་ལྡན་འདས་ཅི་ལགས། མེའི་ཁམས་ཀྱི་སྟོང་པ་ཉིད་དང་།

གསོག་ཉིད་དང་། གསོབ་ཉིད་དང་། རག་ལུས་པ་ཉིད་དང་། སྙིང་པོ་མ་མཆིས་པ་ཉིད་དང་། དེ་བཞིན་ཉིད་དང་། མ་ནོར་བ་དེ་བཞིན་ཉིད་དང་། གཞན་མ་ཡིན་པ་དེ་བཞིན་ཉིད་[༡]དང་། ཆོས་ཉིད་དང་། ཆོས་ཀྱི་དབྱིངས་དང་། ཆོས་ཀྱི་གནས་ཉིད་དང་། ཆོས་སྐྱོན་མྱེད་པ་ཉིད་དང་། ཡང་དག་པའི་མཐའ་དང་། བསམ་གྱིས་མྱི་ཁྱབ་པའི་དབྱིངས་དེ་ཤེས་རབ་ཀྱི་ཕ་རོལ་ཏུ་ཕྱིན་པ་ལ་སྤྱོད་དམ། བཅོམ་ལྡན་འདས་ཅི་ལགས། རླུང་གི་ཁམས་ཀྱི་སྟོང་པ་ཉིད་དང་། གསོག་ཉིད་དང་། གསོབ་ཉིད་དང་། རག་ལུས་པ་ཉིད་དང་། སྙིང་པོ་མ་མཆིས་པ་ཉིད་དང་། དེ་བཞིན་ཉིད་དང་། མ་ནོར་བ་དེ་བཞིན་ཉིད་དང་། གཞན་མ་ཡིན་པ་དེ་བཞིན་ཉིད་དང་། ཆོས་ཉིད་དང་། ཆོས་ཀྱི་དབྱིངས་དང་། ཆོས་ཀྱི་གནས་ཉིད་དང་། ཆོས་སྐྱོན་མེད་པ་ཉིད་དང་། ཡང་དག་པའི་མཐའ་དང་། བསམ་གྱིས་མི་ཁྱབ་པའི་དབྱིངས་དེ་ཤེས་རབ་ཀྱི་ཕ་རོལ་ཏུ་ཕྱིན་པ་ལ་སྤྱོད་དམ། བཅོམ་ལྡན་འདས་ཅི་ལགས། ནམ་མཁའི་ཁམས་ཀྱི་སྟོང་པ་ཉིད་དང་། གསོག་ཉིད་དང་། གསོབ་ཉིད་དང་། རག་ལུས་པ་ཉིད་དང་། སྙིང་པོ་མ་མཆིས་པ་ཉིད་དང་། དེ་བཞིན་ཉིད་དང་། མ་ནོར་བ་དེ་བཞིན་ཉིད་དང་། གཞན་མ་ཡིན་པ་དེ་བཞིན་ཉིད་དང་། ཆོས་ཉིད་དང་། ཆོས་ཀྱི་དབྱིངས་དང་། ཆོས་ཀྱི་གནས་ཉིད་དང་། ཆོས་སྐྱོན་མྱེད་པ་ཉིད་དང་། ཡང་དག་པའི་མཐའ་དང་། བསམ་གྱིས་[༢]མི་ཁྱབ་པའི་དབྱིངས་དེ་ཤེས་རབ་ཀྱི་ཕ་རོལ་ཏུ་ཕྱིན་པ་ལ་སྤྱོད་དམ། བཅོམ་ལྡན་འདས་ཅི་ལགས། རྣམ་པར་ཤེས་པའི་ཁམས་ཀྱི་སྟོང་པ་ཉིད་དང་། གསོག་ཉིད་དང་། གསོབ་ཉིད་དང་། རག་ལུས་པ་ཉིད་དང་། སྙིང་པོ་མ་མཆིས་པ་ཉིད་དང་། དེ་བཞིན་ཉིད་དང་། མ་ནོར་བ་དེ་བཞིན་ཉིད་དང་། གཞན་མ་ཡིན་པ་དེ་བཞིན་ཉིད་དང་། ཆོས་

ཉིད་དང་། ཆོས་ཀྱི་དབྱིངས་དང་། ཆོས་ཀྱི་གནས་ཉིད་དང་། ཆོས་སྐྱོན་··· མྱེད་པ་ཉིད་དང་། ཡང་དག་པའི་མཐའ་དང་། བསམ་གྱིས་མི་ཁྱབ་པའི་དབྱིངས་དེ་ཤེས་རབ་ཀྱི་ཕ་རོལ་ཏུ་ཕྱིན་པ་ལ་སྤྱོད་དམ། བཅོམ་ལྡན་འདས་ཀྱིས་བཀའ་སྩལ་པ། རབ་འབྱོར་དེ་ནི་མ་ཡིན་ནོ། །རབ་འབྱོར་གྱིས་གསོལ་པ། བཅོམ་ལྡན་འདས་ཅི་ལགས། མ་རིག་པའི་སྟོང་པ་ཉིད་དང་། གསོག་ཉིད་དང་། གསོབ་ཉིད་དང་། རག་ལུས་པ་ཉིད་དང་། སྙིང་པོ་མ་མཆིས་པ་ཉིད་དང་། དེ་བཞིན་ཉིད་དང་། མ་ནོར་བ་དེ་བཞིན་ཉིད་དང་། གཞན་·· མ་ཡིན་པ་དེ་བཞིན་ཉིད་དང་། ཆོས་ཉིད་དང་། ཆོས་ཀྱི་དབྱིངས་དང་། ཆོས་ཀྱི་གནས་ཉིད་དང་། ཆོས་སྐྱོན་མེད་པ་ཉིད་དང་། ཡང་དག་པའི་མཐའ་དང་། བསམ་གྱིས་མི་ཁྱབ་པའི་དབྱིངས་དེ་ཤེས་རབ་ཀྱི་ཕ་རོལ་ཏུ་ཕྱིན་པ་ལ་སྤྱོད་དམ། བཅོམ་ལྡན་འདས་ཅི་ལགས། འདུ་བྱེད་ཀྱི་སྟོང་པ་ཉིད་དང་། གསོག་ཉིད་དང་གསོབ་ཉིད་དང་། རག་ལུས་པ་ཉིད་དང་། སྙིང་པོ་མ་མཆིས་པ་ཉིད་དང་། དེ་བཞིན་ཉིད་དང་། མ་ནོར་བ་དེ་བཞིན་ཉིད་དང་། གཞན་མ་ཡིན་པ་དེ་བཞིན་ཉིད་དང་། ཆོས་ཉིད་དང་། ཆོས་ཀྱི་དབྱིངས་དང་། ཆོས་ཀྱི་གནས་ཉིད་དང་། ཆོས་སྐྱོན་མྱེད་པ་ཉིད་དང་། ཡང་དག་པའི་མཐའ་དང་། བསམ་གྱིས་མི་ཁྱབ་པའི་དབྱིངས་དེ་ཤེས་རབ་ཀྱི་ཕ་རོལ་ཏུ་ཕྱིན་པ་ལ་སྤྱོད་དམ། བཅོམ་ལྡན་འདས་ཅི་ལགས། རྣམ་པར་ཤེས་པའི་སྟོང་པ་ཉིད་དང་། གསོག་ཉིད་དང་། གསོབ་ཉིད་དང་། རག་ལུས་པ་ཉིད་དང་། སྙིང་པོ་མ་མཆིས་པ་ཉིད་དང་། དེ་བཞིན་ཉིད་དང་། མ་ནོར་བ་དེ་བཞིན···· ཉིད་དང་། གཞན་མ་ཡིན་པ་དེ་བཞིན་ཉིད་དང་། ཆོས་ཉིད་དང་། ཆོས་·· ཀྱི་དབྱིངས་དང་། ཆོས་ཀྱི་གནས་ཉིད་དང་། ཆོས་སྐྱོན་མེད་པ་ཉིད་དང་།

ཡང་དག་པའི་མཐའ་དང་། བསམ་གྱིས་མི་ཁྱབ་པའི་དབྱིངས་དེ་ཤེས་རབ་ཀྱི་ཕ་རོལ་ཏུ་ཕྱིན་པ་ལ་སྦྱོད་དམ། བཅོམ་ལྡན་འདས་ཅི་ལགས། སྤྱིང་དང་གཟུགས་ཀྱི་སྟོང་པ་ཉིད་དང་། གསོག་ཉིད་དང་། གསོབ་ཉིད་དང་། རག་ལུས་པ་ཉིད་དང་། སྙིང་པོ་མ་མཆིས་པ་ཉིད་དང་། དེ་བཞིན་ཉིད་དང་། མ་ནོར་བ་དེ་བཞིན་ཉིད་དང་། གཞན་མ་ཡིན་པ་དེ་བཞིན་ཉིད་དང་། ཆོས་ཉིད་དང་། ཆོས་ཀྱི་དབྱིངས་དང་། ཆོས་ཀྱི་གནས་ཉིད་དང་། ཆོས་སྐྱོན་···མེད་པ་ཉིད་དང་། ཡང་དག་པའི་མཐའ་དང་། བསམ་གྱིས་མི་ཁྱབ་པའི་དབྱིངས་དེ་ཤེས་རབ་ཀྱི་ཕ་ལ་ཏུ་ཕྱིན་པ་ལ་སྦྱོད་དམ། བཅོམ་ལྡན་འདས་ཅི·····ལགས། སྐྱེ་མཆེད་དྲུག་གི་སྟོང་པ་ཉིད་དང་། གསོག་ཉིད་དང་། གསོབ··ཉིད་དང་། རག་ལུས་པ་ཉིད་དང་། སྙིང་པོ་མ་མཆིས་པ་ཉིད་དང་། དེ་བཞིན་ཉིད་དང་། མ་ནོར་བ་དེ་བཞིན་ཉིད་དང་། གཞན་མ་ཡིན་པ་དེ་བཞིན་ཉིད་དང་། ཆོས་ཉིད་དང་། ཆོས་ཀྱི་དབྱིངས་དང་། ཆོས་ཀྱི་གནས་ཉིད་དང་། ཆོས་སྐྱོན་མེད་པ་ཉིད་དང་། ཡང་དག་པའི་མཐའ་དང་། བསམ་གྱིས་མི་ཁྱབ་པའི་དབྱིངས་དེ་ཤེས་རབ་ཀྱི་ཕ་རོལ་ཏུ་ཕྱིན་པ་ལ་སྦྱོད་དམ། བཅོམ་ལྡན་འདས་ཅི་ལགས། རེག་པའི་སྟོང་པ་ཉིད་དང་། གསོག་ཉིད་དང་། གསོབ་ཉིད་དང་། རག་ལུས་པ་ཉིད་དང་། སྙིང་པོ་མ་མཆིས་པ་ཉིད་དང་། དེ་བཞིན་ཉིད་དང་། མ་ནོར་བ་དེ་བཞིན་ཉིད་དང་། གཞན་མ་ཡིན་པ་དེ····བཞིན་ཉིད་དང་། ཆོས་ཉིད་དང་། ཆོས་ཀྱི་དབྱིངས་དང་། ཆོས་ཀྱི་གནས་ཉིད་དང་། ཆོས་སྐྱོན་མེད་པ་ཉིད་དང་། ཡང་དག་པའི་མཐའ་དང་། བསམ་གྱིས་མི་ཁྱབ་པའི་དབྱིངས་དེ་ཤེས་རབ་ཀྱི་ཕ་རོལ་ཏུ་ཕྱིན་པ་ལ་སྦྱོད་དམ། བཅོམ་ལྡན་འདས་ཅི་ལགས། ཚོར་བའི་སྟོང་པ་ཉིད་དང་། གསོག་ཉིད་དང་།

གསོབ་ཉིད་དང་། རག་ལུས་པ་ཉིད་དང་། སྙིང་པོ་མ་མཆིས་པ་ཉིད་དང་།
དེ་བཞིན་ཉིད་དང་། མ་ནོར་བ་དེ་བཞིན་ཉིད་དང་། གཞན་མ་ཡིན་པ་དེ་
བཞིན་ཉིད་དང་། ཆོས་ཉིད་དང་། ཆོས་ཀྱི་དབྱིངས་དང་། ཆོས་ཀྱི་གནས་
ཉིད་དང་། ཆོས་སྐྱོན་མེད་པ་ཉིད་དང་། ཡང་དག་པའི་མཐའ་དང་།
བསམ་གྱིས་མི་ཁྱབ་པའི་དབྱིངས་དེ་ཤེས་རབ་ཀྱི་ཕ་རོལ་ཏུ་ཕྱིན་པ་ལ་སྤྱོད་དམ།
བཅོམ་ལྡན་འདས་ཅི་ལགས། སྲིད་པའི་སྟོང་པ་ཉིད་དང་། གསོག་ཉིད་དང་།
གསོབ་ཉིད་དང་། རག་ལུས་པ་ཉིད་དང་། སྙིང་པོ་མ་མཆིས་པ་ཉིད་དང་།
དེ་བཞིན་ཉིད་དང་། མ་ནོར་བ་དེ་བཞིན་ཉིད་དང་། གཞན་མ་ཡིན་པ་༧ཉིད་
དང་། ཆོས་ཉིད་དང་། ཆོས་ཀྱི་དབྱིངས་དང་། ཆོས་ཀྱི་གནས་ཉིད་དང་།
ཆོས་སྐྱོན་མེད་པ་ཉིད་དང་། ཡང་དག་པའི་མཐའ་དང་། བསམ་གྱིས་མི་
ཁྱབ་པའི་དབྱིངས་དེ་ཤེས་རབ་ཀྱི་ཕ་རོལ་ཏུ་ཕྱིན་པ་ལ་སྤྱོད་དམ། བཅོམ་ལྡན་
འདས་ཅི་ལགས། ལེན་པའི་སྟོང་པ་ཉིད་དང་། གསོག་ཉིད་དང་། གསོབ་
ཉིད་དང་། རག་ལུས་པ་ཉིད་དང་། སྙིང་པོ་མ་མཆིས་པ་ཉིད་དང་། དེ་
བཞིན་ཉིད་དང་། མ་ནོར་བ་དེ་བཞིན་ཉིད་དང་། གཞན་མ་ཡིན་པ་དེ་
བཞིན་ཉིད་དང་། ཆོས་ཉིད་དང་། ཆོས་ཀྱི་དབྱིངས་དང་། ཆོས་ཀྱི་གནས་
ཉིད་དང་། ཆོས་སྐྱོན་མེད་པ་ཉིད་དང་། ཡང་དག་པའི་མཐའ་དང་།
བསམ་གྱིས་མི་ཁྱབ་པའི་དབྱིངས་དེ་ཤེས་རབ་ཀྱི་ཕ་རོལ་ཏུ་ཕྱིན་པ་ལ་སྤྱོད་དམ།
བཅོམ་ལྡན་འདས་ཅི་ལགས། སྲིད་པའི་སྟོང་པ་ཉིད་དང་། གསོག་ཉིད་དང་།
གསོབ་ཉིད་དང་། རག་ལུས་པ་ཉིད་དང་། སྙིང་པོ་མ་མཆིས་པ་ཉིད་དང་།
དེ་བཞིན་ཉིད་དང་། མ་ནོར་བ་དེ་བཞིན་ཉིད་དང་། གཞན་མ་ཡིན་པ་དེ་
བཞིན་ཉིད་དང་། ཆོས་ཉིད་དང་། ཆོས་ཀྱི་དབྱིངས་དང་། ཆོས་ཀྱི་གནས་

ཉིད་དང་། ཆོས་སྐྱོན་མེད་པ་ཉིད་དང་། ཡང་དག་པའི་མཐའ་དང་། བསམ་གྱིས་མི་ཁྱབ་པའི་དབྱིངས་དེ་ཤེས་རབ་ཀྱི་ཕ་རོལ་ཏུ་ཕྱིན་པ་ལ་སྤྱོད་དམ། བཅོམ་ལྡན་འདས་ཅི་ལགས། སྐྱེ་བའི་སྟོང་པ་ཉིད་དང་། གསོག་ཉིད་དང་། གསོབ་ཉིད་དང་། རག་ལུས་པ་ཉིད་དང་། སྙིང་པོ་མ་མཆིས་པ་ཉིད་དང་། དེ་བཞིན་ཉིད་དང་། མ་ནོར་བ་དེ་བཞིན་ཉིད་དང་། གཞན་མ་ཡིན་པ་དེ་བཞིན་ཉིད་དང་། ཆོས་ཉིད་དང་། ཆོས་ཀྱི་དབྱིངས་དང་། ཆོས་ཀྱི་གནས་ཉིད་དང་། ཆོས་སྐྱོན་མེད་པ་ཉིད་དང་། ཡང་དག་པའི་མཐའ་དང་། བསམ་གྱིས་མི་ཁྱབ་པའི་དབྱིངས་དེ་ཤེས་རབ་ཀྱི་ཕ་རོལ་ཏུ་ཕྱིན་པ་ལ་སྤྱོད་དམ། བཅོམ་ལྡན་འདས་ཅི་ལགས། རྒ་ཤིའི་སྟོང་པ་ཉིད་དང་། གསོག་ཉིད་དང་། གསོབ་ཉིད་དང་། རག་ལུས་པ་ཉིད་དང་། སྙིང་པོ་མ་མཆིས་པ་ཉིད་དང་། དེ་བཞིན་ཉིད་དང་། མ་ནོར་བ་དེ་བཞིན་ཉིད་དང་། གཞན་མ་ཡིན་པ་དེ····བཞིན་ཉིད་དང་། ཆོས་ཉིད་དང་། ཆོས་ཀྱི་དབྱིངས་དང་། ཆོས་ཀྱི་གནས་ཉིད་དང་། ཆོས་སྐྱོན་མྱེད་པ་ཉིད་དང་། ཡང་དག་པའི་མཐའ་དང་། བསམ་གྱིས་མི་ཁྱབ་པའི་དབྱིངས་དེ་ཤེས་རབ་ཀྱི་ཕ་རོལ་ཏུ་ཕྱིན་པ་ལ་སྤྱོད་དམ། བཅོམ་ལྡན་འདས་ཀྱིས་བཀའ་སྩལ་པ། རབ་འབྱོར་དེ་ནི་མ་ཡིན་ནོ། །རབ···འབྱོར་གྱིས་གསོལ་པ། བཅོམ་ལྡན་འདས་ཅི་ལགས། སྦྱིན་པའི་ཕ་རོལ་ཏུ་ཕྱིན་པའི་སྟོང་པ་ཉིད་དང་། གསོག་ཉིད་དང་། གསོབ་ཉིད་དང་། རག···ལུས་པ་ཉིད་དང་། སྙིང་པོ་མ་མཆིས་པ་ཉིད་དང་། དེ་བཞིན་ཉིད་དང་། མ་ནོར་བ་དེ་བཞིན་ཉིད་དང་། གཞན་མ་ཡིན་པ་དེ་བཞིན་ཉིད་དང་། ཆོས་ཉིད་དང་། ཆོས་ཀྱི་དབྱིངས་དང་། ཆོས་ཀྱི་གནས་ཉིད་དང་། ཆོས་སྐྱོན···མྱེད་པ་ཉིད་དང་། ཡང་དག་པའི་མཐའ་དང་། བསམ་གྱིས་མི་ཁྱབ་པའི་

དབྱིངས་དེ་ཤེས་རབ་ཀྱི་ཕ་རོལ་ཏུ་ཕྱིན་པ་ལ་སྤྱོད་དམ། བཅོམ་ལྡན་འདས་ཅི་ལགས། ཚུལ་ཁྲིམས་ཀྱི་ཕ་རོལ་ཏུ་ཕྱིན་པའི་སྟོང་པ་ཉིད་དང་། གསོག་ཉིད་དང་། གསོབ་ཉིད་དང་། རག་ལུས་པ་ཉིད་དང་། སྙིང་པོ་མ་མཆིས་པ་ཉིད་དང་། དེ་བཞིན་ཉིད་དང་། མ་ནོར་བ་དེ་བཞིན་ཉིད་དང་། གཞན་མ་ཡིན་པ་དེ་བཞིན་ཉིད་དང་། ཆོས་ཉིད་དང་། ཆོས་ཀྱི་དབྱིངས་དང་། ཆོས་ཀྱི་གནས་ཉིད་དང་། ཆོས་སྐྱོན་མེད་པ་ཉིད་དང་། ཡང་དག་པའི་མཐའ་དང་། བསམ་གྱིས་མི་ཁྱབ་པའི་དབྱིངས་དེ་ཤེས་རབ་ཀྱི་ཕ་རོལ་ཏུ་ཕྱིན་པ་ལ་སྤྱོད་དམ། བཅོམ་ལྡན་འདས་ཅི་ལགས། བཟོད་པའི་ཕ་རོལ་ཏུ་ཕྱིན་པའི་སྟོང་པ་ཉིད་དང་། གསོག་ཉིད་དང་། གསོབ་ཉིད་དང་། རག་ལུས་པ་ཉིད་དང་། སྙིང་པོ་མ་མཆིས་པ་ཉིད་དང་། དེ་བཞིན་ཉིད་དང་། མ་ནོར་བ་དེ་བཞིན་ཉིད་དང་། གཞན་མ་ཡིན་པ་དེ་བཞིན་ཉིད་དང་། ཆོས་ཉིད་དང་། ཆོས་ཀྱི་དབྱིངས་དང་། ཆོས་ཀྱི་གནས་ཉིད་དང་། ཆོས་སྐྱོན་མེད་པ་ཉིད་དང་། ཡང་དག་པའི་མཐའ་དང་། བསམ་གྱིས་མི་ཁྱབ་པའི་དབྱིངས་དེ་ཤེས་རབ་ཀྱི་ཕ་རོལ་ཏུ་ཕྱིན་པ་ལ་སྤྱོད་དམ། བཅོམ་ལྡན་འདས་ཅི་ལགས། བརྩོན་འགྲུས་ཀྱི་ཕ་རོལ་ཏུ་ཕྱིན་པའི་སྟོང་པ་ཉིད་དང་། གསོག་ཉིད་དང་། གསོབ་ཉིད་དང་། རག་ལུས་པ་ཉིད་དང་། སྙིང་པོ་མ་མཆིས་པ་ཉིད་དང་། དེ་བཞིན་ཉིད་དང་། མ་ནོར་བ་དེ་བཞིན་ཉིད་དང་། གཞན་མ་ཡིན་པ་དེ་བཞིན་ཉིད་དང་། ཆོས་ཉིད་དང་ཆོས་ཀྱི་དབྱིངས་དང་ཆོས་ཀྱི་གནས་ཉིད་དང་ཆོས་སྐྱོན་མེད་པ་ཉིད་དང་། ཡང་དག་པའི་མཐའ་དང་། བསམ་གྱིས་མི་ཁྱབ་པའི་དབྱིངས་དེ་ཤེས་རབ་ཀྱི་ཕ་རོལ་ཏུ་ཕྱིན་པ་ལ་སྤྱོད་དམ། བཅོམ་ལྡན་འདས་ཅི་ལགས། བསམ་གཏན་གྱི་ཕ་རོལ་ཏུ་ཕྱིན་པའི་སྟོང་པ་ཉིད་དང་། གསོག་ཉིད་དང་། གསོབ་ཉིད་

དང་། རག་ལུས་པ་ཉིད་དང་། སྙིང་པོ་མ་མཆིས་པ་ཉིད་དང་། དེ་བཞིན་ཉིད་དང་། མ་ནོར་བ་དེ་བཞིན་ཉིད་དང་། གཞན་མ་ཡིན་པ་དེ་བཞིན་ཉིད་དང་། ཆོས་ཉིད་དང་། ཆོས་ཀྱི་དབྱིངས་དང་། ཆོས་ཀྱི་གནས་ཉིད་དང་། ཆོས་སྐྱོན་མེད་པ་ཉིད་དང་། ཡང་དག་པའི་མཐའ་དང་། བསམ་གྱིས་མི་ཁྱབ་པའི་དབྱིངས་དེ་ཤེས་རབ་ཀྱི་ཕ་རོལ་ཏུ་ཕྱིན་པ་ལ་སྤྱོད་དམ། བཅོམ་ལྡན་འདས་ཅི་ལགས། ཤེས་རབ་ཀྱི་ཕ་རོལ་ཏུ་ཕྱིན་པའི་སྟོང་པ་ཉིད་དང་། གསོག་ཉིད་དང་། གསོབ་ཉིད་དང་། རག་ལུས་པ་ཉིད་དང་། སྙིང་པོ་མ་མཆིས་པ་ཉིད་དང་། དེ་བཞིན་ཉིད་དང་། མ་ནོར་བ་དེ་བཞིན་ཉིད་དང་། གཞན་མ་ཡིན་པ་དེ་བཞིན་ཉིད་དང་། ཆོས་ཉིད་དང་། ཆོས་ཀྱི་དབྱིངས་དང་། ཆོས་ཀྱི་གནས་ཉིད་དང་། ཆོས་སྐྱོན་མྱེད་པ་ཉིད་དང་། ཡང་དག་པའི་མཐའ་དང་། བསམ་གྱིས་མི་ཁྱབ་པའི་དབྱིངས་དེ་ཤེས་རབ་ཀྱི་ཕ་རོལ་ཏུ་ཕྱིན་པ་ལ་སྤྱོད་དམ། བཅོམ་ལྡན་འདས་ཀྱིས་བཀའ་སྩལ་པ། རབ་འབྱོར་དེ་ནི་མ་ཡིན་ནོ། །རབ་འབྱོར་གྱིས་གསོལ་པ། བཅོམ་ལྡན་འདས་ཅི་ལགས། ནང་སྟོང་པ་ཉིད་ཀྱི་སྟོང་པ་ཉིད་དང་། གསོག་ཉིད་དང་། གསོབ་ཉིད་དང་། རག་ལུས་པ་ཉིད་དང་། སྙིང་པོ་མ་མཆིས་པ་ཉིད་དང་། དེ་བཞིན་ཉིད་དང་། མ་ནོར་བ་དེ་བཞིན་ཉིད་དང་། གཞན་མ་ཡིན་པ་དེ་བཞིན་ཉིད་དང་། ཆོས་ཉིད་དང་། ཆོས་ཀྱི་དབྱིངས་དང་། ཆོས་ཀྱི་གནས་ཉིད་དང་། ཆོས་སྐྱོན་མེད་པ་ཉིད་དང་། ཡང་དག་པའི་མཐའ་དང་། བསམ་གྱིས་མི་ཁྱབ་པའི་དབྱིངས་དེ་ཤེས་རབ་ཀྱི་ཕ་རོལ་ཏུ་ཕྱིན་པ་ལ་སྤྱོད་དམ། བཅོམ་ལྡན་འདས་ཅི་ལགས། ཕྱི་སྟོང་པ་ཉིད་ཀྱི་སྟོང་པ་ཉིད་དང་། གསོག་ཉིད་དང་། གསོབ་ཉིད་དང་། རག་ལུས་པ་ཉིད་དང་། སྙིང་པོ་མ་མཆིས་པ་ཉིད་དང་། དེ་

བཞིན་ཉིད་དང་། མ་ནོར་བ་དེ་བཞིན་ཉིད་དང་། གཞན་མ་ཡིན་པ་དེ་བཞིན་ཉིད་དང་། ཆོས་ཉིད་དང་། ཆོས་ཀྱི་དབྱིངས་དང་། ཆོས་ཀྱི་གནས་ཉིད་དང་། ཆོས་སྐྱོན་མྱེད་པ་ཉིད་དང་། ཡང་དག་པའི་མཐའ་དང་། བསམ་གྱིས་མི་ཁྱབ་པའི་དབྱིངས་དེ་ཤེས་རབ་ཀྱི་ཕ་རོལ་ཏུ་ཕྱིན་པ་ལ་སྤྱོད་དམ། བཅོམ་ལྡན་འདས་ཅི་ལགས། ཕྱི་ནང་སྟོང་པ་ཉིད་ཀྱི་[1] སྟོང་པ་ཉིད་དང་། གསོག་ཉིད་དང་། གསོབ་ཉིད་དང་། རག་ལུས་པ་ཉིད་དང་། སྙིང་པོ་མ་མཆིས་པ་ཉིད་དང་། དེ་བཞིན་ཉིད་དང་། མ་ནོར་བ་དེ་བཞིན་ཉིད་དང་། གཞན་མ་ཡིན་པ་དེ་བཞིན་ཉིད་དང་། ཆོས་ཉིད་དང་། ཆོས་ཀྱི་དབྱིངས་དང་། ཆོས་ཀྱི་གནས་ཉིད་དང་། ཆོས་སྐྱོན་མྱེད་པ་ཉིད་དང་། ཡང་དག་པའི་མཐའ་དང་། བསམ་གྱིས་མི་ཁྱབ་པའི་དབྱིངས་དེ་ཤེས་རབ་ཀྱི་ཕ་རོལ་ཏུ་ཕྱིན་པ་ལ་སྤྱོད་དམ། བཅོམ་ལྡན་འདས་ཅི་ལགས། སྟོང་པ་ཉིད་སྟོང་པ་ཉིད་ཀྱི་[2] སྟོང་པ་ཉིད་དང་། གསོག་ཉིད་དང་། གསོབ་ཉིད་དང་། རག་ལུས་པ་ཉིད་དང་། སྙིང་པོ་མ་མཆིས་པ་ཉིད་དང་། དེ་བཞིན་ཉིད་དང་། མ་ནོར་བ་དེ་བཞིན་ཉིད་དང་། གཞན་མ་ཡིན་པ་དེ་བཞིན་ཉིད་དང་། ཆོས་ཉིད་དང་། ཆོས་ཀྱི་དབྱིངས་དང་། ཆོས་ཀྱི་གནས་ཉིད་དང་། ཆོས་སྐྱོན་མེད་པ་ཉིད་དང་། ཡང་དག་པའི་མཐའ་དང་། བསམ་གྱིས་མི་ཁྱབ་པའི་དབྱིངས་དེ་ཤེས་རབ་ཀྱི་ཕ་རོལ་ཏུ་ཕྱིན་པ་ལ་སྤྱོད་དམ། བཅོམ་ལྡན་འདས་ཅི་ལགས། ཆེན་པོ་སྟོང་པ་ཉིད་ཀྱི་[3] སྟོང་པ་ཉིད་དང་། གསོག་ཉིད་དང་། གསོབ་ཉིད་དང་། རག་ལུས་པ་ཉིད་དང་། སྙིང་པོ་མ་མཆིས་པ་ཉིད་དང་། དེ་བཞིན་ཉིད་དང་། མ་ནོར་བ་དེ་བཞིན་ཉིད་དང་། གཞན་མ་ཡིན་པ་དེ་བཞིན་ཉིད་དང་། ཆོས་ཉིད་དང་། ཆོས་ཀྱི་དབྱིངས་དང་། ཆོས་ཀྱི་གནས་ཉིད་དང་། ཆོས་སྐྱོན་···

མེད་པ་ཉིད་དང་། ཡང་དག་པའི་མཐའ་དང་། བསམ་གྱིས་མི་ཁྱབ་པའི་དབྱིངས་དེ་ཤེས་རབ་ཀྱི་ཕ་རོལ་ཏུ་ཕྱིན་པ་ལ་སྤྱོད་དམ། བཅོམ་ལྡན་འདས་ཅི་ལགས། དོན་དམ་པ་སྟོང་པ་ཉིད་ཀྱི་[༡]སྟོང་པ་ཉིད་དང་། གསོག་ཉིད་དང་། གསོབ་ཉིད་དང་། རག་ལུས་པ་ཉིད་དང་། སྙིང་པོ་མ་མཆིས་པ་ཉིད་དང་། དེ་བཞིན་ཉིད་དང་། མ་ནོར་བ་དེ་བཞིན་ཉིད་དང་། གཞན་མ་ཡིན་པ་དེ་བཞིན་ཉིད་དང་། ཆོས་ཉིད་དང་། ཆོས་ཀྱི་དབྱིངས་དང་། ཆོས་ཀྱི་གནས་ཉིད་དང་། ཆོས་སྐྱོན་མེད་པ་ཉིད་དང་། ཡང་དག་པའི་མཐའ་དང་། བསམ་གྱིས་མི་ཁྱབ་པའི་དབྱིངས་དེ་ཤེས་རབ་ཀྱི་ཕ་རོལ་ཏུ་ཕྱིན་པ་ལ་སྤྱོད་དམ། བཅོམ་ལྡན་འདས་ཅི་ལགས། འདུས་བྱས་སྟོང་པ་ཉིད་ཀྱི་[༣]སྟོང་པ་ཉིད་དང་། གསོག་ཉིད་དང་། གསོབ་ཉིད་དང་། རག་ལུས་པ་ཉིད་དང་། སྙིང་པོ་མ་མཆིས་པ་ཉིད་དང་། དེ་བཞིན་ཉིད་དང་། མ་ནོར་བ་དེ་བཞིན་ཉིད་དང་། གཞན་མ་ཡིན་པ་དེ་བཞིན་ཉིད་དང་། ཆོས་ཉིད་དང་། ཆོས་ཀྱི་དབྱིངས་དང་། ཆོས་ཀྱི་གནས་ཉིད་དང་། ཆོས་སྐྱོན་མེད་པ་ཉིད་དང་། ཡང་དག་པའི་མཐའ་དང་། བསམ་གྱིས་མྱི་ཁྱབ་པའི་དབྱིངས་དེ་ཤེས་རབ་ཀྱི་ཕ་རོལ་ཏུ་ཕྱིན་པ་ལ་སྤྱོད་དམ། བཅོམ་ལྡན་འདས་ཅི་ལགས། འདུས་མ་བྱས་སྟོང་པ་ཉིད་ཀྱི་སྟོང་པ་ཉིད་དང་། གསོག་ཉིད་དང་། གསོབ་ཉིད་དང་། རག་ལུས་པ་ཉིད་དང་། སྙིང་པོ་མ་མཆིས་པ་ཉིད་དང་། དེ་བཞིན་ཉིད་དང་། མ་ནོར་བ་དེ་བཞིན་ཉིད་དང་། གཞན་མ་ཡིན་པ་དེ་བཞིན་ཉིད་དང་། ཆོས་ཉིད་དང་། ཆོས་ཀྱི་དབྱིངས་དང་། ཆོས་ཀྱི་གནས་ཉིད་དང་། ཆོས་སྐྱོན་མྱེད་པ་ཉིད་དང་། ཡང་དག་པའི་མཐའ་དང་། བསམ་གྱིས་མི་ཁྱབ་པའི་དབྱིངས་དེ་ཤེས་རབ་ཀྱི་ཕ་རོལ་ཏུ་ཕྱིན་པ་ལ་སྤྱོད་དམ། བཅོམ་ལྡན་འདས་ཅི་ལགས། མཐའ་ལས་་་་

འདས་པ་སྟོང་པ་ཉིད་ཀྱི་[1]སྟོང་པ་ཉིད་དང་། གསོག་ཉིད་དང་། གསོབ་ཉིད་དང་། རག་ལུས་པ་ཉིད་དང་། སྙིང་པོ་མ་མཆིས་པ་ཉིད་དང་། དེ་བཞིན་ཉིད་དང་། མ་ནོར་བ་དེ་བཞིན་ཉིད་དང་། གཞན་མ་ཡིན་པ་དེ་བཞིན་ཉིད་དང་། ཆོས་ཉིད་དང་། ཆོས་ཀྱི་དབྱིངས་དང་། ཆོས་ཀྱི་གནས་ཉིད་དང་། ཆོས་སྐྱོན་མྱེད་པ་ཉིད་དང་། ཡང་དག་པའི་མཐའ་དང་། བསམ་གྱིས་མི་ཁྱབ་པའི་དབྱིངས་དེ་ཤེས་རབ་ཀྱི་ཕ་རོལ་ཏུ་ཕྱིན་པ་ལ་སྤྱོད་དམ། བཅོམ་ལྡན་འདས་ཅི་ལགས། ཐོག་མ་དང་ཐ་མ་མྱེད་པ་སྟོང་པ་ཉིད་ཀྱི་[2]སྟོང་པ་ཉིད་དང་། གསོག་ཉིད་དང་། གསོབ་ཉིད་དང་། རག་ལུས་པ་ཉིད་དང་། སྙིང་པོ་མ་མཆིས་པ་ཉིད་དང་། དེ་བཞིན་ཉིད་དང་། མ་ནོར་བ་དེ་བཞིན་ཉིད་དང་། གཞན་མ་ཡིན་པ་དེ་བཞིན་ཉིད་དང་། ཆོས་ཉིད་དང་། ཆོས་ཀྱི་དབྱིངས་དང་། ཆོས་ཀྱི་གནས་ཉིད་དང་། ཆོས་སྐྱོན་མེད་པ་ཉིད་དང་། ཡང་དག་པའི་མཐའ་དང་། བསམ་གྱིས་མི་ཁྱབ་པའི་དབྱིངས་དེ་ཤེས་རབ་ཀྱི་ཕ་རོལ་ཏུ་ཕྱིན་པ་ལ་སྤྱོད་དམ། བཅོམ་ལྡན་འདས་ཅི་ལགས། དོར་བ་མེད་པ་སྟོང་པ་ཉིད་ཀྱི་[3]སྟོང་པ་ཉིད་དང་། གསོག་ཉིད་དང་། གསོབ་[4]ཉིད་དང་། རག་ལུས་པ་ཉིད་དང་། སྙིང་པོ་མ་མཆིས་པ་ཉིད་[5]དང་། དེ་བཞིན་ཉིད་དང་། མ་ནོར་བ་དེ་བཞིན་ཉིད་དང་། གཞན་མ་ཡིན་པ་དེ་བཞིན་ཉིད་དང་། ཆོས་ཉིད་དང་། ཆོས་ཀྱི་དབྱིངས་དང་། ཆོས་ཀྱི་གནས་ཉིད་དང་། ཆོས་སྐྱོན་མྱེད་པ་ཉིད་དང་། ཡང་དག་པའི་མཐའ་དང་། བསམ་གྱིས་མྱི་ཁྱབ་པའི་དབྱིངས་དེ་ཤེས་རབ་ཀྱི་ཕ་རོལ་ཏུ་ཕྱིན་པ་ལ་སྤྱོད་དམ། བཅོམ་ལྡན་འདས་ཅི་ལགས། རང་བཞིན༔སྟོང་པ་ཉིད་ཀྱི་[6]སྟོང་པ་ཉིད་དང་། གསོག་ཉིད་དང་། གསོབ་ཉིད་དང་། རག་ལུས་པ་ཉིད་དང་། སྙིང་པོ་མ་མཆིས་པ་ཉིད་དང་། དེ་

བཞིན་ཉིད་དང་། མ་ནོར་བ་དེ་བཞིན་ཉིད་དང་། གཞན་མ་ཡིན་པ་དེ་བཞིན་ཉིད་དང་། ཆོས་ཉིད་དང་། ཆོས་ཀྱི་དབྱིངས་དང་། ཆོས་ཀྱི་གནས་ཉིད་དང་། ཆོས་སྐྱོན་མེད་པ་ཉིད་དང་། ཡང་དག་པའི་མཐའ་དང་། བསམ་གྱིས་མི་ཁྱབ་པའི་དབྱིངས་དེ་ཤེས་རབ་ཀྱི་ཕ་རོལ་ཏུ་ཕྱིན་པ་ལ་སྤྱོད་དམ། བཅོམ་ལྡན་འདས་ཅི་ལགས། ཆོས་ཐམས་ཅད་སྟོང་པ་ཉིད་ཀྱི་སྟོང་པ་ཉིད་དང་། གསོག་ཉིད་དང་། གསོབ་ཉིད་དང་། རག་ལུས་པ་ཉིད་དང་། སྙིང་པོ་མ་མཆིས་པ་ཉིད་དང་། དེ་བཞིན་ཉིད་དང་། མ་ནོར་བ་དེ་བཞིན་ཉིད་དང་། གཞན་མ་ཡིན་པ་དེ་བཞིན་ཉིད་དང་། ཆོས་ཉིད་དང་། ཆོས་ཀྱི་དབྱིངས་དང་། ཆོས་ཀྱི་གནས་ཉིད་དང་། ཆོས་སྐྱོན་མེད་པ་ཉིད་དང་། ཡང་དག་པའི་མཐའ་དང་། བསམ་གྱིས་མི་ཁྱབ་པའི་དབྱིངས་དེ་ཤེས་རབ་ཀྱི་ཕ་རོལ་ཏུ་ཕྱིན་པ་ལ་སྤྱོད་དམ། བཅོམ་ལྡན་འདས་ཅི་ལགས། རང་གི་མཚན་ཉིད་སྟོང་པ་ཉིད་ཀྱི་སྟོང་པ་ཉིད་དང་། གསོག་ཉིད་དང་། གསོབ་ཉིད་དང་། རག་ལུས་པ་ཉིད་དང་། སྙིང་པོ་མ་མཆིས་པ་ཉིད་དང་། དེ་བཞིན་ཉིད་དང་། མ་ནོར་བ་དེ་བཞིན་ཉིད་དང་། གཞན་མ་ཡིན་པ་དེ་བཞིན་ཉིད་དང་། ཆོས་ཉིད་དང་། ཆོས་ཀྱི་དབྱིངས་དང་། ཆོས་ཀྱི་གནས་ཉིད་དང་། ཆོས་སྐྱོན་མེད་པ་ཉིད་དང་། ཡང་དག་པའི་མཐའ་དང་། བསམ་གྱིས་མི་ཁྱབ་པའི་དབྱིངས་དེ་ཤེས་རབ་ཀྱི་ཕ་རོལ་ཏུ་ཕྱིན་པ་ལ་སྤྱོད་དམ། བཅོམ་ལྡན་འདས་ཅི་ལགས། མི་དམིགས་པ་སྟོང་པ་ཉིད་ཀྱི་སྟོང་པ་ཉིད་དང་། གསོག་ཉིད་དང་། གསོབ་ཉིད་དང་། རག་ལུས་པ་ཉིད་དང་། སྙིང་པོ་མ་མཆིས་པ་ཉིད་དང་། དེ་བཞིན་ཉིད་དང་། མ་ནོར་བ་དེ་བཞིན་ཉིད་དང་། གཞན་མ་ཡིན་པ་དེ་བཞིན་ཉིད་དང་། ཆོས་ཉིད་དང་། ཆོས་ཀྱི་དབྱིངས་དང་། ཆོས་ཀྱི་གནས་ཉིད་དང་། ཆོས་སྐྱོན་

མེད་པ་ཉིད་དང་། ཡང་དག་པའི་མཐའ་དང་། བསམ་གྱིས་མྱི་ཁྱབ་པའི་
དབྱིངས་དེ་ཤེས་རབ་ཀྱི་ཕ་རོལ་ཏུ་ཕྱིན་པ་ལ་སྤྱོད་དམ། བཅོམ་ལྡན་འདས་ཅི་
ལགས། དངོས་པོ་མྱེད་པ་སྟོང་པ་ཉིད་ཀྱི་སྟོང་པ་ཉིད་དང་། གསོག་ཉིད་
དང་། གསོབ་ཉིད་དང་། རག་ལུས་པ་ཉིད་དང་། སྙིང་པོ་①མ་མཆིས་པ་
ཉིད་དང་། དེ་བཞིན་ཉིད་དང་། མ་ནོར་བ་དེ་བཞིན་ཉིད་དང་། གཞན་
མ་ཡིན་པ་དེ་བཞིན་ཉིད་དང་། ཆོས་ཉིད་དང་། ཆོས་ཀྱི་དབྱིངས་དང་།
ཆོས་ཀྱི་གནས་ཉིད་དང་། ཆོས་སྐྱོན་མེད་པ་ཉིད་དང་། ཡང་དག་པའི་མཐའ་
དང་། བསམ་གྱིས་མྱི་ཁྱབ་པའི་དབྱིངས་དེ་ཤེས་རབ་ཀྱི་ཕ་རོལ་ཏུ་ཕྱིན་པ་ལ་
སྤྱོད་དམ། བཅོམ་ལྡན་འདས་ཅི་ལགས། ངོ་བོ་ཉིད་སྟོང་པ་ཉིད་ཀྱི་②སྟོང་པ་
ཉིད་དང་། གསོག་ཉིད་དང་། གསོབ་ཉིད་དང་། རག་ལུས་པ་ཉིད་དང་།
སྙིང་པོ་མ་མཆིས་པ་ཉིད་དང་། དེ་བཞིན་ཉིད་དང་། མ་ནོར་བ་དེ་བཞིན་
ཉིད་དང་། གཞན་མ་ཡིན་པ་དེ་བཞིན་ཉིད་དང་། ཆོས་ཉིད་དང་། ཆོས་
ཀྱི་དབྱིངས་དང་། ཆོས་ཀྱི་གནས་ཉིད་དང་། ཆོས་སྐྱོན་མེད་པ་ཉིད་དང་།
ཡང་དག་པའི་མཐའ་དང་། བསམ་གྱིས་མི་ཁྱབ་པའི་དབྱིངས་དེ་ཤེས་རབ་ཀྱི་
ཕ་རོལ་ཏུ་ཕྱིན་པ་ལ་སྤྱོད་དམ། བཅོམ་ལྡན་འདས་ཅི་ལགས། དངོས་པོ་མྱེད་
པའི་ངོ་བོ་ཉིད་སྟོང་པ་ཉིད་ཀྱི་③སྟོང་པ་ཉིད་དང་། གསོག་ཉིད་དང་། གསོབ་
ཉིད་དང་། རག་ལུས་པ་ཉིད་དང་། སྙིང་པོ་མ་མཆིས་པ་ཉིད་དང་། དེ་
བཞིན་ཉིད་དང་། མ་ནོར་བ་དེ་བཞིན་ཉིད་དང་། གཞན་མ་ཡིན་པ་དེ་
བཞིན་ཉིད་དང་། ཆོས་ཉིད་དང་། ཆོས་ཀྱི་དབྱིངས་དང་། ཆོས་ཀྱི་གནས་
ཉིད་དང་། ཆོས་སྐྱོན་མྱེད་པ་ཉིད་དང་། ཡང་དག་པའི་མཐའ་དང་།
བསམ་གྱིས་མྱི་ཁྱབ་པའི་དབྱིངས་དེ་ཤེས་རབ་ཀྱི་ཕ་རོལ་ཏུ་ཕྱིན་པ་ལ་སྤྱོད་དམ།

བཅོམ་ལྡན་འདས་ཀྱིས་བཀའ་སྩལ་པ། རབ་འབྱོར་དེ་ནི་མ་ཡིན་ནོ།། ||

ཤེས་རབ་ཀྱི་ཕ་རོལ་ཏུ་ཕྱིན་པ་སྟོང་ཕྲག་བརྒྱ་པ། བམ་པོཿབཅོ་བརྒྱད་པ། །རབ་འབྱོར་གྱིས་གསོལ་པ། བཅོམ་ལྡན་འདས་ཅི་ལགས། དྲན་པ་ཉེ་བར་གཞག་པ་བཞིའི་སྟོང་པ་ཉིད་དང་། གསོག་ཉིད་དང་། གསོབ་ཉིད་དང་། རག་ལུས་པ་ཉིད་དང་། སྙིང་པོ་མ་མཆིས་པ་ཉིད་དང་། དེ་བཞིན་ཉིད་དང་། མ་ནོར་བ་དེ་བཞིན་ཉིད་དང་། གཞན་མ་ཡིན་པ་དེ་བཞིན་ཉིད་དང་། ཆོས་ཉིད་དང་། ཆོས་ཀྱི་དབྱིངས་དང་། ཆོས་ཀྱི་གནས་ཉིད་དང་། ཆོས་སྐྱོན་མེད་པ་ཉིད་དང་། ཡང་དག་པའི་མཐའ་དང་། བསམ་གྱིས་མི་ཁྱབ་པའི་དབྱིངས་དེ་ཤེས་རབ་ཀྱི་ཕ་རོལ་ཏུ་ཕྱིན་པ་ལ་སྤྱོད་དམ། བཅོམ་ལྡན་འདས་ཅི་ལགས། ཡང་དག་པར་སྤོང་བ་བཞིའི་སྟོང་པ་ཉིད་དང་། གསོག་ཉིད་དང་། གསོབ་ཉིད་དང་། རག་ལུས་པ་ཉིད་དང་། སྙིང་པོ་མ་མཆིས་པ་ཉིད་དང་། དེ་བཞིན་ཉིད་དང་། མ་ནོར་བ་དེ་བཞིན་ཉིད་དང་། གཞན་མ་ཡིན་པ་དེ་བཞིན་ཉིད་དང་། ཆོས་ཉིད་དང་། ཆོས་ཀྱི་དབྱིངས་དང་། ཆོས་ཀྱི་གནས་ཉིད་དང་། ཆོས་སྐྱོན་མེད་པ་ཉིད་དང་། ཡང་དག་པའི་མཐའ་དང་། བསམ་གྱིས་མི་ཁྱབ་པའི་དབྱིངས་དེ་ཤེས་རབ་ཀྱི་ཕ་རོལ་ཏུ་ཕྱིན་པ་ལ་སྤྱོད་དམ། བཅོམ་ལྡན་འདས་ཅི་ལགས། རྫུ་འཕྲུལ་གྱི་རྐང་པ་བཞིའི་སྟོང་པ་ཉིད་དང་། གསོག་ཉིད་དང་། གསོབ་ཉིད་དང་། རག་ལུས་པ་ཉིད་དང་། སྙིང་པོ་མ་མཆིས་པ་ཉིད་དང་། དེ་བཞིན་ཉིད་དང་། མ་ནོར་བ་དེ་བཞིན་ཉིད་དང་། གཞན་མ་ཡིན་པ་དེ་བཞིན་ཉིད་དང་། ཆོས་ཉིད་དང་། ཆོས་ཀྱི་དབྱིངས་དང་། ཆོས་ཀྱི་གནས་ཉིད་དང་། ཆོས་སྐྱོན་མེད་པ་ཉིད་དང་། ཡང་དག་པའི་མཐའ་དང་། བསམ་གྱིས་མི་ཁྱབ་པའི་དབྱིངས་དེ་ཤེས་རབ་ཀྱི་ཕ་རོལ་ཏུ་ཕྱིན་པ་ལ་

སྤྱོད་དམ། བཅོམ་ལྡན་འདས་ཅི་ལགས། དབང་པོ་ལྔའི་སྟོང་པ་ཉིད་དང་། གསོག་ཉིད་དང་། གསོབ་ཉིད་དང་། རག་ལུས་པ་ཉིད་དང་། སྙིང་པོ་མ་མཆིས་པ་ཉིད་དང་། དེ་བཞིན་ཉིད་དང་། མ་ནོར་བ་དེ་བཞིན་ཉིད་དང་། གཞན་མ་ཡིན་པ་དེ་བཞིན་ཉིད་དང་། ཆོས་ཉིད་དང་། ཆོས་ཀྱི་དབྱིངས་དང་། ཆོས་ཀྱི་གནས་ཉིད་དང་། ཆོས་སྐྱོན་མེད་པ་ཉིད་དང་། ཡང་དག་པའི་མཐའ་དང་། བསམ་གྱིས་མི་ཁྱབ་པའི་དབྱིངས་དེ་ཤེས་རབ་ཀྱི་ཕ་རོལ་ཏུ་ཕྱིན་པ་ལ་སྤྱོད་དམ། བཅོམ་ལྡན་འདས་ཅི་ལགས། སྟོབས་ལྔའི་སྟོང་པ་ཉིད་དང་། གསོག་ཉིད་དང་། གསོབ་ཉིད་དང་། རག་ལུས་པ་ཉིད་དང་། སྙིང་པོ་མ་མཆིས་པ་ཉིད་དང་། དེ་བཞིན་ཉིད་དང་། མ་ནོར་བ་དེ་བཞིན་ཉིད་དང་ གཞན་མ་ཡིན་པ་དེ་བཞིན་ཉིད་དང་། ཆོས་ཉིད་དང་། ཆོས་ཀྱི་དབྱིངས་དང་། ཆོས་ཀྱི་གནས་ཉིད་དང་། ཆོས་སྐྱོན་མེད་པ་ཉིད་དང་། ཡང་དག་པའི་མཐའ་དང་། བསམ་གྱིས་མི་ཁྱབ་པའི་དབྱིངས་དེ་ཤེས་རབ་ཀྱི་ཕ་རོལ་ཏུ་ཕྱིན་པ་ལ་སྤྱོད་དམ། བཅོམ་ལྡན་འདས་ཅི་ལགས། བྱང་ཆུབ་ཀྱི་ཡན་ལག་བདུན་གྱི་སྟོང་པ་ཉིད་དང་། གསོག་ཉིད་དང་། གསོབ་ཉིད་དང་། རག་ལུས་པ་ཉིད་དང་། སྙིང་པོ་མ་མཆིས་པ་ཉིད་དང་། དེ་བཞིན་ཉིད་དང་། མ་ནོར་བ་དེ་བཞིན་ཉིད་དང་། གཞན་མ་ཡིན་པ་དེ་བཞིན་ཉིད་དང་། ཆོས་ཉིད་དང་། ཆོས་ཀྱི་དབྱིངས་དང་། ཆོས་ཀྱི་གནས་ཉིད་དང་། ཆོས་སྐྱོན་མེད་པ་ཉིད་དང་། ཡང་དག་པའི་མཐའ་དང་། བསམ་གྱིས་མི་ཁྱབ་པའི་དབྱིངས་དེ་ཤེས་རབ་ཀྱི་ཕ་རོལ་ཏུ་ཕྱིན་པ་ལ་སྤྱོད་དམ། བཅོམ་ལྡན་འདས་ཅི་ལགས། འཕགས་པའི་ལམ་ཡན་ལག་བརྒྱད་པའི་སྟོང་པ་ཉིད་དང་། གསོག་ཉིད་དང་། གསོབ་ཉིད་དང་། རག་ལུས་པ་ཉིད་དང་། སྙིང་པོ་མ་མཆིས་པ་ཉིད་དང་།

དེ་བཞིན་ཉིད་དང་། མ་ནོར་བ་དེ་བཞིན་ཉིད་དང་། གཞན་མ་ཡིན་པ་དེ་བཞིན་ཉིད་དང་། ཆོས་ཉིད་དང་། ཆོས་ཀྱི་དབྱིངས་དང་། ཆོས་ཀྱི་གནས་ཉིད་དང་། ཆོས་སྐྱོན་མེད་པ་ཉིད་དང་། ཡང་དག་པའི་མཐའ་དང་། བསམ་གྱིས་མི་ཁྱབ་པའི་དབྱིངས་དེ་ཤེས་རབ་ཀྱི་ཕ་རོལ་ཏུ་ཕྱིན་པ་ལ་སྤྱོད་དམ། བཅོམ་ལྡན་འདས་ཅི་ལགས། འཕགས་པའི་བདེན་པ་བཞིའི་སྟོང་པ་ཉིད་དང་། གསོག་ཉིད་དང་། གསོབ་ཉིད་དང་། རག་ལུས་པ་ཉིད་དང་། སྙིང་པོ་མ་མཆིས་པ་ཉིད་དང་། དེ་བཞིན་ཉིད་དང་། མ་ནོར་བ་དེ་བཞིན་ཉིད་དང་། གཞན་མ་ཡིན་པ་དེ་བཞིན་ཉིད་དང་། ཆོས་ཉིད་དང་། ཆོས་ཀྱི་དབྱིངས་དང་། ཆོས་ཀྱི་གནས་ཉིད་དང་། ཆོས་སྐྱོན་མྱེད་པ་ཉིད་དང་། ཡང་དག་པའི་མཐའ་དང་། བསམ་གྱིས་མི་ཁྱབ་པའི་དབྱིངས་དེ་ཤེས་རབ་ཀྱི་ཕ་རོལ་ཏུ་ཕྱིན་པ་ལ་སྤྱོད་དམ། བཅོམ་ལྡན་འདས་ཅི་ལགས། བསམ་གཏན་བཞིའི་སྟོང་པ་ཉིད་དང་། གསོག་ཉིད་དང་། གསོབ་ཉིད་དང་། རག་ལུས་པ་ཉིད་དང་། སྙིང་པོ་མ་མཆིས་པ་ཉིད་དང་། དེ་བཞིན་ཉིད་དང་། མ་ནོར་བ་དེ་བཞིན་ཉིད་དང་། གཞན་མ་ཡིན་པ་དེ་བཞིན་ཉིད་དང་། ཆོས་ཉིད་དང་། ཆོས་ཀྱི་དབྱིངས་དང་། ཆོས་ཀྱི་གནས་ཉིད་དང་། ཆོས་སྐྱོན་མྱེད་པ་ཉིད་དང་། ཡང་དག་པའི་མཐའ་དང་། བསམ་གྱིས་མི་ཁྱབ་པའི་དབྱིངས་དེ་ཤེས་རབ་ཀྱི་ཕ་རོལ་ཏུ་ཕྱིན་པ་ལ་སྤྱོད་དམ། བཅོམ་ལྡན་འདས་ཅི་ལགས། ཚད་མྱེད་པ་བཞིའི་སྟོང་པ་ཉིད་དང་། གསོག་ཉིད་དང་། གསོབ་ཉིད་དང་། རག་ལུས་པ་ཉིད་དང་། སྙིང་པོ་མ་མཆིས་པ་ཉིད་དང་། དེ་བཞིན་ཉིད་དང་། མ་ནོར་བ་དེ་བཞིན་ཉིད་དང་། གཞན་མ་ཡིན་པ་དེ་བཞིན་ཉིད་དང་། ཆོས་ཉིད་དང་། ཆོས་ཀྱི་དབྱིངས་དང་། ཆོས་ཀྱི་གནས་ཉིད་དང་། ཆོས་སྐྱོན་

མེད་པ་ཉིད་དང་། ཡང་དག་པའི་མཐའ་དང་། བསམ་གྱིས་མི་ཁྱབ་པའི་
དབྱིངས་དེ་ཤེས་རབ་ཀྱི་ཕ་རོལ་ཏུ་ཕྱིན་པ་ལ་སྤྱོད་དམ། བཅོམ་ལྡན་འདས་ཅི་
ལགས༏ གཟུགས་མྱེད་པའི་སྙོམས་པར་འཇུག་པ་བཞིའི་སྟོང་པ་ཉིད་དང་།
གསོག་ཉིད་དང་། གསོབ་ཉིད་དང་། རག་ལུས་པ་ཉིད་དང་། སྙིང་པོ་མ་
མཆིས་པ་ཉིད་དང་། དེ་བཞིན་ཉིད་དང་། མ་ནོར་བ་དེ་བཞིན་ཉིད་དང་།
གཞན་མ་ཡིན་པ་དེ་བཞིན་ཉིད་དང་། ཆོས་ཉིད་དང་། ཆོས་ཀྱི་དབྱིངས་དང་།
ཆོས་ཀྱི་གནས་ཉིད་དང་། ཆོས་སྐྱོན་མེད་པ་ཉིད་དང་། ཡང་དག་པའི་
མཐའ་དང་། བསམ་གྱིས་མྱི་ཁྱབ་པའི་དབྱིངས་དེ་ཤེས་རབ་ཀྱི་ཕ་རོལ་ཏུ་ཕྱིན་
པ་ལ་སྤྱོད་དམ། བཅོམ་ལྡན་འདས་ཀྱིས་བཀའ་སྩལ་པ། རབ་འབྱོར་དེ་ནི་མ་
ཡིན་ནོ། །རབ་འབྱོར་གྱིས་གསོལ་པ། བཅོམ་ལྡན་འདས་ཅི་ལགས། རྣམ་
པར་ཐར་པ་བརྒྱད་ཀྱི་སྟོང་པ་ཉིད་དང་། གསོག་ཉིད་དང་། གསོབ་ཉིད་དང་།
རག་ལུས་པ་ཉིད་དང་། སྙིང་པོ་མ་མཆིས་པ་ཉིད་དང་། དེ་བཞིན་ཉིད་དང་།
མ་ནོར་བ་དེ་བཞིན་ཉིད་དང་། གཞན་མ་ཡིན་པ་དེ་བཞིན་ཉིད་དང་། ཆོས་
ཉིད་དང་། ཆོས་ཀྱི་དབྱིངས་དང་། ཆོས་ཀྱི་གནས་ཉིད་དང་། ཆོས་སྐྱོན་
མེད་པ་ཉིད་དང་། ཡང་དག་པའི་མཐའ་དང་། བསམ་གྱིས་མི་ཁྱབ་པའི་
དབྱིངས་དེ་ཤེས་རབ་ཀྱི་ཕ་རོལ་ཏུ་ཕྱིན་པ་ལ་སྤྱོད་དམ། བཅོམ་ལྡན་འདས་ཅི་
ལགས༏ མཐར་གྱིས་གནས་པའི་སྙོམས་པར་འཇུག་པ་དགུའི་སྟོང་པ་ཉིད་དང་།
གསོག་ཉིད་དང་། གསོབ་ཉིད་དང་། རག་ལུས་པ་ཉིད་དང་། སྙིང་པོ་མ་
མཆིས་པ་ཉིད་དང་། དེ་བཞིན་ཉིད་དང་། མ་ནོར་བ་དེ་བཞིན་ཉིད་དང་།
གཞན་མ་ཡིན་པ་དེ་བཞིན་ཉིད་དང་། ཆོས་ཉིད་དང་། ཆོས་ཀྱི་དབྱིངས་དང་།
ཆོས་ཀྱི་གནས་ཉིད་དང་། ཆོས་སྐྱོན་མེད་པ་ཉིད་དང་། ཡང་དག་པའི་

མཐའ་དང་། བསམ་གྱིས་མི་ཁྱབ་པའི་དབྱིངས་དེ་ཤེས་རབ་ཀྱི་ཕ་རོལ་ཏུ་ཕྱིན་པ་ལ་སྤྱོད་དམ། བཅོམ་ལྡན་འདས་ཅི་ལགས། རྣམ་པར་ཐར་པའི་སྒོ་སྟོང་པ་ཉིད་དང་། མཚན་མ་མེད་པ་དང་། སྨོན་པ་མེད་པའི་སྟོང་པ་ཉིད་དང་། གསོག་ཉིད་དང་། གསོབ་ཉིད་དང་། རག་ལུས་པ་ཉིད་དང་། སྙིང་པོ་མ་མཆིས་པ་ཉིད་དང་། དེ་བཞིན་ཉིད་དང་། མ་ནོར་བ་དེ་བཞིན་ཉིད་དང་། གཞན་མ་ཡིན་པ་དེ་བཞིན་ཉིད་དང་། ཆོས་ཉིད་དང་། ཆོས་ཀྱི་དབྱིངས་དང་། ཆོས་ཀྱི་གནས་ཉིད་དང་། ཆོས་སྐྱོན་མེད་པ་ཉིད་དང་། ཡང་དག་པའི་མཐའ་དང་། བསམ་གྱིས་མི་ཁྱབ་པའི་དབྱིངས་དེ། ཤེས་རབ་ཀྱི་ཕ་རོལ་ཏུ་ཕྱིན་པ་ལ་སྤྱོད་དམ། བཅོམ་ལྡན་འདས་ཅི་ལགས། མངོན་པར་ཤེས་པ་རྣམས་ཀྱི་སྟོང་པ་ཉིད་དང་། གསོག་ཉིད་དང་། གསོབ་ཉིད་དང་། རག་ལུས་པ་ཉིད་དང་། སྙིང་པོ་མ་མཆིས་པ་ཉིད་དང་། དེ་བཞིན་ཉིད་དང་། མ་ནོར་བ་དེ་བཞིན་ཉིད་དང་། གཞན་མ་ཡིན་པ་དེ་བཞིན་ཉིད་དང་། ཆོས་ཉིད་དང་། ཆོས་ཀྱི་དབྱིངས་དང་། ཆོས་ཀྱི་གནས་ཉིད་དང་། ཆོས་སྐྱོན་མེད་པ་ཉིད་དང་། ཡང་དག་པའི་མཐའ་དང་། བསམ་གྱིས་མི་ཁྱབ་པའི་དབྱིངས་དེ་ཤེས་རབ་ཀྱི་ཕ་རོལ་ཏུ་ཕྱིན་པ་ལ་སྤྱོད་དམ། བཅོམ་ལྡན་འདས་ཅི་ལགས། ཏིང་ངེ་འཛིན་རྣམས་ཀྱི་སྟོང་པ་ཉིད་དང་། གསོག་ཉིད་དང་། གསོབ་ཉིད་དང་། རག་ལུས་པ་ཉིད་དང་། སྙིང་པོ་མ་མཆིས་པ་ཉིད་དང་། དེ་བཞིན་ཉིད་དང་། མ་ནོར་བ་དེ་བཞིན་ཉིད་དང་། གཞན་མ་ཡིན་པ་དེ་བཞིན་ཉིད་དང་། ཆོས་ཉིད་དང་། ཆོས་ཀྱི་དབྱིངས་དང་། ཆོས་ཀྱི་གནས་ཉིད་དང་། ཆོས་སྐྱོན་མེད་པ་ཉིད་དང་། ཡང་དག་པའི་མཐའ་དང་། བསམ་གྱིས་མི་ཁྱབ་པའི་དབྱིངས་དེ་ཤེས་རབ་ཀྱི་ཕ་རོལ་ཏུ་ཕྱིན་པ་ལ་སྤྱོད་དམ། བཅོམ་ལྡན་འདས་ཅི་

ལགས༔ གཟུངས་ཀྱི་སྒོ་རྣམས་ཀྱི་སྟོང་པ་ཉིད་དང་། གསོག་ཉིད་དང་། གསོབ་ཉིད་དང་། རག་ལུས་པ་ཉིད་དང་། སྙིང་པོ་མ་མཆིས་པ་ཉིད་དང་། དེ་བཞིན་ཉིད་དང་། མ་ནོར་བ་དེ་བཞིན་ཉིད་དང་། གཞན་མ་ཡིན་པ་དེ་བཞིན་ཉིད་དང་། ཆོས་ཉིད་དང་། ཆོས་ཀྱི་དབྱིངས་དང་། ཆོས་ཀྱི་གནས་ཉིད་དང་། ཆོས་སྐྱོན་མེད་པ་ཉིད་དང་། ཡང་དག་པའི་མཐའ་དང་། བསམ་གྱིས་མི་ཁྱབ་པའི་དབྱིངས་དེ་ཤེས་རབ་ཀྱི་ཕ་རོལ་ཏུ་ཕྱིན་པ་ལ་སྤྱོད་དམ། བཅོམ་ལྡན་འདས་ཅི་ལགས། དེ་བཞིན་གཤེགས་པའི་སྟོབས་བཅུའི་སྟོང་པ་ཉིད་དང་། གསོག་ཉིད་དང་། གསོབ་ཉིད་དང་། རག་ལུས་པ་ཉིད་དང་། སྙིང་པོ་མ་མཆིས་པ་ཉིད་དང་། དེ་བཞིན་ཉིད་དང་། མ་ནོར་བ་དེ་བཞིན་ཉིད་དང་། གཞན་མ་ཡིན་པ་དེ་བཞིན་ཉིད་དང་། ཆོས་ཉིད་དང་། ཆོས་ཀྱི་དབྱིངས་དང་། ཆོས་ཀྱི་གནས་ཉིད་དང་། ཆོས་སྐྱོན་མེད་པ་ཉིད་དང་། ཡང་དག་པའི་མཐའ་དང་། བསམ་གྱིས་མི་ཁྱབ་པའི་དབྱིངས་དེ་ཤེས་རབ་ཀྱི་ཕ་རོལ་ཏུ་ཕྱིན་པ་ལ་སྤྱོད་དམ། བཅོམ་ལྡན་འདས་ཅི་ལགས། མི་འཇིགས་པ་བཞིའི་སྟོང་པ་ཉིད་དང་། གསོག་ཉིད་དང་། གསོབ་ཉིད་དང་། རག་ལུས་པ་ཉིད་དང་། སྙིང་པོ་མ་མཆིས་པ་ཉིད་དང་། དེ་བཞིན་ཉིད་དང་། མ་ནོར་བ་དེ་བཞིན་ཉིད་དང་། གཞན་མ་ཡིན་པ་དེ་བཞིན་ཉིད་དང་། ཆོས་ཉིད་དང་། ཆོས་ཀྱི་དབྱིངས་དང་། ཆོས་ཀྱི་གནས་ཉིད་དང་། ཆོས་སྐྱོན་མེད་པ་ཉིད་དང་། ཡང་དག་པའི་མཐའ་དང་། བསམ་གྱིས་མི་ཁྱབ་པའི་དབྱིངས་དེ་ཤེས་རབ་ཀྱི་ཕ་རོལ་ཏུ་ཕྱིན་པ་ལ་སྤྱོད་དམ། བཅོམ་ལྡན་འདས་ཅི་ལགས༔ སོ་སོ་ཡང་དག་པར་རིག་པ་བཞིའི་སྟོང་པ་ཉིད་དང་། གསོག་ཉིད་དང་། གསོབ་ཉིད་དང་། རག་ལུས་པ་ཉིད་དང་། སྙིང་པོ་མ་མཆིས་པ་

ཉིད་དང་། དེ་བཞིན་ཉིད་དང་། མ་ནོར་བ་དེ་བཞིན་ཉིད་དང་། གཞན་མ་ཡིན་པ་དེ་བཞིན་ཉིད་དང་། ཆོས་ཉིད་དང་། ཆོས་ཀྱི་དབྱིངས་དང་། ཆོས་ཀྱི་གནས་ཉིད་དང་། ཆོས་སྐྱོན་མེད་པ་ཉིད་དང་། ཡང་དག་པའི་མཐའ་དང་། བསམ་གྱིས་མི་ཁྱབ་པའི་དབྱིངས་དེ་ཤེས་རབ་ཀྱི་ཕ་རོལ་ཏུ་ཕྱིན་པ་ལ་སྤྱོད་དམ། བཅོམ་ལྡན་འདས་ཅི་ལགས། བྱམས་པ་ཆེན་པོའི་སྟོང་པ་ཉིད་དང་། གསོག་ཉིད་དང་། གསོབ་ཉིད་དང་། རག་ལུས་པ་ཉིད་དང་། སྙིང་པོ་མ་མཆིས་པ་ཉིད་དང་། དེ་བཞིན་ཉིད་དང་། མ་ནོར་བ་དེ་བཞིན་ཉིད་དང་། གཞན་མ་ཡིན་པ་དེ་བཞིན་ཉིད་དང་། ཆོས་ཉིད་དང་། ཆོས་ཀྱི་དབྱིངས་དང་། ཆོས་ཀྱི་གནས་ཉིད་དང་། ཆོས་སྐྱོན་མྱེད་པ་ཉིད་དང་། ཡང་དག་པའི་མཐའ་དང་། བསམ་གྱིས་མྱི་ཁྱབ་པའི་དབྱིངས་དེ་ཤེས་རབ་ཀྱི་ཕ་རོལ་ཏུ་ཕྱིན་པ་ལ་སྤྱོད་དམ། བཅོམ་ལྡན་འདས་ཅི་ལགས། སྙིང་རྗེ་ཆེན་པོའི་སྟོང་པ་ཉིད་དང་། གསོག་ཉིད་དང་། གསོབ་ཉིད་དང་། རག་ལུས་པ་ཉིད་དང་། སྙིང་པོ་མ་མཆིས་པ་ཉིད་དང་། དེ་བཞིན་ཉིད་དང་། མ་ནོར་བ་དེ་བཞིན་ཉིད་དང་། གཞན་མ་ཡིན་པ་དེ་བཞིན་ཉིད་དང་། ཆོས་ཉིད་དང་། ཆོས་ཀྱི་དབྱིངས་དང་། ཆོས་ཀྱི་གནས་ཉིད་དང་། ཆོས་སྐྱོན་མྱེད་པ་ཉིད་དང་། ཡང་དག་པའི་མཐའ་དང་། བསམ་གྱིས་མྱི་ཁྱབ་པའི་དབྱིངས་དེ་ཤེས་རབ་ཀྱི་ཕ་རོལ་ཏུ་ཕྱིན་པ་ལ་སྤྱོད་དམ། བཅོམ་ལྡན་འདས་ཅི་ལགས། སངས་རྒྱས་ཀྱི་ཆོས་མ་འདྲེས་པ་བཅོ་བརྒྱད་ཀྱི་སྟོང་པ་ཉིད་དང་། གསོག་ཉིད་དང་། གསོབ་ཉིད་དང་། རག་ལུས་པ་ཉིད་དང་། སྙིང་པོ་མ་མཆིས་པ་ཉིད་དང་། དེ་བཞིན་ཉིད་དང་། མ་ནོར་བ་དེ་བཞིན་ཉིད་དང་། གཞན་མ་ཡིན་པ་དེ་བཞིན་ཉིད་དང་། ཆོས་ཉིད་དང་། ཆོས་ཀྱི་དབྱིངས་དང་། ཆོས་ཀྱི་གནས་

ཉིད་དང་། ཆོས་སྐྱོན་མེད་པ་ཉིད་དང་། ཡང་དག་པའི་མཐའ་དང་། བསམ་གྱིས་མི་ཁྱབ་པའི་དབྱིངས་དེ་ཤེས་རབ་ཀྱི་ཕ་རོལ་ཏུ་ཕྱིན་པ་ལ་སྤྱོད་དམ། བཅོམ་ལྡན་འདས་ཅི་ལགས། རྒྱུན་ཏུ་ཞུགས་པའི་འབྲས་བུའི་སྟོང་པ་ཉིད་དང་། གསོག་ཉིད་དང་། གསོབ་ཉིད་དང་། རག་ལུས་པ་ཉིད་དང་། སྙིང་པོ་མ་མཆིས་པ་ཉིད་དང་། དེ་བཞིན་ཉིད་དང་། མ་ནོར་བ་དེ་བཞིན་ཉིད་དང་། གཞན་མ་ཡིན་པ་དེ་བཞིན་ཉིད་དང་། ཆོས་ཉིད་དང་། ཆོས་ཀྱི་དབྱིངས་དང་། ཆོས་ཀྱི་གནས་ཉིད་དང་། ཆོས་སྐྱོན་མྱེད་པ་ཉིད་དང་། ཡང་དག་པའི་མཐའ་དང་། བསམ་གྱིས་མྱི་ཁྱབ་པའི་དབྱིངས་དེ་ཤེས་རབ་ཀྱི་ཕ་རོལ་ཏུ་ཕྱིན་པ་ལ་··· སྤྱོད་དམ། བཅོམ་ལྡན་འདས་ཅི་ལགས། ལན་ཅིག་ཕྱིར་འོང་བའི་འབྲས་བུའི་སྟོང་པ་ཉིད་དང་། གསོག་ཉིད་དང་། གསོབ་ཉིད་དང་། རག་ལུས་པ་ཉིད་དང་། སྙིང་པོ་མ་མཆིས་པ་ཉིད་དང་། དེ་བཞིན་ཉིད་དང་། མ་ནོར་བ་དེ་བཞིན་ཉིད་དང་། གཞན་མ་ཡིན་པ་དེ་བཞིན་ཉིད་དང་། ཆོས་ཉིད་དང་། ཆོས་ཀྱི་དབྱིངས་དང་། ཆོས་ཀྱི་གནས་ཉིད་དང་། ཆོས་སྐྱོན་མྱེད་པ་ཉིད་དང་། ཡང་དག་པའི་མཐའ་དང་། བསམ་གྱིས་མི་ཁྱབ་པའི་དབྱིངས་དེ[༡]། ཤེས་རབ་ཀྱི་ཕ་རོལ་ཏུ་ཕྱིན་པ་ལ་སྤྱོད་དམ། བཅོམ་ལྡན་འདས་ཅི་ལགས། ཕྱིར་མྱི་འོང་བའི་འབྲས་བུའི་སྟོང་པ་ཉིད་དང་། གསོག་ཉིད་དང་། གསོབ་ཉིད་དང་། རག་ལུས་པ་ཉིད་དང་། སྙིང་པོ་མ་མཆིས་པ་ཉིད་དང་། དེ་བཞིན་ཉིད་དང་། མ་ནོར་བ་དེ་བཞིན་ཉིད་དང་། གཞན་མ་ཡིན་པ་དེ་བཞིན་ཉིད་དང་། ཆོས་ཉིད་དང་། ༔ཆོས་ཀྱི་དབྱིངས་དངེ་།[༢] ཆོས་ཀྱི་གནས་ཉིད་དང་། ཆོས་སྐྱོན་མྱེད་པ་ཉིད་དང་། ཡང་དག་པའི་མཐའ་དང་། བསམ་གྱིས་མྱི་ཁྱབ་པའི་དབྱིངས་དེ་ཤེས་རབ་ཀྱི་ཕ་རོལ་ཏུ་ཕྱིན་པ་ལ་སྤྱོད་དམ། བཅོམ་ལྡན་འདས་ཅི···

ལགས། དགྲ་བཅོམ་པ་ཉིད་ཀྱི་སྟོང་པ་ཉིད་དང་། གསོག་ཉིད་དང་། གསོབ་ཉིད་དང་། རག་ལུས་པ་ཉིད་དང་། སྙིང་པོ་མ་མཆིས་པ་ཉིད་དང་། དེ་བཞིན་ཉིད་དང་། མ་ནོར་བ་དེ་བཞིན་ཉིད་དང་། གཞན་མ་ཡིན་པ་དེ་བཞིན་ཉིད་དང་། ཆོས་ཉིད་དང་། ཆོས་ཀྱི་དབྱིངས་དང་། ཆོས་ཀྱི་གནས་ཉིད་དང་། ཆོས་སྐྱོན་མེད་པ་ཉིད་དང་། ཡང་དག་པའི་མཐའ་དང་། བསམ་གྱིས་མི་ཁྱབ་པའི་དབྱིངས་དེ་ཤེས་རབ་ཀྱི་ཕ་རོལ་ཏུ་ཕྱིན་པ་ལ་སྤྱོད་དམ། བཅོམ་ལྡན་འདས་ཅི་ལགས། རང་བྱང་ཆུབ་ཀྱི་སྟོང་པ་ཉིད་དང་། གསོག་ཉིད་དང་། གསོབ་ཉིད་དང་། རག་ལུས་པ་ཉིད་དང་། སྙིང་པོ་མ་མཆིས་པ་ཉིད་དང་། དེ་བཞིན་ཉིད་དང་། མ་ནོར་བ་དེ་བཞིན་ཉིད་དང་། གཞན་མ་ཡིན་པ་དེ་བཞིན་ཉིད་དང་། ཆོས་ཉིད་དང་། ཆོས་ཀྱི་དབྱིངས་དང་། ཆོས་ཀྱི་གནས་ཉིད་དང་། ཆོས་སྐྱོན་མེད་པ་ཉིད་དང་། ཡང་དག་པའི་མཐའ་དང་། བསམ་གྱིས་མི་ཁྱབ་པའི་དབྱིངས་དེ་ཤེས་རབ་ཀྱི་ཕ་རོལ་ཏུ་ཕྱིན་པ་ལ་སྤྱོད་དམ། བཅོམ་ལྡན་འདས་ཅི་ལགས། ལམ་གྱི་རྣམ་པ་ཤེས་པ་ཉིད་ཀྱི་སྟོང་པ་ཉིད་དང་། གསོག་ཉིད་དང་། གསོབ་ཉིད་དང་། རག་ལུས་པ་ཉིད་དང་། སྙིང་པོ་མ་མཆིས་པ་ཉིད་དང་། དེ་བཞིན་ཉིད་དང་། མ་ནོར་བ་དེ་བཞིན་ཉིད་དང་། གཞན་མ་ཡིན་པ་དེ་བཞིན་ཉིད་དང་། ཆོས་ཉིད་དང་། ཆོས་ཀྱི་དབྱིངས་དང་། ཆོས་ཀྱི་གནས་ཉིད་དང་། ཆོས་སྐྱོན་མེད་པ་ཉིད་དང་། ཡང་དག་པའི་མཐའ་དང་། བསམ་གྱིས་མི་ཁྱབ་པའི་དབྱིངས་དེ་ཤེས་རབ་ཀྱི་ཕ་རོལ་ཏུ་ཕྱིན་པ་ལ་སྤྱོད་དམ། བཅོམ་ལྡན་འདས་ཅི་ལགས། རྣམ་པ་ཐམས་ཅད་མཁྱེན་པ་ཉིད་ཀྱི་སྟོང་པ་ཉིད་དང་། གསོག་ཉིད་དང་། གསོབ་ཉིད་དང་། རག་ལུས་པ་ཉིད་དང་། སྙིང་པོ་མ་མཆིས་པ་ཉིད་དང་། དེ་བཞིན་ཉིད་དང་།

མ་ནོར་བ་དེ་བཞིན་ཉིད་དང་། གཞན་མ་ཡིན་པ་དེ་བཞིན་ཉིད་དང་། ཆོས་ཉིད་དང་། ཆོས་ཀྱི་དབྱིངས་དང་། ཆོས་ཀྱི་གནས་ཉིད་དང་། ཆོས་སྐྱོན་མེད་པ་ཉིད་དང་། ཡང་དག་པའི་མཐའ་དང་། བསམ་གྱིས་མི་ཁྱབ་པའི་དབྱིངས་དེ་ཤེས་རབ་ཀྱི་ཕ་རོལ་ཏུ་ཕྱིན་པ་ལ་སྤྱོད་དམ། བཅོམ་ལྡན་འདས་ཀྱིས་བཀའ་སྩལ་པ། རབ་འབྱོར་དེ་ནི་མ་ཡིན་ནོ། །རབ་འབྱོར་གྱིས་གསོལ་པ། བཅོམ་ལྡན་འདས་གལ་ཏེ་ཆོས་དེ་དག་ཤེས་རབ་ཀྱི་ཕ་རོལ་ཏུ་ཕྱིན་པ་ལ་མི་སྤྱོད་ན། བཅོམ་ལྡན་འདས་བྱང་ཆུབ་སེམས་དཔའ་སེམས་དཔའ་ཆེན་པོ་ཇི་ལྟར་ཤེས་རབ་ཀྱི་ཕ་རོལ་ཏུ་ཕྱིན་པ་ལ་སྤྱོད་པ་ལགས། བཅོམ་ལྡན་འདས་ཀྱིས་བཀའ་སྩལ་པ། རབ་འབྱོར་དེ་ཇི་སྙམ་དུ་སེམས། ཆོས་གང་ཤེས་རབ་ཀྱི་ཕ་རོལ་ཏུ་ཕྱིན་པ་ལ་སྤྱོད་པའི་ཆོས་དེ་ཁྱོད་ཀྱིས་མཐོང་ངམ། གསོལ་པ་བཅོམ་ལྡན་[༡]འདས་དེ་ནི་མ་ལགས་སོ། །བཅོམ་ལྡན་འདས་ཀྱིས་བཀའ་སྩལ་པ། རབ་འབྱོར་དེ་ཇི་སྙམ་དུ་སེམས། གང་ལ་བྱང་ཆུབ་སེམས་དཔའ་སེམས་དཔའ་ཆེན་པོ་སྤྱོད་པའི་ཤེས་རབ་ཀྱི་ཕ་རོལ་ཏུ་ཕྱིན་པ་དེ་ལྟ་བུ་ཁྱོད་ཀྱིས་མཐོང་ངམ། ༔གསོལ་པ་བཅོམ་ལྡན་འདས་དེ་ནི་མ་ལགས་སོ། །བཅོམ་ལྡན་འདས་ཀྱིས་བཀའ་སྩལ་པ། རབ་འབྱོར་དེ་ཇི་སྙམ་དུ་སེམས། ཆོས་གང་ཁྱོད་ཀྱིས་མ་མཐོང་བའི་ཆོས་དེ་དམིགས་སུ་ཡོད་དམ།[༢] གསོལ་པ་བཅོམ་ལྡན་འདས་དེ་ནི་མ་ལགས་[༣]སོ། །བཅོམ་ལྡན་འདས་ཀྱིས་བཀའ་སྩལ་པ། རབ་འབྱོར་དེ་ཇི་སྙམ་དུ་སེམས། ཆོས་གང་དམིགས་སུ་མེད་པ་དེ་སྐྱེ་བའམ་འགག་པར་འགྱུར་རམ། གསོལ་པ་བཅོམ་ལྡན་འདས་དེ་ནི་མ་ལགས་སོ། །བཅོམ་ལྡན་འདས་ཀྱིས་བཀའ་སྩལ་པ། རབ་འབྱོར་དེ་ནི་བྱང་ཆུབ་སེམས་དཔའ་སེམས་དཔའ་ཆེན་པོ་རྣམས་ཀྱི་མི་སྐྱེ་བའི་ཆོས་ལ་[༤]བཟོད་པ་[༥]སྟེ། རབ་འབྱོར་བཟོད་པ་དེ་ལྟ་བུ་དང་ལྡན་པའི་བྱང་ཆུབ་

སེམས་དཔའ་སེམས་དཔའ་ཆེན་པོ་ནི་སངས་རྒྱས་བཅོམ་ལྡན་འདས་ཀྱིས་བླ་ན་མེད་པ་ཡང་དག་པར་རྫོགས་པའི་བྱང་ཆུབ་ཏུ་ལུང་བསྟན་ཏེ། རབ་འབྱོར་འདི་[༡]ནི་སྐྱོབས་བཅུ་དང་། མི་འཇིགས་པ་བཞི་[༢]དང་། སོ་སོ་ཡང་དག་པར་རིག་པ་[༣]དང་། སངས་རྒྱས་ཀྱི་ཆོས་མ་འདྲེས་པའི་ལམ་ཞེས་བྱ་སྟེ། ལམ་དེར་ཞུགས་པའི་བྱང་ཆུབ་སེམས་དཔའ་སེམས་དཔའ་ཆེན་པོ་དེ་ལྟར་སྤྱོད་[༤]དེ་ལྟར་རྩོལ[༥]། དེ་ལྟར་འབད་པ་ནི་བླ་ན་མེད་པ་ཡང་དག་པར་རྫོགས་པའི་སངས་རྒྱས་ཀྱི་ཡེ་ཤེས། ཡེ་ཤེས་[༦]ཆེན་པོ་རྣམ་པ་ཐམས་ཅད་མཁྱེན་པའི་ཡེ་ཤེས་ཐོབ་པར་མི་འགྱུར་ཞེས་བྱ་བའི་གནས་མེད་དོ། །དེ་ཅིའི་ཕྱིར་ཞེ་ན། དེ་ནི་འདི་ལྟར་བྱང་ཆུབ་སེམས་དཔའ་སེམས་དཔའ་ཆེན་པོ་དེས་མི་སྐྱེ་བའི་ཆོས་ལ་བཟོད་པ་ཐོབ་པའི་ཕྱིར་ཏེ། དེའི་ཆོས་[༧]དེ་དག་ནི་བླ་ན་མེད་པ་ཡང་དག་པར་རྫོགས་པའི་བྱང་ཆུབ་ཏུ་མངོན་པར་རྫོགས་པར་སངས་རྒྱས་ཀྱི་བར་དུ་ནམ་ཡང་ཡོངས་སུ་འགྲིབ་པར་མི་འགྱུར་རོ།། རབ་འབྱོར་གྱིས་གསོལ་པ། བཅོམ་ལྡན་འདས་ཅི་ལགས། ཆོས་ཐམས་ཅད་ཀྱི་མི་སྐྱེ་བ་ཉིད་གང་ལགས་པ་དེ་ལས་བྱང་ཆུབ་སེམས་དཔའ་སེམས་དཔའ་ཆེན་པོ་དེ་བླ་ན་མེད་པ་ཡང་དག་པར་རྫོགས་པའི་བྱང་ཆུབ་ཏུ་ལུང་བསྟན་པར་འགྱུར་རམ། བཅོམ་ལྡན་འདས་ཀྱིས་བཀའ་སྩལ་པ། རབ་འབྱོར་དེ་ནི་མ་ཡིན་ནོ། །[༨]གསོལ་པ། བཅོམ་ལྡན་འདས་ཅི་ལགས། སྐྱེ་བ་ཡང་མ་ལགས། མི་སྐྱེ་བ་ཡང་མ་ལགས་པ་ལས་བྱང་ཆུབ་སེམས་དཔའ་སེམས་དཔའ་ཆེན་པོ་བླ་ན་མེད་པ་ཡང་དག་པར་རྫོགས་པའི་བྱང་ཆུབ་ཏུ་ལུང་བསྟན་ཏམ། བཅོམ་ལྡན་འདས་ཀྱིས་བཀའ་སྩལ་པ། རབ་འབྱོར་དེ་ནི་མ་ཡིན་ནོ། །གསོལ་པ། བཅོམ་ལྡན་འདས་གལ་ཏེ་སྐྱེ་བ་ཡང་མ་ལགས། མི་སྐྱེ་བ་ཡང་མ་ལགས་པ་ལས་ཀྱང་བྱང་ཆུབ་སེམས་དཔའ་སེམས་དཔའ་ཆེན་པོ་[༩]བླ་ན་མེད་པ་ཡང་དག་པར་རྫོགས་པའི་

བྱང་ཆུབ་ཏུ་ལུང་མི་བསྟན་ན། བྱང་ཆུབ་སེམས་དཔའ་སེམས་དཔའ་ཆེན་པོ་ཇི་ལྟར་བླ་ན་མེད་པ་ཡང་དག་པར་རྫོགས་པའི་བྱང་ཆུབ་ཏུ་ལུང་བསྟན་པར་འགྱུར། བཅོམ་ལྡན་འདས་ཀྱིས་བཀའ་སྩལ་པ། རབ་འབྱོར་དེ་ཇི་སྙམ་དུ་སེམས། གང་བླ་ན་མེད་པ་ཡང་དག་པར་རྫོགས་པའི་བྱང་ཆུབ་ཏུ་ལུང་བསྟན་པར་འགྱུར་བའི་ཆོས་དེ་ལྟ་བུ་ཁྱོད་ཀྱིས་ཡང་དག་པར་རྗེས་སུ་མཐོང་ངམ། གསོལ་པ་བཅོམ་ལྡན་འདས་དེ་ནི་མ་ལགས་ཏེ[1]། བཅོམ་ལྡན་འདས་ཆོས་གང་བླ་ན་མེད་པ་ཡང་དག་པར་རྫོགས་པའི་བྱང་ཆུབ་ཏུ་ལུང་བསྟན་པར་འགྱུར་བའི་ཆོས་དེ་དག་ནི་བདག་གིས་ཡང་དག་པར་རྗེས་སུ་མ་མཐོང་ངོ་། །བཅོམ་ལྡན་འདས་ཆོས་གང་མངོན་པར་རྫོགས་པར་འཚང་རྒྱ་བ་དང་། གང་གིས་མངོན་པར་རྫོགས་པར་འཚང་རྒྱ་བ་དང་། གང་མངོན་པར་རྫོགས་པར་འཚང་རྒྱ་བར་བགྱི་བ་དེ་ལྟ་བུའི་ཆོས་ཀྱང་བདག་གིས་ཡང་དག་པར་རྗེས་སུ་མ་མཐོང་ངོ་། །བཅོམ་ལྡན་འདས་ཀྱིས་བཀའ་སྩལ་པ། རབ་འབྱོར་དེ་དེ་བཞིན་ནོ། །དེ་དེ་བཞིན་ཏེ། ཆོས་ཐམས་ཅད་མི་དམིགས་པའི་བྱང་ཆུབ་སེམས་དཔའ་སེམས་དཔའ་ཆེན་པོ་ནི་འདི་སྙམ་དུ་བདག་ནི་མངོན་པར་རྫོགས་པར་འཚང་རྒྱའོ། །འདིས་ནི་མངོན་པར་རྫོགས་པར་འཚང་རྒྱ་བར་བྱའོ། །འདི་ནི་མངོན་པར་རྫོགས་པར་འཚང་རྒྱ་བར་བྱའོ། །༔ཞེས་བྱ་བར་[2]མི་སེམས་སོ། །དེ་ཅིའི་ཕྱིར་ཞེ་ན། རབ་འབྱོར་དེ་ནི་འདི་ལྟར་བྱང་ཆུབ་སེམས་དཔའ་སེམས་དཔའ་ཆེན་པོ་ཤེས་རབ་ཀྱི་ཕ་རོལ་ཏུ་ཕྱིན་པ་ལ་སྤྱོད་པའི་རྣམ་པར་རྟོག་པ་དེ་[3]ཐམས་ཅད་མེད་པའི་ཕྱིར་ཏེ། དེ་ཅིའི་ཕྱིར་ཞེ་ན། རབ་འབྱོར་ཤེས་རབ་ཀྱི་ཕ་རོལ་ཏུ་ཕྱིན་[4]པ་ནི་རྣམ་པར་མི་རྟོག་པའོ། །ཤེས་རབ་ཀྱི་ཕ་རོལ་ཏུ་ཕྱིན་པ་སྟོང་ཕྲག་བརྒྱ་པ་ལས། ལེའུ་བཞི་བཅུ་ལྔའོ[5]།། །།

དེ་ནས་ལྷའི་དབང་པོ་བརྒྱ་བྱིན་གྱིསཿ བཅོམ་ལྡན་འདས་ལ་[1] འདི་སྐད་ཅེས་གསོལ་ཏོ། །བཅོམ་ལྡན་འདས་ཤེས་རབ་ཀྱི་ཕ་རོལ་ཏུ་ཕྱིན་པ་ནི་ཤིན་ཏུ་དབེན་པའི་སླད་དུ་ཟབ་པའོ། །བཅོམ་ལྡན་འདས་ཤེས་རབ་ཀྱི་ཕ་རོལ་ཏུ་ཕྱིན་པ་ནི་ཤིན་ཏུ་དབེན་པའི་སླད་དུ་བལྟ་དཀའ་བའོ། །བཅོམ་ལྡན་འདས་ཤེས་རབ་ཀྱི་ཕ་རོལ་ཏུ་ཕྱིན་པ་ནི་ཤིན་ཏུ་དབེན་པའི་སླད་དུ་རྟོགས་[2] པར་དཀའ་བའོ། །བཅོམ་ལྡན་འདས་ཤེས་རབ་ཀྱི་ཕ་རོལ་ཏུ་ཕྱིན་པ་ནི་ཤིན་ཏུ་དབེན་པའི་སླད་དུ་བརྟག་ཏུ་མ་མཆིས་པའོ[3]། །བཅོམ་ལྡན་འདས་ཤེས་རབ་ཀྱི་ཕ་རོལ་ཏུ་ཕྱིན་པ་ནི་ཤིན་ཏུ་དབེན་པའི་སླད་དུ་བརྟག་པའི་སྤྱོད་ཡུལ་མ་ལགས་པའོ། །བཅོམ་ལྡན་འདས་ཤེས་རབ་ཀྱི་ཕ་རོལ་ཏུ་ཕྱིན་པ་ནི་ཤིན་ཏུ་དབེན་པའི་སླད་དུ་ཞི་བ་ཕྲ་ཞིབ་པའོ། །བཅོམ་ལྡན་འདས་ཤེས་རབ་ཀྱི་ཕ་རོལ་ཏུ་ཕྱིན་པ་ནི་ཤིན་ཏུ་དབེན་པའི་སླད་དུ་མཁས་ཤིང་རིག་པས་རྟོགས་པར་བགྱི་བའོ། །བཅོམ་ལྡན་འདས་སེམས་ཅན་གང་ཤེས་རབ་ཀྱི་ཕ་རོལ་ཏུ་ཕྱིན་པ་ཟབ་མོ་འདི་ཉན་ཅིང་འཛིན་པ་དང་། འཆང་ཞིང་ཀློག་པ་དང་། ཀུན་ཆུབ་པར་བགྱིད་པ་དང་། དེ་བཞིན་ཉིད་དུ་ནན་ཏན་བགྱིད་ཅིང་། བླ་ན་མེད་པ་ཡང་དག་པར་རྫོགས་པའི་བྱང་ཆུབ་ཏུ་མངོན་པར་རྫོགས་པར་སངས་རྒྱས་ཀྱི་བར་དུ་སེམས་དང་སེམས་ལས་བྱུང་བའི་ཆོས་གཞན་གྱི་གོ་མི་འབྱེད་པ་དེ་དག་ནི་དགེ་བའི་རྩ་བ་ཐ་མ་དང་ལྡན་པ་མ་ལགས་སོ། །བཅོམ་ལྡན་འདས་ཀྱིས་བཀའ་སྩལ་པ། ཀཽ་[4] ཤི་ཀ་དེ་དེ་བཞིན་ནོ།། དེ་དེ་བཞིན་ཏེ། སེམས་ཅན་གང་ཤེས་རབ་ཀྱི་ཕ་རོལ་ཏུ་ཕྱིན་པ་ཟབ་མོ་འདི་ཉན་ཅིང་། འཛིན་པ་དང་། འཆང་ཞིང་ཀློག་པ་དང་། ཀུན་ཆུབ་པར་བྱེད་པ་དང་། དེ་བཞིན་ཉིད་དུ་ནན་ཏན་བྱེད་ཅིང་། བླ་ན་མེད་པ་ཡང་དག་པར་རྫོགས་པའི་བྱང་ཆུབ་ཏུ་མངོན་པར་རྫོགས་པར་སངས་རྒྱས་ཀྱི་བར་དུ། སེམས་

དང་སེམས་ལས་བྱུང་བའི་ཆོས་གཞན་གྱི་སོ་སྐྱེ་འབྱེད་པ་དེ་དག་ནི་དགེ་བའི་རྩ····བ་ཐམ་[1]དང་ལྡན་པ་མ་ཡིན་ནོ། །ཀཱ་[2]ཤི་ཀ་དེ་ཇི་སྙམ་དུ་སེམས། འཛམ་བུའི་གླིང་གི་སེམས་ཅན་གང་ཇི་སྙེད་པ་དེ་དག་ཐམས་ཅད་དགེ་བ་བཅུའི་ལས་ཀྱི་ལམ་དང་ལྡན་པར་གྱུར། བསམ་གཏན་བཞི་དང་ལྡན་པར་གྱུར། ཚད་མེད་པ་བཞི་དང་ལྡན་པར་གྱུར། གཟུགས་མེད་པའི་སྙོམས་[3]པར་འཇུག་པ་བཞི་དང་ལྡན་པར་གྱུར། མངོན་པར་ཤེས་པ་ལྔ་དང་ལྡན་པར་གྱུར་ལ། རིགས་ཀྱི་བུའམ་རིགས་ཀྱི་བུ་མོ་ལ་ལ་ཞིག་[4]ཀྱང་ཤེས་རབ་ཀྱི་ཕ་རོལ་ཏུ་ཕྱིན་པ་འདི་འཛིན་ཅིང་འཆང་ལ། ཀློག་ཅིང་ཀུན་ཆུབ་པར་བྱེད་པར་གྱུར་[5]ཏེ། བཟུང་[6]ཞིང་བཅངས[7]། བླགས་[8]ཤིང་ཀུན་[9]ཆུབ་པར་བྱས་ནས་ཀྱང་། དེ་བཞིན་ཉིད་དུ་ནན་ཏན་བྱེད་ན། ཀཱ་[10]ཤི་ཀ་དགེ་བའི་རྩ་བ་འདི་ལ་སྔ་མའི་དགེ་བའི་རྩ་བ་དེས་བརྒྱའི་ཆར་ཡང་ཉེ་བར་མི་འགྲོའོ། །སྟོང་གི་ཆར་ཡང་ཉེ་བར་མི་འགྲོའོ། བརྒྱ་སྟོང་གི་ཆར་ཡང་ཉེ་བར་མི་འགྲོའོ། །བྱེ་བའི་ཆར་ཡང་ཉེ་བར་མི་འགྲོའོ། །བྱེ་བ་བརྒྱའི་ཆར་ཡང་ཉེ་བར་མི་འགྲོའོ། །བྱེ་བ་སྟོང་གི་ཆར་ཡང་ཉེ་བར་མི་འགྲོའོ། །བྱེ་བ་བརྒྱ་སྟོང་གི་ཆར་ཡང་ཉེ་བར་མི་འགྲོའོ། །བྱེ་བ་ཁྲག་ཁྲིག་བརྒྱ་སྟོང་གི་ཆར་ཡང་ཉེ་བར་མི་འགྲོའོ། །གྲངས་དང་ཆ་དང་བགྲང་བ་དང་། དཔེ་[11]དང་རྒྱུར་ཡང་མི་བཟོད་དོ། །དེ་ནས་དགེ་སློང་གཅིག་ཅིག་[12]གིས་ལྷའི་དབང་པོ་བརྒྱ་བྱིན་ལ་འདི་སྐད་ཅེས་སྨྲས་སོ། །ཀཱ་[13]ཤི་ཀ་འཛམ་བུའི་གླིང་གི་སེམས་ཅན་དགེ་བ་བཅུའི་ལས་ཀྱི་ལམ་དང་ལྡན་པ། བསམ་གཏན་བཞི་དང་ལྡན་པ། ཚད་མེད་པ་བཞི་དང་ལྡན་པ། གཟུགས་མེད་པའི་སྙོམས་པར་འཇུག་པ་བཞི་དང་ལྡན་པ། མངོན་པར་ཤེས་པ་ལྔ་དང་ལྡན་པ་དེ་དག་ཐམས་ཅད་ནི། རིགས་ཀྱི་བུའམ་རིགས་ཀྱི་བུ་མོ་གང་ཤེས་རབ་ཀྱི་ཕ་རོལ་ཏུ

ཕྱིན་[1]པ་ཟབ་མོ་འདི་མི་གཡེང་བའི་སེམས་ཀྱིས་འཛིན་པ་དང༌། འཆང་བ་དང༌། ཀློག་པ་དང༌། ཀུན་ཆུབ་པར་བྱེད་པ་དང༌། ཚུལ་བཞིན་དུ་ཡིད་ལ་བྱེད་པ་དང༌། དེ་བཞིན་ཉིད་དུ་ནན་ཏན་བྱེད་ཅིང་བླ་ན་མེད་པ་ཡང་དག་པར་རྫོགས་པའི་བྱང་ཆུབ་ཏུ་མངོན་པར་རྫོགས་པར་སངས་རྒྱས་ཀྱི་བར་དུ་སེམས་དང་སེམས་ལས་བྱུང་བའི་ཆོས་གཞན་གྱི་གོ་མི་འབྱེད་པ་དེ་དག་གིས་[2]ཟིལ་གྱིས་ནོན་ཏོ། །དེ་སྐད་ཅེས་སྨྲས་པ་དང༌། ལྷའི་དབང་པོ་བརྒྱ་བྱིན་གྱིས་དགེ་སློང་དེ་ལ་འདི་སྐད་ཅེས་སྨྲས་སོ། །དགེ་སློང་འཛམ་བུའི་གླིང་གི་སེམས་ཅན་དགེ་བ་བཅུའི་ལས་ཀྱི་ལམ་དང་ལྡན་པ། བསམ་གཏན་བཞི་དང་ལྡན་པ། ཚད་མེད་པ་བཞི་དང་ལྡན་པ། གཟུགས་མེད་པའི་སྙོམས་པར་འཇུག་པ་བཞི་དང་ལྡན་པ། མངོན་པར་ཤེས་པ་ལྔ་དང་ལྡན་པ། དེ་དག་ཐམས་ཅད་བྱང་ཆུབ་སེམས་དཔའ་སེམས་དཔའ་ཆེན་པོ་[3]རྣམ་པ་ཐམས་ཅད་མཁྱེན་པ་ཉིད་དང་ལྡན་པའི་སེམས་དང་པོ་བསྐྱེད་པས་ཀྱང་ཟིལ་གྱིས་ནོན་ན། གང་ཤེས་རབ་ཀྱི་ཕ་རོལ་ཏུ་ཕྱིན་པ་ཟབ་མོ་འདི་འཛིན་པ་དང༌། འཆང་བ་དང༌། ཀློག་པ་དང༌། ཀུན་ཆུབ་པར་བྱེད་པ་དང༌། ཚུལ་བཞིན་དུ་[4]ཡིད་ལ་བྱེད་པ་དང༌། བཟུང་ཞིང་བཅངས་ཏེ། བླགས་[5]ཤིང་ཀུན་ཆུབ་པར་བྱས་ནས་ཀྱང་དེ་བཞིན་ཉིད་དུ་ནན་ཏན་བྱེད་པ་ལྟ་སྨོས་[6]ཀྱང་ཅི་དགོས་[7]ཏེ། ལྷ་དང་མི་དང་ལྷ་མ་ཡིན་དུ་བཅས་པའི་འཇིག་རྟེན་ཟིལ་གྱིས་གནོན་པར་འགྱུར་ཏེ། བྱང་ཆུབ་སེམས་དཔའ་སེམས་དཔའ་ཆེན་པོ་དེས་[8]ནི་ལྷ་དང་མི་དང་ལྷ་མ་ཡིན་དུ་བཅས་པའི་འཇིག་རྟེན་ཟིལ་གྱིས་མནན་ཅིང་འགྲོ་བར་འགྱུར་རོ། །བྱང་ཆུབ་སེམས་དཔའ་སེམས་དཔའ་ཆེན་པོ་དེ་ལྷ་དང་མི་དང་ལྷ་མ་ཡིན་དུ་བཅས་པའི་འཇིག་རྟེན་ཟིལ་གྱིས་མནན་ཅིང་འགྲོ་བར་ཡང་མ་ཟད་དེ། བྱང་ཆུབ་སེམས་དཔའ་སེམས་དཔའ་ཆེན་པོ་དེ་ནི་རྒྱུན་ཏུ་ཞུགས་

པ་དང་། ལན་ཅིག་ཕྱིར་འོང་བ་དང་། ཕྱིར་མི་འོང་བ་དང་། དགྲ་བཅོམ་པ་
དང་། རང་སངས་རྒྱས་གང་ཇི་སྙེད་པ་དེ་དག་ཐམས་ཅད་ཀྱང་[༡] ཟིལ་གྱིས་
མནན་ཅིང་འགྲོ་བར་འགྱུར་རོ། །རྒྱུན་དུ་ཞུགས་པ་དང་། ལན་ཅིག་ཕྱིར་འོང་
བ་དང་། ཕྱིར་མི་འོང་བ་དང་། དགྲ་བཅོམ་པ་དང་། རང་སངས་རྒྱས་སུ་
ཡང་མ་ཟད་དེ། བྱང་ཆུབ་སེམས་དཔའ་སེམས་དཔའ་ཆེན་པོ་དེ་ནི་བྱང་ཆུབ་
སེམས་དཔའ་སེམས་དཔའ་ཆེན་པོ་གང་སྦྱིན་པའི་ཕ་རོལ་ཏུ་ཕྱིན་པ་ལ་སྤྱོད་པ་
ཐབས་མཁས་པ་དང་བྲལ་བ། ཤེས་རབ་ཀྱི་ཕ་རོལ་ཏུ་ཕྱིན་པ་དང་བྲལ་བ་[༢] དེ་
དག་ཀྱང་ཟིལ་གྱིས་གནོན་ཅིང་འགྲོ་བར་འགྱུར་རོ། །སྦྱིན་པའི་ཕ་རོལ་ཏུ་ཕྱིན་
པ་ལ་སྤྱོད་པར་ཡང་མ་ཟད་དེ། བྱང་ཆུབ་སེམས་དཔའ་སེམས་དཔའ་ཆེན་པོ་དེ་
ནི་བྱང་ཆུབ་སེམས་དཔའ་སེམས་དཔའ་ཆེན་པོ་གང་ཚུལ་ཁྲིམས་ཀྱི་ཕ་རོལ་ཏུ་ཕྱིན་
པ་ལ་སྤྱོད་པ་ཐབས་མཁས་པ་དང་བྲལ་བ། ཤེས་རབ་ཀྱི་ཕ་རོལ་ཏུ་ཕྱིན་པ་དང་
བྲལ་བ་[༣] དེ་དག་ཀྱང་[༤] ཟིལ་གྱིས་གནོན་ཅིང་འགྲོ་བར་འགྱུར་རོ། །ཚུལ་ཁྲིམས་
ཀྱི་ཕ་རོལ་ཏུ་ཕྱིན་པ་ལ་སྤྱོད་པར་ཡང་མ་ཟད་དེ། བྱང་ཆུབ་སེམས་དཔའ་སེམས་
དཔའ་ཆེན་པོ་དེ་ནི་བྱང་ཆུབ་སེམས་དཔའ་སེམས་དཔའ་ཆེན་པོ་གང་བཟོད་པའི་
ཕ་རོལ་ཏུ་ཕྱིན་པ་ལ་སྤྱོད་པ་ཐབས་[༥] མཁས་པ་དང་བྲལ་བ། ཤེས་རབ་ཀྱི་ཕ་
རོལ་ཏུ་ཕྱིན་པ་དང་བྲལ་བ་གང་ཇི་སྙེད་པ་དེ་དག་ཀྱང་ཟིལ་གྱིས་གནོན་ཅིང་འགྲོ་
བར་འགྱུར་རོ། །བཟོད་པའི་ཕ་རོལ་ཏུ་ཕྱིན་པ་ལ་སྤྱོད་པར་ཡང་མ་ཟད་དེ།
བྱང་ཆུབ་སེམས་དཔའ་སེམས་དཔའ་ཆེན་པོ་དེ་ནི་བྱང་ཆུབ་སེམས་དཔའ་སེམས་
དཔའ་ཆེན་པོ་གང་བརྩོན་འགྲུས་ཀྱི་ཕ་རོལ་ཏུ་ཕྱིན་པ་ལ་སྤྱོད་པ་ཐབས་མཁས་པ་
དང་བྲལ་བ་ཤེས་རབ་ཀྱི་ཕ་རོལ་ཏུ་ཕྱིན་པ་དང་བྲལ་བ་གང་ཇི་སྙེད་པ་དེ་དག་ཀྱང་
ཟིལ་གྱིས་གནོན་ཅིང་འགྲོ་བར་འགྱུར་རོ། །བརྩོན་འགྲུས་ཀྱི་ཕ་རོལ་ཏུ་ཕྱིན་པ་

ལ་སྤྱོད་པར་ཡང་མ་ཟད་དེ། བྱང་ཆུབ་སེམས་དཔའ་སེམས་དཔའ་ཆེན་པོ་དེ་ནི། བྱང་ཆུབ་སེམས་དཔའ་སེམས་དཔའ་ཆེན་པོ་གང་བསམ་གཏན་གྱི་ཕ་རོལ་ཏུ་ཕྱིན་པ་ལ་སྤྱོད་པ་ཐབས་མཁས་པ་དང་བྲལ་བ། ཤེས་རབ་ཀྱི་ཕ་རོལ་ཏུ་ཕྱིན་པ་དང་བྲལ་བ་གང་ཇི་སྙེད་པ་དེ་དག་ཀུང་ཟིལ་གྱིས་གནོན་ཅིང་འགྲོ་བར་འགྱུར་རོ། ། བསམ་གཏན་གྱི་ཕ་རོལ་ཏུ་ཕྱིན་པ་ལ་སྤྱོད་པར་ཡང་མ་ཟད་དེ། བྱང་ཆུབ་སེམས་དཔའ་སེམས་དཔའ་ཆེན་པོ་གང་ཤེས་རབ་ཀྱི་ཕ་རོལ་ཏུ་ཕྱིན་པ་[1] ཇི་སྐད་དུ་བསྟན་པ་བཞིན་དུ་སྤྱོད་པ་དེ་དག་ནི་ལྷ་དང་མི་དང་ལྷ་མ་ཡིན་དུ་[2] བཅས་པའི་འཇིག་རྟེན་[3] ཟིལ་གྱིས་[4] མནན་[5] པར་མི་ནུས་སོ། །བྱང་ཆུབ་སེམས་དཔའ་སེམས་དཔའ་ཆེན་པོ་གང་ཤེས་རབ་ཀྱི་ཕ་རོལ་ཏུ་ཕྱིན་པ་ལ་སྤྱོད་པ་དེ་[6] ནི་ཤེས་རབ་ཀྱི་ཕ་རོལ་ཏུ་ཕྱིན་པ་ཇི་སྐད་དུ་བསྟན་པ་དང་མཐུན་པར་སྤྱོད་པ་སྟེ། བྱང་ཆུབ་སེམས་དཔའ་སེམས་དཔའ་ཆེན་པོ་དེ་ནི་རྣམ་པ་ཐམས་ཅད་མཁྱེན་པ་ཉིད་ཀྱི་རིགས་རྒྱུན་མི་གཅད་[7] པའི་དོན་དུ་གནས་པའོ། །བྱང་ཆུབ་སེམས་དཔའ་སེམས་དཔའ་ཆེན་པོ་དེ་ནི་དེ་བཞིན་གཤེགས་པ་[8] རིང་དུ་མི་བྱེད་པའོ། །དེ་ལྟར་ཞུགས་པའི་བྱང་ཆུབ་སེམས་དཔའ་སེམས་དཔའ་ཆེན་པོ་དེ་ནི་སྙིང་པོ་བྱང་ཆུབ་དང་ཕང་[9] བར་མི་འགྱུར་རོ། །བྱང་ཆུབ་སེམས་དཔའ་སེམས་དཔའ་ཆེན་པོ་དེ་ནི། སེམས་ཅན་བྱིང་བ་རྣམས་གདོན་[10] པར་འདོད་པའོ། །དེ་ལྟར་སློབ་པའི་བྱང་ཆུབ་སེམས་དཔའ་སེམས་དཔའ་ཆེན་པོ་དེ་ནི། བྱང་ཆུབ་སེམས་དཔའི་བསླབ་པ་ལ་སློབ་པ་སྟེ། ཉན་ཐོས་ཀྱི་བསླབ་པ་ལ་སློབ་པ་མ་ཡིན་ནོ། །རང་སངས་རྒྱས་ཀྱི་བསླབ་པ་ལ་སློབ་པ་མ་ཡིན་ནོ། །དེ་ལྟར་སློབ་པའི་[11] བྱང་ཆུབ་སེམས་དཔའ་སེམས་དཔའ་ཆེན་པོའི་དྲུང་དུ་རྒྱལ་པོ་ཆེན་པོ་བཞི་[12] དག་ཀུང་འགྲོ་བར་བྱ་བར་སེམས་ཏེ་ཉེ་བར་དོང་[13] ཞིང་འདི་སྐད་ཅེས་སྨྲའོ[14]། །ཀྱེ་སྐྱེས་བུ་ཆེན་པོ་མྱུར་དུ་སློབས་ཤིག །

སྐྱེས་བུ་ཆེན་པོ་སྐྱེན་པར་སློབས་ཤིག །ལྷུང་བཟེད་[1] བཞི་པོ་འདི་དག་ནི་ཁྱོད་ཀྱིས་སྙིང་པོ་བྱང་ཆུབ་ཏུ་འདུག་སྟེ། བླ་ན་མེད་པ་ཡང་དག་པར་རྫོགས་པའི་བྱང་ཆུབ་ཏུ་མངོན་པར་རྫོགས་པར་སངས་རྒྱས་ནས་བླང་བར་བྱ་བ་[2] སྟེ། འདི་དག་ནི་སྔོན་[3] ཀྱི་དེ་བཞིན་གཤེགས་པ་དགྲ་བཅོམ་པ་ཡང་དག་པར་རྫོགས་པའི་སངས་རྒྱས་ཀྱིས་[4] བཞེས་པའོ་ཞེས་ཟེར་ཞིང་སྟོན་ཏོ། །དེ་ལྟར་ཤེས་རབ་ཀྱི་ཕ་རོལ་ཏུ་ཕྱིན་པ་ལ་སྤྱོད་པའི། བྱང་ཆུབ་སེམས་དཔའ་སེམས་དཔའ་ཆེན་པོའི་དྲུང་དུ་རྒྱལ་པོ་ཆེན་པོ་བཞི་དག་ཀྱང་། རྒྱལ་ཆེན་བཞིའི་རིས་[5] ཀྱི་ལྷའི་བུ་རྣམས་དང་ལྷན་ཅིག་འདོང་[6] བར་སེམས་སོ། །དེའི་དྲུང་དུ་བདག་ཀྱང་སུམ་ཅུ་[7] རྩ་གསུམ་གྱི་ལྷའི་བུ་རྣམས་དང་ལྷན་ཅིག་འགྲོ་བར་སེམས་སོ། །ལྷའི་རྒྱལ་པོ་རབ་མཆོག་ཡང་[8]། མཆོག་མའི་ལྷའི་བུ་རྣམས་དང་ལྷན་ཅིག་འགྲོ་བར་སེམས་སོ། །ལྷའི་རྒྱལ་པོ་རབ་དགའ་ལྡན་ཡང་དགའ་ལྡན་གྱི་ལྷའི་བུ་རྣམས་དང་ལྷན་ཅིག་འགྲོ་བར་སེམས་སོ། །ལྷའི་རྒྱལ་པོ་རབ་འཕྲུལ་དགའ་ཡང་། འཕྲུལ་དགའི་ལྷའི་བུ་རྣམས་དང་ལྷན་ཅིག་འགྲོ་བར་སེམས་སོ། །ལྷའི་རྒྱལ་པོ་དབང་སྒྲུར་[9] ཡང་གཞན་འཕྲུལ་དབང་བྱེད་ཀྱི་ལྷའི་བུ་རྣམས་དང་ལྷན་ཅིག་འགྲོ་བར་སེམས་སོ། །ཚངས་པ་མི་མཇེད་ཀྱི་བདག་པོ་ཡང་ཚངས་རིས་ཀྱི་ལྷའི་བུ་རྣམས་དང་ལྷན་ཅིག་འགྲོ་བར་སེམས་སོ། ཀུན་སྣང་དང་བའི་ལྷ་རྣམས་ཀྱང་ཉེ་བར་འདོང་བར་སེམས་སོ། །དགེ་རྒྱས་ཀྱི་ལྷ་རྣམས་ཀྱང་ཉེ་བར་འདོང་བར་སེམས་སོ། །འབྲས་བུ་ཆེ་བའི་ལྷ་རྣམས་ཀྱང་ཉེ་བར་འདོང་བར་སེམས་སོ། །མི་ཆེ་བའི་ལྷ་རྣམས་ཀྱང་ཉེ་བར་འདོང་བར་སེམས་སོ། །མི་གདུང་བའི་ལྷ་རྣམས་ཀྱང་ཉེ་བར་འདོང་བར་སེམས་སོ། །ཤིན་ཏུ་མཐོང་བའི་ལྷ་རྣམས་ཀྱང་ཉེ་བར་འདོང་བར་སེམས་སོ། །གྱ་ནོམ་སྣང་བའི་ལྷ་རྣམས་ཀྱང་ཉེ་བར་འདོང་བར་སེམས་སོ། །གནས་གཙང་མའི་རིས་[10] ཀྱི་ལྷ་

རྣམས་ཀྱང་ཉེ་བར་འདོད་པར་སེམས་སོ། །བྱང་ཆུབ་སེམས་དཔའ་སེམས་དཔའ་ཆེན་པོ་གང་ཤེས་རབ་ཀྱི་ཕ་རོལ་ཏུ་ཕྱིན་པ་ཟབ་མོ་འདི་ལ་སྤྱོད་པ་དེ་ནི། དེ་བཞིན་གཤེགས་པ་རྣམས་ཀྱིས་ཀྱང་རྟག་ཏུ་དགོངས་པ་ཡིན་ཏེ། བྱང་ཆུབ་སེམས་དཔའ་སེམས་དཔའ་ཆེན་པོ། ཤེས་རབ་ཀྱི་ཕ་རོལ་ཏུ་ཕྱིན་པ་ཟབ་མོ་འདི་ལ་དེ་ལྟར་སྤྱོད་པ་དེའི་ལུས་ལ་ནི་འཇིག་རྟེན་པའི་སྡུག་བསྔལ་གཞན་གྱིས་གནོད་པར་བྱས་པ་གང་ཇི་སྙེད་ཅིག་ལུས་ལ་འབྱུང་བ་དེ་དག་ཀྱང་ཐམས་ཅད་དུ་ཐམས་ཅད་ལུས་ལ་མི་འབྱུང་[༡]མི་འབབ་སྟེ། དགེ་སློང་དེ་ནི་བྱང་ཆུབ་སེམས་དཔའ་སེམས་དཔའ་ཆེན་པོ་ཤེས་རབ་ཀྱི་ཕ་རོལ་ཏུ་ཕྱིན་པ༔ཟབ་མོ་འདི་[༢]ལ་སྤྱོད་པའི་ཚེ། འདིའི་ཡོན་ཏན་དུ་འགྱུར་བ་སྟེ། འདུས་པའི་ནད་རྣམས་གང་ཇི་སྙེད་པ་འདི་ལྟ་སྟེ། མིག་གི་ནད་དམ། རྣ་བའི་ནད་དམ། སྣའི་ནད་དམ། ལྕེའི་ནད་དམ། ལུས་ཀྱི་ནད་དམ། སྙིང་གི་ནད་གང་ཇི་སྙེད་པ་དེ་དག་ཐམས་ཅད་ཀྱང་ལུས་ལ་མི་འབྱུང་མི་འབབ་སྟེ། འདི་དག་ཀྱང་བྱང་ཆུབ་སེམས་དཔའ་སེམས་དཔའ་ཆེན་པོ་ཤེས་རབ་ཀྱི་ཕ་རོལ་ཏུ་ཕྱིན་པ་ཟབ་མོ་འདི་ལ་སྤྱོད་པའི་ཚེ། འདིའི་ཡོན་ཏན་དུ་རིག་[༣]པར་བྱའོ། །དེ་ནས་ཚེ་དང་ལྡན་པ་ཀུན་[༤]དགའ་བོ་འདི་སྙམ་དུ་གྱུར་ཏེ། ལྷའི་དབང་པོ་བརྒྱ་བྱིན་འདི་རང་གི་སྤོབས་པས་ཤེས་རབ་ཀྱི་ཕ་རོལ་ཏུ་ཕྱིན་པ་སྟོན་ཅིང་། ཤེས་རབ་ཀྱི་ཕ་རོལ་ཏུ་ཕྱིན་པའི་ཡོན་ཏན་དང་ལེགས་པ༔རྗོད་དམ[༥]། འོན་ཏེ་སངས་རྒྱས་ཀྱི་མཐུས་སྟོན་སྙམ་པ་དང་། དེ་ནས་ལྷའི་དབང་པོ་བརྒྱ་བྱིན་གྱིས་ཚེ་དང་ལྡན་པ་ཀུན་[༦]དགའ་བོའི་སེམས་ཀྱི་ཡོངས་སུ་རྟོག་པ་སེམས་ཀྱིས་ཡོངས་སུ་ཤེས་ནས། ཚེ་དང་ལྡན་པ་ཀུན་[༧]དགའ་བོ་ལ་འདི་སྐད་ཅེས་སྨྲས་སོ། །བཙུན་པ་ཀུན་[༨]དགའ་བོ་བདག་དེ་ལྟར་ཤེས་རབ་ཀྱི་ཕ་རོལ་ཏུ་ཕྱིན་པ་སྟོན་པ་དང་། ཤེས་རབ་ཀྱི་ཕ་རོལ་ཏུ་ཕྱིན་པའི་ཡོན་ཏན་

དང་ལེགས་པ་ཇོད་[1] པ་ནི་སངས་རྒྱས་ཀྱི་མཐུར་རིག་པར་བྱའོ། །དེ་ནས་བཅོམ་ལྡན་འདས་ཀྱིས་ཚེ་དང་ལྡན་པ་ཀུན་[2] དགའ་བོ་ལ་འདི་སྐད་ཅེས་བཀའ་སྩལ་ཏོ། །ཀུན་[3] དགའ་བོ་དེ་དེ་བཞིན་ནོ། །དེ་དེ་བཞིན་ཏེ། ལྷའི་དབང་པོ་བརྒྱ་བྱིན་ཤེས་རབ་ཀྱི་ཕ་རོལ་ཏུ་ཕྱིན་པ་ཟབ་མོ་འདི་སྟོན་པ་དང་། ཤེས་རབ་ཀྱི་ཕ་རོལ་ཏུ་ཕྱིན་པ་འདིའི་ཡོན་ཏན་དང་། ལེགས་པ་ཇོད་[4] པ་དེ་ནི་དེ་བཞིན་གཤེགས་པའི་མཐུའོ། །དེ་ནི་དེ་བཞིན་གཤེགས་པའི་བྱིན་ཀྱི་རླབས་[5] སོ། །ཀུན་[6] དགའ་བོ་གང་གི་ཚེ་བྱང་ཆུབ་སེམས་དཔའ་སེམས་དཔའ་ཆེན་པོ། ཤེས་རབ་ཀྱི་ཕ་རོལ་ཏུ་ཕྱིན་པ་ལ་སློབ་པ་དང་། ཤེས་རབ་ཀྱི་ཕ་རོལ་ཏུ་ཕྱིན་པ་ལ་བརྩོན་པར་བྱེད་པ་དང་། ཤེས་རབ་ཀྱི་ཕ་རོལ་ཏུ་ཕྱིན་པ་ལ་སྒོམ་པ་དེའི་ཚེ། གང་སྟོང་གསུམ་གྱི་སྟོང་ཆེན་པོའི་འཇིག་རྟེན་གྱི་ཁམས་ན་བདུད་སྡིག་ཏོ་ཅན་གང་ཇི་སྙེད་ཅིག་ཡོད་པ་དེ་[7] ཐམས་ཅད་ཅི་[8] བྱང་ཆུབ་སེམས་དཔའ་སེམས་དཔའ་ཆེན་པོ་འདི་ཡང་དག་པའི་མཐའ་མངོན་དུ་བྱས་ཏེ། རྒྱུན་ཏུ་ཞུགས་པའི་འབྲས་བུ་དང་། ལན་ཅིག་ཕྱིར་འོང་བའི་འབྲས་བུ་དང་། ཕྱིར་མི་འོང་བའི་འབྲས་བུ་དང་། དགྲ་བཅོམ་པ་ཉིད་དང་། རང་བྱང་ཆུབ་ཐོབ་པར་འགྱུར་རམ། འོན་ཏེ་མ་ཡིན་གྱིས་[9] བླ་ན་མེད་པ་ཡང་དག་པར་ཇོགས་པའི་བྱང་ཆུབ་ཏུ་མངོན་པར་ཇོགས་པར་འཚང་རྒྱ་བར་འགྱུར་སྙམ་སྟེ། ངོགས་པ་ཉེད་པར་འགྱུར་རོ། །ཀུན་[10] དགའ་བོ་གཞན་ཡང་གང་གི་ཚེ་བྱང་ཆུབ་སེམས་དཔའ་སེམས་དཔའ་ཆེན་པོ་ཤེས་རབ་ཀྱི་ཕ་རོལ་ཏུ་ཕྱིན་པ་དང་མ་བྲལ་བར་གྱུར་པ་དེའི་ཚེ། བདུད་སྡིག་ཏོ་ཅན་མྱ་ངན་གྱི་ཟུག་རྔུས་ཟུག་པར་འགྱུར་རོ། །ཀུན་[11] དགའ་བོ་གཞན་ཡང་བྱང་ཆུབ་སེམས་དཔའ་སེམས་དཔའ་ཆེན་པོ་ཤེས་རབ་ཀྱི་ཕ་རོལ་ཏུ་ཕྱིན་[12] པ་ལ་སྤྱོད་པའི་ཚེ། བདུད་སྡིག་ཏོ་ཅན་ཅི་ནས་ཀྱང་བྱང་ཆུབ་སེམས་དཔའ་སེམས་དཔའ་ཆེན་པོ་འདི་རྣམ་པ

ཐམས་ཅད་མཁྱེན་པ་ཉིད་ཡིད་ལ་བྱེད་པ་ལས་སེམས་གཅིག་ཙམ་འཁྲུག་པར་འགྱུར་བ་དང་། ཞུམ་པར་འགྱུར་བ་དང་། སྨྲ་གཡོ་བར་འགྱུར་བར་སྐར་མ[༡] ལྟུང་བར[༢] གཏོང་ཞིང་འཇིགས་པ་སྐྱེད[༣] དོ། །དེ་ནས་ཚེ་དང་ལྡན་པ་ཀུན[༤] དགའ་བོས་བཅོམ་ལྡན་འདས་ལ་འདི་སྐད་ཅེས་གསོལ་ཏོ། །བཅོམ་ལྡན་འདས་ཅི་ལགས། བྱང་ཆུབ་སེམས་དཔའ་སེམས་དཔའ་ཆེན་པོ་ཐམས་ཅད་ཀྱི་དྲུང་དུ་བདུད་སྡིག་ཏོ་ཅན[༥] གཅེ་བའི་བསམ་པས་མཆི་བར་འགྱུར་རམ། བཅོམ་ལྡན་འདས་ཀྱིས་བཀའ་སྩལ་པ། ཀུན[༦] དགའ་བོ་བྱང་ཆུབ་སེམས་དཔའ་སེམས་དཔའ་ཆེན་པོ་ཐམས་ཅད་ཀྱི་དྲུང་དུ་བདུད་སྡིག་ཏོ་ཅན་གཅེ་བའི་བསམ་པས་འོང་བ་མ་ཡིན་ནོ། །ཀུན[༧] དགའ་བོས་གསོལ་པ། བཅོམ་ལྡན་འདས་འོ་ན་ཇི་ལྟ་བུའི་དྲུང་དུ་མཆི་བར་འགྱུར། བཅོམ་ལྡན་འདས་ཀྱིས་བཀའ་སྩལ་པ། ཀུན[༨] དགའ་བོ་བྱང་ཆུབ་སེམས་དཔའ་གང་གིས་སྔོན་གྱི་མཐར་ཤེས་རབ་ཀྱི་ཕ་རོལ་ཏུ་ཕྱིན་པ་ཟབ་མོ་འདི་བསྟན[༩] པའི་ཚེ། སེམས་མོས་པར་མ་བྱས་པ་དེའི་དྲུང་དུ་བདུད་སྡིག་ཏོ་ཅན་གཅེ་བའི་བསམ་པས་ཉེ་བར་འོང་ངོ་། །ཀུན[༡༠] དགའ་བོ་གཞན་ཡང་བྱང་ཆུབ་སེམས་དཔའ་གང་ཤེས་རབ་ཀྱི་ཕ་རོལ་ཏུ་ཕྱིན་པ་ཟབ་མོ་འདི་བསྟན་པའི་ཚེ། འདི་ཤེས་རབ་ཀྱི་ཕ་རོལ་ཏུ་ཕྱིན་པ་ཡིན་ནམ། འོན་ཏམ་མ[༡༡] ཡིན་ཞེས་ཐེ་ཙོམ་དུ་གྱུར་པ་དེ་དག་གི་དྲུང་དུ་བདུད་སྡིག་ཏོ་ཅན་གཅེ་བའི་བསམ་པས་ཉེ་བར་འོང་ངོ་། །ཀུན[༡༢] དགའ་བོ་གཞན་ཡང་བྱང་ཆུབ་སེམས་དཔའ་དགེ་བའི་བཤེས་གཉེན་དང་བྲལ་ན། དེས་དགེ་བའི་བཤེས[༡༣] གཉེན་མི་མཐོང[༡༤] བས། ཤེས་རབ་ཀྱི་ཕ་རོལ་ཏུ་ཕྱིན་པ་ཟབ་མོ་འདི་མི་ཐོས་སོ། །མ་ཐོས་པས་མི་ཤེས་སོ། །ཤེས་རབ་ཀྱི་ཕ་རོལ་ཏུ་ཕྱིན་པ་ཇི་ལྟར་བསྒོམ་པ་མ་ཤེས་པས་དེ་བཞིན་ཉིད་དུ་ནན་ཏན་མི་བྱེད་དེ[༡༥]། ཀུན[༡༦] དགའ་བོ་བྱང་ཆུབ་སེམས་དཔའ་དེ་ལ་ཡང་བདུད་སྡིག་

ཧོ་ཙན་གྱིས་གླགས་རྙེད་པར་འགྱུར་རོ། །ཀུན་[༡] དགའ་བོ་གཞན་ཡང་བྱང་ཆུབ་
སེམས་དཔའ་ཤེས་རབ་ཀྱིཿཕ་རོལ་ཏུ་[༢] ཕྱིན་པ་དང་བྲལ་ལ། དམ་པའི་ཆོས་མ་
ཡིན་པ་ཡོངས་སུ་འཛིན་པ་བྱེད་ན། ཀུན་[༣] དགའ་བོ་བྱང་ཆུབ་སེམས་དཔའ་དེ་
ལ་ཡང་བདུད་སྡིག་ཧོ་ཙན་གྱིས་གླགས་རྙེད་པར་འགྱུར་རོ། །ཀུན་[༤] དགའ་བོ་
གཞན་ཡང་ཤེས་རབ་ཀྱི་ཕ་རོལ་ཏུ་ཕྱིན་པ་དང་བྲལ་བའི་བྱང་ཆུབ་སེམས་དཔའ་
དམ་པའི་ཆོས་མ་ཡིན་པ་ལ་བསྔགས་པ་བརྗོད་[༥] ན། དེ་ལ་བདུད་[༦] སྡིག་ཧོ་ཙན་འདི་
སྙམ་དུ་སེམས་ཏེ། གང་དམ་པའི་ཆོས་མ་ཡིན་པའི་བསྔགས་པ་སྨྲ་བ་ནི་བདག་གི་
གྲོགས་ཡིན་ཏེ། གང་དམ་པའི་ཆོས་མ་ཡིན་པའི་བསྔགས་པ་སྨྲ་བ་འདི་ནི།
བྱང་ཆུབ་སེམས་དཔའི་ཐེག་པ་པ་མང་པོའི་ནང་ནས། བདག་གིས་གྲོགས་སུ་
རྙེད་པ་སྟེ། དེ་ལྟར་གང་ཟག་བྱང་ཆུབ་སེམས་དཔའི་ཐེག་པ་པ་འདིཿལྟ་སྟེ[༧]།
ཉན་ཐོས་ཀྱི་ས་དང་རང་སངས་རྒྱས་ཀྱི་ས་གཉིས་ལས་གཅིག་ཏུ་གནས་པར་འགྱུར་
བ་ནི། དེ་བདག་གི་བསམ་པ་ཡོངས་སུ་རྫོགས་པར་བྱེད་པའོ་སྙམ་སྟེ། ཀུན་[༨]
དགའ་བོ་བྱང་ཆུབ་སེམས་དཔའ་དེ་ལ་ཡང་བདུད་སྡིག་ཧོ་ཙན་གྱིས་གླགས་རྙེད་
པར་འགྱུར་རོ། །ཀུན་[༩] དགའ་བོ་གཞན་ཡང་བྱང་ཆུབ་སེམས་དཔའ་ཇི་ལྟ་བུ་ལ་
བདུད་ཀྱིས་གླགས་རྙེད་པར་འགྱུར་ཞེ་ན། བྱང་ཆུབ་སེམས་དཔའ་གང་ཤེས་
རབ་ཀྱི་ཕ་རོལ་ཏུ་ཕྱིན་པ་ཟབ་མོ་འདི་བསྟན་པའི་ཚེ། འདི་སྐད་དུ་ཤེས་རབ་ཀྱི་
ཕ་རོལ་ཏུ་ཕྱིན་པ་ནི་ཤིན་ཏུ་ཟབ་སྟེ། ཁྱོད་ཀྱིས་ཤེས་རབ་ཀྱི་ཕ་རོལ་ཏུ་ཕྱིན་པ་
ཟབ་མོ་འདི་ཐོས་པས་ཅི་ཞིག་བྱ། བསྒོམས་[༡༠] པ་དང་། བཟུང་བ་དང་།
བླགས་[༡༡] པ་དང་། ཀུན་ཆུབ་པར་བྱས་པས་ཀྱང་ཅི་ཞིག་བྱ། ངས་ཀྱང་དེའི་
གཏིང་མ་རྙེད་ན། ཁྱོད་ཀྱིས་ལྟ་རྙེད་རེ་སྐན་ཞེས་[༡༢] ཟེར་ན། ཀུན་[༡༣] དགའ་བོ་
བྱང་ཆུབ་སེམས་དཔའ་དེ་ལ་ཡང་བདུད་སྡིག་ཧོ་ཙན་གྱིས་གླགས་རྙེད་པར་འགྱུར་

རོ། །ཀུན་[༡]དགའ་བོ་གཞན་ཡང་གང་གི་ཚེ་བྱང་ཆུབ་སེམས་དཔའ་སེམས་དཔའ་ཆེན་པོ་གཞན་ལ་བྱང་ཆུབ་སེམས་དཔའ་བཏུས་[༢]པ་སྐྱེད་[༣]ཅིང་། ང་ནི་སྦྱིན་པའི་ཕ་རོལ་ཏུ་ཕྱིན་པ་ལ་སྤྱད་[༤]པའོ། །ང་ནི་ཚུལ་ཁྲིམས་ཀྱི་ཕ་རོལ་ཏུ་ཕྱིན་པ་ལ་སྤྱད་[༥]པའོ། །ང་ནི་བཟོད་པའི་ཕ་རོལ་ཏུ་ཕྱིན་པ་ལ་སྤྱད་[༦]པའོ། །ང་ནི་བརྩོན་འགྲུས་ཀྱི་ཕ་རོལ་ཏུ་ཕྱིན་པ་ལ་སྤྱད་[༧]པའོ། །ང་ནི་བསམ་གཏན་གྱི་ཕ་རོལ་ཏུ་ཕྱིན་པ་ལ་སྤྱད་[༨]པའོ། །ང་ནི་ཤེས་རབ་ཀྱི་ཕ་རོལ་ཏུ་ཕྱིན་པ་ལ་སྤྱད་[༩]པའོ། །ཁྱོད་ནི་སྦྱིན་པའི་ཕ་རོལ་ཏུ་ཕྱིན་པ་ལ་སྤྱོད་པ་མ་ཡིན་ནོ། །ཁྱོད་ནི་ཚུལ་ཁྲིམས་ཀྱི་ཕ་རོལ་ཏུ་ཕྱིན་པ་ལ་སྤྱོད་པ་མ་ཡིན་ནོ། །ཁྱོད་ནི་བཟོད་པའི་ཕ་རོལ་ཏུ་ཕྱིན་པ་ལ་སྤྱོད་པ་མ་ཡིན་ནོ། །ཁྱོད་ནི་བརྩོན་འགྲུས་ཀྱི་ཕ་རོལ་ཏུ་ཕྱིན་པ་ལ་སྤྱོད་པ་མ་ཡིན་ནོ། །ཁྱོད་ནི་བསམ་གཏན་གྱི་ཕ་རོལ་ཏུ་ཕྱིན་པ་ལ་སྤྱོད་པ་མ་ཡིན་ནོ། །ཁྱོད་ནི་ཤེས་རབ་ཀྱི་ཕ་རོལ་ཏུ་ཕྱིན་པ་ལ་སྤྱོད་པ་མ་ཡིན་ནོ། །ཞེས་ཛྙོམ་སེམས་སུ་བྱེད་ན། ཀུན་[༡༠]དགའ་བོ་བྱང་ཆུབ་སེམས་དཔའ་དེ་ལ་ཡང་བདུད་སྡིག་ཏོ་ཅན་གྱིས་གླགས་རྙེད་པར་འགྱུར་རོ། །ཀུན་[༡༡]དགའ་བོ་གཞན་ཡང་གང་གི་ཚེ་བྱང་ཆུབ་སེམས་དཔའ་བདག་ཉིད་མཆོག་ཏུ་ཛྙོམ་སེམས་སྐྱེད་[༡༢]ན། ཀུན་[༡༣]དགའ་བོ་དེའི་ཚེ་བདུད་སྡིག་ཏོ་ཅན་དགའ་བ་དང་། སྤྲོ་བ་དང་ཉམས་བདེ་བ་དང་། རབ་ཏུ་དགའ་བ་དང་། ཆོམ་ཞིང་ཡིད་བདེ་བ་སྐྱེ་བར་འགྱུར་ཏེ། ཀུན་[༡༤]དགའ་བོ་བྱང་ཆུབ་སེམས་དཔའ་དེ་ལ་ཡང་བདུད་སྡིག་ཏོ་ཅན་གྱིས་གླགས་རྙེད་པར་འགྱུར་རོ། །ཀུན་[༡༥]དགའ་བོ་གཞན་ཡང་གང་གི་ཚེ། བྱང་ཆུབ་སེམས་དཔའི་མིང་བརྗོད་པའམ། རུས་བརྗོད་པ་ཀུན་ཏུ་[༡༦]གྲགས་པར་གྱུར་ན། དེ་མིང་བརྗོད་པའམ། རུས་བརྗོད་པ་དེས། བྱང་ཆུབ་སེམས་དཔའ་སེམས་དཔའ་ཆེན་པོ་གཞན་དགེ་བའི་ཆོས་ཅན་དག་ཁྱད་དུ་གསོད་ཅིང་བདག་སྟོད་[༡༧]

གཞན་སྨོད་ལ། ཕྱིར་མྱི་ལྡོག་པའི་བྱང་ཆུབ་སེམས་དཔའ་སེམས་དཔའ་ཆེན་པོ་
རྣམས་ཀྱི་རྣམ་པ་དང་ཚུལ་དང་། མཚན་མར་བྱ་བའི་ཡོན་ཏན་དེ་དག་ཀྱང་དེ་
ལ་མྱེད་པར་རྣམ་པ་དང་ཚུལ་དང་། མཚན་མཿམྱེད་པ་[༡] དེ་དག་གིས་ཉོན་མོངས་
པ་སྐྱེད་[༢] ཅིང་བདག་སྟོད་[༣] གཞན་སྨོད་དེ། འདི་སྐད་དུ་ཇི་ལྟར་ང་[༤] བྱང་ཆུབ་
སེམས་དཔའི་ཐེག་[༥] པ་དང་། བྱང་ཆུབ་སེམས་དཔའི་རིགས་ལ་གནས་པར་སྣང་
བ་དེ་ལྟར་ཁྱོད་བྱང་ཆུབ་སེམས་དཔའི་ཐེག་པ་ལ་གནས་པར་མྱི་སྣང་ངོ་། །བྱང་
ཆུབ་སེམས་དཔའི་རིགས་ལ་གནས་པར་མྱི་སྣང་ངོ་ཞེས་དེ་དེ་ལྟར་གང་ཟག་བྱང་
ཆུབ་སེམས་དཔའི་ཐེག་པ་པ་དེ་དག་ལ་མྱི་སྙན་པར་རྗོད་[༦] ཅིང་སྨོད་ན། དེ་ལ་
བདུད་སྡིག་ཏོ་ཅན་འདི་སྙམ་དུ་སེམས་ཏེ། བདག་གི་གནས་ནི་སྟོངས་[༧] པར་མྱི་
འགྱུར་རོ། །སེམས་ཅན་དམྱལ་བ་ཆེན་པོ་དང་། དུད་འགྲོ་ཡི་སྐྱེ་གནས་དང་།
གཤིན་རྗེའི་འཇིག་རྟེན་པ་[༨] དང་། ཡི་[༩] དགས་[༡༠] ཀྱི་ཡུལ་ཡང་ཤིན་ཏུ་འཕེལ་བར་
འགྱུར་རོ། །ཞེས་ཅི་ནས་ཀྱང་དེའི་ཚིག་གཟུང་དུ་ཉུང་བར་འགྱུར་བ་[༡༡] དེ་ལྟ་དེ་
ལྟར་བདུད་སྡིག་ཏོ་ཅན་བྱང་ཆུབ་སེམས་དཔའ་དེ་བྱིན་གྱིས་རློབ་སྟེ། དེའི་ཚིག་
གཟུང་[༡༢] དུ་ཉུང་བས་སྐྱེ་བོ་མང་པོ་དག་ཀྱང་མཉན་པ་དང་། ཡིད་ཆེས་[༡༣] པར་བྱ་
བར་སེམས་ཏེ། དེ་ལ་དེ་དག་གིས་ཐོས་སམ་མཐོང་ན། མཐུན་པར་སྤྱོད་
པར་འགྱུར་ཏེ། དེ་དག་གིས་ཐོས་སམ་མཐོང་ནས་མཐུན་པར་སྤྱོད་ཅིང་དེ་
བཞིན་དུ་སློབ་སྟེ། དེ་དགཿདེ་བཞིན་དུ་སློབ་པའི་ཚེ་[༡༤] དེ་བཞིན་ཉིད་དུ་སློབ་ཅིང་།
དེ་བཞིན་ཉིད་དུ་ནན་ཏན་བྱེད་པའི་ཚེ། ཉོན་མོངས་པ་ཤིན་ཏུ་འཕེལ་བར་
འགྱུར་ཏེ། དེ་ལྟར་དེ་དག་བསམ་པ་ཕྱིན་ཅི་ལོག་ཏུ་གྱུར་པས། ལུས་དང་ངག་
དང་ཡིད་ཀྱིས་[༡༥] ལས་གང་དང་གང་བརྩམས་པ་དེ་ཐམས་ཅད་མྱི་འདོད་པ་དང་།
མྱི་སྡུག་པ་དང་ཡིད་དུ་མི་འོང་བར་འགྲུབ་པར་འགྱུར་ཏེ། དེ་ལྟར་ན་སེམས་ཅན་

དམྱལ་བ་ཆེན་པོ་དེ་དག་ཀུང་རབ་ཏུ་འཕེལ་བར་འགྱུར། ཕྱུལ་སོང་གི་སྐྱེ་གནས་དང་གཤིན་རྗེའི་འཇིག་རྟེན་དང་། ཡི་དགས་[2]ཀྱི་ཡུལ་ཡང་རབ་ཏུ་འཕེལ་བར་འགྱུར་ཏེ། བདུད་ཀྱི་གནས་ཀྱང་ཤིན་ཏུ་འཕེལ་བར་འགྱུར་བས། ཀུན་[3]དགའ་བོ་དོན་གྱི་དབང་དེ་མཐོང་ནས། བདུད་སྡིག་ཏོ་ཅན་དགའ་བ་དང་། སྤྲོ་བ་དང་ཚིམ་པ་དང་། ཡིད་བདེ་བ་སྐྱེ་བར་འགྱུར་རོ། །ཀུན་[4]དགའ་བོ་གཞན་ཡང་གལ་ཏེ་གང་ཟག་བྱང་ཆུབ་སེམས་དཔའི་ཐེག་པ་པ་གང་ཟག་ཉན་ཐོས་ཀྱི་ཐེག་པ་པ་དང་རྩོད་ཅིང་ང་ནི་མཆོག་ཏུ་གྱུར་པ་ཡིན་གྱི། ཁྱོད་ནི་མ་ཡིན་ནོ་ཞེས་ཟེར་ན། དེ་ལ་[5]བདུད་སྡིག་[6]ཏོ་ཅན་འདི་སྙམ་དུ་སེམས་ཏེ། ཀྱེ་རིགས་ཀྱི་བུ་འདི་ནི་རྣམ་པ་ཐམས་ཅད་མཁྱེན་པ་ཉིད་དང་རིང་དུ་བྱེད་པ་སྟེ། འདི་ནི་རྣམ་པ་ཐམས་ཅད་མཁྱེན་པ་ཉིད་དང་ཉེ་བར་འགྱུར་བ་མ་ཡིན་ནོ། །དེ་ཅིའི་ཕྱིར་ཞེ་ན། འཐབ་[7]མོ་དང་འཁྲུག་པ་དང་རྩོད་པ་དང་མཚང་འདྲུ་[8]བ་འདི་དག་ནི་རྣམ་པ་ཐམས་ཅད་མཁྱེན་པ་ཉིད་ཀྱི་ལམ་མ་ཡིན་ཏེ། དེ་ནི་སེམས་ཅན་དམྱལ་བའི་ལམ་མོ། །དེ་ནི་ཕྱུལ་སོང་གི་སྐྱེ་གནས་ཀྱི་ལམ་མོ། །དེ་ནི་གཤིན་རྗེའི་འཇིག་རྟེན་གྱི་ལམ་མོ། །དེ་ནི་རྣམ་པ་ཐམས་ཅད་མཁྱེན་པའི་ལམ་མ་ཡིན་ནོ་སྙམ་དུ་སེམས་པར་འགྱུར་རོ། །ཀུན་[9]དགའ་བོ་གཞན་ཡང་གང་ཟག་བྱང་ཆུབ་སེམས་དཔའི་ཐེག་པ་པ་དང་། གང་ཟག་བྱང་ཆུབ་སེམས་དཔའི་ཐེག་པ་ཅན་གཞན་དུ་འཐབ་ཅིང་རྩོད་ལ། འཁྲུག་ཅིང་མཚང་[10]འདྲུ་ན། དེ་ལ་བདུད་སྡིག་ཏོ་ཅན་འདི་སྙམ་དུ་སེམས་ཏེ། འདི་གཉིས་ཀ་ཡང་རྣམ་པ་ཐམས་ཅད་མཁྱེན་པ་ཉིད་རིང་དུ་བྱེད་པའོ། །འདི་གཉིས་ཀ་ཡང་བླ་ན་མེད་པ་ཡང་དག་པར་རྫོགས་པའི་བྱང་ཆུབ་ཏུ་མངོན་པར་རྫོགས་པར་འཚང་མི་རྒྱའོ། །དེ་ཅིའི་ཕྱིར་ཞེ་ན། འདི་ལྟར་རིགས་ཀྱི་བུ་འདི་གཉིས་ཀྱིས་གང་བརྩམས་པ་དེ་ནི་རྣམ་པ་

ཐམས་ཅད་མཁྱེན་པ་ཉིད་ཀྱི་ལམ་མ་ཡིན། རིགས་ཀྱི་བུ་འདི་གཉིས་ཀྱིས་ནི་སེམས་ཅན་དམྱལ་བ་དང་། བྱོལ་སོང་གི་སྐྱེ་གནས་དང་། གཤིན་རྗེའི་འཇིག་རྟེན་གྱི་ལམ་བཙུམས་སོ་ཞེས་ནས་དགའ་ཞིང་སྤྲོ་བ་དང་། ཆོམ་ཞིང་ཡིད་བདེ་བ་སྐྱེ་བར་འགྱུར་རོ། །ཀུན་[༡]དགའ་བོ་གཞན་ཡང་གལ་ཏེ་བྱང་ཆུབ་སེམས་དཔའ་ལུང་མ་བསྟན་པ། བྱང་ཆུབ་སེམས་དཔའ་ལུང་བསྟན་པ་ལ་གནོད་པར་སེམས་ཤིང་། འཐབ་ཅིང་རྩོད་ལ་འཁྲུག་ཅིང་མཚང་[༢]འདྲུ་ན། གལ་ཏེ་དེས་རྣམ་པ་ཐམས་ཅད་མཁྱེན་པ་ཉིད་ཡོངས་སུ་མི་གཏང་[༣]ཞེ་ན། ཅི་[༤]ཙམ་དུ་སྡིག་པའི་སེམས་བསྐྱེད་པ་སྐྱེས་པ་དང་། འཐབ་ཅིང་རྩོད་[༥]པ་དང་། འཁྲུག་ཅིང་མཚང་འདྲུ་བར༔གྱུར་པ་[༦]དེ་སྲིད་ཀྱི་བསྐལ་པར་གོ་ཙ་[༧]བགོ་བར་བྱའོ། །ཀུན་[༨]དགའ་བོས་གསོལ་པ། བཅོམ་ལྡན་འདས་དེ་དག་གི་[༩]སེམས་བསྐྱེད་པ་དེ་དག་ལ་འབྱུང་བ་གཞན་[༡༠]མཆིས་སམ་འོན་ཏེ་མ་ལགས་ཀྱིས་[༡༡]བསྐལ་པ་དེ་སྙེད་ཕོ་ནར་གོ་ཙ་[༡༢]བགོ་འཚལ། བཅོམ་ལྡན་འདས་ཀྱིས་བཀའ་སྩལ་པ། ཀུན་[༡༣]དགའ་བོ་གང་ཟག་ཉན་ཐོས་ཀྱི་ཐེག་པ་པ་རྣམས་དང་། རང་སངས་རྒྱས་ཀྱི་ཐེག་པ་པ་རྣམས་དང་། བྱང་ཆུབ་སེམས་དཔའི་ཐེག་པ་པ་རྣམས་ལ་ངས་འབྱུང་བ་དང་བཅས་པའི་ཆོས་བསྟན་ཏེ། ཀུན་[༡༤]དགའ་བོ་དེ་ལ་གང་ཟག་བྱང་ཆུབ་སེམས་དཔའི་ཐེག་པ་པ་བྱང་ཆུབ་སེམས་དཔའི་ཐེག་པ་པའི་གང་ཟག་དང་། འཐབ་ཅིང་རྩོད་[༡༥]ལ་གཤེ་ཞིང་མི་སྙན་དུ་བརྗོད་[༡༦]པ་དང་། ༔འཐབས་རྩོད་[༡༧]དེ་གཤེ་བ་དང་། མི་སྙན་པར་བརྗོད་[༡༨]པ་བྱས་ནས། ཕྱིར་མི་འཆགས་[༡༩]པར་མདུད་པར་འཛིན་ཅིང༔ཁོན་དུ་བཟུང་[༢༠]སྟེ་གནས་ན། ཀུན་[༢༡]དགའ་བོ་གང་ཟག་དེ་ནི་འབྱུང་བར་ང་མི་སྨྲ་སྟེ། གང་ཟག་དེས་གལ་ཏེ་རྣམ་པ་ཐམས་ཅད་མཁྱེན་པ་ཉིད་[༢༢]ཡོངས་སུ་མི་བཏང་[༢༣]ཞེ་ན། གདོན་མི་ཟ་བར་བསྐལ་པ་དེ་སྙེད་དུ་གོ་ཙ་[༢༤]བགོ

བར་བྱའོ། །ཀུན་[༡]དགའ་བོ་བྱང་ཆུབ་སེམས་དཔའ་སེམས་དཔའ་ཆེན་པོ་
གང ༔ འཐབས་ཤིང་རྩོད་[༢]དེ་གཤེ་བ་དང་མི་སྙན་པར་བརྗོད་པར་གྱུར་ན་ཡང་།
མདུད་པར་མི་འཛིན་ལ་ཕྱིན ༔ ཆད་སྡོམ་པ་[༣]འཛིན་ཅིང་། བདག་གིས་ནི་ཐོབ་
པར་བྱ་བ ༔ ཉེས་པར་[༤]ཐོབ་སྟེ། བདག་གིས་སེམས་ཅན་ཐམས་ཅད་ཀྱི་སྡུག་
བསྔལ་བསྐྱལ་[༥]དགོས་ན། དེ་ལྟར་བདག་སྨྲས་པ་ལ་ཕྱིར་སྨྲ་བ་དང་། བདག་
གིས་སེམས་ཅན་ཐམས་ཅད་ཀྱི་ཟམ་པར་གྱུར་པར་[༦]བྱ་དགོས་ན། དེ་ལྟར་[༧]
བདག་གཞན་ལ་མི་སྙན་པར་སྨྲ་ཞིང་། ཕྱིར་ཟློགས་[༨]པ་ནི་མི་ཚུལ་གྱིས[༩]།
བདག་གིས་དེ་ལྟར་མི་བྱའི་[༡༠]བདག་གིས་གླེན་པ་དང་[༡༡]། ལྐུག་པ་བཞིན་དུ་བྱའོ། །
བདག་གི་[༡༢]བསམ་པ་ལ་འགྱུག་པ་མེད་པར་བྱའོ། །སེམས་ཅན་འདི་དག་ནི་
བདག་གིས་བླ་ན་མེད་པ་ཡང་དག་པར་རྫོགས་པའི་བྱང་ཆུབ་ཏུ་མངོན་པར་རྫོགས་
པར་སངས་རྒྱས་ཏེ། ཡོངས་སུ་མྱ་ངན་ལས་[༡༣]བཟླ་[༡༤]བར་བྱ་དགོས་ན། དེ་དག་
ཉིད་ལ་བདག་ངན་སེམས་སུ་བྱེད་པ་དང་། དེ་དག་ཉིད་ལ་བདག་འཁྲུག་པ་ནི་
ཚུལ་མ་ཡིན་གྱིས[༡༥]། བདག་གིས་དེ་དག་ལ་གནོད་སེམས་སུ་མི་བྱའོ། །བདག་
གིས་དེ་དག་ལ་འཁྲུག་པར་མི་བྱའོ་སྙམ་ན། ཀུན་[༡༦]དགའ་བོ་བྱང་ཆུབ་སེམས་
དཔའ་སེམས་དཔའ་ཆེན་པོ་དེ་ནི་འབྱུང་བ་ཡོད་པར་ངས་བཤད་དེ[༡༧]། དེ་ལ་ནི་
བདུད་སྡིག་ཅན་སྐབས་ལྟ་ཞིང་སྐབས་ཚོལ་བས་ཀྱང་སྐབས་མི་རྙེད་དོ། །
ཀུན་[༡༨]དགའ་བོ་གཞན་ཡང་བྱང་ཆུབ་སེམས་དཔའ་སེམས་དཔའ་ཆེན་པོས་གང་
ཟག་ཉན་ཐོས་ཀྱི་ཐེག་པ་པ་[༡༩]དག་དང་འགྲོགས་[༢༠]པར་མི་བྱའོ། །དེ་དག་དང་ལྷན་
ཅིག་ཏུ་གནས་པར་མི་བྱའོ། །འདུག་པར་མི་བྱའོ། །གལ་ཏེ་འདུག་ན་ཡང་
དེས་སུ་ལ་ཡང་གནོད་སེམས་སུ་མི་བྱ་[༢༡]འཁྲུག་པར་མི་བྱའོ། །དེ་ཅིའི་ཕྱིར་ཞེ་ན།
གང་བདག་གིས་འདི་དག་ལ་གནོད་སེམས་སུ་བྱ་བ་དང་། འཁྲུག་པར་བྱ་བ་དེ་

ཉི་བདག་ལ་མྱི་ཚུལ་ལོ། །དེ་ཅིའི་ཕྱིར་ཞེ་ན། འདི་ལྟར་དེ་དག་ཉི་བདག[1]
གིས་བླ་ན་མྱེད་པ་ཡང་དག་པར་རྫོགས་པའི་བྱང་ཆུབ་ཏུ་མངོན་པར་རྫོགས་པར་
འཚང་རྒྱ་སྟེ། སྡུག་བསྔལ་ཐམས་ཅད་ལས་ཡོངས་སུ་དགྲོལ་བར་བྱ་བ་དག་གོ་
སྙམ་དུ་བྱའོ། །ཀུན[2]དགའ་བོས་གསོལ་པ། བཅོམ་ལྡན་འདས་ཇི་ལྟར་བྱང་
ཆུབ་སེམས་དཔའ་སེམས་དཔའ་ཆེན་པོས་གང་ཟག་བྱང་ཆུབ་སེམས་དཔའི་ཐེག་
པ་པ་དག་དང་གནས་པར་བགྱི། བཅོམ་ལྡན་འདས་ཀྱིས་བཀའ་སྩལ་པ།
ཀུན[3]དགའ་བོ་འདི་ལྟ་སྟེ་དཔེར་ན། སྟོན་པ་དང་ཇི་ལྟར་གནས་པ་དེ་བཞིན་དུ།
བྱང་ཆུབ་སེམས་དཔའ་སེམས་དཔའ་ཆེན་པོས་གང་ཟག་བྱང་ཆུབ་སེམས་དཔའི་
ཐེག་པ་པ་དང་གནས་པར་བྱ་སྟེ། དེ་ཅིའི་ཕྱིར་ཞེ་ན། འདི་ནི་བདག་གི[4]
གྲོགས་ཏེ་གྲུ་གཅིག་ཏུ་ཞུགས་པའོ། །འདིས[5]ཇི་ལྟར་བསླབ་པར་བྱ་བ་དེ་བཞིན་
དུ་བདག་གིས་ཀྱང་བསླབ་པར་བྱའོ། །འདིས་སྦྱིན་པའི་ཕ་རོལ་ཏུ་ཕྱིན་པ་དང་།
ཚུལ་ཁྲིམས[6]ཀྱི་ཕ་རོལ་ཏུ་ཕྱིན་པ་དང་། བཟོད་པའི་ཕ་རོལ་ཏུ་ཕྱིན་པ་དང་།
བརྩོན་འགྲུས་ཀྱི་ཕ་རོལ་ཏུ་ཕྱིན་པ་དང་། བསམ་གཏན་གྱི་ཕ་རོལ་ཏུ་ཕྱིན་པ་
དང་། ཤེས་རབ་ཀྱི་ཕ་རོལ་ཏུ་ཕྱིན་པ་དང་། ནང་སྟོང་པ་ཉིད་དང་། ཕྱི་
སྟོང་པ་ཉིད་དང་། ཕྱི་ནང་སྟོང་པ་ཉིད་དང་། སྟོང་པ་ཉིད་སྟོང་པ་ཉིད་དང་།
ཆེན་པོ་སྟོང་པ་ཉིད་དང་། དོན་དམ་པ་སྟོང་པ་ཉིད་དང་། འདུས་བྱས་སྟོང་
པ་ཉིད་དང་། འདུས་མ་བྱས་སྟོང་པ་ཉིད་དང་། མཐའ་ལས་འདས་པ་སྟོང་
པ་ཉིད་དང་། ཐོག་མ་དང་ཐ་མ་མྱེད་པ་སྟོང་པ་ཉིད་དང་། དོར་བ་མེད་པ་
སྟོང་པ་ཉིད་དང་། རང་བཞིན་སྟོང་པ་ཉིད་དང་། ཆོས་ཐམས་ཅད[7]སྟོང་པ་
ཉིད་དང་། རང་གི་མཚན་ཉིད་སྟོང་པ་ཉིད་དང་། མྱི་དམྱིགས་པ་སྟོང་པ་
ཉིད་དང་། དངོས་པོ་མྱེད་པ་སྟོང་པ་ཉིད་དང་། ངོ་བོ་ཉིད་སྟོང་པ་ཉིད་དང་།

དངོས་པོ་མེད་པའི་ངོ་བོ་ཉིད་སྟོང་པ་ཉིད་དང་། དྲན་པ་ཉེ་བར་གཞག་པ་བཞི་དང་། ཡང་དག་པར་སྤོང་བ་བཞི་དང་། རྫུ་འཕྲུལ་གྱི་རྐང་པ་བཞི་དང་། དབང་པོ་ལྔ་དང་། སྟོབས་ལྔ་དང་། བྱང་ཆུབ་ཀྱི་ཡན་ལག་བདུན་དང་། འཕགས་པའི་ལམ་ཡན་ལག[1]བརྒྱད་པ་དང་། འཕགས་པའི་བདེན་པ་བཞི་དང་། བསམ་གཏན་བཞི་དང་། ཚད་མེད་པ་བཞི་དང་། གཟུགས་མེད་པའི་སྙོམས་པར་འཇུག་པ་བཞི་དང་རྣམ་པར་ཐར་པ་བརྒྱད་དང་། མཐར་གྱིས་གནས་པའི་སྙོམས་པར་འཇུག་པ་དགུ་དང་། རྣམ་པར་ཐར་པའི་སྒོ་སྟོང་པ་ཉིད་དང་། མཚན་མ་མེད་པ་དང་། སྨོན་པ་མེད་པ་དང་། མངོན་པར་ཤེས་པ་ལྔ་དང་། ཏིང་ངེ་འཛིན་ཐམས་ཅད་དང་། གཟུངས་ཀྱི་སྒོ་ཐམས་ཅད་དང་། དེ་བཞིན་གཤེགས་པའི་སྟོབས་བཅུ་དང་། མི་འཇིགས་པ་བཞི་དང་། སོ་སོ་ཡང་དག་པར་རིག་པ་བཞི་དང་། བྱམས་པ་ཆེན་པོ་དང་། སྙིང་རྗེ་ཆེན་པོ་དང་། སངས་རྒྱས་ཀྱི་ཆོས་མ་འདྲེས་པ་བཅོ[2]བརྒྱད་དང་། ཐམས་ཅད་ཤེས་པ་ཉིད་དང་། ལམ་གྱི་རྣམ་པ་ཤེས་པ་ཉིད་དང་། རྣམ་པ་ཐམས་ཅད་མཁྱེན་པ་ཉིད་གང་ལ་བསླབ་པར་བྱ་བ་དེ་ཉིད་ལ་བདག་གིས་ཀྱང་བསླབ་པར་བྱའོ། །སྙམ་དུ་སེམས་བསྐྱེད་དོ། །དེས[3]གཞན་ཡང་སེམས་འདི་ལྟར་བསྐྱེད་པར་བྱས་ཏེ[4]། འདི་ནི་ཡང་དག་པར་རྫོགས་པའི་བྱང་ཆུབ་ཀྱི་ལམ[5]སྟོན[6]པ་སྟེ། གལ་ཏེ་དེ་འདྲིས་པར་སྤྱོད་ཅིང་རྣམ་པ་ཐམས་ཅད་མཁྱེན་པ་ཉིད་དང་ལྡན་པའི་ཡིད་ལ་བྱ་བ་དང་བྲལ་བར་གྱུར་ན། དེ་ལ་བདག་གིས་བསླབ་པར་མི་བྱའི[7]། གལ་ཏེ་བྱང་ཆུབ་སེམས་དཔའ་སེམས་དཔའ་ཆེན་པོ་དེ་རྣམ་པ་ཐམས་ཅད་མཁྱེན་པ་ཉིད་དང་ལྡན་པའི་ཡིད་ལ་བྱ་བ་དང་། མ་བྲལ་བར་གནས་ན། བདག་གིས་ཀྱང་དེ་ལྟར་བསླབ་པར་བྱའོ། །སྙམ་དུ་སེམས་བསྐྱེད་དེ། དེ་ལྟར་སློབ་པའི་བྱང་ཆུབ་

སེམས་དཔའ་སེམས་དཔའ་ཆེན་པོ་ནི་བསླབ་པ་མཉམ་པ་[1]ཡིན་ནོ། །ཤེས་རབ་ཀྱི་ཕ་རོལ་ཏུ་ཕྱིན་པ་སྟོང་ཕྲག་བརྒྱ་པ་ལས། ལེའུ་བཞི་བཅུ་དྲུག་གོ[2]།། །།

ཤེས་རབ་ཀྱི་ཕ་རོལ་ཏུ་ཕྱིནད་པ་སྟོང་ཕྲག་བརྒྱ་པ། བམ་པོ་བཅུ་དགུ་[4]པ། དེ་ནས་ཚེ་དང་ལྡན་པ་རབ་འབྱོརད་ཀྱིས། བཅོམ་ལྡན་འདས་ལ་འདི་སྐད་ཅེས་གསོལད་ཏོ། །བཅོམ་ལྡན་འདས་བྱང་ཆུབ་སེམས་དཔའ་སེམས་དཔའ་ཆེན་པོས་མཉམ་པ་ཉིད་གང་ལ་བསླབ་པར་བགྱི་བའི་བྱང་ཆུབ་སེམས་དཔའ་སེམས་དཔའ་ཆེན་པོ་རྣམས་ཀྱི་མཉམ་པ་ཉིད་གང་ལགས། བཅོམ་ལྡན་འདས་ཀྱིས་བཀའ་སྩལད་པ། རབ་འབྱོརད་ནང་སྟོང་པ་ཉིད་ནི། བྱང་ཆུབ་སེམས་དཔའ་སེམས་དཔའ་ཆེན་པོ་རྣམས་ཀྱི་མཉམ་པ་ཉིད་དོ། །རབ་འབྱོརད་ཕྱི་སྟོང་པ་ཉིད་ནི། བྱང་ཆུབ་སེམས་དཔའ་སེམས་དཔའ་ཆེན་པོ་རྣམས་ཀྱི་མཉམ་པ་ཉིད་དོ། །རབ་འབྱོརད་ཕྱི་ནང་སྟོང་པ་ཉིད་ནི། བྱང་ཆུབ་སེམས་དཔའ་སེམས་དཔའ་ཆེན་པོ་རྣམས་ཀྱི་མཉམ་པ་ཉིད་དོ། །རབ་འབྱོར་སྟོང་པ་ཉིད་སྟོང་པ་ཉིད་ནི་བྱང་ཆུབ་སེམས་དཔའ་སེམས་དཔའ་ཆེན་པོ་རྣམས་ཀྱི་མཉམ་པ་ཉིད་དོ། །རབ་འབྱོརད་ཆེན་པོ་སྟོང་པ་ཉིད་ནི་བྱང་ཆུབ་སེམས་དཔའ་སེམས་དཔའ་ཆེན་པོ་རྣམས་ཀྱི་མཉམ་པ་ཉིད་དོ། །རབ་འབྱོར་དོན་དམ་པ་སྟོང་པ་ཉིད་ནི་བྱང་ཆུབ་སེམས་དཔའ་སེམས་དཔའ་ཆེན་པོ་རྣམས་ཀྱི་མཉམ་པ་ཉིད་དོ། །རབ་འབྱོརད་འདུས་བྱས་སྟོང་པ་ཉིད་ནི་བྱང་ཆུབ་སེམས་དཔའ་སེམས་དཔའ་ཆེན་པོ་རྣམས་ཀྱི་མཉམ་པ་ཉིད་དོ། །རབ་འབྱོར་འདུས་མ་བྱས་སྟོང་པ་ཉིད་ནི་བྱང་ཆུབ་སེམས་དཔའ་སེམས་དཔའ་ཆེན་པོ་རྣམས་ཀྱི་མཉམ་པ་ཉིད་དོ། །རབ་འབྱོར་མཐའ་ལས་འདས་པ་སྟོང་པ་ཉིད་ནི་བྱང་ཆུབ་སེམས་

དཔའ་སེམས་དཔའ་ཆེན་པོ་རྣམས་ཀྱི་མཉམ་པ་ཉིད་དོ། །རབ་འབྱོར་ཐོག་མ་···
དང་ཐ་མ་མེད་པ་སྟོང་པ་ཉིད་ནི་བྱང་ཆུབ་སེམས་དཔའ་སེམས་དཔའ་ཆེན་པོ་···
རྣམས་ཀྱི་མཉམ་པ་ཉིད་དོ། །རབ་འབྱོར་དོར་བ་མེད་པ་སྟོང་པ་ཉིད་ནི་བྱང་
ཆུབ་སེམས་དཔའ་སེམས་དཔའ་ཆེན་པོ་རྣམས་ཀྱི་མཉམ་པ་ཉིད་དོ། །རབ་
འབྱོརད་རང་བཞིན་སྟོང་པ་ཉིད་ནི་བྱང་ཆུབ་སེམས་དཔའ་སེམས་དཔའ་ཆེན་པོ་
རྣམས་ཀྱི་མཉམ་པ་ཉིད་དོ། །རབ་འབྱོར་ཆོས་ཐམས་ཅད་སྟོང་པ་ཉིད་ནི་བྱང་···
ཆུབ་སེམས་དཔའ་སེམས་དཔའ་ཆེན་པོ་རྣམས་ཀྱི་མཉམ་པ་ཉིད་དོ། །རབ་
འབྱོར་རང་གི་མཚན་ཉིད་སྟོང་པ་ཉིད་ནི་བྱང་ཆུབ་སེམས་དཔའ་སེམས་དཔའ་···
ཆེན་པོ་རྣམས་ཀྱི་མཉམ་པ་ཉིད་དོ། །རབ་འབྱོར་མི་དམིགས་པ་སྟོང་པ་ཉིད་ནི་
བྱང་ཆུབ་སེམས་དཔའ་སེམས་དཔའ་ཆེན་པོ་རྣམས་ཀྱི་མཉམ་པ་ཉིད་དོ། །རབ་
འབྱོར་དངོས་པོ་མེད་པ་སྟོང་པ་ཉིད་ནི་བྱང་ཆུབ་སེམས་དཔའ་སེམས་དཔའ་ཆེན་
པོ་རྣམས་ཀྱི་མཉམ་པ་ཉིད་དོ། །རབ་འབྱོར་ངོ་བོ་ཉིད་སྟོང་པ་ཉིད་ནི་བྱང་ཆུབ་
སེམས་དཔའ་སེམས་དཔའ་ཆེན་པོ་རྣམས་ཀྱི་མཉམ་པ་ཉིད་དོ། །རབ་འབྱོར་
དངོས་པོ་མེད་པའི་ངོ་བོ་ཉིད་སྟོང་པ་ཉིད་ནི་བྱང་ཆུབ་སེམས་དཔའ་སེམས་དཔའ་
ཆེན་པོ་རྣམས་ཀྱི་མཉམ་པ་ཉིད་དོ། །①གཟུགས་ནི་གཟུགས་ཀྱིས་སྟོང་། ཚོར་
བ་ནི་ཚོར་བས་སྟོང་། འདུ་ཤེས་ནི་འདུ་ཤེས་ཀྱིས་སྟོང་། འདུ་བྱེད་ནི་འདུ་
བྱེད་ཀྱིས་སྟོང་། རྣམ་པར་ཤེས་པ་ནི་རྣམ་པར་ཤེས་པས་སྟོང་། མིག་ནི་མིག་
གིས་སྟོང་། རྣ་བ་ནི་རྣ་བས་སྟོང་། སྣ་ནི་སྣས་སྟོང་། ལྕེ་ནི་ལྕེས་སྟོང་།
ལུས་ནི་ལུས་ཀྱིས་སྟོང་། ཡིད་ནི་ཡིད་ཀྱིས་སྟོང་། གཟུགས་ནི་གཟུགས་②ཀྱིས་···
སྟོང་། སྒྲ་ནི་སྒྲས་སྟོང་། དྲི་ནི་དྲིས་སྟོང་། རོ་ནི་རོས་སྟོང་། རེག་ནི་རེག་
གིས་སྟོང་③། ཆོས་ནི་ཆོས་ཀྱིས་སྟོང་། མིག་གི་རྣམ་པར་ཤེས་པ་ནི་མིག་གི་

རྣམ་པར་ཤེས་པས་སྟོང་། རྣ་བའི་རྣམ་པར་ཤེས་པ་ནི་རྣ་བའི་རྣམ་པར་[1]ཤེས་པས་སྟོང་། སྣའི་རྣམ་པར་ཤེས་པ་ནི་སྣའི་རྣམ་པར་ཤེས་པས་སྟོང་། ལྕེའི་རྣམ་པར་ཤེས་པ་ནི་ལྕེའི་རྣམ་པར་ཤེས་པས་སྟོང་། ལུས་ཀྱི་རྣམ་པར་ཤེས་པ་ནི་ལུས་ཀྱི་རྣམ་པར་ཤེས་པས་སྟོང་། ཡིད་ཀྱི་རྣམ་པར་ཤེས་པ་ནི་ཡིད་ཀྱི་རྣམ་པར་ཤེས་པས་སྟོང་། མིག་གི་འདུས་ཏེ་རེག་པ་ནི་མིག་གི་འདུས་ཏེ་རེག་པས་སྟོང་། རྣ་བའི་འདུས་ཏེ་རེག་པ་ནི་རྣ་བའི་འདུས་ཏེ་རེག་པས་སྟོང་། སྣའི་འདུས་ཏེ་རེག་པ་ནི་སྣའི་འདུས་ཏེ་རེག་པས་སྟོང་། ལྕེའི་འདུས་ཏེ་རེག་པ་ནི་ལྕེའི་འདུས་ཏེ་རེག་པས་སྟོང་། ལུས་ཀྱི་འདུས་ཏེ་རེག་པ་ནི་ལུས་ཀྱི་འདུས་ཏེ་རེག་པས་སྟོང་། ཡིད་ཀྱི་འདུས་ཏེ་རེག་པ་ནི་ཡིད་ཀྱི་འདུས་ཏེ་རེག་པས་སྟོང་། མིག་གི་འདུས་ཏེ་རེག་པའི་རྐྱེན་གྱིས་ཚོར་བ་ནི་མིག་གི་འདུས་ཏེ་རེག་པའི་རྐྱེན་གྱིས་ཚོར་བས་སྟོང་། རྣ་བའི་འདུས་ཏེ་རེག་པའི་རྐྱེན་གྱིས་ཚོར་བ་ནི་རྣ་བའི་འདུས་ཏེ་རེག་པའི་རྐྱེན་གྱིས་ཚོར་བས་སྟོང་། སྣའི་འདུས་ཏེ་རེག་པའི་རྐྱེན་གྱིས་ཚོར་བ་ནི་སྣའི་འདུས་ཏེ་རེག་པའི་རྐྱེན་གྱིས་ཚོར་བས་སྟོང་། ལྕེའི་འདུས་ཏེ་རེག་པའི་རྐྱེན་གྱིས་ཚོར་བ་ནི་ལྕེའི་འདུས་ཏེ་རེག་པའི་རྐྱེན་གྱིས་ཚོར་བས་སྟོང་། ལུས་ཀྱི་འདུས་ཏེ་རེག་པའི་རྐྱེན་གྱིས་ཚོར་བ་ནི་ལུས་ཀྱི་འདུས་ཏེ་རེག་པའི་རྐྱེན་གྱིས་ཚོར་བས་སྟོང་། ཡིད་ཀྱི་འདུས་ཏེ་རེག་པའི་རྐྱེན་གྱིས་ཚོར་བ་ནི་ཡིད་ཀྱི་འདུས་ཏེ་རེག་པའི་རྐྱེན་གྱིས་ཚོར་བས་སྟོང་། སའི་ཁམས་ནི་སའི་ཁམས་ཀྱིས་སྟོང་། ཆུའི་ཁམས་ནི་ཆུའི་ཁམས་ཀྱིས་སྟོང་། མེའི་ཁམས་ནི་མེའི་ཁམས་ཀྱིས་སྟོང་། རླུང་གི་ཁམས་ནི་རླུང་གི་ཁམས་ཀྱིས་སྟོང་། ནམ་མཁའི་ཁམས་ནི་ནམ་མཁའི་ཁམས་ཀྱིས་སྟོང་། རྣམ་པར་ཤེས་པའི་ཁམས་ནི་རྣམ་པར་ཤེས་པའི་ཁམས་ཀྱིས་སྟོང་། མ་རིག་པ་ནི་མ་རིག་པས་སྟོང་། འདུ་བྱེད་ནི་འདུ་བྱེད་ཀྱིས་སྟོང་། རྣམ་པར་ཤེས་པ་ནི་

རྣམ་པར་ཤེས་པས་སྟོང་། མིག་དང་གཟུགས་ནི་མིག་དང་གཟུགས་ཀྱིས་སྟོང་། སྐྱེ་མཆེད་དྲུག་ནི་སྐྱེ་མཆེད་དྲུག་གིས་སྟོང་། རེག་པ་ནི་རེག་པས་སྟོང་། ཚོར་བ་ནི་ཚོར་བས་སྟོང་། སྲེད་པ་ནི་སྲེད་པས་སྟོང་། ལེན་པ་ནི་ལེན་པས་སྟོང་། སྲིད་པ་ནི་སྲིད་པས་སྟོང་། སྐྱེ་བ་ནི་སྐྱེ་བས་སྟོང་། རྒ་ཤི་ནི་རྒ་ཤིས་སྟོང་། སྦྱིན་པའི་ཕ་རོལ་ཏུ་ཕྱིན་པ་ནི་སྦྱིན་པའི་ཕ་རོལ་ཏུ་ཕྱིན་པས་སྟོང་། ཚུལ་ཁྲིམས་ཀྱི་ཕ་རོལ་ཏུ་ཕྱིན་པ་ནི་ཚུལ་ཁྲིམས་ཀྱི་ཕ་རོལ་ཏུ་ཕྱིན་པས་སྟོང་། བཟོད་པའི་ཕ་རོལ་ཏུ་ཕྱིན་པ་ནི་བཟོད་པའི་ཕ་རོལ་ཏུ་ཕྱིན་པས་སྟོང་། བརྩོན་འགྲུས་ཀྱི་ཕ་རོལ་ཏུ་ཕྱིན་པ་ནི་བརྩོན་འགྲུས་ཀྱི་ཕ་རོལ་ཏུ་ཕྱིན་པས་སྟོང་། བསམ་གཏན་གྱི་ཕ་རོལ་ཏུ་ཕྱིན་པ་ནི་བསམ་གཏན་གྱི་ཕ་རོལ་ཏུ་ཕྱིན་པས་སྟོང་། ཤེས་རབ་ཀྱི་ཕ་རོལ་ཏུ་ཕྱིན་པ་ནི་ཤེས་རབ་ཀྱི་ཕ་རོལ་ཏུ་ཕྱིན་པས་སྟོང་། ནང་སྟོང་པ་ཉིད་ནི་ནང་སྟོང་པ་ཉིད་ཀྱིས་སྟོང་། ཕྱི་སྟོང་པ་ཉིད་ནི་ཕྱི་སྟོང་པ་ཉིད་ཀྱིས་སྟོང་། ཕྱི་ནང་སྟོང་པ་ཉིད་ནི་ཕྱི་ནང་སྟོང་པ་ཉིད་ཀྱིས་སྟོང་། སྟོང་པ་ཉིད་སྟོང་པ་ཉིད་ནི་སྟོང་པ་ཉིད་སྟོང་པ་ཉིད་ཀྱིས་སྟོང་། ཆེན་པོ་སྟོང་པ་ཉིད་ནི་ཆེན་པོ་སྟོང་པ་ཉིད་ཀྱིས་སྟོང་། དོན་དམ་པ་སྟོང་པ་ཉིད་ནི་དོན་དམ་པ་སྟོང་པ་ཉིད་ཀྱིས་སྟོང་། འདུས་བྱས་སྟོང་པ་ཉིད་ནི་འདུས་བྱས་སྟོང་པ་ཉིད་ཀྱིས་སྟོང་། འདུས་མ་བྱས་སྟོང་པ་ཉིད་ནི་འདུས་མ་བྱས་སྟོང་པ་ཉིད་ཀྱིས་སྟོང་། མཐའ་ལས་འདས་པ་སྟོང་པ་ཉིད་ནི་མཐའ་ལས་འདས་པ་སྟོང་པ་ཉིད་ཀྱིས་སྟོང་། ཐོག་མ་དང་ཐ་མ་མེད་པ་སྟོང་པ་ཉིད་ནི་ཐོག་མ་དང་ཐ་མ་མེད་པ་སྟོང་པ་ཉིད་ཀྱིས་སྟོང་། དོར་བ་མེད་པ་སྟོང་པ་ཉིད་ནི་དོར་བ་མེད་པ་སྟོང་པ་ཉིད་ཀྱིས་སྟོང་། རང་བཞིན་སྟོང་པ་ཉིད་ནི་རང་བཞིན་སྟོང་པ་ཉིད་ཀྱིས་སྟོང་། ཆོས་ཐམས་ཅད་སྟོང་པ་ཉིད་ནི་ཆོས་ཐམས་ཅད་སྟོང་པ་ཉིད་ཀྱིས་སྟོང་། རང་གི་མཚན་ཉིད་སྟོང་པ་ཉིད་ནི་རང་

གེ་མཚན་ཉིད་སྟོང་པ་ཉིད་ཀྱིས་སྟོང་། མི་དམིགས་པ་སྟོང་པ་ཉིད་ནི་མི་དམིགས་པ་སྟོང་པ་ཉིད་ཀྱིས་སྟོང་། དངོས་པོ་མེད་པ་སྟོང་པ་ཉིད་ནི་དངོས་པོ་མེད་པ་སྟོང་པ་ཉིད་ཀྱིས་སྟོང་། ངོ་བོ་ཉིད་སྟོང་པ་ཉིད་ནི་ངོ་བོ་ཉིད་སྟོང་པ་ཉིད་ཀྱིས་སྟོང་། དངོས་པོ་མེད་པའི་ངོ་བོ་ཉིད་སྟོང་པ་ཉིད་ནི་དངོས་པོ་མེད་པའི་ངོ་བོ་ཉིད་སྟོང་པ་ཉིད་ཀྱིས་སྟོང་། དྲན་པ་ཉེ་བར་གཞག་པ་རྣམས་[༧]ནི་དྲན་པ་ཉེ་བར་གཞག་པ་རྣམས་ཀྱིས་སྟོང་། ཡང་དག་པར་སྤོང་བ་རྣམས་ནི་ཡང་དག་པར་སྤོང་བ་རྣམས་ཀྱིས་སྟོང་། རྫུ་འཕྲུལ་གྱི་རྐང་པ་རྣམས་ནི་རྫུ་འཕྲུལ་གྱི་རྐང་པ་རྣམས་ཀྱིས་སྟོང་། དབང་པོ་རྣམས་ནི་དབང་པོ་རྣམས་ཀྱིས་སྟོང་། སྟོབས་རྣམས་ནི་སྟོབས་རྣམས་ཀྱིས་སྟོང་། བྱང་ཆུབ་ཀྱི་ཡན་ལག་རྣམས་ནི་བྱང་ཆུབ་ཀྱི་ཡན་ལག་རྣམས་ཀྱིས་སྟོང་། ༔འཕགས་པའི་ལམ་ཡན་ལག་བརྒྱད་པ་ནི་འཕགས་པའི་ལམ་ཡན་ལག་བརྒྱད་པས་[༣]སྟོང་། འཕགས་པའི་བདེན་པ་[༣]རྣམས་ནི་འཕགས་པའི་བདེན་པ་རྣམས་ཀྱིས་སྟོང་། བསམ་གཏན་རྣམས་ནི་བསམ་གཏན་རྣམས་ཀྱིས་སྟོང་། ཚད་མེད་པ་རྣམས་ནི་ཚད་མེད་པ་རྣམས་ཀྱིས་སྟོང་། གཟུགས་མེད་པའི་སྙོམས་པར་འཇུག་པ་རྣམས་ནི་གཟུགས་མེད་པའི་སྙོམས་པར་འཇུག༔པ་རྣམས་ཀྱིས་[༤]སྟོང་། རྣམ་པར་ཐར་པ་རྣམས་ནི་རྣམ་པར་ཐར་པ་རྣམས་ཀྱིས་སྟོང་། མཐར་གྱིས་གནས་པའི་སྙོམས་པར་འཇུག་པ་རྣམས་ནི་མཐར་གྱིས་གནས་པའི་སྙོམས་པར་འཇུག་པ་རྣམས་ཀྱིས་སྟོང་། རྣམ་པར་ཐར་པའི་སྒོ་སྟོང་པ་ཉིད་དང་། མཚན་མ་མེད་པ་དང་། སྨོན་པ་མེད་པ་ནི་རྣམ་པར་ཐར་པའི་སྒོ་སྟོང་པ་ཉིད་དང་། མཚན་མ་མེད་པ་དང་། སྨོན་པ་མེད་པས་སྟོང་། མངོན་པར་ཤེས་པ་རྣམས་ནི་མངོན་པར་ཤེས་པ་རྣམས་ཀྱིས་སྟོང་། ཏིང་ངེ་འཛིན་རྣམས་ནི་ཏིང་ངེ་འཛིན་རྣམས་ཀྱིས་སྟོང་། གཟུངས་ཀྱི་སྒོ་རྣམས་ནི་

གཟུངས་ཀྱི་སྒོ་རྣམས་ཀྱིས་སྟོང་། དེ་བཞིན་གཤེགས་པའི་སྟོབས་རྣམས་ནི་དེ་བཞིན་གཤེགས་པའི་སྟོབས་རྣམས་ཀྱིས་སྟོང་། མི་འཇིགས་པ་རྣམས་ནི་མི་འཇིགས་པ་རྣམས་ཀྱིས་སྟོང་། སོ་སོ་ཡང་དག་པར་རིག་པ་རྣམས་ནི་སོ་སོ་ཡང་དག་པར་རིག་པ་རྣམས་ཀྱིས་སྟོང་། ①སྙིང་རྗེ་ཆེན་པོ་ནི་སྙིང་རྗེ་ཆེན་པོས་སྟོང་། སངས་རྒྱས་ཀྱི་ཆོས་མ་འདྲེས་པ་རྣམས་ནི་སངས་རྒྱས་ཀྱི་②ཆོས་མ་འདྲེས་པ་རྣམས་ཀྱིས་སྟོང་། རྒྱུན་དུ་ཞུགས་པའི་འབྲས་བུ་ནི་③རྒྱུན་དུ་ཞུགས་པའི་འབྲས་བུས་སྟོང་། ལན་ཅིག་ཕྱིར་འོང་བའི་འབྲས་བུ་ནི་ལན་ཅིག་ཕྱིར་འོང་བའི་འབྲས་བུས་སྟོང་། ཕྱིར་མི་འོང་བའི་འབྲས་བུ་ནི་ཕྱིར་མི་འོང་བའི་འབྲས་བུས་སྟོང་། དགྲ་བཅོམ་པ་ཉིད་ནི་དགྲ་བཅོམ་པ་ཉིད་ཀྱིས་སྟོང་། རང་བྱང་ཆུབ་ནི་རང་བྱང་ཆུབ་ཀྱིས་སྟོང་། ལམ་གྱི་རྣམ་པ་ཤེས་པ་ཉིད་ནི་ལམ་གྱི་རྣམ་པ་ཤེས་པ་ཉིད་ཀྱིས་སྟོང་། རྣམ་པ་ཐམས་ཅད་མཁྱེན་པ་ཉིད་ནི་རྣམ་པ་ཐམས་ཅད་མཁྱེན་པ་ཉིད་ཀྱིས་སྟོང་སྟེ། རབ་འབྱོར་འདི་ནི་བྱང་ཆུབ་སེམས་དཔའ་སེམས་དཔའ་ཆེན་པོ་རྣམས་ཀྱི་མཉམ་པ་ཉིད་དེ། དེ་ལ་གནས་ཤིང་བྱང་ཆུབ་སེམས་དཔའ་སེམས་དཔའ་ཆེན་པོ་བླ་ན་མེད་པ་ཡང་དག་པར་རྫོགས་པའི་བྱང་ཆུབ་ཏུ་མངོན་པར་རྫོགས་པར་འཚང་རྒྱའོ④། །གསོལ་པ། བཅོམ་ལྡན་འདས་ཅི་ལགས། བྱང་ཆུབ་སེམས་དཔའ་སེམས་དཔའ་ཆེན་པོ་གཟུགས་བས་པར་བགྱི་བའི་སླད་དུ་སློབ་ན། རྣམ་པ་ཐམས་ཅད་མཁྱེན་པ་ཉིད་དུ་སློབ་པ་ལགས་སམ། གཟུགས་འདོད་ཆགས་དང་བྲལ་བར་བགྱི་བའི་སླད་དུ་སློབ་ན། རྣམ་པ་ཐམས་ཅད་མཁྱེན་པ་ཉིད་དུ་སློབ་པ་ལགས་སམ། གཟུགས་འགག་པར་བགྱི་བའི་སླད་དུ་སློབ་ན། རྣམ་པ་ཐམས་ཅད་མཁྱེན་པ་ཉིད་དུ་སློབ་པ་ལགས་སམ། གཟུགས་མི་སྐྱེ་བར་བགྱི་བའི་སླད་དུ་སློབ་ན། རྣམ་པ་ཐམས་ཅད་མཁྱེན་པ་ཉིད་དུ་སློབ་པ་ལགས་སམ།

ཚོར་བ་བས་པར་བགྱི་བའི་སླད་དུ་སློབ་ན། རྣམ་པ་ཐམས་ཅད་མཁྱེན་པ་ཉིད་དུ་སློབ་པ་ལགས་སམ། ཚོར་བ་འདོད་ཆགས་དང་བྲལ་བར་བགྱི་བའི་སླད་དུ་སློབ་ན། རྣམ་པ་ཐམས་ཅད་མཁྱེན་པ་ཉིད་དུ་སློབ་པ་ལགས་སམ། ཚོར་བ་འགག་པར་བགྱི་བའི་སླད་དུ་སློབ་ན། རྣམ་པ་ཐམས་ཅད་མཁྱེན་པ་ཉིད་དུ་སློབ་པ་ལགས་སམ། ཚོར་བ་མྱི་སྐྱེ་བར་བགྱི་བའི་སླད་དུ་སློབ་ན། རྣམ་པ་ཐམས་ཅད་མཁྱེན་པ་ཉིད་དུ་སློབ་པ་ལགས་སམ། འདུ་ཤེས་བས་པར་བགྱི་བའི་སླད་དུ་སློབ་ན། རྣམ་པ་ཐམས་ཅད་མཁྱེན་པ་ཉིད་དུ་སློབ་པ་ལགས་སམ། འདུ་ཤེས་འདོད་ཆགས་དང་བྲལ་བར་བགྱི་བའི་སླད་དུ་སློབ་ན། རྣམ་པ་ཐམས་ཅད་མཁྱེན་པ་ཉིད་དུ་སློབ་པ་ལགས་སམ། འདུ་ཤེས་འགག་པར་བགྱི་བའི་སླད་དུ་སློབ་ན། རྣམ་པ་ཐམས་ཅད་མཁྱེན་པ་ཉིད་དུ་སློབ་པ་ལགས་སམ། འདུ་ཤེས་མི་སྐྱེ་བར་བགྱི་བའི་སླད་དུ་སློབ་ན། རྣམ་པ་ཐམས་ཅད་མཁྱེན་པ་ཉིད་དུ་སློབ་པ་ལགས་སམ། འདུ་བྱེད་བས་པར་བགྱི་བའི་སླད་དུ་སློབ་[1]ན། རྣམ་པ་ཐམས་ཅད་མཁྱེན་པ་ཉིད་དུ་སློབ་པ་ལགས་སམ། འདུ་བྱེད་འདོད་ཆགས་དང་བྲལ་བར་བགྱི་བའི་སླད་དུ་སློབ་ན། རྣམ་པ་ཐམས་ཅད་མཁྱེན་པ་ཉིད་དུ་སློབ་པ་ལགས་སམ། འདུ་བྱེད་འགག་པར་བགྱི་བའི་སླད་དུ་སློབ་ན། རྣམ་པ་ཐམས་ཅད་མཁྱེན་པ་ཉིད་དུ་སློབ་པ་ལགས་སམ། འདུ་བྱེད་མྱི་སྐྱེ་བར་བགྱི་བའི་སླད་དུ་སློབ་ན། རྣམ་པ་ཐམས་ཅད་མཁྱེན་པ་ཉིད་དུ་སློབ་པ་[2]ལགས་སམ། རྣམ་པར་ཤེས་པ་བས་པར་བགྱི་བའི་སླད་དུ་སློབ་ན། རྣམ་པ་ཐམས་ཅད་མཁྱེན་པ་ཉིད་དུ་སློབ་པ་ལགས་སམ། རྣམ་པར་ཤེས་པ་འདོད་ཆགས་དང་བྲལ་བར་བགྱི་བའི་སླད་དུ་སློབ་ན། རྣམ་པ་ཐམས་ཅད་མཁྱེན་པ་ཉིད་དུ་སློབ་པ་ལགས་སམ། རྣམ་པར་ཤེས་པ་འགག་པར་བགྱི་བའི་སླད་དུ་སློབ་ན། རྣམ་པ་ཐམས་ཅད་

མཁྱེན་པ་ཉིད་དུ་སྨོན་པ་ལ་ལགས་སམ། རྣམ་པར་ཤེས་པ་མི་སྐྱེ་བར་བགྱི་བའི་སླད་དུ་སྨོན་ན། རྣམ་པ་ཐམས་ཅད་མཁྱེན་པ་ཉིད་དུ་སྨོན་པ་ལ་ལགས་སམ། མིག་···བས་པར་བགྱི་བའི་སླད་དུ་སྨོན་ན། རྣམ་པ་ཐམས་ཅད་མཁྱེན་པ་ཉིད་དུ་སྨོན་པ་ལགས་སམ། མིག་འདོད་ཆགས་དང་བྲལ་བར་བགྱི་བའི་སླད་དུ་སྨོན་ན། རྣམ་པ་ཐམས་ཅད་མཁྱེན་པ་ཉིད་དུ་སྨོན་པ་ལ་ལགས་སམ། མིག་འགག་པར་བགྱི་བའི་སླད་དུ་སྨོན་ན། རྣམ་པ་ཐམས་ཅད་མཁྱེན་པ་ཉིད་དུ་སྨོན་པ་ལ་ལགས་སམ། མིག་མི་སྐྱེ་བར་བགྱི་བའི་སླད་དུ་སྨོན་ན། རྣམ་པ་ཐམས་ཅད་མཁྱེན་པ་ཉིད་དུ་···སྨོན་པ་ལ་ལགས་སམ། རྣ་བ་བས་པར་བགྱི་བའི་སླད་དུ་སྨོན་ན། རྣམ་པ་ཐམས་ཅད་མཁྱེན་པ་ཉིད་དུ་སྨོན་པ་ལ་ལགས་སམ། རྣ་བ་འདོད་ཆགས་དང་བྲལ་བར···བགྱི་བའི་སླད་དུ་སྨོན་ན། རྣམ་པ་ཐམས་ཅད་མཁྱེན་པ་ཉིད་དུ་སྨོན་པ་ལ་ལགས···སམ། རྣ་བ་འགག་པར་བགྱི་བའི་སླད་དུ་སྨོན་ན། རྣམ་པ་ཐམས་ཅད་མཁྱེན་པ་ཉིད་དུ་སྨོན་པ་ལ་ལགས་སམ། རྣ་བ་མི་སྐྱེ་བར་བགྱི་བའི་སླད་དུ་སྨོན་ན། རྣམ་པ་ཐམས་ཅད་མཁྱེན་པ་ཉིད་དུ་སྨོན་པ་ལ་ལགས་སམ། སྣ་བས་པར་བགྱི་བའི་སླད་དུ་སྨོན་ན། རྣམ་པ་ཐམས་ཅད་མཁྱེན་པ་ཉིད་དུ་སྨོན་པ་ལ་ལགས་སམ། སྣ་འདོད་ཆགས་དང་བྲལ་བར་བགྱི་བའི་སླད་དུ་སྨོན་ན། རྣམ་པ་ཐམས་ཅད་མཁྱེན་པ་ཉིད་དུ་སྨོན་པ་ལ་ལགས་སམ། སྣ་འགག་པར་བགྱི་བའི་སླད་དུ་སྨོན་ན། རྣམ་པ་ཐམས་ཅད་མཁྱེན་པ་ཉིད་དུ་སྨོན་པ་ལ་ལགས་སམ། སྣ་མི་སྐྱེ་བར་བགྱི་བའི་སླད་དུ་སྨོན་ན། རྣམ་པ་ཐམས་ཅད་མཁྱེན་པ་ཉིད་དུ་སྨོན་པ་ལ་ལགས་སམ། ལྕེ་བས་པར་བགྱི་བའི་སླད་དུ་སྨོན་ན། རྣམ་པ་ཐམས་ཅད་མཁྱེན་པ་ཉིད་དུ་སྨོན་པ་ལ་ལགས་སམ། ལྕེ་འདོད་ཆགས་དང་བྲལ་བར་བགྱི་བའི་སླད་དུ་སྨོན་ན། རྣམ་པ་ཐམས་ཅད་མཁྱེན་པ་ཉིད་དུ་སྨོན་པ་ལ་ལགས་སམ། ལྕེ་འགག་པར་བགྱི་

བའི་སླད་དུ་སློབ་ན། རྣམ་པ་ཐམས་ཅད་མཁྱེན་པ་ཉིད་དུ་སློབ་པ་ལགས་སམ། ལྗེ་མི་སྐྱེ་བར་བགྱི་བའི་སླད་དུ་སློབ་ན། རྣམ་པ་ཐམས་ཅད་མཁྱེན་པ་ཉིད་དུ་སློབ་པ་ལགས་སམ། ལུས་བས་པར་བགྱི་བའི་སླད་དུ་སློབ་ན། རྣམ་པ་ཐམས་ཅད་མཁྱེན་པ་ཉིད་དུ་སློབ་པ་ལགས་སམ། ལུས་འདོད་ཆགས་དང་བྲལ་བར་བགྱི་བའི་སླད་དུ་སློབ་ན། རྣམ་པ་ཐམས་ཅད་མཁྱེན་པ་ཉིད་དུ་སློབ་པ་ལགས་···སམ། ལུས་འགག་པར་བགྱི་བའི་སླད་དུ་སློབ་ན། རྣམ་པ་ཐམས་ཅད་མཁྱེན་པ་ཉིད་དུ་སློབ་པ་ལགས་སམ། ལུས་མི་སྐྱེ་བར་བགྱི་བའི་སླད་དུ་སློབ་ན། རྣམ་པ་ཐམས་ཅད་མཁྱེན་པ་ཉིད་དུ་སློབ་པ་ལགས་སམ། ཡིད་བས་པར་བགྱི་བའི་སླད་དུ་སློབ་ན། རྣམ་པ་ཐམས་ཅད་མཁྱེན་པ་ཉིད་དུ་སློབ་པ་ལགས་སམ། ཡིད་འདོད་ཆགས་དང་བྲལ་བར་བགྱི་བའི་སླད་དུ་སློབ་ན། རྣམ་པ་ཐམས་ཅད་མཁྱེན་པ་ཉིད་དུ་སློབ་པ་ལགས་སམ། ཡིད་འགག་པར་བགྱི་བའི་སླད་དུ་སློབ་ན། རྣམ་པ་ཐམས་ཅད་མཁྱེན་པ་ཉིད་དུ་སློབ་པ་ལགས་སམ། ཡིད་མི་སྐྱེ་བར་བགྱི་···བའི་སླད་དུ་སློབ་ན། རྣམ་པ་ཐམས་ཅད་མཁྱེན་པ་ཉིད་དུ་སློབ་པ་ལགས་སམ། གཟུགས་བས་པར་བགྱི་བའི་སླད་དུ་སློབ་ན། རྣམ་པ་ཐམས་ཅད་མཁྱེན་པ་ཉིད་དུ་སློབ་པ་ལགས་སམ། གཟུགས་འདོད་ཆགས་དང་བྲལ་བར་བགྱི་བའི་སླད་དུ་སློབ་ན། རྣམ་པ་ཐམས་ཅད་མཁྱེན་པ་ཉིད་དུ་སློབ་པ་ལགས་སམ། གཟུགས་འགག་པར་བགྱི་བའི་སླད་དུ་སློབ་ན། རྣམ་པ་ཐམས་ཅད་མཁྱེན་པ་···ཉིད་དུ་སློབ་པ་ལགས་སམ། གཟུགས་མི་སྐྱེ་བར་བགྱི་བའི་སླད་དུ་སློབ་ན། རྣམ་པ་ཐམས་ཅད་མཁྱེན་པ་ཉིད་དུ་སློབ་པ་ལགས་སམ། སྒྲ་བས་པར་བགྱི་བའི་སླད་དུ་སློབ་ན། རྣམ་པ་ཐམས་ཅད་མཁྱེན་པ་ཉིད་དུ་སློབ་པ་ལགས་སམ། སྒྲ་འདོད་ཆགས་དང་བྲལ་བར་བགྱི་བའི་སླད་དུ་སློབ་ན། རྣམ་པ་ཐམས་ཅད་

མཁྱེན་པ་ཉིད་དུ་སྨོན་པ་ལགས་སམ། སྣ་འགག་པར་བགྱི་བའི་སླད་དུ་སྨོན་ན། རྣམ་པ་ཐམས་ཅད་མཁྱེན་པ་ཉིད་དུ་སྨོན་པ་ལགས་སམ། སྣ་མི་སྐྱེ་བར་བགྱི་བའི་སླད་དུ་སྨོན་ན། རྣམ་པ་ཐམས་ཅད་མཁྱེན་པ་ཉིད་དུ་སྨོན་པ་ལགས་སམ། དྲི་བས་པར་བགྱི་བའི་སླད་དུ་སྨོན་ན། རྣམ་པ་ཐམས་ཅད་མཁྱེན་པ་ཉིད་དུ་སྨོན་པ་ལགས་སམ། དྲི་འདོད་ཆགས་དང་བྲལ་བར་བགྱི་བའི་སླད་དུ་སྨོན་ན། རྣམ་པ་ཐམས་ཅད་མཁྱེན་པ་ཉིད་དུ་སྨོན་པ་ལགས་སམ། དྲི་འགག་པར་བགྱི་བའི་སླད་དུ་སྨོན་ན། རྣམ་པ་ཐམས་ཅད་མཁྱེན་པ་ཉིད་དུ་སྨོན་པ་ལགས་སམ། དྲི་མི་སྐྱེ་བར་བགྱི་བའི་སླད་དུ་སྨོན་ན། རྣམ་པ་ཐམས་ཅད་མཁྱེན་པ་ཉིད་དུ་སྨོན་པ་ལགས་སམ། རོ་བས་[1]པར་བགྱི་བའི་སླད་དུ་སྨོན་ན། རྣམ་པ་ཐམས་ཅད་མཁྱེན་པ་ཉིད་དུ་སྨོན་པ་ལགས་སམ། རོ་འདོད་ཆགས་དང་བྲལ་བར་བགྱི་བའི་སླད་དུ་སྨོན་[2]ན། རྣམ་པ་ཐམས་ཅད་མཁྱེན་པ་ཉིད་དུ་སྨོན་[3]པ་ལགས་སམ། རོ་འགག་པར་བགྱི་བའི་སླད་དུ་སྨོན་[4]ན། རྣམ་པ་ཐམས་ཅད་མཁྱེན་པ་ཉིད་དུ་སྨོན་པ་ལགས་སམ། རོ་མི་སྐྱེ་བར་བགྱི་བའི་སླད་དུ་སྨོན་[5]ན། རྣམ་པ་ཐམས་ཅད་མཁྱེན་པ་ཉིད་དུ་སྨོན་པ་ལགས་སམ། རེག་བས་[6]པར་བགྱི་བའི་སླད་དུ་སྨོན་ན། རྣམ་པ་ཐམས་ཅད་མཁྱེན་པ་ཉིད་དུ་སྨོན་པ་ལགས་སམ། རེག་འདོད་ཆགས་དང་བྲལ་བར་བགྱི་བའི་སླད་དུ་སྨོན་ན། རྣམ་པ་ཐམས་ཅད་མཁྱེན་པ་ཉིད་དུ་སྨོན་པ་ལགས་སམ། རེག་འགག་པར་བགྱི་བའི་སླད་དུ་སྨོན་ན། རྣམ་པ་ཐམས་ཅད་མཁྱེན་པ་ཉིད་དུ་སྨོན་པ་ལགས་སམ། རེག་མི་སྐྱེ་བར་བགྱི་བའི་སླད་དུ་སྨོན་ན། རྣམ་པ་ཐམས་ཅད་མཁྱེན་པ་ཉིད་དུ་སྨོན་པ་ལགས་སམ། ཆོས་བས་[7]པར་བགྱི་བའི་སླད་དུ་སྨོན་ན། རྣམ་པ་ཐམས་ཅད་མཁྱེན་པ་ཉིད་དུ་སྨོན་པ་ལགས་སམ། ཆོས་འདོད་ཆགས་དང་བྲལ་བར་བགྱི་[8]

བའི་སྐད་དུ་སློབ་ན། རྣམ་པ་ཐམས་ཅད་མཁྱེན་པ་ཉིད་དུ་སློབ་པ་ལགས་སམ། ཆོས་འགག་པར་བགྱི་བའི་སྐད་དུ་སློབ་ན། རྣམ་པ་ཐམས་ཅད་མཁྱེན་པ་ཉིད་དུ་སློབ་པ་ལགས་སམ། ཆོས་མི་སྐྱེ་བར་བགྱི་བའི་སྐད་དུ་སློབ་ན། རྣམ་པ་ཐམས་ཅད་མཁྱེན་པ་ཉིད་དུ་སློབ་པ་ལགས་སམ། མིག་གི་རྣམ་པར་ཤེས་པ་བས་པར་བགྱི་བའི་སྐད་དུ་སློབ་ན། ༔རྣམ་པ་[1]ཐམས་ཅད་མཁྱེན་པ་ཉིད་དུ་སློབ་པ་ལགས་སམ། མིག་གི་རྣམ་པར་ཤེས་པ་འདོད་ཆགས་དང་བྲལ་བར་བགྱི་བའི་སྐད་དུ་སློབ་ན། རྣམ་པ་ཐམས་ཅད་མཁྱེན་པ་ཉིད་དུ་སློབ་པ་ལགས་སམ། མིག་གི་རྣམ་པར་ཤེས་པ་འགག་པར་བགྱི་བའི་སྐད་དུ་སློབ་ན། རྣམ་པ་ཐམས་ཅད་མཁྱེན་པ་ཉིད་དུ་སློབ་པ་ལགས་སམ། མིག་གི་རྣམ་པར་ཤེས་པ་མི་སྐྱེ་བར་བགྱི་བའི་སྐད་དུ་སློབ་ན། རྣམ་པ་ཐམས་ཅད་མཁྱེན་པ་ཉིད་དུ་སློབ་པ་ལགས་སམ། རྣ་བའི་རྣམ་པར་ཤེས་པ་བས་[1]པར་བགྱི་བའི་སྐད་དུ་སློབ་ན། རྣམ་པ་ཐམས་ཅད་མཁྱེན་པ་ཉིད་དུ་སློབ་པ་ལགས་སམ། རྣ་བའི་རྣམ་པར་ཤེས་པ་འདོད་ཆགས་དང་བྲལ་བར་བགྱི་བའི་སྐད་དུ་སློབ་ན། རྣམ་པ་ཐམས་ཅད་མཁྱེན་པ་ཉིད་དུ་སློབ་པ་ལགས་སམ། རྣ་བའི་རྣམ་པར༔ཤེས་པ་[1]འགག་པར་བགྱི་བའི་སྐད་དུ་སློབ་ན། རྣམ་པ་ཐམས་ཅད་མཁྱེན་པ་ཉིད་དུ་སློབ་པ་ལགས་སམ། རྣ་བའི་རྣམ་པར་ཤེས་པ་མི་སྐྱེ་བར་བགྱི་བའི་སྐད་དུ་སློབ་ན། རྣམ་པ་ཐམས་ཅད་མཁྱེན་པ་ཉིད་དུ་སློབ་པ་ལགས་སམ། སྣའི་རྣམ་པར་ཤེས་པ་བས་པར་བགྱི་བའི་སྐད་དུ་སློབ་ན། རྣམ་པ་ཐམས་ཅད་མཁྱེན་པ་ཉིད་དུ་སློབ་པ་ལགས་སམ། སྣའི་རྣམ་པར་ཤེས་པ་འདོད་ཆགས་དང་བྲལ་བར་བགྱི་བའི་སྐད་དུ་སློབ་ན། རྣམ་པ་ཐམས་ཅད་མཁྱེན་པ་ཉིད་དུ་སློབ་པ་ལགས་སམ། སྣའི་རྣམ་པར་ཤེས་པ་འགག་པར་བགྱི་བའི་སྐད་དུ་སློབ་ན། རྣམ་པ་ཐམས་ཅད་མཁྱེན་པ་ཉིད་དུ་སློབ་

པ་ལགས་སམ། སྣའི་རྣམ་པར་ཤེས་པ་མི་སྐྱེ་བར་བགྱི་བའི་སླད་དུ་སློབ་ན། རྣམ་པ་ཐམས་ཅད་མཁྱེན་པ་ཉིད་དུ་སློབ་པ་ལགས་སམ། ལྗེའི་རྣམ་པར་ཤེས་པ་བས་པར་བགྱི་བའི་སླད་དུ་སློབ་ན། རྣམ་པ་ཐམས་ཅད་མཁྱེན་པ་ཉིད་དུ་སློབ་པ་ལགས་སམ། ལྗེའི་རྣམ་པར་ཤེས་པ་འདོད་ཆགས་དང་བྲལ་བར་བགྱི་བའི་སླད་དུ་སློབ་ན། རྣམ་པ་ཐམས་ཅད་མཁྱེན་པ་ཉིད་དུ་སློབ་པ་ལགས་སམ། ལྗེའི་རྣམ་པར་ཤེས་པ་འགག་པར་བགྱི་བའི་སླད་དུ་སློབ་ན། རྣམ་པ་ཐམས་ཅད་མཁྱེན་པ་ཉིད་དུ་སློབ་པ་ལགས་སམ། ལྗེའི་རྣམ་པར་ཤེས་པ་མི་སྐྱེ་བར་བགྱི་བའི་སླད་དུ་སློབ་ན། རྣམ་པ་ཐམས་ཅད་མཁྱེན་པ་ཉིད་དུ་སློབ་པ་ལགས་སམ། ལུས་ཀྱི་རྣམ་པར་ཤེས་པ་བས་པར་བགྱི་བའི་སླད་དུ་སློབ་ན། རྣམ་པ་ཐམས་ཅད་མཁྱེན་པ་ཉིད་དུ་སློབ་པ་ལགས་སམ། ལུས་ཀྱི་རྣམ་པར་ཤེས་པ་འདོད་ཆགས་དང་བྲལ་བར་བགྱི་བའི་སླད་དུ་སློབ་ན། རྣམ་པ་ཐམས་ཅད་མཁྱེན་པ་ཉིད་དུ་སློབ་པ་ལགས་སམ། ལུས་ཀྱི་རྣམ་པར་ཤེས་པ་འགག་པར་བགྱི་བའི་སླད་དུ་སློབ་ན། རྣམ་པ་ཐམས་ཅད་མཁྱེན་པ་ཉིད་དུ་སློབ་པ་ལགས་སམ། ལུས་ཀྱི་རྣམ་པར་ཤེས་པ་མྱི་སྐྱེ་བར་བགྱི་བའི་སླད་དུ་སློབ་ན། རྣམ་པ་ཐམས་ཅད་མཁྱེན་པ་ཉིད་དུ་སློབ་པ་ལགས་སམ། ཡིད་ཀྱི་རྣམ་པར་ཤེས་པ་བས་པར་བགྱི་བའི་སླད་དུ་སློབ་ན། རྣམ་པ་ཐམས་ཅད་མཁྱེན་པ་ཉིད་དུ་སློབ་པ་ལགས་སམ། ཡིད་ཀྱི་རྣམ་པར་ཤེས་པ་འདོད་ཆགས་དང་བྲལ་བར་བགྱི་བའི་སླད་དུ་སློབ་ན། རྣམ་པ་ཐམས་ཅད་མཁྱེན་པ་ཉིད་དུ་སློབ་པ་ལགས་སམ། ཡིད་ཀྱི་རྣམ་པར་ཤེས་པ་འགག་པར་བགྱི་བའི་སླད་དུ་སློབ་ན། རྣམ་པ་ཐམས་ཅད་མཁྱེན་པ་ཉིད་དུ་སློབ་པ་ལགས་སམ། ཡིད་ཀྱི་རྣམ་པར་ཤེས་པ་མི་སྐྱེ་བར་བགྱི་བའི་སླད་དུ་སློབ་ན། རྣམ་པ་ཐམས་ཅད་མཁྱེན་པ་ཉིད་དུ་སློབ་པ་ལགས་སམ། མིག་གི་འདུས་ཏེ་རེག་

པ་བས་པར་བགྱི་བའི་སླད་དུ་སློབ་ན། རྣམ་པ་ཐམས་ཅད་མཁྱེན་པ་ཉིད་དུ་སློབ་
པ་ལགས་སམ། མྱིག་གི་འདུས་ཏེ་རེག་པ་འདོད་ཆགས་དང་བྲལ་བར་བགྱི་བའི་
སླད་དུ་སློབ་ན། རྣམ་པ་ཐམས་ཅད་མཁྱེན་པ་ཉིད་དུ་སློབ་པ་ལགས་སམ།
མྱིག་གི་འདུས་ཏེ་རེག་པ་འགག་པར་བགྱི་བའི་སླད་དུ་སློབ་ན། རྣམ་པ་ཐམས···
ཅད་མཁྱེན་པ་ཉིད་དུ་སློབ[1]པ་ལགས་སམ། མྱིག་གི་འདུས་ཏེ་རེག་པ་མྱི་སྐྱེ་བར་
བགྱི་བའི་སླད་དུ་སློབ་ན། རྣམ་པ་ཐམས་ཅད་མཁྱེན་པ་ཉིད་དུ་སློབ་པ་ལགས···
སམ། རྣ་བའི་འདུས་ཏེ་རེག་པ་བས་པར་བགྱི་བའི་སླད་དུ་སློབ་ན། རྣམ་པ་
ཐམས་ཅད་མཁྱེན་པ་ཉིད་དུ་སློབ་པ་ལགས་སམ། རྣ་བའི་འདུས་ཏེ་རེག་པ་
འདོད་ཆགས་དང་བྲལ་བར་བགྱི་བའི་[2]སླད་དུ་སློབ་ན། རྣམ་པ་ཐམས་ཅད་
མཁྱེན་པ་ཉིད་དུ་སློབ་པ་ལགས་སམ། རྣ་བའི་འདུས་ཏེ་རེག་པ་འགག་པར་བགྱི་
བའི་སླད་དུ་སློབ་ན། རྣམ་པ་ཐམས་ཅད་མཁྱེན་པ་ཉིད་དུ་སློབ་པ་ལགས་སམ།
རྣ་བའི་འདུས་ཏེ་རེག་པ་མི་སྐྱེ་བར་བགྱི་བའི་སླད་དུ་སློབ་ན། རྣམ་པ་ཐམས་
ཅད་མཁྱེན་པ་ཉིད་དུ་སློབ་པ་ལགས་སམ། སྣའི་འདུས་ཏེ་རེག་པ་བས་པར་བགྱི་
བའི་སླད་དུ་སློབ་ན། རྣམ་པ་ཐམས་ཅད་མཁྱེན་པ་ཉིད་དུ་སློབ་པ་ལགས་སམ།
སྣའི་འདུས་ཏེ་རེག་པ་འདོད་ཆགས་དང་བྲལ་བར་བགྱི་བའི་སླད་དུ་སློབ་ན།
རྣམ་པ་ཐམས་ཅད་མཁྱེན་པ་ཉིད་དུ་སློབ་པ་ལགས་སམ། སྣའི་འདུས་ཏེ་རེག་པ་
འགག་པར་བགྱི་བའི་སླད་དུ་སློབ་ན། རྣམ་པ་ཐམས་ཅད་མཁྱེན་པ་ཉིད་དུ་སློབ་
པ་ལགས་སམ། སྣའི་འདུས་ཏེ་རེག་པ་མྱི་སྐྱེ་བར་བགྱི་བའི་སླད་དུ་སློབ་ན།
རྣམ་པ་ཐམས་ཅད་མཁྱེན་པ་ཉིད་དུ་སློབ་པ་ལགས་སམ། ལྕེའི་འདུས་ཏེ་རེག་པ་
བས་པར་བགྱི་བའི་སླད་དུ་སློབ་ན། རྣམ་པ་ཐམས་ཅད་མཁྱེན་པ་ཉིད་དུ་སློབ་པ་
ལགས་སམ། ལྕེའི་འདུས་ཏེ་རེག་པ་འདོད་ཆགས་དང་བྲལ་བར་བགྱི་བའི་སླད་

དུ་སློབ་ན། རྣམ་པ་ཐམས་ཅད་མཁྱེན་པ་ཉིད་དུ་སློབ་པ་ལགས་སམ། ལྕེའི་འདུས་ཏེ་རེག་པ་འགག་པར་བགྱི་བའི་སླད་དུ་སློབ་ན། རྣམ་པ་ཐམས་ཅད་མཁྱེན་པ་ཉིད་དུ་སློབ་པ་ལགས་སམ། ལྕེའི་འདུས་ཏེ་རེག་པ་མི་སྐྱེ་བར་བགྱི་བའི་སླད་དུ་སློབ་ན། རྣམ་པ་ཐམས་ཅད་མཁྱེན་པ་ཉིད་དུ་སློབ་པ་ལགས་སམ། ལུས་ཀྱི་འདུས་ཏེ་རེག་པ་བས་པར་བགྱི་བའི་སླད་དུ་སློབ་ན། རྣམ་པ་ཐམས་ཅད་མཁྱེན་པ་ཉིད་དུ་སློབ་པ་ལགས་སམ། ལུས་ཀྱི་འདུས་ཏེ་རེག་པ་འདོད་ཆགས་དང་བྲལ་བར་བགྱི་བའི་སླད་དུ་སློབ་ན། རྣམ་པ་ཐམས་ཅད་མཁྱེན་པ་ཉིད་དུ་སློབ་པ་ལགས་སམ། ལུས་ཀྱི་འདུས་ཏེ་རེག་པ་འགག་པར་བགྱི་བའི་སླད་དུ་སློབ་ན། རྣམ་པ་ཐམས་ཅད་མཁྱེན་པ་ཉིད་དུ་སློབ་པ་ལགས་སམ། ལུས་ཀྱི་འདུས་ཏེ་རེག་པ་མི་སྐྱེ་བར་བགྱི་བའི་སླད་དུ་སློབ་ན། རྣམ་པ་ཐམས་ཅད་མཁྱེན་པ་ཉིད་དུ་སློབ་པ་ལགས་སམ། ཡིད་ཀྱི་འདུས་ཏེ་རེག་པ་བས་པར་བགྱི་བའི་སླད་དུ་སློབ་ན། རྣམ་པ་ཐམས་ཅད་མཁྱེན་པ་ཉིད་དུ་སློབ་པ་ལགས་སམ། ཡིད་ཀྱི་འདུས་ཏེ་རེག་པ་འདོད་ཆགས་དང་བྲལ་བར་བགྱི་བའི་སླད་དུ་སློབ་ན། རྣམ་པ་ཐམས་ཅད་མཁྱེན་པ་ཉིད་དུ་སློབ་པ་ལགས་སམ། ཡིད་ཀྱི་འདུས་ཏེ་རེག་པ་འགག་པར་བགྱི་བའི་སླད་དུ་སློབ་ན། རྣམ་པ་ཐམས་ཅད་མཁྱེན་པ་ཉིད་དུ་སློབ་པ་ལགས་སམ། ཡིད་ཀྱི་འདུས་ཏེ་རེག་པ་མྱི་སྐྱེ་བར་བགྱི་བའི་སླད་དུ་སློབ་ན། རྣམ་པ་ཐམས་ཅད་མཁྱེན་པ་ཉིད་དུ་སློབ་པ་ལགས་སམ། མིག་གི་འདུས་ཏེ་རེག་པའི་རྐྱེན་གྱིས་ཚོར་བ་བས་པར་བགྱི་བའི་སླད་དུ་སློབ་ན། རྣམ་པ་ཐམས་ཅད་མཁྱེན་པ་ཉིད་དུ་སློབ་པ་ལགས་སམ། མིག་གི་འདུས་ཏེ་རེག་པའི་རྐྱེན་གྱིས་ཚོར་བ་འདོད་ཆགས་དང་བྲལ་བར་བགྱི་བའི་སླད་དུ་སློབ་ན། རྣམ་པ་ཐམས་ཅད་མཁྱེན་པ་ཉིད་དུ་སློབ་པ་ལགས་སམ། མིག་གི་འདུས་ཏེ་རེག་པའི་

རྐྱེན་གྱིས་ཚོར་བ་འགག་པར་བགྱི་བའི་སླད་དུ་སློབ་ན། རྣམ་པ་ཐམས་ཅད་མཁྱེན་པ་ཉིད་དུ་སློབ་པ་ལགས་སམ། མིག་གི་འདུས་ཏེ་རེག་པའི་རྐྱེན་གྱིས་ཚོར་བ་མི་སྐྱེ་བར་བགྱི་བའི་སླད་དུ་སློབ་ན། རྣམ་པ་ཐམས་ཅད་མཁྱེན་པ་ཉིད་དུ་སློབ་པ་ལགས་སམ། རྣ་བའི་འདུས་ཏེ་རེག་པའི་རྐྱེན་གྱིས་ཚོར་བ་བས་པར་བགྱི་བའི་སླད་དུ་སློབ་ན། རྣམ་པ་ཐམས་ཅད་མཁྱེན་པ་ཉིད་དུ་སློབ་པ་ལགས་སམ། རྣ་བའི་འདུས་ཏེ་རེག་པའི་རྐྱེན་གྱིས་ཚོར་བ་འདོད་ཆགས་དང་བྲལ་བར་བགྱི་བའི་སླད་དུ་སློབ་ན། རྣམ་པ་ཐམས་ཅད་མཁྱེན་པ་ཉིད་དུ་སློབ་པ་ལགས་སམ། རྣ་བའི་འདུས་ཏེ་རེག་པའི་རྐྱེན་གྱིས་ཚོར་བ་འགག་པར་བགྱི་བའི་སླད་དུ་སློབ་ན། རྣམ་པ་ཐམས་ཅད་མཁྱེན་པ་ཉིད་དུ་སློབ་པ་ལགས་སམ། རྣ་བའི་འདུས་ཏེ་རེག་པའི་རྐྱེན་གྱིས་ཚོར་བ་མི་སྐྱེ་བར་བགྱི་བའི་སླད་དུ་སློབ་ན། རྣམ་པ་ཐམས་ཅད་མཁྱེན་པ་ཉིད་དུ་སློབ་པ་ལགས་སམ། སྣའི་འདུས་ཏེ་རེག་པའི་རྐྱེན་གྱིས་ཚོར་བ་བས་པར་བགྱི་བའི་སླད་དུ་སློབ་ན། རྣམ་པ་ཐམས་ཅད་མཁྱེན་པ་ཉིད་དུ་སློབ་པ་ལགས་སམ། སྣའི་འདུས་ཏེ་རེག་པའི་རྐྱེན་གྱིས་ཚོར་བ་འདོད་ཆགས་དང་བྲལ་བར་བགྱི་བའི་སླད་དུ་སློབ་ན། རྣམ་པ་ཐམས་ཅད་མཁྱེན་པ་ཉིད་དུ་སློབ་པ་ལགས་སམ། སྣའི་འདུས་ཏེ་རེག་པའི་རྐྱེན་གྱིས་ཚོར་བ་འགག་པར་བགྱི་བའི་སླད་དུ་སློབ་ན། རྣམ་པ་ཐམས་ཅད་མཁྱེན་པ་ཉིད་དུ་སློབ་པ་ལགས་སམ། སྣའི་འདུས་ཏེ་རེག་པའི་རྐྱེན་གྱིས་ཚོར་བ་མི་སྐྱེ་བར་བགྱི་བའི་སླད་དུ་སློབ་ན། རྣམ་པ་ཐམས་ཅད་མཁྱེན་པ་ཉིད་དུ་སློབ་པ་ལགས་སམ། ལྗེའི་འདུས་ཏེ་རེག་པའི་རྐྱེན་གྱིས་ཚོར་བ་བས་པར་བགྱི་བའི་སླད་དུ་སློབ་ན། རྣམ་པ་ཐམས་ཅད་མཁྱེན་པ་ཉིད་དུ་སློབ་པ་ལགས་སམ། ལྗེའི་འདུས་ཏེ་རེག་པའི་རྐྱེན་གྱིས་ཚོར་བ་འདོད་ཆགས་དང་བྲལ་བར་བགྱི་བའི་སླད་དུ་སློབ་ན། རྣམ་པ་ཐམས་ཅད་

མཁྱེན་པ་ཉིད་དུ་སྨོན་པ་ལགས་སམ། ལྕེའི་འདུས་ཏེ་རེག་པའི་རྐྱེན་གྱིས་ཚོར་བ་འགག་པར་བགྱི་བའི་སླད་དུ་སྨོན་ན། རྣམ་པ་ཐམས་ཅད་མཁྱེན་པ་ཉིད་དུ་སྨོན་པ་ལགས་སམ། ལྕེའི་འདུས་ཏེ་རེག་པའི་རྐྱེན་གྱིས་ཚོར་བ་མི་སྐྱེ་བར་བགྱི་བའི་སླད་དུ་སྨོན་ན། རྣམ་པ་ཐམས་ཅད་མཁྱེན་པ་ཉིད་དུ་སྨོན་པ་ལགས་སམ། ལུས་ཀྱི་འདུས་ཏེ་རེག་པའི་རྐྱེན་གྱིས་ཚོར་བ་བས་པར་བགྱི་བའི་སླད་དུ་སྨོན་ན། རྣམ་པ་ཐམས་ཅད་མཁྱེན་པ་ཉིད་དུ་སྨོན་པ་ལགས་སམ། ལུས་ཀྱི་འདུས་ཏེ་རེག་པའི་རྐྱེན་གྱིས་ཚོར་བ་འདོད་ཆགས་དང་བྲལ་བར་བགྱི་བའི་སླད་དུ་སྨོན་ན། རྣམ་པ་ཐམས་ཅད་མཁྱེན་པ་ཉིད་དུ་སྨོན་པ་ལགས་སམ། ལུས་ཀྱི་འདུས་ཏེ་རེག་པའི་རྐྱེན་གྱིས་ཚོར་བ་འགག་པར་བགྱི་བའི་སླད་དུ་སྨོན་ན། རྣམ་པ་ཐམས་ཅད་མཁྱེན་པ་ཉིད་དུ་སྨོན་པ་ལགས་སམ། ལུས་ཀྱི་འདུས་ཏེ་རེག་པའི་རྐྱེན་གྱིས་ཚོར་བ་མི་སྐྱེ་བར་བགྱི་བའི་སླད་དུ་སྨོན་ན། རྣམ་པ་ཐམས་ཅད་མཁྱེན་པ་ཉིད་དུ་སྨོན་པ་ལགས་སམ། ཡིད་ཀྱི་འདུས་ཏེ་རེག་པའི་རྐྱེན་གྱིས་ཚོར་བ་བས་པར་བགྱི་བའི་སླད་དུ་སྨོན་ན། རྣམ་པ་ཐམས་ཅད་མཁྱེན་པ་ཉིད་དུ་སྨོན་པ་ལགས་སམ། ཡིད་ཀྱི་འདུས་ཏེ་རེག་པའི་རྐྱེན་གྱིས་ཚོར་བ་འདོད་ཆགས་དང་བྲལ་བར་བགྱི་བའི་སླད་དུ་སྨོན་ན། རྣམ་པ་ཐམས་ཅད་མཁྱེན་པ་ཉིད་དུ་སྨོན་པ་ལགས་སམ། ཡིད་ཀྱི་འདུས་ཏེ་རེག་པའི་རྐྱེན་གྱིས་ཚོར་བ་འགག་པར་བགྱི་བའི་སླད་དུ་སྨོན་ན། རྣམ་པ་ཐམས་ཅད་མཁྱེན་པ་ཉིད་དུ་སྨོན་པ་ལགས་སམ། ཡིད་ཀྱི་འདུས་ཏེ་རེག་པའི་རྐྱེན་གྱིས་ཚོར་བ་མི་སྐྱེ་བར་བགྱི་བའི་སླད་དུ་སྨོན་ན། རྣམ་པ་ཐམས་ཅད་མཁྱེན་པ་ཉིད་དུ་སྨོན་པ་ལགས་སམ། སའི་ཁམས་བས་པར་བགྱི་བའི་སླད་དུ་སྨོན་ན། རྣམ་པ་ཐམས་ཅད་མཁྱེན་པ་ཉིད་དུ་[7]སྨོན་པ་ལགས་སམ། སའི་ཁམས་འདོད་ཆགས་དང་བྲལ་བར་བགྱི་བའི་སླད་དུ་སྨོན་ན། རྣམ་པ་ཐམས་

ཅན་མཁྱེན་པ་ཉིད་དུ་སྨོན་པ་ལགས་སམ། སའི་ཁམས་འགག་པར་བགྱི་བའི་
སླད་དུ་སྨོན་ན། རྣམ་པ་ཐམས་ཅད་མཁྱེན་པ་ཉིད་དུ་སྨོན་པ་ལགས་སམ།
སའི་ཁམས་མི་སྐྱེ་བར་བགྱི་བའི་སླད་དུ་སྨོན་ན། རྣམ་པ་ཐམས་ཅད་མཁྱེན་པ་
ཉིད་དུ་སྨོན་པ་ལགས་སམ། ཆུའི་ཁམས་བས་པར་བགྱི་བའི་སླད་དུ་སྨོན་ན།
རྣམ་པ་ཐམས་ཅད་མཁྱེན་པ་ཉིད་དུ་སྨོན་པ་ལགས་སམ། ཆུའི་ཁམས་འདོད་
ཆགས་དང་བྲལ་བར་བགྱི་བའི་སླད་དུ་སྨོན་ན། རྣམ་པ་ཐམས་ཅད་མཁྱེན་པ་
ཉིད་དུ་སྨོན་པ་ལགས་སམ། ཆུའི་ཁམས་འགག་པར་བགྱི་བའི་སླད་དུ་སྨོན་ན།
རྣམ་པ་ཐམས་ཅད་མཁྱེན་པ་ཉིད་དུ་སྨོན་པ་ལགས་སམ། ཆུའི་ཁམས་[2]མི་སྐྱེ་
བར་བགྱི་བའི་སླད་དུ་སྨོན་ན། རྣམ་པ་ཐམས་ཅད་མཁྱེན་པ་ཉིད་དུ་སྨོན་པ་
ལགས་སམ། མེའི་ཁམས་བས་པར་བགྱི་བའི་སླད་དུ་སྨོན་ན། རྣམ་པ་ཐམས་
ཅད་མཁྱེན་པ་ཉིད་དུ་སྨོན་པ་ལགས་སམ། མེའི་ཁམས་འདོད་ཆགས་དང་བྲལ་
བར་བགྱི་བའི་སླད་དུ་སྨོན་ན། རྣམ་པ་ཐམས་ཅད་མཁྱེན་པ་ཉིད་དུ་སྨོན་པ་
ལགས་སམ། མེའི་ཁམས་འགག་པར་བགྱི་བའི་སླད་དུ་སྨོན་ན། རྣམ་པ་
ཐམས་ཅད་མཁྱེན་པ་ཉིད་དུ་སྨོན་པ་ལགས་སམ། མེའི་ཁམས་མི་སྐྱེ་བར་བགྱི་
བའི་སླད་དུ་སྨོན་ན། རྣམ་པ་ཐམས་ཅད་མཁྱེན་པ་ཉིད་དུ་སྨོན་པ་ལགས་སམ།
རླུང་གི་ཁམས་བས་པར་བགྱི་བའི་སླད་དུ་སྨོན་ན། རྣམ་པ་ཐམས་ཅད་མཁྱེན་པ་
ཉིད་དུ་སྨོན་པ་ལགས་སམ། རླུང་གི་ཁམས་འདོད་ཆགས་དང་བྲལ་བར་བགྱི་
བའི་སླད་དུ་སྨོན་ན། རྣམ་པ་ཐམས་ཅད་མཁྱེན་པ་ཉིད་དུ་སྨོན་པ་ལགས་སམ།
རླུང་གི་ཁམས་འགག་པར་བགྱི་བའི་སླད་དུ་སྨོན་ན། རྣམ་པ་ཐམས་ཅད་མཁྱེན་
པ་ཉིད་དུ་སྨོན་པ་ལགས་སམ། རླུང་གི་ཁམས་མི་སྐྱེ་བར་བགྱི་བའི་སླད་དུ་སྨོན་ན།
རྣམ་པ་ཐམས་ཅད་མཁྱེན་པ་ཉིད་དུ་སྨོན་པ་ལགས་སམ། ནམ་མཁའི་ཁམས་[3]

བས་པར་བགྱི་བའི་སླད་དུ་སློབ་ན། རྣམ་པ་ཐམས་ཅད་མཁྱེན་པ་ཉིད་དུ་སློབ་པ་ལགས་སམ། ནམ་མཁའི་ཁམས་འདོད་ཆགས་དང་བྲལ་བར་བགྱི་བའི་སླད་དུ་སློབ་ན། རྣམ་པ་ཐམས་ཅད་མཁྱེན་པ་ཉིད་དུ་སློབ་པ་ལགས་སམ། ནམ་མཁའི་ཁམས་འགག་པར་བགྱི་བའི་སླད་དུ་སློབ་ན། རྣམ་པ་ཐམས་ཅད་མཁྱེན་པ་ཉིད་དུ་སློབ་པ་ལགས་སམ། ནམ་མཁའི་ཁམས་མི་སྐྱེ་བར་བགྱི་བའི་སླད་དུ་སློབ་ན། རྣམ་པ་ཐམས་ཅད་མཁྱེན་པ་ཉིད་དུ་སློབ་པ་ལགས་སམ། རྣམ་པར་ཤེས་པའི་ཁམས་བས་པར་བགྱི་བའི་སླད་དུ་སློབ་ན། རྣམ་པ་ཐམས་ཅད་མཁྱེན་པ་ཉིད་དུ་སློབ་པ་ལགས་སམ། རྣམ་པར་ཤེས་པའི་ཁམས་འདོད་ཆགས་དང་བྲལ་བར་བགྱི་བའི་སླད་དུ་སློབ་ན། རྣམ་པ་ཐམས་ཅད་མཁྱེན་པ་ཉིད་དུ་སློབ་པ་ལགས་སམ། རྣམ་པར་ཤེས་པའི་ཁམས་འགག་པར་བགྱི་བའི་སླད་དུ་སློབ་ན། རྣམ་པ་ཐམས་ཅད་མཁྱེན་པ་ཉིད་དུ་སློབ་པ་ལགས་སམ། རྣམ་པར་ཤེས་པའི་ཁམས་མི་སྐྱེ་བར་བགྱི་བའི་སླད་དུ་སློབ་ན། རྣམ་པ་ཐམས་ཅད་མཁྱེན་པ་ཉིད་དུ་སློབ་པ་ལགས་སམ། མ་རིག་པ་བས་པར་བགྱི་བའི་སླད་དུ་སློབ་ན། རྣམ་པ་ཐམས་ཅད་མཁྱེན་པ་ཉིད་དུ་སློབ་པ་ལགས་སམ། མ་རིག་པ་འདོད་ཆགས་དང་བྲལ་བར་བགྱི་བའི་སླད་དུ་སློབ་ན། རྣམ་པ་ཐམས་ཅད་མཁྱེན་པ་ཉིད་དུ་སློབ་པ་ལགས་སམ། མ་རིག་པ་འགག་པར་བགྱི་བའི་སླད་དུ་སློབ་ན། རྣམ་པ་ཐམས་ཅད་མཁྱེན་པ་ཉིད་དུ་སློབ་པ་ལགས་སམ། མ་རིག་པ་མི་སྐྱེ་བར་བགྱི་བའི་སླད་དུ་སློབ་ན། རྣམ་པ་ཐམས་ཅད་མཁྱེན་པ་ཉིད་དུ་སློབ་པ་ལགས་སམ། འདུ་བྱེད་བས་པར་བགྱི་བའི་སླད་དུ་སློབ་ན། རྣམ་པ་ཐམས་ཅད་མཁྱེན་པ་ཉིད་དུ་སློབ་པ་ལགས་སམ། འདུ་བྱེད་འདོད་ཆགས་དང་བྲལ་བར་བགྱི་བའི་སླད་དུ་སློབ་ན། རྣམ་པ་ཐམས་ཅད་མཁྱེན་པ་ཉིད་དུ་སློབ་པ་ལགས་སམ། འདུ་བྱེད་

འགག་པར་བགྱི་བའི་སླད་དུ་སློབ་ན། རྣམ་པ་ཐམས་ཅད་མཁྱེན་པ་ཉིད་དུ་སློབ་པ་ལགས་སམ། འདུ་བྱེད་མི་སྐྱེ་བར་བགྱི་བའི་སླད་དུ་སློབ་ན། རྣམ་པ་ཐམས་ཅད་མཁྱེན་པ་ཉིད་དུ་སློབ་པ་ལགས་སམ། རྣམ་པར་ཤེས་པ་བས་པར་བགྱི་བའི་སླད་དུ་སློབ་ན། རྣམ་པ་ཐམས་ཅད་མཁྱེན་པ་ཉིད་དུ་སློབ་པ་ལགས་སམ། རྣམ་པར་ཤེས་པ་འདོད་ཆགས་དང་བྲལ་བར་[༧]བགྱི་བའི་སླད་དུ་སློབ་ན། རྣམ་པ་ཐམས་ཅད་མཁྱེན་པ་ཉིད་དུ་སློབ་པ་ལགས་སམ། རྣམ་པར་ཤེས་པ་འགག་་་་པར་བགྱི་བའི་སླད་དུ་སློབ་ན། རྣམ་པ་ཐམས་ཅད་མཁྱེན་པ་ཉིད་དུ་སློབ་པ་ལགས་སམ། རྣམ་པར་ཤེས་པ་མི་སྐྱེ་བར་བགྱི་བའི་སླད་དུ་སློབ་ན། རྣམ་པ་་ཐམས་ཅད་མཁྱེན་པ་ཉིད་དུ་སློབ་པ་ལགས་སམ། མིང་དང་གཟུགས་བས་པར་་བགྱི་བའི་སླད་དུ་སློབ་ན། རྣམ་པ་ཐམས་ཅད་མཁྱེན་པ་ཉིད་དུ་སློབ་པ་ལགས་་་སམ། མིང་དང་གཟུགས་འདོད་ཆགས་དང་བྲལ་བར་བགྱི་བའི་སླད་དུ་སློབ་ན། རྣམ་པ་ཐམས་ཅད་མཁྱེན་པ་ཉིད་དུ་སློབ་པ་ལགས་སམ། མིང་དང་གཟུགས་་་་་འགག་པར་བགྱི་བའི་སླད་དུ་སློབ་ན། རྣམ་པ་ཐམས་ཅད་མཁྱེན་པ་ཉིད་དུ་སློབ་པ་ལགས་སམ། མིང་དང་གཟུགས་མི་སྐྱེ་བར་བགྱི་བའི་སླད་དུ་སློབ་ན། རྣམ་པ་ཐམས་ཅད་མཁྱེན་པ་ཉིད་དུ་སློབ་པ་ལགས་སམ། སྐྱེ་མཆེད་དྲུག་བས་པར་་་་བགྱི་བའི་སླད་དུ་སློབ་ན། རྣམ་པ་ཐམས་ཅད་མཁྱེན་པ་ཉིད་དུ་སློབ་པ་ལགས་་་སམ། སྐྱེ་མཆེད་དྲུག་འདོད་ཆགས་དང་བྲལ་བར་བགྱི་བའི་སླད་དུ་སློབ་ན། རྣམ་པ་ཐམས་ཅད་མཁྱེན་པ་ཉིད་དུ་སློབ་པ་ལགས་སམ། སྐྱེ་མཆེད་དྲུག་འགག་པར་བགྱི་བའི་སླད་དུ་སློབ་ན། རྣམ་པ་ཐམས་ཅད་མཁྱེན་པ་ཉིད་དུ་སློབ་པ་་་་་ལགས་སམ། སྐྱེ་མཆེད་དྲུག་མི་སྐྱེ་བར་བགྱི་བའི་སླད་དུ་སློབ་ན། རྣམ་པ་ཐམས་ཅད་མཁྱེན་པ་ཉིད་དུ་སློབ་པ་ལགས་སམ། རེག་པ་བས་པར་བགྱི་བའི་

སླད་དུ་སློབ་ན། རྣམ་པ་ཐམས་ཅད་མཁྱེན་པ་ཉིད་དུ་སློབ་པ་ལགས་སམ། རེག་པ་འདོད་ཆགས་དང་བྲལ་བར་བགྱི་བའི་སླད་དུ་སློབ་ན། རྣམ་པ་ཐམས་ཅད་མཁྱེན་པ་ཉིད་དུ་སློབ་པ་ལགས་སམ། རེག་པ་འགག་པར་བགྱི་བའི་སླད་དུ་སློབ་ན། རྣམ་པ་ཐམས་ཅད་མཁྱེན་པ་ཉིད་དུ་སློབ་པ་ལགས་སམ། རེག་པ་མི་སྐྱེ་བར་བགྱི་བའི་སླད་དུ་སློབ་ན། རྣམ་པ་ཐམས་ཅད་མཁྱེན་པ་ཉིད་དུ་སློབ་པ་ལགས་སམ། ཚོར་བ་བས་པར་བགྱི་བའི་སླད་དུ་སློབ་ན། རྣམ་པ་ཐམས་ཅད་མཁྱེན་པ་ཉིད་དུ་སློབ་པ་ལགས་སམ། ཚོར་བ་འདོད་ཆགས་དང་བྲལ་བར་བགྱི་བའི་སླད་དུ་སློབ་ན། རྣམ་པ་ཐམས་ཅད་མཁྱེན་པ་ཉིད་དུ་སློབ་པ་ལགས་སམ། ཚོར་བ་འགག་པར་བགྱི་བའི་སླད་དུ་སློབ་ན། རྣམ་པ་ཐམས་ཅད་མཁྱེན་པ་ཉིད་དུ་སློབ་པ་ལགས་སམ། ཚོར་བ་མི་སྐྱེ་བར་བགྱི་བའི་སླད་དུ་སློབ་ན། རྣམ་པ་ཐམས་ཅད་མཁྱེན་པ་ཉིད་དུ་སློབ་པ་ལགས་སམ། སྲེད་པ་བས་པར་བགྱི་བའི་སླད་དུ་སློབ་ན། རྣམ་པ་ཐམས་ཅད་མཁྱེན་པ་ཉིད་དུ་སློབ་པ་ལགས་སམ། སྲེད་པ་འདོད་ཆགས་དང་བྲལ་བར་བགྱི་བའི་སླད་དུ་སློབ་ན། རྣམ་པ་ཐམས་ཅད་མཁྱེན་པ་ཉིད་དུ་སློབ་པ་ལགས་སམ། སྲེད་པ་འགག་པར་བགྱི་བའི་སླད་དུ་སློབ་ན། རྣམ་པ་ཐམས་ཅད་མཁྱེན་པ་ཉིད་དུ་སློབ་པ་ལགས་སམ། སྲེད་པ་མི་སྐྱེ་བར་བགྱི་བའི་སླད་དུ་སློབ་ན། རྣམ་པ་ཐམས་ཅད་མཁྱེན་པ་ཉིད་དུ་སློབ་པ་ལགས་སམ། ལེན་པ་བས་པར་བགྱི་བའི་སླད་དུ་སློབ་ན། རྣམ་པ་ཐམས་ཅད་མཁྱེན་པ་ཉིད་དུ་སློབ་པ་ལགས་སམ། ལེན་པ་འདོད་ཆགས་དང་བྲལ་བར་བགྱི་བའི་སླད་དུ་སློབ་ན། རྣམ་པ་ཐམས་ཅད་མཁྱེན་པ་ཉིད་དུ་སློབ་པ་ལགས་སམ། ལེན་པ་འགག་པར་བགྱི་བའི་སླད་དུ་སློབ་ན། རྣམ་པ་ཐམས་ཅད་མཁྱེན་པ་ཉིད་དུ་སློབ་པ་ལགས་སམ། ལེན་པ་མི་སྐྱེ་བར་བགྱི་བའི་སླད་དུ་སློབ་ན། རྣམ་པ་

ཐམས་ཅད་མཁྱེན་པ་ཉིད་དུ་སློབ་པ་ལགས་སམ། སྲིད་པ་བས་པར་བགྱི་བའི་སླད་དུ་སློབ་ན། རྣམ་པ་ཐམས་ཅད་མཁྱེན་པ་ཉིད་དུ་སློབ་པ་ལགས་སམ། སྲིད་པ་འདོད་ཆགས་དང་བྲལ་བར་བགྱི་བའི་སླད་དུ་སློབ་ན། རྣམ་པ་ཐམས་[༡]ཅད་མཁྱེན་པ་ཉིད་དུ་སློབ་པ་ལགས་སམ། སྲིད་པ་འགག་པར་བགྱི་བའི་སླད་དུ་སློབ་ན། རྣམ་པ་ཐམས་ཅད་མཁྱེན་པ་ཉིད་དུ་སློབ་པ་ལགས་སམ། སྲིད་པ་མི་སྐྱེ་བར་བགྱི་བའི་སླད་དུ་སློབ་ན། རྣམ་པ་ཐམས་ཅད་མཁྱེན་པ་ཉིད་དུ་སློབ་པ་ལགས་སམ། སྐྱེ་བ་བས་པར་བགྱི་བའི་སླད་དུ་སློབ་ན། རྣམ་པ་ཐམས་ཅད་མཁྱེན་པ་ཉིད་དུ་སློབ་པ་ལགས་སམ། སྐྱེ་བ་འདོད་ཆགས་དང་བྲལ་བར་བགྱི་བའི་སླད་དུ་སློབ་ན། རྣམ་པ་ཐམས་ཅད་མཁྱེན་པ་ཉིད་དུ་སློབ་པ་ལགས་སམ། སྐྱེ་བ་འགག་པར་བགྱི་བའི་སླད་དུ་སློབ་ན། རྣམ་པ་ཐམས་ཅད་མཁྱེན་པ་ཉིད་དུ་སློབ་པ་ལགས་སམ། སྐྱེ་བ་མི་སྐྱེ་བར་བགྱི་བའི་སླད་དུ་སློབ་ན། རྣམ་པ་ཐམས་ཅད་མཁྱེན་པ་ཉིད་དུ་སློབ་པ་ལགས་སམ། རྒ་ཤི་བས་པར་བགྱི་བའི་སླད་དུ་སློབ་ན། རྣམ་པ་ཐམས་ཅད་མཁྱེན་པ་ཉིད་དུ་སློབ་པ་ལགས་སམ། རྒ་ཤི་འདོད་ཆགས་དང་བྲལ་བར་བགྱི་བའི་སླད་དུ་སློབ་ན། རྣམ་པ་ཐམས་ཅད་མཁྱེན་པ་ཉིད་དུ་སློབ་པ་ལགས་སམ། རྒ་ཤི་འགག་པར་བགྱི་བའི་སླད་དུ་སློབ་ན། རྣམ་པ་ཐམས་ཅད་མཁྱེན་པ་ཉིད་དུ་སློབ་པ་ལགས་སམ། རྒ་ཤི་མི་སྐྱེ་བར་བགྱི་བའི་སླད་དུ་སློབ་ན། རྣམ་པ་ཐམས་ཅད་མཁྱེན་པ་ཉིད་དུ་སློབ་པ་ལགས་སམ། སྦྱིན་པའི་ཕ་རོལ་ཏུ་ཕྱིན་པ་བས་པར་བགྱི་བའི་སླད་དུ་སློབ་ན། རྣམ་པ་ཐམས་ཅད་མཁྱེན་པ་ཉིད་དུ་སློབ་པ་ལགས་སམ། སྦྱིན་པའི་ཕ་རོལ་ཏུ་ཕྱིན་པ་འདོད་ཆགས་དང་བྲལ་བར་བགྱི་བའི་སླད་དུ་སློབ་ན། རྣམ་པ་ཐམས་ཅད་མཁྱེན་པ་ཉིད་དུ་སློབ་པ་ལགས་སམ། སྦྱིན་པའི་ཕ་རོལ་ཏུ་ཕྱིན་པ་འགག་པར་བགྱི་བའི་

སླད་དུ་སློབ་ན། རྣམ་པ་ཐམས་ཅད་མཁྱེན་པ་ཉིད་དུ་སློབ་པ་ལགས་སམ། སྦྱིན་པའི་ཕ་རོལ་ཏུ་ཕྱིན་པ་མི་སྐྱེ་བར་བགྱི་བའི་སླད་དུ་སློབ་ན། རྣམ་པ་ཐམས་ཅད་མཁྱེན་པ་ཉིད་དུ་སློབ་པ་ལགས་སམ། ཚུལ་ཁྲིམས་ཀྱི་ཕ་རོལ་ཏུ་ཕྱིན་པ་བས་པར་བགྱི་བའི་སླད་དུ་སློབ་ན། རྣམ་པ་ཐམས་ཅད་མཁྱེན་པ་ཉིད་དུ་སློབ་པ་ལགས་སམ། ཚུལ་ཁྲིམས་ཀྱི་ཕ་རོལ་ཏུ་ཕྱིན་པ་འདོད་ཆགས་དང་བྲལ་བར་བགྱི་བའི་སླད་དུ་སློབ་ན། རྣམ་པ་ཐམས་ཅད་མཁྱེན་པ་ཉིད་དུ་སློབ་པ་ལགས་སམ། ཚུལ་ཁྲིམས་ཀྱི་ཕ་རོལ་ཏུ་ཕྱིན་པ་འགག་པར་བགྱི་བའི་སླད་དུ་སློབ་ན། རྣམ་པ་ཐམས་ཅད་མཁྱེན་པ་ཉིད་དུ་སློབ་པ་ལགས་སམ། ཚུལ་ཁྲིམས་ཀྱི་ཕ་རོལ་ཏུ་ཕྱིན་པ་མི་སྐྱེ་བར་བགྱི་བའི་སླད་དུ་སློབ་ན། རྣམ་པ་ཐམས་ཅད་མཁྱེན་པ་ཉིད་དུ་སློབ་པ་ལགས་སམ། བཟོད་པའི་ཕ་རོལ་ཏུ་ཕྱིན་པ་བས་པར་བགྱི་བའི་སླད་དུ་སློབ་ན། རྣམ་པ་ཐམས་ཅད་མཁྱེན་པ་ཉིད་དུ་སློབ་པ་ལགས་སམ། བཟོད་པའི་ཕ་རོལ་ཏུ་ཕྱིན་པ་འདོད་ཆགས་དང་བྲལ་བར་བགྱི་བའི་སླད་དུ་སློབ་ན། རྣམ་པ་ཐམས་ཅད་མཁྱེན་པ་ཉིད་དུ་སློབ་པ་ལགས་སམ། བཟོད་པའི་ཕ་རོལ་ཏུ་ཕྱིན་པ་འགག་པར་བགྱི་བའི་སླད་དུ་སློབ་ན། རྣམ་པ་ཐམས་ཅད་མཁྱེན་པ་ཉིད་དུ་སློབ་པ་ལགས་སམ། བཟོད་པའི་ཕ་རོལ་ཏུ་ཕྱིན་པ་མི་སྐྱེ་བར་བགྱི་བའི་སླད་དུ་སློབ་ན། རྣམ་པ་ཐམས་ཅད་མཁྱེན་པ་ཉིད་དུ་སློབ་པ་ལགས་སམ། བརྩོན་འགྲུས་ཀྱི་ཕ་རོལ་ཏུ་ཕྱིན་པ་བས་པར་བགྱི་[7]བའི་སླད་དུ་སློབ་ན། རྣམ་པ་ཐམས་ཅད་མཁྱེན་པ་ཉིད་དུ་སློབ་པ་ལགས་སམ། བརྩོན་འགྲུས་ཀྱི་ཕ་རོལ་ཏུ་ཕྱིན་པ་འདོད་ཆགས་དང་བྲལ་བར་བགྱི་བའི་སླད་དུ་སློབ་ན། རྣམ་པ་ཐམས་ཅད་མཁྱེན་པ་ཉིད་དུ་སློབ་པ་ལགས་སམ། བརྩོན་འགྲུས་ཀྱི་ཕ་རོལ་ཏུ་ཕྱིན་པ་འགག་པར་བགྱི་བའི་སླད་དུ་སློབ་ན། རྣམ་པ་ཐམས་ཅད་མཁྱེན་པ་ཉིད་དུ་སློབ་པ་

ལགས་སམ། བཙོན་འགྲུས་ཀྱི་ཕ་རོལ་ཏུ་ཕྱིན་པ་མི་སྐྱེ་བར་བགྱི་བའི་སླད་དུ་སློབ་ན༎ རྣམ་པ་ཐམས་ཅད་མཁྱེན་པ་ཉིད་དུ་སློབ་པ་ལགས་སམ། བསམ་གཏན་གྱི་ཕ་རོལ་ཏུ་ཕྱིན་པ་བས་པར་བགྱི་བའི་སླད་དུ་སློབ་ན། རྣམ་པ་ཐམས་ཅད་······མཁྱེན་པ་ཉིད་དུ་སློབ་པ་ལགས་སམ། བསམ་གཏན་གྱི་ཕ་རོལ་ཏུ་ཕྱིན་པ་འདོད་ཆགས་དང་བྲལ་བར་བགྱི་བའི་སླད་དུ་སློབ་ན། རྣམ་པ་ཐམས་ཅད་མཁྱེན་པ······ཉིད་དུ་སློབ་པ་ལགས་སམ། བསམ་གཏན་གྱི་ཕ་རོལ་ཏུ་ཕྱིན་པ་འགག་པར་བགྱི་བའི་སླད་དུ་སློབ་ན། རྣམ་པ་ཐམས་ཅད་མཁྱེན་པ་ཉིད་དུ་སློབ་པ་ལགས་སམ། བསམ་གཏན་གྱི་ཕ་རོལ་ཏུ་ཕྱིན་པ་མི་སྐྱེ་བར་བགྱི་བའི་སླད་དུ་སློབ་ན། རྣམ་པ་ཐམས་ཅད་མཁྱེན་པ་ཉིད་དུ་སློབ་པ་ལགས་སམ། ཤེས་རབ་ཀྱི་ཕ་རོལ་ཏུ་ཕྱིན་པ་བས་པར་བགྱི་བའི་སླད་དུ་སློབ་ན། རྣམ་པ་ཐམས་ཅད་མཁྱེན་པ་ཉིད་དུ་སློབ་པ་ལགས་སམ། ཤེས་རབ་ཀྱི་ཕ་རོལ་ཏུ་ཕྱིན་པ་འདོད་ཆགས་དང་བྲལ་བར་བགྱི་[2]བའི་སླད་དུ་སློབ་ན། རྣམ་པ་ཐམས་ཅད་མཁྱེན་པ་ཉིད་དུ་སློབ་པ་ལགས་སམ། ཤེས་རབ་ཀྱི་ཕ་རོལ་ཏུ་ཕྱིན་པ་འགག་པར་བགྱི་བའི་སླད་དུ་[1]སློབ་ན། རྣམ་པ་ཐམས་ཅད་མཁྱེན་པ་ཉིད་དུ་སློབ་པ་ལགས་སམ། ཤེས་རབ་ཀྱི་ཕ་རོལ་ཏུ་ཕྱིན་པ་མི་སྐྱེ་བར་བགྱི་བའི་སླད་དུ་སློབ་ན། རྣམ་པ་ཐམས་ཅད་མཁྱེན་པ་ཉིད་དུ་སློབ་པ་ལགས་སམ། ནང་སྟོང་པ་ཉིད་བས་པར་བགྱི་བའི་སླད་དུ་སློབ་ན། རྣམ་པ་ཐམས་ཅད་མཁྱེན་པ་ཉིད་དུ་སློབ་པ་ལགས་སམ། ནང་སྟོང་པ་ཉིད་འདོད་ཆགས་དང་བྲལ་བར་བགྱི་བའི་སླད་དུ་སློབ་ན། རྣམ་པ་ཐམས་ཅད་མཁྱེན་པ་ཉིད་དུ་སློབ་པ་ལགས་སམ། ནང་སྟོང་པ་ཉིད་འགག་པར་བགྱི་བའི་སླད་དུ་སློབ་ན༎ རྣམ་པ་ཐམས་ཅད་མཁྱེན་པ་ཉིད་དུ་སློབ་པ་ལགས་སམ། ནང་སྟོང་པ་ཉིད་མི་སྐྱེ་བར་བགྱི་བའི་སླད་དུ་སློབ་ན། རྣམ་པ་ཐམས་ཅད་མཁྱེན་པ་ཉིད་དུ་··

སློབ་པ་ལགས་སམ། ཕྱི་སྟོང་པ་ཉིད་བས་པར་བགྱི་བའི་སླད་དུ་སློབ་ན། རྣམ་
པ་ཐམས་ཅད་མཁྱེན་པ་ཉིད་དུ་སློབ་པ་ལགས་སམ། ཕྱི་སྟོང་པ་ཉིད་འདོད་
ཆགས་དང་བྲལ་བར་བགྱི་བའི་སླད་དུ་སློབ་ན། རྣམ་པ་ཐམས་ཅད་མཁྱེན་པ་
ཉིད་དུ་སློབ་པ་ལགས་སམ། ཕྱི་སྟོང་པ་ཉིད་འགག་པར་བགྱི་བའི་སླད་དུ་སློབ་ན།
རྣམ་པ་ཐམས་ཅད་མཁྱེན་པ་ཉིད་དུ་སློབ་པ་ལགས་སམ། ཕྱི་སྟོང་པ་ཉིད་མི་སྐྱེ་
བར་བགྱི་བའི་སླད་དུ་སློབ་ན། རྣམ་པ་ཐམས་ཅད་མཁྱེན་པ་ཉིད་དུ་སློབ་པ་
ལགས་སམ། ཕྱི་ནང་སྟོང་པ་ཉིད་བས་པར་བགྱི་བའི་སླད་དུ་སློབ་ན། རྣམ་པ་
ཐམས་ཅད་མཁྱེན་པ་ཉིད་དུ་སློབ་པ་ལགས་སམ། ཕྱི་ནང་སྟོང་པ་ཉིད་འདོད་
ཆགས་དང་བྲལ་བར་བགྱི་བའི་སླད་དུ་སློབ་ན། རྣམ་པ་ཐམས་ཅད་མཁྱེན་པ་
ཉིད་དུ་སློབ་པ་ལགས་སམ། ཕྱི་ནང་སྟོང་པ་ཉིད་འགག་པར་བགྱི་བའི་སླད་དུ་
སློབ་ན། རྣམ་པ་ཐམས་ཅད་མཁྱེན་པ་ཉིད་དུ་སློབ་པ་ལགས་སམ། ཕྱི་ནང་
སྟོང་པ་ཉིད་མི་སྐྱེ་བར་བགྱི་བའི་སླད་དུ་སློབ་ན། རྣམ་པ་ཐམས་ཅད་མཁྱེན་པ་
ཉིད་དུ་སློབ་པ་ལགས་སམ། སྟོང་པ་ཉིད་སྟོང་པ་ཉིད་བས་པར་བགྱི་བའི་སླད་དུ་
སློབ་ན། རྣམ་པ་ཐམས་ཅད་མཁྱེན་པ་ཉིད་དུ་སློབ་པ་ལགས་སམ། སྟོང་པ་
ཉིད་སྟོང་པ་ཉིད་འདོད་ཆགས་དང་བྲལ་བར་བགྱི་བའི་སླད་དུ་སློབ་ན། རྣམ་པ་
ཐམས་ཅད་མཁྱེན་པ་ཉིད་དུ་སློབ་པ་ལགས་སམ། སྟོང་པ་ཉིད་སྟོང་པ་ཉིད་
འགག་པར་བགྱི་བའི་སླད་དུ་སློབ་ན། རྣམ་པ་ཐམས་ཅད་མཁྱེན་པ་ཉིད་དུ་སློབ་
པ་ལགས་སམ། སྟོང་པ་ཉིད་སྟོང་པ་ཉིད་མི་སྐྱེ་བར་བགྱི་བའི་སླད་དུ་སློབ་ན།
རྣམ་པ་ཐམས་ཅད་མཁྱེན་པ་ཉིད་དུ་སློབ་པ་ལགས་སམ། ཆེན་པོ་སྟོང་པ་ཉིད་
བས་པར་བགྱི་བའི་སླད་དུ་སློབ་ན། རྣམ་པ་ཐམས་ཅད་མཁྱེན་པ་ཉིད་དུ་སློབ་པ་
ལགས་སམ། ཆེན་པོ་སྟོང་པ་ཉིད་འདོད་ཆགས་དང་བྲལ་བར་བགྱི་བའི་སླད་དུ་

སློབ་ན། རྣམ་པ་ཐམས་ཅད་མཁྱེན་པ་ཉིད་དུ་སློབ་པ་ལགས་སམ། ཆེན་པོ་སྟོང་པ་ཉིད་འགག་པར་བགྱི་བའི་སླད་དུ་སློབ་ན། རྣམ་པ་ཐམས་ཅད་མཁྱེན་པ་ཉིད་དུ་སློབ་པ་ལགས་སམ། ཆེན་པོ་སྟོང་པ་ཉིད་མི་སྐྱེ་བར་བགྱི་བའི་སླད་དུ་སློབ་ན། རྣམ་པ་ཐམས་ཅད་མཁྱེན་པ་ཉིད་དུ་སློབ་པ་ལགས་སམ། དོན་དམ་པ་སྟོང་པ་ཉིད་བས་པར་བགྱི་བའི་སླད་དུ་སློབ་ན། རྣམ་པ་ཐམས་ཅད་མཁྱེན་པ་ཉིད་དུ་སློབ་པ་ལགས་སམ། དོན་དམ་པ་སྟོང་པ་ཉིད་འདོད་ཆགས་དང་བྲལ་བར་བགྱི་བའི་སླད་དུ་སློབ་ན། རྣམ་པ་ཐམས་ཅད་མཁྱེན་པ་ཉིད་དུ་སློབ་པ་ལགས་སམ། དོན་དམ་པ་སྟོང་པ་ཉིད་འགག་པར་བགྱི་བའི་སླད་དུ་སློབ་ན། རྣམ་པ་ཐམས་ཅད་མཁྱེན་པ་ཉིད་དུ་སློབ་པ་ལགས་སམ། དོན་དམ་པ་སྟོང་པ་ཉིད་མི་སྐྱེ་བར་བགྱི་བའི་སླད་[༡]དུ་སློབ་ན། རྣམ་པ་ཐམས་ཅད་མཁྱེན་པ་ཉིད་དུ་སློབ་པ་ལགས་སམ། འདུས་བྱས་སྟོང་པ་ཉིད་བས་པར་བགྱི་བའི་སླད་དུ་སློབ་ན༑ རྣམ་པ་ཐམས་ཅད་མཁྱེན་པ་ཉིད་དུ་སློབ་པ་ལགས་སམ། འདུས་བྱས་སྟོང་པ་ཉིད་འདོད་ཆགས་དང་བྲལ་བར་བགྱི་བའི་སླད་དུ་སློབ་ན། རྣམ་པ་ཐམས་ཅད་མཁྱེན་པ་ཉིད་དུ། སློབ་པ་ལགས་སམ། འདུས་བྱས་སྟོང་པ་ཉིད་འགག་པར་བགྱི་བའི་སླད་དུ་སློབ་ན། རྣམ་པ་ཐམས་ཅད་མཁྱེན་པ་ཉིད་དུ་སློབ་པ་[༢]ལགས་སམ། འདུས་བྱས་སྟོང་པ་ཉིད་མི་སྐྱེ་བར་བགྱི་བའི་སླད་དུ་སློབ་ན། རྣམ་པ་ཐམས་ཅད་མཁྱེན་པ་ཉིད་དུ་སློབ་པ་ལགས་སམ། འདུས་མ་བྱས་སྟོང་པ་ཉིད་བས་པར་བགྱི་བའི་སླད་དུ་སློབ་ན། རྣམ་པ་ཐམས་ཅད་མཁྱེན་པ་ཉིད་དུ་སློབ་པ་ལགས་སམ། འདུས་མ་བྱས་སྟོང་པ་ཉིད་འདོད་ཆགས་དང་བྲལ་བར་བགྱི་བའི་སླད་དུ་སློབ་ན། རྣམ་པ་ཐམས་ཅད་མཁྱེན་པ་ཉིད་དུ་སློབ་པ་ལགས་སམ༑ འདུས་མ་བྱས་སྟོང་པ་ཉིད་འགག་པར་བགྱི་བའི་སླད་དུ་སློབ་ན།

རྣམ་པ་ཐམས་ཅད་མཁྱེན་པ་ཉིད་དུ་སློབ་པ་ལགས་སམ། འདུས་མ་བྱས་སྟོང་པ་ཉིད་མི་སྐྱེ་བར་བགྱི་བའི་སླད་དུ་སློབ་ན། རྣམ་པ་ཐམས་ཅད་མཁྱེན་པ་ཉིད་དུ་སློབ་པ་ལགས་སམ། མཐའ་ལས་འདས་པ་སྟོང་པ་ཉིད་བས་པར་བགྱི་བའི་སླད་དུ་སློབ་ན། རྣམ་པ་ཐམས་ཅད་མཁྱེན་པ་ཉིད་དུ་སློབ་པ་ལགས་སམ། མཐའ་ལས་འདས་པ་སྟོང་པ་ཉིད་འདོད་ཆགས་དང་བྲལ་བར་བགྱི་བའི་སླད་དུ་སློབ་ན། རྣམ་པ་ཐམས་ཅད་མཁྱེན་པ་ཉིད་དུ་སློབ་པ་ལགས་སམ། མཐའ་ལས་འདས་པ་སྟོང་པ་ཉིད་འགག་པར་བགྱི་བའི་སླད་དུ་སློབ་ན། རྣམ་པ་ཐམས་ཅད་མཁྱེན་པ་ཉིད་དུ་སློབ་པ་ལགས་སམ། མཐའ་ལས་འདས་པ་སྟོང་པ་ཉིད་མི་སྐྱེ་བར་བགྱི་བའི་སླད་དུ་སློབ་ན། རྣམ་པ་ཐམས་ཅད་མཁྱེན་པ་ཉིད་དུ་སློབ་པ་ལགས་སམ། ཐོག་མ་དང་ཐ་མ་མེད་པ་སྟོང་པ་ཉིད་བས་པར་བགྱི་བའི་སླད་དུ་སློབ་ན། རྣམ་པ་ཐམས་ཅད་མཁྱེན་པ་ཉིད་དུ་སློབ་པ་ལགས་སམ། ཐོག་མ་དང་ཐ་མ་མེད་པ་སྟོང་པ་ཉིད་འདོད་ཆགས་དང་བྲལ་བར་བགྱི་བའི་སླད་དུ་སློབ་ན། རྣམ་པ་ཐམས་ཅད་མཁྱེན་པ་ཉིད་དུ་སློབ་པ་ལགས་སམ། ཐོག་མ་དང་ཐ་མ་མེད་པ་སྟོང་པ་ཉིད་འགག་པར་བགྱི་བའི་སླད་དུ་སློབ་ན། རྣམ་པ་ཐམས་ཅད་མཁྱེན་པ་ཉིད་དུ་སློབ་པ་ལགས་སམ། ཐོག་མ་དང་ཐ་མ་མེད་པ་སྟོང་པ་ཉིད་མི་སྐྱེ་བར་བགྱི་བའི་སླད་དུ་སློབ་ན། རྣམ་པ་ཐམས་ཅད་མཁྱེན་པ་ཉིད་དུ་སློབ་པ་ལགས་སམ། དོར་བ་མེད་པ་སྟོང་པ་ཉིད་བས་པར་བགྱི་བའི་སླད་དུ་སློབ་ན། རྣམ་པ་ཐམས་ཅད་མཁྱེན་པ་ཉིད་དུ་སློབ་པ་ལགས་སམ། དོར་བ་མེད་པ་སྟོང་པ་ཉིད་འདོད་ཆགས་དང་བྲལ་བར་བགྱི་བའི་སླད་དུ་སློབ་ན། རྣམ་པ་ཐམས་ཅད་མཁྱེན་པ་ཉིད་དུ་སློབ་པ་ལགས་སམ། དོར་བ་མེད་པ་སྟོང་པ་ཉིད་འགག་པར་བགྱི་བའི་སླད་དུ་སློབ་ན། རྣམ་པ་ཐམས་ཅད་མཁྱེན་པ་ཉིད་དུ་སློབ་པ་ལགས་སམ།

དོར་བ་མེད་པ་སྟོང་པ་ཉིད་མི་སྐྱེ་བར་བགྱི་བའི་སླད་དུ་སློབ་ན། རྣམ་པ་ཐམས་
ཅད་མཁྱེན་པ་ཉིད་དུ་སློབ་པ་ལགས་སམ། རང་བཞིན་སྟོང་པ་ཉིད་བས་པར་
བགྱི་བའི་སླད་དུ་སློབ་ན། རྣམ་པ་ཐམས་ཅད་མཁྱེན་པ་ཉིད་དུ་སློབ་པ་ལགས་
སམ། རང་བཞིན་སྟོང་པ་ཉིད་འདོད་ཆགས་དང་བྲལ་བར་བགྱི་བའི་སླད་དུ་
སློབ་ན། རྣམ་པ་ཐམས་ཅད་མཁྱེན་པ་ཉིད་དུ་སློབ་པ་ལགས་སམ། རང་
བཞིན་སྟོང་པ་ཉིད་འགག་པར་བགྱི་བའི་སླད་དུ་སློབ་ན། རྣམ་པ་ཐམས་ཅད་
མཁྱེན་པ་ཉིད་དུ་སློབ་པ་ལགས་སམ། རང་བཞིན་སྟོང་པ་ཉིད་མི་སྐྱེ་བར་བགྱི་
བའི་སླད་དུ་སློབ་ན། རྣམ་པ་ཐམས་ཅད་མཁྱེན་པ་ཉིད་དུ་སློབ་པ་ལགས་སམ།
ཆོས་ཐམས་ཅད་སྟོང་པ་ཉིད་བས་པར་བགྱི་བའི་སླད་དུ་སློབ་ན། རྣམ་པ་ཐམས་
ཅད་མཁྱེན་པ་ཉིད་དུ་སློབ་པ་ལགས་སམ། ཆོས་ཐམས་ཅད་སྟོང་པ་ཉིད་འདོད་
ཆགས་དང་བྲལ་བར་བགྱི་བའི་སླད་དུ་སློབ་ན། རྣམ་པ་ཐམས་ཅད་མཁྱེན་པ་
ཉིད་དུ་སློབ་པ་ལགས་སམ། ཆོས་ཐམས་ཅད་སྟོང་པ་ཉིད་འགག་པར་བགྱི་བའི་
སླད་དུ་སློབ་ན། རྣམ་པ་ཐམས་ཅད་མཁྱེན་པ་ཉིད་དུ་སློབ་པ་ལགས་སམ།
ཆོས་ཐམས་ཅད་སྟོང་པ་ཉིད་མི་སྐྱེ་བར་བགྱི་བའི་སླད་དུ་སློབ་ན། རྣམ་པ་ཐམས་
ཅད་མཁྱེན་པ་ཉིད་དུ་སློབ་པ་ལགས་སམ། རང་གི་མཚན་ཉིད་སྟོང་པ་ཉིད་བས་
པར་བགྱི་[༡]བའི་སླད་དུ་སློབ་ན། རྣམ་པ་ཐམས་ཅད་མཁྱེན་པ་ཉིད་དུ་སློབ་པ་
ལགས་སམ། རང་གི་མཚན་ཉིད་སྟོང་པ་ཉིད་འདོད་ཆགས་དང་བྲལ་བར་བགྱི་
བའི་སླད་དུ་སློབ་ན། རྣམ་པ་ཐམས་ཅད་མཁྱེན་པ་ཉིད་དུ་སློབ་པ་ལགས་སམ།
རང་གི་མཚན་ཉིད་སྟོང་པ་ཉིད་འགག་པར་བགྱི་བའི་སླད་དུ་སློབ་ན། རྣམ་པ་
ཐམས་ཅད་མཁྱེན་པ་ཉིད་དུ་སློབ་པ་ལགས་སམ། རང་གི་མཚན་ཉིད་སྟོང་པ་
ཉིད་མི་སྐྱེ་བར་བགྱི་བའི་སླད་དུ་སློབ་ན། རྣམ་པ་ཐམས་ཅད་མཁྱེན་པ་ཉིད་དུ་

སློབ་པ་ལགས་སམ། མི་དམིགས་པ་སྟོང་པ་ཉིད་བས་པར་བགྱི་བའི་སླད་དུ་སློབ་ན། རྣམ་པ་ཐམས་ཅད་མཁྱེན་པ་ཉིད་དུ་སློབ་པ་ལགས་སམ། མི་དམིགས་པ་སྟོང་པ་ཉིད་འདོད་ཆགས་དང་བྲལ་བར་བགྱི་བའི་སླད་དུ་སློབ་ན། རྣམ་པ་ཐམས་ཅད་མཁྱེན་པ་ཉིད་དུ་སློབ་པ་ལགས་སམ། མི་དམིགས་པ་སྟོང་པ་ཉིད་འགག་པར་བགྱི་བའི་སླད་དུ་སློབ་ན། རྣམ་པ་ཐམས་ཅད་མཁྱེན་པ་ཉིད་དུ་སློབ་པ་ལགས་སམ། མི་དམིགས་པ་སྟོང་པ་ཉིད་མི་སྐྱེ་བར་བགྱི་བའི་སླད་དུ་སློབ་ན། རྣམ་པ་ཐམས་ཅད་མཁྱེན་པ་ཉིད་དུ་སློབ་པ་ལགས་སམ། དངོས་པོ་མེད་པ་སྟོང་པ་ཉིད་བས་པར་བགྱི་བའི་སླད་དུ་སློབ་ན། རྣམ་པ་ཐམས་ཅད་མཁྱེན་པ་ཉིད་དུ་སློབ་པ་ལགས་སམ། དངོས་པོ་མེད་པ་སྟོང་པ་ཉིད་འདོད་ཆགས་དང་བྲལ་བར་བགྱི་བའི་སླད་དུ་སློབ་ན། རྣམ་པ་ཐམས་ཅད་མཁྱེན་པ་ཉིད་དུ་སློབ་པ་ལགས་སམ། དངོས་པོ་མེད་པ་སྟོང་པ་ཉིད་འགག་པར་བགྱི་བའི་སླད་དུ་སློབ་ན། རྣམ་པ་ཐམས་ཅད་མཁྱེན་པ་ཉིད་དུ་སློབ་པ་ལགས་སམ། དངོས་པོ་མེད་པ་སྟོང་པ་ཉིད་མི་སྐྱེ་བར་བགྱི་བའི་སླད་དུ་སློབ་ན། རྣམ་པ་ཐམས་ཅད་མཁྱེན་པ་ཉིད་དུ་སློབ་པ་ལགས་སམ། ངོ་བོ་ཉིད་སྟོང་པ་ཉིད་བས་པར་བགྱི་བའི་སླད་དུ་སློབ་ན། རྣམ་པ་ཐམས་ཅད་མཁྱེན་པ་ཉིད་དུ་སློབ་པ་ལགས་སམ། ངོ་བོ་ཉིད་སྟོང་པ་ཉིད་འདོད་ཆགས་དང་བྲལ་བར་བགྱི་བའི་སླད་དུ་སློབ་ན། རྣམ་པ་ཐམས་ཅད་མཁྱེན་པ་ཉིད་དུ་སློབ་པ་ལགས་སམ། ངོ་བོ་ཉིད་སྟོང་པ་ཉིད་འགག་པར་བགྱི་བའི་སླད་དུ་སློབ་ན། རྣམ་པ་ཐམས་ཅད་མཁྱེན་པ་ཉིད་དུ་སློབ་པ་ལགས་སམ། ངོ་བོ་ཉིད་སྟོང་པ་ཉིད་མི་སྐྱེ་བར་བགྱི་བའི་སླད་དུ་སློབ་ན། རྣམ་པ་ཐམས་ཅད་མཁྱེན་པ་ཉིད་དུ་སློབ་པ་ལགས་སམ། དངོས་པོ་མེད་པའི་ངོ་བོ་ཉིད་སྟོང་པ་ཉིད་བས་པར་བགྱི་བའི་སླད་དུ་སློབ་ན། རྣམ་པ་ཐམས་ཅད་མཁྱེན་པ་ཉིད་དུ

སློབ་པ་ལགས་སམ། དངོས་པོ་མེད་པའི་ངོ་བོ་ཉིད་སྟོང་པ་ཉིད་འདོད་ཆགས་དང་བྲལ་བར་བགྱི་བའི་སླད་དུ་སློབ་ན། རྣམ་པ་ཐམས་ཅད་མཁྱེན་པ་ཉིད་དུ་སློབ་པ་ལགས་སམ། དངོས་པོ་མེད་པའི་ངོ་བོ་ཉིད་སྟོང་པ་ཉིད་འགག་པར་བགྱི་བའི་སླད་དུ་སློབ་ན། རྣམ་པ་ཐམས་ཅད་མཁྱེན་པ་ཉིད་དུ་སློབ་པ་ལགས་སམ། དངོས་པོ་མེད་པའི་ངོ་བོ་ཉིད་སྟོང་པ་ཉིད་མི་སྐྱེ་བར་བགྱི་བའི་སླད་དུ་སློབ་ན། རྣམ་པ་ཐམས་ཅད་མཁྱེན་པ་ཉིད་དུ་སློབ་པ་ལགས་སམ། དྲན་པ་ཉེ་བར་གཞག་པ་བཞི་བས་པར་བགྱི་བའི་སླད་དུ་སློབ་ན། རྣམ་པ་ཐམས་ཅད་མཁྱེན་པ་ཉིད་དུ་སློབ་པ་ལགས་སམ། དྲན་པ་ཉེ་བར་གཞག་པ་བཞི་འདོད་ཆགས་དང་བྲལ་བར་བགྱི་བའི་སླད་དུ་སློབ་ན། རྣམ་པ་ཐམས་ཅད་མཁྱེན་པ་ཉིད་དུ་སློབ་པ་ལགས་སམ། དྲན་པ་ཉེ་བར་གཞག་པ་བཞི་འགག་པར་བགྱི་བའི་སླད་དུ་སློབ་ན། རྣམ་པ་ཐམས་ཅད་མཁྱེན་པ་ཉིད་དུ་སློབ་པ་ལགས་སམ། དྲན་པ་ཉེ་བར་གཞག་པ་བཞི་མི་སྐྱེ་བར་བགྱི་བའི་སླད་དུ་སློབ་ན། རྣམ་པ་ཐམས་ཅད་མཁྱེན་པ་ཉིད་དུ་སློབ་པ་ལགས་སམ། ཡང་དག་པར་སྤོང་བ་བཞི་བས་པར་བགྱི་བའི་སླད་དུ་སློབ་ན། རྣམ་པ་ཐམས་ཅད་མཁྱེན་པ་ཉིད་དུ་སློབ་པ་ལགས་སམ། ཡང་དག་པར་སྤོང་བ་བཞི་འདོད་ཆགས་དང་བྲལ་བར་བགྱི་བའི་སླད་དུ་སློབ་ན། རྣམ་པ་ཐམས་ཅད་མཁྱེན་པ་ཉིད་དུ་སློབ་པ་ལགས་སམ། ཡང་དག་པར་སྤོང་བ་བཞི་འགག་པར་བགྱི་བའི་སླད་དུ་སློབ་ན། རྣམ་པ་ཐམས་ཅད་མཁྱེན་པ་ཉིད་དུ་སློབ་པ་ལགས་སམ། ཡང་དག་པར་སྤོང་བ་བཞི་མི་སྐྱེ་བར་བགྱི་བའི་སླད་དུ་སློབ་ན། རྣམ་པ་ཐམས་ཅད་མཁྱེན་པ་ཉིད་དུ་སློབ་པ་ལགས་སམ། རྫུ་འཕྲུལ་གྱི་རྐང་པ་བཞི་བས་པར་བགྱི་བའི་སླད་དུ་སློབ་ན། རྣམ་པ་ཐམས་ཅད་མཁྱེན་པ་ཉིད་དུ་སློབ་པ་ལགས་སམ། རྫུ་འཕྲུལ་གྱི་རྐང་པ་བཞི་འདོད་ཆགས་དང་བྲལ་བར་བགྱི་

བའི་སླད་དུ་སློབ་ན། རྣམ་པ་ཐམས་ཅད་མཁྱེན་པ་ཉིད་དུ་སློབ་པ་ལགས་སམ། རྫུ་འཕྲུལ་གྱི་རྐང་པ་བཞི་འགག་པར་བགྱི་བའི་སླད་དུ་སློབ་ན། རྣམ་པ་ཐམས···ཅད་མཁྱེན་པ་ཉིད་དུ་སློབ་པ་ལགས་སམ། རྫུ་འཕྲུལ་གྱི་རྐང་པ་བཞི་མི་སྐྱེ་བར་བགྱི་བའི་སླད་དུ་སློབ་ན། རྣམ་པ་ཐམས་ཅད་མཁྱེན་པ་ཉིད་དུ་སློབ་པ་ལགས···སམ༑ དབང་པོ་ལྔ་བས་པར་བགྱི་བའི་སླད་དུ་སློབ་ན། རྣམ་པ་ཐམས་ཅད་མཁྱེན་པ་ཉིད་དུ་སློབ་པ་ལགས་སམ། དབང་པོ་ལྔ་འདོད་ཆགས་དང་བྲལ་བར་བགྱི་བའི་སླད་དུ་སློབ་ན། རྣམ་པ་ཐམས་ཅད་མཁྱེན་པ་ཉིད་དུ་སློབ་པ་ལགས···སམ༑ དབང་པོ་ལྔ་འགག་པར་བགྱི་བའི་སླད་དུ་སློབ་ན། རྣམ་པ་ཐམས་ཅད་མཁྱེན་པ་ཉིད་དུ་སློབ་པ་ལགས་སམ། དབང་པོ་ལྔ་མི་སྐྱེ་བར་བགྱི་བའི་སླད་དུ་སློབ་ན། རྣམ་པ་ཐམས་ཅད་མཁྱེན་པ་ཉིད་དུ་སློབ་པ་ལགས་སམ། སྟོབས་ལྔ་བས་པར་བགྱི་བའི་སླད་དུ་སློབ་ན། རྣམ་པ་ཐམས་ཅད་མཁྱེན་པ་ཉིད་དུ་སློབ་པ་ལགས་སམ། སྟོབས་ལྔ་འདོད་ཆགས་དང་བྲལ་བར་བགྱི་བའི་སླད་དུ་སློབ་ན། རྣམ་པ་ཐམས་ཅད་མཁྱེན་པ་ཉིད་དུ་སློབ་པ་ལགས་སམ། སྟོབས་ལྔ་འགག་པར་བགྱི་བའི་སླད་དུ་སློབ་ན། རྣམ་པ་ཐམས་ཅད་མཁྱེན་པ་ཉིད་དུ་སློབ་[༡]པ་ལགས་སམ༑ སྟོབས་ལྔ་མི་སྐྱེ་བར་བགྱི་བའི་སླད་དུ་སློབ་ན། རྣམ་པ་ཐམས་ཅད···མཁྱེན་པ་ཉིད་དུ་སློབ་པ་ལགས་སམ། བྱང་ཆུབ་ཀྱི་ཡན་ལག་[༢]བདུན་བས་པར་བགྱི་བའི་སླད་དུ་སློབ་ན། རྣམ་པ་ཐམས་ཅད་མཁྱེན་པ་ཉིད་དུ་སློབ་པ་ལགས···སམ༑ བྱང་ཆུབ་ཀྱི་ཡན་ལག་[༣]བདུན་འདོད་ཆགས་དང་བྲལ་བར་བགྱི་བའི་སླད་དུ་སློབ་ན། རྣམ་པ་ཐམས་ཅད་མཁྱེན་པ་ཉིད་དུ་སློབ་པ་ལགས་སམ། བྱང···ཆུབ་ཀྱི་ཡན་ལག་[༤]བདུན་འགག་པར་བགྱི་བའི་སླད་དུ་སློབ་ན། རྣམ་པ་ཐམས་ཅད་མཁྱེན་པ་ཉིད་དུ་སློབ་པ་ལགས་སམ། བྱང་ཆུབ་ཀྱི་ཡན་ལག་[༥]བདུན་མི་སྐྱེ

བར་བགྱི་བའི་སླད་དུ་སློབ་ན། རྣམ་པ་ཐམས་ཅད་མཁྱེན་པ་ཉིད་དུ་སློབ་པ་ལགས་སམ། འཕགས་པའི་ལམ་ཡན་ལག་བརྒྱད་པ་བས་པར་བགྱི་བའི་སླད་དུ་སློབ་ན། རྣམ་པ་ཐམས་ཅད་མཁྱེན་པ་ཉིད་དུ་སློབ་པ་ལགས་སམ། འཕགས་པའི་ལམ་ཡན་ལག་བརྒྱད་པ་འདོད་ཆགས་དང་བྲལ་བར་བགྱི་བའི་སླད་དུ་སློབ་ན། རྣམ་པ་ཐམས་ཅད་མཁྱེན་པ་ཉིད་དུ་སློབ་པ་ལགས་སམ། འཕགས་པའི་ལམ་ཡན་ལག་བརྒྱད་པ་འགག་པར་བགྱི་བའི་སླད་དུ་སློབ་ན། རྣམ་པ་ཐམས་ཅད་མཁྱེན་པ་ཉིད་དུ་སློབ་པ་ལགས་སམ། འཕགས་པའི་ལམ་ཡན་ལག་བརྒྱད་པ་མྱི་སྐྱེ་བར་བགྱི་བའི་སླད་དུ་སློབ་ན། རྣམ་པ་ཐམས་ཅད་མཁྱེན་པ་ཉིད་དུ་སློབ་པ་ལགས་སམ། འཕགས་པའི་བདེན་པ་བཞི་བས་པར་བགྱི་བའི་སླད་དུ་སློབ་ན། རྣམ་པ་ཐམས་ཅད་མཁྱེན་པ་ཉིད་དུ་སློབ་པ་ལགས་སམ། འཕགས་པའི་བདེན་པ་བཞི་འདོད་ཆགས་དང་བྲལ་བར་བགྱི་བའི་སླད་དུ་སློབ་ན། རྣམ་པ་ཐམས་ཅད་མཁྱེན་པ་ཉིད་དུ་སློབ་པ་ལགས་སམ། འཕགས་པའི་བདེན་པ་བཞི་འགག་པར་བགྱི་བའི་སླད་དུ་སློབ་ན། རྣམ་པ་ཐམས་ཅད་མཁྱེན་པ་ཉིད་དུ་སློབ་པ་ལགས་སམ། འཕགས་པའི་བདེན་པ་བཞི་མྱི་སྐྱེ་བར་བགྱི་བའི་སླད་དུ་སློབ་ན། རྣམ་པ་ཐམས་ཅད་མཁྱེན་པ་ཉིད་དུ་སློབ་པ་ལགས་སམ། བསམ་གཏན་བཞི་བས་པར་བགྱི་བའི་སླད་དུ་སློབ་ན། རྣམ་པ་ཐམས་ཅད་མཁྱེན་པ་ཉིད་དུ་སློབ་པ་ལགས་སམ། བསམ་གཏན་བཞི་འདོད་ཆགས་དང་བྲལ་བར་བགྱི་བའི་སླད་དུ་སློབ་ན། རྣམ་པ་ཐམས་ཅད་མཁྱེན་པ་ཉིད་དུ་སློབ་པ་ལགས་སམ། བསམ་གཏན་བཞི་འགག་པར་བགྱི་བའི་སླད་དུ་སློབ་ན། རྣམ་པ་ཐམས་ཅད་མཁྱེན་པ་ཉིད་དུ་སློབ་པ་ལགས་སམ། བསམ་གཏན་བཞི་མྱི་སྐྱེ་བར་བགྱི་བའི་སླད་དུ་སློབ་ན། རྣམ་པ་ཐམས་ཅད་མཁྱེན་པ་ཉིད་དུ་སློབ་པ་ལགས་སམ། ཚད་མྱེད་པ་

བཞི་བས་པར་བགྱི་བའི་སླད་དུ་སློབ་ན། རྣམ་པ་ཐམས་ཅད་མཁྱེན་པ་ཉིད་དུ···
སློབ་པ་ལགས་སམ། ཚད་མེད་པ་བཞི་འདོད་ཆགས་དང་བྲལ་བར་བགྱི་བའི་
སླད་དུ་སློབ་ན། རྣམ་པ་ཐམས་ཅད་མཁྱེན་པ་ཉིད་དུ་སློབ་པ་ལགས་སམ།
ཚད་མྱེད་པ་བཞི་འགག་པར་བགྱི་བའི་སླད་དུ་སློབ་ན། རྣམ་པ་ཐམས་ཅད···
མཁྱེན་པ་ཉིད་དུ་སློབ་པ་ལགས་སམ། ཚད་མེད་པ་བཞི་མྱི་སྐྱེ་བར་བགྱི་བའི་
སླད་དུ་སློབ་ན། རྣམ་པ་ཐམས་ཅད་མཁྱེན་པ་ཉིད་དུ་སློབ་པ་ལགས་སམ།
གཟུགས་མྱེད་པའི་སྙོམས་པར་འཇུག་པ་བཞི་བས་པར་བགྱི་བའི་སླད་དུ་སློབ་ན།
རྣམ་པ་ཐམས་ཅད་མཁྱེན་པ་ཉིད་དུ་སློབ་པ་ལགས་སམ། གཟུགས་མེད་པའི་
སྙོམས་པར་འཇུག་པ་བཞི་འདོད་ཆགས་དང་བྲལ་བར་བགྱི་བའི་སླད་དུ་སློབ་ན།
རྣམ་པ་ཐམས་ཅད་མཁྱེན་པ་ཉིད་དུ་སློབ་པ་ལགས་སམ། གཟུགས་མྱེད་པའི་
སྙོམས་པར་འཇུག་པ་བཞི་འགག་པར་བགྱི་བའི་སླད་དུ་སློབ་ན། རྣམ་པ་ཐམས་
ཅད་མཁྱེན་པ་ཉིད་དུ་སློབ་པ་ལགས་སམ། གཟུགས་མྱེད་པའི་སྙོམས་པར་
འཇུག་པ་བཞི་མྱི་སྐྱེ་བར་བགྱི་བའི་སླད་དུ་སློབ་ན། རྣམ་པ་ཐམས་ཅད་མཁྱེན་པ་
ཉིད་དུ་སློབ་པ་ལགས་སམ། རྣམ་པར་ཐར་པ་བརྒྱད་བས་པར་བགྱི་བའི་སླད་དུ་
སློབ་ན། རྣམ་པ་ཐམས་ཅད་མཁྱེན་པ་ཉིད་དུ་སློབ་པ་ལགས་སམ། རྣམ་པར་
ཐར་པ་བརྒྱད་འདོད་ཆགས་དང་བྲལ་བར་བགྱི་བའི་སླད་དུ་སློབ་ན། རྣམ་པ····
ཐམས་ཅད་མཁྱེན་པ་ཉིད་དུ་སློབ་པ་ལགས་སམ། རྣམ་པར་ཐར་པ་བརྒྱད་
འགག་པར་བགྱི་བའི་སླད་དུ་སློབ་ན། རྣམ་པ་ཐམས་ཅད་མཁྱེན་པ་ཉིད་དུ་སློབ་
པ་ལགས་སམ། རྣམ་པར་ཐར་པ་བརྒྱད་མི་སྐྱེ་བར་བགྱི་བའི་སླད་དུ་སློབ་ན།
རྣམ་པ་ཐམས་ཅད་མཁྱེན་པ་ཉིད་དུ་སློབ་པ་ལགས་སམ། མཐར་གྱིས་གནས་
པའི་སྙོམས་པར་འཇུག་པ་དགུ་བས་པར་བགྱི་བའི་སླད་དུ་སློབ་ན། རྣམ་པ་

ཐམས་ཅད་མཁྱེན་པ་ཉིད་དུ་སྨོན་པ་ལགས་སམ། མཐར་གྱིས་(༧)གནས་པའི་སྙོམས་པར་འཇུག་པ་དགུ་འདོད་ཆགས་དང་བྲལ་བར་བགྱི་བའི་སླད་དུ་སྨོན་ན། རྣམ་པ་ཐམས་ཅད་མཁྱེན་པ་ཉིད་དུ་སྨོན་པ་ལགས་སམ། མཐར་གྱིས་(༣)གནས་པའི་སྙོམས་པར་འཇུག་པ་དགུ་འགག་པར་བགྱི་བའི་སླད་དུ་སྨོན་ན། རྣམ་པ་ཐམས་ཅད་མཁྱེན་པ་ཉིད་དུ་སྨོན་པ་ལགས་སམ། མཐར་གྱིས་(༣)གནས་པའི་སྙོམས་པར་འཇུག་པ་དགུ་མི་སྐྱེ་བར་བགྱི་བའི་སླད་དུ་སྨོན་ན། རྣམ་པ་ཐམས་ཅད་མཁྱེན་པ་ཉིད་དུ་སྨོན་པ་ལགས་སམ། རྣམ་པར་ཐར་པའི་སྒོ་སྟོང་པ་ཉིད་དང་། མཚན་མ་མེད་པ་དང་། སྨོན་པ་མེད་པ་བས་པར་བགྱི་བའི་སླད་དུ་སྨོན་ན། རྣམ་པ་ཐམས་ཅད་མཁྱེན་པ་ཉིད་དུ་སྨོན་པ་ལགས་སམ། རྣམ་པར་ཐར་པའི་སྒོ་སྟོང་པ་ཉིད་དང་། མཚན་མ་མེད་པ་དང་། སྨོན་པ་མེད་པ་འདོད་ཆགས་དང་བྲལ་བར་བགྱི་བའི་སླད་དུ་སྨོན་ན། རྣམ་པ་ཐམས་ཅད་མཁྱེན་པ་ཉིད་དུ་སྨོན་པ་ལགས་སམ། རྣམ་པར་ཐར་པའི་སྒོ་སྟོང་པ་ཉིད་དང་། མཚན་མ་མེད་པ་དང་། སྨོན་པ་མེད་པ་འགག་པར་བགྱི་བའི་སླད་དུ་སྨོན་ན། རྣམ་པ་ཐམས་ཅད་མཁྱེན་པ་ཉིད་དུ་སྨོན་པ་ལགས་སམ། རྣམ་པར་ཐར་པའི་སྒོ་སྟོང་པ་ཉིད་དང་། མཚན་མ་མེད་པ་དང་། སྨོན་པ་མེད་པ་མི་སྐྱེ་བར་བགྱི་བའི་སླད་དུ་སྨོན་ན། རྣམ་པ་ཐམས་ཅད་མཁྱེན་པ་ཉིད་དུ་སྨོན་པ་ལགས་སམ། མངོན་པར་ཤེས་པ་རྣམས་(༤)བས་པར་བགྱི་བའི་སླད་དུ་སྨོན་ན། རྣམ་པ་ཐམས་ཅད་མཁྱེན་པ་ཉིད་དུ་སྨོན་པ་ལགས་སམ། མངོན་པར་ཤེས་པ་རྣམས་འདོད་ཆགས་དང་བྲལ་བར་བགྱི་བའི་སླད་དུ་སྨོན་ན། རྣམ་པ་ཐམས་ཅད་མཁྱེན་པ་ཉིད་དུ་སྨོན་པ་ལགས་སམ། མངོན་པར་ཤེས་པ་རྣམས་འགག་པར་བགྱི་བའི་སླད་དུ་སྨོན་ན། རྣམ་པ་ཐམས་ཅད་མཁྱེན་པ་ཉིད་དུ་སྨོན་པ་ལགས་སམ།

མངོན་པར་ཞེན་པ་རྣམས་མི་སྐྱེ་བར་བགྱི་བའི་སླད་དུ་སློབ་ན། རྣམ་པ་ཐམས་ཅད་མཁྱེན་པ་ཉིད་དུ་སློབ་པ་ལགས་སམ། ཏིང་ངེ་འཛིན་རྣམས་བས་པར་བགྱི་བའི་སླད་དུ་སློབ་ན། རྣམ་པ་ཐམས་ཅད་མཁྱེན་པ་ཉིད་དུ་སློབ་པ་ལགས་སམ། ཏིང་ངེ་འཛིན་རྣམས་འདོད་ཆགས་དང་བྲལ་བར་བགྱི་བའི་སླད་དུ་སློབ་ན། རྣམ་པ་ཐམས་ཅད་མཁྱེན་པ་ཉིད་དུ་སློབ་པ་ལགས་སམ། ཏིང་ངེ་འཛིན་རྣམས་འགག་པར་བགྱི་བའི་སླད་དུ་སློབ་ན། རྣམ་པ་ཐམས་ཅད་མཁྱེན་པ་ཉིད་དུ་སློབ་པ་ལགས་སམ། ཏིང་ངེ་འཛིན་རྣམས་མི་སྐྱེ་བར་བགྱི་བའི་སླད་དུ་སློབ་ན། རྣམ་པ་ཐམས་ཅད་མཁྱེན་པ་ཉིད་དུ་སློབ་པ་ལགས་སམ། གཟུངས་ཀྱི་སྒོ་རྣམས་བས་པར་བགྱི་བའི་སླད་དུ་སློབ་ན། རྣམ་པ་ཐམས་ཅད་མཁྱེན་པ་ཉིད་དུ་སློབ་པ་ལགས་སམ། གཟུངས་ཀྱི་སྒོ་རྣམས་འདོད་ཆགས་དང་བྲལ་བར་བགྱི་བའི་སླད་དུ་སློབ་ན། རྣམ་པ་ཐམས་ཅད་མཁྱེན་པ་ཉིད་དུ་སློབ་པ་ལགས་སམ། གཟུངས་ཀྱི་སྒོ་རྣམས་འགག་པར་བགྱི་བའི་སླད་དུ་སློབ་ན། རྣམ་པ་ཐམས་ཅད་མཁྱེན་པ་ཉིད་དུ་སློབ་པ་ལགས་སམ། གཟུངས་ཀྱི་སྒོ་རྣམས་མི་སྐྱེ་བར་བགྱི་བའི་སླད་དུ་སློབ་ན། རྣམ་པ་ཐམས་ཅད་མཁྱེན་པ་ཉིད་དུ་སློབ་པ་ལགས་སམ། དེ་བཞིན་གཤེགས་པའི་སྟོབས་བཅུ་བས་པར་བགྱི་བའི་སླད་དུ་སློབ་ན། རྣམ་པ་ཐམས་ཅད་མཁྱེན་པ་ཉིད་དུ་སློབ་པ་ལགས་སམ། དེ་བཞིན་གཤེགས་པའི་སྟོབས་བཅུ་འདོད་ཆགས་དང་བྲལ་བར་བགྱི་བའི་སླད་དུ་སློབ་ན། རྣམ་པ་ཐམས་ཅད་མཁྱེན་པ་ཉིད་དུ་སློབ་པ་ལགས་སམ། དེ་བཞིན་གཤེགས་པའི་སྟོབས་བཅུ་འགག་པར་བགྱི་བའི་སླད་དུ་སློབ་ན། རྣམ་པ་ཐམས་ཅད་མཁྱེན་པ་ཉིད་དུ་སློབ་པ་ལགས་སམ། དེ་བཞིན་གཤེགས་པའི་སྟོབས་བཅུ་མི་སྐྱེ་བར་བགྱི་བའི་སླད་དུ་སློབ་ན། རྣམ་པ་ཐམས་ཅད་མཁྱེན་པ་ཉིད་དུ་སློབ་པ་ལགས་སམ། ཕྱི་

འཇིགས་པ་བཞི་བས་པར་བགྱི་བའི་སླད་དུ་སློབ་ན། རྣམ་པ་ཐམས་ཅད་མཁྱེན་པ་ཉིད་དུ་སློབ་པ་ལགས་སམ། མྱི་འཇིགས་པ་བཞི་འདོད་ཆགས་དང་བྲལ་བར་བགྱི་བའི་སླད་དུ་སློབ་ན། རྣམ་པ་ཐམས་ཅད་མཁྱེན་པ་ཉིད་དུ་སློབ་པ་ལགས་སམ། མྱི་འཇིགས་པ་བཞི་འགག་པར་བགྱི་བའི་སླད་དུ་སློབ་ན། རྣམ་པ་ཐམས་ཅད་མཁྱེན་པ་ཉིད་དུ་སློབ་པ་ལགས་སམ། མྱི་འཇིགས་པ་བཞི་མི་སྐྱེ་བར་བགྱི་བའི་སླད་དུ་སློབ་ན། རྣམ་པ་ཐམས་ཅད་མཁྱེན་པ་ཉིད་དུ་སློབ་པ་ལགས་སམ། སོ་སོ་ཡང་དག་པར་རིག་པ་བཞི་བས་པར་བགྱི་བའི་སླད་དུ་སློབ་ན། རྣམ་པ་ཐམས་ཅད་མཁྱེན་པ་ཉིད་དུ་སློབ་པ་ལགས་སམ། སོ་སོ་ཡང་དག་པར་རིག་པ་བཞི་འདོད་ཆགས་དང་བྲལ་བར་བགྱི་བའི་སླད་དུ་སློབ་ན། རྣམ་པ་ཐམས་ཅད་མཁྱེན་པ་ཉིད་དུ་སློབ་པ་ལགས་སམ། སོ་སོ་ཡང་དག་པར་རིག་པ་བཞི་འགག་པར་བགྱི་བའི་སླད་དུ་སློབ་ན། རྣམ་པ་ཐམས་ཅད་མཁྱེན་པ་ཉིད་དུ་སློབ་པ་ལགས་སམ། སོ་སོ་ཡང་དག་པར་རིག་པ་བཞི་མི་སྐྱེ་བར་བགྱི་བའི་སླད་དུ་སློབ་ན། རྣམ་པ་ཐམས་ཅད་མཁྱེན་པ་ཉིད་དུ་སློབ་པ་ལགས་སམ། ②སྙིང་རྗེ་ཆེན་པོ་བས་པར་བགྱི་བའི་སླད་དུ་སློབ་ན། རྣམ་པ་ཐམས་ཅད་མཁྱེན་པ་ཉིད་དུ་སློབ་པ་ལགས་སམ། སྙིང་རྗེ་ཆེན་པོ་འདོད་ཆགས་དང་བྲལ་བར་བགྱི་བའི་སླད་དུ་སློབ་ན། རྣམ་པ་ཐམས་ཅད་མཁྱེན་པ་ཉིད་དུ་སློབ་པ་ལགས་སམ། སྙིང་རྗེ་ཆེན་པོ་འགག་པར་བགྱི་བའི་སླད་དུ་སློབ་ན། རྣམ་པ་ཐམས་ཅད་མཁྱེན་པ་ཉིད་དུ་སློབ་པ་ལགས་སམ། སྙིང་རྗེ་ཆེན་པོ་མི་སྐྱེ་བར་བགྱི་བའི་སླད་དུ་སློབ་ན། རྣམ་པ་ཐམས་ཅད་མཁྱེན་པ་ཉིད་དུ་སློབ་པ་ལགས་སམ། སངས་རྒྱས་ཀྱི་ཆོས་མ་འདྲེས་པ་རྣམས་བས་པར་བགྱི་བའི་སླད་དུ་སློབ་ན། རྣམ་པ་ཐམས་ཅད་མཁྱེན་པ་ཉིད་དུ་སློབ་པ་ལགས་སམ། སངས་རྒྱས་ཀྱི་ཆོས་མ་འདྲེས་

པ་རྣམས་འདོད་ཆགས་དང་བྲལ་བར་བགྱི་བའི་སླད་དུ་སློབ་ན། རྣམ་པ་ཐམས་ཅད་མཁྱེན་པ་ཉིད་དུ་སློབ་པ་ལགས་སམ། སངས་རྒྱས་ཀྱི་ཆོས་མ་འདྲེས་པ་རྣམས་འགག་པར་བགྱི་བའི་སླད་དུ་སློབ་ན། རྣམ་པ་ཐམས་ཅད་མཁྱེན་པ་ཉིད་དུ་སློབ་པ་ལགས་སམ། སངས་རྒྱས་ཀྱི་ཆོས་མ་འདྲེས་པ་རྣམས་མི་སྐྱེ་བར་བགྱི་བའི་སླད་དུ་སློབ་ན། རྣམ་པ་ཐམས་ཅད་མཁྱེན་པ་ཉིད་དུ་སློབ་པ་ལགས་སམ། རྒྱུན་དུ་ཞུགས་པའི་འབྲས་བུ་བས་པར་བགྱི་བའི་སླད་དུ་སློབ་ན། རྣམ་པ་ཐམས་ཅད་མཁྱེན་པ་ཉིད་དུ་སློབ་པ་ལགས་སམ། རྒྱུན་དུ་ཞུགས་པའི་འབྲས་བུ་འདོད་ཆགས་དང་བྲལ་བར་བགྱི་བའི་སླད་དུ་སློབ་ན། རྣམ་པ་ཐམས་ཅད་མཁྱེན་པ་ཉིད་དུ་སློབ་པ་ལགས་སམ། རྒྱུན་དུ་ཞུགས་པའི་འབྲས་བུ་འགག་པར་བགྱི་བའི་སླད་དུ་སློབ་ན། རྣམ་པ་ཐམས་ཅད་མཁྱེན་པ་ཉིད་དུ་སློབ་པ་ལགས་སམ། རྒྱུན་དུ་ཞུགས་པའི་འབྲས་བུ་མི་སྐྱེ་བར་བགྱི་བའི་སླད་དུ་སློབ་ན། རྣམ་པ་ཐམས་ཅད་མཁྱེན་པ་ཉིད་དུ་སློབ་པ་ལགས་སམ། ལན་ཅིག་ཕྱིར་འོང་བའི་འབྲས་བུ་བས་པར་བགྱི་བའི་སླད་དུ་སློབ་ན། རྣམ་པ་ཐམས་ཅད་མཁྱེན་པ་ཉིད་དུ་སློབ་པ་ལགས་སམ། ལན་ཅིག་ཕྱིར་འོང་བའི་འབྲས་བུ་འདོད་ཆགས་དང་བྲལ་བར་བགྱི་བའི་སླད་དུ་སློབ་ན། རྣམ་པ་ཐམས་ཅད་མཁྱེན་པ་ཉིད་དུ་སློབ་པ་ལགས་སམ། ལན་ཅིག་ཕྱིར་འོང་བའི་འབྲས་བུ་འགག་པར་བགྱི་བའི་སླད་དུ་སློབ་ན། རྣམ་པ་ཐམས་ཅད་མཁྱེན་པ་ཉིད་དུ་སློབ་པ་ལགས་སམ། ལན་ཅིག་ཕྱིར་འོང་བའི་འབྲས་བུ་མི་སྐྱེ་བར་བགྱི་བའི་སླད་དུ་སློབ་ན། རྣམ་པ་ཐམས་ཅད་མཁྱེན་པ་ཉིད་དུ་སློབ་པ་ལགས་སམ། ཕྱིར་མི་འོང་བའི་འབྲས་བུ་བས་པར་བགྱི་བའི་སླད་དུ་སློབ་ན། རྣམ་པ་ཐམས་ཅད་མཁྱེན་པ་ཉིད་དུ་སློབ་པ་ལགས་སམ། ཕྱིར་མི་འོང་བའི་འབྲས་བུ་འདོད་ཆགས་དང་བྲལ་བར་བགྱི་བའི་

སླད་དུ་སློབ་ན། རྣམ་པ་ཐམས་ཅད་མཁྱེན་པ་ཉིད་དུ་སློབ་པ་ལགས་སམ། ཕྱིར་མི་འོང་བའི་འབྲས་བུ་འགག་པར་བགྱི་བའི་སླད་དུ་སློབ་ན། རྣམ་པ་ཐམས་ཅད་མཁྱེན་པ་ཉིད་དུ་སློབ་པ་ལགས་སམ། ཕྱིར་མི་འོང་བའི་འབྲས་བུ་མི་སྐྱེ་བར་བགྱི་བའི་སླད་དུ་སློབ་ན། རྣམ་པ་ཐམས་ཅད་མཁྱེན་པ་ཉིད་དུ་སློབ་པ་ལགས་སམ། དགྲ་བཅོམ་པ་ཉིད་བས་པར་བགྱི་བའི་སླད་དུ་སློབ་ན། རྣམ་པ་ཐམས་ཅད་མཁྱེན་པ་ཉིད་དུ་སློབ་པ་ལགས་སམ། དགྲ་བཅོམ་པ་ཉིད་འདོད་ཆགས་དང་བྲལ་བར་བགྱི་བའི་སླད་དུ་སློབ་ན། རྣམ་པ་ཐམས་ཅད་མཁྱེན་པ་ཉིད་དུ་སློབ་པ་ལགས་སམ། དགྲ་བཅོམ་པ་ཉིད་འགག་པར་བགྱི་བའི་སླད་དུ་སློབ་ན། རྣམ་པ་ཐམས་ཅད་མཁྱེན་པ་ཉིད་དུ་སློབ་པ་ལགས་སམ། དགྲ་བཅོམ་པ་ཉིད་མི་སྐྱེ་བར་བགྱི་བའི་སླད་དུ་སློབ་ན། རྣམ་པ་ཐམས་ཅད་མཁྱེན་པ་ཉིད་དུ་སློབ་པ་ལགས་སམ། རང་བྱང་ཆུབ་བས་པར་བགྱི་བའི་སླད་དུ་སློབ་ན། རྣམ་པ་ཐམས་ཅད་མཁྱེན་པ་ཉིད་དུ་སློབ་པ་ལགས་སམ། རང་བྱང་ཆུབ་འདོད་ཆགས་དང་བྲལ་བར་བགྱི་བའི་སླད་དུ་སློབ་ན། རྣམ་པ་ཐམས་ཅད་མཁྱེན་པ་ཉིད་དུ་སློབ་པ་ལགས་སམ། རང་བྱང་ཆུབ་འགག་པར་བགྱི་བའི་སླད་དུ་སློབ་ན། རྣམ་པ་ཐམས་ཅད་མཁྱེན་པ་ཉིད་དུ་སློབ་པ་ལགས་སམ། རང་བྱང་ཆུབ་མི་སྐྱེ་བར་བགྱི་བའི་སླད་དུ་སློབ་ན། རྣམ་པ་ཐམས་ཅད་མཁྱེན་པ་ཉིད་དུ་སློབ་པ་ལགས་སམ། ལམ་གྱི་རྣམ་པ་ཤེས་པ་ཉིད་བས་པར་བགྱི་བའི་སླད་དུ་སློབ་ན། རྣམ་པ་ཐམས་ཅད་མཁྱེན་པ་ཉིད་དུ་སློབ་པ་ལགས་སམ། ལམ་གྱི་རྣམ་པ་ཤེས་པ་ཉིད་འདོད་ཆགས་དང་བྲལ་བར་བགྱི་བའི་སླད་དུ་སློབ་ན། རྣམ་པ་ཐམས་ཅད་མཁྱེན་པ་ཉིད་དུ་སློབ་པ་ལགས་སམ། ལམ་གྱི་རྣམ་པ་ཤེས་པ་ཉིད་འགག་པར་བགྱི་བའི་སླད་དུ་སློབ་ན། རྣམ་པ་ཐམས་ཅད་མཁྱེན་པ་ཉིད་དུ་སློབ་པ་ལགས་

སམ། ལམ་གྱི་རྣམ་པ་ཤེས་པ་ཉིད་མི་སྐྱེ་བར་བགྱི་བའི་སླད་དུ་སློབ་ན། རྣམ་པ་ཐམས་ཅད་མཁྱེན་པ་ཉིད་དུ་སློབ་པ་ལགས་སམ། རྣམ་པ་ཐམས་ཅད་མཁྱེན་པ་ཉིད་བས་པར་བགྱི་བའི་སླད་དུ་སློབ་ན། རྣམ་པ་ཐམས་ཅད་མཁྱེན་པ་ཉིད་དུ་སློབ་པ་ལགས་སམ། རྣམ་པ་ཐམས་ཅད་མཁྱེན་པ་ཉིད་འདོད་ཆགས་དང་བྲལ་བར་བགྱི་བའི་སླད་དུ་སློབ་ན། རྣམ་པ་ཐམས་ཅད་མཁྱེན་པ་ཉིད་དུ་སློབ་པ་ལགས་སམ། རྣམ་པ་ཐམས་ཅད་མཁྱེན་པ་ཉིད་འགག་པར་བགྱི་བའི་སླད་དུ་སློབ་ན། རྣམ་པ་ཐམས་ཅད་མཁྱེན་པ་ཉིད་དུ་སློབ་པ་ལགས་སམ། རྣམ་པ་ཐམས་ཅད་མཁྱེན་པ་ཉིད་མི་སྐྱེ་བར་བགྱི་བའི་སླད་དུ་སློབ་ན། རྣམ་པ་ཐམས་ཅད་མཁྱེན་པ་ཉིད་དུ་སློབ་པ་ལགས་སམ།། །།

ཤེས་རབ་ཀྱི་ཕ་རོལ་ཏུ་ཕྱིན་པ་སྟོང་ཕྲག་བརྒྱ་པ། བམ་པོ་ཉི་ཤུ[7]པ། བཅོམ་ལྡན་འདས་ཀྱིས་བཀའ་སྩལ་པ། རབ་འབྱོར་དེ་ནི་མ་ཡིན་ཏེ། གནས་བརྟན་རབ་འབྱོརད་ཀྱིས་གང་འདི་སྐད་དུ། གཟུགས་ཟད་པར་བྱ་བའི་ཕྱིར་སློབ་ན། རྣམ་པ་ཐམས་ཅད་མཁྱེན་པ་ཉིད་དུ་སློབ་པ་ཡིན་ནམ། གཟུགས་འདོད་ཆགས་དང་བྲལ་བར་བྱ་བའི་ཕྱིར་སློབ་ན། རྣམ་པ་ཐམས་ཅད་མཁྱེན་པ་ཉིད་དུ་སློབ་པ་ཡིན་ནམ། གཟུགས་འགག་པར་བྱ་བའི་ཕྱིར་སློབ་ན། རྣམ་པ་ཐམས་ཅད་མཁྱེན་པ་ཉིད་དུ་སློབ་པ་ཡིན་ནམ། གཟུགས་མི་སྐྱེ་བར་བྱ་བའི་ཕྱིར་སློབ་ན། རྣམ་པ་ཐམས་ཅད་མཁྱེན་པ་ཉིད་དུ་སློབ་པ་ཡིན་ནམ། ཚོར་བ་ཟད་པར་བྱ་བའི་ཕྱིར་སློབ་ན། རྣམ་པ་ཐམས་ཅད་མཁྱེན་པ་ཉིད་དུ་སློབ་པ་ཡིན་ནམ། ཚོར་བ་འདོད་ཆགས་དང་བྲལ་བར་བྱ་བའི་ཕྱིར་སློབ་ན། རྣམ་པ་ཐམས་ཅད་མཁྱེན་པ་ཉིད་དུ་སློབ་པ་ཡིན་ནམ། ཚོར་བ་འགག་པར་བྱ་བའི་ཕྱིར་སློབ་ན། རྣམ་པ་ཐམས་ཅད་མཁྱེན་པ་ཉིད་དུ་སློབ་པ་ཡིན་ནམ། ཚོར་བ་མི་སྐྱེ་བར་བྱ་

བའི་ཕྱིར་སློབ་ན། རྣམ་པ་ཐམས་ཅད་མཁྱེན་པ་ཉིད་དུ་སློབ་པ་ཡིན་ནམ[༡]། འདུ་ཤེས་ཟད་པར་བྱ་བའི་ཕྱིར་སློབ་ན། རྣམ་པ་ཐམས་ཅད་མཁྱེན་པ་ཉིད་དུ་སློབ་པ་ཡིན་ནམ། འདུ་ཤེས་འདོད་ཆགས་དང་བྲལ་བར་བྱ་བའི་ཕྱིར་སློབ་ན། རྣམ་པ་ཐམས་ཅད་མཁྱེན་པ་ཉིད་དུ་སློབ་པ་ཡིན་ནམ། འདུ་ཤེས་འགག་པར་བྱ་བའི་ཕྱིར་སློབ་ན། རྣམ་པ་ཐམས་ཅད་མཁྱེན་པ་[༢]ཉིད་དུ་སློབ་པ་ཡིན་ནམ། འདུ་ཤེས་མི་སྐྱེ་བར་བྱ་བའི་ཕྱིར་སློབ་ན། རྣམ་པ་ཐམས་ཅད་མཁྱེན་པ་ཉིད་དུ་སློབ་པ་ཡིན་ནམ། འདུ་བྱེད་ཟད་པར་བྱ་བའི་ཕྱིར་སློབ་ན། རྣམ་པ་ཐམས་ཅད་མཁྱེན་པ་ཉིད་དུ་སློབ་པ་ཡིན་ནམ། འདུ་བྱེད་འདོད་ཆགས་དང་བྲལ་བར་བྱ་བའི་ཕྱིར་སློབ་ན། རྣམ་པ་ཐམས་ཅད་མཁྱེན་པ་ཉིད་དུ་སློབ་པ་ཡིན་ནམ། འདུ་བྱེད་འགག་པར་བྱ་བའི་ཕྱིར་སློབ་ན། རྣམ་པ་ཐམས་ཅད་མཁྱེན་པ་ཉིད་དུ་སློབ་པ་ཡིན་ནམ། འདུ་བྱེད་མི་སྐྱེ་བར༌བྱ་བའི་[༣]ཕྱིར་སློབ་ན། རྣམ་པ་ཐམས་ཅད་མཁྱེན་པ་ཉིད་དུ་སློབ་པ་ཡིན་ནམ། རྣམ་པར་ཤེས་པ་ཟད་པར་བྱ་བའི་ཕྱིར་སློབ་ན། རྣམ་པ་ཐམས་ཅད་མཁྱེན་པ་ཉིད་དུ་སློབ་པ་ཡིན་ནམ། རྣམ་པར་ཤེས་པ་འདོད་ཆགས་དང་བྲལ་བར་བྱ་བའི་ཕྱིར་སློབ་ན། རྣམ་པ་ཐམས་ཅད་མཁྱེན་པ་ཉིད་དུ་སློབ་པ་ཡིན་ནམ། རྣམ་པར་ཤེས་པ་འགག་པར་བྱ་བའི་ཕྱིར་སློབ་ན། རྣམ་པ་ཐམས་ཅད་མཁྱེན་པ་ཉིད་དུ་སློབ་པ་ཡིན་ནམ། རྣམ་པར་ཤེས་པ་མི་སྐྱེ་བར་བྱ་བའི་ཕྱིར་སློབ་ན། རྣམ་པ་ཐམས་ཅད་མཁྱེན་པ་ཉིད་དུ་སློབ་པ་ཡིན་ནམ། མིག་ཟད་པར་བྱ་བའི་ཕྱིར་སློབ་ན། རྣམ་པ་ཐམས་ཅད་མཁྱེན་པ་ཉིད་དུ་སློབ་པ་ཡིན་ནམ། མིག་འདོད་ཆགས་དང་བྲལ་བར་བྱ་བའི་ཕྱིར་སློབ་ན། རྣམ་པ་ཐམས་ཅད་མཁྱེན་པ་ཉིད་དུ་སློབ་པ་ཡིན་ནམ། མིག་འགག་པར་བྱ་བའི་ཕྱིར་སློབ་ན། རྣམ་པ་ཐམས་ཅད་མཁྱེན་པ་ཉིད་དུ་སློབ་པ་

ཡིན་ནམ། མིག་མི་སྐྱེ་བར་བྱ་བའི་ཕྱིར་སློབ་ན། རྣམ་པ་ཐམས་ཅད་མཁྱེན་པ་ཉིད་དུ་སློབ་པ་ཡིན་ནམ། རྣ་བ་ཟད་པར་བྱ་བའི་ཕྱིར་སློབ་ན། རྣམ་པ་ཐམས་ཅད་མཁྱེན་པ་ཉིད་དུ་སློབ་པ་ཡིན་ནམ། རྣ་བ་འདོད་ཆགས་དང་བྲལ་བར་བྱ་བའི་ཕྱིར་སློབ་ན། རྣམ་པ་ཐམས་ཅད་མཁྱེན་པ་ཉིད་དུ་སློབ་པ་ཡིན་ནམ། རྣ་བ་འགག་པར་བྱ་བའི་ཕྱིར་སློབ་ན། རྣམ་པ་ཐམས་ཅད་མཁྱེན་པ་ཉིད་དུ་སློབ་པ་ཡིན་ནམ། རྣ་བ་མི་སྐྱེ་བར་བྱ་བའི་ཕྱིར་སློབ་ན། རྣམ་པ་ཐམས་ཅད་མཁྱེན་པ་ཉིད་དུ་སློབ་པ་ཡིན་ནམ། སྣ་ཟད་པར་བྱ་བའི་ཕྱིར་སློབ་ན། རྣམ་པ་ཐམས་ཅད་མཁྱེན་པ་ཉིད་དུ་སློབ་པ་ཡིན་ནམ། སྣ་འདོད་ཆགས་དང་བྲལ་བར་བྱ་བའི་ཕྱིར་སློབ་ན། རྣམ་པ་ཐམས་ཅད་མཁྱེན་པ་ཉིད་དུ་སློབ་པ་ཡིན་ནམ། སྣ་འགག་པར་བྱ་བའི་ཕྱིར་སློབ་ན། རྣམ་པ་ཐམས་ཅད་མཁྱེན་པ་ཉིད་དུ་སློབ་པ་ཡིན་ནམ། སྣ་མི་སྐྱེ་བར་བྱ་བའི་ཕྱིར་སློབ་ན། རྣམ་པ་ཐམས་ཅད་མཁྱེན་པ་ཉིད་དུ་སློབ་པ་ཡིན་ནམ། ལྕེ་ཟད་པར་བྱ་བའི་ཕྱིར་སློབ་ན། རྣམ་པ་ཐམས་ཅད་མཁྱེན་པ་ཉིད་དུ་སློབ་པ་ཡིན་ནམ། ལྕེ་འདོད་ཆགས་དང་བྲལ་བར་བྱ་བའི་ཕྱིར་སློབ་ན། རྣམ་པ་ཐམས་ཅད་མཁྱེན་པ་ཉིད་དུ་སློབ་པ་ཡིན་ནམ། ལྕེ་འགག་པར་བྱ་བའི་ཕྱིར་སློབ་ན། རྣམ་པ་ཐམས་ཅད་མཁྱེན་པ་ཉིད་དུ་སློབ་པ་ཡིན་ནམ། ལྕེ་མི་སྐྱེ་བར་བྱ་བའི་ཕྱིར་སློབ་ན། རྣམ་པ་ཐམས་ཅད་མཁྱེན་པ་ཉིད་དུ་སློབ་པ་ཡིན་ནམ། ལུས་ཟད་པར་བྱ་བའི་ཕྱིར་སློབ་ན། རྣམ་པ་ཐམས་ཅད་མཁྱེན་པ་ཉིད་དུ་སློབ་པ་ཡིན་ནམ། ལུས་འདོད་ཆགས་དང་བྲལ་བར་བྱ་བའི་ཕྱིར་སློབ་ན། རྣམ་པ་ཐམས་ཅད་མཁྱེན་པ་ཉིད་དུ་སློབ་པ་ཡིན་ནམ། ལུས་འགག་པར་བྱ་བའི་ཕྱིར་སློབ་ན། རྣམ་པ་ཐམས་ཅད་མཁྱེན་པ་ཉིད་དུ་སློབ་པ་ཡིན་ནམ། ལུས་མི་སྐྱེ་བར་བྱ་བའི་ཕྱིར་སློབ་ན། རྣམ་པ་ཐམས་ཅད་

མཁྱེན་པ་ཉིད་དུ་སྨོན་པ་ཡིན་ནམ། ཡིད་ཟད་པར་བྱ་བའི་ཕྱིར་སྨོན་ན། རྣམ་པ་ཐམས་ཅད་མཁྱེན་པ་ཉིད་དུ་སྨོན་པ་ཡིན་ནམ། ཡིད་འདོད་ཆགས་དང་བྲལ་བར་བྱ་བའི་ཕྱིར་སྨོན་ན། རྣམ་པ་ཐམས་ཅད་མཁྱེན་པ་ཉིད་དུ་སྨོན་པ་ཡིན་ནམ། ཡིད་འགག་པར་བྱ་བའི་ཕྱིར་སྨོན་ན། རྣམ་པ་ཐམས་ཅད་མཁྱེན་པ་ཉིད་དུ་སྨོན་པ་ཡིན་ནམ། ཡིད་མི་སྐྱེ་བར་བྱ་བའི་ཕྱིར་སྨོན་ན། རྣམ་པ་ཐམས་ཅད་མཁྱེན་པ་ཉིད་དུ་སྨོན་པ་ཡིན་ནམ། གཟུགས་ཟད་པར་བྱ་བའི་ཕྱིར་སྨོན་ན། རྣམ་པ་ཐམས་ཅད་མཁྱེན་པ་ཉིད་དུ་སྨོན་པ་ཡིན་ནམ། གཟུགས་འདོད་ཆགས་དང་བྲལ་བར་བྱ་བའི་ཕྱིར་སྨོན་ན། རྣམ་པ་ཐམས་ཅད་མཁྱེན་པ་ཉིད་དུ་སྨོན་པ་ཡིན་ནམ། གཟུགས་འགག་པར་བྱ་བའི་ཕྱིར་སྨོན་ན། རྣམ་པ་ཐམས་ཅད་མཁྱེན་པ་ཉིད་དུ་སྨོན་པ་ཡིན་ནམ། གཟུགས་མི་སྐྱེ་བར་བྱ་བའི་ཕྱིར་སྨོན་ན། རྣམ་པ་ཐམས་ཅད་མཁྱེན་པ་ཉིད་དུ་སྨོན་པ་ཡིན་ནམ། སྒྲ་ཟད་པར་བྱ་བའི་ཕྱིར་སྨོན་ན། རྣམ་པ་ཐམས་ཅད་མཁྱེན་པ་ཉིད་དུ་སྨོན་པ་ཡིན་ནམ། སྒྲ་འདོད་ཆགས་དང་བྲལ་བར་བྱ་བའི་ཕྱིར་སྨོན་ན། རྣམ་པ་ཐམས་ཅད་མཁྱེན་པ་ཉིད་དུ་སྨོན་པ་ཡིན་ནམ། སྒྲ་འགག་པར་བྱ་བའི་ཕྱིར་སྨོན་ན། རྣམ་པ་ཐམས་ཅད་མཁྱེན་པ་ཉིད་དུ་སྨོན་པ་ཡིན་ནམ། སྒྲ་མི་སྐྱེ་བར་བྱ་བའི་ཕྱིར་སྨོན་ན། རྣམ་པ་ཐམས་ཅད་མཁྱེན་པ་ཉིད་དུ་སྨོན་པ་ཡིན་ནམ། དྲི་ཟད་པར་བྱ་བའི་ཕྱིར་སྨོན་ན། རྣམ་པ་ཐམས་ཅད་མཁྱེན་པ་ཉིད་དུ་སྨོན་པ་ཡིན་ནམ། དྲི་འདོད་ཆགས་དང་བྲལ་བར་བྱ་བའི་ཕྱིར་སྨོན་ན། རྣམ་པ་ཐམས་ཅད་མཁྱེན་པ་ཉིད་དུ་སྨོན་པ་ཡིན་ནམ། དྲི་འགག་པར་བྱ་བའི་ཕྱིར་སྨོན་ན། རྣམ་པ་ཐམས་ཅད་མཁྱེན་པ་ཉིད་དུ་སྨོན་པ་ཡིན་ནམ། དྲི་མི་སྐྱེ་བར་བྱ་བའི་ཕྱིར་སྨོན་ན། རྣམ་པ་ཐམས་ཅད་མཁྱེན་པ་ཉིད་དུ་སྨོན་པ་ཡིན་ནམ། རོ་ཟད་པར་བྱ་བའི་ཕྱིར་སྨོན་ན།

རྣམ་པ་ཐམས་ཅད་མཁྱེན་པ་ཉིད་དུ་སློབ་པ་ཡིན་ནམ། རོ་འདོད་ཆགས་དང་
བྲལ་བར་བྱ་བའི་ཕྱིར་སློབ་ན། རྣམ་པ་ཐམས་ཅད་མཁྱེན་པ་ཉིད་དུ་སློབ་པ་ཡིན་
ནམ། རོ་འགག་པར་བྱ་བའི་ཕྱིར་སློབ་ན། རྣམ་པ་ཐམས་ཅད་མཁྱེན་པ་
ཉིད་དུ་སློབ་པ་ཡིན་ནམ། རོ་མི་སྐྱེ་བར་བྱ་བའི་ཕྱིར་སློབ་ན། རྣམ་པ་ཐམས་
ཅད་མཁྱེན་པ་ཉིད་དུ་སློབ་པ་ཡིན་ནམ། རེག་ཟད་པར་བྱ་བའི་ཕྱིར་སློབ་ན།
རྣམ་པ་ཐམས་ཅད་མཁྱེན་པ་ཉིད་དུ་སློབ་པ་ཡིན་ནམ། རེག་འདོད་ཆགས་དང་
བྲལ་བར་བྱ་བའི་ཕྱིར་སློབ་ན། རྣམ་པ་ཐམས་ཅད་མཁྱེན་པ་ཉིད་དུ་སློབ་པ་ཡིན་
ནམ། རེག་འགག་པར་བྱ་བའི་ཕྱིར་སློབ་ན། རྣམ་པ་ཐམས་ཅད་མཁྱེན་པ་
ཉིད་དུ་སློབ་པ་ཡིན་ནམ། རེག་མི་སྐྱེ་བར་བྱ་བའི་ཕྱིར་སློབ་ན། རྣམ་པ་
ཐམས་ཅད་མཁྱེན་པ་ཉིད་དུ་སློབ་པ་ཡིན་ནམ། ཆོས་ཟད་པར་བྱ་བའི་ཕྱིར་སློབ་
ན། རྣམ་པ་ཐམས་ཅད་མཁྱེན་པ་ཉིད་དུ་སློབ་པ་ཡིན་ནམ། ཆོས་འདོད་
ཆགས་དང་བྲལ་བར་བྱ་བའི་ཕྱིར་སློབ་ན། རྣམ་པ་ཐམས་ཅད་མཁྱེན་པ་ཉིད་དུ་
སློབ་པ་ཡིན་ནམ། ཆོས་འགག་པར་བྱ་བའི་ཕྱིར་སློབ་ན། རྣམ་པ་ཐམས་ཅད་
མཁྱེན་པ་ཉིད་དུ་སློབ་པ་ཡིན་ནམ། ཆོས་མི་སྐྱེ་བར་བྱ་བའི་ཕྱིར་སློབ་ན།
རྣམ་པ་ཐམས་ཅད་མཁྱེན་པ་ཉིད་དུ་སློབ་པ་ཡིན་ནམ། མིག་གི་རྣམ་པར་ཤེས་པ་
ཟད་པར་བྱ་བའི་ཕྱིར་སློབ་ན། རྣམ་པ་ཐམས་ཅད་མཁྱེན་པ་ཉིད་དུ་སློབ་པ་ཡིན་
ནམ། མིག་གི་རྣམ་པར་ཤེས་པ་འདོད་ཆགས་དང་བྲལ་བར་བྱ་བའི་ཕྱིར་སློབ་ན།
རྣམ་པ་ཐམས་ཅད་མཁྱེན་པ་ཉིད་དུ་སློབ་པ་ཡིན་ནམ། མིག་གི་རྣམ་པར་ཤེས་པ་
འགག་པར་བྱ་བའི་ཕྱིར་སློབ་ན། རྣམ་པ་ཐམས་ཅད་མཁྱེན་པ་ཉིད་དུ་སློབ་པ་
ཡིན་ནམ། མིག་གི་རྣམ་པར་ཤེས་པ་མི་སྐྱེ་བར་བྱ་བའི་ཕྱིར་སློབ་ན། རྣམ་པ་
ཐམས་ཅད་མཁྱེན་པ་ཉིད་དུ་སློབ་པ་ཡིན་ནམ། རྣ་བའི་རྣམ་པར་ཤེས་པ་ཟད་

པར་བྱ་བའི་ཕྱིར་ སློབ་ན། རྣམ་པ་ཐམས་ཅད་མཁྱེན་པ་ཉིད་དུ་སློབ་པ་ཡིན···
ནམ། རྣ་བའི་རྣམ་པར་ཤེས་པ་འདོད་ཆགས་དང་བྲལ་བར་བྱ་བའི་ཕྱིར་སློབ་ན།
རྣམ་པ་ཐམས་ཅད་མཁྱེན་པ་ཉིད་དུ་སློབ་པ་ཡིན་ནམ། རྣ་བའི་རྣམ་པར་ཤེས་པ་
འགག་པར་བྱ་བའི་ཕྱིར་སློབ་ན། རྣམ་པ་ཐམས་ཅད་མཁྱེན་པ་ཉིད་དུ་སློབ་པ···
ཡིན་ནམ། རྣ་བའི་རྣམ་པར་ཤེས་པ་མི་སྐྱེ་བར་བྱ་བའི་ཕྱིར་སློབ་ན། རྣམ་པ་
ཐམས་ཅད་མཁྱེན་པ་ཉིད་དུ་སློབ་པ་ཡིན་ནམ། སྣའི་རྣམ་པར་ཤེས་པ་ཟད་པར་
བྱ་བའི་ཕྱིར་སློབ་ན། རྣམ་པ་ཐམས་ཅད་མཁྱེན་པ་ཉིད་དུ་སློབ་པ་ཡིན་ནམ།
སྣའི་རྣམ་པར་ཤེས་པ་འདོད་ཆགས་དང་བྲལ་བར་བྱ་བའི་ཕྱིར་སློབ་ན། རྣམ་པ་
ཐམས་ཅད་མཁྱེན་པ་ཉིད་དུ་སློབ་པ་ཡིན་ནམ། སྣའི་རྣམ་པར་ཤེས་པ་འགག་
པར་བྱ་བའི་ཕྱིར་སློབ་ན། རྣམ་པ་ཐམས་ཅད་མཁྱེན་པ་ཉིད་དུ་སློབ་པ་ཡིན་ནམ།
སྣའི་རྣམ་པར་ཤེས་པ་མི་སྐྱེ་བར་བྱ་བའི་ཕྱིར་སློབ་ན། རྣམ་པ་ཐམས་ཅད་
མཁྱེན་པ་ཉིད་དུ་སློབ་པ་ཡིན་ནམ། ལྕེའི་རྣམ་པར་ཤེས་པ་ཟད་པར་བྱ་བའི་ཕྱིར་
སློབ་ན། རྣམ་པ་ཐམས་ཅད་མཁྱེན་པ་ཉིད་དུ་སློབ་པ་ཡིན་ནམ། ལྕེའི་རྣམ···
པར་ཤེས་པ་འདོད་ཆགས་དང་བྲལ་བར་བྱ་བའི་ཕྱིར་སློབ་ན། རྣམ་པ་ཐམས་
ཅད་མཁྱེན་པ་ཉིད་དུ་སློབ་པ་ཡིན་ནམ། ལྕེའི་རྣམ་པར་ཤེས་པ་འགག་པར་བྱ···
བའི་ཕྱིར་སློབ་ན། རྣམ་པ་ཐམས་ཅད་མཁྱེན་པ་ཉིད་དུ་སློབ་པ་ཡིན་ནམ།
ལྕེའི་རྣམ་པར་ཤེས་པ་མི་སྐྱེ་བར་བྱ་བའི་ཕྱིར་སློབ་ན། རྣམ་པ་ཐམས་ཅད་
མཁྱེན་པ་ཉིད་དུ་སློབ་པ་ཡིན་ནམ། ལུས་ཀྱི་རྣམ་པར་ཤེས་པ་ཟད་པར་བྱ་བའི···
ཕྱིར་སློབ་ན། རྣམ་པ་ཐམས་ཅད་མཁྱེན་པ་ཉིད་དུ་སློབ་པ་ཡིན་ནམ། ལུས་ཀྱི་
རྣམ་པར་ཤེས་པ་འདོད་ཆགས་དང་བྲལ་བར་བྱ་བའི་ཕྱིར་སློབ་ན། རྣམ་པ་
ཐམས་ཅད་མཁྱེན་པ་ཉིད་དུ་སློབ་པ་ཡིན་ནམ། ལུས་ཀྱི་རྣམ་པར་ཤེས་པ་འགག་

པར་བྱ་བའི་ཕྱིར་སློབ་ན། རྣམ་པ་ཐམས་ཅད་མཁྱེན་པ་ཉིད་དུ་སློབ་པ་ཡིན་ནམ། ལུས་ཀྱི་རྣམ་པར་ཤེས་པ་མི་སྐྱེ་བར་བྱ་བའི་ཕྱིར་སློབ་ན། རྣམ་པ་ཐམས་ཅད་མཁྱེན་པ་ཉིད་དུ་སློབ་པ་ཡིན་ནམ། ཡིད་ཀྱི་རྣམ་པར་ཤེས་པ་ཟད་པར་བྱ་བའི་ཕྱིར་སློབ་ན། རྣམ་པ་ཐམས་ཅད་མཁྱེན་པ་ཉིད་དུ་སློབ་པ་ཡིན་ནམ། ཡིད་ཀྱི་རྣམ་པར་ཤེས་པ་འདོད་ཆགས་དང་བྲལ་བར་བྱ་བའི་ཕྱིར་སློབ་ན། རྣམ་པ་ཐམས་ཅད་མཁྱེན་པ་ཉིད་དུ་སློབ་པ་ཡིན་ནམ། ཡིད་ཀྱི་རྣམ་པར་ཤེས་པ་འགག་པར་བྱ་བའི་ཕྱིར་སློབ་ན། རྣམ་པ་ཐམས་ཅད་མཁྱེན་པ་ཉིད་དུ་སློབ་པ་ཡིན་ནམ། ཡིད་ཀྱི་རྣམ་པར་ཤེས་པ་མི་སྐྱེ་བར་བྱ་བའི་ཕྱིར་སློབ་ན། རྣམ་པ་ཐམས་ཅད་མཁྱེན་པ་ཉིད་དུ་སློབ་པ་ཡིན་ནམ། མིག་གི་འདུས་ཏེ་རེག་པ་ཟད་པར་བྱ་བའི་ཕྱིར་སློབ་ན། རྣམ་པ་ཐམས་ཅད་མཁྱེན་པ་ཉིད་དུ་སློབ་པ་ཡིན་ནམ། མིག་གི་འདུས་ཏེ་རེག་པ་འདོད་ཆགས་དང་བྲལ་བར་བྱ་བའི་ཕྱིར་སློབ་ན། རྣམ་པ་ཐམས་ཅད་མཁྱེན་པ་ཉིད་དུ་སློབ་པ་ཡིན་ནམ། མིག་གི་འདུས་ཏེ་རེག་པ་འགག་པར་བྱ་བའི་ཕྱིར་སློབ་ན། རྣམ་པ་ཐམས་ཅད་མཁྱེན་པ་ཉིད་དུ་སློབ་པ་ཡིན་ནམ། མིག་གི་འདུས་ཏེ་རེག་པ་མི་སྐྱེ་བར་བྱ་བའི་ཕྱིར་སློབ་ན། རྣམ་པ་ཐམས་ཅད་མཁྱེན་པ་ཉིད་དུ་སློབ་པ་ཡིན་ནམ། རྣ་བའི་འདུས་ཏེ་རེག་པ་ཟད་པར་བྱ་བའི་ཕྱིར་སློབ་ན། རྣམ་པ་ཐམས་ཅད་མཁྱེན་པ་ཉིད་དུ་སློབ་པ་ཡིན་ནམ། རྣ་བའི་འདུས་ཏེ་རེག་པ་འདོད་ཆགས་དང་བྲལ་བར་བྱ་བའི་ཕྱིར་སློབ་ན། རྣམ་པ་ཐམས་ཅད་མཁྱེན་པ་ཉིད་དུ་སློབ་པ་ཡིན་ནམ། རྣ་བའི་འདུས་ཏེ་རེག་པ་འགག་པར་བྱ་བའི་ཕྱིར་སློབ་ན། རྣམ་པ་ཐམས་ཅད་མཁྱེན་པ་ཉིད་དུ་སློབ་པ་ཡིན་ནམ། རྣ་བའི་འདུས་ཏེ་རེག་པ་མི་སྐྱེ་བར་བྱ་བའི་ཕྱིར་སློབ་ན། རྣམ་པ་ཐམས་ཅད་མཁྱེན་པ་ཉིད་དུ་སློབ་པ་ཡིན་ནམ། སྣའི་འདུས་ཏེ་རེག་པ་ཟད་པར་བྱ་བའི་ཕྱིར་

སྦྱིན་ན། རྣམ་པ་ཐམས་ཅད་མཁྱེན་པ་ཉིད་དུ་སྦྱིན་པ་ཡིན་ནམ། སྣའི་འདུས་ཏེ་རེག་པ་འདོད་ཆགས་དང་བྲལ་བར་བྱ་བའི་ཕྱིར་སྦྱིན་ན། རྣམ་པ་ཐམས་ཅད་མཁྱེན་པ་ཉིད་དུ་སྦྱིན་པ་ཡིན་ནམ། སྣའི་འདུས་ཏེ་རེག་པ་འགག་པར་བྱ་བའི་ཕྱིར་སྦྱིན་ན། རྣམ་པ་ཐམས་ཅད་མཁྱེན་པ་ཉིད་དུ་སྦྱིན་པ་ཡིན་ནམ། སྣའི་འདུས་ཏེ་རེག་པ་མི་སྐྱེ་བར་བྱ་བའི་ཕྱིར་སྦྱིན་ན། རྣམ་པ་ཐམས་ཅད་མཁྱེན་པ་ཉིད་དུ་སྦྱིན་པ་ཡིན་ནམ། ལྕེའི་འདུས་ཏེ་རེག་པ་ཟད་པར་བྱ་བའི་ཕྱིར་སྦྱིན་ན། རྣམ་པ་ཐམས་ཅད་མཁྱེན་པ་ཉིད་དུ་སྦྱིན་པ་ཡིན་ནམ། ལྕེའི་འདུས་ཏེ་རེག་པ་འདོད་ཆགས་དང་བྲལ་བར་བྱ་བའི་ཕྱིར་སྦྱིན་ན། རྣམ་པ་ཐམས་ཅད་མཁྱེན་པ་ཉིད་དུ་སྦྱིན་པ་ཡིན་ནམ། ལྕེའི་འདུས་ཏེ་རེག་པ་འགག་པར་བྱ་བའི་ཕྱིར་སྦྱིན་ན། རྣམ་པ་ཐམས་ཅད་མཁྱེན་པ་ཉིད་དུ་སྦྱིན་པ་ཡིན་ནམ། ལྕེའི་འདུས་ཏེ་རེག་པ་མི་སྐྱེ་བར་བྱ་བའི་ཕྱིར་སྦྱིན་ན། རྣམ་པ་ཐམས་ཅད་མཁྱེན་པ་ཉིད་དུ་སྦྱིན་པ་ཡིན་ནམ། ལུས་ཀྱི་འདུས་ཏེ་རེག་པ་ཟད་པར་བྱ་བའི་ཕྱིར་སྦྱིན་ན། རྣམ་པ་ཐམས་ཅད་མཁྱེན་པ་ཉིད་དུ་སྦྱིན་པ་ཡིན་ནམ། ལུས་ཀྱི་འདུས་ཏེ་རེག་པ་འདོད་ཆགས་དང་བྲལ་བར་བྱ་བའི་ཕྱིར་སྦྱིན་ན། རྣམ་པ་ཐམས་ཅད་མཁྱེན་པ་ཉིད་དུ་སྦྱིན་པ་ཡིན་ནམ། ལུས་ཀྱི་འདུས་ཏེ་རེག་པ་འགག་པར་བྱ་བའི་ཕྱིར་སྦྱིན་ན། རྣམ་པ་ཐམས་ཅད་མཁྱེན་པ་ཉིད་དུ་སྦྱིན་པ་ཡིན་ནམ། ལུས་ཀྱི་འདུས་ཏེ་རེག་པ་མི་སྐྱེ་བར་བྱ་བའི་ཕྱིར་སྦྱིན་ན། རྣམ་པ་ཐམས་ཅད་མཁྱེན་པ་ཉིད་དུ་སྦྱིན་པ་ཡིན་ནམ། ཡིད་ཀྱི་འདུས་ཏེ་རེག་པ་ཟད་པར་བྱ་བའི་ཕྱིར་སྦྱིན་ན། རྣམ་པ་ཐམས་ཅད་མཁྱེན་པ་ཉིད་དུ་སྦྱིན་པ་ཡིན་ནམ། ཡིད་ཀྱི་འདུས་ཏེ་རེག་པ་འདོད་ཆགས་དང་བྲལ་བར་བྱ་བའི་ཕྱིར་སྦྱིན་ན། རྣམ་པ་ཐམས་ཅད་མཁྱེན་པ་ཉིད་དུ་སྦྱིན་པ་ཡིན་ནམ། ཡིད་ཀྱི་འདུས་ཏེ་རེག་པ་འགག་པར་བྱ་བའི་ཕྱིར་སྦྱིན་ན།

རྣམ་པ་ཐམས་ཅད་མཁྱེན་པ་ཉིད་དུ་སྨོན་པ་ཡིན་ནམ། ཡིད་ཀྱི་འདུས་ཏེ་རེག་པ་མི་སྐྱེ་བར་བྱ་བའི་ཕྱིར་སྨོན་ན། རྣམ་པ་ཐམས་ཅད་མཁྱེན་པ་ཉིད་དུ་སྨོན་པ་ཡིན་ནམ། མིག་གི་འདུས་ཏེ་རེག་པ་ལས་བྱུང་བའི་ཚོར་བ་ཟད་པར་བྱ་བའི་ཕྱིར་སྨོན་ན། རྣམ་པ་ཐམས་ཅད་མཁྱེན་པ་ཉིད་དུ་སྨོན་པ་ཡིན་ནམ། མིག་གི་འདུས་ཏེ་རེག་པ་ལས་བྱུང་བའི་ཚོར་བ་འདོད་ཆགས་དང་བྲལ་བར་བྱ་བའི་ཕྱིར་སྨོན་ན། རྣམ་པ་ཐམས་ཅད་མཁྱེན་པ་ཉིད་དུ་སྨོན་པ་ཡིན་ནམ། མིག་གི་འདུས་ཏེ་རེག་པ་ལས་བྱུང་བའི་ཚོར་བ་འགག་པར་བྱ་བའི་ཕྱིར་སྨོན་ན། རྣམ་པ་ཐམས་ཅད་མཁྱེན་པ་ཉིད་དུ་སྨོན་པ་ཡིན་ནམ། མིག་གི་འདུས་ཏེ་རེག་པ་ལས་བྱུང་བའི་ཚོར་བ་མི་སྐྱེ་བར་བྱ་བའི་ཕྱིར་སྨོན་ན། རྣམ་པ་ཐམས་ཅད་མཁྱེན་པ་ཉིད་དུ་སྨོན་པ་ཡིན་ནམ། རྣ་བའི་འདུས་ཏེ་རེག་པ་ལས་བྱུང་བའི་ཚོར་བ་ཟད་པར་བྱ་བའི་ཕྱིར་སྨོན་ན། རྣམ་པ་ཐམས་ཅད་མཁྱེན་པ་ཉིད་དུ་སྨོན་པ་ཡིན་ནམ། རྣ་བའི་འདུས་ཏེ་རེག་པ་ལས་བྱུང་བའི་ཚོར་བ་འདོད་ཆགས་དང་བྲལ་བར་བྱ་བའི་ཕྱིར་སྨོན་ན། རྣམ་པ་ཐམས་ཅད་མཁྱེན་པ་ཉིད་དུ་སྨོན་པ་ཡིན་ནམ། རྣ་བའི་འདུས་ཏེ་རེག་པ་ལས་བྱུང་བའི་ཚོར་བ་འགག་པར་བྱ་བའི་ཕྱིར་སྨོན་ན། རྣམ་པ་ཐམས་ཅད་མཁྱེན་པ་ཉིད་དུ་སྨོན་པ་ཡིན་ནམ། རྣ་བའི་འདུས་ཏེ་རེག་པ་ལས་བྱུང་བའི་ཚོར་བ་མི་སྐྱེ་བར་བྱ་བའི་ཕྱིར་སྨོན་ན། རྣམ་པ་ཐམས་ཅད་མཁྱེན་པ་ཉིད་དུ་སྨོན་པ་ཡིན་ནམ། སྣའི་འདུས་ཏེ་རེག་པ་ལས་བྱུང་བའི་ཚོར་བ་ཟད་པར་བྱ་བའི་ཕྱིར་སྨོན་ན། རྣམ་པ་ཐམས་ཅད་མཁྱེན་པ་ཉིད་དུ་སྨོན་པ་ཡིན་ནམ། སྣའི་འདུས་ཏེ་རེག་པ་ལས་བྱུང་བའི་ཚོར་བ་འདོད་ཆགས་དང་བྲལ་བར་བྱ་བའི་ཕྱིར་སྨོན་ན། རྣམ་པ་ཐམས་ཅད་མཁྱེན་པ་ཉིད་དུ་སྨོན་པ་ཡིན་ནམ། སྣའི་འདུས་ཏེ་རེག་པ་ལས་བྱུང་བའི་ཚོར་བ་འགག་པར་བྱ་བའི་ཕྱིར་སྨོན་ན། རྣམ་པ་

ཐམས་ཅད་མཁྱེན་པ་ཉིད་དུ་སློབ་པ་ཡིན་ནམ། སྣའི་འདུས་ཏེ་རེག་པ་ལས་བྱུང་བའི་ཚོར་བ་མི་སྐྱེ་བར་བྱ་བའི་ཕྱིར་སློབ་ན། རྣམ་པ་ཐམས་ཅད་མཁྱེན་པ་ཉིད་དུ་སློབ་པ་ཡིན་ནམ། ལྕེའི་འདུས་ཏེ་རེག་པ་ལས་བྱུང་བའི་ཚོར་བ་ཟད་པར་བྱ་བའི་ཕྱིར་སློབ་ན། རྣམ་པ་ཐམས་ཅད་མཁྱེན་པ་ཉིད་དུ་སློབ་པ་ཡིན་ནམ། ལྕེའི་འདུས་ཏེ་རེག་པ་ལས་བྱུང་བའི་ཚོར་བ་འདོད་ཆགས་དང་བྲལ་བར་བྱ་བའི་ཕྱིར་སློབ་ན། རྣམ་པ་ཐམས་ཅད་མཁྱེན་པ་ཉིད་དུ་སློབ་པ་ཡིན་ནམ། ལྕེའི་འདུས་ཏེ་རེག་པ་ལས་བྱུང་བའི་ཚོར་བ་འགག་པར་བྱ་བའི་ཕྱིར་སློབ་ན། རྣམ་པ་ཐམས་ཅད་མཁྱེན་པ་ཉིད་དུ་སློབ་པ་ཡིན་ནམ། ལྕེའི་འདུས་ཏེ་རེག་པ་ལས་བྱུང་བའི་ཚོར་བ་མི་སྐྱེ་བར་བྱ་བའི་ཕྱིར་སློབ་ན། རྣམ་པ་ཐམས་ཅད་མཁྱེན་པ་ཉིད་དུ་སློབ་པ་ཡིན་ནམ། ལུས་ཀྱི་འདུས་ཏེ་རེག་པ་ལས་བྱུང་བའི་ཚོར་བ་ཟད་པར་བྱ་བའི་ཕྱིར་སློབ་ན། རྣམ་པ་ཐམས་ཅད་མཁྱེན་པ་ཉིད་དུ་སློབ་པ་ཡིན་ནམ། ལུས་ཀྱི་འདུས་ཏེ་རེག་པ་ལས་བྱུང་བའི་ཚོར་བ་འདོད་ཆགས་དང་བྲལ་བར་བྱ་བའི་ཕྱིར་སློབ་ན། རྣམ་པ་ཐམས་ཅད་མཁྱེན་པ་ཉིད་དུ་སློབ་པ་ཡིན་ནམ། ལུས་ཀྱི་འདུས་ཏེ་རེག་པ་ལས་བྱུང་བའི་ཚོར་བ་འགག་པར་བྱ་བའི་ཕྱིར་སློབ་ན། རྣམ་པ་ཐམས་ཅད་མཁྱེན་པ་ཉིད་དུ་སློབ་པ་ཡིན་ནམ། ལུས་ཀྱི་འདུས་ཏེ་རེག་པ་ལས་བྱུང་བའི་ཚོར་བ་མི་སྐྱེ་བར་བྱ་བའི་ཕྱིར་སློབ་ན། རྣམ་པ་ཐམས་ཅད་མཁྱེན་པ་ཉིད་དུ་སློབ་པ་ཡིན་ནམ། ཡིད་ཀྱི་འདུས་ཏེ་རེག་པ་ལས་བྱུང་བའི་ཚོར་བ་ཟད་པར་བྱ་བའི་ཕྱིར་སློབ་ན། རྣམ་པ་ཐམས་ཅད་མཁྱེན་པ་ཉིད་དུ་སློབ་པ་ཡིན་ནམ། ཡིད་ཀྱི་འདུས་ཏེ་རེག་པ་ལས་བྱུང་བའི་ཚོར་བ་འདོད་ཆགས་དང་བྲལ་བར་བྱ་བའི་ཕྱིར་སློབ་ན། རྣམ་པ་ཐམས་ཅད་མཁྱེན་པ་ཉིད་དུ་སློབ་པ་ཡིན་ནམ། ཡིད་ཀྱི་འདུས་ཏེ་རེག་པ་ལས་བྱུང་བའི་ཚོར་བ་འགག་པར་བྱ་བའི་ཕྱིར་སློབ་ན། རྣམ་པ་

ཐམས་ཅད་མཁྱེན་པ་ཉིད་དུ་སྨོན་པ་ཡིན་ནམ། ཡིད་ཀྱི་འདུས་ཏེ་རེག་པ་ལས་བྱུང་བའི་ཚོར་བ་མི་སྐྱེ་བར་བྱ་བའི་ཕྱིར་སྨོན་ན། རྣམ་པ་ཐམས་ཅད་མཁྱེན་པ་ཉིད་དུ་སྨོན་པ་ཡིན་ནམ། སའི་ཁམས་ཟད་པར་བྱ་བའི་ཕྱིར་སྨོན་ན། རྣམ་པ་ཐམས་ཅད་མཁྱེན་པ་ཉིད་དུ་སྨོན་པ་ཡིན་ནམ། སའི་ཁམས་འདོད་ཆགས་དང་བྲལ་བར་བྱ་བའི་ཕྱིར་སྨོན་ན། རྣམ་པ་ཐམས་ཅད་མཁྱེན་པ་ཉིད་དུ་སྨོན་པ་ཡིན་ནམ། སའི་ཁམས་འགག་པར་བྱ་བའི་ཕྱིར་སྨོན་ན། རྣམ་པ་ཐམས་ཅད་མཁྱེན་པ་ཉིད་དུ་སྨོན་པ་ཡིན་ནམ། སའི་ཁམས་མི་སྐྱེ་བར་བྱ་བའི་ཕྱིར་སྨོན་ན། རྣམ་པ་ཐམས་ཅད་མཁྱེན་པ་ཉིད་དུ་སྨོན་པ་ཡིན་ནམ། ཆུའི་ཁམས་ཟད་པར་བྱ་བའི་ཕྱིར་སྨོན་ན། རྣམ་པ་ཐམས་ཅད་མཁྱེན་པ་ཉིད་དུ་སྨོན་པ་ཡིན་ནམ། ཆུའི་ཁམས་འདོད་ཆགས་དང་བྲལ་བར་བྱ་བའི་ཕྱིར་སྨོན་ན། རྣམ་པ་[༧]ཐམས་ཅད་མཁྱེན་པ་ཉིད་དུ་སྨོན་པ་ཡིན་ནམ། ཆུའི་ཁམས་འགག་པར་བྱ་བའི་ཕྱིར་སྨོན་ན། རྣམ་པ་ཐམས་ཅད་མཁྱེན་པ་ཉིད་དུ་སྨོན་པ་ཡིན་ནམ། ཆུའི་ཁམས་མི་སྐྱེ་བར་བྱ་བའི་ཕྱིར་སྨོན་ན། རྣམ་པ་ཐམས་ཅད་མཁྱེན་པ་ཉིད་དུ་སྨོན་པ་ཡིན་ནམ། མེའི་ཁམས་ཟད་པར་བྱ་བའི་ཕྱིར་སྨོན་ན། རྣམ་པ་ཐམས་ཅད་མཁྱེན་པ་ཉིད་དུ་སྨོན་པ་ཡིན་ནམ། མེའི་ཁམས་འདོད་ཆགས་དང་བྲལ་བར་བྱ་བའི་ཕྱིར་སྨོན་ན། རྣམ་པ་ཐམས་ཅད་མཁྱེན་པ་ཉིད་དུ་སྨོན་པ་ཡིན་ནམ། མེའི་ཁམས་[༣]འགག་པར་བྱ་བའི་ཕྱིར་སྨོན་ན། རྣམ་པ་ཐམས་ཅད་མཁྱེན་པ་ཉིད་དུ་སྨོན་པ་ཡིན་ནམ། མེའི་ཁམས་མི་སྐྱེ་བར་བྱ་བའི་ཕྱིར་སྨོན་ན། རྣམ་པ་ཐམས་ཅད་མཁྱེན་པ་ཉིད་དུ་སྨོན་པ་ཡིན་ནམ། རླུང་གི་ཁམས་ཟད་པར་བྱ་བའི་ཕྱིར་སྨོན་ན། རྣམ་པ་ཐམས་ཅད་མཁྱེན་པ་ཉིད་དུ་སྨོན་པ་ཡིན་ནམ། རླུང་གི་ཁམས་འདོད་ཆགས་དང་བྲལ་བར་བྱ་བའི་ཕྱིར་སྨོན་ན། རྣམ་པ་ཐམས་

ཅན་མཁྱེན་པ་ཉིད་དུ་སྨོན་པ་ཡིན་ནམ། རླུང་གི་ཁམས་འགག་པར་བྱ་བའི་ཕྱིར་སྨོན་ན། རྣམ་པ་ཐམས་ཅད་མཁྱེན་པ་ཉིད་དུ་སྨོན་པ་ཡིན་ནམ། རླུང་གི་ཁམས་མི་སྐྱེ་བར་བྱ་བའི་ཕྱིར་སྨོན་ན། རྣམ་པ་ཐམས་ཅད་མཁྱེན་པ་ཉིད་དུ་སྨོན་པ་ཡིན་ནམ། ནམ་མཁའི་ཁམས་ཟད་པར་བྱ་བའི་ཕྱིར་སྨོན་ན། རྣམ་པ་ཐམས་ཅད་མཁྱེན་པ་ཉིད་དུ་སྨོན་པ་ཡིན་ནམ། ནམ་མཁའི་ཁམས་འདོད་ཆགས་དང་བྲལ་བར་བྱ་བའི་ཕྱིར་སྨོན་ན། རྣམ་པ་ཐམས་ཅད་མཁྱེན་པ་ཉིད་དུ་སྨོན་པ་ཡིན་ནམ། ནམ་མཁའི་ཁམས་འགག་པར་བྱ་བའི་ཕྱིར་སྨོན་ན། རྣམ་པ་ཐམས་ཅད་མཁྱེན་པ་ཉིད་དུ་སྨོན་པ་ཡིན་ནམ། ནམ་མཁའི་ཁམས་མི་སྐྱེ་བར་བྱ་བའི་ཕྱིར་སྨོན་ན། རྣམ་པ་ཐམས་ཅད་མཁྱེན་པ་ཉིད་དུ་སྨོན་པ་ཡིན་ནམ། རྣམ་པར་ཤེས་པའི་ཁམས་ཟད་པར་བྱ་བའི་ཕྱིར་སྨོན་ན། རྣམ་པ་ཐམས་ཅད་མཁྱེན་པ་ཉིད་དུ་སྨོན་པ་ཡིན་ནམ། རྣམ་པར་ཤེས་པའི་ཁམས་འདོད་ཆགས་དང་བྲལ་བར་བྱ་བའི་ཕྱིར་སྨོན་ན། རྣམ་པ་ཐམས་ཅད་མཁྱེན་པ་ཉིད་དུ་སྨོན་པ་ཡིན་ནམ། རྣམ་པར་ཤེས་པའི་ཁམས་འགག་པར་བྱ་བའི་ཕྱིར་སྨོན་ན། རྣམ་པ་ཐམས་ཅད་མཁྱེན་པ་ཉིད་དུ་སྨོན་པ་ཡིན་ནམ། རྣམ་པར་ཤེས་པའི་ཁམས་མི་སྐྱེ་བར་བྱ་བའི་ཕྱིར་སྨོན་ན། རྣམ་པ་ཐམས་ཅད་མཁྱེན་པ་ཉིད་དུ་སྨོན་པ་ཡིན་ནམ། མ་རིག་པ་ཟད་པར་བྱ་བའི་ཕྱིར་སྨོན་ན། རྣམ་པ་ཐམས་ཅད་མཁྱེན་པ་ཉིད་དུ་སྨོན་པ་ཡིན་ནམ། མ་རིག་པ་འདོད་ཆགས་དང་བྲལ་བར་བྱ་བའི་ཕྱིར་སྨོན་ན། རྣམ་པ་ཐམས་ཅད་མཁྱེན་པ་ཉིད་དུ་སྨོན་པ་ཡིན་ནམ། མ་རིག་པ་འགག་པར་བྱ་བའི་ཕྱིར་སྨོན་ན། རྣམ་པ་ཐམས་ཅད་མཁྱེན་པ་ཉིད་དུ་སྨོན་པ་ཡིན་ནམ། མ་རིག་པ་མི་སྐྱེ་བར་བྱ་བའི་ཕྱིར་སྨོན་ན། རྣམ་པ་ཐམས་ཅད་མཁྱེན་པ་ཉིད་དུ་སྨོན་པ་ཡིན་ནམ། འདུ་བྱེད་ཟད་པར་བྱ་བའི་ཕྱིར་སྨོན་ན།

རྣམ་པ་ཐམས་ཅད་མཁྱེན་པ་ཉིད་དུ་སྨོན་པ་ཡིན་ནམ། འདུ་བྱེད་འདོད་ཆགས་དང་བྲལ་བར་བྱ་བའི་ཕྱིར་སྨོན་ན། རྣམ་པ་ཐམས་ཅད་མཁྱེན་པ་ཉིད་དུ་སྨོན་པ་ཡིན་ནམ། འདུ་བྱེད་འགག་པར་བྱ་བའི་ཕྱིར་སྨོན་ན། རྣམ་པ་ཐམས་ཅད་མཁྱེན་པ་ཉིད་དུ་སྨོན་པ་ཡིན་ནམ། འདུ་བྱེད་མི་སྐྱེ་བར་བྱ་བའི་ཕྱིར་སྨོན་ན། རྣམ་པ་ཐམས་ཅད་མཁྱེན་པ་ཉིད་དུ་སྨོན་པ་ཡིན་ནམ། རྣམ་པར་ཤེས་པ་ཟད་པར་བྱ་བའི་ཕྱིར་སྨོན་ན། རྣམ་པ་ཐམས་ཅད་[༢]མཁྱེན་པ་ཉིད་དུ་སྨོན་པ་[༣]ཡིན་ནམ། རྣམ་པར་ཤེས་པ་འདོད་ཆགས་དང་བྲལ་བར་བྱ་བའི་ཕྱིར་སྨོན་ན། རྣམ་པ་ཐམས་ཅད་མཁྱེན་པ་ཉིད་དུ་སྨོན་པ་ཡིན་ནམ། རྣམ་པར་ཤེས་པ་འགག་པར་བྱ་བའི་ཕྱིར་སྨོན་ན། རྣམ་པ་ཐམས་ཅད་མཁྱེན་པ་ཉིད་དུ་སྨོན་པ་ཡིན་ནམ། རྣམ་པར་ཤེས་པ་མི་སྐྱེ་བར་བྱ་བའི་ཕྱིར་སྨོན་ན། རྣམ་པ་ཐམས་ཅད་མཁྱེན་པ་ཉིད་དུ་སྨོན་པ་ཡིན་ནམ། མིག་དང་གཟུགས་ཟད་པར་བྱ་བའི་ཕྱིར་སྨོན་ན། རྣམ་པ་ཐམས་ཅད་མཁྱེན་པ་ཉིད་དུ་སྨོན་པ་ཡིན་ནམ། མིག་དང་གཟུགས་འདོད་ཆགས་དང་བྲལ་བར་བྱ་བའི་ཕྱིར་སྨོན་ན། རྣམ་པ་ཐམས་ཅད་མཁྱེན་པ་ཉིད་དུ་སྨོན་པ་ཡིན་ནམ། མིག་དང་གཟུགས་འགག་པར་བྱ་བའི་ཕྱིར་སྨོན་ན། རྣམ་པ་ཐམས་ཅད་མཁྱེན་པ་ཉིད་དུ་སྨོན་པ་ཡིན་ནམ། མིག་དང་གཟུགས་མི་སྐྱེ་བར་བྱ་བའི་ཕྱིར་སྨོན་ན། རྣམ་པ་ཐམས་ཅད་མཁྱེན་པ་ཉིད་དུ་སྨོན་པ་ཡིན་ནམ། སྐྱེ་མཆེད་དྲུག་ཟད་པར་བྱ་བའི་ཕྱིར་སྨོན་ན། རྣམ་པ་ཐམས་ཅད་མཁྱེན་པ་ཉིད་དུ་སྨོན་པ་ཡིན་ནམ། སྐྱེ་མཆེད་དྲུག་འདོད་ཆགས་དང་བྲལ་བར་བྱ་བའི་ཕྱིར་སྨོན་ན། རྣམ་པ་ཐམས་ཅད་མཁྱེན་པ་ཉིད་དུ་སྨོན་པ་ཡིན་ནམ། སྐྱེ་མཆེད་དྲུག་འགག་པར་བྱ་བའི་ཕྱིར་སྨོན་ན། རྣམ་པ་ཐམས་ཅད་མཁྱེན་པ་ཉིད་དུ་སྨོན་པ་ཡིན་ནམ། སྐྱེ་མཆེད་དྲུག་མི་སྐྱེ་བར་བྱ་བའི་ཕྱིར་སྨོན་ན། རྣམ་པ་ཐམས་

ཅན་མཁྱེན་པ་ཉིད་དུ་སློབ་པ་ཡིན་ནམ། རེག་པ་ཟད་པར་བྱ་བའི་ཕྱིར་སློབ་ན། རྣམ་པ་ཐམས་ཅད་མཁྱེན་པ་ཉིད་དུ་སློབ་པ་ཡིན་ནམ། རེག་པ་འདོད་ཆགས་དང་བྲལ་བར་བྱ་བའི་ཕྱིར་སློབ་ན། རྣམ་པ་ཐམས་ཅད་མཁྱེན་པ་ཉིད་དུ་སློབ་པ་ཡིན་ནམ། རེག་པ་འགག་པར་བྱ་བའི་ཕྱིར་སློབ་ན། རྣམ་པ་ཐམས་ཅད་མཁྱེན་པ་ཉིད་དུ་སློབ་པ་ཡིན་ནམ། རེག་པ་མི་སྐྱེ་བར་བྱ་བའི་ཕྱིར་སློབ་ན། རྣམ་པ་ཐམས་ཅད་མཁྱེན་པ་ཉིད་དུ་སློབ་པ་ཡིན་ནམ། ཚོར་བ་ཟད་པར་བྱ་བའི་ཕྱིར་སློབ་ན། རྣམ་པ་ཐམས་ཅད་མཁྱེན་པ་ཉིད་དུ་སློབ་པ་ཡིན་ནམ། ཚོར་བ་འདོད་ཆགས་དང་བྲལ་བར་བྱ་བའི་ཕྱིར་སློབ་ན། རྣམ་པ་ཐམས་ཅད་མཁྱེན་པ་ཉིད་དུ་སློབ་པ་ཡིན་ནམ། ཚོར་བ་འགག་པར་བྱ་བའི་ཕྱིར་སློབ་ན། རྣམ་པ་ཐམས་ཅད་མཁྱེན་པ་ཉིད་དུ་སློབ་པ་ཡིན་ནམ། ཚོར་བ་མི་སྐྱེ་བར་བྱ་བའི་ཕྱིར་སློབ་ན། རྣམ་པ་ཐམས་ཅད་མཁྱེན་པ་ཉིད་དུ་སློབ་པ་ཡིན་ནམ། སྲིད་པ་ཟད་པར་བྱ་བའི་ཕྱིར་སློབ་ན། རྣམ་པ་ཐམས་ཅད་མཁྱེན་པ་ཉིད་དུ་སློབ་པ་ཡིན་ནམ། སྲིད་པ་འདོད་ཆགས་དང་བྲལ་བར་བྱ་བའི་ཕྱིར་སློབ་ན། རྣམ་པ་ཐམས་ཅད་མཁྱེན་པ་ཉིད་དུ་སློབ་པ་ཡིན་ནམ། སྲིད་པ་འགག་པར་བྱ་བའི་ཕྱིར་སློབ་ན། རྣམ་པ་ཐམས་ཅད་མཁྱེན་པ་ཉིད་དུ་སློབ་པ་ཡིན་ནམ། སྲིད་པ་མི་སྐྱེ་བར་བྱ་བའི་ཕྱིར་སློབ་ན། རྣམ་པ་ཐམས་ཅད་མཁྱེན་པ་ཉིད་དུ་སློབ་པ་ཡིན་ནམ། ལེན་པ་ཟད་པར་བྱ་བའི་ཕྱིར་སློབ་ན། རྣམ་པ་ཐམས་ཅད་མཁྱེན་པ་ཉིད་དུ་སློབ་པ་ཡིན་ནམ། ལེན་པ་འདོད་ཆགས་དང་བྲལ་བར་བྱ་བའི་ཕྱིར་སློབ་ན། རྣམ་པ་ཐམས་ཅད་མཁྱེན་པ་ཉིད་དུ་སློབ་པ་ཡིན་ནམ། ལེན་པ་འགག་པར་བྱ་བའི་ཕྱིར་སློབ་ན། རྣམ་པ་ཐམས་ཅད་མཁྱེན་པ་ཉིད་དུ་སློབ་པ་ཡིན་ནམ། ལེན་པ་མི་སྐྱེ་བར་བྱ་བའི་ཕྱིར་སློབ་ན། རྣམ་པ་ཐམས་ཅད་མཁྱེན་པ་ཉིད་དུ་སློབ་པ་

ཡིན་ནམ། སྲིད་པ་ཟད་པར་བྱ་བའི་ཕྱིར་སློབ་ན། རྣམ་པ་ཐམས་ཅད་མཁྱེན་པ་ཉིད་དུ་སློབ་པ་ཡིན་ནམ། སྲིད་པ་འདོད་ཆགས་དང་བྲལ་བར་བྱ་བའི་ཕྱིར་སློབ་ན། རྣམ་པ་ཐམས་ཅད་མཁྱེན་པ་ཉིད་དུ་སློབ་པ་ཡིན་ནམ། སྲིད་པ་འགག་པར་བྱ་བའི་ཕྱིར་སློབ་ན། རྣམ་པ་ཐམས་ཅད་མཁྱེན་པ་ཉིད་དུ་སློབ་པ་ཡིན་ནམ། སྲིད་པ་མི་སྐྱེ་བར་བྱ་བའི་ཕྱིར་སློབ་ན། རྣམ་པ་ཐམས་ཅད་མཁྱེན་པ་ཉིད་དུ་སློབ་པ་ཡིན་ནམ། སྐྱེ་བ་ཟད་པར་བྱ་བའི་ཕྱིར་སློབ་ན། རྣམ་པ་ཐམས་ཅད་མཁྱེན་པ་ཉིད་དུ་སློབ་པ་ཡིན་ནམ། སྐྱེ་བ་འདོད་ཆགས་དང་བྲལ་བར་བྱ་བའི་ཕྱིར་སློབ་ན། རྣམ་པ་ཐམས་ཅད་མཁྱེན་པ་ཉིད་དུ་སློབ་པ་ཡིན་ནམ། སྐྱེ་བ་འགག་པར་བྱ་བའི་ཕྱིར་སློབ་ན། རྣམ་པ་ཐམས་ཅད་མཁྱེན་པ་ཉིད་དུ་སློབ་པ་ཡིན་ནམ། སྐྱེ་བ་མི་སྐྱེ་བར་བྱ་བའི་ཕྱིར་སློབ་ན། རྣམ་པ་ཐམས་ཅད་མཁྱེན་པ་ཉིད་དུ་སློབ་པ་ཡིན་ནམ། རྒ་ཤི་ཟད་པར་བྱ་བའི་ཕྱིར་སློབ་ན། རྣམ་པ་ཐམས་ཅད་མཁྱེན་པ་ཉིད་དུ་སློབ་པ་ཡིན་ནམ། རྒ་ཤི་འདོད་ཆགས་དང་བྲལ་བར་བྱ་བའི་ཕྱིར་སློབ་ན། རྣམ་པ་ཐམས་ཅད་མཁྱེན་པ་ཉིད་དུ་སློབ་པ་ཡིན་ནམ། རྒ་ཤི་འགག་པར་བྱ་བའི་ཕྱིར་སློབ་ན། རྣམ་པ་ཐམས་ཅད་མཁྱེན་པ་ཉིད་དུ་སློབ་པ་ཡིན་ནམ། རྒ་ཤི་མི་སྐྱེ་བར་བྱ་བའི་ཕྱིར་སློབ་ན། རྣམ་པ་ཐམས་ཅད་མཁྱེན་པ་ཉིད་དུ་སློབ་པ་ཡིན་ནམ། སྦྱིན་པའི་ཕ་རོལ་ཏུ་ཕྱིན་པ་ཟད་པར་བྱ་བའི་ཕྱིར་སློབ་ན། རྣམ་པ་ཐམས་ཅད་མཁྱེན་པ་ཉིད་དུ་སློབ་པ་ཡིན་ནམ། སྦྱིན་པའི་ཕ་རོལ་ཏུ་ཕྱིན་པ་འདོད་ཆགས་དང་བྲལ་བར་བྱ་བའི་ཕྱིར་སློབ་ན། རྣམ་པ་ཐམས་ཅད་མཁྱེན་པ་ཉིད་དུ་སློབ་པ་ཡིན་ནམ། སྦྱིན་པའི་ཕ་རོལ་ཏུ་ཕྱིན་པ་འགག་པར་བྱ་བའི་ཕྱིར་སློབ་ན། རྣམ་པ་ཐམས་ཅད་མཁྱེན་པ་ཉིད་དུ་སློབ་པ་ཡིན་ནམ། སྦྱིན་པའི་ཕ་རོལ་ཏུ་ཕྱིན་པ་མི་སྐྱེ་བར་བྱ་བའི་ཕྱིར་

སྦྱིན་ན། རྣམ་པ་ཐམས་ཅད་མཁྱེན་པ་ཉིད་དུ་སྨོན་པ་ཡིན་ནམ། ཚུལ་ཁྲིམས་ཀྱི་ཕ་རོལ་ཏུ་ཕྱིན་པ་ཟད་པར་བྱ་བའི་ཕྱིར་སྦྱིན་ན། རྣམ་པ་ཐམས་ཅད་མཁྱེན་པ་ཉིད་དུ་སྨོན་པ་ཡིན་ནམ། ཚུལ་ཁྲིམས་ཀྱི་ཕ་རོལ་ཏུ་ཕྱིན་པ་འདོད་ཆགས་དང་བྲལ་བར་བྱ་བའི་ཕྱིར་སྦྱིན་ན། རྣམ་པ་ཐམས་ཅད་མཁྱེན་པ་ཉིད་དུ་སྨོན་པ་ཡིན་ནམ། ཚུལ་ཁྲིམས་ཀྱི་ཕ་རོལ་ཏུ་ཕྱིན་པ་འགག་པར་བྱ་བའི་ཕྱིར་སྦྱིན་ན། རྣམ་པ་ཐམས་ཅད་མཁྱེན་པ་ཉིད་དུ་སྨོན་པ་ཡིན་ནམ། ཚུལ་ཁྲིམས་ཀྱི་ཕ་རོལ་ཏུ་ཕྱིན་པ་མི་སྐྱེ་བར་བྱ་བའི་ཕྱིར་སྦྱིན་ན། རྣམ་པ་ཐམས་ཅད་མཁྱེན་པ་ཉིད་དུ་སྨོན་པ་ཡིན་ནམ། བཟོད་པའི་ཕ་རོལ་ཏུ་ཕྱིན་པ་ཟད་པར་བྱ་བའི་ཕྱིར་སྦྱིན་ན། རྣམ་པ་ཐམས་ཅད་མཁྱེན་པ་ཉིད་དུ་སྨོན་པ་ཡིན་ནམ། བཟོད་པའི་ཕ་རོལ་ཏུ་ཕྱིན་པ་འདོད་ཆགས་དང་བྲལ་བར་བྱ་བའི་ཕྱིར་སྦྱིན་ན། རྣམ་པ་ཐམས་ཅད་མཁྱེན་པ་ཉིད་དུ་སྨོན་པ་ཡིན་ནམ། བཟོད་པའི་ཕ་རོལ་ཏུ་ཕྱིན་པ་འགག་པར་བྱ་བའི་ཕྱིར་སྦྱིན་ན། རྣམ་པ་ཐམས་ཅད་མཁྱེན་པ་ཉིད་དུ་སྨོན་པ་ཡིན་ནམ། བཟོད་པའི་ཕ་རོལ་ཏུ་ཕྱིན་པ་མི་སྐྱེ་བར་བྱ་བའི་ཕྱིར་སྦྱིན་ན། རྣམ་པ་ཐམས་ཅད་མཁྱེན་པ་ཉིད་དུ་སྨོན་པ་ཡིན་ནམ། བརྩོན་འགྲུས་ཀྱི་ཕ་རོལ་ཏུ་ཕྱིན་པ་ཟད་པར་བྱ་བའི་ཕྱིར་སྦྱིན་ན། རྣམ་པ་ཐམས་ཅད་མཁྱེན་པ་ཉིད་དུ་སྨོན་པ་ཡིན་ནམ། བརྩོན་འགྲུས་ཀྱི་ཕ་རོལ་ཏུ་ཕྱིན་པ་འདོད་ཆགས་དང་བྲལ་བར་བྱ་བའི་ཕྱིར་སྦྱིན་ན། རྣམ་པ་ཐམས་ཅད་མཁྱེན་པ་ཉིད་དུ་སྨོན་པ་ཡིན་ནམ། བརྩོན་འགྲུས་ཀྱི་ཕ་རོལ་ཏུ་ཕྱིན་པ་འགག་པར་བྱ་བའི་ཕྱིར་སྦྱིན་ན། རྣམ་པ་ཐམས་ཅད་མཁྱེན་པ་ཉིད་དུ་སྨོན་པ་ཡིན་ནམ། བརྩོན་འགྲུས་ཀྱི་ཕ་རོལ་ཏུ་ཕྱིན་པ་མི་སྐྱེ་བར་བྱ་བའི་ཕྱིར་སྦྱིན་ན། རྣམ་པ་ཐམས་ཅད་མཁྱེན་པ་ཉིད་དུ་སྨོན་པ་ཡིན་ནམ། བསམ་གཏན་གྱི་ཕ་རོལ་ཏུ་ཕྱིན་པ་ཟད་པར་བྱ་བའི་ཕྱིར་སྦྱིན་ན། རྣམ་པ་ཐམས་ཅད་

མཁྱེན་པ་ཉིད་དུ་སློབ་པ་ཡིན་ནམ། བསམ་གཏན་གྱི་ཕ་རོལ་ཏུ་ཕྱིན་པ་འདོད་ཆགས་དང་བྲལ་བར་བྱ་བའི་ཕྱིར་སློབ་ན། རྣམ་པ་ཐམས་ཅད་མཁྱེན་པ་ཉིད་དུ་སློབ་པ་ཡིན་ནམ། བསམ་གཏན་གྱི་ཕ་རོལ་ཏུ་ཕྱིན་པ་འགག་པར་བྱ་བའི་ཕྱིར་སློབ་ན། རྣམ་པ་ཐམས་ཅད་མཁྱེན་པ་ཉིད་དུ་སློབ་པ་ཡིན་ནམ། བསམ་གཏན་གྱི་ཕ་རོལ་ཏུ་ཕྱིན་པ་མི་སྐྱེ་བར་བྱ་བའི་ཕྱིར་སློབ་ན། རྣམ་པ་ཐམས་ཅད་མཁྱེན་པ་ཉིད་དུ་སློབ་པ་ཡིན་ནམ། ཤེས་རབ་ཀྱི་ཕ་རོལ་ཏུ་ཕྱིན་པ་ཟད་པར་བྱ་བའི་ཕྱིར་སློབ་ན། རྣམ་པ་ཐམས་ཅད་མཁྱེན་པ་ཉིད་དུ་སློབ་པ་ཡིན་ནམ། ཤེས་རབ་ཀྱི་ཕ་རོལ་ཏུ་ཕྱིན་པ་འདོད་ཆགས་དང་བྲལ་བར་བྱ་བའི་ཕྱིར་སློབ་ན། རྣམ་པ་ཐམས་ཅད་མཁྱེན་པ་ཉིད་དུ་སློབ་པ་ཡིན་ནམ། ཤེས་རབ་ཀྱི་ཕ་རོལ་ཏུ་ཕྱིན་པ་འགག་པར་བྱ་བའི་ཕྱིར་སློབ་ན། རྣམ་པ་ཐམས་ཅད་མཁྱེན་པ་ཉིད་དུ་སློབ་པ་ཡིན་ནམ། ཤེས་རབ་ཀྱི་ཕ་རོལ་ཏུ་ཕྱིན་པ་མི་སྐྱེ་བར་བྱ་བའི་ཕྱིར་སློབ་ན། རྣམ་པ་ཐམས་ཅད་མཁྱེན་པ་ཉིད་དུ་སློབ་པ་ཡིན་ནམ། ནང་སྟོང་པ་ཉིད་ཟད་པར་བྱ་བའི་ཕྱིར་སློབ་ན། རྣམ་པ་ཐམས་ཅད་མཁྱེན་པ་ཉིད་དུ་སློབ་པ་ཡིན་ནམ། ནང་སྟོང་པ་ཉིད་འདོད་ཆགས་དང་བྲལ་བར་བྱ་བའི་ཕྱིར་སློབ་ན། རྣམ་པ་ཐམས་ཅད་མཁྱེན་པ་ཉིད་དུ་སློབ་པ་ཡིན་ནམ། ནང་སྟོང་པ་ཉིད་འགག་པར་བྱ་བའི་ཕྱིར་སློབ་ན། རྣམ་པ་ཐམས་ཅད་མཁྱེན་པ་ཉིད་དུ་སློབ་པ་ཡིན་ནམ། ནང་སྟོང་པ་ཉིད་མི་སྐྱེ་བར་བྱ་བའི་ཕྱིར་སློབ་ན། རྣམ་པ་ཐམས་ཅད་མཁྱེན་པ་ཉིད་དུ་སློབ་པ་ཡིན་ནམ། ཕྱི་སྟོང་པ་ཉིད་ཟད་པར་བྱ་བའི་ཕྱིར་སློབ་ན། རྣམ་པ་ཐམས་ཅད་མཁྱེན་པ་ཉིད་དུ་སློབ་པ་ཡིན་ནམ། ཕྱི་སྟོང་པ་ཉིད་འདོད་ཆགས་དང་བྲལ་བར་བྱ་བའི་ཕྱིར་སློབ་ན། རྣམ་པ་ཐམས་ཅད་མཁྱེན་པ་ཉིད་དུ་སློབ་པ་ཡིན་ནམ། ཕྱི་སྟོང་པ་ཉིད་འགག་པར་བྱ་བའི་ཕྱིར་སློབ་ན། རྣམ་པ་

ཐམས་ཅད་མཁྱེན་པ་ཉིད་དུ་སྨོན་པ་ཡིན་ནམ། ཕྱི་སྟོང་པ་ཉིད་མི་སྐྱེ་བར་བྱ་བའི་ཕྱིར་སྨོན་ན། རྣམ་པ་ཐམས་ཅད་མཁྱེན་པ་ཉིད་དུ་སྨོན་པ་ཡིན་ནམ། ཕྱི་ནང་སྟོང་པ་ཉིད་ཟད་པར་བྱ་བའི་ཕྱིར་སྨོན་ན། རྣམ་པ་ཐམས་ཅད་མཁྱེན་པ་ཉིད་དུ་སྨོན་པ་ཡིན་ནམ། ཕྱི་ནང་སྟོང་པ་ཉིད་འདོད་ཆགས་དང་བྲལ་བར་བྱ་བའི་ཕྱིར་སྨོན་ན། རྣམ་པ་ཐམས་ཅད་མཁྱེན་པ་ཉིད་དུ་སྨོན་པ་ཡིན་ནམ། ཕྱི་ནང་སྟོང་པ་ཉིད་འགག་པར་བྱ་བའི་ཕྱིར་སྨོན་ན། རྣམ་པ་ཐམས་ཅད་མཁྱེན་པ་ཉིད་དུ་སྨོན་པ་ཡིན་ནམ། ཕྱི་ནང་སྟོང་པ་ཉིད་མི་སྐྱེ་བར་བྱ་བའི་ཕྱིར་སྨོན་ན། རྣམ་པ་ཐམས་ཅད་མཁྱེན་པ་ཉིད་དུ་སྨོན་པ་ཡིན་ནམ། སྟོང་པ་ཉིད་སྟོང་པ་ཉིད་ཟད་པར་བྱ་བའི་ཕྱིར་སྨོན་ན། རྣམ་པ་ཐམས་ཅད་མཁྱེན་པ་ཉིད་དུ་སྨོན་པ་ཡིན་ནམ། སྟོང་པ་ཉིད་སྟོང་པ་ཉིད་འདོད་ཆགས་དང་བྲལ་བར་བྱ་བའི་ཕྱིར་[2]སྨོན་ན། རྣམ་པ་ཐམས་ཅད་མཁྱེན་པ་ཉིད་དུ་སྨོན་པ་ཡིན་ནམ། སྟོང་པ་ཉིད་སྟོང་པ་ཉིད་འགག་པར་བྱ་བའི་ཕྱིར་སྨོན་ན། རྣམ་པ་ཐམས་ཅད་མཁྱེན་པ་ཉིད་དུ་སྨོན་པ་ཡིན་[1]ནམ། སྟོང་པ་ཉིད་སྟོང་པ་ཉིད་མི་སྐྱེ་བར་བྱ་བའི་ཕྱིར་སྨོན་ན། རྣམ་པ་ཐམས་ཅད་མཁྱེན་པ་ཉིད་དུ་སྨོན་པ་ཡིན་ནམ། ཆེན་པོ་སྟོང་པ་ཉིད་ཟད་པར་བྱ་བའི་ཕྱིར་སྨོན་ན། རྣམ་པ་ཐམས་ཅད་མཁྱེན་པ་ཉིད་དུ་སྨོན་པ་ཡིན་ནམ། ཆེན་པོ་སྟོང་པ་ཉིད་འདོད་ཆགས་དང་བྲལ་བར་བྱ་བའི་ཕྱིར་སྨོན་ན། རྣམ་པ་ཐམས་ཅད་མཁྱེན་པ་ཉིད་དུ་སྨོན་པ་ཡིན་ནམ། ཆེན་པོ་སྟོང་པ་ཉིད་འགག་པར་བྱ་བའི་ཕྱིར་སྨོན་ན། རྣམ་པ་ཐམས་ཅད་མཁྱེན་པ་ཉིད་དུ་སྨོན་པ་ཡིན་ནམ། ཆེན་པོ་སྟོང་པ་ཉིད་མི་སྐྱེ་བར་བྱ་བའི་ཕྱིར་སྨོན་ན། རྣམ་པ་ཐམས་ཅད་མཁྱེན་པ་ཉིད་དུ་སྨོན་པ་ཡིན་ནམ། དོན་དམ་པ་སྟོང་པ་ཉིད་ཟད་པར་བྱ་བའི་ཕྱིར་སྨོན་ན། རྣམ་པ་ཐམས་ཅད་མཁྱེན་པ་ཉིད་དུ་སྨོན་པ་ཡིན་ནམ། དོན་དམ་པ་

སྟོང་པ་ཉིད་འདོད་ཆགས་དང་བྲལ་བར་བྱ་བའི་ཕྱིར་སློབ་ན། རྣམ་པ་ཐམས་ཅད་མཁྱེན་པ་ཉིད་དུ་སློབ་པ་ཡིན་ནམ། དོན་དམ་པ་སྟོང་པ་ཉིད་འགག་པར་བྱ་བའི་ཕྱིར་སློབ་ན། རྣམ་པ་ཐམས་ཅད་མཁྱེན་པ་ཉིད་དུ་སློབ་པ་ཡིན་ནམ། དོན་དམ་པ་སྟོང་པ་ཉིད་མི་སྐྱེ་བར་བྱ་བའི་ཕྱིར་སློབ་ན། རྣམ་པ་ཐམས་ཅད་མཁྱེན་པ་ཉིད་དུ་སློབ་པ་ཡིན་ནམ། འདུས་བྱས་སྟོང་པ་ཉིད་ཟད་པར་བྱ་བའི་ཕྱིར་སློབ་ན། རྣམ་པ་ཐམས་ཅད་མཁྱེན་པ་ཉིད་དུ་སློབ་པ་ཡིན་ནམ། འདུས་བྱས་སྟོང་པ་ཉིད་འདོད་ཆགས་དང་བྲལ་བར་བྱ་བའི་ཕྱིར་སློབ་ན། རྣམ་པ་ཐམས་ཅད་མཁྱེན་པ་ཉིད་དུ་སློབ་པ་ཡིན་ནམ། འདུས་བྱས་སྟོང་པ་ཉིད་འགག་པར་བྱ་བའི་ཕྱིར་སློབ་ན། རྣམ་པ་ཐམས་ཅད་མཁྱེན་པ་ཉིད་དུ་སློབ་པ་ཡིན་ནམ། འདུས་བྱས་སྟོང་པ་ཉིད་མྱི་སྐྱེ་བར་བྱ་བའི་ཕྱིར་སློབ་ན། རྣམ་པ་ཐམས་ཅད་མཁྱེན་པ་ཉིད་དུ་སློབ་པ་ཡིན་ནམ། འདུས་མ་བྱས་སྟོང་པ་ཉིད་ཟད་པར་བྱ་བའི་ཕྱིར་སློབ་ན། རྣམ་པ་ཐམས་ཅད་མཁྱེན་པ་ཉིད་དུ་སློབ་པ་ཡིན་ནམ། འདུས་མ་བྱས་སྟོང་པ་ཉིད་འདོད་ཆགས་དང་བྲལ་བར་བྱ་བའི་ཕྱིར་སློབ་ན། རྣམ་པ་ཐམས་ཅད་མཁྱེན་པ་ཉིད་དུ་སློབ་པ་ཡིན་ནམ། འདུས་མ་བྱས་སྟོང་པ་ཉིད་འགག་པར་བྱ་བའི་ཕྱིར་སློབ་ན། རྣམ་པ་ཐམས་ཅད་མཁྱེན་པ་ཉིད་དུ་སློབ་པ་ཡིན་ནམ། འདུས་མ་བྱས་སྟོང་པ་ཉིད་མྱི་སྐྱེ་བར་བྱ་བའི་ཕྱིར་སློབ་ན། རྣམ་པ་ཐམས་ཅད་མཁྱེན་པ་ཉིད་དུ་སློབ་པ་ཡིན་ནམ། མཐའ་ལས་འདས་པ་སྟོང་པ་ཉིད་ཟད་པར་བྱ་བའི་ཕྱིར་སློབ་ན། རྣམ་པ་ཐམས་ཅད་མཁྱེན་པ་ཉིད་དུ་སློབ་པ་ཡིན་ནམ། མཐའ་ལས་འདས་པ་སྟོང་པ་ཉིད་འདོད་ཆགས་དང་བྲལ་བར་བྱ་བའི་ཕྱིར་སློབ་ན། རྣམ་པ་ཐམས་ཅད་མཁྱེན་པ་ཉིད་དུ་སློབ་པ་ཡིན་ནམ། མཐའ་ལས་འདས་པ་སྟོང་པ་ཉིད་འགག་པར་བྱ་བའི་ཕྱིར་སློབ་ན། རྣམ་པ་

ཐམས་ཅད་ མཁྱེན་པ་ཉིད་དུ་སྨོན་པ་ཡིན་ནམ། མཐའ་ལས་འདས་པ་སྟོང་པ་ཉིད་མི་སྐྱེ་བར་བྱ་བའི་ཕྱིར་སྨོན་ན། རྣམ་པ་ཐམས་ཅད་མཁྱེན་པ་ཉིད་དུ་སྨོན་པ་ཡིན་ནམ། ཐོག་མ་དང་ཐ་མ་མེད་པ་སྟོང་པ་ཉིད་ཟད་པར་བྱ་བའི་ཕྱིར་སྨོན་ན། རྣམ་པ་ཐམས་ཅད་མཁྱེན་པ་ཉིད་དུ་སྨོན་པ་ཡིན་ནམ། ཐོག་མ་དང་ཐ་མ་མེད་པ་སྟོང་པ་ཉིད་འདོད་ཆགས་དང་བྲལ་བར་བྱ་བའི་ཕྱིར་སྨོན་ན། རྣམ་པ་ཐམས་ཅད་མཁྱེན་པ་ཉིད་དུ་སྨོན་པ་ཡིན་ནམ། ཐོག་མ་དང་ཐ་མ་མེད་པ་སྟོང་པ་ཉིད་འགག་པར་བྱ་བའི་ཕྱིར་སྨོན་ན། རྣམ་པ་ཐམས་ཅད་མཁྱེན་པ་ཉིད་དུ་སྨོན་པ་ཡིན་ནམ། ཐོག་མ་དང་ཐ་མ་མེད་པ་སྟོང་པ་ཉིད་མི་སྐྱེ་བར་བྱ་བའི་ཕྱིར་སྨོན་ན། རྣམ་པ་ཐམས་ཅད་མཁྱེན་པ་ཉིད་དུ་སྨོན་པ་ཡིན་ནམ། དོར་བ་མེད་པ་སྟོང་པ་ཉིད་ཟད་པར་བྱ་བའི་ཕྱིར་སྨོན་ན། རྣམ་པ་ཐམས་ཅད་མཁྱེན་པ་ཉིད་དུ་སྨོན་པ་ཡིན་ནམ། དོར་བ་མེད་པ་སྟོང་པ་ཉིད་འདོད་ཆགས་དང་བྲལ་བར་བྱ་བའི་ཕྱིར་སྨོན་ན། རྣམ་པ་ཐམས་ཅད་མཁྱེན་པ་ཉིད་དུ་སྨོན་པ་ཡིན་ནམ། དོར་བ་མེད་པ་སྟོང་པ་ཉིད་འགག་པར་བྱ་བའི་ཕྱིར་སྨོན་ན། རྣམ་པ་ཐམས་ཅད་མཁྱེན་པ་ཉིད་དུ་སྨོན་པ་ཡིན་ནམ། དོར་བ་མེད་པ་སྟོང་པ་ཉིད་མི་སྐྱེ་བར་བྱ་བའི་ཕྱིར་སྨོན་ན། རྣམ་པ་ཐམས་ཅད་མཁྱེན་པ་ཉིད་དུ་སྨོན་པ་ཡིན་ནམ། རང་བཞིན་སྟོང་པ་ཉིད་ཟད་པར་བྱ་བའི་ཕྱིར་སྨོན་ན། རྣམ་པ་ཐམས་ཅད་མཁྱེན་པ་ཉིད་དུ་སྨོན་པ་ཡིན་ནམ། རང་བཞིན་སྟོང་པ་ཉིད་འདོད་ཆགས་དང་བྲལ་བར་བྱ་བའི་ཕྱིར་སྨོན་ན། རྣམ་པ་ཐམས་ཅད་མཁྱེན་པ་ཉིད་དུ་སྨོན་པ་ཡིན་ནམ། རང་བཞིན་སྟོང་པ་ཉིད་འགག་པར་བྱ་བའི་ཕྱིར་སྨོན་ན། རྣམ་པ་ཐམས་ཅད་མཁྱེན་པ་ཉིད་དུ་སྨོན་པ་ཡིན་ནམ། རང་བཞིན་སྟོང་པ་ཉིད་མི་སྐྱེ་བར་བྱ་བའི་ཕྱིར་སྨོན་ན། རྣམ་པ་ཐམས་ཅད་མཁྱེན་པ་ཉིད་དུ་སྨོན་པ་ཡིན་ནམ།

ཆོས་ཐམས་ཅད་སྟོང་པ་ཉིད་ཟད་པར་བྱ་བའི་ཕྱིར་སློབ་ན། རྣམ་པ་ཐམས་ཅད་མཁྱེན་པ་ཉིད་དུ་སློབ་པ་ཡིན་ནམ། ཆོས་ཐམས་ཅད་སྟོང་པ་ཉིད་འདོད་ཆགས་དང་བྲལ་བར་བྱ་བའི་ཕྱིར་སློབ་ན། རྣམ་པ་ཐམས་ཅད་མཁྱེན་པ་ཉིད་དུ་སློབ་པ་ཡིན་ནམ། ཆོས་ཐམས་ཅད་སྟོང་པ་ཉིད་འགག་པར་བྱ་བའི་ཕྱིར་སློབ་ན། རྣམ་པ་ཐམས་ཅད་མཁྱེན་པ་ཉིད་དུ་སློབ་པ་ཡིན་ནམ། ཆོས་ཐམས་ཅད་སྟོང་པ་ཉིད་མི་སྐྱེ་བར་བྱ་བའི་ཕྱིར་སློབ་ན། རྣམ་པ་ཐམས་ཅད་མཁྱེན་པ་ཉིད་དུ་སློབ་པ་ཡིན་ནམ། རང་གི་མཚན་ཉིད་སྟོང་པ་ཉིད་ཟད་པར་བྱ་བའི་ཕྱིར་སློབ་ན། རྣམ་པ་ཐམས་ཅད་མཁྱེན་པ་ཉིད་དུ་སློབ་པ་ཡིན་ནམ། རང་གི་མཚན་ཉིད་སྟོང་པ་ཉིད་འདོད་ཆགས་དང་བྲལ་བར་བྱ་བའི་ཕྱིར་སློབ་ན། རྣམ་པ་ཐམས་ཅད་མཁྱེན་པ་ཉིད་དུ་སློབ་པ་ཡིན་ནམ། རང་གི་མཚན་ཉིད་སྟོང་པ་ཉིད་འགག་པར་བྱ་བའི་ཕྱིར་སློབ་ན། རྣམ་པ་ཐམས་ཅད་མཁྱེན་པ་ཉིད་དུ་སློབ་པ་ཡིན་ནམ། རང་གི་མཚན་ཉིད་སྟོང་པ་ཉིད་མི་སྐྱེ་བར་བྱ་བའི་ཕྱིར་སློབ་ན། རྣམ་པ་ཐམས་ཅད་མཁྱེན་པ་ཉིད་དུ་སློབ་པ་ཡིན་ནམ། མི་དམིགས་པ་སྟོང་པ་ཉིད་ཟད་པར་བྱ་བའི་ཕྱིར་སློབ་ན། རྣམ་པ་ཐམས་ཅད་མཁྱེན་པ་ཉིད་དུ་སློབ་པ་ཡིན་ནམ། མི་དམིགས་པ་སྟོང་པ་ཉིད་འདོད་ཆགས་དང་བྲལ་བར་བྱ་བའི་ཕྱིར་སློབ་ན། རྣམ་པ་ཐམས་ཅད་མཁྱེན་པ་ཉིད་དུ་སློབ་པ་ཡིན་ནམ། མི་དམིགས་པ་སྟོང་པ་ཉིད་འགག་པར་བྱ་བའི་ཕྱིར་སློབ་ན། རྣམ་པ་ཐམས་ཅད་མཁྱེན་པ་ཉིད་དུ་སློབ་པ་ཡིན་ནམ། མི་དམིགས་པ་སྟོང་པ་ཉིད་མི་སྐྱེ་བར་བྱ་བའི་ཕྱིར་སློབ་ན། རྣམ་པ་ཐམས་ཅད་མཁྱེན་པ་ཉིད་དུ་སློབ་པ་ཡིན་ནམ། དངོས་པོ་མེད་པ་སྟོང་པ་ཉིད་ཟད་པར་བྱ་བའི་ཕྱིར་སློབ་ན། རྣམ་པ་ཐམས་ཅད་མཁྱེན་པ་ཉིད་དུ་སློབ་པ་ཡིན་ནམ། དངོས་པོ་མེད་པ་སྟོང་པ་ཉིད་འདོད་ཆགས་དང་བྲལ་བར་བྱ་བའི་ཕྱིར་

སློབ་ན། རྣམ་པ་ཐམས་ཅད་མཁྱེན་པ་ཉིད་དུ་སློབ་པ་ཡིན་ནམ། དངོས་པོ་མེད་པ་སྟོང་པ་ཉིད་འགག་པར་བྱ་བའི་ཕྱིར་སློབ་ན། རྣམ་པ་ཐམས་ཅད་མཁྱེན་པ་ཉིད་དུ་སློབ་པ་ཡིན་ནམ། དངོས་པོ་མེད་པ་སྟོང་པ་ཉིད་མི་སྐྱེ་བར་བྱ་བའི་ཕྱིར་སློབ་ན། རྣམ་པ་ཐམས་ཅད་མཁྱེན་པ་ཉིད་དུ་སློབ་པ་ཡིན་ནམ། ངོ་བོ་ཉིད་སྟོང་པ་ཉིད་ཟད་པར་བྱ་བའི་ཕྱིར་སློབ་ན། རྣམ་པ་ཐམས་ཅད་མཁྱེན་པ་ཉིད་དུ་སློབ་པ་ཡིན་ནམ། ངོ་བོ་ཉིད་སྟོང་པ་ཉིད་འདོད་ཆགས་དང་བྲལ་བར་བྱ་བའི་ཕྱིར་སློབ་ན། རྣམ་པ་ཐམས་ཅད་མཁྱེན་པ་ཉིད་དུ་སློབ་པ་ཡིན་ནམ། ངོ་བོ་ཉིད་སྟོང་པ་ཉིད་འགག་པར་བྱ་བའི་ཕྱིར་སློབ་ན། རྣམ་པ་ཐམས་ཅད་མཁྱེན་པ་ཉིད་དུ་སློབ་པ་ཡིན་ནམ། ངོ་བོ་ཉིད་སྟོང་པ་ཉིད་མི་སྐྱེ་བར་བྱ་བའི་ཕྱིར་སློབ་ན། རྣམ་པ་ཐམས་ཅད་མཁྱེན་པ་ཉིད་དུ་སློབ་པ་ཡིན་ནམ། དངོས་པོ་མེད་པའི་ངོ་བོ་ཉིད་སྟོང་པ་ཉིད་ཟད་པར་བྱ་བའི་ཕྱིར་སློབ་ན། རྣམ་པ་ཐམས་ཅད་མཁྱེན་པ་ཉིད་དུ་སློབ་པ་ཡིན་ནམ། དངོས་པོ་མེད་པའི་ངོ་བོ་ཉིད་སྟོང་པ་ཉིད་འདོད་ཆགས་དང་བྲལ་བར་བྱ་བའི་ཕྱིར་སློབ་ན། རྣམ་པ་ཐམས་ཅད་མཁྱེན་པ་ཉིད་དུ་སློབ་པ་ཡིན་ནམ། དངོས་པོ་མེད་པའི་ངོ་བོ་ཉིད་སྟོང་པ་ཉིད་འགག་པར་བྱ་བའི་ཕྱིར་སློབ་ན། རྣམ་པ་ཐམས་ཅད་མཁྱེན་པ་ཉིད་དུ་སློབ་པ་ཡིན་ནམ། དངོས་པོ་མེད་པའི་ངོ་བོ་ཉིད་སྟོང་པ་ཉིད་མི་སྐྱེ་བར་བྱ་བའི་ཕྱིར་སློབ་ན། རྣམ་པ་ཐམས་ཅད་མཁྱེན་པ་ཉིད་དུ་སློབ་པ་ཡིན་ནམ། དྲན་པ་ཉེ་བར་གཞག་པ་བཞི་ཟད་པར་བྱ་བའི་ཕྱིར་སློབ་ན། རྣམ་པ་ཐམས་ཅད་མཁྱེན་པ་ཉིད་དུ་སློབ་པ་ཡིན་ནམ། དྲན་པ་ཉེ་བར་གཞག་པ་བཞི་འདོད་ཆགས་དང་བྲལ་བར་བྱ་བའི་ཕྱིར་སློབ་ན། རྣམ་པ་ཐམས་ཅད་མཁྱེན་པ་ཉིད་དུ་སློབ་པ་ཡིན་ནམ། དྲན་པ་ཉེ་བར་གཞག་པ་བཞི་འགག་པར་བྱ་བའི་ཕྱིར་སློབ་ན། རྣམ་པ་ཐམས་

ཅན་མཁྱེན་པ་ཉིད་དུ་སློབ་པ་ཡིན་ནམ། དྲན་པ་ཉེ་བར་གཞག་པ་བཞི་མི་སྐྱེ་བར་བྱ་བའི་ཕྱིར་སློབ་ན། རྣམ་པ་ཐམས་ཅད་མཁྱེན་པ་ཉིད་དུ་སློབ་པ་ཡིན་ནམ། ཡང་དག་པར་སྤོང་བ་བཞི་ཟད་པར་བྱ་བའི་ཕྱིར་སློབ་ན། རྣམ་པ་ཐམས་ཅད་མཁྱེན་པ་ཉིད་དུ་སློབ་པ་ཡིན་ནམ། ཡང་དག་པར་སྤོང་བ་བཞི་འདོད་ཆགས་དང་བྲལ་བར་བྱ་བའི་ཕྱིར་སློབ་ན། རྣམ་པ་ཐམས་ཅད་མཁྱེན་པ་ཉིད་དུ་སློབ་པ་ཡིན་ནམ། ཡང་དག་པར་སྤོང་བ་བཞི་འགག་པར་བྱ་བའི་ཕྱིར་སློབ་ན། རྣམ་པ་ཐམས་ཅད་མཁྱེན་པ་ཉིད་དུ་སློབ་པ་ཡིན་ནམ། ཡང་དག་པར་སྤོང་བ་བཞི་མི་སྐྱེ་བར་བྱ་བའི་ཕྱིར་སློབ་ན། རྣམ་པ་ཐམས་ཅད་མཁྱེན་པ་ཉིད་དུ་སློབ་པ་ཡིན་ནམ། རྫུ་འཕྲུལ་གྱི་རྐང་པ་བཞི་ཟད་པར་བྱ་བའི་ཕྱིར་སློབ་ན། རྣམ་པ་ཐམས་ཅད་མཁྱེན་པ་ཉིད་དུ་སློབ་པ་ཡིན་ནམ། རྫུ་འཕྲུལ་གྱི་རྐང་པ་བཞི་འདོད་ཆགས་དང་བྲལ་བར་བྱ་བའི་ཕྱིར་སློབ་ན། རྣམ་པ་ཐམས་ཅད་མཁྱེན་པ་ཉིད་དུ་སློབ་པ་ཡིན་ནམ། རྫུ་འཕྲུལ་གྱི་རྐང་པ་བཞི་འགག་པར་བྱ་བའི་ཕྱིར་སློབ་ན། རྣམ་པ་ཐམས་ཅད་མཁྱེན་པ་ཉིད་དུ་སློབ་པ་ཡིན་ནམ། རྫུ་འཕྲུལ་གྱི་རྐང་པ་བཞི་མི་སྐྱེ་བར་བྱ་བའི་ཕྱིར་སློབ་ན། རྣམ་པ་ཐམས་ཅད་མཁྱེན་པ་ཉིད་དུ་སློབ་པ་ཡིན་ནམ། དབང་པོ་ལྔ་ཟད་པར་བྱ་བའི་ཕྱིར་སློབ་ན། རྣམ་པ་ཐམས་ཅད་མཁྱེན་པ་ཉིད་དུ་སློབ་པ་ཡིན་ནམ། དབང་པོ་ལྔ་འདོད་ཆགས་དང་བྲལ་བར་བྱ་བའི་ཕྱིར་སློབ་ན། རྣམ་པ་ཐམས་ཅད་མཁྱེན་པ་ཉིད་དུ་སློབ་པ་ཡིན་ནམ། དབང་པོ་ལྔ་འགག་པར་བྱ་བའི་ཕྱིར་སློབ་ན། རྣམ་པ་ཐམས་ཅད་མཁྱེན་པ་ཉིད་དུ་སློབ་པ་ཡིན་ནམ། དབང་པོ་ལྔ་མི་སྐྱེ་བར་བྱ་བའི་ཕྱིར་སློབ་ན། རྣམ་པ་ཐམས་ཅད་མཁྱེན་པ་ཉིད་དུ་སློབ་པ་ཡིན་ནམ། སྟོབས་ལྔ་ཟད་པར་བྱ་བའི་ཕྱིར་སློབ་ན། རྣམ་པ་ཐམས་ཅད་མཁྱེན་པ་ཉིད་དུ་སློབ་པ་ཡིན་ནམ། སྟོབས་ལྔ་

འདོད་ཆགས་དང་བྲལ་བར་བྱ་བའི་ཕྱིར་སློབ་ན། རྣམ་པ་ཐམས་ཅད་མཁྱེན་པ་ཉིད་དུ་སློབ་པ་ཡིན་ནམ། སྟོབས་ལྔ་འགག་པར་བྱ་བའི་ཕྱིར་སློབ་ན། རྣམ་པ་ཐམས་ཅད་མཁྱེན་པ་ཉིད་དུ་སློབ་པ་ཡིན་ནམ། སྟོབས་ལྔ་མི་སྐྱེ་བར་བྱ་བའི་ཕྱིར་སློབ་ན། རྣམ་པ་ཐམས་ཅད་མཁྱེན་པ་ཉིད་དུ་སློབ་པ་ཡིན་ནམ། བྱང་ཆུབ་ཀྱི་ཡན་ལག་བདུན་ཟད་པར་བྱ་བའི་ཕྱིར་སློབ་ན། རྣམ་པ་ཐམས་ཅད་མཁྱེན་པ་ཉིད་དུ་སློབ་པ་ཡིན་ནམ། བྱང་ཆུབ་ཀྱི་ཡན་ལག་བདུན་འདོད་ཆགས་དང་བྲལ་བར་བྱ་བའི་ཕྱིར་སློབ་ན། རྣམ་པ་ཐམས་ཅད་མཁྱེན་པ་ཉིད་དུ་སློབ་པ་ཡིན་ནམ། བྱང་ཆུབ་ཀྱི་ཡན་ལག་བདུན་འགག་པར་བྱ་བའི་ཕྱིར་སློབ་ན། རྣམ་པ་ཐམས་ཅད་མཁྱེན་པ་ཉིད་དུ་སློབ་པ་ཡིན་ནམ། བྱང་ཆུབ་ཀྱི་ཡན་ལག་བདུན་མི་སྐྱེ་བར་བྱ་བའི་ཕྱིར་སློབ་ན། རྣམ་པ་ཐམས་ཅད་མཁྱེན་པ་ཉིད་དུ་སློབ་པ་ཡིན་ནམ། འཕགས་པའི་ལམ་ཡན་ལག་བརྒྱད་པ་ཟད་པར་བྱ་བའི་ཕྱིར་སློབ་ན། རྣམ་པ་ཐམས་ཅད་མཁྱེན་པ་ཉིད་དུ་སློབ་པ་ཡིན་ནམ། འཕགས་པའི་ལམ་ཡན་ལག་བརྒྱད་པ་འདོད་ཆགས་དང་བྲལ་བར་བྱ་བའི་ཕྱིར་སློབ་ན། རྣམ་པ་ཐམས་ཅད་མཁྱེན་པ་ཉིད་དུ་སློབ་པ་ཡིན་ནམ། འཕགས་པའི་ལམ་ཡན་ལག་བརྒྱད་པ་འགག་པར་བྱ་བའི་ཕྱིར་སློབ་ན། རྣམ་པ་ཐམས་ཅད་མཁྱེན་པ་ཉིད་དུ་སློབ་པ་ཡིན་ནམ། འཕགས་པའི་ལམ་ཡན་ལག་བརྒྱད་པ་མི་སྐྱེ་བར་བྱ་བའི་ཕྱིར་སློབ་ན། རྣམ་པ་ཐམས་ཅད་མཁྱེན་པ་ཉིད་དུ་སློབ་པ་ཡིན་ནམ། འཕགས་པའི་བདེན་པ་བཞི་ཟད་པར་བྱ་བའི་ཕྱིར་སློབ་ན། རྣམ་པ་ཐམས་ཅད་མཁྱེན་པ་ཉིད་དུ་སློབ་པ་ཡིན་ནམ། འཕགས་པའི་བདེན་པ་བཞི་འདོད་ཆགས་དང་བྲལ་བར་བྱ་བའི་ཕྱིར་སློབ་ན། རྣམ་པ་ཐམས་ཅད་མཁྱེན་པ་ཉིད་དུ་སློབ་པ་ཡིན་ནམ། འཕགས་པའི་བདེན་པ་བཞི་འགག་པར་བྱ་བའི་ཕྱིར་སློབ་ན།

རྣམ་པ་ཐམས་ཅད་མཁྱེན་པ་ཉིད་དུ་སྨོན་པ་ཡིན་ནམ། འཕགས་པའི་བདེན་པ་བཞི་མི་སྐྱེ་བར་བྱ་བའི་ཕྱིར་སྨོན་ན། རྣམ་པ་ཐམས་ཅད་མཁྱེན་པ་ཉིད་དུ་སྨོན་པ་ཡིན་ནམ། བསམ་གཏན་བཞི་ཟད་པར་བྱ་བའི་ཕྱིར་སྨོན་ན། རྣམ་པ་ཐམས་ཅད་མཁྱེན་པ་ཉིད་དུ་སྨོན་པ་ཡིན་ནམ། བསམ་གཏན་བཞི་འདོད་ཆགས་དང་བྲལ་བར་བྱ་བའི་ཕྱིར་སྨོན་ན། རྣམ་པ་ཐམས་ཅད་མཁྱེན་པ་ཉིད་དུ་སྨོན་པ་ཡིན་ནམ། བསམ་གཏན་བཞི་འགག་པར་བྱ་བའི་ཕྱིར་སྨོན་ན། རྣམ་པ་ཐམས་ཅད་མཁྱེན་པ་ཉིད་དུ་སྨོན་པ་ཡིན་ནམ། བསམ་གཏན་བཞི་མི་སྐྱེ་བར་བྱ་བའི་ཕྱིར་སྨོན་ན། རྣམ་པ་ཐམས་ཅད་མཁྱེན་པ་ཉིད་དུ་སྨོན་པ་ཡིན་ནམ། ཚད་མེད་པ་བཞི་ཟད་པར་བྱ་བའི་ཕྱིར་སྨོན་ན། རྣམ་པ་ཐམས་ཅད་མཁྱེན་པ་ཉིད་དུ་སྨོན་པ་ཡིན་ནམ། ཚད་མེད་པ་བཞི་འདོད་ཆགས་དང་བྲལ་བར་བྱ་བའི་ཕྱིར་སྨོན་ན། རྣམ་པ་ཐམས་ཅད་མཁྱེན་པ་ཉིད་དུ་སྨོན་པ་ཡིན་ནམ། ཚད་མེད་པ་བཞི་འགག་པར་བྱ་བའི་ཕྱིར་སྨོན་ན། རྣམ་པ་ཐམས་ཅད་མཁྱེན་པ་ཉིད་དུ་སྨོན་པ་ཡིན་ནམ། ཚད་མེད་པ་བཞི་མི་སྐྱེ་བར་བྱ་བའི་ཕྱིར་སྨོན་ན། རྣམ་པ་ཐམས་ཅད་མཁྱེན་པ་ཉིད་དུ་སྨོན་པ་ཡིན་ནམ། གཟུགས་མེད་པའི་སྙོམས་པར་འཇུག་པ་བཞི་ཟད་པར་བྱ་བའི་ཕྱིར་སྨོན་ན། རྣམ་པ་ཐམས་ཅད་མཁྱེན་པ་ཉིད་དུ་སྨོན་པ་ཡིན་ནམ། གཟུགས་མེད་པའི་སྙོམས་པར་འཇུག་པ་བཞི་འདོད་ཆགས་དང་བྲལ་བར་བྱ་བའི་ཕྱིར་སྨོན་ན། རྣམ་པ་ཐམས་ཅད་མཁྱེན་པ་ཉིད་དུ་སྨོན་པ་ཡིན་ནམ། གཟུགས་མེད་པའི་སྙོམས་པར་འཇུག་པ་བཞི་འགག་པར་བྱ་བའི་ཕྱིར་སྨོན་ན། རྣམ་པ་ཐམས་ཅད་མཁྱེན་པ་ཉིད་དུ་སྨོན་པ་ཡིན་ནམ། གཟུགས་མེད་པའི་སྙོམས་པར་འཇུག་པ་བཞི་མི་སྐྱེ་བར་བྱ་བའི་ཕྱིར་སྨོན་ན། རྣམ་པ་ཐམས་ཅད་མཁྱེན་པ་ཉིད་དུ་སྨོན་པ་ཡིན་ནམ། རྣམ

པར་ཐར་པ་[1]བརྒྱད་ཟད་པར་བྱ་བའི་ཕྱིར་སློབ་ན། རྣམ་པ་ཐམས་ཅད་མཁྱེན་པ་ཉིད་དུ་སློབ་པ་ཡིན་ནམ། རྣམ་པར་ཐར་པ་བརྒྱད་འདོད་ཆགས་དང་བྲལ་བར་བྱ་བའི་ཕྱིར་སློབ་ན། རྣམ་པ་ཐམས་ཅད་མཁྱེན་པ་ཉིད་དུ་སློབ་པ་ཡིན་ནམ། རྣམ་པར་ཐར་པ་བརྒྱད་འགག་པར་བྱ་བའི་ཕྱིར་སློབ་ན། རྣམ་པ་ཐམས་ཅད་མཁྱེན་པ་ཉིད་དུ་སློབ་པ་ཡིན་ནམ། རྣམ་པར་ཐར་པ་བརྒྱད་མི་སྐྱེ་བར་བྱ་བའི་ཕྱིར་སློབ་ན། རྣམ་པ་ཐམས་ཅད་མཁྱེན་པ་ཉིད་དུ་སློབ་པ་ཡིན་ནམ། མཐར་གྱིས་གནས་པའི་སྙོམས་པར་འཇུག་པ་དགུ་ཟད་པར་བྱ་བའི་ཕྱིར་སློབ་ན། རྣམ་པ་ཐམས་ཅད་མཁྱེན་པ་ཉིད་དུ་སློབ་པ་ཡིན་ནམ། མཐར་གྱིས་གནས་པའི་སྙོམས་པར་འཇུག་པ་དགུ་འདོད་ཆགས་དང་བྲལ་བར་བྱ་བའི་ཕྱིར་སློབ་ན། རྣམ་པ་ཐམས་ཅད་མཁྱེན་པ་ཉིད་དུ་སློབ་པ་ཡིན་ནམ། མཐར་གྱིས་གནས་པའི་སྙོམས་པར་འཇུག་པ་དགུ་འགག་པར་བྱ་བའི་ཕྱིར་སློབ་ན། རྣམ་པ་ཐམས་ཅད་མཁྱེན་པ་ཉིད་དུ་སློབ་པ་ཡིན་ནམ། མཐར་གྱིས་གནས་པའི་སྙོམས་པར་འཇུག་པ་དགུ་མི་སྐྱེ་བར་བྱ་བའི་ཕྱིར་སློབ་ན། རྣམ་པ་ཐམས་ཅད་མཁྱེན་པ་ཉིད་དུ་སློབ་པ་ཡིན་ནམ། རྣམ་པར་ཐར་པའི་སྒོ་སྟོང་པ་ཉིད་དང་། མཚན་མ་མེད་པ་དང་། སྨོན་པ་མེད་པ་ཟད་པར་བྱ་བའི་ཕྱིར་སློབ་ན། རྣམ་པ་ཐམས་ཅད་མཁྱེན་པ་ཉིད་དུ་སློབ་པ་ཡིན་ནམ། རྣམ་པར་ཐར་པའི་སྒོ་སྟོང་པ་ཉིད་དང་། མཚན་མ་མེད་པ་དང་། སྨོན་པ་མེད་པ་འདོད་ཆགས་དང་བྲལ་བར་བྱ་བའི་ཕྱིར་སློབ་ན། རྣམ་པ་ཐམས་ཅད་མཁྱེན་པ་ཉིད་དུ་སློབ་པ་ཡིན་ནམ། རྣམ་པར་ཐར་པའི་སྒོ་སྟོང་པ་ཉིད་དང་། མཚན་མ་མེད་པ་དང་། སྨོན་པ་མེད་པ་འགག་པར་བྱ་བའི་ཕྱིར་སློབ་ན། རྣམ་པ་ཐམས་ཅད་མཁྱེན་པ་ཉིད་དུ་སློབ་པ་ཡིན་ནམ། རྣམ་པར་ཐར་པའི་སྒོ་སྟོང་པ་ཉིད་དང་། མཚན་མ་མེད་པ་དང་།

སྨོན་པ་མེད་པ་མི་སྐྱེ་བར་བྱ་བའི་ཕྱིར་སློབ་ན། རྣམ་པ་ཐམས་ཅད་མཁྱེན་པ་····
ཉིད་དུ་སློབ་པ་ཡིན་ནམ། མངོན་པར་ཤེས་པ་རྣམས་ཟད་པར་བྱ་བའི་ཕྱིར་སློབ་
ན། རྣམ་པ་ཐམས་ཅད་མཁྱེན་པ་ཉིད་དུ་སློབ་པ་ཡིན་ནམ། མངོན་པར·····
ཤེས་པ་རྣམས་འདོད་ཆགས་དང་བྲལ་བར་བྱ་བའི་ཕྱིར་སློབ་ན། རྣམ་པ་ཐམས་
ཅད་མཁྱེན་པ་ཉིད་དུ་སློབ་པ་ཡིན་ནམ། མངོན་པར་ཤེས་པ་རྣམས་འགག་པར་
བྱ་བའི་ཕྱིར་སློབ་ན། རྣམ་པ་ཐམས་ཅད་མཁྱེན་པ་ཉིད་དུ་སློབ་པ་ཡིན་ནམ།
མངོན་པར་ཤེས་པ་རྣམས་མི་སྐྱེ་བར་བྱ་བའི་ཕྱིར་སློབ་ན། རྣམ་པ་ཐམས་ཅད་
མཁྱེན་པ་ཉིད་དུ་སློབ་པ་ཡིན་ནམ། ཏིང་ངེ་འཛིན་རྣམས་ཟད་པར་བྱ་བའི་ཕྱིར་
སློབ་ན། རྣམ་པ་ཐམས་ཅད་མཁྱེན་པ་ཉིད་དུ་སློབ་པ་ཡིན་ནམ། ཏིང་ངེ་
འཛིན་རྣམས་འདོད་ཆགས་དང་བྲལ་བར་བྱ་བའི་ཕྱིར་སློབ་ན། རྣམ་པ་ཐམས··
ཅད་མཁྱེན་པ་ཉིད་དུ་སློབ་པ་ཡིན་ནམ། ཏིང་ངེ་འཛིན་རྣམས་འགག་པར་བྱ་
བའི་ཕྱིར་སློབ་ན། རྣམ་པ་ཐམས་ཅད་མཁྱེན་པ་ཉིད་དུ་སློབ་པ་ཡིན་ནམ།
ཏིང་ངེ་འཛིན་རྣམས་མི་སྐྱེ་བར་བྱ་བའི་ཕྱིར་སློབ་ན། རྣམ་པ་ཐམས་ཅད་མཁྱེན་
པ་①ཉིད་དུ་སློབ་པ་ཡིན་ནམ། གཟུངས་ཀྱི་སྒོ་རྣམས་ཟད་པར་བྱ་བའི་ཕྱིར་སློབ་
ན། རྣམ་པ་ཐམས་ཅད་མཁྱེན་པ་ཉིད་དུ་སློབ་པ་ཡིན་ནམ། གཟུངས་ཀྱི་སྒོ་
རྣམས་འདོད་ཆགས་དང་བྲལ་བར་བྱ་བའི་ཕྱིར་སློབ་ན། རྣམ་པ་ཐམས་ཅད་
མཁྱེན་པ་ཉིད་དུ་སློབ་པ་ཡིན་ནམ། གཟུངས་ཀྱི་སྒོ་རྣམས་འགག་པར་བྱ་བའི་②
ཕྱིར་སློབ་ན། རྣམ་པ་ཐམས་ཅད་མཁྱེན་པ་ཉིད་དུ་སློབ་པ་ཡིན་ནམ།
གཟུངས་ཀྱི་སྒོ་རྣམས་མི་སྐྱེ་བར་བྱ་བའི་ཕྱིར་སློབ་ན། རྣམ་པ་ཐམས་ཅད་མཁྱེན་
པ་ཉིད་དུ་སློབ་པ་ཡིན་ནམ། དེ་བཞིན་གཤེགས་པའི་སྟོབས་བཅུ་ཟད་པར་བྱ་
བའི་ཕྱིར་སློབ་ན། རྣམ་པ་ཐམས་ཅད་མཁྱེན་པ་ཉིད་དུ་སློབ་པ་ཡིན་ནམ③།

དེ་བཞིན་གཤེགས་པའི་སྟོབས་བཅུ་འདོད་ཆགས་དང་བྲལ་བར་བྱ་བའི་ཕྱིར་སློབ་ན། རྣམ་པ་ཐམས་ཅད་མཁྱེན་པ་ཉིད་དུ་སློབ་པ་ཡིན་ནམ། དེ་བཞིན་གཤེགས་པའི་སྟོབས་བཅུ་འགག་པར་བྱ་བའི་ཕྱིར་སློབ་ན། རྣམ་པ་[1]ཐམས་ཅད་མཁྱེན་པ་ཉིད་དུ་སློབ་པ་ཡིན་ནམ། དེ་བཞིན་གཤེགས་པའི་སྟོབས་བཅུ་མི་སྐྱེ་བར་བྱ་བའི་ཕྱིར་སློབ་ན། རྣམ་པ་ཐམས་ཅད་མཁྱེན་པ་ཉིད་དུ་སློབ་པ་ཡིན་ནམ། མི་འཇིགས་པ་བཞི་ཟད་པར་བྱ་བའི་ཕྱིར་སློབ་ན། རྣམ་པ་ཐམས་[2]ཅད་མཁྱེན་པ་ཉིད་དུ་སློབ་པ་ཡིན་ནམ། མི་འཇིགས་པ་བཞི་འདོད་ཆགས་དང་བྲལ་བར་བྱ་བའི་[3]ཕྱིར་སློབ་ན། རྣམ་པ་ཐམས་ཅད་མཁྱེན་པ་ཉིད་དུ་སློབ་པ་ཡིན་ནམ། མི་འཇིགས་པ་བཞི་འགག་པར་བྱ་བའི་ཕྱིར་སློབ་ན། རྣམ་པ་ཐམས་ཅད་མཁྱེན་པ་ཉིད་དུ་སློབ་པ་ཡིན་ནམ། མི་འཇིགས་པ་བཞི་མི་སྐྱེ་བར་བྱ་བའི་ཕྱིར་སློབ་ན། རྣམ་པ་ཐམས་ཅད་མཁྱེན་པ་ཉིད་དུ་སློབ་པ་ཡིན་ནམ། སོ་སོ་ཡང་དག་པར་རིག་པ་བཞི་ཟད་པར་བྱ་བའི་ཕྱིར་སློབ་ན། རྣམ་པ་ཐམས་ཅད་མཁྱེན་པ་ཉིད་དུ་སློབ་པ་ཡིན་ནམ། སོ་སོ་ཡང་དག་པར་[4]རིག་པ་བཞི་འདོད་ཆགས་དང་བྲལ་བར་བྱ་བའི་ཕྱིར་སློབ་ན། རྣམ་པ་ཐམས་ཅད་མཁྱེན་པ་ཉིད་དུ་སློབ་པ་ཡིན་ནམ། སོ་སོ་ཡང་དག་པར་རིག་པ་བཞི་འགག་པར་བྱ་བའི་ཕྱིར་སློབ་ན། རྣམ་པ་ཐམས་ཅད་མཁྱེན་པ་ཉིད་དུ་སློབ་པ་ཡིན་ནམ། སོ་སོ་ཡང་དག་པར་རིག་པ་བཞི་མི་སྐྱེ་བར་བྱ་བའི་ཕྱིར་སློབ་ན། རྣམ་པ་ཐམས་ཅད་མཁྱེན་པ་ཉིད་དུ་སློབ་པ་ཡིན་ནམ། [5]སྙིང་རྗེ་ཆེན་པོ་ཟད་པར་བྱ་བའི་ཕྱིར་[6]སློབ་ན། རྣམ་པ་ཐམས་ཅད་མཁྱེན་པ་ཉིད་དུ་སློབ་པ་ཡིན་ནམ། སྙིང་རྗེ་ཆེན་པོ་འདོད་ཆགས་དང་བྲལ་བར་བྱ་བའི་ཕྱིར་སློབ་ན། རྣམ་པ་ཐམས་ཅད་མཁྱེན་པ་ཉིད་དུ་སློབ་པ་ཡིན་ནམ། སྙིང་རྗེ་ཆེན་པོ་འགག་པར་བྱ་བའི་ཕྱིར་སློབ་ན། རྣམ་པ་ཐམས་ཅད་མཁྱེན་པ་

ཉིད་དུ་སྦྱིན་པ་ཡིན་ནམ། སྙིང་རྗེ་ཆེན་པོ་མི་སྐྱེ་བར་བྱ་བའི་ཕྱིར་སྦྱིན་ན། རྣམ་པ་ཐམས་ཅད་མཁྱེན་པ་ཉིད་དུ་སྦྱིན་པ་ཡིན་ནམ། སངས་རྒྱས་ཀྱི་ཆོས་མ་འདྲེས་པ་བཅོ་[༡] བརྒྱད་ཟད་པར་བྱ་བའི་ཕྱིར་སྦྱིན་ན། རྣམ་པ་ཐམས་ཅད་མཁྱེན་པ་ཉིད་དུ་སྦྱིན་པ་ཡིན་ནམ། སངས་རྒྱས་ཀྱི་ཆོས་མ་འདྲེས་པ་བཅོ་[༢] བརྒྱད་འདོད་ཆགས་དང་བྲལ་བར་བྱ་བའི་ཕྱིར་སྦྱིན་ན། རྣམ་པ་ཐམས་ཅད་མཁྱེན་པ་ཉིད་དུ་སྦྱིན་པ་ཡིན་ནམ། སངས་རྒྱས་ཀྱི་ཆོས་མ་འདྲེས་པ་བཅོ་[༣] བརྒྱད་འགག་པར་བྱ་བའི་ཕྱིར་སྦྱིན་ན། རྣམ་པ་[༤] ཐམས་ཅད་མཁྱེན་པ་[༥] ཉིད་དུ་སྦྱིན་པ་ཡིན་ནམ། སངས་རྒྱས་ཀྱི་ཆོས་མ་འདྲེས་པ་བཅོ་[༦] བརྒྱད་མི་སྐྱེ་བར་བྱ་བའི་ཕྱིར་སྦྱིན་ན། རྣམ་པ་ཐམས་ཅད་མཁྱེན་པ་ཉིད་དུ་སྦྱིན་པ་ཡིན་ནམ། རྒྱུན་དུ་ཞུགས་པའི་འབྲས་བུ་ཟད་པར་བྱ་བའི་ཕྱིར་སྦྱིན་ན། རྣམ་པ་ཐམས་ཅད་མཁྱེན་པ་ཉིད་དུ་སྦྱིན་པ་ཡིན་ནམ། རྒྱུན་དུ་ཞུགས་པའི་འབྲས་བུ་འདོད་ཆགས་དང་བྲལ་བར་བྱ་བའི་ཕྱིར་སྦྱིན་ན། རྣམ་པ་ཐམས་ཅད་མཁྱེན་པ་ཉིད་དུ་སྦྱིན་པ་ཡིན་ནམ། རྒྱུན་དུ་ཞུགས་པའི་འབྲས་བུ་འགག་པར་བྱ་བའི་ཕྱིར་སྦྱིན་ན། རྣམ་པ་ཐམས་ཅད་མཁྱེན་པ་ཉིད་དུ་སྦྱིན་པ་ཡིན་ནམ། རྒྱུན་དུ་ཞུགས་པའི་འབྲས་བུ་མི་སྐྱེ་བར་བྱ་བའི་ཕྱིར་སྦྱིན་ན། རྣམ་པ་ཐམས་ཅད་མཁྱེན་པ་ཉིད་དུ་སྦྱིན་པ་ཡིན་ནམ། ལན་ཅིག་ཕྱིར་འོང་བའི་འབྲས་བུ་ཟད་པར་བྱ་བའི་ཕྱིར་སྦྱིན་ན། རྣམ་པ་ཐམས་ཅད་མཁྱེན་པ་ཉིད་དུ་སྦྱིན་པ་ཡིན་ནམ། ལན་ཅིག་ཕྱིར་འོང་བའི་འབྲས་བུ་འདོད་ཆགས་དང་བྲལ་བར་བྱ་བའི་ཕྱིར་སྦྱིན་ན། རྣམ་པ་ཐམས་ཅད་མཁྱེན་པ་ཉིད་དུ་སྦྱིན་པ་ཡིན་ནམ། ལན་ཅིག་ཕྱིར་འོང་བའི་[༧] འབྲས་བུ་འགག་པར་བྱ་བའི་ཕྱིར་སྦྱིན་ན། རྣམ་པ་ཐམས་ཅད་མཁྱེན་པ་ཉིད་དུ་[༨] སྦྱིན་པ་ཡིན་ནམ། ལན་ཅིག་ཕྱིར་འོང་བའི་འབྲས་བུ་མི་སྐྱེ་བར་བྱ་བའི་ཕྱིར་

སློབ་ན། རྣམ་པ་ཐམས་ཅད་མཁྱེན་པ་ཉིད་དུ་སློབ་པ་ཡིན་ནམ། ཕྱིར་མི་འོང་བའི་འབྲས་བུ་ཟད་པར་བྱ་བའི་ཕྱིར་སློབ་ན། རྣམ་པ་ཐམས་ཅད་མཁྱེན་པ་ཉིད་དུ་སློབ་པ་ཡིན་ནམ། ཕྱིར་མྱི་འོང་བའི་འབྲས་བུ་འདོད་ཆགས་དང་བྲལ་བར་བྱ་བའི་ཕྱིར་[1]སློབ་ན། རྣམ་པ་ཐམས་ཅད་མཁྱེན་པ་ཉིད་དུ་སློབ་པ་ཡིན་ནམ། ཕྱིར་མི་འོང་བའི་འབྲས་བུ་འགག་པར་བྱ་བའི་ཕྱིར་སློབ་ན། རྣམ་པ་ཐམས་ཅད་མཁྱེན་པ་ཉིད་དུ་སློབ་པ་ཡིན་ནམ། ཕྱིར་མྱི་འོང་བའི་འབྲས་བུ་མི་སྐྱེ་བར་བྱ་བའི་ཕྱིར་སློབ་ན། རྣམ་པ་ཐམས་ཅད་མཁྱེན་པ་ཉིད་དུ་སློབ་པ་ཡིན་ནམ། དགྲ་བཅོམ་པ་ཉིད་ཟད་པར་བྱ་བའི་ཕྱིར་སློབ་ན། རྣམ་པ་ཐམས་ཅད་མཁྱེན་པ་ཉིད་དུ་སློབ་པ་ཡིན་ནམ། དགྲ་བཅོམ་པ་ཉིད་འདོད་ཆགས་དང་བྲལ་བར་བྱ་[2]བའི་ཕྱིར་སློབ་ན། རྣམ་པ་ཐམས་ཅད་མཁྱེན་པ་ཉིད་དུ་སློབ་པ་ཡིན་ནམ། དགྲ་བཅོམ་པ་ཉིད་འགག་པར་བྱ་བའི་ཕྱིར་སློབ་ན། རྣམ་པ་ཐམས་ཅད་མཁྱེན་པ་ཉིད་དུ་སློབ་པ་ཡིན་ནམ། དགྲ་བཅོམ་པ་ཉིད་མི་སྐྱེ་བར་བྱ་བའི་ཕྱིར་སློབ་ན། རྣམ་པ་ཐམས་ཅད་མཁྱེན་པ་ཉིད་དུ་སློབ་པ་ཡིན་ནམ། རང་བྱང་ཆུབ་ཟད་པར་བྱ་བའི་ཕྱིར་སློབ་ན། རྣམ་པ་ཐམས་ཅད་མཁྱེན་པ་ཉིད་དུ་སློབ་པ་ཡིན་ནམ། རང་བྱང་ཆུབ་འདོད་ཆགས་དང་བྲལ་བར་བྱ་བའི་ཕྱིར་སློབ་ན། རྣམ་པ་ཐམས་ཅད་མཁྱེན་པ་ཉིད་དུ་སློབ་པ་ཡིན་ནམ། རང་བྱང་ཆུབ་འགག་པར་བྱ་བའི་ཕྱིར་སློབ་ན། རྣམ་པ་ཐམས་ཅད་མཁྱེན་པ་ཉིད་དུ་སློབ་པ་ཡིན་ནམ། རང་བྱང་ཆུབ་མི་སྐྱེ་བར་བྱ་བའི་ཕྱིར་སློབ་ན། རྣམ་པ་ཐམས་ཅད་མཁྱེན་པ་ཉིད་དུ་སློབ་པ་ཡིན་ནམ། ལམ་གྱི་རྣམ་པ་ཤེས་པ་ཉིད་ཟད་[3]པར་བྱ་བའི་ཕྱིར་སློབ་ན། རྣམ་པ་ཐམས་ཅད་མཁྱེན་པ་ཉིད་དུ་སློབ་པ་ཡིན་ནམ། ལམ་གྱི་རྣམ་པ་ཤེས་པ་ཉིད་འདོད་ཆགས་དང་བྲལ་བར་བྱ་བའི་ཕྱིར་སློབ་ན།

རྣམ་པ་ཐམས་ཅད་མཁྱེན་པ་ཉིད་དུ་སློབ་པ་ཡིན་ནམ། ལམ་གྱི་རྣམ་པ་ཤེས་པ་ཉིད་འགག་པར་བྱ་བའི་ཕྱིར་སློབ་ན། རྣམ་པ་ཐམས་ཅད་མཁྱེན་པ་ཉིད་དུ་སློབ་པ་ཡིན་ནམ། ལམ་གྱི་རྣམ་པ་ཤེས་པ་ཉིད་མི་སྐྱེ་བར་བྱ་བའི་ཕྱིར་སློབ་ན། རྣམ་པ་ཐམས་ཅད་མཁྱེན་པ་ཉིད་དུ་སློབ་པ་[1]ཡིན་ནམ། རྣམ་པ་ཐམས་ཅད་མཁྱེན་པ་ཉིད་ཟད་པར་བྱ་བའི་ཕྱིར་སློབ་ན། རྣམ་པ་ཐམས་ཅད་མཁྱེན་པ་ཉིད་དུ་སློབ་པ་ཡིན་ནམ། རྣམ་པ་ཐམས་ཅད་མཁྱེན་པ་ཉིད་འདོད་ཆགས་དང་བྲལ་བར་བྱ་བའི་ཕྱིར་[2]སློབ་ན། རྣམ་པ་ཐམས་ཅད་མཁྱེན་པ་ཉིད་དུ་སློབ་པ་ཡིན་ནམ། རྣམ་པ་ཐམས་ཅད་མཁྱེན་པ་ཉིད་འགག་པར་བྱ་བའི་ཕྱིར་སློབ་ན། རྣམ་པ་ཐམས་ཅད་མཁྱེན་པ་ཉིད་དུ་སློབ་པ་ཡིན་ནམ། རྣམ་པ་ཐམས་ཅད་མཁྱེན་པ་ཉིད་མི་སྐྱེ་བར་བྱ་བའི་ཕྱིར་སློབ་ན། རྣམ་པ་ཐམས་ཅད་མཁྱེན་པ་ཉིད་དུ་སློབ་པ་ཡིན་ནམ། ཞེས་སྨྲས་པ་དེ་ནི་མ་ཡིན་ནོ།། །།[3]

ཤེས་རབ་ཀྱི་ཕ་རོལ་ཏུ་ཕྱིན་པ་སྟོང་ཕྲག་བརྒྱ་པ། བམ་པོ་ཉི་ཤུ་གཅིག་[4]པ། རབ་འབྱོར་དེ་ཇི་སྙམ་དུ་སེམས། གཟུགས་ཀྱི་དེ་བཞིན་ཉིད་གང་ཡིན་པ་དེ་ཟད་པའམ། སྤྱང་བའམ། སྐྱེ་བའམ། འགག་པར་འགྱུར་རམ། ཚོར་བའི་དེ་བཞིན་ཉིད་གང་ཡིན་པ་དེ་ཟད་པའམ། སྤྱང་བའམ། སྐྱེ་བའམ། འགག་པར་འགྱུར་[5]རམ། འདུ་ཤེས་ཀྱི་དེ་བཞིན་ཉིད་གང་ཡིན་པ་དེ་ཟད་པའམ། སྤྱང་བའམ། སྐྱེ་བའམ། འགག་པར་འགྱུར་རམ། འདུ་བྱེད་ཀྱི་དེ་བཞིན་ཉིད་གང་ཡིན་པ་དེ་ཟད་པའམ། སྤྱང་བའམ། སྐྱེ་བའམ། འགག་པར་འགྱུར་རམ། རྣམ་པར་ཤེས་པའི་དེ་བཞིན་ཉིད་གང་ཡིན་པ་དེ་ཟད་པའམ། སྤྱང་བའམ། སྐྱེ་བའམ། འགག་པར་འགྱུར་རམ། མིག་གི་དེ་བཞིན་ཉིད་གང་ཡིན་པ་དེ་ཟད་པའམ། སྤྱང་བའམ། སྐྱེ་བའམ། འགག་པར་འགྱུར་

རམ། རྣ་བའི་དེ་བཞིན་ཉིད་གང་ཡིན་པ་དེ་ཟད་པའམ། སྤང་བའམ། སྐྱེ་
བའམ། འགག་པར་འགྱུར་རམ། སྣའི་དེ་བཞིན་ཉིད་གང་ཡིན་པ་དེ་ཟད་
པའམ། སྤང་བའམ། སྐྱེ་བའམ། འགག་པར་འགྱུར་རམ། ལྗེའི་དེ་
བཞིན་ཉིད་གང་ཡིན་པ་དེ་ཟད་པའམ། སྤང་བའམ། སྐྱེ་བའམ། འགག་
པར་འགྱུར་རམ། ལུས་ཀྱི་དེ་བཞིན་ཉིད་གང་ཡིན་པ་དེ་ཟད་པའམ། སྤང་
བའམ། སྐྱེ་བའམ། འགག་པར་འགྱུར་རམ། ཡིད་ཀྱི་དེ་བཞིན་ཉིད་གང་
ཡིན་པ་དེ་ཟད་པའམ། སྤང་བའམ། སྐྱེ་བའམ། འགག་པར་འགྱུར་རམ།
གཟུགས་ཀྱི་དེ་བཞིན་ཉིད་གང་ཡིན་པ་དེ་ཟད་པའམ། སྤང་བའམ། སྐྱེ་བའམ།
འགག་པར་འགྱུར་རམ། སྒྲའི་དེ་བཞིན་ཉིད་གང་ཡིན་[1]པ་དེ་ཟད་པའམ།
སྤང་བའམ། སྐྱེ་བའམ། འགག་པར་འགྱུར་རམ། དྲིའི་དེ་བཞིན་ཉིད་གང་
ཡིན་པ་དེ་ཟད་པའམ། སྤང་བའམ། སྐྱེ་བའམ། འགག་པར་འགྱུར་རམ།
རོའི་དེ་བཞིན་ཉིད་གང་ཡིན་པ་དེ་ཟད་པའམ། སྤང་བའམ། སྐྱེ་བའམ།
འགག་པར་འགྱུར་རམ། རེག་གི་དེ་བཞིན་ཉིད་གང་ཡིན་པ་དེ་ཟད་པའམ།
སྤང་བའམ། སྐྱེ་བའམ། འགག་པར་འགྱུར་རམ། ཆོས་ཀྱི་དེ་བཞིན་ཉིད་
གང་ཡིན་པ་དེ་ཟད་པའམ། སྤང་བའམ། སྐྱེ་བའམ། འགག་པར་འགྱུར་
རམ། མིག་གི་རྣམ་པར་ཤེས་པའི་དེ་བཞིན་ཉིད་གང་ཡིན་པ་དེ་ཟད་པའམ།
༔སྤང་བའམ།[2] སྐྱེ་བའམ། འགག་པར་འགྱུར་རམ། རྣ་བའི་རྣམ་པར་ཤེས་
པའི་དེ་བཞིན་ཉིད་གང་ཡིན་པ་དེ་ཟད་པའམ། སྤང་བའམ། སྐྱེ་བའམ།
འགག་པར་འགྱུར་རམ། སྣའི་རྣམ་པར་ཤེས་པའི་དེ་བཞིན་ཉིད་གང་ཡིན་པ་དེ་
ཟད་པའམ། སྤང་བའམ། སྐྱེ་བའམ། འགག་པར་འགྱུར་རམ། ལྗེའི་
རྣམ་པར་ཤེས་པའི་དེ་བཞིན་ཉིད་གང་ཡིན་པ་དེ་ཟད་པའམ། སྤང་བའམ།

སྐྱེ་བའམ། འགག་པར་འགྱུར་རམ། ལུས་ཀྱི་རྣམ་པར་ཤེས་པའི་དེ་བཞིན་ཉིད་གང་ཡིན་པ་དེ་ཟད་པའམ། སྤང་བའམ། སྐྱེ་བའམ། འགག་པར་འགྱུར་རམ། ཡིད་ཀྱི་རྣམ་པར་ཤེས་པའི་དེ་བཞིན་ཉིད་གང་ཡིན་པ་དེ་ཟད་པའམ། སྤང་བའམ། སྐྱེ་བའམ། འགག་པར་འགྱུར་རམ། མིག་གི་འདུས་ཏེ་རེག་པའི་དེ་བཞིན་ཉིད་གང་ཡིན་པ་དེ་ཟད་པའམ། སྤང་བའམ། སྐྱེ་བའམ། འགག་པར་འགྱུར་རམ། རྣ་བའི་འདུས་ཏེ་རེག་པའི་དེ་བཞིན་ཉིད་གང་ཡིན་པ་དེ་ཟད་པའམ། སྤང་བའམ། སྐྱེ་བའམ། འགག་པར་འགྱུར་རམ། སྣའི་འདུས་ཏེ་རེག་པའི་དེ་བཞིན་ཉིད་གང་ཡིན་པ་དེ་ཟད་པའམ། སྤང་བའམ། སྐྱེ་བའམ། འགག་པར་འགྱུར་རམ། ལྕེའི་འདུས་ཏེ་རེག་པའི་དེ་བཞིན་ཉིད་གང་ཡིན་པ་དེ་ཟད་པའམ། སྤང་བའམ། སྐྱེ་བའམ། འགག་པར་འགྱུར་རམ། ལུས་ཀྱི་འདུས་ཏེ་རེག་པའི་དེ་བཞིན་ཉིད་གང་ཡིན་པ་(༡)དེ་ཟད་པའམ། སྤང་བའམ། སྐྱེ་བའམ། འགག་པར་འགྱུར་རམ། ཡིད་ཀྱི་འདུས་ཏེ་རེག་པའི་དེ་བཞིན་ཉིད་གང་ཡིན་པ་དེ་ཟད་པའམ། སྤང་བའམ། སྐྱེ་བའམ། འགག་པར་འགྱུར་རམ། མིག་གི་འདུས་ཏེ་རེག་པའི་རྐྱེན་གྱིས་ཚོར་བའི་དེ་བཞིན་ཉིད་གང་ཡིན་པ་དེ་ཟད་པའམ། སྤང་བའམ། སྐྱེ་བའམ། འགག་པར་འགྱུར་རམ། རྣ་བའི་འདུས་ཏེ་རེག་པའི་རྐྱེན་གྱིས་ཚོར་བའི་དེ་བཞིན་ཉིད་གང་ཡིན་པ་དེ་ཟད་པའམ། སྤང་བའམ། སྐྱེ་བའམ། འགག་པར་འགྱུར་རམ། སྣའི་འདུས་ཏེ་རེག་པའི་རྐྱེན་གྱིས་ཚོར་བའི་དེ་བཞིན་ཉིད་གང་ཡིན་པ་དེ་ཟད་པའམ། སྤང་བའམ། སྐྱེ་བའམ། འགག་པར་འགྱུར་རམ། ལྕེའི་འདུས་ཏེ་རེག་པའི་རྐྱེན་གྱིས་ཚོར་བའི་དེ་བཞིན་ཉིད་གང་ཡིན་པ་(༣)དེ་ཟད་པའམ། སྤང་བའམ། སྐྱེ་བའམ། འགག་པར་འགྱུར་རམ། ལུས་ཀྱི་(༣)

འདུས་ཏེ་རེག་པའི་རྐྱེན་གྱིས་ཚོར་བའི་དེ་བཞིན་ཉིད་གང་ཡིན་པ་དེ་ཟད་པའམ། སྡང་བའམ། སྐྱེ་བའམ། འགག་པར་འགྱུར་རམ། ཡིད་ཀྱི་འདུས་ཏེ་རེག་པའི་རྐྱེན་གྱིས་ཚོར་བའི་དེ་བཞིན་ཉིད་གང་ཡིན་པ་དེ་ཟད་པའམ། སྡང་བའམ། སྐྱེ་བའམ། འགག་པར་འགྱུར་རམ། སའི་ཁམས་ཀྱི་དེ་བཞིན་ཉིད་གང་ཡིན་པ་དེ་ཟད་པའམ། སྡང་བའམ། སྐྱེ་བའམ། འགག་པར་འགྱུར་རམ། ཆུའི་ཁམས་ཀྱི་དེ་བཞིན་ཉིད་གང་ཡིན་པ་དེ་ཟད་པའམ། སྡང་བའམ། སྐྱེ་བའམ། འགག་པར་འགྱུར་རམ། མེའི་ཁམས་ཀྱི་དེ་བཞིན་ཉིད་གང་ཡིན་པ་དེ་ཟད་པའམ། སྡང་བའམ། སྐྱེ་བའམ། འགག་པར་འགྱུར་རམ། རླུང་གི་ཁམས་ཀྱི་དེ་བཞིན་ཉིད་གང་ཡིན་པ་དེ་ཟད་པའམ། སྡང་བའམ། སྐྱེ་བའམ། འགག་པར་འགྱུར་རམ། ནམ་མཁའི་ཁམས་ཀྱི་དེ་བཞིན་ཉིད་གང་ཡིན་པ་དེ་ཟད་པའམ། སྡང་བའམ། སྐྱེ་བའམ། འགག་པར་འགྱུར་རམ། རྣམ་པར་ཤེས་པའི་ཁམས་ཀྱི་དེ་བཞིན་ཉིད་གང་ཡིན་པ་དེ་ཟད་པའམ། སྡང་བའམ། སྐྱེ་བའམ། འགག་པར་འགྱུར་རམ། མ་རིག་པའི་དེ་བཞིན་ཉིད་གང་ཡིན་པ་དེ་ཟད་པའམ། སྡང་བའམ། སྐྱེ་བའམ། འགག་པར་འགྱུར་རམ། འདུ་བྱེད་ཀྱི་དེ་བཞིན་ཉིད་གང་ཡིན་པ་དེ་ཟད་པའམ། སྡང་བའམ། སྐྱེ་བའམ། འགག་པར་འགྱུར་རམ། རྣམ་པར་ཤེས་པའི་དེ་བཞིན་ཉིད་གང་ཡིན་པ་དེ་ཟད་པའམ། སྡང་བའམ། སྐྱེ་བའམ། འགག་པར་འགྱུར་རམ། མིང་དང་གཟུགས་ཀྱི་དེ་བཞིན་ཉིད་གང་ཡིན་པ་དེ་ཟད་པའམ། སྡང་བའམ། སྐྱེ་བའམ། འགག་པར་འགྱུར་རམ། སྐྱེ་མཆེད་དྲུག་གི་དེ་བཞིན་ཉིད་གང་ཡིན་པ་དེ་ཟད་པའམ། སྡང་བའམ། སྐྱེ་བའམ། འགག་པར་འགྱུར་རམ། རེག་པའི་དེ་བཞིན་ཉིད་གང་ཡིན་པ་དེ་ཟད་པའམ། སྡང་བའམ། སྐྱེ་བའམ།

འགག་པར་འགྱུར་རམ། ཚོར་བའི་དེ་བཞིན་ཉིད་གང་ཡིན་པ་དེ་ཟད་པའམ། སྤྱང་བའམ། སྐྱེ་བའམ། འགག་པར་འགྱུར་རམ། སྲེད་པའི་དེ་བཞིན་ཉིད་གང་ཡིན་པ་དེ་ཟད་པའམ། སྤྱང་བའམ། སྐྱེ་བའམ། འགག་པར་འགྱུར་རམ། ལེན་པའི་དེ་བཞིན་ཉིད་གང་ཡིན་པ་དེ་ཟད་པའམ། སྤྱང་བའམ། སྐྱེ་བའམ། འགག་པར་འགྱུར་རམ། སྲིད་པའི་དེ་བཞིན་ཉིད་གང་ཡིན་པ་དེ་ཟད་པའམ། སྤྱང་བའམ། སྐྱེ་བའམ། འགག་པར་འགྱུར་རམ། སྐྱེ་བའི་དེ་བཞིན་ཉིད་གང་ཡིན་པ་དེ་ཟད་པའམ། སྤྱང་བའམ། སྐྱེ་བའམ། འགག་པར་འགྱུར་རམ། རྒ་ཤིའི་དེ་བཞིན་ཉིད་གང་ཡིན་པ་དེ་ཟད་པའམ། སྤྱང་བའམ། སྐྱེ་བའམ། འགག་པར་འགྱུར་རམ། སྦྱིན་པའི་ཕ་རོལ་ཏུ་ཕྱིན་པའི་དེ་བཞིན་ཉིད་གང་ཡིན་པ་དེ་ཟད་པའམ། སྤྱང་བའམ། སྐྱེ་བའམ། འགག་པར་འགྱུར་རམ། ཚུལ་ཁྲིམས་ཀྱི་ཕ་རོལ་ཏུ་ཕྱིན་པའི་དེ་བཞིན་ཉིད་གང་ཡིན་པ་དེ་ཟད་པའམ། སྤྱང་བའམ། སྐྱེ་བའམ། འགག་པར་འགྱུར་རམ། བཟོད་པའི་ཕ་རོལ་ཏུ་ཕྱིན་པའི་དེ་བཞིན་ཉིད་གང་ཡིན་པ་དེ་ཟད་པའམ། སྤྱང་བའམ། སྐྱེ་བའམ། འགག་པར་འགྱུར་རམ། བརྩོན་འགྲུས་ཀྱི་ཕ་རོལ་ཏུ་ཕྱིན་པའི་དེ་བཞིན་ཉིད་གང་ཡིན་པ་དེ་ཟད་པའམ། སྤྱང་བའམ། སྐྱེ་བའམ། འགག་པར་འགྱུར་རམ། བསམ་གཏན་གྱི་ཕ་རོལ་ཏུ་ཕྱིན་པའི་དེ་བཞིན་ཉིད་གང་ཡིན་པ་དེ་ཟད་པའམ། སྤྱང་བའམ། སྐྱེ་བའམ། འགག་པར་འགྱུར་རམ། ཤེས་རབ་ཀྱི་ཕ་རོལ་ཏུ་ཕྱིན་པའི་དེ་བཞིན་ཉིད་གང་ཡིན་པ་དེ་ཟད་པའམ། སྤྱང་བའམ། སྐྱེ་བའམ། འགག་པར་འགྱུར་རམ། ནང་སྟོང་པ་ཉིད་ཀྱི་དེ་བཞིན་ཉིད་གང་ཡིན་པ་དེ་ཟད་པའམ། སྤྱང་བའམ། སྐྱེ་བའམ། འགག་པར་འགྱུར་རམ། ཕྱི་སྟོང་པ་ཉིད་ཀྱི་དེ་བཞིན་ཉིད་གང་ཡིན་པ་དེ་ཟད་

པའམ༑ སྣང་བའམ། སྐྱེ་བའམ། འགག་པར་འགྱུར་རམ། ཕྱི་ནང་སྟོང་པ་ཉིད་ཀྱི་དེ་བཞིན་ཉིད་གང་ཡིན་པ་དེ་ཟད་པའམ། སྣང་བའམ། སྐྱེ་བའམ། འགག་པར་འགྱུར་རམ། སྟོང་པ་ཉིད་སྟོང་པ་ཉིད་ཀྱི་དེ་བཞིན་ཉིད་གང་ཡིན་པ་དེ་ཟད་པའམ། སྣང་བའམ། སྐྱེ་བའམ། འགག་པར་འགྱུར་རམ། ཆེན་པོ་སྟོང་པ་ཉིད་ཀྱི་དེ་བཞིན་ཉིད་གང་ཡིན་པ་དེ་ཟད་པའམ། སྣང་བའམ། སྐྱེ་བའམ༑ འགག་པར་འགྱུར་རམ། དོན་དམ་པ་སྟོང་པ་ཉིད་ཀྱི་དེ་བཞིན་ཉིད་གང་ཡིན་པ་དེ་ཟད་པའམ། སྣང་བའམ། སྐྱེ་བའམ། འགག་པར་འགྱུར···རམ[༧]༑ འདུས་བྱས་སྟོང་པ་ཉིད་ཀྱི་དེ་བཞིན་ཉིད་གང་ཡིན་པ་དེ་ཟད་པའམ། སྣང་བའམ། སྐྱེ་བའམ། འགག་པར་འགྱུར་རམ། འདུས་མ་བྱས་སྟོང་པ···ཉིད་ཀྱི་དེ་བཞིན་ཉིད་གང་ཡིན་པ་དེ་ཟད་པའམ། སྣང་བའམ། སྐྱེ་བའམ། འགག་པར་འགྱུར་རམ། མཐའ་ལས་འདས་པ་སྟོང་པ་ཉིད་ཀྱི་དེ་བཞིན་ཉིད་གང་ཡིན་པ་དེ་ཟད་པའམ། སྣང་བའམ། སྐྱེ་བའམ། འགག་པར་འགྱུར···རམ༑ ཐོག་མ་དང་ཐ་མ་མེད་པ་སྟོང་པ་ཉིད་ཀྱི་དེ་བཞིན་ཉིད་གང་ཡིན་པ་དེ་ཟད་པའམ། སྣང་བའམ། སྐྱེ་བའམ། འགག་པར་འགྱུར་རམ། དོར་བ་མེད་པ་སྟོང་པ་ཉིད་ཀྱི་དེ་བཞིན་ཉིད་གང་ཡིན་པ་དེ་ཟད་པའམ། སྣང་བའམ། སྐྱེ་བའམ། འགག་པར་འགྱུར་རམ། རང་བཞིན་སྟོང་པ་ཉིད་ཀྱི་དེ་བཞིན་ཉིད་གང་ཡིན་པ་དེ་ཟད་པའམ། སྣང་བའམ། སྐྱེ་བའམ། འགག་པར་འགྱུར་རམ། ཆོས་ཐམས་ཅད་སྟོང་པ་ཉིད་ཀྱི་དེ་བཞིན་ཉིད་གང་ཡིན་པ་དེ་ཟད་པའམ༑ སྣང་བའམ། སྐྱེ་བའམ། འགག་པར་འགྱུར་རམ། རང་གི་མཚན་ཉིད་སྟོང་པ་ཉིད་ཀྱི་དེ་བཞིན་ཉིད་གང་ཡིན་པ་དེ་ཟད་པའམ། སྣང་བའམ༑ སྐྱེ་བའམ། འགག་པར་འགྱུར་རམ། མི་དམིགས་པ་སྟོང་པ་ཉིད་

ཀྱི་དེ་བཞིན་ཉིད་གང་ཡིན་པ་དེ་ཟད་པའམ། སྤྱང་བའམ། སྐྱེ་བའམ། འགག་པར་འགྱུར་རམ། དངོས་པོ་མེད་པ་སྟོང་པ་ཉིད་ཀྱི་དེ་བཞིན་ཉིད་གང་ཡིན་པ་དེ་ཟད་པའམ། སྤྱང་བའམ། སྐྱེ་བའམ། འགག་པར་འགྱུར་རམ། ངོ་བོ་ཉིད་སྟོང་པ་ཉིད་ཀྱི་དེ་བཞིན་ཉིད་གང་ཡིན་པ་དེ་ཟད་པའམ། སྤྱང་བའམ། སྐྱེ་བའམ། འགག་པར་འགྱུར་རམ། དངོས་པོ་མེད་པའི་ངོ་བོ་ཉིད་སྟོང་པ་ཉིད་ཀྱི་དེ་བཞིན་ཉིད་གང་ཡིན་པ་དེ་ཟད་པའམ། སྤྱང་བའམ། སྐྱེ་བའམ། འགག་པར་འགྱུར་རམ། དྲན་པ་ཉེ་བར་གཞག་པ་བཞིའི་དེ་བཞིན་ཉིད་གང་ཡིན་པ་དེ་ཟད་པའམ། སྤྱང་བའམ། སྐྱེ་བའམ། འགག་པར་འགྱུར་རམ། ཡང་དག་པར་སྤོང་བ་བཞིའི་དེ་བཞིན་ཉིད་གང་ཡིན་པ་དེ་ཟད་པའམ། སྤྱང་བའམ། སྐྱེ་བའམ། འགག་པར་འགྱུར་རམ། རྫུ་འཕྲུལ་གྱི་རྐང་པ་བཞིའི་དེ་བཞིན་ཉིད་གང་ཡིན་པ་དེ་ཟད་པའམ། སྤྱང་བའམ། སྐྱེ་བའམ། འགག་པར་འགྱུར་རམ། དབང་པོ་ལྔའི་དེ་བཞིན་ཉིད་གང་ཡིན་པ་དེ་ཟད་པའམ། སྤྱང་བའམ། སྐྱེ་བའམ། འགག་པར་འགྱུར་རམ། སྟོབས་ལྔའི་དེ་བཞིན་ཉིད་གང་ཡིན་པ་དེ་ཟད་པའམ། སྤྱང་བའམ། སྐྱེ་བའམ། འགག་པར་འགྱུར་རམ། བྱང་ཆུབ་ཀྱི་ཡན་ལག་བདུན་གྱི་དེ་བཞིན་ཉིད་གང་ཡིན་པ་དེ་ཟད་པའམ། སྤྱང་བའམ། སྐྱེ་བའམ། འགག་པར་འགྱུར་རམ། འཕགས་པའི་ལམ་ཡན་ལག་བརྒྱད་པའི་དེ་བཞིན་ཉིད་གང་ཡིན་པ་དེ་ཟད་པའམ། སྤྱང་བའམ། སྐྱེ་བའམ། འགག་པར་འགྱུར་རམ། འཕགས་པའི་བདེན་པའི་དེ་བཞིན་ཉིད་གང་ཡིན་པ་དེ་ཟད་པའམ། སྤྱང་བའམ། སྐྱེ་བའམ། འགག་པར་འགྱུར་རམ། བསམ་གཏན་བཞིའི་དེ་བཞིན་ཉིད་གང་ཡིན་པ་དེ་ཟད་པའམ། སྤྱང་བའམ། སྐྱེ་བའམ། འགག་པར་འགྱུར་རམ། ཚད་མེད་པ་བཞིའི་དེ་

བཞིན་ཉིད་གང་ཡིན་པ་དེ་ཟད་པའམ། སྤང་བའམ། སྐྱེ་བའམ། འགག···
པར་འགྱུར་རམ། གཟུགས་མེད་པའི་སྙོམས་པར་འཇུག་པ་བཞིའི་དེ་བཞིན་ཉིད་
གང་ཡིན་པ་དེ་ཟད་པའམ། སྤང་བའམ། སྐྱེ་བའམ། འགག་པར་འགྱུར···
རམ། རྣམ་པར་ཐར་པ་བརྒྱད་ཀྱི་དེ་བཞིན་ཉིད་གང་ཡིན་པ་དེ་ཟད་པའམ།
སྤང་བའམ། སྐྱེ་བའམ། འགག་པར་འགྱུར་རམ། མཐར་གྱིས་གནས་པའི་
སྙོམས་པར་འཇུག་པ་དགུའི་དེ་བཞིན་ཉིད་གང་ཡིན་པ་དེ་ཟད་པའམ། སྤང་
བའམ། སྐྱེ་བའམ། འགག་པར་འགྱུར་རམ། རྣམ་པར་ཐར་པའི་སྒོ་སྟོང་
པ་ཉིད་དང་། མཚན་མ་མེད་པ་དང་། སྨོན་པ་མེད་པའི་དེ་བཞིན་ཉིད་གང་
ཡིན་པ་དེ་ཟད་པའམ། སྤང་བའམ། སྐྱེ་བའམ། འགག་པར་འགྱུར་རམ།
མངོན་པར་ཤེས་པ་རྣམས་ཀྱི་དེ་བཞིན་ཉིད་གང་ཡིན་[༡]པ་དེ་ཟད་པའམ། སྤང་
བའམ། སྐྱེ་བའམ། འགག་པར་འགྱུར་རམ། ཏིང་ངེ་འཛིན་རྣམས་ཀྱི་དེ་
བཞིན་ཉིད་གང་ཡིན་པ་དེ་ཟད་པའམ། སྤང་བའམ། སྐྱེ་བའམ། འགག···
པར་འགྱུར་རམ། གཟུངས་ཀྱི་སྒོ་རྣམས་ཀྱི་དེ་བཞིན་ཉིད་གང་ཡིན་པ་དེ་ཟད····
པའམ། སྤང་བའམ། སྐྱེ་བའམ། འགག་པར་འགྱུར་རམ། དེ་བཞིན···
གཤེགས་པའི་སྟོབས་བཅུའི་དེ་བཞིན་ཉིད་གང་ཡིན་པ་དེ་ཟད་པའམ། སྤང་
བའམ། སྐྱེ་བའམ། འགག་པར་འགྱུར་རམ། མི་འཇིགས་པ་[༢]བཞིའི་དེ···
བཞིན་ཉིད་གང་ཡིན་པ་དེ་ཟད་པའམ། སྤང་བའམ། སྐྱེ་བའམ། འགག···
པར་འགྱུར་རམ། སོ་སོ་ཡང་དག་པར་རིག་པ་[༣]བཞིའི་དེ་བཞིན་ཉིད་གང་ཡིན་
པ་དེ་ཟད་པའམ། སྤང་བའམ། སྐྱེ་བའམ། འགག་པར་འགྱུར་རམ།
སྙིང་རྗེ་ཆེན་པོའི་དེ་བཞིན་ཉིད་གང་ཡིན་པ་དེ་ཟད་པའམ། སྤང་བའམ། སྐྱེ་
བའམ། འགག་པར་འགྱུར་རམ། སངས་རྒྱས་ཀྱི་ཆོས་མ་འདྲེས་པ་བཅོ་

བརྒྱད་[༧]ཀྱི་དེ་བཞིན་ཉིད་གང་ཡིན་པ་དེ་ཟད་པའམ། སྤྱང་བའམ། སྐྱེ་བའམ། འགག་པར་འགྱུར་རམ། རྒྱུན་དུ་ཞུགས་པའི་འབྲས་བུའི་དེ་བཞིན་ཉིད་གང་ཡིན་པ་དེ་ཟད་པའམ། སྤྱང་བའམ། སྐྱེ་བའམ། འགག་པར་འགྱུར་རམ། ལན་ཅིག་ཕྱིར་འོང་བའི་འབྲས་བུའི་དེ་བཞིན་ཉིད་གང་ཡིན་པ་དེ་ཟད་པའམ། སྤྱང་བའམ། སྐྱེ་བའམ། འགག་པར་འགྱུར་རམ། ཕྱིར་མི་འོང་བའི་འབྲས་བུའི་དེ་བཞིན་ཉིད་གང་ཡིན་པ་དེ་ཟད་པའམ། སྤྱང་བའམ། སྐྱེ་བའམ། འགག་པར་འགྱུར་རམ། དགྲ་བཅོམ་པ་ཉིད་ཀྱི་[༢]དེ་བཞིན་ཉིད་གང་ཡིན་པ་དེ་ཟད་པའམ། སྤྱང་བའམ། སྐྱེ་བའམ། འགག་པར་འགྱུར་རམ། རང་བྱང་ཆུབ་ཀྱི་དེ་བཞིན་ཉིད་གང་ཡིན་པ་དེ་ཟད་པའམ། སྤྱང་བའམ། སྐྱེ་བའམ། འགག་པར་འགྱུར་རམ། ལམ་གྱི་རྣམ་པ་ཤེས་པ་ཉིད་ཀྱི་དེ་བཞིན་ཉིད་གང་ཡིན་པ་དེ་ཟད་པའམ། སྤྱང་བའམ། སྐྱེ་བའམ། འགག་པར་འགྱུར་རམ། རྣམ་པ་ཐམས་ཅད་མཁྱེན་པ་ཉིད་ཀྱི་དེ་བཞིན་ཉིད་གང་ཡིན་པ་དེ་ཟད་པའམ། སྤྱང་བའམ། སྐྱེ་བའམ། འགག་པར་འགྱུར་རམ། གསོལ་པ། བཅོམ་ལྡན་འདས་དེ་ནི་མ་ལགས་སོ། །བདེ་བར་གཤེགས་པ་དེ་ནི་མ་ལགས་སོ། །

བཅོམ་ལྡན་འདས་ཀྱིས་བཀའ་སྩལ་པ། རབ་འབྱོར་དེ་ལྟར་སློབ་པའི་བྱང་ཆུབ་སེམས་དཔའ་སེམས་དཔའ་ཆེན་པོ་ནི་དེ་བཞིན་ཉིད་ལ་སློབ་པ་སྟེ། རྣམ་པ་ཐམས་ཅད་མཁྱེན་པ་ཉིད་ལ་སློབ་པ་ཡིན[༣]། དེ་བཞིན་ཉིད་ནི་ཟད་པའམ། སྤྱང་བའམ། སྐྱེ་བའམ། འགག་པར་འགྱུར་བ་མེད་དེ། རབ་འབྱོར་དེ་ལྟར་སློབ་པའི་བྱང་ཆུབ་སེམས་དཔའ་སེམས་དཔའ་ཆེན་པོ་ནི་དེ་བཞིན་ཉིད་ལ་སློབ་པ་སྟེ། རྣམ་པ་ཐམས་ཅད་མཁྱེན་པ་ཉིད་ལ་སློབ་པ་ཡིན། རབ་འབྱོར་དེ་ལྟར་སློབ་པའི་བྱང་ཆུབ་སེམས་དཔའ་སེམས་དཔའ་ཆེན་པོ་ནི། སྦྱིན་པའི་ཕ་རོལ་ཏུ་[༤]

ཕྱིན་པ་ལ་སློབ་པ་ཡིན། རབ་འབྱོར་དེ་ལྟར་སློབ་པའི་བྱང་ཆུབ་སེམས་དཔའ་སེམས་དཔའ་ཆེན་པོ་ནི། ཚུལ་ཁྲིམས་ཀྱི་ཕ་རོལ་ཏུ་ཕྱིན་པ་ལ་སློབ་པ་ཡིན། རབ་འབྱོར་དེ་ལྟར་སློབ་པའི་བྱང་ཆུབ་སེམས་དཔའ་སེམས་དཔའ་ཆེན་པོ་ནི། བཟོད་པའི་ཕ་རོལ་ཏུ་ཕྱིན་པ་ལ་སློབ་པ་ཡིན། རབ་འབྱོར་དེ་ལྟར་སློབ་པའི་བྱང་ཆུབ་སེམས་དཔའ་སེམས་དཔའ་ཆེན་པོ་ནི། བརྩོན་འགྲུས་ཀྱི་ཕ་རོལ་ཏུ་ཕྱིན་པ་ལ་སློབ་པ་ཡིན། རབ་འབྱོར་དེ་ལྟར་སློབ་པའི་བྱང་ཆུབ་སེམས་དཔའ་སེམས་དཔའ་ཆེན་པོ་ནི། བསམ་གཏན་གྱི་ཕ་རོལ་ཏུ་ཕྱིན་པ་ལ་སློབ་པ་ཡིན། རབ་འབྱོར་དེ་ལྟར་སློབ་པའི་བྱང་ཆུབ་སེམས་དཔའ་སེམས་དཔའ་ཆེན་པོ་ནི། ཤེས་རབ་ཀྱི་ཕ་རོལ་ཏུ་ཕྱིན་པ་ལ་སློབ་པ་ཡིན། རབ་འབྱོར་དེ་ལྟར་སློབ་པའི་བྱང་ཆུབ་སེམས་དཔའ་སེམས་དཔའ་ཆེན་པོ་ནི། ནང་སྟོང་པ་ཉིད་ལ་སློབ་པ་ཡིན། རབ་འབྱོར་དེ་ལྟར་སློབ་པའི་བྱང་ཆུབ་སེམས་དཔའ་སེམས་དཔའ་ཆེན་པོ་ནི། ཕྱི་སྟོང་པ་ཉིད་ལ་སློབ་པ་ཡིན། རབ་འབྱོར་དེ་ལྟར་སློབ་པའི་བྱང་ཆུབ་སེམས་དཔའ་སེམས་དཔའ་ཆེན་པོ་ནི། ཕྱི་ནང་སྟོང་པ་ཉིད་ལ་སློབ་པ་ཡིན། རབ་འབྱོར་དེ་ལྟར་སློབ་པའི་བྱང་ཆུབ་སེམས་དཔའ་སེམས་དཔའ་ཆེན་པོ་ནི། སྟོང་པ་ཉིད་སྟོང་པ་ཉིད་ལ་སློབ་པ་ཡིན། རབ་འབྱོར་དེ་ལྟར་སློབ་པའི་བྱང་ཆུབ་སེམས་དཔའ་སེམས་དཔའ་ཆེན་པོ་ནི། ཆེན་པོ་སྟོང་པ་ཉིད་ལ་སློབ་པ་ཡིན། རབ་འབྱོར་དེ་ལྟར་སློབ་པའི་བྱང་ཆུབ་སེམས་དཔའ་སེམས་དཔའ་ཆེན་པོ་ནི། དོན་དམ་པ་སྟོང་པ་ཉིད་ལ་སློབ་པ་ཡིན། རབ་འབྱོར་དེ་ལྟར་སློབ་པའི་བྱང་ཆུབ་སེམས་དཔའ་སེམས་དཔའ་ཆེན་པོ་ནི། འདུས་བྱས་སྟོང་པ་ཉིད་ལ་སློབ་པ་ཡིན། རབ་འབྱོར་དེ་ལྟར་སློབ་པའི་བྱང་ཆུབ་སེམས་དཔའ་སེམས་དཔའ་ཆེན་པོ་ནི། འདུས་མ་བྱས་སྟོང་པ་ཉིད་ལ་སློབ་པ་ཡིན། རབ་འབྱོར་དེ་ལྟར་སློབ་པའི་བྱང་

ཆུབ་སེམས་དཔའ་སེམས་དཔའ་ཆེན་པོ་ནི། མཐའ་ལས་འདས་པ་སྟོང་པ་ཉིད་ལ་སློབ་པ་ཡིན། རབ་འབྱོར་དེ་ལྟར་སློབ་པའི་བྱང་ཆུབ་སེམས་དཔའ་སེམས་དཔའ་ཆེན་པོ་ནི། ཐོག་མ་དང་ཐ་མ་མེད་པ་སྟོང་པ་ཉིད་ལ་སློབ་པ་ཡིན། རབ་འབྱོར་དེ་ལྟར་སློབ་པའི་བྱང་ཆུབ་སེམས་དཔའ་སེམས་དཔའ་ཆེན་པོ་ནི། དོར་བ་མེད་པ་སྟོང་པ་ཉིད་ལ་སློབ་པ་ཡིན། རབ་འབྱོར་དེ་ལྟར་སློབ་པའི་བྱང་ཆུབ་སེམས་དཔའ་སེམས་དཔའ་ཆེན་པོ་ནི། རང་བཞིན་སྟོང་པ་ཉིད་ལ་སློབ་པ་ཡིན། རབ་འབྱོར་དེ་ལྟར་སློབ་པའི་བྱང་ཆུབ་སེམས་དཔའ་སེམས་དཔའ་ཆེན་པོ་ནི། ཆོས་ཐམས་ཅད་སྟོང་པ་ཉིད་ལ་སློབ་པ་ཡིན། རབ་འབྱོར་དེ་ལྟར་སློབ་པའི་བྱང་ཆུབ་སེམས་དཔའ་སེམས་དཔའ་ཆེན་པོ་ནི། རང་གི་མཚན་ཉིད་སྟོང་པ་ཉིད་ལ་སློབ་པ་ཡིན། རབ་འབྱོར་དེ་ལྟར་སློབ་པའི་བྱང་ཆུབ་སེམས་དཔའ་སེམས་དཔའ་ཆེན་པོ་ནི། མི་དམིགས་པ་སྟོང་པ་ཉིད་ལ་སློབ་པ་ཡིན། རབ་འབྱོར་དེ་ལྟར་སློབ་པའི་བྱང་ཆུབ་སེམས་དཔའ་སེམས་དཔའ་ཆེན་པོ་ནི། དངོས་པོ་མེད་པ་སྟོང་པ་ཉིད་ལ་སློབ་པ་ཡིན། རབ་འབྱོར་དེ་ལྟར་སློབ་པའི་བྱང་ཆུབ་སེམས་དཔའ་སེམས་དཔའ་ཆེན་པོ་ནི། ངོ་བོ་ཉིད་སྟོང་པ་ཉིད་ལ་སློབ་པ་ཡིན། རབ་འབྱོར་དེ་ལྟར་སློབ་པའི་བྱང་ཆུབ་སེམས་དཔའ་སེམས་དཔའ་ཆེན་པོ་ནི། དངོས་པོ་མེད་པའི་ངོ་བོ་ཉིད་སྟོང་པ་ཉིད་ལ་སློབ་པ་ཡིན། རབ་འབྱོར་དེ་ལྟར་སློབ་པའི་བྱང་ཆུབ་སེམས་དཔའ་སེམས་དཔའ་ཆེན་པོ་ནི། དྲན་པ་ཉེ་བར་གཞག་པ་བཞི་ལ་སློབ་པ་ཡིན། རབ་འབྱོར་དེ་ལྟར་སློབ་པའི་བྱང་ཆུབ་སེམས་དཔའ་སེམས་དཔའ་ཆེན་པོ་ནི། ཡང་དག་པར་སྤོང་བ་བཞི་ལ་སློབ་པ་ཡིན། རབ་འབྱོར་དེ་ལྟར་སློབ་པའི་བྱང་ཆུབ་སེམས་དཔའ་སེམས་དཔའ་ཆེན་པོ་ནི། རྫུ་འཕྲུལ་གྱི་རྐང་པ་བཞི་ལ་སློབ་པ་ཡིན། རབ་འབྱོར་དེ་ལྟར་སློབ་པའི་བྱང་ཆུབ་

སེམས་དཔའ་སེམས་དཔའ་ཆེན་པོ་ནི། དབང་པོ་ལྔ་ལ་སློབ་པ་ཡིན། རབ་འབྱོར་དེ་ལྟར་སློབ་པའི་བྱང་ཆུབ་སེམས་དཔའ་སེམས་དཔའ་ཆེན་པོ་ནི། སྟོབས་ལྔ་ལ་སློབ་པ་ཡིན། རབ་འབྱོར་དེ་ལྟར་སློབ་པའི་བྱང་ཆུབ་སེམས་དཔའ་སེམས་དཔའ་ཆེན་པོ་ནི། བྱང་ཆུབ་ཀྱི་ཡན་ལག་བདུན་ལ་སློབ་པ་ཡིན། རབ་འབྱོར་དེ་ལྟར་སློབ་པའི་བྱང་ཆུབ་སེམས་དཔའ་སེམས་དཔའ་ཆེན་པོ་ནི། འཕགས་པའི་ལམ་ཡན་ལག་བརྒྱད་པ་ལ་སློབ་པ་ཡིན། རབ་འབྱོར་དེ་ལྟར་སློབ་པའི་[༡]བྱང་ཆུབ་སེམས་དཔའ་སེམས་དཔའ་ཆེན་པོ་ནི། འཕགས་པའི་བདེན་པ་བཞི་ལ་སློབ་པ་ཡིན། རབ་འབྱོར་དེ་ལྟར་སློབ་པའི་བྱང་ཆུབ་སེམས་དཔའ་སེམས་དཔའ་ཆེན་པོ་ནི། བསམ་གཏན་བཞི་ལ་སློབ་པ་ཡིན། རབ་འབྱོར་དེ་ལྟར་སློབ་པའི་བྱང་ཆུབ་སེམས་དཔའ་སེམས་དཔའ་ཆེན་པོ་ནི། ཚད་མེད་པ་བཞི་ལ་སློབ་པ་ཡིན། རབ་འབྱོར་དེ་ལྟར་སློབ་པའི་བྱང་ཆུབ་སེམས་དཔའ་སེམས་དཔའ་ཆེན་པོ་ནི། གཟུགས་མེད་པའི་སྙོམས་པར་འཇུག་པ་བཞི་ལ་སློབ་པ་ཡིན། རབ་འབྱོར་དེ་ལྟར་སློབ་པའི་བྱང་ཆུབ་སེམས་དཔའ་སེམས་དཔའ་ཆེན་པོ་ནི། རྣམ་པར་ཐར་པ་བརྒྱད་ལ་སློབ་པ་ཡིན། རབ་འབྱོར་དེ་ལྟར་སློབ་པའི་བྱང་ཆུབ་སེམས་དཔའ་སེམས་དཔའ་ཆེན་པོ་ནི། མཐར་གྱིས་གནས་པའི་སྙོམས་པར་འཇུག་པ་དགུ་ལ་སློབ་པ་ཡིན། རབ་འབྱོར་དེ་ལྟར་སློབ་པའི་བྱང་ཆུབ་སེམས་དཔའ་སེམས་དཔའ་ཆེན་པོ་ནི། རྣམ་པར་ཐར་པའི་སྒོ་སྟོང་པ་ཉིད་དང་། མཚན་མ་མེད་པ་དང་། སྨོན་པ་མེད་པ་[༡]ལ་སློབ་པ་ཡིན། རབ་འབྱོར་དེ་ལྟར་སློབ་པའི་བྱང་ཆུབ་སེམས་དཔའ་སེམས་དཔའ་ཆེན་པོ་ནི། མངོན་པར་ཤེས་པ་རྣམས་ལ་སློབ་པ་ཡིན། རབ་འབྱོར་དེ་ལྟར་སློབ་པའི་བྱང་ཆུབ་སེམས་དཔའ་སེམས་དཔའ་ཆེན་པོ་ནི། ཏིང་ངེ་འཛིན་རྣམས་ལ་སློབ་པ་ཡིན། རབ་འབྱོར་དེ་ལྟར་སློབ་པའི་བྱང་ཆུབ་

སེམས་དཔའ་སེམས་དཔའ་ཆེན་པོ་ནི། གཟུངས་ཀྱི་སྒོ་རྣམས་ལ་སློབ་པ་ཡིན། རབ་འབྱོར་དེ་ལྟར་སློབ་པའི་བྱང་ཆུབ་སེམས་དཔའ་སེམས་དཔའ་ཆེན་པོ་ནི། དེ་བཞིན་གཤེགས་པའི་སྟོབས་བཅུ་ལ་སློབ་པ་ཡིན། རབ་འབྱོར་དེ་ལྟར་སློབ་པའི་བྱང་ཆུབ་སེམས་དཔའ་སེམས་དཔའ་ཆེན་པོ་ནི། མི་འཇིགས་པ་བཞི་ལ་སློབ་པ་ཡིན། རབ་འབྱོར་དེ་ལྟར་སློབ་པའི་བྱང་ཆུབ་སེམས་དཔའ་སེམས་དཔའ་ཆེན་པོ་ནི། སོ་སོ་ཡང་དག་པར་རིག་པ་བཞི་ལ་སློབ[1]པ་ཡིན། རབ་འབྱོར་དེ་ལྟར་སློབ་པའི་བྱང་ཆུབ་སེམས་དཔའ་སེམས་དཔའ་ཆེན་པོ་ནི།[2] སྙིང་རྗེ་ཆེན་པོ་ལ་སློབ་པ་ཡིན། རབ་འབྱོར་དེ་ལྟར་སློབ་པའི་བྱང་ཆུབ་སེམས་དཔའ་སེམས་དཔའ་ཆེན་པོ་ནི། སངས་རྒྱས་ཀྱི་ཆོས་མ་འདྲེས་པ་བཅོ[3]བརྒྱད་ལ་སློབ་པ་ཡིན། རབ་འབྱོར་དེ་ལྟར་སློབ་པའི་བྱང་ཆུབ་སེམས་དཔའ་སེམས་དཔའ་ཆེན་པོ་ནི། རྒྱུན་དུ་ཞུགས་པའི་འབྲས་བུ་ལ་སློབ་པ་ཡིན། རབ་འབྱོར་དེ་ལྟར་སློབ་པའི་བྱང་ཆུབ་སེམས་དཔའ་སེམས་དཔའ་ཆེན་པོ་ནི། ལན་ཅིག་ཕྱིར་འོང་བའི་འབྲས་བུ་ལ་སློབ་པ་ཡིན། རབ་འབྱོར་དེ་ལྟར་སློབ་པའི་བྱང་ཆུབ་སེམས་དཔའ་སེམས་དཔའ་ཆེན་པོ་ནི། ཕྱིར་མི་འོང་བའི་འབྲས་བུ་ལ་སློབ་པ་ཡིན། རབ་འབྱོར་དེ་ལྟར་སློབ་པའི་བྱང་ཆུབ་སེམས་དཔའ་སེམས་དཔའ་ཆེན་པོ་ནི། དགྲ་བཅོམ་པ་ཉིད་ལ་སློབ་པ་ཡིན། རབ་འབྱོར་དེ་ལྟར་སློབ་པའི་བྱང་ཆུབ་སེམས་དཔའ་སེམས་དཔའ་ཆེན་པོ་ནི། རང་བྱང་ཆུབ་ལ་སློབ་པ་ཡིན། རབ་འབྱོར་དེ་ལྟར་སློབ་པའི་བྱང་ཆུབ་སེམས་དཔའ་སེམས་དཔའ་ཆེན་པོ་ནི། ལམ་གྱི་རྣམ་པ[4]ཤེས་པ་ཉིད་ལ་སློབ་པ་ཡིན། རབ་འབྱོར་དེ་ལྟར་སློབ་པའི་བྱང་ཆུབ་སེམས་དཔའ་སེམས་དཔའ་ཆེན་པོ་ནི། རྣམ་པ་ཐམས་ཅད་མཁྱེན་པ་ཉིད་ལ་སློབ་པ་ཡིན། རབ་འབྱོར་དེ་ལྟར་སློབ་པའི་བྱང་ཆུབ་སེམས་དཔའ་སེམས་དཔའ་ཆེན་པོ་ནི།

བསླབ་པ་ཐམས་ཅད་ཀྱི་ཕ་རོལ་ཏུ་ཕྱིན་པ་འཐོབ་[༡]པར་འགྱུར་བ་ཡིན། རབ་འབྱོར་དེ་ལྟར་སློབ་པའི་བྱང་ཆུབ་སེམས་དཔའ་སེམས་དཔའ་ཆེན་པོ་ནི། བདུད་དམ་བདུད་ཀྱི་རིས་ཀྱི་ལྷ་རྣམས་ཀྱིས་[༢]ཕམ་པར་མི་ནུས་པ་ཡིན། རབ་འབྱོར་དེ་ལྟར་སློབ་པའི་བྱང་ཆུབ་སེམས་དཔའ་སེམས་དཔའ་ཆེན་པོ་ནི[༣]། མྱུར་དུ་ཕྱིར་མི་ལྡོག་པའི་ས་འཐོབ་པ་ཡིན། རབ་འབྱོར་དེ་ལྟར་སློབ་པའི་བྱང་ཆུབ་སེམས་དཔའ་སེམས་དཔའ་ཆེན་པོ་ནི། བདག་གི་ཕ་[༤]དེ་བཞིན་གཤེགས་པའི་སྤྱོད་ཡུལ་ལ་སྤྱོད་པ་ཡིན། རབ་འབྱོར་དེ་ལྟར་སློབ་པའི་བྱང་ཆུབ་སེམས་དཔའ་སེམས་དཔའ་ཆེན་པོ་ནི་མགོན་དུ་འགྱུར་བའི་ཆོས་རྣམས་ལ་སློབ་པ་ཡིན། རབ་འབྱོར་དེ་ལྟར་སློབ་པའི་བྱང་ཆུབ་སེམས་དཔའ་སེམས་དཔའ་ཆེན་པོ་ནི། བྱམས་པ་ཆེན་པོ་ལ་སློབ་པ་ཡིན། རབ་འབྱོར་དེ་ལྟར་སློབ་པའི་བྱང་ཆུབ་སེམས་དཔའ་སེམས་དཔའ་ཆེན་པོ་ནི་[༥]སྙིང་རྗེ་ཆེན་པོ་ལ་སློབ་པ་ཡིན། རབ་འབྱོར་དེ་ལྟར་སློབ་པའི་བྱང་ཆུབ་སེམས་དཔའ་སེམས་དཔའ་ཆེན་པོ་ནི། སངས་རྒྱས་ཀྱི་ཞིང་ཡོངས་སུ་དག་པར་བྱ་བའི་ཕྱིར་སློབ་པ་ཡིན[༦]། རབ་འབྱོར་དེ་ལྟར་སློབ་པའི་བྱང་ཆུབ་སེམས་དཔའ༔སེམས་དཔའ་[༧]ཆེན་པོ་ནི། སེམས་ཅན་ཡོངས་སུ་སྨིན་པར་བྱ་བའི་ཕྱིར་སློབ་པ་ཡིན། རབ་འབྱོར་དེ་ལྟར་སློབ་པའི་བྱང་ཆུབ་སེམས་དཔའ་སེམས་དཔའ་ཆེན་པོ་ནི་རྣམ་པ་བཅུ་གཉིས་ལན་གསུམ་དུ་བསྐོར་བའི་ཆོས་ཀྱི་འཁོར་ལོ་བསྐོར་བའི་ཕྱིར་སློབ་པ་ཡིན། རབ་འབྱོར་དེ་ལྟར་སློབ་པའི་བྱང་ཆུབ་སེམས་དཔའ་སེམས་དཔའ་ཆེན་པོ་ནི། སེམས་ཅན་ཐམས་ཅད་ཡོངས་སུ་སྨིན་པར་བྱའོ་ཞེས་སློབ་པ་ཡིན། རབ་འབྱོར་དེ་ལྟར་སློབ་པའི་བྱང་ཆུབ་སེམས་དཔའ་སེམས་དཔའ་ཆེན་པོ་ནི། དེ་བཞིན་གཤེགས་པའི་རིགས་རྒྱུན་མི་གཅད་[༨]པའི་ཕྱིར་སློབ་པ་ཡིན། རབ་འབྱོར་དེ་ལྟར་སློབ་པའི་བྱང་ཆུབ་སེམས་དཔའ་སེམས་

དཔའ་ཆེན་པོ་[1]ནི་འཆི་བ་མེད་པའི་སྒོ་དབྱེ་བར་བྱའོ་ཞེས་སློབ་པ་ཡིན། རབ་འབྱོར་དེ་ལྟར་སློབ་པའི་བྱང་ཆུབ་སེམས་དཔའ་སེམས་དཔའ་ཆེན་པོ་ནི། འདུས་མ་[2]བྱས་ཀྱི་ཁམས་བསྟན་པར་བྱའོ། །ཞེས་སློབ་པ་ཡིན་ཏེ། རབ་འབྱོར་སེམས་ཅན་དམའ་བས་ནི་བསླབ་པ་རྒྱ་ཆེན་པོ་འདི་ལ་བསླབ་པར་མི་ནུས་སོ།། བྱང་ཆུབ་སེམས་དཔའ་སེམས་དཔའ་ཆེན་པོ་གང་བསླབ་པ་འདིཿལ་སློབ་པ་དེ་[3]ནི། སེམས་ཅན་ཐམས་ཅད་འཁོར་བ་ལས་གདོན་པར་འདོད་པ་སྟེ། རབ་འབྱོར་དེ་ལྟར་སློབ་པའི་བྱང་ཆུབ་སེམས་དཔའ་སེམས་དཔའ་ཆེན་པོ་ནི། སེམས་ཅན་དམྱལ་བར་མི་སྐྱེའོ། །ཕྱུལ་སོང་གི་སྐྱེ་གནས་སུ་མི་སྐྱེའོ། །གཤིན་རྗེའི་འཇིག་རྟེན་དུ་མི་སྐྱེའོ། །ཡུལ་མཐའ་འཁོབ་ཏུ་མི་སྐྱེའོ། །ཡུལ་གཙང་[4]རོང་ཅན་དུ་མི་སྐྱེའོ། །ཕྲག་དར་པ་དང་། གདོལ་[5]བའི་རིགས་སུ་མི་སྐྱེའོ། །ཞར་བར་མི་འགྱུར་རོ། །སྨྱུར་པོར་མི་འགྱུར་རོ། །ཞ་བོར་[6]མི་འགྱུར་རོ། །ཡན་ལག་སྐྱོན་ཅན་དུ་མི་འགྱུར་རོ། །འོན་པར་མི་འགྱུར་རོ། །ལག་པ་མེད་པར་མི་འགྱུར་རོ།། དབང་པོ་དང་[7]མི་ལྡན་པར་མི་འགྱུར་ཏེ[8]། དབང་པོ་ཡོངས་སུ་ཚང་ཞིང་དབང་པོ་མ་ཚང་བར་མི་འགྱུར་རོ། །སྡིག་གཙོད་པར་མི་འགྱུར་རོ། །མ་བྱིན་པ་[9]ལེན་པར་མི་འགྱུར་རོ། །འདོད་པས་ལོག་པར་གཡེམ་པར་[10]མི་འགྱུར་རོ། །བརྫུན་དུ་སྨྲ་བར་མི་འགྱུར་རོ། །ཕྲ་མ་ཅན་དུ་མི་འགྱུར་རོ། །ཞེ་གཙོད་པ་སྨྲ་བར་མི་འགྱུར་རོ། །ཚིག་ཀྱལ་[11]པ་ཅན་དུ་མི་འགྱུར་རོ། །ཆགས་སེམས་ཅན་དུ་མི་འགྱུར་རོ། །གནོད་སེམས་ཅན་དུ་མི་འགྱུར་རོ། །ལོག་པར་[12]ལྟ་བར་མི་འགྱུར་རོ། །འཚོ་བ་ལོག་པས་འཚོ་བར་མི་འགྱུར་རོ། །ཡང་དག་པ་མ་ཡིན་པས་[13]ཡོངས་སུ་འཛིན་པར་མི་འགྱུར་རོ། །ཚུལ་ཁྲིམས་ངན་པ་ཅན་དུ་མི་འགྱུར་རོ༑ །ཚུལ་ཁྲིམས་ངན་པ་ཡོངས་སུ་འཛིན་པར་མི་འགྱུར་རོ། །རབ་འབྱོར་དེ་

ལྟར་སྨོན་པའི་བྱང་ཆུབ་སེམས་དཔའ་སེམས་དཔའ་ཆེན་པོ་ནི། ལྷ་ཚེ་རིངས་[༡]པོའི་ནང་དུ་མི་སྐྱེའོ། །དེ་ཅིའི་ཕྱིར་ཞེ་ན། ཐབས་མཁས་པ་དང་ལྡན་པ་གང་གིས་བྱང་ཆུབ་སེམས་དཔའ་སེམས་དཔའ་ཆེན་པོ་ལྷ་ཚེ་རིངས་[༢]པོར་མི་སྐྱེ་བའི་ཐབས་མཁས་པ་དེ་ལྟ་བུ་དེ་ལ་ཡོད་དེ། དེ་ཡང་གང་ཞེ་ན། འདི་ལྟ་སྟེ། ཤེས་རབ་ཀྱི་ཕ་རོལ་ཏུ་ཕྱིན་པ་འདི་ཉིད་ལས་ཐབས་མཁས་པ་བསྟན་ཏ་པ་སྟེ[༣]། ཐབས་མཁས་པ་དེ་དང་ལྡན་པའི་བྱང་ཆུབ་སེམས་དཔའ་སེམས་དཔའ་ཆེན་པོ་ནི་བསམ་གཏན་རྣམས་ལ་ཡང་[༤]སྙོམས་པར་འཇུག །ཚད་མེད་པ་རྣམས་ལ་ཡང་[༥]སྙོམས་པར་འཇུག །གཟུགས་མེད་པའི་སྙོམས་པར་འཇུག་པ་རྣམས་ལ་ཡང་[༦]སྙོམས་པར་འཇུག་སྟེ། བསམ་གཏན་དང་། ཚད་མེད་པ་དང་། གཟུགས་མེད་པའི་སྙོམས་པར་འཇུག་པ་རྣམས་ཀྱི་དབང་གིས་ཀྱང་མི་སྐྱེའོ། །རབ་འབྱོར་དེ་ལྟར་སྨོན་པའི་བྱང་ཆུབ་སེམས་དཔའ་སེམས་དཔའ་ཆེན་པོ་ནི་འདི་ལྟ་སྟེ། ཉན་ཐོས་དང་། རང་སངས་རྒྱས་ཀྱི་ཡིད་ལ་བྱ་བའི་དྲི་མ་ཡོངས་སུ་དག་པས། སངས་རྒྱས་ཀྱི་ཆོས་ཐམས་ཅད་ཀྱི་སྟོབས་ཡོངས་སུ་དག་པ་ཐོབ་[༧]པར་འགྱུར་རོ། །གསོལ་པ། བཅོམ་ལྡན་འདས་ཆོས་ཐམས་ཅད་རང་བཞིན་གྱིས་ཡོངས་སུ་དག་པ་ལགས་ན། བྱང་ཆུབ་སེམས་དཔའ་སེམས་དཔའ་ཆེན་པོས་ཆོས་གང་ཞིག་གི་[༨]ཡོངས་སུ་དག་པ་འཐོབ་པར་འགྱུར་བ་ལགས། བཅོམ་ལྡན་འདས་ཀྱིས་བཀའ་སྩལ་པ། རབ་འབྱོར་དེ་དེ་བཞིན་ནོ། །དེ་དེ་བཞིན་ཏེ། ཇི་སྐད་དུ་སྨྲས་པ་དེ་བཞིན་ནོ། །རབ་འབྱོར་ཆོས་ཐམས་ཅད་ནི་རང་བཞིན་གྱིས་[༩]ཡོངས་སུ་དག་པ་སྟེ། རབ་འབྱོར་དེ་ལྟར་ཆོས་ཐམས་ཅད་ཡོངས་སུ་དག་པ་ལ། བྱང་ཆུབ་སེམས་དཔའ་སེམས་དཔའ་ཆེན་པོ་ཤེས་རབ་ཀྱི་ཕ་རོལ་ཏུ་ཕྱིན་པ་ལ་སྤྱོད་པའི་ཚེ། སེམས་ཞུམ་པ་མེད་ཅིང་འགོང་བ་མེད་པ་དེ་ནི། རབ་འབྱོར་ཤེས་རབ་ཀྱི་ཕ་རོལ་

ཏུ་ཕྱིན་པ་①སྟེ། བྱིས་པ་སོ་སོའི་སྐྱེ་བོ་ཐམས་ཅད་ཀྱིས་ནི་ཆོས་ཉིད་དེ་མི་ཤེས་མི་མཐོང་བས། སེམས་ཅན་དེ་དག་གི་②དོན་དུ་བྱང་ཆུབ་སེམས་དཔའ་སེམས་དཔའ་ཆེན་པོ། སྦྱིན་པའི་ཕ་རོལ་ཏུ་ཕྱིན་པ་ལ་སྦྱོད། ཚུལ་ཁྲིམས་ཀྱི་ཕ་རོལ་ཏུ་ཕྱིན་པ་ལ་སྦྱོད། བཟོད་པའི་ཕ་རོལ་ཏུ་ཕྱིན་པ་ལ་སྦྱོད། བརྩོན་འགྲུས་ཀྱི་ཕ་རོལ་ཏུ་ཕྱིན་པ་ལ་སྦྱོད། བསམ་གཏན་གྱི་ཕ་རོལ་ཏུ་ཕྱིན་པ་ལ་སྦྱོད། ཤེས་རབ་③ཀྱི་ཕ་རོལ་④ཏུ་ཕྱིན་པ་ལ་སྦྱོད། ནང་སྟོང་པ་ཉིད་ལ་སྦྱོད། ཕྱི་སྟོང་པ་ཉིད་ལ་སྦྱོད། ཕྱི་ནང་སྟོང་པ་ཉིད་ལ་སྦྱོད། སྟོང་པ་ཉིད་སྟོང་པ་ཉིད་ལ་སྦྱོད། ཆེན་པོ་སྟོང་པ་ཉིད་ལ་སྦྱོད། དོན་དམ་པ་སྟོང་པ་ཉིད་ལ་སྦྱོད། འདུས་བྱས་སྟོང་པ་ཉིད་ལ་སྦྱོད། འདུས་མ་བྱས་སྟོང་པ་ཉིད་ལ་སྦྱོད། མཐའ་ལས་འདས་པ་སྟོང་པ་ཉིད་ལ་སྦྱོད། ཐོག་མ་དང་ཐ་མ་མེད་པ་སྟོང་པ་ཉིད་ལ་སྦྱོད། དོར་བ་མེད་པ་སྟོང་པ་ཉིད་ལ་སྦྱོད། རང་བཞིན་སྟོང་པ་ཉིད་ལ་སྦྱོད། ཆོས་ཐམས་ཅད་སྟོང་པ་ཉིད་ལ་སྦྱོད། རང་གི་མཚན་ཉིད་སྟོང་པ་ཉིད་ལ་སྦྱོད། མི་དམིགས་པ་སྟོང་པ་ཉིད་ལ་སྦྱོད། དངོས་པོ་མེད་པ་སྟོང་པ་ཉིད་ལ་སྦྱོད། ངོ་བོ་ཉིད་སྟོང་པ་ཉིད་ལ་སྦྱོད། དངོས་པོ་མེད་པའི་ངོ་བོ་ཉིད་སྟོང་པ་ཉིད་⑤ལ་སྦྱོད། དྲན་པ་ཉེ་བར་གཞག་པ་བཞི་ལ་སྦྱོད། ཡང་དག་པར་སྤོང་བ་བཞི་ལ་སྦྱོད། རྫུ་འཕྲུལ་གྱི་རྐང་པ་བཞི་ལ་སྦྱོད། དབང་པོ་ལྔ་ལ་སྦྱོད། སྟོབས་ལྔ་ལ་སྦྱོད། བྱང་ཆུབ་ཀྱི་ཡན་ལག་བདུན་ལ་སྦྱོད། འཕགས་པའི་ལམ་ཡན་ལག་བརྒྱད་པ་ལ་སྦྱོད། འཕགས་པའི་བདེན་པ་བཞི་ལ་སྦྱོད། བསམ་གཏན་བཞི་ལ་སྦྱོད། ཚད་མེད་པ་བཞི་ལ་སྦྱོད། གཟུགས་མེད་པའི་སྙོམས་པར་འཇུག་པ་བཞི་ལ་སྦྱོད། རྣམ་པར་ཐར་པ་བརྒྱད་ལ་སྦྱོད། མཐར་གྱིས་གནས་པའི་སྙོམས་པར་འཇུག་པ་དགུ་ལ་སྦྱོད། རྣམ་པར་ཐར་པའི་སྒོ་སྟོང་པ་ཉིད་དང་། མཚན་མ་མེད་པ་

དང་། སྨོན་པ་མེད་པ་ལ་སྤྱོད། མངོན་པར་ཤེས་པ་རྣམས་ལ་སྤྱོད། ཏིང་ངེ་འཛིན་རྣམས་ལ་སྤྱོད། གཟུངས་ཀྱི་སྒོ་རྣམས་ལ་སྤྱོད། དེ་བཞིན་གཤེགས་པའི་སྟོབས་བཅུ་ལ་སྤྱོད། མི་འཇིགས་པ་བཞི་ལ་སྤྱོད། སོ་སོ་ཡང་དག་པར་རིག་པ་བཞི་ལ་སྤྱོད། (༡)སྙིང་རྗེ་ཆེན་པོ་ལ་སྤྱོད། སངས་རྒྱས་ཀྱི་ཆོས་མ་འདྲེས་པ་བཅོ་(༢)བརྒྱད་ལ་སྤྱོད། རྒྱུན་ཏུ་ཞུགས་པའི་འབྲས་བུ་ལ་སྤྱོད། ལན་ཅིག་ཕྱིར་འོང་བའི་འབྲས་བུ་ལ་སྤྱོད། ཕྱིར་མི་འོང་བའི་འབྲས་བུ་ལ་སྤྱོད། དགྲ་བཅོམ་པ་ཉིད་ལ་སྤྱོད། རང་བྱང་ཆུབ་ལ་སྤྱོད། ལམ་གྱི་རྣམ་པ་(༣)ཤེས་པ་ཉིད་ལ་སྤྱོད། རྣམ་པ་ཐམས་ཅད་མཁྱེན་པ་ཉིད་ལ་སྤྱོད་དེ། རབ་འབྱོར་དེ་ལྟར་སློབ་པའི་བྱང་ཆུབ་སེམས་དཔའ་སེམས་དཔའ་ཆེན་པོ་ནི། ཆོས་ཐམས་ཅད་ཀྱི་སྟོབས་དང་། མི་འཇིགས་པ་ཉིད་རབ་ཏུ་ཐོབ་པར་འགྱུར་ཏེ། ཉན་ཐོས་དང་། རང་སངས་རྒྱས་ཀྱི་སར་མི་ལྟུང་ངོ་། །རབ་འབྱོར་དེ་ལྟར་སློབ་པའི་བྱང་ཆུབ་སེམས་དཔའ་སེམས་དཔའ་ཆེན་པོ་ནི་སེམས་ཅན་ཐམས་ཅད་ཀྱི་སེམས་དང་། སྤྱོད་པ་དང་། གཡོ་བ་རྣམས་ཀྱི་ཕ་རོལ་ཏུ་ཕྱིན་པར་འགྱུར་རོ། །རབ་འབྱོར་འདི་ལྟ་སྟེ་དཔེར་ན། ས་ཆེན་པོའི་ཕྱོགས་གང་ན་འཛམ་བུའི་(༤)ཆུ་ཀླུང་གི་གསེར་གྱི་ས་ལེ་སྦྲམ་(༥)འབྱུང་བ་དེ་ལྟ་བུ་ནི་(༦)ཉུང་ངོ་། །རབ་འབྱོར་དེ་བཞིན་དུ་འདི་ལྟ་སྟེ། ཤེས་རབ་ཀྱི་ཕ་རོལ་ཏུ་ཕྱིན་པའི་བསླབ་པ་འདི་ལ་སློབ་པའི་སེམས་ཅན་དེ་ལྟ་བུ་ཡང་ཉུང་སྟེ། སེམས་ཅན་གང་ཉན་ཐོས་ཀྱི་སའམ། རང་སངས་རྒྱས་ཀྱི་ས་ལ་གནས་པར་འགྱུར་བ་དེ་ལྟ་བུ་ནི་དེ་བས་(༧)ཆེས་མང་ངོ་། །རབ་འབྱོར་འདི་ལྟ་སྟེ་དཔེར་ན། སེམས་ཅན་གང་འཁོར་ལོས་སྒྱུར་བའི་རྒྱལ་པོར་འགྱུར་བའི་ལས་ཡང་དག་པར་བླངས་ཏེ་གནས་པ་དེ་ལྟ་བུ་ནི་ཉུང་སྟེ། སེམས་ཅན་གང་ཁམས་ཀྱི་རྒྱལ་ཕྲན་དུ་འགྱུར་བའི་ལས་ཡང་དག་པར་བླངས་ཤིང་གནས་པ་དེ་ལྟ་བུ་ནི་ཆེས་མང་

ངོ་། །རབ་འབྱོར་དེ་བཞིན་དུ་སེམས་ཅན་གང་རྣམ་པ་ཐམས་ཅད་མཁྱེན་པའི་ལམ་འདིར་འཇུག་པ་དེ་ལྟ་བུ་ཡང་ཉུང་སྟེ། སེམས་ཅན་གང་ཉན་ཐོས་ཀྱི་ས་འམ། རང་སངས་རྒྱས་ཀྱི་ས་ལ་གནས་པར་འགྱུར་བ་[1]དེ་ལྟ་བུ་ནི་དེ་བས་[2]ཆེས་མང་ངོ་། ། རབ་འབྱོར་གང་ཡང་བྱང་ཆུབ་སེམས་དཔའ་སེམས་དཔའ་ཆེན་པོ་བླ་ན་མེད་པ་ཡང་[3]དག་པར་རྫོགས་པའི་བྱང་ཆུབ་ཏུ་ཡང་དག་པར་ཞུགས་པ་དེ་དག་པས་ནི། བྱང་ཆུབ་སེམས་དཔའ་སེམས་དཔའ་ཆེན་པོ་གང་དེ་བཞིན་ཉིད་དུ་ནན་ཏན་བྱེད་པ་དེ་ལྟ་བུ་ཆེས་[4]ཉུང་ངོ་། །དེ་བས་ཀྱང་སེམས་ཅན་གང་[5]ཉན་ཐོས་སམ། རང་སངས་རྒྱས་སུ་གནས་པར་འགྱུར་བ་དེ་ལྟ་བུ་ནི་ཆེས་མང་ངོ་། །རབ་འབྱོར་གང་ཡང་བྱང་ཆུབ་སེམས་དཔའི་ཐེག་པ་པའི་རིགས་ཀྱི་བུ་[6]ཤེས་རབ་ཀྱི་ཕ་རོལ་ཏུ་ཕྱིན་པ་ཟབ་མོ་འདི་ལ་སྤྱོད་ཅིང་། ཐེ་ཚོམ་མེད་པར་ཕྱིར་མི་ལྡོག་པའི་ས་གནོན་པ་དེ་དག་པས་ནི། གང་ཕྱིར་མི་[7]ལྡོག་པའི་ས་གནོན་པར་འགྱུར་བ་དེ་ལྟ་བུ་[8]ཆེས་མང་ངོ་། །རབ་འབྱོར་དེ་བས་ན་བྱང་ཆུབ་སེམས་དཔའ་སེམས་དཔའ་ཆེན་པོ་ཕྱིར་མི་ལྡོག་པའི་ས་འཐོབ་པར་འདོད་པ་དང་། ཕྱིར་མི་ལྡོག་པའི་སར་ཆུད་པར་འདོད་པས། ཤེས་རབ་ཀྱི་ཕ་རོལ་ཏུ་ཕྱིན་པ་ཟབ་མོ་འདི་ཉིད་ལ་བསླབ་པར་བྱའོ། །རབ་འབྱོར་གཞན་ཡང་བྱང་ཆུབ་སེམས་དཔའ་སེམས་དཔའ་ཆེན་པོ་ཤེས་རབ་ཀྱི་ཕ་རོལ་ཏུ་ཕྱིན་པ་ལ་སྤྱོད་པའི་ཚེ་སེར་སྣ་དང་ལྡན་པའི་སེམས་མི་སྐྱེའོ། །ཚུལ་ཁྲིམས་ངན་པ་དང་ལྡན་པའི་སེམས་མི་སྐྱེའོ། །འཁྲུག་པ་དང་ལྡན་པའི་སེམས་མི་སྐྱེའོ། །ལེ་ལོ་དང་ལྡན་པའི་སེམས་མི་སྐྱེའོ། །གཡེང་བ་དང་ལྡན་པའི་སེམས་མི་སྐྱེའོ། །ཤེས་རབ་འཆལ་པ་དང་ལྡན་པའི་སེམས་མི་སྐྱེའོ། །འདོད་ཆགས་དང་ལྡན་པའི་སེམས་མི་[9]སྐྱེའོ། །ཞེ་སྡང་དང་ལྡན་པའི་སེམས་མི་སྐྱེའོ། །གཏི་མུག་དང་ལྡན་པའི་སེམས་མི་སྐྱེའོ། །ཐ་བ་དང་ལྡན་པའི་སེམས་

མྱི་(༡)སྐྱེའོ། །གཟུགས་དང་ལྡན་པའི་སེམས་མྱི་སྐྱེའོ། །ཚོར་བ་དང་ལྡན་པའི་སེམས་མྱི་སྐྱེའོ། །འདུ་ཤེས་དང་ལྡན་པའི་སེམས་མྱི་སྐྱེའོ། །འདུ་བྱེད་དང་ལྡན་པའི་སེམས་མྱི་སྐྱེའོ། །རྣམ་པར་ཤེས་པ་དང་ལྡན་པའི་སེམས་མྱི་སྐྱེའོ། །མྱིག་དང་ལྡན་པའི་སེམས་མྱི་སྐྱེའོ། །རྣ་བ་དང་ལྡན་པའི་སེམས་མྱི་སྐྱེའོ། །སྣ་དང་ལྡན་པའི་སེམས་མི་སྐྱེའོ། །ལྗེ་དང་ལྡན་པའི་སེམས་མྱི་སྐྱེའོ། །ལུས་དང་ལྡན་པའི་སེམས་མྱི་སྐྱེའོ། །ཡིད་དང་ལྡན་པའི་སེམས་མྱི་སྐྱེའོ། །གཟུགས་དང་ལྡན་པའི་སེམས་མྱི་སྐྱེའོ། །སྒྲ་དང་ལྡན་པའི་སེམས་མྱི་སྐྱེའོ། །དྲི་དང་ལྡན་པའི་སེམས་མྱི་སྐྱེའོ། །རོ་དང་ལྡན་པའི་སེམས་མྱི་སྐྱེའོ། །རེག་དང་ལྡན་པའི་སེམས་མྱི་སྐྱེའོ། །ཆོས་དང་ལྡན་པའི་སེམས་མྱི་(༢)སྐྱེའོ། །མྱིག་གི་རྣམ་པར་ཤེས་པ་དང་ལྡན་པའི་སེམས་མྱི་སྐྱེའོ། །རྣ་བའི་རྣམ་པར་ཤེས་པ་དང་ལྡན་པའི་སེམས་མྱི་སྐྱེའོ། །སྣའི་རྣམ་པར་ཤེས་པ་དང་ལྡན་པའི་སེམས་མི་སྐྱེའོ། །ལྗེའི་རྣམ་པར་ཤེས་པ་དང་ལྡན་པའི་སེམས་མྱི་(༣)སྐྱེའོ། །ལུས་ཀྱི་རྣམ་པར་ཤེས་པ་དང་ལྡན་པའི་སེམས་མྱི་སྐྱེའོ། །ཡིད་ཀྱི་རྣམ་པར་ཤེས་པ་དང་ལྡན་པའི་སེམས་མྱི་སྐྱེའོ། །མྱིག་གི་འདུས་ཏེ་རེག་པ་དང་ལྡན་པའི་སེམས་མི་སྐྱེའོ། །རྣ་བའི་འདུས་ཏེ་རེག་པ་དང་ལྡན་པའི་སེམས་མྱི་སྐྱེའོ། །སྣའི་འདུས་ཏེ་རེག་པ་དང་ལྡན་པའི་སེམས་མྱི་སྐྱེའོ། །ལྗེའི་འདུས་ཏེ་རེག་པ་དང་ལྡན་པའི་སེམས་མྱི་སྐྱེའོ། །ལུས་ཀྱི་འདུས་ཏེ་རེག་པ་དང་ལྡན་པའི་སེམས་མི་སྐྱེའོ། །ཡིད་ཀྱི་འདུས་ཏེ་རེག་པ་དང་ལྡན་པའི་སེམས་མི་(༤)སྐྱེའོ། །མྱིག་གི་འདུས་ཏེ་རེག་པའི་རྐྱེན་ཀྱིས་ཚོར་བ་དང་ལྡན་པའི་སེམས་མི་སྐྱེའོ། །རྣ་བའི་འདུས་ཏེ་རེག་པའི་རྐྱེན་ཀྱིས་ཚོར་བ་དང་ལྡན་པའི་སེམས་མྱི་སྐྱེའོ། །སྣའི་འདུས་ཏེ་རེག་པའི་རྐྱེན་ཀྱིས་ཚོར་བ་དང་ལྡན་པའི་སེམས་མྱི་སྐྱེའོ། །ལྗེའི་འདུས་ཏེ་རེག་པའི་རྐྱེན་ཀྱིས་ཚོར་བ་དང་ལྡན་པའི་སེམས་མྱི་སྐྱེའོ། །ལུས་ཀྱི་

འདུས་ཏེ་རེག་པའི་རྐྱེན་གྱིས་ཚོར་བ་དང་ལྡན་པའི་སེམས་མི་སྐྱེའོ། །ཡིད་ཀྱི་འདུས་ཏེ་རེག་པའི་རྐྱེན་གྱིས་ཚོར་བ་དང་ལྡན་པའི་སེམས་མི་སྐྱེའོ། །སའི་ཁམས་དང་ལྡན་པའི་སེམས་མི་སྐྱེའོ། །ཆུའི་ཁམས་དང་ལྡན་པའི་སེམས་མི་སྐྱེའོ། །མེའི་ཁམས་དང་ལྡན་པའི་སེམས་མི་སྐྱེའོ། །རླུང་གི་ཁམས་དང་ལྡན་པའི་སེམས་མི་སྐྱེའོ། །ནམ་མཁའི་ཁམས་དང་ལྡན་པའི་སེམས་མི་སྐྱེའོ། །རྣམ་པར་ཤེས་པའི་ཁམས་དང་ལྡན་པའི་སེམས་མི་སྐྱེའོ། །མ་རིག་པ་དང་ལྡན་པའི་སེམས་མི་སྐྱེའོ། །འདུ་བྱེད་དང་ལྡན་པའི་སེམས་མི་སྐྱེའོ། །རྣམ་པར་ཤེས་པ་དང་ལྡན་པའི་སེམས་མི་སྐྱེའོ། །མིང་དང་གཟུགས་དང་ལྡན་པའི་སེམས་མི་སྐྱེའོ། །སྐྱེ་མཆེད་དྲུག་དང་ལྡན་པའི་སེམས་མི་སྐྱེའོ། །རེག་པ་དང་ལྡན་པའི་སེམས་མི་སྐྱེའོ། །ཚོར་བ་དང་ལྡན་པའི་སེམས་མི་སྐྱེའོ། །སྲེད་པ་དང་ལྡན་པའི་སེམས་མི་སྐྱེའོ། །ལེན་པ་དང་ལྡན་པའི་སེམས་མི་སྐྱེའོ། །སྲིད་པ་དང་ལྡན་པའི་སེམས་མི་སྐྱེའོ། །སྐྱེ་བ་དང་ལྡན་པའི་སེམས་མི་སྐྱེའོ། །རྒ་ཤི་དང་ལྡན་པའི་སེམས་མི་སྐྱེའོ། །སྦྱིན་པའི་ཕ་རོལ་ཏུ་ཕྱིན་པ་དང་ལྡན་པའི་སེམས་མི་སྐྱེའོ། །ཚུལ་ཁྲིམས་ཀྱི་ཕ་རོལ་ཏུ་ཕྱིན་པ་དང་ལྡན་པའི་སེམས་མི་སྐྱེའོ། །བཟོད་པའི་ཕ་རོལ་ཏུ་ཕྱིན་པ་དང་ལྡན་པའི་སེམས་མི་སྐྱེའོ། །བརྩོན་འགྲུས་ཀྱི་ཕ་རོལ་ཏུ་ཕྱིན་པ་དང་ལྡན་པའི་སེམས་མི་སྐྱེའོ། །བསམ་གཏན་གྱི་ཕ་རོལ་ཏུ་ཕྱིན་པ་དང་ལྡན་པའི་སེམས་མི་སྐྱེའོ། །ཤེས་རབ་ཀྱི་ཕ་རོལ་ཏུ་ཕྱིན་པ་དང་ལྡན་པའི་སེམས་མི་སྐྱེའོ། །ནང་སྟོང་པ་ཉིད་དང་ལྡན་པའི་སེམས་མི་སྐྱེའོ། །ཕྱི་སྟོང་པ་ཉིད་དང་ལྡན་པའི་སེམས་མི་སྐྱེའོ། །ཕྱི་ནང་སྟོང་པ་ཉིད་དང་ལྡན་པའི་སེམས་མི་སྐྱེའོ། །སྟོང་པ་ཉིད་སྟོང་པ་ཉིད་དང་ལྡན་པའི་སེམས་མི་སྐྱེའོ། །ཆེན་པོ་སྟོང་པ་ཉིད་དང་ལྡན་པའི་སེམས་མི་སྐྱེའོ། །དོན་དམ་པ་སྟོང་པ་ཉིད་དང་ལྡན་པའི་སེམས་མི་སྐྱེའོ། །འདུས་བྱས་སྟོང་པ་ཉིད་

དང་①ལྡན་པའི་སེམས་མྱི་སྐྱེའོ། །འདུས་མ་བྱས་སྟོང་པ་ཉིད་དང་ལྡན་པའི་སེམས་མྱི་སྐྱེའོ། །མཐའ་ལས་འདས་པ་སྟོང་པ་ཉིད་དང་ལྡན་པའི་སེམས་མྱི་སྐྱེའོ།། ཐོག་མ་དང་ཐ་མ་མྱེད་པ་སྟོང་པ་ཉིད་དང་ལྡན་པའི་སེམས་མྱི་སྐྱེའོ། །དོར་བ་མྱེད་པ་སྟོང་པ་ཉིད་དང་ལྡན་པའི་སེམས་མྱི་སྐྱེའོ། །རང་བཞིན་སྟོང་པ་ཉིད་དང་ལྡན་པའི་སེམས་མྱི་སྐྱེའོ། །ཆོས་ཐམས་ཅད་སྟོང་པ་ཉིད་དང་ལྡན་པའི་སེམས་མྱི་སྐྱེའོ༑ །རང་གི་མཚན་ཉིད་སྟོང་པ་ཉིད་དང་ལྡན་པའི་སེམས་མི་སྐྱེའོ། །མྱི་དམྱིགས་པ་སྟོང་པ་ཉིད་དང་ལྡན་པའི་སེམས་མྱི་སྐྱེའོ། །དངོས་པོ་མྱེད་པ་སྟོང་པ་ཉིད་དང་ལྡན་པའི་སེམས་མི་སྐྱེའོ། །ངོ་བོ་ཉིད་སྟོང་པ་ཉིད་དང་ལྡན་པའི་སེམས་མྱི་སྐྱེའོ། །དངོས་པོ་མེད་པའི་ངོ་བོ་ཉིད་སྟོང་པ་ཉིད་དང་ལྡན་པའི་སེམས་མྱི་སྐྱེའོ། །དྲན་པ་ཉེ་བར་གཞག་པ་དང་ལྡན་པའི་སེམས་མྱི་སྐྱེའོ། །ཡང་དག་པར་སྤོང་བ་དང་ལྡན་པའི་སེམས་མྱི་སྐྱེའོ། །རྫུ་འཕྲུལ་གྱི་རྐང་པ་དང་ལྡན་པའི་སེམས་མྱི་སྐྱེའོ། །དབང་པོ་དང་ལྡན་པའི་སེམས་མྱི་སྐྱེའོ། །སྟོབས་དང་ལྡན་པའི་སེམས་མྱི་སྐྱེའོ། །བྱང་ཆུབ་ཀྱི་ཡན་ལག་དང་ལྡན་པའི་སེམས་མྱི་སྐྱེའོ། །འཕགས་པའི་ལམ་ཡན་ལག་བརྒྱད་པ་དང་ལྡན་པའི་སེམས་མྱི་སྐྱེའོ། །འཕགས་པའི་བདེན་པ་དང་ལྡན་པའི་སེམས་མྱི་སྐྱེའོ། །བསམ་གཏན་དང་ལྡན་པའི་སེམས་མྱི་སྐྱེའོ། །ཚད་མེད་པ་དང་ལྡན་པའི་སེམས་མི་སྐྱེའོ། །གཟུགས་མྱེད་པའི་སྙོམས་པར་འཇུག་པ་དང་ལྡན་པའི་སེམས་མྱི་སྐྱེའོ། །རྣམ་པར་ཐར་པ་དང་ལྡན་པའི་སེམས་མྱི་སྐྱེའོ། །མཐར་གྱིས་གནས་པའི་སྙོམས་པར་འཇུག་པ་③དང་ལྡན་པའི་སེམས་མྱི་སྐྱེའོ། །རྣམ་པར་ཐར་པའི་སྒོ་སྟོང་པ་ཉིད་དང་། མཚན་མ་མྱེད་པ་དང་། སྨོན་པ་མྱེད་པ་དང་ལྡན་པའི་སེམས་མྱི་སྐྱེའོ། །མངོན་པར་ཤེས་པ་དང་ལྡན་པའི་སེམས་མྱི་སྐྱེའོ། །ཏིང་ངེ་འཛིན་དང་ལྡན་པའི་སེམས་མྱི་

སྐྱོའོ། །གཟུངས་ཀྱི་སྒོ་དང་ལྡན་པའི་སེམས་མི་སྐྱོའོ། །དེ་བཞིན་གཤེགས་པའི་སྟོབས་དང་ལྡན་པའི་སེམས་མི་སྐྱོའོ། །མི་འཇིགས་པ་དང་ལྡན་པའི་སེམས་མི་སྐྱོའོ། །སོ་སོ་ཡང་དག་པར་(༡)རིག་པ་དང་ལྡན་པའི་སེམས་མི་སྐྱོའོ། །བྱམས་པ་ཆེན་པོ་དང་ལྡན་པའི་སེམས་མི་སྐྱོའོ། །(༢)སྙིང་རྗེ་ཆེན་པོ་དང་ལྡན་པའི་སེམས་མི་སྐྱོའོ། །སངས་རྒྱས་ཀྱི་ཆོས་མ་འདྲེས་པ་དང་ལྡན་པའི་སེམས་མི་སྐྱོའོ། །རྒྱུན་ཏུ་ཞུགས་པའི་འབྲས་བུ་དང་ལྡན་པའི་སེམས་མི་སྐྱོའོ། །ལན་ཅིག་ཕྱིར་འོང་བའི་འབྲས་བུ་དང་ལྡན་པའི་སེམས་མི་སྐྱོའོ། །ཕྱིར་མི་འོང་བའི་འབྲས་བུ་དང་ལྡན་པའི་སེམས་མི་སྐྱོའོ། །དགྲ་བཅོམ་པ་ཉིད་དང་ལྡན་པའི་སེམས་མི་སྐྱོའོ། །རང་བྱང་ཆུབ་དང་ལྡན་པའི་སེམས་མི་སྐྱོའོ། །ལམ་གྱི་རྣམ་པ་ཤེས་པ་ཉིད་དང་ལྡན་པའི་སེམས་མི་སྐྱོའོ། །རྣམ་པ་ཐམས་ཅད་མཁྱེན་པ་ཉིད་དང་(༣)ལྡན་པའི་སེམས་མི་སྐྱོའོ། །དེ་ཅིའི་ཕྱིར་ཞེ་ན། རབ་འབྱོར་འདི་ལྟར་བྱང་ཆུབ་སེམས་དཔའ་སེམས་དཔའ་ཆེན་པོ་ཤེས་རབ་ཀྱི་ཕ་རོལ་ཏུ་ཕྱིན་པ་ཟབ་མོ་འདི་ལ་སྤྱོད་པའི་ཚེ། ཆོས་གང་ཡང་དམིགས་པ་མེད་དེ། མ་(༤)དམིགས་པས་(༥)ཆོས་གང་ལ་ཡང་སེམས་བསྐྱེད་(༦)པ་མེད་དོ། །རབ་འབྱོར་དེ་ལྟར་ཤེས་རབ་ཀྱི་ཕ་རོལ་ཏུ་ཕྱིན་པ་ཟབ་མོ་འདི་ལ་སློབ་པའི་བྱང་ཆུབ་སེམས་དཔའ་སེམས་དཔའ་ཆེན་པོས་ཕ་རོལ་ཏུ་ཕྱིན་པ་ཐམས་ཅད་ཡོངས་སུ་ཟིན་པར་འགྱུར་རོ། །ཕ་རོལ་ཏུ་ཕྱིན་པ་ཐམས་ཅད་འདུས་པར་འགྱུར་རོ། །ཕ་རོལ་ཏུ་ཕྱིན་པ་ཐམས་ཅད་དང་མཐུན་པར་སྤྱོད་(༧)པར་འགྱུར་རོ། །དེ་ཅིའི་ཕྱིར་ཞེ་ན། རབ་འབྱོར་དེ་ནི་འདི་ལྟར་ཤེས་རབ་ཀྱི་ཕ་རོལ་ཏུ་ཕྱིན་པ་ཟབ་མོ་འདིར་ཕ་རོལ་ཏུ་ཕྱིན་པ་ཐམས་ཅད་འདུས་སོ། །རབ་འབྱོར་འདི་ལྟ་སྟེ་དཔེར་ན་འཇིག་(༨)ཚོགས་སུ་ལྟ་བར་(༩)ལྟ་བའི་རྣམ་པ་དྲུག་ཅུ་(༡༠)རྩ་གཉིས་པོ་ཐམས་ཅད་ཀྱང་འདུས་པ་ཡིན་ཏེ། རབ་འབྱོར་དེ་བཞིན་དུ་ཤེས་རབ

ཀྱི་ཕ་རོལ་ཏུ་ཕྱིན་པ་ཟབ་མོ་འདིར་[1]ཕ་རོལ་ཏུ་ཕྱིན་པ་ཐམས་ཅད་འདུས་སོ། །རབ་འབྱོར་འདི་ལྟ་སྟེ་དཔེར་ན་སྐྱེས་བུ་[2]དུས་བྱས་པར་[3]གྱུར་པའི་འཆི་བའི་དབང་པོ་འགགས་པས། དབང་པོ་ཐམས་ཅད་འགགས་[4]པར་འགྱུར་རོ། །རབ་འབྱོར་དེ་བཞིན་དུ་བྱང་ཆུབ་སེམས་དཔའ་སེམས་དཔའ་ཆེན་པོ་ཤེས་རབ་ཀྱི་ཕ་རོལ་ཏུ་ཕྱིན་པ་ཟབ་མོ་འདི་ལ་སྤྱོད་པས། ཕ་རོལ་ཏུ་ཕྱིན་པ་ཐམས་ཅད་འདུས་པ་ཡིན་ཏེ། རབ་འབྱོར་དེ་བས་ན་བྱང་ཆུབ་སེམས་དཔའ་སེམས་དཔའ་ཆེན་པོ་ཕ་རོལ་ཏུ་ཕྱིན་པ་ཐམས་ཅད་ཀྱི་ཕ་རོལ་ཏུ་འགྲོ་བར་འདོད་པས། ཤེས་རབ་ཀྱི་ཕ་རོལ་ཏུ་ཕྱིན་པ་ཟབ་མོ་འདི་ལ་བསླབ་པར་བྱའོ། །རབ་འབྱོར་ཤེས་རབ་ཀྱི་ཕ་རོལ་ཏུ་ཕྱིན་པ་ཟབ་མོ་འདི་ལ་སློབ་པའི་བྱང་ཆུབ་སེམས་དཔའ་སེམས་དཔའ་ཆེན་པོ་ནི། སེམས་ཅན་ཐམས་ཅད་ཀྱི་མཆོག་ཏུ་གྱུར་པ་ལ་སློབ་པ་ཡིན་ནོ[5]། །རབ་འབྱོར་དེ་ཇི་སྙམ་དུ་སེམས། སྟོང་གསུམ་གྱི་སྟོང་ཆེན་པོའི་འཇིག་རྟེན་གྱི་ཁམས་ནི་[6]སེམས་ཅན་གང་ཇི་སྙེད་ཅིག་འཁོད་པ་དེ་དག་མང་བ་ཡིན་ནམ། གསོལ་པ། བཅོམ་ལྡན་འདས་མང་ངོ་། །བདེ་བར་གཤེགས་པ་མང་ངོ་། །བཅོམ་ལྡན་འདས༔ འཛམ་བུའི་[7]གླིང་གི་སེམས་ཅན་རྣམས་[8]ཀྱང་མང་བ་ལགས་ན། སྟོང་གསུམ་གྱི་སྟོང་ཆེན་པོའི་འཇིག་རྟེན་གྱི་ཁམས་ཀྱི་སེམས་ཅན་རྣམས་[9]ལྟ་སྨོས་ཀྱང་ཅི་འཚལ། བཅོམ་ལྡན་འདས་ཀྱིས་བཀའ་སྩལ་པ། རབ་འབྱོར་སྟོང་གསུམ་གྱི་སྟོང་ཆེན་པོའི་འཇིག་རྟེན་གྱི་ཁམས་ཀྱི་སེམས་ཅན་གང་ཇི་སྙེད་[10]པ་དེ་དག་ཐམས་ཅད་ སྟ་ཕྱི་མེད་པར་མིའི་ལུས་ཐོབ་པར་གྱུར་[11]ཏེ། བླ་ན་མེད་པ་ཡང་དག་པར་རྫོགས་པའི་བྱང་ཆུབ་ཏུ་མངོན་པར་རྫོགས་པར་སངས་རྒྱས་ལ། དེ་བཞིན་གཤེགས་པ་དེ་དག་ཐམས་ཅད་རེ་རེ་ལ་ཡང་། སྐུ་ཚེའི་མཐར་ཕྱིན་གྱི་བར་དུ། བྱང་ཆུབ་སེམས་དཔའ་སེམས་དཔའ་ཆེན་པོས་[12]རྒྱུན༔ མ་འཆད་[13]པར་ན་བཟའ

དང་། བསོད་(༡)སྙོམས་དང་། གཟིམས་ཆ་དང་། སྨན་གྱི་རྐྱེན་སྨན་དང་། ཡོ་བྱད་མང་པོས་བསྙེན་བཀུར་བྱས་ན། རབ་འབྱོར་དེ་ཇི་སྙམ་དུ་སེམས། བྱང་ཆུབ་སེམས་དཔའ་སེམས་དཔའ་ཆེན་པོ་དེའི་བསོད་ནམས་དེའི་རྒྱུས་མང་དུ་འཕེལ་ལམ། གསོལ་(༢)པ། བཅོམ་ལྡན་འདས་མང་ངོ་། །བདེ་བར་གཤེགས་པ་མང་ངོ་། །བཅོམ་ལྡན་འདས་ཀྱིས་བཀའ་སྩལ་པ། རབ་འབྱོར་དེ་བས་ཀྱང་རིགས་ཀྱི་བུའམ་རིགས་ཀྱི་བུ་མོ་གང་ཤེས་རབ་ཀྱི་ཕ་རོལ་ཏུ་ཕྱིན་པ་ཟབ་མོ་འདི་འཛིན་ཅིང་འཆད་པ་དང་། ཀློག་ཅིང་ཀུན་ཆུབ་པར་བྱེད་པ་དང་། ཚུལ་བཞིན་དུ་ཡིད་ལ་བྱེད་ཅིང་། དེ་བཞིན་ཉིད་དུ་ནན་ཏན་བྱེད་ན། དེའི་བསོད་ནམས་ཆེས་མང་དུ་འཕེལ་ལོ། །དེ་ཅིའི་ཕྱིར་ཞེ་ན། རབ་འབྱོར་བྱང་ཆུབ་སེམས་དཔའ་སེམས་དཔའ་ཆེན་པོ་རྣམས་ཀྱི་ཤེས་རབ་ཀྱི་ཕ་རོལ་ཏུ་ཕྱིན་པ་ནི། དེ་ལྟར་དོན་ཆེན་པོར་འགྱུར་བ་སྟེ། བླ་ན་མེད་པ་ཡང་དག་པར་རྫོགས་པའི་བྱང་ཆུབ་སྒྲུབ་(༣)པའོ། །རབ་འབྱོར་དེ་བས་ན་བྱང་ཆུབ་སེམས་དཔའ་སེམས་དཔའ་ཆེན་པོ། སེམས་ཅན་ཐམས་ཅད་ཀྱི་བླ་ན་མེད་པར་འགྱུར་བར་འདོད་པ་དང་། སེམས་ཅན་མགོན་མེད་པ་ཐམས་ཅད་ཀྱི་མགོན་དུ་འགྱུར་བར་འདོད་པ་དང་། སྐྱབས་མེད་པ་རྣམས་ཀྱི་སྐྱབས་སུ་འགྱུར་བར་འདོད་པ་དང་། གནས་མེད་པ་རྣམས་ཀྱི་གནས་སུ་འགྱུར་བར་འདོད་པ་དང་། ལོང་བ་རྣམས་ཀྱི་མིག་ཏུ་འགྱུར་བར་འདོད་པ་དང་། མུན་པར་གནས་པ་རྣམས་ཀྱི་སྒྲོན་མར་འགྱུར་བར་འདོད་པ་དང་། སངས་རྒྱས་སུ་འགྱུར་བ་འཐོབ་(༤)པར་འདོད་པ་དང་། སངས་རྒྱས་ཀྱི་ཡུལ་ཞིང་དུ་ཆུད་པར་འདོད་པ་དང་། སངས་རྒྱས་ཀྱི་རྣམ་པར་རོལ་པས་རྣམ་པར་རྩེ་(༥)བར་འདོད་པ་དང་། སངས་རྒྱས་ཀྱི་སེང་གེའི་ང་རོ་བསྒྲག་(༦)པར་འདོད་པ་དང་། སངས་རྒྱས་ཀྱི་རྔ་བརྡུང་བར་འདོད་པ་དང་། སངས་རྒྱས་ཀྱི་

དུང་འབྱུང་[༡]པར་འདོད་པ་དང་། སངས་རྒྱས་ཀྱི་གདམ་ངག་བར་འདོད་པས[༢]། ཤེས་རབ་ཀྱི་ཕ་རོལ་ཏུ་ཕྱིན་པ་ཟབ་མོ་འདི་ལ་བསླབ་[༣]པར་བྱའོ། །རབ་འབྱོར་ཤེས་རབ་ཀྱི་ཕ་རོལ་ཏུ་ཕྱིན་པ་ལ་སློབ་པའི་བྱང་ཆུབ་སེམས་དཔའ་སེམས་དཔའ་ཆེན་པོས་ནི། ཡུན་སུམ་ཚོགས་པ་གང་ཐོབ་པར་བྱ་བ་དེ་དག་ལས་མི་འཐོབ་[༤]པ་གང་ཡང་མེད་དོ། །རབ་འབྱོར་གྱིས་གསོལ་པ། བཅོམ་ལྡན་འདས་ཉན་ཐོས་ཀྱི་ཡུན་སུམ་ཚོགས་པ་ཡང་དེས་[༥]ཐོབ་པར་བགྱི་བ་ལགས་སམ། རང་སངས་རྒྱས་ཀྱི་[༦]ཡུན་སུམ་ཚོགས་པ་[༧]ཡང་དེས་ཐོབ་[༨]པར་བགྱི་བ་ལགས་སམ། བཅོམ་ལྡན་འདས་ཀྱིས་བཀའ་སྩལ་པ། རབ་འབྱོར་ཉན་ཐོས་ཀྱི་ཡུན་སུམ་ཚོགས་པ་ཡང་དེས་ཐོབ་[༩]པར་བྱ། རང་སངས་རྒྱས་ཀྱི་ཡུན་སུམ་ཚོགས་པ་ཡང་[༡༠]དེས་ཐོབ་[༡༡]པར་བྱ་སྟེ། དེ་ལ་གནས་པར་མི་བྱ། འདུག་པར་མི་བྱའི[༡༢]། ཞེས་པ་དང་། མཐོང་བས་དེ་དག་མཐོང་བར་བྱ་སྟེ། ༔དེ་ལས་[༡༣]འདའ་བར་བྱ། བྱང་ཆུབ་སེམས་དཔའི་སྐྱོན་མེད་པར་ཆུད་པར་བྱའོ། །རབ་འབྱོར་དེ་ལྟར་སློབ་པའི་བྱང་ཆུབ་སེམས་དཔའ་སེམས་དཔའ་ཆེན་པོ་ནི། རྣམ་པ་ཐམས་ཅད་མཁྱེན་པ་ཉིད་དང་ཉེ་བར་གྱུར་པ་ཡིན་ཏེ། བླ་ན་མེད་པ་ཡང་དག་པར་རྫོགས་པའི་བྱང་ཆུབ་ཏུ་མངོན་པར་རྫོགས་པར་འཚང་རྒྱའོ། །རབ་འབྱོར་དེ་ལྟར་སློབ་པའི་བྱང་ཆུབ་སེམས་དཔའ་སེམས་དཔའ་ཆེན་པོ་ནི། ལྷ་དང་། མི་དང་ལྷ་མ་ཡིན་དུ་བཅས་པའི་འཇིག་རྟེན་ན། སྦྱིན་པའི་གནས་སུ་འགྱུར་བ་ཡིན་ཏེ། རབ་འབྱོར་དེ་ལྟར་སློབ་པའི་བྱང་ཆུབ་སེམས་དཔའ་སེམས་དཔའ་ཆེན་པོ་ནི། དེ་མ་ཡིན་པའི་[༡༤]སྦྱིན་པའི་གནས་ཉན་ཐོས་དང་། རང་སངས་རྒྱས་གང་ཇི་སྙེད་པ་དེ་དག་ཐམས་ཅད་ཟིལ་གྱིས་མནན་[༡༥]ཅིང་འགྲོ་བར༔འགྱུར་བ་[༡༦]ཡིན། རྣམ་པ་ཐམས་ཅད་མཁྱེན་པ་ཉིད་དང་ཉེ་བར་གྱུར་པ་ཡིན། རབ་འབྱོར་དེ་ལྟར་སློབ་པའི་བྱང་ཆུབ་

སེམས་དཔའ་སེམས་དཔའ་ཆེན་པོ་ནི། ཤེས་རབ་ཀྱི་ཕ་རོལ་ཏུ་ཕྱིན་པ་མི་གཏོང་ཞིང་། ཤེས་རབ་ཀྱི་ཕ་རོལ་ཏུ་ཕྱིན་པ་ལ་སྤྱོད་པ་སྟེ། ཤེས་རབ་ཀྱི་ཕ་རོལ་ཏུ་ཕྱིན་པ་དང་མ་བྲལ་བའོ། །རབ་འབྱོར་དེ་ལྟར་ཤེས་རབ་ཀྱི་ཕ་རོལ་ཏུ་ཕྱིན་པ་ཟབ་མོ་འདི་ལ་སྤྱོད་པའི་བྱང་ཆུབ་སེམས་དཔའ་སེམས་དཔའ་ཆེན་པོ་ནི། རྣམ་པ་ཐམས་ཅད་མཁྱེན་པ་ཉིད་ལས་ཡོངས་སུ་མི་ཉམ[༡]པའི་ཆོས་ཅན་དུ་རིག་པར་བྱ་སྟེ[༢]། ཉན་ཐོས་དང་། རང་སངས་རྒྱས་ཀྱི་ས་རིང་དུ་བྱེད་ཅིང་བླ་ན་མེད་པ་ཡང་དག་པར་རྫོགས་པའི་བྱང་ཆུབ་དང་ཉེ་བར་གྱུར་པ་ཡིན་ནོ[༣]། །གལ་ཏེ་ཡང་འདི་སྙམ་དུ་འདི་ནི་ཤེས་རབ་ཀྱི་ཕ་རོལ་ཏུ་ཕྱིན་པའོ། །ཤེས་རབ་ཀྱི་ཕ་རོལ་ཏུ་ཕྱིན་པ་འདི་ལ[༤]། ཤེས་རབ་ཀྱི་ཕ་རོལ་ཏུ་ཕྱིན་པ་འདིས། རྣམ་པ་ཐམས་ཅད་མཁྱེན་པ་ཉིད་བསྒྲུབ་པར་བྱའོ་སྙམ་སྟེ། གལ་ཏེ་དེ་ལྟར་ཤེས་ན་ཤེས་རབ་ཀྱི་ཕ་རོལ་ཏུ་ཕྱིན་པ་ལ་མི[༥]སྤྱོད་དོ། །གལ་ཏེ་འདི་ནི་ཤེས་རབ་ཀྱི་ཕ་རོལ་ཏུ་ཕྱིན་པའོ། །ཤེས་རབ་ཀྱི་ཕ་རོལ་ཏུ་ཕྱིན་པ་ནི་འདི་ན་ཡོད་དོ་ཞེས་བྱ་བར་ཤེས་པ་མེད་དེ་གང་གི་ཤེས་རབ་ཀྱི་ཕ་རོལ་ཏུ་ཕྱིན་པར་འགྱུར་བ་དང་། གང་གིས་ཤེས་རབ་ཀྱི་ཕ་རོལ་ཏུ་ཕྱིན་པར་འགྱུར་བ་དང་། གང་ཤེས་རབ་ཀྱི་ཕ་རོལ་ཏུ་ཕྱིན་པས་བྱུང་སྟེ། བླ་ན་མེད་པ་ཡང་དག་པར་རྫོགས་པའི་བྱང་ཆུབ་ཏུ་མངོན་པར་རྫོགས་པར་འཚང་རྒྱ་བ་དེ་ལྟ་བུ་ཡང་མི་ཤེས་མི་མཐོང་ཞིང་། དེ་འདི་སྙམ་སྟེ། ཆོས་ཀྱི་དབྱིངས་དང་། དེ་བཞིན་ཉིད་དང་། ཡང་དག་པའི་མཐའ་གནས་པའི་ཕྱིར། འདི་ནི་ཤེས་རབ་ཀྱི་ཕ་རོལ་ཏུ་ཕྱིན་པ་ཡང་མ་ཡིན། ཤེས་རབ་ཀྱི་ཕ་རོལ་ཏུ་ཕྱིན་པ་ནི[༦]འདི་ན་ཡོད་པ་ཡང་མ་ཡིན། ཤེས་རབ་ཀྱི་ཕ་རོལ་ཏུ་ཕྱིན་པ་འདི[༧]ནི་ཆོས་གང་ཡང་འབྱུང་བར་འགྱུར་བ་ཡང་མེད་དོ་ཞེས། རབ་འབྱོར་དེ་ལྟར་སྤྱོད་པའི་བྱང་ཆུབ་སེམས་དཔའ་སེམས་དཔའ་ཆེན་པོ་ནི། ཤེས་རབ་ཀྱི་ཕ་རོལ་

ཏུ་ཕྱིན་པ་ལ་སྤྱོད་པ་ཡིན་ནོ། །ཤེས་རབ་ཀྱི་ཕ་རོལ་ཏུ་ཕྱིན་པ་སྟོང་ཕྲག་བརྒྱ་པ་ལས། ལེའུ་བཞི་བཅུ་བདུན་ནོ[1]།། །།

དེ་ནས་ལྷའི་དབང་པོ་བརྒྱ་བྱིན་འདི་སྙམ་དུ་སེམས་པར་གྱུར་ཏེ། འདི་ལ་བྱང་ཆུབ་སེམས་དཔའ་སེམས་དཔའ་ཆེན་པོ། སྦྱིན་པའི་ཕ་རོལ་ཏུ་ཕྱིན་པ་དང་། ཚུལ་ཁྲིམས་ཀྱི་ཕ་རོལ་ཏུ་ཕྱིན་པ་དང་། བཟོད་པའི་ཕ་རོལ་ཏུ་ཕྱིན་པ་དང་། བརྩོན་འགྲུས་ཀྱི་ཕ་རོལ་ཏུ་ཕྱིན་པ་དང་། བསམ་གཏན་གྱི་ཕ་རོལ་ཏུ་ཕྱིན་པ་དང་། ཤེས་རབ་ཀྱི་ཕ་རོལ་ཏུ་ཕྱིན་པ་ལ་ཡང་སྤྱོད། ནང་སྟོང་པ་ཉིད་དང་། ཕྱི་སྟོང་པ་ཉིད་དང་། ཕྱི་ནང་སྟོང་པ་ཉིད་དང་། སྟོང་པ་ཉིད་སྟོང་པ་ཉིད་དང་། ཆེན་པོ་སྟོང་པ་ཉིད་དང་། དོན་དམ་པ་སྟོང་པ་ཉིད་དང་། འདུས་བྱས་སྟོང་པ་ཉིད་དང་། འདུས་མ་བྱས་སྟོང་པ་ཉིད་དང་། མཐའ་ལས་འདས་པ་སྟོང་པ་ཉིད་དང་། ཐོག་མ་དང་ཐ་མ་མེད་པ་སྟོང་པ་ཉིད་དང་། དོར་བ་མེད་པ་སྟོང་པ་ཉིད་དང་། རང་བཞིན་སྟོང་པ་ཉིད་དང་། ཆོས་ཐམས་ཅད་སྟོང་པ་ཉིད་དང་། རང་གི་མཚན་ཉིད་སྟོང་པ་ཉིད་དང་། མི་དམིགས་པ་སྟོང་པ་ཉིད་དང་། དངོས་པོ་མེད་པ་སྟོང་པ་ཉིད་དང་། ངོ་བོ་ཉིད་སྟོང་པ་ཉིད་དང་། དངོས་པོ་མེད་པའི་ངོ་བོ་ཉིད་སྟོང་པ་ཉིད་ལ་ཡང་སྤྱོད[2]། དྲན་པ་ཉེ་བར་གཞག་པ་བཞི་དང་། ཡང་དག་པར་སྤོང་བ་བཞི་དང་། རྫུ་འཕྲུལ་གྱི་རྐང་པ་བཞི་དང་། དབང་པོ་ལྔ་དང་། སྟོབས་ལྔ་དང་། བྱང་ཆུབ་ཀྱི་ཡན་ལག་བདུན་དང་། འཕགས་པའི་ལམ་ཡན་ལག་བརྒྱད་པ་ལ་ཡང་སྤྱོད། འཕགས་པའི་བདེན་པ་བཞི་དང་། བསམ་གཏན་བཞི་དང་། ཚད་མེད་པ་བཞི་དང་། གཟུགས་མེད་པའི་སྙོམས་པར་འཇུག་པ་བཞི་ལ་ཡང་[3]སྤྱོད།

རྣམ་པར་ཐར་པ་བརྒྱད་དང་། མཐར་གྱིས་གནས་པའི་སྙོམས་པར་འཇུག་པ་དགུ་དང་། རྣམ་པར་ཐར་པའི་སྒོ[1]སྟོང་པ་ཉིད་དང་། མཚན་མ་མེད་པ་དང་། སྨོན་པ་མེད་པ་དང་། མངོན་པར་ཤེས་པ་རྣམས་ལ་ཡང་སྤྱོད། ཏིང་ངེ་འཛིན་རྣམས་དང་། གཟུངས་ཀྱི་སྒོ་རྣམས་དང་། དེ་བཞིན་གཤེགས་པའི་སྟོབས་བཅུ་དང་། མི་འཇིགས་པ་བཞི་དང་། སོ་སོ་ཡང་དག་པར་རིག་པ་བཞི་དང་། བྱམས་པ་ཆེན་པོ་དང་། སྙིང་རྗེ་ཆེན་པོ་དང་། སངས་རྒྱས་ཀྱི་ཆོས་མ་འདྲེས་པ་བཅོ[2]བརྒྱད་ལ་ཡང་སྤྱོད་བཞིན་དུ། སེམས་ཅན་ཐམས་ཅད་ཟིལ་གྱིས་དོན[3]ན། བླ་ན་མེད་པ་ཡང་དག་པར་རྫོགས་པའི་བྱང་ཆུབ་ཏུ་མངོན་པར་རྫོགས་པར་སངས་རྒྱས་པར་གྱུར་ན་ལྟ་ཅི་སྨོས། སེམས་ཅན་གང་གི་སེམས་རྣམ་པ་ཐམས་ཅད་མཁྱེན་པ་ཉིད་དུ་འཇུག་པ་དེ་དག་ཀྱང་ཐོབ་པ་ལེགས་པར་ཐོབ་ཅིང་། དེ་དག་གི་འཚོ་བ་ལེགས་པར་འཚོ་བ་ཡིན་ན། གང་གིས་བླ་ན་མེད་པ་ཡང་དག་པར་རྫོགས་པའི་བྱང་ཆུབ་ཏུ་སེམས་བསྐྱེད་པ་དག[4]ལྟ་ཅི་སྨོས། སེམས་ཅན་གང་གིས་ཡང་དག་པར་རྫོགས་པའི་བྱང་ཆུབ་ཏུ་སེམས་བསྐྱེད་དེ། ཤེས་རབ་ཀྱི་ཕ་རོལ་ཏུ་ཕྱིན་པ་འདི་ཉན[5]པ་དེ་དག་ནི། [6]ཀུན་གྱིས[7]ཡིད་དུ་འོང་བར་བྱ་བ་ཡིན་ནོ་སྙམ་ནས། དེ་ནས་ལྷའི་དབང་པོ་བརྒྱ་བྱིན་གྱིས[8]། མེ་ཏོག་མནྡཱ[9]ར་བ་མང་པོ་བླངས་ཏེ། བཅོམ་ལྡན་འདས་གང་ན་བ་དེར་སོང་ནས། མེ་ཏོག་མནྡཱ[10]ར་བ་དེ་དག་གིས་དེ་བཞིན་གཤེགས་པ་དགྲ་བཅོམ་པ་ཡང་དག་པར་རྫོགས་པའི་སངས་རྒྱས་ལ་གཏོར་ཏོ། །མངོན་པར་གཏོར་ཏོ། །རབ་ཏུ་གཏོར་ཏོ། །དེ་ལྟར་གཏོར་ཏེ[11]མངོན་པར་གཏོར་བ་དང་། རབ་ཏུ་གཏོར་བར[12]བྱས་ནས། ཚིག་འདི་སྐད་དུ[13]བརྗོད་དོ། །དགེ་བའི་རྩ་བ་འདིས་གང་ཟག་བྱང་ཆུབ་སེམས་དཔའི་ཐེག་པ་པ་གང་གིས། བླ་ན་མེད་པ་ཡང་དག་པར་རྫོགས་པའི་བྱང་ཆུབ་ཏུ་

དམིགས་པ་དེ་དག་གི་སངས་རྒྱས་ཀྱི་ཆོས་[1]ཡོངས་སུ་རྫོགས་པར་གྱུར་ཅིག །རྣམ་པ་ཐམས་ཅད་མཁྱེན་པ་ཉིད་ཀྱི་ཆོས་[2]ཡོངས་སུ་རྫོགས་པར་གྱུར་ཅིག །རང་བྱུང་གི་ཆོས་རྣམས་ཡོངས་སུ་རྫོགས་པར་གྱུར་ཅིག །ཟག་པ་མེད་པའི་ཆོས་རྣམས་ཡོངས་སུ་རྫོགས་པར་གྱུར་ཅིག །བཅོམ་ལྡན་འདས་བདག་ནི་གང་ཟག་བྱང་ཆུབ་སེམས་དཔའི་ཐེག་པ་པ་བླ་ན་མེད་པ་ཡང་དག་པར་རྫོགས་པའི་བྱང་ཆུབ་ཏུ་ཡང་དག་པར་ཞུགས་པ་ལས་[3]སླར་ལོག་པར་འགྱུར་བར་སེམས་འགའ་ཙམ་ཡང་སྐྱེ་བ་མ་མཆིས་སོ། །བཅོམ་ལྡན་འདས་བདག་ནི་བྱང་ཆུབ་སེམས་དཔའ་སེམས་དཔའ་ཆེན་པོ་སླར་ལོག་སྟེ། ཉན་ཐོས་དང་[4]། རང་སངས་རྒྱས་སུ་འགྱུར་བར་སེམས་འགའ་ཙམ་ཡང་སྐྱེ་བ་མ་མཆིས་ཀྱི། བླ་ན་མེད་པ་ཡང་དག་པར་རྫོགས་པའི་བྱང་ཆུབ་ཏུ་སེམས་པ་སྐྱེད་[5]ཅིང་། ཡང་དང་ཡང་དུ་བླ་ན་མེད་པ་ཡང་དག་པར་རྫོགས་པའི་བྱང་ཆུབ་ཏུ་སྨོན་ལམ་འདེབས་པ་དང་། འཁོར་བའི་སྡུག་བསྔལ་མང་པོ་འདི་དག་མཐོང་ནས། ལྷ་དང་མི་དང་། ལྷ་མ་ཡིན་དུ་བཅས་པའི་འཇིག་རྟེན་གྱི་དོན་དུ་སེམས། ཕན་པར་སེམས། བདེ་བར་སེམས་ཤིང་། ལེགས་པར་བགྱི་བར་སེམས་ཏེ། སེམས་བསྐྱེད་པ་དེ་ལྟ་བུ་དག་དང་ལྡན་པའི་བྱང་ཆུབ་སེམས་དཔའ་སེམས་དཔའ་ཆེན་པོ་ནི་འདི་ལྟར་རྟོག་སྟེ། ཅི་བདག་རྒྱལ་[6]ནས་སེམས་ཅན་མ་རྒྱལ་[7]བ་སྒྲོལ་བར་འགྱུར་རམ། ཅི་བདག་གྲོལ་ནས་སེམས་ཅན་མ་གྲོལ་བ་འགྲོལ་[8]བར་འགྱུར་རམ། ཅི་བདག་དབུགས་ཕྱིན་ནས། སེམས་ཅན་དབུགས་མ་བྱུང་[9]བ་དབུགས་འབྱིན་པར་འགྱུར་རམ། ཅི་བདག་ཡོངས་སུ་མྱ་ངན་ལས་འདས་ནས། སེམས་ཅན་ཡོངས་སུ་མྱ་ངན་ལས་མ་འདས་པ། ཡོངས་སུ་མྱ་ངན་ལས་ཟློ་བར་འགྱུར་རམ་ཞེས་རྟོག་པར་བགྱིད་དེ། བཅོམ་ལྡན་འདས་དེ་ལྟར་ཐེག་པ་ལ་གསར་དུ་ཞུགས་པའི་བྱང་ཆུབ་སེམས་དཔའ་

སེམས་དཔའ་ཆེན་པོ་རྣམས་ཀྱི་སེམས་བསྐྱེད་པ་དེ་དག་ལ་རྗེས་སུ་ཡི་རང་བར་བགྱིད་པ་དང་། ཡུན་རིང་པོ་ནས་སྤྱོད་སྤྱོད་པའི་བྱང་ཆུབ་སེམས་དཔའ་སེམས་དཔའ་ཆེན་པོ་རྣམས་ཀྱི་[༡]སེམས་བསྐྱེད་པ་དེ་དག་ལ་རྗེས་སུ་ཡི་རང་བར་བགྱིད་པ་དང་། ཕྱིར་མི་ལྡོག་པའི་བྱང་ཆུབ་སེམས་དཔའ་སེམས་དཔའ་ཆེན་པོ་རྣམས་ཀྱི་སེམས་[༢]བསྐྱེད་པ་དེ་དག་ལ་རྗེས་སུ་ཡི་རང་བར་བགྱིད་པ་དང་། སྐྱེ་བ་གཅིག་གིས་ཐོགས་[༣]པའི་བྱང་ཆུབ་སེམས་དཔའ་སེམས་དཔའ་ཆེན་པོ་རྣམས་ཀྱི་སེམས་བསྐྱེད་པ་དེ་དག་ལ་རྗེས་སུ་ཡི་རང་བར་བགྱིད་ན་རིགས་ཀྱི་བུའམ་རིགས་ཀྱི་བུ་མོ་དེའི་བསོད་ནམས་ཇི་ཙམ་ཞིག་ཏུ་འཕེལ་བར་འགྱུར། དེ་སྐད་ཅེས་གསོལ་པ་དང་། བཅོམ་ལྡན་འདས་ཀྱིས་ལྷའི་དབང་པོ་བརྒྱ་བྱིན་ལ་འདི་སྐད་ཅེས་བཀའ་སྩལ་ཏོ། །ཀཽ་[༤]ཤི་ཀ་གླིང་ཆེན་པོ་བཞི་པའི་འཇིག་རྟེན་གྱི་ཁམས་ནི། སྐྲའི་རྩེ་མོའི་ཚད་ཀྱིས་ཚད་གཟུང་བར་ནུང་ཡང་སྲིད་ཀྱི། དེ་དག་གི་རྗེས་སུ་ཡི་རང་བ་དང་ལྡན་པའི་སེམས་བསྐྱེད་པའི་བསོད་ནམས་ལ་ནི་ཚད་མེད་དོ། །ཀཽ་[༥]ཤི་ཀ་སྟོང་གི་འཇིག་རྟེན་གྱི་ཁམས་ནི་སྐྲའི་རྩེ་མོའི་ཚད་ཀྱིས་ཚད་གཟུང་བར་ནུང་ཡང་སྲིད་ཀྱི། དེ་དག་གི་རྗེས་སུ་ཡི་རང་བ་དང་ལྡན་པའི་སེམས་བསྐྱེད་པའི་བསོད་ནམས་ལ་ནི་ཚད་མེད་དོ། །ཀཽ་[༦]ཤི་ཀ་སྟོང་གཉིས་ཀྱི་འཇིག་རྟེན་གྱི་ཁམས་ནི་སྐྲའི་རྩེ་མོའི་ཚད་ཀྱིས་ཚད་གཟུང་བར་ནུང་ཡང་སྲིད་ཀྱི། དེ་དག་གི་རྗེས་སུ་ཡི་རང་བ་དང་ལྡན་པའི་སེམས་བསྐྱེད་པའི་བསོད་ནམས་ལ་ནི་ཚད་མྱེད་དོ། །ཀཽ་[༧]ཤི་ཀ་སྟོང་གསུམ་གྱི་སྟོང་ཆེན་པོའི་འཇིག་རྟེན་གྱི་ཁམས་ནི་སྐྲའི་[༨]རྩེ་མོའི་ཚད་ཀྱིས་ཚད་གཟུང་བར་ནུང་ཡང་སྲིད་ཀྱི། དེ་དག་གི་རྗེས་སུ་ཡི་རང་བ་དང་ལྡན་པའི་སེམས་བསྐྱེད་པའི་བསོད་ནམས་ལ་ནི་ཚད་མེད་དོ། །ཀཽ་[༩]ཤི་ཀ་སྟོང་གསུམ་གྱི་སྟོང་ཆེན་པོའི་འཇིག་རྟེན་གྱི་ཁམས་ཀྱི་རྒྱ་མཚོ་ཆེན་པོ་རྣམས་ལ་ཆུའི་ཕུང་པོ་ཇི

སྙིད་ཅིག་ཡོད་པ་དེ་ནི། སྐྲའི་རྩེ་མོ་[༡]བརྒྱར་གཤེགས་[༢]པའི་ཆ་གཅིག་གིས་[༣]ཆུའི་ཐིགས་[༤]པ་བླང་བའི་[༥]ཚད་ཀྱིས། ཚད་གཟུང་བར་ནུང་ཡང་སྲིད་ཀྱི། དེ་དག་གི་རྗེས་སུ་ཡི་རང་བ་དང་ལྡན་པའི་སེམས་བསྐྱེད་པའི་བསོད་ནམས་ལ་ནི་ཚད་མེད་དོ། །དེ་སྐད་ཅེས་བཀའ་སྩལ་པ་དང་། ལྷའི་དབང་པོ་བརྒྱ་བྱིན་གྱིས་བཅོམ་ལྡན་འདས་ལ་འདི་སྐད་ཅེས་གསོལ་ཏོ། །བཅོམ་ལྡན་འདས་གང་སེམས་བསྐྱེད་པ་དེ་དག་ལ་རྗེས་སུ་ཡི་རང་བར་མི་བགྱིད་པའི་སེམས་ཅན་དེ་དག་ནི་བདུད་ཀྱི་[༦]བྱིན་གྱིས་བརླབས་པའོ། །བཅོམ་ལྡན་འདས་གང་སེམས་བསྐྱེད་པ་དེ་དག་ལ་རྗེས་སུ་ཡི་རང་བར་མི་བགྱིད་[༧]པའི་སེམས་ཅན་དེ་དག་ནི་བདུད་ཀྱི་ཕྱོགས་སུ་གྱུར་པའོ། །བཅོམ་ལྡན་འདས་གང་སེམས་བསྐྱེད་པ་དེ་དག་ལ་རྗེས་སུ་ཡི་རང་བར་མི་བགྱིད་པའི་སེམས་ཅན་དེ་དག་ནི། བདུད་ཀྱི་གནས་ནས་ཤི་འཕོས་པའོ། །དེ་ཅིའི་སླད་དུ་ཞེ་ན། བཅོམ་ལྡན་འདས་གང་གིས་[༨]སེམས་བསྐྱེད་པ་འདི་བསྒྲུབས་ཏེ[༩]། བླ་ན་མེད་པ་ཡང་དག་པར་རྫོགས་པའི་བྱང་ཆུབ་ཏུ་ཡོངས་སུ་སྔོ་[༡༠]བའི་སེམས་ཅན་དེ་དག་ནི་བདུད་ཀྱི་གནས་འཇིག་པར་བགྱིད་པ་སྟེ། གང་བླ་ན་མེད་པ་ཡང་དག་པར་རྫོགས་པའི་བྱང་ཆུབ་ཏུ་སེམས་[༡༡]བསྐྱེད་པའི་སེམས་[༡༢]དེ་དག་ནི་རྗེས་སུ་ཡི་རང་བར་བགྱི་[༡༣]བ་སྟེ། གང་གིས་སངས་རྒྱས་ཡོངས་སུ་མ་བཏང་བ་དང་། ཆོས་ཡོངས་སུ་མ་བཏང་བ་དང་། དགེ་འདུན་ཡོངས་སུ་མ་བཏང་བ་དེ་དག་གིས་སེམས་བསྐྱེད་པ་དེ་དག་ལ་རྗེས་སུ་ཡི་རང་བར་བགྱིའོ[༡༤]། །རྗེས་སུ་ཡི་རང་ནས་བླ་ན་མེད་པ་ཡང་དག་པར་རྫོགས་པའི་བྱང་ཆུབ་ཏུ་བསྔོ་བར༔བགྱི་སྟེ[༡༥]། ཇི་ལྟར་གཉིས་ཀྱི་འདུ་ཤེས་སུ་མི་འགྱུར་བ་དང་། གཉིས་སུ༔མ་མཆིས་[༡༦]པའི་འདུ་ཤེས་སུ་ཡང་མི་འགྱུར་བ་དེ་ལྟར་ཡོངས་སུ་བསྔོ་བར་བགྱིའོ། །བཅོམ་ལྡན་འདས་ཀྱིས་བཀའ་སྩལ་པ། ཀཽ་[༡༧]ཤི་ཀ་དེ་དེ་བཞིན་ནོ། །དེ་དེ་བཞིན་ཏེ། ཇི་སྐད་

སྨྲས་པ་དེ་བཞིན་ནོ། །ཀཽ་[༡]ཤི་ཀ་གང་སེམས་བསྐྱེད་པ་འདི་དག་ལ་རྗེས་སུ་ཡི་རང་བར་བྱེད་པ་དེ་དག་ནི། མྱུར་དུ་དེ་བཞིན་གཤེགས་པ་དགྲ་བཅོམ་པ་ཡང་དག་པར་རྫོགས་པའི་སངས་རྒྱས་རྣམས་མཉེས་པར་བྱེད་པར་འགྱུར་ཏེ། མཉེས་པར་བྱས་ནས་ཀྱང་ཐུགས་བྱུང་བར་མི་འགྱུར་རོ། །དེ་ལྟར་རྗེས་སུ་ཡི་རང་བ་དང་ལྡན་པའི་སེམས་བསྐྱེད་[༢]པའི་དགེ་བའི་རྩ་བ་དེ་དག་དང་ལྡན་པ་དག་ནི། གང་དང་གང་དུ་སྐྱེས་པ་དེ་དང་དེ་དག་ཏུ་རིམ་གྲོར་[༣]བྱ་བར་འགྱུར་རོ། །བཀུར་སྟིར་[༤]བྱ་བར་འགྱུར་རོ། །ཞེ་དུད་དུ་བྱ་བར་འགྱུར་རོ། །མཆོད་པར་བྱ་བར་འགྱུར་རོ། །དེས་ནམ་ཡང་གཟུགས་ཡིད་དུ་མི་འོང་བ་མཐོང་བར་མི་འགྱུར་རོ། །ནམ་ཡང་སྒྲ་ཡིད་དུ་མི་འོང་བ་ཐོས་པར་མི་འགྱུར་རོ། །ནམ་ཡང་དྲི་ཡིད་དུ་མི་འོང་བ་ཚོར་བར་མི་འགྱུར་རོ། །ནམ་ཡང་རོ་ཡིད་དུ་མི་འོང་བ་མྱོང་བར་མི་འགྱུར་རོ། །ནམ་ཡང་རེག་ཡིད་དུ་མི་འོང་བ་རེག་པར་མི་འགྱུར་རོ། །ནམ་ཡང་ཆོས་ཡིད་དུ་མི་འོང་བ་ཤེས་པར་མི་འགྱུར་རོ། །ནམ་ཡང་སངས་རྒྱས་བཅོམ་ལྡན་འདས་རྣམས་དང་བྲལ་བར་[༥]མི་འགྱུར་ཏེ། སངས་རྒྱས་ཀྱི་ཞིང་ནས་སངས་རྒྱས་ཀྱི་ཞིང་དུ་འགྲོ་ཞིང་། སངས་རྒྱས་བཅོམ་ལྡན་འདས་དེ་དག་ལ་བསྙེན་བཀུར་བྱེད་པ་དང་། དགེ་བའི་རྩ་བ་བསྐྱེད་པར་འགྱུར་རོ། །དེ་ཅིའི་ཕྱིར་ཞེ་ན། ཀཽ་[༦]ཤི་ཀ་དེ་ནི་འདི་ལྟར་རིགས་ཀྱི་བུ་དང་། རིགས་ཀྱི་བུ་མོ་དེ་དག་གིས་བྱང་ཆུབ་སེམས་དཔའ་སེམས་དཔའ་ཆེན་པོ་ཐེག་པ་ལ་གསར་དུ་ཞུགས་པ་དང་། སྤྱོད་པ་ལ་ཞུགས་པ་དང་། ཕྱིར་མི་ལྡོག་པ་དང་། སྐྱེ་བ་གཅིག་གིས་ཐོགས་པ་ཚད་མེད་གྲངས་མེད་དཔག་ཏུ་མེད་པ་རྣམས་ཀྱི་དགེ་བའི་རྩ་བ་དེ་དག་ལ་རྗེས་སུ་ཡི་རང་བར་བྱས་པའི་ཕྱིར་ཏེ། དགེ་བའི་རྩ་བ་དེ་དག་གིས་རྣམ་པར་འཕེལ་བས། བླ་ན་མེད་པ་ཡང་དག་པར་རྫོགས་པའི་བྱང་ཆུབ་ཏུ་ཉེ་བར་

གྱུར་པ་ཡིན་ཏེ། དེ་དག་བླ་ན་མེད་པ་ཡང་དག་པར་རྫོགས་པའི་བྱང་ཆུབ་ཏུ་མངོན་པར་རྫོགས་པར་སངས་རྒྱས་ནས། སེམས་ཅན་ཚད་མེད་གྲངས་མེད་དཔག་ཏུ་མེད་པ་ཡོངས་སུ་མྱ་ངན་ལས་བཟློ་(༡)བར་འགྱུར་རོ། །ཀོཾ་(༢)ཤི་ཀ་རྣམ་གྲངས་དེས་ཀྱང་རིགས་ཀྱི་བུའམ་རིགས་ཀྱི་བུ་མོ་དེས་ཅི་ནས་ཀྱང་། སེམས་མེད་པ་དང་། སེམས་མ་ཡིན་པ་གཞན་ཡང་མེད་པར་ཐེག་པ་ལ་གསར་དུ་ཞུགས་པའི་བྱང་ཆུབ་སེམས་དཔའ་སེམས་དཔའ་ཆེན་པོ་རྣམས་ཀྱི་དགེ་བའི་རྩ་བ་ལ་རྗེས་སུ་ཡི་རང་བར་བྱས་ཤིང་། བླ་ན་མེད་པ་ཡང་དག་པར་རྫོགས་པའི་བྱང་ཆུབ་ཏུ་ཡོངས་སུ་བསྔོ་བར་བྱའོ། །སེམས་མེད་པ་དང་། སེམས་མ་ཡིན་པ་གཞན་ཡང་མེད་པར་སྦྱིད་པ་སྤྱོད་པ་དང་། ཕྱིར་མི་ལྡོག་པ་དང་། སྐྱེ་བ་གཅིག་གིས་ཐོགས་པ་རྣམས་ཀྱི་དགེ་བའི་རྩ་བ་དེ་དག་ལ་ཡང་རྗེས་སུ་ཡི་རང་བར་བྱས་ཤིང་། བླ་ན་མེད་པ་ཡང་དག་པར་རྫོགས་པའི་བྱང་ཆུབ་ཏུ་ཡོངས་སུ་བསྔོ་བར་བྱའོ།། །།

ཤེས་རབ་ཀྱི་ཕ་རོལ་ཏུ་ཕྱིན་པ་སྟོང་ཕྲག་བརྒྱ་པ། བམ་པོ༔ ཉི་ཤུ་གཉིས་(༣)པ༔ དེ་ནས་ཚེ་དང་ལྡན་པ་རབ་འབྱོར་གྱིས་བཅོམ་ལྡན་འདས་ལ་འདི་སྐད་ཅེས་གསོལ་ཏོ། །བཅོམ་ལྡན་འདས་ཇི་ལྟར་ན་སྒྱུ་མ་ལྟ་བུའི་སེམས། བླ་ན་མེད་པ་ཡང་དག་པར་རྫོགས་པའི་བྱང་ཆུབ་ཏུ་མངོན་པར༔ རྫོགས་པར་(༤)འཚང་རྒྱ་བར་འགྱུར་བ་ལགས། བཅོམ་ལྡན་འདས་ཀྱིས་བཀའ་སྩལ་པ། རབ་འབྱོར་དེ་ཇི་སྙམ་དུ་སེམས། སྒྱུ་མ་ལྟ་བུའི་སེམས་དེ་ཁྱོད་ཀྱིས་ཡང་དག་པར་རྗེས་སུ་མཐོང་ངམ༔ གསོལ་པ། བཅོམ་ལྡན་འདས་དེ་ནི་མ་ལགས་ཏེ། བཅོམ་ལྡན་འདས་བདག་གིས་སྒྱུ་མ་ཡང་ཡང་(༥)དག་པར་རྗེས་སུ་མ་མཐོང་། སྒྱུ་མ་ལྟ་བུའི་སེམས་དེ་ཡང་ཡང་དག་པར་རྗེས་སུ་མ་མཐོང་ངོ་། །བཅོམ་ལྡན་འདས་ཀྱིས་(༦)བཀའ་སྩལ་པ། རབ་འབྱོར་དེ་ཅི་(༧)སྙམ་དུ་སེམས། དེ་ལྟར་སྒྱུ་མ་ཡང་མ་

མཐོང་། སྒྱུ་མ་ལྟ་བུའི་སེམས་ཀྱང་མ་མཐོང་ན། སེམས་གང་བླ་ན་མེད་པ་ཡང་དག་པར་རྫོགས་པའི་བྱང་ཆུབ་ཏུ་མངོན་པར་རྫོགས་པར་འཚང་རྒྱ་བའི་སེམས་དེ་ཁྱོད་ཀྱིས་ཡང་དག་པར་རྗེས་སུ་མཐོང་ངམ། གསོལ་པ། བཅོམ་ལྡན་འདས་དེ་ནི་མ་ལགས་སོ། །བཅོམ་ལྡན་འདས་ཀྱིས་བཀའ་སྩལ་པ། རབ་འབྱོར་དེ་ཇི་སྙམ་དུ་སེམས། སྒྱུ་མ་དང་སྒྱུ་མ་ལྟ་བུའི་[༡]སེམས་ལས་གུད་ན་ཆོས་གང་ཡང་[༢]བླ་ན་མྱེད་པ་ཡང་དག་པར་རྫོགས་པའི་བྱང་ཆུབ་ཏུ་མངོན་པར་རྫོགས་པར་འཚང་རྒྱ་བའི་ཆོས་དེ་ཁྱོད་ཀྱིས་ཡང་དག་པར་རྗེས་སུ་མཐོང་ངམ། གསོལ་པ། བཅོམ་ལྡན་འདས་དེ་ནི་མ་ལགས་ཏེ[༣]། བཅོམ་ལྡན་འདས་སྒྱུ་མ་དང་སྒྱུ་མ་ལྟ་བུའི་སེམས་ལས་གུད་ན། ཆོས་གང་བླ་ན་མེད་པ་ཡང་དག་པར་རྫོགས་པའི་བྱང་ཆུབ་ཏུ་མངོན་པར་རྫོགས་པར་འཚང་རྒྱ་བ་དེ་བདག་[༤]གིས་ཡང་དག་པར་རྗེས་སུ་མ་མཐོང་ངོ་། །བཅོམ་ལྡན་འདས་དེ་ལྟར་བདག་གིས་ཆོས་གཞན་ཡང་དག་པར་རྗེས་སུ་མ་མཐོང་ན། མཆིས་པའམ་མ་མཆིས་པའི་ཆོས་གང་ཞིག༔ བདག་གིས་[༥]བསྟན་པར་བགྱི། ཆོས་གང་ཤིན་ཏུ་དབེན་པ་དེ་ནི་[༦]མཆིས་པའམ་མ་མཆིས་པར་མི་འགྱུར་རོ། །ཆོས་གང་ཤིན་ཏུ་དབེན་པ་དེ་ནི་བླ་ན་མྱེད་པ་ཡང་དག་པར་རྫོགས་པའི་བྱང་ཆུབ་ཏུ་མངོན་པར་རྫོགས་པར་འཚང་མྱི་རྒྱ་སྟེ། མ་མཆིས་པའི་ཆོས་ཀྱང་བླ་ན་མྱེད་པ་ཡང་དག་པར་རྫོགས་པའི་བྱང་ཆུབ་ཏུ་མངོན་པར་རྫོགས་པར་འཚང་མྱི་རྒྱའོ། །དེ་ཅིའི༔ སྐད་དུ་[༧]ཞེ་ན། བཅོམ་ལྡན་འདས་དེ་ནི་འདི་ལྟར་གང་ཉོན་མོངས་པར་འགྱུར་བའམ། རྣམ་པར་བྱང་བར་འགྱུར་བའི་ཆོས་ཐམས་ཅད་ནི་མ་མཆིས་ཤིང་། ཡོངས་སུ་མ་མཆིས་པའོ། །དེ་ཅིའི་སྐད་དུ་ཞེ་ན། བཅོམ་ལྡན་འདས་དེ་ནི་འདི་ལྟར་ཤེས་རབ་ཀྱི་ཕ་རོལ་ཏུ་ཕྱིན་པ་ནི་ཤིན་ཏུ་དབེན་པའོ། །བསམ་གཏན་གྱི་ཕ་རོལ་ཏུ་ཕྱིན་པ་ནི་ཤིན་ཏུ་

དབེན་པའོ། །བརྩོན་འགྲུས་ཀྱི་ཕ་རོལ་ཏུ་ཕྱིན་པ་ནི་ཤིན་ཏུ་དབེན་པའོ། །བཟོད་པའི་ཕ་རོལ་ཏུ་ཕྱིན་པ་ནི་ཤིན་ཏུ་དབེན་པའོ། །ཚུལ་ཁྲིམས་ཀྱི་ཕ་རོལ་ཏུ་ཕྱིན་པ་ནི་ཤིན་ཏུ་དབེན་པའོ། །སྦྱིན་པའི་ཕ་རོལ་ཏུ་ཕྱིན་པ་ནི་ཤིན་ཏུ་དབེན་པའོ། །ནང་སྟོང་པ་ཉིད་ནི་ཤིན་ཏུ་དབེན་པའོ། །ཕྱི་སྟོང་པ་ཉིད་ནི་ཤིན་ཏུ་དབེན་པའོ། །ཕྱི་ནང་སྟོང་པ་ཉིད་ནི་ཤིན་ཏུ་དབེན་པའོ། །སྟོང་པ་ཉིད་སྟོང་པ་ཉིད་ནི་ཤིན་ཏུ་དབེན་པའོ། །ཆེན་པོ་སྟོང་པ་ཉིད་ནི་ཤིན་ཏུ་དབེན་པའོ། །དོན་དམ་པ་སྟོང་པ་ཉིད་ནི་ཤིན་ཏུ་དབེན་པའོ། །འདུས་བྱས་སྟོང་པ་ཉིད་ནི་ཤིན་ཏུ་དབེན་པའོ། །འདུས་མ་བྱས་སྟོང་པ་ཉིད་ནི་ཤིན་ཏུ་དབེན་པའོ། །མཐའ་ལས་འདས་པ་སྟོང་པ་ཉིད་ནི་ཤིན་ཏུ་དབེན་པའོ། །ཐོག་མ་དང་ཐ་མ་མེད་པ་སྟོང་པ་ཉིད་ནི་ཤིན་ཏུ་དབེན་པའོ། །དོར་བ་མེད་པ་སྟོང་པ་ཉིད་ནི་ཤིན་ཏུ་དབེན་པའོ། །རང་བཞིན་སྟོང་པ་ཉིད་ནི་ཤིན་ཏུ་དབེན་པའོ། །ཆོས་ཐམས་ཅད་སྟོང་པ་ཉིད་ནི་ཤིན་ཏུ་དབེན་པའོ། །རང་གི་མཚན་ཉིད་སྟོང་པ་ཉིད་ནི་ཤིན་ཏུ་དབེན་པའོ། །མི་དམིགས་པ་སྟོང་པ་ཉིད་ནི་ཤིན་ཏུ་དབེན་པའོ། །དངོས་པོ་མེད་པ་སྟོང་པ་ཉིད་ནི་ཤིན་ཏུ་དབེན་པའོ། །ངོ་བོ་ཉིད་སྟོང་པ་ཉིད་ནི་ཤིན་ཏུ་དབེན་པའོ། །དངོས་པོ་མེད་པའི་ངོ་བོ་ཉིད་སྟོང་པ་ཉིད་ནི་ཤིན་ཏུ་དབེན་པའོ། །དྲན་པ་ཉེ་བར་གཞག་པ་རྣམས་ནི་ཤིན་ཏུ་དབེན་པའོ། །ཡང་དག་པར་སྤོང་བ་རྣམས་ནི་ཤིན་ཏུ་དབེན་པའོ། །རྫུ་འཕྲུལ་གྱི་རྐང་པ་རྣམས་ནི་ཤིན་ཏུ་དབེན་པའོ། །དབང་པོ་རྣམས་ནི་ཤིན་ཏུ་དབེན་པའོ། །སྟོབས་རྣམས་ནི་ཤིན་ཏུ་དབེན་པའོ། །བྱང་ཆུབ་ཀྱི་ཡན་ལག་རྣམས་ནི་ཤིན་ཏུ་དབེན་པའོ། །འཕགས་པའི་ལམ་ཡན་[1]ལག་བརྒྱད་པ་ནི་ཤིན་ཏུ་དབེན་པའོ། །འཕགས་པའི་བདེན་པ་རྣམས་ནི་ཤིན་ཏུ་དབེན་པའོ། །བསམ་གཏན་རྣམས་ནི་ཤིན་ཏུ་དབེན་

པའོ༔ །ཚད་མེད་པ་རྣམས་ནི་ཤིན་ཏུ་དབེན་པའོ། །གཟུགས་མེད་པའི་སྙོམས་པར་འཇུག་པ་རྣམས་ནི་ཤིན་ཏུ་དབེན་པའོ། །རྣམ་པར་ཐར་པ་རྣམས་ནི་ཤིན་ཏུ་དབེན་པའོ། །མཐར་གྱིས་གནས་པའི་སྙོམས་པར་འཇུག་པ་རྣམས་ནི་ཤིན་ཏུ་དབེན་པའོ། །རྣམ་པར་ཐར་པའི་སྒོ་སྟོང་པ་ཉིད་དང་། མཚན་མ་མེད་པ་དང་། སྨོན་པ་མེད་པ་ནི་ཤིན་ཏུ་དབེན་པའོ། །མངོན་པར་ཤེས་པ་རྣམས་ནི་ཤིན་ཏུ་དབེན་པའོ། །ཏིང་ངེ་འཛིན་རྣམས་ནི་ཤིན་ཏུ་དབེན་པའོ། །གཟུངས་ཀྱི་སྒོ་རྣམས་ནི་ཤིན་ཏུ་དབེན་པའོ། །དེ་བཞིན་གཤེགས་པའི་སྟོབས་བཅུ་ནི་ཤིན་ཏུ་དབེན་པའོ། །མི་འཇིགས་པ་བཞི་ནི་ཤིན་ཏུ་དབེན་པའོ། །སོ་སོ་ཡང་དག་པར་རིག་པ་བཞི་ནི་ཤིན་ཏུ་དབེན་པའོ། །བྱམས་པ་ཆེན་པོ་ནི་ཤིན་ཏུ་དབེན་པའོ། །སྙིང་རྗེ་ཆེན་པོ་ནི་ཤིན་ཏུ་དབེན་པའོ། །སངས་རྒྱས་ཀྱི་ཆོས་མ་འདྲེས་པ་བཅོ་[1]བརྒྱད་ནི་ཤིན་ཏུ་དབེན་པའོ། །རྒྱུན་དུ་ཞུགས་པའི་འབྲས་བུ་ནི་ཤིན་ཏུ་དབེན་པའོ། །ལན་ཅིག་ཕྱིར་འོང་བའི་འབྲས་བུ་ནི་ཤིན་ཏུ་དབེན་པའོ། །ཕྱིར་མི་འོང་བའི་འབྲས་བུ་ནི་ཤིན་ཏུ་དབེན་པའོ། །དགྲ་བཅོམ་པ་ཉིད་ནི་ཤིན་ཏུ་དབེན་པའོ། །རང་བྱང་ཆུབ་ནི་ཤིན་ཏུ་དབེན་པའོ། །ལམ་གྱི་རྣམ་པ་ཤེས་པ་ཉིད་ནི་ཤིན་ཏུ་དབེན་པའོ། །རྣམ་པ་ཐམས་ཅད་མཁྱེན་པ་ཉིད་ནི་ཤིན་ཏུ་དབེན་པའོ། །ཆོས་གང་ཤིན་ཏུ་དབེན་པ་དེ་ནི་བསྒོམ་པར་བགྱི་བ་ཡང་མ་ལགས། རྣམ་པར་བསྒོམ་པར་བགྱི་བ་ཡང་མ་ལགས་ཏེ། དེ་ནི་ཤེས་རབ་ཀྱི་ཕ་རོལ་ཏུ་ཕྱིན་པ་ཤིན་ཏུ་དབེན་པའི་སླད་དུ་ཆོས་གང་ཡང་[2]བསླབ་པ་མ་མཆིས་སོ། །ཤེས་རབ་ཀྱི་ཕ་རོལ་ཏུ་ཕྱིན་པ་ནི་[3]ཤིན་ཏུ་དབེན་པ་ལགས་ན། ཇི་ལྟར་ཤེས་རབ་ཀྱི་ཕ་རོལ་ཏུ་ཕྱིན་པ་ལ་བརྟེན་ཅིང་། བྱང་ཆུབ་སེམས་དཔའ་སེམས་དཔའ་ཆེན་པོ༔ བླ་ན་མེད་པ་ཡང་དག་པར་རྫོགས་པའི་བྱང་ཆུབ་ཏུ་མངོན་པར་རྫོགས་

པར་འཚང་རྒྱ་བར་འགྱུར། ཐླ་ན་མེད་པ་ཡང་དག་པར་རྫོགས་པའི་བྱང་ཆུབ་
ཀྱང་ཤིན་ཏུ་དབེན་པ་ལགས་ན། [1]ཇི་ལྟར་དབེན་པས་དབེན་པ་འཚང་རྒྱ་བར་
འགྱུར། བཅོམ་ལྡན་འདས་ཀྱིས་[2]བཀའ་སྩལ་པ། རབ་འབྱོར་[3]ལེགས་སོ་་་
ལེགས་སོ། །རབ་འབྱོར་དེ་དེ་བཞིན་ནོ། དེ་དེ་བཞིན་ཏེ། རབ་འབྱོར་ཤེས་
རབ་ཀྱི་ཕ་རོལ་ཏུ་ཕྱིན་པ་ནི་ཤིན་ཏུ་དབེན་པའོ། །བསམ་གཏན་གྱི་ཕ་རོལ་ཏུ་་་
ཕྱིན་པ་ནི་ཤིན་ཏུ་དབེན་པའོ། །བརྩོན་འགྲུས་ཀྱི་ཕ་རོལ་ཏུ་ཕྱིན་པ་ནི་ཤིན་ཏུ་་་
དབེན་པའོ། །བཟོད་པའི་ཕ་རོལ་ཏུ་ཕྱིན་པ་ནི་ཤིན་ཏུ་དབེན་པའོ། །ཚུལ་
ཁྲིམས་ཀྱི་ཕ་རོལ་ཏུ་ཕྱིན་པ་ནི་ཤིན་ཏུ་དབེན་པའོ། །སྦྱིན་པའི་ཕ་རོལ་ཏུ་ཕྱིན་པ་
ནི་ཤིན་ཏུ་དབེན་པའོ། །ནང་སྟོང་པ་ཉིད་ནི་ཤིན་ཏུ་དབེན་པའོ། །ཕྱི་སྟོང་པ་
ཉིད་ནི་ཤིན་ཏུ་དབེན་པའོ། །ཕྱི་ནང་སྟོང་པ་ཉིད་ནི་ཤིན་ཏུ་དབེན་པའོ། །
སྟོང་པ་ཉིད་སྟོང་པ་ཉིད་ནི་ཤིན་ཏུ་དབེན་པའོ། །ཆེན་པོ་སྟོང་པ་ཉིད་ནི་ཤིན་ཏུ་
དབེན་པའོ། །དོན་དམ་པ་[4]སྟོང་པ་ཉིད་ནི་ཤིན་ཏུ་དབེན་པའོ། །འདུས་བྱས་
སྟོང་པ་ཉིད་ནི་ཤིན་ཏུ་དབེན་པའོ། །འདུས་མ་བྱས་སྟོང་པ་ཉིད་ནི་ཤིན་ཏུ་
དབེན་པའོ། །མཐའ་ལས་འདས་པ་སྟོང་པ་ཉིད་ནི་ཤིན་ཏུ་དབེན་པའོ། །ཐོག་
མ་དང་ཐ་མ་མེད་པ་སྟོང་པ་ཉིད་ནི་ཤིན་ཏུ་དབེན་པའོ། །དོར་བ་མེད་པ་སྟོང་པ་
ཉིད་ནི་[5]ཤིན་ཏུ་དབེན་པའོ། །རང་བཞིན་སྟོང་པ་ཉིད་ནི་ཤིན་ཏུ་དབེན་པའོ། །
ཆོས་ཐམས་ཅད་སྟོང་པ་ཉིད་ནི་ཤིན་ཏུ་དབེན་པའོ། །རང་གི་མཚན་ཉིད་སྟོང་པ་
ཉིད་ནི་ཤིན་ཏུ་དབེན་པའོ། །མི་དམིགས་པ་[6]སྟོང་པ་ཉིད་ནི་ཤིན་ཏུ་དབེན་པའོ། །
དངོས་པོ་མེད་པ་སྟོང་པ་ཉིད་ནི་ཤིན་ཏུ་དབེན་པའོ། །ངོ་བོ་ཉིད་སྟོང་པ་ཉིད་ནི་
ཤིན་ཏུ་དབེན་པའོ། །དངོས་པོ་མེད་པའི་ངོ་བོ་ཉིད་སྟོང་པ་ཉིད་ནི་ཤིན་ཏུ་
དབེན་པའོ། །དྲན་པ་ཉེ་བར་གཞག་པ་རྣམས་ནི་ཤིན་ཏུ་དབེན་པའོ། །ཡང་་

དག་པར་སྦྱོང་བ་རྣམས་ནི་ཞིན་ཏུ་དབེན་པའོ། །རྫུ་འཕྲུལ་གྱི་རྐང་པ་རྣམས་ནི་ཞིན་ཏུ་དབེན་པའོ། །དབང་པོ་རྣམས་ནི་ཞིན་ཏུ་དབེན་པའོ། །སྟོབས་རྣམས་ནི་ཞིན་ཏུ་དབེན་པའོ། །བྱང་ཆུབ་ཀྱི་ཡན་ལག་རྣམས་ནི་ཞིན་ཏུ་དབེན་པའོ། །འཕགས་པའི་ལམ་ཡན་ལག་བརྒྱད་པ་ནི་ཞིན་ཏུ་དབེན་པའོ། །འཕགས་པའི་བདེན་པ་རྣམས་ནི་ཞིན་ཏུ་དབེན་པའོ། །བསམ་གཏན་རྣམས་ནི་ཞིན་ཏུ་དབེན་པའོ། །ཚད་མེད་པ་རྣམས་ནི་ཞིན་ཏུ་དབེན་པའོ། །གཟུགས་མེད་པའི་སྙོམས་པར་འཇུག་པ་རྣམས་ནི་ཞིན་ཏུ་དབེན་པའོ། །རྣམ་པར་ཐར་པ་རྣམས་ནི་ཞིན་ཏུ་དབེན་པའོ། །མཐར་གྱིས་གནས་པའི་སྙོམས་[༡]པར་འཇུག་པ་རྣམས་ནི་ཞིན་ཏུ་དབེན་པའོ། །རྣམ་པར་ཐར་པའི་སྒོ་སྟོང་པ་ཉིད་དང་། མཚན་མ་[༢]མེད་པ་དང་། སྨོན་པ་མེད་པ་ནི་ཞིན་ཏུ་དབེན་པའོ། །མངོན་པར་ཤེས་པ་རྣམས་ནི་ཞིན་ཏུ་དབེན་པའོ། །ཏིང་ངེ་འཛིན་རྣམས་ནི་ཞིན་ཏུ་དབེན་པའོ། །གཟུངས་ཀྱི་སྒོ་རྣམས་ནི་ཞིན་ཏུ་དབེན་པའོ། །དེ་བཞིན་གཤེགས་པའི་སྟོབས་བཅུ་ནི་ཞིན་ཏུ་དབེན་པའོ། །མི་འཇིགས་པ་བཞི་ནི་ཞིན་ཏུ་དབེན་པའོ། །སོ་སོ་ཡང་དག་པར་རིག་པ་བཞི་ནི་ཞིན་ཏུ་དབེན་པའོ། །བྱམས་པ་ཆེན་པོ་ནི་ཞིན་ཏུ་དབེན་པའོ། །སྙིང་རྗེ་ཆེན་པོ་ནི་ཞིན་ཏུ་དབེན་པའོ། །སངས་རྒྱས་ཀྱི་ཆོས་མ་འདྲེས་པ་བཅྭ་[༣]བརྒྱད་ནི་ཞིན་ཏུ་དབེན་པའོ། །རྒྱུན་ཏུ་ཞུགས་པའི་འབྲས་བུ་ནི་ཞིན་ཏུ་དབེན་པའོ། །ལན་ཅིག་ཕྱིར་འོང་བའི་འབྲས་བུ་ནི་ཞིན་ཏུ་[༤]དབེན་པའོ། །ཕྱིར་མི་འོང་བའི་འབྲས་བུ་ནི་ཞིན་ཏུ་དབེན་པའོ། །དགྲ་བཅོམ་པ་ཉིད་ནི་ཞིན་ཏུ་དབེན་པའོ། །རང་བྱང་ཆུབ་ནི་ཞིན་ཏུ་དབེན་པའོ། །ལམ་གྱི་རྣམ་པ་[༥]ཤེས་པ་ཉིད་ནི་ཞིན་ཏུ་དབེན་[༦]པའོ། །རྣམ་པ་ཐམས་ཅད་མཁྱེན་པ་ཉིད་ནི་ཞིན་ཏུ་དབེན་པའོ། །རབ་འབྱོར་ཇི་ལྟར་ཤེས་རབ་ཀྱི་ཕ་རོལ་ཏུ་ཕྱིན་པ་[༧]

ཤིན་ཏུ་དབེན་པ་དང་། བསམ་གཏན་གྱི་ཕ་རོལ་ཏུ་ཕྱིན་པ་ཤིན་ཏུ་དབེན་པ་དང་། བརྩོན་འགྲུས་ཀྱི་ཕ་རོལ་ཏུ་ཕྱིན་པ་ཤིན་ཏུ་དབེན་པ་དང་། བཟོད་པའི་ཕ་རོལ་ཏུ་ཕྱིན་པ་ཤིན་ཏུ་དབེན་པ་དང་། ཚུལ་ཁྲིམས་ཀྱི་ཕ་རོལ་ཏུ་ཕྱིན་པ་ཤིན་ཏུ་དབེན་པ་དང་། སྦྱིན་པའི་ཕ་རོལ་ཏུ་ཕྱིན་པ་ཤིན་ཏུ་དབེན་པ་དང་། ནང་སྟོང་པ་ཉིད་ཤིན་ཏུ་དབེན་པ་དང་། ཕྱི་སྟོང་པ་ཉིད་ཤིན་ཏུ་དབེན་པ་[1]དང་། ཕྱི་ནང་སྟོང་པ་ཉིད་ཤིན་ཏུ་དབེན་པ་དང་། སྟོང་པ་ཉིད་སྟོང་པ་ཉིད་ཤིན་ཏུ་དབེན་པ་དང་། ཆེན་པོ་སྟོང་པ་ཉིད་ཤིན་ཏུ་དབེན་པ་དང་། དོན་དམ་པ་སྟོང་པ་ཉིད་[2]ཤིན་ཏུ་དབེན་པ་དང་[3]། འདུས་བྱས་སྟོང་པ་ཉིད་ཤིན་ཏུ་དབེན་པ་དང་། འདུས་མ་བྱས་སྟོང་པ་ཉིད་ཤིན་ཏུ་དབེན་པ་དང་། མཐའ་ལས་འདས་པ་སྟོང་པ་ཉིད་ཤིན་ཏུ་དབེན་པ་དང་། ཐོག་མ་དང་ཐ་མ་མེད་པ་སྟོང་པ་ཉིད་ཤིན་ཏུ་དབེན་པ་དང་། དོར་བ་མེད་པ་སྟོང་པ་ཉིད་ཤིན་ཏུ་དབེན་པ་དང་། རང་བཞིན་སྟོང་པ་ཉིད་ཤིན་ཏུ་དབེན་པ་དང་། ཆོས་ཐམས་ཅད་སྟོང་པ་ཉིད་ཤིན་ཏུ་དབེན་པ་དང་། རང་གི་མཚན་ཉིད་སྟོང་པ་ཉིད་ཤིན་ཏུ་དབེན་པ་དང་། མི་དམིགས་པ་སྟོང་པ་ཉིད་ཤིན་ཏུ་དབེན་པ་དང་། དངོས་པོ་མེད་པ་སྟོང་པ་ཉིད་ཤིན་ཏུ་དབེན་པ་དང་། ངོ་བོ་ཉིད་སྟོང་པ་ཉིད་ཤིན་ཏུ་དབེན་པ་དང་། དངོས་པོ་མེད་པའི་ངོ་བོ་ཉིད་སྟོང་པ་ཉིད་ཤིན་ཏུ་དབེན་པ་དང་། དྲན་པ་ཉེ་བར་གཞག་པ་རྣམས་ཤིན་ཏུ་དབེན་པ་དང་། ཡང་དག་པར་སྤོང་བ་རྣམས་ཤིན་ཏུ་དབེན་པ་དང་། རྫུ་འཕྲུལ་གྱི་རྐང་པ་རྣམས་ཤིན་ཏུ་དབེན་པ་དང་། དབང་པོ་རྣམས་ཤིན་ཏུ་དབེན་པ་དང་། སྟོབས་རྣམས་ཤིན་ཏུ་དབེན་པ་དང་། བྱང་ཆུབ་ཀྱི་ཡན་ལག་རྣམས་ཤིན་ཏུ་དབེན་པ་དང་། འཕགས་པའི་ལམ་ཡན་ལག་བརྒྱད་པ་ཤིན་ཏུ་དབེན་པ་དང་། འཕགས་པའི་བདེན་པ་རྣམས་ཤིན་ཏུ་

དབེན་པ་དང་། བསམ་གཏན་རྣམས་ཤིན་ཏུ་དབེན་པ་དང་། ཚད་མེད་པ་རྣམས་ཤིན་ཏུ་དབེན་པ་དང་། གཟུགས་མེད་པའི་སྙོམས་པར་འཇུག་[༡]པ་རྣམས་ཤིན་ཏུ་དབེན་པ་དང་། རྣམ་པར་ཐར་པ་རྣམས་ཤིན་ཏུ་དབེན་པ་དང་། མཐར་གྱིས་གནས་པའི་སྙོམས་པར་འཇུག་པ་རྣམས་ཤིན་ཏུ་དབེན་པ་དང་། རྣམ་པར་ཐར་པའི་སྒོ་སྟོང་པ་ཉིད་དང་། མཚན་མ་མེད་པ་དང་། སྨོན་པ་མེད་པ་ཤིན་ཏུ་དབེན་པ་དང་། མངོན་པར་ཤེས་པ་རྣམས་ཤིན་ཏུ་དབེན་པ་དང་། ཏིང་ངེ་འཛིན་རྣམས་ཤིན་ཏུ་དབེན་པ་དང་། གཟུངས་ཀྱི་སྒོ་རྣམས་ཤིན་ཏུ་དབེན་པ་དང་། དེ་བཞིན་གཤེགས་པའི་སྟོབས་བཅུ་ཤིན་ཏུ་དབེན་པ་དང་། མི་འཇིགས་པ་བཞི་ཤིན་ཏུ་དབེན་པ་དང་། སོ་སོ་ཡང་དག་པར་རིག་པ་བཞི་ཤིན་ཏུ་དབེན་པ་དང་། བྱམས་པ་ཆེན་པོ་ཤིན་ཏུ་དབེན་པ་དང་། སྙིང་རྗེ་ཆེན་པོ་ཤིན་ཏུ་དབེན་པ་དང་། སངས་རྒྱས་ཀྱི་ཆོས་མ་འདྲེས་པ་བཅོ་[༢]བརྒྱད་ཤིན་ཏུ་དབེན་པ་དང་། རྒྱུན་དུ་ཞུགས་པའི་འབྲས་བུ་ཤིན་ཏུ་དབེན་པ་དང་། ལན་ཅིག་ཕྱིར་འོང་བའི་འབྲས་བུ་ཤིན་ཏུ་དབེན་པ་དང་། ཕྱིར་མི་འོང་བའི་འབྲས་བུ་ཤིན་ཏུ་དབེན་པ་དང་། དགྲ་བཅོམ་པ་ཉིད་ཤིན་ཏུ་དབེན་པ་དང་། རང་བྱང་ཆུབ་ཤིན་ཏུ་དབེན་པ་དང་། ལམ་གྱི་རྣམ་པ་[༣]ཤེས་པ་ཉིད་ཤིན་ཏུ་དབེན་པ་དང་། རྣམ་པ་ཐམས་ཅད་མཁྱེན་པ་ཉིད་ཤིན་ཏུ་དབེན་པ་དེ་བཞིན་དུ། བླ་ན་མེད་པ་ཡང་དག་པར་རྫོགས་པའི་བྱང་ཆུབ་ཏུ་མངོན་པར་རྫོགས་པར་[༤]འཚང་རྒྱ་བ་ཡང་ཤིན་ཏུ་དབེན་པའོ། །རབ་འབྱོར་གལ་ཏེ་ཤེས་རབ་ཀྱི་ཕ་རོལ་ཏུ་ཕྱིན་པ་ཤིན་ཏུ་དབེན་པར་མ་གྱུར། བསམ་གཏན་གྱི་ཕ་རོལ་ཏུ་ཕྱིན་པ་ཤིན་ཏུ་དབེན་པར་མ་གྱུར། བརྩོན་[༥]འགྲུས་ཀྱི་ཕ་རོལ་ཏུ་ཕྱིན་པ་ཤིན་ཏུ་དབེན་པར་མ་གྱུར། བཟོད་པའི་ཕ་རོལ་ཏུ་ཕྱིན་པ་ཤིན་ཏུ་དབེན་པར་མ་གྱུར། ཚུལ་ཁྲིམས་ཀྱི་ཕ་རོལ་

ཏུ་ཕྱིན་པ་ཤིན་ཏུ་དབེན་པར་མ་གྱུར། ཤེས་རབ་ཀྱི་ཕ་རོལ་ཏུ་ཕྱིན་པ་ཤིན་ཏུ་
དབེན་པར་མ་གྱུར། ནང་སྟོང་པ་ཉིད་ཤིན་ཏུ་དབེན་པར་མ་གྱུར། ཕྱི་སྟོང་པ་
ཉིད་ཤིན་ཏུ་དབེན་པར་མ་གྱུར། ཕྱི་ནང་སྟོང་པ་ཉིད་ཤིན་ཏུ་དབེན་པར་མ་གྱུར།
སྟོང་པ་ཉིད་སྟོང་པ་ཉིད་ཤིན་ཏུ་དབེན་པར་མ་གྱུར། ཆེན་པོ་སྟོང་པ་ཉིད་ཤིན་
ཏུ་དབེན་པར་མ་གྱུར། དོན་དམ་པ་སྟོང་པ་ཉིད་ཤིན་ཏུ་དབེན་པར་མ་གྱུར།
འདུས་བྱས་སྟོང་པ་ཉིད་ཤིན་ཏུ་དབེན་པར་མ་གྱུར། འདུས་མ་བྱས་སྟོང་པ་ཉིད་
ཤིན་ཏུ་དབེན་པར་མ་གྱུར། མཐའ་ལས་འདས་པ་སྟོང་པ་ཉིད་ཤིན་ཏུ་དབེན་
པར་མ་གྱུར། ཐོག་མ་དང་ཐ་མ་མེད་པ་སྟོང་པ་ཉིད་ཤིན་ཏུ་དབེན་པར་མ་གྱུར།
དོར་བ་མེད་པ་སྟོང་པ་ཉིད་ཤིན་ཏུ་དབེན་པར་མ་གྱུར། རང་བཞིན་སྟོང་པ་ཉིད་
ཤིན་ཏུ་དབེན་པར་མ་འགྱུར[1]། ཆོས་ཐམས་ཅད་སྟོང་པ་ཉིད་ཤིན་ཏུ་དབེན་
པར་མ་གྱུར། རང་གི་མཚན་ཉིད་སྟོང་པ་ཉིད་ཤིན་ཏུ་དབེན་པར་མ་གྱུར། མི་
དམིགས་པ་སྟོང་པ་ཉིད་ཤིན་ཏུ་དབེན་པར་མ་གྱུར། དངོས་པོ་མེད་པ་སྟོང་པ་
ཉིད་ཤིན་ཏུ་དབེན་པར་མ་གྱུར། ངོ་བོ་ཉིད་སྟོང་པ་ཉིད་ཤིན་ཏུ་དབེན་པར་མ་
གྱུར། དངོས་པོ་མེད་པའི་ངོ་བོ་ཉིད་སྟོང་པ་ཉིད་ཤིན་ཏུ་དབེན་པར་མ་གྱུར།
དྲན་པ་ཉེ་བར་གཞག་པ་རྣམས་ཤིན་ཏུ་དབེན་པར་མ་གྱུར། ཡང་དག་པར་སྤོང་
བ་རྣམས་ཤིན་ཏུ་དབེན་པར་མ་གྱུར། རྫུ་འཕྲུལ་གྱི་རྐང་པ་རྣམས་ཤིན་ཏུ་དབེན་
པར་མ་གྱུར། དབང་པོ་རྣམས་ཤིན་ཏུ་དབེན་པར་མ་གྱུར། སྟོབས་རྣམས་
ཤིན་ཏུ་དབེན་པར་མ་གྱུར། བྱང་ཆུབ་ཀྱི་ཡན་ལག་རྣམས་ཤིན་ཏུ་དབེན་པར་མ་
གྱུར། འཕགས་པའི་ལམ་ཡན་ལག་བརྒྱད་པ་ཤིན་ཏུ་དབེན་པར་མ་གྱུར།
འཕགས་པའི་བདེན་པ་རྣམས་ཤིན་ཏུ་དབེན་པར་མ་གྱུར། བསམ་གཏན་རྣམས་
ཤིན་ཏུ་དབེན་པར་མ་[2]གྱུར། ཚད་མེད་པ་རྣམས་ཤིན་ཏུ་དབེན་པར་[3]མ་གྱུར།

གཟུགས་མེད་པའི་སྙོམས་པར་འཇུག་པ་རྣམས་ཤིན་ཏུ་དབེན་པར་མ་གྱུར། རྣམ་པར་ཐར་པ་རྣམས་ཤིན་ཏུ་དབེན་པར་མ་གྱུར། མཐར་གྱིས་གནས་པའི་སྙོམས་པར་འཇུག་པ་རྣམས་ཤིན་ཏུ་དབེན་པར་མ་གྱུར། རྣམ་པར་ཐར་པའི་སྒོ་སྟོང་པ་ཉིད་དང་། མཚན་མ་མེད་པ་དང་། སྨོན་པ་མེད་པ་ཤིན་ཏུ་དབེན་པར་མ་གྱུར། མངོན་པར་ཤེས་པ་རྣམས་ཤིན་ཏུ་དབེན་པར་མ་གྱུར། ཏིང་ངེ་འཛིན་རྣམས་ཤིན་ཏུ་དབེན་པར་མ་གྱུར། གཟུངས་ཀྱི་སྒོ་རྣམས་ཤིན་ཏུ་དབེན་པར་མ་གྱུར། དེ་བཞིན་གཤེགས་པའི་སྟོབས་རྣམས་ཤིན་ཏུ་དབེན་པར་མ་གྱུར། མི་འཇིགས་པ་རྣམས་ཤིན་ཏུ་དབེན་པར་མ་གྱུར། སོ་སོ་ཡང་དག་པར་རིག་པ་རྣམས་ཤིན་ཏུ་དབེན་པར་མ་གྱུར། བྱམས་པ་ཆེན་པོ་ཤིན་ཏུ་དབེན་པར་མ་གྱུར། སྙིང་རྗེ་ཆེན་པོ་ཤིན་ཏུ་དབེན་པར་མ་གྱུར། སངས་རྒྱས་ཀྱི་ཆོས་མ་འདྲེས་པ་བཅོ་[1] བརྒྱད་ཤིན་ཏུ་དབེན་པར་མ་གྱུར། རྒྱུན་དུ་ཞུགས་པའི་འབྲས་བུ་ཤིན་ཏུ་དབེན་པར་མ་གྱུར། ལན་ཅིག་ཕྱིར་འོང་བའི་འབྲས་བུ་ཤིན་ཏུ་དབེན་པར་མ་གྱུར། ཕྱིར་མི་འོང་བའི་འབྲས་བུ་ཤིན་ཏུ་དབེན་པར་མ་གྱུར། དགྲ་བཅོམ་པ་ཉིད་ཤིན་ཏུ་དབེན་པར་མ་གྱུར། རང་བྱང་ཆུབ་ཤིན་ཏུ་དབེན་པར་མ་གྱུར། ལམ་གྱི་རྣམ་པ་[2] ཤེས་པ་ཉིད་ཤིན་ཏུ་དབེན་པར་མ་གྱུར། རྣམ་པ་ཐམས་ཅད་མཁྱེན་པ་ཉིད་ཤིན་ཏུ་དབེན་པར་མ་གྱུར་ན། དེ་ཤེས་རབ་ཀྱི་ཕ་རོལ་ཏུ་ཕྱིན་པར་མི་འགྱུར་རོ། །དེ་བསམ་གཏན་གྱི་ཕ་རོལ་ཏུ་ཕྱིན་པར་མི་འགྱུར་རོ། །དེ་བརྩོན་འགྲུས་ཀྱི་ཕ་རོལ་ཏུ་ཕྱིན་པར་མི་འགྱུར་རོ། །དེ་བཟོད་པའི་ཕ་རོལ་ཏུ་ཕྱིན་པར་མི་འགྱུར་རོ། །དེ་ཚུལ་ཁྲིམས་ཀྱི་ཕ་རོལ་ཏུ་ཕྱིན་པར་མི་འགྱུར་རོ། །དེ་སྦྱིན་པའི་ཕ་རོལ་ཏུ་ཕྱིན་པར་མི་འགྱུར་རོ། །དེ་ནང་སྟོང་པ་ཉིད་དུ་མི་འགྱུར་རོ། །དེ་ཕྱི་སྟོང་པ་ཉིད་དུ་མི་འགྱུར་རོ། །དེ་ཕྱི་ནང་སྟོང་པ་ཉིད་དུ་མི་འགྱུར་

རོ༔ །དེ་སྟོང་པ་ཉིད་སྟོང་པ་ཉིད་དུ་མི་འགྱུར་རོ། །དེ་ཆེན་པོ་སྟོང་པ་ཉིད་
དུ་མྱི་འགྱུར་རོ། །དེ་དོན་དམ་པ་སྟོང་པ་ཉིད་དུ་མྱི་འགྱུར་རོ། །དེ་འདུས་བྱས་
སྟོང་པ་ཉིད་དུ་མྱི་འགྱུར་རོ། །དེ་འདུས་མ་བྱས་སྟོང་པ་ཉིད་དུ་མྱི་འགྱུར་རོ། །
དེ་མཐའ་ལས་འདས་པ་སྟོང་པ་ཉིད་དུ་མི་འགྱུར་རོ། །དེ་ཐོག་མ་དང་ཐ་མ་
མྱེད་པ་སྟོང་པ་ཉིད་དུ་མྱི་འགྱུར་རོ། །དེ་དོར་བ་མྱེད་པ་སྟོང་པ་ཉིད་དུ་མྱི་འགྱུར་
རོ༔ །དེ་རང་བཞིན་སྟོང་པ་ཉིད་དུ་མྱི་འགྱུར་རོ། །དེ་ཆོས་ཐམས་ཅད་སྟོང་
པ་ཉིད་དུ་མྱི་འགྱུར་རོ། །དེ་རང་གི་མཚན་ཉིད་སྟོང་པ་ཉིད་དུ་མྱི་འགྱུར་རོ། །
དེ་མྱི་དམྱིགས་པ་སྟོང་པ་ཉིད་དུ་མི་འགྱུར་རོ། །དེ་དངོས་པོ་མྱེད་པ་སྟོང་པ་
ཉིད་དུ་མི་འགྱུར་རོ། །དེ་ངོ་བོ་ཉིད་སྟོང་པ་ཉིད་དུ་མྱི་འགྱུར་རོ[༡]། །དེ་དངོས་
པོ་མྱེད་པའི་ངོ་བོ་ཉིད་སྟོང་པ་ཉིད་དུ་མྱི་འགྱུར་རོ། །དེ་དྲན་པ་ཉེ་བར་[༢]གཞག་པ་
རྣམས་སུ་མྱི་འགྱུར་རོ། །དེ་ཡང་དག་པར་སྤོང་བ་རྣམས་སུ་མྱི་འགྱུར་རོ། །དེ་
རྫུ་འཕྲུལ་གྱི་རྐང་པ་རྣམས་སུ་མྱི་འགྱུར་རོ། །དེ་དབང་པོ་རྣམས་སུ་མྱི་འགྱུར་རོ། །
དེ་སྟོབས་རྣམས་སུ་མྱི་འགྱུར་རོ། །དེ་བྱང་ཆུབ་ཀྱི་ཡན་ལག་རྣམས་སུ་མྱི་འགྱུར་
རོ༔ །དེ་འཕགས་པའི་ལམ་ཡན་ལག་བརྒྱད་པར་མྱི་འགྱུར་རོ། །དེ་འཕགས་
པའི་བདེན་པ་རྣམས་སུ་མྱི་འགྱུར་རོ། །དེ་བསམ་གཏན་རྣམས་སུ་མྱི་འགྱུར་རོ། །
དེ་ཚད་མྱེད་པ་རྣམས་སུ་མྱི་འགྱུར་རོ། །དེ་གཟུགས་མྱེད་པའི་སྙོམས་པར་འཇུག་
པ་རྣམས་སུ་མྱི་འགྱུར་རོ། །དེ་རྣམ་པར་ཐར་པ་རྣམས་སུ་མྱི་འགྱུར་རོ། །དེ་
མཐར་གྱིས་གནས་པའི་སྙོམས་པར་འཇུག་པ་[༣]རྣམས་སུ་མྱི་འགྱུར་རོ། །དེ་[༤]རྣམ་
པར་ཐར་པའི་སྒོ་སྟོང་པ་ཉིད་དང་། མཚན་མ་མྱེད་པ་དང་། སྨོན་པ་མྱེད་
པར་མྱི་འགྱུར་རོ། །དེ་མངོན་པར་ཤེས་པ་རྣམས་སུ་མྱི་འགྱུར་རོ། །དེ་ཏིང་ངེ་
འཛིན་རྣམས་སུ་མྱི་འགྱུར་རོ། །དེ་གཟུངས་ཀྱི་སྒོ་རྣམས་སུ་མྱི་འགྱུར་རོ། །དེ་

དེ་བཞིན་གཤེགས་པའི་སྟོབས་བཅུར་མི་འགྱུར་རོ། །དེ་མི་འཇིགས་པ་བཞིར་མི་འགྱུར་རོ། །དེ་སོ་སོ་ཡང་དག་པར་རིག་པ་བཞིར་མི་འགྱུར་རོ། །དེ་བྱམས་པ་ཆེན་པོར་མི་འགྱུར་རོ། །དེ་སྙིང་རྗེ་ཆེན་པོར་མི་འགྱུར་རོ། །དེ་སངས་རྒྱས་ཀྱི་ཆོས་མ་འདྲེས་པ་བཅོ་⑦བརྒྱད་དུ་མི་འགྱུར་རོ། །དེ་རྒྱུན་དུ་ཞུགས་པའི་འབྲས་བུར་མི་འགྱུར་རོ། །དེ་ལན་ཅིག་ཕྱིར་འོང་བའི་འབྲས་བུར་མི་འགྱུར་རོ། །དེ་ཕྱིར་མི་འོང་བའི་འབྲས་བུར་མི་འགྱུར་རོ། །དེ་དགྲ་བཅོམ་པ་ཉིད་དུ་མི་འགྱུར་རོ། །དེ་རང་བྱང་ཆུབ་ཏུ་མི་འགྱུར་རོ། །དེ་ལམ་གྱི་རྣམ་པ་ཤེས་པ་ཉིད་དུ་མི་འགྱུར་རོ། །དེ་རྣམ་པ་ཐམས་ཅད་མཁྱེན་པ་ཉིད་དུ་མི་འགྱུར་རོ། །རབ་འབྱོར་དེ་བས་ན་ཇི་ལྟར་ཤེས་རབ་ཀྱི་ཕ་རོལ་ཏུ་ཕྱིན་པ་ཤིན་ཏུ་དབེན་པ་དང་། ཇི་ལྟར་བསམ་གཏན་གྱི་ཕ་རོལ་ཏུ་ཕྱིན་པ་ཤིན་ཏུ་དབེན་པ་དང་། ཇི་ལྟར་བརྩོན་འགྲུས་ཀྱི་ཕ་རོལ་ཏུ་ཕྱིན་པ་ཤིན་ཏུ་དབེན་པ་དང་། ཇི་ལྟར་བཟོད་པའི་ཕ་རོལ་ཏུ་ཕྱིན་པ་ཤིན་ཏུ་དབེན་པ་དང་། ཇི་ལྟར་ཚུལ་ཁྲིམས་ཀྱི་ཕ་རོལ་ཏུ་ཕྱིན་པ་ཤིན་ཏུ་དབེན་པ་③དང་། ཇི་ལྟར་སྦྱིན་པའི་ཕ་རོལ་ཏུ་ཕྱིན་པ་ཤིན་ཏུ་དབེན་པ་དང་། ཇི་ལྟར་ནང་སྟོང་པ་ཉིད་ཤིན་ཏུ་དབེན་པ་དང་། ཇི་ལྟར་ཕྱི་སྟོང་པ་ཉིད་ཤིན་ཏུ་དབེན་པ་དང་། ཇི་ལྟར་ཕྱི་ནང་སྟོང་པ་ཉིད་ཤིན་ཏུ་དབེན་པ་དང་། ཇི་ལྟར་སྟོང་པ་ཉིད་སྟོང་པ་ཉིད་ཤིན་ཏུ་དབེན་པ་དང་། ཇི་ལྟར་ཆེན་པོ་སྟོང་པ་ཉིད་ཤིན་ཏུ་དབེན་པ་དང་། ཇི་ལྟར་དོན་དམ་པ་སྟོང་པ་ཉིད་ཤིན་ཏུ་དབེན་པ་དང་། ཇི་ལྟར་འདུས་བྱས་སྟོང་པ་ཉིད་ཤིན་ཏུ་དབེན་པ་དང་། ཇི་ལྟར་འདུས་མ་བྱས་སྟོང་པ་ཉིད་ཤིན་ཏུ་དབེན་པ་དང་། ཇི་ལྟར་མཐའ་ལས་འདས་པ་སྟོང་པ་ཉིད་ཤིན་ཏུ་དབེན་པ་དང་། ཇི་ལྟར་ཐོག་མ་དང་ཐ་མ་མེད་པ་སྟོང་པ་ཉིད་ཤིན་ཏུ་དབེན་པ་དང་། ཇི་ལྟར་དོར་བ་མེད་པ་སྟོང་པ་ཉིད་ཤིན་ཏུ་དབེན་པ་དང་། ཇི་ལྟར་

རང་བཞིན་སྟོང་པ་ཉིད་ཤེན་ཏུ་དབེན་པ་དང་། ཇི་ལྟར་ཆོས་ཐམས་ཅད་སྟོང་པ་ཉིད་ཤེན་ཏུ་དབེན་པ་དང་། ཇི་ལྟར་རང་གི་མཚན་ཉིད་སྟོང་པ་ཉིད་ཤེན་ཏུ་དབེན་པ་དང་། ཇི་ལྟར་མི་དམིགས་པ་སྟོང་པ་ཉིད་ཤེན་ཏུ་དབེན་པ་དང་། ཇི་ལྟར་དངོས་པོ་མེད་པ་སྟོང་པ་ཉིད་ཤེན་ཏུ་དབེན་པ་དང་། ཇི་ལྟར་ངོ་བོ་ཉིད་སྟོང་པ་ཉིད་ཤེན་ཏུ་དབེན་པ་དང་། ཇི་ལྟར་དངོས་པོ་མེད་པའི་ངོ་བོ་ཉིད་སྟོང་པ་ཉིད་ཤེན་ཏུ་དབེནཿ་པ་དང་[1]། ཇི་ལྟར་དྲན་པ་[2]ཉེ་བར་གཞག་[3]པ་རྣམས་ཤེན་ཏུ་དབེན་པ་དང་། ཇི་ལྟར་ཡང་དག་པར་སྤོང་བ་རྣམས་ཤེན་ཏུ་དབེན་པ་དང་། ཇི་ལྟར་རྫུ་འཕྲུལ་གྱི་རྐང་པ་རྣམས་ཤེན་ཏུ་དབེན་པ་དང་། ཇི་ལྟར་དབང་པོ་རྣམས་ཤེན་ཏུ་དབེན་པ་དང་། ཇི་ལྟར་སྟོབས་རྣམས་ཤེན་ཏུ་དབེན་པ་དང་། ཇི་ལྟར་བྱང་ཆུབ་ཀྱི་ཡན་ལག་རྣམས་ཤེན་ཏུ་དབེན་པ་དང་། ཇི་ལྟར་འཕགས་པའི་ལམ་ཡན་ལག་བརྒྱད་པ་ཤེན་ཏུ་དབེན་པ་དང་། ཇི་ལྟར་འཕགས་པའི་བདེན་པ་རྣམས་ཤེན་ཏུ་དབེན་པ་དང་། ཇི་ལྟར་བསམ་གཏན་རྣམས་ཤེན་ཏུ་དབེན་པ་དང་། ཇི་ལྟར་ཚད་མེད་པ་རྣམས་ཤེན་ཏུ་དབེན་པ་དང་། ཇི་ལྟར་གཟུགས་མེད་པའི་སྙོམས་[4]པར་འཇུག་པ་རྣམས་ཤེན་ཏུ་དབེན་པ་དང་། ཇི་ལྟར་རྣམ་པར་ཐར་པ་རྣམས་ཤེན་ཏུ་དབེན་པ་དང་། ཇི་ལྟར་མཐར་གྱིས་གནས་པའི་སྙོམས་པར་འཇུག་པ་རྣམས་ཤེན་ཏུ་དབེན་པ་དང་། ཇི་ལྟར་རྣམ་པར་ཐར་པའི་སྒོ་སྟོང་པ་ཉིད་དང་། མཚན་མ་མེད་པ་དང་། སྨོན་པ་མེད་པ་ཤེན་ཏུ་དབེན་པ་དང་། ཇི་ལྟར་མངོན་པར་ཤེས་པ་རྣམས་ཤེན་ཏུ་དབེན་པ་དང་། ཇི་ལྟར་ཏིང་ངེ་འཛིན་རྣམས་ཤེན་ཏུ་དབེན་པ་དང་། ཇི་ལྟར་གཟུངས་[5]ཀྱི་སྒོ་རྣམས་ཤེན་ཏུ་དབེན་པ་དང་། ཇི་ལྟར་དེ་བཞིན་གཤེགས་པའི་སྟོབས་རྣམས་ཤེན་ཏུ་དབེན་པ་དང་། ཇི་ལྟར་མི་འཇིགས་པ་རྣམས་ཤེན་ཏུ་

དབེན་པ་དང་། ཇི་ལྟར་སོ་སོ་ཡང་དག་པར་རིག་པ་རྣམས་ཤིན་ཏུ་དབེན་པ་དང་། ཇི་ལྟར་བྱམས་པ་ཆེན་པོ་ཤིན་ཏུ་དབེན་པ་དང་། ཇི་ལྟར་①སྙིང་རྗེ་ཆེན་པོ་ཤིན་ཏུ་དབེན་པ་དང་། ཇི་ལྟར་སངས་རྒྱས་ཀྱི་ཆོས་མ་འདྲེས་པ་བཅོ་②བརྒྱད་ཤིན་ཏུ་དབེན་པ་དང་། ཇི་ལྟར་རྒྱུན་ཏུ་ཞུགས་པའི་འབྲས་བུ་ཤིན་ཏུ་དབེན་པ་དང་། ཇི་ལྟར་ལན་ཅིག་ཕྱིར་འོང་བའི་འབྲས་བུ་ཤིན་ཏུ་དབེན་པ་དང་། ཇི་ལྟར་ཕྱིར་མི་འོང་བའི་འབྲས་བུ་ཤིན་ཏུ་དབེན་པ་དང་། ཇི་ལྟར་དགྲ་བཅོམ་པ་ཉིད་ཤིན་ཏུ་དབེན་པ་དང་། ཇི་ལྟར་རང་བྱང་ཆུབ་ཤིན་ཏུ་དབེན་པ་དང་། ཇི་ལྟར་ལམ་གྱི་③རྣམ་པ་ཤེས་པ་ཉིད་ཤིན་ཏུ་དབེན་པ་དང་། ཇི་ལྟར་རྣམ་པ་ཐམས་ཅད་མཁྱེན་པ་ཉིད་ཤིན་ཏུ་དབེན་པ་དེ་ལྟར་ཤེས་རབ་ཀྱི་ཕ་རོལ་ཏུ་ཕྱིན་པ་ལ་མ་བརྟེན་པར་ཡང་། བླ་ན་མེད་པ་ཡང་དག་པར་རྫོགས་པའི་བྱང་ཆུབ་ཏུ་མངོན་པར་རྫོགས་པར་འཚང་མི་རྒྱ། དབེན་པས་དབེན་པ་མངོན་པར་རྫོགས་པར་འཚང་མི་རྒྱ་སྟེ། བླ་ན་མེད་པ་ཡང་དག་པར་རྫོགས་པའི་བྱང་ཆུབ་ཏུ་མངོན་པར་རྫོགས་པར་འཚང་མི་རྒྱ་བས་ན། ཤེས་རབ་ཀྱི་ཕ་རོལ་ཏུ་ཕྱིན་པ་ལ་མ་བརྟེན་པར་མངོན་པར་རྫོགས་པར་འཚང་མི་རྒྱའོ། །གསོལ་པ། བཅོམ་ལྡན་འདས་བྱང་ཆུབ་སེམས་དཔའ་སེམས་དཔའ་ཆེན་པོ་ནི་དོན་ཟབ་མོ་ལ་སྤྱོད་པའོ། །བཅོམ་ལྡན་འདས་ཀྱིས་བཀའ་སྩལ་པ། རབ་འབྱོར་དེ་དེ་བཞིན་ནོ། །དེ་དེ་བཞིན་ཏེ། རབ་འབྱོར་བྱང་ཆུབ་སེམས་དཔའ་སེམས་དཔའ་ཆེན་པོ་ནི་དོན་ཟབ་མོ་ལ་སྤྱོད་པའོ། །རབ་འབྱོར་བྱང་ཆུབ་སེམས་དཔའ་སེམས་དཔའ་④ཆེན་པོ་དེ་ལྟར་དོན་ཟབ་མོ་ལ་སྤྱོད་ཅིང་། འདི་ལྟ་སྟེ། ཉན་ཐོས་ཀྱི་སའམ། རང་སངས་རྒྱས་ཀྱི་སར་འགྱུར་བའི་དོན་དེ་མངོན་དུ་མི་བྱེད་པ་ནི་དཀའ་བ་བྱེད་པའོ། །གསོལ་པ། བཅོམ་ལྡན་འདས་ཀྱིས། གསུངས་པའི་དོན། བདག་གིས་

འཚལ་བ་ལྟར་ན། དཀའ་བ་ཆུང་[1]ཟད་ཀྱང་མི་བགྱིད་ན། ཇི་ལྟར་བྱང་ཆུབ་སེམས་དཔའ་སེམས་དཔའ་ཆེན་པོ་དཀའ་[2]བ་བགྱིད་པ་ལགས། དེ་ཅིའི་སླད་དུ་ཞེ་ན། བཅོམ་ལྡན་འདས་དེ་ནི་འདི་ལྟར་གང་མངོན་དུ་བགྱི་བའི་དོན་དེ་ཡང་མི་དམིགས་གང་གིས་མངོན་དུ་བགྱི་བའི་ཤེས་རབ་ཀྱི་ཕ་རོལ་ཏུ་ཕྱིན་པ་དེ་ཡང་མི་དམིགས། གང་མངོན་དུ་བགྱི་བའི་ཆོས་དེ་ཡང་མི་དམིགས་ཏེ། བཅོམ་ལྡན་འདས་ཆོས་ཐམས་ཅད་གང་མངོན་དུ་བགྱིས་པས། བླ་ན་མེད་པ་ཡང་དག་པར་རྫོགས་པའི་བྱང་ཆུབ་ཏུ་མངོན་པར་རྫོགས་པར་འཚང་རྒྱ་བར་འགྱུར་བའི་དོན་མངོན་[3]དུ་བགྱི་བ་དེ་ལྟ་བུ་ཡང་གང་ཞིག་མཆིས། ཤེས་རབ་ཀྱི་ཕ་རོལ་ཏུ་ཕྱིན་པ་ཡང་གང་ཞིག་གིས་མངོན་དུ་བགྱི། ཆོས་མངོན་དུ་བགྱི་བ་དེ་ལྟ་བུ་ཡང་[4]གང་ཞིག་མཆིས། བཅོམ་ལྡན་འདས་འདི་ནི་མི་དམིགས་པའི་སྤྱོད་པ་སྟེ། དེ་ལ་[5]སྤྱོད་པའི་བྱང་ཆུབ་སེམས་དཔའ་སེམས་དཔའ་ཆེན་པོ་ཆོས་ཐམས་ཅད་ལ་མུན་པ་མ་མཆིས་པ་འཐོབ་པའོ། །བཅོམ་ལྡན་འདས་གལ་ཏེ་དེ་སྐད་དུ་བསྟན་པ་ལ་བྱང་ཆུབ་སེམས་དཔའ་སེམས་དཔའ་ཆེན་པོའི་སེམས་མི་འཇུམ་ཡོངས་སུ་མི་འཇུམ་ཞིང་མི་འཛིགས་མི་སྟང་[6]སྐྲག་[7]པར་མི་འགྱུར་ན། བཅོམ་ལྡན་འདས་དེ་ལྟར་སྤྱོད་པའི་བྱང་ཆུབ་སེམས་དཔའ་སེམས་དཔའ་ཆེན་པོ་ནི། ཤེས་རབ་ཀྱི་ཕ་རོལ་ཏུ་ཕྱིན་པ་ལ་སྤྱོད་པ་སྟེ། དེ་ནི་སྤྱོད་དོ་ཞེས་བགྱི་བར་ཡང་དག་པར་རྗེས་སུ་མི་མཐོང་། ཤེས་རབ་ཀྱི་ཕ་རོལ་ཏུ་ཕྱིན་པ་ཡང་ཡང་[8]དག་པར་རྗེས་སུ་མི་མཐོང་། བླ་ན་མེད་པ་ཡང་དག་པར་རྫོགས་པའི་བྱང་ཆུབ་ཏུ་མངོན་པར་རྫོགས་པར་འཚང་རྒྱའོ་ཞེས་བགྱི་བར་ཡང་ཡང་དག་པར་རྗེས་སུ་མི་མཐོང་ངོ་། །བཅོམ་ལྡན་འདས་བྱང་ཆུབ་སེམས་དཔའ་སེམས་དཔའ་ཆེན་པོ། ཤེས་རབ་ཀྱི་ཕ་རོལ་ཏུ་ཕྱིན་པ་ལ་སྤྱོད་པ་དེ་ནི་འདི་སྙམ་དུ་བདག་གིས་ཉན་ཐོས་

དང་རང་སངས་རྒྱས་ཀྱི་ས་ནི་བསྐྱིང་བར་བྱ་སྟེ། བདག་ནི་རྣམ་པ་ཐམས་ཅད་མཁྱེན་པ་ཉིད་དུ་ཉེ་བར་གྱུར་ཏོ་སྙམ་ཡང་མི་བགྱིད་དོ། །བཅོམ་ལྡན་འདས་འདི་ལྟ་སྟེ་དཔེར་ན། ནམ་མཁའ་ནི་འདི་ལྟར་བདག་ནི་ལ་ལ་དང་ནི་རིང་ངོ་། །ལ་ལ་དང་ནི་ཉེའོ་ཞེས་བགྱི་བར་མི་སེམས་སོ། །དེ་ཅིའི་སླད་དུ་ཞེ་ན། བཅོམ་ལྡན་འདས་ནམ་མཁའ་ལ་བྱེ་བྲག་མ་མཆིས་ཤིང་། མི་གཡོ་བ་དང་། རྣམ་པར་རྟོག་པ་མ་མཆིས་པའི་སླད་དུ་སྟེ། བཅོམ་ལྡན་འདས་དེ་བཞིན་དུ། བྱང་ཆུབ་སེམས་དཔའ་སེམས་དཔའ་ཆེན་པོ་ཤེས་རབ་ཀྱི་ཕ་རོལ་ཏུ་ཕྱིན་པ་ལ་སྤྱོད་པ་ཡང་། འདི་ལྟར་བདག་ལས་ཉན་ཐོས་ཀྱི་སའམ[༧]། རང་སངས་རྒྱས་ཀྱི་ས་ནི་རིང་གི་བླ་ན་མེད་པ་ཡང་དག་པར་རྫོགས་པའི་བྱང་ཆུབ་ནི་ཉེའོ་ཞེས་བགྱི་བར་མི་སེམས་སོ། །དེ་ཅིའི་སླད་དུ་ཞེ་ན། བཅོམ་ལྡན་འདས་ཤེས་རབ་ཀྱི་ཕ་རོལ་ཏུ་ཕྱིན་པ་རྣམ་པར་མི་རྟོག་པའི་སླད་དུའོ། །བཅོམ་ལྡན་འདས་འདི་ལྟ་སྟེ་དཔེར་ན། སྒྱུ་མའི་སྐྱེས་བུ་ནི་འདི་ལྟར་བདག་ལས་སྒྱུ་མ་ནི་རིང་ངོ་། །སྒྱུ་མའི་མཁན་པོ་ནི་ཉེའོ། །སྐྱེ་བོའི་ཚོགས་འདི་ལྟར་འདུས་པ་ནི་བདག་ལས་རིང་ངོ་ཞེའམ། ཉེའོ་ཞེས་བགྱི་བར་མི་སེམས་སོ། །དེ་ཅིའི་སླད་དུ་ཞེ་ན། བཅོམ་ལྡན་འདས་སྒྱུ་མའི་སྐྱེས[༡]བུ་ནི་རྣམ་པར་མི་རྟོག་པའི་སླད་དུ་སྟེ། བཅོམ་ལྡན་འདས་དེ་བཞིན་དུ། བྱང་ཆུབ་སེམས་དཔའ་སེམས་དཔའ་ཆེན་པོ་ཤེས་རབ་ཀྱི་ཕ་རོལ་ཏུ་ཕྱིན་པ་ལ་སྤྱོད་པ་ཡང་། འདི་ལྟར་བདག་ལས་ཉན་ཐོས་ཀྱི་སའམ[༣]། རང་སངས་རྒྱས་ཀྱི་ས་ནི་རིང་ངོ་། །བླ་ན་མེད་པ་ཡང་དག་པར་རྫོགས་པའི་བྱང་ཆུབ་ནི་ཉེའོ་ཞེས་བགྱི་བར་མི་སེམས་སོ། །དེ་ཅིའི་སླད་དུ་ཞེ་ན། བཅོམ་ལྡན་འདས་ཤེས་རབ་ཀྱི་ཕ་རོལ་ཏུ་ཕྱིན་པ་རྣམ་པར་མི་རྟོག་[༨]པའི་སླད་དུའོ། །བཅོམ་ལྡན་འདས་འདི་ལྟ་སྟེ་དཔེར་ན། གཟུགས་བརྙན་ནི་འདི་ལྟར་བདག་ལས་

དམིགས་པ་གང་གིས་གཟུགས་བརྙན་བྱུང་བ་དེ་ནི་ཉེ། གང་མེ་ལོང་དང་སྣོད་
ཆུས་གང་བའི་ནང་དུ་བྱུང་བ་དེ་ནི་བདག་ལས་རིང་ངོ་ཞེས་བགྱི་བར་མི་སེམས་སོ། །
དེ་ཅིའི་སླད་དུ་ཞེ་ན། བཅོམ་ལྡན་འདས་གཟུགས་བརྙན་རྣམ་པར་མི་རྟོག་པའི་
སླད་དུ་སྟེ། བཅོམ་ལྡན་འདས་དེ་བཞིན་དུ་བྱང་ཆུབ་སེམས་དཔའ་སེམས་དཔའ་
ཆེན་པོ་ཤེས་རབ་ཀྱི་ཕ་རོལ་ཏུ་ཕྱིན་པ་ལ་སྤྱོད་པ་ཡང་འདི་ལྟར་བདག་ལས་ཉན་
ཐོས་ཀྱི་ས་འམ[༡]། རང་སངས་རྒྱས་ཀྱི་ས་ནི[༢]རིང་ངོ་། །བླ་ན་མེད་པ་ཡང་
དག་པར་རྫོགས་པའི་བྱང་ཆུབ་ནི་ཉེའོ་ཞེས་བགྱི་བར་མི་སེམས་སོ། །དེ་ཅིའི་སླད་
དུ་ཞེ་ན། བཅོམ་ལྡན་འདས་ཤེས་རབ[༣]ཀྱི་ཕ་རོལ་ཏུ་ཕྱིན་པ་རྣམ་པར་མི་རྟོག
པའི་སླད་དུའོ། །བཅོམ་ལྡན་འདས་ཤེས་རབ་ཀྱི་ཕ་རོལ་ཏུ་ཕྱིན་པ་ལ་ནི་སྡུག་པ་
དང་མི་སྡུག་པ་མ་མཆིས་སོ། །དེ་ཅིའི་སླད་དུ་ཞེ་ན། དེ་ནི་འདི་ལྟར་གང་གིས་
འདི་ལ་སྡུག་པའམ་མི་སྡུག་པར་འགྱུར་བའི་ངོ་བོ་ཉིད་མི་དམིགས་པའི་སླད་དུའོ། །
བཅོམ་ལྡན་འདས[༤]འདི་ལྟ་སྟེ་དཔེར་ན། དེ་བཞིན་གཤེགས་པ་དགྲ་བཅོམ་པ
ཡང་དག་པར་རྫོགས་པའི་སངས་རྒྱས་ལ་ནི་སྡུག་པའམ་མི་སྡུག་པར་འགྱུར་བ་གང་
ཡང་མ་མཆིས་སོ། །བཅོམ་ལྡན་འདས་དེ་བཞིན་དུ་ཤེས་རབ་ཀྱི་ཕ་རོལ་ཏུ་ཕྱིན
པ་ལ་ཡང་སྡུག་པའམ་མི་སྡུག་པར་འགྱུར་བ་གང་ཡང་མ་མཆིས་སོ། །བཅོམ་ལྡན་
འདས་འདི་ལྟ་སྟེ་དཔེར་ན། དེ་བཞིན་གཤེགས་པ་དགྲ་བཅོམ་པ་ཡང་དག་པར་
རྫོགས་པའི་སངས་རྒྱས[༥]ནི་རྣམ་པར་རྟོག་པ་ཐམས་ཅད་སྤངས་པའོ། །བཅོམ
ལྡན་འདས་དེ་བཞིན་དུ། བྱང་ཆུབ་སེམས་དཔའ་སེམས་དཔའ་ཆེན་པོ་ཤེས་རབ་
ཀྱི[༦]ཕ་རོལ་ཏུ་ཕྱིན་པ་ལ་སྤྱོད་པ་ཡང་རྣམ་པར་རྟོག[༧]པ་ཐམས་ཅད་སྤངས་པ་སྟེ།
དེ་ཅིའི་སླད་དུ་ཞེ་ན། བཅོམ་ལྡན་འདས་ཤེས་རབ་ཀྱི་ཕ་རོལ་ཏུ་ཕྱིན་པ་རྣམ
པར་མི་རྟོག་པའི་སླད་དུའོ། །བཅོམ་ལྡན་འདས་འདི་ལྟ་སྟེ་དཔེར་ན། དེ་

བཞིན་གཤེགས་པའི་སྤྲུལ་པ་ནི་འདི་ལྟར་ང་ལས་ཉན་ཐོས་ཀྱི་སའམ[1]། རང་སངས་རྒྱས་ཀྱི་ས་ནི་རིང་ངོ་། །བླ་ན་མེད་པ་ཡང་དག་པར་རྫོགས་པའི་བྱང་ཆུབ་ནི་ཉེའོ་ཞེས་བགྱི་བར་མི་དགོངས་སོ། །དེ་ཅིའི་སླད་དུ་ཞེ་ན། བཅོམ་ལྡན་འདས་དེ་བཞིན་གཤེགས་པ་དང་། དེ་བཞིན་གཤེགས་པའི[2]་སྤྲུལ་པ་རྣམ་པར་མི་རྟོག་པའི་སླད་དུ་སྟེ། བཅོམ་ལྡན་འདས་དེ་བཞིན་དུ་བྱང་ཆུབ་སེམས་དཔའ་སེམས་དཔའ་ཆེན་པོ་ཤེས་རབ་ཀྱི་ཕ་རོལ་ཏུ་ཕྱིན་པ་ལ་སྤྱོད་པ་ཡང་། འདི་ལྟར་བདག་ལས་ཉན་ཐོས་ཀྱི་སའམ[3]། རང་སངས་རྒྱས་ཀྱི་ས་ནི་རིང་ངོ་། །བླ་ན་མེད་པ་ཡང་དག་པར་རྫོགས་པའི་བྱང་ཆུབ་ནི་ཉེའོ་ཞེས་བགྱི་བར་མི་སེམས་སོ། །དེ་ཅིའི་སླད་དུ་ཞེ་ན། བཅོམ་ལྡན་འདས་ཤེས་རབ་ཀྱི་ཕ་རོལ་ཏུ་ཕྱིན་པ་རྣམ་པར་མི་རྟོག[4]་པའི་སླད་དུའོ། །བཅོམ[5]་ལྡན་འདས་འདི་ལྟ་སྟེ་དཔེར་ན། དེ་བཞིན་གཤེགས་པས་སྤྲུལ་པ་ཞིག་སྤྲུལ་པ་མཛད་ན། དེ་ནི་དོན་གང་གི་སླད་དུ་སྤྲུལ་པ་དེའི་དོན་སྒྲུབ་ཏེ། སྤྲུལ་པ་ནི་མི་རྟོག་རྣམ་པར་མི་རྟོག་གོ། །བཅོམ་ལྡན་འདས་དེ་བཞིན་དུ་ཤེས་རབ་ཀྱི་ཕ་རོལ་ཏུ་ཕྱིན་པ་ཡང་། དོན་གང་གི་སླད་དུ་བརྗོད་པའི་དོན་དེ་ཡང་བགྱིད་དེ། ཤེས་རབ་ཀྱི་ཕ་རོལ་ཏུ་ཕྱིན་པ་དེ་ནི་མི་རྟོག་རྣམ་པར་མི་རྟོག་གོ[6]། །བཅོམ་ལྡན་འདས་འདི་ལྟ་སྟེ་དཔེར་ན། ཤིང་མཁན་ནམ། ཤིང་མཁན་གྱི་སློབ་མ་མཁས་པ་ཞིག་གིས་བུད་མེད་ཀྱི་གཟུགས་སམ། སྐྱེས་པའི་གཟུགས་སམ། གླང་པོའི་གཟུགས་སམ། ཆིབས་རྟའི་གཟུགས་སམ། གླང་གི་གཟུགས་ཀྱི་འཁྲུལ་འཁོར་ཞིག་སྦྱར་ན། དེ[7]་དོན་གང་གི་སླད་དུ་བགྱིས་པའི[8]་དོན་དེ་སྒྲུབ[9]་ཀྱང་འཁྲུལ་འཁོར་དེ་ནི་རྣམ་པར་མི་རྟོག་གོ། །བཅོམ་ལྡན་འདས་དེ་བཞིན་དུ་ཤེས་རབ[10]་ཀྱི་ཕ་རོལ་ཏུ་ཕྱིན་པ་ཡང་དོན་གང་གི་སླད་དུ་བརྗོད་པའི་དོན་དེ་བགྱིད་ཀྱང་། ཤེས་རབ་ཀྱི་ཕ་རོལ་ཏུ་ཕྱིན་པ་དེ་ནི

རྣམ་པར་མྱི་རྟོག་པའོ། །དེ་ནས་ཚེ་དང་ལྡན་པ་ཤཱ་ར་དྭ་ཏིའི་བུས། ཚེ་དང་ལྡན་པ་རབ་འབྱོར་ལ་འདི་སྐད་ཅེས་སྨྲས་སོ། །ཚེ་དང་ལྡན་པ་རབ་འབྱོར་ཤེས་རབ་ཀྱི་ཕ་རོལ་ཏུ་ཕྱིན་པ་འབའ་ཞིག་(༡)རྣམ་པར་མྱི་རྟོག་པ་ཡིན་ནམ། འོན་ཏེ་བསམ་གཏན་གྱི་ཕ་རོལ་ཏུ་ཕྱིན་པ་ཡང་རྣམ་པར་མྱི་རྟོག་པ་ཡིན། འོན་ཏེ་བརྩོན་འགྲུས་ཀྱི་ཕ་རོལ་ཏུ་ཕྱིན་པ་ཡང་རྣམ་པར་མྱི་རྟོག་པ་ཡིན། འོན་ཏེ་བཟོད་པའི་ཕ་རོལ་ཏུ་ཕྱིན་པ་ཡང་རྣམ་པར་མྱི་རྟོག་པ་ཡིན། འོན་ཏེ་ཚུལ་ཁྲིམས་ཀྱི་ཕ་རོལ་ཏུ་ཕྱིན་པ་ཡང་རྣམ་པར་མྱི་རྟོག་པ་ཡིན། འོན་ཏེ་སྦྱིན་པའི་ཕ་རོལ་ཏུ་ཕྱིན་པ་ཡང་རྣམ་པར་མྱི་རྟོག་པ་ཡིན། རབ་འབྱོར་གྱིས་སྨྲས་པ། ཚེ་དང་ལྡན་པ་ཤཱ་ར་དྭ་ཏིའི་བུ་བསམ་གཏན་གྱི་ཕ་རོལ་ཏུ་ཕྱིན་པ་ཡང་རྣམ་པར་མྱི་རྟོག་པའོ། །བརྩོན་འགྲུས་ཀྱི་ཕ་རོལ་ཏུ་ཕྱིན་པ་ཡང་རྣམ་པར་མྱི་རྟོག་པའོ། །བཟོད་པའི་ཕ་རོལ་ཏུ་ཕྱིན་པ་ཡང་རྣམ་པར་མྱི་རྟོག་པའོ། །ཚུལ་ཁྲིམས་ཀྱི་ཕ་རོལ་ཏུ་ཕྱིན་པ་ཡང་རྣམ་པར་མྱི་རྟོག་པའོ། །སྦྱིན་པའི་ཕ་རོལ་ཏུ་ཕྱིན་པ་ཡང་རྣམ་པར་མྱི་རྟོག་པའོ། །སྨྲས་པ་ཚེ་དང་ལྡན་པ་རབ་འབྱོར་ཅི་གཟུགས་ཀྱང་རྣམ་པར་མྱི་རྟོག་པ་ཡིན་ནམ། ཚོར་བ་ཡང་རྣམ་པར་མྱི་རྟོག་པ་ཡིན་ནམ། འདུ་ཤེས་ཀྱང་རྣམ་པར་མི་རྟོག་པ་ཡིན་ནམ། འདུ་བྱེད་ཀྱང་རྣམ་པར་མི་རྟོག་པ་ཡིན་ནམ། རྣམ་པར་ཤེས་པ་ཡང་རྣམ་པར་མྱི་རྟོག་པ་ཡིན་ནམ། མྱིག་ཀྱང་རྣམ་པར་མྱི་རྟོག་པ་ཡིན་ནམ། རྣ་བ་ཡང་རྣམ་པར་མྱི་རྟོག་པ་ཡིན་ནམ། སྣ་ཡང་རྣམ་པར་མྱི་རྟོག་པ་ཡིན་ནམ། ལྗེ་ཡང་རྣམ་པར་མྱི་རྟོག་པ་ཡིན་ནམ། ལུས་ཀྱང་རྣམ་པར་མི་རྟོག་པ་ཡིན་ནམ། ཡིད་ཀྱང་རྣམ་པར་མྱི་རྟོག་པ་ཡིན་ནམ། གཟུགས་ཀྱང་རྣམ་པར་མྱི་རྟོག་པ་ཡིན་ནམ། སྒྲ་ཡང་རྣམ་པར་མྱི་རྟོག་པ་ཡིན་ནམ། དྲི་ཡང་རྣམ་པར་མྱི་རྟོག་པ་ཡིན་ནམ། རོ་ཡང་རྣམ་པར་མྱི་རྟོག་པ་ཡིན་ནམ།

རིག་ཀྱང་རྣམ་པར་མི་རྟོག་པ་ཡིན་ནམ། ཆོས་ཀྱང་རྣམ་པར་མི་རྟོག་པ་ཡིན་ནམ། མིག་གི་རྣམ་པར་ཤེས་པ་ཡང་རྣམ་པར་མི་རྟོག་པ་ཡིན་ནམ། རྣ་བའི་རྣམ་པར་ཤེས་པ་ཡང་རྣམ་པར་མི་རྟོག་པ་ཡིན་ནམ། སྣའི་རྣམ་པར་ཤེས་པ་ཡང་རྣམ་པར་མི་རྟོག་པ་ཡིན་ནམ། ལྗེའི་རྣམ་པར་ཤེས་པ་ཡང་རྣམ་པར་མི་རྟོག་པ་ཡིན་ནམ། ལུས་ཀྱི་རྣམ་པར་ཤེས་པ་ཡང་རྣམ་པར་མི་རྟོག་པ་ཡིན་ནམ། ཡིད་ཀྱི་རྣམ་པར་ཤེས་པ་ཡང་རྣམ་པར་མི་རྟོག་པ་ཡིན་ནམ། མིག་གི་འདུས་ཏེ་རེག་པ་ཡང་རྣམ་པར་མི་རྟོག་པ་ཡིན་ནམ[1]། རྣ་བའི་འདུས་ཏེ་རེག་པ་ཡང་རྣམ་པར་མི་རྟོག་པ་ཡིན་ནམ། སྣའི་འདུས་ཏེ་རེག་པ་ཡང་རྣམ་པར་མི་རྟོག་པ་ཡིན་ནམ། ལྗེའི་འདུས་ཏེ་རེག་པ་ཡང་རྣམ་པར་མི་རྟོག་པ་ཡིན་ནམ། ལུས་ཀྱི་འདུས་ཏེ་རེག་པ་ཡང་རྣམ་པར་མི་རྟོག་པ་ཡིན་ནམ། ཡིད་ཀྱི་འདུས་ཏེ་རེག་པ་ཡང་རྣམ་པར་མི་རྟོག་པ་ཡིན་ནམ། མིག་གི་འདུས་ཏེ་རེག་པ་ལས་བྱུང་བའི་ཚོར་བ་ཡང་རྣམ་པར་མི་རྟོག་པ་ཡིན་ནམ། རྣ་བའི་འདུས་ཏེ་རེག་པ་ལས་བྱུང་བའི་ཚོར་བ་ཡང་རྣམ་པར་མི་རྟོག་པ་ཡིན་ནམ། སྣའི་འདུས་ཏེ་རེག་པ་ལས་བྱུང་བའི་ཚོར་བ་ཡང་རྣམ་པར་མི་རྟོག་པ་ཡིན་ནམ། ལྗེའི་འདུས་ཏེ་རེག་པ་ལས་བྱུང་བའི་ཚོར་བ་ཡང་རྣམ་པར་མི་རྟོག་པ་ཡིན་ནམ། ལུས་ཀྱི་འདུས་ཏེ་རེག་པ་ལས་བྱུང་[2]བའི་ཚོར་བ་ཡང་རྣམ་པར་མི་རྟོག་པ་ཡིན་ནམ། ཡིད་ཀྱི་འདུས་ཏེ་རེག་པ་ལས་བྱུང་བའི་ཚོར་བ་ཡང་རྣམ་པར་མི་རྟོག་པ་ཡིན་ནམ། སའི་ཁམས་ཀྱང་རྣམ་པར་མི་རྟོག་པ་ཡིན་ནམ། ཆུའི་ཁམས་ཀྱང་རྣམ་པར་མི་རྟོག་པ་ཡིན་ནམ། མེའི་ཁམས་ཀྱང་རྣམ་པར་མི་རྟོག་པ་ཡིན་ནམ། རླུང་གི་ཁམས་ཀྱང་རྣམ་པར་མི་རྟོག་པ་ཡིན་ནམ། ནམ་མཁའི་ཁམས་ཀྱང་རྣམ་པར་མི་རྟོག་པ་ཡིན་ནམ། རྣམ་པར་ཤེས་པའི་ཁམས་ཀྱང་རྣམ་པར་མི་རྟོག་པ་ཡིན་ནམ། མ་རིག་པ་ཡང་རྣམ་པར་མི་རྟོག་པ་

ཡིན་ནམ། འདུ་བྱེད་ཀྱང་རྣམ་པར་མྱི་རྟོག་པ་ཡིན་ནམ། རྣམ་པར་ཤེས་པ་ཡང་རྣམ་པར་མྱི་རྟོག་པ་ཡིན་ནམ། མྱིང་དང་གཟུགས་ཀྱང་རྣམ་པར་མྱི་རྟོག་པ་ཡིན་ནམ། སྐྱེ་མཆེད་དྲུག་ཀྱང་རྣམ་པར་མྱི་རྟོག་པ་ཡིན་ནམ། རེག་པ་ཡང་རྣམ་པར་མི་རྟོག་པ་ཡིན་ནམ། ཚོར་བ་ཡང་རྣམ་པར་མྱི་རྟོག་པ་ཡིན་ནམ། སྲེད་པ་ཡང་རྣམ་པར་མྱི་རྟོག་པ་ཡིན་ནམ། ལེན་པ་ཡང་རྣམ་པར་མྱི་རྟོག་པ་ཡིན་ནམ། སྲིད་པ་ཡང་རྣམ་པར་མྱི་རྟོག་པ་ཡིན་ནམ། སྐྱེ་བ་ཡང་རྣམ་པར་མྱི་རྟོག་པ་ཡིན་ནམ། ཀ་ཤི་ཡང་རྣམ་པར་མྱི་རྟོག་པ་ཡིན་ནམ། སྦྱིན་པའི་ཕ་རོལ་ཏུ་ཕྱིན་པ་ཡང་རྣམ་པར་མྱི་རྟོག་པ་ཡིན་ནམ། ཚུལ་ཁྲིམས་ཀྱི་ཕ་རོལ་ཏུ་ཕྱིན་པ་ཡང་རྣམ་པར་མྱི་རྟོག་པ་ཡིན་ནམ། བཟོད་པའི་ཕ་རོལ་ཏུ་ཕྱིན་པ་ཡང་རྣམ་པར་མྱི་རྟོག་པ་ཡིན་ནམ། བརྩོན་འགྲུས་ཀྱི་ཕ་རོལ་ཏུ་ཕྱིན་པ་ཡང་རྣམ་པར་མྱི་རྟོག་པ་ཡིན་ནམ། བསམ་གཏན་གྱི་ཕ་རོལ་ཏུ་ཕྱིན་པ་ཡང་རྣམ་པར་མྱི་རྟོག་པ་ཡིན་ནམ། ཤེས་རབ་ཀྱི་ཕ་རོལ་ཏུ་ཕྱིན་པ་ཡང་རྣམ་པར་མྱི་རྟོག་པ་ཡིན་ནམ༑ ནང་སྟོང་པ་ཉིད་ཀྱང་རྣམ་པར་མི་རྟོག་པ་ཡིན་ནམ། ཕྱི་སྟོང་པ་ཉིད་ཀྱང་རྣམ་པར་མི་རྟོག་པ་ཡིན་ནམ། ཕྱི་ནང་སྟོང་པ་ཉིད་ཀྱང་རྣམ་པར་མྱི་རྟོག་པ་ཡིན་ནམ། སྟོང་པ་ཉིད་སྟོང་པ་ཉིད་ཀྱང་རྣམ་པར་མྱི་རྟོག་པ་ཡིན་ནམ། ཆེན་པོ་སྟོང་པ་ཉིད་ཀྱང་རྣམ་པར་མྱི་རྟོག་པ་ཡིན་ནམ། དོན་དམ་པ་སྟོང་པ་ཉིད་ཀྱང་རྣམ་པར་མྱི་རྟོག་པ་ཡིན་ནམ། འདུས་བྱས་སྟོང་པ་ཉིད་ཀྱང་རྣམ་པར་མྱི་རྟོག་པ་ཡིན་ནམ། འདུས་མ་བྱས་སྟོང་པ་ཉིད་ཀྱང་རྣམ་པར་མྱི་རྟོག་པ་ཡིན་ནམ༑ མཐའ་ལས་འདས་པ་སྟོང་པ་ཉིད་ཀྱང་རྣམ་པར་མྱི་རྟོག་པ་ཡིན་ནམ། ཐོག་མ་དང་ཐ་མ་མྱེད་པ་སྟོང་པ་ཉིད་ཀྱང་རྣམ་པར་མྱི་རྟོག་པ་ཡིན་ནམ། དོར་བ་མྱེད་པ་སྟོང་པ་ཉིད་ཀྱང་རྣམ་པར་མྱི་རྟོག་པ་ཡིན་ནམ། རང་བཞིན་སྟོང་པ་

ཉིད་ཀྱང་རྣམ་པར་མི་རྟོག་པ་ཡིན་ནམ། ཆོས་ཐམས་ཅད་སྟོང་པ་ཉིད་ཀྱང་རྣམ་པར་མི་རྟོག་པ་ཡིན་ནམ། རང་གི་མཚན་ཉིད་སྟོང་པ་ཉིད་ཀྱང་རྣམ་པར་མི་རྟོག་པ་ཡིན་ནམ། མི་དམིགས་པ་སྟོང་པ་ཉིད་ཀྱང་རྣམ་པར་མི་རྟོག་པ་ཡིན་ནམ། དངོས་པོ་མེད་པ་སྟོང་པ་ཉིད་ཀྱང་རྣམ་པར་མི་རྟོག་པ་ཡིན་ནམ། ངོ་བོ་ཉིད་སྟོང་པ་ཉིད་ཀྱང་རྣམ་པར་མི་རྟོག་པ་ཡིན་ནམ། དངོས་པོ་མེད་པའི་ངོ་བོ་ཉིད་སྟོང་པ་ཉིད་ཀྱང་རྣམ་པར་མི་རྟོག་པ་ཡིན་ནམ། དྲན་པ་ཉེ་བར་གཞག་པ་རྣམས་ཀྱང་རྣམ་པར་མི་རྟོག་པ་ཡིན་ནམ། ཡང་དག་པར་སྤོང་བ་རྣམས་ཀྱང་རྣམ་པར་མི་རྟོག་པ་ཡིན་ནམ། རྫུ་འཕྲུལ་གྱི་རྐང་པ་རྣམས་ཀྱང་རྣམ་པར་མི་རྟོག་པ་ཡིན་ནམ། དབང་པོ་རྣམས་ཀྱང་རྣམ་པར་མི་རྟོག་པ་ཡིན་ནམ། སྟོབས་རྣམས་ཀྱང་རྣམ་པར་མི་རྟོག་པ་ཡིན་ནམ། བྱང་ཆུབ་ཀྱི་ཡན་ལག་རྣམས་ཀྱང་རྣམ་པར་མི་རྟོག་པ་ཡིན་ནམ། འཕགས་པའི་ལམ་ཡན་ལག་བརྒྱད་པ་ཡང་རྣམ་པར་མི་རྟོག་པ་ཡིན་ནམ། འཕགས་པའི་བདེན་པ་རྣམས་ཀྱང་རྣམ་པར་མི་རྟོག་པ་ཡིན་ནམ། བསམ་གཏན་རྣམས་ཀྱང་རྣམ་པར་མི་རྟོག་པ་ཡིན་ནམ། ཚད་མེད་པ་རྣམས་ཀྱང་རྣམ་པར་མི་རྟོག་པ་ཡིན་ནམ། གཟུགས་མེད་པའི་སྙོམས་པར་འཇུག་པ་རྣམས་ཀྱང་རྣམ་པར་མི་རྟོག་པ་ཡིན་ནམ། རྣམ་པར་ཐར་པ་རྣམས་ཀྱང་རྣམ་པར་མི་རྟོག་པ་ཡིན་ནམ། མཐར་གྱིས་གནས་པའི་སྙོམས་པར་འཇུག་པ་རྣམས་ཀྱང་རྣམ་པར་མི་རྟོག་པ་ཡིན་ནམ། རྣམ་པར་ཐར་པའི་སྒོ་སྟོང་པ་ཉིད་དང་། མཚན་མ་མེད་པ་དང་། སྨོན་པ་མེད་པ་ཡང་རྣམ་པར་མི་རྟོག་པ་ཡིན་ནམ། མངོན་པར་ཤེས་པ་རྣམས་ཀྱང་རྣམ་པར་མི་རྟོག་པ་ཡིན་ནམ། ཏིང་ངེ་འཛིན་རྣམས་ཀྱང་རྣམ་པར་མི་རྟོག་པ་ཡིན་ནམ། གཟུངས་ཀྱི་སྒོ་རྣམས་ཀྱང་རྣམ་པར་མི་རྟོག་པ་ཡིན་ནམ། དེ་བཞིན་གཤེགས་པའི་སྟོབས་རྣམས་ཀྱང་རྣམ་པར་མི་

རྟོག་པ་ཡིན་ནམ། མྱི་འཇིགས་པ་རྣམས་ཀྱང་རྣམ་པར་མྱི་རྟོག་པ་ཡིན་ནམ། སོ་སོ་ཡང་དག་པར་རིག་པ་རྣམས་ཀྱང་རྣམ་པར་མྱི་[1]རྟོག་པ་ཡིན་ནམ། [2]སྙིང་རྗེ་ཆེན་པོ་ཡང་[3]རྣམ་པར་མྱི་རྟོག་པ་ཡིན་ནམ། སངས་རྒྱས་ཀྱི་ཆོས་མ་འདྲེས་པ་རྣམས་ཀྱང་རྣམ་པར་མྱི་རྟོག་པ་ཡིན་ནམ། རྒྱུན་དུ་ཞུགས་པའི་འབྲས་བུ་ཡང་རྣམ་པར་མྱི་རྟོག་པ་ཡིན་ནམ། ལན་ཅིག་ཕྱིར་འོང་བའི་འབྲས་བུ་ཡང་རྣམ་པར་མྱི་རྟོག་པ་ཡིན་ནམ། ཕྱིར་མྱི་འོང་བའི་འབྲས་བུ་ཡང་རྣམ་པར་མྱི་རྟོག་པ་ཡིན་ནམ། དགྲ་བཅོམ་པ་ཉིད་ཀྱང་རྣམ་པར་མྱི་རྟོག་པ་ཡིན་ནམ། རང་བྱང་ཆུབ་ཀྱང་རྣམ་པར་མྱི་རྟོག་པ་ཡིན་ནམ། ལམ་གྱི་རྣམ་པ་[4]ཤེས་པ་ཉིད་ཀྱང་རྣམ་པར་མྱི་རྟོག་པ་ཡིན་ནམ། རྣམ་པ་ཐམས་ཅད་མཁྱེན་པ་ཉིད་ཀྱང་རྣམ་པར་མྱི་རྟོག་པ་ཡིན་ནམ། འདུས་བྱས་ཀྱི་ཁམས་ཀྱང་རྣམ་པར་མྱི་རྟོག་པ་ཡིན་ནམ། འདུས་མ་བྱས་ཀྱི་ཁམས་ཀྱང་རྣམ་པར་མྱི་རྟོག་པ་ཡིན་ནམ། རབ་འབྱོར་གྱིས་སྨྲས་པ། ཚེ་དང་ལྡན་པ་ཤ་ར་དྭ་ཏིའི་བུ་ཆོས་ཐམས་ཅད་ནི་རྣམ་པར་མྱི་རྟོག་པའོ། །སྨྲས་པ། ཚེ་དང་ལྡན་པ་རབ་འབྱོར་གལ་ཏེ་དེ་ལྟར་ཆོས་ཐམས་ཅད་རྣམ་པར་མི་རྟོག་པ་ཡིན་ན[5]། སེམས་ཅན་དམྱལ་བ་དང་། བྱོལ་སོང་གི་སྐྱེ་གནས་དང་། གཤིན་རྗེའི་འཇིག་རྟེན་དང་། ལྷ་དང་མྱིའི་[6]འགྲོ་བ་ལྔར་འཁོར་བ་ཞེས་ཐ་དད་དུ་དབྱེ་བ་ཇི་[7]ལས་འོངས། རྒྱུན་དུ་ཞུགས་པ་དང་། ལན་ཅིག་ཕྱིར་འོང་བ་དང་། ཕྱིར་མྱི་འོང་བ་དང་། དགྲ་བཅོམ་པ་དང་། རང་སངས་རྒྱས་དང་། །བྱང་ཆུབ་སེམས་དཔའ་དང་། སངས་རྒྱས་བཅོམ་ལྡན་འདས་སུ་བརྗོད་པ་ཡང་ཅི་ལས་གྱུར། རབ་འབྱོར་གྱིས་སྨྲས་པ། ཚེ་དང་ལྡན་པ་ཤ་ར་དྭ་ཏིའི་བུ། སེམས་ཅན་གང་ཕྱིན་ཅི་ལོག་ལས་བྱུང་བའི་ལས་[8]ལུས་དང་ངག་དང་ཡིད་ཀྱིས་མངོན་པར་འདུ་བྱེད་པ་དེ་དག་འདི་ལྟ་བུའི་སྐྱེ་མཆེད

མངོན་པར༔ སྒྲུབ་སྟེ[1]། ལས་ཀྱི་རྣམ་པར་སྨིན་པ་[2]ཕུང༔ པོའི་གཞི་ཅན་[3]རྣམ་པར་རྟོག་པ་ལས་བྱུང་བ་ཡོངས་སུ་བཟུང་ཞིང་སེམས་ཅན་དམྱལ་བ་དང་། དུད་འགྲོ་སོང་གི་སྐྱེ་གནས་དང་། གཤིན་རྗེའི་འཇིག་རྟེན་དང་། ལྷ་དང་མིའི་འགྲོ་བ་མངོན་པར་སྒྲུབ་[4]བོ། །ཚེ་དང་ལྡན་པ་ཤཱ་ར་དྭ་ཏིའི་བུ་གང་ཁྱོད་ཀྱིས་འདི་སྐད་དུ། ཀུན་ཏུ་ཞུགས་པར་བརྗོད་པ་ཅི་ལས་གྱུར། ལན་ཅིག་ཕྱིར་འོང་བར་བརྗོད་པ་ཅི་ལས་གྱུར། ཕྱིར་མི་འོང་བར་བརྗོད་པ་ཅི་ལས་གྱུར། དགྲ་བཅོམ་པར་བརྗོད་པ་ཅི་ལས་གྱུར། རང་སངས་རྒྱས་སུ་བརྗོད་པ་ཅི་ལས་གྱུར། བྱང་ཆུབ་སེམས་དཔར་བརྗོད་པ་ཅི་ལས་གྱུར། དེ་བཞིན་གཤེགས་པ་དགྲ་བཅོམ་པ་ཡང་དག་པར་རྫོགས་པའི་སངས་རྒྱས་སུ་བརྗོད་པ་ཅི་ལས་གྱུར། ཅེས་ཟེར་བ་ནི། ཚེ་དང་ལྡན་པ་ཤཱ་ར་དྭ་ཏིའི་བུ། རྣམ་པར་མི་རྟོག་པ་ལས། ཀུན་ཏུ་ཞུགས་པར་བརྗོད་དོ། །རྣམ་པར་མི་རྟོག་པ་ལས། ཀུན་ཏུ་ཞུགས་པའི་འབྲས་བུར་བརྗོད་དོ། །རྣམ་པར་མི་རྟོག་པ་ལས། ལན་ཅིག་ཕྱིར་འོང་བར་བརྗོད་དོ། །རྣམ་པར་མི་རྟོག་པ་ལས་ལན་ཅིག་ཕྱིར་འོང་བའི་འབྲས་བུར་བརྗོད་དོ། །རྣམ་པར་མི་རྟོག་པ་ལས་ཕྱིར་མི་འོང་བར་བརྗོད་དོ། །རྣམ་པར་མི་རྟོག་པ་ལས་ཕྱིར་མི་འོང་བའི་འབྲས་བུར་བརྗོད་དོ། །རྣམ་པར་མི་རྟོག་པ་ལས་དགྲ་བཅོམ་པར་བརྗོད་དོ། །༔རྣམ་པར་མི་རྟོག་པ་ལས་དགྲ་བཅོམ་པ་ཉིད་དུ་བརྗོད་དོ། །[5] རྣམ་པར་མི་རྟོག་པ་ལས་རང་སངས་རྒྱས་སུ་བརྗོད་དོ། །རྣམ་པར་མི་རྟོག་པ་ལས་རང་བྱང་ཆུབ་ཏུ་བརྗོད་དོ། །རྣམ་པར་མི་རྟོག་པ་ལས་སངས་རྒྱས་སུ་བརྗོད་དོ། །རྣམ་པར་མི་རྟོག་པ་ལས་བྱང་ཆུབ་ཏུ་བརྗོད་དོ། །ཚེ་དང་ལྡན་པ་ཤཱ་ར་དྭ་ཏིའི་བུ་འདས་པའི་དུས་ན། དེ་བཞིན་གཤེགས་པ་དགྲ་བཅོམ་པ་ཡང་དག་པར་རྫོགས་པའི་སངས་རྒྱས་གང་ཇི་སྙེད་ཅིག་བྱུང་བའི་སངས་རྒྱས་བཅོམ་ལྡན་

འདས་དེ་དག་ཀུང་རྣམ་པར་རྟོག་པ་མི་མངའ་ཞིང་རྣམ་པར་རྟོག་པ་སྤངས་པར་གྱུར་ཏོ། །ཚེ་དང་ལྡན་པ་ཤ་ར་དྭ་ཏིའི་བུ། མ་འོངས་པའི་དུས་ན། དེ་བཞིན་གཤེགས་པ་དགྲ་བཅོམ་པ་ཡང་དག་པར་རྫོགས་པའི་སངས་རྒྱས་གང་ཇི་སྙེད་ཅིག་འབྱུང་བར་འགྱུར་བའི་སངས་རྒྱས་བཅོམ་ལྡན་འདས་དེ་དག་ཀུང་རྣམ་པར་རྟོག་པ་མི་མངའ་ཞིང་རྣམ་པར་རྟོག་པ་སྤངས་པར་འགྱུར་རོ། །ཚེ་དང་ལྡན་པ་ཤ་ར་དྭ་ཏིའི་བུ་ད[༡]ལྟར་བྱུང་བའི་དུས་ན། ཕྱོགས་བཅུའི་འཇིག་རྟེན་གྱི་ཁམས་སུ་སངས་རྒྱས་བཅོམ་ལྡན་འདས་གང་ཅི[༢]སྙེད་ཅིག །བླ་ན་མེད་པ་ཡང་དག་པར་རྫོགས་པའི་བྱང་ཆུབ་ཏུ་མངོན་པར་རྫོགས་པར་སངས་རྒྱས་པའི་སངས་རྒྱས་བཅོམ་ལྡན་འདས་དེ་དག་ཀུང་། རྣམ་པར་རྟོག་པ་མི་མངའ་ཞིང་རྣམ་པར་རྟོག་པ་སྤངས་པ་ཤ་སྟག་གོ། །དེ་ལྟར་ཚེ་དང་ལྡན་པ་ཤ་ར་དྭ་ཏིའི་བུ་རྣམ་གྲངས་ངེས[༣]། ཆོས་ཐམས་ཅད་རྣམ་པར་རྟོག་པ་མེད་པའི་དེ་བཞིན་ཉིད་དང་། ཡང་དག་པའི་མཐའི་དེ་བཞིན་ཉིད་དང་། ཆོས་ཀྱི་དབྱིངས་ཀྱི་དེ་བཞིན་ཉིད་བསྟན[༤]པར་བྱས་ཏེ[༥]། རྣམ་པར་རྟོག་པ་མེད་པར་རིག་པར་བྱའོ། །ཚེ་དང་ལྡན་པ་ཤ་ར་དྭ་ཏིའི་བུ་བྱང་ཆུབ་སེམས་དཔའ་སེམས་དཔའ་ཆེན་པོས། དེ་ལྟར་རྣམ་པར་མི་རྟོག་པ་[༦]ཤེས་རབ་ཀྱི་ཕ་རོལ་ཏུ་ཕྱིན་པ་ལ་སྤྱོད་པར་བྱ་སྟེ། རྣམ་པར་མི་རྟོག་པ་[༧]ཤེས་རབ་ཀྱི་ཕ་རོལ་ཏུ་ཕྱིན་པ་ལ་སྤྱད་[༨]པས་རྣམ་པར་མི་རྟོག་པའི་ཆོས་ཐམས་ཅད་མངོན་པར་རྫོགས་པར་འཚང་རྒྱའོ། །ཤེས་རབ་ཀྱི་ཕ་རོལ་ཏུ་ཕྱིན་པ་སྟོང་ཕྲག་བརྒྱ་པ་ལས། ལེའུ་བཞི་བཅུ་བརྒྱད་དོ[༩]།། །།

དེ་ནས་ཚེ་དང་ལྡན་པ་ཤ་ར་དྭ་ཏིའི་བུས། ཚེ་དང་ལྡན་པ་རབ་འབྱོར་ལ་འདི་སྐད་ཅེས་སྨྲས་སོ། །ཀྱེ་མ་ཚེ་དང་ལྡན་པ་རབ་འབྱོར་བྱང་ཆུབ་སེམས་དཔའ་

སེམས་དཔའ་ཆེན་པོ་གང་ཤེས་རབ་ཀྱི་ཕ་རོལ་ཏུ་ཕྱིན་པ་ལ་སྤྱོད་པ་ནི་སྙིང་པོ་ལ་སྤྱོད་པའོ། །དེ་སྐད་ཅེས་སྨྲས་པ་དང་། ཚེ་དང་ལྡན་པ་རབ་འབྱོར་གྱིས་ཚེ་དང་ལྡན་པ་ཤ་ར་དྭ་ཏིའི་བུ་ལ་འདི་སྐད་ཅེས་སྨྲས་སོ། །ཀྱེ་མ་ཚེ་དང་ལྡན་པ་ཤ་ར་དྭ་ཏིའི་བུ་བྱང་ཆུབ་སེམས་དཔའ་སེམས་དཔའ་ཆེན་པོ་གང་ཤེས་རབ་ཀྱི་ཕ་རོལ་ཏུ་ཕྱིན་པ་ལ་སྤྱོད་པ་དེ་ནི་སྙིང་པོ་མྱེད་པ་ལ་སྤྱོད་པའོ། །དེ་ཅིའི་ཕྱིར་ཞེ་ན། ཚེ་དང་ལྡན་པ་ཤ་ར་དྭ་ཏིའི་བུ། ཤེས་རབ་ཀྱི་ཕ་རོལ་ཏུ་ཕྱིན་པ་ནི་སྙིང་པོ་མྱེད་པའོ། །བསམ་གཏན་གྱི་ཕ་རོལ་ཏུ་ཕྱིན་པ་ནི་སྙིང་པོ་མྱེད་པའོ། །བརྩོན་འགྲུས་ཀྱི་ཕ་རོལ་ཏུ་ཕྱིན་པ་ནི་སྙིང་པོ་མེད་པའོ། །བཟོད་པའི་ཕ་རོལ་ཏུ་ཕྱིན་པ་ནི་སྙིང་པོ་མེད་པའོ། །ཚུལ་ཁྲིམས་ཀྱི་ཕ་རོལ་ཏུ་ཕྱིན་པ་ནི་སྙིང་པོ་མྱེད་པའོ། །སྦྱིན་པའི་ཕ་རོལ་ཏུ་ཕྱིན་པ་ནི་སྙིང་པོ་མྱེད་པའོ། །ནང་སྟོང་པ་ཉིད་ནི་སྙིང་པོ་མྱེད་པའོ། །ཕྱི་སྟོང་པ་ཉིད་ནི་སྙིང་པོ་མྱེད་པའོ། །ཕྱི་ནང་སྟོང་པ་ཉིད་ནི་སྙིང་པོ་མྱེད་པའོ། །སྟོང་པ་ཉིད་སྟོང་པ་ཉིད་ནི་སྙིང་པོ་མེད་པའོ། །ཆེན་པོ་སྟོང་པ་ཉིད་ནི་སྙིང་པོ་མེད་པའོ། །དོན་དམ་པ་སྟོང་པ་ཉིད་ནི་སྙིང་པོ་མྱེད་པའོ། །འདུས་བྱས་སྟོང་པ་ཉིད་ནི་སྙིང་པོ་མྱེད་པའོ། །འདུས་མ་བྱས་སྟོང་པ་ཉིད་ནི་སྙིང་པོ་མྱེད་པའོ། །མཐའ་ལས་འདས་པ་སྟོང་པ་ཉིད་ནི་སྙིང་པོ་མྱེད་པའོ། །ཐོག་མ་དང་ཐ་མ་[༧]མྱེད་པ་སྟོང་པ་ཉིད་ནི་སྙིང་པོ་མྱེད་པའོ། །དོར་བ་མྱེད་པ་སྟོང་པ་ཉིད་ནི་སྙིང་པོ་མྱེད་པའོ། །རང་བཞིན་སྟོང་པ་ཉིད་ནི་སྙིང་པོ་མྱེད་པའོ། །ཆོས་ཐམས་ཅད་སྟོང་པ་ཉིད་ནི་སྙིང་པོ་མྱེད་པའོ། །རང་གི་མཚན་ཉིད་སྟོང་པ་ཉིད་ནི་སྙིང་པོ་མྱེད་པའོ། །མྱི་དམིགས་པ་སྟོང་པ་ཉིད་ནི་སྙིང་པོ་མྱེད་པའོ། །དངོས་པོ་མྱེད་པ་སྟོང་པ་ཉིད་ནི་སྙིང་པོ་མྱེད་པའོ། །ངོ་བོ་ཉིད་སྟོང་པ་ཉིད་ནི་སྙིང་པོ་མྱེད་པའོ། །དངོས་པོ་མྱེད་པའི་ངོ་བོ་ཉིད་སྟོང་པ་ཉིད་ནི་སྙིང་པོ་མྱེད་

པའོ། །དྲན་པ་ཉེ་བར་གཞག་པ་རྣམས་ནི་སྙིང་པོ་མེད་པའོ། །ཡང་དག་པར་སྤོང་བ་རྣམས་ནི་སྙིང་པོ་མེད་པའོ། །རྫུ་འཕྲུལ་གྱི་རྐང་པ་རྣམས་(༡)ནི་སྙིང་པོ་མེད་པའོ། །དབང་པོ་རྣམས་ནི་སྙིང་པོ་མེད་པའོ། །སྟོབས་རྣམས་ནི་སྙིང་པོ་མེད་པའོ། །བྱང་ཆུབ་ཀྱི་ཡན་ལག་རྣམས་ནི་སྙིང་པོ་མེད་པའོ། །འཕགས་པའི་ལམ་ཡན་ལག་བརྒྱད་པ་ནི་སྙིང་པོ་མེད་པའོ། །འཕགས་པའི་བདེན་པ་རྣམས་ནི་སྙིང་པོ་མེད་པའོ། །བསམ་གཏན་རྣམས་ནི་སྙིང་པོ་མེད་པའོ། །ཚད་མེད་པ་རྣམས་ནི་སྙིང་པོ་མེད་པའོ། །གཟུགས་མེད་པའི་སྙོམས་པར་འཇུག་པ་རྣམས་ནི་སྙིང་པོ་མེད་པའོ། །རྣམ་པར་ཐར་པ་རྣམས་ནི་སྙིང་པོ་མེད་པའོ། །མཐར་གྱིས་གནས་པའི་སྙོམས་པར་འཇུག་པ་རྣམས་ནི་སྙིང་པོ་མེད་པའོ། །རྣམ་པར་ཐར་པའི་སྒོ་སྟོང་པ་ཉིད་དང་། མཚན་མ་མེད་པ་དང་། སྨོན་པ་མེད་པ་ནི་སྙིང་པོ་མེད་པའོ། །མངོན་པར་ཤེས་པ་རྣམས་ནི་སྙིང་པོ་མེད་པའོ། །ཏིང་ངེ་འཛིན་རྣམས་ནི་སྙིང་པོ་མེད་པའོ། །གཟུངས་ཀྱི་སྒོ་རྣམས་ནི་སྙིང་པོ་མེད་པའོ། །དེ་བཞིན་གཤེགས་པའི་སྟོབས་རྣམས་ནི་སྙིང་པོ་མེད་པའོ། །མི་འཇིགས་པ་རྣམས་ནི་སྙིང་པོ་མེད་པའོ། །སོ་སོ་ཡང་དག་པར་རིག་པ་རྣམས་ནི་སྙིང་པོ་མེད་པའོ། །(༣)སྙིང་རྗེ་ཆེན་པོ་ནི་སྙིང་པོ་མེད་པའོ། །སངས་རྒྱས་ཀྱི་ཆོས་མ་འདྲེས་པ་རྣམས་ནི་སྙིང་པོ་མེད་པའོ། །ཐམས་ཅད་ཤེས་པ་ཉིད་ནི་སྙིང་པོ་མེད་པའོ། །ལམ་གྱི་རྣམ་པ་ཤེས་པ་ཉིད་ནི་སྙིང་པོ་མེད་པའོ། །རྣམ་པ་ཐམས་ཅད་མཁྱེན་པ་ཉིད་ནི་སྙིང་པོ་མེད་པའོ། །དེ་ཅིའི་ཕྱིར་ཞེ་ན། དེ་ནི་འདི་ལྟར་བྱང་ཆུབ་སེམས་དཔའ་སེམས་དཔའ་ཆེན་པོ་ཤེས་རབ་ཀྱི་ཕ་རོལ་ཏུ་ཕྱིན་པ་ལ་སྤྱོད་པས་ནི་སྙིང་པོ་མེད་པ་ཉིད་ཀྱང་མི་དམིགས་ཤིང་། ཡང་དག་པར་རྗེས་སུ་མི་མཐོང་ན། སྙིང་པོ་ལ་དམིགས་པ་ལྟ་ག་ལ་ཡོད། དེ་ནས་འདོད་པ་

ན་སྤྱོད་པ་དང་། གཟུགས་ཡོད་པ་ན་སྤྱོད་པའི་ལྷའི་བུ་ཤིན་ཏུ་མང་བ་① དག་འདི་སྐམ་དུ་གྱུར་ཏེ། རིགས་ཀྱི་བུའམ་རིགས་ཀྱི་བུ་མོ་གང་གིས་བླ་ན་མེད་པ་ཡང་དག་པར་རྫོགས་པའི་བྱང་ཆུབ་ཏུ་སེམས་བསྐྱེད་པ་དང་། གང་ཤེས་རབ་ཀྱི་ཕ་རོལ་ཏུ་ཕྱིན་པ་ཟབ་མོ་ཇི་སྐད་དུ་བསྟན་པ་འདི་ལ་སྤྱོད་པ་དང་། དོན་འདི་ལ་སྤྱོད་ཀྱང་ཡང་དག་པའི་མཐའ་གང་མངོན་ཏུ་བྱས་པས། ཉན་ཐོས་ཀྱི་སའམ། རང་སངས་རྒྱས་ཀྱི་② ས་ལ་གནས་པར་འགྱུར་ཏེ། ཡང་དག་པའི་མཐའ་མངོན་ཏུ་མི་བྱེད་པ་③ དེ་དག་ནི་ཕྲག་བྱ་བའི་གནས་ཏེ་རྣམ་གྲངས་དེས་ཀྱང་བྱང་ཆུབ་སེམས་དཔའ་སེམས་དཔའ་ཆེན་པོ་ཆོས་ཀྱི་མཉམ་པ་ཉིད་འདི་མངོན་པར་མི་བྱེད་པ་དེ་དག་ནི་ཕྲག་བྱ་བར་འོས་པའོ། །དེ་ནས་ཚེ་དང་ལྡན་པ་རབ་འབྱོར་གྱིས་ལྷའི་བུ་དེ་དག་ལ་འདི་སྐད་ཅེས་སྨྲས་སོ། །ལྷའི་བུ་དག་བྱང་ཆུབ་སེམས་དཔའ་སེམས་དཔའ་ཆེན་པོ་དེ་དག་ལ་ནི། ཆོས་ཀྱི་མཉམ་པ་ཉིད་གང་མངོན་ཏུ་བྱ་བས་④ ཉན་ཐོས་ཀྱི་སའམ། རང་སངས་རྒྱས་ཀྱི་ས་ལ་གནས་པར་འགྱུར་བ་དེ་མངོན་དུ་མི་བྱ་བ་དེ་ནི་མི་དཀའི། ལྷའི་བུ་དག་སེམས་ཅན་ཚད་མེད་གྲངས་མེད་དཔག་ཏུ་མེད་པ་ཐམས་ཅད་ཡོངས་སུ་མྱ་ངན་ལས་བཟླའོ་⑤ ཞེས་གོ་ཆ་⑥ བགོས་ལ་གང་ཡོངས་སུ་མྱ་ངན་ལས་བཟླ་⑦ བར་བྱ་བའི་སེམས་ཅན་དེ་དག་ཤིན་ཏུ་མི་དམིགས་པ་ནི་དེ་དག་ལ་དེ་བས་དཀའ་སྟེ། དེ་ལྟར་སྤྱོད་པའི་བྱང་ཆུབ་སེམས་དཔའ་སེམས་དཔའ་ཆེན་པོ་ནི་སེམས་ཅན་ཐམས་ཅད་གདུལ་བར་བྱའོ་ཞེས་བླ་ན་མེད་པ་ཡང་དག་པར་རྫོགས་པའི་བྱང་ཆུབ་ཏུ་ཡང་དག་པར་ཞུགས་པ་ཡིན་ཏེ། གང་སེམས་ཅན་གདུལ་བར་སེམས་པ་⑧ དེ་ནི་ནམ་མཁའ་གདུལ་བར་སེམས་པ་དང་འདྲའོ། །དེ་ཅིའི་ཕྱིར་ཞེ་ན། ནམ་མཁའ་དབེན་པའི་ཕྱིར། སེམས་ཅན་དབེན་པར་བལྟའོ། །ནམ་མཁའ་སྟོང་པ་ཉིད་ཀྱི་ཕྱིར་སེམས་ཅན་སྟོང་པ་ཉིད་དུ་བལྟའོ། །

ནམ་མཁའ་སྙིང་པོ་མེད་པའི་ཕྱིར་སེམས་ཅན་སྙིང་པོ་མེད་པར་བལྟའོ། །ནམ་མཁའ་[1]གསོག་གི་ཕྱིར་སེམས་ཅན་གསོག་ཏུ་བལྟའོ། །ལྷའི་བུ་དག་རྣམ་གྲངས་དེས་ན། བྱང་ཆུབ་སེམས་དཔའ་སེམས་དཔའ་ཆེན་པོ་གང་སེམས་ཅན་མྱེད་པ་རྣམས་ཀྱི་དོན་དུ་གོ་ཅ་[2]གྱོན་པ་དེ་དག་ནི་དཀའ་བ་བྱེད་པ་སྟེ། གང་སེམས་ཅན་རྣམས་ཀྱི་དོན་དུ་གོ་ཅ་[3]གྱོན་པ་དེ་དག་ནི་ནམ་མཁའ་དང་བརྩད་[4]པར་འདོད་པ་སྟེ། བྱང་ཆུབ་སེམས་དཔའ་[5]སེམས་དཔའ་ཆེན་པོས་གོ་ཅ་[6]དེ་ཡང་བགོས་ལ། སེམས་ཅན་གང་གི་དོན་དུ་བྱང་ཆུབ་སེམས་དཔའ་སེམས་དཔའ་ཆེན་པོས་[7]གོ་ཅ་[8]བགོས་པའི་སེམས་ཅན་དེ་དག་ཀྱང་མྱི་དམྱིགས་སོ། །དེ་ཅིའི་ཕྱིར་ཞེ་ན། སེམས་ཅན་དབེན་པའི་ཕྱིར་གོ་ཅ་[9]དབེན་པར་བལྟའོ། །གལ་ཏེ་དེ་ལྟར་བསྟན་པའི་ཚེ། བྱང་ཆུབ་སེམས་དཔའ་སེམས་དཔའ་ཆེན་པོ་ཞུམ་པར་མྱི་འགྱུར་ན། བྱང་ཆུབ་སེམས་དཔའ་སེམས་དཔའ་ཆེན་པོ་ཤེས་རབ་ཀྱི་ཕ་རོལ་ཏུ་ཕྱིན་པ་ལ་སྤྱོད་པ་ཡིན་នོ། །དེ་ཅིའི་ཕྱིར་ཞེ་ན། གཟུགས་དབེན་པའི་ཕྱིར་སེམས་ཅན་དབེན་པའོ། །ཚོར་བ་དབེན་པའི་ཕྱིར་སེམས་ཅན་དབེན་པའོ། །འདུ་ཤེས་དབེན་པའི་ཕྱིར་སེམས་ཅན་དབེན་པའོ། །འདུ་བྱེད་དབེན་པའི་ཕྱིར་[10]སེམས་ཅན་དབེན་པའོ། །རྣམ་པར་ཤེས་པ་དབེན་པའི་ཕྱིར་སེམས་ཅན་དབེན་པའོ། །མྱིག་དབེན་པའི་ཕྱིར་སེམས་ཅན་དབེན་པའོ། །རྣ་བ་དབེན་པའི་ཕྱིར་སེམས་ཅན་དབེན་པའོ། །སྣ་དབེན་པའི་ཕྱིར་སེམས་ཅན་དབེན་པའོ། །ལྕེ་དབེན་པའི་ཕྱིར་སེམས་ཅན་དབེན་པའོ། །ལུས་དབེན་པའི་ཕྱིར་སེམས་ཅན་དབེན་པའོ། །ཡིད་དབེན་པའི་ཕྱིར་སེམས་ཅན་དབེན་པའོ། །གཟུགས་དབེན་པའི་ཕྱིར་སེམས་ཅན་དབེན་པའོ། །སྒྲ་དབེན་པའི་ཕྱིར་སེམས་ཅན་དབེན་པའོ། །དྲི་དབེན་པའི་ཕྱིར་སེམས་ཅན་དབེན་པའོ། །རོ་དབེན་པའི་ཕྱིར་སེམས་ཅན་

དབེན་པའོ། །རེག་དབེན་པའི་ཕྱིར་སེམས་ཅན་དབེན་པའོ། །ཆོས་དབེན་
པའི་ཕྱིར་སེམས་ཅན་དབེན་པའོ། །མིག་གི་རྣམ་པར་ཤེས་པ་དབེན་པའི་ཕྱིར་
སེམས་ཅན་དབེན་པའོ། །རྣ་བའི་རྣམ་པར་ཤེས་པ་དབེན་པའི་ཕྱིར་སེམས་ཅན་
དབེན་པའོ། །སྣའི་རྣམ་པར་ཤེས་པ་དབེན་པའི་ཕྱིར་སེམས་ཅན་དབེན་པའོ། །
ལྕེའི་རྣམ་པར་ཤེས་པ་དབེན་པའི་ཕྱིར་སེམས་ཅན་དབེན་པའོ། །ལུས་ཀྱི་རྣམ་
པར་ཤེས་པ་དབེན་པའི་ཕྱིར་སེམས་ཅན་དབེན་པའོ། །ཡིད་ཀྱི་རྣམ་པར་ཤེས་པ་
དབེན་པའི་ཕྱིར་སེམས་ཅན་དབེན་པའོ། །མིག་གི་འདུས་ཏེ་རེག་པ་དབེན་པའི་
ཕྱིར་སེམས་ཅན་དབེན་པའོ། །རྣ་བའི་འདུས་ཏེ་རེག་པ་དབེན་པའི་ཕྱིར་སེམས་
ཅན་དབེན་པའོ། །སྣའི་འདུས་ཏེ་རེག་པ་དབེན་པའི་ཕྱིར་སེམས་ཅན་དབེན་པའོ། །
ལྕེའི་འདུས་ཏེ་རེག་པ་དབེན་པའི་ཕྱིར་སེམས་ཅན་དབེན་པའོ། །ལུས་ཀྱི་འདུས་
ཏེ་རེག་པ་དབེན་པའི་ཕྱིར་སེམས་ཅན་དབེན་པའོ། །ཡིད་ཀྱི་འདུས་ཏེ་རེག་པ་
དབེན་པའི་ཕྱིར་སེམས་ཅན་དབེན་པའོ། །མིག་གི་འདུས་ཏེ་རེག་པ་ལས་བྱུང་
བའི་ཚོར་བ་དབེན་པའི་ཕྱིར་སེམས་ཅན་དབེན་པའོ། །རྣ་བའི་འདུས་ཏེ་རེག་པ་
ལས་བྱུང་བའི་ཚོར་བ་དབེན་པའི་ཕྱིར་སེམས་ཅན་དབེན་པའོ། །སྣའི་འདུས་ཏེ་
རེག་པ་ལས་བྱུང་བའི་ཚོར་བ་དབེན་པའི་ཕྱིར་སེམས་ཅན་དབེན་པའོ། །ལྕེའི་
འདུས་ཏེ་རེག་པ་ལས་བྱུང་བའི་ཚོར་བ་དབེན་པའི་ཕྱིར་སེམས་ཅན་དབེན་པའོ། །
ལུས་ཀྱི་འདུས་ཏེ་རེག་པ་ལས་བྱུང་བའི་ཚོར་བ་དབེན་པའི་ཕྱིར་སེམས་ཅན་དབེན་
པའོ། །ཡིད་ཀྱི་འདུས་ཏེ་རེག་པ་ལས་བྱུང་བའི་ཚོར་བ་དབེན་པའི་ཕྱིར་སེམས་
ཅན་དབེན་པའོ། །སའི་ཁམས་དབེན་པའི་ཕྱིར་སེམས་ཅན་དབེན་པའོ། །
ཆུའི་ཁམས་དབེན་པའི་ཕྱིར་སེམས་ཅན་དབེན་པའོ། །མེའི་ཁམས་དབེན་པའི་
ཕྱིར་སེམས་ཅན་དབེན་པའོ། །རླུང་གི་ཁམས་དབེན་པའི་ཕྱིར་སེམས་ཅན་དབེན་

པོ༑ །ནམ་མཁའི་ཁམས་དབེན་པའི་ཕྱིར་སེམས་ཅན་དབེན་པའོ། །རྣམ་པར་ཤེས་པའི་ཁམས་དབེན་པའི་ཕྱིར་སེམས་ཅན་དབེན་པའོ། །མ་རིག་པ་དབེན་པའི་ཕྱིར་སེམས་ཅན་དབེན་པའོ། །འདུ་བྱེད་དབེན་པའི་ཕྱིར་སེམས་ཅན་དབེན་པའོ། །རྣམ་པར་ཤེས་པ་དབེན་པའི་ཕྱིར་སེམས་ཅན་དབེན་པའོ། །མིང་དང་གཟུགས་དབེན་པའི་ཕྱིར་སེམས་ཅན་དབེན་པའོ། །སྐྱེ་མཆེད་དྲུག་དབེན་པའི་ཕྱིར་སེམས་ཅན་དབེན་པའོ། །རེག་པ་དབེན་པའི་ཕྱིར་སེམས་ཅན་དབེན་པའོ། །ཚོར་བ་དབེན་པའི་ཕྱིར་སེམས་ཅན་དབེན་པའོ། །སྲེད་པ་དབེན་པའི་ཕྱིར་སེམས་ཅན་དབེན་པའོ། །ལེན་པ་དབེན་པའི་ཕྱིར་སེམས་ཅན་དབེན་པའོ། །སྲིད་པ་དབེན་པའི་ཕྱིར་སེམས་ཅན་དབེན་པའོ། །སྐྱེ་བ་དབེན་པའི་ཕྱིར་སེམས་ཅན་དབེན་པའོ། །རྒ་ཤི་དབེན་པའི་ཕྱིར་སེམས་ཅན་དབེན་པའོ། །སྦྱིན་པའི་ཕ་རོལ་ཏུ་ཕྱིན་པ་དབེན་པའི་ཕྱིར་སེམས་ཅན་དབེན་པའོ། །ཚུལ་ཁྲིམས་ཀྱི་ཕ་རོལ་ཏུ་ཕྱིན་པ་དབེན་པའི་ཕྱིར་སེམས་ཅན་དབེན་པའོ། །བཟོད་པའི་ཕ་རོལ་ཏུ་ཕྱིན་པ་དབེན་པའི་ཕྱིར་སེམས་ཅན་དབེན་པའོ། །བརྩོན་འགྲུས་ཀྱི་ཕ་རོལ་ཏུ་ཕྱིན་པ་དབེན་པའི་ཕྱིར་སེམས་ཅན་དབེན་པའོ། །བསམ་གཏན་གྱི་ཕ་རོལ་ཏུ་ཕྱིན་པ་དབེན་པའི་ཕྱིར་སེམས་ཅན་དབེན་པའོ། །ཤེས་རབ་ཀྱི་ཕ་རོལ་ཏུ་ཕྱིན་པ་དབེན་པའི་ཕྱིར་སེམས་ཅན་དབེན་པའོ། །ནང་སྟོང་པ་ཉིད་དབེན་པའི་ཕྱིར་སེམས་ཅན་དབེན་པའོ། །ཕྱི་སྟོང་པ་ཉིད་[7]དབེན་པའི་ཕྱིར་སེམས་ཅན་དབེན་པའོ། །ཕྱི་ནང་སྟོང་པ་ཉིད་དབེན་པའི་ཕྱིར་སེམས་ཅན་དབེན་པའོ། །སྟོང་པ་ཉིད་སྟོང་པ་ཉིད་དབེན་པའི་ཕྱིར་སེམས་ཅན་དབེན་པའོ། །ཆེན་པོ་སྟོང་པ་ཉིད་དབེན་པའི་ཕྱིར་སེམས་ཅན་དབེན་པའོ། །དོན་དམ་པ་སྟོང་པ་ཉིད་དབེན་པའི་ཕྱིར་སེམས་ཅན་དབེན་པའོ། །འདུས་བྱས་སྟོང་པ་ཉིད་དབེན་པའི་

ཕྱིར་སེམས་ཅན་དབེན་པའོ། །འདུས་མ་བྱས་སྟོང་པ་ཉིད་དབེན་པའི་ཕྱིར་སེམས་ཅན་དབེན་པའོ། །མཐའ་ལས་འདས་པ་སྟོང་པ་ཉིད་དབེན་པའི་ཕྱིར་སེམས་ཅན་དབེན་པའོ། །ཐོག་མ་དང་ཐ་མ་མེད་པ་སྟོང་པ་ཉིད་དབེན་པའི་ཕྱིར་སེམས་ཅན་དབེན་པའོ། །དོར་བ་མེད་པ་སྟོང་པ་ཉིད་དབེན་པའི་ཕྱིར་སེམས་ཅན་དབེན་པའོ། །རང་བཞིན་སྟོང་པ་ཉིད་དབེན་པའི་ཕྱིར་སེམས་ཅན་དབེན་པའོ། །ཆོས་ཐམས་ཅད་སྟོང་པ་ཉིད་དབེན་པའི་ཕྱིར་སེམས་ཅན་དབེན་པའོ། །རང་གི་མཚན་ཉིད་སྟོང་པ་ཉིད་དབེན་པའི་ཕྱིར་སེམས་ཅན་དབེན་པའོ། །མི་དམིགས་པ་སྟོང་པ་ཉིད་དབེན་པའི་ཕྱིར་སེམས་ཅན་དབེན་པའོ། །དངོས་པོ་མེད་པ་སྟོང་པ་ཉིད་དབེན་པའི་ཕྱིར་སེམས་ཅན་དབེན་པའོ། །ངོ་བོ་ཉིད་སྟོང་པ་ཉིད་དབེན་པའི་ཕྱིར་སེམས་ཅན་དབེན་པའོ། །དངོས་པོ་མེད་པའི་ངོ་བོ་ཉིད་སྟོང་པ་ཉིད་དབེན་པའི་ཕྱིར་སེམས་ཅན་དབེན་པའོ། །དྲན་པ་ཉེ་བར་གཞག་པ་བཞི་དབེན་པའི་ཕྱིར་སེམས་ཅན་དབེན་པའོ། །ཡང་དག་པར་སྤོང་བ་བཞི་དབེན་པའི་ཕྱིར་སེམས་ཅན་དབེན་པའོ། །རྫུ་འཕྲུལ་གྱི་རྐང་པ་བཞི་དབེན་པའི་ཕྱིར་སེམས་ཅན་དབེན་པའོ། །དབང་པོ་ལྔ་དབེན་པའི་ཕྱིར་སེམས་ཅན་དབེན་པའོ། །སྟོབས་ལྔ་དབེན་པའི་ཕྱིར་སེམས་ཅན་དབེན་པའོ། །བྱང་ཆུབ་ཀྱི་ཡན་ལག་བདུན་དབེན་པའི་ཕྱིར་སེམས་ཅན་དབེན་པའོ། །འཕགས་པའི་ལམ་ཡན་ལག་བརྒྱད་པ་དབེན་པའི་ཕྱིར་སེམས་ཅན་དབེན་པའོ། །འཕགས་པའི་བདེན་པ་བཞི་དབེན་པའི་ཕྱིར་སེམས་ཅན་དབེན་པའོ། །བསམ་གཏན་བཞི་དབེན་པའི་ཕྱིར་སེམས་ཅན་དབེན་པའོ། །ཚད་མེད་པ་བཞི་དབེན་པའི་ཕྱིར། སེམས་ཅན་དབེན་པའོ། །གཟུགས་མེད་པའི་སྙོམས་པར་འཇུག་པ་བཞི་དབེན་པའི་ཕྱིར། སེམས་ཅན་དབེན་པའོ། །རྣམ་པར་ཐར་པ་བརྒྱད་དབེན་པའི་

ཕྱིར་སེམས་ཅན་དབེན་པའོ། །མཐར་གྱིས་གནས་པའི་སྙོམས་པར་འཇུག་པ་དགུ་དབེན་པའི་ཕྱིར་སེམས་ཅན་དབེན་པའོ། །རྣམ་པར་ཐར་པའི་སྒོ་སྟོང་པ་ཉིད་དང་། མཚན་མ་མེད་པ་དང་། སྨོན་པ་མེད་པ་དབེན་པའི་ཕྱིར་སེམས་ཅན་དབེན་པའོ། །མངོན་པར་ཤེས་པ་རྣམས་དབེན་པའི་ཕྱིར་སེམས་ཅན་དབེན་པའོ།། ཏིང་ངེ་འཛིན་རྣམས་དབེན་པའི་ཕྱིར་སེམས་ཅན་དབེན་པའོ། །གཟུངས་ཀྱི་སྒོ་རྣམས་དབེན་པའི་ཕྱིར་སེམས་ཅན་དབེན་པའོ། །དེ་བཞིན་གཤེགས་པའི་སྟོབས་བཅུ་དབེན་པའི་ཕྱིར་སེམས་ཅན་དབེན་པའོ། །མི་འཇིགས་པ་བཞི་དབེན་པའི་ཕྱིར་སེམས་ཅན་དབེན་པའོ། །སོ་སོ་ཡང་དག་པར་རིག་པ་བཞི་དབེན་པའི་ཕྱིར་སེམས་ཅན་དབེན་པའོ། །[1]སྙིང་རྗེ་ཆེན་པོ་དབེན་པའི་ཕྱིར་སེམས་ཅན་དབེན་པའོ། །སངས་རྒྱས་ཀྱི་ཆོས་མ་འདྲེས་པ་བཅོ་[2]བརྒྱད་དབེན་པའི་ཕྱིར། སེམས་ཅན་དབེན་པའོ། །རྒྱུན་དུ་ཞུགས་པའི་འབྲས་བུ་དབེན་པའི་ཕྱིར་སེམས་ཅན་དབེན་པའོ། །ལན་ཅིག་ཕྱིར་འོང་བའི་འབྲས་བུ་དབེན་པའི་ཕྱིར་སེམས་ཅན་དབེན་པའོ། །ཕྱིར་མི་འོང་བའི་འབྲས་བུ་དབེན་པའི་ཕྱིར་སེམས་ཅན་དབེན་པའོ། །དགྲ་བཅོམ་པ་ཉིད་དབེན་པའི་ཕྱིར་སེམས་ཅན་དབེན་པའོ། །རང་བྱང་ཆུབ་དབེན་པའི་ཕྱིར་སེམས་ཅན་དབེན་པའོ། །ལམ་གྱི་རྣམ་པ་[3]ཤེས་པ་ཉིད་དབེན་པའི་ཕྱིར་སེམས་ཅན་དབེན་པའོ། །རྣམ་པ་ཐམས་ཅད་མཁྱེན་པ་ཉིད་དབེན་པའི་ཕྱིར་སེམས་ཅན་དབེན་པའོ།། །།

ཤེས་རབ་ཀྱི་ཕ་རོལ་ཏུ་ཕྱིན་པ་སྟོང་ཕྲག་བརྒྱ་པ། བམ་པོ༔ ཉི་ཤུ་གསུམ་[4]པ༔ གཟུགས་དབེན་པའི་ཕྱིར་ཤེས་རབ་ཀྱི་ཕ་རོལ་ཏུ་ཕྱིན་པ་དབེན་པའོ། །ཚོར་བ་དབེན་པའི་ཕྱིར་ཤེས་རབ་ཀྱི་ཕ་རོལ་ཏུ་ཕྱིན་པ་དབེན་པའོ། །འདུ་ཤེས་དབེན་པའི་ཕྱིར་ཤེས་རབ་ཀྱི་ཕ་རོལ་ཏུ་ཕྱིན་པ་དབེན་པའོ། །འདུ་བྱེད་དབེན་

པའི་ཕྱིར་ཤེས་རབ་ཀྱི་ཕ་རོལ་ཏུ་ཕྱིན་པ་དབེན་པའོ། །རྣམ་པར་ཤེས་པ་དབེན་
པའི་ཕྱིར་ཤེས་རབ་ཀྱི་ཕ་རོལ་ཏུ་ཕྱིན་པ་དབེན་པའོ། །མིག་དབེན་པའི་ཕྱིར་ཤེས་
རབ་ཀྱི་ཕ་རོལ་ཏུ་ཕྱིན་པ་དབེན་པའོ། །རྣ་བ་དབེན་པའི་ཕྱིར་ཤེས་རབ་ཀྱི་ཕ་
རོལ་ཏུ་ཕྱིན་པ་དབེན་པའོ། །སྣ་དབེན་པའི་ཕྱིར་ཤེས་རབ་ཀྱི་ཕ་རོལ་ཏུ་ཕྱིན་པ་
དབེན་པའོ། །ལྕེ་དབེན་པའི་ཕྱིར་ཤེས་རབ་ཀྱི་ཕ་རོལ་ཏུ་ཕྱིན་པ་དབེན་པའོ། །
ལུས་དབེན་པའི་ཕྱིར་ཤེས་རབ་ཀྱི་ཕ་རོལ་ཏུ་ཕྱིན་པ་དབེན་པའོ། །ཡིད་དབེན་
པའི་ཕྱིར་ཤེས་རབ་ཀྱི་ཕ་རོལ་ཏུ་ཕྱིན་པ་དབེན་པའོ། །གཟུགས་དབེན་པའི་ཕྱིར་
ཤེས་རབ་ཀྱི་ཕ་རོལ་ཏུ་ཕྱིན་པ་དབེན་པའོ། །སྒྲ་དབེན་པའི་ཕྱིར་ཤེས་རབ་ཀྱི་ཕ་
རོལ་ཏུ་ཕྱིན་པ་དབེན་པའོ། །དྲི་དབེན་པའི་ཕྱིར་ཤེས་རབ་ཀྱི་ཕ་རོལ་ཏུ་ཕྱིན་པ་
དབེན་པའོ། །རོ་དབེན་པའི་ཕྱིར་ཤེས་རབ་ཀྱི་ཕ་རོལ་ཏུ་ཕྱིན་པ་དབེན་པའོ། །
རེག་དབེན་པའི་ཕྱིར་ཤེས་རབ་ཀྱི་ཕ་རོལ་ཏུ་ཕྱིན་པ་དབེན་པའོ། །ཆོས་དབེན་
པའི་ཕྱིར་ཤེས་རབ་ཀྱི་ཕ་རོལ་ཏུ་ཕྱིན་པ་དབེན་པའོ། །མིག་གི་རྣམ་པར་ཤེས་པ་
དབེན་པའི་ཕྱིར་ཤེས་རབ་ཀྱི་ཕ་རོལ་ཏུ་ཕྱིན་པ་དབེན་པའོ། །རྣ་བའི་རྣམ་པར་
ཤེས་པ་དབེན་པའི་ཕྱིར་ཤེས་རབ་ཀྱི་ཕ་རོལ་ཏུ་ཕྱིན་པ་དབེན་པའོ། །སྣའི་རྣམ་
པར་ཤེས་པ་དབེན་པའི་ཕྱིར་ཤེས་རབ་ཀྱི་ཕ་རོལ་ཏུ་ཕྱིན་པ་དབེན་པའོ། །ལྕེའི་
རྣམ་པར་ཤེས་པ་དབེན་པའི་ཕྱིར་ཤེས་རབ་ཀྱི་ཕ་རོལ་ཏུ་ཕྱིན་པ་དབེན་པའོ། །
ལུས་ཀྱི་རྣམ་པར་ཤེས་པ་དབེན་པའི་ཕྱིར་ཤེས་རབ་ཀྱི་ཕ་རོལ་ཏུ་ཕྱིན་པ་དབེན་པའོ། །
ཡིད་ཀྱི་རྣམ་པར་ཤེས་པ་དབེན་པའི་ཕྱིར་ཤེས་རབ་ཀྱི་ཕ་རོལ་ཏུ་ཕྱིན་པ་དབེན་པའོ། །
མིག་གི་འདུས་ཏེ་རེག་པ་དབེན་པའི་ཕྱིར་ཤེས་རབ་ཀྱི་ཕ་རོལ་ཏུ་ཕྱིན་པ་དབེན་པའོ། །
རྣ་བའི་འདུས་ཏེ་རེག་པ་དབེན་པའི་ཕྱིར་ཤེས་རབ་ཀྱི་ཕ་རོལ་ཏུ་ཕྱིན་པ་དབེན་པའོ། །
སྣའི་འདུས་ཏེ་རེག་པ་དབེན་པའི་ཕྱིར་ཤེས་རབ་ཀྱི་ཕ་རོལ་ཏུ་ཕྱིན་པ་དབེན་པའོ། །

ལྕེའི་འདུས་ཏེ་རེག་པ་དབེན་པའི་ཕྱིར་ཤེས་རབ་ཀྱི་ཕ་རོལ་ཏུ་ཕྱིན་པ་དབེན་པའོ། །ལུས་ཀྱི་འདུས་ཏེ་རེག་པ་དབེན་པའི་ཕྱིར་ཤེས་རབ་ཀྱི་ཕ་རོལ་ཏུ་ཕྱིན་[༡]པའོ། །ཡིད་ཀྱི་འདུས་ཏེ་རེག་པ་དབེན་པའི་ཕྱིར། ཤེས་རབ་ཀྱི་ཕ་རོལ་ཏུ་ཕྱིན་པ་དབེན་པའོ། །མིག་གི་འདུས་ཏེ་རེག་པ་ལས་བྱུང་བའི་ཚོར་བ་དབེན་པའི་ཕྱིར་ཤེས་རབ་ཀྱི་ཕ་རོལ་ཏུ་ཕྱིན་པ་དབེན་པའོ། །རྣ་བའི་འདུས་ཏེ་རེག་པ་ལས་བྱུང་བའི་ཚོར་བ་དབེན་པའི་ཕྱིར། ཤེས་རབ་ཀྱི་ཕ་རོལ་ཏུ་ཕྱིན་པ་དབེན་པའོ། །སྣའི་འདུས་ཏེ་རེག་པ་ལས་བྱུང་བའི་ཚོར་བ་དབེན་པའི་ཕྱིར་ཤེས་རབ་ཀྱི་ཕ་རོལ་ཏུ་ཕྱིན་པ་དབེན་པའོ། །ལྕེའི་འདུས་ཏེ་རེག་པ་ལས་བྱུང་བའི་ཚོར་བ་དབེན་པའི་ཕྱིར། ཤེས་རབ་ཀྱི་ཕ་རོལ་ཏུ་ཕྱིན་པ་དབེན་པའོ། །ལུས་ཀྱི་འདུས་ཏེ་རེག་པ་ལས་བྱུང་བའི་ཚོར་བ་དབེན་པའི་ཕྱིར་ཤེས་རབ་ཀྱི་ཕ་རོལ་ཏུ་ཕྱིན་པ་དབེན་པའོ། །ཡིད་ཀྱི་འདུས་ཏེ་རེག་པ་ལས་བྱུང་བའི་ཚོར་བ་དབེན་པའི་ཕྱིར་ཤེས་རབ་ཀྱི་ཕ་རོལ་ཏུ་ཕྱིན་པ་དབེན་པའོ། །སའི་ཁམས་དབེན་པའི་ཕྱིར་ཤེས་རབ་ཀྱི་ཕ་རོལ་ཏུ་ཕྱིན་པ་དབེན་པའོ། །ཆུའི་ཁམས་དབེན་པའི་ཕྱིར་ཤེས་རབ་ཀྱི་ཕ་རོལ་ཏུ་ཕྱིན་པ་དབེན་པའོ། །མེའི་ཁམས་དབེན་པའི་ཕྱིར་ཤེས་རབ་ཀྱི་ཕ་རོལ་ཏུ་ཕྱིན་པ་དབེན་པའོ། །རླུང་གི་ཁམས་དབེན་པའི་ཕྱིར་ཤེས་རབ་ཀྱི་ཕ་རོལ་ཏུ་ཕྱིན་པ་དབེན་པའོ། །ནམ་མཁའི་ཁམས་དབེན་པའི་ཕྱིར་ཤེས་རབ་ཀྱི་ཕ་རོལ་ཏུ་ཕྱིན་པ་དབེན་པའོ། །རྣམ་པར་ཤེས་པའི་ཁམས་དབེན་པའི་ཕྱིར་ཤེས་རབ་ཀྱི་ཕ་རོལ་ཏུ་ཕྱིན་པ་དབེན་པའོ། །མ་རིག་པ་དབེན་པའི་ཕྱིར་ཤེས་རབ་ཀྱི་ཕ་རོལ་ཏུ་ཕྱིན་པ་དབེན་པའོ། །འདུ་བྱེད་དབེན་པའི་ཕྱིར་ཤེས་རབ་ཀྱི་ཕ་རོལ་ཏུ་ཕྱིན་པ་དབེན་པའོ། །རྣམ་པར་ཤེས་པ་དབེན་པའི་ཕྱིར་ཤེས་རབ་ཀྱི་ཕ་རོལ་ཏུ་ཕྱིན་པ་དབེན་པའོ། །མིང་དང་གཟུགས་དབེན་པའི་ཕྱིར་ཤེས་རབ་ཀྱི་[༢]ཕ་རོལ་ཏུ་ཕྱིན་པ་

དབེན་པའོ། །སྐྱེ་མཆེད་དྲུག་དབེན་པའི་ཕྱིར་ཤེས་རབ་ཀྱི་ཕ་རོལ་ཏུ་ཕྱིན་པ་དབེན་པའོ། །རེག་པ་དབེན་པའི་ཕྱིར་ཤེས་རབ་ཀྱི་ཕ་རོལ་ཏུ་ཕྱིན་པ་དབེན་པའོ།། ཚོར་བ་དབེན་པའི་ཕྱིར་ཤེས་རབ་ཀྱི་ཕ་རོལ་ཏུ་ཕྱིན་པ་དབེན་པའོ། །སྲེད་པ⋯དབེན་པའི་ཕྱིར། ཤེས་རབ་ཀྱི་ཕ་རོལ་ཏུ་ཕྱིན་པ་དབེན་པའོ། །ལེན་པ་དབེན་པའི་ཕྱིར་ཤེས་རབ་ཀྱི་ཕ་རོལ་ཏུ་ཕྱིན་པ་དབེན་པའོ། །སྲིད་པ་དབེན་པའི་ཕྱིར⋯ཤེས་རབ་ཀྱི་ཕ་རོལ་ཏུ་ཕྱིན་པ་དབེན་པའོ། །སྐྱེ་བ་དབེན་པའི་ཕྱིར་ཤེས་རབ་ཀྱི་ཕ་རོལ་ཏུ་ཕྱིན་པ་དབེན་པའོ། །རྒ་ཤི་དབེན་པའི་ཕྱིར་ཤེས་རབ་ཀྱི་ཕ་རོལ་ཏུ⋯ཕྱིན་པ་དབེན་པའོ། །སྦྱིན་པའི་ཕ་རོལ་ཏུ་ཕྱིན་པ་དབེན་པའི་ཕྱིར་ཤེས་རབ་ཀྱི⋯ཕ་རོལ་ཏུ་ཕྱིན་པ་དབེན་པའོ། །ཚུལ་ཁྲིམས་ཀྱི་ཕ་རོལ་ཏུ་ཕྱིན་པ་དབེན་པའི⋯ཕྱིར་ཤེས་རབ་ཀྱི་ཕ་རོལ་ཏུ་ཕྱིན་པ་དབེན་པའོ། །བཟོད་པའི་ཕ་རོལ་ཏུ་ཕྱིན་པ་དབེན་པའི་ཕྱིར། ཤེས་རབ་ཀྱི་ཕ་རོལ་ཏུ་ཕྱིན་པ་དབེན་པའོ། །བརྩོན་འགྲུས་ཀྱི་ཕ་རོལ་ཏུ་ཕྱིན་པ་དབེན་པའི་ཕྱིར་ཤེས་རབ་ཀྱི་ཕ་རོལ་ཏུ་ཕྱིན་པ་དབེན་པའོ། །བསམ་གཏན་ཀྱི་ཕ་རོལ་ཏུ་ཕྱིན་པ་དབེན་པའི་ཕྱིར་ཤེས་རབ་ཀྱི་ཕ་རོལ་ཏུ་ཕྱིན་པ་དབེན་པའོ། །ཿཤེས་རབ་ཀྱི་ཕ་རོལ་ཏུ་ཕྱིན་པ་དབེན་པའི་ཕྱིར་ཤེས་རབ་ཀྱི་ཕ⋯རོལ་ཏུ་ཕྱིན་པ་དབེན་པའོ། །ནང་སྟོང་པ་ཉིད་དབེན་པའི་ཕྱིར། ཤེས་རབ་ཀྱི་ཕ་རོལ་ཏུ་ཕྱིན་པ་དབེན་པའོ། །ཕྱི་སྟོང་པ་ཉིད་དབེན་པའི་ཕྱིར། ཤེས་རབ་ཀྱི་ཕ་རོལ་ཏུ་ཕྱིན་པ་དབེན་པའོ། །ཕྱི་ནང་སྟོང་པ་ཉིད་དབེན་པའི་ཕྱིར⋯ཤེས་རབ་ཀྱི་ཕ་རོལ་ཏུ་ཕྱིན་པ་དབེན་པའོ། །སྟོང་པ་ཉིད་སྟོང་པ་ཉིད་དབེན⋯པའི་ཕྱིར། ཤེས་རབ་ཀྱི་ཕ་རོལ་ཏུ་ཕྱིན་པ་དབེན་པའོ། །ཆེན་པོ་སྟོང་པ་ཉིད་དབེན་པའི་ཕྱིར། ཤེས་རབ་ཀྱི་ཕ་རོལ་ཏུ་ཕྱིན་པ་དབེན་པའོ། །དོན་དམ་པ⋯སྟོང་པ་ཉིད་དབེན་པའི་ཕྱིར། ཤེས་རབ་ཀྱི་ཕ་རོལ་ཏུ་ཕྱིན་པ་དབེན་པའོ། །

འདུས་བྱས་སྟོང་པ་ཉིད་དབེན་པའི་ཕྱིར་ཤེས་རབ་ཀྱི་ཕ་རོལ་ཏུ་ཕྱིན་པ་དབེན་པའོ།། འདུས་མ་བྱས་སྟོང་པ་ཉིད་དབེན་པའི་ཕྱིར་ཤེས་རབ་ཀྱི་ཕ་རོལ་ཏུ་ཕྱིན་པ་དབེན་པའོ། །མཐའ་ལས་འདས་པ་སྟོང་པ་ཉིད་དབེན་པའི་ཕྱིར། ཤེས་རབ་ཀྱི་ཕ་རོལ་ཏུ་ཕྱིན་པ་དབེན་པའོ། །ཐོག་མ་དང་ཐ་མ་མེད་པ་སྟོང་པ་ཉིད་དབེན་པའི་ཕྱིར་ཤེས་རབ་ཀྱི་ཕ་རོལ་ཏུ་ཕྱིན་པ་དབེན་པའོ། །དོར་བ་མེད་པ་སྟོང་པ་ཉིད་དབེན་པའི་ཕྱིར་ཤེས་རབ་ཀྱི་ཕ་རོལ་ཏུ་ཕྱིན་པ་དབེན་པའོ། །རང་བཞིན་སྟོང་པ་ཉིད་དབེན་པའི་ཕྱིར་ཤེས་རབ་ཀྱི་ཕ་རོལ་ཏུ་ཕྱིན་པ་དབེན་པའོ། །ཆོས་ཐམས་ཅད་སྟོང་པ་ཉིད་དབེན་པའི་ཕྱིར་ཤེས་རབ་ཀྱི་ཕ་རོལ་ཏུ་ཕྱིན་པ་དབེན་པའོ། །རང་གི་མཚན་ཉིད་སྟོང་པ་ཉིད་དབེན་པའི་ཕྱིར་ཤེས་རབ་ཀྱི་ཕ་རོལ་ཏུ་ཕྱིན་པ་དབེན་པའོ། །མི་དམིགས་པ་སྟོང་པ་ཉིད་དབེན་པའི་ཕྱིར་ཤེས་རབ་ཀྱི་ཕ་རོལ་ཏུ་ཕྱིན་པ་དབེན་པའོ། །དངོས་པོ་མེད་པ་སྟོང་པ་ཉིད་དབེན་པའི་ཕྱིར་ཤེས་རབ་ཀྱི་ཕ་རོལ་ཏུ་ཕྱིན་པ་དབེན་པའོ། །ངོ་བོ་ཉིད་སྟོང་པ་ཉིད་དབེན་པའི་ཕྱིར་ཤེས་རབ་ཀྱི་ཕ་རོལ་ཏུ་ཕྱིན་པ་དབེན་པའོ། །དངོས་པོ་མེད་པའི་ངོ་བོ་ཉིད་སྟོང་པ་ཉིད་དབེན་པའི་ཕྱིར། ཤེས་རབ་ཀྱི་ཕ་རོལ་ཏུ་ཕྱིན་པ་དབེན་པའོ། །དྲན་པ་ཉེ་བར་གཞག་པ་དབེན་པའི་ཕྱིར་ཤེས་རབ་ཀྱི་ཕ་རོལ་ཏུ་ཕྱིན་པ་དབེན་པའོ། །ཡང་དག་པར༔སྤོང་བ་དབེན་པའི་ཕྱིར་ཤེས་རབ་ཀྱི་ཕ་རོལ་ཏུ་ཕྱིན་པ་དབེན་པའོ།། རྫུ་འཕྲུལ་གྱི་རྐང་པ་དབེན་པའི་ཕྱིར་ཤེས་རབ་ཀྱི་ཕ་རོལ་ཏུ་ཕྱིན་པ་དབེན་པའོ། །དབང་པོ་དབེན་པའི་ཕྱིར་ཤེས་རབ་ཀྱི་ཕ་རོལ་ཏུ་ཕྱིན་པ་དབེན་པའོ། །སྟོབས་དབེན་པའི་ཕྱིར་ཤེས་རབ་ཀྱི་ཕ་རོལ་ཏུ་ཕྱིན་པ་དབེན་པའོ། །བྱང་ཆུབ་ཀྱི་ཡན་ལག་དབེན་པའི་ཕྱིར་ཤེས་རབ་ཀྱི་ཕ་རོལ་ཏུ་ཕྱིན་པ་དབེན་པའོ། །འཕགས་པའི་ལམ་ཡན་ལག་བརྒྱད་པ་དབེན་པའི་ཕྱིར་ཤེས་རབ་ཀྱི་ཕ་རོལ་ཏུ་ཕྱིན་པ་དབེན་པའོ།།

འཕགས་པའི་བདེན་པ་དབེན་པའི་ཕྱིར་ཤེས་རབ་ཀྱི་ཕ་རོལ་ཏུ་ཕྱིན་པ་དབེན་པའོ།། བསམ་གཏན་དབེན་པའི་ཕྱིར་ཤེས་རབ་ཀྱི་ཕ་རོལ་ཏུ་ཕྱིན་པ་དབེན་པའོ། །ཚད་མེད་པ་[1]དབེན་པའི་ཕྱིར་ཤེས་རབ་ཀྱི་ཕ་རོལ་ཏུ་ཕྱིན་པ་དབེན་པའོ། །གཟུགས་མེད་པའི་སྙོམས་པར་འཇུག་པ་དབེན་པའི་ཕྱིར། ཤེས་རབ་ཀྱི་ཕ་རོལ་ཏུ་ཕྱིན་པ་དབེན་པའོ། །རྣམ་པར་ཐར་པ་དབེན་པའི་ཕྱིར་ཤེས་རབ་ཀྱི་ཕ་རོལ་ཏུ་ཕྱིན་པ་དབེན་པའོ། །མཐར་གྱིས་གནས་པའི་སྙོམས་པར་འཇུག་པ་དབེན་པའི་ཕྱིར་ཤེས་རབ་ཀྱི་ཕ་རོལ་ཏུ་ཕྱིན་པ་དབེན་པའོ། །རྣམ་པར་ཐར་པའི་སྒོ་སྟོང་པ་ཉིད་དང་། མཚན་མ་མེད་པ་དང་། སྨོན་པ་མེད་པ་དབེན་པའི་ཕྱིར། ཤེས་རབ་ཀྱི་[2]ཕ་རོལ་ཏུ་ཕྱིན་པ་དབེན་པའོ། །མངོན་པར་ཤེས་པ་དབེན་པའི་ཕྱིར། ཤེས་རབ་ཀྱི་ཕ་རོལ་ཏུ་ཕྱིན་པ་དབེན་པའོ། །ཏིང་ངེ་འཛིན་དབེན་པའི་ཕྱིར་ཤེས་རབ་ཀྱི་ཕ་རོལ་ཏུ་ཕྱིན་པ་དབེན་པའོ། །གཟུངས་ཀྱི་སྒོ་དབེན་པའི་ཕྱིར། ཤེས་རབ་ཀྱི་ཕ་རོལ་ཏུ་ཕྱིན་པ་དབེན་པའོ། །དེ་བཞིན་གཤེགས་པའི་སྟོབས་དབེན་པའི་ཕྱིར་ཤེས་རབ་ཀྱི་ཕ་རོལ་ཏུ་ཕྱིན་པ་དབེན་པའོ། །མི་འཇིགས་པ་དབེན་པའི་ཕྱིར་ཤེས་རབ་ཀྱི་ཕ་རོལ་ཏུ་ཕྱིན་པ་དབེན་པའོ། །སོ་སོ་ཡང་དག་པར་རིག་པ་དབེན་པའི་ཕྱིར་ཤེས་རབ་ཀྱི་ཕ་རོལ་ཏུ་ཕྱིན་པ་དབེན་པའོ། །[3]སྙིང་རྗེ་ཆེན་པོ་དབེན་པའི་ཕྱིར་ཤེས་རབ་ཀྱི་ཕ་རོལ་ཏུ་ཕྱིན་པ་དབེན་པའོ། །སངས་རྒྱས་ཀྱི་ཆོས་མ་འདྲེས་པ་དབེན་པའི་ཕྱིར། ཤེས་རབ་ཀྱི་ཕ་རོལ་ཏུ་ཕྱིན་པ་དབེན་པའོ། །རྒྱུན་དུ་ཞུགས་པའི་འབྲས་བུ་དབེན་པའི་ཕྱིར་ཤེས་རབ་ཀྱི་ཕ་རོལ་ཏུ་ཕྱིན་པ་དབེན་པའོ། །ལན་ཅིག་ཕྱིར་འོང་བའི་འབྲས་བུ་དབེན་པའི་ཕྱིར་ཤེས་རབ་ཀྱི་ཕ་རོལ་ཏུ་ཕྱིན་པ་དབེན་པའོ། །ཕྱིར་མི་འོང་བའི་འབྲས་བུ་དབེན་པའི་ཕྱིར། ཤེས་རབ་ཀྱི་ཕ་རོལ་ཏུ་ཕྱིན་པ་དབེན་པའོ། །དགྲ་བཅོམ་པ་ཉིད་དབེན་པའི་ཕྱིར་ཤེས

རབ་ཀྱི་ཕ་རོལ་ཏུ་ཕྱིན་པ་དབེན་པའོ། །རང་བྱང་ཆུབ་དབེན་པའི་ཕྱིར་ཤེས་རབ་
ཀྱི་ཕ་རོལ་ཏུ་ཕྱིན་པ་དབེན་པའོ། །ལམ་གྱི་རྣམ་པ་[༡]ཤེས་པ་[༢]ཉིད་དབེན་པའི་
ཕྱིར་ཤེས་རབ་ཀྱི་ཕ་རོལ་ཏུ་ཕྱིན་པ་དབེན་པའོ། །རྣམ་པ་ཐམས་ཅད་མཁྱེན་པ་
ཉིད་དབེན་པའི་ཕྱིར། ཤེས་རབ་ཀྱི་ཕ་རོལ་ཏུ་ཕྱིན་པ་དབེན་པའོ། །ལྷའི་བུ་
དག་[༣]གལ་ཏེ་བྱང་ཆུབ་སེམས་དཔའ་སེམས་དཔའ་ཆེན་པོ། ཆོས་ཐམས་ཅད་
དབེན་པར་བཤད་པ་ལ་སེམས་མི་འཇུམ། ཡོངས་སུ་ཞུམ་པར་མི་འགྱུར་ལ།
དེའི་ཡིད་འཛིགས་[༤]པར་མི་འགྱུར་ན[༥]། བྱང་ཆུབ་སེམས་དཔའ་སེམས་དཔའ་
ཆེན་པོ་ཤེས་རབ་ཀྱི་ཕ་རོལ་ཏུ་ཕྱིན་པ་ལ་སྤྱོད་པའོ། །དེ་ནས་བཅོམ་ལྡན་འདས་
ཀྱིས་ཚེ་དང་ལྡན་པ་རབ་འབྱོར་ལ་འདི་སྐད་ཅེས་བཀའ་སྩལ་ཏོ། །རབ་འབྱོར་
ཅིའི་ཕྱིར་བྱང་ཆུབ་སེམས་དཔའ་སེམས་དཔའ་ཆེན་པོ། ཤེས་རབ་ཀྱི་ཕ་རོལ་ཏུ་
ཕྱིན་པ་ལ་ཞུམ་པར་མི་འགྱུར་བ་ཡིན། གསོལ་པ། བཅོམ་ལྡན་འདས་ཆོས་
ཐམས་ཅད་མ་མཆིས་པའི་སླད་དུ་བྱང་ཆུབ་སེམས་དཔའ་སེམས་དཔའ་ཆེན་པོ།
ཤེས་རབ་ཀྱི་ཕ་རོལ་ཏུ་ཕྱིན་པ་ལ་ཞུམ་པར་མི་འགྱུར་རོ། །བཅོམ་ལྡན་འདས་
ཆོས་ཐམས་ཅད་དབེན་པ་དང་ཞི་བ་དང་། མ་སྐྱེས་པའི་སླད་དུ་བྱང་ཆུབ་སེམས་
དཔའ་སེམས་དཔའ་ཆེན་པོ་ཤེས་རབ་ཀྱི་ཕ་རོལ་ཏུ་ཕྱིན་པ་ལ་ཞུམ་པར་མི་འགྱུར་ཏེ།
བཅོམ་ལྡན་འདས་དེའི་སླད་དུ་བྱང་ཆུབ་སེམས་དཔའ་སེམས་དཔའ་ཆེན་པོ་ཤེས་
རབ་ཀྱི་ཕ་རོལ་ཏུ་ཕྱིན་པ་ལ་ཞུམ་པར་མི་འགྱུར་རོ། །དེ་ཅིའི་སླད་དུ་ཞེ་ན།
བཅོམ་ལྡན་འདས་དེ་ནི་འདི་ལྟར་གང་ཞུམ་པར་འགྱུར་བ་དང་། གང་གིས་ཞུམ་
པར་འགྱུར་བ་དང་། གང་ལ་ཞུམ་པར་འགྱུར་བའི་ཆོས་དེ་དག་ཐམས་ཅད་ནི་མ་
མཆིས་པ་སྟེ། དམིགས་སུ་མ་མཆིས་སོ། །བཅོམ་ལྡན་འདས་གལ་ཏེ་བྱང་ཆུབ་
སེམས་དཔའ་སེམས་དཔའ་ཆེན་པོ་དེ་སྐད་དུ་བཤད་པ་ལ་མི་འཇུམ་མི་འགོང་ཞིང་

ཚེ་[༡]ཆད་པ་[༢]དང་། སྒྲིད་ལུག་པར་མི་འགྱུར་ལ་མི་འཇིགས་མི་སྟང་[༣]སྐྲག་པར་མི་འགྱུར་ན། ཤེས་རབ་ཀྱི་ཕ་རོལ་ཏུ་ཕྱིན་པ་ལ་སྤྱོད་པ་ལགས་སོ། །དེ་ཅིའི་སླད་དུ་ཞེ་ན། བཅོམ་ལྡན་འདས་དེ་ནི་འདི་ལྟར་གང་ཟུམ་པར་འགྱུར་བའམ། གང་གིས་ཟུམ་པར་འགྱུར་བའམ། གང་ལ་[༤]ཟུམ་པར་འགྱུར་བའི་ཆོས་དེ་དག་ཐམས་ཅད་ནི་མ་མཆིས་པ་སྟེ། བཅོམ་ལྡན་འདས་དེ་ལྟར་སྤྱོད་པའི་བྱང་ཆུབ་སེམས་དཔའ་སེམས་དཔའ་ཆེན་པོ་ནི་དབང་པོ་དང་བཅས་ཚངས་པ་དང་བཅས། སྐྱེ་དགུའི་བདག་པོ་དང་བཅས་པའི་ལྷ་[༥]རྣམས་ཀྱིས་ཕྱག་བགྱི་བར་འགྱུར་རོ། །བཅོམ་ལྡན་འདས་ཀྱིས་བཀའ་སྩལ་པ། རབ་འབྱོར་བྱང་ཆུབ་སེམས་དཔའ་སེམས་དཔའ་ཆེན་པོ་གང་ཤེས་རབ་ཀྱི་ཕ་རོལ་ཏུ་ཕྱིན་པ་ལ་སྤྱོད་པ་དེ་ནི་དབང་པོ་དང་བཅས། ཚངས་པ་དང་བཅས། སྐྱེ་དགུའི་བདག་པོ་དང་བཅས་པའི་ལྷ་རྣམས་ཀྱིས་ཕྱག་བྱ་བར་ཡང་མ་ཟད་དེ། གང་འཕགས་པ་མངོན་པར་འཕགས་པའི་ཁ་དོག་དང་ལྡན་པ་དགེ་རྒྱས་དང་། འབྲས་བུ་ཆེ་བ་དང་། གནས་གཙང་མའི་རིས་ཀྱི་ལྷ་རྣམས་ཀྱིས་ཀྱང་། ཤེས་རབ་ཀྱི་ཕ་རོལ་ཏུ་ཕྱིན་པ་ལ་དེ་ལྟར་སྤྱོད་པའི་བྱང་ཆུབ་སེམས་དཔའ་སེམས་དཔའ་ཆེན་པོ་དེ་ལ་ཕྱག་བྱ་བར་འགྱུར་རོ། །རབ་འབྱོར་ཕྱོགས་བཅུའི་འཇིག་[༦]རྟེན་གྱི་ཁམས་ན། དེ་བཞིན་གཤེགས་པ་དགྲ་བཅོམ་པ་ཡང་དག་པར་རྫོགས་པའི་སངས་རྒྱས་གྲངས་མེད་ཚད་མེད་པ་གང་ཇི་སྙེད་ཅིག་བཞུགས་ཤིང་། འཚོ་སྐྱོང་བ་དེ་དག་ཀྱང་བྱང་ཆུབ་སེམས་དཔའ་སེམས་དཔའ་ཆེན་པོ་ཤེས་རབ་ཀྱི་ཕ་རོལ་ཏུ་ཕྱིན་པ་ལ་སྤྱོད་པ་དེ་ལ་དགོངས་པ་མཛད་དེ[༧]། བྱང་ཆུབ་སེམས་དཔའ་སེམས་དཔའ་ཆེན་པོ་ཤེས་རབ་ཀྱི་ཕ་རོལ་ཏུ་ཕྱིན་པ་ལ་སྤྱོད་པ་དེ་ནི། སྦྱིན་པའི་ཕ་རོལ་ཏུ་ཕྱིན་པ་ཡོངས་སུ་རྫོགས་པར་བྱེད་པའོ། །ཚུལ་ཁྲིམས་ཀྱི་ཕ་རོལ་ཏུ་ཕྱིན་པ་ཡོངས་སུ་རྫོགས་པར་བྱེད་པའོ།།

བཟོད་པའི་ཕ་རོལ་ཏུ་ཕྱིན་པ་ཡོངས་སུ་རྫོགས་པར་བྱེད་པའོ། །བརྩོན་འགྲུས་ཀྱི་ཕ་རོལ་ཏུ་ཕྱིན་པ་ཡོངས་སུ་རྫོགས་པར་བྱེད་པའོ། །བསམ་གཏན་གྱི་ཕ་རོལ་ཏུ་ཕྱིན་པ་ཡོངས་སུ་རྫོགས་པར་བྱེད་པའོ། །ཤེས་རབ་ཀྱི་ཕ་རོལ་ཏུ་ཕྱིན་པ་ཡོངས་སུ་རྫོགས་པར་བྱེད་པའོ། །ནང་སྟོང་པ་ཉིད་ཡོངས་སུ་རྫོགས་པར་བྱེད་པའོ། །ཕྱི་སྟོང་པ་ཉིད་ཡོངས་སུ་རྫོགས་པར་བྱེད་པའོ། །ཕྱི་ནང་སྟོང་པ་ཉིད་ཡོངས་སུ་རྫོགས་པར་བྱེད་པའོ། །སྟོང་པ་ཉིད་སྟོང་པ་ཉིད་ཡོངས་སུ་རྫོགས་པར་བྱེད་པའོ། །ཆེན་པོ་སྟོང་པ་ཉིད་ཡོངས་སུ་རྫོགས་པར་བྱེད་པའོ། །དོན་དམ་པ་སྟོང་པ་ཉིད་ཡོངས་སུ་རྫོགས་པར་བྱེད་པའོ། །འདུས་བྱས་སྟོང་པ་ཉིད་ཡོངས་སུ་རྫོགས་པར་བྱེད་པའོ། །འདུས་མ་བྱས་སྟོང་པ་ཉིད་ཡོངས་སུ་རྫོགས་པར་བྱེད་པའོ། །མཐའ་ལས་འདས་པ་སྟོང་པ་ཉིད་ཡོངས་སུ་རྫོགས་པར་བྱེད་པའོ། །ཐོག་མ་དང་ཐ་མ་མེད་པ་སྟོང་པ་ཉིད་ཡོངས་སུ་རྫོགས་པར་བྱེད་པའོ། །དོར་བ་མེད་པ་སྟོང་པ་ཉིད་ཡོངས་སུ་རྫོགས་པར་བྱེད་པའོ། །རང་བཞིན་སྟོང་པ་ཉིད་ཡོངས་སུ་རྫོགས་པར་བྱེད་པའོ། །ཆོས་ཐམས་ཅད་སྟོང་པ་ཉིད་ཡོངས་སུ་རྫོགས་པར་བྱེད་པའོ། །རང་གི་མཚན་ཉིད་སྟོང་པ་ཉིད་ཡོངས་སུ་རྫོགས་པར་བྱེད་པའོ། །མི་དམིགས་པ་སྟོང་པ་ཉིད་ཡོངས་སུ་རྫོགས་པར་བྱེད་པའོ། །དངོས་པོ་མེད་པ་སྟོང་པ་ཉིད་ཡོངས་སུ་རྫོགས་པར་བྱེད་པའོ། །ངོ་བོ་ཉིད་སྟོང་པ་ཉིད་ཡོངས་སུ་རྫོགས་པར་བྱེད་པའོ། །དངོས་པོ་མེད་པའི་ངོ་བོ་ཉིད་སྟོང་པ་ཉིད་ཡོངས་སུ་རྫོགས་པར་བྱེད་པའོ། །དྲན་པ་ཉེ་བར་གཞག་པ་བཞི་ཡོངས་སུ་རྫོགས་པར་བྱེད་པའོ། །ཡང་དག་པར་སྤོང་བ་བཞི་ཡོངས་སུ་རྫོགས་པར་བྱེད་པའོ། །རྫུ་འཕྲུལ་གྱི་རྐང་པ་བཞི་ཡོངས་སུ་རྫོགས་པར་བྱེད་པའོ། །དབང་པོ་ལྔ་ཡོངས་སུ་རྫོགས་པར་བྱེད་པའོ། །སྟོབས་ལྔ་ཡོངས་སུ་རྫོགས་པར་བྱེད་པའོ། །བྱང་ཆུབ་ཀྱི་ཡན་ལག་

བདུན་ཡོངས་སུ་རྫོགས་པར་བྱེད་པའོ། །འཕགས་པའི་ལམ་ཡན་ལག་བརྒྱད་པ་ཡོངས་སུ་རྫོགས་པར་བྱེད་པའོ། །འཕགས་པའི་བདེན་པ་བཞི་ཡོངས་སུ་རྫོགས་པར་བྱེད་པའོ། །བསམ་གཏན་བཞི་ཡོངས་སུ་རྫོགས་པར་བྱེད་པའོ། །ཚད་མེད་པ་བཞི་ཡོངས་སུ་རྫོགས་པར་བྱེད་པའོ། །གཟུགས་མེད་པའི་སྙོམས་པར་འཇུག་པ་བཞི་ཡོངས་སུ་རྫོགས་པར་བྱེད་པའོ། །རྣམ་པར་ཐར་པ་བརྒྱད་ཡོངས་སུ་རྫོགས་པར་བྱེད་པའོ། །མཐར་གྱིས་གནས་པའི་སྙོམས་པར་འཇུག་པ་དགུ་ཡོངས་སུ་རྫོགས་པར་བྱེད་པའོ། །རྣམ་པར་ཐར་པའི་སྒོ་སྟོང་པ་ཉིད་དང་། མཚན་མ་མེད་པ་དང་། སྨོན་པ་མེད་པ་ཡོངས་སུ་རྫོགས་པར་བྱེད་པའོ། །མངོན་པར་ཤེས་པ་རྣམས་ཡོངས་སུ་རྫོགས་པར་བྱེད་པའོ། །ཏིང་ངེ་འཛིན་རྣམས་ཡོངས་སུ་རྫོགས་པར་བྱེད་པའོ། །གཟུངས་ཀྱི་སྒོ་རྣམས་ཡོངས་སུ་རྫོགས་པར་བྱེད་པའོ། །དེ་བཞིན་གཤེགས་པའི་སྟོབས་བཅུ་ཡོངས་སུ་རྫོགས་པར་བྱེད་པའོ། །མི་འཇིགས་པ་བཞི་ཡོངས་སུ་རྫོགས་པར་བྱེད་པའོ། །སོ་སོ་ཡང་དག་པར་རིག་པ་བཞི་ཡོངས་སུ་རྫོགས་པར་བྱེད་པའོ། །[༡]སྙིང་རྗེ་ཆེན་པོ་ཡོངས་སུ་རྫོགས་པར་བྱེད་པའོ། །སངས་རྒྱས་ཀྱི་ཆོས་མ་འདྲེས་པ་བཅོ་[༢]བརྒྱད་ཡོངས་སུ་རྫོགས་པར་བྱེད་པའོ། །རྒྱུན་དུ་ཞུགས་པའི་འབྲས་བུ་ཡོངས་སུ་རྫོགས་པར་བྱེད་པའོ། །ལན་ཅིག་ཕྱིར་འོང་བའི་འབྲས་བུ་ཡོངས་སུ་རྫོགས་པར་བྱེད་པའོ། །ཕྱིར་མི་འོང་བའི་འབྲས་བུ་ཡོངས་སུ་རྫོགས་པར་བྱེད་པའོ། །དགྲ་བཅོམ་པ་ཉིད་ཡོངས་སུ་རྫོགས་པར་བྱེད་པའོ། །རང་བྱང་ཆུབ་ཡོངས་སུ་རྫོགས་པར་བྱེད་པའོ།། ལམ་གྱི་རྣམ་པར་[༣]ཤེས་པ་ཉིད་ཡོངས་སུ་རྫོགས་པར་བྱེད་པའོ། །རྣམ་པ་ཐམས་ཅད་མཁྱེན་པ་ཉིད་ཡོངས་སུ་རྫོགས་པར་བྱེད་པའོ་ཞེས་དགོངས་པ་མཛད་དོ། །རབ་འབྱོར་བྱང་ཆུབ་སེམས་དཔའ་སེམས་དཔའ་ཆེན་པོ། ཤེས་རབ་ཀྱི་ཕ་རོལ་

ཏུ་ཕྱིན་པ་ལ་སྤྱོད་པ་ནི་གང་ལ། སངས་རྒྱས་བཅོམ་ལྡན་འདས་རྣམས་ཀྱིས་དགོངས་པ་མཛད་པའི་བྱང་ཆུབ་སེམས་དཔའ་སེམས་དཔའ་ཆེན་པོ་དེ་ནི་སངས་རྒྱས་སུ་འགྱུར་བར༔ ཞུགས་པར་① རིག་པར་བྱའོ། །རབ་འབྱོར་གནྜའི་② ཀླུང་གི་བྱེ་མ་སྙེད་ཀྱི་འཇིག་རྟེན་གྱི་ཁམས་དག་ན། སེམས་ཅན་གང་ཇི་སྙེད་ཅིག་ཡོད་པ་དེ་དག་ཐམས་ཅད་བདུད་རིག་ཧོ་ཅན་དུ་གྱུར་ཏེ། བདུད་རིག་ཧོ་ཅན་དེ་དག་རེ་རེས་ཀྱང་དེ་སྙེད་ཀྱི་བདུད་རིག་ཧོ་ཅན་མངོན་པར་སྤྲུལ་ཀྱང་དེ་དག་ཐམས་ཅད་ཀྱིས་བྱང་ཆུབ་སེམས་དཔའ་སེམས་དཔའ་ཆེན་པོ་དེ་ལ་བར་ཆད༔ བྱ་བར་③ མི་ནུས་སོ༏ །རབ་འབྱོར་ཆོས་གཉིས་དང་ལྡན་པའི་བྱང་ཆུབ་སེམས་དཔའ་སེམས་དཔའ་ཆེན་པོ་ནི་④ བདུད་རིག་ཧོ་ཅན་རྣམས་ཀྱིས་མི་ཐུབ་པ་ཡིན་ཏེ། གཉིས་གང་ཞེ་ན། དེས་⑤ ཆོས་ཐམས་ཅད་སྟོང་པའོ་ཞེས་བྱ་བར་རྣམ་པར་བལྟས་པ་ཡིན༏ དེས་སེམས་ཅན་ཐམས་ཅད་ཀྱང་ཡོངས་སུ་མ་བཏང་བ་ཡིན་ཏེ། རབ་འབྱོར་ཆོས་འདི་གཉིས་དང་ལྡན་པའི་བྱང་ཆུབ་སེམས་དཔའ་སེམས་དཔའ་ཆེན་པོ་ནི་བདུད་རིག་ཧོ་ཅན་རྣམས་ཀྱིས་མི་ཐུབ་པ་ཡིན་ནོ། །རབ་འབྱོར་གཞན་ཡང་ཤེས་རབ་ཀྱི་ཕ་རོལ་ཏུ་ཕྱིན་པ་ལ་སྤྱོད་པའི་བྱང་ཆུབ་སེམས་དཔའ་སེམས་དཔའ་ཆེན་པོ་ཆོས་གཉིས་དང་ལྡན་པ་ནི་⑥ བདུད་རིག་ཧོ་ཅན་རྣམས་ཀྱིས་མི་ཐུབ་པ་ཡིན་ཏེ༏ གཉིས་གང་ཞེ་ན། ཇི་སྐད་⑦ སྨྲས་པ་དེ་བཞིན་དུ་བྱེད་པ་ཡིན། སངས་རྒྱས་བཅོམ་ལྡན་འདས་རྣམས་ཀྱིས་དགོངས་པ་ཡིན་ཏེ། རབ་འབྱོར་ཤེས་རབ་ཀྱི་ཕ་རོལ་ཏུ་ཕྱིན་པ་ལ་སྤྱོད་པའི་བྱང་ཆུབ་སེམས་དཔའ་སེམས་དཔའ་ཆེན་པོ་ཆོས་དེ་གཉིས་དང་ལྡན་པ་ནི། བདུད་རིག་ཧོ་⑧ ཅན་རྣམས་ཀྱིས་མི་ཐུབ་པ་ཡིན་ནོ། །རབ་འབྱོར་དེ་ལྟར་སྤྱོད་པའི་བྱང་ཆུབ་སེམས་དཔའ་སེམས་དཔའ་ཆེན་པོའི་དྲུང་དུ་ནི་ལྷའི་བུ་རྣམས་ཀྱང་འོང་བར་སེམས་སོ། །བསྙེན་བཀུར་བ་དང་ཡོངས་སུ་དྲི་

བ་དང་། ཀུན་དྲི་བ་(༡)ཡང་བྱེད་པར་འགྱུར་ཏེ། རིགས་ཀྱི་བུ་ཁྱོད་སངས་རྒྱས་ཀྱི་བྱང་ཆུབ་མྱུར་དུ་ཐོབ་པར་འགྱུར་གྱིས་(༢)དེ་བས་ན་རིགས་ཀྱི་བུ་ཁྱོད་ཀྱིས་འདི་ལྟ་སྟེ། སྟོང་པ་ཉིད་ཀྱིས་རྣམ་པར་སྤྱོད་པ་དང་། མཚན་མ་མེད་པས་རྣམ་པར་སྤྱོད་པ་དང་། སྨོན་པ་མེད་པས་རྣམ་པར་སྤྱོད་པ་དེ་ཉིད་ཀྱིས་རྣམ་པར་སྤྱད་(༣)པར་གྱིས་ཤིག །དེ་ཅིའི་ཕྱིར་ཞེ་ན། རིགས་ཀྱི་བུ་ཁྱོད་ཀྱིས་རྣམ་པར་སྤྱོད་པ་དེས། རྣམ་པར་སྤྱད་(༤)པ་དང་། སེམས་ཅན་མགོན་མེད་པ་རྣམས་ཀྱི་མགོན་དུ་འགྱུར་རོ། །སེམས་ཅན་སྐྱབས་མེད་པ་རྣམས་ཀྱི་སྐྱབས་སུ་འགྱུར་རོ། །སེམས་ཅན་དཔུང་གཉེན་མེད་པ་རྣམས་ཀྱི་དཔུང་གཉེན་དུ་འགྱུར་རོ། །སེམས་ཅན་གནས་མེད་པ་རྣམས་ཀྱི་གནས་སུ་འགྱུར་རོ། །སེམས་ཅན་རྟེན་མེད་པ་རྣམས་ཀྱི་རྟེན་དུ་འགྱུར་རོ། །སེམས་ཅན་གླིང་མེད་པ་རྣམས་ཀྱི་གླིང་དུ་འགྱུར་རོ། །སེམས་ཅན་མུན་པར་གྱུར་པ་རྣམས་ཀྱི་སྣང་བར་འགྱུར་རོ་ཞེས་དེ་ལ་སྒྲོ་བ་སྐྱེད་པར་འགྱུར་རོ། །དེ་ཅིའི་ཕྱིར་ཞེ་ན། དེ་ནི་འདི་ལྟར་འཇིག་རྟེན་གྱི་ཁམས་ཚད་མེད་གྲངས་མེད་པ་དག་ན་སངས་རྒྱས་བཅོམ་ལྡན་འདས་གང་ཇི་སྙེད་ཅིག །དགེ་སློང་གི་དགེ་འདུན་གྱིས་ཡོངས་སུ་བསྐོར་ཏེ་བཞུགས་ཤིང་འཚོ་སྐྱོང་བ་དང་། ཆོས་སྟོན་པ་དེ་དག་ཀུང་བྱང་ཆུབ་སེམས་དཔའ་སེམས་དཔའ་ཆེན་པོ་གང་ཤེས་རབ་ཀྱི་ཕ་རོལ་ཏུ་ཕྱིན་པ་ལ་སྤྱོད་ཅིང་འདི་ལྟ་སྟེ། ཤེས་རབ་ཀྱི་ཕ་རོལ་ཏུ་ཕྱིན་པའི་ཡོན་ཏན་དེ་དག་དང་ལྡན་པའི་བྱང་ཆུབ་སེམས་དཔའ་སེམས་དཔའ་ཆེན་པོ་དེའི་མིང་དང་རིགས་ཡོངས་སུ་བརྗོད་(༥)པའི་ཚུལ་གྱིས་ཆོས་སྟོན་ཅིང་། ཆེད་དུ་བརྗོད་པ་ཆེད་དུ་བརྗོད་(༦)པ་མཛད་དེ། རབ་འབྱོར་འདི་ལྟ་སྟེ་དཔེར་ན་ད་དད་(༧)ལྟར་བྱང་ཆུབ་སེམས་དཔའ་སེམས་དཔའ་ཆེན་པོ་རིན་ཆེན་(༨)དཔལ་གྱི་མིང་ཡོངས་སུ་བརྗོད་པའི་ཚུལ་གྱིས་ཆོས་སྟོན་ཅིང་ཆེད་དུ་བརྗོད་པ་ཆེད་དུ་

བརྗོད་[1]པ་དང་། བྱང་ཆུབ་སེམས་དཔའ་སེམས་དཔའ་ཆེན་པོ་གཙུག་ཕུད་[2]ཀྱི་མྱིང་ཡོངས་སུ་བརྗོད་པའི་ཚུལ་གྱིས་ཆོས་སྟོན་ཅིང་ཆེད་དུ་བརྗོད་པ་ཆེད་དུ་བརྗོད་[3]པ་དང་། དེ་བཞིན་གཤེགས་པ་དགྲ་བཅོམ་པ་ཡང་དག་པར་རྫོགས་པའི་སངས་རྒྱས་མྱི་འཁྲུགས་པའི་ཞམ་རིང་[4]ན་ཚངས་པའི་སྤྱོད་པ་སྤྱོད་ཅིང་[5]། ཤེས་རབ་[6]ཀྱི་ཕ་རོལ་ཏུ་ཕྱིན་པ་དང་མ་བྲལ་བ་དེ་དག་གི་མྱིང་ཡོངས་སུ་བརྗོད་པའི་ཚུལ་གྱིས་ཆོས་སྟོན་ཅིང་ཆེད་དུ་བརྗོད་པ་ཆེད་དུ་བརྗོད་པ་བཞིན་ནོ། །ཤར་ཕྱོགས་ཀྱི་སངས་རྒྱས་བཅོམ་ལྡན་འདས་གང་ཇི་སྙེད་ཅིག་བཞུགས་ཤིང་འཚོ་[7]སྐྱོང་བ་དང་། ཆོས་སྟོན་པ་དེ་དག་ཀྱང་དེ་ན་བྱང་ཆུབ་སེམས་དཔའ་སེམས་དཔའ་ཆེན་པོ་གང་ཇི་སྙེད་ཅིག་ཚངས་པའི་སྤྱོད་པ་སྤྱོད་ཅིང་། ཤེས་རབ་ཀྱི་ཕ་རོལ་ཏུ་ཕྱིན་པ་དང་མ་བྲལ་བ་དེ་དག་ལ་སྔོ་བར་མཛད་པའི་ཚུལ་གྱིས་ཆོས་སྟོན་ཏེ། ཆེད་དུ་བརྗོད་པ་ཡང་ཆེད་དུ་བརྗོད་[8]པ་མཛད་དོ། །ལྷོ་ཕྱོགས་ཀྱི་སངས་རྒྱས་བཅོམ་ལྡན་འདས་གང་ཇི་སྙེད་ཅིག་བཞུགས་ཤིང་འཚོ་སྐྱོང་བ་དང་། ཆོས་སྟོན་པ་དེ་དག་ཀྱང་དེ་ན་བྱང་ཆུབ་སེམས་དཔའ་སེམས་དཔའ་ཆེན་པོ་གང་ཇི་སྙེད་ཅིག་ཚངས་པའི་སྤྱོད་པ་སྤྱོད་ཅིང་། ཤེས་རབ་ཀྱི་ཕ་རོལ་ཏུ་ཕྱིན་པ་དང་མ་བྲལ་བ་དེ་དག་ལ་སྔོ་བར་[9]མཛད་པའི་ཚུལ་གྱིས་ཆོས་སྟོན་ཏེ། ཆེད་དུ་བརྗོད་པ་ཡང་ཆེད་དུ་བརྗོད་[10]པ་མཛད་དོ། །ནུབ་ཕྱོགས་ཀྱི་སངས་རྒྱས་བཅོམ་ལྡན་འདས་གང་ཇི་སྙེད་ཅིག་བཞུགས་ཤིང་འཚོ་སྐྱོང་བ་དང་། ཆོས་སྟོན་པ་དེ་དག་ཀྱང་དེ་ན་བྱང་ཆུབ་སེམས་དཔའ་སེམས་དཔའ་ཆེན་པོ་གང་ཇི་སྙེད་ཅིག་ཚངས་པའི་སྤྱོད་པ་སྤྱོད་ཅིང་། ཤེས་རབ་ཀྱི་ཕ་རོལ་ཏུ་ཕྱིན་པ་དང་མ་བྲལ་བ་དེ་དག་ལ་སྔོ་བར་[11]མཛད་པའི་ཚུལ་གྱིས་ཆོས་སྟོན་ཏེ། ཆེད་དུ་བརྗོད་པ་ཡང་[12]ཆེད་དུ་བརྗོད་པ་མཛད་དོ། །བྱང་ཕྱོགས་ཀྱི་སངས་རྒྱས་བཅོམ་ལྡན་འདས་གང་ཇི་སྙེད་ཅིག་བཞུགས་ཤིང་འཚོ་སྐྱོང་

བ་དང་། ཆོས་སྟོན་པ་དེ་དག་ཀྱང་དེ་ན་བྱང་ཆུབ་སེམས་དཔའ་སེམས་དཔའ་ཆེན་པོ་གང་ཧི་སྙེད་ཅིག་ཚངས་པའི་སྤྱོད་པ་སྤྱོད་ཅིང་། ཤེས་རབ་ཀྱི་ཕ་རོལ་ཏུ་ཕྱིན་པ་དང་མ་བྲལ་བ་དེ་དག་ལ་སྨྲ་བར་(༡) མཛད་པའི་ཚུལ་གྱིས་ཆོས་སྟོན་ཏེ་ཆེད་དུ་བརྗོད་པ་ཡང་ཆེད་དུ་བརྗོད་(༢) པ་མཛད་དོ། །བྱང་(༣) ཤར་གྱི་ཕྱོགས་མཚམས་ཀྱི་སངས་རྒྱས་བཅོམ་ལྡན་འདས་གང་ཧི་སྙེད་ཅིག་བཞུགས་ཤིང་འཚོ་(༤) སྐྱོང་བ་དང་། ཆོས་སྟོན་པ་དེ་དག་ཀྱང་དེ་ན་བྱང་ཆུབ་སེམས་དཔའ་སེམས་དཔའ་ཆེན་པོ་གང་ཧི་སྙེད་ཅིག་ཚངས་པའི་སྤྱོད་པ་སྤྱོད་ཅིང་། ཤེས་རབ་ཀྱི་ཕ་རོལ་ཏུ་ཕྱིན་པ་དང་མ་བྲལ་བ་དེ་དག་ལ་སྨྲ་བར་མཛད་པའི་ཚུལ་གྱིས་ཆོས་སྟོན་ཏེ། ཆེད་དུ་བརྗོད་པ་ཡང་ཆེད་དུ་བརྗོད་(༥) པ་མཛད་དོ། །ཤར་ལྷོའི་ཕྱོགས་མཚམས་ཀྱི་སངས་རྒྱས་བཅོམ་ལྡན་འདས་གང་ཧི་སྙེད་ཅིག་བཞུགས་ཤིང་འཚོ་སྐྱོང་བ་དང་། ཆོས་སྟོན་པ་དེ་དག་ཀྱང་དེ་ན་བྱང་ཆུབ་སེམས་དཔའ་སེམས་དཔའ་ཆེན་པོ་གང་ཧི་སྙེད་ཅིག་ཚངས་པའི་སྤྱོད་པ་སྤྱོད་ཅིང་། ཤེས་རབ་ཀྱི་ཕ་རོལ་ཏུ་ཕྱིན་པ་དང་མ་བྲལ་བ་དེ་དག་ལ་སྨྲ་བར་མཛད་པའི་ཚུལ་གྱིས་ཆོས་སྟོན་ཏེ། ཆེད་དུ་བརྗོད་པ་ཡང་ཆེད་དུ་བརྗོད་(༦) པ་མཛད་དོ། །ལྷོ་ནུབ་ཀྱི་ཕྱོགས་མཚམས་ཀྱི་སངས་རྒྱས་བཅོམ་ལྡན་འདས་གང་ཧི་སྙེད་ཅིག་བཞུགས་ཤིང་འཚོ་སྐྱོང་བ་དང་ཆོས་སྟོན་པ་དེ་དག་ཀྱང་དེ་ན་བྱང་ཆུབ་སེམས་དཔའ་སེམས་དཔའ་ཆེན་པོ་གང་ཧི་སྙེད་ཅིག་ཚངས་པའི་སྤྱོད་པ་སྤྱོད་ཅིང་། ཤེས་རབ་ཀྱི་ཕ་རོལ་ཏུ་ཕྱིན་པ་དང་མ་བྲལ་བ་དེ་དག་ལ་སྨྲ་བ་(༧) མཛད་པའི་ཚུལ་གྱིས་ཆོས་སྟོན་ཏེ། ཆེད་དུ་བརྗོད་པ་ཡང་ཆེད་དུ་བརྗོད་(༨) པ་མཛད་དོ། །ནུབ་བྱང་གི་ཕྱོགས་མཚམས་ཀྱི་སངས་རྒྱས་བཅོམ་ལྡན་འདས་གང་ཧི་སྙེད་ཅིག་བཞུགས་ཤིང་འཚོ་སྐྱོང་བ་དང་། ཆོས་སྟོན་པ་དེ་དག་ཀྱང་དེ་ན་བྱང་ཆུབ་སེམས་དཔའ་སེམས་དཔའ་ཆེན་པོ་གང་ཧི་སྙེད་ཅིག་ཚངས་པའི་སྤྱོད་པ་

སྐྱོད་ཅིང་། ཤེས་རབ་ཀྱི་ཕ་རོལ་ཏུ་ཕྱིན་པ་དང་མ་བྲལ་བ་དེ་དག་ལ་སྤྲོ་བར་
མཛད་པའི་ཚུལ་གྱིས་ཆོས་སྟོན་ཏེ། ཆེད་དུ་བརྗོད་པ་ཡང་ཆེད་དུ་བརྗོད་[༡]པ་
མཛད་དོ། །འོག་གི་ཕྱོགས་[༢]ཀྱི་སངས་རྒྱས་བཅོམ་ལྡན་འདས་གང་ཇི་སྙེད་ཅིག་
བཞུགས་ཤིང་འཚོ་སྐྱོང་བ་དང་། ཆོས་སྟོན་པ་དེ་དག་ཀྱང་དེ་ན་བྱང་ཆུབ་སེམས་
དཔའ་སེམས་དཔའ་ཆེན་པོ་གང་ཇི་སྙེད་ཅིག་ཚངས་པའི་སྤྱོད་པ་སྤྱོད་ཅིང་། ཤེས་
རབ་ཀྱི་ཕ་རོལ་ཏུ་ཕྱིན་པ་དང་མ་བྲལ་བ་དེ་དག་ལ་སྤྲོ་བར་མཛད་པའི་ཚུལ་
གྱིས་ཆོས་སྟོན་ཅིང་[༣]། ཆེད་དུ་བརྗོད་པ་ཡང་ཆེད་དུ་བརྗོད་[༤]པ་མཛད་དོ། །
སྟེང་གི་ཕྱོགས་ཀྱི་སངས་རྒྱས་བཅོམ་ལྡན་འདས་གང་ཇི་སྙེད་ཅིག་བཞུགས་ཤིང་
འཚོ་སྐྱོང་བ་དང་། ཆོས་སྟོན་པ་དེ་དག་ཀྱང་དེ་ན་བྱང་ཆུབ་སེམས་དཔའ་སེམས་
དཔའ་ཆེན་པོ་གང་ཇི་སྙེད་ཅིག་ཚངས་པའི་སྤྱོད་པ་སྤྱོད་ཅིང་[༥]། ཤེས་རབ་ཀྱི་ཕ་
རོལ་ཏུ་ཕྱིན་པ་དང་མ་བྲལ་བ་དེ་དག་ལ་སྤྲོ་བར་མཛད་པའི་ཚུལ་གྱིས་ཆོས་སྟོན་ཏེ་
ཆེད་དུ་བརྗོད་པ་ཡང་ཆེད་དུ་བརྗོད་[༦]པ་མཛད་དོ། །བྱང་ཆུབ་སེམས་དཔའ་
སེམས་དཔའ་ཆེན་པོ་སེམས་དང་པོ་བསྐྱེད་པ་ནས་ཉེ་བར་བཟུང་སྟེ། ཐམས་ཅད་
མཁྱེན་པ་ཉིད་[༧]ཐོབ་ཀྱི་བར་དུ་བྱང་ཆུབ་ཀྱི་ལམ་ཡོངས་སུ་སྦྱོད་པ་གང་ཇི་སྙེད་ཅིག་
ཡོད་པ་དེ་དག་ལ་ཡང་སངས་རྒྱས་བཅོམ་ལྡན་འདས་དེ་དག་སྤྲོ་བར་མཛད་པའི་
ཚུལ་གྱིས་ཆོས་སྟོན་ཏེ། ཆེད་དུ་བརྗོད་པ་ཡང་ཆེད་དུ་བརྗོད་[༨]པ་མཛད་དོ། །
དེ་ཅིའི་ཕྱིར་ཞེ་ན། རབ་འབྱོར་བྱང་ཆུབ་སེམས་དཔའ་སེམས་དཔའ་ཆེན་པོ
གང་སངས་རྒྱས་ཀྱི་ཚུལ་རྒྱུན་མི་གཅད་[༩]པའི་དོན་དུ་ཞུགས་པ་དེ་དག་ནི་དཀའ
བ་བྱེད་པའོ། །གསོལ་པ། བཅོམ་ལྡན་འདས་སངས་རྒྱས་བཅོམ་ལྡན་འདས
དེ་དག་བྱང་ཆུབ་སེམས་དཔའ་སེམས་དཔའ་ཆེན་པོ་སྣར་ཕྱོག་པའམ། སྣར་མི
ཕྱོག་པའམ་གང་གི་མིང་ཡོངས་སུ་བརྗོད་པའི་ཚུལ་གྱིས་ཆོས་སྟོན་པ་མཛད།

བཅོམ་ལྡན་འདས་ཀྱིས་བཀའ་སྩལ་པ། རབ་འབྱོར་བྱང་ཆུབ་སེམས་དཔའ་སེམས་དཔའ་ཆེན་པོ་ནི་ཕྱིར་མི་ལྡོག་པ་ལས་ཤེས་རབ་ཀྱི་ཕ་རོལ་ཏུ་ཕྱིན་པ་ལ་སྤྱོད་པ་ཡང་ཡོད་བྱང་ཆུབ་སེམས་དཔའ་སེམས་དཔའ་ཆེན་པོ་ནི་[1] ལུང་མ་བསྟན་པ་ལས། ཤེས་རབ་ཀྱི་ཕ་རོལ་ཏུ་ཕྱིན་པ་ལ་སྤྱོད་པ་[2] ཡང་ཡོད་དེ། དེ་དག་ལ་[3] སངས་རྒྱས་བཅོམ་ལྡན་འདས་དེ་དག་སྤྲོ་བར་མཛད་པའི་ཚུལ་གྱིས་ཆོས་སྟོན་ཅིང་། ཆེད་དུ་བརྗོད་[4] པ་[5] ཡང་ཆེད་དུ་བརྗོད་[6] པ་མཛད་དོ། །གསོལ་པ། བཅོམ་ལྡན་འདས་དེ་དག་གང་ལགས། བཅོམ་ལྡན་འདས་ཀྱིས་བཀའ་སྩལ་པ། རབ་འབྱོར་བྱང་ཆུབ་སེམས་དཔའ་སེམས་དཔའ་ཆེན་པོ་གང་བྱང་ཆུབ་སེམས་དཔའི་སྤྱད་པ་སྤྱོད་པའི་ཚེ། དེ་བཞིན་གཤེགས་པ་དགྲ་བཅོམ་པ་ཡང་དག་པར་རྫོགས་པའི་སངས་རྒྱས་མི་འཁྲུགས་པའི་རྗེས་སུ་སློབ་པའི་ཚུལ་གྱིས་རྣམ་པར་སྤྱོད་པ་དེ་དག་ལ་སངས་རྒྱས་བཅོམ་ལྡན་འདས་དེ་དག་སྤྲོ་བར་མཛད་པའི་ཚུལ་གྱིས་ཆོས་སྟོན་ཅིང་། ཆེད་དུ་བརྗོད་པ་ཡང་ཆེད་དུ་བརྗོད་[7] པ་མཛད་དོ། །རབ་འབྱོར་གང་བྱང་ཆུབ་སེམས་དཔའ་སེམས་དཔའ་ཆེན་པོ་རིན་ཆེན་དཔལ་གྱི་རྗེས་སུ་སློབ་པའི་ཚུལ་གྱིས་བྱང་ཆུབ་སེམས་དཔའི་སྤྱད་པ་[8] སྤྱོད་པ་དེ་དག་ལ་ཡང་སངས་རྒྱས་བཅོམ་ལྡན་འདས་དེ་དག་སྤྲོ་བར་མཛད་པའི་ཚུལ་གྱིས་ཆོས་སྟོན་ཅིང་། ཆེད་དུ་བརྗོད་པ་ཡང་ཆེད་དུ་བརྗོད་པ་མཛད་དོ། །རབ་འབྱོར་གཞན་ཡང་བྱང་ཆུབ་སེམས་དཔའ་སེམས་དཔའ་ཆེན་པོ་གང་ཤེས་རབ་ཀྱི་ཕ་རོལ་ཏུ་ཕྱིན་པ་ལ་སྤྱོད་ཅིང་། ཆོས་ཐམས་ཅད་སྐྱེ་བ་མེད་པར་མོས་ཀྱང་མི་སྐྱེ་བའི་ཆོས་ལ་བཟོད་པ་མ་ཐོབ་པ་[9] ཆོས་ཐམས་ཅད་སྟོང་པའོ་ཞེས་བྱ་བ་དང་། ཆོས་ཐམས་ཅད་ཞི་བའོ་ཞེས་བྱ་བ་དང་། ཆོས་ཐམས་ཅད་གསོག་གསོབ་སྟེ། རག་ལུས་པའོ་ཞེས་བྱ་བ་དང་། སྙིང་པོ་མེད་པའོ་ཞེས་བྱ་བར་མོས་ཀྱང་མི་སྐྱེ་བའི་ཆོས་ལ་བཟོད་པ་མ་ཐོབ་པ་དེ་

དག་ལ་ཡང་སངས་རྒྱས་བཅོམ་ལྡན་འདས་དེ་དག་སྦྲོ་བར་མཛད་པའི་ཚུལ་གྱིས····
ཆོས་སྟོན་ཅིང་། ཆེད་དུ་བརྗོད་པ་ཡང་ཆེད་དུ་བརྗོད་[༡]པ་མཛད་དོ། །རབ···
འབྱོར་བྱང་ཆུབ་སེམས་དཔའ་སེམས་དཔའ་ཆེན་པོ་གང་ལ་སངས་རྒྱས་བཅོམ་ལྡན་
འདས་རྣམས་མྱིང་ཡོངས་སུ་བརྗོད་པའི་ཚུལ་གྱིས་ཆོས་སྟོན་ཅིང་ཆེད་དུ་བརྗོད་པ་
ཡང་ཆེད་དུ་བརྗོད་[༢]པ་མཛད་པའི་བྱང་ཆུབ་སེམས་དཔའ་སེམས་དཔའ་ཆེན་པོ་དེ་
དག་གིས་ནི། ཉན་ཐོས་ཀྱི་ས་དང་། རང་སངས་རྒྱས་ཀྱི་ས་སྤངས་པ་ཡིན་ཏེ།
བླ་ན་མྱེད་པ་ཡང་དག་པར་རྫོགས་པའི་བྱང་ཆུབ་ཏུ་ཡང་ལུང་བསྟན་པ་ཡིན་ཏེ[༣]།
རབ་འབྱོར་བྱང་ཆུབ་སེམས་དཔའ་སེམས་དཔའ་ཆེན་པོ་ཤེས་རབ་ཀྱི་ཕ་རོལ་ཏུ····
ཕྱིན་པ་ལ་སྤྱོད་པ་གང་ལ་སངས་རྒྱས་བཅོམ་ལྡན་འདས་རྣམས་[༤]མིང་ཡོངས་སུ···
བརྗོད་པའི་ཚུལ་གྱིས་ཆོས་སྟོན་ཅིང་ཆེད་དུ་བརྗོད་པ་ཡང་[༥]ཆེད་དུ་བརྗོད་[༦]པ···
མཛད་པའི་བྱང་ཆུབ་སེམས་དཔའ་སེམས་དཔའ་ཆེན་པོ་དེ་ནི་ཕྱིར་མི་ལྡོག་པ་
ཉིད་ལ་གནས་པར་འགྱུར་ཏེ། དེ་ལ་གནས་པས་རྣམ་པ་ཐམས་ཅད་མཁྱེན་པ་
ཉིད་ཐོབ་པར་འགྱུར་རོ། །རབ་འབྱོར་གཞན་ཡང་བྱང་ཆུབ་སེམས་དཔའ་སེམས་
དཔའ་ཆེན་པོ་ཤེས་རབ་ཀྱི་ཕ་རོལ་ཏུ་ཕྱིན་པ་ཟབ་མོ་བཤད་པ་ཐོས་ན[༧]། འདི··
ནི་དེ་བཞིན་གཤེགས་པ་དགྲ་བཅོམ་པ་ཡང་དག་པར་རྫོགས་པའི་སངས་རྒྱས་ཀྱིས་
ཇི་ལྟར་བཤད་པ་དེ་བཞིན་ནོ་ཞེས་ནམ་ནུར་མྱེད་ཅིང་ཐེ་ཚོམ་མྱི་ཟ་ལ་རྨོངས····
པར་མྱི་འགྱུར་ན། དེས་ནི་[༨]ཕྱིས་ཀྱང་རྒྱ་ཆེར་དེ་བཞིན་གཤེགས་པ་དགྲ་བཅོམ་
པ་ཡང་དག་པར་རྫོགས་པའི་སངས་རྒྱས་མྱི་འཁྲུགས་པ་དང་། བྱང་ཆུབ་སེམས་
དཔའི་ཐེག་པ་པའི་[༩]རིགས་ཀྱི་བུ་དེ་དག་ལས་ཐོས་པར་འགྱུར་ཏེ། བྱང་ཆུབ····
སེམས་དཔའི་ཐེག་པ་པའི་རིགས་ཀྱི་བུ་དེ་ཡང་ཤེས་རབ་ཀྱི་ཕ་རོལ་ཏུ་ཕྱིན་པ་[༡༠]འདི་
ལ་ཐོས་ཤིང་། ཤེས་རབ་ཀྱི་ཕ་རོལ་ཏུ་ཕྱིན་པ་ཟབ་མོ་འདི་ལ་དེ་བཞིན་གཤེགས་

པས་ཇི་སྐད་དུ་བསྟན་པ་དེ་བཞིན་དུ་མོས་པས། ཕྱིར་མྱི་ལྡོག་པ་ཉིད་ལ་གནས་པར་འགྱུར་[1] ཏེ། རབ་འབྱོར་དེ་ལྟར་བྱང་ཆུབ་སེམས་དཔའ་སེམས་དཔའ་ཆེན་པོས་ཤེས་རབ་ཀྱི་ཕ་རོལ་ཏུ་ཕྱིན་པ་ཐོས་[2] པ་ནི་ཕན་པ་མང་པོར་འགྱུར་བ་ཡིན་ཏེ། གང་གིས་མོས་ཤིང་མོས་ནས་དེ་བཞིན་ཉིད་[3] དུ་གནས་པ་དང་། དེ་བཞིན་ཉིད་[4] དུ་ནན་ཏན་བྱེད་པ་དེ་དག་ནི་[5] སྨོས་ཀྱང༔ མྱི་སྨོས་[6] ཏེ། དེ་དག་དེ་བཞིན་ཉིད་ལ་གནས་[7]། དེ་བཞིན་ཉིད་ལ་ནན་ཏན་དུ་བྱས་ནས། རྣམ་པ་ཐམས་ཅད་མཁྱེན་པ་ཉིད་ལ་གནས་པར་འགྱུར་རོ། །གསོལ་པ། བཅོམ་ལྡན་འདས་དེ་བཞིན་ཉིད་དུ་གནས་ནས། དེ་བཞིན་ཉིད་[8] དུ་ནན་ཏན་བགྱིས་ཏེ། ཆོས་གང་ཡང་མི་དམིགས་ན། དེ་ཇི་ལྟར་རྣམ་པ་ཐམས་ཅད་མཁྱེན་པ་ཉིད་ལ་གནས་པར་འགྱུར་བ་ལགས། བཅོམ་ལྡན་འདས་དེ་ལྟར་དེ་བཞིན་ཉིད་ལ་མ་གཏོགས་པའི་ཆོས་ཀྱང་གང་ཡང་མྱི་དམྱིགས་ན་སུ་ཞིག་དེ་བཞིན་ཉིད་ལ་གནས་པར་འགྱུར། སུ་ཞིག་དེ་བཞིན་ཉིད་ལ་གནས་ནས། བླ་ན་མྱེད་པ་ཡང་དག་པར་རྫོགས་པའི་བྱང་ཆུབ་ཏུ་མངོན་པར་རྫོགས་པར་འཚང་རྒྱ་བར་འགྱུར། སུ་ཞིག༔ དེ་བཞིན་ཉིད་ལ་གནས་ཤིང་། ཆོས་སྟོན་པར་འགྱུར[9]། དེ་བཞིན་ཉིད་ཀྱང་དམྱིགས་སུ་མ་མཆིས་ན། [10] དེ་བཞིན་ཉིད་ལ་གནས་པར་འགྱུར་བ་དང་། དེ་བཞིན་ཉིད་ལ་གནས་ཏེ། བླ་ན་མྱེད་པ་ཡང་དག་པར་རྫོགས་པའི་བྱང་ཆུབ་ཏུ་མངོན་པར་རྫོགས་པར་འཚང༔ རྒྱ་བ་[11] དང་། དེ་བཞིན་ཉིད་ལ་གནས་ཤིང་ཆོས་སྟོན་པར་འགྱུར་བ་ལྟ་ཅི་སྨོས་ཏེ། དེ་ནི་གནས་མ་མཆིས་སོ། །བཅོམ་ལྡན་འདས་ཀྱིས་བཀའ་སྩལ་པ། རབ་འབྱོར་གང་ཁྱོད་ཀྱིས་འདི་སྐད་དུ་གང་དེ་བཞིན་ཉིད་ལ་གནས་པ་དང་། དེ་བཞིན་ཉིད་ལ་གནས་ཏེ། བླ་ན་མྱེད་པ་ཡང་དག་པར་རྫོགས་པའི་བྱང་ཆུབ་ཏུ་མངོན་པར་རྫོགས་པར་འཚང་རྒྱ་བ་དང་། དེ་བཞིན་

ཉིད་ལ་གནས་ཤིང་ཆོས་སྟོན་པར་འགྱུར་བ་དེ་ལྟ་བུའི་ཆོས་གང་ཡང་དེ་བཞིན་ཉིད་ལ་མ་གཏོགས་པ་[1]གཞན་དམིགས་སུ་མྱེད་དེ། ཿདེ་བཞིན་ཉིད་ཀྱང་དམིགས་སུ་མྱེད་ན།[2] དེ་བཞིན་ཉིད་ལ་གནས་པར་འགྱུར་བ་དང་། དེ་བཞིན་ཉིད་ལ་གནས་ཏེ། བླ་ན་མྱེད་པ་ཡང་དག་པར་རྫོགས་པའི་བྱང་ཆུབ་ཏུ་མངོན་པར་རྫོགས་པར་འཚང་རྒྱ་བ་དང་། དེ་བཞིན་ཉིད་ལ་གནས་ཤིང་ཆོས་སྟོན་[3]པར་འགྱུར་བ་ལྟ་ཅི་སྨོས་ཏེ། དེ་ནི་གནས་མྱེད་དོ་ཞེས་ཟེར་བ་ནི། རབ་འབྱོར་དེ་དེ་བཞིན་ནོ། །དེ་དེ་བཞིན་ཏེ། ཇི་སྐད་དུ་སྨྲས་པ་[4]དེ་བཞིན་ནོ། །རབ་འབྱོར་གང་དེ་བཞིན་ཉིད་ལ་གནས་པ་དང་། གང་དེ་བཞིན་ཉིད་ལ་གནས་ཏེ། བླ་ན་མྱེད་པ་ཡང་དག་པར་རྫོགས་པའི་བྱང་ཆུབ་ཏུ་མངོན་པར་རྫོགས་པར་འཚང་རྒྱ་བ་དང་། གང་དེ་བཞིན་ཉིད་ལ་གནས་ཤིང་ཆོས་སྟོན་པར་འགྱུརཿབ་དེ་ལྟ་བུའི་ཆོས་[5]གང་ཡང་དེ་བཞིན་ཉིད་ལ་མ་གཏོགས་པར་གཞན་དམིགས་སུ་མྱེད་དེ། དེ་བཞིན་ཉིད་ཀྱང་དམིགས་སུ་མེད་ན། གང་དེ་བཞིན་ཉིད་ལ་གནས་པར་འགྱུར་བ་དང་། དེ་བཞིན་ཉིད་ལ་གནས་ཏེ། བླ་ན་མྱེད་པ་ཡང་དག་པར་རྫོགས་པའི་བྱང་ཆུབ་ཏུ་མངོན་པར་རྫོགས་པར་འཚང་རྒྱ་བ་དང་། དེ་བཞིན་ཉིད་ལ་གནས་ཤིང་ཆོས་སྟོན་པར་འགྱུར་བ་ལྟ་ཅི་སྨོས་ཏེ། དེ་ནི་གནས་མྱེད་དོ། །དེ་ཅིའི་ཕྱིར་ཞེ་ན། རབ་འབྱོར་དེ་བཞིན་གཤེགས་པ་རྣམས་བྱུང་ཡང་རུང་། དེ་བཞིན་གཤེགས་པ་རྣམས་མ་བྱུང་ཡང་རུང་སྟེ། ཆོས་རྣམས་ཀྱི་དེ་བཞིན་ཉིད་དང་། མ་ནོར་བ་དེ་བཞིན་ཉིད་དང་། གཞན་མ་ཡིན་པ་དེ་བཞིན་ཉིད་དང་། ཆོས་ཉིད་དེ་ནི་གནས་པའོ། །ཆོས་རྣམས་ཀྱི་ཆོས་ཀྱི་དབྱིངས་དང་། ཆོས་ཀྱི་གནས་ཉིད་དང་། ཆོས་སྐྱོན་མྱེད་པ་ཉིད་དང་། ཡང་དག་པའི་མཐའ་དེ་ནི་གནས་པ་སྟེ། རབ་འབྱོར་དེ་བཞིན་ཉིད་འདི་ལ་ནི་གང་ཡང་གནས་པར་འགྱུར་

བ་མེད་དེ། དེ་ལ་གནས་ཤིང་བླ་ན་མེད་པ་ཡང་དག་པར་རྫོགས་པའི་བྱང་ཆུབ་ཏུ་མངོན་པར་རྫོགས་པར་འཚང་རྒྱ་བར་འགྱུར་བ་སུ་ཡང་མེད་ན་དེ་ལ་གནས་ཤིང་ཆོས་སྟོན་པར་འགྱུར་བ་ལྟ་ཅི་སྨོས་ཏེ། དེ་ནི་གནས་མེད་དོ། །དེ་ནས་ལྷའི་དབང་པོ་བརྒྱ་བྱིན་གྱིས་བཅོམ་ལྡན་འདས་ལ་འདི་སྐད་ཅེས་གསོལ་ཏོ། །བཅོམ་ལྡན་འདས་ཤེས་རབ་ཀྱི་ཕ་རོལ་ཏུ་ཕྱིན་པ་འདི་ནི་ཟབ་པ་སྟེ། བཅོམ་ལྡན་འདས་བྱང་ཆུབ་སེམས་དཔའ་སེམས་དཔའ་ཆེན་པོ་གང་བླ་ན་མེད་པ་ཡང་དག་པར་རྫོགས་པའི་བྱང་ཆུབ་ཏུ་མངོན་པར་རྫོགས་པར་འཚང་རྒྱ་བར་འཚལ་བ་དེ་དག་ནི་དཀའ་བ་བགྱིད་པའོ། །དེ་ཅིའི་སླད་དུ་ཞེ་ན། བཅོམ་ལྡན་འདས་ཆོས་གང་ཡང་དམིགས་སུ་མ་མཆིས་ཏེ། སུ་ཡང་དེ་བཞིན་ཉིད་ལ་གནས་པ་མ་མཆིས་ལ། བླ་ན་མེད་པ་ཡང་དག་པར་རྫོགས་པའི་བྱང་ཆུབ་ཏུ་མངོན་པར་རྫོགས་པར་འཚང་རྒྱ་བ་ཡང་གང་ཡང་མ་མཆིས་ཏེ། ཆོས་སྟོན་པ་ཡང་གང་ཡང་མ་མཆིས་ལ། དེས་ཞུམ་པར་ཡང་མི་འགྱུར་ཞིང་དེ་དག་ལ་ནེམ་ནུར་དུ་འགྱུར་བའམ། སྐྲོངས་པར་འགྱུར་བ་མ་མཆིས་པ་ནི་དཀའ་བ་བགྱིད་པའོ། །དེ་ནས་གནས་བརྟན་རབ་འབྱོར་གྱིས་ལྷའི་དབང་པོ་བརྒྱ་བྱིན་ལ་འདི་སྐད་ཅེས་སྨྲས་སོ། །ཀཽ་ཤི་ཀ་གང་ཁྱོད་ཀྱིས་འདི་སྐད་དུ་བཅོམ་ལྡན་འདས་བྱང་ཆུབ་སེམས་དཔའ་སེམས་དཔའ་ཆེན་པོ་གང་ཆོས་ཟབ་མོ་འདི་དག་ལ་ནེམ་ནུར་དུ་མི་འགྱུར། སྐྲོངས་པར་མི་འགྱུར་བ་ནི། དཀའ་བ་བགྱིད་པའོ། །ཞེས་གསོལ་པ་ནི། ཀཽ་ཤི་ཀ་ཆོས་ཐམས་ཅད་སྟོང་པ་ཡིན་ན། དེ་ལ་ནེམ་ནུར་དུ་འགྱུར་བའམ། སྐྲོངས་པར་འགྱུར་བ་དེ་ལྟ་བུ་སུ་ཞིག་ཡོད། བརྒྱ་བྱིན་གྱིས་སྨྲས་པ། གནས་བརྟན་རབ་འབྱོར་ནི་གང་ཅི་སྟོན་ཀྱང་དེ་ཐམས་ཅད་སྟོང་པ་ཉིད་བརྩམས་ཤིང་སྟོན་ཏེ། ཅི་ལ་ཡང་ཆགས་པ་མེད་དོ། །འདི་ལྟ་སྟེ་དཔེར་ན་བར་སྣང་ལ་འཕངས་པའི་མདའ་ནི་ཅི་

ལ་ཡང་ཆགས་པ་མེད་དོ། །དེ་བཞིན་དུ་གནས་བརྟན་རབ་འབྱོར་གྱིས་ཆོས་བསྟན་པ་ཡང་ཅི་ལ་ཡང་ཆགས་པ་མེད་དོ། །ཤེས་རབ་ཀྱི་ཕ་རོལ་ཏུ་ཕྱིན་པ་སྟོང་ཕྲག་བརྒྱ་པ་ལས། ལེའུ་བཞི་བཅུ་དགུའོ[1]།། །།

དེ་ནས་ལྷའི་དབང་པོ་བརྒྱ་བྱིན་གྱིས་བཅོམ་ལྡན་འདས་ལ་འདི་སྐད་ཅེས་གསོལ་ཏོ། །བཅོམ་ལྡན་འདས་ཅི་ལགས། བདག་གིས་དེ་[2]སྐད་དུ་གསོལ་ཏེ། དེ་སྐད་དུ་བརྗོད་པས། བཅོམ་ལྡན་འདས་ཀྱིས་གསུངས་པའི་རྗེས་སུ་བརྗོད་པ་དང་། ཆོས་སུ་བརྗོད་ཅིང་ཆོས་ཀྱི་གཉེར་བའི་ཆོས་ཉིད་ཡང་དག་པར་ལུང་བསྟན་པས་ལུང་བསྟན་པར་འགྱུར་བ་ལགས་སམ། བཅོམ་ལྡན་འདས་ཀྱིས་བཀའ་སྩལ་པ། ཀོ་[3]ཤི་ཀ་གང་ཁྱོད་ཀྱིས་དེ་སྐད་དུ་སྨྲས་ཏེ། དེ་སྐད་དུ་བརྗོད་པས༑ དེ་བཞིན་གཤེགས་པས་གསུངས་པའི་རྗེས་སུ་བརྗོད་[4]པ་དང་། ཆོས་སུ་བརྗོད་[5]ཅིང་ཆོས་ཀྱི་གཉེར་བའི་ཆོས་ཉིད་ལུང་བསྟན་[6]པར་འགྱུར་རོ། །བརྒྱ་བྱིན་གྱིས་གསོལ་པ། བཅོམ་ལྡན་འདས་གནས་བརྟན་རབ་འབྱོར་འདིས་ཅི་དང་ཅི་སྤྱོབས་པ་དེ་ཐམས་ཅད་སྟོང་པ་ཉིད་བརྩམས་ཤིང་སྤྱོབས། མཚན་མ་མ་མཆིས་པ་ཉིད་བརྩམས་ཤིང་སྤྱོབས། སྨོན་པ་མ་མཆིས་པ་ཉིད་བརྩམས་ཤིང་སྤྱོབས༑ སྦྱིན་པའི་ཕ་རོལ་ཏུ་ཕྱིན་པ་ཉིད་བརྩམས་ཤིང་སྤྱོབས། ཚུལ་ཁྲིམས་ཀྱི་ཕ་རོལ་ཏུ་ཕྱིན་པ་ཉིད་བརྩམས་ཤིང་སྤྱོབས། བཟོད་པའི་ཕ་རོལ་ཏུ་ཕྱིན་པ་ཉིད་བརྩམས་ཤིང་སྤྱོབས། བརྩོན་འགྲུས་ཀྱི་ཕ་རོལ་ཏུ་ཕྱིན་པ་ཉིད་བརྩམས་ཤིང་སྤྱོབས༑ བསམ་གཏན་གྱི་ཕ་རོལ་ཏུ་ཕྱིན་པ་ཉིད་བརྩམས་ཤིང་སྤྱོབས། ཤེས་རབ་ཀྱི་ཕ་རོལ་ཏུ་ཕྱིན་པ་ཉིད་བརྩམས་ཤིང་སྤྱོབས༔ པ་དང་[7]། ནང་སྟོང་པ་ཉིད་བརྩམས་ཤིང་སྤྱོབས། ཕྱི་སྟོང་པ་ཉིད་བརྩམས་ཤིང་སྤྱོབས། ཕྱི་ནང་སྟོང་པ་

ཉིད་བཙམས་ཤིང་སྦྱོབས། སྟོང་པ་ཉིད་སྟོང་པ་ཉིད་བཙམས་ཤིང་སྦྱོབས།
ཆེན་པོ་སྟོང་པ་ཉིད་བཙམས་ཤིང་སྦྱོབས། དོན་དམ་པ་སྟོང་པ་ཉིད་བཙམས་
ཤིང་སྦྱོབས། འདུས་བྱས་སྟོང་པ་ཉིད་བཙམས་ཤིང་སྦྱོབས། འདུས་མ་བྱས་
སྟོང་པ་ཉིད་བཙམས་ཤིང་སྦྱོབས། མཐའ་ལས་འདས་པ་སྟོང་པ་ཉིད་བཙམས་
ཤིང་སྦྱོབས། ཐོག་མ་དང་ཐ་མ་མེད་པ་སྟོང་པ་ཉིད་བཙམས་ཤིང་སྦྱོབས།
དོར་བ་མེད་པ་སྟོང་པ་ཉིད་བཙམས་ཤིང་སྦྱོབས། རང་བཞིན་སྟོང་པ་ཉིད་
བཙམས་ཤིང་སྦྱོབས། ཆོས་ཐམས་ཅད་སྟོང་པ་ཉིད་བཙམས་ཤིང་སྦྱོབས།
རང་གི་མཚན་ཉིད་སྟོང་པ་ཉིད་བཙམས་ཤིང་སྦྱོབས། མི་དམིགས་པ་སྟོང་པ་
ཉིད་བཙམས་ཤིང་སྦྱོབས། དངོས་པོ་མེད་པ་སྟོང་པ་ཉིད་བཙམས་ཤིང་སྦྱོབས།
ངོ་བོ་ཉིད་སྟོང་པ་ཉིད་བཙམས་ཤིང་སྦྱོབས། དངོས་པོ་མེད་པའི་ངོ་བོ་ཉིད་སྟོང་
པ་ཉིད་བཙམས་ཤིང་སྦྱོབས་པ་དང་། དྲན་པ་ཉེ་བར་གཞག་པ་རྣམས་བཙམས་
ཤིང་སྦྱོབས། ཡང་དག་པར་སྤོང་བ་རྣམས་བཙམས་ཤིང་སྦྱོབས། རྫུ་འཕྲུལ་གྱི་
རྐང་པ་རྣམས་བཙམས་ཤིང་སྦྱོབས། དབང་པོ་རྣམས་བཙམས་ཤིང་སྦྱོབས།
སྟོབས་རྣམས་བཙམས་ཤིང་སྦྱོབས། བྱང་ཆུབ་ཀྱི་ཡན་ལག་རྣམས་བཙམས་ཤིང་
སྦྱོབས། འཕགས་པའི་ལམ་ཡན་ལག་བརྒྱད་པ་བཙམས་ཤིང་སྦྱོབས་པ་དང་།
འཕགས་པའི་བདེན་པ་རྣམས་བཙམས་ཤིང་སྦྱོབས། བསམ་གཏན་རྣམས་
བཙམས་ཤིང་སྦྱོབས། ཚད་མེད་པ་རྣམས་བཙམས་ཤིང་སྦྱོབས། གཟུགས་མེད་
པའི་སྙོམས་པར་འཇུག་པ་རྣམས་བཙམས་ཤིང་སྦྱོབས། རྣམ་པར་ཐར་པ་རྣམས་
བཙམས་ཤིང་སྦྱོབས། མཐར་གྱིས་གནས་པའི་སྙོམས་པར་འཇུག་པ་རྣམས་
བཙམས་ཤིང་སྦྱོབས། རྣམ་པར་ཐར་པའི་སྒོ་སྟོང་པ་ཉིད་དང་མཚན་མ་མེད་
པ་དང་སྨོན་པ་མེད་པ་བཙམས་ཤིང་སྦྱོབས། མངོན་པར་ཤེས་པ་རྣམས་བཙམས་

ཞིང་སྦྱོབས། ཧིང་ངེ་འཛིན་རྣམས་བརྩམས་ཞིང་སྦྱོབས། གཟུངས་ཀྱི་སྒོ་རྣམས་བརྩམས་ཞིང་སྦྱོབས[༡]། དེ་བཞིན་གཤེགས་པའི་སྟོབས་རྣམས་བརྩམས་ཞིང་སྦྱོབས། མི་འཇིགས་པ་རྣམས་བརྩམས་ཞིང་སྦྱོབས། སོ་སོ་ཡང་དག་པར་རིག་པ་རྣམས་བརྩམས་ཞིང་སྦྱོབས། [༢]སྙིང་རྗེ་ཆེན་པོ་བརྩམས་ཞིང་སྦྱོབས། སངས་རྒྱས་ཀྱི་ཆོས་མ་འདྲེས་པ་རྣམས་བརྩམས་ཞིང་སྦྱོབས་པ་དང་། རྒྱུན་དུ་ཞུགས་པའི་འབྲས་བུ་བརྩམས་ཞིང་སྦྱོབས། ལན་ཅིག་ཕྱིར་འོང་བའི་འབྲས་བུ་བརྩམས་ཞིང་སྦྱོབས། ཕྱིར་མི་འོང་བའི་འབྲས་བུ་བརྩམས་ཞིང་སྦྱོབས། དགྲ་བཅོམ་པ་ཉིད་བརྩམས་ཞིང་སྦྱོབས། རང་བྱང་ཆུབ་བརྩམས[༣]ཞིང་སྦྱོབས། ལམ་གྱི་རྣམ་པ་ཤེས་པ་ཉིད་བརྩམས་ཞིང་སྦྱོབས། རྣམ་པ་ཐམས་ཅད་མཁྱེན་པ་ཉིད་བརྩམས་ཞིང་སྦྱོབས་པ་ངོ་མཚར་ཆེའོ། །བཅོམ་ལྡན་འདས་ཀྱིས་བཀའ་སྩལ་པ༏ ཀཾ་[༤]ཤི་ཀ་གནས་བརྟན་རབ་འབྱོར་སྟོང་པ་ཉིད་ལ་རྣམ་པར་སྤྱོད་པས། སྦྱིན་པའི་ཕ་རོལ་ཏུ་ཕྱིན་པ་ཉིད་ཀྱང་མི་དམིགས་ན། གང་སྦྱིན་པའི་ཕ་རོལ་ཏུ་ཕྱིན་པ་ལ་སྤྱོད་པ་ལྟ་ཅི་སྨོས། ཚུལ་ཁྲིམས་ཀྱི་ཕ་རོལ་ཏུ་ཕྱིན་པ་ཉིད་ཀྱང་མི་དམིགས་ན། གང་ཚུལ་ཁྲིམས་ཀྱི་ཕ་རོལ་ཏུ་ཕྱིན་པ་ལ་སྤྱོད་པ་ལྟ་ཅི་སྨོས། བཟོད་པའི་ཕ་རོལ་ཏུ་ཕྱིན་པ་ཉིད་ཀྱང་མི་དམིགས་ན། གང་བཟོད་པའི་ཕ་རོལ་ཏུ་ཕྱིན་པ་ལ་སྤྱོད་པ་ལྟ་ཅི་སྨོས། བརྩོན་འགྲུས་ཀྱི་ཕ་རོལ་ཏུ་ཕྱིན་པ་ཉིད་ཀྱང་མི་དམིགས་ན། གང་བརྩོན་འགྲུས་ཀྱི་ཕ་རོལ་ཏུ་ཕྱིན་པ་ལ་སྤྱོད་པ་ལྟ་ཅི་སྨོས། བསམ་གཏན་གྱི་ཕ་རོལ་ཏུ་ཕྱིན་པ་ཉིད་ཀྱང་མི་དམིགས་ན། གང་བསམ་གཏན་གྱི་ཕ་རོལ་ཏུ་ཕྱིན་པ་ལ་སྤྱོད་པ་ལྟ་ཅི་སྨོས། ཤེས་རབ་ཀྱི་ཕ་རོལ་ཏུ་ཕྱིན་པ་ཉིད་ཀྱང་མི་དམིགས་ན། གང་ཤེས་རབ་ཀྱི་ཕ་རོལ་ཏུ་ཕྱིན་པ་ལ་སྤྱོད་པ་ལྟ་ཅི་སྨོས༏ ནང་སྟོང་པ་ཉིད་ཀྱང་མི་དམིགས་ན། གང་ནང་སྟོང་པ་ཉིད་ལ་སྒོམ་[༥]

པ་ལྟ་ཅི་སྨོས། ཕྱི་སྟོང་པ་ཉིད་ཀྱང་མི་དམིགས་ན། གང་ཕྱི་སྟོང་པ་ཉིད་ལ་སྒོམ་[༡]པ་ལྟ་ཅི་སྨོས། ཕྱི་ནང་སྟོང་པ་ཉིད་ཀྱང་མི་དམིགས་ན། གང་ཕྱི་ནང་སྟོང་པ་ཉིད་ལ་སྒོམ་[༢]པ་ལྟ་ཅི་སྨོས། སྟོང་པ་ཉིད་སྟོང་པ་ཉིད་ཀྱང་མི་དམིགས་ན། གང་སྟོང་པ་ཉིད་སྟོང་པ་ཉིད་ལ་སྒོམ་[༣]པ་ལྟ་ཅི་སྨོས། ཆེན་པོ་སྟོང་པ་ཉིད་ཀྱང་མི་དམིགས་ན། གང་ཆེན་པོ་སྟོང་པ་ཉིད་ལ་སྒོམ་[༤]པ་ལྟ་ཅི་སྨོས། དོན་དམ་པ་སྟོང་པ་ཉིད་ཀྱང་མི་དམིགས་ན། གང་དོན་དམ་པ་སྟོང་པ་ཉིད་ལ་སྒོམ་[༥]པ་ལྟ་ཅི་སྨོས། འདུས་བྱས་སྟོང་པ་ཉིད་ཀྱང་མི་དམིགས་ན། གང་འདུས་བྱས་སྟོང་པ་ཉིད་ལ་སྒོམ་[༦]པ་ལྟ་ཅི་སྨོས། འདུས་མ་བྱས་སྟོང་པ་ཉིད་ཀྱང་མི་དམིགས་ན། གང་འདུས་མ་བྱས་སྟོང་པ་ཉིད་ལ་སྒོམ་[༧]པ་ལྟ་ཅི་སྨོས། མཐའ་ལས་འདས་པ་སྟོང་པ་ཉིད་ཀྱང་མི་དམིགས་ན། གང་མཐའ་ལས་འདས་པ་སྟོང་པ་ཉིད་ལ་སྒོམ་[༨]པ་ལྟ་ཅི་སྨོས། ཐོག་མ་དང་ཐ་མ་མེད་པ་སྟོང་པ་ཉིད་ཀྱང་མི་དམིགས་ན། གང་ཐོག་མ་དང་ཐ་མ་མེད་པ་སྟོང་པ་ཉིད་ལ་སྒོམ་[༩]པ་ལྟ་ཅི་སྨོས། དོར་བ་མེད་པ་སྟོང་པ་ཉིད་ཀྱང་མི་དམིགས་ན། གང་དོར་བ་མེད་པ་སྟོང་པ་ཉིད་ལ་སྒོམ་[༡༠]པ་ལྟ་ཅི་སྨོས། རང་བཞིན་སྟོང་པ་ཉིད་ཀྱང་མི་དམིགས་ན། གང་རང་བཞིན་སྟོང་པ་ཉིད་ལ་སྒོམ་[༡༡]པ་ལྟ་ཅི་སྨོས། ཆོས་ཐམས་ཅད་སྟོང་པ་ཉིད་ཀྱང་མི་དམིགས་ན། གང་ཆོས་ཐམས་ཅད་སྟོང་པ་ཉིད་ལ་སྒོམ་[༡༢]པ་ལྟ་ཅི་སྨོས། རང་གི་མཚན་ཉིད་སྟོང་པ་ཉིད་ཀྱང་མི་དམིགས་ན། གང་རང་གི་མཚན་ཉིད་སྟོང་པ་ཉིད་ལ་སྒོམ་[༡༣]པ་ལྟ་ཅི་སྨོས། མི་དམིགས་པ་སྟོང་པ་ཉིད་ཀྱང་མི་དམིགས་ན། གང་མི་དམིགས་པ་སྟོང་པ་ཉིད་ལ་སྒོམ་[༡༤]པ་ལྟ་ཅི་སྨོས། དངོས་པོ་མེད་པ་སྟོང་པ་ཉིད་ཀྱང་མི་དམིགས་ན། གང་དངོས་པོ་མེད་པ་སྟོང་པ་ཉིད༔ལ་སྒོམ་[༡༥]པ་ལྟ་ཅི་སྨོས། ངོ་བོ་ཉིད་སྟོང་པ་ཉིད་ཀྱང་མི་དམིགས་ན། གང་ངོ་བོ་ཉིད་སྟོང་པ་

ཉིད་ལ་སྨོན་[1]པ་ལྷ་ཅི་སྨོས། དངོས་པོ་མེད་པའི་ངོ་བོ་ཉིད་སྟོང་པ་ཉིད་ཀྱང་མི་དམིགས་ན། གང་དངོས་པོ་མེད་པའི་ངོ་བོ་ཉིད་སྟོང་པ་ཉིད་ལ་སྨོན་[2]པ་ལྷ་ཅི་སྨོས། དྲན་པ་ཉེ་བར་གཞག་པ་རྣམས་ཀྱང་མི་དམིགས་ན། གང་དྲན་པ་ཉེ་བར་གཞག་པ་རྣམས་ལ་སྨོན་[3]པ་ལྷ་ཅི་སྨོས། ཡང་དག་པར་སྤོང་བ་རྣམས་ཀྱང་མི་དམིགས་ན། གང་ཡང་དག་པར་སྤོང་བ་རྣམས་ལ་སྨོན་[4]པ་ལྷ་ཅི་སྨོས། རྫུ་འཕྲུལ་གྱི་རྐང་པ་རྣམས་ཀྱང་མི་དམིགས་ན། གང་རྫུ་འཕྲུལ་གྱི་རྐང་པ་རྣམས་ལ་སྨོན་[5]པ་ལྷ་ཅི་སྨོས། དབང་པོ་རྣམས་ཀྱང་མི་དམིགས་ན། གང་དབང་པོ་རྣམས་ལ་སྨོན་[6]པ་ལྷ་ཅི་སྨོས། སྟོབས་རྣམས་ཀྱང་མི་དམིགས་ན། གང་སྟོབས་རྣམས་ལ་སྨོན་[7]པ་ལྷ་ཅི་སྨོས། བྱང་ཆུབ་ཀྱི་ཡན་ལག་རྣམས་ཀྱང་མི་དམིགས་ན། གང་བྱང་ཆུབ་ཀྱི་ཡན་ལག་རྣམས་ལ་སྨོན་[8]པ་ལྷ་ཅི་སྨོས། འཕགས་པའི་ལམ་ཡན་ལག་བརྒྱད་པ་ཡང་མི་དམིགས་ན། གང་འཕགས་པའི་ལམ་ཡན་ལག་བརྒྱད་པ་ལ་སྨོན་[9]པ་ལྷ་ཅི་སྨོས། འཕགས་པའི་བདེན་པ་རྣམས་ཀྱང་མི་དམིགས་ན། གང་འཕགས་པའི་བདེན་པ་རྣམས་ལ་སྨོན་[10]པ་ལྷ་ཅི་སྨོས། བསམ་གཏན་རྣམས་ཀྱང་མི་དམིགས་ན། གང་བསམ་གཏན་རྣམས་ལ་སྨོན་[11]པ་ལྷ་ཅི་སྨོས། ཚད་མེད་པ་རྣམས་ཀྱང་མི་དམིགས་ན། གང་ཚད་མེད་པ་རྣམས་ལ་སྨོན་[12]པ་ལྷ་ཅི་སྨོས། གཟུགས་མེད་པའི་སྙོམས་པར་འཇུག་པ་རྣམས་ཀྱང་མི་དམིགས་ན། གང་གཟུགས་མེད་པའི་སྙོམས་པར་འཇུག་པ་རྣམས་ལ་སྨོན་[13]པ་ལྷ་ཅི་སྨོས། རྣམ་པར་ཐར་པ་རྣམས་ཀྱང་མི་དམིགས་ན། གང་རྣམ་པར་ཐར་པ་རྣམས་ལ་སྨོན་[14]པ་ལྷ་ཅི་སྨོས། མཐར་གྱིས་གནས་པའི་སྙོམས་པར་འཇུག་པ་རྣམས་ཀྱང་མི་དམིགས་ན། གང་མཐར་གྱིས་གནས་པའི་སྙོམས་པར་འཇུག་པ་རྣམས་ལ་སྨོན་[15]པ་ལྷ་ཅི་སྨོས། རྣམ་པར་ཐར་པའི་སྒོ་སྟོང་པ་ཉིད་དང་། མཚན་མ་མེད་པ་

དང་། སྨོན་པ་མྱེད་པ་ཡང་མི་དམྱིགས་ན། གང་རྣམ་པར་ཐར་པའི་སྒོ་སྟོང་པ་ཉིད་དང་། མཚན་མ་མྱེད་པ་དང་། སྨོན་པ་མྱེད་པ་ལ་སྒོམ་[༡]པ་ལྟ་ཅི་སྨོས། མངོན་པར་ཤེས་པ་རྣམས་ཀྱང་མྱི་དམྱིགས་ན། གང་མངོན་པར་ཤེས་པ་རྣམས་ལ་སྒོམ་[༢]པ་ལྟ་ཅི་སྨོས། ཏིང་ངེ་འཛིན་རྣམས་ཀྱང་མྱི་དམྱིགས་ན། གང་ཏིང་ངེ་འཛིན་རྣམས་ལ་སྒོམ་[༣]པ་ལྟ་ཅི་སྨོས། གཟུངས་ཀྱི་སྒོ་རྣམས་ཀྱང་[༤]མི་དམིགས་ན། གང་གཟུངས་ཀྱི་སྒོ་རྣམསཿལ་སྒོམ་[༥]པ་ལྟ་ཅི་སྨོས། དེ་བཞིན་གཤེགས་པའི་སྟོབས་རྣམས་ཀྱང་མྱི་དམྱིགས་ན། གང་དེ་བཞིན་གཤེགས་པའི་སྟོབས་རྣམས་ལ་[༦]མངོན་པར་སྒྲུབ་[༧]པ་ལྟ་ཅི་སྨོས། མྱི་འཇིགས་པ་རྣམས་ཀྱང་མི་དམིགས་ན། གང་མི་འཇིགས་པ་རྣམས་མངོན་པར་སྒྲུབ་[༨]པ་ལྟ་ཅི་སྨོས། སོ་སོ་ཡང་དག་པར་རིག་པ་རྣམས་ཀྱང་མྱི་དམིགས་ན། གང་སོ་སོ་ཡང་དག་པར་རིག་པ་རྣམས་མངོན་པར་སྒྲུབ་[༩]པ་ལྟ་ཅི་སྨོས། [༡༠]སྙིང་རྗེ་ཆེན་པོ་ཉིད་ཀྱང་མྱི་དམྱིགས་ན། གང་སྙིང་རྗེ་ཆེན་པོ་[༡༡]ཿརྣམ་པར་སྦྱོད་[༡༢]པ་ལྟ་ཅི་སྨོས། སངས་རྒྱས་ཀྱི་ཆོས་མ་འདྲེས་པ་བཅོ་[༡༣]བརྒྱད་ཀྱང་མི་དམིགས་ན། གང་སངས་རྒྱས་ཀྱི་ཆོས་མ་འདྲེས་པ་བཅོ་[༡༤]བརྒྱད་མངོན་པར་སྒྲུབ་[༡༥]པ་ལྟ་ཅི་[༡༦]སྨོས། རྒྱུན་དུ་ཞུགས་པའི་འབྲས་བུ་ཉིད་ཀྱང་མྱི་དམྱིགས་ན། གང་རྒྱུན་དུ་ཞུགས་པའི་འབྲས་བུ་རྗེས་སུ་འཐོབ་པ་ལྟ་ཅི་སྨོས། ལན་ཅིག་ཕྱིར་འོང་བའི་འབྲས་བུ་ཉིད་ཀྱང་མྱི་དམྱིགས་ན། གང་ལན་ཅིག་ཕྱིར་འོང་བའི་འབྲས་བུ་རྗེས་སུ་འཐོབ་པ་ལྟ་ཅི་སྨོས། ཕྱིར་མྱི་འོང་བའི་འབྲས་བུ་ཉིད་ཀྱང་མྱི་དམྱིགས་ན། གང་ཕྱིར་མི་འོང་བའི་འབྲས་བུ་རྗེས་སུ་འཐོབ་པ་ལྟ་ཅི་སྨོས། དགྲ་བཅོམ་པ་ཉིད་ཀྱང་མྱི་དམྱིགས་ན། གང་དགྲ་བཅོམ་པའི་འབྲས་བུ་རྗེས་སུ་འཐོབ་པ་ལྟ་ཅི་སྨོས། རང་བྱང་ཆུབ་ཉིད་ཀྱང་མྱི་དམྱིགས་ན། གང་རང་བྱང་ཆུབ་ཀྱི་འབྲས་བུ་རྗེས་སུ་འཐོབ་པ་ལྟ་ཅི་སྨོས།

ལམ་གྱི་རྣམ་པ་[༡] ཞེས་པ་ཉིད་ཀྱང་མི་དམིགས་ན། གང་ལམ་གྱི་རྣམ་པ་ཞེས་པ་ཉིད་རྗེས་སུ་འཐོབ་པ་ལྟ་ཅི་སྨོས། རྣམ་པ་ཐམས་ཅད་མཁྱེན་པ་ཉིད་ཀྱང་མི་དམིགས་ན། གང་རྣམ་པ་ཐམས་ཅད་མཁྱེན་པ་ཉིད་རྗེས་སུ་འཐོབ་པ་ལྟ་ཅི་སྨོས། དེ་བཞིན་[༢] ཉིད་ཀྱང་མི་དམིགས་ན། གང་དེ་བཞིན་གཤེགས་པར་འགྱུར་བ་ལྟ་ཅི་སྨོས། མ་སྐྱེས་པ་ཉིད་ཀྱང་མི་དམིགས་ན། གང་མ་སྐྱེས་པ་མངོན་དུ་བྱེད་པ་ལྟ་ཅི་སྨོས། མཚན་རྣམས་ཀྱང་མི་དམིགས་ན། གང་གི་ལུས་ལ་མཚན་ཡོད་པར་འགྱུར་བ་ལྟ་ཅི་སྨོས། ཿདཔེ་བྱད་[༣] རྣམས་ཀྱང་མི་དམིགས་ན། གང་གི་ལུས་ལ་དཔེ་བྱད་ཡོད་པར་འགྱུར་བ་ལྟ་ཅི་སྨོས། དེ་ཅིའི་ཕྱིར་ཞེ་ན། ཀཽ་[༤] ཤི་ཀ་གནས་བརྟན་རབ་འབྱོར་ནི་ཆོས་ཐམས་ཅད་དབེན་པ་ལ་རྣམ་པར་སྤྱོད་པ་སྟེ། དམིགས་སུ་མེད་པ་ལ་རྣམ་པར་སྤྱོད་པ། སྟོང་པ་ཉིད་ལ་རྣམ་པར་སྤྱོད་པ། མཚན་མ་མེད་པ་ལ་རྣམ་པར་སྤྱོད་པ། སྨོན་པ་མེད་པ་ལ་རྣམ་པར་སྤྱོད་པ་སྟེ། ཀཽ་[༥] ཤི་ཀ་གནས་བརྟན་རབ་འབྱོར་གྱི་[༦] རྣམ་པར་སྤྱོད་པ་གང་ཡིན་པ་དེས་ནི། བྱང་ཆུབ་སེམས་དཔའ་སེམས་དཔའ་ཆེན་པོ་ཤེས་རབ་ཀྱི་ཕ་རོལ་ཏུ་ཕྱིན་པ་ལ་རྣམ་པར་སྤྱོད་པ་དང་། ཤེས་རབ་ཀྱི་ཕ་རོལ་ཏུ་ཕྱིན་པ་ལ་སྤྱོད་པའི་རྣམ་པར་སྤྱོད་པ་ལ་བརྒྱའི་ཆར་ཡང་ཉེ་བར་མི་འགྲོའོ། །སྟོང་གི་ཆར་ཡང་ཉེ་བར་མི་འགྲོའོ། །བརྒྱ་ཕྲག་སྟོང་གི་ཆར་ཡང་ཉེ་བར་མི་འགྲོའོ། །བྱེ་བའི་ཆར་ཡང་ཉེ་བར་མི་འགྲོའོ། །བྱེ་བ་བརྒྱའི་ཆར་ཡང་ཉེ་བར་མི་འགྲོའོ། །བྱེ་བ་སྟོང་གི་ཆར་ཡང་ཉེ་བར་མི་འགྲོའོ། །བྱེ་བ་བརྒྱ་ཕྲག་སྟོང་གི་ཆར་ཡང་ཉེ་བར་མི་འགྲོའོ། །བྱེ་བ་ཕྲག་[༧] ཁྲིག་བརྒྱ་ཕྲག་[༨] སྟོང་གི་ཆར་ཡང་ཉེ་བར་མི་འགྲོའོ། །གྲངས་དང་ཆ་དང་བགྲང་བ་དང་། དཔེ་དང་རྒྱར་ཡང་[༩] མི་བཟོད་དོ། །དེ་ཅིའི་ཕྱིར་ཞེ་ན། དེ་བཞིན་གཤེགས་པའི་རྣམ་པར་སྤྱོད་པ་མ་གཏོགས་པར་བྱང་ཆུབ་སེམས་དཔའ་

སེམས་དཔའ་ཆེན་པོ་ཤེས་རབ་ཀྱི་ཕ་རོལ་ཏུ་ཕྱིན་པ་ལ་སྤྱོད་པའི་རྣམ་པར་སྤྱོད་པ་གང་ཡིན་པ་དང་། ཉན་ཐོས་རྣམས་ཀྱི་[1]རྣམ་པར་སྤྱོད་པ་གང་ཡིན་པ་དང་། རང་སངས་རྒྱས་རྣམས་[2]ཀྱི་རྣམ་པར་སྤྱོད་པ་གང་ཡིན་པའི་རྣམ་པར་སྤྱོད་པ་དེ་དག་ལས་བྱང་ཆུབ་སེམས་དཔའ་སེམས་དཔའ་ཆེན་པོ་ཤེས་རབ་ཀྱི་ཕ་རོལ་ཏུ་ཕྱིན་པ་ལ་སྤྱོད་པའི་རྣམ་པར་སྤྱོད་པ་འདི་ཉིད་ནི་མཆོག་ཅེས་བྱའོ[3]། །རབ་ཅེས་བྱའོ། །ཕུལ་ཞེས་བྱའོ། །དམ་པ་ཞེས་བྱའོ། །གྱ་ནོམ་པ་ཞེས་བྱའོ། །བླ་ན་མེད་པ་གོང་ན་མེད་པ། མཉམ་པ་མེད་པ། མི་མཉམ་པ་དང་མཉམ་པ་ཞེས་བྱའོ། །ཀཽ་[4]ཤི་ཀ་དེ་བས་ན་བྱང་ཆུབ་སེམས་དཔའ་སེམས་དཔའ་ཆེན་པོ་སེམས་ཅན་ཐམས་ཅད་ཀྱི་མཆོག་ཏུ་འགྱུར་བར་[5]འདོད་པས། འདི་ལྟ་སྟེ་ཤེས་རབ་ཀྱི་ཕ་རོལ་ཏུ་ཕྱིན་པའི་རྣམ་པར་སྤྱོད་པ་འདི་ཉིད་ཀྱིས་རྣམ་པར་སྤྱད་[6]པར་བྱའོ། །དེ་ཅིའི་ཕྱིར་ཞེ་ན། ཀཽ་[7]ཤི་ཀ་ཤེས་རབ་ཀྱི་ཕ་རོལ་ཏུ་ཕྱིན་པ་འདི་ལ་སྤྱོད་པའི་བྱང་ཆུབ་སེམས་དཔའ་སེམས་དཔའ་ཆེན་པོ་ནི་ཉན་ཐོས་[8]དང་། རང་སངས་རྒྱས་ཀྱི་ས་ལས་འདས་ཏེ། བྱང་ཆུབ་སེམས་དཔའི་སྐྱོན་མེད་པར་[9]འཇུག་གོ། །བྱང་ཆུབ་སེམས་དཔའི་སྐྱོན་མེད་པར་[10]ཞུགས་ནས། སངས་རྒྱས་ཀྱི་ཆོས་རྣམས་ཡོངས་སུ་རྫོགས་[11]པར་འགྱུར་རོ། །སངས་རྒྱས་ཀྱི་ཆོས་རྣམས་ཡོངས་སུ་རྫོགས་པར་བྱས་ནས། རྣམ་པ་ཐམས་ཅད་མཁྱེན་པ་ཉིད་ཀྱི་ཡེ་ཤེས་རྗེས་སུ་འཐོབ་པར་འགྱུར་རོ། །རྣམ་པ་ཐམས་ཅད་མཁྱེན་པ་ཉིད་ཀྱི་ཡེ་ཤེས་རྗེས་སུ་ཐོབ་[12]ནས། བག་ཆགས་ཀྱི་མཚམས་སྦྱོར་བའི་ཉོན་མོངས་པ་ཐམས་ཅད་སྤངས་[13]པའི་དེ་བཞིན་གཤེགས་པ་དགྲ་བཅོམ་པ་ཡང་དག་པར་རྫོགས་པའི་སངས་རྒྱས་སུ་འགྱུར་རོ།།

ཤེས་རབ་ཀྱི་ཕ་རོལ་ཏུ་ཕྱིན་པ་སྟོང་ཕྲག་བརྒྱ་པ། བམ་པོ་ཉི་ཤུ་བཞི་[14]པ། དེ་ནས་འཁོར་དེའི་ནང་ནས་སུམ་ཅུ་[15]རྩ་གསུམ་གྱི་ལྷ་རྣམས་མེ་ཏོག་མནྡཱ་[16]ར་བ་

མང་པོ་ཐོགས་ཏེ། བཅོམ་ལྡན་འདས་ལ་གཏོར་ཏོ། །མངོན་པར་གཏོར་ཏོ། །རབ་ཏུ་གཏོར་ཏོ། །དགེ་སློང་བརྒྱ་ཕྲག་[1]དྲུག་ཅུ་[2]ཙམ་ཡང་སྟན་ལས་ལངས་ནས་ཆོས་གོས་ཕྲག་པ་གཅིག་ཏུ་གཟར་[3]ཏེ། པུས་མོ་གཡས་པའི་ལྷ་ང་ས་ལ་བཙུགས་[4]ནས། བཅོམ་ལྡན་འདས་ག་ལ་བ་དེ་ལོགས་སུ་ཐལ་མོ་སྦྱར་བས་[5]བཏུད་ནས། བཅོམ་ལྡན་འདས་ལ་མིག་མི་འཛུམ་[6]པར་ལྟ་ཞིང་ཕྱག་འཚལ་ལོ། །དགེ་སློང་དེ་དག་གིས་ཐལ་མོ་སྦྱར་ཏེ་བཏུད་པའི་ཚེ། སངས་རྒྱས་ཀྱི་མཐུས་སླེམ་པ་མེ་ཏོག་མནྡཱ་[7]ར་བས་གང་བར་གྱུར་ནས། མེ་ཏོག་མནྡཱ་[8]ར་བ་དེ་དག་གིས་དེ་བཞིན་གཤེགས་པ་དགྲ་བཅོམ་པ་ཡང་དག་པར་རྫོགས་པའི་སངས་རྒྱས་ལ་⋯⋯གཏོར་ཏོ། །མངོན་པར་གཏོར་ཏོ། །རབ་ཏུ་གཏོར་ཏོ། །དེ་ལྟར་འཐོར་ཞིང་མངོན་པར་འཐོར་བ་དང་། རབ་ཏུ་འཐོར་བའི་ཚེ། ཚིག་འདི་སྐད་ཅེས་[9]བརྗོད་དེ། བཅོམ་ལྡན་འདས་དགེ་བའི་རྩ་བ་འདིས། ཉན་ཐོས་དང་རང་སངས་རྒྱས་ཐམས་ཅད་ཀྱི་སྤྱོད་ཡུལ་མ་ལགས་པའི་རྣམ་པར་སྤྱོད་པ་དམ་པས། བདག་ཅག་རྣམ་པར་སྤྱོད་པར་གྱུར་ཅིག་ཅེས་སྨྲས་པ་དང་། དེ་ནས་བཅོམ་ལྡན་འདས་ཀྱིས་དགེ་སློང་དེ་དག་གི་[10]བསམ་པ་ཐུགས་སུ་ཆུད་དེ། དེའི་ཚེ་འཛུམ་[11]པ་མཛད་དོ། །སངས་རྒྱས་བཅོམ་ལྡན་འདས་རྣམས་ཀྱི་ཆོས་ཉིད་ཀྱིས་ཀྱང༔ དེ་སྟེ[12]། དེ་ལྟར་འཛུམ་པ་མཛད་པའི་[13]ཚེ། བཅོམ་ལྡན་འདས་ཀྱི་ཞལ་གྱི་སྒོ་ནས་འདི་ལྟ་སྟེ། འོད་ཟེར་[14]སྔོན་པོ་དང་། སེར་པོ་དང་། དམར་པོ་དང་། དཀར་པོ་དང་། ༔ལེབ་རྒན་[15]དང་། ཤེལ་དང་། དངུལ་གྱི་ཁ་དོག་ལྟ་བུ་རྣམ་པ་སྣ་ཚོགས་བྱུང་སྟེ། དེ་དག་གིས་སྟོང་གསུམ་གྱི་སྟོང་ཆེན་པོའི་འཇིག་རྟེན་གྱི་ཁམས་སྣང་བས་རྒྱས་པར་བཀང་ནས་ཕྱིར་འདུས་[16]ཏེ། བཅོམ་ལྡན་འདས་ལ་ལན་གསུམ་དུ་གཡས་ཕྱོགས་སུ་བསྐོར་བ་བྱས་ཏེ། བཅོམ་ལྡན་འདས་ཀྱི་དབུའི་གཙུག་ཏུ་

ནུབ་པོ། །དེ་ནས་ཚེ་དང་ལྡན་པ་ཀུན་[1]དགའ་བོ་སྟན་ལས་ལངས་ནས་བླ་གོས་ཕྲག་པ་གཅིག་ཏུ་བྱས་ཏེ། པུས་མོ་གཡས་པའི་ལྷ་ང་ས་ལ་བཙུགས་ནས། བཅོམ་ལྡན་འདས་ག་ལ་བ་དེ་ལོགས་སུ་ཐལ་མོ་སྦྱར་བས་བཏུད་དེ། བཅོམ་ལྡན་འདས་ལ་འདི་སྐད་ཅེས་གསོལ་ཏོ། །བཅོམ་ལྡན་འདས་དེ་བཞིན་གཤེགས་པ་དགྲ་བཅོམ་པ་ཡང་དག་པར་རྫོགས་པའི་སངས་རྒྱས་རྣམས་ནི་རྒྱུ་དང་རྐྱེན་མ་མཆིས་[2]པར་འཛུམ་པ་མི་མཛད་ན། ཅིའི་རྒྱུ་ཅིའི་རྐྱེན་གྱིས་འཛུམ་པ་མཛད། དེ་སྐད་ཅེས་གསོལ་པ་དང་། བཅོམ་ལྡན་འདས་ཀྱིས་ཚེ་དང་ལྡན་པ་ཀུན་[3]དགའ་བོ་ལ་འདི་སྐད་ཅེས་བཀའ་སྩལ་ཏོ། །ཀུན་[4]དགའ་བོ་དགེ་སློང་བརྒྱ་ཕྲག་[5]དྲུག་ཅུ་[6]པོ་འདི་དག་བསྐལ་པ་དཔེ་སྐར་མ་ལྟ་བུ་ལ་བླ་ན་མེད་པ་ཡང་དག་པར་རྫོགས་པའི་བྱང་ཆུབ་ཏུ་མངོན་པར་རྫོགས་པར་འཚང་རྒྱ་[7]སྟེ། མེ་ཏོག་སིལ་མ་ཞེས་བྱ་བའི་དེ་བཞིན་གཤེགས་པ་དགྲ་བཅོམ་པ་ཡང་དག་པར་རྫོགས་པའི་སངས་རྒྱས་[8]ཤ་སྟག་འཇིག་རྟེན་དུ་འབྱུང་བར་འགྱུར་རོ། །ཀུན་[9]དགའ་བོ་མེ་ཏོག་སིལ་མ་ཞེས་བྱ་བའི་དེ་བཞིན་གཤེགས་པ་དགྲ་བཅོམ་པ་ཡང་དག་པར་རྫོགས་པའི་སངས་རྒྱས་དེ་དག་གི་དགེ་སློང་གི་དགེ་འདུན་མཚུངས་པར་འགྱུར། སངས་རྒྱས་ཀྱི་ཞིང་མཚུངས་པར་འགྱུར། ཚེའི་ཚད་ཀྱང་འདི་ལྟ་སྟེ། ལོ་སྟོང་དུ་མཚུངས་པར་འགྱུར་ཏེ། དེ་དག་གང་དང་གང་ནས་མངོན་པར་འབྱུང་བར་འགྱུར་བ་དང་། མངོན་པར་བྱུང་ནས་རབ་ཏུ་འབྱུང་བ་དང་། རབ་ཏུ་བྱུང་ནས་བླ་ན་མེད་པ་ཡང་དག་པར་རྫོགས་པའི་བྱང་ཆུབ་ཏུ་མངོན་པར་རྫོགས་པར་འཚང་རྒྱ་བ་དེ་དང་དེ་དག་ཏུ་མེ་ཏོག་ཁ་དོག་རྣམ་པ་[10]ལྔ་དང་ལྡན་པའི་མེ་ཏོག་གི་ཆར་མངོན་པར་འབབ་པར་འགྱུར་རོ། །ཀུན་[11]དགའ་བོ་དེ་བས་ན་བྱང་ཆུབ་སེམས་དཔའ་སེམས་དཔའ་ཆེན་པོ་རྣམ་པར་སྤྱོད་པའི་དམ་པས་རྣམ་པར་སྤྱོད་[12]པར་

འདོད་པས། ཤེས་རབ་[1]ཀྱི་ཕ་རོལ་ཏུ་ཕྱིན་པ་ལ་སྤྱད་[2]པར་བྱའོ་བྱང་ཆུབ་སེམས་དཔའ་སེམས་དཔའ་ཆེན་པོ། དེ་བཞིན་གཤེགས་པའི་རྣམ་པར་སྤྱད་[3]པས། རྣམ་པར་སྤྱོད་[4]པར་འདོད་པས། ཤེས་རབ་ཀྱི་ཕ་རོལ་ཏུ་ཕྱིན་པ་ལ་སྤྱད་[5]པར་བྱའོ།། ཀུན་[6]ཿདགའ་བོ་[7]རིགས་ཀྱི་བུའམ་རིགས་ཀྱི་བུ་མོ་གང་ཤེས་རབ་ཀྱི་ཕ་རོལ་ཏུ་ཕྱིན་པ་ཟབ་མོ་འདི་ལ་སྤྱོད་པའི་རིགས་ཀྱི་བུ་དང་། རིགས་ཀྱི་བུ་མོ་དེས་འདི་ལྟར་བདག་ནི་མིའི་ནང་ནས་ཤི་འཕོས་ནས་འདིར་སྐྱེས་པའམ། དགའ་ལྡན་གྱི་ལྷའི་རིས་ནས་ཤི་འཕོས་ནས་འདིར་སྐྱེས་པ་སྟེ། མིའི་ནང་དུ་ཤེས་རབ་ཀྱི་ཕ་རོལ་ཏུ་ཕྱིན་པ་ཟབ་མོ་འདི་རྒྱ་ཆེར་ཐོས་པའམ། དགའ་ལྡན་གྱི་ལྷའི་རིས་སུ་ཤེས་རབ་ཀྱི་ཕ་རོལ་ཏུ་ཕྱིན་པ་ཟབ་མོ་འདི་རྒྱ་ཆེར་ཐོས་པའོ་ཞེས་བྱ་བར་རྟོགས་[8]པར་རིག་པར་བྱའོ། །ཀུན་[9]དགའ་བོ་བྱང་ཆུབ་སེམས་དཔའ་སེམས་དཔའ་ཆེན་པོ་གང་ཤེས་རབ་ཀྱི་ཕ་རོལ་ཏུ་ཕྱིན་པ་ཟབ་མོ་འདི་ལ་སྤྱོད་པ་དེ་དག་དེ་བཞིན་གཤེགས་པས་རྣམ་པར་གཟིགས་པརཿབལྟ་སྟེ[10]། ཀུན་[11]དགའ་བོ་རིགས་ཀྱི་བུའམ་རིགས་ཀྱི་[12]བུ་མོ་ལ་ལ་ཞིག་[13]ཤེས་རབ་ཀྱི་ཕ་རོལ་ཏུ་ཕྱིན་པ་ཟབ་མོ་འདི་ཉན་པ་དང་། ཐོས་ནས་འཛིན་པ་དང་། འཆང་བ་དང་། ཀློག་པ་དང་། ཀུན་ཆུབ་པར་བྱེད་པ་དང་། ཚུལ་བཞིན་དུ་[14]ཡིད་ལ་བྱེད་པ་དང་། གང་ཟག་བྱང་ཆུབ་སེམས་དཔའི་ཐེག་པ་པ་རྣམས་ལ་ཤེས་རབ་ཀྱི་ཕ་རོལ་ཏུ་ཕྱིན་པ་ཟབ་མོ་འདི་སྟོན་ཅིང་རྗེས་སུ་འདེམས་[15]པའི་གང་ཟག་བྱང་ཆུབ་སེམས་དཔའི་ཐེག་པ་པ་དེས་[16]བདག་གིས་དེ་བཞིན་གཤེགས་པ་དགྲ་བཅོམ་པ་ཡང་དག་པར་རྫོགས་པའི་སངས་རྒྱས་རྣམས་[17]ལས་ཤེས་རབ་ཀྱི་ཕ་རོལ་ཏུ་ཕྱིན་པ་ཟབ་མོ་འདི་ཐོས་པར་གྱུར། བཟུང་[18]བ་དང་བཅངས་པ་དང་བླགས་[19]པ་དང་། ཀུན་ཆུབ་པར་བྱས་པར་གྱུར་ཏེ། དེ་བཞིན་གཤེགས་པ་དགྲ་བཅོམ་པ་ཡང་དག་པར་རྫོགས་པའི་སངས་རྒྱས

དེ་དག་ལ་ཡང་དགེ་བའི་རྩ་བ་མང་པོ་བསྐྱེད་པར་གྱུར་ཏོ་ཞེས་བྱ་བར་རྟོགས་པར་རིག་པར་བྱ་སྟེ། ཀུན་[1]དགའ་བོ་རིགས་ཀྱི་བུའམ་རིགས་ཀྱི་བུ་མོ་དེས་བདག་གིས་ནི་[2]ཉན་ཐོས་རྣམས་ལ་དགེ་བའི་རྩ་བ་མ་བསྐྱེད་[3]། ཉན་ཐོས་རྣམས་ལས་ཤེས་རབ་ཀྱི་ཕ་རོལ་ཏུ་ཕྱིན་པ་ཟབ་མོ་འདི་ཐོས་པ་མ་ཡིན་ནོ། །ཞེས་བྱ་བར་རིག་པར་བྱའོ། །ཀུན་[4]དགའ་བོ་རིགས་ཀྱི་བུའམ་རིགས་ཀྱི་བུ་མོ་གང་ལ་ལ་ཤེས་རབ་ཀྱི་ཕ་རོལ་ཏུ་ཕྱིན་པ་ཟབ་མོ་འདི་འཛིན་པ་དང་། འཆང་བ་དང་། ཀློག་པ་དང་། ཀུན་ཆུབ་པར་བྱེད་པ་དང་། དོན་དང་། ཚིག་དང་། ཡི་གེ་དང་། མཐུན་པར་ཤིང་དུ་ཆུད་པར་བྱེད་ན། ཀུན་[5]དགའ་བོ་རིགས་ཀྱི་བུའམ་རིགས་ཀྱི་བུ་མོ་དེས་བདག་ལ་ནི་[6]དེ་བཞིན་གཤེགས་པ་དགྲ་བཅོམ་པ་ཡང་དག་པར་རྫོགས་པའི་སངས་རྒྱས་མངོན་དུ་གྱུར་ཏོ་ཞེས་བྱ་བར་རྟོགས་པར་རིག་པར་བྱའོ། །ཀུན་[7]དགའ་བོ་རིགས་ཀྱི་བུའམ་རིགས་ཀྱི་བུ་མོ་གང་ལ་ལ་[8]ཤེས་རབ་ཀྱི་ཕ་རོལ་ཏུ་ཕྱིན་པ་ཟབ་མོ་འདི་བསྟན་པ་ཐོས་ན། ཕྱིར་མི་ཟློག་[9]ཅིང་ངན་དུ་མི་རྫོད་[10]ལ་ཐོས་ནས་ཀྱང་མོས་པ་ཐོབ་པར་འགྱུར་ན་ཀུན་[11]དགའ་བོ་རིགས་ཀྱི་བུའམ་རིགས་ཀྱི་བུ་མོ་དེ་ནི་སྟོན་གྱི་རྒྱལ་བ་ལ་བྱ་བ་བྱས་པ། དགེ་བའི་རྩ་བ་བསྐྱེད་པ་དགེ་བའི་བཤེས་གཉེན་གྱིས་ཡོངས་སུ་བཟུང་[12]བར་རིག་པར་བྱའོ། །ཀུན་[13]དགའ་བོ་རིགས་ཀྱི་བུའམ་རིགས་ཀྱི་བུ་མོ་[14]ལ་ལས་དེ་བཞིན་གཤེགས་པ་དགྲ་བཅོམ་པ་ཡང་དག་པར་རྫོགས་པའི་སངས་རྒྱས་རྣམས་ལས་དགེ་བའི་རྩ་བ་བསྐྱེད་པ་ལྟ་ཡང་མི་སླུ་སྟེ[15]། ཉན་ཐོས་སམ། རང་སངས་རྒྱས་སམ། སངས་རྒྱས་སུ་འགྱུར་མོད་ཀྱི་འོན་ཀྱང་ཀུན་[16]དགའ་བོ་བྱང་ཆུབ་སེམས་དཔའ་སེམས་དཔའ་ཆེན་པོ་སྦྱིན་པའི་ཕ་རོལ་ཏུ་[17]ཕྱིན་པ་ལ་སྤྱོད་པ་དང་། ཚུལ་ཁྲིམས་ཀྱི་ཕ་རོལ་ཏུ་[18]ཕྱིན་པ་ལ་སྤྱོད་པ་དང་། བཟོད་པའི་ཕ་རོལ་ཏུ་ཕྱིན་པ་ལ་སྤྱོད་པ་དང་། བརྩོན་འགྲུས་ཀྱི་ཕ་

རོལ་ཏུ་ཕྱིན་པ་ལ་སྤྱོད་པ་དང་། བསམ་གཏན་གྱི་ཕ་རོལ་ཏུ་ཕྱིན་པ་ལ་སྤྱོད་པ་དང་། ཤེས་རབ་ཀྱི་ཕ་རོལ་ཏུ་ཕྱིན་པ་ལ་སྤྱོད་པ་དང་། ནང་སྟོང་པ་ཉིད་ལ་སྤྱོད་པ་དང་། ཕྱི་སྟོང་པ་ཉིད་ལ་སྤྱོད་པ་དང་། ཕྱི་ནང་སྟོང་པ་ཉིད་ལ་སྤྱོད་པ་དང་། སྟོང་པ་ཉིད་སྟོང་པ་ཉིད་ལ་སྤྱོད་པ་དང་། ཆེན་པོ་སྟོང་པ་ཉིད་ལ་སྤྱོད་པ་དང་། དོན་དམ་པ་སྟོང་པ་ཉིད་ལ་སྤྱོད་པ་དང་། འདུས་བྱས་སྟོང་པ་ཉིད་ལ་སྤྱོད་པ་དང་། འདུས་མ་བྱས་སྟོང་པ་ཉིད་ལ་སྤྱོད་པ་དང་། མཐའ་ལས་འདས་པ་སྟོང་པ་ཉིད་ལ་སྤྱོད་པ་དང་། ཐོག་མ་དང་ཐ་མ་མེད་པ་སྟོང་པ་ཉིད་ལ་སྤྱོད་པ་དང་། དོར་བ་མེད་པ་སྟོང་པ་ཉིད་ལ་སྤྱོད་པ་དང་། རང་བཞིན་སྟོང་པ་ཉིད་ལ་སྤྱོད་པ་དང་། ཆོས་ཐམས་ཅད་སྟོང་པ་ཉིད་ལ་སྤྱོད་པ་དང་། རང་གི་མཚན་ཉིད་སྟོང་པ་ཉིད་ལ་སྤྱོད་པ་དང་། མི་དམིགས་པ་སྟོང་པ་ཉིད་ལ་སྤྱོད་པ་དང་། དངོས་པོ་མེད་པ་སྟོང་པ་ཉིད་ལ་སྤྱོད་པ་[༡] དང་། ངོ་བོ་ཉིད་སྟོང་པ་ཉིད་ལ་སྤྱོད་པ་དང་། དངོས་པོ་མེད་པའི་ངོ་བོ་ཉིད་སྟོང་པ་ཉིད་ལ་སྤྱོད་པ་དང་། དྲན་པ་ཉེ་བར་གཞག་པ་རྣམས་ལ་སྤྱོད་པ་དང་། ཡང་དག་པར་སྤོང་བ་རྣམས་ལ་སྤྱོད་པ་དང་། རྫུ་འཕྲུལ་གྱི་རྐང་པ་རྣམས་ལ་སྤྱོད་པ་དང་། དབང་པོ་རྣམས་ལ་སྤྱོད་པ་དང་། སྟོབས་རྣམས་ལ་སྤྱོད་པ་དང་། བྱང་ཆུབ་ཀྱི་ཡན་ལག་རྣམས་ལ་སྤྱོད་པ་དང་། འཕགས་པའི་ལམ་ཡན་ལག་བརྒྱད་པ་ལ་སྤྱོད་པ་དང་། འཕགས་པའི་བདེན་པ་རྣམས་ལ་སྤྱོད་པ་དང་། བསམ་གཏན་རྣམས་ལ་སྤྱོད་པ་དང་། ཚད་མེད་པ་རྣམས་ལ་སྤྱོད་པ་དང་། གཟུགས་མེད་པའི་སྙོམས་པར་འཇུག་པ་རྣམས་ལ་སྤྱོད་པ་དང་། རྣམ་པར་ཐར་པ་རྣམས་ལ་སྤྱོད་པ་དང་། མཐར་གྱིས་གནས་པའི་སྙོམས་པར་འཇུག་པ་རྣམས་ལ་སྤྱོད་པ་དང་། རྣམ་པར་ཐར་པའི་སྒོ་སྟོང་པ་ཉིད་དང་། མཚན་མ་མེད་པ་དང་།

སྨོན་པ་མེད་པ་ལ་སྤྱོད་པ་དང་། མངོན་པར་ཤེས་པ་རྣམས་ལ་སྤྱོད་པ་དང་། ཏིང་ངེ་འཛིན་རྣམས་ལ་སྤྱོད་པ་དང་། གཟུངས་ཀྱི་སྒོ་རྣམས་ལ་སྤྱོད་པ་དང་། དེ་བཞིན་གཤེགས་པའི་སྟོབས་རྣམས་ལ་སྤྱོད་པ་དང་། མི་འཇིགས་པ་རྣམས་ལ་སྤྱོད་པ་དང་། སོ་སོ་ཡང་དག་པར་རིག་པ་རྣམས་ལ་སྤྱོད་པ་དང་། [1]སྙིང་རྗེ་ཆེན་པོ་ལ་སྤྱོད་པ་དང་། སངས་རྒྱས་ཀྱི་ཆོས་མ་འདྲེས་པ་རྣམས་ལ་སྤྱོད་པ་དང་། རྒྱུན་ཏུ་ཞུགས་པའི་འབྲས་བུ་ལ་སྤྱོད་པ་དང་། ལན་ཅིག་ཕྱིར་འོང་བའི་འབྲས་བུ་ལ་སྤྱོད་པ་དང་། ཕྱིར་མི་འོང་བའི་འབྲས་བུ་ལ་སྤྱོད་པ་དང་། དགྲ་བཅོམ་པ་ཉིད་ལ་སྤྱོད་པ་དང་། རང་བྱང་ཆུབ་ལ་སྤྱོད་པ་དང་། ལམ་གྱི་རྣམ་པ་ཤེས་པ་ཉིད་ལ་སྤྱོད་པ་དང་། རྣམ་པ་ཐམས་ཅད་མཁྱེན་པ་ཉིད་ལ་སྤྱོད་པས་ཤིན་ཏུ་རྟོགས་པར་བྱའོ། །ཤིན་ཏུ་རྟོགས་པའི་བྱང་ཆུབ་སེམས་དཔའ་སེམས་དཔའ་ཆེན་པོ། སྦྱིན་པའི་ཕ་རོལ་ཏུ་ཕྱིན་པ་ལ་སྤྱོད་པ་དང་། ཚུལ་ཁྲིམས་ཀྱི་ཕ་རོལ་ཏུ་ཕྱིན་པ་ལ་སྤྱོད་པ་དང་། བཟོད་པའི་ཕ་རོལ་ཏུ་ཕྱིན་པ་ལ་སྤྱོད་པ་དང་། བརྩོན་འགྲུས་ཀྱི་ཕ་རོལ་ཏུ་ཕྱིན་པ་ལ་སྤྱོད་པ་དང་། བསམ་གཏན་གྱི་ཕ་རོལ་ཏུ་ཕྱིན་པ་ལ་སྤྱོད་པ་དང་། ཤེས་རབ་ཀྱི་ཕ་རོལ་ཏུ་ཕྱིན་པ་ལ་སྤྱོད་པ་དང་། ནང་སྟོང་པ་ཉིད་ལ་སྤྱོད་པ་དང་། ཕྱི་སྟོང་པ་ཉིད་ལ་སྤྱོད་པ་དང་། ཕྱི་ནང་སྟོང་པ་ཉིད་ལ་སྤྱོད་པ་དང་། སྟོང་པ་ཉིད་སྟོང་པ་ཉིད་ལ་སྤྱོད་པ་དང་། ཆེན་པོ་སྟོང་པ་ཉིད་ལ་སྤྱོད་པ་དང་། དོན་དམ་པ་སྟོང་པ་ཉིད་ལ་སྤྱོད་པ་དང་། འདུས་བྱས་སྟོང་པ་ཉིད་ལ་སྤྱོད་པ་དང་། འདུས་མ་བྱས་སྟོང་པ་ཉིད་ལ་སྤྱོད་པ་དང་། མཐའ་ལས་འདས་པ་སྟོང་པ་[2]ཉིད་ལ་སྤྱོད་པ་དང་། ཐོག་མ་དང་ཐ་མ་མེད་པ་སྟོང་པ་ཉིད་ལ་སྤྱོད་པ་དང་། དོར་བ་མེད་པ་སྟོང་པ་ཉིད་ལ་སྤྱོད་པ་དང་། རང་བཞིན་སྟོང་པ་ཉིད་ལ་སྤྱོད་པ་དང་། ཆོས་ཐམས་ཅད་སྟོང་པ་

ཉིད་ལ་སྤྱོད་པ་དང་། རང་གི་མཚན་ཉིད་སྟོང་པ་ཉིད་ལ་སྤྱོད་པ་དང་། མི་དམིགས་[1]པ་སྟོང་པ་ཉིད་ལ་སྤྱོད་པ་དང་། དངོས་པོ་མེད་པ་སྟོང་པ་ཉིད་ལ་སྤྱོད་པ་དང་། ངོ་བོ་ཉིད་སྟོང་པ་ཉིད་ལ་སྤྱོད་པ་དང་། དངོས་པོ་མེད་པའི་ངོ་བོ་ཉིད་སྟོང་པ་ཉིད་ལ་སྤྱོད་པ་དང་། དྲན་པ་ཉེ་བར་གཞག་པ་རྣམས་ལ་སྤྱོད་པ་དང་། ཡང་དག་པར་སྤོང་བ་རྣམས་ལ་སྤྱོད་པ་དང་། རྫུ་འཕྲུལ་གྱི་རྐང་པ་རྣམས་ལ་སྤྱོད་པ་དང་། དབང་པོ་རྣམས་ལ་སྤྱོད་པ་དང་། སྟོབས་རྣམས་ལ་སྤྱོད་པ་དང་། བྱང་ཆུབ་ཀྱི་ཡན་ལག་རྣམས་ལ་སྤྱོད་པ་དང་། འཕགས་པའི་ལམ་ཡན་ལག་བརྒྱད་པ་ལ་སྤྱོད་པ་དང་། འཕགས་པའི་བདེན་པ་རྣམས་ལ་སྤྱོད་པ་དང་། བསམ་གཏན་རྣམས་ལ་སྤྱོད་པ་དང་། ཚད་མེད་པ་རྣམས་ལ་སྤྱོད་པ་དང་། གཟུགས་མེད་པའི་སྙོམས་པར་འཇུག་པ་རྣམས་ལ་སྤྱོད་པ་དང་། རྣམ་པར་ཐར་པ་རྣམས་ལ་སྤྱོད་པ་དང་། མཐར་གྱིས་གནས་པའི་སྙོམས་པར་འཇུག་པ་རྣམས་ལ་སྤྱོད་པ་དང་། རྣམ་པར་ཐར་པའི་སྒོ་སྟོང་པ་ཉིད་དང་། མཚན་མ་མེད་པ་དང་། སྨོན་པ་མེད་པ་ལ་སྤྱོད་པ་དང་། མངོན་པར་ཤེས་པ་རྣམས་ལ་སྤྱོད་པ་དང་། ཏིང་ངེ་འཛིན་རྣམས་ལ་སྤྱོད་པ་དང་། གཟུངས་ཀྱི་སྒོ་རྣམས་[2]ལ་སྤྱོད་པ་དང་། དེ་བཞིན་གཤེགས་པའི་སྟོབས་རྣམས་ལ་སྤྱོད་པ་དང་། མི་འཇིགས་པ་རྣམས་ལ་སྤྱོད་པ་དང་། སོ་སོ་ཡང་དག་པར་རིག་པ་རྣམས་ལ་སྤྱོད་པ་དང་། [3]སྙིང་རྗེ་ཆེན་པོ་ལ་སྤྱོད་པ་དང་། སངས་རྒྱས་ཀྱི་ཆོས་མ་འདྲེས་པ་བཅུ་[4]བརྒྱད་ལ་སྤྱོད་པ་དང་། ཐམས་ཅད་ཤེས་པ་ཉིད་ལ་སྤྱོད་པ་དང་། ལམ་གྱི་རྣམ་པ་ཤེས་པ་ཉིད་ལ་སྤྱོད་པ་དང་། རྣམ་པ་ཐམས་ཅད་མཁྱེན་པ་ཉིད་ལ་སྤྱོད་པ་ནི་ཉན་ཐོས་སམ། རང་སངས་རྒྱས་སུ་མི་འགྱུར་རོ། །ཀུན་[5]དགའ་བོ་དེ་བས་ན་ཤེས་རབ་ཀྱི་ཕ་རོལ་ཏུ་ཕྱིན་པ་ཟབ་མོ་འདི་ཁྱོད་ལ་གཏད་དེ་ཀུན་[6]

དགའ་བོ་གལ་ཏེ་ཁྱོད་ཀྱིས་ངས་ཆོས་གང་ཇི་སྐྱེད་ཅིག་བཤད་པ་ལས་ཤེས་རབ་ཀྱི་ཕ་རོལ་ཏུ་ཕྱིན་པ་མ་གཏོགས་པར་ངས་ཆོས་བསྟན་པ་དེ་དག་ཐམས་ཅད་བཟུང་སྟེ། ཀུན་ཆུབ་པར་བྱས་ནས། དེའི་འོག་ཏུ་ཆུད་གསན་ཏེ་བོར་ཡང་དེ་ཙམ་གྱིས་ཀུན[༡] དགའ་བོ་ཁྱོད་ལ་སྐྱོན་དུ་ངས་མི་བརྗིའི[༢]། ཀུན[༣] དགའ་བོ་གལ་ཏེ་ཁྱོད་ཀྱིས་ཤེས་རབ་ཀྱི་ཕ་རོལ་ཏུ་ཕྱིན་པ་ཟབ་མོ་འདི་བཟུང་སྟེ། ཀུན་ཆུབ་པར་བྱས་ནས་དེའི་འོག་ཏུ་ཆུད་གསན་ཏམ། བོར་བར༔ གྱུར་ན[༤] དེས་ནི་ཀུན[༥] དགའ་བོ་ཁྱོད་ལ[༦] ངས་སྐྱོན་དུ་གཟུང[༧] ངོ་། །ཀུན[༨] དགའ་བོ་དེ་བས་ན་ཤེས་རབ་ཀྱི་ཕ་རོལ་ཏུ་ཕྱིན་པ་ཟབ་མོ་འདི[༩] ཁྱོད་ལ༔ གཏད་ཀྱིས[༡༠] ཅི་ནས་ཀྱང་གཟུང[༡༡] བ་དང་། བཅང་བ་དང་། ཐག[༡༢] པ་དང་། ཀུན་ཆུབ་པར་བྱ་བ་དང་། ཤིན་ཏུ་ཡིད་ལ་གཟུང་བར་གྱིས་ཤིག །ལེགས་པར་ཡོངས་སུ༔ཟིན་པ[༡༣] དང་། ལེགས་པར་ཀུན་ཆུབ་པ་དང་། ལེགས་པར་བཅང་བར་གྱིས་ཤིག །ཡི་གེ་དང་ཚིག་དང[༡༤]། འབྲུ་ཤིན་ཏུ་རྫོགས་པ་དང་། ངེས་པའི་ཚིག་ལེགས་པར་ཤིན་ཏུ་ཟིན་པར་བྱའོ། །ཀུན[༡༥] དགའ་བོ་རིགས་ཀྱི་བུའམ་རིགས་ཀྱི་བུ་མོ་གང་ལ་ལ་ཤེས་རབ་ཀྱི་ཕ་རོལ་ཏུ་ཕྱིན་པ་ཟབ་མོ་འདི་འཛིན་པ་དང་། འཆང[༡༦] བ་དང་། ཀློག་པ་དང་། ཀུན་ཆུབ་པར་བྱེད་པ་དེས་ནི། འདས་པ་དང་མ་བྱོན་པ་དང་། ད་ལྟར་བྱུང་བའི་སངས་རྒྱས་བཅོམ་ལྡན་འདས་རྣམས[༡༧] ཀྱི་བྱང་ཆུབ་གཟུང[༡༨] བར་འགྱུར་རོ། །ཀུན[༡༩] དགའ་བོ་རིགས་ཀྱི་བུའམ་རིགས་ཀྱི་བུ་མོ་གང་ལ་ལ་ཤེས་རབ་ཀྱི་ཕ་རོལ་ཏུ་ཕྱིན་པ་ཟབ་མོ་འདི་འཛིན་པ་དེས[༢༠] ནི་འདས་པ་དང་། མ་བྱོན་པ་དང་། ད་ལྟར་བྱུང་བའི་སངས་རྒྱས་བཅོམ་ལྡན་འདས་རྣམས[༢༡] ཀྱི་བྱང་ཆུབ་མཐུན་པར་ཡོངས་སུ་གཟུང[༢༢] བར་འགྱུར་རོ། །ཀུན[༢༣] དགའ་བོ་མངོན[༢༤] དུ་གྱུར༔པར་ང[༢༥] ལ་གང་མེ་ཏོག་དང་། འཕྲེང[༢༦] བ་དང་། སྤོས་དང་། བྱུག་པ་དང་། ཕྱེ་མ་

དང་། ན་བཟའ་དང་། གདུགས་དང་། རྒྱལ་མཚན་དང་། བ་དན་གྱིས་རིམ་གྲོར་བྱ་བ་དང་། བཀུར་སྟིར་[༡]བྱ་བ་དང་། ཕུ་དུད་དུ་བྱ་བ་དང་། མཆོད་པར་བྱ་བར་འདོད་པ་དེས་ཤེས་རབ་ཀྱི་ཕ་རོལ་ཏུ་ཕྱིན་པ་ཟབ་མོ་འདི་བཟུང་[༢]བར་བྱ། བཅང་བར་བྱ། བླག་[༣]པར་བྱ། ཀུན་ཆུབ་པར་བྱའོ། །ཤེས་རབ་ཀྱི་ཕ་རོལ་ཏུ་ཕྱིན་པ་ཟབ་མོ་འདི་བཟུང་[༤]སྟེ། བཅངས་ནས་བླགས་[༥]ཤིང་ཀུན་ཆུབ་པར་བྱས་ཏེ[༦]། མེ་ཏོག་དང་། འཕྲེང་[༧]བ་དང་། སྤོས་དང་། བྱུག་པ་དང་། ཕྱེ་མ་དང་། ན་བཟའ་དང་། གདུགས་དང་། རྒྱལ་མཚན་དང་། བ་དན་གྱིས་རིམ་གྲོར་བྱ[༨]། བཀུར་སྟིར་[༩]བྱ། ཕུ་དུད་དུ་བྱ། མཆོད་པར་བྱའོ[༡༠]། །ཤེས་རབ་ཀྱི་ཕ་རོལ་ཏུ་ཕྱིན་པ་ལ་རིམ་གྲོ་དང་། བཀུར་སྟི་[༡༡]དང་། ཕུ་དུད་[༡༢]དང་། མཆོད་པ་བྱས་ན། དེས་ནི་ང་ཡང་མཆོད་པར་འགྱུར[༡༣]། འདས་པ་དང་། མ་བྱོན་པ་དང་། ད་ལྟར་བྱུང་བའི་སངས་རྒྱས་བཅོམ་ལྡན་འདས་རྣམས་ཀྱང་མཆོད་པར་འགྱུར་རོ། །ཀུན་[༡༤]དགའ་བོ་གང་ལ་ལ་ཤེས་རབ་[༡༥]ཀྱི་ཕ་རོལ་ཏུ་ཕྱིན་པ་ཟབ་མོ་འདི་བསྟན་པ་ལ་རིམ་གྲོ་དང་། དགའ་བ་དང་། མོས་པ་སྐྱེད་[༡༦]པ་དེས་ནི་འདས་པ་དང་། མ་བྱོན་པ་དང་། ད་ལྟར་བྱུང་བའི་སངས་རྒྱས་བཅོམ་ལྡན་འདས་རྣམས་ལ་རིམ་གྲོ་དང་། དགའ་བ་དང་། མོས་པ་བསྐྱེད་པར་འགྱུར་རོ། །ཀུན་[༡༧]དགའ་བོ་གལ་ཏེ། ཁྱོད་ལ་ང་སྡུག་ཅིང་ཡིད་དུ་འོང་[༡༨]ལ་ཡོངས་སུ་མ་[༡༩]བཏང་ཞེ་ན། ཀུན་[༢༠]དགའ་བོ་ཁྱོད་ཀྱིས་ཤེས་རབ་ཀྱི་ཕ་རོལ་ཏུ་ཕྱིན་པ་[༢༡]འདི་སྡུག་པ་དང་། ཡིད་དུ་འོང་བ་དང་། ཡོངས་སུ་མི་གཏང་[༢༢]བར་གྱིས་ཤིག་ཅི་ནས་ཀྱང་ཤེས་རབ་ཀྱི་ཕ་རོལ་ཏུ་ཕྱིན་པ་ཟབ་མོ་འདི་ལས[༢༣]། ཚིག་འགའ་ཡང་ཁྱོད་ཀྱིས་ཆུད་མ་ཟོས་པར་གྱིས་ཤིག །ཀུན་[༢༤]དགའ་བོ་ངས་ཤེས་རབ་ཀྱི་ཕ་རོལ་ཏུ་ཕྱིན་པ་ཟབ་མོ་འདི༑ གཏད་པ་ལས་[༢༥]བརྗམས་

ཏེ༑ ཁྱོད་ལ་ཤིན་ཏུ་མང་དུ་བསྟན་པ་ཡང་མདོར་ན་ཀུན་[༡] དགའ་བོ་ཁྱོད་ལ་ང་ཇི་ལྟར་[༢] སྟོན་པར་གྱུར་པ་དེ་བཞིན་དུ་ཤེས་རབ་ཀྱི་ཕ་རོལ་ཏུ་ཕྱིན་པ་[༣] འདི་ཡང་[༤] ཁྱོད་ཀྱི་[༥] སྟོན་པ་ཡིན་གྱིས་[༦]། ཀུན་[༧] དགའ་བོ་དེ་བས་ན་[༨] ངས་ཁྱོད་ལ་ཚད་མེད་པར་གཏད་[༩] པས་ཤེས་རབ་ཀྱི་ཕ་རོལ་ཏུ་ཕྱིན་པ་ཟབ་མོ་འདི་ཡོངས་སུ་གཏད་[༡༠] དེ། ཀུན་[༡༡] དགའ་བོ་དེ་བས་ན་[༡༢] ལྷ་དང་མི་དང་ལྷ་མ་ཡིན་དུ་བཅས་པའི་འཇིག་རྟེན་གྱི་མདུན་དུ་བརྗོད་དེ། སུས་སངས་རྒྱས་ཡོངས་སུ་མ་བཏང་བ་དང་། ཆོས་ཡོངས་སུ་མ་བཏང་བ་དང་། དགེ་འདུན་ཡོངས་སུ་མ་བཏང་བ་དང་། འདས་པ་དང་། མ་བྱོན་པ་དང་། ད་ལྟར་བྱུང་བའི་སངས་རྒྱས་བཅོམ་ལྡན་འདས་རྣམས་[༡༣] ཡོངས་སུ་མ་བཏང་བ་དང་། འདས་པ་དང་། མ་བྱོན་པ་དང་། ད་ལྟར་བྱུང་བའི་སངས་རྒྱས་བཅོམ་ལྡན་འདས་རྣམས་ཀྱི་བྱང་ཆུབ་ཡོངས་སུ་མ་བཏང་བ་དེས་ཤེས་རབ་ཀྱི་ཕ་རོལ་ཏུ་ཕྱིན་པ་[༡༤] འདི་ཡོངས་སུ་གཏང་[༡༥] བར་མི་བྱ་སྟེ། འདི་ནི་ངའི་གདམས་ངག་གོ། །ཀུན་[༡༦] དགའ་བོ་རིགས་ཀྱི་བུའམ་རིགས་ཀྱི་བུ་མོ་གང་ལ་ལ་ཤེས་རབ་ཀྱི་ཕ་རོལ་ཏུ་ཕྱིན་པ་ཟབ་མོ་འདི་འཛིན་པ་དང་། འཆང་བ་དང་། ཀློག་པ་དང་། འཕེལ་བར་བྱེད་པ་དང་། ཀུན་ཆུབ་པར་བྱེད་པ་དང་། ཚུལ་བཞིན་དུ་ཡིད་ལ་བྱེད་པ་དང་། གཞན་ལ་ཡང་ཤེས་རབ་ཀྱི་ཕ་རོལ་ཏུ་ཕྱིན་པ་ཟབ་མོ་འདི་རྣམ་གྲངས་དུ་མར་རྒྱ་ཆེར་འཆད་པ་དང་། སྟོན་པ་དང་། རབ་ཏུ་སྟོན་པ་དང་། ཤེས་པར་བྱེད་པ་དང་། རབ་ཏུ་གཞོག་པ་དང་། འགྲེལ་པ་དང་། རྣམ་པར་འབྱེད་པ་དང་། གསལ་བར་བྱེད་པ་དང་། ཡང་དག་པར་སྟོན་པའི་རིགས་ཀྱི་བུ་དང་། རིགས་ཀྱི་བུ་མོ་དེ་ནི་མྱུར་དུ་བླ་ན་མེད་པ་ཡང་དག་པར་རྫོགས་པའི་བྱང་ཆུབ་ཏུ་མངོན་པར་རྫོགས་པར་འཚང་རྒྱ་སྟེ། རྣམ་པ་ཐམས་ཅད་མཁྱེན་པ་ཉིད་དང་ཉེ་བར་གྱུར་པ་ཡིན། དེ་ཅིའི་ཕྱིར་ཞེ་ན།

ཀུན་[1]དགའ་བོ་ཤེས་རབ་ཀྱི་ཕ་རོལ་ཏུ་ཕྱིན་པ་ལས་བྱུང་བ་ནི་སངས་རྒྱས་བཅོམ་ལྡན་འདས་རྣམས་ཀྱི་བླ་ན་མེད་པ་ཡང་དག་པར་རྫོགས་པའི་བྱང་ཆུབ་སྐྱེ[2]། ཀུན་[3]དགའ་བོ་འདས་པའི་དུས་ཀྱི་དེ་བཞིན་གཤེགས་པ་དགྲ་བཅོམ་པ་ཡང་དག་པར་རྫོགས་པའི་སངས་རྒྱས་གང་ཇི་སྙེད་ཅིག་བྱུང་བའི་སངས་རྒྱས་བཅོམ་ལྡན་འདས་དེ་དག་གི། བླ་ན་མེད་པ་ཡང་དག་པར་རྫོགས་པའི་བྱང་ཆུབ་ཀྱང་ཤེས་རབ་ཀྱི་ཕ་རོལ་ཏུ་ཕྱིན་པ་ཉིད་ལས་བྱུང་ངོ་། །ཀུན་[4]དགའ་བོ་མ་འོངས་པའི་དུས་ཀྱི་དེ་བཞིན་གཤེགས་པ་དགྲ་བཅོམ་པ་ཡང་དག་པར་རྫོགས་པའི་སངས་རྒྱས་གང་ཇི་སྙེད་ཅིག་འབྱུང་བའི་སངས་རྒྱས་བཅོམ་ལྡན་འདས་དེ་དག་གི་བླ་ན་མེད་པ་ཡང་དག་པར་རྫོགས་པའི་བྱང་ཆུབ་ཀྱང་ཤེས་རབ་ཀྱི་ཕ་རོལ་ཏུ་ཕྱིན་པ་ཉིད་ལས་འབྱུང་བར་འགྱུར་རོ། །ཀུན་[5]དགའ་བོ་ད་ལྟར་བྱུང་བའི་དུས་ན། ཤར་ཕྱོགས་ཀྱི་འཇིག་རྟེན་གྱི་ཁམས་ཚད་མེད་གྲངས་མེད་དཔག་ཏུ་མེད་པ་དག་ན། དེ་བཞིན་གཤེགས་པ་དགྲ་བཅོམ་པ་ཡང་དག་པར་རྫོགས་པའི་སངས་རྒྱས་གང་ཇི་སྙེད་ཅིག་བཞུགས་ཤིང་འཚོ་སྐྱོང་བ་དང་། ཆོས་སྟོན་པའི་སངས་རྒྱས་བཅོམ་ལྡན་འདས་དེ་དག་གི་བླ་ན་མེད་པ་ཡང་དག་པར་རྫོགས་པའི་བྱང་ཆུབ་ཀྱང་ཤེས་རབ་ཀྱི་ཕ་རོལ་ཏུ་ཕྱིན་པ་ཉིད་ལས་བྱུང་ངོ་། །ཀུན་[6]དགའ་བོ་ད་ལྟར་བྱུང་བའི་དུས་ན། ལྷོ་ཕྱོགས་ཀྱི་འཇིག་རྟེན་གྱི་ཁམས་ཚད་མེད་གྲངས་མེད་དཔག་ཏུ་མེད་པ་དག་ན། དེ་བཞིན་གཤེགས་པ་དགྲ་བཅོམ་པ་ཡང་དག་པར་རྫོགས་པའི་སངས་རྒྱས་གང་ཇི་སྙེད་ཅིག་བཞུགས་ཤིང་འཚོ་སྐྱོང་བ་དང་། ཆོས་སྟོན་པའི་སངས་རྒྱས་བཅོམ་ལྡན་འདས་དེ་དག་གི་བླ་ན་མེད་པ་ཡང་དག་པར་རྫོགས་པའི་བྱང་ཆུབ་ཀྱང་ཤེས་རབ་ཀྱི་ཕ་རོལ་ཏུ་ཕྱིན་པ་ཉིད་ལས་བྱུང་[7]ངོ་། །ཀུན་[8]དགའ་བོ་ད་ལྟར་བྱུང་བའི་དུས་ན། ནུབ་ཕྱོགས་ཀྱི་འཇིག་རྟེན་གྱི་[9]ཁམས་ཚད་མེད་གྲངས་མེད་དཔག་

ཏུ་མྱེད་པ་དག་ན་དེ་བཞིན་གཤེགས་པ་དགྲ་བཅོམ་པ་ཡང་དག་པར་རྫོགས་པའི་སངས་རྒྱས་གང་ཇི་སྙེད་ཅིག་བཞུགས་ཤིང་འཚོ་སྐྱོང་བ་དང་། ཆོས་སྟོན་པའི་སངས་རྒྱས་བཅོམ་ལྡན་འདས་དེ་དག་གི་བླ་ན་མེད་པ་ཡང་དག་པར་རྫོགས་པའི་བྱང་ཆུབ་ཀྱང་ཤེས་རབ་ཀྱི་ཕ་རོལ་ཏུ་ཕྱིན་པ་ཉིད་ལས་བྱུང་ངོ་། །ཀུན་[༡]དགའ་བོ་དེ་ལྟར་བྱུང་བའི་དུས་ན། བྱང་ཕྱོགས་ཀྱི་འཇིག་རྟེན་གྱི་ཁམས་ཚད་མྱེད་གྲངས་མྱེད་དཔག་ཏུ་མྱེད་པ་དག་ན། དེ་བཞིན་གཤེགས་པ་དགྲ་བཅོམ་པ་ཡང་དག་པར་རྫོགས་པའི་སངས་རྒྱས་གང་ཇི་སྙེད་ཅིག་བཞུགས་ཤིང་འཚོ་སྐྱོང་བ་དང་། ཆོས་སྟོན་པའི་སངས་རྒྱས་བཅོམ་ལྡན་འདས་དེ་དག་གི་བླ་ན་མྱེད་པ་ཡང་དག་པར་རྫོགས་པའི་བྱང་ཆུབ་ཀྱང་ཤེས་རབ་ཀྱི་ཕ་རོལ་ཏུ་ཕྱིན་པ་ཉིད་ལས་བྱུང་ངོ་། །ཀུན་[༢]དགའ་བོ་དེ་ལྟར་བྱུང་བའི་དུས་ན། བྱང་ཤར་གྱི་ཕྱོགས་མཚམས་ཀྱི་འཇིག་རྟེན་གྱི་ཁམས་ཚད་མྱེད་གྲངས་མྱེད་དཔག་ཏུ་མྱེད་པ་དག་ན། དེ་བཞིན་གཤེགས་པ་དགྲ་བཅོམ་པ་ཡང་དག་པར་རྫོགས་པའི་སངས་རྒྱས་གང་ཇི་སྙེད་ཅིག་བཞུགས་ཤིང་འཚོ་སྐྱོང་བ་དང་། ཆོས་སྟོན་པའི་སངས་རྒྱས་བཅོམ་ལྡན་འདས་དེ་དག་གི་བླ་ན་མྱེད་པ་ཡང་དག་པར་རྫོགས་པའི་བྱང་ཆུབ་ཀྱང་ཤེས་རབ་ཀྱི་ཕ་རོལ་ཏུ་ཕྱིན་པ་[༣]ཉིད་ལས་བྱུང་ངོ་། །ཀུན་[༤]དགའ་བོ་དེ་ལྟར་བྱུང་བའི་དུས་ན་ཤར་ལྷོའི་ཕྱོགས་མཚམས་ཀྱི་འཇིག་རྟེན་གྱི་ཁམས་ཚད་མྱེད་གྲངས་མྱེད་དཔག་ཏུ་མྱེད་པ་དག་ན། དེ་བཞིན་གཤེགས་པ་དགྲ་བཅོམ་པ་ཡང་དག་པར་རྫོགས་པའི་སངས་རྒྱས་གང་ཇི་སྙེད་ཅིག་བཞུགས་ཤིང་འཚོ་སྐྱོང་བ་དང་། ཆོས་སྟོན་པའི་སངས་རྒྱས་བཅོམ་ལྡན་འདས་དེ་དག་གི་བླ་ན་མྱེད་པ་ཡང་དག་པར་རྫོགས་པའི་བྱང་ཆུབ་ཀྱང་ཤེས་རབ་ཀྱི་ཕ་རོལ་ཏུ་ཕྱིན་པ་ཉིད་ལས་བྱུང་ངོ་། །ཀུན་[༥]དགའ་བོ་དེ་ལྟར་བྱུང་བའི་དུས་ན་ལྷོ་ནུབ་ཀྱི་ཕྱོགས་མཚམས་ཀྱི་འཇིག་རྟེན

ཀྱི་ཁམས་ཚད་མེད་གྲངས་མེད་དཔག་ཏུ་མེད་པ་དག་ན། དེ་བཞིན་གཤེགས་པ་དགྲ་བཅོམ་པ་ཡང་དག་པར་རྫོགས་པའི་སངས་རྒྱས་གང་ཇི་སྙེད་ཅིག་བཞུགས་ཤིང་འཚོ་ སྐྱོང་བ་དང་། ཆོས་སྟོན་པའི་སངས་རྒྱས་བཅོམ་ལྡན་འདས་དེ་དག་གི་བླ་ན་མེད་པ་ཡང་དག་པར་རྫོགས་པའི་བྱང་ཆུབ་ཀྱང་ཤེས་རབ་ཀྱི་ཕ་རོལ་ཏུ་ཕྱིན་པ་ཉིད་ལས་བྱུང་ངོ་། །ཀུན་ དགའ་བོ་ད་ལྟར་བྱུང་བའི་དུས་ན་ནུབ་བྱང་གི་ཕྱོགས་མཚམས་ཀྱི་འཇིག་རྟེན་གྱི་ཁམས་ཚད་མེད་གྲངས་མེད་དཔག་ཏུ་མེད་པ་དག་ན། དེ་བཞིན་གཤེགས་པ་དགྲ་བཅོམ་པ་ཡང་དག་པར་རྫོགས་པའི་སངས་རྒྱས་གང་ཇི་སྙེད་ཅིག་བཞུགས་ཤིང་འཚོ་སྐྱོང་བ་དང་། ཆོས་སྟོན་པའི་སངས་རྒྱས་བཅོམ་ལྡན་འདས་དེ་དག་གི་བླ་ན་མེད་པ་ཡང་དག་པར་རྫོགས་པའི་བྱང་ཆུབ་ཀྱང་ཤེས་རབ་ཀྱི་ཕ་རོལ་ཏུ་ཕྱིན་པ་ཉིད་ལས་བྱུང་ངོ་། །ཀུན་ དགའ་བོ་ད་ལྟར་བྱུང་བའི་དུས་ན་འོག་གི་ཕྱོགས་ཀྱི་འཇིག་རྟེན་གྱི་ཁམས་ཚད་མེད་གྲངས་མེད་དཔག་ཏུ་མེད་པ་དག་ན། དེ་བཞིན་གཤེགས་པ་དགྲ་བཅོམ་པ་ཡང་དག་པར་རྫོགས་པའི་སངས་རྒྱས་གང་ཇི་སྙེད་ཅིག་བཞུགས་ཤིང་འཚོ་སྐྱོང་བ་དང་། ཆོས་སྟོན་པའི་སངས་རྒྱས་བཅོམ་ལྡན་འདས་དེ་དག་གི་བླ་ན་མེད་པ་ཡང་དག་པར་རྫོགས་པའི་བྱང་ཆུབ་ཀྱང་ཤེས་རབ་ཀྱི་ཕ་རོལ་ཏུ་ཕྱིན་པ་ཉིད་ལས་བྱུང་ངོ་། །ཀུན་ དགའ་བོ་ད་ལྟར་བྱུང་བའི་དུས་ན་སྟེང་གི་ཕྱོགས་ཀྱི་འཇིག་རྟེན་གྱི་ཁམས་ཚད་མེད་གྲངས་མེད་དཔག་ཏུ་མེད་པ་དག་ན། དེ་བཞིན་གཤེགས་པ་དགྲ་བཅོམ་པ་ཡང་དག་པར་རྫོགས་པའི་སངས་རྒྱས་གང་ཇི་སྙེད་ཅིག་བཞུགས་ཤིང་འཚོ་སྐྱོང་བ་དང་། ཆོས་སྟོན་པའི་སངས་རྒྱས་བཅོམ་ལྡན་འདས་དེ་དག་གི་བླ་ན་མེད་པ་ཡང་དག་པར་རྫོགས་པའི་བྱང་ཆུབ་ཀྱང་ཤེས་རབ་ཀྱི་ཕ་རོལ་ཏུ་ཕྱིན་པ་ཉིད་ལས་བྱུང་ངོ་། །ཀུན་ དགའ་བོ་དེ་བས་ན་བླ་ན་མེད་པ་ཡང་དག་པར་

རྫོགས་པའི་བྱང་ཆུབ་ཏུ་མངོན་པར་རྫོགས་པར་འཚང་རྒྱ་བར་འདོད་པ་དང་།
ཕ་རོལ་ཏུ་ཕྱིན་པ་དྲུག་ལ་བསླབ་པར་འདོད་པའི་བྱང་ཆུབ་སེམས་དཔའ་སེམས་
དཔའ་ཆེན་པོས་ཤེས་རབ་ཀྱི་ཕ་རོལ་ཏུ་ཕྱིན་པ་ཟབ་མོ་འདི་ལ་བསླབ་པར་བྱའོ། །
དེ་ཅིའི་ཕྱིར་ཞེ་ན། ཀུན་[༡]དགའ་བོ་འདི་ལྟ་སྟེ། ཤེས་རབ་ཀྱི་ཕ་རོལ་ཏུ་ཕྱིན་
པ་ནི་བྱང་ཆུབ་སེམས་དཔའ་སེམས་དཔའ་ཆེན་པོ་རྣམས་ཀྱི་[༢]མ་སྟེ། སྐྱེད་པར་
བྱེད་པའོ། །ཀུན་[༣]དགའ་བོ་བྱང་ཆུབ་སེམས་དཔའ་སེམས་དཔའ་ཆེན་པོ་གང་
ཕ་རོལ་ཏུ་ཕྱིན་པ་དྲུག་ལ་སློབ་པ་དེ་དག་ཐམས་ཅད་ནི་བླ་ན་མེད་པ་ཡང་དག་པར་
རྫོགས་པའི་བྱང་ཆུབ་ཏུ་འབྱུང་བར་འགྱུར་ཏེ། ཀུན་[༤]དགའ་བོ་དེ་བས་ན་ཁྱོད་
ལ་ཕ་རོལ་ཏུ་ཕྱིན་པ་དྲུག་པོ་འདི་དག་ཡང་དང་ཡང་དུ་ཡོངས་སུ་གཏད་དོ། །
རྗེས་སུ་གཏད་དོ། །དེ་ཅིའི་ཕྱིར་ཞེ་ན། ཀུན་[༥]དགའ་བོ་འདི་ནི་དེ་བཞིན་
གཤེགས་པ་དགྲ་བཅོམ་པ་ཡང་དག་པར་རྫོགས་པའི་སངས་རྒྱས་རྣམས་ཀྱི་ཆོས་ཀྱི་
མཛོད་[༦]དེ། འདི་ལྟར་ཕ་རོལ་ཏུ་ཕྱིན་པ་དྲུག་གི་མཛོད་ནི་ཟད་མི་ཤེས་པའི་ཆོས་
ཀྱི་མཛོད་དོ། །ཀུན་[༧]དགའ་བོ་ཕྱོགས་བཅུའི་འཇིག་རྟེན་གྱི་ཁམས་ཚད་མེད་
གྲངས་མེད་དཔག་ཏུ་མེད་པ་དག་ན། དེ་བཞིན་གཤེགས་པ་དགྲ་བཅོམ་པ་ཡང་
དག་པར་རྫོགས་པའི་[༨]སངས་རྒྱས་གང་ཇི་སྙེད་ཅིག་བཞུགས་ཤིང་འཚོ་སྐྱོང་བ་དང་།
ཆོས་སྟོན་པའི་སངས་རྒྱས་བཅོམ་ལྡན་འདས་དེ་དག་ཀྱང་ཕ་རོལ་ཏུ་ཕྱིན་པ་དྲུག་གི་
མཛོད་འདི་ལས་[༩]སྟོན་ཏོ། །ཀུན་[༡༠]དགའ་བོ་འདས་པའི་དུས་ཀྱི་དེ་བཞིན་
གཤེགས་པ་དགྲ་བཅོམ་པ་ཡང་དག་པར་རྫོགས་པའི་སངས་རྒྱས་གང་ཇི་སྙེད་ཅིག་
བྱུང་བ་དེ་དག་ཀྱང་ཕ་རོལ་ཏུ་ཕྱིན་པ་དྲུག་པོ་འདི་དག་ལ་བསླབས་ནས། བླ་ན་
མེད་པ་ཡང་དག་པར་རྫོགས་པའི་བྱང་ཆུབ་ཏུ་མངོན་པར་རྫོགས་པར་སངས་རྒྱས་
ཏེ་ཆོས་བསྟན་ཏོ[༡༡]། །ཀུན་[༡༢]དགའ་བོ་མ་འོངས་པའི་དུས་ཀྱི་དེ་བཞིན་གཤེགས་པ་

དགྲ་བཅོམ་པ་ཡང་དག་པར་རྫོགས་པའི་སངས་རྒྱས་གང་ཇི་སྙེད་ཅིག་འབྱུང་[1]བ་
དེ་དག་ཀྱང་ཕ་རོལ་ཏུ་ཕྱིན་པ་དྲུག་པོ་འདི་དག་ལ་བསླབས་ཏེ། བླ་ན་མེད་པ་
ཡང་དག་པར་རྫོགས་པའི་བྱང་ཆུབ་ཏུ་མངོན་པར་རྫོགས་པར་འཚང་རྒྱ་བར་
འགྱུར་ཏེ། ཆོས་ཀྱང་སྟོན་པར་འགྱུར་རོ། །ཀུན་[2]དགའ་བོ་འདས་པ་དང་།
མ་བྱོན་པ་དང་། དེ་[3]ལྟར་བྱུང་བའི་སངས་རྒྱས་བཅོམ་ལྡན་འདས་རྣམས་ཀྱི་
ཉན་ཐོས་གང་ཇི་སྙེད་ཅིག་ཡོད་པ། དེ་དག་ཀྱང་ཤེས་རབ་ཀྱི་ཕ་རོལ་ཏུ་ཕྱིན་པ་
འདི་ཉིད་ལ་བསླབས་ཏེ། ཡོངས་སུ་མྱ་ངན་ལས་འདས་པར་གྱུར་ཏོ། །ཡོངས་
སུ་མྱ་ངན་ལས་འདའོ། །ཡོངས་སུ་མྱ་ངན་ལས་འདའ་བར་འགྱུར་རོ། །ཀུན་[4]
དགའ་བོ་གལ་ཏེ་ཁྱོད་ཀྱིས་གང་ཟག་ཉན་ཐོས་ཀྱི་ཐེག་པ་པ་རྣམས་ལ་ཉན་ཐོས་ཀྱི་
ས་ལས་[5]བརྩམས་ཏེ། ཆོས་བསྟན་པའི་ཆོས་བསྟན་པ་དེས་སྟོང་གསུམ་གྱི་སྟོང་
ཆེན་པོའི་འཇིག་རྟེན་གྱི་ཁམས་ཀྱི་སེམས་ཅན་གང་ཇི་སྙེད་པ་དེ་དག་ཐམས་ཅད་
དགྲ་བཅོམ་པ་ཉིད་མངོན་དུ་བྱེད་པར་བསྒྱུར་[6]ཀྱང་ད་དུང་[7]ཉན་ཐོས་ཁྱོད་ཀྱིས་
ངའི་ཉན་ཐོས་ཀྱི་བྱ་བ་བྱས་པར་མི་འགྱུར་གྱི། ཀུན་[8]དགའ་བོ་གལ་ཏེ་ཁྱོད་ཀྱིས་
བྱང་ཆུབ་སེམས་དཔའ་སེམས་དཔའ་ཆེན་པོ་ལ་ཤེས་རབ་ཀྱི་ཕ་རོལ་ཏུ་ཕྱིན་པ་དང་
ལྡན་པའི་ཚིག་འགའ་ཞིག་བརྗོད་དེ། བསྟན་ཀྱང་[9]ཉན་ཐོས་ཁྱོད་ཀྱིས་ང་[10]དགེས་
པར་བྱས་པ་ཡིན་ཏེ། ཉན་ཐོས་[11]ཀྱིས་ཉན་ཐོས་ཀྱི་བྱ་བ་བྱས་པར་འགྱུར་རོ། །
ཀུན་[12]དགའ་བོ་དེ་[13]ཇི་སྙམ་དུ་སེམས། ཆོས་བསྟན་པ་སྔ་མ་དེས་སྟོང་གསུམ་གྱི་
སྟོང་ཆེན་པོའི་འཇིག་རྟེན་གྱི་ཁམས་ཀྱི་སེམས་ཅན་གང་ཇི་སྙེད་པ་དེ་དག་ཐམས་
ཅད་སྔ་ཕྱི་མེད་པར་དགྲ་བཅོམ་པ་ཉིད་མངོན་དུ་བྱེད་པར་གྱུར་ན། དགྲ་
བཅོམ་པ་དེ་དག་གི་སྦྱིན་པ་ལས་བྱུང་བའི་བསོད་ནམས་བྱ་བའི་[14]དངོས་པོ་དང་།
ཚུལ་ཁྲིམས་ལས་བྱུང་བའི་བསོད་ནམས་བྱ་བའི་དངོས་པོ་[15]དང་། བསྒོམ་[16]པ་

ལས་བྱུང་བའི་བསོད་ནམས་བྱ་བའི་དངོས་པོ་དེ་དག་མང་ངམ། གསོལ་པ། བཅོམ་ལྡན་འདས་མང་ངོ་། །བདེ་བར་གཤེགས་པ་མང་ངོ་། །བཅོམ་ལྡན་འདས་ཀྱིས་བཀའ་སྩལ་པ། ཀུན་[༡]དགའ་བོ་དེ་བས་[༢]གང་ཟག་ཉན་ཐོས་ཀྱི་ཐེག་པ་པ་གང་བྱང་ཆུབ་སེམས་དཔའ་སེམས་དཔའ་ཆེན་པོ་ལ་ཆུང་ངུ་ན་ཉི་མ་གཅིག་ཅིག་ཤེས་རབ་ཀྱི་ཕ་རོལ་ཏུ་ཕྱིན་པ་དང་ལྡན་པའི་ཆོས་སྟོན་ན། དེའི་བསོད་ནམས་ཆེས་མང་དུ་འཕེལ་བར་འགྱུར་རོ། །ཀུན་[༣]དགའ་བོ་ཉིན་གཅིག་ལྟ་ཞོག་གི། ཀུན་[༤]དགའ་བོ་གལ་ཏེ་ཉི་མ་ཕྱེད་དམ། ཀུན་[༥]དགའ་བོ་ཉི་མ་ཕྱེད་ལྟ་ཞོག་གི། ཀུན་[༦]དགའ་བོ་གལ་ཏེ་སྤྲ་དྲོ་གཅིག་གམ། ཀུན་[༧]དགའ་བོ་སྤྲ་[༨]དྲོ་གཅིག་ལྟ་ཞོག་གི། ཀུན་[༩]དགའ་བོ་གལ་ཏེ་ཆུ་ཚོད་གཅིག་ཙམ་མམ[༡༠]། ཀུན་[༡༡]དགའ་བོ་ཆུ་ཚོད་གཅིག་ཙམ་ལྟ་ཞོག་གི། ཀུན་[༡༢]དགའ་བོ་གལ་ཏེ་སྐད་འགའ་ཡུད་འགའ་ཐང་འགའ་ཞིག་གང་ཟག་ཉན་ཐོས་ཀྱི་ཐེག་པ་པས་བྱང་ཆུབ་སེམས་དཔའ་སེམས་དཔའ་ཆེན་པོ་ལ་ཤེས་རབ་ཀྱི་ཕ་རོལ་ཏུ་ཕྱིན་པ་དང་ལྡན་པའི་ཆོས་བསྟན་[༡༣]ན། ཀུན་[༡༤]དགའ་བོ་དེའི་བསོད་ནམས་ནི་ཆེས་མང་དུ་འཕེལ་བར་འགྱུར་ཏེ། ཉན་ཐོས་དང་རང་སངས་རྒྱས་ཀྱི་ཐེག་པ་[༡༥]པའི་རིགས་ཀྱི་བུ་དང་རིགས་ཀྱི་བུ་[༡༦]མོ་དེ་དག་ཐམས་ཅད་ཀྱི་དགེ་བའི་རྩ་བ་ཡང་དེས་ཟིལ་གྱིས་གནོན་པར་འགྱུར་རོ། ཀུན་[༡༧]དགའ་བོ་གལ་ཏེ་བྱང་ཆུབ་སེམས་དཔའ་སེམས་དཔའ་ཆེན་པོ་གང་ཟག་བྱང་ཆུབ་སེམས་དཔའི་ཐེག་པ་པ་རྣམས་ལ་ཆུང་ངུ་ན་ཉི་མ་གཅིག་གམ། ཉི་མ་ཕྱེད་དམ། སྤྲ་དྲོ་གཅིག་གམ། ཆུ་ཚོད་གཅིག་ཙམ་མམ[༡༨]། སྐད་འགའ་ཡུད་འགའ་ཐང་འགའ་ཞིག་ཤེས་རབ་ཀྱི་ཕ་རོལ་ཏུ་ཕྱིན་པ་དང་ལྡན་པའི་ཆོས་སྟོན་ན་[༡༩]ཀུན་[༢༠]དགའ་བོ་བྱང་ཆུབ་སེམས་དཔའ་སེམས་དཔའ་ཆེན་པོ་དེས་[༢༡]ཉན་ཐོས་དང་། རང་སངས་རྒྱས་ཀྱི་ཐེག་པ་པའི་རིགས་ཀྱི་བུ་དང་།

རིགས་ཀྱི་བུ་མོ་ཐམས་ཅད་ཀྱི་དགེ་བའི་རྩ་བ་ཟིལ་གྱིས་ནོན་པར་འགྱུར་(༡)ཏེ། དེ་ཅིའི་ཕྱིར་ཞེ་ན། འདི་ལྟར་དེ་ནི་བདག་ཀྱང་བླ་ན་མེད་པ་ཡང་དག་པར་རྫོགས་པའི་བྱང་ཆུབ་ཏུ་(༢)མངོན་པར་རྫོགས་པར་(༣)འཚང་རྒྱ་བར་འདོད་ལ། གཞན་ཡང་བླ་ན་མེད་པ་ཡང་དག་པར་རྫོགས་པའི་བྱང་ཆུབ་ཏུ་ཡང་དག་པར་སྐུལ་(༤)ཞིང་ཡང་དག་པར་དགའ་བར་བྱེད་པ་ཡིན། ཡང་དག་པར་སྤྲོ་བར་བྱེད་པ་ཡིན། ཡང་དག་པར་གཞོག་པ་ཡིན། ཡང་དག་པར་འགོད་པ་ཡིན་ཏེ། ཀུན་(༥)དགའ་བོ་བྱང་ཆུབ་སེམས་དཔའ་སེམས་དཔའ་ཆེན་པོ་དེ་ལྟར་ཕ་རོལ་ཏུ་ཕྱིན་པ་དྲུག་ལ་སྤྱོད་པ་དང་། དྲན་པ་ཉེ་བར་གཞག་པ་བཞི་ལ་སྤྱོད་པ་དང་། ཡང་དག་པར་སྤོང་བ་བཞི་ལ་སྤྱོད་པ་དང་། རྫུ་འཕྲུལ་གྱི་རྐང་པ་བཞི་ལ་སྤྱོད་པ་དང་། དབང་པོ་ལྔ་ལ་སྤྱོད་པ་དང་། སྟོབས་ལྔ་ལ་སྤྱོད་པ་དང་། བྱང་ཆུབ་ཀྱི་ཡན་ལག་བདུན་ལ་སྤྱོད་པ་དང་། འཕགས་པའི་ལམ་ཡན་ལག་བརྒྱད་པ་ལ་སྤྱོད་པ་དང་། འཕགས་པའི་བདེན་པ་བཞི་ལ་སྤྱོད་པ་དང་། བསམ་གཏན་བཞི་ལ་སྤྱོད་པ་དང་། ཚད་མེད་པ་བཞི་ལ་སྤྱོད་པ་དང་། གཟུགས་མེད་པའི་སྙོམས་པར་འཇུག་པ་བཞི་ལ་སྤྱོད་པ་དང་། རྣམ་པར་ཐར་པ་བརྒྱད་ལ་སྤྱོད་པ་དང་། མཐར་གྱིས་གནས་པའི་སྙོམས་པར་འཇུག་པ་དགུ་ལ་སྤྱོད་པ་དང་། རྣམ་པར་ཐར་པའི་སྒོ་སྟོང་པ་ཉིད་དང་། མཚན་མ་མེད་པ་དང་། སྨོན་པ་མེད་པ་ལ་སྤྱོད་པ་དང་། མངོན་པར་ཤེས་པ་རྣམས་ལ་སྤྱོད་པ་དང་། ཏིང་ངེ་འཛིན་རྣམས་ལ་སྤྱོད་པ་དང་། གཟུངས་ཀྱི་སྒོ་རྣམས་ལ་སྤྱོད་པ་དང་། དེ་བཞིན་གཤེགས་པའི་སྟོབས་བཅུ་ལ་སྤྱོད་པ་དང་། མི་འཇིགས་པ་བཞི་ལ་སྤྱོད་པ་དང་། སོ་སོ་ཡང་དག་པར་རིག་པ་བཞི་ལ་སྤྱོད་པ་དང་། (༦)སྙིང་རྗེ་ཆེན་པོ་ལ་སྤྱོད་པ་དང་། སངས་རྒྱས་ཀྱི་ཆོས་མ་འདྲེས་པ་བཅོ་(༧)བརྒྱད་ལ་སྤྱོད་པ་དང་། རྒྱུན་ཏུ

ཞུགས་པའི་འབྲས་བུ་ལ་སྤྱོད་པ་དང་། ལན་ཅིག་ཕྱིར་འོང་བའི་འབྲས་བུ་ལ་སྤྱོད་པ་དང་། ཕྱིར་མི་འོང་བའི་འབྲས་བུ་ལ་སྤྱོད་པ་དང་། དགྲ་བཅོམ་པ་ཉིད་ལ་སྤྱོད་པ་དང་། རང་བྱང་ཆུབ་ལ་སྤྱོད་པ་དང་། ལམ་གྱི་རྣམ་པ་ཤེས་པ་ཉིད་ལ་སྤྱོད་པ་དང་། རྣམ་པ་ཐམས་ཅད་མཁྱེན་པ་ཉིད་ལ་སྤྱོད་པ་[༡] དགེ་བའི་རྩ་བ་མང་པོས་རྣམ་པར་འཕེལ་བ་ནི། བླ་ན་མེད་པ་ཡང་དག་པར་རྫོགས་པའི་བྱང་ཆུབ་ལས་ཡོངས་སུ་ཉམས་[༢] པའི་གནས་མེད་སྐབས་མེད་དེ་[༣] དེ་ནི་གནས་མ་ཡིན་ནོ། །ཤེས་རབ་ཀྱི་ཕ་རོལ་ཏུ་ཕྱིན་པ་འདི་བཤད་པའི་ཚེ། བཅོམ་ལྡན་འདས་ཀྱིས་[༤] འཁོར་བཞི་དང་། ལྷ་དང་མི་དང་། ཀླུ་དང་གནོད་སྦྱིན་དང་། དྲི་ཟ་དང་། ལྷ་མ་ཡིན་དང་། ནམ་མཁའ་ལྡིང་དང་། མིའམ་ཅི་དང་། ལྟོ་འཕྱེ་ཆེན་པོ་དེ་ལྟར་འཁོད་པ་རྣམས་ཀྱི་མདུན་དུ་རྫུ་འཕྲུལ་མངོན་པར་འདུ་མཛད་ཿ པ་གང་མངོན་པར་འདུ་མཛད་[༥] པས་ཐམས་ཅད་ཀྱིས་དེ་བཞིན་གཤེགས་པ་དགྲ་བཅོམ་པ་ཡང་དག་པར་རྫོགས་པའི་སངས་རྒྱས་ཀྱི་འཁྲུགས་པ་འཁོར་རྒྱ་མཚོ་ལྟ་བུ་འཁྲུག་[༦] པ་མེད་པ་ཀུན་ཀྱང་དགྲ་བཅོམ་པ་ཟག་པ་ཟད་པ་ཉོན་མོངས་པ་མེད་པ་དབང་དུ་གྱུར་པ། སེམས་ཤིན་ཏུ་རྣམ་པར་གྲོལ་བ། ཤེས་རབ་ཤིན་ཏུ་རྣམ་པར་གྲོལ་བ། ཅང་ཤེས་པ་གླང་པོ་ཆེན་པོ་བྱ་བ་བྱས་པ། བྱེད་པ་བྱས་པ། ཁུར་བོར་བ་རང་གི་དོན་རྗེས་སུ་ཐོབ་པ། སྲིད་པར་སྦྱོར་བ། ཡོངས་སུ་ཟད་པ། བཀའ་[༧] ཡང་དག་པས་སེམས་ཤིན་ཏུ་རྣམ་པར་གྲོལ་བ་སེམས་ཅན་[༨] ཐམས་ཅད་ལ་དབང་དམ་པའི་ཕ་རོལ་ཏུ་ཕྱིན་པ་ཐོབ་པ་ཤ་སྟག་གི་དགེ་སློང་གི་དགེ་འདུན་དང་བྱང་ཆུབ་སེམས་དཔའ་སེམས་དཔའ་ཆེན་པོ་ཤ་སྟག་གིས་ཀུན་ནས་བསྐོར་ཅིང་མདུན་དུ་བདར་བ་མཐོང་བར་གྱུར་པ་དེ་ལྟ་བུའི་རྫུ་འཕྲུལ་མངོན་པར་འདུ་མཛད་པ་མངོན་པར་འདུ་མཛད་དོ། །དེ་ནས་བཅོམ་ལྡན་འདས་ཀྱིས་རྫུ་འཕྲུལ་མངོན་པར་འདུ་

མཛད་པ་དེ་[1]ཕྱིར་བརྟུལ་བར་གྱུར་[2]ཏེ། ཛྷུ་འཕྲུལ་མངོན་པར་འདུ་མཛད་པ་དེ་
ཕྱིར་བརྟུལ་བར་གྱུར་ནས། འཁོར་བཞི་པོ་དེ་དག་གིས་དེ་བཞིན་གཤེགས་པ་[3]
དགྲ་བཅོམ་པ་ཡང་དག་པར་རྫོགས་པའི་སངས་རྒྱས་མི་འཁྲུགས་པ་ཡང་[4]མ···
མཐོང་། གང་དག་[5]ཉན་ཐོས་སམ། བྱང་ཆུབ་སེམས་དཔའི་ཐེག་པ་པ་དེ་
དག་ཀུང་མ་མཐོང་ངོ་། །དེ་བཞིན་གཤེགས་པ་དགྲ་བཅོམ་པ་ཡང་དག་པར་
རྫོགས་པའི་སངས་རྒྱས་མི་འཁྲུགས་པའི་སངས་རྒྱས་ཀྱི་[6]ཞིང་དེ་[7]ཡང་མ་མཐོང་ངོ་།།
སངས་རྒྱས༔ལ་སྩོགས་པ་[8]དགེ་སློང་གི་དགེ་འདུན་ཡང་མིག་ལམ་ན་མི་སྣང་བར་
གྱུར་ཏོ། །དེ་ཅིའི་ཕྱིར་ཞེ་ན། དེ་བཞིན་གཤེགས་པ་དགྲ་བཅོམ་པ་ཡང་དག
པར་རྫོགས་པའི་སངས་རྒྱས་ཀྱིས་ཛྷུ་འཕྲུལ་མངོན་པར་འདུ་མཛད་པ་[9]ཕྱིར་བརྟུལ་
བ་མཛད་པས། དེའི་ཕྱིར་དེ་དག་གིས་མི་མཐོང་བར་གྱུར་ཏོ། །དེ་ནས་བཅོམ་
ལྡན་འདས་ཀྱིས་ཚེ་དང་ལྡན་པ་ཀུན་[10]དགའ་བོ་ལ་བཀའ་སྩལ་པ། ཀུན་[11]དགའ་
བོ་ཁྱོད་ཀྱིས་དེ་བཞིན་གཤེགས་པ་མི་འཁྲུགས་པའི་སངས་རྒྱས་ཀྱི་ཞིང་དང་། དེ་
བཞིན་གཤེགས་པ་དགྲ་བཅོམ་པ་ཡང་དག་པར་རྫོགས་པའི་སངས་རྒྱས་མི་འཁྲུགས་
པ་དང་། དགེ་སློང་གི་དགེ་འདུན་དང་། བྱང་ཆུབ་སེམས་དཔའི་དགེ་འདུན་
མཐོང་ངམ། གསོལ་པ། བཅོམ་ལྡན་འདས་སངས་རྒྱས་ཀྱི་ཞིང་དེ་ཡང་མ·····
མཐོང་། དེ་བཞིན་གཤེགས་པ་དེ་ཡང་མ་མཐོང་། དགེ་སློང་གི་དགེ་འདུན་དེ་
ཡང་མ་མཐོང་། བྱང་ཆུབ་སེམས་དཔའི་དགེ་འདུན་དེ་ཡང་མ་མཐོང་སྟེ།
མིག་ལམ་དུ་ཡང་མི་གདའོ། །བཅོམ་ལྡན་འདས་ཀྱིས་བཀའ་སྩལ་པ། ཀུན་[12]
དགའ་བོ་དེ་བཞིན་དུ་ཆོས་ཐམས་ཅད་ཀུང་མིག་ལམ་དུ་སྣང་བ་མ་ཡིན་ཏེ། ཆོས་
ལ་ཆོས་སྣང་བར་མི་འགྱུར[13]། ཆོས་ཀྱིས་[14]ཆོས་མི་མཐོང་། ཆོས་ཀྱིས་[15]ཆོས་མི་
ཤེས་སོ། །ཀུན་[16]དགའ་བོ་ཇི་ལྟར་དེ་བཞིན་གཤེགས་པ་དགྲ་བཅོམ་པ་ཡང་དག

པར་རྫོགས་པའི་སངས་རྒྱས་མི་འཁྲུགས་པ་དང་། ཉན་ཐོས་དེ་དག་དང་། གང་
ཟག་བྱང་ཆུབ་སེམས་དཔའི་ཐེག་པ་པ་དེ་དག་དང་། སངས་རྒྱས་ཀྱི་ཞིང་དེ་མིག་
ལམ་དུ་སྣང་བར་མ་གྱུར་པ་དེ་བཞིན་དུ་ཆོས་ཐམས་ཅད་ཀྱང་མིག་ལམ་དུ་སྣང་བ་
མ་ཡིན་ཏེ། ཆོས་ལ་ཆོས་སྣང་བར་མི་འགྱུར། ཆོས་ཀྱིས་(༡)ཆོས་མི་མཐོང་།
ཆོས་ཀྱིས་ཆོས་མི་ཤེས་སོ། །ཀུན་(༢)དགའ་བོ་ཆོས་ཐམས་ཅད་ནི་ཤེས་པ་མེད་པ།
མཐོང་བ་མེད་པ་བྱེད་པ་མེད་པ། བྱ་བ་ལ་མཐུ་མེད་པ་ཤ་སྟག་སྟེ། དེ་ཅིའི་
ཕྱིར་ཞེ་ན། ཀུན་(༣)དགའ་བོ་ཆོས་ཐམས་ཅད་ནི་ནམ་མཁའ་ལྟར་བྱེད་པ་མེད་
པས། བྱེད་པ་མེད་ཅིང་འཛིན་པ་མེད་པའོ། །ཀུན་(༤)དགའ་བོ་ཆོས་ཐམས་
ཅད་ནི་སྒྱུ་མའི་སྐྱེས་བུ་ལྟ་བུ་སྟེ་བསམ་གྱིས་མི་ཁྱབ་པའོ། །ཀུན་(༥)དགའ་བོ་ཆོས་
ཐམས་ཅད་ནི་སེམས་དང་བྲལ་ཞིང་རྣམ་པར་བསྒྱུབས་པས། སོ་སོར་གནས་པའི་
མཚན་ཉིད་དེ་སྙིང་པོ་མེད་པའི་ཕྱིར་ཚོར་བ་པོ་མེད་པའོ། །དེ་ལྟར་སྤྱོད་པའི་
བྱང་ཆུབ་སེམས་དཔའ་སེམས་དཔའ་ཆེན་པོ་ནི་ཤེས་རབ་ཀྱི་ཕ་རོལ་ཏུ་ཕྱིན་པ་ལ་
སྤྱོད་པ་སྟེ། ཆོས་གང་ལ་ཡང་(༦)མངོན་པར་ཆགས་པ་མེད་དོ། །ཀུན་(༧)དགའ་
བོ་དེ་ལྟར་སློབ་པའི་བྱང་ཆུབ་སེམས་དཔའ་སེམས་དཔའ་ཆེན་པོ་ནི་ཤེས་རབ་ཀྱི་ཕ་
རོལ་ཏུ་ཕྱིན་པ་ལ་སློབ་པ་སྟེ། བྱང་ཆུབ་སེམས་དཔའ་སེམས་དཔའ་ཆེན་པོ་ཕ་
རོལ་ཏུ་ཕྱིན་པ་ཐམས་ཅད་ཡོངས་སུ་རྫོགས་པར་བྱ་བར་འདོད་པས་ཤེས་རབ་ཀྱི་ཕ་
རོལ་ཏུ་ཕྱིན་པ་ལ་བསླབ་(༨)པར་བྱའོ། །དེ་ལྟར་སློབ་པ་ནི་རབ་ཅེས་བྱའོ། །
གཙོ་བོ་ཞེས་བྱའོ། །མཆོག་ཅེས་བྱའོ། །དམ་པ་ཞེས་བྱའོ། །ཕུལ་ཞེས་བྱའོ། །
གྱ་ནོམ་པ་ཞེས་བྱའོ། །བླ་ན་མེད་པ་ཞེས་བྱའོ། །གོང་ན་མེད་པ་ཞེས་བྱའོ། །
མཉམ་པ་མེད་པ་ཞེས་བྱའོ། །མི་མཉམ་པ་དང་མཉམ་པ་ཞེས་བྱའོ། །འཇིག་
རྟེན་ཐམས་ཅད་ལ་ཕན་པ། འཇིག་རྟེན་ཐམས་ཅད་ལ་བདེ་བ། མགོན་མེད་

པ་རྣམས་ལ་མགོན་དུ་གྱུར་པ། སངས་རྒྱས་ཀྱིས་གནང་བ་སངས་རྒྱས་ཀྱིས་བསྔགས་པ་སྟེ། དེ་ལ་གནས་ཤིང་དེ་བཞིན་གཤེགས་པ་དགྲ་བཅོམ་པ་ཡང་དག་པར་རྫོགས་པའི་སངས་རྒྱས་རྣམས་སྟོང་གསུམ་གྱི་སྟོང་ཆེན་པོའི་འཇིག་རྟེན་གྱི་ཁམས་འདི་ཕྱག་གཡས་པས་གྱེན་དུ་བཏེག་ཅིང་ཕྱིར་གཞག་ཀྱང་སེམས་ཅན་དེ་དག་གིས་སྟོང་གསུམ་གྱི་སྟོང་ཆེན་པོའི་འཇིག་རྟེན་གྱི་ཁམས་འདི་བཏེག[1] གོ་ཞེས་བྱ་བ་དང་། བཞག[2] གོ་ཞེས་བྱ་བར་མི་ཤེས་པའོ། །དེ་ཅིའི་ཕྱིར་ཞེ་ན། ཀུན[3] དགའ་བོ་འདས་པ་དང་། མ་བྱོན་པ་དང་། ད་ལྟར་བྱུང་བའི་སངས་རྒྱས་བཅོམ་ལྡན་འདས་རྣམས་ཀྱང་ཤེས་རབ་ཀྱི་ཕ་རོལ་ཏུ་ཕྱིན་པ་འདི[4] ཉིད་ལ་བསླབས་པས་ཆོས་རྣམས་ལ་ཐོགས་པ་མི་མངའ་བའི་ཡེ་ཤེས་གཟིགས་པ་སྐྱབ[5] པ་ཡིན་ཏེ། ཀུན[6] དགའ་བོ་བསླབ[7] པ་གང་ཇི་སྙེད་ཅིག་ཡོད་པའི་བསླབ་པ་ཐམས་ཅད་ཀྱི་ནང་ན་ཤེས་རབ་ཀྱི་ཕ་རོལ་ཏུ་ཕྱིན་པ་ལ་བསླབ་པ་ནི་རབ་ཅེས་བྱའོ། །གཙོ་བོ་ཞེས་བྱའོ། །མཆོག་ཅེས་བྱའོ། །དམ་པ་ཞེས་བྱའོ། །ཕུལ་ཞེས་བྱའོ། །གྱ་ནོམ་པ་ཞེས་བྱའོ། །བླ་ན་མེད་པ་ཞེས་བྱའོ། །གོང་ན་མེད་པ་ཞེས་བྱའོ། །མཉམ་པ་མེད་པ་ཞེས་བྱའོ། །མི་མཉམ་པ་དང་མཉམ་པ་ཞེས་བྱའོ། །ཀུན[8] དགའ་བོ་གང་ཤེས་རབ་ཀྱི་ཕ་རོལ་ཏུ་ཕྱིན་པའི་ཚད་གཟུང་བའམ། མཐའ་བཅལ་བར་འདོད་པ་ནི་ནམ་མཁའ་ལ་ཚད་གཟུང་བ་དང་། མཐའ་བཅལ་བར་འདོད་དུ་ཟད་དོ། །དེ་ཅིའི་ཕྱིར་ཞེ་ན། ཀུན[9] དགའ་བོ་ཤེས་རབ་ཀྱི་ཕ་རོལ་ཏུ་ཕྱིན་པ་ནི་ཚད་མེད་པ་སྟེ། ཀུན[10] དགའ་བོ་ངས་ཤེས་རབ་ཀྱི་ཕ་རོལ་ཏུ་ཕྱིན་པ་ལ་ཚད་དུ་བསྟན་པ་མེད་དོ། །མིང་མང་པོ་དང་། ཚིག་མང་པོ་དང་། འབྲུ་མང་པོ་ལ་ནི་ཚད་ཡོད་ཀྱི་ཤེས་རབ་ཀྱི་ཕ་རོལ་ཏུ་ཕྱིན་པ་ལ་ནི་ཚད་མེད་དོ། །གསོལ་པ། བཅོམ་ལྡན་འདས་ཅིའི་སླད་དུ་ཤེས་རབ་ཀྱི་ཕ་རོལ་ཏུ་ཕྱིན་པ་ལ་ཚད་

མ་མཆིས་པ་ལགས། བཅོམ་ལྡན་འདས་ཀྱིས་བཀའ་སྩལ་པ། ཀུན་[༡]དགའ་བོ་མི་ཟད་པའི་ཕྱིར་ཤེས་རབ་ཀྱི་ཕ་རོལ་ཏུ་ཕྱིན་པ་ལ་ཚད་མྱེད་དོ། །ཀུན་[༢]དགའ་བོ་དབེན་པའི་ཕྱིར་ཤེས་རབ་ཀྱི་ཕ་རོལ་ཏུ་ཕྱིན་པ་ལ་ཚད་མེད་དོ། །ཀུན་[༣]དགའ་བོ་འདས་པའི་དུས་ཀྱི་དེ་བཞིན་གཤེགས་པ་དགྲ་བཅོམ་པ་ཡང་དག་པར་རྫོགས་པའི་སངས་རྒྱས་གང་ཇི་སྙེད་ཅིག་བྱུང་[༤]བ་དེ་དག་ཀུང་ཤེས་རབ་ཀྱི་ཕ་རོལ་ཏུ་ཕྱིན་པ་འདི་ཉིད་ལས་བྱུང་སྟེ། ཤེས་རབ་ཀྱི་ཕ་རོལ་ཏུ་ཕྱིན་པ་ཟད་པར་མ་གྱུར་ཏོ། །ཀུན་[༥]དགའ་བོ་མ་འོངས་པའི་དུས་ཀྱི་དེ་བཞིན་གཤེགས་པ་དགྲ་བཅོམ་པ་ཡང་དག་པར་རྫོགས་[༦]པའི་སངས་རྒྱས་གང་ཇི་སྙེད་ཅིག་འབྱུང་[༧]བ་དེ་དག་ཀུང་ཤེས་རབ་ཀྱི་ཕ་རོལ་ཏུ་ཕྱིན་པ་འདི་ཉིད་ལས་འབྱུང་[༨]སྟེ། ཤེས་རབ་ཀྱི་ཕ་རོལ་ཏུ་ཕྱིན་པ་ཟད་པར་འགྱུར་བ་མེད་དོ། །ཀུན་[༩]དགའ་བོ་ད་ལྟར་ཕྱོགས་བཅུའི་འཇིག་རྟེན་ན་དེ་བཞིན་གཤེགས་པ་དགྲ་བཅོམ་པ་ཡང་དག་པར་རྫོགས་པའི་སངས་རྒྱས་གང་ཇི་སྙེད་[༡༠]ཅིག་བཞུགས་ཤིང་འཚོ་སྐྱོང་བ་དང་། ཆོས་སྟོན་པའི་སངས་རྒྱས་བཅོམ་ལྡན་འདས་དེ་དག་ཀུང་ཤེས་རབ་ཀྱི་ཕ་རོལ་ཏུ་ཕྱིན་པ་འདི་ཉིད་ལས་བྱུང་སྟེ། ཤེས་རབ་ཀྱི་ཕ་རོལ་ཏུ་ཕྱིན་པ་མ་ཟད་དོ། །དེ་ཅིའི་ཕྱིར་ཞེ་ན། ཀུན་[༡༡]དགའ་བོ་ཤེས་རབ་ཀྱི་ཕ་རོལ་ཏུ་ཕྱིན་པ་ཟད་པར་བྱ་བར་སེམས་པ་[༡༢]དེ་ནི་ནམ་མཁའ་ཟད་པར་བྱ་བར་སེམས་སུ་ཟད་དེ[༡༣]། ཤེས་རབ་ཀྱི་ཕ་རོལ་ཏུ་ཕྱིན་པ་ནི་མ་ཟད་མི་ཟད་ཟད་པར་མྱི་འགྱུར་རོ། །བསམ་གཏན་གྱི་ཕ་རོལ་ཏུ་ཕྱིན་པ་ནི་མ་ཟད་མྱི་ཟད་ཟད་པར་མྱི་འགྱུར་རོ། །བརྩོན་འགྲུས་ཀྱི་ཕ་རོལ་ཏུ་ཕྱིན་པ་ནི་མ་ཟད་མྱི་ཟད་ཟད་པར་མྱི་འགྱུར་རོ། །བཟོད་པའི་ཕ་རོལ་ཏུ་ཕྱིན་པ་ནི་མ་ཟད་མྱི་ཟད་ཟད་པར་[༡༤]མྱི་འགྱུར་རོ། །ཚུལ་ཁྲིམས་ཀྱི་ཕ་རོལ་ཏུ་ཕྱིན་པ་ནི་མ་ཟད་མྱི་ཟད་ཟད་པར་མྱི་འགྱུར་རོ། །སྦྱིན་པའི་ཕ་རོལ་ཏུ་ཕྱིན་པ་ནི་མ་ཟད་མྱི་

ཟད་ཟད་པར་ཀྱི་འགྱུར་རོ། །ནང་སྟོང་པ་ཉིད་ནི་མ་ཟད་མི་ཟད་ཟད་པར་ཀྱི་འགྱུར་རོ། །ཕྱི་སྟོང་པ་ཉིད་ནི་མ་ཟད་ཀྱི་ཟད་ཟད་པར་ཀྱི་འགྱུར་རོ། །ཕྱི་ནང་སྟོང་པ་ཉིད་ནི་མ་ཟད་ཀྱི་ཟད་ཟད་པར་ཀྱི་འགྱུར་རོ། །སྟོང་པ་ཉིད་སྟོང་པ་ཉིད་ནི་མ་ཟད་མི་ཟད་ཟད་པར་ཀྱི་འགྱུར་རོ། །ཆེན་པོ་སྟོང་པ་ཉིད་ནི་མ་ཟད་ཀྱི་ཟད་ཟད་པར་ཀྱི་འགྱུར་རོ། །དོན་དམ་པ་སྟོང་པ་ཉིད་ནི་མ་ཟད་ཀྱི་ཟད་ཟད་པར་ཀྱི་འགྱུར་རོ། །འདུས་བྱས་སྟོང་པ་ཉིད་ནི་མ་ཟད་མི་ཟད་ཟད་པར་ཀྱི་འགྱུར་རོ། །འདུས་མ་བྱས་སྟོང་པ་ཉིད་ནི་མ་ཟད་མི་ཟད་ཟད་པར་ཀྱི་འགྱུར་རོ། །མཐའ་ལས་འདས་པ་སྟོང་པ་ཉིད་ནི་མ་ཟད་ཀྱི་ཟད་ཟད་པར་ཀྱི་འགྱུར་རོ། །ཐོག་མ་དང་ཐ་མ་མེད་པ་སྟོང་པ་ཉིད་ནི་མ་ཟད་མི་ཟད་ཟད་པར་ཀྱི་འགྱུར་རོ། །དོར་བ་མེད་པ་སྟོང་པ་ཉིད་ནི་མ་ཟད་ཀྱི་ཟད་ཟད་པར་མི་འགྱུར་རོ། །རང་བཞིན་སྟོང་པ་ཉིད་ནི་མ་ཟད་མི་ཟད་ཟད་པར་ཀྱི་འགྱུར་རོ། །ཆོས་ཐམས་ཅད་སྟོང་པ་ཉིད་ནི་མ་ཟད་མི་ཟད་ཟད་པར་མི་འགྱུར་རོ། །རང་གི་མཚན་ཉིད་སྟོང་པ་ཉིད་ནི་མ་ཟད་མི་ཟད་ཟད་པར་ཀྱི་འགྱུར་རོ། །མི་དམིགས་པ་སྟོང་པ་ཉིད་ནི་མ་ཟད་མི་ཟད་ཟད་པར་ཀྱི་འགྱུར་རོ། །དངོས་པོ་མེད་པ་སྟོང་པ་ཉིད་ནི་མ་ཟད་ཀྱི་ཟད་ཟད་པར་ཀྱི་འགྱུར་རོ། །ངོ་བོ་ཉིད་སྟོང་པ་ཉིད་ནི་མ་ཟད་ཀྱི་ཟད་ཟད་པར་ཀྱི་འགྱུར་རོ། །དངོས་པོ་མེད་པའི་ངོ་བོ་ཉིད་སྟོང་པ་ཉིད་[1]ནི་མ་ཟད་ཀྱི་ཟད་ཟད་པར་ཀྱི་འགྱུར་རོ། །དྲན་པ་ཉེ་བར་གཞག་པ་རྣམས་ནི་མ་ཟད་མི་ཟད་ཟད་པར་ཀྱི་འགྱུར་རོ། །ཡང་དག་པར་སྤོང་བ་རྣམས་ནི་མ་ཟད་ཀྱི་ཟད་ཟད་པར་ཀྱི་འགྱུར་རོ། །རྫུ་འཕྲུལ་གྱི་རྐང་པ་རྣམས་ནི་མ་ཟད་ཀྱི་ཟད་ཟད་པར་ཀྱི་འགྱུར་རོ། །དབང་པོ་རྣམས་ནི་མ་ཟད་ཀྱི་ཟད་ཟད་པར་ཀྱི་འགྱུར་རོ། །སྟོབས་རྣམས་ནི་མ་ཟད་མི་ཟད་ཟད་པར་ཀྱི་འགྱུར་རོ། །

བྱང་ཆུབ་ཀྱི་ཡན་ལག་རྣམས་ནི་མ་ཟད་མི་ཟད་ཟད་པར་མི་འགྱུར་རོ། །
འཕགས་པའི་ལམ་ཡན་ལག་བརྒྱད་པ་ནི་མ་ཟད་མི་ཟད་ཟད་པར་མི་འགྱུར་རོ། །
འཕགས་པའི་བདེན་པ་རྣམས་ནི་མ་ཟད་མི་ཟད་ཟད་པར་མི་འགྱུར་རོ། །བསམ་
གཏན་རྣམས་ནི་མ་ཟད་མི་ཟད་ཟད་པར་མི་འགྱུར་རོ། །ཚད་མེད་པ་
རྣམས་ནི་མ་ཟད་མི་ཟད་ཟད་པར་མི་འགྱུར་རོ། །གཟུགས་མེད་པའི་སྙོམས་
པར་འཇུག་པ་རྣམས་ནི་མ་ཟད་མི་ཟད་ཟད་པར་མི་འགྱུར་རོ། །རྣམ་པར་
ཐར་པ་རྣམས་ནི་མ་ཟད་མི་ཟད་ཟད་པར་མི་འགྱུར་རོ། །མཐར་གྱིས་གནས་
པའི་སྙོམས་པར་འཇུག་པ་རྣམས་ནི་མ་ཟད་མི་ཟད་ཟད་པར་མི་འགྱུར་རོ། །
རྣམ་པར་ཐར་པའི་སྒོ་སྟོང་པ་ཉིད་དང་། མཚན་མ་མེད་པ་དང་། སྨོན་པ་
མེད་པ་ནི་མ་ཟད་མི་ཟད་ཟད་པར་མི་འགྱུར་རོ། །མངོན་པར་ཤེས་པ་རྣམས་
ནི་མ་ཟད་མི་ཟད་ཟད་པར་མི་འགྱུར་རོ། །ཏིང་ངེ་འཛིན་རྣམས་ནི་མ་ཟད་
མི་ཟད་ཟད་པར་མི་འགྱུར་རོ། །གཟུངས་ཀྱི་སྒོ་རྣམས་ནི་མ་ཟད་མི་ཟད་
ཟད་པར་མི་འགྱུར་རོ། །དེ་བཞིན་གཤེགས་པའི་སྟོབས་རྣམས་ནི་མ་ཟད་མི་ཟད་
ཟད་པར་མི་འགྱུར་རོ། །མི་འཇིགས་པ་རྣམས་ནི་མ་ཟད་མི་ཟད་ཟད་པར་མི་
འགྱུར་རོ། །སོ་སོ་ཡང་དག་པར་རིག་པ་རྣམས་ནི་མ་ཟད་མི་ཟད་ཟད་པར་མི་
འགྱུར་རོ། །སྙིང་རྗེ་ཆེན་པོ་ནི་མ་ཟད་མི་ཟད་ཟད་པར་མི་འགྱུར་རོ། །
སངས་རྒྱས་ཀྱི་ཆོས་མ་འདྲེས་པ་རྣམས་ནི་མ་ཟད་མི་ཟད་ཟད་པར་མི་འགྱུར་རོ། །
རྒྱུན་དུ་ཞུགས་པའི་འབྲས་བུ་ནི་མ་ཟད་མི་ཟད་ཟད་པར་མི་འགྱུར་རོ། །ལན་
ཅིག་ཕྱིར་འོང་བའི་འབྲས་བུ་ནི་མ་ཟད་མི་ཟད་ཟད་པར་མི་འགྱུར་རོ། །ཕྱིར་
མི་འོང་བའི་འབྲས་བུ་ནི་མ་ཟད་མི་ཟད་ཟད་པར་མི་འགྱུར་རོ། །དགྲ་བཅོམ་
པ་ཉིད་ནི་མ་ཟད་མི་ཟད་ཟད་པར་མི་འགྱུར་རོ། །རང་བྱང་ཆུབ་ནི་མ་ཟད་མི་

ཟད་ཟད་པར་མི་འགྱུར་རོ། །ལམ་གྱི་རྣམ་པ་ཤེས་པ་ཉིད་ནི་མ་ཟད་མི་ཟད་ཟད་པར་མི་འགྱུར་རོ། །རྣམ་པ་ཐམས་ཅད་མཁྱེན་པ་ཉིད་ནི་[1]མ་ཟད་མི་ཟད་ཟད་པར་མི་འགྱུར་རོ། །ཆོས་དེ་དག་ལ་ནི་སྐྱེ་བ་ཡང་མེད་ན་དེ་དག་ཟད་པར་འགྱུར་བ་ལྟ་ག་ལ་ཡོད། དེ་ནས་བཅོམ་ལྡན་འདས་ཀྱིས་ལྗགས་ཀྱི་དབང་པོ་བཀྲམ་སྟེ། ཞལ་གྱི་[2]དཀྱིལ་འཁོར་ཐམས་ཅད་ལྗགས་ཀྱི་དབང་པོས་ཡོངས་སུ་བཀབ་ནས། ཚེ་དང་ལྡན་པ་ཀུན་[3]དགའ་བོ་ལ་བཀའ་སྩལ་པ། ཀུན་[4]དགའ་བོ་དེ་ཇི་སྙམ་དུ་སེམས། ལྗེའི་དབང་པོ་འདི་ལྟ་བུ་དང་ལྡན་པ་ལོག་པར་སྨྲ་བའམ། གཞན་དུ་སྨྲ་བར་འགྱུར་རམ། གསོལ་པ། བཅོམ་ལྡན་འདས་མ་ལགས་སོ། །བདེ་བར་གཤེགས་པ་མ་ལགས་སོ། །བཅོམ་ལྡན་འདས་ཀྱིས་བཀའ་སྩལ་པ། དགའ་བོ་དེ་བས་ན་ཤེས་རབ་ཀྱི་ཕ་རོལ་ཏུ་ཕྱིན་པ་འདི་འཁོར་བཞི་ལ་རྒྱ་ཆེར་སྟོན་ཅིག །རྫོད་[5]ཅིག༔ སྒྲོགས་ཤིག་[6]ཁོད་ཅིག་ཁོད་ཅིག་རབ་ཏུ་ཁོད་ཅིག་ཁྲོལ་ཅིག་རྣམ་པར་ཕྱེ་ཤིག་[7]གསལ་བར་ཕྱོས་ཤིག །ཡང་དག་པར་སྟོན་ཅིག །དགའ་བོ་ཤེས་རབ་ཀྱི་ཕ་རོལ་ཏུ་ཕྱིན་པ་ཟབ་མོ་འདི་ལས་གང་ལ་ཉན་ཐོས་ཀྱི་ཐེག་པ་པ་དང་། རང་སངས་རྒྱས་ཀྱི་ཐེག་པ་པ་དང་། གང་ཟག་བྱང་ཆུབ་སེམས་དཔའི་ཐེག་པ་པས་བསླབ་པར་བྱ་བ་དང་། གང་ལ་ཇི་ལྟར་བསྟན་པ་བཞིན་དུ་བསླབས་པས། རང་རང་གི་ས་ལ་གནས་པར་འགྱུར་བའི་ཆོས་ཐམས་ཅད་རྒྱ་ཆེར་བསྟན་ཏེ། དགའ་བོ་ཤེས་རབ་ཀྱི་ཕ་རོལ་ཏུ་ཕྱིན་པ་ཟབ་མོ་འདི་ནི༔ ཡི་གེ་[8]ཐམས་ཅད་ལ་འཇུག་པའོ[9]། །དགའ་བོ་ཤེས་རབ་ཀྱི་ཕ་རོལ་ཏུ་ཕྱིན་པ་ཟབ་མོ་འདི་ནི་གཟུངས་ཀྱི་སྒོ་གང་ལ་བྱང་ཆུབ་སེམས་དཔའ་སེམས་དཔའ་ཆེན་པོས་[10]བསླབ་པར་བྱ་བའི་གཟུངས་ཐམས་ཅད་ཀྱི་སྒོ་ཡིན་ཏེ། གཟུངས་འདི་འཛིན་པའི་བྱང་ཆུབ་སེམས་དཔའ་སེམས་དཔའ་ཆེན་པོ་རྣམས་ལ་ནི་སྤོབས་པ་དང་། སོ་སོ་ཡང་དག་པར་

རིག་པའི་སློ་ཐམས་ཅད་མངོན་དུ་འགྱུར་རོ། །དགའ་བོ་ཤེས་རབ་ཀྱི་ཕ་རོལ་ཏུ་ཕྱིན་པ་འདི་ནི་འདས་པ་དང་། མ་བྱོན་པ་དང་། ད་ལྟར་བྱུང་བའི་སངས་···རྒྱས་བཅོམ་ལྡན་འདས་རྣམས་ཀྱི་དམ་པའི་ཆོས་མི་ཟད་པའི་མཛོད་དངས་བཤད་པའོ། ། དགའ་བོ་དེ་བས་ན་ཁྱོད་ཀྱིས་ཡིད་ཆེས་པ་དང་། ཁོང་དུ་ཆུད་པར་བྱ་སྟེ[༡] ། གང་ཤེས་རབ་ཀྱི་ཕ་རོལ་ཏུ་ཕྱིན་པ་ཟབ་མོ་འདི་འཛིན་པ་དང་། འཆང་བ་དང་། ཀློག་པ་དང་། ཀུན་ཆུབ་པར་བྱེད་པ་ནི་འདས་པ་དང་། མ་བྱོན་པ་དང་། ད་ལྟར་བྱུང་བའི་སངས་རྒྱས་བཅོམ་ལྡན་འདས་རྣམས་ཀྱི་བྱང་ཆུབ་འཛིན་པ་ཡིན་ཏེ༔ དགའ་བོ་ཁྱོད་ཀྱིས་ཤེས་རབ་ཀྱི་ཕ་རོལ་ཏུ་ཕྱིན་པའི་གཟུངས་གང་བཟུང་[༢] བས་ཆོས་ཐམས་ཅད་གཟུང་[༣] བར་འགྱུར་བའི་ཤེས་རབ་ཀྱི་ཕ་རོལ་ཏུ་ཕྱིན་པའི་···གཟུངས་[༤] ངས་བསྟན་པ་ནི་འདི་ཡིན་ནོ། །ཤེས་རབ་ཀྱི་ཕ་རོལ་ཏུ་ཕྱིན་པ་སྟོང་ཕྲག་བརྒྱ་པ་ལས། ལེའུ་ལྔ་བཅུའོ[༥] ༎ ༎

༄༅། །ཤེས་རབ་ཀྱི་ཕ་རོལ་ཏུ་ཕྱིན་པ་སྟོང་ཕྲག་བརྒྱ་པ།[༦] བམ་པོ༔ ཉི་ཤུ་ལྔ་[༧] པ། དེ་ནས་ཚེ་དང་ལྡན་པ་རབ་འབྱོར་འདི་སྐད་དུ་གསོལ་ཏོ། ཤེས་རབ་ཀྱི་ཕ་རོལ་ཏུ་ཕྱིན་པ་ཡང་ཟབ། དེ་བཞིན་གཤེགས་པ་དགྲ་བཅོམ་པ་ཡང་དག་པར་རྫོགས་པའི་སངས་རྒྱས་རྣམས་ཀྱི་བྱང་ཆུབ་ཀྱང་ཟབ་ན། བདག་གིས་དེ་བཞིན་གཤེགས་པ་དགྲ་བཅོམ་པ་ཡང་དག་པར་རྫོགས་པའི་སངས་རྒྱས་ལ་དེ་དྲིའོ་སྙམ་སྟེ། དེ···ནས་ཚེ་དང་ལྡན་པ་རབ་འབྱོར་གྱིས། བཅོམ་ལྡན་འདས་ལ་འདི་སྐད་ཅེས་གསོལ་ཏོ། །བཅོམ་ལྡན་འདས་ཤེས་རབ་ཀྱི་ཕ་རོལ་ཏུ་ཕྱིན་པ་ནི་མི་བས་[༨] པའོ། ། བཅོམ་ལྡན་འདས་ཀྱིས་བཀའ་སྩལ་པ། རབ་འབྱོར་ནམ་མཁའ་མི་ཟད་པའི་ཕྱིར་ཤེས་རབ་ཀྱི་ཕ་རོལ་ཏུ་ཕྱིན་པ་མི་ཟད་པའོ། །གསོལ་པ། བཅོམ་ལྡན་འདས་···

ཇི་ལྟར་ཤེས་རབ་ཀྱི་ཕ་རོལ་ཏུ་ཕྱིན་པ་མངོན་པར་བསྒྲུབ་པར་བགྱི། བཅོམ་ལྡན་འདས་ཀྱིས་བཀའ་སྩལ་པ། རབ་འབྱོར་གཟུགས་མི་ཟད་པས། ཤེས་རབ་ཀྱི་ཕ་རོལ་ཏུ་ཕྱིན་པ་མངོན་པར་བསྒྲུབ་པར་བྱའོ། །རབ་འབྱོར་ཚོར་བ་མི་ཟད་པས། ཤེས་རབ་ཀྱི་ཕ་རོལ་ཏུ་ཕྱིན་པ་མངོན་པར་བསྒྲུབ་པར་བྱའོ། །རབ་འབྱོར་འདུ་ཤེས་མི་ཟད་པས། ཤེས་རབ་ཀྱི་ཕ་རོལ་ཏུ་ཕྱིན་པ་མངོན་པར་བསྒྲུབ་པར་བྱའོ། །རབ་འབྱོར་འདུ་བྱེད་མི་ཟད་པས། ཤེས་རབ་ཀྱི་ཕ་རོལ་ཏུ་ཕྱིན་པ་མངོན་པར་བསྒྲུབ་པར་བྱའོ། །[༡]རབ་འབྱོར་རྣམ་པར་ཤེས་པ་མི་ཟད་པས[༢]། ཤེས་རབ་ཀྱི་ཕ་རོལ་ཏུ་ཕྱིན་པ་མངོན་པར་བསྒྲུབ་པར་བྱའོ། །རབ་འབྱོར་མིག་མི་ཟད་པས། ཤེས་རབ་ཀྱི་ཕ་རོལ་ཏུ་ཕྱིན་པ་མངོན་པར་བསྒྲུབ་པར་བྱའོ། །རབ་འབྱོར་རྣ་བ་མི་ཟད་པས། ཤེས་རབ་ཀྱི་ཕ་རོལ་ཏུ་ཕྱིན་པ་མངོན་པར་བསྒྲུབ་པར་བྱའོ། །རབ་འབྱོར་སྣ་མི་ཟད་པས། ཤེས་རབ་ཀྱི་ཕ་རོལ་ཏུ་ཕྱིན་པ་མངོན་པར་བསྒྲུབ་པར་བྱའོ། །རབ་འབྱོར་ལྕེ་མི་ཟད་པས། ཤེས་རབ་ཀྱི་ཕ་རོལ་ཏུ་ཕྱིན་པ་མངོན་པར་བསྒྲུབ་པར་བྱའོ། །རབ་འབྱོར་ལུས་མི་ཟད་པས། ཤེས་རབ་ཀྱི་ཕ་རོལ་ཏུ་ཕྱིན་པ་མངོན་པར་བསྒྲུབ་པར་བྱའོ། །རབ་འབྱོར་ཡིད་མི་ཟད་པས། ཤེས་རབ་ཀྱི་ཕ་རོལ་ཏུ་ཕྱིན་པ་མངོན་པར་བསྒྲུབ་པར་བྱའོ། །རབ་འབྱོར་གཟུགས་མི་ཟད་པས། ཤེས་རབ་ཀྱི་ཕ་རོལ་ཏུ་ཕྱིན་པ་མངོན་པར་བསྒྲུབ་པར་བྱའོ། །རབ་འབྱོར་སྒྲ་མི་ཟད་པས། ཤེས་རབ་ཀྱི་ཕ་རོལ་ཏུ་ཕྱིན་པ་མངོན་པར་[༢]བསྒྲུབ་པར་བྱའོ། །རབ་འབྱོར་དྲི་མི་ཟད་པས། ཤེས་རབ་ཀྱི་ཕ་རོལ་ཏུ་ཕྱིན་པ་མངོན་པར་བསྒྲུབ་པར་བྱའོ། །རབ་འབྱོར་རོ་མི་ཟད་པས། ཤེས་རབ་ཀྱི་ཕ་རོལ་ཏུ་ཕྱིན་པ་མངོན་པར་བསྒྲུབ་པར་བྱའོ། །རབ་འབྱོར་རེག་མི་ཟད་པས། ཤེས་རབ་ཀྱི་ཕ་རོལ་ཏུ་ཕྱིན་པ་མངོན་པར་བསྒྲུབ་པར་བྱའོ། །རབ་

འབྱོར་ཆོས་མི་ཟད་པས། ཤེས་རབ་ཀྱི་ཕ་རོལ་ཏུ་ཕྱིན་པ་མངོན་པར་བསྒྲུབ་པར་བྱའོ། །རབ་འབྱོར་མིག་གི་རྣམ་པར་ཤེས་པ་མི་ཟད་པས། ཤེས་རབ་ཀྱི་ཕ་རོལ་ཏུ་ཕྱིན་པ་མངོན་པར་བསྒྲུབ་པར་བྱའོ། །རབ་འབྱོར་རྣ་བའི་རྣམ་པར་ཤེས་པ་མི་ཟད་པས། ཤེས་རབ་ཀྱི་ཕ་རོལ་ཏུ་ཕྱིན་པ་མངོན་པར་བསྒྲུབ་པར་བྱའོ། །རབ་འབྱོར་སྣའི་རྣམ་པར་ཤེས་པ་མི་ཟད་པས། ཤེས་རབ་ཀྱི་ཕ་རོལ་ཏུ་ཕྱིན་པ་མངོན་པར་བསྒྲུབ་པར་བྱའོ། །རབ་འབྱོར་ལྕེའི་རྣམ་པར་ཤེས་པ་མི་ཟད་པས། ཤེས་རབ་ཀྱི་ཕ་རོལ་ཏུ་ཕྱིན་པ་མངོན་པར་བསྒྲུབ་པར་བྱའོ། །རབ་འབྱོར་ལུས་ཀྱི་རྣམ་པར་ཤེས་པ་མི་ཟད་པས། ཤེས་རབ་ཀྱི་ཕ་རོལ་ཏུ་ཕྱིན་པ་མངོན་པར་བསྒྲུབ་པར་བྱའོ། །རབ་འབྱོར་ཡིད་ཀྱི་རྣམ་པར་ཤེས་པ་མི་ཟད་པས། ཤེས་རབ་ཀྱི་ཕ་རོལ་ཏུ་ཕྱིན་པ་མངོན་པར་བསྒྲུབ་པར་བྱའོ། །རབ་འབྱོར་མིག་གི་འདུས་ཏེ་རེག་པ་མི་ཟད་པས། ཤེས་རབ་ཀྱི་ཕ་རོལ་ཏུ་ཕྱིན་པ་མངོན་པར་བསྒྲུབ་པར་བྱའོ། །རབ་འབྱོར་རྣ་བའི་འདུས་ཏེ་རེག་པ་མི་ཟད་པས། ཤེས་རབ་ཀྱི་ཕ་རོལ་ཏུ་ཕྱིན་པ་མངོན་པར་བསྒྲུབ་པར་བྱའོ། །རབ་འབྱོར་སྣའི་འདུས་ཏེ་རེག་པ་མི་ཟད་པས། ཤེས་རབ་ཀྱི་[2]ཕ་རོལ་ཏུ་ཕྱིན་པ་མངོན་པར་བསྒྲུབ་པར་བྱའོ། །རབ་འབྱོར་ལྕེའི་འདུས་ཏེ་རེག་པ་མི་ཟད་པས། ཤེས་རབ་ཀྱི་ཕ་རོལ་ཏུ་ཕྱིན་པ་མངོན་པར་བསྒྲུབ་པར་བྱའོ། །རབ་འབྱོར་ལུས་ཀྱི་འདུས་ཏེ་རེག་པ་མི་ཟད་པས། ཤེས་རབ་ཀྱི་ཕ་རོལ་ཏུ་ཕྱིན་པ་མངོན་པར་བསྒྲུབ་པར་བྱའོ། །རབ་འབྱོར་ཡིད་ཀྱི་འདུས་ཏེ་རེག་པ་མི་ཟད་པས། ཤེས་རབ་ཀྱི་ཕ་རོལ་ཏུ་ཕྱིན་པ་མངོན་པར་བསྒྲུབ་པར་བྱའོ། །རབ་འབྱོར་མིག་གི་འདུས་ཏེ་རེག་པ་ལས་བྱུང་བའི་ཚོར་བ་མི་ཟད་པས། ཤེས་རབ་ཀྱི་ཕ་རོལ་ཏུ་ཕྱིན་པ་མངོན་པར་བསྒྲུབ་པར་བྱའོ། །རབ་འབྱོར་རྣ་བའི་འདུས་ཏེ་རེག་པ་ལས་བྱུང་བའི་ཚོར་བ་མི་ཟད་པས། ཤེས་…

རབ་ཀྱི་ཕ་རོལ་ཏུ་ཕྱིན་པ་མངོན་པར་བསྒྲུབ་པར་བྱའོ། །རབ་འབྱོར་སྣའི་འདུས་ཏེ་རེག་པ་ལས་བྱུང་བའི་ཚོར་བ་མི་ཟད་པས། ཤེས་རབ་ཀྱི་ཕ་རོལ་ཏུ་ཕྱིན་པ་མངོན་པར་བསྒྲུབ་པར་བྱའོ། །རབ་འབྱོར་ལྕེའི་འདུས་ཏེ་རེག་པ་ལས་བྱུང་བའི་ཚོར་བ་མི་ཟད་པས། ཤེས་རབ་ཀྱི་ཕ་རོལ་ཏུ་ཕྱིན་པ་མངོན་པར་བསྒྲུབ་པར་བྱའོ། །རབ་འབྱོར་ལུས་ཀྱི་འདུས་ཏེ་རེག་པ་ལས་བྱུང་བའི་ཚོར་བ་མི་ཟད་པས། ཤེས་རབ་ཀྱི་ཕ་རོལ་ཏུ་ཕྱིན་པ་མངོན་པར་བསྒྲུབ་པར་བྱའོ། །རབ་འབྱོར་ཡིད་ཀྱི་འདུས་ཏེ་རེག་པ་ལས་བྱུང་བའི་ཚོར་བ་མི་ཟད་པས། ཤེས་རབ་ཀྱི་ཕ་རོལ་ཏུ་ཕྱིན་པ་མངོན་པར་བསྒྲུབ་པར་བྱའོ། །རབ་འབྱོར་སའི་ཁམས་མི་ཟད་པས། ཤེས་རབ་ཀྱི་ཕ་རོལ་ཏུ་ཕྱིན་པ་མངོན་པར་བསྒྲུབ་པར་བྱའོ། །རབ་འབྱོར་ཆུའི་ཁམས་མི་ཟད་པས། ཤེས་རབ་ཀྱི་ཕ་རོལ་ཏུ་ཕྱིན་པ་མངོན་པར་བསྒྲུབ་པར་བྱའོ། །རབ་འབྱོར་མེའི་ཁམས་མི་ཟད་པས། ཤེས་རབ་ཀྱི་ཕ་རོལ་ཏུ་ཕྱིན་པ་མངོན་པར་བསྒྲུབ་པར་བྱའོ། །རབ་འབྱོར་རླུང་གི་ཁམས་མི་ཟད་པས། ཤེས་རབ་ཀྱི་ཕ་རོལ་ཏུ་ཕྱིན་པ་མངོན་པར་བསྒྲུབ་པར་བྱའོ། །རབ་འབྱོར་ནམ་མཁའི་ཁམས་མི་ཟད་པས། ཤེས་རབ་ཀྱི་ཕ་རོལ་ཏུ་ཕྱིན་པ་མངོན་པར་བསྒྲུབ་པར་བྱའོ། །རབ་འབྱོར་རྣམ་པར་ཤེས་པའི་ཁམས་མི་ཟད་པས། ཤེས་རབ་ཀྱི་ཕ་རོལ་ཏུ་ཕྱིན་པ་མངོན་པར་བསྒྲུབ་པར་བྱའོ། །རབ་འབྱོར་མ་རིག་པ་མི་ཟད་པས། ཤེས་རབ་ཀྱི་ཕ་རོལ་ཏུ་ཕྱིན་པ་མངོན་པར་བསྒྲུབ་པར་བྱའོ། །རབ་འབྱོར་འདུ་བྱེད་མི་ཟད་པས། ཤེས་རབ་ཀྱི་ཕ་རོལ་ཏུ་ཕྱིན་པ་མངོན་པར་བསྒྲུབ་པར་བྱའོ། །རབ་འབྱོར་རྣམ་པར་ཤེས་པ་མི་ཟད་པས། ཤེས་རབ་ཀྱི་ཕ་རོལ་ཏུ་ཕྱིན་པ་མངོན་པར་བསྒྲུབ་པར་བྱའོ། །རབ་འབྱོར་མིང་དང་གཟུགས་མི་ཟད་པས། ཤེས་རབ་ཀྱི་ཕ་རོལ་ཏུ་ཕྱིན་པ་མངོན་པར་བསྒྲུབ་པར་བྱའོ། །རབ་འབྱོར་སྐྱེ་མཆེད་

དྲུག་མྱི་ཟད་པས། ཤེས་རབ་ཀྱི་ཕ་རོལ་ཏུ་ཕྱིན་པ་མངོན་པར་བསྒྲུབ་པར་བྱའོ། །རབ་འབྱོར་རེག་པ་མྱི་ཟད་པས། ཤེས་རབ་ཀྱི་ཕ་རོལ་ཏུ་ཕྱིན་པ་མངོན་པར་བསྒྲུབ་པར་བྱའོ། །རབ་འབྱོར་ཚོར་བ་མི་ཟད་པས། ཤེས་རབ་ཀྱི་ཕ་རོལ་ཏུ་ཕྱིན་པ་མངོན་པར་བསྒྲུབ་པར་བྱའོ། །རབ་འབྱོར་སྲིད་[1]པ་མི་ཟད་པས། ཤེས་རབ་ཀྱི་ཕ་རོལ་ཏུ་ཕྱིན་པ་མངོན་པར་བསྒྲུབ་པར་བྱའོ། །རབ་འབྱོར་ལེན་པ་མི་ཟད་པས། ཤེས་རབ་ཀྱི་ཕ་རོལ་ཏུ་ཕྱིན་པ་མངོན་པར་བསྒྲུབ་པར་བྱའོ། །རབ་འབྱོར་སྲིད་པ་མི་ཟད་པས། ཤེས་རབ་ཀྱི་ཕ་རོལ་ཏུ་ཕྱིན་པ་མངོན་པར་བསྒྲུབ་པར་བྱའོ། །རབ་འབྱོར་སྐྱེ་བ་མི་ཟད་པས། ཤེས་རབ་ཀྱི་ཕ་རོལ་ཏུ་ཕྱིན་པ་མངོན་པར་བསྒྲུབ་པར་བྱའོ། །རབ་འབྱོར་རྒ་ཤི་མི་ཟད་པས། ཤེས་རབ་ཀྱི་ཕ་རོལ་ཏུ་ཕྱིན་པ་མངོན་པར་བསྒྲུབ་པར་བྱའོ། །རབ་འབྱོར་སྦྱིན་པའི་ཕ་རོལ་ཏུ་ཕྱིན་པ་མི་ཟད་པས། ཤེས་རབ་ཀྱི་ཕ་རོལ་ཏུ་ཕྱིན་པ་མངོན་པར་བསྒྲུབ་པར་བྱའོ།། རབ་འབྱོར་ཚུལ་ཁྲིམས་ཀྱི་[3]ཕ་རོལ་ཏུ་ཕྱིན་པ་མི་ཟད་པས། ཤེས་རབ་ཀྱི་ཕ་རོལ་ཏུ་ཕྱིན་པ་མངོན་པར་བསྒྲུབ་པར་བྱའོ། །རབ་འབྱོར་བཟོད་པའི་ཕ་རོལ་ཏུ་ཕྱིན་པ་མི་ཟད་པས། ཤེས་རབ་ཀྱི་ཕ་རོལ་ཏུ་ཕྱིན་པ་མངོན་པར་བསྒྲུབ་པར་བྱའོ། །རབ་འབྱོར་བརྩོན་འགྲུས་ཀྱི་ཕ་རོལ་ཏུ་ཕྱིན་པ་མི་ཟད་པས། ཤེས་རབ་ཀྱི་ཕ་རོལ་ཏུ་ཕྱིན་པ་མངོན་པར་བསྒྲུབ་པར་བྱའོ། །རབ་འབྱོར་བསམ་གཏན་ཀྱི་ཕ་རོལ་ཏུ་ཕྱིན་པ་མི་ཟད་པས། ཤེས་རབ་ཀྱི་ཕ་རོལ་ཏུ་ཕྱིན་པ་མངོན་པར་བསྒྲུབ་པར་བྱའོ།། རབ་འབྱོར་ཤེས་རབ་ཀྱི་ཕ་རོལ་ཏུ་ཕྱིན་པ་མི་ཟད་པས། ཤེས་རབ་ཀྱི་ཕ་རོལ་ཏུ་ཕྱིན་པ་མངོན་པར་བསྒྲུབ་པར་བྱའོ། །རབ་འབྱོར་ནང་སྟོང་པ་ཉིད་མི་ཟད་པས། ཤེས་རབ་ཀྱི་ཕ་རོལ་ཏུ་ཕྱིན་པ་མངོན་པར་བསྒྲུབ་པར་བྱའོ། །རབ་འབྱོར་ཕྱི་སྟོང་པ་ཉིད་མི་ཟད་པས། ཤེས་རབ་ཀྱི་ཕ་རོལ་ཏུ་ཕྱིན་པ་མངོན་པར་བསྒྲུབ་པར་བྱའོ།།

རབ་འབྱོར་ཕྱི་ནང་སྟོང་པ་ཉིད་མྱི་ཟད་པས། ཤེས་རབ་ཀྱི་ཕ་རོལ་ཏུ་ཕྱིན་པ···
མངོན་པར་བསྒྲུབ་པར་བྱའོ། །རབ་འབྱོར་སྟོང་པ་ཉིད་སྟོང་པ་ཉིད་མྱི་ཟད་པས།
ཤེས་རབ་ཀྱི་ཕ་རོལ་ཏུ་ཕྱིན་པ་མངོན་པར་བསྒྲུབ་པར་བྱའོ། །རབ་འབྱོར་ཆེན་པོ་
སྟོང་པ་ཉིད་མྱི་ཟད་པས། ཤེས་རབ་ཀྱི་ཕ་རོལ་ཏུ་ཕྱིན་པ་མངོན་པར་བསྒྲུབ་
པར་བྱའོ། །རབ་འབྱོར་དོན་དམ་པ་སྟོང་པ་ཉིད་མྱི་ཟད་པས། ཤེས་རབ་ཀྱི་
ཕ་རོལ་ཏུ་ཕྱིན་པ་མངོན་པར་བསྒྲུབ་པར་བྱའོ། །རབ་འབྱོར་འདུས་བྱས་སྟོང་པ་
ཉིད་མྱི་ཟད་པས། ཤེས་རབ་ཀྱི་ཕ་རོལ་ཏུ་ཕྱིན་པ་མངོན་པར་བསྒྲུབ་པར་བྱའོ། །
རབ་འབྱོར་འདུས་མ་བྱས་སྟོང་པ་ཉིད་མི་ཟད་པས། ཤེས་རབ་ཀྱི་ཕ་རོལ་ཏུ་ཕྱིན་
པ་མངོན་པར་བསྒྲུབ་པར་བྱའོ། །རབ་འབྱོར་མཐའ་ལས་འདས་པ་སྟོང་པ་ཉིད་
མྱི་ཟད་པས། ཤེས་རབ་ཀྱི་ཕ་རོལ་ཏུ་ཕྱིན་པ་མངོན་པར་བསྒྲུབ་པར་བྱའོ། །
རབ་འབྱོར་ཐོག་མ་དང་ཐ་མ་མེད་པ་སྟོང་པ་ཉིད་མི་ཟད་པས། ཤེས་རབ་ཀྱི་
ཕ་རོལ་ཏུ་ཕྱིན་པ་མངོན་པར་བསྒྲུབ་པར་བྱའོ། །རབ་འབྱོར་དོར་བ་མེད་པ་
སྟོང་པ་ཉིད་མི་ཟད་པས། ཤེས་རབ་ཀྱི་ཕ་རོལ་ཏུ་ཕྱིན་པ་མངོན་པར་བསྒྲུབ་པར་
བྱའོ། །རབ་འབྱོར་རང་བཞིན་སྟོང་པ་ཉིད་མི་ཟད་པས། ཤེས་རབ་ཀྱི་ཕ···
རོལ་ཏུ་ཕྱིན་པ་མངོན་པར་བསྒྲུབ་པར་བྱའོ། །རབ་འབྱོར་ཆོས་ཐམས་ཅད་སྟོང་
པ་ཉིད་མི་ཟད་པས། ཤེས་རབ་ཀྱི་ཕ་རོལ་ཏུ་ཕྱིན་པ་མངོན་པར་བསྒྲུབ་པར་བྱའོ།།
རབ་འབྱོར་རང་གི་མཚན་ཉིད་སྟོང་པ་ཉིད་མི་ཟད་པས། ཤེས་རབ་ཀྱི་ཕ་རོལ་ཏུ་
ཕྱིན་པ་མངོན་པར་བསྒྲུབ་པར་བྱའོ། །རབ་འབྱོར་མྱི་དམྱིགས་པ་སྟོང་པ་①ཉིད་མི་
ཟད་པས། ཤེས་རབ་ཀྱི་ཕ་རོལ་ཏུ་ཕྱིན་པ་མངོན་པར་བསྒྲུབ་པར་བྱའོ། །རབ་
འབྱོར་དངོས་པོ་མེད་པ་སྟོང་པ་ཉིད་མི་ཟད་པས། ཤེས་རབ་ཀྱི་ཕ་རོལ་ཏུ་ཕྱིན་
པ་མངོན་པར་བསྒྲུབ་པར་བྱའོ། །རབ་འབྱོར་ངོ་བོ་ཉིད་སྟོང་པ་ཉིད་མི་ཟད་པས།

ཤེས་རབ་ཀྱི་ཕ་རོལ་ཏུ་ཕྱིན་པ་མངོན་པར་བསྒྲུབ་པར་བྱའོ། །རབ་འབྱོར་དངོས་པོ་མེད་པའི་ངོ་བོ་ཉིད་སྟོང་པ་ཉིད་མི་ཟད་པས། ཤེས་རབ་ཀྱི་ཕ་རོལ་ཏུ་ཕྱིན་པ་མངོན་པར་བསྒྲུབ་པར་བྱའོ། །རབ་འབྱོར་དྲན་པ་ཉེ་བར་གཞག་པ་མི་ཟད་པས། ཤེས་རབ་ཀྱི་ཕ་རོལ་ཏུ་ཕྱིན་པ་མངོན་པར་བསྒྲུབ་པར་བྱའོ། །རབ་འབྱོར་ཡང་དག་པར་སྤོང་བ་མི་ཟད་པས། ཤེས་རབ་ཀྱི་ཕ་རོལ་ཏུ་ཕྱིན་པ་མངོན་པར་བསྒྲུབ་པར་བྱའོ། །རབ་འབྱོར་རྫུ་འཕྲུལ་གྱི་རྐང་པ་མི་ཟད་པས། ཤེས་རབ་ཀྱི་ཕ་རོལ་ཏུ་ཕྱིན་པ་མངོན་པར་བསྒྲུབ་པར་བྱའོ། །རབ་འབྱོར་དབང་པོ་མི་ཟད་པས། ཤེས་རབ་ཀྱི་ཕ་རོལ་ཏུ་ཕྱིན་པ་མངོན་པར་བསྒྲུབ་པར་བྱའོ། །རབ་འབྱོར་སྟོབས་མི་ཟད་པས། ཤེས་རབ་ཀྱི་ཕ་རོལ་ཏུ་ཕྱིན་པ་མངོན་པར་བསྒྲུབ་པར་བྱའོ། །རབ་འབྱོར་བྱང་ཆུབ་ཀྱི་ཡན་ལག་མི་ཟད་པས། ཤེས་རབ་ཀྱི་ཕ་རོལ་ཏུ་ཕྱིན་པ་མངོན་པར་བསྒྲུབ་པར་བྱའོ། །རབ་འབྱོར་ལམ་①མི་ཟད་པས། ཤེས་རབ་ཀྱི་ཕ་རོལ་ཏུ་ཕྱིན་པ་མངོན་པར་བསྒྲུབ་པར་བྱའོ། །རབ་འབྱོར་འཕགས་པའི་བདེན་པ་མི་ཟད་པས། ཤེས་རབ་ཀྱི་ཕ་རོལ་ཏུ་ཕྱིན་པ་མངོན་པར་བསྒྲུབ་པར་བྱའོ། །རབ་འབྱོར་བསམ་གཏན་མི་ཟད་པས། ཤེས་རབ་ཀྱི་ཕ་རོལ་ཏུ་ཕྱིན་པ་མངོན་པར་བསྒྲུབ་པར་བྱའོ། །རབ་འབྱོར་ཚད་མེད་པ་མི་ཟད་པས། ཤེས་རབ་ཀྱི་ཕ་རོལ་ཏུ་ཕྱིན་པ་མངོན་པར་བསྒྲུབ་པར་བྱའོ། །རབ་འབྱོར་གཟུགས་མེད་པའི་སྙོམས་པར་འཇུག་པ་མི་ཟད་པས། ཤེས་རབ་ཀྱི་ཕ་རོལ་ཏུ་ཕྱིན་པ་མངོན་པར་བསྒྲུབ་པར་བྱའོ། །རབ་འབྱོར་རྣམ་པར་ཐར་པ་མི་ཟད་པས། ཤེས་རབ་ཀྱི་ཕ་རོལ་ཏུ་ཕྱིན་པ་མངོན་པར་བསྒྲུབ་པར་བྱའོ། །རབ་འབྱོར་མཐར་གྱིས་གནས་པའི་སྙོམས་པར་འཇུག་པ་མི་ཟད་པས། ཤེས་རབ་ཀྱི་ཕ་རོལ་ཏུ་ཕྱིན་པ་མངོན་པར་བསྒྲུབ་པར་བྱའོ། །རབ་འབྱོར་རྣམ་པར་ཐར་པའི་

སྒོ་སྟོང་པ་ཉིད་དང་། མཚན་མ་མེད་པ་དང་། སྨོན་པ་མེད་པ་མི་ཟད་པས།
ཤེས་རབ་ཀྱི་ཕ་རོལ་ཏུ་ཕྱིན་པ་མངོན་པར་བསྒྲུབ་པར་༡བྱའོ། །རབ་འབྱོར་མངོན་
པར་ཤེས་པ་མི་ཟད་པས། ཤེས་རབ་ཀྱི་༢ཕ་རོལ་ཏུ་ཕྱིན་པ་མངོན་པར་བསྒྲུབ་
པར་བྱའོ། །རབ་འབྱོར་ཏིང་ངེ་འཛིན་མི་ཟད་པས། ཤེས་རབ་ཀྱི་ཕ་རོལ་ཏུ་
ཕྱིན་པ་མངོན་པར་བསྒྲུབ་པར་བྱའོ། །རབ་འབྱོར་གཟུངས་ཀྱི་སྒོ་མི་ཟད་པས།
ཤེས་རབ་ཀྱི་ཕ་རོལ་ཏུ་ཕྱིན་པ་མངོན་པར་བསྒྲུབ་པར་བྱའོ། །རབ་འབྱོར་དེ་
བཞིན་གཤེགས་པའི་སྟོབས་མི་ཟད་པས། ཤེས་རབ་ཀྱི་ཕ་རོལ་ཏུ་ཕྱིན་པ་མངོན་
པར་བསྒྲུབ་པར་བྱའོ། །རབ་འབྱོར་མི་འཇིགས་པ་མི་ཟད་པས། ཤེས་རབ་ཀྱི་
ཕ་རོལ་ཏུ་ཕྱིན་པ་མངོན་པར་བསྒྲུབ་པར་བྱའོ། །རབ་འབྱོར་སོ་སོ་ཡང་དག་པར་
རིག་པ་མི་ཟད་པས། ཤེས་རབ་ཀྱི་ཕ་རོལ་ཏུ་ཕྱིན་པ་མངོན་པར་བསྒྲུབ་པར་བྱའོ།།
༣རབ་འབྱོར་སྙིང་རྗེ་ཆེན་པོ་མི་ཟད་པས། ཤེས་རབ་ཀྱི་ཕ་རོལ་ཏུ་ཕྱིན་པ་
མངོན་པར་བསྒྲུབ་པར་བྱའོ། །རབ་འབྱོར་སངས་རྒྱས་ཀྱི་ཆོས་མ་འདྲེས་པ་མི་
ཟད་པས། ཤེས་རབ་ཀྱི་ཕ་རོལ་ཏུ་ཕྱིན་པ་མངོན་པར་༤བསྒྲུབ་པར་བྱའོ། །
རབ་འབྱོར་རྒྱུན་དུ་ཞུགས་པའི་འབྲས་བུ་མི་ཟད་པས། ཤེས་རབ་ཀྱི་ཕ་རོལ་ཏུ་
ཕྱིན་པ་མངོན་པར་བསྒྲུབ་པར་བྱའོ། །རབ་འབྱོར་ལན་ཅིག་ཕྱིར་འོང་བའི་
འབྲས་བུ་མི་ཟད་པས། ཤེས་རབ་ཀྱི་ཕ་རོལ་ཏུ་ཕྱིན་པ་༥མངོན་པར་བསྒྲུབ་པར་
བྱའོ། །རབ་འབྱོར་ཕྱིར་མི་འོང་བའི་འབྲས་བུ་མི་ཟད་པས། ཤེས་རབ་ཀྱི་ཕ་
རོལ་ཏུ་ཕྱིན་པ་མངོན་པར་བསྒྲུབ་པར་བྱའོ། །རབ་འབྱོར་དགྲ་བཅོམ་པ་ཉིད་མི་
ཟད་པས། ཤེས་རབ་ཀྱི་ཕ་རོལ་ཏུ་ཕྱིན་པ་མངོན་པར་བསྒྲུབ་པར་བྱའོ། །རབ་
འབྱོར་རང་བྱང་ཆུབ་མི་ཟད་པས། ཤེས་རབ་ཀྱི་ཕ་རོལ་ཏུ་ཕྱིན་པ་མངོན་པར་
བསྒྲུབ་པར་བྱའོ། །རབ་འབྱོར་ལམ་གྱི་རྣམ་པ་ཤེས་པ་ཉིད་མི་ཟད་པས། ཤེས་

རབ་ཀྱི་ཕ་རོལ་ཏུ་ཕྱིན་པ་མངོན་པར་བསྒྲུབ་པར་བྱའོ། །རབ་འབྱོར་རྣམ་པ་ཐམས་ཅད་མཁྱེན་པ་ཉིད་མི་ཟད་པས། ཤེས་རབ་ཀྱི་ཕ་རོལ་ཏུ་ཕྱིན་པ་མངོན་པར་བསྒྲུབ་པར་བྱའོ། །རབ་འབྱོར་གཞན་ཡང་གཟུགས་ནམ་མཁའ་ལྟར་ཟད་མི་ཤེས་པས། བྱང་ཆུབ་སེམས་དཔའ་སེམས་དཔའ་ཆེན་པོས། ཤེས་རབ་ཀྱི་ཕ་རོལ་ཏུ་ཕྱིན་པ་མངོན་པར་བསྒྲུབ་པར་བྱའོ། །རབ་འབྱོར་ཚོར་བ་ནམ་མཁའ་ལྟར་ཟད་མི་ཤེས་པས། བྱང་ཆུབ་སེམས་དཔའ་སེམས་དཔའ་ཆེན་པོས། ཤེས་རབ་ཀྱི་ཕ་རོལ་ཏུ་ཕྱིན་པ་མངོན་པར་བསྒྲུབ་པར་བྱའོ། །རབ་འབྱོར་འདུ་ཤེས་ནམ་མཁའ་ ལྟར་ཟད་མི་ཤེས་པས། བྱང་ཆུབ་སེམས་དཔའ་སེམས་དཔའ་ཆེན་པོས། ཤེས་རབ་ཀྱི་ཕ་རོལ་ཏུ་ཕྱིན་པ་མངོན་པར་བསྒྲུབ་པར་བྱའོ། །རབ་འབྱོར་འདུ་བྱེད་ནམ་མཁའ་ལྟར་ཟད་མི་ཤེས་པས། བྱང་ཆུབ་སེམས་དཔའ་སེམས་དཔའ་ཆེན་པོས། ཤེས་རབ་ཀྱི་ཕ་རོལ་ཏུ་ཕྱིན་པ་མངོན་པར་བསྒྲུབ་པར་བྱའོ། །རབ་འབྱོར་རྣམ་པར་ཤེས་པ་ནམ་མཁའ་ལྟར་ཟད་མྱི་ཤེས་པས། བྱང་ཆུབ་སེམས་དཔའ་སེམས་དཔའ་ཆེན་པོས། ཤེས་རབ་ཀྱི་ཕ་རོལ་ཏུ་ཕྱིན་པ་མངོན་པར་བསྒྲུབ་པར་བྱའོ། །རབ་འབྱོར། མིག་ནམ་མཁའ་ལྟར་ཟད་མྱི་ཤེས་པས། བྱང་ཆུབ་སེམས་དཔའ་སེམས་དཔའ་ཆེན་པོས། ཤེས་རབ་ཀྱི་ཕ་རོལ་ཏུ་ཕྱིན་པ་མངོན་པར་བསྒྲུབ་པར་བྱའོ། །རབ་འབྱོར་རྣ་བ་ནམ་མཁའ་ལྟར་ཟད་མྱི་ཤེས་པས། བྱང་ཆུབ་སེམས་དཔའ་སེམས་དཔའ་ཆེན་པོས། ཤེས་རབ་ཀྱི་ཕ་རོལ་ཏུ་ཕྱིན་པ་མངོན་པར་བསྒྲུབ་པར་བྱའོ། །རབ་འབྱོར་སྣ་ནམ་མཁའ་ལྟར་ཟད་མྱི་ཤེས་པས། བྱང་ཆུབ་སེམས་དཔའ་སེམས་དཔའ་ཆེན་པོས། ཤེས་རབ་ཀྱི་ཕ་རོལ་ཏུ་ཕྱིནད་པ་མངོན་པར་བསྒྲུབ་པར་བྱའོ། །རབ་འབྱོརད་ལྕེ་ནམ་མཁའ་ལྟར་ཟད་མྱི་ཤེས་པས། བྱང་ཆུབ་སེམས་དཔའ་སེམས་དཔའ་ཆེན་

པོས༔ ཤེས་རབ་ཀྱི་ཕ་རོལ་ཏུ་ཕྱིན་པ་མངོན་པར་བསྒྲུབ་པར་བྱའོ། །རབ་འབྱོརད་ལུས་ནམ་མཁའ་ལྟར་ཟད་མྱི་ཤེས་པས། བྱང་ཆུབ་སེམས་དཔའ་སེམས་དཔའ་ཆེན་པོས། ཤེས་རབ་ཀྱི་ཕ་རོལ་ཏུ་ཕྱིན་པ་མངོན་པར་བསྒྲུབ་པར་བྱའོ༔ །རབ་འབྱོརད་ཡིད་ནམ་མཁའ་ལྟར་ཟད་མྱི་ཤེས་པས། བྱང་ཆུབ་སེམས་དཔའ་སེམས་དཔའ་[1]ཆེན་པོས། ཤེས་རབ་ཀྱི་ཕ་རོལ་ཏུ་ཕྱིནད་པ་མངོན་པར་བསྒྲུབ་པར་བྱའོ། །རབ་འབྱོརད་གཟུགས་ནམ་མཁའ་ལྟར་ཟད་མྱི་ཤེས་པས༔ བྱང་ཆུབ་སེམས་དཔའ་སེམས་དཔའ་ཆེན་པོས། ཤེས་རབ་ཀྱི་ཕ་རོལ་ཏུ་ཕྱིན་པ་མངོན་པར་བསྒྲུབ་པར་བྱའོ། །རབ་འབྱོར་སྒྲ་ནམ་མཁའ་ལྟར་ཟད་མྱི་ཤེས་པས། བྱང་ཆུབ་སེམས་དཔའ་སེམས་དཔའ་ཆེན་པོས། ཤེས་རབ་ཀྱི་ཕ་རོལ་ཏུ་ཕྱིན་པ་མངོན་པར་བསྒྲུབ་པར་བྱའོ། །རབ་འབྱོར་དྲི་ནམ་མཁའ་ལྟར་ཟད་མྱི་ཤེས་པས། བྱང་ཆུབ་སེམས་དཔའ་སེམས་དཔའ་ཆེན་པོས་ཤེས་རབ་ཀྱི་ཕ་རོལ་ཏུ་ཕྱིན་པ་མངོན་པར་བསྒྲུབ་པར་བྱའོ། །རབ་འབྱོར་རོ་ནམ་མཁའ་ལྟར་ཟད་མྱི་ཤེས་པས། བྱང་ཆུབ་སེམས་དཔའ་སེམས་དཔའ་ཆེན་པོས་ཤེས་རབ་ཀྱི་ཕ་རོལ་ཏུ་ཕྱིན་པ་མངོན་པར་བསྒྲུབ་པར་བྱའོ། །རབ་འབྱོར་རེག་ནམ་མཁའ་ལྟར་ཟད་མི་ཤེས་པས། བྱང་ཆུབ་སེམས་དཔའ་སེམས་དཔའ་ཆེན་པོས་ཤེས་རབ་ཀྱི་ཕ་རོལ་ཏུ་ཕྱིན་པ་མངོན་པར་བསྒྲུབ་པར་བྱའོ། །རབ་འབྱོར་ཆོས་ནམ་མཁའ་ལྟར་ཟད་མི་ཤེས་པས། བྱང་ཆུབ་སེམས་དཔའ་སེམས་དཔའ་ཆེན་པོས་ཤེས་རབ་ཀྱི་ཕ་རོལ་ཏུ་ཕྱིན་པ་མངོན་པར་བསྒྲུབ་[2]པར་བྱའོ། །རབ་འབྱོར་མྱིག་གི་རྣམ་པར་ཤེས་པ་ནམ་མཁའ་ལྟར་ཟད་མྱི་ཤེས་པས། བྱང་ཆུབ་སེམས་དཔའ་སེམས་དཔའ་ཆེན་པོས་ཤེས་རབ་ཀྱི་ཕ་རོལ་ཏུ་ཕྱིན་པ་མངོན་པར་བསྒྲུབ་པར་བྱའོ། །རབ་འབྱོར་རྣ་བའི་རྣམ་པར་ཤེས་པ་ནམ་མཁའ་ལྟར་ཟད་མྱི་ཤེས་པས། བྱང་

ཆུབ་སེམས་དཔའ་སེམས་དཔའ་ཆེན་པོས་ཤེས་རབ་ཀྱི་ཕ་རོལ་ཏུ་ཕྱིན་པ་མངོན···
པར་བསྒྲུབ་པར་བྱའོ། །རབ་འབྱོར་སྣའི་རྣམ་པར་ཤེས་པ་ནམ་མཁའ་ལྟར་ཟད་
མི་ཤེས་པས། བྱང་ཆུབ་སེམས་དཔའ་སེམས་དཔའ་ཆེན་པོས་ཤེས་རབ་ཀྱི་ཕ་
རོལ་ཏུ་ཕྱིན་པ་མངོན་པར་བསྒྲུབ་པར་བྱའོ། །རབ་འབྱོར་ལྕེའི་རྣམ་པར་ཤེས་པ་
ནམ་མཁའ་ལྟར་ཟད་མི་ཤེས་པས། བྱང་ཆུབ་སེམས་དཔའ་སེམས་དཔའ་ཆེན་
པོས་ཤེས་རབ་ཀྱི་ཕ་རོལ་ཏུ་ཕྱིན་པ་མངོན་པར་བསྒྲུབ་པར་བྱའོ། །རབ་འབྱོར···
ལུས་ཀྱི་རྣམ་པར་ཤེས་པ་ནམ་མཁའ་ལྟར་ཟད་མི་ཤེས་པས། བྱང་ཆུབ་སེམས་
དཔའ་སེམས་དཔའ་ཆེན་པོས། ཤེས་རབ་ཀྱི་ཕ་རོལ་ཏུ་ཕྱིན་པ་མངོན་པར་
བསྒྲུབ་པར་བྱའོ། །རབ་འབྱོར་ཡིད་ཀྱི་རྣམ་པར་ཤེས་པ་ནམ་མཁའ་ལྟར་ཟད་མི་
ཤེས་པས། བྱང་ཆུབ་སེམས་དཔའ་སེམས་དཔའ་ཆེན་པོས་ཤེས་རབ་ཀྱི་ཕ་རོལ···
ཏུ་ཕྱིན་པ་མངོན་པར་བསྒྲུབ་པར་བྱའོ། །རབ་འབྱོར་མིག་གི་འདུས་ཏེ་རེག་པ···
ནམ་མཁའ་ལྟར་ཟད་མི་ཤེས་པས། བྱང་ཆུབ་སེམས་དཔའ་སེམས་དཔའ་ཆེན་
པོས་ཤེས་རབ་ཀྱི་ཕ་རོལ་ཏུ་ཕྱིན་པ་མངོན་པར་བསྒྲུབ་པར་བྱའོ། །རབ་འབྱོར་རྣ་
བའི་འདུས་ཏེ་རེག་པ་ནམ་མཁའ་ལྟར་ཟད་མི་ཤེས་པས། བྱང་ཆུབ་སེམས་
དཔའ་སེམས་དཔའ་ཆེན་པོས་ཤེས་རབ་ཀྱི་ཕ་རོལ་ཏུ་ཕྱིན་པ་མངོན་པར་བསྒྲུབ···
པར་བྱའོ། །རབ་འབྱོར་སྣའི་འདུས་ཏེ་རེག་པ་ནམ་མཁའ་ལྟར་ཟད་མི་ཤེས་པས།
བྱང་ཆུབ་སེམས་དཔའ་སེམས་དཔའ་ཆེན་པོས་ཤེས་རབ་ཀྱི་ཕ་རོལ་ཏུ་ཕྱིན་པ····
མངོན་པར་བསྒྲུབ་པར་བྱའོ། །རབ་འབྱོར་ལྕེའི་འདུས་ཏེ་རེག་པ་ནམ་མཁའ་
ལྟར་ཟད་མི་ཤེས་པས། བྱང་ཆུབ་སེམས་དཔའ་སེམས་དཔའ་ཆེན་པོས་ཤེས་
རབ་ཀྱི་ཕ་རོལ་ཏུ་ཕྱིན་པ་མངོན་པར་བསྒྲུབ་པར་བྱའོ། །རབ་འབྱོར་ལུས་ཀྱི་
འདུས་ཏེ་རེག་པ་ནམ་མཁའ་ལྟར་ཟད་མི་ཤེས་པས། བྱང་ཆུབ་སེམས་དཔའ་

སེམས་དཔའ་ཆེན་པོས་ཤེས་རབ་ཀྱི་ཕ་རོལ་ཏུ་ཕྱིན་པ་མངོན་པར་བསྒྲུབ་པར་བྱའོ།། རབ་འབྱོར་ཡིད་ཀྱི་འདུས་ཏེ་རེག་པ་ནམ་མཁའ་ལྟར་ཟད་མི་ཤེས་པས། བྱང་ཆུབ་སེམས་དཔའ་སེམས་དཔའ་ཆེན་པོས་ཤེས་རབ་ཀྱི་ཕ་རོལ་ཏུ་ཕྱིན་པ་མངོན་པར་བསྒྲུབ་པར་བྱའོ། །རབ་འབྱོར་མིག་གི་འདུས་ཏེ་རེག་པ་ལས་བྱུང་བའི་ཚོར་བ་ནམ་མཁའ་ལྟར་ཟད་མི་ཤེས་པས། བྱང་ཆུབ་སེམས་དཔའ་སེམས་དཔའ་ཆེན་པོས་ཤེས་རབ་ཀྱི་ཕ་རོལ་ཏུ་ཕྱིན་པ་མངོན་པར་བསྒྲུབ་པར་བྱའོ། །རབ་འབྱོར་རྣ་བའི་འདུས་ཏེ་རེག་པ་ལས་བྱུང་བའི་ཚོར་བ་ནམ་མཁའ་ལྟར་ཟད་མི་ཤེས་པས། བྱང་ཆུབ་སེམས་དཔའ་སེམས་དཔའ་ཆེན་པོས་ཤེས་རབ་ཀྱི་ཕ་རོལ་ཏུ་ཕྱིན་པ་མངོན་པར་བསྒྲུབ་པར་བྱའོ། །རབ་འབྱོར་སྣའི་འདུས་ཏེ་རེག་པ་ལས་བྱུང་བའི་ཚོར་བ་ནམ་མཁའ་ལྟར་ཟད་མི་ཤེས་པས། བྱང་ཆུབ་སེམས་དཔའ་སེམས་དཔའ་ཆེན་པོས་ཤེས་རབ་ཀྱི་ཕ་རོལ་ཏུ་ཕྱིན་པ་མངོན་པར་[༡]བསྒྲུབ་པར་བྱའོ། །རབ་འབྱོར་ལྕེའི་འདུས་ཏེ་རེག་པ་ལས་བྱུང་བའི་ཚོར་བ་ནམ་མཁའ་ལྟར་ཟད་མི་ཤེས་པས། བྱང་ཆུབ་སེམས་དཔའ་སེམས་དཔའ་ཆེན་པོས་ཤེས་རབ་ཀྱི་ཕ་རོལ་ཏུ་ཕྱིན་པ་མངོན་པར་བསྒྲུབ་པར་བྱའོ། །རབ་འབྱོར་ལུས་ཀྱི་འདུས་ཏེ་རེག་པ་ལས་བྱུང་བའི་ཚོར་བ་ནམ་མཁའ་ལྟར་ཟད་མི་ཤེས་པས། བྱང་ཆུབ་སེམས་དཔའ་སེམས་དཔའ་ཆེན་པོས་ཤེས་རབ་ཀྱི་ཕ་རོལ་ཏུ་ཕྱིན་པ་མངོན་པར་བསྒྲུབ་པར་བྱའོ།། རབ་འབྱོར་ཡིད་ཀྱི་འདུས་ཏེ་རེག་པ་ལས་བྱུང་བའི་ཚོར་བ་ནམ་མཁའ་ལྟར་ཟད་མི་ཤེས་པས། བྱང་ཆུབ་སེམས་དཔའ་སེམས་དཔའ་ཆེན་པོས་ཤེས་རབ་ཀྱི་ཕ་རོལ་ཏུ་ཕྱིན་པ་མངོན་པར་བསྒྲུབ་པར་བྱའོ། །རབ་འབྱོར་སའི་ཁམས་ནམ་མཁའ་ལྟར་ཟད་མི་ཤེས་པས། བྱང་ཆུབ་སེམས་དཔའ་སེམས་དཔའ་ཆེན་པོས་ཤེས་རབ་[༢]ཀྱི་ཕ་རོལ་ཏུ་ཕྱིན་པ་མངོན་པར་བསྒྲུབ་པར་བྱའོ། །རབ་འབྱོར་ཆུའི་ཁམས་ནམ་

མཁའ་ལྟར་ཟད་མི་ཤེས་པས། བྱང་ཆུབ་སེམས་དཔའ་སེམས་དཔའ་ཆེན་པོས་ཤེས་རབ་ཀྱི་ཕ་རོལ་ཏུ་ཕྱིན་པ་མངོན་པར་བསྒྲུབ་པར་བྱའོ། །རབ་འབྱོར་མིའི་ཁམས་ནམ་མཁའ་ལྟར་ཟད་མི་ཤེས་པས། བྱང་ཆུབ་སེམས་དཔའ་སེམས་དཔའ་ཆེན་པོས་ཤེས་རབ་ཀྱི་ཕ་རོལ་ཏུ་ཕྱིན་པ་མངོན་པར་བསྒྲུབ་པར་བྱའོ། །རབ་འབྱོར་རླུང་གི་ཁམས་ནམ་མཁའ་ལྟར་ཟད་མི་ཤེས་པས། བྱང་ཆུབ་སེམས་དཔའ་སེམས་དཔའ་ཆེན་པོས་ཤེས་རབ་ཀྱི་ཕ་རོལ་ཏུ་ཕྱིན་པ་མངོན་པར་བསྒྲུབ་པར་བྱའོ།། རབ་འབྱོར་ནམ་མཁའི་ཁམས་ནམ་མཁའ་ལྟར་ཟད་མི་ཤེས་པས། བྱང་ཆུབ་སེམས་དཔའ་སེམས་དཔའ་ཆེན་པོས་ཤེས་རབ་ཀྱི་ཕ་རོལ་ཏུ་ཕྱིན་པ་མངོན་པར་བསྒྲུབ་པར་བྱའོ། །རབ་འབྱོར་རྣམ་པར་ཤེས་པའི་ཁམས་ནམ་མཁའ་ལྟར་ཟད་མི་ཤེས་པས། བྱང་ཆུབ་སེམས་དཔའ་སེམས་དཔའ་ཆེན་པོས་ཤེས་རབ་ཀྱི་ཕ་རོལ་ཏུ་ཕྱིན་པ་མངོན་པར་བསྒྲུབ་པར་བྱའོ། །རབ་འབྱོར་མ་རིག་པ་ནམ་མཁའ་ལྟར་ཟད་མི་ཤེས་པས། བྱང་ཆུབ་སེམས་དཔའ་སེམས་དཔའ་ཆེན་པོས་ཤེས་རབ་ཀྱི་ཕ་རོལ་ཏུ་ཕྱིན་པ་མངོན་པར་བསྒྲུབ་པར་བྱའོ། །རབ་འབྱོར་འདུ་བྱེད་ནམ་མཁའ་ལྟར་ཟད་མི་ཤེས་པས། བྱང་ཆུབ་སེམས་དཔའ་སེམས་དཔའ་ཆེན་པོས་ཤེས་རབ་ཀྱི་ཕ་རོལ་ཏུ་ཕྱིན་པ་མངོན་པར་བསྒྲུབ་པར་བྱའོ། །རབ་འབྱོར་རྣམ་པར་ཤེས་པ་ནམ་མཁའ་ལྟར་ཟད་མི་ཤེས་པས། བྱང་ཆུབ་སེམས་དཔའ་སེམས་དཔའ་ཆེན་པོས་ཤེས་རབ་ཀྱི་ཕ་རོལ་ཏུ་ཕྱིན་པ་མངོན་པར་བསྒྲུབ་པར་བྱའོ།། རབ་འབྱོར་མིང་དང་གཟུགས་ནམ་མཁའ་ལྟར་ཟད་མི་ཤེས་པས། བྱང་ཆུབ་སེམས་དཔའ་སེམས་དཔའ་ཆེན་པོས་ཤེས་རབ་ཀྱི་ཕ་རོལ་ཏུ་ཕྱིན་པ་མངོན་པར་བསྒྲུབ་པར་བྱའོ། །རབ་འབྱོར་སྐྱེ་མཆེད་དྲུག་ནམ་མཁའ་ལྟར་ཟད་མི་ཤེས་པས། བྱང་ཆུབ་སེམས་དཔའ་སེམས་དཔའ་ཆེན་པོས་ཤེས་རབ་ཀྱི་ཕ་རོལ་ཏུ་ཕྱིན་པ་

མངོན་པར་བསྒྲུབ་པར་བྱའོ། །རབ་འབྱོར་རེག་པ་ནམ་མཁའ་ལྟར་ཟད་མི་ཤེས་པས། བྱང་ཆུབ་སེམས་དཔའ་སེམས་དཔའ་ཆེན་པོས་ཤེས་རབ་ཀྱི་ཕ་རོལ་ཏུ་ཕྱིན་པ་མངོན་པར་བསྒྲུབ་པར་བྱའོ། །རབ་འབྱོར་ཚོར་བ་ནམ་མཁའ་ལྟར་ཟད་མི་ཤེས་པས། བྱང་ཆུབ་སེམས་དཔའ་སེམས་དཔའ་ཆེན་པོས་ཤེས་རབ་ཀྱི་ཕ་རོལ་ཏུ་ཕྱིན་པ་མངོན་པར་བསྒྲུབ་པར་བྱའོ། །རབ་འབྱོར་སྲིད་པ་ནམ་མཁའ་ལྟར་ཟད་མི་ཤེས་པས། བྱང་ཆུབ་སེམས་དཔའ་སེམས་དཔའ་ཆེན་པོས་ཤེས་རབ་ཀྱི་ཕ་རོལ་ཏུ་ཕྱིན་པ་མངོན་པར་བསྒྲུབ་པར་བྱའོ། །རབ་འབྱོར་ལེན་པ་ནམ་མཁའ་ལྟར་ཟད་མི་ཤེས་པས། བྱང་ཆུབ་སེམས་དཔའ་སེམས་དཔའ་ཆེན་པོས་ཤེས་རབ་ཀྱི་ཕ་རོལ་ཏུ་ཕྱིན་པ་མངོན་པར་བསྒྲུབ་པར་བྱའོ། །རབ་འབྱོར་སྲིད་པ་ནམ་མཁའ་ལྟར་ཟད་མི་ཤེས་པས། བྱང་ཆུབ་སེམས་དཔའ་སེམས་དཔའ་ཆེན་པོས་ཤེས་རབ་ཀྱི་ཕ་རོལ་ཏུ་ཕྱིན་པ་མངོན་པར་བསྒྲུབ་པར་བྱའོ། །རབ་འབྱོར་སྐྱེ་བ་ནམ་མཁའ་ལྟར་ཟད་མི་ཤེས་པས། བྱང་ཆུབ་སེམས་དཔའ་སེམས་དཔའ་ཆེན་པོས་ཤེས་རབ་ཀྱི་ཕ་རོལ་ཏུ་ཕྱིན་པ་མངོན་པར་བསྒྲུབ་པར་བྱའོ། །རབ་འབྱོར་རྒ་ཤི་ནམ་མཁའ་ལྟར་ཟད་མི་ཤེས་པས། བྱང་ཆུབ་སེམས་དཔའ་སེམས་དཔའ་ཆེན་པོས་ཤེས་རབ་ཀྱི་ཕ་རོལ་ཏུ་ཕྱིན་པ་མངོན་པར་བསྒྲུབ་པར་བྱའོ། །རབ་འབྱོར་སྦྱིན་པའི་ཕ་རོལ་ཏུ་ཕྱིན་པ་ནམ་མཁའ་ལྟར་ཟད་མི་ཤེས་པས། བྱང་ཆུབ་སེམས་དཔའ་སེམས་དཔའ་ཆེན་པོས་ཤེས་རབ་ཀྱི་ཕ་རོལ་ཏུ་ཕྱིན་པ་མངོན་པར་བསྒྲུབ་པར་བྱའོ། །རབ་འབྱོར་ཚུལ་ཁྲིམས་ཀྱི་ཕ་རོལ་ཏུ་ཕྱིན་པ་ནམ་མཁའ་ལྟར་ཟད་མི་ཤེས་པས། བྱང་ཆུབ་སེམས་དཔའ་སེམས་དཔའ་ཆེན་པོས་ཤེས་རབ་ཀྱི་ཕ་རོལ་ཏུ་ཕྱིན་པ་མངོན་པར་བསྒྲུབ་པར་བྱའོ། །རབ་འབྱོར་བཟོད་པའི་ཕ་རོལ་ཏུ་ཕྱིན་པ་ནམ་མཁའ་[༡]ལྟར་ཟད་མི་ཤེས་པས། བྱང་ཆུབ་སེམས་

དཔའ་སེམས་དཔའ་ཆེན་པོས་ཤེས་རབ་ཀྱི་ཕ་རོལ་ཏུ་ཕྱིན་པ་མངོན་པར་བསྒྲུབ་པར་བྱའོ། །རབ་འབྱོར་བརྩོན་འགྲུས་ཀྱི་ཕ་རོལ་ཏུ་ཕྱིན་པ་ནམ་མཁའ་ལྟར་ཟད་མི་ཤེས་པས། བྱང་ཆུབ་སེམས་དཔའ་སེམས་དཔའ་ཆེན་པོས་ཤེས་རབ་ཀྱི་ཕ་རོལ་ཏུ་ཕྱིན་པ་མངོན་པར་བསྒྲུབ་པར་བྱའོ། །རབ་འབྱོར་བསམ་གཏན་གྱི་ཕ་རོལ་ཏུ་ཕྱིན་པ་ནམ་མཁའ་ལྟར་ཟད་མི་ཤེས་པས། བྱང་ཆུབ་སེམས་དཔའ་སེམས་དཔའ་ཆེན་པོས་ཤེས་རབ་ཀྱི་ཕ་རོལ་ཏུ་ཕྱིན་པ་མངོན་པར་བསྒྲུབ་པར་བྱའོ།། རབ་འབྱོར་ཤེས་རབ་ཀྱི་ཕ་རོལ་ཏུ་ཕྱིན་པ་ནམ་མཁའ་ལྟར་ཟད་མི་ཤེས་པས། བྱང་ཆུབ་སེམས་དཔའ་སེམས་དཔའ་ཆེན་པོས་ཤེས་རབ་ཀྱི་ཕ་རོལ་ཏུ་ཕྱིན་པ་མངོན་པར་བསྒྲུབ་པར་བྱའོ། །རབ་འབྱོར་ནང་སྟོང་པ་ཉིད་ནམ་མཁའ་ལྟར་ཟད་མི་ཤེས་པས། བྱང་ཆུབ་སེམས་དཔའ་སེམས་དཔའ་ཆེན་པོས་ཤེས་རབ་ཀྱི་ཕ་རོལ་ཏུ་ཕྱིན་པ་མངོན་པར་བསྒྲུབ་པར་བྱའོ། །རབ་འབྱོར་ཕྱི་སྟོང་པ་ཉིད་ནམ་མཁའ་ལྟར་ཟད་མི་ཤེས་པས། བྱང་ཆུབ་སེམས་དཔའ་སེམས་དཔའ་ཆེན་པོས་ཤེས་རབ་ཀྱི་ཕ་རོལ་ཏུ་ཕྱིན་པ་མངོན་པར་བསྒྲུབ་པར་བྱའོ། །རབ་འབྱོར་ཕྱི་ནང་སྟོང་པ་ཉིད་ནམ་མཁའ་ལྟར་ཟད་མི་ཤེས་པས། བྱང་ཆུབ་སེམས་དཔའ་སེམས་དཔའ་ཆེན་པོས་ཤེས་རབ་ཀྱི་ཕ་རོལ་ཏུ་ཕྱིན་པ་མངོན་པར་བསྒྲུབ་པར་བྱའོ། །རབ་འབྱོར་སྟོང་པ་ཉིད་སྟོང་པ་ཉིད་ནམ་མཁའ་ལྟར་ཟད་མི་ཤེས་པས། བྱང་ཆུབ་སེམས་དཔའ་སེམས་དཔའ་ཆེན་པོས་ཤེས་རབ་ཀྱི་ཕ་རོལ་ཏུ་ཕྱིན་པ་མངོན་པར་བསྒྲུབ་པར་བྱའོ། །རབ་འབྱོར་ཆེན་པོ་སྟོང་པ་ཉིད་ནམ་མཁའ་ལྟར་ཟད་མི་ཤེས་པས། བྱང་ཆུབ་སེམས་དཔའ་སེམས་དཔའ་ཆེན་པོས་ཤེས་རབ་ཀྱི་ཕ་རོལ་ཏུ་ཕྱིན་པ་མངོན་པར་བསྒྲུབ་པར་བྱའོ། །རབ་འབྱོར་དོན་དམ་པ་སྟོང་པ་ཉིད་ནམ་མཁའ་ལྟར་ཟད་མི་ཤེས་པས། བྱང་ཆུབ་སེམས་དཔའ་སེམས་དཔའ་ཆེན་

པོས་ཤེས་རབ་ཀྱི་ཕ་རོལ་ཏུ་ཕྱིན་པ་མངོན་པར་བསྒྲུབ་པར་བྱའོ། །རབ་འབྱོར་འདུས་བྱས་སྟོང་པ་ཉིད་ནམ་མཁའ་ལྟར་ཟད་མི་ཤེས་པས། བྱང་ཆུབ་སེམས་དཔའ་སེམས་དཔའ་ཆེན་པོས་ཤེས་རབ་ཀྱི་ཕ་རོལ་ཏུ་ཕྱིན་པ་མངོན་པར་བསྒྲུབ་པར་བྱའོ། །རབ་འབྱོར་འདུས་མ་བྱས་སྟོང་པ་ཉིད་ནམ་མཁའ་ལྟར་ཟད་མི་ཤེས་པས། བྱང་ཆུབ་སེམས་དཔའ་སེམས་དཔའ་ཆེན་པོས་ཤེས་རབ་ཀྱི་ཕ་རོལ་ཏུ་ཕྱིན་པ་མངོན་པར་བསྒྲུབ་པར་བྱའོ། །རབ་འབྱོར་མཐའ་ལས་འདས་པ་སྟོང་པ་ཉིད་ནམ་མཁའ་ལྟར་ཟད་མི་ཤེས་པས། བྱང་ཆུབ་སེམས་དཔའ་སེམས་དཔའ་ཆེན་པོས་ཤེས་རབ་ཀྱི་ཕ་རོལ་ཏུ་ཕྱིན་པ་མངོན་པར་བསྒྲུབ་པར་བྱའོ། །རབ་འབྱོར་ཐོག་མ་དང་ཐ་མ་མེད་པ་སྟོང་པ་ཉིད་ནམ་མཁའ་ལྟར་ཟད་མི་ཤེས་པས། བྱང་ཆུབ་སེམས་དཔའ་སེམས་དཔའ་ཆེན་པོས་ཤེས་རབ་ཀྱི་ཕ་རོལ་ཏུ་ཕྱིན་པ་མངོན་པར་བསྒྲུབ་པར་བྱའོ། །རབ་འབྱོར་དོར་བ་མེད་པ་སྟོང་པ་ཉིད་ནམ་མཁའ་ལྟར་ཟད་མི་ཤེས་པས། བྱང་ཆུབ་སེམས་དཔའ་སེམས་དཔའ་ཆེན་པོས་ཤེས་རབ་ཀྱི་ཕ་རོལ་ཏུ་ཕྱིན་པ་མངོན་པར་བསྒྲུབ་པར་བྱའོ། །རབ་འབྱོར་རང་བཞིན་སྟོང་པ་ཉིད་ནམ་མཁའ་ལྟར་ཟད་མི་ཤེས་པས། བྱང་ཆུབ་སེམས་དཔའ་སེམས་དཔའ་ཆེན་པོས་ཤེས་རབ་ཀྱི་ཕ་རོལ་ཏུ་ཕྱིན་པ་མངོན་པར་བསྒྲུབ་པར་བྱའོ། །རབ་འབྱོར་ཆོས་ཐམས་ཅད་སྟོང་པ་ཉིད་ནམ་མཁའ་ལྟར་ཟད་མི་ཤེས་པས། བྱང་ཆུབ་སེམས་དཔའ་སེམས་དཔའ་ཆེན་པོས་ཤེས་རབ་ཀྱི་ཕ་རོལ་ཏུ་ཕྱིན་པ་མངོན་པར་བསྒྲུབ་པར་བྱའོ། །རབ་འབྱོར་རང་གི་མཚན་ཉིད་སྟོང་པ་ཉིད་ནམ་མཁའ་ལྟར་ཟད་མི་ཤེས་པས། བྱང་ཆུབ་སེམས་དཔའ་སེམས་དཔའ་ཆེན་པོས་ཤེས་རབ་ཀྱི་ཕ་རོལ་ཏུ་ཕྱིན་པ་མངོན་པར་བསྒྲུབ་པར་བྱའོ། །རབ་འབྱོར་མི་དམིགས་པ་སྟོང་པ་ཉིད་ནམ་མཁའ་ལྟར་ཟད་མི་ཤེས་པས། བྱང་ཆུབ་སེམས་

དཔའ་སེམས་དཔའ་ཆེན་པོས་ཤེས་རབ་ཀྱི་ཕ་རོལ་ཏུ་ཕྱིན་པ་མངོན་པར་བསྒྲུབ་པར་བྱའོ། །རབ་འབྱོར་དངོས་པོ་མེད་པ་སྟོང་པ་ཉིད་ནམ་མཁའ་ལྟར་ཟད་མི་ཤེས་པས། བྱང་ཆུབ་སེམས་དཔའ་སེམས་དཔའ་ཆེན་པོས་ཤེས་རབ་ཀྱི་ཕ་རོལ་ཏུ་ཕྱིན་པ་མངོན་པར་བསྒྲུབ་པར་བྱའོ། །རབ་འབྱོར་ངོ་བོ་ཉིད་སྟོང་པ་ཉིད་ནམ་མཁའ་ལྟར་ཟད་མི་ཤེས་པས། བྱང་ཆུབ་སེམས་དཔའ་སེམས་དཔའ་ཆེན་པོས་ཤེས་རབ་ཀྱི་ཕ་རོལ་ཏུ་ཕྱིན་པ་མངོན་པར་བསྒྲུབ་པར་བྱའོ། །རབ་འབྱོར་དངོས་པོ་མེད་པའི་ངོ་བོ་ཉིད་སྟོང་པ་ཉིད་ནམ་མཁའ་ལྟར་ཟད་མི་ཤེས་པས། བྱང་ཆུབ་སེམས་དཔའ་སེམས་དཔའ་ཆེན་པོས་ཤེས་རབ་ཀྱི་ཕ་རོལ་ཏུ་ཕྱིན་པ་མངོན་པར་བསྒྲུབ་པར་བྱའོ། །རབ་འབྱོར་དྲན་པ་ཉེ་བར་གཞག་པ་ནམ་མཁའ་ལྟར་ཟད་མི་ཤེས་པས། བྱང་ཆུབ་སེམས་དཔའ་སེམས་དཔའ་ཆེན་པོས་ཤེས་རབ་ཀྱི་ཕ་རོལ་ཏུ་ཕྱིན་པ་མངོན་པར་བསྒྲུབ་པར་བྱའོ། །རབ་འབྱོར་ཡང་དག་པར་སྤོང་བ་ནམ་མཁའ་ལྟར་ཟད་མི་ཤེས་པས། བྱང་ཆུབ་སེམས་དཔའ་སེམས་དཔའ་ཆེན་པོས་ཤེས་རབ་ཀྱི་ཕ་རོལ་ཏུ་ཕྱིན་པ་མངོན་པར་བསྒྲུབ་པར་བྱའོ། །རབ་འབྱོར་རྫུ་འཕྲུལ་གྱི་རྐང་པ་ནམ་མཁའ་ལྟར་ཟད་མི་ཤེས་པས། བྱང་ཆུབ་སེམས་དཔའ་སེམས་དཔའ་ཆེན་པོས་ཤེས་རབ་ཀྱི་ཕ་རོལ་ཏུ་ཕྱིན་པ་མངོན་པར་བསྒྲུབ་པར་བྱའོ། །རབ་འབྱོར་དབང་པོ་ནམ་མཁའ་ལྟར་ཟད་མི་ཤེས་པས། བྱང་ཆུབ་སེམས་དཔའ་སེམས་དཔའ་ཆེན་པོས་ཤེས་རབ་ཀྱི་ཕ་རོལ་ཏུ་ཕྱིན་པ་མངོན་པར་བསྒྲུབ་པར་བྱའོ། །རབ་འབྱོར་སྟོབས་ནམ་མཁའ་ལྟར་ཟད་མི་ཤེས་པས། བྱང་ཆུབ་སེམས་དཔའ་སེམས་དཔའ་ཆེན་པོས་ཤེས་རབ་ཀྱི་ཕ་རོལ་ཏུ་ཕྱིན་པ་མངོན་པར་བསྒྲུབ་པར་བྱའོ། །རབ་འབྱོར་བྱང་ཆུབ་ཀྱི་ཡན་ལག་ནམ་མཁའ་ལྟར་ཟད་མི་ཤེས་པས། བྱང་ཆུབ་སེམས་དཔའ་སེམས་དཔའ་ཆེན་པོས་ཤེས་རབ་ཀྱི་ཕ་རོལ་ཏུ་ཕྱིན་པ་མངོན་

པར་བསྒྲུབ་པར་བྱའོ། །རབ་འབྱོར་འཕགས་པའི་ལམ་ཡན་ལག་བརྒྱད་པ་
ནམ་མཁའ་ལྟར་ཟད་མི་ཤེས་པས། བྱང་ཆུབ་སེམས་དཔའ་སེམས་དཔའ་ཆེན་
པོས་ཤེས་རབ་ཀྱི་ཕ་རོལ་ཏུ་ཕྱིན་པ་མངོན་པར་བསྒྲུབ་པར་བྱའོ། །རབ་འབྱོར་
འཕགས་པའི་བདེན་པ་ནམ་མཁའ་ལྟར་ཟད་མི་ཤེས་པས། བྱང་ཆུབ་སེམས་
དཔའ་སེམས་དཔའ་ཆེན་པོས་ཤེས་རབ་ཀྱི་ཕ་རོལ་ཏུ་ཕྱིན་པ་མངོན་པར་བསྒྲུབ་
པར་བྱའོ། །རབ་འབྱོར་བསམ་གཏན་ནམ་མཁའ་ལྟར་ཟད་མི་ཤེས་པས།
བྱང་ཆུབ་སེམས་དཔའ་སེམས་དཔའ་ཆེན་པོས་ཤེས་རབ་ཀྱི་ཕ་རོལ་ཏུ་ཕྱིན་པ་
མངོན་པར་བསྒྲུབ་པར་བྱའོ། །རབ་འབྱོར་ཚད་མེད་པ་ནམ་མཁའ་ལྟར་ཟད་
མི་ཤེས་པས། བྱང་ཆུབ་སེམས་དཔའ་སེམས་དཔའ་ཆེན་པོས་ཤེས་རབ་ཀྱི་ཕ་
རོལ་ཏུ་ཕྱིན་པ་མངོན་པར་བསྒྲུབ་པར་བྱའོ། །རབ་འབྱོར་གཟུགས་མེད་པའི་
སྙོམས་པར་འཇུག་པ་ནམ་མཁའ་ལྟར་ཟད་མི་ཤེས་པས། བྱང་ཆུབ་སེམས་
དཔའ་སེམས་དཔའ་ཆེན་པོས་ཤེས་རབ་ཀྱི་ཕ་རོལ་ཏུ་ཕྱིན་པ་མངོན་པར་བསྒྲུབ་
པར་བྱའོ། །རབ་འབྱོར་རྣམ་པར་ཐར་པ་ནམ་མཁའ་ལྟར་ཟད་མི་ཤེས་པས།
བྱང་ཆུབ་སེམས་དཔའ་སེམས་དཔའ་ཆེན་པོས་ཤེས་རབ་ཀྱི་ཕ་རོལ་ཏུ་ཕྱིན་པ་
མངོན་པར་བསྒྲུབ་པར་བྱའོ། །རབ་འབྱོར་མཐར་གྱིས་གནས་པའི་སྙོམས་པར་
འཇུག་པ་ནམ་མཁའ་ལྟར་ཟད་མི་ཤེས་པས། བྱང་ཆུབ་སེམས་དཔའ་སེམས་
དཔའ་ཆེན་པོས་ཤེས་རབ་ཀྱི་ཕ་རོལ་ཏུ་ཕྱིན་པ་མངོན་པར་བསྒྲུབ་པར་བྱའོ། །
རབ་འབྱོར་རྣམ་པར་ཐར་པའི་སྒོ་སྟོང་པ་ཉིད་དང་། མཚན་མ་མེད་པ་དང་།
སྨོན་པ་མེད་པ་ནམ་མཁའ་ལྟར་ཟད་མི་ཤེས་པས། བྱང་ཆུབ་སེམས་དཔའ་
སེམས་དཔའ་ཆེན་པོས་ཤེས་རབ་ཀྱི་ཕ་རོལ་ཏུ་ཕྱིན་པ་མངོན་པར་བསྒྲུབ་པར་བྱའོ།།
རབ་འབྱོར་མངོན་པར་ཤེས་པ་ནམ་མཁའ་ལྟར་ཟད་མི་ཤེས་པས། བྱང་ཆུབ་

སེམས་དཔའ་སེམས་དཔའ་ཆེན་པོས་ཤེས་རབ་ཀྱི་ཕ་རོལ་ཏུ་ཕྱིན་པ་མངོན་པར་བསྒྲུབ་པར་བྱའོ། །རབ་འབྱོར་ཏིང་ངེ་འཛིན་ནམ་མཁའ་ལྟར་ཟད་མི་ཤེས་པས། བྱང་ཆུབ་སེམས་དཔའ་སེམས་དཔའ་ཆེན་པོས་ཤེས་རབ་ཀྱི་ཕ་རོལ་ཏུ་ཕྱིན་པ་མངོན་པར་བསྒྲུབ་པར་བྱའོ། །རབ་འབྱོར་གཟུངས་ཀྱི་སྒོ་ནམ་མཁའ་ལྟར་ཟད་མི་ཤེས་པས། བྱང་ཆུབ་སེམས་དཔའ་སེམས་དཔའ་ཆེན་པོས་ཤེས་རབ་ཀྱི་ཕ་རོལ་ཏུ་ཕྱིན་པ་མངོན་པར་བསྒྲུབ་པར་བྱའོ། །རབ་འབྱོར་དེ་བཞིན་གཤེགས་པའི་སྟོབས་ནམ་མཁའ་ལྟར་ཟད་མི་ཤེས་པས། བྱང་ཆུབ་སེམས་དཔའ་སེམས་དཔའ་ཆེན་པོས་ཤེས་རབ་ཀྱི་ཕ་རོལ་ཏུ་ཕྱིན་པ་མངོན་པར་བསྒྲུབ་པར་བྱའོ། །རབ་འབྱོར་མི་འཇིགས་པ་ནམ་མཁའ་ལྟར་ཟད་མི་ཤེས་པས། བྱང་ཆུབ་སེམས་དཔའ་སེམས་དཔའ་ཆེན་པོས་ཤེས་རབ་ཀྱི་ཕ་རོལ་ཏུ་ཕྱིན་པ་མངོན་པར་བསྒྲུབ་པར་བྱའོ། །རབ་འབྱོར་སོ་སོ་ཡང་དག་པར་རིག་པ་ནམ་མཁའ་ལྟར་ཟད་མི་ཤེས་པས། བྱང་ཆུབ་སེམས་དཔའ་སེམས་དཔའ་ཆེན་པོས་ཤེས་རབ་ཀྱི་ཕ་རོལ་ཏུ་ཕྱིན་པ་མངོན་པར་བསྒྲུབ་པར་བྱའོ། །རབ་འབྱོར་བྱམས་པ་ཆེན་པོ་ནམ་མཁའ་ལྟར་ཟད་མི་ཤེས་པས། བྱང་ཆུབ་སེམས་དཔའ་སེམས་དཔའ་ཆེན་པོས་ཤེས་རབ་ཀྱི་ཕ་རོལ་ཏུ་ཕྱིན་པ་མངོན་པར་བསྒྲུབ་པར་བྱའོ། །རབ་འབྱོར་སྙིང་རྗེ་ཆེན་པོ་ནམ་མཁའ་ལྟར་ཟད་མི་ཤེས་པས། བྱང་ཆུབ་སེམས་དཔའ་སེམས་དཔའ་ཆེན་པོས་ཤེས་རབ་ཀྱི་ཕ་རོལ་ཏུ་ཕྱིན་པ་མངོན་པར་བསྒྲུབ་པར་བྱའོ། །རབ་འབྱོར་སངས་རྒྱས་ཀྱི་ཆོས་མ་འདྲེས་པ་ནམ་མཁའ་ལྟར་ཟད་མི་ཤེས་པས། བྱང་ཆུབ་སེམས་དཔའ་སེམས་དཔའ་ཆེན་པོས་ཤེས་རབ་ཀྱི་ཕ་རོལ་ཏུ་ཕྱིན་པ་མངོན་པར་བསྒྲུབ་པར་བྱའོ། །རབ་འབྱོར་རྒྱུན་དུ་ཞུགས་པའི་འབྲས་བུ་ནམ་མཁའ་ལྟར་ཟད་མི་ཤེས་པས། བྱང་ཆུབ་སེམས་དཔའ་སེམས་དཔའ་ཆེན་པོས་

ཤེས་རབ་ཀྱི་ཕ་རོལ་ཏུ་ཕྱིན་པ་མངོན་པར་བསྒྲུབ་པར་བྱའོ། །རབ་འབྱོར་ཡན་ཅིག་[༡]ཕྱིར་འོང་བའི་འབྲས་བུ་ནམ་མཁའ་ལྟར་ཟད་མི་ཤེས་པས། བྱང་ཆུབ་སེམས་དཔའ་སེམས་དཔའ་ཆེན་པོས་ཤེས་རབ་ཀྱི་ཕ་རོལ་ཏུ་ཕྱིན་པ་མངོན་པར་བསྒྲུབ་པར་བྱའོ། །རབ་འབྱོར་ཕྱིར་མི་འོང་བའི་འབྲས་བུ་ནམ་མཁའ་ལྟར་ཟད་མི་ཤེས་པས། བྱང་ཆུབ་[༢]སེམས་དཔའ་སེམས་དཔའ་ཆེན་པོས་ཤེས་རབ་ཀྱི་ཕ་རོལ་ཏུ་ཕྱིན་པ་མངོན་པར་བསྒྲུབ་པར་བྱའོ། །རབ་འབྱོར་དགྲ་བཅོམ་པ་ཉིད་ནམ་མཁའ་ལྟར་ཟད་མི་ཤེས་པས། བྱང་ཆུབ་སེམས་དཔའ་སེམས་དཔའ་ཆེན་པོས་ཤེས་རབ་ཀྱི་ཕ་རོལ་ཏུ་ཕྱིན་པ་མངོན་པར་བསྒྲུབ་པར་བྱའོ། །རབ་འབྱོར་རང་བྱང་ཆུབ་ནམ་མཁའ་ལྟར་ཟད་མི་ཤེས་པས། བྱང་ཆུབ་སེམས་དཔའ་སེམས་དཔའ་ཆེན་པོས་ཤེས་རབ་ཀྱི་ཕ་རོལ་ཏུ་ཕྱིན་པ་མངོན་པར་བསྒྲུབ་པར་བྱའོ། །རབ་འབྱོར་ལམ་གྱི་རྣམ་པ་ཤེས་པ་ཉིད་ནམ་མཁའ་ལྟར་ཟད་མི་ཤེས་པས། བྱང་ཆུབ་སེམས་དཔའ་སེམས་དཔའ་ཆེན་པོས་ཤེས་རབ་ཀྱི་ཕ་རོལ་ཏུ་ཕྱིན་པ་མངོན་པར་བསྒྲུབ་པར་བྱའོ། །རབ་འབྱོར་རྣམ་པ་ཐམས་ཅད་མཁྱེན་པ་ཉིད་ནམ་མཁའ་ལྟར་ཟད་མི་ཤེས་པས། བྱང་ཆུབ་སེམས་དཔའ་སེམས་དཔའ་ཆེན་པོས་ཤེས་རབ་ཀྱི་ཕ་རོལ་ཏུ་ཕྱིན་པ་མངོན་པར་བསྒྲུབ་པར་བྱའོ། །རབ་འབྱོར་གཞན་ཡང་མ་རིག་པ་ནམ་མཁའ་ལྟར་ཟད་མི་ཤེས་པས། བྱང་ཆུབ་སེམས་དཔའ་སེམས་དཔའ་ཆེན་པོས་ཤེས་རབ་ཀྱི་ཕ་རོལ་ཏུ་ཕྱིན་པ་མངོན་པར་བསྒྲུབ་པར་བྱའོ། །རབ་འབྱོར་འདུ་བྱེད་ནམ་མཁའ་ལྟར་ཟད་མི་ཤེས་པས། བྱང་ཆུབ་སེམས་དཔའ་སེམས་དཔའ་ཆེན་པོས་ཤེས་རབ་ཀྱི་ཕ་རོལ་ཏུ་ཕྱིན་པ་མངོན་པར་བསྒྲུབ་པར་བྱའོ། །རབ་འབྱོར་རྣམ་པར་ཤེས་པ་ནམ་མཁའ་ལྟར་ཟད་མི་ཤེས་པས། བྱང་ཆུབ་སེམས་དཔའ་སེམས་དཔའ་ཆེན་པོས་ཤེས་རབ་ཀྱི་ཕ་རོལ་

ཏུ་ཕྱིན་པ་མངོན་པར་བསྒྲུབ་པར་བྱའོ། །རབ་འབྱོར་མྱིང་དང་གཟུགས་ནམ་མཁའ་ལྟར་ཟད་མྱི་ཤེས་པས། བྱང་ཆུབ་སེམས་དཔའ་སེམས་དཔའ་ཆེན་པོས་ཤེས་རབ་ཀྱི་ཕ་རོལ་ཏུ་ཕྱིན་པ་མངོན་པར་བསྒྲུབ་པར་བྱའོ། །རབ་འབྱོར་སྐྱེ་མཆེད་དྲུག་ནམ་མཁའ་ལྟར་ཟད་མྱི་ཤེས་པས། བྱང་ཆུབ་སེམས་དཔའ་སེམས་དཔའ་ཆེན་པོས་ཤེས་རབ་ཀྱི་ཕ་རོལ་ཏུ་ཕྱིན་པ་མངོན་པར་བསྒྲུབ་པར་བྱའོ། །རབ་འབྱོར་རེག་པ་ནམ་མཁའ་ལྟར་ཟད་མྱི་ཤེས་པས། བྱང་ཆུབ་སེམས་དཔའ་སེམས་དཔའ་ཆེན་པོས་ཤེས་རབ་ཀྱི་ཕ་རོལ་ཏུ་ཕྱིན་པ་མངོན་པར་བསྒྲུབ་པར་བྱའོ།། རབ་འབྱོར་ཚོར་བ་ནམ་མཁའ་ལྟར་ཟད་མྱི་ཤེས་པས། བྱང་ཆུབ་སེམས་དཔའ་སེམས་དཔའ་ཆེན་པོས་ཤེས་རབ་ཀྱི་ཕ་རོལ་ཏུ་ཕྱིན་པ་མངོན་པར་བསྒྲུབ་པར་བྱའོ།། རབ་འབྱོར་སྲིད་པ་ནམ་མཁའ་ལྟར་ཟད་མྱི་ཤེས་པས། བྱང་ཆུབ་སེམས་དཔའ་སེམས་དཔའ་ཆེན་པོས་ཤེས་རབ་ཀྱི་ཕ་རོལ་ཏུ་ཕྱིན་པ་མངོན་པར་བསྒྲུབ་པར་བྱའོ།། རབ་འབྱོར་ལེན་པ་ནམ་མཁའ་ལྟར་ཟད་མྱི་ཤེས་པས། བྱང་ཆུབ་སེམས་དཔའ་སེམས་དཔའ་ཆེན་པོས་ཤེས་རབ་ཀྱི་ཕ་རོལ་ཏུ་ཕྱིན་པ་མངོན་པར་བསྒྲུབ་པར་བྱའོ།། རབ་འབྱོར་སྲིད་པ་ནམ་མཁའ་ལྟར་ཟད་མྱི་ཤེས་པས། བྱང་ཆུབ་སེམས་དཔའ་སེམས་དཔའ་ཆེན་པོས་ཤེས་རབ་ཀྱི་ཕ་རོལ་ཏུ་ཕྱིན་པ་མངོན་པར་བསྒྲུབ་པར་བྱའོ།། རབ་འབྱོར་སྐྱེ་བ་ནམ་མཁའ་ལྟར་ཟད་[༡]མྱི་ཤེས་པས། བྱང་ཆུབ་སེམས་དཔའ་སེམས་དཔའ་ཆེན་པོས་ཤེས་རབ་ཀྱི་ཕ་རོལ་ཏུ་ཕྱིན་པ་མངོན་པར་བསྒྲུབ་པར་བྱའོ།། རབ་འབྱོར་རྒ་ཤི་དང་། མྱ་ངན་དང་། སྨྲེ་སྔགས་འདོན་པ་དང་། སྡུག་བསྔལ་བ་དང་། ཡིད་མྱི་བདེ་བ་དང་། འཁྲུག་[༢]པ་ནམ་མཁའ་ལྟར་ཟད་མྱི་ཤེས་པས། བྱང་ཆུབ་སེམས་དཔའ༔ སེམས་དཔའ་[༣]ཆེན་པོས་ཤེས་རབ་ཀྱི་ཕ་རོལ་ཏུ་ཕྱིན་པ་མངོན་པར་བསྒྲུབ་པར་བྱའོ[༤]། །རབ་འབྱོར་དེ་ལྟར་བྱང་ཆུབ་སེམས་

དཔའ་སེམས་དཔའ་ཆེན་པོས་ཤེས་རབ་ཀྱི་ཕ་རོལ་ཏུ་ཕྱིན་པ་མངོན་པར་བསྒྲུབ་པར་བྱའོ། །རབ་འབྱོར་འདི་ནི་བྱང་ཆུབ་སེམས་དཔའ་སེམས་དཔའ་ཆེན་པོའི་རྟེན་ཅིང་འབྲེལ་པར་འབྱུང་བ་ལ་རྣམ་པར་ལྟ་བ་དང་། ཤིན་ཏུ་རྣམ་པར་སྣང་[1] བ་ལ་རྣམ་པར་ལྟ་བ་སྟེ། གང་དེ་ལྟར་རྟེན་[2] ཅིང་འབྲེལ་པར་འབྱུང་བ་ལ་རྣམ་པར་ལྟ་བ་དེ་ནི། བྱང་ཆུབ་སེམས་དཔའ་སེམས་དཔའ་ཆེན༔ པོ་སྙིང་པོ་[3] བྱང་ཆུབ་ལ་འདུག་པའི་མ་འདྲེས་པའི་ཆོས་ཏེ། དེ་ལྟར་རྟེན་ཅིང་འབྲེལ་པར་འབྱུང་བ་ལ། རྣམ་པར་ལྟ་བ་ལ་[4] ནི་རྣམ་པ་ཐམས་ཅད་མཁྱེན་པ་ཉིད་ཀྱི་ཡེ་ཤེས་ཐོབ་པར་འགྱུར་རོ། །རབ་འབྱོར་གང་ལ་ལ་ནམ་མཁའ་ལྟར་ཟད་མི་ཤེས་པས། མངོན་པར་བསྒྲུབ་པ་འདིས། ཤེས་རབ་ཀྱི་ཕ་རོལ་ཏུ་ཕྱིན་པ་ལ་སྤྱོད་ཅིང་རྟེན་ཅིང་འབྲེལ་པར་འབྱུང་བ་ལ། རྣམ་པར་ལྟ་བ་དེ་ནི་ཉན་ཐོས་ཀྱི་སའམ། རང་སངས་རྒྱས་ཀྱི་ས་ལ་གནས་པར་མི་འགྱུར་ཏེ། དེ་ནི་བླ་ན་མེད་པ་ཡང་དག་པར་རྫོགས་པའི་བྱང་ཆུབ་ལ་གནས་པར་འགྱུར་རོ། །རབ་འབྱོར་གང་ཟག་བྱང་ཆུབ་སེམས་དཔའི་ཐེག་པ་པ་གང་ཕྱིར་ལྡོག་པ་དེ་དག་ཐམས་ཅད་ནི་ཤེས་རབ་ཀྱི་ཕ་རོལ་ཏུ་ཕྱིན་པ་ཡིད་ལ་བྱ་བ་འདི༔ ལམ་[5] བརྟེན་པ་དང་། ཤེས་རབ་ཀྱི་ཕ་རོལ་ཏུ་ཕྱིན་པ་ལ་སྤྱོད་པའི་ཚེ། བྱང་ཆུབ་སེམས་དཔའ་སེམས་དཔའ་ཆེན་པོས། ཇི་ལྟར་ནམ་མཁའ་ལྟར་ཟད་མི་ཤེས་པས། མངོན་པར་བསྒྲུབས་[6] པས་ཇི་ལྟར་རྟེན་ཅིང་འབྲེལ་པར་འབྱུང་བ་རྣམ་པར་བལྟ་[7] བར་བྱ་བ་དང་། མངོན་པར་བསྒྲུབ་པར་བྱ་བ་མི་ཤེས་པས་ཕྱིར་ལྡོག་གོ། །རབ་འབྱོར་གང་ཟག་བྱང་ཆུབ་སེམས་དཔའི་ཐེག་པ་པ་ཕྱིར་ལྡོག་པ་དེ་དག་ཐམས་ཅད་ནི། ཐབས་མཁས་པ་འདི་ལ་མ་བརྟེན་པས། བླ་ན་མེད་པ་ཡང་དག་པར་རྫོགས་པའི་བྱང་ཆུབ་ལས་ཕྱིར་ལྡོག་གོ། །རབ་འབྱོར་བྱང་ཆུབ་སེམས་དཔའ་སེམས་དཔའ་ཆེན་པོ་བླ་ན

སྐྱེད་པ་ཡང་དག་པར་རྫོགས་པའི་བྱང་ཆུབ་ལས་ཕྱིར་མི་ལྡོག་པ་དེ་དག་ཐམས་
ཅད་ཀྱང་། ཤེས་རབ་ཀྱི་ཕ་རོལ་ཏུ་ཕྱིན་པ་འདི་ལ་བརྟེན་པས[༡]། བླ་ན་མེད་
པ་ཡང་དག་པར་རྫོགས་པའི་བྱང་ཆུབ་ལས་ཕྱིར་མི་ལྡོག་སྟེ། དེ་ལྟར་ཐབས་
མཁས་པས་ཤེས་རབ་ཀྱི་ཕ་རོལ་ཏུ་ཕྱིན་པ་ལ་སྤྱོད་པའི་བྱང་ཆུབ་སེམས་དཔའ་
སེམས་དཔའ་ཆེན་པོས། ནམ་མཁའ་ལྟར་ཟད་མི་ཤེས་པ་མངོན་པར་བསྒྲུབས་[༢]
པས༑ ཤེས་རབ་ཀྱི་ཕ་རོལ་ཏུ་ཕྱིན་པ་རྣམ་པར་བལྟ་[༣]བར་བྱ། མངོན་པར་
བསྒྲུབ་པར་བྱའོ། །རབ་འབྱོར་དེ་ལྟར་བྱང་ཆུབ་སེམས་དཔའ་སེམས་དཔའ་ཆེན་
པོས[༤]༑ རྟེན་ཅིང་འབྲེལ་པར་འབྱུང་བ་ལ་རྣམ་པར་ལྟ་བས་ནི། ཆོས་གང་
ཡང་རྒྱུ་མེད་པ་ལས་བྱུང་བར་ཡང་དག་པར་རྗེས་སུ་མི་མཐོང་། ཆོས་གང་ཡང་
རྟག་པར་ཡང་དག་པར་རྗེས་སུ་མི་མཐོང་། ཆོས་གང་ཡང་འགག་པར་ཡང་
དག་པར་རྗེས་སུ་མི་མཐོང་། [༥]ཆོས་གང་ཡང་བདག་ཏུ་ཡང་དག་པར་རྗེས་སུ་མི་
མཐོང་། སེམས་ཅན་དུ་ཡང་དག་པར་རྗེས་སུ་མི་མཐོང་། སྲོག་ཏུ་ཡང་དག་
པར་རྗེས་སུ་མི་མཐོང་། འགྲོ་བར་ཡང་དག་པར་རྗེས་སུ་མི་མཐོང་། གསོ་
བར་ཡང་དག་པར་རྗེས་སུ་མི་མཐོང་། སྐྱེས་བུར་ཡང་དག་པར་རྗེས་སུ་མི་མཐོང་།
གང་ཟག་ཏུ་ཡང་དག་པར་རྗེས་སུ་མི་མཐོང་། ཤེད་ཅན་དུ་ཡང་དག་པར་རྗེས་
སུ་མི་མཐོང་། ཤེད་བདག་ཏུ་ཡང་དག་པར་རྗེས་སུ་མི་མཐོང་། བྱེད་པ་པོར་
ཡང་དག་པར་རྗེས་སུ་[༦]མི་མཐོང་། བྱེད་དུ་འཇུག་པ་པར་[༧]ཡང་དག་པར་རྗེས་
སུ་མི་མཐོང་། སློང་བ་པོར་ཡང་དག་པར་རྗེས་སུ་མི་མཐོང་། ཡོངས་སུ་སློང་
བ་པོར་ཡང་དག་པར་རྗེས་སུ་མི་མཐོང་། ཚོར་བ་པོར་ཡང་དག་པར་རྗེས་སུ་མི་
མཐོང་། ཚོར་དུ་འཇུག་པ་པོར་ཡང་དག་པར་རྗེས་སུ་མི་མཐོང་། ཤེས་པ་
པོར་ཡང་དག་པར་རྗེས་སུ་མི་མཐོང་། ལྟ་བ་པོར་ཡང་དག་པར་རྗེས་སུ་མི་

མཐོང་། རྟག་པར་ཡང་དག་པར་རྗེས་སུ་མི་མཐོང་། ༑མི་རྟག་པར་ཡང་དག་པར་རྗེས་སུ་མི་མཐོང་།[1] བདེ་བར་ཡང་དག་པར་རྗེས་སུ་མི་མཐོང་། སྡུག་བསྔལ་བར་ཡང་དག་པར་རྗེས་སུ་མི་མཐོང་། བདག་ཏུ་ཡང་དག་པར་རྗེས་སུ་མི་མཐོང་། བདག་མེད་པར་ཡང་དག་པར་རྗེས་སུ་མི་མཐོང་། ཞི་བར་ཡང་དག་པར་རྗེས་སུ་མི་མཐོང་། མ་ཞི་བར་ཡང་དག་པར་རྗེས་སུ་མི་མཐོང་སྟེ། རབ་འབྱོར་དེ་ལྟར་ཤེས་རབ་ཀྱི་ཕ་རོལ་ཏུ་ཕྱིན་པ་ལ་སྤྱོད་པའི་ཚེ། བྱང་ཆུབ་སེམས་དཔའ་སེམས་དཔའ་ཆེན་པོས། རྟེན་ཅིང་འབྲེལ་པར་འབྱུང་བ[2]། རྣམ་པར་བལྟ་བར་བྱའོ། །རབ་འབྱོར་གང་གི་ཚེ། བྱང་ཆུབ་སེམས་དཔའ་སེམས་དཔའ་ཆེན་པོས་[3]ཤེས་རབ་ཀྱི་ཕ་རོལ་ཏུ་ཕྱིན་པ་ལ་སྤྱོད་པའི་[4]ཚེ། གཟུགས་རྟག་པའམ། མི་རྟག་པའམ། བདེ་བའམ། སྡུག་བསྔལ་བའམ། བདག་ཡོད་པའམ། བདག་མེད་པའམ། ཞི་བའམ། མ་ཞི་བར་ཡང་དག་པར་རྗེས་སུ་མི་མཐོང་ངོ་། །ཚོར་བ་རྟག་པའམ། མི་རྟག་པའམ། བདེ་བའམ། སྡུག་བསྔལ་བའམ། བདག་ཡོད་པའམ། བདག་མེད་པའམ། ཞི་བའམ། མ་ཞི་བར་ཡང་དག་པར་རྗེས་སུ་མི་མཐོང་ངོ་། །འདུ་ཤེས་[5]རྟག་པའམ། མི་རྟག་པའམ། བདེ་བའམ། སྡུག་བསྔལ་བའམ། བདག་ཡོད་པའམ། བདག་མེད་པའམ། ཞི་བའམ། མ་ཞི་བར་ཡང་དག་པར་རྗེས་སུ་མི་མཐོང་ངོ་། །འདུ་བྱེད་རྟག་པའམ། མི་རྟག་པའམ། བདེ་བའམ། སྡུག་བསྔལ་བའམ། བདག་ཡོད་པའམ། བདག་མེད་པའམ། ཞི་བའམ། མ་ཞི་བར་ཡང་དག་པར་རྗེས་སུ་མི་མཐོང་ངོ་། །རྣམ་པར་ཤེས་པ་རྟག་པའམ། མི་རྟག་པའམ། བདེ་བའམ། སྡུག་བསྔལ་བའམ། བདག་ཡོད་པའམ། བདག་མེད་པའམ། ཞི་བའམ། མ་ཞི་བར་ཡང་དག་པར་རྗེས་སུ་མི་མཐོང་ངོ་། །མིག་རྟག་པའམ།

ཿམྱི་རྟག་པའམ།[༡] བདེ་བའམ། སྡུག་བསྔལ་བའམ། བདག་ཡོད་པའམ།
བདག་མྱེད་པའམ། ཞི་བའམ། མ་ཞི་བར་ཡང་དག་པར་རྗེས་སུ་མྱི་མཐོང་ངོ་། །
རྣ་བ་རྟག་པའམ། མྱི་རྟག་པའམ། བདེ་བའམ། སྡུག་བསྔལ་བའམ།
བདག་ཡོད་པའམ། བདག་མྱེད་པའམ། ཞི་བའམ། མ་ཞི་བར་ཡང་དག་
པར་རྗེས་སུ་མྱི་མཐོང་ངོ་། །སྣ་རྟག་པའམ། མྱི་རྟག་པའམ། བདེ་བའམ།
སྡུག་བསྔལ་བའམ། བདག་ཡོད་པའམ། བདག་མྱེད་པའམ། [༢]ཞི་བའམ།
མ་ཞི་བར་ཡང་དག་པར་རྗེས་སུ་མྱི་མཐོང་ངོ་། །ལྗེ་རྟག་པའམ། མྱི་རྟག་
པའམ། བདེ་བའམ། སྡུག་བསྔལ་བའམ། བདག་ཡོད་པའམ། བདག་
མྱེད་པའམ། ཞི་བའམ། མ་ཞི་བར་ཡང་དག་པར་རྗེས་སུ་[༣]མྱི་མཐོང་ངོ་། །
ལུས་རྟག་པའམ། མྱི་རྟག་པའམ། བདེ་བའམ། སྡུག་བསྔལ་བའམ།
བདག་ཡོད་པའམ། བདག་མྱེད་པའམ། ཞི་བའམ། མ་ཞི་བར་ཡང་དག་
པར་རྗེས་སུ་མྱི་མཐོང་ངོ་། །ཡིད་རྟག་པའམ། མྱི་རྟག་པའམ། བདེ་བའམ།
སྡུག་བསྔལ་བའམ། བདག་ཡོད་པའམ། བདག་མྱེད་པའམ། ཞི་བའམ།
མ་ཞི་བར་ཡང་དག་པར་རྗེས་སུ་མྱི་མཐོང་ངོ་། །གཟུགས་རྟག་པའམ། མྱི་
རྟག་པའམ། བདེ་བའམ། སྡུག་བསྔལ་བའམ། བདག་ཡོད་པའམ།
བདག་མྱེད་པའམ། ཞི་བའམ། མ་ཞི་བར་ཡང་དག་པར་རྗེས་སུ་མྱི་མཐོང་
ངོ་། །སྒྲ་རྟག་པའམ། མྱི་རྟག་པའམ། བདེ་བའམ། སྡུག་བསྔལ་བའམ།
བདག་ཡོད་པའམ། བདག་མྱེད་པའམ། ཞི་བའམ། མ་ཞི་བར་ཡང་དག་
པར་རྗེས་སུ་མྱི་མཐོང་ངོ་། །དྲི་རྟག་པའམ། མྱི་རྟག་པའམ། བདེ་བའམ།
སྡུག་བསྔལ་བའམ། བདག་ཡོད་པའམ། བདག་མྱེད་པའམ། ཞི་བའམ།
མ་ཞི་བར་ཡང་དག་པར་རྗེས་སུ་མྱི་མཐོང་ངོ་། །རོ་རྟག་པའམ། མྱི་རྟག་

པའམ། བདེ་བའམ། སྡུག་བསྔལ་བའམ། བདག་ཡོད་པའམ། བདག་མེད་པའམ། ཞི་བའམ། མ་ཞི་བར་ཡང་དག་པར་རྗེས་སུ་མི་མཐོང་ངོ་། །རེག་རྟག་པའམ། མི་རྟག་པའམ། བདེ་བའམ། སྡུག་བསྔལ་བའམ། བདག་ཡོད་པའམ། བདག་མེད་པའམ། ཞི་བའམ། མ་ཞི་བར་ཡང་དག་པར་རྗེས་སུ་[༡]མི་མཐོང་ངོ་། །ཆོས་རྟག་པའམ། མི་རྟག་པའམ། བདེ་བའམ། སྡུག་བསྔལ་བའམ། བདག་ཡོད་པའམ། བདག་མེད་པའམ། ཞི་བའམ། མ་ཞི་བར་ཡང་དག་པར་རྗེས་སུ་མི་མཐོང་ངོ་། །མིག་གི་རྣམ་པར་ཤེས་པ་རྟག་པའམ། མི་རྟག་པའམ། བདེ་བའམ། སྡུག་བསྔལ་བའམ། བདག་ཡོད་པའམ། བདག་མེད་པའམ། ཞི་བའམ། མ་ཞི་བར་ཡང་དག་པར་རྗེས་སུ་མི་མཐོང་ངོ་། །རྣ་བའི་རྣམ་པར་ཤེས་པ་རྟག་པའམ། མི་རྟག་པའམ། བདེ་བའམ། སྡུག་བསྔལ་བའམ། བདག་ཡོད་པའམ། བདག་མེད་པའམ། ཞི་བའམ། མ་ཞི་བར་ཡང་དག་པར་རྗེས་སུ་མི་མཐོང་ངོ་། །སྣའི་རྣམ་པར་ཤེས་པ་རྟག་པའམ། མི་རྟག་པའམ། བདེ་བའམ། སྡུག་བསྔལ་བའམ། བདག་ཡོད་པའམ། བདག་མེད་པའམ། ཞི་བའམ། མ་ཞི་བར་ཡང་དག་པར་རྗེས་སུ་མི་མཐོང་ངོ་། །ལྕེའི་རྣམ་པར་ཤེས་པ་རྟག་པའམ། མི་རྟག་པའམ། བདེ་བའམ། སྡུག་བསྔལ་བའམ། བདག་ཡོད་པའམ། བདག་མེད་པའམ། ཞི་བའམ། མ་ཞི་བར་ཡང་དག་པར་རྗེས་སུ་མི་མཐོང་ངོ་། །ལུས་ཀྱི་རྣམ་པར་ཤེས་པ་རྟག་པའམ། མི་རྟག་པའམ། བདེ་བའམ། སྡུག་བསྔལ་བའམ། བདག་ཡོད་པའམ། བདག་མེད་པའམ། ཞི་བའམ། མ་ཞི་བར་ཡང་དག་པར་རྗེས་སུ་མི་མཐོང་ངོ་། །ཡིད་ཀྱི་རྣམ་པར་ཤེས་པ་རྟག་པའམ། མི་རྟག་པའམ། བདེ་བའམ། སྡུག་བསྔལ་བའམ། བདག་ཡོད་

པའམ། བདག་མེད་པའམ། ཞི་བའམ། མ་ཞི་བར་ཡང་དག་པར་རྗེས་སུ་མི་མཐོང་ངོ་། །མིག་གི་འདུས་ཏེ་རེག་པ་རྟག་པའམ། མི་རྟག་པའམ། བདེ་བའམ། སྡུག་བསྔལ་བའམ། བདག་ཡོད་པའམ། བདག་མེད་པའམ། ཞི་བའམ། མ་ཞི་བར་ཡང་དག་པར་རྗེས་སུ་མི་མཐོང་ངོ་། །རྣ་བའི་འདུས་ཏེ་རེག་པ་རྟག་པའམ། མི་རྟག་པའམ། བདེ་བའམ། སྡུག་བསྔལ་བའམ། བདག་ཡོད་པའམ། བདག་མེད་པའམ། ཞི་བའམ། མ་ཞི་བར་ཡང་དག་པར་རྗེས་སུ་མི་མཐོང་ངོ་། །སྣའི་འདུས་ཏེ་རེག་པ་རྟག་པའམ། མི་རྟག་པའམ། བདེ་བའམ། སྡུག་བསྔལ་བའམ། བདག་ཡོད་པའམ། བདག་མེད་པའམ། ཞི་བའམ། མ་ཞི་བར་ཡང་དག་པར་རྗེས་སུ་མི་མཐོང་ངོ་། །ལྕེའི་འདུས་ཏེ་རེག་པ་རྟག་པའམ། མི་རྟག་པའམ། བདེ་བའམ། སྡུག་བསྔལ་བའམ། བདག་ཡོད་པའམ། བདག་མེད་པའམ། ཞི་བའམ། མ་ཞི་བར་ཡང་དག་པར་རྗེས་སུ་མི་མཐོང་ངོ་། །ལུས་ཀྱི་འདུས་ཏེ་རེག་པ་རྟག་པའམ། མི་རྟག་པའམ། བདེ་བའམ། སྡུག་[1]བསྔལ་བའམ། བདག་ཡོད་པའམ། བདག་མེད་པའམ། ཞི་བའམ། མ་ཞི་བར་ཡང་དག་པར་རྗེས་སུ་མི་མཐོང་ངོ་། །ཡིད་ཀྱི་འདུས་ཏེ་རེག་པ་རྟག་པའམ། མི་རྟག་པའམ། བདེ་བའམ། སྡུག་བསྔལ་བའམ། བདག་ཡོད་པའམ། བདག་མེད་པའམ། ཞི་བའམ། མ་ཞི་བར་ཡང་དག་པར་རྗེས་སུ་མི་མཐོང་ངོ་[2]། །མིག་གི་འདུས་ཏེ་རེག་པའི་རྐྱེན་གྱིས་ཚོར་བ་རྟག་པའམ། མི་རྟག་པའམ། བདེ་བའམ། སྡུག་བསྔལ་བའམ། བདག་ཡོད་པའམ། བདག་མེད་པའམ། ཞི་བའམ། མ་ཞི་བར་ཡང་དག་པར་རྗེས་སུ་མི་མཐོང་ངོ་། །རྣ་བའི་འདུས་ཏེ་རེག་པའི་རྐྱེན་གྱིས་ཚོར་བ་རྟག་པའམ། མི་རྟག་པའམ། བདེ་བའམ། སྡུག་བསྔལ་བའམ། བདག་ཡོད་

པའམ༐ བདག་མེད་པའམ། ཞི་བའམ། མ་ཞི་བར་ཡང་དག་པར་རྗེས་སུ་མི་མཐོང་ངོ་། །སྣའི་འདུས་ཏེ་རེག་པའི་རྐྱེན་གྱིས་ཚོར་བ་རྟག་པའམ། མི་རྟག་པའམ། བདེ་བའམ། སྡུག་བསྔལ་བའམ། བདག་ཡོད་པའམ། བདག་མེད་པའམ། ཞི་བའམ། མ་ཞི་བར་ཡང་དག་པར་རྗེས་སུ་མི་མཐོང་ངོ་། །ལྕེའི་འདུས་ཏེ་རེག་པའི་རྐྱེན་གྱིས་ཚོར་བ་རྟག་པའམ། མི་རྟག་པའམ། བདེ་བའམ། སྡུག་བསྔལ་བའམ། བདག་ཡོད་པའམ། བདག་མེད་པའམ། ཞི་བའམ། མ་ཞི་བར་ཡང་དག་པར་རྗེས་སུ་མི་མཐོང་ངོ་། །ལུས་ཀྱི་འདུས་ཏེ་རེག་པའི་རྐྱེན་གྱིས་ཚོར་བ་རྟག་པའམ། མི་རྟག་པའམ། བདེ་བའམ། སྡུག་བསྔལ་བའམ། བདག་ཡོད་པའམ། བདག་མེད་པའམ། ཞི་བའམ། མ་ཞི་བར་ཡང་དག་པར་རྗེས་སུ་མི་མཐོང་ངོ་། །ཡིད་ཀྱི་འདུས་ཏེ་རེག་པའི་རྐྱེན་གྱིས་ཚོར་བ་རྟག་པའམ། མི་རྟག་པའམ། བདེ་བའམ། སྡུག་བསྔལ་བའམ། བདག་ཡོད་པའམ། བདག་མེད་པའམ། ཞི་བའམ། མ་ཞི་བར་ཡང་དག་པར་རྗེས་སུ་མི་མཐོང་ངོ་། །སའི་ཁམས་རྟག་པའམ། མི་རྟག་པའམ། བདེ་བའམ། སྡུག་བསྔལ་བའམ། བདག་ཡོད་པའམ། བདག་མེད་པའམ། ཞི་བའམ། མ་ཞི་བར་ཡང་དག་པར་རྗེས་སུ་མི་མཐོང་ངོ་། །ཆུའི་ཁམས་རྟག་པའམ༐ མི་རྟག་པའམ། བདེ་བའམ། སྡུག་བསྔལ་བའམ། བདག་ཡོད་པའམ༐ བདག་མེད་པའམ། ཞི་བའམ། མ་ཞི་བར་ཡང་དག་པར་རྗེས་སུ་མི་མཐོང་ངོ་། །མེའི་ཁམས་རྟག་པའམ། མི་རྟག་པའམ། བདེ་བའམ། སྡུག་བསྔལ་བའམ། བདག་ཡོད་པའམ། བདག་མེད་པའམ། ཞི་བའམ། མ་ཞི་བར་ཡང་དག་པར་རྗེས་སུ་མི་མཐོང་ངོ་། །རླུང་གི་ཁམས་རྟག་པའམ། མི་རྟག་པའམ། བདེ་བའམ། སྡུག་བསྔལ་བའམ། བདག་ཡོད་པའམ།

བདག་མེད་པའམ། ཞི་བའམ། མ་ཞི་བར་ཡང་དག་པར་རྗེས་སུ་མི་མཐོང་ངོ་། །ནམ་མཁའི་ཁམས་རྟག་པའམ། མི་རྟག་པའམ། བདེ་བའམ། སྡུག་བསྔལ་བའམ། བདག་ཡོད་པའམ། བདག་མེད་པའམ། ཞི་བའམ། མ་ཞི་བར་ཡང་དག་པར་རྗེས་སུ་མི་མཐོང་ངོ་། །རྣམ་པར་ཤེས་པའི་ཁམས་རྟག་པའམ། མི་རྟག་པའམ། བདེ་བའམ། སྡུག་བསྔལ་བའམ། བདག་ཡོད་པའམ། བདག་མེད་པའམ། ཞི་བའམ། མ་ཞི་བར་ཡང་དག་པར་རྗེས་སུ་མི་མཐོང་ངོ་། །མ་རིག་པ་རྟག་པའམ། མི་རྟག་པའམ། བདེ་བའམ། སྡུག་བསྔལ་བའམ། བདག་ཡོད་པའམ། བདག་མེད་པའམ། ཞི་བའམ། མ་ཞི་བར་ཡང་དག་པར་རྗེས་སུ་མི་མཐོང་ངོ་། །འདུ་བྱེད་རྟག་པའམ། མི་རྟག་པའམ། བདེ་བའམ། སྡུག་བསྔལ་བའམ། བདག་ཡོད་པའམ། བདག་མེད་པའམ། ཞི་བའམ། མ་ཞི་བར་ཡང་དག་པར་རྗེས་སུ་མི་མཐོང་ངོ་། །རྣམ་པར་ཤེས་པ་རྟག་པའམ། མི་རྟག་པའམ། བདེ་བའམ། སྡུག་བསྔལ་བའམ། བདག་ཡོད་པའམ། བདག་མེད་པའམ། ཞི་བའམ། མ་ཞི་བར་ཡང་དག་པར་རྗེས་སུ་མི་མཐོང་ངོ་། །མིང་དང་གཟུགས་རྟག་པའམ། མི་རྟག་པའམ། བདེ་བའམ། སྡུག་བསྔལ་བའམ། བདག་ཡོད་པའམ། བདག་མེད་པའམ། ཞི་བའམ། མ་ཞི་བར་ཡང་དག་པར་རྗེས་སུ་མི་མཐོང་ངོ་། །སྐྱེ་མཆེད་དྲུག་རྟག་པའམ། མི་རྟག་པའམ། བདེ་བའམ། སྡུག་བསྔལ་བའམ། བདག་ཡོད་པའམ། བདག་མེད་པའམ། ཞི་བའམ། མ་ཞི་བར་ཡང་དག་པར་རྗེས་སུ་མི་མཐོང་ངོ་། །རེག་པ་རྟག་པའམ། མི་རྟག་པའམ། བདེ་བའམ། སྡུག་བསྔལ་བའམ། བདག་ཡོད་པའམ། བདག་མེད་པའམ། ཞི་བའམ། མ་ཞི་བར་ཡང་དག་པར་རྗེས་སུ་མི་མཐོང་ངོ་། །ཚོར་བ་རྟག་པའམ། མི་རྟག་

པའམ། བདེ་བའམ། སྡུག་བསྔལ་བའམ། བདག་ཡོད་པའམ། བདག་
མེད་པའམ། ཞི་བའམ། མ་ཞི་བར་ཡང་དག་པར་རྗེས་སུ་མི་མཐོང་ངོ་། །
སྲེད་པ་རྟག་པའམ། མི་རྟག་པའམ། བདེ་བའམ། སྡུག་བསྔལ་བའམ།
བདག་ཡོད་པའམ། བདག་མེད་པའམ། ཞི་བའམ། མ་ཞི་བར་ཡང་དག་···
པར་རྗེས་སུ་མི་མཐོང་ངོ་། །ལེན་པ་རྟག་པའམ། མི་རྟག་པའམ། བདེ་
བའམ། སྡུག་བསྔལ་བའམ། བདག་ཡོད་པའམ། བདག་མེད་པའམ།
ཞི་བའམ། མ་ཞི་བར་ཡང་དག་པར་རྗེས་སུ་མི་མཐོང་ངོ་། །སྲིད་པ་རྟག་
པའམ། མི་རྟག་པའམ། བདེ་བའམ། སྡུག་བསྔལ་བའམ། བདག་ཡོད་
པའམ། བདག་མེད་པའམ། ཞི་བའམ། མ་ཞི་བར་ཡང་དག་པར་རྗེས་སུ་
མི་མཐོང་ངོ་། །སྐྱེ་བ་རྟག་པའམ། མི་རྟག་པའམ། བདེ་བའམ། སྡུག····
བསྔལ་བའམ། བདག་ཡོད་པའམ། བདག་མེད་པའམ། ཞི་བའམ། མ་··
ཞི་བར་ཡང་དག་པར་རྗེས་སུ་མི་མཐོང་ངོ་། །རྒ་ཤི་རྟག་པའམ། མི་རྟག་
པའམ། བདེ་བའམ། སྡུག་བསྔལ་བའམ། བདག་ཡོད་པའམ། བདག་
མེད་པའམ། ཞི་བའམ། མ་ཞི་བར་ཡང་དག་པར་རྗེས་སུ་མི་མཐོང་ངོ་། །
སྦྱིན་པའི་ཕ་རོལ་ཏུ་ཕྱིན་པ་རྟག་པའམ། མི་རྟག་པའམ། བདེ་བའམ།
སྡུག་བསྔལ་བའམ། བདག་ཡོད་པའམ། བདག་མེད་པའམ། ཞི་བའམ།
མ་ཞི་བར་ཡང་དག་པར་རྗེས་སུ་མི་མཐོང་ངོ་། །ཚུལ་ཁྲིམས་ཀྱི་ཕ་རོལ་ཏུ་ཕྱིན་པ་
རྟག་པའམ། མི་རྟག་པའམ། བདེ་བའམ། སྡུག་བསྔལ་བའམ། བདག་··
ཡོད་པའམ། བདག་མེད་པའམ། ཞི་བའམ། མ་ཞི་བར་ཡང་དག་པར་རྗེས་
སུ་མི་མཐོང་ངོ་། །བཟོད་པའི་ཕ་རོལ་ཏུ་ཕྱིན་པ་རྟག་པའམ། མི་རྟག་པའམ།
བདེ་བའམ། སྡུག་བསྔལ་བའམ། བདག་ཡོད་པའམ། བདག་མེད་པའམ།

ཞི་བའམ། མ་ཞི་བར་ཡང་དག་པར་རྗེས་སུ་མི་མཐོང་ངོ་། །བརྩོན་འགྲུས་ཀྱི་
ཕ་རོལ་ཏུ་ཕྱིན་པ་རྟག་པའམ། མི་རྟག་པའམ། བདེ་བའམ། སྡུག་བསྔལ་
བའམ། བདག་ཡོད་པའམ། བདག་མེད་པའམ། ཞི་བའམ། མ་ཞི་བར་
ཡང་དག་པར་རྗེས་སུ་མི་མཐོང་ངོ་། །བསམ་གཏན་གྱི་ཕ་རོལ་ཏུ་ཕྱིན་པ་རྟག་
པའམ། མི་རྟག་པའམ། བདེ་བའམ། སྡུག་བསྔལ་བའམ། བདག་ཡོད་
པའམ། བདག་མེད་པའམ། ཞི་བའམ། མ་ཞི་བར་ཡང་དག་པར་རྗེས་སུ་
མི་མཐོང་ངོ་། །ཤེས་རབ་ཀྱི་ཕ་རོལ་ཏུ་ཕྱིན་པ་རྟག་པའམ། མི་རྟག་པའམ།
བདེ་བའམ། སྡུག་བསྔལ་བའམ། བདག་ཡོད་པའམ། བདག་མེད་པའམ།
ཞི་བའམ། མ་ཞི་བར་ཡང་དག་པར་རྗེས་སུ་མི་མཐོང་ངོ་། །ནང་སྟོང་པ་ཉིད་
རྟག་པའམ། མི་རྟག་པའམ། བདེ་བའམ། སྡུག་བསྔལ་བའམ། བདག་
ཡོད་པའམ། བདག་མེད་པའམ། ཞི་བའམ། མ་ཞི་བར་ཡང་དག་པར་རྗེས་
སུ་མི་མཐོང་ངོ་། །ཕྱི་སྟོང་པ་ཉིད་རྟག་པའམ། མི་རྟག་པའམ། བདེ་བའམ།
སྡུག་བསྔལ་བའམ། བདག་ཡོད་པའམ། བདག་མེད་པའམ། ཞི་བའམ།
མ་ཞི་བར་ཡང་དག་པར་རྗེས་སུ་མི་མཐོང་ངོ་། །ཕྱི་ནང་སྟོང་པ་ཉིད་རྟག་པའམ།
མི་རྟག་པའམ། བདེ་བའམ། སྡུག་བསྔལ་བའམ། བདག་ཡོད་པའམ།
བདག་མེད་པའམ། ཞི་བའམ། མ་ཞི་བར་ཡང་དག་པར་རྗེས་སུ་མི་མཐོང་ངོ་། །
སྟོང་པ་ཉིད་སྟོང་པ་ཉིད་རྟག་པའམ། མི་རྟག་པའམ། བདེ་བའམ། སྡུག་
བསྔལ་བའམ། བདག་ཡོད་པའམ། བདག་མེད་པའམ། ཞི་བའམ། མ་
ཞི་བར་ཡང་དག་པར་རྗེས་སུ་མི་མཐོང་ངོ་། །ཆེན་པོ་སྟོང་པ་ཉིད་རྟག་པའམ།
མི་རྟག་པའམ། བདེ་བའམ། སྡུག་བསྔལ་བའམ། བདག་ཡོད་པའམ།
བདག་མེད་པའམ། ཞི་བའམ། མ་ཞི་བར་ཡང་དག་པར་རྗེས་སུ་མི་མཐོང་ངོ་། །

དོན་དམ་པ་སྟོང་པ་ཉིད་རྟག་པའམ། མི་རྟག་པའམ། བདེ་བའམ། སྡུག་བསྔལ་བའམ། བདག་ཡོད་པའམ། བདག་མེད་པའམ། ཞི་བའམ། མ་ཞི་བར་ཡང་དག་པར་རྗེས་སུ་མི་མཐོང་ངོ་། །འདུས་བྱས་སྟོང་པ་ཉིད་རྟག་པའམ། མི་རྟག་པའམ། བདེ་བའམ། སྡུག་བསྔལ་བའམ། བདག་ཡོད་པའམ། བདག་མེད་པའམ། ཞི་བའམ། མ་ཞི་བར་ཡང་དག་པར་རྗེས་སུ་མི་མཐོང་ངོ་། །འདུས་མ་བྱས་སྟོང་པ་ཉིད་རྟག་པའམ[1]། མི་རྟག་པའམ། བདེ་བའམ། སྡུག་བསྔལ་བའམ། བདག་ཡོད་པའམ། བདག་མེད་པའམ། ཞི་བའམ། མ་ཞི་བར་ཡང་དག་པར་རྗེས་སུ་མི་མཐོང་ངོ་། །མཐའ་ལས་འདས་པ་སྟོང་པ་ཉིད་རྟག་པའམ། མི་རྟག་པའམ། བདེ་བའམ། སྡུག་བསྔལ་བའམ། བདག་ཡོད་པའམ། བདག་མེད་པའམ། ཞི་བའམ། མ་ཞི་བར་ཡང་དག་པར་རྗེས་སུ་མི་མཐོང་ངོ་། །ཐོག་མ་དང་ཐ་མ[2]་མེད་པ་སྟོང་པ་ཉིད་རྟག་པའམ། མི་རྟག་པའམ། བདེ་བའམ། སྡུག་བསྔལ་བའམ། བདག་ཡོད་པའམ། བདག་མེད་པའམ། ཞི་བའམ། མ་ཞི་བར་ཡང་དག་པར་རྗེས་སུ་མི་མཐོང་ངོ་། །དོར་བ་མེད་པ་སྟོང་པ་ཉིད་རྟག་པའམ། མི་རྟག་པའམ། བདེ་བའམ། སྡུག་བསྔལ་བའམ། བདག་ཡོད་པའམ། བདག་མེད་པའམ། ཞི་བའམ། མ་ཞི་བར་ཡང་དག་པར་རྗེས་སུ་མི་མཐོང་ངོ་། །རང་བཞིན་སྟོང་པ་ཉིད་རྟག་པའམ༑ མི་རྟག་པའམ། བདེ་བའམ། སྡུག་བསྔལ་བའམ། བདག་ཡོད་པའམ༑ བདག་མེད་པའམ། ཞི་བའམ། མ་ཞི་བར་ཡང་དག་པར་རྗེས་སུ་མི་མཐོང་ངོ་། །ཆོས་ཐམས་ཅད་སྟོང་པ་ཉིད་རྟག་པའམ། མི་རྟག་པའམ། བདེ་བའམ། སྡུག་བསྔལ་བའམ། བདག་ཡོད་པའམ། བདག་མེད་པའམ། ཞི་བའམ། མ་ཞི་བར་ཡང་དག་པར་རྗེས་སུ་མི་མཐོང་ངོ་། །རང་གི་མཚན་

ཉིད་སྟོང་པ་ཉིད་རྟག་པའམ། མི་རྟག་པའམ། བདེ་བའམ། སྡུག་བསྔལ་བའམ། བདག་ཡོད་པའམ། བདག་མེད་པའམ། ཞི་བའམ། མ་ཞི་བར་ཡང་དག་པར་རྗེས་སུ་མི་མཐོང་ངོ་། །མི་དམིགས་པ་སྟོང་པ་ཉིད་རྟག་པའམ། མི་རྟག་པའམ། བདེ་བའམ། སྡུག་བསྔལ་བའམ། བདག་ཡོད་པའམ། བདག་མེད་པའམ། ཞི་བའམ། མ་ཞི་བར་ཡང་དག་པར་རྗེས་སུ་མི་མཐོང་ངོ་། །དངོས་པོ་མེད་པ་སྟོང་པ་ཉིད་རྟག་པའམ། མི་རྟག་པའམ། བདེ་བའམ། སྡུག་བསྔལ་བའམ། བདག་ཡོད་པའམ། བདག་མེད་པའམ། ཞི་བའམ། མ་ཞི་བར་ཡང་དག་པར་རྗེས་སུ་མི་མཐོང་ངོ་། །ངོ་བོ་ཉིད་སྟོང་པ་ཉིད་རྟག་པའམ། མི་རྟག་པའམ། བདེ་བའམ། སྡུག་བསྔལ་བའམ། བདག་ཡོད་པའམ། བདག་མེད་པའམ། ཞི་བའམ། མ་ཞི་བར་ཡང་དག་པར་རྗེས་སུ་མི་མཐོང་ངོ་། །དངོས་པོ་མེད་པའི་ངོ་བོ་ཉིད་སྟོང་པ་ཉིད་རྟག་པའམ། མི་རྟག་པའམ། བདེ་བའམ། སྡུག་བསྔལ་བའམ། བདག་ཡོད་པའམ། བདག་མེད་པའམ། ཞི་བའམ། མ་ཞི་བར་ཡང་དག་པར་རྗེས་སུ་མི་མཐོང་ངོ་། །དྲན་པ་ཉེ་བར་གཞག་པ་བཞི་རྟག་པའམ། མི་རྟག་པའམ། བདེ་བའམ། སྡུག་བསྔལ་བའམ། བདག་ཡོད་པའམ། བདག་མེད་པའམ། ཞི་བའམ། མ་ཞི་བར་ཡང་དག་པར་རྗེས་སུ་མི་མཐོང་ངོ་། །ཡང་དག་པར་སྤོང་བ་བཞི་རྟག་པའམ། མི་རྟག་པའམ། བདེ་བའམ། སྡུག་བསྔལ་བའམ། བདག་ཡོད་པའམ། བདག་མེད་པའམ། ཞི་བའམ། མ་ཞི་བར་ཡང་དག་པར་རྗེས་སུ་མི་མཐོང་ངོ་། །རྫུ་འཕྲུལ་གྱི་རྐང་པ་བཞི་རྟག་པའམ། མི་རྟག་པའམ། བདེ་བའམ། སྡུག་བསྔལ་བའམ། བདག་ཡོད་པའམ། བདག་མེད་པའམ། ཞི་བའམ། མ་ཞི་བར་ཡང་དག་པར་རྗེས་སུ་མི་མཐོང་ངོ་། །དབང་པོ་ལྔ་

རྟག་པའམ། མི་རྟག་པའམ། བདེ་བའམ། སྡུག་བསྔལ་བའམ། བདག་ཡོད་པའམ། བདག་མེད་པའམ། ཞི་བའམ། མ་ཞི་བར་ཡང་དག་པར་རྗེས་སུ་མི་མཐོང་ངོ་། །སྟོབས་ལྔ་རྟག་པའམ། མི་རྟག་པའམ། བདེ་བའམ། སྡུག་བསྔལ་བའམ། བདག་ཡོད་པའམ། བདག་མེད་པའམ། ཞི་བའམ། མ་ཞི་བར་ཡང་དག་པར་རྗེས་སུ་མི་མཐོང་ངོ་། །བྱང་ཆུབ་ཀྱི་ཡན་ལག་བདུན་རྟག་པའམ། མི་རྟག་པའམ། བདེ་བའམ། སྡུག་བསྔལ་བའམ། བདག་ཡོད་པའམ། བདག་མེད་པའམ། ཞི་བའམ། མ་ཞི་བར་ཡང་དག་པར་རྗེས་སུ་མི་མཐོང་ངོ་། །འཕགས་པའི་ལམ་ཡན་ལག་བརྒྱད་པ་རྟག་པའམ། མི་རྟག་པའམ། བདེ་བའམ། སྡུག་བསྔལ་བའམ། བདག་ཡོད་པའམ། བདག་མེད་པའམ། ཞི་བའམ། མ་ཞི་བར་ཡང་དག་པར་རྗེས་སུ་མི་མཐོང་ངོ་། །འཕགས་པའི་བདེན་པ་བཞི་རྟག་པའམ། མི་རྟག་པའམ། བདེ་བའམ། སྡུག་བསྔལ་བའམ། བདག་ཡོད་པའམ། བདག་མེད་པའམ། ཞི་བའམ། མ་ཞི་བར་ཡང་དག་པར་རྗེས་སུ་མི་མཐོང་ངོ་། །བསམ་གཏན་བཞི་རྟག་པའམ། མི་རྟག་པའམ། བདེ་བའམ། སྡུག་བསྔལ་བའམ། བདག་ཡོད་པའམ། བདག་མེད་པའམ། ཞི་བའམ། མ་ཞི་བར་ཡང་དག་པར་རྗེས་སུ་མི་མཐོང་ངོ་། །ཚད་མེད་པ་བཞི་རྟག་པའམ། མི་རྟག་པའམ། བདེ་བའམ། སྡུག་བསྔལ་བའམ། བདག་ཡོད་པའམ། བདག་མེད་པའམ། ཞི་བའམ། མ་ཞི་བར་ཡང་དག་པར་རྗེས་སུ་མི་མཐོང་ངོ་། །གཟུགས་མེད་པའི་སྙོམས་པར་འཇུག་པ་བཞི་རྟག་པའམ། མི་རྟག་པའམ། བདེ་བའམ། སྡུག་བསྔལ་བའམ། བདག་ཡོད་པའམ། བདག་མེད་པའམ། ཞི་བའམ། མ་ཞི་བར་ཡང་དག་པར་རྗེས་སུ་མི་མཐོང་ངོ་། །རྣམ་པར་ཐར་པ་བརྒྱད་རྟག་པའམ།

མྱི་རྟག་པའམ། བདེ་བའམ། སྡུག་བསྔལ་བའམ། བདག་ཡོད་པའམ། བདག་མྱེད་པའམ། ཞི་བའམ། མ་ཞི་[1]བར་ཡང་དག་པར་རྗེས་སུ་མྱི་མཐོང་ངོ་།། མཐར་གྱིས་གནས་པའི་སྙོམས་པར་འཇུག་པ་དགུ་རྟག་པའམ། མྱི་རྟག་པའམ། བདེ་བའམ། སྡུག་བསྔལ་བའམ། བདག་ཡོད་པའམ། བདག་མྱེད་པའམ། ཞི་བའམ། མ་ཞི་[2]བར་ཡང་དག་པར་རྗེས་སུ་མྱི་མཐོང་ངོ་། །རྣམ་པར་ཐར་པའི་སྒོ་སྟོང་པ་ཉིད་དང་། མཚན་མ་མྱེད་པ་དང་། སྨོན་པ་མྱེད་པ་རྟག་པའམ༑ མྱི་རྟག་པའམ། བདེ་བའམ། སྡུག་བསྔལ་བའམ། བདག་ཡོད་པའམ༑ བདག་མྱེད་པའམ། ཞི་བའམ། མ་ཞི་བར་ཡང་དག་པར་རྗེས་སུ་མྱི་མཐོང་ངོ་། །མངོན་པར་ཤེས་པ་རྣམས་རྟག་པའམ། མྱི་རྟག་པའམ། བདེ་བའམ། སྡུག་བསྔལ་བའམ། བདག་ཡོད་པའམ། བདག་མྱེད་པའམ། ཞི་བའམ། མ་ཞི་བར་ཡང་དག་པར་རྗེས་སུ་མྱི་མཐོང་ངོ་། །ཏིང་ངེ་འཛིན་རྣམས་རྟག་པའམ། མྱི་རྟག་པའམ། བདེ་བའམ། སྡུག་བསྔལ་བའམ། བདག་ཡོད་པའམ། བདག་མྱེད་པའམ། ཞི་བའམ། མ་ཞི་བར་ཡང་དག་པར་རྗེས་སུ་མྱི་མཐོང་ངོ་། །གཟུངས་ཀྱི་སྒོ་རྣམས་རྟག་པའམ། མྱི་རྟག་པའམ། བདེ་བའམ། སྡུག་བསྔལ་བའམ། བདག་ཡོད་པའམ། བདག་མྱེད་པའམ། ཞི་བའམ། མ་ཞི་བར་ཡང་དག་པར་རྗེས་སུ་མི་མཐོང་ངོ་[3]། །དེ་བཞིན་གཤེགས་པའི་སྟོབས་བཅུ་རྟག་པའམ། མྱི་རྟག་པའམ། བདེ་བའམ། སྡུག་བསྔལ་བའམ། བདག་ཡོད་པའམ། བདག་མྱེད་པའམ། ཞི་བའམ། མ་ཞི་བར་ཡང་དག་པར་རྗེས་སུ་མྱི་མཐོང་ངོ་། །མྱི་འཇིགས་པ་བཞི་རྟག་པའམ། མྱི་རྟག་པའམ། བདེ་བའམ། སྡུག་བསྔལ་བའམ། བདག་ཡོད་པའམ། བདག་མྱེད་པའམ། ཞི་བའམ། མ་ཞི་བར་ཡང་དག་པར་རྗེས་སུ་མྱི་མཐོང་ངོ་།།

སོ་སོ་ཡང་དག་པར་རིག་པ་བཞི་རྟག་པའམ། མི་རྟག་པའམ། བདེ་བའམ། སྡུག་བསྔལ་བའམ། བདག་ཡོད་པའམ། བདག་མེད་པའམ། ཞི་བའམ། མ་ཞི་བར་ཡང་དག་པར་རྗེས་སུ་མི་མཐོང་ངོ་། །[1]སྙིང་རྗེ་ཆེན་པོ་རྟག་པའམ། མི་རྟག་པའམ། བདེ་བའམ། སྡུག་བསྔལ་བའམ། བདག་ཡོད་པའམ། བདག་མེད་པའམ། ཞི་བའམ། མ་ཞི་བར་ཡང་དག་པར་རྗེས་སུ་མི་མཐོང་ངོ་། །སངས་རྒྱས་ཀྱི་ཆོས་མ་འདྲེས་པ་བཅོ་[2]བརྒྱད་རྟག་པའམ། མི་རྟག་པའམ། བདེ་བའམ། སྡུག་བསྔལ་བའམ། བདག་ཡོད་པའམ། བདག་མེད་པའམ། ཞི་བའམ། མ་ཞི་བར་ཡང་དག་པར་རྗེས་སུ་མི་མཐོང་ངོ་། །རྒྱུན་དུ་ཞུགས་པའི་འབྲས་བུ་རྟག་པའམ། མི་རྟག་པའམ། བདེ་བའམ། སྡུག་བསྔལ་བའམ། བདག་ཡོད་པའམ། བདག་མེད་པའམ། ཞི་བའམ། མ་ཞི་བར་[3]ཡང་དག་པར་རྗེས་སུ་མི་མཐོང་ངོ་། །ལན་ཅིག་ཕྱིར་འོང་བའི་འབྲས་བུ་རྟག་པའམ། མི་རྟག་པའམ། བདེ་བའམ། སྡུག་བསྔལ་བའམ། བདག་ཡོད་པའམ། བདག་མེད་པའམ། ཞི་བའམ། མ་ཞི་བར་ཡང་དག་པར་རྗེས་སུ་མི་མཐོང་ངོ་། །ཕྱིར་མི་འོང་བའི་འབྲས་བུ་རྟག་པའམ། མི་རྟག་པའམ། བདེ་བའམ། སྡུག་བསྔལ་བའམ། བདག་ཡོད་པའམ། བདག་མེད་པའམ། ཞི་བའམ། མ་ཞི་བར་ཡང་དག་པར་རྗེས་སུ་མི་མཐོང་ངོ་། །དགྲ་བཅོམ་པ་ཉིད་རྟག་པའམ། མི་རྟག་པའམ། བདེ་བའམ། སྡུག་བསྔལ་བའམ། བདག་ཡོད་པའམ། བདག་མེད་པའམ། ཞི་བའམ། མ་ཞི་བར་ཡང་དག་པར་རྗེས་སུ་མི་མཐོང་ངོ་། །རང་བྱང་ཆུབ་རྟག་པའམ། མི་རྟག་པའམ། བདེ་བའམ། སྡུག་བསྔལ་བའམ། བདག་ཡོད་པའམ། བདག་མེད་པའམ། ཞི་བའམ། མ་ཞི་བར་ཡང་དག་པར་རྗེས་སུ་མི་མཐོང་ངོ་། །ལམ་གྱི་རྣམ་པ་[4]ཤེས་པ་ཉིད་རྟག་པའམ།

མི་རྟག་པའམ། བདེ་བའམ། སྡུག་བསྔལ་བའམ། བདག་ཡོད་པའམ། བདག་མེད་པའམ། ཞི་བའམ། མ་ཞི་བར་ཡང་དག་པར་རྗེས་སུ་མི་མཐོང་ངོ་།། རྣམ་པ་ཐམས་ཅད་མཁྱེན་པ་ཉིད་རྟག་པའམ[1]། མི་རྟག་པའམ། བདེ་བའམ། སྡུག་བསྔལ་བའམ། བདག་ཡོད་པའམ། བདག་མེད་པའམ། ཞི་བའམ། མ་[2]ཞི་བར་ཡང་དག་པར་རྗེས་སུ་མི་མཐོང་ངོ་།། །།

ཤེས་རབ་ཀྱི་ཕ་རོལ་ཏུ་ཕྱིན་པ་སྟོང་ཕྲག་བརྒྱ་པ། བམ་པོ་ཉི་ཤུ་དྲུག་[3]པ། དེ་ཅིའི་ཕྱིར་ཞེ་ན། རབ་འབྱོར་དེ་ནི་འདི་ལྟར་བྱང་ཆུབ་སེམས་དཔའ་སེམས་དཔའ་ཆེན་པོ་ཤེས་རབ་ཀྱི་ཕ་རོལ་ཏུ་ཕྱིན་པ་ལ་སྤྱོད་པའི་ཚེ། ཤེས་རབ་ཀྱི་ཕ་རོལ་ཏུ་ཕྱིན་པ་ཡང་དག་པར་རྗེས་སུ་མི་མཐོང་སྟེ། ཆོས་གང་གིས་ཤེས་རབ་ཀྱི་ཕ་རོལ་ཏུ་ཕྱིན་པ་ཡང་དག་པར་རྗེས་སུ་མཐོང་བར་འགྱུར་བའི་ཆོས་དེ་ཡང་ཡང་དག་པར་རྗེས་སུ་མི་མཐོང་ངོ་། །བསམ་གཏན་གྱི་ཕ་རོལ་ཏུ་ཕྱིན་པ་ཡང་དག་པར་རྗེས་སུ་མི་མཐོང་སྟེ། ཆོས་གང་གིས་བསམ་གཏན་གྱི་ཕ་རོལ་ཏུ་ཕྱིན་པ་ཡང་དག་པར་རྗེས་སུ་མཐོང་བར་འགྱུར་བའི་ཆོས་དེ་ཡང་ཡང་དག་པར་རྗེས་སུ་མི་མཐོང་ངོ་། །བརྩོན་འགྲུས་ཀྱི་ཕ་རོལ་ཏུ་ཕྱིན་པ་ཡང་དག་པར་རྗེས་སུ་མི་མཐོང་སྟེ། ཆོས་གང་གིས་བརྩོན་འགྲུས་ཀྱི་ཕ་རོལ་ཏུ་ཕྱིན་པ་ཡང་དག་པར་རྗེས་སུ་མཐོང་བར་འགྱུར་བའི་ཆོས་དེ་ཡང་ཡང་དག་པར་རྗེས་སུ་མི་མཐོང་ངོ་། །བཟོད་པའི་ཕ་རོལ་ཏུ་ཕྱིན་པ་ཡང་དག་པར་རྗེས་སུ་མི་མཐོང་སྟེ། ཆོས་གང་གིས་བཟོད་པའི་ཕ་རོལ་ཏུ་ཕྱིན་པ་ཡང་དག་པར་རྗེས་སུ་མཐོང་བར་འགྱུར་བའི་ཆོས་དེ་ཡང་ཡང་དག་པར་རྗེས་སུ་མི་མཐོང་ངོ་། །ཚུལ་ཁྲིམས་[4]ཀྱི་ཕ་རོལ་ཏུ་ཕྱིན་པ་ཡང་དག་པར་རྗེས་སུ་མི་མཐོང་སྟེ། ཆོས་གང་གིས་ཚུལ་ཁྲིམས་ཀྱི་ཕ་རོལ་ཏུ་ཕྱིན་པ་ཡང་དག་པར་རྗེས་སུ་མཐོང་བར་འགྱུར་བའི་ཆོས་དེ་ཡང་ཡང་དག་པར་རྗེས་སུ་མི་

མཐོང་ངོ་། །སྦྱིན་པའི་ཕ་རོལ་ཏུ་ཕྱིན་པ་ཡང་དག་པར་རྗེས་སུ་མི་མཐོང་སྟེ། ཆོས་གང་གིས་[1] སྦྱིན་པའི་ཕ་རོལ་ཏུ་ཕྱིན་པ་ཡང་དག་པར་རྗེས་སུ་མཐོང་བར་འགྱུར་བའི་ཆོས་དེ་ཡང་ཡང་དག་པར་རྗེས་སུ་མི་མཐོང་ངོ་། །ནང་སྟོང་པ་ཉིད་ཡང་དག་པར་རྗེས་སུ་མི་མཐོང་སྟེ། ཆོས་གང་གིས་ནང་སྟོང་པ་ཉིད་ཡང་དག་པར་རྗེས་སུ་མཐོང་བར་འགྱུར་བའི་ཆོས་དེ་ཡང་ཡང་དག་པར་རྗེས་སུ་མི་མཐོང་ངོ་། །ཕྱི་སྟོང་པ་ཉིད་ཡང་དག་པར་རྗེས་སུ་མི་མཐོང་སྟེ། ཆོས་གང་གིས་ཕྱི་སྟོང་པ་ཉིད་ཡང་དག་པར་རྗེས་སུ་མཐོང་བར་འགྱུར་བའི་ཆོས་དེ་ཡང་ཡང་དག་པར་རྗེས་སུ་མི་མཐོང་ངོ་། །ཕྱི་ནང་སྟོང་པ་ཉིད་ཡང་དག་པར་རྗེས་སུ་མི་མཐོང་སྟེ། ཆོས་གང་གིས་ཕྱི་ནང་སྟོང་པ་ཉིད་ཡང་དག་པར་རྗེས་སུ་མཐོང་བར་འགྱུར་བའི་ཆོས་དེ་ཡང་ཡང་དག་པར་རྗེས་སུ་མི་མཐོང་ངོ་། །སྟོང་པ་ཉིད་སྟོང་པ་ཉིད་ཡང་དག་པར་རྗེས་སུ་མི་མཐོང་སྟེ། ཆོས་གང་གིས་སྟོང་པ་ཉིད་སྟོང་པ་ཉིད་ཡང་དག་པར་རྗེས་སུ་མཐོང་བར་འགྱུར་བའི་ཆོས་དེ་ཡང་ཡང་དག་པར་རྗེས་སུ་མི་མཐོང་ངོ་། །ཆེན་པོ་སྟོང་པ་ཉིད་ཡང་དག་པར་རྗེས་སུ་མི་མཐོང་སྟེ། ཆོས་གང་གིས་ཆེན་པོ་སྟོང་པ་ཉིད་ཡང་དག་པར་རྗེས་སུ་མཐོང་བར་འགྱུར་བའི་ཆོས་དེ་ཡང་ཡང་དག་པར་རྗེས་སུ་མི་མཐོང་ངོ་། །དོན་དམ་པ་སྟོང་པ་ཉིད་ཡང་དག་པར་རྗེས་སུ་མི་མཐོང་སྟེ། ཆོས་གང་གིས་དོན་དམ་པ་སྟོང་པ་ཉིད་ཡང་དག་པར་རྗེས་སུ་མཐོང་བར་འགྱུར་བའི་ཆོས་དེ་ཡང་ཡང་དག་པར་རྗེས་སུ་མི་མཐོང་ངོ་། །འདུས་བྱས་སྟོང་པ་ཉིད་ཡང་དག་པར་རྗེས་སུ་མི་མཐོང་སྟེ། ཆོས་གང་གིས་འདུས་བྱས་སྟོང་པ་ཉིད་ཡང་དག་པར་རྗེས་སུ་མཐོང་བར་འགྱུར་བའི་ཆོས་དེ་ཡང་ཡང་དག་པར་རྗེས་སུ་མི་མཐོང་ངོ་། །འདུས་མ་བྱས་སྟོང་པ་ཉིད་ཡང་དག་པར་རྗེས་སུ་མི་མཐོང་སྟེ། ཆོས་གང་གིས་འདུས་མ་བྱས་སྟོང་པ་ཉིད་ཡང་དག་པར་རྗེས་སུ་

མཐོང་བར་འགྱུར་བའི་ཆོས་དེ་ཡང་ཡང་དག་པར་རྗེས་སུ་མི་མཐོང་ངོ་། །མཐའ་ལས་འདས་པ་སྟོང་པ་ཉིད་ཡང་དག་པར་རྗེས་སུ་མི་མཐོང་སྟེ། ཆོས་གང་གིས་མཐའ་ལས་འདས་པ་སྟོང་པ་ཉིད་ཡང་དག་པར་རྗེས་སུ་མཐོང་བར་འགྱུར་བའི་ཆོས་དེ་ཡང་ཡང་དག་པར་རྗེས་སུ་མི་མཐོང་ངོ་། །ཐོག་མ་དང་ཐ་མ་མེད་པ་སྟོང་པ་(༢)ཉིད་ཡང་དག་པར་རྗེས་སུ་མི་མཐོང་སྟེ། ཆོས་གང་གིས་ཐོག་(༣)མ་དང་ཐ་མ་མེད་པ་སྟོང་པ་ཉིད་ཡང་དག་པར་རྗེས་སུ་མཐོང་བར་འགྱུར་བའི་ཆོས་དེ་ཡང་ཡང་དག་པར་རྗེས་སུ་མི་མཐོང་ངོ་། །དོར་བ་མེད་པ་སྟོང་པ་ཉིད་ཡང་(༣)དག་པར་རྗེས་སུ་མི་མཐོང་སྟེ། ཆོས་གང་གིས་དོར་བ་མེད་པ་སྟོང་པ་ཉིད་ཡང་དག་པར་རྗེས་སུ་མཐོང་བར་འགྱུར་བའི་ཆོས་དེ་ཡང་ཡང་དག་པར་རྗེས་སུ་མི་མཐོང་ངོ་། །རང་བཞིན་སྟོང་པ་ཉིད་ཡང་དག་པར་རྗེས་སུ་མི་མཐོང་སྟེ། ཆོས་གང་གིས་རང་བཞིན་སྟོང་པ་ཉིད་ཡང་དག་པར་རྗེས་སུ་མཐོང་བར་འགྱུར་བའི་ཆོས་དེ་ཡང་ཡང་དག་པར་རྗེས་སུ་མི་མཐོང་ངོ་། །ཆོས་ཐམས་ཅད་སྟོང་པ་ཉིད་ཡང་དག་པར་རྗེས་སུ་མི་མཐོང་སྟེ། ཆོས་གང་གིས་ཆོས་ཐམས་ཅད་སྟོང་པ་ཉིད་ཡང་དག་པར་རྗེས་སུ་མཐོང་བར་འགྱུར་བའི་ཆོས་དེ་ཡང་ཡང་དག་པར་རྗེས་སུ་མི་མཐོང་ངོ་། །རང་གི་མཚན་ཉིད་སྟོང་པ་ཉིད་ཡང་དག་པར་རྗེས་སུ་མི་མཐོང་སྟེ། ཆོས་གང་གིས་རང་གི་མཚན་ཉིད་སྟོང་པ་ཉིད་ཡང་དག་པར་རྗེས་སུ་མཐོང་བར་འགྱུར་བའི་ཆོས་དེ་ཡང་ཡང་དག་པར་རྗེས་སུ་མི་མཐོང་ངོ་། །མི་དམིགས་པ་སྟོང་པ་ཉིད་ཡང་དག་པར་རྗེས་སུ་མི་མཐོང་སྟེ། ཆོས་གང་གིས་མི་དམིགས་པ་སྟོང་པ་ཉིད་ཡང་དག་པར་རྗེས་སུ་མཐོང་བར་འགྱུར་བའི་ཆོས་དེ་ཡང་ཡང་དག་པར་རྗེས་སུ་མི་མཐོང་ངོ་། །དངོས་པོ་མེད་པ་སྟོང་པ་ཉིད་ཡང་དག་པར་རྗེས་སུ་མི་མཐོང་སྟེ། ཆོས་གང་གིས་དངོས་པོ་མེད་པ་(༤)སྟོང་པ་ཉིད་ཡང་དག་པར་རྗེས་སུ་མཐོང་བར་

འགྱུར་བའི་ཆོས་དེ་ཡང་ཡང་དག་པར་རྗེས་སུ་མི་མཐོང་ངོ་། །ངོ་བོ་ཉིད་སྟོང་པ་ཉིད་ཡང་དག་པར་རྗེས་སུ་མི་མཐོང་སྟེ། ཆོས་གང་གིས་ངོ་བོ་ཉིད་སྟོང་པ་ཉིད་ཡང་དག་པར་རྗེས་སུ་མཐོང་བར་འགྱུར་བའི་ཆོས་དེ་ཡང་ཡང་དག་པར་རྗེས་སུ་མི་མཐོང་ངོ་། །དངོས་པོ་མེད་པའི་ངོ་བོ་ཉིད་སྟོང་པ་ཉིད་ཡང་དག་པར་རྗེས་སུ་མི་མཐོང་སྟེ། ཆོས་གང་གིས་དངོས་པོ་མེད་པའི་ངོ་བོ་ཉིད་སྟོང་པ་ཉིད་ཡང་དག་པར་རྗེས་སུ་མཐོང་བར་འགྱུར་བའི་ཆོས་དེ་ཡང་ཡང་དག་པར་རྗེས་སུ་མི་[༧]མཐོང་ངོ་། །དྲན་པ་ཉེ་བར་གཞག་པ་བཞི་ཡང་དག་པར་རྗེས་སུ་མི་མཐོང་སྟེ། ཆོས་གང་གིས་དྲན་པ་ཉེ་བར་གཞག་པ་བཞི་ཡང་དག་པར་རྗེས་སུ་མཐོང་བར་འགྱུར་བའི་ཆོས་དེ་ཡང་ཡང་དག་པར་རྗེས་སུ་མི་མཐོང་ངོ་། །ཡང་དག་པར་སྤོང་བ་བཞི་ཡང་དག་པར་རྗེས་སུ་མི་མཐོང་སྟེ། ཆོས་གང་གིས་ཡང་དག་པར་སྤོང་བ་[༣]བཞི་ཡང་དག་པར་རྗེས་སུ་མཐོང་བར་འགྱུར་བའི་ཆོས་དེ་ཡང་ཡང་དག་པར་རྗེས་སུ་མི་མཐོང་ངོ་། །རྫུ་འཕྲུལ་གྱི་རྐང་པ་བཞི་ཡང་དག་པར་རྗེས་སུ་མི་མཐོང་སྟེ། ཆོས་གང་གིས་རྫུ་འཕྲུལ་གྱི་རྐང་པ་བཞི་ཡང་དག་པར་རྗེས་སུ་མཐོང་བར་འགྱུར་བའི་ཆོས་དེ་ཡང་ཡང་དག་པར་རྗེས་སུ་མི་མཐོང་ངོ་། །དབང་པོ་ལྔ་ཡང་དག་པར་རྗེས་སུ་མི་མཐོང་སྟེ། ཆོས་གང་གིས་དབང་པོ་ལྔ་ཡང་དག་པར་རྗེས་སུ་མཐོང་བར་འགྱུར་བའི་ཆོས་དེ་ཡང་ཡང་དག་པར་རྗེས་སུ་མི་མཐོང་ངོ་། །སྟོབས་ལྔ་ཡང་དག་པར་རྗེས་སུ་མི་མཐོང་སྟེ། ཆོས་གང་གིས་སྟོབས་ལྔ་ཡང་དག་པར་རྗེས་སུ་མཐོང་བར་འགྱུར་བའི་ཆོས་དེ་ཡང་ཡང་[༣]དག་པར་རྗེས་སུ་མི་མཐོང་ངོ་། །བྱང་ཆུབ་ཀྱི་ཡན་ལག་བདུན་ཡང་དག་པར་རྗེས་སུ་མི་མཐོང་སྟེ། ཆོས་གང་གིས་བྱང་ཆུབ་ཀྱི་ཡན་ལག་བདུན་ཡང་དག་པར་རྗེས་སུ་མཐོང་བར་འགྱུར་བའི་ཆོས་[༤]དེ་ཡང་ཡང་དག་པར་རྗེས་སུ་མི་མཐོང་ངོ་། །འཕགས་པའི་ལམ་ཡན་ལག་བརྒྱད་

པ་ཡང་དག་པར་རྗེས་སུ་མི་མཐོང་ངོ། །ཆོས་གང་གིས་འཕགས་པའི་ལམ་ཡན····
ལག་བརྒྱད་པ་ཡང་དག་པར་རྗེས་སུ་མཐོང་བར་འགྱུར་བའི་ཆོས་དེ་ཡང་ཡང་དག་
པར་རྗེས་སུ་མི་མཐོང་ངོ། །འཕགས་པའི་བདེན་པ་བཞི་ཡང་དག་པར་རྗེས་སུ་
མི་མཐོང་ངོ། །ཆོས་གང་གིས་འཕགས་པའི་བདེན་པ་བཞི་ཡང་དག་པར་རྗེས་སུ་
མཐོང་བར་འགྱུར་བའི་ཆོས་དེ་ཡང་ཡང་དག་པར་རྗེས་སུ་མི་མཐོང་ངོ། །བསམ་
གཏན་བཞི་ཡང་དག་པར་རྗེས་སུ་མི་མཐོང་ངོ། །ཆོས་གང་གིས་བསམ་གཏན་
བཞི་ཡང་དག་པར་རྗེས་སུ་མཐོངཿབར་འགྱུར་[1]བའི་ཆོས་དེ་ཡང་ཡང་དག་པར····
རྗེས་སུ་[2]མི་མཐོང་ངོ། །ཚད་མེད་པ་བཞི་ཡང་དག་པར་རྗེས་སུ་མི་མཐོང་ངོ།
ཆོས་གང་གིས་ཚད་མེད་པ་བཞི་ཡང་དག་པར་རྗེས་སུ་མཐོང་བར་འགྱུར་བའི་ཆོས་
དེ་ཡང་ཡང་དག་པར་རྗེས་སུ་མི་མཐོང་ངོ། །གཟུགས་མེད་པའི་སྙོམས་པར་
འཇུག་པ་བཞི་ཡང་དག་པར་རྗེས་སུ་མི་མཐོང་ངོ། །ཆོས་གང་གིས་གཟུགས་མེད་
པའི་སྙོམས་པར་འཇུག་པ་བཞི་ཡང་དག་པར་རྗེས་སུ་མཐོང་བར་འགྱུར་བའི་ཆོས་
དེ་ཡང་ཡང་དག་པར་རྗེས་སུ་མི་མཐོང་ངོ། །རྣམ་པར་ཐར་པ་བརྒྱད་ཡང་དག་
པར་རྗེས་སུ་མི་མཐོང་ངོ། །ཆོས་གང་གིས་རྣམ་པར་ཐར་པ་བརྒྱད་ཡང་དག་པར་
རྗེས་སུ་མཐོང་བར་འགྱུར་བའི་ཆོས་དེ་ཡང་ཡང་དག་པར་རྗེས་སུ་མི་མཐོང་ངོ། །
མཐར་གྱིས་གནས་པའི་སྙོམས་པར་འཇུག་པ་དགུ་ཡང་དག་པར་རྗེས་སུ་མི་མཐོང་
ངོ། །ཆོས་གང་གིས་མཐར་གྱིས་གནས་པའི་སྙོམས་པར་འཇུག་པ་དགུ་ཡང་དག་
པར་རྗེས་སུ་མཐོང་བར་འགྱུར་བའི་ཆོས་དེ་ཡང་ཡང་དག་པར་རྗེས་སུ་མི་མཐོང་ངོ། །
རྣམ་པར་ཐར་པའི་སྒོ་སྟོང་པ་ཉིད་དང་། མཚན་མ་མེད་པ་དང་། སྨོན་པ····
མེད་པ་ཡང་དག་པར་རྗེས་སུ་མི་མཐོང་ངོ། །ཆོས་གང་གིས་རྣམ་པར་ཐར་པའི་སྒོ་
སྟོང་པ་ཉིད་དང་། མཚན་མ་མེད་པ་དང་། སྨོན་པ་མེད་པ་ཡང་དག་པར····

ཐེས་སུ་མཐོང་བར་འགྱུར་བའི་ཆོས་དེ་ཡང་ཡང་དག་པར་ཐེས་སུ་མི་མཐོང་ངོ་། །
མངོན་པར་ཤེས་པ་རྣམས་ཡང་དག་པར་ཐེས་སུ་མི་མཐོང་སྟེ། ཆོས་གང་གིས་
མངོན་པར་ཤེས་པ་རྣམས་ཡང་དག་པར་ཐེས་སུ་མཐོང་བར་འགྱུར་བའི་ཆོས་དེ་
ཡང་ཡང་དག་པར་ཐེས་སུ་མི་མཐོང་ངོ་། །ཏིང་ངེ་འཛིན་རྣམས་ཡང་དག་པར་
ཐེས་སུ་མི་མཐོང་སྟེ། ཆོས་གང་གིས་ཏིང་ངེ་འཛིན་རྣམས་ཡང་དག་པར་ཐེས་སུ་
མཐོང་བར་འགྱུར་བའི་ཆོས་དེ་ཡང་ཡང་དག་པར་ཐེས་སུ་མི་མཐོང་ངོ་། །
གཟུངས་ཀྱི་སྒོ་རྣམས་ཡང་དག་པར་ཐེས་སུ་མི་མཐོང་སྟེ། ཆོས་གང་གིས་
གཟུངས་ཀྱི་སྒོ་རྣམས་ཡང་དག་པར་ཐེས་སུ་མཐོང་བར་འགྱུར་བའི་ཆོས་དེ་ཡང་
ཡང་དག་པར་ཐེས་སུ་མི་མཐོང་ངོ་། །དེ་བཞིན་གཤེགས་པའི་སྟོབས་བཅུ་ཡང་
དག་པར་ཐེས་སུ་མི་མཐོང་སྟེ། ཆོས་གང་གིས་དེ་བཞིན་གཤེགས་པའི་སྟོབས་
བཅུ་ཡང་དག་པར་ཐེས་སུ་[1]མཐོང་བར་འགྱུར་བའི་ཆོས་དེ་ཡང་ཡང་དག་པར་
ཐེས་སུ་མི་མཐོང་ངོ་། །མི་འཇིགས་པ་བཞི་ཡང་དག་པར་ཐེས་སུ་མི་མཐོང་སྟེ།
ཆོས་གང་གིས་མི་འཇིགས་པ་བཞི་ཡང་དག་པར་ཐེས་སུ་མཐོང་བར་འགྱུར་བའི་
ཆོས་དེ་ཡང་ཡང་དག་པར་ཐེས་སུ་མི་མཐོང་ངོ་། །སོ་སོ་ཡང་དག་པར་རིག་པ་
བཞི་ཡང་དག་པར་ཐེས་སུ་མི་མཐོང་སྟེ། ཆོས་གང་གིས་སོ་སོ་ཡང་དག་པར་རིག་
པ་བཞི་ཡང་དག་པར་ཐེས་སུ་མཐོང་བར་འགྱུར་བའི་ཆོས་དེ་ཡང་ཡང་དག་པར་
ཐེས་སུ་མི་མཐོང་ངོ་། །སྙིང་རྗེ་ཆེན་པོ་ཡང་དག་པར་ཐེས་སུ་མི་མཐོང་སྟེ།
ཆོས་གང་གིས་སྙིང་རྗེ་ཆེན་པོ་ཡང་དག་པར་ཐེས་སུ་མཐོང་བར་འགྱུར་བའི་ཆོས་དེ་
ཡང་ཡང་དག་པར་ཐེས་སུ་མི་མཐོང་ངོ་། །སངས་རྒྱས་ཀྱི་ཆོས་མ་འདྲེས་པ་བཅོ་[2]
བརྒྱད་ཡང་དག་པར་ཐེས་སུ་མི་མཐོང་སྟེ། ཆོས་གང་གིས་སངས་རྒྱས་ཀྱི་ཆོས་མ་
འདྲེས་པ་བཅོ་[2]བརྒྱད་ཡང་དག་པར་ཐེས་སུ་མཐོང་བར་འགྱུར་བའི་ཆོས་དེ་ཡང་

ཡང་དག་པར་རྗེས་སུ་མི་མཐོང་ངོ་། །རྒྱུན་དུ་ཞུགས་[༡]པའི་འབྲས་བུ་ཡང་དག་པར་རྗེས་སུ་མི་མཐོང་སྟེ། ཆོས་གང་གིས་རྒྱུན་དུ་ཞུགས་པའི་འབྲས་བུ་ཡང་དག་པར་རྗེས་སུ་མཐོང་བར་འགྱུར་བའི་ཆོས་དེ་ཡང་ཡང་དག་པར་རྗེས་སུ་མི་མཐོང་ངོ་། །ལན་ཅིག་ཕྱིར་འོང་བའི་འབྲས་བུ་ཡང་དག་པར་རྗེས་སུ་མི་མཐོང་སྟེ། ཆོས་གང་གིས་ལན་ཅིག་ཕྱིར་འོང་བའི་འབྲས་བུ་ཡང་དག་པར་རྗེས་སུ་མཐོང་བར་འགྱུར་བའི་ཆོས་དེ་ཡང་ཡང་དག་པར་རྗེས་སུ་མི་མཐོང་ངོ་། །ཕྱིར་མི་འོང་བའི་འབྲས་བུ་ཡང་དག་པར་རྗེས་སུ་མི་མཐོང་སྟེ། ཆོས་གང་གིས་ཕྱིར་མི༔འོང་བའི་[༢]འབྲས་བུ་ཡང་དག་པར་རྗེས་སུ་མཐོང་བར་འགྱུར་བའི་ཆོས་དེ་ཡང་ཡང་དག་པར་རྗེས་སུ་མི་མཐོང་ངོ་། །དགྲ་བཅོམ་པ་ཉིད་ཡང་དག་པར་རྗེས་སུ་མི་མཐོང་སྟེ། ཆོས་གང་གིས་དགྲ་བཅོམ་པ་ཉིད་ཡང་དག་པར་རྗེས་སུ་མཐོང་བར་འགྱུར་བའི་ཆོས་དེ་ཡང་ཡང་དག་པར་རྗེས་སུ་[༣]མི་མཐོང་[༤]ངོ་། །རང་བྱང་ཆུབ་ཡང་དག་པར་རྗེས་སུ་མི་མཐོང་སྟེ། ཆོས་གང་གིས་རང་བྱང་ཆུབ་ཡང་དག་པར་རྗེས་སུ་མཐོང་བར་འགྱུར་བའི་ཆོས་དེ་ཡང་ཡང་དག་པར་རྗེས་སུ་མི་མཐོང་ངོ་། །ལམ་[༥]གྱི་རྣམ་པ་ཤེས་པ་ཉིད་ཡང་དག་པར་རྗེས་སུ་མི་མཐོང་སྟེ། ཆོས་གང་གིས་ལམ་གྱི་རྣམ་པ་ཤེས་པ་ཉིད་ཡང་དག་པར་རྗེས་སུ་མཐོང་བར་འགྱུར་བའི་ཆོས་དེ་ཡང་ཡང་དག་པར་རྗེས་སུ་མི་མཐོང་ངོ་། །རྣམ་པ་ཐམས་ཅད་མཁྱེན་པ་ཉིད་ཡང་དག་པར་རྗེས་སུ་མི་མཐོང་སྟེ། ཆོས་གང་གིས་རྣམ་པ་ཐམས་ཅད་མཁྱེན་པ་ཉིད་ཡང་དག་པར་རྗེས་སུ་མཐོང་བར་འགྱུར་བའི་ཆོས་དེ་ཡང་ཡང་དག་པར་རྗེས་སུ་མི་མཐོང་ངོ་། །ཆོས་གང་གིས་བག་ཆགས་ཀྱི་མཚམས་སྦྱོར་བ་ཐམས་ཅད་སྤོང་བར་བྱེད་པ་དེ་ཡང་ཡང་དག་པར་རྗེས་སུ་མི་མཐོང་ངོ་། །རབ་འབྱོར་དེ་ལྟར་བྱང་ཆུབ་སེམས་དཔའ་སེམས་དཔའ་ཆེན་པོས། ཆོས་ཐམས་ཅད་མི་དམིགས་པའི་ཚུལ་གྱིས། ཤེས་

རབ་ཀྱི་ཕ་རོལ་ཏུ་ཕྱིན་པ་ལ་སྤྱོད་[1]པར་བྱའོ། །རབ་འབྱོར་གང་གི་[2]ཚེ་བྱང་ཆུབ་སེམས་དཔའ་སེམས་དཔའ་ཆེན་པོ་ཆོས་ཐམས་ཅད་མི་དམིགས་པར[3]། ཤེས་རབ་ཀྱི་ཕ་རོལ་ཏུ་ཕྱིན་པ་ལ་སྤྱོད་པ་དེའི་[4]ཚེ། བདུད་སྡིག་ཏོ་ཅན་མྱ་ངན་གྱི་ཟུག···རྔས་ཟུག་པར་འགྱུར་རོ། །རབ་འབྱོར་འདི་ལྟ་སྟེ། དཔེར་ན། སྐྱེས་བུ་ཞིག་ཕ་མ་འཆི་བའི་དུས་བྱས་པར་གྱུར་ན། མྱ་ངན་གྱི་ཟུག་རྔས་ཟུག་པར་འགྱུར་ཏེ། མྱ་ངན་གྱི་ཟུག་རྔུ་མི་བཟོད་[5]པ་དང་ལྡན་པར་འགྱུར་རོ། །རབ་འབྱོར་དེ་བཞིན་དུ་བྱང་ཆུབ་སེམས་དཔའ་སེམས་དཔའ་ཆེན་པོ། ཆོས་ཐམས་ཅད་མི་དམིགས་པར། ཤེས་རབ་ཀྱི་ཕ་རོལ་ཏུ་ཕྱིན་པ་ལ་སྤྱོད་པའི་ཚེ། བདུད་སྡིག་ཏོ་ཅན་མྱ་ངན་གྱི་[6]ཟུག་རྔས་ཟུག་པར་འགྱུར་ཏེ། མྱ་ངན་གྱི་ཟུག་རྔུ་མི་བཟད་[7]པ་དང་ལྡན་པར་འགྱུར་རོ། །རབ་འབྱོར་གྱིས་གསོལ་པ། ཅི་ལགས། བཅོམ་ལྡན་འདས་བདུད་སྡིག་ཏོ་ཅན་གཅིག་འགའ་ཞིག་མྱ་ངན་གྱི་ཟུག་རྔུ་མི་བཟད་[8]པས་ཟུག་པར་འགྱུར་རམ། འོན་ཏེ་སྟོང་གསུམ་གྱི་སྟོང་ཆེན་པོའི་འཇིག་རྟེན་གྱི་ཁམས་ན། བདུད་སྡིག་ཏོ་ཅན་གང་ཇི་སྙེད་ཅིག་མཆིས་པ་དེ་དག་ཐམས་ཅད་མྱ་ངན་གྱི་ཟུག་རྔུ་མི་བཟད་[9]པས་ཟུག་པར་འགྱུར། བཅོམ་ལྡན་འདས་ཀྱིས་བཀའ་སྩལ་པ། རབ་འབྱོར་ནམ་བྱང་ཆུབ་སེམས་དཔའ་སེམས་དཔའ་ཆེན་པོ། ཤེས་རབ་ཀྱི་ཕ་རོལ་ཏུ་ཕྱིན་པ་ལ་རྣམ་པར་[10]སྤྱོད་པས་རྣམ་པར་སྤྱོད་པའི་ཚེ། སྟོང་གསུམ་གྱི་སྟོང་ཆེན་པོའི་འཇིག་རྟེན་གྱི་ཁམས་ན་བདུད་སྡིག་ཏོ་ཅན་གང་ཇི་སྙེད···ཅིག་[11]ཡོད་པ་དེ་དག་ཐམས་ཅད་མྱ་ངན་གྱི་ཟུག་རྔུ་མི་བཟད་[12]པས་ཟུག་པར་འགྱུར་ཏེ། རང་རང་གི་སྟན་ལ་འདུག་མི་འདོད་དོ། །དེ་ལྟར་[13]རྣམ་པར་སྤྱོད་པའི་བྱང་ཆུབ་སེམས་དཔའ་སེམས་དཔའ་ཆེན་པོ་ལ་ནི། ལྷ་དང་མི་དང་ལྷ་མ···ཡིན་དུ་བཅས་པའི་འཇིག་རྟེན་གྱིས་གང་གི་ཕྱིར། དེ་བཟུང་[14]ཞིང་ཕྱིར་བཀློག་[15]

པའི་སླྒགས་མི་ཉེད་གཉིང་མི་ཉེད་དོ། །རབ་འབྱོར་དེ་བས་ན། བྱང་ཆུབ་སེམས་དཔའ་སེམས་དཔའ་ཆེན་པོ༔ མྱུར་དུ་[1] བླ་ན་མེད་པ་ཡང་དག་པར་[2] རྫོགས་པའི་བྱང་ཆུབ་ཏུ་མངོན་པར་རྫོགས་པར་འཚང་རྒྱ་[3] བར་འདོད་པས། ཤེས་རབ་ཀྱི་ཕ་རོལ་ཏུ་ཕྱིན་པ་ལ་རྣམ་པར་སྤྱོད་པས། རྣམ་པར་སྤྱད་པར་བྱ་སྟེ། ཤེས་རབ་ཀྱི་ཕ་རོལ་ཏུ་ཕྱིན་པའི་རྣམ་པར་སྤྱོད་པས་རྣམ་པར་སྤྱོད་པའི་བྱང་ཆུབ་སེམས་དཔའ་སེམས་དཔའ་ཆེན་པོ་ནི། སྦྱིན་པའི་ཕ་རོལ་ཏུ་ཕྱིན་པ་བསྒོམ་པ་ཡོངས་སུ་རྫོགས་པར་འགྱུར་རོ། །ཚུལ་ཁྲིམས་ཀྱི་ཕ་རོལ་ཏུ་ཕྱིན་པ་བསྒོམ་པ་ཡོངས་སུ······རྫོགས་པར་འགྱུར་རོ། །བཟོད་པའི་ཕ་རོལ་ཏུ་ཕྱིན་པ་བསྒོམ་པ་ཡོངས་སུ་རྫོགས་པར་འགྱུར་རོ། །བརྩོན་འགྲུས་ཀྱི་ཕ་རོལ་ཏུ་ཕྱིན་པ་བསྒོམ་པ་ཡོངས་སུ་རྫོགས···པར་འགྱུར་རོ། །བསམ་གཏན་གྱི་ཕ་རོལ་ཏུ་ཕྱིན་པ་བསྒོམ་པ་ཡོངས་སུ་རྫོགས···པར་འགྱུར་རོ། །ཤེས་རབ་ཀྱི་ཕ་རོལ་ཏུ་ཕྱིན་པ་བསྒོམ་པ་ཡོངས་སུ་རྫོགས་པར··འགྱུར་ཏེ། ཤེས་རབ་ཀྱི་ཕ་རོལ་ཏུ་ཕྱིན་པ་ལ་རྣམ་པར་སྤྱོད་པས། རྣམ་པར··སྤྱོད་པའི་བྱང་ཆུབ་སེམས་དཔའ་སེམས་དཔའ་ཆེན་པོ་ནི། ཕ་རོལ་ཏུ་ཕྱིན་པ·····ཐམས་ཅད་བསྒོམ་པ་ཡོངས་སུ་རྫོགས་པར་འགྱུར་རོ། །དེ་ནས་ཚེ་དང་ལྡན་པ་རབ་འབྱོར་གྱིས། བཅོམ་ལྡན་འདས་ལ་འདི་སྐད་ཅེས་གསོལ་ཏོ། །བཅོམ་ལྡན་འདས་ཇི་ལྟར་[4] བྱང་ཆུབ་སེམས་དཔའ་སེམས་དཔའ་ཆེན་པོ། ཤེས་རབ་ཀྱི་ཕ་རོལ་ཏུ་ཕྱིན་པ་ལ་སྤྱོད་པའི་[5]། སྦྱིན་པའི་ཕ་རོལ་ཏུ་ཕྱིན་པ་བསྒོམ་པ་ཡོངས··སུ་རྫོགས་པར་འགྱུར་བ་ལགས། ཚུལ་ཁྲིམས་ཀྱི་ཕ་རོལ་ཏུ་ཕྱིན་པ་བསྒོམ་པ་ཡོངས་སུ་རྫོགས་པར་འགྱུར་བ་ལགས། བཟོད་པའི་ཕ་རོལ་ཏུ་ཕྱིན་པ་བསྒོམ་པ་ཡོངས་སུ་རྫོགས་པར་འགྱུར་བ་ལགས། བརྩོན་འགྲུས་ཀྱི་ཕ་རོལ་ཏུ་ཕྱིན་པ་བསྒོམ་པ་ཡོངས་སུ་རྫོགས་པར་འགྱུར་བ་ལགས། བསམ་གཏན་གྱི་ཕ་རོལ་ཏུ་

ཕྱིན་པ་བསྒོམ་པ་ཡོངས་སུ་རྫོགས་པར་འགྱུར་བ་ལགས། ཤེས་རབ་ཀྱི་ཕ་རོལ་ཏུ་ཕྱིན་པ་བསྒོམ་པ་ཡོངས་སུ་རྫོགས་པར་འགྱུར་བ་ལགས། བཅོམ་ལྡན་འདས་ཀྱིས་བཀའ་སྩལ་པ། རབ་འབྱོར་འདི་ལ་བྱང་ཆུབ་སེམས་དཔའ་སེམས་དཔའ་ཆེན་པོ་སྦྱིན་པ་ཡོངས་སུ་གཏོང་བའི་ཚེ། རྣམ་པ་ཐམས་ཅད་མཁྱེན་པ་ཉིད་དུ་ཡོངས་སུ་སྟོ་[1]ཞིང་། སྦྱིན་པ་དེ་དག་ཡོངས་སུ་གཏོང་སྟེ། རབ་འབྱོར་དེ་ལྟར་ན། བྱང་ཆུབ་སེམས་དཔའ་སེམས་དཔའ་ཆེན་པོའི་སྦྱིན་པའི་ཕ་རོལ་ཏུ་ཕྱིན་པ་བསྒོམ་པ་ཡོངས་སུ་རྫོགས་པར་འགྱུར་རོ། །རབ་འབྱོར་ཇི་ལྟར་ན་བྱང་ཆུབ་སེམས་དཔའ་སེམས་དཔའ་ཆེན་པོ། ཚུལ་ཁྲིམས་ཀྱི་ཕ་རོལ་ཏུ་ཕྱིན་པ་བསྒོམ་པ་ཡོངས་སུ་རྫོགས་པར་འགྱུར་ཞེ་ན། རབ་འབྱོར་འདི་ལ་བྱང་ཆུབ་སེམས་དཔའ་སེམས་དཔའ་ཆེན་པོ། ཚུལ་ཁྲིམས་སྲུང་[2]བའི་ཚེ། རྣམ་པ་ཐམས་ཅད་མཁྱེན་པ་ཉིད་དུ་ཡོངས་སུ་སྟོ་[3]ཞིང་། ཚུལ་ཁྲིམས་དེ་དག་ཿསྲུང་སྟེ[4]། དེ་ལྟར་ན་རབ་འབྱོར་བྱང་ཆུབ་སེམས་དཔའ་སེམས་དཔའ་ཆེན་པོའི་ཚུལ་ཁྲིམས་ཀྱི་ཕ་རོལ་ཏུ་ཕྱིན་པ་བསྒོམ་པ་ཡོངས་སུ་རྫོགས་པར་འགྱུར་རོ། །རབ་འབྱོར་ཇི་ལྟར་ན་བྱང་ཆུབ་སེམས་དཔའ་སེམས་དཔའ་ཆེན་པོ་བཟོད་པའི་ཕ་རོལ་ཏུ་ཕྱིན་པ་བསྒོམ་པ་ཡོངས་སུ་རྫོགས་པར་འགྱུར་ཞེ་ན། རབ་འབྱོར་འདི་ལ་བྱང་ཆུབ་སེམས་དཔའ་སེམས་དཔའ་ཆེན་པོ་བཟོདཿཔ་སྒྲུབ་[5]པའི་ཚེ། རྣམ་པ་ཐམས་ཅད་མཁྱེན་པ་ཉིད་དུ་ཡོངས་སུ་སྟོ་[6]ཞིང་། བཟོད་པ་དེ་སྒོམ་[7]སྟེ། རབ་འབྱོར་དེ་ལྟར་ན་བྱང་ཆུབ་སེམས་དཔའ་སེམས་དཔའ་ཆེན་པོའི་བཟོད་པའི་ཕ་རོལ་ཏུ་ཕྱིན་པཿབསྒོམ་པ་[8]ཡོངས་སུ་རྫོགས་པར་འགྱུར་རོ། །རབ་འབྱོར་ཇི་ལྟར་ན་བྱང་ཆུབ་སེམས་དཔའ་སེམས་དཔའ་ཆེན་པོ། བརྩོན་འགྲུས་ཀྱི་ཕ་རོལ་ཏུ་ཕྱིན་པ་བསྒོམ་པ་ཡོངས་སུ་རྫོགས་པར་འགྱུར་ཞེ་ན། རབ་འབྱོར་འདི་ལ་བྱང་ཆུབ་སེམས་དཔའ་སེམས་

དཔའ་ཆེན་པོ། བརྩོན་འགྲུས་རྫོགས་པའི་ཚེ། རྣམ་པ་ཐམས་ཅད་མཁྱེན་པ་ཉིད་དུ་ཡོངས་སུ་སྔོ་[1] ཞིང་བརྩོན་འགྲུས་དེ་རྫོགས་སྟེ། རབ་འབྱོར་དེ་ལྟར་ན་བྱང་ཆུབ་སེམས་དཔའ་སེམས་དཔའ་ཆེན་པོའི་བརྩོན་འགྲུས་ཀྱི་ཕ་རོལ་ཏུ་ཕྱིན་པ་བསྒོམ་པ་ཡོངས་སུ་རྫོགས་པར་འགྱུར་རོ། །རབ་འབྱོར་ཇི་ལྟར་ན་བྱང་ཆུབ་སེམས་དཔའ་སེམས་དཔའ་ཆེན་པོ་བསམ་གཏན་གྱི་ཕ་རོལ་ཏུ་ཕྱིན་པ་བསྒོམ་པ་ཡོངས་སུ་རྫོགས་པར་འགྱུར་ཞེ་ན། རབ་འབྱོར་འདི་ལ་བྱང་ཆུབ་སེམས་དཔའ་སེམས་དཔའ་ཆེན་པོ་བསམ་གཏན་ལ་སྙོམས་པར་འཇུག་པའི་ཚེ། རྣམ་[2] པ་ཐམས་ཅད་མཁྱེན་པ་ཉིད་དུ་ཡོངས་སུ་སྔོ་[3] ཞིང་། བསམ་གཏན་དེ་དག་ལ་སྙོམས་པར་འཇུག་སྟེ། རབ་འབྱོར་དེ་ལྟར་ན་བྱང་ཆུབ་སེམས་དཔའ་སེམས་དཔའ་ཆེན་པོའི་བསམ་གཏན་གྱི་ཕ་རོལ་ཏུ་ཕྱིན་པ་བསྒོམ་པ་ཡོངས་སུ་རྫོགས་པར་འགྱུར་རོ། །རབ་འབྱོར་ཇི་ལྟར་ན་བྱང་ཆུབ་སེམས་དཔའ་སེམས་དཔའ་ཆེན་པོ་ཤེས་རབ་ཀྱི་ཕ་རོལ་ཏུ་ཕྱིན་པ་བསྒོམ་པ་ཡོངས་སུ་རྫོགས་པར་འགྱུར་ཞེ་ན། རབ་འབྱོར་འདི་ལ་བྱང་ཆུབ་སེམས་དཔའ་སེམས་དཔའ་ཆེན་པོ་ཤེས་རབ་ཀྱི་ཕ་རོལ་ཏུ་ཕྱིན་པ་སྒོམ་[4] པའི་ཚེ། རྣམ་པ་ཐམས་ཅད་མཁྱེན་པ་ཉིད་དུ་ཡོངས་སུ་སྔོ་[5] ཞིང་ཤེས་རབ་[6] དེ་སྒོམ་སྟེ་[7]། རབ་འབྱོར་དེ་ལྟར་ན་བྱང་ཆུབ་སེམས་དཔའ་སེམས་དཔའ་ཆེན་པོའི་ཤེས་རབ་ཀྱི་ཕ་རོལ་ཏུ་ཕྱིན་པ་བསྒོམ་པ། ཡོངས་སུ་རྫོགས་པར་འགྱུར་རོ། །དེ་ནས་ཚེ་དང་ལྡན་པ་རབ་འབྱོར་གྱིས། བཅོམ་ལྡན་འདས་ལ་འདི་སྐད་ཅེས་གསོལ་ཏོ། །བཅོམ་ལྡན་འདས་ཇི་ལྟར་ན་བྱང་ཆུབ་སེམས་དཔའ་སེམས་དཔའ་ཆེན་པོ། སྦྱིན་པའི་[8] ཕ་རོལ་ཏུ་ཕྱིན་པ་ལ་གནས་ཤིང་། ཚུལ་ཁྲིམས་ཀྱི་ཕ་རོལ་ཏུ་ཕྱིན་པ་ཡོངས་སུ་འཛིན་པ་ལགས། བཅོམ་ལྡན་འདས་ཀྱིས་བཀའ་སྩལ་པ། རབ་འབྱོར་འདི་ལ་བྱང་ཆུབ་སེམས་དཔའ་སེམས་དཔའ་ཆེན་པོ། སྦྱིན་པ་ཡོངས་སུ་

གཏོང་ཞིང་། རྣམ་པ་ཐམས་ཅད་མཁྱེན་པ་ཉིད་དུ་ཡོངས་སུ་སྔོ[1]་བའི་ཚེ། སེམས་ཅན་རྣམས་ལ་བྱམས་པའི་ལུས་ཀྱི་ལས་དང་། བྱམས་པའི་ངག་གི་ལས་དང་། བྱམས་པའི་ཡིད་ཀྱི་ལས་ཉེ་བར་གནས་པར་འགྱུར་ཏེ། དེའི་ཚེ་བྱང་ཆུབ་སེམས་དཔའ་སེམས་དཔའ་ཆེན་པོ་ཚུལ་ཁྲིམས་ཀྱི་ཕ་རོལ་ཏུ་ཕྱིན་པ་ཡོངས་སུ་འཛིན་ཏོ། །གསོལ་པ། བཅོམ་ལྡན་འདས་ཇི་ལྟར་ན་བྱང་ཆུབ་སེམས་དཔའ་སེམས་དཔའ་ཆེན་པོ་སྦྱིན་པའི་ཕ་རོལ་ཏུ་ཕྱིན་པ་ལ་གནས་ཤིང་། བཟོད་པའི་ཕ་རོལ་ཏུ་ཕྱིན་པ་ཡོངས་སུ་འཛིན་པ་ལགས། བཅོམ་ལྡན་འདས་ཀྱིས་བཀའ་སྩལ་པ། རབ་འབྱོར་འདི་ལ་བྱང་ཆུབ་སེམས་དཔའ་སེམས་དཔའ་ཆེན་པོ། སྦྱིན་པ་ཡོངས་སུ་གཏོང་བའི་ཚེ། ལེན་པ་དེ་དག[2]་གཤེ་ཞིང་འབྱལ་ལ་ཚུལ་མ་ཡིན་པའི་ཚིག་རྩུབ་པོས་མི་སྙན་པར་བརྗོད[3]་ཀྱང་དེ་དེ[4]་དག་ལ་གནོད་པའི་སེམས་མི་སྐྱེད་དེ། རབ་འབྱོར་དེ་ལྟར་ན་བྱང་ཆུབ་སེམས་དཔའ་སེམས་དཔའ་ཆེན་པོ། སྦྱིན་པའི་ཕ་རོལ་ཏུ་ཕྱིན་པ་ལ་གནས་ཤིང་། བཟོད་པའི་ཕ་རོལ་ཏུ་ཕྱིན་པ་ཡོངས་སུ་འཛིན་ཏོ། །གསོལ་པ། བཅོམ་ལྡན་འདས་ཇི་ལྟར་ན་བྱང་ཆུབ་སེམས་དཔའ་སེམས་དཔའ་ཆེན་པོ། སྦྱིན་པའི་ཕ་རོལ་ཏུ་ཕྱིན་པ་ལ་གནས་ཤིང་། བརྩོན་འགྲུས་ཀྱི་ཕ་རོལ་ཏུ་ཕྱིན་པ་ཡོངས་སུ་འཛིན་པ་ལགས། བཅོམ་ལྡན་འདས་ཀྱིས[5] བཀའ་སྩལ་པ། རབ་འབྱོར་འདི་ལ་བྱང་ཆུབ་སེམས་དཔའ་སེམས་དཔའ་ཆེན་པོ། སྦྱིན༔པ་ཡོངས་སུ་གཏོང་བའི་ཚེ[6]། ལེན་པ་དེ་དག་གཤེ་ཞིང་འབྱལ་ལ། ཚུལ་མ་ཡིན་པའི་ཚིག་རྩུབ་པོས་མི་སྙན་པར་རྗོད[7]་དེ། དེ་ལྟར་སྨྲ་བ་དང་། བཀྱལ་བ་དང་། ཚུལ་མ་ཡིན་པའི་ཚིག་རྩུབ་པོས་མི་སྙན་པར་བརྗོད་ཀྱང་སྦྱིན་པའི་བློ་དང་། ཡོངས་སུ་གཏོང་བའི་བློ་ཉིད་དུ་འགྱུར་ཏེ། བདག་གིས་ནི[8]་སྦྱིན་པ་ཡོངས་སུ་གཏང་བར་བྱ་སྟེ། བདག་གིས་ནི[9]་སྦྱིན་པ་ཡོངས་སུ་མི་གཏང[10]་བར་

མྱི་བྱའོ་ཞེས་དེ་ལུས་དང་སེམས་ཀྱི་བརྩོན་འགྲུས་སྐྱེད་དེ། རབ་འབྱོར་དེ་ལྟར་ན་བྱང་ཆུབ་སེམས་དཔའ་སེམས་དཔའ་ཆེན་པོ་སྦྱིན་པའི་ཕ་རོལ་ཏུ་ཕྱིན་པ་ལ་གནས་ཤིང་། བརྩོན་འགྲུས་ཀྱི་ཕ་རོལ་ཏུ་ཕྱིན་པ་ཡོངས་སུ་འཛིན་ཏོ། །གསོལ་པ། བཅོམ་ལྡན་འདས་ཇི་ལྟར་ན། བྱང་ཆུབ་སེམས་དཔའ་སེམས་དཔའ་ཆེན་པོ་སྦྱིན་པའི་ཕ་རོལ་ཏུ་ཕྱིན་པ་ལ་གནས་ཤིང་། བསམ་གཏན་གྱི་ཕ་རོལ་ཏུ་ཕྱིན་པ་ཡོངས་སུ་འཛིན་པ་ལགས། བཅོམ་ལྡན་འདས་ཀྱིས་[1] བཀའ་སྩལ་པ། རབ་འབྱོར་འདི་ལ་བྱང་ཆུབ་སེམས་དཔའ་སེམས་དཔའ་ཆེན་པོ། སྦྱིན་པ་ཡོངས་སུ་གཏོང་བའི་ཚེ། ཉན་ཐོས་ཀྱི་ས་འམ། རང་སངས་རྒྱས་ཀྱི་སར་ཡོངས་སུ་མྱི་སྟོའི[2] ༔ གཞན་དུ་ན་རྣམ་པ་ཐམས་ཅད་མཁྱེན་པ་ཉིད་ལ་དེའི་སེམས་འཇུག་སྟེ། རབ་འབྱོར་དེ་ལྟར་ན་བྱང་ཆུབ་སེམས་དཔའ་སེམས་དཔའ་ཆེན་པོ། སྦྱིན་པའི་ཕ་རོལ་ཏུ་ཕྱིན་པ་ལ་གནས་ཤིང་། བསམ་གཏན་གྱི་ཕ་རོལ་ཏུ་ཕྱིན་པ་ཡོངས་སུ་འཛིན་ཏོ། །གསོལ་པ། བཅོམ་ལྡན་འདས་ཇི་ལྟར་ན། བྱང་ཆུབ་སེམས་དཔའ་སེམས་དཔའ་ཆེན་པོ་ཐབས་མཁས་པས། སྦྱིན་པ་ཡོངས་སུ་གཏོང་ཞིང་། ཤེས་རབ་ཀྱི་ཕ་རོལ་ཏུ་ཕྱིན་པ་ཡོངས་སུ་འཛིན་པ་ལགས། བཅོམ་ལྡན་འདས་ཀྱིས་བཀའ་སྩལ་པ། རབ་འབྱོར་འདི་ལ་བྱང་ཆུབ་སེམས་དཔའ་སེམས་དཔའ་ཆེན་པོ་སྦྱིན་པ་སྦྱིན་ཞིང་སྦྱིན་པ་ཡོངས་སུ་གཏོང་བའི་ཚེ། དེ་རྟག་ཏུ་སྦྱིན་པ་ལ་སྒྱུ་མའི་བློ་ཉེ་བར་གནས་ཤིང་། སྦྱིན་པ་དེས་སེམས་ཅན་གང་ལ་ཡང་ཕན་པའམ། མྱི་ཕན་པར་གྱུར་པ་མྱི་མཐོང་སྟེ། རབ་འབྱོར་དེ་ལྟར་ན་བྱང་ཆུབ་སེམས་དཔའ་སེམས་དཔའ་ཆེན་པོ། ཐབས་མཁས་པས། སྦྱིན་པའི་ཕ་རོལ་ཏུ་ཕྱིན་པ་ལ་གནས་ཤིང་། ཤེས་རབ་ཀྱི་ཕ་རོལ་ཏུ་ཕྱིན་པ་ཡོངས་སུ་འཛིན་ཏོ། །ཤེས་རབ་ཀྱི་ཕ་རོལ་ཏུ་ཕྱིན་པ་སྟོང་ཕྲག་བརྒྱ་པ་ལས། ལེའུ་ལྔ་བཅུ་གཅིག་གོ[3]།། །།

དེ་ནས་ཚེ་དང་ལྡན་པ་རབ་འབྱོར་གྱིས། བཅོམ་ལྡན་འདས་ལ་འདི་སྐད་ཅེས་གསོལ་ཏོ། །བཅོམ་ལྡན་འདས་ཇི་ལྟར་ན། བྱང་ཆུབ་སེམས་དཔའ་སེམས་དཔའ་ཆེན་པོ། ཚུལ་ཁྲིམས་ཀྱི་ཕ་རོལ་ཏུ་ཕྱིན་པ་ལ་གནས་ཤིང་། སྦྱིན་པའི་ཕ་རོལ་ཏུ་ཕྱིན་པ་ཡོངས་སུ་འཛིན་པ་ལགས[༡]། བཅོམ་ལྡན་འདས་ཀྱིས······བཀའ་སྩལ་པ། རབ་འབྱོར་འདི་ལ་བྱང་ཆུབ་སེམས་དཔའ་སེམས་དཔའ་ཆེན་པོ། ཚུལ་ཁྲིམས་ཀྱི་ཕ་རོལ་ཏུ་ཕྱིན་པ་ལ་གནས་པ་ནི། ལུས་སམ། ངག་གམ། སེམས་ཀྱི་སྡོམ་པ་གང་ཡང་རུང་སྟེ། སྡོམ་པ་དེས་ཉན་ཐོསཿཀྱི་སའམ[༢]། རང་སངས་རྒྱས་ཀྱི་ས་ལ་རེག་པར་མི་བྱེད་དེ། དེ་ཚུལ་ཁྲིམས་ཀྱི་ཕ་རོལ་ཏུ་ཕྱིན་པ་ལ་གནས་ཤིང་སེམས་ཅན་རྣམས་ཀྱི་སྲོག་མི་གཅོད་དོ། །མ་བྱིན་པར་མི་ལེན་ཏོ། །འདོད་པས་ལོག་པར་མི་གཡེམ་མོ། །བརྫུན[༣]གྱི་ཚིག་མི་སྨྲའོ། །ཕྲ་མའི་ཚིག་མི་སྨྲའོ། །ཞེ་གཅོད་པའི་[༤]ཚིགཿརྩུབ་པོ་[༥]མི་སྨྲའོ། །[༦]ཚིག་ཀྱལ་[༧]པ་མི་སྨྲའོ། །ཆགས་སེམས་སུ་མི་བྱེད་དོ། །གནོད་སེམས་སུ་མི་བྱེད་དོ། །ལོག་པར་མི་ལྟའོ། །དེ་ཚུལ་ཁྲིམས་ཀྱི་ཕ་རོལ་ཏུ་ཕྱིན་པ་དེ་ལ་གནས་ཤིང་། ཟས་འདོད་པ་ལ་ཟས། སྐོམ་འདོད་པ་ལ་སྐོམ། བཞོན་པ་འདོད་པ་ལ་བཞོན་[༨]པ། གོས་འདོད་པ་ལ་གོས། མེ་ཏོག་འདོད་པ་ལ་མེ་ཏོག །ཕྲེང་བ་འདོད་པ་ལ་ཕྲེང་བ། སྤོས······འདོད་པ་ལ་སྤོས། བྱུག་པ་འདོད་པ་ལ་བྱུག་པ། མལ་སྟན་འདོད་པ་[༩]མལ་སྟན། གནས་འདོད་པ་ལ་གནས། འཚོ་བ་འདོད་པ་ལ་འཚོ་བ། ཡོ་[༡༠]བྱད་འདོད་པ་ལ་ཡོ་བྱད། ཡོངས་སུ་གཏོང་བ་ནས་མིའི་ཡོ་བྱད། གང་ཅི་ཡང་རུང་བའི་བར་དུ་འདོད་པ་རྣམས་ལ་མིའི་ཡོ་བྱད་གང་ཅི་ཡང་རུང་བ་དག་ཡོངས་སུ་གཏོང་ཞིང་། སྦྱིན་པ་དེ་ལྟར་གཏོང་བའི་ཚེ། [༡༡]སྦྱིན་པ་དེ་སེམས་ཅན་ཐམས་ཅད་དང་ཐུན་

མོང་[1]་དུ་བྱས་ཏེ། བླ་ན་མེད་པ་ཡང་དག་པར་རྫོགས་པའི་བྱང་ཆུབ་ཏུ་ཡོངས་སུ་སྟོའོ[2]། །དེ་ཡང་ཅི་ནས་ཀྱང་བསྔོ་བ་དེས་ཉན་ཐོས་ཀྱི་ས་འམ། རང་སངས་རྒྱས་ཀྱི་སར་མི་འགྱུར་བར་ཡོངས་སུ་སྔོ་[3]སྟེ། རབ་འབྱོར་དེ་ལྟར་ན། བྱང་ཆུབ་སེམས་དཔའ་སེམས་དཔའ་ཆེན་པོ། ཚུལ་ཁྲིམས་ཀྱི་ཕ་རོལ་ཏུ་ཕྱིན་པ་ལ་གནས་ཤིང་། སྦྱིན་པའི་ཕ་རོལ་ཏུ་ཕྱིན་པ་ཡོངས་སུ་འཛིན་ཏོ། །གསོལ་པ་བཅོམ་ལྡན་འདས་ཇི་ལྟར་ན། བྱང་ཆུབ་སེམས་དཔའ་སེམས་དཔའ་ཆེན་པོ། ཚུལ་ཁྲིམས་ཀྱི་ཕ་རོལ་ཏུ་ཕྱིན་པ་ལ་གནས་ཤིང་། བཟོད་པའི་ཕ་རོལ་ཏུ་ཕྱིན་པ་ཡོངས་སུ་འཛིན་པ་ལགས། བཅོམ་ལྡན་འདས་ཀྱིས་བཀའ་སྩལ་པ། རབ་འབྱོར་འདི་ལ་བྱང་ཆུབ་སེམས་དཔའ་སེམས་དཔའ་ཆེན་པོ་ཚུལ་ཁྲིམས་ཀྱི་ཕ་རོལ་ཏུ་ཕྱིན་པ་ལ་གནས་པའི་དུས་ན་སེམས་ཅན་ཐམས་ཅད་ལྷགས་ནས། ཡན་ལག་དང་ཉིང་ལག་རྣམས་བཅད་གཏུབས་ཏེ༔ དོང་ཡང་[4]། དེ་ལ་བྱང་ཆུབ་སེམས་དཔའ་སེམས་དཔའ་ཆེན་པོ་འཁྲུག་[5]པ་མེད་དེ[6]། གནོད་པའི་སེམས་གཅིག་ཀྱང་མི་སྐྱེད་[7]དོ། །གཞན་དུ་ན་དེ་འདི་སྙམ་དུ་སེམས་ཏེ། དེ་ལྟར་སེམས་ཅན་ཐམས་ཅད་ཀྱིས་བདག་གི་ཡན་ལག་དང་ཉིང་ལག་བཅད་གཏུབས་[8]ཏེ། དོང་བ་ནི་བདག་གིས་ཐོབ་པར་བྱ་བ་ལེགས་པར་ཐོབ་བོ། །བདག་གི་ལུས་རུལ་བ་འདི་ཡོངས་སུ་བཏང་བས། དེ་བཞིན་གཤེགས་པའི་སྐུ་ལྷ་རྫས་ཀྱི་རྡོ་རྗེ་ལས་བྱུང་བ་ཐོབ་པར་བྱའོ་སྙམ་སྟེ། རབ་འབྱོར་དེ་ལྟར་ན་བྱང་ཆུབ་སེམས་དཔའ་སེམས་དཔའ་ཆེན་པོ། ཚུལ་ཁྲིམས་ཀྱི་ཕ་རོལ་ཏུ་ཕྱིན་པ་ལ་གནས་ཤིང་། བཟོད་པའི་ཕ་རོལ་ཏུ་ཕྱིན་པ་ཡོངས་སུ་འཛིན་ཏོ། །གསོལ་པ། བཅོམ་ལྡན་འདས་ཇི་ལྟར་ན༑ བྱང་ཆུབ་སེམས་དཔའ་སེམས་དཔའ་ཆེན་པོ། ཚུལ་ཁྲིམས་ཀྱི་ཕ་རོལ་ཏུ་ཕྱིན་པ་ལ་གནས་ཤིང་། བརྩོན་འགྲུས་ཀྱི་ཕ་རོལ་ཏུ་ཕྱིན་པ་ཡོངས་སུ་འཛིན་པ་

ལགས། བཅོམ་ལྡན་འདས་ཀྱིས་བཀའ་སྩལ་པ། རབ་འབྱོར་འདི་ལ་བྱང་ཆུབ་སེམས་དཔའ་སེམས་དཔའ་ཆེན་པོ། ཚུལ་ཁྲིམས་ཀྱི་ཕ་རོལ་ཏུ་ཕྱིན་པ་ལ་གནས་ཤིང་། སེམས་ཅན་ཐམས་ཅད་[1] བདག་གིས་འཁོར་བ་ལས་བསྒྲལ་ཏེ། འཆི་བ་མེད་པའི་དབྱིངས་སུ་དགོད་པར་བྱའོ་ཞེས་ལུས་དང་སེམས་ཀྱི་བརྩོན་འགྲུས་ཉམ་[2] པར་མི་བྱེད་དེ། དགེ་བའི་རྩ་བ་དེ་ཡང་བླ་ན་མེད་པ་ཡང་དག་པར་རྫོགས་པའི་བྱང་ཆུབ་ཏུ་ཡོངས་སུ་སྔོ་[3] སྟེ། ཅི་ནས་ཀྱང་གང་ཡོངས་སུ་སྔོ་[4] བ་དང་། ཅི་ཡོངས་སུ་སྔོ་[5] བ་དང་། གང་ལ་ཡོངས་སུ་བསྔོ་བའི་བློ་རྣམ་པ་གསུམ་དུ་མི་འགྱུར་བ་དེ་ལྟར་ཡོངས་སུ་སྔོ་[6] སྟེ། རབ་འབྱོར་དེ་ལྟར་ན་བྱང་ཆུབ་སེམས་དཔའ་སེམས་དཔའ་ཆེན་པོ། ཚུལ་ཁྲིམས་ཀྱི་ཕ་རོལ་ཏུ་ཕྱིན་པ་ལ་གནས་ཤིང་། བརྩོན་འགྲུས་ཀྱི་ཕ་རོལ་ཏུ་ཕྱིན་པ་ཡོངས་སུ་འཛིན་ཏོ། །གསོལ་པ། བཅོམ་ལྡན་འདས་ཇི་ལྟར་ན། བྱང་ཆུབ་སེམས་དཔའ་སེམས་དཔའ་ཆེན་པོ་ཚུལ་ཁྲིམས་ཀྱི་ཕ་རོལ་ཏུ་ཕྱིན་པ་ལ་གནས་ཤིང་། བསམ་གཏན་གྱི་ཕ་རོལ་ཏུ་ཕྱིན་པ་ཡོངས་སུ་འཛིན་པ་ལགས། བཅོམ་ལྡན་འདས་ཀྱིས་བཀའ་སྩལ་པ། རབ་འབྱོར་གང་གི་ཚེ། བྱང་ཆུབ་སེམས་དཔའ་སེམས་དཔའ་ཆེན་པོ་[7] བསམ་གཏན་དང་པོ་ལ་སྙོམས་པར་འཇུག་པ་དང་། བསམ་གཏན་གཉིས་[8] པ་ལ་སྙོམས་པར་འཇུག་པ་དང་། བསམ་གཏན་གསུམ་པ་ལ་སྙོམས་པར་འཇུག་པ་དང་། བསམ་གཏན་བཞི་པ་ལ་སྙོམས་པར་འཇུག་པ་དང་། བྱམས་པ་ལ་སྙོམས་པར་འཇུག་པ་དང་། སྙིང་རྗེ་ལ་སྙོམས་པར་འཇུག་པ་དང་། དགའ་བ་ལ་སྙོམས་པར་འཇུག་པ་དང་། བཏང་[9] སྙོམས་ལ་སྙོམས་པར་འཇུག་པ་དང་། ནམ་མཁའ་[10] མཐའ་ཡས་སྐྱེ་མཆེད་ལ་སྙོམས་པར་འཇུག་པ་དང་། རྣམ་ཤེས་མཐའ་ཡས་སྐྱེ་མཆེད་ལ་སྙོམས་[11] པར་འཇུག་པ་དང་། ཆང་[12] ཟད་མེད་པའི་སྐྱེ་མཆེད་ལ་

སྐྱོམས་པར་འཇུག་པ་དང་། འདུ་ཤེས་མེད་འདུ་[1] ཤེས་མེད་མིན་སྐྱེ་མཆེད་ལ་སྙོམས་པར་འཇུག་པ་དང་། འགོག་པའི་སྙོམས་པར་འཇུག་པ་ལ་སྙོམས་པར་འཇུག་པའི་ཚེ། ཉན་ཐོས་ཀྱི་སའམ། རང་སངས་རྒྱས་ཀྱི་སར་དམིགས་པ་མེད་དེ། གཞན་དུ་ན་དེ་འདི་སྐམ་དུ[2]། བདག་གིས་ཏིང་ངེ་འཛིན་གྱི་ཕ་རོལ་ཏུ་ཕྱིན་པ་འདི་ལ་གནས་ཏེ། སེམས་ཅན་ཐམས་ཅད་འཁོར་བ་ལས་ཡོངས་སུ་དགྲོལ་བར་བྱའོ་སྙམ་སྟེ[3]། རབ་འབྱོར་དེ་ལྟར་ན་བྱང་ཆུབ་སེམས་དཔའ་སེམས་དཔའ་ཆེན་པོ་ཚུལ་ཁྲིམས་ཀྱི་ཕ་རོལ་ཏུ་ཕྱིན་པ་ལ་གནས་ཤིང་། བསམ་གཏན་གྱི་ཕ་རོལ་ཏུ་ཕྱིན་པ་ཡོངས་སུ་འཛིན་ཏོ། །གསོལ་པ། བཅོམ་ལྡན་འདས་ཇི་ལྟར་ན་བྱང་ཆུབ་སེམས་དཔའ་སེམས་དཔའ་ཆེན་པོ། ཚུལ་ཁྲིམས་ཀྱི[4] ཕ་རོལ་ཏུ་ཕྱིན་པ་ལ་གནས་ཤིང་། ཤེས་རབ་ཀྱི་ཕ་རོལ་ཏུ་ཕྱིན་པ་ཡོངས་སུ་འཛིན་པ་ལགས། བཅོམ་ལྡན་འདས་ཀྱིས་བཀའ་སྩལ་པ། རབ་འབྱོར་འདི་ལ་བྱང་ཆུབ་སེམས་དཔའ་སེམས་དཔའ་ཆེན་པོ། ཚུལ་ཁྲིམས་ཀྱི་ཕ་རོལ་ཏུ་ཕྱིན་པ་ལ་གནས་ཤིང་། ཆོས་གང་ཡང་འདུས་བྱས་སུ་མི་མཐོང་། འདུས་མ་བྱས་སུ་མི་མཐོང[5]། དངོས་པོ་ཡོད་པ་འདུས་བྱས་སུ་མི་མཐོང་ངོ[6]། །དངོས་པོ་མེད་པ་འདུས་མ་བྱས་སུ་མི་མཐོང་། མཚན་མ་ཡོད་པ་འདུས་བྱས་སུ་མི་མཐོང་། མཚན་མ་མེད་པ་འདུས་མ་བྱས་སུ་མི་མཐོང་སྟེ། གཞན་དུ་ན་ཆོས་གང་ཡང་དེ་བཞིན་ཉིད་ལས་འདའ་བ་མེད་པ༔ལས་ཕར[7] ཆོས་གང་ཡང་ཡོད་པའམ། མེད་པར་ཡང་དག་པར་རྗེས་སུ་མི་མཐོང་སྟེ། ཤེས་རབ་ཀྱི་ཕ་རོལ་ཏུ་ཕྱིན་པ་དང་། ཐབས་མཁས་པ[8] དེས་ཉན་ཐོས་ཀྱི་སའམ། རང་སངས་རྒྱས་ཀྱི་སར་མི་ལྟུང་སྟེ། རབ་འབྱོར་དེ་ལྟར་ན་བྱང་ཆུབ་སེམས་དཔའ་སེམས་དཔའ་ཆེན་པོ། ཚུལ་ཁྲིམས་ཀྱི་ཕ་རོལ་ཏུ་ཕྱིན་པ་ལ་གནས་ཤིང་། ཤེས་རབ་ཀྱི་ཕ་རོལ་ཏུ་ཕྱིན་པ་ཡོངས་སུ་

འཛིན་ཏོ། །གསོལ་པ། བཅོམ་ལྡན་འདས་ཇི་ལྟར་ན་བྱང་ཆུབ་སེམས་དཔའ་སེམས་དཔའ་ཆེན་པོ། བཟོད་པའི་ཕ་རོལ་ཏུ་ཕྱིན་པ་ལ་གནས་ཤིང་། སྦྱིན་པའི་ཕ་རོལ་ཏུ་ཕྱིན་པ་ཡོངས་སུ་འཛིན་པ་ལགས། བཅོམ་ལྡན་འདས་ཀྱིས་བཀའ་སྩལ་པ། རབ་འབྱོར་འདི་ལ་[1] བྱང་ཆུབ་སེམས་དཔའ་སེམས་དཔའ་ཆེན་པོ་སེམས་དང་པོ་བསྐྱེད་[2] པ་ནས་ཉེ་བར་བཟུང་སྟེ། སྙིང་པོ་བྱང་ཆུབ་ལ་འདུག་པའི་[3] བར་དུ་སྦྱིན་པ་ཡོངས་སུ་གཏོང་བའི་ཚེ། སེམས་ཅན་ཐམས་ཅད་གཞི་ཞིང་འཁྲུལ་ལ། ཡན་ལག་དང་ཉིང་ལག་གཅོད་[4] པར་གྱུར་ཀྱང་། དེ་ལ་བྱང་ཆུབ་སེམས་དཔའ་སེམས་དཔའ་ཆེན་པོ། བཟོད་པའི་ཕ་རོལ་ཏུ་ཕྱིན་པ་ལ་གནས་པ་དེ་འདི་སྙམ་དུ་སེམས་ཏེ། སེམས་ཅན་འདི་དག་ལ་ནི་བདག་གིས་[5] སྦྱིན་པ་ཡོངས་སུ་གཏོང་[6] བར་བྱ[7]། སྦྱིན་པ་ཡོངས་སུ་མི་བཏང་[8] བར་བྱ་བ་མ་ཡིན་no་ཞེས་ཏེ། དེ་སེམས་ཅན་དེ་དག་[9] ཟས་འདོད་པ་ལ་ནི་ཟས་ཡོངས་སུ་གཏོང་ངོ་། །སྐོམ་འདོད་པ་ལ་ནི་སྐོམ་ཡོངས་སུ་གཏོང་ངོ་། །བཞོན་[10] པ་འདོད་པ་ལ་ནི་བཞོན་པ་ཡོངས་སུ་གཏོང་ངོ་། །གོས་འདོད་པ་ལ་ནི་གོས་ཡོངས་སུ་གཏོང་ངོ་། །མེ་ཏོག་འདོད་པ་ལ་ནི་མེ་ཏོག་ཡོངས་སུ་གཏོང་ངོ་། །ཕྲེང་བ་འདོད་པ་ལ་ནི་ཕྲེང་བ་ཡོངས་སུ་གཏོང་ངོ་། །སྤོས་འདོད་པ་ལ་ནི་སྤོས་ཡོངས་སུ་གཏོང་ངོ་། །བྱུག་པ་འདོད་པ་ལ་ནི་བྱུག་པ་ཡོངས་སུ་གཏོང་ངོ་། །མལ་སྟན་འདོད་པ་ལ་ནི་མལ་སྟན་ཡོངས་སུ་གཏོང་ངོ་། །གནས་འདོད་པ་ལ་ནི་གནས་ཡོངས་སུ་གཏོང་ངོ་། །འཚོ་བ་འདོད་པ་ལ་ནི་འཚོ་བ་ཡོངས་སུ་གཏོང་ངོ་། །ཡོ་བྱད་འདོད་པ་ལ་ནི་[11] མིའི་ཡོ་བྱད་གང་ཅི་ཡང་རུང་བའི་བར་དུ་ཡོངས་སུ་གཏོང་སྟེ། དགེ་བའི་རྩ་བ་དེ་དག་ཀྱང་སེམས་ཅན་ཐམས་ཅད་དང་ཐུན་མོང་དུ་བྱས་ཤིང་[12]། རྣམ་པ་ཐམས་ཅད་མཁྱེན་པ་ཉིད་དུ་ཡོངས་སུ་སྔོ་[13] སྟེ། ཅི་ནས་ཀྱང་

གང་ཡོངས་སུ་སྔོ་[1]བ་དང་། ཅི་ཡོངས་སུ་སྔོ་[2]བ་དང་། གང་ལ་ཡོངས་སུ་བསྔོ་[3]བའི་བློ་རྣམ་པ་གསུམ་དུ་མི་འགྱུར་བ་དེ་ལྟར་ཡོངས་སུ་སྔོ་[4]སྟེ། རབ་འབྱོར་དེ་ལྟར་ན་བྱང་ཆུབ་སེམས་དཔའ་སེམས་དཔའ་ཆེན་པོ་བཟོད་པའི་ཕ་རོལ་ཏུ་[5]ཕྱིན་པ་ལ་གནས་ཤིང་། སྦྱིན་པའི་ཕ་རོལ་ཏུ་ཕྱིན་པ་ཡོངས་སུ་འཛིན་ཏོ། །གསོལ་པ། བཅོམ་ལྡན་འདས་ཇི་ལྟར་ན་བྱང་ཆུབ་སེམས་དཔའ་སེམས་དཔའ་ཆེན་པོ། བཟོད་པའི་ཕ་རོལ་ཏུ་ཕྱིན་པ་ལ་གནས་ཤིང་། ཚུལ་ཁྲིམས་ཀྱི་ཕ་རོལ་ཏུ་ཕྱིན་པ་ཡོངས་སུ་འཛིན་པ་ལགས། བཅོམ་ལྡན་འདས་ཀྱིས་བཀའ་སྩལ་པ། རབ་འབྱོར་འདི་ལ་བྱང་ཆུབ་སེམས་དཔའ་སེམས་དཔའ་ཆེན་པོ་སེམས་དང་པོ་བསྐྱེད་པ་ནས་ཉེ་བར་བཟུང་སྟེ། སྙིང་པོ་བྱང་ཆུབ་ལ་འདུག་གི་བར་དུ། སེམས་ཅན་ནོ་ཅོག་[6]གི་སྲོག་མི་གཅོད་[7]དོ། །མ་བྱིན་པར་མི་ལེན་ཏོ། །འདོད་པས་ལོག་པར་མི་གཡེམ་མོ། །རྫུན་[8]གྱི་ཚིག་མི་སྨྲའོ། །ཕྲ་མའི་ཚིག་མི་སྨྲའོ། །ཞེ་གཅོད་[9]པའི་ཚིག་མི་སྨྲའོ། །ཚིག་ཀྱལ་[10]པ་མི་སྨྲའོ། །ཆགས་སེམས་སུ་མི་བྱེད་དོ། །གནོད་སེམས་སུ་མི་བྱེད་དོ། །ལོག་པར་མི་ལྟའོ། །དེའི་སེམས་ཀྱང་ཉན་ཐོས་ཀྱི་སའམ། རང་སངས་རྒྱས་ཀྱི་ས་ལ་མི་འཇུག་སྟེ། དགེ་བའི་རྩ་བ་དེ་ཡང་སེམས་ཅན་ཐམས་ཅད་དང་། ཐུན་མོང་དུ་[11]བྱས་ཤིང་། བླ་ན་མེད་པ་ཡང་དག་པར་རྫོགས་པའི་བྱང་ཆུབ་ཏུ་ཡོངས་སུ་སྔོ་[12]སྟེ་ཅི་ནས་ཀྱང་གང་ཡོངས་སུ་སྔོ་[13]བ་དང་། ཅི་ཡོངས་སུ་སྔོ་[14]བ་དང་། གང་ལ་ཡོངས་སུ་བསྔོ་བའི་བློ་[15]རྣམ་པ་གསུམ་དུ་མི་འགྱུར་བ་དེ་ལྟར་ཡོངས་སུ་སྔོ་[16]སྟེ། རབ་འབྱོར་དེ་ལྟར་ན་བྱང་ཆུབ་སེམས་དཔའ་སེམས་དཔའ་ཆེན་པོ། བཟོད་པའི་ཕ་རོལ་ཏུ་ཕྱིན་པ་ལ་གནས་ཤིང་། ཚུལ་ཁྲིམས་ཀྱི་ཕ་རོལ་ཏུ་ཕྱིན་པ་ཡོངས་སུ་འཛིན་ཏོ། །གསོལ་པ། བཅོམ་ལྡན་འདས་ཇི་ལྟར་ན། བྱང་ཆུབ་སེམས་དཔའ་སེམས་དཔའ་ཆེན་པོ།

བཟོད་པའི་ཕ་རོལ་ཏུ་ཕྱིན་པ་ལ་གནས་ཤིང་། བརྩོན་འགྲུས་ཀྱི་ཕ་རོལ་ཏུ་ཕྱིན་པ་ཡོངས་སུ་འཛིན་པ་ལགས། བཅོམ་ལྡན་འདས་ཀྱིས་བཀའ་སྩལ་པ། རབ་འབྱོར་འདི་ལ་བྱང་ཆུབ་སེམས་དཔའ་སེམས་དཔའ་ཆེན་པོ་བཟོད་པའི་ཕ་རོལ་ཏུ་ཕྱིན་པ་ལ་གནས་ཤིང་། བརྩོན་འགྲུས་འདི་ལྟ་བུས་[1]ཡོངས་སུ་སྐྱེད་དེ། བདག་གིས་དཔག་ཚད་དམ། དཔག་ཚད་བརྒྱའམ། དཔག་ཚད་སྟོང་ངམ། དཔག་ཚད་བརྒྱ་སྟྲག་སྟོང་ངམ། དཔག་ཚད་བྱེ་བའམ། དཔག་ཚད་བྱེ་བ་བརྒྱའམ། དཔག་ཚད་བྱེ་བ་སྟོང་ངམ། དཔག་ཚད་བྱེ་བ་བརྒྱ་སྟྲག་སྟོང་ངམ། དཔག་ཚད་བྱེ་བ་ཁྲག་ཁྲིག་བརྒྱ་སྟྲག་སྟོང་ངམ། འཇིག་རྟེན་གྱི་ཁམས་བརྒྱའམ། འཇིག་རྟེན་གྱི་ཁམས་སྟོང་ངམ། འཇིག་རྟེན་གྱི་ཁམས་[2]བརྒྱ་སྟྲག་སྟོང་ངམ། འཇིག་རྟེན་གྱི་ཁམས་བྱེ་བའམ། འཇིག་རྟེན་གྱི་ཁམས་བྱེ་བ་བརྒྱའམ། འཇིག་རྟེན་གྱི་ཁམས་བྱེ་བ་སྟོང་ངམ། འཇིག་རྟེན་གྱི་ཁམས་བྱེ་བ་བརྒྱ་སྟྲག་སྟོང་ངམ། འཇིག་རྟེན་གྱི་ཁམས་བྱེ་བ་ཁྲག་ཁྲིག་བརྒྱ་སྟྲག་[3]སྟོང་དག་[4]ཏུ་སོང་སྟེ། དེ་དག་ཏུ་ཆུང་ངུ་ན་སེམས་ཅན་འགའ་ཙམ་ཡང་སྐྱབས་སུ་འགྲོ་བའམ། བསླབ་པའི་གནས་ལ་གཞག་པར་བྱའོ། །བཟོད་པའམ། རྒྱུན་ཏུ་ཞུགས་པའི་འབྲས་བུའམ། ལན་ཅིག་ཕྱིར་འོང་བའི་འབྲས་བུའམ། ཕྱིར་མི་འོང་བའི་འབྲས་བུའམ། དགྲ་བཅོམ་པ་ཉིད་དམ། རང་བྱང་ཆུབ་བམ། བླ་ན་མེད་པ་ཡང་དག་པར་རྫོགས་པའི་བྱང་ཆུབ་ལ་རབ་ཏུ་གཞག་པར་བྱའོ་ཞེས་བརྩོན་འགྲུས་རྩོམ་སྟེ། དགེ་བའི་རྩ་བ་དེ་དག་ཀྱང་སེམས་ཅན་ཐམས་ཅད་དང་ཐུན་མོང་དུ་བྱས་ཤིང་། བླ་ན་མེད་པ་ཡང་དག་པར་རྫོགས་པའི་བྱང་ཆུབ་ཏུ་ཡོངས་སུ་སྔོ་[5]སྟེ། རབ་འབྱོར་དེ་ལྟར་ན་བྱང་ཆུབ་སེམས་དཔའ་སེམས་དཔའ་ཆེན་པོ། བཟོད་པའི་ཕ་རོལ་ཏུ་ཕྱིན་པ་ལ་གནས་ཤིང་། བརྩོན་འགྲུས་ཀྱི་ཕ་རོལ་ཏུ་ཕྱིན་པ་ཡོངས་སུ་འཛིན་ཏོ། །

གསོལ་པ། བཅོམ་ལྡན་འདས་ཇི་ལྟར་ན། བྱང་ཆུབ་སེམས་དཔའ་སེམས་དཔའ་ཆེན་པོ། བཟོད་པའི་ཕ་རོལ་ཏུ་ཕྱིན་པ་ལ་གནས་ཤིང་། བསམ་གཏན་གྱི་ཕ་རོལ་ཏུ་ཕྱིན་པ་ཡོངས་སུ་འཛིན་པ་ལགས། བཅོམ་ལྡན་འདས་ཀྱིས་བཀའ་སྩལ་པ། རབ་འབྱོར་འདི་ལ་བྱང་ཆུབ་སེམས་དཔའ་སེམས་དཔའ་ཆེན་པོ། བཟོད་པའི་ཕ་རོལ་ཏུ་ཕྱིན་པ་ལ་གནས་ཤིང་། འདི་ལྟར་འདོད་པ་ལས་དབེན་[༡] སྡིག་ཏོ་[༢] མི་དགེ་བའི་ཆོས་ལས་དབེན་པ། རྟོག་པ་དང་བཅས་པ་[༣] དཔྱོད་པ་དང་བཅས་པ། དབེན་པ་[༤] ལས་སྐྱེས་པའི་[༥] དགའ་བ་དང་བདེ་བ་ཅན་[༦] བསམ་གཏན་དང་པོ་ལ་[༧] ཉེ་བར་བསྒྲུབས་[༨] ཏེ་གནས་སོ། །བསམ་གཏན་གཉིས་པ་ལ་[༩] ཉེ་བར་བསྒྲུབས་ཏེ་གནས་སོ། །བསམ་[༡༠] གཏན་གསུམ་པ་ལ་ཉེ་བར་བསྒྲུབས་ཏེ་གནས་སོ། །བསམ་གཏན་བཞི་པ་ལ་ཉེ་བར་བསྒྲུབས་ཏེ་གནས་སོ། །བྱམས་པ་ལ་ཉེ་བར་བསྒྲུབས་ཏེ་གནས་སོ། །སྙིང་རྗེ་ལ་ཉེ་བར་བསྒྲུབས་[༡༡] ཏེ་གནས་སོ། །དགའ་བ་[༡༢] ལ་ཉེ་བར་བསྒྲུབས་ཏེ་གནས་སོ། །བཏང་[༡༣] སྙོམས་ལ་ཉེ་བར་བསྒྲུབས་ཏེ་གནས་སོ། །ནམ་མཁའ་མཐའ་ཡས་སྐྱེ་མཆེད་ལ་ཉེ་བར་བསྒྲུབས་ཏེ་གནས་སོ།། རྣམ་ཤེས་མཐའ་ཡས་[༡༤] སྐྱེ་མཆེད་ལ་ཉེ་བར་བསྒྲུབས་ཏེ་གནས་སོ། །ཆུང་[༡༥] ཟད་མེད་པའི་སྐྱེ་མཆེད་ལ་ཉེ་བར་བསྒྲུབས་ཏེ་གནས་སོ། །འདུ་ཤེས་མེད་འདུ་ཤེས་[༡༦] མེད་མིན་སྐྱེ་མཆེད་ལ་ཉེ་བར་བསྒྲུབས་ཏེ་གནས་སོ། །འགོག་པའི་སྙོམས་པར་འཇུག་པ་ལ་ཉེ་བར་བསྒྲུབས་ཏེ་གནས་སོ། །སེམས་དང་སེམས་ལས་བྱུང་བའི་ཆོས་དགེ་བའི་རྩ་བ་དང་ལྡན་པ་[༡༧] གང་དང་གང་སྐྱེས་པ་ཐམས་ཅད་ཀྱང་། རྣམ་པ་ཐམས་ཅད་མཁྱེན་པ་ཉིད་དུ་ཡོངས་སུ་སྔོའོ[༡༨]། །དེ་ཡང་ཅི་ནས་ཀྱང་དེའི་ཚེ། བསམ་གཏན་དང་བསམ་གཏན་གྱི་ཡན་ལག་རྣམས་མི་དམིགས་པ་དེ་ལྟར་ཡོངས་སུ་སྔོ་[༡༩] སྟེ། རབ་འབྱོར་དེ་ལྟར་ན་བྱང་ཆུབ་སེམས་དཔའ་སེམས་དཔའ་ཆེན་པོ།

བཟོད་པའི་ཕ་རོལ་ཏུ་ཕྱིན་པ་ལ་གནས་ཤིང་། བསམ་གཏན་གྱི་ཕ་རོལ་ཏུ་ཕྱིན་
པ་ཡོངས་སུ་འཛིན་ཏོ། །གསོལ་པ། བཅོམ་ལྡན་འདས་ཇི་ལྟར་ན་བྱང་ཆུབ་
སེམས་དཔའ་སེམས་དཔའ་ཆེན་པོ། བཟོད་པའི་ཕ་རོལ་ཏུ་ཕྱིན་པ་ལ་གནས་
ཤིང་། ཤེས་རབ་ཀྱི་ཕ་རོལ་ཏུ་ཕྱིན་པ་ཡོངས་སུ་འཛིན་པ་ལགས། བཅོམ་ལྡན་
འདས་ཀྱིས་བཀའ་སྩལ་པ། རབ་འབྱོར་འདི་ལ་བྱང་ཆུབ་སེམས་དཔའ་སེམས་
དཔའ་ཆེན་པོ། བཟོད་པའི་ཕ་རོལ་ཏུ་ཕྱིན་པ་ལ་གནས་ཤིང་གང་གི[༡]ཚེ།
ཆོས་རྣམས་ལ་དབེན་པའི་རྣམ་པའམ། ཞི་བའི་རྣམ་པའམ། མི་ཟད་པའི་
རྣམ་པར་ཆོས་ཀྱི་རྗེས་སུ་ལྟ་ཞིང་གནས་ཀྱང་[༢]སྙིང་པོ་བྱང་ཆུབ་ལ་ནམ་[༣]འདུག་
གི་བར་དུ་ཆོས་ཉིད་དེ་མངོན་དུ་མི་བྱེད་དེ་སྙིང་པོ་བྱང་ཆུབ་དེ་ལ་འདུག་ནས་ཀྱང་
རྣམ་པ་ཐམས་ཅད་མཁྱེན་པ་ཉིད་ཐོབ་པར་བྱེད་དོ། །དེ་ལས་ལངས་ནས་ཆོས་ཀྱི་
འཁོར་ལོ་ཡང་སྐོར་[༤]ཏེ། རབ་འབྱོར་དེ་ལྟར་ན་བྱང་ཆུབ་སེམས་དཔའ་སེམས་
དཔའ་ཆེན་པོ། བཟོད་པའི་ཕ་རོལ་ཏུ་ཕྱིན་པ་ལ་གནས་ཤིང་། ཤེས་རབ་ཀྱི་
ཕ་རོལ་ཏུ་ཕྱིན་པ་ཡོངས་སུ་འཛིན་ཏེ[༥]། ཅི་ནས་ཀྱང་མི་སྟོང་མི་འཛིན་པ་དེ་
ལྟར་ཡོངས་སུ་འཛིན་ཏོ། །གསོལ་པ། བཅོམ་ལྡན་འདས་ཇི་ལྟར་ན་བྱང་ཆུབ་
སེམས་དཔའ་སེམས་དཔའ་ཆེན་པོ། བརྩོན་འགྲུས་ཀྱི་ཕ་རོལ་ཏུ་ཕྱིན་པ་ལ་
གནས་ཤིང་། སྦྱིན་པའི་ཕ་རོལ་ཏུ་ཕྱིན་པ་ཡོངས་སུ་འཛིན་པ་ལགས། བཅོམ་
ལྡན་འདས་ཀྱིས་བཀའ་སྩལ་པ། རབ་འབྱོར་འདི་ལ་བྱང་ཆུབ་སེམས་དཔའ་
སེམས་དཔའ་ཆེན་པོ། བརྩོན་འགྲུས་ཀྱི་ཕ་རོལ་ཏུ་ཕྱིན་པ་ལ་[༦]གནས་ཤིང་།
ལུས་དང་སེམས་ཀྱི་[༧]བརྩོན་པ་མི་འདོར་བ་ཡིན་ཏེ། བདག་གིས་བླ་ན་མེད་པ་[༨]
ཡང་དག་པར་རྫོགས་པའི་བྱང་ཆུབ་ཏུ་མངོན་པར་རྫོགས་པར་འཚང་མི་[༩]རྒྱུ་[༡༠]བར་
མི་བྱའི། བདག་གིས་[༡༡]གདོན་མི་ཟ་བར། བླ་ན་མེད་པ་ཡང་དག་པར་རྫོགས་

པའི་བྱང་ཆུབ་ཏུ་མངོན་པར་རྫོགས་པར་འཚང་རྒྱ་བར་བྱའོ་ཞེས་དེ་སེམས་ཅན་···རྣམས་ཀྱི་དོན་དུ་དཔག་ཚད་དམ། དཔག་ཚད་བརྒྱའམ། དཔག་ཚད་སྟོང་···ངམ། དཔག་ཚད་བརྒྱ་ཕྲག་སྟོང་ངམ། འཇིག་རྟེན་གྱི་ཁམས་སམ། འཇིག་རྟེན་གྱི་ཁམས་བརྒྱའམ། འཇིག་རྟེན་གྱི་ཁམས་སྟོང་ངམ། འཇིག་རྟེན་གྱི་ཁམས་བརྒྱ་ཕྲག་སྟོང་ངམ། ༑འཇིག་རྟེན་གྱི་ཁམས་བྱེ་བའམ།[༡] འཇིག་རྟེན་གྱི་ཁམས་བྱེ་བ་བརྒྱའམ། འཇིག་རྟེན་གྱི་ཁམས་བྱེ་བ་སྟོང་ངམ། འཇིག་རྟེན་གྱི་ཁམས་བྱེ་བ་ཁྲག་ཁྲིག་བརྒྱ་ཕྲག་སྟོང་དག་ཏུ་སོང་ཞིང་། བརྩོན་འགྲུས་ཀྱི་ཕ་རོལ་ཏུ་ཕྱིན་པ་ལ་གནས་ཏེ། ཆུང་[༢]དུ་ན་སེམས་ཅན་འགའ་ཙམ་ཡང་བྱང་···ཆུབ་ལ་རབ་ཏུ་གཞག་གོ། །གལ་ཏེ་གང་ཟག་བྱང་ཆུབ་སེམས་དཔའི་ཐེག་པ་པ་···དང་མ་ཕྲད་ན་ཡང་དེ་དག་དུ་གང་ཟག་ཉན་ཐོས་ཀྱི་ཐེག་པ་པ་ནི་ཉན་ཐོས་ལ་···རབ་ཏུ་གཞག །གང་ཟག་རང་སངས་རྒྱས་ཀྱི་ཐེག་པ་པ་ནི་རང་སངས་རྒྱས་ལ་···རབ་ཏུ་གཞག་སྟེ། ཆུང་དུ་ན་སེམས་ཅན་འགའ་ཙམ་[༣]ཡང་དགེ་བ་བཅུའི་ལས་ཀྱི་ལམ་ལ་རབ་ཏུ་གཞག་གོ། །དེས་ཆོས་ཀྱི་སྦྱིན་པ་དེ་དག་བྱིན་ནས། ཟང་···ཟིང་གི་སྦྱིན་པས་སེམས་ཅན་རྣམས་ཚིམ་པར་བྱེད་དེ། དགེ་བའི་རྩ་བ་དེ་ཡང་ཉན་ཐོས་ཀྱི་སའམ། རང་སངས་རྒྱས་ཀྱི་སར་ཡོངས་སུ་མི་སྔོའི[༤]། གཞན་དུ་ན་སེམས་ཅན་ཐམས་ཅད་[༥]དང་ཐུན་མོང་དུ་བྱས་ཤིང་། བླ་ན་མེད་པ་ཡང་དག་པར་རྫོགས་པའི་བྱང་ཆུབ་ཏུ་ཡོངས་སུ་སྔོ་[༦]སྟེ། རབ་འབྱོར་དེ་ལྟར་ན་བྱང་ཆུབ་སེམས་དཔའ་སེམས་དཔའ་ཆེན་[༧]པོ་བརྩོན་འགྲུས་ཀྱི་ཕ་རོལ་ཏུ་ཕྱིན་པ་ལ་གནས་···ཤིང་། སྦྱིན་པའི་ཕ་རོལ་ཏུ་ཕྱིན་པ་[༨]ཡོངས་སུ་འཛིན་ཏོ། །གསོལ་པ། བཅོམ་ལྡན་འདས་ཇི་ལྟར་ན། བྱང་ཆུབ་སེམས་དཔའ་སེམས་དཔའ་ཆེན་[༩]པོ་···བརྩོན་འགྲུས་ཀྱི་ཕ་རོལ་ཏུ་ཕྱིན་པ་ལ་གནས་ཤིང་། ཚུལ་ཁྲིམས་ཀྱི་ཕ་རོལ་ཏུ་

ཕྱིན་པ་ཡོངས་སུ་འཛིན་པ་ལགས། བཅོམ་ལྡན་འདས་[༡]ཀྱིས་བཀའ་སྩལ་པ། རབ་འབྱོར་འདི་ལ་བྱང་ཆུབ་སེམས་དཔའ་སེམས་དཔའ་ཆེན་པོ་སེམས་དང་པོ་བསྐྱེད་[༢]པ་ནས་ཉེ་བར་བཟུང་སྟེ། སྙིང་པོ་བྱང་ཆུབ་ལ་འདུག་གི་བར་དུ་བདག་གིས་ཀྱང་སྦྱིན་པ་བཏང་ངོ་ཞེས་བྱ་བ་ཡིན། གཞན་ཡང་སྦྱིན་པ་གཏོང་བ་ལ་ཡང་དག་པར་སྐྱུལ་[༣]བ་ཡིན། སྦྱིན་པ་གཏོང་བའི་ལེགས་པ་རྫོད་[༤]པ་ཡིན། གཞན་གང་གིས་སྦྱིན་པ་གཏོང་བ་དེ་དག་གི་[༥]ལེགས་པ་རྫོད་[༦]ཅིང་མཐུན་པས་དགའ་བར་བྱེད་པ་ཡིན། བདག་གིས་ཀྱང་མ་བྱིན་པར་ལེན་པ་སྤངས་པ་ཡིན། གཞན་ཡང་མ་བྱིན་པར་ལེན་པ་སྤྱོད་[༧]བ་ལ་ཡང་དག་པར་སྐྱུལ་བ་ཡིན། མ་བྱིན་པར་ལེན་པ་སྤྱོད་བའི་ལེགས་པ་རྫོད་[༨]པ་ཡིན། གཞན་[༩]གང་གིས་མ་བྱིན་པར་ལེན་པ་སྤངས་པ་དེ་དག་གི་[༡༠]ལེགས་པ་རྫོད་[༡༡]ཅིང་མཐུན་པས་དགའ་བར་བྱེད་པ་ཡིན། བདག་གིས་ཀྱང་[༡༢]འདོད་པས་ལོག་པར་གཡེམ་པ་སྤངས་པ་ཡིན། གཞན་ཡང་འདོད་པས་ལོག་པར་གཡེམ་པ་སྤྱོད་[༡༣]བ་ལ་ཡང་དག་པར་སྐྱུལ་བ་ཡིན། འདོད་པས་ལོག་པར་གཡེམ་པ་སྤྱོད་བའི་ལེགས་པ་རྫོད་[༡༤]པ་ཡིན། གཞན་གང་གིས་འདོད་པས་ལོག་པར་གཡེམ་པ་སྤངས་པ་དེ་དག་གི་[༡༥]ལེགས་པ་རྫོད་[༡༦]ཅིང་མཐུན་པས་དགའ་བར་བྱེད་པ་ཡིན། བདག་གིས་ཀྱང་བརྫུན་[༡༧]དུ་སྨྲ་བ་སྤངས་པ་ཡིན། གཞན་ཡང་བརྫུན་[༡༨]དུ་སྨྲ་བ་སྤྱོད་བ་ལ་ཡང་དག་པར་སྐྱུལ་བ་ཡིན། བརྫུན་དུ་སྨྲ་བ་སྤྱོད་བའི་ལེགས་པ་རྫོད་[༡༩]པ་ཡིན། གཞན་གང་གིས་བརྫུན་དུ་སྨྲ་བ་སྤངས་པ་དེ་དག་གི་[༢༠]ལེགས་པ་རྫོད་[༢༡]ཅིང་མཐུན་པས་དགའ་བར་བྱེད་པ་ཡིན། བདག་གིས་ཀྱང་ཕྲ་མ་སྤངས་པ་ཡིན། གཞན་ཡང་ཕྲ་མ་སྤྱོད་བ་ལ་ཡང་དག་པར་སྐྱུལ་བ་ཡིན། ཕྲ་མ་སྤྱོད་བའི་ལེགས་པ་རྫོད་[༢༢]པ་ཡིན། གཞན་གང་གིས་ཕྲ་མ་སྤངས་པ་དེ་དག་གི་[༢༣]ལེགས་པ་རྫོད་[༢༤]ཅིང་མཐུན་པས་

དགའ་བར་བྱེད་པ་ཡིན། བདག་གིས་ཀྱང་ཞེ་གཅོད་པའི་ཚིག་སྤངས་པ་ཡིན།
གཞན་ཡང་ཞེ་གཅོད་པའི་ཚིག་སྤོང་བ་ལ་ཡང་དག་པར་སྐུལ་བ་ཡིན། ཞེ་གཅོད་
པའི་ཚིག་སྤོང་བའི་ལེགས་པ་བརྗོད་[༡]པ་ཡིན། གཞན་གང་གིས་ཞེ་གཅོད་པའི་
ཚིག་སྤངས་པ་དེ་དག་གི་ལེགས་པ་བརྗོད་[༢]ཅིང་། མཐུན་པས་དགའ་བར་བྱེད་པ་
ཡིན། བདག་གིས་ཀྱང་ཚིག་ཀྱལ་[༣]པ་སྤངས་པ་ཡིན། གཞན་ཡང་ཚིག་ཀྱལ་[༤]
པ་སྤོང་བ་ལ་ཡང་དག་པར་སྐུལ་བ་ཡིན། ཚིག་ཀྱལ་[༥]པ་སྤོང་བའི་ལེགས་པ་བརྗོད་[༦]
པ་ཡིན། གཞན་གང་གིས་ཚིག་ཀྱལ་[༧]པཿསྤངས་པ་[༨]དེ་དག་གི་ལེགས་པ་བརྗོད་
ཅིང་མཐུན་པས་དགའ་བར་བྱེད་པ་ཡིན། བདག་གིས་ཀྱང་ཆགས་སེམས་སྤངས་
པ་ཡིན། གཞན་ཡང་ཆགས་སེམས་སྤོང་བ་ལ་ཡང་དག་པར་སྐུལ་བ་ཡིན།
ཆགས་སེམས་སྤོང་བའི་ལེགས་པ་བརྗོད་[༩]པ་ཡིན། གཞན་གང་གིས་[༡༠]ཆགས་
སེམས་སྤངས་པ་དེ་དག་གི་ལེགས་པ་བརྗོད་[༡༡]ཅིང་མཐུན་པས་དགའ་བར་བྱེད་པ་ཡིན།
བདག་གིས་ཀྱང་གནོད་སེམས་སྤངས་པ་ཡིན། གཞན་ཡང་གནོད་སེམསཿསྤོང་བ་[༡༢]
ལ་ཡང་དག་པར་སྐུལ་བ་ཡིན། གནོད་སེམས་སྤོང་བའི་ལེགས་པ་བརྗོད་[༡༣]པ་ཡིན།
གཞན་གང་གིས་གནོད་སེམས་སྤངས་པ་དེ་དག་གི་ལེགས་པ་བརྗོད་[༡༤]ཅིང་མཐུན་པས་
དགའ་བར་བྱེད་པ་ཡིན། བདག་གིས་ཀྱང་ལོག་པར་ལྟ་བ་སྤངས་པ་ཡིན།
གཞན་ཡང་ལོག་པར་ལྟ་བ་སྤོང་བ་ལ་ཡང་དག་པར་སྐུལ་བ་ཡིན། ལོག་པར་ལྟ་
བ་སྤོང་བའི་ལེགས་པ་བརྗོད་[༡༥]པ་ཡིན། གཞན་གང་གིས་ལོག་པར་ལྟ་བ་སྤངས་པ་
དེ་དག་གི་ལེགས་པ་བརྗོད་[༡༦]ཅིང་མཐུན་པས་དགའ་བར་བྱེད་པ་ཡིན་ཏེ། ཚུལ་
ཁྲིམས་ཀྱི་ཕ་རོལ་ཏུ་ཕྱིན་པ་དེས་འདོད་པའི་ཁམས་སུ་གནས་པར་[༡༧]མི་བྱེད།
གཟུགས་ཀྱི་ཁམས་སུ་གནས་པར་མི་བྱེད། གཟུགས་མེད་པའི་ཁམས་སུ་གནས་
པར་མི་བྱེད། ཉན་ཐོས་ཀྱི་སའམ། རང་སངས་རྒྱས་ཀྱི་ས་ལ་གནས་པར་མི་

བྱེད་དེ། གཞན་དུ་ན་དགེ་བའི་རྩ་བ་དེ་དག་སེམས་ཅན་ཐམས་ཅད་དང་ཐུན་མོང་དུ་བྱས་ཤིང་། བླ་ན་མེད་པ་ཡང་དག་པར་རྫོགས་པའི་བྱང་ཆུབ་ཏུ་ཡོངས་སུ་སྔོ་[1] སྟེ། ཅི་ནས་ཀྱང་གང་ཡོངས་སུ་སྔོ་[2] བ་དང་ཅི་ཡོངས་སུ་སྔོ་[3] བ་དང་། གང་ལ་ཡོངས་སུ་བསྔོ་[4] བའི་བློ་རྣམ་པ་གསུམ་དུ་མི་འགྱུར་བ་དེ་ལྟར་ཡོངས་སུ་སྔོ་[5] སྟེ། རབ་འབྱོར་དེ་ལྟར་ན། བྱང་ཆུབ་སེམས་དཔའ་སེམས་དཔའ་ཆེན་པོ་བརྩོན་འགྲུས་ཀྱི་ཕ་རོལ་ཏུ་ཕྱིན་པ་ལ་གནས་ཤིང་། ཚུལ་ཁྲིམས་ཀྱི་ཕ་རོལ་ཏུ་ཕྱིན་པ་ཡོངས་སུ་འཛིན་ཏོ། །གསོལ་པ། བཅོམ་ལྡན་འདས་ཇི་ལྟར་ན། བྱང་ཆུབ་སེམས་དཔའ་སེམས་དཔའ་ཆེན་པོ་བརྩོན་འགྲུས་ཀྱི་ཕ་རོལ་ཏུ་ཕྱིན་པ་ལ་གནས་ཤིང་། བཟོད་པའི་ཕ་རོལ་ཏུ་ཕྱིན་པ་ཡོངས་སུ་འཛིན་པ་ལགས། བཅོམ་ལྡན་འདས་ཀྱིས་བཀའ་སྩལ་པ། རབ་འབྱོར་འདི་ལ་བྱང་ཆུབ་སེམས་དཔའ་སེམས་དཔའ་ཆེན་པོ་སེམས་དང་པོ་བསྐྱེད་པ་ནས་ཉེ་བར་བཟུང་སྟེ། སྙིང་པོ་བྱང་ཆུབ་ལ་འདུག་གི་བར་དུ༔ མྱིར་གྱུར་[6] པའམ། མི་མ་ཡིན་པར་གྱུར་པས། སེམས་རྣམ་པར་འཁྲུགས་[7] པར་བྱས་པའམ། ཡན་ལག་དང་ཉིང་ལག་༔ བཅད་གཏུབས་[8] ཤིང་། ཁྲོ་ཏེ་དོང་[9] ཡང་དེ་ལ་བྱང་ཆུབ་སེམས་དཔའ་སེམས་དཔའ་ཆེན་པོ་བརྩོན་འགྲུས་ཀྱི་ཕ་རོལ་ཏུ་ཕྱིན་པ་ལ་གནས་པ་དེ་འདི་སྙམ་དུ་བདག་[10] ལས་ཅི་ཞིག་བཅད་[11] དོ། །བདག་ལས་ཅི་ཞིག་གཏུབས་སོ། །བདག་ལས་ཅི་ཞིག་ཁྲོར་རོ་ཞེས་བྱ་བར་མི་སེམས་ཏེ། གཞན་དུ་ན་དེ་འདི་སྙམ་དུ་གང་གི་ཕྱིར་བདག་གི་ལུས་ཡོངས་སུ་བསྐྱབས་པ་དེ་དག་འདིར་འོངས་[12] ཞིང་ཡན་ལག་དང་ཉིང་ལག་བཅད་གཏུབས་ཏེ་[13] ཁྲོ་ཞིང༔ དོང་བ་[14] ནི་བདག་གིས་ཐོབ་པར་བྱ་བ་ལེགས་པར་ཐོབ་བོ་སྙམ་མོ། །དེས་[15] ནི་ཆོས་རྣམས་ཀྱི་རང་བཞིན་ཡང་ལེགས་པར་ཡིད་ལ་བྱས༔ པ་ཡིན་[16] ཏེ། དགེ་བའི་རྩ་བ་དེ་དག་ཀྱང་ཉན་ཐོས་ཀྱི་སའམ།

རང་སངས་རྒྱས་ཀྱི་སར་ཡོངས་སུ་མི་སྔོའི[༡]། གཞན་དུ་ན་སེམས་ཅན་ཐམས་ཅད་དང་ཐུན་མོང་དུ་བྱས་ཤིང་། བླ་ན་མེད་པ་ཡང་དག་པར་རྫོགས་པའི་བྱང་ཆུབ་ཏུ་ཡོངས་སུ་སྔོའོ[༢]། །རབ་འབྱོར་དེ་ལྟར་ན་བྱང་ཆུབ་སེམས་དཔའ་སེམས་དཔའ་ཆེན་པོ་བརྩོན་འགྲུས་ཀྱི་ཕ་རོལ་ཏུ་ཕྱིན་པ་ལ་གནས་ཤིང་། བཟོད་པའི་ཕ་རོལ་ཏུ་ཕྱིན་པ་ཡོངས་སུ་འཛིན་ཏོ། །གསོལ་པ། བཅོམ་ལྡན་འདས་ཇི་ལྟར་ན། བྱང་ཆུབ་སེམས་དཔའ་སེམས་དཔའ་ཆེན་པོ་བརྩོན་འགྲུས་ཀྱི་ཕ་རོལ་ཏུ་ཕྱིན་པ་ལ་གནས་ཤིང་། བསམ་གཏན་གྱི་ཕ་རོལ་ཏུ་ཕྱིན་པ་ཡོངས་སུ་འཛིན་པ་ལགས། བཅོམ་ལྡན་འདས་ཀྱིས་བཀའ་སྩལ་པ། རབ་འབྱོར་འདི་ལ་བྱང་ཆུབ་སེམས་དཔའ་སེམས་དཔའ་ཆེན་པོ་འདོད་པས[༣] དབེན། སྡིག་ཏོ་མི་དགེ་བའི་ཆོས་ཀྱིས་དབེན་པ། རྟོག་པ་དང་བཅས་པ། དཔྱོད་པ་དང་བཅས་པ། དབེན་པ་ལས་སྐྱེས་པའི[༤]། དགའ་བ་དང་བདེ་བ་ཅན། བསམ་གཏན་དང་པོ་ལ་ཉེ་བར་བསྒྲུབས་ཏེ་གནས་སོ། །དེ་རྣམ་པར་རྟོག་པ་དང་། རྣམ་པར་དཔྱོད་པ་ཉེ་བར་ཞི་ནས་ནང་ཡོངས་སུ་དང་སྟེ། སེམས་ཀྱི་རྒྱུད་གཅིག་ཏུ་གྱུར་པས། རྟོག་པ་མེད་པ་དཔྱོད་པ་མེད་པ[༥]། ཏིང་ངེ་འཛིན་ལས་སྐྱེས་པའི་དགའ་བ་དང་བདེ་བ་ཅན་བསམ་གཏན་གཉིས་པ་ལ་ཉེ་བར་བསྒྲུབས་ཏེ་གནས་སོ། །དེ་དགའ་བ་ལས་འདོད་ཆགས་དང་བྲལ་བས། དྲན་པ་དང་ལྡན་ཞིང་ཤེས་བཞིན་དུ་བཏང་སྙོམས་ལ་གནས་ཏེ། བདེ་བ་ལུས་ཀྱིས་མྱོང་ལ་འཕགས་པ་རྣམས[༦]ཀྱིས་དེ་ལ་དྲན་པ་དང་ལྡན་པ་བདེ་བ་ལ་རྣམ་པར་སྤྱོད་པ་བཏང[༧]སྙོམས་པའོ་ཞེས་བརྗོད་པ་སྟེ། དགའ་བ་མེད་པའི་བསམ་གཏན་གསུམ་པ་ལ་ཉེ་བར་བསྒྲུབས་ཏེ་གནས་སོ། །དེ་བདེ་བ་ཡང་སྤངས་སྡུག་བསྔལ་བ[༨]ཡང་སྤངས་ཤིང་། ཡིད་བདེ་བ་དང་ཡིད་མི་བདེ་བ་སྔ་ནས་ཀྱང་ནུབ་པས། བདེ་བ་ཡང་མེད་སྡུག་བསྔལ་བ[༩]

ཡང་མྱེད་བཏང་[1] སྨོམས་པ་དྲན་པས་ཡོངས་སུ་དག་པའི་བསམ་གཏན་བཞི་པ་ལ་ཉེ་བར་བསྒྲུབས་ཏེ་གནས་སོ། །དེ་སེམས་[2] ཅན་རྣམས་ལ་བདེ་བའི་འདུ་ཤེས་ཡིད་ལ་བྱེད་པས། བྱམས་པ་ཚད་མྱེད་པ་ལ་ཉེ་བར་བསྒྲུབས་[3] ཏེ་གནས་སོ། །དེ་སེམས་ཅན་རྣམས་[4] ལ་སྡུག་བསྔལ་བ་[5] དང་བྲལ་[6] བའི་འདུ་ཤེས་ཡིད་ལ་བྱེད་པས། སྙིང་རྗེ་ཚད་མྱེད་པ་ལ་ཉེ་བར་བསྒྲུབས་ཏེ་གནས་སོ། །དེ་སེམས་ཅན་རྣམས་[7] དགའ་བའི་འདུ་ཤེས་ཡིད་ལ་བྱེད་པས། དགའ་བ་ཚད་མྱེད་པ་ལ་ཉེ་བར་བསྒྲུབས་ཏེ་གནས་སོ། །དེ་སེམས་ཅན་རྣམས་ལ་སྡུག་བསྔལ་དང་བདེ་བ་མྱེད་པའི་འདུ་ཤེས་ཡིད་ལ་བྱེད་པས། བཏང་སྙོམས་ཚད་མྱེད་པ་[8] ཉེ་བར་བསྒྲུབས་[9] ཏེ་གནས་སོ། །དེ་གཟུགས་ལ་ཆེ་ལོང་དུ་འདུ་ཤེས་ཤིང་ནམ་མཁའ་ལ་ཞི་བར་འདུ་ཤེས་པ་[10] ཡིད་ལ་བྱེད་པས། ནམ་མཁའ་མཐའ་ཡས་སྐྱེ་མཆེད་ལ་ཉེ་བར་བསྒྲུབས་ཏེ་གནས་སོ། །དེ་ནམ་མཁའ་ལ་ཆེ་ལོང་དུ་འདུ་ཤེས་ཤིང་རྣམ་པར་ཤེས་པ་ལ་ཞི་བར་[11] འདུ་ཤེས་པ་ཡིད་ལ་བྱེད་[12] པས། རྣམ་ཤེས་མཐའ་ཡས་[13] སྐྱེ་མཆེད་ལ་ཉེ་བར་བསྒྲུབས་ཏེ་གནས་སོ། །དེ་རྣམ་པར་ཤེས་པ་ལ་ཆེ་ལོང་དུ་འདུ་ཤེས་ཤིང་ཆུང་[14] ཟད་མྱེད་པ་ལ་ཞི་བར་འདུ་ཤེས་པ་ཡིད་ལ་བྱེད་པས་ཆུང་[15] ཟད་མྱེད་པའི་སྐྱེ་མཆེད་ལ་ཉེ་བར་བསྒྲུབས་ཏེ་གནས་སོ། །དེ་ཆུང་[16] ཟད་མྱེད་པ་ལ་ཆེ་ལོང་དུ་འདུ་ཤེས་ཤིང་། འདུ་ཤེས་མྱེད་འདུ་ཤེས་མྱེད་མྱིན་ལ་ཞི་བར་འདུ་ཤེས་པར་[17] ཡིད་ལ་བྱེད་པས། འདུ་ཤེས་མྱེད་འདུ་ཤེས་མེད་མྱིན་སྐྱེ་མཆེད་ལ་ཉེ་བར་བསྒྲུབས་ཏེ་གནས་སོ། །དེ་བསམ་གཏན་དང་། ཚད་མྱེད་པ་དང་། གཟུགས་མྱེད་པའི་སྙོམས་པར་འཇུག་པ་དེ་དག་གི་རྣམ་པར་སྨིན་པ་[18] ཡོངས་སུ་མྱི་[19] ལེན་ཏེ་གཞན་དུ་ན། སེམས་ཅན་རྣམས་ཀྱི་[20] དོན་བྱ་བའི་ཕྱིར། དེ་དག་ཏུ་མྱི་[21] སྐྱེ་ཞིང་སེམས་ཅན་དེ་དག་སྨྱིན་པའི་ཕ་རོལ་ཏུ་ཕྱིན་པ་དང་། ཚུལ་ཁྲིམས་ཀྱི་ཕ་

རོལ་ཏུ་ཕྱིན་པ་དང་། བཟོད་པའི་ཕ་རོལ་ཏུ་ཕྱིན་པ་དང་། བརྩོན་འགྲུས་ཀྱི་ཕ་རོལ་ཏུ་ཕྱིན་པ་དང་། བསམ་གཏན་གྱི་ཕ་རོལ་ཏུ་ཕྱིན་པ་དང་། ཤེས་རབ་ཀྱི་ཕ་རོལ་ཏུ་ཕྱིན་པ་དང་། ཕ་རོལ་ཏུ་ཕྱིན་པ་དྲུག་པོ་འདི་དག་ལ་ཡོངས་སུ་སྨིན་པར་བྱེད། དགེ་བའི་རྩ་བ་བསྐྱེད་པའི་དོན་དུ་སངས་རྒྱས་བཅོམ་ལྡན་འདས་རྣམས་ལ་བསྙེན་བཀུར་བྱེད་ཅིང་། སངས་རྒྱས་ཀྱི་ཞིང་ནས་སངས་རྒྱས་ཀྱི་ཞིང་དུ་འགྲོ་སྟེ། རབ་འབྱོར་དེ་ལྟར་ན་བྱང་ཆུབ་སེམས་དཔའ་སེམས་དཔའ་ཆེན་པོ་བརྩོན་འགྲུས་ཀྱི་ཕ་རོལ་ཏུ་ཕྱིན་པ་ལ་གནས་ཤིང་། བསམ་གཏན་གྱི་ཕ་རོལ་ཏུ་ཕྱིན་པ་ཡོངས་སུ་འཛིན་ཏོ། །གསོལ་པ། བཅོམ་ལྡན་འདས་ཇི་ལྟར་ན། བྱང་ཆུབ་སེམས་དཔའ་སེམས་དཔའ་ཆེན་པོ་བརྩོན་འགྲུས་ཀྱི་ཕ་རོལ་ཏུ་ཕྱིན་པ་ལ་གནས་ཤིང་། ཤེས་རབ་ཀྱི་ཕ་རོལ་ཏུ་ཕྱིན་པ་ཡོངས་སུ་འཛིན་པ་ལགས། བཅོམ་ལྡན་འདས་ཀྱིས་བཀའ་སྩལ་པ། རབ་འབྱོར་འདི་ལ་བྱང་ཆུབ་སེམས་དཔའ་སེམས་དཔའ་ཆེན་པོ། བརྩོན་འགྲུས་ཀྱི་ཕ་རོལ་ཏུ་ཕྱིན་པ་ལ་གནས་ཤིང་། སྦྱིན་པའི་ཕ་རོལ་ཏུ་ཕྱིན་པ་དངོས་པོ་དང་། རྫས་དང་མཚན་མར་ཡང་དག་པར་རྗེས་སུ་མི་མཐོང་། ཚུལ་ཁྲིམས་ཀྱི་ཕ་རོལ་ཏུ་ཕྱིན་པ་དངོས་པོ་དང་རྫས་དང་མཚན་མར་ཡང་དག་པར་རྗེས་སུ་མི་མཐོང་། བཟོད་པའི་ཕ་རོལ་ཏུ་ཕྱིན་པ་དངོས་པོ་དང་། རྫས་དང་མཚན་མར་ཡང་དག་པར་རྗེས་སུ་མི་མཐོང་། བརྩོན་འགྲུས་ཀྱི་ཕ་རོལ་ཏུ་ཕྱིན་པ་དངོས་པོ་དང་རྫས་དང་མཚན་མར་ཡང་དག་པར་རྗེས་སུ་མི་མཐོང་། བསམ་གཏན་གྱི་ཕ་རོལ་ཏུ་ཕྱིན་པ་དངོས་པོ་དང་། རྫས་དང་མཚན་མར་ཡང་དག་པར་རྗེས་སུ་མི་མཐོང་། ཤེས་རབ་ཀྱི་ཕ་རོལ་ཏུ་ཕྱིན་པ་དངོས་པོ་དང་། རྫས་དང་མཚན་མར་ཡང་དག་པར་རྗེས་སུ་མི་མཐོང་། ནང་སྟོང་པ་ཉིད་དངོས་པོ་དང་། རྫས་དང་མཚན་མར་ཡང་དག་པར་རྗེས་སུ་མི་

མཐོང་། ཕྱི་སྟོང་པ་ཉིད་དངོས་པོ་དང་། རྫས་དང་མཚན་མར་ཡང་[1] དག་པར་ངེས་སུ་མི་མཐོང་། ཕྱི་ནང་སྟོང་པ་ཉིད་དངོས་པོ་དང་རྫས་དང་མཚན་མར་ཡང་དག་པར་ངེས་སུ་མི་མཐོང་། སྟོང་པ་ཉིད་སྟོང་པ་ཉིད་དངོས་པོ་དང་རྫས་དང་མཚན་མར་ཡང་དག་པར་ངེས་སུ་མི་མཐོང་། ཆེན་པོ་སྟོང་པ་ཉིད་དངོས་པོ་དང་རྫས་དང་མཚན་མར་ཡང་དག་པར་ངེས་སུ་མི་མཐོང་། དོན་དམ་པ་སྟོང་པ་ཉིད་དངོས་པོ་དང་རྫས་དང་མཚན་མར་ཡང་དག་པར་ངེས་སུ་མི་མཐོང་། འདུས་བྱས་སྟོང་པ་ཉིད་དངོས་པོ་དང་རྫས་དང་མཚན་མར་ཡང་དག་པར་ངེས་[2] སུ་མི་མཐོང་། འདུས་མ་བྱས་སྟོང་པ་ཉིད་དངོས་པོ་དང་རྫས་དང་མཚན་མར་ཡང་དག་པར་ངེས་སུ་མི་མཐོང་། མཐའ་ལས་འདས་པ་སྟོང་པ་ཉིད་དངོས་པོ་དང་རྫས་དང་མཚན་མར་ཡང་དག་པར་[3] ངེས་སུ་མི་མཐོང་། ཐོག་མ་དང་ཐ་མ་[4] མེད་པ་སྟོང་པ་ཉིད་དངོས་པོ་དང་རྫས་དང་མཚན་མར་ཡང་དག་པར་ངེས་སུ་མི་མཐོང་། དོར་བ་མེད་པ་སྟོང་པ་ཉིད་དངོས་པོ་དང་རྫས་དང་མཚན་མར་ཡང་དག་པར་ངེས་སུ་མི་མཐོང་། རང་བཞིན་[5] སྟོང་པ་ཉིད་དངོས་པོ་དང་རྫས་དང་མཚན་མར་ཡང་དག་པར་ངེས་སུ་མི་མཐོང་། ཆོས་ཐམས་ཅད་སྟོང་པ་ཉིད་དངོས་པོ་དང་རྫས་དང་མཚན་མར་ཡང་དག་པར་ངེས་སུ་མི་མཐོང་། རང་གི་མཚན་ཉིད་སྟོང་པ་ཉིད་དངོས་པོ་དང་[6] རྫས་དང་མཚན་མར་ཡང་དག་པར་ངེས་སུ་མི་མཐོང་། མི་དམིགས་པ་སྟོང་པ་ཉིད་དངོས་པོ་དང་རྫས་དང་མཚན་མར་ཡང་དག་པར་ངེས་སུ་མི་མཐོང་། དངོས་པོ་མེད་པ་སྟོང་པ་ཉིད་དངོས་པོ་དང་རྫས་དང་མཚན་མར་ཡང་དག་པར་ངེས་སུ་མི་མཐོང་། ངོ་བོ་ཉིད་སྟོང་པ་ཉིད་དངོས་པོ་དང་རྫས་དང་མཚན་མར་ཡང་དག་པར་ངེས་སུ་མི་མཐོང་། དངོས་པོ་མེད་པའི་ངོ་བོ་ཉིད་སྟོང་པ་ཉིད་དངོས་པོ་དང་རྫས་དང་མཚན་མར་ཡང་དག་

པར་ རྗེས་སུ་ མྱི་མཐོང་། དྲན་པ་ཉེ་བར་གཞག་པ་བཞི་དངོས་པོ་དང་རྫས་དང་མཚན་མར་ཡང་དག་པར་རྗེས་སུ་མྱི་མཐོང་། ཡང་དག་པར་སྤོང་བ་བཞི་དངོས་པོ་དང་རྫས་དང་མཚན་མར་ཡང་དག་པར་རྗེས་སུ་མྱི་མཐོང་། རྫུ་འཕྲུལ་གྱི་རྐང་པ་བཞི་དངོས་པོ་དང་རྫས་དང་མཚན་མར་ཡང་དག་པར་རྗེས་སུ་མྱི་མཐོང་། དབང་པོ་ལྔ་དངོས་པོ་དང་རྫས་དང་མཚན་མར་ཡང་དག་པར་རྗེས་སུ་མྱི་མཐོང་། སྟོབས་ལྔ་དངོས་པོ་དང་རྫས་དང་མཚན་མར་ཡང་དག་པར་རྗེས་སུ་མྱི་མཐོང་། བྱང་ཆུབ་ཀྱི་ཡན་ལག་བདུན་དངོས་པོ་དང་རྫས་དང་མཚན་མར་ཡང་དག་པར་རྗེས་སུ་མྱི་མཐོང་། འཕགས་པའི་ལམ་ཡན་ལག་བརྒྱད་པ་དངོས་པོ་དང་རྫས་དང་མཚན་མར་ཡང་དག་པར་རྗེས་སུ་མྱི་མཐོང་། འཕགས་པའི་བདེན་པ་བཞི་དངོས་པོ་དང་རྫས་དང་མཚན་མར་ཡང་དག་པར་རྗེས་སུ་མྱི་མཐོང་། བསམ་གཏན་བཞི་དངོས་པོ་དང་རྫས་དང་མཚན་མར་ཡང་དག་པར་རྗེས་སུ་མྱི་མཐོང་། ཚད་མྱེད་པ་བཞི་དངོས་པོ་དང་རྫས་དང་མཚན་མར་ཡང་དག་པར་རྗེས་སུ་མྱི་མཐོང་། གཟུགས་མྱེད་པའི་སྙོམས་པར་འཇུག་པ་བཞི་དངོས་པོ་དང་རྫས་དང་མཚན་མར་ཡང་དག་པར་རྗེས་སུ་མྱི་མཐོང་། རྣམ་པར་ཐར་པ་བརྒྱད་དངོས་པོ་དང་རྫས་དང་མཚན་མར་ཡང་དག་པར་རྗེས་སུ་མྱི་མཐོང་། མཐར་གྱིས་གནས་པའི་སྙོམས་པར་འཇུག་པ་དགུ་དངོས་པོ་དང་རྫས་དང་མཚན་མར་ཡང་དག་པར་རྗེས་སུ་མྱི་མཐོང་། རྣམ་པར་ཐར་པའི་སྒོ་སྟོང་པ་ཉིད་དང་། མཚན་མ་མྱེད་པ་དང་། སྨོན་པ་མྱེད་པ་དངོས་པོ་དང་རྫས་དང་མཚན་མར་ཡང་དག་པར་རྗེས་སུ་མྱི་མཐོང་། མངོན་པར་ཤེས་པ་རྣམས་དངོས་པོ་དང་རྫས་དང་མཚན་མར་ཡང་དག་པར་རྗེས་སུ་མྱི་མཐོང་། ཏིང་ངེ་འཛིན་རྣམས་དངོས་པོ་དང་རྫས་དང་མཚན་མར་ཡང་དག་པར་རྗེས་སུ་མྱི་མཐོང་། གཟུངས་ཀྱི་སྒོ

རྣམས་དངོས་པོ་དང་རྫས་དང་མཚན་མར་ཡང་དག་པར་རྗེས་སུ་མི་མཐོང་། དེ་བཞིན་གཤེགས་པའི་སྟོབས་བཅུ་དངོས་པོ་དང་རྫས་དང་མཚན་མར་ཡང་དག་པར་རྗེས་སུ་མི་མཐོང་། མི་འཇིགས་པ་བཞི་དངོས་པོ་དང་རྫས་དང་མཚན་མར་ཡང་དག་པར་རྗེས་སུ་མི་མཐོང་། སོ་སོ་ཡང་དག་པར་རིག་པ་བཞི་དངོས་པོ་དང་རྫས་དང་མཚན་མར་ཡང་དག་པར་རྗེས་སུ་མི་མཐོང་། [1]སྙིང་རྗེ་ཆེན་པོ་དངོས་པོ་དང་རྫས་དང་མཚན་མར་ཡང་དག་པར་རྗེས་སུ་མི་མཐོང་། སངས་རྒྱས་ཀྱི་[2]ཆོས་མ་འདྲེས་པ་བཅོ་[3]བརྒྱད་དངོས་པོ་དང་རྫས་དང་མཚན་མར་ཡང་དག་པར་རྗེས་སུ་མི་མཐོང་། ཐམས་ཅད་ཤེས་པ་ཉིད་དངོས་པོ་དང་རྫས་དང་མཚན་མར་ཡང་དག་པར་རྗེས་སུ་མི་མཐོང་། ལམ་གྱི་རྣམ་པ་[4]ཤེས་པ་ཉིད་དངོས་པོ་དང་རྫས་དང་མཚན་མར་ཡང་དག་པར་རྗེས་སུ་མི་མཐོང་། རྣམ་པ་ཐམས་ཅད་མཁྱེན་པ་ཉིད་དངོས་པོ་དང་རྫས་དང་མཚན་མར་ཡང་དག་པར་རྗེས་སུ་མི་མཐོང་སྟེ[5]། ཆོས་ཐམས་ཅད་དངོས་པོ་དང་རྫས་དང་མཚན་མར་ཡང་དག་པར་རྗེས་སུ་མི་མཐོང་བས། ཆོས་གང་ལ་ཡང་གནས་མི་འཆའ་ཞིང་། དེ་ཇི་སྐད་དུ་སྨྲ་བ་དེ་ལྟར་བྱེད་པ་ཡིན་ཏེ། རབ་འབྱོར་དེ་ལྟར་ན་བྱང་ཆུབ་སེམས་དཔའ་སེམས་དཔའ་ཆེན་པོ། བརྩོན་འགྲུས་ཀྱི་ཕ་རོལ་ཏུ་ཕྱིན་པ་ལ་གནས་ཤིང་། ཤེས་རབ་ཀྱི་ཕ་རོལ་ཏུ་ཕྱིན་པ་ཡོངས་སུ་འཛིན་ཏོ།། ||

བསྡུར་མཆན།

༣ ༡ མཚན་བྱང་འདི་ཆོས་ཚན་འདིའི་སྟོད་འབུམ་ཀ་དུམ་པའི་མཚན་བོད་སྐད་དུ་སྒྲོས་པ་ལྟར་བཀོད། ༢ «གཡུང་» «ལི་»«པེ་»«སྣར་»«ཅོ་»«ཞོལ་»–གླེགས་བམ་བཅུ་པ། ༣ «གཡུང་»«པེ་»ཉིས་བརྒྱ་ཉི་ཤུ་བདུན་པ། «ལི་» གསུམ་པ། «སྣར་»«ཅོ་»ཉིས་བརྒྱ་ཞེར་བདུན་པ། «ཞོལ་»ཉིས་བརྒྱ་ཞེར་བརྒྱད་པ། ༤ «གཡུང་»«པེ་» «སྣར་»«ཅོ་»«ཞོལ་»མེད། (བོད་འདིའི་ནང་དུ་སྐྱེད་དམིགས་སོགས་རྒྱུད་འཕྲུལ་ཅན་གྱི་མ་ལ་ཡ་བཏགས་ཡོད་པ་ རྣམས་«གཡུང་»«པེ་»«སྣར་»«ཅོ་»«ཞོལ་»ལ་ཡ་བཏགས་མེད་པ་དང་«ལི་»«ཁུ་»ལ་ཕལ་ཆེ་བར་སྔེ་ལྟར་ཡ…… བཏགས་ཡོད་ཀྱང་སྐབས་འགར་དེ་དག་གོ་ལྡོག་སྟེ། «སྣེ་»ལ་ཡ་བཏགས་མེད་པ་རྣམས་དཔེ་ཁག་གཞན་ལ་ཡོད་པ་ སོགས་འཁོད་ཀྱང་གཤམ་དུ་བསྡུར་མཆན་དུ་བཀོད་མེད།)

༥ ༡ «ལི་»ས།

༦ ༡ «གཡུང་»«པེ་»–པ།

༧ ༡ «ལི་»–ཉིད། ༢ «ཞོལ་»–ཀྱི།

༨ ༡ «ཞོལ་»–ཉིད། ༢ «གཡུང་»«པེ་»དེ་གཞིན། «ཁུ་»–དེ་བཞིན།

༡༢ ༡ «ཞོལ་»–ཉིད། ༢ «སྣར་»«ཞོལ་»བཞག (བོད་འདིའི་ནང་དུ་ཉེ་བར་གཞག་ཅེས་པ་རྣམས་«སྣར་»«ཞོལ་» ལ་ཉེ་བར་བཞག་དང་«གཡུང་»«ལི་»ལ་སྐབས་འགར་ཉེ་བར་བཞག་ཅེས་འཁོད་ཀྱང་གཤམ་དུ་བསྡུར་མཆན་དུ…… བཀོད་མེད།)

༡༣ ༡ «གཡུང་»ཡམ།

༡༥ ༡ «ཞོལ་»–ཉིད། ༢ «གཡུང་»–པ། ༣ «ཞོལ་»གཅིག (བོད་འདིའི་ནང་དུ་ལན་ཅིག་ཅེས་པ་རྣམས་ «ཞོལ་»ལ་ལན་གཅིག་ཅེས་འཁོད་ཀྱང་གཤམ་དུ་བསྡུར་མཆན་དུ་བཀོད་མེད།)

༡༦ ༡ «གཡུང་»«པེ་»+དེ་བཞིན་ཉིད་ཀྱི། ༢ «གཡུང་»«པེ་»+ཀྱི། ༣ «ཅོ་»+འབྲས་བུའི།

༡༧ ༡ «གཡུང་»«པེ་»གྱིས། ༢ «གཡུང་»«པེ་»འཕྲིན། ༣ «གཡུང་»སྙིང་། ༤ «གཡུང་»«ལི་»«པེ་»བལྟའ། ༥ «ལི་»«སྣར་»«ཞོལ་»སོས། ༦ «ཅོ་»པས། ༧ «གཡུང་»«པེ་»མི་རྒྱ། ༨ «ཅོ་»གང་།

༡༨ ༡ «ལི་»གསོའ། ༢ «གཡུང་»ཟ།

༡༩ ༡ «ཅོ་»+བུ།

༢༠ ༡ «ལི་»«པེ་»མཆོད།

༢༡ ༡ «ཅོ་»–སྐྱེད་པ།

༢༣ ༡ «གཡུང་»«པེ་»པར། ༢ «ལི་»«སྣར་»«ཞོལ་»ཕྱིར།

༢༥ ༡«ཞོལ་»–མ། ༢«ཞོལ་»བཟུང་།

༢༦ ༡«གཡུང་»«པེ་»སྲིད།

༢༨ ༡«ལི་»ལགས། ༢«ལི་»གཟུང་།

༢༩ ༡«གཡུང་»«པེ་»+སླད་དུ། ༢«གཡུང་»«པེ་»«ཅོ་»པར། ༣«གཡུང་»«ལི་»«པེ་»–སོ། ༤«ལི་»«པེ་»«སྣར་»«ཞོལ་»ནི། ༥«གཡུང་»«པེ་»གིས།

༣༠ ༡«གཡུང་»«ལི་»«པེ་»«སྣར་»«ཅོ་»«ཞོལ་»མོ། ༢«ཅོ་»གིས། ༣«གཡུང་»«པེ་»བསྒོམ་མོ། ༤«གཡུང་»«པེ་»ངོ་།

༣༡ ༡«གཡུང་»–མ། ༢«གཡུང་»«པེ་»པ། ༣ ༤«པེ་»«སྣར་»སྲིད།

༣༢ ༡«ཁུ་»འདུ།

༣༣ ༡«གཡུང་»དེ། ༢«གཡུང་»«པེ་»གིས། ༣«ཞོལ་»–སྟོང་པ།

༣༤ ༡«གཡུང་»«པེ་»གི།

༣༥ ༡«གཡུང་»«པེ་»+རྣམས། ༢«པེ་»+རྣམས། ༣«ལི་»«སྣར་»«ཞོལ་»+བདག་ནི་རང་བྱང་ཆུབ་ཉིད་དུ་འགྱུར་རོ། །བདག་གི་རང་སངས་རྒྱས་སོ།། ༤«གཡུང་»«པེ་»བྱང་ཆུབ་དུ། ༥«ཅོ་»པར། ༦«གཡུང་»«པེ་»པར། ༧«ཅོ་»+ཡེ་དྷརྨཱ་ཧེ་ཏུ་པྲ་བྷ་ཝཱ་ཧེ་ཏུནྟེ་ཥཱནྟ་ཐཱ་ག་ཏོ་ཧྱ་ཝ་དཏ། ཏེ་ཥཱཉྩ་ཡོ་ནི་རོ་དྷ་ཨེ་ཝཾ་ཝཱ་དཱི་མ་ཧཱ་ཤྲ་མ་ཎཿ སྭཱ་ཧཱ།། ༨«གཡུང་»«པེ་»ཉི་བརྒྱ་ཉི་ཤུ་བརྒྱད། «ལི་»བཞི། «ཅོ་»«སྣར་»ཉིས་བརྒྱ་ཉེར་བརྒྱད། «ཞོལ་»ཉིས་བརྒྱ་ཉེར་དགུ།

༣༧ ༡«གཡུང་»«པེ་»–བསྟན་པ། ༢«གཡུང་»–མ།

༣༨ ༡«གཡུང་»–བསྟན་པ། ༢«གཡུང་»«ལི་»«པེ་»«སྣར་»«ཅོ་»«ཞོལ་»«ཁུ་»+མ། ༣«ཞོལ་»+བསྟན་པ།

༣༩ ༡«གཡུང་»«ལི་»«པེ་»«སྣར་»«ཅོ་»«ཁུ་»«ཞོལ་»+མ། ༢«གཡུང་»«པེ་»པ། ༣«ཞོལ་»ཕྱིན།

༤༡ ༡«གཡུང་»«པེ་»+ནོ། ༢«གཡུང་»«པེ་»–ཡང་།

༤༢ ༡«གཡུང་»«པེ་»བཟུང་། ༢«གཡུང་»«པེ་»–བའི། ༣«གཡུང་»«པེ་»བཟུང་། ༤«སྣར་»«ཅོ་»«ཁུ་»«ཞོལ་»གཟུང་། ༥«གཡུང་»པར་ཟུང་། ༦«གཡུང་»«པེ་»–ལྔེའི་འདུས་ཏེ་...... སྤྱོད་པ་དང་། ༧«སྣར་»བཟུང་། ༨«གཡུང་»བཟུང་།

༤༤ ༡«ཞོལ་»ཕྱིད།

༤༥ ༡«ཅོ་»པིའི། ༢«གཡུང་»«པེ་»«སྣར་»གཏམ།

༤༦ ༡«གཡུང་»པ། ༢«ལི་»«པེ་»–གིས།

༤༧ ༡«ཁུ་»བསྒོས། ༢«གཡུང་»«པེ་»–སྟོང་པ། ༣«ཁུ་»པར།

༤༨ ༡«ཞོལ་»ཆུས། ༢ ༣«གཡུང་»«པེ་»སྒོམ། ༤«གཡུང་»«ལི་»«པེ་»«ཅོ་»འཐུན། (པོད་འདིའི་ནང་དུ་རྗེས་སུ་མཐུན་ཞེས་པ་རྣམས་«གཡུང་»«ལི་»«པེ་»«ཅོ་»ལ་རྗེས་སུ་འཐུན་ཞེས་འཕོད་ཀྱང་གཤམ་དུ་བསྒྱུར·····

མཚན་དུ་བཀོད་མེད།) ༥«གཡུང་»«པེ་»«ཅོ་»+ནི།

༤༩ ༡«གཡུང་»ས། ༢«གཡུང་»«པེ་»–ཉིད།

༥༠ ༡«གཡུང་»«པེ་»གཟུང་།

༥༡ ༡«སྣར་»«ཞོལ་»ལའང་། (ཕོད་འདིའི་ནང་དུ་ལ་ཡང་དང་ན་ཡང་སོགས་ཀྱི་ཡང་ཞེས་པ་རྣམས་«སྣར་»«ཞོལ་» ལ་འང་ཞེས་འཕོད་ཀྱང་གཤམ་དུ་བསྒྱུར་མཚན་དུ་བཀོད་མེད།) ༢ ༣«ཅོ་»–པ། ༤«ཅོ་»–པ་ལ་ཐོགས། ༥«ཞོལ་»ལུས།

༥༣ ༡«ཁུ་»ཉི། ༢«ཞོལ་»–མ།

༥༤ ༡«ཅོ་»–ཏུ། ༢«ཅོ་»+དང་། ༣«លི་»«པེ་»«སྣར་»«ཞོལ་»མཉམ། «ཅོ་»+པ་མཉམ། ༤«ཁུ་» མཉན། ༥«ཁུ་»འགགས།

༥༥ ༡«གཡུང་»+བར།

༥༦ ༡«ཞོལ་»–པ།

༥༧ ༡«ལི་»སྣོའི།

༦༠ ༡«ཞོལ་»–སྟོང་པ།

༦༡ ༡«ཞོལ་»–ཐར། ༢«གཡུང་»ཏེན། ༣«ཅོ་»ཀྱིའི། ༤«སྣར་»«ཞོལ་»+བཅོམ་ལྡན་འདས། ༥«གཡུང་»བརྟེན། ༦«པེ་»བསྔོམས།

༦༢ ༡«གཡུང་»«པེ་»གཞིག ༢«ལི་»–ནི། ༣«ལི་»«ཞོལ་»+ཉིད། ༤«ཅོ་»གྱིས།

༦༣ ༡«གཡུང་»«པེ་»གིས། ༢«ལི་»–དེ། ༣«ཅོ་»དེ། ༤«ཅོ་»–རྣམ་པར་རྟོག ༥«ལི་»«པེ་»«སྣར་» «ཞོལ་»+ནི། ༦«གཡུང་»«ལི་»«པེ་»«སྣར་»«ཅོ་»«ཞོལ་»ཀྱང་། ༧«གཡུང་»པ།

༦༤ ༡«གཡུང་»«ལི་»«པེ་»«སྣར་»«ཅོ་»«ཞོལ་»–ཅི་ལྟར་དེ་བཞིན་...... ལྷའི་བུ་དག་འདི་ལ། ༢«གཡུང་» «པེ་»«སྣར་»«ཅོ་»«ཞོལ་»+མཉམ་པ་ཉིད། ༣«པེ་»ཀྱིས། ༤«ཅོ་»–ཀྱི། ༥«ཁུ་»འདས། ༦«ལི་» +མ་འོངས་པ་དང་། ད་ལྟར་བྱུང་བའི་དེ་བཞིན་ཉིད་དང་། ༧«གཡུང་»«པེ་»ཉིས་བརྒྱ་ཉི་ཤུ་དགུ། «ལི་» ལྔ། «སྣར་»«ཅོ་»ཉིས་བརྒྱ་ཞེར་དགུ། «ཞོལ་»ཉིས་བརྒྱ་སུམ་ཅུ། ༨«སྣར་»ནོ།

༦༥ ༡«གཡུང་»ཏིང་འཛིན། ༢«ཁུ་»–གཉིས་སུ་མེད་དེ། ༣«གཡུང་»–དེ།

༦༦ ༡«གཡུང་»–དང་། ༢«གཡུང་»–དེ། ༣«གཡུང་»དེ།

༦༧ ༡«པེ་»རེའི། ༢«གཡུང་»«པེ་»གིས། ༣«གཡུང་»«པེ་»ཀྱིས། ༤«སྣར་»–དེ་བཞིན་གཤེགས་པའི།

༦༨ ༡«ཁུ་»+གཉིས་སུ་མེད་དེ། ༢«ཁུ་»+ལྷའི་རྣམ་པར་ཤེས་པའི་དེ་བཞིན་ཉིད་ཀྱིས། ༣«ཁུ་»+དེ་ལྟར་ན་ ལྷའི་རྣམ་པར་ཤེས་པའི་དེ་བཞིན་ཉིད་དེ། ༤«ཁུ་»ནོ།

༦༩ ༡ ༢«སྣར་»ད། ༣«སྣར་»དེ།

༧༠ ༡«གཡུང་»«པེ་»–ཉིད། ༢«ཁུ་»བྱ། ༣«གཡུང་»པའི།

༧༡ ༡«གཡུང་»«པེ་»ཀྱིས། ༢«གཡུང་»«པེ་»–ཉིད། ༣«སྣར་»ད། ༤«ལི་»ཀྱི།

༧༢ (༡)«ཚོ་»ལྷ། (༢)«བྲུ་»–མྱེད་དེ་གཉིས་སུ། (༣)«སྣར་»ད།

༧༣ (༡)«གཡུང་»«པེ་»བཞི། (༢)(༣)«སྣར་»ད།

༧༤ (༡)«སྣར་»ད། (༢)«གཡུང་»«པེ་»དེ། (༣)«གཡུང་»ཡི། (༤)«སྣར་»ད།

༧༥ (༡)«སྣར་»ད། (༢)«ལི་»–ཉིད་ཀྱིས་དེ་བཞིན། (༣)«གཡུང་»–ན། (༤)«གཡུང་»«པེ་»ཀྱི། (༥)«ལི་»+ནང་།

༧༦ (༡)«སྣར་»གཤག (༢)«གཡུང་»–ཉིད། (༣)«སྣར་»ད།

༧༧ (༡)«བྲུ་»ལྷ་རིན།

༧༨ (༡)«ལི་»«སྣར་»ད། (༢)«བྲུ་»–ཉིད་ཀྱི་དེ་བཞིན། (༣)«གཡུང་»–ལ།

༧༩ (༡)«བྲུ་»ལྷ།

༨༠ (༡)«པེ་»དོ།

༨༡ (༡)«བྲུ་»དོ།

༨༢ (༡)(༢)«ཚོ་»གྱིས།

༨༣ (༡)«ལི་»«ཚོ་»–བྱམས་པ་ཆེན་པོའི་…… བྱར་མྱེད་དོ།། (༢)«གཡུང་»ཛེའི། (༣)«ཚོ་»མི། (༤)«སྣར་»ད།

༨༤ (༡)«ལི་»«པེ་»«སྣར་»དེ། (༢)«ཚོ་»གྱི། (༣)«ལི་»པའི། «སྣར་»«ཞོལ་»པའི་དེ་བཞིན། «བྲུ་»–ཉིད་ཀྱི་དེ་བཞིན། (༤)(༥)«ལི་»«སྣར་»«ཞོལ་»པའི། (༦)«སྣར་»ད།

༨༥ (༡)«ཚོ་»དོ། (༢)«གཡུང་»«ལི་»«པེ་»«སྣར་»«ཚོ་»«ཞོལ་»–དང་། (༣)«གཡུང་»–དེ་བཞིན་ཉིད་ཀྱི། (༤)«གཡུང་»«པེ་»མཐོའ། (༥)«གཡུང་»«པེ་»«སྣར་»«ཚོ་»«ཞོལ་»དབུས། (༦)«གཡུང་»«ལི་»«པེ་»མཐོའ། (༧)«གཡུང་»«པེ་»«སྣར་»«ཚོ་»«ཞོལ་»དབུས། (༨)«གཡུང་»«པེ་»མཐོའ།

༨༦ (༡)«ཚོ་»གིས། (༢)(༣)(༤)«ཚོ་»གྱིས།

༨༧ (༡)«གཡུང་»«པེ་»སྐྱི། (༢)«གཡུང་»«པེ་»ལ། (༣)«ཚོ་»–རྗེས་སུ། (༤)(༥)«གཡུང་»«པེ་»བཞན།

༨༨ (༡)«གཡུང་»«པེ་»པའི། (༢)«ཞོལ་»–པ།

༨༩ (༡)«གཡུང་»«པེ་»གྱིས། (༢)«གཡུང་»«པེ་»བའི་དེ་བཞིན་ཉིད། (༣)«ཚོ་»«བྲུ་»–སོ།

༩༠ (༡)«གཡུང་»«པེ་»གྱིས། (༢)«ལི་»+སོ།

༩༡ (༡)«གཡུང་»«པེ་»ཀྱིས།

༩༢ (༡)«ཚོ་»གྱིས། (༢)«གཡུང་»«པེ་»ཉིས་བརྒྱ་སུམ་བཅུ། «ལི་»དྲུག «སྣར་»«ཚོ་»ཉིས་བརྒྱ་སུམ་ཅུ། «ཞོལ་»ཉིས་བརྒྱ་སོ་གཅིག

༩༣ (༡)«གཡུང་»«པེ་»གྱིས། (༢)«ལི་»–སོ།

༩༤ (༡)«ལི་»–སོ།

༩༥ (༡)«ཞོལ་»–ཉིད། (༢)«ཚོ་»–ཉིད། (༣)«ལི་»+སོ།

༩༦ (༡)«པེ་»+ཀྱི། (༢)«གཡུང་»–ཉིད་ཀྱི་དེ་བཞིན། (༣)«གཡུང་»«པེ་»ཀྱིས།

༩༧ ① «གཡུང་»+སོ། ② «གཡུང་»བཞན། ③ «ལི་»ལས།

༩༨ ① «གཡུང་»«པེ་»+དེ་བཞིན་ཉིད་ཀྱི།

༡༠༡ ① «གཡུང་»–པ། ② «ཅོ་»–ཉིད་ཀྱི་དེ་བཞིན། ③ «ཅོ་»གི། ④ «ལི་»«སྣར་»བསྐྱེད། «ཞོལ་»སྐྱེད། ⑤⑥ «ཅོ་»གི། ⑦ «ཅོ་»གང་། ⑧ «སྣར་»«ཅོ་»«ཞོལ་»ཤླ། (པོད་འདིའི་ནང་དུ་ཤ་ར་དྭ་ཏི་ཞེས་པ་རྣམས་«གཡུང་»«པེ་»«སྣར་»«ཅོ་»«ཞོལ་»ལ་ཤླ་ར་དྭ་ཏི་ཞེས་འཁོད་ཀྱང་གཤམ་དུ་བསྡུར་མཆན་དུ་བཀོད་……མེད།) ⑨ «གཡུང་»–དང་། ⑩ «གཡུང་»«པེ་»–ཉིད།

༡༠༢ ① «གཡུང་»«པེ་»པ། ② «པེ་»སྣའི། ③ «ཅོ་»+ཀྱང་མ། ④ «ཅོ་»–ཉིད།

༡༠༣ ① «གཡུང་»ཀྱིང་།

༡༠༤ ① «ཅོ་»– མྱི། ② «ཅོ་»པའི་དེ་བཞིན།

༡༠༥ ① «གཡུང་»བའི།

༡༠༦ ① «ཁུ་»–ཏེ།

༡༠༧ ① «ཅོ་»+ཀྱི།

༡༠༨ ① «ཅོ་»–ཀྱི།

༡༡༠ ① «གཡུང་»«པེ་»+དེ་བཞིན།

༡༡༡ ① «གཡུང་»«པེ་»–པ། ② «གཡུང་»ཉི། ③ «གཡུང་»དངོ་། ④ «ཁུ་»+ཀྱི། ⑤ «གཡུང་»«པེ་»+ལྟ།

༡༡༢ ① «གཡུང་»«པེ་»བ་ཉིད་ཀྱི། ② «པེ་»+དེ།

༡༡༣ ① «ལི་»«པེ་»+སོ།

༡༡༤ ① «པེ་»+དེ་ལ་བྱམས་པ་ཆེན་པོ་མི་དམིགས། བྱམས་པ་ཆེན་པོའི་དེ་བཞིན་ཉིད་མི་དམིགས་ཏེ། བྱམས་པ་ཆེན་པོ་ཉིད་ཀྱང་མི་དམིགས་ན། བྱམས་པ་ཆེན་པོའི་དེ་བཞིན་ཉིད་ལྟ་དམིགས་པར་ག་ལ་འགྱུར། ② «གཡུང་»དེས།

༡༡༥ ① «ཅོ་»–མྱི། ② «ཅོ་»–ཉིད་ཀྱི།

༡༡༦ ① «ཅོ་»+མི།

༡༡༧ ① «ལི་»–ཉིད། ② «ཁུ་»+ཉིད། ③ «ཅོ་»–བཞིན།

༡༡༨ ① «ཅོ་»དམགས། ② «པེ་»ཕར།

༡༡༩ ① «ཅོ་»–པར། ② «ཅོ་»–བ།

༡༢༡ ① «གཡུང་»–པ།

༡༢༢ ① «ཅོ་»–ཉིད།

༡༢༣ ① «གཡུང་»–ལ། ② «གཡུང་»«པེ་»+དེ་བཞིན། ③ «གཡུང་»«པེ་»+ན། ④ «ཁུ་»–ཀྱི་དེ་བཞིན་ཉིད།

༡༢༤ ① «ཁུ་»–སྟོང་པ།

༡༢༥ ① «གཡུང་»«པེ་»ཉི།

༡༢༦ ①«གཡུང་»«པེ་»གྱུར།

༡༢༧ ①«སྣར་»མེད། ②«ལི་»འཇུགས།

༡༢༨ ①«ལི་»–ན། ②«ལི་»«སྣར་»«ཞོལ་»+དེ་ལ་བྱམས་པ་ཆེན་པོ་མི་དམིགས། བྱམས་པ་ཆེན་པོའི་དེ་བཞིན་ཉིད་མི་དམིགས་ཏེ། བྱམས་པ་ཆེན་པོ་ཉིད་ཀྱང་མི་དམིགས་ན། བྱམས་པ་ཆེན་པོའི་དེ་བཞིན་ཉིད་ལྟ་དམིགས་པར་ག་ལ་འགྱུར།

༡༢༩ ①«གཡུང་»«པེ་»དང་། ②«ལི་»ཏེ། ③«པེ་»+ཉིད། ④«གཡུང་»«པེ་»པའི། ⑤«ལི་»–ལ།

༡༣༠ ①«གཡུང་»«པེ་»ཉིས་བརྒྱ་སུམ་བཅུ་གཅིག «ལི་»བདུན། «སྣར་»«ཅོ་»ཉིས་བརྒྱ་སོ་གཅིག «ཞོལ་»ཉིས་བརྒྱ་སོ་གཉིས། ②«སྣར་»«ཞོལ་»ཉམས། «ཅོ་»མཉམ། ③«གཡུང་»«པེ་»བཅུ། ④«གཡུང་»–པ། ⑤«གཡུང་»«པེ་»བརྩོམས། ⑥«སྣར་»«ཞོལ་»–འདི་ལ་སྦྱིན་པར་མི་བྱའོ།། «ཅོ་»འདི་ལ་སྦྱིན་པ་མི་བྱའོ།། ⑦«གཡུང་»«ལི་»«པེ་»བརྩོམ།

༡༣༡ ①«གཡུང་»«པེ་»བའི། ②«ཅོ་»+ངོ་། ③«ལི་»«སྣར་»«ཅོ་»«ཞོལ་»སྐོམ། «པེ་»སྐོམས། ④«ཅོ་»«ཞོལ་»མི། ⑤⑥⑦«གཡུང་»«ལི་»«པེ་»«སྣར་»«ཅོ་»«ཞོལ་»–པོ། ⑧«ཅོ་»–པོ། ⑨«ཅོ་»+སྐད་དུ། ⑩«གཡུང་»«ལི་»«པེ་»«སྣར་»«ཅོ་»«ཞོལ་»སྐོམ། ⑪«ལི་»འདྲལ། ⑫«ཅོ་»–མ། ⑬«གཡུང་»«ལི་»«པེ་»«སྣར་»«ཅོ་»«ཞོལ་»སྐོམ།

༡༣༢ ①«གཡུང་»«ལི་»«པེ་»«སྣར་»«ཅོ་»ཤིག་སྐོམ། «ཞོལ་»ཞིག་སྐོམ། ②«ཅོ་»–རོ། ③«གཡུང་»«ལི་»«པེ་»«སྣར་»«ཅོ་»«ཞོལ་»སྐོམ། ④«གཡུང་»«པེ་»བཅུ། ⑤«གཡུང་»མདབ། ⑥«ལི་»«པེ་»«སྣར་»«ཞོལ་»+དེ། ⑦⑧⑨«གཡུང་»«པེ་»བཅུ། ⑩«གཡུང་»«ཅོ་»ནི། ⑪«གཡུང་»«པེ་»ཐེ། ⑫«གཡུང་»སྣང་བར། «ལི་»སྣད་པར།

༡༣༣ ①②«གཡུང་»སྣང་བར། ③«ལི་»«སྣར་»«ཞོལ་»–པ། ④«གཡུང་»«ལི་»«པེ་»«སྣར་»མདབ། ⑤«ཅོ་»–ནི། ⑥«གཡུང་»«ལི་»«པེ་»གང་གའི། ⑦«གཡུང་»«པེ་»སྐྱིད། ⑧«ཅོ་»འཛིན། ⑨«ཁུ་»བསྐོམ།

༡༣༤ ①«ཅོ་»–ཤེས་རབ་ཀྱི་ཤེས། ②«ཁུ་»ན། ③«ཅོ་»ཏོ། ④«ཅོ་»གཟུང་། ⑤«སྣར་»«ཞོལ་»བསྟོའོ། ⑥«གཡུང་»«པེ་»«སྣར་»«ཅོ་»«ཞོལ་»བསྟོ། ⑦«གཡུང་»«ཅོ་»བསྟོ་བ། «ལི་»སྟོ་བ་དེ། «པེ་»«སྣར་»«ཞོལ་»བསྟོ་བ་དེ། ⑧«ལི་»«པེ་»«སྣར་»«ཞོལ་»+དེ།

༡༣༥ ①«གཡུང་»«ཅོ་»–ཀྱི་ས། ②«གཡུང་»«པེ་»གཟུང་། ③«གཡུང་»«པེ་»བསྒྲུབ། ④«གཡུང་»–མ། ⑤«ཅོ་»ཀྱི། ⑥«གཡུང་»«པེ་»པས།

༡༣༧ ①«གཡུང་»གྱིས། «ཅོ་»གྱི། ②«གཡུང་»«པེ་»+མ། ③«ལི་»–པ།

༡༣༨ ①«གཡུང་»«པེ་»བསྐོམ། ②«ཅོ་»+བ། ③«སྣར་»«ཞོལ་»ཆོམ། (པོད་འདིའི་ནང་དུ་ཐེ་ཙོམ་ཞེས་པ་རྣམས་«སྣར་»«ཞོལ་»ལ་ཐེ་ཆོམ་དང་«གཡུང་»«པེ་»ལ་སྐབས་འགར་ཐེ་ཆོམ་ཞེས་འཁོད་ཀྱང་གཤམ་དུ་བསྒྱུར་མཚན་དུ་བཀོད་མེད།) ④«ཅོ་»ཕྱིར། ⑤«གཡུང་»«པེ་»གཟུང་། ⑥«ཅོ་»–རྫོགས་པར།

༧༤༠ ༡«ཅོ་»པ། ༢«ཅོ་»པར། ༣«ཁུ་»—རྣམ་པར་ཐར་པ……རྣམས་སམ། (ཞེས་པའི་གཡུང་དྲུང་རྟགས་བར་གྱི་ཡི་གེ་རྣམས་«ཁུ་»ལ་ཆད།) ༤«ཅོ་»པར། ༥«གཡུང་»«པེ་»གིས། ༦«ལི་»+མ། ༧«གཡུང་»«པེ་»«སྣར་»«ཅོ་»«ཞོལ་»+བ། ༨«གཡུང་»—འདས། ༩«གཡུང་»«པེ་»པས།

༧༤༡ ༡«གཡུང་»—གང་དང་། ༢«གཡུང་»«པེ་»གིས། ༣«ལི་»+མ། ༤«ལི་»«པེ་»«སྣར་»«ཞོལ་»+རིག་པར། ༥«ཅོ་»བཏང་། ༦«གཡུང་»«པེ་»པས། ༧«ཅོ་»—དང་། ༨«ཞོལ་»—ལ།

༧༤༢ ༡«ལི་»«སྣར་»«ཞོལ་»+བྱམས་པ་ཆེན་པོ་ལ་སྤྱད་པར་བགྱིའོ།།

༧༤༣ ༡«ཅོ་»དཀའ་འོ། ༢«གཡུང་»«པེ་»«ཅོ་»མི། ༣«ལི་»—གང་། ༤«ལི་»—ཀྱིས། ༥«ལི་»དཔའ།

༧༤༤ ༡«ལི་»«པེ་»+ཡང་། «སྣར་»«ཞོལ་»བའང་། «ཁུ་»བགྱིས་པ། ༢«ལི་»—བ་དང་། གང་མངོན་པར་རྫོགས་པར་འཚང་རྒྱ། «པེ་»པ་གང་གིས་མངོན་པར་རྫོགས་པར་འཚང་རྒྱ། ༣«ལི་»«པེ་»«སྣར་»«ཞོལ་»+ཡང་། ༤«ལི་»—འམ། ༥«ལི་»«ཞོལ་»སྲུང་། ༦«གཡུང་»«པེ་»བསྒོམ། «ལི་»«སྣར་»«ཞོལ་»སྒོམ། ༧«ཅོ་»སྒོམ། ༨«གཡུང་»«པེ་»སྒོམ།

༧༤༥ ༡«གཡུང་»«ལི་»«པེ་»«སྣར་»«ཅོ་»«ཁུ་»«ཞོལ་»རྣམས། ༢«ཁུ་»—གང་གིས་མངོན་…… འཚང་རྒྱ་བའམ། ༣«ཅོ་»ཁང་།

༧༤༦ ༡༢༣༤«ཅོ་»གྱི། ༥«སྣར་»གིས།

༧༤༧ ༡«ཅོ་»—པ། ༢«ཅོ་»གྱི།

༧༤༨ ༡«གཡུང་»«པེ་»གྱིས། ༢«གཡུང་»«པེ་»ཀྱིས།

༧༤༩ ༡«ཁུ་»ཀྱིས། ༢«ཁུ་»གཉིས། ༣«ཁུ་»—སྟོང་པ་ཉིད། ༤«ཅོ་»+རྣམས།

༧༥༠ ༡«གཡུང་»«པེ་»གཞིན། ༢«ལི་»«སྣར་»«ཞོལ་»+བྱམས་པ་ཆེན་པོ་ནི་བྱམས་པ་ཆེན་པོའི་རང་བཞིན་གྱིས་སྟོང་ངོ་།། ༣«གཡུང་»«པེ་»«སྣར་»«ཅོ་»«ཞོལ་»པ་ཉིད་ཀྱི། ༤«སྣར་»«ཞོལ་»—རང་། ༥«ལི་»པའི།

༧༥༡ ༡«གཡུང་»«ཅོ་»—བ། ༢«གཡུང་»«པེ་»མཁའི། ༣«གཡུང་»«ཅོ་»—ནི། ༤«གཡུང་»«པེ་»གཱང་གའི། «ལི་»གང་གའི། ༥«ཅོ་»+མི། ༦«ཅོ་»—ཏུ།

༧༥༢ ༡«གཡུང་»«པེ་»+འོ་ན་ཅི། ༢«སྣར་»ནི།

༧༥༤ ༡«ཅོ་»+ནི།

༧༥༦ ༡«གཡུང་»«པེ་»རྫོག

༧༥༧ ༡«གཡུང་»དགྲ་པར་རྫོག ༢«གཡུང་»+པར།

༧༥༩ ༡«གཡུང་»«པེ་»ཉིས་བརྒྱ་སུམ་བཅུ་གཉིས། «ལི་»བརྒྱད། «སྣར་»«ཅོ་»ཉིས་བརྒྱ་སོ་གཉིས། «ཞོལ་»ཉིས་བརྒྱ་སོ་གསུམ།

༧༦༠ ༡«གཡུང་»འ། ༢«ཅོ་»གྱི།

༧༦༡ ༡«ཅོ་»—ཆེན་པོ། ༢«ཅོ་»པར།

༡༦༢ (༡)«གཡུང་»«ལི་»«པེ་»«སྣར་»«ཅོ་»«ཁུ་»«ཞོལ་»—ཅི། (༢)«ལི་»—མ།

༡༦༤ (༡)«ཅོ་»ལྷར།

༡༦༦ (༡)«ཅོ་»—རབ། (༢)«ཅོ་»—རབ།

༡༦༩ (༡)«གཡུང་»«ལི་»«སྣར་»«ཅོ་»«ཁུ་»«ཞོལ་»+ཉིད།

༡༧༠ (༡)«ལི་»བཞིན། (༢)«ཅོ་»—སྟོང་པ་ཉིད།

༡༧༡ (༡)«གཡུང་»«པེ་»འོ་ན། (༢)«ཁུ་»—གང་ བླ་ན།

༡༧༢ (༡)«ཁུ་»—ཆུབ།

༡༧༣ (༡)«ཅོ་»—བླ་ན་མེད་པ། (༢)«ཅོ་»སྨོན། (༣)«གཡུང་»—ན།

༡༧༤ (༡)«ལི་»ཕྱོགས། (༢)«ཅོ་»—བའི།

༡༧༥ (༡)«ལི་»«སྣར་»ཅི།

༡༧༦ (༡)«གཡུང་»«པེ་»རྫོག (༢)«ཁུ་»+ཉིད།

༡༧༩ (༡)«ཅོ་»སྲིད། (༢)«ཅོ་»སྲིད།

༡༨༠ (༡)«གཡུང་»«པེ་»+ཉིད། (༢)«གཡུང་»«པེ་»རྫོག (༣)«གཡུང་»ག

༡༨༡ (༡)«གཡུང་»«པེ་»རྣམ།

༡༨༢ (༡)«ལི་»+ནི། (༢)«ཁུ་»—ལས། (༣)«ལི་»+ནི། (༤)«གཡུང་»«ལི་»«པེ་»«སྣར་»«ཞོལ་»+བྱམས་པ་ཆེན་པོའི་དེ་བཞིན་ཉིད་གང་ཡིན་པ་དེ་བླ་ན་མེད་པ་ཡང་དག་པར་རྫོགས་པའི་བྱང་ཆུབ་ལས་ཕྱོག་གམ། (༥)«གཡུང་»རྗེ། «ཅོ་»—རྗེ།

༡༨༣ (༡)«གཡུང་»«པེ་»ཉིས་བརྒྱ་སུམ་བཅུ་གསུམ། «ལི་»དགུ། «སྣར་»«ཅོ་»ཉིས་བརྒྱ་སོ་གསུམ། «ཞོལ་»ཉིས་བརྒྱ་སོ་བཞི།

༡༨༤ (༡)«གཡུང་»—མེད། (༢)«ཅོ་»—བླ་ན།

༡༨༥ (༡)«ལི་»—ཉིད། (༢)«ཅོ་»སྐམས།

༡༨༨ (༡)«གཡུང་»«པེ་»+ན།

༡༨༩ (༡)«ལི་»—པ། (༢)«གཡུང་»«པེ་»—ཉིད།

༡༩༠ (༡)«ཁུ་»—ལས། (༢)«ལི་»ལ།

༡༩༡ (༡)«གཡུང་»«པེ་»—པར།

༡༩༢ (༡)«ཅོ་»—མ། (༢)«ཁུ་»—ཉིད། (༣)«ལི་»+བྱམས་པ་ཆེན་པོའི་དེ་བཞིན་ཉིད་ལས་གུད་ན་བླ་ན་མེད་པ་ཡང་དག་པར་རྫོགས་པའི་བྱང་ཆུབ་ལས་ཕྱོག་པའི་ཆོས་དེ་ལྟ་བུ་ཡོད་དམ། «པེ་»«སྣར་»«ཞོལ་»+བྱམས་པ་ཆེན་པོའི་དེ་བཞིན་ཉིད་ལས་གུད་ན་གང་བླ་ན་མེད་པ་ཡང་དག་པར་རྫོགས་པའི་བྱང་ཆུབ་ལས་ཕྱོག་པའི་ཆོས་དེ་ལྟ་བུ་ཡོད་དམ།

༡༩༣ (༡)(༢)«ཁུ་»སྨས།

༡༩༤ ① «ཁུ་»ཀྱིས་ནས། ② «ལི་»སྣེམ། ③ «སྣར་»དང་།

༡༩༥ ① «ཁུ་»ཀྱི། ② «གཡུང་»–ཀྱི། ③ «ཅོ་»–པ། ④ «ཅོ་»དཔའི། ⑤ «གཡུང་»«པེ་»གང་གིས། «ཅོ་»པ་གང་གི། «སྣར་»«ཞོལ་»མའི།

༡༩༦ ① «ཅོ་»དཔའི། ② «ཁུ་»+རབ་འབྱོར། ③ «གཡུང་»«པེ་»ཀྱི།

༡༩༧ ① «གཡུང་»«པེ་»+ན། ② «གཡུང་»བགོད། ③ «པེ་»མི་བསྐྱེད་དོ། ④ «གཡུང་»«པེ་»–ལ། ⑤ «སྣར་»«ཅོ་»«ཞོལ་»དངང་། ⑥ «ཞོལ་»–རོ།

༡༩༨ ① «གཡུང་»«པེ་»གཡོའ། ② «གཡུང་»བྱེད་དོ། ③ «ལི་»བསྐྱེད་པར་མི་བྱའོ། ④ «པེ་»མི་བསྐྱེད་དོ། ⑤ «གཡུང་»«ལི་»«པེ་»«སྣར་»«ཅོ་»«ཞོལ་»–བུ་དང་བུ་མོའི་སེམས་དང་། ⑥ «གཡུང་»«ལི་»«པེ་»«སྣར་»«ཅོ་»«ཞོལ་»–མཛའ་བཤེས་ཀྱི་སེམས་དང་། ⑦ «གཡུང་»«ལི་»«པེ་»«སྣར་»«ཅོ་»«ཞོལ་»–བུ་དང་བུ་མོའི་སེམས་དང་། ⑧ «གཡུང་»«ལི་»«པེ་»«སྣར་»«ཅོ་»«ཞོལ་»–མཛའ་བཤེས་ཀྱི་སེམས་དང་། ⑨ «གཡུང་»–པ།

༡༩༩ ① «ཅོ་»བྱའོ། ② «ཅོ་»གཞིག ③ «གཡུང་»«པེ་»རྫུན། ④ «ཅོ་»བྱའོ། ⑤ ⑥ «སྣར་»«ཞོལ་»བཀུལ། ⑦ «ལི་»སྐུལ།

༢༠༠ ① «སྣར་»«ཞོལ་»བཀུལ། ② «ཁུ་»+སྤྱོད་པའི་ལེགས་པ་བརྗོད། ③ «སྣར་»«ཞོལ་»བཀུལ། ④ «ཅོ་»སྤྱོད་། ⑤ «ལི་»སྤྱང་བ། ⑥ «ཅོ་»སྤྱང་། ⑦ «ཅོ་»སྤྱང་བར་བྱའོ། «ཁུ་»སྤྱངས་པར་བྱ། ⑧ «ལི་»བརྗོད། ⑨ «གཡུང་»«པེ་»«ཅོ་»པོ། ⑩ «ལི་»«པེ་»«སྣར་»«ཞོལ་»+དེ། ⑪ «ཞོལ་»ཡང་།

༢༠༡ ① «ལི་»«པེ་»ཡང་། ② «གཡུང་»«ལི་»«པེ་»«སྣར་»«ཅོ་»«ཞོལ་»པོ། ③ ④ «ལི་»«པེ་»+ཆེན་པོ། ⑤ «ལི་»+ཆེན་པོ། ⑥ «ལི་»«པེ་»ཡང་།

༢༠༢ ① «གཡུང་»«པེ་»ཡང་། ② «གཡུང་»«པེ་»–འཇུག་པ་ལ་སློམས་པར། ③ «གཡུང་»«པེ་»+རོལ།

༢༠༣ ① «གཡུང་»«པེ་»གིས།

༢༠༤ ① «པེ་»པར། ② «གཡུང་»–ཀྱང་།

༢༠༥ ① «སྣར་»–དེ།

༢༠༦ ① «གཡུང་»«པེ་»གིས། ② «ལི་»+ལ། ③ «ཅོ་»སྒོམ། ④ «གཡུང་»«ལི་»«པེ་»«སྣར་»«ཞོལ་»བསྒོམ། «ཅོ་»སྒོམས།

༢༠༧ ① «སྣར་»«ཞོལ་»བསྒོམ། ② «གཡུང་»«པེ་»བཞིག་སྒོམ། «ཅོ་»བཞི་སྒོམ། ③ «གཡུང་»«ལི་»«པེ་»«སྣར་»«ཞོལ་»བསྒོམ། ④ «ལི་»«སྣར་»«ཞོལ་»བསྒོམ། ⑤ «གཡུང་»«ལི་»«པེ་»«སྣར་»«ཞོལ་»བསྒོམ། ⑥ «གཡུང་»«པེ་»རྫོད། ⑦ «ཅོ་»ཡང་། ⑧ «གཡུང་»«ལི་»«པེ་»«སྣར་»«ཅོ་»«ཞོལ་»བསྒོམ། ⑨ «གཡུང་»–ལག ⑩ «གཡུང་»«ལི་»«པེ་»«སྣར་»«ཞོལ་»བསྒོམ།

༢༠༨ ① «གཡུང་»«ལི་»«པེ་»«སྣར་»«ཞོལ་»བསྒོམ། ② ③ «ལི་»«སྣར་»«ཞོལ་»བསྒོམ། ④ «གཡུང་»ཡང་། ⑤ «སྣར་»«ཞོལ་»བསྒོམ། ⑥ «གཡུང་»«པེ་»སྒོམ།

༢༡༠ ༡«ལི་»«སྣར་»«ཞོལ་»བསྐོམ། ༢ ༣ ༤«སྣར་»«ཞོལ་»བསྐོམ། ༥«ཞོལ་»གི། ༦«སྣར་»«ཞོལ་»
བསྐོམ།

༢༡༡ ༡«ཅོ་»པ། ༢«པེ་»བཅུའི། ༣«ཅོ་»བྱའོ།

༢༡༢ ༡«གཡུང་»བཙྭ། «ལི་»«པེ་»«སྣར་»«ཅོ་»«ཞོལ་»བཙོ། ༢«གཡུང་»བཙྭ། «ལི་»«སྣར་»«ཅོ་»
«ཞོལ་»བཙོ། ༣«གཡུང་»«པེ་»སྐུལ། ༤«གཡུང་»«ལི་»«པེ་»«སྣར་»«ཞོལ་»–བ་ལུགས་དང་ལུགས་
མ་ཡིན་པ་ལ་སྐོམས་པར་འདུག «ཅོ་»བ་ལ་སྐོམས་པར་འདུག ༥«གཡུང་»«ལི་»«པེ་»«སྣར་»«ཅོ་»
«ཞོལ་»–ལུགས་དང་ལུགས་མ་ཡིན་པ། ༦«གཡུང་»«སྣར་»«ཅོ་»པ། ༧«ཅོ་»བར། ༨«ལི་»
+གཞན། ༩«གཡུང་»«པེ་»+པ། «ཅོ་»པར། ༡༠«ཅོ་»བྱ། ༡༡«གཡུང་»«ལི་»«པེ་»«སྣར་»
«ཅོ་»«ཞོལ་»བསྐོམ།

༢༡༣ ༡«ལི་»«སྣར་»«ཞོལ་»བསྐོམ། ༢«གཡུང་»«སྣར་»«ཅོ་»«ཁུ་»«ཞོལ་»བྱ། ༣«གཡུང་»«པེ་»
+ཞེས་པ་མངོན་དུ་བྱ་བའི་ཕྱིར།

༢༡༤ ༡«སྣར་»«ཞོལ་»–རང་བྱང་ཆུབ་...... མངོན་དུ་བྱ་བས། ༢«གཡུང་»«པེ་»ཉིས་བརྒྱ་སུམ་བཅུ་བཞི།
«ལི་»བཅུ། «སྣར་»«ཅོ་»ཉིས་བརྒྱ་སོ་བཞི། «ཞོལ་»ཉིས་བརྒྱ་སོ་ལྔ། ༣«ཅོ་»པ་ལ། ༤«ཅོ་»–པ་ལ་
ཡང་དག

༢༡༥ ༡«ལི་»«པེ་»སྤྱང་། ༢«གཡུང་»«ལི་»«པེ་»«སྣར་»«ཅོ་»«ཞོལ་»བསྐྱེད། ༣«ཅོ་»+སེམས་ཅན།
༤«ལི་»«སྣར་»«ཅོ་»«ཞོལ་»བསྐྱེད། ༥«ལི་»«སྣར་»«ཞོལ་»སྤང་།

༢༡༦ ༡«ཅོ་»བྱའོ། ༢«ལི་»ཉོ།

༢༡༧ ༡ ༢«གཡུང་»–པ་མྱེད། ༣«གཡུང་»«ལི་»«པེ་»«སྣར་»«ཅོ་»«ཁུ་»«ཞོལ་»–རྣམ།

༢༡༨ ༡«ཅོ་»གྲིས།

༢༢༠ ༡«ཅོ་»པར། ༢«གཡུང་»«པེ་»མཚམ། ༣«གཡུང་»–པ། ༤«ཅོ་»–ངོ་། ༥«ཅོ་»–པ།
༦«ཅོ་»མི།

༢༢༡ ༡«གཡུང་»«པེ་»+སུ།

༢༢༢ ༡«ཅོ་»–ངོ་། ༢«གཡུང་»«པེ་»–ལག ༣«ཅོ་»–ངོ་།

༢༢༣ ༡«གཡུང་»«པེ་»«ཅོ་»–ངོ་། ༢«གཡུང་»«པེ་»བཟུང་།

༢༢༤ ༡«ལི་»+པ།

༢༢༥ ༡«ཅོ་»–ཁམས།

༢༢༦ ༡«པེ་»+ཚོར་བ། ༢«གཡུང་»«པེ་»–པ།

༢༢༧ ༡«གཡུང་»–པ།

༢༢༨ ༡«གཡུང་»ཞི། ༢«གཡུང་»«པེ་»–པ།

༢༢༩ ༡«པེ་»ཞུག ༢«གཡུང་»«པེ་»པའི། ༣«གཡུང་»«པེ་»ཉི།

༢༣༠ [1]«གཡུང་»«པེ་»བཅུ་དགུའོ། «ལི་»«ཅོ་»ཅུ་དགུའོ། «སྣར་»«ཞོལ་»ཅུ་བརྒྱད་པའོ། [2]«གཡུང་»«ལི་»«པེ་»«སྣར་»«ཅོ་»«ཞོལ་»+དེ། [3]«གཡུང་»«ལི་»«པེ་»«ཅོ་»+དེ། [4]«ཅོ་»+དེ། [5]«གཡུང་»«པེ་»པ།

༢༣༡ [1]«གཡུང་»«པེ་»–ནི། [2][3]«སྣར་»«ཅོ་»«ཞོལ་»+དག [4]«ཅོ་»–མ། [5]«ལི་»«ཅོ་»ལོག (པོད་འདིའི་ནང་དུ་ཕྱིར་ཕྱོག་པ་ཞེས་པ་རྣམས་«ལི་»«ཅོ་»ལ་ཕྱིར་ལོག་པ་དང་«གཡུང་»«པེ་»«སྣར་»«ཞོལ་»ལ་སྐབས་འགར་ཕྱིར་ལོག་པ་ཞེས་འཁོད་ཀྱང་གཞམ་དུ་བསྒྱུར་མཚན་དུ་བཀོད་མེད།) [6]«ཅོ་»ཕྱིར། [7]«གཡུང་»«པེ་»+དང་།

༢༣༣ [1]«ཅོ་»+ཅད། [2]«གཡུང་»«པེ་»+ཕྱིར་ལ། [3]«ཅོ་»–རྣམས། [4]«གཡུང་»བཅུ། «ལི་»«སྣར་»«ཅོ་»«ཞོལ་»བཅོ།

༢༣༤ [1]«གཡུང་»«ལི་»«པེ་»«ཅོ་»འདི་ལྟར། «སྣར་»«ཞོལ་»–དེ་ལྟར། [2]«གཡུང་»«ལི་»«པེ་»«ཅོ་»དེ།

༢༣༥ [1]«ལི་»–སེམས་དཔའ།

༢༣༧ [1]«ཞོལ་»+སེམས་དཔའ།

༢༤༠ [1]«གཡུང་»«པེ་»–པའི། [2]«ཅོ་»+རྣམ་པར་ཐར་པའི་སྒོ།

༢༤༡ [1]«གཡུང་»བཅུ། «ལི་»«སྣར་»«ཅོ་»«ཞོལ་»བཅོ། [2]«ཁུ་»གཞུགས། [3]«ཅོ་»–མེད།

༢༤༢ [1]«གཡུང་»«པེ་»ངོ་། [2]«ཅོ་»བལྟ། [3]«གཡུང་»«ལི་»«པེ་»«སྣར་»«ཞོལ་»འདོགས། [4]«གཡུང་»«པེ་»+པ། [5]«ཁུ་»ཕྱི། [6]«ཅོ་»+དེ། [7]«གཡུང་»«པེ་»«ཅོ་»ཞིང་། [8]«གཡུང་»«པེ་»བ། [9]«ལི་»ཕྱི། [10]«ལི་»རིངས། [11]«ཁུ་»ལ། [12]«གཡུང་»«པེ་»–ཆོས་ཀྱི་སྒྲ་དང་།

༢༤༣ [1]«གཡུང་»«པེ་»གཟུང་། [2]«ལི་»«པེ་»དོ། [3]«ལི་»«སྣར་»«ཅོ་»«ཞོལ་»བཛོད། [4]«གཡུང་»«པེ་»གི། [5]«གཡུང་»«པེ་»གིས། [6][7][8]«ལི་»«སྣར་»«ཅོ་»«ཞོལ་»བཛོད། [9]«གཡུང་»«པེ་»ལོགས། [10][11][12]«པེ་»ལོགས། [13][14][15][16][17]«ལི་»«སྣར་»«ཅོ་»«ཞོལ་»བཛོད།

༢༤༤ [1][2][3]«ལི་»«སྣར་»«ཅོ་»«ཞོལ་»བཛོད། [4][5][6]«སྣར་»«ཞོལ་»བཀྲལ། [7]«གཡུང་»«ལི་»«པེ་»«སྣར་»«ཅོ་»«ཁུ་»«ཞོལ་»སྤོང་། [8]«ལི་»«སྣར་»«ཅོ་»«ཞོལ་»བཛོད། [9]«སྣར་»«ཞོལ་»བཀྲལ། [10][11][12]«ལི་»«སྣར་»«ཅོ་»«ཞོལ་»བཛོད། [13]«ལི་»«སྣར་»«ཅོ་»«ཁུ་»«ཞོལ་»བཛོད། [14][15][16]«ལི་»«སྣར་»«ཅོ་»«ཞོལ་»བཛོད། [17]«ཅོ་»པོའི།

༢༤༥ [1]«གཡུང་»«པེ་»+པ། [2]«གཡུང་»«པེ་»བསྒོམ། [3]«སྣར་»«ཅོ་»«ཞོལ་»དོ། [4]«ཅོ་»རྟོག [5]«སྣར་»«ཞོལ་»དབབ། «ཁུ་»ཕབ།

༢༤༦ [1]«ཅོ་»ཀུན་ཏུ། [2]«ལི་»«པེ་»བ་དེའི། [3]«ཅོ་»བསམ། [4]«གཡུང་»«ལི་»«པེ་»«སྣར་»«ཅོ་»སྟོ། [5]«གཡུང་»«ལི་»«པེ་»«སྣར་»«ཅོ་»«ཞོལ་»–དེ་དག [6]«གཡུང་»«པེ་»ཉིས་བརྒྱ་སུམ་བཅུ་ལྔ། «ལི་»བཅུ་གཅིག «སྣར་»«ཅོ་»ཉིས་བརྒྱ་སོ་ལྔ། «ཞོལ་»ཉིས་བརྒྱ་སོ་དྲུག [7]«གཡུང་»«པེ་»«ཅོ་»

+ན། (༨)«གཡུང་»ཡང་། (༩)«ལི་»–དེ།

༢༤༧ (༡)(༢)«ལི་»རྣམ་པར་ཤེས།

༢༤༨ (༡)«ཅོ་»–ལམ། (༢)«གཡུང་»«པེ་»«སྣར་»«ཞོལ་»+རྣམ་པར་ཐར་པའི་སྒོ། (༣)«ལི་»འབྲུས།
(༤)«གཡུང་»«ལི་»«པེ་»«ཅོ་»འམ།

༢༤༩ (༡)«ཅོ་»འདུན། (༢)«ཅོ་»རྒྱུག (༣)«བྲུ་»དེ། (༤)«གཡུང་»«ལི་»«པེ་»«སྣར་»«ཅོ་»«ཞོལ་»+ནི།
(༥)«གཡུང་»«པེ་»འོང་ཞིང་འགྲོ། (༦)«ཅོ་»ཀྱི། (༧)«གཡུང་»«ལི་»«པེ་»«སྣར་»«ཞོལ་»–བ།

༢༥༠ (༡)«གཡུང་»ལ། (༢)«ཅོ་»འདེགས། (༣)«གཡུང་»«སྣར་»«ཅོ་»«ཞོལ་»ལ། (༤)«ཅོ་»འདེགས།
(༥)«བྲུ་»པོའི། (༦)«གཡུང་»«པེ་»བརྒྱད་བཅུ། «ལི་»«སྣར་»«ཅོ་»«ཞོལ་»བརྒྱད་ཅུ། (༧)«གཡུང་»
«པེ་»–ཐམས་ཅད། (༨)«གཡུང་»«པེ་»བརྒྱད་བཅུ། «ལི་»«སྣར་»«ཅོ་»«ཞོལ་»བརྒྱད་ཅུ།

༢༥༡ (༡)«ཅོ་»–ཛཱ་ལྷ། (༢)«བྲུ་»+ན། (༣)«གཡུང་»«ལི་»«པེ་»«སྣར་»«ཅོ་»«ཞོལ་»གིས། (༤)«གཡུང་»
«པེ་»གྱུར། (༥)«གཡུང་»«ལི་»«པེ་»«སྣར་»«ཅོ་»«ཞོལ་»ཀྱིས། (༦)(༧)(༨)«ལི་»«པེ་»«སྣར་»«ཅོ་»
«ཞོལ་»+པ། (༩)«ཅོ་»དོ།

༢༥༢ (༡)«གཡུང་»«ལི་»«པེ་»བསྡི། (༢)«བྲུ་»–ལྷུར། (༣)«ཞོལ་»ཅོག་པུ། (༤)«གཡུང་»–པ། «ཅོ་»
–གསུམ་པ། (༥)«གཡུང་»«པེ་»«སྣར་»«ཞོལ་»–ཀྱི། (༦)«ལི་»«བྲུ་»–མི། (༧)«ལི་»+ཕྱིར་ཀྱི་ཕྱོག་
པའི། «སྣར་»«ཞོལ་»+ཕྱིར་མི་ཕྱོག་པའི།

༢༥༣ (༡)«ལི་»«སྣར་»«ཞོལ་»–ཕྱིར་ཀྱི་ཕྱོག་པ། (༢)«ལི་»དག་པ། «ཅོ་»–དག་པར། (༣)«ཅོ་»–ཚོས་གང་།
(༤)«ཅོ་»པོ། (༥)«གཡུང་»«པེ་»རེ། (༦)«ཅོ་»–བྱང་ཆུབ་སེམས་དཔའ་བརྒྱ་སྟོང་ཕྲག་མང་པོ།
(༧)«གཡུང་»«པེ་»ཟད།

༢༥༤ (༡)«གཡུང་»«ལི་»«པེ་»«ཅོ་»ཐོང་ཤིག «སྣར་»«ཞོལ་»ཐོང་ཞིག (༢)«ལི་»«སྣར་»«ཞོལ་»ནས།
(༣)«གཡུང་»«པེ་»+པ།

༢༥༧ (༡)«གཡུང་»བཙྭ། «ལི་»«སྣར་»«ཅོ་»«ཞོལ་»བཙོ། (༢)«ཅོ་»འགྱུར་བ། (༣)«པེ་»ཤོག (༤)«སྣར་»
«ཞོལ་»ཐོང་ཞིག «ཅོ་»ཐོངས་ཤིག (༥)«ཅོ་»ངེས་པ་མ། (༦)«ཞོལ་»བརྟེན། (༧)«ཅོ་»འདུས།

༢༥༨ (༡)«སྣར་»«ཞོལ་»བརྟེན། (༢)«གཡུང་»«པེ་»«ཅོ་»པས། (༣)«གཡུང་»«པེ་»དྲི། (༤)«གཡུང་»«ལི་»
«པེ་»«སྣར་»«ཅོ་»«བྲུ་»«ཞོལ་»–པ།

༢༥༩ (༡)«ཅོ་»དྲི། (༢)«ལི་»གྲི། (༣)«ལི་»གཞི། (༤)«གཡུང་»བཙྭ། «ལི་»«ཅོ་»«ཞོལ་»བཙོ།
(༥)«གཡུང་»ད། «པེ་»«སྣར་»དེ།

༢༦༠ (༡)«ཅོ་»–པ། (༢)«ལི་»«སྣར་»«ཞོལ་»–གནས་ཤིང་། (༣)«ཅོ་»+ཀྱང་། (༤)«བྲུ་»ནས། (༥)«ཅོ་»
–དེ་ནི་གནས་མེད་དོ།། (༦)«ཅོ་»བར།

༢༦༡ (༡)«ལི་»–ངོ་།

༢༦༢ (༡)«གཡུང་»–རྒྱེན། (༢)«ལི་»+ཉིད།

༢༦༣ ༡ ༢ «གཡུང་»«ལི་»«པེ་»«ཅོ་»སྤྲིད།

༢༦༤ ༡ «གཡུང་»«པེ་»—ཉིད།

༢༦༥ ༡ «གཡུང་»«པེ་»སྤྱོངས། ༢ «ཁུ་»པ་འིམ།

༢༦༦ ༡ «ལི་»དང་། ༢ «ལི་»—ཌེ་། ༣ «ལི་»+པའི།

༢༦༧ ༡ «གཡུང་»«པེ་»«ཅོ་»འམ། ༢ «ཅོ་»+རྣམ་པ་ཐམས་ཅད་མཁྱེན་པ་ཉིད་དམ་རྣམ་པ་ཐམས་ཅད་མཁྱེན་པ་ཉིད་ཀྱི་དེ་བཞིན་ཉིད་ཡང་དག་པར་རྗེས་སུ་མི་མཐོང་ངོ་།། ༣ «གཡུང་»«པེ་»འམ། ༤ «གཡུང་»«པེ་»ངོ་། ༥ «ཞོལ་»ཀྱི།

༢༦༨ ༡ «སྣར་»«ཞོལ་»ཅུང་། ༢ ༣ «གཡུང་»«ལི་»«པེ་»«སྣར་»«ཅོ་»«ཞོལ་»འཐོབ། ༤ «གཡུང་»«ལི་»«པེ་»«སྣར་»«ཞོལ་»འཐོབ། ༥ «ཅོ་»ཀྱི། ༦ «གཡུང་»«ལི་»«པེ་»ཕྱུང་ཤིག «སྣར་»«ཞོལ་»ཕྱུང་ཞིག ༧ «གཡུང་»«པེ་»«ཅོ་»ཅད། ༨ «གཡུང་»«ལི་»«པེ་»«སྣར་»«ཞོལ་»—འདི། ༩ «སྣར་»«ཞོལ་»ཞེས། ༡༠ «ལི་»ཁྲུག་གྱི། «ཅོ་»འཁྲུག་པ། ༡༡ «ཅོ་»གང་།

༢༦༩ ༡ «ལི་»ཏེ། ༢ «ཞོལ་»ཀྱི། ༣ «ཅོ་»བདག་ལ། ༤ ༥ ༦ «ལི་»གའི། ༧ «ཅོ་»སྡེ།

༢༧༠ ༡ «གཡུང་»«པེ་»+པ། ༢ «ཁུ་»—ཀྱི།

༢༧༡ ༡ «གཡུང་»བཙྭ། «ལི་»«པེ་»«སྣར་»«ཅོ་»«ཞོལ་»བཙོ། ༢ «ཅོ་»ཞུགས། ༣ «ལི་»«པེ་»«སྣར་»«ཞོལ་»ལ་བསྟན་པར། «ཅོ་»ལ་བལྟ་བར། ༤ «ཁུ་»པོའི། ༥ «གཡུང་»—མ། ༦ «གཡུང་»«ལི་»«པེ་»«སྣར་»«ཅོ་»བཏམས། ༧ «ཅོ་»—སློབ། ༨ «གཡུང་»«པེ་»«ཅོ་»ཐོབ། ༩ «ཁུ་»དམིགས། ༡༠ «སྣར་»«ཞོལ་»དངང་། ༡༡ «གཡུང་»«ལི་»«ཅོ་»ཏུ་ཡང་། «པེ་»—ཡང་། «སྣར་»«ཞོལ་»ཏུའང་། ༡༢ «ཅོ་»—པ།

༢༧༢ ༡ «གཡུང་»«པེ་»«ཅོ་»སྐྱེད། ༢ «གཡུང་»«པེ་»—ཏོ། ༣ «ལི་»—ཀུན། ༤ «ཁུ་»—འགྱུར། ༥ «གཡུང་»«པེ་»«ཅོ་»—དེ། ༦ «གཡུང་»«ལི་»«པེ་»«སྣར་»«ཅོ་»«ཞོལ་»—ཡང་།

༢༧༣ ༡ «ཅོ་»པ། ༢ «ཅོ་»—དེ། ༣ «ཅོ་»འབྲལ། ༤ «སྣར་»«ཅོ་»«ཞོལ་»པ། ༥ «ཅོ་»བདག ༦ «སྣར་»«ཞོལ་»ཉམས། (པོད་འདིའི་ནང་དུ་ཡོངས་སུ་མི་ཉམ་ཞེས་པ་རྣམས་«སྣར་»«ཞོལ་»ལ་ཡོངས་སུ་མི་ཉམས་ཞེས་འཁོད་ཀྱང་གཤམ་དུ་བསྒྱུར་མཚན་དུ་བཀོད་མེད།)

༢༧༤ ༡ «ཅོ་»+ལམ། ༢ «གཡུང་»«པེ་»«སྣར་»«ཞོལ་»+རྣམ་པར་ཐར་པའི་སྒོ། ༣ «ཅོ་»—པ། ༤ «གཡུང་»བཙྭ། «ལི་»«སྣར་»«ཅོ་»«ཞོལ་»བཙོ། ༥ «སྣར་»«ཞོལ་»སོ།

༢༧༥ ༡ «སྣར་»«ཞོལ་»+སུ། ༢ «སྣར་»«ཞོལ་»སོ། ༣ «གཡུང་»«ཅོ་»—དེ།

༢༧༦ ༡ «གཡུང་»«པེ་»—འབྲས་བུའི།

༢༧༧ ༡ «གཡུང་»«ལི་»«པེ་»«སྣར་»«ཞོལ་»སྐྱེ་བ། ༢ «ཅོ་»པོའི། ༣ «གཡུང་»«ལི་»«པེ་»«ཅོ་»+དེ་ལྟར། ༤ «གཡུང་»«ལི་»«པེ་»«ཅོ་»བཞི་བཅུའོ། «སྣར་»«ཞོལ་»སོ་དགུ་པའོ། ༥ «གཡུང་»«པེ་»ཉིས་བརྒྱ་སུམ་བཅུ་དྲུག «ལི་»བཅུ་གཉིས། «སྣར་»«ཅོ་»ཉིས་བརྒྱ་སོ་དྲུག «ཞོལ་»ཉིས་བརྒྱ་སོ་བདུན།

(༦)«གཡུང་»«པེ་»«ཅོ་»འོངས་ཏེ། (༧)«གཡུང་»«ལི་»«པེ་»«སྣར་»«ཅོ་»«ཞོལ་»བློག (༨)«གཡུང་»«པེ་»+ཅིད། (༩)«ཅོ་»–དེ། (༡༠)«ཅོ་»ཚུངས། (༡༡)«ཅོ་»–རྫོགས་པར།

༢༧༨ (༡)«གཡུང་»«པེ་»«ཅོ་»བློག (༢)«གཡུང་»«པེ་»«སྣར་»«ཅོ་»«ཞོལ་»ཀྱིས། (༣)«སྣར་»«ཞོལ་»ཀྱི། (༤)«གཡུང་»«ལི་»«པེ་»«སྣར་»«ཅོ་»«ཞོལ་»–ཉི། (༥)«གཡུང་»«ལི་»«པེ་»«སྣར་»«ཅོ་»«ཞོལ་»པོས། (༦)«ཅོ་»–དང་པོ། (༧)«སྣར་»«ཞོལ་»ནས། (༨)«ཅོ་»བསྐྱན། (༩)«གཡུང་»བརྟེན།

༢༧༩ (༡)«གཡུང་»«པེ་»«སྣར་»«ཅོ་»«ཞོལ་»+ཨི། «ལི་»+ཨཱི། (༢)«གཡུང་»«ལི་»«པེ་»«སྣར་»«ཅོ་»«ཞོལ་»ཕྱིར། (༣)«གཡུང་»«པེ་»+ཨི། (༤)«གཡུང་»«པེ་»–ཀྱི།

༢༨༠ (༡)«ལི་»གཏང་། (༢)«གཡུང་»«པེ་»«སྣར་»«ཁུ་»«ཞོལ་»ཅུང་། (༣)«གཡུང་»«ལི་»«པེ་»«སྣར་»«ཅོ་»«ཞོལ་»+རྣམས། (༤)«གཡུང་»«པེ་»མ།

༢༨༡ (༡)«ལི་»«སྣར་»«ཞོལ་»བསམ། (༢)«ཅོ་»–ཨྱི། (༣)«ཅོ་»–མ།

༢༨༢ (༡)«ལི་»–དགུ། (༢)«གཡུང་»«ལི་»«པེ་»«སྣར་»«ཅོ་»«ཞོལ་»–རྣམ་པར་ཐར་པའི་སྒོ། (༣)«ཅོ་»+ལྷུང་།

༢༨༣ (༡)«གཡུང་»«པེ་»+རྣམས། (༢)«གཡུང་»བཙྭ། «སྣར་»«ཅོ་»«ཞོལ་»བཅོ། (༣)«གཡུང་»«པེ་»«ཅོ་»བསྐྱེད། (༤)«གཡུང་»«པེ་»–ནོ། (༥)«གཡུང་»«པེ་»སྟོ། (༦)«སྣར་»«ཅོ་»«ཞོལ་»བསྐྱེད། (༧)«ཅོ་»ལྟ་ན། (༨)«གཡུང་»«ལི་»«པེ་»«སྣར་»«ཅོ་»«ཞོལ་»–དག (༩)«གཡུང་»«པེ་»འགྲོའོ།

༢༨༤ (༡)«གཡུང་»«པེ་»འགྲོ། (༢)«གཡུང་»«ལི་»«པེ་»«སྣར་»«ཅོ་»«ཞོལ་»འཆག་གོ། (༣)«གཡུང་»«ལི་»«པེ་»«སྣར་»«ཅོ་»«ཞོལ་»སྟོད་དོ། (༤)«ཞོལ་»–ཏུ། (༥)«ཁུ་»–བྱང་ཆུབ། (༦)«ཁུ་»–ཆེན། (༧)«གཡུང་»«པེ་»ཞ། (༨)«གཡུང་»«ལི་»བཻ་ཏྲྰ། «པེ་»བེ་ཏྲྰ། (༩)«ལི་»མལ། (༡༠)«སྣར་»«ཞོལ་»བྲྀ། (༡༡)«གཡུང་»«ལི་»བཻ་ཏྲྰ། «པེ་»བེ་ཏྲྰ། (༡༢)«ཅོ་»ཏུ་ཏུ། (༡༣)«སྣར་»«ཞོལ་»བྲྀ། (༡༤)«གཡུང་»«ལི་»ཞས། «པེ་»ཞེས། (༡༥)«གཡུང་»«པེ་»–གཞན་དང་། (༡༦)«སྣར་»«ཞོལ་»བརྗོད་དོ། «ཅོ་»བརྗོད་དེ། (༡༧)«ལི་»ཀ། (༡༨)«སྣར་»«ཅོ་»«ཞོལ་»བརྗོད།

༢༨༥ (༡)«ལི་»བསྐུལ། (༢)«སྣར་»«ཅོ་»«ཞོལ་»བརྗོད། (༣)«ཅོ་»–ཡང་། (༤)«ལི་»«སྣར་»«ཞོལ་»བརྗོད། (༥)«གཡུང་»«པེ་»པ། (༦)«ལི་»དོ། «སྣར་»«ཅོ་»«ཞོལ་»དེ། (༧)«ལི་»བསྐུལ། (༨)«སྣར་»«ཞོལ་»བརྗོད། (༩)«གཡུང་»«པེ་»ཡང་། (༡༠)«གཡུང་»«པེ་»«སྣར་»«ཞོལ་»བརྗོད། (༡༡)«ལི་»«པེ་»«སྣར་»«ཅོ་»«ཞོལ་»དེ། (༡༢)«སྣར་»«ཞོལ་»བརྗོད། (༡༣)«ཅོ་»–ལ་སྤྱོད་པ། (༡༤)«ཅོ་»–ཡང་། (༡༥)«སྣར་»«ཞོལ་»བརྗོད། (༡༦)«ལི་»«སྣར་»«ཅོ་»«ཞོལ་»དེ། (༡༧)«ལི་»«སྣར་»«ཅོ་»«ཞོལ་»བརྗོད། (༡༨)«སྣར་»«ཞོལ་»བརྗོད། (༡༩)«ལི་»«པེ་»«སྣར་»«ཞོལ་»དོ། «ཅོ་»དེ། (༢༠)«གཡུང་»མ། (༢༡)«ལི་»«སྣར་»«ཞོལ་»བརྗོད་དོ། «ཅོ་»རྗོད་དེ། (༢༢)«སྣར་»«ཞོལ་»བརྗོད།

༢༨༦ (༡)«སྣར་»«ཞོལ་»ཛམྦུའི། (༢)«ལི་»«པེ་»«སྣར་»«ཞོལ་»+ཡོངས་སུ། (༣)«ཅོ་»–ཡོངས་སུ། (༤)«ཅོ་»–སུ། (༥)«ཅོ་»བཏོང་། (༦)«གཡུང་»«པེ་»+བྱང་། (༧)«གཡུང་»«ལི་»«པེ་»«སྣར་»«ཅོ་»«ཞོལ་»

པོ། (༨)«ལི་»«སྣར་»«ཅོ་»«ཞོལ་»—ནི། (༩)«གཡུང་»«པེ་»འཐྲས། (༡༠)«ཅོ་»—ལག་ན། (༡༡)«ཅོ་»བར། (༡༢)«ཅོ་»+དེ། (༡༣)«ཅོ་»འདུད།

༢༨༧ (༡)«ཅོ་»+ཅན། (༢)«ཅོ་»—པར། (༣)«གཡུང་»«པེ་»«སྣར་»«ཅོ་»«ཞོལ་»—རྫོགས་པར། (༤)«གཡུང་»«པེ་»དེ། (༥)«ཁུ་»འཁྲུགས། (༦)«ལི་»+དེ་དག (༧)«ལི་»—གཞན་ཡང་། (༨)«གཡུང་»«ལི་»«པེ་»«སྣར་»«ཅོ་»«ཞོལ་»ཚིག (༩)«ཅོ་»ཏེ། (༡༠)«ལི་»—དུ་ཐམས་ཅད། (༡༡)«ཅོ་»—གཞན།

༢༨༨ (༡)«གཡུང་»«པེ་»«སྣར་»«ཞོལ་»མོ། (༢)«ལི་»«པེ་»«སྣར་»«ཞོལ་»ངོ་། (༣)«ཅོ་»མཐོས་པས། (༤)«ཞོལ་»གྱི། (༥)«གཡུང་»«ལི་»«པེ་»«ཅོ་»ཟུང་ཤིག «ཞོལ་»ཟུང་ཞིག (༦)«ཅོ་»+གྱིས། (༧)«གཡུང་»«ལི་»«པེ་»«སྣར་»«ཅོ་»«ཞོལ་»ལ། (༨)«གཡུང་»«ལི་»«པེ་»«སྣར་»«ཅོ་»«ཞོལ་»—སྦྱོར་བ་ལ།

༢༨༩ (༡)«ཅོ་»—སྐྱེ་མཆེད་སྟོང་པ་...... བྱས་པ་ཡིན། (༢)«གཡུང་»«ལི་»«པེ་»«སྣར་»«ཅོ་»«ཞོལ་»ལ། (༣)«གཡུང་»«ལི་»«པེ་»«སྣར་»«ཅོ་»«ཞོལ་»—སྦྱོར་བ་ལ། (༤)«གཡུང་»«ལི་»«པེ་»«སྣར་»«ཅོ་»«ཞོལ་»ལ། (༥)«གཡུང་»«ལི་»«པེ་»«སྣར་»«ཅོ་»«ཞོལ་»—སྦྱོར་བ་ལ། (༦)«གཡུང་»«ལི་»«པེ་»«སྣར་»«ཅོ་»«ཞོལ་»ལ། (༧)«གཡུང་»«ལི་»«པེ་»«སྣར་»«ཅོ་»«ཞོལ་»—སྦྱོར་བ་ལ། (༨)«གཡུང་»«ལི་»«པེ་»«སྣར་»«ཞོལ་»དགོག་པ། «ཅོ་»དགོག་པར། (༩)«ལི་»དག་ཡུལ། «སྣར་»«ཞོལ་»ཡུལ། (༡༠)«གཡུང་»«པེ་»—གྱི། (༡༡)«གཡུང་»«ལི་»«པེ་»«སྣར་»«ཅོ་»«ཞོལ་»ལ། (༡༢)«གཡུང་»«ལི་»«པེ་»«སྣར་»«ཅོ་»«ཞོལ་»—སྦྱོར་བ་ལ། (༡༣)«གཡུང་»«པེ་»+གྱི། (༡༤)«གཡུང་»«ལི་»«པེ་»«སྣར་»«ཅོ་»«ཞོལ་»ལ། (༡༥)«གཡུང་»«ལི་»«པེ་»«སྣར་»«ཅོ་»«ཞོལ་»—སྦྱོར་བ་ལ། (༡༦)«ལི་»—བ། «ཅོ་»བར། (༡༧)«གཡུང་»«ལི་»«པེ་»«སྣར་»«ཅོ་»«ཞོལ་»ལ། (༡༨)«གཡུང་»«ལི་»«པེ་»«སྣར་»«ཅོ་»«ཞོལ་»—སྦྱོར་བ་ལ།

༢༩༠ (༡)«གཡུང་»«པེ་»མ། (༢)«ཅོ་»—གཏམ་གྱི། (༣)«གཡུང་»«ལི་»«པེ་»«སྣར་»«ཅོ་»«ཞོལ་»—སྦྱོར་བ་ལ། (༤)«གཡུང་»«ལི་»«པེ་»«སྣར་»«ཅོ་»«ཞོལ་»ལ། (༥)«གཡུང་»«ལི་»«པེ་»«སྣར་»«ཅོ་»«ཞོལ་»—སྦྱོར་བ་ལ། (༦)«ལི་»«པེ་»འཁྲིབ། «སྣར་»«ཞོལ་»འགྲིབ། (༧)«གཡུང་»«ལི་»«པེ་»«སྣར་»«ཅོ་»«ཞོལ་»ལ། (༨)«གཡུང་»«ལི་»«པེ་»«སྣར་»«ཅོ་»«ཞོལ་»—སྦྱོར་བ་ལ། (༩)«གཡུང་»«ལི་»«པེ་»«སྣར་»«ཅོ་»«ཞོལ་»ལ། (༡༠)«གཡུང་»«ལི་»«པེ་»«སྣར་»«ཅོ་»«ཞོལ་»—སྦྱོར་བ་ལ། (༡༡)«གཡུང་»—དང་། «ལི་»«པེ་»«སྣར་»«ཅོ་»«ཞོལ་»ལ། (༡༢)«གཡུང་»«ལི་»«པེ་»«སྣར་»«ཅོ་»«ཞོལ་»—སྦྱོར་བ་ལ། (༡༣)«གཡུང་»«ལི་»«པེ་»«སྣར་»«ཅོ་»«ཞོལ་»ལ། (༡༤)«གཡུང་»«ལི་»«པེ་»«སྣར་»«ཅོ་»«ཞོལ་»—སྦྱོར་བ་ལ། (༡༥)«གཡུང་»«ལི་»«པེ་»«སྣར་»«ཅོ་»«ཞོལ་»ལ། (༡༦)«གཡུང་»«ལི་»«པེ་»«སྣར་»«ཅོ་»«ཞོལ་»—སྦྱོར་བ་ལ། (༡༧)«གཡུང་»«ལི་»«པེ་»«སྣར་»«ཅོ་»«ཞོལ་»ལ། (༡༨)«གཡུང་»«ལི་»«པེ་»«སྣར་»«ཅོ་»«ཞོལ་»—སྦྱོར་བ་ལ། (༡༩)«གཡུང་»«ལི་»«པེ་»«སྣར་»«ཅོ་»«ཞོལ་»ལ། (༢༠)«གཡུང་»«ལི་»«པེ་»«སྣར་»«ཅོ་»«ཞོལ་»—སྦྱོར་བ་ལ། (༢༡)«གཡུང་»«ལི་»«པེ་»

«སྣར་»«ཅོ་»«ཞོལ་»ལ། ༢༢«གཡུང་»«ལི་»«པེ་»«སྣར་»«ཅོ་»«ཞོལ་»–སྦྱོར་བ་ལ། ༢༣«གཡུང་»«ལི་»«པེ་»«སྣར་»«ཅོ་»«ཞོལ་»ལ། ༢༤«གཡུང་»«ལི་»«པེ་»«སྣར་»«ཅོ་»«ཞོལ་»–སྦྱོར་བ་ལ། ༢༥«གཡུང་»«ལི་»«པེ་»«སྣར་»«ཅོ་»«ཞོལ་»ལ། ༢༦«གཡུང་»«ལི་»«པེ་»«སྣར་»«ཅོ་»«ཞོལ་»–སྦྱོར་བ་ལ། ༢༧«གཡུང་»«ལི་»«པེ་»«སྣར་»«ཅོ་»«ཞོལ་»ལ། ༢༨«གཡུང་»«ལི་»«པེ་»«སྣར་»«ཅོ་»«ཞོལ་»–སྦྱོར་བ་ལ། ༢༩«གཡུང་»«ལི་»«པེ་»«སྣར་»«ཅོ་»«ཞོལ་»ལ། ༣༠«གཡུང་»«ལི་»«པེ་»«སྣར་»«ཅོ་»«ཞོལ་»–སྦྱོར་བ་ལ། ༣༡«གཡུང་»«ལི་»«པེ་»«སྣར་»«ཅོ་»«ཞོལ་»ལ། ༣༢«གཡུང་»«ལི་»«པེ་»«སྣར་»«ཅོ་»«ཞོལ་»–སྦྱོར་བ་ལ།

༢༩༡ ༡«གཡུང་»«ལི་»«པེ་»«སྣར་»«ཅོ་»«ཞོལ་»ལ། ༢«གཡུང་»«ལི་»«པེ་»«སྣར་»«ཅོ་»«ཞོལ་»–སྦྱོར་བ་ལ། ༣«གཡུང་»«ལི་»«པེ་»«སྣར་»«ཅོ་»«ཞོལ་»ལ། ༤«གཡུང་»«ལི་»«པེ་»«སྣར་»«ཅོ་»«ཞོལ་»–སྦྱོར་བ་ལ། ༥«གཡུང་»«ལི་»«པེ་»«སྣར་»«ཅོ་»«ཞོལ་»ལ། ༦«གཡུང་»«ལི་»«པེ་»«སྣར་»«ཅོ་»«ཞོལ་»–སྦྱོར་བ་ལ། ༧«གཡུང་»«ལི་»«པེ་»«སྣར་»«ཅོ་»«ཞོལ་»ལ། ༨«གཡུང་»«ལི་»«པེ་»«སྣར་»«ཅོ་»«ཞོལ་»–སྦྱོར་བ་ལ། ༩«གཡུང་»«ལི་»«པེ་»«སྣར་»«ཅོ་»«ཞོལ་»ལ། ༡༠«གཡུང་»«ལི་»«པེ་»«སྣར་»«ཅོ་»«ཞོལ་»–སྦྱོར་བ་ལ། ༡༡«གཡུང་»«ལི་»«པེ་»«སྣར་»«ཅོ་»«ཞོལ་»ལ། ༡༢«གཡུང་»«ལི་»«པེ་»«སྣར་»«ཅོ་»«ཞོལ་»–སྦྱོར་བ་ལ། ༡༣«གཡུང་»«པེ་»«སྣར་»«ཅོ་»«ཞོལ་»+ཏེ། ༡༤«གཡུང་»«ལི་»«པེ་»«ཅོ་»–དེ། ༡༥«གཡུང་»«ལི་»«པེ་»«སྣར་»«ཅོ་»«ཞོལ་»+མ། ༡༦«གཡུང་»«ལི་»«པེ་»«སྣར་»«ཅོ་»«ཞོལ་»–དགེ་བའི། ༡༧«གཡུང་»«ལི་»«པེ་»«སྣར་»«ཞོལ་»ཡིན། «ཅོ་»ཡི། ༡༨«གཡུང་»«པེ་»པར། ༡༩«སྣར་»«ཞོལ་»–བ་དང་། ༢༠«གཡུང་»«ལི་»«པེ་»«སྣར་»«ཅོ་»«ཞོལ་»སྐྱེས་ཏེ།

༢༩༢ ༡«གཡུང་»«པེ་»བྱས། ༢«ཅོ་»བྱས། ༣ ༤«ཅོ་»སྐྱེད། ༥«གཡུང་»«པེ་»སྐྱེད། ༦«སྣར་»«ཅོ་»«ཞོལ་»ཅུང་། ༧«ཅོ་»སྐྱེ་སྟེ། ༨«ཅོ་»ན། ༩«ཅོ་»+དང་།

༢༩༣ ༡«ཅོ་»+ལ། ༢«གཡུང་»«ལི་»«པེ་»«སྣར་»«ཅོ་»«ཞོལ་»–རྣམ་པར་ཐར་པའི་སྒོ།

༢༩༤ ༡«གཡུང་»བཅུ། «ལི་»«སྣར་»«ཅོ་»«ཞོལ་»བཅོ། ༢«ཅོ་»+ཕྱིར་མི་ལྡོག་པའམ། ༣«གཡུང་»«པེ་»«ཅོ་»–དེ། ༤«ཁུ་»སྦྱིད། ༥«གཡུང་»«ལི་»«པེ་»«སྣར་»«ཅོ་»«ཞོལ་»–སྤྱི། ༦«གཡུང་»«པེ་»«ཅོ་»འཇོམས།

༢༩༥ ༡«ཅོ་»སྐྱེ། ༢«གཡུང་»«ལི་»«པེ་»«སྣར་»«ཞོལ་»སྐྱལ། «ཅོ་»«ཁུ་»སྐྱལ། ༣«ཅོ་»+མི། ༤«གཡུང་»«ལི་»«པེ་»«སྣར་»«ཅོ་»«ཁུ་»«ཞོལ་»བལྟ། ༥«ཅོ་»ལ་ཉན། ༦«གཡུང་»དེ། ༧«ལི་»«སྣར་»«ཞོལ་»བསྐྱེད། ༨«གཡུང་»«པེ་»འབྲི། ༩«སྣར་»«ཞོལ་»བར། ༡༠«ལི་»«ཅོ་»–བར། «སྣར་»«ཞོལ་»བ། ༡༡«གཡུང་»«ལི་»«པེ་»«སྣར་»«ཅོ་»«ཞོལ་»+དེ།

༢༩༦ ༡«ཅོ་»–ཅིང་། ༢«གཡུང་»–ནས། ༣«ཅོ་»བར། ༤«གཡུང་»«ལི་»«པེ་»«སྣར་»«ཞོལ་»–དུ། ༥«གཡུང་»«ལི་»«པེ་»«སྣར་»«ཅོ་»«ཞོལ་»–དུ།

༢༩༧ ༡«གཡུང་»«ལི་»«པེ་»«སྣར་»«ཅོ་»«ཞོལ་»—ཁྱིད། ༢«གཡུང་»«པེ་»«ཅོ་»+ཉིད། ༣«ལི་»«སྣར་»«ཅོ་»«ཞོལ་»—གང་གིས། ༤«ཅོ་»—དག ༥«གཡུང་»«ལི་»«པེ་»«སྣར་»«ཅོ་»«ཞོལ་»ཏོ། ༦«གཡུང་»«ལི་»«པེ་»«སྣར་»«ཅོ་»«ཞོལ་»འདི། ༧«སྣར་»«ཞོལ་»ཀྱིས།

༢༩༨ ༡«ཞོལ་»བསྐུལ། ༢«གཡུང་»«ལི་»«པེ་»«སྣར་»«ཅོ་»«ཁུ་»«ཞོལ་»སྡིག ༣«ལི་»«སྣར་»«ཞོལ་»—དུ། ༤«གཡུང་»«པེ་»ཐོན། ༥«གཡུང་»«ལི་»«པེ་»«སྣར་»«ཅོ་»—བྱེད། ༦«ལི་»«སྣར་»«ཞོལ་»+རྣམས། ༧«ཅོ་»—དེ། ༨«ལི་»—ཚུལ་དེ་དག་དང་།

༢༩༩ ༡«གཡུང་»«ལི་»«པེ་»«སྣར་»«ཅོ་»«ཞོལ་»—དེ། ༢«གཡུང་»«པེ་»«ཅོ་»བཟུང་། ༣«གཡུང་»«པེ་»བཟུང་། ༤«གཡུང་»«པེ་»«ཅོ་»བཟུང་། ༥«ཅོ་»ཏོ། ༦«ཅོ་»—འདི་ནི་འདུལ་བ་མ་ཡིན། ༧«གཡུང་»«པེ་»«སྣར་»«ཞོལ་»བརྗོད། ༨«ཅོ་»—ཚེས། ༩«གཡུང་»«ལི་»«པེ་»«སྣར་»«ཅོ་»«ཞོལ་»པོས།

༣༠༠ ༡«ཅོ་»བྱུང་། ༢«གཡུང་»«པེ་»བཟུང་། «ཅོ་»མི་གཏོང་། ༣«ཅོ་»ན། ༤«ལི་»པོ།

༣༠༡ ༡«གཡུང་»«ལི་»«པེ་»«སྣར་»«ཅོ་»ཤིག ༢«ཅོ་»—ཀྱིས། ༣«གཡུང་»«ལི་»«པེ་»«སྣར་»བརྡབ། ༤«གཡུང་»«ལི་»«པེ་»«སྣར་»«ཅོ་»«ཞོལ་»—དོ། ༥«སྣར་»«ཞོལ་»—ཕྱིར་མྱི་ལྡོག་པའི་རྣམ་པ་དང་། ཚུལ་གྱི། «ཅོ་»ཕྱིར་མི་ལྡོག་པའི་རྣམ་པ་དང་རྟགས་དང་། ཚུལ་གྱི། ༦«སྣར་»«ཞོལ་»—སྟེ། ༧«གཡུང་»«པེ་»«ཅོ་»བཅུ་གཅིག་གོ། «ལི་»བཅུ་རྩ་གཅིག་གོ། «སྣར་»«ཞོལ་»བཅུ་པའོ། ༨«གཡུང་»«པེ་»ཉིས་བརྒྱ་སུམ་བཅུ་བདུན། «ལི་»བཅུ་གསུམ། «སྣར་»«ཅོ་»ཉིས་བརྒྱ་སོ་བདུན། «ཞོལ་»ཉིས་བརྒྱ་སོ་བརྒྱད།

༣༠༢ ༡༢«གཡུང་»«ལི་»«པེ་»«སྣར་»«ཁུ་»«ཞོལ་»བསྐྱོད། ༣«གཡུང་»«པེ་»པར། ༤«ལི་»«སྣར་»«ཞོལ་»བསྒྲུབ། ༥«གཡུང་»«ལི་»«པེ་»«སྣར་»«ཅོ་»«ཞོལ་»ནུས་པའི། ༦«ཅོ་»བསྒྲུབ། ༧«གཡུང་»«པེ་»ཀྱིས།

༣༠༣ ༡«གཡུང་»ཐུ། «ལི་»མཐུའ།

༣༠༤ ༡«གཡུང་»བཙྭ། «སྣར་»«ཅོ་»«ཞོལ་»བཙོ། ༢«གཡུང་»«པེ་»དཔའ། ༣«གཡུང་»«པེ་»ཤེས། ༤«ཅོ་»ཚོགས། ༥«ཞོལ་»དྭགས། ༦«ཅོ་»བྱེད་པ། ༧༨༩༡༠༡༡«ཞོལ་»དྭགས།

༣༠༥ ༡«གཡུང་»རྣའི།

༣༠༦ ༡༢༣༤«ཅོ་»—ཡང་། ༥«ཅོ་»—ཉིད།

༣༠༧ ༡«པེ་»—པར། ༢«གཡུང་»བཙྭ། «ལི་»«སྣར་»«ཅོ་»«ཞོལ་»བཙོ།

༣༠༨ ༡«ལི་»«ཅོ་»+བྱ།

༣༡༠ ༡«ཅོ་»པར། ༢«གཡུང་»བཙྭ། «སྣར་»«ཅོ་»«ཞོལ་»བཙོ། ༣«གཡུང་»«ལི་»«པེ་»—ཉིད།

༣༡༡ ༡༢༣«གཡུང་»«པེ་»—དེ། ༤«གཡུང་»—ཀྱི་རྣམ། ༥«གཡུང་»«པེ་»པ།

༣༡༢ ༡«ལི་»སྦྱིན།

༣༡༩ ①«ཅོ་»+པ།

༣༡༥ ①«གཡུང་»«པེ་»ཅི། ②③«ལི་»«སྣར་»«ཅོ་»«ཞོལ་»–རྣམ་པར་ཐར་པའི་སྒོ། ④«ཅོ་»–དེ་བཞིན་དུ།

༣༡༦ ①«ཁུ་»+ཉིད་ཇི་ལྟ་བ་དེ་བཞིན། ②«ཅོ་»པར། ③«ཁུ་»–དེ་བཞིན་ཉིད། ④«ཞོལ་»པར།

༣༡༧ ①«ལི་»–ལྟ་བུ། ②«གཡུང་»«པེ་»+དེ།

༣༡༨ ①«ལི་»+ནི། ②«པེ་»«ཅོ་»སྲིན།

༣༡༩ ①«ཅོ་»–ཐ། ②«ཅོ་»མོད།

༣༢༠ ①«གཡུང་»«ལི་»«པེ་»«སྣར་»«ཞོལ་»པ་རྣམས་ཀྱི།

༣༢༡ ①«ཁུ་»རེག ②«གཡུང་»བཙོ། «ལི་»«སྣར་»«ཅོ་»«ཞོལ་»བཅོ།

༣༢༢ ①«གཡུང་»«པེ་»ཀྱང་། ②«ཞོལ་»–ནི། ③«པེ་»+དེ། ④«གཡུང་»«པེ་»–ཉིད། ⑤«པེ་»+དེ།

༣༢༣ ①«ལི་»–ནི། ②«ལི་»–མྱེད།

༣༢༤ ①«ཅོ་»མིད།

༣༢༥ ①«སྣར་»ཀྱིན། ②«ཅོ་»–ཉིད།

༣༢༦ ①«ཅོ་»–དེ།

༣༢༧ ①«ཅོ་»དེ་ལ། ②«ཅོ་»–དེ། ③«པེ་»«ཅོ་»–ཉིད། ④«ཅོ་»+དེ།

༣༢༨ ①«ལི་»དེ། ②«གཡུང་»–ལ།

༣༣༠ ①«ཁུ་»ལ། ②«གཡུང་»«ལི་»«པེ་»«སྣར་»«ཅོ་»«ཞོལ་»ལས། ③«ཁུ་»+ཀྱང་མྱེད། མྱི་དམྱིགས་པ་སྟོང་པ་ཉིད། ④«ཁུ་»+དེ།

༣༣༡ ①«ཞོལ་»–ཉིད་ཀྱི་དེ་བཞིན། ②③«པེ་»+དེ།

༣༣༢ ①«ཅོ་»འཛུགས།

༣༣༣ ①«གཡུང་»«པེ་»ལ། ②③«ཅོ་»ཉིད་ཀྱང་། ④«ཅོ་»+ཉིད། ⑤«གཡུང་»«པེ་»–པ་མྱེད། ⑥«གཡུང་»«སྣར་»–པ། ⑦«གཡུང་»«པེ་»–དེ།

༣༣༤ ①«པེ་»–སོ་སོ། ②«ཅོ་»པོ། ③«ཁུ་»+ཡང་མྱེད། རྒྱུན་དུ་ཞུགས་པའི་འབྲས་བུ།

༣༣༥ ①«ཁུ་»ནོ། ②«གཡུང་»«པེ་»+ཡེ་དྷརྨཱ་ཧེ་ཏུ་པྲ་བྷ་ཝཱ་ཧེ་ཏུན་ཏེ་ཥཱན་ཏ་ཐཱ་ག་ཏོ་ཧྱེ་བ་དཏ། ཏེ་ཥཱཉྩ་ཡོ་ནི་རོ་དྷ་ཨེ་ཝཾ་ཝཱ་དི་མ་ཧཱ་ཤྲ་མ་ཎཿ།། །།སརྦ་པཱ་པསྱ་ཨ་ཀ་ར་ཎཾ། ཀུ་ཤ་ལསྱོ་སམྤ་དཾ། སྭ་ཙིཏྟཾ་པ་རི་ད་མ་ནཾ། ཨེ་ཏད་བུདྡྷཱ་ནུ་ཤཱ་ས་ནཾ།། ③«གཡུང་»«པེ་»+དུས་བུ་བཅུ་གཉིས་པ། ④«གཡུང་»«པེ་»ཉིས་བརྒྱ་སུམ་བཅུ་བརྒྱད། «ལི་»བཅུ་བཞི། «སྣར་»«ཅོ་»ཉིས་བརྒྱ་སོ་བརྒྱད། «ཞོལ་»ཉིས་བརྒྱ་སོ་དགུ། ⑤«པེ་»+འདས།

༣༣༦ ①«གཡུང་»«ལི་»«པེ་»«སྣར་»«ཅོ་»«ཞོལ་»+ལས། ②«ཅོ་»–ངན། ③«གཡུང་»–ཡང་།

༣༣༨ ①«ཅོ་»–ངན། ②«གཡུང་»«པེ་»–སྟོང་པ་ཉིད། ③«ལི་»–ལས།

༣༤༠ ①«གཡུང་»«པེ་»+རྣམས། ②«གཡུང་»«ལི་»«པེ་»«སྣར་»«ཅོ་»«ཞོལ་»–རྣམ་པར་ཐར་པའི་སྒོ།

༣ «ཅོ་»+བཀློག ༤ «གཡུང་»«ལི་»«པེ་»«སྣར་»«ཅོ་»«ཞོལ་»–ཤེས་རབ་ཀྱི་……བསྒྲུབ་པར་བྱའོ།།

༣༤༡ ༡ «ཅོ་»པར། ༢ «གཡུང་»«པེ་»«ཅོ་»བསྒྲུབ། ༣ «ལི་»སྐལ། ༤ «གཡུང་»«ལི་»«པེ་»«སྣར་»«ཅོ་»«ཞོལ་»སྲོང་། ༥ «ཅོ་»–མ། ༦ «གཡུང་»«ལི་»«པེ་»«སྣར་»«ཞོལ་»«ཅོ་»མ། ༧ «གཡུང་»«ལི་»«པེ་»«སྣར་»«ཅོ་»ཅི། ༨ «ཅོ་»+དེ། ༩ «གཡུང་»«ལི་»«པེ་»«སྣར་»«ཅོ་»«ཞོལ་»–དེ། ༡༠ «སྣར་»«ཞོལ་»+དེ། ༡༡ «སྣར་»བརྗེ། ༡༢ «ལི་»«སྣར་»«ཞོལ་»དེའི།

༣༤༢ ༡ «ཅོ་»བྱུང་། ༢ «གཡུང་»«པེ་»ལྟས། ༣ «གཡུང་»«པེ་»+རབ་འབྱོར་དེ་ལྟར་བརྟེན་པར་བྱེད་ན། ༤ «གཡུང་»«ལི་»«པེ་»«སྣར་»«ཅོ་»«ཞོལ་»–དུ། ༥ «གཡུང་»«པེ་»གཟུང་། ༦ «ལི་»གའི། ༧ «ལི་»«ཅོ་»–ཕྲག ༨ «གཡུང་»«པེ་»དཔེའ། ༩ «ལི་»གའི། ༡༠ «གཡུང་»«ལི་»«པེ་»«སྣར་»«ཞོལ་»ཀྱི། «ཅོ་»ཀྱིས།

༣༤༣ ༡ «ཅོ་»+དེ། ༢ «གཡུང་»«པེ་»+མ། «ལི་»–མ། ༣ «ལི་»གའི། ༤ «ལི་»–འདི།

༣༤༤ ༡ «ཅོ་»–ཏུ། ༢ «ལི་»གའི། ༣ «གཡུང་»«པེ་»བརྩམས། ༤ «ཅོ་»གཞག ༥ «ཁུ་»བསྲུང་། ༦ «གཡུང་»«པེ་»པས་བསྒྲུབས། «ཁུ་»པ་བསྒྲུབ། ༧ «ལི་»«པེ་»བརྩམས། ༨ «གཡུང་»«པེ་»«ཅོ་»གཞག ༩ «གཡུང་»«པེ་»«སྣར་»«ཞོལ་»བསྐྱེད། ༡༠ «ལི་»–སེམས་དཔའ།

༣༤༥ ༡ «ལི་»གའི། ༢ «གཡུང་»«པེ་»«སྣར་»«ཞོལ་»–དེ། ༣ «གཡུང་»«པེ་»«ཅོ་»–དུ། ༤ «གཡུང་»+ཆེས། ༥ «གཡུང་»–ཏུ། ༦ «ལི་»«པེ་»«སྣར་»«ཞོལ་»+དེ། ༧ «ལི་»གའི།

༣༤༦ ༡ «ཁུ་»གཟུགས། ༢ «གཡུང་»«པེ་»བཙུ། «ལི་»«སྣར་»«ཅོ་»«ཞོལ་»བཅོ།

༣༤༧ ༡ «གཡུང་»བསྐབས། ༢ «ལི་»«སྣར་»«ཞོལ་»པོས། ༣ «གཡུང་»«པེ་»–དེ། ༤ «ཅོ་»–པར། ༥ «གཡུང་»«པེ་»«སྣར་»«ཞོལ་»བསྐོ། ༦ «གཡུང་»«པེ་»དེས། ༧ «ཅོ་»–པར། ༨ ༩ «གཡུང་»«པེ་»«སྣར་»«ཞོལ་»བསྐོ།

༣༤༨ ༡ «གཡུང་»«པེ་»–གོ། ༢ «གཡུང་»–ཏུ། ༣ ༤ «གཡུང་»«ལི་»«པེ་»«སྣར་»«ཞོལ་»བསྐོ། ༥ «གཡུང་»«པེ་»ཡིད། ༦ «གཡུང་»–སེམས་དཔའ།

༣༤༩ ༡ «ལི་»«སྣར་»«ཞོལ་»བརྟག ༢ «ལི་»«པེ་»པ། ༣ «གཡུང་»«ལི་»«པེ་»«སྣར་»«ཅོ་»«ཞོལ་»པས། ༤ «སྣར་»ཏེ། ༥ «གཡུང་»–ཏེ། ༦ «གཡུང་»«ཅོ་»ན། ༧ «གཡུང་»ཡ། «པེ་»ལྡ། ༨ «གཡུང་»«ལི་»«པེ་»«སྣར་»«ཅོ་»«ཞོལ་»པོ།

༣༥༠ ༡ «གཡུང་»«པེ་»–ཏུ། ༢ «གཡུང་»ཁྱིད། «ལི་»«པེ་»«སྣར་»«ཞོལ་»+པར།

༣༥༡ ༡ «གཡུང་»«ལི་»«པེ་»«སྣར་»«ཞོལ་»འགྲོ་བའོ། ༢ «གཡུང་»–མ། ༣ «གཡུང་»«པེ་»–ན།

༣༥༢ ༡ ༢ ༣ ༤ ༥ «ཞོལ་»ཞིག ༦ «ཞོལ་»པོས། ༧ «སྣར་»«ཞོལ་»+སྟོང་པའོ་ཞེས་གསུངས་ཏེ། ༨ «གཡུང་»–ཅད། ༩ «གཡུང་»«ལི་»«པེ་»«སྣར་»«ཅོ་»«ཞོལ་»པའོ། ༡༠ «གཡུང་»«ཅོ་»བས། ༡༡ «ཅོ་»ཏུ། ༡༢ ༡༣ «ཅོ་»གི།

༣༥༣ ༡ «ཁུ་»དོ། ༢ «སྣར་»«ཞོལ་»+པ། ༣ «གཡུང་»«པེ་»བགྲིབ།

༣༥༤ (༡)«པེ་»«སྣར་»«ཞོལ་»+བཅོམ་ལྡན་འདས། ནང་སྟོང་པ་ཉིད་ཀྱང་འཕེལ་བ་དང་ཡོངས་སུ་འགྲིབ་པ་མ་མཆིས་པར་འགྱུར་རོ། །བཅོམ་ལྡན་འདས། ཕྱི་སྟོང་པ་ཉིད་ཀྱང་འཕེལ་བ་དང་ཡོངས་སུ་འགྲིབ་པ་མ་མཆིས་པར་འགྱུར་རོ། །བཅོམ་ལྡན་འདས། ཕྱི་ནང་སྟོང་པ་ཉིད་ཀྱང་འཕེལ་བ་དང་ཡོངས་སུ་འགྲིབ་པ་མ་མཆིས་པར་འགྱུར་རོ། །བཅོམ་ལྡན་འདས། སྟོང་པ་ཉིད་སྟོང་པ་ཉིད་ཀྱང་འཕེལ་བ་དང་ཡོངས་སུ་འགྲིབ་པ་མ་མཆིས་པར་འགྱུར་རོ། །བཅོམ་ལྡན་འདས། ཆེན་པོ་སྟོང་པ་ཉིད་ཀྱང་འཕེལ་བ་དང་ཡོངས་སུ་འགྲིབ་པ་མ་མཆིས་པར་འགྱུར་རོ། །བཅོམ་ལྡན་འདས། དོན་དམ་པ་སྟོང་པ་ཉིད་ཀྱང་འཕེལ་བ་དང་ཡོངས་སུ་འགྲིབ་པ་མ་མཆིས་པར་འགྱུར་རོ། །བཅོམ་ལྡན་འདས། འདུས་བྱས་སྟོང་པ་ཉིད་ཀྱང་འཕེལ་བ་དང་ཡོངས་སུ་འགྲིབ་པ་མ་མཆིས་པར་འགྱུར་རོ། །བཅོམ་ལྡན་འདས། འདུས་མ་བྱས་སྟོང་པ་ཉིད་ཀྱང་འཕེལ་བ་དང་ཡོངས་སུ་འགྲིབ་པ་མ་མཆིས་པར་འགྱུར་རོ། །བཅོམ་ལྡན་འདས། མཐའ་ལས་འདས་པ་སྟོང་པ་ཉིད་ཀྱང་འཕེལ་བ་དང་ཡོངས་སུ་འགྲིབ་པ་མ་མཆིས་པར་འགྱུར་རོ། །བཅོམ་ལྡན་འདས། ཐོག་མ་དང་ཐ་མ་མེད་པ་སྟོང་པ་ཉིད་ཀྱང་འཕེལ་བ་དང་ཡོངས་སུ་འགྲིབ་པ་མ་མཆིས་པར་འགྱུར་རོ། །བཅོམ་ལྡན་འདས། དོར་བ་མེད་པ་སྟོང་པ་ཉིད་ཀྱང་འཕེལ་བ་དང་ཡོངས་སུ་འགྲིབ་པ་མ་མཆིས་པར་འགྱུར་རོ། །བཅོམ་ལྡན་འདས། རང་བཞིན་སྟོང་པ་ཉིད་ཀྱང་འཕེལ་བ་དང་ཡོངས་སུ་འགྲིབ་པ་མ་མཆིས་པར་འགྱུར་རོ། །བཅོམ་ལྡན་འདས། ཆོས་ཐམས་ཅད་སྟོང་པ་ཉིད་ཀྱང་འཕེལ་བ་དང་ཡོངས་སུ་འགྲིབ་པ་མ་མཆིས་པར་འགྱུར་རོ། །བཅོམ་ལྡན་འདས། རང་གི་མཚན་ཉིད་སྟོང་པ་ཉིད་ཀྱང་འཕེལ་བ་དང་ཡོངས་སུ་འགྲིབ་པ་མ་མཆིས་པར་འགྱུར་རོ། །བཅོམ་ལྡན་འདས། མི་དམིགས་པ་སྟོང་པ་ཉིད་ཀྱང་འཕེལ་བ་དང་ཡོངས་སུ་འགྲིབ་པ་མ་མཆིས་པར་འགྱུར་རོ། །བཅོམ་ལྡན་འདས། དངོས་པོ་མེད་པ་སྟོང་པ་ཉིད་ཀྱང་འཕེལ་བ་དང་ཡོངས་སུ་འགྲིབ་པ་མ་མཆིས་པར་འགྱུར་རོ། །བཅོམ་ལྡན་འདས། ངོ་བོ་ཉིད་སྟོང་པ་ཉིད་ཀྱང་འཕེལ་བ་དང་ཡོངས་སུ་འགྲིབ་པ་མ་མཆིས་པར་འགྱུར་རོ། །བཅོམ་ལྡན་འདས། དངོས་པོ་མེད་པའི་ངོ་བོ་ཉིད་སྟོང་པ་ཉིད་ཀྱང་འཕེལ་བ་དང་ཡོངས་སུ་འགྲིབ་པ་མ་མཆིས་པར་འགྱུར་རོ།།

༣༥༥ (༡)«གཡུང་»བགྲིབ། (༢)«གཡུང་»–མ། (༣)«ཅོ་»རིགས།

༣༥༦ (༡)«གཡུང་»«སྣར་»–གྱུར།

༣༥༧ (༡)«པེ་»+ན། (༢)«གཡུང་»–གྱུར།

༣༥༨ (༡)«ཅོ་»–ནི། (༢)«གཡུང་»«པེ་»བསྒོམ། (༣)«ཅོ་»པ་དེའི། (༤)«གཡུང་»«པེ་»–ཏུ། (༥)«སྣར་»«ཞོལ་»ནས། (༦)«གཡུང་»«ལི་»«པེ་»«སྣར་»«ཅོ་»«ཞོལ་»བསྒོ། (༧)«གཡུང་»«ལི་»«ཅོ་»«ཞོལ་»+དེ། (༨)«གཡུང་»«པེ་»«སྣར་»«ཅོ་»«ཞོལ་»བསྒོའོ།

༣༦༠ (༡)«ཅོ་»–པོ་གང་རྣམས། (༢)«ཅོ་»+སམ། (༣)«ཁུ་»བའོ།

༣༦༡ (༡)«ལི་»–ཡིན།

༣༦༢ (༡)«གཡུང་»གཟུངས།

༣༦༣ (༡)«གཡུང་»–ཀྱི་དེ་བཞིན་ཉིད།

༣༦༥ (༡)«ཁུ་»+དག (༢)«ལི་»ཚད་མེད།

༣༦༦ ༡ «གཡུང་»–ཡིན། ༢ «ཅོ་»–ཉིད་ཀྱི་དེ་བཞིན།

༣༦༧ ༡ «སྣར་»«ཞོལ་»ཆད། ༢ «གཡུང་»–ཀྱི།

༣༦༨ ༡ «གཡུང་»བསྒོ། ༢ «ལི་»«པེ་»«སྣར་»«ཅོ་»«ཞོལ་»སྤྱད།

༣༧༠ ༡ «ཅོ་»–རྫོགས་པར། ༢ «གཡུང་»«པེ་»ཏེ། ༣ «ཅོ་»པའི། ༤ «གཡུང་»བསག «པེ་»«སྣར་»«ཅོ་»«ཞོལ་»བསགས། ༥ «གཡུང་»«ལི་»«པེ་»«སྣར་»«ཅོ་»«ཞོལ་»གྱུར་པ། ༦ «གཡུང་»–དང་། ༧ ༨ «གཡུང་»«པེ་»འཚིག ༩ «གཡུང་»«ལི་»«པེ་»འཇལ།

༣༧༡ ༡ ༢ ༣ «གཡུང་»«པེ་»འཚིག

༣༧༢ ༡ «ཁུ་»+ཡོངས་སུ། ༢ «ལི་»–པར་རྫོགས། ༣ «ཞོལ་»པར། ༤ «ཅོ་»+ཉན་ཐོས་ཀྱིས་ཡོངས་སུ་རྫོགས་པར་བྱས་ནས། བྱང་ཆུབ་སེམས་དཔའ་སེམས་དཔའ་ཆེན་པོ། བླ་ན་མེད་པ་ཡང་དག་པར་རྫོགས་པའི་བྱང་ཆུབ་ཏུ་མངོན་པར་རྫོགས་པར་འཚང་རྒྱའོ།།

༣༧༣ ༡ «གཡུང་»«པེ་»རྟེན། ༢ «ལི་»ཡོངས་སུ། ༣ «ཅོ་»–རྫོགས་པའི་བྱང་ཆུབ་...... བྱང་ཆུབ་ཏུ་མངོན་པར། ༤ «ཅོ་»–ཡང་། ༥ «ཅོ་»–མ།

༣༧༤ ༡ «གཡུང་»འཚབ། ༢ «སྣར་»«ཅོ་»«ཞོལ་»–ཡང་། ༣ «གཡུང་»«པེ་»+ལྡན།

༣༧༥ ༡ «གཡུང་»«ལི་»«པེ་»«སྣར་»«ཅོ་»«ཞོལ་»–བཅོམ་ལྡན་འདས་ཀྱིས་...... ཐེ་འགྱུར་རོ།། ༢ «ལི་»«པེ་»བོ། ༣ «གཡུང་»ནམ། «ལི་»«པེ་»«སྣར་»«ཅོ་»«ཞོལ་»ཡིན་ནམ། ༤ «གཡུང་»«ལི་»«པེ་»«སྣར་»«ཅོ་»«ཞོལ་»–དེ། ༥ «པེ་»བཞིན།

༣༧༦ ༡ «ལི་»–དེ་ཡོངས་སུ་རྒྱུ་བ་ལ་སྤྱོད་པ། ༢ «ཅོ་»ཞེས་འམ།

༣༧༧ ༡ «གཡུང་»«པེ་»བཙུ། «སྣར་»«ཅོ་»«ཞོལ་»བཙོ། ༢ «གཡུང་»«པེ་»–ཡང་། ༣ «ཅོ་»པོར། ༤ «གཡུང་»«པེ་»«སྣར་»«ཅོ་»«ཞོལ་»པོས། ༥ ༦ «གཡུང་»«པེ་»དགོད།

༣༧༨ ༡ «ལི་»«པེ་»«སྣར་»«ཞོལ་»+མེད་པ། ༢ «གཡུང་»«ལི་»«པེ་»«ཅོ་»གཉིས་སོ། «སྣར་»«ཞོལ་»གཅིག་པའོ། ༣ «གཡུང་»«པེ་»ཉིས་རྒྱ་སུམ་བཅུ་དགུ། «ལི་»བཅྭ་ལྔ། «སྣར་»«ཅོ་»ཉིས་བརྒྱ་སོ་དགུ། «ཞོལ་»ཉིས་བརྒྱ་བཞི་བཅུ། ༤ «གཡུང་»«སྣར་»«ཅོ་»«ཞོལ་»ན། ༥ «སྣར་»«ཅོ་»«ཞོལ་»པ། ༦ «གཡུང་»པ་འོང་། ༧ «པེ་»+དའི། ༨ «ལི་»–ཤེས་རབ་ཀྱི་...... ལ་སྤྱོད་པ། ༩ «སྣར་»«ཞོལ་»པོ་དེའི፣ ༡༠ «གཡུང་»«ལི་»«པེ་»«སྣར་»«ཅོ་»«ཞོལ་»བསྒོམས། ༡༡ «ཅོ་»པོ། ༡༢ «ལི་»སྐུགས། «ཞོལ་»གསོག ༡༣ «ལི་»«སྣར་»བྲི།

༣༧༩ ༡ «གཡུང་»«ལི་»«པེ་»«སྣར་»«ཅོ་»«ཞོལ་»–རབ་འབྱོར་ཀྱིས་སྨྲས་པ། ༢ «གཡུང་»«པེ་»«སྣར་»«ཅོ་»སོགས། «ཞོལ་»གསོག ༣ «ཅོ་»པ། ༤ «གཡུང་»«སྣར་»«ཅོ་»སོགས། «ཞོལ་»གསོག ༥ «གཡུང་»«ལི་»«པེ་»«སྣར་»«ཅོ་»«ཞོལ་»+ཏེ། ༦ «གཡུང་»«ལི་»«པེ་»«སྣར་»«ཅོ་»«ཞོལ་»–པའི་ཕྱིར་རོ།།...... རབ་འབྱོར། ༧ «གཡུང་»«ལི་»«པེ་»«སྣར་»«ཅོ་»«ཞོལ་»–ལས། ༨ «གཡུང་»«པེ་»«སྣར་»«ཅོ་»སོགས། «ཞོལ་»གསོག ༩ «ལི་»«པེ་»འགྱུར་བ་མེད་དོ། ༡༠ «ཅོ་»+དེ།

(༡༡)«ཅོ་»–སད་དེ། (༡༢)«གཡུང་»«ལི་»«པེ་»«སྣར་»«ཅོ་»–སྐད། (༡༣)«གཡུང་»«ལི་»«པེ་»«སྣར་»«ཅོ་»«ཁུ་»«ཞོལ་»པར། (༡༤)«གཡུང་»«སྣར་»«ཁུ་»«ཞོལ་»+པ། (༡༥)«ཁུ་»+དེ། (༡༦)«སྣར་»«ཞོལ་»བསམ། (༡༧)«གཡུང་»«ལི་»«པེ་»«སྣར་»«ཅོ་»«ཞོལ་»–རྣམས། (༡༨)«ཅོ་»+ནི།

༣༨༠ (༡)«ཅོ་»ཀྱི། (༢)(༣)«ལི་»+ནོ། (༤)«ལི་»«སྣར་»«ཞོལ་»ན། (༥)«གཡུང་»«པེ་»པ། (༦)«ཅོ་»ན། (༧)«ཁུ་»བསྲུང་། (༨)«ཞོལ་»བསྒྲུབ། (༩)«ཅོ་»པའི།

༣༨༡ (༡)«གཡུང་»«ཅོ་»–རམ། (༢)(༣)(༤)(༥)«གཡུང་»«ཅོ་»–གང་ཡིན་པ། (༦)«གཡུང་»–རམ། (༧)«ཁུ་»ལྟར། (༨)«ཅོ་»རོ། (༩)(༡༠)(༡༡)(༡༢)«གཡུང་»«ལི་»«པེ་»«སྣར་»«ཅོ་»«ཞོལ་»–འོན་ཏེ། (༡༣)«གཡུང་»–རམ།

༣༨༢ (༡)«ལི་»«པེ་»+ལ། (༢)«ལི་»གང་གིས་ལན་སློན་པ་དང་། «ཅོ་»–གང་གི་ལན་སློན་པ་དང་། (༣)«ལི་»–ལ། (༤)«གཡུང་»«པེ་»དག (༥)«གཡུང་»–སུ། (༦)«གཡུང་»«པེ་»–བྱར། (༧)«ལི་»«པེ་»+སུམ། (༨)«ལི་»ཆོས་ཐམས་ཅད། «པེ་»ཆོས་ཐམས་ཅད་དེ་དག «ཅོ་»–ཆོས། (༩)«ཅོ་»–གིས། (༡༠)«ལི་»«པེ་»«སྣར་»«ཞོལ་»+སུམ།

༣༨༣ (༡)«ལི་»–འདི་སྐམ་དུ། (༢)«གཡུང་»«པེ་»«སྣར་»«ཅོ་»«ཞོལ་»འགྱུར་བའི། (༣)«གཡུང་»«པེ་»«སྣར་»«ཅོ་»«ཞོལ་»གྱུར་པའི། (༤)«ལི་»«པེ་»དམིགས། (༥)«སྣར་»«ཞོལ་»+དེ། (༦)«ལི་»–ཏུ། (༧)«ཁུ་»–རྫོགས་པར། (༨)«ཅོ་»པའི། (༩)«སྣར་»«ཞོལ་»དང་། (༡༠)«ལི་»«པེ་»སྟེ། (༡༡)«ལི་»ཀྱིས།

༣༨༤ (༡)«གཡུང་»ཅས་ཕོངས། «ལི་»«པེ་»«སྣར་»ཆས་འཕོངས། (༢)«ཅོ་»–སངས་རྒྱས་པའི། (༣)«གཡུང་»«པེ་»བཅུ། (༤)«གཡུང་»«པེ་»«སྣར་»རྟག (༥)«ཅོ་»+དེ་ལྟ། (༦)«ལི་»«པེ་»–ཡང་། (༧)«གཡུང་»«པེ་»འགྱུར་བ།

༣༨༥ (༡)«གཡུང་»«པེ་»«ཅོ་»«ཞོལ་»བརྟེན། (༢)«སྣར་»«ཞོལ་»བཀྲལ། (༣)«སྣར་»«ཞོལ་»བལྟ། (༤)(༥)«གཡུང་»«ལི་»«པེ་»«སྣར་»«ཅོ་»«ཞོལ་»དུ་། (༦)«གཡུང་»–པ། (༧)«གཡུང་»–རྫོགས་པར། (༨)«གཡུང་»«ལི་»«པེ་»–ཐམས་ཅད་དུ། (༩)«ལི་»«སྣར་»«ཞོལ་»–དུ། (༡༠)«སྣར་»«ཅོ་»«ཞོལ་»དབུག

༣༨༦ (༡)«ཅོ་»+དང་། (༢)«ཁུ་»–ས། (༣)«གཡུང་»«ལི་»«པེ་»«སྣར་»«ཞོལ་»འདའ་བར།

༣༨༧ (༡)«ཅོ་»–ཡང་། (༢)«གཡུང་»«པེ་»རྙོ་བ། (༣)«ལི་»འདུག (༤)«ལི་»«སྣར་»«ཞོལ་»–དག (༥)«གཡུང་»«ལི་»«པེ་»«སྣར་»«ཅོ་»«ཞོལ་»དང་།

༣༨༨ (༡)«པེ་»སྤྱོད། (༢)«ལི་»«ཅོ་»–ཡང་། (༣)«ལི་»ཏུ། (༤)«ཅོ་»–ཡང་། (༥)«ཞོལ་»པའི། (༦)«ཅོ་»སྤང་ཞིང་། (༧)«གཡུང་»སྤྱོད། (༨)«ཅོ་»–བྱ།

༣༨༩ (༡)«གཡུང་»«ཅོ་»–ན། (༢)«གཡུང་»«ལི་»«པེ་»«སྣར་»«ཅོ་»«ཞོལ་»–མ་ངེས་པ་དང་། (༣)«གཡུང་»«ལི་»«པེ་»«སྣར་»«ཁུ་»«ཞོལ་»སྤྱད། «ཅོ་»ཡོངས་སུ་སྤྱད། (༤)«སྣར་»«ཞོལ་»+ཡང་། (༥)«གཡུང་»–སུ། (༦)«ལི་»«པེ་»བའི། (༧)«ལི་»–པ། (༨)«ཅོ་»–རྫོགས་པར། (༩)«གཡུང་»«ཅོ་»–ན། (༡༠)«ལི་»«སྣར་»«ཞོལ་»སྒྲག

༣༩༠ ①《གཡུང་》+པ། ②《གཡུང་》ཀུང་། ③《གཡུང་》《པེ་》《ཅོ་》པར། 《སྣར་》《ཞོལ་》+དག ④《གཡུང་》《ལི་》《པེ་》ནྡྲ།

༣༩༡ ①《ལི་》ནས། ②《ཅོ་》–ཡང་། ③《གཡུང་》《པེ་》པར། ④《ལི་》པ་མྱེད་པར། 《པེ་》《སྣར་》《ཞོལ་》པ་མེད་པར། ⑤《གཡུང་》《ཅོ་》–ན།

༣༩༢ ①《ལི་》《པེ་》ན། ②《ལི་》《པེ་》དག ③《ཅོ་》–ཞིང་།

༣༩༣ ①《ལི་》《པེ་》བ། 《སྣར་》《ཁུ་》《ཞོལ་》པོའི། ②《ལི་》《པེ་》+ཏུ། ③《ཅོ་》ཐམས་ཅད། ④《ལི་》བདགས༔ ⑤《གཡུང་》《པེ་》《སྣར་》《ཞོལ་》+རྣམས། 《ཅོ་》+རྣམ། ⑥《ལི་》–ནི།

༣༩༤ ①《ཅོ་》+ལྷ་མ་ཡིན་དང་། ②《གཡུང་》《ལི་》《པེ་》《སྣར་》《ཅོ་》《ཞོལ་》+པ། ③《གཡུང་》《ལི་》《པེ་》《སྣར་》《ཞོལ་》+པ། ④《ལི་》《སྣར་》《ཅོ་》《ཞོལ་》ལམ། ⑤《གཡུང་》《པེ་》བཅུ། 《ལི་》《སྣར་》《ཅོ་》《ཞོལ་》བཅོ། ⑥《ཅོ་》བར།

༣༩༥ ①《སྣར་》《ཞོལ་》+རྣམས། ②《སྣར་》《ཞོལ་》བརྫུ་བ། 《ཅོ་》རྫུས་ཏེ་སྐྱེས། ③《གཡུང་》《པེ་》《སྣར་》《ཅོ་》《ཞོལ་》སྐྱེ་བ། ④《གཡུང་》《ལི་》《པེ་》《སྣར་》《ཞོལ་》སྐྱེ་བ་དང་། 《ཅོ་》སྐྱེ་བའམ། ⑤《གཡུང་》《པེ་》《སྣར་》《ཞོལ་》ལས་སྐྱེ་བའི། 《ཅོ་》ལ་སྐྱེས་པའི། ⑥《ལི་》《པེ་》རྫུ་བར། 《སྣར་》《ཞོལ་》བརྫུ་བ། 《ཅོ་》རྫུས་ཏེ་སྐྱེ། ⑦《སྣར་》《ཞོལ་》+རྣམས། ⑧《ལི་》–ནི། ⑨《ལི་》–དག

༣༩༦ ①《སྣར་》《ཞོལ་》+རྣམས། ②《ཅོ་》གཞང་། ③《ལི་》ཅི་དག 《པེ་》《སྣར་》《ཞོལ་》གཅི་དག ④《ཅོ་》+དེ་དག ⑤《སྣར་》《ཞོལ་》+རྣམས། ⑥《གཡུང་》–ཀྱི།

༣༩༧ ①《སྣར་》ལམ། ②《གཡུང་》《པེ་》《སྣར་》《ཞོལ་》+རྣམས། ③《གཡུང་》《པེ་》《ཅོ་》+དེ། ④《གཡུང་》《པེ་》《སྣར་》《ཅོ་》《ཞོལ་》གྲག ⑤《གཡུང་》–པར། 《ཅོ་》སྤྱོད་པར། ⑥《གཡུང་》《པེ་》《སྣར་》《ཞོལ་》+རྣམས། ⑦《གཡུང་》《པེ་》《ཅོ་》+དེ།

༣༩༨ ①《སྣར་》《ཞོལ་》+རྣམས། ②《ཁུ་》ཚན། ③《ཅོ་》གྱུར་པ། ④《སྣར་》《ཞོལ་》+རྣམས། ⑤《གཡུང་》《ཅོ་》+དག 《ལི་》《པེ་》+དེ་དག ⑥《གཡུང་》《ལི་》《པེ་》《སྣར་》《ཅོ་》《ཞོལ་》–དག

༣༩༩ ①《ལི་》《པེ་》《སྣར་》+མི། ②《སྣར་》《ཞོལ་》+རྣམས། ③《ཁུ་》བདག ④《ལི་》ཁྲིས། ⑤《ལི་》《པེ་》《སྣར་》《ཞོལ་》གཞི། ⑥《སྣར་》《ཞོལ་》+རྣམས། ⑦《ཅོ་》–ལྡ་ན།

༤༠༠ ①《ལི་》–ཀྱང་། ②《སྣར་》《ཞོལ་》+རྣམས། ③《གཡུང་》《པེ་》《སྣར་》《ཅོ་》《ཞོལ་》དུ་ཆུང་། 《ལི་》ཆུ་དུ། ④《ལི་》–ཀྱང་། ⑤《ཅོ་》–ཀྱང་། ⑥《ལི་》–དུ། ⑦《སྣར་》《ཞོལ་》+རྣམས། ⑧《ཞོལ་》འདི།

༤༠༡ ①《ལི་》–དག ②《ཅོ་》–བདག ③《གཡུང་》《ལི་》《པེ་》《སྣར་》《ཅོ་》《ཞོལ་》+ཅན། ④《གཡུང་》《ལི་》《པེ་》《སྣར་》《ཅོ་》《ཁུ་》《ཞོལ་》སྨྱུད། ⑤《སྣར་》《ཞོལ་》+རྣམས། ⑥《གཡུང་》《ཅོ་》–ཅི་ནས་ཀྱང་། ⑦《ཅོ་》+གྱི། ⑧《གཡུང་》《ལི་》《པེ་》《སྣར་》《ཅོ་》《ཁུ་》《ཞོལ་》སྨྱུད།

༤༠༢ ①《སྣར་》《ཞོལ་》+རྣམས། ②《ཅོ་》–བདག ③《ལི་》གའི། ④《གཡུང་》《ཅོ་》ལ། ⑤《གཡུང་》

«པེ་»–ཀྱི། ༦«གཡུང་»«ལི་»«པེ་»«སྣར་»«ཅོ་»«ཞོལ་»སྤྱད། ༧«སྣར་»«ཞོལ་»+རྣམས།
༨«ཁུ་»ཏྲེ། ༩«ལི་»པའོ། ༡༠«གཡུང་»«པེ་»«ཅོ་»བྱ་སྟེ།

༩༠༣ ༡«ཞོལ་»དོ། ༢«ལི་»«སྣར་»«ཞོལ་»འདས་པ། ༣«གཡུང་»«པེ་»བརྟགས། ༤«གཡུང་»«ལི་»«པེ་»«ཅོ་»གསུམ་མོ། «སྣར་»«ཞོལ་»གཉིས་པའོ། ༥«ལི་»གའི། ༦«གཡུང་»«ལི་»«པེ་»བཟར། ༧«གཡུང་»«པེ་»གཙུགས། ༨«ལི་»«སྣར་»«ཞོལ་»བ། ༩«པེ་»བདེ་བར་གཤེགས་པ་བདག་གིས། «སྣར་»«ཞོལ་»–བདེ་བར་གཤེགས་པ་བདག་གིས་ཀྱང་། ༡༠«གཡུང་»«ལི་»«པེ་»བགྱིས་ཏེ། ༡༡«གཡུང་»«པེ་»«ཅོ་»«ཞོལ་»གཟུང་།

༩༠༤ ༡«ལི་»«པེ་»+བདུག་པ་དང་། ༢«ལི་»«སྣར་»«ཞོལ་»–དེ་ནས། ༣«གཡུང་»«ལི་»«པེ་»«སྣར་»«ཅོ་»–ཀྱི། ༤«གཡུང་»«ལི་»«པེ་»«སྣར་»«ཅོ་»«ཞོལ་»–ཞིག་ཏུ་རེད་དེ་ཀུན་ནས། ༥«ཅོ་»འགྱུར། ༦«ལི་»གཟེར། ༧«གཡུང་»«པེ་»«ཅོ་»འཛོན། ༨«ལི་»–ལྡན། ༩«གཡུང་»«ལི་»«པེ་»«སྣར་»«ཅོ་»«ཞོལ་»–ཀུན། ༡༠«གཡུང་»«ལི་»«པེ་»ལ་བཟར། «སྣར་»«ཞོལ་»ཏུ་གཟར།

༩༠༥ ༡«གཡུང་»«ལི་»«པེ་»«སྣར་»«ཅོ་»«ཞོལ་»–ཀུན། ༢«ལི་»གའི། ༣«ཅོ་»སེར། ༤«གཡུང་»«ལི་»«པེ་»«སྣར་»«ཅོ་»«ཞོལ་»བ། ༥«གཡུང་»«ལི་»«པེ་»«སྣར་»«ཅོ་»«ཞོལ་»–ཀུན། ༦«ལི་»–འདི་ནི། ༧«ལི་»འདི། ༨«གཡུང་»«ལི་»«པེ་»«སྣར་»«ཅོ་»«ཞོལ་»ཏེ། ༩«གཡུང་»«ལི་»«པེ་»«སྣར་»«ཅོ་»«ཞོལ་»–ཀུན། ༡༠«ཅོ་»བརྗེས། ༡༡«གཡུང་»«ལི་»«པེ་»«སྣར་»«ཅོ་»«ཞོལ་»སྐྱེས་ཏེ། ༡༢ ༡༣«གཡུང་»«ལི་»«པེ་»«སྣར་»«ཅོ་»«ཞོལ་»–ཀུན། ༡༤«གཡུང་»«སྣར་»«ཅོ་»«ཞོལ་»–ཅེས་བྱ་བ། ༡༥«གཡུང་»«ལི་»«པེ་»«སྣར་»«ཅོ་»«ཞོལ་»–ཀུན། ༡༦«སྣར་»«ཞོལ་»ཀྱིས། ༡༧«གཡུང་»«ལི་»«པེ་»«སྣར་»«ཅོ་»«ཞོལ་»–ཀུན། ༡༨«གཡུང་»«ལི་»«པེ་»«སྣར་»«ཅོ་»«ཞོལ་»གྱུར། ༡༩«གཡུང་»«ལི་»«པེ་»«སྣར་»«ཅོ་»«ཞོལ་»–ཀུན།

༩༠༦ ༡«སྣར་»«ཞོལ་»གྱུར་པ། ༢«གཡུང་»«ལི་»«པེ་»«སྣར་»«ཅོ་»«ཁུ་»«ཞོལ་»ཚོགས། ༣ ༤ ༥«གཡུང་»«ལི་»«པེ་»«སྣར་»«ཅོ་»«ཞོལ་»–ཀུན། ༦«ཅོ་»+དེ། ༧«ཅོ་»གི། ༨«ཅོ་»–ནི། ༩«གཡུང་»«པེ་»གཟུང་། ༡༠«གཡུང་»«ལི་»«པེ་»«སྣར་»«ཅོ་»«ཞོལ་»–ཀུན། ༡༡«ལི་»མེན། ༡༢«ལི་»«སྣར་»«ཅོ་»«ཞོལ་»–ཏུ། ༡༣«གཡུང་»«པེ་»+ལ། ༡༤«གཡུང་»«པེ་»སྨན།

༩༠༧ ༡«ཅོ་»–ཐམས་ཅད། ༢«གཡུང་»«ལི་»«པེ་»«སྣར་»«ཅོ་»«ཞོལ་»–ཀུན། ༣«ཞོལ་»འགྱུར། ༤«གཡུང་»«ལི་»«པེ་»«སྣར་»«ཅོ་»«ཞོལ་»–ཀུན། ༥«ཅོ་»–དེ། ༦«ལི་»«པེ་»+ཏུ། ༧«གཡུང་»«ལི་»«པེ་»«སྣར་»«ཅོ་»«ཞོལ་»–ཀུན། ༨«ལི་»ཁྲིའ། «སྣར་»«ཞོལ་»ཁྲིའུ། ༩«ལི་»«པེ་»བརྫོམ། ༡༠«གཡུང་»«ལི་»«པེ་»«སྣར་»«ཅོ་»«ཞོལ་»–ཀུན། ༡༡«ལི་»–དེ་ལྟར། «ཅོ་»འདི་ལྟར།

༩༠༨ ༡«ལི་»«ཅོ་»དེ། ༢«གཡུང་»«ལི་»«པེ་»«སྣར་»«ཅོ་»«ཞོལ་»–ཀུན། ༣«སྣར་»«ཞོལ་»བར། ༤«ཅོ་»སོ། ༥ ༦«གཡུང་»«ལི་»«པེ་»«སྣར་»«ཅོ་»«ཞོལ་»–ཀུན། ༧«སྣར་»«ཞོལ་»འདིས། ༨«གཡུང་»གང་གཱའི་ལྷ་མོའི་ལེའུ་སྟེ། བཞི་བཅུ་བཞིའོ། «པེ་»གང་གའི་ལྷ་མོའི་ལེའུ་སྟེ། བཞི་བཅུ་བཞིའོ།

«ལི་»གང་ག་ལྷ་མོའི་ལེའུ་སྟེ་བཞི་བཅུ་བཞི་པའོ། «སྣར་»«ཞོལ་»ལེའུ་བཞི་བཅུ་གསུམ་པའོ།། «ཅོ་»བཞིའོ།
༩ «གཡུང་»«པེ་»«སྣར་»«ཅོ་»ཉིས་བརྒྱ་བཞི་བཅུ། «ལི་»བཅུ་དྲུག «ཞོལ་»ཉིས་བརྒྱ་ཞེ་གཅིག

༤༡༡ ༡ «ལི་»–བརྟག་པར།

༤༡༢ ༡ «ལི་»རིག ༢ «གཡུང་»–པ། ༣ «གཡུང་»–པར།

༤༡༣ ༡ «གཡུང་»བྱར། ༢ «ཁུ་»བཏག ༣ «ཅོ་»–བརྟག་པར།

༤༡༤ ༡ «ཅོ་»སྟོང་། ༢ «སྣར་»«ཞོལ་»བརྟགས་ནས། «ཅོ་»བརྟག་ན། ༣ «ལི་»བྱའོ། «པེ་»བྱ་སྟེ། ༤ «སྣར་»«ཞོལ་»དེས། ༥ «ཅོ་»–ཀྱི། ༦ «གཡུང་»«ལི་»«པེ་»«སྣར་»«ཅོ་»«ཞོལ་»–དག ༧ «ཅོ་»ཀྱི། ༨ «གཡུང་»«ཅོ་»–སུ། ༩ «ཁུ་»–དུ། ༡༠ «ལི་»«པེ་»མེད། ༡༡ «ཅོ་»གི། ༡༢ «གཡུང་»«ལི་»«པེ་»«སྣར་»«ཅོ་»«ཞོལ་»ཀྱང་།

༤༡༥ ༡ «ལི་»ཏེ། ༢ «ལི་»+མ་སུ། ༣ «ལི་»«པེ་»+བའི་དུ་ས་མ། ༤ «ལི་»ཏེ། ༥ «ལི་»«པེ་»«སྣར་»«ཅོ་»«ཞོལ་»ཡིན་གྱི། ༦ «ལི་»«པེ་»སྟེ། ༧ «ཅོ་»གཞག ༨ «ལི་»–ཡོངས་སུ། ༩ «སྣར་»«ཅོ་»«ཞོལ་»ཉམས། ༡༠ «སྣར་»«ཞོལ་»འདི། ༡༡ «ལི་»«པེ་»ཏེ། ༡༢ «ཁུ་»སྨོམ།

༤༡༦ ༡ «ཅོ་»པའི་སྨོམ། ༢ «གཡུང་»«པེ་»«སྣར་»«ཅོ་»«ཞོལ་»+རྣམས། ༣ «གཡུང་»བཙྭ། «ལི་»«སྣར་»«ཅོ་»«ཞོལ་»བཙོ། ༤ «ལི་»–རང་། ༥ «ལི་»ཐོབ་པར། ༦ «གཡུང་»«པེ་»གཏང་། ༧ «ཅོ་»+བ།

༤༡༧ ༡ ༢ «ལི་»«སྣར་»«ཅོ་»«ཞོལ་»བསྒོམ། ༣ «གཡུང་»«པེ་»རྫུལ། ༤ ༥ «ལི་»«སྣར་»«ཅོ་»«ཞོལ་»བསྒོམ། ༦ «གཡུང་»«པེ་»ཀྱི། ༧ ༨ ༩ «ལི་»«སྣར་»«ཅོ་»«ཞོལ་»བསྒོམ། ༡༠ «ལི་»«པེ་»«སྣར་»«ཞོལ་»པར། ༡༡ «ལི་»«སྣར་»«ཅོ་»«ཞོལ་»བསྒོམ། ༡༢ «ལི་»«པེ་»«སྣར་»«ཞོལ་»+མཆོག་ཏུ། ༡༣ «ཅོ་»–མཛོས། ༡༤ «ཁུ་»ཞིང་། ༡༥ «གཡུང་»ཅ། ༡༦ «ལི་»བཅུ། ༡༧ «ཅོ་»རྟོག ༡༨ «ལི་»«སྣར་»«ཞོལ་»+བལྟ་ན། «པེ་»+སྟན། ༡༩ «ཅོ་»རྩམ།

༤༡༨ ༡ «གཡུང་»«པེ་»བསྡིར། ༢ «ལི་»«སྣར་»«ཞོལ་»–ལ། ༣ «པེ་»དགའ་བ་དང་། «ལི་»«སྣར་»«ཞོལ་»བ་དང་། ༤ «གཡུང་»«ལི་»«པེ་»«སྣར་»«ཅོ་»–བ་རྒྱ་ཆེན་པོ་དག་སྐྱེས། ༥ «ཅོ་»ཡང་། ༦ «ཅོ་»འགྱུར། ༧ «ལི་»བརྟེན། ༨ «གཡུང་»«ལི་»«པེ་»«ཅོ་»མདབ་ཏུ། «སྣར་»«ཞོལ་»འདབས་སུ། «ཁུ་»འདབ་ཏུ། ༩ «ཅོ་»སྤྱུང་། ༡༠ «གཡུང་»དེ། «ལི་»དེའི་དགྲ། «པེ་»དེ་དགྲ། ༡༡ «ཁུ་»ལས། ༡༢ «ལི་»–ཕལ། ༡༣ «གཡུང་»«པེ་»ཅ། «ལི་»«སྣར་»«ཞོལ་»–ཆ། ༡༤ «ཅོ་»–དང་། ༡༥ «ལི་»«སྣར་»«ཞོལ་»དེ།

༤༡༩ ༡ «ལི་»«པེ་»+ཡང་། ༢ «ཅོ་»+དམིགས་སུ། ༣ «གཡུང་»«ལི་»«པེ་»«སྣར་»«ཅོ་»«ཁུ་»«ཞོལ་»ཁྱབ། ༤ «ཅོ་»–སུ། ༥ «སྣར་»«ཞོལ་»+ལ། ༦ «ལི་»–གང་། ༧ «གཡུང་»«ལི་»«པེ་»མདབ། ༨ «གཡུང་»«པེ་»–སྐྱེད་པ། ༩ «ལི་»«སྣར་»«ཞོལ་»བྱ་བས།

༤༢༠ ༡ «གཡུང་»«པེ་»བཙྭ། «ལི་»«སྣར་»«ཅོ་»«ཞོལ་»བཙོ། ༢ «ལི་»«པེ་»«སྣར་»«ཞོལ་»+དག

(༣)«གཡུང་»«ལི་»«པེ་»«སྣར་»«ཅོ་»«ཞོལ་»སྒྱུད། (༤)«ཅོ་»དེ། (༥)«གཡུང་»«ལི་»«པེ་»«སྣར་»«ཅོ་»«ཞོལ་»བསླབ། (༦)«ལི་»«སྣར་»«ཞོལ་»+ཞིག (༧)«གཡུང་»བརྒྱུད་དེ་འཕང་བས། «ལི་»«སྣར་»«ཞོལ་»བརྒྱུད་དུ་འཕངས་པས། «པེ་»རྒྱུད་དུ་འཕང་བས། «ཅོ་»རྒྱུད་དེ། འཕངས་པས། (༨)«ཁུ་»བཙུག (༩)«ལི་»«པེ་»«སྣར་»«ཅོ་»«ཁུ་»«ཞོལ་»ད། (༡༠)«ལི་»+དེ། (༡༡)«ཅོ་»ཅིག (༡༢)«གཡུང་»«པེ་»ལྟག «ལི་»«སྣར་»བརྟག «ཅོ་»རྟག (༡༣)«ལི་»–སྤྱོད་པ། (༡༤)«ལི་»«པེ་»+དེ། (༡༥)«གཡུང་»«པེ་»«ཅོ་»གྱུར་པ། (༡༦)«གཡུང་»«ལི་»«པེ་»«སྣར་»«ཅོ་»«ཞོལ་»ན།

༤༢༡ (༡)«ཅོ་»དགའ། (༢)«ལི་»«པེ་»རྣམས་ལ། (༣)«ཅོ་»གི། (༤)«ཅོ་»པ། (༥)(༦)«ལི་»«སྣར་»«ཞོལ་»བསྒྲུབ། (༧)«ཅོ་»–བར་དུ།

༤༢༢ (༡)«ལི་»«སྣར་»«ཞོལ་»+ཞིག (༢)«ལི་»+འདུ། (༣)«གཡུང་»«ཅོ་»འཇུག་པ། «ལི་»«པེ་»ཚོར་དུ་འཇུག་པ། (༤)«ལི་»«སྣར་»«ཞོལ་»ཀྱི། (༥)«གཡུང་»སྒྱུང་། «ལི་»«པེ་»«སྣར་»«ཅོ་»«ཞོལ་»སྤྱང་།

༤༢༣ (༡)«ལི་»«པེ་»ཀྱིས། (༢)«ལི་»«སྣར་»«ཅོ་»«ཞོལ་»སྒྲུབ། (༣)«སྣར་»«ཞོལ་»+དག «ཅོ་»–དེ། (༤)«ཅོ་»མར།

༤༢༤ (༡)«ཅོ་»–པ། (༢)«ལི་»–ཡང་། (༣)«ལི་»«པེ་»«ཞོལ་»ཀྱང་།

༤༢༥ (༡)«ལི་»–འཕགས་པའི་བདེན་པ་...... འགྲིབ་པར་མི་འགྱུར་རོ།། (༢)«གཡུང་»«ཅོ་»ཀྱང་། (༣)«ཅོ་»རྣམས་ཀྱང་། (༤)«གཡུང་»«པེ་»བཙྭ། «ལི་»«སྣར་»«ཅོ་»«ཞོལ་»བཙོ། (༥)«ཅོ་»གཟུང་། (༦)«ལི་»–ཀྱི། «ཅོ་»+ས།

༤༢༦ (༡)«ཁུ་»སྤུག (༢)«ཞོལ་»གྱི། (༣)«གཡུང་»–དུ། (༤)«ལི་»«པེ་»«སྣར་»«ཅོ་»«ཁུ་»«ཞོལ་»ནས། (༥)«ལི་»«སྣར་»སྒྲུ། (༦)«གཡུང་»«ཅོ་»ལ། (༧)«གཡུང་»«པེ་»བཙྭ། «ལི་»«སྣར་»«ཅོ་»«ཞོལ་»བཙོ།

༤༢༧ (༡)«གཡུང་»«པེ་»«སྣར་»«ཅོ་»«ཞོལ་»ཞེས། (པོད་འདིའི་ནང་དུ་ས་མཐར་ཚིག་ཕྲད་ཤེས་ཞེས་པ་རྣམས་«གཡུང་»«པེ་»«སྣར་»«ཞོལ་»ལ་ཞེས་དང་«ཅོ་»ལ་སྐབས་འགར་ཞེས་ཞེས་འཁོད་ཀྱང་གཞམ་དུ་བསྒྱུར་···· མཆན་དུ་བཀོད་མེད།)

༤༢༨ (༡)(༢)«ཅོ་»རྣམས་ཤེས། (༣)«ཞོལ་»གྱི། (༤)«ཅོ་»པ། (༥)«གཡུང་»«པེ་»+ལ། «ལི་»ཐམས། (༦)«གཡུང་»«པེ་»བཙྭ། «ལི་»«སྣར་»«ཅོ་»«ཞོལ་»བཙོ།

༤༢༩ (༡)«ཁུ་»རིག

༤༣༠ (༡)«ཁུ་»གི། (༢)«གཡུང་»«པེ་»–རབ།

༤༣༡ (༡)«ལི་»སྐོམ། (༢)«ལི་»རྣམས། (༣)«ཞོལ་»གྱི། (༤)«ལི་»«སྣར་»«ཞོལ་»–བདག (༥)«ཅོ་»+པ་ལ།

༤༣༢ (༡)«གཡུང་»«པེ་»བཙྭ། «ལི་»«སྣར་»«ཅོ་»«ཞོལ་»བཙོ། (༢)«གཡུང་»མཐོན། «ཅོ་»«ཞོལ་»མཉོན། (༣)«ལི་»«པེ་»དོ། (༤)«ལི་»«སྣར་»«ཞོལ་»པོ། (༥)«ཅོ་»བསྒྱུར། (༦)«གཡུང་»«ལི་»«པེ་»དགའ་འོ། (པོད་འདིའི་ནང་དུ་དགའོ་ཞེས་པ་རྣམས་«གཡུང་»«པེ་»ལ་དགའ་འོ་ཞེས་འཁོད་ཀྱང་གཞམ་དུ་

བསྡུར་མཆན་དུ་བཀོད་མེད།)

༩༣༦ ༡«གཡུང་»«པེ་»བཙྭ། «ལི་»«སྣར་»«ཅོ་»«ཞོལ་»བཙོ། ༢«ཅོ་»—རྫོགས་པར། ༣«གཡུང་»«པེ་»ཏན། ༤«གཡུང་»«པེ་»འདུ།

༩༣༧ ༡«གཡུང་»«ལི་»«པེ་»སྦྱོད། ༢«ཁུ་»བྱ། ༣«གཡུང་»—པའི་གནས། ༤«པེ་»«སྣར་»«ཞོལ་»+ཅིང་།

༩༣༨ ༡«ཅོ་»སྦྱོད། ༢«གཡུང་»«པེ་»«སྣར་»«ཅོ་»«ཁུ་»«ཞོལ་»པ། ༣ ༤«པེ་»—མི། ༥«གཡུང་»«པེ་»སྨོམ། ༦«ལི་»«སྣར་»«ཞོལ་»པོ། ༧«སྣར་»«ཅོ་»«ཞོལ་»བརྗོད།

༩༣༩ ༡«གཡུང་»«ཅོ་»—དུ། ༢«གཡུང་»«པེ་»«སྣར་»«ཞོལ་»+ངེས་འགག་པ་མེད་པ་ལ་ཡོངས་སུ་འདྲིས་པར་མི་བྱའོ།། ༣«གཡུང་»«ལི་»«པེ་»«སྣར་»«ཞོལ་»བརྗོད། ༤«གཡུང་»ལུས། ༥«སྣར་»«ཞོལ་»བརྗོད། ༦«ལི་»—དེ་དག་གིས······ སེམས་དཔའ་ཆེན་པོ། ༧«གཡུང་»«པེ་»སྦུབས།

༩༤༠ ༡«ཅོ་»མི། ༢«ལི་»ཀློན་སྟེ། ༣«གཡུང་»«ལི་»«པེ་»«ཅོ་»ལྔའོ། «སྣར་»«ཞོལ་»བཞི་པའོ། ༤«གཡུང་»ཉི་བརྒྱ་བཞི་བཅུ་གཅིག «པེ་»ཉིས་བརྒྱ་བཞི་བཅུ་གཅིག «ལི་»བཅུ་བདུན། «སྣར་»«ཅོ་»ཉིས་བརྒྱ་ཞེ་གཅིག «ཞོལ་»ཉིས་བརྒྱ་ཞེ་གཉིས། ༥«ལི་»པ། ༦«གཡུང་»«ལི་»«པེ་»«ཅོ་»+ཡང་། «སྣར་»«ཞོལ་»ནའང་། ༧«གཡུང་»«པེ་»«སྣར་»«ཞོལ་»+པའི། ༨«སྣར་»«ཞོལ་»བསྐྱེད། ༩«གཡུང་»ཡོགས། ༡༠«ལི་»—སྒྱི། «སྣར་»«ཞོལ་»མི་བསྐྱེད།

༩༤༡ ༡«ལི་»—ལྟ། ༢«གཡུང་»«པེ་»«ཅོ་»+བ། ༣«གཡུང་»«ལི་»«པེ་»«སྣར་»«ཅོ་»—ཆོས་ཐམས་ཅད་སྒྱུ······ འདྲ་བ་ཉིད་དུ་ལྟ། ༤ ༥ ༦ ༧ ༨ ༩ ༡༠«སྣར་»«ཞོལ་»ཞབས་འབྲིང་། «ཅོ་»ཞམ་རིང་། ༡༡«ཅོ་»—སྟོང་། ༡༢«སྣར་»«ཞོལ་»ཞབས་འབྲིང་། «ཅོ་»ཞམ་རིང་། ༡༣«སྣར་»—པོ་མང་། ༡༤«གཡུང་»«ལི་»«པེ་»«སྣར་»«ཅོ་»«ཞོལ་»ལ། ༡༥«གཡུང་»«ལི་»«པེ་»«ཅོ་»འབྱུན། ༡༦«ལི་»སྟེ། གཉིར།

༩༤༢ ༡«ཁུ་»ལ། ༢«གཡུང་»«པེ་»བཅུ། ༣«གཡུང་»«སྣར་»«ཅོ་»«ཞོལ་»+བ། ༤«ཅོ་»—དང་། ཚ་འཕྲུལ། ༥«ལི་»«པེ་»སྟོན། ༦«གཡུང་»—འདི། «ལི་»«པེ་»«སྣར་»«ཞོལ་»དེ། ༧«ལི་»—དག ༨«གཡུང་»«པེ་»«སྣར་»«ཅོ་»«ཞོལ་»པོའི། ༩«སྣར་»«ཞོལ་»གཟན། ༡༠«ཞོལ་»དྭགས། ༡༡«གཡུང་»«ཅོ་»གཅད། «སྣར་»«ཞོལ་»བཅད། ༡༢«གཡུང་»«པེ་»«སྣར་»ཟད། ༡༣«སྣར་»«ཞོལ་»དངང་། ༡༤«གཡུང་»«ལི་»«པེ་»«སྣར་»«ཞོལ་»—བ། ༡༥«ལི་»བསྒོམ། ༡༦«ཅོ་»ངམ། ༡༧«གཡུང་»«པེ་»«སྣར་»ཟད། ༡༨«སྣར་»«ཞོལ་»དངང་། ༡༩«གཡུང་»«ལི་»«པེ་»«སྣར་»«ཅོ་»«ཞོལ་»པོའི།

༩༤༣ ༡«ལི་»«པེ་»སྟེ། ༢«ལི་»—བ། ༣«ལི་»«སྣར་»«ཅོ་»«ཞོལ་»འཛོབ། ༤«ལི་»—ཀྱང་། ༥«ལི་»«པེ་»པའི། ༦«གཡུང་»«པེ་»མི་ལྡོས། ༧ ༨«སྣར་»«ཅོ་»«ཞོལ་»མམ། ༩«ལི་»+ཚེ། «པེ་»ཚེ་རྣམས།

༩༤༤ ༡«གཡུང་»པ། ༢«ལི་»སྒྱི་ཐར། «སྣར་»«ཅོ་»«ཞོལ་»མེས་ཚིག ༣«གཡུང་»«ལི་»«པེ་»«སྣར་»

«ཅོ་»«ཞོལ་»གལ། ༤«ཅོ་»མི། ༥«གཡུང་»«ལི་»«པེ་»«སྣར་»«ཅོ་»«ཁུ་»«ཞོལ་»སྲིད་། ༦«གཡུང་»«ལི་»«པེ་»«སྣར་»«ཅོ་»«ཞོལ་»+སྲིད་། ༧«གཡུང་»བ་ལ་དེ། «ལི་»པས་ན། «པེ་»པས་ན་དེ། ༨«གཡུང་»«ལི་»«པེ་»«ཅོ་»—འདི། ༩«ལི་»«སྣར་»བཀུར། «ཞོལ་»སྐུར། ༡༠«གཡུང་»«པེ་»ཀྱིས། ༡༡«ཅོ་»ཤིག ༡༢«ལི་»—ཆེན།

༤༤༥ ༡«པེ་»ལུ། ༢«གཡུང་»«པེ་»«སྣར་»«ཅོ་»«ཞོལ་»གི། ༣«ལི་»—ཏུ། ༤«ལི་»«པེ་»པས། ༥«ལི་»—ཉན་ཐོས་དང་རང་སངས་རྒྱས་ཀྱི་སེམས་མེད་པས། ༦«ཁུ་»— བླ། ༧«པེ་»+དེ། ༨«ལི་»ཏེ། ༩«གཡུང་»«སྣར་»«ཅོ་»«ཞོལ་»གྱི། ༡༠«ཁུ་»—ཟ། ༡༡«ལི་»—བདག་བླ་ན་མེད་པ་...... འཚང་རྒྱ་བར་འགྱུར་ཏེ། (ཞེས་པའི་གཡུང་དྲུང་རྟགས་བར་གྱི་ཡི་གེ་རྣམས་«ལི་»ལ་ཆད།) ༡༢«གཡུང་»«པེ་»+རྒྱས། ༡༣«ཅོ་»གིས།

༤༤༦ ༡«གཡུང་»«ལི་»«པེ་»«སྣར་»«ཅོ་»«ཞོལ་»གྱུར་པའི། ༢«ལི་»«སྣར་»བསམ་སྟེ། ༣«ཁུ་»ག ༤«ལི་»པོ། ༥«ཁུ་»པ། ༦«ཅོ་»+མ།

༤༤༧ ༡«སྣར་»—པའི། ༢«ཅོ་»གྱིས། ༣«གཡུང་»«པེ་»«སྣར་»«ཅོ་»«ཞོལ་»འོངས། ༤«ཅོ་»གྱིས། ༥«ལི་»«པེ་»—བྱས། ༦«གཡུང་»«པེ་»«ཅོ་»འདི། ༧«ཁུ་»སྟེ། ༨«ཅོ་»གྱིས། ༩«གཡུང་»«པེ་»—མི། ༡༠«གཡུང་»«ལི་»«པེ་»«སྣར་»«ཅོ་»«ཞོལ་»གི། ༡༡«ཁུ་»གུ། ༡༢«ལི་»«སྣར་»«ཅོ་»«ཞོལ་»འཐིང་།

༤༤༨ ༡«སྣར་»«ཞོལ་»བསྐྱེད། ༢«གཡུང་»«ལི་»«པེ་»«སྣར་»«ཅོ་»«ཞོལ་»—པ་ཡང་དག་པར་རྫོགས། ༣«སྣར་»«ཅོ་»«ཞོལ་»བསྐྱེད། ༤«གཡུང་»«པེ་»«སྣར་»«ཅོ་»«ཞོལ་»གྱི། ༥«གཡུང་»«པེ་»གཞིས། ༦«གཡུང་»སྟེན་ཅི། «ཞོལ་»བསྟེན་ཅིང་། ༧«ལི་»«སྣར་»ཀྱི། ༨«ཁུ་»ཀྱིས།

༤༤༩ ༡«ཅོ་»—པ། ༢«ལི་»—གི་མྱིང་། ༣«གཡུང་»དབུང་གཉེན། «ལི་»«པེ་»སློབ་དཔོན། ༤«གཡུང་»«ལི་»«པེ་»—བར་དུ། «ཅོ་»—དུ། ༥«ལི་»—ཁྱོད་ནི་གྲོང་ཁྱེར་ཆེ་གེ་མོ་ཞིག་དང་། ༦«ཅོ་»+ཁྱེར། ༧«ལི་»«པེ་»«སྣར་»«ཞོལ་»—དེ། ༨«གཡུང་»—པ།

༤༥༠ ༡«ལི་»«ཅོ་»ཅིག ༢«ལི་»ཅིག ༣༤«གཡུང་»«པེ་»«སྣར་»«ཅོ་»«ཞོལ་»ཅི། ༥«ཅོ་»+པ། ༦«ཅོ་»ཛེར། ༧«ཅོ་»+པ། ༨«ཅོ་»མཆོག ༩«སྣར་»«ཅོ་»«ཞོལ་»+པ། ༡༠«སྣར་»«ཅོ་»«ཞོལ་»+པ།

༤༥༡ ༡༢«ལི་»«པེ་»«ཅོ་»འཐབ། ༣«ལི་»«སྣར་»«ཞོལ་»—ཏེ། ༤«ཅོ་»བུ། ༥«ལི་»—དག ༦«གཡུང་»«པེ་»ནི། ༧«ལི་»—སྡོམ་པ་འདི་...... ཡོན་ཏན་དང་། (ཞེས་པའི་གཡུང་དྲུང་རྟགས་བར་གྱི་ཡི་གེ་རྣམས་«ལི་»ལ་ཆད།) ༨«གཡུང་»«ལི་»«པེ་»«སྣར་»«ཅོ་»སྐྱེད། ༩«ལི་»«པེ་»«སྣར་»«ཞོལ་»པའི། ༡༠«ལི་»«སྣར་»«ཞོལ་»མའི། ༡༡«གཡུང་»«སྣར་»«ཅོ་»«ཞོལ་»—ནི། ༡༢«ལི་»+སེམས་དཔའ།

༤༥༢ ༡«གཡུང་»«པེ་»ཀྱི། ༢༣«གཡུང་»«པེ་»«སྣར་»«ཅོ་»«ཞོལ་»གི། ༤«ལི་»གིས། ༥«ཅོ་»གྱིས།

༦ «ལི་»«པེ་»«སྣར་»«ཞོལ་»+ནི། ༧ «ཅོ་»—དེ། ༨ «ལི་»«སྣར་»«ཞོལ་»བརྗོད། ༩ «གཡུང་»«ལི་»«པེ་»«སྣར་»«ཅོ་»«ཞོལ་»པ། ༡༠ «ཅོ་»+ནི།

༤༥༣ ༡ «ལི་»ཀྱི་རླབས། «སྣར་»«ཞོལ་»ཀྱི་རླབས། «ཅོ་»ཀྱིས་རླབས། ༢ «ཁུ་»ལྟར། ༣ «ལི་»«པེ་»བྱེད་དོ། ༤ «ཅོ་»ཤིང་། ༥ «གཡུང་»«ལི་»«པེ་»«སྣར་»«ཅོ་»«ཞོལ་»པོས། ༦ «ལི་»—ནའང་། ༧ «གཡུང་»འཕྱིན་འཕྱིན། ༨ «ཅོ་»འགྲོ། ༩ «ལི་»«སྣར་»«ཞོལ་»—ཡང་། ༡༠ «གཡུང་»«པེ་»«སྣར་»«ཞོལ་»དཔས།

༤༥༤ ༡ «ཅོ་»འགྲིབ། ༢ «ལི་»ཤྭག་ཀྱའི། ༣ «གཡུང་»«པེ་»«ཅོ་»ཐོབ། ༤ «གཡུང་»«པེ་»«ཅོ་»སྐྱེད། ༥ «གཡུང་»«ལི་»«པེ་»«སྣར་»«ཞོལ་»སྐྱེད། ༦ «ལི་»«སྣར་»«ཞོལ་»—དེས། ༧ «གཡུང་»«པེ་»—ཕྱི་བ། ༨ «སྣར་»«ཞོལ་»—དེས། ༩ «ཅོ་»—ཏོ། ༡༠ «གཡུང་»མདབ་འམ། «ལི་»འདབ་འམ། «པེ་»མེད་པའམ། «ཅོ་»མདབ་བམ། «ཞོལ་»འདབས་སམ། ༡༡ «གཡུང་»«ཅོ་»མདབ། «ཞོལ་»འདབས།

༤༥༥ ༡ «གཡུང་»«ཅོ་»མདབ། «ཞོལ་»འདབས། ༢ «ལི་»«པེ་»ན། ༣ «ཅོ་»པར། ༤ «གཡུང་»མེད་པ། «ཅོ་»མདབ། «ཞོལ་»འདབས། ༥ «ལི་»«པེ་»«སྣར་»«ཞོལ་»ཀྱི། ༦ «ལི་»«པེ་»པ། ༧ «ལི་»«པེ་»པ། ༨ «གཡུང་»—ཀྱི། ༩ «གཡུང་»«ཅོ་»མདབ། «ཞོལ་»འདབས། ༡༠ «གཡུང་»«ལི་»«པེ་»«སྣར་»«ཅོ་»«ཞོལ་»ཏེ། ༡༡ «ལི་»«པེ་»པ།

༤༥༦ ༡ «གཡུང་»«པེ་»བཙོན། ༢ «གཡུང་»«ལི་»«པེ་»«ཅོ་»མདབ། «ཞོལ་»འདབས། ༣ «ལི་»«སྣར་»«ཞོལ་»པ། ༤ «གཡུང་»«པེ་»འགྱུར་བ། ༥ «ཞོལ་»བརྙེས། ༦ «ལི་»«སྣར་»«ཅོ་»«ཞོལ་»བསྐྱེད། ༧ «ཞོལ་»དྭགས། ༨ «གཡུང་»«ལི་»«པེ་»«ཅོ་»ཟན། ༩ «ལི་»«པེ་»+མ། ༡༠ «གཡུང་»མ་འདྲེས། «ལི་»«པེ་»གཅོས། «སྣར་»«ཞོལ་»གཅེས། «ཅོ་»མ་རྗེས། ༡༡ «གཡུང་»«ལི་»«པེ་»«སྣར་»«ཅོ་»«ཞོལ་»—རྣམ་པར།

༤༥༧ ༡ «གཡུང་»«ཅོ་»+དེ། ༢ «ཞོལ་»ཀྱི། ༣ «གཡུང་»«ལི་»«པེ་»«སྣར་»«ཅོ་»«ཁུ་»«ཞོལ་»པ། ༤ «གཡུང་»«པེ་»«ཅོ་»—ནི། ༥ «ཅོ་»དེས། ༦ «གཡུང་»«ལི་»«པེ་»«ཅོ་»མདབ་ཏུ། «ཞོལ་»འདབས་སུ། ༧ «སྣར་»«ཅོ་»—པ། ༨ «པེ་»བརྙེས། ༩ «གཡུང་»«ལི་»«པེ་»«ཅོ་»སྐྱེད། ༡༠ «ལི་»«སྣར་»པས། ༡༡ «ལི་»གྲོར་སྐྱེད། གྲོང་བསྐྱེད། «ཁུ་»གྲོ་སྐྱེད། «ཞོལ་»གྲོར་བསྐྱེད། ༡༢ «གཡུང་»«པེ་»བསྐྱོད། ༡༣ «ལི་»«ཅོ་»—ལ། ༡༤ «སྣར་»«ཅོ་»«ཞོལ་»བསྐྱེད། ༡༥ «ལི་»—ནི། ༡༦ «གཡུང་»«སྣར་»«ཞོལ་»བྱ་བའོ།

༤༥༨ ༡ «གཡུང་»«ལི་»«པེ་»«ཅོ་»མདབ། «ཞོལ་»འདབས། ༢ «གཡུང་»«ཅོ་»—ལ། «ལི་»ལ་ལྟ་ལ། «སྣར་»«ཞོལ་»ལ་ལྟ། ༣ «གཡུང་»«པེ་»«ཅོ་»སྐུལ། ༤ «གཡུང་»«ལི་»«པེ་»«ཅོ་»མདབ། «ཞོལ་»འདབས། ༥ «གཡུང་»«སྣར་»«ཅོ་»«ཞོལ་»—ལ། ༦ «གཡུང་»«པེ་»«སྣར་»«ཅོ་»«ཞོལ་»བྱེད་པར། «ལི་»—བྱེད་པ། ༧ «སྣར་»«ཞོལ་»བསྐྱེད། ༨ «པེ་»+སེམས་དཔའ་ཆེན་པོ། ༩ «ལི་»

«སྣར་»«ཅོ་»«ཞོལ་»པར། ༡༠«ལི་»«པེ་»«སྣར་»«ཞོལ་»–ཅན། ༡༡«གཡུང་»–གྱི། ༡༢«ཅོ་»གྱོ། ༡༣«ལི་»–ཀྱང་། ༡༤«ཅོ་»–ཀྱང་། ༡༥«ཁུ་»བཏབ། ༡༦«གཡུང་»«པེ་»«ཅོ་»+དུ། ༡༧«གཡུང་»«པེ་»བསྟོན། ༡༨«གཡུང་»«པེ་»བྱ་ཡི།

༤༥༩ ༡«ལི་»སྐྱེད། ༢«ཅོ་»སྐྱེད། ༣«གཡུང་»«ལི་»«པེ་»«སྣར་»«ཅོ་»«ཞོལ་»འདི། ༤«གཡུང་»«ལི་»«པེ་»«སྣར་»«ཅོ་»«ཞོལ་»པོ། ༥«གཡུང་»«ལི་»«པེ་»«སྣར་»«ཅོ་»«ཁུ་»«ཞོལ་»བསྙེན། ༦«སྣར་»«ཞོལ་»བརྗོད།

༤༦༠ ༡ ༢«པེ་»ནམས།

༤༦༡ ༡«གཡུང་»«པེ་»བཙྭ། «སྣར་»«ཅོ་»«ཞོལ་»བཙོ།

༤༦༢ ༡ ༢«ལི་»–ནློའོ། །ཞེས་པའོ། །ཞེས་རབ་བོ།།

༤༦༣ ༡«ལི་»«པེ་»ཡང་དག་པར་སྦྱོང་བ། ༢ ༣«ལི་»–ནློའོ། །ཞེས་པའོ། །ཞེས་རབ་བོ།། ༤«ཞོལ་»+ནི།

༤༦༤ ༡«གཡུང་»–ལམ། ༢«གཡུང་»«པེ་»ཉིས་བརྒྱ་བཞི་བཅུ་གཉིས། «ལི་»བཙོ་བརྒྱད། «སྣར་»«ཅོ་»ཉིས་བརྒྱ་ཞེ་གཉིས། «ཞོལ་»ཉིས་བརྒྱ་ཞེ་གསུམ། ༣«གཡུང་»–པ།

༤༦༦ ༡«ལི་»–ནློའི་ཞེས་པའོ་……ཞེས་རབ་བོ།

༤༦༨ ༡«སྣར་»–པ་བཞི་ནི། ༢«ཅོ་»པ། «ཁུ་»+རིག་པར། ༣ ༤ ༥«གཡུང་»«པེ་»བཙྭ། «ལི་»«སྣར་»«ཅོ་»«ཞོལ་»བཙོ། ༦ ༧«གཡུང་»«པེ་»བཙྭ། «སྣར་»«ཅོ་»«ཞོལ་»བཙོ།

༤༦༩ ༡«གཡུང་»«པེ་»བཙྭ། «སྣར་»«ཅོ་»«ཞོལ་»བཙོ། ༢«གཡུང་»«པེ་»ཀྱིས། ༣«གཡུང་»«པེ་»བཙྭ། «ལི་»«སྣར་»«ཅོ་»«ཞོལ་»བཙོ། ༤ ༥«གཡུང་»«པེ་»བཙྭ། «སྣར་»«ཅོ་»«ཞོལ་»བཙོ། ༦«གཡུང་»«པེ་»པར། ༧«གཡུང་»«པེ་»བཙུ། ༨«གཡུང་»«པེ་»+དེ། ༩«ཅོ་»གིས། ༡༠«གཡུང་»«པེ་»སྒྱུར་ཏོ། ༡༡«གཡུང་»«པེ་»བཙུ། ༡༢«གཡུང་»དེ།

༤༧༠ ༡«གཡུང་»«པེ་»«སྣར་»«ཅོ་»«ཞོལ་»འོངས། ༢«ལི་»«སྣར་»«ཞོལ་»–ཡོངས་སུ། ༣«པེ་»+གི། ༤«པེ་»«ཅོ་»སྤྱོད། ༥«པེ་»ཀྱིས། ༦«གཡུང་»«པེ་»བཙུ། ༧«ལི་»རྗོད། ༨«སྣར་»«ཞོལ་»«ཁུ་»བཅད། ༩«ལི་»«སྣར་»«ཞོལ་»+ཉིད།

༤༧༡ ༡«ལི་»+མ། «ཅོ་»+ནི། ༢«ཅོ་»+ལ། ༣«ཅོ་»–ཆོས་ཐམས་ཅད་ནི། ༤«གཡུང་»«པེ་»+རོ། ༥«ལི་»–ཏུ། ༦«ཅོ་»པ་དང་། ༧«གཡུང་»«སྣར་»«ཅོ་»«ཞོལ་»–བྱང་ཆུབ་མངོན་པར་རྫོགས་པར་འཚང་རྒྱ་བའི། «ལི་»–སྟོང་པ་ཉིད་ལ་བྱང་ཆུབ་མངོན་པར་རྫོགས་པར་འཚང་རྒྱ་བའི།

༤༧༢ ༡«ལི་»«པེ་»+ཐམས་ཅད། ༢«གཡུང་»«ལི་»«པེ་»དབེན་པས་ནི་སྟོང་པ་ཉིད་ལ། «སྣར་»«ཞོལ་»དབེན་པས་ནི་སྟོང་པ་ཉིད་ལས། «ཅོ་»དབེན་པ་དང་སྟོང་པ་ཉིད་ལ། ༣«ཅོ་»+ཡང་། ༤«ཅོ་»ཀྱི། ༥«ལི་»«པེ་»+ལྟ། «སྣར་»«ཞོལ་»+ལྟར། ༦«ལི་»«པེ་»«སྣར་»«ཞོལ་»+ལྟར། ༧«ལི་»«པེ་»«སྣར་»«ཞོལ་»–ནི། ༨«ལི་»«པེ་»«སྣར་»«ཞོལ་»–ཏུ་བགྱི་བ། ༩«ལི་»«པེ་»«སྣར་»«ཞོལ་»+འོན་ཀྱང་། ༡༠«ལི་»«པེ་»«སྣར་»«ཞོལ་»གིར་བྱ་བ་དབེན་ཞིང་སྟོང་ངམ། ༡༡«ལི་»«པེ་»«སྣར་»

«ཞོལ་»ནོ། ༡༢ «ལི་»«པེ་»«སྣར་»«ཞོལ་»ངོ་། ༡༣ «ལི་»«པེ་»«སྣར་»«ཞོལ་»+འོན་ཀྱང་། ༡༤ «ལི་»«པེ་»«སྣར་»«ཞོལ་»གིར། ༡༥ «གཡུང་»«ཅོ་»–གསོལ་པ། བཅོམ་ལྡན་འདས་ཀུན་ཏུ་འཁོར་རམ། (ཞེས་པའི་གཡུང་དྲུང་རྟགས་བར་གྱི་ཡི་གེ་རྣམས་«གཡུང་»«ཅོ་»ལ་ཆད།) «ལི་»«པེ་»«སྣར་»«ཞོལ་»བར་གྱུར་ཏམ། ༡༦ «གཡུང་»«ཅོ་»–གསོལ་པ། ༡༧ ༡༨ «ལི་»«པེ་»«སྣར་»+ལྷ། «ཞོལ་»+ལྷར། ༡༩ «ཅོ་»སོ། ༢༠ «ལི་»པ་ནི།

༨༧༣ ༡ «ལི་»–ནོ། ༢ «གཡུང་»+གི།

༨༧༤ ༡ «གཡུང་»«པེ་»«སྣར་»«ཅོ་»«ཞོལ་»–ནོ།

༨༧༥ ༡ «གཡུང་»«པེ་»བཙྭ། «སྣར་»«ཅོ་»«ཞོལ་»བཙོ། ༢ «ཅོ་»–ནོ།

༨༧༦ ༡ «ལི་»«པེ་»«སྣར་»«ཞོལ་»+ཡོད། ༢ «ལི་»«པེ་»ལ། ༣ «གཡུང་»«པེ་»ཞུགས། ༤ «གཡུང་»«པེ་»«ཅོ་»«ཁུ་»གྲོ། ༥ «གཡུང་»«པེ་»བསྐྱི། ༦ «ལི་»«པེ་»«སྣར་»«ཞོལ་»+དུ། ༧ «གཡུང་»–དེ། ༨ «གཡུང་»«པེ་»བསྐྱི། ༩ «ལི་»–ཏེ།

༨༧༧ ༡ «ལི་»«པེ་»གསོལ། ༢ «གཡུང་»«པེ་»དཔྱོད། ༣ «ལི་»«པེ་»«སྣར་»«ཞོལ་»ལ། ༤ «གཡུང་»«པེ་»བསྐྱི། ༥ «ལི་»«པེ་»+རྒྱུས། ༦ «ལི་»–དེའི་རྒྱུས།

༨༧༨ ༡ «གཡུང་»«པེ་»དཔྱོད། ༢ «གཡུང་»«ལི་»«པེ་»བསྐྱི། ༣ «ལི་»«པེ་»གསོལ། ༤ «གཡུང་»«པེ་»དཔྱོད། ༥ «ལི་»«པེ་»ལ།

༨༧༩ ༡ «ཞོལ་»ཞུགས། ༢ «གཡུང་»«ལི་»«པེ་»བསྐྱི། ༣ «གཡུང་»«པེ་»དཔྱོད། ༤ «གཡུང་»བགོད།

༨༨༠ ༡ «གཡུང་»«པེ་»བགོད། ༢ «ལི་»བགོད།

༨༨༡ ༡ «ཅོ་»ལམ། ༢ «གཡུང་»གླིང་བཞི་པའི། «ཅོ་»–གི། ༣ «ལི་»«པེ་»ཏུ།

༨༨༢ ༡ «ལི་»–ཅིང་འཆད། «པེ་»པ་དང་འཆད། ༢ «གཡུང་»གི། «པེ་»པ་ཉིས་ཀྱི། ༣ «གཡུང་»«པེ་»«སྣར་»«ཅོ་»«ཁུ་»«ཞོལ་»+གང་། ༤ «གཡུང་»–པའི།

༨༨༣ ༡ «ལི་»«པེ་»«སྣར་»«ཞོལ་»+རྣམ་པར། ༢ «གཡུང་»དོ།

༨༨༤ ༡ «ཅོ་»པོ། ༢ «ཅོ་»–དེ། ༣ «ཅོ་»སྐྱབ། ༤ «ལི་»–ཏུ། ༥ «ལི་»«སྣར་»«ཞོལ་»ཀྱིས། ༦ «ལི་»«པེ་»–མ།

༨༨༥ ༡ «གཡུང་»«ཅོ་»སྤྱད། ༢ «ཅོ་»ལ། ༣ «ལི་»«སྣར་»«ཞོལ་»འབྱུང་། ༤ «གཡུང་»«སྣར་»«ཅོ་»«ཞོལ་»ཐམས་ཅད། «པེ་»+ཀྱི། ༥ «གཡུང་»«པེ་»«སྣར་»«ཞོལ་»ཆད། ༦ «ཅོ་»གཞན། ༧ «སྣར་»«ཅོ་»«ཞོལ་»ཆད། ༨ «གཡུང་»སུ། «པེ་»པ། ༩ «ལི་»–དེས་དུས། ༡༠ «ཅོ་»«ཞོལ་»–དེ།

༨༨༦ ༡ «གཡུང་»«ཅོ་»–བ། ༢ «གཡུང་»«པེ་»«སྣར་»«ཅོ་»«ཞོལ་»ཆད། ༣ «པེ་»ཆེའི། ༤ «ལི་»གཏོར། ༥ «སྣར་»«ཞོལ་»+ན། ༦ «ལི་»«སྣར་»«ཞོལ་»བྱ། ༧ «ཅོ་»–ཡིད་ལ་བགྱི་བ་མྱི་དམྱིགས། ༨ «ལི་»«སྣར་»«ཞོལ་»–དག ༩ «ལི་»«སྣར་»–ཉིད།

༤༨༧ (༡)(༢)《སྣར་》《ཞོལ་》ལས། (༣)《སྣར་》《ཞོལ་》དངང་། (༤)《གཡུང་》《པེ་》ཉིས་བརྒྱ་བཞི་བཅུ་གསུམ། 《ལི་》བཅུ་དགུ། 《སྣར་》《ཅོ་》ཉིས་བརྒྱ་ཞེ་གསུམ། 《ཞོལ་》ཉིས་བརྒྱ་ཞེ་བཞི།

༤༨༨ (༡)《གཡུང་》—རབ་འབྱོར། (༢)《ལི་》—སྟོང་པ་ཉིད། (༣)《སྣར་》《ཞོལ་》+ལ། (༤)《ལི་》—འདས། (༥)《ལི་》—ཤེས།

༤༨༩ (༡)《གཡུང་》《པེ་》ཀྱི།

༤༩༡ (༡)《ལི་》ས། (༢)《གཡུང་》སྲིད།

༤༩༤ (༡)《གཡུང་》—པ། (༢)《གཡུང་》རིལ།

༤༩༥ (༡)《གཡུང་》《པེ་》བཙྭ། 《ལི་》《སྣར་》《ཅོ་》《ཞོལ་》བཙོ། (༢)《ལི་》—ཀྱི།

༤༩༦ (༡)《བྲུ་》ལུག (༢)《ཞོལ་》—ཉིད། (༣)《ལི་》—བཞིན།

༤༩༧ (༡)《པེ་》—བཅོམ་ལྡན་འདས་...... ཕྱིན་པ་ལ་སྤྱོད་དམ། (༢)《ཞོལ་》—ཉིད།

༤༩༨ (༡)《གཡུང་》—ཉིད། (༢)《བྲུ་》—པའི།

༤༩༩ (༡)《ལི་》དྲི། (༢)《ལི་》རོ།

༥༠༠ (༡)《གཡུང་》《པེ་》ཀྱི།

༥༠༢ (༡)《བྲུ་》—བསམ་གྱིས་མི་ཁྱབ་...... པའི་མཐའ་དང་། (༢)《གཡུང་》+ཆོས་ཉིད་དང་། ཆོས་ཀྱི་དབྱིངས་དང་།

༥༠༥ (༡)《གཡུང་》《པེ་》གྱི།

༥༠༦ (༡)《གཡུང་》—གཞན་མ་ཡིན་པ་དེ་བཞིན་ཉིད་དང་། (༢)《གཡུང་》+གཞན་མ་ཡིན་པ་དེ་བཞིན་ཉིད་དང་། (༣)《གཡུང་》+པ།

༥༠༧ (༡)《ཞོལ་》—ཉིད། (༢)《ཞོལ་》གྱི།

༥༡༠ (༡)《གཡུང་》《ལི་》《པེ་》《སྣར་》《ཅོ་》《བྲུ་》《ཞོལ་》+དེ་བཞིན།

༥༡༢ (༡)《གཡུང་》《པེ་》—པ།

༥༡༣ (༡)《ཞོལ་》—ཉིད། (༢)《ལི་》—ཀྱི། (༣)《ལི་》《པེ་》—ཀྱི།

༥༡༤ (༡)(༢)《ལི་》—ཀྱི། (༣)《ལི་》《པེ་》—ཀྱི།

༥༡༥ (༡)《ལི་》《པེ་》—ཀྱི། (༢)《ལི་》—ཀྱི།

༥༡༦ (༡)(༢)《ལི་》《པེ་》—ཀྱི། (༣)《ལི་》—ཀྱི། (༤)《གཡུང་》བསོབ། (༥)《ལི་》—ཉིད། (༦)《གཡུང་》《པེ་》—སྟོང་པ་ཉིད་ཀྱི། 《ལི་》—ཀྱི།

༥༡༧ (༡)(༢)(༣)《ལི་》—ཀྱི། (༤)《གཡུང་》《པེ་》ཀྱིས།

༥༡༨ (༡)《ཞོལ་》+མ། (༢)(༣)《ལི་》—ཀྱི།

༥༡༩ (༡)《གཡུང་》《པེ་》ཉིས་བརྒྱ་བཞི་བཅུ་བཞི། 《ལི་》ཉི་ཤུ། 《སྣར་》《ཅོ་》ཉིས་བརྒྱ་ཞེ་བཞི། 《ཞོལ་》ཉིས་བརྒྱ་ཞེ་ལྔ།

༥༢༠ (༡)《ལི་》—གསོབ་ཉིད་དང་།

༥༢༡ ༡ «གཡུང་»དབྱིབས།

༥༢༣ ༡ «གཡུང་»«པེ་»+ཀྱི།

༥༢༤ ༡ «ཁུ་»+པ།

༥༢༥ ༡ «གཡུང་»«པེ་»བཙྭ། «ལི་»«སྣར་»«ཅོ་»«ཞོལ་»བཙོ།

༥༢༦ ༡ «ཁུ་»དང་། ༢ «གཡུང་»«པེ་»–ཆོས་ཀྱི་དབྱིངས་དང་།

༥༢༨ ༡ «ལི་»–ལྡན། ༢ «ལི་»–གསོལ་པ་བཅོམ་ལྡན་འདས་……དམིགས་སུ་ཡོད་དམ། ༣ «ཅོ་»དམིགས། ༤ «ལི་»ཀྱི། «པེ་»ཀྱྀ། ༥ «ལི་»«པེ་»«སྣར་»«ཞོལ་»+ཐོབ་པ། «ཅོ་»+ཐོབ།

༥༢༩ ༡ «ལི་»དེ། ༢ «གཡུང་»«ཅོ་»–བཞི། ༣ «ལི་»«པེ་»«ཞོལ་»+བཞི། ༤ «ཅོ་»+དེ། ༥ «གཡུང་»«པེ་»བཟློལ། ༦ «གཡུང་»«པེ་»«སྣར་»«ཞོལ་»–ཡེ་ཤེས། ༧ «ལི་»ཕྱིར། ༨ «གཡུང་»+རབ་འབྱོར་གྱིས། ༩ «ལི་»«པེ་»+དེས།

༥༣༠ ༡ «ལི་»«པེ་»སོ། ༢ «ལི་»«སྣར་»«ཞོལ་»སྙམ་དུ། ༣ «ལི་»«པེ་»+དག ༤ «ཅོ་»–ཕྱིན། ༥ «གཡུང་»«ལི་»«པེ་»«ཅོ་»དྲུག་གོ། «སྣར་»«ཞོལ་»ལྔ་པའོ།

༥༣༡ ༡ «ལི་»«སྣར་»–བཅོམ་ལྡན་འདས་ལ། ༢ «ཅོ་»རྟོག ༣ «གཡུང་»«པེ་»སོ། ༤ «གཡུང་»«པེ་»ཀཱི། «ལི་»ཀཱཽ།

༥༣༢ ༡ «ལི་»«པེ་»–ཐ་མ། ༢ «གཡུང་»«པེ་»ཀཱི། «ལི་»ཀཱཽ། ༣ «ཅོ་»སྙོམ། ༤ «སྣར་»«ཞོལ་»+གིས། ༥ «ལི་»«སྣར་»«ཞོལ་»འགྱུར། ༦ «ཅོ་»གཟུང་། ༧ «གཡུང་»«པེ་»«ཅོ་»+ཏེ། ༨ «ཅོ་»«སྣར་»ཀླགས། «ཞོལ་»བཀླགས། ༩ «གཡུང་»–ཀུན། ༡༠ «གཡུང་»«པེ་»ཀཱི། «ལི་»ཀཽ། ༡༡ «གཡུང་»དཔེར། ༡༢ «ལི་»«པེ་»«སྣར་»«ཞོལ་»–ཅིག ༡༣ «གཡུང་»«པེ་»ཀཱི། «ལི་»ཀཽ།

༥༣༣ ༡ «ཅོ་»བྱིན། ༢ «ལི་»«སྣར་»གི། ༣ «གཡུང་»«ལི་»«པེ་»«སྣར་»«ཅོ་»«ཞོལ་»པོས། ༤ «ཅོ་»–དུ། ༥ «སྣར་»«ཅོ་»ཀླགས། «ཁུ་»ཀླགས། «ཞོལ་»བཀླགས། ༦ «པེ་»སྒྲོས། ༧ «པེ་»གོས། ༨ «ཅོ་»པོས།

༥༣༤ ༡ «ལི་»«པེ་»–ཀྱང་། ༢ ༣ «ལི་»«པེ་»«སྣར་»«ཞོལ་»+གང་ཇི་སྙེད་པ། ༤ «གཡུང་»«ཅོ་»–ཀྱང་། ༥ «གཡུང་»ཐམས།

༥༣༥ ༡ «གཡུང་»«ལི་»«པེ་»«སྣར་»«ཅོ་»«ཞོལ་»+ལ། ༢ «གཡུང་»«ཅོ་»དང་། «པེ་»དུང་། ༣ «གཡུང་»«པེ་»«ཅོ་»+གྱིས། «སྣར་»+གྱི། ༤ «ཅོ་»–གྱིས། ༥ «གཡུང་»«པེ་»«སྣར་»«ཞོལ་»གནོན། ༦ «གཡུང་»–དེ། ༧ «གཡུང་»བཅོད། «ལི་»འཆད། «པེ་»འཆེད། «སྣར་»བཅད། ༨ «ལི་»«སྣར་»«ཞོལ་»+རྣམས་རྒྱང་། «པེ་»+རྣམས་བྱང་། «ཅོ་»པའི། ༩ «ལི་»«པེ་»ལ་འཕང་། «སྣར་»«ཞོལ་»ལས་འཕང་། ༡༠ «གཡུང་»«ལི་»«པེ་»«སྣར་»«ཞོལ་»འདོན། ༡༡ «གཡུང་»–པའི། ༡༢ «གཡུང་»འདི། ༡༣ «སྣར་»«ཞོལ་»འདོང་། ༡༤ «ལི་»སྨྲས་སོ།

༥༣༦ ༡ «གཡུང་»«པེ་»ཟེད། «ཅོ་»བཟོད། ༢ «གཡུང་»«ལི་»«པེ་»–བ། ༣ «གཡུང་»མདོན།

༤ «གཡུང་»«པེ་»ཀྱི། ༥ «ཅོ་»རིགས། ༦ «ཅོ་»འགྲོ། ༧ «གཡུང་»«លི་»«པེ་»བཅུ། ༨ «ཅོ་»དང་།
༩ «གཡུང་»«པེ་»རྒྱུར། ༡༠ «ཅོ་»རིགས།

༥༣༧ ༡ «གཡུང་»«པེ་»འགྱུར། ༢ «ལི་»—ཟབ་མོ་འདི། ༣ «ཅོ་»རིགས། ༤ «གཡུང་»«ལི་»«པེ་»«སྣར་»
«ཅོ་»«ཞོལ་»—ཀུན། ༥ «གཡུང་»«སྣར་»«ཅོ་»«ཞོལ་»བརྗོད་དམ། «ལི་»«པེ་»བརྗོད་ཅིང་།
༦ ༧ ༨ «གཡུང་»«ལི་»«པེ་»«སྣར་»«ཅོ་»«ཞོལ་»—ཀུན།

༥༣༨ ༡ «ལི་»«སྣར་»«ཅོ་»«ཞོལ་»བརྗོད། ༢ ༣ «གཡུང་»«ལི་»«པེ་»«སྣར་»«ཅོ་»«ཞོལ་»—ཀུན།
༤ «ལི་»«སྣར་»«ཅོ་»«ཞོལ་»བརྗོད། ༥ «ལི་»«སྣར་»«ཞོལ་»གྱིས་བརྒྱབས། ༦ «གཡུང་»«ལི་»
«པེ་»«སྣར་»«ཅོ་»«ཞོལ་»—ཀུན། ༧ «སྣར་»«ཞོལ་»+དག ༨ «གཡུང་»«པེ་»ནི། «ལི་»—ཅི།
༩ «ཞོལ་»གྱི། ༡༠ ༡༡ «གཡུང་»«ལི་»«པེ་»«སྣར་»«ཅོ་»«ཞོལ་»—ཀུན། ༡༢ «ལི་»—ཕྱིན།

༥༣༩ ༡ «ལི་»«པེ་»«སྣར་»«ཞོལ་»མདའ། ༢ «གཡུང་»«པེ་»«ཅོ་»བ། ༣ «སྣར་»«ཞོལ་»བསྐྱེད།
༤ «གཡུང་»«ལི་»«པེ་»«སྣར་»«ཅོ་»«ཞོལ་»—ཀུན། ༥ «ཅོ་»+གང་། ༦ ༧ ༨ «གཡུང་»«ལི་»«པེ་»
«སྣར་»«ཅོ་»«ཞོལ་»—ཀུན། ༩ «སྣར་»བསྟན། ༡༠ «གཡུང་»«ལི་»«པེ་»«སྣར་»«ཅོ་»«ཞོལ་»
—ཀུན། ༡༡ «ཅོ་»—མ། ༡༢ «གཡུང་»«ལི་»«པེ་»«སྣར་»«ཅོ་»«ཞོལ་»—ཀུན། ༡༣ «གཡུང་»—བཞེས།
«ལི་»གཞེས། ༡༤ «གཡུང་»«པེ་»ཐོང་། ༡༥ «གཡུང་»«ལི་»«པེ་»«སྣར་»«ཞོལ་»དོ། ༡༦ «གཡུང་»
«ལི་»«པེ་»«སྣར་»«ཅོ་»«ཞོལ་»—ཀུན།

༥༤༠ ༡ «གཡུང་»«ལི་»«པེ་»«སྣར་»«ཅོ་»«ཞོལ་»—ཀུན། ༢ «ཅོ་»—ཕ་རོལ་ཏུ། ༣ ༤ «གཡུང་»«ལི་»
«པེ་»«སྣར་»«ཅོ་»«ཞོལ་»—ཀུན། ༥ «ལི་»«སྣར་»«ཅོ་»«ཞོལ་»བརྗོད། ༦ «གཡུང་»«པེ་»
བདུག ༧ «གཡུང་»—ལྷ་སྡེ། ༨ ༩ «གཡུང་»«ལི་»«པེ་»«སྣར་»«ཅོ་»«ཞོལ་»—ཀུན། ༡༠ «ཅོ་»
བསྒོམ། ༡༡ «སྣར་»«ཅོ་» བསྒྲགས། «ཞོལ་»བསྒྲགས། ༡༢ «གཡུང་»ཅེས། ༡༣ «གཡུང་»«པེ་»«སྣར་»
«ཅོ་»—ཀུན།

༥༤༡ ༡ «གཡུང་»«པེ་»«སྣར་»«ཅོ་»«ཞོལ་»—ཀུན། ༢ «པེ་»«ཁུ་»བརྟེས། ༣ «སྣར་»«ཞོལ་»བསྐྱེད།
༤ ༥ ༦ ༧ ༨ ༩ «སྣར་»«ཞོལ་»སྒྱུད། ༡༠ ༡༡ «གཡུང་»«ལི་»«པེ་»«སྣར་»«ཅོ་»«ཞོལ་»—ཀུན། ༡༢ «སྣར་»
«ཞོལ་»བསྐྱེད། ༡༣ ༡༤ ༡༥ «གཡུང་»«ལི་»«པེ་»«སྣར་»«ཅོ་»«ཞོལ་»—ཀུན། ༡༦ «ཅོ་»—ཏུ། ༡༧ «ལི་»
«སྣར་»«ཅོ་»«ཞོལ་»བསྟོད།

༥༤༢ ༡ «སྣར་»«ཞོལ་»—མྱེད་པ། ༢ «སྣར་»«ཞོལ་»བསྐྱེད། ༣ «ལི་»«སྣར་»«ཅོ་»«ཞོལ་»བསྟོད།
༤ «པེ་»རང་། «ཁུ་»—ང་། ༥ «ལི་»+པ། ༦ «ལི་»«སྣར་»«ཅོ་»«ཞོལ་»བརྗོད། ༧ «གཡུང་»
«པེ་»སྟོང་། ༨ «གཡུང་»«ལི་»«པེ་»«སྣར་»«ཅོ་»«ཞོལ་»—པ། ༩ «ལི་»ཡིད། ༡༠ «ཞོལ་»དགས།
༡༡ «ལི་»བོ། ༡༢ «ལི་»«སྣར་»བཟུང་། ༡༣ «གཡུང་»ཆོས། «ཅོ་»ཆེད། ༡༤ «གཡུང་»«པེ་»དེ་བཞིན་
ཉིད་དུ་སློབ་པའི་ཚེ། «སྣར་»«ཞོལ་»—དེ་བཞིན་དུ་སློབ་པའི་ཚེ། ༡༥ «གཡུང་»«པེ་»«ཅོ་»ཀྱི།

༥༤༣ ༡ «ཞོལ་»དགས། ༢ ༣ «གཡུང་»«ལི་»«པེ་»«སྣར་»«ཅོ་»«ཞོལ་»—ཀུན། ༤ «ཅོ་»—ལ། ༥ «ཅོ་»

སྲི། [༦]«གཡུང་»«ལི་»ཐབ། [༧]«ཅོ་»འབྲུ། [༨]«གཡུང་»«ལི་»«པེ་»«སྣར་»«ཅོ་»«ཞོལ་»–ཀུན། [༩]«ལི་»མཚངས།

༥༤༤ [༡]«གཡུང་»«ལི་»«པེ་»«སྣར་»«ཅོ་»«ཞོལ་»–ཀུན། [༢]«གཡུང་»འཚང་། [༣]«ལི་»«ཅོ་»བཏང་། «པེ་»གཏོང་། «སྣར་»བཏོང་། [༤]«གཡུང་»«པེ་»«ཅོ་»ཐེ། [༥]«ཅོ་»བརྗོད། [༦]«ཅོ་»འགྱུར་བ། [༧]«གཡུང་»«པེ་»«སྣར་»«ཅོ་»«ཞོལ་»ཆ། [༨]«གཡུང་»«ལི་»«པེ་»«སྣར་»«ཅོ་»«ཞོལ་»–ཀུན། [༩]«པེ་»«ཅོ་»གིས། [༡༠]«ཅོ་»+མ། [༡༡]«ཞོལ་»ཀྱི། [༡༢]«གཡུང་»«པེ་»«སྣར་»«ཅོ་»«ཞོལ་»ཆ། [༡༣][༡༤]«གཡུང་»«ལི་»«པེ་»«སྣར་»«ཅོ་»«ཞོལ་»–ཀུན། [༡༥]«ཅོ་»བརྗོད། [༡༦]«གཡུང་»«པེ་»རྗོད། [༡༧]«ལི་»འཐབ་ཅིང་རྗོད། «པེ་»འཐབས་ཅིང་རྗོད། «སྣར་»«ཞོལ་»འཐབ་ཅིང་རྗོད། «ཅོ་»འཐབ་ཅིང་བརྗོད། [༡༨]«ལི་»རྗོད། [༡༩]«ལི་»«སྣར་»«ཞོལ་»ཆགས། [༢༠]«གཡུང་»«པེ་»མགོན་དུ་བཟུང་། «ལི་»གོན་ཏུ་གཟུང་། «སྣར་»«ཞོལ་»གོན་དུ་གཟུང་། [༢༡]«གཡུང་»«ལི་»«པེ་»«སྣར་»«ཅོ་»«ཞོལ་»–ཀུན། [༢༢]«གཡུང་»–ཉིད། «པེ་»ནི། [༢༣]«གཡུང་»«པེ་»གཏོང་། «ལི་»«ཞོལ་»གཏང་། [༢༤]«གཡུང་»«པེ་»«སྣར་»«ཅོ་»«ཞོལ་»ཆ།

༥༤༥ [༡]«གཡུང་»«ལི་»«པེ་»«སྣར་»«ཅོ་»«ཞོལ་»–ཀུན། [༢]«གཡུང་»«པེ་»འཐབས་ཤིང་བརྗོད། «ཅོ་»འཐབ་ཅིང་བརྗོད། «ཞོལ་»འཐབ་ཅིང་རྗོད། [༣]«ཅོ་»ཅད་སྙམ་པར། [༤]«ཅོ་»ལེགས་པ་མ། [༥]«གཡུང་»«པེ་»«སྣར་»«ཅོ་»«ཞོལ་»བསལ། [༦]«ཞོལ་»པ། [༧]«ཞོལ་»+ན། [༨]«ཅོ་»ལྡོག [༩]«ཞོལ་»ཀྱི། [༡༠]«གཡུང་»«པེ་»བྱའོ། [༡༡]«ཅོ་»–དང་། [༡༢]«ཅོ་»གིས། [༡༣]«གཡུང་»«པེ་»+འདས། [༡༤]«ཅོ་»ཟླ། [༡༥]«ཞོལ་»ཀྱི། [༡༦]«གཡུང་»«ལི་»«པེ་»«སྣར་»«ཅོ་»«ཞོལ་»–ཀུན། [༡༧]«ལི་»དོ། [༡༨]«གཡུང་»«ལི་»«པེ་»«སྣར་»«ཅོ་»«ཞོལ་»–ཀུན། [༡༩]«ཅོ་»–པ། [༢༠]«བྲུ་»འགྲོག [༢༡]«པེ་»«ཅོ་»བྱའོ།

༥༤༦ [༡]«ཅོ་»–ནི་བདག [༢][༣]«གཡུང་»«ལི་»«པེ་»«སྣར་»«ཅོ་»«ཞོལ་»–ཀུན། [༤]«ཅོ་»གིས། [༥]«ཅོ་»འདི་སྐྱ། [༦]«ཞོལ་»ཁྲིམས། [༧]«གཡུང་»«པེ་»+བ།

༥༤༧ [༡]«ཅོ་»ལགས། [༢]«གཡུང་»«པེ་»བཙྭ། «ལི་»«སྣར་»«ཅོ་»«ཞོལ་»བཙོ། [༣]«ཅོ་»དེ། [༤]«གཡུང་»«པེ་»«སྣར་»«ཅོ་»«ཞོལ་»བྱ་སྐྱེ། [༥]«ལི་»–ལམ། [༦]«ཅོ་»སྟོང་། [༧]«གཡུང་»«པེ་»བྱ་ཡི།

༥༤༨ [༡]«ཅོ་»+ཉིད། [༢]«གཡུང་»«པེ་»–ཤེས་རབ་ཀྱི་...... བཅུ་དྲུག་གོ།། «ལི་»ཤེས་རབ་ཀྱི་...... བཞི་བཅུ་བདུན་ནོ། «སྣར་»«ཞོལ་»ཤེས་རབ་ཀྱི་...... བཅུ་བདུན་པའོ། «ཅོ་»ཤེས་རབ་ཀྱི་...... བཅུ་བདུན་ནོ། [༣]«ལི་»+ལེགས་སོ་ལེགས་སོ། [༤]«གཡུང་»«པེ་»ཉིས་བརྒྱ་བཞི་བཅུ་ལྔ། «ལི་»དང་པོ། «སྣར་»«ཅོ་»ཉིས་བརྒྱ་ཞེ་ལྔ། «ཞོལ་»ཉིས་བརྒྱ་ཞེ་དྲུག

༥༤༩ [༡]«སྣར་»«ཞོལ་»+རབ་འབྱོར། [༢]«ལི་»གཟུག [༣]«ཅོ་»+སྟོང་།

༥༥༠ [༡]«གཡུང་»«པེ་»པ།

༥༥༢ ༡«པེ་»ནམས། ༢«གཡུང་»ལམ་ནི་ལམ་གྱིས། «ཅོ་»ལམ་ནི་ལམ་གྱི། ༣«ཁུ་»–པ། ༤«གཡུང་»པས། «པེ་»པས་རྣམས་ཀྱིས།

༥༥༣ ༡«លི་»«པེ་»«སྣར་»«ཞོལ་»+བྱམས་པ་ཆེན་པོ་ནི། བྱམས་པ་ཆེན་པོས་སྟོང་། ༢«གཡུང་»«པེ་»ཀྱིས། ༣«ཁུ་»བུའི། ༤«ཅོ་»བརྒྱའོ།

༥༥༤ ༡«ཅོ་»སླབ། ༢«ཞོལ་»–པ།

༥༥༥ ༡«གཡུང་»ལ། ༢«པེ་»སྦྱོད། ༣«ཅོ་»སླབ།

༥༥༦ ༡«ཅོ་»འགྱུར།

༥༥༧ ༡«གཡུང་»འག «པེ་»འགག ༢ ༣ ༤ ༥«ཅོ་»སླབ། ༦ ༧«གཡུང་»འགག ༨«ཞོལ་»–བར་བགྱི།

༥༥༨ ༡«གཡུང་»–རྣམ་པ། ༢«གཡུང་»འགག ༣«ཅོ་»–ཤེས་པ།

༥༥༩ ༡«ཞོལ་»པ།

༥༦༠ ༡«ཅོ་»སླབ། ༢«གཡུང་»–བའི།

༥༦༡ ༡«ཞོལ་»+ཀྱི།

༥༦༣ ༡«གཡུང་»ལ།

༥༦༤ ༡«ཅོ་»–ཁམས།

༥༦༦ ༡«ཅོ་»དང་།

༥༦༨ ༡«ཅོ་»+ཅན།

༥༦༩ ༡«ཁུ་»གྱི།

༥༧༠ ༡«ཁུ་»སྐྱེ། ༢«ཅོ་»–སླད་དུ།

༥༧༢ ༡«ཅོ་»སྐྱེད། ༢«ཞོལ་»–པ།

༥༧༤ ༡«ཞོལ་»–བགྱི།

༥༧༧ ༡«སྣར་»སྦོབ། ༢ ༣ ༤ ༥«ཅོ་»ལགས།

༥༧༩ ༡«གཡུང་»སྐོམ།

༥༨༠ ༡ ༢ ༣«ཁུ་»གྱི། ༤«ཅོ་»–རྣམས།

༥༨༢ ༡«སྣར་»«ཞོལ་»+བྱམས་པ་ཆེན་པོ་བས་པར་བགྱི་བའི་སླད་དུ་སློབ་ན། རྣམ་པ་ཐམས་ཅད་མཁྱེན་པ་ཉིད་དུ་སློབ་པ་ལགས་སམ། བྱམས་པ་ཆེན་པོ་འདོད་ཆགས་དང་བྲལ་བར་བགྱི་བའི་སླད་དུ་སློབ་ན། རྣམ་པ་ཐམས་ཅད་མཁྱེན་པ་ཉིད་དུ་སློབ་པ་ལགས་སམ། བྱམས་པ་ཆེན་པོ་འགག་པར་བགྱི་བའི་སླད་དུ་སློབ་ན། རྣམ་པ་ཐམས་ཅད་མཁྱེན་པ་ཉིད་དུ་སློབ་པ་ལགས་སམ། བྱམས་པ་ཆེན་པོ་མི་སྐྱེ་བར་བགྱི་བའི་སླད་དུ་སློབ་ན། རྣམ་པ་ཐམས་ཅད་མཁྱེན་པ་ཉིད་དུ་སློབ་པ་ལགས་སམ།

༥༨༥ ༡«གཡུང་»«པེ་»ཉིས་བརྒྱ་བཞི་བཅུ་དྲུག «ལི་»གཉིས། «སྣར་»«ཅོ་»ཉིས་བརྒྱ་ཞེ་དྲུག «ཞོལ་»ཉིས་བརྒྱ་ཞེ་བདུན།

༥༨༦ ༡«གཡུང་»–ནམ། ༢«སྣར་»པར། ༣«ལི་»བྱའི།

༥༩༠ ༡«ཞོལ་»–ཕྱིར།

༥༩༡ ༡«གཡུང་»–ཀྱི།

༥༩༥ ༡«གཡུང་»–པ། ༢«ལི་»+ཕྱི།

༥༩༧ ༡«གཡུང་»ཅ། ༢«ལི་»–པ།

༦༠༢ ༡«ཞོལ་»–ཕྱིར། ༢«ཅོ་»+ན།

༦༠༤ ༡«གཡུང་»«པེ་»–ཅད། ༢«ཞོལ་»–ཕྱིར།

༦༠༥ ༡«གཡུང་»–ཅད།

༦༠༨ ༡«ལི་»–ཕྱིར།

༦༠༩ ༡«ཅོ་»+པ།

༦༡༠ ༡«གཡུང་»–པ།

༦༡༡ ༡«ཞོལ་»+ཉེ། ༢«གཡུང་»མའི། ༣«གཡུང་»«པེ་»རྣམ།

༦༡༢ ༡«གཡུང་»པ། ༢«ལི་»ཐམ། ༣«ལི་»བྱའི། ༤«གཡུང་»པ། ༥«སྣར་»«ཞོལ་»+བྱམས་པ་ཆེན་པོ་ཟད་པར་བྱ་བའི་ཕྱིར་སློབ་ན། རྣམ་པ་ཐམས་ཅད་མཁྱེན་པ་ཉིད་དུ་སློབ་པ་ཡིན་ནམ། བྱམས་པ་ཆེན་པོ་འདོད་ཆགས་དང་བྲལ་བར་བྱ་བའི་ཕྱིར་སློབ་ན། རྣམ་པ་ཐམས་ཅད་མཁྱེན་པ་ཉིད་དུ་སློབ་པ་ཡིན་ནམ། བྱམས་པ་ཆེན་པོ་འགག་པར་བྱ་བའི་ཕྱིར་སློབ་ན། རྣམ་པ་ཐམས་ཅད་མཁྱེན་པ་ཉིད་དུ་སློབ་པ་ཡིན་ནམ། བྱམས་པ་ཆེན་པོ་མི་སྐྱེ་བར་བྱ་བའི་ཕྱིར་སློབ་ན། རྣམ་པ་ཐམས་ཅད་མཁྱེན་པ་ཉིད་དུ་སློབ་པ་ཡིན་ནམ། ༦«གཡུང་»«པེ་»ཕྱིན།

༦༡༣ ༡ ༢«གཡུང་»«པེ་»བཙྭ། «ལི་»«སྣར་»«ཞོལ་»བཙོ། ༣«གཡུང་»«པེ་»བཙྭ། «ལི་»«སྣར་»«ཅོ་»«ཞོལ་»བཙོ། ༤ ༥«ལི་»པ། ༦«གཡུང་»«པེ་»བཙྭ། «སྣར་»«ཅོ་»«ཞོལ་»བཙོ། ༧«ཅོ་»འོངས་པའི། ༨«ལི་»–དུ།

༦༡༤ ༡«ཞོལ་»–ཕྱིར། ༢«ཁུ་»«ཞོལ་»–བར་བྱ། ༣«པེ་»བད།

༦༡༥ ༡«གཡུང་»+བ། ༢«གཡུང་»ཕྱིན། ༣«ཅོ་»+ཡེ་རྣམྣ་ཏེ་ཏུ་པྲ་ཧྭ་བྷ་ཏེ་ཏུཥྟེ་ཥྐྲྣ་ཐྭ་ག་ཏོ་ཧྱེ་བ་དཏ། ཏེ་ཥྐྲྀ་ཡོ་ནི་རོ་དྷ་ཨེ་ཝཾ་ཝཱ་དཱི་མ་ཧཱ་ཤྲ་མ་ཎཿ བཀྲ་ཤིས། མངྒ་ལཾ།། ༤«གཡུང་»«པེ་»ཉིས་བརྒྱ་བཞི་བཅུ་བདུན། «ལི་»གསུམ། «སྣར་»«ཅོ་»ཉིས་བརྒྱ་ཞེ་བདུན། «ཞོལ་»ཉིས་བརྒྱ་ཞེ་བརྒྱད། ༥«གཡུང་»«པེ་»གྱུར།

༦༡༦ ༡«གཡུང་»ཡིད། ༢«གཡུང་»–སྤྱང་བའམ།

༦༡༧ ༡«གཡུང་»–པ། ༢«ཞོལ་»–པ། ༣«ཁུ་»ཀྱིས།

༦༡༩ ༡«གཡུང་»«པེ་»ཉིན།

༦༢༠ ༡«གཡུང་»ནམ།

༦༢༡ ༡ «གཡུང་»«པེ་»«ཅོ་»པ་བཞིའི།

༦༢༢ ༡ «གཡུང་»མིན། ༢ «གཡུང་»པའི། ༣ «གཡུང་»—པ།

༦༢༣ ༡ «གཡུང་»«པེ་»བརྟུ་རྒྱུད། «ལི་»«སྣར་»«ཅོ་»«ཞོལ་»བརྩེ་བརྒྱུད། ༢ «ཅོ་»པའི། ༣ «གཡུང་»«པེ་»+ནོ། །དེ་ཅིའི་ཕྱིར་ཞེ་ན། ༤ «གཡུང་»—ཏུ།

༦༢༦ ༡ «ཁུ་»+སློབ་པའི། ༢ «ལི་»«ཞོལ་»—མྱེད་པ།

༦༢༧ ༡ «གཡུང་»བསློབ། ༢ «ལི་»«ཅོ་»+བྱམས་པ་ཆེན་པོ་ལ་སློབ་པ་ཡིན། རབ་འབྱོར་དེ་ལྟར་སློབ་པའི་བྱང་ཆུབ་སེམས་དཔའ་སེམས་དཔའ་ཆེན་པོ་ནི། ༣ «གཡུང་»«ལི་»«པེ་»བརྟུ། «སྣར་»«ཅོ་»«ཞོལ་»བརྩེ། ༤ «ལི་»«ཅོ་»པར།

༦༢༨ ༡ «གཡུང་»«ལི་»«པེ་»«ཅོ་»ཐོབ། ༢ «ཅོ་»ཀྱི། ༣ «ཅོ་»—ནི། ༤ «ལི་»«པེ་»«སྣ་»«ཞོལ་»—པ། ༥ «སྣར་»«ཞོལ་»—ནི། ༦ «གཡུང་»ཡིད། ༧ «གཡུང་»—སེམས་དཔའ། ༨ «ལི་»«སྣར་»«ཅོ་»«ཞོལ་»འཆད།

༦༢༩ ༡ «ཅོ་»སྦུ། ༢ «གཡུང་»«ལི་»«པེ་»«སྣར་»«ཅོ་»—མ། ༣ «ཅོ་»—ལ་སློབ་པ་དེ། ༤ «ཅོ་»ཚང་། ༥ «སྣར་»འདོལ། ༦ «ཅོ་»བླར། ༧ «ཅོ་»+ལྡན་ཞིང་། ༨ «ཅོ་»རོ། ༩ «གཡུང་»«ལི་»«པེ་»«སྣར་»«ཞོལ་»པར། ༡༠ «གཡུང་»པ། ༡༡ «སྣར་»«ཞོལ་»བཀུལ། ༡༢ «གཡུང་»«ལི་»«པེ་»པ་ལ། ༡༣ «གཡུང་»«པེ་»པ།

༦༣༠ ༡ «གཡུང་»«པེ་»«ཅོ་»«ཞོལ་»རིང་། ༢ «ཅོ་»«ཞོལ་»རིང་། ༣ «ལི་»«སྣར་»«ཞོལ་»ཏེ། ༤ «ལི་»«པེ་»«སྣར་»«ཞོལ་»—ཡང་། ༥ ༦ «ལི་»«སྣར་»«ཞོལ་»—ཡང་། ༧ «སྣར་»«ཞོལ་»འཐོབ། ༨ «གཡུང་»«པེ་»གིས། «ལི་»གི «སྣར་»«ཞོལ་»གི་སྟོབས། «ཅོ་»—ཞིག ༩ «ལི་»«པེ་»«སྣར་»«ཞོལ་»གྱི།

༦༣༡ ༡ «གཡུང་»«པེ་»+ལ་སྤྱོད། ༢ «གཡུང་»«པེ་»གིས། ༣ «ཅོ་»—རབ། ༤ «ཅོ་»རྣལ། ༥ «གཡུང་»«པེ་»—སྟོང་པ་ཉིད།

༦༣༢ ༡ «སྣར་»«ཅོ་»«ཞོལ་»+བྱམས་པ་ཆེན་པོ་ལ་སྤྱོད། ༢ «གཡུང་»«པེ་»བརྟུ། «ལི་»«སྣར་»«ཅོ་»«ཞོལ་»བརྩེ། ༣ «ཅོ་»པར། ༤ «གཡུང་»«པེ་»«ཅོ་»འཛམ་བུ། «སྣར་»«ཞོལ་»ཛམྦུའི། ༥ «ཅོ་»སྔང་། ༦ «ལི་»«སྣར་»«ཞོལ་»+ཆེས། ༧ «ཅོ་»—དེ་བས།

༦༣༣ ༡ «ཅོ་»བར། ༢ «སྣར་»«ཞོལ་»+ཀྱང་། ༣ «གཡུང་»+ཡ། ༤ «ཅོ་»ཆོས། ༥ «ཅོ་»—གང་། ༦ «ལི་»«པེ་»«སྣར་»«ཞོལ་»+འམ། རིགས་ཀྱི་བུ་མོ། ༧ «གཡུང་»«ཅོ་»—མྱི། ༨ «ཅོ་»+ནི། ༩ «གཡུང་»—མྱི།

༦༣༤ ༡ «གཡུང་»—མྱི། ༢ «གཡུང་»སྨྱི། ༣ «གཡུང་»«པེ་»—མྱི། ༤ «ཁུ་»+སེམས་མྱི།

༦༣༦ ༡ «གཡུང་»—དང་། ༢ «གཡུང་»+བ།

༦༣༧ ༡ «གཡུང་»«པེ་»པ། ༢ «གཡུང་»—བྱམས་པ་ཆེན་པོ་དང་ལྡན་པའི་སེམས་མྱི་སྐྱེའོ།། ༣ «གཡུང་»«པེ་»

—དང་། [༤]«པེ་»«ཅོ་»«ཁུ་»མི། [༥]«ཅོ་»པ། [༦]«གཡུང་»«ལི་»«པེ་»སྐྱེད། [༧]«གཡུང་»པར་སྤྱད།
«ཅོ་»—པར་སྤྱོད། [༨]«ལི་»«ཅོ་»«ཞོལ་»འཛིགས། [༩]«ཅོ་»བའི་ནང་དུ། [༡༠]«གཡུང་»«ལི་»«པེ་»
བརྟུ།

༤༣༨ [༡]«གཡུང་»འདི། [༢]«ལི་»«པེ་»«སྣར་»«ཞོལ་»+འཆི་བའི། [༣]«གཡུང་»སུ། [༤]«གཡུང་»«པེ་»«ཞོལ་»འགག [༥]«ཁུ་»—ནོ། [༦]«གཡུང་»«ལི་»«པེ་»«སྣར་»«ཅོ་»«ཁུ་»«ཞོལ་»ན། [༧]«སྣར་»«ཞོལ་»ཛམྦུའི། [༨]«ཁུ་»རྣམ། [༩]«ལི་»—རྣམས། [༡༠]«ཅོ་»+ཡོད། [༡༡]«ཅོ་»འགྱུར། [༡༢]«ཁུ་»པོའི། [༡༣]«གཡུང་»«པེ་»མི་ཆད། «ལི་»«སྣར་»«ཁུ་»«ཞོལ་»མི་འཆད།

༤༣༩ [༡]«གཡུང་»«པེ་»གསོད། [༢]«གཡུང་»«པེ་»བསོལ། [༣]«གཡུང་»«ལི་»«པེ་»«སྣར་»«ཅོ་»«ཞོལ་»བསྐྱབ། [༤]«ཁུ་»ཐོབ། [༥]«ལི་»བརྗེ། [༦]«གཡུང་»«པེ་»བསྒྲགས།

༤༤༠ [༡]«གཡུང་»«པེ་»བུད། [༢]«ཅོ་»པ་དང་། [༣]«ཅོ་»སློབ། [༤]«ལི་»«སྣར་»«ཞོལ་»ཐོབ། [༥]«གཡུང་»«པེ་»ངས། [༦]«ཅོ་»ཀྱིས། [༧]«ཅོ་»པར། [༨]«ལི་»«སྣར་»«ཞོལ་»འཐོབ། [༩]«གཡུང་»«ལི་»«པེ་»«སྣར་»«ཅོ་»«ཞོལ་»འཐོབ། [༡༠]«ཅོ་»པར། [༡༡]«གཡུང་»«ལི་»«པེ་»«སྣར་»«ཅོ་»«ཞོལ་»འཐོབ། [༡༢]«གཡུང་»«པེ་»བྱ་ཡི། «ལི་»བྱ་བའོ། [༡༣]«གཡུང་»«ལི་»«པེ་»«སྣར་»«ཅོ་»—དེ་ལས། [༡༤]«ལི་»«སྣར་»«ཞོལ་»པ། [༡༥]«ཅོ་»གནན། [༡༦]«སྣར་»«ཞོལ་»གྱུར་པ།

༤༤༡ [༡]«ཅོ་»མཉམ། «ཞོལ་»ཉམས། [༢]«ལི་»«སྣར་»བྱས་ཏེ། [༣]«གཡུང་»«ལི་»«པེ་»«སྣར་»«ཅོ་»«ཞོལ་»—ནོ། [༤]«ལི་»«པེ་»«སྣར་»«ཞོལ་»ལའོ། [༥]«གཡུང་»—ཞི། [༦]«ལི་»«སྣར་»«ཞོལ་»—ནི། [༧]«གཡུང་»«ལི་»«པེ་»«སྣར་»«ཅོ་»«ཞོལ་»འདིས།

༤༤༢ [༡]«ལི་»«པེ་»ཟ་བདུན་ནོ། «སྣར་»ཟ་བརྒྱད་པའོ། «ཅོ་»བརྒྱད་དོ། «ཞོལ་»ཟ་བདུན་པའོ། [༢]«ལི་»ལ་སྤྱོད། «ཅོ་»དང་། [༣]«ལི་»—ཡང་།

༤༤༣ [༡]«གཡུང་»«པེ་»སྟོང་། [༢]«གཡུང་»«པེ་»བཙྭ། «ལི་»«ཅོ་»«སྣར་»«ཞོལ་»བཙོ། [༣]«ཅོ་»གནོན། [༤]«ཅོ་»—དག [༥]«ལི་»ཞེན། [༦]«པེ་»+ཀུན་གྱི་ཡིད་དུ་འོང་བར་བྱ་བ་ཡིན་ནོ། «ལི་»«སྣར་»+ཀུན་གྱིས་ཡིད་དུ་འོང་བར་བྱ་བ་ཡིན་ནོ། [༧] [༨]«གཡུང་»«པེ་»ཀྱི། [༩]«ལི་»«ཅོ་»མན་ད། «སྣར་»«ཞོལ་»མནྡ། [༡༠]«ལི་»མན་འདའ། «ཅོ་»མན་ད། «སྣར་»«ཞོལ་»མནྡ། [༡༡]«གཡུང་»ཏོ། [༡༢]«གཡུང་»«པེ་»«ཅོ་»བ། [༡༣]«གཡུང་»«པེ་»«ཅོ་»ཅེས།

༤༤༤ [༡] [༢]«ལི་»«པེ་»«སྣར་»«ཅོ་»«ཞོལ་»+རྣམས། [༣]«གཡུང་»«ལི་»«པེ་»«སྣར་»«ཅོ་»—ལས། [༤]«གཡུང་»«ལི་»«པེ་»«ཅོ་»«ཞོལ་»སམ། [༥]«སྣར་»«ཞོལ་»བསྐྱེད། [༦] [༧]«སྣར་»«ཞོལ་»བཀྲལ། [༨]«གཡུང་»«པེ་»«སྣར་»«ཞོལ་»དགྲོལ། «ལི་»བགྲོལ། [༩]«ལི་»«སྣར་»«ཅོ་»«ཞོལ་»བྱུང་།

༤༤༥ [༡]«ལི་»«སྣར་»«ཞོལ་»ཀྱིས། [༢]«ཅོ་»+དང་པོ། [༣]«ཅོ་»ཐོག [༤] [༥]«གཡུང་»«པེ་»ཀཱི། «ལི་»ཀེཽ། «ཅོ་»ཀོཽ། [༦]«གཡུང་»ཀ། «པེ་»ཀཱི། «ལི་»ཀེཽ། «ཅོ་»ཀོཽ། [༧]«གཡུང་»«པེ་»ཀཱི། «ལི་»ཀེཽ། «ཅོ་»ཀོཽ། [༨]«པེ་»སྤྲའི། [༩]«གཡུང་»«པེ་»ཀཱི། «ལི་»ཀེཽ། «ཅོ་»ཀོཽ།

༦༤༦ ༡«ཅོ་»སོའི། ༢«སྣར་»«ཞོལ་»བཤགས། ༣«ཅོ་»གི། ༤«ཅོ་»ཐིག ༥«གཡུང་»བླང་བར། «ཅོ་»བླངས་པའི། ༦«ཅོ་»ཀྱིས། ༧«གཡུང་»དཀྱིད། ༨«ཅོ་»གི། ༩«གཡུང་»«པེ་»སྤྱི། ༡༠«གཡུང་»«ལི་»«པེ་»«སྣར་»«ཁུ་»«ཞོལ་»བསྒོ། ༡༡«གཡུང་»«ཅོ་»–སེམས། ༡༢«ལི་»«པེ་»«སྣར་»«ཞོལ་»+ཅན། ༡༣«གཡུང་»«པེ་»བཀྱིད། ༡༤«ལི་»བྱའོ། ༡༥«ལི་»«སྣར་»«ཞོལ་»བཀྱིས་ཏེ། ༡༦«ཞོལ་»མེད། ༡༧«གཡུང་»ཀཱི། «ལི་»ཀའུ། «པེ་»ཀ། «ཅོ་»ཀོའུ།

༦༤༧ ༡«གཡུང་»«པེ་»ཀཱི། «ལི་»ཀའུ། «ཅོ་»ཀོའུ། ༢«གཡུང་»བསྐྱིར། ༣«ལི་»འགྲོ། «ཅོ་»«སྣར་»«ཞོལ་»གྲོ། ༤«གཡུང་»«ལི་»«པེ་»«ཅོ་»བསྐིར། ༥«ཅོ་»+ཡང་། ༦«གཡུང་»«པེ་»ཀཱི། «ལི་»ཀའུ། «ཅོ་»ཀོའུ།

༦༤༨ ༡«གཡུང་»«ལི་»«སྣར་»«ཅོ་»«ཁུ་»«ཞོལ་»ཟློ། ༢«གཡུང་»«པེ་»ཀཱི། «ལི་»ཀའུ། «ཅོ་»ཀོའུ། ༣«གཡུང་»«པེ་»ཉིས་བརྒྱ་བཞི་བཅུ་བརྒྱད། «ལི་»བཞི། «སྣར་»«ཅོ་»ཉིས་བརྒྱ་ཞེ་བརྒྱད། «ཞོལ་»ཉིས་བརྒྱ་ཞེ་དགུ། ༤«གཡུང་»«པེ་»–རྫོགས་པར། ༥«གཡུང་»«པེ་»–ཡང་། ༦«གཡུང་»«པེ་»ཀྱི། ༧«གཡུང་»«པེ་»«སྣར་»«ཅོ་»«ཁུ་»«ཞོལ་»ཛི།

༦༤༩ ༡«ཅོ་»བུ། ༢«གཡུང་»«ལི་»«པེ་»«སྣར་»«ཅོ་»«ཞོལ་»–ཡང་། ༣«གཡུང་»«པེ་»སོ། ༤«ཅོ་»«ཞོལ་»དག ༥«ཅོ་»–བདག་གིས། ༦«གཡུང་»«པེ་»–ནི། ༧«ལི་»«སྣར་»«ཞོལ་»ཕྱིར།

༦༥༠ ༡«ལི་»ཡིན།

༦༥༡ ༡«གཡུང་»«པེ་»བཙུ། «སྣར་»«ཅོ་»«ཞོལ་»བཅོ། ༢«ལི་»–ཡང་། ༣«གཡུང་»«པེ་»–ནི།

༦༥༢ ༡«གཡུང་»«ལི་»«པེ་»«སྣར་»«ཅོ་»«ཞོལ་»+དེ། ༢«གཡུང་»«པེ་»ཀྱི། ༣«གཡུང་»འཁོར། ༤«ལི་»–པ། ༥«ཅོ་»–ནི། ༦«གཡུང་»–པ།

༦༥༣ ༡«ལི་»སྐོམ། ༢«གཡུང་»+བ། ༣«གཡུང་»«པེ་»«སྣར་»«ཅོ་»«ཞོལ་»བཅོ། ༤«གཡུང་»–ཏུ། ༥«ཅོ་»པར། ༦«གཡུང་»«པེ་»བེན། ༧«ཅོ་»+ནི།

༦༥༤ ༡«གཡུང་»–པ། ༢«ཅོ་»+ནི། ༣«གཡུང་»འདང་།

༦༥༥ ༡«གཡུང་»«པེ་»–པར་འཇུག ༢«གཡུང་»«པེ་»བཙུ། «སྣར་»«ཅོ་»«ཞོལ་»བཅོ། ༣«ཅོ་»པར། ༤«གཡུང་»«པེ་»པ། ༥«གཡུང་»བཙོན།

༦༥༦ ༡«གཡུང་»«ལི་»«པེ་»«སྣར་»«ཅོ་»«ཞོལ་»གྱུར། ༢«ཞོལ་»–མ། ༣«ཅོ་»པ། «ཞོལ་»–པར།

༦༥༧ ༡«གཡུང་»«པེ་»བཙུ། «སྣར་»«ཅོ་»«ཞོལ་»བཅོ། ༢«ཅོ་»པར།

༦༥༨ ༡«པེ་»དོ། ༢«གཡུང་»«ལི་»–བར། ༣«ཅོ་»–པ། ༤«ལི་»–དེ།

༦༥༩ ༡«གཡུང་»«པེ་»བཙུ། «སྣར་»«ཅོ་»«ཞོལ་»བཅོ། ༢«གཡུང་»–པ།

༦༦༠ ༡«ལི་»པའོ། ༢«གཡུང་»–པ། ༣«ལི་»གཞགས། ༤«ལི་»སྐོམ། ༥«གཡུང་»གཟུགས།

༦༦༡ ༡«པེ་»སྣར། ༢«གཡུང་»«པེ་»བཙུ། «སྣར་»«ཅོ་»«ཞོལ་»བཅོ། ༣«གཡུང་»«པེ་»ཀྱིས། ༤«གཡུང་»«པེ་»–སེམས་དཔའ།

༦༦༢ ༡ «གཡུང་»«པེ་»«སྣར་»«ཅོ་»«ཞོལ་»ཅུང་། ༢ «གཡུང་»«པེ་»དགའ། ༣ «ཅོ་»–མངོན། ༤ «གཡུང་»«པེ་»«ཅོ་»–ཡང་། ༥ «លི་»«ཞོལ་»ལྷར། ༦ «སྣར་»«ཞོལ་»«ཅོ་»དངང་། ༧ «གཡུང་»སྐྲད། ༨ «གཡུང་»«པེ་»«ཅོ་»–ཡང་།

༦༦༣ ༡ «གཡུང་»«លི་»«སྣར་»«ཅོ་»«ཞོལ་»སམ། «པེ་»ཀྱི་སའམ། ༢ «ཅོ་»སྐྱི། ༣ «གཡུང་»«སྣར་»«ཅོ་»«ཞོལ་»སམ། ༤ «លི་»རྟོགས།

༦༦༤ ༡ «གཡུང་»«លི་»«པེ་»«སྣར་»«ཅོ་»«ཞོལ་»སམ། ༢ «ཅོ་»–ནི། ༣ «លི་»–རབ། ༤ «ཞོལ་»འདིས། ༥ «ཅོ་»+རྣམས། ༦ «ཞོལ་»–ཀྱི། ༧ «ཅོ་»རྟོགས།

༦༦༥ ༡ «གཡུང་»«លི་»«པེ་»«སྣར་»«ཅོ་»«ཞོལ་»སམ། ༢ «གཡུང་»«པེ་»པ། ༣ «སྣར་»«ཞོལ་»སམ། ༤ «លི་»རྟོགས། ༥ «གཡུང་»བཙན། ༦ «གཡུང་»«លི་»«པེ་»«སྣར་»«ཅོ་»«ཞོལ་»པའོ། ༧ «གཡུང་»–དེ། ༨ «ཅོ་»+སྐད་དུ། ༩ «གཡུང་»«པེ་»སྐྱབས། ༡༠ «གཡུང་»–རབ།

༦༦༦ ༡ «លི་»«སྣར་»«ཞོལ་»ཞིག

༦༦༧ ༡ «ཞོལ་»ན། ༢ «ཅོ་»བྱ།

༦༧༠ ༡ «གཡུང་»–ཀྱི། ༢ «གཡུང་»«པེ་»+བྱམས་པ་ཆེན་པོ་ཡང་རྣམ་པར་མི་རྟོག་པ་ཡིན་ནམ། «སྣར་»«ཞོལ་»+བྱམས་པ་ཆེན་པོའང་རྣམ་པར་མི་རྟོག་པ་ཡིན་ནམ། «ཅོ་»+བྱམས་པ་ཆེན་པོ་རྣམས་ཀུང་རྣམ་པར་མི་རྟོག་པ་ཡིན་ནམ། ༣ «ཅོ་»རྣམས་ཀུང་། ༤ «ཅོ་»པར། ༥ «པེ་»«ཅོ་»ནམ། ༦ «གཡུང་»«លི་»«པེ་»ཀྱི། ༧ «གཡུང་»«པེ་»«སྣར་»«ཅོ་»«ཞོལ་»ཅི། ༨ «លི་»«སྣར་»«ཞོལ་»–ལས།

༦༧༡ ༡ «លི་»སྐྱབས་ཏེ། «ཅོ་»བསྐྱབ་སྟེ། ༢ «ཅོ་»པས། ༣ «ཅོ་»པོ། ༤ «ཅོ་»བསྐྱབ། ༥ «ཅོ་»–རྣམ་པར་མི་རྟོག…… བརྗོད་དོ།།

༦༧༢ ༡ «པེ་»«སྣར་»དེ། ༢ «གཡུང་»«པེ་»«སྣར་»«ཅོ་»«ཞོལ་»ཛེ། «លི་»–ཅི། ༣ «ཅོ་»+ན། ༤ «លི་»ལ་བསྟོན། «པེ་»«ཅོ་»བསྟོན། «སྣར་»«ཞོལ་»ལ་བསྟོན། ༥ «ཅོ་»བྱ་སྟེ། ༦ «លི་»«སྣར་»«ཞོལ་»པའི། «ཅོ་»པར། ༧ «លི་»«སྣར་»«ཞོལ་»པའི། ༨ «སྣར་»སྤྱོད། ༩ «លི་»«པེ་»རྩ་བརྒྱད་དོ། «སྣར་»«ཞོལ་»བརྒྱད་པའོ། «ཅོ་»དགུའོ།

༦༧༣ ༡ «ཅོ་»–མ།

༦༧༤ ༡ «པེ་»ནམས། ༢ «གཡུང་»«པེ་»«སྣར་»«ཞོལ་»+བྱམས་པ་ཆེན་པོ་ནི་སྙིང་པོ་མེད་པའོ།། «ཅོ་»+བྱམས་པ་ཆེན་པོ་རྣམས་ནི་སྙིང་པོ་མེད་པའོ།།

༦༧༥ ༡ «གཡུང་»«པེ་»«ཁུ་»པོ། ༢ «ཞོལ་»–ཀྱི། ༣ «លི་»«སྣར་»«ཞོལ་»བྱ་བ། ༤ «གཡུང་»«པེ་»«ཅོ་»དུ་བྱས་པས། «ཞོལ་»པར་བྱ་བས། ༥ «སྣར་»«ཞོལ་»འདའོ། ༦ «སྣར་»«ཅོ་»«ཞོལ་»ཆ། ༧ «སྣར་»«ཞོལ་»འདའ། ༨ «ཅོ་»དཔའ།

༦༧༦ ༡ «ཅོ་»མཁའི། ༢ ༣ «གཡུང་»«པེ་»«སྣར་»«ཅོ་»«ཞོལ་»ཆ། ༤ «པེ་»བརྗོད། ༥ «លི་»དཔ། ༦ «གཡུང་»«པེ་»«སྣར་»«ཅོ་»«ཞོལ་»ཆ། ༧ «གཡུང་»«པེ་»པོ། ༨ «གཡུང་»«པེ་»«སྣར་»

«ཞོལ་»ཆ། «ཅོ་»ཆ་མ། ༩«གཡུང་»«པེ་»«སྣར་»«ཅོ་»«ཞོལ་»ཆ། ༡༠«ཅོ་»–ཕྱིར།

༤༧༨ ༡«གཡུང་»«པེ་»–ཉིད།

༤༨༠ ༡«ལི་»«པེ་»«སྣར་»«ཞོལ་»+བྱམས་པ་ཆེན་པོ་དཔེན་པའི་ཕྱིར་སེམས་ཅན་དཔེན་པའོ།། ༢«གཡུང་»«པེ་»«ཁུ་»བཅུ། «སྣར་»«ཅོ་»«ཞོལ་»བཅོ། ༣«ཅོ་»པར། ༤«གཡུང་»«པེ་»ཉིས་བརྒྱ་བཞི་བཅུ་དགུ། «ལི་»ལྔ། «སྣར་»ཉིས་བརྒྱ་ཞེ་དགུ། «ཅོ་»ཉིས་བརྒྱ་དེ་དགུ། «ཞོལ་»ཉིས་བརྒྱ་ལྔ་བཅུ།

༤༨༢ ༡«གཡུང་»«ལི་»«པེ་»«སྣར་»«ཅོ་»«ཁུ་»«ཞོལ་»+པ་དཔེན། ༢«ཅོ་»–ཀྱི།

༤༨༣ ༡«གཡུང་»«པེ་»–ཤེས་རབ་ཀྱི་...... དཔེན་པའོ།།

༤༨༤ ༡«ཅོ་»སྤོངས་པ།

༤༨༥ ༡«ཅོ་»+རྣམས། ༢«ཞོལ་»–ཀྱི། ༣«ལི་»«པེ་»«སྣར་»«ཞོལ་»+བྱམས་པ་ཆེན་པོ་དཔེན་པའི་ཕྱིར་ཤེས་རབ་ཀྱི་ཕ་རོལ་ཏུ་ཕྱིན་པ་དཔེན་པའོ།།

༤༨༦ ༡«ཅོ་»པར། ༢«ལི་»–པ། ༣«ཅོ་»–དག ༤«ཅོ་»འཇིག ༥«ལི་»པ།

༤༨༧ ༡«གཡུང་»«པེ་»ཡི། «ལི་»ཚིག ༢«ཅོ་»–པ། ༣«སྣར་»«ཅོ་»«ཞོལ་»དངང་། ༤«ལི་»«སྣར་»–ལ། ༥«ཅོ་»ལྔའི། ༦«ཁུ་»འཇིགས། ༧«གཡུང་»«པེ་»དོ།

༤༨༨ ༡«གཡུང་»«པེ་»«སྣར་»«ཞོལ་»+བྱམས་པ་ཆེན་པོ་ཡོངས་སུ་རྫོགས་པར་བྱེད་པའོ།། ༢«གཡུང་»«པེ་»«ཅོ་»བཅུ། «སྣར་»«ཞོལ་»བཅོ། ༣«གཡུང་»«ལི་»«པེ་»«སྣར་»«ཅོ་»«ཁུ་»«ཞོལ་»པ།

༤༩༠ ༡«ཅོ་»–ཞུགས་པར། ༢«ལི་»གང་གའི། ༣«ཅོ་»–བྱ་བར། ༤«ལི་»–ནི། ༥«ཅོ་»དེ། ༦«ལི་»«སྣར་»«ཞོལ་»–ནི། ༧«གཡུང་»«པེ་»«ཅོ་»+དུ། ༨«ལི་»–ཏོ།

༤༩༡ ༡«པེ་»བར། ༢«ཞོལ་»གྱི། ༣«ལི་»«པེ་»«སྣར་»«ཞོལ་»སྤྱོད། ༤«པེ་»«སྣར་»སྤྱོད། ༥«གཡུང་»«པེ་»རྫོད། ༦«ལི་»རྫོད། ༧«པེ་»དེ་དེ། «གཡུང་»«ཅོ་»«ཞོལ་»ང་ད། ༨«གཡུང་»«པེ་»ཅེན།

༤༩༢ ༡«གཡུང་»«ལི་»«པེ་»རྫོད། ༢«གཡུང་»«ལི་»«པེ་»«སྣར་»བྱད། ༣«ལི་»རྫོད། ༤«ཅོ་»འབྲིང་། ༥«གཡུང་»«ལི་»«པེ་»«སྣར་»«ཅོ་»པ། ༦«ཞོལ་»+རབ། ༧«གཡུང་»མཆོ། ༨«གཡུང་»«ལི་»«པེ་»རྫོད། ༩«ལི་»«སྣར་»«ཅོ་»«ཞོལ་»བ། ༡༠«གཡུང་»«ལི་»«པེ་»རྫོད། ༡༡«ལི་»«སྣར་»«ཞོལ་»བ། ༡༢«ལི་»«ཅོ་»–ཡང་།

༤༩༣ ༡«གཡུང་»«པེ་»བ། ༢«གཡུང་»«ལི་»«པེ་»རྫོད། ༣«ལི་»«ཁུ་»+ཆུབ། ༤«གཡུང་»«ལི་»«པེ་»མཆོ། ༥༦«གཡུང་»«པེ་»རྫོད། ༧«གཡུང་»«པེ་»«ཅོ་»བར། ༨«གཡུང་»«པེ་»རྫོད།

༤༩༤ ༡«གཡུང་»«པེ་»རྫོད། ༢«ལི་»+མཚམས། ༣«གཡུང་»«པེ་»«ཅོ་»ཏེ། ༤«གཡུང་»«པེ་»རྫོད། ༥«གཡུང་»«པེ་»ཤིང་། ༦«གཡུང་»«པེ་»རྫོད། ༧«ཅོ་»+མ། ༨«གཡུང་»«པེ་»རྫོད། ༩«གཡུང་»«ལི་»«པེ་»«སྣར་»«ཅོ་»«ཞོལ་»འཆད།

༤༩༥ ༡«ཅོ་»–ནི། ༢«ཅོ་»–ལ་སྤྱོད་པ། ༣«ཅོ་»ལས། ༤«པེ་»རྫོད། ༥«ཁུ་»+ཡང་། ༦༧«གཡུང་»

«པེ་»རྫོད། ༨«ཁུ་»+དེ་དག ༩«ལི་»«སྣར་»«ཞོལ་»+དང་། «ཅོ་»པར།

༦༩༦ ༡ ༢«གཡུང་»«པེ་»རྫོད། ༣«གཡུང་»«ལི་»«པེ་»«སྣར་»«ཅོ་»«ཞོལ་»–ཏེ། ༤«གཡུང་»«ལི་»«པེ་»«སྣར་»«ཅོ་»«ཞོལ་»+ཀྱི། ༥«ཁུ་»+མ། ༦«གཡུང་»«པེ་»རྫོད། ༧«ལི་»«སྣར་»«ཞོལ་»ནས། ༨«གཡུང་»«པེ་»ན། ༩«ཅོ་»པ། ༡༠«ལི་»«སྣར་»«ཞོལ་»+ཟབ་མོ།

༦༩༧ ༡«ལི་»«སྣར་»«ཞོལ་»གྱུར། ༢«ཅོ་»ཐོབ། ༣ ༤«ལི་»–ཉིད། ༥«ལི་»«སྣར་»«ཞོལ་»+ལྟ། ༦«ཅོ་»ཅི་སྙམས། ༧«ཅོ་»+ཏེ། ༨«ལི་»–ཉིད། ༩«ཅོ་»–དེ་བཞིན་ཉིད་ལ་...... ཆོས་སྟོན་པར་འགྱུར། ༡༠«ཅོ་»+དེ་བཞིན་ཉིད་ཀྱང་དམིགས་སུ་མ་མཆིས། ༡༡«ཅོ་»རྒྱུས་པ།

༦༩༨ ༡«གཡུང་»«པེ་»«ཅོ་»པར། ༢«ཅོ་»–དེ་བཞིན་ཉིད་ཀྱང་དམིགས་སུ་མེད་ན། ༣«ལི་»བསྟན། ༤«ཅོ་»+དེ། ༥«གཡུང་»«པེ་»བའི་ཆོས་དེ་ལྟ་བུ།

༦༩༩ ༡«གཡུང་»«པེ་»བཀའ། ༢ ༣«གཡུང་»«པེ་»ཀོ། «ལི་»ཀའུ། «ཅོ་»ཀོའུ། «ཁུ་»ཀོ། ༤«གཡུང་»«སྣར་»«ཅོ་»«ཞོལ་»ལྟ། ༥«ཅོ་»+ལ།

༧༠༠ ༡«སྣར་»«ཞོལ་»བཞི་བཅུ་དགུ་པའོ། «ཅོ་»ལྔ་བཅུའོ། ༢«ལི་»«སྣར་»«ཞོལ་»འདི། ༣«གཡུང་»«པེ་»ཀོ། «ལི་»ཀའུ། «ཅོ་»ཀོའུ། «ཁུ་»ཀོ། ༤«གཡུང་»«པེ་»«ཅོ་»རྫོད། ༥«གཡུང་»«ལི་»«པེ་»«ཅོ་»རྫོད། ༦«གཡུང་»«པེ་»«སྣར་»«ཅོ་»«ཞོལ་»སྟོན། ༧«པེ་»–པ་དང་།

༧༠༡ ༡«གཡུང་»«ལི་»«པེ་»«སྣར་»«ཅོ་»«ཞོལ་»+པ་དང་། ༢«གཡུང་»«པེ་»«སྣར་»«ཞོལ་»+བྱམས་པ་ཆེན་པོ་བརྩམས་ཤིང་སྤྱོབས། ༣«གཡུང་»བརྩོམས། ༤«གཡུང་»«པེ་»ཀོ། «ལི་»ཀའུ། «ཅོ་»ཀོའུ། ༥«ལི་»སྤྱོད། «སྣར་»«ཞོལ་»བསྒོམ།

༧༠༢ ༡ ༢ ༣ ༤ ༥ ༦ ༧ ༨ ༩ ༡༠ ༡༡ ༡༢ ༡༣ ༡༤«ལི་»«སྣར་»«ཞོལ་»བསྒོམ། ༡༥«གཡུང་»«པེ་»–ལ། «ལི་»«སྣར་»«ཞོལ་»ལ་བསྒོམ།

༧༠༣ ༡«ལི་»«སྣར་»«ཞོལ་»བསྒོམ། ༢«གཡུང་»«པེ་»–ལ། «ལི་»«སྣར་»«ཞོལ་»ལ་བསྒོམ། ༣ ༤ ༥ ༦ ༧ ༨ ༩ ༡༠ ༡༡ ༡༢«ལི་»«སྣར་»«ཞོལ་»བསྒོམ། ༡༣«ལི་»«སྣར་»«ཞོལ་»བསྒོམ། ༡༤ ༡༥«ལི་»«སྣར་»«ཞོལ་»བསྒོམ།

༧༠༤ ༡ ༢ ༣«ལི་»«སྣར་»«ཞོལ་»བསྒོམ། ༤«ཞོལ་»ལ། ༥«ལི་»«སྣར་»ལ་བསྒོམ། «ཞོལ་»ཀྱང་བསྒོམ། ༦«གཡུང་»«ལི་»«ཅོ་»«ཁུ་»–ལ། ༧«ལི་»«སྣར་»«ཁུ་»«ཞོལ་»བསླུབ། ༨ ༩«ལི་»«སྣར་»«ཞོལ་»བསླུབ། ༡༠«གཡུང་»«པེ་»«སྣར་»«ཞོལ་»+བྱམས་པ་ཆེན་པོ་ཉིད་ཀྱང་མི་དམིགས་ན། གང་བྱམས་པ་ཆེན་པོ་ལ་རྣམ་པར་སྤྱོད་པ་ལྟ་ཅི་སྨོས། ༡༡«གཡུང་»«པེ་»«སྣར་»«ཅོ་»«ཞོལ་»+ལ། ༡༢«ལི་»མངོན་པར་བསླུབ། ༡༣ ༡༤«གཡུང་»«པེ་»བཟླ། «སྣར་»«ཅོ་»«ཞོལ་»བཅོ། ༡༥«ལི་»«སྣར་»«ཞོལ་»བསླུབ། ༡༦«ཅོ་»–ཅི།

༧༠༥ ༡«ཁུ་»པར། ༢«ཅོ་»+གཞིགས་པ། ༣«པེ་»བྱེད། ༤ ༥«གཡུང་»«པེ་»ཀོ། «ལི་»ཀའུ། «ཅོ་»ཀོའུ། ༦«ཅོ་»ཀྱིས། «ཁུ་»ཀྱིས། ༧«གཡུང་»«ལི་»«པེ་»«སྣར་»«ཞོལ་»ཁྲག ༨«གཡུང་»«ཅོ་»

–ཕྲག ༩ «གཡུང་»«ལི་»«པེ་»«སྣར་»«ཞོལ་»+ཉེ་བར།

༧༠༧ ༡ «ལི་»ཀྱིས། ༢ «ལི་»–རྣམས། ༣ «ཁུ་»པའོ། ༤ «གཡུང་»«པེ་»ཀོ། «ལི་»ཀེའུ། «ཅོ་»ཀོའུ། ༥ «གཡུང་»«པེ་»བས། ༦ «ལི་»«པེ་»«སྣར་»«ཞོལ་»སྤྱོད། ༧ «གཡུང་»«པེ་»ཀོ། «ལི་»ཀེའུ། «ཅོ་»ཀོའུ། ༨ «ཅོ་»+ཀྱིས། ༩ ༡༠ «ལི་»«སྣར་»«ཞོལ་»པ་ལ། ༡༡ «གཡུང་»«ཅོ་»སྐོང་། ༡༢ «ཅོ་»འཛོབ། ༡༣ «ལི་»«པེ་»སྤོངས། ༡༤ «གཡུང་»«པེ་»«སྣར་»«ཅོ་»ཉིས་བརྒྱ་ལྔ་བཅུ། «ལི་»དྲུག «ཞོལ་»ཉིས་བརྒྱ་ང་གཅིག ༡༥ «གཡུང་»«ལི་»«པེ་»བཅུ། ༡༦ «ལི་»མན་འདའ། «ཅོ་»མན་ད། «ཞོལ་»མཐྲ།

༧༠༨ ༡ «གཡུང་»«ལི་»«པེ་»«སྣར་»«ཞོལ་»–ཕྲག ༢ «གཡུང་»«ལི་»«པེ་»བཅུ། ༣ «གཡུང་»«པེ་»ལ་བཟར། «ལི་»ཏུ་བཟར། «ཅོ་»ལ་གཟར། ༤ «ལི་»གཙུགས། ༥ «གཡུང་»«པེ་»«ཅོ་»བ། ༦ «གཡུང་»«ལི་»«པེ་»«སྣར་»«ཅོ་»འཛུམས། ༧ ༨ «ལི་»མན་འདའ། «སྣར་»«ཞོལ་»མཐྲ། «ཅོ་»མན་ད། ༩ «གཡུང་»–ཅེས། ༡༠ «ལི་»«སྣར་»«ཞོལ་»གིས། ༡༡ «གཡུང་»«པེ་»མཛུམ། ༡༢ «གཡུང་»–དེ་སྔེ། ༡༣ «གཡུང་»«པེ་»པ་དེའི། ༡༤ «ལི་»གཟེར། ༡༥ «ཅོ་»«ཞོལ་»ལེ་བརྙན། ༡༦ «ཅོ་»འདུག

༧༠༩ ༡ «གཡུང་»«ལི་»«པེ་»«སྣར་»«ཅོ་»«ཞོལ་»–ཀུན། ༢ «པེ་»མཚས། ༣ ༤ «གཡུང་»«ལི་»«པེ་»«སྣར་»«ཅོ་»«ཞོལ་»–ཀུན། ༥ «གཡུང་»«ལི་»«པེ་»«སྣར་»«ཞོལ་»–ཕྲག ༦ «གཡུང་»«ལི་»«པེ་»བཅུ། ༧ «གཡུང་»«པེ་»+བ། ༨ «ཅོ་»+འཛིག་རྟེན་དུ། ༩ «གཡུང་»«ལི་»«པེ་»«སྣར་»«ཅོ་»«ཞོལ་»–ཀུན། ༡༠ «གཡུང་»«པེ་»–པ། ༡༡ «གཡུང་»«ལི་»«པེ་»«སྣར་»«ཅོ་»«ཞོལ་»–ཀུན། ༡༢ «གཡུང་»«པེ་»«སྣར་»«ཅོ་»«ཁུ་»«ཞོལ་»སྤྱོད།

༧༡༠ ༡ «ཞོལ་»–རབ། ༢ «པེ་»སྤྱོད། ༣ «གཡུང་»«པེ་»«ཅོ་»«ཞོལ་»སྤྱོད། ༤ «སྣར་»«ཞོལ་»སྤྲུད། ༥ «ལི་»«པེ་»སྤྱོད། ༦ «གཡུང་»«ལི་»«པེ་»«སྣར་»«ཅོ་»«ཞོལ་»–ཀུན། ༧ «གཡུང་»«པེ་»དགའོ། ༨ «ཅོ་»རྟོག ༩ «གཡུང་»«ལི་»«པེ་»«སྣར་»«ཅོ་»«ཞོལ་»–ཀུན། ༡༠ «ལི་»«སྣར་»«ཞོལ་»བལྟས་ཏེ། ༡༡ «གཡུང་»«ལི་»«པེ་»«སྣར་»«ཅོ་»«ཞོལ་»–ཀུན། ༡༢ «ཅོ་»–ཀྱི། ༡༣ «གཡུང་»+གིས། ༡༤ «ཅོ་»–དུ། ༡༥ «ཁུ་»«ཞོལ་»འདོམས། ༡༦ «གཡུང་»དེ་དག «པེ་»དེ། ༡༧ «ཅོ་»–རྣམས། ༡༨ «གཡུང་»«ལི་»«པེ་»གཟུང་། ༡༩ «སྣར་»«ཞོལ་»བསྒྲགས། «ཅོ་»«ཁུ་»སྒྲགས།

༧༡༡ ༡ «གཡུང་»«ལི་»«པེ་»«སྣར་»«ཅོ་»«ཞོལ་»–ཀུན། ༢ «ཁུ་»ཅི། ༣ «ཅོ་»སྐྱིད། ༤ ༥ «གཡུང་»«ལི་»«པེ་»«སྣར་»«ཅོ་»«ཞོལ་»–ཀུན། ༦ «ཅོ་»–ནི། ༧ «གཡུང་»«ལི་»«པེ་»«སྣར་»«ཅོ་»«ཞོལ་»–ཀུན། ༨ «གཡུང་»–ལ། ༩ «སྣར་»«ཞོལ་»ལོག ༡༠ «ལི་»«སྣར་»«ཅོ་»«ཞོལ་»བརྗོད། ༡༡ «གཡུང་»«ལི་»«པེ་»«སྣར་»«ཅོ་»«ཞོལ་»–ཀུན། ༡༢ «ཅོ་»གཟུང་། ༡༣ «གཡུང་»«ལི་»«པེ་»«སྣར་»«ཅོ་»«ཞོལ་»–ཀུན། ༡༤ «ལི་»«སྣར་»«ཞོལ་»+གང་། ༡༥ «ལི་»ཏེ། ༡༦ «གཡུང་»«ལི་»«པེ་»«སྣར་»«ཅོ་»«ཞོལ་»–ཀུན། ༡༧ ༡༨ «ཞོལ་»–ཏུ།

༧༡༢ ༡ «གཡུང་»«པེ་»+པ།

༧༡༣ ༡ «གཡུང་»«པེ་»«སྣར་»«ཞོལ་»+བྱམས་པ་ཆེན་པོ་ལ་སྤྱོད་པ་དང་། ༢ «ཅོ་»+ཉིད་ལ།

༧༡༤ ༡ «ལི་»དམིག ༢ «ལི་»རྣམ། ༣ «གཡུང་»«པེ་»«སྣར་»«ཞོལ་»+བྱམས་པ་ཆེན་པོ་ལ་སྤྱོད་པ་དང་། ༤ «གཡུང་»«པེ་»བཙུ། «སྣར་»«ཅོ་»«ཁུ་»«ཞོལ་»བཅོ། ༥ ༦ «གཡུང་»«ལི་»«པེ་»«སྣར་»«ཅོ་»«ཞོལ་»–ཀུན།

༧༡༥ ༡ «གཡུང་»«ལི་»«པེ་»«སྣར་»«ཅོ་»«ཞོལ་»–ཀུན། ༢ «ལི་»«སྣར་»«ཞོལ་»རྫིའི། ༣ «གཡུང་»«ལི་»«པེ་»«སྣར་»«ཅོ་»«ཞོལ་»–ཀུན། ༤ «ལི་»«སྣར་»«ཞོལ་»འགྱུར་ན། «ཅོ་»གྱུར་ནས། ༥ «གཡུང་»«ལི་»«པེ་»«སྣར་»«ཅོ་»«ཞོལ་»–ཀུན། ༦ «གཡུང་»«པེ་»–ལ། ༧ «གཡུང་»«པེ་»བཟུང་། ༨ «གཡུང་»«ལི་»«པེ་»«སྣར་»«ཅོ་»«ཞོལ་»–ཀུན། ༩ «ལི་»«པེ་»«སྣར་»«ཞོལ་»+ཉིད། ༡༠ «ཅོ་»བཏད་གྱིས། «ཞོལ་»གཏད་ཀྱི། ༡༡ «གཡུང་»«པེ་»«ཅོ་»«ཁུ་»བཟུང་། ༡༢ «གཡུང་»བླག «པེ་»བློག «ཞོལ་»བསླག ༡༣ «ཅོ་»གཟུང་བ། ༡༤ «ཅོ་»–དང་། ༡༥ «གཡུང་»«ལི་»«པེ་»«སྣར་»«ཅོ་»«ཞོལ་»–ཀུན། ༡༦ «ཅོ་»བཅང་། ༡༧ «གཡུང་»«ཅོ་»–རྣམས། ༡༨ «གཡུང་»«ལི་»«པེ་»«སྣར་»«ཅོ་»བཟུང་། ༡༩ «གཡུང་»«ལི་»«པེ་»«སྣར་»«ཅོ་»«ཞོལ་»–ཀུན། ༢༠ «ཅོ་»དེ། ༢༡ «གཡུང་»«ཅོ་»–རྣམས། ༢༢ «གཡུང་»«ལི་»«པེ་»«སྣར་»བཟུང་། «ཁུ་»གཟུངས། ༢༣ «གཡུང་»«ལི་»«པེ་»«སྣར་»«ཅོ་»«ཞོལ་»–ཀུན། ༢༤ «ཅོ་»སྟོན། ༢༥ «གཡུང་»«པེ་»པར་དེ། «ཅོ་»པ་ང་། «ཁུ་»པ་རང་། ༢༦ «གཡུང་»«པེ་»«ཅོ་»«ཞོལ་»ཕྲེང་།

༧༡༦ ༡ «གཡུང་»«ལི་»«པེ་»«ཅོ་»བསྐོར། «ཁུ་»སྐོ། ༢ «གཡུང་»«པེ་»«ཅོ་»«ཞོལ་»གཟུང་། ༣ «ཞོལ་»བསླག ༤ «ཅོ་»གཟུང་། ༥ «སྣར་»«ཞོལ་»བསླགས། ༦ «ལི་»«སྣར་»«ཞོལ་»བྱ་སྐྱེ། ༧ «གཡུང་»«པེ་»«ཅོ་»«ཞོལ་»ཕྲེང་། ༨ «ཅོ་»+བ་དང་། ༩ «གཡུང་»«ལི་»«པེ་»«ཅོ་»བསྐོར། ༡༠ «གཡུང་»ཕྱིའོ། ༡༡ «གཡུང་»«ལི་»«པེ་»«ཅོ་»བསྐོ། ༡༢ «ཅོ་»+དུ། ༡༣ «ཅོ་»+རོ། ༡༤ «གཡུང་»«ལི་»«པེ་»«སྣར་»«ཅོ་»«ཞོལ་»–ཀུན། ༡༥ «ཞོལ་»–རབ། ༡༦ «ལི་»«སྣར་»«ཞོལ་»བསྐྱེད། ༡༧ «གཡུང་»«ལི་»«པེ་»«སྣར་»«ཅོ་»«ཞོལ་»–ཀུན། ༡༨ «ཅོ་»+བ། ༡༩ «པེ་»མེ། ༢༠ «གཡུང་»«ལི་»«པེ་»«སྣར་»«ཅོ་»«ཞོལ་»–ཀུན། ༢༡ «ལི་»«སྣར་»«ཞོལ་»+ཟབ་མོ། «པེ་»+ཟབ་མོའི། ༢༢ «ཅོ་»གཏོང་། ༢༣ «གཡུང་»ལ། ༢༤ «གཡུང་»«ལི་»«པེ་»«སྣར་»«ཅོ་»«ཞོལ་»–ཀུན། ༢༥ «གཡུང་»–ལས། «ཅོ་»བཏད་པར།

༧༡༧ ༡ «གཡུང་»«ལི་»«པེ་»«སྣར་»«ཅོ་»«ཞོལ་»–ཀུན། ༢ «ཅོ་»སླེད། ༣ «ལི་»«སྣར་»«ཞོལ་»+ཟབ་མོ། «པེ་»+ཟབ་མོའི། ༤ «ལི་»«པེ་»«སྣར་»«ཞོལ་»–ཡང་། ༥ «སྣར་»ཀྱིས། ༦ «ཞོལ་»ཀྱི། ༧ «གཡུང་»«ལི་»«པེ་»«སྣར་»«ཅོ་»«ཞོལ་»–ཀུན། ༨ «ཁུ་»–ན། ༩ ༡༠ «ཅོ་»བཏད། ༡༡ «གཡུང་»«ལི་»«པེ་»«སྣར་»«ཅོ་»«ཞོལ་»–ཀུན། ༡༢ «གཡུང་»«ལི་»«པེ་»«སྣར་»«ཞོལ་»+ངས། ༡༣ «ཁུ་»+རྣམས། ༡༤ «ལི་»«སྣར་»«ཞོལ་»+ཟབ་མོ། ༡༥ «སྣར་»«ཅོ་»བཏང་། ༡༦ «གཡུང་»«ལི་»«པེ་»

«སྣར་»«ཅོ་»«ཞོལ་»–ཀུན།

༧༡༨ ༡ ཡུང་»«ལི་»«པེ་»«སྣར་»«ཅོ་»«ཞོལ་»–ཀུན། ༢ «ཅོ་»ཏེ། ༣ ༤ ༥ ༦ «གཡུང་»«ལི་»«པེ་»«སྣར་»«ཅོ་»«ཞོལ་»–ཀུན། ༧ «ལི་»«ཅོ་»འབྱུང་། ༨ «གཡུང་»«ལི་»«པེ་»«སྣར་»«ཅོ་»«ཞོལ་»–ཀུན། ༩ «ཁུ་»གྱིས།

༧༡༩ ༡ ༢ «གཡུང་»«ལི་»«པེ་»«སྣར་»«ཅོ་»«ཞོལ་»–ཀུན། ༣ «གཡུང་»«པེ་»+འདི། ༤ ༥ «གཡུང་»«[illegible]»«པེ་»«སྣར་»«ཅོ་»«ཞོལ་»–ཀུན།

༧༢༠ ༡ «གཡུང་»«པེ་»མཆོ། ༢ ༣ ༤ ༥ «གཡུང་»«ལི་»«པེ་»«སྣར་»«ཅོ་»«ཞོལ་»–ཀུན།

༧༢༡ ༡ «གཡུང་»«ལི་»«པེ་»«སྣར་»«ཅོ་»«ཞོལ་»–ཀུན། ༢ «ཅོ་»ཀྱིས། ༣ ༤ ༥ «གཡུང་»«ལི་»«པེ་»«སྣར་»«ཞོལ་»–ཀུན། ༦ «ཅོ་»བྱ་བ་མཛད། ༧ «གཡུང་»«ལི་»«པེ་»«སྣར་»«ཅོ་»«ཞོལ་»–ཀུན། ༨ «ཞོལ་»–པའི། ༩ «ལི་»«སྣར་»«ཞོལ་»+ཚེས། «ཅོ་»ལ། ༡༠ «གཡུང་»«ལི་»«པེ་»«སྣར་»«ཅོ་»«ཞོལ་»–ཀུན། ༡༡ «ཅོ་»ཏེ། ༡༢ «གཡུང་»«ལི་»«པེ་»«སྣར་»«ཅོ་»«ཞོལ་»–ཀུན།

༧༢༢ ༡ «གཡུང་»«ལི་»«པེ་»«སྣར་»«ཞོལ་»བྱུང་། ༢ «གཡུང་»«ལི་»«པེ་»«སྣར་»«ཅོ་»«ཞོལ་»–ཀུན། ༣ «གཡུང་»«ལི་»«པེ་»«སྣར་»«ཅོ་»«ཁུ་»«ཞོལ་»ད། ༤ «གཡུང་»«ལི་»«པེ་»«སྣར་»«ཅོ་»«ཞོལ་»–ཀུན། ༥ «གཡུང་»«པེ་»«ཅོ་»–ལས། ༦ «ཅོ་»འགྱུར། ༧ «ལི་»«སྣར་»«ཅོ་»«ཞོལ་»རུང་། ༨ «གཡུང་»«ལི་»«པེ་»«སྣར་»«ཅོ་»«ཞོལ་»–ཀུན། ༩ «ཅོ་»«ཁུ་»ན། ༡༠ «གཡུང་»«པེ་»དེ། ༡༡ «ཅོ་»+ཁྱོད། ༡༢ «གཡུང་»«ལི་»«པེ་»«སྣར་»«ཅོ་»«ཞོལ་»–ཀུན། ༡༣ «ཁུ་»འདི། ༡༤ «གཡུང་»«ལི་»«པེ་»«སྣར་»«ཅོ་»«ཞོལ་»ཀྱི། ༡༥ «གཡུང་»«ལི་»«པེ་»«སྣར་»«ཅོ་»«ཞོལ་»བ། ༡༦ «ལི་»«སྣར་»«ཞོལ་»སྨོས།

༧༢༣ ༡ «གཡུང་»«ལི་»«པེ་»«སྣར་»«ཅོ་»«ཞོལ་»–ཀུན། ༢ «ཅོ་»+ན། ༣ ༤ ༥ ༦ ༧ «གཡུང་»«ལི་»«པེ་»«སྣར་»«ཅོ་»«ཞོལ་»–ཀུན། ༨ «སྣར་»ལྷ། ༩ «གཡུང་»«ལི་»«པེ་»«སྣར་»«ཅོ་»«ཞོལ་»–ཀུན། ༡༠ «གཡུང་»«ལི་»«པེ་»འམ། ༡༡ ༡༢ «གཡུང་»«ལི་»«པེ་»«སྣར་»«ཅོ་»«ཞོལ་»–ཀུན། ༡༣ «ཅོ་»སྣན། ༡༤ «གཡུང་»«ལི་»«པེ་»«སྣར་»«ཅོ་»«ཞོལ་»–ཀུན། ༡༥ «ཅོ་»–པ། ༡༦ «ལི་»–དང་རིགས་ཀྱི་བུ། ༡༧ «གཡུང་»«ལི་»«པེ་»«སྣར་»«ཅོ་»«ཞོལ་»–ཀུན། ༡༨ «གཡུང་»«ལི་»«པེ་»འམ། ༡༩ «ཅོ་»–ན། ༢༠ «གཡུང་»«ལི་»«པེ་»«སྣར་»«ཅོ་»«ཞོལ་»–ཀུན། ༢༡ «ཞོལ་»–དེས།

༧༢༤ ༡ «ལི་»«སྣར་»«ཞོལ་»གྱུར། ༢ «ཅོ་»–ཏུ། ༣ «ལི་»«ཅོ་»པའི། ༤ «སྣར་»«ཅོ་»«ཞོལ་»བསྐུལ། ༥ «གཡུང་»«ལི་»«པེ་»«སྣར་»«ཞོལ་»–ཀུན། «ཅོ་»དེ། ༦ «གཡུང་»«པེ་»«སྣར་»«ཞོལ་»+བྱམས་པ་ཆེན་པོ་ལ་སྤྱོད་པ་དང་། ༧ «གཡུང་»«པེ་»བཙྭ། «སྣར་»«ཅོ་»«ཞོལ་»བཙོ།

༧༢༥ ༡ «ཅོ་»པའི། ༢ «སྣར་»«ཞོལ་»ཉམས། ༣ «ཞོལ་»དོ། ༤ «ཅོ་»ཀྱི། ༥ «གཡུང་»«པེ་»པ་གང་མངོན་པར་མཛད། «ཅོ་»–པ་གང་མངོན་པར་འདུ་མཛད། ༦ «ཅོ་»འཁྲུགས། ༧ «སྣར་»«ཅོ་»དཀའ། ༨ «གཡུང་»«ཅོ་»–ཅན།

༧༢༦ ༡ «ལི་»«པེ་»«སྣར་»དེའི། ༢ «ཅོ་»མཛད། ༣ «ཁུ་»པའི། ༤ «ལི་»དེ་ཡང་། «སྣར་»«ཞོལ་»དེའང་། ༥ «གཡུང་»«ལི་»«པེ་»«སྣར་»«ཅོ་»«ཞོལ་»ཟག ༦ «གཡུང་»«ལི་»«པེ་»«སྣར་»«ཅོ་»«ཞོལ་»དེའི། ༧ «གཡུང་»«ལི་»«པེ་»«སྣར་»«ཅོ་»«ཞོལ་»—དེ། ༨ «གཡུང་»ལས་སོགས་པའི། «པེ་»ལ་སོགས་པའི། «སྣར་»«ཅོ་»«ཞོལ་»ལ་སོགས་པ། ༩ «ལི་»«སྣར་»«ཞོལ་»པའི། «ཅོ་»+དེ། ༡༠ ༡༡ ༡༢ «གཡུང་»«ལི་»«པེ་»«སྣར་»«ཅོ་»«ཞོལ་»—ཀུན། ༡༣ «ལི་»«པེ་»«སྣར་»«ཞོལ་»+རོ། ༡༤ ༡༥ «ལི་»«སྣར་»ཀྱི། ༡༦ «གཡུང་»«ལི་»«པེ་»«སྣར་»«ཅོ་»«ཞོལ་»—ཀུན།

༧༢༧ ༡ «ཅོ་»ཀྱི། ༢ ༣ ༤ ༥ «གཡུང་»«ལི་»«པེ་»«སྣར་»«ཅོ་»«ཞོལ་»—ཀུན། ༦ «ཁུ་»—ཡང་། ༧ «གཡུང་»«ལི་»«པེ་»«སྣར་»«ཅོ་»«ཞོལ་»—ཀུན། ༨ «ཅོ་»སླབ།

༧༢༨ ༡ «ལི་»གཏིག ༢ «གཡུང་»«པེ་»གཞག ༣ «གཡུང་»«ལི་»«པེ་»«སྣར་»«ཅོ་»«ཞོལ་»—ཀུན། ༤ «གཡུང་»«ལི་»«པེ་»«སྣར་»«ཅོ་»«ཞོལ་»དེ། ༥ «ལི་»«སྣར་»«ཅོ་»«ཞོལ་»བསླུབ། ༦ «གཡུང་»«ལི་»«པེ་»«སྣར་»«ཅོ་»«ཞོལ་»—ཀུན། ༧ «ཅོ་»བསླབས། ༨ ༩ ༡༠ «གཡུང་»«ལི་»«པེ་»«སྣར་»«ཅོ་»«ཞོལ་»—ཀུན།

༧༢༩ ༡ ༢ ༣ «གཡུང་»«ལི་»«པེ་»«སྣར་»«ཅོ་»«ཞོལ་»—ཀུན། ༤ «ཁུ་»འབྱུང་། ༥ «གཡུང་»«ལི་»«པེ་»«སྣར་»«ཅོ་»«ཞོལ་»—ཀུན། ༦ «ཞོལ་»རྫོག ༧ «ཅོ་»བྱུང་། ༨ «ལི་»«སྣར་»«ཞོལ་»བྱུང་། ༩ «གཡུང་»«ལི་»«པེ་»«སྣར་»«ཅོ་»«ཞོལ་»—ཀུན། ༡༠ «ཅོ་»+པ། ༡༡ «གཡུང་»«ལི་»«པེ་»«སྣར་»«ཅོ་»«ཞོལ་»—ཀུན། ༡༢ «ཁུ་»དཔའ། ༡༣ «པེ་»དོ། ༡༤ «ཞོལ་»—པར།

༧༣༠ ༡ «ལི་»—ཉིད།

༧༣༡ ༡ «གཡུང་»«པེ་»+བྱམས་པ་ཆེན་པོ་ནི་མ་ཟད་མི་ཟད་ཟད་པར་མི་འགྱུར་རོ།།

༧༣༢ ༡ «ཅོ་»—ནི། ༢ «ལི་»«པེ་»«སྣར་»«ཞོལ་»+སྐའི། ༣ ༤ «གཡུང་»«ལི་»«པེ་»«སྣར་»«ཅོ་»«ཞོལ་»—ཀུན། ༥ «ཅོ་»བརྗོད། ༦ «གཡུང་»«པེ་»«ཅོ་»སྟོན་ཅིག ༧ «ཞོལ་»ཞིག ༨ «ཅོ་»མིག ༩ «ཅོ་»གོ། ༡༠ «ལི་»«སྣར་»«ཞོལ་»པོ།

༧༣༣ ༡ «ལི་»«སྣར་»«ཞོལ་»བྱས་ཏེ། ༢ «གཡུང་»«ལི་»«པེ་»«ཅོ་»གཟུང་། ༣ «གཡུང་»«པེ་»བཟུང་། ༤ «ལི་»གཟུང་། ༥ «སྣར་»«ཞོལ་»བཅུ་པའོ། «ཅོ་»བཅུ་གཅིག་པའོ། ༦ «ལི་»—ཤེས་རབ་ཀྱི་...... ཕྲག་བརྒྱ་པ། ༧ «གཡུང་»«པེ་»ཉིས་བརྒྱ་ལྔ་བཅུ་གཅིག «ལི་»བདུན། «སྣར་»«ཅོ་»ཉིས་བརྒྱ་ང་གཅིག «ཞོལ་»ཉིས་བརྒྱ་ང་གཉིས། ༨ «གཡུང་»«པེ་»བསམ། «ཅོ་»ཟད།

༧༣༤ ༡ «ལི་»«ཅོ་»—རབ་འབྱོར་འདུ་བྱེད་...... བསྒྲུབ་པར་བྱའོ།། ༢ «ཅོ་»+ན། ༣ «ལི་»པ།

༧༣༥ ༡ «ཁུ་»+ཕ་རོལ།

༧༣༧ ༡ «གཡུང་»«ལི་»«པེ་»«སྣར་»«ཅོ་»སྲིད། ༢ «ཞོལ་»—ཀྱི།

༧༣༨ ༡ «ཅོ་»ཕི།

༧༣༩ ༡ «ཅོ་»འཕགས་པའི་ལམ་ཡན་ལག་བརྒྱད་པ།

༧༤༠ ༡ «ཁྲུ་»–པར། ༢ «ཞོལ་»–ཀྱི། «ཁྲུ་»+ཀྱི་ཕ་རོལ། ༣ «གཡུང་»«པེ་»«སྣར་»«ཞོལ་»+རབ་འབྱོར་བྱམས་པ་ཆེན་པོ་མི་ཟད་པས། ཤེས་རབ་ཀྱི་ཕ་རོལ་ཏུ་ཕྱིན་པ་མངོན་པར་བསྒྲུབ་པར་བྱའོ།། ༤ «ཅོ་»+པར། ༥ «ཞོལ་»པར།

༧༤༡ ༡ «གཡུང་»མཁའི།

༧༤༢ ༡ «ལི་»དཔའི། ༢ «ཅོ་»+མངོན་པར་བསྒྲུབ།

༧༤༤ ༡ «ཞོལ་»པ། ༢ «གཡུང་»–རབ།

༧༤༥ ༡ «ཞོལ་»–ཏུ།

༧༤༦ ༡ «ཅོ་»མཁར།

༧༥༢ ༡ «ཅོ་»–ལན་ཅིག ༢ «ཁྲུ་»+སེམས།

༧༥༣ ༡ «ཅོ་»–ཟད། ༢ «ཅོ་»འབྲུགས། ༣ «གཡུང་»–སེམས་དཔའ། ༤ «གཡུང་»«སྣར་»«ཅོ་»«ཞོལ་»བྱ་སྟེ།

༧༥༤ ༡ «གཡུང་»«པེ་»སྤོང་། ༢ «ཅོ་»བརྟེན། ༣ «ཅོ་»པོའི། ༤ «གཡུང་»–ལ། «སྣར་»«ཅོ་»«ཞོལ་»དེ། ༥ «ཅོ་»–ལ་མ། ༦ «གཡུང་»«པེ་»«ཅོ་»བསྒྲུབ། ༧ «ལི་»«སྣར་»«ཞོལ་»ལྔ།

༧༥༥ ༡ «གཡུང་»ནས། ༢ «གཡུང་»«པེ་»«སྣར་»«ཅོ་»བསྒྲུབ། ༣ «ཅོ་»ལྔ། ༤ «གཡུང་»«པེ་»«ཅོ་»པོ། ༥ «གཡུང་»«པེ་»+ཆོས་གང་ཡང་འགག་པར་ཡང་དག་པར་རྗེས་སུ་མི་མཐོང་། ༦ «གཡུང་»–སུ། ༧ «གཡུང་»«ལི་»«པེ་»«སྣར་»«ཅོ་»«ཁྲུ་»«ཞོལ་»པོར།

༧༥༦ ༡ «གཡུང་»–མི་རྟག་པར…… མི་མཐོང་། ༢ «སྣར་»«ཞོལ་»+ལ། ༣ «གཡུང་»«པེ་»«ཅོ་»པོ། ༤ «གཡུང་»«ལི་»«པེ་»«སྣར་»«ཞོལ་»པ་དེའི། ༥ «ལི་»བྱེད།

༧༥༧ ༡ «ལི་»–མི་རྟག་པའམ། ༢ «གཡུང་»+མི། ༣ «གཡུང་»«པེ་»–སུ།

༧༥༨ ༡ «གཡུང་»–སུ།

༧༥༩ ༡ «ཁྲུ་»བསྡུག ༢ «ཅོ་»–ངོ་།

༧༦༠ ༡ «གཡུང་»«པེ་»བརྟག

༧༦༡ ༡ «གཡུང་»«པེ་»ཐོང་།

༧༦༤ ༡ «ཅོ་»+མི་རྟག ༢ «གཡུང་»«པེ་»–མ།

༧༦༥ ༡ «ལི་»–རྫུ་འཕྲུལ་གྱི…… མི་མཐོང་ངོ་།།

༧༦༦ ༡ «ཞོལ་»–པར།

༧༦༧ ༡ ༢ «གཡུང་»«པེ་»བཞི། ༣ «ཅོ་»+མཐོང་ངོ་།

༧༦༨ ༡ «སྣར་»«ཞོལ་»+བྱམས་པ་ཆེན་པོ་རྟག་པའམ། མི་རྟག་པའམ། བདེ་བའམ། སྡུག་བསྔལ་བའམ། བདག་ཡོད་པའམ། བདག་མེད་པའམ། ཞི་བའམ། མ་ཞི་བར་ཡང་དག་པར་རྗེས་སུ་མི་མཐོང་ངོ་།། ༢ «གཡུང་»«པེ་»བཙྭ། «སྣར་»«ཞོལ་»བཙོ། ༣ «ཅོ་»+ཡང་། ༤ «ལི་»པར།

༧༦༩ ༡ «ཅོ་»པ། ༢ «གཡུང་»–མ། ༣ «གཡུང་»«པེ་»ཉིས་བརྒྱ་ལྔ་བཅུ་གཉིས། «ལི་»བརྒྱད། «སྣར་»«ཅོ་»ཉིས་བརྒྱ་ང་གཉིས། «ཞོལ་»ཉིས་བརྒྱ་ང་གསུམ། ༤ «གཡུང་»ཁྲིམ།

༧༧༠ ༡ «ཅོ་»གི།

༧༧༡ ༡ «གཡུང་»–པ། ༢ «ཅོ་»ཐོ། ༣ «ཅོ་»+དག ༤ «པེ་»པའི་ངོ་བོ་ཉིད།

༧༧༢ ༡ «ཅོ་»–ཀྱི། ༢ «གཡུང་»–བ། ༣ «ཅོ་»–ཡང་། ༤ «ཅོ་»–ཆོས།

༧༧༣ ༡ «ལི་»–བར་འགྱུར། ༢ «ཅོ་»+མི།

༧༧༤ ༡ «ཅོ་»+མི། ༢ ༣ «གཡུང་»«པེ་»བཙྭ། «སྣར་»«ཞོལ་»བཙོ།

༧༧༥ ༡ «གཡུང་»«པེ་»ཞུག ༢ «ཁུ་»འོངས་པའི། ༣ «ཁུ་»+རྗེས་སུ། ༤ «གཡུང་»«པེ་»འཐོང་། ༥ «ཅོ་»+ཀྱི།

༧༧༦ ༡ «གཡུང་»«ལི་»«པེ་»«སྣར་»«ཅོ་»«ཁུ་»«ཞོལ་»སྤྱད། ༢ «ཅོ་»གིས། ༣ «ཅོ་»པའི། ༤ «གཡུང་»«ལི་»«པེ་»«སྣར་»«ཁུ་»«ཞོལ་»པའི། ༥ «གཡུང་»«པེ་»ཟད། «ལི་»«སྣར་»«ཅོ་»«ཁུ་»«ཞོལ་»བཟད། ༦ «ཅོ་»གྱིས། ༧ ༨ ༩ «གཡུང་»«པེ་»ཟད། ༡༠ «ཅོ་»–རྣམ་པར། ༡༡ «ལི་»–ཅིག ༡༢ «གཡུང་»«པེ་»ཟད། ༡༣ «ཅོ་»+ན། ༡༤ «ཅོ་»གཟུང་། ༡༥ «ཅོ་»ཟློག

༧༧༧ ༡ «ཅོ་»–གྱུར་ཏུ། ༢ «ཅོ་»–པར། ༣ «གཡུང་»«པེ་»བརྒྱ། ༤ «ཅོ་»+ན། ༥ «ལི་»«པེ་»«སྣར་»«ཞོལ་»+ཆེ།

༧༧༨ ༡ «གཡུང་»«པེ་»«སྣར་»«ཞོལ་»བསྒོ། ༢ «སྣར་»«ཞོལ་»བསྲུང་། ༣ «གཡུང་»«པེ་»«སྣར་»«ཞོལ་»བསྒོ། ༤ «སྣར་»«ཅོ་»བསྲུང་སྟེ། «ཞོལ་»བསྲུངས་ཏེ། ༥ «གཡུང་»«པེ་»པས་བསྒྲུབ། «ལི་»«སྣར་»«ཞོལ་»པ་བསྒྲུབ། ༦ «གཡུང་»«པེ་»«སྣར་»«ཞོལ་»བསྒོ། ༧ «སྣར་»«ཞོལ་»བསྒོམ། ༨ «ཅོ་»–བསྒོམ་པ།

༧༧༩ ༡ «གཡུང་»«པེ་»«སྣར་»«ཞོལ་»བསྒོ། ༢ «ཁུ་»ནམ། ༣ «གཡུང་»«ལི་»«པེ་»«སྣར་»«ཞོལ་»བསྒོ། ༤ «གཡུང་»«ལི་»«པེ་»«སྣར་»«ཅོ་»«ཞོལ་»བསྒོམ། ༥ «གཡུང་»«པེ་»«སྣར་»«ཞོལ་»བསྒོ། ༦ «ལི་»«སྣར་»«ཞོལ་»+ཀྱི་ཕ་རོལ་ཏུ་ཕྱིན་པ། ༧ «གཡུང་»«པེ་»སྒོམ་ཏེ། «སྣར་»«ཅོ་»«ཞོལ་»བསྒོམ་སྟེ། ༨ «གཡུང་»«པེ་»+ཕ་རོལ།

༧༨༠ ༡ «གཡུང་»«པེ་»«སྣར་»«ཞོལ་»བསྒོ། ༢ «གཡུང་»«ལི་»«པེ་»«སྣར་»«ཅོ་»«ཞོལ་»རྣམས། ༣ «ཁུ་»རྗོད། ༤ «གཡུང་»«ལི་»«པེ་»«ཅོ་»–དེ། ༥ «གཡུང་»«པེ་»ཀྱི། ༦ «ལི་»«པེ་»པའི་ཕ་རོལ་ཏུ་ཕྱིན་པ་ལ་གནས་ཤིང་། ༧ «སྣར་»«ཞོལ་»བརྗོད། ༨ «ལི་»«སྣར་»«ཞོལ་»–ནི། «པེ་»ན། ༩ «གཡུང་»«ཅོ་»–ནི། ༡༠ «ཅོ་»བཏང་། «ཁུ་»གཏོང་།

༧༨༡ ༡ «ཅོ་»ཀྱི། ༢ «གཡུང་»«པེ་»«སྣར་»«ཞོལ་»བསྒོའི། ༣ «ལི་»«སྣར་»«ཞོལ་»གཅིག་པའོ། «པེ་»གཅིག་གི། «ཅོ་»གཉིས་སོ།

༧༨༢ ༡ «གཡུང་»«པེ་»+ཏེ། ༢ «གཡུང་»ཀྱི་སམ་འམ། «ཅོ་»ཀྱིས་ས་འམ། ༣ «ལི་»«སྣར་»«ཞོལ་»རྫུན།

(༤)«གཡུང་»གཞི། (༥)«གཡུང་»«པེ་»–རྒྱུབ་པོ། (༦)«པེ་»+ཞེ་གཙོད་གཞི་ཚིག་རྒྱུབ་པོ་མི་སྒྲོ།། (༧)«སྣར་»«ཞོལ་»བཀྱལ། «བྲུ་»ཀྱལ། (༨)«ཙོ་»གཞོན། (༩)«གཡུང་»«ལི་»«པེ་»«སྣར་»«ཙོ་»«བྲུ་»+ལ། (༡༠)«ཙོ་»ཡོད། (༡༡)«གཡུང་»+སྤྱིན་པ་དེ་ལྟར་གཏོང་བའི་ཚེ།

༧༨༣ (༡)«ཙོ་»མོངས། (༢)«གཡུང་»«པེ་»«སྣར་»«ཞོལ་»།སྟོའོ། (༣)«གཡུང་»«པེ་»«སྣར་»«ཞོལ་»བསྟོ། (༤)«པེ་»–དོང་ཡང་། (༥)«ཙོ་»འབྲུགས། (༦)«ལི་»«པེ་»དོ། (༧)«སྣར་»བསྐྱེད། (༨)«ལི་»བཏུབས།

༧༨༤ (༡)«ཙོ་»+ལ། (༢)«སྣར་»«ཞོལ་»ཉམས། «ཙོ་»ཉ། (༣)(༤)«གཡུང་»«པེ་»«སྣར་»«ཞོལ་»བསྟོ། (༥)«གཡུང་»«པེ་»«སྣར་»«ཙོ་»«ཞོལ་»བསྟོ། (༦)«གཡུང་»«ལི་»«པེ་»«སྣར་»«ཞོལ་»བསྟོ། (༧)«ཙོ་»པོས། (༨)«བྲུ་»ཉིས། (༩)«ཙོ་»གཏང་། (༡༠)«གཡུང་»«པེ་»མཁའི། (༡༡)«གཡུང་»«པེ་»སློམ། (༡༢)«སྣར་»«ཞོལ་»ཅུང་།

༧༨༥ (༡)«བྲུ་»ཏུ། (༢)«ཙོ་»–ཏུ། (༣)«གཡུང་»«པེ་»ཏེ། (༤)«ཙོ་»ཀྱིས། (༥)«ཙོ་»+ངོ་། (༦)«གཡུང་»«པེ་»«སྣར་»«ཙོ་»«ཞོལ་»–ངོ་། (༧)«གཡུང་»«པེ་»ལགས་པར། (༨)«ལི་»«སྣར་»«ཞོལ་»པས།

༧༨༦ (༡)«གཡུང་»«ཙོ་»དེ་ལྟར་ན། «པེ་»དེ་ལ། (༢)«ཙོ་»སྐྱེད། (༣)«གཡུང་»«པེ་»«ཙོ་»གི། (༤)«ཙོ་»བཙོད། (༥)«ཙོ་»གི། (༦)«གཡུང་»«ལི་»«པེ་»«སྣར་»«ཞོལ་»གཏང་། «ཙོ་»བཏང་། (༧)«གཡུང་»«ལི་»«པེ་»«སྣར་»«ཞོལ་»བྱའི། (༨)«གཡུང་»«ལི་»«པེ་»«སྣར་»«བྲུ་»«ཞོལ་»གཏང་། (༩)«གཡུང་»«པེ་»+ལ། «ཙོ་»+ལས། (༡༠)«ལི་»གཞོན། (༡༡)«གཡུང་»«པེ་»–ནི། (༡༢)«གཡུང་»«ལི་»«པེ་»«སྣར་»«ཙོ་»«ཞོལ་»ཏེ། (༡༣)«གཡུང་»«པེ་»«སྣར་»«ཞོལ་»བསྟོ།

༧༨༧ (༡)(༢)«གཡུང་»«པེ་»«སྣར་»«ཞོལ་»བསྟོ། (༣)«ལི་»«ཙོ་»སྟོ། (༤)«གཡུང་»«པེ་»«སྣར་»«ཞོལ་»བསྟོ། (༥)«གཡུང་»–ཏུ། (༦)«གཡུང་»«པེ་»ཚིག (༧)«གཡུང་»«པེ་»«སྣར་»བཙོད། (༨)«གཡུང་»«པེ་»«ཙོ་»བརྟེན། (༩)«སྣར་»བཙོད། (༡༠)«སྣར་»«ཞོལ་»བཀྱལ། (༡༡)«ཙོ་»སུ། (༡༢)(༡༣)(༡༤)«གཡུང་»«པེ་»«སྣར་»«ཙོ་»«ཞོལ་»བསྟོ། (༡༥)«ཙོ་»བསྟོ་བ། (༡༦)«གཡུང་»«པེ་»«སྣར་»«ཙོ་»«ཞོལ་»བསྟོ།

༧༨༨ (༡)«གཡུང་»«པེ་»«ཙོ་»བུ། (༢)«ཙོ་»+སུ། (༣)«ཙོ་»–ཐུག (༤)«གཡུང་»«ལི་»«པེ་»«སྣར་»«ཙོ་»«ཞོལ་»–དག (༥)«གཡུང་»«པེ་»«སྣར་»«ཞོལ་»བསྟོ།

༧༨༩ (༡)«གཡུང་»«ལི་»«པེ་»«སྣར་»«ཙོ་»«ཞོལ་»+པ། (༢)«གཡུང་»«ལི་»«པེ་»«སྣར་»«ཙོ་»«ཞོལ་»པ། (༣)«ལི་»«སྣར་»«ཞོལ་»–པ། (༤)«ལི་»«པེ་»–པ། (༥)«གཡུང་»«ལི་»«པེ་»«སྣར་»«ཞོལ་»པ། (༦)«གཡུང་»–ཅན། (༧)«གཡུང་»–ལ། (༨)«ཙོ་»བསྒྲུབ། (༩)«གཡུང་»–ལ། (༡༠)«ཙོ་»གསམ། (༡༡)«ཙོ་»བསྒྲུབ། (༡༢)«གཡུང་»«པེ་»བོ། (༡༣)«གཡུང་»«པེ་»གཏང་། (༡༤)«གཡུང་»–ཡས། (༡༥)«བྲུ་»«ཞོལ་»ཅུང་། (༡༦)«ཙོ་»–ཤེས། (༡༧)«ཙོ་»–དང་ལྡན་པ། (༡༨)«གཡུང་»«པེ་»«སྣར་»«ཞོལ་»བསྟོའོ། (༡༩)«གཡུང་»«པེ་»«སྣར་»«ཞོལ་»བསྟོ།

༧༩༠ (༡)«གཡུང་»«པེ་»གིས། (༢)«སྣར་»«ཞོལ་»+ནམ། (༣)«ལི་»«པེ་»«སྣར་»«ཞོལ་»–ནམ། (༤)«ལི་»«སྣར་»«ཙོ་»«ཞོལ་»བསྐོར། (༥)«ཙོ་»«བྲུ་»ཏོ། (༦)«གཡུང་»–ལ། (༧)«ཙོ་»ཀྱིས། (༨)«གཡུང་»

–པ༏ ༩«ཅོ་»–ཀྱི། ༡༠«གཡུང་»«པེ་»བརྒྱ། ༡༡«གཡུང་»«ཅོ་»+ནི།

༧༩༡ ༡«ཅོ་»–འཇིག་རྟེན་གྱི་ཁམས་བྱེ་བའམ། ༢«པེ་»+བ། ༣«གཡུང་»རྩམ། ༤«གཡུང་»«པེ་»«སྣར་»«ཞོལ་»བསྐོའི། ༥«ཅོ་»–ཐམས་ཅད། ༦«གཡུང་»«སྣར་»«ཞོལ་»བསྐོ། ༧«ཞོལ་»སེམས། ༨«གཡུང་»«པེ་»+ཡང་། ༩«གཡུང་»–ཆེན།

༧༩༢ ༡«གཡུང་»«པེ་»–འདས། ༢«ལི་»བསྐྱེ། ༣«ཅོ་»བསྐུལ། ༤«ལི་»«སྣར་»«ཞོལ་»བརྗོད། ༥«གཡུང་»+ཡང་། «ཅོ་»གིས། ༦«ལི་»«སྣར་»«ཞོལ་»བརྗོད། ༧«གཡུང་»སྤྱང་། «ཅོ་»སྤོངས། ༨«ལི་»«སྣར་»«ཞོལ་»བརྗོད། ༩«ཅོ་»+ཡང་། ༡༠«ཅོ་»གིས། ༡༡«གཡུང་»«པེ་»«སྣར་»བརྗོད། ༡༢«ཅོ་»–ཀྱང་། ༡༣«ཅོ་»སྤོངས། ༡༤«ལི་»«སྣར་»«ཞོལ་»བརྗོད། ༡༥«ཅོ་»གིས། ༡༦«ལི་»«སྣར་»«ཞོལ་»བརྗོད། ༡༧ ༡༨«ལི་»རྫུན། ༡༩«ལི་»«སྣར་»«ཞོལ་»བརྗོད། ༢༠«ཅོ་»གིས། ༢༡«ལི་»«སྣར་»«ཞོལ་»བརྗོད། ༢༢«ལི་»«སྣར་»«ཅོ་»«ཞོལ་»བརྗོད། ༢༣«ཅོ་»གིས། ༢༤«ལི་»«སྣར་»«ཞོལ་»བརྗོད།

༧༩༣ ༡«ཅོ་»«ཁུ་»རྗོད། ༢«སྣར་»«ཞོལ་»བརྗོད། ༣ ༤ ༥«སྣར་»«ཞོལ་»བཀུལ། ༦«སྣར་»«ཞོལ་»བརྗོད༏ ༧«སྣར་»«ཞོལ་»བཀུལ། ༨«གཡུང་»«པེ་»སྤོང་བ། ༩«གཡུང་»«པེ་»«སྣར་»«ཞོལ་»བརྗོད༏ ༡༠«གཡུང་»«པེ་»གི། ༡༡«སྣར་»«ཞོལ་»བརྗོད། ༡༢«ཅོ་»སྤོངས་པ། ༡༣«སྣར་»«ཞོལ་»བརྗོད༏ ༡༤«གཡུང་»«པེ་»«སྣར་»«ཞོལ་»བརྗོད། ༡༥ ༡༦«སྣར་»«ཞོལ་»བརྗོད། ༡༧«ཅོ་»པ།

༧༩༤ ༡ ༢ ༣«གཡུང་»«པེ་»«སྣར་»«ཞོལ་»བསྐོ། ༤«ལི་»«ཅོ་»སྐོ། ༥«གཡུང་»«པེ་»«སྣར་»«ཞོལ་»བསྐོ༏ ༦«པེ་»མི་འགྱུར། ༧«ཅོ་»འཁྲུག ༨«ལི་»གཅད་བཏུབས། ༩«གཡུང་»«པེ་»དོར། ༡༠«ཅོ་»+བཅད། ༡༡«ཅོ་»གཅོད། ༡༢«གཡུང་»«པེ་»«སྣར་»«ཅོ་»«ཞོལ་»འོང་། ༡༣«གཡུང་»«ལི་»«པེ་»«སྣར་»«ཅོ་»«ཞོལ་»ནས། ༡༤«གཡུང་»«ལི་»«སྣར་»«ཅོ་»«ཞོལ་»འདོང་བ། «པེ་»འདོད་པ། ༡༥«ལི་»«སྣར་»«ཞོལ་»དེ། ༡༦«ལི་»«སྣར་»«ཞོལ་»–པ་ཡིན།

༧༩༥ ༡«གཡུང་»«ལི་»«པེ་»བསྐོའོ། «སྣར་»«ཞོལ་»བསྐོའི། ༢«གཡུང་»«པེ་»«སྣར་»«ཞོལ་»བསྐོའོ། ༣«ལི་»པ་ལས། ༤«གཡུང་»«པེ་»«ཅོ་»པ། ༥«ཅོ་»པའི། ༦«ཁུ་»རྣམ། ༧«གཡུང་»«པེ་»གཏང་༏ ༨«གཡུང་»«པེ་»«ཅོ་»–བ། ༩«ཅོ་»–བ།

༧༩༦ ༡«གཡུང་»«པེ་»གཏང་། ༢«གཡུང་»«པེ་»སེམ། ༣«གཡུང་»«པེ་»བསྒྲུབ། ༤«པེ་»ནམས། ༥«གཡུང་»«པེ་»«ཅོ་»–བ། ༦«གཡུང་»«པེ་»དབྱལ། ༧«གཡུང་»«པེ་»«སྣར་»«ཅོ་»«ཞོལ་»+ལ༏ ༨«གཡུང་»«པེ་»«ཅོ་»+ལ། ༩«གཡུང་»«པེ་»བསྒྲུབ། ༡༠«གཡུང་»–པ། ༡༡«ཁུ་»+དུ། ༡༢«ཅོ་»བྱིས། ༡༣«ཅོ་»ལས། ༡༤ ༡༥ ༡༦«གཡུང་»«པེ་»«སྣར་»«ཞོལ་»ཙུང་། ༡༧«གཡུང་»«པེ་»«ཅོ་»«ཞོལ་»པ། ༡༨«ཅོ་»པས། ༡༩«གཡུང་»«པེ་»–ཀྱི། ༢༠«ཅོ་»ཀྱིས། ༢༡«གཡུང་»«ལི་»«པེ་»«སྣར་»«ཅོ་»«ཞོལ་»–ཀྱི།

༧༩༧ ༡«ཅོ་»ལས། ༢«ལི་»བྱའོ། «པེ་»བྱེད་དོ། ༣«གཡུང་»«སྣར་»«ཅོ་»«ཞོལ་»+དོ། ༤«གཡུང་»

«པེ་»བསྒྱུར། ༥ «ཅོ་»–ཏུ།

༧༩༨ ༡ «ཅོ་»ལང་། ༢ «པེ་»རྗེ། ༣ «ལི་»–ཡང་དག་པར། ༤ «གཡུང་»–མ། ༥ «ཁྲུ་»བཞིན། ༦ «ལི་»–དང་།

༧༩༩ ༡ «གཡུང་»–རྗེས་སུ། ༢ «ལི་»–དང་།

༨༠༠ ༡ «སྣར་»«ཞོལ་»+བྱམས་པ་ཆེན་པོ་དངོས་པོ་དང་རྫས་དང་མཚན་མར་ཡང་དག་པར་རྗེས་སུ་མི་མཐོང་། ༢ «གཡུང་»«པེ་»ཀྱིས། ༣ «གཡུང་»«པེ་»བརྟུ། «ལི་»«སྣར་»«ཞོལ་»བཅོ། ༤ «ཅོ་»པར། ༥ «ཅོ་»–སྡེ།

བསྡུར་འབྲས་རེའུ་མིག

ཤེར་ཕྱིན།

དཔེ་གཞི།	སྡེ་ཚན།	པོད་རྟགས།	ཚན་གྲངས།	ལེའུ།	བམ་པོ།	ལྡེབ།	ཕྲེང་།	ཚིག་ཁྲིམ།
སྡེ་དགེ།	འདུམ།	ཐ	༡	–༣༨– ༥༢–	༡–༢༦	༡ན༡–༣༨༧ན༧	༥༤༠༡	༢༧༤༢༦༤
གཡུང་ལོ།	འདུམ།	ང ན	༡	༣༩–༤༡ ༤༢–༥༡	༢༢༠–༢༣༧ ༢༣༩–༢༥༢	༡༦༧བ༣–༣༢༣ན༨ ༡ན༡–༢༢༡ན༡	༢༤༩༦ ༣༥༣༦	༢༧༤༢༦༤
ལི་ཐང་།	འདུམ།	པ ཕ	༡	༣༩–༤༧ ༤༧–༥༧	༣–༢༠ ༡–༩	༣༡བ༥–༣༡༥ན༣ ༡ན༡–༡༢༡ན༨	༤༥༤༤ ༡༩༣༥	༢༧༤༡༡༤
པེ་ཅིན།	འདུམ།	ཛ ཞ	༡	༣༩–༤༡ ༤༢–༥༠	༢༣༧–༢༣༧ ༢༣༩–༢༥༢	༡༦༧བ༣–༣༢༣ན༨ ༡ན༡–༢༢༡ན༡	༢༤༩༣ ༣༥༢༠	༢༧༤༡༢༥
སྣར་ཐང་།	འདུམ།	ཏ ཐ	༡	༣༨–༥༢ –༥༢–	༢༢༩–༢༥༣ ༢༢༨–༢༢༩	༤༨༨བ༥–༦༢༨ན༦ ༡ན༡–༤༩༥ན༥	༡༩༦༠ ༦༩༢༨	༢༧༤༡༣༤
ཅོ་ནེ།	འདུམ།	ན པ ཕ	༡	༣༩–༤༧ –༤༧– ༤༨–༥༢	༢༢༨–༢༤༥ ༢༤༧–༢༥༢	༣༠༣ན༢–༣༡༩ན༦ ༡ན༡–༣༨༧ན༨ ༡ན༡–༡༠༡བ༡	༢༥༦ ༦༡༩༢ ༡༦༡༦	༢༧༤༡༡༨
ཁུ་རེ།	འདུམ།	ཐ	༡	–༣༨– ༥༢–	༡–༢༦	༡ན༡–༣༨༨ན༧	༦༡༩༣	༢༧༤༢༧༡
ཞོལ།	འདུམ།	ཐ ཏ	༡	༣༨–༥༢ ༣༨–༥༠	༢༢༨ ༢༣༠–༢༥༣	༤༨༡ན༡–༥༢༡ན༧ ༡ན༡–༤༨༢ན༧	༥༥༣ ༦༧༢༨	༢༧༤༢༦༤

༄། །སངས་རྒྱས་ཀུན་གྱི་ཡེ་ཤེས་ཐུགས། །མངོན་མཚན་བྱང་ཆུབ་མཆོད་པའི་རྟེན། །

༄། །བཀའ་འགྱུར་ལས་འབུམ། ཏི་ཏྲི། བརྒྱད་སྟོང་བཞུགས་སོ། །

འབུམ། ཁ

ཀྲུང་གོའི་བོད་རིག་པ་ཞིབ་འཇུག་ལྟེ་གནས་ཀྱི་བཀའ་བསྟན་
དཔེ་སྡུར་ཁང་གིས་དཔེ་སྡུར་ཞུས།

*

ཀྲུང་གོའི་བོད་རིག་པ་དཔེ་སྐྲུན་ཁང་གིས་བསྐྲུན་ཏེ་བགྲམས།
ཀྲུང་གོའི་སློག་བརྙན་དཔེ་སྐྲུན་ཁང་པར་ཁང་གིས་དཔར་བཏབ།
ཕྱི་ལོ་༢༠༡༣ལོའི་ཟླ་༨པར་པར་གཞི་དང་པོ་བསྒྲིགས།
ཕྱི་ལོ་༢༠༡༣ལོའི་ཟླ་༨པར་པར་ཐེངས་དང་པོ་བཏབ།
དེབ་ཚད། ༡༧༨mm × ༡༠༩༢mm ༡/༡༦
དཔར་གྲངས། ༠༠༠༡—༡༠༠༠
ISBN 978 – 7—80253—528 – 2/B · 146
རིན་གོང་(དེབ་༡–༡༦ལ) | ༣༩༠༠.༠༠

图书在版编目(CIP)数据

甘珠尔－般若部:全16册:藏文/
中国藏学研究中心《大藏经》对勘局对勘,

－北京:中国藏学出版社,2012.6
ISBN 978－7－80253－528－2
Ⅰ.①甘…　Ⅱ.①中…Ⅲ.①大藏经－藏语　Ⅳ.①B941.

中国版本图书馆CIP数据核字(2012)第127635号

甘珠尔·般若部

第十卷

中国藏学研究中心《大藏经》对勘局对勘

*

中国藏学出版社出版发行
(北京北四环东路131号)

中国电影出版社印刷厂印刷

*

开本:787mm×1092mm　1/16　总印张:880.25
2012年8月第1版　　2012年8月第1次印刷
印数:0001—1000册
ISBN　978－7－80253－528－2/B·146
定价(全套1－16册):3900.00元